Xistory stands for
eXtra Intensive story for
the University Entrance Examination.

Xi story

대한민국 No.1 수능 기출문제집

2027 수능 대비

영어 독해 실전

★ 최신 유형 문제 최다 수록

▲ 최신 5개년 수능 대비 독해 문항 수록

▲ 최신 3개년 경찰대, 삼사 기출 문제 선별 수록

▲ 읽기만 해도 저절로 성적이 오르는 Follow Me!

▲ 1등급 · 2등급 대비 문제 집중 학습 + 단계별 해설

▲ 고난도 유형 훈련 독해 모의고사 3회

▲ 단서, 발상, 매력적 오답, 함정, 주의 입체 첨삭 해설

▲ 중요 문제 동영상 
  강의 QR코드

[특별부록] 휴대용 단어장

수경출판사

Believe in yourself!
Trust your abilities!
Only with both modesty
and solid confidence in your own strengths
can you achieve true success and happiness.

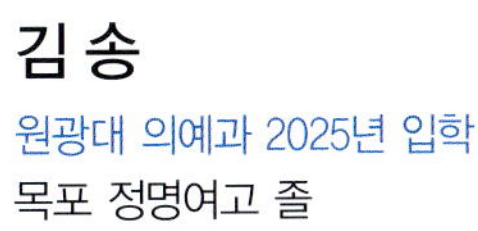

김 송

원광대 의예과 2025년 입학
목포 정명여고 졸

"직독직해한 내용을 나만의 언어로 바꿔보고
글을 관통하는 주제 찾기 연습을 하자!"

■ 습관으로 영어의 기본을 다지자!

결국 영어 지문을 이해하기 위해서는 기초가 중요하기 때문에, 나는 영어 단어 암기에도 많은 노력을 들였어. 영어 단어를 소홀히 하는 경우가 많은데, 영어 과목 고득점은 철저한 영어 단어 암기에서 비롯된다고 생각해. 단순히 암기할 경우, 쉽게 잊혀지기 때문에 나는 해당 단어가 어디서 파생된 것인지 고민하고, 또 유사한 다른 품사의 단어를 찾아보면서 각기 따로 외우기보다는 연관된 단어들을 함께 외우고, 실제 사용된 예문 속에서 뜻을 파악했어.

또, 직독직해가 중요하다고는 하지만, 아무래도 영어는 우리가 일상에서 주로 사용하는 언어가 아니기에 직독직해를 모두 해도 내용이 이해되지 않는 경우도 있었어. 그래서 나는 직독직해 한 내용을 이해되는 내 언어로 의역하는 연습도 많이 했어. 이렇게 나의 표현으로 이해했을 때 내용이 훨씬 명확해져서 다들 꼭 해봤으면 좋겠어. 또, 영어는 아무래도 언어적 감을 무시할 수 없기 때문에 하루도 빠짐없이 매일 5개의 문제를 풀었어. 하루하루 실력을 쌓는 습관이 큰 도움이 됐지.

■ 지문 전체를 관통하는 주제 찾기!

'자이스토리 영어 독해 실전' 문제들을 풀면서, 항상 각 지문의 주제를 찾으려고 노력했어. 제시된 문제들을 많이 풀다 보니 점차 문제 해결의 핵심이 글의 주제 발견에 있음을 깨달았기 때문이야. 물론, 유형은 모두 다르지만, 글의 주제를 알아차리는 순간부터 지문을 읽는 속도가 빨라졌고, 정답에 쉽게 도달할 수 있었어. 그래서 나는 언제나 파악한 글의 주제를 모든 지문 위에 써 두었고, 지문에서 근거 문장도 2~3개 정도 찾아 노란 형광펜으로 체크해 두었어.

글의 주제를 찾기 위해 보냈던 시간이 오히려 정답을 찾는 데 걸리는 시간을 단축시켜 준 거지. 그리고, 문제집 안의 모든 문제를 성실히 대했어. 맞은 문제든 틀린 문제든 꼼꼼하게 분석하고 고민했어. 지문을 읽다 모르는 단어가 나와도 곧장 찾아보지 않고, 주변 단어들의 맥락을 통해 짐작하며 풀었어. 아무리 단어를 열심히 외워도 실전에서는 모르는 단어를 마주칠 확률이 높기 때문이야.

■ 자이스토리의 매력적 오답은 매력적 정답의 길!

이 교재를 풀며 가장 잘 활용한 것은 해설에 수록된 '매력적 오답'이었어. 영어 문제는 항상 '가장' 적절한 선지를 고르는 것이기 때문에 나머지 선지들을 지우는 소거법을 연습하는 것이 중요하거든. 특히 지문은 쉽게, 선지는 어렵게 해서 변별력을 갖추는 요즘 출제 트렌드에도 가장 적합한 풀이 방법이야. 때문에 이렇게 문제를 풀며, 남은 선지들 중에서 고민될 때, 해설의 '매력적 오답'을 읽으며 해당 선지의 어떤 근거가 헷갈렸는지 파악할 수 있었어.

또, 자이스토리의 친절한 해설도 큰 도움이 됐어. 나는 자습 목적으로 교재를 구매해서 주변 선생님들의 도움 없이 스스로 오답을 공부해야 했거든. 애초에 잘못된 사고 과정으로 고른 답이기 때문에 이를 혼자 바로잡는 건 쉬운 일이 아니야. 그때마다, 세세히 작성된 자이스토리만의 '입체 첨삭 해설'의 도움을 받았어. 때문에 나처럼 앞으로 혼자 공부할 학생들에게도 자이스토리를 자신 있게 추천할 수 있을 것 같아.

■ 오늘의 고통이 내일의 밝음으로!

나는 수능 날을 미리 경험해 본다는 생각으로 토요일마다 실전 연습을 했어. 수능 시간표에 따라 문제 풀이를 하고, 현장에서 발생 가능한 여러 돌발 상황 및 OMR 작성 시간을 염두에 두고 시간 관리 연습을 했어. '긴장 속에서도 그동안 해 온 일을 한다.'는 마음을 먹었고, 덕분에 멘탈을 잃고 우왕좌왕했던 현역 시절과는 달리 두 번째 수능에서는 차분하게 그동안 공부했던 대로 문제를 풀어나갔어.

때로는 지치기도 하겠지만, 쉼의 방법을 고민하는 것이 도움이 될 거야. 분명 버거운 날들이 올 것이기 때문에, 나 역시도 때때로 공부와 무관한 것으로 시선을 돌려 좋아하는 노래를 들으면서 마음을 편안하게 했어. 반드시 이 새벽을 견뎌서 가장 밝은 해를 꼭 맞이했으면 좋겠어!

My Story Xi Story [영어 독해 실전]

자이스토리 33개년 역사

- 수능 난이도 상 빨간색
- 수능 난이도 중 검정색
- 수능 난이도 하 파란색

2025 11. 13 7년 만에 응시자가 최대였던 역대급 수능, 칸트를 너무 많이 사랑했다! 국어의 과학 지문, 칸트 지문으로 초반부터 완전 난감 ㅠㅜ. 영어에서도 칸트, 홉스 지문이 최고 오답률, 윤리에서도 칸트 문제!! 수학에서도 고난도 문항들이 많이 출제되었지만, 이번 입시 전략 최대 변수는 사탐런의 난이도 불균형으로 인한 유불리 발생이 아닐까.

2024 11. 14 축축하고 어색한 수능 날씨! 국어, 수학 난이도는 그냥저냥 했는데 영어는 까탈스러움. 선택과목별 난이도 편차가 커서 표준점수 영향력이 커질 듯. 의대 증원으로 21년만에 최대로 폭발한 최상위권 N수생. 과탐 응시자는 줄고 사과탐 혼합 응시는 늘고, 수능 등급을 짐작하기 너무나 어렵다 ㅠㅠ

2023 11. 16 킬러를 없앤다고 했는데, 국어·영어는 매력적 오답들을 지뢰밭처럼 쫙 깔아 놨네ㅠㅠ 수학은 킬러 문제 대신에 무늬만 준킬러 문제들을 우중충하게 많이 깔아 놓고ㅠㅠ 서울대가 과탐Ⅱ과목 필수 응시를 폐지해서 표준 점수가 요동치지 않을까? 이과생들의 문과 침공이 또 다른 입시 변수가 될까?

2022 11. 17 따뜻했지만 가슴은 쿵쿵! 떨렸던 1교시 국어, 휴~ 그렇게 어렵진 않았어. 수학은 킬러 문항은 없었지만 까다로운 문제가 많아서 등급이~ ㅠㅠ. 영어는 듣기 속도가 평소보다 빨라서 귀가 빨간 토끼처럼 되어버렸네. 통합 수능 2년차, n수생들이 많아서 입시 전략 짜기 머리가 뽀개질듯!

2021 11. 18 창문을 열어도 춥지 않던 따뜻한 수능날이었어. 선택과목이 생겨서 안 그래도 혼란스러운 수학은 빈칸추론 문제의 등장으로 우리의 머리를 뜨겁게 달구는데... 마음을 다잡으며 풀기 시작한 영어는 듣기 뒷부분이 마치 독해처럼 길고 어려워서 채 식지 않은 열이 더욱 활활 타올랐어 @_@!

2020 12. 03 코로나 때문에 플라스틱 칸막이 장벽을 마주하고 치러진 수능. 이러한 수험생들의 고충을 고려해서인지 대체로 평이하게 나왔어! 그렇지만 수학 가형 30번 문제는 까다로웠지. 마스크를 끼고, 쉬는 시간마다 창문을 열어 환기를 해서 춥고, 방호복까지 등장한 수능이었지만, 처음 겪는 멘붕 상황에서도 무사히 수능을 치른 것에 엄지 척! 올려 주고 싶어 :)

2019 11. 14 별밭에 누워 너무 맑고 초롱한 눈으로, 8년 만에 바뀐 샤프로 수능을 보면 점수가 잘 나올까? 다행히 BIS비율 관련 지문을 제외하고 국어 난이도는 평이했어. 그러나 역시 수능은 수능! 수학 나형의 30번 문제, 좀 당황스럽더라. 국어와 영어는 까다롭지 않았지만 수학으로 변별력을 키운 2020 수능, 작은 실수가 뼈 때릴 듯!

2018 11. 15 국어 너.... 좀 낯설다? 중국 천문학은 뭐고, 〈출생기〉는 또 뭐야? 국어는 독서와 문학 모두 낯섦의 결정체였어. 역대급 난이도의 국어를 풀고 나니 수학은 그래도 평이했어. 근데 작년보다 훨씬 어려워진 영어 때문에 또 다시 긴장 백배였지. 일명 "국어 쇼크, 역대 최저 등급 컷!" but, 내가 어려웠으면 남도 어려웠을 것이니 마음 편히 먹으면 좋은 결과가 있을 듯^^

2017 11. 23 어서 와~ 수능 연기는 처음이지? 일주일 동안 마음을 다잡고 힘겹게 수능 시험을 맞이했는데 날씨도 마음도 추운 시험 날이었어. 국어의 낯선 시와 긴 독서 지문, 수학은 그래프 유형 추론 문제, 어려워진 탐구 영역. 여진 올까 불안한데 문제까지 어려웠지. 올해 수능은 우리들의 정신력과 의지로 헤쳐 낸 〈강 건너간 노래〉였어.

2016 11. 17 지문을 다 읽었는데 기억이 안 난다ㅠ 생소한 주제의 제시문과 복합 유형까지! 1교시 국어 영역은 길고 낯설었다. 2교시, 세트 문제가 없어지고, 언어적 독해력을 묻는 문제도 출제된 수학(나형), 안 그래도 이미 쿠크다스처럼 깨진 내 정신은 이제 먼지가 되어 사라짐;; 덕분에 상위권 변별력은 커졌으나 우리는 그 누구랑 다르게 오직 실력으로 당당히 대학 가자!!

2015 11. 12 수능 날인데 날씨가 따뜻했다. 평가원에서는 포근한 난이도 출제를 발표하셨다. 하지만 EBS 체감 연계율이 하락한 영어와 국어에서 수험생들은 당황했다. 수학 A형에서는 귀납적 추론 문제 때문에 중하위권 수험생들의 심장이 요동쳤다. 모의평가보다 상승한 난이도로 '매운맛 수능'이 된 2016 수능!

2014 11. 13 입시 한파가 수험생들을 꽁꽁 얼리고ㅠ.ㅠ 낯선 지문으로 까다롭게 출제된 국어 A · B형 때문에 수능 체감 난이도 급상승! 무난한 난이도였던 수학에서는 실수와의 싸움이 등급을 결정하고~ '쉬운 영어' 방침에 따라 변별력이 떨어진 영어의 등급 컷은 하늘을 찌를 듯... 들쭉날쭉한 난이도로 수험생들을 당황시킨 2015 수능!

2013 11. 07 출제 위원도 수험생도 떨렸던 첫 수준별 수능!! 국어 A형의 과학 지문이 최상위권을 나누다... 수학 A · B형은 모두 주관식이 최고난도 문항으로 출제되고ㅠ.ㅠ 영어 B형에 상위권 학생들이 몰려 대입 당락의 변수가 될 전망!! 고난도 문제들은 EBS 연계와 전혀 무관했던 2014 수능~ 상위권 수험생들의 입시 경쟁이 치열할 터!

2012 11. 08 수준별 A · B형 체제로 개편되기 전의 마지막 수능 – 변별력 있는 고난도 문제가 여러 개 나와 상위권의 수학 실력을 제대로 세분화시키고... 빈칸 추론 유형 때문에 난이도가 급상승한 외국어가 또 한 번 수험생들의 발목을 잡았다고 –_–

2011 11. 10 쉬운 수능이었지만 복병은 존재~ 비문학 지문이 까다로웠던 언어 때문에 1교시부터 쩔쩔매다! 수리 가형은 조금 어려웠지만, 난이도 조절에 실패해서 너무 쉬웠던 외국어는 점수가 대폭 상승?? 변별력을 잃은 수능 때문에 논술이 더더욱 중요해지고~

2010 11. 18 EBS와 연계 출제되었다고 하지만 체감 난이도는 더욱 더 상승↑ 비문학 지문 때문에 시간이 부족했던 언어와 최상위권 변별력 확보를 위해 확 어려워진 수리 영역~!! 외국어마저 어려운 어휘와 고난도 독해가 출제되어, EBS만 믿고 공부한 수험생들 제대로 배신 당하다...

2009 11. 12 2009년을 휩쓴 신종 인플루엔자 때문에 공부하기도, 시험보기도 힘들었던 수험생들을 위해 언어와 수리는 몸풀기 난이도로 출제! 하지만 오후엔 강력 외국어 펀치를 날리고, 이어지는 들쑥날쑥 난이도의 사과탐 펀치... 이래저래 원서 접수로 머리가 뽀개질 2010 대학입시!!!

2008 11. 13 표준점수와 백분위가 다시 부활한 09수능! 언어와 외국어, 사 · 과탐은 대체로 평이하게 출제되었으나 ~ 수험생들 간의 변별력 확보를 위해서인지 유독 까다로운 문항이 많았던 수리 가형과 수리 나형 때문에 체감 난이도 급상승↑ 수리 영역이 주요 변수로 작용하다!

2007 11. 15 등급제가 처음으로 적용된 08수능! 언어와 수리 나형은 어렵게, 수리 가형, 사 · 과탐, 외국어는 평이한 수준으로 출제돼 등급 블랭크를 없애기 위한 등급 간 변별력 확보는 성공~ 하지만 등급 내 동점자의 대거 발생으로 단 1점 차이로 희비가 엇갈리다!

2006 11. 16 수리 나형과 외국어는 만만~, 언어와 사 · 과탐은 지난해보다 유독 까다롭고 어려웠던 07수능! 결국 언어와 사 · 과탐 점수가 당락의 변수로 작용하다. 선택과목 간 난이도 조절 실패로, 휴~ 앞으로는 재수도 힘들다는데...

2005 11. 23 2006 수능 기상도 '맑다가 차차 흐림'– "너무 쉬웠어. 하하~"(언어 영역 종료 후)→"머릴 얻어맞은 느낌이야."(수리 영역 종료 후)→"그냥 찍었어."(외국어 영역 종료 후)→"망했어!!"(탐구 영역 종료 후)

2004 11. 17 ♪♬외로워도 슬퍼도 나는 안 울어~. 언어 듣기에 느닷없이 등장한 캔디 주제곡은 일종의 복선이었을까…. 수험생들을 1교시는 웃게, 2 · 3교시는 내리 울게 만들었던 2005 수능, 그래도 모의평가 수준으로 평이하게 출제된 데자뷰 효과 덕이었는지 중 · 상위권 인플레 또 다시 야기.

2003 11. 05 대체로 교과서에 충실한 평이한 수준의 문제 출제가 이루어졌으나, 예상 지문 출제와 사상 첫 복수 정답 인정 논란으로 말도 많고 탈도 많던 2004 수능, 재수생의 연이은 강세로 고교 4학년 시대 가속화 되다!

2002 11. 06 너무 쉬웠던 2001 수능과 너무 어려웠던 2002 수능 사이의 적정선을 유지하며 널뛰기 논란을 일순간 잠재우는 듯 했으나, 고3의 학력 수준을 고려하지 않은 문제 출제로 난이도 조절 실패~

2001 11. 07 터무니없이 어려운 문제에 수험생들 쩔쩔~. 작년과는 반대로 언어와 수리가 오히려 점수 하락을 주도했으며, 쉬운 수능에 눈높이가 맞춰진 수험생들의 체감 난이도 상승으로 1, 2교시 이후 시험 중도 포기가 속출했다. 난이도 조절 大실패! 수능 평균 66점 하락↓

2000 11. 15 수능 만점자 66명, 풍년이로세! 수능 무용론이 나돌 정도로 변별력 상실 지속~ 변별력을 잃은 언어와 수리가 점수밭으로 작용하며 널뛰기식 난이도가 도마 위에 올랐다.

1999 11. 17 변별력을 아예 상실하다! 유독 깐깐했던 언어 영역을 제외하고 대체로 작년보다 쉽게 출제되면서 또다시 중 · 상위권 인플레 현상 야기. 1명의 수능 만점자 배출과 함께 300점 이상을 25만명까지 늘린 2000 수능!!

1998 11. 18 쉽게 낸다는 애초 발표와는 달리 수리가 어렵고 까다롭게 출제되는 바람에 수험생들 배신감에 부들부들~. 그러나 나머지 영역이 총점의 하락폭을 상쇄시켜 평균 27점 상승↑수능에서 첫 만점자가 탄생했으나, 쉽기로 소문난 99 수능 하마터면 만점자가 쏟아질 뻔!—;

1997 11. 19 교과서 내에서 자주 접해온 평이한 수준의 문제와 기출과 유사한 유형의 다수 출제로 평균 42점 상승↑ 변별력 논란을 일으키며, 상 · 하위권이 좁았던 기존의 항아리형에서 중 · 하위권이 비대한 꽃병형 점수대 분포로 변화!

1996 11. 13 1교시 언어가 예상보다 쉬워 내쉬던 안도의 한숨을 여지없이 끊어버린 수리와 사 · 과탐의 연이은 高난이도 출제는 재수생들을 두 번 죽이는 일이었다! 수능 사적으로 볼 때, 바야흐로 이 시기는 수리 주관식 문제와 총점 400점이 처음 도입되고, 영어 듣기가 17문항으로 늘어난 수능 과도기 시점.

1995 11. 22 영역별 난이도 예상과 달라 당황~ 수리&외국어=easy, 언어&사 · 과탐=hard 특히 생소한 지문으로 어렵게 1교시 언어와 통합 교과 소재의 高난이도 사 · 과탐이 수능 총점 초토화~! 지난해보다 평균 7점 down↓ 96 수능 시험 0점 지난해 3배!

1994 11. 23 수능 연 1회 시행의 시발점이었으나, 수능 高난이도 연속 행진 계속! 10문항이 늘어난 수리와 외국어는 무난했으나, 의외의 복병이었던 사 · 과탐의 난이도가 특히 높아 점수를 마구 갉아먹다.

수능 영어는 반드시 1등급입니다.

수능 출제 원칙이 킬러 문항을 배제한다고 했지만,
낯설고 긴 지문이 많아지고, 선택지가 까다로워서
수험생들은 여전히 독해 문제가 많이 어렵다고 느낍니다.

자이스토리는 수능 영어 독해 문제를
단순히 유형별로 분류한 것이 아니라
각 문제 유형에 맞는 이해 순서와 논리적 풀이법을 제공하여
빠르고 정확하게 정답을 찾는 방법을 습득하도록 하였습니다.

각 유형마다 따라가기만 하면
저절로 독해 유형 공부가 되는
'자이 쌤's Follow Me!'가 영어 1등급으로 가는
가장 똑똑한 독해 공부법입니다.
꼭 따라서 공부해 보세요.

문제를 풀고 난 이후에는
정답의 근거와 오답 함정까지 알려주는 입체 첨삭 해설을 통해
모든 문제를 완전히 이해하면서 공부할 수 있습니다.

이 책의 마지막 페이지를 넘길 때쯤
여러분은 이미 영어 1등급에 도달해 있을 것입니다.

– 대한민국 No.1 수능 문제집 자이스토리 –

🍀 내신＋수능 **1등급** 완성 학습 계획표 [26일]

Day	문항 번호	틀린 문제 / 헷갈리는 문제 번호 적기	날짜		복습 날짜	
1	**A** 01~20		월	일	월	일
2	**B** 01~21		월	일	월	일
3	**C** 01~23		월	일	월	일
4	**D** 01~30		월	일	월	일
5	**E** 01~22		월	일	월	일
6	**F** 01~23		월	일	월	일
7	**G** 01~26		월	일	월	일
8	**H** 01~22		월	일	월	일
9	**I** 01~22		월	일	월	일
10	**J** 01~42		월	일	월	일
11	**K** 01~30		월	일	월	일
12	31~60		월	일	월	일
13	61~93		월	일	월	일
14	**L** 01~24		월	일	월	일
15	**M** 01~23		월	일	월	일
16	24~46		월	일	월	일
17	**N** 01~22		월	일	월	일
18	23~44		월	일	월	일
19	**O** 01~25		월	일	월	일
20	**P** 01~23		월	일	월	일
21	24~48		월	일	월	일
22	**Q** 01~27		월	일	월	일
23	28~63		월	일	월	일
24	**모의 1회** 01~12		월	일	월	일
25	**모의 2회** 01~12		월	일	월	일
26	**모의 3회** 01~12		월	일	월	일

- 나는 ＿＿＿＿＿＿＿＿대학교 ＿＿＿＿＿＿＿＿학과 ＿＿＿＿＿＿학번이 된다.
- **磨斧作針** (마부작침) – 도끼를 갈아 바늘을 만든다. (아무리 어려운 일이라도 끈기 있게 노력하면 이룰 수 있음을 비유하는 말)

🍀 자이스토리 영어 독해 실전 활용법+α

❶ 유형별 출제 경향 파악과 중요 어휘 예습으로 워밍업!

- 최근 수능이 어떻게 출제되어 왔는지 경향을 파악하고 앞으로의 수능을 예측하세요.
- 각 유형의 특징을 파악하고, 단계별 유형 풀이 비법을 익히세요.

❷ 자이 쌤's Follow Me!를 통해 유형 풀이법을 익히자!

- 술술 읽히는 강의식 설명으로 효과적인 문제 풀이 접근법을 터득하세요.

❸ 유형별 기출 문제 풀이로 실력 향상!

- 각 문제를 풀 때 자이 쌤's Follow Me!에서 학습한 문제 해결 스킬을 적용해보세요.
- 모르는 단어나 구문이 나와도 찾아보지 말고 제한시간 내에 푸는 연습을 하세요.

❹ 1등급, 2등급 대비로 어려운 문제까지 완벽 대비!

- 1등급, 2등급 대비 문제 특별 해설을 통해 어려운 문제를 어떻게 해결해야 하는지 터득하세요.

❺ 고난도 유형 독해 모의고사는 더욱 확실한 1등급을 위해 풀자!

- 난이도가 높은 최신 경찰대, 삼사 기출 문제들을 통해 1등급에 더 확실하게 가까워지는 훈련을 할 수 있습니다.

> 보다 강화된
> 단계별
> 입체 첨삭 해설

❻ 쉽게 이해되는 입체 첨삭 해설로 다시는 틀리지 말자!

- 정답만 맞는지, 틀렸는지 보지 말고, 틀린 문제나 찍어서 맞힌 문제 등은 꼭 다시 푸세요.
- 해설에 제시된 정답의 단서를 파악하고, 매력적인 오답에 대한 설명도 놓치지 마세요.
- 직독직해를 통해 해석이 되지 않던 부분이나 잘 이해가 가지 않았던 문장을 이해하세요.
- 첨삭 설명된 구문풀이로 문장 해석력을 키우고, 몰랐던 어휘나 표현을 익히세요.

❼ 특별부록 – 단어장을 100% 활용하자!

- 문제에 제시된 수능 필수 어휘를 총정리한 단어장을 매일 꾸준히 익히세요.
- 각 단원마다 제공되는 단어장 QR코드를 통해 언제 어디서나 단어를 공부할 수 있어요.

단원별 핵심 문제 + 최신·중요 문제
동영상 강의 QR코드

1. 해설의 줄글보다 동영상을 선호하는 경우 빠르게 이해할 수 있어요!
2. 해설과 다른 풀이를 알고 싶을 때 확인해 보세요!
3. 긴 시간 혼자서 공부하느라 집중력이 떨어질 때 사용해 보세요!
4. 어법, 문법을 혼자서 이해하기에 아직 조금 부족한 실력을 강의를 통해 보충할 수 있어요!

🍀 차 례

[어법 · 어휘 유형 별도 교재]
＊어법 · 어휘 유형 문제는 별도 교재인 '2027 수능 대비
자이스토리 어법 · 어휘 실전'에 수록해서 어법 · 어휘 유형에
집중해 효율적으로 공부할 수 있도록 했습니다.

 완벽한 기출 분석, 유형별 풀이법 훈련으로 내신 + 수능 **1등급** 완성

❶ 기출 독해 문제 유형 분석 및 풀이 비법

수능을 철저히 분석하여 독해 유형별로 기출 문제를 정리했으며 유형에 대한 기본 개념을 잡을 수 있도록 하였습니다. 또, 문제 분석 단계별로 유형 풀이 비법을 익힐 수 있습니다.

- **유형 풀이 비법** : 좀 더 빠르고 정확하게 문제에 접근하는 풀이법 정리
- **중요 어휘+표현 Preview** : 유형별로 시험에 자주 나오는 어휘와 표현 수록

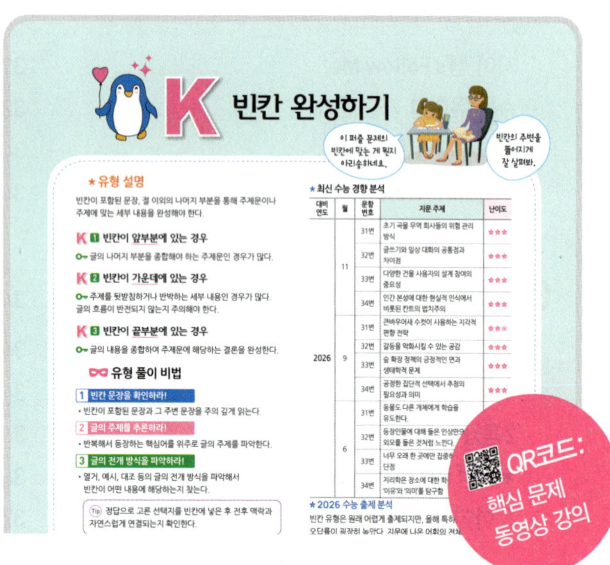

❷ 자이 쌤's Follow Me!

유형을 가장 잘 나타내는 대표 유형 문제를 강의식으로 설명하여 읽기만 해도 독해 학습이 저절로 이해되도록 구성하였습니다.

- **1st**, **2nd**, **3rd** : 유형별 효과적인 문제 접근법 제시
- **빈칸 문제** : 직접 빈칸을 채우면서 문제를 해결하는 스킬 연습
- **수능 Tip** : 해당 유형을 심화학습 할 수 있도록 수록

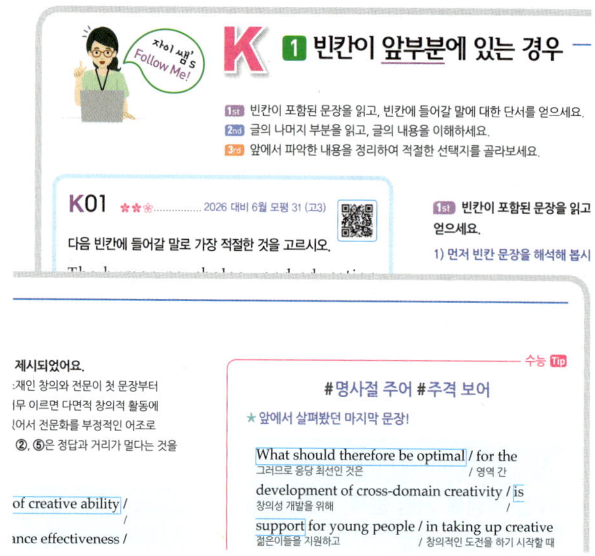

❸ 수능 유형별 기출 문제

독해 유형별 풀이법을 쉽게 이해하고 훈련할 수 있도록 꼼꼼히 유형을 분류하고 난이도별로 문항을 배열하였습니다. 이를 통해 독해 공부가 한층 쉬워질 것입니다.

- **난이도** : ✿✿✿ – 상, ✿✿✿ – 중, ✿✿✿ – 하, **1등급**, **2등급**
- **출처표시** : 수능, 평가원 – 대비연도, 학력평가 – 실시연도
  - **2025 실시 3월 학평 20(고3)** : 2025년 3월에 실시한 학력평가 20번
  - **2026 대비 9월 모평 20(고3)** : 2025년 9월에 실시한 모의고사 20번
  - **2026 대비 수능 20(고3)** : 2025년 11월에 실시한 수능 홀수형 20번

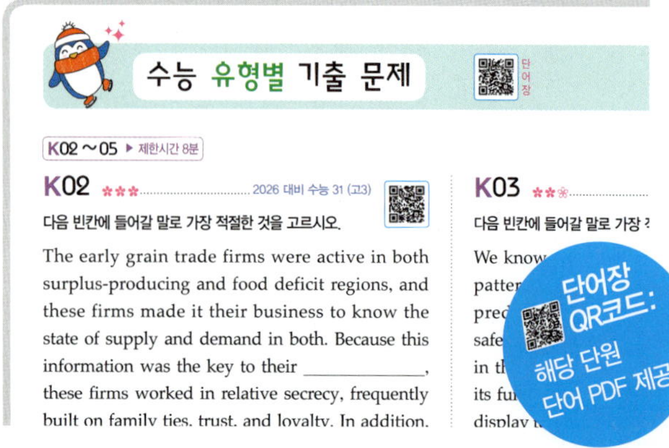

❹ 1등급, 2등급 대비 문제 선별 수록

1등급, 2등급을 가르는 고난이도 문제들을 별도로 표시하여 수록하였습니다. 한 문제씩 꼼꼼히 풀어가면 반드시 1등급에 도달할 수 있습니다.

- **1등급 대비** : 어려운 지문 또는 정답을 쉽게 찾기 힘든, 1등급을 가르는 최고난도 문제
- **2등급 대비** : 헷갈리기 쉬운 매력적 오답이 있어 정답률이 낮은, 2등급을 가르는 고난도 문제

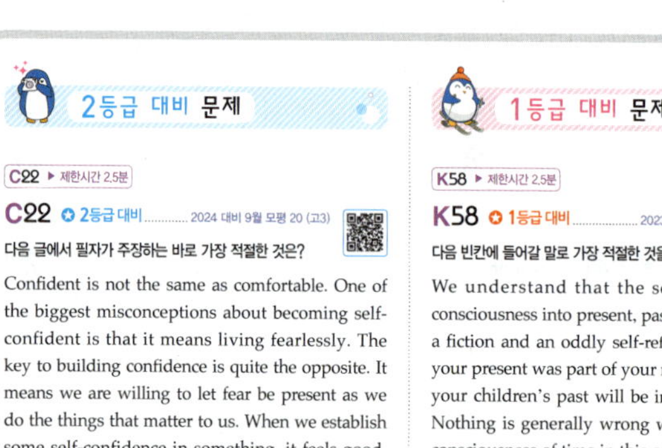

5 고난도 유형 독해 모의고사 3회

2026~2024 대비 경찰대, 삼사 기출 문제 중 고난도 독해
유형에 해당하는 문항을 포함시켜 12문항으로 구성하여
어려워지는 시험에 대비할 수 있습니다.

1회 고난도 유형 독해 모의고사 경찰대, 삼사, 수능 대비 둔

01 2025 대비 육해공사관 7 (고3)

다음 글에서 밑줄 친 부분이 의미하는 바로 가장 적절한 것은? [4점]

Compared to other primates, we are freakishly social
and cooperative: not only do we sit obediently on
airplanes, we labor collectively to build houses,
specialize in different skills, and live lives that are
driven by our specific role in the group. This is quite
a trick for a primate to pull off, considering our most
recent evolutionary history. Hive life is (literally)
a no-brainer for ants: They share the same genes.

02

다음 글의 주제로 가장 적절한

By the start of the 16
movement had give
Reformation and an
change. The art of
disruption caused b
named the Baroqu
distorted, European
largely focused on

6 1등급 대비 · 2등급 대비 문제 단계별 해설

D 21 정답 ② ● 1등급 대비 [정답률 61%]

2쯤 **1등급** '아침 통근을 위해 준비하지 말지가 신뢰해야 하는 전문가의 지식을
가리킨다는 의미를 글을 읽으면서 파악해야 한다. 기후 과학자나 물리학자를 언급하며
설명하는 내용을 제대로 이해하지 못하면 풀기 힘든 문제이다.

| 문제 풀이 순서 |

1st 첫 문장과 밑줄 친 부분이 포함된 문장을 읽고, 글의 내용을 예상한다.
· 첫 문장: 과학자는 자신의 전문 분야에 대해서만 전문 지식을 갖고 있음
  밑줄 친 부분이 포함된 문장: 우리가 사는 자연 세계에 관한 어려운 질문들을
  처리하는 데 생애를 바친 남녀들(= 전문가)을 어느 정도 신뢰해야 함
  ▶ '전문가를 신뢰할 때는 매우 주의해야 한다. 하지만 전문가들을 어느 정도 신뢰하지
  않으면 우리는 마비된다.' 라는 내용임을 예상할 수 있다.

2nd 글의 나머지 부분을 읽고, 예상한 내용이 맞는지 확인한다.
· 전문가에 대한 신뢰는 매우 한정되고 특정해야 한다. 하지만 전문가를 어느 정도
  신뢰하지 않으면 마비된다. ▶ 1st에 예상한 흐름이 맞음

3rd 파악한 글의 내용을 종합하여 밑줄 친 부분의 의미를 파악한다.
· '아침 통근을 위해 준비하지 말지가 우리가 마비되지 않기 위해서는 어느 정도 신뢰해야
  하는 전문가의 지식을 가리킨다. 따라서 정답은 ② '전문화된 전문가들에 의해 제공된
  쉽게 적용할 수 있는 정보'이다.

| 선택지 분석 |

① 디지털 플랫폼이 소재지라는 개념에서 벗어나게 해주었다는 내용이나, 소재지 자체
  가 딜레마를 지니고 있었다는 내용은 언급되지 않았으며, 이 딜레마를 해결했다는
  내용이 아니다.
② 업무가 디지털화되면서 서비스 업무와 특정 장소 간의 연결이 불필요해졌다는 내용
  이다.
③ 디지털 플랫폼이 현지 사업을 지리적으로 확장하지 못하게 했다는 내용이 아니라,
  지리학적으로 매이지 않게 만들어 주었다는 내용이다.
④ 디지털 플랫폼으로 현지에 회사를 설치하지 않게 됨으로써 지역의 엄격한 규제로부
  터 자유로워질 수 있었다는 내용이지, 디지털 플랫폼에 법적 절차 자체를 완화했다
  는 내용이 아니다.

문제 분석
왜 이 문제가 등급을 가르는
대비 문제인지를 설명하고
정답을 찾는 데 가장 핵심이
되는 단서를 설명했습니다.

문제 풀이 순서
단순히 정답만 설명하는 것이
아니라 정답을 찾아가는 과정을
단계별로 자세히 설명함으로써
앞으로 만날 고난도 문제를
스스로 풀 수 있도록
훈련시킵니다.

선택지 분석
오답 선택지까지 다시 한번
완벽히 분석하여 더이상 오답의
함정에 빠지지 않도록 합니다.

7 더욱 강화된 단계별 입체 첨삭 해설!

글의 주제
지문의 내용을 한 눈에 파악할 수
있도록 주제를 제시하였습니다.

직독직해
의미 중심의 문장별 끊어 읽기
표시와 해석을 달아주어 바로바로
해석할 수 있도록 돕습니다.

왜 정답
정답이 되는 핵심 이유와
문제풀이를 알기 쉽고 자세하게
수록하였습니다.

핵심 문장
글의 핵심문장을 표시하였습니다.

구문 풀이
해석과 지문 이해에 기본이
되는 구문 설명을 직접 첨삭하여
문법과 독해 실력 모두를 키울 수
있습니다.

어휘 풀이
필수 어휘와 어려운 어휘의 뜻을
정리하여 독해를 하면서 어휘의
뜻도 자연스럽게 익히고 어휘 실력
또한 키울 수 있게 하였습니다.

단서
문제를 푸는 데 핵심이 되는
어구나 문장을 표시했습니다.

글의 흐름
고난도 지문의 경우, 글의 전개
방식을 한눈에 파악할 수 있도록
도표로 정리하여 수록하였습니다.

선택지 첨삭 해설
정확한 정답을 확인할 수 있도록
선택지를 꼼꼼하게 분석해
설명했습니다.

배경 지식
지문과 관련 있는 알아두면 유용한
배경 지식을 수록하였습니다.

자이 쌤's Follow Me! - 홈페이지에서 제공

자이 쌤 제공 문제편에 실리지 않은 자이 쌤을 홈페이지에 제공해드립니다.

F 08 정답 ① *체력을 길러야 하는 필요성

The word sin itself / is an interesting concept. //
sin(죄)이라는 말 자체는 / 흥미로운 개념이다 //
It's actually a term from archery, / and it means "to miss the
mark. //
그것은 실제로 궁술에서 온 용어인데 / 그것은 '과녁을 빗나가다'를 의미한다 //
When we commit the "sin" / of failing to take care of our bodies /
through proper nutrition, exercise, and rest, / we're missing the
mark / of what life is all about. //
우리가 '죄'를 저지를 때 / 우리의 몸을 관리하는 데 실패하는 / 적절한 영양, 운동, 휴식을 통해
서 / 우리는 과녁에서 벗어나고 있는 셈이다 / 인생의 중요한 것의 //
Businesspeople will tell you / that the individual / who is in the
best physical shape / often wins in negotiations, /
사업가들은 여러분에게 말할 것이다 / 사람은 / 최고의 신체적 건강 상태에 있는 / 흔히 협상
에서 이긴다고 /
because he has the physical stamina / to see the deal through. //
그가 체력을 지니고 있으므로 / 계약을 끝까지 성사시킬 수 있는 //
One of the reasons / world-class golfers are head and shoulders
above the other golfers / of their era / is that they are in so much
better shape / than the others are. //
이유를 중 하나는 / 세계 수준의 골프 선수들이 다른 골프 선수들보다 월등 위에 있는 / 자기
시대의 / 그들이 몸 상태가 훨씬 더 좋다는 것이다 / 다른 선수들이런 것보다 //

· concept ⓝ 개념   · term ⓝ 용어   · archery ⓝ 궁술, 양궁
· miss ⓥ 빗나가다   · mark ⓝ 과녁   · commit ⓥ 저지르다
· proper ⓐ 적절한   · nutrition ⓝ 영양

sin(죄)이라는 말 자체는 흥미로운 개념이다. 그것은 실제로 궁술에서 온
용어인데, 그것은 '과녁을 빗나가다'를 의미한다. 우리가 적절한 영양, 운
동, 휴식을 통해서 우리의 몸을 관리하는 데 실패하는 '죄'를 저지를 때, 우
리는 인생의 중요한 것의 과녁에서 빗나가고 있는 셈이다. 최상의 신체적
건강 상태에 있는 사람은 계약을 끝까지 성사시킬 수 있는 체력을 지니고
있으므로, 그런 사람이 흔히 협상에서 이긴다고 사업가들은 여러분에게 말
할 것이다. 세계 수준의 골프 선수들이 자기 시대의 다른 골프 선수들보다
한 수 위에 있는 이유들 중 하나는 그들이 다른 선수들보다 몸 상태가 훨씬
더 좋다는 것이다. 그들은 골프 연습장에서뿐만 아니라 체력단련실에서도
힘을 하는데, 이것은 그들이 중요한 토너먼트에서 상대편 선수들 물리치
기 위해서 육체적인 경기에서뿐 아니라 정신적인 경기에서도 이길 수 있
는 힘과 체력을 지니고 있다는 것을 의미한다.

다음 글의 주제로 가장 적절한 것은?

① the necessity to build up physical strength
체력을 길러야 하는 필요성
② the importance of setting specific goals
구체적인 목표 설정에 관한 내용은 없음
③ various ways to overcome obstacles
장애물을 극복하는 다양한 방법들
④ differences between business and sports
사업과 스포츠의 차이점
⑤ things to consider for successful negotiations
성공적인 협상을 위해 고려해야 할 것들

맥락 효과(context effect)
처음 주어진 정보나 조건이 이후의 정보들을 받아들이고 해석하는 데 영향을
미치는 현상을 말한다. 다시 말해, 새로운 정보를 받아들이거나 해석할 때
활용되는 기존 지식이나 태도, 감정 상태 등이 새로운 정보를 수용하기 위한 '맥락'
으로 작용한다는 것이다.
이는 수많은 정보들을 짧은 시간 안에 효율적으로 해석하고 받아들이기 위한 인지적
노력으로 볼 수도 있고, 기존 생각이나 태도로 인지적 일관성을 유지하고자 하는 시도로도
해석할 수 있다.

꿀팁
문제를 쉽고 빠르게 풀 수 있는
특별한 꿀팁입니다.

정답률
교육청 자료, 기타 기관 공지
자료와 내부 검토 과정을 거쳐
제시됩니다.

주의
풀이 과정에서 지문의 단서를
잘못 이용할 가능성이 있을 때,
적절한 주의를 주어서 올바른
풀이로 나아갈 수 있도록 한
코너입니다.

함정
지문을 정확히 이해하지
못한다면 반드시 빠지게
되어 있는 함정을 체크해
주고 해결할 수 있는 방법을
제시하였습니다.

KEY: 문제 속 어법 설명
해당 어법 사항이 문제로
출제됐을 때 정답을 찾는 가장
핵심적인 방법을 설명했습니다.

어법 특강
핵심 어법 사항을 한 번 더 짚어
주어 심화학습을 돕습니다.

매력적 오답 이유
매력적 오답이 되는 이유를
자세히 설명합니다.

왜 오답
오답 선택지와 매력적 오답을
상세히 분석해 오답의 함정에
빠지지 않도록 하였습니다.

매력적 오답
오답을 정답이라고 착각하게
되는 이유에 대해 철저하게
분석하고 대책까지 제시합니다.

?왜 정답? [정답률 89%]
첫인상에 가려져 사람들이 나의 재능을 알아차리지 못하는 경우가 있으므로 다른
사람들에게 나 자신에 대해 보여줄 기술을 적극적으로 계발해야 한다고 했다. 즉 내
가 타인에게 매력적으로 보이도록 나의 첫인상을 효율적으로 재편하는 방법을 배우
는 것이 중요하다고 했으므로 정답은 ⑤ '당신이 스스로를 보여주는 방식을 발전시
킬 필요성'이다.

?왜 오답?
① 책임질 일이 너무 많을 때는 타인에게 도움을 요청하여 스스로에게 책임감을 피
  할 기회를 활용하라는 내용이다.
④ 우선순위 정하는 동의 방법으로 업무 효율성을 높이라는 것과 반대의 주
  장을 하는 글이다. (→ 이유: 동의 일부라고 표현했만, 답이 될 수 있다.)
⑤ 타인에게 자신의 진한 상황을 이야기하려는 것이지 그들의 의견을 경청하려 갈
  등을 해결하려는 것이, 아니다.

· 글의 흐름

도입	입장을 취하는 것은 당신의 위치를 알리는 집합 지점이 되기 때문으로 중요함
전개	최고의 세계값은 당신의 관점을 부여줌으로써 고객들이 그것에 동의하고 당신이 마케팅하는 것을 원하게 만드는 것임
부연	상품은 바꾸거나 고칠 수 있지만 당신의 입장이 집합 지점은 그 이면의 가치와 의미를 나타냄

KEY

· [동사 vs. 준동사] 해결하기
· 모든 문장에는 원칙적으로 주어로, 동사가 하나이어 야 한다.
· to부정사, 동명사, 분사 등의 준동사는 문장에서 동사의 역할을 할 수 없다.

어법 특강

· 목적격 보어로 원형부정사를 취하는 동사
- 지각동사: feel, hear, listen to, see, watch 등
- 사역동사: let, make, have
· He heard the bell strike thirteen times at midnight.
  (그는 자정에 종이 열세 번 치는 것을 들었다.)
· Inserting seeds and watching them grow is not difficult.
  (씨앗을 심고 그것들이 자라는 것을 보는 것은 어렵지 않다.)
· Many presents made her eyes shine.
  (많은 선물은 그녀의 눈을 반짝이게 했다.)
· Sean had the plumber repair the leak.
  (Sean은 배관공이 물이 새는 곳을 수리하도록 시켰다.)

특별 부록 – 휴대용 단어장

이 책에 나오는 모든
핵심 어휘를 정리해
놓은 단어장 부록을
휴대하기 편리하게
구성하였습니다.

🍀 집필진 · 감수진 선생님들

🌸 자이스토리는 수능 준비를 가장 효과적으로 할 수 있도록
수능, 평가원, 학력평가 기출문제를 개념별, 유형별, 난이도별로
수록하였으며, 명강의로 소문난 학교·학원 선생님들께서
명쾌한 해설을 입체 첨삭으로 집필하셨습니다.

[집필진]

김도원 군포 수리고등학교	신수진 서울 한영외국어고등학교	
김범우 메가스터디 온라인 강사	이탁균 서울 대일외국어고등학교	
김현아 서울 가락고등학교	한규리 안산 성안고등학교	
박새별 광주 광주과학고등학교	수경 English Lab.	

중요·핵심 문제 동영상 강의 
자이스토리 유튜브 채널
황영희

[특별 감수진]

강민석 수원 이의고등학교	배세진 일산 이영신EST학원	오가영 서울 경희고등학교
강영석 전주 전주영생고등학교	서유경 서울 경희여자고등학교	이지은 수원 수원외국어고등학교
권수정 포항 유성여자고등학교	송도원 전주 전북여자고등학교	정유진 시흥 은행고등학교
김정원 부산 영어의정원	신대한 용인 용인한국외국어대학교 부설고등학교	황윤하 서울 석관고등학교
박수진 서울 송파 이은재어학원		

[감수진]

Jennifer Kim 김해 일타秀학원	나성혜 성남 (분당)아카데미아	이윤석 인천 일등예감학원
강가연 광주 정점학원	남현욱 서울 스카이영어학원	이진희 광주 이마스터학원
강승원 서울 (영등포)장학학원	문명기 서울 (강동)올인영어학원	이현규 전주 이현규영어전문학원
강영호 양주 상승영어공부방	문정아 화성 (동탄)SDH어학원	이현정 진주 니키잉글리쉬
강준구 울산 갑영어전문학원	민수진 서울 대치다원교육	이현지 대구 리즈영어학원
계지숙 포항 Happy Helen	박계리 안양 글로리영어교습소	이혜정 부산 로엠어학원
고주희 양주 이지튜터학원	박민영 부산 스마일영어	임은희 광명 유니스영어
공혜진 대구 삼성영어셀레나제니퍼학원	박상준 고양 제리킹영어학원	임충일 포항 이동이앤앰학원
권선희 거제 월그로우어학원	박수진 용인 서주연영어학원	전수지 강릉 에리카영어학원
권수현 대구 호우재영어	박일진 김해 루체테어학원(율하캠퍼스)	전채원 서울 동작미래탐구
권엘리사 안동 가온영어학원	박진우 인천 빅뱅영어학원	정도희 서울 대치청담어학원
권유주 서울 유주쌤영어	배상돈 광주 뉴욕영어학원	정석환 고양 이안의학원
권정숙 과천 에밀리권영어	배인홍 대구 프란영수학원	정영훈 부산 J&C영어전문학원
김건희 부산 레지나잉글리쉬영어학원	백성희 서울 대치동시크릿	정예슬 대전 소로영어
김광희 대전 외대타임즈학원	백재민 대구 에소테리카영어학원	정재식 수원 마스터제이학원
김기원 대구 베가영어학원	서은진 부산 투애티(toAt)거제어학원	조윤선 서울 쉘리영어학원
김기형 대전 상승학원	서창준 화성 (동탄)메타영어	주정아 무안 주정아영어
김남형 대전 연세잉글리시	성낙경 서울 성북학림학원	지선근 서울 세이지잉글리쉬영어학원
김다래 부산 김다래영어전문	성지현 창원 JH English	진보라 대구 진보라영어학원
김다예 서울 대치써밋학원	송연주 고양 루멘영어교습소	차정록 대구 명강학원
김득원 안성 역사적사명기숙학원, 평촌RYUSTUDY	신세현 대전 힐탑학원	차한솔 사천 월그로우어학원
김상욱 울산 울산입시전략연구소	안준형 제주 위드유학원	최민우 서울 다원교육
김상호 포항 스카이학원	엄수현 서울 엔콕학원(종암관)	최은정 청주 (오창)비상아이비츠종합학원
김아늑 안양 평촌공감영어수학	엄여은 울산 준쌤영어	
김예림 수원 제이원학원	오다예 광주 이지스터디학원	최재병 평촌 Pax어학원
김예슬 수원 수학의이상형	유형숙 수원 다이애나영어교습소	최해정 용인 HAAS하스영어
김예은 세종 KU영어	윤사희 용인 구갈 위클당당	최현희 화성 (봉담)프라임영어전문학원
김예지 창원 케이트영어	윤수빈 서울 The Open청담어학원	하정완 인천 (송도)정탑학원
김원선 구미 정도학원	윤용배 대전 이룸학원	한지현 용인 유캔영어학원
김유미 창원 PSH어학원	이다니엘 울산 반석성균관학원	현명숙 안산 링키영어
김윤한 광주 비비드영어학원	이동훈 대구 이투엠영어	홍대균 서울 홍대균영어
김자경 서울 (월곡)올림포스학원	이수민 파주 (운정)올라영어	홍문식 시흥 유니스영어학원
김지은 서울 Exodus 영어	이슬 화성 (동탄)리듀입시영어학원	홍웅기 서울 (송파)베토영어학원
김지인 서울 Emily English (서울영어도서관)	이운영 천안 도치쌤의영어창고	황의정 인천 (송도)캐런영어학원
	이위동 서울 (강서)에듀라인학원	

 수능 선배들의 비법 전수 – 수험장 생생 체험 소개

긴장되고 떨리는 수험장에서 선배들이
문제를 풀면서 겪은 생생한 체험과 나만의 풀이 비법을
자이스토리 해설편에 수록했습니다.

• 2025년

강다은	대구 계성고 졸 (서울대 의예과)
김연우	대구 정화여고 졸 (연세대 의예과)
김효원	제주 제일고 졸 (서울대 의예과)
박정빈	대구 남산고 졸 (서울대 아동가족학과)
배지오	성남 낙생고 졸 (연세대 약학과)
백승준	광주숭일고 졸 (카이스트 새내기과정학부)
서정후	광주 숭덕고 졸 (아주대 의학과)
성예현	대전전민고 졸 (건국대 의학과)
안한민	익산 남성고 졸
오현준	서울 한영고 졸 (경상대 약학과)
이정근	안양 평촌고 졸 (동국대 wise 의예과)
이지원	대구 성화여고 졸 (고려대 생명과학부)
임지호	부산 동아고 졸 (울산대 의예과)
장윤서	부산 사직여고 졸 (중앙대 간호학과)
정규원	부산 남성여고 졸
최승우	광주서석고 졸 (서울대 약학계열)
최아람	서울 광영고 졸 (서울대 국어교육과)
한규진	대구 계성고 졸 (연세대 치의예과)

• 2024년

곽지훈	서울 한영외고 졸 (서울대 자유전공학부)
권민재	서울 광영여고 졸 (강릉원주대 치의예과)
김동현	안성 안법고 졸 (연세대 실내건축학과)
김서현	대전한빛고 졸 (카이스트 새내기과정학부)
김신유	익산 남성고 졸 (순천향대 의예과)
김아린	대전한빛고 졸 (충남대 의예과)
김용희	화성 화성고 졸 (단국대 의예과)
김지희	광주 국제고 졸 (고려대 한국사학과)
김태현	부산 대연고 졸 (서울대 수리과학부)
류이레	광주대동고 졸 (연세대 의예과)
문지민	대구 정화여고 졸 (고려대 중어중문학과)
변준서	화성 화성고 졸 (건국대 수의예과)
심기현	대구 계성고 졸 (경북대 의예과)
오서윤	서울 광문고 졸 (충남대 의예과)
전성연	부산국제고 졸 (서울대 사회학과)
조수근	성남 태원고 졸 (순천향대 의예과)

2026 응시

강기헌
천안 천안고 졸업
– 독해 실전, 어법·어휘 실전

김서영
서울 잠실여고 졸업
– 생명과학 I

김서호
안양 신성고 졸업
– 고3 미적분

김연준
안성 안법고 졸업
– 독해 실전, 어법·어휘 실전

김윤
익산 이리남성여고 졸업
– 독해 실전, 어법·어휘 실전

김준성
부산 대연고 졸업
– 화학 II

김준영
서울 강서고 졸업
– 고3 확률과 통계

김준희
부산 동천고 졸업
– 세계지리

박수현
대구 대진고 졸업
– 수능 한국사

박예서
화성 안화고 졸업
– 고3 수학 I, 고3 수학 II

박준서
부산 대동고 졸업
– 지구과학 I

방진환
부산 해운대고 졸업
– 고3 기하

우다솔
서울 중앙고 졸업
– 물리학 I

원강희
대전동산고 졸업
– 화법과 작문 실전

이영서
대구 대진고 졸업
– 생명과학 II

이지민
광주대동고 졸업
– 동아시아사

이현수
부산 대동고 졸업
– 화학 I

임준호
광주 문성고 졸업
– 지구과학 II

임지안
광주 금호중앙여고 졸업
– 문학 실전

전상훈
서울 대원고 졸업
– 독서 실전

전시원
대전 한밭고 졸업
– 언어와 매체 실전

정윤서
부산 사직여고 졸업
– 생활과 윤리

정희주
익산 이리남성여고 졸업
– 윤리와 사상

최경준
광주서석고 졸업
– 한국지리

한기주
화성 삼괴고 졸업
– 고3 수학 I, 고3 수학 II

홍서연
남양주 도농고 졸업
– 사회·문화

🍀 문항 배열 및 구성 [630제+어휘 리뷰 505제]

❶ 최신 5개년 수능, 모의평가 전 문항 수록 [390문항]

- 최신 5개년 수능과 평가원 모의평가의 모든 문제를 수록하여 해설했습니다.

❷ 2025년 실시 고3 학력평가 전 문항 수록 [104문항]

- 2025년에 시행된 학력평가의 모든 문항을 수록하여 최신 경향을 완벽히 파악할 수 있습니다.

❸ 최신 4개년 고3 학력평가 우수 문항 수록 [100문항]

- 수능 및 모의평가 문제만으로는 부족한 유형 학습을 채울 수 있도록 난이도와 유형을 고려하여 학력평가 문항 중에서 우수 문항을 선별, 수록하였습니다.

❹ 최신 경찰대, 삼사 기출 문제, 고3 수능 대비 선별 문항 – 고난도 유형 모의고사 수록 [36문항]

- 회차별 문제 구성(12문항)

01번 – 밑줄 친 부분의 의미 찾기	07번 – 글의 순서 정하기
02번 – 주제 찾기	08번 – 글의 순서 정하기 or 주어진 문장 넣기
03번 – 제목 찾기	09번 – 주어진 문장 넣기
04번 ┐	10번 – 요약문 완성하기
05번 ├ 빈칸 완성하기	11번 ┐ 장문의 이해
06번 ┘	12번 ┘

❺ 독해 유형별 핵심 어휘 Review [505문항]

- 각 유형이 끝날 때마다 출제된 핵심 어휘를 다시 한 번 확인하고 완전히 암기할 수 있도록 다양한 유형의 어휘 테스트 문제를 수록하였습니다.

[독해 실전 수록 문항 구성표]

대비연도	3월	4월	6월	7월	9월	10월	수능	경찰대 · 삼사	수록
2026	26	26	26	26	26	26	26	9	191
2025	13	19	26	22	26	24	26	15	171
2024	2	4	26	7	26	12	26	3	106
2023		2	26	2	26	2	26		84
2022			26		26		26		78
총 문항 수									630

2026학년도 6월, 9월 모의+수능

영어 독해+어법 · 어휘 문항 배치표 (홀수형 기준)

문항 번호	수록 교재	6월	수록 교재	9월	수록 교재	수능
18		A01		A19		A03
19		B01		B04		B03
20		C05		C04		C03
21		D02		D01		D03
22		E21		E04		E03
23	독해 실전	F01	독해 실전	F22	독해 실전	F03
24		G05		G04		G03
25		H05		H04		H03
26		I05		I04		I03
27		J07		J05		J03
28		J08		J06		J04
29	어법 · 어휘 실전	C01	어법 · 어휘 실전	A02	어법 · 어휘 실전	J02
30		T04		T06		T08
31		K01		K03		K02
32		K63		K22		K64
33		K23		K20		K65
34		K24		K04		K66
35		L02		L01		L03
36		M06		M05		M03
37		M07		M45		M04
38	독해 실전	N01	독해 실전	N05	독해 실전	N03
39		N07		N06		N04
40		O24		O04		O03
41		P07		P05		P03
42		P08		P06		P04
43		Q10		Q07		Q04
44		Q11		Q08		Q05
45		Q12		Q09		Q06

＊ 독해 실전 : 자이스토리 영어 독해 실전

＊ 어법 · 어휘 실전 : 자이스토리 영어 어법 · 어휘 실전

A 목적 찾기

★ 유형 설명

> 다음 글의 목적으로 가장 적절한 것은?
> To Whom It May Concern,
> I recently visited the Lambsford History

주로 편지글이 지문으로 출제되며, 필자가 편지를 쓴 목적이 무엇인지 찾아야 한다.

☞ 편지를 쓴 사람은 누구이고, 편지를 받는 사람은 누구인지 먼저 파악한다. 편지를 쓴 목적을 직접적으로 나타내는 문장이 글에 등장하는 경우가 많으므로 조동사 (would, will 등)나 연결어, 특정 어구 (please, request)에 주의하며 단서를 찾는다.

유형 풀이 비법

1 글의 종류를 파악하라!
- 광고문, 기사문, 소설, 편지 등 글의 종류를 먼저 파악한다.

2 필자와 받는 사람을 확인하라!
- 필자가 글을 누구에게 쓰는지, 관계가 공적인지 사적인지, 어느 집단이나 회사 소속인지를 파악한다.

3 글을 쓴 의도를 찾아라!
- 필자가 글을 통해 전달하고자 하는 최종적인 의도에 집중한다.

> **Tip** 글에서 언급된 내용의 일부분을 근거로 정답을 고르지 않도록 주의한다.

★ 최신 수능 경향 분석

대비 연도	월	문항 번호	지문 주제	난이도
2026	11	18번	새로운 동아리 활동에 대한 제안서 제출 안내	★☆☆
	9	18번	여름 프로그램 장소 변경 공지	★☆☆
	6	18번	박물관 자원봉사 가능 여부 묻기	★☆☆
2025	11	18번	Rosydale City 마라톤 대회 취소 공지	★☆☆
	9	18번	Royal Ocean Cruises 독점 판촉 상품 안내	★☆☆
	6	18번	부적절한 댓글 자제 요청	★★☆
2024	11	18번	웹툰 제작 온라인 강좌 홍보	★☆☆
	9	18번	교통안전 봉사 참여 요청	★☆☆
	6	18번	공원 재개장 행사 초대	★☆☆

★ 2026 수능 출제 분석

2026 수능에서는 Dear students라고 하면서 편지를 받는 사람을 밝히는 문장으로 시작하고, Therefore, I am encouraging you ~ that you would like to create.라는 문장을 통해 글의 목적을 직접적으로 드러내어 난이도가 높지 않았다.

★ 2027 수능 예측

최근 수년 간 한 해도 빠짐없이 18번 문항으로 출제되었으므로 2027 수능에서도 출제될 것이다.
난이도가 높지 않은 유형이므로 긴장하지 말고 차분히 글을 읽기만 하면 정답을 찾을 수 있다.

🔑 자주 출제되는 표현

- ☐ **Dear Residents** 주민들께
- ☐ **on behalf of** ~을 대신하여
- ☐ **in regard to** ~와 관련하여
- ☐ **Please ensure** ~을 확실히 하십시오
- ☐ **To whom it may concern** 관계자분께
- ☐ **I would like to-v** 저는 ~하고 싶습니다
- ☐ **Thank you in advance** 미리 감사드립니다
- ☐ **I look forward to v-ing** 저는 ~을 고대합니다
- ☐ **I'm the manager of** ~ 저는 ~의 관리인입니다
- ☐ **Please join us for** ~에 우리와 함께해 주세요
- ☐ **We kindly ask that** 우리는 ~을 정중히 요청합니다
- ☐ **I'm asking you to-v** 저는 당신이 ~할 것을 요청합니다
- ☐ **We hope to see you at** ~에서 당신을 뵙기를 바랍니다

📖 어휘 및 표현 Preview

- ☐ **mining industry** 광업
- ☐ **enthusiasm** 열정, 열의
- ☐ **welcome** 환영하다
- ☐ **appreciate** 감사하다
- ☐ **favorite** 가장 좋아하는
- ☐ **loyalty** 충심
- ☐ **promotion** 판촉, 홍보
- ☐ **reservation** 예약
- ☐ **discount** 할인
- ☐ **enjoy** 즐기다
- ☐ **unacceptable** 받아들일 수 없는
- ☐ **comment** 댓글
- ☐ **specialty** 특별 (사항)

A 목적 찾기 (첫 번째)

1st 각 선택지의 핵심 어구에 표시한 후 글을 읽기 시작하세요.
2nd 글 속에서 추론할 수 있는 내용으로 연결고리를 찾아보세요.
3rd 나머지 문장들의 내용을 종합하여 글의 목적을 찾으세요.

A01 ✽❀❀ .... 2026 대비 6월 모평 18 (고3)

다음 글의 목적으로 가장 적절한 것은?

To Whom It May Concern,

I recently visited the Lambsford History Foundation's exhibition about the Qukkon Gold Rush. The collection of pictures, tools, and historical documents made the gold miners arriving to Qukkon come to life. This reminded me of when I lived in Qukkon and worked in the mining industry. Because of this, I'm wondering if there are volunteer guide positions available for this exhibition. I can share my experiences working in the extreme cold of Qukkon. Again, I would be thankful if you could tell me about the availability of volunteer positions as a guide.

Sincerely,
Jonathan Hamilton

① 안내자로 자원봉사를 할 자리가 있는지 문의하려고
② 역사 박물관 근무 경력자 모집에 지원하려고
③ 전시회를 위한 예술품 기부를 부탁하려고
④ 채굴 도구 사용 설명서를 요청하려고
⑤ 전시회의 주제를 소개하려고

1st 각 선택지의 핵심 어구에 표시한 후 글을 읽기 시작하세요.

① 안내자로 자원봉사를 할 자리가 있는지 문의하려고
② 역사 박물관 근무 경력자 모집에 지원하려고
③ 전시회를 위한 예술품 기부를 부탁하려고
④ 채굴 도구 사용 설명서를 요청하려고
⑤ 전시회의 주제를 소개하려고

● **선택지를 통해 글의 소재가 무엇인지 추론할 수 있어요.**
③, ⑤에 공통적으로 '전시회'가 있는 것으로 보아 <단서> 특정 전시회에 관한 글은 아닌지 생각해 볼 수 있어요. <발상>
혹은 ①, ②의 '자원봉사'나 '근무 경력자 모집'과 같은 핵심 어구로 볼 때 <단서> 필자가 일거리를 구하는 상황일 것이라고도 예상해 볼 수 있어요. <발상>
하지만, 여기까지만 읽고서는 아직 확실하지 않아요. 소재가 전시회라면 이를 위해 예술품 기부를 부탁하려는 것인지, 아니면 전시회 주제를 소개하는 것인지 불명확해요.
마찬가지로 일거리를 구하는 상황이라면, 자원봉사를 하려는 것인지, 경력자 모집에 지원하려는 것인지 아직 알 수 없죠. 내용을 좀 더 읽어봅시다.

● **선택지를 확인하고 난 후에는 글을 빠르게 훑어보세요.**
선택지를 먼저 확인하고 나서 글을 훑어보니까 exhibition, volunteer guide positions, The collection of ~ tools처럼 선택지의 내용을 담은 어구들이 눈에 띄어요. 이제 본격적으로 글을 읽으면서 필자가 편지를 쓴 목적이 무엇인지 찾아봅시다.

2nd 글 속에서 추론할 수 있는 내용으로 연결고리를 찾아보세요.

This **reminded me of** / when I lived in Qukkon
이것은 제가 떠올리게 해 주었습니다 / Qukkon에
and worked in the mining industry. //
살면서 광업에 종사했던 시절을   //

● **remind A of B는 'A에게 B를 떠올리게 하다'라는 뜻이에요.**
remind A of B가 들어간 문장에서 편지를 쓰고 있는 필자가 자신이
1(   )에 종사했던 시절을 떠올렸다고 했으므로, 필자는 해당 분야에서 일을 해본 경력자임을 알 수 있어요.

● **선택지 중에 정답으로 예상되는 것이 있나요?**
자신이 해당 업무 경험이 있다고 말한 뒤, 이 능력을 바탕으로 자원봉사를 하거나 혹은 경력자로 일하고 싶다고 말하는 흐름이 자연스러워요. 정답이 ①, ② 중 하나일 가능성이 커졌네요.

● **구체적으로 무엇을 요청하는지 확인해야 해요.**
필자가 자신의 경험만 이야기하고 끝나지는 않겠죠? 결국 운을 띄운 뒤, 그다음에 어떤 말을 하려고 하는지 살펴봐야 해요.

3rd 나머지 문장들의 내용을 종합하여 글의 목적을 찾으세요.

1) 본론이 나오는 다음 내용을 읽어봅시다.

Because of this, / I'm wondering if there are
이러한 이유로 / 저는 자원봉사 가이드 자리가

volunteer guide positions available / for this
있는지 궁금합니다 / 이 전시회를

exhibition. //
위한 //

● **단서가 되는 핵심 어구가 보이나요?**
volunteer guide positions 즉, **②**(　　　　　) 가이드 자리가 있는지
문의하려고 쓴 글이었네요. 광업에 종사했던 자신의 경험을 말하며
자원봉사 혹은 경력자를 모집하는 자리에 대해 문의할 것이라는 우리의
예상이 맞았어요.

2) 다음에 이어지는 내용을 더 살펴봅시다.

I can share my experiences / working in the
저는 제 경험을 공유할 수 있습니다 / Qukkon의

extreme cold of Qukkon. //
극한 추위 속에서 일했던 //

● **자원봉사 가이드로서 할 수 있는 것을 말하고 있어요.**
Qukkon의 극한 추위 속에서 일했던 경험이 있으므로, 해당 박물관의
자원봉사 가이드가 된다면 이에 대한 이야기를 공유할 수 있다고 하네요.

3) 확실히 하기 위해 마지막 문장까지 읽어봅시다.

Again, I would be thankful / if you could tell me /
다시 한번, 감사하겠습니다 / 저에게 알려주신다면 /

about the availability of volunteer positions as a
자원봉사 가이드 자리의 가능 여부에 대해 //

guide. //

would be thankful은 '~하면 감사하겠습니다'라는 뜻이니, 결국 뒤에
말하는 것을 해달라는 거겠죠?
volunteer positions라는 키워드가 반복되고, 자원봉사 가이드 자리가
가능한지 알려달라고 하네요.

4) 이제 우리가 예상한 정답이 맞는지 확인해 봅시다.
역사 박물관에 갔던 필자가 자신이 광업에 종사하던 시절을 떠올리게
됐고, 그 경험을 바탕으로 가이드로서 자원봉사 할 수 있는 자리가 있는지
문의하는 내용이에요.
따라서 우리가 예상한 대로 이 글의 목적은 **③**(　　　　　)이에요.

1 가장 먼저, 선택지에서 '안내자', '자원봉사'와 같은 핵심어구
에 표시하세요.

2 글을 읽으면서 구체적으로 요청하는 것이 '자원봉사 가이드
자리'라는 것을 이해하세요.

3 글의 나머지 부분을 다 읽고 글의 목적을 확실하게 파악한
후, 선택지에서 정답을 찾으세요.

❖ 정답 및 해설 **4p**

A 목적 찾기 (두 번째)

- **1st** 각 선택지의 핵심 어구에 표시한 후 글을 읽기 시작하세요.
- **2nd** 연결어나 명령문, 특정 어구를 찾아 필자가 하고 싶은 말을 추론하세요.
- **3rd** 나머지 문장들의 내용을 종합하여 글의 목적을 찾으세요.

A02 ❋❀❀·············· 2025 대비 6월 모평 18 (고3) 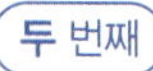

다음 글의 목적으로 가장 적절한 것은?

Ethan 2 days ago

Hello, everyone! Welcome back to your favorite online channel, *With Ethan*. As always, I'm trying to make this channel a place that my followers of all ages can enjoy. Recently, in the comments section, there have been some examples of language that is inappropriate for younger viewers. Also, there have been some comments that are not relevant to this channel. These kinds of comments are unacceptable for a channel like this. I would really like to ask that all of my followers keep these things in mind so that we can all enjoy this channel. I always appreciate your time and support.
Please keep watching.

👍 178　👎 0

① 새로 개설한 온라인 채널을 홍보하려고
② 온라인 생방송 날짜 변경을 공지하려고
③ 부적절한 댓글을 쓰지 않도록 요청하려고
④ 온라인 채널 구독 연령 제한을 고지하려고
⑤ 온라인 구독자들의 요청 사항을 공유하려고

1st 각 선택지의 핵심 어구에 표시한 후 글을 읽기 시작하세요.

① 새로 개설한 온라인 채널을 홍보하려고
② 온라인 생방송 날짜 변경을 공지하려고
③ 부적절한 댓글을 쓰지 않도록 요청하려고
④ 온라인 채널 구독 연령 제한을 고지하려고
⑤ 온라인 구독자들의 요청 사항을 공유하려고

● **선택지를 통해 글의 소재가 무엇인지 추론할 수 있어요.**
거의 모든 선택지에 ❶(　　　　　　　　　)이 있는 것으로 보아 (단서)
그것과 관련하여 무언가를 홍보하거나 안내하는 글일 것이라고 예상할 수 있어요. (발상)
이 소재에 대해서 구체적으로 어떤 내용이 나오는지 파악해서 정답을 찾아야 하는데, 각 선택지의 핵심 내용에 표시를 하면서 읽으면 좀 더 빠르게 정답을 찾을 수 있어요.
온라인 채널을 홍보하는 것인지, 온라인 생방송 날짜를 변경하려는 것인지, 부적절한 댓글을 쓰지 말라고 하는 것인지, 온라인 채널 구독 연령 제한을 얘기하려는 것인지, 온라인 구독자들의 요청 사항을 공유하려는 것인지 글을 읽으면서 확인해 봅시다.

● **선택지를 확인하고 난 후에는 글을 빠르게 훑어보세요.**
선택지를 먼저 확인하고 나서 글을 훑어보니까 your favorite online channel, inappropriate for younger viewers처럼 선택지의 내용을 담은 어구들이 눈에 띄어요. 이제 본격적으로 글을 읽으면서 필자가 편지를 쓴 목적이 무엇인지 찾아봅시다.

2nd 연결어나 명령문, 특정 어구를 찾아 필자가 하고 싶은 말을 추론하세요.

I would really like to ask / that all of my followers
간절히 부탁드립니다　　　　　 / 모든 팔로워가 이러한
keep these things in mind / so that we can all enjoy
점을 염두에 두시길　　　　　 / 우리 모두 이 채널을
this channel. //
즐길 수 있도록　//

● **would like to-v는 '~을 하고 싶다'라는 뜻이에요.**
I would really like to ask는 '간절히 부탁드립니다'라는 의미예요. 이는 편지를 쓰고 있는 필자의 행위가 요청하는 것이고, 뒤에 '모든 팔로워가 이러한 점을 염두에 두시길' 바란다고 했으므로, 이 편지의 목적은 어떤 것을 요청하는 것이에요.

● **선택지 중에 정답으로 예상되는 것이 있나요?**
편지의 목적이 요청이라는 것을 알았으니, 선택지 중 유일하게 요청하는 ③이 정답이라고 예상할 수 있어요.

● **구체적으로 무엇을 요청하는지 확인해야 해요.**
필자가 온라인 채널과 관련해서 무엇을 요청하는 것일까요? 글의 다른 부분을 통해 확인해야 해요.

3rd 나머지 문장들의 내용을 종합하여 글의 목적을 찾으세요.

1) 앞부분에 편지의 수신자를 언급했어요.

Welcome back / to your favorite online channel,
다시 오신 것을 환영합니다 / 여러분이 가장

With Ethan. //
좋아하는 온라인 채널인 *With Ethan*에 //

● **이 편지의 수신자는 누구인가요?**
online channel, *With Ethan* 즉 온라인 채널인 *With Ethan*의
구독자들에게 편지를 보낸 것을 알 수 있어요.

2) 다음에 이어지는 내용을 더 살펴봅시다.

Recently, in the comments section, / there have
최근 댓글난에   / 언어 사례가

been some examples of language / that is
몇 가지 있었습니다   / 어린

inappropriate for younger viewers. //
시청자에게 부적절한   //

Also, there have been some comments / that are
또한, 댓글도 일부 있었습니다   / 이 채널과

not relevant to this channel. //
관련이 없는   //

● **온라인 채널의 댓글과 관련된 내용을 말했어요.**
어린 시청자에게 부적절한 **2**(   )이 있었다고 했고, 채널과
관계없는 댓글도 있었다고 언급했어요.

3) 온라인 채널의 구독자들에게 무엇을 요청하는지 다시 확인합시다.

I would really like to ask / that all of my followers
간절히 부탁드립니다   / 모든 팔로워가 이러한

keep these things in mind / so that we can all enjoy
점을 염두에 두시길   / 우리 모두 이 채널을

this channel. //
즐길 수 있도록   //

모든 팔로워가 부적절하거나 관계없는 댓글이 있었다는 점을 염두에
두기를 부탁했어요.

4) 이제 우리가 예상한 정답이 맞는지 확인해 봅시다.
필자가 운영하는 온라인 채널의 댓글에 어린 시청자에게 부적절한
언어 사례가 있었고, 앞으로 이러한 일이 발생하지 않기를 부탁하는
내용이이에요.
따라서 우리가 예상한 대로 이 글의 목적은 **3**(   )이에요.

1 선택지에서 '온라인 채널', '댓글'과 같은 핵심어구에 표시하고
글을 읽으세요.

2 would like to-v와 같은 표현을 통해 필자가 글을 쓴 목적을
추측해보세요.

3 글을 끝까지 읽고, 온라인 채널의 댓글과 관련해 쓴 글임을
다시 확인하세요.

빈칸 정답 © **3** 부적절 **2** 언어사례 **1**

A03 ~ 06 ▶ 제한시간 8분

A03 ❀❀❀ .... 2026 대비 수능 18 (고3)

다음 글의 목적으로 가장 적절한 것은?

Dear students,

I am Amanda Clark, the school club director, and I am writing to you about our school clubs. Over the last few semesters, there have been requests for more diverse school clubs. For this reason, the school decided to expand the number of clubs for extracurricular activities. This provides students with an opportunity to make additional clubs. Students can make any type of club based on their various interests, such as hip-hop, K-pop dancing, or coding. Therefore, I am encouraging you to submit a proposal for a new club that you would like to create. Please turn this in to my office by the end of this week. I look forward to seeing your great ideas.

Best regards,
Amanda Clark

① 동아리 활동에 대한 만족도를 조사하려고
② 동아리 개설 제안서 제출을 독려하려고
③ 체험 활동 결과 보고서를 요청하려고
④ 동아리 신규 회원 모집을 공지하려고
⑤ 방과 후 활동 프로그램을 설명하려고

A04 ❀❀❀ .... 2025 실시 10월 학평 18 (고3)

다음 글의 목적으로 가장 적절한 것은?

Thank you for applying for the winter internship program. I'm writing this email to provide you with important information regarding the next step in your application process. Based on the materials you submitted, we've recognized your genuine interest in advancing your technical expertise and software development skills. As mentioned before, additional documentation is required before moving to the final stage. We kindly ask that you provide the original copies of the certificates you listed in your application. Please send the documentation via mail by November 7.
Thank you.

① 자격증의 온라인 출력 방법을 안내하려고
② 면접 일정의 변경을 공지하려고
③ 인턴십 프로그램을 홍보하려고
④ 자격증의 원본 제출을 요청하려고
⑤ 인턴십 프로그램이 취소되었음을 알리려고

다음 글의 목적으로 가장 적절한 것은?

To our readers,

We hope you are well and enjoying the latest issue of our magazine, *Kitchen Gazette*. As always, we strive to bring you the most useful content, and we appreciate your continued support. While we aim for perfection with each of our recipes, we occasionally make mistakes. It has come to our attention that the recipe for Banana Cream Pie in the June issue was incomplete. Although the directions did mention adding milk, the list of ingredients did not include it. The correct listing should specify one and three-quarter cups of milk. We hope you'll try it again using the corrected version. Thank you for your understanding, and we look forward to bringing you more delicious recipes in the future!

Warm regards,
Jenny Perker
Kitchen Gazette Food Content Director

① 잡지에 실린 요리법의 수정 사항을 알리려고
② 요리 재료 보관 시 유의 사항을 설명하려고
③ 유명 요리사의 조리 비법을 공유하려고
④ 요리 잡지의 정기 구독을 독려하려고
⑤ 요리책의 최신 발행본을 홍보하려고

다음 글의 목적으로 가장 적절한 것은?

To whom it may concern,

The creation of an additional new road to address the traffic on worn-out Mahogany Road was quite pleasant news for our community. I pen this letter with the hope that the relevant authorities will intervene in regard to an unresolved inconvenience. I fully agree that the toll on Mahogany Road needed to be high in past years, because the road was a single one with lots of traffic and its miserable state required frequent maintenance. Yet, the road's drivers are still asked to pay $3 each time, and this price is similar to that of the newly built road, so the traffic jams don't go away as drivers flock to the new road. For better distribution of traffic, I suggest there be a proper adjustment in price on Mahogany Road. I hope the new road can fulfill our needs well as planned.

Yours faithfully,
Dan Sullivan

① 도로 건설 계획의 변경에 반대하려고
② 갑작스러운 통행료 인상에 항의하려고
③ 새로운 도로 건설의 필요성을 설명하려고
④ 오래된 도로의 통행료 조정을 제안하려고
⑤ 도로 폐쇄로 인한 교통 체증 문제 해결을 요구하려고

A07 ✽❀❀ ·········· 2025 실시 3월 학평 18 (고3)

다음 글의 목적으로 가장 적절한 것은?

Dear School Officials,

Thank you for deciding to participate in the upcoming 2025 Student Art Exhibition. Our organization's event has been a platform for showcasing the artistic talents of young students for a decade. After reviewing the applications we've received, we can't wait to exhibit your students' work. However, please note that there has been a change to the submission deadline for your students' work. The deadline is April 15th instead of March 28th. Please send the work to the address of which we have already notified you. Thank you.

① 전시회 운영 기간을 안내하려고
② 작품 제출 마감일 변경을 알리려고
③ 학생 예술 단체 가입을 독려하려고
④ 전시회에 공개할 작품을 발표하려고
⑤ 전시되는 작품의 선정 기준을 공지하려고

A08 ✽❀❀ ·········· 2024 대비 6월 모평 18 (고3)

다음 글의 목적으로 가장 적절한 것은?

Dear Custard Valley Park members,
Custard Valley Park's grand reopening event will be held on June 1st. For this exciting occasion, we are offering free admission to all visitors on the reopening day. There will be a food stand selling ice cream and snacks. We would like to invite you, our valued members, to celebrate this event. Please come and explore the park's new features such as tennis courts and a flower garden. Just relax and enjoy the beautiful scenery. We are

confident that you will love the new changes, and we are looking forward to seeing you soon.
Sincerely,
Katherine Carter
Park Management Team

① 공원 재개장 행사에 초대하려고
② 공원 운영 시간 변경을 공지하려고
③ 공원 이용 규칙 준수를 당부하려고
④ 공원 입장 시 유의 사항을 안내하려고
⑤ 공원 리모델링 사업 계획을 설명하려고

A09 ✽❀❀ ·········· 2025 대비 수능 18 (고3)

다음 글의 목적으로 가장 적절한 것은?

Dear Rosydale City Marathon Racers,

We are really grateful to all of you who have signed up for the 10th Rosydale City Marathon that was scheduled for this coming Saturday at 10 a.m. Unfortunately, as you may already know, the weather forecast says that there is going to be a downpour throughout the race day. We truly hoped that the race would go smoothly. However, it is likely that the heavy rain will make the roads too slippery and dangerous for the racers to run safely. As a result, we have decided to cancel the race. We hope you understand and we promise to hold another race in the near future.

Sincerely,
Martha Kingsley
Race Manager

① 마라톤 경기 취소 사실을 공지하려고
② 마라톤 경기 사전 행사 참여를 독려하려고
③ 마라톤 경기 참가비 환불 절차를 설명하려고
④ 마라톤 경기 참여 시 규칙 준수를 당부하려고
⑤ 마라톤 경기 진행에 따른 도로 통제를 안내하려고

A10 ❋❀❀ .... 2025 대비 9월 모평 18 (고3)

다음 글의 목적으로 가장 적절한 것은?

Dear Valued Members,

We have exciting news here at Royal Ocean Cruises! To thank you for your loyalty, we are thrilled to offer you an exclusive promotion! Make a reservation for any cruise departing within the next six months and enjoy a 15% discount. Additionally, we are offering a free specialty dining package and a $20 coupon to use at the onboard gift shop. To take advantage of this offer, simply go to our website and enter the promotion code 'ROC25'. We look forward to welcoming you back aboard for another unforgettable journey. Thank you for your continued loyalty and support.

Sincerely,
Cindy Robins
Customer Relations Manager

① 식사 메뉴 변경 사유를 설명하려고
② 여행 후기 작성 참여를 독려하려고
③ 여행 일정 변경 사항을 공지하려고
④ 여행 상품 판촉 행사를 안내하려고
⑤ 고객 감사 행사 아이디어를 공모하려고

A11 ❋❀❀ .... 2024 실시 10월 학평 18 (고3)

다음 글의 목적으로 가장 적절한 것은?

I hope this email finds you well. Thank you for considering me as a speaker for the upcoming Digital Marketing Workshop. I appreciate the invitation and your thoughtfulness. The workshop sounds like an amazing event, and I would have loved to participate. However, I regret to inform you that I will be overseas on a business trip during the workshop. It is unfortunate that the timing does not work out. Although I cannot attend as a speaker this time, I remain hopeful for future opportunities where our schedules might coincide. I hope the workshop goes well.

① 디지털 마케팅 워크숍에 참여를 독려하려고
② 연설자로 참석해 달라는 제안을 거절하려고
③ 워크숍의 변경된 장소를 안내하려고
④ 행사가 취소되었음을 공지하려고
⑤ 해외 출장 일정을 조정하려고

A12 ❋❀❀ .... 2022 대비 6월 모평 18 (고3)

다음 글의 목적으로 가장 적절한 것은?

Dear Ms. Larson,

I am writing to you with new information about your current membership. Last year, you signed up for our museum membership that provides special discounts. As stated in the last newsletter, this year we are happy to be celebrating our 50th anniversary. So we would like to offer you further benefits. These include free admission for up to ten people and 20% off museum merchandise on your next visit. You will also be invited to all new exhibition openings this year at discounted prices. We hope you enjoy these offers. For any questions, please feel free to contact us.
Best regards,
Stella Harrison

① 박물관 개관 50주년 기념행사 취소를 공지하려고
② 작년에 가입한 박물관 멤버십의 갱신을 요청하려고
③ 박물관 멤버십 회원을 위한 추가 혜택을 알려 주려고
④ 박물관 기념품점에서 새로 판매할 상품을 홍보하려고
⑤ 박물관 전시 프로그램에서 변경된 내용을 안내하려고

A13 ✽❀❀ ···················· 2023 대비 6월 모평 18 (고3)

다음 글의 목적으로 가장 적절한 것은?

Dear Hylean Miller,

Hello, I'm Nelson Perkins, a teacher and swimming coach at Broomstone High School. Last week, I made a reservation for one of your company's swimming pools for our summer swim camp. However, due to its popularity, thirty more students are coming to the camp than we expected, so we need one more swimming pool for them. The rental section on your website says that there are two other swimming pools during the summer season: the Splash Pool and the Rainbow Pool. Please let me know if an additional rental would be possible. Thank you in advance.

Best Wishes,

Nelson Perkins

① 수영 캠프 참가 날짜를 변경하려고
② 수영장 수용 가능 인원을 확인하려고
③ 수영 캠프 등록 방법에 대해 알아보려고
④ 수영장 추가 대여 가능 여부를 문의하려고
⑤ 수영장 대여 취소에 따른 환불을 요청하려고

A14 ✽❀❀ ···················· 2022 대비 9월 모평 18 (고3)

다음 글의 목적으로 가장 적절한 것은?

Dear Mr. Bernstein,

My name is Thomas Cobb, the marketing director of Calbary Hospital. Our hospital is planning to hold a charity concert on September 18th in the Main Hall of our hospital. We expect it to be helpful in raising money to cover the medical costs of those in need. To make the concert more special, we want to invite you for the opening of the concert. Your reputation as a pianist is well known, and everyone will be very happy to see your performance. Beautiful piano melodies will help create an enjoyable experience for the audience. We look forward to your positive reply.

Sincerely,

Thomas A. Cobb

① 의료비 지원이 필요한 이들을 위한 기부를 독려하려고
② 자선 음악회 연주자로 참여해 줄 것을 요청하려고
③ 피아노 독주회 관람 신청 방법을 문의하려고
④ 병원 개관 기념행사 참가 방법을 안내하려고
⑤ 병원 진료 시간이 변경된 것을 알려 주려고

A15 ✿❀❀ .... 2022 대비 수능 18 (고3)

다음 글의 목적으로 가장 적절한 것은?

Dear Ms. Green,

My name is Donna Williams, a science teacher at Rogan High School. I am planning a special workshop for our science teachers. We are interested in learning how to teach online science classes. I have been impressed with your ideas about using internet platforms for science classes. Since you are an expert in online education, I would like to ask you to deliver a special lecture at the workshop scheduled for next month. I am sure the lecture will help our teachers manage successful online science classes, and I hope we can learn from your insights. I am looking forward to hearing from you.

Sincerely,

Donna Williams

① 과학 교육 정책 협의회 참여를 독려하려고
② 과학 교사 워크숍의 특강을 부탁하려고
③ 과학 교사 채용 계획을 공지하려고
④ 과학 교육 프로그램 개발을 요청하려고
⑤ 과학 교육 워크숍 일정의 변경을 안내하려고

A16 ✿❀❀ .... 2023 대비 9월 모평 18 (고3)

다음 글의 목적으로 가장 적절한 것은?

Dear Natalie Talley,

My name is Olivia Spikes, the mayor of Millstown. Before you attend the world championships next month, on behalf of everyone in Millstown, I wish to let you know that we are supporting you all the way. As you are the first famous figure skater from Millstown, we are all big fans of yours. Our community was so proud of you for winning the national championships last year. Your amazing performance really moved us all. We all believe that you are going to impress the entire nation again. Your hometown supporters will cheer for you whenever you perform on the ice. Good luck!

Best wishes,

Olivia Spikes

① 지역 사회 홍보 대사로 활동해 줄 것을 제안하려고
② 이웃 도시와 예정된 친선 경기 취소를 통보하려고
③ 지역 사회 출신 피겨 스케이팅 선수를 응원하려고
④ 시청에서 주관하는 연례 자선 행사를 홍보하려고
⑤ 피겨 스케이팅 경기장 건립을 위한 기부를 요청하려고

A17 ✿❀❀ ⋯⋯⋯⋯⋯⋯⋯⋯⋯⋯⋯⋯ 2024 대비 수능 18 (고3) 

다음 글의 목적으로 가장 적절한 것은?

I'm Charlie Reeves, manager of Toon Skills Company. If you're interested in new webtoon-making skills and techniques, this post is for you. This year, we've launched special online courses, which contain a variety of contents about webtoon production. Each course consists of ten units that help improve your drawing and story-telling skills. Moreover, these courses are designed to suit any level, from beginner to advanced. It costs $45 for one course, and you can watch your course as many times as you want for six months. Our courses with talented and experienced instructors will open up a new world of creativity for you. It's time to start creating your webtoon world at https://webtoonskills.com.

① 웹툰 제작 온라인 강좌를 홍보하려고
② 웹툰 작가 채용 정보를 제공하려고
③ 신작 웹툰 공개 일정을 공지하려고
④ 웹툰 창작 대회에 출품을 권유하려고
⑤ 기초적인 웹툰 제작 방법을 설명하려고

A18 ✿❀❀ ⋯⋯⋯⋯⋯⋯⋯⋯⋯⋯⋯⋯ 2023 대비 수능 18 (고3) 

다음 글의 목적으로 가장 적절한 것은?

To whom it may concern,
　My name is Michael Brown. I have been a bird-watcher since childhood. I have always enjoyed watching birds in my yard and identifying them by sight and sound. Yesterday, I happened to read an article about your club. I was surprised and excited to find out about a community of passionate bird-watchers who travel annually to go birding. I would love to join your club, but your website appears to be under construction. I could not find any information except for this contact email address. I would like to know how to sign up for the club. I look forward to your reply.
Sincerely,
Michael Brown

① 조류 관찰 클럽에 가입하는 방법을 문의하려고
② 조류 관찰 시 주의해야 할 사항을 전달하려고
③ 조류 관찰 협회의 새로운 규정을 확인하려고
④ 조류 관찰과 관련된 웹 사이트를 소개하려고
⑤ 조류 관찰 시 필요한 장비를 알아보려고

2등급 대비 문제

A19 ⭐ 2등급 대비 .... 2026 대비 9월 모평 18 (고3)

다음 글의 목적으로 가장 적절한 것은?

Dear AI summer program participants,

I am your instructor John Phillips. I am excited about your enthusiasm for expanding your familiarity with AI by registering for our AI summer program. Thanks to your interest, more participants enrolled in our program than we expected. Therefore, the original lecture room does not have enough seating for all the participants. So, we have decided to move the location to make space for everyone. The program was supposed to be held in classroom 502 in the Ranark building, but it will be changed to classroom 103 in the Whitewood building. Thank you for your understanding. I am looking forward to meeting you all.

Sincerely,
John Phillips

① 여름 프로그램 참여 동기를 조사하려고
② 여름 프로그램 장소 변경을 알리려고
③ 새로운 여름 프로그램을 홍보하려고
④ 여름 프로그램 강사를 섭외하려고
⑤ 여름 프로그램 취소를 통보하려고

A20 ✪ 2등급 대비 .... 2024 대비 9월 모평 18 (고3)

다음 글의 목적으로 가장 적절한 것은?

Dear Parents,

My name is Danielle Hamilton, and I am the principal of Techville High School. As you may know, there is major road construction scheduled to take place in front of our school next month. This raises safety concerns. Therefore, we are asking for parent volunteers to help with directing traffic. The volunteer hours are from 8:00 to 8:30 a.m. and from 4:30 to 5:00 p.m. on school days. If you are willing to take part in the traffic safety volunteer group, please email us with your preferred schedule at info@techville.edu. Your participation will be helpful in building a safer school environment for our students. Thank you in advance for your contributions.

Sincerely,
Danielle Hamilton

① 교통안전 봉사 참여를 요청하려고
② 자원봉사 교육 일정을 공지하려고
③ 학교 시설 공사에 대한 양해를 구하려고
④ 학교 앞 도로 공사의 필요성을 설명하려고
⑤ 등 · 하교 차량 안전 수칙 준수를 당부하려고

※ 다음 영어는 우리말 뜻을, 우리말은 영어 단어를 〈보기〉에서 찾아 쓰시오.

〈보기〉

rental	further	통행료	miner
부적절한	재단	aboard	참여하다
occasion	인기	passenger	특색

01 feature ________________

02 inappropriate ________________

03 toll ________________

04 foundation ________________

05 popularity ________________

06 채굴자, 광부 ________________

07 대여, 임대 ________________

08 탑승하여 ________________

09 더 멀리에[로] ________________

10 행사, 때 ________________

※ 다음 우리말에 알맞은 영어 표현을 찾아 연결하시오.

11 ~을 대표[대신]하여 • • remind A of B

12 미리, 사전에 • • on behalf of

13 ~로 모여들다 • • flock to

14 A에게 B를 떠올리게 하다 • • in advance

15 참여하다 • • take part in

※ 다음 우리말 표현에 맞는 단어를 고르시오.

16 귀하의 긍정적인 답변 ➡ your (positive / negative) reply

17 Qukkon의 극한 추위 ➡ (mild / extreme) cold of Qukkon

18 Millstown의 시장 ➡ the (mayor / major) of Millstown

19 이 제의를 이용하기 위해 ➡ to take (advantage / advancement) of this offer

20 무료입장 ➡ free (administration / admission)

※ 다음 문장의 빈칸에 알맞은 단어를 〈보기〉에서 찾아 쓰시오.

〈보기〉

relevant	national	reservation	charity
submission	adjustment	exhausted	moved
availability	impress	confident	stare

21 우리 지역 사회는 당신이 지난해에 전국 선수권 대회에서 우승한 것을 자랑스럽게 생각했다.
➡ Our community was proud of you for winning the __________ championships last year.

22 우리 병원은 9월 18일에 자선 음악회 개최를 계획하고 있다.
➡ Our hospital is planning to hold a(n) __________ concert on September 18th.

23 당신의 놀라운 연기는 우리 모두를 진정 감동하게 했다.
➡ Your amazing performance really __________ us all.

24 향후 6개월 이내에 출발하는 어느 유람선 여행이든 예약하세요.
➡ Make a(n) __________ for any cruise departing within the next six months.

25 작품 제출 마감일에 변동이 있었습니다.
➡ There has been a change to the __________ deadline.

26 저희는 여러분이 새로운 변화를 매우 좋아하실 것으로 확신합니다.
➡ We are __________ that you will love the new changes.

27 자원봉사 가이드 자리의 가능 여부에 대해 알려주세요.
➡ Tell me about the __________ of volunteer positions as a guide.

28 이 채널과 관련이 없는 댓글도 일부 있었습니다.
➡ There have been some comments that are not __________ to this channel.

29 저는 적절한 요금 조정을 제안합니다.
➡ I suggest there be a proper __________ in price.

30 우리 모두 당신이 다시 온 나라를 감동하게 할 것이라고 믿는다.
➡ We all believe that you are going to __________ the entire nation again.

B 심경의 이해

↳ 마음의 상태

★ 유형 설명

> 다음 글에 드러난 Jessie의 심경 변화로 가장 적절한 것은?
>
> The shoreline was known for having the best fishing spots on the lake. Jessie was

등장인물이나 상황에 대한 직접적·간접적인 묘사를 읽고 등장인물의 심리 상태, 묘사된 상황의 분위기를 파악해야 한다.

🔑 심경이나 분위기를 나타내는 형용사에 특히 주의를 기울인다. 글에서 묘사되는 상황이 어떤 상황인지, 등장인물이 어떤 상황에 처해 있는지를 파악한다.

🦹 유형 풀이 비법

1 글의 상황을 파악하라!

• 필자나 등장인물이 어떤 상황에 처해 있는지 정확히 이해해야 한다.

2 특정 표현들을 찾아라!

• 글에서 다뤄지는 중심 사건이나 심경을 나타내는 단어나 표현을 파악한다.

3 심경과 분위기를 파악하라!

• 글을 읽으면서 찾은 단서들을 바탕으로 심리 상태와 분위기를 파악한다.

> **Tip** 심경 변화를 묻는 문제는 글에서 상황이 바뀌는 부분을 찾는다. 주로 부사(suddenly 등)나 접속사(but, however)로 상황이 전환된다.

★ 최신 수능 경향 분석

대비 연도	월	문항 번호	지문 주제	난이도
2026	11	19번	자신이 자랐던 집을 찾아낸 Sophie	✿❀❀
	9	19번	그림을 전시하게 되어 매우 기쁜 Sierra	✿❀❀
	6	19번	큰 물고기를 낚게 되어 신난 Jessie	✿❀❀
2025	11	19번	Valentine's Day 기념 식당 예약에 실패한 Peter	✿❀❀
	9	19번	항공기 탑승 시간에 늦을 뻔한 Sophie	✿❀❀
	6	19번	과학 프로젝트 아이디어에 도움을 준 누나	✿❀❀
2024	11	19번	지각할까 봐 걱정하다 안도한 David	✿❀❀
	9	19번	Midtown 대신 Pland Zoo에 가게 됨	✿❀❀
	6	19번	안심한 Jennifer	✿❀❀

★ 2026 수능 출제 분석

Sophie의 심경 변화를 묻는 문제로, She walked the narrow streets ~ unsure about which way to go.를 통해 전반부의 심경을 직접적으로 드러냈다. 후반부에는 smiled brightly, and walked toward the gate를 통해 심경의 변화를 알 수 있었다.

★ 2027 수능 예측

전반부와 후반부, 두 가지 심경을 추론해야 하는 심경 변화 문제나 하나의 심경을 추론해야 하는 문제, 또는 제시된 상황의 분위기를 추론하는 문제가 출제될 수 있다.

📍 자주 출제되는 감정 및 분위기를 나타내는 형용사

- ☐ **content** 만족한
- ☐ **grateful** 감사하는
- ☐ **cheerful** 유쾌한
- ☐ **relieved** 안도하는
- ☐ **confident** 자신감 있는
- ☐ **lively** 활기찬
- ☐ **delighted** 기쁜
- ☐ **thrilled** 흥분한
- ☐ **mysterious** 신비한
- ☐ **curious** 호기심에 찬
- ☐ **startling** 놀라운
- ☐ **monotonous** 단조로운

- ☐ **desperate** 필사적인
- ☐ **urgent** 긴급한
- ☐ **horrified** 공포에 질린
- ☐ **frightened** 두려운
- ☐ **ashamed** 부끄러운
- ☐ **embarrassed** 당황한
- ☐ **irritated** 짜증이 난
- ☐ **furious** 화가 난
- ☐ **disappointed** 실망한
- ☐ **anxious** 염려스러운
- ☐ **frustrated** 좌절하는
- ☐ **regretful** 후회하는

🥄 어휘 및 표현 Preview

- ☐ **shoreline** 호숫가, 해안가
- ☐ **fishing pole** 낚싯대
- ☐ **chaotic** 혼란 상태의
- ☐ **traffic** 교통(량)
- ☐ **worried** 걱정하는
- ☐ **crowd** 사람들, 군중
- ☐ **announcement** 발표
- ☐ **shout** 소리[고함]치다
- ☐ **intense** 격심한
- ☐ **desperately** 필사적으로
- ☐ **unexpected** 예기치 않은
- ☐ **due** 마감일이 된

B 심경의 이해  첫 번째

1st 글의 앞부분을 통해 주인공이 처한 상황을 파악하세요.
2nd 전반부를 읽으면서 주인공의 심경을 나타내는 어구들을 찾으세요.
3rd 심경이 전환되는 부분에 주의하며 후반부의 내용을 파악하세요.

B01 ✽✽✽ ·············· 2026 대비 6월 모평 19 (고3) 

다음 글에 드러난 Jessie의 심경 변화로 가장 적절한 것은?

The shoreline was known for having the best fishing spots on the lake. Jessie was sitting at one of those spots, but her fishing line still hadn't moved an inch. With a deep sigh, Jessie pulled out the line and cast it back into the water. Her dream of catching a big fish was fading. "I can't believe I haven't caught a fish yet. Not a single one," she thought. Just as she was about to give up and leave, the fishing line suddenly became tense. Jessie excitedly held onto the fishing pole as it began to move around wildly. Her eyes widened and her heart began to beat faster with excitement. With a big smile, she could feel that this was the biggest fish she had ever caught!

① disappointed → thrilled
② indifferent → discouraged
③ jealous → anxious
④ delighted → bored
⑤ relieved → pleased

1st 글의 앞부분을 통해 주인공이 처한 상황을 파악하세요.

> The shoreline was known for / having the best
> 그 호숫가는 유명했다 / 호수에서 가장 좋은
> fishing spots on the lake. //
> 낚시터를 가진 것으로 //
> Jessie was sitting at one of those spots, / but her
> Jessie는 그런 낚시터 중 한 곳에 앉아 있었지만 / 그녀의
> fishing line still hadn't moved an inch. //
> 낚싯줄은 여전히 조금도 움직이지 않았다 //

● **Jessie가 호숫가의 낚시터에서 낚시를 하고 있는 상황이에요.**
호숫가에서 낚시를 하는데, 던져둔 낚싯줄이 미동조차 없는 상황이에요.
(단서) 전반부에는 물고기가 잡힐 기미가 안보여 '실망한' 심경인 것 같군요! (발상)

2nd 전반부를 읽으면서 주인공의 심경을 나타내는 어구들을 찾으세요.

> With a deep sigh, / Jessie pulled out the line and
> 깊은 한숨을 쉬며 / Jessie는 낚싯줄을 끌어 올려
> cast it back into the water. //
> 다시 물속으로 던졌다 //
> Her dream of catching a big fish / was fading. //
> 큰 물고기를 잡겠다는 그녀의 꿈은 / 점점 사라져가고 있었다 //

● **sigh는 '한숨'이라는 뜻이에요.**
deep sigh, 즉 '깊은 한숨'을 쉬었다고 했으니까 꽤나 많이 실망했다는 것을 느낄 수 있죠?

● **1st 에서 예상한 전반부의 심경이 정답이 맞군요.**
물고기가 계속 잡히지 않아 한숨을 쉬고, 거의 포기하기 직전이니까 전반부에 묘사된 심경은 '실망한'이라는 뜻의 **❶**( )예요.

3rd 심경이 전환되는 부분에 주의하며 후반부의 내용을 파악하세요.

1) 낚싯줄이 움직이기 시작하면서 심경이 달라져요.

> Just as she was about to give up and leave, / the
> 그녀가 포기하고 떠나려던 바로 그때 /
> fishing line suddenly became tense. //
> 낚싯줄이 갑자기 팽팽해졌다 //
> Jessie excitedly held onto the fishing pole / as it
> Jessie는 흥분하며 낚싯대를 꽉 잡았다 / 낚싯대가
> began to move around wildly. //
> 격렬하게 움직이기 시작하자 //

● **변화된 심경이 드러나는 excitedly가 있죠?**
물고기가 잡히지 않아 실망했고, 결국 포기하고 낚시터를 떠나려고 했어요.
그런데 낚싯대가 움직이기 시작하자 Jessie가 조금은 신난 것 같죠?

2) 정답을 확실히 하기 위해 문장을 더 살펴봅시다.

> Her eyes widened / and her heart began to beat
> 그녀의 눈은 커졌고 / 그녀의 심장은 흥분으로 더
> faster with excitement. //
> 빠르게 뛰기 시작했다 //
> With a big smile, / she could feel / that this was
> 활짝 웃으며 / 그녀는 느낄 수 있었다 / 이것이
> the biggest fish she had ever caught! //
> 자신이 지금까지 잡아본 것 중 가장 큰 물고기라는 것을 //

● **신체적 변화들이 Jessie의 감정을 잘 나타내주네요.**
Jessie의 눈이 커지고, 심장이 더 빠르게 뛰기 시작했다고 했어요. 이런 변화들은 전부 그녀가 느끼는 excitement 때문이죠! 따라서 정답은 '매우 신이 난'을 의미하는 **❷**( )이 적절하겠군요!

빈칸 정답 **❷** thrilled **❶** disappointed

B 심경의 이해 (두 번째)

1st 글의 앞부분을 통해 주인공이 처한 상황을 파악하세요.
2nd 전반부를 읽으면서 주인공의 심경을 나타내는 어구들을 찾으세요.
3rd 심경이 전환되는 부분에 주의하며 후반부의 내용을 파악하세요.

B02 ✿❁❀ ·········· 2025 대비 6월 모평 19 (고3)

다음 글에 드러난 Timothy의 심경 변화로 가장 적절한 것은?

Timothy sat at his desk, desperately turning the pages of his science book. His science project was due in a few days and he had no idea where to start. Finally, he closed his book, hit the table, and shouted, "This is impossible!" His sister, Amelia, drawn by the noise, came into his room. "Hey, little brother, can I help?" Timothy explained his situation and Amelia immediately had a solution. She knew that Timothy enjoyed learning about environmental issues and suggested he do a project about climate change. Timothy thought about the idea and agreed that his sister was right. "Oh, Amelia, your idea is fantastic! Thank you. You are the best sister ever!"

① frustrated → grateful
② disappointed → envious
③ hopeful → thrilled
④ encouraged → ashamed
⑤ fearful → indifferent

1st 글의 앞부분을 통해 주인공이 처한 상황을 파악하세요.

Timothy sat at his desk, / desperately turning the
Timothy는 책상에 앉아 / 필사적으로 자신의 과학책

pages of his science book. //
페이지를 넘겼다 //

His science project was due in a few days / and he
그의 과학 프로젝트 마감일이 며칠 남지 않았는데 / 그는

had no idea where to start. //
어디서부터 시작해야 할지 막막했다 //

● **Timothy가 과학 프로젝트 준비를 하고 있는 상황이에요.**
과학 프로젝트를 위해서 과학책 페이지를 넘기고는 있는데, 마감일이 며칠 남지 않아서 어디서부터 시작해야 할지 막막한 상황이에요. (단서) 확신할 수는 없지만 전반부에는 과학 프로젝트 때문에 '좌절하는' 심경인 것 같군요!

2nd 전반부를 읽으면서 주인공의 심경을 나타내는 어구들을 찾으세요.

Finally, he closed his book, hit the table, and
마침내 그는 책을 덮고 테이블을 치며

shouted, / "This is impossible!" //
외쳤다 / "이건 불가능해!"라고 //

● **impossible은 '불가능한'이라는 뜻이에요.**
"This is impossible!"이라고 했으니까 과학 프로젝트를 며칠 안에 끝내는 게 불가능하다는 의미겠죠?

● **1st** 에서 예상한 전반부의 심경이 정답이군요.
과학 프로젝트를 며칠 안에 끝내야 하는데 막막했다고 했으니까 전반부의 심경은 '좌절한'이라는 뜻의 ❶( )예요.

3rd 심경이 전환되는 부분에 주의하며 후반부의 내용을 파악하세요.

1) 누나가 들어오기 전과 후의 심경이 달라져요.

His sister, Amelia, / drawn by the noise, / came into
그의 누나 Amelia가 / 그 소리에 이끌려 / 그의 방으로

his room. //
들어왔다 //

"Hey, little brother, can I help?" //
"이봐, 동생, 누나가 도와줄까" //

● **누나의 말 can I help에 표시했나요?**
누나가 방에 들어오기 전까지는 과연 며칠 안에 과학 프로젝트를 끝낼 수 있을지 의심을 품고 좌절했어요. 그런데 누나가 '도와줄까?'라고 물으며 방으로 들어왔으니 '감사하는' 마음을 가지게 되겠죠?

2) 정답을 확실히 하기 위해 한 문장만 더 봅시다.

"Oh, Amelia, your idea is fantastic! // Thank you. //
"오, Amelia 누나, 누나의 아이디어는 정말 환상적이야 // 고마워 //

You are the best sister ever!" //
누나는 정말 최고의 누나야" //

● **누나의 말에 Timothy가 어떻게 대답했죠?**
누나가 자신의 과학 프로젝트를 도와주겠다는 아이디어는 환상적이라고 하면서 누나가 최고라고 했어요. 따라서 정답은 ❷( )!

빈칸 정답 ① ❷ ❶ frustrated

B03 ~ 08 ▶ 제한시간 12분

B03 ✽❀❀ ······················· 2026 대비 수능 19 (고3) 

다음 글에 드러난 Sophie의 심경 변화로 가장 적절한 것은?

"Where could it be?" Sophie asked herself. It had been more than ten years since she had last visited the area where she had grown up. The village had changed a lot over time. Uncertain, she awkwardly looked around at her surroundings. She walked the narrow streets of the village, unsure about which way to go. Suddenly, Sophie saw a familiar sight. "Yes, this must be it," she thought. In front of her was a wall with flowers painted on it. Although the colors were now faded, the familiar shapes on the wall were the same ones she had painted with her father as a child. Sophie nodded, smiled brightly, and walked toward the gate. At last, she had finally found the house she had grown up in.

① confused → pleased
② confident → embarrassed
③ thrilled → anxious
④ relieved → nervous
⑤ bored → excited

B04 ✽❀❀ ······················· 2026 대비 9월 모평 19 (고3) 

다음 글에 드러난 Sierra의 심경 변화로 가장 적절한 것은?

Sierra shook as she walked back and forth in front of her professor's office. The week before, she had turned in her art assignment and today, Professor Fox had asked Sierra to come see her. "Oh, no." Sierra thought, "What if she thinks my paintings are horrible?" Sierra's sweating hand turned the door handle. Professor Fox smiled and said, "Sierra, your paintings were amazing and so unique! Can I display them at the school exhibition?" Sierra smiled brightly as she exclaimed, "Oh, this is so wonderful! It's always been a dream of mine to share my art with others! This is the best day ever!"

① angry → calm
② frustrated → bored
③ nervous → delighted
④ relieved → surprised
⑤ thrilled → panicked

B05 ✽❀❀ ······················· 2025 실시 10월 학평 19 (고3) 

다음 글에 드러난 Mike의 심경 변화로 가장 적절한 것은?

Mike stared at the blinking cursor on the screen, his heart sinking deeper with each passing hour. He had rewritten the final sentence over and over, yet nothing felt right. The pressure to finish was mounting — he was so close, but the words didn't come to his mind. He buried his face in his hands with a deep sigh. Then, in the stillness, something sparked. With a rush, he typed a single sentence. A big smile spread across his face. "This is it! It's perfect!" Mike shouted in joy, jumping up from his chair. He clapped his hands with delight. It felt like the final puzzle piece sliding into place. He had finally completed what he had long dreamed of.

① joyful → regretful
② frustrated → happy
③ satisfied → guilty
④ angry → ashamed
⑤ anxious → calm

B06 ✿❀❀ 

다음 글에 드러난 'I'의 심경 변화로 가장 적절한 것은?

I got married in the middle of a small wood outside of Cambridge during the summer of 2019; the night before my wedding, it started to pour with rain. At two o'clock in the morning, the rain sounded like a biblical tempest. I moved myself into the spare bedroom and spent the night awake, sick to my stomach with anxiety, and imagining the tables, chairs, hay bales and sofas we had set out in the woods that day getting soaked through, and my family and in-laws covered in mud. But in the woods at noon the next day, there was no sign of the storm. Sunlight floated through the leaves and landed on the heads of family members I thought for years might never attend my wedding. I looked over at my wife, and then for the next ten hours felt overjoyed up until the moment I went to sleep.

* tempest: 폭풍우

① worried → delighted
② lonely → indifferent
③ pleased → confused
④ bored → relieved
⑤ joyful → grateful

B07 ✿❀❀ 

다음 글에 드러난 'I'의 심경 변화로 가장 적절한 것은?

"Please welcome to the stage, Stacy Pan!" My legs tremble as I step onto the stage to narrate a story I wrote. The spotlight blinds me, and my mind cries out. *Don't mess up. Don't hesitate. Just keep going.* I adjust the microphone, trying to ignore the fact that hundreds of people are watching me. I begin, diving straight into the story as I have practiced. My voice shakes, and I focus on each word, afraid that one misstep will ruin everything. The room is silent, but I keep going, word by word. Finally, I approach the last line and deliver it without a single mistake. There's a moment of silence before I realize I've finished. I breathe out, all my tension melting away. My chest feels lighter as I step off the stage. It's done, and I didn't fail. It's not joy I feel — just stillness and peace.

① relaxed → alarmed
② nervous → relieved
③ confused → confident
④ jealous → sympathetic
⑤ indifferent → refreshed

B08 ✿❀❀ 

다음 글에 드러난 Sam의 심경 변화로 가장 적절한 것은?

Sam had always dreamed of becoming a musical actor, and today was his big chance — a life-changing audition. He had practiced endlessly and was perfectly ready. He couldn't even think of not getting the role. When his name was called, Sam stepped onto the stage, with his head held high and his shoulders held back. The judges' eyes were fixed on him as he appeared on the stage. But then, without warning, his mind went completely blank. The opening line he had rehearsed so many times didn't come to him. He opened his mouth, but no sound came out. Frustration started to set in. In the end, Sam couldn't believe that he couldn't say a single line.

① excited → jealous
② confident → frustrated
③ nervous → relieved
④ exhausted → refreshed
⑤ indifferent → grateful

B09 ✽❈❈ .... 2023 대비 6월 모평 19 (고3)

다음 글에 드러난 Jessica의 심경 변화로 가장 적절한 것은?

The island tour bus Jessica was riding on was moving slowly toward the ocean cliffs. Outside, the sky was getting dark. Jessica sighed with concern, "I'm going to miss the sunset because of the traffic." The bus arrived at the cliffs' parking lot. While the other passengers were gathering their bags, Jessica quickly got off the bus and she ran up the cliff that was famous for its ocean views. She was about to give up when she got to the top. Just then she saw the setting sun and it still shone brightly in the sky. Jessica said to herself, "The glow of the sun is so beautiful. It's even better than I expected."

① worried → delighted
② bored → confident
③ relieved → annoyed
④ joyful → indifferent
⑤ regretful → depressed

B10 ✽❈❈ .... 2025 대비 수능 19 (고3)

다음 글에 드러난 Peter의 심경 변화로 가장 적절한 것은?

It was Valentine's Day on Friday and Peter was certain that his wife, Amy, was going to love his surprise. Peter had spent a long time searching online for an event that would be a new way to spend time with Amy. He had finally found the perfect thing for her. She often told him that she liked to go to places she had never visited before, and he was absolutely sure that she would love going to the new, five-star restaurant downtown. He smiled as he called the restaurant and asked for a reservation for Friday. Unfortunately, his smile quickly disappeared when he was told that the restaurant was fully reserved. "That's too bad," he said quietly. "I thought that I had found the right place."

① relaxed → indifferent
② confident → disappointed
③ confused → satisfied
④ jealous → discouraged
⑤ embarrassed → joyful

B11 ✽❈❈ .... 2025 대비 9월 모평 19 (고3)

다음 글에 드러난 Sophie의 심경 변화로 가장 적절한 것은?

The whole morning had been chaotic. Sophie's day began with her alarm clock failing to ring, which had thrown her into an intense rush. After terrible traffic, her taxi finally arrived at the airport, where she was met with endless security lines. Sophie kept glancing at her watch with each second feeling like an hour. Worried that she could not get to the boarding gate in time, she rushed through the crowds of people. Just then, she heard an announcement saying that her flight had been "delayed." Letting out a deep sigh, she finally felt at ease. With an unexpected hour to spare, she would have time to relax and browse the airport shops before her journey.

① calm → delighted
② pleased → indifferent
③ anxious → relieved
④ joyful → disappointed
⑤ bored → satisfied

B12 ✿❀❀ ⋯⋯⋯⋯⋯⋯⋯⋯ 2024 실시 10월 학평 19 (고3)

다음 글에 드러난 Sarah의 심경 변화로 가장 적절한 것은?

Setting out to find some wood for the campfire, Sarah moved through the forest. Just then, she noticed an approaching danger — a large, threatening bear. Panic spread through her body. Frozen and unable to shout, she watched in horror. Her heart beat louder with each step the bear took. But then, as if by a miracle, the bear paused, looked around, and, uninterested, turned away, retreating into the shadows of the woods. When the bear had disappeared completely out of her sight, her knees nearly gave way. Sarah could finally let out the breath she had been holding. A wave of immense relief washed over her.

① envious → regretful ② frightened → relieved
③ eager → indifferent ④ bored → satisfied
⑤ excited → furious

B13 ✿❀❀ ⋯⋯⋯⋯⋯⋯⋯⋯ 2024 실시 7월 학평 19 (고3)

다음 글에 드러난 Joshua의 심경 변화로 가장 적절한 것은?

Joshua had spent ten weeks crafting a presentation for an upcoming meeting. He had worked very hard on analyzing data, making beautiful plots and projections, and he had often stayed in the office past midnight polishing his presentation. He was delighted with the outcome and happily e-mailed the presentation to his boss, who was going to make the presentation at the all-important meeting. His boss e-mailed him back a few hours later: "Sorry, Joshua, but just yesterday we learned that the deal is off. I did look at your presentation, and it is an impressive and fine piece of work. Well done." Joshua realized that his presentation would never see the light of day. The fact that all his effort had served no ultimate purpose created a deep rift between him and his job. He'd quickly gone from feeling useful and happy in his work to feeling dissatisfied and that his efforts were in vain.

① isolated → optimistic
② curious → bored
③ anxious → thrilled
④ terrified → relieved
⑤ pleased → discouraged

B14 ✿❀❀ ⋯⋯⋯⋯⋯⋯⋯⋯ 2022 대비 6월 모평 19 (고3)

다음 글에 드러난 Natalie의 심경 변화로 가장 적절한 것은?

As Natalie was logging in to her first online counseling session, she wondered, "How can I open my heart to the counselor through a computer screen?" Since the counseling center was a long drive away, she knew that this would save her a lot of time. Natalie just wasn't sure if it would be as helpful as meeting her counselor in person. Once the session began, however, her concerns went away. She actually started thinking that it was much more convenient than expected. She felt as if the counselor were in the room with her. As the session closed, she told him with a smile, "I'll definitely see you online again!"

① doubtful → satisfied
② regretful → confused
③ confident → ashamed
④ bored → excited
⑤ thrilled → disappointed

B15 ✿✿✿ .... 2024 대비 6월 모평 19 (고3)

다음 글에 드러난 Jennifer의 심경 변화로 가장 적절한 것은?

While the mechanic worked on her car, Jennifer walked back and forth in the waiting room. She was deeply concerned about how much it was going to cost to get her car fixed. Her car's engine had started making noises and kept losing power that morning, and she had heard that replacing an engine could be very expensive. After a few minutes, the mechanic came back into the waiting room. "I've got some good news. It was just a dirty spark plug. I already wiped it clean and your car is as good as new." He handed her the bill and when she checked it, the overall cost of repairs came to less than ten dollars. That was far less than she had expected and she felt at ease, knowing she could easily afford it.

① worried → relieved ② calm → terrified
③ bored → thrilled ④ excited → scared
⑤ disappointed → indifferent

B16 ✿✿✿ .... 2022 대비 9월 모평 19 (고3)

다음 글에 드러난 David의 심경 변화로 가장 적절한 것은?

As he stepped onto the basketball court, David suddenly thought of the day he had gotten injured last season and froze. He was not sure if he could play as well as before the injury. A serious wrist injury had caused him to miss the rest of the season. Remembering the surgery, he said to himself, "I thought my basketball career was completely over." However, upon hearing his fans' wild cheers, he felt his body coming alive and thought, "For sure, my fans, friends, and family are looking forward to watching me play today." As soon as the game started, he was filled with energy. The first five shots he attempted went in the basket. "I'm back! I got this," he shouted.

① disappointed → unhappy ② excited → indifferent
③ anxious → confident ④ impatient → calm
⑤ eager → ashamed

B17 ✿✿✿ .... 2022 대비 수능 19 (고3)

다음 글에 나타난 Evelyn의 심경 변화로 가장 적절한 것은?

It was Evelyn's first time to explore the Badlands of Alberta, famous across Canada for its numerous dinosaur fossils. As a young amateur bone-hunter, she was overflowing with anticipation. She had not travelled this far for the bones of common dinosaur species. Her life-long dream to find rare fossils of dinosaurs was about to come true. She began eagerly searching for them. After many hours of wandering throughout the deserted lands, however, she was unsuccessful. Now, the sun was beginning to set, and her goal was still far beyond her reach. Looking at the slowly darkening ground before her, she sighed to herself, "I can't believe I came all this way for nothing. What a waste of time!"

① confused → scared
② discouraged → confident
③ relaxed → annoyed
④ indifferent → depressed
⑤ hopeful → disappointed

B18 ✿✿✿ .... 2024 대비 수능 19 (고3)

다음 글에 드러난 'David'의 심경 변화로 가장 적절한 것은?

David was starting a new job in Vancouver, and he was waiting for his bus. He kept looking back and forth between his watch and the direction the bus would come from. He thought, "My bus isn't here yet. I can't be late on my first day." David couldn't feel at ease. When he looked up again, he saw a different bus coming that was going right to his work. The bus stopped in front of him and opened its door. He got on the bus thinking, "Phew! Luckily, this bus came just in time so I won't be late." He leaned back on an unoccupied seat in the bus and took a deep breath, finally able to relax.

① nervous → relieved ② lonely → hopeful
③ pleased → confused ④ indifferent → delighted
⑤ bored → thrilled

B19 ❀❀❀ .... 2023 대비 수능 19 (고3) 

다음 글에 드러난 Jamie의 심경 변화로 가장 적절한 것은?

Putting all of her energy into her last steps of the running race, Jamie crossed the finish line. To her disappointment, she had failed to beat her personal best time, again. Jamie had pushed herself for months to finally break her record, but it was all for nothing. Recognizing how she felt about her failure, Ken, her teammate, approached her and said, "Jamie, even though you didn't set a personal best time today, your performances have improved dramatically. Your running skills have progressed so much! You'll definitely break your personal best time in the next race!" After hearing his comments, she felt confident about herself. Jamie, now motivated to keep pushing for her goal, replied with a smile. "You're right! Next race, I'll beat my best time for sure!"

① indifferent → regretful
② pleased → bored
③ frustrated → encouraged
④ nervous → fearful
⑤ calm → excited

B20 ❀❀❀ .... 2023 대비 9월 모평 19 (고3) 

다음 글에 드러난 Nathan의 심경 변화로 가장 적절한 것은?

"Daddy!" Jenny called, waving a yellow crayon in her little hand. Nathan approached her, wondering why she was calling him. Jenny, his three-year-old toddler, was drawing a big circle on a piece of paper. "What are you doing, Sweetie?" Nathan asked with interest. She just kept drawing without reply. He continued watching her, wondering what she was working on. She was drawing something that looked like a face. When she finished it, Jenny shouted, "Look, Daddy!" She held her artwork up proudly. Taking a closer look, Nathan recognized that it was his face. The face had two big eyes and a beard just like his. He loved Jenny's work. Filled with joy and happiness, Nathan gave her a big hug.   *toddler: 아장아장 걷는 아이

① sorrowful → relieved
② frustrated → satisfied
③ worried → scared
④ curious → delighted
⑤ hopeful → disappointed

B21 ❀❀❀ .... 2024 대비 9월 모평 19 (고3) 

다음 글에 드러난 Nancy의 심경 변화로 가장 적절한 것은?

The day trip to Midtown scheduled for today was canceled because the road leading there was blocked by heavy snow. "Luck just didn't run my way. Sightseeing in Midtown was why I signed up for this trip ..." Nancy said to herself, with a long sigh. She was thinking of all the interesting sights she wouldn't be able to enjoy. All of a sudden, there was a knock at the door. "News! We are going to the Pland Zoo near the hotel. We will meet in the lobby soon." It was the voice of her tour guide. She sprung off the couch and started putting on her coat in a hurry. "The Pland Zoo! That's on my bucket list! What a turn of fortune!" shouted Nancy.

① disappointed → excited
② relieved → anxious
③ surprised → annoyed
④ ashamed → grateful
⑤ indifferent → amazed

B 어휘 Review

※ 다음 영어는 우리말 뜻을, 우리말은 영어 단어를 〈보기〉에서 찾아 쓰시오.

〈보기〉

턱수염	passenger	심사위원	typical
사라지다	disappointment	격심한	doubtful
traffic	무관심한	calm	천성

01 beard ___________________

02 judge ___________________

03 intense ___________________

04 indifferent ___________________

05 fade ___________________

06 승객 ___________________

07 실망감 ___________________

08 의심스러운 ___________________

09 차분한 ___________________

10 차량들, 교통(량) ___________________

※ 다음 우리말에 알맞은 영어 표현을 찾아 연결하시오.

11 막 ~하려고 하다 •　　　• in time

12 시간 맞춰[늦지 않게] •　　　• at ease

13 ~로 유명하다 •　　　• be about to-v

14 직접 •　　　• be known for

15 걱정없이, 편안한 •　　　• in person

※ 다음 우리말 표현에 맞는 단어를 고르시오.

16 전체 수리 비용 ➡ the (overactive / overall) cost of repairs

17 마이크를 조정하다 ➡ (adjust / adress) the microphone

18 즉시 해결책을 내놓다 ➡ (immediately / reluctantly) had a solution

19 낚시터로 유명한 호숫가 ➡ (borderline / shoreline) known for fishing spots

20 엔진 교체 ➡ (replacing / reimbursing) an engine

※ 다음 문장의 빈칸에 알맞은 단어를 〈보기〉에서 찾아 쓰시오.

〈보기〉

glow	sighed	stillness	violation
toddler	attempted	misstep	cast
chest	warning	interrupt	scheduled

21 오늘 예정된 Midtown으로 가는 당일치기 여행은 취소되었다.
　➡ The day trip to Midtown ___________ for today was canceled.

22 한 마디 실수가 모든 것을 망칠까 두려워하며 내 목소리가 떨린다.
　➡ My voice shakes, afraid that one ___________ will ruin everything.

23 Jessie는 낚싯줄을 끌어 올려 다시 던졌다.
　➡ Jessie pulled out the line and ___________ it back.

24 내가 무대 아래로 내려올 때 마음이 더 가벼워지는 느낌이 든다.
　➡ My ___________ feels lighter as I step off the stage.

25 그의 걸음마를 하는 세 살배기 Jenny는 종이 한 장에 큰 원을 그리고 있었다.
　➡ Jenny, his three-year-old ___________, was drawing a big circle on a piece of paper.

26 Jessica는 걱정스럽게 한숨을 쉬었다.
　➡ Jessica ___________ with concern.

27 노을이 너무 아름답다. 그건 내가 기대했던 것보다 훨씬 더 좋다.
　➡ The ___________ of the sun is so beautiful. It's even better than I expected.

28 그가 시도한 첫 다섯 차례의 슛이 바스켓으로 들어갔다.
　➡ The first five shots he ___________ went in the basket.

29 내가 느끼는 것은 기쁨이 아니고 단지 평온과 평안이다.
　➡ It's not joy I feel — just ___________ and peace.

30 예고 없이 그의 머릿속이 완전히 하얘졌다.
　➡ Without ___________, his mind went completely blank.

C 주장 찾기

★ 유형 설명

> 다음 글에서 필자가 주장하는 바로 가장 적절한 것은?
> Our ability to respond to danger has been important for survival, so feeling worried in

어떤 논점에 대해 필자(글쓴이)가 갖는 주장(의견)이 무엇인지 파악해야 한다.

🔑 '~해야 한다.'라고 끝맺는 우리말 선택지가 등장하는 경우가 많다. 필자의 어조가 명확하게 드러나는 문장, 즉 명령문이나 must, have to, should 등의 조동사, important, necessary, in my opinion 등의 표현이 포함된 문장에 주의를 기울인다.

🎭 유형 풀이 비법

1 반복되는 부분에 주목하라!
- 반복되는 부분을 중심으로 필자가 전달하고자 하는 내용을 파악한다.

2 처음과 끝을 확인하라!
- 주로 글의 첫 부분과 끝부분에 필자의 주장이 나타난다는 점을 기억한다.

3 반전이 있는지 잘 보자!
- 글의 중간이나 마지막에 필자가 태도를 바꾸는 곳이 있는지 꼭 확인한다.

> (Tip) 보통 명령문이나 의무의 조동사가 포함된 문장에 필자의 주장을 드러내는 경우가 많다.

★ 최신 수능 경향 분석

대비 연도	월	문항 번호	지문 주제	난이도
2026	11	20번	현대 작사가들이 언어와 문학에 미친 영향	✿✽✽
	9	20번	기업의 명확한 기준 설정과 교육의 필요성	✿✽✽
	6	20번	과도한 걱정은 필요 없다.	✿✽✽
2025	11	20번	학습 효과 증진에 도움이 되는 게임 개발의 필요성	✿✿✽
	9	20번	소셜 미디어 사용자의 정보의 정확성과 신뢰성 확보	✿✽✽
	6	20번	인간의 오류 극복 능력을 활용하여 AI를 감독할 수 있다.	✿✿✽
2024	11	20번	조직의 문화 형성을 위해 필요한 플레이 북	✿✿✽
	9	20번	자신감을 키우는 방법	✿✿✽
	6	20번	창의성의 영역 간 활용	✿✿✽

★ 2026 수능 출제 분석

현대 작사가들이 현대 언어 발전에 미친 영향을 포함해, 그들이 언어와 문학에 기여한 바를 인정해야 한다는 내용의 글이다. 중심 내용을 파악했더라도, 선택지에 '가사', '작사가', '언어' 등의 비슷한 단어들이 들어가 있어 정답이 무엇인지 헷갈리기 쉬운 문제였다.

★ 2027 수능 예측

비유적 표현이 의미하는 바를 파악하며 전략적으로 읽어야 한다.

🔑 주장을 명확하게 드러내는 표현

- ☐ **You must ~** 당신은 ~해야 한다
- ☐ **You should ~** 당신은 ~해야 한다
- ☐ **You have to-v** 당신은 ~해야 한다
- ☐ **You ought to-v** 당신은 ~해야 한다
- ☐ **You need to-v** 당신은 ~할 필요가 있다
- ☐ **You can ~** 당신은 ~할 수 있다
- ☐ **Don't** + 동사원형 ~을 하지 마라
- ☐ **Never** + 동사원형 절대 ~을 하지 마라
- ☐ **Avoid -ing** ~하는 것을 피하라
- ☐ **Start from -ing** ~하는 것으로부터 시작하라
- ☐ **Keep in mind that ~** ~한다는 것을 명심하라
- ☐ **No one can ~** 아무도 ~할 수 없다

- ☐ **It is crucial to-v** ~하는 것은 중요하다
- ☐ **It is important to-v** ~하는 것은 중요하다
- ☐ **It is vital to-v** ~하는 것은 필수적이다
- ☐ **It is essential to-v** ~하는 것은 필수적이다
- ☐ **It is necessary to-v** ~하는 것은 필수적이다

📘 어휘 및 표현 Preview

- ☐ **abusive language** 욕설
- ☐ **eliminate** 없애다
- ☐ **document** 입증하다
- ☐ **knowledge** 지식
- ☐ **development** 발전
- ☐ **serve as ~** ~의 역할을 하다
- ☐ **foundation** 토대
- ☐ **imagine** 상상하다
- ☐ **anticipation** 기대
- ☐ **decline** 감소
- ☐ **threat** 위협
- ☐ **primary** 주된

C 주장 찾기 (첫 번째)

- **1st** 선택지를 통해 '무엇'에 관한 주장인지 글의 소재를 예측해 보세요.
- **2nd** 명령문이나 should, must, have to, important 등의 표현이 쓰인 문장이 있는지 확인하세요.
- **3rd** 필자의 주장을 드러내는 문장과 같은 의미를 지닌 선택지를 찾으세요.

C01 ❋❋❋ .... 2025 대비 6월 모평 20 (고3) 

다음 글에서 필자가 주장하는 바로 가장 적절한 것은?

As the world seems to be increasingly affected by the ever-expanding influence of machines in general and artificial intelligence (AI) specifically, many begin to imagine, with either fear or anticipation, a future with a diminished role for human decision making. Whether it be due to the growing presence of AI assistants or the emergence of self-driving cars, the necessity of the role of humans as the decision makers would appear to be in decline. After all, our capacity for making mistakes is well documented. However, perhaps the saving grace of human determination is to be found here as well. Little evidence exists that suggests modern AI's infallibility or predicts it in the future. It is crucial that, in light of humanity's acceptance of our own fallibility, we utilize our capacity to overcome such failures to position ourselves as the overseers of AI's own growth and applications for the foreseeable future.

① 인간은 AI의 발전 가능성과 불안정성을 동시에 고려해야 한다.
② 인간은 창의력을 향상시키기 위해 AI에 의존하지 말아야 한다.
③ 실수를 보완하기 위해 인간은 AI의 활용 방안을 모색해야 한다.
④ AI에 대한 학습을 통해 인간은 미래 사회 변화에 대비해야 한다.
⑤ AI의 영향력 확산에 대비하여 인간은 오류 극복 능력을 활용해야 한다.

1st 선택지를 통해 '무엇'에 관한 주장인지 글의 소재를 예측해 보세요.

① 인간은 AI의 발전 가능성과 불안정성을 동시에 고려해야 한다.
② 인간은 창의력을 향상시키기 위해 AI에 의존하지 말아야 한다.
③ 실수를 보완하기 위해 인간은 AI의 활용 방안을 모색해야 한다.
④ AI에 대한 학습을 통해 인간은 미래 사회 변화에 대비해야 한다.
⑤ AI의 영향력 확산에 대비하여 인간은 오류 극복 능력을 활용해야 한다.

● 반복되어 등장하는 어구를 찾았나요?

다섯 개 선택지 모두가 '**❶**(   )'은, AI'가 들어가 있는 내용이에요.

글을 읽지 않고 선택지만으로도 이 글이 인간과 AI와 관련된 내용이라는 것을 알 수 있죠. 〔단서〕

이렇게 글의 소재에 대해 어느 정도 예상을 한 후에 글을 읽기 시작하면 훨씬 수월하게 글의 핵심을 파악할 수 있어요. 그래서 선택지를 먼저 확인하는 게 중요하죠.

● 각 선택지를 보면서 글의 내용을 예상해 보세요.

①이 정답이라면 인간이 AI의 발전 가능성과 불안전성을 함께 고려해야 한다는 내용일 거예요.
②은 창의력을 향상시키기 위해 주의해야 한다는 내용이 제시될 것이고,
③은 AI를 활용해서 실수를 보완하기 위한 방안을 찾아야 한다고 하겠죠.
④은 미래의 변화에 대비해서 AI에 대해 학습해야 한다는 내용일 것이고,
⑤은 오류 극복 능력을 활용해서 AI의 영향력 확산에 대비하라는 내용일 거예요.
과연 글이 어떤 내용일지 차근차근 확인해 봅시다.

2nd 명령문이나 should, must, have to, important 등의 표현이 쓰인 문장이 있는지 확인하세요.

It is crucial that, / in light of humanity's acceptance
매우 중요하다　　　　/ 인류가 스스로 오류성을 인정한다는

of our own fallibility, / we utilize our capacity to
점으로 미루어 볼 때　　　　/ 우리가 이러한 실패를 극복할 수

overcome such failures / to position ourselves / as
있는 능력을 활용하여　　　　/ 자리 잡는 것이　　　　/

the overseers of AI's own growth and applications /
AI 자체의 성장과 적용의 감독관으로서　　　　/

for the foreseeable future. //
가까운 미래에　　　　//

● crucial이 들어간 문장이 보이네요.

crucial은 **❷**'(   )'이라는 뜻의 형용사예요. 인간이 오류를 인정하고 실패를 극복할 수 있는 능력을 활용해서 AI를 감독하는 역할을 할 수 있다고 하는 이 문장이 이 글의 주장을 나타내는 핵심 문장이라고 할 수 있어요.

- **이 문장에서 선택지와 겹치는 단어들이 있어요!**

  여기서 '인류'와 '오류성', 'AI'라는 단어들에 주목해 볼까요? 이 단어들이
  모두 포함된 선택지가 하나 있는데, 바로 **3**(⠀⠀⠀⠀⠀⠀)이에요.
  하지만 다른 선택지들에도 '인간'이나 'AI' 같은 키워드가 있으니 나머지
  부분을 더 살펴보면서 확실한 근거를 찾아봅시다.

3rd 필자의 주장을 드러내는 문장과 같은 의미를 지닌 선택지를
찾으세요.

1) 필자의 주장을 뒷받침하는 문장을 찾아봅시다.

As the world seems to be increasingly affected / by
전 세계가 점점 더 영향을 받는 듯 보이면서　　　　　　　/

the ever-expanding influence of machines in
전반적으로 기계의 계속 확대되는 영향력에 의해

general / and artificial intelligence (AI) specifically,
　　　　/ 구체적으로 말하면 인공지능(AI)

/ many begin to imagine, with either fear or
/ 많은 사람은 두려움 속에 또는 기대를 품고 상상하기 시작한다

anticipation, / a future with a diminished role for
　　　　　　　/ 인간의 의사 결정 역할이 줄어드는 미래를 //

human decision making. //

- **영향력이 커지고 있는 AI가 언급되었어요.**

  선택지를 구성하는 두 가지 주요 소재인 '인간'과 'AI'가 첫 문장부터
  나타났네요. 세계가 전반적으로 AI의 영향을 점점 더 받고 있고, 인간은
  의사 결정 역할이 줄어드는 미래를 생각하면서 두려움이나 기대를 품고
  있다고 했어요.

However, perhaps the saving grace of human
하지만, 아마도 인간 결단력의

determination / is to be found here as well. //
장점은　　　　　/ 또한 여기에서 발견될 것이다　　　//

- **반대 내용을 연결하는 However가 나왔네요!**

  앞 문장에서 말한 것처럼 AI의 영향력이 확대되고 있지만, 인간 결단력의
  장점도 발견될 것이라고 했어요. 앞에서 살펴봤던 문장이 생각나지
  않나요?
  crucial이 포함된 문장에서 나온 내용, 인간의 능력을 활용해 AI를
  4(⠀⠀⠀⠀⠀) 수 있다는 것과 연결되고 있죠.

2) 필자의 주장이 직접적으로 드러나는 문장을 자세히 살펴봅시다.

It is crucial that, / in light of humanity's acceptance
매우 중요하다　　　/ 인류가 스스로 오류성을 인정한다는

of our own fallibility, / we utilize our capacity to
점으로 미루어 볼 때　　/ 우리가 이러한 실패를 극복할 수

overcome such failures / to position ourselves / as
있는 능력을 활용하여　　/ 자리 잡는 것이　　　　　/

the overseers of AI's own growth and applications /
AI 자체의 성장과 적용의 감독관으로서　　　　　　　　/

for the foreseeable future. //
가까운 미래에　　　　　　　//

- **crucial이 들어간 문장을 다시 살펴봅시다.**

  인간은 오류를 범하면서도 극복하는 능력이 있으므로, 이 능력을 통해서
  AI를 감독하는 역할을 해야 한다는 내용이에요.
  AI의 영향력이 점차 확대되고 미래에 인간의 의사 결정 능력이
  감소하겠지만, 인간의 이런 능력으로 충분히 극복할 수 있다는 것이죠!

C 주장 찾기  두 번째

C02 ✿✿✿ ·············· 2024 대비 6월 모평 20 (고3) 

다음 글에서 필자가 주장하는 바로 가장 적절한 것은?

Certain hindrances to multifaceted creative activity may lie in premature specialization, i.e., having to choose the direction of education or to focus on developing one ability too early in life. However, development of creative ability in one domain may enhance effectiveness in other domains that require similar skills, and flexible switching between generality and specificity is helpful to productivity in many domains. Excessive specificity may result in information from outside the domain being underestimated and unavailable, which leads to fixedness of thinking, whereas excessive generality causes chaos, vagueness, and shallowness. Both tendencies pose a threat to the transfer of knowledge and skills between domains. What should therefore be optimal for the development of cross-domain creativity is support for young people in taking up creative challenges in a specific domain and coupling it with encouragement to apply knowledge and skills in, as well as from, other domains, disciplines, and tasks.

① 창의성을 개발하기 위해서는 도전과 실패를 두려워하지 말아야 한다.
② 전문 지식과 기술을 전수하려면 집중적인 투자가 선행되어야 한다.
③ 창의적인 인재를 육성하기 위해 다양한 교육과정을 준비해야 한다.
④ 특정 영역에서 개발된 창의성이 영역 간 활용되도록 장려해야 한다.
⑤ 조기 교육을 통해 특정 분야의 전문가를 지속적으로 양성해야 한다.

1st 선택지를 통해 '무엇'에 관한 주장인지, 글의 소재를 예측해 보세요.

① 창의성을 개발하기 위해서는 도전과 실패를 두려워하지 말아야 한다.
② 전문 지식과 기술을 전수하려면 집중적인 투자가 선행되어야 한다.
③ 창의적인 인재를 육성하기 위해 다양한 교육과정을 준비해야 한다.
④ 특정 영역에서 개발된 창의성이 영역 간 활용되도록 장려해야 한다.
⑤ 조기 교육을 통해 특정 분야의 전문가를 지속적으로 양성해야 한다.

● **선택지에서 반복되고 있는 어구를 찾았나요?**
   다섯 개의 선택지가 '창의'와 '전문'이라는 두 가지 소재로 나뉘네요. 단서
   창의성과 전문화에 관한 내용이 이어질 것으로 보여지는데, 발상 글의
   나머지 부분을 통해 필자의 주장이 무엇인지 확인해 봅시다.

2nd 명령문이나 should, must, have to, important 등의 표현이 쓰인 문장이 있는지 확인하세요.

What should therefore be optimal / for the
그러므로 응당 최선인 것은   /
development of cross-domain creativity /
영역 간 창의성 개발을 위해   /

● **should가 쓰인 문장이 보이네요.**
   should는 의무, 당위의 의미를 더하는 조동사예요. 영역 간 창의성
   개발을 위해 최선인 것이 무엇인지 설명하고 있는 이 문장이 이 글의
   주장을 나타내는 핵심 문장이라고 할 수 있어요.

● **이 문장에서 선택지와 겹치는 단어들이 있어요!**
   여기서 '영역 간'과 '창의성'이라는 두 가지 단어에 주목해 볼까요? 이 두
   가지가 동시에 포함된 선택지가 하나 있는데, 바로 ❶(   )이에요.
   ⑤에도 마찬가지로 '특정 분야'라는 키워드가 있으니 글의 나머지 부분을
   더 살펴보면서 확실한 근거를 찾아봅시다.

3rd 필자의 주장을 드러내는 문장과 같은 의미를 지닌 선택지를 찾으세요.

1) 필자의 주장을 뒷받침하는 문장을 찾아봅시다.

Certain hindrances / to multifaceted creative
어떤 방해 요인은   / 다면적인 창의적 활동에 대한
activity / may lie / in premature specialization, /
        / 있을 수 있다 / 너무 이른 전문화에   /

- **창의적 활동과 전문화의 관계가 제시되었어요.**

  선택지를 구성하는 두 가지 주요 소재인 창의와 전문이 첫 문장부터 나타났네요. **❷**(　　　　　)가 너무 이르면 다면적 창의적 활동에 방해가 된다고 했어요. 창의성에 있어서 전문화를 부정적인 어조로 표현하고 있으므로 '전문'이 포함된 ②, ⑤은 정답과 거리가 멀다는 것을 알 수 있어요.

  However, / development of creative ability /
  그러나　　　 / 창의적 능력 개발은　　　 /

  in one domain / may enhance effectiveness /
  한 영역에서의　　 / 효과를 높일 수 있다　　　 /

  in other domains /
  다른 영역에서　　 /

- **한 영역에서의 창의적 능력 개발이 어떤 결과를 낳는지 설명하고 있어요.**

  한 영역에서의 창의적 능력 개발이 다른 영역에서 효과를 높인다고 했어요. 한 영역이 다른 영역에 영향을 끼치는 것인데 뭔가 익숙한 키워드가 생각나지 않나요? 맞아요, should가 포함된 문장에서 '영역 간 창의성 개발'이 언급되었고 '영역 간'이라는 키워드가 이 부분과 연결되죠.

2) 필자의 주장이 직접적으로 드러나는 문장을 자세히 살펴봅시다.

  ... is support for young people / in taking up
  … 젊은이들을 지원하는 것이다　　　　　 /

  creative challenges / in a specific domain / and
  창의적인 도전을 하기 시작할 때 / 특정한 영역에서　　 /

  coupling it with encouragement / to apply
  그것을 장려하는 것과 결합하는 것이다　　　 /

  knowledge and skills / in, as well as from, other
  지식과 기술을 적용하도록　　 / 다른 영역, 분야, 과업으로부터 나온

  domains, disciplines, and tasks. //
  것뿐만 아니라, 다른 영역, 분야, 과업에　　 //

- **should가 포함된 문장의 뒷부분을 마저 살펴봅시다.**

  이제 영역 간 창의성 개발을 위해 무엇이 필요한지 파악해야겠죠? 특정 영역에서 창의적인 도전을 하기 시작할 때 젊은이들을 **❸**(　　　　)해야 한다고 하며, 그것을 다른 영역과 관련된 지식과 기술을 적용하도록 **❹**(　　　　)하는 것과 결합해야 한다고 했어요.
  즉, 특정 영역의 창의성 개발이 다른 영역에도 적용되도록 지원하고 장려하는 것이라고 요약할 수 있어요.
  이를 가장 잘 나타내는 선택지는 **❶**(　　　)이에요.

#명사절 주어 #주격 보어

★ 앞에서 살펴봤던 마지막 문장!

  What should therefore be optimal / for the
  그러므로 응당 최선인 것은　　　　 / 영역 간

  development of cross-domain creativity / is
  창의성 개발을 위해　　　　　　 /

  support for young people / in taking up creative
  젊은이들을 지원하고　　　　 / 창의적인 도전을 하기 시작할 때

  challenges / in a specific domain / and coupling
  　　 / 특정한 영역에서　　 / 그것을 장려하는 것과

  it with encouragement / to apply knowledge
  결합하는 것이다　　　 / 지식과 기술을 적용하도록

  and skills / in, as well as from, other domains,
  　　 / 다른 영역, 분야, 과업으로부터 나온 지식과 기술을

  disciplines, and tasks. //
  적용할 뿐만 아니라, 다른 영역, 분야, 과업에 //

❶ 명사절 주어는 단수 취급해요.

  What should therefore be optimal은 명사절 주어이고, 명사절 주어는 단수 취급하므로 동사도 단수형인 is가 왔어요.

❷ 주격 보어는 두 개가 있어요.

  주격 보어는 support와 coupling이에요. support는 앞에 to가 생략된 to부정사이고, coupling은 동명사예요.

C03 ~ 07 ▶ 제한시간 10분

C03 ✱❀❀ .... 2026 대비 수능 20 (고3) 

다음 글에서 필자가 주장하는 바로 가장 적절한 것은?

The study of literature has repeatedly failed to recognize the influence of modern musical lyricists and their contributions to the evolution of language. Unlike Shakespeare, who has been studied and celebrated for his development of the English language, particularly in vocabulary and grammatical structure, modern songwriters have experienced restraints on the acknowledgement of their contributions and largely been ignored. Over the past century, we have witnessed an explosion of incredible literary works by these artists, who, through their music, have used linguistic manipulation and storytelling to enrich our language and literature. Producing lyrics of distinct and complex imagery, songwriters have had an incredible literary impact on our language. Their remarkable works, including influences on modern language development, must be recognized in the field of modern literature.

*lyricist: 작사가 **restraint: 제약

① 독특하고 복합적인 이미지 표현 기법을 작사 과정에 적용해야 한다.

② 가사를 통해 작사가들이 언어와 문학에 기여한 바를 인정해야 한다.

③ 셰익스피어의 작품이 영문학 발전에 미친 영향을 분석해야 한다.

④ 문학 작품을 감상하기 위해 스토리텔링 기법을 이해해야 한다.

⑤ 문학 작품과 가사에 사용되는 언어의 차이를 연구해야 한다.

C04 ✱❀❀ .... 2026 대비 9월 모평 20 (고3) 

다음 글에서 필자가 주장하는 바로 가장 적절한 것은?

Showing up late for work and using abusive language are the kinds of problems that every business wants to eliminate. Business leaders looking to achieve this often focus on finding "bad apples" who break their rules and then punishing them. This assumes that the bad apples are acting badly on purpose. In fact, one common reason that employees give for breaking rules is that they were unaware their behavior was undesirable. There are some actors who knowingly act against policy, but many problems are unintentional failings. If businesses want better employees, those businesses must create clear standards and educate their employees directly about how to follow them. Without these standards there would be no way to distinguish bad apples from merely uninformed apples.

① 생산성 향상을 위해 기업은 직원 윤리 교육을 주기적으로 시행해야 한다.

② 기업은 행동 수칙에 대한 명확한 규정을 마련하여 직원을 교육해야 한다.

③ 직원의 비윤리적 행위 예방을 위해 기업은 상벌 규정을 정비해야 한다.

④ 근무 성과에 따른 보상을 통해 기업은 우수 직원의 이탈을 막아야 한다.

⑤ 기업은 직원에 대한 공정한 평가를 위해 동료 평가를 실시해야 한다.

C05 ✿✿✿ ....

다음 글에서 필자가 주장하는 바로 가장 적절한 것은?

Our ability to respond to danger has been important for survival, so feeling worried in uncertain situations is normal. Feelings of worry, which are activated in anticipation of future events, are often experienced in everyday situations. For example, we may feel nervous imagining unlikely events, such as a computer crashing during an important presentation. To some extent, thinking through potential scenarios can be helpful. When our worries exceed our control, however, they cause us unnecessary suffering. Consider how many times you have lost sleep thinking about a terrible situation, which, in the end, did not actually take place. If that situation actually occurred, it only goes to show that worrying about it did nothing to prevent it from happening. It is worth making a conscious effort, then, to stop worrying endlessly about events you may not experience.

① 긴장감으로 인한 실수를 줄이기 위해 연습을 많이 해야 한다.
② 일어날 것 같지 않은 일에 대해 지나치게 걱정하지 말아야 한다.
③ 목표를 수월하게 달성하려면 계획을 구체적으로 세워야 한다.
④ 일의 과정을 즐기려면 결과에 대한 과도한 집착을 버려야 한다.
⑤ 자신의 걱정이 무엇에서 비롯되었는지 면밀히 살펴봐야 한다.

C06 ✿✿✿ ....

다음 글에서 필자가 주장하는 바로 가장 적절한 것은?

You probably have quirks in your own memory and feedback loop: the past negative experiences that feel bigger than they should, or the positive affirmations that we can over-interpret. The important thing is to take some conscious control over a process that otherwise proceeds unconsciously, robbing us of complete ownership of how we think about life situations and make decisions. If you are struggling to commit to a relationship because your last one was difficult, you need to remember that your previous one does not define you; the weighting of that may be too heavy in your feedback loop, inhibiting your ability to judge the new relationship on its merits. We need to think about *why* we feel a certain way, whether that is uncertain or over-confident, and try to locate the root of that emotion in the previous experiences that have filled our memory banks and conditioned our feedback loops.

*quirk: 별난 점 **loop: 순환

① 때로는 무의식적 판단이 더 옳다는 것을 인정해야 한다.
② 주관보다는 공신력 있는 자료를 바탕으로 결정해야 한다.
③ 우리가 과거 경험에서 받는 영향을 의식적으로 통제해야 한다.
④ 낯선 상황에서 빠르게 판단하려면 다양한 경험을 쌓아야 한다.
⑤ 중요한 결정을 할 때 그에 따른 장기적인 결과를 고려해야 한다.

C07 ✿✿✿ ....

다음 글에서 필자가 주장하는 바로 가장 적절한 것은?

The idea of cutting out a budget category probably makes you nervous. But being mindful about your spending doesn't have to be an all-or-nothing game. Instead of forcing yourself to go entirely without, reduce spending on that category by just 10 percent each month. You won't see sudden, drastic change in your budget, but the shift will be a lot easier to stomach. Say you spent $148 at coffee shops last month. The idea of never buying coffee is enough to make you want to hide from your budget forever, but what if you challenged yourself to spend just 10 percent less on coffee this month? That's $14.80 less, for a total of $133.20. Then, next month, see if you can bring that expense down by 10 percent again to $119.88. By introducing incremental shifts instead of huge, radical changes, you're more likely to stick with your new, moderately reduced habits.

① 불필요한 소비를 막으려면 주기적으로 지출 내역을 확인하라.
② 예산 절감을 지속하기 위해 지출을 점진적으로 줄여라.
③ 소비를 계획하기 전에 수입과 지출 현황을 분석하라.
④ 재정 위기가 닥쳤을 때 큰 폭으로 예산을 삭감하라.
⑤ 예산 항목에 따라 지출 계획을 다르게 수립하라.

C08 ✽✽✽  2025 실시 5월 학평 20 (고3)

다음 글에서 필자가 주장하는 바로 가장 적절한 것은?

AI technology is powerful, and it is transformative, but the AI hype of recent years has contributed to a god complex that positions technology leaders as voices of authority on the societal problems their creations have often caused. Listening to scientists and innovators is important. But those who are profiting from AI hype are not experts on how that work should be judged. Neither do distinguished computer scientists, no matter how gifted in their field, automatically understand the complex systems of power, money, and politics that will govern the use of their products in the future. In fact, those already living at the frontline of AI-enabled worker surveillance, or trapped in a nightmare of AI decision-making, are far better qualified for that. So it is critically important for the future of AI that a much wider group of people become involved in shaping its future. Instead of continually turning to the architects of AI for predictions of the future and solutions to its ills, the introduction of AI into society requires a broader and more inclusive approach.

*hype: 과도한 열풍 **surveillance: 감시

① AI 개발로 인한 고용 시장 변화에 대비해야 한다.
② AI 기술 개발에 있어 윤리적 문제를 고려해야 한다.
③ 높은 접근성이 AI 기술의 최우선 목표가 되어야 한다.
④ 미래 사회문제 해결에 AI 전문가가 중대한 역할을 해야 한다.
⑤ AI의 미래를 만드는 데 더 다양한 분야의 사람들이 관여되어야 한다.

C09 ✽✽✽  2025 실시 3월 학평 20 (고3)

다음 글에서 필자가 주장하는 바로 가장 적절한 것은?

People have an anti-persuasion radar or defense system that goes off when someone is trying to persuade them. The more something or someone disagrees with them, the less likely they are to listen. Consequently, one reason change is so hard is that people are unwilling to even consider information that goes against their beliefs. As a result, when dealing with opposing viewpoints, being a bit more indirect can often be more effective. Rather than starting with information, start by encouraging people to be more open minded and receptive. This is why expressing doubt can help. Showing that we're conflicted or uncertain makes us seem less threatening. Expressing doubt about one's own view acknowledges that conflicting beliefs are valid, making the other side feel validated and more willing to listen. It recognizes that issues are complicated or nuanced, which increases receptiveness. Uncertainty signals an openness to other perspectives. So particularly when issues are controversial or people are dug in, expressing a little doubt can actually be more persuasive.

① 불확실한 상황을 피하려면 계획을 철저히 세워야 한다.
② 상대를 변화시키려면 정확한 정보를 먼저 제공해야 한다.
③ 누군가 자신을 일방적으로 설득하려 하면 이를 경계해야 한다.
④ 자신의 주장을 관철하고자 할 때는 본론으로 바로 들어가야 한다.
⑤ 나와 다른 의견에 설득력이 있으려면 간접적인 태도를 보여야 한다.

C10 ✿✿✿　2025 대비 수능 20 (고3)

다음 글에서 필자가 주장하는 바로 가장 적절한 것은?

We almost universally accept that playing video games is at best a pleasant break from a student's learning and more often what prevents a student from accomplishing their goals. Games catch and hold attention in a way that few things can. And yet once they have our focus, they rarely seem to offer anything meaningful to help students grow in their lives outside the games. While this may be true for many games, we are too easily ignoring a valuable tool that could be used to enhance productivity instead of derailing it. Rather, it is desirable that we develop games that connect to the learning outcomes we want for our students. This will enable educators to take advantage of games' attention commanding capacities and allow our students to enjoy their games while learning.

① 학습 효과 증진에 활용될 수 있는 게임을 개발해야 한다.
② 교육 현장에서 학습과 게임 활동을 적절하게 분배해야 한다.
③ 학습 활동에 게임이 초래하는 집중력 저하를 경계해야 한다.
④ 여가 시간에 게임을 활용함으로써 학습 효율을 향상해야
　 한다.
⑤ 게임의 부정적 영향을 줄이기 위해 학습 공동체가 노력해야
　 한다.

C11 ✿✿✿　2025 대비 9월 모평 20 (고3)

다음 글에서 필자가 주장하는 바로 가장 적절한 것은?

Truth is essential for progress and the development of knowledge, as it serves as the foundation upon which reliable and accurate understanding is built. However, one of the greatest threats to the accumulation of knowledge can now be found on social media platforms. As social media becomes a primary source of information for millions, its unregulated nature allows misinformation to spread rapidly. Social media users may unknowingly participate in creating and circulating misinformation, which can influence elections, cause violence, and create widespread panic, as seen in various global incidents. As creators and consumers, it is our responsibility to take on a greater role in the enhancement of fact-checking protocols in order to ensure accuracy. It is critical that participants safeguard the reliability of information, supporting a more informed and rational public community.

① 소셜 미디어 플랫폼을 운영할 때 사용자의 의견을 반영해야
　 한다.
② 디지털 창작물의 저작권 보호에 관한 사회적 합의를
　 도출해야 한다.
③ 소셜 미디어 사용자는 정보의 정확성과 신뢰성 확보를 위해
　 힘써야 한다.
④ 광범위한 지식을 축적하기 위해 다양한 정보의 유통을
　 촉진해야 한다.
⑤ 소셜 미디어 기업은 개인 정보 보호를 위한 대책을 세워야
　 한다.

C12 ✽❀❀ .... 2024 실시 10월 학평 20 (고3) 

다음 글에서 필자가 주장하는 바로 가장 적절한 것은?

There are few universals in this world, but among them are our love for our children and our love of music. When we hold a baby in our arms, comforting her with song, we are channelling the emotional power of music. We do so instinctively, just as our ancestors did. Music can be a powerful parental ally during the challenging child-rearing years. To successfully prepare our children for life in the twenty-first century, we will need to nurture qualities such as curiosity, imagination, empathy, creative entrepreneurship, and most of all resilience. Musical practice in early childhood develops all of the above and more. Research has shown that musical practice in early childhood is beneficial not only for mental acuity but for social and emotional development as well. Music is not just a hobby, a pleasant pastime; it is an integral part of what makes us happy, healthy, and whole. Indeed, if we want to do one thing to help our children develop into emotionally, socially, intellectually, and creatively competent human beings, we should start the musical conversation — the earlier the better.

*resilience: 회복력 **acuity: 예리함

① 아이의 전인적 성장을 위해 어릴 때부터 음악을 접하게 해줘야 한다.
② 음악이 단순한 취미 이상이 되려면 악기를 꾸준히 연습해야 한다.
③ 질 높은 음악 교육을 위해 이론과 실습을 병행해야 한다.
④ 음악을 아이 양육에 활용하려면 음악적 전문성이 있어야 한다.
⑤ 어린 연주자들에게도 재능을 발휘할 수 있는 기회가 주어져야 한다.

C13 ✽✽❀ .... 2024 실시 7월 학평 20 (고3) 

다음 글에서 필자가 주장하는 바로 가장 적절한 것은?

Walk into a bookstore and you'll see some authors have a whole shelf. Authors with just one book are hard to find and it's the same for digital shelf-space. Look at the most loved and top-selling authors and they all have a lot of books. One book is not enough to build a career as a fiction author if that is a goal of yours. So, don't obsess over that one book, consider it just the beginning, and get writing on the next one. Of course, first-time authors don't want to hear this! I certainly didn't when I put my first book out. I've tried every single marketing tool possible and I still continue to experiment with new forms. But after 27 books, writing more books is what I personally keep coming back to as the best marketing tool and the best way to increase my income as a writer. Because every time a new book comes out, more readers discover the backlist. You also have another chance to 'break out'.

① 작가로 성공하려면 계속해서 출간해야 한다.
② 좋은 글을 쓰려면 먼저 글을 많이 읽어야 한다.
③ 자신의 경험을 글쓰기 소재로 적극 활용해야 한다.
④ 책을 홍보하기 위해 다양한 마케팅 수단을 마련해야 한다.
⑤ 작가별 전시에서 벗어나 새로운 도서 전시 방식을 시도해야 한다.

다음 글에서 필자가 주장하는 바로 가장 적절한 것은?

When you are middle-aged, the risk of connective tissue injuries peaks as decreased load tolerance combines with continued high activity levels. The path of least resistance is to stop doing the things that hurt — avoid uncomfortable movements and find easier forms of exercise. However, that's the exact opposite of what you should do. There is a path forward. But it doesn't involve following the typical pain management advice of rest, ice, and medicine, which multiple reviews have shown is not effective for treating age-related joint pain and dysfunction. These methods do nothing more than treat superficial symptoms. The only practical solution is to strengthen your body with muscle training. Whether you've been training for a few years or a few decades, or haven't ever stepped foot in the weight room, it's not too late to restore your body, build real strength, and achieve your physical potential.

① 관절의 노화를 늦추기 위해 적절한 체중을 유지해야 한다.
② 근육을 강화하기 위해 다양한 강도의 운동을 병행해야 한다.
③ 중년층은 근 손실 예방을 위해 식단을 철저히 관리해야 한다.
④ 노화와 관련된 관절 질환에는 치료보다 예방이 우선되어야 한다.
⑤ 중년에는 통증이 따르더라도 근력 운동으로 신체를 강화해야 한다.

다음 글에서 필자가 주장하는 바로 가장 적절한 것은?

New ideas, such as those inspired by scientific developments, are often aired and critiqued in our popular culture as part of a healthy process of public debate, and scientists sometimes deserve the criticism they get. But the popularization of science would be greatly enhanced by improving the widespread images of the scientist. Part of the problem may be that the majority of the people who are most likely to write novels, plays, and film scripts were educated in the humanities, not in the sciences. Furthermore, the few scientists-turned-writers have used their scientific training as the source material for thrillers that further damage the image of science and scientists. We need more screenplays and novels that present scientists in a positive light. In our contemporary world, television and film are particularly influential media, and it is likely that the introduction of more scientist-heroes would help to make science more attractive.

① 과학의 대중화를 위해 여러 매체에서 과학자를 긍정적으로 묘사해야 한다.
② 작가로 전업한 과학자는 전공 지식을 작품에 사실적으로 반영해야 한다.
③ 공상 과학 작가로 성공하려면 과학과 인문학을 깊이 이해해야 한다.
④ 과학의 저변 확대를 위해 영화 주인공으로 과학자가 등장해야 한다.
⑤ 과학 정책 논의에 과학자뿐만 아니라 인문학자도 참여해야 한다.

C16 ✿✿✿ .... 2022 대비 9월 모평 20 (고3)

다음 글에서 필자가 주장하는 바로 가장 적절한 것은?

We live in a time when everyone seems to be looking for quick and sure solutions. Computer companies have even begun to advertise ways in which computers can replace parents. They are too late — television has already done that. Seriously, however, in every branch of education, including moral education, we make a mistake when we suppose that a particular batch of content or a particular teaching method or a particular configuration of students and space will accomplish our ends. The answer is both harder and simpler. We, parents and teachers, have to live with our children, talk to them, listen to them, enjoy their company, and show them by what we do and how we talk that it is possible to live appreciatively or, at least, nonviolently with most other people.

① 교육은 일상에서 아이들과의 상호 작용을 통해 이루어져야 한다.
② 도덕 교육을 강화하여 타인을 배려하는 공동체 의식을 높여야 한다.
③ 텔레비전의 부정적 영향을 줄이려는 사회적 노력이 있어야 한다.
④ 다양한 매체를 활용하여 학교와 가정 교육의 한계를 보완해야 한다.
⑤ 아이들의 온라인 예절 교육을 위해 적절한 콘텐츠를 개발해야 한다.

C17 ✿✿✿ .... 2022 대비 수능 20 (고3)

다음 글에서 필자가 주장하는 바로 가장 적절한 것은?

One of the most common mistakes made by organizations when they first consider experimenting with social media is that they focus too much on social media tools and platforms and not enough on their business objectives. The reality of success in the social web for businesses is that creating a social media program begins not with insight into the latest social media tools and channels but with a thorough understanding of the organization's own goals and objectives. A social media program is not merely the fulfillment of a vague need to manage a "presence" on popular social networks because "everyone else is doing it." "Being in social media" serves no purpose in and of itself. In order to serve any purpose at all, a social media presence must either solve a problem for the organization and its customers or result in an improvement of some sort (preferably a measurable one). In all things, purpose drives success. The world of social media is no different.

① 기업 이미지에 부합하는 소셜 미디어를 직접 개발하여 운영해야 한다.
② 기업은 사회적 가치와 요구를 반영하여 사업 목표를 수립해야 한다.
③ 기업은 소셜 미디어를 활용할 때 사업 목표를 토대로 해야 한다.
④ 소셜 미디어로 제품을 홍보할 때는 구체적인 정보를 제공해야 한다.
⑤ 소비자의 의견을 수렴하기 위해 소셜 미디어를 적극 활용해야 한다.

C18 ❋❋❀ .... 2023 대비 6월 모평 20 (고3)

다음 글에서 필자가 주장하는 바로 가장 적절한 것은?

Consider two athletes who both want to play in college. One says she has to work very hard and the other uses goal setting to create a plan to stay on track and work on specific skills where she is lacking. Both are working hard but only the latter is working smart. It can be frustrating for athletes to work extremely hard but not make the progress they wanted. What can make the difference is drive — utilizing the mental gear to maximize gains made in the technical and physical areas. Drive provides direction (goals), sustains effort (motivation), and creates a training mindset that goes beyond simply working hard. Drive applies direct force on your physical and technical gears, strengthening and polishing them so they can spin with vigor and purpose. While desire might make you spin those gears faster and harder as you work out or practice, drive is what built them in the first place.

* vigor: 활력, 활기

① 선수들의 훈련 방식은 장점을 극대화하는 방향으로 이루어져야 한다.

② 선수들은 최고의 성과를 얻기 위해 정신적 추진력을 잘 활용해야 한다.

③ 선수들은 단기적 훈련 성과보다 장기적 목표 달성에 힘써야 한다.

④ 선수들은 육체적 훈련과 정신적 훈련을 균형 있게 병행해야 한다.

⑤ 선수들은 수립한 계획을 실행하면서 꾸준히 수정하여야 한다.

C19 ❋❋❀ .... 2024 대비 수능 20 (고3)

다음 글에서 필자가 주장하는 바로 가장 적절한 것은?

Values alone do not create and build culture. Living your values only some of the time does not contribute to the creation and maintenance of culture. Changing values into behaviors is only half the battle. Certainly, this is a step in the right direction, but those behaviors must then be shared and distributed widely throughout the organization, along with a clear and concise description of what is expected. It is not enough to simply talk about it. It is critical to have a visual representation of the specific behaviors that leaders and all people managers can use to coach their people. Just like a sports team has a playbook with specific plays designed to help them perform well and win, your company should have a playbook with the key shifts needed to transform your culture into action and turn your values into winning behaviors.

① 조직 문화 혁신을 위해서 모든 구성원이 공유할 핵심 가치를 정립해야 한다.

② 조직 구성원의 행동을 변화시키려면 지도자는 명확한 가치관을 가져야 한다.

③ 조직 내 문화가 공유되기 위해서 구성원의 자발적 행동이 뒷받침되어야 한다.

④ 조직의 핵심 가치 실현을 위해 구성원 간의 지속적인 의사소통이 필수적이다.

⑤ 조직의 문화 형성에는 가치를 반영한 행동의 공유를 위한 명시적 지침이 필요하다.

C20 ✿✿❀ ······························ 2023 대비 9월 모평 20 (고3)

다음 글에서 필자가 주장하는 바로 가장 적절한 것은?

Becoming competent in another culture means looking beyond behavior to see if we can understand the attitudes, beliefs, and values that motivate what we observe. By looking only at the visible aspects of culture — customs, clothing, food, and language — we develop a short-sighted view of intercultural understanding — just the tip of the iceberg, really. If we are to be successful in our business interactions with people who have different values and beliefs about how the world is ordered, then we must go below the surface of what it means to understand culture and attempt to see what Edward Hall calls the "hidden dimensions." Those hidden aspects are the very foundation of culture and are the reason why culture is actually more than meets the eye. We tend not to notice those cultural norms until they violate what we consider to be common sense, good judgment, or the nature of things.

① 타 문화 사람들과 교류를 잘하려면 그 문화의 이면을 알아야 한다.
② 문화 배경이 다른 직원과 협업할 때 공정하게 업무를 나눠야 한다.
③ 여러 문화에 대한 이해를 통해 공동체 의식을 길러야 한다.
④ 원만한 대인 관계를 위해서는 서로의 공통점을 우선 파악해야 한다.
⑤ 문화적 갈등을 줄이려면 구성원 간의 소통을 활성화해야 한다.

C21 ✿✿❀ ······························ 2023 대비 수능 20 (고3)

다음 글에서 필자가 주장하는 바로 가장 적절한 것은?

At every step in our journey through life we encounter junctions with many different pathways leading into the distance. Each choice involves uncertainty about which path will get you to your destination. Trusting our intuition to make the choice often ends up with us making a suboptimal choice. Turning the uncertainty into numbers has proved a potent way of analyzing the paths and finding the shortcut to your destination. The mathematical theory of probability hasn't eliminated risk, but it allows us to manage that risk more effectively. The strategy is to analyze all the possible scenarios that the future holds and then to see what proportion of them lead to success or failure. This gives you a much better map of the future on which to base your decisions about which path to choose.

*junction: 분기점 **suboptimal: 차선의

① 성공적인 삶을 위해 미래에 대한 구체적인 계획을 세워야 한다.
② 중요한 결정을 내릴 때에는 자신의 직관에 따라 판단해야 한다.
③ 더 나은 선택을 위해 성공 가능성을 확률적으로 분석해야 한다.
④ 빠른 목표 달성을 위해 지름길로 가고자 할 때 신중해야 한다.
⑤ 인생의 여정에서 선택에 따른 결과를 스스로 책임져야 한다.

2등급 대비 문제

C22 ✪ 2등급 대비 ·········· 2024 대비 9월 모평 20 (고3)

다음 글에서 필자가 주장하는 바로 가장 적절한 것은?

Confident is not the same as comfortable. One of the biggest misconceptions about becoming self-confident is that it means living fearlessly. The key to building confidence is quite the opposite. It means we are willing to let fear be present as we do the things that matter to us. When we establish some self-confidence in something, it feels good. We want to stay there and hold on to it. But if we only go where we feel confident, then confidence never expands beyond that. If we only do the things we know we can do well, fear of the new and unknown tends to grow. Building confidence inevitably demands that we make friends with vulnerability because it is the only way to be without confidence for a while. But the only way confidence can grow is when we are willing to be without it. When we can step into fear and sit with the unknown, it is the courage of doing so that builds confidence from the ground up.

*vulnerability: 취약성

① 적성을 파악하기 위해서는 자신 있는 일을 다양하게 시도해야 한다.

② 자신감을 키우기 위해 낯설고 두려운 일에 도전하는 용기를 가져야 한다.

③ 어려운 일을 자신 있게 수행하기 위해 사전에 계획을 철저히 세워야 한다.

④ 과도한 자신감을 갖기보다는 자신의 약점을 객관적으로 분석해야 한다.

⑤ 자신의 경험과 지식을 바탕으로 당면한 문제에 자신 있게 대처해야 한다.

C23 ✪ 2등급 대비 ·········· 2023 실시 10월 학평 20 (고3)

다음 글에서 필자가 주장하는 바로 가장 적절한 것은?

The chemists Hans Ebel, Claus Bliefert, and William Russey note: "It goes without saying that scientists need to be skillful *readers*. Extensive reading is the principal key to expanding one's knowledge and keeping up with developments in a discipline. However, what is often overlooked here is that scientists are also obliged to be skillful *writers*. Only the researcher who is competent in the art of *written* communication can play an active and effective role in *contributing* to science." From the perspective of readability, moreover, scientists should always write with a reader-centered mentality; even in the act of writing they must be mindful of the act of reading. It would be beneficial for them to understand how readers read in order to improve their writing.

① 과학자는 독자와 만나는 기회를 자주 가져야 한다.

② 과학자는 독자의 관점에서 글을 쓸 줄 알아야 한다.

③ 과학자는 다양한 의견에 개방적인 태도를 가져야 한다.

④ 과학자는 자기 연구 분야 이외의 책도 많이 읽어야 한다.

⑤ 과학자는 연구 결과가 사회에 미치는 영향을 인식해야 한다.

C 어휘 Review

※ 다음 영어는 우리말 뜻을, 우리말은 영어 단어를 〈보기〉에서 찾아 쓰시오.

〈보기〉
좌절감을 주는	strengthen	qualified	activate
철학	영감을 주다	circulate	진전, 진행
필수적인	perspective	배치	execute

01 frustrating ________________

02 progress ________________

03 inspire ________________

04 configuration ________________

05 essential ________________

06 강화하다 ________________

07 활성화하다 ________________

08 자격 있는 ________________

09 관점 ________________

10 유포하다 ________________

※ 다음 우리말에 알맞은 영어 표현을 찾아 연결하시오.

11 일어나다 · · matter to

12 ~에게 중요하다 · · take place

13 제대로 진행되고 있는 · · hold on to

14 ~을 고수하다 · · contribute to

15 ~에 기여하다 · · on track

※ 다음 우리말 표현에 맞는 단어를 고르시오.

16 커지는 AI 비서의 존재감 때문이든 ➡ Whether it be due to the growing presence of AI (assurances / assistants)

17 교육의 모든 분야에서 ➡ in every (branch / batch) of education

18 이점을 극대화하다 ➡ (maximize / minimize) gains

19 신뢰할 수 있고 정확한 이해 ➡ (Reliable / Doubtful) and accurate understanding

20 빙산의 일각 ➡ the tip of the (island / iceberg)

※ 다음 문장의 빈칸에 알맞은 단어를 〈보기〉에서 찾아 쓰시오.

〈보기〉
receptive	competent	excessive	athletes
fearlessly	controversial	deserve	conscious
extensive	obliged	expanding	morale

21 사람들이 수용적이 되도록 격려하는 것으로 시작하라.
➡ Start by encouraging people to be __________.

22 문제가 논란이 될 때 의구심을 드러내는 것이 설득력이 있을 수 있다.
➡ When issues are __________, expressing doubt can be persuasive.

23 과학자들은 때로 그들이 받는 비판을 받는 것이 마땅하다.
➡ Scientists sometimes __________ the criticism they get.

24 과학자는 숙련된 필자가 되어야 한다.
➡ Scientists are __________ to be skillful writers.

25 타 문화에 유능해진다는 것은 행동 그 이상의 것을 살펴보는 것을 의미한다.
➡ Becoming __________ in another culture means looking beyond behavior.

26 둘 다 대학에서 뛰고 싶어 하는 두 명의 운동선수를 생각해 보라.
➡ Consider two __________ who both want to play in college.

27 그것은 두려움 없이 사는 것을 의미한다.
➡ It means living __________.

28 걱정하는 것을 멈추기 위해 의식적인 노력을 기울이는 것은 가치가 있다.
➡ It is worth making a(n) __________ effort to stop worrying.

29 다독은 자신의 지식을 확장하는 주요한 비결이다.
➡ Extensive reading is the principal key to __________ one's knowledge.

30 지나친 일반성은 혼돈, 모호함, 얕음을 초래한다.
➡ __________ generality causes chaos, vagueness, and shallowness.

D 밑줄 친 부분의 의미 찾기

★ 유형 설명

밑줄 친 come back home again이 다음 글에서 의미하는 바로 가장 적절한 것은? [3점]

Here is a fundamental quality of music. Note names repeat because of a perceptual

밑줄 친 부분은 비유적인 표현인 경우가 많다. 글의 내용과 문맥에 맞게 그 직접적인 의미가 무엇인지 추론해야 한다.

☞ 똑같은 비유적인 표현도 어떤 글에서 쓰였는지에 따라 그 의미가 달라지므로 글의 내용을 정확히 파악한 후에 그에 맞게 비유적 표현의 의미를 찾아야 한다.

🎭 유형 풀이 비법

1 밑줄 친 부분을 파악하라!

• 밑줄 친 부분이 어디 있는지 확인한 후, 어떤 부분에 집중해서 전체 글을 읽어야 하는지 파악한다.

2 핵심 내용을 종합하라!

• 처음부터 글을 읽으면서 전체 내용을 이해하고 핵심어와 요지를 찾는다.

3 선택지를 해석해 넣어 보라!

• 밑줄 친 부분에 정답으로 고른 선택지를 넣어 보고 자연스러운지 확인한다.

Tip) 밑줄 친 부분의 앞뒤 내용뿐만 아니라 전체 글의 흐름에 매끄럽게 들어맞는지 확인한다.

★ 최신 수능 경향 분석

대비 연도	월	문항 번호	지문 주제	난이도
2026	11	21번	원격화된 업무를 가능하게 하는 디지털 플랫폼	★★★
	9	21번	음악에서 옥타브의 보편성과 지각적 특성	★★★
	6	21번	자존감을 등반 성과에 근거하면 판단이 왜곡될 수 있다.	★★★
2025	11	21번	실용적, 이론적 지식을 모두 필요로 하는 건축가	★★★
	9	21번	인류학자들의 문화 집단 연구 방식	★★★
	6	21번	번아웃은 '상태'가 아닌 '범위'로 간주해야 한다.	★★★
2024	11	21번	주의의 초점이 넓으면 스트레스 수준이 낮아짐	★★★
	9	21번	최고는 좋음의 적	★★★
	6	21번	막대 다발로 묘사되는 소유권	★★★

★ 2026 수능 출제 분석

디지털 플랫폼으로 인해 서비스 노동과 특정 장소 사이의 연결이 끊어졌다는 글의 중심 내용을 파악하기는 어렵지 않을 수 있지만, 이것을 통해 '많은 일을 덜 끈끈하게 만들었다'는 비유적 표현이 의미하는 바를 파악하기가 다소 어려웠다.

★ 2027 수능 예측

추상적인 소재와 어구를 사용하여 난이도를 높일 가능성이 크므로 대비해야 한다.

🔑 어휘 및 표현 Preview

□ **symptom** 증상
□ **train** 훈련하다
□ **all-or-nothing** 양자택일의
□ **humanity** 인류학
□ **ought to** ~해야 하다
□ **insist** 주장하다
□ **significant** 상당한, 중요한
□ **actually** 실제로
□ **observe** 관찰하다
□ **exist** 존재하다
□ **remote** 외딴
□ **location** 지역
□ **degree** 정도

□ **businessman** 사업가
□ **missionary** 선교사
□ **overcome** 극복하다
□ **community** 주민, 지역 사회
□ **generally** 일반적으로
□ **spend** (시간을) 보내다
□ **primarily** 주로
□ **conduct** (특정한 활동을) 하다
□ **relationship** 관계
□ **native** 원주민
□ **collaborative** 공동의
□ **criteria** 기준
□ **exhaustion** 탈진

□ **severity** 심각성
□ **individual** 개인, 개인의
□ **cooperate** 협력하다
□ **a bit** 약간
□ **culture** 문화
□ **examine** 조사[검토]하다
□ **research** 연구
□ **circularity** 순환성
□ **balance** 균형을 맞추다
□ **breadth** 폭
□ **depth** 깊이
□ **state** 상태
□ **spectrum** 범위

□ **public** 대중적인
□ **discussion** 논의
□ **clear** 명확한
□ **categorize** 분류하다
□ **manage to** 용케도 ~을 해내다
□ **competently** 유능하게
□ **solve** 해결하다
□ **claim** 주장하다
□ **deal with** 다루다
□ **partial** 부분적인
□ **experience** 경험하다
□ **applicable** 해당되는

D 밑줄 친 부분의 의미 찾기 (첫 번째)

- **1st** 첫 문장과 밑줄 친 부분이 포함된 문장을 읽고, 글의 내용을 예상하세요.
- **2nd** 글의 나머지 부분을 읽고, 예상한 내용이 맞는지 확인하세요.
- **3rd** 파악한 글의 내용을 종합하여 밑줄 친 부분의 의미를 파악하세요.

D01 ★★★ ·············· 2026 대비 9월 모평 21 (고3)

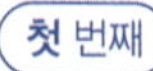

밑줄 친 come back home again이 다음 글에서 의미하는 바로 가장 적절한 것은? [3점]

Here is a fundamental quality of music. Note names repeat because of a perceptual phenomenon that corresponds to the doubling and halving of frequencies. When we double or halve a frequency, we end up with a note that sounds remarkably similar to the one we started out with. This relationship, a frequency ratio of 2:1 or 1:2, is called the octave. It is so important that, in spite of the large differences that exist between musical cultures, every culture we know of has the octave as the basis for its music, even if it has little else in common with other musical traditions. This phenomenon leads to the notion of circularity in pitch perception, and is similar to circularity in colors. Although red and violet fall at opposite ends of the continuum of visible frequencies of electromagnetic energy, we see them as perceptually similar. The same is true in music, and music is often described as having two dimensions, one that accounts for tones going up in frequency and another that accounts for the perceptual sense that we've <u>come back home again</u> each time we double a tone's frequency.

① identified tonal differences within the same octave

② returned to the original note with an identical frequency

③ reached a note named the same but with a different pitch

④ restored musical sensitivity by adapting to various octaves

⑤ constructed frequency patterns from notes with the same name

---

1st 첫 문장과 밑줄 친 부분이 포함된 문장을 읽고, 글의 내용을 예상하세요.

1) 첫 문장부터 읽어 봅시다.

Here is a fundamental quality of music. //
다음은 음악의 근본적 특성이다 //

Note names repeat / because of a perceptual
음 이름들은 반복된다 / 지각 현상 때문에

phenomenon / that corresponds to the doubling
/ 주파수의 두 배와 절반에 상응하는 //

and halving of frequencies. //

● **음악의 근본적인 특성에 대해 언급했어요.**
주파수의 두 배와 절반에 상응하는 (   )이 발생하기 때문에 음 이름들은 계속 반복되는데, 그것이 모든 음악이 가지는 특성이라고 했어요. (단서)
앞으로 주파수가 두 배 혹은 절반으로 변화할 때, 어떤 현상이 일어나는지 자세히 설명하는 내용이 이어질 것 같아요. (발상)

2) 밑줄 친 부분이 포함된 문장을 살펴볼까요?

The same is true in music, / and music is often
음악에서도 마찬가지이다 / 그리고 음악은 종종

described as having two dimensions, / one that
두 가지 차원을 가진 것으로 묘사되는데 / 하나는

accounts for tones going up in frequency / and
주파수가 상승하는 음을 설명하는 것이다 / 그리고

another that accounts for the perceptual sense /
다른 하나는 지각적 감각을 설명하는 것이다 /

that we've come back home again / each time we
우리가 다시 집으로 돌아왔다는 / 우리가 음의

double a tone's frequency. //
주파수를 두 배로 할 때마다 //

● **음악이 가진 두 가지 차원에 대해 설명하고 있어요.**
하나는 주파수가 상승하는 음을 설명한대요. 즉, 주파수를 두 배로 할 때, 우리는 분명히 음높이가 높아진 음을 가진다는 거죠.
다른 하나는 지각적 감각을 설명한대요. 주파수를 두 배로 하면 분명 음높이는 높아지는데, 다시 '집으로 돌아왔다'는 지각적 감각을 느낀대요.

● **이제 밑줄 친 부분이 포함된 부분을 봅시다.**
우리가 집중해야 될 밑줄 친 부분은 '다시 집으로 돌아왔다'는 지각적 감각이에요. 맥락상 주파수가 두 배가 되었음에도 이전의 상태처럼 느껴진다는 내용이 설명되겠죠?

● **이제 글의 내용을 확실히 예상할 수 있겠죠?**
앞에서 본 것처럼, 주파수가 두 배 혹은 절반이 될 때 '지각 현상'이 발생하는데, 이 때문에 우리는 음높이가 달라졌음에도 이전과 유사하게 느낀다는 내용이 이어질 것 같아요.

2nd 글의 나머지 부분을 읽고, 예상한 내용이 맞는지 확인하세요.

1) 앞부분부터 확인해 볼까요?

When we double or halve a frequency, / we end up
주파수를 두 배로 하거나 절반으로 줄이면 　　　　　 / 우리는

with a note / that sounds remarkably similar
결국 음을 얻게 된다 / 놀라울 정도로 유사하게 들리는

/ to the one we started out with. //
/ 시작했던 음과 　　　　 //

This relationship, / a frequency ratio of 2 : 1 or 1 : 2, /
이 관계 　　　　 / 즉 2 : 1 또는 1 : 2의 주파수 비율은 　　　 /

is called the octave. //
옥타브라고 불린다 　　 //

● **앞에서 설명했던 지각 현상을 한마디로 설명하고 있어요.**
　분명 음높이가 다른데도 시작했던 음과 비슷하게 들리게 하는 두 배 혹은
　절반의 주파수 비율이 **❷**(　　　　)라고 했어요.
　친숙한 용어로 정리해주니 이해가 잘 되죠? 옥타브마다 음 이름들이
　반복된다는 것도 이제 알 것 같아요.

2) 비교를 통해 구체적으로 설명하는 부분을 살펴봅시다.

This phenomenon leads to the notion of circularity /
이 현상은 순환성 개념으로 이어진다 　　　　　　 /

in pitch perception, / and is similar to circularity in
음높이 지각에서의 　 / 그리고 색채의 순환성과

colors. //
유사하다 //

Although red and violet fall / at opposite
적색과 보라색은 위치하지만 　　 / 전자기 연속체의 정반대

ends of the continuum / of visible frequencies of
끝에 　　　　　 / 전자기 에너지의 가시

electromagnetic energy, / we see them as
주파수의 　　　　　 / 우리는 그것들을 지각적으로

perceptually similar. //
유사하게 인식한다 　 //

● **음악의 지각 현상과 색채의 순환성의 공통점은 무엇인가요?**
　색채의 **❸**(　　　　) 때문에 우리는 연속체의 정반대 끝에 위치한
　적색과 보라색을 유사하게 인식한다고 했어요. 음악에서 주파수가 두 배
　혹은 절반으로 달라졌음에도 이를 이전과 유사한 음으로 인지하는 지각
　현상과 비슷한 특징을 가지는 것이 보이죠?

3rd 파악한 글의 내용을 종합하여 밑줄 친 부분의 의미를
파악하세요.

1) 글의 내용을 종합해봅시다.

　음의 주파수를 두 배 혹은 절반으로 변화시켰을 때, 우리는 시작했던 음과
유사한 음을 듣게 되는데 이 관계를 '옥타브'라고 부르고, 이러한 지각
현상이 음악의 근본적인 특성이라고 했어요.
　그러므로 글의 내용을 종합해 밑줄 친 부분의 의미를 파악할 수 있어요.
음의 주파수가 상승했음에도 우리가 '다시 집으로 돌아왔다' 느낌을
받는 것은, 결국 이름은 같으나 다른 음높이를 가진 음(시작했던 음과
유사한 음)에 도달했다는 의미죠.

2) 마지막으로 선택지 해석을 확인해보세요.

① identified tonal differences within the same
　octave
　같은 옥타브 내에서 음조의 차이를 식별했다

② returned to the original note with an identical
　frequency
　동일한 주파수를 가진 원래 음으로 돌아갔다

③ reached a note named the same but with a
　different pitch
　이름은 같으나 다른 음높이를 가진 음에 도달했다

④ restored musical sensitivity by adapting to
　various octaves
　다양한 옥타브에 적응함으로써 음악적 감수성을 회복했다

⑤ constructed frequency patterns from notes with
　the same name
　같은 이름을 가진 음들로부터 주파수 패턴을 구성했다

따라서 정답은 **❹**(　　　　)이 되겠죠!

❖ 정답 및 해설 42 ~ 43p　　　　　　D. 밑줄 친 부분의 의미 찾기　**53**

D 밑줄 친 부분의 의미 찾기 (두 번째)

- **1st** 첫 문장과 밑줄 친 부분이 포함된 문장을 읽고, 글의 내용을 예상하세요.
- **2nd** 글의 나머지 부분을 읽고, 예상한 내용이 맞는지 확인하세요.
- **3rd** 파악한 글의 내용을 종합하여 밑줄 친 부분의 의미를 파악하세요.

D02 ★★★ .... 2026 대비 6월 모평 21 (고3)

밑줄 친 <u>the boost is grounded in fiction</u>이 다음 글에서 의미하는 바로 가장 적절한 것은? [3점]

Basing your self-worth on climbing performance puts you at the whim of external factors. These factors may be random and misleading. Comparison is one source of illusion. Perhaps you felt that you performed well on a certain climb because your partner was having an off day and found the climbing very difficult. You found it only slightly difficult and conclude that you were climbing quite well, when in fact you were climbing no better than usual. Or, your partner was at the top of his game. You felt weak in comparison, when in fact, objectively, you put in a very strong performance. Environmental factors may be involved. Perhaps you mastered your day's objective due to especially favorable conditions, such as low humidity, when in fact, you really didn't climb particularly well. In all these cases, the good or bad feelings you have are not based on something you can take credit for. If the performances boost your self-worth, <u>the boost is grounded in fiction</u>.

*whim: 변덕 **illusion: 착각 ***humidity: 습도

① perceptions of self-growth vary from person to person
② your self-confidence is an outcome of constant effort
③ the pride you take in your achievement is unreliable
④ performance comparison to partners is demotivating
⑤ ambitious goals help you improve performance

1st 첫 문장과 밑줄 친 부분이 포함된 문장을 읽고, 글의 내용을 예상하세요.

1) 첫 문장부터 읽어 봅시다.

Basing your self-worth on climbing performance /
여러분의 자존감을 등반 성과에 근거하는 것은 /
puts you at the whim of external factors. //
외부 요인의 변덕에 자신을 맡기는 것이다 //

● **첫 문장에서 '자존감'에 대해 언급했어요.**
자존감을 등반 성과에 근거하는 것은 외부 요인의 변덕에 자신을 맡기는 것이라고 했어요. 
앞으로 자존감을 등반 성과(외부 요인)에 둘 경우, 어떤 결과가 발생하는지에 대한 내용이 이어질 것 같아요. (발상)

2) 밑줄 친 부분이 포함된 문장을 살펴볼까요?

If the performances boost your self-worth, /
만약 그 성과가 여러분의 자존감을 높여준다면 /
the boost is grounded in fiction. //
그 상승은 허구에 근거한 것이다 //

● **조건절로 구성된 문장의 직독직해 해석을 꼼꼼히 살펴봅시다.**
성과(performances)가 우리의 자존감을 높여주는 경우를 가정하고 있어요. 하지만, 앞의 내용에 따르면 이 경우 외부 요인에 자신을 맡기게 되는 것이라고 했는데, 그렇다면 자존감이 높아진다고 반드시 긍정적인 것일까요?

● **이제 밑줄 친 부분이 포함된 부분을 봅시다.**
성과에 의한 자존감 상승은 ❶(   )에 근거한다고 했어요. 즉, 외부 요인의 영향을 받는 '성과'는 신뢰할 만한 자존감의 근거가 아니라는 거죠. 결국, 성과에 의해 자존감이 결정되는 것을 부정적으로 바라보는 입장인 거군요!

● **이제 글의 내용을 확실히 예상할 수 있겠죠?**
성과가 어떻길래 자존감의 판단 근거가 될 수 없는지 구체적인 예시와 함께 설명하는 내용이 이어질 것 같죠?

2nd 글의 나머지 부분을 읽고, 예상한 내용이 맞는지 확인하세요.

1) 앞부분부터 확인해 볼까요?

Comparison is one source of illusion. //
비교는 착각의 한 원천이다   //

Perhaps you felt that you performed well on a
어쩌면 여러분이 그 등반을 잘했다고 느꼈을지도 모른다

certain climb / because your partner was having an
            / 여러분의 파트너가 컨디션이 별로 좋지 않은 날이어서

off day and found the climbing very difficult. //
등반이 매우 어렵다고 생각했기 때문에   //

● **무엇이 우리가 착각을 하게 만든다고 했나요?**

비교는 우리가 착각하도록 만든다고 했어요. 즉, 상대방의 컨디션처럼
변동이 심한 외부 요인에 판단의 근거를 두게 되면, 그것에서 비롯된
자존감의 판단은 얼마든지 왜곡될 수 있다는 거죠.

2) 비슷한 내용이 이어지는지 확인해봅시다.

Environmental factors may be involved. //
환경적 요인이 연관될 수도 있다   //

Perhaps you mastered your day's objective / due to
어쩌면 여러분의 하루 목표를 달성했을지도 모른다   /

especially favorable conditions, / such as low
특히 유리한 조건 덕분에   / 가령 습도가 낮은 것처럼

humidity, / when in fact, you really didn't climb
        / 실제로는 정말로 그다지 잘 등반하지

particularly well. //
못했을 때도   //

● **환경적 요인도 자존감 판단을 왜곡시킬 수 있대요.**

예시로 제시한 낮은 습도와 같은 환경적 요인도 결국 변수가 많은 외부
요인에 해당하죠? 즉, 얼마든지 바뀔 수 있는 것이죠. 이에 근거한
자존감은 신뢰할 수 없다는 비슷한 내용이 이어지네요.

3rd 파악한 글의 내용을 종합하여 밑줄 친 부분의 의미를
파악하세요.

1) 글의 내용을 종합해봅시다.

얼마든지 바뀔 수 있는 외부 요인(상대와의 비교, 환경 조건 등)에
따른 등반 성과에 자존감의 근거를 두면, 자존감에 관한 판단이
❷(   )될 수 있다고 했어요.
즉, 우리의 실제 실력만으로 이룬 성과가 아니기 때문에, 성과로부터
느끼는 자존감은 신뢰할 수 없다는 것이죠.

2) 예시의 내용을 정리하는 문장을 봅시다.

In all these cases, / the good or bad feelings you
이 모든 경우에서   / 여러분이 느끼는 좋거나 나쁜 감정은

have / are not based on something you can take
    / 여러분이 자신의 공으로 돌릴 수 있는 것에 근거한 것이 아니다 //

credit for. //

● **결국 하고 싶은 말이 무엇인지 명확히 드러나죠?**

예시를 통해 알게 된 내용을 한마디로 정리하자면, '등반 성과에 근거를 둔
자존감 상승은 실제 실력에 근거한 것이 아니라 믿을 수 없음'이 되겠네요.

3) 마지막으로 선택지 해석을 확인해보세요.

① perceptions of self-growth vary from person to
person
자기 성장의 인식은 사람마다 다르다

② your self-confidence is an outcome of constant
effort
여러분의 자신감은 끊임없는 노력의 결과이다

③ the pride you take in your achievement is
unreliable
여러분의 성취에 대해 느끼는 자부심은 신뢰할 수 없다

④ performance comparison to partners is
demotivating
동료와의 성과 비교는 동기를 저하시킨다

⑤ ambitious goals help you improve performance
야심찬 목표는 여러분이 성과를 향상하는 데 도움이 된다

따라서 정답은 ❸(   )이 되겠죠!

D03 ～06 ▶ 제한시간 8분

D03 ★★★ .... 2026 대비 수능 21 (고3)

밑줄 친 made a lot of work less sticky가 다음 글에서 의미하는 바로 가장 적절한 것은?

Digital platforms have made a lot of work less sticky. As work becomes ever more modularised, commoditised and standardised, and as markets for digital work are created, ties between service work and particular places can be disconnected. While the business process of outsourcing that emerged in the 1990s allowed large companies to take advantage of a 'global reserve army' by moving their call centres to cheap and distant labour markets, cloudwork changes the volume and granularity at which geographically non-proximate work can take place. A small business in New York can hire a freelance transcriber in Nairobi one day and New Delhi the next. No offices or factories need to be built, no local regulations are observed, and — in most cases — no local taxes are paid. The switch in the production network of work happens by simply sending some emails or clicking some buttons on a digital work platform. And, in this way, the employer leaves behind no material traces in the places where it was once an employer.

*commoditise: 상품화하다 **granularity: 과립상(顆粒狀)

① settled the locational dilemma of the global markets

② elevated the spatial flexibility in conducting business

③ weakened the geographical expansion of local business

④ relieved the strict legal processes of regional outsourcing

⑤ allowed business to be less complicated in its hiring process

D04 ★★★ .... 2025 실시 10월 학평 21 (고3)

밑줄 친 I am a general, my soldiers are the keys. 가 다음 글에서 의미하는 바로 가장 적절한 것은? [3점]

One consequence of the hierarchical organization of action is that when we reach for a cup of coffee, we do not need to consciously activate the sequence of muscles to send our arm and hand out toward the cup. Instead, most action plans are made at a higher level — we want to taste the coffee, and our arm, hand, and mouth coordinate to make it so. This means that in a skilled task such as playing the piano, there is a delicate ballet between conscious plans unfolding further up the hierarchy (choosing how fast to play, or how much emphasis to put on particular passages) and the automatic and unconscious aspects of motor control that send our fingers toward the right keys at just the right time. When watching a concert pianist at work, it seems as though their hands and fingers have a life of their own, while the pianist glides above it all, issuing commands from on high. As the celebrated pianist Vladimir Horowitz declared, "I am a general, my soldiers are the keys."

*glide: 미끄러지듯 움직이다

① It is unrealistic to expect precise implementation of every command at all times.

② Musicians must achieve perfect finger independence for outstanding performance.

③ When motor skills operate, they are actually being commanded by higher-level consciousness.

④ Artistic excellence can be achieved only when preceded by tremendous amount of practice.

⑤ A physical reaction occurs automatically, independent of a performer's deliberate intention.

D05 ✽✽✽

밑줄 친 this liquidity가 다음 글에서 의미하는 바로 가장 적절한 것은? [3점]

Media coverage of sports is, by its very nature, ephemeral. The temporary loss of the here and now is embraced when we consume mediated sports coverage as a welcome break from the press of everyday demands. Yet, many sports fans recognize that contests that once seemed both urgent and critical often melt into the background in a week's time and are summarily forgotten. The ubiquity of sports contests and the blur of discussions about them across the contemporary mediascape contribute to this liquidity; a new "big game" is seemingly always around the corner and newly-fueled anticipation routinely supersedes reflection about results that have quickly faded in our memories and become trivial in the records of sports. However, rising above ubiquitous sporting competitions that quickly fade as cultural amnesia are those holding promise to become ground-breaking moments in lived experience and common culture. These are the events and championships that define a sport, solidifying one's fanship, and serving as historical markers that bring order, meaning, and significance to the sports landscape.

*ubiquity: 도처에 있음 **supersede: 대체하다 ***amnesia: 망각

① how fandom influences sports media coverage
② why top athletes' popularity fades away so rapidly
③ how the focus on a sporting event decreases quickly
④ why sporting events are ubiquitous in media coverage
⑤ what makes sporting events a part of historical markers

D06 ✽✽✽

밑줄 친 we are *all* children of the Moon이 다음 글에서 의미하는 바로 가장 적절한 것은?

The early Earth collided with numerous other masses during its formation; indeed, the proto-Earth is thought to have sustained a massive impact with a Mars-sized body named 'Theia'. The Moon probably formed from this collision about 100 million years after the formation of the solar system. This impact is thought to have knocked the Earth off its 'daily' rotational axis so that the Earth now tilts about $23.4°$ away from its orbital axis around the Sun, although there is a slight 'wobble' of a few degrees. This $23.4°$ tilt, as we orbit around the Sun, causes our yearly cycle of the seasons. During part of the year, the northern hemisphere is tilted towards the Sun (summer) and the southern hemisphere is tilted away (winter). Six months later, the situation is reversed. Critically, the Moon's gravitational pull stabilizes the Earth's axial tilt, moderating the degree of wobble. This has produced a relatively stable climate on Earth for billions of years, and many believe that life on Earth would never have got started without this stabilization by the Moon. To rephrase a song from the 1970s, we are *all* children of the Moon.

*axis: 축 **tilt: 기울다 ***wobble: 흔들림

① the Moon protects the Earth from impacts with other masses
② the Moon is a byproduct generated from the Earth's formation
③ the Moon's cycle of phases influences our emotions and behaviors
④ the Moon's gravitational pull on the Earth allowed for life to develop
⑤ the observation of the Moon's orbit contributed to scientific progress

D07 ❋❋❋ ·········· 2025 실시 3월 학평 21 (고3)

밑줄 친 the tree was cut in the middle이 다음 글에서 의미하는 바로 가장 적절한 것은? [3점]

The unity of science and philosophy in the old classical sense was perhaps best described by the famous tree of Descartes: The roots of this tree corresponded to metaphysics (the intelligible principles), the trunk to physics (statements of intermediate generality), and the branches and fruit to what we would call applied science. He regarded the whole system of science and philosophy as we today regard science alone; he felt that the metaphysical principles were ultimately justified by their "fruits," not merely by their self-evidence. What we today call applied science consisted for him not only in mechanics but also in medicine and ethics. The difficulty was that from the general principles of Cartesian or Aristotelian science-philosophy no results could be derived which were precisely in agreement with observation, but these principles seemed to be intelligible and plausible. So the tree was cut in the middle. For the derivation of technical results, it was necessary to start from the physical principles in the trunk. Science in the new sense was to think only of how the fruits would develop from the trunk without regard to the roots.

*Cartesian: 데카르트의 **plausible: 그럴듯한

① Science detached itself from philosophical foundations and shifted to deriving outcomes based on physical principles.
② Metaphysics became the first priority above all as practical results took precedence over intelligible theory.
③ Results consistent with the observation were the utmost priority in Cartesian science-philosophy.
④ Applied science moved toward being less reliant on both metaphysical and physical principles.
⑤ Science de-emphasized ethical considerations in favor of raw observations.

D08 ❋❋❋ ·········· 2025 대비 6월 모평 21 (고3)

밑줄 친 Burnout hasn't had the last word.가 다음 글에서 의미하는 바로 가장 적절한 것은?

To balance the need for breadth (everyone feels a bit burned out) and depth (some are so burned out, they can no longer do their jobs), we ought to think of burnout not as a *state* but as a *spectrum*. In most public discussion of burnout, we talk about workers who "are burned out," as if that status were black and white. A black-and-white view cannot account for the variety of burnout experience, though. If there is a clear line between burned out and not, as there is with a lightbulb, then we have no good way to categorize people who say they are burned out but still manage to do their work competently. Thinking about burnout as a spectrum solves this problem; those who claim burnout but are not debilitated by it are simply dealing with a partial or less-severe form of it. They are experiencing burnout without *being* burned out. Burnout hasn't had the last word.

*debilitate: 쇠약하게 하다

① Public discussion of burnout has not reached an end.
② There still exists room for a greater degree of exhaustion.
③ All-or-nothing criteria are applicable to burnout symptoms.
④ Exhaustion is overcome in different ways based on its severity.
⑤ Degrees of exhaustion are shaped by individuals' perceptions.

밑줄 친 from their *verandas*가 다음 글에서 의미하는 바로 가장 적절한 것은?

Around the turn of the twentieth century, anthropologists trained in the natural sciences began to reimagine what a science of humanity should look like and how social scientists ought to go about studying cultural groups. Some of those anthropologists insisted that one should at least spend significant time actually observing and talking to the people studied. Early ethnographers such as Franz Boas and Alfred Cort Haddon typically traveled to the remote locations where the people in question lived and spent a few weeks to a few months there. They sought out a local Western host who was familiar with the people and the area (such as a colonial official, missionary, or businessman) and found accommodations through them. Although they did at times venture into the community without a guide, they generally did not spend significant time with the local people. Thus, their observations were primarily conducted <u>from their *verandas*.</u>

*anthropologist: 인류학자 **ethnographer: 민족지학자

① seeking to build long-lasting relationships with the natives
② participating in collaborative research with natural scientists
③ engaging in little direct contact with the people being studied
④ cooperating actively with Western hosts in the local community
⑤ struggling to take a wider view of the native culture examined

밑줄 친 hunting the shadow, not the substance가 다음 글에서 의미하는 바로 가장 적절한 것은? [3점]

The position of the architect rose during the Roman Empire, as architecture symbolically became a particularly important political statement. Cicero classed the architect with the physician and the teacher and Vitruvius spoke of "so great a profession as this." Marcus Vitruvius Pollio, a practicing architect during the rule of Augustus Caesar, recognized that architecture requires both practical and theoretical knowledge, and he listed the disciplines he felt the aspiring architect should master: literature and writing, draftsmanship, mathematics, history, philosophy, music, medicine, law, and astronomy — a curriculum that still has much to recommend it. All of this study was necessary, he argued, because architects who have aimed at acquiring manual skill without scholarship have never been able to reach a position of authority to correspond to their plans, while those who have relied only upon theories and scholarship were obviously <u>"hunting the shadow, not the substance."</u>

① seeking abstract knowledge emphasized by architectural tradition
② discounting the subjects necessary to achieve architectural goals
③ pursuing the ideals of architecture without the practical skills
④ prioritizing architecture's material aspects over its artistic ones
⑤ following historical precedents without regard to current standards

D11 ✿✿❀ ·························· 2023 대비 6월 모평 21 (고3)

밑줄 친 "view from nowhere"가 다음 글에서 의미하는 바로 가장 적절한 것은? [3점]

Our view of the world is not given to us from the outside in a pure, objective form; it is shaped by our mental abilities, our shared cultural perspectives and our unique values and beliefs. This is not to say that there is no reality outside our minds or that the world is just an illusion. It is to say that our version of reality is precisely that: *our* version, not *the* version. There is no single, universal or authoritative version that makes sense, other than as a theoretical construct. We can see the world only as it appears to us, not "as it truly is," because there is no "as it truly is" without a perspective to give it form. Philosopher Thomas Nagel argued that there is no "view from nowhere," since we cannot see the world except from a particular perspective, and that perspective influences what we see. We can experience the world only through the human lenses that make it intelligible to us.

*illusion: 환영

① perception of reality affected by subjective views

② valuable perspective most people have in mind

③ particular view adopted by very few people

④ critical insight that defeats our prejudices

⑤ unbiased and objective view of the world

D12 ✿✿❀ ·························· 2024 실시 7월 학평 21 (고3)

밑줄 친 the breadcrumbs of the conversation이 다음 글에서 의미하는 바로 가장 적절한 것은? [3점]

In improv, the actors have no control of the conversation or the direction it takes. They can only react to the other actors' words or nonverbal communication. Because of this, the actors become experts at reading body language and reading between the lines of what is said. If they are unable to do this, they are left in the dark and the performance crumbles. This applies to our daily conversations, but we're usually too self-centered to notice. Just like the improv actors become adept at picking up on the breadcrumbs of the conversation, we need to do the same. When people want to talk about something specific, rarely will they come out and just say it. 99 percent of people won't say, "Hey, let's talk about my dog now. So...." Instead, they will hint at it. When they bring up a topic unprompted, or ask questions about it, they want to talk about it. Sometimes, when the other person seems to not pick up on these signals, they will keep redirecting the conversation to that specific topic. If they seem excited whenever the topic comes up, they want to talk about it.

*improv: 즉흥 연극 **crumble: 무너지다 ***adept: 능숙한

① roundabout hints revealing the speaker's intention

② opening words to make the topic more interesting

③ part of the conversation that distracts the listeners

④ characteristics that are unique to the actors themselves

⑤ unexpected reactions of the audience to the performance

D13 ★★★※ ·························· 2023 대비 9월 모평 21 (고3)

밑줄 친 <u>send us off into different far corners of the library</u>가 다음 글에서 의미하는 바로 가장 적절한 것은? [3점]

You may feel there is something scary about an algorithm deciding what you might like. Could it mean that, if computers conclude you won't like something, you will never get the chance to see it? Personally, I really enjoy being directed toward new music that I might not have found by myself. I can quickly get stuck in a rut where I put on the same songs over and over. That's why I've always enjoyed the radio. But the algorithms that are now pushing and pulling me through the music library are perfectly suited to finding gems that I'll like. My worry originally about such algorithms was that they might drive everyone into certain parts of the library, leaving others lacking listeners. Would they cause a convergence of tastes? But thanks to the nonlinear and chaotic mathematics usually behind them, this doesn't happen. A small divergence in my likes compared to yours can <u>send us off into different far corners of the library</u>.

* rut: 관습, 틀 ** gem: 보석 *** divergence: 갈라짐

① lead us to music selected to suit our respective tastes

② enable us to build connections with other listeners

③ encourage us to request frequent updates for algorithms

④ motivate us to search for talented but unknown musicians

⑤ make us ignore our preferences for particular music genres

D14 ★★★ ·························· 2024 실시 5월 학평 21 (고3)

밑줄 친 <u>Approximate perfection is better than perfect perfection</u>이 다음 글에서 의미하는 바로 가장 적절한 것은? [3점]

Turn the lights out and point the beam of a small flashlight up into one of your eyes. Shake the beam around while moving your gaze up and down. You should catch glimpses of what look like delicate branches. These branches are shadows of the blood vessels that lie on top of your retina. The vessels constantly cast shadows as light streams into the eye, but because these shadows never move, the brain ceases responding to them. Moving the flashlight beam around shifts the shadows just enough to make them momentarily visible. Now you might wonder if you could cause an image to fade just by staring at something unmoving. But that is not possible because the visual system constantly jiggles the eye muscles, which prevents the perfect stabilization of images of the world. These muscle movements are unbelievably small, but their effect is huge. Without them, we would go blind by tuning out what we see shortly after fixating our gaze! It's an interesting notion: <u>Approximate perfection is better than perfect perfection</u>.

* retina: 망막 ** jiggle: 가볍게 흔들다

① What makes your vision blurry actually protects your eyes.

② The more quickly an object moves, the more sensitively eyes react.

③ Eyes exposed to intense light are subject to distortion of images.

④ Constant adjustment of focusing makes your eye muscles tired.

⑤ Shaky eye-muscle movements let us see what the brain might ignore.

D15 ★★★ ·············· 2024 실시 3월 학평 21 (고3)

다음 밑줄 친 you taste its price가 의미하는 바로 가장 적절한 것은?

That perception is a construction is not true just of one's perception of sensory input, such as visual and auditory information. It is true of your social perceptions as well — your perceptions of the people you meet, the food you eat, and even of the products you buy. For example, in a study of wine, when wines were tasted blind, there was little or no correlation between the ratings of a wine's taste and its cost, but there *was* a significant correlation when the wines were labeled by price. That wasn't because the subjects consciously believed that the higher-priced wines should be the better ones and thus revised whatever opinion they had accordingly. Or rather, it wasn't true *just* at the conscious level. We know because as the subjects were tasting the wine, the researchers were imaging their brain activity, and the imaging showed that drinking what they believed was an expensive glass of wine really did activate their centers of taste for pleasure more than drinking a glass of the same wine that had been labeled as cheaper. That's related to the placebo effect. Like pain, taste is not just the product of sensory signals; it depends also on psychological factors: you don't just taste the wine; you taste its price.

① Customer ratings determine the price of a product.
② We fool ourselves into thinking our unplanned buying was reasonable.
③ We immediately dismiss opposing opinions without any consideration.
④ The brain shows consistent response regardless of personal preference.
⑤ The perceived value of a product influences one's subjective experience of it.

D16 ★★★ ·············· 2024 대비 6월 모평 21 (고3)

밑줄 친 a stick in the bundle이 다음 글에서 의미하는 바로 가장 적절한 것은? [3점]

Lawyers sometimes describe ownership as a *bundle of sticks*. This metaphor was introduced about a century ago, and it has dramatically transformed the teaching and practice of law. The metaphor is useful because it helps us see ownership as a grouping of interpersonal rights that can be separated and put back together. When you say *It's mine* in reference to a resource, often that means you own a lot of the sticks that make up the full bundle: the sell stick, the rent stick, the right to mortgage, license, give away, even destroy the thing. Often, though, we split the sticks up, as for a piece of land: there may be a landowner, a bank with a mortgage, a tenant with a lease, a plumber with a license to enter the land, an oil company with mineral rights. Each of these parties owns a stick in the bundle.

* mortgage: 저당잡히다 ** tenant: 임차인

① a legal obligation to develop the resource
② a priority to legally claim the real estate
③ a right to use one aspect of the property
④ a building to be shared equally by tenants
⑤ a piece of land nobody can claim as their own

D17 ★★★

밑줄 친 live in the shadow of the future가 다음 글에서 의미하는 바로 가장 적절한 것은?

Thanks to the power of reputation, we help others without expecting an immediate return. If, thanks to endless chat and intrigue, the world knows that you are a good, charitable guy, then you boost your chance of being helped by someone else at some future date. The converse is also the case. I am less likely to get my back scratched, in the form of a favor, if it becomes known that I never scratch anybody else's. Indirect reciprocity now means something like "If I scratch your back, my good example will encourage others to do the same and, with luck, someone will scratch mine." By the same token, our behavior is endlessly shaped by the possibility that somebody else might be watching us or might find out what we have done. We are often troubled by the thought of what others may think of our deeds. In this way, our actions have consequences that go far beyond any individual act of charity, or indeed any act of mean-spirited malice. We all behave differently when we know we live in the shadow of the future. That shadow is cast by our actions because there is always the possibility that others will find out what we have done.

*malice: 악의

① are distracted by inner conflict
② fall short of our own expectations
③ seriously compete regardless of the results
④ are under the influence of uncertainty
⑤ ultimately reap what we have sown

D18 ★★★

밑줄 친 an empty inbox가 다음 글에서 의미하는 바로 가장 적절한 것은? [3점]

The single most important change you can make in your working habits is to switch to creative work first, reactive work second. This means blocking off a large chunk of time every day for creative work on your own priorities, with the phone and e-mail off. I used to be a frustrated writer. Making this switch turned me into a productive writer. Yet there wasn't a single day when I sat down to write an article, blog post, or book chapter without a string of people waiting for me to get back to them. It wasn't easy, and it still isn't, particularly when I get phone messages beginning "I sent you an e-mail *two hours ago...!*" By definition, this approach goes against the grain of others' expectations and the pressures they put on you. It takes willpower to switch off the world, even for an hour. It feels uncomfortable, and sometimes people get upset. But it's better to disappoint a few people over small things, than to abandon your dreams for an empty inbox. Otherwise, you're sacrificing your potential for the illusion of professionalism.

① following an innovative course of action
② attempting to satisfy other people's demands
③ completing challenging work without mistakes
④ removing social ties to maintain a mental balance
⑤ securing enough opportunities for social networking

D19 ★★❀ .... 2023 실시 10월 학평 21 (고3)

밑줄 친 squeeze economies into a test tube가
다음 글에서 의미하는 바로 가장 적절한 것은?

Physicians and other natural scientists test their theories using controlled experiments. Macroeconomists, however, have no laboratories and little ability to run economy-wide experiments of any kind. Granted, they can study different economies around the world, but each economy is unique, so comparisons are tricky. Controlled experiments also provide the natural sciences with something seldom available to economists — the chance, or serendipitous, discovery (such as penicillin). Macroeconomists studying the U.S. economy have only one patient, so they can't introduce particular policies in a variety of alternative settings. You can't squeeze economies into a test tube. Cries of "Eureka!" are seldom heard from macroeconomists. An economy consisting of hundreds of millions of individual actors is a complicated thing. As Nobel Prize-winning physicist Murray Gell-Mann once observed, "Think how hard physics would be if particles could think."

* serendipitous: 우연히 발견하는

① admit economists' contributions to the natural sciences
② conduct controlled experiments on the economy
③ employ complex economic theories
④ share test results with other scientists
⑤ collect economic data over a long period of time

D20 ★★★ .... 2024 대비 9월 모평 21 (고3)

밑줄 친 "The best is the enemy of the good."이
다음 글에서 의미하는 바로 가장 적절한 것은? [3점]

Gold plating in the project means needlessly enhancing the expected results, namely, adding characteristics that are costly, not required, and that have low added value with respect to the targets — in other words, giving more with no real justification other than to demonstrate one's own talent. Gold plating is especially interesting for project team members, as it is typical of projects with a marked professional component — in other words, projects that involve specialists with proven experience and extensive professional autonomy. In these environments specialists often see the project as an opportunity to test and enrich their skill sets. There is therefore a strong temptation, in all good faith, to engage in gold plating, namely, to achieve more or higher-quality work that gratifies the professional but does not add value to the client's requests, and at the same time removes valuable resources from the project. As the saying goes, "The best is the enemy of the good."

* autonomy: 자율성 ** gratify: 만족시키다

① Pursuing perfection at work causes conflicts among team members.
② Raising work quality only to prove oneself is not desirable.
③ Inviting overqualified specialists to a project leads to bad ends.
④ Responding to the changing needs of clients is unnecessary.
⑤ Acquiring a range of skills for a project does not ensure success.

D21 ✸✸✸ ....

밑줄 친 <u>a nonstick frying pan</u>이 다음 글에서
의미하는 바로 가장 적절한 것은? [3점]

How you focus your attention plays a critical role in how you deal with stress. Scattered attention harms your ability to let go of stress, because even though your attention is scattered, it is narrowly focused, for you are able to fixate only on the stressful parts of your experience. When your attentional spotlight is widened, you can more easily let go of stress. You can put in perspective many more aspects of any situation and not get locked into one part that ties you down to superficial and anxiety-provoking levels of attention. A narrow focus heightens the stress level of each experience, but a widened focus turns down the stress level because you're better able to put each situation into a broader perspective. One anxiety-provoking detail is less important than the bigger picture. It's like transforming yourself into <u>a nonstick frying pan</u>. You can still fry an egg, but the egg won't stick to the pan.

*provoke: 유발시키다

① never being confronted with any stressful experiences in daily life
② broadening one's perspective to identify the cause of stress
③ rarely confining one's attention to positive aspects of an experience
④ having a larger view of an experience beyond its stressful aspects
⑤ taking stress into account as the source of developing a wide view

D22 ✸✸✸❀ ....

밑줄 친 <u>it's an angry protest from the brain's reward system</u>이 다음 글에서 의미하는 바로 가장 적절한 것은?
[3점]

Our brains light up when our predicted reality and actual reality match. Our brains love to be right. We also don't like to be wrong, and we feel threatened when our stereotyped predictions don't come true. Psychologist Wendy Mendes asked White and Asian college students to interact with Latino students who had been hired as actors by the researchers. Some of the Latino students portrayed themselves as socioeconomically "high status," with lawyer fathers, professor mothers, and summers spent volunteering in Europe. Others portrayed themselves as "low status," with unemployed parents and part-time summer jobs. The researchers found that when participants interacted with the Latino students who appeared to come from wealth and thus challenged American stereotypes, they responded physiologically as if to a threat: their blood vessels constricted and their heart activity changed. In these interactions, participants also saw the students who violated stereotypes as less likable. In this way, stereotypes that are *descriptive* can easily become *prescriptive*. The phenomenon, it turns out, may have a neuroscientific explanation: <u>it's an angry protest from the brain's reward system</u>.

① Our brain prefers actual reality to predicted reality.
② Humans have a tendency to deny that they are stereotyped.
③ Humans are conditioned to avoid people who resemble them.
④ Our brain dislikes when something goes against its prediction.
⑤ When dissatisfied, the brain operates to make itself feel better.

D23 ★★★ .... 2022 실시 10월 학평 21 (고3)

밑줄 친 do not have the ears to hear it이 다음 글에서 의미하는 바로 가장 적절한 것은? [3점]

Far from a synonym for capitalism, consumerism makes capitalism impossible over the long term, since it makes capital formation all but impossible. A consumer culture isn't a saving culture, isn't a thrift culture. It's too fixated on buying the next toy to ever delay gratification, to ever save and invest for the future. The point is elementary: you can't have sustainable capitalism without capital; you can't have capital without savings; and you can't save if you're running around spending everything you've just earned. But the confusion has grown so deep that many people today do not have the ears to hear it. Indeed, the policies of our nation's central bank seem to reinforce this habit by driving down interest rates to near zero and thereby denying people a material reward — in the form of interest on their banked savings — for foregoing consumption.

*fixated: 집착하는 **gratification: 욕구 충족 ***forego: 단념하다

① disagree with the national policy of lowering interest rates
② ignore the fact that consumerism is a synonym for capitalism
③ believe that consumerism doesn't really do much for well-being
④ form a false assumption that savings can make nations prosper
⑤ fail to understand that consumption alone can't sustain capitalism

D24 ★★❀ .... 2022 실시 4월 학평 21 (고3)

밑줄 친 news 'happens'가 다음 글에서 의미하는 바로 가장 적절한 것은? [3점]

Journalists love to report studies that are at the "initial findings" stages — research that claims to be the first time anyone has discovered a thing — because there is newsworthiness in their novelty. But "first ever" discoveries are extremely vulnerable to becoming undermined by subsequent research. When that happens, the news media often don't go back and inform their audiences about the change — assuming they even hear about it. Kelly Crowe, a CBC News reporter writes, quoting one epidemiologist, "There is increasing concern that in modern research, false findings may be the majority or even the vast majority of published research claims." She goes on to suggest that journalists, though blameworthy for this tendency, are aided and abetted by the scientists whose studies they cite. She writes that the "conclusions" sections in scientific abstracts can sometimes be overstated in an attempt to draw attention from prestigious academic journals and media who uncritically take their bait. Even so, Crowe ends her piece by stressing that there is still an incompatibility between the purposes and processes of news and science: Science 'evolves,' but news 'happens.'

*epidemiologist: 전염병학자 **aid and abet: 방조하다

① News follows the process of research more than the outcome.
② News focuses not on how research changes but on the novelty of it.
③ News attracts attention by criticizing false scientific discoveries.
④ Reporters give instant feedback to their viewers, unlike scientists.
⑤ Reporters create and strengthen trust in the importance of science.

D25 ★★✿ .... 2023 실시 7월 학평 21 (고3)

밑줄 친 production and marketing이 다음 글에서 의미하는 바로 가장 적절한 것은?

Humans already have a longer period of protected immaturity — a longer childhood — than any other species. Across species, a long childhood is correlated with an evolutionary strategy that depends on flexibility, intelligence, and learning. There is a developmental division of labor. Children get to learn freely about their particular environment without worrying about their own survival — caregivers look after that. Adults use what they learned as children to mate, hunt, and generally succeed as grown-ups in that environment. Children are the R&D (research and development) department of the human species. We grown-ups are production and marketing. We start out as brilliantly flexible but helpless and dependent babies, great at learning everything but terrible at doing just about anything. We end up as much less flexible but much more efficient and effective adults, not so good at learning but terrific at planning and acting.

① agents who conduct the tasks of living with what they learned

② executives who assign roles according to one's characteristics

③ actors who realize their dreams by building better relations

④ traders who contribute to economic development

⑤ leaders who express their thoughts to others

D26 ★★✿ .... 2022 실시 7월 학평 21 (고3)

밑줄 친 this civilization of leisure was, in reality, a Trojan horse가 다음 글에서 의미하는 바로 가장 적절한 것은? [3점]

It seemed like a fair deal: we would accept new technologies, which would modify our habits and oblige us to adjust to certain changes, but in exchange we would be granted relief from the burden of work, more security, and above all, the freedom to pursue our desires. The sacrifice was worth the gain; there would be no regrets. Yet it has become apparent that this civilization of leisure was, in reality, a Trojan horse. Its swelling flanks hid the impositions of a new type of enslavement. The automatons are not as autonomous as advertised. They need us. Those computers that were supposed to do our calculations for us instead demand our attention: for ten hours a day, we are glued to their screens. Our communications monopolize our time. Time itself is accelerating. The complexity of the system overwhelms us. And leisure is often a costly distraction.

*flank: 측면, 옆구리 **automaton: 자동 장치

① Doing leisure activities increased communication between colleagues.

② Labor was easily incorporated with leisure by the media.

③ People's privacy was attacked because of low security.

④ Technology's promise for leisure actually made people less free.

⑤ Technological innovations did not improve hierarchical working culture.

D27 ~ 30 ▶ 제한시간 11분

D27 ✿ 2등급 대비 .... 2023 대비 수능 21 (고3) 

밑줄 친 make oneself public to oneself가 다음 글에서 의미하는 바로 가장 적절한 것은? [3점]

Coming of age in the 18th and 19th centuries, the personal diary became a centerpiece in the construction of a modern subjectivity, at the heart of which is the application of reason and critique to the understanding of world and self, which allowed the creation of a new kind of knowledge. Diaries were central media through which enlightened and free subjects could be constructed. They provided a space where one could write daily about her whereabouts, feelings, and thoughts. Over time and with rereading, disparate entries, events, and happenstances could be rendered into insights and narratives about the self, and allowed for the formation of subjectivity. It is in that context that the idea of "the self [as] both made and explored with words" emerges. Diaries were personal and private; one would write for oneself, or, in Habermas's formulation, one would <u>make oneself public to oneself</u>. By making the self public in a private sphere, the self also became an object for self-inspection and self-critique.

*disparate: 이질적인 **render: 만들다

① use writing as a means of reflecting on oneself
② build one's identity by reading others' diaries
③ exchange feedback in the process of writing
④ create an alternate ego to present to others
⑤ develop topics for writing about selfhood

D28 ✿ 2등급 대비 .... 2022 대비 9월 모평 21 (고3) 

밑줄 친 Flicking the collaboration light switch가 다음 글에서 의미하는 바로 가장 적절한 것은? [3점]

Flicking the collaboration light switch is something that leaders are uniquely positioned to do, because several obstacles stand in the way of people voluntarily working alone. For one thing, the fear of being left out of the loop can keep them glued to their enterprise social media. Individuals don't want to be — or appear to be — isolated. For another, knowing what their teammates are doing provides a sense of comfort and security, because people can adjust their own behavior to be in harmony with the group. It's risky to go off on their own to try something new that will probably not be successful right from the start. But even though it feels reassuring for individuals to be hyperconnected, it's better for the organization if they periodically go off and think for themselves and generate diverse — if not quite mature — ideas. Thus, it becomes the leader's job to create conditions that are good for the whole by enforcing intermittent interaction even when people wouldn't choose it for themselves, without making it seem like a punishment.

*intermittent: 간헐적인

① breaking physical barriers and group norms that prohibit cooperation
② having people stop working together and start working individually
③ encouraging people to devote more time to online collaboration
④ shaping environments where higher productivity is required
⑤ requiring workers to focus their attention on group projects

D29 ⭐ 1등급 대비 ·············· 2022 대비 수능 21 (고3)

밑줄 친 whether to make ready for the morning commute or not이 다음 글에서 의미하는 바로 가장 적절한 것은? [3점]

Scientists have no special purchase on moral or ethical decisions; a climate scientist is no more qualified to comment on health care reform than a physicist is to judge the causes of bee colony collapse. The very features that create expertise in a specialized domain lead to ignorance in many others. In some cases lay people — farmers, fishermen, patients, native peoples — may have relevant experiences that scientists can learn from. Indeed, in recent years, scientists have begun to recognize this: the Arctic Climate Impact Assessment includes observations gathered from local native groups. So our trust needs to be limited, and focused. It needs to be very *particular*. Blind trust will get us into at least as much trouble as no trust at all. But without some degree of trust in our designated experts — the men and women who have devoted their lives to sorting out tough questions about the natural world we live in — we are paralyzed, in effect not knowing whether to make ready for the morning commute or not.

*lay: 전문가가 아닌 **paralyze: 마비시키다 ***commute: 통근

① questionable facts that have been popularized by non-experts
② readily applicable information offered by specialized experts
③ common knowledge that hardly influences crucial decisions
④ practical information produced by both specialists and lay people
⑤ biased knowledge that is widespread in the local community

D30 ⭐ 1등급 대비 ·············· 2024 실시 10월 학평 21 (고3)

밑줄 친 Now I zip along the surface like a guy on a Jet Ski가 다음 글에서 의미하는 바로 가장 적절한 것은? [3점]

In 1890, William James described attention as "the taking possession by the mind, in clear and vivid form, of one out of what seem several simultaneously possible objects or trains of thought." Attention is a choice we make to stay on one task, one line of thinking, one mental road, even as attractive off-ramps signal. When we fail to make that choice and allow ourselves to be frequently sidetracked, we end up in "the confused, dazed, scatterbrained state" that James said is the opposite of attention. Staying on one road got much harder when the internet arrived and moved much of our reading online. Every hyperlink is an off-ramp, calling us to abandon the choice we made moments earlier. Nicholas Carr, in his 2010 book, grieved his lost ability to stay on one path. Life on the internet changed how his brain sought out information, even when he was off-line trying to read a book. It reduced his ability to focus and reflect because he now craved a constant stream of stimulation: "Once I was a scuba diver in the sea of words. Now I zip along the surface like a guy on a Jet Ski."

*off-ramp: 빠져나가는 길 ** dazed: 멍한 *** crave: 갈망하다

① Ironically, the convenience of downloading digital creations restrains people's creativity.
② By uncritically accepting information, we get trapped in a cycle of misunderstanding.
③ People's attention is naturally drawn to carefully analyzed and well-presented data.
④ We now deal with the information in a skin-deep manner, constantly being distracted.
⑤ With the help of the internet, we comprehend the information quickly and thoroughly.

D 어휘 Review

※ 다음 영어는 우리말 뜻을, 우리말은 영어 단어를 〈보기〉에서 찾아 쓰시오.

〈보기〉

수축하다	reality	외부의	complicated
의무	particle	평판	conclude
전략	tricky	효율적인	attach

01 reputation __________

02 constrict __________

03 obligation __________

04 efficient __________

05 strategy __________

06 현실 __________

07 복잡한 __________

08 입자 __________

09 까다로운 __________

10 결론을 내리다 __________

※ 다음 우리말에 알맞은 영어 표현을 찾아 연결하시오.

11 분리하다 •   • take credit for

12 ~와 상호 관련이 있다 •   • a string of

13 ~와 비교하여 •   • be correlated with

14 ~을 자신의 공으로 돌리다 •   • split up

15 여러 개의, 일련의 •   • compared to

※ 다음 우리말 표현에 맞는 단어를 고르시오.

16 틀에 갇힌 ➡ (stuck / struck) in a rut

17 순수하고 객관적인 형태로 ➡ in a (pure / sure), objective form

18 취향의 수렴 ➡ a (converse / convergence) of tastes

19 실업자인 부모님 ➡ (unemployed / unemotional) parents

20 비선형적인 수학 ➡ the (linear / nonlinear) mathematics

※ 다음 문장의 빈칸에 알맞은 단어를 〈보기〉에서 찾아 쓰시오.

〈보기〉

intelligible	theoretical	reassuring	peer
temptation	transformed	immaturity	alternative
immediate	violated	external	favorable

21 우리는 즉각적인 보답을 기대하지 않고 남들을 돕는다.
➡ We help others without expecting a(n) __________ return.

22 그것은 법학교육을 극적으로 변화시켰다.
➡ It has dramatically __________ the teaching of law.

23 인간은 이미 더 긴 기간의 보호받는 미성숙 상태를 갖는다.
➡ Humans already have a longer period of protected __________.

24 어쩌면 여러분은 유리한 조건 덕분에 여러분의 목표를 달성했을지도 모른다.
➡ Perhaps you mastered your objective due to __________ conditions.

25 사람들은 과잉 연결되는 것이 안도감이 든다고 느낀다.
➡ It feels __________ for individuals to be hyperconnected.

26 금도금에 참여하려는 강한 유혹이 있다.
➡ There is a strong __________ to engage in gold plating.

27 그들은 다양한 다른 상황에서 특정 정책을 도입할 수 없다.
➡ They can't introduce particular policies in a variety of __________ settings.

28 이론적 구성물로서가 아닌 보편적이거나 권위 있는 버전은 없다.
➡ There is no universal or authoritative version, other than as a(n) __________ construct.

29 참가자들은 고정 관념을 깨뜨린 학생들을 덜 호감이 가는 것으로 간주했다.
➡ Participants saw the students who __________ stereotypes as less likable.

30 우리는 세계를 우리가 이해할 수 있게 만드는 인간의 렌즈를 통해서 세계를 경험한다.
➡ We experience the world through the human lenses that make it __________ to us.

E 요지 찾기

★ 유형 설명

> 다음 글의 요지로 가장 적절한 것은?
>
> One reason that people participate in social media is because it builds social relations.

글의 주제에 대해 어떠한 견해를 갖고 있는 글인지를 우리말로 표현한 선택지를 찾는 유형이다.

🔑 명확히 드러나는 주제문이나 반복되는 부분, 같은 의미를 다른 말로 바꾸어 표현한 부분을 중심으로 글의 주제를 파악하고, 그 주제에 부합하는 요지를 선택지에서 고른다.

🎭 유형 풀이 비법

1 주제문을 찾아라!

• 반복되는 부분에 주목하면서 필자가 전달하려는 중심 내용을 파악한다.

2 특정 부분을 잘 보자!

• 요지는 주로 글의 첫 부분과 끝부분에 잘 나온다.

3 요지의 범위를 확인하라!

• 요지의 범위가 너무 넓거나 좁지 않은지, 중간에 필자의 태도가 바뀌는 곳은 없는지도 확인한다.

> Tip 주로 명령문이나 의무의 조동사가 포함된 문장과 특정 어구(rather, however, while 등) 앞뒤에 글의 요지가 담겨 있다.

★ 최신 수능 경향 분석

대비 연도	월	문항 번호	지문 주제	난이도
2026	11	22번	협력과 경쟁을 동시에 수행하는 스포츠 생태계	✿✿✾
	9	22번	소셜 미디어를 통한 사회적 자본 증가	✿✿✾
	6	22번	정보를 해석함으로써 의미를 만들어 낸다.	✿✿✾
2025	11	22번	집단에서 협력하는 사람들의 특성	✿✿✾
	9	22번	인간 사회에서만 나타나는 '도덕성'	✿✿✾
	6	22번	인간 의사소통의 평등성이 형성한 공유와 공조 가치	✿✿✿
2024	11	22번	고객의 브랜드 칭찬에 응답하는 것의 중요성	✿✿✾
	9	22번	이민자의 권리에 대한 인식 변화 필요성	✿✿✾
	6	22번	가상 세계에서는 덜 방어적인 우리	✿✿✾

★ 2026 수능 출제 분석

선택지를 먼저 확인하면, '스포츠 산업의 협력과 경쟁'이 핵심 소재임을 미리 파악할 수 있다. 첫 문장부터 스포츠 산업의 협조적 경쟁의 유형과 정도에 대해 언급했으므로 정답을 찾는 것은 그렇게 어렵지 않았을 것이다.

★ 2027 수능 예측

간혹 선택지가 영어로 제시되기도 하지만 최근에는 모두 한글이었으며, 이는 2027 수능에서도 마찬가지일 것이다.

🗝 요지를 뒷받침하는 주요 표현

- □ Well begun is half done. 시작이 반이다.
- □ Every cloud has a silver lining. 새옹지마
- □ Habit is a second nature. 습관은 제2의 천성이다.
- □ No pains, no gains. 노력이 있어야 얻는 것이 있다.
- □ Honesty is the best policy. 정직이 최상의 방책이다.
- □ Look before you leap. 돌다리도 두들겨 보고 건너라.
- □ Blood is thicker than water. 피는 물보다 더 진하다.
- □ Two heads are better than one. 백지장도 맞들면 낫다.
- □ Better late than never. 늦더라도 하지 않는 것보다 낫다.
- □ All that glitters is not gold. 번쩍인다고 다 금은 아니다.
- □ Actions speak louder than words. 행동은 말보다 미덥다.
- □ A good turn deserves another. 좋은 일은 보답을 받는다.
- □ The end justifies the means. 목적이 수단을 정당화시킨다.

📖 어휘 및 표현 Preview

- □ mutuality 상호성
- □ probability 확률
- □ rough 개략적인
- □ sentient 지각력 있는
- □ suppose 추정하다
- □ immoral 부도덕적인
- □ attack 공격하다
- □ universal 보편적인
- □ concept 개념
- □ equally 똑같이, 공평하게
- □ measure 측정하다
- □ specifically 특별히
- □ language 언어

E 요지 찾기 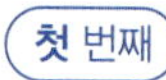 첫 번째

1st 선택지를 통해 글의 소재를 파악하세요.
2nd 글을 읽으며 특정 어구(연결어, 의미가 연관된 어휘들, 명령문 등)를 찾아 글의 요지를 생각해 보세요.
3rd 글의 내용이 한눈에 들어오도록 정리하여 생각한 글의 요지가 맞는지 확인하세요.

E01 ❋❋❋ ·············· 2025 대비 6월 모평 22 (고3) 

다음 글의 요지로 가장 적절한 것은?

In both the ancient hunter-gatherer band and our intimate speech communities today, the diffusion of speech shaped values. The fact that everyone was going to be able to speak and listen had to be accommodated ethically, and it was via a rough egalitarianism. In terms of communications, people were equal and therefore it was believed they *should be* equal, or at least relatively so. By this code, ancient Big Men were not allowed to act controllingly and modern office managers are not allowed to silence anyone at will. Moreover, equal access to speech and hearing promoted the notion that property should be held in common, that goods and food in particular should be shared, and that everyone had a duty to take care of everyone else. This was probably more true among hunter-gatherers than it is in the modern family, circle of friends, or workplace. But even in these cases we believe that sharing and mutual aid are right and proper. Remember, if you bring something, you should bring enough for everyone.

*diffusion: 확산 **egalitarianism: 인류 평등주의

① 수렵인과 현대인은 언어에 대한 유사한 가치를 가지고 있다.
② 인간은 언어를 사용하여 자원을 보다 효율적으로 배분해 왔다.
③ 현대 사회는 고대 수렵 사회보다 평등한 체계에 의해 운영된다.
④ 인간 의사소통의 평등성은 공유와 공조 가치 기반을 형성했다.
⑤ 인간은 의사소통을 통해 자원을 공유하는 평등한 사회를 건설했다.

1st 선택지를 통해 글의 소재를 파악하세요.

① 수렵인과 현대인은 언어에 대한 유사한 가치를 가지고 있다.
② 인간은 언어를 사용하여 자원을 보다 효율적으로 배분해왔다.
③ 현대 사회는 고대 수렵 사회보다 평등한 체계에 의해 운영된다.
④ 인간 의사소통의 평등성은 공유와 공조 가치 기반을 형성했다.
⑤ 인간은 의사소통을 통해 자원을 공유하는 평등한 사회를 건설했다.

● **반복되어 등장하는 어구를 찾았나요?**
인간, 의사소통, 평등성, 공유, 공조 등의 핵심 어구가 다섯 개 선택지에 등장하고 있어요. **단서** ①은 수렵인과 현대인이 언어에 대해 가지는 가치가 비슷하다는 의미이고, ②은 언어를 사용한 자원의 효율적인 배분, ④은 의사소통의 평등성을 통한 공유와 공조 가치 기반, ⑤은 의사소통을 통한 자원 공유에 대해 이야기하고 있어요.

● **③을 제외한 선택지에 공통점이 있어요.**
인간의 언어나 의사소통에 대해 말한다는 점에서 ③을 제외한 나머지 선택지들이 공통점을 가져요.
이 글에서 설명하는 것이 '언어와 관련해서 수렵인과 현대인의 비교'인지, '인간 의사소통의 평등성'인지, '의사소통을 통한 평등한 사회'인지 글을 읽으면서 확인해 봅시다. **발상**

2nd 글을 읽으며 특정 어구(연결어, 의미가 연관된 어휘들, 명령문 등)를 찾아 글의 요지를 생각해 보세요.

1) 눈에 띄는 문장이 중반 이후에 등장하네요!

Moreover, equal access to speech and hearing /
게다가, 말하기와 듣기에 대한 평등한 접근은 /
promoted the notion / that property should be held
생각을 촉진했다 / 재산은 공동으로 소유되어야
in common, / that goods and food in particular
하고 / 특히 물자와 식량은 공유되어야 하며
should be shared, / and that everyone had a duty /
/ 모든 사람은 의무가 있다는 /
to take care of everyone else. //
다른 사람을 돌볼 //

● **should be를 통해 필자의 주장이 나타났어요.**
should be는 '~이어야 한다'라는 뜻으로서, 필자의 생각이나 주장을 담은 말을 할 때 쓸 가능성이 높은 표현이에요.

- Moreover를 쓰며 필자가 말하고자 하는 바가 이어지는 것도 알 수 있어요.

  Moreover는 **1**'(　　　　　　　)'라는 뜻으로, 필자는 의사소통의 평등이, 재산은 공동으로 소유되어야 하고 물자와 식량은 공유되어야 하며 다른 사람을 돌볼 의무가 있다는 생각을 촉진시켰다고 했어요.
  즉 의사소통의 **2**(　　　　　　　)이 공유, 상호 협력의 가치를 촉진시켰다는 내용이죠.

2) Moreover를 쓰며 필자의 생각을 덧붙이는 문장이 왔으니 앞으로 거슬러 올라가 봅시다.

In both the ancient hunter-gatherer band / and our
고대의 수렵·채집인 무리와　　　　　　　　／ 오늘날

intimate speech communities today, / the diffusion
우리의 친밀한 언어 공동체 둘 다에서　　　／ 언어의 확산은

of speech shaped values. //
가치를 형성했다　　　　　　　//

- **첫 문장을 살펴봅시다.**

  수렵인과 현대인 모두 언어의 확산은 어떠한 가치를 형성했다고 했어요.
  언어와 관련해서 수렵인과 현대인의 공통점을 이야기하고 있네요.

3) 이제 중반부의 다음 문장을 살펴봅시다.

In terms of communications, / people were equal
의사소통의 측면에서　　　　　　／ 사람들은 평등했고

and therefore / it was believed / they *should* be
그리고 그러므로　／ 여겨졌다　　　　／ 그들은 평등'해야

equal, / or at least relatively so. //
／ 하거나, 적어도 비교적 그렇다(평등하다)고 //

- **In terms of는 '~의 측면에서'라는 뜻이에요.**

  In terms of를 써서 '의사소통의 측면에서'라고 하며 사람들은 평등했고, 그래서 평등해야 한다고 여겨졌다고 했어요. 한 마디로, **3**(　　　　　　)의 측면에서 인간은 평등하다는 것이죠.

- **첫 문장부터 연결된 내용이 나온 거네요.**

  인간의 언어의 확산은 어떤 가치를 형성했고, 의사소통의 측면에서 인간은 평등하다고 여겨졌다는 내용으로 연결되고 있어요.

- **앞서 파악한 내용을 종합하여 정답을 골라봅시다.**

  필자는 인간이 의사소통 측면에서 평등하고, 이런 특징이 가져온 생각이 공유와 공조 가치를 촉진했다는 주장을 펼쳤어요.
  이 내용과 가장 일치하는 선택지는 **4**(　　　　　　)이에요.

3rd 글의 내용이 한눈에 들어오도록 정리하여 생각한 글의 요지가 맞는지 확인하세요.

도입	언어의 확산은 가치를 형성했다.

↓

부연	의사소통 측면에서 사람들은 평등하게 여겨졌다.

↓

결론	의사소통의 평등은 공유, 상호 협력의 가치를 촉진했다.

⑤은 의사소통과 평등이라는 소재를 다 포함하고 있긴 해요. 하지만 의사소통 평등성이 공유와 상호 협력의 가치를 촉진했다는 것이지, 의사소통을 통해 평등한 사회를 건설했다는 것은 확대하여 해석한 것이므로 정답이 될 수 없어요.

E 요지 찾기 두 번째

1st 선택지를 통해 글의 소재를 파악하세요.
2nd 글을 읽으며 특정 어구(연결어, 의미가 연관된 어휘들, 명령문 등)를 찾아 글의 요지를 생각해 보세요.
3rd 글의 내용이 한눈에 들어오도록 정리하여 생각한 글의 요지가 맞는지 확인하세요.

E02 ★★❀ .... 2024 대비 6월 모평 22 (고3)

다음 글의 요지로 가장 적절한 것은?

When it comes to the Internet, it just pays to be a little paranoid (but not a lot). Given the level of anonymity with all that resides on the Internet, it's sensible to question the validity of any data that you may receive. Typically it's to our natural instinct when we meet someone coming down a sidewalk to place yourself in some manner of protective position, especially when they introduce themselves as having known you, much to your surprise. By design, we set up challenges in which the individual must validate how they know us by presenting scenarios, names or acquaintances, or evidence by which to validate (that is, photographs). Once we have received that information and it has gone through a cognitive validation, we accept that person as more trustworthy. All this happens in a matter of minutes but is a natural defense mechanism that we perform in the real world. However, in the virtual world, we have a tendency to be less defensive, as there appears to be no physical threat to our well-being.

*paranoid: 편집성의 **anonymity: 익명

① 가상 세계 특유의 익명성 때문에 표현의 자유가 남용되기도 한다.
② 인터넷 정보의 신뢰도를 검증하는 기술은 점진적으로 향상되고 있다.
③ 가상 세계에서는 현실 세계와 달리 자유로운 정보 공유가 가능하다.
④ 안전한 인터넷 환경 구축을 위해 보안 프로그램을 설치하는 것이 좋다.
⑤ 방어 기제가 덜 작동하는 가상 세계에서는 신중한 정보 검증이 중요하다.

1st 선택지를 통해 글의 소재를 파악하세요.

① 가상 세계 특유의 익명성 때문에 표현의 자유가 남용되기도 한다.
② 인터넷 정보의 신뢰도를 검증하는 기술은 점진적으로 향상되고 있다.
③ 가상 세계에서는 현실 세계와 달리 자유로운 정보 공유가 가능하다.
④ 안전한 인터넷 환경 구축을 위해 보안 프로그램을 설치하는 것이 좋다.
⑤ 방어 기제가 덜 작동하는 가상 세계에서는 신중한 정보 검증이 중요하다.

● **선택지에서 반복되고 있는 어구를 찾았나요?**
가상 세계, 인터넷, 정보 검증, 정보 공유 등의 핵심 어구가 여러 선택지에 고르게 분포되어 있어요. **단서** 아무래도 가상 세계나 인터넷에서 정보를 무분별하게 받아들일 수 있기 때문에 정보를 검증할 필요가 있다거나, 정보량이 많기 때문에 정보를 자유롭게 공유할 수 있다는 맥락일 것 같네요! **발상**

● **정답에 가까운 선택지를 찾아 볼까요?**
우선 핵심 어구가 두 개씩 포함된 선택지로는 ②, ③, ⑤이 보여요. 그렇다면 가상 세계나 인터넷과 관련하여 (정보 검증 / 정보 공유)라는 두 갈래로 답이 나뉘게 되는데, 나머지 글을 읽어보면서 확실한 단서를 찾아 봅시다.

2nd 글을 읽으며 특정 어구(연결어, 의미가 연관된 어휘들, 명령문 등)를 찾아 글의 요지를 생각해 보세요.

1) 앞부분부터 확인해 볼까요?

Given the level of anonymity / with all that resides
익명성 수준을 고려할 때 / 인터넷에 있는 모든 것의
on the Internet, / it's sensible / to question the
/ ~이 합리적이다 / 어떤 자료든 그것의
validity of any data / that you may receive. //
타당성에 대해 의문을 제기하는 것이 / 여러분이 받을지도 모르는 //

● **sensible을 통해 필자의 주장이 나타났어요.**
sensible은 ❶'(　　　　　　)'이라는 뜻으로서, it's sensible to question은 '의문을 제기하는 것이 합리적이다'라고 해석되어요. 필자가 보기엔 무언가에 의문을 제기하는 것이 필요하다는 것이죠.

● **필자가 합리적이라고 생각하는 바는 무엇인가요?**
필자는 여러분이 받을 어떤 자료든 그 타당성에 의문을 제기하는 것이 합리적이라고 했어요. 첫 마디에 '익명성 수준'을 고려한다고 했는데, 익명성이 높은 인터넷 공간에서 그러한 자료들이 타당한지 의심해봐야 한다는 맥락으로 보여요.

2) 필자의 주장을 확인했으니, 이를 부연하는 문장을 살펴봅시다.

All this happens / in a matter of minutes / but is a
이 모든 것이 일어나지만 / 몇 분 안에   /

natural defense mechanism / that we perform / in
자연스러운 방어 기제이다   / 우리가 수행하는   /

the real world. //
현실 세계에서   //

● **첫 문장 이후로는 새로운 누군가를 만날 때 우리의 방어 본능에**
  대해 쭉 이야기하고 있어요.

  현실 세계에서 우리는 (새로운 누군가를 대할 때) 자연스러운
  ❷(   )를 갖추고 있다고 했어요. 앞부분에서 우리는 가상
  세계에 대해 이야기했는데 현실 세계의 방어 기제가 어떻게 연관되는지는
  뒷부분에서 더 알아봐야겠어요.

3) 이제 마지막 문장을 살펴봅시다.

However, in the virtual world, / we have a
하지만 가상 세계에서는   / 우리는 경향이 있다

tendency / to be less defensive, / as there appears to
         / 덜 방어적인   / 물리적인 위협이 없는 것처럼

be no physical threat / to our well-being. //
보이기 때문에   / 우리의 행복에   //

● **However는 '하지만'이라는 뜻이에요.**

  However는 역접의 연결어로서 앞의 내용과 반대되는 내용을 언급할 때
  쓰여요. 앞 문장에서 우리가 현실 세계에서 방어 기제를 갖추고 있다고
  했지만 가상 세계에서는 '덜 방어적인 경향'이 있다고 하네요.

● **'의문을 제기하는 것'과 '덜 방어적인 경향'은 어떤 관계인가요?**

  정보를 받아들이기에 앞서, 그 정보의 타당성에 의문을 제기하는 것은
  우리가 무분별하게 정보를 받아들이지 않도록 '막는' 역할을 하죠?
  그렇기에 의문을 제기하는 것은 곧 **❸**(   )이라고 볼 수 있어요.
  따라서, 덜 방어적인 경향은 (새로운 정보를 발견했을 때) 검증 없이
  정보를 받아들이는 것과 같죠.

● **앞서 파악한 내용을 종합하여 정답을 골라봅시다.**

  필자는 우리가 익명성이 강한 가상 세계에서 정보를 검증 없이
  받아들이는, 다시 말해, 덜 방어적인 경향이 있으니 그 타당성에 의문을
  제기하는 것(정보 검증)이 합리적이라는 주장을 펼쳤어요. 이 내용과 가장
  일치하는 선택지는 **❹**(   )이에요.

3rd 글의 내용이 한눈에 들어오도록 정리하여 생각한 글의 요지가
맞는지 확인하세요.

도입 익명성이 높은 인터넷의 어떤 자료든 그 타당성에 의문을
제기하는 것이 합리적이다.

↓

부연 우리는 현실 세계에서 새로운 누군가를 만날 때 그 사람을
검증하는 방어 기제를 수행한다.

↓

결론 우리는 가상 세계에서 덜 방어적인 경향이 있다.

도입의 '타당성에 의문을 제기하는 것'을 정보 검증으로 바꾸고 부연의 '방어
기제'와 결론의 '가상 세계'를 활용하여 선택지를 구성했어요.
②은 인터넷과 정보 검증이라는 소재를 둘 다 포함하지만, 이 글에서 정보
검증 기술의 발전이 나타나지는 않았으며 방어 기제에 더 초점을 맞추고
있기 때문에 정답이 될 수 없어요.

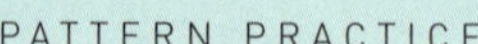

E03 ~ 06 ▶ 제한시간 8분

E03 ✽✽✽✽ ·········· 2026 대비 수능 22 (고3)

다음 글의 요지로 가장 적절한 것은?

A sport ecosystem exists based on the type and rate of coopetition existing. Coopetition is defined as "the simultaneous pursuit of cooperation and competition among firms to leverage strategically important resources for superior value creation purposes". It is a useful way to understand the dynamic nature of sport businesses which need to collaborate for resource efficiency purposes but potentially compete with each other. This special relationship should be managed properly due to trust and confidence issues being paramount. It can be challenging to be collaborative and competitive in sport as they involve different forms of behaviour. This means a careful balancing act may be required in terms of the amount of emphasis placed on each activity. Often sport managers will try to be more competitive due to performance reasons and less collaborative. By necessity they may need to share information but do so in a cautious manner. This means it might be better to have plans in place about how to pursue both simultaneously. This will ensure one is not neglected at the expense of the other.

*simultaneous: 동시의 **paramount: 최고의

① 스포츠 산업에서는 협력과 경쟁 사이의 균형 잡힌 접근이 요구된다.
② 협력에 기반한 경쟁을 위해서 스포츠 정신 함양 교육이 필수적이다.
③ 스포츠에서는 성과를 중요시하기 때문에 협력을 과소평가하기 쉽다.
④ 스포츠 산업에서는 효율적 자원 활용을 위한 전략이 필요하다.
⑤ 스포츠 산업에서의 성취는 경쟁을 필연적으로 수반한다.

E04 ✽✽✽✽ ·········· 2026 대비 9월 모평 22 (고3)

다음 글의 요지로 가장 적절한 것은?

One reason that people participate in social media is because it builds social relations. We increase our social capital when we successfully engage in social media. Social capital describes the networks of relationships we have that are built on mutuality and sharing of identity, understanding, norms and values. We build ties that may pay off with a job lead or a letter of recommendation. We reinforce our identities through our online presentation in a personal blog or our profile. "The premise behind the notion of social capital is rather simple and straightforward: investment in social relations with expected returns," noted sociologist Nan Lin. Lin's work stresses that it is *who* you know as much as *what* you know that shapes our experience in society. With new media, our reach of connecting is all the greater, expanding our "who you know" to greater and greater lengths.

*premise: 전제

① 소셜 미디어를 통한 관계망의 확장은 중요한 사회적 자본이 된다.
② 사회적 규범과 가치를 공유하는 것이 인간관계 형성의 기반이다.
③ 뉴 미디어의 등장은 사회적 자본 형성의 방식을 변화시킨다.
④ 다양한 인적 자본 구축은 소셜 미디어 활동에 필수적이다.
⑤ 사회적 경험은 인격 함양과 세계관 확장에 도움이 된다.

E05 ❋❋❋ .... 2025 실시 10월 학평 22 (고3)

다음 글의 요지로 가장 적절한 것은?

Our yearning for belonging is so hardwired that we often try to acquire it by any means possible, including trying to fit in and working hard for approval and acceptance. Not only are these efforts hollow substitutes for belonging, but they are the greatest barriers to belonging. When we work to fit in and be accepted, our "belonging" is unstable. If we do or say something that's true to who we are but outside the expectations or rules of the group, we risk everything. If people don't really know who we are and what we believe or think, there's no true belonging. Because we can feel belonging only if we have the courage to share our most authentic selves with people, our sense of belonging can never be greater than our level of self-acceptance. We can never truly belong if we are betraying ourselves, our ideals, or our values in the process. That is why it's a mistake to think that belonging is passive and simply about joining or "going along" with others. It's not.

* yearning: 갈망 ** hollow: 공허한

① 자신을 있는 그대로 드러내 보일 때 진정한 소속감을 느낄 수 있다.
② 타인의 기대에서 벗어날 때 비로소 진정한 자아를 실현할 수 있다.
③ 속하려는 집단과 자신의 성향이 잘 맞는지 살펴볼 필요가 있다.
④ 때로는 개인의 선호가 집단의 목표에 충분히 반영되지 않는다.
⑤ 타인의 비판을 인정할 수 있을 때 자기 수용이 가능해진다.

E06 ❋❋❋ .... 2025 실시 7월 학평 22 (고3)

다음 글의 요지로 가장 적절한 것은?

Making your marketing fun for customers is what makes them tell other people about you. This is the basis of viral marketing — the word of mouth that ultimately generates more business than all the advertising campaigns put together. Humor is good, but something that encourages customers to pass on messages to friends, business colleagues, family, and indeed anyone else will result in stronger customers' perception of your brand and increased awareness of what your company is all about. The message need not be too serious, either, or indeed be an overt marketing plug. Just passing the brand name along, and having it associated with something entertaining and fun, is quite sufficient. Your other marketing promotions will fill in the gaps, and anyway no single promotion will ever cover all the communication you want it to — the best you can hope for is that one communication will sensitize the customers to receiving a later one.

① 즐거움을 주는 마케팅은 입소문을 통해 브랜드와 기업에 대한 인식을 향상시킨다.
② 경쟁사의 마케팅 전략을 분석하는 것은 기업 경쟁력 강화에 도움이 된다.
③ 브랜드 이미지 제고를 위해 일관된 메시지를 전달하는 것이 중요하다.
④ 고객의 피드백을 충실히 반영하여 제품의 질을 개선할 필요가 있다.
⑤ 유머에 의존한 마케팅은 브랜드 이미지를 손상시킬 위험이 있다.

E07 ✷✷❀ .... 2025 실시 5월 학평 22 (고3)

다음 글의 요지로 가장 적절한 것은?

Whether or not an observation is evidence for a person depends crucially on what the person is bringing to the table in terms of background knowledge. The physician sees the Koplik spots *as* Koplik spots and thereby gains evidence for her belief that the patient is coming down with the measles. I, a nonexpert, see the same spots, but I do not see them *as* Koplik spots. Thus, they are not evidence for me, because they don't provide me with good reasons for believing that I am confronted with a case of the measles. Only observations that are seen *as* this or that can be evidence for (or against) some hypothesis. Another way of putting the same point is this: During the processing of sensory stimuli, we bring — often automatically — various categories, background knowledge, and similar things, to bear. Thus, categorized observations are what constitutes evidence. Some might worry that we are overintellectualizing evidence. However, it seems to us that in the empirical sciences, unconceptualized experiences hardly ever play a role as evidence.

*Koplik spot: (홍역의 진단 근거가 되는) 코플릭 반점

**measles: 홍역　***empirical: 경험주의의

① 개념적 이해보다 감각적 경험이 더 중요한 증거가 된다.
② 동일한 관찰 결과가 반복될수록 증거로서 더 유의미해진다.
③ 개인의 관찰은 집단적 합의가 있어야 증거로 간주될 수 있다.
④ 관찰 과정에서 주관적 요소를 배제해야 증거로서 신뢰성을
　갖는다.
⑤ 관찰이 배경지식을 바탕으로 개념화되었을 때 증거가 될 수
　있다.

E08 ✷✷❀ .... 2025 실시 3월 학평 22 (고3)

다음 글의 요지로 가장 적절한 것은?

Good narrative writing is often as much technique as it is talent, sometimes more. The best narrative nonfiction writers often turn to time-honored tools of fiction writers for effect: plot and pacing, character and drama, and, yes, suspense. And they understand that a good story just can't spread out in all directions like a serving of spaghetti. The story needs form, shape, a structure designed to pull the reader from start to finish. "The craftsmanship of the writer is no less beautiful than that of the cabinet maker or the builder of temples or fine violins," writes Jon Franklin. Yes, this may sound grandiose, but the emphasis on craftsmanship is pure pragmatism: a knowledge of the basic structures that narrative science writers use to build an effective story. I think of this approach as journalistic architecture. Once a writer has the story blueprints in hand, so to speak, then he or she can decide which structure best fits the facts of the story — and where to slot them into place.

*grandiose: 거창한　**pragmatism: 실용주의

① 모든 위대한 작가는 천부적인 감각과 솜씨를 타고난다.
② 다양한 문장 구조를 사용하면 독자의 관심을 끌 수 있다.
③ 글의 완성도를 높이려면 준비에 오랜 시간을 들여야 한다.
④ 다양한 장르의 글을 많이 읽으면 작문 실력을 키울 수 있다.
⑤ 좋은 논픽션을 쓸 때 기술적 접근과 구조적 설계가 필요하다.

다음 글의 요지로 가장 적절한 것은?

The ability to understand emotions — to have a diverse emotion vocabulary and to understand the causes and consequences of emotio — is particularly relevant in group settings. Individuals who are skilled in this domain are able to express emotions, feelings and moods accurately and thus, may facilitate clear communication between co-workers. Furthermore, they may be more likely to act in ways that accommodate their own needs as well as the needs of others (i.e. cooperate). In a group conflict situation, for example, a member with a strong ability to understand emotion will be able to express how he feels about the problem and why he feels this way. He also should be able to take the perspective of the other group members and understand why they are reacting in a certain manner. Appreciation of differences creates an arena for open communication and promotes constructive conflict resolution and improved group functioning.

① 집단 구성원 간 갈등 해소를 위해 감정 조절이 중요하다.
② 감정 이해 능력은 집단 내 원활한 소통과 협력을 촉진한다.
③ 타인에 대한 공감 능력은 자신의 감정 표현 능력을 향상한다.
④ 감정 관련 어휘에 대한 지식은 공감 능력 발달의 기반이 된다.
⑤ 자신의 감정 상태에 대한 이해는 사회성 함양에 필수적 요소이다.

다음 글의 요지로 가장 적절한 것은?

Even though there is good reason to consider a dog a sentient being capable of making choices and plans — so that we might suppose 'it could have conceived of acting otherwise' — we're unlikely to think it is wicked and immoral for attacking a child. Moral responsibility is not some universal concept like entropy or temperature — something that applies equally, and can be measured similarly, everywhere in the cosmos. It is a notion developed specifically for human use, no more or less than languages are. While sentience and volition are aspects of mind and agency, morals are cultural tools developed to influence social behaviour: to cultivate the desirable and discourage the harmful. They are learnt, not given at birth. It's possible, indeed likely, that we are born with a predisposition to cooperate with others — but only within human society do we come to understand this as *moral behaviour*. *sentient: 지각력이 있는 **volition: 의지

① 도덕성은 자신의 선택에 대해 책임을 진다는 개념이다.
② 동물과 인간을 구별하는 중요한 특징은 분별력과 언어이다.
③ 도덕성은 학습되는 문화적 도구로서 인간 사회에만 나타난다.
④ 동물과 인간은 공통적으로 다른 개체와 협력하는 경향이 있다.
⑤ 문화적 도구로서의 도덕성은 개체의 의사 결정에 영향을 미친다.

E11 ✽✽✽ .... 2024 실시 10월 학평 22 (고3)

다음 글의 요지로 가장 적절한 것은?

Technical, book knowledge consists of "formulated rules which are, or may be, deliberately learned." Practical knowledge, on the other hand, cannot be taught or learned but only transmitted and acquired. It exists only in practice. When we talk about practical knowledge, we tend to use bodily metaphors. We say that somebody has a *touch* for doing some activity — an ability to hit the right piano key with just enough force and pace. We say that somebody has a *feel* for the game, an intuition for how events are going to unfold, an awareness of when you should plow ahead with a problem and when you should put it aside before coming back to it. When the expert is using her practical knowledge, she isn't thinking more; she is thinking less. She has built up a repertoire of skills through habit and has thereby extended the number of tasks she can perform without conscious awareness. This sort of knowledge is built up through experience, and it is passed along through shared experience.

*intuition: 직감, 직관 **plow ahead: 밀고 나가다

① 실용적 지식은 실행과 경험을 통해 체득되고 전수된다.
② 직감에 의한 판단이 옳아 보여도 심사숙고의 과정은 필요하다.
③ 기술적 지식을 완전히 이해해야만 이를 실제로 적용할 수 있다.
④ 상황에 맞게 행동하게 하는 실용적 지식은 타고나는 능력이다.
⑤ 실용적 지식과 기술적 지식의 균형 있는 학습이 중요하다.

E12 ✽✽✽ .... 2024 실시 7월 학평 22 (고3)

다음 글의 요지로 가장 적절한 것은?

The relevance of science in understanding organizational behavior can start with asking this question: Why do good managers make bad decisions? Too often managers make mistakes when it comes to fostering conditions that inspire positive outcomes in the workplace, such as performance, satisfaction, team cohesion, and ethical behavior. Why does this happen? Part of the reason is that rather than relying on a clearly validated set of scientific discoveries, managers use less reliable sources of insight such as gut feel, intuition, the latest trend, what a highly paid consultant might say, or what is being done in another company. Like most of us, managers tend to rely on their own strengths and experiences when making choices about how to get the best from others. But what works for one manager may not work for another. In the absence of a scientific approach, managers tend to make mistakes, offer ill-conceived incentives, misinterpret employee behavior, and fail to account for the many possible explanations for why employees might perform poorly.

① 직원들의 성과에 대한 다양한 평가 기준이 필요하다.
② 성공적인 관리자는 실패로부터 교훈을 이끌어 낸다.
③ 직원 간의 목표 공유가 조직을 결속하는 데 효과적이다.
④ 조직 문화의 혁신적 변화를 위해서는 관리자의 경험에 의한 직관이 중요하다.
⑤ 조직 행동 이해에서 관리자가 과학적 접근법을 활용하지 않으면 잘못된 판단을 할 수 있다.

E13 ✿✿✿ 2024 실시 5월 학평 22 (고3)

다음 글의 요지로 가장 적절한 것은?

Most opposition to wilderness preservation doesn't come from environmentalists but from corporate interests and developers. When wild places are designated as wilderness, they are closed to most commercial activities and residential or infrastructure development. There is thus frequently an economic cost to wilderness preservation. Some critics claim that when wilderness and economic interests clash, economic interests should normally prevail. This argument, even if it is sound, won't exclude all wilderness preservation efforts, because some wilderness areas have little economic value. But a deeper problem with the argument is that it views nature from a human-focused and excessively economic point of view. Allowing economic considerations to outweigh all other forms of value is inconsistent with the biocentric reasons that support wilderness preservation. Thus, while it certainly makes sense to weigh the economic costs of wilderness protection, especially when such costs are high, the biocentric values underlying wilderness preservation exclude viewing economic considerations as the most important.

① 야생 보호 구역 보존의 생명 중심적 가치는 경제적 고려에 우선한다.
② 자연과의 공존을 고려한 상업 활동이 기업에 경제적 이익을 가져다준다.
③ 야생 보호에 있어 우선적으로 고려하는 가치는 문화에 따라 다양하다.
④ 야생 보호는 경제적 가치와 상관없이 모든 생물에 똑같이 적용된다.
⑤ 야생의 보호와 회복을 위한 비용 부담은 공동체 모두의 몫이다.

E14 ✿✿✿ 2022 대비(6월)/평가원 22

다음 글의 요지로 가장 적절한 것은?

Contractors that will construct a project may place more weight on the planning process. Proper planning forces detailed thinking about the project. It allows the project manager (or team) to "build the project in his or her head." The project manager (or team) can consider different methodologies thereby deciding what works best or what does not work at all. This detailed thinking may be the only way to discover restrictions or risks that were not addressed in the estimating process. It would be far better to discover in the planning phase that a particular technology or material will not work than in the execution process. The goal of the planning process for the contractor is to produce a workable scheme that uses the resources efficiently within the allowable time and given budget. A well-developed plan does not guarantee that the executing process will proceed flawlessly or that the project will even succeed in meeting its objectives. It does, however, greatly improve its chances.

*execute: 실행하다

① 계획 수립 절차를 간소화하면 일의 진행 속도가 빨라진다.
② 안정적인 예산 확보는 일의 원활한 진행을 위해 필수적이다.
③ 사업 계획은 급변하는 상황에 따라 유연하게 변경될 수 있다.
④ 면밀한 계획 수립은 일의 효율성을 증대시키고 성공 가능성을 높인다.
⑤ 대규모 사업에서는 지속적인 성장을 목표로 하는 세부 계획이 중요하다.

E15 ✿✿✿ .... 2022 대비 9월 모평 22 (고3)

다음 글의 요지로 가장 적절한 것은?

Historically, the professions and society have engaged in a negotiating process intended to define the terms of their relationship. At the heart of this process is the tension between the professions' pursuit of autonomy and the public's demand for accountability. Society's granting of power and privilege to the professions is premised on their willingness and ability to contribute to social well-being and to conduct their affairs in a manner consistent with broader social values. It has long been recognized that the expertise and privileged position of professionals confer authority and power that could readily be used to advance their own interests at the expense of those they serve. As Edmund Burke observed two centuries ago, "Men are qualified for civil liberty in exact proportion to their disposition to put moral chains upon their own appetites." Autonomy has never been a one-way street and is never granted absolutely and irreversibly.

*autonomy: 자율성 **privilege: 특권 ***premise: 전제로 말하다

① 전문직에 부여되는 자율성은 그에 상응하는 사회적 책임을 수반한다.
② 전문직의 권위는 해당 집단의 이익을 추구하는 데 이용되어 왔다.
③ 전문직의 사회적 책임을 규정할 수 있는 제도 정비가 필요하다.
④ 전문직이 되기 위한 자격 요건은 사회 경제적 요구에 따라 변화해 왔다.
⑤ 전문직의 업무 성과는 일정 수준의 자율성과 특권이 부여될 때 높아진다.

E16 ✿✿✿ .... 2022 대비 수능 22 (고3)

다음 글의 요지로 가장 적절한 것은?

Environmental hazards include biological, physical, and chemical ones, along with the human behaviors that promote or allow exposure. Some environmental contaminants are difficult to avoid (the breathing of polluted air, the drinking of chemically contaminated public drinking water, noise in open public spaces); in these circumstances, exposure is largely involuntary. Reduction or elimination of these factors may require societal action, such as public awareness and public health measures. In many countries, the fact that some environmental hazards are difficult to avoid at the individual level is felt to be more morally egregious than those hazards that can be avoided. Having no choice but to drink water contaminated with very high levels of arsenic, or being forced to passively breathe in tobacco smoke in restaurants, outrages people more than the personal choice of whether an individual smokes tobacco. These factors are important when one considers how change (risk reduction) happens.

*contaminate: 오염시키다 **egregious: 매우 나쁜

① 개인이 피하기 어려운 유해 환경 요인에 대해서는 사회적 대응이 필요하다.
② 환경오염으로 인한 피해자들에게 적절한 보상을 하는 것이 바람직하다.
③ 다수의 건강을 해치는 행위에 대해 도덕적 비난 이상의 조치가 요구된다.
④ 환경오염 문제를 해결하기 위해서는 사후 대응보다 예방이 중요하다.
⑤ 대기오염 문제는 인접 국가들과의 긴밀한 협력을 통해 해결할 수 있다.

다음 글의 요지로 가장 적절한 것은?

Historically, drafters of tax legislation are attentive to questions of economics and history, and less attentive to moral questions. Questions of morality are often pushed to the side in legislative debate, labeled too controversial, too difficult to answer, or, worst of all, irrelevant to the project. But, in fact, the moral questions of taxation are at the very heart of the creation of tax laws. Rather than irrelevant, moral questions are fundamental to the imposition of tax. Tax is the application of a society's theories of distributive justice. Economics can go a long way towards helping a legislature determine whether or not a particular tax law will help achieve a particular goal, but economics cannot, in a vacuum, identify the goal. Creating tax policy requires identifying a moral goal, which is a task that must involve ethics and moral analysis.

*legislation: 입법 **imposition: 부과

① 분배 정의를 실현하려면 시민 단체의 역할이 필요하다.
② 사회적 합의는 민주적인 정책 수립의 선행 조건이다.
③ 성실한 납세는 안정적인 정부 예산 확보의 기반이 된다.
④ 경제학은 세법을 개정할 때 이론적 근거를 제공한다.
⑤ 세법을 만들 때 도덕적 목표를 설정하는 것이 중요하다.

다음 글의 요지로 가장 적절한 것은?

Often overlooked, but just as important a stakeholder, is the consumer who plays a large role in the notion of the privacy paradox. Consumer engagement levels in all manner of digital experiences and communities have simply exploded — and they show little or no signs of slowing. There is an awareness among consumers, not only that their personal data helps to drive the rich experiences that these companies provide, but also that sharing this data is the price you pay for these experiences, in whole or in part. Without a better understanding of the what, when, and why of data collection and use, the consumer is often left feeling vulnerable and conflicted. "I love this restaurant-finder app on my phone, but what happens to my data if I press 'ok' when asked if that app can use my current location?" Armed with tools that can provide them options, the consumer moves from passive bystander to active participant.

*stakeholder: 이해관계자 **vulnerable: 상처를 입기 쉬운

① 개인정보 제공의 속성을 심층적으로 이해하면 주체적 소비자가 된다.
② 소비자는 디지털 시대에 유용한 앱을 적극 활용하는 자세가 필요하다.
③ 현명한 소비자가 되려면 다양한 디지털 데이터를 활용해야 한다.
④ 기업의 디지털 서비스를 이용하면 상응하는 대가가 뒤따른다.
⑤ 타인과의 정보 공유로 인해 개인정보가 유출되기도 한다.

E19 ✽✽✽ ·················· 2023 대비 수능 22 (고3)

다음 글의 요지로 가장 적절한 것은?

Urban delivery vehicles can be adapted to better suit the density of urban distribution, which often involves smaller vehicles such as vans, including bicycles. The latter have the potential to become a preferred 'last-mile' vehicle, particularly in high-density and congested areas. In locations where bicycle use is high, such as the Netherlands, delivery bicycles are also used to carry personal cargo (e.g. groceries). Due to their low acquisition and maintenance costs, cargo bicycles convey much potential in developed and developing countries alike, such as the *becak* (a three-wheeled bicycle) in Indonesia. Services using electrically assisted delivery tricycles have been successfully implemented in France and are gradually being adopted across Europe for services as varied as parcel and catering deliveries. Using bicycles as cargo vehicles is particularly encouraged when combined with policies that restrict motor vehicle access to specific areas of a city, such as downtown or commercial districts, or with the extension of dedicated bike lanes.

① 도시에서 자전거는 효율적인 배송 수단으로 사용될 수 있다.
② 자전거는 출퇴근 시간을 줄이기 위한 대안으로 선호되고 있다.
③ 자전거는 배송 수단으로의 경제적 장단점을 모두 가질 수 있다.
④ 수요자의 요구에 부합하는 다양한 용도의 자전거가 개발되고 있다.
⑤ 세계 각국에서는 전기 자전거 사용을 장려하는 정책을 추진하고 있다.

E20 ✽✽✽ ·················· 2024 대비 수능 22 (고3)

다음 글의 요지로 가장 적절한 것은?

Being able to prioritize your responses allows you to connect more deeply with individual customers, be it a one-off interaction around a particularly delightful or upsetting experience, or the development of a longer-term relationship with a significantly influential individual within your customer base. If you've ever posted a favorable comment — or any comment, for that matter — about a brand, product or service, think about what it would feel like if you were personally acknowledged by the brand manager, for example, as a result. In general, people post because they have something to say — and because they want to be recognized for having said it. In particular, when people post positive comments they are expressions of appreciation for the experience that led to the post. While a compliment to the person standing next to you is typically answered with a response like "Thank You," the sad fact is that most brand compliments go unanswered. These are lost opportunities to understand what drove the compliments and create a solid fan based on them.

*compliment: 칭찬

① 고객과의 관계 증진을 위해 고객의 브랜드 칭찬에 응답하는 것은 중요하다.
② 고객의 피드백을 면밀히 분석함으로써 브랜드의 성공 가능성을 높일 수 있다.
③ 신속한 고객 응대를 통해서 고객의 긍정적인 반응을 이끌어 낼 수 있다.
④ 브랜드 매니저에게는 고객의 부정적인 의견을 수용하는 태도가 요구된다.
⑤ 고객의 의견을 경청하는 것은 브랜드의 새로운 이미지 창출에 도움이 된다.

2등급 대비 문제

E21 ✿ 2등급 대비 .... 2026 대비 6월 모평 22 (고3)

다음 글의 요지로 가장 적절한 것은?

Information and meaning are, clearly, not the same thing. The former refers to uninterpreted data or sensory states whose probability in a certain situation can be easily measured; the latter refers to the interpretation of the data or sensory states, including the special kinds of nuances and values that the information entails, or is intended to have, in the given situation. This applies to any type of information, from alarm signals to sophisticated statements. Take, for instance, a coin-tossing game in which it is decided that throwing three heads in a row constitutes a win. If a certain player ends up consistently with the desired outcome, defeating all who challenge that player, then we tend to interpret the outcome either as the work of Fortune, or else as clever and undetectable cheating on the part of the winning player. Interpretation is at the core of everything we do, think about, and feel.

*sophisticated: 정교한

① 우리는 정보를 해석함으로써 의미를 만들어 낸다.
② 우리는 경험적 확률에 근거하여 미래를 예측한다.
③ 정보의 양이 너무 많으면 정확한 분석이 어려워진다.
④ 정보의 진위 여부를 판단할 때 출처 확인이 필수이다.
⑤ 정보 해석에 개인의 감정이 개입되면 의미가 왜곡된다.

E22 ✿ 2등급 대비 .... 2024 대비 9월 모평 22 (고3)

다음 글의 요지로 가장 적절한 것은?

The need to assimilate values and lifestyle of the host culture has become a growing conflict. Multiculturalists suggest that there should be a model of partial assimilation in which immigrants retain some of their customs, beliefs, and language. There is pressure to conform rather than to maintain their cultural identities, however, and these conflicts are greatly determined by the community to which one migrates. These experiences are not new; many Europeans experienced exclusion and poverty during the first two waves of immigration in the 19th and 20th centuries. Eventually, these immigrants transformed this country with significant changes that included enlightenment and acceptance of diversity. People of color, however, continue to struggle for acceptance. Once again, the challenge is to recognize that other cultures think and act differently and that they have the right to do so. Perhaps, in the not too distant future, immigrants will no longer be strangers among us.

① 이민자 고유의 정체성을 유지할 권리에 대한 공동체의 인식이 필요하다.
② 이민자의 적응을 돕기 위해 그들의 요구를 반영한 정책 수립이 중요하다.
③ 이민자는 미래 사회의 긍정적 변화에 핵심적 역할을 수행할 수 있다.
④ 다문화 사회의 안정을 위해서는 국제적 차원의 지속적인 협력이 요구된다.
⑤ 문화적 동화는 장기적이고 체계적인 과정을 통해 점진적으로 이루어진다.

E 어휘 Review

※ 다음 영어는 우리말 뜻을, 우리말은 영어 단어를 〈보기〉에서 찾아 쓰시오.

〈보기〉

broad	진술(문)	본능	sensory
ethics	bystander	부분적인	흠 없이
notion	수반하다	innovation	보완하다

01 entail ___________________

02 instinct ___________________

03 flawlessly ___________________

04 partial ___________________

05 statement ___________________

06 광대한, 폭넓은 ___________________

07 윤리학 ___________________

08 감각의 ___________________

09 개념 ___________________

10 구경꾼, 행인 ___________________

※ 다음 우리말에 알맞은 영어 표현을 찾아 연결하시오.

11 연속으로 •   • in a row

12 ~할 수 있다 •   • be capable of

13 ~의 희생으로 •   • engage in

14 ~에 관여하다 •   • at the expense of

15 ~와 관계없는 •   • irrelevant to

※ 다음 우리말 표현에 맞는 단어를 고르시오.

16 도덕적 질문들 ➡ (moral / cultural) questions

17 특정 상황에서의 확률 ➡ (certainty / probability) in a certain situation

18 인지적 검증을 통해 ➡ through a (congested / cognitive) validation

19 모든 방식의 디지털 경험에서 ➡ in all (inner / manner) of digital experiences

20 세금 부과에 근본적인 ➡ (fundamental / environmental) to the imposition of tax

※ 다음 문장의 빈칸에 알맞은 단어를 〈보기〉에서 찾아 쓰시오.

〈보기〉

conceived	granted	legislature	own
undetectable	exclusion	observations	forces
property	architecture	inseparable	armed

21 경제학은 입법부가 특정 세법이 특정 목표를 달성하는 데 도움이 될지를 결정하는 것을 도울 수 있다.
➡ Economics can help a(n) ___________ determine whether a particular tax law will help achieve a particular goal.

22 우리는 그 결과를 감지할 수 없는 부정행위로 해석하는 경향이 있다.
➡ We tend to interpret the outcome as ___________ cheating.

23 범주화된 관찰이 증거를 구성하는 것이다.
➡ Categorized ___________ are what constitutes evidence.

24 재산은 공동으로 소유되어야 한다.
➡ ___________ should be held in common.

25 나는 이러한 접근 방식을 저널리스트적 건축이라고 생각한다.
➡ I think of this approach as journalistic ___________.

26 도구로 무장하여, 소비자는 수동적 방관자에서 능동적 참여자로 이동한다.
➡ ___________ with tools, the consumer moves from passive bystander to active participant.

27 많은 유럽인이 배제와 빈곤을 경험했다.
➡ Many Europeans experienced ___________ and poverty.

28 그것은 다른 방식으로 행동하는 것을 상상할 수 있었을 것이다.
➡ It could have ___________ of acting otherwise.

29 적절한 계획은 면밀한 사고를 하게 한다.
➡ Proper planning ___________ detailed thinking.

30 자율성은 결코 절대적이고 뒤집을 수 없게 주어지지 않는다.
➡ Autonomy is never ___________ absolutely and irreversibly.

F 주제 찾기

★ 유형 설명

다음 글의 주제로 가장 적절한 것은?

The purpose of class discussions is to encourage you to be an active participant.

'무엇'에 관해 이야기하는 글인지를 찾는 문제로, 주제를 찾는 것이 요지, 주장, 제목을 찾는 밑바탕이 된다.

주제는 글에서 중심이 되는 이슈로, 주장 찾기 유형이 글의 주제에 대한 필자의 주장을 묻는 문제라면 주제 찾기 유형은 주제 그 자체를 찾는 문제이다. "무엇에 관한 글인가?"라는 질문에 대답한다는 생각으로 정답을 찾는다.

유형 풀이 비법

1 핵심어를 찾아라!

• 글 전체적으로 반복해서 나오는 핵심어를 찾는 것이 가장 중요하다.

2 글의 처음과 끝에 집중하라!

• 글의 처음이나 끝에 주제가 나오는 경우가 많으므로 특히 주의해서 본다.

3 태도가 바뀌는 부분에 유의하라!

• 반대 내용을 나타내는 접속사 뒤에 주제문이 나올 가능성이 높으므로 태도가 바뀌는지 확인한다.

Tip 범위가 넓거나 좁은 내용이 들어간 선택지를 고르지 않도록 주의한다.

★ 최신 수능 경향 분석

대비 연도	월	문항 번호	지문 주제	난이도
2026	11	23번	속도보다 빈도를 고려해야 하는 대중교통 서비스	★★☆
	9	23번	다양한 유형의 생애 서술에서 개인적 기억의 역할	★★☆
	6	23번	토론에 능동적으로 참여하기 위한 메모의 중요성	★★☆
2025	11	23번	산업화가 가져온 노동과 시간의 변화	★★☆
	9	23번	특이한 것을 이해하기 위해 일상적인 것에 대해 질문 제기하기	★★☆
	6	23번	식품 광고와 관련된 단어 의미의 변화	★★★
2024	11	23번	산림 자원의 비시장적 가치를 따져 보는 것의 의의	★★★
	9	23번	청취자를 끌어들이려는 시도의 결과	★★☆
	6	23번	박물관의 이윤 지향 경영의 결과	★★★

★ 2026 수능 출제 분석

'속도와 빈도'의 개념을 대중교통의 상황을 통해서 비교하며 설명하는 글이다. 글 전체적으로 속도와 빈도에 대한 내용을 잘 이해해야 '대중교통에서 운행 빈도에 가치를 부여하는 것이 중요하다'는 주제를 찾을 수 있을 것이다.

★ 2027 수능 예측

언제든지, 얼마든지 어렵게 출제될 수 있으니 항상 글의 주제를 찾는 훈련을 기본적으로 해야 한다.

어휘 및 표현 Preview

- □ natural 자연스러운
- □ physicist 물리학자
- □ shock 충격을 주다
- □ frighten 겁먹게 만들다
- □ ultimately 궁극적으로
- □ accustomed 익숙한
- □ base on ~에 기초를 두다
- □ habitual 습관적인
- □ frequent 빈번한
- □ account for 설명하다
- □ singular 기묘한
- □ necessary 필요한
- □ response 대답
- □ a broad range of 폭넓은
- □ bizarre 기이한
- □ occur 일어나다
- □ universe 우주
- □ sociologist 사회학자
- □ preference 선호
- □ mythical 신화적인
- □ explanation 설명
- □ scientific 과학적인
- □ validity 타당성, 유효성
- □ interpretation 해석
- □ perception 인식
- □ reality 현실
- □ pose 제기하다
- □ usual 일상적인
- □ difficulty 어려움
- □ conclusion 결론
- □ widespread 광범위한
- □ law 법(칙)
- □ phenomena 현상
- □ fall 낙하하다
- □ surprise 놀라게 하다
- □ notion 개념
- □ create 만들어내다
- □ product 제품
- □ attachment 부속물
- □ separated 분리된
- □ meaningful 의미 있는
- □ association 연관
- □ increasingly 점차
- □ fresh 신선한
- □ opposite 반대
- □ traditional 기존의, 전통적인
- □ supply 공급하다
- □ match 부응하다, 어울리다

F 주제 찾기 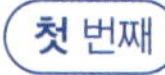 첫 번째

1st 첫 문장을 통해 강조점을 확인하고, 글의 내용을 예상해 보세요.
2nd 예상한 내용을 토대로 글을 읽고, 전체적인 내용을 파악해 보세요.
3rd 파악한 내용을 바탕으로 선택지 중에서 글의 주제를 골라보세요.

F01 ★★✽ 2026 대비 6월 모평 23 (고3) 

다음 글의 주제로 가장 적절한 것은?

The purpose of class discussions is to encourage you to be an active participant, not a passive recorder. Much of the emphasis in a discussion is on getting students involved in thinking, reacting, and responding. These are important intellectual activities in the learning process, for through them you are supposed to discover and express your opinions. Writing is an invaluable tool for accomplishing these tasks. Unfortunately, too many times, when class discussion begins, pens and pencils go down. Admittedly, it is considerably more difficult to take notes from discussions than from lectures, for, unlike lectures, discussions tend to be disorganized and difficult to follow. Also, students usually don't know how much of what other students are saying is important. And if you are an active participant, it is not easy to take notes and formulate what you want to say. But note taking in discussions is not only manageable, it is also important. Note taking helps to keep you active and alert; it allows you to impose some organization on the discussion; and it can prepare you to speak. *impose: 부과하다

① reasons to standardize procedures for class discussions
② strategies to improve note-taking skills for public speaking
③ significance of note taking for active engagement in discussion
④ effectiveness of summarizing and reviewing notes after class
⑤ benefits of brainstorming to generate ideas for writing tasks

1st 첫 문장을 통해 강조점을 확인하고, 글의 내용을 예상해 보세요.

The purpose of class discussions / is to encourage
수업 토론의 목적은 / 여러분이 능동적인

you to be an active participant, / not a passive
참여자가 되도록 장려하는 것이다 / 수동적인

recorder. //
기록자가 아니라 //

● 글에서 강조하는 부분이 무엇인지 발견했나요?

수업 토론의 목적은 여러분이 **❶**( ) 참여자가 되도록 장려하는 것이라고 했어요. (단서)

따라서, 수동적인 태도보다는 능동적인 행동을 취하는 것을 중시한다는 것을 알 수 있어요. 토론에 능동적으로 참여할 수 있는 더 구체적인 방법들에 대해 이야기할 것으로 보여요. (발상)

2nd 예상한 내용을 토대로 글을 읽고, 전체적인 내용을 파악해 보세요.

1) 글의 전반부를 확인해봅시다.

These are important intellectual activities in the
이러한 활동은 학습 과정에서 중요한

learning process, / for through them you are
지적 활동인데 / 이는 그것을 통해 여러분이 자신의 의견을

supposed to discover and express your opinions. //
발견하고 표현해야 하기 때문이다 //

Writing is an invaluable tool / for accomplishing
글쓰기는 매우 유용한 도구이다 / 이러한 과업을

these tasks. //
완수하는 데 //

● 앞서 말한 능동적 학습을 돕는 것이 '글쓰기'래요.

의견을 발견하고 표현해야 하는 토론의 과업들을 완수하는 데 '글쓰기'가 유용한 **❷**( )의 역할을 한다고 했어요.

우리가 예상했듯이, 토론에 능동적으로 참여할 수 있는 방법에 대해 이야기하면서, 그 구체적인 내용으로 '글쓰기'를 제시하고 있네요. 이제 글의 핵심 소재는 파악한 것 같죠? 나머지 글을 읽으며, 자세한 내용을 더 살펴볼까요?

2) 글의 흐름이 바뀌는 부분을 살펴봅시다.

Unfortunately, too many times, / when class
안타깝게도 경우가 너무 많다　　　　　 / 수업 토론이

discussion begins, / pens and pencils go down. //
시작되면　　　　　 / 펜과 연필을 내려놓는　　　 //

Admittedly, it is considerably more difficult / to
훨씬 더 어렵다는 것은 인정한다　　　　　　　 /

take notes from discussions than from lectures, /
강의에서보다 토론에서 메모를 하는 것이　　　　 /

for, unlike lectures, / discussions tend to be
강의와 달리 ~ 때문에　　　 / 토론은 정리가 안 되어 있고

disorganized and difficult to follow. //
따라가기 어려운 경향이 있기　　　　　 //

● **어떤 유형의 '글쓰기'를 말하는지 명확히 드러나요!**
　토론에서 메모를 하는 것에 대해 언급하고 있어요. 즉, 앞서 언급했던
　'글쓰기'가 바로 토론 중 짧게 기록하는 '**❸**(　　　　　　)'라는 것을 알 수
　있어요.

● **그런데, 토론 중 메모를 하는 것은 쉽지 않대요.**
　분명 글쓰기, 즉 메모를 하는 것이 매우 유용하다고 했는데, 토론에서
　그렇게 하는 것은 특히 어렵다고 이야기하고 있어요. 그렇다면, 어려우니
　토론 중에는 메모하는 것을 포기해야 한다는 것일까요? 아니면 그럼에도
　메모가 중요하다고 다시금 강조하는 내용이 이어질까요? 끝까지
　읽어봅시다.

3) 이제 글의 마지막 부분을 살펴봅시다.

But note taking in discussions / is not only
하지만 토론에서 메모를 하는 것은　　　 / 관리하기 쉬울

manageable, / it is also important. //
뿐만 아니라　 / 그것은 또한 중요하다　　 //

Note taking helps to keep you active and alert; / it
메모를 하는 것은 여러분이 능동적이고 맑은 정신을 유지하는 것을 돕고 /

allows you to impose some organization on the
토론에 일정한 체계를 부여할 수 있게 해주고

discussion; / and it can prepare you to speak. //
　　　　 / 여러분이 말할 준비를 하게 해 줄 수 있다　　 //

● **역접의 접속사 But(하지만)이 쓰였어요.**
　But(하지만)은 앞의 내용과 반대되는 내용을 제시할 때 사용해요.
　따라서, 메모하는 것의 어려움(부정적 측면)을 이야기한 앞 내용의 흐름이
　이어지진 않을 것이라는 걸 알 수 있어요. 실제로, 앞 내용과는 반대로
　메모의 장점을 이야기하고 있네요.

● **글이 어떻게 마무리되고 있나요?**
　마지막 부분에서 토론 중 메모를 하는 것은 중요하다며, 메모를 할
　때의 구체적인 장점들을 언급하고 있어요. 결국 하고 싶은 말이 여기서
　드러나네요. 즉, 어려운 점도 있지만, 그럼에도 불구하고 메모를 하는
　것이 중요하다고 강조하는 것이죠.

3rd 파악한 내용을 바탕으로 선택지 중에서 글의 주제를 골라보세요.

① reasons to standardize procedures for class
　discussions
　수업 토론 절차를 표준화해야 하는 이유

② strategies to improve note-taking skills for public
　speaking
　대중 연설을 위한 메모 능력을 향상시키는 전략

③ significance of note taking for active engagement
　in discussion
　토론에 능동적으로 참여하기 위한 메모의 중요성

④ effectiveness of summarizing and reviewing
　notes after class
　수업 후 필기를 요약하고 복습하는 것의 효과

⑤ benefits of brainstorming to generate ideas for
　writing tasks
　글쓰기 과제를 위한 아이디어를 도출하기 위한 브레인스토밍의 이점

이 글의 주제는 토론 중 메모를 하는 것은 학생들이 능동적으로 참여하게
해 주기 때문에 토론의 과업을 완수하는 데 매우 중요하다는 것이에요.
이 글은 특히 토론(discussion)의 경우에 대해 이야기하고 있고,
능동적인(active) 참여를 강조하며 그 방법으로 메모하기(note
taking)를 제시하고 있어요. 따라서 **❹**(　　　　　　)이 가장 적절한
선택지임을 알 수 있죠.
지문에서 반복되는 키워드들에 집중하면, 어렵지 않게 글의 주제를 찾을
수 있어요.

F 주제 찾기 두 번째

1st 첫 문장을 통해 핵심 소재를 확인하고 글의 내용을 예상해 보세요.
2nd 예상한 내용을 토대로 글을 읽고, 전체적인 내용을 파악해 보세요.
3rd 파악한 내용을 바탕으로 선택지 중에서 글의 주제를 골라보세요.

F02 ★★★ ················ 2024 대비 6월 모평 23 (고3)

다음 글의 주제로 가장 적절한 것은? [3점]

There are pressures *within* the museum that cause it to emphasise what happens in the galleries over the activities that take place in its unseen zones. In an era when museums are forced to increase their earnings, they often focus their energies on modernising their galleries or mounting temporary exhibitions to bring more and more audiences through the door. In other words, as museums struggle to survive in a competitive economy, their budgets often prioritise those parts of themselves that are consumable: infotainment in the galleries, goods and services in the cafes and the shops. The unlit, unglamorous storerooms, if they are ever discussed, are at best presented as service areas that process objects for the exhibition halls. And at worst, as museums pour more and more resources into their publicly visible faces, the spaces of storage may even suffer, their modernisation being kept on hold or being given less and less space to house the expanding collections and serve their complex conservation needs.

① importance of prioritising museums' exhibition spaces
② benefits of diverse activities in museums for audiences
③ necessity of expanding storerooms for displaying objects
④ consequences of profit-oriented management of museums
⑤ ways to increase museums' commitment to the public good

1st 첫 문장을 통해 핵심 소재를 확인하고 글의 내용을 예상해 보세요.

There are pressures within the museum / that cause
박물관 '내부의' 압력이 있다 / 그것이
it to emphasise / what happens in the galleries /
강조하게 만드는 / 갤러리에서 발생하는 것을 /
over the activities / that take place in its unseen
활동보다 / 그것의 보이지 않는 구역에서 일어나는 //
zones. //

● **첫 문장에 나타난 핵심 소재가 나왔어요!**

①(　　　　　　　) '내부의' 압력이 있다고 하며 글의 중심 소재를 제시했어요. **단서** 보이지 않는 구역의 활동보다 갤러리에서 발생하는 것을 강조하게 한다는 이 압력에 대해 이야기할 것으로 보여져요. **발상**

2nd 예상한 내용을 토대로 글을 읽고, 전체적인 내용을 파악해 보세요.

1) 글의 전반부를 확인해 봅시다.

In an era / when museums are forced / to increase
시대에 / 박물관이 강요당하는 / 그것의 수입을
their earnings, / they often focus their energies / ...
늘리도록 / 그것은 흔히 자기 에너지를 집중시킨다 / ...
to bring more and more audiences through the
점점 더 많은 관객을 문으로 데려오기 위해 //
door. //

● **박물관이 강요를 받는다고요?**

박물관이 수입을 늘리도록 강요를 받는다고 했어요. 그리고 이러한 시대에는 박물관이 관객 수를 늘리는 것에 에너지를 집중한다고 했어요. 박물관은 역사적 자료를 보존하는 데 의미가 있을 텐데 수입을 늘리는 것에 집중한다니, 왠지 예감이 좋지 않네요. 나머지 글을 읽으며 박물관의 이러한 경향이 어떤 결과를 낳을지 더 알아볼까요?

2) 박물관의 그러한 경향이 어떤 결과를 낳는지 살펴봅시다.

The unlit, unglamorous storerooms, / if they are
불이 켜져 있지 않은 매력 없는 저장실은　　　　　　／ 그것들이

ever discussed, / are at best presented as service
논의가 된다고 해도　　／ 기껏해야 서비스 공간으로 제시된다

areas / that process objects / for the exhibition
　　　／ 물건을 처리하는　　　　　／ 전시 홀에 둘 //

halls. //

● **역시나 문제가 발생하고 있었어요.**
　매력 없는 저장실이 물건을 처리하는 서비스 공간으로 제시된다는 문제가
　발생했어요. 수익성에 집중하는 박물관의 입장에서 매력이 없다는 것은
　수익을 내지 못한다는 것과 같죠. 그런 공간은 결국 소홀하게 관리된다는
　내용이에요.

● **이 문장으로 구성한 선택지가 바로 ❷(　　　)이에요.**
　이 문장의 storerooms와 object가 선택지 ❷(　　　)과 겹치고
　있어요. 물건을 전시하는 저장실을 늘릴 필요성이라고 했는데, 과연 이
　글의 주제가 저장실을 늘릴 필요성일까요? 글의 뒷부분도 마저 읽으며
　답을 찾아봅시다.

3) 이제 마지막 문장을 살펴봅시다.

And at worst, / as museums pour more and more
그리고 최악의 경우　／ 박물관이 점점 더 많은 자원을 쏟아붓기 때문에

resources / into their publicly visible faces, / the
　　　／ 공개적으로 보이는 겉면에　　　　　　　　／

spaces of storage may even suffer, / ...
저장 공간은 더 나빠질지도 모른다　　／ …

● **at worst는 ❸'(　　　　　)'라는 뜻이에요.**
　at worst를 통해 박물관이 수익성을 지향하면 끝내 최악의 결과를
　낳는다는 점을 암시하고 있어요. 과연 어떤 결과일지 이어서 살펴봅시다.

● **왜 겉면에만 집중했으며, 이는 어떤 결과를 맞이했나요?**
　박물관이 겉면에 더 많은 자원을 쏟아붓는 것은 이목을 끌어 수익을
　낼 만한 것에 집중하기 위함이겠죠? 그리고 이것 때문에 저장 공간이
　더 나빠질지도 모른다고 하네요! 이것이 바로 박물관의 수익 지향성이
　마주할 최악의 결과라고 볼 수 있어요. 뒤에 남은 내용은 구체적으로
　어떻게 나빠지는지에 대한 부연 설명이니 이쯤에서 글의 주제를 짚어
　봅시다.

3rd 파악한 내용을 바탕으로 선택지 중에서 글의 주제를 골라보세요.

① importance of prioritising museums' exhibition
　spaces
　박물관 전시 공간을 우선시하는 것의 중요성

② benefits of diverse activities in museums for
　audiences
　관객을 위한 박물관에서의 다양한 활동의 이점

③ necessity of expanding storerooms for displaying
　objects
　물건 전시를 위해 저장실을 확장할 필요성

④ consequences of profit-oriented management of
　museums
　박물관의 이윤 지향 경영의 결과

⑤ ways to increase museums' commitment to the
　public good
　공공의 이익에 대한 박물관의 헌신을 늘리는 방법

이 글의 주제는 박물관이 수익을 내도록 강요를 받기 때문에, 겉면에
자원을 쏟아부으면서 저장 공간이 나빠지는 결과를 낳는다는 것이에요.
박물관이 수익성에 집중하며 운영하는 것은 이윤 지향 경영(profit-
oriented management)이라고 표현될 수 있어요. 그러한 경영의
결과(consequence)를 언급했기 때문에 ❹(　　　)이 가장 적절한
선택지임을 알 수 있죠.
글의 주제를 파악하더라도 선택지에서는 다른 단어로 표현될 수 있기
때문에, 같은 말이더라도 다른 표현으로 바꾸어 생각해보는 훈련이
필요해요.

F03 ~ 06 ▶ 제한시간 8분

F03 ★★❀ 2026 대비 수능 23 (고3) 

다음 글의 주제로 가장 적절한 것은?

Emphasizing *speed over frequency* can make sense in contexts where everyone is expected to plan around the timetable, including peak-only commute services and very long trips with low demand. In all other contexts, though, it seems to be a common motorist's error. Roads are there all the time, so their speed is the most important fact that distinguishes them. But transit is only there if it's coming soon. If you have a car, you can use a road whenever you want and experience its speed. But transit has to exist when you need it (span), and it needs to be coming soon (frequency). Otherwise, waiting time will wipe out any time savings from a faster service. Unless you're comfortable planning your life around a particular scheduled trip, speed is worthless without frequency, so a transit map that screams about speed and whispers about frequency may simply be planting confusion.

*commute: 통근

① consequences of adjusting frequency of transit
② significance of designing an accurate transit map
③ importance of valuing frequency in public transportation
④ impact of creating high-speed public transportation systems
⑤ methods to improve speed and frequency of commute services

F04 ★★★❀ 2025 실시 10월 학평 23 (고3) 

다음 글의 주제로 가장 적절한 것은? [3점]

Places today have become exhibitions of themselves. Through heavy investment in architecture, art, design, exhibition space, landscaping and various kinds of redevelopment towns, cities and countryside pronounce their possession of various cultural values — such as unchanging nature, the historic past, the dynamic future, multiculturalism, fun and pleasure, artistic creativity or simply stylishness. These cultural values have come to be seen as a place's identity, the possession of which is key to the important task of attracting visitors. And this identity is expected to be easily accessed by those visitors or, to use a currently favoured term in urban design, to be *legible*. Places whose identity seems inaccessible, confusing or contradictory do not present themselves as destinations. They do not, in other words, seem visitable. An identity that is not pointed to in the form of well-restored or beautifully designed buildings, artworks, shopping plazas, streets, walkways or gardens does not compose itself into a view nor offer itself as an 'experience'. To avoid such a fate, places should 'make the most of themselves'. In this way, they can find their niche in the new cultural economy of visitability.

*legible: 알아볼 수 있는 **niche: 꼭 맞는 역할

① importance of places showcasing a clear cultural identity
② need for preserving traditional lifestyles from urbanization
③ benefits of mixing foreign and local culture to attract tourists
④ impact of globalization in weakening the uniqueness of location
⑤ role of citizen participation in shaping urban identity and design

다음 글의 주제로 가장 적절한 것은?

The prevalence of diseases among wild animals can be compared to an iceberg. It is only its top that appears visible to us, an insignificant fraction of its total volume. There are two main causes that converge to bring about this scenario. First, until very recently, research on wild animal disease has been an underestimated field of inquiry. Wild animal disease is thought to be relevant only inasmuch as it proves instrumental in bettering our knowledge about treatment of diseases affecting human and domestic populations. Second, disease is a fundamentally surreptitious phenomenon, often resulting from many factors interacting simultaneously. Unlike humans and other animals under human control, wild animals are anonymous. We can make estimations about their numbers and whereabouts, but we do not have accurate records of them. In addition, sick and dead animals are quickly assimilated into the environment by predators and scavengers. As a consequence, the results of wild animal death caused by disease remain, for the most part, hidden from us.

*converge: 수렴하다 **surreptitious: 비밀의
***anonymous: 알려져 있지 않은

① far-reaching consequences of unidentified diseases in wildlife
② the relationship between disease prevalence and survival rates
③ the role of human intervention in preventing wild animal diseases
④ challenges involved in detecting diseases in wildlife populations
⑤ the significance of researching diseases in wildlife for human health

다음 글의 주제로 가장 적절한 것은?

Some multinational IT companies, which generate revenue through digital advertising and data collection, have been accused of exploiting loopholes in international tax regimes to shift profits to low-tax territories. This practice, known as profit shifting, allows corporations to pay minimal taxes in the countries where they operate, depriving governments of critical revenue. In response, several countries have attempted to impose digital services taxes on tech giants, but these efforts have been met with fierce resistance. Corporations argue that such taxes unfairly target their business models, while governments contend that they are necessary to level the playing field and ensure that corporations contribute their fair share to the public good. These disputes over taxation illustrate the broader challenge that governments face in regulating multinational corporations. Meanwhile, traditional regulatory frameworks, designed for nation-bound businesses, are often ill-equipped to address the complexities of global operations. As a result, corporations are frequently able to avoid or undermine regulations, operating in a legal gray area where national laws cannot easily reach them.

*loophole: 허점

① benefits of reducing taxes on multinational corporations
② the rise of corporate social responsibility in global markets
③ strategies to attract foreign investment through tax incentives
④ the need for tax cuts to ensure fair growth for global corporations
⑤ struggles of governments to tax and regulate multinational companies

F07 ✽✽✽ ⋯⋯⋯⋯⋯⋯⋯⋯⋯ 2025 실시 3월 학평 23 (고3)

다음 글의 주제로 가장 적절한 것은? [3점]

If you want to bring something into shared reality for the purpose of social coordination, you have to describe it, or at the very least label it. Even the ideally objective pursuit of science is unable to escape the framing effects of language. Like all collective culture, science is constructed on report, reason, debate, negotiation, justification, consensus, and, most important, coordination. And all of these things depend on language. Even something as fundamental as particle physics depends on language in a particular way. I don't mean that particle physics wouldn't exist if we didn't describe it. Particle physics is part of brute reality and so it will carry on independent of any human agreement or understanding of what it is. But consider this remark by Michael I. Jordan, referring to the "infinite potential well" model, which studies how a single particle behaves in a small, enclosed space: "A particle in a potential well is optimizing a function called the Lagrangian function. The particle doesn't know that. There's no algorithm running that does that. It just happens. It's a description mathematically of something that helps us understand as analysts what's happening."

① necessity of language in framing and interpreting reality
② role of word choices in science to avoid misinterpretation
③ ways to establish scientific facts without linguistic framing
④ impact of social coordination on setting priorities in science
⑤ difficulty of naming complex social phenomena with simple terms

F08 ✽❀❀ ⋯⋯⋯⋯⋯⋯⋯⋯⋯ 2025 대비 6월 모평 23 (고3)

다음 글의 주제로 가장 적절한 것은?

While many city shoppers were clearly drawn to the notion of buying and eating foods associated with nature, the nature claimed by the ads was no longer the nature that created the foods. Indeed, the nature claimed by many ads was associated with food products *only* by the ads' attachment. This is clearly a case of what French sociologist Henri Lefebvre has called "the decline of the referentials," or the tendency of words under the influence of capitalism to become separated from meaningful associations. Increasingly, food ads helped shoppers become accustomed to new definitions of words such as "fresh" and "natural," definitions that could well be considered opposite of their traditional meanings. The new definitions better served the needs of the emerging industrial food system, which could not supply foods that matched customary meanings and expectations. And they better met shoppers' desires, although with pretense.

① decline of reliability in the ads of natural foods
② changes in the senses of words linked to food ads
③ influence of capitalism on the industrial food system
④ various ways to attract customers in the food industry
⑤ necessity of meaningful word associations in commercials

다음 글의 주제로 가장 적절한 것은?

The arrival of the Industrial Age changed the relationship among time, labor, and capital. Factories could produce around the clock, and they could do so with greater speed and volume than ever before. A machine that runs twelve hours a day will produce more widgets than one that runs for only eight hours per day — and a machine that runs twenty-four hours per day will produce the most widgets of all. As such, at many factories, the workday is divided into eight-hour shifts, so that there will always be people on hand to keep the widget machines humming. Industrialization raised the potential value of every single work hour — the more hours you worked, the more widgets you produced, and the more money you made — and thus wages became tied to effort and production. Labor, previously guided by harvest cycles, became clock-oriented, and society started to reorganize around new principles of productivity.   *widget: 제품

① shift in the work-time paradigm brought about
   by industrialization
② effects of standardizing production procedures
   on labor markets
③ influence of industrialization on the machine-
   human relationship
④ efficient ways to increasc the value of time in
   the Industrial Age
⑤ problems that excessive work hours have
   caused for laborers

다음 글의 주제로 가장 적절한 것은? [3점]

It is much more natural to be surprised by unusual phenomena like eclipses than ordinary phenomena like falling bodies or the succession of night into day and day into night. Many cultures invented gods to explain these eclipses that shocked, frightened, or surprised them; but very few imagined a god of falling bodies — to which they were so accustomed that they did not even notice them. But the reason for eclipses is ultimately the same as that of the succession of night and day: the movement of celestial bodies, which itself is based on the Newtonian law of attraction and how it explains why things fall when we let them go. For the physicist, understanding the ordinary, the habitual, and the frequent thus allows us to account for the frightening and the singular. As such, it was thus necessary to ask "Why do things fall?" and to have Newton's response to understand a broad range of much more bizarre phenomena occurring at every level of the universe.

*eclipse: 일식, 월식 **celestial: 천체의 ***bizarre: 이상한

① widespread preference for mythical
   explanations over scientific ones
② limitations of Newtonian law in explaining
   eclipse phenomena
③ influence of scientific interpretations on
   perceptions of reality
④ need to pose questions about the usual to
   understand the unusual
⑤ difficulty of drawing general conclusions from
   unusual phenomena

F11 ✿✿✿ ·························· 2024 실시 10월 학평 23 (고3)

다음 글의 주제로 가장 적절한 것은?

The human desire to make pictures is deeply rooted. At least 64,000 years ago, Neanderthals used colored oxide and charcoal to make paintings of large wild animals, tracings of human hands, and abstract patterns on cave and rock walls. Today, people create images with a multitude of mediums, including photography. What drives this picturemaking impulse? Some make pictures for commercial reasons. Others create informational systems or employ scientific imaging tools to visualize the unseen. Artists use images expressionistically, to conceptualize and articulate who they are and how they view the world. However, the fundamental motive for making the vast majority of pictures is a desire to preserve: to document, and therefore honor, specific people, events, and possessions of importance. Regardless of purpose, the making of images persists because words alone cannot always provide a satisfactory way to describe and express our relationship to the world. Pictures are an essential component of how humans observe, communicate, celebrate, comment, and, most of all, remember. What and how we remember shapes our worldview, and pictures can provide a stimulus to jog one's memory.

*oxide: 산화물 **impulse: 충동 ***articulate: 분명히 표현하다

① factors that influence the art evaluation process
② difference between commercial images and informative pictures
③ explanation for the human desire of creating images to remember
④ benefits of written records in understanding our ancestors
⑤ change in the value of the same painting across history

F12 ✿✿✿ ·························· 2024 실시 7월 학평 23 (고3)

다음 글의 주제로 가장 적절한 것은? [3점]

Natural disasters and aging are two problems that societies have been dealing with for all of human history. Governments must respond to both, but their dynamics are entirely different and this has profound consequences for the nature of the response. Simply by plotting the aging slope, policy makers go a long way toward understanding the problem: People get older at a constant and reliable rate. There can be disagreements over how to solve the aging problem (this is political complexity), but the nature of the problem is never in dispute. Plotting the number of people killed in natural disasters does very little to advance understanding of this problem other than emphasizing the randomness of natural disasters. Preparing a policy response is, therefore, much easier in some areas than in others. When inputs are reliable and easy to predict, it greatly facilitates information processing and allows for anticipatory problem-solving. When problems are causally complex and multivariate, determining the appropriate response is a reactionary endeavor.

① risks of hasty decision-making during natural disasters
② reasons for governmental concern about aging populations
③ significance of studying the comprehensive history of policy making
④ different approaches of governments depending on the nature of the problem
⑤ advantages of anticipatory problem-solving in dealing with social problems

다음 글의 주제로 가장 적절한 것은? [3점]

Considerable work by cultural psychologists and anthropologists has shown that there are indeed large and sometimes surprising differences in the words and concepts that different cultures have for describing emotions, as well as in the social circumstances that draw out the expression of particular emotions. However, those data do not actually show that different cultures have different emotions, if we think of emotions as central, neurally implemented states. As for, say, color vision, they just say that, despite the same internal processing architecture, how we interpret, categorize, and name emotions varies according to culture and that we learn in a particular culture the social context in which it is appropriate to express emotions. However, the emotional states themselves are likely to be quite invariant across cultures. In a sense, we can think of a basic, culturally universal emotion set that is shaped by evolution and implemented in the brain, but the links between such emotional states and stimuli, behavior, and other cognitive states are plastic and can be modified by learning in a specific cultural context.

*anthropologist: 인류학자 **stimuli: 자극
***cognitive: 인지적인

① essential links between emotions and behaviors
② culturally constructed representation of emotions
③ falsely described emotions through global languages
④ universally defined emotions across academic disciplines
⑤ wider influence of cognition on learning cultural contexts

다음 글의 주제로 가장 적절한 것은? [3점]

In Kant's view, geometrical shapes are too perfect to induce an aesthetic experience. Insofar as they agree with the underlying concept or idea — thus possessing the *precision* that the ancient Greeks sought and celebrated — geometrical shapes can be grasped, but they do not give rise to emotion, and, most importantly, they do not move the imagination to free and new (mental) lengths. Forms or phenomena, on the contrary, that possess a degree of immeasurability, or that do not appear constrained, stimulate the human imagination — hence their ability to induce a sublime aesthetic experience. The pleasure associated with experiencing immeasurable objects — indefinable or formless objects — can be defined as enjoying one's own emotional and mental activity. Namely, the pleasure consists of being challenged and struggling to understand and decode the phenomenon present to view. Furthermore, part of the pleasure comes from having one's comfort zone (momentarily) violated.

*geometrical: 기하학의 **aesthetic: 심미적인 ***sublime: 숭고한

① diversity of aesthetic experiences in different eras
② inherent beauty in geometrically perfect shapes
③ concepts of imperfection in modern aesthetics
④ natural inclination towards aesthetic precision
⑤ aesthetic pleasure from things unconstrained

F15 ✿✿✿ .... 2022 대비 6월 모평 23 (고3) 

다음 글의 주제로 가장 적절한 것은? [3점]

Children can move effortlessly between play and absorption in a story, as if both are forms of the same activity. The taking of roles in a narratively structured game of pirates is not very different than the taking of roles in identifying with characters as one watches a movie. It might be thought that, as they grow towards adolescence, people give up childhood play, but this is not so. Instead, the bases and interests of this activity change and develop to playing and watching sports, to the fiction of plays, novels, and movies, and nowadays to video games. In fiction, one can enter possible worlds. When we experience emotions in such worlds, this is not a sign that we are being incoherent or regressed. It derives from trying out metaphorical transformations of our selves in new ways, in new worlds, in ways that can be moving and important to us.

*pirate: 해적 **incoherent: 일관되지 않은

① relationship between play types and emotional stability
② reasons for identifying with imaginary characters in childhood
③ ways of helping adolescents develop good reading habits
④ continued engagement in altered forms of play after childhood
⑤ effects of narrative structures on readers' imaginations

F16 ✿✿✿ .... 2023 대비 수능 23 (고3) 

다음 글의 주제로 가장 적절한 것은? [3점]

An important advantage of disclosure, as opposed to more aggressive forms of regulation, is its flexibility and respect for the operation of free markets. Regulatory mandates are blunt swords; they tend to neglect diversity and may have serious unintended adverse effects. For example, energy efficiency requirements for appliances may produce goods that work less well or that have characteristics that consumers do not want. Information provision, by contrast, respects freedom of choice. If automobile manufacturers are required to measure and publicize the safety characteristics of cars, potential car purchasers can trade safety concerns against other attributes, such as price and styling. If restaurant customers are informed of the calories in their meals, those who want to lose weight can make use of the information, leaving those who are unconcerned about calories unaffected. Disclosure does not interfere with, and should even promote, the autonomy (and quality) of individual decision-making.

*mandate: 명령 **adverse: 거스르는 ***autonomy: 자율성

① steps to make public information accessible to customers
② benefits of publicizing information to ensure free choices
③ strategies for companies to increase profits in a free market
④ necessities of identifying and analyzing current industry trends
⑤ effects of diversified markets on reasonable customer choices

다음 글의 주제로 가장 적절한 것은? [3점]

Scientists *use* paradigms rather than believing them. The use of a paradigm in research typically addresses related problems by employing shared concepts, symbolic expressions, experimental and mathematical tools and procedures, and even some of the same theoretical statements. Scientists need only understand *how* to use these various elements in ways that others would accept. These elements of shared practice thus need not presuppose any comparable unity in scientists' beliefs about what they are doing when they use them. Indeed, one role of a paradigm is to enable scientists to work successfully without having to provide a detailed account of what they are doing or what they believe about it. Thomas Kuhn noted that scientists "can agree in their *identification* of a paradigm without agreeing on, or even attempting to produce, a full *interpretation* or *rationalization* of it. Lack of a standard interpretation or of an agreed reduction to rules will not prevent a paradigm from guiding research."

① difficulty in drawing novel theories from existing paradigms
② significant influence of personal beliefs in scientific fields
③ key factors that promote the rise of innovative paradigms
④ roles of a paradigm in grouping like-minded researchers
⑤ functional aspects of a paradigm in scientific research

다음 글의 주제로 가장 적절한 것은? [3점]

Environmental learning occurs when farmers base decisions on observations of "payoff" information. They may observe their own or neighbors' farms, but it is the empirical results they are using as a guide, not the neighbors themselves. They are looking at farming activities as experiments and assessing such factors as relative advantage, compatibility with existing resources, difficulty of use, and "trialability" — how well can it be experimented with. But that criterion of "trialability" turns out to be a real problem; it's true that farmers are always experimenting, but working farms are very flawed laboratories. Farmers cannot set up the controlled conditions of professional test plots in research facilities. Farmers also often confront complex and difficult-to-observe phenomena that would be hard to manage even if they could run controlled experiments. Moreover farmers can rarely acquire payoff information on more than a few of the production methods they might use, which makes the criterion of "relative advantage" hard to measure.

*empirical: 경험적인 **compatibility: 양립성 ***criterion: 기준

① limitations of using empirical observations in farming
② challenges in modernizing traditional farming equipment
③ necessity of prioritizing trialability in agricultural innovation
④ importance of making instinctive decisions in agriculture
⑤ ways to control unpredictable agricultural phenomena

F19 ★★★ .... 2024 대비 수능 23 (고3)

다음 글의 주제로 가장 적절한 것은?

Managers of natural resources typically face market incentives that provide financial rewards for exploitation. For example, owners of forest lands have a market incentive to cut down trees rather than manage the forest for carbon capture, wildlife habitat, flood protection, and other ecosystem services. These services provide the owner with no financial benefits, and thus are unlikely to influence management decisions. But the economic benefits provided by these services, based on their non-market values, may exceed the economic value of the timber. For example, a United Nations initiative has estimated that the economic benefits of ecosystem services provided by tropical forests, including climate regulation, water purification, and erosion prevention, are over three times greater per hectare than the market benefits. Thus cutting down the trees is economically inefficient, and markets are not sending the correct "signal" to favor ecosystem services over extractive uses.

*exploitation: 이용 **timber: 목재*

① necessity of calculating the market values of ecosystem services

② significance of weighing forest resources' non-market values

③ impact of using forest resources to maximize financial benefits

④ merits of balancing forests' market and non-market values

⑤ ways of increasing the efficiency of managing natural resources

1등급 대비 문제

F20 ~ 23 ▶ 제한시간 11분

F20 ✪ **2등급 대비** .... 2023 실시 10월 학평 23 (고3)

다음 글의 주제로 가장 적절한 것은? [3점]

Just as today some jobs are better than others, so would they have been in early societies with their blossoming towns and eventually cities, with some roles more dangerous and some having more plentiful access to food or other resources. The archeological record shows that soon after the appearance of towns, agriculture, and surpluses, some burials start to look different from others. Some individuals are buried with more precious goods (metals, weapons, and maybe even art), some are in group graves and some by themselves, and still others don't even seem to be buried at all. The bones from the burials start to show us differences as well — chemical and isotope analyses of teeth and long bones reveal that some members of groups were getting more protein or minerals than others; some have more evidence of diseases and greater physical injuries from their labors. Early on these differences are small, but by 5,000 to 7,000 years ago they are becoming quite pronounced.

*archeological: 고고학의 **surplus: 잉여물 ***isotope: 동위 원소*

① the evidence of social inequality found in ancient burials

② scientific efforts to preserve ancient remains

③ attempts to overcome inequality in history

④ cultural differences in the concept of better jobs

⑤ ancient agricultural methods passed down to the present

다음 글의 주제로 가장 적절한 것은? [3점]

For those of any age with an existing network of friendships built up in the three-dimensional world, social networking sites can be a happy extension of communication, along with email, video calls, or phone calls, when face-to-face time together just isn't possible. The danger comes when a fake identity is both tempting and possible through relationships that are *not* based on real, three-dimensional interaction, and/or when the most important things in your life are the secondhand lives of others rather than personal experiences. Living in the context of the screen might suggest false norms of desirable lifestyles full of friends and parties. As ordinary human beings follow the activities of these golden individuals, self-esteem will inevitably drop; yet the constant narcissistic obsession with the self and its inadequacies will dominate. We can imagine a vicious circle where the more your identity is harmed as a result of social networking and the more inadequate you feel, the greater the appeal of a medium where you don't need to communicate with people face-to-face.

*narcissistic: 자아도취적인

① negative effects of social networking services on self-perception
② unknown risks to personal well-being from internet addiction
③ software features to make virtual lives more realistic
④ efforts to increase face-to-face interaction for social bonds
⑤ difficulties of filtering out fake information on social media

다음 글의 주제로 가장 적절한 것은?

In writing a life, the life narrator and the biographer engage different kinds of evidence. Most biographers incorporate multiple forms of evidence, including historical documents, interviews, and family archives, which they evaluate for validity. Relatively few biographers use their personal memories of their subject as reliable evidence, unless they had a personal relationship to the subject of the biography (as a relative, child, friend, or colleague). For life narrators, by contrast, personal memories are the primary archival source. They may have recourse to other kinds of sources — letters, journals, photographs, conversations — and to their knowledge of a historical moment. But the usefulness of such evidence for their stories lies in the ways in which they employ that evidence to support, supplement, or offer commentary on their personalized acts of remembering. In autobiographical narratives, imaginative acts of remembering always overlap with such rhetorical acts as assertion, justification, judgment, conviction, and questioning.

*archive: 기록 **recourse: 의지 ***rhetorical: 수사적인

① role of personal memories in different types of life storytelling
② advantages of documenting evidence-based family histories
③ influence of the source types on the quality of life narratives
④ similarity of data sources in describing a person's life
⑤ crucial conditions for the success of life narrators

다음 글의 주제로 가장 적절한 것은?

The primary purpose of commercial music radio broadcasting is to deliver an audience to a group of advertisers and sponsors. To achieve commercial success, that audience must be as large as possible. More than any other characteristics (such as demographic or psychographic profile, purchasing power, level of interest, degree of satisfaction, quality of attention or emotional state), the quantity of an audience aggregated as a mass is the most significant metric for broadcasters seeking to make music radio for profitable ends. As a result, broadcasters attempt to maximise their audience size by playing music that is popular, or — at the very least — music that can be relied upon not to cause audiences to switch off their radio or change the station. Audience retention is a key value (if not the key value) for many music programmers and for radio station management. In consequence, a high degree of risk aversion frequently marks out the 'successful' radio music programmer. Playlists are restricted, and often very small.

*aggregate: 모으다 **aversion: 싫어함

① features of music playlists appealing to international audiences
② influence of advertisers on radio audiences' musical preferences
③ difficulties of increasing audience size in radio music programmes
④ necessity of satisfying listeners' diverse needs in the radio business
⑤ outcome of music radio businesses' attempts to attract large audiences

F 어휘 Review

※ 다음 영어는 우리말 뜻을, 우리말은 영어 단어를 〈보기〉에서 찾아 쓰시오.

〈보기〉

notice	평범한	overcome	수동적인
underlying	경향	evolution	퇴행하다
emphasis	연속	resource	잔인한

01 ordinary ___________________

02 tendency ___________________

03 succession ___________________

04 regress ___________________

05 passive ___________________

06 근본적인 ___________________

07 진화, 발전 ___________________

08 알아차리다 ___________________

09 강조점 ___________________

10 자원 ___________________

※ 다음 우리말에 알맞은 영어 표현을 찾아 연결하시오.

11 설명하다 • • be forced to

12 ~로 알려진 • • known as

13 ~라고 비난 받다 • • account for

14 ~와 관련된 • • be associated with

15 ~하도록 강요당하다 • • be accused of

※ 다음 우리말 표현에 맞는 단어를 고르시오.

16 그들의 갤러리를 현대화하다 ➡ (modernise / realize) their galleries

17 소통의 행복한 연장선 ➡ a happy (excursion / extension) of communication

18 그들의 번창하는 마을과 ➡ with their (blossoming / breathing) towns

19 고고학적 기록 ➡ the (archeological / ecological) record

20 농업의 출현 ➡ the appearance of (agreement / agriculture)

※ 다음 문장의 빈칸에 알맞은 단어를 〈보기〉에서 찾아 쓰시오.

〈보기〉

accustomed	confront	emerging	incoherent
retention	inevitably	justice	alert
principle	grasped	fierce	implemented

21 식품 광고는 구매자가 단어의 새로운 개념에 익숙해지도록 도왔다.
➡ Food ads helped shoppers become ___________ to new definitions of words.

22 메모를 하는 것은 여러분이 정신이 초롱초롱하게 유지하는 데 도움이 된다.
➡ Note taking helps to keep you active and ___________.

23 이러한 노력들은 거센 반발에 부딪혀 왔다.
➡ These efforts have been met with ___________ resistance.

24 그 새로운 정의는 신흥 식품 산업 시스템의 요구에 더 잘 부합했다.
➡ The new definitions better served the needs of the ___________ industrial food system.

25 이는 우리가 일관되지 않다는 신호가 아니다.
➡ This is not a sign that we are being ___________.

26 기하학적 모양은 이해될 수는 있지만 감정을 불러일으키지 않는다.
➡ Geometrical shapes can be ___________, but they do not give rise to emotion.

27 우리는 감정을 중추 신경의, 즉 신경계에서 실행되는 상태라고 생각한다.
➡ We think of emotions as central, neurally ___________ states.

28 농부는 복잡하고 관찰하기 어려운 현상에 자주 직면한다.
➡ Farmers often ___________ complex and difficult-to-observe phenomena.

29 자존감은 필연적으로 떨어질 것이다.
➡ Self-esteem will ___________ drop.

30 청취자 보유가 하나의 핵심 가치이다.
➡ Audience ___________ is a key value.

KUAAA

고려대학교 천문 동아리

우리 같이 별 보러 가지 않을래?

매달 정기 관측회를 떠나고 싶은 사람!
망원경이 없지만 별을 보고 싶은 사람!
사진기가 없지만 사진 찍고 싶은 사람!
이 중 하나라도 해당되는 사람, **KUAAA**로 초대합니다!

KUAAA(Korea University Amateur Astronomical Association)는 별 보기를 좋아하는 아마추어들을 위한 동아리입니다. 학술연구분과 소속인 **KUAAA**에서는 천문과 관련된 배경지식이 없더라도 세미나를 통해 기초 지식부터 알려드리니 부담 없이 오세요!

KUAAA에 오신다면 맨눈으로 별자리를 찾는 법, 별이나 성운 사진을 멋지게 찍는 법을 배우게 될 것이고, 매달 도시 밖으로 떠나는 1박 2일 정기 관측회, 당일치기로 떠나는 비정기 관측회 등 즐거운 친목 도모 활동까지 모두 경험하실 수 있습니다!

G 제목 찾기

★ 유형 설명

다음 글의 제목으로 가장 적절한 것은? [3점]
Food, as we all know, is essential for human
life. It also is the basis for several major

글의 중심 내용을 간결하고 명료하게, 그리고 비유적으로
나타낸 제목을 찾아야 한다.

글의 주제에 대해 필자가 갖고 있는 생각을 파악한 다음
그것을 압축해서 나타낸 선택지를 찾는다.
글의 주제와 제목이 동일한 경우도 있지만, 비유적으로 나타낸
표현이 제목이 되는 경우가 더 많다.

유형 풀이 비법

1 중심 문장을 찾아라!
- 필자가 전달하려는 중심 생각이나 요지가 드러나 있는 문장을
찾는다.

2 세부 사항을 종합하라!
- 글의 세부 사항들을 종합해서 주제를 파악한다.

3 글의 내용을 적절히 압축하라!
- 글의 내용을 너무 넓거나 좁게 나타내지 않은 제목을 고른다.

Tip 글의 일부분에만 해당하는 선택지를 정답으로
선택하지 않도록 한다.

★ 최신 수능 경향 분석

대비 연도	월	문항 번호	지문 주제	난이도
2026	11	24번	컬처테인먼트의 경제적 가능성과 그로 인한 상업화 문제	★★★
	9	24번	사회와 긴밀히 연결되어 있었던 수도원	★★⊛
	6	24번	음식은 단순한 필수품이 아니라 문화	★★⊛
2025	11	24번	자신을 드러내는 현대적인 방식인 셀피	★★★
	9	24번	일정한 주기를 두고 반복되는 사무실 디자인	★★⊛
	6	24번	예술에서 그림자의 역사적 발전	★★★
2024	11	24번	단순히 사람과 장소의 문제가 아닌 과잉 관광	★★⊛
	9	24번	웹 기반 저널리즘의 특징	★★★
	6	24번	하이퍼 모빌리티의 단점	★★⊛

★ 2026 수능 출제 분석

첫 문장에서 언급한 컬처테인먼트의 경제적 이점에서 이 글의
제목에 대한 단서를 얻을 수 있었지만, 오답률이 굉장히 높은
문제였다. 컬처테인먼트가 원래의 메시지를 잃어버릴 수 있는
위험 등에 대해 말하며 균형을 맞출 필요성이 있다는 내용임을 잘
파악해야 제목을 고를 수 있다.

★ 2027 수능 예측

난이도가 높은 유형으로, 언제든지 어렵게 출제될 수 있으므로,
독해 문제를 풀면서 글에 비유적인 제목을 붙이는 훈련을 통해
실력을 향상시켜야 한다.

제목에 자주 쓰이는 표현

- ☐ A Secret to ~의 비결
- ☐ A Way to-v ~하는 방법
- ☐ Don't ~ ~하지 마라
- ☐ Factors for ~에 대한 요소들
- ☐ Functions of ~의 기능들
- ☐ How to ~하는 방법
- ☐ The History of ~의 역사
- ☐ The Kinds of ~의 종류
- ☐ Why ~? 왜 ~하는가
- ☐ Increase of ~의 증가
- ☐ Effects of ~의 영향
- ☐ Needs of ~의 필요성

어휘 및 표현 Preview

- ☐ parallel 나란한, 평행하는
- ☐ retailing 소매업
- ☐ overly 지나치게
- ☐ compare 비교하다
- ☐ choice 선택
- ☐ instead 대신에
- ☐ convention 관습
- ☐ threaten 위협하다
- ☐ innovation 혁신
- ☐ take-away 핵심
- ☐ analyze 분석하다
- ☐ straight 일직선의

- ☐ progress 발전
- ☐ myth 근거 없는 믿음
- ☐ survey 조사하다
- ☐ space 공간
- ☐ cycle 주기
- ☐ repeat 반복[되풀이]하다
- ☐ productivity 생산성
- ☐ manage 관리하다
- ☐ prehistoric 선사시대의
- ☐ skillfully 능숙하게
- ☐ shadow 그림자
- ☐ Western 서양의

- ☐ representation 표현
- ☐ transition 전환
- ☐ consistent 일관된
- ☐ fixed 고정된
- ☐ geometric 기하학적인
- ☐ artistic 예술적인
- ☐ root 뿌리, 근원
- ☐ practice 방식, 관행
- ☐ debate 논쟁, 토론
- ☐ challenge 도전, 과제
- ☐ unique 독특한
- ☐ theoretician 이론가

G 제목 찾기 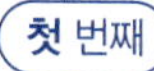 (첫 번째)

1st 첫 문장을 통해 핵심 소재를 확인하고 글의 내용을 예상하세요.
2nd **1st** 에서 발상한 것을 토대로 글을 읽고, 내용을 파악하세요.
3rd 글의 주제에 알맞은 제목을 고르세요.

G01 ✽❆✽ ·············· 2025 대비 6월 모평 24 (고3) 

다음 글의 제목으로 가장 적절한 것은? [3점]

As far back as 32,000 years ago, prehistoric cave artists skillfully used modeling shadows to give their horses and bison volume. A few thousand years ago ancient Egyptian and then ancient Greek art presented human forms in shadow-style silhouette. But cast shadows do not appear in Western art until about 400 BCE in Athens. It was only after shadows had become an established, if controversial, part of representation that classical writers claimed that art itself had begun with the tracing of a human shadow. Greeks and Romans were the first to make the transition from modeling shadows to cast shadows, a practice that implied a consistent light source, a fixed point of view, and an understanding of geometric projection. In fact, what we might now call "shadow studies" — the exploration of shadows in their various artistic representations — has its roots in ancient Athens. Ever since, the practice of portraying shadows has evolved along with critical analysis of them, as artists and theoreticians have engaged in an ongoing debate about the significance of shadow representation.

*geometric: 기하학의

① The Journey of Shadows in Art from Prehistoric Caves Onward
② Portrayals of Human Shadows from the Artistic Perspective
③ Representing Shadows as a Key Part of Contemporary Art
④ What Are the Primary Challenges for Shadow Painters?
⑤ Unique Views on Shadows: From Cave Artists to Romans

1st 첫 문장을 통해 핵심 소재를 확인하고 글의 내용을 예상하세요.

1) 첫 문장부터 읽어 봅시다.

As far back as 32,000 years ago, / prehistoric cave
무려 3만 2천 년 전으로 거슬러 올라가 / 선사시대 동굴

artists skillfully used modeling shadows / to give
예술가들은 모형화한 그림자를 능숙하게 사용했다 /

their horses and bison volume. //
자신의 말과 들소 그림에 입체감을 주기 위해 //

● **첫 문장에 바로 핵심 소재가 나왔어요!**

아주 오래전으로 거슬러 올라가면 선사시대 동굴 벽화 예술가들은 그림자를 능숙하게 사용했다고 했어요. 예술에서 과거부터 ❶( ) 를 어떻게 사용했는지 언급했어요. (단서)

2) 글의 내용을 예상할 수 있겠죠?

선사시대 동굴 예술가들이 그림자를 사용해 벽화에 입체감을 줬다고 했으므로 그림자의 역사적 변화에 대해 설명할 것이라고 예상할 수 있어요. (발상)

2nd **1st** 에서 발상한 것을 토대로 글을 읽고, 내용을 파악하세요.

1) A few thousand years ago가 눈에 들어와요.

A few thousand years ago / ancient Egyptian and
수천 년 전 / 고대 이집트와 그 이후

then ancient Greek art / presented human forms in
고대 그리스 예술은 / 그림자 스타일의 실루엣으로

shadow-style silhouette. //
인간 형태를 나타냈다 //

● **앞에서 말한 선사시대에 이어지는 내용이에요.**

앞에서 As far back as 32,000 years ago라고 하면서 선사시대의 동굴 예술가들에 대해 말했었죠?
여기서는 그보다 더 시간이 지나서 고대 이집트와 고대 그리스 예술에 대해 언급하고 있어요. 그 당시에는 인간 형태를 그림자 스타일의 ❷( )으로 나타냈다고 했어요.

2) 그 뒤에는 그리스와 로마인들에 대한 내용이 나와요.

Greeks and Romans were the first / to make the
그리스인과 로마인은 최초였다 / 그림자를 모형화하는

transition from modeling shadows to cast shadows, /
방식에서 그림자를 드리우는 방식으로 전환한 /

a practice that implied / a consistent light source, /
이는 함축하는 관행이었다 / 일관된 광원 /

a fixed point of view, / and an understanding of
고정된 시점 / 기하학적 투영에 대한 이해를 //

geometric projection. //

● **시대가 과거부터 현재로 계속 가까워지고 있죠?**
　그리스와 로마인들은 그림자 표현 방식을 전환시켰다고 했어요. 그림자를
　모형화하는 방식에서 그림자를 드리우는 방식으로 바꾼 것이죠.

3) 이제 마지막 문장을 살펴봅시다.

Ever since, / the practice of portraying shadows /
그 이후로 / 그림자를 묘사하는 방식은 /

has evolved along with critical analysis of them, / as
그림자에 대한 비판적 분석과 더불어 발전해왔다 /

artists and theoreticians have engaged in an
예술가와 이론가가 지속적인 논쟁을 벌임에 따라

ongoing debate / about the significance of shadow
　　　　　　　 / 그림자 표현의 중요성에 대한 //

representation. //

● **마지막 문장까지도 그림자의 묘사 방식에 대한 설명이 이어졌어요.**
　그리스와 로마인들이 그림자 표현 방식을 ❸(　　　　)시킨
　이후에도 그림자의 묘사 방식은 계속 발전해왔다고 했어요. 그림자를
　묘사하는 방식은 그림자에 대한 비판적 분석과 함께 발전해왔다는
　거예요.

1) 글의 주제부터 생각해 봅시다.
　예술에서 그림자를 표현하는 방식은 선사시대 동굴 벽화에서 시작하여,
　고대 이집트와 고대 그리스를 거쳐 아테네와 로마에 이르러 모형화하는
　방식에서 그림자를 드리우는 방식으로 변화했다고 했어요.
　그리고 그 이후 계속 발전해왔다는 내용이므로 '예술에서 그림자의
　역사적 발전'이 이 글의 주제예요.

2) 이제 선택지를 살펴봅시다.

① The Journey of Shadows in Art from Prehistoric
　Caves Onward
　선사시대 동굴에서 이어져 온 예술 속 그림자의 여정

② Portrayals of Human Shadows from the Artistic
　Perspective
　예술적 관점에서 본 사람 그림자의 묘사

③ Representing Shadows as a Key Part of
　Contemporary Art
　현대 예술의 핵심 요소로 그림자 표현하기

④ What Are the Primary Challenges for Shadow
　Painters?
　그림자 화가에게 주요 과제란 무엇인가?

⑤ Unique Views on Shadows: From Cave Artists to
　Romans
　그림자에 대한 독특한 관점: 동굴 예술가부터 로마인까지

예술에서 그림자가 역사적으로 어떻게 발전해왔는지를 서술한
글이었으므로 제목은 ❹(　　　　)이 적절해요.

G 제목 찾기 (두 번째)

1st 첫 문장을 통해 핵심 소재를 확인하고 글의 내용을 예상해 보세요.
2nd 예상한 내용을 토대로 글을 읽고, 전체적인 내용을 파악해 보세요.
3rd 내용을 종합하여 글의 주제에 알맞은 제목을 골라 보세요.

G02 ★★❀ ·········· 2024 대비 6월 모평 24 (고3)

다음 글의 제목으로 가장 적절한 것은?

Hyper-mobility — the notion that more travel at faster speeds covering longer distances generates greater economic success — seems to be a distinguishing feature of urban areas, where more than half of the world's population currently reside. By 2005, approximately 7.5 billion trips were made each day in cities worldwide. In 2050, there may be three to four times as many passenger-kilometres travelled as in the year 2000, infrastructure and energy prices permitting. Freight movement could also rise more than threefold during the same period. Mobility flows have become a key dynamic of urbanization, with the associated infrastructure invariably constituting the backbone of urban form. Yet, despite the increasing level of urban mobility worldwide, access to places, activities and services has become increasingly difficult. Not only is it less convenient — in terms of time, cost and comfort — to access locations in cities, but the very process of moving around in cities generates a number of negative externalities. Accordingly, many of the world's cities face an unprecedented accessibility crisis, and are characterized by unsustainable mobility systems.

*freight: 화물

① Is Hyper-mobility Always Good for Cities?
② Accessibility: A Guide to a Web of Urban Areas
③ A Long and Winding Road to Economic Success
④ Inevitable Regional Conflicts from Hyper-mobility
⑤ Infrastructure: An Essential Element of Hyper-mobility

1st 첫 문장을 통해 핵심 소재를 확인하고 글의 내용을 예상해 보세요.

Hyper-mobility / — the notion / that more travel at
하이퍼 모빌리티는 / 개념 / 더 많은 여행

faster speeds / covering longer distances / generates
더 빠른 속도의 / 더 먼 거리를 이동하는 /

greater economic success — / seems to be a
더 큰 경제적 성공을 만든다는 / ~인 것으로 보인다

distinguishing feature of urban areas, / where more
도시 지역의 두드러진 특징 /

than half of the world's population / currently
세계 인구의 절반보다 더 많은 사람이 / 현재 거주하는 //

reside. //

● 첫 줄에 핵심 소재가 등장했어요!

하이퍼 모빌리티를 소개하며 그 개념을 설명했어요. 요약하자면, 더 많은 여행이 더 큰 경제적 성공을 만든다는 것인데, 이것이 도시 지역의 특징이라고 하네요. **단서** 하이퍼 모빌리티가 무엇인지 알았으니, 이제 이것이 도시에 미치는 영향에 대한 내용이 이어질 것이라고 예상할 수 있어요. **발상**

2nd 예상한 내용을 토대로 글을 읽고, 전체적인 내용을 파악해 보세요.

1) 역접의 연결어 Yet이 눈에 띄네요.

Yet, / despite the increasing level of urban mobility /
그러나 / 증가하는 도시 이동성 수준에도 불구하고 /

worldwide, / access to places, activities and services
전 세계적으로 / 장소, 활동 및 서비스에 대한 접근은

/ has become increasingly difficult. //
/ 점점 더 어려워졌다 //

● 글의 흐름은 역접의 연결어로 전환돼요.

Yet이 나오기 전까지는 하이퍼 모빌리티와 도시 이동성의 흐름이 도시의 핵심인 것처럼 보였는데, Yet 뒷부분은 ❶(   )이 증가해도 장소, 활동 및 서비스에 대한 접근이 어려워졌다는 내용이에요.

2) 흐름이 전환된 이후의 내용에 주목해 봅시다.

Not only is it <u>less convenient</u> / — in terms of time,
~이 덜 편리할 뿐만 아니라　　　　　/ 시간, 비용 및 편안함의

cost and comfort — / to access locations in cities, /
측면에서 보면　　　　　/ 도시에서 장소에 접근하는 것이　　/

but the very process of moving around in cities /
도시에서 돌아다니는 바로 그 과정이　　　　　/

generates a number of <u>negative externalities</u>. //
많은 부정적인 외부 효과를 발생시킨다　　　　//

- **하이퍼 모빌리티의 부정적인 영향에 대해 부연하는 문장이 이어졌어요.**

  도시에서 장소에 접근하는 것이 덜 편리하고, 도시를 돌아다니는 과정이 부정적 외부 효과를 발생시킨다는 내용이에요. 하이퍼 모빌리티로 도시의 이동성이 증가했으나 장소로 접근하는 것이 어려워졌으므로 불편하다는 맥락으로 보여지네요.

3) 이제 마지막 문장을 살펴봅시다.

Accordingly, / many of the world's cities face / an
그에 따라　　　/ 세계의 많은 도시는 직면하고　　　/

unprecedented <u>accessibility crisis</u>, / and are
전례 없는 접근성 위기를　　　　　　/

characterized / by <u>unsustainable mobility systems</u>. //
특징지어진다　　　/ 지속 불가능한 이동성 시스템으로　　//

- **하이퍼 모빌리티에 대해 마지막 문장까지도 부정적인 설명이 이어졌어요.**

  crisis, ❷(　　　　　　　)처럼 부정적인 단어로 글이 마무리되네요. Yet 이후로 하이퍼 모빌리티에 대한 평가가 다시 뒤집히지 않았으니, 이제 글의 주제를 확정지어 봅시다.

3rd 내용을 종합하여 글의 주제에 알맞은 제목을 골라 보세요.

1) 글의 주제부터 생각해 봅시다.

  첫 문장에서 하이퍼 모빌리티가 도시 지역의 두드러진 특징이라고 하며 도시의 핵심인 듯한 느낌을 줬지만, Yet 이후로는 하이퍼 모빌리티가 도시 이동성에 부정적인 영향을 끼쳤다고 했어요. 이 두 가지를 통해 하이퍼 모빌리티가 도시 이동성에 핵심인 것처럼 보였지만 결국 도시 이동성에 부정적인 영향을 끼쳤다는 것이 주제임을 알 수 있어요.

2) 이 주제에 맞는 선택지가 있는지 확인해 볼까요?

① Is <u>Hyper-mobility</u> Always Good for Cities?
　하이퍼 모빌리티는 도시에 항상 이로운가?

② Accessibility: A Guide to a Web of Urban Areas
　접근성: 도시 지역망 가이드

③ A Long and Winding Road to Economic Success
　경제적 성공으로 가는 길고 구불구불한 길

④ Inevitable Regional Conflicts from <u>Hyper-mobility</u>
　하이퍼 모빌리티로 인한 불가피한 지역 갈등

⑤ Infrastructure: An Essential Element of <u>Hyper-mobility</u>
　사회 기반 시설: 하이퍼 모빌리티의 필수 요소

- **핵심 소재가 담긴 선택지부터 찾아볼까요?**

  ❸(　　　　　　　)가 언급되는 선택지는 총 세 개, ①, ④, ⑤이네요. 그 중 하이퍼 모빌리티에 대해 부정적인 ①, ④에 집중해 봅시다.

- **이제 두 선택지 중에서 하나의 정답을 골라봅시다.**

  ①, ④ 각각 '도시에 항상 이로운가?'라는 의문과 지역 갈등을 언급했는데, 이 글에서 지역 갈등이라는 단어는 등장하지 않았어요. 그렇기 때문에 정답은 ❹(　　　　　　)이에요. 하이퍼 모빌리티가 이로운지 묻는 질문에 대해, 이는 도시의 핵심이지만 도시에 부정적인 영향을 끼쳤다는 대답이 가능한 것이죠.

G03 ～ 06 ▶ 제한시간 8분

G03 ★★★ ·········· 2026 대비 수능 24 (고3) 오답 이의제기 

다음 글의 제목으로 가장 적절한 것은? [3점]

The economic benefit of culturtainment makes it attractive to politicians and policy makers alike. A potential increase in inbound visitor numbers coupled with their demand for related goods and services (travel, accommodation, retail) is an incentive for those within governments and authorities to work with cultural groups in order to develop celebrations and commemorations into larger and more high-profile events. However, such commercialization risks culturtainment becoming homogeneous and losing its original 'message' that could lead to a dilution of audiences. This could also lead to smaller non-commercial independent events being set up that would only serve to divide audiences further. This is something that planners and stakeholders will need to balance against potential financial gain. Changing political, social and religious landscapes will lead to the emergence of new cultures, and with them new culturtainment experiences. Overall this is a healthy growth sector of the entertainment industry, but one that by its very nature is delicate in the face of exploitation.

*homogeneous: 동종의 **dilution: 희석 ***exploitation: 착취

① The Commercialization of Culture and Its Unexpected Benefits
② Cash or Soul? When Culture Couples with Entertainment
③ Culturtainment: An Ambition of Entertainment to Be a Culture
④ New Cultures! The Poisonous Fruit of Culturtainment
⑤ Why Balanced Investments Matter in the Entertainment Industry

G04 ★★★❋ ····················· 2026 대비 9월 모평 24 (고3) 

다음 글의 제목으로 가장 적절한 것은? [3점]

Monasteries were the engine rooms of the Middle Ages. At the height of their activities and influence, monasteries provided intellectual leadership for the institutions of Church and civil governments, innovation in religious thought and practice, medical provision, education, visual culture and agricultural development. They did all this while apparently observing self-imposed isolation from the wider community. For monasteries were intended to function as places set apart from the world, in which monks devoted their lives to a permanent rhythm of religious observance, prayer and study. Religious prayer and praise lay at the heart of monasticism. Both those following this life and those outside believed that monastic lives were led for the benefit of wider society, and that the sacrifices made by monks in separating themselves from 'normal' human contact functioned as penances on behalf of the community as well as for their own deliverance. Monks were regarded as leading parallel lives that had the power to save themselves and others.

*monastery: 수도원 **monk: 수도사 ***penance: 참회

① How to Gain Religious and Social Benefits from Monastery Life
② Why the Middle Ages Demanded Religious Figures Be Isolated
③ The Grace of Solitude: Detached from but Attached to Society
④ No Sacrificial Leaders, No Flowering of Civilization
⑤ Mystery of Power: The Politics of Peace and Solitude

다음 글의 제목으로 가장 적절한 것은?

Food, as we all know, is essential for human life. It also is the basis for several major industries found in many countries around the world such as in agriculture, food processing, food retailing and food service. For millennia, the focus of those involved with food as a human and economic phenomenon was on its production, preservation, distribution, pricing and other practical concerns. But in the late 18th century this began to change. Food became more than just a life necessity. Restaurants began to be developed, initially in France but eventually in other nations, as a distinct institution offering people dining choices and table service, the opportunity for socialization and, over time, a finer and finer atmosphere. The rise of restaurants eventually led to a class of diners who prided themselves on being critics of taste, food and cooking. Brillat-Savarin is probably the best known of the 'culinary philosophers' or, in today's parlance, a 'foodie'. One of Brillat-Savarin's better known sayings was, '[t]ell me what you eat, and I'll tell you who you are.'

*culinary: 요리의   **parlance: 용어

① Changing Appetites: The Return of Fine Dining
② Beyond Mere Necessity: The Rise of Food Culture
③ Tips for Choosing Restaurants for Social Occasions
④ Why Table Manners Matter: Food and Class Identity
⑤ How Industrialization Is Taking Over Food Production

다음 글의 제목으로 가장 적절한 것은?

For most people, the word "property" just refers to "stuff": land, yes, but also the structures on that land, as well as physical possessions and even intangibles like ideas or radio frequencies. If you can own it, or claim some kind of right to it, it's property. But sociologists and anthropologists have observed that in human societies, property rights systems aren't really about "stuff"; they're about people. More specifically, a property right isn't a relationship between a person and an object, it's an agreement between people *about* the object. And these agreements aren't limited to written deeds and titles, or other property laws in a society. Becher explained that a sociologist like herself "would see property as a kind of social agreement. Property rights certainly exist in writing, in law, and that's part of what they are. But they're really only real to the extent that we respect them. [So, property rights are, in a sense,] claims that people make that get respected by others. So they're always social."

*intangible: 무형 자산   **deed: 증서

① How Can We Build Agreement When Reforming Property Law?
② Rethinking Property: Understanding It as a Social Agreement
③ The Growing Importance of Protecting Private Property
④ Social Duty: Reframing Possession as Collective Goods
⑤ New Insight on Property as a Timeless Asset

G07 ★★★ .... 2025 실시 7월 학평 24 (고3)

다음 글의 제목으로 가장 적절한 것은? [3점]

What sets off literary works from other narrative display texts is that they have undergone a process of selection: they have been published, reviewed, and reprinted, so that readers approach them with the assurance that others have found them well constructed and 'worth it'. So for literary works, the cooperative principle is 'hyper-protected'. We can put up with many obscurities and apparent irrelevancies, without assuming that this makes no sense. Readers assume that in literature complications of language ultimately have a communicative purpose and, instead of imagining that the speaker or writer is being uncooperative, as they might in other speech contexts, they struggle to interpret elements that flout principles of efficient communication in the interests of some further communicative goal. 'Literature' is an institutional label that gives us reason to expect that the results of our reading efforts will be 'worth it'. And many of the features of literature follow from the willingness of readers to pay attention, to explore uncertainties, and not immediately ask 'what do you mean by that?'

*obscurity: 모호 **flout: 비웃다

① Why Do We Willingly Accept Uncertainty in Literary Works?
② Irrelevant Elements Should Be Left Out in Narrative Texts
③ The Illusion of Depth: Complex Language Weakens Literature
④ Literary Interpretation as a Worthwhile Quest for Pleasure
⑤ How Selective Reading Narrows Readers' Perspectives

G08 ★★❀ .... 2025 실시 5월 학평 24 (고3)

다음 글의 제목으로 가장 적절한 것은? [3점]

Time denial, rooted in a very human combination of pride and existential dread, is perhaps the most common and forgivable form of what might be called *chronophobia*. But there are other, more toxic varieties that work together with the less harmful kind to create a prevalent, stubborn, and dangerous temporal illiteracy in our society. We in the twenty-first century would be shocked if an educated adult were unable to identify the continents on a world map, yet we are quite comfortable with widespread ignorance about anything but the most superficial highlights from the planet's long history: perhaps the Bering Strait, dinosaurs, or Pangaea. Most humans have no sense of temporal proportion — the *durations* of the great chapters in Earth's history, the *rates* of change during previous intervals of environmental instability, the *intrinsic timescales* of "natural capital" like groundwater systems. As a species, we have a childlike disinterest and partial disbelief in the time before our appearance on Earth. With no appetite for stories lacking humans, many people simply can't be bothered with natural history.

*chronophobia: 시간 공포증

① Awareness of Planetary Time: A Must for Survival Skill
② Our Temporal Blindness to the Vast History of the Earth
③ Time Leaves You Behind While You're Stuck in Yesterday
④ What Is the Future of a Society That Forgets Its History?
⑤ Time Denial: Technology Shapes Our Perceptions of Time

G09 ✿✿✾

다음 글의 제목으로 가장 적절한 것은?

In fact, humans are known to have the largest and most visible sclera — the "whites" of the eyes — of any species. This fact intrigues scientists, because it would seem actually to be a considerable obstacle: imagine, for example, the classic war movie scene where the soldier dresses in camouflage and paints his face with green and brown color — but can do nothing about his noticeably white sclera, beaming bright against the jungle. There must be *some* reason humans developed it, despite its obvious costs. In fact, the advantage of visible sclera — so goes the "cooperative eye hypothesis" — is precisely that it enables humans to see clearly, and from a distance, which direction other humans are looking. Michael Tomasello showed in a 2007 study that chimpanzees, gorillas, and bonobos — our nearest cousins — follow the direction of each other's *heads*, whereas human infants follow the direction of each other's *eyes*. So the value of looking someone in the eye may in fact be something uniquely human.

*sclera: (눈의) 공막(鞏膜) **camouflage: 위장복

① Adaptive Strategies for Animals with Poor Vision
② The Uniqueness of Human's Visible Sclera
③ The Human Eye: A Window to Our Soul
④ Why Human Eyes Evolved Various Colors
⑤ How Non-human Species Use Sclera in Communication

G10 ★★★

다음 글의 제목으로 가장 적절한 것은?

The selfie resonates not because it is new, but because it expresses, develops, expands, and intensifies the long history of the self-portrait. The self-portrait showed to others the status of the person depicted. In this sense, what we have come to call our own "image" — the interface of the way we think we look and the way others see us — is the first and fundamental object of global visual culture. The selfie depicts the drama of our own daily performance of ourselves in tension with our inner emotions that may or may not be expressed as we wish. At each stage of the self-portrait's expansion, more and more people have been able to depict themselves. Today's young, urban, networked majority has reworked the history of the self-portrait to make the selfie into the first visual signature of the new era.

*resonate: 공명(共鳴)하다 **depict: 그리다

① Are Selfies Just a Temporary Trend in Art History?
② Fantasy or Reality: Your Selfie Is Not the Real You
③ The Selfie: A Symbol of Self-oriented Global Culture
④ The End of Self-portraits: How Selfies Are Taking Over
⑤ Selfies, the Latest Innovation in Representing Ourselves

G11 ✽✽❀ .... 2025 대비 9월 모평 24 (고3)

다음 글의 제목으로 가장 적절한 것은?

There are good reasons why open-office plans have gained currency, but open offices may not be the plan of choice for *all* times. Instead, the right plan seems to be building a culture of change. Overly rigid habits and conventions, no matter how well-considered or well-intentioned, threaten innovation. The crucial take-away from analyzing office plans over time is that the answers keep changing. It might seem that there is a straight line of progress, but it's a myth. Surveying office spaces from the past eighty years, one can see a cycle that repeats. Comparing the offices of the 1940s with contemporary office spaces shows that they have circled back around to essentially the same style, via a period in the 1980s when partitions and cubicles were more the norm. The technologies and colors may differ, but the 1940s and 2000s plans are alike, right down to the pillars running down the middle.

* rigid: 굳은 **pillar: 기둥

① Why Are Open-office Plans So Cost-efficient?
② How to Incorporate Retro Styles into Office Spaces
③ An Office Divided: Why Partitions Limit Productivity
④ Office Designs: What Goes Around Comes Around
⑤ Tips for Managing Contemporary Office Spaces

G12 ✽✽❀ .... 2024 실시 10월 학평 24 (고3)

다음 글의 제목으로 가장 적절한 것은? [3점]

We naturally gravitate toward people whose views and beliefs are similar to our own, seeking what the eighteenth-century moral philosopher Adam Smith called "a certain harmony of minds." Spending time with people who share our opinions reinforces our group identity, strengthening trust, cooperation, equality, and productivity. Our shared reality grounds us not just in our common perceptions but in similar feelings and worldviews. This helps to preserve our core values and beliefs about ourselves. It also provides us with meaning and a feeling of self-worth. And with each decision or interaction that confirms our tribe's common experience, we get rewarded with the hormonal happiness we crave. Our perception of ourselves is a mixture of our own unique characteristics and our sense of belonging to our in-groups. In fact, our personal identity is so closely interwoven with our social identity that our brains can't tell them apart. If I put you in a scanner and ask you to talk about yourself and then about the groups to which you feel the closest affinity, it will activate the same neural networks in your brain.

* gravitate toward: ~에 자연히 끌리다 **affinity: 유사성

① The Secret to Becoming a Unique Individual
② Societal Conflict: Shared Reality Breeding Mutual Distrust
③ Our Identity Shaped by Shared Views: Comfort of Like Minds
④ Sympathy: Key to Resolving Disharmony in the Workplace
⑤ How We Balance Personal Identity with Social Identity

다음 글의 제목으로 가장 적절한 것은?

A scholar Eve Tuck urges researchers to move away from what she calls "damage-based research," or "research that operates, even benevolently, from a theory of change that establishes harm or injury in order to achieve reparation." Citing studies in education that sought to increase resources for marginalized youths by documenting the "illiteracies" of indigenous youths and youths of color, Tuck explains that damage-based research is a popular mechanism by which "pain and loss are documented in order to obtain particular political or material gains." While damagebased studies have proven successful in attaining political or material gains in the form of funding, attention, and increased awareness related to the struggles of marginalized communities, Tuck points researchers to the ongoing violence damage-based research inflicts on marginalized communities, even under benevolent or perceivably beneficial circumstances. Among the many issues associated with damage-based research are the underlying assumptions this type of work makes and sustains about marginalized people; namely, that marginalized communities lack communication, civility, intellect, desires, assets, innovation, and ethics.

*reparation: 보상 **marginalized: 소외된 ***indigenous: 토착의

① Marginalized Yesterday, Privileged Today
② How Damage-Based Research Can Backfire
③ Research: An Endless Journey to the Truth
④ Different Era, Different Education for Minority Youth
⑤ The Growth of Diversity Among Younger Generations

다음 글의 제목으로 가장 적절한 것은?

When viewed from space, one of the Earth's most commanding features is the blueness of its vast oceans. Small amounts of water do not indicate the color of these large bodies of water; when pure drinking water is examined in a glass, it appears clear and colorless. Apparently a relatively large volume of water is required to reveal the blue color. Why is this so? When light penetrates water, it experiences both absorption and scattering. Water molecules strongly absorb infrared and, to a lesser degree, red light. At the same time, water molecules are small enough to scatter shorter wavelengths, giving water its blue-green color. The amount of long-wavelength absorption is a function of depth; the deeper the water, the more red light is absorbed. At a depth of 15m, the intensity of red light drops to 25% of its original value and falls to zero beyond a depth of 30m. Any object viewed at this depth is seen in a blue-green light. For this reason, red inhabitants of the sea, such as lobsters and crabs, appear black to divers not carrying a lamp.

*penetrate: 관통하다 **infrared: 적외선

① We Should Go Green with the Ocean Exploration
② Various Tones of Water Our Deceptive Eyes Show Us
③ How Deep-Sea Microorganisms Affect the Ocean's Color
④ Why So Blue: The Science Behind the Color of Earth's Oceans
⑤ The Bigger Volume Water Has, the Lower Temperature It Gets

G15 ✽✽✽ .... 2024 실시 3월 학평 24 (고3) 

다음 글의 제목으로 가장 적절한 것은?

Distance in time is like distance in space. People matter even if they live thousands of miles away. Likewise, they matter even if they live thousands of years hence. In both cases, it's easy to mistake distance for unreality, to treat the limits of what we can see as the limits of the world. But just as the world does not stop at our doorstep or our country's borders, neither does it stop with our generation, or the next. These ideas are common sense. A popular proverb says, "A society grows great when old men plant trees under whose shade they will never sit." When we dispose of radioactive waste, we don't say, "Who cares if this poisons people centuries from now?" Similarly, few of us who care about climate change or pollution do so solely for the sake of people alive today. We build museums and parks and bridges that we hope will last for generations; we invest in schools and longterm scientific projects; we preserve paintings, traditions, languages; we protect beautiful places. In many cases, we don't draw clear lines between our concerns for the present and the future — both are in play.

*radioactive: 방사선의

① How to Be Present: Discover the Benefits of Here and Now
② The Power of Time Management: The Key to Success
③ Why Is Green Infrastructure Eventually Cost-Effective?
④ Solving Present-Day Problems from Past Experiences
⑤ How We Act Beyond the Bounds of Time

G16 ✽✽✽ .... 2023 대비 6월 모평 24 (고3) 

다음 글의 제목으로 가장 적절한 것은?

The approach, *joint cognitive systems*, treats a robot as part of a human-machine team where the intelligence is synergistic, arising from the contributions of each agent. The team consists of at least one robot and one human and is often called a *mixed team* because it is a mixture of human and robot agents. Self-driving cars, where a person turns on and off the driving, is an example of a joint cognitive system. Entertainment robots are examples of mixed teams as are robots for telecommuting. The design process concentrates on how the agents will cooperate and coordinate with each other to accomplish the team goals. Rather than treating robots as peer agents with their own completely independent agenda, joint cognitive systems approaches treat robots as helpers such as service animals or sheep dogs. In joint cognitive system designs, artificial intelligence is used along with human-robot interaction principles to create robots that can be intelligent enough to be good team members.

① Better Together: Human and Machine Collaboration
② Can Robots Join Forces to Outperform Human Teams?
③ Loss of Humanity in the Human and Machine Conflict
④ Power Off: When and How to Say No to Robot Partners
⑤ Shifting from Service Animals to Robot Assistants of Humans

다음 글의 제목으로 가장 적절한 것은?

When you break up with a partner or close friend, the natural response (after having a good cry, obviously) is to blame yourself. You wonder what you did wrong and what you might have done differently. Bonds can help us reach a more balanced perspective; there are some bonds that were simply never meant to last, even if they played an essential role in your evolution to this point. Perhaps the most valuable thing is to know that seeing bonds break doesn't have to break us. In chemistry, by definition, a change in the atomic bonding is not just the end of one state, but the beginning of another: creating the space for new bonding potential. The same is true for us as humans. It might take a cup of warm milk to reset us and give us comfort after a relationship has broken down. But however many bonds we see come apart, we will always retain one of our most human abilities: to connect afresh, find new friends and love again.

① Relationships: The Older, The Better
② A Break in a Bond: A New Beginning
③ Shared Experiences Make Strong Bonds
④ A Friend in Need, A Friend Indeed
⑤ Two Heads Are Better Than One

다음 글의 제목으로 가장 적절한 것은? [3점]

Before the web, newspaper archives were largely the musty domain of professional researchers and journalism students. Journalism was, by definition, current. The general accessibility of archives has greatly extended the shelf life of journalism, with older stories now regularly cited to provide context for more current ones. With regard to how meaning is made of complex issues encountered in the news, this departure can be understood as a readiness by online news consumers to engage with the underlying issues and contexts of the news that was not apparent in, or even possible for, print consumers. One of the emergent qualities of online news, determined in part by the depth of readily accessible online archives, seems to be the possibility of understanding news stories as the manifest outcomes of larger economic, social and cultural issues rather than short-lived and unconnected media spectacles.

*archive: 기록 보관소 **musty: 곰팡내 나는 ***manifest: 분명한

① Web-based Journalism: Lasting Longer and Contextually Wider
② With the Latest Content, Online News Beats Daily Newspapers!
③ How Online Media Journalists Reveal Hidden Stories Behind News
④ Let's Begin a Journey to the Past with Printed Newspapers!
⑤ Present and Future of Journalism in the Web World

G19 ✽✽✽ .... 2023 실시 7월 학평 24 (고3) 

다음 글의 제목으로 가장 적절한 것은?

Melody is one of the primary ways that our expectations are controlled by composers. Music theorists have identified a principle called gap fill; in a sequence of tones, if a melody makes a large leap, either up or down, the next note should change direction. A typical melody includes a lot of stepwise motion, that is, adjacent tones in the scale. If the melody makes a big leap, theorists describe a tendency for the melody to "want" to return to the jumping-off point; this is another way to say that our brains expect that the leap was only temporary, and tones that follow need to bring us closer and closer to our starting point, or harmonic "home." In "Over the Rainbow," the melody begins with one of the largest leaps we've ever experienced in a lifetime of music listening: an octave. This is a strong schematic violation, and so the composer rewards and soothes us by bringing the melody back toward home again, but not by too much because he wants to continue to build tension. The third note of this melody fills the gap.

*adjacent: 인접한

① How Awesome Repetition in Melody Can Be!
② Why a Big Leap Melody Tends to Go Back Home
③ Lyrics of Songs: Key Controller of Our Emotions
④ Should Composers Consider Their Potential Audience?
⑤ Misunderstanding of Composers' Intention with Melody

G20 ✽✽✽ .... 2024 대비 수능 24 (고3) 

다음 글의 제목으로 가장 적절한 것은? [3점]

The concept of overtourism rests on a particular assumption about people and places common in tourism studies and the social sciences in general. Both are seen as clearly defined and demarcated. People are framed as bounded social actors either playing the role of hosts or guests. Places, in a similar way, are treated as stable containers with clear boundaries. Hence, places can be full of tourists and thus suffer from overtourism. But what does it mean for a place to be full of people? Indeed, there are examples of particular attractions that have limited capacity and where there is actually no room for more visitors. This is not least the case with some man-made constructions such as the Eiffel Tower. However, with places such as cities, regions or even whole countries being promoted as destinations and described as victims of overtourism, things become more complex. What is excessive or out of proportion is highly relative and might be more related to other aspects than physical capacity, such as natural degradation and economic leakages (not to mention politics and local power dynamics).

*demarcate: 경계를 정하다

① The Solutions to Overtourism: From Complex to Simple
② What Makes Popular Destinations Attractive to Visitors?
③ Are Tourist Attractions Winners or Losers of Overtourism?
④ The Severity of Overtourism: Much Worse than Imagined
⑤ Overtourism: Not Simply a Matter of People and Places

 ✷✷✿ .... 2022 대비 6월 모평 24 (고3)

다음 글의 제목으로 가장 적절한 것은?

Although cognitive and neuropsychological approaches emphasize the losses with age that might impair social perception, motivational theories indicate that there may be some gains or qualitative changes. Charles and Carstensen review a considerable body of evidence indicating that, as people get older, they tend to prioritize close social relationships, focus more on achieving emotional well-being, and attend more to positive emotional information while ignoring negative information. These changing motivational goals in old age have implications for attention to and processing of social cues from the environment. Of particular importance in considering emotional changes in old age is the presence of a positivity bias: that is, a tendency to notice, attend to, and remember more positive compared to negative information. The role of life experience in social skills also indicates that older adults might show gains in some aspects of social perception.

*cognitive: 인식의 **impair: 해치다

① Social Perception in Old Age: It's Not All Bad News!
② Blocking Out the Negative Sharpens Social Skills
③ Lessons on Life-long Goals from Senior Achievers
④ Getting Old: A Road to Maturity and Objectivity
⑤ Positive Mind and Behavior: Tips for Reversing Aging

 ✷✷✿ .... 2023 실시 4월 학평 24 (고3)

다음 글의 제목으로 가장 적절한 것은?

There was once a certain difficulty with the moons of Jupiter that is worth remarking on. These satellites were studied very carefully by Roemer, who noticed that the moons sometimes seemed to be ahead of schedule, and sometimes behind. They were *ahead* when Jupiter was particularly *close* to the earth and they were *behind* when Jupiter was *farther* from the earth. This would have been a very difficult thing to explain according to the law of gravitation. If a law does not work even in *one place* where it ought to, it is just wrong. But the reason for this discrepancy was very simple and beautiful: it takes a little while to *see* the moons of Jupiter because of the time it takes light to travel from Jupiter to the earth. When Jupiter is closer to the earth the time is a little less, and when it is farther from the earth, the time is more. This is why moons appear to be, on the average, a little ahead or a little behind, depending on whether they are closer to or farther from the earth.

*discrepancy: 불일치

① The Difficulty of Proving the Gravitational Law
② An Illusion Created by the Shadow of the Moon
③ Why Aren't Jupiter's Moons Observed Where They Should Be?
④ Obstacles in Measuring Light's Speed: Limits of Past Technology
⑤ Ahead and Behind: Moons Change Their Position by Themselves

G23 ★ 2등급 대비 ·················· 2023 대비 수능 24 (고3)

다음 글의 제목으로 가장 적절한 것은?

Different parts of the brain's visual system get information on a need-to-know basis. Cells that help your hand muscles reach out to an object need to know the size and location of the object, but they don't need to know about color. They need to know a little about shape, but not in great detail. Cells that help you recognize people's faces need to be extremely sensitive to details of shape, but they can pay less attention to location. It is natural to assume that anyone who sees an object sees everything about it — the shape, color, location, and movement. However, one part of your brain sees its shape, another sees color, another detects location, and another perceives movement. Consequently, after localized brain damage, it is possible to see certain aspects of an object and not others. Centuries ago, people found it difficult to imagine how someone could see an object without seeing what color it is. Even today, you might find it surprising to learn about people who see an object without seeing where it is, or see it without seeing whether it is moving.

① Visual Systems Never Betray Our Trust!
② Secret Missions of Color-Sensitive Brain Cells
③ Blind Spots: What Is Still Unknown About the Brain
④ Why Brain Cells Exemplify Nature's Recovery Process
⑤ Separate and Independent: Brain Cells' Visual Perceptions

G24 ✪ 2등급 대비 ··············· 2022 대비 수능 24 (고3)

다음 글의 제목으로 가장 적절한 것은?

Mending and restoring objects often require even more creativity than original production. The preindustrial blacksmith made things to order for people in his immediate community; customizing the product, modifying or transforming it according to the user, was routine. Customers would bring things back if something went wrong; repair was thus an extension of fabrication. With industrialization and eventually with mass production, making things became the province of machine tenders with limited knowledge. But repair continued to require a larger grasp of design and materials, an understanding of the whole and a comprehension of the designer's intentions. "Manufacturers all work by machinery or by vast subdivision of labour and not, so to speak, by hand," an 1896 *Manual of Mending and Repairing* explained. "But all repairing *must* be done by hand. We can make every detail of a watch or of a gun by machinery, but the machine cannot mend it when broken, much less a clock or a pistol!"

① Still Left to the Modern Blacksmith: The Art of Repair
② A Historical Survey of How Repairing Skills Evolved
③ How to Be a Creative Repairperson: Tips and Ideas
④ A Process of Repair: Create, Modify, Transform!
⑤ Can Industrialization Mend Our Broken Past?

다음 글의 제목으로 가장 적절한 것은?

The world has become a nation of laws and governance that has introduced a system of public administration and management to keep order. With this administrative management system, urban institutions of government have evolved to offer increasing levels of services to their citizenry, provided through a taxation process and/or fee for services (e.g., police and fire, street maintenance, utilities, waste management, etc.). Frequently this has displaced citizen involvement. Money for services is not a replacement for citizen responsibility and public participation. Responsibility of the citizen is slowly being supplanted by government being the substitute provider. Consequentially, there is a philosophical and social change in attitude and sense of responsibility of our urban-based society to become involved. The sense of community and associated responsibility of all citizens to be active participants is therefore diminishing. Governmental substitution for citizen duty and involvement can have serious implications. This impedes the nations of the world to be responsive to natural and man-made disasters as part of global preparedness.

*supplant: 대신하다 **impede: 방해하다

① A Sound Citizen Responsibility in a Sound Government
② Always Better than Nothing: The Roles of Modern Government
③ Decreased Citizen Involvement: A Cost of Governmental Services
④ Why Does Global Citizenship Matter in Contemporary Society?
⑤ How to Maximize Public Benefits of Urban-Based Society

다음 글의 제목으로 가장 적절한 것은?

Not only musicians and psychologists, but also committed music enthusiasts and experts often voice the opinion that the beauty of music lies in an expressive deviation from the exactly defined score. Concert performances become interesting and gain in attraction from the fact that they go far beyond the information printed in the score. In his early studies on musical performance, Carl Seashore discovered that musicians only rarely play two equal notes in exactly the same way. Within the same metric structure, there is a wide potential of variations in tempo, volume, tonal quality and intonation. Such variation is based on the composition but diverges from it individually. We generally call this 'expressivity'. This explains why we do not lose interest when we hear different artists perform the same piece of music. It also explains why it is worthwhile for following generations to repeat the same repertoire. New, inspiring interpretations help us to expand our understanding, which serves to enrich and animate the music scene.

*deviation: 벗어남

① How to Build a Successful Career in Music Criticism
② Never the Same: The Value of Variation in Music Performance
③ The Importance of Personal Expression in Music Therapy
④ Keep Your Cool: Overcoming Stage Fright When Playing Music
⑤ What's New in the Classical Music Industry?

G 어휘 Review

※ 다음 영어는 우리말 뜻을, 우리말은 영어 단어를 〈보기〉에서 찾아 쓰시오.

〈보기〉

굳은	implication	획기적 발견	apparent
foodie	volume	보유하다	substitution
보존	악보, 점수	논란의 여지가 있는	abandon

01 score ________________

02 preservation ________________

03 retain ________________

04 controversial ________________

05 rigid ________________

06 영향, 결과, 함축 ________________

07 부피, 양 ________________

08 분명한 ________________

09 대체 ________________

10 미식가 ________________

※ 다음 우리말에 알맞은 영어 표현을 찾아 연결하시오.

11 ~을 자랑하다 ·　　　　　· pride oneself on

12 ~의 면에서 ·　　　　　· be rooted in

13 ~에 뿌리를 두다 ·　　　　· in terms of

14 ~에 주력하다 ·　　　　　· back around

15 돌아 오다 ·　　　　　· focus on

※ 다음 우리말 표현에 맞는 단어를 고르시오.

16 더 독성이 강한 변종들 ➡ more (harmless / toxic) varieties

17 이야기에 대한 흥미 없음 ➡ no (appetite / approval) for stories

18 맛, 음식, 그리고 요리의 비평가들 ➡ (credits / critics) of taste, food and cooking

19 그들의 다양한 예술적 표현에서 ➡ in their (various / similar) artistic representations

20 인간 행위자와 로봇 행위자가 혼합된 것 ➡ a mixture of human and robot (agendas / agents)

※ 다음 문장의 빈칸에 알맞은 단어를 〈보기〉에서 찾아 쓰시오.

〈보기〉

diverges	artificial	domain	substantial
established	significance	proportion	currency
tension	necessity	pioneer	analyzing

21 그림자가 표현의 확고한 한 부분으로 자리 잡게 되고 난 이후였다.
➡ It was only after shadows had become a(n) __________ part of representation.

22 개방형 사무실 계획이 유행하는 데는 그럴 만한 이유가 있다.
➡ There are good reasons why open-office plans have gained __________.

23 그는 긴장감을 조성하는 것을 계속하기를 원한다.
➡ He wants to continue to build __________.

24 음식은 단순한 생활필수품 그 이상이 되었다.
➡ Food became more than just a life __________.

25 대부분의 사람들은 시간적 비율에 대해서는 감각이 없다.
➡ Most humans have no sense of temporal __________.

26 예술가와 이론가가 그림자 표현의 중요성에 대한 지속적인 논쟁을 벌여왔다.
➡ Artists and theoreticians have engaged in an ongoing debate about the __________ of shadow representation.

27 신문 기록 보관소는 주로 곰팡내 나는 영역이었다.
➡ Newspaper archives were largely the musty __________.

28 시간이 지남에 따른 사무실 계획을 분석할 때 매우 중요한 핵심은 답이 계속 바뀐다는 것이다.
➡ The crucial take-away from __________ office plans over time is that the answers keep changing.

29 이러한 변화는 작품에 기초하지만 개별적으로 그것으로부터 갈라진다.
➡ Such variation is based on the composition but __________ from it individually.

30 인간-로봇 상호작용 원리와 함께 인공 지능이 사용된다.
➡ __________ intelligence is used along with human-robot interaction principles.

H 도표의 이해

★ 유형 설명

다음 도표의 내용과 일치하지 <u>않는</u> 것은?

Trends in Adult Participation in Education and Training in Five OECD Countries (2016 and 2022)

Netherlands 64 / 65
Germany 52 / 60

다양한 분야의 통계 자료를 이해하고 그것을 제대로 설명했는지를 판단해야 한다.

☞ 비교 표현, 증가나 감소를 나타내는 표현, 배수 표현 등이 많이 쓰이는 점에 주의한다.

🎭 유형 풀이 비법

1 정보를 파악하라!

• (도)표와 (도)표의 제목, 글의 시작 부분을 보고 어떤 것에 대한 내용인지 이해한다.

2 한 문장씩 정확히 해석하라!

• (도)표와 글, 글과 선택지가 일치하는지 확인하려면 각 문장을 정확히 해석해야 한다.

3 일치하는지 판단하라!

• 선택지와 자료를 하나씩 빠르게 대조해서 일치하는지 판단해야 한다.

> Tip 두 개의 절로 이루어진 한 문장에서 하나의 절은 (도)표와 일치하지만, 다른 한 절은 일치하지 않는 경우가 많다.

★ 최신 수능 경향 분석

대비 연도	월	문항 번호	지문 주제	난이도
2026	11	25번	의사소통 유형별 미국 십 대가 친구와 시간을 보내는 비율	✿✿✿
	9	25번	구매 전 온라인 구매평을 읽은 미국 소비자들의 비율	✿✿✿
	6	25번	성인 교육 및 훈련 참여 추세	✿✿✿
2025	11	25번	미국 영화 제작 현장에 고용된 역할별 여성 비율	✿✿✿
	9	25번	4개국의 가상 현실과 증강 현실에 친숙한 응답자 비율	✿✿✿
	6	25번	독서가 개인 취미 중 하나라고 응답한 각국의 남녀 비율	✿✿✿
2024	11	25번	뉴스를 회피한 다섯 개 국가의 응답자 비율	✿✿✿
	9	25번	미국의 인종 / 민족별 대학 등록률	✿✿✿
	6	25번	관광에 참여한 EU-28 인구의 점유율	✿✿✿

★ 2026 수능 출제 분석

2014년에서 2015년 사이에 친구와 시간을 보낸 미국 십 대의 비율을 의사소통 유형별로 보여주는 그래프가 출제된 문제였다. 도표 지문에서 보통 출제되는 길이로 구성된 문장들이어서 크게 어렵지 않았다.

★ 2027 수능 예측

도표의 형식이 어떻게 출제되든 두 형식 모두 정답을 찾는 해법은 똑같으므로, 지금까지 훈련한 대로 꾸준히 학습해야 한다.

🔑 도표의 자료를 설명할 때 자주 쓰이는 표현

① 분수
☐ half (1/2) ☐ one third, a third (1/3) ☐ two thirds (2/3)
☐ a quarter, one fourth (1/4)

② 배수
☐ double, twice (2배) ☐ three times (3배) ☐ four times (4배)

③ 증가 (오르다, 늘어나다)
☐ grow ☐ increase ☐ rise ☐ go up ☐ soar ☐ climb

④ 감소 (줄다, 떨어지다)
☐ drop ☐ decrease ☐ fall ☐ go down ☐ decline ☐ reduce

⑤ 비교
☐ more than ~ (~보다 더 많은) ☐ less than ~ (~보다 더 적은)
☐ higher than ~ (~보다 더 높은) ☐ lower than ~ (~보다 더 낮은)
☐ largest, most, greatest (가장 큰/많은) ☐ smallest, least (가장 작은/적은)

📖 어휘 및 표현 Preview

☐ frequency 빈도
☐ household appliance (냉장고, 세탁기, 전자레인지 등) 가전제품
☐ respondent 응답자
☐ reading 독서
☐ share 비율
☐ gender 성
☐ female 여성
☐ gap 차이
☐ select 선택하다
☐ among ~중에
☐ respectively 각각
☐ show 보여주다

H 도표의 이해 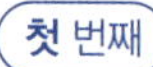 첫 번째

H01 ★★❀ ·········· 2023 대비 9월 모평 25 (고3)

다음 도표의 내용과 일치하지 <u>않는</u> 것은?

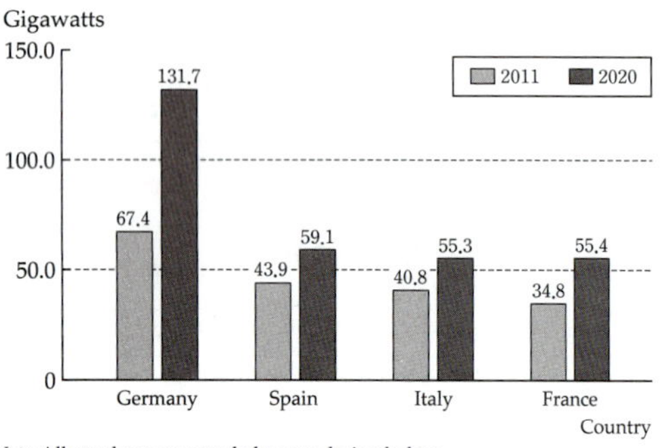

Top Four European Countries with the Most Renewable Energy Generation Capacity in 2011 and in 2020

Note: All numbers are rounded to one decimal place.

The graph above shows the top four European countries with the most renewable energy generation capacity in 2011 and in 2020. ① Each of the four countries in the graph had a higher capacity to generate renewable energy in 2020 than its respective capacity in 2011. ② Germany's capacity to generate renewable energy in 2011 reached more than 50.0 gigawatts, which was also the case in 2020. ③ Among the countries above, Spain ranked in second place in terms of renewable energy generation capacity in 2011 and remained in second place in 2020. ④ The renewable energy generation capacity of Italy in 2020 was lower than that of Spain in the same year. ⑤ The renewable energy generation capacity of France was higher than that of Italy in both 2011 and 2020.

* decimal: 소수의

1st 무엇을 다룬 도표인지 분석하고, 어떤 변수에 주의해야 하는지 확인하세요.

Top Four European Countries with the Most Renewable Energy Generation Capacity in 2011 and in 2020
2011년과 2020년에 가장 많은 재생에너지 발전 용량을 가진 유럽의 상위 4개국

● 유럽의 상위 4개국의 재생에너지 발전 용량을 보여주는 도표예요. (단서)
재생에너지의 발전 용량을 측정하는 단위는 기가와트이고, 4개국은 각각 독일, 스페인, 이탈리아, 프랑스예요. 그리고 2011년과 2020년의 재생에너지 발전 용량을 비교해야 하죠. (발상)
각각의 문장이 어느 나라의 어느 해의 재생에너지 발전 용량을 설명하는지를 정확히 파악하고, 해당 변수를 도표에서 찾아 문장의 설명과 대조해야 해요.

2nd 각각의 문장을 읽고, 도표에서 확인해야 하는 부분에 □ 표시를 하세요.

1) ① 문장부터 차근차근 살펴봅시다.

① Each / of the four countries in the graph / had a
각각은 / 그래프에 있는 4개국의   / 더 높은
higher capacity / to generate renewable energy /
용량을 가졌다   / 재생에너지를 발전하는   /
in 2020 / than its respective capacity / in 2011. //
2020년에 / 그것의 각각의 용량보다   / 2011년에 //

● 4개국 각각의 2011년과 2020년 용량을 확인해야 돼요.

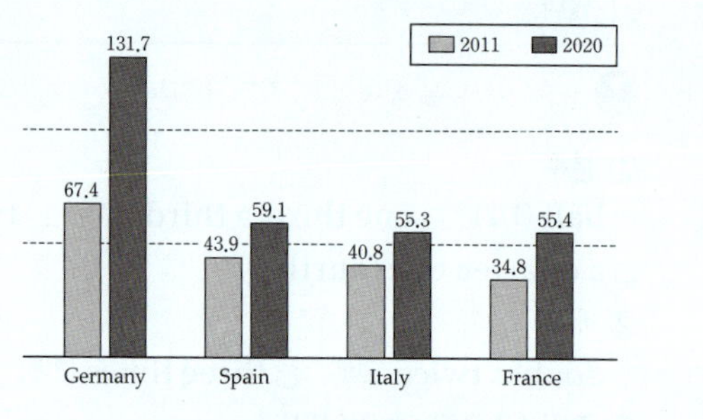

진한 막대그래프가 2020년의 발전 용량이고, 옅은 그래프가 2011년의 발전 용량이에요. 4개국 모두 진한 막대그래프가 더 기니까,
① 문장에서 설명한 것처럼, 4개국 모두 ❶(   )년의 발전 용량이 ❷(   )년의 발전 용량보다 더 큰 거예요!

2) ② 문장은 독일에 대해 이야기하고 있어요.

② Germany's capacity to generate renewable
독일의 재생에너지 발전 용량은

energy / in 2011 / reached more than 50.0 gigawatts,
/ 2011년에 / 50.0기가와트가 넘는 수준에 달했으며

/ which was also the case / in 2020. //
/ 이는 마찬가지였다   / 2020년에도 //

● 표에서 독일 부분만 확인해 봅시다.

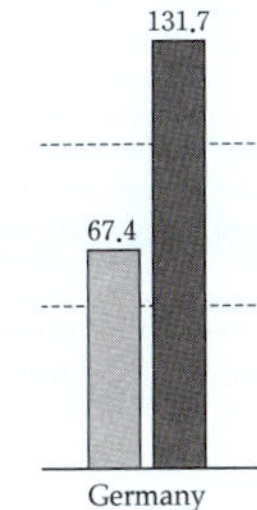

독일에 대해서만 이야기하는 문장이니까 다른 나라는 볼 필요가
없어요. 표에서 독일은 2011년에 67.4기가와트, 2020년에는
131.7기가와트로,
두 해 모두 ❸(   )기가와트가 넘는 수준이군요!

3) ③ 문장은 스페인에 대한 내용이에요.

③ Among the countries above, / Spain ranked in
상기 국가 중   / 스페인은 2위에 있었고

second place / in terms of renewable energy
/ 재생에너지 발전 용량 면에서

generation capacity / in 2011 / and remained in
/ 2011년에 / 2위를 유지했다

second place / in 2020. //
/ 2020년에도 //

● ① 문장을 확인했을 때처럼 전체 도표를 살펴봐야 해요.
스페인에 대해서만 설명하는 문장인 것은 맞지만, 스페인이 2위가 맞는지
확인해야 하니까 4개국 전부를 확인해야 돼요.
2011년에는 독일이 1위이고, ❹(   )이 2위, 2020년에도
1위는 독일, 2위는 ❹(   )이군요!

4) ④ 문장도 도표와 일치할까요?

④ The renewable energy generation capacity of
이탈리아의 재생에너지 발전 용량은

Italy / in 2020 / was lower / than that of Spain /
/ 2020년에 / 더 낮았다 / 스페인의 그것보다   /

in the same year. //
같은 해에   //

● 이탈리아와 스페인의 2020년 발전 용량을 비교해야 돼요.

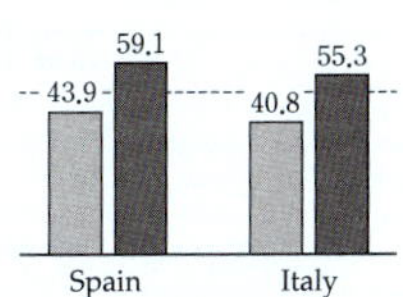

2020년에 이탈리아의 재생에너지 발전 용량은 55.3기가와트이고,
스페인은 59.1기가와트이므로, ❺(   )의 발전 용량이
❹(   )보다 더 낮았어요!

5) 마지막으로 ⑤ 문장을 확인합시다.

⑤ The renewable energy generation capacity of
프랑스의 재생에너지 발전 용량은

France / was higher / than that of Italy / in both 2011
/ 더 높았다   / 이탈리아의 그것보다   / 2011년과 2020년

and 2020. //
모두   //

● 이번엔 프랑스와 이탈리아의 그래프를 봅시다.

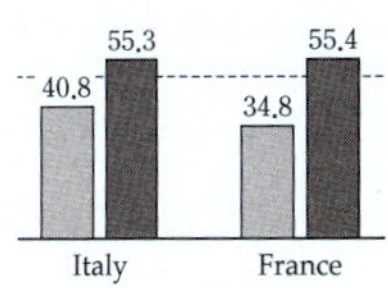

2011년과 2020년을 모두 비교해야 하는데, 2020년에는
❻(   )의 발전 용량이 이탈리아의 발전 용량보다 더
높았지만, 2011년에는 이탈리아의 발전 용량이 ❻(   )의
발전 용량보다 더 높았어요.
그러니까 ⑤ 문장은 도표와 일치하지 않아요!

3rd 정답 문장을 도표와 일치하도록 수정해 보세요.

⑤ The renewable energy generation capacity of
프랑스의 재생에너지 발전 용량은

France / was higher / than that of Italy / in both 2011
/ 더 높았다   / 이탈리아의 그것보다   / 2011년과 2020년

and 2020. //
모두   //

● in both 2011 and 2020가 문제예요.
프랑스의 재생에너지 발전 용량이 이탈리아의 재생에너지 발전 용량보다
더 높았던 해는 ❶(   )년이니까 in both 2011 and
2020를 in 2020로 바꿔야 해요.

빈칸 정답 ❶ 2020 ❷ 2011 ❸ 50.0 ❹ 스페인 ❺ 이탈리아 ❻ 프랑스

H 도표의 이해 (두 번째)

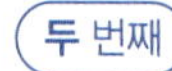

1st 무엇을 다룬 표인지 분석하고, 어떤 변수에 주의해야 하는지 확인하세요.

2nd 각각의 문장을 읽고, 표에서 확인해야 하는 부분에 □ 표시를 하세요.

3rd 정답 문장을 표와 일치하도록 수정해 보세요.

H02 ❋❋❋ .... 2023 대비 6월 모평 25 (고3)

다음 표의 내용과 일치하지 <u>않는</u> 것은?

Resident Patent Applications per Million Population for the Top 6 Origins, in 2009 and in 2019

2009			2019		
Rank	Origin	Resident patent applications per million population	Rank	Origin	Resident patent applications per million population
1	Republic of Korea	2,582	1	Republic of Korea	3,319
2	Japan	2,306	2	Japan	1,943
3	Switzerland	975	3	Switzerland	1,122
4	Germany	891	4	China	890
5	U.S.	733	5	Germany	884
6	Finland	609	6	U.S.	869

Note: The top 6 origins were included if they had a population greater than 5 million and if they had more than 100 resident patent applications.

The above tables show the resident patent applications per million population for the top 6 origins in 2009 and in 2019. ① The Republic of Korea, Japan, and Switzerland, the top three origins in 2009, maintained their rankings in 2019. ② Germany, which sat fourth on the 2009 list with 891 resident patent applications per million population, fell to fifth place on the 2019 list with 884 resident patent applications per million population. ③ The U.S. fell from fifth place on the 2009 list to sixth place on the 2019 list, showing a decrease in the number of resident patent applications per million population. ④ Among the top 6 origins which made the list in 2009, Finland was the only origin which did not make it again in 2019. ⑤ On the other hand, China, which did not make the list of the top 6 origins in 2009, sat fourth on the 2019 list with 890 resident patent applications per million population.

1st 무엇을 다룬 표인지 분석하고, 어떤 변수에 주의해야 하는지 확인하세요.

Resident Patent Applications / per Million
거주민 특허 출원 / 인구 100만 명당
Population / for the Top 6 Origins, / in 2009 and in
/ 상위 6개 출처에 대한 / 2009년과 2019년에
2019

● **인구 100만 명당 거주민 특허 출원 건수를 나타낸 표예요.**

변수는 네 가지로, 연도(2009년과 2019년), 국가(대한민국, 일본, 스위스, 독일, 미국, 핀란드, 중국), 그리고 특허 출원 건수와 특허 출원 건수에 따른 순위예요.

각각의 문장이 이 네 가지 변수 중에서 어떤 것을 설명하는지를 정확히 파악하고, 그 변수를 표에서 찾아 설명과 대조해야 해요.

2nd 각각의 문장을 읽고, 표에서 확인해야 하는 부분에 □ 표시를 하세요.

1) ① 문장부터 차근차근 살펴봅시다.

① The Republic of Korea, Japan, and Switzerland, /
대한민국과 일본, 스위스는 /
the top three origins in 2009, / maintained their
2009년에 상위 3개 출처였던 / 2019년에도 자신들의
rankings in 2019. //
순위를 유지했다 //

● **표에서 대한민국, 일본, 스위스의 2009년과 2019년 순위를 확인해야 돼요.**

2009			2019		
Rank	Origin	Resident patent applications per million population	Rank	Origin	Resident patent applications per million population
1	Republic of Korea	2,582	1	Republic of Korea	3,319
2	Japan	2,306	2	Japan	1,943
3	Switzerland	975	3	Switzerland	1,122

표를 보니까 2009년과 2019년 모두 1위는 ❶( ), 2위는 ❷( ), 3위는 ❸( )네요.

① 문장은 표를 정확하게 설명했군요.

2) ② 문장은 독일에 대해 이야기하고 있어요.

② Germany, / which sat fourth on the 2009 list /
독일은 / 2009년 목록에서 4위를 차지했던 /

with 891 resident patent applications per million
인구 100만 명당 891건의 거주민 특허 출원으로

population, / fell to fifth place on the 2019 list / with
/ 2019년 명단에서 5위로 떨어졌다 / 인구

884 resident patent applications per million
100만 명당 884건의 거주민 특허 출원으로 //

population. //

● **표에서 독일 부분만 확인해 봅시다.**

2009			2019		
Rank	Origin	Resident patent applications per million population	Rank	Origin	Resident patent applications per million population
4	Germany	891	5	Germany	884

독일에 대해서만 이야기하는 문장이니까 다른 나라는 볼 필요가 없어요.
표에서 독일은 정말 2009년에 891건으로 ❹( )위였는데,
2019년에는 884건으로 ❺( )위로 떨어진 것을 확인할 수
있어요.

3) ③ 문장은 미국에 대한 내용이군요.

③ The U.S. fell / from fifth place on the 2009 list /
미국은 떨어졌는데 / 2009년 목록에서 5위였다가 /

to sixth place on the 2019 list, / showing a decrease /
2019년 목록에서 6위로 / 감소를 보여 주었다 /

in the number of resident patent applications per
인구 100만 명당 거주민 특허 출원 건수에서 //

million population. //

● **이번엔 표에서 미국 부분만 확인하면 돼요.**

2009			2019		
Rank	Origin	Resident patent applications per million population	Rank	Origin	Resident patent applications per million population
5	U.S.	733	6	U.S.	869

표를 보니까, 미국이 2009년에 5위에서 2019년에 6위로 떨어진 건
맞아요. 그런데 특허 출원 건수는 2009년에는 ❻( )건이고,
2019년에는 ❼( )건이네요?
그렇다면 인구 100만 명당 거주민 특허 출원 건수에서 감소를 보였다는
설명은 표와 일치하지 않아요!

4) 정답을 찾았지만, 확실히 하기 위해 나머지 문장들도 봐야 돼요.

④ Among the top 6 origins / which made the list in
상위 6개 출처들 중에서 / 2009년에 목록에 들었던

2009, / Finland was the only origin / which did not
/ 핀란드가 유일한 출처였다 / 2019년에 다시 순위에

make it again in 2019. //
들지 못한 //

● **이번엔 핀란드에 대해 이야기하는 문장이에요.**

2009			2019		
1	Republic of Korea	2,582	1	Republic of Korea	3,319
2	Japan	2,306	2	Japan	1,943
3	Switzerland	975	3	Switzerland	1,122
4	Germany	891	4	China	890
5	U.S.	733	5	Germany	884
6	Finland	609	6	U.S.	869

2009년에 핀란드가 6위를 차지했는데, 2019년에는 정말 목록에
없네요!

5) 마지막으로 ⑤ 문장을 확인합시다.

⑤ On the other hand, / China, / which did not make
반면에 / 중국은 / 2009년에 상위 6개 출처

the list of the top 6 origins / in 2009, / sat fourth on
목록에 오르지 못한 / 2009년에 / 2019년 목록에서

the 2019 list / with 890 resident patent applications
4위를 차지했다 / 인구 100만 명당 890건의 거주민 특허 출원 건수로 //

per million population. //

● **핀란드를 확인했을 때처럼 전체 표를 살펴봐야 해요.**
위의 표를 보니까, 중국은 2009년에는 목록에 없었는데, 2019년에는
890건으로 4위를 차지했어요.

3rd 정답 문장을 표와 일치하도록 수정해 보세요.

③ The U.S. fell / from fifth place on the 2009 list /
미국은 떨어졌는데 / 2009년 목록에서 5위였다가 /

to sixth place on the 2019 list, /
2019년 목록에서 6위로 /

showing a decrease / in the number of resident
감소를 보여 주었다 / 인구 100만 명당 거주민 특허 출원

patent applications per million population. //
건수에서 //

● **a decrease가 문제예요.**
2009년에는 ❻( )건이고, 2019년에는 ❼( )건이니까
a decrease를 반의어인 an increase로 바꿔야 표와 일치해요.

H03 ～ 06 ▶ 제한시간 8분

H03 ✽❀❀ .... 2026 대비 수능 25 (고3)

다음 도표의 내용과 일치하지 <u>않는</u> 것은?

Percentages of U.S. Teenagers Who Spent Time with Friends by Communication Type (2014 – 2015)

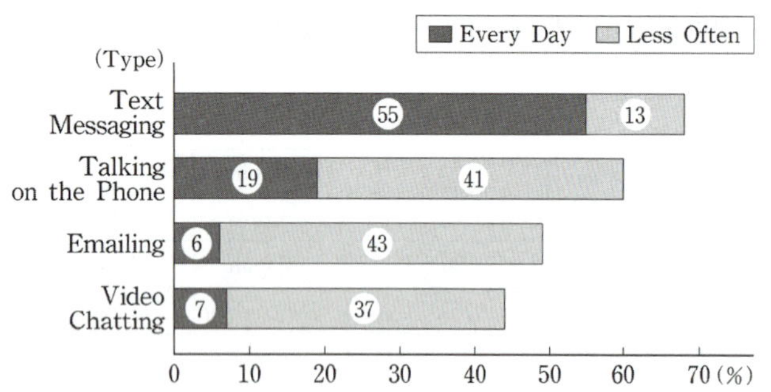

Note: 1. The number of participants is the same for each communication type.
2. Data for other frequency response categories and no answer are not shown.

The graph above shows the percentages of U.S. teenagers who spent time with friends by communication type, based on a survey conducted between 2014 and 2015. ① In the category of Every Day, text messaging showed the highest percentage among the four types of communication that teenagers used to spend time with friends. ② In the category of Less Often, the percentage of teenagers who spent time with friends through talking on the phone was more than twice that of teenagers who did so through text messaging. ③ The percentage of teenagers who spent time with friends through talking on the phone in the category of Every Day was lower than that of teenagers who did so in the category of Less Often. ④ In the category of Less Often, emailing was the second highest in percentage among the types of communication listed above. ⑤ The percentage of teenagers who spent time with friends through video chatting in the category of Less Often was higher than that of teenagers who did so in the category of Every Day.

H04 ✽✽❀ .... 2026 대비 9월 모평 25 (고3)

다음 도표의 내용과 일치하지 <u>않는</u> 것은?

Percentages of Pre-purchase Online Review Readership by Product Category and Age Group in the U.S. in 2015

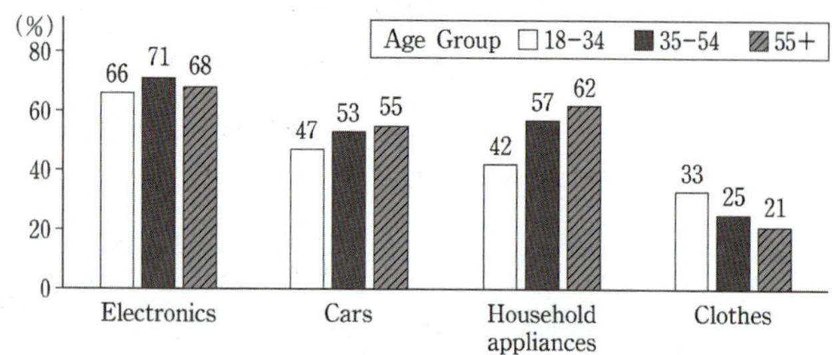

The above graph shows the percentages of U.S. shoppers who read online reviews before making purchases in 2015 by product category and age group. ① Of all the above categories, people from each age group tended to read online reviews the most, by percentage, before buying electronics. ② The age group least likely to read online reviews before buying a car was the 18–34 age group. ③ The percentage of people in the 35–54 age group using online reviews before making purchases of household appliances was more than twice that of people in the same age group using online reviews before purchasing clothes. ④ For people who read online reviews before purchasing household appliances, the percentage of people aged 35–54 was higher than that of those aged 18–34 and lower than that of those aged 55+. ⑤ The percentage of people reading online reviews before buying clothes was less than 30% for each of the three age groups.

다음 도표의 내용과 일치하지 <u>않는</u> 것은?

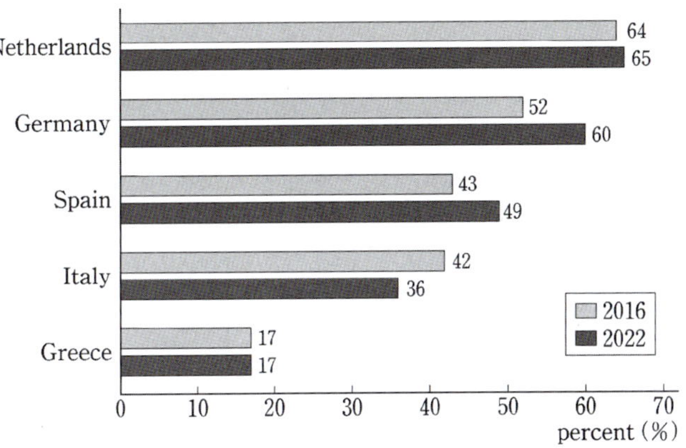

Note: 1. The data in the graph were collected from adults aged 25-64.
2. Rounded figures are displayed.

The graph above shows trends in adult participation in education and training in five OECD countries in 2016 and 2022. ① Among these countries, the percentage of adults in the Netherlands who participated in education and training was the highest in each year listed in the graph. ② In Germany, the percentage of adults who participated in education and training in 2022 was higher than that in 2016. ③ In 2022, the percentage of adults who participated in education and training was lower in Spain than in Germany. ④ In Italy, the percentage of adults who participated in education and training in 2016 was lower than that in 2022. ⑤ In each year listed, the percentage of adults in Greece who participated in education and training was less than 20%.

다음 도표의 내용과 일치하지 <u>않는</u> 것은?

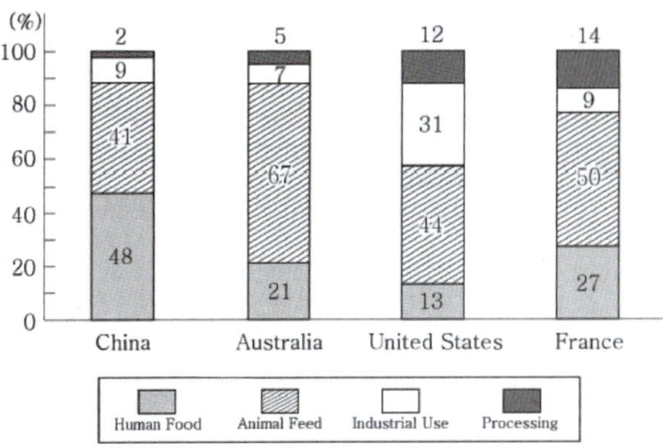

The above graph shows the share of cereals allocated to human food, animal feed, industrial use, and processing among four countries in 2022. ① Each of the four countries allocated more than 40 percent of cereals to animal feed, which was also the highest share among all cereal uses within each country except in China. ② Among the four countries, China had the highest share of cereals allocated to human food whereas the United States had the lowest. ③ Within Australia, the share of cereals allocated to animal feed showed the highest percentage, which was less than three times that of cereals allocated to human food. ④ In terms of industrial use, the United States had the highest percentage of cereals allocated to industrial use while Australia had the lowest. ⑤ Within France, more cereals were allocated to processing than to industrial use and this was reversed in all the other countries.

H07 ✿✿✿ .... 2025 실시 7월 학평 25 (고3)

다음 도표의 내용과 일치하지 <u>않는</u> 것은?

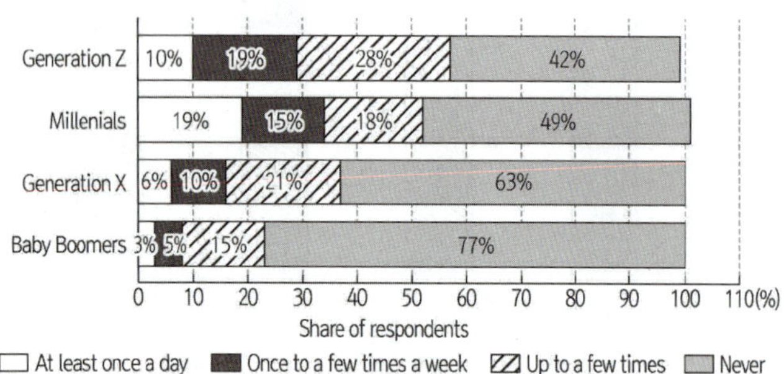

Note: Percentages may not sum to 100% due to rounding.

The graph above shows the frequency of generative artificial intelligence (GAI) usage in the United States in October 2023, categorized by generation. ① In each generation group, the respondents who had never used GAI accounted for the largest share. ② Of the four generation groups, Baby Boomers showed the smallest share both in those who used GAI at least once a day and those who used GAI once to a few times a week. ③ In Generation X, the share of those who had never used GAI was four times that of those who used GAI up to a few times. ④ The generation group with the smallest gap between the share of those who used GAI at least once a day and that of those who had never used GAI was Millenials. ⑤ The share of the respondents who used GAI at least once a day was larger in Millenials than in Generation Z.

H08 ✿✿✿ .... 2025 실시 5월 학평 25 (고3)

다음 도표의 내용과 일치하지 <u>않는</u> 것은?

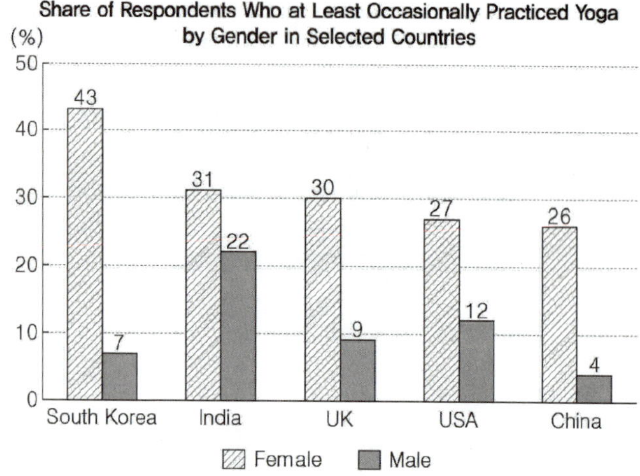

The graph above, based on a survey conducted in 2022−2023, shows the share of respondents who at least occasionally practiced yoga by gender in five countries. ① In each country, the percentage of female respondents who participated in yoga was higher than that of male respondents. ② Among the countries in the graph, South Korea stands out for having the biggest difference between genders, with the percentage of women who practiced yoga being more than six times that of men. ③ Conversely, the country with the smallest gap between the share of female respondents and that of male respondents who practiced it was India, with a difference of 9 percentage points. ④ In all other countries except India, each percentage of the male respondents who participated in yoga was lower than 10%. ⑤ China ranked the lowest both in the percentage of women and men who said they practiced the exercise.

다음 도표의 내용과 일치하지 <u>않는</u> 것은?

U.S. Online Grocery Sales: March 2020 − 2023

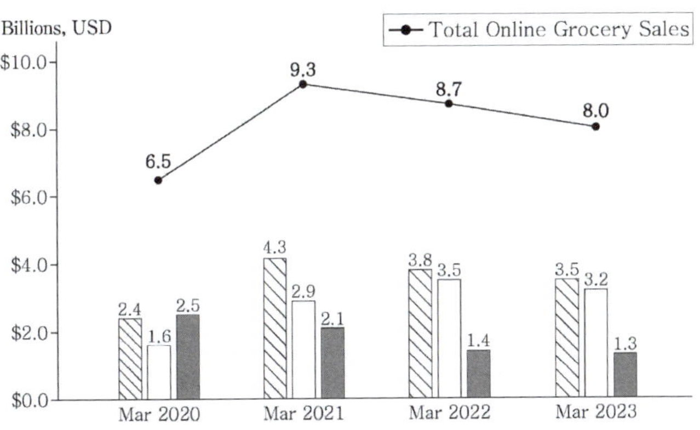

Total Online Grocery Sales
▨ **Pickup** - Includes in-store, lockers, and drive up
▢ **Delivery** - Includes first- and third-party providers
◼ **Ship-to-Home** - Via common and other package carriers

The above graph shows U.S. online grocery sales recorded in the month of March, from 2020 to 2023. ① Total online grocery sales peaked at $9.3 billion in March 2021, showing an increase of $2.8 billion since March 2020. ② In March 2022, total online grocery sales decreased to $8.7 billion, but they were still the second-highest in the timeframe observed. ③ Sales of ship-to-home services recorded the lowest in March 2023, and were exactly half the sales of delivery services recorded in the same year. ④ Although sales of pickup services declined after their peak in March 2021, they consistently outnumbered those of delivery services throughout the following years. ⑤ While sales of ship-to-home services outperformed those of delivery services in March 2020, sales of delivery services exceeded those of ship-to-home services in March 2021.

다음 도표의 내용과 일치하지 <u>않는</u> 것은?

Percentages of Women Employed Behind the Scenes on Top 100 U.S. Films by Role in 2020, 2021, and 2022

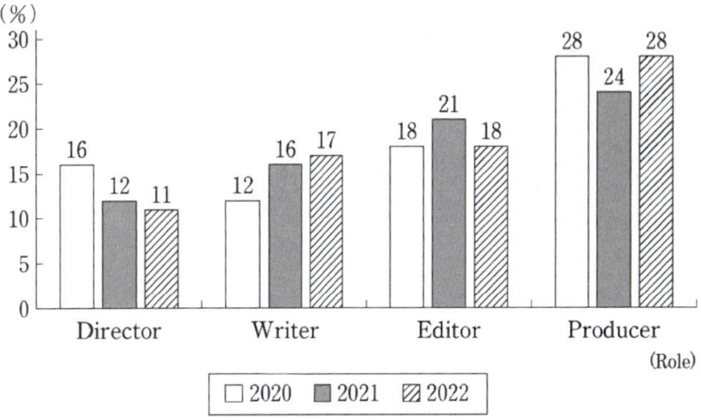

The graph above shows the percentages of women employed behind the scenes on the top 100 U.S. films by role in 2020, 2021, and 2022. ① For each of the three years, the percentage of women employed as producers on the top 100 U.S. films was the highest as compared with the percentages of each of the other three roles. ② The percentage of women employed as directors on the top 100 U.S. films in 2021 was lower than in 2020 but higher than in 2022. ③ The percentage of women employed as writers on the top 100 U.S. films increased by 4 percentage points from 2020 to 2021 and by 1 percentage point from 2021 to 2022. ④ The percentage of women employed as editors on the top 100 U.S. films was less than 20% in each of the three years. ⑤ In 2022, the percentage of women employed as producers on the top 100 U.S. films was the same as that in 2020.

H11 ✿✿✿ .... 2025 대비 9월 모평 25 (고3)

다음 도표의 내용과 일치하지 <u>않는</u> 것은?

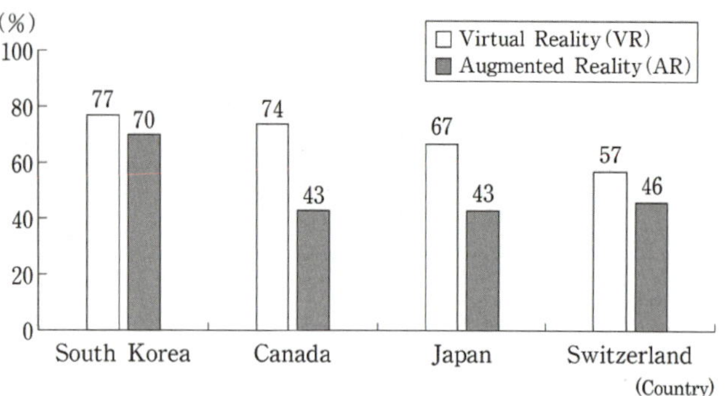

Percentages of Respondents Familiar with the Concepts of
Virtual Reality and Augmented Reality in Four Countries in 2022

Note: The responses of "very familiar" and "somewhat familiar" are combined as "familiar" in the given data.

The graph above shows the percentages of respondents who were familiar with the concept of virtual reality (VR) and those who were familiar with the concept of augmented reality (AR) in four countries in 2022. ① For each country, the percentage of respondents familiar with VR was greater than the percentage of respondents familiar with AR. ② The country with the highest percentage of respondents familiar with AR was South Korea. ③ The country with the largest gap between the percentage of respondents familiar with VR and that of respondents familiar with AR was Canada. ④ In Japan, the percentage of respondents familiar with VR was greater than 60%. ⑤ The percentage of respondents familiar with VR and that of respondents familiar with AR were lower in Switzerland than in Japan, respectively.

*augmented reality: 증강 현실

H12 ✿✿✿ .... 2024 실시 10월 학평 25 (고3)

다음 도표의 내용과 일치하지 <u>않는</u> 것은?

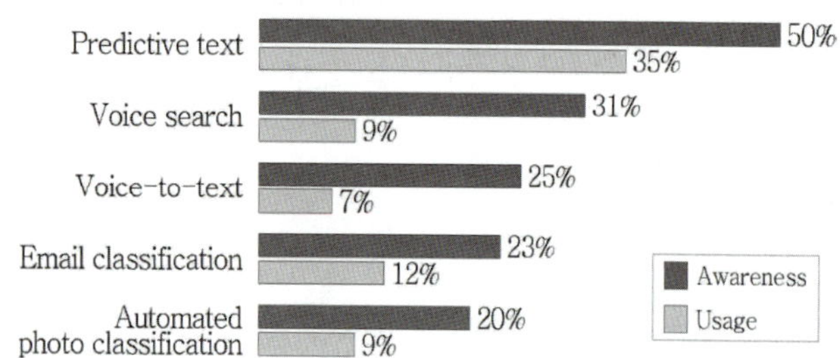

Awareness and Usage of Smartphone Applications
Featuring Machine Learning in 2017

The above graph shows awareness and usage of smartphone applications featuring machine learning in 2017. ① In each of the five surveyed applications, the percentage of respondents demonstrating awareness was higher than that of respondents demonstrating usage. ② Predictive text had the highest percentages of respondents in both awareness and usage, among the five applications. ③ The percentage of respondents displaying awareness of voice search was more than four times that of respondents using it. ④ Voice-to-text showed a higher percentage of the respondents reporting awareness of it than email classification, while this was not the case in their usage. ⑤ The percentage of respondents showing usage of automated photo classification was less than half of the percentage of those showing awareness of it.

다음 도표의 내용과 일치하지 <u>않는</u> 것은?

Environmental Footprints
of Dairy and Plant-Based Milks in 2018
(Impacts are measured per liter of milk.)

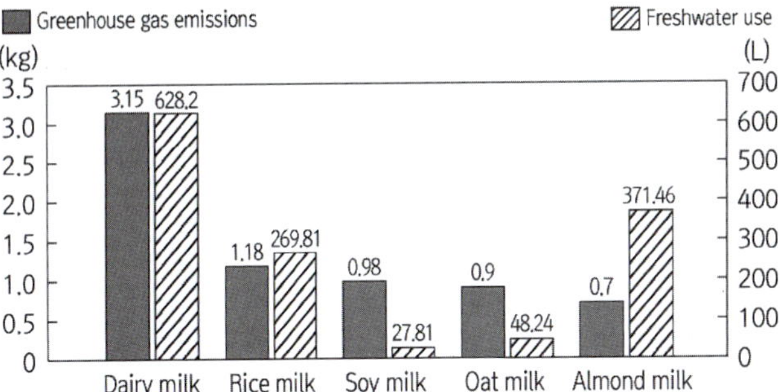

The above graph shows the environmental footprints in terms of greenhouse gas emissions (measured per kilogram) and freshwater use (measured per liter) of dairy and the four plant-based milks in 2018. ① Dairy milk had the largest environmental footprint of both greenhouse gas emissions and freshwater use. ② Rice milk used more than ten times the amount of fresh water that soy milk did. ③ Oat milk ranked fourth in both environmental footprint categories. ④ In the category of greenhouse gas emissions, the gap between soy milk and oat milk was less than the gap between oat milk and almond milk. ⑤ Among plant-based milks, almond milk consumed the largest amount of freshwater, yet emitted the least amount of greenhouse gas.

다음 도표의 내용과 일치하지 <u>않는</u> 것은?

Share of Respondents Who Say Reading Is
One of Their Personal Hobbies (in %)

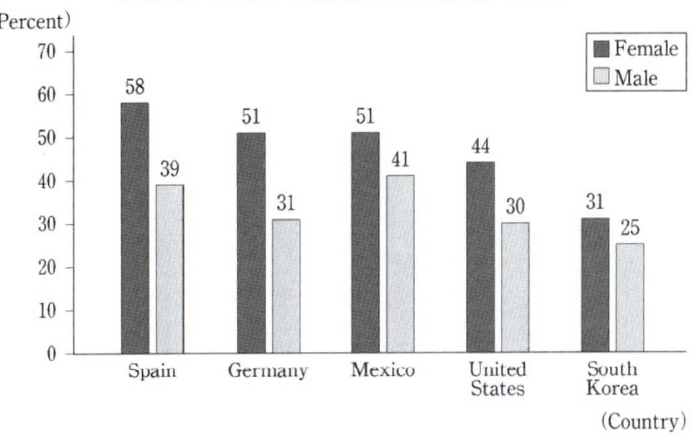

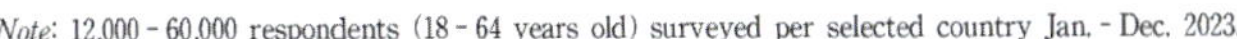

Note: 12,000 – 60,000 respondents (18 – 64 years old) surveyed per selected country Jan. – Dec. 2023.

The above graph, based on a survey conducted in 2023, shows the share of respondents who say reading is one of their personal hobbies according to their gender group in five countries. ① Among the countries shown in the graph, Spain had the largest share of females who said reading was one of their hobbies, which was 58%. ② The gap between the share of females and that of males who selected reading as one of their hobbies was larger in Germany than in Mexico. ③ The share of males who selected reading as one of their hobbies in Mexico was 41%, which was smaller than that in the United States. ④ The share of females who selected reading as one of their hobbies in the United States was larger than that in South Korea. ⑤ As for South Korea, the share of respondents who selected reading as one of their hobbies was the smallest among the countries shown in the graph for each gender, respectively.

H15 ✿✿✾·························· 2024 실시 5월 학평 25 (고3)

다음 도표의 내용과 일치하지 <u>않는</u> 것은?

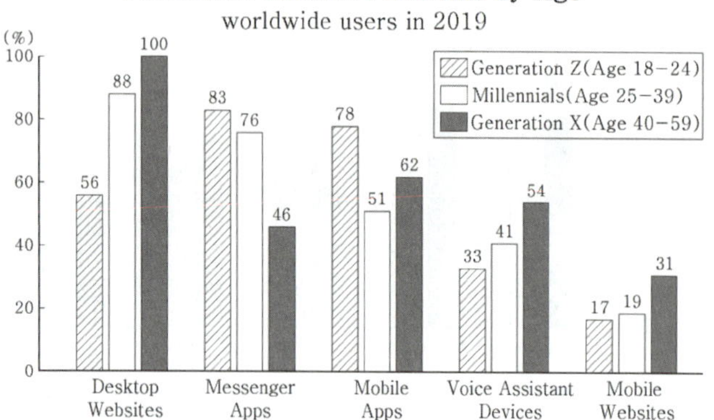

※ Respondents were allowed to choose multiple platforms.

The above graph shows the percentage of preferable chatbot platforms by age categorized by Generation Z, Millennials, and Generation X. ① Millennials and Generation X had the highest percentage of respondents who preferred Desktop Websites while Generation Z had the highest percentage for Messenger Apps. ② In Generation Z, the percentage of respondents who preferred Mobile Apps was more than twice that of those who preferred Voice Assistant Devices. ③ Messenger Apps was the only platform where the percentage of respondents' preference for it sank lower and lower from Generation Z, to Millennials, to Generation X. ④ The percentage point gap between Millennial and Generation X respondents who preferred Mobile Apps was larger than the percentage point gap between the same two groups for Voice Assistant Devices. ⑤ The percentage of respondents who preferred Mobile Websites was the lowest in all the age groups.

H16 ✿✾✾·························· 2024 대비 수능 25 (고3)

다음 도표의 내용과 일치하지 <u>않는</u> 것은?

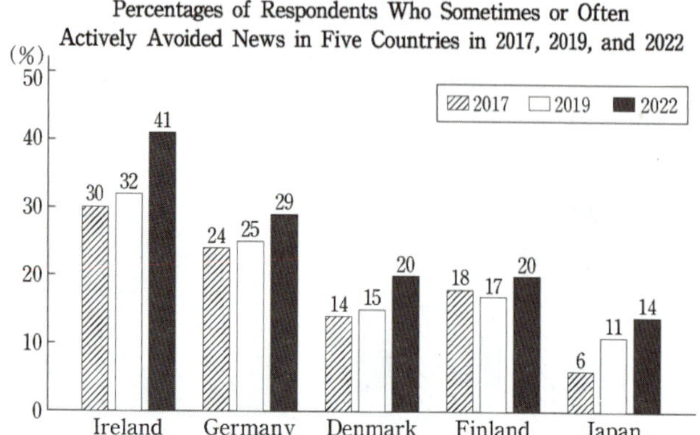

The above graph shows the percentages of the respondents in five countries who sometimes or often actively avoided news in 2017, 2019, and 2022. ① For each of the three years, Ireland showed the highest percentage of the respondents who sometimes or often actively avoided news, among the countries in the graph. ② In Germany, the percentage of the respondents who sometimes or often actively avoided news was less than 30% in each of the three years. ③ In Denmark, the percentage of the respondents who sometimes or often actively avoided news in 2019 was higher than that in 2017 but lower than that in 2022. ④ In Finland, the percentage of the respondents who sometimes or often actively avoided news in 2019 was lower than that in 2017, which was also true for Japan. ⑤ In Japan, the percentage of the respondents who sometimes or often actively avoided news did not exceed 15% in each of the three years.

다음 도표의 내용과 일치하지 <u>않는</u> 것은?

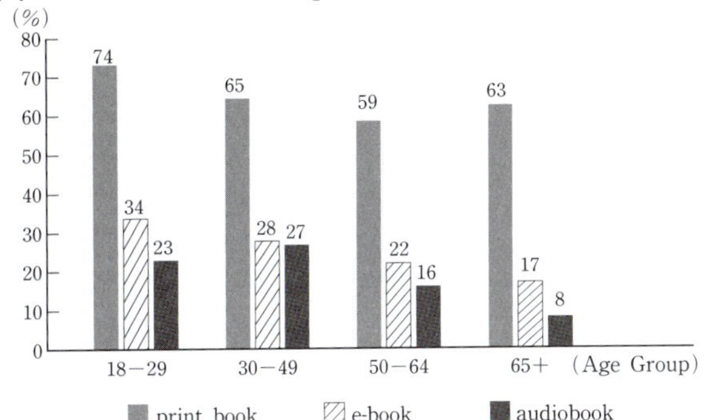

U.S. Adults' Book Consumption by Age Group and Format

Note: Those who gave other answers or no answer are not shown.

The above graph, which was based on a survey conducted in 2019, shows the percentages of U.S. adults by age group who said they had read (or listened to) a book in one or more of the formats — print books, e-books, and audiobooks — in the previous 12 months. ① The percentage of people in the 18–29 group who said they had read a print book was 74%, which was the highest among the four groups. ② The percentage of people who said they had read a print book in the 50–64 group was higher than that in the 65 and up group. ③ While 34% of people in the 18–29 group said they had read an e-book, the percentage of people who said so was below 20% in the 65 and up group. ④ In all age groups, the percentage of people who said they had read an e-book was higher than that of people who said they had listened to an audiobook. ⑤ Among the four age groups, the 30–49 group had the highest percentage of people who said they had listened to an audiobook.

다음 도표의 내용과 일치하지 <u>않는</u> 것은?

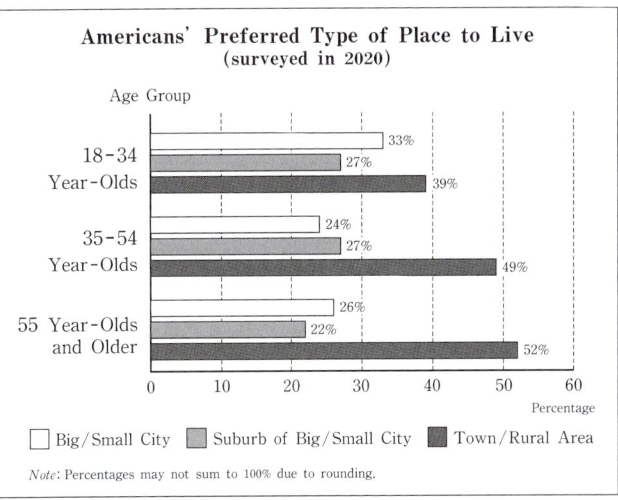

Note: Percentages may not sum to 100% due to rounding.

The above graph shows the percentages of Americans' preferred type of place to live by age group, based on a 2020 survey. ① In each of the three age groups, Town/Rural Area was the most preferred type of place to live. ② In the 18–34 year-olds group, the percentage of those who preferred Big/Small City was higher than that of those who preferred Suburb of Big/Small City. ③ In the 35–54 year-olds group, the percentage of those who preferred Suburb of Big/Small City exceeded that of those who preferred Big/Small City. ④ In the 55 year-olds and older group, the percentage of those who chose Big/Small City among the three preferred types of place to live was the lowest. ⑤ Each percentage of the three preferred types of place to live was higher than 20% across the three age groups.

H19 ✽✽✽ .... 2022 대비 9월 모평 25 (고3) 

다음 표의 내용과 일치하지 않는 것은?

**U.S. States That Added the Most Solar Industry
Workers Between 2015 and 2020**

Rank	State	Number of Workers Added	Growth Percentage (%)
1	Florida	4,659	71
2	Utah	4,246	158
3	Texas	3,058	44
4	Virginia	2,352	120
5	Minnesota	2,003	101
6	New York	1,964	24
7	Pennsylvania	1,810	72

The table above shows seven U.S. states ranked by the number of workers added in the solar industry between 2015 and 2020, and provides information on the corresponding growth percentage in each state. ① During this period, Florida, which ranked first with regard to the number of workers added, exhibited 71% growth. ② The number of workers added in Utah was more than twice the number of workers added in Minnesota. ③ Regarding Texas and Virginia, each state showed less than 50% growth. ④ New York added more than 1,900 workers, displaying 24% growth. ⑤ Among these seven states, Pennsylvania added the lowest number of workers during this period.

H20 ✽✽✽ .... 2022 대비 수능 25 (고3) 

다음 도표의 내용과 일치하지 않는 것은?

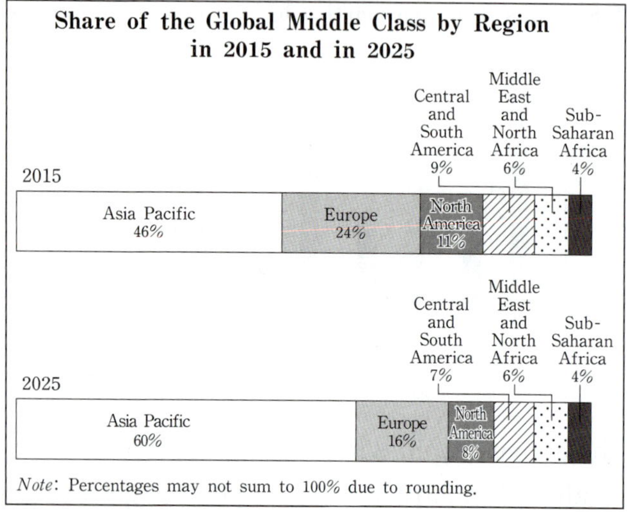

The above graphs show the percentage share of the global middle class by region in 2015 and its projected share in 2025. ① It is projected that the share of the global middle class in Asia Pacific will increase from 46 percent in 2015 to 60 percent in 2025. ② The projected share of Asia Pacific in 2025, the largest among the six regions, is more than three times that of Europe in the same year. ③ The shares of Europe and North America are both projected to decrease, from 24 percent in 2015 to 16 percent in 2025 for Europe, and from 11 percent in 2015 to 8 percent in 2025 for North America. ④ Central and South America is not expected to change from 2015 to 2025 in its share of the global middle class. ⑤ In 2025, the share of the Middle East and North Africa will be larger than that of sub-Saharan Africa, as it was in 2015.

H21 ~ 22 ▶ 제한시간 5분

H21 ⭐ 2등급 대비 .... 2024 대비 9월 모평 25 (고3)

다음 표의 내용과 일치하지 <u>않는</u> 것은?

College Enrollment Rates of 18- to 24-year-olds
by Race/Ethnicity in the U.S. in 2011, 2016, and 2021

Year Race/Ethnicity	2011	2016	2021
White	45%	42%	38%
Black	37%	36%	37%
Hispanic	35%	39%	33%
Asian	60%	58%	61%
American Indian/ Alaska Native	24%	19%	28%

Note: Rounded figures are displayed.

The table above shows the college enrollment rates of 18- to 24-year-olds from five racial/ethnic groups in the U.S. in 2011, 2016, and 2021. ① Among the five groups, Asians exhibited the highest college enrollment rate with more than 50% in each year listed in the table. ② Whites were the second highest in terms of the college enrollment rate among all the groups in all three years, while the rate dropped below 40% in 2021. ③ The college enrollment rates of both Blacks and Hispanics were higher than 35% but lower than 40% in 2011 and in 2021. ④ Among the years displayed in the table, 2016 was the only year when the college enrollment rate of Hispanics was higher than that of Blacks. ⑤ In each year, American Indians/Alaska Natives showed the lowest college enrollment rate.

H22 ⭐ 2등급 대비 .... 2024 대비 6월 모평 25 (고3)

다음 도표의 내용과 일치하지 <u>않는</u> 것은?

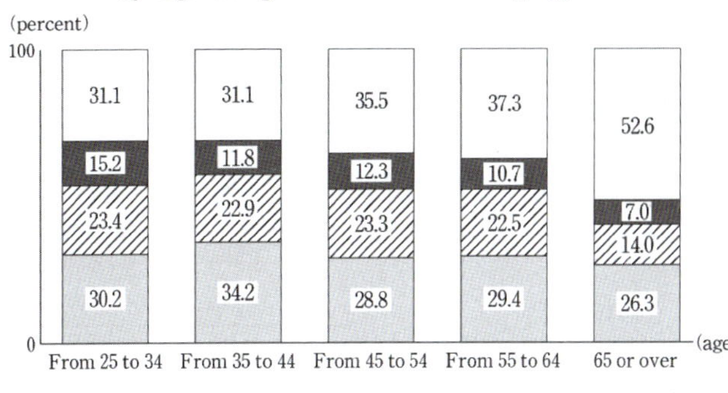

Note: Percentages may not sum to 100% due to rounding.

The above graph shows the share of the EU-28 population participating in tourism in 2017 by age group and destination category. ① The share of people in the No Trips category was over 30% in each of the five age groups. ② The percentage of people in the Outbound Trips Only category was higher in the 25 — 34 age group than in the 35 — 44 age group. ③ In the 35 — 44 age group, the percentage of people in the Domestic Trips Only category was 34.2%. ④ The percentage of people in the Domestic & Outbound Trips category was lower in the 45 — 54 age group than in the 55 — 64 age group. ⑤ In the 65 or over age group, the percentage of people in the No Trips category was more than 50%.

어휘 Review

※ 다음 영어는 우리말 뜻을, 우리말은 영어 단어를 〈보기〉에서 찾아 쓰시오.

〈보기〉

region	특허(권)	select	ethnic
목적지	거주자, 주민	친숙한	table
conversely	능력, 용량	부문	represent

01 resident ___________

02 familiar ___________

03 patent ___________

04 destination ___________

05 capacity ___________

06 반대로 ___________

07 표, 목록 ___________

08 지역, 지방 ___________

09 인종의 ___________

10 고르다 ___________

※ 다음 우리말에 알맞은 영어 표현을 찾아 연결하시오.

11 두드러지다 •   • as for

12 ~에 관해서는 •   • stand out

13 ~에 기반한 •   • based on

14 목록에 오르다 •   • in terms of

15 ~ 면에서 •   • make the list

※ 다음 우리말 표현에 맞는 단어를 고르시오.

16 인구 백만 명당 ➡ per million (popularity / population)

17 관측된 기간에 ➡ in the (timeframe / framework) observed

18 가장 작은 차이를 보인 국가 ➡ the country with the smallest (gap / gain)

19 재생에너지를 발생시키다 ➡ generate (renewable / disposable) energy

20 태양 에너지 산업 ➡ the (lunar / solar) industry

※ 다음 문장의 빈칸에 알맞은 단어를 〈보기〉에서 찾아 쓰시오.

〈보기〉

corresponding	enrollment	males	respondents
outperformed	industry	maintained	participation
peaked	adults	outnumbered	round

21 그래프는 요가를 했던 응답자의 비율을 보여 준다.
➡ The graph shows the share of ___________ who practiced yoga.

22 이 표는 그에 상응하는 증가율에 관한 정보를 제공한다.
➡ The table provides information on the ___________ growth percentage.

23 그것들은 delivery 서비스의 매출액보다 지속적으로 더 많았다.
➡ They consistently ___________ sales of delivery services.

24 대한민국과 스위스는 2019년에 자신들의 순위를 유지했다.
➡ The Republic of Korea and Switzerland ___________ their rankings in 2019.

25 전체 온라인 식료 잡화점 매출액은 93억 달러로 정점에 달했다.
➡ Total online grocery sales ___________ at $9.3 billion.

26 그래프는 성인 교육 참여 추세를 보여 준다.
➡ The graph shows trends in adult ___________ in education.

27 ship-to-home 서비스의 매출액은 delivery 서비스의 그것을 능가했다.
➡ Sales of ship-to-home services ___________ those of delivery services.

28 멕시코에서 독서를 취미 중 하나로 고른 남성의 비율은 41퍼센트였다.
➡ The share of ___________ who selected reading as one of their hobbies in Mexico was 41%.

29 아시아인은 가장 높은 대학 등록률을 보였다.
➡ Asians exhibited the highest college ___________ rate.

30 훈련에 참여한 성인의 비율은 더 낮았다.
➡ The percentage of ___________ who participated in training was lower.

❖ 정답 135p

I 내용 불일치

★ 유형 설명

Mary Budd Rowe에 관한 다음 글의 내용과 일치하지 않는 것은?

Mary Budd Rowe was best known for her achievements in science education. When

특정 인물이나 동식물 등에 대해 설명하는 글을 정확하게 해석해 선택지와 대조해야 한다.

☞ 글에서 언급된 내용과 똑같은 순서로 선택지가 제시된다. 선택지를 먼저 읽은 후에 글에서 해당 내용을 찾아 그 선택지의 일치 여부를 확인한다. 일치하는 것을 찾는 문제인지, 일치하지 않는 문제인지 꼭 다시 한 번 확인한다.

🎭 유형 풀이 비법

1 지시문을 확인하라!

- 문제를 읽고 무엇에 관한 글인지, 일치를 묻는지, 불일치를 묻는지 확인한다.

2 선택지를 살펴보라!

- 선택지를 빠르게 훑어보면서 글에서 어떤 세부 정보를 확인해야 하는지 알아본다.

3 선택지와 글을 대조하라!

- 선택지에 해당하는 글의 부분을 정확하게 대조하며 정답을 찾는다.

(Tip) 글에 나온 내용에만 근거해서 답을 골라야지, 상식이나 배경지식으로 판단하면 안 된다.

★ 최신 수능 경향 분석

대비 연도	월	문항 번호	지문 주제	난이도
2026	11	26번	동물 영양과 신진대사를 연구한 Max Kleiber	✿✿✿
	9	26번	정보 이론의 아버지 Claude Shannon	✿✿✿
	6	26번	과학 교육자 Mary Budd Rowe의 생애	✿✿✿
2025	11	26번	스포츠 방송인 Dick Enberg의 일생	✿✿✿
	9	26번	예술가이자 교육자였던 György Kepes	✿✿✿
	6	26번	미국의 유명한 공인 Will Rogers의 일생	✿✿✿
2024	11	26번	Charles H. Townes의 일생	✿✿✿
	9	26번	Charles Rosen의 일생	✿✿✿
	6	26번	프랑스 영화감독 Jean Renoir	✿✿✿

★ 2026 수능 출제 분석

1952년에 Borden Award를 수상했고 1년 후 Morrison Award를 수상했다고 했는데, 선택지에서는 1952년에 둘 다 수상했다고 바꿔서 일치하지 않게 만들었다. 선택지 전체가 아니라 일부 내용을 틀리게 만들어 헷갈리게 하는 것에 유의해야 한다.

★ 2027 수능 예측

매해 출제되어 온 유형으로 2027 수능에서도 출제될 것이다.

🔮 어휘 및 표현 Preview

- ☐ **biography** 전기
- ☐ **master's degree** 석사 학위
- ☐ **film** 영화
- ☐ **decade** 10년
- ☐ **visual** 시각의
- ☐ **found** 설립하다
- ☐ **form** 만들다, 형성하다
- ☐ **composed of** ~로 구성된
- ☐ **scientist** 과학자
- ☐ **exhibition** 전시회
- ☐ **basis** 기반

- ☐ **publish** 출판하다
- ☐ **several** 몇몇의
- ☐ **later** 후에
- ☐ **present** 선보이다
- ☐ **previously** 이전에
- ☐ **available** 사용 가능한
- ☐ **capture** 포착하다
- ☐ **latest** 최신의
- ☐ **scientific** 과학적인
- ☐ **device** 기기
- ☐ **museum** 박물관
- ☐ **house** 소장하다

- ☐ **work** 작품
- ☐ **pioneer** 선구자
- ☐ **connect** 연결하다
- ☐ **establish** 설립하다
- ☐ **famous** 유명한
- ☐ **figure** 인물
- ☐ **child** 아이
- ☐ **clever** 영리한
- ☐ **mature** 어른스러운
- ☐ **grade** 학년
- ☐ **talent** 재능
- ☐ **learn** 배우다
- ☐ **trick** 묘기

- ☐ **return** 돌아오다
- ☐ **appear** 출현하다
- ☐ **entertainer** 연예인, 엔터테이너
- ☐ **outstanding** 뛰어난
- ☐ **humor** 유머
- ☐ **unfortunately** 안타깝게도
- ☐ **at the height of** ~이 한창일 때에
- ☐ **career** 경력
- ☐ **popular** 인기가 많은
- ☐ **death** 죽음
- ☐ **statue** 동상
- ☐ **install** 설치하다

I 내용 불일치  (첫 번째)

1st 각 선택지의 내용을 다룬 부분을 글에서 쉽게 찾을 수 있도록 선택지의 핵심 어구에 □ 표시하세요.

2nd 글에서 해당 부분을 확인하여 선택지의 일치/불일치 여부를 판단하세요.

3rd 선택지가 글의 내용과 일치하면 ○, 일치하지 않으면 ✕ 표시를 하고, 글의 지시문을 다시 한번 확인하세요.

I01  ✿❀❀ ·················· 2023 대비 6월 모평 26 (고3) 

William Buckland에 관한 다음 글의 내용과 일치하지 <u>않는</u> 것은?

William Buckland (1784–1856) was well known as one of the greatest geologists in his time. His birthplace, Axminster in Britain, was rich with fossils, and as a child, he naturally became interested in fossils while collecting them. In 1801, Buckland won a scholarship and was admitted to Corpus Christi College, Oxford. He developed his scientific knowledge there while attending John Kidd's lectures on mineralogy and chemistry. After Kidd resigned his position, Buckland was appointed his successor at the college. Buckland used representative samples and large-scale geological maps in his lectures, which made his lectures more lively. In 1824, he announced the discovery of the bones of a giant creature, and he named it *Megalosaurus*, or 'great lizard'. He won the prize from the Geological Society due to his achievements in geology.

① 태어난 곳은 화석이 풍부하였다.
② John Kidd의 강의를 들으며 자신의 과학 지식을 발전시켰다.
③ John Kidd의 사임 전에 그의 후임자로 임명되었다.
④ 자신의 강의에서 대축척 지질학 지도를 사용하였다.
⑤ 1824년에 거대 생물 뼈의 발견을 발표하였다.

1st 각 선택지의 내용을 다룬 부분을 글에서 쉽게 찾을 수 있도록 선택지의 핵심 어구에 □ 표시하세요.

① 태어난 곳은 화석이 풍부하였다.
② John Kidd의 강의를 들으며 자신의 과학 지식을 발전시켰다.
③ John Kidd의 사임 전에 그의 후임자로 임명되었다.
④ 자신의 강의에서 대축척 지질학 지도를 사용하였다.
⑤ 1824년에 거대 생물 뼈의 발견을 발표하였다.

● □ 표시한 부분을 글에서 어떻게 찾을 수 있을까요?

① 태어난 곳에 화석이 풍부했는지 안 풍부했는지를 설명하려면 일단 문장에 '화석'이라는 단어가 포함되어야 해요. '화석'은 영어로 fossil이라고 하니까 글에서 fossil이 포함된 문장을 찾으면 ①이 글과 일치하는지 여부를 확인할 수 있는 것이죠.
'태어난 곳'에 □ 표시할 수도 있는데, '태어난 곳'은 영어로 the place where he was born이라고 할 수도 있고, birthplace, 또는 hometown이라고도 할 수 있죠. 그러니까 '태어난 곳'으로 단서 문장을 찾는 건 fossil보다는 좀 더 시간이 걸릴 거라는 말이에요.

● 나머지 선택지도 핵심 어구를 확인해 봅시다.

②과 ③은 John Kidd와 관련된 내용이에요. ②은 John Kidd의 '강의'를, ③은 John Kidd의 '사임'을 다룬 문장을 찾으면 되는데, '강의'는 영어로 보통 lecture라고 하고, '사임'은 동사 resign(사임하다)의 명사형인 resignation을 써요.
④은 '대축척 지질학 지도'가 핵심 어구라고 할 만한데, '대축척'이나 '지질학'은 영어로 잘 모르겠지만 '지도'가 map인 것은 알고 있죠? 글에서 map이 포함된 문장을 찾으면 될 거예요.
마지막으로 ⑤은 '1824년에' 무슨 일이 일어났는지 확인하면 되니까 in 1824 같은 어구를 찾아서 확인하면 돼요.

2nd 글에서 해당 부분을 확인하여 선택지의 일치/불일치 여부를 판단하세요.

1) '화석'을 의미하는 fossil을 찾았나요?

His [birthplace], Axminster in Britain, was rich with
그의 출생지인 영국의 Axminster에는 화석이 풍부했고

[fossils], / and as a child, / he naturally became
/ 어릴 때 / 그는 자연스럽게 화석에 관심을 갖게

interested in [fossils] / while collecting them. //
되었다 / 그것들을 수집하면서 //

● **두 번째 문장에 등장하는군요, fossils!**
William Buckland의 출생지인 영국의 Axminster에는 화석이 풍부했고, William은 어릴 때 화석을 수집하면서 자연스럽게 그것에 관심을 가졌대요. 선택지와 글이 일치하는군요!
참고로 '태어난 곳'은 **❶**(   )라는 표현을 썼네요.

2) ②은 John Kidd의 '강의'를 다룬 문장을 찾아야 해요.

He developed his scientific knowledge there / while
그는 거기서 자신의 과학 지식을 발전시켰다   / John
attending John Kidd's lectures / on mineralogy and
Kidd의 강의를 들으면서   / 광물학과 화학에 관한 //
chemistry. //

● **John Kidd's lectures, 찾았나요?**
there가 어디인지는 모르겠지만, 아무튼 William Buckland는 John Kidd의 강의를 들으면서 광물학과 화학에 관한 자신의 과학 지식을 발전시켰다고 했어요!

3) 이번에는 John Kidd의 '사임'에 관한 문장을 찾아봅시다.

After Kidd resigned his position, / Buckland was
Kidd가 자신의 직위에서 사임한 후에   / Buckland가 그의
appointed his successor / at the college. //
후임자로 임명되었다   / 대학에서   //

● **명사 resignation이 아니라 동사 resign이 쓰였군요.**
Kidd가 사임한 후에 William Buckland가 Kidd의 후임자로 임명되었다는 내용인데, 중요한 건 접속사로 **❷**(   )가 쓰였다는 거예요!
아까 선택지는 분명히 Kidd의 사임 '전에' 후임자로 임명되었다는 내용이었는데, 글에서는 Kidd의 사임 '후에' 임명되었다고 했으니 **❸**(   )이 글과 일치하지 않는 선택지군요!
여기서 알 수 있듯이, 선택지의 핵심 어구로 글에서 단서 문장을 찾은 이후에는 그 문장을 정확히 해석해서 선택지와 꼼꼼히 대조해야 돼요.

4) 정답은 찾았지만 혹시 모르니 끝까지 확인해 봅시다.

Buckland used / representative samples and large-
Buckland는 사용했는데 / 대표 표본과 대축척 지질학 지도를
scale geological maps / in his lectures, / which made
                        / 자신의 강의에서   / 그것이 그의 강의를
his lectures more lively. //
더 활기차게 만들었다   //

● **maps가 등장한 문장이 과연 있군요.**
Buckland가 자신의 강의에서 대표 표본과 대축척 지질학 지도를 사용했고, 이는 그의 강의를 더 활기차게 만들었다는 내용이에요.
사실 representative samples나 계속적 용법의 관계대명사인 which가 이끄는 절은 정답을 찾는 데 별로 필요가 없어요. 우리는 Buckland가 자신의 강의에서 대축척 지질학 지도를 사용했는지만 확인하면 되니까요.

5) 1824년에 무슨 일이 있었는지까지 마저 확인합시다.

In 1824, / he announced the discovery / of the bones
1824년에   / 그는 발견을 발표했으며   / 거대한 생물의 뼈의
of a giant creature, / and he named it *Megalosaurus*,
                        / 그는 그것을 Megalosaurus 즉 '거대한
or 'great lizard'. //
도마뱀'이라고 이름 붙였다 //

● **연도나 세기 등의 비교적 긴 기간을 나타낼 때는 전치사 in을 써요.**
1824년에 William Buckland는 거대한 생물 뼈의 발견을 발표했고, 그것을 Megalosaurus라고 이름 붙였다는 내용이에요.
이 문장을 통해 ⑤ 역시 글과 일치한다는 것을 확인할 수 있죠.

3rd 선택지가 글의 내용과 일치하면 ○, 일치하지 않으면 × 표시를 하고, 글의 지시문을 다시 한번 확인하세요.

1) 각 선택지의 일치/불일치 여부를 표시해 봅시다.

① 태어난 곳은 화석이 풍부하였다. **❹**(   )
② John Kidd의 강의를 들으며 자신의 과학 지식을 발전시켰다.
　　　　　　　　　　　　　　　　　　　　　　❺(   )
③ John Kidd의 사임 전에 그의 후임자로 임명되었다. **❻**(   )
④ 자신의 강의에서 대축척 지질학 지도를 사용하였다. **❼**(   )
⑤ 1824년에 거대 생물 뼈의 발견을 발표하였다. **❽**(   )

2) 지시문을 다시 한번 꼭 확인하세요!

William Buckland에 관한 다음 글의 내용과 일치하지 않는 것은?

● **일치하지 '않는' 선택지를 찾는 문제예요.**
William Buckland가 John Kidd의 후임으로 임명된 것은 맞지만, John Kidd가 사임한 이후에 임명되었다고 했어요!
그러니까 일치하지 않는 선택지는 **❸**(   )!

I 내용 불일치 (두 번째)

I02 ✲✲✤ .... 2023 대비 9월 모평 26 (고3)

Henry Moore에 관한 다음 글의 내용과 일치하지 <u>않는</u> 것은?

Henry Moore (1898–1986), one of the most significant British artists of the 20th century, was the seventh child of a coal miner. Henry Moore showed a talent for art from early on in school. After World War I, during which he volunteered for army service, Moore began to study sculpture at the Leeds School of Art. Then, he entered the Royal College of Art in London and earned his degree there. His sculptures, known around the world, present the forms of the body in a unique way. One of his artistic themes was mother-and-child as shown in *Madonna and Child* at St. Matthew's Church in Northampton. He achieved financial success from his hard work and established the Henry Moore Foundation to support education and promotion of the arts.

① 석탄 광부의 일곱 번째 자녀였다.
② 학창 시절에 일찍이 예술에 재능을 보였다.
③ 런던에 있는 Royal College of Art에서 학위를 취득했다.
④ 그의 조각은 신체 형태를 독특한 방식으로 나타낸다.
⑤ 경제적으로 성공을 거두지 못했다.

1st 각 선택지의 내용을 다룬 부분을 글에서 쉽게 찾을 수 있도록 선택지의 핵심 어구에 □ 표시하세요.

① 석탄 광부의 <u>일곱 번째</u> 자녀였다.
② 학창 시절에 일찍이 <u>예술에 재능</u>을 보였다.
③ 런던에 있는 Royal College of Art에서 <u>학위를 취득</u>했다.
④ <u>그의 조각</u>은 신체 형태를 독특한 방식으로 나타낸다.
⑤ <u>경제적으로 성공</u>을 거두지 못했다.

● **글에 등장하는 순서대로 선택지를 구성한다는 건 알고 있죠?**
출제자의 입장에서 생각하면 글을 처음부터 읽어 나가면서 ①부터 ⑤까지 순서대로 선택지를 만들어내는 거예요. 영어로 된 글에서 한글로 된 선택지를 만드는 거니까 각 문장을 우리말로 해석한 다음에 그 해석과 일치하게, 또는 일치하지 않게 선택지를 만드는 거죠.

● **□ 표시한 어구가 언급된 부분을 글에서 찾아봅시다.**
순서를 나타낼 땐 서수를 써요. 그러니까 ①의 '일곱 번째'는 seventh가 쓰였을 거예요. ② '재능'은 영어로 보통 talent라고 해요. 예술적 재능에 대한 내용이니까 art도 언급되겠군요. ③ '학위'에 대해서는 아무래도 degree를 써서 설명하겠죠? 아니면 Royal College of Art를 찾아도 될 것 같아요. 학교 이름은 그대로 언급될 테니까요. ④ '조각은 영어로 sculpture인 것, 알고 있죠? ⑤ '성공'은 영어로 success인데, 경제적 성공이니까 financial 또는 economic이라는 형용사와 함께 쓰였을 거예요.

2nd 글에서 해당 부분을 확인하여 선택지의 일치/불일치 여부를 판단하세요.

1) 서수인 seventh, 찾았나요?

Henry Moore (1898-1986), / one of the most
Henry Moore(1898~1986)는 / 가장 중요한 영국 예술가 중
significant British artists / of the 20th century, / was
한 명인 / 20세기의 / 일곱
the seventh child / of a coal miner. //
번째 자녀였다 / 석탄 광부의 //

● **첫 문장에 바로 등장하네요!**
20세기 영국의 가장 중요한 예술가들 중 한 명인 Henry Moore는 석탄 광부의 일곱 번째 자녀였대요. 선택지와 일치하는군요!

2) 두 번째 문장에 a talent for art가 등장하네요.

Henry Moore showed a talent for art / from early
Henry Moore는 예술에 재능을 보였다   / 일찍이

on / in school. //
  / 학창 시절에   //

● **an artistic talent라고 할 수도 있었을 거예요.**
우리말에서도 '예술적 재능' 또는 '예술에 대한 재능'처럼 여러 가지로
표현할 수 있는 것처럼 영어에서도 다양하게 표현할 수 있어요.
선택지만으로 정확히 어떻게 표현했는지를 예상할 수는 없으니까 핵심
단어인 art, talent 정도만 생각하고 관련된 어구를 글에서 찾는 거죠.

● **예술에 대한 재능을 언제 보였다고요?**
'학교에서 일찍부터' 보였대요. 그러니까 학창 시절에 일찍이 예술에
재능을 보인 것이 맞죠!

3) degree가 등장하는 문장, 찾았나요?

Then, he entered the Royal College of Art / in
그 후 그는 Royal College of Art에 들어갔고   /

London / and earned his degree there. //
런던에 있는 / 거기서 자신의 학위를 취득했다   //

● **같은 문장에 Royal College of Art도 등장했어요.**
런던에 있는 Royal College of Art에 들어갔고 '거기서' 자신의 학위를
취득했다고 했어요. there가 가리키는 것이 Royal College of Art인
것이죠.

4) 바로 다음 문장에서 그의 조각에 대해 이야기하고 있어요.

His sculptures, / known around the world, / present
그의 조각은   / 전 세계적으로 알려진   / 신체 형태를

the forms of the body / in a unique way. //
나타낸다   / 독특한 방식으로   //

● **문장을 그대로 해석해서 선택지로 만들었어요.**
His sculptures를 수식하는 삽입구인 known around the world를
제외하고, '그의 조각은 독특한 방식으로 신체 형태를 나타낸다'는 해석
그대로 선택지를 만들었어요.

5) 경제적 성공을 거두었나요, 못 거두었나요?

He achieved financial success / from his hard work /
그는 경제적인 성공을 거두었고   / 각고의 노력으로   /

and established the Henry Moore Foundation / to
Henry Moore 재단을 세웠다   /

support / education and promotion of the arts. //
후원하기 위해 / 예술 교육과 증진을   //

● **마지막 문장에 financial success가 등장해요.**
financial 아니면 economic을 예상했는데, financial이 쓰였네요!
이제 Henry Moore가 경제적인 성공을 거두었는지 아닌지를 판단해야
하는데, achieved financial success라고 했지, 부정어인 not이나
never는 문장에 쓰이지 않았어요!
글과 일치하지 않는 건 **❶**(   )이군요.

3rd 선택지가 글의 내용과 일치하면 ○, 일치하지 않으면 × 표시를
하고, 글의 지시문을 다시 한 번 확인하세요.

1) 각 선택지의 일치/불일치 여부를 표시해 봅시다.

① 석탄 광부의 일곱 번째 자녀였다. **❷**(   )
② 학창 시절에 일찍이 예술에 재능을 보였다. **❸**(   )
③ 런던에 있는 Royal College of Art에서 학위를 취득했다.
　　　　　　　　　　　　　　　　　　　　❹(   )
④ 그의 조각은 신체 형태를 독특한 방식으로 나타낸다. **❺**(   )
⑤ 경제적으로 성공을 거두지 못했다. **❻**(   )

2) 지시문을 다시 한번 꼭 확인하세요!

Henry Moore에 관한 다음 글의 내용과 일치하지 <u>않는</u> 것은?

● **일치하지 않는 선택지가 정답이군요!**
Henry Moore는 열심히 노력해서 경제적인 성공을 거두었고, 그를
바탕으로 예술 교육과 증진을 후원하기 위해 Henry Moore 재단을
설립했어요!

❖ 정답 및 해설 **136 ~ 137p**

I. 내용 불일치　**143**

I03 ~ 07 ▶ 제한시간 10분

I03 ✿✿✿ .... 2026 대비 수능 26 (고3)

Max Kleiber에 관한 다음 글의 내용과 일치하지 <u>않는</u> 것은?

Max Kleiber, a pioneer in the study of animal biology, was best known for his research on animal nutrition and metabolism. He was born in Zurich, Switzerland in 1893. Kleiber graduated from the Swiss Federal Institute of Technology in 1920 and earned his doctoral degree in 1924. He came to the University of California at Davis (UC Davis) in 1929 to conduct research on energy metabolism in animals. In 1952, Kleiber received the distinguished Borden Award from the American Institute of Nutrition and, a year later, the Morrison Award from the American Society for Animal Production. Kleiber's book, *The Fire of Life*, was published in 1961 and subsequently translated into German, Polish, Spanish, and Japanese. Kleiber was an outstanding teacher popular with undergraduates and graduate students alike. Before his death, a new classroom building at UC Davis was named Kleiber Hall in his honor.

*nutrition: 영양(학)   **metabolism: 신진대사

① 스위스의 Zurich에서 태어났다.
② 1924년에 박사 학위를 받았다.
③ 1952년에 Borden Award와 Morrison Award를 수상했다.
④ 그의 저서 *The Fire of Life*는 여러 언어로 번역되었다.
⑤ 대학생과 대학원생에게 인기 있는 뛰어난 선생님이었다.

I04 ✿✿✿ .... 2026 대비 9월 모평 26 (고3)

Claude Shannon에 관한 다음 글의 내용과 일치하지 않는 것은?

Claude Shannon was an American mathematician and information scientist, famous for being the "father of information theory." As a child, he was interested in electrical devices and built a telegraph that connected to his friend's home half a mile away. At age 21, he started his master's program in electrical engineering. His master's thesis on digital computing theory has been called the "most important master's thesis of all time." During World War II, he worked to help win the war by inventing a machine that helped destroy German rockets. In 1950, with the help of his wife, he built a machine capable of learning by itself. This machine was viewed as part of the foundation of Artificial Intelligence. In 1958, he became a full professor at MIT and continued to teach there for more than 20 years. A biography written about his life called him, the "most important genius you've never heard of."

*telegraph: 전신기   **thesis: 논문

① 어렸을 때 전기기기에 관심이 있었다.
② 스물한 살에 전기공학 석사과정을 시작했다.
③ 제2차 세계대전 때 독일 로켓의 파괴에 도움이 되는 기계를 발명했다.
④ 스스로 학습할 수 있는 기계를 1950년에 만들었다.
⑤ MIT에서 20년 이상 교수로 재직 후 1958년에 퇴임했다.

I05 ❀❀❀ ·························· 2026 대비 6월 모평 26 (고3) 

Mary Budd Rowe에 관한 다음 글의 내용과 일치하지 <u>않는</u> 것은?

Mary Budd Rowe was best known for her achievements in science education. When she was a middle school student, she met Albert Einstein and was inspired by him to study science. In 1954, she graduated from the University of California at Berkeley with a master's degree in zoology. Then she earned her doctorate degree in science education from Stanford University in 1964. Through her research, Rowe discovered that learning could be improved by increasing teachers' average "wait time" for students' responses. During her career, she directed a science education program in Harlem. She also served as President of the National Science Teachers Association. In 1990, she published her book, *The Process of Knowing*. Throughout her career, she practiced Einstein's advice, "Science is exploring, and exploring is fun." When she died in 1996, she was remembered as one of the leading figures in the field of science education.

① Albert Einstein을 만났을 때 중학생이었다.
② 1964년에 동물학으로 박사 학위를 받았다.
③ Harlem에서 과학 교육 프로그램을 감독했다.
④ 1990년에 *The Process of Knowing*을 출판했다.
⑤ 과학 교육 분야의 선도적인 인물로 기억되었다.

I06 ❀❀❀ ·························· 2025 실시 10월 학평 26 (고3) 

Mary Eliza Mahoney에 관한 다음 글의 내용과 일치하지 <u>않는</u> 것은?

Born in 1845 in Boston, Mary Eliza Mahoney was known as the first African American nurse in the United States. She attended the Phillips School in Boston, one of the first integrated schools in the United States. When she was in her teens, Mahoney knew that she wanted to become a nurse. To work towards her goal, Mahoney began working at the New England Hospital for Women and Children, which operated one of the first nursing schools in the United States. She was admitted to its nursing program in 1878 at the age of 33. Upon graduation, she became a private duty nurse. In 1908, Mahoney co-founded the National Association of Colored Graduate Nurses (NACGN) to promote equality for African American nurses. Recognizing that Mahoney served as an outstanding role model for nurses of all races, NACGN created the Mary Mahoney Award in 1936.

① Boston에 있는 Phillips School을 다녔다.
② 십 대 시절에 간호사가 되기를 원했다.
③ 33살에 간호 프로그램에 합격했다.
④ 1908년에 NACGN을 혼자서 설립했다.
⑤ 1936년에 NACGN은 Mary Mahoney 상을 만들었다.

I07 ❀❀❀ ·························· 2025 실시 7월 학평 26 (고3) 

Barbara Ann Scott에 관한 다음 글의 내용과 일치하지 <u>않는</u> 것은?

Barbara Ann Scott was one of the most famous Canadian figure skaters. She was born in Ottawa in 1928. At the age of seven, she began skating at the Minto Skating Club. When she was just 10, she became the youngest Canadian to pass the "gold figures test." Although she tried to win the Canadian Senior Championship in both 1941 and 1942, she finished second both years. Later, Scott traveled overseas and became the first North American to win both the European and World Figure Skating Championships. She gained widespread fame by winning the gold medal at the 1948 Olympic Games in Switzerland. She toured with an ice show and engaged in various other activities. After getting married, she settled in Chicago and passed away in Florida in 2012. She became known as "Canada's Sweetheart" and had a lasting impact on Canadian figure skating history.

① Ottawa에서 태어났다.
② 10살 때 gold figures test를 통과했다.
③ 1941년에 Canadian Senior Championship에서 2등을 했다.
④ 1948년에 스위스에서 열린 올림픽에서 금메달을 받았다.
⑤ 결혼 전에 Chicago에 정착했다.

I08 ✽✽✽ ·················· 2025 실시 5월 학평 26 (고3)

Octavio Paz에 관한 다음 글의 내용과 일치하지 <u>않는</u> 것은?

Mexican poet and diplomat Octavio Paz was one of the chief literary figures of the 20th century. He was born in Mexico City to a Spanish mother and a Mexican father in 1914. He came into early contact with literature due to his grandfather's extensive library. After attending a Roman Catholic school he went to the University of Mexico. While at university he published his first book of poetry, *Forest Moon*, in 1933. On a visit to Spain in 1937, he wrote *Beneath Your Clear Shadow and Other Poems*, which showed him to be a poet of great promise. From 1962 until 1968, Paz served as Mexico's ambassador to India, although he continued writing poetry as well. After his resignation, he taught briefly at Cambridge University in England and at Harvard University in the United States. In 1990, Paz won the Nobel Prize for Literature, becoming the first Mexican writer to do so.

① 20세기의 주요 문학계 인사 중 한 명이었다.
② 할아버지의 방대한 서재 덕분에 일찍 문학을 접했다.
③ 대학 재학 중 첫 번째 시집인 *Forest Moon*을 출판했다.
④ 주인도 대사로 재임한 기간 동안 시 쓰는 것을 중단했다.
⑤ 노벨 문학상을 받은 최초의 멕시코인 작가가 되었다.

I09 ✽✽✽ ·················· 2025 실시 3월 학평 26 (고3)

Hans Hofmann에 관한 다음 글의 내용과 일치하지 <u>않는</u> 것은?

Hans Hofmann was one of the most influential art teachers of the 20th century. Born on March 21, 1880 in Germany, he moved to Munich with his family. When he was a teenager, Hofmann produced scientific inventions, including a radar device. In 1904, he moved to Paris, where he was deeply affected by the expressive use of color that distinguished the paintings of Henri Matisse and Robert Delaunay. He opened his first school, the Schule für Bildende Kunst(School of Fine Art), in Munich in 1915. In 1930 Hofmann moved to the United States, where he taught at the Art Students League in New York City and later opened his own Hans Hofmann School of Fine Arts. By 1939, he was able to break away from the Expressionistic landscapes and still lifes he had painted in the early 1930s. At the age of 85, he was still very active in his studio, and completed approximately 45 paintings.

① 십 대였을 때 과학 발명품들을 만들었다.
② 1904년에 파리로 이주했다.
③ 첫 번째 학교를 뉴욕시에서 열었다.
④ 1930년대 초에는 표현주의적 풍경화와 정물화를 그렸다.
⑤ 85세의 나이에 대략 45점의 그림을 완성했다.

I10 ✽✽✽ ·················· 2025 대비 수능 26 (고3)

Dick Enberg에 관한 다음 글의 내용과 일치하지 <u>않는</u> 것은?

Dick Enberg was one of America's most beloved sports broadcasters. He was born in Michigan in 1935. In the early 1960s, he became an assistant professor at San Fernando Valley State College, where he also served as a coach of its baseball team. Afterwards, he began a full-time sportscasting career in Los Angeles. In 1973, he became the first U.S. sportscaster ever to visit China. He joined NBC Sports in 1975 and remained with the network for about 25 years, covering such big events as the Olympics. He later worked for other major sports broadcasting stations. He made his last live broadcast in 2016 and died the following year at the age of 82. He served as Chairman of the American Sportscaster Association for more than three decades. Enberg was also a best-selling writer and won Emmy Awards as a sportscaster, a writer, and a producer.

① Michigan에서 태어났다.
② 대학 야구팀 코치였다.
③ 중국을 방문한 첫 미국인 스포츠 캐스터였다.
④ 마지막 생방송 후 3년 뒤에 사망하였다.
⑤ Emmy Awards를 수상하였다.

I11 ✲✲✲ .... 2025 대비 9월 모평 26 (고3) 

György Kepes에 관한 다음 글의 내용과 일치하지 <u>않는</u> 것은?

György Kepes was an artist and educator born in Selyp, Hungary in 1906. He studied painting at the Royal Academy of Fine Arts in Budapest, Hungary. Then, he studied design and film in Berlin, Germany. He went to the United States in 1937, and about a decade later, he started teaching visual design at the Massachusetts Institute of Technology (MIT). He founded the Center for Advanced Visual Studies at MIT to form a community composed of artists and scientists. His exhibition in 1951 titled *The New Landscape* became the basis of his book *The New Landscape in Art and Science*, which was published several years later. In the book, he presented images that were not previously available, captured by the latest scientific devices. In 1995, a museum to house his works was established in Eger, Hungary. He was a great pioneer in connecting art and technology.

① 헝가리에서 그림을 공부했다.
② 1937년에 MIT에서 시각 디자인을 가르치기 시작했다.
③ 그의 전시회를 기반으로 책이 출판되었다.
④ 그의 작품을 소장하기 위한 박물관이 설립되었다.
⑤ 예술과 기술을 연결하는 데 있어서 위대한 개척자였다.

I12 ✲✲✲ .... 2025 대비 6월 모평 26 (고3) 

Will Rogers에 관한 다음 글의 내용과 일치하지 <u>않는</u> 것은?

Will Rogers (1879–1935) was a famous American public figure. He was born as the eighth child. When he was young, he was clever and mature but he dropped out of school after the 10th grade. He was very interested in cowboys and horses, and he even learned how to do rope tricks. He left the U.S. in 1902 and worked as a cowboy and roping artist in South Africa and Australia. After returning to the U.S., he appeared in more than 50 movies and was often heard on the radio as an entertainer. He was also an outstanding newspaper columnist with his wit and humor, writing more than 4,000 columns. He unfortunately died at the height of his career in 1935. Rogers was so popular that after his death his statue was installed in the U.S. Capitol. He will be remembered as a great American of many talents.

① 여덟 번째 아이로 태어났다.
② 카우보이와 말에 매우 관심이 있었다.
③ 미국에 돌아온 후 50편이 넘는 영화에 출연했다.
④ 뛰어난 신문 칼럼니스트였다.
⑤ 생전에 그의 동상이 U.S. Capitol에 설치되었다.

I13 ✿✽✽ .... 2024 실시 10월 학평 26 (고3) 

Mary Douglas Leakey에 관한 다음 글의 내용과 일치하지 <u>않는</u> 것은?

Mary Douglas Leakey was born in 1913 in London, England in a family of scholars and researchers. Her father, who was an artist, took her to see the stone tools being studied by French prehistorians. This sparked her interest in archaeology. When she was just 17 years old, she served as an illustrator at a dig in England. Shortly after marrying Louis Leakey, she left for East Africa with her husband. Together, they made important fossil discoveries. In 1948, Mary found a partial skull fossil of *Proconsul africanus* on Rusinga Island in Lake Victoria. In 1959 in Tanzania, she discovered the skull of an early hominin that her husband named *Zinjanthropus boisei*, which is now known as *Paranthropus boisei*. Even after her husband's death in 1972, Mary continued her work in Africa. Mary died in 1996, in Nairobi, Kenya.

*archaeology: 고고학 **fossil: 화석 ***skull: 두개골

① 1913년에 영국 런던에서 태어났다.
② 17세의 나이에 영국에 있는 발굴지에서 삽화가로 일했다.
③ 그녀의 남편과 함께 동아프리카로 떠났다.
④ 1948년에 *Proconsul africanus*의 두개골 화석의 일부를 찾았다.
⑤ 1972년에 케냐 나이로비에서 사망했다.

I14 ❋❋❋.......................... 2024 실시 7월 학평 26 (고3)

John Carew Eccles에 관한 다음 글의 내용과 일치하지 않는 것은?

John Carew Eccles was born on 27 January 1903 in Melbourne, Australia. Both his parents were school teachers, who home-schooled him until he was 12. In 1915, Eccles began his secondary schooling and after four years, prior to entering the University of Melbourne, he studied science and mathematics for another year at Melbourne High School. He completed his medical course in February 1925, and left Melbourne for Oxford the same year. From 1928 to 1931 he was a research assistant to Sir Charles Sherrington, and published eight papers conjointly. Returning to Australia with his family in 1937, he gave lectures to third-year medical students at the University of Sydney from 1938 to 1940. Eccles was the co-winner of the Nobel Prize in Physiology or Medicine along with A.L. Hodgkin and A.F. Huxley in 1963. In 1975, he voluntarily retired and moved to Switzerland to dedicate himself to work on the mind-brain problem.

① 12세까지 홈스쿨링을 받았다.
② Melbourne High School에서 과학과 수학을 공부했다.
③ Sir Charles Sherrington의 연구 조교였다.
④ 1963년에 노벨 생리 · 의학상을 단독으로 수상했다.
⑤ 은퇴하고 Switzerland로 이주했다.

I15 ❋❋❋.......................... 2024 실시 5월 학평 26 (고3)

José Saramago에 관한 다음 글의 내용과 일치하지 않는 것은?

José Saramago was born in 1922 to a family of farmers in a little village north of Lisbon. For financial reasons he abandoned his high-school studies and worked as a mechanic. At this time, he acquired a taste for reading and started to frequent a public library in Lisbon in his free time. After trying different jobs in the civil service, he worked for a publishing company for twelve years and then as an editor of the newspaper 'Diário de Notícias.' Between 1975 and 1980 Saramago supported himself as a translator, but after his literary successes in the 1980s he devoted himself to his own writing. He achieved worldwide recognition in 1982 with the humorous love story *Baltasar and Blimunda*, a novel set in 18thcentury Portugal. Saramago's oeuvre totals 30 works, and comprises not only novels but also poetry, essays and drama.　　*oeuvre: 전체 작품

① 재정적인 이유로 고등학교 공부를 그만두었다.
② 독서에 흥미가 생겨 공립 도서관을 자주 방문하기 시작했다.
③ 신문사의 편집자로 일한 후 출판사에서 12년간 일했다.
④ 포르투갈이 배경인 소설로 세계적인 인정을 받았다.
⑤ 소설뿐 아니라 시, 수필, 희곡 또한 집필하였다.

I16 ❋❋❋.......................... 2024 대비 6월 모평 26 (고3)

Jean Renoir에 관한 다음 글의 내용과 일치하지 않는 것은?

Jean Renoir (1894 – 1979), a French film director, was born in Paris, France. He was the son of the famous painter Pierre-Auguste Renoir. He and the rest of the Renoir family were the models of many of his father's paintings. At the outbreak of World War I, Jean Renoir was serving in the French army but was wounded in the leg. In 1937, he made *La Grande Illusion*, one of his better-known films. It was enormously successful but was not allowed to show in Germany. During World War II, when the Nazis invaded France in 1940, he went to Hollywood in the United States and continued his career there. He was awarded numerous honors and awards throughout his career, including the Academy Honorary Award in 1975 for his lifetime achievements in the film industry. Overall, Jean Renoir's influence as a film-maker and artist endures.

① 유명 화가의 아들이었다.
② 제1차 세계대전이 발발했을 때 프랑스 군에 복무 중이었다.
③ *La Grande Illusion*을 1937년에 만들었다.
④ 제2차 세계대전 내내 프랑스에 머물렀다.
⑤ Academy Honorary Award를 수상하였다.

I17 ❋❋❀ ·········· 2022 대비 6월 모평 26 (고3)

Emil Zátopek에 관한 다음 글의 내용과 일치하지 <u>않는</u> 것은?

Emil Zátopek, a former Czech athlete, is considered one of the greatest long-distance runners ever. He was also famous for his distinctive running style. While working in a shoe factory, he participated in a 1,500-meter race and won second place. After that event, he took a more serious interest in running and devoted himself to it. At the 1952 Olympic Games in Helsinki, he won three gold medals in the 5,000-meter and 10,000-meter races and in the marathon, breaking Olympic records in each. He was married to Dana Zátopková, who was an Olympic gold medalist, too. Zátopek was also noted for his friendly personality. In 1966, Zátopek invited Ron Clarke, a great Australian runner who had never won an Olympic gold medal, to an athletic meeting in Prague. After the meeting, he gave Clarke one of his gold medals as a gift.

① 독특한 달리기 스타일로 유명했다.
② 신발 공장에서 일한 적이 있다.
③ 1952년 Helsinki 올림픽에서 올림픽 기록을 깨지 못했다.
④ 올림픽 금메달리스트인 Dana Zátopková와 결혼했다.
⑤ 자신의 금메달 중 하나를 Ron Clarke에게 주었다.

I18 ❋❋❋ ·········· 2022 대비 수능 26 (고3)

Donato Bramante에 관한 다음 글의 내용과 일치하지 <u>않는</u> 것은?

Donato Bramante, born in Fermignano, Italy, began to paint early in his life. His father encouraged him to study painting. Later, he worked as an assistant of Piero della Francesca in Urbino. Around 1480, he built several churches in a new style in Milan. He had a close relationship with Leonardo da Vinci, and they worked together in that city. Architecture became his main interest, but he did not give up painting. Bramante moved to Rome in 1499 and participated in Pope Julius II's plan for the renewal of Rome. He planned the new Basilica of St. Peter in Rome — one of the most ambitious building projects in the history of humankind. Bramante died on April 11, 1514 and was buried in Rome. His buildings influenced other architects for centuries.

① Piero della Francesca의 조수로 일했다.
② Milan에서 새로운 양식의 교회들을 건축했다.
③ 건축에 주된 관심을 갖게 되면서 그림 그리기를 포기했다.
④ Pope Julius II의 Rome 재개발 계획에 참여했다.
⑤ 그의 건축물들은 다른 건축가들에게 영향을 끼쳤다.

I19 ❋❀❀ ·········· 2024 대비 9월 모평 26 (고3) 

Charles Rosen에 관한 다음 글의 내용과 일치하지 <u>않는</u> 것은?

Charles Rosen, a virtuoso pianist and distinguished writer, was born in New York in 1927. Rosen displayed a remarkable talent for the piano from his early childhood. In 1951, the year he earned his doctoral degree in French literature at Princeton University, Rosen made both his New York piano debut and his first recordings. To glowing praise, he appeared in numerous recitals and orchestral concerts around the world. Rosen's performances impressed some of the 20th century's most well-known composers, who invited him to play their music. Rosen was also the author of many widely admired books about music. His most famous book, *The Classical Style*, was first published in 1971 and won the U.S. National Book Award the next year. This work, which was reprinted in an expanded edition in 1997, remains a landmark in the field. While writing extensively, Rosen continued to perform as a pianist for the rest of his life until he died in 2012.

① 어려서부터 피아노에 재능을 보였다.
② 프랑스 문학으로 박사 학위를 받았다.
③ 유명 작곡가들로부터 그들의 작품 연주를 요청받았다.
④ *The Classical Style*이 처음으로 출판되고 다음 해에 상을 받았다.
⑤ 피아니스트 활동을 중단하고 글쓰기에 매진하였다.

I20 

❀❀❀ .... 2023 대비 9월 모평 26 (고3)

Leon Festinger에 관한 다음 글의 내용과 일치하지 <u>않는</u> 것은?

Leon Festinger was an American social psychologist. He was born in New York City in 1919 to a Russian immigrant family. As a graduate student at the University of Iowa, Festinger was influenced by Kurt Lewin, a leading social psychologist. After graduating from there, he became a professor at the Massachusetts Institute of Technology in 1945. He later moved to Stanford University, where he continued his work in social psychology. His theory of social comparison earned him a good reputation. Festinger actively participated in international scholarly cooperation. In the late 1970s, he turned his interest to the field of history. He was one of the most cited psychologists of the twentieth century. Festinger's theories still play an important role in psychology today.

① 러시아인 이민자 가정에서 태어났다.
② 사회 심리학자 **Kurt Lewin**에게 영향을 받았다.
③ **Stanford University**에서 사회 심리학 연구를 중단했다.
④ 국제 학술 협력에 활발하게 참여했다.
⑤ 1970년대 후반에 역사 분야로 관심을 돌렸다.

I21

❀❀❀ .... 2024 대비 수능 26 (고3)

Charles H. Townes에 관한 다음 글의 내용과 일치하지 <u>않는</u> 것은?

Charles H. Townes, one of the most influential American physicists, was born in South Carolina. In his childhood, he grew up on a farm, studying the stars in the sky. He earned his doctoral degree from the California Institute of Technology in 1939, and then he took a job at Bell Labs in New York City. After World War II, he became an associate professor of physics at Columbia University. In 1958, Townes and his co-researcher proposed the concept of the laser. Laser technology won quick acceptance in industry and research. He received the Nobel Prize in Physics in 1964. He was also involved in Project Apollo, the moon landing project. His contribution is priceless because the Internet and all digital media would be unimaginable without the laser.

① 어린 시절에 농장에서 성장하였다.
② 박사 학위를 받기 전에 **Bell Labs**에서 일했다.
③ 1958년에 레이저의 개념을 제안하였다.
④ 1964년에 노벨 물리학상을 수상하였다.
⑤ 달 착륙 프로젝트에 관여하였다.

I22 

❀❀❀ .... 2023 대비 수능 26 (고3)

Niklas Luhmann에 관한 다음 글의 내용과 일치하지 <u>않는</u> 것은?

Niklas Luhmann, a renowned sociologist of the twentieth century, was born in Lüneburg, Germany in 1927. After World War II, he studied law at the University of Freiburg until 1949. Early in his career, he worked for the State of Lower Saxony, where he was in charge of educational reform. In 1960–1961, Luhmann had the chance to study sociology at Harvard University, where he was influenced by Talcott Parsons, one of the most famous social system theorists. Later, Luhmann developed his own social system theory. In 1968, he became a professor of sociology at the University of Bielefeld. He researched a variety of subjects, including mass media and law. Although his books are known to be difficult to translate, they have in fact been widely translated into other languages.

① 제2차 세계 대전 이후에 법을 공부했다.
② **State of Lower Saxony**에서 교육 개혁을 담당했다.
③ **Harvard University**에 있을 때 **Talcott Parsons**의 영향을 받았다.
④ 다양한 주제에 관해 연구했다.
⑤ 그의 책은 번역하기가 쉽다고 알려져 있다.

※ 다음 영어는 우리말 뜻을, 우리말은 영어 단어를 〈보기〉에서 찾아 쓰시오.

〈보기〉

geologist	설립하다	descend	폭넓게
promotion	조각(품)	외교관	chief
literary	협력, 협조	devote	수정하다

01 extensively ________________

02 diplomat ________________

03 sculpture ________________

04 cooperation ________________

05 found ________________

06 문학의 ________________

07 지질학자 ________________

08 (노력 · 시간 등을) 바치다 ________________

09 증진, 촉진 ________________

10 주요한 ________________

※ 다음 우리말에 알맞은 영어 표현을 찾아 연결하시오.

11 벗어나다 • • be rich with

12 ~이 풍부하다 • • drop out

13 ~로 유명한 • • break away

14 탈퇴하다, 중퇴하다 • • noted for

15 ~을 졸업하다 • • graduate from

※ 다음 우리말 표현에 맞는 단어를 고르시오.

16 화석에 관심을 갖게 되다 → become interested in (fossils / fuels)

17 약 10년 후 → about a (century / decade) later

18 John Kidd의 강의를 듣는 동안 → while attending John Kidd's (creatures / lectures)

19 동물학 석사 학위를 받은 → with a master's degree in (biology / zoology)

20 제1차 세계대전이 발발했을 때 → at the (outbreak / outburst) of World War I

※ 다음 문장의 빈칸에 알맞은 단어를 〈보기〉에서 찾아 쓰시오.

〈보기〉

inspired	offered	ambassador	extensive
approximately	resigned	leading	actively
wounded	figures	cooperation	

21 Festinger는 국제 학술 협력에 적극적으로 참여했다.
→ Festinger __________ participated in international scholarly cooperation.

22 그녀는 과학 교육계의 선도적인 인물 중 한 명이었다.
→ She was one of the leading __________ in science education.

23 Kidd가 자신의 직위에서 사임한 후에 Buckland가 그의 후임자로 임명되었다.
→ After Kidd __________ his position, Buckland was appointed his success.

24 Paz는 주인도 멕시코 대사로 재임했다.
→ Paz served as Mexico's __________ to India.

25 Jean Renoir는 프랑스 군에 복무 중이었지만 다리에 부상을 입었다.
→ Jean Renoir was serving in the French army but was __________ in the leg.

26 그는 할아버지의 방대한 서재 덕분에 일찍 문학을 접했다.
→ He came into early contact with literature due to his grandfather's __________ library.

27 Festinger는 대표적인 사회 심리학자 Kurt Lewin의 영향을 받았다.
→ Festinger was influenced by Kurt Lewin, a(n) __________ social psychologist.

28 85세의 나이에 그는 대략 45점의 그림을 완성했다.
→ At the age of 85, he completed __________ 45 paintings.

29 그녀는 Albert Einstein을 만났고 그에 의해 영감을 받았다.
→ She met Albert Einstein and was __________ by him.

연세 국궁부

연세대학교 스포츠 동아리

전통 활쏘기의 매력 속으로!

우리나라의 전통 활쏘기를 이르는 말인 국궁은 생활체육 중 하나이며, 국궁을 통해 스트레스 해소와 심신단련, 전통의 매력을 동시에 느낄 수 있습니다.

연세 국궁부는 국궁의 기초부터 심화 과정까지 차근차근 가르쳐줌은 물론, 동아리의 공용 장비를 자유롭게 이용할 수도 있습니다. 현재 70여 명의 부원이 매주 자율적으로 활쏘기 연습에 참여해 국궁을 연마하고, 동아리 국궁대회를 개최하고 있습니다.

그 밖에도 매 홀수 달마다 자체 대회인 '사회'를 개최하여 부원들이 쌓아온 실력을 서로 겨룰 수 있는 기회를 마련합니다. 또한 국궁 연고전을 개최해 양교 궁사들 간의 화합을 도모하기도 하고, 14개의 서울 국궁 동아리가 모여 연합 교류전을 개최하는 등 외부 대회에도 적극적으로 참여하고 있습니다.

매년 다양한 궁도대회에서 대학부 1위를 차지하는 등 꾸준히 좋은 성적을 내고 있는 연세 국궁부의 일원이 되고 싶다면 매년 5월과 11월에 실시되는 신입부원 모집에 관심을 가져보세요.

J 실용문의 이해

★ 유형 설명

Hanok-inspired Cultural Product Contest에 관한 다음 안내문의 내용과 일치하지 **않는** 것은?

Hanok-inspired Cultural Product Contest

Explore your creativity by designing practical

광고문이나 안내문, 제품의 설명서 등에 담긴 정보를 제대로 선택지와 대조해야 한다.

🔑 날짜나 금액, 할인 대상 등이 정답이 되는 경우가 많다.

🎭 유형 풀이 비법

1 선택지를 먼저 읽어라!

• 안내문보다 선택지를 먼저 읽고, 안내문에서 확인해야 하는 부분이 무엇인지 각 선택지에 표시한다.

2 한 문장씩 정확하게 해석하라!

• 안내문과 선택지가 일치하는지 혹은 일치하지 않는지를 확인하려면 각 문장을 정확하게 해석해야 한다.

3 일치 여부를 판단하라!

• 안내문과 선택지를 일대일로 꼼꼼하게 비교하여 일치 여부를 각 선택지에 ○, ×로 표시하여 정답을 결정한다.

> **Tip** 각 선택지에 ○, ×로 표시한 후에는 반드시 지시문을 다시 확인하여 일치하는 선택지를 찾는 문제인지, 일치하지 않는 선택지를 찾는 문제인지를 확실히 한다.

★ 최신 수능 경향 분석

대비 연도	월	문항 번호	지문 주제	난이도
2026	11	27번	학교 종소리 경연 대회 안내	✿✿✿
		28번	Fun Bowling 시즌 패스 안내	✿✿✿
	9	27번	Wabut 정글 요가	✿✿✿
		28번	바닷속 마스코트 공모전	✿✿✿
	6	27번	한옥에서 영감을 받은 문화 작품 경연 대회	✿✿✿
		28번	2025 과학 게임화 챌린지	✿✿✿
2025	11	27번	Adenville 시티 패스 카드 안내	✿✿✿
		28번	Luckwood 눈 축제 안내문	✿✿✿
	9	27번	Teverley 대학교 캠퍼스 방문의 날	✿✿✿
		28번	2024 녹색 미래 웹툰 공모전	✿✿✿
	6	27번	야생 동물 구조 센터 여름 일자리	✿✿✿
		28번	LCU 지리 현장 학습	✿✿✿

★ 2026 수능 출제 분석

2026 수능에서도 두 개의 실용문의 이해 문제가 출제되었고, 하나는 일치하지 않는 것을 찾는 문제였고, 다른 하나는 일치하는 것을 찾는 문제였다.

★ 2027 수능 예측

내용 불일치 유형과 다른 점은 제시되는 글이 안내문 등의 실용문이라는 것뿐이므로, 같은 풀이법을 적용하면 된다.

📍 실용문에 자주 쓰이는 표현

- ☐ **Price** 가격, **Cost** 비용
- ☐ **Categories** 부문, **Theme** 주제
- ☐ **How to Enter** 참가 방법
- ☐ **registration** 등록
- ☐ **Other Information** 기타 정보
- ☐ **Register at** ~에서 등록하세요
- ☐ **Join us for** ~에 참여하세요
- ☐ **Winner Announcement Date** 수상자 발표일
- ☐ **Prize** 시상, **1st place** 1등, **2nd place** 2등
- ☐ **Participation Fee & Qualification** 참가비 & 자격
- ☐ **How to submit your entry** 출품작 제출 방법
- ☐ **Notices** 공지, **Guidelines** 지침, **Details** 세부 사항
- ☐ **Location** 위치, **Place** 장소
- ☐ **Opening Times** 운영 시간
- ☐ **Cancellation Policy** 취소 방침
- ☐ **refreshment** 다과
- ☐ **Submission Deadline** 제출 마감 기한
- ☐ **Participate in** ~에 참가하세요
- ☐ **Join us on** ~에 참여하세요

📘 어휘 및 표현 Preview

- ☐ **craft** 짓다, 다듬다
- ☐ **companion** 동반자
- ☐ **look for** 찾다, 모집하다
- ☐ **apply** 지원하다
- ☐ **take care of** 돌보다
- ☐ **age** 나이
- ☐ **previous** 이전의
- ☐ **experience** 경험
- ☐ **prepare** 준비하다
- ☐ **feed** 먹이를 주다
- ☐ **report** 보고서
- ☐ **training** 교육, 훈련

J 실용문의 이해 (첫 번째)

J01 ✽✿✿ .... 2023 대비 6월 모평 28 (고3)

Shooting Star Viewing Event에 관한 다음 안내문의 내용과 일치하는 것은?

Shooting Star Viewing Event

Would you like to watch the rare shooting star, coming on Sunday, July 24? The Downtown Central Science Museum is the perfect spot to catch the vivid view!

Registration

- Online only — www.dcsm.org
- From July l to July 14
- The number of participants will be limited to 50.

Schedule on July 24

- 8:00 p.m.: Participants will gather at the hall and then move to the rooftop.
- 8:30 p.m.: Guides will explain how to observe the shooting star.
- 9:00 p.m.–11:00 p.m.: We will share the experience of the shooting star.

Notes

- If the event is cancelled due to the weather conditions, notice will be given via text message.
- Outside food and drinks are not allowed.

① 현장 등록이 가능하다.
② 참가 인원에 제한이 없다.
③ 참가자들은 오후 9시에 홀에서 모여 옥상으로 이동할 것이다.
④ 기상 상황으로 인한 행사 취소 시 문자 메시지로 공지될 것이다.
⑤ 외부 음식과 음료는 허용된다.

1st 선택지를 보고 안내문에서 찾아야 할 핵심 사항에 □ 표시하세요.

① 현장 등록이 가능하다.
② 참가 인원에 제한이 없다.
③ 참가자들은 오후 9시에 홀에서 모여 옥상으로 이동할 것이다.
④ 기상 상황으로 인한 행사 취소 시 문자 메시지로 공지될 것이다.
⑤ 외부 음식과 음료는 허용된다.

● 안내문에서 다섯 가지 사항을 찾아서 확인하면 돼요.
  ① 현장 등록이 가능한지 여부, ② 참가 인원에 제한이 있는지 여부, ③ 참가자들이 오후 9시에 무엇을 하는지, ④ 행사가 취소되면 어떻게 안내되는지, ⑤ 외부 음식과 음료가 허용되는지 여부를 안내문에서 찾아 확인해 봅시다.

2nd 각 선택지의 내용을 다룬 부분을 안내문에서 찾아 확인하세요.

1) 현장 등록의 가능 여부는 '등록'에 대한 안내를 보면 되겠죠?

Registration /
등록　　　　/

- Online only — www.dcsm.org /
  온라인으로만 가능 — www.dcsm.org　　/

● '현장 등록'이라는 말이 등장하지는 않아요.
  현장 등록이 가능한지 불가능한지를 직접적으로 안내하는 것은 아니지만, 등록이 온라인으로만 가능하다는 안내를 통해 현장 등록이 ❶(가능 / 불가능)하다는 것을 알 수 있어요.

2) '참가자'는 영어로 participant라고 해요.

- The number of participants / will be limited to 50. //
  참가자 수는　　　　　　　　/ 50명으로 제한될 것입니다　//

● 참가자의 수에 제한이 없다는 건가요?
  will be limited to 50라고 했으므로 참가자의 수는 50명으로 제한될 거예요. 그러므로 참가 인원에 제한이 없다는 것은 안내문과 일치하지 않는 선택지이죠.

3) 참가자들이 오후 9시에 무엇을 하는지 살펴봅시다.

• 8:00 p.m.: / Participants will gather at the hall /
오후 8시: / 참가자들은 홀에서 모이고   /

and then move to the rooftop. //
그다음 옥상으로 이동할 것입니다   //

9:00 p.m. — 11:00 p.m.: / We will share / the
오후 9시~오후 11시: / 우리는 공유할 것입니다 /

experience of the shooting star. //
유성을 본 경험을   //

● 오후 9시에는 유성을 본 경험을 공유할 거라고 했어요.
참가자들이 홀에서 모인 후 옥상으로 이동하는 것은
오후 ❷(   )가 아니라 오후 ❸(   )에
일어날 일이에요. ❸ 역시 안내문과 일치하지 않네요.

4) ④은 행사 취소에 대한 내용이에요.

• If the event is cancelled / due to the weather
행사가 취소되면   / 기상 상황으로 인해

conditions, / notice will be given / via text message. //
            / 공지가 주어질 것입니다   / 문자 메시지를 통해   //

● 행사 취소 시 어떻게 할 건지 설명한 부분에는 cancel이 있겠죠?
기상 상황 때문에 행사가 취소되면 문자 메시지를 통해 공지될 것이라는
안내예요. 선택지에서 말한 내용과 일치하는군요!

5) 정답은 찾았지만 그래도 끝까지 확인해 봅시다.

• Outside food and drinks / are not allowed. //
외부 음식과 음료는   / 허용되지 않습니다   //

● '허용하다'라는 뜻을 가진 동사인 allow가 쓰였어요.
외부 음식과 음료가 허용된다는 건가요? 부정어인 ❹(   )이
쓰였으니까 허용되지 않는다는 거예요!

3rd 지시문을 다시 한번 확인하고, 일치하거나 일치하지 않는
선택지를 고르세요.

1) 지시문을 다시 한번 꼭 확인하세요!

Shooting Star Viewing Event에 관한 다음 안내문의 내용과 일치하는
것은?

● 일치하는 선택지를 골라야 하는 문제예요.
지시문을 제대로 확인하지 않으면 일치하는 선택지를 골라야 하는데
반대로 일치하지 않은 선택지를 골라서 정답으로 표시하는 경우가
있어요. 그렇게 문제를 틀리면 정말 너무 슬프겠죠?

2) 각 선택지의 일치/불일치 여부를 ○, ×로 표시해 봅시다.

① 현장 등록이 가능하다. ❺(   )
② 참가 인원에 제한이 없다. ❻(   )
③ 참가자들은 오후 9시에 홀에서 모여 옥상으로 이동할 것이다.
❼(   )
④ 기상 상황으로 인한 행사 취소 시 문자 메시지로 공지될 것이다.
❽(   )
⑤ 외부 음식과 음료는 허용된다. ❾(   )

● 일치하는 것을 찾는 문제니까 ○로 표시한 선택지가 정답!
등록은 온라인으로만 가능하고, 참가 인원은 50명으로 제한되며,
참가자들은 오후 8시에 홀에 모인 후 옥상으로 이동했다가 오후 9시에는
유성을 본 경험을 공유할 거예요. 그리고 외부 음식과 음료는 허용되지
않는다고 했어요.
안내문과 일치하는 건 기상 상황 때문에 행사가 취소되면 문자 메시지로
공지될 것이라는 ❿(   )뿐이에요!

J 실용문의 이해 （두 번째）

J02 ❋❋❋ .... 2022 대비 9월 모평 28 (고3)

Mary High School Foreign Language Program에 관한 다음 안내문의 내용과 일치하는 것은?

Mary High School Foreign Language Program

Would you like to learn about another culture? Learning a new language is the best way to do it. Please come and enjoy our new foreign language classes.

Languages: Arabic, French, Spanish
(A student can choose only one.)

Dates and Times: September 13, 2021
– October 29, 2021
Monday to Friday,
4:00 p.m. – 6:00 p.m.

Registration: Available from September 1 to September 5 on our website (www.maryhighs.edu)

Tuition Fee: $50 (Full payment is required when registering.)

Refund Policy: If you cancel on or before September 5, your payment will be refunded.

For more information about the classes, feel free to contact us at (215) 8393-6047 or email us at info@maryhighs.edu.

① 학생은 두 개의 언어를 선택할 수 있다.
② 수업은 주말에 진행된다.
③ 수업료는 등록 시 전액 납부하지 않아도 된다.
④ 9월 5일까지 취소하면 환불받을 수 있다.
⑤ 수업 관련 문의는 이메일을 통해서만 할 수 있다.

1st 선택지를 보고 안내문에서 찾아야 할 핵심 사항에 □ 표시하세요.

① 학생은 두 개의 언어를 선택할 수 있다.
② 수업은 주말에 진행된다.
③ 수업료는 등록 시 전액 납부하지 않아도 된다.
④ 9월 5일까지 취소하면 환불받을 수 있다.
⑤ 수업 관련 문의는 이메일을 통해서만 할 수 있다.

● **우리는 안내문에서 다섯 가지 정보만 찾아서 읽으면 돼요.**
① 학생이 선택할 수 있는 언어의 수가 두 개가 맞는지, ② 수업은 주중이 아니라 주말에 진행되는지, ③ 수업료는 등록할 때 전액을 납부하지 않아도 되는지, ④ 9월 5일까지 취소해야 환불을 받을 수 있는지, ⑤ 수업 관련 문의는 전화나 다른 방법은 불가능하고 이메일로만 가능한지를 안내문에서 찾아 확인해 봅시다.

2nd 각 선택지의 내용을 다룬 부분을 안내문에서 찾아 확인하세요.

1) 학생이 몇 개의 언어를 선택할 수 있나요?

Languages: Arabic, French, Spanish / (A student can
언어: 아랍어, 프랑스어, 스페인어 / (한 학생은 선택할 수
choose / only one.) //
있습니다 / 하나만) //

● **일단 제공되는 언어는 세 가지예요.**
아랍어와 프랑스어, 스페인어 중에서 한 학생은 **❶**(한 개 / 두 개)의 언어만 선택할 수 있다고 했어요.

2) 수업은 언제 진행되나요?

Monday to Friday, 4:00 p.m. — 6:00 p.m. /
월요일부터 금요일까지, 오후 4시 ~ 오후 6시 /

● **월요일부터 금요일까지 진행된대요.**
월요일부터 금요일은 주말이 아니라 주중이에요. 주중 오후 4시부터 오후 6시까지 진행되는 수업이네요.

3) 수업료에 대한 설명을 찾아봅시다.

Tuition Fee: $50 / (Full payment is required / when
수업료: 50달러 / (전액 납부가 요구됩니다 / 등록 시) //
registering.) //

● **일단 수업료는 50달러래요.**
근데 우린 지금 수업료가 얼마인지가 중요한 게 아니에요. 등록할 때 50달러 수업료를 전액 납부해야 하는지가 중요한데, 등록 시 전액 납부가 요구된다고 했어요.

4) 환불 정책은 어떤가요?

Refund Policy: / If you cancel on or before
환불 방침: / 여러분이 9월 5일이나 그 이전에 취소하시면
September 5, / your payment will be refunded. //
     / 여러분의 대금이 환불될 것입니다   //

● **안내문의 다른 부분은 볼 필요 없어요.**
9월 5일까지 취소하면 환불이 되는지 안 되는지 확인하려면 Refund
Policy(환불 정책) 항목만 보면 돼요.
안내문에서 9월 5일까지 취소하면 대금이 환불될 거라고 했으니까
선택지와 일치하는군요.

5) 정답은 나왔지만 나머지 선택지도 꼭 확인해야 돼요.

For more information about the classes, /
수업에 대한 더 많은 정보를 원하시면   /
feel free to contact us at (215) 8393-6047 / or email
자유롭게 저희에게 (215) 8393-6047로 연락하시거나   /
us at info@maryhighs.edu. //
info@maryhighs.edu로 저희에게 이메일을 보내세요 //

● **이메일 말고도 문의할 수 있는 방법이 있어요.**
수업에 대한 정보가 더 필요하면 전화번호로 연락하거나 이메일을
보내라고 했으니까 이메일을 통해서만 수업에 관련된 문의를 할 수 있는
것은 아니에요.

3rd 지시문을 다시 한번 확인하고, 일치하거나 일치하지 않는
선택지를 고르세요.

Mary High School Foreign Language Program에 관한 다음
안내문의 내용과 일치하는 것은?

● **일치하는 선택지를 고르는 문제예요.**
한 학생은 한 개의 언어만 선택할 수 있으니까 ①은 일치하지 않고,
수업은 주중에 진행되니까 ②도 일치하지 않고, 등록할 때 수업료
50달러를 전액 납부해야 하니까 ③도 일치하지 않아요. 수업과 관련된
문의는 전화나 이메일을 통해서 하라고 했으니까 ⑤도 안내문과
일치하지 않죠.
일치하는 선택지는 9월 5일까지 취소하면 환불이 가능하다는 환불
정책에 대해 설명한 ④예요.

✦ 안내문의 나머지 부분들도 정확히 이해했는지 다음 문제들을 풀면
서 내용을 정리해 봅시다.

▶ 안내문의 내용과 일치하면 ○, 일치하지 않으면 ×로 표시하세요.
• 수업은 2021년 11월까지 진행된다. **❷** (   )
• 등록은 웹사이트에서 가능하다. **❸** (   )

✦ 추가 문제에 대한 정답을 확인해 볼까요?

Dates and Times: September 13, 2021　—　October
날짜 및 시간: 2021년 9월 13일 ~ 2021년 10월 29일 /
29, 2021 /

● **Dates and Times 항목을 봅시다.**
수업은 2021년 9월 13일부터 2021년 10월 29일까지라고 했어요.
그러니까 11월까지 진행된다는 건 안내문과 일치하지 않죠.

Registration: / Available / from September 1 to
등록: / 가능함   / 9월 1일부터 9월 5일까지
September 5 / on our website (www.maryhighs.edu) /
   / 저희 웹사이트(www.maryhighs.edu)에서   /

● **Registration 항목에 단서가 있어요.**
등록은 9월 1일부터 9월 5일까지 웹사이트에서 가능하다고 했으니까
안내문과 일치해요!

J03 ~ 06 ▶ 제한시간 8분

J03 ✽✾✾ ⋯⋯⋯⋯⋯⋯⋯ 2026 대비 수능 27 (고3)

School Bell Sound Contest에 관한 다음 안내문의 내용과 일치하지 <u>않는</u> 것은?

School Bell Sound Contest

Wakeville High School is holding a school bell sound contest. The theme of this contest is Happy School Life.

Deadline: December 12, 2025

Participants: Wakeville High School students of all grades

Application Details
- Submit entries in MP3 format only.
- Upload entries to our school website (file size limit: 1MB).
- Include the description of the sound creation process.

Selection Method
- Three school bell sounds will be selected by student vote, based on creativity and suitability.

Awards
- The winning school bell sounds will replace our current bell sounds.
- The winners of the contest will each get a wireless speaker.

---

① 주제는 행복한 학교생활이다.
② Wakeville 고등학교 모든 학년의 학생이 참여할 수 있다.
③ 출품작은 학교 웹사이트에 업로드해야 한다.
④ 네 개의 학교 종소리가 학생 투표에 의해 선택될 것이다.
⑤ 우승자는 무선 스피커를 받을 것이다.

J04 ✽✾✾ ⋯⋯⋯⋯⋯⋯⋯ 2026 대비 수능 28 (고3)

Fun Bowling Season Pass에 관한 다음 안내문의 내용과 일치하는 것은?

Fun Bowling Season Pass

If you love bowling, don't miss out on the best deal of the season! You can have fun with your friends and family.

Where to Use: All branches of Bowl Heaven

When to Use: January 1 to March 31, 2026

Pass Type

	Price	Details
Standard	$40	Two free games a day (no discounts for shoe rentals)
Silver	$60	Three free games a day + 50% off shoe rentals
Gold	$80	Four free games a day + free shoe rentals

※ All passes include a 20% food and beverage discount.

Purchase Details
- The pass can be purchased only online.
- Purchases are limited to only one per person.
- The pass is not transferable to another person.

※ For more information, please visit www.*b#pa*s.com.

---

① Bowl Heaven의 일부 지점에서는 사용이 제한된다.
② 스탠다드 패스로는 신발 대여가 할인된다.
③ 골드 패스로는 하루에 다섯 번 무료로 게임을 한다.
④ 온라인 구매만 가능하다.
⑤ 타인에게 양도할 수 있다.

J05 ✿✿✿

Wabut Jungle Yoga에 관한 다음 안내문의 내용과 일치하지 <u>않는</u> 것은?

Wabut Jungle Yoga

In this program, you can rediscover forgotten rhythms of your life while experiencing both yoga and the jungle. Many travelers join us again year after year.

Where: Wabut Jungle Yoga Center in Kroiwan

What
- Doing yoga on the deck outside
- Bird watching in the jungle
- Hiking in the jungle with a guide

Lodging: Beautifully crafted bungalow
(No private restroom inside bungalow, but common restrooms easily accessible)

Application
- Visit our website at www.wabu*.com and fill out the application form online.
- For more information, email us at wabu*@*mail.com.

Transportation: It is offered from the airport to the yoga center.

① 많은 여행자들이 매년 다시 참여한다.
② 정글에서의 조류 관찰이 포함된다.
③ 방갈로 안에 개인 화장실이 있다.
④ 신청서를 온라인으로 작성해야 한다.
⑤ 교통편이 공항에서 요가 센터까지 제공된다.

J06 ✿✿✿

Under the Sea Mascot Contest에 관한 다음 안내문의 내용과 일치하는 것은?

Under the Sea Mascot Contest

Design a unique marine animal mascot, reflecting the theme of marine ecosystem conservation.

Schedule
- Submission period: September 15 – October 15
- Judging period: October 16 – October 20
- Winner announcement: October 21

Prizes

	Number of Winners	Prize Money (per winner)
1st prize	1	$1,000
2nd prize	1	$700
3rd prize	2	$500

Guidelines
- There is no participation fee.
- The design must be in JPG format. (Maximum file size: 10MB)
- Each participant must submit one mascot design.

Assessment Criteria

	Percentage
Creativity	50%
Relevance to Theme	30%
Attractiveness	20%

※ You can find more information at www.eco*cea*.org.

① 심사 기간은 9월 15일부터 10월 15일까지이다.
② 2등은 두 명 선발된다.
③ 참가비가 있다.
④ 각 참가자는 마스코트 디자인을 두 개 이상 제출해야 한다.
⑤ 평가 기준에서 창의성이 가장 높은 비중을 차지한다.

J07 ✽❀❀ .... 2026 대비 6월 모평 27 (고3) 

Hanok-inspired Cultural Product Contest에 관한 다음 안내문의 내용과 일치하지 <u>않는</u> 것은?

Hanok-inspired Cultural Product Contest

Explore your creativity by designing practical products!

Theme: The beauty of Hanok

Applicants: Artists and social enterprises

Benefit: Selected products will be sold in Hanok village souvenir shops.

Schedule

	When	What to Do
Application	June 10 – 15	Download the application form from our website and upload a completed one.
Product Submission	July 14 – 18	Bring the product in person to our office and do not send it by post.
Selection Announcement	July 28	Check the results on our website.

※ For more information, including selection methods, please visit our website, www.pre∗serve∗H.kr.

---

① 주제는 한옥의 아름다움이다.

② 예술가와 사회적 기업이 응모할 수 있다.

③ 선정된 작품은 한옥 마을 기념품점에서 판매될 것이다.

④ 응모 신청서 양식은 웹사이트에서 다운로드해야 한다.

⑤ 응모자는 작품을 우편으로 제출해야 한다.

J08 ✽❀❀ .... 2026 대비 6월 모평 28 (고3) 

2025 Science Gamification Challenge에 관한 다음 안내문의 내용과 일치하는 것은?

2025 Science Gamification Challenge

Learn science through games at Evernville Science Park!

Participants: Ages 8 – 13

Date and Time: June 7, 9:00 a.m. – 11:30 a.m.

Guidelines

- Download the game map from the website.
- Start the first mission at the main gate.
- Complete each mission using your knowledge of science.
- Go back to the main gate after you complete all five missions.

Reservation: Online reservation is required.

Participation Fee: $20 (lunch not included)

Note: Only the first participant who completes all five missions will receive a medal.

※ For more information, please visit www.∗s∗gc∗.com.

---

① 3시간 동안 진행된다.

② 첫 번째 미션을 정문에서 시작한다.

③ 온라인으로 예약하지 않아도 된다.

④ 참가비에 점심이 포함되어 있다.

⑤ 모든 참가자는 메달을 받을 것이다.

J09 ✿✿✿ ....

Playtime with Books에 관한 다음 안내문의 내용과 일치하지 <u>않는</u> 것은?

Playtime with Books

Read, write, and play — your Saturday becomes a story-filled adventure.

- Date: December 6
- Target: Elementary school students (Grades 3 & 4)
- Location: Bluebell Library Multipurpose Room
- Registration
  - Registration starts on November 17.
  - Visit our homepage and click the event banner.
  - *Note: First come, first served! Registration will close once all spots are filled.
- Programs
  - Morning Program: Create Your Own Amazing Tales
  - Afternoon Program: Design Your Book Cover

---

① 날짜는 12월 6일이다.
② 대상은 초등학교 3학년과 4학년이다.
③ 등록은 11월 17일에 시작한다.
④ 등록은 선착순이다.
⑤ 오전 프로그램은 책 표지 디자인하기이다.

J10 ✿✿✿ ....

Bluetooth VR Goggles에 관한 다음 안내문의 내용과 일치하는 것은?

Bluetooth VR Goggles
− Instruction Manual −

How to Operate the Bluetooth VR Goggles

- Turn on Bluetooth in your smartphone settings, and search for the "VR Goggles" Bluetooth signal.
- Start the app or content you want to use on your smartphone, before putting on the goggles.
- If the goggles remain inactive for 30 minutes, they will automatically shut down.

Charging Instructions

- The red light means the device needs to be charged.
- The green light means the battery is fully charged.
- The power connector is on the left strap.

Caution When Charging

- Do not charge while wearing the goggles.
- When charging, put the goggles in a cool and dry area.

---

① 고글을 착용한 후에 스마트폰 앱을 실행해야 한다.
② 10분 동안 사용하지 않으면 자동으로 전원이 꺼진다.
③ 녹색 불은 충전해야 한다는 의미이다.
④ 전원 연결 장치는 오른쪽 끈에 있다.
⑤ 고글을 착용한 채로 충전하면 안 된다.

J11 ✿❀❁ .... 2025 실시 7월 학평 27 (고3) 

National Kite Festival에 관한 다음 안내문의 내용과 일치하지 <u>않는</u> 것은?

National Kite Festival

Kite enthusiasts from all over the country are invited to City Park, San Francisco, to showcase their kite-flying skills. This event celebrates cultural diversity through the art of kite-making and kite-flying.

Event Details
- Date: August 10th, 2025
- Time: From 10 a.m. to 6 p.m.
- Open to all ages

Competition
- Categories: Largest Kite, Highest-Flying Kite, Most Creative Design
- All competitors must use self-made kites. (Purchased ones are not allowed.)

Additional Activities
- Kite-making workshops available for $10 per person
- Face painting and a kite-themed costume parade

☑ Scan the QR code for the latest updates and event registration.

① 오전 10시부터 오후 6시까지 진행된다.
② 연령 제한이 없다.
③ 시합 부문 중 하나는 연 높이 날리기이다.
④ 시합 참가자는 구매한 연을 사용할 수 있다.
⑤ 연 만들기 워크숍 참가 비용은 1인당 10달러이다.

J12 ✿❀❁ .... 2025 실시 7월 학평 28 (고3) 

FREE CPR Class Downtown Los Angeles에 관한 다음 안내문의 내용과 일치하는 것은?

FREE CPR Class Downtown Los Angeles

Learn how to save lives with a CPR training course in Downtown Los Angeles.

- Date and Time: November 30th, 2025, from 2 p.m. to 5 p.m.
- Location: Blue Healthcare Training Center
- Classroom: 5th floor, Suite 510
- Certification: Upon course completion, participants will receive a CPR certificate valid for 2 years.
- Reservations are required.
- Free parking is available.

☑ Scan the QR code for reservations and more information.

We look forward to seeing you!

① 4시간 동안 진행된다.
② 강의실은 10층에 있다.
③ 과정 완료 시, 참가자는 3년간 유효한 수료증을 받는다.
④ 예약을 하지 않아도 참여가 가능하다.
⑤ 무료 주차가 가능하다.

The Wonders of Bees에 관한 다음 안내문의 내용과 일치하지 <u>않는</u> 것은?

The Wonders of Bees

Attention, all bee lovers! Come and discover the wonders of these tiny creatures!

When: May 17 – 24, 2025
Where: National Science Museum
Admission Fee: $5 (Hands-on activities not included)

Exhibitions

Place	Theme
1st Floor	Bee Communication
2nd Floor	Structure of a Beehive
3rd Floor	Bees' Habitat Loss

Hands-on Activities

- $1 extra per participant
- An adult companion required for kids under 7

Place	Activity
Newton Hall	Building a Model Beehive
	Tracing Bees in Virtual Reality

For more information, call us at (254) 832–9585.

① 국립 과학관에서 진행된다.
② 체험 활동 비용은 입장료에 포함되어 있다.
③ 2층의 전시 주제는 벌집의 구조이다.
④ 7세 미만 아이들의 체험 활동에는 성인 동반자가 필요하다.
⑤ Newton Hall에서 체험 활동이 이루어진다.

Global Gourmet Potluck Party에 관한 다음 안내문의 내용과 일치하는 것은?

Global Gourmet Potluck Party

Are you ready to share your country's special dish? Join us and have a delicious meal together.

Site & Date

– Main cafeteria
– Friday, July 18, 2025

Guidelines

– Participation is only for freshman international students of Pineview Culinary Institute.
– Participants must make and bring one of their countries' dishes.

Schedule

- 5:00 p.m.: Introduction of each local dish
- 5:30 p.m.: Sharing and enjoying dishes
- 6:30 p.m.: Voting for the best dish
- 7:00 p.m.: Dance party with drinks and desserts

Notes

– Drinks and desserts will be served for free.
– A trophy will be given to the student who brings the best dish.

① 강당에서 금요일에 진행된다.
② 참여 대상은 전 학년의 국제 학생들이다.
③ 참여자는 자국의 요리 중 하나를 만들어 가져와야 한다.
④ 댄스파티가 최고의 요리 투표 이전에 열린다.
⑤ 최고의 요리를 가져온 학생에게 상금이 수여된다.

J15 ✿✿✿ .... 2025 실시 3월 학평 27 (고3) 

Primm Reading Marathon Event에 관한 다음
안내문의 내용과 일치하지 <u>않는</u> 것은?

Primm Reading Marathon Event

In this event, each page of a book is converted
into 5 meters. Participants will reach the target
distance by reading.

Event Period
- From March 28th to June 28th

Qualification
- Only open to members of the Primm library

How to Participate
- Visit Primm library to receive the reading
  log.
- Complete the reading log and submit it to
  the librarian.

Target Distance and Benefits
- Half marathon (4,200 pages): Completion
  certificate
- Full marathon (8,400 pages): Completion
  certificate & Eco-friendly book stand

① 도서 한 페이지는 5미터로 환산된다.
② 행사 기간은 3월 28일부터 6월 28일까지이다.
③ Primm 도서관 회원이 아니어도 참여가 가능하다.
④ 독서 일지를 완성하고 사서에게 제출한다.
⑤ 4,200페이지를 읽으면 완료 인증서를 받는다.

J16 ✿✿✿ .... 2025 실시 3월 학평 28 (고3) 

2025 Dream to Screen에 관한 다음 안내문의 내용과
일치하는 것은?

2025 Dream to Screen

Do you dream of seeing your story come to
life in the theater? Here's your chance!

Guidelines
- All genres are welcome but submissions
  must be original works.
- The maximum length of your synopsis is
  1,000 words.

Details
- Submissions will be accepted from April
  30th to May 15th.
- Email your synopsis to drscreen@cinevision.
  org.
- The winner will be announced through the
  official website and via email.

Benefits
- All the participants will receive professional
  feedback from famous production
  companies.
- The synopsis receiving the most votes will
  be adapted into a screenplay!

① 시놉시스의 최소 길이는 1,000 단어이다.
② 제출은 5월 15일부터이다.
③ 수상자는 공식 웹사이트를 통해서만 발표될 것이다.
④ 수상자만 유명 제작사로부터 전문적인 피드백을 받을 것이다.
⑤ 가장 많은 표를 받은 시놉시스는 영화 대본으로 각색될 것
   이다.

J17 ❋❀❀ 

Adenville City Pass Card에 관한 다음 안내문의 내용과 일치하지 <u>않는</u> 것은?

Adenville City Pass Card

The Adenville City Pass Card is a public transportation card for tourists visiting Adenville.

Service Range

- Adenville-based subway lines
- Adenville-licensed buses

※ This card cannot be used for city tour buses.

Card Type

	Price	Additional Benefit
1-Day	$10	10% off admission for major tourist attractions
3-Day	$25	
5-Day	$40	

※ Unused cards are refundable within 30 days of the purchase date.

Purchase Information

- Physical cards can be purchased at subway stations.
- Mobile cards can be purchased on the A-Transit app.

---

① 관광객을 위한 대중교통 카드이다.
② 시티 투어 버스에는 사용할 수 없다.
③ 5일 패스 카드에만 주요 관광지 입장료 할인 혜택이 제공된다.
④ 미사용 카드는 구입일로부터 30일 이내에 환불이 가능하다.
⑤ 모바일 카드는 A-Transit 앱에서 구입할 수 있다.

J18 ❋❀❀ 

Luckwood Snow Festival에 관한 다음 안내문의 내용과 일치하는 것은?

Luckwood Snow Festival

We're happy to announce the 15th annual Luckwood Snow Festival. Come to the festival to enjoy winter activities.

When & Where

- January 24th – 30th (7 days), from 9 a.m. to 8 p.m.
- Luckwood Park

Special Activities

- Snow Sculpture Contest: 11 teams will participate.
- Fun in the Snow: Kids can enjoy snow tunnels and snow slides.

Transportation

- Parking is not available (Use public transportation and/or shuttle bus service).
- The shuttle bus runs between Luckwood Subway Station and Luckwood Park (One-way fare: $1, cash only).

※ For more information, please visit www.lwsnow.org.

---

① 2년에 한 번 열린다.
② 열흘 동안 진행된다.
③ 눈 조각 경연에는 11개 팀이 참가할 것이다.
④ 주차가 가능하다.
⑤ 셔틀버스 이용은 무료이다.

J19 ✽❀❀ .... 2025 대비 9월 모평 27 (고3) 

University of Teverley Campus Visit Day에 관한 다음 안내문의 내용과 일치하지 <u>않는</u> 것은?

University of Teverley Campus Visit Day

Do you want to see if the University of Teverley is the right fit for you? Come to our annual campus visit event for prospective students on Thursday, September 26th.

Participants
- 3rd-year high school students only

Meeting Time & Place
- The auditorium at the Student Center at 9:30 a.m.

Schedule
- 10:00 a.m.: Presentation on the admissions process
- 10:30 a.m.: Campus tour
- 12:00 p.m.: Free lunch provided at the students' cafeteria
- 1:00 p.m.: Q&A with the student tour staff

※ After the event, a T-shirt with our university logo will be given out as a gift.

Registration
- Register by 6 p.m., September 17th, on our website, www.teverley.edu.

---

① 고등학교 3학년 학생만 참여할 수 있다.
② 입학 절차에 관한 소개가 예정되어 있다.
③ 점심은 무료로 제공되지 않는다.
④ 티셔츠가 선물로 주어질 것이다.
⑤ 등록은 학교 웹사이트에서 한다.

J20 ✽❀❀ .... 2025 대비 9월 모평 28 (고3) 

2024 Green Future Webtoon Contest에 관한 다음 안내문의 내용과 일치하는 것은?

2024 Green Future Webtoon Contest

Showcase your creativity and artistic talents by creating a webtoon that captures your vision of a cleaner environment.

Theme: Renewable energy for a green future

Submission Details
- Submissions will be accepted from October 1st to November 30th.
- Submissions should be uploaded to our website.
- Each participant is allowed to submit only one webtoon.

Prizes

	Number of winners	Prize money (per winner)
1st prize	1	$3,000
2nd prize	2	$2,000
3rd prize	3	$1,000

- The winners will be decided by the selection committee and will be announced on December 30th.

※ For more information, visit our website, www.grnftr.org.

---

① 주제는 농업 기술의 미래이다.
② 출품은 11월 30일부터이다.
③ 각 참가자는 두 개의 웹툰을 제출할 수 있다.
④ 2등상은 세 명에게 주어진다.
⑤ 수상자는 선정 위원회에서 결정될 것이다.

Summer Job at Wildlife Rescue Center에 관한 다음 안내문의 내용과 일치하지 <u>않는</u> 것은?

Summer Job at Wildlife Rescue Center

We are looking for summer workers who will take care of the animals rescued from Mount Donovahn.

Schedule
- Dates: August 1st to 31st
- Hours: 10 a.m. – 4 p.m.
※ On rainy days, working hours may change.

Requirements
- Only those aged 18 and over can apply.
- Previous experience with animals

Tasks
- Preparing food for animals and feeding them
- Writing reports about animals

– Summer workers will get training from our caretakers.
– Free shuttle bus service will be provided twice a day.

To learn more about the summer job, please visit our website, www.dwildliferescue.org.

① Mount Donovahn으로부터 구조된 동물을 돌본다.
② 우천 시 업무 시간이 변경될 수 있다.
③ 18세 이상만 지원할 수 있다.
④ 동물에 관한 보고서를 작성한다.
⑤ 무료 셔틀 버스 서비스가 하루에 세 번 제공된다.

LCU Geography Field Trip에 관한 다음 안내문의 내용과 일치하는 것은?

LCU Geography Field Trip

Lionsford City University is offering a one-day geography field trip on June 17th. We believe it is one of the finest field trips in the country.

Participants: First-year students majoring in geography

Course Options

A	B
Exploring the landscape while hiking Mount Belena	Examining coastal features along Lionsford Beach

Participation Fee: $70 per person (lunch included)

How to Apply
- Email the application to geography@lcu.edu or drop it off at the department office.
- Deadline: June 4th

※ For further information, please contact us at 607–223–2127.

① 2일 동안 진행된다.
② 모든 전공의 학생들이 참여할 수 있다.
③ A코스에서는 Lionsford Beach 해안의 특징을 조사한다.
④ 참가비에 점심이 포함되어 있다.
⑤ 지원서는 이메일로만 제출이 가능하다.

J23 ✽✾✾ .... 2024 실시 10월 학평 27 (고3)

2024 "Be Active" Community Challenge에 관한 다음 안내문의 내용과 일치하지 <u>않는</u> 것은?

2024 "Be Active" Community Challenge

The "Be Active" Community Challenge invites all of you.
Let's get moving this fall!

- **When**: October 1 – October 31

- **How It Works**:
- Keep track of the number of minutes you were active every day.
- Every kind of exercise counts: jogging, dancing, football, etc.

- **Tracking Your Progress**:
- Log your active minutes daily on the "Be Active" app.
- Deadline for submitting your total time is November 1, 10:00 a.m.

- **Entry Fees**: $10 (12 years and under are FREE.)

- **Rewards and Recognition**:
- The three participants who recorded the highest total time will win a prize.
- Winners will be announced online.

① 기간은 10월 1일부터 10월 31일까지이다.
② 모든 종류의 운동이 인정된다.
③ 총합 시간의 제출 기한은 11월 1일 오후 10시이다.
④ 12세 이하는 참가비가 무료이다.
⑤ 우승자는 온라인으로 발표될 것이다.

J24 ✽✽✾ .... 2024 실시 10월 학평 28 (고3)

Heritage Hotel Stay Information에 관한 다음 안내문의 내용과 일치하는 것은?

Heritage Hotel Stay Information

Dear guests, please read the following to ensure your safety and comfort during your stay.

- **Check in & Check out**
- Room check in is from 2 p.m.
- Room check out is until 12 p.m.

- **During the Stay**
- Used towels are changed every other day.
- Free Wi-Fi is available ONLY in the lobby.
- Two bottles of water are provided for FREE.

- **Facilities**
- The gym and business center are open 24 hours.
- The parking lot is in front of the hotel.

① 객실 체크아웃은 오후 2시까지이다.
② 사용한 수건은 매일 교체된다.
③ 무료 와이파이는 호텔 전체에서 이용 가능하다.
④ 물 두 병이 무료로 제공된다.
⑤ 주차장은 호텔 뒤편에 있다.

Dolphin Tours에 관한 다음 안내문의 내용과 일치하지 <u>않는</u> 것은?

Dolphin Tours

Come join Dolphin Tours sailing from Golden Bay and dive into the enchanting world of marine life.

Daily Tour Times
- 11 a.m., 2 p.m., & Sunset

※ Each tour lasts two hours.

Tickets & Booking
- Adult (ages 12 and over): $20
- Child (ages 11 and under): Free
- Reserve your tickets on our website at www.dolphintourgb.com.

Activities
- Dolphin watching guided by a marine biologist
- Swimming with dolphins (Optional)

Notices
- Reservations are required for all activities.
- Children must be accompanied by a parent or guardian.
- In the case of cancellation due to bad weather, a full refund will be provided.

① 각 투어는 2시간이 소요된다.
② 11세 이하의 어린이는 무료로 참가할 수 있다.
③ 해양 생물학자가 돌고래 관찰을 안내한다.
④ 일부 활동은 예약 없이 참여할 수 있다.
⑤ 어린이는 부모나 보호자를 동반해야 한다.

Wing Cheese Factory Tour에 관한 다음 안내문의 내용과 일치하지 <u>않는</u> 것은?

Wing Cheese Factory Tour

Attention, all cheese lovers!
Come and experience our historic cheese-making process at the Wing Cheese Factory. Look around, taste, and make!

Participation
- Adults: $30,
  Children: $10 (Ages 3 and under: Free)
- The fee includes cheese tasting and making.
- Sign up for the tour at www.cheesewcf.com by June 30.

Tour Schedule
- 10:00 a.m.: Watch a video about the factory's history
- 10:30 a.m.: Factory tour and cheese tasting
- 11:30 a.m.: Cheese making

Note
- Participants can buy a cheese-shaped key chain for $15.
- No photography is allowed inside the factory.
- We are closed on Saturdays, Sundays, and holidays.

① 참가비에는 치즈 만들기 비용이 포함된다.
② 참가 신청은 6월 30일까지 해야 한다.
③ 공장의 역사에 대한 비디오를 보는 일정이 있다.
④ 참가자는 치즈 모양의 열쇠고리를 15달러에 살 수 있다.
⑤ 공장 안에서 사진 촬영이 허용된다.

J27 ✻❅❅ .... 2023 대비 9월 모평 27 (고3)

2022 K-Tea Culture Program에 관한 다음 안내문의 내용과 일치하지 <u>않는</u> 것은?

2022 K-Tea Culture Program

Evergreen Tea Society invites you to the second annual K-Tea Culture Program! Come and enjoy a refreshing cup of tea and learn about traditional Korean tea culture.

Program Includes:

1) Watching a short video about the history of Korean tea culture
2) Observing a demonstration of a traditional Korean tea-ceremony (*dado*)
3) Participating in the ceremony yourself
4) Tasting a selection of teas along with cookies

When: Saturday, September 24,
　　　　 3:00 p.m. – 5:00 p.m.

Where: Evergreen Culture Center

Participation Fee: $20 per person (traditional teacup included)

Reservations should be made online (www.egtsociety.or.kr) at least one day before your visit.

---

① 한국의 차 문화 역사에 관한 영상을 시청한다.
② 한국 전통 다도 시연을 본다.
③ 쿠키와 함께 차를 맛본다.
④ 참가비에는 전통 찻잔이 포함되어 있다.
⑤ 예약은 방문 일주일 전까지 해야 한다.

J28 ✻❅❅ .... 2022 대비 6월 모평 28 (고3)

Treehouse Drive-in Movie Night에 관한 다음 안내문의 내용과 일치하는 것은?

Treehouse Drive-in Movie Night

Looking for a fun night out with the family? Come with your loved ones and enjoy our first drive-in movie night of 2021! All money from ticket sales will be donated to the local children's hospital.

Featured Film: *Dream Story*

Date: June 13, 2021

Place: Treehouse Parking Lot

Showtimes
• First Screening: 7:30 p.m.
• Second Screening: 10:00 p.m.

Tickets: $30 per car

Additional Information
• 50 parking spots are available (The gate opens at 6 p.m.).
• Ice cream and hot dogs are sold on site.
• Make your reservation online at www.tdimn.com.

---

① 2021년에 두 번째로 열리는 행사이다.
② 티켓 판매 수입금 전액은 어린이 도서관에 기부될 것이다.
③ 첫 번째 상영 시작 시간은 오후 10시이다.
④ 티켓 가격은 자동차 한 대당 50달러이다.
⑤ 아이스크림과 핫도그가 현장에서 판매된다.

2021 Whir Car Drawing Contest for Kids에 관한 다음 안내문의 내용과 일치하지 <u>않는</u> 것은?

2021 Whir Car Drawing Contest for Kids
Theme: Family

Does your child love cars? Take this opportunity for your child to think about what they love and draw it. They will definitely enjoy and learn from this contest!

Details

- Ten entries are chosen, and each is awarded a $50 gift certificate.
- Drawing skills are not considered in judging.

Submission

- Take a photo of your child's drawing.
- Visit our website (www.whircar4kids.com) and upload the photo by October 3.

Note

- The drawing should contain your family and a car.
- Participants must be 3 to 7 years old. Please visit our website to learn more.

① 출품작 중 10개를 선정해서 시상한다.
② 그림 기술이 심사에서 고려된다.
③ 그림을 찍은 사진을 웹사이트에 업로드해야 한다.
④ 그림은 가족과 차를 포함해야 한다.
⑤ 참가자의 나이는 3세에서 7세까지로 제한된다.

Goldbeach SeaWorld Sleepovers에 관한 다음 안내문의 내용과 일치하는 것은?

Goldbeach SeaWorld Sleepovers

Do your children love marine animals? A sleepover at Goldbeach SeaWorld will surely be an exciting overnight experience for them. Join us for a magical underwater sleepover.

Participants

- Children ages 8 to 12
- Children must be accompanied by a guardian.

When: Saturdays 5 p.m. to Sundays 10 a.m. in May, 2022

Activities: guided tour, underwater show, and photo session with a mermaid

Participation Fee

- $50 per person (dinner and breakfast included)

Note

- Sleeping bags and other personal items will not be provided.
- All activities take place indoors.
- Taking photos is not allowed from 10 p.m. to 7 a.m.

  For more information, you can visit our website at www.goldbeachseaworld.com.

① 7세 이하의 어린이가 참가할 수 있다.
② 평일에 진행된다.
③ 참가비에 아침 식사가 포함된다.
④ 모든 활동은 야외에서 진행된다.
⑤ 사진 촬영은 언제든지 할 수 있다.

J31　✽✽✽ .... 2024 대비 6월 모평 27 (고3)

2023 Cierra Basketball Day Camp에 관한 다음 안내문의 내용과 일치하지 <u>않는</u> 것은?

2023 Cierra Basketball Day Camp

Cierra Basketball Day Camp provides opportunities for teens to get healthy and have fun. Come and learn a variety of skills from the experts!

Site & Dates
- Cierra Sports Center
- July 17th – July 21st

Ages & Level: 13 – 18 years, for beginners only

Camp Activities
- Skill Drills: 1:00 p.m. – 2:00 p.m.
- Team Games: 2:30 p.m. – 3:30 p.m.
- Free Throw Shooting Contests: 4:00 p.m. – 5:00 p.m.

Registration & Cost
- Register online at www.crrbbcamp.com.
- $40 (Full payment is required when registering.)

※ A towel will be provided for free.

① 전문가들로부터 다양한 기술을 배울 수 있다.
② 초급자만을 대상으로 한다.
③ 팀 경기는 오후 1시에 시작한다.
④ 온라인으로 등록할 수 있다.
⑤ 수건이 무료로 제공될 것이다.

J32　✽✽✽ .... 2022 대비 수능 27 (고3)

Cornhill No Paper Cup Challenge에 관한 다음 안내문의 내용과 일치하지 <u>않는</u> 것은?

Cornhill No Paper Cup Challenge

Cornhill High School invites you to join the "No Paper Cup Challenge." This encourages you to reduce your use of paper cups. Let's save the earth together!

How to Participate
1) After being chosen, record a video showing you are using a tumbler.
2) Choose the next participant by saying his or her name in the video.
3) Upload the video to our school website within 24 hours.

※ The student council president will start the challenge on December 1st, 2021.

Additional Information
- The challenge will last for two weeks.
- All participants will receive T-shirts.

If you have questions about the challenge, contact us at cornhillsc@chs.edu.

① 참가자는 텀블러를 사용하는 자신의 동영상을 찍는다.
② 참가자가 동영상을 업로드할 곳은 학교 웹사이트이다.
③ 학생회장이 시작할 것이다.
④ 두 달 동안 진행될 예정이다.
⑤ 참가자 전원이 티셔츠를 받을 것이다.

2023 Greenfield City Run에 관한 다음 안내문의 내용과 일치하지 <u>않는</u> 것은?

2023 Greenfield City Run

Are you eager for the race that can awaken the running spirit within you? Maybe the Greenfield City Run is best for you.

- **When**: Sunday, November 5
  - Assembly time is 9:00 a.m.
  - Start time is 9:30 a.m.
- **Where**: Riverside Park
- **Races**: 2km, 5km, 10km (The 2km race is only for kids.)
- **Registration**
  - Registration starts on October 16.
  - The registration fees depend on the date you sign up.
    $30: October 16 – November 4 /
    $40: November 5
  - Register online at www.finishrace.com.
- **Activities**
  - Coffee and Cookie Fair & Outdoor Charity Bazaar

  For more information, call (516) 703–1737.

① 집합 시간은 오전 9시이다.
② 2km 종목은 아이들만 참가할 수 있다.
③ 등록은 10월 16일부터 시작된다.
④ 날짜와 상관없이 등록비는 동일하다.
⑤ 야외 자선 바자회가 있다.

다음 Renovation Notice의 내용과 일치하지 <u>않는</u> 것은?

Renovation Notice

At the Natural Jade Resort, we are continually improving our facilities to better serve our guests. Therefore, we will be renovating some areas of the resort, according to the schedule below.

Renovation Period: November 21 to December 18, 2022
- Renovations will take place every day from 9:00 a.m. to 5:00 p.m.

Areas to be Closed: Gym and indoor swimming pool

Further Information
- All outdoor leisure activities will be available as usual.
- Guests will receive a 15% discount for all meals in the restaurant.
- Guests may use the tennis courts for free.

We will take all possible measures to minimize noise and any other inconvenience. We sincerely appreciate your understanding.

① 보수 공사는 2022년 11월 21일에 시작된다.
② 보수 공사는 주말에만 진행될 것이다.
③ 체육관과 실내 수영장은 폐쇄될 것이다.
④ 모든 야외 레저 활동은 평소와 같이 가능할 것이다.
⑤ 손님은 무료로 테니스장을 이용할 수 있다.

J35 ✽❀❀ .... 2023 대비 6월 모평 27 (고3) 

2022 Sunbay High School Benefit Concert에 관한 다음 안내문의 내용과 일치하지 <u>않는</u> 것은?

2022 Sunbay High School Benefit Concert

Sunbay High School students will be holding their benefit concert for charity. All profits will be donated to the local children's hospital. Come and enjoy your family and friends' performances.

Date & Time: Thursday, June 30, 2022
at 6 p.m.

Place: Sunbay High School's Vision Hall

Events
- singing, dancing, drumming, and other musical performances
- special performance by singer Jonas Collins, who graduated from Sunbay High School

Tickets
- $3 per person
- available to buy from 5 p.m. at the front desk of Vision Hall

Other Attractions
- club students' artwork on display, but not for purchase
- free face-painting

For more information about the concert, feel free to contact us at concert@sunbayhighs.edu.

---

① 수익금 전액은 지역 아동 병원에 기부될 것이다.
② Sunbay 고등학교의 Vision Hall에서 열린다.
③ Sunbay 고등학교를 졸업한 가수의 특별 공연이 있다.
④ 티켓은 오후 5시부터 살 수 있다.
⑤ 동아리 학생들의 전시 작품은 구입이 가능하다.

J36 ✽❀❀ .... 2024 대비 9월 모평 27 (고3) 

Brushwood National Park Tour Program에 관한 다음 안내문의 내용과 일치하지 <u>않는</u> 것은?

Brushwood National Park Tour Program

Walking in nature is a great way to stay fit and healthy. Enjoy free park walks with our volunteer guides, while appreciating the beautiful sights and sounds of the forest.

Details
- Open on weekdays from March to November
- Easy walk along the path for one hour (3 km)
- Groups of 15 to 20 per guide

Registration
- Scan the QR code to sign up for the tour.

Note
- A bottle of water will be provided to each participant.
- Children under 12 must be accompanied by an adult.
- Tours may be canceled due to weather conditions.

※ If you have any questions, please email us at brushwoodtour@parks.org.

---

① 자원봉사 안내자가 동행한다.
② 주말에 진행된다.
③ QR 코드를 스캔하여 신청한다.
④ 각 참가자에게 물이 한 병씩 제공될 것이다.
⑤ 날씨에 따라 취소될 수 있다.

J37 ❀❀❀

Turtle Island Boat Tour에 관한 다음 안내문의 내용과 일치하지 <u>않는</u> 것은?

Turtle Island Boat Tour

The fantastic Turtle Island Boat Tour invites you to the beautiful sea world.

Dates: From June 1 to August 31, 2024

Tour Times

Weekdays	1 p.m. – 5 p.m.
Weekends	9 a.m. – 1 p.m.
	1 p.m. – 5 p.m.

※ Each tour lasts four hours.

Tickets & Booking
- $50 per person for each tour
  (Only those aged 17 and over can participate.)
- Bookings must be completed no later than 2 days before the day of the tour.
- No refunds after the departure time
- Each tour group size is limited to 10 participants.

Activities
- Snorkeling with a professional diver
- Feeding tropical fish

※ Feel free to explore our website, www.snorkelingti.com.

---

① 주말에는 하루에 두 번 운영된다.
② 17세 이상만 참가할 수 있다.
③ 당일 예약이 가능하다.
④ 출발 시간 이후에는 환불이 불가능하다.
⑤ 전문 다이버와 함께 하는 스노클링 활동이 있다.

J38 ❀❀❀

Creative Art Class for Kids에 관한 다음 안내문의 내용과 일치하는 것은?

Creative Art Class for Kids

Want to encourage your child's artistic talent? Color World Art Center is going to have art classes for kids from June 1st to August 31st.

Class Programs & Schedule
- Clay Arts: Ages 4 – 6, Every Monday
- Cartoon Drawing: Ages 7 – 9, Every Thursday
- Watercolors: Ages 10 – 12, Every Friday

Class Time: 4 p.m. – 6 p.m.

Monthly Fee
- $30 per child (snacks included)
- Family discounts are available (10% discount for each child).

Notes
- Only 10 kids are allowed per class.
- Kids should wear clothes that they don't mind getting dirty.

　※ Sign up at Color World Art Center.

---

① 6월부터 9월까지 진행된다.
② 만화 그리기 강좌가 월요일마다 있다.
③ 모든 강좌는 오전에 열린다.
④ 월 수강료에 간식이 포함되어 있다.
⑤ 강좌당 수강 아동 수에 제한이 없다.

J39 ❀❀❀ .... 2024 대비 9월 모평 28 (고3)

WGHS Geography Photo Contest에 관한 다음 안내문의 내용과 일치하는 것은?

WGHS Geography Photo Contest

The event you've been waiting for all this year is finally here! Please join Wood Gate High School's 10th annual Geography Photo Contest.

Guidelines
- Participants should use the theme of the "Beauty of Rivers Crossing Our City."
- Submissions are limited to one photo per person.
- Files should not be larger than 50 MB.

Schedule

	When	Where
Submission	October 2 − October 8	Email: geography@woodgate.edu
Voting	October 11 − October 13	School Website: https://www.woodgate.edu
Exhibition	October 16 − October 20	Main Lobby

Note
- The top 10 photos selected by students will be exhibited.

※ For more information, visit the geography teacher's room.

---

① 처음으로 개최되는 대회이다.
② 출품 사진 주제에 제한이 없다.
③ 100 MB 크기의 파일을 제출할 수 있다.
④ 투표는 일주일간 실시된다.
⑤ 학생들이 선정한 사진들이 전시될 것이다.

J40 ❀❀❀ .... 2023 대비 9월 모평 28 (고3)

Career Day with a Big Data Expert에 관한 다음 안내문의 내용과 일치하는 것은?

Career Day with a Big Data Expert

Meet a Big Data expert from a leading IT company! Jill Johnson, famous data analyst and bestselling author, will be visiting Sovenhill High School to give a lecture on careers related to Big Data.

Participation:
- Sovenhill High School students only
- Limited to 50 students

When & Where:
- October 15, 10:00 a.m. to 11:30 a.m.
- Library

Registration: Scan the QR code to fill in the application form.

Note:
- Drinking beverages is not permitted during the lecture.
- The lecture will be followed by a Q&A session.
- All participants will receive a free copy of the lecturer's book.

---

① 학부모도 참여할 수 있다.
② 참석 인원에 제한이 없다.
③ QR 코드를 스캔하여 신청서를 작성한다.
④ 강연 중에 음료수를 마실 수 있다.
⑤ 참석자 중 일부만 강연자의 책을 무료로 받는다.

J41 ✿✿✿

2022 Valestown Recycles Poster Contest에
관한 다음 안내문의 내용과 일치하는 것은?

2022 Valestown Recycles Poster Contest

Join this year's Valestown Recycles Poster Contest and show off your artistic talent!

Guidelines
- Participation is only for high school students in Valestown.
- Participants should use the theme of "Recycling for the Future."

Submission Format
- File type: PDF only
- Maximum file size: 40MB

Judging Criteria
- Use of theme   - Creativity   - Artistic skill

Details
- Submissions are limited to one poster per person.
- Submissions should be uploaded to the website by 6 p.m., December 19.
- Winners will be announced on the website on December 28.

For more information, please visit www.vtco.org.

① Valestown의 모든 학생들이 참여할 수 있다.
② 참가자는 포스터의 주제 선정에 제약을 받지 않는다.
③ 출품할 파일 양식은 자유롭게 선택 가능하다.
④ 심사 기준에 창의성이 포함된다.
⑤ 1인당 출품할 수 있는 포스터의 수에는 제한이 없다.

J42 ✿✿✿

2023 Eastland High School Video Clip Contest
에 관한 다음 안내문의 내용과 일치하는 것은?

2023 Eastland High School Video Clip Contest

Shoot and share your most memorable moments with your teachers and friends!

Guidelines
- Theme: "Joyful Moments" in Our Growing Community
- Submissions will be accepted from December 1 to December 14.
- Submissions should be uploaded to our school website.
  - Video length cannot exceed three minutes.
  - Entries are limited to one per student.

Prizes
- 1st place: $100 gift card, 2nd place: $50 gift card
- Winning videos will be posted to our school's app.
- The prize winners will be chosen by the school art teachers.

※ For more information, visit the school website.

① 출품작의 주제가 정해져 있지 않다.
② 한 달 동안 동영상을 접수할 예정이다.
③ 출품할 동영상의 길이는 3분을 초과할 수 없다.
④ 출품작은 학생 1인당 두 개로 제한된다.
⑤ 학생회가 수상자를 선정할 것이다.

J 어휘 Review

※ 다음 영어는 우리말 뜻을, 우리말은 영어 단어를 〈보기〉에서 찾아 쓰시오.

〈보기〉

observe	추가의	tuition	refreshing
분석가	구입, 구매	선명한, 생생한	rare
benefit	동반하다	support	이전의

01 purchase __________

02 vivid __________

03 previous __________

04 analyst __________

05 accompany __________

06 (모금을 위한) 자선 행사 __________

07 드문, 희귀한 __________

08 관측[관찰]하다 __________

09 신선한, 상쾌하게 하는 __________

10 수업(료) __________

※ 다음 우리말에 알맞은 영어 표현을 찾아 연결하시오.

11 직접 •   • sign up for

12 ~을 신청하다 •   • in person

13 현장에(서) •   • on site

14 ~로 제한되다 •   • due to

15 ~ 때문에 •   • be limited to

※ 다음 우리말 표현에 맞는 단어를 고르시오.

16 특집 영화 ➡ (featured / figured) film

17 전시 중인 예술 작품 ➡ artwork on (display / play)

18 그 광경을 포착하는 최적의 장소 ➡ the perfect (spot / stop) to catch the view

19 치즈 제조 과정 ➡ cheese-making (process / possess)

20 우리 대학 로고가 새겨진 티셔츠 ➡ a T-shirt with our (universe / university) logo

※ 다음 문장의 빈칸에 알맞은 단어를 〈보기〉에서 찾아 쓰시오.

〈보기〉

profits	companion	participants	rooftop
poetry	beverages	souvenir	mind
via	limited	at least	introduction

21 참가자들은 홀에서 모이고 그다음 옥상으로 이동할 것입니다.
➡ Participants will gather at the hall and then move to the __________.

22 수익금 전액은 지역 아동 병원에 기부될 것입니다.
➡ All __________ will be donated to the local children's hospital.

23 강의 중에 음료수를 마시는 것은 허용되지 않습니다.
➡ Drinking __________ is not permitted during the lecture.

24 선정된 작품은 기념품점에서 판매될 것입니다.
➡ Selected products will be sold in __________ shops.

25 기상 상황으로 인해 행사가 취소되면, 문자 메시지를 통해 공지가 주어질 것입니다.
➡ If the event is cancelled due to the weather conditions, notice will be given __________ text message.

26 그들은 더러워져도 신경쓰지 않는다.
➡ They don't __________ getting dirty.

27 예약은 적어도 여러분의 방문 하루 전에 온라인으로 이루어져야 합니다.
➡ Reservations should be made online __________ one day before your visit.

28 모든 참석자는 강연자의 무료 책 한 부를 받을 것입니다.
➡ All __________ will receive a free copy of the lecturer's book.

29 7세 미만의 아이들은 성인 동반자가 필요합니다.
➡ An adult __________ is required for kids under 7.

30 참가자 수는 50명으로 제한될 것입니다.
➡ The number of participants will be __________ to 50.

K 빈칸 완성하기

★ 유형 설명

빈칸이 포함된 문장, 절 이외의 나머지 부분을 통해 주제문이나 주제에 맞는 세부 내용을 완성해야 한다.

K 1 빈칸이 앞부분에 있는 경우

🔑 글의 나머지 부분을 종합해야 하는 주제문인 경우가 많다.

K 2 빈칸이 가운데에 있는 경우

🔑 주제를 뒷받침하거나 반박하는 세부 내용인 경우가 많다. 글의 흐름이 반전되지 않는지 주의해야 한다.

K 3 빈칸이 끝부분에 있는 경우

🔑 글의 내용을 종합하여 주제문에 해당하는 결론을 완성한다.

🎭 유형 풀이 비법

1 빈칸 문장을 확인하라!

• 빈칸이 포함된 문장과 그 주변 문장을 주의 깊게 읽는다.

2 글의 주제를 추론하라!

• 반복해서 등장하는 핵심어를 위주로 글의 주제를 파악한다.

3 글의 전개 방식을 파악하라!

• 열거, 예시, 대조 등의 글의 전개 방식을 파악해서 빈칸이 어떤 내용에 해당하는지 찾는다.

> **Tip** 정답으로 고른 선택지를 빈칸에 넣은 후 전후 맥락과 자연스럽게 연결되는지 확인한다.

★ 최신 수능 경향 분석

대비 연도	월	문항 번호	지문 주제	난이도
2026	11	31번	초기 곡물 무역 회사들의 위험 관리 방식	★★★
		32번	글쓰기와 일상 대화의 공통점과 차이점	★★★
		33번	다양한 건물 사용자의 설계 참여의 중요성	★★★
		34번	인간 본성에 대한 현실적 인식에서 비롯된 칸트의 법치주의	★★★
	9	31번	큰바우어새 수컷이 사용하는 지각적 편향 전략	★★❀
		32번	갈등을 악화시킬 수 있는 공감	★★★
		33번	숲 확장 정책의 긍정적인 면과 생태학적 문제	★★★
		34번	공정한 집단적 선택에서 추첨의 필요성과 의미	★★★
	6	31번	동물도 다른 개체에게 학습을 유도한다.	★★❀
		32번	등장인물에 대해 들은 인상만으로도 외모를 들은 것처럼 느낀다.	★★★
		33번	너무 오래 한 곳에만 집중하는 것의 단점	★★★
		34번	지리학은 장소에 대한 학문을 넘어 '이유'와 '의미'를 탐구함	★★★

★ 2026 수능 출제 분석

빈칸 유형은 원래 어렵게 출제되지만, 올해 특히 33번, 34번의 오답률이 굉장히 높았다. 지문에 나온 어휘의 전체적인 난이도는 높지 않았고, 내용 자체도 그렇게 어렵지 않았다. 하지만 매력적인 오답들이 많아 정답을 쉽게 찾기 힘든 문제였다.

★ 2027 수능 예측

가장 문항 수가 많고, 배점도 높은 유형으로, 평균적인 난이도 역시 매우 높다. 1등급 대비, 2등급 대비 문항들을 집중 분석하고 훈련한다.

🔑 어휘 및 표현 Preview

□ novice 초보자
□ constancy 불변성
□ operational 운영의
□ address 다루다
□ preserve 보존하다
□ environment 환경
□ information 정보
□ inextricably 불가분하게
□ physical 물리적인
□ medium 매체
□ regardless of ~에 관계없이

□ employ 사용하다
□ as long as ~하는 한
□ copy 복사본
□ cheaply 싸게
□ original 원본의
□ delicate 취약한
□ relative to ~에 비해
□ expect 예상하다
□ migrate 이동하다
□ ongoing 계속되는
□ storage 저장

□ transformation 변환
□ discussion 논의
□ moth 나방
□ consensus 합의, 의견 일치
□ trap 가두다
□ sensory 감각
□ overload 과부하
□ minimal 최소한의
□ hypothesis 가설
□ subjective 주관적인
□ architectural 건축의

□ escape 탈출하다
□ perceive 인지하다
□ attempt 시도하다, 애쓰다
□ structure 구조
□ profitability 수익성
□ advanced 진보된
□ hopelessly 어쩔 도리 없이
□ purpose 목적
□ opportunity 기회
□ target 대상으로 삼다
□ reject 거절하다

K ① 빈칸이 <u>앞부분</u>에 있는 경우

1st 빈칸이 포함된 문장을 읽고, 빈칸에 들어갈 말에 대한 단서를 얻으세요.

2nd 글의 나머지 부분을 읽고, 글의 내용을 이해하세요.

3rd 앞에서 파악한 내용을 정리하여 적절한 선택지를 골라보세요.

K01 ✸✸✾·············· 2026 대비 6월 모평 31 (고3)

다음 빈칸에 들어갈 말로 가장 적절한 것을 고르시오.

The human psychology and education communities (as well as some animal researchers!) have been against referring to "teaching" when describing social learning in animals, mainly because teaching implies a level of ______________ on the part of the model that is difficult to measure in animals. Nonetheless, there has been a movement within the animal cognition community to say that animals can, in fact, teach one another. For example, skilled ants engage in a behavior called *tandem running*, in which they touch their bodies to the body of a novice ant as they lay down chemical trails, presumably to assist the newcomer with route learning. Killer whales also repeat the same seal hunting technique in front of their offspring, sometimes without even killing the seal, leading researchers to ask why they would repeatedly catch and release a seal if they were not planning to eat it. Considering the amount of energy they'd have to expend, there would need to be a good reason, and that reason might be teaching.

*presumably: 추측상 **offspring: 자손

① comfort
② courage
③ frustration
④ inventiveness
⑤ intentionality

1st 빈칸이 포함된 문장을 읽고, 빈칸에 들어갈 말에 대한 단서를 얻으세요.

1) 먼저 빈칸 문장을 해석해 봅시다.

The human psychology and education communities
인간 심리학과 교육계(일부 동물 연구자들까지도!)는

(as well as some animal researchers!) / have been
/ '가르치기'라고

against referring to "teaching" / when describing
언급하는 것에 반대해 왔다   / 동물의 사회적 학습을

social learning in animals, / mainly because
설명할 때   / 주된 이유는 가르치기는

teaching implies a level of ______________ / on
어느 정도 수준의 ______________이 필연적으로 수반되는데 /

the part of the model / that is difficult to measure in
모델(본보기 역할을 하는 개체)에게 / 이는 동물에서는 측정이 어렵기 때문이다 //

animals. //

● **첫 문장이 꽤 길어요. 차근차근 분석해 봅시다.**

'가르친다'는 행위가 수반할 수밖에 없는 것을 말하는 부분에 빈칸이 있어요. **단서** 가르치는 행위에 필수적이면서 동시에 동물에게서는 측정이 어려운 '이것'이 무엇인지 찾으면 되겠군요. **발상**

2nd 글의 나머지 부분을 읽고, 글의 내용을 이해하세요.

1) 흐름이 바뀌는 부분을 살펴봅시다.

Nonetheless, there has been a movement / within
그럼에도 불구하고, 움직임이 있어 왔다   / 동물 인지

the animal cognition community / to say that
관련 분야 내에서는   / 동물도 실제로

animals can, in fact, teach one another. //
서로를 가르칠 수 있다고 발언하려는   //

● **Nonetheless가 눈에 띄네요!**

Nonetheless는 '①(______________)'라는 양보의 뜻을 나타내요. 앞의 내용과는 달리, 동물도 '가르치는' 행위를 할 수 있다고 주장하는 움직임이 있다고 했어요!

그렇다면 동물의 teaching(가르침)에 대한 구체적인 설명과 함께, 분명 동물도 가르치기를 할 수 있고, 따라서 측정하기는 어렵지만 동물에게도 '이것'이 분명 존재한다는 내용이 나오겠죠?

2) 구체적인 예시가 제시되는 부분을 봅시다.

For example, skilled ants engage in a behavior
예를 들어, 숙련된 개미는 '탠덤 러닝'으로 불리는

called *tandem running*, / in which they touch their
행동을 하는데 　　　　　　　 / 이 행동에서 숙련된 개미는 초보

bodies to the body of a novice ant / as they lay
개미의 신체에 자기 신체를 접촉하는데 　　　　 / 화학적 흔적을

down chemical trails, / presumably to assist the
남기면서 　　　　　　　 / 이는 신입 개미의 경로 학습을 돕기 위한

newcomer with route learning. //
것으로 추정된다 　　　　　　　 //

● **숙련된 개미의 행동에서 무엇을 알 수 있나요?**
　숙련된 개미는 초보 개미에게 자신의 신체를 접촉한다고 했어요. 이것은
이유가 없는 본능적인 행동일까요? 아니죠, 신입 개미의 학습을 유도하기
위한 행동임을 알 수 있어요. 동물 역시 이런 '특정한 목적'을 가지고
행동할 수 있다는 것이 명확히 드러나죠?

3) 마지막까지 비슷한 흐름으로 이어지는지 봅시다.

Killer whales also repeat the same seal hunting
범고래 또한 같은 물개 사냥 기술을 반복하는데

technique / in front of their offspring, / sometimes
　　　　 / 자신의 새끼 앞에서 　　　　 / 때로는

without even killing the seal, / leading researchers
물개를 죽이지도 않는 상태에서 　　　　 / 이로 인해 연구자들은 의문을

to ask / why they would repeatedly catch and
품게 되었다 / 그들이(범고래가) 도대체 왜 물개를 반복적으로 잡고

release a seal / if they were not planning to eat it. //
놓아주는지 　　 / 먹을 생각이 없다면 　　　　　　　 //

Considering the amount of energy they'd have to
그들(범고래)이 소모해야 하는 에너지를 고려한다면

expend, / there would need to be a good reason, /
　　 / 타당한 이유가 있어야 하는데 　　　　　　 /

and that reason might be teaching. //
그 이유가 아마 가르치기일 수도 있을 것이다 　　 //

● **또 다른 동물의 예시가 제시되고 있어요.**
　범고래는 먹지 않을 것임에도 먹이감을 사냥하는 모습을 반복해서 자신의
새끼에게 보여준다고 했어요. 배를 채우려는 것도 아니라면, 분명 다른
목적이 있는 거겠죠? 에너지 소모까지 감수하면서 그런 행동을 반복하는
이유는 아마도 **❷(**　　　　　　　**)** 위해서일 거예요.

● **두 동물의 사례를 통해 무엇을 알 수 있나요?**
　두 예시 모두 동물들이 의도적으로 다른 개체에게 무언가를 보여주고
반복함으로써 학습을 유도할 수 있다는 것을 보여줘요.
즉, '가르치기'를 할 수 있다는 것이죠. 이런 '가르치기'를 위해서는
본보기가 되는 동물들이 학습을 시키려는 특정한 '의도'를 가지고
행동하는 것이 필요했어요.
따라서, '가르치기'에 필수적이면서 동물에게서 측정이 어렵지만 분명
존재하는 것은 바로 '의도성'임을 알 수 있어요.

3rd  앞에서 파악한 내용을 정리하여 적절한 선택지를 골라보세요.

1) 먼저 글의 내용을 보기 쉽게 정리해 봅시다.

이전의 견해 : 동물의 사회적 학습을 '가르치기'로 인정하지 않음(동물의 '이것'을 측정하기 어렵기 때문)

↓

새로운 견해 : 동물도 '가르칠 수 있다'고 주장하는 움직임이 생김

↓

예시 :
1) 숙련된 개미가 신입 개미의 경로 학습을 도움
2) 범고래가 새끼에게 사냥 기술을 보여줌
→ 학습 유도의 '의도성'을 가진 '가르치기'임

2) 이제 각 선택지의 해석을 보며 정답을 골라 봅시다.

① comfort　　　② courage　　　③ frustration
　편안함　　　　　　용기　　　　　　좌절감

④ inventiveness　⑤ intentionality
　창의성　　　　　　의도성

● **위 선택지 중에서 빈칸에 알맞은 표현을 찾아봅시다.**
　빈칸 부분을 다시 보면, "가르치기"는 모델(본보기 역할을 하는 개체)에게
어느 정도 수준의 ________이 필연적으로 수반되는데 ~ 라고 했어요.
결국 '가르치기'에 필수적인 것을 찾으면 되는데, 이는 두 동물의 예시에서
잘 드러나죠.
개미와 범고래 모두 학습을 유도하기 위한 특정한 목적, 즉 '의도성'을
가지고 행동하는 모습을 보여요. 따라서 적절한 선택지는 딱 하나, 바로
❸(　　　　　**)**이죠.

K02 ～ 05 ▶ 제한시간 8분

K02 ★★★ ……………… 2026 대비 수능 31 (고3) 

다음 빈칸에 들어갈 말로 가장 적절한 것을 고르시오.

The early grain trade firms were active in both surplus-producing and food deficit regions, and these firms made it their business to know the state of supply and demand in both. Because this information was the key to their ______________, these firms worked in relative secrecy, frequently built on family ties, trust, and loyalty. In addition, these firms were able to benefit from the rise of commodity exchanges and commodities futures markets that emerged in the mid-1800s. Agricultural markets are naturally unstable, due to changes in harvest size that result from variable weather patterns and other factors. Locking-in prices by buying and selling grain for future delivery helped these firms to minimize such risks. It made sense for the grain trading companies to manage their risks within a single firm that was operating in more than one country, rather than operating as independent national companies trading with each other. Their access to information in multiple markets enabled them to easily cover the risks associated with agricultural commodity trade. *deficit: 부족

① profitability
② unification
③ innovation
④ reputation
⑤ morality

K03 ★★❀ ……………… 2026 대비 9월 모평 31 (고3) 

다음 빈칸에 들어갈 말로 가장 적절한 것을 고르시오.

We know that animals have evolved a variety of patterns to manipulate the perceptions of their predators to afford themselves a modicum of safety. Greater Bower birds utilize ______________ in the mating domain. Males construct a bower; its function is to provide an arena in which males display to females standing in an avenue that leads up to the bower. The males decorate the avenue with a variety of objects, such as stones and shells. But they do not do so in a chaotic manner. The larger objects are placed closer to the bower and the smaller objects farther away. This creates a forced perspective the opposite of the Cinderella Castle; the bower appears smaller than it actually is. Endler and his colleagues suggested that the male courting in the bower now appears larger and thus more attractive to the female. Data on male mating success collected in the wild supports their hypothesis. *predator: 약탈자 **modicum: 소량

① genetic variations
② perceptual biases
③ vocal attractiveness
④ decorating skills
⑤ locational advantages

다음 빈칸에 들어갈 말로 가장 적절한 것을 고르시오. [3점]

When gathering the preferences of multiple agents into one collective choice, it is easily seen that certain cases ________________________________.
For example, if there are two alternatives, *a* and *b*, and two agents such that one prefers *a* and the other one *b*, there is no deterministic way of selecting a single alternative without violating one of two basic fairness conditions known as *anonymity* and *neutrality*. Anonymity requires that the collective choice ought to be independent of the agents' identities whereas neutrality requires impartiality towards the alternatives. Allowing lotteries as social outcomes hence seems like a necessity for impartial collective choice. Indeed, most common "deterministic" social choice functions such as plurality rule are only deterministic as long as there is no tie, which is usually resolved by drawing a lot. The use of lotteries for the selection of officials interestingly goes back to the world's first democracy in Athens, where it was widely regarded as a principal characteristic of democracy, and has recently gained increasing attention in political science.

*plurality: 복수

① call for randomization or other means of tiebreaking
② demonstrate how impartial selection could be invalidated
③ necessitate deterministic systems of selecting voters blindly
④ rely upon neutral agents to establish clear selection guidelines
⑤ require understanding of the unpredictability inherent in democracy

다음 빈칸에 들어갈 말로 가장 적절한 것을 고르시오. [3점]

Our epistemic relation to self-determination is open to error and, thus, subjective. Turning oneself into an agent of a particular kind by conceiving of oneself as that type of agent does not suffice to make it the case that ________________________________.
Just imagine someone who believes himself to be a natural born tango dancer. He has watched many videos about tango dancing and practices dancing by himself for many years. Having prepared himself for a glorious entrance on the international scene, he travels to Buenos Aires and shows up at Maldita Milonga to show his skills. Unbeknownst to him, though, his dancing (if dancing it be) does not even remotely resemble tango, and nothing he does on stage can be recognized as tango dancing. Hence, while he conceived of himself as a tango dancer and did many things in light of that self-conception (including buying a ticket to Buenos Aires, dressing up, consuming hours of tango videos, reading books about tango, learning Spanish, etc.), he failed at meeting some of the minimal norms of actually being a tango dancer at all.

*epistemic: 인식론의 **suffice: 충분하다

① one downplays others' feedback
② one actually is that type of agent
③ one's innate ability precedes mastery
④ one is capable of setting priorities
⑤ one fails to stick to one's goal

K06 ✿✿✿ .... 2025 실시 10월 학평 34 (고3) 

다음 빈칸에 들어갈 말로 가장 적절한 것을 고르시오. [3점]

What makes social attention distinct, and more far-reaching than many other forms of social connection, is that it can ___________________.
You can't have a *relationship* with a celebrity unless you know him and he knows you. But a celebrity *can* be the object of your social attention. And this kind of one-sided social attention isn't something trivial or secondary, but an enormous part of our lives. In tenth grade, you can spend most of your waking hours daydreaming about a high school senior you have a crush on. As an adult, you might find yourself having imaginary arguments in your head with a certain media personality. Think for a moment of the pantheon of strangers we have in our heads that we put our social attention on — from athletes we root for or jeer, to celebrities, to people whose struggle we encounter in the news. An enormous part of our social attention falls upon people who do not know us at all.

*pantheon: 만신전(萬神殿) **jeer: 야유하다

① focus exclusively on figures we admire
② depend on someone's in-person presence
③ deepen our mutual relationship over time
④ fade away without constant reinforcement
⑤ live outside of the actual relationships we have

K07 ✿✿✽ .... 2025 실시 7월 학평 32 (고3)  

다음 빈칸에 들어갈 말로 가장 적절한 것을 고르시오.

In history, power stems only partially from knowing the truth. It also stems from the ability to ___________________________. Suppose you want to make an atom bomb. To succeed, you obviously need some accurate knowledge of physics. But you also need lots of people to mine uranium ore, build nuclear reactors and provide food for the construction workers, miners and physicists. The Manhattan Project directly employed about 130,000 people, with millions more working to sustain them. Robert Oppenheimer could devote himself to his equations because he relied on thousands of miners to extract uranium at the Eldorado mine in northern Canada and the Shinkolobwe mine in the Belgian Congo — not to mention the farmers who grew potatoes for his lunch. If you want to make an atom bomb, you must find a way to make millions of people cooperate.

*ore: 광석 **reactor: 원자로

① maintain social order among a large number of people
② focus on personality rather than skill and experience
③ acknowledge one's limitation through reflection
④ prioritize group needs over individual needs
⑤ recognize people's hidden potential

다음 빈칸에 들어갈 말로 가장 적절한 것을
고르시오. [3점]

Prior to photography, ________________. While painters have always lifted particular places out of their 'dwelling' and transported them elsewhere, paintings were time-consuming to produce, relatively difficult to transport and one of-a-kind. The multiplication of photographs especially took place with the introduction of the half-tone plate in the 1880s that made possible the mechanical reproduction of photographs in newspapers, periodicals, books and advertisements. Photography became coupled to consumer capitalism and the globe was now offered 'in limitless quantities, figures, landscapes, events which had not previously been utilised either at all, or only as pictures for one customer'. With capitalism's arrangement of the world as a 'department store', 'the proliferation and circulation of representations … achieved a spectacular and virtually inescapable global magnitude'. Gradually photographs became cheap mass-produced objects that made the world visible, aesthetic and desirable. Experiences were 'democratised' by translating them into cheap images. Light, small and mass-produced photographs became dynamic vehicles for the spatiotemporal circulation of places.

*proliferation: 확산 **magnitude: (큰) 규모
***aesthetic: 미적인

① paintings alone connected with nature
② painting was the major form of art
③ art held up a mirror to the world
④ desire for travel was not strong
⑤ places did not travel well

다음 빈칸에 들어갈 말로 가장 적절한 것을 고르시오.

Literature can be helpful in the language learning process because of the ________________ it fosters in readers. Core language teaching materials must concentrate on how a language operates both as a rule-based system and as a sociosemantic system. Very often, the process of learning is essentially analytic, piecemeal, and, at the level of the personality, fairly superficial. Engaging imaginatively with literature enables learners to shift the focus of their attention beyond the more mechanical aspects of the foreign language system. When a novel, play or short story is explored over a period of time, the result is that the reader begins to 'inhabit' the text. He or she is drawn into the book. Pinpointing what individual words or phrases may mean becomes less important than pursuing the development of the story. The reader is eager to find out what happens as events unfold; he or she feels close to certain characters and shares their emotional responses. The language becomes 'transparent' — the fiction draws the whole person into its own world.

*sociosemantic: 사회의미론적인 **transparent: 투명한

① linguistic insight
② artistic imagination
③ literary sensibility
④ alternative perspective
⑤ personal involvement

K10 ★★★ .... 2025 대비 수능 34 (고3)

다음 빈칸에 들어갈 말로 가장 적절한 것을 고르시오. [3점]

Centralized, formal rules can __________________.
The rules of baseball don't just regulate the behavior of the players; they determine the behavior that constitutes playing the game. Rules do not prevent people from playing baseball; they create the very practice that allows people to play baseball. A score of music imposes rules, but it also creates a pattern of conduct that enables people to produce music. Legal rules that enable the formation of corporations, that enable the use of wills and trusts, that create negotiable instruments, and that establish the practice of contracting all make practices that create new opportunities for individuals. And we have legal rules that establish roles individuals play within the legal system, such as judges, trustees, partners, and guardians. True, the legal rules that establish these roles constrain the behavior of individuals who occupy them, but rules also create the roles themselves. Without them an individual would not have the opportunity to occupy the role. *constrain: 속박하다

① categorize one's patterns of conduct in legal and productive ways
② lead people to reevaluate their roles and practices in a society
③ encourage new ways of thinking which promote creative ideas
④ reinforce one's behavior within legal and established contexts
⑤ facilitate productive activity by establishing roles and practices

K11 ★★❀ .... 2025 대비 9월 모평 31 (고3)

다음 빈칸에 들어갈 말로 가장 적절한 것을 고르시오.

There has been a lot of discussion on why moths are attracted to light. The consensus seems to hold that moths are not so much attracted to lights as they are __________ by them. The light becomes a sensory overload that disorients the insects and sends them into a holding pattern. A hypothesis called the Mach band theory suggests that moths see a dark area around a light source and head for it to escape the light. Another theory suggests that moths perceive the light coming from a source as a diffuse halo with a dark spot in the center. The moths, attempting to escape the light, fly toward that imagined "portal," bringing them closer to the source. As they approach the light, their reference point changes and they circle the light hopelessly trying to reach the portal. Everyone is familiar with moths circling their porch lights. Their flight appears to have no purpose, but they are, it is believed, trying to escape the pull of the light.

*moth: 나방 **consensus: 합의 ***diffuse: 널리 퍼진

① warmed
② trapped
③ targeted
④ protected
⑤ rejected

다음 빈칸에 들어갈 말로 가장 적절한 것을 고르시오.

We are ________________________ than we are of visual ones. We notice and dislike breaks in audio, defects in audio, and static in audio. A bit less so for things on the visual side. For example, if a video has some scan lines in it, within a short period, you will start to ignore them. If the visual signal streams in 1080 instead of 4k, eventually you'll get used to it. However, if there is static in the audio, you will want to shut it off rather than endure the whole program. Or if the audio continues to drop out, you also will barely be able to tolerate it. In fact, probably more than any other aspect of filmmaking, it is via the audio that people determine silently to themselves, "Good, professional quality" or "low-budget student production" as soon as the film begins. These reactions are not just from seasoned filmmakers and educators, but the instinctual, natural reaction of all audiences.

① less aware of the sound techniques in film
② less forgiving of technical sound mistakes
③ more forgetful of auditory experiences
④ less desirous of sound effects
⑤ more in need of hearing aids

다음 빈칸에 들어갈 말로 가장 적절한 것을 고르시오.

As colors came to take on meanings and cultural significance within societies, attempts were made to ______________ their use. The most extreme example of this phenomenon was the sumptuary laws. While these were passed in ancient Greece and Rome, and examples can be found in ancient China and Japan, they found their fullest expressions in Europe from the mid-twelfth century, before slowly disappearing in the early modern period. Such laws could touch on anything from diet to dress and furnishings, and sought to enforce social boundaries by encoding the social classes into a clear visual system: the peasants, in other words, should eat and dress like peasants; craftsmen should eat and dress like craftsmen. Color was a vital signifier in this social language — dull, earthy colors like russet were explicitly confined to the poorest rural peasants, while bright ones like scarlet were the preserve of a select few.

① export　　　　② restrict
③ conceal　　　　④ liberate
⑤ tolerate

K14 ✹✹❀ .... 2023 실시 7월 학평 31 (고3)

다음 빈칸에 들어갈 말로 가장 적절한 것을 고르시오.

Learning is *constructive*, not *destructive*. This means we don't ______________ mental models — we simply expand upon them. To understand what I mean, think back to your childhood. There was likely a time when you believed in Santa Claus; your mental model accepted him and your predictions accounted for his existence. At some point, however, you came to recognize he was fictitious and you updated your mental model accordingly. At that moment, you didn't suddenly forget everything about Santa Claus. To this day, you can still recognize him, speak of him and embrace young children's belief in him. In other words, you didn't destroy your old mental model, you simply added new information to it. By building upon old mental models we are able to maintain ties to the past, foster a deeper understanding of concepts and develop an ever-expanding pool of information to draw upon in order to continually adapt to an ever-evolving world.

* fictitious: 가상의

① replace   ② imagine   ③ predict
④ analyze   ⑤ imitate

K15 ✹✹✹ .... 2024 대비 수능 34 (고3)

다음 빈칸에 들어갈 말로 가장 적절한 것을 고르시오. [3점]

Everyone who drives, walks, or swipes a transit card in a city views herself as a transportation expert from the moment she walks out the front door. And how she views the street ________________________________. That's why we find so many well-intentioned and civic-minded citizens arguing past one another. At neighborhood meetings in school auditoriums, and in back rooms at libraries and churches, local residents across the nation gather for often-contentious discussions about transportation proposals that would change a city's streets. And like all politics, all transportation is local and intensely personal. A transit project that could speed travel for tens of thousands of people can be stopped by objections to the loss of a few parking spaces or by the simple fear that the project won't work. It's not a challenge of the data or the traffic engineering or the planning. Public debates about streets are typically rooted in emotional assumptions about how a change will affect a person's commute, ability to park, belief about what is safe and what isn't, or the bottom line of a local business.

* swipe: 판독기에 통과시키다 ** contentious: 논쟁적인
*** commute: 통근

① relies heavily on how others see her city's streets
② updates itself with each new public transit policy
③ arises independently of the streets she travels on
④ tracks pretty closely with how she gets around
⑤ ties firmly in with how her city operates

다음 빈칸에 들어갈 말로 가장 적절한 것을 고르시오.

Even as mundane a behavior as watching TV may be a way for some people to ___________________.
To test this idea, Sophia Moskalenko and Steven Heine gave participants false feedback about their test performance, and then seated each one in front of a TV set to watch a video as the next part of the study. When the video came on, showing nature scenes with a musical soundtrack, the experimenter exclaimed that this was the wrong video and went supposedly to get the correct one, leaving the participant alone as the video played. The participants who had received failure feedback watched the video much longer than those who thought they had succeeded. The researchers concluded that distraction through television viewing can effectively relieve the discomfort associated with painful failures or mismatches between the self and self-guides. In contrast, successful participants had little wish to be distracted from their self-related thoughts!

*mundane: 보통의

① ignore uncomfortable comments from their close peers
② escape painful self-awareness through distraction
③ receive constructive feedback from the media
④ refocus their divided attention to a given task
⑤ engage themselves in intense self-reflection

다음 빈칸에 들어갈 말로 가장 적절한 것을 고르시오. [3점]

Enabling animals to ___________________________ is an almost universal function of learning. Most animals innately avoid objects they have not previously encountered. Unfamiliar objects may be dangerous; treating them with caution has survival value. If persisted in, however, such careful behavior could interfere with feeding and other necessary activities to the extent that the benefit of caution would be lost. A turtle that withdraws into its shell at every puff of wind or whenever a cloud casts a shadow would never win races, not even with a lazy rabbit. To overcome this problem, almost all animals habituate to safe stimuli that occur frequently. Confronted by a strange object, an inexperienced animal may freeze or attempt to hide, but if nothing unpleasant happens, sooner or later it will continue its activity. The possibility also exists that an unfamiliar object may be useful, so if it poses no immediate threat, a closer inspection may be worthwhile.

*innately: 선천적으로

① weigh the benefits of treating familiar things with care
② plan escape routes after predicting possible attacks
③ overcome repeated feeding failures for survival
④ operate in the presence of harmless stimuli
⑤ monitor the surrounding area regularly

K18 ~ 20 ▶ 제한시간 8분

K18 ⭐ **2등급 대비** .... 2022 대비 수능 32 (고3) 

다음 빈칸에 들어갈 말로 가장 적절한 것을 고르시오.

News, especially in its televised form, is constituted not only by its choice of topics and stories but by its ___________________________.
Presentational styles have been subject to a tension between an informational-educational purpose and the need to engage us entertainingly. While current affairs programmes are often 'serious' in tone sticking to the 'rules' of balance, more popular programmes adopt a friendly, lighter, idiom in which we are invited to consider the impact of particular news items from the perspective of the 'average person in the street'. Indeed, contemporary news construction has come to rely on an increased use of faster editing tempos and 'flashier' presentational styles including the use of logos, sound-bites, rapid visual cuts and the 'star quality' of news readers. Popular formats can be said to enhance understanding by engaging an audience unwilling to endure the longer verbal orientation of older news formats. However, they arguably work to reduce understanding by failing to provide the structural contexts for news events.

① coordination with traditional display techniques
② prompt and full coverage of the latest issues
③ educational media contents favoured by producers
④ commitment to long-lasting news standards
⑤ verbal and visual idioms or modes of address

K19 ⭐ **2등급 대비** .... 2022 대비 9월 모평 31 (고3) 

다음 빈칸에 들어갈 말로 가장 적절한 것을 고르시오.

When examining the archaeological record of human culture, one has to consider that it is vastly ___________. Many aspects of human culture have what archaeologists describe as low archaeological visibility, meaning they are difficult to identify archaeologically. Archaeologists tend to focus on tangible (or material) aspects of culture: things that can be handled and photographed, such as tools, food, and structures. Reconstructing intangible aspects of culture is more difficult, requiring that one draw more inferences from the tangible. It is relatively easy, for example, for archaeologists to identify and draw inferences about technology and diet from stone tools and food remains. Using the same kinds of physical remains to draw inferences about social systems and what people were thinking about is more difficult. Archaeologists do it, but there are necessarily more inferences involved in getting from physical remains recognized as trash to making interpretations about belief systems. *archaeological: 고고학의

① outdated
② factual
③ incomplete
④ organized
⑤ detailed

다음 빈칸에 들어갈 말로 가장 적절한 것을 고르시오.

Compared to other ecosystems, forests are relatively diverse, but this should not necessarily be ________________________. Wetlands, meadows, and grasslands have a unique biota too, even if it is often not as rich as a forest biota. The ecological problems of this process have been described from a number of places such as Iceland, South Africa, and Australia, but the classic example of this comes from Scotland and northern England. Here the Forestry Commission has drained, fertilized, and fenced extensive areas of wetlands to facilitate turning them into forests. Increasing the extent of forests in Britain is certainly a desirable goal, and most of the Forestry Commission's efforts are directed toward sites that were forested before sheep and their keepers came to the island. However, ecologists frequently complain about the Commission's work because it is not restricted to former forest sites, because the forests established are usually composed of exotic trees, and because the wildlife threatened by this activity includes many uncommon species.

*biota: 생물(종류)상(相) **fertilize: (땅을) 기름지게 하다

① grounds for investigating the value of forest expansion

② a basis for extending institutional aid to entire ecosystems

③ taken as the reason for introducing exotic species to an ecosystem

④ accepted as evidence for increasing ecological enrichment

⑤ a justification for converting nonforests into forests

K ② 빈칸이 <u>가운데</u>에 있는 경우

1st 빈칸이 포함된 문장을 읽고, 빈칸에 들어갈 말에 대한 단서를 얻으세요.
2nd 글의 나머지 부분을 읽고, 글의 내용을 이해하세요.
3rd **2nd** 에서 이해한 내용을 선택지에서 고르세요.

K21 ★★✦ .... 2025 대비 6월 모평 33 (고3)

다음 빈칸에 들어갈 말로 가장 적절한 것을 고르시오. [3점]

Because the environment plays a significant role in aiding meaningful internal processes, subjective experience and the environment act as a 'coupled system.' This coupled system can be seen as a complete cognitive system of its own. In this manner, subjective experience is extended into the external environment and vice versa; the external environment with its disciplinary objects such as institutional laws and equipment becomes mental institutions that ______________. A subjectively held belief attains the status of objectivity when the belief is socially shared. That is, even if we are trained as hard-nosed health care rationalists, or no-nonsense bureaucrats, or data-driven scientists, research has shown that our decisions are influenced by various institutional practices. They include bureaucratic structures and procedures, the architectural design of health care institutions, the rules of evidence and the structure of allowable questions in a courtroom trial, the spatial arrangement of kindergartens and supermarkets, and a variety of conventions and practices designed to manipulate our emotions.　　*vice versa: 역으로　**bureaucrat: 관료

① affect our subjective experience and solutions
② serve as advocates for independent decision-making
③ position social experience within the cognitive system
④ comprise subjective interpretations of the environment
⑤ facilitate the construction of our concept of subjectivity

1st 빈칸이 포함된 문장을 읽고, 빈칸에 들어갈 말에 대한 단서를 얻으세요.

In this manner, / subjective experience is extended
이런 방식으로 　　　　/ 주관적 경험은 외부 환경으로 확장되고
into the external environment / and vice versa; / the
　　　　　　　　　　　/ 그 반대의 경우도 마찬가지여서 /
external environment with its disciplinary objects /
규율 객체를 지닌 외부 환경은　　　　　　　　　　/
such as institutional laws and equipment / becomes
제도적 법률과 장비와 같은　　　　　　　　 / 정신적
mental institutions / that ________________. //
제도가 된다　　　　 / ________________　　 //

● 문장이 엄청 길어요. 차근차근 분석해 봅시다.
　제도적 법률과 장비와 같은 규율을 갖춘 외부의 환경은 '어떤' 정신적 제도가 되는지를 말하는 부분에 빈칸이 있어요.
　좀 더 문법적으로 설명하면, 이 문장의 핵심 주어는 the external environment이고 단수이므로 동사도 단수 동사 becomes가 왔어요. 그리고 뒤에 나온 mental institutions가 선행사이고, that은 주격 관계대명사 역할을 해요. 주어가 너무 길어서 해석이 어려울 수 있는 문장이에요.

● **In this manner가 눈에 띄네요!**
　In this manner는 ❶(　　　　　　　　)'라는 뜻으로 정답을 찾는 큰 단서가 될 수 있어요.
　빈칸 문장은 외부의 환경이 '어떤' 정신적 제도가 되는지를 말하는 내용인데, 그렇다면 앞에서 말한 this manner가 무엇인지 파악하는 것이 빈칸 문장을 완성하는 데 있어 가장 먼저 할 일이겠죠?

1) 일단 앞부분을 살펴봅시다.

Because the environment plays a significant role /
환경이 중요한 역할을 하기 때문에　　　　　　/

in aiding meaningful internal processes, / subjective
의미 있는 내적 과정을 돕는 데　　　　　　/

experience and the environment / act as a 'coupled
주관적 경험과 환경은　　　　　　/ '결합된 시스템'으로

system.' //
작용한다　//

This coupled system can be seen / as a complete
이 결합된 시스템은 여겨질 수 있다　　　/ 그 자체로 하나의

cognitive system of its own. //
완전한 인지 시스템으로　　//

● **외부 환경과 주관적 경험에 대해 설명하고 있어요.**
외부 환경이 내적 과정을 돕는 데에 중요한 역할을 해서, 외부 환경과
개인의 주관적 경험은 결합된 시스템으로 작용한다고 했어요.
그래서 이 결합 시스템은 완전한 인지 시스템으로 여겨질 수 있다고 했죠.

2) 이제 빈칸 뒤에 나오는 내용을 살펴봅시다.

A subjectively held belief / attains the status of
주관적으로 가지고 있는 믿음은　　　/ 객관성의 지위를

objectivity / when the belief is socially shared. //
얻는다　　　/ 그 믿음이 사회적으로 공유될 때　　//

That is, even if we are trained / as hard-nosed
즉, 우리가 훈련되어 있다고 해도　　　/ 엄격한 의료

health care rationalists, or no-nonsense bureaucrats,
합리주의자, 혹은 현실적인 관료, 혹은 데이터 기반의 과학자로서

or data-driven scientists, / research has shown / that
　　　　　　　/ 연구는 증명해왔다　　/

our decisions are influenced by various
우리의 결정은 다양한 제도적 관행의 영향을 받는다고 //

institutional practices. //

● **앞에서 언급했던 주관적 믿음으로 문장을 시작하고 있어요.**
주관적 믿음은 사회적으로 공유되면 **②**(　　　　　)을 얻을 수 있다는
것이죠. 다양한 제도적 관행은 우리의 결정에 영향을 끼친다는 것을
연구는 증명해왔다는 설명이에요.

① affect our subjective experience and solutions
우리의 주관적 경험과 해결책에 영향을 미치는

② serve as advocates for independent decision-
making
독립적인 의사 결정에 대한 옹호자의 역할을 하는

③ position social experience within the cognitive
system
인지 시스템 내에 사회적 경험을 배치하는

④ comprise subjective interpretations of the
environment
환경에 대한 주관적 해석을 구성하는

⑤ facilitate the construction of our concept of
subjectivity
주관성 개념의 형성을 촉진하는

지금까지 살펴본 내용에 따르면, 외부 환경과 주관적 경험은 영향을
주고받는 결합된 시스템으로 작용해요. 그리고 주관적 경험은 외부
환경으로 확장되고, 외부 환경은 주관적 경험에 영향을 미친다고 했어요.
제도적 법률과 장비 같은 외부의 환경은 '어떤' 정신적 제도가
된다고 했으므로 이것을 적절하게 표현한 선택지를 찾아야 하는데,
❸(　　　　　)이 바로 그런 선택지죠!

K22 ★★★ .... 2026 대비 9월 모평 32 (고3)

다음 빈칸에 들어갈 말로 가장 적절한 것을 고르시오. [3점]

Although empathy is widely praised by scholars and public figures, not everyone is an empathy booster. Critics of empathy argue that empathy will not save us from interpersonal and intergroup conflict. In fact, they argue, empathy makes such conflicts worse. These critics maintain that empathy can be exhausting and lead to burnout, insensitivity to suffering, or worse. They argue that we tend to empathize strongly with our in-group and resist empathizing with out-groups, and even enjoy the suffering of out-groups in competitive or threatening contexts. Thus, the prescription for more empathy _________________________. Empathy, they argue, can further entrench conflict and force us into an us vs. them mentality. Finally, even when we try to empathize with others who are dissimilar from us or in unfamiliar contexts, sometimes we are unable to accurately empathize with their experiences, causing further misunderstandings and frustration. Critics of empathy argue that we should give up on empathy and employ other tools in pursuit of social harmony, e.g., rational compassion or moral emotions like fear, anger, and shame.

*entrench: 확립하다 **compassion: 동정(심)

① underestimates the invisible conflicts possible within a group
② is triggered by the need for solutions to emotional conflicts
③ is often counterproductive in cases of conflict
④ functions as a facilitator in the resolution of social disharmony
⑤ raises questions about negative attitudes toward social disharmony

K23 ★★★ .... 2026 대비 6월 모평 33 (고3)

다음 빈칸에 들어갈 말로 가장 적절한 것을 고르시오.

When we narrow, we're redirecting all of our computing power to the handful of processes that matter. It's as if to help with our slow Wi-Fi, we disconnect our phone and tablet, just so that our video conference call won't lag. Narrowing also helps with goal attainment. It cuts out all of the other distractions and places the most important goal front and center. When we home in, we increase motivational intensity, reinforcing that what's in front of us is what we should be after. For a brief moment, the trade-off can be worthwhile, but when we _________________________, we start to miss cues and signals. We get locked in on one path without being able to step back and see a better route. When we're stuck narrowed in for too long, accidents go up and performance drops. We miss hearing alarms that signal there's a problem elsewhere.

*lag: 지체되다

① get distracted by too many sources
② rely too heavily on digital devices
③ randomly switch between tasks
④ remain zoomed in for too long
⑤ fail to control our feelings

다음 빈칸에 들어갈 말로 가장 적절한 것을 고르시오. [3점]

One word is inextricably associated with geography: where. That is because geography starts from the premise that it matters where something takes place on Earth's surface. The key questions are not simply "where" questions, though; they are "why there" and "so what" questions. Getting to such questions means taking spatial arrangements, variations, and interconnections seriously. Engaging in even the simplest day-to-day activity requires some appreciation of spatial circumstances — where to find food and services, how to get to work places, and the like. Moving up in scale, without some awareness of ______________________________, it is difficult to make reasoned business or policy judgments, make sense of events, or grasp some of the basic forces shaping life on the planet. Locating a new store or public service requires taking into consideration population distributions, the location of roads and utilities, socio-economic patterns, and more. Understanding why and where migration happens requires consideration of the political organization of territory, the spatial consequences of discrimination, socio-economic patterns, and the layout of the physical environment.

*inextricably: 풀 수 없게 **premise: 전제

① why cross-cultural conflicts will increase
② how phenomena are arranged on Earth's surface
③ when the Earth's natural resources will be exhausted
④ which places on Earth are damaged by climate change
⑤ who has the authority to make decisions about territories

다음 빈칸에 들어갈 말로 가장 적절한 것을 고르시오.

As a general rule, when the individuals of a population encounter a new environmental stress, some individuals in the population will die prematurely and some individuals will survive. If the reason for their survival (such as a slightly enhanced ability or trait) can be passed on to their offspring (that is, it's genetically encoded), then the next generation should be better able to withstand the newly encountered environmental stress, and the population overall will be less susceptible to it. Therefore, the key to the ability of a population to survive by adaptation lies in the ______________ with which the next generation, the more resistant generation, is produced by the survivors of this generation. It follows that those species capable of producing a new generation very quickly should be better able to respond to a stress very quickly. Those species that require more time for reproduction will be slower to adapt to the stress because of the additional time needed for them to produce stress-tolerant offspring.

*susceptible: 영향을 받기 쉬운

① rapidity
② precision
③ simplicity
④ consistency
⑤ randomness

K26 ★★★  .... 2025 실시 7월 학평 34 (고3) 

다음 빈칸에 들어갈 말로 가장 적절한 것을 고르시오. [3점]

It is typically considered important to make sure species do not go extinct, unless they are really nasty. Since most species are above the threshold, there is, according to this argument, not really much of a *general* problem. The focus is just on a *specific* subset of endangered species. But suppose that the unit is not a species (or not just a species), but ecosystems and their supporting habitats. Suppose within ecosystems ________________________________. Then it is the *system* that needs to stay above the threshold. In this case, while it is still necessary to protect species from falling below their particular thresholds, it is not sufficient just to do this. Sustainability now requires much more — preserving and enhancing ecosystems and habitats to a level sufficient to sustain the myriad of interrelated species. Weak sustainability suddenly becomes a much more serious and complex matter. *threshold: 임계점, 기준점 **myriad: 무수히 많은 것

① balance comes from chaos
② changes are naturally reversible
③ one gains only when another loses
④ what seems good is not always good
⑤ everything depends upon everything else

K27 ★★✿ .... 2025 실시 3월 학평 31 (고3) 

다음 빈칸에 들어갈 말로 가장 적절한 것을 고르시오.

Life is insecure and human well-being is fragile. If we are honest with ourselves, we realize that, despite our best efforts, we often cannot control the vicissitudes of human existence. We go through life in fear and trembling, fearing what may happen, while hoping for the best. Most of us get anxious in the face of an indeterminate or ambiguous situation. We don't handle uncertainty very well. We are easily tempted to settle for quick "solutions," in order to eliminate our anxiety and doubt, even though these quick fixes may not, in the long run, actually be adequate solutions. It is natural, therefore, and even somewhat necessary, for us to seek ______________ in a sea of change and indeterminacy. We want a fixed star to guide us on our journey through hazardous waters. If only we could have knowledge of what is fixed, unchanging, and ultimately reliable, then, we assume, *that* would be knowledge most worth having. *vicissitude: 우여곡절

① reputation ② stability
③ fluidity ④ challenge
⑤ interdependency

다음 빈칸에 들어갈 말로 가장 적절한 것을 고르시오.

Education, at its best, teaches more than just knowledge. It teaches critical thinking: the ability to stop and think before acting, to avoid succumbing to emotional pressures. This is not thought control. It is the very reverse: mental liberation. Even the most advanced intellectual will be imperfect at this skill. But even imperfect possession of it ________________________ of being 'stimulus-driven', constantly reacting to the immediate environment, the brightest colours or loudest sounds. Being driven by heuristic responses, living by instinct and emotion all the time, is a very easy way to live, in many ways: thought is effortful, especially for the inexperienced. But emotions are also exhausting, and short-term reactions may not, in the long term, be the most beneficial for health and survival. Just as we reach for burgers for the sake of convenience, storing up the arterial fat which may one day kill us, so our reliance on feelings can do us great harm.

*succumb: 굴복하다 **arterial: 동맥의

① intensifies people's danger
② enhances our understanding
③ frees a person from the burden
④ allows us to accept the inevitability
⑤ requires one to have the experience

다음 빈칸에 들어갈 말로 가장 적절한 것을 고르시오. [3점]

We are famously living in the era of the attention economy, where the largest and most profitable businesses in the world are those that *consume* my attention. The advertising industry is literally dedicated to capturing the conscious hours of my life and selling them to someone else. It might seem magical that so many exciting and useful software systems are available to use for free, but it is now conventional wisdom that if you can't see who is paying for something that appears to be free, then ________________________.
Our creative engagement with other people is mediated by AI-based recommendation systems that are designed to trap our attention through the process that Nick Seaver calls *captology*, keeping us attending to work sold by one company rather than another, replacing the freedom of personal exploration with algorithm-generated playlists or even algorithm-generated art.

① all of your attention has already been spent
② the real product being sold is you
③ your privacy is being violated
④ the public may be sponsoring you
⑤ you owe the benefits to your friend AI

K30 ★★★ 2025 대비 9월 모평 32 (고3)

다음 빈칸에 들어갈 말로 가장 적절한 것을 고르시오. [3점]

One of the factors determining the use of technologies of communication will be the kinds of investments made in equipment and personnel; who makes them, and what they expect in return. There is no guarantee that the investment will necessarily be in forms of communication that ________________________________. Because the ownership of investment funds tends to be in the hands of commercial organisations, the modernisation of communications infrastructure only takes place on the basis of potential profitability. Take, for example, the installation of fibre-optic communications cable across the African continent. A number of African nations are involved in the development but its operational structures will be oriented to those who can pay for access. Many states that might wish to use it for education and information may not only find it too expensive but also simply unavailable to them. There can be no doubt that the development has been led by investment opportunity rather than community demand.　　　*fibre-optic: 광섬유의

① require minimal cost and effort to maintain
② are most appropriate for the majority of people
③ are in line with current standards and global norms
④ employ some of the most advanced technologies
⑤ promote the commercial interests of companies

K31 ★★★ 2025 대비 9월 모평 34 (고3)

다음 빈칸에 들어갈 말로 가장 적절한 것을 고르시오. [3점]

That people need other people is hardly news, but for Rousseau this dependence extended far beyond companionship or even love, into the very process of becoming human. Rousseau believed that people are not born but made, every individual a bundle of potentials whose realization requires the active involvement of other people. Self-development is a social process. Self-sufficiency is an impossible fantasy. Much of the time Rousseau wished passionately that it were not: *Robinson Crusoe* was a favorite book, and he yearned to be free from the pains and uncertainties of social life. But his writings document with extraordinary clarity ________________________________. "Our sweetest existence is relative and collective, and our true *self* is not entirely within us." And it is kindness — which Rousseau analyzed under the rubric of *pitié*, which translates as "pity" but is much closer to "sympathy" as Hume and Smith defined it — that is the key to this collective existence.　　　*yearn: 갈망하다　**rubric: 항목

① the necessity of philosophical study to understand human nature
② the development of self-sufficiency through literary works
③ the shaping of the individual by his emotional attachments
④ the making of the self-reliant man through his struggles
⑤ the difficulty of trusting other people wholeheartedly

다음 빈칸에 들어갈 말로 가장 적절한 것을 고르시오.

When trying to establish what is meant by digital preservation, the first question that must be addressed is: what are you actually trying to preserve? This is clear in the analog environment where the information content is inextricably fixed to the physical medium. In the digital environment, the medium is not part of the ________________. A bit stream looks the same to a computer regardless of the media it is read from. A physical carrier is necessary, but as long as the source media can be read, bit-perfect copies can be made cheaply and easily on other devices, making the preservation of the original carrier of diminishing importance. As the physical media that carry digital information are quite delicate relative to most analog media, it is expected that digital information will necessarily need to be migrated from one physical carrier to another as part of the ongoing preservation process. It is not the media itself but the information on the media that needs to be preserved.

*inextricably: 풀 수 없게

① platform
② storage
③ message
④ challenge
⑤ transformation

다음 빈칸에 들어갈 말로 가장 적절한 것을 고르시오.

After we make some amount of scientific and technological progress, does further progress get easier or harder? Intuitively, it seems like it could go either way because there are two competing effects. On the one hand, we "stand on the shoulders of giants": previous discoveries can make future progress easier. On the other hand, we "pick the low-hanging fruit": we make the easy discoveries first, so those that remain are more difficult. You can only invent the wheel once, and once you have, it's harder to find a similarly important invention. Though both of these effects are important, when we look at the data it's the latter effect that ________________. Overall, past progress makes future progress harder. It's easy to see this qualitatively by looking at the history of innovation. Consider physics. In 1905, his "miracle year," Albert Einstein revolutionized physics, describing the photoelectric effect, Brownian motion, the theory of special relativity, and his famous equation, $E=mc^2$. He was twenty-six at the time and did all this while working as a patent clerk. Compared to Einstein's day, progress in physics is now much harder to achieve.

① predominates
② scatters
③ varies
④ vanishes
⑤ fades

K34 ★★★ .... 2024 실시 5월 학평 33 (고3) 

다음 빈칸에 들어갈 말로 가장 적절한 것을 고르시오. [3점]

Insect-eating plants' unique strategies for catching live prey have long captured the public imagination. But even within this strange group, in which food-trapping mechanisms have evolved multiple times independently, some unusual ones stand out. According to Ulrike Bauer, an evolutionary biologist, the visually striking pitcher plant *Nepenthes gracilis*, for example, can ________________________________. This species' pitcher has a rigid, horizontal lid with an exposed underside that produces nectar, luring insects to land on it. When a raindrop strikes the lid's top, the lid jolts downward and throws any unsuspecting visitor into digestive juices below. Researchers used x-ray scans to analyze cross sections of the pitchers when the lid is raised, lowered, and in a neutral position. Their results revealed a structural weak point in the pitcher's neck: when a raindrop hits the lid, the weak spot folds in and forces the lid to quickly move downward, similar to a diving board. The weak point makes the pitcher's body bend and bounce back in a specific, consistent way, so the lid rises back up without bouncing too far — unlike a typical leaf's chaotic vibration when struck by rain.

*pitcher: 주머니 모양의 잎   **nectar: (식물의) 꿀
***jolt: 덜컹거리다, 흔들리다

① exploit external energy for a purpose
② hide itself with help of the environment
③ coordinate with other plants to trap insects
④ change its shape to absorb more rain water
⑤ modify its hunting strategy on a regular basis

K35 ★★★ .... 2024 실시 3월 학평 31 (고3) 

다음 빈칸에 들어갈 말로 가장 적절한 것을 고르시오.

From about ages eight through sixteen, our manual dexterity has strengthened through continually improving eye-hand coordination. There is considerable improvement in handwriting skills. We gain mastery over the mechanics of language. We also gradually eliminate the logical gaps in our stories — characteristic of our earlier stage of perception — as intense preoccupation with the whole vision gives way to preoccupation with correctness. As a result, our writing and oral storying become increasingly conventional and literal, with an accompanying __________ of the spontaneity and originality that characterized our earlier efforts. At this stage our vocabulary is firmly grounded. We use words everyone else uses. We have little need to invent metaphors to communicate. By now we know that a star is "a hot gaseous mass floating in space" in contrast to our innocent stage, when we noticed, "Look that star is like a flower without a stem!"

*dexterity: (손이나 머리를 쓰는) 재주   **spontaneity: 즉흥성

① loss
② sense
③ increase
④ recovery
⑤ demonstration

다음 빈칸에 들어갈 말로 가장 적절한 것을 고르시오.

The commonsense understanding of the moral status of altruistic acts conforms to how most of us think about our responsibilities toward others. We tend to get offended when someone else or society determines for us how much of what we have should be given away; we are adults and should have the right to make such decisions for ourselves. Yet, when interviewed, altruists known for making the largest sacrifices — and bringing about the greatest benefits to their recipients — assert just the opposite. They insist that they ________________________________. Organ donors, and everyday citizens who risk their own lives to save others in mortal danger are remarkably consistent in their explicit denials that they have done anything deserving of high praise as well as in their assurance that anyone in their shoes should have done exactly the same thing. To be sure, it seems that the *more* altruistic someone is, the more they are likely to insist that they have done no more than all of us would be expected to do, lest we shirk our basic moral obligation to humanity.

*altruistic: 이타적인 **lest: ~하지 않도록 ***shirk: (책임을) 회피하다

① had absolutely no choice but to act as they did
② should have been rewarded financially
③ regretted making such decisions
④ deserved others' appreciation in return
⑤ found the moral obligations inapplicable in risky situations

다음 빈칸에 들어갈 말로 가장 적절한 것을 고르시오. [3점]

Epictetus wrote, "A man's master is he who is able to confirm or remove whatever that man seeks or shuns." If you depend on no one except yourself to satisfy your desires, you will have no master other than yourself and you will be free. Stoic philosophy was about that — taking charge of your life, learning to work on those things that are within your power to accomplish or change and not to waste energy on things you cannot. In particular, the Stoics warned against ________________________________. Often, Epictetus argued, it's not our circumstances that get us down but rather the judgments we make about them. Consider anger. We don't get angry at the rain if it spoils our picnic. That would be silly because we can't do anything about the rain. But we often do get angry if someone mistreats us. We usually can't control or change that person any more than we can stop the rain, so that is equally silly. More generally, it is just as pointless to tie our feelings of well-being to altering another individual's behavior as it is to tie them to the weather. Epictetus wrote, "If it concerns anything not in our control, be prepared to say that it is nothing to you."

*shun: 피하다 **the Stoics: 스토아학파

① making an argument without enough evidence
② listening to others' opinions without judgment
③ reacting emotionally to what is outside your control
④ pretending to have comprehended when you have not
⑤ rationalizing to yourself that the situation is out of control

K38 ❋❋❋ ·········· 2022 대비 6월 모평 32 (고3)

다음 빈칸에 들어갈 말로 가장 적절한 것을 고르시오.

Some of the most insightful work on information seeking emphasizes "strategic self-ignorance," understood as "the use of ignorance as an excuse to engage excessively in pleasurable activities that may be harmful to one's future self." The idea here is that if people are present-biased, they might avoid information that would _________________________ — perhaps because it would produce guilt or shame, perhaps because it would suggest an aggregate trade-off that would counsel against engaging in such activities. St. Augustine famously said, "God give me chastity — tomorrow." Present-biased agents think: "Please let me know the risks — tomorrow." Whenever people are thinking about engaging in an activity with short-term benefits but long-term costs, they might prefer to delay receipt of important information. The same point might hold about information that could make people sad or mad: "Please tell me what I need to know — tomorrow."

*aggregate: 합계의 **chastity: 정결

① highlight the value of preferred activities
② make current activities less attractive
③ cut their attachment to past activities
④ enable them to enjoy more activities
⑤ potentially become known to others

K39 ❋❋❋ ·········· 2024 대비 6월 모평 31 (고3)

다음 빈칸에 들어갈 말로 가장 적절한 것을 고르시오.

People have always needed to eat, and they always will. Rising emphasis on self-expression values does not put an end to material desires. But prevailing economic orientations are gradually being reshaped. People who work in the knowledge sector continue to seek high salaries, but they place equal or greater emphasis on doing stimulating work and being able to follow their own time schedules. Consumption is becoming progressively less determined by the need for sustenance and the practical use of the goods consumed. People still eat, but a growing component of food's value is determined by its _________________ aspects. People pay a premium to eat exotic cuisines that provide an interesting experience or that symbolize a distinctive life-style. The publics of postindustrial societies place growing emphasis on "political consumerism," such as boycotting goods whose production violates ecological or ethical standards. Consumption is less and less a matter of sustenance and more and more a question of life-style — and choice.

*prevail: 우세하다 **cuisine: 요리

① quantitative
② nonmaterial
③ nutritional
④ invariable
⑤ economic

다음 빈칸에 들어갈 말로 가장 적절한 것을 고르시오.

There is a difference between a newsworthy event and news. A newsworthy event will not necessarily become news, just as news is often about an event that is not, in itself, newsworthy. We can define news as an event that is recorded in the news media, regardless of whether it is about a newsworthy event. The very fact of its transmission means that it is regarded as news, even if we struggle to understand why that particular story has been selected from all the other events happening at the same time that have been ignored. News selection is __________ so not all events seen as newsworthy by some people will make it to the news. All journalists are familiar with the scenario where they are approached by someone with the words 'I've got a great story for you'. For them, it is a major news event, but for the journalist it might be something to ignore.

① subjective   ② passive
③ straightforward   ④ consistent
⑤ crucial

다음 빈칸에 들어갈 말로 가장 적절한 것을 고르시오.

In labor-sharing groups, people contribute labor to other people on a regular basis (for seasonal agricultural work such as harvesting) or on an irregular basis (in the event of a crisis such as the need to rebuild a barn damaged by fire). Labor sharing groups are part of what has been called a "moral economy" since no one keeps formal records on how much any family puts in or takes out. Instead, accounting is ____________________. The group has a sense of moral community based on years of trust and sharing. In a certain community of North America, labor sharing is a major economic factor of social cohesion. When a family needs a new barn or faces repair work that requires group labor, a barn-raising party is called. Many families show up to help. Adult men provide manual labor, and adult women provide food for the event. Later, when another family needs help, they call on the same people.

*cohesion: 응집성

① legally established
② regularly reported
③ socially regulated
④ manually calculated
⑤ carefully documented

다음 빈칸에 들어갈 말로 가장 적절한 것을 고르시오.

Animals arguably make art. The male bowerbirds of New Guinea and Australia dedicate huge fractions of their time and energy to creating elaborate structures from twigs, flowers, berries, beetle wings, and even colorful trash. These are the backdrops to their complex mating dances, which include acrobatic moves and even imitations of other species. What's most amazing about the towers and "bowers" they construct is that they aren't stereotyped like a beehive or hummingbird nest. Each one is different. Artistic skill, along with fine craftsbirdship, is rewarded by the females. Many researchers suggest these displays are used by the females to gauge the cognitive abilities of her potential mates, but Darwin thought that she was actually attracted to their *beauty*. In other words, the bowers ____________________; they are appreciated by the females for their own sake, much as we appreciate a painting or a bouquet of spring flowers. A 2013 study looked at whether bowerbirds that did better on cognitive tests were more successful at attracting mates. They were not, suggesting whatever the females are looking for, it isn't a straightforward indicator of cognitive ability.

① block any possibility of reproduction
② aren't simply signals of mate quality
③ hardly sustain their forms long enough
④ don't let the mating competition overheat
⑤ can be a direct indicator of aggressiveness

K43 ★★★·····················2023 실시 7월 학평 33 (고3) 

다음 빈칸에 들어갈 말로 가장 적절한 것을 고르시오. [3점]

Innate behaviors used for finding food, such as grazing, scavenging, or hunting, are more dependent on learning than behaviors used to consume food. Mating, nesting, eating, and prey-killing behaviors tend to be governed more by instinct. The greater dependence on learning to find food makes animals in the wild _________________________________. Behaviors used to kill or consume food can be the same in any environment. Ernst Mayr, an evolutionary biologist, called these different behavioral systems "open" or "closed" to the effects of experience. A lion hunting her prey is an example of an open system. The hunting female lion recognizes her prey from a distance and approaches it carefully. Charles Herrick, a neurobiologist, wrote, "the details of the hunt vary every time she hunts. Therefore no combination of simple reflex arcs laid down in the nervous system will be adequate to meet the infinite variations of the requirements for obtaining food."

*scavenge: 동물의 사체를 찾아 다니다
**reflex arc: 반사궁(충격이 통과하여 반사를 형성하는 신경 경로)

① less cooperative with others in their community
② less focused on monitoring predators' approaches
③ more intelligent to build their natural surroundings
④ more sensitive to visual information than any other stimuli
⑤ more flexible and able to adapt to a variety of environments

K44 ★★★·····················2023 실시 7월 학평 34 (고3) 

다음 빈칸에 들어갈 말로 가장 적절한 것을 고르시오. [3점]

The revolution's victorious party can claim to have resolved the fundamental anomalies of the old paradigm and to have renewed the prospects for successful research governed by shared assumptions. Indeed, the new community typically rewrites the textbooks, and retells its own history, to reflect this point of view. But from the standpoint of the losers, or even of those who look on impartially, such rewritings might seem to mark change without any genuine claim to progress, because there is no neutral standard by which to assess the merits of the change. The resulting body of knowledge is in any case not cumulative, since much of what was previously known (or merely believed) had to be excluded without ever having been conclusively refuted. One likewise cannot plausibly talk about revolutionary reconstitutions of science as aiming toward truth, for similarly, there can be no _________________________________. The available justification of scientific knowledge after revolutions, couched in new terms according to newly instituted standards, may well be sufficient, but perhaps only because these standards and terms are now inevitably our own.

*anomaly: 변칙, 이례 **refute: 반박하다
***plausibly: 그럴듯하게

① official connection between scientists and policy makers
② impartial formulation of standards for its assessment
③ incomplete terms to describe the reconstitutions
④ easy process to learn about new scientific theories
⑤ strong belief that scientific progress benefits everyone

다음 빈칸에 들어갈 말로 가장 적절한 것을 고르시오.

In the post-World War II years after 1945, unparalleled economic growth fueled a building boom and a massive migration from the central cities to the new suburban areas. The suburbs were far more dependent on the automobile, signaling the shift from primary dependence on public transportation to private cars. Soon this led to the construction of better highways and freeways and the decline and even loss of public transportation. With all of these changes came a _______________ of leisure. As more people owned their own homes, with more space inside and lovely yards outside, their recreation and leisure time was increasingly centered around the home or, at most, the neighborhood. One major activity of this home-based leisure was watching television. No longer did one have to ride the trolly to the theater to watch a movie; similar entertainment was available for free and more conveniently from television.

*unparalleled: 유례없는

① downfall
② uniformity
③ restoration
④ privatization
⑤ customization

다음 빈칸에 들어갈 말로 가장 적절한 것을 고르시오. [3점]

It is important to recognise the interdependence between individual, culturally formed actions and the state of cultural integration. People work within the forms provided by the cultural patterns that they have internalised, however contradictory these may be. Ideas are worked out as logical implications or consequences of other accepted ideas, and it is in this way that cultural innovations and discoveries are possible. New ideas are discovered through logical reasoning, but such discoveries are inherent in and integral to the conceptual system and are made possible only because of the acceptance of its premises. For example, the discoveries of new prime numbers are 'real' consequences of the particular number system employed. Thus, cultural ideas show 'advances' and 'developments' because they _______________________. The cumulative work of many individuals produces a corpus of knowledge within which certain 'discoveries' become possible or more likely. Such discoveries are 'ripe' and could not have occurred earlier and are also likely to be made simultaneously by numbers of individuals.

*corpus: 집적(集積) **simultaneously: 동시에

① are outgrowths of previous ideas
② stem from abstract reasoning ability
③ form the basis of cultural universalism
④ emerge between people of the same age
⑤ promote individuals' innovative thinking

K47 ★★★ .... 2024 대비 9월 모평 32 (고3) 

다음 빈칸에 들어갈 말로 가장 적절한 것을 고르시오.

Many people create and share pictures and videos on the Internet. The difficulty is finding what you want. Typically, people want to search using words (rather than, say, example sketches). Because most pictures don't come with words attached, it is natural to try and build tagging systems that tag images with relevant words. The underlying machinery is straightforward — we apply image classification and object detection methods and tag the image with the output words. But tags aren't ________________________.
It matters who is doing what, and tags don't capture this. For example, tagging a picture of a cat in the street with the object categories "cat", "street", "trash can" and "fish bones" leaves out the information that the cat is pulling the fish bones out of an open trash can on the street.

① a set of words that allow users to identify an individual object

② a comprehensive description of what is happening in an image

③ a reliable resource for categorizing information by pictures

④ a primary means of organizing a sequential order of words

⑤ a useful filter for sorting similar but not identical images

K48 ★★❀ .... 2023 실시 10월 학평 31 (고3) 

다음 빈칸에 들어갈 말로 가장 적절한 것을 고르시오.

There's reason to worry that an eyes-on-the-prize mentality could be a mistake. Lots of research shows that we tend to be over-confident about how easy it is to be self-disciplined. This is why so many of us optimistically buy expensive gym memberships when paying per-visit fees would be cheaper, register for online classes we'll never complete, and purchase family-size chips on discount to trim our monthly snack budget, only to consume every last crumb in a single sitting. We think "future me" will be able to make good choices, but too often "present me" gives in to temptation. People have a remarkable ability to ________________ their own failures. Even when we flounder again and again, many of us manage to maintain a rosy optimism about our ability to do better next time rather than learning from our past mistakes. We cling to fresh starts and other reasons to stay upbeat, which may help us get out of bed in the morning but can prevent us from approaching change in the smartest possible way.

＊crumb: 부스러기　＊＊flounder: 실패하다　＊＊＊upbeat: 낙관적인

① criticize

② remind

③ ignore

④ detect

⑤ overestimate

다음 빈칸에 들어갈 말로 가장 적절한 것을 고르시오.

Ecological health depends on keeping the surface of the earth rich in humus and minerals so that it can provide a foundation for healthy plant and animal life. The situation is disrupted if the soil loses these raw materials or if ___________________ ___________________ . When man goes beneath the surface of the earth and drags out minerals or other compounds that did not evolve as part of this system, then problems follow. The mining of lead and cadmium are examples of this. Petroleum is also a substance that has been dug out of the bowels of the earth and introduced into the surface ecology by man. Though it is formed from plant matter, the highly reduced carbon compounds that result are often toxic to living protoplasm. In some cases this is true of even very tiny amounts, as in the case of "polychlorinated biphenyls," a petroleum product which can cause cancer.

*humus: 부식토, 부엽토   **protoplasm: 원형질

① the number of plants on it increases too rapidly
② it stops providing enough nourishment for humans
③ climate change transforms its chemical components
④ alien species prevail and deplete resources around it
⑤ great quantities of contaminants are introduced into it

다음 빈칸에 들어갈 말로 가장 적절한 것을 고르시오.

People have always wanted to be around other people and to learn from them. Cities have long been dynamos of social possibility, foundries of art, music, and fashion. Slang, or, if you prefer, "lexical innovation," has always started in cities — an outgrowth of all those different people so frequently exposed to one another. It spreads outward, in a manner not unlike transmissible disease, which itself typically "takes off" in cities. If, as the noted linguist Leonard Bloomfield argued, the way a person talks is a "composite result of what he has heard before," then language innovation would happen where the most people heard and talked to the most other people. Cities drive taste change because they ________________ ________________, who not surprisingly are often the creative people cities seem to attract. Media, ever more global, ever more far-reaching, spread language faster to more people.

*foundry: 주물 공장   **lexical: 어휘의

① provide rich source materials for artists
② offer the greatest exposure to other people
③ cause cultural conflicts among users of slang
④ present ideal research environments to linguists
⑤ reduce the social mobility of ambitious outsiders

K51 ★★★ .... 2023 실시 10월 학평 33 (고3)

다음 빈칸에 들어갈 말로 가장 적절한 것을 고르시오.

A connection with ancestors, especially remote ones, is useful for getting a wide-angled, philosophical view of life. Whereas our immediate ancestors are notably skilled at helping us with the "little pictures," namely the particular, the trees — say, a problem with a boss — our remote ones are best for seeing the "Big Picture," namely the general, the forest — say, the meaning of our job. As modern people rush around blowing small problems out of proportion, thus contributing to a global anxiety epidemic, ancestral spirits have a broader perspective that can ________________. When it comes to a trivial problem, for example, they'll just tell us, "This too will pass." They appreciate how rapidly and often things change. According to American anthropologist Richard Katz, for instance, Fijians say that from the ancestral viewpoint whatever looks unfortunate may turn out to be fortunate after all: "What may seem to be a horrible outcome ... is seen in another light by the ancestors." The ancestors, it might be said, keep their heads when everyone around them is losing theirs.

*epidemic: 확산 **anthropologist: 인류학자

① calm the disquieted soul
② boost cooperation in the community
③ make us stick to the specific details
④ result in a waste of time
⑤ complicate situations

K52 ★★✿ .... 2023 대비 9월 모평 31 (고3)

다음 빈칸에 들어갈 말로 가장 적절한 것을 고르시오.

More than just *having* territories, animals also *partition* them. And this insight turned out to be particularly useful for zoo husbandry. An animal's territory has an internal arrangement that Heini Hediger compared to the inside of a person's house. Most of us assign separate functions to separate rooms, but even if you look at a one-room house you will find the same internal specialization. In a cabin or a mud hut, or even a Mesolithic cave from 30,000 years ago, this part is for cooking, that part is for sleeping; this part is for making tools and weaving, that part is for waste. We keep ________________. To a varying extent, other animals do the same. A part of an animal's territory is for eating, a part for sleeping, a part for swimming or wallowing, a part may be set aside for waste, depending on the species of animal.

*husbandry: 관리

① an interest in close neighbors
② a neat functional organization
③ a stock of emergency supplies
④ a distance from potential rivals
⑤ a strictly observed daily routine

다음 빈칸에 들어갈 말로 가장 적절한 것을 고르시오.

Fans feel for feeling's own sake. They make meanings beyond what seems to be on offer. They build identities and experiences, and make artistic creations of their own to share with others. A person can be an individual fan, feeling an "idealized connection with a star, strong feelings of memory and nostalgia," and engaging in activities like "collecting to develop a sense of self." But, more often, individual experiences are embedded in social contexts where other people with shared attachments socialize around the object of their affections. Much of the pleasure of fandom _______________________. In their diaries, Bostonians of the 1800s described being part of the crowds at concerts as part of the pleasure of attendance. A compelling argument can be made that what fans love is less the object of their fandom than the attachments to (and differentiations from) one another that those affections afford.

*embed: 끼워 넣다 **compelling: 강력한

① is enhanced by collaborations between global stars

② results from frequent personal contact with a star

③ deepens as fans age together with their idols

④ comes from being connected to other fans

⑤ is heightened by stars' media appearances

다음 빈칸에 들어갈 말로 가장 적절한 것을 고르시오.

The critic who wants to write about literature from a formalist perspective must first be a close and careful reader who examines all the elements of a text individually and questions how they come together to create a work of art. Such a reader, who respects the autonomy of a work, achieves an understanding of it by _______________________. Instead of examining historical periods, author biographies, or literary styles, for example, he or she will approach a text with the assumption that it is a self-contained entity and that he or she is looking for the governing principles that allow the text to reveal itself. For example, the correspondences between the characters in James Joyce's short story "Araby" and the people he knew personally may be interesting, but for the formalist they are less relevant to understanding how the story creates meaning than are other kinds of information that the story contains within itself.

*entity: 실체

① putting himself or herself both inside and outside it

② finding a middle ground between it and the world

③ searching for historical realities revealed within it

④ looking inside it, not outside it or beyond it

⑤ exploring its characters' cultural relevance

K55 ✹✹✹ .... 2022 실시 4월 학평 32 (고3) 

다음 빈칸에 들어갈 말로 가장 적절한 것을 고르시오.

When you are born, your neocortex knows almost nothing. It doesn't know any words, what buildings are like, how to use a computer, or what a door is and how it moves on hinges. It has to learn countless things. The overall structure of the neocortex is not random. Its size, the number of regions it has, and how they are connected together is largely determined by our genes. For example, genes determine what parts of the neocortex are connected to the eyes, what other parts are connected to the ears, and how those parts connect to each other. Therefore, we can say that the neocortex is structured at birth to see, hear, and even learn language. But it is also true that the neocortex doesn't know what it will see, what it will hear, and what specific languages it might learn. We can think of the neocortex as starting life _________________________ but knowing nothing in particular. Through experience, it learns a rich and complicated model of the world.

*neocortex: (대뇌의) 신피질

① having some built-in assumptions about the world
② causing conflicts between genes and environments
③ being able to efficiently reprocess prior knowledge
④ controlling the structure and processing power of the brain
⑤ fighting persistently against the determined world of genes

K56 ✹✹✹ .... 2024 대비 수능 32 (고3) 

다음 빈칸에 들어갈 말로 가장 적절한 것을 고르시오.

A musical score within any film can add an additional layer to the film text, which goes beyond simply imitating the action viewed. In films that tell of futuristic worlds, composers, much like sound designers, have added freedom to create a world that is unknown and new to the viewer. However, unlike sound designers, composers often shy away from creating unique pieces that reflect these new worlds and often present musical scores that possess familiar structures and cadences. While it is possible that this may interfere with creativity and a sense of space and time, it in fact _________________________. Through recognizable scores, visions of the future or a galaxy far, far away can be placed within a recognizable context. Such familiarity allows the viewer to be placed in a comfortable space so that the film may then lead the viewer to what is an unfamiliar, but acceptable vision of a world different from their own.

*score: 악보 **cadence: (율동적인) 박자

① frees the plot of its familiarity
② aids in viewer access to the film
③ adds to an exotic musical experience
④ orients audiences to the film's theme
⑤ inspires viewers to think more deeply

다음 빈칸에 들어갈 말로 가장 적절한 것을 고르시오. [3점]

There have been psychological studies in which subjects were shown photographs of people's faces and asked to identify the expression or state of mind evinced. The results are invariably very mixed. In the 17th century the French painter and theorist Charles Le Brun drew a series of faces illustrating the various emotions that painters could be called upon to represent. What is striking about them is that ________________________.
What is missing in all this is any setting or context to make the emotion determinate. We must know who this person is, who these other people are, what their relationship is, what is at stake in the scene, and the like. In real life as well as in painting we do not come across just faces; we encounter people in particular situations and our understanding of people cannot somehow be precipitated and held isolated from the social and human circumstances in which they, and we, live and breathe and have our being.

*evince: (감정 따위를) 분명히 나타내다 **precipitate: 촉발하다

① all of them could be matched consistently with their intended emotions

② every one of them was illustrated with photographic precision

③ each of them definitively displayed its own social narrative

④ most of them would be seen as representing unique characteristics

⑤ any number of them could be substituted for one another without loss

다음 빈칸에 들어갈 말로 가장 적절한 것을 고르시오. [3점]

We understand that the segregation of our consciousness into present, past, and future is both a fiction and an oddly self-referential framework; your present was part of your mother's future, and your children's past will be in part your present. Nothing is generally wrong with structuring our consciousness of time in this conventional manner, and it often works well enough. In the case of climate change, however, the sharp division of time into past, present, and future has been desperately misleading and has, most importantly, hidden from view the extent of the responsibility of those of us alive now. The narrowing of our consciousness of time smooths the way to divorcing ourselves from responsibility for developments in the past and the future with which our lives are in fact deeply intertwined. In the climate case, it is not that ________________ ________________. It is that the realities are obscured from view by the partitioning of time, and so questions of responsibility toward the past and future do not arise naturally.

*segregation: 분리 **intertwine: 뒤얽히게 하다
***obscure: 흐릿하게 하다

① all our efforts prove to be effective and are thus encouraged

② sufficient scientific evidence has been provided to us

③ future concerns are more urgent than present needs

④ our ancestors maintained a different frame of time

⑤ we face the facts but then deny our responsibility

다음 빈칸에 들어갈 말로 가장 적절한 것을 고르시오. [3점]

Elinor Ostrom found that there are several factors critical to bringing about stable institutional solutions to the problem of the commons. She pointed out, for instance, that the actors affected by the rules for the use and care of resources must have the right to ________________________. For that reason, the people who monitor and control the behavior of users should also be users and/or have been given a mandate by all users. This is a significant insight, as it shows that prospects are poor for a centrally directed solution to the problem of the commons coming from a state power in comparison with a local solution for which users assume personal responsibility. Ostrom also emphasizes the importance of democratic decision processes and that all users must be given access to local forums for solving problems and conflicts among themselves. Political institutions at central, regional, and local levels must allow users to devise their own regulations and independently ensure observance.

* commons: 공유지 ** mandate: 위임

① participate in decisions to change the rules
② claim individual ownership of the resources
③ use those resources to maximize their profits
④ demand free access to the communal resources
⑤ request proper distribution based on their merits

다음 빈칸에 들어갈 말로 가장 적절한 것을 고르시오. [3점]

Development can get very complicated and fanciful. A fugue by Johann Sebastian Bach illustrates how far this process could go, when a single melodic line, sometimes just a handful of notes, was all that the composer needed to create a brilliant work containing lots of intricate development within a coherent structure. Ludwig van Beethoven's famous Fifth Symphony provides an exceptional example of how much mileage a classical composer can get out of a few notes and a simple rhythmic tapping. The opening da-da-da-DUM that everyone has heard somewhere or another ________________________ throughout not only the opening movement, but the remaining three movements, like a kind of motto or a connective thread. Just as we don't always see the intricate brushwork that goes into the creation of a painting, we may not always notice how Beethoven keeps finding fresh uses for his motto or how he develops his material into a large, cohesive statement. But a lot of the enjoyment we get from that mighty symphony stems from the inventiveness behind it, the impressive development of musical ideas.

* intricate: 복잡한 ** coherent: 통일성 있는

① makes the composer's musical ideas contradictory
② appears in an incredible variety of ways
③ provides extensive musical knowledge creatively
④ remains fairly calm within the structure
⑤ becomes deeply associated with one's own enjoyment

다음 빈칸에 들어갈 말로 가장 적절한 것을 고르시오. [3점]

Manufacturers design their innovation processes around the way they think the process works. The vast majority of manufacturers still think that product development and service development are always done by manufacturers, and that their job is always to find a need and fill it rather than to sometimes find and commercialize an innovation that ___________________________. Accordingly, manufacturers have set up market-research departments to explore the needs of users in the target market, product-development groups to think up suitable products to address those needs, and so forth. The needs and prototype solutions of lead users — if encountered at all — are typically rejected as outliers of no interest. Indeed, when lead users' innovations do enter a firm's product line — and they have been shown to be the actual source of many major innovations for many firms — they typically arrive with a lag and by an unusual and unsystematic route.

*lag: 지연

① lead users tended to overlook
② lead users have already developed
③ lead users encountered in the market
④ other firms frequently put into use
⑤ both users and firms have valued

다음 빈칸에 들어갈 말로 가장 적절한 것을 고르시오. [3점]

The entrance to a honeybee colony, often referred to as the dancefloor, is a market place for information about the state of the colony and the environment outside the hive. Studying interactions on the dancefloor provides us with a number of illustrative examples of how individuals changing their own behavior in response to local information ___________________ ___________________. For example, upon returning to their hive honeybees that have collected water search out a receiver bee to unload their water to within the hive. If this search time is short then the returning bee is more likely to perform a waggle dance to recruit others to the water source. Conversely, if this search time is long then the bee is more likely to give up collecting water. Since receiver bees will only accept water if they require it, either for themselves or to pass on to other bees and brood, this unloading time is correlated with the colony's overall need of water. Thus the individual water forager's response to unloading time (up or down) regulates water collection in response to the colony's need.

*brood: 애벌레 **forager: 조달자

① allow the colony to regulate its workforce
② search for water sources by measuring distance
③ decrease the colony's workload when necessary
④ divide tasks according to their respective talents
⑤ train workers to acquire basic communication patterns

K 3 빈칸이 <u>끝부분</u>에 있는 경우

1st 빈칸이 포함된 문장을 읽고, 빈칸에 들어갈 말에 대한 단서를 찾으세요.
2nd **1st**에서 발상한 것들을 토대로 글을 읽으며 핵심 내용을 파악하세요.
3rd 이해한 내용을 바탕으로 선택지를 골라 빈칸 문장을 완성하세요.

K63 ★★★ .... 2026 대비 6월 모평 32 (고3) 

다음 빈칸에 들어갈 말로 가장 적절한 것을 고르시오. [3점]

Writers often give us the impression that they have described the faces of their characters, when in fact they have simply given you an outline to fill in. Of Esch, the most important character in Hermann Broch's masterpiece *The Sleepwalkers*, we learn only that he has big teeth. Even so, we don't feel as if his face is a dentate blankness. Most often, we mistake being told what effect someone's appearance has for an account of that appearance. The poet Mallarmé's advice — *Peindre non la chose, mais l'effet qu'elle produit* ('Paint not the thing itself but the effect it produces') sounds like a self-denying ordinance. Actually it is a rather clever way out of an intractable problem. When, in one of his novels, Evelyn Waugh says of a new character, that 'he had just the kind of appearance one would expect a young man of his type to have' and nothing else, you still feel as if you ___________________________________.

*dentate: 이가 있는 **ordinance: 법령
***intractable: 다루기 힘든

① have been told exactly what he looks like
② have become a member of his social group
③ already know what will happen to him in the story
④ have been given precise details about his behavior
⑤ recognize the core characteristics of his personality

1st 빈칸이 포함된 문장을 읽고, 빈칸에 들어갈 말에 대한 단서를 찾으세요.

When, in one of his novels, Evelyn Waugh says of a
Evelyn Waugh가 자신의 소설 중 하나에서 새로운

new character, / that 'he had just the kind of
인물에 대해 말할 때   "그는 딱 그런 외모를 가지고

appearance / one would expect a young man of his
있었다   / 그런 유형의 젊은이면 가지고 있을 것이라 누구나 예상할

type to have' / and nothing else, / you still feel /
만한" 이라고만 / 다른 설명을 하지 않았을 (때) / 여러분은 여전히 느낀다 /

as if you ___________________________. //
여러분이 _________________ 한 것처럼   //

● **빈칸 문장은 어떤 내용인가요?**

작가가 새로운 인물에 대해 "그런 유형의 젊은이라면 가지고 있을 것이라 누구나 예상할 만한 외모"라고만 설명해도 우리는 '어떻게' 느낀다고 했어요. (단서)

즉, 작가가 묘사하는 인물의 외모에 대해 듣고, 우리가 느끼게 되는 감정 혹은 생각에 대한 내용이 빈칸에 들어갈 거예요.

그런데, '누구나 예상할 만한'이라고 외모를 묘사하는 작가의 표현이 상당히 **❶**(구체적 / 추상적)인 것 같죠? 이렇게 작가가 추상적으로 외모를 언급했을 때, 그로 인해 촉발되는 우리의 생각과 반응에 집중하면 빈칸에 들어갈 말을 찾을 수 있겠군요. (발상)

2nd **1st**에서 발상한 것들을 토대로 글을 읽으며 핵심 내용을 파악하세요.

1) 전반부에서 작가들이 흔히 외모를 묘사하는 방식에 대해 언급하고 있어요.

Writers often give us the impression / that they
작가는 흔히 우리에게 인상을 주지만   / 자신이

have described the faces of their characters, /
등장인물의 얼굴을 묘사했다는   /

when in fact they have simply given you an outline
사실, 그들은 여러분에게 윤곽만 제시했을 뿐이다

/ to fill in. //
/ 채워 넣어야 할 //

● **in fact에 □ 표시했나요?**

in fact(사실)의 앞뒤로 각각 '착각한 내용'과 '실제 발생한 일'이 대비되어 나와요. 앞에서는 작가들이 등장인물의 '얼굴'을 묘사했다고 착각한다고 했는데, 뒤를 보면 사실 실제로 그들이 설명한 건 **❷**(   )일 뿐이었다고 이야기하고 있어요.

즉, 결국에는 작가들이 제공하는 정보는 구체적이지 않다는 것이죠.

2) 비슷한 흐름이 이어지는 부분을 살펴봅시다.

Of Esch, / the most important character in Hermann
Esch에 대해서 / Hermann Broch의 대표작

Broch's masterpiece *The Sleepwalkers*, / we learn
*The Sleepwalkers*에서 가장 중요한 등장인물인 / 우리는

only that he has big teeth. //
그가 큰 치아를 가졌다는 것만 알게 된다 //

Even so, we don't feel / as if his face is a dentate
그렇기는 하지만, 우리는 느끼지는 않는다 / 그의 얼굴이 치아만 있는

blankness. //
공허한 공간인 것처럼 //

● **우리는 작가가 제공한 정보밖에 가질 수 없나요?**
등장인물의 '큰 치아'만 묘사하는 것은 그의 생김새에 대한 세부적인
정보를 주는 것이 아니에요. 그렇다면, 우리는 그저 주어진 추상적이고
제한적인 정보만을 통해 인물의 외모를 그려내야 할까요?
우리가 비록 치아에 대한 정보만 받았지만, 치아만 있는 얼굴로 보진
않는다고 했어요. 그렇다면, 작가가 얼굴을 제대로 묘사하지 않고, 인상만
언급해줘도 우리가 그것을 분명 다르게 받아들인다는 거겠죠?

● **우리가 주목해야 할 내용은 무엇일까요?**
전반부 내용들 역시 먼저 읽은 빈칸 문장과 비슷한 이야기를 하고 있는
것을 알 수 있죠? 작가들이 외모에 대해 묘사하는 것이 구체적이지
않다는 것을 확실히 알았어요.
그럼, 그때 우리의 반응이 나왔나요? 등장인물의 치아에 대해서만
언급해도, 우리가 그의 얼굴이 치아만 있는 것으로 보지는 않는다고
한 것처럼, 아직은 우리가 그 정보의 공백을 직접 채운다는 내용만
언급되었을 뿐이에요. 우리가 '어떻게' 그것을 다르게 느끼는지는
설명하지 않았어요. 그렇다면, 그 부분에 집중하며 글을 좀 더
읽어봅시다.

3) 이제 글의 후반부 내용을 살펴봅시다.

Most often, we mistake / being told what effect
대부분 우리는 착각한다 / 누군가의 외모가 갖고 있는

someone's appearance has / for an account of that
인상을 들은 것을 / 실제 그 외모를 기술한

appearance. //
것으로 //

● **드디어 우리가 '어떻게' 느끼는지가 드러나요!**
우리는 누군가의 외모가 갖는 '인상'에 대해 들은 것을 실제 그
'**3** ( )'를 기술한 것으로 받아들이는데요. 즉, 이 글에서는
작가들이 제공하는 구체적이지 못한 정보들을 '인상'으로 표현하고, 그와
대비되는 실제 생김새에 대한 구체적인 묘사를 '외모에 대한 기술'이라고
표현하고 있다는 것을 알 수 있어요.
이제까지의 내용을 한마디로 정리하면, '우리는 '인상(구체적이지 않음)'에
대해 듣더라도 '외모(구체적인 생김새)'에 대해 들었다고 느낀다'가
되겠군요!

3rd 이해한 내용을 바탕으로 선택지를 골라 빈칸 문장을 완성하세요.

① have been told exactly what he looks like
그가 정확히 어떻게 생겼는지 들은 것

② have become a member of his social group
그의 사회 집단의 구성원이 된 것

③ already know what will happen to him in the story
이야기 속에서 그에게 무슨 일이 일어날지 이미 아는 것

④ have been given precise details about his behavior
그의 행동에 대한 정확한 세부 사항을 전달받은 것

⑤ recognize the core characteristics of his personality
그의 성격의 핵심적 특징을 알아차린 것

● **위 선택지 중에서 빈칸에 알맞은 것을 찾아봅시다.**
빈칸에는 자세한 설명 없이 누군가의 인상에 대해 묘사한 것만 들었을
때 우리가 어떻게 느끼는지가 들어가야 해요. 따라서, '외모(구체적인
생김새)'에 대해 들었다고 생각한다는 내용이 와야겠죠?
①의 what he looks like(그가 어떻게 생겼는지)가 바로 이 '외모(구체적인
생김새)'에 대응된다고 볼 수 있어요. 따라서 정답은 **4** ( )!

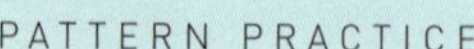

K64 ~ 67 ▶ 제한시간 8분

K64 ★★★ ·················· 2026 대비 수능 32 (고3)

다음 빈칸에 들어갈 말로 가장 적절한 것을 고르시오. [3점]

The basic guidelines for good style are not mysterious; in fact, you use them every day in conversation. In conversation and in writing, we all rely heavily on cooperation to make sense of exchanges, and a polished practical style makes cooperation easier. Writers develop such a style by acknowledging that readers expect the same things that listeners expect in conversation: clarity, relevance, and proportion. If you listen to someone who is not clear, who cannot stay on the topic, or who offers too much or too little information, you will quickly lose interest in the conversation. Writers, too, need to be clear, stay on the topic, and give information appropriately. In fact, this attention to audience and appropriateness may be even more important in writing than in conversation because writing does not permit the nonverbal communication and immediate feedback that are part of conversation. As writers, we have to ________________________; in effect, we have to imagine both halves of a virtual conversation.

① recognize the limitations of writing and conversation
② envision the reader's preference for stylistic writing
③ picture the reader's desire for more knowledge
④ develop collaborative writing with readers
⑤ anticipate the absent reader's response

K65 ★★★ ·················· 2026 대비 수능 33 (고3)

다음 빈칸에 들어갈 말로 가장 적절한 것을 고르시오.

Giving clients sufficient opportunity to react to your designs while in progress is a key to professional success. Similarly, involving prospective building users as well as clients is even more valuable in the long run. Say your client is a large corporation, such as a health care provider. While the hospital administration may serve as your client, no doubt the perspectives of administration personnel will differ significantly from those of doctors, interns, residents, nurses, and other medical staff who use the building regularly. In addition, the experiences of patients and visitors who use the building irregularly, often as a result of life-threatening emergencies, are altogether different as well. Understanding how each type of user experiences the current medical environment as well as how each reacts to your prospective designs inevitably produces a better building. People are likely to be more satisfied with a new building or addition if they ________________________. For a large institution, this can translate into increased productivity on the job, reduced absenteeism, less turnover, and lower costs.

① have been engaged in multiple design training sessions
② are given the opportunity to draft a new design
③ have established trust with the building designers
④ have been consulted in the design process
⑤ share their perspectives on the building with each other

다음 빈칸에 들어갈 말로 가장 적절한 것을 고르시오. [3점]

Kant was a strong defender of the rule of law as the ultimate guarantee, not only of security and peace, but also of freedom. He believed that human societies were moving towards more rational forms regulated by effective and binding legal frameworks because only such frameworks enabled people to live in harmony, to prosper and to co-operate. However, his belief in inevitable progress was not based on an optimistic or high-minded view of human nature. On the contrary, it comes close to Hobbes's outlook: man's violent and conflict-prone nature makes it necessary to establish and maintain an effective legal framework in order to secure peace. We cannot count on people's benevolence or goodwill, but even 'a nation of devils' can live in harmony in a legal system that binds every citizen equally. Ideally, the law is the embodiment of those political principles that all rational beings would freely choose. If such laws forbid them to do something that they would not rationally choose to do anyway, then the law cannot be ________________________.

*benevolence: 자비심

① regarded as reasonably confining human liberty
② viewed as a strong defender of the justice system
③ understood as a restraint on their freedom
④ enforced effectively to suppress their evil nature
⑤ accepted within the assumption of ideal legal frameworks

다음 빈칸에 들어갈 말로 가장 적절한 것을 고르시오.

The digital age has brought remarkable advancements in communication. A message that might have taken weeks to deliver by mail can now be sent in seconds. Yet, in this shift toward efficiency, we've lost something essential: the richness of face-to-face interaction. Think about it — when you communicate through a text or email, you're missing out on nonverbal cues like facial expressions, tone of voice, and body language. These elements carry emotional weight, helping us to interpret meaning and intent. Without them, our understanding of others' emotions is often incomplete, leading to confusion and frustration. Take, for instance, a short reply to an email: "Okay." Depending on the context, the sender's intention might be neutral, annoyed, or even sarcastic. But without vocal inflections or facial expressions to guide us, we are left guessing. This is why digital communication requires heightened emotional awareness — not only to express ourselves effectively but also to decode ________________________.

*inflection: 억양

① the source materials we refer to
② the specific subject being personified
③ the grammatical structures in a speech
④ the emotions behind the words we receive
⑤ the newly-coined words used in the digital era

K68 ★★★ .... 2025 실시 7월 학평 31 (고3) 

다음 빈칸에 들어갈 말로 가장 적절한 것을 고르시오. [3점]

No matter how astoundingly well written, all characters lack the complexity, the detailed history, the ambivalence and the sheer volume of details that your own life has. It is your life that makes your work in the role distinct and individual. Bring your life to the table! By examining the character and the events of the play, and both comparing them to and understanding them through your own life, you personalize the role. By personalizing the role, you deepen your interest and desire to perform this particular part. You know full well that the greater your interest in a task, the better you do it. Once you have fully examined the circumstances in the text, find similar situations in your past. If not precisely similar in event, you can abstract the nature of the circumstance. You may not have killed, but you have been driven to do harm. This simple understanding of the moment in your own terms bonds you consciously and subconsciously with the part. ________________ will sometimes provide you with what you might "do," and doing that often reclaims and releases in you the original emotion. The performance of the role is your own life examined in the light of the circumstances and central themes of the play.

*ambivalence: 양면 가치 **sheer: 엄청난

① Parallel experiences ② Underlying themes
③ Emotional struggles ④ Complex storylines
⑤ Audience feedback

K69 ★★✿ .... 2025 실시 7월 학평 33 (고3) 

다음 빈칸에 들어갈 말로 가장 적절한 것을 고르시오.

The "rosy view" phenomenon tells us that tourists overestimate the happiness experienced during vacations. The actual experience is perceived less enjoyable than anticipated experience and recollected experience. Some researchers further analyzed future vacation choice by investigating how the anticipated, on-line (i.e., during vacation), and remembered vacation experience in terms of emotions, predicted the desire to take a similar vacation in the future. They found that not on-line or predicted experience, but remembered experience predicted the desire to repeat the vacation. Thus, a rosy memory — accurate or not — is a major determinant for future plans for vacation travel. More recent neurological research supports these empirical observations revealing that the area in the brain that gives humans the ability to imagine the future is the same area that ________________ .

*on-line: 진행 중인 **empirical: 실험상의

① recognizes new stimuli
② controls impulsive decisions
③ allows recollection of the past
④ anticipates dangerous situations
⑤ stores repetitive behavioral patterns

다음 빈칸에 들어갈 말로 가장 적절한 것을 고르시오. [3점]

According to philosopher Habermas, the public sphere is 'the sphere of *private* people come together as a public'. Habermas's basic praise of the private sphere contradicts that of the ancients. It is not a realm of mere particularity; it harbours its own universals. It is in fact equal in value to the public sphere. As Habermas explains, 'the public sphere has a *complementary* relation to this private sphere, from which the public, as the bearers of the public sphere, is recruited'. Habermas pictures the private sphere as the waiting room in which people develop the consciousness that enables them to step out in public. This involves self-confidence, critical faculties, opinion- and will-formation, and so on. It is in the private sphere, especially the privacy of one's own home, that one is able to find one's very identity, to achieve existential meaning and a personal conception of the good. It is the lifeworld out of which the public sphere is generated, enabling defects in the economic and political systems to be confronted. Privacy thus _____________ persons for the public sphere, for rational-critical interaction in street meetings or on social media.

① censors
② qualifies
③ misleads
④ compares
⑤ intimidates

다음 빈칸에 들어갈 말로 가장 적절한 것을 고르시오.

There is a view of culture that rejects the idea that culture can be owned. This view is exemplified by Xuanzang, the Chinese traveler who went to India and brought back Buddhist manuscripts. It was embraced by Arab and Persian scholars who translated Greek philosophy. It was practiced by countless scribes, teachers, and artists who found inspiration far outside their local culture. Culture, for these figures, is made not only from the resources of one community but also from encounters with other cultures. It is crafted not only from the lived experience of individuals but also from borrowed forms and ideas that help individuals understand and articulate their experience in new ways. When seen through the lens of culture as property, these figures might appear to be unwelcome visitors, appropriators, even thieves. But they pursued their work with humility and dedication because they understood instinctively that ____________________________; they knew that false ideas of property and ownership impose limits and constraints, leading to impoverished forms of expression.

*appropriator: 도용하는 사람

① culture evolves through circulation
② borrowing undermines cultural identity
③ culture belongs to the people born into it
④ ownership of culture ensures its preservation
⑤ cultural boundaries promote artistic originality

K72 ★★★ ·············· 2025 실시 5월 학평 33 (고3)

다음 빈칸에 들어갈 말로 가장 적절한 것을 고르시오. [3점]

An expense that reinforces the honesty of a signal is its potential reputational cost. For example, a signal might be considered costly when there's a greater risk that a dishonest signaller will receive a penalty as a result. The most powerful signals in nature aren't directed one-to-one. The brightly coloured poison frog and the impressive tail of the peacock are for *all* to see. The more witnesses of a signal, the higher the risk is for a dishonest signaller. Interestingly, the arrival of digital communications (specifically targeted ads online), is limiting this reputational risk, theoretically reducing the impact of a communicator's signal. Writer Don Marti hypothesises that, in communications, "targeting breaks signalling." This means that when you see an advertisement that's targeting you alone, it's more like a cold call than a public message. It doesn't carry the same credible information about the seller's intentions because it's free of reputational cost. It's maybe no surprise that deceptive sellers have far more success online than through more public communication channels. To build trust, often it's not just about seeing the message, it's knowing that ________________________.

* cold call: 상품 등의 판매를 위한 임의의 권유 전화

① it is clear and specific
② it is targeting your emotions
③ other people have seen it too
④ what it contains is consistent
⑤ it perfectly meets one's needs

K73 ★★★ ·············· 2025 실시 5월 학평 34 (고3)

다음 빈칸에 들어갈 말로 가장 적절한 것을 고르시오. [3점]

When someone recounts their story of some tragedy, the other responds with 'I feel for you. That happened to me.' Through identification, the object of the emotional response shifts from the other person to oneself. Such identification fails to count as empathy since it is not a genuine instance of sharing in the emotional response of the other (with temporarily activated concern for the other) but is a simple projection of the self onto the other. It is merely one's own — imagined or remembered — emotional response. To put this in other words, there is a forgetting that it is not you but the other who is in the situation. What happens in the case of empathy is an attempt to appreciate a situation from another's point of view ________________________. In other words, we attempt to consider what it is to experience such circumstances with a particular set of beliefs and desires that we take the other to hold (which may or may not overlap with our own).

① despite having no background knowledge of this
② by imagining how you would feel in the same situation
③ with a focus on hiding our negative emotional response
④ without losing sight of this being experienced by the other
⑤ through finding the overlapping area between me and the other

다음 빈칸에 들어갈 말로 가장 적절한 것을 고르시오. [3점]

In one of the most famous passages of *Being and Nothingness*, "The Look," Jean-Paul Sartre describes the peculiar vulnerability that develops when someone goes from seeing (being a self with a perspective on the world) to being seen (having to confront the perspective of another on one's self). He illustrates it with the example of someone looking through a keyhole who suddenly finds himself caught by someone watching him. The look of the other is always unnerving, Sartre argues, not only because we momentarily recognize ourselves in it through our imagination of their judgment of us but also because we don't. We can always step back, challenge our perception of others' perceptions of ourselves, or explain them away — but we don't know what these perceptions really are. Others have the distinctive power of making us feel judged in ways we cannot fully control. Social life is all about the fear that accompanies our awareness that we can never ___________________________. We can only guess.

*peculiar: 특유의 **vulnerability: 취약성

① access what the other sees
② be certain of the best choice
③ fully comprehend social consensus
④ know what others' weaknesses are
⑤ fail to judge the validity of our view

다음 빈칸에 들어갈 말로 가장 적절한 것을 고르시오. [3점]

Perceived distance of objects that are far away from the observer is often assumed to be subject to some global limitation in the sense that the moon, the stars, and the sun are all perceived at the "sky": that is, at about the same distance. This observation is related to the idea that visual space is not open but ends at visible surfaces or, indeed, the sky. Uexküll and Kriszat (1934) suggested that this is realized as a hard limit, which they call the "farthest plane." If an observed person or object would walk beyond this farthest plane, it would no longer be perceived as moving further away, but rather as shrinking in size. This observation is actually quite common; if looking down from a high tower, for example, cars or even houses on the ground below may appear as if they were toys: that is, shrunk, presumably because they are perceived at the distance of the farthest plane while subtending a visual angle that corresponds to a larger distance. The farthest plane would thus ___________________________.

*subtend: ~에 대(對)하다

① prove the boundless reach of visual space
② mark the limit of the perception of size constancy
③ cause objects to look more vivid as they approach it
④ allow objects to appear larger as they move beyond it
⑤ provide a reference point for calculating the exact distance

K76 ★★★ .... 2025 실시 3월 학평 34 (고3)

다음 빈칸에 들어갈 말로 가장 적절한 것을 고르시오.

In both the arts and the sciences, an aesthetics of simplicity facilitates the precise communication of messages. Both are also fairly systematic. Although many people believe that art is by definition wild and intuitive, while only science is methodologically disciplined, there is a great deal of evidence — including from artists talking about their own practices — to suggest that art is often created methodically and systematically, and that frameworks and forms permit creativity to flow. Instead of being liberating, freedom without limits is almost paralysing, because without frameworks we end up in a vacuum in which our actions generate no response. As the Danish poet and filmmaker Jørgen Leth has put it many times, 'the rules of the game' are a prerequisite for artistic freedom. They provide a solid form or structure that enables the artist to make use of 'the gifts of chance' (to use Leth's expression), and in which a part of the world can be exhibited in a non-chaotic manner. In order to create beauty, ________________.

*paralyse: 마비시키다 **prerequisite: 전제 조건

① the artist must restrict him- or herself
② creative minds must maintain their originality
③ the creator must trust his or her own instinct
④ one must think outside the predefined framework
⑤ the scientist must embrace the role of coincidence

K77 ★★★❀ .... 2025 대비 6월 모평 32 (고3)

다음 빈칸에 들어갈 말로 가장 적절한 것을 고르시오.

Creativity is commonly defined as the production of ideas that are both novel (original, new) and useful (appropriate, feasible). Ideas that are original but not useful are irrelevant, and ideas that are useful but not original are unremarkable. While this definition is widely used in research, an important aspect of creativity is often ignored: Generating creative ideas rarely is the final goal. Rather, to successfully solve problems or innovate requires one or a few good ideas that really work, and work better than previous approaches. This requires that people evaluate the products of their own or each other's imagination, and choose those ideas that seem promising enough to develop further, and abandon those that are unlikely to be successful. Thus, being creative ________________________.
In fact, the ability to generate creative ideas is essentially useless if these ideas subsequently die a silent death.

① does not stop with idea generation
② rarely originates from practical ideas
③ is often regarded as a shortcut to innovation
④ frequently gives way to unanticipated success
⑤ brings out tension between novelty and relevancy

K78 ★★★ .... 2025 대비 9월 모평 33 (고3)

다음 빈칸에 들어갈 말로 가장 적절한 것을 고르시오.

City quality is so crucial for optional activities that the extent of staying activities can often be used as a measuring stick for the quality of the city as well as of its space. Many pedestrians in a city are not necessarily an indication of good city quality — many people walking around can often be a sign of insufficient transit options or long distances between the various functions in the city. Conversely, it can be claimed that a city in which many people are not walking often indicates good city quality. In a city like Rome, it is the large number of people standing or sitting in squares rather than walking that is conspicuous. And it's not due to necessity but rather that

________________________________. It is hard to keep moving in city space with so many temptations to stay. In contrast are many new quarters and complexes that many people walk through but rarely stop or stay in.

*pedestrian: 보행자 **conspicuous: 눈에 띄는

① the city quality is so inviting
② public spaces are already occupied
③ public transportation is not available
④ major tourist spots are within walking distance
⑤ the city's administrative buildings are concentrated

다음 빈칸에 들어갈 말로 가장 적절한 것을 고르시오. [3점]

There was nothing modern about the idea of men making women's clothes — we saw them doing it for centuries in the past. In the old days, however, the client was always primary and her tailor was an obscure craftsman, perhaps talented but perhaps not. She had her own ideas like any patron, there were no fashion plates, and the tailor was simply at her service, perhaps with helpful suggestions about what others were wearing. Beginning in the late nineteenth century, with the hugely successful rise of the artistic male couturier, it was the designer who became celebrated, and the client elevated by his inspired attention. In a climate of admiration for male artists and their female creations, the dress-designer first flourished as the same sort of creator. Instead of the old rule that dressmaking is a craft, _______________ was invented that had not been there before.

*obscure: 무명의 **patron: 후원자
***couturier: 고급 여성복 디자이너

① a profitable industry driving fast fashion
② a widespread respect for marketing skills
③ a public institution preserving traditional designs
④ a modern connection between dress-design and art
⑤ an efficient system for producing affordable clothing

다음 빈칸에 들어갈 말로 가장 적절한 것을 고르시오.

Behavior is, for the most part, a product of genes and brain neuropathways. Consider the elegant chemistry at work when living organisms move, think, behave, and act. Certainly, the environment is a factor here because it can influence *how* we act. An analogy would illustrate this adequately. Think of the environment as gasoline, and our body as the engine. Truly, the engine does not run without the gasoline, but all the intricate parts of the engine are the product of *physical architecture*, designed and assembled for a reactive purpose long before the gasoline is injected. Inject more gas and the engine accelerates, less, and it slows. The same is true for an organism. Behavior is a *response* to the environment. We have 'free will,' but the ultimate characteristic of that response can only act with respect to the architecture of our genes and our brain. In other words, the environment can, effectively, accelerate or slow down a potential behavior, but the engine for that behavior _______________; therefore, the environment is but a catalyst.

*analogy: 유사점 **intricate: 복잡한 ***catalyst: 촉매, 기폭제

① malfunctions even with correct input
② is already built and functional
③ tends to shut down periodically
④ runs in an unpredictable manner
⑤ is subject to change without notice

다음 빈칸에 들어갈 말로 가장 적절한 것을 고르시오.

The growth of academic disciplines and sub-disciplines, such as art history or palaeontology, and of particular figures such as the art critic, helped produce principles and practices for selecting and organizing what was worthy of keeping, though it remained a struggle. Moreover, as museums and universities drew further apart toward the end of the nineteenth century, and as the idea of objects as a highly valued route to knowing the world went into decline, collecting began to lose its status as a worthy intellectual pursuit, especially in the sciences. The really interesting and important aspects of science were increasingly those invisible to the naked eye, and the classification of things collected no longer promised to produce cutting-edge knowledge. The term "butterfly collecting" could come to be used with the adjective "mere" to indicate a pursuit of __________ academic status.

*palaeontology: 고생물학 **adjective: 형용사

① competitive   ② novel
③ secondary   ④ reliable
⑤ unconditional

K82 ★★★ .... 2024 대비 6월 모평 33 (고3)

다음 빈칸에 들어갈 말로 가장 적절한 것을 고르시오. [3점]

Whatever their differences, scientists and artists begin with the same question: *can you and I see the same thing the same way? If so, how?* The scientific thinker looks for features of the thing that can be stripped of subjectivity — ideally, those aspects that can be quantified and whose values will thus never change from one observer to the next. In this way, he arrives at a reality independent of all observers. The artist, on the other hand, relies on the strength of her artistry to effect a marriage between her own subjectivity and that of her readers. To a scientific thinker, this must sound like magical thinking: *you're saying you will imagine something so hard it'll pop into someone else's head exactly the way you envision it?* The artist has sought the opposite of the scientist's observer-independent reality. She creates a reality dependent upon observers, indeed a reality in which ________________________________ in order for it to exist at all.

① human beings must participate
② objectivity should be maintained
③ science and art need to harmonize
④ readers remain distanced from the arts
⑤ she is disengaged from her own subjectivity

K83 ★★★ .... 2024 대비 6월 모평 34 (고3)

다음 빈칸에 들어갈 말로 가장 적절한 것을 고르시오. [3점]

One of the common themes of the Western philosophical tradition is the distinction between sensual perceptions and rational knowledge. Since Plato, the supremacy of rational reason is based on the assertion that it is able to extract true knowledge from experience. As the discussion in the *Republic* helps to explain, perceptions are inherently unreliable and misleading because the senses are subject to errors and illusions. Only the rational discourse has the tools to overcome illusions and to point towards true knowledge. For instance, perception suggests that a figure in the distance is smaller than it really is. Yet, the application of logical reasoning will reveal that the figure only appears small because it obeys the laws of geometrical perspective. Nevertheless, even after the perspectival correction is applied and reason concludes that perception is misleading, the figure still *appears* small, and the truth of the matter is revealed ________________________________.

*discourse: 담화   **geometrical: 기하학의

① as the outcome of blindly following sensual experience
② by moving away from the idea of perfect representation
③ beyond the limit of where rational knowledge can approach
④ through a variety of experiences rather than logical reasoning
⑤ not in the perception of the figure but in its rational representation

다음 빈칸에 들어갈 말로 가장 적절한 것을 고르시오.

Humour involves not just practical disengagement but cognitive disengagement. As long as something is funny, we are for the moment not concerned with whether it is real or fictional, true or false. This is why we give considerable leeway to people telling funny stories. If they are getting extra laughs by exaggerating the silliness of a situation or even by making up a few details, we are happy to grant them comic licence, a kind of poetic licence. Indeed, someone listening to a funny story who tries to correct the teller — 'No, he didn't spill the spaghetti on the keyboard and the monitor, just on the keyboard' — will probably be told by the other listeners to stop interrupting. The creator of humour is putting ideas into people's heads for the pleasure those ideas will bring, not to provide ___________ information.

*cognitive: 인식의 **leeway: 여지

① accurate
② detailed
③ useful
④ additional
⑤ alternative

다음 빈칸에 들어갈 말로 가장 적절한 것을 고르시오. [3점]

An invention or discovery that is too far ahead of its time is worthless; no one can follow. Ideally, an innovation opens up only the next step from what is known and invites the culture to move forward one hop. An overly futuristic, unconventional, or visionary invention can fail initially (it may lack essential not-yet-invented materials or a critical market or proper understanding) yet succeed later, when the ecology of supporting ideas catches up. Gregor Mendel's 1865 theories of genetic heredity were correct but ignored for 35 years. His sharp insights were not accepted because they did not explain the problems biologists had at the time, nor did his explanation operate by known mechanisms, so his discoveries were out of reach even for the early adopters. Decades later science faced the urgent questions that Mendel's discoveries could answer. Now his insights __________________________________. Within a few years of one another, three different scientists each independently rediscovered Mendel's forgotten work, which of course had been there all along.

*ecology: 생태 환경 **heredity: 유전

① caught up to modern problems
② raised even more questions
③ addressed past and current topics alike
④ were only one step away
⑤ regained acceptance of the public

K86 ❋❋❋ ········· 2024 대비 수능 31 (고3)

다음 빈칸에 들어갈 말로 가장 적절한 것을 고르시오.

Over the last decade the attention given to how children learn to read has foregrounded the nature of *textuality*, and of the different, interrelated ways in which readers of all ages make texts mean. 'Reading' now applies to a greater number of representational forms than at any time in the past: pictures, maps, screens, design graphics and photographs are all regarded as text. In addition to the innovations made possible in picture books by new printing processes, design features also predominate in other kinds, such as books of poetry and information texts. Thus, reading becomes a more complicated kind of interpretation than it was when children's attention was focused on the printed text, with sketches or pictures as an adjunct. Children now learn from a picture book that words and illustrations complement and enhance each other. Reading is not simply _______________________. Even in the easiest texts, what a sentence 'says' is often not what it means.

*adjunct: 부속물

① knowledge acquisition
② word recognition
③ imaginative play
④ subjective interpretation
⑤ image mapping

K87 ❋❋❋ ························· 2023 대비 6월 모평 31 (고3)

다음 빈칸에 들어갈 말로 가장 적절한 것을 고르시오.

Young contemporary artists who employ digital technologies in their practice rarely make reference to computers. For example, Wade Guyton, an abstractionist who uses a word processing program and inkjet printers, does not call himself a computer artist. Moreover, some critics, who admire his work, are little concerned about his extensive use of computers in the art-making process. This is a marked contrast from three decades ago when artists who utilized computers were labeled by critics — often disapprovingly — as computer artists. For the present generation of artists, the computer, or more appropriately, the laptop, is one in a collection of integrated, portable digital technologies that link their social and working life. With tablets and cell phones surpassing personal computers in Internet usage, and as slim digital devices resemble nothing like the room-sized mainframes and bulky desktop computers of previous decades, it now appears that the computer artist is finally __________.

① awake   ② influential
③ distinct   ④ troublesome
⑤ extinct

K88 ★★★ 2022 대비 6월 모평 33 (고3)

다음 빈칸에 들어갈 말로 가장 적절한 것을 고르시오. [3점]

Concepts of nature are always cultural statements. This may not strike Europeans as much of an insight, for Europe's landscape is so much of a blend. But in the new worlds — 'new' at least to Europeans — the distinction appeared much clearer not only to European settlers and visitors but also to their descendants. For that reason, they had the fond conceit of primeval nature uncontrolled by human associations which could later find expression in an admiration for wilderness. Ecological relationships certainly have their own logic and in this sense 'nature' can be seen to have a self-regulating but not necessarily stable dynamic independent of human intervention. But the context for ecological interactions ________________________________. We may not determine how or what a lion eats but we certainly can regulate where the lion feeds.

*conceit: 생각 **primeval: 원시(시대)의 ***ecological: 생태학의

① has supported new environment-friendly policies
② has increasingly been set by humanity
③ inspires creative cultural practices
④ changes too frequently to be regulated
⑤ has been affected by various natural conditions

1등급 대비 문제

K89 ～ 93 ▶ 제한시간 13.5분

K89 ⭐ 2등급 대비 2023 대비 수능 31 (고3)

다음 빈칸에 들어갈 말로 가장 적절한 것을 고르시오.

There is something deeply paradoxical about the professional status of sports journalism, especially in the medium of print. In discharging their usual responsibilities of description and commentary, reporters' accounts of sports events are eagerly consulted by sports fans, while in their broader journalistic role of covering sport in its many forms, sports journalists are among the most visible of all contemporary writers. The ruminations of the elite class of 'celebrity' sports journalists are much sought after by the major newspapers, their lucrative contracts being the envy of colleagues in other 'disciplines' of journalism. Yet sports journalists do not have a standing in their profession that corresponds to the size of their readerships or of their pay packets, with the old saying (now reaching the status of cliché) that sport is the 'toy department of the news media' still readily to hand as a dismissal of the worth of what sports journalists do. This reluctance to take sports journalism seriously produces the paradoxical outcome that sports newspaper writers are much read but little ________________.

*discharge: 이행하다 **rumination: 생각
***lucrative: 돈을 많이 버는

① paid   ② admired
③ censored   ④ challenged
⑤ discussed

다음 빈칸에 들어갈 말로 가장 적절한 것을 고르시오. [3점]

In trying to explain how different disciplines attempt to understand autobiographical memory the literary critic Daniel Albright said, "Psychology is a garden, literature is a wilderness." He meant, I believe, that psychology seeks to make patterns, find regularity, and ultimately impose order on human experience and behavior. Writers, by contrast, dive into the unruly, untamed depths of human experiences. What he said about understanding memory can be extended to our questions about young children's minds. If we psychologists are too bent on identifying the orderly pattern, the regularities of children's minds, we may miss an essential and pervasive characteristic of our topic: the child's more unruly and imaginative ways of talking and thinking. It is not only the developed writer or literary scholar who seems drawn toward a somewhat wild and idiosyncratic way of thinking; young children are as well. The psychologist interested in young children may have to ________________________ in order to get a good picture of how children think.

*unruly: 제멋대로 구는 **pervasive: 널리 퍼져 있는
***idiosyncratic: 색다른

① venture a little more often into the wilderness
② help them recall their most precious memories
③ better understand the challenges of parental duty
④ disregard the key characteristics of children's fiction
⑤ standardize the paths of their psychological development

다음 빈칸에 들어갈 말로 가장 적절한 것을 고르시오. [3점]

Emma Brindley has investigated the responses of European robins to the songs of neighbors and strangers. Despite the large and complex song repertoire of European robins, they were able to discriminate between the songs of neighbors and strangers. When they heard a tape recording of a stranger, they began to sing sooner, sang more songs, and overlapped their songs with the playback more often than they did on hearing a neighbor's song. As Brindley suggests, the overlapping of song may be an aggressive response. However, this difference in responding to neighbor versus stranger occurred only when the neighbor's song was played by a loudspeaker placed at the boundary between that neighbor's territory and the territory of the bird being tested. If the same neighbor's song was played at another boundary, one separating the territory of the test subject from another neighbor, it was treated as the call of a stranger. Not only does this result demonstrate that ________________________, but it also shows that the choice of songs used in playback experiments is highly important.

*robin: 울새 **territory: 영역

① variety and complexity characterize the robins' songs
② song volume affects the robins' aggressive behavior
③ the robins' poor territorial sense is a key to survival
④ the robins associate locality with familiar songs
⑤ the robins are less responsive to recorded songs

다음 빈칸에 들어갈 말로 가장 적절한 것을 고르시오. [3점]

Any attempt to model musical behavior or perception in a general way is filled with difficulties. With regard to models of perception, the question arises of whose perception we are trying to model — even if we confine ourselves to a particular culture and historical environment. Surely the perception of music varies greatly between listeners of different levels of training; indeed, a large part of music education is devoted to developing and enriching (and therefore likely changing) these listening processes. While this may be true, I am concerned here with fairly basic aspects of perception — particularly meter and key — which I believe are relatively consistent across listeners. Anecdotal evidence suggests, for example, that most people are able to ''find the beat'' in a typical folk song or classical piece. This is not to say that there is complete uniformity in this regard — there may be occasional disagreements, even among experts, as to how we hear the tonality or meter of a piece. But I believe ______________________________________ .

*anecdotal: 일화의

① our devotion to narrowing these differences will emerge

② fundamental musical behaviors evolve within communities

③ these varied perceptions enrich shared musical experiences

④ the commonalities between us far outweigh the differences

⑤ diversity rather than uniformity in musical processes counts

다음 빈칸에 들어갈 말로 가장 적절한 것을 고르시오. [3점]

Precision and determinacy are a necessary requirement for all meaningful scientific debate, and progress in the sciences is, to a large extent, the ongoing process of achieving ever greater precision. But historical representation puts a premium on a proliferation of representations, hence not on the refinement of one representation but on the production of an ever more varied set of representations. Historical insight is not a matter of a continuous "narrowing down" of previous options, not of an approximation of the truth, but, on the contrary, is an "explosion" of possible points of view. It therefore aims at the unmasking of previous illusions of determinacy and precision by the production of new and alternative representations, rather than at achieving truth by a careful analysis of what was right and wrong in those previous representations. And from this perspective, the development of historical insight may indeed be regarded by the outsider as a process of creating ever more confusion, a continuous questioning of ______________________________ , rather than, as in the sciences, an ever greater approximation to the truth.

*proliferation: 증식

① criteria for evaluating historical representations

② certainty and precision seemingly achieved already

③ possibilities of alternative interpretations of an event

④ coexistence of multiple viewpoints in historical writing

⑤ correctness and reliability of historical evidence collected

 **어휘 Review**

※ 다음 영어는 우리말 뜻을, 우리말은 영어 단어를 〈보기〉에서 찾아 쓰시오.

01 comprehend ___________________

02 trail ___________________

03 adequate ___________________

04 reference ___________________

05 trivial ___________________

06 상업화하다 ___________________

07 통합하다 ___________________

08 영역 ___________________

09 감추다, 숨기다 ___________________

10 전기(傳記) ___________________

※ 다음 우리말에 알맞은 영어 표현을 찾아 연결하시오.

11 ~와 관계없이 ·　　　　　· regardless of

12 ~ 등등 ·　　　　　· lay down

13 (흔적·자취 등을) 남기다 ·　　　· and so forth

14 ~을 …로 착각하다 ·　　　· mistake ~ for …

15 ~으로 향하다 ·　　　　　· head for

※ 다음 우리말 표현에 맞는 단어를 고르시오.

16 이례적인 경로 ➡ an unusual (route / root)

17 합리적 이성의 우월성 ➡ the (supremacy / surgery) of rational reason

18 참석의 즐거움 ➡ the pleasure of (abundance / attendance)

19 초보 개미의 신체 ➡ the body of a (novice / veteran) ant

20 중요한 몇 가지 과정 ➡ the (plentiful / handful) of processes that matter

※ 다음 문장의 빈칸에 알맞은 단어를 〈보기〉에서 찾아 쓰시오.

21 디지털 정보를 전달하는 물리적 매체는 상당히 취약하다.
➡ The physical media that carry digital information are quite ___________.

22 같은 종류의 창작자로서 의상 디자이너는 처음으로 번영했다.
➡ The dress-designer first ___________ as the same sort of creator.

23 심리학은 정원이고 문학은 황무지이다.
➡ Psychology is a garden, literature is a(n) ___________.

24 우리는 그의 얼굴이 치아만 있는 공허한 공간인 것처럼 느껴지는 않는다.
➡ We don't feel as if his face is a dentate ___________.

25 그들은 이웃 새와 낯선 새의 노래를 구별할 수 있었다.
➡ They were able to ___________ between the songs of neighbors and strangers.

26 Ludwig van Beethoven의 유명한 5번 교향곡은 이례적일 정도로 우수한 예를 제공한다.
➡ Ludwig van Beethoven's famous Fifth Symphony provides a(n) ___________ example.

27 고고학자들은 문화의 유형적인 측면에 초점을 맞추는 경향이 있다.
➡ Archaeologists tend to focus on ___________ aspects of culture.

28 반면에 작가는 인간 경험의 제멋대로 굴고, 길들지 않은 깊이를 파고든다.
➡ Writers, by contrast, dive into the unruly, ___________ depths of human experiences.

29 많은 개인의 축적된 작업은 집적된 지식을 생산한다.
➡ The ___________ work of many individuals produces a corpus of knowledge.

30 과학은 Mendel의 발견이 답할 수 있는 긴급한 질문에 직면했다.
➡ Science faced the ___________ questions that Mendel's discoveries could answer.

L 흐름에 맞지 않는 문장 찾기

★ 유형 설명

다음 글에서 전체 흐름과 관계 없는 문장은?

A genuine glacier must be permanent.
Generally, this implies that sufficient fresh

첫 문장 이후로 이어지는 글의 논리적인 흐름을 방해하거나
주제와 동떨어진 진술을 하는 문장을 골라내야 한다.

첫 문장을 읽고, 글의 핵심 소재와 주제를 파악한다.
이어지는 각각의 문장이 앞 문장과 자연스럽게, 적절한 연결어
등으로 연결되는지 확인한다.
전체 글이나 앞 문장에 등장한 소재를 다루긴 하지만 전혀
동떨어진 이야기를 하는 문장이 정답인 경우가 많다.

유형 풀이 비법

1 글의 흐름을 확인하라!

• 문장 간의 논리적 흐름을 위해 지시어와 연결어를 본다.

2 글의 주제를 파악하라!

• 주제나 요지를 파악하고, 이에 어긋나는 문장을 찾는다.

3 반전을 찾아라!

• 갑작스러운 비약이나 반전이 나타나는 곳이 있는지 살핀다.

> Tip 정답으로 고른 문장을 빼고 읽어 보면서 앞뒤 연결이
> 자연스러운지 확인한다.

★ 최신 수능 경향 분석

대비 연도	월	문항 번호	지문 주제	난이도
2026	11	35번	자기관리를 미룰 때 발생하는 누적된 영향	★★☆
	9	35번	다양한 멘토링 네트워크의 필요성과 그 효과	★★☆
	6	35번	기후 변화로 인한 전 세계 빙하의 급격한 감소	★★☆
2025	11	35번	스포츠와 관광의 발전에서 자동차의 중요한 역할	★★☆
	9	35번	판매업자의 물품 확보를 위한 조직망	★★☆
	6	35번	새가 노래를 학습하는 단계	★★☆
2024	11	35번	빨리 말하는 것이 가져올 수 있는 언어적 위험 부담	★★☆
	9	35번	재택근무의 발전	★★☆
	6	35번	전문가와 초보자의 차이	★★☆

★ 2026 수능 출제 분석

선택지가 나오기 전에 있는 문장들을 통해 글의 주제를 파악해야
쉽게 풀 수 있는 유형이다. '자기관리 활동을 위한 시간을 안
만들려고 하는 사람은 거의 없지만, 우선순위에서 밀려나는
경우가 많다'는 내용의 두 문장을 토대로, 목공 수업에 등록해야
한다는 문장이 전체 흐름과 관계 없다는 것을 알 수 있었다.

★ 2027 수능 예측

글을 읽고 글의 내용이 한눈에 들어오도록 정리하는 연습을 통해
글의 전개 방식을 이해하는 훈련을 하면 도움이 된다.

어휘 및 표현 Preview

☐ **permanent** 영구적인
☐ **dominant** 지배적인, 우세한
☐ **overlap** 겹치다
☐ **several** 몇몇의
☐ **impressive** 인상적인
☐ **storage** 저장
☐ **initial** 초기의
☐ **effort** 노력
☐ **reproduce** 재현하다
☐ **successful** 성공적인
☐ **uneven** 고르지 않은
☐ **pitch** 음정
☐ **reveal** 보여주다

☐ **period** 기간
☐ **accurate** 정확한
☐ **template** 본보기
☐ **important** 중요한
☐ **shape** 형성하다
☐ **limitation** 한계
☐ **deafen** 귀를 먹게 만들다
☐ **emerge** 드러나다, 판명되다
☐ **dealer** 판매업자
☐ **offer** 제공하다
☐ **merely** 단지
☐ **on display** 전시[진열]된
☐ **stock** 재고

☐ **particular** 특정한
☐ **actively** 적극적으로
☐ **seek** 찾다
☐ **specific** 특정한
☐ **collection** 소장품
☐ **business** 사업
☐ **devote** 전념하다
☐ **inevitably** 필연적으로
☐ **professional** 전문적인
☐ **subject** 대상
☐ **enquire** 문의하다
☐ **availability** 구할[이용할] 수 있는

☐ **crucially** 결정적으로
☐ **overseas** 해외[외국/국외]의
☐ **category** 범주
☐ **routinely** 정례적으로
☐ **inform** 알리다[통지하다]
☐ **auction** 경매
☐ **private** 개인의
☐ **enough** 충분히
☐ **occasionally** 가끔
☐ **on sale** 판매되는[구입할 수 있는]

L 흐름에 맞지 않는 문장 찾기 (첫 번째)

1st 선택지가 아닌 문장을 통해 글의 소재를 확인하고, 전개 방향을 예측해 보세요.
2nd 문장을 하나씩 살펴보면서 앞뒤 문장의 관계를 파악하세요.
3rd 정답으로 추론한 문장을 제외하면 그 앞뒤 문장이 적절한 흐름이 되는지 확인하세요.

L01 ★★✽ .... 2026 대비 9월 모평 35 (고3)

다음 글에서 전체 흐름과 관계 <u>없는</u> 문장은?

All workers need access to mentors that can provide them with valuable information about their job, their workplace, and the resources that are available within their organization. Mentors also provide much needed psychosocial support. ① Having a diverse network of mentors is important for dominant and minority group members alike. ② Minority group members need diverse mentors so that they can gain insight into what it means to be employed by a particular organization or in a particular field or profession. ③ Majority workers benefit by having a network of diverse mentors because it increases their understanding and sensitivity to the unique realities of diverse workers and their own identity, and perhaps even their own forms of privilege. ④ Mentoring has been typically required and praised as an essential component in the personal development of employers. ⑤ The ultimate goal of these mentoring opportunities is to have individuals be more informed, identified, and engaged in their work and in their organization.

*privilege: 특권

1st 선택지가 아닌 문장을 통해 글의 소재를 확인하고, 전개 방향을 예측해 보세요.

1) 첫 문장부터 해석하고 살펴봅시다.

All workers need access to mentors / that can
모든 근로자들은 멘토에게로의 접근이 필요하다 /
provide them with valuable information / about
그들에게 가치 있는 정보를 제공해 줄 수 있는 /
their job, their workplace, and the resources / that
그들의 직무, 직장, 그리고 자원에 대해 /
are available within their organization. //
조직 내에서 이용 가능한 //

● **글의 핵심 소재를 찾을 수 있어요!**
모든 근로자들은 ❶(　　　　　　)에게 접근할 수 있어야 한대요. 그 뒤는
모두 그러한 멘토가 '어떤' 멘토인지에 대한 부가적인 설명이에요.
결국 이 글의 핵심 소재는 '멘토'이고, '근로자들에게 멘토가 필요하다'는
주장을 펼칠 것이라는 걸 알 수 있어요.

2) 두 번째 문장도 선택지가 아니네요!

Mentors also provide / much needed psychosocial
멘토는 또한 제공한다 / 꼭 필요한 심리 사회적인 지원을 //
support. //

● **첫 문장을 뒷받침하는 내용이에요.**
멘토가 심리 사회적인 지원 역시 제공할 수 있다며 추가적인 장점을
이야기하고 있어요. 즉, 멘토가 필요하다는 내용을 더욱 강조하려는 것을
알 수 있어요.

2nd 문장을 하나씩 살펴보면서 앞뒤 문장의 관계를 파악하세요.

1) ① 문장부터 살펴볼까요?

① Having a diverse network of mentors / is
다양한 멘토 네트워크를 갖추는 것은 /
important for dominant and minority group
지배 집단과 소수 집단 구성원들에게 똑같이 중요하다 //
members alike. //

● **동일한 주장을 더욱 구체화하고 있어요.**
다양한 멘토 네트워크를 갖추는 것이 중요하다는 내용으로, 결국
멘토가 필요하다는 앞의 주장을 반복하고 있어요. 따라서 앞 문장과의
흐름이 자연스러워요. 다만, '지배 집단(dominant group)'과, '소수
집단(minority group)'으로 나누어 언급하며, 멘토가 필요한 집단들의
유형을 구체화하고 있어요.

● 앞으로는 어떤 내용이 전개될까요?
앞서 지배 집단과 소수 집단으로 그 대상을 나누어 언급한 만큼, 각각의
경우에 멘토가 어떤 역할을 할 수 있는지 자세하게 설명할 거라고 충분히
예상할 수 있어요.

2) ② 문장의 내용을 확인해 봅시다.

② Minority group members need diverse mentors /
소수 집단 구성원들은 다양한 멘토가 필요하다   /

so that they can gain insight / into what it means to
통찰을 얻기 위해   고용된다는 것이 무엇을

be employed / by a particular organization / or in a
의미하는지에 대한 / 특정한 조직에 의해   / 혹은

particular field or profession. //
특정한 분야 혹은 직종에   //

● 소수 집단 구성원의 경우를 설명하고 있어요.
특정 조직에 고용되는 것이 가지는 의미를 깨닫게 해 주기 때문에
❷(   ) 구성원들에게 멘토가 중요하대요.
우리가 예상했던 대로, 지배 집단과 소수 집단 각각의 경우에 멘토가 왜
필요한지를 구체적으로 설명하는 자연스러운 흐름으로 연결되네요.

3) ③ 문장도 살펴봅시다.

③ Majority workers benefit / by having a network
다수 집단의 근로자들은 혜택을 본다 / 다양한 멘토들로 구성된

of diverse mentors / because it increases their
네트워크를 가짐으로써   / 그것이 그들의 이해와

understanding and sensitivity / to the unique
민감성을 높여주기 때문에   / 다양한 근로자들의 고유한

realities of diverse workers / and their own identity,
현실에 대해   / 그리고 그들 자신의 정체성과

/ and perhaps even their own forms of privilege. //
/ 그리고 어쩌면 그들 자신이 지닌 특권의 형태들(~에 대해)   //

● 이번에는 지배 집단 구성원의 경우를 설명하네요.
역시 예상대로 이번에는 지배 집단 구성원에게 멘토가 필요한 이유를
설명하고 있어요. 멘토 네트워크를 통해 다양한 근로자들이 각각의
현실과 정체성 등을 깨닫게 되기 때문에 멘토가 중요하대요.
앞 내용에 이어 또 다른 집단의 구성원들에게 멘토가 필요한 이유를
제시한 흐름은 자연스러워요.

4) 나머지 문장들이 무슨 이야기를 하는지 확인해서 정답을 확정합시다.

④ Mentoring has been typically required and
멘토링은 전형적으로 요구되고 칭송되어 왔다

praised / as an essential component / in the personal
/ 필수 요소로   / 고용주의 개인적

development of employers. //
성장의   //

● 멘토링을 긍정적으로 보는 관점은 연결돼요.
이 글 전반에서 분명 멘토링을 꼭 필요한 긍정적인 것으로 보고 있는 것은
맞아요. 하지만, 멘토링이 그전부터 '칭송'되어 왔는지는 드러나 있지
않죠.
또, 소수 집단과 지배 집단을 포함한 근로자 모두에게 중요하다고 했지,
단지 고용주 한 명의 개인적 성장을 위해 중요하다는 것은 아니었죠!

5) 정답은 나왔지만 나머지 문장도 살펴봅시다.

⑤ The ultimate goal of these mentoring
이러한 멘토링 기회의 궁극적인 목표는

opportunities / is to have individuals be more
/ 개인들이 더 많은 정보를 갖고, 더 많이 동일시되며,

informed, identified, and engaged / in their work
더 많이 관여되게 하는 것이다   / 자신의 일과

and in their organization. //
조직에 대해   //

● 멘토링의 궁극적인 목표를 설명하는 문장이에요.
지금까지 멘토링이 중요하다고 이야기한 것에 이어서, 멘토링 기회가
대상이 되는 사람들(소수 및 지배 집단의 구성원)에게 어떤 이익을 주는지
설명하고 있어요. 따라서, 글의 전체적인 흐름과 잘 어울려요.

3rd 정답으로 추론한 문장을 제외하면 그 앞뒤 문장이 적절한 흐름이
되는지 확인하세요.

멘토가 필요한 집단들 중 하나인 지배 집단에서 멘토링이 중요한 이유를
설명한 ③ 문장과, 이러한 멘토링의 궁극적인 목표를 정리하며 글을
마무리하는 ⑤ 문장은 자연스럽게 연결돼요! **❸**(   ) 문장은
빠지는 게 좋겠어요!

L 흐름에 맞지 않는 문장 찾기 (두 번째)

1st 선택지가 아닌 문장을 통해 글의 소재를 확인하고, 전개 방향을 예측해 보세요.
2nd 문장을 하나씩 살펴보면서 앞뒤 문장의 관계를 파악하세요.
3rd 정답으로 추론한 문장을 제외하면 그 앞뒤 문장이 적절한 흐름이 되는지 확인하세요.

L02 ★★❋.............. 2026 대비 6월 모평 35 (고3)

다음 글에서 전체 흐름과 관계 <u>없는</u> 문장은?

A genuine glacier must be permanent. Generally, this implies that sufficient fresh snow must accumulate during the cold months to offset melting during the summer, although on a year-to-year basis, glaciers may expand or contract, depending on local and global climatic conditions. ① Today, most glaciers around the world are melting because of the warming climate, and it appears that the rate of melting is accelerating. ② This has been documented spectacularly in places such as the Alps, where historical records have been kept and dated sketches and photographs are available to compare with the present extent of ice. ③ Even over periods as short as a few decades, satellite images show that dramatic reduction of mountain glaciers has occurred in the Andes, the Himalayas, and elsewhere. ④ The various rocks and minerals contained in glaciers have become a popular subject of science projects in schools. ⑤ It is estimated that many small mountain glaciers will disappear completely within ten to twenty years unless there is a sudden and unexpected change in the present warming trend.

*offset: 상쇄하다

1st 선택지가 아닌 문장을 통해 글의 소재를 확인하고, 전개 방향을 예측해 보세요.

1) 첫 문장부터 해석하고 살펴봅시다.

A genuine glacier must be permanent. //
진정한 빙하는 영구적이어야 한다　　　　　//

● **무엇에 대한 글인지 알 수 있나요?**
진정한 빙하는 **❶**(　　　　　)이어야 한다고 했어요. (단서) 아마도 빙하에 관한 이야기를 할 것 같아요. 빙하가 영구적으로 유지되지 않아 문제가 있다는 내용은 아닐지 예상해 볼 수 있어요. (발상)

2) 두 번째 문장도 선택지가 아니네요!

Generally, this implies / that sufficient fresh snow
일반적으로, 이는 의미한다　 / 충분한 새 눈이 쌓여야 한다는 것을
must accumulate / during the cold months to offset
　　　　　　　 / 추운 몇 달 동안 여름철에 녹는 것을
melting during the summer, / although on a year-
상쇄할 만큼　　　　　　　 / 연간 기준으로는
to-year basis, glaciers may expand or contract, /
빙하가 팽창하거나 수축할 수도 있지만　　　　　 /
depending on local and global climatic conditions. //
지역적 및 지구적 기후 조건에 따라　　　　　　　//

● **첫 문장과 동일한 주장을 이어가고 있어요.**
빙하가 여름철에 녹더라도 겨울 동안 이를 상쇄할 새 눈이 충분히 쌓여야 한대요. 즉, 계절에 따라 차이가 있더라도 평균적으로 같은 수준이 유지되어야 한다는 것이므로, 앞 문장의 내용과 잘 연결돼요.

2nd 문장을 하나씩 살펴보면서 앞뒤 문장의 관계를 파악하세요.

1) ① 문장부터 살펴볼까요?

① Today, most glaciers around the world are
오늘날, 전 세계 대부분의 빙하는 녹고 있으며
meltinig / because of the warming climate, /
　　　 / 온난해지는 기후로 인해　　　　　 /
and it appears that the rate of melting is
녹는 속도가 더 빨라지고 있는 것으로 보인다 //
accelerating. //

● **문제점이 드러나는 부분이에요.**
빙하가 유지되어야 하는 것과 달리, 현실에서는 온난화로 인해 전 세계 빙하의 대부분이 녹고 있다고 말하고 있어요. 앞에서 이상적인 상태를 설명한 것과 대비되는 **❷**(　　　　　)을 제시하는 흐름은 자연스러워요.

② This has been documented spectacularly in
이것은 알프스산맥과 같은 곳에서 인상적으로

places such as the Alps, / where historical records
기록되었는데   / 그런 곳에서는 역사상 기록이

have been kept / and dated sketches and
보존되었고   / 날짜가 표기된 스케치와

photographs are available / to compare with the
사진을 이용해   / 현재의 얼음 범위와

present extent of ice. //
비교할 수 있다   //

● **지시대명사 This가 쓰였어요.**
This(이것)가 앞 문장의 내용 전체를 가리키고 있어요. 즉, '전 세계 빙하 대부분이 녹고 있고, 그 속도가 빨라지고 있는 것'이 알프스산맥 등에서 기록되었다는 것이죠.
이전부터 지금까지 빙하의 상태 변화를 기록했다면, 빙하가 녹는 현상이 선명히 기록되어 있겠죠? 따라서, 앞 문장과 연결이 자연스러워요.

3) ③ 문장도 살펴봅시다.

③ Even over periods as short as a few decades, /
심지어 수십 년이라는 짧은 기간에도   /

satellite images show / that dramatic reduction of
위성 사진은 보여준다   / 산악 빙하의 급격한 감소가

mountain glaciers has occurred / in the Andes, the
발생해 왔음을   / 안데스산맥,

Himalayas, and elsewhere. //
히말라야산맥, 그리고 그 외 산맥에서   //

● **여전히 빙하의 감소 현상에 대해 말하고 있어요.**
여기서 말하는 '위성 사진(satellite images)' 역시 앞에서 말한 '기록'과 연관된다는 것을 알 수 있어요. 또, 알프스산맥의 빙하 감소에 이어 안데스나 히말라야 같은 그 외 다른 산맥들의 경우를 설명하는 내용은 자연스럽게 연결돼요.

4) 정답은 ④ 아니면 ⑤ 문장이겠네요.

④ The various rocks and minerals contained in
빙하에 함유된 다양한 암석과 광물은

glaciers / have become a popular subject of science
glaciers / 학교 내 과학 프로젝트의 인기 있는 주제가 되었다 //

projects in schools. //

● **빙하의 구성 물질에 대해 이야기하고 있었나요?**
이 글의 주요 내용은 영구적으로 유지되어야 할 빙하가 온난화로 인해 녹고 있다는 것이지, 빙하에 함유된 암석이나 광물에 대한 것이 아니에요. 또, 그것이 학교 과학 프로젝트의 인기 주제라는 것도 관련이 없는 내용이죠! 정답을 찾은 것 같군요.

5) 정답은 나왔지만 나머지 문장도 살펴봅시다.

⑤ It is estimated / that many small mountain
추정된다   / 많은 소규모 산악 빙하는

glaciers will disappear / completely within ten to
사라질 것으로   / 10년에서 20년 내 완전히

twenty years / unless there is a sudden and
twenty years / 갑작스럽고 예상치 못한 변화가 없다면

unexpected change / in the present warming trend. //
unexpected change / 현재의 온난화 추세에   //

● **지금의 상태가 유지될 경우 닥칠 결과에 대해 말하고 있어요.**
지금까지 온난화로 인한 빙하 감소 현상에 대해 말한 것에 이어, 이러한 상태가 지속될 경우 빙하가 10~20년 내로 사라질 수 있다는 앞으로의 전망을 제시하는 흐름은 자연스러워요.

3rd 정답으로 추론한 문장을 제외하면 그 앞뒤 문장이 적절한 흐름이 되는지 확인하세요.
빙하가 감소하고 있는 또 다른 지역들(안데스, 히말라야, 그 외 산맥)에 대해 설명한 ③ 문장과, 앞서 말한 빙하가 감소하는 현상이 지속될 경우 빙하가 완전히 사라질 것이라는 내용의 ⑤ 문장이 자연스럽게 연결돼요!
❸ (   ) 문장은 빠지는 게 좋겠어요!

PATTERN PRACTICE

L03 ✹✹❀ .... 2026 대비 수능 35 (고3)

다음 글에서 전체 흐름과 관계 <u>없는</u> 문장은?

There are few of us who don't at least want to make time for self-care activities such as exercise, hobbies, or relaxation. We start each day with the best of intentions but then get stuck by the flood of email messages or pulled into an unexpected meeting. ① As we struggle to reprioritize so we can get everything done before our deadlines, often our self-care activities are the first thing to be given up. ② No matter how much we plan, we all occasionally have days when that happens. ③ In the short term, the impact of missing that grant deadline may be greater than the impact of missing a woodworking class. ④ Needless to say, we should try to enroll in the woodworking class before the design class because it is more competitive to get into and more beneficial to us. ⑤ But it's important to recognize the cumulative impact of not prioritizing self-care and to make sure that in the long term, this is the exception rather than the norm.

L04 ✹✹✹❀ .... 2025 실시 10월 학평 35 (고3)

다음 글에서 전체 흐름과 관계 <u>없는</u> 문장은?

We often use the word *ignorance* to denote a primitive or foolish set of beliefs. In fact, I would say that "explanation" is often primitive or foolish, and the recognition of ignorance is the beginning of scientific discourse. ① When we admit that something is unknown and inexplicable, then we admit also that it is worthy of investigation. ② David Helfand, the astronomer, traces how our view of the wind evolved from the primitive to the scientific: first "the wind is angry," followed by "the wind god is angry," and finally "the wind is a measurable form of energy." ③ The first two statements provide a complete explanation but are clearly ignorant; the third shows our ignorance (we can't predict or alter the weather yet) but is surely less ignorant. ④ It is undeniable that ignorance stands as the greatest barrier to scientific discovery and thus it fails to function as a support to scientists. ⑤ Explanation rather than ignorance is the hallmark of intellectual narrowness.

다음 글에서 전체 흐름과 관계 <u>없는</u> 문장은?

It wasn't until 1960 that a market for photographic art began to form in the United States. This development coincided with a rejection of many traditional notions of art: that it was the work of the hand, that each work was a unique creation. ① Prices remained modest, but collectors began to emerge, and finally, in the 1970s, a true art market was established, with control over the originality and rarity of the works (limited-edition prints), expositions, galleries, and museums. ② The most valuable prints are those where the negatives are lost; for this reason, some contemporary photographers destroy their negatives after making a predetermined number of prints. ③ Where negatives remain available and unlimited prints could, in principle, be made, the market distinguishes between recent and "vintage" prints. ④ The early 1990s saw a renewed interest in photorealism, thanks to new technology in the form of cameras and digital equipment which offered more precision. ⑤ Such a market requires experts who are able to look at a print and distinguish which year it was made from the negative.

*negative: 필름 원판

다음 글에서 전체 흐름과 관계 <u>없는</u> 문장은?

Almost all life shows a 24-hour pattern of activity and rest, even bacteria. It seems very likely that this rhythm evolved as a result of living on a planet that rotates once every 24 hours and that the resultant changes in light, temperature and food availability forced an adaptive evolutionary response. ① Diurnal and nocturnal species have evolved numerous specializations that have allowed them to perform best under the different conditions of light or dark, but, critically, not both. ② Life seems to have made an evolutionary 'decision' to be active at a specific part of the day/night cycle, and, as a result, those species that are specialized to be active during the day will not be particularly effective at night. ③ Light is the primary factor controlling the body's rhythms, and irregularly timed light is a common issue that disrupts the sleep-wake cycle. ④ In the same way, nocturnal animals that are perfectly adapted to move around and hunt under dim or no light fail miserably during the day. ⑤ The struggle for existence has forced species to become specialists and not generalists, and no species can operate with the same effectiveness across the 24-hour light/dark environment.

*diurnal: 낮에 활동하는 **nocturnal: 밤에 활동하는

L07 ✽✽✽ .... 2025 실시 3월 학평 35 (고3) 

다음 글에서 전체 흐름과 관계 <u>없는</u> 문장은?

Cultural storage and transmission require humans to accomplish the work of storing knowledge and passing it on to the next generation by means other than DNA. To that end, humans developed techniques of memorization, of transmitting knowledge through education and by using external memory devices. ① The Chauvet cave was such a device, a place that humans returned to generation after generation, cooperating on a project that none of them could have accomplished alone. ② Each generation of artists learned techniques and continued the work of previous ones, preserving and improving what their predecessors had worked on. ③ Despite advances in technology, there is a limit in restoring damaged cave paintings, leaving us puzzled about what those paintings really were. ④ For us, the idea that humans might work on a single system of caves for thousands of years in the same style is almost unimaginable. ⑤ But these early humans were highly conscious of the importance of storing and preserving knowledge and of passing down ideas.

*predecessor: 전임자

L08 ✽✽✽ .... 2025 대비 수능 35 (고3) 

다음 글에서 전체 흐름과 관계 <u>없는</u> 문장은?

The expansion of sports tourism in the twentieth century has been influenced by further developments in transportation. Just as the railways revolutionized travel in the nineteenth century, so the automobile produced even more dramatic changes in the twentieth. ① The significance of the car in the development of sport and tourism generally has attracted considerable coverage and it has had no less an impact on sports tourism specifically. ② Although originally invented towards the end of the nineteenth century, it started to become a mass form of transport in the 1920s in the USA and rather later in Britain. ③ Apart from its convenience and flexibility, the car has the additional advantages of affording access to many areas not served by public transport, as well as allowing the easy transport of luggage and equipment. ④ The expansion of reasonably priced, good quality accommodation associated with tourism growth has also facilitated the growth of locally based restaurants. ⑤ As a result, it was invaluable for the development of many forms of sports tourism but especially those which require the transportation of people and equipment to relatively remote locations.

L09 ✽✽✽ .... 2025 대비 9월 모평 35 (고3) 

다음 글에서 전체 흐름과 관계 <u>없는</u> 문장은?

The best dealers offer a much broader service than merely having their goods on display and 'selling from stock'. Once they know the needs of a particular collector they can actively seek specific items to fill gaps in the collection. ① Because it is their business, to which they devote themselves full-time, they will inevitably have a much wider network than any non-professional collector can ever develop. ② As a matter of course they can enquire about the availability of pieces from dealers in other cities and, most crucially in some categories, from overseas. ③ They will be routinely informed of news of all auctions and important private sales, and should be well-enough connected to hear occasionally of items which are not yet quite on sale but might be available for a certain price. ④ The main advantage of buying from a dealer is getting personalised service on your purchases. ⑤ In turn, they can circulate their own contacts with 'want-lists' of desired items or subjects, multiplying their client collectors' chances of expanding their collections.

L10 ❋❋❀ ·························· 2025 대비 6월 모평 35 (고3) 

다음 글에서 전체 흐름과 관계 <u>없는</u> 문장은?

Avian song learning occurs in two stages: first, songs must be memorized and, second, they must be practiced. In some species these two events overlap, but in others memorization can occur before practice by several months, providing an impressive example of long-term memory storage. ① The young bird's initial efforts to reproduce the memorized song are usually not successful. ② These early songs may have uneven pitch, irregular tempo, and notes that are out of order or poorly reproduced. ③ However, sound graphs of songs recorded over several weeks or months reveal that during this practice period the bird fine-tunes his efforts until he produces an accurate copy of the memorized template. ④ An important idea to emerge from the study of birdsong is that song learning is shaped by preferences and limitations. ⑤ This process requires hearing oneself sing; birds are unable to reproduce memorized songs if they are deafened after memorization but before the practice period.

* avian: 조류의

L11 ❋❋❀ ·························· 2024 실시 10월 학평 35 (고3) 

다음 글에서 전체 흐름과 관계 <u>없는</u> 문장은?

It is important to remember that to achieve acceptance and use of new technologies/systems, the personal importance to the users has to be valued more highly than the degree of innovation. However, policies and political goals are often confused with the driver's personal goals. ① Societal goals and individual goals do not necessarily coincide. ② For example, the policy goal behind ISA (Intelligent Speed Adaptation; a system which warns the drivers when they exceed the speed limit, and may even prevent them from doing so) could be to increase traffic safety or to increase speed limit compliance. ③ Some drivers have a goal to collect many classic cars, although it has little impact on their use of new speed adaptation systems. ④ These goals might not be relevant to some drivers, for example, due to their feeling that safety measures are redundant because of their own personal driving skills or because speeding is not seen as a 'real crime.' ⑤ Nevertheless, they might find that the system helps them to avoid speeding tickets or they want to use the system simply because they have a general interest in innovative systems.

* compliance: 준수   ** redundant: 불필요한

L12 ❋❋❋ ·························· 2024 실시 7월 학평 35 (고3) 

다음 글에서 전체 흐름과 관계 <u>없는</u> 문장은? [3점]

In a context in which the cultural obligation to produce the self as a distinctive, authentic individual is difficult to fulfill, the burdensome work of individualizing the self is turned over increasingly to algorithms. ① The "personalization" that is promised on every front — in the domains of search, shopping, health, news, advertising, learning, music, and entertainment — depends on ever more refined algorithmic constructions of individuality. ② As it becomes more difficult to produce our digital selves as unique individuals, we are increasingly being produced as unique individuals from the outside. ③ When AI algorithms learn more about our identities, it becomes essential to safeguard this information and ensure that individuals have control and consent over the data collected about them. ④ Individuality is redefined from a cultural practice and reflexive project to an algorithmic process. ⑤ Our unique selfhood is no longer something for which we are wholly responsible; it is algorithmically guaranteed.

L13 ★★✿ ·········· 2024 실시 5월 학평 35 (고3) 

다음 글에서 전체 흐름과 관계 <u>없는</u> 문장은?

The human race traces back to a surprisingly small number of common ancestors. It has been documented that the entire human race can be traced back to only seven different mothers, and one of these women is a common ancestor to roughly 40% of the human species. Why is this? The simple answer is that humans are extremely good at dying and at wiping each other out. ① History has had many successful rulers and conquerors who have got rid of entire populations, and even beyond that, our species has wiped out plenty of similar humanoid lines that existed on this earth. ② Scientific finds have so far discovered a number of other humanoid species that once shared the earth with us, some of which include Neanderthals and Denisovans. ③ There are still no clear examples of Neanderthals attempting to expressively symbolize real-life elements such as animals or people in creative works. ④ Yet of these lines, only homo sapiens have survived, only the modern humans. ⑤ That itself shows how difficult it is for a species to survive and thrive long-term on this planet.

*humanoid: 인간에 가까운

L14 ★★★✿ ·········· 2024 실시 3월 학평 35 (고3) 

다음 글에서 전체 흐름과 관계 <u>없는</u> 문장은?

No doubt students collaborating with other speakers of English might encounter language variances, which may interfere with intentionality. ① To address such disparities, Horner, Lu, Royster, and Trimbur (2011) call for a "translingual approach" in which language varieties are not perceived as barriers, but as avenues for meaning making. ② Similarly, Galloway and Rose (2015) study of Global Englishes found that exposure to other Englishes helps normalize language differences. ③ Educators have to work with students to examine phrases, expressions, and other ranges of English language use for their rhetorical and communicative possibilities and not their perceived errors or inferior status. ④ Committing an error means unintentionally saying what isn't true, so any linguistic or perspective error should be avoided at all cost. ⑤ After all, students are constantly reading texts and listening to speakers whose Englishes do not necessarily conform to what is considered standard in their own communities.

*disparity: 차이 **rhetorical: 수사적인 ***inferior: 열등한

L15 ★★★✿ ·········· 2023 대비 6월 모평 35 (고3) 

다음 글에서 전체 흐름과 관계 <u>없는</u> 문장은?

The animal in a conflict between attacking a rival and fleeing may initially not have sufficient information to enable it to make a decision straight away. ① If the rival is likely to win the fight, then the optimal decision would be to give up immediately and not risk getting injured. ② But if the rival is weak and easily defeatable, then there could be considerable benefit in going ahead and obtaining the territory, females, food or whatever is at stake. ③ Animals under normal circumstances maintain a very constant body weight and they eat and drink enough for their needs at regular intervals. ④ By taking a little extra time to collect information about the opponent, the animal is more likely to reach a decision that maximizes its chances of winning than if it takes a decision without such information. ⑤ Many signals are now seen as having this information gathering or 'assessment' function, directly contributing to the mechanism of the decision-making process by supplying vital information about the likely outcomes of the various options.

L16 ★★★❀

다음 글에서 전체 흐름과 관계 <u>없는</u> 문장은?

Kinship ties continue to be important today. In modern societies such as the United States people frequently have family get-togethers, they telephone their relatives regularly, and they provide their kin with a wide variety of services. ① Eugene Litwak has referred to this pattern of behaviour as the 'modified extended family'. ② It is an extended family structure because multigenerational ties are maintained, but it is modified because it does not usually rest on co-residence between the generations and most extended families do not act as corporate groups. ③ Although modified extended family members often live close by, the modified extended family does not require geographical proximity and ties are maintained even when kin are separated by considerable distances. ④ The oldest member of the family makes the decisions on important issues, no matter how far away family members live from each other. ⑤ In contrast to the traditional extended family where kin always live in close proximity, the members of modified extended families may freely move away from kin to seek opportunities for occupational advancement.

*kin: 친족   **proximity: 근접

L17 ★★★❀

다음 글에서 전체 흐름과 관계 <u>없는</u> 문장은?

A variety of theoretical perspectives provide insight into immigration. Economics, which assumes that actors engage in utility maximization, represents one framework. ① From this perspective, it is assumed that individuals are rational actors, i.e., that they make migration decisions based on their assessment of the costs as well as benefits of remaining in a given area versus the costs and benefits of leaving. ② Benefits may include but are not limited to short-term and long-term monetary gains, safety, and greater freedom of cultural expression. ③ People with greater financial benefits tend to use their money to show off their social status by purchasing luxurious items. ④ Individual costs include but are not limited to the expense of travel, uncertainty of living in a foreign land, difficulty of adapting to a different language, uncertainty about a different culture, and the great concern about living in a new land. ⑤ Psychic costs associated with separation from family, friends, and the fear of the unknown also should be taken into account in cost-benefit assessments.

*psychic: 심적인

L18 ★★★❀

다음 글에서 전체 흐름과 관계 <u>없는</u> 문장은?

Since their introduction, information systems have substantially changed the way business is conducted. ① This is particularly true for business in the shape and form of cooperation between firms that involves an integration of value chains across multiple units. ② The resulting networks do not only cover the business units of a single firm but typically also include multiple units from different firms. ③ As a consequence, firms do not only need to consider their internal organization in order to ensure sustainable business performance; they also need to take into account the entire ecosystem of units surrounding them. ④ Many major companies are fundamentally changing their business models by focusing on profitable units and cutting off less profitable ones. ⑤ In order to allow these different units to cooperate successfully, the existence of a common platform is crucial.

L19 ✿✿✿ ···················· 2023 실시 10월 학평 35 (고3)

다음 글에서 전체 흐름과 관계 <u>없는</u> 문장은?

Several common themes were found in the highly creative individuals regarding their early experiences and education. In early childhood their families accorded them a great deal of respect and allowed them to explore on their own and develop a strong sense of personal autonomy. ① There was also a lack of extreme emotional closeness with parents. ② There was little evidence of intensely negative experiences; for example there was, relative to the times in which they lived, very little physical punishment for transgressions. ③ Nor, on the positive side, was there evidence of extremely intense bonds of the sort that can smother independence. ④ There was more competition among brothers and sisters for parental love in nuclear families than in extended families. ⑤ On balance, for those who would grow up to be highly creative, relationships with parents were relatively easy and, in later life, pleasant and friendly rather than intensely intimate.

*autonomy: 자율성 **transgression: 일탈 ***smother: 억누르다

L20 ✿✿✿ ···················· 2024 대비 수능 35 (고3)

다음 글에서 전체 흐름과 관계 <u>없는</u> 문장은?

Speaking fast is a high-risk proposition. It's nearly impossible to maintain the ideal conditions to be persuasive, well-spoken, and effective when the mouth is traveling well over the speed limit. ① Although we'd like to think that our minds are sharp enough to always make good decisions with the greatest efficiency, they just aren't. ② In reality, the brain arrives at an intersection of four or five possible things to say and sits idling for a couple of seconds, considering the options. ③ Making a good decision helps you speak faster because it provides you with more time to come up with your responses. ④ When the brain stops sending navigational instructions back to the mouth and the mouth is moving too fast to pause, that's when you get a verbal fender bender, otherwise known as filler. ⑤ *Um, ah, you know*, and *like* are what your mouth does when it has nowhere to go.

L21 ✿✿✿ ···················· 2023 대비 9월 모평 35 (고3)

다음 글에서 전체 흐름과 관계 <u>없는</u> 문장은?

Because plants tend to recover from disasters more quickly than animals, they are essential to the revitalization of damaged environments. Why do plants have this preferential ability to recover from disaster? It is largely because, unlike animals, they can generate new organs and tissues throughout their life cycle. ① This ability is due to the activity of plant meristems — regions of undifferentiated tissue in roots and shoots that can, in response to specific cues, differentiate into new tissues and organs. ② If meristems are not damaged during disasters, plants can recover and ultimately transform the destroyed or barren environment. ③ You can see this phenomenon on a smaller scale when a tree struck by lightning forms new branches that grow from the old scar. ④ In the form of forests and grasslands, plants regulate the cycling of water and adjust the chemical composition of the atmosphere. ⑤ In addition to regeneration or resprouting of plants, disturbed areas can also recover through reseeding.

*revitalization: 소생

다음 글에서 전체 흐름과 관계 <u>없는</u> 문장은?

Actors, singers, politicians and countless others recognise the power of the human voice as a means of communication beyond the simple decoding of the words that are used. Learning to control your voice and use it for different purposes is, therefore, one of the most important skills to develop as an early career teacher. ① The more confidently you give instructions, the higher the chance of a positive class response. ② There are times when being able to project your voice loudly will be very useful when working in school, and knowing that you can cut through a noisy classroom, dinner hall or playground is a great skill to have. ③ In order to address serious noise issues in school, students, parents and teachers should search for a solution together. ④ However, I would always advise that you use your loudest voice incredibly sparingly and avoid shouting as much as possible. ⑤ A quiet, authoritative and measured tone has so much more impact than slightly panicked shouting.

L23 ~ 24 ▶ 제한시간 5분

L23 ✪ 2등급 대비 ·············· 2024 대비 6월 모평 35 (고3)

다음 글에서 전체 흐름과 관계 <u>없는</u> 문장은?

Interestingly, experts do not suffer as much as beginners when performing complex tasks or combining multiple tasks. Because experts have extensive practice within a limited domain, the key component skills in their domain tend to be highly practiced and more automated. ① Each of these highly practiced skills then demands relatively few cognitive resources, effectively lowering the total cognitive load that experts experience. ② Thus, experts can perform complex tasks and combine multiple tasks relatively easily. ③ Furthermore, beginners are excellent at processing the tasks when the tasks are divided and isolated. ④ This is not because they necessarily have more cognitive resources than beginners; rather, because of the high level of fluency they have achieved in performing key skills, they can do more with what they have. ⑤ Beginners, on the other hand, have not achieved the same degree of fluency and automaticity in each of the component skills, and thus they struggle to combine skills that experts combine with relative ease and efficiency.

L24 ✪ 2등급 대비 ·············· 2024 대비 9월 모평 35 (고3)

다음 글에서 전체 흐름과 관계 <u>없는</u> 문장은?

Although organizations are offering telecommuting programs in greater numbers than ever before, acceptance and use of these programs are still limited by a number of factors. ① These factors include manager reliance on face-to-face management practices, lack of telecommuting training within an organization, misperceptions of and discomfort with flexible workplace programs, and a lack of information about the effects of telecommuting on an organization's bottom line. ② Despite these limitations, at the beginning of the 21st century, a new "anytime, anywhere" work culture is emerging. ③ Care must be taken to select employees whose personal and working characteristics are best suited for telecommuting. ④ Continuing advances in information technology, the expansion of a global workforce, and increased desire to balance work and family are only three of the many factors that will gradually reduce the current barriers to telecommuting as a dominant workforce development. ⑤ With implications for organizational cost savings, especially with regard to lower facility costs, increased employee flexibility, and productivity, telecommuting is increasingly of interest to many organizations.

*telecommute: (컴퓨터로) 집에서 근무하다

어휘 Review

※ 다음 영어는 우리말 뜻을, 우리말은 영어 단어를 〈보기〉에서 찾아 쓰시오.

〈보기〉

scar	처음에	expense	길들이다
disrupt	자율성	essential	심하게
independence	수정된	수축하다	necessity

01 contract ___________

02 autonomy ___________

03 modified ___________

04 initially ___________

05 intensely ___________

06 흉터, 상처 ___________

07 필수적인, 근본적인 ___________

08 방해하다 ___________

09 독립성 ___________

10 비용 ___________

※ 다음 우리말에 알맞은 영어 표현을 찾아 연결하시오.

11 그 결과 • • on one's own

12 ~에 관련하여 • • with regard to

13 즉시, 곧바로 • • as a result

14 위태로운, 성패가 달린 • • at stake

15 스스로 • • straight away

※ 다음 우리말 표현에 맞는 단어를 고르시오.

16 산악 빙하의 급격한 감소 ➡ (dramatic / gradual) reduction of mountain glaciers

17 문화의 저장과 전달 ➡ cultural storage and (transmission / transition)

18 동일한 수준의 능숙함과 자동성 ➡ the same degree of (fluency / patience) and automaticity

19 외부 저장 장치의 사용에 의해 ➡ by using (internal / external) memory devices

20 정보 기술의 지속적인 발전 ➡ continuing (advances / observances) in information technology

※ 다음 문장의 빈칸에 알맞은 단어를 〈보기〉에서 찾아 쓰시오.

〈보기〉

sufficient	migration	assessment	referred
species	fragile	permanent	experts
barren	organs	demand	

21 그 동물은 처음에는 충분한 정보를 갖지 못할 수도 있다.
➡ The animal may initially not have ___________ information.

22 그것은 그들이 그들의 생애 주기 내내 새로운 장기와 조직을 생성할 수 있기 때문이다.
➡ It is because they can generate new ___________ and tissues throughout their life cycle.

23 진정한 빙하는 영구적이어야 한다.
➡ A genuine glacier must be ___________.

24 낮에 활동하는 종과 밤에 활동하는 종은 다수의 특화를 진전시켰다.
➡ Diurnal and nocturnal ___________ have evolved numerous specializations.

25 Eugene Litwak은 이 행동 양식을 '수정 확대가족'이라고 표현했다.
➡ Eugene Litwak has ___________ to this pattern of behaviour as the 'modified extended family'.

26 그들은 비용 및 편익에 대한 자신의 평가에 근거하여 이주 결정을 내린다.
➡ They make ___________ decisions based on their assessment of the costs and benefits.

27 많은 신호들이 이러한 정보 수집 또는 평가 기능을 갖는 것으로 간주된다.
➡ Many signals are seen as having this information gathering or ___________ function.

28 식물은 회복해서 파괴되거나 척박한 환경을 변화시킬 수 있다.
➡ Plants can recover and transform the destroyed or ___________ environment.

29 전문가는 제한된 영역 내에서 광범위한 연습을 한다.
➡ ___________ have extensive practice within a limited domain.

M 글의 순서 정하기

★ 유형 설명

주어진 글 다음에 이어질 글의 순서로 가장 적절한 것을 고르시오.

> If we take an evolutionary look at our beginnings, we see a life in which high

주어진 한 문단에 이어지는 나머지 세 문단의 논리적 순서를 연결어 등의 단서를 통해 추론해야 한다.

① this, that, these, it 등의 지시어가 가리키는 것이 무엇인지, on the other hand, similarly, however 등의 연결어로 서로 연결되어야 하는 내용이 무엇인지를 생각하면서 앞뒤에 올 내용을 확인한다.
② 처음 등장하는 것인지(a 또는 one), 앞에 이미 나온 것인지(the) 관사를 통해 파악한다.

유형 풀이 비법

1 글의 소재를 파악하라!
- 주어진 글을 통해 무엇에 관한 글인지를 알아낸다.

2 단서를 찾아라!
- 연결사, 대명사, 지시어 등 문장 간의 연결 고리 역할을 하는 단서들을 찾는다.

3 부사구를 확인하라!
- 시간적, 공간적 순서가 드러나는 글의 경우에 관련 부사구를 단서로 활용한다.

> **Tip** 순서를 맞추고 전체 글을 다시 읽으며 흐름이 맞는지 확인한다.

★ 최신 수능 경향 분석

대비 연도	월	문항 번호	지문 주제	난이도
2026	11	36번	반복적 과정으로서의 시계	★★★
		37번	철학의 학문적 역할과 과학적 협력	★★★
	9	36번	과정 중심 글쓰기 지도의 특징	★★★
		37번	수학적 글쓰기를 인식하는 기준과 그 어려움	★★★
	6	36번	신체 활동의 감소가 건강에 미치는 부정적인 영향	★★⊛
		37번	비선형 체계에서의 반복은 혼돈을 만들어낼 수 있다.	★★★
2025	11	36번	평판 자본과 시장 규제 집행 가능성 간 관계	★★★
		37번	일렬로 선 새들의 관찰 조정력과 감정 전염	★★★
	9	36번	새로운 정보가 추가될 때 기존 패턴을 조정하는 정도	★★★
		37번	동물의 건강을 지키는 능력	★★⊛
	6	36번	호주에서 경관 관리를 위한 의도적인 불 지르기	★★★
		37번	조직의 학습을 지원하는 인적 자원 관리	★★★

★ 2026 수능 출제 분석

36번보다 37번의 오답률이 훨씬 높았는데, 37번은 This와 같은 단서들이 있었지만, 전체적으로 철학에 대한 글의 흐름을 잘 파악하지 못하면 어떤 순서가 적절한지 찾기 어려운 문제였다.

★ 2027 수능 예측

수능에서 반드시 출제되는 유형으로, 2027 수능에서도 두 문항이 출제될 것이다.

🔑 어휘 및 표현 Preview

- □ **invader** 침입자
- □ **revision** 수정, 교정
- □ **introduce** 도입하다
- □ **condition** 여건
- □ **function** 역할을 하다, 기능하다
- □ **woody** 우거진
- □ **vegetation** 초목
- □ **stimulate** 촉진하다, 자극하다
- □ **shrub** 관목
- □ **strategy** 전략

- □ **prevent** 막다
- □ **consequence** 결과
- □ **source** 자원
- □ **reinforce** 강화하다
- □ **accumulate** 축적하다
- □ **difference** 차이
- □ **beyond** ~너머
- □ **totally** 완전히
- □ **adjustment** 조정
- □ **unit** 단위
- □ **strength** 힘

- □ **accommodate** 수용하다
- □ **separately** 개별적으로
- □ **organize** 조직하다
- □ **activity** 활동
- □ **material** 자료
- □ **obtain** 얻다
- □ **avoid** 피하다
- □ **major** 주요한
- □ **happen** 발생하다
- □ **survival** 생존
- □ **damage** 손상을 주다

- □ **wound** 상처
- □ **injured** 부상을 입은
- □ **immune system** 면역 체계
- □ **infection** 감염
- □ **ward off** 피하다, 물리치다
- □ **disease** 질병
- □ **complex** 복잡한
- □ **mechanism** 방법, 메커니즘
- □ **aboriginal** 호주 원주민의
- □ **consult** 상담하다
- □ **advise** 조언하다

M 글의 순서 정하기 (첫 번째)

1st 주어진 글을 통해 글의 핵심 소재를 파악하고 전개 방향을 예측해 보세요.
2nd 각 문단의 내용을 파악하고, 글의 논리적인 순서를 추론하세요.
3rd 글이 한눈에 들어오도록 정리하여 정답을 확인하세요.

M01 ★★✿ .... 2025 대비 6월 모평 36 (고3)

주어진 글 다음에 이어질 글의 순서로 가장 적절한 것을 고르시오.

> Wildfire is a natural phenomenon in many Australian environments. The intentional setting of fire to manage the landscape was practised by Aboriginal people for millennia.

(A) However, the pattern of burning that stockmen introduced was unlike previous regimes. When conditions allowed, they would set fire to the landscape as they moved their animals out for the winter. This functioned to clear woody vegetation and also stimulated new plant growth in the following spring.

(B) Although grasses were the first kinds of plants to recolonize the burnt areas they were soon succeeded by further woody plants and shrubs. About the only strategy to prevent such regrowth was further burning — essentially using fire to control the consequences of using fire.

(C) The young shoots were a ready food source for their animals when they returned. However, the practice also tended to reinforce the scrubby growth it was intended to control.

*regime: 양식 **scrubby: 관목이 우거진

① (A)—(C)—(B) 　② (B)—(A)—(C)
③ (B)—(C)—(A) 　④ (C)—(A)—(B)
⑤ (C)—(B)—(A)

1st 주어진 글을 통해 글의 핵심 소재를 파악하고 전개 방향을 예측해 보세요.

Wildfire is a natural phenomenon / in many
산불은 자연스러운 현상이다　　　　　/ 호주의 많은
Australian environments. //
환경에서　　　　　//
The intentional setting of fire / to manage the
의도적으로 불을 지르는 일은　　　/ 경관을 관리하기 위해
landscape / was practised by Aboriginal people for
　　　　 / 수천 년 동안 호주 원주민들에 의해 행해졌다 //
millennia. //

● '의도적인 불 지르기'라는 것이 등장하는군요.
　호주의 환경에서 산불은 자연스러운 현상으로, 경관 관리를 위해서 호주 원주민이 의도적으로 불을 지르는 것이 오랜 기간 행해졌다고 말했어요.

● 앞으로 나올 글의 나머지 내용을 예상해 봅시다.
　경관을 관리하기 위한 의도적 불 지르기는 이미 호주 원주민들이 오랜 기간 해왔던 것이었다고 했으므로, (단서) 원주민들이 오랫동안 해왔던 이 방식을 설명하는 내용이 나오거나, 이 방식과는 다르게 새로운 방식을 소개할 것이라는 예상이 가능하죠? (발상)

2nd 각 문단의 내용을 파악하고, 글의 논리적인 순서를 추론하세요.

1) (A) 문단부터 확인해 봅시다.

(A) However, the pattern of burning that stockmen
하지만 목축업자들이 도입한 불 지르기 방식은
introduced / was unlike previous regimes. //
　　　　 / 이전 양식과는 달랐다　　　 //
When conditions allowed, / they would set fire to
여건이 허락되면　　　　　 / 그들은 경관에 불을 지르곤
the landscape / as they moved their animals out for
했다　　　　 / 그들은 겨울에 자신들의 가축을 외부로
the winter. //
이동시켜 //
This functioned to clear woody vegetation / and
이는 숲이 우거진 초목을 없애는 역할을 했고　　　　/
also stimulated new plant growth in the following
또한 이듬해 봄에 새로운 식물의 성장을 촉진했다 //
spring. //

- **(A) 앞에는 어떤 내용이 있어야 할까요?**

  However(하지만)는 반대 내용을 연결하는 연결어이므로 일단 앞에는
  (A)와 반대되는 내용이 나와야 할 것임을 알 수 있어요.
  목축업자들의 불 지르기 방식은 이전 양식과는 달랐는데, 겨울에 가축을
  외부로 이동시켜서 경관에 불을 지르곤 했다고 했어요.
  이것은 주어진 글에서 말한, 목축업자들의 방식과 다른 호주 원주민들의
  방식에 이어질 수 있는 내용이죠.
  ▶ 주어진 글이 (A) 앞에 올 수 있음 (순서: 주어진 글 → (A))

- **(A) 뒤에 이어질 내용을 예상해 볼까요?**

  가축을 외부로 이동시켰다고 했으므로 이동한 동물들은 어떻게 되었으며,
  우거진 나무가 없어진 자리에 어떤 새로운 식물이 자랐는지 등에 대한
  내용이 이어질 것이라는 예상을 할 수 있죠.
  과연 우리의 예상이 맞는지 남은 두 문단도 읽어봅시다.

2) (B)는 접속사 Although로 시작하는군요!

(B) Although grasses were the first kinds of plants /
첫 번째 식물류는 풀이었지만　　　　　　　　　/

to recolonize the burnt areas / they were soon
불에 탄 지역에 다시 대량 서식한　　/ 목본성 식물과

succeeded by further woody plants and shrubs. //
관목이 곧 그것들의 뒤를 이었다　　　　　　/

About the only strategy to prevent such regrowth /
그러한 재성장을 막기 위한 거의 유일한 전략은　/

was further burning / — essentially using fire to
불을 더 지르는 것이었는데　/ 본질적으로는 불을

control the consequences of using fire. //
사용하여 불을 사용한 결과를 통제하는 것이었다　　//

- **(B) 앞에는 어떤 내용이 있어야 할까요?**

  Although(~었지만, ~하더라도)는 양보 · 대조를 나타내는 접속사이므로
  앞에는 이런 관계로 연결될 수 있는 내용이 나와야 해요.
  풀이 자란 이후 다시 나무가 자라게 되었다는 내용이므로, 없애고자 했던
  나무의 성장을 언급했던 내용이 앞에 와야겠죠?
  이런 내용이 주어진 글이나 (A)에 없으므로 (C)가 올 것이라는 예상이
  가능해요.
  ▶ (B) 앞에 (C)가 와야 함 (순서: (C) → (B))

- **(B) 뒤에 이어질 내용을 예상해 볼까요?**

  목본성 식물과 관목이 다시 자라게 되어 ❶(　　　　)을 막기 위해서
  불을 지른 자리에 다시 불을 지르게 된다고 했어요. 맥락상 마무리
  내용이라는 생각이 강하게 드네요.
  ▶ (B)가 마지막에 올 확률이 큼

3) (C) 문단의 내용을 살펴볼까요?

(C) The young shoots were a ready food source / for
어린 새싹은 준비된 먹을 수 있는 식량원이었다　　　　/

their animals when they returned. //
그들의 동물들이 돌아왔을 때　　　//

However, the practice also tended to reinforce the
하지만, 그 관행은 우거진 관목의 성장을 강화하는 경향도 있었다

scrubby growth / it was intended to control. //
/ 그것(그 관행)이 통제하고자 했던　　//

- **(C) 앞에는 어떤 내용이 있어야 할까요?**

  '그들의 동물들(their animals)'이 가리키는 것이 앞에 있어야 하는데,
  (A)에서 말한 ❷(　　　　)의 동물들이 바로 이 동물들을 가리켜요.
  ▶ 순서: (A) → (C)

- **(C) 뒤에 이어질 내용을 예상해 볼까요?**

  원래 없애고자 했던 나무들의 성장이 다시 강화되는 경향이 있었다고
  했으므로, (B) 문단에서 살펴봤던 것처럼 이와 관련된 내용인 (B)가
  이어질 거예요.
  ▶ 순서: 주어진 글 → (A) → (C) → (B)

3rd 글이 한눈에 들어오도록 정리하여 정답을 확인하세요.

주어진 글: 호주에서 경관을 관리하기 위한 의도적 불 지르기는 이미
원주민들이 오랜 기간 해왔던 것이었다.

→ **(A)**: 목축업자들이 도입한 불 지르기 방식은 이전 양식(원주민)과는
　　달랐다. 겨울에 동물을 이동시킨 후 불을 질렀다.

→ **(C)**: 동물이 돌아왔을 때 새로 자란 어린 새싹은 동물의 식량원이 되었다.
　　그러나 원래 없애고자 했던 나무의 성장이 다시 강화되는 경향이 있었다.

→ **(B)**: 풀이 자란 이후 뒤이어 다시 나무가 자라게 되었고, 불을 더 질러야
　　했다.

▶ 주어진 글 다음에 이어질 글의 순서는 (A) → (C) → (B)이므로 정답은
❸(　　　　)

빈칸 정답　① ❸ 틀로샷놓눔 ❷ 요유바자 ❶

M 글의 순서 정하기 (두 번째)

1st 주어진 글을 통해 글의 핵심 소재를 파악하고 전개 방향을 예측해 보세요.
2nd 각 문단의 내용을 파악하고, 글의 논리적인 순서를 추론하세요.
3rd 글이 한눈에 들어오도록 정리하여 정답을 확인하세요.

M02 ★★★ ·············· 2024 대비 6월 모평 36 (고3) 

주어진 글 다음에 이어질 글의 순서로 가장 적절한 것을 고르시오.

> The growing complexity of computer software has direct implications for our global safety and security, particularly as the physical objects upon which we depend — things like cars, airplanes, bridges, tunnels, and implantable medical devices — transform themselves into computer code.

(A) As all this code grows in size and complexity, so too do the number of errors and software bugs. According to a study by Carnegie Mellon University, commercial software typically has twenty to thirty bugs for every thousand lines of code — 50 million lines of code means 1 million to 1.5 million potential errors to be exploited.

(B) This is the basis for all malware attacks that take advantage of these computer bugs to get the code to do something it was not originally intended to do. As computer code grows more elaborate, software bugs flourish and security suffers, with increasing consequences for society at large.

(C) Physical things are increasingly becoming information technologies. Cars are "computers we ride in," and airplanes are nothing more than "flying Solaris boxes attached to bucketfuls of industrial control systems."

*exploit: 활용하다

① (A) — (C) — (B)
② (B) — (A) — (C)
③ (B) — (C) — (A)
④ (C) — (A) — (B)
⑤ (C) — (B) — (A)

1st 주어진 글을 통해 글의 핵심 소재를 파악하고 전개 방향을 예측해 보세요.

The growing complexity of computer software / has
컴퓨터 소프트웨어의 증가하는 복잡성은   /

direct implications / for our global safety and
직접적인 영향을 준다   / 우리의 전 세계적인 안전과 보안에

security, / particularly as the physical objects / upon
         / 특히 물리적 대상이 ~함에 따라   /

which we depend / — things like cars, airplanes,
우리가 의존하는   / 자동차, 비행기

bridges, tunnels, and implantable medical devices
교량, 터널, 이식형 의료 기기와 같은 것들

— / transform themselves / into computer code. //
   / 그 자신을 변화시킴에 (따라)   / 컴퓨터 코드로   //

● 주어진 글만으로 글의 주제를 알 수 있어요.

'컴퓨터 소프트웨어의 증가하는 복잡성'이라는 소재로 글이 시작되었어요. 물리적 대상이 컴퓨터 코드로 변화하게 되면서 소프트웨어가 많이 쓰이는데, 그 소프트웨어가 더 복잡해지니 세계적인 안전과 보안에 직접 영향을 줬다는 내용이 글의 주제로 보여요.

2nd 각 문단의 내용을 파악하고, 글의 논리적인 순서를 추론하세요.

1) (A) 문단부터 확인해 봅시다.

As all this code grows / in size and complexity, / so
이 모든 코드가 증가함에 따라   / 크기와 복잡성에서   / 또한

too do / the number of errors and software bugs. //
그렇다   / 오류와 소프트웨어 버그 수   //

… / — 50 million lines of code means / 1 million to
… / 5천만 줄의 코드는 의미한다   / 1백만에서

1.5 million potential errors / to be exploited. //
150만 개의 잠재적 오류를   / 악의적으로 이용되는   //

● (A) 앞에는 어떤 내용이 있어야 할까요?

주어진 글 뒷부분의 ❶(   )가 (A)에서 this code로 다시 등장했어요. 이것만 보면 (A) 앞에 주어진 글이 나올 것 같지만, (B)나 (C)에서 더 확실한 단서가 나올 수도 있으니 다른 문단을 더 읽어야 해요.

● (A) 뒤에 이어질 내용을 예상해 볼까요?

(A)의 뒷부분은 코드의 크기와 복잡성이 증가하면서 악의적으로 이용되는 잠재적 오류도 증가했다는 내용이므로, (A) 뒤에 이어질 문단은 잠재적 오류가 악의적으로 이용되는 것에 대해 이야기할 것으로 보여져요.

2) (B)는 지시대명사 This로 시작하는군요!

This is the basis / for all malware attacks / that take
이것이 근간이다 　 / 모든 악성 소프트웨어 공격의 　 /

advantage of these computer bugs / … // As
이 컴퓨터 버그를 이용하는 　 / … //

computer code grows more elaborate, / software
컴퓨터 코드가 더 정교해짐에 따라 　 / 소프트웨어

bugs flourish / and security suffers, / with
버그는 창궐하고 　 / 보안은 악화된다 　 /

increasing consequences for society at large. //
사회 전반에 미치는 증가하는 영향으로 　 //

- **(B) 앞에는 어떤 내용이 있어야 할까요?**
  This가 악성 소프트웨어 공격의 근간이라고 했는데, (A) 뒷부분을 보면
  (코드의 복잡성이 증가함에 따라) 잠재적 오류가 악의적으로 이용될 수
  있다고 했어요. 즉, This는 '코드의 복잡성 증가'라고 볼 수 있죠. 또한
  ❷(　　　　　　　　　　　)는 (A)의 software bugs를
  다시 언급한 것으로 보여요. 이처럼 (A)의 내용 및 단어를 곧바로 다시
  언급하기 때문에 (A)가 (B) 앞에 나와야 함을 알 수 있어요.
  ▶ 순서: (A) → (B)

- **(B) 뒤에 이어질 내용을 예상해 볼까요?**
  코드의 복잡성이 증가하여 결국 사회 전반에 악영향을 미친다는
  내용이기에 (B)는 글의 결론에 해당할 가능성이 커요.

3) (C) 문단의 내용을 살펴볼까요?

Physical things are increasingly becoming /
물리적 사물은 점점 더 되어가고 있다 　 /

information technologies. // Cars are "computers /
정보 기술이 　 // 자동차는 '컴퓨터'이고 　 /

we ride in," / and airplanes are nothing more than
우리가 타는 　 / 비행기는 '비행 솔라리스 박스'에 불과하다

"flying Solaris boxes / attached to bucketfuls of
　 / 수많은 산업 제어 시스템에 부착된 //

industrial control systems." //

- **(C) 앞에는 어떤 내용이 있어야 할까요?**
  주어진 글의 Physical objects와 (C)의 Physical things가 동일 개념으로
  연결되고 있어요. 또, 주어진 글의 예시로 나온 cars와 airplanes를
  (C)에서 다시 설명하고 있죠.
  주어진 글에 물리적 대상이 코드로 변화된다는 내용이 있었기 때문에 그
  예시를 언급하는 (C) 앞에는 주어진 글이 나와야 해요.
  ▶ 순서: 주어진 글 → (C)

- **(C) 뒤에 이어질 내용을 예상해 볼까요?**
  우선 **❸(　　　　　　)**이 코드로 변화되었고, 그렇게 변화된 코드의
  크기와 복잡성이 증가했다는 맥락으로 이어지는 것이 자연스러워 보여요.
  즉, (C) 뒤에 (A)가 이어지는 것이죠.
  ▶ 순서: 주어진 글 → (C) → (A) → (B)

3rd 글이 한눈에 들어오도록 정리하여 정답을 확인하세요.

주어진 글: 컴퓨터 소프트웨어의 증가하는 복잡성은 전 세계의 안전과
보안에 직접적인 영향을 주는데, 특히 물리적 대상이 컴퓨터 코드로 변함에
따라 그렇다.

→ **(C)**: 자동차, 비행기와 같은 물리적 사물은 점점 더 정보 기술이 되어 가고
있다.

→ **(A)**: 이러한 코드가 크고 복잡해짐에 따라 오류와 소프트웨어 버그의 수도
증가한다.

→ **(B)**: 컴퓨터 코드가 더 정교해짐에 따라 소프트웨어 버그는 창궐하고
보안은 악화되며 사회 전반에 더 큰 영향을 미친다.

▶ 주어진 글 다음에 이어질 글의 순서는 (C) → (A) → (B)이므로 정답은
❹(　　　　　)

M03 ★★★ .... 2026 대비 수능 36 (고3) 

주어진 글 다음에 이어질 글의 순서로 가장 적절한 것을 고르시오.

> We usually think of a clock as a physical thing, like an alarm clock or a wristwatch. But a clock is really a process embodied in a machine, and the nature of that process is repetitive.

(A) Indeed, it is almost impossible to think of a clock that does not depend on a repetitive cycle of events. The only example that comes to mind readily is a candle marked in hours. But here too there is iteration — the repeated burning of molecules of wax — so this too is an iterative process, although at first masked.

(B) The use of radiocarbon dating is another, much longer scale clock that also appears to be like this. It seems to yield a smooth time scale but in fact does not: the decay of atoms of carbon-14 is repetitive, although on a large scale it gives the appearance of being continuous.

(C) A clock can be almost any process that repeats itself over and over again for an indefinite period. Water clocks drip at a steady pace; quartz crystals vibrate regularly.

*molecule: 분자　**quartz: 석영(石英)

① (A)—(C)—(B)　　② (B)—(A)—(C)
③ (B)—(C)—(A)　　④ (C)—(A)—(B)
⑤ (C)—(B)—(A)

M04 ★★★ .... 2026 대비 수능 37 (고3) 

주어진 글 다음에 이어질 글의 순서로 가장 적절한 것을 고르시오. [3점]

> Philosophy allows us to ask much broader questions than many other scientific disciplines. It is capable of looking at the bigger picture and providing important insights into the relationships between different areas of knowledge.

(A) This means that while philosophy can provide valuable insights into theoretical concepts and broader ethical questions, it needs to be supplemented by empirical findings and experiments to reach a more comprehensive understanding.

(B) Philosophers tend to ask questions rather than provide definitive answers, and their contributions often consist of challenging established assumptions and proposing new research approaches. However, for a more comprehensive understanding of the nature of consciousness, close collaboration between philosophy and neuroscience is required.

(C) Philosophy is particularly important for the interdisciplinary efforts of cognitive science, where it helps to bridge gaps between different disciplines and pioneer new ways for research. Unlike scientific methods, philosophizing is a non-empirical approach that attempts to validate concepts through logical thinking and argumentation.

*empirical: 경험의

① (A)—(C)—(B)　　② (B)—(A)—(C)
③ (B)—(C)—(A)　　④ (C)—(A)—(B)
⑤ (C)—(B)—(A)

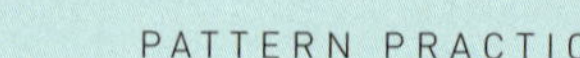

주어진 글 다음에 이어질 글의 순서로 가장 적절한 것을 고르시오.

Traditionally, when teachers teach writing, they assign topics for students to write on; perhaps they do a bit of brainstorming about the topic during a pre-writing phase, and then have students write about the topic without interruption.

(A) In process writing, on the other hand, students may initially brainstorm ideas about a topic and begin writing, but then they have repeated conferences with the teacher and the other students, during which they receive feedback on their writing up to that point, make revisions, based on the feedback they receive, and carry on writing.

(B) In this way, students learn to view their writing as someone else's reading and to improve both the expression of meaning and the form of their writing as they draft and redraft. Process writing shifts the emphasis in teaching writing from evaluation to revision.

(C) Subsequently, teachers collect and evaluate what students have written. Such instruction is very 'product-oriented;' there is no involvement of the teacher in the act or 'process' of writing.

① (A)—(C)—(B) ② (B)—(A)—(C)
③ (B)—(C)—(A) ④ (C)—(A)—(B)
⑤ (C)—(B)—(A)

주어진 글 다음에 이어질 글의 순서로 가장 적절한 것을 고르시오.

If we take an evolutionary look at our beginnings, we see a life in which high levels of physical activity were required for survival.

(A) There are fewer manual jobs, we do not need to travel on foot, we do not need to hunt and harvest for our food, and many domestic chores have been mechanized. While these changes have created many benefits for our longevity and quality of life, they have also created many problems.

(B) Lack of sufficient physical activity has now been linked to at least 17 unhealthy conditions, almost all of which are chronic diseases or considered risk factors for chronic diseases. Adrianne Hardman has summarized this serious situation for public health: "Physical inactivity is a waste of human potential for health and well-being."

(C) Even one century ago, most people needed to be physically active to work, to travel, and to take care of homes and families. Our modern world has engineered such activity out of our lives. *chore: 일 **chronic: 만성의

① (A)—(C)—(B) ② (B)—(A)—(C)
③ (B)—(C)—(A) ④ (C)—(A)—(B)
⑤ (C)—(B)—(A)

M07 ✸✸✸ ·························· 2026 대비 6월 모평 37 (고3)

주어진 글 다음에 이어질 글의 순서로 가장 적절한 것을 고르시오. [3점]

> A good example of chaos is the magnetic pendulum sold as an executive toy. It has four magnets arranged in a square at the base and a pendulum that swings back and forth between them.

(A) In order to produce chaos, the iteration has to be within what is called a nonlinear system. Nor are all nonlinear systems chaotic: to become so they need to be pushed beyond a certain point, called a *bifurcation*. Before that point is reached they may behave in a quite orderly fashion.

(B) Release the pendulum and note the magnets that it visits, and in what order. If the pendulum is released from the same position a second time, the pattern of movement may at first be the same but soon it will become completely different. In fact, the pattern of its movement is chaotic.

(C) No matter how much care is taken to start the pendulum in the same position, it will visit an entirely different set of points on the two occasions. Chaotic systems are generated by iteration, though not all iteration leads to chaos.

*pendulum: 추(錘) **iteration: 반복
***bifurcation: 분기(分岐)

① (A) ─ (C) ─ (B)   ② (B) ─ (A) ─ (C)
③ (B) ─ (C) ─ (A)   ④ (C) ─ (A) ─ (B)
⑤ (C) ─ (B) ─ (A)

M08 ✸✸✸ ·················· 2025 실시 10월 학평 36 (고3)

주어진 글 다음에 이어질 글의 순서로 가장 적절한 것을 고르시오. [3점]

> Some propositions about lotteries are extremely likely to be true. Consider the proposition 'any given ticket in a ten-million ticket lottery is a losing ticket'.

(A) If we want to avoid conceding that the scope of our knowledge is much more limited than usually supposed, there must be some difference between the probabilistic evidence we have about the lottery and evidence for regular things that we do know.

(B) Despite being overwhelmingly likely to be true, many philosophers think that such propositions, based on probabilities alone, are different from other propositions we regularly rely upon. It's been popular to suppose, for instance, that we don't *know* that we have lost the lottery just by reflecting on how unlikely winning is.

(C) This is puzzling, because there are *many* things we take ourselves to know even though we presumably have more than a one-in-ten-million chance of being wrong. For example, you might know you will attend a meeting later, even though occasionally meetings get cancelled unexpectedly — and surely more frequently than one-in-ten-million meetings!

*proposition: 명제 **concede: 인정하다

① (A) ─ (C) ─ (B)   ② (B) ─ (A) ─ (C)
③ (B) ─ (C) ─ (A)   ④ (C) ─ (A) ─ (B)
⑤ (C) ─ (B) ─ (A)

주어진 글 다음에 이어질 글의 순서로 가장 적절한 것을 고르시오.

> In everyday life, most people think that media effects are things that show up during a media exposure or immediately afterward.

(A) This is an example of a media message triggering an immediate effect — a buying behavior — on you. But let's say you did not click on the buy now button to buy the product; does this mean there was no media effect? Perhaps, but also perhaps not.

(B) Of course some effects do show up immediately, but other effects may take a long time to manifest themselves. Let's say you see an ad for a product on a website and you click on a buy now button to buy that product.

(C) If you continually expose yourself to ads in the media, you may gradually over time come to believe that you have more needs than you really have and that all of those needs can be easily satisfied by buying particular products. This is a long-term effect on what you believe; it cannot be attributed to any one media exposure but instead gradually builds up in a steady drip-drip-drip manner over time.

① (A)—(C)—(B)　　② (B)—(A)—(C)
③ (B)—(C)—(A)　　④ (C)—(A)—(B)
⑤ (C)—(B)—(A)

주어진 글 다음에 이어질 글의 순서로 가장 적절한 것을 고르시오.

> Social insects use alarm pheromones to alert related individuals of danger.

(A) Stink bugs, stick insects, and many other insects have glands that produce repugnant — and sometimes powerfully pungent or even caustic and harmful — fluids that are meant to fight off an attacker. Blister beetles are so named because their defensive secretion, cantharidin, is particularly powerful and can cause chemical burns.

(B) Toxic species often advertise this aspect of themselves through some form of coloration, called *aposematic coloration*. Among blister beetles, for example, some may be black with prominent red, orange, or yellow bands or spots, signaling "do not touch." Others, however, can be entirely black or blue and yet just as capable of causing a painful burn.

(C) Such chemical signals are often employed to alert a colony of some invader, and these alarms can cause huge numbers of worker ants or bees to flow from their nests, either to defend their nestmates, or simply to flee. Chemical signals may also be sent to individuals of a different species.

*gland: 분비선　**repugnant: 불쾌한　***secretion: 분비물

① (A)—(C)—(B)　　② (B)—(A)—(C)
③ (B)—(C)—(A)　　④ (C)—(A)—(B)
⑤ (C)—(B)—(A)

M11 ★★★ .... 2025 실시 7월 학평 37 (고3)

주어진 글 다음에 이어질 글의 순서로 가장 적절한 것을 고르시오. [3점]

> Sanctuaries are a semi-contrived setting that, at first glance, appear quite similar to zoos. Animals are kept in enclosures simulating a natural environment, similar animal farming techniques are used, and sometimes there are even animals on display for tourists.

(A) Many sanctuary models operate mixed-access facilities in which there is a side open to ecotourists that holds such animals indefinitely and a rehabilitation side, closed to the public in which animals can recover in privacy.

(B) However, in contrast to zoos, the purpose of a sanctuary is not to keep animals captive but to hold them temporarily until such a time as they can be rehabilitated and safely released. Some animals may be held indefinitely due to complications that would prevent their survival in the wild.

(C) There are also pre-release enclosures that are meant to simulate a natural environment as closely as possible in order to ensure an animal is ready for release after time spent in an artificial environment for medical rehabilitation.

*sanctuary: 조수(鳥獸) 보호 구역 **contrived: 인위적인
***rehabilitation: 재활

① (A)—(C)—(B) ② (B)—(A)—(C)
③ (B)—(C)—(A) ④ (C)—(A)—(B)
⑤ (C)—(B)—(A)

M12 ★★❀ .... 2025 실시 5월 학평 36 (고3)

주어진 글 다음에 이어질 글의 순서로 가장 적절한 것을 고르시오.

> Flowering plants and bees are not strict mutualists. Flowering plants don't want to give up all their precious pollen to undesirable pollinators or even to generally dependable pollinating bees.

(A) Instead, they deceive male bees into thinking a particular orchid flower is a receptive, ready, and waiting female of their species to make them pollinate. Why not? They produce the same chemical scents and even sort of look like those female bees.

(B) A small fraction of a flower's pollen grains must make their way to other flowers to ultimately produce seeds and foster new generations of plants. Bees, on the other hand, would like to collect all the pollen and not give any of it up.

(C) This difference leads to cheaters in the system. Some nectar-robbing bees cut slits or holes at the bases of tube-shaped flowers and never deposit pollen on stigmas. They are anti-pollinators. Orchids and a few other flowering plants offer no food to bee pollinators.

*pollinate: 화분을 암술머리에 나르다 **orchid: 난초
***stigma: 암술머리

① (A)—(C)—(B) ② (B)—(A)—(C)
③ (B)—(C)—(A) ④ (C)—(A)—(B)
⑤ (C)—(B)—(A)

주어진 글 다음에 이어질 글의 순서로 가장 적절한 것을 고르시오. [3점]

The bond of friendship may solve a problem known as the banker's paradox. When you are facing financial ruin and most need a loan, the bank is unlikely to grant you one as you represent a terrible credit risk. On the other hand, when things are going well the bank is only too happy to offer you funds.

(A) Why would a non-relative come to your aid, with a greatly reduced chance of being paid back the favour? The evolution of friendship provides a solution to the dilemma. The oxytocin-mediated bond between friends makes them irreplaceable to each other.

(B) So if a friend falls seriously ill, rather than abandoning them to find someone else with whom to engage in reciprocal altruism, you have an emotional stake in their well-being that compels you to help them pull through. Friendship may have developed in human evolution as a form of insurance.

(C) This same dynamic would also have posed a deep problem for reciprocal altruism in the world of our ancestors. Individuals may be least likely to receive help when they most need it, because they are least able to reciprocate.

*reciprocal altruism: 호혜적 이타주의 **stake: 이해관계

① (A)─(C)─(B) ② (B)─(A)─(C)
③ (B)─(C)─(A) ④ (C)─(A)─(B)
⑤ (C)─(B)─(A)

주어진 글 다음에 이어질 글의 순서로 가장 적절한 것을 고르시오.

What would a language be like if it didn't make *any* simplifications or generalizations?

(A) There might be some superintelligent race of beings that could know such a language, but they would have to know virtually everything in the world to learn all these names. Human language has taken a different route — many fewer names, with a loss of precision, but a basic vocabulary that is readily acquired. However, this fact is not simply a compromise with our limited cognitive capacity.

(B) By using the same word for different objects, we're communicating information about those things. Calling two different-looking things "spider" communicates that they probably have eight legs, weave nests, eat insects, and other noticeable details, which we would not know if we gave them all their own separate names.

(C) It would be a language in which every word was a proper noun. Because you don't want to gloss over the differences between snakes that are slightly different in some respect, every snake must have its own name. Furthermore, every event must have its own verb, because not every occasion of thinking or dancing or talking is identical.

*gloss over: ~에 대해 얼버무리고 넘어가다

① (A)─(C)─(B) ② (B)─(A)─(C)
③ (B)─(C)─(A) ④ (C)─(A)─(B)
⑤ (C)─(B)─(A)

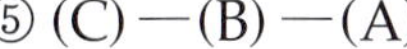

M15 ★★★ .... 2025 실시 3월 학평 37 (고3) 

주어진 글 다음에 이어질 글의 순서로 가장 적절한 것을 고르시오. [3점]

> Self-regulation has been suggested as an alternative way to hold the tech industry to account.

(A) But without consequences for violating them, these charters are just toothless statements of aspiration. The tech industry is basically saying: *trust us*. But blind trust is not how we govern doctors, lawyers, bankers, pilots or anyone else in unelected positions of social responsibility. Tech is the exception, and it's not clear why.

(B) But when tech lobbyists speak of self-regulation, they are not describing it as it is understood by professionals like doctors. Unlike in medicine, there are no mandatory ethical qualifications for working as a software engineer or technology executive. There is no enforceable industry code of conduct. There is no obligatory certification. There is no duty to put the public ahead of profit.

(C) There are few consequences for serious moral failings; no real fear of being suspended or struck off. Recent years have seen an explosion of AI ethics charters and the like, filled with well-meaning generalities about the responsible use of powerful computers.

*charter: 헌장 **mandatory: 의무적인

① (A)—(C)—(B)　　② (B)—(A)—(C)
③ (B)—(C)—(A)　　④ (C)—(A)—(B)
⑤ (C)—(B)—(A)

M16 ★★★ .... 2025 대비 수능 36 (고3) 

주어진 글 다음에 이어질 글의 순서로 가장 적절한 것을 고르시오.

> The potential for market enforcement is greater when contracting parties have developed reputational capital that can be devalued when contracts are violated.

(A) Similarly, a landowner can undermaintain fences, ditches, and irrigation systems. Accurate assessments of farmer and landowner behavior will be made over time, and those farmers and landowners who attempt to gain at each other's expense will find that others may refuse to deal with them in the future.

(B) Over time landowners indirectly monitor farmers by observing the reported output, the general quality of the soil, and any unusual or extreme behavior. Farmer and landowner reputations act as a bond. In any growing season a farmer can reduce effort, overuse soil, or underreport the crop.

(C) Farmers and landowners develop reputations for honesty, fairness, producing high yields, and consistently demonstrating that they are good at what they do. In small, close-knit farming communities, reputations are well known.

*ditch: 개천 **irrigation: 물을 댐

① (A)—(C)—(B)　　② (B)—(A)—(C)
③ (B)—(C)—(A)　　④ (C)—(A)—(B)
⑤ (C)—(B)—(A)

주어진 글 다음에 이어질 글의 순서로 가장 적절한 것을 고르시오. [3점]

> Watch the birds in your backyard. If one bird startles and flies off, others will follow, not waiting around to assess whether the threat is real. They have been infected by emotional contagion.

(A) Marc wondered whether the birds in line were more fearful because they didn't know what their flockmates were doing. Emotional contagion would have been impossible for individual grosbeaks in the linear array except with their nearest neighbors.

(B) In a long-term research project that Marc did with some of his students on patterns of antipredatory scanning by western evening grosbeaks, they found that birds in a circle showed more coordination in scanning than did birds who were feeding in a line.

(C) The birds in a line, who could only see their nearest neighbor, not only were less coordinated when scanning, but also were more nervous, changing their body and head positions significantly more than grosbeaks in a circle, where it was possible for each grosbeak to see every other grosbeak.

*grosbeak: 콩새류(類) **array: 정렬

① (A)—(C)—(B)　　② (B)—(A)—(C)
③ (B)—(C)—(A)　　④ (C)—(A)—(B)
⑤ (C)—(B)—(A)

주어진 글 다음에 이어질 글의 순서로 가장 적절한 것을 고르시오. [3점]

> If learning were simply a matter of accumulating lists of facts, then it shouldn't make any difference if we are presented with information that is just a little bit beyond what we already know or totally new information.

(A) If we are trying to understand something totally new, however, we need to make larger adjustments to the units of the patterns we already have, which requires changing the strengths of large numbers of connections in our brain, and this is a difficult, tiring process.

(B) The adjustments are clearly smallest when the new information is only slightly new — when it is compatible with what we already know, so that the old patterns need only a little bit of adjustment to accommodate the new knowledge.

(C) Each fact would simply be stored separately. According to connectionist theory, however, our knowledge is organized into patterns of activity, and each time we learn something new we have to modify the old patterns so as to keep the old material while adding the new information.

*compatible: 양립하는

① (A)—(C)—(B)　　② (B)—(A)—(C)
③ (B)—(C)—(A)　　④ (C)—(A)—(B)
⑤ (C)—(B)—(A)

M19 ✿✿❀ .... 2025 대비 9월 모평 37 (고3) 

주어진 글 다음에 이어질 글의 순서로 가장 적절한 것을 고르시오.

> The generally close connection between health and what animals want exists because wanting to obtain the right things and wanting to avoid the wrong ones are major ways in which animals keep themselves healthy.

(A) They can take pre-emptive action so that the worst never happens. They start to want things that will be necessary for their health and survival not for now but for some time in the future.

(B) Animals have evolved many different ways of maintaining their health and then regaining it again once it has been damaged, such as an ability to heal wounds when they are injured and an amazingly complex immune system for warding off infection.

(C) Animals are equally good, however, at dealing with injury and disease before they even happen. They have evolved a complex set of mechanisms for anticipating and avoiding danger altogether.

* pre-emptive: 선제의 ** ward off: 막다

① (A) ─ (C) ─ (B) 　② (B) ─ (A) ─ (C)
③ (B) ─ (C) ─ (A) 　④ (C) ─ (A) ─ (B)
⑤ (C) ─ (B) ─ (A)

M20 ✿✿❀ .... 2025 대비 6월 모평 37 (고3) 

주어진 글 다음에 이어질 글의 순서로 가장 적절한 것을 고르시오. [3점]

> There are a number of human resource management practices that are necessary to support organizational learning.

(A) Their role should be to assist, consult, and advise teams on how best to approach learning. They must be able to develop new mechanisms for cross-training peers — team members — and new systems for capturing and sharing information. To do this, human resource development professionals must be able to think systematically and understand how to promote learning within groups and across the organization.

(B) For example, performance evaluation and reward systems that reinforce long-term performance and the development and sharing of new skills and knowledge are particularly important. In addition, the human resource development function may be dramatically changed to keep the emphasis on continuous learning.

(C) In a learning organization, every employee must take the responsibility for acquiring and transferring knowledge. Formal training programs, developed in advance and delivered according to a preset schedule, are insufficient to address shifting training needs and encourage timely information sharing. Rather, human resource development professionals must become learning facilitators.

① (A) ─ (C) ─ (B) 　② (B) ─ (A) ─ (C)
③ (B) ─ (C) ─ (A) 　④ (C) ─ (A) ─ (B)
⑤ (C) ─ (B) ─ (A)

주어진 글 다음에 이어질 글의 순서로 가장 적절한 것을 고르시오.

From infancy, even before we learn to speak, we absorb how to infer people's emotions from their behaviors.

(A) Some people, however, have a talent for detecting emotions, even when they're unspoken. We all know people like this: Friends who seem to intuit when we're feeling down, even if we haven't said anything; managers who sense when a kind word is needed to help us get over the hump at work.

(B) As we grow older, however, this capacity can atrophy. We start to pay increasing attention to what people say rather than what they do, to the point where we can fail to notice nonlinguistic clues. Spoken language is so information rich that it lulls us into ignoring hints that someone might be, say, upset and instead focus on their words when they say, *It's nothing. I feel fine.*

(C) It's natural to assume these people are unusually observant, or uncommonly sensitive. Sometimes they are. But years of research indicates this is a skill anyone can develop. We can learn to identify the nonverbal clues that indicate someone's true emotions and use these hints to understand what they are feeling.

*over the hump: 고비를 넘겨 **atrophy: 쇠퇴하다
***lull ~ into: ~을 (속이어) ⋯하게 하다

① (A)─(C)─(B) ② (B)─(A)─(C)
③ (B)─(C)─(A) ④ (C)─(A)─(B)
⑤ (C)─(B)─(A)

주어진 글 다음에 이어질 글의 순서로 가장 적절한 것을 고르시오. [3점]

Some epistemic feelings let us know that we know. These include the feeling of knowing, the feeling of certainty, and the feeling of correctness.

(A) Other epistemic feelings alert our attention to what we do not yet know. Curiosity, awe, and wonder fall into this category. As with the feelings of knowing, we can ask whether feelings of not-yet-knowing are necessarily right. It does seem that if you wonder at something, there is something that prompted you to wonder.

(B) This feeling alerts you to the fact that your current body of knowledge — the schemas, heuristics, and other information you use — did not prepare you for the thing you wonder at. As such, wonder is a useful emotion, because it points to gaps in what you thought you knew.

(C) For example, you feel sure that "1666" is the answer to the question, "When did the Great Fire of London occur?" Feeling that you know, even that you are sure, is not unfailing. We can be mistaken in those feelings.

*epistemic: 인식론적 **heuristics: 휴리스틱(특정 상황에서 사람들이 신속하게 사용하는 어림짐작의 기술)

① (A)─(C)─(B) ② (B)─(A)─(C)
③ (B)─(C)─(A) ④ (C)─(A)─(B)
⑤ (C)─(B)─(A)

M23 ★★★  2024 실시 7월 학평 36 (고3)

주어진 글 다음에 이어질 글의 순서로 가장 적절한 것을 고르시오. [3점]

Technocracy can be thought to influence technological decision-making in one of two ways.

(A) This is because policy-makers work within the constraints set by the experts and *choose from the options those experts provide.* The technocratic element is clear: experts set the agenda and political judgements are parasitic on the judgements of experts.

(B) An idealized science and technology replaces politics and technical experts become the decision-makers, planning and organizing societies according to whatever scientific principles the evidence supports. This form of technocracy is rarely found in practice.

(C) In contrast, a more moderate form in which experts advise and politicians decide is found in many democratic societies. Also called the 'decisionist model', this form of technocracy institutionalizes a division of labour based on the distinction between facts and values and allows specialist experts to wield significant power.

*parasitic: 기생하는

① (A)―(C)―(B) ② (B)―(A)―(C)
③ (B)―(C)―(A) ④ (C)―(A)―(B)
⑤ (C)―(B)―(A)

M24 ★★★  2024 실시 7월 학평 37 (고3)

주어진 글 다음에 이어질 글의 순서로 가장 적절한 것을 고르시오.

Land use change can be good or bad for the climate. Plants use photosynthesis to convert carbon dioxide from the air and water to carbohydrates.

(A) In those conditions microorganisms consume carbon that has been stored in the soil and in plants and animals, and respire that stored carbon back to atmosphere as CO_2. If the original ecosystem was a forest, much of the carbon stored in the trees may also be converted to CO_2 through burning.

(B) That extra carbon is stored in living biomass like tree trunks and soil bacteria and fungi, and as carbon compounds in the soil. But when actions like deforestation or plowing severely disturb a plant community, the remaining plants cannot photosynthesize enough to feed themselves, plus all the animals and microorganisms that depend on them.

(C) Those carbohydrates provide the energy plants need to live, and the building blocks for plant growth, as well as food for animals and microorganisms. In healthy ecosystems the plants pull more carbon out of the atmosphere than they, and the animals and microorganisms that consume them, need.

① (A)―(C)―(B) ② (B)―(A)―(C)
③ (B)―(C)―(A) ④ (C)―(A)―(B)
⑤ (C)―(B)―(A)

주어진 글 다음에 이어질 글의 순서로 가장 적절한 것을 고르시오.

> Philosophers who seek to understand the nature of time might consider the possibility of time travel. But there are no real-life cases of time travel.

(A) It seems that something must happen to prevent you from doing this, because if you were to succeed, you would not exist and so you would not have been able to go back in time. As a result of thinking through these sorts of cases, some philosophers claim that the very notion of time travel makes no sense.

(B) In situations such as this, philosophers often construct thought experiments — imagined scenarios that bring out the thoughts and presuppositions underlying people's judgments. Sometimes these scenarios are drawn from books, movies, and television. Other times, philosophers just make up their own scenarios.

(C) Either way, the point is to put such concepts to the test. In the case of time travel, for example, a common thought experiment is to imagine what would happen if you went back in time and found yourself in a position to interfere in such a way that you were never born.

① (A)—(C)—(B) ② (B)—(A)—(C)
③ (B)—(C)—(A) ④ (C)—(A)—(B)
⑤ (C)—(B)—(A)

주어진 글 다음에 이어질 글의 순서로 가장 적절한 것을 고르시오. [3점]

> A universal indicator of sleep is the loss of external awareness. You are no longer conscious of all that surrounds you, at least not explicitly. In actual fact, your ears are still 'hearing'; your eyes, though closed, are still capable of 'seeing.'

(A) Should they be granted its permission to pass, they are sent to the cortex at the top of your brain, where they are consciously perceived. By locking its gates shut, the thalamus imposes a sensory blackout in the brain, preventing onward travel of those signals to the cortex.

(B) As a result, you are no longer consciously aware of the information broadcasts being transmitted from your outer sense organs. At this moment, your brain has lost waking contact with the outside world. Said another way, you are now asleep.

(C) All these signals still flood into the center of your brain while you sleep, but they are blocked by a perceptual barricade set up in a structure called the thalamus. The thalamus decides which sensory signals are allowed through its gate, and which are not.

*cortex: 대뇌피질 **thalamus: 시상(視床)

① (A)—(C)—(B) ② (B)—(A)—(C)
③ (B)—(C)—(A) ④ (C)—(A)—(B)
⑤ (C)—(B)—(A)

M27 ★★★ .... 2024 실시 3월 학평 36 (고3)

주어진 글 다음에 이어질 글의 순서로 가장 적절한 것을 고르시오. [3점]

> Different creative pursuits require varying degrees of unconscious flexible thinking, in combination with varying degrees of the conscious ability to adjust it and shape it through analytical thinking. In music, for example, at one end of the creative spectrum are improvisational artists, such as jazz musicians.

(A) On the other end of the spectrum are those who compose complex forms, such as a symphony or concerto, that require not just imagination but also careful planning and exacting editing. We know, for example, through his letters and the reports of others, that even Mozart's creations did not appear spontaneously, wholly formed in his consciousness, as the myths about him portray.

(B) They have to be particularly talented at lowering their inhibitions and letting in their unconsciously generated ideas. And although the process of learning the fundamentals of jazz would require a high degree of analytical thought, that thinking style is not as big a factor during the performance.

(C) Instead, he spent long, hard hours analyzing and reworking the ideas that arose in his unconscious, much as a scientist does when producing a theory from a germ of insight. In Mozart's own words: "I immerse myself in music... I think about it all day long — I like experimenting — studying — reflecting..."

*improvisational: 즉흥적인 **immerse: ~에 몰두하다

① (A) — (C) — (B)　　② (B) — (A) — (C)
③ (B) — (C) — (A)　　④ (C) — (A) — (B)
⑤ (C) — (B) — (A)

M28 ★★★ .... 2024 실시 3월 학평 37 (고3)

주어진 글 다음에 이어질 글의 순서로 가장 적절한 것을 고르시오.

> Today, historic ideas about integrating nature and urban/suburban space find expression in various interpretations of sustainable urban planning.

(A) But Landscape Urbanists find that these designs do not prioritize the natural environment and often involve diverting streams and disrupting natural wetlands. Still others, such as those advocating for "just sustainabilities" or "complete streets," find that both approaches are overly idealistic and neither pays enough attention to the realities of social dynamics and systemic inequality.

(B) However, critics claim that Landscape Urbanists prioritize aesthetic and ecological concerns over human needs. In contrast, New Urbanism is an approach that was popularized in the 1980s and promotes walkable streets, compact design, and mixed-use developments.

(C) However, the role of social justice in these approaches remains highly controversial. For example, Landscape Urbanism is a relatively recent planning approach that advocates for native habitat designs that include diverse species and landscapes that require very low resource use.

*compact: 고밀도, 촘촘한 **divert: 우회시키다, 방향을 바꾸게 하다

① (A) — (C) — (B)　　② (B) — (A) — (C)
③ (B) — (C) — (A)　　④ (C) — (A) — (B)
⑤ (C) — (B) — (A)

M29 ✿✿❀ .... 2022 대비 6월 모평 36 (고3)

주어진 글 다음에 이어질 글의 순서로 가장 적절한 것을 고르시오.

> Spatial reference points are larger than themselves. This isn't really a paradox: landmarks are themselves, but they also define neighborhoods around themselves.

(A) In a paradigm that has been repeated on many campuses, researchers first collect a list of campus landmarks from students. Then they ask another group of students to estimate the distances between pairs of locations, some to landmarks, some to ordinary buildings on campus.

(B) This asymmetry of distance estimates violates the most elementary principles of Euclidean distance, that the distance from A to B must be the same as the distance from B to A. Judgments of distance, then, are not necessarily coherent.

(C) The remarkable finding is that distances from an ordinary location to a landmark are judged shorter than distances from a landmark to an ordinary location. So, people would judge the distance from Pierre's house to the Eiffel Tower to be shorter than the distance from the Eiffel Tower to Pierre's house. Like black holes, landmarks seem to pull ordinary locations toward themselves, but ordinary places do not.

*asymmetry: 비대칭

① (A)—(C)—(B)　　② (B)—(A)—(C)
③ (B)—(C)—(A)　　④ (C)—(A)—(B)
⑤ (C)—(B)—(A)

M30 ✿✿❀ .... 2022 대비 6월 모평 37 (고3)

주어진 글 다음에 이어질 글의 순서로 가장 적절한 것을 고르시오. [3점]

> A firm is deciding whether to invest in shipbuilding. If it can produce at sufficiently large scale, it knows the venture will be profitable.

(A) There is a "good" outcome, in which both types of investments are made, and both the shipyard and the steelmakers end up profitable and happy. Equilibrium is reached. Then there is a "bad" outcome, in which neither type of investment is made. This second outcome also is an equilibrium because the decisions not to invest reinforce each other.

(B) Assume that shipyards are the only potential customers of steel. Steel producers figure they'll make money if there's a shipyard to buy their steel, but not otherwise. Now we have two possible outcomes — what economists call "multiple equilibria."

(C) But one key input is low-cost steel, and it must be produced nearby. The company's decision boils down to this: if there is a steel factory close by, invest in shipbuilding; otherwise, don't invest. Now consider the thinking of potential steel investors in the region.

*equilibrium: 균형

① (A)—(C)—(B)　　② (B)—(A)—(C)
③ (B)—(C)—(A)　　④ (C)—(A)—(B)
⑤ (C)—(B)—(A)

M31 ✱✱✾ .... 2022 대비 9월 모평 36 (고3) 

주어진 글 다음에 이어질 글의 순서로 가장 적절한 것을 고르시오.

> Green products involve, in many cases, higher ingredient costs than those of mainstream products.

(A) They'd rather put money and time into known, profitable, high-volume products that serve populous customer segments than into risky, less-profitable, low-volume products that may serve current noncustomers. Given that choice, these companies may choose to leave the green segment of the market to small niche competitors.

(B) Even if the green product succeeds, it may cannibalize the company's higher-profit mainstream offerings. Given such downsides, companies serving mainstream consumers with successful mainstream products face what seems like an obvious investment decision.

(C) Furthermore, the restrictive ingredient lists and design criteria that are typical of such products may make green products inferior to mainstream products on core performance dimensions (e.g., less effective cleansers). In turn, the higher costs and lower performance of some products attract only a small portion of the customer base, leading to lower economies of scale in procurement, manufacturing, and distribution.

*segment: 조각 **cannibalize: 잡아먹다 ***procurement: 조달

① (A)—(C)—(B) ② (B)—(A)—(C)
③ (B)—(C)—(A) ④ (C)—(A)—(B)
⑤ (C)—(B)—(A)

M32 ✱✱✾ .... 2023 대비 6월 모평 36 (고3) 

주어진 글 다음에 이어질 글의 순서로 가장 적절한 것을 고르시오.

> The fossil record provides evidence of evolution. The story the fossils tell is one of change. Creatures existed in the past that are no longer with us. Sequential changes are found in many fossils showing the change of certain features over time from a common ancestor, as in the case of the horse.

(A) If multicelled organisms were indeed found to have evolved before single-celled organisms, then the theory of evolution would be rejected. A good scientific theory always allows for the possibility of rejection. The fact that we have not found such a case in countless examinations of the fossil record strengthens the case for evolutionary theory.

(B) The fossil record supports this prediction — multicelled organisms are found in layers of earth millions of years after the first appearance of single-celled organisms. Note that the possibility always remains that the opposite could be found.

(C) Apart from demonstrating that evolution did occur, the fossil record also provides tests of the predictions made from evolutionary theory. For example, the theory predicts that single-celled organisms evolved before multicelled organisms.

① (A)—(C)—(B) ② (B)—(A)—(C)
③ (B)—(C)—(A) ④ (C)—(A)—(B)
⑤ (C)—(B)—(A)

M33 ★★★ .... 2022 대비 9월 모평 37 (고3) 

주어진 글 다음에 이어질 글의 순서로 가장 적절한 것을 고르시오. [3점]

> Recently, a number of commercial ventures have been launched that offer social robots as personal home assistants, perhaps eventually to rival existing smart-home assistants.

(A) They might be motorized and can track the user around the room, giving the impression of being aware of the people in the environment. Although personal robotic assistants provide services similar to those of smart-home assistants, their social presence offers an opportunity that is unique to social robots.

(B) Personal robotic assistants are devices that have no physical manipulation or locomotion capabilities. Instead, they have a distinct social presence and have visual features suggestive of their ability to interact socially, such as eyes, ears, or a mouth.

(C) For instance, in addition to playing music, a social personal assistant robot would express its engagement with the music so that users would feel like they are listening to the music together with the robot. These robots can be used as surveillance devices, act as communicative intermediates, engage in richer games, tell stories, or be used to provide encouragement or incentives.

*locomotion: 이동　**surveillance: 감시

① (A)—(C)—(B)　　② (B)—(A)—(C)
③ (B)—(C)—(A)　　④ (C)—(A)—(B)
⑤ (C)—(B)—(A)

M34 ★★❀ .... 2022 대비 수능 36 (고3) 

주어진 글 다음에 이어질 글의 순서로 가장 적절한 것을 고르시오.

> According to the market response model, it is increasing prices that drive providers to search for new sources, innovators to substitute, consumers to conserve, and alternatives to emerge.

(A) Many examples of such "green taxes" exist. Facing landfill costs, labor expenses, and related costs in the provision of garbage disposal, for example, some cities have required households to dispose of all waste in special trash bags, purchased by consumers themselves, and often costing a dollar or more each.

(B) Taxing certain goods or services, and so increasing prices, should result in either decreased use of these resources or creative innovation of new sources or options. The money raised through the tax can be used directly by the government either to supply services or to search for alternatives.

(C) The results have been greatly increased recycling and more careful attention by consumers to packaging and waste. By internalizing the costs of trash to consumers, there has been an observed decrease in the flow of garbage from households.

① (A)—(C)—(B)　　② (B)—(A)—(C)
③ (B)—(C)—(A)　　④ (C)—(A)—(B)
⑤ (C)—(B)—(A)

M35 ✲✲✲ .... 2022 대비 수능 37 (고3) 

주어진 글 다음에 이어질 글의 순서로 가장 적절한 것을 고르시오. [3점]

> In spite of the likeness between the fictional and real world, the fictional world deviates from the real one in one important respect.

(A) The author has selected the content according to his own worldview and his own conception of relevance, in an attempt to be neutral and objective or convey a subjective view on the world. Whatever the motives, the author's subjective conception of the world stands between the reader and the original, untouched world on which the story is based.

(B) Because of the inner qualities with which the individual is endowed through heritage and environment, the mind functions as a filter; every outside impression that passes through it is filtered and interpreted. However, the world the reader encounters in literature is already processed and filtered by another consciousness.

(C) The existing world faced by the individual is in principle an infinite chaos of events and details before it is organized by a human mind. This chaos only gets processed and modified when perceived by a human mind.

*deviate: 벗어나다 **endow: 부여하다 ***heritage: 유산

① (A) ─ (C) ─ (B) ② (B) ─ (A) ─ (C)
③ (B) ─ (C) ─ (A) ④ (C) ─ (A) ─ (B)
⑤ (C) ─ (B) ─ (A)

M36 ✲✲✲ .... 2024 대비 9월 모평 36 (고3) 

주어진 글 다음에 이어질 글의 순서로 가장 적절한 것을 고르시오.

> The intuitive ability to classify and generalize is undoubtedly a useful feature of life and research, but it carries a high cost, such as in our tendency to stereotype generalizations about people and situations.

(A) Intuitively and quickly, we mentally sort things into groups based on what we perceive the differences between them to be, and that is the basis for stereotyping. Only afterwards do we examine (or not examine) more evidence of how things are differentiated, and the degree and significance of the variations.

(B) Our brain performs these tasks efficiently and automatically, usually without our awareness. The real danger of stereotypes is not their inaccuracy, but their lack of flexibility and their tendency to be preserved, even when we have enough time to stop and consider.

(C) For most people, the word stereotype arouses negative connotations: it implies a negative bias. But, in fact, stereotypes do not differ in principle from all other generalizations; generalizations about groups of people are not necessarily always negative.

*intuitive: 직관적인 **connotation: 함축

① (A) ─ (C) ─ (B) ② (B) ─ (A) ─ (C)
③ (B) ─ (C) ─ (A) ④ (C) ─ (A) ─ (B)
⑤ (C) ─ (B) ─ (A)

주어진 글 다음에 이어질 글의 순서로 가장 적절한 것을 고르시오. [3점]

> Darwin saw blushing as uniquely human, representing an involuntary physical reaction caused by embarrassment and self-consciousness in a social environment.

(A) Maybe our brief loss of face benefits the long-term cohesion of the group. Interestingly, if someone blushes after making a social mistake, they are viewed in a more favourable light than those who don't blush.

(B) If we feel awkward, embarrassed or ashamed when we are alone, we don't blush; it seems to be caused by our concern about what others are thinking of us. Studies have confirmed that simply being told you are blushing brings it on. We feel as though others can see through our skin and into our mind.

(C) However, while we sometimes want to disappear when we involuntarily go bright red, psychologists argue that blushing actually serves a positive social purpose. When we blush, it's a signal to others that we recognize that a social norm has been broken; it is an apology for a faux pas.

*faux pas: 실수

① (A)—(C)—(B)　　② (B)—(A)—(C)
③ (B)—(C)—(A)　　④ (C)—(A)—(B)
⑤ (C)—(B)—(A)

주어진 글 다음에 이어질 글의 순서로 가장 적절한 것을 고르시오. [3점]

> Plants show finely tuned adaptive responses when nutrients are limiting. Gardeners may recognize yellow leaves as a sign of poor nutrition and the need for fertilizer.

(A) In contrast, plants with a history of nutrient abundance are risk averse and save energy. At all developmental stages, plants respond to environmental changes or unevenness so as to be able to use their energy for growth, survival, and reproduction, while limiting damage and nonproductive uses of their valuable energy.

(B) Research in this area has shown that plants are constantly aware of their position in the environment, in terms of both space and time. Plants that have experienced variable nutrient availability in the past tend to exhibit risk-taking behaviors, such as spending energy on root lengthening instead of leaf production.

(C) But if a plant does not have a caretaker to provide supplemental minerals, it can proliferate or lengthen its roots and develop root hairs to allow foraging in more distant soil patches. Plants can also use their memory to respond to histories of temporal or spatial variation in nutrient or resource availability.

*nutrient: 영양소　**fertilizer: 비료　***forage: 구하러 다니다

① (A)—(C)—(B)　　② (B)—(A)—(C)
③ (B)—(C)—(A)　　④ (C)—(A)—(B)
⑤ (C)—(B)—(A)

M39 ★★★ .... 2024 대비 수능 36 (고3)

주어진 글 다음에 이어질 글의 순서로 가장 적절한 것을 고르시오.

> Negotiation can be defined as an attempt to explore and reconcile conflicting positions in order to reach an acceptable outcome.

(A) Areas of difference can and do frequently remain, and will perhaps be the subject of future negotiations, or indeed remain irreconcilable. In those instances in which the parties have highly antagonistic or polarised relations, the process is likely to be dominated by the exposition, very often in public, of the areas of conflict.

(B) In these and sometimes other forms of negotiation, negotiation serves functions other than reconciling conflicting interests. These will include delay, publicity, diverting attention or seeking intelligence about the other party and its negotiating position.

(C) Whatever the nature of the outcome, which may actually favour one party more than another, the purpose of negotiation is the identification of areas of common interest and conflict. In this sense, depending on the intentions of the parties, the areas of common interest may be clarified, refined and given negotiated form and substance.

*reconcile: 화해시키다 **antagonistic: 적대적인
***exposition: 설명

① (A)—(C)—(B)　　② (B)—(A)—(C)
③ (B)—(C)—(A)　　④ (C)—(A)—(B)
⑤ (C)—(B)—(A)

M40 ★★※ .... 2023 대비 9월 모평 36 (고3)

주어진 글 다음에 이어질 글의 순서로 가장 적절한 것을 고르시오.

> When two natural bodies of water stand at different levels, building a canal between them presents a complicated engineering problem.

(A) Then the upper gates open and the ship passes through. For downstream passage, the process works the opposite way. The ship enters the lock from the upper level, and water is pumped from the lock until the ship is in line with the lower level.

(B) When a vessel is going upstream, the upper gates stay closed as the ship enters the lock at the lower water level. The downstream gates are then closed and more water is pumped into the basin. The rising water lifts the vessel to the level of the upper body of water.

(C) To make up for the difference in level, engineers build one or more water "steps," called locks, that carry ships or boats up or down between the two levels. A lock is an artificial water basin. It has a long rectangular shape with concrete walls and a pair of gates at each end.

*rectangular: 직사각형의

① (A)—(C)—(B)　　② (B)—(A)—(C)
③ (B)—(C)—(A)　　④ (C)—(A)—(B)
⑤ (C)—(B)—(A)

M41 ★★★ ·········· 2024 대비 수능 37 (고3)

주어진 글 다음에 이어질 글의 순서로 가장 적절한 것을 고르시오. [3점]

> Norms emerge in groups as a result of people conforming to the behavior of others. Thus, the start of a norm occurs when one person acts in a particular manner in a particular situation because she thinks she ought to.

(A) Thus, she may prescribe the behavior to them by uttering the norm statement in a prescriptive manner. Alternately, she may communicate that conformity is desired in other ways, such as by gesturing. In addition, she may threaten to sanction them for not behaving as she wishes. This will cause some to conform to her wishes and act as she acts.

(B) But some others will not need to have the behavior prescribed to them. They will observe the regularity of behavior and decide on their own that they ought to conform. They may do so for either rational or moral reasons.

(C) Others may then conform to this behavior for a number of reasons. The person who performed the initial action may think that others ought to behave as she behaves in situations of this sort.

* sanction: 제재를 가하다

① (A)—(C)—(B) ② (B)—(A)—(C)
③ (B)—(C)—(A) ④ (C)—(A)—(B)
⑤ (C)—(B)—(A)

1등급 대비 문제

M42～46 ▶ 제한시간 13.5분

M42 ✪ 2등급 대비 ·········· 2023 대비 6월 모평 37 (고3)

주어진 글 다음에 이어질 글의 순서로 가장 적절한 것을 고르시오. [3점]

> In economics, there is a principle known as the *sunk cost fallacy*. The idea is that when you are invested and have ownership in something, you overvalue that thing.

(A) Sometimes, the smartest thing a person can do is quit. Although this is true, it has also become a tired and played-out argument. Sunk cost doesn't always have to be a bad thing.

(B) This leads people to continue on paths or pursuits that should clearly be abandoned. For example, people often remain in terrible relationships simply because they've invested a great deal of themselves into them. Or someone may continue pouring money into a business that is clearly a bad idea in the market.

(C) Actually, you can leverage this human tendency to your benefit. Like someone invests a great deal of money in a personal trainer to ensure they follow through on their commitment, you, too, can invest a great deal up front to ensure you stay on the path you want to be on.

* leverage: 이용하다

① (A)—(C)—(B) ② (B)—(A)—(C)
③ (B)—(C)—(A) ④ (C)—(A)—(B)
⑤ (C)—(B)—(A)

주어진 글 다음에 이어질 글의 순서로 가장 적절한 것을 고르시오.

A fascinating species of water flea exhibits a kind of flexibility that evolutionary biologists call *adaptive plasticity*.

(A) That's a clever trick, because producing spines and a helmet is costly, in terms of energy, and conserving energy is essential for an organism's ability to survive and reproduce. The water flea only expends the energy needed to produce spines and a helmet when it needs to.

(B) If the baby water flea is developing into an adult in water that includes the chemical signatures of creatures that prey on water fleas, it develops a helmet and spines to defend itself against predators. If the water around it doesn't include the chemical signatures of predators, the water flea doesn't develop these protective devices.

(C) So it may well be that this plasticity is an adaptation: a trait that came to exist in a species because it contributed to reproductive fitness. There are many cases, across many species, of adaptive plasticity. Plasticity is conducive to fitness if there is sufficient variation in the environment.

*spine: 가시 돌기 **conducive: 도움되는

① (A) — (C) — (B)　　② (B) — (A) — (C)
③ (B) — (C) — (A)　　④ (C) — (A) — (B)
⑤ (C) — (B) — (A)

주어진 글 다음에 이어질 글의 순서로 가장 적절한 것을 고르시오. [3점]

The most commonly known form of results-based pricing is a practice called *contingency pricing*, used by lawyers.

(A) Therefore, only an outcome in the client's favor is compensated. From the client's point of view, the pricing makes sense in part because most clients in these cases are unfamiliar with and possibly intimidated by law firms. Their biggest fears are high fees for a case that may take years to settle.

(B) By using contingency pricing, clients are ensured that they pay no fees until they receive a settlement. In these and other instances of contingency pricing, the economic value of the service is hard to determine before the service, and providers develop a price that allows them to share the risks and rewards of delivering value to the buyer.

(C) Contingency pricing is the major way that personal injury and certain consumer cases are billed. In this approach, lawyers do not receive fees or payment until the case is settled, when they are paid a percentage of the money that the client receives.

*intimidate: 위협하다

① (A) — (C) — (B)　　② (B) — (A) — (C)
③ (B) — (C) — (A)　　④ (C) — (A) — (B)
⑤ (C) — (B) — (A)

주어진 글 다음에 이어질 글의 순서로 가장 적절한 것을 고르시오. [3점]

> Perhaps at some point you have seen some mathematical writing and not understood it.

(A) The complicated notations that might spring to mind — all those strange dashes, squiggles and letters — are obvious signs, but a lot of those are really quite modern. Mathematics had been going on for a long time before the dashes and squiggles were invented.

(B) You would not be the first; rest assured, even professional mathematicians sometimes have to rely on discussions with colleagues to properly understand problems they are looking at. But how do you recognise some writing is mathematical in the first place?

(C) Put simply, there has to be something *mathematical* going on for us to say that it is mathematics. And if we are dealing with writing from a very distant past, in a language that is not familiar to us, from a time even before recorded language, that can be sometimes difficult to recognise.

*squiggle: 꼬부라져 읽기 어려운 글자

① (A)―(C)―(B)　　② (B)―(A)―(C)
③ (B)―(C)―(A)　　④ (C)―(A)―(B)
⑤ (C)―(B)―(A)

주어진 글 다음에 이어질 글의 순서로 가장 적절한 것을 고르시오. [3점]

> Culture operates in ways we can consciously consider and discuss but also in ways of which we are far less cognizant.

(A) In some cases, however, we are far less aware of why we believe a certain claim to be true, or how we are to explain why certain social realities exist. Ideas about the social world become part of our worldview without our necessarily being aware of the source of the particular idea or that we even hold the idea at all.

(B) When we have to offer an account of our actions, we consciously understand which excuses might prove acceptable, given the particular circumstances we find ourselves in. In such situations, we use cultural ideas as we would use a particular tool.

(C) We select the cultural notion as we would select a screwdriver: certain jobs call for a Phillips head while others require an Allen wrench. Whichever idea we insert into the conversation to justify our actions, the point is that our motives are discursively available to us. They are not hidden.

*cognizant: 인식하는 **discursively: 만연하게

① (A)―(C)―(B)　　② (B)―(A)―(C)
③ (B)―(C)―(A)　　④ (C)―(A)―(B)
⑤ (C)―(B)―(A)

※ 다음 영어는 우리말 뜻을, 우리말은 영어 단어를 〈보기〉에서 찾아 쓰시오.

┌─────────── 〈보기〉 ───────────┐
prediction	domestic	economics	거부[거절]하다
기본적인	축적하다	foster	payment
(~보다) 열등한	몸을 쓰는	값을 매기다	magnetic
└──────────────────────────────┘

01 reject   _______________

02 accumulate   _______________

03 elementary   _______________

04 inferior   _______________

05 manual   _______________

06 집안의   _______________

07 자기의, 자석의   _______________

08 예측, 예견   _______________

09 번식시키다   _______________

10 경제학   _______________

※ 다음 우리말에 알맞은 영어 표현을 찾아 연결하시오.

11 ~와 일직선을 이루는 •   • tend to

12 ~하는 경향이 있다 •   • in (a) line with

13 ~을 요구하다 •   • on foot

14 걸어서 •   • call for

15 ~을 야기하다 •   • bring on

※ 다음 우리말 표현에 맞는 단어를 고르시오.

16 기존 패턴을 수정하다 ➡ (preserve / modify) the old patterns

17 인간 잠재력의 낭비 ➡ a waste of human (essential / potential)

18 신체 조작 능력 ➡ physical (intervention / manipulation) capability

19 진화의 증거 ➡ (confidence / evidence) of evolution

20 매몰 비용 오류 ➡ the sunk cost (fallacy / fellow)

※ 다음 문장의 빈칸에 알맞은 단어를 〈보기〉에서 찾아 쓰시오.

┌─────────────────── 〈보기〉 ───────────────────┐
identical	inaccuracy	ownership	longevity
pollinators	elaborate	pollen	toothless
harvest	justify	evaporate	ultimately
└──┘

21 여러분이 어떤 것에 투자하고 소유권을 가지면 여러분은 그것을 지나치게 중시한다.
  ➡ When you are invested and have _________ in something, you overvalue that thing.

22 우리는 식량을 위해 사냥과 수확을 할 필요가 없다.
  ➡ We do not need to hunt and __________ for our food.

23 컴퓨터 코드가 더 정교해진다.
  ➡ Computer code grows more __________.

24 벌은 모든 화분을 모으고 싶어 한다.
  ➡ Bees would like to collect all the ___________.

25 식물은 그들의 화분을 탐탁지 못한 수분 매개자에게 내주고 싶어 하지 않는다.
  ➡ Plants don't want to give up their pollen to undesirable __________.

26 이러한 변화는 우리의 장수에 많은 이로움을 낳았다.
  ➡ These changes have created many benefits for our __________.

27 생각하거나 말하는 모든 경우가 똑같지 않다.
  ➡ Not every occasion of thinking or talking is __________.

28 고정 관념이 진정 위험한 것은 그것들의 부정확성이 아니라, 그것들의 유연성 부족이다.
  ➡ The real danger of stereotypes is not their __________, but their lack of flexibility.

29 우리의 행동을 정당화하기 위해 대화에 어떤 생각을 넣든, 우리의 동기는 우리에게 만연하게 이용 가능하다.
  ➡ Whichever idea we insert into the conversation to _________ our actions, our motives are discursively available to us.

30 이 헌장들은 그저 열망의 무력한 선언에 불과하다.
  ➡ These charters are just __________ statements of aspiration.

N 주어진 문장 넣기

★ 유형 설명

글의 흐름으로 보아, 주어진 문장이 들어가기에 가장 적절한 곳을 고르시오.

> But cute and beautiful designs also have downsides.

연결어 등의 단서를 이용하여 주어진 한 문장을 논리적인 흐름에 맞게 글의 중간에 끼워 넣어야 한다.

🔑 글을 읽으면서 앞뒤 연결이 어색한 문장들 사이에 주어진 문장을 넣어 보고 흐름이 매끄러워지는지 확인한다.
앞 문장에는 전혀 등장하지 않았던 어구가 갑자기 등장하거나 글의 흐름이 아무 연결어 없이 완전히 전환되는 부분이 정답이다.

🎭 유형 풀이 비법

1 주어진 글을 파악하라!

- 주어진 문장을 읽고, 문제 풀이에 활용할 만한 단서가 있는지 살펴본다.

2 문장 관계를 추론하라!

- 정관사, 대명사, 대동사, 지시어, 연결어 등에 유의하여 문장 간의 관계를 추론한다.

3 글의 주제를 파악하라!

- 통일성과 일관성을 유지하는 주제를 파악하여 주어진 문장의 위치를 찾는다.

> (Tip) 정답을 고른 후에는 주어진 문장을 알맞은 위치에 넣고 문맥이 자연스러운지 확인한다.

★ 최신 수능 경향 분석

대비 연도	월	문항 번호	지문 주제	난이도
2026	11	38번	사실을 통해 내러티브를 형성하는 존재인 인간	★★★
		39번	아바타를 통한 게임 세계의 체험적 지각	★★★
	9	38번	잎을 떨어뜨리는 것은 나무의 생존 전략이다.	★★★
		39번	해석을 통해 의미를 갖는 역사적 사실	★★★
	6	38번	귀엽고 아름다운 디자인의 장단점	★★※
		39번	일상적인 신체적 경험이 수학 개념의 이해를 돕는다.	★★★
2025	11	38번	영업 상의 비밀 보호법이 필요한 이유	★★★
		39번	물건의 다양하고 역동적인 생애(수명) 주기	★★★
	9	38번	로봇의 자신과 주변의 다른 실재물을 구별하는 능력	★★★
		39번	생태계 관리를 위한 미래 생태계 모습 예측하기	★★※
	6	38번	측정된 배출물에 기반한 환경세	★★★
		39번	예술에서 주제(형상)와 스타일(배경) 간의 균형	★★★

★ 2026 수능 출제 분석

38번과 39번 모두 오답률이 꽤 높은 문제였다. 38번은 주어진 문장에 나온 these internal narratives가 가리키는 것을 잘 찾으면 쉽게 풀릴 수 있는 문제였다. 39번은 The difference가 어떤 둘의 차이점을 말하는 것인지 글을 읽으면서 잘 파악해야 답을 찾을 수 있었다.

★ 2027 수능 예측

높은 난이도로 출제되는 경우에 대비하여 연결어나 지시어 등의 단서를 활용하는 방법뿐 아니라 내용 이해를 통해 정답을 찾는 훈련을 철저히 해야 한다.

📍 자주 쓰이는 연결어

- ☐ in fact 사실상
- ☐ moreover 게다가
- ☐ in addition 게다가
- ☐ despite ~에도 불구하고
- ☐ in spite of ~에도 불구하고
- ☐ although ~에도 불구하고
- ☐ but 하지만, 그러나
- ☐ however 하지만, 그러나
- ☐ in contrast 대조적으로
- ☐ in comparison with ~와 비교해보면
- ☐ in summary 요약하면
- ☐ in a word 한마디로 말해서
- ☐ at the same time 동시에
- ☐ furthermore 더욱이, 더구나
- ☐ that is 즉
- ☐ namely 즉, 다시 말해
- ☐ thus 따라서, 그러므로
- ☐ therefore 따라서
- ☐ accordingly 따라서
- ☐ hence 그러므로, 따라서
- ☐ in other words 바꾸어 말하면

🔵 어휘 및 표현 Preview

- ☐ correspondence 일치
- ☐ desensitized 둔감해진
- ☐ conventional 전통적인
- ☐ search for 찾다
- ☐ abatement 감소
- ☐ originate from 발생하다
- ☐ aesthetic 미학적인
- ☐ detect 감지하다
- ☐ external 외부의
- ☐ emission 배출
- ☐ atmosphere 분위기

 **주어진 문장 넣기** (첫 번째) 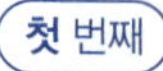

1st 주어진 문장을 해석하고, 연결어, 지시어 등을 확인하세요.
2nd 각 선택지의 앞뒤 흐름이 매끄러운지 확인하세요.
3rd 글이 한눈에 들어오도록 정리하여 정답을 확인하세요.

N01 ✱✱✲ ·············· 2026 대비 6월 모평 38 (고3) 

글의 흐름으로 보아, 주어진 문장이 들어가기에 가장 적절한 곳을 고르시오.

> But cute and beautiful designs also have downsides.

Research finds that people show a strong visceral interest in and desire to approach and own cute-looking and beautiful (elegant) designs. (①) However, cute and beautiful designs elicit two very different motivations. (②) A cute product or package design elicits a nurturing motivation — a desire to take care of and keep the product, to hold it dear to our hearts and never let it go. (③) The beautiful product or package design elicits a self-expressive, or signaling, motivation — a desire to express oneself to others through product ownership. (④) Certain types of cute products can be associated with a lack of sophistication or seriousness, which can reduce performance expectations (lowering perceived enablement benefits). (⑤) Beautiful-looking designs may not attract attention over time because people become desensitized to them.

*visceral: 본능적인 **elicit: 이끌어 내다

1st 주어진 문장을 해석하고, 연결어, 지시어 등을 확인하세요.

But cute and beautiful designs / also have
하지만 귀엽고 아름다운 디자인은   / 또한 부정적인 면을
downsides. //
가진다   //

● **But(하지만)으로 문장이 시작했네요.**
귀엽고 아름다운 디자인이 부정적인 면을 가진다고 했어요. 따라서 뒤에는 부정적인 요소들을 설명하는 내용이 이어질 거예요.
여기서 But은 '하지만'이라는 뜻으로, 서로 반대되는 내용을 연결할 때 사용해요. (단서) 때문에, 앞에는 반대로 이러한 디자인의 **1**(   ) 면에 대한 내용이 먼저 나왔을 거예요. (발상)

2nd 각 선택지의 앞뒤 흐름이 매끄러운지 확인하세요.

1) ①의 앞 문장과 뒤 문장을 확인해 봅시다.

앞 문장: Research finds / that people show a strong
연구에 따르면   / 사람들은 ~에 강한 본능적인
visceral interest in / and desire to approach and
관심을 보인다   / 그리고 귀여워 보이고 아름다운(우아한)
own cute-looking and beautiful (elegant) designs. //
디자인을 접근하고 소유하고자 하는 욕구를   //

뒤 문장: However, cute and beautiful designs elicit /
그러나 귀엽고 아름다운 디자인은 이끌어 낸다   /
two very different motivations. //
두 가지 서로 매우 다른 동기를   //

앞에서는 사람들이 귀엽고 아름다운 디자인에 본능적 관심을 가진다고 했어요. 뒤에서는 이러한 디자인이 두 가지 서로 매우 다른 동기를 이끌어 낸다고 했죠.
귀엽고 아름다운 디자인에 대해 사람들이 어떻게 느끼는지에 대해 이야기한 뒤, 이것이 불러일으키는 두 가지 동기에 대해 본격적으로 화두를 던지는 흐름으로 자연스럽게 연결되고 있는 것을 알 수 있죠?
▶ 주어진 문장이 ①에 들어갈 수 없음

2) ②의 앞 문장과 뒤 문장을 확인해 봅시다.

앞 문장: ①의 뒤 문장과 같음
뒤 문장: A cute product or package design elicits a
귀여운 제품이나 포장 디자인은 양육 동기를
nurturing motivation / — a desire to take care of
이끌어 낸다   / 즉 제품을 보살피고 간직하려는
and keep the product, / to hold it dear to our hearts
욕구   / 소중히 여기고 결코 놓치고 싶지
and never let it go. //
않은 (욕구)   //

앞 문장에서 귀여운 디자인이 사람들에게 두 가지 동기를 불러일으킨다고
했어요. 뒤 문장에서는 귀여운 제품/디자인이 제품을 보살피고,
간직하려는 양육 동기를 이끌어 낸다고 했죠.
두 가지 동기를 이끌어 낸다고 언급한 뒤, 그 중 하나의 동기인
❷(　　　　　)에 대해 먼저 설명하는 자연스러운 흐름으로 진행되고
있어요.
▶ 주어진 문장이 ❷에 들어갈 수 없음

3) ③의 앞 문장과 뒤 문장을 확인해 봅시다.

앞 문장: ❷의 뒤 문장과 같음
뒤 문장: The beautiful product or package design
아름다운 제품이나 포장 디자인은 이끌어 낸다

elicits / a self-expressive, or signaling, motivation /
／ 자기 표현 또는 신호 전달 동기를 　　　　　　　／

— a desire to express oneself to others / through
즉 다른 사람들에게 자신을 표현하고자 하는 욕구를 　／ 제품

product ownership. //
소유를 통해 　　　　　//

아름다운 제품/디자인은 다른 사람들에게 자신을 표현하고자 하는
욕구인 '자기 표현' 혹은 '신호 전달 동기'를 이끌어 낸다고 했어요.
디자인이 유발하는 또 다른 동기에 대해 설명하고 있네요.
앞에서 두 가지 동기 중 하나인 '양육 동기'를 언급한 것에 이어, 두 번째
동기인 '신호 전달 동기'에 대해 이야기하는 내용은 자연스럽게 연결돼요.
▶ 주어진 문장이 ❸에 들어갈 수 없음

4) ④의 앞 문장과 뒤 문장을 확인해 봅시다.

앞 문장: ❸의 뒤 문장과 같음
뒤 문장: Certain types of cute products / can be
특정 유형의 귀여운 제품은 　　　　　　　／ 정교함이나

associated with a lack of sophistication or
진지함이 부족하다는 인식과 연관될 수 있는데

seriousness, / which can reduce performance
／ 이는 성능에 대한 기대를 줄일 수 있다

expectations (lowering perceived enablement
(인지된 구현 가능성 이점을 감소시킴) //

benefits). //

앞에서는 귀여운 제품/디자인이 불러일으키는 두 번째 동기에 대해 마저
설명했는데, 뒤에서는 이러한 제품이 정교함이 부족하다는 인식을 갖게
해서 성능에 대한 기대를 줄인다고 했어요. 앞서 부정적이지 않은 두 가지
동기에 대해 말한 것에서 갑자기 부정적인 면에 대한 이야기로 전환된
것을 볼 수 있죠.
주어진 문장은 앞서 긍정적인 내용이 이어진 뒤 'But(그러나)'을 통해
부정적인 면에 대한 이야기로 넘어가게 해 주는 내용이므로, 주어진
문장이 이 문장 앞에 와야 해요.
▶ 주어진 문장이 ④에 들어가야 함

5) ⑤의 앞 문장과 뒤 문장을 확인해 봅시다.

앞 문장: ④의 뒤 문장과 같음
뒤 문장: Beautiful-looking designs / may not attract
아름답게 보이는 디자인은 　　　　　／ 시간이 지남에 따라

attention over time / because people become
사람들의 관심을 끌지 못할 수 있는데 / 사람들이 그것들에

desensitized to them. //
둔감해지기 때문이다 　　　　//

앞에서 귀여운 제품은 정교함이나 진지함이 부족하다는 인식과 연관되어
성능에 대한 기대를 낮춘다고 했어요.
뒤 문장에서는 아름다운 디자인이 시간이 지남에 따라 점차 사람들의
관심을 끌지 못하게 된다고 했어요.
앞서 귀여운 제품 디자인의 부정적인 면을 언급한 것에 이어 또 다른
부정적인 면을 추가적으로 제시하는 내용으로 글이 자연스럽게 흘러가는
것을 알 수 있어요.
▶ 주어진 문장이 ⑤에 들어가야 함

3rd 글이 한눈에 들어오도록 정리하여 정답을 확인하세요.

연구에 따르면, 사람들은 귀여워 보이고 아름다운(우아한) 디자인에 강한
본능적인 관심과 접근하고 소유하고자 하는 욕구를 보인다.
(①) 그러나 귀엽고 아름다운 디자인은 두 가지 서로 매우 다른 동기를
이끌어 낸다.
(②) 귀여운 제품이나 포장 디자인은 양육 동기를 이끌어 낸다.
(③) 아름다운 제품이나 포장 디자인은 자기 표현 또는 신호 전달 동기를
이끌어 낸다.
(④ 하지만 귀엽고 아름다운 디자인은 또한 부정적인 면을 가진다.)
특정 유형의 귀여운 제품은 정교함이나 진지함이 부족하다는 인식과 연관될
수 있는데, 이는 성능에 대한 기대를 줄일 수 있다.
(⑤) 아름답게 보이는 디자인은 시간이 지남에 따라 관심을 끌지 못할 수
있는데, 사람들이 그것들에 둔감해지기 때문이다.

N 주어진 문장 넣기 (두 번째)

1st 주어진 문장을 해석하고, 연결어, 지시어 등을 확인하세요.
2nd 각 선택지의 앞뒤 흐름이 매끄러운지 확인하세요.
3rd 글이 한눈에 들어오도록 정리하여 정답을 확인하세요.

N02 ★★★ .... 2025 대비 9월 모평 38 (고3)

글의 흐름으로 보아, 주어진 문장이 들어가기에 가장 적절한 곳을 고르시오.

> If not, the robot might endlessly chase itself rather than the blocks.

People involved in the conception and engineering of robots designed to perceive and act know how fundamental is the ability to discriminate oneself from other entities in the environment. Without such an ability, no goal-oriented action would be possible. (①) Imagine that you have to build a robot able to search for blocks scattered in a room in order to pile them. (②) Even this simple task would require that your machine be able to discriminate between stimulation that originates from its own machinery and stimulation that originates from the blocks in the environment. (③) Suppose that you equip your robot with an artificial eye and an artificial arm to detect, grab, and pile the blocks. (④) To be successful, your machine will have to have some built-in system enabling it to discriminate between the detection of a block and the detection of its own arm. (⑤) Your robot would engage in circular, self-centered acts that would drive it away from the target or external goal.

*entity: 실재물(物)

1st 주어진 문장을 해석하고, 연결어, 지시어 등을 확인하세요.

If not, / the robot might endlessly chase itself /
그렇지 않으면 / 로봇이 자기 자신을 끝없이 쫓아갈 수도 있다 /
rather than the blocks. //
블록이 아닌 //

● If not으로 문장이 시작했네요.

'그렇지 않으면'이라는 뜻의 If not으로 시작했으므로, (단서) 앞의 내용과 반대로 하면 로봇이 블록이 아닌 자기 자신을 쫓아가게 될 수도 있다는 내용으로 연결되는 거죠.
이 문장 뒤에는 아마도 로봇이 원래의 목표와 달리 자기중심적인 행동을 하게 될 것이라는 내용이 이어질 거예요. (발상)
우리의 예상이 맞는지 이제 글을 처음부터 읽으면서 확인해 봅시다.

2nd 각 선택지의 앞뒤 흐름이 매끄러운지 확인하세요.

1) ①의 앞 문장과 뒤 문장을 확인해 봅시다.

앞 문장: People involved in the conception and
로봇의 구상과 엔지니어링에 관여하는 사람들은
engineering of robots / designed to perceive and act /
/ 인지하고 행동하도록 설계된 /
know how fundamental is / the ability to
얼마나 핵심적인지 알고 있다 / 자신을 구별하는
discriminate oneself / from other entities in the
능력이 / 주위의 다른 실재물과 //
environment. //
Without such an ability, / no goal-oriented action
그러한 능력이 없으면 / 목표 지향적인 행동은 불가능할
would be possible. //
것이다 //

뒤 문장: Imagine / that you have to build a robot /
상상해 보라 / 여러분이 로봇을 만들어야 한다고 /
able to search for blocks / scattered in a room / in
블록을 찾을 수 있는 / 방에 흩어져 있는 /
order to pile them. //
블록을 쌓기 위해 //

앞에서는 로봇을 설계할 때 주위의 다른 ❶( )과 자신을 구별하는 능력이 핵심이라고 했어요. 그리고 이러한 능력이 없으면 목표 지향적 행동이 불가능하다고 했죠.
뒤에서는 이에 대한 예시가 나오는데, 블록을 쌓기 위해 방에 흩어진 블록을 찾는 로봇을 만드는 것을 상상해 보라고 했어요. 뒤에 예시가 나오면서 두 문장은 자연스럽게 연결되고 있는 걸 알 수 있죠?

▶ 주어진 문장이 ①에 들어갈 수 없음

2) ②의 앞 문장과 뒤 문장을 확인해 봅시다.

앞 문장: ①의 뒤 문장과 같음

뒤 문장: Even this simple task would require / that
이 간단한 작업조차 요구할 것이다 / 기계는

your machine be able to discriminate / between
구별할 수 있어야 한다고 /

stimulation that originates from its own machinery /
자신의 시스템에서 발생하는 자극과 /

and stimulation that originates from the blocks in
주위의 블록에서 발생하는 자극을 //

the environment. //

앞 문장에서 블록을 쌓기 위해 방에 흩어진 블록을 쌓는 로봇을
상상해보라는 예시를 들었어요.
뒤 문장에서는 블록 찾기라는 이 간단한 작업을 하기 위해 기계(로봇)가
자신의 시스템에서 발생하는 자극과 블록에서 발생하는 자극을
❷(   )할 수 있어야 한다는 내용이 나와요. 역시 자연스러운
흐름으로 진행되고 있어요.

▶ 주어진 문장이 ②에 들어갈 수 없음

3) ③의 앞 문장과 뒤 문장을 확인해 봅시다.

앞 문장: ②의 뒤 문장과 같음

뒤 문장: Suppose / that you equip your robot with an
가정해 보라 / 로봇에 인공 눈과 인공 팔을 갖추게

artificial eye and an artificial arm / to detect, grab,
하는 것을 / 블록을 감지하고,

and pile the blocks. //
잡고, 쌓도록 하기 위해 //

블록 찾기를 위해 로봇이 자신의 자극과 블록을 구별할 수 있어야 한다고
한 다음에, 뒤에서 로봇에 인공 눈과 팔을 갖추게 해서 블록을 감지하고
쌓을 수 있게 하는 상황을 가정하라고 했어요.
앞에 말한 내용에 이어서 로봇의 블록 찾기를 위한 설계에 대한 설명이
연결되고 있네요.

▶ 주어진 문장이 ③에 들어갈 수 없음

4) ④의 앞 문장과 뒤 문장을 확인해 봅시다.

앞 문장: ③의 뒤 문장과 같음

뒤 문장: To be successful, / your machine will have to
(이 작업을) 성공적으로 수행하려면 / 여러분의 기계에는 있어야

have / some built-in system / enabling it to
할 것이다 / 어떤 내장된 시스템이 / 구별할 수 있게 해주는

discriminate / between the detection of a block /
/ 블록 감지와 /

and the detection of its own arm. //
자신의 팔 감지를 //

앞에서는 로봇이 인공 팔과 눈을 가지고 블록을 감지할 수 있게 한다고
했고, 뒤에서는 성공적으로 수행하기 위해 로봇 안에 블록 감지와 팔
감지를 구별할 수 있게 해주는 시스템이 내장되어야 한다고 설명하고
있죠?
두 문장은 인공 팔을 사용한 블록 쌓기에 대한 내용이 서술되고 있는
것이므로 역시 자연스럽게 이어져요.

▶ 주어진 문장이 ④에 들어갈 수 없음

5) ⑤의 앞 문장과 뒤 문장을 확인해 봅시다.

앞 문장: ④의 뒤 문장과 같음

뒤 문장: Your robot would engage in / circular,
로봇은 하게 될 것이다 / 순환적이고

self-centered acts / that would drive it away / from
자기중심적인 행동을 / 자신을 멀어지게 하는 /

the target or external goal. //
목표물이나 외부 목표에서 //

앞 문장에서 로봇이 인공 팔로 블록을 감지할 수 있게 하려면 로봇 안에
블록 감지와 팔 감지를 구별하게 해주는 시스템이 내장되어 있어야 할
것이라고 했어요.
뒤 문장에서는 로봇이 자신의 목표물이나 외부 목표에서 멀어지는
자기중심적인 행동을 하게 될 것이라고 했죠.
주어진 문장은 '그렇지 않으면' 로봇이 블록이 아니라 자신을 끊임없이
쫓아갈 수도 있다고 했으므로, 주어진 문장을 이 문장 전에 넣어야겠죠?
그래야 로봇이 블록 감지와 팔 감지를 구분하지 못하면 블록이 아니라
자기 자신을 쫓아감으로써 목표물에서 멀어지는 자기중심적인 행동을
한다는 내용으로 글이 흘러갈 수 있어요.

▶ 주어진 문장이 ⑤에 들어가야 함

3rd 글이 한눈에 들어오도록 정리하여 정답을 확인하세요.

인지하고 행동하도록 설계된 로봇의 구상에서 주위의 다른 실재물과 자신을
구별하는 능력은 핵심이다. 그러한 능력이 없으면 목표 지향적인 행동은
불가능할 것이다.
(①) 블록을 쌓기 위해 방에 흩어져 있는 블록을 찾을 수 있는 로봇을
만드는 것을 상상해라.
(②) 이 간단한 작업을 하기 위해서도 기계는 자신의 자극과 주위 블록에서
발생하는 자극을 구별할 수 있어야 한다.
(③) 로봇에 인공 눈과 인공 팔을 갖추게 하여 블록을 감지하고, 잡고,
쌓도록 한다고 가정하자.
(④) 성공적으로 수행하려면 로봇은 블록 감지와 자신의 팔 감지를
구별하는 시스템이 있어야 한다.
(⑤ 그렇지 않으면 로봇이 블록이 아닌 자기 자신을 끝없이 쫓아갈 수도
있다.)
로봇은 자신의 목표에서 멀어지는 자기중심적인 행동을 하게 될 것이다.

N03 ~ 07 ▶ 제한시간 10분

N03 ★★★ ·········· 2026 대비 수능 38 (고3)

글의 흐름으로 보아, 주어진 문장이 들어가기에 가장 적절한 곳을 고르시오.

> Sometimes these internal narratives we form not only shape our beliefs and opinions but also become deeply rooted in our identity.

While stories clearly dominate statistics from both memorability and persuasiveness perspectives, it's rarely a battle between facts and anecdotes — or even facts and other facts. The real clash is actually *between stories*: the predominant incumbent and a new challenger. (①) As storytelling creatures, we routinely form narratives to help us understand the world around us. (②) When we experience different events or encounter various facts, our minds seek to make sense of them by forming stories around them. (③) For example, if you have had some bad experiences with graduates from a particular university, you may create a negative narrative in your mind about people who went to that school. (④) Suddenly, you judge everyone from the university by what you've experienced on just a few unfortunate occasions. (⑤) For example, the narratives you have formed around gun control or climate change are most likely related with your political ideology — who you are as an individual.

*anecdote: 일화　**incumbent: 점유자

N04 ★★★ ·········· 2026 대비 수능 39 (고3)

글의 흐름으로 보아, 주어진 문장이 들어가기에 가장 적절한 곳을 고르시오. [3점]

> The difference is that the action in the game world can only be explored through the virtual bodily space of the avatar.

A video game has its own model of reality, internal to itself and separate from the player's external reality, the player's bodily space and the avatar's bodily space. (①) The avatar's bodily space, the potential actions of the avatar in the game world, is the only way in which the reality of the external reality of the game world can be perceived. (②) As in the real world, perception requires action. (③) Players extend their perceptual field into the game, encompassing the available actions of the avatar. (④) The feedback loop of perception and action that enables you to navigate the world around you is now one step removed: instead of perceiving primarily through interaction of your own body with the external world, you're perceiving the game world through interaction of the avatar. (⑤) The entire perceptual system has been extended into the game world.

*encompass: 둘러싸다

N05 ***

글의 흐름으로 보아, 주어진 문장이 들어가기에 가장 적절한 곳을 고르시오.

> As winter approaches, the length of the day shortens, the temperature drops, and plants, including trees, can detect this change.

It is worth pointing out that leaves don't drop to the ground because they are dying — rather, the tree initiates an active process of clever recycling called senescence. A tree, like an oak for example, would struggle to survive through a harsh winter if it retained its canopy of leaves. (①) It would risk damage from strong winter winds and would lose more water from its leaves than it could draw up from the frozen ground. (②) If it didn't blow over, it would die of thirst. (③) It signals to them that it is time to lose their leaves. (④) First, however, trees carefully suck all of the useful nutrients out of the leaves and then, with surgical precision, block up that pathway into the leaves. (⑤) That blocked pathway at the base of the leaf stem creates a weakness and, in the wind, the leaves snap off and fall to the ground.

* senescence: 노화

N06 ***

글의 흐름으로 보아, 주어진 문장이 들어가기에 가장 적절한 곳을 고르시오. [3점]

> The problem of survival lies at the root of many of the historian's problems, for what has survived may not necessarily be more significant than what has not survived.

Historians use evidence in order to understand what happened and why it happened. In architectural history this evidence may take the form of the buildings themselves or their remains, and documents such as plans, drawings, descriptions, diaries or bills. (①) Our picture of any period of history is derived from a multitude of sources, such as the paintings, literature, deeds, buildings and other artefacts that have survived. (②) The Egyptian pyramids have survived thousands of years, but historical significance is not just a question of durability. (③) These buildings were part of a rich and diverse culture, much of which has been lost. (④) They are historical facts, but facts by themselves, even such massive facts as the pyramids, are just the first stage in any historical study, and until they have been evaluated, placed in context and interpreted, they tell us little. (⑤) Different historians may place different values on the same facts, and the discovery of new evidence may modify or change existing theories and interpretations.

N07 ***

글의 흐름으로 보아, 주어진 문장이 들어가기에 가장 적절한 곳을 고르시오. [3점]

> They might be sitting still as they imagine all of this walking back and forth along their path; but they are reliving, at least in their imagination, the movement of their feet.

Researchers are studying how our everyday physical experiences in the world contribute to our understanding of mathematical concepts. (①) The experience of walking along a path, for example, can be a metaphor for thinking about arithmetic. (②) The path starts at some point 0 and as children walk along, every step takes them 1 unit further from the starting point; they can even take half steps or skip along two steps at a time. (③) If they want to imagine what it might mean to add 5 and 9, they could think of first walking 9 steps and then walking 5 more. (④) But that also helps them think about what $14 - 3$ might mean because they can imagine walking backwards. (⑤) If they close their eyes, they might even imagine the shape of the path, the smell of the trees, and the sound that is made when they step on the dried leaves.

* arithmetic: 산수

N08 ★★★ .... 2025 실시 10월 학평 38 (고3)

글의 흐름으로 보아, 주어진 문장이 들어가기에 가장 적절한 곳을 고르시오. [3점]

> But with the emerging mass automobility in the first decades of the twentieth century, the negative effects of human agency behind the steering wheel — accidents for example — became a serious topic of concern.

Since its invention at the end of the nineteenth century, the automobile remained a machine that had to be controlled by a human driver. (①) Without human control of steering wheel, gas pedal and brakes none of the billions of miles could have been traversed by the billions of cars in the world: A car always needed the driving skills of a human to fulfill its function. (②) Without a driver, it would have been only an immobile artifact, left to stand still in its parking lot. (③) In the early years of motoring, this necessity of a human driver was not seen as a barrier. (④) Manual driving promised to fulfill the human dream of individual mobility and freedom, of self-guidance, of autonomy. (⑤) It is no surprise that the fantasy of a self-driving car, a car that can navigate without a human driver, can be dated to this period.

*steering wheel: (자동차의) 운전대
**traverse: 횡단하다　***artifact: 인공물

N09 ★★❀ .... 2025 실시 10월 학평 39 (고3)

글의 흐름으로 보아, 주어진 문장이 들어가기에 가장 적절한 곳을 고르시오.

> If we had to constantly think carefully about every one of those stimuli (or even a small subset thereof), in order to understand its nature and function, we would never get anything done!

That the brain had limitations on the amount of information processing it could handle was not news to psychologists. Indeed, about 15 years earlier, Miller showed this with his famous paper on the limited capacity of short-term memory. (①) What *was* novel was the connection between categorization and stereotyping, and that categorization was an inevitable aspect of human cognition. (②) At any given second, there are hundreds, even thousands, of different stimuli that can be perceived in our immediate environment. (③) Instead, we learn about different stimuli, and tend to group them in terms of common features, attributes, or functions. (④) This categorization process then becomes so well practiced as to become automatic, and it frees up our consciousness to attend to things that are novel in our environment, or to our current task. (⑤) Thus, categorization helps us reduce the complexity of the stimuli in our social environment.

글의 흐름으로 보아, 주어진 문장이 들어가기에 가장 적절한 곳을 고르시오.

> However, more recently, ideas of this general kind have begun to find favour again, partly in view of their connection with string-theoretic notions.

Sometimes theories that have been out of fashion for some while can come back into consideration in view of later developments. (①) A case in point is an idea that Lord Kelvin put forward in about 1867, in which atoms (the elementary particles of his day) were to be regarded as being composed of tiny knot-like structures. (②) This idea attracted some considerable attention at the time, and the mathematician J. G. Tait began a systematic study of knots on the basis of this. (③) But the theory did not lead to any clear-cut correspondence with the actual physical behaviour of atoms, so it became largely forgotten. (④) The mathematical theory of knots has also encountered a revival, since around 1984, starting with the work of Vaughan Jones, whose seminal ideas had their roots in theoretical considerations within quantum field theory. (⑤) The methods of string theory were subsequently employed by Edward Witten to obtain a kind of quantum field theory which, in a certain sense, encompasses these new developments in the mathematical theory of knots.

*seminal: 중요한 **quantum: 양자(量子)
***encompass: 포함하다

글의 흐름으로 보아, 주어진 문장이 들어가기에 가장 적절한 곳을 고르시오. [3점]

> From the record labels' point of view, the licensing has a completely different purpose, and that purpose is to promote an act.

Music-licensing has always been an integral and lucrative part of the music business, but there has often been a tension between music publishers and record labels. (①) Although music is the shared value for both publishers and labels, their aims and their business models differ. (②) To the music publisher or the licensing department of a full-service music firm, licensing opportunities are the bread and butter of their business. (③) There is simply no other kind of income besides the royalties paid by the licensees. (④) The licensing fee paid by the licensee is only the icing on the cake, since the majority of a traditional record label's revenues are generated by selling audio recordings (primarily CDs) to consumers. (⑤) In a competition to have a song included in a film etc., the record label might be inclined to waive the fee in order to win the competition and achieve the much-desired media presence.

*lucrative: 돈이 되는 **bread and butter: 생계(의 수단)
***waive: 포기하다

N12 ★★★ .... 2025 실시 5월 학평 38 (고3)

글의 흐름으로 보아, 주어진 문장이 들어가기에 가장 적절한 곳을 고르시오. [3점]

> Yet this, the increasingly collective nature of science, is often missed in stories of individual genius, whether Newton sitting under an apple tree or Einstein writing at night after his job.

For most of history science was secretive, obscure and often considered indistinguishable from magic. (①) Modern science by contrast combines observation, interpretation and action in forms that collectivize the knowledge gained and institutionalizes them in labs, centres, disciplines, funds and stored memories. (②) As a collective, science polices itself, as happened in 2018 when a Chinese scientist, He Jiankui, announced the birth of twin girls with edited genomes, and was met with a storm of disapproval. (③) This open and collective nature was understood early in the history of modern science. (④) Joseph Glanvill was one of its first theorists, arguing in the 1660s that 'free and ingenious exchange of the reasons of our particular sentiments' is the best method of discovering truth and improving knowledge. (⑤) But the more we know, the more collective science looks, dependent on networks of collaborators, supporters and colleagues.

*obscure: 이해하기 힘든

N13 ★★★ .... 2025 실시 5월 학평 39 (고3)

글의 흐름으로 보아, 주어진 문장이 들어가기에 가장 적절한 곳을 고르시오.

> In contrast, introductory social science texts often describe their subjects as a series of competing perspectives.

Social scientists find it harder to agree than do natural scientists. (①) Researchers at the leading edge of physics, for example, may argue fiercely, but there is sufficient consensus among the discipline's scholars for an introductory physics textbook to state with authority the basic knowledge that is accepted by the field. (②) There are benefits to stressing what divides us. (③) By taking specific emphases to their logical conclusions, we can readily perceive the arguments that need to be resolved if we are to explain this or that aspect of the social world. (④) Like politicians in elections, advocates of particular schools try to put 'clear blue water' between themselves and their rivals. (⑤) But, like politicians in power, when the same advocates get round to doing sociology (rather than just advertising their brand of it) they tend to fall back to a common middle ground.

글의 흐름으로 보아, 주어진 문장이 들어가기에 가장 적절한 곳을 고르시오.

> An alternative view is that we make sense of the sensations we feel and the facial expressions we see only when we attach words to them — we develop rather than inherit our emotional concepts.

We experience emotions as different bodily sensations, such as a beating heart and sweaty palms; we recognize emotions in others by their facial expressions and behaviour. (①) One prominent idea is that we are born with a fixed set of basic emotions that are universal within our species, notably happiness, sadness, fear, surprise, disgust and anger. (②) Just as we attach the word gravity to our intuitive understanding about how objects move through space, we simply attach words to each of these innate and universal emotions once those words become available. (③) Key evidence is that children are unable to categorise facial expressions as representing different emotions until they have acquired a lexicon of words for emotions. (④) Before having such words, faces that we might view as angry, sad or fearful are all categorised together as 'unpleasant'. (⑤) By acquiring the words for different types of emotions while experiencing sensations or observing their expressions in others, we develop a set of concepts into which those feelings can be placed.

*lexicon: 어휘 목록

글의 흐름으로 보아, 주어진 문장이 들어가기에 가장 적절한 곳을 고르시오. [3점]

> The rest of the time, even as individuals are trying their best to think through issues, motivational goals may bias their thought processes and bias their reasoning.

Everyone likes to think of themselves as behaving in an unbiased fashion most of the time. We all view ourselves similar to the blindfolded statue of Lady Justice evaluating competing claims without bias, emotions, or motivations. And yet, overwhelming psychological research suggests that such unbiased rationality is actually a fairly elusive quality in humans. (①) Much of the time people are on automatic pilot. (②) In other words, individuals are *acting* without reflection more often than they are *thinking* carefully and deliberately. (③) Ziva Kunda, who coined the term "motivated reasoning" to describe this phenomenon, explained that although individuals try to make well-thought-out decisions, use available evidence, and look at both sides of an issue, the process is often tainted by motivations that may be unknown to them. (④) Individuals' motivations may direct them to attend more carefully to some information while ignoring other relevant facts. (⑤) Or they may use different strategies to evaluate information they prefer to be correct while at the same time being hypercritical of flaws in information they prefer to be wrong.

*elusive: 찾기 어려운 **taint: 오염시키다

N16 ★★✿ .... 2025 대비 6월 모평 38 (고3)

글의 흐름으로 보아, 주어진 문장이 들어가기에 가장 적절한 곳을 고르시오.

> Continuous emissions measurement can be costly, particularly where there are many separate sources of emissions, and for many pollution problems this may be a major disincentive to direct taxation of emissions.

Environmental taxes based directly on measured emissions can, in principle, be very precisely targeted to the policy's environmental objectives. (①) If a firm pollutes more, it pays additional tax directly in proportion to the rise in emissions. (②) The polluter thus has an incentive to reduce emissions in any manner that is less costly per unit of abatement than the tax on each unit of residual emissions. (③) The great attraction of basing the tax directly on measured emissions is that the actions the polluter can take to reduce tax liability are actions that also reduce emissions. (④) Nevertheless, the technologies available for monitoring the concentrations and flows of particular substances in waste discharges have been developing rapidly. (⑤) In the future, it may be possible to think of taxing measured emissions in a wider range of applications.

*abatement: 감소 **liability: 부담액

N17 ★★★ .... 2025 대비 수능 38 (고3)

글의 흐름으로 보아, 주어진 문장이 들어가기에 가장 적절한 곳을 고르시오. [3점]

> Without any special legal protection for trade secrets, however, the secretive inventor risks that an employee or contractor will disclose the proprietary information.

Trade secret law aims to promote innovation, although it accomplishes this objective in a very different manner than patent protection. (①) Notwithstanding the advantages of obtaining a patent, many innovators prefer to protect their innovation through secrecy. (②) They may believe that the cost and delay of seeking a patent are too great or that secrecy better protects their investment and increases their profit. (③) They might also believe that the invention can best be utilized over a longer period of time than a patent would allow. (④) Once the idea is released, it will be "free as the air" under the background norms of a free market economy. (⑤) Such a predicament would lead any inventor seeking to rely upon secrecy to spend an inordinate amount of resources building high and impassable fences around their research facilities and greatly limiting the number of people with access to the proprietary information.

*patent: 특허 **predicament: 곤경

글의 흐름으로 보아, 주어진 문장이 들어가기에 가장 적절한 곳을 고르시오.

> In reality, objects do not conform to a linear lifecycle model; instead, they undergo breakdowns, await repairs, are stored away, or find themselves relegated to the basement, only to be rediscovered and repurposed later.

By their very nature, the concepts of maintenance and repair are predominantly examined from a process-oriented perspective. (①) The focus in related scholarly discourse often revolves around the lifespan or lifecycle of objects and technologies. (②) In this context, maintenance and repair are considered practices that have the potential to prolong the existence of objects, ensuring their sustained utilization over an extended period. (③) Krebs and Weber critically engage with anthropomorphic metaphors that imply a biography of things, appropriately highlighting that conventional understanding of the lifecycle of a technology, from its acquisition to its disposal from the household, provides an incomplete definition. (④) Additionally, objects may enter recycling or second-hand cycles, leading to a dynamic afterlife marked by diverse applications. (⑤) As such, the life of an object exhibits a far more complicated and adaptive path than a simplistic linear progression.

*relegate: 추방하다 **anthropomorphic: 의인화된

글의 흐름으로 보아, 주어진 문장이 들어가기에 가장 적절한 곳을 고르시오. [3점]

> Unfortunately, at the scales, accuracy, and precision most useful to protected area management, the future not only promises to be unprecedented, but it also promises to be unpredictable.

To decide whether and how to intervene in ecosystems, protected area managers normally need a reasonably clear idea of what future ecosystems would be like if they did not intervene. (①) Management practices usually involve defining a more desirable future condition and implementing management actions designed to push or guide ecosystems toward that condition. (②) Managers need confidence in the likely outcomes of their interventions. (③) This traditional and inherently logical approach requires a high degree of predictive ability, and predictions must be developed at appropriate spatial and temporal scales, often localized and near-term. (④) To illustrate this, consider the uncertainties involved in predicting climatic changes, how ecosystems are likely to respond to climatic changes, and the likely efficacy of actions that might be taken to counter adverse effects of climatic changes. (⑤) Comparable uncertainties surround the nature and magnitude of future changes in other ecosystem stressors.

*adverse: 해로운 **magnitude: 크기

N20 ✱✱✱✽ ·················· 2023 대비 6월 모평 38 (고3)

글의 흐름으로 보아, 주어진 문장이 들어가기에 가장 적절한 곳을 고르시오.

> Also, it has become difficult for companies to develop new pesticides, even those that can have major beneficial effects and few negative effects.

Simply maintaining yields at current levels often requires new cultivars and management methods, since pests and diseases continue to evolve, and aspects of the chemical, physical, and social environment can change over several decades. (①) In the 1960s, many people considered pesticides to be mainly beneficial to mankind. (②) Developing new, broadly effective, and persistent pesticides often was considered to be the best way to control pests on crop plants. (③) Since that time, it has become apparent that broadly effective pesticides can have harmful effects on beneficial insects, which can negate their effects in controlling pests, and that persistent pesticides can damage non-target organisms in the ecosystem, such as birds and people. (④) Very high costs are involved in following all of the procedures needed to gain government approval for new pesticides. (⑤) Consequently, more consideration is being given to other ways to manage pests, such as incorporating greater resistance to pests into cultivars by breeding and using other biological control methods.

* pesticide: 살충제 ** cultivar: 품종 *** breed: 개량하다

N21 ✱✱✱✽ ·················· 2025 대비 6월 모평 39 (고3)

글의 흐름으로 보아, 주어진 문장이 들어가기에 가장 적절한 곳을 고르시오. [3점]

> This active involvement provides a basis for depth of aesthetic processing and reflection on the meaning of the work.

There are interesting trade-offs in the relative importance of subject matter (i.e., figure) and style (i.e., background). (①) In highly representational paintings, plays, or stories, the focus is on subject matter that resembles everyday life and the role of background style is to facilitate the construction of mental models. (②) Feelings of pleasure and uncertainty carry the viewer along to the conclusion of the piece. (③) In highly expressionist works, novel stylistic devices work in an inharmonious manner against the subject matter thereby creating a disquieting atmosphere. (④) Thus, when the work is less "readable" (or easily interpreted), its departure from conventional forms reminds the viewer or reader that an "aesthetic attitude" is needed to appreciate the whole episode. (⑤) An ability to switch between the "pragmatic attitude" of everyday life and an "aesthetic attitude" is fundamental to a balanced life.

* aesthetic: 미학의 ** pragmatic: 실용주의의

N22 ✱✱✱ ·················· 2024 실시 10월 학평 39 (고3)

글의 흐름으로 보아, 주어진 문장이 들어가기에 가장 적절한 곳을 고르시오.

> We are also able to use the cerebellum to anticipate what our actions would be even if we don't actually take them.

One way to catch a fly ball is to solve all the differential equations governing the ball's trajectory as well as your own movements and at the same time reposition your body based on those solutions. (①) Unfortunately, you don't have a differential equation-solving device in your brain, so instead you solve a simpler problem: how to place the glove most effectively between the ball and your body. (②) The cerebellum assumes that your hand and the ball should appear in similar relative positions for each catch. (③) So, if the ball is dropping too fast and your hand appears to be going too slowly, it will direct your hand to move more quickly to match the familiar relative position. (④) These simple actions by the cerebellum to map sensory inputs onto muscle movements enable us to catch the ball without solving any differential equations. (⑤) Your cerebellum might tell you that you could catch the ball but you're likely to crash into another player, so maybe you should not take this action.

* cerebellum: 소뇌 ** differential equation: 미분 방정식
*** trajectory: 궤적

글의 흐름으로 보아, 주어진 문장이 들어가기에 가장 적절한 곳을 고르시오.

> Following this pathway, we act altruistically when we feel empathy for a person and can truly imagine a situation from their perspective.

Prosocial behavior — that is, behavior that is intended to help another person — can be motivated by two different pathways, according to Daniel Batson at the University of Kansas. (①) One pathway, the egoistic pathway, is largely self-focused: we provide help if the rewards to us outweigh the costs. (②) This pathway is the one that is operating if we hand a homeless person a dollar to make ourselves feel better. (③) Doing so costs us very little — only a dollar — and the reward of doing so — avoiding the guilt we'd feel from simply walking by — is greater. (④) But according to Batson's hypothesis, there is another pathway, which is other-focused — it's motivated by a genuine desire to help the other person, even if we incur a cost for doing so. (⑤) This ability to see the world from someone else's perspective can lead us to help, even if there are considerable costs.

글의 흐름으로 보아, 주어진 문장이 들어가기에 가장 적절한 곳을 고르시오.

> Without the anchor of intrinsic motivation however, even a small bump in the road may reset you back; we may go back to eating meat in February when the social support has disappeared.

Our behaviour can be modified externally without there being strong personal motivation. Everything from our supermarket shopping and online browsing choices are examples of how our actions are shaped without our conscious choice or motivation. (①) However, when processes police us but fail to truly influence us, we do not continue with the behaviours after the processes are removed. (②) This is passive engagement rather than ownership. (③) A better way in which we can be externally supported to take action is by having friends who encourage us. (④) You may not be sold on going vegan, but yet give veganism a try at the start of the year because some of your friends suggest you do it together. (⑤) Resonance helps us connect to our internal motivation to change rather than being 'pushed' from the outside, and in turn helps us form a habit, where our self-concept makes a shift from 'someone who does not like cycling' to 'someone who cycles'.

*resonance: 울림, 의의

N25 ★★★ ·················· 2024 실시 5월 학평 38 (고3) 

글의 흐름으로 보아, 주어진 문장이 들어가기에 가장 적절한 곳을 고르시오.

> The norms of objectivity were constructed not because their creators thought most humans could be 'empty' of bias.

Emotional response to the world is an inherent part of ethics. In ethics, appeals to compassion and empathy can and should be part of rational arguments about ethical decisions. Moreover, the best practices of objectivity often combine partiality and impartiality. (①) In a trial, the partiality of the prosecutor and the defense attorney (and the parties they represent) occurs within a larger impartial context. (②) A judge or jury puts partial arguments to the test of objective evidence and to the impartial rules of law. (③) Ideally, what is fair and objective emerges during a trial where partialities make their case and are judged by objective norms. (④) The reverse is true: the norms were constructed because of an acute awareness of human bias, because it is evident. (⑤) Rather than conclude that objectivity is impossible because bias is universal, scientists, journalists, and others concluded the opposite: we biased humans need the discipline of objectivity to reduce the ineliminable presence of bias.

* prosecutor: 검사(檢事), 검찰관

N26 ★★★ ·················· 2024 실시 5월 학평 39 (고3) 

글의 흐름으로 보아, 주어진 문장이 들어가기에 가장 적절한 곳을 고르시오. [3점]

> Cats 'pay' for this nighttime accuracy with less accurate daytime vision and an inability to focus on close objects.

The fact that cats' eyes glow in the dark is part of their enhanced light-gathering efficiency; there is a reflective layer behind the retina, so light can hit the retina when it enters the eye, or when it is reflected from behind the retina. (①) Light that manages to miss the retina exits the eye and creates that ghostly glow. (②) When cats' light-gathering ability is combined with the very large population of rods in their eyes, the result is a predator that can see exceptionally well in the dark. (③) This may seem counterproductive; what is the point of seeing a mouse in the dark if, in that final, close moment, the cat can't focus on it? (④) Tactile information comes into play at this time; cats can move their whiskers forward and use them to get information about objects within the grasp of their jaws. (⑤) So the next time you see a cat seeming to nap in the bright sunlight, eyes half-closed, remember that it may simply be shielding its retina from a surplus of light.

* rod: (시신경의) 간상체(杆狀體) **tactile: 촉각의
***whisker: (고양이의) 수염

글의 흐름으로 보아, 주어진 문장이 들어가기에 가장 적절한 곳을 고르시오.

> A problem, however, is that supervisors often work in locations apart from their employees and therefore are not able to observe their subordinates' performance.

In most organizations, the employee's immediate supervisor evaluates the employee's performance. (①) This is because the supervisor is responsible for the employee's performance, providing supervision, handing out assignments, and developing the employee. (②) Should supervisors rate employees on performance dimensions they cannot observe? (③) To eliminate this dilemma, more and more organizations are implementing assessments referred to as *360-degree evaluations*. (④) Employees are rated not only by their supervisors but by coworkers, clients or citizens, professionals in other agencies with whom they work, and subordinates. (⑤) The reason for this approach is that often coworkers and clients or citizens have a greater opportunity to observe an employee's performance and are in a better position to evaluate many performance dimensions.

* subordinate: 부하 직원

글의 흐름으로 보아, 주어진 문장이 들어가기에 가장 적절한 곳을 고르시오.

> Instead, much like the young child learning how to play 'nicely', the apprentice scientist gains his or her understanding of the moral values inherent in the role by absorption from their colleagues — socialization.

As particular practices are repeated over time and become more widely shared, the values that they embody are reinforced and reproduced and we speak of them as becoming 'institutionalized'. (①) In some cases, this institutionalization has a formal face to it, with rules and protocols written down, and specialized roles created to ensure that procedures are followed correctly. (②) The main institutions of state — parliament, courts, police and so on — along with certain of the professions, exhibit this formal character. (③) Other social institutions, perhaps the majority, are not like this; science is an example. (④) Although scientists are trained in the substantive content of their discipline, they are not formally instructed in 'how to be a good scientist'. (⑤) We think that these values, along with the values that inform many of the professions, are under threat, just as the value of the professions themselves is under threat.

* apprentice: 도제, 견습   ** inherent: 내재된

N29 ★★★ .... 2022 대비 9월 모평 39 (고3) 

글의 흐름으로 보아, 주어진 문장이 들어가기에 가장 적절한 곳을 고르시오. [3점]

> Personal stories connect with larger narratives to generate new identities.

The growing complexity of the social dynamics determining food choices makes the job of marketers and advertisers increasingly more difficult. (①) In the past, mass production allowed for accessibility and affordability of products, as well as their wide distribution, and was accepted as a sign of progress. (②) Nowadays it is increasingly replaced by the fragmentation of consumers among smaller and smaller segments that are supposed to reflect personal preferences. (③) Everybody feels different and special and expects products serving his or her inclinations. (④) In reality, these supposedly individual preferences end up overlapping with emerging, temporary, always changing, almost tribal formations solidifying around cultural sensibilities, social identifications, political sensibilities, and dietary and health concerns. (⑤) These consumer communities go beyond national boundaries, feeding on global and widely shared repositories of ideas, images, and practices.

*fragmentation: 파편화 **repository: 저장소

N30 ★★❀ .... 2022 대비 수능 38 (고3) 

글의 흐름으로 보아, 주어진 문장이 들어가기에 가장 적절한 곳을 고르시오.

> Retraining current employees for new positions within the company will also greatly reduce their fear of being laid off.

Introduction of robots into factories, while employment of human workers is being reduced, creates worry and fear. (①) It is the responsibility of management to prevent or, at least, to ease these fears. (②) For example, robots could be introduced only in new plants rather than replacing humans in existing assembly lines. (③) Workers should be included in the planning for new factories or the introduction of robots into existing plants, so they can participate in the process. (④) It may be that robots are needed to reduce manufacturing costs so that the company remains competitive, but planning for such cost reductions should be done jointly by labor and management. (⑤) Since robots are particularly good at highly repetitive simple motions, the replaced human workers should be moved to positions where judgment and decisions beyond the abilities of robots are required.

N31 ✽✽✽ 2024 대비 6월 모평 39 (고3) 

글의 흐름으로 보아, 주어진 문장이 들어가기에 가장 적절한 곳을 고르시오. [3점]

> As a result, they are fit and grow better, but they aren't particularly long-lived.

When trees grow together, nutrients and water can be optimally divided among them all so that each tree can grow into the best tree it can be. If you "help" individual trees by getting rid of their supposed competition, the remaining trees are bereft. They send messages out to their neighbors unsuccessfully, because nothing remains but stumps. Every tree now grows on its own, giving rise to great differences in productivity. (①) Some individuals photosynthesize like mad until sugar positively bubbles along their trunk. (②) This is because a tree can be only as strong as the forest that surrounds it. (③) And there are now a lot of losers in the forest. (④) Weaker members, who would once have been supported by the stronger ones, suddenly fall behind. (⑤) Whether the reason for their decline is their location and lack of nutrients, a passing sickness, or genetic makeup, they now fall prey to insects and fungi.

*bereft: 잃은 **stump: 그루터기 ***photosynthesize: 광합성하다

N32 ✽✽❀ 2023 대비 9월 모평 38 (고3) 

글의 흐름으로 보아, 주어진 문장이 들어가기에 가장 적절한 곳을 고르시오.

> In particular, they define a group as two or more people who interact with, and exert mutual influences on, each other.

In everyday life, we tend to see any collection of people as a group. (①) However, social psychologists use this term more precisely. (②) It is this sense of mutual interaction or inter-dependence for a common purpose which distinguishes the members of a group from a mere aggregation of individuals. (③) For example, as Kenneth Hodge observed, a collection of people who happen to go for a swim after work on the same day each week does not, strictly speaking, constitute a group because these swimmers do not interact with each other in a structured manner. (④) By contrast, a squad of young competitive swimmers who train every morning before going to school *is* a group because they not only share a common objective (training for competition) but also interact with each other in formal ways (e.g., by warming up together beforehand). (⑤) It is this sense of people coming together to achieve a common objective that defines a "team".

*exert: 발휘하다 **aggregation: 집합

N33 ✷✷❋ .... 2023 대비 수능 38 (고3) 

글의 흐름으로 보아, 주어진 문장이 들어가기에 가장 적절한 곳을 고르시오.

> There's a reason for that: traditionally, park designers attempted to create such a feeling by planting tall trees at park boundaries, building stone walls, and constructing other means of partition.

Parks take the shape demanded by the cultural concerns of their time. Once parks are in place, they are no inert stage — their purposes and meanings are made and remade by planners and by park users. Moments of park creation are particularly telling, however, for they reveal and actualize ideas about nature and its relationship to urban society. (①) Indeed, what distinguishes a park from the broader category of public space is the representation of nature that parks are meant to embody. (②) Public spaces include parks, concrete plazas, sidewalks, even indoor atriums. (③) Parks typically have trees, grass, and other plants as their central features. (④) When entering a city park, people often imagine a sharp separation from streets, cars, and buildings. (⑤) What's behind this idea is not only landscape architects' desire to design aesthetically suggestive park spaces, but a much longer history of Western thought that envisions cities and nature as antithetical spaces and oppositional forces.

*aesthetically: 미적으로 **antithetical: 대조적인

N34 ✷✷✷ .... 2024 대비 9월 모평 38 (고3) 

글의 흐름으로 보아, 주어진 문장이 들어가기에 가장 적절한 곳을 고르시오.

> Because the manipulation of digitally converted sounds meant the reprogramming of binary information, editing operations could be performed with millisecond precision.

The shift from analog to digital technology significantly influenced how music was produced. First and foremost, the digitization of sounds — that is, their conversion into numbers — enabled music makers to undo what was done. (①) One could, in other words, twist and bend sounds toward something new without sacrificing the original version. (②) This "undo" ability made mistakes considerably less momentous, sparking the creative process and encouraging a generally more experimental mindset. (③) In addition, digitally converted sounds could be manipulated simply by programming digital messages rather than using physical tools, simplifying the editing process significantly. (④) For example, while editing once involved razor blades to physically cut and splice audiotapes, it now involved the cursor and mouse-click of the computer-based sequencer program, which was obviously less time consuming. (⑤) This microlevel access at once made it easier to conceal any traces of manipulations (such as joining tracks in silent spots) and introduced new possibilities for manipulating sounds in audible and experimental ways.

*binary: 2진법의 **splice: 합쳐 잇다

글의 흐름으로 보아, 주어진 문장이 들어가기에 가장 적절한 곳을 고르시오. [3점]

> In the case of specialists such as art critics, a deeper familiarity with materials and techniques is often useful in reaching an informed judgement about a work.

Acknowledging the making of artworks does not require a detailed, technical knowledge of, say, how painters mix different kinds of paint, or how an image editing tool works. (①) All that is required is a general sense of a significant difference between working with paints and working with an imaging application. (②) This sense might involve a basic familiarity with paints and paintbrushes as well as a basic familiarity with how we use computers, perhaps including how we use consumer imaging apps. (③) This is because every kind of artistic material or tool comes with its own challenges and affordances for artistic creation. (④) Critics are often interested in the ways artists exploit different kinds of materials and tools for particular artistic effect. (⑤) They are also interested in the success of an artist's attempt — embodied in the artwork itself — to push the limits of what can be achieved with certain materials and tools.

*affordance: 행위유발성 **exploit: 활용하다

글의 흐름으로 보아, 주어진 문장이 들어가기에 가장 적절한 곳을 고르시오. [3점]

> On top of the hurdles introduced in accessing his or her money, if a suspected fraud is detected, the account holder has to deal with the phone call asking if he or she made the suspicious transactions.

Each new wave of technology is intended to enhance user convenience, as well as improve security, but sometimes these do not necessarily go hand-in-hand. For example, the transition from magnetic stripe to embedded chip slightly slowed down transactions, sometimes frustrating customers in a hurry. (①) Make a service too burdensome, and the potential customer will go elsewhere. (②) This obstacle applies at several levels. (③) Passwords, double-key identification, and biometrics such as fingerprint-, iris-, and voice recognition are all ways of keeping the account details hidden from potential fraudsters, of keeping your data dark. (④) But they all inevitably add a burden to the use of the account. (⑤) This is all useful at some level — indeed, it can be reassuring knowing that your bank is keeping alert to protect you — but it becomes tiresome if too many such calls are received.

*fraud: 사기

N37 ★★★ .... 2024 대비 수능 38 (고3) 

글의 흐름으로 보아, 주어진 문장이 들어가기에 가장 적절한 곳을 고르시오.

> Yes, some contests are seen as world class, such as identification of the Higgs particle or the development of high temperature superconductors.

Science is sometimes described as a winner-take-all contest, meaning that there are no rewards for being second or third. This is an extreme view of the nature of scientific contests. (①) Even those who describe scientific contests in such a way note that it is a somewhat inaccurate description, given that replication and verification have social value and are common in science. (②) It is also inaccurate to the extent that it suggests that only a handful of contests exist. (③) But many other contests have multiple parts, and the number of such contests may be increasing. (④) By way of example, for many years it was thought that there would be "one" cure for cancer, but it is now realized that cancer takes multiple forms and that multiple approaches are needed to provide a cure. (⑤) There won't be one winner — there will be many.

* replication: 반복 ** verification: 입증

N38 ★★★ .... 2024 대비 수능 39 (고3) 

글의 흐름으로 보아, 주어진 문장이 들어가기에 가장 적절한 곳을 고르시오. [3점]

> At the next step in the argument, however, the analogy breaks down.

Misprints in a book or in any written message usually have a negative impact on the content, sometimes (literally) fatally. (①) The displacement of a comma, for instance, may be a matter of life and death. (②) Similarly most mutations have harmful consequences for the organism in which they occur, meaning that they reduce its reproductive fitness. (③) Occasionally, however, a mutation may occur that increases the fitness of the organism, just as an accidental failure to reproduce the text of the first edition might provide more accurate or updated information. (④) A favorable mutation is going to be more heavily represented in the next generation, since the organism in which it occurred will have more offspring and mutations are transmitted to the offspring. (⑤) By contrast, there is no mechanism by which a book that accidentally corrects the mistakes of the first edition will tend to sell better.

* analogy: 유사 ** mutation: 돌연변이

글의 흐름으로 보아, 주어진 문장이 들어가기에 가장 적절한 곳을 고르시오. [3점]

> This is particularly true since one aspect of sleep is decreased responsiveness to the environment.

The role that sleep plays in evolution is still under study. (①) One possibility is that it is an advantageous adaptive state of decreased metabolism for an animal when there are no more pressing activities. (②) This seems true for deeper states of inactivity such as hibernation during the winter when there are few food supplies, and a high metabolic cost to maintaining adequate temperature. (③) It may be true in daily situations as well, for instance for a prey species to avoid predators after dark. (④) On the other hand, the apparent universality of sleep, and the observation that mammals such as cetaceans have developed such highly complex mechanisms to preserve sleep on at least one side of the brain at a time, suggests that sleep additionally provides some vital service(s) for the organism. (⑤) If sleep is universal even when this potential price must be paid, the implication may be that it has important functions that cannot be obtained just by quiet, wakeful resting.

*metabolism: 신진대사   **mammal: 포유동물

N40 ✪ **2등급 대비** .... 2023 대비 6월 모평 39 (고3)

글의 흐름으로 보아, 주어진 문장이 들어가기에 가장 적절한 곳을 고르시오. [3점]

> This makes sense from the perspective of information reliability.

The dynamics of collective detection have an interesting feature. Which cue(s) do individuals use as evidence of predator attack? In some cases, when an individual detects a predator, its best response is to seek shelter. (①) Departure from the group may signal danger to nonvigilant animals and cause what appears to be a coordinated flushing of prey from the area. (②) Studies on dark-eyed juncos (a type of bird) support the view that nonvigilant animals attend to departures of individual group mates but that the departure of multiple individuals causes a greater escape response in the nonvigilant individuals. (③) If one group member departs, it might have done so for a number of reasons that have little to do with predation threat. (④) If nonvigilant animals escaped each time a single member left the group, they would frequently respond when there was no predator (a false alarm). (⑤) On the other hand, when several individuals depart the group at the same time, a true threat is much more likely to be present.

*predator: 포식자   **vigilant: 경계하는   ***flushing: 날아오름

글의 흐름으로 보아, 주어진 문장이 들어가기에 가장 적절한 곳을 고르시오. [3점]

> As long as the irrealism of the silent black and white film predominated, one could not take filmic fantasies for representations of reality.

Cinema is valuable not for its ability to make visible the hidden outlines of our reality, but for its ability to reveal what reality itself veils — the dimension of fantasy. (①) This is why, to a person, the first great theorists of film decried the introduction of sound and other technical innovations (such as color) that pushed film in the direction of realism. (②) Since cinema was an entirely fantasmatic art, these innovations were completely unnecessary. (③) And what's worse, they could do nothing but turn filmmakers and audiences away from the fantasmatic dimension of cinema, potentially transforming film into a mere delivery device for representations of reality. (④) But sound and color threatened to create just such an illusion, thereby destroying the very essence of film art. (⑤) As Rudolf Arnheim puts it, "The creative power of the artist can only come into play where reality and the medium of representation do not coincide."

*decry: 공공연히 비난하다 **fantasmatic: 환상의

글의 흐름으로 보아, 주어진 문장이 들어가기에 가장 적절한 곳을 고르시오.

> It was not until relatively recent times that scientists came to understand the relationships between the structural elements of materials and their properties.

The earliest humans had access to only a very limited number of materials, those that occur naturally: stone, wood, clay, skins, and so on. (①) With time, they discovered techniques for producing materials that had properties superior to those of the natural ones; these new materials included pottery and various metals. (②) Furthermore, it was discovered that the properties of a material could be altered by heat treatments and by the addition of other substances. (③) At this point, materials utilization was totally a selection process that involved deciding from a given, rather limited set of materials, the one best suited for an application based on its characteristics. (④) This knowledge, acquired over approximately the past 100 years, has empowered them to fashion, to a large degree, the characteristics of materials. (⑤) Thus, tens of thousands of different materials have evolved with rather specialized characteristics that meet the needs of our modern and complex society, including metals, plastics, glasses, and fibers.

글의 흐름으로 보아, 주어진 문장이 들어가기에 가장 적절한 곳을 고르시오. [3점]

> But what if memories about news stories are faulty and distort, forget, or invent what was actually reported?

Memory often plays tricks. (①) According to Mlodinow, we give "unwarranted importance to memories that are the most vivid and hence most available for retrieval — our memory makes it easy to remember the events that are unusual and striking not the many events that are normal and dull." (②) The self-serving bias works because, as Trivers observes, "There are also many processes of memory that can be biased to produce welcome results. Memories are continually distorting in self-serving ways." (③) A recent study argues that several forms of cognitive bias cause distortions in storing and retrieving memories. (④) This, in turn, has a bearing on theories of agenda setting, priming, and framing, which argue that how people respond to the news is strongly influenced by what is most easily and readily accessible from their memories. (⑤) In such cases, it may be the manipulation of memories in individual minds that primes, frames, and sets the agenda, not the original news stories.

* retrieval: 불러오기 ** have a bearing on: ~에 영향을 미치다

글의 흐름으로 보아, 주어진 문장이 들어가기에 가장 적절한 곳을 고르시오. [3점]

> It may be easier to reach an agreement when settlement terms don't have to be implemented until months in the future.

Negotiators should try to find ways to slice a large issue into smaller pieces, known as using *salami tactics*. (①) Issues that can be expressed in quantitative, measurable units are easy to slice. (②) For example, compensation demands can be divided into cents-per-hour increments or lease rates can be quoted as dollars per square foot. (③) When working to fractionate issues of principle or precedent, parties may use the time horizon (when the principle goes into effect or how long it will last) as a way to fractionate the issue. (④) Another approach is to vary the number of ways that the principle may be applied. (⑤) For example, a company may devise a family emergency leave plan that allows employees the opportunity to be away from the company for a period of no longer than three hours, and no more than once a month, for illness in the employee's immediate family.

* increment: 증가   ** fractionate: 세분하다

※ 다음 영어는 우리말 뜻을, 우리말은 영어 단어를 〈보기〉에서 찾아 쓰시오.

〈보기〉

hypercritical	상대적인	bias	함축, 암시
학자	approval	경외심	정량적인
pest	inclination	감정	prison

01 sentiment　＿＿＿＿＿＿＿＿＿＿

02 quantitative　＿＿＿＿＿＿＿＿＿＿

03 scholar　＿＿＿＿＿＿＿＿＿＿

04 implication　＿＿＿＿＿＿＿＿＿＿

05 relative　＿＿＿＿＿＿＿＿＿＿

06 혹평하는　＿＿＿＿＿＿＿＿＿＿

07 편향시키다　＿＿＿＿＿＿＿＿＿＿

08 해충　＿＿＿＿＿＿＿＿＿＿

09 승인, 찬성　＿＿＿＿＿＿＿＿＿＿

10 기호, 성향　＿＿＿＿＿＿＿＿＿＿

※ 다음 우리말에 알맞은 영어 표현을 찾아 연결하시오.

11 결국　・　　　　・ be associated with

12 ~의 기반　・　　　　・ in turn

13 ~와 연관되다 ・　　　　・ a basis for

14 다시 말해서　・　　　　・ in other words

15 원칙적으로　・　　　　・ in principle

※ 다음 우리말 표현에 맞는 단어를 고르시오.

16 정교함의 부족 ➡ a lack of (sophistication / simplification)

17 정보 신뢰성의 관점 ➡ the perspective of information (reliability / possibility)

18 산수에 대한 은유 ➡ a (method / metaphor) about arithmetic

19 생물학적 통제 기법들 ➡ (geological / biological) control methods

20 사전에 함께 준비운동을 하다 ➡ warm up together (second-hand / beforehand)

※ 다음 문장의 빈칸에 알맞은 단어를 〈보기〉에서 찾아 쓰시오.

〈보기〉

optimally	flee	consensus	implementing
suspicious	empowered	constitute	inevitably
shelter	dear	embarrassed	

21 나무가 함께 자랄 때는 영양분과 물이 그것들 모두 사이에서 최적으로 분배된다.
➡ When trees grow together, nutrients and water can be ＿＿＿＿＿＿ divided among them all.

22 점점 더 많은 조직이 '다면 평가'라고 불리는 평가를 시행하고 있다.
➡ More and more organizations are ＿＿＿＿＿＿＿ assessments referred to as 360-degree evaluations.

23 그것들은 모두 불가피하게 계좌 사용에 부담을 가중한다.
➡ They all ＿＿＿＿＿＿ add a burden to the use of the account.

24 그것의 최선의 반응은 피난처를 찾는 것이다.
➡ Its best response is to seek ＿＿＿＿＿＿.

25 예금주는 본인이 그 의심스러운 거래를 했는지를 묻는 전화 통화를 응대해야만 한다.
➡ The account holder has to deal with the phone call asking if he or she made the ＿＿＿＿＿＿ transactions.

26 학자들 사이에는 입문자들을 위한 물리학 교과서에 대한 충분한 합의가 있다.
➡ There is sufficient ＿＿＿＿＿＿ among the scholars for an introductory physics textbook.

27 우연히 같은 날에 수영을 하러 가는 사람들의 무리는 집단을 구성하지 않는다.
➡ A collection of people who happen to go for a swim on the same day does not ＿＿＿＿＿＿ a group.

28 귀여운 제품은 그것을 소중히 여기려는 욕구를 이끌어 낸다.
➡ A cute product elicits a desire to hold it ＿＿＿＿＿＿ to our hearts.

29 이 지식은 그들이 물질의 특성을 형성할 수 있게 했다.
➡ This knowledge has ＿＿＿＿＿＿ them to fashion the characteristics of materials.

O 요약문 완성하기

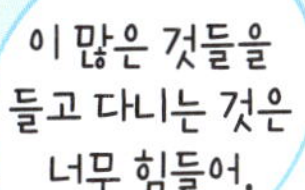

★ 유형 설명

다음 글의 내용을 한 문장으로 요약하고자 한다. 빈칸 (A), (B)에 들어갈 말로 가장 적절한 것은?

> In most fiction, characters' lives are limited to the individual work. Readers

글의 내용을 한 문장으로 요약하여 주제문을 완성한다는 생각으로 접근해야 한다.

요약문을 먼저 읽음으로써 글이 무슨 내용인지를 대강 파악한 다음 글을 읽기 시작한다. 주제를 담은 문장을 글에서 찾거나 (주제문이 없다면) 스스로 만들어 보고 그것과 똑같은 내용을 다르게 표현하는 문장이 되도록 요약문을 완성한다.

유형 풀이 비법

1 요약문을 확인하라!

- 제시된 요약문을 먼저 읽고, 글에서 찾아야 할 내용을 파악한다.

2 글의 주제를 파악하라!

- 글 전체를 읽으며 주제문을 찾고, 무엇에 관한 내용인지 파악한다.

3 직접 요약문을 완성하라!

- 글의 내용을 대표할 수 있는 핵심어를 찾아 요약문을 스스로 만들어 본다.

> **Tip** 핵심어나 주요 내용을 다르게 표현한 어구를 선택지에서 찾는다.

★ 최신 수능 경향 분석

대비 연도	월	문항 번호	지문 주제	난이도
2026	11	40번	현장 중심의 공연 예술과 그 체험적 가치	★★★
	9	40번	장르 소설 및 만화 속 인물의 지속성과 변화	★★⚛
	6	40번	기술 발전으로 인한 실업이 끼치는 부정적인 영향	★★★
2025	11	40번	합성 식품 성분 및 천연 식품 성분	★★⚛
	9	40번	인간 언어가 다른 동물의 울음소리와 다르게 갖고 있는 특성	★★★
	6	40번	기근 예방을 위한 공적 개입의 역할과 필요성	★★★
2024	11	40번	여러 과학 주제를 탐구하는 것의 이점	★★★
	9	40번	역사 소설의 역할	★★★
	6	40번	생존 특성의 두 가지 측면	★★★

★ 2026 수능 출제 분석

글 전체적으로 어휘의 난이도가 쉬운 편이었지만 오답률은 꽤 높았던 문제였다. 중반부에 나오는 economically unstable 등의 표현들과 비슷한 단어들을 선택지에서 찾아 요약문에 넣어보고 글의 주제와 부합하는지 파악해야 한다.

★ 2027 수능 예측

글에 사용된 단어나 어구가 그대로 요약문의 빈칸에 들어가는 경우는 거의 없으므로 글의 내용을 다른 표현을 사용하여 요약하는 훈련을 평소에 꾸준히 해야 한다.

🔑 어휘 및 표현 Preview

- serialize 연재하다
- emptiness 공허함
- distinction 차이
- general 일반적인
- principle 원칙
- communication 의사소통
- restrict 제한하다
- include 포함하다
- invent 만들어 내다, 발명하다
- remember 기억하다
- build on ~을 기반으로 하다
- revival 회복

- combine 결합하다
- unlimited 무제한의
- typical 전형적인, 일반적인
- literally 말 그대로
- infinitely 엄청, 무한히
- superior to 뛰어난, 우월한
- utilize 활용하다
- complicated 복잡한
- cost-effective 비용 효율이 높은
- symbolize 상징하다
- risk 위험

- distort 왜곡하다
- express 표현하다
- record 기록하다
- universal 보편적인
- novel 새로운
- tendency 경향
- emergency 비상
- dominant 우세한
- reduction 감소
- famine 기근
- vulnerability 취약성
- enhance 강화하다

- potential 잠재적인
- contribution 기여
- deny 부인하다
- population 인구
- specialized 특화된
- intervention 개입
- rapid 급속한
- explain 설명하다
- recurrent 되풀이되는, 반복되는
- crisis 위기
- fruitful 효과적인
- diminish 줄이다

O 요약문 완성하기  〔첫 번째〕

1st 요약문을 통해 글에서 무엇을 찾아야 하는지 확인하세요.
2nd 첫 문장을 통해 글의 전개 방향을 확인하고, 빈칸을 채우는 데 필요한 '무엇'을 글에서 찾으세요.
3rd 전체 글의 내용을 정리하여 요약문이 적절한지 확인하세요.

O01 ✷✷✷·············· 2025 대비 6월 모평 40 (고3) 

다음 글의 내용을 한 문장으로 요약하고자 한다.
빈칸 (A), (B)에 들어갈 말로 가장 적절한 것은?

There is a tendency, once the dust of an emergency has settled down, to seek the reduction of famine vulnerability primarily in enhanced economic growth, or the revival of the rural economy, or the diversification of economic activities. The potential contribution of greater economic success, if it involves vulnerable groups, cannot be denied. At the same time, it is important to recognize that, no matter how fast they grow, countries where a large part of the population derive their livelihood from uncertain sources cannot hope to prevent famines without specialized entitlement protection mechanisms involving direct public intervention. Rapid growth of the economy in Botswana, or of the agricultural sector in Kenya, or of food production in Zimbabwe, explains at best only a small part of their success in preventing recurrent threats of famine. The real achievements of these countries lie in having provided direct public support to their populations in times of crisis.

*famine: 기아 **vulnerability: 취약

↓

Although economic growth can be somewhat ___(A)___ in diminishing a country's risk of famine, direct approaches to helping the affected people play a(n) ___(B)___ role in this process.

	(A)		(B)
①	productive	—	complicated
②	fruitful	—	critical
③	dominant	—	comprehensive
④	restrictive	—	appropriate
⑤	desirable	—	cost-effective

1st 요약문을 통해 글에서 무엇을 찾아야 하는지 확인하세요.

Although economic growth can be somewhat
비록 경제 성장이 어느 정도 ___(A)___ 수 있지만
___(A)___ / in diminishing a country's risk of famine, /
/ 한 국가의 기근 위험을 줄이는 데   /
direct approaches to helping the affected people /
피해를 입은 사람들을 돕는 것에 대한 직접적인 접근이   /
play a(n) ___(B)___ role in this process. //
이 과정에서 ___(B)___ 역할을 한다   //

● **요약문의 문장을 살펴봅시다.**
경제 성장이 국가의 기근 위험을 줄이는 데 어느 정도 (A)할 수 있지만,
사람들을 돕는 것에 대한 직접적인 접근이 (B)한 역할을 한다는
내용이에요. 〔단서〕

● **(A)와 (B) 각각에 선택지를 넣어서 해석해 봅시다.**
먼저 (A)는 경제 성장이 국가의 기근 위험을 줄이는 데 '생산적'인지,
'효과적'인지, '우세한'지, '제한적인'지, '바람직한'지 판단해야 하고,
(B)는 피해를 입은 사람들을 돕는 것에 대한 직접적인 접근이 '복잡한'
역할을 하는지, '중요한' 역할을 하는지, '포괄적인' 역할을 하는지, '적절한'
역할을 하는지, '비용 효율이 높은' 역할을 하는지 판단해야 해요. 〔발상〕

2nd 첫 문장을 통해 글의 전개 방향을 확인하고, 빈칸을 채우는 데
필요한 '무엇'을 글에서 찾으세요.

1) 먼저 첫 문장을 확인해 봅시다.

There is a tendency, / once the dust of an
~하는 경향이 있다   / 일단 비상사태의 소요가
emergency has settled down, / to seek the reduction
진정되고 나면   / 기근 취약성 감소를
of famine vulnerability / primarily in enhanced
모색하는   / 주로 강화된 경제 성장이나
economic growth, / or the revival of the rural
                / 지방 경제의 회복
economy, / or the diversification of economic
        / 혹은 경제 활동의 다각화에서 //
activities. //

● **역시 요약문에 언급한 '기근'이 등장하네요.** 
첫 문장은 비상사태가 진정되면, 주로 경제 성장의 관점에서 기근 문제를
해결하고자 하는 경향이 있다는 통념을 말하는 내용이에요.
이제 우리는 나머지 글을 읽으면서 이 기근과 관련해 구체적인 국가의
역할을 확인해서 요약문을 완성하면 돼요.

2) 두 번째 문장에서 또 단서가 등장해요.

The potential contribution of greater economic
더 큰 경제적 성공의 잠재적 기여는

success, / if it involves vulnerable groups, / cannot
/ 만약 그것이 취약 계층에 영향을 미친다면 /

be denied. //
부인할 수 없다 //

● **기근과 관련해서 취약 계층이 언급되고 있어요.**
더 큰 경제 성장이 취약 계층에게도 도움을 줄 수 있다면 기근 위험을
줄이는 데 경제적 성공의 효과도 부인할 수 없다고 했죠.

● **요약문의 첫 번째 절과 이 문장을 비교해 봅시다.**
경제 성장이 국가의 기근 위험을 줄이는 데 어느 정도 (A)할 수 있다는
것이 요약문의 첫 번째 절의 내용이에요.
위에서 살펴본 문장에서는 경제적 성공의 효과도 부인할 수 없다고
했어요. 바로 이것을 요약문에서는 ❶'(   )'일 수 있다고
했어요.

3) 그 다음 문장의 의미도 알아봅시다.

At the same time, / it is important to recognize that, /
그와 동시에   / 인식하는 것이 중요하다   /

no matter how fast they grow, / countries where a
아무리 빠르게 성장하더라도   / 인구의 상당수가

large part of the population derive their livelihood
그들의 생계를 불확실한 원천으로부터 마련하는 국가는

from uncertain sources / cannot hope to prevent
/ 기근 예방을 기대할 수 없다는 점을

famines / without specialized entitlement
/ 특화된 재정 지원 혜택의 보호 방법 없이는

mechanisms / involving direct public intervention. //
/ 직접적인 공적 개입을 포함하는   //

● **At the same time으로 문장이 시작했어요.**
'그와 동시에'라는 뜻의 At the same time이라고 했으므로 앞 문장과
같은 맥락으로 내용이 이어짐을 알 수 있어요.
아무리 경제가 빨리 성장하더라도, 기근 예방을 위해서는 직접적인 공적
개입을 포함하는 기근에 특화된 재정 지원 혜택이 있어야 한다고 했어요.

4) 마지막 문장을 확인하고 (B)에 들어갈 말을 찾아볼까요?

The real achievements of these countries / lie in
이들 국가의 진정한 성과는   /

having provided direct public support / to their
직접적인 공적 지원을 제공했다는 것에 있다   /

populations in times of crisis. //
위기 상황에서 국민들에게   //

● **기근과 관련된 국가의 성과를 언급했어요.**
기근의 위기 상황에서 국민들에게 직접적인 공적 지원을 제공했던 것이
진정한 성과임을 보여준 국가들이 있다는 예시를 들어 부연 설명하고
있어요.
따라서 이것을 요약문에서 피해를 입은 사람들을 돕는 것에 대한 직접적인
접근이 ❷'(   )' 역할을 한다고 표현한 거죠.

3rd 전체 글의 내용을 정리하여 요약문이 적절한지 확인하세요.

1) 글의 내용은 이렇게 정리할 수 있어요.

통념 — 일단 비상사태가 진정되면, 주로 경제 성장의 관점에서 기근 문제를 해결하고자 하는 경향이 있고, 물론 경제적 성공의 효과도 부인할 수는 없음

↓

주제 — 아무리 경제가 빨리 성장하더라도, 기근 예방을 위해서는 직접적인 공적 개입을 포함하는 기근에 특화된 재정 지원 혜택이 있어야 함

↓

예시 — 기근의 위기 상황에서 예시로 든 국가들이 국민들에게 직접적인 공적 지원을 제공했던 것이 진정한 성과임

2) 이제 선택지를 확인해 봅시다.

① productive — complicated
생산적인   복잡한
② fruitful — critical
효과적인   중요한
③ dominant — comprehensive
우세한   포괄적인
④ restrictive — appropriate
제한적인   적절한
⑤ desirable — cost-effective
바람직한   비용 효율이 높은

경제 성장의 관점에서 기근 문제를 해결하는 것은 ❶'(   )'
일 수 있고, 국가가 직접적인 개입으로 기근 피해자에 특화된 지원을
하는 것은 예시로 든 국가들에서 알 수 있듯이, ❷'(   )' 역할을
한다는 것이죠.
따라서 정답은 ❸(   )이에요.

O 요약문 완성하기 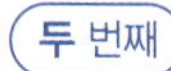 두 번째

- **1st** 요약문을 통해 글에서 무엇을 찾아야 하는지 확인하세요.
- **2nd** 첫 문장을 통해 글의 전개 방향을 확인하고, 빈칸을 채우는 데 필요한 '무엇'을 글에서 찾으세요.
- **3rd** 전체 글의 내용을 정리하여 요약문이 적절한지 확인하세요.

O02 ★★★ ·········· 2024 대비 6월 모평 40 (고3) 

다음 글의 내용을 한 문장으로 요약하고자 한다. 빈칸 (A), (B)에 들어갈 말로 가장 적절한 것은?

The evolutionary process works on the genetic variation that is available. It follows that natural selection is unlikely to lead to the evolution of perfect, 'maximally fit' individuals. Rather, organisms come to match their environments by being 'the fittest available' or 'the fittest yet': they are not 'the best imaginable'. Part of the lack of fit arises because the present properties of an organism have not all originated in an environment similar in every respect to the one in which it now lives. Over the course of its evolutionary history, an organism's remote ancestors may have evolved a set of characteristics — evolutionary 'baggage' — that subsequently constrain future evolution. For many millions of years, the evolution of vertebrates has been limited to what can be achieved by organisms with a vertebral column. Moreover, much of what we now see as precise matches between an organism and its environment may equally be seen as constraints: koala bears live successfully on *Eucalyptus* foliage, but, from another perspective, koala bears cannot live without *Eucalyptus* foliage.　　*vertebrate: 척추동물

↓

The survival characteristics that an organism currently carries may act as a(n) ______(A)______ to its adaptability when the organism finds itself coping with changes that arise in its ______(B)______.

	(A)		(B)
①	improvement	—	diet
②	obstacle	—	surroundings
③	advantage	—	genes
④	regulator	—	mechanisms
⑤	guide	—	traits

1st 요약문을 통해 글에서 무엇을 찾아야 하는지 확인하세요.

The survival characteristics / that an organism
생존 특성은　　　　　　　　　　　／ 한 생물체가

currently carries / may act as a(n) __(A)__ / to its
현재 가지고 있는　　　／ __(A)__ 이/가 될 수 있다　／ 그것의

adaptability / when the organism finds itself /
적응성에　　　／ 그 생물체가 스스로를 발견할 때　／

coping with changes / that arise in its __(B)__ . //
변화에 대처하는　　　　／ 그것의 __(B)__ 에서 발생하는　//

● 요약문의 구조를 파악하고 해석해 볼까요?

　주절(결과): 한 생물체의 현재 생존 특성은 적응성에 '무엇'이 될 수 있다.
　부사절(조건): 그 생물체가 그것의 '무엇'에서 발생하는 변화에 대처하는 스스로를 발견할 때 （단서）

● 글에서 무엇을 찾아야 할까요?

　현재 생존 특성이 ❶(　　　　　)에 '무엇'이 되는지, 생물체의 '무엇'에서 변화가 발생하는지 확인해야 해요. （발상）

2nd 첫 문장을 통해 글의 전개 방향을 확인하고, 빈칸을 채우는 데 필요한 '무엇'을 글에서 찾으세요.

1) 첫 문장과 그 다음 문장을 확인해 봅시다.

The evolutionary process works / on the genetic
진화 과정은 작용한다　　　　　　　／ 유전적 변이에

variation / that is available. // It follows / that
／ 이용 가능한　　　　　// ~이 이어진다　／

natural selection is unlikely to lead / to the
자연 선택이 이어질 가능성은 작다는 것이　／ 진화로

evolution / of perfect, 'maximally fit' individuals. //
／ 완벽하고 '최대로 적합한' 개체의　　　　　／

● 아직은 빈칸의 단서가 뚜렷하지 않아요.

　진화 과정이 이용 가능한 유전적 변이에 작용하기 때문에 자연 선택이 최대로 적합한 개체의 진화로 이어질 가능성은 작다는 내용이에요. 자연 선택은 완벽한 진화가 아닌 이용 가능한 진화로 이어진다고 이해할 수 있겠어요.

　생존 특성과 적응의 관계, 그리고 생물체의 무엇이 변화하는지에 대한 확실한 단서가 나올 때까지 다른 부분도 더 읽어봅시다.

2) 요약문의 부사절은 생물체가 변화에 대처하는 것을 다루고 있어요.

Part of the lack of fit arises / because the present
적합성 결여의 일부는 발생한다　　　　／ 현재의 생물체가 가진 특성이
properties of an organism / have not all originated /
　　　　　　　　　　　　／ 모두 유래한 것이 아니기 때문에　／
in an environment / similar in every respect / to the
환경에서　　　　　／ 모든 면에서 유사한　　　　／ 환경과
one / in which it now lives. //
　／ 그 생물체가 현재 살고 있는　　//

● **이 문장의 내용을 파악해 봅시다.**
　생물체가 가진 현재의 특성 모두가 현재 살고 있는 환경과 같은
　환경에서 나온 것이 아니기 때문에 **❷**(　　　　　　　)가 발생한다는
　내용이에요. 다시 말해, 어떤 생물이 과거에 적응했던 환경과 현재
　적응해야 하는 환경이 다르기 때문에 적합하지 않을 수도 있다는 것이죠.

● **빈칸 (B)에 필요한 단서를 찾아봅시다.**
　요약문에 있었던 '한 생물체가 현재 가지고 있는 특성'이 여기서는
　'생물체가 가진 현재의 특성'으로 표현되었네요. (단서)
　요약문에서 조건에 해당하는 부분인 '무엇'에서 발생하는 변화가 생물체의
　'환경'에서 발생하는 변화임을 알 수 있어요. (발상)

3) 요약문의 주절은 현재 생존 특성과 적응성의 관계를 다루고 있어요.

Over the course of its evolutionary history, / an
진화 역사의 과정에서　　　　　　　　　　　／
organism's remote ancestors / may have evolved a
생물체의 먼 조상들은　　　　　／ 일련의 특성들을
set of characteristics / — evolutionary 'baggage' —
진화시켰을 수도 있다　　　／ 진화적 '짐'
/ that subsequently constrain future evolution. //
／ 후속적으로 미래의 진화를 제약하는　　　　　//

● **문장의 내용을 파악해 볼까요?**
　진화 과정에서 생물체의 조상들이 진화적 '짐'을 진화시켰을 수도 있다는
　내용이에요. 방금 우리는 생물체가 과거에 적응한 환경과 현재 적응해야
　하는 환경이 다르다는 내용을 확인했어요. 과거 환경에 적응하며 얻은
　특성이 현재 환경에 적용되기 어려울 수 있기 때문에 (단서) 미래의 진화를
　제약하는 '짐'이 되는 것이라고 유추할 수 있죠. (발상)

● **빈칸 (A)에 필요한 단서가 나왔군요!**
　조상들이 얻은 과거의 생존 특성이 후손들의 미래의 진화를 제약하는
　짐이 된다고 했으므로, 현재 생존 특성은 적응성에 방해가 된다고 말할 수
　있어요.

3rd 전체 글의 내용을 정리하여 요약문이 적절한지 확인하세요.

1) 글의 내용은 이렇게 정리할 수 있어요.

[도입] 진화 과정은 이용 가능한 유전적 변이에 작용함

[설명] 적합성 결여의 일부는 생물체가 가진 현재의 특성이 현재 살고
있는 환경과 모든 면에서 유사한 환경에서 유래한 것이 아니기
때문에 발생함

[부연] 생물체의 먼 조상들은 후속적으로 미래의 진화를 제약하는
일련의 특성들, 즉 진화적 '짐'을 진화시켰을 수도 있음

[예시] 코알라는 유칼립투스 잎으로 성공적으로 생활하지만, 다른
관점에서는 코알라는 유칼립투스 잎 없이는 살 수 없음

2) 이제 각 선택지의 내용을 확인해 봅시다.

	(A)		(B)
①	improvement 개선	—	diet 먹거리
②	obstacle 장애물	—	surroundings 환경
③	advantage 이점	—	genes 유전자
④	regulator 조절 장치	—	mechanisms 매커니즘
⑤	guide 길잡이	—	traits 특성

● **글과 요약문의 내용을 정리하고, 선택지를 해석하니 정답이
보이죠?**
　생물체의 조상들이 진화시켰던 진화적 '짐'이 요약문에서는
　❸'(　　　　)'이라 표현되었어요. 또한 현재에 비해 과거와 달라져서
　적합성 결여의 원인이 되었던 것은 요약문 빈칸 (B)에서 **❹**'(　　　　)'
　라 표현되었죠. 정답은 바로 **❺**(　　　　)이에요.

003~06 ▶ 제한시간 8분

003 ★★★ .... 2026 대비 수능 40 (고3)

다음 글의 내용을 한 문장으로 요약하고자 한다. 빈칸 (A), (B)에 들어갈 말로 가장 적절한 것은?

In modern societies, the performing arts form a distinct category of public entertainment in opposition to the mass distribution through the media of expertly staged performances which have been recorded and edited. By contrast, theater, ballet, circus, concert, rodeo, storytelling, etc., unfold their signs in real space and time, and engage audiences who respond cognitively and emotionally on the spot. Performers and audiences are involved in shared enjoyment. But sometimes frustration occurs within the boundaries of such ritualistic events. In industrialized and computerized cultures, the performing arts become economically unstable because the institutions which sustain them increasingly depend on public and corporate funding. However, they retain their power of fascination for large, if not massive audiences, who prize the experiential, risk-loaded and one-time event quality they afford. In traditional and local cultures, performances still survive and provide their audiences with a unique fulfillment in smaller scale, economically sustainable institutional settings.

* ritualistic: 의식의

↓

In a situation of financial ____(A)____ due to reliance on external funding, the performing arts, which provide unique and live experiences, ____(B)____ audiences who value those experiences.

	(A)		(B)
①	uncertainty	—	lose
②	imbalance	—	split
③	challenges	—	secure
④	stability	—	reach
⑤	advantages	—	support

004 ★★❀ .... 2026 대비 9월 모평 40 (고3)

다음 글의 내용을 한 문장으로 요약하고자 한다. 빈칸 (A), (B)에 들어갈 말로 가장 적절한 것은?

In most fiction, characters' lives are limited to the individual work. Readers may disagree on the characteristics and traits of fictional figures, and in drama there is room for different interpretations of characters. However, it is less common for characters in literary fiction to reappear in subsequent works than in genre fiction, where series featuring the same central characters are common. This is even more pronounced in comics, which are typically serialized in newspaper strips or comic books. Thus characters introduced in the 1930s, like Superman and Batman, may still enjoy new adventures decades later. During these characters' long histories, they change in various ways for a variety of reasons. If a character is created by a single author, like Sherlock Holmes, the character's core traits may change little from story to story, but readers learn more about him with each successive story. On the other hand, if characters are the work of several hands over decades, they may change considerably.

↓

While characters in most literary fiction hardly ever ____(A)____ in successive works, those in genre fiction and comics often do so, and may undergo ____(B)____ in their traits especially when written about by different authors over time.

	(A)		(B)
①	resurface	—	simplification
②	endure	—	degradation
③	fade	—	variation
④	feature	—	transformation
⑤	disappear	—	fossilization

다음 글의 내용을 한 문장으로 요약하고자 한다. 빈칸 (A), (B)에 들어갈 말로 가장 적절한 것은?

Cinema and law share the same subjects and audience. Rather than an abstract desire for truth as a value in itself, the law deals with the messiness of human relations. Both disciplines struggle with what it means to be human and try to communicate to us something about our existence; both are human artifacts directed at man. Indeed, foundational to law is its anxiety about human nature: man desires freedom but is simultaneously too violent to exist in a state of nature without a regime of commands and prohibitions. However, there is also an important difference here that makes a study of the interaction between cinema and law interesting: while cinema expresses man's affective life, the law keeps it in check. It tries to ensure that we are not overwhelmed and destroyed by our desires and drives. The law obsessively tries to suppress affects, fearing the horror of their consequences, whereas cinema introduces us to our affects, often forcing us to identify the most unbearable ones in ourselves.

*regime: 체제 **suppress: 억제하다

↓

Cinema and law are both human creations that explore _____(A)_____, yet they differ in how they handle emotion — cinema has us confront it, and law _____(B)_____ limits on it.

	(A)		(B)
①	symbols	—	places
②	symbols	—	reinforces
③	nature	—	removes
④	humanity	—	imposes
⑤	humanity	—	undermines

다음 글의 내용을 한 문장으로 요약하고자 한다. 빈칸 (A), (B)에 들어갈 말로 가장 적절한 것은?

Earlier navigational aids, particularly those available and affordable to ordinary folks, were just that: aids. They were designed to give travelers a greater awareness of the world around them — to sharpen their sense of direction, provide them with advance warning of danger, highlight nearby landmarks and other points of orientation, and in general help them situate themselves in both familiar and alien settings. Satellite navigation systems can do all those things, and more, but they're not designed to deepen our involvement with our surroundings. They're designed to relieve us of the need for such involvement. By taking control of the mechanics of navigation and reducing our own role to following routine commands, the systems, whether running through a dashboard, a smartphone, or a dedicated GPS receiver, end up isolating us from the environment. As a team of Cornell University researchers put it in a 2008 paper, "With the GPS you no longer need to know where you are and where your destination is, attend to physical landmarks along the way, or get assistance from other people in the car and outside of it."

*dashboard: (운전석 앞의) 계기판

↓

Compared to earlier navigational aids that enabled users to be more _____(A)_____ with their surroundings, satellite navigation systems _____(B)_____ us from the environment by limiting our part to simply following directions.

	(A)		(B)
①	connected	—	detach
②	disassociated	—	distinguish
③	connected	—	protect
④	disassociated	—	separate
⑤	concerned	—	rescue

007 ✽✽✽ .... 2025 실시 5월 학평 40 (고3) 

다음 글의 내용을 한 문장으로 요약하고자 한다. 빈칸 (A), (B)에 들어갈 말로 가장 적절한 것은?

In one revealing series of studies, researchers from the Julius-Maximilians University of Würzburg, Germany, enrolled test subjects in a well-known experiment called "die under the cup." In the experiment, participants make a series of die rolls under a cup, the results of which only they can see, and then report their results anonymously. Participants were told they would earn money depending on the outcome of their rolls, with higher rolls rewarded more favorably. To ensure appropriate conditions, the researchers varied the time participants had to report their results. In the first round, they asked participants to report their results immediately. In the second, they were instructed to do so after a short delay. The results were clear, supporting what many researchers have long suspected: the results reported immediately were more honest than those reported after a delay, suggesting that honesty is a more instinctive response and showing that dishonesty takes greater cognitive effort.

*die: 주사위

↓

In one experiment, the subjects were more likely to produce _____(A)_____ responses when they were given a delay to respond, which implies that honesty is a response that is made _____(B)_____ .

	(A)		(B)
①	false	—	consciously
②	sincere	—	instantly
③	consistent	—	voluntarily
④	unfavorable	—	cognitively
⑤	untruthful	—	spontaneously

008 ✽✽✻ .... 2025 실시 3월 학평 40 (고3) 

다음 글의 내용을 한 문장으로 요약하고자 한다. 빈칸 (A), (B)에 들어갈 말로 가장 적절한 것은?

It may be assumed that meta-algorithmics, that is, the creation of algorithms that generate other algorithms, is a human creation as well. A human programmer must have composed the first algorithm that, in turn, generates new algorithms and as such the initial programmer must be in control of the original idea. However, this is not necessarily true. Unlike humanly conceived ideas, where the author is the intellectual owner of the idea, algorithms are processes that define, describe, and implement a series of actions that in turn produce other actions. During the transfer of actions it is possible for a discrepancy to occur between the original intention and the actual result. If that happens then, by definition, the author of the algorithm is not in control of, and therefore does not own intellectually from that point on, the resulting process. Theoretically, ownership of an idea is intrinsically connected to the predictability of its outcome, that is, to its intellectual control. Therefore, in the absence of human control the ownership of the algorithmic process must be instead credited to the device that produced it, that is, to the computer.

*discrepancy: 불일치, 어긋남 **intrinsically: 본질적으로

↓

The new notion of intellectual ownership is created by meta-algorithmics, as algorithms can produce outcomes that are _____(A)_____ to human programmers, potentially _____(B)_____ ownership to the computer itself.

	(A)		(B)
①	unpredictable	—	attributing
②	prescribed	—	attributing
③	unexpected	—	denying
④	unexplainable	—	denying
⑤	foreseeable	—	transferring

다음 글의 내용을 한 문장으로 요약하고자 한다. 빈칸 (A), (B)에 들어갈 말로 가장 적절한 것은?

People often assume that synthetic food ingredients are more harmful than natural ones, but this is not always the case. Typically, synthetic ingredients can be made in a precisely controlled fashion and have well-defined compositions and properties, allowing careful evaluation of their potential toxicity. On the other hand, natural ingredients often vary appreciably in their composition and properties depending on their origin, the time of year they were harvested, the climate they experienced throughout their lifetime, the soil quality, and how they were isolated and stored. These variations can make testing their safety extremely difficult — one is never sure about the potential toxicity of minor components that may vary from time to time. In some cases, a natural food component has been consumed for hundreds or thousands of years without causing any obvious health problems and can, therefore, be assumed to be safe. However, one must still be very careful.

*synthetic: 합성의

↓

The ___(A)___ of the production process for synthetic food ingredients and the variability of natural food ingredients may ___(B)___ people's commonly held assumption that the natural ingredients are more secure.

	(A)		(B)
①	controllability	—	challenge
②	predictability	—	support
③	manageability	—	intensify
④	affordability	—	reverse
⑤	accessibility	—	question

다음 글의 내용을 한 문장으로 요약하고자 한다. 빈칸 (A), (B)에 들어갈 말로 가장 적절한 것은?

Human speech differs from the cries of other species in many ways. One very important distinction is that all other animals use one call for one message as the general principle of communication. This means that the number of possible messages is very restricted. If a new message is to be included in the system, a new sound has to be introduced, too. After the first few tens of sounds it becomes difficult to invent new distinctive sounds, and also to remember them for the next time they are needed. Human speech builds on the principle of combining a restricted number of sounds into an unlimited number of messages. In a typical human language there are something like thirty or forty distinctive speech sounds. These sounds can be combined into chains to form a literally unlimited number of words. Even a small child, who can communicate by only one word at a time, uses a system for communication that is infinitely superior to any system utilized by any other animal.

↓

In animal cries, each call ___(A)___ a different message, which limits the number of possible messages, whereas human language creates an unlimited number of messages using a ___(B)___ set of distinctive sounds.

	(A)		(B)
①	represents	—	finite
②	symbolizes	—	universal
③	distorts	—	fixed
④	expresses	—	novel
⑤	records	—	complex

011 ★★★ .... 2024 실시 10월 학평 40 (고3)

다음 글의 내용을 한 문장으로 요약하고자 한다. 빈칸 (A), (B)에 들어갈 말로 가장 적절한 것은?

Philosophical interest in poetry has been dominated by the question of whether poetry can aid philosophical thought and promote philosophical inquiry. This focus reflects a tradition of philosophers like Pope and Rumi presenting their philosophical work in verse. In addition, poets like William Wordsworth and T. S. Eliot have been celebrated as poet-philosophers, with their work valued as the product of philosophy through poetry. However, arguments against poetry having a role to play in philosophical inquiry have tended to focus on poetry's (negative) relationship to truth (or, as John Koethe puts it, poetry's indifference to truth). Although we may accept works of poetry as having philosophical themes, this does not amount to doing philosophy through poetry. One such argument hinges on the non-paraphrasability of poetry and form-content unity. The thought goes, if poetry is to play a role in philosophy, then it needs to be paraphrasable (that is, its content must be separable from its form). The assumption is that paraphrase is a mark of understanding and indicates that some proposition has a fixed meaning and that only a proposition with a fixed meaning can be evaluated in terms of truth or falsity. Poetry resists paraphrase: to change the words is to change the poem.

*hinge on: ~의 여하에 달려 있다 **proposition: 명제

↓

Some believe in the ability of poetry to ______(A)______ philosophy, but for others, its resistance to paraphrasing ______(B)______ its philosophical role.

	(A)		(B)
①	misinterpret	—	limits
②	deliver	—	expands
③	convey	—	restricts
④	reexamine	—	reinforces
⑤	seek	—	broadens

012 ★★※ .... 2024 실시 7월 학평 40 (고3)

다음 글의 내용을 한 문장으로 요약하고자 한다. 빈칸 (A), (B)에 들어갈 말로 가장 적절한 것은? [3점]

Communication is decisively influenced by how the partners define their relationship with each other at every moment of the communication process. If the communication is *symmetrical*, this means that both communication partners strive for equality and interact accordingly. They behave as mirror images of each other, so to speak. Strength is mirrored with strength, weakness is mirrored with weakness, or hardness is mirrored with hardness, etc. *Complementary communication* shows a matching difference in behaviour. It is not a matter of up and down, strong and weak, or good and bad, but of matching and expected difference. Such complementary relationships occur between teachers and students, mother and child, or managers and employees, etc. What the expectations are in such relationships depends, among other things, on the cultural background. If the expectations of complementarity are not met, communication breakdowns occur. For example, if an older person in Japan is not treated with a certain respect by a younger person, this circumstance can significantly impair communication or even make it impossible.

↓

The way the communication partners ______(A)______ their relationship determines the types of communication; symmetrical communication revolves around the pursuit of equality and the ______(B)______ interaction between them, whereas complementary communication involves aligning with matching and expected differences based on cultural background.

	(A)		(B)
①	perceive	—	corresponding
②	describe	—	postponed
③	manipulate	—	transactional
④	regulate	—	intimate
⑤	develop	—	lasting

다음 글의 내용을 한 문장으로 요약하고자 한다.
빈칸 (A), (B)에 들어갈 말로 가장 적절한 것은?

In one study, researchers gave more than five hundred visitors to an art museum a special glove that reported their movement patterns along with physiological data such as their heart rates. The data showed that when people were not distracted by chatting with companions, they actually had a stronger emotional response to the art. Of course, there's nothing wrong with chatting and letting the art slide past, but think of the inspiration those museum visitors missed out on. Then apply that to life in general. When we surround ourselves with other people, we're not just missing out on the finer details of an art exhibition. We're missing out on the chance to reflect and understand ourselves better. In fact, studies show that if we never allow ourselves to be alone, it's just plain harder for us to learn. Other research found that young people who cannot stand being alone were less likely to develop creative skills like playing an instrument or writing because the most effective practice of these abilities is often done while alone.

*physiological: 생리적인

↓

The study above shows ___(A)___ conversation with companions while exploring an art museum intensifies emotional response to art, suggesting that absence of alone time may ___(B)___ personal growth and learning.

(A)	(B)
① avoiding	— inhibit
② recalling	— restrain
③ preventing	— enhance
④ facilitating	— nurture
⑤ dominating	— minimize

다음 글의 내용을 한 문장으로 요약하고자 한다. 빈칸 (A), (B)에 들어갈 말로 가장 적절한 것은?

"Brain plasticity" is a term we use in neuroscience. Whether intentionally or not, "plasticity" suggests that the key idea is to mold something once and keep it that way forever: to shape the plastic toy and never change it again. But that's not what the brain does. It carries on remolding itself throughout your life. Think of a developing city, and note the way it grows, improves, and responds to the world around it. Observe where the city builds its truck stops, how it crafts its immigration policies, and how it modifies its education and legal systems. A city is always changing. A city is not designed by urban planners and then immobilized like a plastic object. It continually develops. Just like cities, brains never reach an end point. We spend our lives blossoming toward something, even as the target moves. Consider the feeling of encountering a diary that you wrote many years ago. It represents the thinking, opinions, and viewpoint of someone who was a bit different from who you are now, and that previous person can sometimes border on the unrecognizable. Despite having the same name and the same early history, in the years between inscription and interpretation the narrator has altered. The word "plastic" can be stretched to fit this notion of ongoing change.

*mold: 성형(成形)하다 **inscription: 새겨진 글, 명문(銘文)

↓

While some understand "brain plasticity" to mean ___(A)___ upon molding, the brain is actually capable of ___(B)___.

(A)	(B)
① permanence	— transformation
② flexibility	— sympathizing
③ adaptability	— restoration
④ firmness	— sympathizing
⑤ mobility	— transformation

O15 ★★❀ ·········· 2022 대비 6월 모평 40 (고3) 

다음 글의 내용을 한 문장으로 요약하고자 한다. 빈칸 (A), (B)에 들어갈 말로 가장 적절한 것은?

The idea that *planting* trees could have a social or political significance appears to have been invented by the English, though it has since spread widely. According to Keith Thomas's history *Man and the Natural World*, seventeenth- and eighteenth-century aristocrats began planting hardwood trees, usually in lines, to declare the extent of their property and the permanence of their claim to it. "What can be more pleasant," the editor of a magazine for gentlemen asked his readers, "than to have the bounds and limits of your own property preserved and continued from age to age by the testimony of such living and growing witnesses?" Planting trees had the additional advantage of being regarded as a patriotic act, for the Crown had declared a severe shortage of the hardwood on which the Royal Navy depended.

*aristocrat: 귀족 **patriotic: 애국적인

⬇

For English aristocrats, planting trees served as statements to mark the _____(A)_____ ownership of their land, and it was also considered to be a(n) _____(B)_____ of their loyalty to the nation.

	(A)		(B)
①	unstable	—	confirmation
②	unstable	—	exaggeration
③	lasting	—	exhibition
④	lasting	—	manipulation
⑤	official	—	justification

O16 ★★❀ ·········· 2022 대비 9월 모평 40 (고3) 

다음 글의 내용을 한 문장으로 요약하고자 한다. 빈칸 (A), (B)에 들어갈 말로 가장 적절한 것은?

The computer has, to a considerable extent, solved the problem of acquiring, preserving, and retrieving information. Data can be stored in effectively unlimited quantities and in manageable form. The computer makes available a range of data unattainable in the age of books. It packages it effectively; style is no longer needed to make it accessible, nor is memorization. In dealing with a single decision separated from its context, the computer supplies tools unimaginable even a decade ago. But it also diminishes perspective. Because information is so accessible and communication instantaneous, there is a diminution of focus on its significance, or even on the definition of what is significant. This dynamic may encourage policymakers to wait for an issue to arise rather than anticipate it, and to regard moments of decision as a series of isolated events rather than part of a historical continuum. When this happens, manipulation of information replaces reflection as the principal policy tool.

*retrieve: (정보를) 추출하다 **diminution: 감소

⬇

Although the computer is clearly _____(A)_____ at handling information in a decontextualized way, it interferes with our making _____(B)_____ judgments related to the broader context, as can be seen in policymaking processes.

	(A)		(B)
①	competent	—	comprehensive
②	dominant	—	biased
③	imperfect	—	informed
④	impressive	—	legal
⑤	inefficient	—	timely

다음 글의 내용을 한 문장으로 요약하고자 한다. 빈칸 (A), (B)에 들어갈 말로 가장 적절한 것은?

As a social species, should we not all be synchronized and therefore awake at the same time to promote maximal human interactions? Perhaps not. Humans likely evolved to co-sleep as families or even whole tribes, not alone or as couples. Appreciating this evolutionary context, the benefits of such genetically programmed variation in sleep/wake timing preferences can be understood. The night people in the group would not be going to sleep until one or two a.m., and not waking until nine or ten a.m. The morning people, on the other hand, would have retired for the night at nine p.m. and woken at five a.m. Consequently, the group as a whole is only collectively vulnerable (i.e., every person asleep) for just four rather than eight hours, despite everyone still getting the chance for eight hours of sleep. That's potentially a 50 percent increase in survival fitness. Mother Nature would never pass on a biological trait — here, the useful variability in when individuals within a collective tribe go to sleep and wake up — that could enhance the survival safety and thus fitness of a species by this amount. And so she hasn't.

*synchronize: 동시성을 갖게 하다   **vulnerable: 취약한

↓

Individuals have ＿＿＿(A)＿＿＿ in the time of the day when they prefer to sleep and wake up, which could promote their ＿＿＿(B)＿＿＿ as a group.

	(A)		(B)
①	differences	—	originality
②	differences	—	survivability
③	similarities	—	cooperation
④	similarities	—	adaptation
⑤	regularities	—	mobility

다음 글의 내용을 한 문장으로 요약하고자 한다. 빈칸 (A), (B)에 들어갈 말로 가장 적절한 것은?

A striving to demonstrate individual personality through designs should not be surprising. Most designers are educated to work as individuals, and design literature contains countless references to 'the designer'. Personal flair is without doubt an absolute necessity in some product categories, particularly relatively small objects, with a low degree of technological complexity, such as furniture, lighting, small appliances, and housewares. In larger-scale projects, however, even where a strong personality exercises powerful influence, the fact that substantial numbers of designers are employed in implementing a concept can easily be overlooked. The emphasis on individuality is therefore problematic — rather than actually designing, many successful designer 'personalities' function more as creative managers. A distinction needs to be made between designers working truly alone and those working in a group. In the latter case, management organization and processes can be equally as relevant as designers' creativity.

*strive: 애쓰다   **flair: 재능

↓

Depending on the ＿＿＿(A)＿＿＿ of a project, the capacity of designers to ＿＿＿(B)＿＿＿ team-based working environments can be just as important as their personal qualities.

	(A)		(B)
①	size	—	coordinate
②	cost	—	systematize
③	size	—	identify
④	cost	—	innovate
⑤	goal	—	investigate

O19 ★★★ .... 2024 대비 9월 모평 40 (고3) 

다음 글의 내용을 한 문장으로 요약하고자 한다. 빈칸 (A),
(B)에 들어갈 말로 가장 적절한 것은?

Research for historical fiction may focus on under-documented ordinary people, events, or sites. Fiction helps portray everyday situations, feelings, and atmosphere that recreate the historical context. Historical fiction adds "flesh to the bare bones that historians are able to uncover and by doing so provides an account that while not necessarily true provides a clearer indication of past events, circumstances and cultures." Fiction adds color, sound, drama to the past, as much as it invents parts of the past. And Robert Rosenstone argues that invention is not the weakness of films, it is their strength. Fiction can allow users to see parts of the past that have never — for lack of archives — been represented. In fact, Gilden Seavey explains that if producers of historical fiction had strongly held the strict academic standards, many historical subjects would remain unexplored for lack of appropriate evidence. Historical fiction should, therefore, not be seen as the opposite of professional history, but rather as a challenging representation of the past from which both public historians and popular audiences may learn.

↓

While historical fiction reconstructs the past using _______(A)_______ evidence, it provides an inviting description, which may _______(B)_______ people's understanding of historical events.

	(A)		(B)
①	insignificant	—	delay
②	insufficient	—	enrich
③	concrete	—	enhance
④	outdated	—	improve
⑤	limited	—	disturb

O20 ★★★ .... 2024 대비 수능 40 (고3) 

다음 글의 내용을 한 문장으로 요약하고자 한다. 빈칸 (A),
(B)에 들어갈 말로 가장 적절한 것은?

Even those with average talent can produce notable work in the various sciences, so long as they do not try to embrace all of them at once. Instead, they should concentrate attention on one subject after another (that is, in different periods of time), although later work will weaken earlier attainments in the other spheres. This amounts to saying that the brain adapts to universal science in *time* but not in *space*. In fact, even those with great abilities proceed in this way. Thus, when we are astonished by someone with publications in different scientific fields, realize that each topic was explored during a specific period of time. Knowledge gained earlier certainly will not have disappeared from the mind of the author, but it will have become simplified by condensing into formulas or greatly abbreviated symbols. Thus, sufficient space remains for the perception and learning of new images on the cerebral blackboard.

*condense: 응축하다 **cerebral: 대뇌의

↓

Exploring one scientific subject after another _______(A)_______ remarkable work across the sciences, as the previously gained knowledge is retained in simplified forms within the brain, which _______(B)_______ room for new learning.

	(A)		(B)
①	enables	—	leaves
②	challenges	—	spares
③	delays	—	creates
④	requires	—	removes
⑤	invites	—	diminishes

다음 글의 내용을 한 문장으로 요약하고자 한다. 빈칸 (A), (B)에 들어갈 말로 가장 적절한 것은?

> Music has no past; it exists only at the moment when it happens, and no two performances are identical. This is music's greatest asset because it brings out the essential 'now' without implications of a past and a potential future. Thus, Stravinsky pointed out that only through music are we able to 'realize the present.' Musical 'meaning' cannot be separated from the act of presentation. However, the necessity of *present*-ing music — making it present here and now, without which it will not be music at all — does not sit easily with a concept of education that rests mainly upon received factual knowledge and which, by tradition, uses the past to make sense of the present. If we want music to have a role in general education, it would seem logical to acknowledge this difference and give prominence to activities that will involve all pupils working directly with music. Yet, in spite of numerous attempts to develop a more *musical* music curriculum for the majority of school pupils, the emphasis is still on pupils absorbing factual information about music.

⬇

> Music's quality of being in the present is ___(A)___ in formal music education, where delivering factual knowledge is ___(B)___ .

	(A)		(B)
①	overlooked	—	prioritized
②	overlooked	—	restricted
③	dismissed	—	disregarded
④	achieved	—	treasured
⑤	achieved	—	challenged

1등급 대비 문제

O22 ~ 25 ▶ 제한시간 11분

다음 글의 내용을 한 문장으로 요약하고자 한다. 빈칸 (A), (B)에 들어갈 말로 가장 적절한 것은?

> "Craftsmanship" may suggest a way of life that declined with the arrival of industrial society — but this is misleading. Craftsmanship names an enduring, basic human impulse, the desire to do a job well for its own sake. Craftsmanship cuts a far wider swath than skilled manual labor; it serves the computer programmer, the doctor, and the artist; parenting improves when it is practiced as a skilled craft, as does citizenship. In all these domains, craftsmanship focuses on objective standards, on the thing in itself. Social and economic conditions, however, often stand in the way of the craftsman's discipline and commitment: schools may fail to provide the tools to do good work, and workplaces may not truly value the aspiration for quality. And though craftsmanship can reward an individual with a sense of pride in work, this reward is not simple. The craftsman often faces conflicting objective standards of excellence; the desire to do something well for its own sake can be weakened by competitive pressure, by frustration, or by obsession.
>
> *swath: 구획

⬇

> Craftsmanship, a human desire that has ___(A)___ over time in diverse contexts, often encounters factors that ___(B)___ its full development.

	(A)		(B)
①	persisted	—	limit
②	persisted	—	cultivate
③	evolved	—	accelerate
④	diminished	—	shape
⑤	diminished	—	restrict

다음 글의 내용을 한 문장으로 요약하고자 한다. 빈칸 (A), (B)에 들어갈 말로 가장 적절한 것은?

> Mobilities in transit offer a broad field to be explored by different disciplines in all faculties, in addition to the humanities. In spite of increasing acceleration, for example in travelling through geographical or virtual space, our body becomes more and more a passive non-moving container, which is transported by artefacts or loaded up with inner feelings of being mobile in the so-called information society. Technical mobilities turn human beings into some kind of terminal creatures, who spend most of their time at rest and who need to participate in sports in order to balance their daily disproportion of motion and rest. Have we come closer to Aristotle's image of God as the immobile mover, when elites exercise their power to move money, things and people, while they themselves do not need to move at all? Others, at the bottom of this power, are victims of mobility-structured social exclusion. They cannot decide how and where to move, but are just moved around or locked out or even locked in without either the right to move or the right to stay.

⬇

> In a technology and information society, human beings, whose bodily movement is less _____(A)_____, appear to have gained increased mobility and power, and such a mobility-related human condition raises the issue of social _____(B)_____.

    (A)   (B)
① necessary — inequality
② necessary — growth
③ limited — consciousness
④ desirable — service
⑤ desirable — divide

다음 글의 내용을 한 문장으로 요약하고자 한다. 빈칸 (A), (B)에 들어갈 말로 가장 적절한 것은?

> A serious deterioration in people's working lives would be deeply disturbing to the social order. Indeed, few consequences of technological change would be as dangerous. Today, the world of work is the main way that we share out the fruits of growth: for most people, their job is their main, if not their only, source of income. Technological unemployment would weaken that longstanding arrangement, encouraging an even more extreme version of inequality in which some people receive more income than others and many receive nothing at all. Nor would the disturbance be only economic. For many people, their work is both a source of income and of meaning. And with that in mind, the threat is even broader: not only that the labor market might be hollowed out, leaving some unable to find a good job and a reliable income, but that this sense of fulfilment that some people are fortunate to feel in their jobs might be hollowed out as well, leaving them unable to find purpose and live a satisfying life.

*deterioration: 악화 **hollow: 속이 비게 하다

⬇

> By creating unemployment, technology would upset the social order, affecting the _____(A)_____ of wealth and possibly eliminating the emotional _____(B)_____ that some discover in work.

    (A)   (B)
① distribution — emptiness
② distribution — rewards
③ concentration — conflicts
④ investment — challenges
⑤ investment — growth

다음 글의 내용을 한 문장으로 요약하고자 한다. 빈칸 (A), (B)에 들어갈 말로 가장 적절한 것은?

Philip Kitcher and Wesley Salmon have suggested that there are two possible alternatives among philosophical theories of explanation. One is the view that scientific explanation consists in the *unification* of broad bodies of phenomena under a minimal number of generalizations. According to this view, the (or perhaps, a) goal of science is to construct an economical framework of laws or generalizations that are capable of subsuming all observable phenomena. Scientific explanations organize and systematize our knowledge of the empirical world; the more economical the systematization, the deeper our understanding of what is explained. The other view is the *causal/mechanical* approach. According to it, a scientific explanation of a phenomenon consists of uncovering the mechanisms that produced the phenomenon of interest. This view sees the explanation of individual events as primary, with the explanation of generalizations flowing from them. That is, the explanation of scientific generalizations comes from the causal mechanisms that produce the regularities.

*subsume: 포섭(포함)하다 **empirical: 경험적인

⬇

Scientific explanations can be made either by seeking the ____(A)____ number of principles covering all observations or by finding general ____(B)____ drawn from individual phenomena.

	(A)		(B)
①	least	—	patterns
②	fixed	—	features
③	limited	—	functions
④	fixed	—	rules
⑤	least	—	assumptions

어휘 Review

※ 다음 영어는 우리말 뜻을, 우리말은 영어 단어를 〈보기〉에서 찾아 쓰시오.

〈보기〉			
anonymously	혼란	passive	기르다
오랜 기간 유지된	testimony	이해하다, 감상하다	설명
prescribed	prioritize	tremble	적절한

01 longstanding ________________

02 appreciate ________________

03 account ________________

04 disturbance ________________

05 appropriate ________________

06 우선시하다 ________________

07 증언 ________________

08 익명으로 ________________

09 규정된 ________________

10 수동적인, 소극적인 ________________

※ 다음 우리말에 알맞은 영어 표현을 찾아 연결하시오.

11 ~의 공으로 인정되다 •   • settle down

12 진정되다 •   • be credited to

13 기껏해야 •   • at best

14 의존하다 •   • rest (up)on

15 ~와 다르다 •   • differ from

※ 다음 우리말 표현에 맞는 단어를 고르시오.

16 인간 통제의 부재 속에서 ➡ in the (absence / presence) of human control

17 일련의 행동을 실행하다 ➡ (implement / supplement) a series of actions

18 생물체가 가진 현재의 특성 ➡ the present (properties / proposal) of an organism

19 의심할 여지 없이 ➡ without (doubt / debt)

20 더 본능적인 반응 ➡ a more (distinctive / instinctive) response

※ 다음 문장의 빈칸에 알맞은 단어를 〈보기〉에서 찾아 쓰시오.

〈보기〉			
instantaneous	portray	disturbing	broad
substantial	acknowledge	key	dishonesty
restricted	distributed	inequality	

21 사람들의 근로 생활에서의 심각한 악화는 매우 불안하게 만들 것이다.

➡ A serious deterioration in people's working lives would be deeply ____________ .

22 그 결과는 정직하지 않음은 더 많은 인지적 노력을 필요로 한다는 것을 보여주었다.

➡ The results showed that ____________ takes greater cognitive effort.

23 의사소통이 순간적이기 때문에 그것의 중요성에 관한 관심 집중이 감소한다.

➡ Because communication is so ____________ , there is a diminution of focus on its significance.

24 소설은 일상적인 상황, 감정, 분위기를 묘사하는 데 도움이 된다.

➡ Fiction helps ____________ everyday situations, feelings, and atmosphere.

25 기술로 인한 실업은 극단적인 형태의 불평등을 조장할 것이다.

➡ Technological unemployment would encourage an extreme version of ____________ .

26 상당한 수의 디자이너가 계획을 실행하는 데 참여한다.

➡ ____________ numbers of designers are employed in implementing a concept.

27 통행의 이동성은 탐구될 광범위한 분야를 제공한다.

➡ Mobilities in transit offer a(n) ____________ field to be explored.

28 가능한 메시지의 수가 매우 제한적이다.

➡ The number of possible messages is very ____________ .

29 이러한 차이를 인정하는 것이 타당해 보일 것이다.

➡ It would seem logical to ____________ this difference.

P 장문의 이해

★ 유형 설명: 2가지 유형의 문제가 출제된다.

대의 파악 문제

● 윗글의 제목으로 가장 적절한 것은?
① Which Channel Is What Matters in
　Successful Communication

➤ 세부 정보 문제 풀이 후, 그 풀이 과정을 통해 확인한 글의 주제를 함축적이고 비유적으로 나타내는 제목을 고른다.

세부 정보 문제

● 밑줄 친 (a)~(e) 중에서 문맥상 낱말의 쓰임이 적절하지 <u>않은</u> 것은?
① (a)　② (b)　③ (c)　④ (d)　⑤ (e)

➤ 밑줄 친 낱말의 적절성을 판단하는 문제를 풀기 위해서는 그것이 포함된 문장과 그 앞뒤 내용을 살펴야 한다.

🎭 유형 풀이 비법

1 문제를 먼저 읽어라!

• 제시된 문제를 먼저 읽고, 어떤 유형의 문제인지 파악한다.

2 세부 정보를 묻는 문제를 풀어라!

• 처음부터 꼼꼼히 글을 읽으면서 흐름에 맞게 문장 간의 관계를 확인하고, 세부 정보를 묻는 문제를 푼다.

3 대의 파악 문제를 풀어라!

• 세부 정보를 파악하는 문제의 풀이 과정에서 확인한 글의 주제를 정리하고, 이를 반영하는 제목을 찾는다.

> (Tip) 적절하지 않은 낱말을 글의 흐름에 맞는 낱말로 직접 바꿔 보면서 정답을 다시 확인한다.

★ 최신 수능 경향 분석

대비 연도	월	문항 번호	지문 주제	난이도
2026	11	41~42번	다양한 시각 자료가 복식사 연구에 갖는 중요한 영향력	★★★
	9	41~42번	성공적인 의사소통에서 중요한 매체의 선택	★★★
	6	41~42번	녹아들기: 기술이 더는 기술처럼 느껴지지 않을 때	★★★
2025	11	41~42번	인간의 손: 진화 경로의 결정적 도약	★★※
	9	41~42번	일상 언어를 새롭게 만들어 주는 시	★★★
	6	41~42번	의사결정에서 윤리적 사고의 중요성	★★★
2024	11	41~42번	과학자가 언론과 소통하는 것의 장단점	★★★
	9	41~42번	학교에서 배운 것을 기억하지 못하는 이유	★★★
	6	41~42번	고정된 파이가 협상에 미치는 영향	★★★

★ 2026 수능 출제 분석

글의 제목을 찾는 문제는 거의 모든 선택지에 '시각'과 '복식'이 포함되어 있어서 헷갈릴 수 있었다. 문맥에 맞는 낱말을 찾는 문제는 다양한 설명적인 사례들이 의복이 만들어진 시기에 그것이 어떻게 착용되었는지에 대한 증거를 제공한다는 맥락을 잘 파악해야 답을 찾을 수 있는 문제였다.

★ 2027 수능 예측

42번 문제를 풀기 위해 각 선택지가 포함된 문장과 그 앞뒤 문장을 확인하고, 그 과정에서 알게 된 전체 글의 주제를 적절한 제목으로 바꾸어 41번 문제의 정답을 찾는 것이 시간을 절약하고 정답을 찾는 보다 효율적인 방법이다.

🔑 어휘 및 표현 Preview

□ **understand** 이해하다	□ **theory** 이론	□ **individual** 개인	□ **alongside** ~옆에, 나란히
□ **identification** 검증	□ **inspiration** 영감	□ **religious** 종교적인	□ **accept** 수용하다
□ **evaluation** 평가	□ **follow** 따르다	□ **formal** 공식적인	□ **reasoning** 추론
□ **evidence** 증거	□ **prescribed** 규정된	□ **civic** 시민의	□ **ambiguous** 모호한
□ **guide** 안내하다	□ **code** 규범	□ **belief** 신념	□ **priority** 우선, 우선권
□ **decision-making** 의사결정	□ **encourage** 장려하다	□ **context** 상황	□ **depict** 묘사하다
	□ **recognition** 인식	□ **replicate** 복제하다	□ **literate** 글을 읽고 쓸 줄 아는
□ **ethical** 윤리적인	□ **define** 정의하다	□ **circumstance** 사정, 상황	□ **manipulate** 조작하다
□ **perspective** 관점	□ **in accordance with** ~에 따라서	□ **factor** 요인	□ **considerably** 상당히
□ **respond** 대응하다		□ **coincide** 일치하다	□ **vary** 다르다

P 장문의 이해

[P01~P02] 다음 글을 읽고, 물음에 답하시오.

Many negotiators assume that all negotiations involve a fixed pie. Negotiators often approach integrative negotiation opportunities as zero-sum situations or win-lose exchanges. Those who believe in the mythical fixed pie assume that parties' interests stand in opposition, with no possibility for integrative settlements and mutually beneficial trade-offs, so they (a) suppress efforts to search for them. In a hiring negotiation, a job applicant who assumes that salary is the only issue may insist on $75,000 when the employer is offering $70,000. Only when the two parties discuss the possibilities further do they discover that moving expenses and starting date can also be negotiated, which may (b) block resolution of the salary issue.

The tendency to see negotiation in fixed-pie terms (c) varies depending on how people view the nature of a given conflict situation. This was shown in a clever experiment by Harinck, de Dreu, and Van Vianen involving a simulated negotiation between prosecutors and defense lawyers over jail sentences. Some participants were told to view their goals in terms of personal gain (e.g., arranging a particular jail sentence will help your career), others were told to view their goals in terms of effectiveness (a particular sentence is most likely to prevent recidivism), and still others were told to focus on values (a particular jail sentence is fair and just). Negotiators focusing on personal gain were most likely to come under the influence of fixed-pie beliefs and approach the situation (d) competitively. Negotiators focusing on values were least likely to see the problem in fixed-pie terms and more inclined to approach the situation cooperatively. Stressful conditions such as time constraints contribute to this common misperception, which in turn may lead to (e) less integrative agreements.

* prosecutor: 검사 ** recidivism: 상습적 범행

P01 ★★★ .... 2024 대비 6월 모평 41 (고3)

윗글의 제목으로 가장 적절한 것은?

① Fixed Pie: A Key to Success in a Zero-sum Game
② Fixed Pie Tells You How to Get the Biggest Salary
③ Negotiators, Wake Up from the Myth of the Fixed Pie!
④ Want a Fairer Jail Sentence? Stick to the Fixed Pie
⑤ What Alternatives Maximize Fixed-pie Effects?

P02 ★★★ .... 2024 대비 6월 모평 42 (고3)

밑줄 친 (a)~(e) 중에서 문맥상 낱말의 쓰임이 적절하지 않은 것은?

① (a) 　② (b) 　③ (c) 　④ (d) 　⑤ (e)

P01 윗글의 제목으로 가장 적절한 것은?

① Fixed Pie: A Key to Success in a Zero-sum Game
고정된 파이: 제로섬 게임에서 성공의 열쇠

② Fixed Pie Tells You How to Get the Biggest Salary
고정된 파이는 여러분에게 가장 큰 급여를 받는 방법을 알려 준다

③ Negotiators, Wake Up from the Myth of the Fixed Pie!
협상가들이여, 고정된 파이라는 미몽(근거없는 믿음)에서 깨어나라!

④ Want a Fairer Jail Sentence? Stick to the Fixed Pie
더 공정한 징역형을 원하는가? 고정된 파이를 고수하라

⑤ What Alternatives Maximize Fixed-pie Effects?
어떤 대안이 고정된 파이 효과를 극대화하는가?

● 제목 찾기 유형은 일단 선택지를 통해 핵심 소재를 파악해야 해요.
모든 선택지에서 고정된 파이를 언급하고 있어요. **단서** 글의 핵심 소재가 확실하므로 고정된 파이에 관하여 무엇을 구체적으로 설명하는 글인지 살펴봐야 해요. **발상**

● 각 선택지가 제목이라면 어떤 내용의 글이 될까요?
❶은 제로섬 게임에서 성공의 열쇠로서 고정된 파이, ❷은 가장 큰 급여를 받는 방법으로서 고정된 파이, ❸은 협상가들에게 있어서 미몽(근거없는 믿음)인 고정된 파이, ❹은 공정한 징역형을 위한 고정된 파이, ❺은 고정된 파이 효과를 극대화하는 대안에 대해 이야기하는 글이 되겠죠?

P02 밑줄 친 (a)~(e) 중에서 문맥상 낱말의 쓰임이 적절하지 <u>않은</u> 것은?

① (a)　　② (b)　　③ (c)　　④ (d)　　⑤ (e)

● 적절한지, 그렇지 않은지를 파악하려면 어휘의 뜻부터 알아야겠죠?
글을 본격적으로 읽기 전에 각 어휘의 뜻을 적어 놓으세요.
(a) suppress는 ❶'(　　　　　　　　)'라는 뜻이에요.
(b) block은 '방해하다, 막다', vary의 단수 현재형인 (c) varies는 ❷'(　　　　　　　)', (d) competitively는 '경쟁적으로', (e) less는 '덜'이라는 뜻이에요.

P02
2nd 글의 세부 사항을 묻는 문제를 먼저 풀면서 글의 내용을 파악하세요.

1) (a)부터 살펴봅시다.

Those / who believe in the mythical fixed pie /
사람들은 / 허구의 고정된 파이를 믿는 /

assume / that parties' interests / stand in
가정한다 / 당사자들의 이해관계가 / 반대 입장에

opposition, / with no possibility / for integrative
있다고 / 가능성이 없는 / 통합적인 합의와

settlements and mutually beneficial trade-offs, / so
상호 이익이 되는 절충안의 /

they (a) suppress efforts / to search for them. //
그래서 그들은 노력을 억누른다 / 그것들을 찾으려는 //

● 허구의 고정된 파이를 믿으면 어떻게 행동할까요?
허구의 고정된 파이를 믿는 사람들은 당사자들의 이해관계가 합의와 절충안의 가능성이 없는 반대 입장에 있다고 했어요.
합의의 가능성이 없다고 생각하면 당연히 합의를 하려는 노력도 하지 않겠죠? 그렇게 그들은 합의와 절충안을 찾으려는 노력을 '억누르게' 될 거예요.
▶ 따라서 (a) suppress는 문맥상 적절해요.

2) (b)가 포함된 문장을 살펴봅시다.

Only when the two parties discuss the possibilities
두 당사자가 가능성에 대해 논의할 때만 더 자세히

further / do they discover / that moving expenses
/ 그들은 사실을 발견하는데 / 이사 비용과

and starting date / can also be negotiated, / which
시작 날짜가 / 또한 협상될 수 있다는 / 이는

may (b) block / resolution of the salary issue. //
방해할 수 있을 것이다 / 급여 문제의 해결을 //

● 협상이 가능한데 문제 해결을 방해한다고요?
두 당사자가 이사 비용과 시작 날짜를 협상하는 예시를 들고 있어요. 가능성에 대해 자세히 논의해 봤더니 이사 비용과 시작 날짜에 협상의 여지가 있다고 가정해 봅시다. 분명 두 당사자 모두 만족할 협상안을 낼 수 있는데 급여 문제 해결에 방해가 될까요? 아니죠. 오히려 수월하게 급여 문제를 해결할 수 있겠죠.
▶ 따라서 (b) block은 facilitate(촉진하다)처럼 문제 해결을 돕는다는 뜻의 단어로 바꿔야 해요.

3) (c)가 포함된 문장을 살펴봅시다.

The tendency / to see negotiation / in fixed-pie
경향은 / 협상을 보는 / 고정된 파이

terms / (c) varies / depending on how people view /
관점에서 / 달라진다 / 사람들이 어떻게 보느냐에 따라 /

the nature of a given conflict situation. //
주어진 갈등 상황의 본질을 //

● 관점이 달라지면 무언가를 보는 경향도 달라지기 마련이죠.
❸(　　　　　　　　)에서 협상을 보는 경향은 갈등의 본질을 어떻게 보느냐에 따라 달라진다는 내용이에요. 관점이 달라지면 경향도 달라지는 것이 당연한 듯하지만, 더 확실히 하기 위해 뒤의 예시도 마저 읽어 볼까요?

4) 예시 문장에 (d)가 있으니 이어서 살펴봅시다.

> Negotiators / focusing on personal gain / were most
> 협상가들은 / 개인적 이득에 초점을 맞춘 / 영향을 받을
> likely to come under the influence / of fixed-pie
> 가능성이 가장 컸다 / 고정된 파이에 대한
> beliefs / and approach the situation (d) competitively.
> 믿음의 / 그리고 상황에 경쟁적으로 접근할 (가능성이 가장 컸다)
> // Negotiators / focusing on values / were least likely
> // 협상가들은 / 가치에 초점을 맞춘 / 문제를 볼
> to see the problem / in fixed-pie terms / and more
> 가능성이 가장 낮았고 / 고정된 파이 관점에서 / 그리고 더
> inclined / to approach the situation cooperatively. //
> 경향이 있었다 / 상황에 접근하려는 협력적으로 //

● **무엇에 초점을 맞추느냐에 따라 결과가 달라진 것이 확실하네요.**
개인적 이득에 초점을 맞추면 고정된 파이 관점의 영향을 받아
경쟁적으로, 가치에 초점을 맞추면 고정된 파이 관점과 상관없이
협력적으로 상황에 접근한다고 했어요. 앞서 관점이 달라지면 협상을
보는 경향이 '달라진다'는 내용과 일치함을 알 수 있어요.
▶ 따라서 (c) varies는 문맥상 적절해요.

● **개인적 이득에 초점을 맞추면 상황에 어떻게 접근할까요?**
가치에 초점을 맞춘 협상가들이 협력적으로 상황에 접근했다면, 개인적
이득에 초점을 맞춘 협상가들은 그 반대의 접근 방식을 취하겠죠. 즉,
협력적이 아니라 '경쟁적으로' 상황에 접근할 것임을 알 수 있어요.
▶ 따라서 (d) competitively는 문맥상 적절해요.

5) 마지막으로 (e)도 살펴봅시다.

> Stressful conditions / such as time constraints /
> 스트레스가 많은 조건은 / 시간 제약과 같은 /
> contribute to this common misperception, / which
> 이러한 흔한 오해의 원인이 되며 / 이는
> in turn may lead / to (e) less integrative agreements. //
> 결국 이어질 수 있다 / 덜 통합적인 합의로 //

● **시간에 쫓기면 잘 풀릴 일도 안 풀리고는 하죠.**
스트레스가 많은 조건으로서 **4**( )을 예로 들었어요.
시간에 쫓겨서 조별 과제를 하다 보면 서로 소통이 부족해서 오해가
많아질 수밖에 없죠? 이런 조건에서 합의를 하면 역시나 '덜' 통합적으로
이어질 것이라고 예상할 수 있어요.
▶ 따라서 (e) less는 문맥상 적절해요.

P01

3rd 세부 사항을 묻는 문제를 풀면서 얻은 글의 내용을 바탕으로
글의 제목을 묻는 문제의 정답을 찾으세요.

1) 글의 첫 문장을 통해 핵심 소재를 다시 확인해 봅시다.

> Many negotiators assume / that all negotiations
> 많은 협상가는 가정한다 / 모든 협상이
> involve a fixed pie. //
> 고정된 파이를 수반한다고 //

● **여러 문장에서 나타났던 소재들이 역시나 글의 중심 소재였어요.**
많은 협상가들이 모든 협상에 고정된 파이가 있다고 가정한다는 내용으로
글이 시작되네요. 문맥 문제의 선택지들을 보면서 협상가, 협상, 합의,
고정된 파이 등의 단어들을 봤왔죠? 그러면 우리가 확인했던 문장들을
종합하여 글의 주제를 확정지어 봅시다.

2) 지금껏 파악한 내용을 종합하여 주제를 확정해 봅시다.

- (a): 고정된 파이를 믿는 사람들은 합의할 노력을 하지 않는다.
- (b): 두 당사자가 자세히 논의하면 합의점이 있고 이는 문제 해결을
  촉진할 수 있다.
- (c): 고정된 파이 관점에서 협상을 보는 경향은 갈등에 대한 관점에
  따라 달라진다.
- (d): 협상가들이 개인적 이득에 초점을 맞추면 고정된 파이의 영향을
  받아 경쟁적으로, 가치에 초점을 맞추면 그와 상관없이 협력적으로
  상황에 접근한다.
- (e): 스트레스가 많은 조건은 오해를 낳고, 덜 통합적인 합의로
  이어지게 할 수 있다.

고정된 파이를 믿는 사람들은 합의할 노력을 하지 않지만 자세히
논의하면 분명히 합의점을 찾아 문제를 해결할 수 있다고 했어요.
또한 고정된 파이를 믿는 협상가들이 많다고 해도 갈등에 대한 관점이
바뀌면 얼마든지 협력적으로 상황에 접근할 수 있다고 했죠.
덜 통합적인 합의로 이어지는 것은 스트레스가 많은 조건이라는 요인도
있다는 내용으로 글이 마무리되네요.
이를 종합해보면, 협상가들이 고정된 파이 관점에서 얼마든지 벗어날 수
있고 가치에 초점을 두어 협력적인 상황 접근이 가능하다는 것이 글의
주제예요.
선택지 중 **5**( )이 협상가와 고정된 파이라는 핵심 소재를
모두 담고 있으며 고정된 파이 관점에서 벗어나라고 당부하고 있으므로
가장 적절한 제목이라고 볼 수 있어요.

P03 ~ 04 ▶ 제한시간 5분

[P03~P04] 다음 글을 읽고, 물음에 답하시오.

There is an obvious problem with the history of dress in all of its displays and that is, although textiles survive from early periods and cultures of recorded history, actual garments do not provide an uninterrupted flow of evidence across the same long time-span. Therefore, to give the study of dress equal significance to other areas such as architecture, painting, prints, drawings and sculpture, it was (a) inevitable that these other areas would provide much of the source material. The history of surviving dress really only starts in the 17th century, and like all artefacts described as fine or decorative art, is a highly visual subject. However, unlike most of the categories of collection and study that make up those areas, it is fluid rather than static. Garments should be seen in (b) movement on a human body, not frozen on a display figure. This is one of the many difficulties when curating collections of costume and also why some modern writers find costume collections physically and intellectually (c) lifeless. Fortunately, in the period after 1660, when more items of dress survive to enrich our understanding of the history of the subject, there are also many painted, printed, photographed and filmed sources of evidence of people in clothing, caught in movement. Often a variety of different types of illustrative examples will (d) provide evidence about how a garment was worn within the period in which it was made. Without the information contained in art in all of its forms, from drawing to sculpture, it is (e) unlikely that displays of historic dress would be awkward imitations of the intentions of their original makers and owners.

*garment: 의복

P03 ✽✽✽ .... 2026 대비 수능 41 (고3) 

윗글의 제목으로 가장 적절한 것은? [3점]

① Dress as Visual Arts: Record What You Wear Now!
② Visual Sources: Filling in the Gaps of Dress History
③ Why Do Collectors Want the Unknown Dresses of History?
④ Dress Culture: Searching for the Origin of Human Clothing
⑤ Seeing Is Believing! Importance of Illustration in Dress Design

P04 ✽✽✽ .... 2026 대비 수능 42 (고3) 

밑줄 친 (a)~(e) 중에서 문맥상 낱말의 쓰임이 적절하지 않은 것은?

① (a)　　② (b)　　③ (c)　　④ (d)　　⑤ (e)

[P05~ P06] 다음 글을 읽고, 물음에 답하시오.

While social presence has evolved through many iterations since its first development within the context of the landline telephone, the perception or feeling of being connected with the other person within the context of the conversation has persisted. Some research has explored specific technologies and the extent to which their characteristics lead to a feeling of social presence. For example, some researchers have studied the "richness" of the media, or the (a) <u>number</u> of cues available to convey social presence. A telephone call, which provides for audio cues and immediate feedback, is potentially (b) <u>richer</u> than an email, which provides only textual cues and no immediate feedback. Videoconferencing would be considered richer than the phone because of the addition of (c) <u>visual</u> cues, making it closer to replicating a perceived gold standard of face-to-face, in-person social presence.

Researchers have suggested that successful managers would choose rich media for confusing or ambiguous messages and lean or less rich media for messages that were (d) <u>less</u> routine in nature. For example, if you wanted to discuss a complicated client agreement, it would be best to choose a (e) <u>face-to-face</u> meeting. In contrast, if you were going to inform your team about a change in meeting time from 3:00 to 3:30, you might send out a generic email to everyone. These different channels of communication were considered by researchers as a type of container that the message comes in. To be a good communicator, you need to choose the right container.

*iteration: 반복 **generic: 일반적인

윗글의 제목으로 가장 적절한 것은?

① Which Channel Is What Matters in Successful Communication
② Cutting-edge Containers for Effective Social Communication
③ Immediate Feedback: A Royal Road to Successful Management
④ How Has Social Presence Evolved with Social Channels?
⑤ The Richer, the Better! Top Priority in Container Choice

밑줄 친 (a)～(e) 중에서 문맥상 낱말의 쓰임이 적절하지 않은 것은?

① (a)　② (b)　③ (c)　④ (d)　⑤ (e)

In technological design, an aspiration towards *seamlessness* aims to make the technological experience for humans blend seamlessly into our everyday lives. Essentially, this aspiration aims towards experiences where people are no longer (a) <u>aware</u> of the technology, the interface or the differences between human-technology and human-human interaction. Considering the metaphor of seams in clothing, we can say that we aspire to seamless aesthetics by stitching the seams closely, pressing them flat and making sure they are (b) <u>hidden</u> on the inside so that we wear clothing rather than pieces of fabric. When designers and engineers talk about technological seamlessness, they are often referring to ease of use and convenience. For example, in interface design, an aspiration towards seamlessness (c) <u>ensures</u> the experience for the user flows and is not stressful or irritating. Most of us would have had experiences of (d) <u>poor</u> interface designs or apps in workplaces that make things more complicated and irritating, and have longed for more seamless interfaces. Technological seamlessness can also include less visible screens in new technologies, or virtual reality technologies with a seamless technological design. The aim is to immerse the user experience such that the visual interaction might be described as inside the screen rather than a body interacting with a digital console or object as separate entities. Similarly, seamlessness in humanoid robotic design aims to make humanoids (e) <u>distinguishable</u> from a human body.

*seamlessness: 이음매 없음 **aesthetics: 미학
***immerse: 담그다

P07 ★★★ 　　　　　　2026 대비 6월 모평 41 (고3)

윗글의 제목으로 가장 적절한 것은?

① Blending In: When Tech Stops Feeling Like Tech
② Digital Interfaces Are Becoming Too Complicated!
③ Out-of-body Experience: A History of Virtual Reality
④ How Software Designs Affect Work Productivity
⑤ Wearable Technology in Contemporary Fashion

P08 ★★★ 　　　　　　2026 대비 6월 모평 42 (고3)

밑줄 친 (a)~(e) 중에서 문맥상 낱말의 쓰임이 적절하지 않은 것은? [3점]

① (a)　　② (b)　　③ (c)　　④ (d)　　⑤ (e)

[P09~ P10] 다음 글을 읽고, 물음에 답하시오.

Few pick up a novel and criticize it because the situations it describes and the people it contains never existed in real life. Perhaps even when we *should* criticize fiction for giving us inaccurate or biased views of the state of the world, it generally (a) <u>escapes</u> our scorn. It's only fiction, we say. But of course fiction is more than just something made up. If it were only that, we would not bother engaging with it, and it would not (b) <u>occupy</u> such a large part of our lives. Humans are drawn to fiction, to invented stories, in a way unique among animals. If we think about this, it may seem (c) <u>odd</u> — why should we be interested in reading or watching on screen a story that never happened, and in many cases that *could never* happen, the travails of people who never existed and could never exist? Why do we enjoy this? What do we get out of it? We're not learning anything about the world, we're not gaining any kind of (d) <u>useful</u> experience that will help us navigate our lives more effectively, we're not learning any new skill or developing any new material. Most of us of course will argue that there is a great deal of value in engaging with fiction and other kinds of art, even though these things may teach us nothing about the world or generate art-independent skills. After all, we spend (e) <u>insignificant</u> amounts of our time engaging with such fiction. It is no surprise that films, television and sports, video games, novels, and the like, are billion-dollar industries.

*scorn: 비웃음　**travail: 고생

윗글의 제목으로 가장 적절한 것은?

① Drawn to the Unreal: Our Fascination with Fiction
② What True Stories Can Teach Us About Life
③ The Science Behind Reading and Its Effects
④ Can Reading Fiction Help Shape Our Identity?
⑤ Fiction as a Tool for Improving Critical Thinking

밑줄 친 (a)~(e) 중에서 문맥상 낱말의 쓰임이 적절하지 <u>않은</u> 것은?

① (a)　② (b)　③ (c)　④ (d)　⑤ (e)

The speed at which we form language can carry almost as much meaning as the words we say. Silence is not neutral or meaningless. If a job applicant hesitates too long before responding to a difficult question in a job interview, for example, we may think the applicant is at a loss for words because of being (a) unprepared. We might interpret an awkward silence following a confession of love as indication that the addressee does not feel the same way. Other non-verbal cues may help inform our interpretation of these silences. This is also a factor when we communicate online or via text. Most modern messaging services and apps tell us when a message has been read by its recipient, and so an uneasy type of silence can (b) arise when we know the recipient has read our message but, for whatever reason, has not responded. This is often referred to as leaving somebody 'on read' and is generally considered rude in online communication. Compared to face-to-face silences, where one can still read the other person's expressions or body language, these online silences feel (c) acceptable and can be even more hurtful if sensitive or difficult topics are involved. For instance, a romantic interest leaving an invitation for a second date 'on read' might be even more (d) disheartening than a flat-out rejection in many cases. Social media has created a new kind of anxiety for humans. Waiting for a response makes us (e) insecure. As such, we are pressured by social media to respond quickly.

❖ 정답 및 해설 400 ~ 403p

P11 ❋❋❀ 2025 실시 7월 학평 41 (고3)

윗글의 제목으로 가장 적절한 것은?

① Verbal Expressions Outweigh Non-Verbal Cues
② Responding to Silence in Face-to-Face Interactions
③ Silence in Communication: The Impact of Non-Response
④ Various Forms of Online Communication in the Digital Age
⑤ Reading Between the Lines: Understanding Poetic Language

P12 ❋❋❋❀ 2025 실시 7월 학평 42 (고3)

밑줄 친 (a)~(e) 중에서 문맥상 낱말의 쓰임이 적절하지 않은 것은?

① (a) ② (b) ③ (c) ④ (d) ⑤ (e)

[P13~ P14] 다음 글을 읽고, 물음에 답하시오.

Our ability to simulate the future — which gives Present You a chance to walk in Future You's shoes — provides human brains with a huge evolutionary advantage, but it also has some limitations. For one, the simulations don't predict emotional (a) intensity well. We imagine it's scary skydiving, but it's *definitely* scarier once a 200-pound man strapped to your back slowly pushes your toes to the edge. Jumping out of a plane is just an idea that's somewhat disconnected from reality until it's actually happening. In the same way, what Future You will be thinking and feeling is just an (b) abstract idea until Future You becomes Present You.

When we make a decision to put something off, we can simulate what the consequences of that decision will be — we'll have less time to work on something, people might get frustrated with us, and we might run into unexpected problems. But the simulation of what our procrastination will feel like is usually more charitable than the reality — we (c) overestimate the stress it will cause, the guilt we'll feel for continuing the pattern, or the disappointment that will stem from a missed opportunity. So, even the best human simulators have limitations. Procrastinators' simulators are (d) weak in general, and they struggle to consider the consequences of their choices. They're more concerned about what they're doing and how they're feeling in this moment and less concerned about the future. As a result, they keep (e) prioritizing what they want right now over what they'll need in the future.　*procrastination: 미루는 버릇

윗글의 제목으로 가장 적절한 것은?

① Future You Is Made of What Present You Does
② Better to Focus on Now Than Simulate the Future
③ Imperfect Simulation: Why Procrastinators Put Things Off
④ How to Overcome the Fear of the Unknown Through Simulation
⑤ Present You Knows How Seriously Procrastination Will Hurt You

밑줄 친 (a)~(e) 중에서 문맥상 낱말의 쓰임이 적절하지 않은 것은?

① (a)　　② (b)　　③ (c)　　④ (d)　　⑤ (e)

Translating a literary text is challenging, and it's often said there will be an inevitable loss in translation. But that challenge frequently inspires creative re-renderings that offer the prospect of a (a) <u>gain</u> in translation as well. A washing-machine manual doesn't present the same challenges, nor therefore does it inspire the (b) <u>same</u> creativity either. But where, in terms of the opposition between literary and nonliterary language, might we position philosophy's language? Might philosophy want to avoid a translatory economy that aims for a gain in translation but risks a loss? Philosophy wishes to convey its truths intact, without loss — and without gain either, or at least it might (c) <u>hesitate</u> to offer its truths to translation without further clarification of what a gain, and indeed a gain in *depth*, actually means. It cannot be a matter of offsetting "stylistic losses." The loss philosophy fears is a loss of meaning, the compromising of a truth. Thus, philosophy might (d) <u>refuse</u> to be placed on the side of nonliterary language, and express itself in unstylish language, like Badiou's mathematical writing, so that no translator is prompted to rude and bold acts of creative rewriting. If philosophy wishes to increase its range and avoid being restricted to a national or regional tradition, it (e) <u>needs</u> a translation model that conveys philosophical truths to the world without any "economic" fluctuations of loss and gain.

*rendering: 번역 **intact: 온전한 ***fluctuation: 오르내림, 변동

P15 ★★✤ 2025 실시 3월 학평 41 (고3)

윗글의 제목으로 가장 적절한 것은?

① Creative Gains Emerging from Literary Translation
② Translating Philosophy: In Pursuit of Truth As It Is
③ The Role of Creativity in Conveying Philosophical Truths
④ Factors Leading to Challenges in Literary Translation
⑤ How Can We Avoid Stylistic Losses in Translation?

P16 ★★★ 2025 실시 3월 학평 42 (고3)

밑줄 친 (a)~(e) 중에서 문맥상 낱말의 쓰임이 적절하지 않은 것은?

① (a) ② (b) ③ (c) ④ (d) ⑤ (e)

[**P17 ~ P18**] 다음 글을 읽고, 물음에 답하시오.

Imagine grabbing a piece of paper between your thumb and index finger. Maybe you already are, as you turn this page. We use this type of forceful, pad-to-pad precision gripping without thinking about it, and literally in a snap. Yet it was a breakthrough in human evolution. Other primates exhibit some kinds of precision grips in the handling and use of objects, but not with the kind of (a) <u>efficient</u> opposition that our hand anatomy allows. In a single hand, humans can easily hold and manipulate objects, even small and delicate ones, while adjusting our fingers to their shape and reorienting them with (b) <u>displacements</u> of our fingertip pads. Our relatively long, powerful thumb and other anatomical attributes, including our flat nails (which nearly all primates possess), make this (c) <u>possible</u>. Just picture trying — and failing — to dog-ear this page with pointy, curved claws.

With a unique combination of traits, the human hand shaped our history. No question, stone tools couldn't have become a keystone of human technology and subsistence (d) <u>without</u> hands that could do the job, along with a nervous system that could regulate and coordinate the necessary signals. Anybody who's ever attempted to make a spear tip or arrowhead from a rock knows that it (e) <u>excludes</u> strong grips, constant rotation and repositioning, and forceful, careful strikes with another hard object. And even with a fair amount of know-how, it can be a bloody business.

*primate: 영장류   **anatomy: 해부학   ***subsistence: 생계

P17 ★★❀.......................... 2025 대비 수능 41 (고3)

윗글의 제목으로 가장 적절한 것은?

① Anatomical Distance Between Humans and Other Primates
② Human Hands: A Decisive Leap in the Evolutionary Path
③ Our Hands: An Unexpected Outcome of Evolution
④ Human Grip: The Dilemma of Human Survival
⑤ Hidden Power of the Daily Use of Tools

P18 ★★★❀.......................... 2025 대비 수능 42 (고3)

밑줄 친 (a)~(e) 중에서 문맥상 낱말의 쓰임이 적절하지 않은 것은? [3점]

① (a)   ② (b)   ③ (c)   ④ (d)   ⑤ (e)

People are correct when they feel that the written poetry of literate societies and the oral poetry of non-literate ones differ considerably from the everyday language spoken in the community. Listeners not only accept the (a) <u>strange</u> use of words, rearrangement of word order, assonance, alliteration, rhythm, rhyme, compression of thought, and so on — they actually expect to find these things in poetry and they are disappointed when poetry does not sound "poetic." But those who regard poetry as a (b) <u>different</u> category of language altogether are deaf to the true achievements of the poet. Rather, the poet artfully manipulates the same raw materials of his language as are used in everyday speech; his skill is to find new possibilities in the resources already in the language. In much the same way that people living at the seashore become so accustomed to the sound of waves that they no longer hear it, most of us have become (c) <u>sensitive</u> to the flood tide of words, millions of them every day, that hit our eardrums. One function of poetry is to depict the world with a (d) <u>fresh</u> perception — to make it strange — so that we will listen to language once again. But the successful poet never departs so far into the strange world of language that none of his listeners can (e) <u>follow</u> him. He still remains the communicator, the man of speech.

*assonance: 유운(類韻) **alliteration: 두운(頭韻)
***depict: 묘사하다

P19 ★★★❀ ·························· 2025 대비 9월 모평 41 (고3)

윗글의 제목으로 가장 적절한 것은?

① Make It New: How Poetry Refreshes Everyday Language
② Why Do Poets No Longer Seek Inspiration from Nature?
③ The Influence of Natural Sounds on Poetic Expression
④ Ways to Cite Poetic Expressions in Everyday Speech
⑤ Beauty Rediscovered: The Return of Oral Poetry

P20 ★★★ ·························· 2025 대비 9월 모평 42 (고3)

밑줄 친 (a)~(e) 중에서 문맥상 낱말의 쓰임이 적절하지 않은 것은? [3점]

① (a)　　② (b)　　③ (c)　　④ (d)　　⑤ (e)

[**P21 ~ P22**] 다음 글을 읽고, 물음에 답하시오.

If we understand critical thinking as: 'the identification and evaluation of evidence to guide decision-making', then ethical thinking is about identifying ethical issues and evaluating these issues from different perspectives to guide how to respond. This form of ethics is distinct from higher levels of conceptual ethics or theory. The nature of an ethical issue or problem from this perspective is that there is no clear right or wrong response. It is therefore (a) <u>essential</u> that students learn to think through ethical issues rather than follow a prescribed set of ethical codes or rules. There is a need to (b) <u>encourage</u> recognition that, although being ethical is defined as acting 'in accordance with the principles of conduct that are considered correct', these principles vary both between and within individuals. What a person (c) <u>values</u> relates to their social, religious, or civic beliefs influenced by their formal and informal learning experiences. Individual perspectives may also be context (d) <u>dependent</u>, meaning that under different circumstances, at a different time, when they are feeling a different way, the same individual may make different choices. Therefore, in order to analyse ethical issues and think ethically it is necessary to understand the personal factors that influence your own 'code of behaviour' and how these may (e) <u>coincide</u>, alongside recognizing and accepting that the factors that drive other people's codes and decision making may be different.

P21 ✿✿✿ 2025 대비 6월 모평 41 (고3)

윗글의 제목으로 가장 적절한 것은?

① Critical Reasoning: A Road to Ethical Decision-making
② Far-reaching Impacts of Ethics on Behavioural Codes
③ Ethical Thinking: A Walk Through Individual Minds
④ Exploring Ethical Theory in the Eyes of the Others
⑤ Do Ethical Choices Always Take Priority?

P22 ✿✿✿ 2025 대비 6월 모평 42 (고3)

밑줄 친 (a)~(e) 중에서 문맥상 낱말의 쓰임이 적절하지 않은 것은? [3점]

① (a)　　② (b)　　③ (c)　　④ (d)　　⑤ (e)

Vocal sounds produced by parrots, regardless of the fact that they may be audibly indistinguishable from spoken words and regardless of the fact that someone or some group of people may take them to be words, are not words. They are not given a semantic dimension by physical (a) <u>similitude</u> to spoken words. Nor can the "talk" of a parrot be given a semantic dimension by being taken to be a set of (b) <u>linguistic</u> acts. In like manner, weather etchings on a stone or shapes in the clouds, regardless of how physically similar they may be to written words or drawings of objects and regardless of what they are taken to be by observers, are not words or pictures. They do not have the appropriate etiology and they have no inherent semantic content or object. They are simply (c) <u>physical</u> objects that resemble certain other things. For observers, they may call to mind the things they (d) <u>resemble</u>. In this regard, they may function as natural signs by virtue of the physical resemblance, but they have no semantic content about which one could be right or wrong. If people take *A* to be a sign of *B* by virtue of some nonsemantic relation that holds, or is believed to hold, between *A* and *B*, *A* is a sign of *B*. But words, pictures, and images are not that way. They (e) <u>exclude</u> a semantic content to be understood.

*semantic: 의미론적, 의미의   **weather etching: 날씨 식각(蝕刻)
***etiology: 원인의 추구

P23 ✹✹✿  2024 실시 10월 학평 41 (고3) 

윗글의 제목으로 가장 적절한 것은?

① Why Not All Physical Resemblances Are Semantically Meaningful
② Uncovering Similarities in Human and Animal Vocal Sounds
③ Physical Objects: An Effective Medium to Deliver Subtext
④ Using Semantic Relation Makes Language Learning Easy
⑤ How Vocally Produced Words Shape Our Perception

P24 ✹✹✹ 2024 실시 10월 학평 42 (고3) 

밑줄 친 (a)~(e) 중에서 문맥상 낱말의 쓰임이 적절하지 않은 것은? [3점]

① (a)　　② (b)　　③ (c)　　④ (d)　　⑤ (e)

[P25~P26] 다음 글을 읽고, 물음에 답하시오.

We have seen a clear rise in something called 'shrinkflation'. A basket of products is measured for inflation by price, not by volume or weight. If the products shrink in size but the price stays the same, technically no price (a) increase has occurred. But people aren't stupid, they know what that means. You can see this in everything from the reduced amount of cereal in a box to smaller-sized chocolate bars. You can see it in the form of ever-larger apertures in toothpaste tubes and powders of various sorts. The purpose of these changes is to make the consumer use up the product (b) faster and to pay more per weight. Toilet paper and paper towel rolls have ever-larger tube centres and ever-fewer sheets, while the price remains the same. There are (c) fewer potato crisps in the bag and cookies in the box. Bottles of liquids such as perfumes have ever-larger dimples on the bottom that displace the product and (d) prevent the illusion of more inside than there is. Shrinkflation is not restricted to retail products. Apartments are shrinking, too. Micro apartments are smaller than anything we lived in before but cost more per square foot. Shrinkflation is a signal that tells us that companies are facing higher costs. It is a signal that price pressures are starting to (e) build.

*aperture: 입구 **dimple: 움푹 들어간 곳

P25 ✿✿❀ 2024 실시 7월 학평 41 (고3)

윗글의 제목으로 가장 적절한 것은?

① Small Sizes Win Consumers Over in the Era of Shrinkflation
② Hidden Inflation: Paying the Same for Shrunken Goods
③ Business Marketing Strategy: Stand Out, Don't Shrink
④ Innovative Changes in Smaller-Sized Daily Products
⑤ Buy One, Get One Free: How Companies Attract You

P26 ✿✿❀ 2024 실시 7월 학평 42 (고3)

밑줄 친 (a)~(e) 중에서 문맥상 낱말의 쓰임이 적절하지 않은 것은?

① (a)   ② (b)   ③ (c)   ④ (d)   ⑤ (e)

There are a number of human characteristics that would seem to be disadvantageous yet continue to survive, generation after generation. One example is color blindness. Most color blindness is associated with genes on the X chromosome. Women have two X chromosomes, so if this problem occurs on one of them, the other can (a) compensate. But men have only one X chromosome. If the mutation occurs there, that male is color blind. We might ask why such a (b) deficiency would survive and not die out. To understand this, we can consider ancient hunter-gatherers, with the men doing most of the hunting for meat and the women doing most of the gathering of fruits and nuts. Gathering fruits, especially berries, and nuts is much more productive if it is easy to distinguish the red or purple fruit from the green leaves of the plant. If red-green color blindness were common among women, the resulting (c) lack of productivity would likely cause this trait to die out relatively quickly. On the other hand, the men out hunting don't much rely on being able to contrast red from green. Most of the animals they are hunting have fur or feathers that help them hide. Rather than relying on color, the hunter relies on an acute ability to detect motion. It is conceivable that a (d) reduction in color contrast in these circumstances might actually enhance one's ability to detect subtle motions. Given that a hunted animal blends into its surroundings, less background color variation would be (e) more of a visual distraction.

*chromosome: 염색체　**mutation: 돌연변이

P27 ✱✱✱ 2024 실시 5월 학평 41 (고3)

윗글의 제목으로 가장 적절한 것은?

① Genetic Code: The Key to Conquering Disorders
② Ancient People's Challenges from Genetic Weaknesses
③ What Makes a Great Hunter: An Ability to Move Quickly
④ In Evolution, Disadvantageous Doesn't Mean Destined to Vanish
⑤ Various Biological Factors Causing Red-Green Color Blindness

P28 ✱✱✽ 2024 실시 5월 학평 42 (고3)

밑줄 친 (a)~(e) 중에서 문맥상 낱말의 쓰임이 적절하지 않은 것은? [3점]

① (a)　　② (b)　　③ (c)　　④ (d)　　⑤ (e)

[P29~P30] 다음 글을 읽고, 물음에 답하시오.

You are the narrator of your own life. The tone and perspective with which you describe each experience generates feelings associated with that narration. For example, if you find yourself constantly assuming, "This is hard," "I wonder whether I'm going to survive," or "It looks like this is going to turn out badly," you'll generate (a) <u>anxious</u> feelings. It's time to restructure the way you think. Underlying this narration are the beliefs that (b) <u>frame</u> your experience and give it meaning. Think of your beliefs as having many layers.

On the surface are your *automatic thoughts*. These are like short tapes that momentarily flash through your mind. Call these automatic thoughts a form of "self-talk" that you use as you navigate through the day. You (c) <u>produce</u> a wide variety of these automatic thoughts, some consciously and some unconsciously. For example, automatic thoughts that (d) <u>relieve</u> anxiety go something like this: You walk into a room, see a few new people, and say to yourself, "Oh no, I don't like this. This is not good." Or, "These people will soon find out that I am full of anxiety and will reject me." Automatic thoughts are bad habits that (e) <u>cloud</u> fresh and positive experiences. They can turn a potentially good experience into one fraught with anxiety. If you tell yourself that you are always stressed or full of anxiety before doing something new, that new experience will be tainted by that anxiety.

*fraught: 가득찬 **taint: 오염시키다, 더럽히다

윗글의 제목으로 가장 적절한 것은?

① The Role of Automatic Thoughts in Language Learning
② Self-talk: The Best Way to Improve Your Speech
③ Reshaping Thoughts: Manage Your Self-talk
④ Heightened Anxiety Leads to Productivity
⑤ Ways to Read Others' Inner Thoughts

밑줄 친 (a)~(e) 중에서 문맥상 낱말의 쓰임이 적절하지 않은 것은? [3점]

① (a)　　② (b)　　③ (c)　　④ (d)　　⑤ (e)

One reason we think we forget most of what we learned in school is that we underestimate what we actually remember. Other times, we know we remember something, but we don't recognize that we learned it in school. Knowing where and when you learned something is usually called *context information*, and context is handled by (a) <u>different</u> memory processes than memory for the content. Thus, it's quite possible to retain content without remembering the context.

For example, if someone mentions a movie and you think to yourself that you heard it was terrible but can't remember (b) <u>where</u> you heard that, you're recalling the content, but you've lost the context. Context information is frequently (c) <u>easier</u> to forget than content, and it's the source of a variety of memory illusions. For instance, people are (d) <u>unconvinced</u> by a persuasive argument if it's written by someone who is not very credible (e.g., someone with a clear financial interest in the topic). But in time, readers' attitudes, on average, change in the direction of the persuasive argument. Why? Because readers are likely to remember the content of the argument but forget the source — someone who is not credible. If remembering the source of knowledge is difficult, you can see how it would be (e) <u>challenging</u> to conclude you don't remember much from school.

*illusion: 착각

P31 ★★★ 2024 대비 9월 모평 41 (고3)

윗글의 제목으로 가장 적절한 것은?

① Learned Nothing in School?: How Memory Tricks You
② Why We Forget Selectively: Credibility of Content
③ The Constant Battle Between Content and Context
④ How Students Can Learn More and Better in School
⑤ Shift Your Focus from Who to What for Memory Building

P32 ★★★ 2024 대비 9월 모평 42 (고3)

밑줄 친 (a)~(e) 중에서 문맥상 낱말의 쓰임이 적절하지 않은 것은?

① (a)   ② (b)   ③ (c)   ④ (d)   ⑤ (e)

[P33～P34] 다음 글을 읽고, 물음에 답하시오.

In studies examining the effectiveness of vitamin C, researchers typically divide the subjects into two groups. One group (the experimental group) receives a vitamin C supplement, and the other (the control group) does not. Researchers observe both groups to determine whether one group has fewer or shorter colds than the other. The following discussion describes some of the pitfalls inherent in an experiment of this kind and ways to (a) avoid them. In sorting subjects into two groups, researchers must ensure that each person has an (b) equal chance of being assigned to either the experimental group or the control group. This is accomplished by randomization; that is, the subjects are chosen randomly from the same population by flipping a coin or some other method involving chance. Randomization helps to ensure that results reflect the treatment and not factors that might influence the grouping of subjects. Importantly, the two groups of people must be similar and must have the same track record with respect to colds to (c) rule out the possibility that observed differences in the rate, severity, or duration of colds might have occurred anyway. If, for example, the control group would normally catch twice as many colds as the experimental group, then the findings prove (d) nothing. In experiments involving a nutrient, the diets of both groups must also be (e) different, especially with respect to the nutrient being studied. If those in the experimental group were receiving less vitamin C from their usual diet, then any effects of the supplement may not be apparent.

*pitfall: 함정

P33 ✿✿✿ .... 2022 대비 9월 모평 41 (고3)

윗글의 제목으로 가장 적절한 것은?

① Perfect Planning and Faulty Results: A Sad Reality in Research
② Don't Let Irrelevant Factors Influence the Results!
③ Protect Human Subjects Involved in Experimental Research!
④ What Nutrients Could Better Defend Against Colds?
⑤ In-depth Analysis of Nutrition: A Key Player for Human Health

P34 ✿✿✿ .... 2022 대비 9월 모평 42 (고3)

밑줄 친 (a)~(e) 중에서 문맥상 쓰임이 적절하지 <u>않은</u> 것은?

① (a)　　② (b)　　③ (c)　　④ (d)　　⑤ (e)

[P35~P36] 다음 글을 읽고, 물음에 답하시오.

The domination of nature is a familiar trope in environmental ethics and environmental political theory. Its history is tied more broadly to the rise of modern science, philosophy, and politics. The effort to understand the causal relations that govern the physical world so as to intervene in these relations in ways that could, as Francis Bacon put it, "ameliorate the human condition," marked the beginning of modernity in the West. For a long time, the "domination of nature" referred to this effort to understand and (a) control the nonhuman environment, and it was seen as a clearly good thing. This effort made (b) possible new technologies and rising economic prosperity, promised an end to many forms of human suffering, and demonstrated the triumph of reason over ignorance and superstition. Its costs began to be (c) invisible with industrialization in the nineteenth century, which generated obvious environmental damage and caused among many people a sense of alienation from the land and the more-than-human communities composing it. One sees a growing (d) unease about these costs in novels of the era such as Mary Shelley's *Frankenstein* (1818), in poems like Wordsworth's "Michael" (1800) and later Whitman's *Leaves of Grass* (1855), and in the early nature writing of Thoreau's *Walden* (1854). Yet systematic, critical analysis of the domination of nature as a problem came into its own only with the environmental studies movement in the 1970s. Since then, the trope has come to have a broadly (e) negative meaning, with the domination of nature being viewed as harmful and illegitimate, as well as dangerous to human interests.

*trope: 수사적 표현 **ameliorate: 개선하다

P35

2023 실시 10월 학평 41 (고3)

윗글의 제목으로 가장 적절한 것은?

① Changing Perspectives on the Domination of Nature
② Science Starts from a Desire for Knowledge
③ Ethics Is Central to Every Discipline
④ Nature in Literature Is Not Real
⑤ Is Going Green Really Green?

P36

2023 실시 10월 학평 42 (고3)

밑줄 친 (a)~(e) 중에서 문맥상 낱말의 쓰임이 적절하지 않은 것은?

① (a) ② (b) ③ (c) ④ (d) ⑤ (e)

❖ 정답 및 해설 417 ~ 419p

[P37~P38] 다음 글을 읽고, 물음에 답하시오.

One way to avoid contributing to overhyping a story would be to say nothing. However, that is not a realistic option for scientists who feel a strong sense of responsibility to inform the public and policymakers and/or to offer suggestions. Speaking with members of the media has (a) <u>advantages</u> in getting a message out and perhaps receiving favorable recognition, but it runs the risk of misinterpretations, the need for repeated clarifications, and entanglement in never-ending controversy. Hence, the decision of whether to speak with the media tends to be highly individualized. Decades ago, it was (b) <u>unusual</u> for Earth scientists to have results that were of interest to the media, and consequently few media contacts were expected or encouraged. In the 1970s, the few scientists who spoke frequently with the media were often (c) <u>criticized</u> by their fellow scientists for having done so. The situation now is quite different, as many scientists feel a responsibility to speak out because of the importance of global warming and related issues, and many reporters share these feelings. In addition, many scientists are finding that they (d) <u>enjoy</u> the media attention and the public recognition that comes with it. At the same time, other scientists continue to resist speaking with reporters, thereby preserving more time for their science and (e) <u>running</u> the risk of being misquoted and the other unpleasantries associated with media coverage.

*overhype: 과대광고하다 **entanglement: 얽힘

윗글의 제목으로 가장 적절한 것은?

① The Troubling Relationship Between Scientists and the Media
② A Scientist's Choice: To Be Exposed to the Media or Not?
③ Scientists! Be Cautious When Talking to the Media
④ The Dilemma over Scientific Truth and Media Attention
⑤ Who Are Responsible for Climate Issues, Scientists or the Media?

밑줄 친 (a)~(e) 중에서 문맥상 낱말의 쓰임이 적절하지 <u>않은</u> 것은?

① (a) ② (b) ③ (c) ④ (d) ⑤ (e)

Once an event is noticed, an onlooker must decide if it is truly an emergency. Emergencies are not always clearly (a) labeled as such; "smoke" pouring into a waiting room may be caused by fire, or it may merely indicate a leak in a steam pipe. Screams in the street may signal an attack or a family quarrel. A man lying in a doorway may be having a coronary — or he may simply be sleeping off a drunk.

A person trying to interpret a situation often looks at those around him to see how he should react. If everyone else is calm and indifferent, he will tend to remain so; if everyone else is reacting strongly, he is likely to become alert. This tendency is not merely blind conformity; ordinarily we derive much valuable information about new situations from how others around us behave. It's a (b) rare traveler who, in picking a roadside restaurant, chooses to stop at one where no other cars appear in the parking lot.

But occasionally the reactions of others provide (c) accurate information. The studied nonchalance of patients in a dentist's waiting room is a poor indication of their inner anxiety. It is considered embarrassing to "lose your cool" in public. In a potentially acute situation, then, everyone present will appear more (d) unconcerned than he is in fact. A crowd can thus force (e) inaction on its members by implying, through its passivity, that an event is not an emergency. Any individual in such a crowd fears that he may appear a fool if he behaves as though it were.

*coronary: 관상 동맥증   **nonchalance: 무관심, 냉담

P39 ✿✿✿ ·························· 2023 대비 6월 모평 41 (고3) 

윗글의 제목으로 가장 적절한 것은?

① Do We Judge Independently? The Effect of Crowds
② Winning Strategy: How Not to Be Fooled by Others
③ Do Emergencies Affect the Way of Our Thinking?
④ Stepping Towards Harmony with Your Neighbors
⑤ Ways of Helping Others in Emergent Situations

P40 ✿✿✿ ·························· 2023 대비 6월 모평 42 (고3) 

밑줄 친 (a)~(e) 중에서 문맥상 낱말의 쓰임이 적절하지 <u>않은</u> 것은?

① (a)　　② (b)　　③ (c)　　④ (d)　　⑤ (e)

[P41~P42] 다음 글을 읽고, 물음에 답하시오.

The right to privacy may extend only to the point where it does not restrict someone else's right to freedom of expression or right to information. The scope of the right to privacy is (a) similarly restricted by the general interest in preventing crime or in promoting public health. However, when we move away from the property-based notion of a right (where the right to privacy would protect, for example, images and personality), to modern notions of private and family life, we find it (b) easier to establish the limits of the right. This is, of course, the strength of the notion of privacy, in that it can adapt to meet changing expectations and technological advances.

In sum, *what* is privacy today? The concept includes a claim that we should be unobserved, and that certain information and images about us should not be (c) circulated without our permission. *Why* did these privacy claims arise? They arose because powerful people took offence at such observation. Furthermore, privacy incorporated the need to protect the family, home, and correspondence from arbitrary (d) interference and, in addition, there has been a determination to protect honour and reputation. *How* is privacy protected? Historically, privacy was protected by restricting circulation of the damaging material. But if the concept of privacy first became interesting legally as a response to reproductions of images through photography and newspapers, more recent technological advances, such as data storage, digital images, and the Internet, (e) pose new threats to privacy. The right to privacy is now being reinterpreted to meet those challenges.

*arbitrary: 임의의

P41 ⭐ 2등급 대비 .... 2022 대비 6월 모평 41 (고3)

윗글의 제목으로 가장 적절한 것은?

① Side Effects of Privacy Protection Technologies
② The Legal Domain of Privacy Claims and Conflicts
③ The Right to Privacy: Evolving Concepts and Practices
④ Who Really Benefits from Looser Privacy Regulations?
⑤ Less Is More: Reduce State Intervention in Privacy!

P42 ⭐ 2등급 대비 .... 2022 대비 6월 모평 42 (고3)

밑줄 친 (a)~(e) 중에서 문맥상 낱말의 쓰임이 적절하지 <u>않은</u> 것은? [3점]

① (a)　　② (b)　　③ (c)　　④ (d)　　⑤ (e)

There is evidence that even very simple algorithms can outperform expert judgement on simple prediction problems. For example, algorithms have proved more (a) <u>accurate</u> than humans in predicting whether a prisoner released on parole will go on to commit another crime, or in predicting whether a potential candidate will perform well in a job in future. In over 100 studies across many different domains, half of all cases show simple formulas make (b) <u>better</u> significant predictions than human experts, and the remainder (except a very small handful), show a tie between the two. When there are a lot of different factors involved and a situation is very uncertain, simple formulas can win out by focusing on the most important factors and being consistent, while human judgement is too easily influenced by particularly salient and perhaps (c) <u>irrelevant</u> considerations. A similar idea is supported by further evidence that 'checklists' can improve the quality of expert decisions in a range of domains by ensuring that important steps or considerations aren't missed when people are feeling (d) <u>relaxed</u>. For example, treating patients in intensive care can require hundreds of small actions per day, and one small error could cost a life. Using checklists to ensure that no crucial steps are missed has proved to be remarkably (e) <u>effective</u> in a range of medical contexts, from preventing live infections to reducing pneumonia.

*parole: 가석방 **salient: 두드러진 ***pneumonia: 폐렴

P43 ✪ 2등급 대비 .... 2023 대비 수능 41 (고3)

윗글의 제목으로 가장 적절한 것은?

① The Power of Simple Formulas in Decision Making
② Always Prioritise: Tips for Managing Big Data
③ Algorithms' Mistakes: The Myth of Simplicity
④ Be Prepared! Make a Checklist Just in Case
⑤ How Human Judgement Beats Algorithms

P44 ✪ 2등급 대비 .... 2023 대비 수능 42 (고3)

밑줄 친 (a)~(e) 중에서 문맥상 낱말의 쓰임이 적절하지 <u>않은</u> 것은?

① (a)　　② (b)　　③ (c)　　④ (d)　　⑤ (e)

[P45~P46] 다음 글을 읽고, 물음에 답하시오.

Climate change experts and environmental humanists alike agree that the climate crisis is, at its core, a crisis of the imagination and much of the popular imagination is shaped by fiction. In his 2016 book *The Great Derangement*, anthropologist and novelist Amitav Ghosh takes on this relationship between imagination and environmental management, arguing that humans have failed to respond to climate change at least in part because fiction (a) <u>fails</u> to believably represent it. Ghosh explains that climate change is largely absent from contemporary fiction because the cyclones, floods, and other catastrophes it brings to mind simply seem too "improbable" to belong in stories about everyday life. But climate change does not only reveal itself as a series of (b) <u>extraordinary</u> events. In fact, as environmentalists and ecocritics from Rachel Carson to Rob Nixon have pointed out, environmental change can be "imperceptible"; it proceeds (c) <u>rapidly</u>, only occasionally producing "explosive and spectacular" events. Most climate change impacts cannot be observed day-to-day, but they become (d) <u>visible</u> when we are confronted with their accumulated impacts.

Climate change evades our imagination because it poses significant representational challenges. It cannot be observed in "human time," which is why documentary filmmaker Jeff Orlowski, who tracks climate change effects on glaciers and coral reefs, uses "before and after" photographs taken several months apart in the same place to (e) <u>highlight</u> changes that occurred gradually.

*anthropologist: 인류학자 **catastrophe: 큰 재해 ***evade: 피하다

P45 ✪ **1등급 대비** .... 2023 대비 9월 모평 41 (고3) 

윗글의 제목으로 가장 적절한 것은?

① Differing Attitudes Towards Current Climate Issues
② Slow but Significant: The History of Ecological Movements
③ The Silence of Imagination in Representing Climate Change
④ Vivid Threats: Climate Disasters Spreading in Local Areas
⑤ The Rise and Fall of Environmentalism and Ecocriticism

P46 ✪ **1등급 대비** .... 2023 대비 9월 모평 42 (고3) 

밑줄 친 (a)~(e) 중에서 문맥상 낱말의 쓰임이 적절하지 않은 것은? [3점]

① (a)　　② (b)　　③ (c)　　④ (d)　　⑤ (e)

Classifying things together into groups is something we do all the time, and it isn't hard to see why. Imagine trying to shop in a supermarket where the food was arranged in random order on the shelves: tomato soup next to the white bread in one aisle, chicken soup in the back next to the 60-watt light bulbs, one brand of cream cheese in front and another in aisle 8 near the cookies. The task of finding what you want would be (a) time-consuming and extremely difficult, if not impossible.

In the case of a supermarket, someone had to (b) design the system of classification. But there is also a ready-made system of classification embodied in our language. The word "dog," for example, groups together a certain class of animals and distinguishes them from other animals. Such a grouping may seem too (c) abstract to be called a classification, but this is only because you have already mastered the word. As a child learning to speak, you had to work hard to (d) learn the system of classification your parents were trying to teach you. Before you got the hang of it, you probably made mistakes, like calling the cat a dog. If you hadn't learned to speak, the whole world would seem like the (e) unorganized supermarket; you would be in the position of an infant, for whom every object is new and unfamiliar. In learning the principles of classification, therefore, we'll be learning about the structure that lies at the core of our language.

P47  ⭐ 1등급 대비 .... 2022 대비 수능 41 (고3)

윗글의 제목으로 가장 적절한 것은?

① Similarities of Strategies in Sales and Language Learning
② Classification: An Inherent Characteristic of Language
③ Exploring Linguistic Issues Through Categorization
④ Is a Ready-Made Classification System Truly Better?
⑤ Dilemmas of Using Classification in Language Education

P48  ⭐ 1등급 대비 .... 2022 대비 수능 42 (고3)

밑줄 친 (a)~(e) 중에서 문맥상 쓰임이 적절하지 <u>않은</u> 것은?

① (a)　② (b)　③ (c)　④ (d)　⑤ (e)

어휘 Review

※ 다음 영어는 우리말 뜻을, 우리말은 영어 단어를 〈보기〉에서 찾아 쓰시오.

〈보기〉

경향, 성향	prescribed	신뢰할 수 있는	era
superstition	서서히	꿰매다	fearlessly
underestimate	interference	새기다	묶인

01 tendency　　　　＿＿＿＿＿＿＿

02 stitch　　　　　＿＿＿＿＿＿＿

03 strapped　　　　＿＿＿＿＿＿＿

04 gradually　　　　＿＿＿＿＿＿＿

05 credible　　　　＿＿＿＿＿＿＿

06 규정된　　　　　＿＿＿＿＿＿＿

07 과소평가하다　　＿＿＿＿＿＿＿

08 미신　　　　　　＿＿＿＿＿＿＿

09 간섭　　　　　　＿＿＿＿＿＿＿

10 시대　　　　　　＿＿＿＿＿＿＿

※ 다음 우리말에 알맞은 영어 표현을 찾아 연결하시오.

11 ~에 녹아들다　　　•　　　　• aspire to

12 ~하기를 열망하다　•　　　　• blend into

13 ~을 배제하다　　　•　　　　• rule out

14 ~에서 비롯되다　　•　　　　• be inclined to

15 ~하는 경향이 있다　•　　　　• stem from

※ 다음 우리말 표현에 맞는 단어를 고르시오.

16 명예와 평판을 보호하다 ➡ protect honour and (reputation / repetition)

17 별개의 독립체로서의 물체와 상호작용 하는 것 ➡ interacting with object as separate (entities / quantities)

18 감기의 지속 기간 ➡ (durability / duration) of colds

19 번역에서의 이득의 가능성 ➡ (suspect / prospect) of a gain in translation

20 실험 대상자들을 나누다 ➡ divide the (objects / subjects)

※ 다음 문장의 빈칸에 알맞은 단어를 〈보기〉에서 찾아 쓰시오.

〈보기〉

perspectives	abstract	revive	improbable
procrastinators	artfully	inevitable	negotiations
coordinate	circulated	aspiration	

21 이음매 없음에 대한 열망은 사용자의 경험이 흐르듯 움직이는 것을 보장한다.
➡ A(n) ＿＿＿＿＿ towards seamlessness ensures the experience for the user flows.

22 미루는 사람들은 자신들의 선택의 결과를 고려하는 데 어려움을 겪는다.
➡ ＿＿＿＿＿ struggle to consider the consequences of their choices.

23 개인의 관점은 또한 상황에 따라 달라질 수도 있다.
➡ Individual ＿＿＿＿＿ may also be context dependent.

24 모든 협상은 고정된 파이를 수반한다.
➡ All ＿＿＿＿＿ involve a fixed pie.

25 사이클론, 홍수, 그리고 다른 큰 재해들은 그야말로 너무 '있을 것 같지 않아' 보인다.
➡ The cyclones, floods, and other catastrophes simply seem too "＿＿＿＿＿".

26 시인은 동일한 언어의 원료를 교묘히 조작한다.
➡ The poet ＿＿＿＿＿ manipulates the same raw materials of his language.

27 '미래의 여러분'이 생각하고 느끼게 될 것은 추상적인 생각일 뿐이다.
➡ What Future You will be thinking and feeling is just a(n) ＿＿＿＿＿ idea.

28 우리에 관한 특정 정보가 우리의 허락 없이 유포되어서는 안 된다.
➡ Certain information about us should not be ＿＿＿＿＿ without our permission.

29 번역에서 불가피한 손실이 있을 것이라고 흔히 말해진다.
➡ It's often said there will be a(n) ＿＿＿＿＿ loss in translation.

Q 복합 문단의 이해

★ 유형 설명 / 유형 풀이 비법

1 순서 배열 문제

● 주어진 글 (A)에 이어질 내용을 순서에 맞게 배열한 것으로 가장 적절한 것은?

　① (B) ― (D) ― (C)　② (C) ― (B) ― (D)

· 시간의 흐름 순 배열이 원칙이다.
· 단, 과거 회상 글의 경우, 중간에 과거 내용이 나올 수 있다. (예외)

2 지칭 추론 문제

● 밑줄 친 (a)~(e) 중에서 가리키는 대상이 나머지 넷과 다른 것은?

　① (a)　② (b)　③ (c)　④ (d)　⑤ (e)

· 각 선지 앞부분에 특히 유의한다.

3 내용 불일치 문제

● 윗글에 관한 내용으로 적절하지 않은 것은?

　① Mike의 아빠는 평소보다 일찍 집에 왔다.

· 문단들의 흐름과 무관하게 (A)~(D)의 순서대로 선택지가 구성된다.

> **Tip** 새로운 유형의 문제들이 출제되는 것이 아니므로 그동안의 유형 풀이 비법들을 적용시켜 정답을 찾는다.

★ 최신 수능 경향 분석

대비 연도	월	문항 번호	지문 주제	난이도
	11	43~45번	Mia의 가족 독서 모임 경험	✿✿✿
2026	9	43~45번	야구장에서 아버지와 기억에 남는 시간을 보낸 Mike	✿✿✿
	6	43~45번	친구와 함께 처음으로 농산물 직판장에 온 경험	✿✿✿
	11	43~45번	아빠 Ethan과 아들 Sean의 하이킹	✿✿✿
2025	9	43~45번	중고 쇼핑 앱에서 Anna에게 식물을 구매하게 된 Helen	✿✿✿
	6	43~45번	긴장을 극복한 성공적인 공연	✿✿✿
	11	43~45번	비극을 극복한 Clara와 함께 자전거를 탄 Emma	✿✿✿
2024	9	43~45번	산에서의 하룻밤	✿✿✿
	6	43~45번	선물을 되찾은 Ellen	✿✿✿

★ 2026 수능 출제 분석

43번~45번 문제 모두 오답률이 아주 낮은 쉬운 문제였다. 아빠인 Sam이 딸인 Mia가 스마트폰에 몰두해 너무 많은 시간을 보내서, 가족 독서 모임을 만들어 보자고 제안하고, 결국 그 모임을 통해 Mia가 가족 간의 유대 관계를 더 강하게 느끼게 되었다는 내용의 흐름만 파악하면 쉽게 풀 수 있었다.

★ 2027 수능 예측

필자나 제3자의 개인적인 경험을 다룬 긴 지문을 제시하고, 단락 순서 정하기 한 문제, 가리키는 대상이 다른 것을 찾는 한 문제, 그리고 내용 일치 또는 불일치를 묻는 한 문제로 구성되는 것은 변함없을 것이다.

어휘 및 표현 Preview

- □ thrilled 기쁜
- □ receive 받다
- □ notification 알림
- □ second-hand 중고의
- □ velvety 부드러운
- □ almost 거의
- □ give up 포기하다
- □ for sale 팔려고 내놓은
- □ abroad 해외로
- □ current 현재의

- □ half 절반
- □ market rate 시장 시세
- □ arrive 도착하다
- □ identify 알아보다
- □ stick out of ~밖으로 삐져나오다
- □ glossy 윤기가 나는
- □ immediately 바로, 즉시
- □ purchase 구매하다
- □ expert 전문가

- □ condition 상태
- □ advice 조언
- □ hand over 건네주다
- □ cash 현금
- □ lively 활기 넘치는
- □ exclaim 외치다, 소리치다
- □ perform 공연하다
- □ pick out 선택하다
- □ traffic 교통
- □ apologize 사과하다

- □ enter 들어가다
- □ silent 고요한
- □ fascinate 매혹[매료]하다
- □ flawless 나무랄 데 없는
- □ audience 관객
- □ praise 칭찬
- □ clothes 옷
- □ quickly 빠르게
- □ beam 활짝 웃다
- □ rehearsal 예행연습

Q 복합 문단의 이해

1st 글의 세부 사항을 묻는 일치/불일치 문제를 먼저 풀면서 글의 내용을 대략적으로 확인하세요.
2nd 마찬가지로 글의 세부 사항을 파악해야 하는 지칭 추론 문제를 통해 다시 한번 글의 내용을 확인하세요.
3rd 파악한 세부 사항을 활용하여 각 문단의 내용을 요약하고, 순서를 맞춰 보세요.

[**Q01~Q03**] 다음 글을 읽고, 물음에 답하시오.

(A)

Fighting against the force of the water was a thrilling challenge. Sophia tried to keep herself planted firmly in the boat, paying attention to the waves crashing against the rocks. As the water got rougher, she was forced to paddle harder to keep the waves from tossing her into the water. Her friends Mia and Rebecca were paddling eagerly behind her to balance the boat. They were soaked from all of the spray. Mia shouted to Sophia, "Are you OK? Aren't (a) you scared?"

*paddle: 노를 젓다

(B)

"You've got a good point. It's a real advantage to graduate from college with the mindset of a daring adventurer," Mia said. Rebecca quickly added, "That's why I went to Mongolia before I started my first job out of college. Teaching English there for two months was a big challenge for me. But (b) I learned a lot from the experience. It really gave me the courage to try anything in life." Listening to her friends, Sophia looked at (c) her own reflection in the water and saw a confident young woman smiling back at her.

(C)

"I'm great!" Sophia shouted back excitedly. Even though the boat was getting thrown around, the girls managed to avoid hitting any rocks. Suddenly, almost as quickly as the water had got rougher, the river seemed to calm down, and they all felt relaxed. With a sigh of relief, Sophia looked around. "Wow! What a wonderful view!" (d) she shouted. The scenery around them was breathtaking. Everyone was speechless. As they enjoyed the emerald green Rocky Mountains, Mia said, "No wonder rafting is the best thing to do in Colorado!"

(D)

Agreeing with her friend, Rebecca gave a thumbs-up. "Sophia, your choice was excellent!" she said with a delighted smile. "I thought you were afraid of water, though, Sophia," Mia said. Sophia explained, "Well, I was before I started rafting. But I graduate from college in a few months. And, before I do, I wanted to do something really adventurous to test my bravery. I thought that if I did something completely crazy, it might give (e) me more confidence when I'm interviewing for jobs." Now they could see why she had suggested going rafting.

Q01 ★★❋ .... 2022 대비 6월 모평 43 (고3)

주어진 글 (A)에 이어질 내용을 순서에 맞게 배열한 것으로 가장 적절한 것은?

① (B) ─ (D) ─ (C) ② (C) ─ (B) ─ (D)
③ (C) ─ (D) ─ (B) ④ (D) ─ (B) ─ (C)
⑤ (D) ─ (C) ─ (B)

Q02 ★★★ .... 2022 대비 6월 모평 44 (고3)

밑줄 친 (a)~(e) 중에서 가리키는 대상이 나머지 넷과 다른 것은?

① (a) ② (b) ③ (c) ④ (d) ⑤ (e)

Q03 ★★❋ .... 2022 대비 6월 모평 45 (고3)

윗글에 관한 내용으로 적절하지 <u>않은</u> 것은?

① Mia와 Rebecca는 보트의 균형을 유지하려고 애썼다.
② Rebecca는 몽골에서 영어를 가르친 경험이 있다.
③ Sophia와 친구들이 함께 탄 보트는 바위에 부딪치지 않았다.
④ Sophia는 래프팅을 하기 전에는 물을 두려워했다.
⑤ Sophia는 용기를 시험할 모험을 대학 졸업 후에 하길 원했다.

Q03

1st 글의 세부 사항을 묻는 일치/불일치 문제를 먼저 풀면서 글의 내용을 대략적으로 확인하세요.

1) 먼저 선택지의 핵심 어구에 □ 표시를 하고, 글에서 찾아야 할 정보가 무엇인지 확인합시다.

① Mia와 Rebecca는 보트의 균형을 유지하려고 애썼다.
② Rebecca는 몽골에서 영어를 가르친 경험이 있다.
③ Sophia와 친구들이 함께 탄 보트는 바위에 부딪치지 않았다.
④ Sophia는 래프팅을 하기 전에는 물을 두려워했다.
⑤ Sophia는 용기를 시험할 모험을 대학 졸업 후에 하길 원했다.

● **우리가 찾아야 하는 다섯 가지 정보를 찾았어요.**
① Mia와 Rebecca가 보트의 균형을 유지하려고 애썼는지 아닌지, ② Rebecca가 몽골에서 영어를 가르쳤었는지 아닌지, ③ 세 사람이 탄 보트가 바위에 부딪쳤는지 안 부딪쳤는지, ④ Sophia가 원래는 물을 두려워했었는지, ⑤ Sophia가 모험을 대학을 졸업한 후에 하길 원했는지 아니면 대학 졸업 전에 하길 원했는지를 글을 읽으면서 확인하면 정답을 찾을 수 있어요.

2) 선택지의 일치 여부를 확인할 수 있는 단서는 (A), (B), (C), (D) 문단에 순서대로 제시돼요. ①과 (A) 문단부터 확인해 봅시다.

Her friends Mia and Rebecca / were paddling
그녀의 친구들인 Mia와 Rebecca는 / 열심히 노를 젓고 있었다
eagerly / behind her / to balance the boat. //
／ 그녀의 뒤에서 ／ 보트의 균형을 유지하려고 //

● **to balance the boat가 언급된 문장을 찾았나요?**
Her/her는 앞에 등장한 Sophia를 가리키는 대명사예요. 즉, 이 글에는 Sophia와 Mia, 그리고 Rebecca, 이렇게 세 사람이 등장하는 것이죠. Sophia의 친구인 Mia와 Rebecca가 보트의 균형을 유지하려고 열심히 노를 저었다고 했어요.

3) ②의 핵심 단어는 '몽골'이에요.

Rebecca quickly added, / "That's why I went to
Rebecca가 재빨리 덧붙였다 ／ "그게 내가 몽골에 간 이유야
Mongolia / before I started my first job / out of
／ 내가 내 첫 직장 생활을 시작하기 전에 ／ 대학을
college. //
나와서 //
Teaching English there / for two months / was a big
그곳에서 영어를 가르친 것은 ／ 두 달 동안 ／ 큰 도전이었어
challenge / for me. //
／ 내게 //

● **몽골은 영어로 Mongolia라고 해요.**
Mongolia가 등장한 문장을 찾아서 Rebecca가 몽골에서 영어를 가르친 경험이 있는지 없는지를 확인하면 돼요.
Rebecca가 "그게 내가 **❶**( )에 간 이유이고, 그곳에서 영어를 가르친 것은 내게 큰 도전이었어."라고 말했다는 내용이군요.

4) 세 사람의 보트가 바위에 부딪쳤는지 확인합시다.

Even though the boat was getting thrown around, /
보트가 이리저리 내던져지고 있었지만 ／
the girls managed to avoid / hitting any rocks. //
그 여자들은 피했다 ／ 어느 바위에도 부딪치는 것을 //

● **이번에는 hitting any rocks가 포함된 문장을 찾았어요.**
hitting any rocks는 '바위에 부딪치는 것'을 의미하는데, 앞에 '피하다'라는 뜻의 동사인 avoid에서 파생한 to avoid가 있으니까 바위에 부딪치지 않았다는 의미가 되죠.

5) Sophia는 물을 두려워했었나요?

"I thought you were afraid of water, though,
"근데, Sophia, 나는 네가 물을 무서워 한다고 생각했어"라고
Sophia," / Mia said. // Sophia explained, / "Well, I
／ Mia가 말했다 ／ Sophia가 설명했다 ／ "음, 나는
was / before I started rafting. //
그랬지 / 내가 래프팅을 시작하기 전에는 //

● **afraid of는 '~을 두려워하는'이라는 의미예요.**
Mia가 Sophia에게 "난 네가 물을 무서워 한다고 생각했어."라고 말했고, Sophia가 "래프팅을 시작하기 전에는 그랬지."라고 대답한 거예요.

6) 마지막으로 ⑤의 일치 여부를 확인해 봅시다.

But I graduate from college / in a few months. //
하지만 나는 대학을 졸업해 ／ 몇 달 후에 //
And, before I do, / I wanted to do something really
그리고 내가 그러기 전에 ／ 나는 진짜 모험적인 것을 해보고 싶었어
adventurous / to test my bravery. //
／ 내 용기를 시험할 //

● **'~을 졸업하다'는 영어로 graduate from으로 표현해요.**
Sophia가 "난 몇 달 후에 대학을 졸업하는데, 그러기 전에 내 용기를 시험할 모험적인 것을 해보고 싶었어."라고 말했어요. before에 밑줄을 그으면 **❷**( )이 글의 내용과 일치하지 않는다는 것을 알 수 있죠!

Q02

2nd 마찬가지로 글의 세부 사항을 파악해야 하는 지칭 추론 문제를 통해 다시 한번 글의 내용을 확인하세요.

1) 지칭 추론 문제는 선택지의 앞부분을 확인해야 돼요. (a)가 가리키는 대상부터 파악해 봅시다.

Mia shouted to Sophia, / "Are you OK? // Aren't
Mia는 Sophia에게 소리쳤다 ／ "너 괜찮니 // 너 무섭지
(a) you scared?" //
않니"라고 //

● **누가 누구에게 하는 말인가요?**
Mia가 Sophia에게 말하는 것이니까 Mia의 말에서 you는 Sophia를
가리켜요.

● **(A) 문단의 마지막 문장을 봤으니 이어질 내용을 생각해 볼까요?**
(A)는 Mia가 Sophia에게 괜찮은지 물어보는 내용으로 끝났어요.
그럼 당연히 이어지는 문장에는 Sophia가 괜찮다거나 괜찮지 않다고
대답하는 내용이 포함되어 있어야겠죠.
이 점을 기억했다가 이어지는 순서 문제를 해결해 봅시다.

2) (b)가 포함된 문장은 누가 하는 말인가요?

Rebecca quickly added, / "That's why I went to
Rebecca가 재빨리 덧붙였다   / "그게 내가 몽골에 간 이유야
Mongolia / before I started my first job / out of
/ 내가 내 첫 직장 생활을 시작하기 전에   / 대학을
college. //   (…)
나와서 //   (중략)
But (b) I learned a lot / from the experience. //
그런데 나는 많은 것을 배웠어 / 그 경험에서   //

● **Rebecca quickly added라고 했어요.**
Rebecca가 하는 말에 등장하는 I는 당연히 Rebecca겠죠.

3) (c)는 물에 비친 자신의 모습을 보는 사람이에요.

Listening to her friends, / Sophia looked / at (c) her
자기 친구들의 말을 들으면서   / Sophia는 보았고 / 물에 비친 그녀
own reflection in the water / and saw a confident
자신의 모습을   / 자신만만한 젊은 여자를 보았다
young woman / smiling back at her. //
/ 자신에게 미소를 되돌려주는 //

● **'자신의' 모습을 보는 것이니까 문장의 주어를 파악해야 해요.**
주어 Sophia에 두 개의 동사, looked와 saw가 연결되는
구조예요. Sophia가 물에 비친 자신의 모습을 보는 것이니까 her는
3(   )를 가리키죠.
(a), (b), (c) 중에 나머지와 다른 사람을 가리키는 대명사가 있어요.
정답은 나왔지만, 확실히 하기 위해 나머지 문장도 빠르게 확인해 봅시다.

4) 누가 멋진 풍경이라고 소리친 건가요?

With a sigh of relief, / Sophia looked around. //
안도의 한숨을 쉬면서   / Sophia는 주변을 둘러보았다 //
"Wow! // What a wonderful view!" / (d) she
"우아 // 정말 멋진 풍경이다"라고   / 그녀는
shouted. //
소리쳤다 //

● **she가 가리키는 대상을 파악하려면 앞 문장을 봐야 돼요.**
안도의 한숨을 쉬면서 주변을 둘러본 Sophia가 "정말 멋진
풍경이네!"라고 소리친 것이군요.

---

5) 이제 (e)만 확인하면 돼요.

Sophia explained, / "Well, I was / before I started
Sophia가 설명했다   / "음, 나는 그랬지 / 내가 래프팅을 시작하기
rafting. //   (…)
전에는 //   (중략)
I thought / that if I did something completely crazy,
나는 생각했어 / 내가 완전히 미친 짓을 하면
/ it might give (e) me / more confidence / when I'm
/ 그것이 나에게 줄 거라고   / 더 많은 자신감을 / 취업 면접할 때" //
interviewing for jobs." //

● **Sophia가 하는 말이에요.**
Sophia가 하는 말에서 1인칭 대명사인 me가 가리키는 것은 Sophia죠!

Q01
3rd 파악한 세부 사항을 활용하여 각 문단의 내용을 요약하고,
순서를 맞춰 보세요.

**1) 두 문제를 풀면서 많은 세부 사항을 파악했어요. 이를 토대로 각 문
단을 요약해 봅시다.**

(A) Sophia, Mia, Rebecca는 거친 물살에 맞서 보트의 균형을 유지하며 열심히 노를 저음
(B) Rebecca가 첫 직장 생활을 시작하기 전에 몽골에서 영어를 가르쳤던 자신의 경험을 이야기하며 Mia의 말에 동의함
(C) 거칠었던 물살이 빠르게 잔잔해졌고, 세 사람은 주변을 둘러보며 경치를 즐김
(D) Sophia는 대학을 졸업하기 전에 모험적인 것을 해보고 싶었다고 이야기함

2) 이제 논리적인 순서로 각 문단을 배열해 볼까요?
지칭 추론 문제를 풀면서 우리가 생각했던 것처럼, Mia가 Sophia에게
괜찮은지 묻는 내용으로 끝난 (A)에는 Sophia가 "나는 아주 좋아!"라고
대답하는 문장으로 시작한 (C)가 이어지는 것이 적절해요.
(C)의 마지막 문장에서는 Mia가 래프팅이 Colorado에서 할 수 있는
최고의 활동이라고 했는데, (D)에서 Rebecca가 Mia의 말에 동의하며
엄지손가락을 들어 올렸죠. (D)의 후반부에서는 Sophia가 래프팅을
제안한 이유가 등장하는데, 대학을 졸업하기 전에 모험적인 것을
해보는 것이 취업 면접에서 더 많은 **4**(   )을 줄 거라고
생각했다는 게 그 이유예요.
Sophia의 이 말에 Mia가 동의하고, Rebecca가 자신의 비슷한
경험을 이야기하는 (B)가 (D) 뒤에, 맨 마지막 문단으로 이어지는 것이
자연스럽죠.

빈칸 정답 **1** 움직임 **2** ⑤ **3** Sophia **4** 자신감

수능 유형별 기출 문제

[Q04 ~ Q06] 다음 글을 읽고, 물음에 답하시오.

(A)

"Mia, let's go walk our dog!" Julia called out, but there was no answer. She checked her daughter's room and found that Mia was absorbed in her smartphone, wearing her earbuds. Julia was concerned about her daughter. She turned to her husband, Sam. "Mia seems to live inside her phone, not with us." Sam nodded, "I know. I feel like (a) she is growing distant from us. Why don't we set up a family reading club?" Julia brightened at the suggestion, and Sam promised to talk with Mia about it.

(B)

Mia's family held their first book club meeting on Saturday afternoon. Everyone enjoyed the book Mia had chosen. Julia was the first to speak: "Dr. Duvall nearly invented a drug for eternal life, yet disappeared one day and ended up running Café Paris. That's such a mystery." Mia responded, her eyes sparkling, "Mom, I understand him. He always dreamed of being a barista, and his dream came true." Sam supported (b) his daughter, and their conversation grew lively. During the discussion, Mia felt reconnected with her parents and already looked forward to their next book club meeting.

(C)

At the library, Mia scanned the shelves for nearly an hour, feeling lost among the endless titles. Then, a librarian approached and asked, "Looking for something in particular?" "I need a book for my family's reading club," Mia admitted. "What genre do you enjoy?" she asked kindly. "Hmm, I like mysteries," Mia replied. The librarian handed her a book titled *Café Paris* and said with a smile, "You'll love this one." Mia thanked (c) her and checked it out.

(D)

When Sam suggested starting a family reading club, Mia immediately shook her head and said, "No, Dad. I don't have time to read books. You know how busy (d) I am with exams all semester." He didn't give up. "But wouldn't it be fun if we all read the same story and shared our thoughts? You could simply read for 20 minutes, maybe during your lunch break." After some persuasion, Mia reluctantly agreed. Deep down, (e) she knew she was spending too much time on her phone. So she asked, "Dad, can I choose the first book?" Sam gladly said, "Yes."

Q04 ✿❋❋ .... 2026 대비 수능 43 (고3)

주어진 글 (A)에 이어질 내용을 순서에 맞게 배열한 것으로 가장 적절한 것은?

① (B) — (D) — (C)　　② (C) — (B) — (D)
③ (C) — (D) — (B)　　④ (D) — (B) — (C)
⑤ (D) — (C) — (B)

Q05 ✿❋❋ .... 2026 대비 수능 44 (고3)

밑줄 친 (a)~(e) 중에서 가리키는 대상이 나머지 넷과 다른 것은?

① (a)　　② (b)　　③ (c)　　④ (d)　　⑤ (e)

Q06 ✿❋❋ .... 2026 대비 수능 45 (고3)

윗글에 관한 내용으로 적절하지 않은 것은?

① Julia는 스마트폰에 빠져 있는 Mia를 걱정했다.
② 가족들은 Mia가 선정한 책을 좋아했다.
③ Mia는 책장을 살펴보며 거의 한 시간을 보냈다.
④ Mia는 미스터리 장르를 좋아한다고 말했다.
⑤ Mia는 Sam의 독서 모임 제안을 처음부터 환영했다.

[Q07 ~ Q09] 다음 글을 읽고, 물음에 답하시오.

(A)

Mike had always dreamed about going to a baseball game. He watched his favorite team, the Arrows, on TV all the time, but he had never seen a game in person. One afternoon, Mike's dad came home earlier than usual. "Hey, Mike," he said, "I just got two tickets for tonight's Arrows game. Do (a) you want to go?" Mike was so excited that he ran to grab his Arrows hat. In the car, his dad handed him a new baseball glove and added, "Just in case a fly ball comes our way."

(B)

Several hours later, Mike's favorite team hit a home run and won the game. Fireworks filled the sky, and the team song played throughout the stadium. When they got home, Mike told his mom all about his favorite plays and showed her the ball he caught. (b) He knew this was a day he would never forget. It wasn't just the game — it was the cheering, the excitement, and best of all, spending time with his dad. He couldn't wait for the next time they would get to go to a game.

(C)

The stadium was full of people wearing Arrows shirts. Mike couldn't believe how big the stadium looked in person. As the players ran onto the field, Mike and his dad cheered for their team's players. His dad pointed at the player running out to third base, saying "Look, it's Chavez, (c) your favorite player!" Mike saw him warming up on the field and waved hoping to get (d) his attention. After the players warmed up, Mike and his dad went to get some snacks. As soon as they sat back down, the pitcher threw the first pitch.

(D)

Before long, it was Chavez's turn to hit. He hit a high fly ball into the stands. The whole crowd stood up, but Mike reached up with his glove and grabbed the ball. Everyone clapped and smiled at Mike. (e) He tightly held the ball and felt a little surprised, but very proud. Both teams kept scoring and the game stayed close. Mike and his dad cheered for every hit and held their breath during every big play. They high-fived each other every time the Arrows scored.

Q07 ❋❋❋ .... 2026 대비 9월 모평 43 (고3)

주어진 글 (A)에 이어질 내용을 순서에 맞게 배열한 것으로 가장 적절한 것은?

① (B) — (D) — (C)   ② (C) — (B) — (D)
③ (C) — (D) — (B)   ④ (D) — (B) — (C)
⑤ (D) — (C) — (B)

Q08 ❋❋❋ .... 2026 대비 9월 모평 44 (고3)

밑줄 친 (a)~(e) 중에서 가리키는 대상이 나머지 넷과 다른 것은?

① (a)   ② (b)   ③ (c)   ④ (d)   ⑤ (e)

Q09 ❋❋❋ .... 2026 대비 9월 모평 45 (고3)

윗글에 관한 내용으로 적절하지 않은 것은?

① Mike의 아빠는 평소보다 일찍 집에 왔다.
② Mike가 가장 좋아하는 팀은 홈런을 치지 못했다.
③ 경기장이 Arrows 셔츠를 입은 사람들로 가득했다.
④ Chavez가 친 공은 관중석으로 날아갔다.
⑤ Arrows가 득점할 때마다 Mike와 아빠는 하이파이브를 했다.

(A)

"Hi! I'm over here!" shouted Laura, waving brightly at Cathy at the entrance of Darlingdale Farmer's Market. Seeing her friend, Cathy rushed over in delight. Cathy had recently moved into Laura's town, and this was going to be (a) <u>her</u> first experience at a real farmer's market. Born and raised in a big city, where large supermarkets were more common, Cathy had never had a chance to buy freshly-picked fruits or vegetables.

(B)

Carrying the bags of peaches, Cathy came back and noticed Laura holding a box of blueberries and jars of jam. "Cathy, those peaches look delicious! I bought some blueberries. Would you like to go to my place and make blueberry pancakes together?" Laura asked. "Yes, that's an excellent idea!" replied Cathy happily. As they walked out of the market, Cathy thanked her friend for the special experience, saying "(b) <u>I</u> really love this place! Thank you for the wonderful day."

(C)

Entering the market, Laura said, "Let me show you around. Are you ready?" Cathy answered excitedly, "Absolutely! I'm going to buy some fresh peaches!" The market was already crowded with people of all ages. "Cathy, you can taste the best of the season here," said Laura. Cathy smiled and began to look around. Meanwhile, Laura found some strawberry jam for sale. She walked over to buy some. Curious to explore more, Cathy said, "While (c) <u>you</u>'re buying jam, I'll look around the market and get some peaches."

(D)

Wandering away from Laura, Cathy began to search for peaches. Cathy walked past booths of fresh flowers and hand-made soaps, which smelled heavenly. From a fruit stand, (d) <u>she</u> picked out some beautiful, ripe peaches. The fruit seller told her, "Those peaches are a great choice because they're only here until this week. If you miss them now, (e) <u>you</u>'ll have to wait another year for the season." Hearing that, Cathy said, "Oh, I'll get some more then! They're really cheap!" She bought two bags of peaches.

Q10 ✳❀❀ .... 2026 대비 6월 모평 43 (고3)

주어진 글 (A)에 이어질 내용을 순서에 맞게 배열한 것으로 가장 적절한 것은?

① (B) ─ (D) ─ (C)　　　② (C) ─ (B) ─ (D)
③ (C) ─ (D) ─ (B)　　　④ (D) ─ (B) ─ (C)
⑤ (D) ─ (C) ─ (B)

Q11 ✳❀❀ .... 2026 대비 6월 모평 44 (고3)

밑줄 친 (a)~(e) 중에서 가리키는 대상이 나머지 넷과 다른 것은?

① (a)　　② (b)　　③ (c)　　④ (d)　　⑤ (e)

Q12 ✳❀❀ .... 2026 대비 6월 모평 45 (고3)

윗글에 관한 내용으로 적절하지 <u>않은</u> 것은?

① Cathy는 대도시에서 태어나고 성장했다.
② Laura와 Cathy는 블루베리 팬케이크를 만들기로 했다.
③ 시장은 다양한 나이의 사람들로 붐볐다.
④ Laura는 판매 중인 딸기 잼을 발견했다.
⑤ Cathy는 복숭아 가격이 비싸다고 생각했다.

[Q13~Q15] 다음 글을 읽고, 물음에 답하시오.

(A)

On a bright fall day, a young boy named Jay visited the pumpkin festival with his grandfather. There, he became fascinated by the giant, prize-winning pumpkins on display. Jay made up his mind to grow an enormous pumpkin himself. With stars sparkling in his eyes, (a) he eagerly shared his dream with his grandfather that he wanted to grow the next show-winning pumpkin.

(B)

When Jay found out what the squirrel had done, he searched through the soil but found nothing. His dream was crushed! Still, his grandfather encouraged him to plant some pie pumpkin seeds he had on hand. Jay agreed and planted them. After some time, small pumpkins filled the garden. The family baked delicious pies using the pumpkins Jay had harvested. Despite the setback, Jay found joy in the harvest and the time spent with his family. Jay promised himself that next year, (b) he would try again to grow the biggest pumpkin of all.

*squirrel: 다람쥐

(C)

Though his grandfather reminded him that a little luck was also needed, Jay remained confident. He carefully kept the seeds he had bought and spent the winter thinking about how he would grow his pumpkins. When spring finally arrived, (c) he received help from his grandfather. He used his tractor to prepare the garden with Jay. Jay eagerly planted the seeds and waited with anticipation for them to grow. But then, disaster struck. A squirrel dug up and ate every single seed.

(D)

Seeing Jay's excitement, (d) he promised to help him grow a giant pumpkin. When they visited a pumpkin farm to buy seeds, he explained the basics to Jay: choose a large variety and plant seeds from the biggest pumpkins. He also advised planting them in late May, when the soil is warm, by forming small hills about eight inches high and placing six to eight seeds in each. Following his grandfather's advice, (e) he picked out a few promising pumpkin seeds.

Q13 ✽✽✽ ·····································2025 실시 10월 학평 43 (고3)

주어진 글 (A)에 이어질 내용을 순서에 맞게 배열한 것으로 가장 적절한 것은?

① (B) ― (D) ― (C) ② (C) ― (B) ― (D)
③ (C) ― (D) ― (B) ④ (D) ― (B) ― (C)
⑤ (D) ― (C) ― (B)

Q14 ✽✽✽ ·····································2025 실시 10월 학평 44 (고3)

밑줄 친 (a)~(e) 중에서 가리키는 대상이 나머지 넷과 <u>다른</u> 것은?

① (a) ② (b) ③ (c) ④ (d) ⑤ (e)

Q15 ✽✽✽ ·····································2025 실시 10월 학평 45 (고3)

윗글에 관한 내용으로 적절하지 <u>않은</u> 것은?

① Jay는 거대한 호박을 직접 기르기로 결심했다.
② 가족은 Jay가 수확한 호박으로 파이를 구웠다.
③ Jay는 호박을 어떻게 기를지 생각하며 겨울을 보냈다.
④ 다람쥐가 모든 씨앗을 파내어 먹었다.
⑤ 할아버지는 5월 초에 씨앗을 심으라고 조언했다.

(A)

It was in the bleak midwinter, and a pair of wanderers struggled through the cold night, seeking shelter. The father-to-be searched desperately for a safe place for his companion, who walked heavily, carrying new life inside her. They could not stay out in the bitter cold when her time came. Their names were Pepper and Cooper, a pair of beagles, wandering a rural highway near Bethel, Ohio. Gus Kiebel, a county wildlife officer, was driving home through the snowstorm when (a) his headlights revealed the dogs.

*bleak: 황량한

(B)

"I'm not signing the dogs over to you if you're going to separate them," Gus said. The shelter worker promised him she'd keep the pair together. Over the next few days, Gus called the shelter to ensure that Pepper and Cooper were safe. Just after Christmas, the beagles were adopted as a pair by a loving family. Gus practiced kindness by giving shelter to a wandering couple, demonstrating the best of (b) himself. When kindness and love triumph over cruelty and the elements, it can feel like the greatest miracle of all.

*the elements: 자연력

(C)

Gus couldn't bring himself to leave the dogs out in the storm. That night, he prepared a warm bed with food and water close by. As a boy, (c) he had dreamed of owning a beagle, but keeping this pair was not an option — Gus already had a dog. However, Gus knew someone at the League for Animal Welfare, an animal shelter in nearby Batavia. The next morning, he took the dogs to the shelter to drop them off — on one condition.

(D)

Their collars and tags suggested they belonged to someone, but why were they outside in such harsh weather? Gus stopped his truck and approached the two dogs, who didn't try to flee. (d) He read their tags — Pepper and Cooper — but when he called the phone number, the man who answered said, "I gave them to another family. They're not mine anymore." When Gus asked where they were sent, the man paused and said, "I don't know." Then, (e) he hung up abruptly, leaving Gus feeling surprised and uneasy. The beagles had nowhere to go.

Q16 ❋❋❋ .... 2025 실시 7월 학평 43 (고3)

주어진 글 (A)에 이어질 내용을 순서에 맞게 배열한 것으로 가장 적절한 것은?

① (B) — (D) — (C)　　② (C) — (B) — (D)
③ (C) — (D) — (B)　　④ (D) — (B) — (C)
⑤ (D) — (C) — (B)

Q17 ❋❋❋ .... 2025 실시 7월 학평 44 (고3)

밑줄 친 (a)~(e) 중에서 가리키는 대상이 나머지 넷과 다른 것은?

① (a)　　② (b)　　③ (c)　　④ (d)　　⑤ (e)

Q18 ❋❋❋ .... 2025 실시 7월 학평 45 (고3)

윗글에 관한 내용으로 적절하지 <u>않은</u> 것은?

① Pepper와 Cooper는 Bethel 근처의 시골 고속 도로를 떠돌아다녔다.
② 보호시설 직원은 비글 한 쌍을 함께 두겠다고 약속했다.
③ 비글 한 쌍은 크리스마스가 되기 전에 입양되었다.
④ Gus는 비글 한 쌍에게 따뜻한 잠자리를 준비해 주었다.
⑤ Gus는 트럭을 세우고 비글 두 마리에게 다가갔다.

[Q19~Q21] 다음 글을 읽고, 물음에 답하시오.

(A)

A gardener saw his young son sitting quietly, his eyes filled with tears. Concerned, he gently asked, "What's troubling you, son?" The boy looked up and said, with (a) his voice trembling, "My classmates mock me every time I lose a race. They laugh and say that I am slow and weak." The father paused, then spoke softly, "Come with me, son. Let's spend some time in the garden together."

(B)

The father smiled and replied, "Remember, son. Sometimes, the 'dirt', or difficult things we face, actually makes us stronger, just like the plant that grew with dirty water. People may try to bring you down, but there is nothing wrong with you. Let their words make you stronger and wiser." The boy listened, realizing that (b) he should try to turn the harsh words of others into strength and wisdom, just as his father had taught him.

(C)

In the days that followed, the father and son tended to their plants with care. The son observed how his plant seemed to thrive just as much as his father's, if not more. Weeks later, the father asked, "Why don't (c) you come and see the two flowers?" The boy found that his flower was even healthier than his father's and exclaimed, "How is that possible?"

(D)

The father led his son to a small section of their garden, where he took out a handful of flower seeds. Smiling, he said, "Let's try an experiment. I'll plant one seed, and (d) you'll plant another. I'll water mine with clean water from the lake, and you'll use dirty water from the pond for yours. Let's see how they grow." He carefully pressed one seed into the soil, making sure it was just deep enough to sprout. Watching his father, the boy copied (e) his movements, determined to do it perfectly.

*sprout: 싹이 트다

Q19 ✿❀✿ .... 2025 실시 5월 학평 43 (고3)

주어진 글 (A)에 이어질 내용을 순서에 맞게 배열한 것으로 가장 적절한 것은?

① (B) ─ (D) ─ (C)　　② (C) ─ (B) ─ (D)
③ (C) ─ (D) ─ (B)　　④ (D) ─ (B) ─ (C)
⑤ (D) ─ (C) ─ (B)

Q20 ✿❀✿ .... 2025 실시 5월 학평 44 (고3)

밑줄 친 (a)~(e) 중에서 가리키는 대상이 나머지 넷과 다른 것은?

① (a)　　② (b)　　③ (c)　　④ (d)　　⑤ (e)

Q21 ✿❀✿ .... 2025 실시 5월 학평 45 (고3)

윗글에 관한 내용으로 적절하지 않은 것은?

① 아들은 학급 친구들이 자신을 놀린다고 말했다.
② 아버지는 아들에게 문제가 있는 것이 아니라고 답했다.
③ 아들은 아버지의 꽃이 자신의 꽃보다 훨씬 더 튼튼하다는 것을 발견했다.
④ 아버지는 아들에게 연못의 더러운 물을 사용하라고 말했다.
⑤ 아버지는 씨앗 하나를 흙 속에 조심스럽게 밀어 넣었다.

(A)

In a small town known for its flourishing academic community, two brothers, James and Daniel Carter, stood out for their exceptional effort and talent. James and (a) <u>his</u> younger brother, Daniel, both applied for the Spark Fellowship. The Spark Fellowship was a highly respected program that selects and supports outstanding students every two years. Unsurprisingly, both brothers advanced to the final round.

(B)

Without Daniel knowing, James went to the selection committee. (b) <u>He</u> told the committee, "Daniel has always been the more dedicated and talented one. He will excel in this program like no one else." Meanwhile, Daniel had the same idea as his older brother. He believed that his brother was the more ideal and deserving candidate. (c) <u>He</u> also decided to visit and speak to the committee.

(C)

However, the program had a strict rule: only one family member could be selected in the same year. This posed a challenge to the selection committee, who thought it almost impossible to choose between the two equally impressive candidates. The committee gathered together, struggling all day long to decide. When James found out about this rule, (d) <u>he</u> tried to seek a way to demonstrate Daniel's exceptional talent to the selection committee.

(D)

Not long after James had left, Daniel showed up at the selection committee and advocated for his brother, saying "James' leadership and vision make (e) <u>him</u> the perfect choice. He deserves this chance more than I do." Moved by their selflessness, the committee made an exception by selecting both brothers in the same year, for the first time in its history. Their story inspired others, showing that true success lies not only in individual achievements but also in supporting and encouraging others.

Q22 ✱✱✲ .... 2025 실시 3월 학평 43 (고3)

주어진 글 (A)에 이어질 내용을 순서에 맞게 배열한 것으로 가장 적절한 것은?

① (B)―(D)―(C)   ② (C)―(B)―(D)
③ (C)―(D)―(B)   ④ (D)―(B)―(C)
⑤ (D)―(C)―(B)

Q23 ✱✱✲ .... 2025 실시 3월 학평 44 (고3)

밑줄 친 (a)~(e) 중에서 가리키는 대상이 나머지 넷과 다른 것은?

① (a)   ② (b)   ③ (c)   ④ (d)   ⑤ (e)

Q24 ✱✱✲ .... 2025 실시 3월 학평 45 (고3)

윗글에 관한 내용으로 적절하지 <u>않은</u> 것은?

① Spark Fellowship은 격년으로 학생들을 선발하는 프로그램이었다.
② Daniel도 그의 형과 같은 아이디어를 가지고 있었다.
③ 위원회는 함께 모여 하루 종일 고심했다.
④ Daniel이 James보다 먼저 선정 위원회에 나타났다.
⑤ 예외적으로 두 형제가 같은 해에 선발되었다.

[**Q25~Q27**] 다음 글을 읽고, 물음에 답하시오.

(A)

"Do you remember when Sean used to tell me that I was the best dad in the world?" Ethan asked his wife, Grace. "Yes, I do. I always envied your relationship with Sean," she replied. Ethan then shared how things had changed since (a) <u>his</u> son started middle school. Grace had noticed Ethan often pushing Sean to study harder. "Maybe he isn't that into school right now. How about going hiking, just the two of you?" she suggested. He agreed, and realizing that both his and Sean's hiking jackets were still at the laundry, he asked his wife to go and pick them up with him.

(B)

Ethan and Grace came back home with the jackets and checked if Sean had everything else he needed for hiking. Luckily, in his drawers they found his hat, shoes, sunglasses, and hiking sticks. When Sean returned from school, Ethan softly said, "Sean, let's go hiking this Saturday, just the two of us." Though Sean thanked (b) <u>him</u> for the suggestion, he said he had to go to the library. Grace stepped in, "You know, the weather this weekend will be the best of the year. Why not enjoy it?" After a moment's hesitation, (c) <u>he</u> agreed.

(C)

"When did you bring the jackets in?" the clerk at the laundry asked. "Maybe two weeks ago," Ethan replied. Then, Grace quickly reminded (d) <u>him</u>, "Honey, we actually left them here a month ago." The clerk went into the storage area to look for the clothes. Finally, he returned with the jackets and handed them to Ethan. The clerk politely said, "I am sorry, but please collect your items earlier next time. Our storage is too full." Ethan felt embarrassed for the late collection and apologized.

(D)

The weather was perfect. Ethan and Sean set off hiking along the valley by Aicken Mountain. They walked in silence until Sean fell over a rock and twisted his ankle. Realizing he couldn't walk, Ethan carried his son down on his back. He felt Sean's heartbeat, something he hadn't felt since Sean was a baby. Suddenly, Sean said, "Dad, I'm sorry. At some point, I started to become afraid of disappointing (e) <u>you</u>. But you are still the best dad." Energized, he felt no weight on his back and replied, "You are the best son, no matter what."

Q25 ✽✾✾ .... 2025 대비 수능 43 (고3)

주어진 글 (A)에 이어질 내용을 순서에 맞게 배열한 것으로 가장 적절한 것은?

① (B) — (D) — (C)　　　② (C) — (B) — (D)
③ (C) — (D) — (B)　　　④ (D) — (B) — (C)
⑤ (D) — (C) — (B)

Q26 ✽✾✾ .... 2025 대비 수능 44 (고3)

밑줄 친 (a)~(e) 중에서 가리키는 대상이 나머지 넷과 <u>다른</u> 것은?

① (a)　　② (b)　　③ (c)　　④ (d)　　⑤ (e)

Q27 ✽✾✾ .... 2025 대비 수능 45 (고3)

윗글에 관한 내용으로 적절하지 <u>않은</u> 것은?

① Grace는 Ethan과 Sean의 관계를 부러워했다고 말했다.
② Grace는 Ethan에게 Sean과 둘이서 하이킹할 것을 권했다.
③ Sean의 선글라스가 서랍장 안에 있었다.
④ Ethan은 혼자서 세탁소에 하이킹 재킷을 찾으러 갔다.
⑤ Sean은 하이킹하는 도중 돌에 걸려 넘어졌다.

(A)

Helen was thrilled when she received a notification on a second-hand shopping app from a seller named Anna. For months, she had been looking for a *Philodendron gloriosum*, a Colombian plant with dark, velvety leaves shaped like hearts. She had almost given up on getting one. Anna, though, had put one up for sale. The posting read, "(a) I'm selling my favorite plant, because I'm moving abroad. If you pick it up today from Edincester Heights, you can have it for the current price, which is half the market rate."

(B)

Arriving at the building, Helen could identify Julia by the large paper bag she was holding. The bag had leaves sticking out of the top. (b) She said, "You must be Julia!" Laughing, the woman said, "Yes! Please take good care of this plant. Anna had it for six years, so she considers it family." From the bag, she pulled out another plant, a tiny one with thick, glossy leaves. "Are you familiar with this? It's called a Dragon's Tail. (c) My housemate said you could take it too, if you'd like."

(C)

Helen immediately messaged the seller. "Hello! I'm interested in purchasing (d) your plant. If it works for your schedule, I can be there in 10 minutes!" Anna replied, "Hi, there! I am at work right now, but my housemate, Julia, can meet you in front of the building." Unable to believe her good luck, Helen typed back in excitement, "Great! I can leave now. I'll wear a black baseball cap."

(D)

Helen exclaimed, "Yes, I'd love to! Please thank Anna for me. Both are in such wonderful condition. Do you have any tips for keeping them in good shape?" Handing over the bag, Julia replied, "I'm not a plant expert, but I know that Anna kept them away from windows to avoid direct sunlight. Why don't you message (e) her? She would be happy to offer advice." "I'll be sure to do that," Helen said, as she handed over the cash.

Q28 ✽❀❀ ·· 2025 대비 9월 모평 43 (고3)

주어진 글 (A)에 이어질 내용을 순서에 맞게 배열한 것으로 가장 적절한 것은?

① (B) ─ (D) ─ (C) ② (C) ─ (B) ─ (D)
③ (C) ─ (D) ─ (B) ④ (D) ─ (B) ─ (C)
⑤ (D) ─ (C) ─ (B)

Q29 ✽❀❀ ·· 2025 대비 9월 모평 44 (고3)

밑줄 친 (a)~(e) 중에서 가리키는 대상이 나머지 넷과 <u>다른</u> 것은?

① (a) ② (b) ③ (c) ④ (d) ⑤ (e)

Q30 ✽❀❀ ·· 2025 대비 9월 모평 45 (고3)

윗글에 관한 내용으로 적절하지 <u>않은</u> 것은?

① Helen은 중고 거래 앱에서 알림을 받았다.
② Julia는 큰 종이 가방을 들고 있었다.
③ Helen은 판매자와 메시지를 주고받았다.
④ Helen은 야구 모자를 쓰겠다고 답했다.
⑤ Julia는 자신이 식물 전문가라고 말했다.

[**Q31 ~ Q33**] 다음 글을 읽고, 물음에 답하시오.

(A)

Garcia stood outside Frontcountry Mall, waiting for his brother, Jeff. Garcia's band had been chosen to perform at the welcoming ceremony for a large group of students from their sister university in Singapore. Garcia was hoping to find the perfect clothing for the performance. That was why (a) <u>he</u> had asked Jeff to help him pick out new clothes. "I'm sorry. I'm late because traffic was terrible," Jeff apologized as he arrived. "Don't worry. I haven't waited long," Garcia replied as they entered the lively shopping center.

(B)

The band performance was the first event of the ceremony. The host introduced the band, and each member took their place on stage. Garcia stood at the center of the stage. As he started playing, everyone fell silent, fascinated by the music. Garcia's trumpet playing was flawless. When the band was finished, the audience loudly cheered. After the show, Jeff approached Garcia. "It was fantastic. I think that was the best performance I've ever seen," (b) <u>he</u> said. Garcia beamed with joy at his brother's praise.

(C)

Garcia felt good as he arrived at the concert hall for the rehearsal wearing his new clothes. His confidence was, however, quickly changed to nervousness when he thought of how many people would be there. As the rehearsal began, (c) <u>he</u> struggled with the rhythm, making several mistakes. Tom, Garcia's band mate, came over and put a hand on Garcia's back, saying, "Don't worry, I'll be right behind (d) <u>you</u>." He looked at his friend, took a deep breath and started to feel much better.

(D)

"Aren't these cool?" Garcia asked, pointing at a patterned red shirt and yellow pants he had found in the store. "Um, I think they're a bit too colorful," Jeff objected. Instead, Jeff picked out a white shirt and black jeans. He asked the store clerk, "Don't

you think these would look great on (e) <u>my</u> brother?" The clerk stopped her work and looked at the clothes, quickly agreeing with Jeff's choice. Garcia bought the recommended clothes, saying, "Maybe I'll wear these for tonight's rehearsal, too."

Q31 ✳✳✿ 2025 대비 6월 모평 43 (고3)

주어진 글 (A)에 이어질 내용을 순서에 맞게 배열한 것으로 가장 적절한 것은?

① (B)—(D)—(C)　　② (C)—(B)—(D)
③ (C)—(D)—(B)　　④ (D)—(B)—(C)
⑤ (D)—(C)—(B)

Q32 ✳✳✳ 2025 대비 6월 모평 44 (고3)

밑줄 친 (a)~(e) 중에서 가리키는 대상이 나머지 넷과 <u>다른</u> 것은?

① (a)　　② (b)　　③ (c)　　④ (d)　　⑤ (e)

Q33 ✳✳✳ 2025 대비 6월 모평 45 (고3)

윗글에 관한 내용으로 적절하지 <u>않은</u> 것은?

① Jeff는 교통 체증 때문에 늦었다.
② Garcia는 환영식 공연 무대의 중앙에 섰다.
③ 밴드가 환영식 공연에서 연주를 마치자 관객은 환호했다.
④ Garcia는 리허설을 앞두고 긴장감을 느꼈다.
⑤ Garcia는 본인이 가리킨 색상의 옷을 구매했다.

(A)

One frosty morning, a rabbit was jumping about on a hill. There stood a snowman which had been made by some children. He had a broom in his hand and a carrot nose. The rabbit saw the carrot and swallowed hard. "I will have a delicious breakfast," (a) he thought and jumped up, reaching out for the snowman's nose. But before the rabbit even touched him, something hit him hard.

*broom: 빗자루

(B)

Excited by the offer, the rabbit told the snowman to wait and disappeared. (b) He returned shortly, dragging a sled and said to the snowman, "Let's go!" The sled ran smoothly over the snow. The snowman with joy waved his broom. After a while, they arrived in the middle of the village. "Here we are," said the rabbit. "Thank you. Here's the carrot," said the snowman, giving (c) him his carrot.

*sled: 썰매

(C)

The rabbit hesitated for a moment. "Come on, take it. I have a feeling that I'll get a new one," urged the snowman. (d) He finally accepted the carrot and leapt back into the woods. Not long after, the children gathered maround the snowman. Noticing that he had no nose, they gave him a fresh carrot. From that time on, the snowman stood in the middle of the village, with a broom in his hand and a marvelous new carrot nose.

(D)

"Go Away!" the snowman threatened him with his great broom. "Sorry, Mr. Snowman, I just..." murmured the rabbit. "You wanted to eat my nose!," (e) he shouted. "I was so hungry and it looked so tasty," apologized the rabbit. The snowman thought for a moment. "Hmm... Here, I am bored by myself. I would like to go to the village where the children are. If you take me there, I'll give you my carrot," said the snowman.

*murmur: 웅얼거리다

Q34 ✿❄❄ 2024 실시 10월 학평 43 (고3)

주어진 글 (A)에 이어질 내용을 순서에 맞게 배열한 것으로 가장 적절한 것은?

① (B) — (D) — (C)
② (C) — (B) — (D)
③ (C) — (D) — (B)
④ (D) — (B) — (C)
⑤ (D) — (C) — (B)

Q35 ✿❄❄ 2024 실시 10월 학평 44 (고3)

밑줄 친 (a)~(e) 중에서 가리키는 대상이 나머지 넷과 다른 것은?

① (a)　② (b)　③ (c)　④ (d)　⑤ (e)

Q36 ✿❄❄ 2024 실시 10월 학평 45 (고3)

윗글에 관한 내용으로 적절하지 않은 것은?

① 토끼는 당근을 보고 침을 삼켰다.
② 토끼는 눈사람에게 기다리라고 말하고 사라졌다.
③ 눈사람은 기쁨에 빗자루를 흔들었다.
④ 아이들은 눈사람에게 싱싱한 당근을 주었다.
⑤ 토끼가 빗자루로 눈사람을 위협했다.

[Q37 ~ Q39] 다음 글을 읽고, 물음에 답하시오.

(A)

On the northwestern coastline of Lake Superior is the city of Duluth, the westernmost port for transatlantic cargo ships. A lot of cargo comes into Duluth: coal, iron ore, grain, clothing and, in November 1962, a mongoose from India. The merchant seamen had enjoyed his company on the long journey and had sat drinking tea with him, but they decided he deserved a life on dry land so they presented (a) him as a gift to the city's Lake Superior Zoo. Lloyd Hackl, the director of the zoo, was delighted and named (b) his new mongoose Mr. Magoo. His fate took an unexpected turn when, labeled an invasive species, federal agents sentenced him to death.

(B)

Living out his days in the zoo, Mr. Magoo became a beloved figure. His daily routine included enjoying an egg, sipping tea, and charming zoo workers with his friendly nature. Popular among visitors, especially children, he received numerous letters and Christmas cards. When Mr. Magoo died peacefully in January 1968, his obituary in the *Duluth Herald* read: "OUR MR. MAGOO OF ZOO IS DEAD." The new zoo director, Basil Norton, vowed not to replace (c) him: "Another mongoose could never take his place in the hearts and affections of Duluth people," he said.

(C)

The citizens of Duluth were not taking the death sentence lying down. It was pointed out that, as the only mongoose in the country, Mr. Magoo was never going to be able to reproduce, so the country was unlikely to be overrun by the species. They demanded he be allowed to live out his days in peace. Petitions were signed and sent to powerful figures like the U.S. Secretary of the Interior Stewart Udall, U.S. Senator Hubert Humphrey, and Duluth Mayor George Johnson. A campaign, brilliantly nicknamed *No Noose for the Mongoose*, was backed by more than 10,000 citizens. There were even suggestions that the zoo director should take (d) him into hiding.

*noose: 올가미

(D)

Thanks to the efforts of the citizens of Duluth, Mr. Magoo was pardoned. A statement from Udall read, "Acting on the authority that permits importation of prohibited mammals — including mongooses — for zoological, education, medical and scientific purposes, I recommend that Mr. Magoo be granted non-political asylum in the United States." He added that it was dependent upon Mr. Magoo maintaining (e) his "bachelor existence." The *News Tribune* joyfully proclaimed, "MAGOO TO STAY. U.S. Asylum Granted." President Kennedy declared: "Let the story of the saving of Magoo stand as a classic example of government by the people."

*asylum: 망명

Q37 ✽✽✽ ⋯⋯⋯⋯⋯⋯⋯⋯⋯⋯⋯⋯ 2024 실시 7월 학평 43 (고3)

주어진 글 (A)에 이어질 내용을 순서에 맞게 배열한 것으로 가장 적절한 것은?

① (B) — (D) — (C)　　② (C) — (B) — (D)
③ (C) — (D) — (B)　　④ (D) — (B) — (C)
⑤ (D) — (C) — (B)

Q38 ✽✽✽ ⋯⋯⋯⋯⋯⋯⋯⋯⋯⋯⋯⋯ 2024 실시 7월 학평 44 (고3)

밑줄 친 (a)~(e) 중에서 가리키는 대상이 나머지 넷과 다른 것은?

① (a)　　② (b)　　③ (c)　　④ (d)　　⑤ (e)

Q39 ✽✽✽ ⋯⋯⋯⋯⋯⋯⋯⋯⋯⋯⋯⋯ 2024 실시 7월 학평 45 (고3)

윗글에 관한 내용으로 적절하지 <u>않은</u> 것은?

① 몽구스 한 마리가 배를 타고 Duluth로 왔다.
② Mr. Magoo는 사형을 선고받았다.
③ Mr. Magoo는 수많은 편지와 카드를 받았다.
④ 10,000명이 넘는 시민들이 *No Noose for the Mongoose* 캠페인을 지지했다.
⑤ Mr. Magoo의 미국 망명이 허가되지 않았다.

(A)

When Sally came back home from her photography class, she could hear Katie moving around, chopping things on a wooden cutting board. Wondering what her roommate was doing, (a) <u>she</u> ran to the kitchen. Sally watched Katie cooking something that looked delicious. But Katie didn't notice her because she was too focused on preparing for her cooking test the next day. She was trying to remember what her professor had said in class that day.

(B)

Katie, surprised by her roommate's words, turned her head to Sally and sighed, "I don't know. This is really hard." Stirring her sauce for pasta, Katie continued, "Professor Brown said that visual aspects make up a key part of a meal. My recipe seems good, but I can't think of any ways to alter the feeling of the final dish." Visibly frustrated, (b) <u>she</u> was just about to throw away all of her hard work and start again, when Sally suddenly stopped her.

(C)

"Wait! You don't have to start over. You just need to add some color to the plate." Being curious, Katie asked, "How can (c) <u>I</u> do that?" Sally took out a container of vegetables from the refrigerator and replied, "How about making colored pasta to go with (d) <u>your</u> sauce?" Smiling, she added, "It's not that hard, and all you need are brightly colored vegetables to make your pasta green, orange, or even purple." Katie smiled, knowing that now she could make her pasta with beautiful colors like a photographer.

(D)

In that class, Professor Brown said, "You have to present your food properly, considering every stage of the dining experience. Imagine you are a photographer." Recalling what the professor had mentioned, Katie said to herself, "We need to see our ingredients as colors that make up a picture." Sally could clearly see that Katie was having a hard time preparing for her cooking test. Trying

to make (e) <u>her</u> feel better, Sally kindly asked, "Is there anything I can do to help?"

Q40 ❋❋❋ 2022 대비 9월 모평 43 (고3)

주어진 글 (A)에 이어질 내용을 순서에 맞게 배열한 것으로 가장 적절한 것은?

① (B) ─ (D) ─ (C) ② (C) ─ (B) ─ (D)
③ (C) ─ (D) ─ (B) ④ (D) ─ (B) ─ (C)
⑤ (D) ─ (C) ─ (B)

Q41 ❋❋❋ 2022 대비 9월 모평 44 (고3)

밑줄 친 (a)~(e) 중에서 가리키는 대상이 나머지 넷과 다른 것은?

① (a)   ② (b)   ③ (c)   ④ (d)   ⑤ (e)

Q42 ❋❋❋ 2022 대비 9월 모평 45 (고3)

윗글에 관한 내용으로 적절하지 않은 것은?

① Sally는 사진 수업 후 집으로 돌아왔다.
② Brown 교수님은 음식에서 시각적인 면이 중요하다고 말했다.
③ Sally는 냉장고에서 채소가 든 그릇을 꺼냈다.
④ Sally는 색깔 있는 파스타를 만드는 것이 어렵다고 말했다.
⑤ Katie는 요리 시험 준비에 어려움을 겪고 있었다.

[Q43~Q45] 다음 글을 읽고, 물음에 답하시오.

(A)

Walking out of Charing Cross Station in London, Emilia and her traveling companion, Layla, already felt their hearts pounding. It was the second day of their European summer trip. They were about to visit one of the world's most famous art galleries. The two of them started hurrying with excitement. Suddenly, Emilia shouted, "Look! There it is! We're finally at the National Gallery!" Layla laughed and responded, "(a) <u>Your</u> dream's finally come true!"

(B)

"Don't lose hope yet! Which gallery is the special exhibition at?" Layla asked. Emilia responded, "Well, his *Sunflowers* is still in England, but it's at a gallery in Liverpool. That's a long way, isn't it?" After a quick search on her phone, Layla stated, "No! It's only two hours to Liverpool by train. The next train leaves in an hour. Why don't we take it?" After considering the idea, Emilia, now relieved, responded, "Yeah, but (b) <u>you</u> always wanted to see Rembrandt's paintings. Let's do that first, Layla! Then, after lunch, we can catch the next train." Layla smiled brightly.

(C)

However, after searching all the exhibition rooms, Emilia and Layla couldn't find van Gogh's masterpiece anywhere. "That's weird. Van Gogh's *Sunflowers* should be here. Where is it?" Emilia looked upset, but Layla kept calm and said, "Maybe (c) <u>you</u>'ve missed a notice about it. Check the National Gallery app." Emilia checked it quickly. Then, she sighed, "*Sunflowers* isn't here! It's been lent to a different gallery for a special exhibition. (d) <u>I</u> can't believe I didn't check!"

(D)

Upon entering the National Gallery, Emilia knew exactly where to go first. (e) <u>She</u> grabbed Layla's hand and dragged her hurriedly to find van Gogh's *Sunflowers*. It was Emilia's favorite painting and had inspired her to become a painter. Emilia loved his use of bright colors and light. She couldn't wait to finally see his masterpiece in person. "It'll be amazing to see how he communicated the feelings of isolation and loneliness in his work," she said eagerly.

Q43 ✽✽✽ .... 2023 대비 9월 모평 43 (고3)

주어진 글 (A)에 이어질 내용을 순서에 맞게 배열한 것으로 가장 적절한 것은?

① (B) ─ (D) ─ (C) ② (C) ─ (B) ─ (D)
③ (C) ─ (D) ─ (B) ④ (D) ─ (B) ─ (C)
⑤ (D) ─ (C) ─ (B)

Q44 ✽✽✽ .... 2023 대비 9월 모평 44 (고3)

밑줄 친 (a)~(e) 중에서 가리키는 대상이 나머지 넷과 <u>다른</u> 것은?

① (a)   ② (b)   ③ (c)   ④ (d)   ⑤ (e)

Q45 ✽✽✽ .... 2023 대비 9월 모평 45 (고3)

윗글에 관한 내용으로 적절하지 <u>않은</u> 것은?

① Emilia와 Layla는 유럽 여행 중이었다.
② Layla는 Emilia에게 Liverpool로 가자고 제안했다.
③ Emilia는 기차를 점심 식사 전에 타자고 말했다.
④ National Gallery에는 van Gogh의 *Sunflowers*가 없었다.
⑤ Emilia는 van Gogh의 *Sunflowers*를 좋아했다.

[**Q46** ~ **Q48**] 다음 글을 읽고, 물음에 답하시오.

(A)

In the gym, members of the taekwondo club were busy practicing. Some were trying to kick as high as they could, and some were striking the sparring pad. Anna, the head of the club, was teaching the new members basic moves. Close by, her friend Jane was assisting Anna. Jane noticed that Anna was glancing at the entrance door of the gym. She seemed to be expecting someone. At last, when Anna took a break, Jane came over to (a) <u>her</u> and asked, "Hey, are you waiting for Cora?"

(B)

Cora walked in like a wounded soldier with bandages on her face and arms. Surprised, Anna and Jane simply looked at her with their eyes wide open. Cora explained, "I'm sorry I've been absent. I got into a bicycle accident, and I was in the hospital for two days. Finally, the doctor gave me the okay to practice." Anna said excitedly, "No problem! We're thrilled to have you back!" Then, Jane gave Anna an apologetic look, and (b) <u>she</u> responded with a friendly pat on Jane's shoulder.

(C)

Anna answered the question by nodding uneasily. In fact, Jane knew what her friend was thinking. Cora was a new member, whom Anna had personally invited to join the club. Anna really liked (c) <u>her</u>. Although her budget was tight, Anna bought Cora a taekwondo uniform. When she received it, Cora thanked her and promised, "I'll come to practice and work hard every day." However, unexpectedly, she came to practice only once and then never showed up again.

(D)

Since Cora had missed several practices, Anna wondered what could have happened. Jane, on the other hand, was disappointed and said judgingly, "Still waiting for her, huh? I can't believe (d) <u>you</u> don't feel disappointed or angry. Why don't you forget about her?" Anna replied, "Well, I know most newcomers don't keep their commitment to the club, but I thought that Cora would be different. She said she would come every day and practice." Just as Jane was about to respond to (e) <u>her</u>, the door swung open. There she was!

Q46 ✱✱✱ .... 2022 대비 수능 43 (고3)

주어진 글 (A)에 이어질 내용을 순서에 맞게 배열한 것으로 가장 적절한 것은?

① (B) — (D) — (C)　　　② (C) — (B) — (D)
③ (C) — (D) — (B)　　　④ (D) — (B) — (C)
⑤ (D) — (C) — (B)

Q47 ✱✱✱ .... 2022 대비 수능 44 (고3)

밑줄 친 (a)~(e) 중에서 가리키는 대상이 나머지 넷과 다른 것은?

① (a)　　② (b)　　③ (c)　　④ (d)　　⑤ (e)

Q48 ✱✱✱ .... 2022 대비 수능 45 (고3)

윗글에 관한 내용으로 적절하지 <u>않은</u> 것은?

① Anna는 신입 회원에게 태권도를 가르쳤다.
② Anna와 Jane은 Cora를 보고 놀라지 않았다.
③ Anna는 Cora에게 태권도 도복을 사 주었다.
④ Cora는 여러 차례 연습에 참여하지 않았다.
⑤ Anna는 Cora를 대다수의 신입 회원과 다를 것이라 생각했다.

[Q49~Q51] 다음 글을 읽고, 물음에 답하시오.

(A)

It was the first day of the semester. Looking around his shared dorm room, Noah thought that it looked exactly like every other dorm room at the university, and he became disappointed. His roommate Steve noticed it and asked what was wrong. Noah answered quietly that he thought their room was totally boring. (a) He wished the space felt a bit more like *their* space. Steve agreed and suggested that they could start personalizing the room like Noah wanted, the next day.

(B)

As they walked through a furniture store, Steve found a pretty yellow table. Since he knew that yellow was Noah's favorite color, Steve asked (b) him what he thought about buying that table. Noah was happy about the yellow table and said it would make their room more unique. Delighted, Noah added, "Well, yesterday our room was just like any other place at this school. But after today, (c) I really feel like it'll be *our* place." Now, they both knew that the place would provide them with energy and refreshment.

(C)

Noah hardly slept that night making plans for the room. After Steve woke up, they started to rearrange the furniture. All of the chairs and the sofa in their room were facing the TV. Noah mentioned to Steve that most of their visitors usually just sat and watched TV instead of chatting. In response to (d) his idea, Steve suggested, "How about we put the sofa over there by the wall so it will be easier to have conversations?" Noah agreed, and they moved it by the wall.

(D)

After changing the place of the sofa, they could see that they now had a lot of space in the middle of their room. Then, Noah remembered that his brother Sammy had a big table in his living room for playing board games and told Steve about it. Steve and Noah both really enjoyed playing board games. So, Steve replied to Noah, "(e) I think putting a table in the middle of our room would be great for drinking tea as well as playing board games!" Both Noah and Steve agreed and decided to go shopping for a table.

Q49 ✻✻✻ ⋯⋯⋯⋯⋯⋯⋯⋯ 2023 대비 6월 모평 43 (고3)

주어진 글 (A)에 이어질 내용을 순서에 맞게 배열한 것으로 가장 적절한 것은?

① (B) — (D) — (C)　　② (C) — (B) — (D)
③ (C) — (D) — (B)　　④ (D) — (B) — (C)
⑤ (D) — (C) — (B)

Q50 ✻✻✻ ⋯⋯⋯⋯⋯⋯⋯⋯ 2023 대비 6월 모평 44 (고3)

밑줄 친 (a)~(e) 중에서 가리키는 대상이 나머지 넷과 다른 것은?

① (a)　　② (b)　　③ (c)　　④ (d)　　⑤ (e)

Q51 ✻✻✻ ⋯⋯⋯⋯⋯⋯⋯⋯ 2023 대비 6월 모평 45 (고3)

윗글에 관한 내용으로 적절하지 않은 것은?

① Noah는 학기 첫날 자신의 기숙사 방을 둘러보고 실망했다.
② Noah는 노란색 탁자가 자신들의 방을 더 독특하게 만들 것이라고 말했다.
③ Noah는 Steve가 잠든 사이에 가구를 다시 배치했다.
④ Noah는 Sammy의 거실에 커다란 탁자가 있던 것을 떠올렸다.
⑤ Noah와 Steve 둘 다 보드게임 하는 것을 즐겼다.

(A)

"Hailey, be careful!" Camila yelled uneasily, watching her sister carrying a huge cake to the table. "Don't worry, Camila," Hailey responded, smiling. Camila relaxed only when Hailey had safely placed the cake on the party table. "Dad will be here shortly. What gift did (a) you buy for his birthday?" Camila asked out of interest. "Dad will be surprised to find out what it is!" Hailey answered with a wink.

(B)

"Dad, these glasses can help correct your red-green color blindness," said Hailey. He slowly put them on, and stared at the birthday presents on the table. Seeing vivid red and green colors for the first time ever, he started to cry. "Incredible! Look at those wonderful colors!" He shouted in amazement. Hailey told him in tears, "Dad, I'm glad you can now finally enjoy the true beauty of rainbows and roses. Red represents love and green represents health. You deserve both." Camila nodded, seeing how happy (b) her gift of the glasses had made their dad.

(C)

"Happy birthday! You're fifty today, Dad. We love you!" Camila said before (c) her sister handed him a small parcel. When he opened it, he discovered a pair of glasses inside. "Hailey, Dad doesn't have eyesight problems," Camila said, puzzled. "Actually Camila, I recently found out he has long been suffering from color blindness. He's kept it a secret so as not to worry us," Hailey explained.

(D)

"I bet (d) you bought a wallet or a watch for him," Camila said. In reply, Hailey answered, "No. I bought something much more personal. By the way, there's something (e) you should know about Dad..." They were suddenly interrupted by the doorbell ringing. It was their dad and they were overjoyed to see him. "My lovely ladies, thank you for inviting me to your place for my birthday." He walked in joyfully, hugging his daughters. They all walked into the dining room, where he was greeted with a rainbow-colored birthday cake and fifty red roses.

Q52 ★★❋ ·································· 2023 대비 수능 43 (고3)

주어진 글 (A)에 이어질 내용을 순서에 맞게 배열한 것으로 가장 적절한 것은?

① (B) ─ (D) ─ (C) 　② (C) ─ (B) ─ (D)
③ (C) ─ (D) ─ (B) 　④ (D) ─ (B) ─ (C)
⑤ (D) ─ (C) ─ (B)

Q53 ★★❋ ·································· 2023 대비 수능 44 (고3)

밑줄 친 (a)~(e) 중에서 가리키는 대상이 나머지 넷과 다른 것은?

① (a)　② (b)　③ (c)　④ (d)　⑤ (e)

Q54 ★★★❋ ······························ 2023 대비 수능 45 (고3)

윗글에 관한 내용으로 적절하지 않은 것은?

① Hailey는 생일 케이크를 테이블로 무사히 옮겨 놓았다.
② 아버지는 생일 선물로 받은 안경을 직접 써 보았다.
③ Hailey는 아버지가 색맹이라는 사실을 최근에 알게 되었다.
④ Hailey와 Camila는 아버지의 집을 방문하였다.
⑤ 아버지는 자신의 나이와 똑같은 수의 장미를 받았다.

[Q55~Q57] 다음 글을 읽고, 물음에 답하시오.

(A)

Emma and Clara stood side by side on the beach road, with their eyes fixed on the boundless ocean. The breathtaking scene that surrounded them was beyond description. Just after sunrise, they finished their preparations for the bicycle ride along the beach road. Emma turned to Clara with a question, "Do you think this will be your favorite ride ever?" Clara's face lit up with a bright smile as she nodded. "Definitely! (a) I can't wait to ride while watching those beautiful waves!"

(B)

When they reached their destination, Emma and Clara stopped their bikes. Emma approached Clara, saying "Bicycle riding is unlike swimming, isn't it?" Clara answered with a smile, "Quite similar, actually. Just like swimming, riding makes me feel truly alive." She added, "It shows (b) me what it means to live while facing life's tough challenges." Emma nodded in agreement and suggested, "Your first beach bike ride was a great success. How about coming back next summer?" Clara replied with delight, "With (c) you, absolutely!"

(C)

Clara used to be a talented swimmer, but she had to give up her dream of becoming an Olympic medalist in swimming because of shoulder injuries. Yet she responded to the hardship in a constructive way. After years of hard training, she made an incredible recovery and found a new passion for bike riding. Emma saw how the painful past made her maturer and how it made (d) her stronger in the end. One hour later, Clara, riding ahead of Emma, turned back and shouted, "Look at the white cliff!"

(D)

Emma and Clara jumped on their bikes and started to pedal toward the white cliff where the beach road ended. Speeding up and enjoying the wide blue sea, Emma couldn't hide her excitement and exclaimed, "Clara, the view is amazing!"

Clara's silence, however, seemed to say that she was lost in her thoughts. Emma understood the meaning of her silence. Watching Clara riding beside her, Emma thought about Clara's past tragedy, which (e) she now seemed to have overcome.

Q55 ✽✽✽ 2024 대비 수능 43 (고3)

주어진 글 (A)에 이어질 내용을 순서에 맞게 배열한 것으로 가장 적절한 것은?

① (B) ─ (D) ─ (C) ② (C) ─ (B) ─ (D)
③ (C) ─ (D) ─ (B) ④ (D) ─ (B) ─ (C)
⑤ (D) ─ (C) ─ (B)

Q56 ✽✽✽ 2024 대비 수능 44 (고3)

밑줄 친 (a)~(e) 중에서 가리키는 대상이 나머지 넷과 다른 것은?

① (a)　② (b)　③ (c)　④ (d)　⑤ (e)

Q57 ✽✽✽ 2024 대비 수능 45 (고3)

윗글에 관한 내용으로 적절하지 않은 것은?

① Emma와 Clara는 자전거 탈 준비를 일출 직후에 마쳤다.
② Clara는 자전거 타기와 수영이 꽤 비슷하다고 말했다.
③ Clara는 올림픽 수영 경기에서 메달을 땄다.
④ Emma와 Clara는 자전거를 타고 하얀 절벽 쪽으로 갔다.
⑤ Emma는 Clara의 침묵의 의미를 이해했다.

2등급 대비 문제

[Q58 ~ Q60] 다음 글을 읽고, 물음에 답하시오. 

(A)

When invited by her mother to go shopping after lunch, Ellen hesitantly replied, "Sorry, Mom. I have an English essay assignment I need to finish." Her mother persisted, "Come on! Your father's birthday is just around the corner, and you wanted to buy his birthday present by yourself." Ellen suddenly realized that her father's birthday was just two days away. So (a) she altered her original plan to do the assignment in the library and decided to go to the shopping mall with her mother.

(B)

Ellen wanted to get a strawberry smoothie in the cafe, but it was sold out. So she bought a yogurt smoothie instead. The cafe was not very busy for a Saturday afternoon, and Ellen settled at a large table to work on her assignment. However, after a while, a group of students came in, and there weren't any large tables left. One of them came over to Ellen's table and politely asked, "Could (b) you possibly move to that smaller table?" Ellen replied, "It's okay. I was just leaving anyway." She hurriedly gathered her assignment leaving the shoe bag behind under the table.

(C)

Upon arrival at the shopping center, her mother inquired, "Ellen, have you decided what to buy for his birthday present?" She quickly replied, "(c) I would like to buy him a pair of soccer shoes." Ellen knew that her father had joined the morning soccer club recently and needed some new soccer shoes. She entered a shoe store and selected a pair of red soccer shoes. After buying the present, she told her mother, "Mom, now, I'm going to do my assignment in the cafe while you are shopping."

(D)

"It must be in the cafe," Ellen suddenly exclaimed when (d) she realized the gift for her father was missing upon returning home. She felt so disheartened, worrying it would be impossible to find it. "Why don't you call the cafe?" suggested her mother. When she phoned the cafe and asked about the shoe bag, the manager said that she would check and let her know. After a few minutes, she called back and told Ellen that (e) she had just discovered it. Ellen was so pleased that the birthday gift had been found.

Q58 ⭐ 2등급 대비 ·························· 2024 대비 6월 모평 43 (고3)

주어진 글 (A)에 이어질 내용을 순서에 맞게 배열한 것으로 가장 적절한 것은?

① (B) — (D) — (C)　　　② (C) — (B) — (D)
③ (C) — (D) — (B)　　　④ (D) — (B) — (C)
⑤ (D) — (C) — (B)

Q59 ⭐ 2등급 대비 ·························· 2024 대비 6월 모평 44 (고3)

밑줄 친 (a)~(e) 중에서 가리키는 대상이 나머지 넷과 다른 것은?

① (a)　　② (b)　　③ (c)　　④ (d)　　⑤ (e)

Q60 ⭐ 2등급 대비 ·························· 2024 대비 6월 모평 45 (고3)

윗글에 관한 내용으로 적절하지 않은 것은?

① Ellen은 끝내야 할 영어 과제가 있었다.
② 카페에서는 요거트 스무디를 팔지 않았다.
③ 한 무리의 학생들이 카페에 들어왔다.
④ Ellen의 아버지는 최근에 아침 축구 클럽에 가입했다.
⑤ Ellen은 카페에 전화를 걸었다.

[Q61~Q63] 다음 글을 읽고, 물음에 답하시오.

(A)

In July, people in the city often escaped to relax in the mountains. Sean didn't yet know it, but he was about to have the experience of a lifetime. "When I look around, all I see is the work I haven't finished and the bills I haven't paid," he complained over the phone to his friend and doctor, Alex. Concerned about Sean, he said, "(a) You've been stressed for weeks. Come see me for medical treatment if things don't improve."

(B)

Having hiked for several hours, Sean was thrilled to reach the top of Vincent Mountain. As Toby started to bark, Sean turned around and found him running toward a large pond. "What a nice, quiet place," Sean whispered to himself. Among the trees, he could ease the stress of recent weeks. As night approached, however, the wind blew fiercely. Sean became nervous. Unable to sleep, (b) he called to his companion, "Come here, Boy!" He held the dog close in an effort to ignore the fear rushing in.

(C)

After what felt like the longest night of Sean's life, the sky finally turned a beautiful shade of pink, and the warm sun shone around him. He packed up his equipment, enjoying his last moments in the mountain air. Finding Toby energetically running next to the campsite, Sean said, "(c) You must be as excited as I am after surviving a night like that!" Sean went down the mountain with a renewed sense of joy, and he exclaimed, "My treatment worked like a charm!"

(D)

Upon hearing this offer, Sean replied, "Thanks, but (d) I know just the treatment I need." He told his friend about the Vincent Mountain hike he had read about. Alex anxiously warned, "Even in the summer, hiking can be dangerous. Don't forget your safety checklist." Following his friend's words, (e) he added protective gear to his camping equipment. Sean put on his hiking clothes and tied up his boots. He almost forgot his new hiking sticks as he walked out the door with his dog, Toby.

Q61 ⭐ 2등급 대비 .... 2024 대비 9월 모평 43 (고3)

주어진 글 (A)에 이어질 내용을 순서에 맞게 배열한 것으로 가장 적절한 것은?

① (B)—(D)—(C)　　　② (C)—(B)—(D)
③ (C)—(D)—(B)　　　④ (D)—(B)—(C)
⑤ (D)—(C)—(B)

Q62 ⭐ 2등급 대비 .... 2024 대비 9월 모평 44 (고3)

밑줄 친 (a)~(e) 중에서 가리키는 대상이 나머지 넷과 다른 것은?

① (a)　　② (b)　　③ (c)　　④ (d)　　⑤ (e)

Q63 ⭐ 2등급 대비 .... 2024 대비 9월 모평 45 (고3)

윗글에 관한 내용으로 적절하지 <u>않은</u> 것은?

① Sean은 친구 Alex에게 어려움을 토로했다.
② Toby가 큰 연못으로 달려갔다.
③ 밤이 되자 바람이 잦아들었다.
④ Sean은 산을 내려오며 기쁨을 느꼈다.
⑤ Sean은 Vincent Mountain 하이킹에 대해 읽은 적이 있다.

Q 어휘 Review

※ 다음 영어는 우리말 뜻을, 우리말은 영어 단어를 〈보기〉에서 찾아 쓰시오.

〈보기〉

deserving	침착한, 잔잔한	급히, 서둘러	puzzled
입구	stir	전체의	thrive
조롱하다	친구, 동행	attribute	dorm

01 entrance ___________________

02 mock ___________________

03 companion ___________________

04 hurriedly ___________________

05 calm ___________________

06 기숙사, 공동 침실 ___________________

07 번성하다 ___________________

08 젓다 ___________________

09 어리둥절해 하는 ___________________

10 자격이 있는 ___________________

※ 다음 우리말에 알맞은 영어 표현을 찾아 연결하시오.

11 ~을 고르다 •   • pick out

12 용케 ~을 해내다 •   • bring down

13 무너뜨리다 •   • manage to-v

14 A를 B로 바꾸다 •   • turn A into B

15 ~로 가득차다 •   • be filled with

※ 다음 우리말 표현에 맞는 단어를 고르시오.

16 학기의 첫날 ➡ the first day of the (semester / disaster)

17 위험을 마다하지 않는 모험가 ➡ a (decisive / daring) adventurer

18 Layla의 손을 꼭 잡다 ➡ (crab / grab) Layla's hand

19 느낌을 바꿀 방법 ➡ ways to (alter / retain) the feeling

20 중고 쇼핑 앱에서의 알림 ➡ a(n) (notification / specification) on a second-hand shopping app

---

※ 다음 문장의 빈칸에 알맞은 단어를 〈보기〉에서 찾아 쓰시오.

〈보기〉

spray	correct	aspects	excel
pounding	harsh	rearrange	dedicated
ease	isolation	uneasily	gathered

21 Emilia와 그녀의 여행 동반자인 Layla는 벌써 가슴이 두근거리는 것을 느꼈다.
➡ Emilia and her traveling companion, Layla, already felt their hearts __________ .

22 그들은 모든 물보라로 흠뻑 젖었다.
➡ They were soaked from all of the _______ .

23 그는 이 프로그램에서 누구와도 다르게 뛰어날 것입니다.
➡ He will __________ in this program like no one else.

24 그녀는 서둘러 과제를 챙겼다.
➡ She hurriedly __________ her assignment.

25 그가 자기 작품에서 고립과 고독의 느낌을 전달한 방식을 보면 놀라울 것이다.
➡ It'll be amazing to see how he communicated the feelings of __________ and loneliness in his work.

26 시각적인 면이 음식의 핵심 부분을 구성한다.
➡ Visual __________ make up a key part of a meal.

27 Steve가 일어난 후 그들은 가구를 다시 배치하기 시작했다.
➡ After Steve woke up, they started to __________ the furniture.

28 나무 사이에서, 그는 최근 몇 주간의 스트레스를 덜 수 있었다.
➡ Among the trees, he could __________ the stress of recent weeks.

29 그는 다른 사람들의 모진 말을 힘으로 바꾸려고 노력해야 한다.
➡ He should try to turn the __________ words of others into strength.

30 Daniel은 항상 더 헌신적이고 재능 있는 사람이었습니다.
➡ Daniel has always been the more __________ and talented one.

방그사 (방과 후 그린 사업)

서울대학교 에너지환경 동아리

지속가능한 미래를 위한 '방그사'

방그사는 '방과 후 그린 사업'이란 뜻을 지닌 동아리로, 2020년에 신설된 젊은 동아리입니다. 2019년에 에너지자원공학과 학생 11명이 환경 NGO 대자연과 함께하는 #MakeZero #MakeGreenCampus 에너지 절약 실천 사업에 참여하면서 방그사가 시작되었습니다.

기후 변화 문제에 대처하는 하나의 주제(텀블러 사용, 분리수거 등)를 선정하여 한 달에 4번 이상 실천한 사진을 자신의 SNS에 인증하는 활동을 합니다.
또 초등학교 3, 4학년을 대상으로 한 환경 교육 수업 동영상을 제작하고, '기업의 환경 활동'을 주제로 한 기고문을 작성하여 Climate Times에 기고도 합니다.

그린캠퍼스 교육을 연수하고, 타 대학 그린캠퍼스 환경 동아리 및 환경 단체와 교류도 하는데, 이러한 활동의 노고를 인정받아 에코리그에서 서울시장상을 수상하기도 하였습니다.

기후 변화에 대처하고, 건강한 지구를 만드는 데 관심이 있는 신입 부원을 기다립니다.

★ 고난도 유형 독해 모의고사

[회별 12문항, 제한시간 30분]

1회 **모의고사** — 경찰대, 삼사, 수능 대비 문항 선별

2회 **모의고사** — 경찰대, 삼사, 수능 대비 문항 선별

3회 **모의고사** — 경찰대, 삼사, 수능 대비 문항 선별

*수록 유형

번호	유형
01번	밑줄 친 부분의 의미 찾기
02번	주제 찾기
03번	제목 찾기
04번	빈칸 완성하기
05번	
06번	
07번	글의 순서 정하기
08번	글의 순서 정하기 or 주어진 문장 넣기
09번	주어진 문장 넣기
10번	요약문 완성하기
11번	장문의 이해
12번	

1회**01** .... 2025 대비 육해공사관 7 (고3)  

다음 글에서 밑줄 친 부분이 의미하는 바로 가장 적절한 것은?
[4점]

Compared to other primates, we are freakishly social and cooperative; not only do we sit obediently on airplanes, we labor collectively to build houses, specialize in different skills, and live lives that are driven by our specific role in the group. This is quite a trick for a primate to pull off, considering our most recent evolutionary history. Hive life is (literally) a no-brainer for ants: They share the same genes, so sacrificing for the common good is not really a sacrifice — if I'm an ant, the common good simply is my good. Humans, though, are apes, evolved to cooperate only in a limited way with close relatives and perhaps fellow tribe members, acutely alert to the dangers of being manipulated, misled, or exploited by others. And yet we march in parades, sit in obedient rows reciting lessons, conform to social norms, and sometimes sacrifice our lives for the common good with an enthusiasm that would put a soldier ant to shame. Trying to <u>hammer a square primate peg into a circular social insect hole</u> is bound to be difficult.

* freakishly: 이상할 정도로 ** no-brainer: 쉽게 할 수 있는 일

① downgrade humans' superiority over apes and ants
② enforce the collaboration between apes and social insects
③ manipulate hive insects into adopting ape-like characteristics
④ suppress our traits as apes in order to pursue communal benefits
⑤ maximize apes' physical capabilities in contributing to the common good

1회**02** .... 2024 실시 5월 학평 23 (고3) 

다음 글의 주제로 가장 적절한 것은?

During the day, a molecule called adenosine builds up in your brain. Adenosine binds with receptors on nerve cells, or neurons, slowing down their activity and making you feel drowsy. But caffeine is also able to bind with these receptors, and by doing so it blocks adenosine's effect, making your neurons fire more and keeping you alert. Caffeine also activates a gland at the base of your brain. This releases hormones that tell the adrenal glands on your kidneys to produce adrenaline, causing your heart to beat faster and your blood pressure to rise. If, however, your daily caffeine intake is consistent, your brain will adapt to it. Your brain is like, 'Okay, every morning I'm getting this caffeine that's binding to these receptors and blocking adenosine from binding to them.' So your brain creates extra receptors to give adenosine more of an opportunity to bind with them and have its usual effect. And more adenosine is also produced to counteract the caffeine. That's why it takes more and more caffeine to have the same effect.

* drowsy: 나른한 ** gland: (분비)선

① what your brain does for regular hormone production
② consequences of sleep deprivation caused by caffeine
③ connection between brain health and hormone balance
④ efforts to overcome the constant temptation of caffeine
⑤ how your brain adapts to a steady caffeine consumption

다음 글의 제목으로 가장 적절한 것을 고르시오. [3점]

Business ethics was born in scandal. It seems to regenerate itself with each succeeding wave of scandal. And, there are two problems here. The first is that our world is so interconnected that we can no longer afford to see business as a separate institution in society, subject to its own moral code. Business must be thoroughly situated in society. This means that we can no longer accept the now rather commonplace narrative about businesspeople being economic profit-maximizers and little else. Business is a deeply human institution set in our societies and interconnected all over the world. The second problem is that business ethics, by being reborn in scandal, never escapes the presumption that business starts off by being morally questionable. It never seems to get any credit for the good it brings into the world, only questions about the bad. In fact, capitalism may well be the greatest system of social cooperation that we have ever invented. But, if it is, then it must stand the critical test of our best thinkers, if for no other reason than to make it better. Simply assuming that capitalism is either unquestionably morally good or unquestionably morally problematic violates both scholarly and practical norms.

① Forget Scandals, Let's Innovate!
② Innate Challenges of Business Ethics
③ Unavoidable Obstacles of Human Institutions
④ Business Ethics: An Emerging Scholarly Norm
⑤ Business Ethics as A Magic Bullet for Success

다음 글의 빈칸에 들어갈 말로 가장 적절한 것을 고르시오. [3점]

Meaning is not a stable element residing in the text for us to uncover or passively consume. Meaning is created by the reader in the act of reading. Or, more precisely, meaning is produced by the play of language through the vehicle of the reader, though we generally refer to this process as "the reader." Furthermore, the meaning that is created is not a stable element capable of producing closure; that is, no interpretation has the final word. Rather, literary texts, like all texts, consist of a multiplicity of overlapping, conflicting meanings in dynamic, fluid relation to one another and to us. What have been considered the "obvious" or "commonsense" interpretations of a given text are really ideological readings — interpretations produced by a culture's values and beliefs — with which we are so familiar that we consider them "natural." In short, we create the meaning and value we "find" in the text. Just as authors can't help but draw on the assumptions of their cultural milieux when they construct their texts, readers can't help but ________________________________. Therefore, both literary and critical texts can be deconstructed.　　　　　　　　　　*milieu: 환경

① discover the single, stable meaning intended by the author
② separate the text from the cultural milieu in which it was written
③ evaluate texts based on essentially objective and universal standards
④ draw on the assumptions of theirs when they construct their readings
⑤ limit their interpretation to the text's formal linguistic structures

다음 글의 빈칸에 들어갈 말로 가장 적절한 것을 고르시오. [3점]

A central and enduring debate within the field of jurisprudence, the philosophy of law, concerns the very nature of what makes a law truly valid and legitimate. One major school of thought, legal positivism, asserts that a law's validity is determined solely by its established source and the proper legislative process through which it was enacted. In this view, whether a law is 'just' or 'moral' is a separate, secondary question from whether it is legally binding. In direct opposition stands the theory of natural law. This tradition argues that for a law to be truly valid, it ______________________________. Proponents of this view would echo St. Augustine's famous maxim that 'an unjust law is no law at all'. This creates an enduring tension between what is legally decreed and what is considered morally right, a conflict that continues to shape legal and ethical debates today.

① must reflect the changing customs of society
② should promote the greatest good for the most people
③ must align with fundamental principles of justice and morality
④ has to be based on the direct and explicit consent of the governed
⑤ must be correctly created by a legally recognized political authority

다음 빈칸에 들어갈 말로 가장 적절한 것을 고르시오.

Motivation doesn't have to be accidental. For example, you don't have to wait for hours until a certain song that picks up your spirits comes on the radio. You can control what songs you hear. If there are certain songs that always lift you up, make a mix of those songs and have it ready to play in your car. Go through all of your music and create a "greatest motivational hits" playlist for yourself. Use the movies, too. How many times do you leave a movie feeling inspired and ready to take on the world? Whenever that happens, put the name of the movie in a special notebook that you might label "the right buttons." Six months to a year later, you can watch the movie and get the same inspired feeling. Most movies that inspire us are even better the second time around. You have much more control over your environment than you realize. You can begin __________ yourself consciously to be more and more focused and motivated.

① isolating
② denying
③ programming
④ silencing
⑤ questioning

주어진 글 다음에 이어질 글의 순서로 가장 적절한 것을 고르시오. [3점]

> "National forests need more roads like farmers need more drought." We heard somebody say this who was trying to persuade an audience that more roads would be bad for our national forests.

(A) An argument attempts to prove or support a conclusion. When you attempt to persuade someone, you attempt to win him or her to your point of view; trying to persuade and trying to argue are logically distinct enterprises. True, when you want to persuade somebody of something, you might use an argument.

(B) But not all arguments attempt to persuade, and many attempts to persuade do not involve arguments. In fact, giving an argument is often one of the least effective methods of persuading people — which, of course, is why so few advertisers bother with arguments. People notoriously are persuaded by the weakest of arguments and sometimes are undisturbed by even quite good arguments.

(C) The remark, however, is not an argument; it's just a statement that portrays road building in the forests in a bad light. Now, some writers define an argument as an attempt to persuade somebody of something. This is not correct.

① (A)—(C)—(B)　　② (B)—(A)—(C)
③ (B)—(C)—(A)　　④ (C)—(A)—(B)
⑤ (C)—(B)—(A)

주어진 글 다음에 이어질 글의 순서로 가장 적절한 것을 고르시오.

> Shakespeare wrote, "What's in a name? That which we call a rose by any other name would smell as sweet."

(A) Take the word *bridge*. In German, *bridge* (die brücke) is a feminine noun; in Spanish, *bridge* (el puente) is a masculine noun. Boroditsky found that when asked to describe a bridge, native German speakers used words like *beautiful, elegant, slender*. When native Spanish speakers were asked the same question, they used words like *strong, sturdy, towering*.

(B) According to Stanford University psychology professor Lera Boroditsky, that's not necessarily so. Focusing on the grammatical gender differences between German and Spanish, Boroditsky's work indicates that the gender our language assigns to a given noun influences us to subconsciously give that noun characteristics of the grammatical gender.

(C) This worked the other way around as well. The word *key* is masculine in German and feminine in Spanish. When asked to describe a key, native German speakers used words like *jagged, heavy, hard, metal*. Spanish speakers used words like *intricate, golden, lovely*.

*jagged: 뾰족뾰족한 **intricate: 정교한

① (A)—(C)—(B)　　② (B)—(A)—(C)
③ (B)—(C)—(A)　　④ (C)—(A)—(B)
⑤ (C)—(B)—(A)

글의 흐름으로 보아, 주어진 문장이 들어가기에 가장 적절한 곳을 고르시오. [3점]

> A principal vehicle of this enterprise was educational reform and specifically the building of a university system dedicated to the ideals of science, reason, and humanism.

Writing just after the end of World War I, an acute observer of the French philosophical scene judged that "philosophical research had never been more abundant, more serious, and more intense among us than in the last thirty years." (①) This flowering was due to the place of philosophy in the new educational system set up by the Third Republic in the wake of the demoralizing defeat in the Franco-Prussian War. (②) The French had been humiliated by the capture of Napoleon III at Sedan and wasted by the long siege of Paris. (③) They had also been terrified by what most of the bourgeoisie saw as seventy-three days of anarchy under the radical socialism of the Commune. (④) Much of the new Republic's effort at spiritual restoration was driven by a rejection of the traditional values of institutional religion, which it aimed to replace with an enlightened worldview. (⑤) Albert Thibaudet highlighted the importance of this reform when he labeled the Third Republic "the republic of professors."

*siege: 포위 **anarchy: 무정부

다음 글의 내용을 한 문장으로 요약하고자 한다. 빈칸 (A), (B)에 들어갈 말로 가장 적절한 것은? [4점]

> The important difference between random error and bias is the "systematic" element of bias such that measured values not only differ from true values, but do so as the result of an underlying factor or factors that affect all the differences in a specific way. As an analogy, think of two archers aiming at a target. One of them is not a good aim and tends not to hit the bull's-eye, but to scatter her shots around the target. The other always aims too far to the left and so her shots always land to the left of the target. If the target was removed after they had fired, but you could see where the arrows had landed, you might be able to guess where the first archer had been aiming by picking somewhere in the middle of the holes — but this tactic would not work with the second example (unless you knew she always aimed to the left) and you would tend to misidentify where the target had been. In the same way, with random error present we can infer approximately where the true value lies, but with systematic error we risk making an incorrect inference unless we are aware of the type and size of the bias.

⬇

> Whether errors are random or systematic can bring about different results: it is possible to infer the ___(A)___ of the true values with random errors; meanwhile, inferences based on systematic errors are more likely to be incorrect without first ___(B)___ the nature of the bias.

	(A)		(B)
①	intersection	—	masking
②	positioning	—	identifying
③	application	—	revealing
④	continuity	—	addressing
⑤	distribution	—	concealing

Cultural heritage can be understood in the narrow sense as the reservoir of cultural elements that are recognized as being significant and worthy of preservation and transfer to succeeding generations. Cultural heritage in the wide sense, however, is understood as a dynamic discursive area within which the cultural resources of the past, and their significance, are constructed through social interaction. Once (a) extracted from this discursive area, the reservoir becomes just an empty and meaningless collection of artefacts and ideas embedded in various forms. Such an understanding of cultural heritage is rooted in the idea of (b) collective memory introduced by Maurice Halbwachs. He argues that our memory about the past is socially constructed. To some extent, social conditions determine what and how we remember. The phenomenon of tradition and cultural heritage being socially determined is emphasized by Eric Hobsbawn and Terence Ranger, who consider that tradition is not reproduced but rather (c) invented.

Belief in the discursive nature of cultural heritage is based on the conviction that the criteria for determining which artefacts and behavioural patterns should be transmitted to posterity are (d) stable. On the one hand, a reservoir of cultural heritage is subject to selection and is determined by global flows, new technology, economics, cultural policy, or the sentiments of decision-makers. On the other hand, such a reservoir is the object of continual reinterpretation, which is influenced by the social position, background, biography, and cultural competences of the individuals who participate in a culture. Social interaction is the (e) essence of transition in cultural heritage.

*posterity: 후대

 **11** .... 2025 대비 육해공사관 27 (고3)

윗글의 주제로 가장 적절한 것은? [3점]

① the significance of cultural heritage preservation
② procedures to build a reservoir for cultural heritage artefacts
③ cultural heritage's discursive characteristic as a social construct
④ discursive efforts by social organizations to designate world heritages
⑤ established criteria for categorizing artefacts based on historical values

 **12** .... 2025 대비 육해공사관 28 (고3)

밑줄 친 (a)~(e) 중에서 문맥상 낱말의 쓰임이 적절하지 않은 것은? [3점]

① (a)　　② (b)　　③ (c)　　④ (d)　　⑤ (e)

2회 01 .... 2024 대비 육해공사관 7 (고3) 

밑줄 친 stand before the long green table이
다음 글에서 의미하는 바로 가장 적절한 것은? [4점]

Serving in the military, I relied heavily on this saying to guide my actions. Whenever I had a difficult decision to make, I would ask myself, "Can you stand before the long green table?" Since WWII, the conference tables used in military boardrooms had been constructed of long, narrow pieces of furniture covered in green felt. Whenever a formal proceeding took place that required multiple officers to adjudicate an issue, the officers would gather around the table. The point of the saying was simple. If you *couldn't* make a good case to the officers sitting around the long green table, then you should reconsider your actions. Every time I was about to make an important decision, I asked myself, "Can I stand before the long green table and be satisfied that I took all the right actions?" It is one of the most fundamental questions a leader must ask themselves — and the old saying helped me remember what steps to take.

*felt: 펠트(모직이나 털을 압축해서 만든 천) **adjudicate: 판결하다

① adapt your strategy to constantly changing field conditions
② request assistance in your task from those more knowledgeable
③ courageously carry out your plan without the approval of peers
④ convincingly justify your actions to a group of authority figures
⑤ persuade your peers that their campaign strategy is not realistic

2회 02 .... 2025 대비 경찰대 28 (고3) 

다음 글의 주제로 가장 적절한 것은?

No clear-cut category can encompass all jazz. Each performer's idiom is a style unto itself; if it were not so, the music would hardly be jazz. Jazz, like almost all other music, comprises three artistic activities: creating, performing, and listening. In traditional Western European music, these three activities are not always performed by the same individual, although they quite often are. In jazz, however, it is necessary for the performer to combine all three at the same time. Musical creation is an active part of any jazz performance and depends on the performers' understanding of the developing creation, an understanding gained only by their ability to listen well. They must react instantaneously to what they hear from their fellow performers, and their own contribution must be consistent with the unfolding themes and moods. Every act of musical creation in jazz is, therefore, as individual as the performer creating it.

① traits of jazz reflecting performers' individuality
② how to compose jazz for a great performance
③ similarities between jazz and Western music
④ celebrated figures in the modern jazz scene
⑤ influences of traditional music on jazz

다음 글의 제목으로 가장 적절한 것은?

Every day an enormous amount of energy is created by the movement of people and animals, and by interactions of people with their immediate surroundings. This is usually in very small amounts or in very dispersed environments. Virtually all of that energy is lost to the local environment, and historically there have been no efforts to gather it. It may seem odd to consider finding ways to "collect" energy that is given off all around us — by people simply walking or by walking upstairs and downstairs or by riding stationary / exercise bicycles, for example — but that is the general idea and nature of energy harvesting. The broad idea of energy harvesting is that there are many places at which small amounts of energy are generated — and often wasted — and when collected, this can be put to some practical use. Current efforts have begun, aimed at collecting such energy in smaller devices which can store it, such as portable batteries.

① Energy Harvesting: Every Little Helps
② Burning Waste for Energy Is Harmful
③ Is Renewable Energy Really Green?
④ Pros and Cons of Energy Harvesting
⑤ Can Natural Energy Sources Fulfill the Demand?

다음 글의 빈칸에 들어갈 말로 가장 적절한 것을 고르시오.

In terms of education, history has not always received a good press. Advising his son in 1656, Francis Osborne was far from enthusiastic about the subject. His experience of hearing contradictory reports about the Civil Wars of his own time (contemporary history), led him to be doubtful about the _______________ of records of less recent events. Such historical records, he concluded, were likely to present a 'false, or at best but a contingent beliefe'; and as such they hardly warranted serious study. Osborne's anxiety about his son potentially wasting his time by studying history that is unreliable, implies an understanding of history as being ideally of a certain kind — the kind that yields certain, 'factual' knowledge about the past. Now, although that model was already under challenge in Osborne's day, it has persisted to some extent up to our own time.

*contingent: 부수적인

① continuity　②reliability　③rediscovery
④ conciseness　⑤predictability

다음 글의 빈칸에 들어갈 말로 가장 적절한 것을 고르시오.

Every intelligence has to ________________. A human brain, which is genetically primed to categorize things, still needs to see a dozen examples as a child before it can distinguish between cats and dogs. That's even more true for artificial minds. Even the best-programmed computer has to play at least a thousand games of chess before it gets good. Part of the AI breakthrough lies in the incredible amount of collected data about our world, which provides the schooling that AIs need. Massive databases, self-tracking, web cookies, online footprints, terabytes of storage, decades of search results, and the entire digital universe became the teachers making AI smart. Andrew Ng explains it this way: "AI is akin to building a rocket ship. You need a huge engine and a lot of fuel. The rocket engine is the learning algorithms but the fuel is the huge amounts of data we can feed to these algorithms."

① be taught
② exceed itself
③ think by itself
④ be governed by rules
⑤ calculate all possibilities

다음 빈칸에 들어갈 말로 가장 적절한 것을 고르시오.

John Douglas Pettigrew, a professor of psychology at the University of Queensland, found that the brain manages the external world by dividing it into separate regions, the *peripersonal* and the *extrapersonal* — basically, near and far. Peripersonal space includes whatever is in arm's reach; things you can control right now by using your hands. This is the world of what's real, right now. Extrapersonal space refers to everything else — whatever you can't touch unless you move beyond your arm's reach, whether it's three feet or three million miles away. This is the realm of possibility. With those definitions in place, another fact follows, obvious but useful: any interaction in the extrapersonal space must occur in the future. Or, to put it another way, ________________. For instance, if you're in the mood for a peach, but the closest one is sitting in a bin at the corner market, you can't enjoy it now. You can only enjoy it in the future, after you go get it.

① distance is linked to time
② the past is out of your reach
③ what is going to happen happens
④ time doesn't flow in one direction
⑤ our brain is attracted to near objects

주어진 글 다음에 이어질 글의 순서로 가장 적절한 것을 고르시오. [3점]

> Throughout the first half of the twentieth century, opera and symphonic music as well as live theater were closely associated with economic and cultural elites in the United States, perhaps even more than in Europe.

(A) Stage plays, operas, and symphonic concerts belonged predominantly to the elites, until the notion of elite art itself began to break down, affecting in particular the cultural position of classical music. Theater fragmented into a variety of forms, some popular and some less so, but it has obviously never regained the status it enjoyed before the coming of film.

(B) Toward the end of the century, however, cultural elites began to insist on "serious" productions and professional music making, and Americans with less education and less money stopped attending. In the new century, they went to the movies instead.

(C) The association was not as close and restrictive in nineteenth-century America, as Laurence Levine showed in *High Brow, Low Brow* (1988), when Americans of all economic classes, at least in larger cities, might attend an evening of Shakespeare, presented by touring actors, or a concert of operatic arias, perhaps even by a European star like Jenny Lind.

① (A)—(C)—(B) ② (B)—(A)—(C)
③ (B)—(C)—(A) ④ (C)—(A)—(B)
⑤ (C)—(B)—(A)

주어진 글 다음에 이어질 글의 순서로 가장 적절한 것을 고르시오. [4점]

> Raccoons were introduced to Europe in the early 20th century for the fur trade and to increase hunting opportunities, and, like many other mammals purposefully introduced, eventually escaped captivity and founded a non-native and invasive population.

(A) After two to four weeks in the soil, the worm becomes infective and can re-enter raccoons or, for that matter, any grazing animal, and it ends up back in the intestine to start the cycle again. However, in non-raccoons, once the invasive parasite is ingested, it penetrates the gut wall and migrates into other tissues, particularly the brain and eyes.

(B) What importers also unknowingly received when they imported raccoons was the endoparasitic roundworm *Baylisascariasis procyonis*, which all raccoons carry. The parasite lives and reproduces within the intestinal tract of raccoons, and its eggs are excreted within raccoon faeces.

(C) Although serious health effects of *Baylisascariasis* in humans are rare, reported cases have resulted in vision problems due to neuroretinitis (swelling of eye tissues) as well as meningoencephalitis and encephalitis (swelling of the brain and its tissues), which have resulted in neurological problems and death.   *intestine: 장(腸) **endoparasitic: 체내 기생충의
***excrete: 배설하다

① (A)—(C)—(B) ② (B)—(A)—(C)
③ (B)—(C)—(A) ④ (C)—(A)—(B)
⑤ (C)—(B)—(A)

❖ 정답 및 해설 479 ~ 482p

글의 흐름으로 보아, 주어진 문장이 들어가기에 가장 적절한 곳을 고르시오. [3점]

> The ancient Chinese also understood negative numbers, using black rods to represent positive numbers and red ones for negative numbers — though negative numbers never appeared in answers, only in calculations.

Counting rods may have been invented in China, although there is some evidence that they came from India. Either way, they took off in China and were a boon to the people who used them. By learning simple algorithms involving moving physical rods, traders could perform addition, subtraction, multiplication and division quickly and easily. (①) To multiply two numbers, rods were laid on to a surface and combined in each position. (②) There were even methods for using such rod manipulations to find square roots or solve simultaneous equations — equations involving more than one unknown quantity. (③) Negative numbers may seem natural today, but throughout much of history numbers were so closely linked to physical objects that many mathematical civilizations outside China simply didn't consider the possibility that negative ones could be useful. (④) "Minus seven sheep" just didn't seem to make much sense. (⑤) Chinese mathematics was greatly influenced by having opposites in balance, so one possibility is that this viewpoint helped them to more easily accept the idea of negatives.

*boon: 이익

다음 글의 내용을 한 문장으로 요약하고자 한다. 빈칸 (A), (B)에 들어갈 말로 가장 적절한 것은? [3점]

> Experiments suggest that animals, just like humans, tend to prefer exaggerated, supernormal stimuli, and that a preference can rapidly propel itself to extreme levels (*peak shift effect*). In one experiment, through food rewards rats were conditioned to prefer squares to other geometric forms. In the next step, a non-square rectangle was introduced and associated with an even larger reward than the square. As expected, the rats learned to reliably prefer the rectangle. Less predictable was the third part of the experiment. The rats were offered the opportunity to choose between the rectangle they already knew and associated with large rewards and another rectangle, the proportions of which were even more different from those of a square. Interestingly, rats picked this novel variant, without undergoing any reward-based conditioning in favor of it. A possible explanation is thus that they chose the larger difference from the original square (i.e., the exaggeration of *non-squareness*).

> In an experiment, after first establishing an ____(A)____ to squares, and then to non-square rectangles, rats were seen to pursue ____(B)____ rectangularity even without any additional reward.

	(A)		(B)
①	inclination	—	severe
②	opposition	—	familiar
③	inclination	—	vague
④	opposition	—	unexpected
⑤	attachment	—	subtle

Pompeii was destroyed by the catastrophic eruption of Mount Vesuvius in 79 A.D., entombing residents under layers of volcanic ash. But there is more to this story of an ancient Roman city's doom. Research published in the journal *Frontiers in Earth Science* offers proof that Pompeii was simultaneously wrecked by a massive earthquake. The discovery establishes a new timeline for the city's collapse and shows that fresh approaches to research can (a) reveal additional secrets from well-studied archaeological sites. Researchers have always had an idea that seismic activity contributed to the city's destruction. The ancient writer Pliny the Younger reported that the eruption of Vesuvius had been accompanied by violent shaking. But, until now, no evidence had been discovered to (b) support this historical account. A team of researchers led by Domenico Sparice from Italy decided to investigate this (c) gap in the record. Dr. Sparice said that excavations of Pompeii to date had not included experts in the field of archaeoseismology, which deals with the effects of earthquakes on ancient buildings. Contributions from (d) specialists in this area were key to the discovery, he said. "The effects of seismicity have been speculated by past scholars, but no factual evidence has been reported before our study," Dr. Sparice said, adding that the finding was "very exciting." The team focused on the Insula of the Chaste Lovers. This area encompasses several buildings, including a bakery and a house where painters were evidently interrupted by the eruption, leaving their paintings (e) colored. After excavation and careful analysis, the researchers concluded that walls in the insula had collapsed because of an earthquake.

*seismic: 지진의 **excavation: 발굴

11

2025 대비 경찰대 39 (고3)

윗글의 제목으로 가장 적절한 것은?

① Who Found Pompeii Covered with Volcanic Ashes
② Mt. Vesuvius's Influence on the Scenery of Pompeii
③ The Eruption of Mt. Vesuvius Triggered by Earthquake
④ Seismic Timeline by Archaeological Discovery in Pompeii
⑤ The Eruption of Mt. Vesuvius Wasn't Pompeii's Only Killer

12

2025 대비 경찰대 40 (고3)

밑줄 친 (a)~(e) 중에서 문맥상 낱말의 쓰임이 적절하지 않은 것은? [3점]

① (a) ② (b) ③ (c) ④ (d) ⑤ (e)

3회**01** .... 2026 대비 육해공사관 7 (고3) 

다음 글에서 밑줄 친 the speaker becomes the listener가 의미하는 바로 가장 적절한 것은? [4점]

Let's consider the way we carry out a conversation. We are leaving a lecture, and I say to you, "I found that speaker a bit boring." Mikhail Bakhtin would call this entry into our conversation an *utterance*. An utterance could be anything from a single word or sign to a monologue. Now consider, this utterance is also addressed to you. In Bakhtin's terms, it possesses *addressivity*. Further, after addressing this utterance to you, I anticipate some form of reply (for example, a nod of the head, or perhaps, "Maybe you missed his central idea; it was fascinating.") For Bakhtin, there is *answerability*. The utterance would not make sense spoken out of the blue to no one. Its sense or meaning depends on its being "for you." As Bakhtin goes on to point out, the particular words I use are also prepared specifically for you. If I said, "Die Rede war langweilig," and you spoke no German, it would lack both addressivity and answerability. In this sense, when I speak to you as a conversational partner, "the speaker becomes the listener."

① the speaker anticipates and induces the listener's response

② speaking is a process that naturally comes before listening

③ what we observe influences how we speak in a conversation

④ the listener's response affects the speaker's intended meaning

⑤ conversational etiquette requires parties involved to take turns

3회**02** .... 2024 실시 3월 학평 23 (고3) 

다음 글의 주제로 가장 적절한 것은? [3점]

Sociologist Brooke Harrington said if there was an $E=mc^2$ of social science, it would be SD>PD, "social death is more frightening than physical death." This is why we feel deeply threatened when a new idea challenges the ones that have become part of our identity. For some ideas, the ones that identify us as members of a group, we don't reason as individuals; we reason as a member of a tribe. We want to seem trustworthy, and reputation management as a trustworthy individual often overrides most other concerns, even our own mortality. This is not entirely irrational. A human alone in this world faces a lot of difficulty, but being alone in the world before modern times was almost certainly a death sentence. So we carry with us an innate drive to form groups, join groups, remain in those groups, and oppose other groups. But once you can identify *them*, you start favoring *us*; so much so that given a choice between an outcome that favors both groups a lot or one that favors both much less but still favors yours more than theirs, that's the one you will pick.

*innate: 타고난

① tendency to prefer the group that one identifies with

② necessity of social isolation to build a reputation

③ ways to ease one's irrational fear of crowds

④ importance of forming groups with different interests

⑤ tips for staying objective during heated group discussions

다음 글의 제목으로 가장 적절한 것을 고르시오.

Writing is a mirror of the self, the soul and the world. Through writing, we can give voice to our most intimate thoughts and give free rein to our imagination; through writing, we can shape and articulate new knowledge, new ideas, and new philosophies; through writing, we can reflect on the past and imagine the future. Yet the sad truth is that, for many students in secondary English classrooms, writing is a chore, something which has to be done and which many would avoid if they could. English teachers often choose teaching English as a career so that they can open up the world of reading to young minds, but we need to be just as aspirational and as inspirational in the way we think about teaching writing. Enabling young writers to be confident communicators of the written word, both on paper and in digital formats, gives them access to power.

① The Writing Crisis in Secondary Schools
② Why Students Hate Writing Assignments
③ Reading vs. Writing: A Teacher's Dilemma
④ The Digital Revolution in English Classrooms
⑤ From Chore to Power: Reimagining Writing Education

다음 빈칸에 들어갈 말로 가장 적절한 것을 고르시오. [4점]

In several ways, uncertainty can be understood as pervasive and written into the very script of life. Due to this, the craving for certainty has only become a means of stemming a perceived tide of phenomena that cannot yet be grasped and, to an even lesser extent, controlled. Consequently, the interplay between the desire to overcome uncertainty and instead strive towards certainty became inscribed into humans and society as a way of influencing the present and the future. This interplay is as old as the hills and is rooted in the human hope for security and the material, technological and social protection regarded as necessary for survival, comfort, and wellbeing. Mokyr shows how Western capitalist societies are indebted to all the systematic attempts to ____________________________. According to Mokyr, the strong belief in technical progress and the continuous improvement of various aspects of life are rooted in the reasoning that emerged and developed in the philosophical movement of the Enlightenment and which created a "space" for humans' "desire to know" and practically experiment with a wide range of activities.

*stem: 저지하다

① reduce insecurity in terms of uncertainty
② outdo their forerunners in scientific areas
③ negate errors in interpretation of certainty
④ minimize the potential of human reasoning
⑤ survive the overloaded world of information

다음 빈칸에 들어갈 말로 가장 적절한 것을 고르시오. [4점]

So many accounts of democracy emphasize legislative processes or policy outcomes, but these often miss the depth of connection between communication and political culture. When culture is discussed, it's often in the context of liberal-democratic values. But the question we're asking is: What determines the valence of those values? If a democracy stands or falls on the quality of the culture propping it up, then we ought to know under what conditions those values are affirmed and rejected. We believe those conditions are determined by a society's tools of communication, facilitated through media, to persuade. Indeed, _________________________. If a democracy consists of citizens deciding, collectively, what ought to be done, then the manner through which they persuade one another determines nearly everything else that follows. And that privileges media ecology as the master political science. Some of its foremost practitioners, like Marshall McLuhan and Neil Postman, sensed, far better than political scientists or sociologists, that our media environment decides not just what we pay attention to but also how we think and orient ourselves in the world. *valence: 결합가

① media will soon solve communication issues in democracy
② democracies are defined by their cultures of communication
③ conflicts between individuality and collectivity are inevitable
④ democracy thrives on order rather than endless public discourse
⑤ democracies can be sustained by valuing socioeconomic dynamics

다음 빈칸에 들어갈 말로 가장 적절한 것을 고르시오. [3점]

Many fish generate their own light in a biological firework display called bioluminescence. The lanternfish creates beams that sweep the sea like headlamps. The dragonfish produces wavelengths that only it can see, leaving its victims unaware of the approaching threat. In contrast, the anglerfish hopes its prey will notice and be lured toward its rod-like bioluminescent barbel; its fierce jaws stay hidden in the shadows. Bioluminescence is also used to frustrate predators. A species from the spookfish family relies on a bellyful of symbiotic, glowing bacteria to save it from becoming a meal. It uses the same concept developed by the US Navy during World War II to make bomber aircraft difficult to see. Just as Project Yehudi designed planes with under-wing spotlights, the fish's glowing belly conceals its silhouette against sunlight to hide it from watching eyes below. In this fish-eat-fish world, survival is __________________________.

*barbel: (물고기의) 수염 **symbiotic: 공생의

① dependent upon communication within the same species
② a game of hide-and-seek that prioritizes the sense of sight
③ up to the ability to detect the subtle dance of sound waves
④ a competition to imitate the illumination of different species
⑤ a war where wider vision means better chances to catch prey

주어진 글 다음에 이어질 글의 순서로 가장 적절한 것을 고르시오. [3점]

> On January 26, 2013, a band of al-Qaeda militants entered the ancient city of Timbuktu on the southern edge of the Sahara Desert.

(A) The mayor of Bamako, who witnessed the event, called the burning of the manuscripts "a crime against world cultural heritage." And he was right — or he would have been, if it weren't for the fact that he was also lying.

(B) There, they set fire to a medieval library of 30,000 manuscripts written in Arabic and several African languages and ranging in subject from astronomy to geography, history to medicine. Unknown in the West, this was the collected wisdom of an entire continent, the voice of Africa at a time when Africa was thought not to have a voice at all.

(C) In fact, just before, African scholars had collected a random assortment of old books and left them out for the terrorists to burn. Today, the collection lies hidden in Bamako, the capital of Mali, moldering in the high humidity. What was rescued by ruse is now once again in jeopardy, this time by climate.

*ruse: 책략

① (A) — (C) — (B)
② (B) — (A) — (C)
③ (B) — (C) — (A)
④ (C) — (A) — (B)
⑤ (C) — (B) — (A)

글의 흐름으로 보아, 주어진 문장이 들어가기에 가장 적절한 곳을 고르시오.

> But in the future, real-time data collection will enable insurance companies to charge pay-as-you-drive rates depending on people's actual behavior on the road, as opposed to generalized stereotypes of certain "at-risk" groups.

Insurance companies are expected to err on the safe side. They calculate risks thoroughly, carefully picking and choosing the customers they insure. They are boring because their role in the economy is to shield everyone and everything from disastrous loss. (①) Unlike manufacturing, nothing truly revolutionary ever happens in the insurance industry. (②) For centuries, insurers have charged higher premiums to people in "high-risk categories" such as smokers, male drivers under the age of thirty, and extreme-sports enthusiasts. (③) This type of classification frequently results in biases and outright discrimination against disadvantaged groups. (④) Bad or high-risk individual drivers will end up paying more for insurance, regardless of whether they are men or women, young or old. (⑤) The Big Brother connotations are threatening, but many people might agree to the real-time monitoring of their driving behavior if it means lower rates.

*err on the safe side: 너무 만전(萬全)을 기하다

3회 09

글의 흐름으로 보아, 주어진 문장이 들어가기에 가장 적절한 곳을 고르시오. [3점]

> It also leads us to make some fairly foolish judgements, particularly about language.

Ours is a society that tries to keep the world sharply divided into masculine and feminine, not because that is the way the world is, but because that is the way we believe it should be. (①) It takes unwavering belief and considering effort to keep this division. (②) Because we think that language also should be divided into masculine and feminine we have become very skilled at ignoring anything that will not fit our preconceptions. (③) We would rather change what we hear than change our ideas about the gender division of the world. (④) We will call assertive girls unfeminine, and supportive boys effeminate, and try to change them while still retaining our stereotypes of masculine and feminine talk. (⑤) This is why some research on gender differences and language has been so interesting.

3회 10

다음 글의 내용을 한 문장으로 요약하고자 한다. 빈칸 (A), (B)에 들어갈 말로 가장 적절한 것은?

To be really smart, an online group needs to obey one final rule — and a rather counterintuitive one. The members can't have too much contact with one another. To work best, the members of a collective group ought to be able to think and work independently. This rule came to light in 1958, when social scientists tested different techniques of brainstorming. They posed a thought-provoking question: If humans had an extra thumb on each hand, what benefits and problems would emerge? Then they had two different types of groups brainstorm answers. In one group, the members worked face-to-face; in the other group, the members each worked independently, then pooled their answers at the end. You might expect the people working face-to-face to be more productive, but that wasn't the case. The team with independently working members produced almost twice as many ideas. Traditional brainstorming simply doesn't work as well as thinking alone, then pooling results.

⬇

In brainstorming, group members who have direct contact produce _____(A)_____ ideas than those who work physically separately from one another, which is against our _____(B)_____ .

	(A)		(B)
①	fewer	—	intuition
②	fewer	—	benefit
③	more	—	conclusion
④	more	—	intuition
⑤	smarter	—	benefit

Morality is changeable and culture-dependent and expresses socially desirable behavior. But even if morality is changeable, it is by no means arbitrary, especially since the change process itself takes a relatively (a) long time (measured in years rather than weeks). This is also because a social value framework — and thus morality — provides an important orientation function: Since time immemorial, people have been thinking about moral issues and dealing with them. This makes it clear that (b) consistent values, norms, and moral concepts always play a major role when people organize themselves in social communities. Ultimately, this also results in answers to questions of justice, solidarity, and care as well as the distribution of goods and resources.

Morality acts here as the (c) common lowest denominator for a given society. The (d) advantage is based on the fact that the values underlying morality convey a socially accepted basic understanding and provide orientation in concrete decision-making situations. This makes morality functional and efficient for social groups: In order to be accepted in a community, the individual will strive not to act against this community. Conversely, this means that the behavior of the individual and the social group is ultimately (e) unpredictable. As a result, uncertainty about behavior is reduced and trust is built up.

*arbitrary: 임의적인 **denominator: 분모

11 .... 2024 대비 육해공사관 27 (고3)

윗글의 주제로 가장 적절한 것은? [4점]

① disregard of morality found in extreme conditions
② justice and solidarity as basic elements of morality
③ fundamental role of morality in human communities
④ development of morality through cultural exchanges
⑤ punishment of moral code violations across societies

12 .... 2024 대비 육해공사관 28 (고3) 

밑줄 친 (a)~(e) 중에서 문맥상 낱말의 쓰임이 적절하지 않은 것은? [3점]

① (a)　　② (b)　　③ (c)　　④ (d)　　⑤ (e)

memo

빠른 정답

A 목적 찾기 · · · · · · · · · · 문제편 p. 12 ~ 23
01 ① 02 ③ 03 ② 04 ④ 05 ① 06 ④ 07 ② 08 ① 09 ① 10 ④
11 ② 12 ③ 13 ④ 14 ② 15 ② 16 ③ 17 ① 18 ① 19 ② 20 ①

B 심경의 이해 · · · · · · · · · · 문제편 p. 26 ~ 33
01 ① 02 ① 03 ① 04 ③ 05 ② 06 ① 07 ② 08 ② 09 ① 10 ②
11 ③ 12 ② 13 ⑤ 14 ① 15 ① 16 ③ 17 ⑤ 18 ① 19 ③ 20 ④
21 ①

C 주장 찾기 · · · · · · · · · · 문제편 p. 36 ~ 49
01 ⑤ 02 ④ 03 ② 04 ② 05 ② 06 ③ 07 ② 08 ⑤ 09 ⑤ 10 ①
11 ③ 12 ① 13 ① 14 ⑤ 15 ① 16 ① 17 ③ 18 ② 19 ⑤ 20 ①
21 ③ 22 ② 23 ②

D 밑줄 친 부분의 의미 찾기 · · · · · · · · · · 문제편 p. 52 ~ 69
01 ③ 02 ③ 03 ② 04 ③ 05 ③ 06 ④ 07 ① 08 ② 09 ③ 10 ③
11 ⑤ 12 ① 13 ① 14 ⑤ 15 ⑤ 16 ③ 17 ⑤ 18 ② 19 ② 20 ②
21 ④ 22 ④ 23 ⑤ 24 ② 25 ① 26 ④ 27 ① 28 ② 29 ② 30 ④

E 요지 찾기 · · · · · · · · · · 문제편 p. 72 ~ 85
01 ④ 02 ⑤ 03 ① 04 ① 05 ① 06 ① 07 ⑤ 08 ⑤ 09 ② 10 ③
11 ① 12 ⑤ 13 ① 14 ④ 15 ① 16 ① 17 ⑤ 18 ① 19 ① 20 ①
21 ① 22 ①

F 주제 찾기 · · · · · · · · · · 문제편 p. 88 ~ 102
01 ③ 02 ④ 03 ③ 04 ① 05 ④ 06 ⑤ 07 ① 08 ② 09 ① 10 ④
11 ③ 12 ④ 13 ② 14 ⑤ 15 ④ 16 ② 17 ⑤ 18 ① 19 ② 20 ①
21 ① 22 ① 23 ⑤

G 제목 찾기 · · · · · · · · · · 문제편 p. 106 ~ 121
01 ① 02 ① 03 ② 04 ③ 05 ② 06 ② 07 ① 08 ② 09 ② 10 ⑤
11 ④ 12 ③ 13 ② 14 ④ 15 ⑤ 16 ① 17 ② 18 ① 19 ② 20 ⑤
21 ① 22 ③ 23 ⑤ 24 ① 25 ③ 26 ②

H 도표의 이해 · · · · · · · · · · 문제편 p. 124 ~ 137
01 ⑤ 02 ③ 03 ④ 04 ⑤ 05 ④ 06 ③ 07 ③ 08 ④ 09 ③ 10 ④
11 ⑤ 12 ③ 13 ② 14 ③ 15 ④ 16 ④ 17 ② 18 ④ 19 ③ 20 ④
21 ③ 22 ④

I 내용 불일치 · · · · · · · · · · 문제편 p. 140 ~ 150
01 ③ 02 ⑤ 03 ③ 04 ⑤ 05 ② 06 ④ 07 ⑤ 08 ④ 09 ③ 10 ④
11 ② 12 ⑤ 13 ⑤ 14 ④ 15 ③ 16 ④ 17 ③ 18 ③ 19 ⑤ 20 ③
21 ② 22 ⑤

J 실용문의 이해 · · · · · · · · · · 문제편 p. 154 ~ 177
01 ④ 02 ④ 03 ④ 04 ④ 05 ③ 06 ⑤ 07 ⑤ 08 ② 09 ⑤ 10 ⑤
11 ④ 12 ⑤ 13 ② 14 ③ 15 ③ 16 ⑤ 17 ③ 18 ① 19 ③ 20 ⑤
21 ⑤ 22 ④ 23 ③ 24 ④ 25 ④ 26 ⑤ 27 ⑤ 28 ⑤ 29 ② 30 ③
31 ③ 32 ④ 33 ④ 34 ③ 35 ⑤ 36 ② 37 ③ 38 ④ 39 ⑤ 40 ④
41 ④ 42 ③

K 빈칸 완성하기 · · · · · · · · · · 문제편 p. 180 ~ 229
01 ⑤ 02 ① 03 ② 04 ① 05 ② 06 ⑤ 07 ① 08 ⑤ 09 ⑤ 10 ⑤
11 ② 12 ② 13 ② 14 ① 15 ④ 16 ② 17 ④ 18 ⑤ 19 ③ 20 ⑤
21 ① 22 ③ 23 ④ 24 ② 25 ① 26 ⑤ 27 ② 28 ③ 29 ② 30 ②
31 ③ 32 ③ 33 ① 34 ① 35 ① 36 ① 37 ③ 38 ② 39 ② 40 ①
41 ③ 42 ② 43 ⑤ 44 ② 45 ④ 46 ① 47 ② 48 ③ 49 ⑤ 50 ②
51 ② 52 ② 53 ④ 54 ④ 55 ① 56 ② 57 ⑤ 58 ⑤ 59 ① 60 ②
61 ② 62 ① 63 ① 64 ⑤ 65 ④ 66 ③ 67 ④ 68 ① 69 ③ 70 ②
71 ① 72 ③ 73 ④ 74 ① 75 ② 76 ① 77 ① 78 ① 79 ④ 80 ②
81 ③ 82 ① 83 ⑤ 84 ① 85 ④ 86 ② 87 ⑤ 88 ② 89 ② 90 ①
91 ④ 92 ④ 93 ②

L 흐름에 맞지 않는 문장 찾기 · · · · · · · · · · 문제편 p. 232 ~ 243
01 ④ 02 ③ 03 ④ 04 ④ 05 ④ 06 ③ 07 ③ 08 ④ 09 ④ 10 ④
11 ③ 12 ③ 13 ③ 14 ④ 15 ③ 16 ④ 17 ③ 18 ④ 19 ④ 20 ③
21 ④ 22 ③ 23 ③ 24 ③

M 글의 순서 정하기 · · · · · · · · · · 문제편 p. 246 ~ 271
01 ① 02 ④ 03 ④ 04 ⑤ 05 ④ 06 ④ 07 ③ 08 ③ 09 ② 10 ④
11 ② 12 ③ 13 ④ 14 ④ 15 ③ 16 ⑤ 17 ⑤ 18 ⑤ 19 ③ 20 ③
21 ② 22 ④ 23 ③ 24 ⑤ 25 ③ 26 ④ 27 ② 28 ⑤ 29 ① 30 ⑤
31 ⑤ 32 ⑤ 33 ② 34 ② 35 ⑤ 36 ④ 37 ③ 38 ⑤ 39 ④ 40 ⑤
41 ④ 42 ② 43 ② 44 ④ 45 ② 46 ③

N 주어진 문장 넣기 · · · · · · · · · · 문제편 p. 274 ~ 297
01 ④ 02 ⑤ 03 ⑤ 04 ③ 05 ③ 06 ② 07 ⑤ 08 ⑤ 09 ③ 10 ④
11 ④ 12 ⑤ 13 ② 14 ③ 15 ④ 16 ④ 17 ④ 18 ④ 19 ④ 20 ④
21 ⑤ 22 ⑤ 23 ⑤ 24 ⑤ 25 ④ 26 ③ 27 ② 28 ⑤ 29 ⑤ 30 ⑤
31 ② 32 ② 33 ④ 34 ⑤ 35 ③ 36 ⑦ 37 ③ 38 ④ 39 ⑤ 40 ③
41 ④ 42 ④ 43 ⑤ 44 ④

O 요약문 완성하기 · · · · · · · · · · 문제편 p. 300 ~ 315
01 ② 02 ② 03 ③ 04 ④ 05 ④ 06 ① 07 ⑤ 08 ① 09 ① 10 ①
11 ③ 12 ① 13 ① 14 ① 15 ③ 16 ① 17 ② 18 ① 19 ② 20 ①
21 ① 22 ① 23 ① 24 ② 25 ①

P 장문의 이해 ······ 문제편 p. 318 ~ 343

01③ 02② 03② 04⑤ 05① 06④ 07① 08⑤ 09① 10⑤
11③ 12③ 13③ 14③ 15② 16④ 17② 18⑤ 19① 20③
21③ 22⑤ 23① 24⑤ 25② 26④ 27④ 28⑤ 29③ 30④
31① 32⑤ 33② 34⑤ 35① 36③ 37② 38⑤ 39① 40③
41③ 42② 43① 44④ 45③ 46③ 47② 48③

Q 복합 문단의 이해 ······ 문제편 p. 346 ~ 368

01③ 02② 03⑤ 04⑤ 05③ 06⑤ 07③ 08④ 09② 10③
11③ 12⑤ 13⑤ 14④ 15⑤ 16⑤ 17⑤ 18③ 19⑤ 20⑤
21③ 22② 23③ 24④ 25② 26③ 27④ 28② 29② 30⑤
31⑤ 32② 33⑤ 34④ 35⑤ 36⑤ 37③ 38② 39⑤ 40④
41① 42④ 43⑤ 44② 45③ 46③ 47③ 48② 49③ 50⑤
51③ 52⑤ 53⑤ 54④ 55⑤ 56③ 57③ 58② 59⑤ 60②
61④ 62③ 63③

〈고난도 유형 독해 모의고사〉

1회 ······ 문제편 p. 372 ~ 377

01④ 02⑤ 03② 04④ 05③ 06③ 07④ 08② 09⑤ 10②
11③ 12④

2회 ······ 문제편 p. 378 ~ 383

01④ 02① 03① 04② 05① 06① 07⑤ 08② 09③ 10①
11⑤ 12⑤

3회 ······ 문제편 p. 384 ~ 389

01① 02① 03⑤ 04① 05② 06② 07② 08④ 09② 10①
11③ 12⑤

A DREAM written down with a date becomes a GOAL.
A goal broken down becomes a PLAN.
A plan backed by ACTION makes your dream come true.

- Greg S. Reid

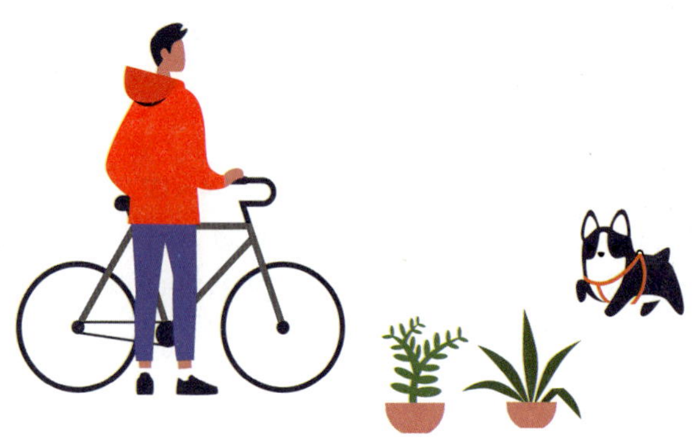

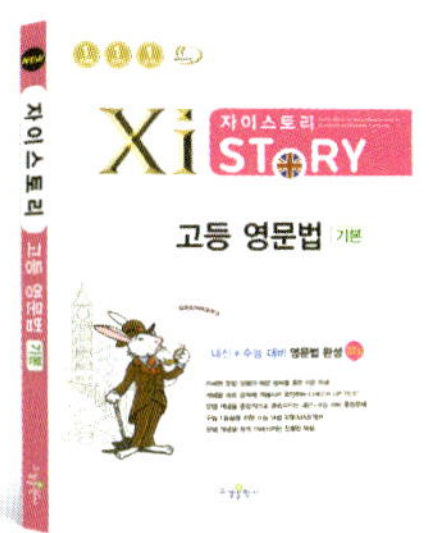

자이스토리 고등 영어 시리즈

고등 영문법 기본 (고1, 2)

＊문법 개념 + 내신·수능 대비를 한 권으로!

· 개념을 바로 문제에 적용시켜 확인하는 CHECK UP TEST
· 문법 개념을 종합적으로 훈련시키는 내신+수능 대비 종합문제
· 수능 1등급을 위한 수능 어법 유형 MASTER
· 단원별 개념 설명 + 문제 풀이 동영상 강의 QR코드

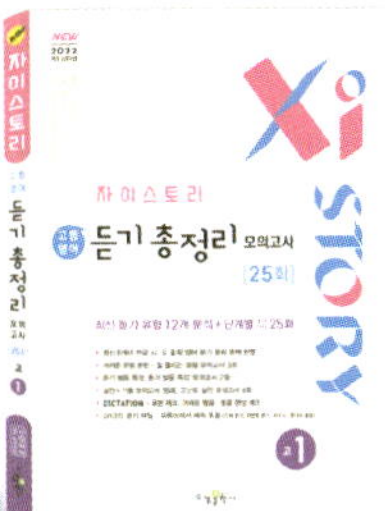

듣기 총정리 모의고사 25회 (고1)

＊최신 고1 듣기 유형 14개 분석 + 단계별 모의고사

· 고1 학력평가 기출모의고사 12회, 고난도 모의고사 4회
· 잘 틀리는 유형 집중 훈련 모의고사 3회, 발음특강 모의고사 2회
· 고1 영어 듣기 능력평가 모의고사 4회

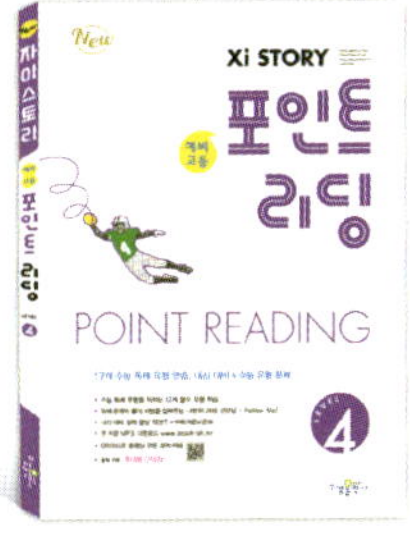

포인트 리딩 Level 3~4 (예비 고등~고1)

＊수능 독해 유형 17개 필수 유형 학습!

· 독해 문제 비법 과외 선생님 – Follow Me!
· 내신 대비 실력 향상 TEST, 어휘 REVIEW
· 고등 영어 독해 유형 20일 완성

수능 영어 기출 문제집

1. **독해** 시리즈
   - 독해 기본 (고1) ★
   - 독해 완성 (고2) ★
   - 독해 실전 (고3) ★
   - 고난도 영어 독해

2. **듣기** 시리즈
   - 듣기 기본 모의고사 (고1)
   - 듣기 완성 모의고사 (고2)
   - 듣기 실전 모의고사 (고3)

3. **어법·어휘** 시리즈
   - 어법·어휘 기본 (고1) ★
   - 어법·어휘 완성 (고2)
   - 어법·어휘 실전 (고3)

4. **전국 연합 / 연도별**
   - 전국연합 모의고사 (고1)
   - 전국연합 모의고사 (고2)
   - 연도별 모의고사 (고3)

★ 강남인강 강의교재

자이스토리 중등 영어 시리즈

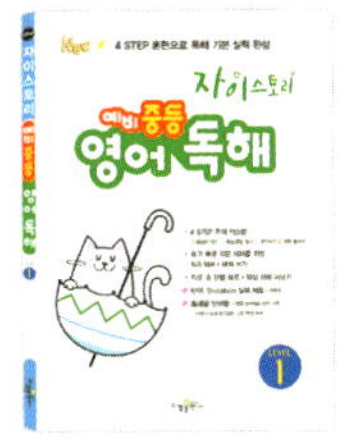

영어 독해 [예비 중등]

Level 1
Level 2

영어 독해 기본

Level 1
Level 2
Level 3

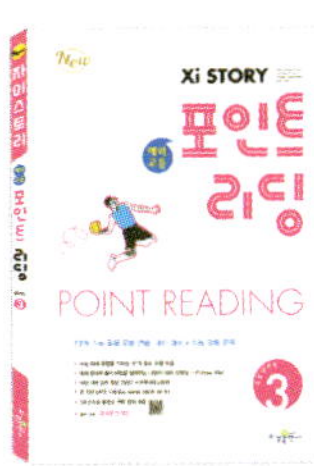

포인트 리딩

Level 1
Level 2
Level 3
Level 4

영문법 총정리

중1 / 중2 / 중3

듣기 총정리 모의고사

중1 / 중2
중3 / 고1

Xistory stands for e**X**tra **I**ntensive story for the University Entrance Examination.
Xistory는 e**X**tra **I**ntensive story의 약자로 [**특별한 수능 단련 이야기**]라는 의미입니다.

대한민국 No.1 수능 기출 문제집 – 자이스토리

국어
- 국어 기본 (고1)
- 언어(문법) 기본 (고1)
- 언어와 매체 실전 (고3)
- 화법과 언어 (고2)
- 화법과 작문 실전 (고3)
- 독서 기본 (고1)
- 독서와 작문 (고2)
- 독서 실전 (고3)
- 문학 기본 (고1)
- 문학 완성 (고2)
- 문학 실전 (고3)
- 수능 국어 개념어 총정리
- 고등 국어 문법 총정리 ★
- 전국연합 모의고사 고1 국어 ★
- 전국연합 모의고사 고2 국어 ★
- 연도별 모의고사 고3 국어
  (언어와 매체)
- 연도별 모의고사 고3 국어
  (화법과 작문)

영어
- 독해 기본 (고1) ★
- 독해 완성 (고2) ★
- 독해 실전 (고3) ★
- 고난도 영어 독해
- 고등 영문법 기본
- 어법·어휘 기본 (고1) ★
- 어법·어휘 완성 (고2)
- 어법·어휘 실전 (고3)
- 듣기 기본
  (고1 전국연합 모의고사 24회)
- 듣기 완성
  (고2 전국연합 모의고사 24회)
- 듣기 실전
  (고3 수능 대비 모의고사 35회)
- 전국연합 모의고사 고1 영어
- 전국연합 모의고사 고2 영어
- 연도별 모의고사 고3 영어

수학
- 공통수학 1 ★
- 공통수학 2 ★
- 고2 대수 ★
- 고2 미적분 I ★
- 고2 확률과 통계
- 고3 수학 I ★
- 고3 수학 II
- 고3 미적분
- 고3 확률과 통계
- 고3 기하
- 전국연합 모의고사 고1 수학
  (공통수학)
- 연도별 모의고사 고3 수학
- 내신 핵심 기출 1000제
  (공통수학 1)
- 내신 핵심 기출 1000제
  (공통수학 2)

사회
- 통합사회 1, 2 ★
- 내신 한국사 1, 2 ★
- 고2 사회와 문화
- 고2 세계시민과 지리
- 고2 현대사회와 윤리
- 고2 세계사
- 사회·문화 ★
- 한국지리
- 세계지리
- 윤리와 사상
- 생활과 윤리 ★
- 수능 한국사
- 동아시아사
- 전국연합 모의고사
  (고1 통합사회)

과학
- 통합과학 1, 2 ★
- 개념 화학 I
- 개념 생명과학 I
- 개념 물리학 I
- 개념 지구과학 I
- 고2 화학
- 고2 생명과학
- 고2 물리학
- 고2 지구과학
- 화학 I ★
- 화학 II
- 생명과학 I ★
- 생명과학 II
- 물리학 I ★
- 지구과학 I ★
- 지구과학 II
- 전국연합 모의고사
  (고1 통합과학)

★ 는 강남인강 강의교재
◼ 는 2026 신간 교재

자이스토리는...
수능 문제 은행 최고의 교재입니다.

수능 공부는 자이스토리가 제일 중요합니다.
자이스토리에 수록된 수능 기출문제는
일반 문제와 달리 출제위원들이 심혈을 기울여
만든 고품격의 문제들이면서, 수능에 또다시
출제될 수 있기 때문입니다. 그래서 일반
문제집 10권을 푸는 것보다 자이스토리를
한 번 더 푸는 게 훨씬 효과적입니다.

자이스토리는...
수능 유형 분석이 쉽고 빠릅니다.

자이스토리는 수능 문제와 평가원 모의고사
문제를 유형별, 단원별로 수록했습니다.
문제를 풀면서 답을 구하는 과정을 통해
출제자의 의도와 유형을 쉽게 파악할 수
있습니다. 더불어 자주 출제되는 유형, 정답을
빨리 찾는 방법, 매력적인 오답을 피하는
방법 등도 자연스럽게 체득할 수 있습니다.

자이스토리는...
수능 문제를 수험생 스스로 예측합니다.

단원별, 유형별, 난이도별로 분류된
자이스토리를 차례대로 풀어 가면
난이도의 흐름, 출제 빈도의 흐름, 신유형
문제의 출제 변화 양상 등을 쉽게
파악할 수 있습니다. 그래서 '이번 수능에는
이런 문제들이 반드시 출제될 거야.'라는
예측을 수험생 스스로 할 수 있습니다.

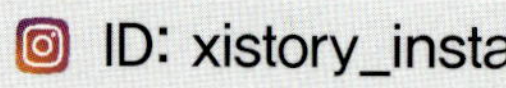

검색 수경출판사 · 자이스토리   ⓘ ID: xistory_insta

등록번호 제2013-000088호   **발행처** (주)수경출판사   **발행인** 박영란   **발행일** 2025년 12월 20일 (제2쇄)
홈페이지 www.book-sk.co.kr   **대표전화** 02-333-6080   **구입문의** 02-333-7812   **팩스** 02-333-7197
주소 서울시 영등포구 양평로 21길 26 (양평동 5가) IS비즈타워 807호 (우07207)
내용문의 02-333-6081   **편집책임** 윤재희/고은미/정의인/김민주   **디자인** 박지영/전찬우
마케팅 임순규/손형관/서정훈/김민주   **제작물류** 조인호/류혜리/임영훈

※ 이미지 출처: www.gettyimagesbank.com
※ 이 책에 실린 모든 내용에 대한 저작권은 (주)수경출판사에 있습니다. 무단 복사·복제를 일절 금합니다.
※ 페이지가 누락되었거나 파손된 교재는, 사용 여부에 관계없이 구입하신 곳에서 즉시 교환해 드립니다.

자이스토리 · 영어 독해 실전

5 3 7 4 0

9 791162 409077

ISBN 979-11-6240-907-7

정가 22,000원

Xistory stands for
e**X**tra **I**ntensive story for
the University Entrance Examination.

Xi
story

해 설 편

영어 독해 실전

🛑 입체 첨삭 해설!

자이 쌤 제공
문제편에 실리지 않은 자이 쌤을 홈페이지에서 제공해드립니다.

글의 주제
지문의 내용을 한 눈에 파악할 수 있도록 주제를 제시하였습니다.

직독직해
의미 중심의 문장별 끊어 읽기 표시와 해석을 달아주어 바로바로 해석할 수 있도록 돕습니다.

왜 정답
정답이 되는 핵심 이유와 문제 풀이를 알기 쉽고 자세하게 수록하였습니다.

핵심문장
글의 핵심문장을 표시하였습니다.

구문 풀이
해석과 지문 이해에 기본이 되는 구문 설명을 직접 첨삭하여 문법과 독해 실력 모두를 키울 수 있습니다.

어휘 풀이
필수 어휘와 어려운 어휘의 뜻을 정리하여 독해를 하면서 어휘의 뜻도 자연스럽게 익히고 어휘 실력 또한 키울 수 있게 하였습니다.

단서
문제를 푸는 데 핵심이 되는 어구나 문장을 표시했습니다.

선택지 첨삭 해설
정확한 정답을 확인할 수 있도록 선택지를 꼼꼼하게 분석해 설명했습니다.

꿀팁
문제를 쉽고 빨리 풀 수 있는 특별한 꿀팁입니다.

주의
풀이 과정에서 지문의 단서를 잘못 이용할 가능성이 있을 때, 적절한 주의를 주어서 올바른 풀이로 나아갈 수 있도록 한 코너입니다.

정답률
교육청 자료, 기타 기관 공지 자료와 내부 검토 과정을 거쳐 제시됩니다.

함정
지문을 정확히 이해하지 못한다면 반드시 빠지게 되어 있는 함정을 체크해 주고 해결할 수 있는 방법을 제시하였습니다.

KEY: 문제 속 어법 설명
해당 어법 사항이 문제로 출제됐을 때 정답을 찾는 가장 핵심적인 방법을 설명했습니다.

어법 특강
핵심 어법 사항을 한 번 더 짚어 주어 심화학습을 돕습니다.

왜 오답
오답 선택지와 매력적 오답을 상세히 분석해 오답의 함정에 빠지지 않도록 하였습니다.

매력적 오답 이유
매력적 오답이 되는 이유를 더 자세하게 알려줍니다.

매력적 오답
오답을 정답이라고 착각하게 되는 이유에 대해 철저하게 분석하고 대책까지 제시합니다.

특별 부록 – 휴대용 단어장
이 책에 나오는 모든 핵심 어휘를 정리해 놓은 단어장 부록을 휴대하기 편리하게 구성하였습니다.

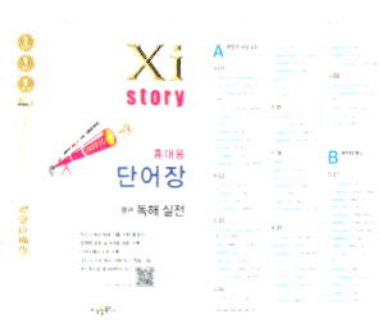

배경 지식
지문과 관련 있는 알아두면 유용한 배경 지식을 수록하였습니다.

★ 1등급 대비 · 2등급 대비 문제 특별 해설

2등급 대비 문제
헷갈리기 쉬운 매력적 오답이 있거나 지문이 이해하기 까다로워서 정답을 찾기 어려운 문제들을 2등급 대비 문제로 선정하였습니다.

문제 분석
2등급을 변별하는 문제들의 핵심 내용을 짚어주어 답에 쉽게 접근할 수 있도록 도와줍니다.

문제 분석
왜 이 문제가 등급을 가르는 문제인지를 설명하고 정답을 찾는 데 가장 핵심이 되는 단서를 설명했습니다.

단서
문제 풀이의 핵심이 되는 단서를 꼭 짚어 설명합니다.

발상
핵심 단서로 문제 풀이 방법을 구체적으로 설명합니다.

해결
찾아야 하는 것들을 다 찾은 뒤 적용하여 해결합니다.

개념
문제 풀이에 필요한 개념을 다시 한 번 확인합니다.

문제 풀이 순서
단순히 정답만 설명하는 것이 아니라 정답을 찾아가는 과정을 단계별로 자세히 설명함으로써 앞으로 만날 고난도 문제를 스스로 풀 수 있도록 훈련시킵니다.

선택지 분석
오답 선택지까지 다시 한번 완벽히 분석하여 더이상 오답의 함정에 빠지지 않도록 합니다.

차 례

자이 쌤's Follow Me! – 홈페이지에서 파일 제공

수경출판사 홈페이지 로그인 ➡ 상단 [학습자료실]

➡ [교재관련자료] ➡ [독해 실전] 검색

➡ [자이쌤 특별자료] 다운로드

A 목적 찾기 .... 문제편 p. 12 ~ 23
01① 02③ 03② 04④ 05① 06④ 07② 08① 09① 10④
11② 12③ 13④ 14② 15② 16③ 17① 18① 19② 20①

B 심경의 이해 .... 문제편 p. 26 ~ 33
01① 02① 03① 04③ 05② 06① 07② 08② 09① 10②
11③ 12② 13⑤ 14① 15① 16③ 17⑤ 18① 19③ 20④
21①

C 주장 찾기 .... 문제편 p. 36 ~ 49
01⑤ 02④ 03② 04② 05② 06③ 07② 08⑤ 09⑤ 10①
11③ 12① 13① 14⑤ 15① 16① 17③ 18② 19⑤ 20①
21③ 22② 23②

D 밑줄 친 부분의 의미 찾기 .... 문제편 p. 52 ~ 69
01③ 02③ 03② 04③ 05③ 06④ 07① 08② 09③ 10③
11⑤ 12① 13① 14⑤ 15⑤ 16③ 17⑤ 18① 19② 20②
21④ 22④ 23⑤ 24② 25① 26④ 27① 28② 29② 30④

E 요지 찾기 .... 문제편 p. 72 ~ 85
01④ 02⑤ 03① 04① 05① 06① 07⑤ 08⑤ 09② 10③
11① 12⑤ 13① 14④ 15① 16① 17⑤ 18① 19① 20①
21① 22①

F 주제 찾기 .... 문제편 p. 88 ~ 102
01③ 02④ 03③ 04① 05④ 06⑤ 07① 08② 09① 10④
11③ 12④ 13② 14⑤ 15④ 16② 17⑤ 18① 19② 20①
21① 22① 23⑤

G 제목 찾기 .... 문제편 p. 106 ~ 121
01① 02① 03② 04③ 05② 06② 07① 08② 09② 10⑤
11④ 12③ 13② 14④ 15⑤ 16① 17② 18① 19② 20⑤
21① 22③ 23⑤ 24① 25③ 26②

H 도표의 이해 .... 문제편 p. 124 ~ 137
01⑤ 02③ 03④ 04⑤ 05④ 06③ 07③ 08④ 09③ 10④
11⑤ 12③ 13② 14③ 15④ 16④ 17② 18④ 19③ 20④
21③ 22④

I 내용 불일치 .... 문제편 p. 140 ~ 150
01③ 02⑤ 03③ 04⑤ 05② 06④ 07⑤ 08④ 09③ 10④
11② 12⑤ 13⑤ 14④ 15③ 16④ 17③ 18③ 19⑤ 20③
21② 22⑤

J 실용문의 이해 .... 문제편 p. 154 ~ 177
01④ 02④ 03④ 04④ 05③ 06⑤ 07⑤ 08② 09⑤ 10⑤
11④ 12⑤ 13② 14③ 15③ 16⑤ 17③ 18③ 19③ 20⑤
21⑤ 22④ 23④ 24④ 25④ 26⑤ 27⑤ 28⑤ 29② 30③
31③ 32④ 33④ 34④ 35⑤ 36② 37③ 38④ 39⑤ 40③
41④ 42③

K 빈칸 완성하기 .... 문제편 p. 180 ~ 229
01⑤ 02① 03② 04① 05② 06⑤ 07① 08⑤ 09⑤ 10⑤
11② 12② 13② 14① 15④ 16② 17④ 18⑤ 19③ 20⑤
21① 22④ 23④ 24② 25① 26⑤ 27② 28⑤ 29① 30②
31③ 32③ 33① 34① 35① 36① 37③ 38② 39② 40①
41③ 42② 43⑤ 44② 45④ 46① 47② 48③ 49⑤ 50②
51① 52② 53④ 54④ 55① 56② 57⑤ 58⑤ 59① 60②
61② 62① 63① 64⑤ 65④ 66③ 67④ 68① 69③ 70②
71① 72③ 73④ 74① 75② 76① 77① 78① 79④ 80②
81③ 82① 83⑤ 84① 85④ 86② 87⑤ 88② 89② 90①
91④ 92④ 93②

L 흐름에 맞지 않는 문장 찾기 .... 문제편 p. 232 ~ 243
01④ 02② 03④ 04④ 05④ 06③ 07③ 08④ 09④ 10④
11③ 12③ 13③ 14④ 15③ 16④ 17③ 18④ 19④ 20③
21④ 22③ 23③ 24③

M 글의 순서 정하기 .... 문제편 p. 246 ~ 271
01① 02③ 03④ 04⑤ 05④ 06④ 07③ 08③ 09② 10④
11② 12③ 13④ 14④ 15③ 16⑤ 17③ 18⑤ 19③ 20③
21② 22④ 23④ 24⑤ 25③ 26④ 27② 28⑤ 29① 30⑤
31⑤ 32⑤ 33② 34② 35⑤ 36④ 37③ 38⑤ 39④ 40⑤
41④ 42② 43② 44④ 45② 46③

N 주어진 문장 넣기 .... 문제편 p. 274 ~ 297
01④ 02⑤ 03⑤ 04③ 05③ 06② 07⑤ 08⑤ 09③ 10④
11④ 12⑤ 13② 14③ 15③ 16④ 17④ 18④ 19④ 20④
21⑤ 22⑤ 23⑤ 24⑤ 25④ 26③ 27② 28⑤ 29⑤ 30⑤
31② 32② 33⑤ 34⑤ 35③ 36⑤ 37③ 38④ 39⑤ 40③
41④ 42④ 43⑤ 44④

O 요약문 완성하기 .... 문제편 p. 300 ~ 315
01② 02② 03③ 04④ 05④ 06① 07⑤ 08① 09① 10①
11③ 12① 13① 14① 15③ 16① 17② 18① 19② 20①
21① 22① 23① 24② 25①

〈고난도 유형 독해 모의고사〉

A DREAM written down with a date becomes a GOAL.

A goal broken down becomes a PLAN.

A plan backed by ACTION makes your dream come true.

- Greg S. Reid

A 목적 찾기 문제편 p. 12~23

A 01 정답 ① ＊박물관 자원봉사 가능 여부 묻기

To Whom It May Concern, / 관계자 귀하 /

I recently visited the Lambsford History Foundation's exhibition / about the Qukkon Gold Rush. //
저는 최근에 Lambsford 역사재단의 전시회를 방문했습니다 / Qukkon Gold Rush에 관한 //

The collection of pictures, tools, and historical documents / 사역동사 make+목적어+동사원형
made the gold miners arriving to Qukkon come to life. //
사진, 도구, 그리고 역사적 문서들의 컬렉션이 / Qukkon에 도착한 금광 채굴자들의 모습을 생생하게 재현해 주었습니다 //

This reminded me of / when I lived in Qukkon and worked in the mining industry. // remind A of B: A에게 B를 떠올리게 하다
이것은 제가 떠올리게 해 주었습니다 / Qukkon에 살면서 광업에 종사했던 시절을 //

Because of this, / I'm wondering if there are volunteer guide positions / available for this exhibition. // ~인지(명사절을 이끄는 접속사)
이러한 이유로 / 자원봉사 가이드 자리가 있는지 궁금합니다 / 이 전시회를 위한 // 단서 1 자원봉사 가이드 자리가 있는지 궁금해 함

I can share my experiences / working in the extreme cold of Qukkon. // 현재분사
저는 제 경험을 공유할 수 있습니다 / Qukkon의 극한 추위 속에서 일했던 //
단서 2 자원봉사 가이드 자리의 가능 여부에 대해 알고자 함

Again, I would be thankful / if you could tell me / about the availability of volunteer positions as a guide. //
다시 한번, 감사하겠습니다 / 알려주신다면 / 자원봉사 가이드 자리의 가능 여부에 대해 //

Sincerely, Jonathan Hamilton / Jonathan Hamilton 드림 /

- foundation ⓝ 재단
- exhibition ⓝ 전시회
- document ⓝ 문서
- miner ⓝ 채굴자, 광부
- mining industry 광업
- extreme ⓐ 극한의
- availability ⓝ 가능성

관계자 귀하,
저는 최근에 Qukkon Gold Rush에 관한 Lambsford 역사재단의 전시회를 방문했습니다. 사진, 도구, 그리고 역사적 문서들의 컬렉션이 Qukkon에 도착한 금광 채굴자들의 모습을 생생하게 재현해 주었습니다. 이것은 제가 Qukkon에 살면서 광업에 종사했던 시절을 떠올리게 해주었습니다. 이러한 이유로 이 전시회를 위한 자원봉사 가이드 자리가 있는지 궁금합니다. 저는 Qukkon의 극한 추위 속에서 일했던 제 경험을 관람객과 공유할 수 있습니다. 다시 한번, 자원봉사 가이드 자리의 가능 여부에 대해 알려주신다면 감사하겠습니다.
Jonathan Hamilton 드림

다음 글의 목적으로 가장 적절한 것은? Because of this, I'm wondering if there are volunteer guide positions available for this exhibition.
① 안내자로 자원봉사를 할 자리가 있는지 문의하려고
② 역사 박물관 근무 경력자 모집에 지원하려고 광부로서 근무한 경력이 있으나 박물관 근무 경력자가 아님
③ 전시회를 위한 예술품 기부를 부탁하려고 예술품 기부에 대한 언급은 없음
④ 채굴 도구 사용 설명서를 요청하려고 사용 설명서를 요청하는 내용이 아님
⑤ 전시회의 주제를 소개하려고 전시회 주제 소개가 목적이 아님

＞왜 정답? [정답률 97%]
글쓴이는 자신의 경험을 살려 전시회 가이드 역할을 하고 싶다며 자원봉사 가이드 자리가 있는지 묻고 있다.
▶ 따라서 글의 목적으로 가장 적절한 것은 ①이다.

＞왜 오답?
② 광부로서 근무한 경력이 있는 것이고, 박물관 근무 경력자가 아니다.
③ 예술품 기부에 대한 언급은 없다.
④ 도구는 전시품의 일종이며 도구 사용 설명서를 요청하는 내용이 아니다.
⑤ 초반에 전시회 주제에 대한 언급이 있지만 이 글의 목적은 아니다.

A 02 정답 ③ ＊부적절한 댓글 자제 요청

Hello, everyone! // Welcome back / to your favorite online channel, *With Ethan*. //
안녕하세요, 여러분! // 다시 오신 것을 환영합니다 / 여러분이 가장 좋아하는 온라인 채널인 *With Ethan*에 //

As always, / I'm trying to make this channel a place / that my followers of all ages can enjoy. // as: ~처럼, ~듯이 목적격 관계대명사
항상 그렇듯이 / 저는 이 채널을 공간으로 만들기 위해 노력하고 있습니다 / 모든 연령대의 팔로워가 즐길 수 있는 //

Recently, in the comments section, / there have been some examples of language / that is inappropriate for younger viewers. // 주어 동사 주격 관계대명사(선행사 language)
최근 댓글난에 / 언어 사례가 몇 가지 있었습니다 / 어린 시청자에게 부적절한 // 단서 1 어린 시청자에게 부적절한 댓글이 있었음

Also, there have been some comments / that are not relevant to this channel. // 주격 관계대명사
또한, 댓글도 일부 있었습니다 / 이 채널과 관련이 없는 // 단서 2 채널과 관계없는 댓글도 있었음

These kinds of comments / are unacceptable for a channel like this. //
이런 종류의 댓글은 / 이런 채널에서 허용되지 않습니다 // 단서 3 부적절하거나 관련 없는 댓글은 이 채널에 달지 말 것을 요청함

I would really like to ask / that all of my followers keep these things in mind / so that we can all enjoy this channel. // 목적어절 접속사 so that+주어+동사: ~가 …할 수 있도록 간절히
부탁드립니다 / 모든 팔로워가 이러한 점을 염두에 두시길 / 우리 모두 이 채널을 즐길 수 있도록 //

I always appreciate your time and support. //
항상 여러분의 시간과 성원에 감사드립니다 //

Please keep watching. // 계속 시청해 주시기 바랍니다 //

- comment ⓝ 댓글
- inappropriate ⓐ 부적절한
- relevant ⓐ 관련이 있는
- keep ~ in mind ~을 염두에 두다

안녕하세요, 여러분! 여러분이 가장 좋아하는 온라인 채널인 *With Ethan*에 다시 오신 것을 환영합니다. 항상 그렇듯이 저는 이 채널을 모든 연령대의 팔로워가 즐길 수 있는 공간으로 만들기 위해 노력하고 있습니다. 최근 댓글난에 어린 시청자에게 부적절한 언어 사례가 몇 가지 있었습니다. 또한 이 채널과 관련이 없는 댓글도 일부 있었습니다. 이런 종류의 댓글은 이런 채널에서 허용되지 않습니다. 우리 모두 이 채널을 즐길 수 있도록 모든 팔로워가 이러한 점을 염두에 두시길 간절히 부탁드립니다. 항상 여러분의 시간과 성원에 감사드립니다. 계속 시청해 주시기 바랍니다.

다음 글의 목적으로 가장 적절한 것은?
① 새로 개설한 온라인 채널을 홍보하려고 채널 홍보에 대한 내용이 아님
② 온라인 생방송 날짜 변경을 공지하려고 생방송 날짜 변경에 대한 언급은 없음
③ 부적절한 댓글을 쓰지 않도록 요청하려고 These kinds of comments are unacceptable ~ we can all enjoy this channel.
④ 온라인 채널 구독 연령 제한을 고지하려고 어린 시청자에게 부적절한 댓글을 달지 말라는 것이지 연령 제한에 관한 내용이 아님
⑤ 온라인 구독자들의 요청 사항을 공유하려고 구독자의 요청이 아니라 운영자의 요청 사항임

＞왜 정답? [정답률 80%]
자신이 운영하는 온라인 채널의 댓글에 최근 어린 시청자에게 부적절한 언어 사례가 있었다고 밝히며, 앞으로는 이러한 일이 다시 발생하지 않기를 부탁하는 내용이다.
▶ 따라서 글의 목적으로 가장 적절한 것은 ③이다.

＞왜 오답?
① 채널 홍보에 대한 내용이 아니다.
② 생방송 날짜 변경에 대한 언급은 없다.
④ 어린 시청자에게 부적절한 댓글을 달지 말라는 것이지 연령 제한에 관한 내용이 아니다.
⑤ 구독자의 요청이 아니라 운영자의 요청 사항을 담은 글이다.

A 03 정답 ② ＊새로운 동아리 활동에 대한 제안서 제출 안내

Dear students, / 친애하는 학생 여러분 /

I am Amanda Clark, / the school club director, / and I am writing
to you / about our school clubs. //
저는 Amanda Clark입니다 / 학교 동아리 담당 교사인 / 그리고 저는 여러분께 글을 씁니다
/ 우리 학교 동아리와 관련해 //

Over the last few semesters, / there have been requests / for
more diverse school clubs. //
지난 몇 학기 동안 / 요청이 있었습니다 / 더 다양한 학교 동아리에 대한 //

For this reason, / the school decided / to expand the number of
clubs / for extracurricular activities. //
이런 이유로 / 학교에서는 결정했습니다 / 동아리 수를 확대하기로 / 과외 활동을 위한 //

This provides students / with an opportunity / to make
additional clubs. // 이는 학생들에게 제공합니다 / 기회를 / 동아리를 추가로 만들 //

Students can make any type of club / based on their various
interests, / such as hip-hop, K-pop dancing, or coding. //
학생들은 어떤 종류의 동아리든 개설할 수 있습니다 / 그들의 다양한 관심사를 바탕으로 /
힙합, 케이팝 댄스, 또는 코딩과 같은 //

Therefore, / I am encouraging you / to submit a proposal for a
new club / that you would like to create. //
따라서 / 저는 여러분에게 권합니다 / 새로운 동아리에 대한 제안서를 제출해 주기를 /
여러분이 만들고 싶은 //

Please turn this in to my office / by the end of this week. //
이것을 제 사무실로 제출해 주세요 / 이번 주가 끝나기 전까지 //

I look forward to seeing your great ideas. //
여러분의 멋진 아이디어들을 보기를 기대합니다 //

Best regards, Amanda Clark / Amanda Clark 드림 /

- semester ⓝ 학기　　• request ⓝ 요청　　• diverse ⓐ 다양한
- expand ⓥ 확대하다　　• extracurricular activity 과외 활동
- submit ⓥ 제출하다　　• proposal ⓝ 제안서
- turn ~ in ~을 제출하다

친애하는 학생 여러분, 저는 학교 동아리 담당 교사 Amanda Clark이며, 우리
학교 동아리와 관련해 여러분께 글을 씁니다. 지난 몇 학기 동안 더 다양한 학
교 동아리에 대한 요청이 있었습니다. 이런 이유로, 학교에서는 과외 활동을 위
한 동아리 수를 확대하기로 결정했습니다. 이는 동아리를 추가로 만들 기회를
학생들에게 제공합니다. 학생들은 힙합, 케이팝 댄스, 또는 코딩과 같은 그들의
다양한 관심사를 바탕으로 어떤 종류의 동아리든 개설할 수 있습니다. 따라서
여러분이 만들고 싶은 새로운 동아리에 대한 제안서를 제출해 주기를 권합니다.
이번 주가 끝나기 전까지 이것(제안서)을 제 사무실로 제출해 주세요. 여러분의
멋진 아이디어들을 보기를 기대합니다.
Amanda Clark 드림

다음 글의 목적으로 가장 적절한 것은?

① 동아리 활동에 대한 만족도를 조사하려고　동아리 활동에 대한 만족도를 조사하고자 하는 것이 아님

② 동아리 개설 제안서 제출을 독려하려고　I am encouraging you to submit a proposal for a new club that you would like to create.

③ 체험 활동 결과 보고서를 요청하려고　과외 활동을 언급한 것으로 만든 오답

④ 동아리 신규 회원 모집을 공지하려고　동아리 신규 회원 모집 공지가 목적이 아님

⑤ 방과 후 활동 프로그램을 설명하려고　다양한 활동을 언급한 것으로 만든 함정

◝왜 정답❓ [정답률 95%]

자신이 학교 동아리 담당 교사인 Amanda Clark라고 밝히면서, 더 다양한 동아리에
대한 요청이 있어 학교에서 동아리 수를 확대하기로 했다고 말했다. 또한, 만들고 싶은
새로운 동아리에 대한 제안서를 이번 주가 끝나기 전까지 제출해 달라고 했다.

▶ 따라서 글의 목적으로 가장 적절한 것은 ②이다.

◝왜 오답❓

① 동아리 활동에 대한 만족도를 조사하려는 것이 아니다.

③ 과외 활동을 언급한 것으로 만든 오답으로, 체험 활동 결과 보고서 요청에 대한 내
　용이 아니다.

④ 동아리 신규 회원 모집 공지가 목적이 아니다.

⑤ 방과 후 활동 프로그램 설명을 하고자 하는 것이 아니다.

김연준 | 2026 수능 응시 · 안성 안법고 졸

글의 목적을 파악하는 문제는 보통 듣기 시간에 푸는 경우가 많을
텐데, 그렇다고 절대 대충 보고 급하게 풀면 안 돼! 이 글에서는
학교 동아리 담당교사가 지난 몇 학기 동안 다양한 동아리에 대한
요청을 받았다고 말하며, 이번 학기에는 동아리의 수를 늘린다고
알려주고 있어. 그러면서 I am encouraging you to submit ~ you would like
to create.라고 말하며, 동아리 개설 제안서 제출을 독려하고 있어. 따라서 ②이
정답인 걸 알 수 있어.

A 04 정답 ④ ＊자격증 원본 제출 요청

Thank you / for applying for the winter internship program. //
감사드립니다 / 겨울 인턴십 프로그램에 지원해 주셔서 //

I'm writing this email / to provide you with important
information / regarding the next step in your application
process. //
저는 이 이메일을 쓰고 있습니다 / 귀하에게 중요한 정보를 드리기 위해 / 지원 과정의 다음
단계와 관련한 //

Based on the materials you submitted, / we've recognized your
genuine interest / in advancing your technical expertise and
software development skills. //
귀하께서 제출한 자료에 기반하여 / 저희는 귀하의 진심 어린 관심을 알아보았습니다 / 기술적
전문 지식과 소프트웨어 개발 기술 증진에 대한 //

As mentioned before, / additional documentation is required /
before moving to the final stage. //
전에 언급하였듯이 / 추가 서류가 요구됩니다 / 마지막 단계로 나아가기 전에 //

We kindly ask / that you provide the original copies of the
certificates / you listed in your application. //
저희는 정중히 부탁드립니다 / 자격증의 원본을 제출해 주실 것을 / 귀하께서 지원서에
작성한 //

Please send the documentation / via mail / by November 7. //
서류를 보내 주십시오 / 우편으로 / 11월 7일까지 //

Thank you. // 감사합니다 //

- provide ⓥ 제출하다, 제공하다　　• submit ⓥ 제출하다
- recognize ⓥ 알아보다, 인식하다　　• genuine ⓐ 진심 어린, 진짜의
- advance ⓥ 증진[발전]시키다　　• expertise ⓝ 전문 지식
- documentation ⓝ 서류　　• require ⓥ 요구하다
- certificate ⓝ 자격증

겨울 인턴십 프로그램에 지원해 주셔서 감사드립니다. 저는 귀하에게 지원 과
정의 다음 단계와 관련한 중요한 정보를 드리기 위해 이 이메일을 쓰고 있습니
다. 귀하께서 제출한 자료에 기반하여, 저희는 기술적 전문 지식과 소프트웨어
개발 기술 증진에 대한 귀하의 진심 어린 관심을 알아보았습니다. 전에 언급하
였듯이, 마지막 단계로 나아가기 전에 추가 서류가 요구됩니다. 저희는 귀하께
서 지원서에 작성한 자격증의 원본을 제출해 주실 것을 정중히 부탁드립니다.
서류를 우편으로 11월 7일까지 보내 주십시오. 감사합니다.

다음 글의 목적으로 가장 적절한 것은?

① 자격증의 온라인 출력 방법을 안내하려고　단순하게 자격증을 넣어 만든 오답

② 면접 일정의 변경을 공지하려고　면접 일정에 대한 내용이 아님

③ 인턴십 프로그램을 홍보하려고　인턴십 프로그램을 홍보하는 것이 아님

④ 자격증의 원본 제출을 요청하려고　We kindly ask that you provide the original copies of the certificates you listed in your application.

⑤ 인턴십 프로그램이 취소되었음을 알리려고　인턴십 프로그램이 취소되었다는 내용이 아님

인턴십 지원 과정의 마지막 단계로 지원서에 작성한 자격증의 원본을 제출하도록 요구하는 내용이다.

▶ 따라서 글의 목적으로 가장 적절한 것은 ④이다.

① 자격증의 온라인 출력 방법에 대한 언급은 없다.
② 면접 일정에 대한 내용이 아니다.
③ 이미 인턴십 프로그램에 지원한 사람들에게 보내는 안내 이메일이다.
⑤ 인턴십 프로그램이 취소되었다는 내용은 없다.

A 05 정답 ① ＊잡지에 실린 요리법의 수정 사항 안내

To our readers, / 우리의 독자 여러분께 /

We hope / you are well / and enjoying the latest issue of our magazine, *Kitchen Gazette*. //
우리는 바랍니다 / 여러분이 잘 지내며 / 우리 잡지 *Kitchen Gazette*의 최신 호를 즐기고 계시기를 //

bring+간접목적어+직접목적어
As always, / we strive to **bring you the most useful content**, / and we appreciate your continued support. //
늘 그렇듯 / 우리는 여러분께 가장 유용한 콘텐츠를 제공하기 위해 노력하며 / 여러분의 지속적인 성원에 감사드립니다 //

접속사(~이긴 하지만)
While we aim for perfection / with each of our recipes, / we occasionally make mistakes. //
우리는 완벽하게 만드는 것을 목표로 하지만 / 우리의 각각의 요리법을 / 때때로 실수를 합니다 //

가주어 / 진주어절을 이끄는 접속사
It has come to our attention / **that** the recipe for Banana Cream Pie in the June issue / was incomplete. // 단서 1 잡지에 실린 요리법이 불완전했다는 점을 알림
우리는 발견했습니다 / 6월 호에 실린 바나나 크림 파이의 요리법이 / 불완전했다는 점을 //

조동사(일반동사 mention 강조)
Although the directions **did** mention adding milk, / the list of ingredients did not include it. //
설명에서는 우유를 추가하는 것을 언급했지만 / 재료 목록에는 그것을 포함하지 않았습니다 //

The correct listing / should specify one and three-quarter cups of milk. // 정확한 목록을 / 우유 1과 3/4컵을 명시해야 합니다 // 단서 2 정확한 목록을 안내하고 있음

We hope / you'll try it again / using the corrected version. //
우리는 바랍니다 / 여러분이 다시 시도해 보시기를 / 수정된 버전을 사용해 //

Thank you for your understanding, / and we look forward to bringing you more delicious recipes in the future! //
여러분의 이해에 감사드리며 / 우리는 앞으로도 여러분께 더 많은 맛있는 요리법을 제공하기를 기대합니다 //

Warm regards, / 따뜻한 안부를 담아 /

Jenny Perker / Jenny Perker /

Kitchen Gazette Food Content Director /
Kitchen Gazette 음식 콘텐츠 연출가 /

- **strive to-v** ~하려고 노력하다
- **recipe** ⓝ 요리법
- **occasionally** ⓐⓓ 때때로
- **incomplete** ⓐ 불완전한
- **direction** ⓝ 설명, 지시
- **mention** ⓥ 언급하다
- **ingredient** ⓝ 재료
- **specify** ⓥ 명시하다

우리의 독자 여러분께,
우리는 여러분이 잘 지내며, 우리 잡지 *Kitchen Gazette*의 최신 호를 즐기고 계시기를 바랍니다. 늘 그렇듯 우리는 여러분께 가장 유용한 콘텐츠를 제공하기 위해 노력하며, 여러분의 지속적인 성원에 감사드립니다. 우리는 우리의 각각의 요리법을 완벽하게 만드는 것을 목표로 하지만, 때때로 실수를 합니다. 우리는 6월 호에 실린 바나나 크림 파이의 요리법이 불완전했다는 점을 발견했습니다. 설명에서는 우유를 추가하는 것을 언급했지만, 재료 목록에는 그것을 포함하지 않았습니다. 정확한 목록은 우유 1과 3/4컵을 명시해야 합니다. 우리는 여러분이 수정된 버전을 사용해 다시 시도해 보시기를 바랍니다. 여러분의 이해에 감사드리며, 우리는 앞으로도 여러분께 더 많은 맛있는 요리법을 제공하기를 기대합니다!

따뜻한 안부를 담아,

Jenny Perker
Kitchen Gazette 음식 콘텐츠 연출가

다음 글의 목적으로 가장 적절한 것은?
① 잡지에 실린 요리법의 수정 사항을 알리려고 The correct listing should specify one and three-quarter cups of milk.
② 요리 재료 보관 시 유의 사항을 설명하려고 요리의 재료 보관에 대한 안내가 아님
③ 유명 요리사의 조리 비법을 공유하려고 유명 요리사의 조리 비법은 공유되지 않음
④ 요리 잡지의 정기 구독을 독려하려고 잡지의 정기 구독에 대한 내용은 없음
⑤ 요리책의 최신 발행본을 홍보하려고 요리책을 홍보하는 내용이 아님

잡지에 실린 요리법의 재료 목록이 불완전했다고 하면서 정확한 목록을 명시하며 수정 사항을 안내하고 있다.

▶ 따라서 글의 목적으로 가장 적절한 것은 ①이다.

② 요리 재료 보관 시 유의할 점에 대해 안내하고 있지 않다.
③ 유명 요리사의 조리 비법에 대해 알리고 있는 내용이 아니다.
④ 잡지의 정기 구독에 대한 내용은 언급되지 않았다.
⑤ 요리책의 최신 발행본을 홍보하고 있지 않다.

A 06 정답 ④ ＊오래된 도로의 통행료 조정 제안

To whom it may concern, / 관계자분께 /
핵심 주어(단수)
The creation of an additional new road / to address the traffic on worn-out Mahogany Road / **was** quite pleasant news for our community. // 단수 동사
추가적인 새로운 도로의 건설은 / 낡은 Mahogany Road의 교통량에 대처하기 위한 / 우리 지역 사회에 매우 기쁜 소식이었습니다 //

동격절 접속사
I pen this letter / with the hope **that** the relevant authorities will intervene / in regard to an unresolved inconvenience. //
저는 이 편지를 씁니다 / 관련 당국이 개입하기를 바라며 / 해결되지 않은 불편함에 관해 //

명사절 접속사
I fully agree / **that** the toll on Mahogany Road / needed to be high in past years, / because the road was a single one / with lots of traffic / and its miserable state / required frequent maintenance. //
저는 전적으로 동의합니다 / Mahogany Road의 통행료가 / 지난 몇 년간 높을 필요가 있었다는 것에 / 유일한 도로였기 때문에 / 교통량이 많은 / 그리고 그것의 형편없는 상태가 / 빈번한 유지 보수를 필요로 했기 때문에 //

= the price
Yet, the road's drivers / are still asked to pay $3 each time, / and this price is similar / to **that** of the newly built road, / so the traffic jams don't go away / as drivers flock to the new road. //
그러나, 그 도로의 운전자들은 / 여전히 매번 3달러를 내도록 요구받고 있고 / 이 요금은 비슷해서 / 신축 도로의 요금과 / 교통 체증은 사라지지 않고 있습니다 / 운전자들이 신축 도로로 몰려들면서 //

주장, 요구, 명령, 제안을 나타내는 동사(+that)+주어(+should)+동사원형
For better distribution of traffic, / I **suggest there be** a proper adjustment in price / on Mahogany Road. // 단서 오래된 Mahogany Road의 통행료 조정을 제안함
교통량의 더 나은 분산을 위해 / 적절한 요금 조정을 제안합니다 / Mahogany Road의 //

I hope / the new road can fulfill our needs well / as planned. //
저는 바랍니다 / 신축 도로가 우리의 요구 사항들을 잘 충족시킬 수 있기를 / 계획대로 //

Yours faithfully, Dan Sullivan / 진심을 담아, Dan Sullivan 드림 /

- **address** ⓥ (문제 등에 대해) 대처하다
- **worn-out** ⓐ 낡은
- **authorities** ⓝ 당국
- **intervene** ⓥ 개입하다
- **unresolved** ⓐ 해결되지 않은
- **toll** ⓝ 통행료
- **miserable** ⓐ 형편없는
- **maintenance** ⓝ 유지 보수
- **flock to** ~로 모여들다
- **distribution** ⓝ 분산, 분포
- **adjustment** ⓝ 조정
- **fulfill** ⓥ 충족시키다

관계자분께,

낡은 Mahogany Road의 교통량에 대처하기 위한 추가적인 새로운 도로의 건설은 우리 지역 사회에 매우 기쁜 소식이었습니다. 저는 해결되지 않은 불편함에 관해 관련 당국이 개입하기를 바라며 이 편지를 씁니다. 저는 Mahogany Road가 교통량이 많은 유일한 도로이자 그것의 형편없는 상태가 빈번한 유지 보수를 필요로 했기 때문에, 지난 몇 년간 이 도로의 통행료가 높을 필요가 있었다는 것에 전적으로 동의합니다. 그러나, 여전히 그 도로의 운전자들은 매번 3달러를 내도록 요구받고 있고, 이 요금은 신축 도로의 요금과 비슷해서 운전자들이 신축 도로로 몰려들면서 교통 체증은 사라지지 않고 있습니다. 교통량의 더나은 분산을 위해, Mahogany Road의 적절한 요금 조정을 제안합니다. 저는 계획대로 신축 도로가 우리의 요구 사항들을 잘 충족시킬 수 있기를 바랍니다. 진심을 담아, Dan Sullivan 드림

다음 글의 목적으로 가장 적절한 것은?

① 도로 건설 계획의 변경에 반대하려고 도로 건설에 대한 것이 아님

② 갑작스러운 통행료 인상에 항의하려고 단순히 통행료와 관련된 것으로 만든 오답

③ 새로운 도로 건설의 필요성을 설명하려고 새로운 도로 건설이 필요하다는 내용이 아님

④ 오래된 도로의 통행료 조정을 제안하려고 I suggest there be a proper adjustment in price on Mahogany Road

⑤ 도로 폐쇄로 인한 교통 체증 문제 해결을 요구하려고 도로 폐쇄에 대한 언급은 없음

왜 정답? [정답률 79%]

원활한 교통 흐름을 위해 새로운 도로가 건설될 것이어서 기쁘다고 하면서, 낡은 도로인 Mahogany Road의 통행료는 적절히 조정해 주기를 제안하는 내용이다.

▶ 따라서 글의 목적으로 가장 적절한 것은 ④이다.

왜 오답?

① 도로 건설 계획에 대한 내용이 아니다.

② 통행료 인상에 반대하는 것이 아니다.

③ 새로운 도로 건설의 필요성을 설명하는 것이 아니다.

⑤ 도로 폐쇄로 인한 교통 체증 문제에 대한 내용이 아니다.

A 07 정답 ② ＊작품 제출 마감일 변경 안내하기

Dear School Officials, / 학교 관계자 여러분께 /

Thank you / for deciding to participate / in the upcoming 2025 Student Art Exhibition. //
감사드립니다 / 참가하기로 결정해 주셔서 / 다가오는 2025 Student Art Exhibition에 //

Our organization's event / has been a platform / for showcasing the artistic talents of young students / for a decade. //
우리 단체의 행사는 / 무대였습니다 / 어린 학생들의 예술적 재능을 선보이는 / 10년 동안 //

접속사가 생략되지 않은 분사구문 / 앞에 목적격 관계대명사가 생략됨
After reviewing the applications / we've received, / we can't wait / to exhibit your students' work. //
신청서들을 검토하고 나서 / 저희가 받은 / 저희는 매우 기대됩니다 / 여러분 학생들의 작품을 전시하는 것이 //

목적어절 접속사 / 단서 작품 제출 마감일에 변동이 생김
However, / please note / that there has been a change / to the submission deadline / for your students' work. //
하지만 / 알아 두시기 바랍니다 / 변동이 있었음을 / 제출 마감일에 / 여러분 학생들의 작품 //

The deadline / is April 15th / instead of March 28th. //
마감일은 / 4월 15일입니다 / 3월 28일 대신 //

전치사+관계대명사
Please send the work / to the address / of which we have already notified you. //
작품을 보내 주시기 바랍니다 / 주소로 / 저희가 이전에 알려 드린 //

Thank you. // 감사합니다 //

- **upcoming** ⓐ 다가오는
- **organization** ⓝ 단체
- **showcase** ⓥ 선보이다
- **application** ⓝ 신청서
- **exhibit** ⓥ 전시하다
- **submission** ⓝ 제출
- **notify** ⓥ 알리다, 통보하다

학교 관계자 여러분께,

다가오는 2025 Student Art Exhibition에 참가하기로 결정해 주셔서 감사드립니다. 우리 단체의 행사는 10년 동안 어린 학생들의 예술적 재능을 선보이는 무대였습니다. 저희가 받은 신청서들을 검토하고 나서, 저희는 여러분 학생들의 작품을 전시하는 것이 매우 기대됩니다. 하지만 여러분 학생들의 작품 제출 마감일에 변동이 있었음을 알아 두시기 바랍니다. 마감일은 3월 28일 대신 4월 15일입니다. 저희가 이전에 알려 드린 주소로 작품을 보내 주시기 바랍니다. 감사합니다.

다음 글의 목적으로 가장 적절한 것은?

① 전시회 운영 기간을 안내하려고 전시회 운영 기간을 안내하고 있지 않음

② 작품 제출 마감일 변경을 알리려고 please note that there has been a change to the submission deadline for your students' work

③ 학생 예술 단체 가입을 독려하려고 학생 예술 단체 가입을 독려하는 내용은 없음

④ 전시회에 공개할 작품을 발표하려고 단순히 전시회와 관련된 것으로 만든 오답

⑤ 전시되는 작품의 선정 기준을 공지하려고 전시 작품 선정 기준에 대한 언급은 없음

왜 정답? [정답률 93%]

전시회를 위한 학생들의 작품 제출 마감일이 3월 28일에서 4월 15일로 변경되었다고 했다. ▶ 따라서 글의 목적으로 가장 적절한 것은 ②이다.

왜 오답?

① 전시회 운영 기간을 안내하고 있지 않다.

③ 학생 예술 단체 가입을 독려하는 내용이 아니다.

④ 전시회에 공개할 작품을 발표하는 것에 대한 내용은 없다.

⑤ 전시 작품 선정 기준을 공지하고 있는 것이 아니다.

자이 쌤's Follow Me! −홈페이지에서 제공

A 08 정답 ① ＊공원 재개장 행사 초대

Dear Custard Valley Park members, /
Custard Valley 공원 회원께 /

미래시제 수동태
Custard Valley Park's grand reopening event / will be held / on June 1st. //
Custard Valley 공원의 성대한 재개장 행사가 / 열릴 것입니다 / 6월 1일에 //

For this exciting occasion, / we are offering free admission / to all visitors / on the reopening day. //
이 신나는 행사를 위해 / 저희는 무료입장을 제공합니다 / 모든 방문객에게 / 재개장 당일 //

a food stand를 수식하는 현재분사구
There will be a food stand / selling ice cream and snacks. //
음식 노점이 있을 것입니다 / 아이스크림과 간식을 판매하는 //

We would like to invite you, our valued members, / to celebrate this event. // 단서 재개장 행사에 초대하고자 함
저희는 저희의 소중한 회원인 여러분을 초대하고 싶습니다 / 이 행사를 축하하기 위해 //

Please come and explore the park's new features / such as tennis courts and a flower garden. //
공원의 새로운 특별시설을 오셔서 둘러보세요 / 테니스 코트와 꽃 정원과 같은 //

Just relax / and enjoy the beautiful scenery. //
그저 긴장을 풀고 / 아름다운 경치를 즐기십시오 //

We are confident / that you will love the new changes, / and we
전치사 / 동명사구
are looking forward to seeing you soon. //
저희는 확신하며 / 새로운 변화를 매우 좋아하실 것으로 / 여러분을 곧 다시 뵙기를 고대하고 있습니다 //

Sincerely,
Katherine Carter
Park Management Team /
공원 관리 팀 Katherine Carter 드림 /

- **occasion** ⓝ 행사, 때
- **admission** ⓝ 입장
- **food stand** 음식 노점
- **valued** ⓐ 귀중한, 소중한
- **celebrate** ⓥ 축하하다
- **feature** ⓝ 특색
- **scenery** ⓝ 경치
- **confident** ⓐ 자신감 있는, 확신하는

Custard Valley 공원 회원께

6월 1일에 Custard Valley 공원의 성대한 재개장 행사가 열릴 것입니다. 이 신나는 행사를 위해 재개장 당일 모든 방문객에게 무료입장을 제공합니다. 아이스크림과 간식을 판매하는 음식 노점이 있을 것입니다. 이 행사를 축하하기 위해 우리의 소중한 회원인 여러분을 초대하고 싶습니다. 테니스 코트와 꽃 정원 등 공원의 새로운 특별시설을 오셔서 둘러보시기를 바랍니다. 그저 긴장을 풀고 아름다운 경치를 즐기십시오. 새로운 변화를 매우 좋아하실 것으로 확신하며 곧 다시 뵙기를 고대하고 있습니다.

공원 관리 팀 Katherine Carter 드림

다음 글의 목적으로 가장 적절한 것은?

① 공원 재개장 행사에 초대하려고   We would like to invite you, our valued members, to celebrate this event.

② 공원 운영 시간 변경을 공지하려고   운영 시간이 변경되었다는 언급은 없음

③ 공원 이용 규칙 준수를 당부하려고   이용 규칙은 언급되지 않음

④ 공원 입장 시 유의 사항을 안내하려고   유의 사항을 안내한 것이 아님

⑤ 공원 리모델링 사업 계획을 설명하려고   리모델링을 마치고 재개장함

＞왜 정답? [정답률 97%]

- 6월 1일에 Custard Valley 공원의 성대한 재개장 행사가 열릴 것입니다.
- 이 행사를 축하하기 위해 우리의 소중한 회원인 여러분을 초대하고 싶습니다.

➡ 공원의 재개장 행사에 대해 알리며 회원을 초대하는 편지이므로 정답은 ①이다.

＞왜 오답?

② 운영 시간이 변경되었음을 알리는 것이 아니다.
③ 이용 규칙에 대한 언급은 없다.
④ 어떤 유의 사항에 대해 설명하는 것이 아니다.
⑤ 재개장 행사이므로 리모델링을 마쳤을 것이다.

A 09 정답 ① ＊Rosydale City 마라톤 대회 취소 공지

Dear Rosydale City Marathon Racers, /
Rosydale City 마라톤 대회 참가자분들께 /

We are really grateful to all of you / who have signed up for /
the 10th Rosydale City Marathon / that was scheduled for this coming Saturday at 10 a.m. //
모든 분께 진심으로 감사드립니다 / 등록해 주신 / 제10회 Rosydale City Marathon 대회에 / 이번 토요일 오전 10시에 예정되었던 //

Unfortunately, / as you may already know, / the weather forecast says / that there is going to be a downpour / throughout the race day. //
안타깝게도 / 이미 알고 계실 수도 있지만 / 일기 예보가 말해 줍니다 / 폭우가 쏟아질 것이라고 / 마라톤 대회 당일 내내 //

We truly hoped / that the race would go smoothly. //
저희는 진심으로 바랐습니다 / 대회가 순조롭게 진행되기를 //

However, / it is likely / that the heavy rain will make the roads / too slippery and dangerous for the racers / to run safely. //
하지만 / 가능성이 있습니다 / 폭우가 도로를 만들 / 대회 참가자들에게 너무 미끄럽고 위험하게 / 안전하게 달리기에 //

As a result, / we have decided / to cancel the race. //
그래서 / 저희는 결정했습니다 / 대회를 취소하기로 단서 대회를 취소하기로 결정함

We hope you understand / and we promise to hold another race / in the near future. //
여러분의 양해를 바랍니다 / 그리고 다른 대회를 개최할 것을 약속드립니다 / 가까운 미래에 //

Sincerely, Martha Kingsley Race Manager /
대회 책임자 Martha Kingsley 드림 /

- sign up for ~에 등록하다
- scheduled ⓐ 예정된
- downpour ⓝ 폭우
- slippery ⓐ 미끄러운

Rosydale City Marathon 대회 참가자 여러분께,

이번 토요일 오전 10시로 예정되었던 제10회 Rosydale City Marathon 대회에 등록해 주신 모든 분께 진심으로 감사드립니다. 안타깝게도, 이미 알고 계실 수도 있지만, 일기 예보에 따르면 마라톤 대회 당일 내내 폭우가 쏟아질 것이라 합니다. 저희는 대회가 순조롭게 진행되기를 진심으로 바랐습니다. 하지만 폭우로 인해 대회 참가자들이 안전하게 달리기에는 도로가 너무 미끄럽고 위험해질 것 같습니다. 그래서 저희는 대회를 취소하기로 했습니다. 여러분의 양해를 부탁드리면서 가까운 미래에 다른 대회를 개최할 것을 약속드립니다.

대회 책임자 Martha Kingsley 드림

다음 글의 목적으로 가장 적절한 것은?

① 마라톤 경기 취소 사실을 공지하려고   폭우로 인한 마라톤 경기 취소 사실을 공지함

② 마라톤 경기 사전 행사 참여를 독려하려고
  마라톤 경기 사전 행사 참여를 독려하고 있지 않음

③ 마라톤 경기 참가비 환불 절차를 설명하려고
  참가비 환불 절차를 설명하는 내용이 없음

④ 마라톤 경기 참여 시 규칙 준수를 당부하려고
  마라톤 경기 참여 시 규칙 준수를 언급하지 않았음

⑤ 마라톤 경기 진행에 따른 도로 통제를 안내하려고
  마라톤 경기 진행에 따른 도로 통제를 위한 글이 아님

＞왜 정답? [정답률 99%]

Rosydale City Marathon 대회 당일 내내 폭우가 예보되어 마라톤 대회 참가자들의 안전을 위해 마라톤 대회를 취소하게 되었음을 공지하는 내용의 글이다.

▶ 따라서 글의 목적으로 가장 적절한 것은 ①이다.

＞왜 오답?

② 마라톤 경기 사전 행사 참여를 독려하고 있지 않다.
③ 마라톤 경기 참가비 환불 절차를 설명하는 글이 아니다.
④ 마라톤 경기 참여 시 규칙 준수를 당부하고 있지 않다.
⑤ 마라톤 경기 진행에 따른 도로 통제를 안내하고 있는 글이 아니다.

배지오 | 연세대 약학과 2025년 입학 · 성남 낙생고 졸

두 번째 문장에 City Marathon이라는 단어를 보고 주제가 마라톤이라는 것을 파악해야 돼. 그리고 다음 문장에서는 Unfortunately를 보고, 마라톤 행사에 차질이 생겼음을 예상할 수 있어. 그 이후에도 a downpour throughout the race day를 보고 날씨로 인해 마라톤 행사에 차질이 생겼음을 파악할 수 있지. 마지막으로 As a result, we have decided to cancel the race. 부분을 통해 결국 마라톤 행사가 취소되었음을 알 수 있었어!

A 10 정답 ④ ＊Royal Ocean Cruises 독점 판촉 상품 안내

Dear Valued Members, / 소중한 고객님들께 /

We have exciting news / here at Royal Ocean Cruises! //
흥미진진한 소식이 있습니다 / 여기 저희 Royal Ocean Cruises에 //

To thank you for your loyalty, / we are thrilled / to offer you an exclusive promotion! // 단서 독점 판촉 상품을 제공하게 되어 기쁘다고 함
여러분의 충심에 대해 감사드리고자 / 저희는 매우 기쁩니다 / 여러분에게 독점 판촉 상품을 제공하게 되어 //

Make a reservation / for any cruise / departing within the next six months / and enjoy a 15% discount. //
예약하세요 / 어느 유람선 여행이든 / 향후 6개월 이내에 출발하는 / 그리고 15% 할인을 누리십시오 //

Additionally, / we are offering / a free specialty dining package / and a $20 coupon / to use at the onboard gift shop. //
게다가 / 저희는 제공하고 있습니다 / 무료 특식 패키지 / 그리고 20달러짜리 쿠폰을 / 선내 선물 가게에서 사용할 수 있는 //

To take advantage of this offer, / simply go to our website / and enter the promotion code 'ROC25'. //
이 제의를 이용하기 위해 / 그저 저희 홈페이지에 들어오세요 / 그리고 프로모션 코드 'ROC25'를 입력하세요 //

We look forward to welcoming you back aboard / for another unforgettable journey. //
저희는 다시 승선하신 여러분을 환영하기를 학수고대하고 있습니다 / 또 한 번의 잊지 못할 여행을 위해 //

Thank you / for your continued loyalty and support. //
감사드립니다 / 지속적인 충심과 지지에 //

Sincerely, / 진심을 담아 /

Cindy Robins / Cindy Robins /

Customer Relations Manager / 고객 관계 매니저 /

- loyalty ⓝ 충심, 충성　　· thrilled ⓐ 매우 기쁜
- exclusive ⓐ 독점적인　　· reservation ⓝ 예약
- depart ⓥ 출발하다　　· specialty ⓝ 특별 (사항)
- onboard ⓐ 선내의, 기내의　　· take advantage of ~를 이용하다
- aboard ⓐⓓ 승선하여, 탑승하여　　· unforgettable ⓐ 잊을 수 없는
- journey ⓝ 여행

소중한 고객님들께,
여기 저희 Royal Ocean Cruises에 흥미진진한 소식이 있습니다! 여러분의 충심에 대해 감사드리고자, 저희가 여러분에게 독점 판촉 상품을 제공하게 되어 매우 기쁩니다! 향후 6개월 이내에 출발하는 어느 유람선 여행이든 예약하시고 15% 할인을 누리십시오. 게다가 저희는 무료 특식 패키지와 선내 선물 가게에서 사용할 수 있는 20달러짜리 쿠폰을 제공하고 있습니다. 이 제의를 이용하고자 하시면, 저희 홈페이지에 들어오셔서 프로모션 코드 'ROC25'를 입력하기만 하세요. 저희는 또 한 번의 잊지 못할 여행을 위해 다시 승선하신 여러분을 환영하기를 학수고대하고 있습니다. 지속적인 충심과 지지에 감사드립니다.
고객 관계 매니저 Cindy Robins 드림

다음 글의 목적으로 가장 적절한 것은?
① 식사 메뉴 변경 사유를 설명하려고　무료 특식 패지키를 언급했을 뿐임
② 여행 후기 작성 참여를 독려하려고　여행 후기 작성 참여를 독려하는 내용이 아님
③ 여행 일정 변경 사항을 공지하려고　여행 일정 변경 사항 공지에 대한 내용은 없음
④ 여행 상품 판촉 행사를 안내하려고　여행사의 독점 상품 판촉 행사를 안내하고 있음
⑤ 고객 감사 행사 아이디어를 공모하려고　고객의 충심과 지지에 감사한다는 것으로 만든 오답

> **왜 정답?** [정답률 90%]
여행사의 고객 관계 매니저가 고객에게 독점 판촉 상품에 관해 설명하며 구매를 권유하는 내용이다.

▶ 따라서 글의 목적으로 가장 적절한 것은 ④이다.

> **왜 오답?**
① 무료 특식 패지키를 언급했을 뿐이고, 식사 메뉴 변경 사유를 설명하고 있지 않다.
② 여행 후기 작성 참여를 독려하지 않고 있다.
③ 여행 일정 변경 사항을 공지하는 것이 아니다.
⑤ 고객의 충심과 지지에 감사한다는 것으로 만든 오답이다.

A 11 정답 ② ＊연설자 제안 거절

I hope this email finds you well. //
이 이메일이 잘 전달되었기를 바랍니다 //

Thank you for considering me as a speaker / for the upcoming Digital Marketing Workshop. // 단서1 글쓴이를 디지털 마케팅 워크숍의 연설자로 고려함
연사로 고려해 주셔서 감사합니다 / 다가오는 디지털 마케팅 워크숍에서 //

I appreciate the invitation and your thoughtfulness. //
초대해 주신것과 배려에 감사드립니다 //

The workshop sounds like an amazing event, / and I would have loved to participate. //　would have p.p. (유감)
워크숍은 정말 멋진 행사인 것 같고 / 참여하고 싶었습니다 //

However, I regret to inform you / that I will be overseas on a business trip during the workshop. // 단서2 워크숍 기간 동안 출장을 감
목적어절을 이끄는 접속사
하지만 아쉽게도 알려드립니다 / 워크숍 기간 동안 해외 출장이 있어 참석할 수 없음을 //

It is unfortunate that the timing does not work out. //
가주어 / 진주어절을 이끄는 접속사 / (일이) 잘 풀리다
타이밍이 맞지 않아 안타깝습니다 //

Although I cannot attend as a speaker this time, / I remain hopeful for future opportunities where our schedules might coincide. // 단서3 연설자로 참석할 수 없다고 함
관계부사
이번에는 연설자로 참석할 수 없지만 / 앞으로 일정이 맞는 기회가 있기를 희망합니다 //

I hope the workshop goes well. //
워크숍이 잘 진행되기를 바랍니다 //

- appreciate ⓥ 감사하다　　· invitation ⓝ 초대
- thoughtfulness ⓝ 사려 깊음　　· overseas ⓐ 해외의
- work out (일이) 잘 풀리다　　· attend ⓥ 참석하다
- opportunity ⓝ 기회

이 이메일이 잘 전달되었기를 바랍니다. 다가오는 디지털 마케팅 워크숍에서 연설자로 고려해 주셔서 감사합니다. 초대해 주신것과 배려에 감사드립니다. 워크숍은 정말 멋진 행사인 것 같고, 참여하고 싶었습니다. 하지만 아쉽게도 워크숍 기간 동안 해외 출장이 있어 참석할 수 없음을 알려드립니다. 타이밍이 맞지 않아 안타깝습니다. 이번에는 연사로 참석할 수 없지만, 앞으로 일정이 맞는 기회가 있기를 희망합니다. 워크숍이 잘 진행되기를 바랍니다.

다음 글의 목적으로 가장 적절한 것은?
① 디지털 마케팅 워크숍에 참여를 독려하려고　워크숍 참여를 독려하고 있지 않음
② 연설자로 참석해 달라는 제안을 거절하려고
　Although I cannot attend at a speaker this time
③ 워크숍의 변경된 장소를 안내하려고　워크숍 장소 변경에 대한 글은 아님
④ 행사가 취소되었음을 공지하려고　행사 취소를 공지하지 않음
⑤ 해외 출장 일정을 조정하려고　해외 출장 일정 조정에 대한 언급은 없음

> **왜 정답?** [정답률 95%]
다가오는 디지털 마케팅 워크숍의 연설자로 초청 받았지만, 워크숍 기간 동안 출장이 있어 참석하지 못한다는 내용이다.

▶ 따라서 글의 목적으로 가장 적절한 것은 ②이다.

> **왜 오답?**
① 디지털 마케팅 워크숍에 대한 언급은 있었으나, 참여를 독려하는 내용은 아니다.
③ 워크숍의 장소가 변경되었다는 내용은 없다.
④ 워크숍이 취소되었다는 내용이 아니라, 참석하지 못한다는 내용이다.
⑤ 출장 때문에 워크숍에 참석을 못한다고 했지, 일정을 조정하려는 내용은 아니다.

자이 쌤's Follow Me! －홈페이지에서 제공

A 12 정답 ③ ＊박물관 멤버십 회원을 위한 추가 혜택

Dear Ms. Larson, / Larson 씨께 /

I am writing to you / with new information / about your current membership. //
저는 귀하께 글을 쓰고 있습니다 / 새로운 정보를 담아 / 귀하의 현재 멤버십에 대한 //

Last year, / you signed up for our museum membership / that provides special discounts. //
선행사　　　　주격 관계대명사
작년에 / 귀하께서는 저희 박물관 멤버십에 가입하셨습니다 / 특별 할인을 제공하는 //

As stated / in the last newsletter, / this year / we are happy / to be celebrating our 50th anniversary. //
to부정사(부사적 용법, 감정의 원인)의 진행형
언급되었듯이 / 지난번 소식지에서 / 올해 / 저희는 기쁩니다 / 저희의 50주년을 기념하게 되어 //

So we would like to offer you / further benefits. //
간접목적어　　직접목적어
그래서 저희는 귀하께 드리고 싶습니다 / 더 많은 혜택을 // 단서1 멤버십 회원에게 50주년을 기념하여 더 많은 혜택을 드리고자 함

These include / free admission / for up to ten people / and 20% off museum merchandise / on your next visit. // 단서2 추가 혜택에 대한 구체적인 안내 ①
이것들은 포함합니다 / 무료입장과 / 10명까지의 / 박물관 상품의 20퍼센트 할인 / 귀하의 다음 방문 시에 //

You **will** also **be invited** / to all new exhibition openings / this year / at discounted prices. // 단서 3 추가 혜택에 대한 구체적인 안내 ②
미래 시제 수동태
귀하께서는 또한 초대될 것입니다 / 모든 새로운 전시회 개막식에 / 올해 / 할인된 가격으로 //
앞에 명사절 접속사가 생략됨
We hope / **you enjoy these offers**. //
저희는 바랍니다 / 귀하께서 이러한 제공을 누리시기를 //

For any questions, / please feel free to contact us. //
문의 사항이 있으시면 / 저희에게 언제든지 연락하십시오 //

Best regards,

Stella Harrison / Stella Harrison 드림 /

- current ⓐ 현재의   - sign up for ~을 신청하다   - discount ⓝ 할인
- state ⓥ 명시하다, 진술하다   - newsletter ⓝ 소식지
- celebrate ⓥ 기념하다, 축하하다   - anniversary ⓝ 기념일
- offer ⓥ 제공하다   - further ⓐ 추가의   - benefit ⓝ 혜택
- include ⓥ 포함하다   - admission ⓝ 입장, 입장료   - up to ~까지
- merchandise ⓝ 상품   - exhibition ⓝ 전시회
- opening ⓝ 개막식   - contact ⓥ 연락하다

Larson 씨께
저는 귀하의 현재 멤버십에 대한 새로운 정보를 담아 귀하께 글을 씁니다. 작년에 귀하께서는 특별 할인을 제공하는 저희 박물관 멤버십에 가입하셨습니다. 지난번 소식지에서 언급되었듯이, 올해 저희는 저희의 50주년을 기념하게 되어 기쁩니다. 그래서 저희는 귀하께 더 많은 혜택을 드리고 싶습니다. 여기에는 귀하의 다음 방문 시에 10명까지의 무료입장과 박물관 상품의 20퍼센트 할인이 포함됩니다. 귀하께서는 또한 할인된 가격으로 올해 모든 새로운 전시회 개막식에 초대될 것입니다. 저희는 귀하께서 이러한 제공을 누리시기를 바랍니다. 문의 사항이 있으시면 저희에게 언제든지 연락하십시오.

Stella Harrison 드림

다음 글의 목적으로 가장 적절한 것은?
① 박물관 개관 50주년 기념행사 취소를 공지하려고   행사를 취소한다는 공지가 아님
② 작년에 가입한 박물관 멤버십의 갱신을 요청하려고   작년에 멤버십에 가입했다는 언급으로 만든 오답
③ 박물관 멤버십 회원을 위한 추가 혜택을 알려 주려고   더 많은 혜택을 주고자 함
④ 박물관 기념품점에서 새로 판매할 상품을 홍보하려고   박물관 상품의 할인 혜택으로 만든 오답
⑤ 박물관 전시 프로그램에서 변경된 내용을 안내하려고   전시 프로그램이 변경되었다는 언급은 없음

왜 정답? [정답률 96%]
Larson 씨의 멤버십에 대한 새로운 정보를 담아 글을 쓰면서 50주년을 맞아 Larson 씨에게 추가 혜택을 제공하고자 한다고 했다. 무료입장, 박물관 기념품의 20퍼센트 할인 등 멤버십 회원에게 주어지는 50주년 기념 추가 혜택에 대해 안내하는 것이므로 정답은 ③이다.

왜 오답?
① to be celebrating our 50th anniversary로 만든 오답이다. 50주년 기념행사를 취소한다는 내용은 없다.
② Larson 씨가 작년에 멤버십에 가입한 것은 맞지만, 멤버십의 갱신을 요청하는 것은 아니다.
④ 멤버십 추가 혜택을 통해 박물관 상품을 20퍼센트 할인 받을 수 있다고 안내한 것으로 만든 오답이다.
⑤ 전시 프로그램에 변경이 있다는 언급은 없다.

A 13 정답 ④ ＊수영장 추가 대여 요청

Dear Hylean Miller, /
Hylean Miller 씨께 /

Hello, I'm **Nelson Perkins**, / **a teacher and swimming coach at Broomstone High School**. //
동격
안녕하세요, 저는 Nelson Perkins이며 / Broomstone 고등학교 교사이자 수영 코치입니다 //

Last week, I made a reservation / for one of your company's swimming pools / for our summer swim camp. //
지난주에 저는 예약했습니다 / 귀사의 수영장 중 한 곳을 / 저희 여름 수영 캠프를 위해 //

However, **due to** its popularity, / thirty more students are coming to the camp / than we expected, / so we need one more swimming pool for them. // 단서 1 예상보다 많은 학생들의 참여로 수영장 한 곳이 더 필요하게 됨
구 형태의 전치사: ~ 때문에
하지만 그것의 인기로 인해 / 30명 더 많은 학생들이 캠프에 오게 되어 / 저희가 예상했던 것보다 / 저희는 그들을 위해 수영장 한 곳이 더 필요합니다 //

The rental section on your website says / that there are two other swimming pools / **during** the summer season: / the Splash Pool and the Rainbow Pool. //
시간으로 나타내기 어려운 특정 기간에 쓰이는 전치사 during
귀사 웹사이트의 대여란에는 (~라고) 되어 있습니다 / 두 곳의 다른 수영장이 있다고 / 여름철 동안 / Splash Pool과 Rainbow Pool //

Please let me know / **if an additional rental would be possible**. // 단서 2 수영장의 추가 대여가 가능한지를 알려 달라고 말함
불확실하거나 의문되는 사실에 쓰이는 명사절 접속사
저에게 알려주세요 / 추가 대여가 가능할지를 //

Thank you in advance. //
미리 감사드립니다 //

Best Wishes,

Nelson Perkins / Nelson Perkins 드림 /

- popularity ⓝ 인기   - additional ⓐ 추가의
- rental ⓝ 대여, 임대   - in advance 미리, 사전에

Hylean Miller 씨께
안녕하세요, 저는 Nelson Perkins이며 Broomstone 고등학교 교사이자 수영 코치입니다. 지난주에 저는 저희 여름 수영 캠프를 위해 귀사의 수영장 중 한 곳을 예약했습니다. 하지만 그것의 인기로 인해, 저희가 예상했던 것보다 학생들이 30명 더 캠프에 오게 되어, 저희는 그들을 위해 수영장 한 곳이 더 필요합니다. 귀사 웹사이트의 대여란에 보면 여름철 동안 두 곳의 다른 수영장이 있다고 나와 있는데, Splash Pool과 Rainbow Pool입니다. 추가 대여가 가능할지를 저에게 알려주세요. 미리 감사드립니다.

Nelson Perkins 드림

다음 글의 목적으로 가장 적절한 것은?
① 수영 캠프 참가 날짜를 변경하려고   캠프가 언제인지는 언급되지 않음
② 수영장 수용 가능 인원을 확인하려고   thirty more students로 만든 오답
③ 수영 캠프 등록 방법에 대해 알아보려고   Nelson Perkins는 수영 캠프를 개최하는 사람임
④ 수영장 추가 대여 가능 여부를 문의하려고   Please let me know if an additional rental would be possible.
⑤ 수영장 대여 취소에 따른 환불을 요청하려고   대여 취소가 아니라 추가 대여에 관한 문의임

왜 정답? [정답률 97%]
여름 수영 캠프를 개최하는 교사인 Nelson Perkins는 예상보다 30명 더 많은 학생들이 캠프에 참가하게 되었다며 수영장 한 곳을 추가로 대여할 수 있는지를 문의하고 있으므로 정답은 ④이다.

왜 오답?
① 수영 캠프가 언제 열리는지 그 날짜는 언급되지 않았다.
② 예상보다 30명 더 많은 학생들이 참가하게 되었다고만 했지, 수영상의 수용 가능 인원에 대해 문의한 것이 아니다.
③ 수영 캠프를 개최하고 관리하는 사람은 Hylean Miller가 아니라 편지를 쓴 Nelson Perkins이다.
⑤ 대여한 수영장을 취소하는 것이 아니라 오히려 추가로 수영장 한 곳을 더 예약하려는 상황이다.

A 14 정답 ② ＊자선 음악회에의 참여 요청

Dear Mr. Bernstein, /
Bernstein 씨께 /

My name is **Thomas Cobb**, / **the marketing director of Calbary Hospital**. //
동격
저의 이름은 Thomas Cobb이며 / Calbary 병원의 마케팅부장입니다 //

Our hospital is planning / to hold a charity concert / on September 18th / in the Main Hall of our hospital. //
우리 병원은 계획하고 있습니다 / 자선 음악회를 개최하는 것을 / 9월 18일에 / 우리 병원의 대강당에서 //

주어　동사　목적어　목적격 보어
We expect it to be helpful / in raising money / to cover the medical costs / of those in need. //

우리는 그 행사가 도움이 될 것으로 기대합니다 / 기금을 마련하는 데 / 의료비를 충당할 / 어려운 분들의 //

부사적 용법(목적)
To make the concert more special, / we want to invite you / for the opening of the concert. // 단서 1 자선 음악회에 Mr. Bernstein을 초대하고자 함

그 음악회를 더 특별하게 만들고자 / 우리는 귀하를 초대하고 싶습니다 / 음악회의 개막식을 위해 //

단서 2 Mr. Bernstein의 피아노 연주를 보며 모든 이가 매우 기뻐할 것이라고 말함
Your reputation / as a pianist / is well known, / and everyone will be very happy / to see your performance. //

귀하의 명성은 / 피아노 연주자로서 / 잘 알려져 있기에 / 모든 이가 매우 기뻐할 것입니다 / 귀하의 공연을 보며 //

주어　　　　　　동사　　목적어(원형부정사)
Beautiful piano melodies will help create / an enjoyable experience / for the audience. //

아름다운 피아노 선율이 만드는 데 도움이 될 것입니다 / 즐거운 경험을 / 관객들에게 //

We look forward / to your positive reply. //

우리는 고대합니다 / 귀하의 긍정적인 답변을 //

Sincerely,
Thomas A. Cobb / Thomas A. Cobb 드림 /

- director ⓝ 책임자　　• charity ⓝ 자선　　• raise ⓥ (자금을) 모으다
- reputation ⓝ 명성　　• positive ⓐ 긍정적인　　• reply ⓝ 답변

Bernstein 씨께
저의 이름은 Thomas Cobb이며, Calbary 병원의 마케팅부장입니다. 우리 병원은 9월 18일에 우리 병원 대강당에서 자선 음악회 개최를 계획하고 있습니다. 우리는 그 행사가 어려운 분들의 의료비를 충당할 기금을 마련하는 데 도움이 될 것으로 기대합니다. 그 음악회를 더 특별하게 만들고자, 우리는 음악회의 개막식을 위해 귀하를 초대하고 싶습니다. 피아노 연주자로서 귀하의 명성은 잘 알려져 있기에, 모든 이가 귀하의 공연을 보며 매우 기뻐할 것입니다. 아름다운 피아노 선율이 즐거운 경험을 만드는 데 관객들에게 도움이 될 것입니다. 우리는 귀하의 긍정적인 답변을 고대합니다.
Thomas A. Cobb 드림

다음 글의 목적으로 가장 적절한 것은?
① 의료비 지원이 필요한 이들을 위한 기부를 독려하려고
　　raising money to cover the medical costs of those in need로 만든 오답
② 자선 음악회 연주자로 참여해 줄 것을 요청하려고
　　피아노 연주자인 Mr. Bernstein에게 음악회에서 연주해 줄 것을 요청함
③ 피아노 독주회 관람 신청 방법을 문의하려고
　　　　　　　　　Thomas Cobb이 음악회를 여는 것임
④ 병원 개관 기념행사 참가 방법을 안내하려고
　　　　　　　개관을 기념하는 행사라는 언급은 없음
⑤ 병원 진료 시간이 변경된 것을 알려 주려고
　　　　　　진료 시간에 대한 안내가 아님

〉왜 정답? [정답률 93%]
병원의 마케팅부장인 Thomas Cobb이 피아노 연주자인 Mr. Bernstein을 자선 음악회 개막식에 초대하는 편지이다. Mr. Bernstein의 공연을 보며 모든 이들이 기뻐할 것이라고 한 것으로 보아 자선 음악회에서 연주해 줄 것을 부탁하는 것이므로 정답은 ②이다.

〉왜 오답?
① 자선 음악회가 어려움에 처한 사람들의 의료비를 충당할 기금을 마련하는 데 도움이 될 것이라고 했지, 편지로 의료비 지원을 위한 기부를 독려하는 것은 아니다. 함정
③ Thomas Cobb이 Mr. Bernstein의 독주회를 관람하고자 하는 상황이 아니다.
④ 병원의 행사에 참가할 것을 요청하는 편지이다.
⑤ '병원'이라는 소재로 만든 오답이다. 진료 시간에 대한 언급은 없다.

A 15 정답 ② ＊온라인 과학 수업에 대한 강의 요청

Dear Ms. Green, / Green 씨께 /

My name is Donna Williams, / a science teacher at Rogan High School. // 단서 1 과학 교사들을 위한 특별 워크숍을 계획하고 있음

저의 이름은 Donna Williams이며 / Rogan 고등학교의 과학 교사입니다 //

I am planning a special workshop / for our science teachers. //

저는 특별 워크숍을 계획하고 있습니다 / 우리 학교의 과학 교사들을 위한 //

We are interested in learning / **how to teach** online science classes. //
동명사의 목적어로 쓰인 「의문사＋to부정사」
저희는 배우는 것에 관심이 있습니다 / 온라인 과학 수업을 가르치는 방법을 //

I have been impressed with your ideas / **about using internet platforms** / for science classes. //
전치사　　동명사구
저는 귀하의 아이디어에 감명을 받았습니다 / 인터넷 플랫폼을 사용하는 것에 대한 / 과학 수업에 //

부사절 접속사(이유)　　　　단서 2 워크숍에서 특별 강연을 해줄 것을 부탁함
Since you are an expert / in online education, / I would like to ask **you** / **to deliver** a special lecture / at the workshop / **scheduled for next month**. //
to ask의 목적어와 목적격 보어　　　앞에 주격 관계대명사와 be동사가 생략됨
귀하가 전문가이기에 / 온라인 교육에서 / 저는 귀하에게 부탁드리고자 합니다 / 특별 강연을 해주시기를 / 워크숍에서 / 다음 달로 계획된 //

will help의 목적어와 목적격 보어
I am sure / the lecture will help **our teachers** / **manage** successful online science classes, / and I hope / we can learn / from your insights. //

저는 확신합니다 / 그 강의가 저희 교사들을 도우리라고 / 성공적인 온라인 과학 수업을 해내도록 / 그리고 저는 희망합니다 / 저희가 배울 수 있기를 / 귀하의 통찰력으로부터 //

I am looking forward / to hearing from you. //

저는 고대하고 있겠습니다 / 귀하의 답변을 //

Sincerely,
Donna Williams / Donna Williams 드림 /

- impress ⓥ 감명[감동]을 주다, (마음 · 기억 등에) 강하게 남다
- deliver ⓥ (연설 · 강연 등을) 하다　　• lecture ⓝ 강의, 강연
- manage ⓥ 운영하다, (힘든 일을) 해내다　　• insight ⓝ 통찰력, 식견, 이해

Green 씨께
저의 이름은 Donna Williams이며, Rogan 고등학교의 과학 교사입니다. 저는 우리 학교의 과학 교사들을 위한 특별 워크숍을 계획하고 있습니다. 저희는 온라인 과학 수업을 가르치는 방법을 배우는 데 관심이 있습니다. 저는 과학 수업에 인터넷 플랫폼을 사용하는 것에 대한 귀하의 아이디어에 감명을 받았습니다. 귀하가 온라인 교육의 전문가이기에, 저는 다음 달로 계획된 워크숍에서 귀하가 특별 강연을 해주시기를 부탁드리고자 합니다. 저는 그 강의가 저희 교사들이 성공적인 온라인 과학 수업을 해내도록 도우리라고 확신하며 귀하의 통찰력으로부터 저희가 배울 수 있기를 희망합니다. 귀하의 답변을 고대하고 있겠습니다.
Donna Williams 드림

다음 글의 목적으로 가장 적절한 것은?
① 과학 교육 정책 협의회 참여를 독려하려고
② 과학 교사 워크숍의 특강을 부탁하려고
　　I would like to ask you to deliver a special lecture at the workshop　　온라인 교육에 대한 특강을 부탁함
③ 과학 교사 채용 계획을 공지하려고
　　교사를 채용한다는 언급은 없음
④ 과학 교육 프로그램 개발을 요청하려고
　　　　　　　　　the workshop scheduled for next
⑤ 과학 교육 워크숍 일정의 변경을 안내하려고　month로 만든 오답

〉왜 정답? [정답률 90%]
과학 교사를 위한 특별 워크숍을 준비하고 있는 Donna Williams가 온라인 교육의 전문가인 Ms. Green에게 그 워크숍에서 특별 강연을 해 달라고 요청하는 편지이므로 정답은 ②이다.

〉왜 오답?
① 과학 교육 정책 협의회가 아니라 과학 교사들을 위한 특별 워크숍에 특별 강연자로 참석할 것을 요청하는 편지이다.
③ 새로 과학 교사를 채용한다는 언급은 없다.
④ Ms. Green에게 어떤 프로그램을 개발해 달라고 요청하는 것이 아니다.
⑤ 다음 달로 계획된 워크숍 일정에 변경 사항이 있다는 안내가 아니다.

Dear Natalie Talley, / Natalie Talley 씨께 /

My name is **Olivia Spikes**, / **the mayor of Millstown**. //
동격
제 이름은 Olivia Spikes입니다 / Millstown의 시장인 /

Before you attend the world championships / next month, / on behalf of everyone in Millstown, / I wish to let you **know** / that we are supporting you all the way. //
to let의 목적격 보어(원형부정사)
당신이 세계 선수권 대회에 출전하기 전에 / 다음 달에 / Millstown의 모든 이를 대신하여 / 저는 당신에게 알려드리고 싶습니다 / 우리가 당신을 항상 응원하고 있음을 //

(이유)의 부사절 접속사
As you are the first famous figure skater / from Millstown, / we are all big fans of yours. // 단서 1 Millstown의 시장이 Millstown 출신의 피겨 스케이팅 선수를 응원함
당신은 최초의 유명한 피겨 스케이팅 선수이기에 / Millstown 출신의 / 우리는 모두 당신의 열렬한 팬입니다 /

Our community was so proud of you / for winning the national championships / last year. //
우리 지역 사회는 당신을 매우 자랑스럽게 생각했습니다 / 전국 선수권 대회에서 우승한 것에 대해 / 지난해에 /

주어   동사   목적어
Your amazing performance / really **moved us all**. // 주어나 목적어로 쓰인
당신의 놀라운 연기는 / 우리 모두를 진정 감동하게 했습니다 // 명사/대명사 뒤에서 구성원 전부를 포함한다는 의미를 나타냄(강조)

We all believe / **that** you are going to impress / the entire nation / again. //
생략 가능한 명사절 접속사
우리 모두 믿습니다 / 당신이 감동하게 할 것이라고 / 온 나라를 / 다시 //

Your hometown supporters will cheer for you / whenever you perform on the ice. // 단서 2 Natalie Talley에게 고향의 팬들이 그녀를 응원하겠다고 전함
당신의 고향의 지지자들이 당신을 응원할 것입니다 / 당신이 빙판 위에서 연기할 때마다 //

Good luck! // 행운을 빕니다 //

Best wishes,

Olivia Spikes / Olivia Spikes 드림

- **mayor** ⓝ 시장, 구청장
- **championship** ⓝ 선수권 대회
- **on behalf of** ~을 대표[대신]하여
- **national** ⓐ 전국적인, 국가의
- **move** ⓥ 감동시키다
- **impress** ⓥ 감명을 주다
- **entire** ⓐ 전체의

Natalie Talley 씨께

제 이름은 Olivia Spikes이며, Millstown의 시장입니다. 다음 달 세계 선수권 대회에 출전하기 전에 Millstown의 모든 이를 대신하여 우리가 당신을 항상 응원하고 있음을 알려드리고 싶습니다. 당신은 Millstown 최초의 유명한 피겨 스케이팅 선수이기에 우리는 모두 당신의 열렬한 팬입니다. 우리 지역 사회는 당신이 지난해에 전국 선수권 대회에서 우승한 것을 매우 자랑스럽게 생각했습니다. 당신의 놀라운 연기는 우리 모두를 진정 감동하게 했습니다. 우리 모두 당신이 다시 온 나라를 감동하게 할 것이라고 믿습니다. 당신이 빙판 위에서 연기할 때마다 고향의 지지자들이 응원할 것입니다. 행운을 빕니다!

Olivia Spikes 드림

다음 글의 목적으로 가장 적절한 것은?

① 지역 사회 홍보 대사로 활동해 줄 것을 제안하려고 홍보 대사가 되어 달라는 말은 없음

② 이웃 도시와 예정된 친선 경기 취소를 통보하려고 이웃 도시는 언급되지 않음

③ 지역 사회 출신 피겨 스케이팅 선수를 응원하려고

④ 시청에서 주관하는 연례 자선 행사를 홍보하려고 연례 자선 행사에 대한 언급은 없음

⑤ 피겨 스케이팅 경기장 건립을 위한 기부를 요청하려고 피겨 스케이팅 선수를 응원하는 편지임

As you are the first famous figure skater from Millstown, we are all big fans of yours.

왜 정답? [정답률 96%]

Millstown의 시장인 Olivia Spikes가 Millstown 출신의 피겨 스케이팅 선수인 Natalie Talley에게 세계 선수권 대회를 앞두고 응원의 편지를 보내는 것이므로 정답은 ③이다.

왜 오답?

① Natalie Talley에게 Millstown의 홍보 대사가 되어 달라고 요청하는 것이 아니다.

②, ④ 이웃 도시와의 친선 경기나 연례 자선 행사에 대한 언급은 없다.

⑤ 피겨 스케이팅 경기장의 건립이나 건립을 위한 기부에 대한 내용은 없다.

I'm Charlie Reeves, / manager of Toon Skills Company. //
저는 Charlie Reeves이고 / Toon Skills Company의 경영자입니다 //

be interested in: ~에 관심이 있는
If you**'re interested in** new webtoon-making skills and techniques, / this post is for you. // 단서 1 웹툰 제작 기술과 기법에 관심이 있는 사람들을 위한 것이라고 함
여러분이 새로운 웹툰 제작 기술과 기법에 관심이 있으시다면 / 이 게시물은 여러분을 위한 것입니다 //

현재완료의 결과적 용법   관계대명사의 계속적 용법
This year, / **we've launched** special online courses, / **which** contain a variety of contents about webtoon production. //
올해 / 저희는 특별 온라인 강좌를 시작했는데 / 웹툰 제작에 관한 다양한 콘텐츠가 담겨 있습니다 // 단서 2 웹툰 제작과 관련된 다양한 콘텐츠가 포함된 온라인 강좌를 홍보하고 있음

Each course consists of ten units / **that** help improve your drawing and story-telling skills. //
each+단수 명사+단수 동사   주격 관계대명사
각 강좌는 10차시로 설계되어 있습니다 / 여러분의 그리기와 스토리텔링 기술을 향상하는 데 도움을 주는 //

Moreover, these courses are designed / to suit any level, from beginner to advanced. //
게다가, 이 강좌들은 구성되어 있습니다 / 초급에서 고급까지 어떤 수준에도 맞게 //

It costs $45 for one course, / and you can watch your course / as many times as you want for six months. // 비용은 한 강좌당 45달러이며 /
여러분은 여러분의 강좌를 보실 수 있습니다 / 6개월 동안 원하는 만큼 여러 번 //

과거분사 ＊
Our courses with talented and **experienced** instructors / will open up a new world of creativity for you. //
재능이 있고 노련한 강사들이 담당하는 저희 강좌는 / 여러분에게 창의력의 새로운 세계를 열어줄 것입니다 //

~할 시간이다
It's time to start / creating your webtoon world at https://webtoonskills.com. //
이제 시작할 때입니다 / https://webtoonskills.com에서 여러분의 웹툰 세계를 창조하기 //

- **launch** ⓥ 시작하다, 개시하다
- **a variety of** 다양한
- **production** ⓝ 제작
- **consist of** ~로 구성되다
- **advanced** ⓐ 고급의
- **talented** ⓐ 재능이 있는

저는 Charlie Reeves이고 Toon Skills Company의 경영자입니다. 여러분이 새로운 웹툰 제작 기술과 기법에 관심이 있으시다면, 이 게시물은 여러분을 위한 것입니다. 올해, 저희는 특별 온라인 강좌를 시작했는데, 웹툰 제작에 관한 다양한 콘텐츠가 담겨 있습니다. 각 강좌는 여러분의 그리기와 스토리텔링 기술을 향상하는 데 도움을 주는 10차시로 설계되어 있습니다. 게다가, 이 강좌들은 초급에서 고급까지 어떤 수준에도 맞게 구성되어 있습니다. 비용은 한 강좌당 45달러이며 여러분은 여러분의 강좌를 6개월 동안 원하는 만큼 여러 번 보실 수 있습니다. 재능이 있고 노련한 강사들이 담당하는 저희 강좌는 여러분에게 창의력의 새로운 세계를 열어줄 것입니다. 이제 https://webtoonskills.com에서 여러분의 웹툰 세계를 창조하기 시작할 때입니다.

다음 글의 목적으로 가장 적절한 것은?

① 웹툰 제작 온라인 강좌를 홍보하려고 If you're interested in new webtoon-making skills ~ a variety of contents about webtoon production.

② 웹툰 작가 채용 정보를 제공하려고 웹툰 작가를 채용하는 것은 아님

③ 신작 웹툰 공개 일정을 공지하려고 신작 웹툰 공개에 관한 언급은 없음

④ 웹툰 창작 대회에 출품을 권유하려고 웹툰 창작 대회에 관한 내용이 아님

⑤ 기초적인 웹툰 제작 방법을 설명하려고 웹툰 제작 방법 자체를 설명하는 글이 아님

왜 정답? [정답률 95%]

Toon Skills Company는 그리기와 스토리텔링 등 웹툰 제작과 관련된 온라인 강좌를 시작했다고 했다. 강좌의 비용과 수준 등을 안내하며 수강생을 모집하고 있다.

▶ 따라서 글의 목적으로 가장 적절한 것은 ①이다.

왜 오답?

② 웹툰 작가를 채용하는 것이 아니라 웹툰 제작 강좌의 수강생을 모집하는 글이다.

③ 신작 웹툰 공개에 관한 언급은 없었다.

④ 웹툰 창작 대회에 대한 내용이 아니다.

⑤ 웹툰 제작 방법을 알려주는 온라인 강좌를 홍보하는 글로, 웹툰 제작 방법 자체를 설명하고 있는 것은 아니다.

조수근 | 순천향대 의예과 2024년 입학 · 성남 태원고 졸

목적 파악 문제는 중간의 핵심 문장만 읽어도 정답을 고를 수 있어! 이 문제에서는 웹툰 제작에 관한 온라인 강좌를 시작했다는 세 번째 문장과 강좌의 구성 및 가격을 부연 설명하는 나머지 문장들을 조금만 읽어도 웹툰 제작과 관련된 강좌를 홍보하는 글이라는 것을 **충분히 파악**할 수 있지. 난 이런 유형의 문제에서 시간을 단축하는 것도 실력이라고 생각해!

━━━ 어법 특강

✳ 한정적 용법의 분사

(분사는 명사의 앞이나 뒤에서 그 명사를 수식하는 형용사의 역할을 할 수 있다.)

− 분사가 단독으로 수식할 때는 명사 앞에서 수식한다.

• Look at her shining face.
(그녀의 빛나는 얼굴을 좀 봐.)

• Tom broke the locked door.
(Tom이 그 잠긴 문을 부쉈다.)

− 분사에 수식어나 목적어, 보어 등이 있을 때는 명사 뒤에서 수식한다.

• She is picking up the leaves fallen on the ground.
(그녀는 바닥에 떨어진 나뭇잎들을 줍고 있다.)

A 18 정답 ① ✳조류 관찰 클럽 가입 방법 문의 ━━━

To whom it may concern, / 관계자분께 /

My name is Michael Brown. // 제 이름은 Michael Brown입니다 //

〈계속〉을 나타내는 현재완료
I have been a bird-watcher / since childhood. //
저는 조류 관찰자였습니다 / 어렸을 때부터 //

목적어로 동명사를 취하는 enjoy
I have always enjoyed / watching birds in my yard / and identifying them / by sight and sound. //
저는 항상 즐겼습니다 / 저의 뜰에서 새들을 관찰하고 / 그것들을 식별하는 것을 / 모습과 소리로 //

Yesterday, I happened to read an article / about your club. //
어제 저는 우연히 기사를 읽었습니다 / 귀하의 클럽에 대한 //

부사적 용법(감정의 원인)
I was surprised and excited / to find out about a community of passionate bird-watchers / who travel annually to go birding. //
선행사 주격 관계대명사
저는 놀랐고 신이 났습니다 / 열정적인 조류 관찰자들의 공동체에 대해 알게 되어 / 조류 관찰을 하러 매년 여행하는 //

I would love to join your club, / but your website appears to be under construction. // **단서 1** 조류 관찰 클럽에 가입하고 싶다고 말함
저는 귀하의 클럽에 가입하기를 몹시 원하지만 / 귀하의 웹 사이트가 공사 중인 것 같습니다 //

I could not find any information / except for this contact email address. //
전치사 ✳ 명사구 ✳
저는 어떤 정보도 찾을 수가 없었습니다 / 이 이메일 주소 외에 //

I would like to know / how to sign up for the club. //
저는 알고 싶습니다 / 클럽에 가입하는 방법을 // **단서 2** 클럽에 가입하는 방법을 알고 싶음

I look forward to your reply. // 귀하의 답장을 기다리겠습니다 //

Sincerely,

Michael Brown / Michael Brown 드림 /

• identify ⓥ (신원 등을) 식별하다[확인하다]　• sight ⓝ 보기, 봄, 시력
• community ⓝ 공동체, 지역 사회　• passionate ⓐ 열정적인
• under (prep) ~ 중인　• construction ⓝ 건설, 공사

관계자분께
제 이름은 Michael Brown입니다. 저는 어렸을 때부터 조류 관찰자였습니다. 저는 항상 저의 뜰에서 새들을 관찰하고 모습과 소리로 그것들을 식별하는 것을 즐겼습니다. 어제 저는 우연히 귀하의 클럽에 대한 기사를 읽었습니다. 저는 조류 관찰을 하러 매년 여행하는 열정적인 조류 관찰자들의 공동체에 대해 알게 되어 놀랐고 신이 났습니다. 저는 귀하의 클럽에 가입하기를 몹시 원하지만, 귀하의 웹 사이트가 공사 중인 것 같습니다. 이 이메일 주소 외에 어떤 정보도 찾을 수가 없었습니다. 저는 클럽에 가입하는 방법을 알고 싶습니다. 귀하의 답장을 기다리겠습니다.
Michael Brown 드림

다음 글의 목적으로 가장 적절한 것은?

① 조류 관찰 클럽에 가입하는 방법을 문의하려고 — I would like to know how to sign up for the club.
② 조류 관찰 시 주의해야 할 사항을 전달하려고
③ 조류 관찰 협회의 새로운 규정을 확인하려고 — 조류 관찰 클럽 관계자에게 보내는 이메일임
④ 조류 관찰과 관련된 웹 사이트를 소개하려고 — 협회나 규정, 장비에 대한 언급은 없음
⑤ 조류 관찰 시 필요한 장비를 알아보려고 — website가 언급된 것으로 만든 오답

〉왜 정답 ? [정답률 98%]

어렸을 때부터 조류를 관찰해 온 Michael Brown이 우연히 조류 관찰 클럽에 대한 기사를 읽고 클럽에 가입하기를 원해서 이메일을 보내는 것이다.
후반부에서 클럽에 가입하는 방법을 알고 싶다고 했으므로 정답은 ①이다.

〉왜 오답 ?

② 조류 관찰 클럽의 관계자에게 클럽 가입 방법을 문의하는 이메일이다.
③, ⑤ 조류 관찰 협회나 규정, 관찰 장비에 대한 언급은 없다.
④ 조류 관찰 클럽의 웹 사이트가 언급된 것으로 만든 오답이다.

━━━ 어법 특강

✳ 전치사 vs. 접속사

− 전치사 뒤에는 명사상당어구가, 접속사 뒤에는 주어와 동사로 이루어진 절이 온다.

• During most of my interview I was calm and direct.
명사구가 이어짐
(인터뷰하는 대부분 동안 나는 침착하고 솔직했다.)

• Cats growl while they are asleep.
절이 이어짐
(고양이는 잠들어 있는 동안에 으르렁거린다.)

• Cancer is a global problem despite medical advances.
명사구가 이어짐
(의학적 발전에도 불구하고 암은 세계적인 문제이다.)

• Although we eat apples often, few of us know much about them.
절이 이어짐
(우리는 사과를 자주 먹지만 우리들 중 대부분은 사과에 대해서 많이 알고 있지 않다.)

A 19 정답 ② ━━━ ⭐ 2등급 대비 [정답률 97%]

✳여름 프로그램 장소 변경 공지

Dear AI summer program participants, /
AI 여름 프로그램 참가자 여러분께 /

I am your instructor John Phillips. //
저는 여러분의 강사 John Phillips입니다 //

by -ing: ~함으로써
I am excited about your enthusiasm / for expanding your familiarity with AI / by registering for our AI summer program. //
저는 여러분의 열정에 매우 기쁩니다 / AI에 대한 이해를 넓히려는 / 저희의 AI 여름 프로그램에 등록하여 //

Thanks to your interest, / more participants enrolled in our program / than we expected. //
여러분의 관심 덕분에 / 더 많은 참가자가 저희 프로그램에 등록했습니다 / 저희가 예상한 것보다 //

Therefore, / the original lecture room does not have enough seating / for all the participants. //
따라서 / 기존의 강의실에는 충분한 좌석이 없습니다 / 모든 참가자를 위한 //

부사적 용법(목적)
So, / we have decided to move the location / to make space for everyone. // **단서 1** 장소를 옮기기로 결정했다고 함
그래서 / 저희는 장소를 옮기기로 결정했습니다 / 모든 분을 위한 공간을 확보하기 위해 //

be supposed to-v: ~하기로 되어 있다
The program was supposed to be held / in classroom 502 in the Ranark building, / but it will be changed / to classroom 103 in the Whitewood building. // **단서 2** Ranark 건물 502호에서 Whitewood 건물 103호로 변경될 예정임
이 프로그램이 진행될 예정이었습니다 / Ranark 건물 502호 강의실에서 / 그러나 변경될 것입니다 / Whitewood 건물 103호 강의실로 //

Thank you for your understanding. // 이해해 주서서 감사드립니다 //
I am looking forward to meeting you all. //
여러분 모두를 뵙기를 기대합니다 //
Sincerely, John Phillips / John Phillips 드림 /

- **instructor** ⓝ 강사   - **enthusiasm** ⓝ 열정, 열의
- **expand** ⓥ 넓히다, 확대하다   - **register** ⓥ 등록하다
- **enroll** ⓥ 등록하다   - **original** ⓐ 기존의, 원래의
- **location** ⓝ 장소

AI 여름 프로그램 참가자 여러분께,
저는 여러분의 강사 John Phillips입니다. 저는 저희의 AI 여름 프로그램에 등록하여 AI에 대한 이해를 넓히려는 여러분의 열정에 매우 기쁩니다. 여러분의 관심 덕분에, 저희가 예상한 것보다 더 많은 참가자가 저희 프로그램에 등록했습니다. 따라서, 기존의 강의실에는 모든 참가자를 위한 충분한 좌석이 없습니다. 그래서 저희는 모든 분을 위한 공간을 확보하기 위해 장소를 옮기기로 결정했습니다. 이 프로그램이 Ranark 건물 502호 강의실에서 진행될 예정이었으나, Whitewood 건물 103호 강의실로 변경될 것입니다. 이해해 주서서 감사드리며, 여러분 모두를 뵙기를 기대합니다.
John Phillips 드림

다음 글의 목적으로 가장 적절한 것은?

① 여름 프로그램 참여 동기를 조사하려고   여름 프로그램 참여 동기를 조사하고 있지 않음
② 여름 프로그램 장소 변경을 알리려고   여름 프로그램 장소가 변경될 것이라고 함
③ 새로운 여름 프로그램을 홍보하려고   새로운 여름 프로그램을 홍보하고 있지 않음
④ 여름 프로그램 강사를 섭외하려고   필자가 여름 프로그램 강사임
⑤ 여름 프로그램 취소를 통보하려고   여름 프로그램이 취소될 예정인 것은 아님

왜 2등급? 모든 선택지에 '여름 프로그램'이 들어가 있어서 여름 프로그램에 대한 무엇을 말하는 것이 목적인지 헷갈릴 수 있다. 하지만 So(그래서)로 시작하는 문장 하나만 찾아도 목적을 쉽게 파악할 수 있는 2등급 대비 문제이다.

왜 정답?
AI 여름 프로그램에 예상보다 많은 참가자가 등록하여, 당초 예정된 강의실의 좌석 부족으로 장소를 변경하게 되었다는 내용이다.
▶ 따라서 글의 목적으로 가장 적절한 것은 ②이다.

왜 오답?
① 여름 프로그램 참여 동기를 조사하고 있지 않다.
③ 새로운 여름 프로그램을 홍보하는 것이 아니다.
④ 필자가 여름 프로그램 강사이므로 적절하지 않다.
⑤ 여름 프로그램이 취소될 예정인 것은 아니다.

A 20 정답 ①   ★ 2등급 대비 [정답률 97%]

✱ 교통안전 봉사 참여 요청

Dear Parents, / 학부모님께 /
My name is Danielle Hamilton, / and I am the principal of Techville High School. //
제 이름은 Danielle Hamilton이고 / 저는 Techville 고등학교 교장입니다 //
As you may know, / there is major road construction / scheduled to take place / in front of our school / next month. //
선행사(주격 관계대명사와 be동사는 생략됨)
아시다시피 / 큰 도로 공사가 있습니다 / 일어나기로 예정된 / 우리 학교 앞에서 / 다음 달에 //
This raises safety concerns. //
이것이 안전에 대한 염려를 불러일으킵니다 //
형용사적 용법(parent volunteers 수식) ✱
Therefore, / we are asking for parent volunteers / to help with directing traffic. // 단서 교통정리를 도와줄 학부모 자원봉사자를 요청함
그래서 / 우리는 학부모 자원봉사자를 요청하고자 합니다 / 교통정리를 도와주실 //

The volunteer hours / are from 8:00 to 8:30 a.m. and from 4:30 to 5:00 p.m. / on school days. //
자원봉사 시간은 / 오전 8시부터 8시 30분, 오후 4시 30분부터 5시까지입니다 / 등교일에 //
If you are willing to take part / in the traffic safety volunteer group, / please email us / with your preferred schedule / at info@techville.edu. //
참여하실 의사가 있으시면 / 교통안전 자원 봉사단에 / 저희에게 이메일로 보내주시기 바랍니다 / 원하시는 일정과 함께 / info@techville.edu로 //
Your participation will be helpful / in building a safer school environment / for our students. //
전치사   동명사구
여러분의 참여는 도움이 될 것입니다 / 더 안전한 학교 환경을 만드는 데 / 우리 학생들을 위해 //
Thank you in advance / for your contributions. //
미리 감사드립니다 / 여러분의 기여에 //
Sincerely,
Danielle Hamilton / Danielle Hamilton 드림 /

- **road construction** 도로 공사   - **take place** 발생하다
- **raise concerns** 염려를 불러일으키다   - **volunteer** ⓝ 자원 봉사
- **direct traffic** 교통정리를 하다   - **take part** 참여하다
- **participation** ⓝ 참여   - **in advance** 미리
- **contribution** ⓝ 기여

학부모님께
제 이름은 Danielle Hamilton이고 저는 Techville 고등학교 교장입니다. 아시다시피, 다음 달에 우리 학교 앞에서 큰 도로 공사가 있을 것으로 예정되어 있습니다. 이것이 안전에 대한 염려를 불러일으킵니다. 그래서 우리는 교통정리를 도와주실 학부모 자원봉사자를 요청하고자 합니다. 자원봉사 시간은 등교일 오전 8시부터 8시 30분, 오후 4시 30분부터 5시까지입니다. 교통안전 자원 봉사단에 참여하실 의사가 있으시면, info@techville.edu로 저희에게 원하시는 일정을 이메일로 보내주시기 바랍니다. 여러분의 참여는 우리 학생들을 위해 더 안전한 학교 환경을 만드는 데 도움이 될 것입니다. 여러분의 기여에 미리 감사드립니다.
Danielle Hamilton 드림

다음 글의 목적으로 가장 적절한 것은?

① 교통안전 봉사 참여를 요청하려고   we are asking for parent volunteers to help with directing traffic
② 자원봉사 교육 일정을 공지하려고   자원봉사자를 모집하려는 글임
③ 학교 시설 공사에 대한 양해를 구하려고   학교 시설 공사가 예정된 것은 아님
④ 학교 앞 도로 공사의 필요성을 설명하려고   왜 도로 공사를 하는지는 언급되지 않음
⑤ 등·하교 차량 안전 수칙 준수를 당부하려고
  등·하교 시 지켜야 하는 수칙에 대한 내용이 아님

왜 2등급? 선택지만으로는 주제를 확실 짓기 어렵기에 글의 중반부까지는 읽어야 편지의 목적을 파악할 수 있는 2등급 대비 문제이다. 다만, 결론을 나타내는 연결어가 포함된 문장을 찾고 나면 어렵지 않게 글의 목적을 파악할 수 있다.

왜 정답?
학교 앞에서 큰 도로 공사가 예정되어 있음
➡ 안전 문제 때문에 교통정리를 도울 학부모 자원봉사자를 요청하고자 함
▶ 편지를 쓴 목적은 ①

왜 오답?
② 자원봉사자를 모집하는 편지이다.
③ 학교 시설에 공사를 하는 것이 아니라 학교 앞 도로에 공사가 예정된 것이다. 함정
④ 왜 공사를 하는지는 설명하지 않았다.
⑤ 등·하교 시간에 교통정리를 도와줄 자원봉사자를 요청한다고 했다.

* **형용사적 용법의 to부정사**

– 형용사적 용법의 to부정사는 명사나 대명사를 뒤에서 수식할 수 있다.

• I need someone to help me.
(나는 나를 도와줄 누군가가 필요하다.)

• Please give me something to sit on.
(제게 앉을 만한 것을 좀 주세요.)

• Eric has a lot of things to do.
(Eric은 해야 할 많은 일들이 있다.)

• Don't make a promise to buy me a computer.
(내게 컴퓨터를 사주겠다는 약속을 하지 마세요.)

A 어휘 Review 정답

문제편 p. 24

01 특색	11 on behalf of	21 national
02 부적절한	12 in advance	22 charity
03 통행료	13 flock to	23 moved
04 재단	14 remind A of B	24 reservation
05 인기	15 take part in	25 submission
06 miner	16 positive	26 confident
07 rental	17 extreme	27 availability
08 aboard	18 mayor	28 relevant
09 further	19 advantage	29 adjustment
10 occasion	20 admission	30 impress

B 심경의 이해

문제편 p. 26~33

B 01 정답 ① ＊큰 물고기를 낚게 되어 신난 Jessie

be known for: ~로 유명하다　동명사
The shoreline was known for / having the best fishing spots on
the lake. // 그 호숫가는 유명했다 / 호수에서 가장 좋은 낚시터를 가진 것으로 //

Jessie was sitting at one of those spots, / but her fishing line still
과거완료
hadn't moved an inch. //
Jessie는 그런 낚시터 중 한 곳에 앉아 있었지만 / 그녀의 낚싯줄은 여전히 조금도 움직이지
않았다 //

병렬 구조
With a deep sigh, / Jessie pulled out the line and cast it back into
the water. // 깊은 한숨을 쉬며 / Jessie는 낚싯줄을 끌어 올려 다시 물속으로 던졌다 //

Her dream of catching a big fish / was fading. //
큰 물고기를 잡겠다는 그녀의 꿈은 / 점점 사라져가고 있었다 // **단서 1** 큰 물고기를 잡겠다는
현재완료　꿈이 좌절되는 중임
"I can't believe I haven't caught a fish yet. // Not a single one,"
/ she thought. //
"아직도 물고기를 한 마리도 못 잡았다니 믿을 수가 없어 // 단 한 마리도 말이야" / 라고
그녀는 생각했다 //

Just as she was about to give up and leave, / the fishing line
suddenly became tense. //
그녀가 포기하고 떠나려던 바로 그때 / 낚싯줄이 갑자기 팽팽해졌다 //

Jessie excitedly held onto the fishing pole / as it began to move
around wildly. //
Jessie는 흥분하며 낚싯대를 꽉 잡았다 / 낚싯대가 격렬하게 움직이기 시작하자 //

Her eyes widened / and her heart began to beat faster with
excitement. // 그녀의 눈은 커졌고 / 그녀의 심장은 흥분으로 더 빠르게 뛰기 시작했다 //

With a big smile, / she could feel / that this was the biggest fish
과거완료
she had ever caught! // **단서 2** 큰 물고기를 잡아 기뻐함
활짝 웃으며 / 그녀는 느낄 수 있었다 / 이것이 자신이 지금까지 잡아본 것 중 가장 큰
물고기라는 것을 //

• shoreline ⓝ 호숫가, 해안가　• fishing line 낚싯줄
• sigh ⓝ 한숨　• cast ⓥ 던지다　• fade ⓥ (서서히) 사라지다
• be about to-v 막 ~하려고 하다　• tense ⓐ 팽팽한, 긴장된
• fishing pole 낚싯대　• wildly ⓐⓓ 격렬하게
• widen ⓥ (눈이) 커지다, 휘둥그레지다

그 호숫가는 호수에서 가장 좋은 낚시터를 가진 것으로 유명했다. Jessie는 그
런 낚시터 중 한 곳에 앉아 있었지만, 그녀의 낚싯줄은 여전히 조금도 움직이지
않았다. 깊은 한숨을 쉬며 낚싯줄을 끌어 올려 다시 물속에 던졌다. 큰 물고기
를 잡겠다는 그녀의 꿈은 점점 사라져가고 있었다. "아직도 물고기를 한 마리도
못 잡았다니 믿을 수가 없어. 단 한 마리도 말이야,"라고 그녀는 생각했다. 그녀
가 포기하고 떠나려던 바로 그때, 낚싯줄이 갑자기 팽팽해졌다. 낚싯대가 격렬
하게 움직이기 시작하자 Jessie는 흥분하며 그것을 꽉 잡았다. 그녀의 눈은 커졌
고, 그녀의 심장은 흥분으로 더 빠르게 뛰기 시작했다. 활짝 웃으며, 그녀는 이
것이 지금까지 자신이 잡아본 것 중 가장 큰 물고기라는 것을 느낄 수 있었다!

다음 글에 드러난 Jessie의 심경 변화로 가장 적절한 것은?

① disappointed → thrilled 고기를 잡지 못해 실망해 있다가 큰 물고기를 잡은 느낌이 들어
실망한 → 신이 난　신났음
② indifferent → discouraged 후반부에 큰 물고기를 잡은 느낌이 들었으므로 좌절하는
무관심한 → 좌절한　것과 반대임
③ jealous → anxious 질투하는 상황은 없음
질투하는 → 걱정하는
④ delighted → bored 후반부에 흥분하고 눈이 커졌으므로 지루함은 맞지 않음
기쁜 → 지루한
⑤ relieved → pleased 전반부에 고기를 잡지 못해 실망했으므로 안도하는 것은 부적절함
안도하는 → 즐거운

왜 정답? [정답률 93%]

전반부: 호숫가 낚시터에서 고기를 한 마리도 잡지 못해 실망해 있었음
후반부: 갑자기 낚싯줄이 팽팽해지며 큰 물고기를 잡은 느낌이 들고 흥분함
▶ ① '실망한' 심경에서 '신이 난' 심경으로 변화함

왜 오답?

② 후반부에 큰 물고기를 잡은 느낌이 들었으므로 좌절한 것이 아니다.
③ 질투하는 상황은 없었다.
④ 후반부에 흥분하고 눈이 커졌으므로 지루함은 맞지 않다.
⑤ 전반부에 고기를 잡지 못해 실망했으므로 안도하는 심경은 부적절하다.

B 02 정답 ① ＊과학 프로젝트 아이디어에 도움을 준 누나

분사구문
Timothy sat at his desk, / desperately turning the pages of his
science book. //
Timothy는 책상에 앉아 / 필사적으로 자신의 과학책 페이지를 넘겼다 //

His science project was due in a few days / and he had no idea
의문사+to부정사
where to start. // **단서 1** 과학 프로젝트에 대한 막막함으로 좌절스러움
그의 과학 프로젝트 마감일이 며칠 남지 않았는데 / 그는 어디서부터 시작해야 할지 막막했다 //

Finally, he closed his book, hit the table, and shouted, / "This is
impossible!" // 마침내 그는 책을 덮고 테이블을 치며 외쳤다 / "이건 불가능해!"라고 //
분사구문
His sister, Amelia, / drawn by the noise, / came into his room. //
그의 누나 Amelia가 / 그 소리에 이끌려 / 그의 방으로 들어왔다 //

"Hey, little brother, can I help?" // "이봐, 동생, 누나가 도와줄까" //

Timothy explained his situation / and Amelia immediately had a solution. //
Timothy가 자신의 상황을 설명하자 / Amelia는 즉시 해결책을 내놓았다 //

She knew / that Timothy **enjoyed learning** about environmental issues / and **suggested / he do** a project about climate change. //
그녀는 알았다 / Timothy가 환경 문제에 대해 배우는 것을 좋아한다는 것을 / 그리고 제안했다 / 그가 기후 변화에 관한 프로젝트를 할 것을 //

Timothy thought about the idea / and agreed that his sister was right. //
Timothy는 그 아이디어를 생각해 본 후 / 누나의 말이 옳다고 동의했다 //

"Oh, Amelia, your idea is fantastic! // Thank you. // You are the best sister ever!" // 단서 2 누나의 도움을 받게 되어 고마워함
"오, Amelia 누나, 누나의 아이디어는 정말 환상적이야 // 고마워 // 누나는 정말 최고의 누나야" //

- desperately @d 필사적으로   - due @ 마감일이 된
- draw ⓥ 이끌다, 당기다   - immediately @d 즉시
- fantastic @ 환상적인

Timothy는 책상에 앉아 필사적으로 자신의 과학책 페이지를 넘겼다. 그의 과학 프로젝트 마감일이 며칠 남지 않았는데 그는 어디서부터 시작해야 할지 막막했다. 마침내 그는 책을 덮고 테이블을 치며 "이건 불가능해!"라고 외쳤다. 그의 누나 Amelia가 그 소리에 이끌려 그의 방으로 들어왔다. "이봐, 동생, 누나가 도와줄까?" Timothy가 자신의 상황을 설명하자 Amelia는 즉시 해결책을 내놓았다. 그녀는 Timothy가 환경 문제에 대해 배우는 것을 좋아한다는 것을 알고 기후 변화에 관한 프로젝트를 해보라고 제안했다. Timothy는 그 아이디어를 생각해 본 후 누나의 말이 옳다고 동의했다. "오, Amelia 누나, 누나의 아이디어는 정말 환상적이야! 고마워. 누나는 정말 최고의 누나야!"

다음 글에 드러난 Timothy의 심경 변화로 가장 적절한 것은?
① frustrated → grateful 아이디어가 떠오르지 않아 좌절함 → 누나의 도움을 받고 고마워함
  좌절한 → 감사하는
② disappointed → envious 누나를 부러워하는 감정은 아님
  실망한 → 부러워하는
③ hopeful → thrilled 처음에는 아이디어가 떠오르지 않아 좌절하고 있었음
  희망에 찬 → 아주 신이 난
④ encouraged → ashamed 부끄러운 감정은 없음
  힘이 나는 → 부끄러운
⑤ fearful → indifferent 무관심한 감정을 느낄 상황이 아님
  두려워하는 → 무관심한

왜 정답? [정답률 95%]
전반부: Timothy는 과학 프로젝트 마감일이 얼마 남지 않았는데, 아이디어가 떠오르지 않았음 ▶ '좌절한'
후반부: 누나가 좋은 아이디어 제안을 해주어 고마움을 표현함 ▶ '감사하는'
▶ 따라서 Timothy의 심경 변화로 가장 적절한 것은 ① '좌절한 → 감사하는'이다.

왜 오답?
② 누나에게 감사해하는 것이지 부러워하는 감정은 아니디.
③ 전반부에서 아이디어가 떠오르지 않아 좌절하고 있었다.
④ 처음에는 좌절하는 심경이었으며 후반부에도 부끄러운 감정은 없다.
⑤ 전반부의 감정은 두려움이 아니며, 무관심한 감정을 느낄 상황도 아니다.

B 03 정답 ① ＊자신이 자랐던 집을 찾아낸 Sophie

"Where could it be?" // "어디 있을까" //

Sophie asked herself. // Sophie는 자신에게 물었다 //

It had been more than ten years / since she had last visited / the area **where** she had grown up. //
이미 10년이 훌쩍 넘었다 / 그녀가 마지막으로 방문한 지 / 자랐던 지역을 //

The village had changed a lot / over time. //
마을은 많이 변해 있었다 / 그동안 //

Uncertain, / she awkwardly looked around / at her surroundings. // 확신이 서지 않아 / Sophie는 어색하게 둘러보았다 / 그녀의 주변을 //

She walked the narrow streets of the village, / **unsure about which way to go.** // 단서 1 방향을 확신하지 못하는 상황
그녀는 마을의 좁은 골목길을 걸었다 / 어느 방향으로 가야 할지 확신하지 못한 채 //

Suddenly, / Sophie saw a familiar sight. //
갑자기 / Sophie의 눈에 익숙한 광경이 들어왔다 //

"Yes, this must be it," / she thought. //
"맞아, 여기가 분명해." / 그녀는 생각했다 //

In front of her was a wall / with flowers painted on it. //
그녀 앞에는 벽이 있었다 / 그것 위에 꽃이 그려진 //

Although the colors were now faded, / the familiar shapes on the wall / were the same ones / **she had painted** with her father / as a child. //
지금은 색이 바랬지만 / 그 벽 위의 친숙한 모양들은 / 바로 그것이었다 / 그녀가 아버지와 함께 그렸던 / 어린 시절 //

단서 2 환하게 미소 지으며 고개를 끄덕임
Sophie nodded, / smiled brightly, / and walked toward the gate. // Sophie는 고개를 끄덕였다 / 환하게 미소 지었다 / 그리고 문 쪽으로 걸어갔다 //

At last, / she had finally found the house / **she had grown up in.** // 마침내 / 그녀는 드디어 집을 찾아냈다 / 자신이 자랐던 //

- awkwardly @d 어색하게   - surroundings ⓝ 주변
- faded @ 색이 바랜   - shape ⓝ 모양, 형태   - nod ⓥ 고개를 끄덕이다

"어디 있을까?" 하고 Sophie는 자신에게 물었다. 그녀가 자랐던 지역을 마지막으로 방문한 지 이미 10년이 훌쩍 넘었다. 그동안 마을은 많이 변해 있었다. 확신이 서지 않아, Sophie는 어색하게 주변을 둘러보았다. 그녀는 마을의 좁은 골목길을 걸었지만, 어느 방향으로 가야 할지 확신하지 못했다. 갑자기, Sophie의 눈에 익숙한 광경이 들어왔다. "맞아, 여기가 분명해."라고 그녀는 생각했다. 그녀 앞에는 꽃이 그려진 벽이 있었다. 지금은 색이 바랬지만, 그 벽 위의 친숙한 모양들은 그녀가 어린 시절 아버지와 함께 그렸던 바로 그것이었다. Sophie는 고개를 끄덕이고, 환하게 미소 짓고, 문 쪽으로 걸어갔다. 마침내, 그녀는 자신이 자랐던 집을 드디어 찾아냈다.

다음 글에 드러난 Sophie의 심경 변화로 가장 적절한 것은?
① confused → pleased 마을이 많이 변해 어느 방향으로 가야 할지 확신하지 못하고 있다가
  혼란스러워하는 → 기쁜   꽃이 그려진 벽을 발견하고 환하게 웃음
② confident → embarrassed 초반에는 자신감 있는 것이 아니라 혼란을 느꼈으며
  자신감 있는 → 당황한   후반에는 당황한 것이 아니라 기뻐함
③ thrilled → anxious 초반에 신이 난 것이 아니라 혼란스러웠으며 후반에는 기뻐함
  아주 신이 난 → 걱정하는
④ relieved → nervous 초반에 안도한 것이 아니라 혼란스러운 상황임
  안도한 → 초조한
⑤ bored → excited 초반에 방향을 찾지 못해 혼란을 느끼고 있지 지루함을 느끼는 상황이 아님
  지루한 → 흥분한

왜 정답? [정답률 94%]
전반부: Sophie는 10년이 훌쩍 넘어 자신이 자랐던 마을을 찾아갔으나 많이 변해서 방향을 확신하지 못함
후반부: 어린 시절 아버지와 함께 꽃을 그렸던 벽을 발견해 환하게 웃음
▶ ① '혼란스러워하는' 심경에서 '기쁜' 심경으로 변화함

왜 오답?
② 초반에는 자신감 있는 것이 아니라 혼란을 느꼈으며 후반에는 당황한 것이 아니라 기뻐했다.
③ 초반에는 신이 난 것이 아니라 혼란스러웠으며 후반에는 기뻐했다.
④ 초반에 안도한 것이 아니라 방향을 확신하지 못해 혼란스러운 상황이다.
⑤ 초반에 방향을 찾지 못해 혼란을 느끼고 있지 지루함을 느끼는 상황이 아니다.

강기헌 | 2026 수능 응시 · 천안 천안고 졸
세 번째 줄 끝 문장을 보면, uncertain, awkwardly 같은 키워드를 통해 처음에는 다소 불확실하고, 어색하다고 느끼는 모습을 볼 수 있어. 하지만 마지막 문장에서 Sophie가 고개를 끄덕이고 밝게 웃는 모습을 통해 정서가 밝고 긍정적인 쪽으로 변화했다는 것을 알 수 있지. 따라서 정답은 confused(혼란스러워하는)에서 pleased(기쁜)로 바뀌는 ①임을 알 수 있어.

Sierra shook / <u>as</u> she walked back and forth / in front of her
접속사
professor's office. //
Sierra는 떨고 있었다 / 이리저리 걸어 다니며 / 교수님의 연구실 앞에서 //

The week before, / she had turned in her art assignment / and
today, / Professor Fox had asked Sierra <u>to come</u> see her. //
had asked의 목적격 보어(to부정사)
일주일 전에 / 그녀가 미술 과제를 제출했다 / 그리고 오늘 / Fox 교수님이 Sierra에게 자신을
만나러 오라고 하셨다 //

"Oh, no." / Sierra thought, / "What if she thinks <u>my paintings</u>
앞에 목적어절 접속사 that 생략
<u>are horrible</u>?" // 단서 1 자신의 그림을 형편없다고 생각할 것을 걱정하고 있음
"아, 안 돼" / Sierra는 생각했다 / "만약 그녀(교수님)가 내 그림들이 형편없다고 생각하시면
어쩌지" //

Sierra's sweating hand / turned the door handle. //
Sierra의 땀에 젖은 손이 / 문손잡이를 돌렸다 //

Professor Fox smiled and said, / "Sierra, / your paintings were
amazing and so unique! //
Fox 교수님은 미소지으며 말씀하셨다 / "Sierra / 네 그림들은 놀라웠고 정말 독창적이었어 //

Can I display them / at the school exhibition?" //
내가 그것들을 전시해도 될까 / 학교 전시회에" //

Sierra smiled brightly / <u>as</u> she exclaimed, / "Oh, this is so
접속사   단서 2 기뻐하며 환하게 웃고 있음
wonderful! // <u>It</u>'s always been a dream of mine / <u>to share</u> my art
가주어   진주어
with others! // This is the best day ever!" //
Sierra는 환하게 웃었다 / 탄성을 지르면서 / "와, 너무나도 멋져요 // 항상 제 꿈이었거든요 /
다른 사람들과 제 작품을 나누는 것은 // 오늘은 제 인생 최고의 날이에요" //

- shake ⓥ (몸을) 떨다   - assignment ⓝ 과제
- horrible ⓐ 형편없는, 끔찍한   - unique ⓐ 독창적인, 훌륭한
- exhibition ⓝ 전시회   - exclaim ⓥ 탄성을 지르다, 외치다

Sierra는 교수님의 연구실 앞에서 이리저리 걸어 다니며 떨고 있었다. 일주일
전에 그녀가 미술 과제를 제출했는데, 오늘 Fox 교수님이 Sierra에게 자신을 만
나러 오라고 하신 것이다. "아, 안 돼." Sierra는 생각했다. "교수님이 내 그림들
이 형편없다고 생각하시면 어쩌지?" Sierra의 땀에 젖은 손이 문손잡이를 돌렸
다. Fox 교수님은 미소지으며 말씀하셨다. "Sierra, 네 그림들은 놀라웠고 정말
독창적이었어! 내가 그것들을 학교 전시회에 전시해도 될까?" Sierra는 환하게
웃으며 탄성을 질렀다. "와, 너무나도 멋져요! 다른 사람들과 제 작품을 나누는
건 항상 제 꿈이었거든요! 오늘은 제 인생 최고의 날이에요!"

다음 글에 드러난 Sierra의 심경 변화로 가장 적절한 것은?

① angry → calm 처음에 화가 났다가 차분해지는 상태가 아님
화난 → 차분한
② frustrated → bored 좌절했다가 나중에 지루함을 느끼는 상태가 아님
좌절한 → 지루한
③ nervous → delighted 불안함을 느끼다가 교수님이 작품을 칭찬하자 매우 기뻐함
불안해하는 → 매우 기뻐하는
④ relieved → surprised 초반부에는 안도한 것이 아니라 불안하고 있음
안도한 → 놀란
⑤ thrilled → panicked 초반부에 신이 난 상태가 아니라 후반부에 신이 남
아주 신이 난 → 겁에 질린

왜 정답? [정답률 98%]

전반부: Sierra는 Fox 교수님이 자신의 미술 과제가 형편없다고 할까 봐 불안해함
후반부: 교수님이 자신의 그림을 극찬하시며 전시회에 전시해도 되겠냐고 묻자 매우
기뻐함 ▶ ③ '불안해하는' 심경에서 '매우 기뻐하는' 심경으로 변화함

왜 오답?
① 처음에 화가 났다가 차분해지는 상태가 아니다.
② 좌절했다가 나중에 지루함을 느끼는 상태가 아니다.
④ 초반부에는 안도한 것이 아니라 불안하고 있다.
⑤ 초반부에 신이 난 상태가 아니라 불안해하는 상태이다.

Mike stared / at the blinking cursor on the screen, / <u>his heart</u>
주어가 생략되지 않은 분사구문
<u>sinking deeper</u> / <u>with each passing hour</u>. //
Mike는 응시했다 / 화면에서 깜빡이는 커서를 / 그의 마음은 더 깊이 가라앉았다 / 매시간이
흐를수록 //

He had rewritten the final sentence / over and over, / yet nothing
felt right. //
단서 1 압박감을 느끼고 있음
그는 마지막 문장을 고쳐 썼지만 / 계속해서 / 어느 것도 맞게 느껴지지 않았다 //

The pressure <u>to finish</u> was mounting / — he was so close, / but
형용사적 용법
the words didn't come to his mind. //
끝마쳐야 한다는 압박감이 서서히 증가하고 있었고 / 거의 끝날 것 같았지만 / 단어들이 그의
머릿속에 떠오르지 않았다 //

He buried his face in his hands / with a deep sigh. //
그는 자신의 손에 얼굴을 묻었다 / 깊은 한숨을 쉬며 / 단서 2 깊은 한숨과 함께 얼굴을 손에
파묻으며 좌절을 느낌

Then, in the stillness, / something sparked. //
그때, 정적 속에서 / 무언가가 번뜩였다 //

With a rush, / he typed a single sentence. //
서둘러 / 그는 문장 하나를 쳤다 //

A big smile spread across his face. // 커다란 미소가 그의 얼굴에 번졌다 //

"This is it! // It's perfect!" // "바로 이거야 // 완벽해" //
분사구문을 이끄는 현재분사
Mike shouted in joy, / <u>jumping</u> up from his chair. //
Mike가 환희에 차 외치며 / 의자에서 벌떡 일어났다 // 단서 3 환희에 차 의자에서 일어남
단서 4 기뻐서 손뼉을 침
He clapped his hands / with delight. // 그는 손뼉을 쳤다 / 기쁨에 겨워 //
동명사의 의미상 주어   동명사
It felt like <u>the final puzzle piece</u> / <u>sliding</u> into place. //
마치 마지막 퍼즐 조각이 ~ 것 같았다 / 제자리에 미끄러져 들어가는 //
선행사를 포함하는 관계대명사
He had finally completed / <u>what</u> he had long dreamed of. //
그는 마침내 완성했다 / 그가 오래도록 꿈꿔 왔던 것을 //

- stare ⓥ 응시하다   - pressure ⓝ 압박(감)
- mount ⓥ (서서히) 증가하다   - bury ⓥ ~을 묻다[매장하다]
- sigh ⓝ 한숨   - stillness ⓝ 정적   - spark ⓥ 번뜩이다
- delight ⓝ 기쁨

Mike는 화면에서 깜빡이는 커서를 응시했고, 매시간이 흐를수록 그의 마음은
더 깊이 가라앉았다. 그는 계속해서 마지막 문장을 고쳐 썼지만, 어느 것도 맞
게 느껴지지 않았다. 끝마쳐야 한다는 압박감이 서서히 증가하고 있었고, 거의
끝날 것 같았지만, 단어들이 그의 머릿속에 떠오르지 않았다. 그는 깊은 한숨
을 쉬며 자신의 손에 얼굴을 묻었다. 그때, 정적 속에서 무언가가 번뜩였다. 서
둘러 그는 문장 하나를 쳤다. 커다란 미소가 그의 얼굴에 번졌다. "바로 이거야!
완벽해!" Mike가 환희에 차 외치며 의자에서 벌떡 일어났다. 그는 기쁨에 겨워
손뼉을 쳤다. 마치 마지막 퍼즐 조각이 제자리에 미끄러져 들어가는 것 같았다.
그는 마침내 그가 오래도록 꿈꿔 왔던 것을 완성했다.

다음 글에 드러난 Mike의 심경 변화로 가장 적절한 것은?

① joyful → regretful 전반부가 아닌 후반부에 기쁜 감정을 느끼고 있으며,
후회를 느끼는 상황은 없음
기뻐하는 → 후회하는
② frustrated → happy 마지막 문장이 완성되지 않아 좌절감을 느낌
좌절하는 → 행복한   → 마침내 문장을 완성하며 행복함을 느낌
③ satisfied → guilty 전반부가 만족스러운 상황이 아니며, 죄책감을 느끼는 상황은 없음
만족스러운 → 죄책감을 느끼는
④ angry → ashamed 후반부에 기쁨을 느끼고 있는 상황으로 부끄러운 감정이 아님
화난 → 부끄러운
⑤ anxious → calm 후반부는 환희에 차고 기뻐하는 감정이지 차분한 감정이 아님
불안한 → 차분한

왜 정답? [정답률 94%]

전반부: Mike는 끝내야 하는 마지막 문장을 완성하지 못해 좌절하고 있음
후반부: 마침내 문장이 생각나서 완성한 후 기쁨과 환희를 느낌
▶ ② '좌절하는' 심경에서 '행복한' 심경으로 변화함

왜 오답?
① 후반부에서 기쁜 감정을 느끼고 있으며, 후회를 느낄 만한 상황은 언급되지 않았다.
③ 전반부는 만족스러운 상황이 아니며, 죄책감을 느낄 만한 상황도 없다.
④ 부끄러워하는 감정을 느낄 만한 상황은 언급되지 않았다.
⑤ 후반부에는 환희에 차 기뻐하고 있으므로 차분한 감정이 아니다.

I got married / in the middle of a small wood outside of Cambridge / during the summer of 2019; / the night before my wedding, / it started to pour with rain. //
나는 결혼했다 / Cambridge 외곽의 작은 숲속에서 / 2019년 여름에 / 내 결혼식 전날 밤 / 비가 쏟아지기 시작했다 //

At two o'clock in the morning, / the rain sounded like a biblical tempest. // 새벽 2시에 / 그 비는 마치 성경에 나오는 폭풍우처럼 들렸다 //

I moved myself into the spare bedroom / and spent the night awake, / 나는 예비 침실로 옮겨갔고 / 밤새 깨어 있었다 /
sick to my stomach with anxiety, / and imagining / the tables, chairs, hay bales and sofas we had set out in the woods that day / getting soaked through, / and my family and in-laws covered in mud. // **단서 1** 결혼식 전날 밤에 비가 너무 많이 와서 불안감을 느낌
온통 불안으로 속이 불편한 채로 / 상상하며 / 그날 우리가 숲속에 놓았던 테이블, 의자, 건초 더미, 소파들이 / 완전히 젖어버리고 / 내 가족과 처가 식구들이 진흙에 뒤덮여 있는 것을 //

But in the woods at noon the next day, / there was no sign of the storm. // 그러나 다음 날 정오 숲속에 / 폭풍의 흔적은 없었다 //

Sunlight floated through the leaves / and landed on the heads of family members / I thought for years might never attend my wedding. //
햇살이 나뭇잎 사이로 떠올랐고 / 가족들의 머리 위로 내려앉았다 / 내가 내 결혼식에 절대 참석하지 않을 것이라고 수년 동안 생각한 //

I looked over at my wife, / and then for the next ten hours / felt overjoyed / up until the moment I went to sleep. //
나는 아내를 바라보았고 / 그 후, 이후 10시간 동안 / 매우 기뻤다 / 내가 잠자리에 드는 그 순간까지 // **단서 2** 다음 날 햇살이 떠오른 후 기쁨을 느낌

- biblical ⓐ 성경 속의   - anxiety ⓝ 불안   - hay bale 건초 더미
- soak ⓥ 완전히 젖다   - in-laws ⓝ 인척(특히 시부모·장인과 장모)
- float ⓥ 떠오르다   - overjoyed ⓐ 매우 기뻐하는

2019년 여름, 나는 Cambridge 외곽의 작은 숲속에서 결혼했다. 내 결혼식 전날 밤, 비가 쏟아지기 시작했다. 새벽 2시에, 그 비는 마치 성경에 나오는 폭풍우처럼 들렸다. 나는 예비 침실로 옮겨갔고, 온통 불안으로 속이 불편한 채로, 그날 우리가 숲속에 놓았던 테이블, 의자, 건초 더미, 소파들이 완전히 젖어버리고, 내 가족과 처가 식구들이 진흙에 뒤덮여 있는 것을 상상하며 밤새 깨어 있었다. 그러나 다음 날 정오 숲속에 폭풍의 흔적은 없었다. 햇살이 나뭇잎 사이로 떠올라, 내가 내 결혼식에 절대 참석하지 않을 것이라고 수년 동안 생각한 가족들의 머리 위로 내려앉았다. 나는 아내를 바라보았고, 그 후, 내가 잠자리에 드는 그 순간까지, 이후 10시간 동안 매우 기뻤다.

다음 글에 드러난 'I'의 심경 변화로 가장 적절한 것은?

① worried → delighted 폭풍우 같은 비로 인한 걱정, 불안감 → 비가 그치고 기뻐함
　걱정스러운 → 매우 기쁜
② lonely → indifferent 외로운 감정이나 무관심한 감정은 나타나지 않음
　외로운 → 무관심한
③ pleased → confused 전반부에 기뻐하는 것이 아니라 후반부에 기뻐함
　기쁜 → 혼란스러운
④ bored → relieved 전반부에서 지루함을 느낄 상황이 아님
　지루한 → 안도하는
⑤ joyful → grateful 전반부에서 기뻐하는 감정을 느낄 상황이 아님
　기뻐하는 → 감사하는

⟩왜 정답? [정답률 97%]

전반부: '나'는 결혼식 전날 밤 폭풍우 같은 비로 인해 걱정과 불안감을 느끼고 있음
후반부: 다음 날 비가 그치고 햇살이 떠올라 매우 기뻐함
▶ ① '걱정스러운' 심경에서 '매우 기쁜' 심경으로 변화함

⟩왜 오답?

② 외로운 감정이나 무관심한 감정은 없다.
③ 전반부에 기뻐하거나 후반부에 혼란스러움을 느낄 상황이 아니다.
④ 전반부에서 지루함의 감정을 느낄 상황이 아니다.
⑤ 전반부에서 기뻐하는 감정을 느끼는 것이 아니라 후반부에 느낀다.

"Please welcome to the stage, Stacy Pan!" //
"무대에 오르는 Stacy Pan을 환영해 주세요!" //

My legs tremble / as I step onto the stage / to narrate a story I wrote. // **단서 1** 다리가 떨림
다리가 부들부들 떨린다 / 무대에 오를 때 / 내가 쓴 이야기를 낭독하기 위해 //

The spotlight blinds me, / and my mind cries out. //
스포트라이트로 눈이 부시고 / 나는 마음속으로 소리친다 //

Don't mess up. // Don't hesitate. // Just keep going. //
망치면 안 돼 // 주저하면 안 돼 // 그냥 계속해 //

I adjust the microphone, / trying to ignore the fact / that hundreds of people are watching me. //
나는 마이크를 조정한다 / 사실을 무시하려 애쓰며 / 수백 명의 사람들이 나를 지켜보고 있다는 //

I begin, / diving straight into the story / as I have practiced. //
나는 시작한다 / 바로 이야기에 뛰어들며 / 연습해 왔던 대로 //

My voice shakes, / and I focus on each word, / afraid that one misstep will ruin everything. // **단서 2** 목소리가 떨림
내 목소리가 떨리고 / 나는 단어 하나하나에 집중한다 / 한 마디 실수가 모든 것을 망칠까 두려워하며 //

The room is silent, / but I keep going, / word by word. //
방은 조용하지만 / 나는 계속 나아간다 / 한 단어 한 단어 //

Finally, I approach the last line / and deliver it without a single mistake. //
마침내, 나는 마지막 줄에 다다르고 / 단 하나의 실수 없이 그것을 말한다 //

There's a moment of silence / before I realize I've finished. //
잠깐의 정적이 있다 / 내가 마쳤다는 것을 깨닫기 전에 //

I breathe out, / all my tension melting away. //
내가 숨을 내쉬자 / 내 모든 긴장이 차츰 사라진다 //

My chest feels lighter / as I step off the stage. //
마음이 더 가벼워지는 느낌이 든다 / 내가 무대 아래로 내려올 때 //

It's done, / and I didn't fail. // 끝났다 / 그리고 난 실패하지 않았다 //

It's not joy I feel / — just stillness and peace. //
내가 느끼는 것은 기쁨이 아니고 / 단지 평온과 평안이다 // **단서 3** 평온함을 느낌

- tremble ⓥ 떨다   - hesitate ⓥ 주저하다   - adjust ⓥ 조정하다
- misstep ⓝ 실수   - ruin ⓥ 망치다
- deliver ⓥ (연설·강연 등을) 하다, 전달하다   - tension ⓝ 긴장
- melt away 차츰 사라지다   - stillness ⓝ 평온함, 고요함
- peace ⓝ 평안

"무대에 오르는 Stacy Pan을 환영해 주세요!" 내가 쓴 이야기를 낭독하기 위해 무대에 오를 때 다리가 부들부들 떨린다. 스포트라이트로 눈이 부시고, 나는 마음속으로 소리친다. '망치면 안 돼. 주저하면 안 돼. 그냥 계속해.' 수백 명의 사람들이 나를 지켜보고 있다는 사실을 무시하려 애쓰며 나는 마이크를 조정한다. 나는 연습해 왔던 대로 바로 이야기에 뛰어들며 시작한다. 내 목소리가 떨리고, 한 마디 실수가 모든 것을 망칠까 두려워하며 나는 단어 하나하나에 집중한다. 방은 조용하지만, 나는 한 단어 한 단어 계속 나아간다. 마침내, 나는 마지막 줄에 다다르고, 단 하나의 실수 없이 그것을 말한다. 내가 마쳤다는 것을 깨닫기 전에 잠깐의 정적이 있다. 내가 숨을 내쉬자 내 모든 긴장이 차츰 사라진다. 내가 무대 아래로 내려올 때 마음이 더 가벼워지는 느낌이 든다. 끝났다, 그리고 난 실패하지 않았다. 내가 느끼는 것은 기쁨이 아니고, 단지 평온과 평안이다.

다음 글에 드러난 'I'의 심경 변화로 가장 적절한 것은?

① relaxed → alarmed 글에서의 심경 변화와 정반대임
　편안한 → 불안해하는
② nervous → relieved 무대에 서기 전 긴장됨 → 실수 없이 성공하며 안도함
　긴장한 → 안도한
③ confused → confident 전반부에 혼란스럽다기보다는 긴장했음
　혼란스러운 → 자신만만한
④ jealous → sympathetic 질투심을 느끼는 상황은 없었음
　질투하는 → 동정적인
⑤ indifferent → refreshed 전반부에 오히려 많이 긴장함
　무관심한 → 기분이 상쾌한

왜 정답? [정답률 94%]

전반부: 낭독을 시작하기 전, 다리가 떨리는 등 긴장함
후반부: 이야기를 실수 없이 전달한 후, 평온과 평안을 느낌
▶ ② '긴장한' 심경에서 '안도한' 심경으로 변화함

왜 오답?

① 글에서의 심경 변화와 정반대이다.
③ 전반부에 혼란스럽다기보다는 긴장했다.
④ 질투심을 느끼는 상황은 없었다.
⑤ 전반부에 무관심한 것이 아니라 오히려 많이 긴장했다.

B 08 정답 ② ＊뮤지컬 오디션에 참가한 Sam

Sam had always dreamed of becoming a musical actor, / and today was his big chance — / a life-changing audition. //
Sam은 뮤지컬 배우가 되는 것을 항상 꿈꿔 왔다 / 그리고 오늘은 그의 중요한 기회였다 / 인생을 바꿀 오디션 //

He had practiced endlessly / and was perfectly ready. //
그는 끝없이 연습했다 / 그리고 완벽하게 준비가 되어 있었다 //

단서 1 자신감이 넘쳐서 배역을 얻지 못하는 것은 생각도 하지 못하는 상황임
He couldn't even think of / not getting the role. //
그는 생각조차 할 수 없었다 / 그 배역을 얻지 못하는 것은 //

When his name was called, / Sam stepped onto the stage, / **with his head held** high / and **his shoulders held** back. //
그의 이름이 불렸을 때 / Sam은 무대 위로 올라갔다 / 머리를 높이 치켜든 채 / 그리고 어깨를 뒤로 젖힌 채 //

The judges' eyes / were fixed on him / **as** he appeared on the stage. //
심사위원들의 눈이 / 그에게 고정되었다 / 그가 무대에 등장하자 //

But then, / without warning, / his mind went completely blank. //
하지만 그때 / 예고 없이 / 그의 머릿속이 완전히 하얘졌다 //

The opening line / **he had rehearsed** so many times / didn't come to him. //
첫 대사가 / 그가 정말 여러 번 연습했던 / 떠오르지 않았다 //

He opened his mouth, / but no sound came out. //
그는 입을 열었다 / 그러나 아무 소리도 나오지 않았다 //

Frustration started to set in. //
좌절감이 밀려오기 시작했다 // **단서 2** 좌절감이 생기기 시작함

In the end / Sam couldn't believe / **that** he couldn't say a single line. //
끝내 Sam은 믿을 수 없었다 / 그가 대사를 한 줄도 말하지 못했다는 것을 //

- **endlessly** ad 끝없이 • **judge** n 심사위원 • **warning** n 경고
- **completely** ad 완전히 • **rehearse** v 연습하다
- **frustration** n 좌절 • **exhausted** a 지친
- **indifferent** a 무관심한

Sam은 뮤지컬 배우가 되는 것을 항상 꿈꿔 왔고, 오늘은 그의 중요한 기회인 인생을 바꿀 오디션이었다. 그는 끝없이 연습했고 완벽하게 준비가 되어 있었다. 그는 그 배역을 얻지 못하는 것은 생각조차 할 수 없었다. 그의 이름이 불렸을 때, Sam은 머리를 높이 치켜들고 그의 어깨를 뒤로 젖힌 채 무대 위로 올라갔다. 그가 무대에 등장하자 심사위원들의 눈은 그에게 고정되었다. 하지만 그때, 예고 없이, 그의 머릿속이 완전히 하얘졌다. 그가 정말 여러 번 연습했던 첫 대사가 떠오르지 않았다. 그는 입을 열었지만, 아무 소리도 나오지 않았다. 좌절감이 밀려오기 시작했다. 끝내 Sam은 그가 대사를 한 줄도 말하지 못했다는 것을 믿을 수 없었다.

다음 글에 드러난 Sam의 심경 변화로 가장 적절한 것은?

① excited → jealous 후반부에 질투심을 느끼는 상황이 아님
　신이 난 → 질투하는
② confident → frustrated 자신감이 넘침 → 대사를 한 줄도 말하지 못해 좌절감을 느낌
　자신만만한 → 좌절한
③ nervous → relieved 초반부에는 오히려 긴장하지 않았음
　긴장한 → 안도한
④ exhausted → refreshed 지쳤다가 기운이 나게 되는 상황이 아님
　지친 → 기분이 상쾌한
⑤ indifferent → grateful 무관심했다가 감사함을 느끼는 것이 아니라 좌절됨
　무관심한 → 감사하는

왜 정답? [정답률 91%]

전반부: 뮤지컬 배우가 되기 위해 오디션에 참가한 Sam은 배역을 얻지 못하는 것은 생각도 하지 않는 자신감이 넘치는 상태임
후반부: 갑자기 머릿속이 하얘지면서 대사를 한 줄도 말하지 못하게 됨
▶ ② '자신만만한' 심경에서 '좌절한' 심경으로 변화함

왜 오답?

① 후반부에 질투심을 느끼는 상황이 아니다.
③ 초반부에는 오히려 긴장하지 않았다.
④ 지쳤다가 기운이 나게 되는 상황이 아니다.
⑤ 무관심했다가 감사함을 느끼고 있지 않다.

자이 쌤's Follow Me! — 홈페이지에서 제공

B 09 정답 ① ＊일몰을 보게 된 Jessica

주어
The island tour bus / Jessica was riding on / **was moving** slowly **동사(과거진행형)** / toward the ocean cliffs. //
섬 관광버스는 / Jessica가 타고 있는 / 천천히 움직이고 있었다 / 바다에 면한 절벽 쪽으로 //

Outside, the sky was getting dark. //
바깥에서는 하늘이 점점 어두워지고 있었다 //

단서 1 차가 막혀서 일몰을 놓칠 거라며 걱정스럽게 한숨지었음
Jessica sighed with concern, / "I'm going to miss the sunset / because of the traffic." //
Jessica는 걱정스럽게 한숨지었다 / "나는 일몰을 놓칠 거야 / 교통 때문에" //

주어 **완전자동사**
The bus arrived / at the cliffs' parking lot. //
버스가 도착했다 / 절벽의 주차장에 **장소의 부사구**

While the other passengers were gathering their bags, / Jessica quickly got off the bus / and she ran up **the cliff** / **that** was famous for its ocean views. //
〈시간〉의 부사절 접속사 / 선행사 / 주격 관계대명사
다른 승객들이 자신들의 가방을 챙기는 동안 / Jessica는 재빨리 버스에서 내렸고 / 그녀는 절벽으로 뛰어 올라갔다 / 그것의 바다 전망으로 유명한 //

She was about to give up / when she got to the top. //
그녀는 막 포기하려 했다 / 그녀가 꼭대기에 도달했을 때 //

Just then / she saw the setting sun / and it still shone brightly in the sky. // **단서 2** 일몰을 보게 됨
바로 그때 / 그녀는 지는 해를 보는데 / 그것은 여전히 하늘에서 밝게 빛났다 //

Jessica said to herself, / "The glow of the sun is so beautiful. // It's **even** better / than I expected." // **단서 3** 자신이 기대했던 것보다 훨씬 더 아름다운 노을을 봤음
비교급 강조 부사
Jessica는 혼잣말을 했다 / "노을이 너무 아름다워 // 그건 훨씬 더 좋아 / 내가 기대했던 것보다"라고 //

- **sigh** v 한숨을 쉬다 • **passenger** n 승객 • **glow** n (은은한) 불빛

Jessica가 타고 있는 섬 관광버스는 바다에 면한 절벽 쪽으로 천천히 움직이고 있었다. 바깥에서는 하늘이 점점 어두워지고 있었다. Jessica는 "나는 교통 때문에 일몰을 놓칠 거야."라고 말하며 걱정스럽게 한숨지었다. 버스가 절벽의 주차장에 도착했다. 다른 승객들이 자신들의 가방을 챙기는 동안, Jessica는 재빨리 버스에서 내렸고 바다 전망으로 유명한 절벽으로 뛰어 올라갔다. 꼭대기에 도달했을 때 그녀는 막 포기하려 했다. 바로 그때 그녀는 지는 해를 보는데, 그것은 여전히 하늘에서 밝게 빛났다. Jessica는 "노을이 너무 아름다워. 내가 기대했던 것보다 훨씬 더 좋아."라고 혼잣말을 했다.

다음 글에 드러난 Jessica의 심경 변화로 가장 적절한 것은?

① worried → delighted 노을을 못 볼까 봐 걱정하다가 보게 됨
　걱정스러운 → 매우 기쁜
② bored → confident 노을을 보면서 자신감을 느낀 것이 아님
　지루해하는 → 자신만만한
③ relieved → annoyed
　안도하는 → 짜증이 난
④ joyful → indifferent 전반부에서는 한숨을 쉬었음 ← 아름다운 노을을 봐서 짜증이 나거나 우울한 것이 아님
　기뻐하는 → 무관심한
⑤ regretful → depressed
　후회하는 → 우울한

왜 정답? [정답률 96%]

차가 막혀서 해가 지는 광경을 놓칠 거라며 걱정스럽게 한숨짓던 Jessica는 버스가 주차장에 도착하자마자 절벽으로 뛰어 올라갔고, 마침내 자신이 기대했던 것보다 훨씬 더 아름다운 노을을 보게 되었으므로 정답은 ① '걱정스러운 → 매우 기쁜'이다.

> **왜 오답 ?**

② 차가 막혀서 노을을 보지 못할까 봐 걱정하며 한숨 쉰 것이 지루함을 느끼는 것은 아니다.

③, ⑤ 자신이 기대했던 것보다 훨씬 더 아름다운 노을을 보게 되었는데 짜증이 나거나 우울하다는 것은 적절하지 않다.

④ 전반부에서는 걱정스럽게 한숨짓는 Jessica가 묘사되었다.

B 10 정답 ② ＊Valentine's Day 기념 식당 예약에 실패한 Peter

It was Valentine's Day on Friday / and Peter was certain / that
his wife, Amy, was going to love his surprise. //
금요일은 밸런타인데이였다 / 그리고 Peter는 확신했다 / 그의 아내인 Amy가 자신의 뜻밖의 선물을 정말 좋아할 것이라고 //

Peter had spent a long time / searching online for an event / that
would be a new way / **to spend** time with Amy. //
Peter는 오랜 시간을 보냈다 / 이벤트를 온라인에서 찾느라 / 새로운 방식이 될 / Amy와 시간을 보내는 //

He had finally found / the perfect thing for her. //
그는 마침내 찾아냈다 / 그녀에게 꼭 맞는 것을 //

She often told him / that she liked to go to places / she had never
visited before, / and he was absolutely sure / **that she would**
love / going to the new, five-star restaurant downtown. //
그녀는 그에게 자주 말했다 / 장소에 가보고 싶다고 / 전에 전혀 가 본 적이 없는 / 그리고 그는 전적으로 확신했다 / 그녀가 좋아할 것이라고 / 시내에 새로 생긴 5성급 레스토랑에 가는 것을 //

He smiled / as he called the restaurant / and asked for a
reservation for Friday. //
그는 미소를 지었다 / 그 레스토랑에 전화를 걸면서 / 그리고 금요일의 예약을 요청하며 //

Unfortunately, / his smile quickly disappeared / when he was
told / **that the restaurant was fully reserved. //**
안타깝게도 / 그의 미소는 곧 사라졌다 / 그가 들었을 때 / 그 레스토랑의 예약이 꽉 찼다는 것을 //

"That's too bad," / he said quietly. //
"너무 안타깝네요" / 그는 조용히 말했다 //

"I thought / **that I had found the right place."** //
"저는 생각했거든요 / 제가 딱 맞는 장소를 찾아냈다고" //

- **absolutely** ⓐ 전적으로, 틀림없이 • **five-star** 최고급의
- **downtown** ⓐ 시내에, 시내로 • **reservation** ⓝ 예약
- **indifferent** ⓐ 무관심한 • **jealous** ⓐ 질투하는
- **embarrassed** ⓐ 당황스러운

금요일은 밸런타인데이였고 Peter는 아내 Amy가 자신의 뜻밖의 선물을 정말 좋아할 것이라고 확신했다. Peter는 Amy와 시간을 보내는 새로운 방식이 될 이벤트를 온라인에서 찾느라 오랜 시간을 보냈다. 그는 마침내 그녀에게 꼭 맞는 것을 찾아냈다. 그녀는 전에 전혀 가 본 적이 없는 곳에 가보고 싶다고 그에게 자주 말했고, 그는 그녀가 시내에 새로 생긴 5성급 레스토랑에 가면 정말 좋아할 것이라고 전적으로 확신했다. 그는 그 레스토랑에 전화를 걸어 금요일의 예약을 요청하며 미소를 지었다. 안타깝게도, 그가 그 레스토랑의 예약이 꽉 찼다는 말을 들었을 때 그의 미소는 곧 사라졌다. 그는 "너무 안타깝네요."라고 조용히 말했다. "저는 딱 맞는 장소를 찾아냈다고 생각했거든요."

다음 글에 드러난 Peter의 심경 변화로 가장 적절한 것은?

① relaxed → indifferent 편안함을 느끼다가 무관심해지는 상황이 아님
편안한 → 무관심한
② confident → disappointed 식당을 좋아할 것으로 확신함 → 식당 예약이 끝나 실망함
확신하는 → 실망한
③ confused → satisfied 혼란스러움을 느끼다가 만족한 상황이 아님
혼란스러운 → 만족한
④ jealous → discouraged 낙담한 것은 맞지만 그 이전에 질투하는 심경은 언급되지 않음
질투하는 → 낙담한
⑤ embarrassed → joyful 당황하다가 기쁨을 느끼는 것이 아니라 오히려 실망했음
당황한 → 기쁜

> **왜 정답 ?** [정답률 95%]

전반부: Peter가 Valentine's Day에 시내에 새로 생긴 5성급 식당에 아내를 데려갈 계획을 세우고 그녀가 그것을 정말 좋아할 것으로 확신함

후반부: 식당에 예약 전화를 하였으나 예약이 다 찼다는 응답을 듣고 실망함

▶ ②'확신하는' 심경에서 '실망한' 심경으로 변화함

> **왜 오답 ?**

① 편안함을 느끼다가 무관심해지는 상황이 아니다.
③ 혼란스러움을 느끼다가 만족하게 되는 상황이 아니다.
④ 낙담한 것은 맞지만 그 이전에 질투를 하다가 낙담하게 되는 것이 아니다.
⑤ 당황했다가 기쁨을 느끼는 심경 변화는 일어나지 않았다.

백승준 | 카이스트 새내기과정학부 2025년 입학·광주 광주숭일고 졸

심경 변화 문제는 쉬운 유형이니만큼 빠르게 풀어야 하는 문제야. 그러기 위해서 빠르게 글을 훑으며 심경을 나타내는 단어와 문장을 찾아내는 것이 중요해. 이 문제의 경우 첫 문장의 Peter was certain과 역접의 연결사 Unfortunately 뒤에 오는 his smile quickly disappeared로 정답이 ②인 걸 파악할 수 있지!

B 11 정답 ③ ＊항공기 탑승 시간에 늦을 뻔한 Sophie

The whole morning had been chaotic. //
아침 내내 혼란스러운 상태였다 //

Sophie's day began / **with her alarm clock failing** to ring, / **which**
had thrown her into an intense rush. //
Sophie의 하루는 시작되었다 / 그녀의 알람시계가 울리지 않으며 / 그것이 그녀를 격심한 서두름으로 던져넣었다 //

After terrible traffic, / her taxi finally arrived at the airport, /
where she was met with endless security lines. //
끔찍한 교통 체증 후에 / 그녀가 탄 택시가 마침내 공항에 도착했다 / 그곳에서 그녀는 끝없는 보안 검색 (대기) 줄과 마주하게 되었다 //

Sophie kept glancing at her watch / **with each second feeling**
like an hour. //
Sophie는 계속 자신의 시계를 힐끗힐끗 보았다 / 매 초가 한 시간처럼 느껴지는 가운데 //

Worried that she could not get to the boarding gate in time, / she
rushed through the crowds of people. //
시간 내에 탑승구에 도착할 수 없을까 봐 걱정하면서 / 그녀는 수많은 사람들을 뚫고 돌진했다 //

Just then, / she heard an announcement / **saying that** her flight
had been "delayed." //
바로 그때 / 그녀는 안내 방송을 들었다 / 자신의 항공편이 '지연되었다'고 하는 //

Letting out a deep sigh, / she finally felt at ease. //
깊은 한숨을 내쉬며 / 그녀는 마침내 마음이 편해졌다 //

With an unexpected hour to spare, / she would have time /
to relax and **browse** the airport shops before her journey. //
예상치 못한 한 시간의 여유가 생기면서 / 그녀는 시간을 갖게 되었다 / 여행 전에 긴장을 풀고 공항 상점들을 둘러볼 //

- **chaotic** ⓐ 혼란 상태의 • **intense** ⓐ 격심한
- **security** ⓝ 보안 (검색) • **glance** ⓥ 힐끗힐끗 보다
- **boarding gate** 탑승구 • **announcement** ⓝ (안내) 방송
- **unexpected** ⓐ 예기치 못한 • **browse** ⓥ 둘러보다
- **joyful** ⓐ 즐거운 • **indifferent** ⓐ 무관심한
- **satisfied** ⓐ 만족스러워 하는

아침 내내 혼란스러운 상태였다. Sophie의 하루는 그녀의 알람시계가 울리지 않으며 시작되었는데, 그것이 그녀를 격심한 서두름으로 던져넣었다. 끔찍한 교통 체증 후에 그녀가 탄 택시가 마침내 공항에 도착했는데, 그곳에서 그녀는 끝없는 보안 검색 (대기) 줄과 마주하게 되었다. Sophie는 매 초가 한 시간처럼 느껴지는 가운데, 계속 자신의 시계를 힐끗힐끗 보았다. 시간 내에 탑승구에 도착할 수 없을까 봐 걱정하면서 그녀는 수많은 사람들을 뚫고 돌진했다. 바로

그때, 그녀는 자신의 항공편이 '지연되었다'고 하는 안내 방송을 들었다. 깊은 한숨을 내쉬며, 그녀는 마침내 마음이 편해졌다. 예상치 못한 한 시간의 여유가 생기면서, 그녀는 여행 전에 긴장을 풀고 공항 상점들을 둘러볼 시간을 갖게 되었다.

다음 글에 드러난 Sophie의 심경 변화로 가장 적절한 것은?

① calm → delighted 초반에 차분한 것과 반대 상황임
　차분한 → 기쁜
② pleased → indifferent 기쁨을 느끼다가 무관심해지는 상황이 아님
　기쁜 → 무관심한
③ anxious → relieved 탑승 시간에 늦을까 봐 초조함 → 탑승 시간 지연으로 마음이 편해짐
　초조한 → 안도하는
④ joyful → disappointed 초반에 즐거움을 느낄 상태가 아님
　즐거운 → 실망한
⑤ bored → satisfied 지루한 상황은 없었음
　지루한 → 만족한

〉왜 정답? [정답률 97%]

전반부: Sophie가 교통 체증과 긴 보안 대기줄 때문에 탑승 시간에 늦을까 봐 매우 초조함

후반부: 탑승 시간이 지연되었다는 안내 방송을 듣고 마음이 편해짐

▶ ③ '초조한' 심경에서 '안도하는' 심경으로 변화함

〉왜 오답?

① 초반에 차분하다가 기쁜 감정을 느끼는 것으로 변하지 않았다.

② 기쁨을 느끼다가 무관심해지는 상황이 아니다.

④ 즐거움을 느끼다가 실망하게 되지 않았다.

⑤ 지루함을 느낄 상황은 없었다.

그때, 마치 기적처럼, 곰이 잠시 멈추고 뒤를 돌아본 후, 관심을 잃고 돌아서서 숲의 그림자 속으로 물러났다. 곰이 완전히 그녀의 시야에서 사라졌을 때, 그녀는 거의 주저앉을 지경이었다. Sarah는 드디어 참아왔던 숨을 내쉴 수 있었다. 거대한 안도감의 물결이 그녀를 휘감았다.

다음 글에 드러난 Sarah의 심경 변화로 가장 적절한 것은?

① envious → regretful 곰과 마주하는 상황이 부러워하는 상황은 아님
　부러워하는 → 후회하는
② frightened → relieved 곰 때문에 겁을 먹음 → 곰이 사라지자 안도감을 느낌
　겁먹은 → 안도한
③ eager → indifferent 곰을 봤을 때 열렬한 감정을 느끼지는 않음
　열렬한 → 무관심한
④ bored → satisfied 지루해할만한 상황은 아님
　지루해하는 → 만족하는
⑤ excited → furious 곰과 마주한 경험에서 신나는 감정을 느끼지 않음
　신이 난 → 몹시 화가 난

〉왜 정답? [정답률 96%]

전반부: 캠프파이어를 위한 장작을 구하러 나섰는데, 위협적인 곰을 보고 공포로 얼어붙음

후반부: 곰이 관심없어하며 지나가자, Sarah는 참고 있던 숨을 내쉬며 극도의 안도감을 느낌

▶ ② '겁먹은' 심경에서 '안도한' 심경으로 변함

〉왜 오답?

① 곰과 마주하는 상황이 부러워할만한 상황이 아니며, 곰이 지나간 것에 후회를 느끼지도 않았다.

③ 곰을 보는 것을 열렬히 바라지도 않았고, 곰이 사라진 것에 무관심하지도 않았다.

④ 곰과 마주한 상황을 지루하게 여기지 않았다.

⑤ 곰을 봤을 때 흥분하지도 않았고, 곰이 가서 화가 난 상황도 아니다.

B 12 정답 ② ＊곰과 마주친 위험한 상황에서 벗어난 Sarah

출발하다
Setting out to find some wood for the campfire, / Sarah moved through the forest. //
캠프파이어를 위한 장작을 찾기 위해 나선 / Sarah는 숲 속으로 이동했다 //

Just then, she noticed an approaching danger / — a large, threatening bear. //
그때, 그녀는 다가오는 위험을 발견했다 / 크고 위협적인 곰을 //

Panic spread through her body. //
공포가 그녀를 휩싸였다 //

단서 1 공포로 얼어붙어서 소리도 지르지 못하고 지켜봄
Frozen and unable to shout, / she watched in horror. //
얼어붙어 소리조차 지를 수 없이 / 그녀는 공포에 질려 바라보았다 //

Her heart beat louder / with each step the bear took. //
그녀의 심장은 더 크게 뛰었다 / 곰이 한 걸음 한 걸음 내딛을 때마다 //

But then, as if by a miracle, / the bear paused, looked around, and, uninterested, turned away, / retreating into the shadows of the woods. //
분사구문
하지만 그때, 마치 기적처럼 / 곰이 잠시 멈추고 뒤를 돌아본 후, 관심을 잃고 돌아서서 / 숲의 그림자 속으로 물러났다 //

'무너지다'
When the bear had disappeared completely out of her sight, / her knees nearly gave way. //
곰이 완전히 그녀의 시야에서 사라졌을 때 / 그녀는 거의 주저앉을 지경이었다 //

과거완료 진행형
Sarah could finally let out the breath / she had been holding. //
Sarah는 드디어 숨을 내쉴 수 있었다 / 참아왔던 //

A wave of immense relief washed over her. //
거대한 안도감의 물결이 그녀를 휘감았다 // 단서 2 곰이 사라지자 극도의 안도감을 느낌

- threatening ⓐ 위협적인　• freeze ⓥ 얼다
- retreat ⓥ 물러가다　• completely ⓐⓓ 완전히
- immense ⓐ 거대한, 엄청난　• relief ⓝ 안도

캠프파이어를 위한 장작을 찾기 위해 나선 Sarah는 숲 속으로 이동했다. 그때, 그녀는 다가오는 위험을 발견했다 – 크고 위협적인 곰을. 공포가 그녀를 휩싸였다. 얼어붙어 소리조차 지를 수 없이, 그녀는 공포에 질려 바라보았다. 곰이 한 걸음 한 걸음 내딛을 때마다 그녀의 심장은 더 크게 뛰었다. 하지만

B 13 정답 ⑤ ＊열심히 준비한 발표 자료가 쓸모없게 되어버린 Joshua

spend 시간 / 돈 -ing: ~하는 데 시간 / 돈을 쓰다
Joshua had spent ten weeks / crafting a presentation / for an upcoming meeting. //
Joshua는 10주를 보냈다 / 발표 자료를 만들며 / 곧 있을 회의를 위한 //

He had worked very hard / on analyzing data, making beautiful plots and projections, / and he had often stayed in the office past midnight / polishing his presentation. //
분사구문
그는 열심히 했고 / 데이터를 분석하고 훌륭한 도표와 전망을 작성하는 것을 / 자정이 넘도록 머물렀다 / 발표 자료를 다듬으며 //

단서 1 발표 자료 결과물에 기뻐하고 행복했음
He was delighted with the outcome / and happily e-mailed the presentation to his boss, / who was going to make the presentation / at the all-important meeting. //
계속적 용법의 관계대명사
그는 그 결과물에 기뻐했고 / 행복해하며 그 발표 자료를 자신의 상사에게 이메일로 보냈고 / 상사는 발표할 예정이었다 / 가장 중요한 회의에서 //

His boss e-mailed him back / a few hours later: /
그의 상사는 그에게 이메일로 답장을 보냈다 / 몇 시간 후 /

목적어절 접속사
"Sorry, Joshua, / but just yesterday we learned / that the deal is off. //
"Joshua, 미안하지만 / 막 어제 우리는 알게 되었네 / 그 거래가 취소되었다는 것을 //

I did look at your presentation, / and it is an impressive and fine piece of work. // Well done."//
내가 자네의 발표 자료를 살펴보았는데 / 그것은 인상적이고 우수한 작품이더군 // 수고했네" //

목적어절 접속사
Joshua realized / that his presentation would never see the light of day. // Joshua는 깨달았다 / 그의 발표 자료가 세상에 나오지 못하리라는 것을 //
세상에 나오다, 빛을 보다

동격의 that
The fact / that all his effort had served no ultimate purpose / created a deep rift / between him and his job. //
문장의 본동사
그 사실은 / 그의 모든 노력이 궁극적인 목적을 달성하지 못했다는 / 깊은 틈을 만들었다 / 그와 그의 일 사이에 //

단서 2 유능하고 행복한 느낌에서 불만족스럽고 헛된 수고를 했다는 느낌으로 바뀜
go from A to B: A에서 B로 바뀌다
He'd quickly gone / from feeling useful and happy in his work / to feeling dissatisfied / and that his efforts were in vain. //
병렬 구조 (dissatisfied와 that ~)
그는 빠르게 이동했다 / 자신의 일에 있어서 유능하고 행복하다는 느낌으로부터 / 불만족스럽고 / 자신의 노력이 헛되었다는 느낌으로 //

• craft ⓥ 공들여 만들다 • polish ⓥ 다듬다
• impressive ⓐ 인상적인 • rift ⓝ 균열 • in vain 헛된

Joshua는 곧 있을 회의를 위한 발표 자료를 만들며 10주를 보냈다. 그는 데이터를 분석하고 훌륭한 도표와 전망을 작성하는 것을 열심히 했고, 그는 종종 사무실에서 발표 자료를 다듬으며 자정이 넘도록 머물렀다. 그는 그 결과물에 기뻐했고 행복해하며 그 발표 자료를 자신의 상사에게 이메일로 보냈고, 상사는 가장 중요한 회의에서 발표할 예정이었다. 몇 시간 후 그의 상사는 그에게 이메일로 답장을 보냈다: "Joshua, 미안하지만 막 어제 우리는 그 거래가 취소되었다는 것을 알게 되었네. 내가 자네의 발표 자료를 살펴보았는데, 그것은 인상적이고 우수한 작품이더군. 수고했네." Joshua는 그의 발표 자료가 세상에 나오지 못하리라는 것을 깨달았다. 그의 모든 노력이 궁극적인 목적을 달성하지 못했다는 사실은 그와 그의 일 사이에 깊은 틈을 만들었다. 그는 자신의 일에 있어서 유능하고 행복하다는 느낌으로부터 불만족스럽고 자신의 노력이 헛되었다는 느낌으로 빠르게 이동했다.

다음 글에 드러난 Joshua의 심경 변화로 가장 적절한 것은?

① isolated → optimistic 발표 자료를 준비하면서 고립된 감정을 느낀 것은 아님
　고립된 → 낙관적인
② curious → bored 발표 자료에 궁금증을 가진다는 내용은 없었음
　궁금해하는 → 지루해하는
③ anxious → thrilled 발표 자료 준비에 불안해하지 않음
　불안한 → 아주 신이 난
④ terrified → relieved 발표 자료를 준비하는 것에서 겁을 먹지 않았음
　겁이 난 → 안도하는
⑤ pleased → discouraged 발표 자료 결과에 기쁨을 느낌 → 쓸모없어지자 실망함
　기쁜 → 낙담한

〉왜 정답? [정답률 95%]

전반부: Joshua는 중요한 회의에 쓰일 발표 자료를 열심히 준비했으며, 그 결과에 만족해하며 발표 자료를 상사에게 전달함 ▶ '기쁜'

후반부: 발표 자료를 받은 상사가 거래가 취소되었다고 알려주자 헛된 노력을 했다는 생각에 실망하며 불만족스러움을 느낌 ▶ '낙담한'

▶ 따라서 Joshua의 심경 변화로 가장 적절한 것은 ⑤ '기쁜 → 낙담한'이다.

〉왜 오답?

① 발표 자료를 열심히 준비한 것에서 고립된 감정을 느끼지 않으며, 후반부에 낙관적으로 생각하지도 않았다.

② 후반부에 거래가 무산되었다는 소식을 듣고 지루해하지 않았다.

③ 발표 자료 준비를 하면서 불안감을 느끼지 않았으며, 후반부에는 신이 난 것이 아니라 오히려 그 반대였다.

④ 전반부에 발표 자료를 준비하면서 겁을 먹지 않았고, 후반부에 거래가 취소되었다는 소식에 안도하지도 않았다.

자이쌤's Follow Me! −홈페이지에서 제공

B 14 정답 ① ＊온라인 상담에 만족한 Natalie

부사절 접속사(~하면서)
As Natalie was logging in / to her first online counseling session, / she wondered, / "How can I open my heart / to the counselor / through a computer screen?"

Natalie는 접속하면서 / 자신의 첫 온라인 상담 시간에 / 그녀는 의문을 가졌다 / "내가 어떻게 나의 마음을 열 수 있을까 / 상담사에게 / 컴퓨터 화면을 통해"라는 //

부사절 접속사(이유)
Since the counseling center was a long drive away, / she knew / **that** this would save her / a lot of time. //
확정적인 사실을 말할 때 쓰는 명사절 접속사
상담 센터가 차로 오래 가야 하는 곳에 있었기 때문에 / 그녀는 알고 있었다 / 이것이 자신에게 절약해 줄 것임을 / 많은 시간을 //

불확실하거나 의문시되는 사실에 대해 말할 때 쓰는 명사절 접속사
Natalie just wasn't sure / **if** it would be as helpful / as meeting her counselor / in person. // 단서1 온라인 상담이 도움이 될지 확신할 수 없었음

다만 Natalie는 확신할 수 없었다 / 그것이 도움이 될지 / 자신의 상담사를 만나는 것만큼 / 직접 //

부사절 접속사(일단 ~하자)
Once the session began, / however, / her concerns went away. // 단서2 상담이 시작되자 걱정이 사라짐

일단 상담이 시작되자 / 하지만 / 그녀의 걱정은 사라졌다 //

비교급 강조 부사
She actually started thinking / that it was **much** more convenient / than expected. // 단서3 온라인 상담이 예상보다 훨씬 더 편리하다고 생각함

그녀는 실제로 생각하기 시작했다 / 그것이 훨씬 더 편리하다고 / 예상했던 것보다 //

She felt / as if the counselor were in the room / with her. //
그녀는 느꼈다 / 마치 상담사가 방 안에 있는 것처럼 / 자신과 함께 //

As the session closed, / she told him with a smile, / "I'll definitely see you online again!" //
상담이 끝났을 때 / 그녀는 미소를 지으며 그에게 말했다 / "저는 당신을 온라인에서 꼭 다시 만날 거예요" //

• log in to ~에 접속하다 • counseling ⓝ 상담, 조언
• session ⓝ (특정한 활동을 위한) 시간[기간] • counselor ⓝ 상담사
• through prep ~을 통해 • in person 직접 • concern ⓝ 우려
• go away 없어지다 • actually ⓐ 실제로 • convenient ⓐ 편리한
• expect ⓥ 예상하다 • as if 마치 ~인 것처럼 • definitely ⓐ 분명히

Natalie는 자신의 첫 온라인 상담 시간에 접속하면서, "내가 컴퓨터 화면을 통해 상담사에게 어떻게 나의 마음을 열 수 있을까?"라는 의문을 가졌다. 상담 센터가 차로 오래 가야 하는 곳에 있었기 때문에, 그녀는 이것이 자신에게 많은 시간을 절약해 줄 것임을 알고 있었다. 다만 Natalie는 그것이 상담사를 직접 만나는 것만큼 도움이 될지 확신할 수 없었다. 하지만 일단 상담이 시작되자, 그녀의 걱정은 사라졌다. 그녀는 실제로 그것이 예상했던 것보다 훨씬 더 편리하다고 생각하기 시작했다. 그녀는 마치 상담사가 자신과 함께 방 안에 있는 것처럼 느꼈다. 상담이 끝났을 때, 그녀는 미소를 지으며 그에게 말했다. "저는 당신을 온라인에서 꼭 다시 만날 거예요!"

다음 글에 드러난 Natalie의 심경 변화로 가장 적절한 것은?

① doubtful → satisfied 확신하지 못하다가 엄청 편리하다고 생각하게 됨
　의심하는 → 만족한
② regretful → confused 후반부에는 온라인 상담에 대해 확신하게 됐음
　유감스러운 → 혼란스러운
③ confident → ashamed 부끄러움을 느낄 만한 일화가 아님
　자신만만한 → 부끄러운
④ bored → excited 온라인 상담이 따분하다고 생각한 것은 아님
　따분한 → 신이 난
⑤ thrilled → disappointed 온라인 상담에 무척 만족했음
　흥분한 → 실망한

〉왜 정답? [정답률 96%]

온라인 상담에 대해 처음에는 그것이 직접 상담사를 만나는 것만큼 도움이 될지 확신하지 못하고 의심했지만, 일단 상담이 시작되자 그러한 걱정이 사라지고 예상보다 훨씬 더 편리하다고 생각했으므로 정답은 ① '의심하는 → 만족한'이다.

〉왜 오답?

② 상담이 시작되자 온라인 상담이 예상보다 훨씬 더 편리하다고 생각했으므로 혼란스러워한 것이 아니다.

③ 온라인 상담에 대해 확신, 자신이 없던 것이지, 자신만만해 한 것이 아니다.

④ 온라인 상담의 효과에 대해 확신하지 못한 것이지, 온라인 상담이 따분하다고 생각한 것은 아니다.

⑤ 온라인 상담에 실망했다면 상담사에게 온라인에서 꼭 다시 만나자고 말하지 않았을 것이다.

B 15 정답 ① ＊안심한 Jennifer

부사절 접속사(때)
While the mechanic worked on her car, / Jennifer walked back and forth / in the waiting room. //
정비공이 그녀의 차를 수리하는 동안 / Jennifer는 왔다 갔다 했다 / 대기실에서 //

단서1 매우 근심스러웠음
She was deeply concerned / about how much it was going to cost / to get her car fixed. //
그녀는 매우 근심스러웠다 / 비용이 얼마나 들지에 대해 / 그녀의 차가 수리되는 데 //

Her car's engine had started making noises / and kept losing power / that morning, / and she had heard / that **replacing an engine** could be very expensive. //
동명사구 주어
그녀의 차의 엔진에서 소음이 나기 시작하고 / 계속 시동이 꺼졌다 / 그날 아침부터 / 그리고 그녀는 들었다 / 엔진 교체는 매우 비쌀 수 있다고 //

After a few minutes, / the mechanic came back into the waiting room. // 몇 분 후 / 정비공이 대기실로 돌아왔다 //

"I've got some good news. // It was just a dirty spark plug. // I already wiped it clean / and your car is as good as new." //
"좋은 소식이 좀 있습니다 // 그냥 점화 플러그가 더러웠을 뿐입니다 // 제가 그것을 이미 깨끗하게 닦았고 / 손님의 차는 새 차처럼 깨끗합니다" //

He handed her the bill / and when she checked it, / the overall
주어 동사   간접목적어   직접목적어
cost of repairs / came to less than ten dollars. //
그는 그녀에게 청구서를 건넸고 / 그녀가 확인해 보니 / 전체 수리 비용은 / 10달러도 되지 않았다 //

That was far less / than she had expected / and she felt at ease, /
was보다 앞선 시제를 나타내는 대과거
knowing she could easily afford it. //   단서 2 안심했음
그것은 훨씬 적었으며 / 그녀가 예상했던 것보다 / 그녀는 안심했다 / 쉽게 감당할 수 있다는 사실을 알고 //

- mechanic ⓝ 정비공   · back and forth 왔다갔다
- deeply ⓐd 매우, 깊이   · replace ⓥ 교체하다   · wipe ⓥ 닦다
- overall ⓐ 종합적인, 전체의   · at ease 걱정 없이, 편안한
- afford ⓥ 감당하다

정비공이 그녀의 차를 수리하는 동안 Jennifer는 대기실을 왔다 갔다 했다. 그녀는 차를 수리하는 데 비용이 얼마나 들지 매우 근심스러웠다. 그날 아침부터 차의 엔진에서 소음이 나기 시작하고 계속 시동이 꺼졌고, 엔진 교체는 매우 비쌀 수 있다는 말을 들었기 때문이다. 몇 분 후 정비공이 대기실로 돌아왔다. "좋은 소식이 좀 있습니다. 그냥 점화 플러그가 더러웠을 뿐입니다. 제가 이미 깨끗하게 닦았고, 손님 차는 새 차처럼 깨끗해졌습니다." 그는 그녀에게 청구서를 건넸고, 그녀가 확인해 보니 전체 수리 비용은 10달러도 되지 않았다. 예상했던 것보다 훨씬 적은 금액이었으며, 그녀는 쉽게 감당할 수 있다는 사실을 알고 안심했다.

다음 글에 드러난 Jennifer의 심경 변화로 가장 적절한 것은?

① worried → relieved deeply concerned → felt at ease
   걱정하는 → 안심한
② calm → terrified 후반부에서는 안심했음
   평온한 → 무서워하는
③ bored → thrilled 지루해서 왔다 갔다 한 것이 아님
   지루한 → 매우 흥분한
④ excited → scared 무서운 상황이 아님
   신이 난 → 겁을 먹은
⑤ disappointed → indifferent 좋은 소식을 들었음
   실망한 → 무관심한

〉왜 정답 ? [정답률 97%]

전반부: 차를 수리하는 비용에 대해 매우 근심스러웠음
후반부: 생각보다 훨씬 적은 수리 비용에 안심했음
➡ 심경의 변화는 ① '걱정하는 → 안심한'!

〉왜 오답 ?

② 전반부에는 초조하게 대기실 안에서 왔다 갔다 했다.
③ deeply concerned라고 했으므로 지루한 것이 아니다.
④ 정비공이 Jennifer를 무섭게 하는 상황이 아니다.
⑤ 정비공이 Jennifer에게 좋은 소식을 전했다.

B 16 정답 ③ ＊부상에서 회복한 David

부사절 접속사(때)
As he stepped / onto the basketball court, / David suddenly
thought of the day / he had gotten injured / last season / and
병렬 구조   앞에 관계부사가 생략됨
froze. //
그가 들어서면서 / 농구 경기장으로 / David는 갑자기 그날을 생각하고는 / 그가 부상을 당했던 / 지난 시즌에 / 얼어붙었다 //   단서 1 부상에서 회복한 후 첫 경기에서 잘할 수 있을지 확신하지 못함

불확실한 사실에 쓰이는 명사절 접속사
He was not sure / if he could play as well / as before the injury. //
그는 확신하지 못했다 / 그가 경기를 잘할 수 있을지 / 부상 전만큼 //

주어   동사 목적어 목적격 보어
A serious wrist injury / had caused him to miss / the rest of the
season. //
심각한 손목 부상이 / 그로 하여금 놓치게 했다 / 그 시즌의 나머지를 //

= As he remembered the surgery
Remembering the surgery, / he said to himself, / "I thought / my basketball career was completely over." //
그 수술을 생각하며 / 그는 마음속으로 생각했다 / "나는 생각했어 / 내 농구 경력이 완전히 끝났다고" //

---

upon[on] -ing: ~하자마자 ＊
However, / upon hearing his fans' wild cheers, / he felt his body coming alive / and thought, /
하지만 / 그의 팬들의 열정적인 응원을 듣자 / 그는 그의 몸이 살아나는 것을 느꼈고 / 생각했다 /

동명사 watching의 목적어와 목적격 보어
"For sure, / my fans, friends, and family / are looking forward / to watching me play today." //
"분명히 / 나의 팬, 친구, 가족이 / 고대하고 있어 / 내가 오늘 경기하는 모습을 보는 것을"이라고 //

단서 2 경기가 시작하자마자 에너지가 넘쳐흘렀음
As soon as the game started, / he was filled with energy. //
경기가 시작하자마자 / 그는 에너지가 넘쳤다 //

앞에 목적격 관계대명사가 생략됨
The first five shots / he attempted / went in the basket. //
첫 다섯 차례의 숏이 / 그가 시도한 / 바스켓으로 들어갔다 //

"I'm back! // I got this," he shouted. // 단서 3 다섯 번의 숏을 성공시킨 후 "I'm back!"이라고 외침
"내가 돌아왔어 / 내가 이걸 해냈어" / 그는 외쳤다 //

- injure ⓥ 부상을 입다   · freeze ⓥ 얼어붙다   · serious ⓐ 심각한
- wrist ⓝ 손목   · surgery ⓝ 수술   · completely ⓐd 완전히
- cheer ⓝ 환호(성)   · attempt ⓥ 시도하다

농구 경기장으로 들어서면서, David는 갑자기 지난 시즌 자신이 부상을 당했던 날을 생각하고는 얼어붙었다. 그는 자신이 부상 전만큼 경기를 잘할 수 있을지 확신하지 못했다. 심각한 손목 부상 때문에 그는 그 시즌의 나머지를 놓쳤다. 그 수술을 생각하며 그는 마음속으로 생각했다. "나는 내 농구 경력이 완전히 끝났다고 생각했어."
하지만 팬들의 열정적인 응원을 듣자, 그는 몸이 살아나는 것을 느꼈고 "분명히, 나의 팬, 친구, 가족이 내가 오늘 경기하는 모습을 보는 것을 고대하고 있어."라고 생각했다. 경기가 시작하자마자, 그는 에너지가 넘쳐흘렀다. 그가 시도한 첫 다섯 차례의 숏이 바스켓으로 들어갔다. "내가 돌아왔어! 내가 이걸 해냈어." 그는 외쳤다.

다음 글에 드러난 David의 심경 변화로 가장 적절한 것은?

① disappointed → unhappy
   실망한 → 슬픈   후반부에서는 에너지가 넘쳐흘렀음
② excited → indifferent
   흥분한 → 무관심한
③ anxious → confident 잘할 수 있을지 걱정하다가 자신감을 되찾음
   걱정스러운 → 자신만만한
④ impatient → calm shouted라고 했음
   조바심내는 → 차분한
⑤ eager → ashamed 첫 다섯 차례의 숏을 성공시킨 것이 부끄러운 일은 아님
   열의에 찬 → 부끄러워하는

〉왜 정답 ? [정답률 95%]

부상에서 회복한 후 첫 경기에서 David는 처음에 자신이 전처럼 잘할 수 있을지 확신하지 못했다.
하지만 팬들의 응원을 듣자 자신의 몸이 살아남을 느꼈고 경기가 시작하자 에너지가 넘쳐흘렀으며 첫 다섯 번의 숏을 성공시킨 후 "I'm back!"이라고 외쳤으므로 정답은 ③ '걱정스러운 → 자신만만한'이다.

〉왜 오답 ?

①, ② 후반부에서는 완전히 자신감을 회복했으므로 슬프거나 무관심한 심경이 아니다.
④ 전반부에서는 부상 전처럼 잘할 수 있을지 조바심을 냈다고도 할 수 있지만, 후반부에서 "I'm back!"이라고 '외쳤다'는 것으로 보아 차분한 것은 아니다.
⑤ David가 부끄러움을 느낄 만한 일은 글에 등장하지 않는다.

＊어법 특강

＊ 자주 쓰이는 동명사 표현

– upon[on] ~ing: ~하자마자
· Upon hearing the rumor, my heart began pounding.
  (그 소문을 듣자마자 내 가슴이 쿵쿵 뛰기 시작했다.)

– cannot help -ing: ~하지 않을 수 없다
· As I look back over my career, I cannot help smiling.
  = As I look back over my career, I cannot help but smile.
  (내 직장 생활을 돌아보면 난 웃지 않을 수 없다.)

– feel like -ing: ~을 하고 싶다
· Do you feel like going for a swim?
  (수영하러 가고 싶니?)

B 17 정답 ⑤ ＊수포가 된 Evelyn의 탐험

It was Evelyn's first time to explore the Badlands of Alberta, /
앞에 주격 관계대명사와 be동사가 생략됨
famous across Canada / for its numerous dinosaur fossils. //
앨버타 주의 Badlands를 탐험하는 것이 Evelyn에게는 처음이었다 / 캐나다 전역에서 유명
한 / 그곳의 수많은 공룡 화석으로 //

As a young amateur bone-hunter, / she was overflowing with
anticipation. // **단서 1** 자신의 평생에 걸친 꿈을 이루리라는 기대감으로 가득 차 있었음
젊은 아마추어 (공룡)뼈 발굴자로서 / 그녀는 기대감으로 가득 차 있었다 //

She **had** not **travelled** this far / for the bones / of common
〈경험〉을 나타내는 과거완료
dinosaur species. //
그녀는 이렇게 멀리까지 이동한 적이 없었다 / 뼈를 위해서 / 흔한 공룡 종의 //

Her life-long dream / **to find** rare fossils of dinosaurs / **was**
　　주어　　　　　형용사적 용법(dream 수식)　　　　　　동사
about to come true. //
그녀의 평생에 걸친 꿈이 / 진기한 공룡 화석을 발견하고자 하는 / 막 실현되려고 하고 있었다 //

She began / **eagerly** searching for them. //
그녀는 시작했다 / 열심히 그것들을 찾기 // 준동사인 동명사는 부사의 수식을 받음

After many hours of wandering / throughout the deserted
lands, / however, / she was unsuccessful. //
여러 시간 헤매고 다닌 후에도 / 황량한 땅을 / 하지만 / 그녀는 성과를 얻지 못했다 //

Now, the sun was beginning **to set**, / and her goal was still far
목적어로 to부정사나 동명사를 취하는 begin
beyond her reach. //
이제 해가 지기 시작하고 있었고 / 그녀의 목표는 여전히 멀리 그녀의 손이 닿지 않는 곳에 있
었다 //

Looking / at the slowly darkening ground / before her, / she
sighed to herself, /
바라보면서 / 천천히 어두워지는 지면을 / 그녀 앞의 / 그녀는 혼자 한숨을 쉬며 말했다 /

"I can't believe / I came all this way for nothing. // What a waste
of time!" // **단서 2** 먼 길을 와서 아무것도 얻지 못한 시간 낭비라며 한숨을 쉼
"난 믿을 수가 없어 / 내가 이렇게 먼 길을 와서 아무것도 얻지 못했다는 것을 // 무슨 시간 낭
비란 말인가!" //

- explore ⓥ 탐험[탐사]하다, 연구하다
- numerous ⓐ 매우 많은, 다수로 이루어진　　• fossil ⓝ 화석
- overflow ⓥ (마음이 ∼으로) 넘치다, 범람하다
- anticipation ⓝ 예상, 예측, 기대　　• common ⓐ 흔한, 공동의, 보통의
- species ⓝ 종(種)　　• life-long ⓐ 평생의, 긴 세월의
- rare ⓐ 보기 드문, 희귀한　　• eagerly ⓐⓓ 열심히, 간절히
- wander ⓥ 돌아다니다, 헤매다　　• throughout ⓟⓡⓔⓟ 도처에, ∼ 동안 내내
- deserted ⓐ 버림받은, 황폐한　　• set ⓥ (해 · 달이) 지다
- reach ⓝ (닿을 수 있는) 거리[범위]
- darken ⓥ 어두워지다, 어둡게[우울하게] 만들다
- sigh ⓥ 한숨을 쉬다, 탄식하듯 말하다

캐나다 전역에서 그곳의 수많은 공룡 화석으로 유명한 앨버타 주의 Badlands
를 탐험하는 것이 Evelyn에게는 처음이었다. 젊은 아마추어 (공룡)뼈 발굴자로
서, 그녀는 기대감으로 가득 차 있었다. 그녀는 흔한 공룡 종의 뼈를 위해서 이
렇게 멀리까지 이동한 적이 없었다. 진기한 공룡 화석을 발견하고자 하는 그녀
의 평생에 걸친 꿈이 막 실현되려고 하고 있었다. 그녀는 열심히 그것들을 찾기
시작했다. 하지만 황량한 땅을 여러 시간 헤매고 다닌 후에도 그녀는 성과를 얻
지 못했다. 이제 해가 지기 시작하고 있었고, 그녀의 목표는 여전히 멀리 그녀
의 손이 닿지 않는 곳에 있었다. 천천히 어두워지는 그녀 앞의 지면을 바라보면
서 그녀는 혼자 한숨을 쉬며 말했다. "이렇게 먼 길을 와서 아무것도 얻지 못하
다니 믿을 수가 없어. 무슨 시간 낭비란 말인가!"

다음 글에 드러난 Evelyn의 심경 변화로 가장 적절한 것은?

① confused → scared
　혼란스러운 → 무서워하는
② discouraged → confident
　낙담한 → 자신에 찬　　　　　전반부에는 기대감으로 가득 차 있었음
③ relaxed → annoyed　Evelyn을 성가시게 하는
　느긋한 → 성가신　　　　것은 등장하지 않았음
④ indifferent → depressed
　무관심한 → 낙심한
⑤ hopeful → disappointed　기대감으로 가득 찼다가 실망했음
　기대하는 → 실망스러운

진기한 공룡 화석을 발견하는 것이 평생에 걸친 꿈인 젊은 아마추어 발굴자
Evelyn은 자신의 꿈이 이루어지리라는 기대감으로 가득 차서 Badlands를 탐험하
기 시작했다. 하지만 해가 지기 시작할 때까지 아무것도 발견하지 못했고, 한숨을
쉬며 시간 낭비였다고 혼잣말을 했으므로 그녀의 심경은 ⑤ '기대하는'에서 '실망스
러운'으로 변화했다고 할 수 있다.

왜 오답 ?

①, ③ Evelyn이 무서워하거나 성가셔 할 만한 상황은 등장하지 않는다.
② '낙담한'은 아무것도 찾지 못한 후반부에 느끼는 심경이다.
④ 후반부의 심경이 '낙심한'인 것은 맞지만, 전반부에는 꿈을 이루리라는 기대감으
　로 가득 찼으므로 무관심한 것이 아니다.

B 18 정답 ① ＊새로운 직장에 첫 출근하는 David

David was starting a new job in Vancouver, / and he was waiting
for his bus. //
David는 밴쿠버에서 새로운 일을 시작하게 되었고 / 자신이 탈 버스를 기다리고 있었다 //
keep -ing: 계속 ∼하다
He **kept looking** back and forth / between his watch / and
뒤에 목적격 관계대명사 생략
the direction the bus would come from. //
그는 계속 번갈아 보았다 / 자신의 시계와 / 버스가 올 방향을 //

He thought, / "My bus isn't here yet. / I can't be late on my first
day." //
그는 생각했다 / "내가 탈 버스가 아직 오지 않아 / 내가 첫날 지각할 수는 없어"라고 //

David couldn't feel at ease. //
David는 마음을 놓을 수가 없었다 // **단서 1** 버스가 오지 않아 새 직장에 지각할까 봐 초조함
When he looked up again, / he **saw a different bus coming** / **that**　주격 관계대명사
　　　　　　　　　　　　　지각동사+목적어+목적격 보어(현재분사)
was going right to his work. //
그가 다시 고개를 들어 보았을 때 / 그는 다른 버스가 오고 있는 것을 보았다 / 바로 자신의
직장으로 가는 //

The bus stopped in front of him / and opened its door. //
그 버스는 그의 앞에 섰고 / 문을 열었다 //
　　　　　　　　　　　　　　　분사구문
He got on the bus **thinking**, / "Phew! Luckily, this bus came just
in time / so I won't be late." //
그는 버스에 오르며 생각했다 / "후유! 다행히도 이 버스가 딱 맞춰 왔네 / 내가 지각하지
않도록" //
　　　　　　　　　　　　과거분사(수동의 의미로 seat 수식)
He leaned back on an **unoccupied** seat in the bus / and took a
deep breath, / finally able to relax. // **단서 2** 직장으로 가는 다른 버스에
　　　　　　　　　　　　　　　　　　　　　제시간에 탑승해서 안도함
그는 버스의 빈 좌석에 등을 기대며 / 깊은 한숨을 내쉬었고 / 마침내 긴장을 풀 수 있었다 //

- back and forth 왔다갔다　　• direction ⓝ 방향
- feel at ease 마음을 놓다, 안도하다　　• lean back 상체를 뒤로 젖히다
- unoccupied ⓐ 빈, 비어 있는

David는 밴쿠버에서 새로운 일을 시작하게 되었고, 자신이 탈 버스를
기다리고 있었다. 그는 계속 자신의 시계와 버스가 올 방향을 번갈아 보았다.
그는 "내가 탈 버스가 아직 오지 않아. 내가 첫날 지각할 수는 없어."라고
생각했다. David는 마음을 놓을 수가 없었다. 그가 다시 고개를 들어 보았을
때, 그는 바로 자신의 직장으로 가는 다른 버스가 오고 있는 것을 보았다. 그
버스는 그의 앞에 섰고 문을 열었다. 그는 버스에 오르며, "후유! 다행히도
내가 지각하지 않도록 이 버스가 딱 맞춰 왔네."라고 생각했다. 그는 버스의 빈
좌석에 등을 기대며 깊은 한숨을 내쉬었고, 마침내 긴장을 풀 수 있었다.

다음 글에 드러난 'David'의 심경 변화로 가장 적절한 것은?

① nervous → relieved 마음을 놓을 수 없음 → 긴장을 풂
　초조한 → 안도한
② lonely → hopeful 버스를 기다리는 감정이 쓸쓸함은 아님
　쓸쓸한 → 희망찬
③ pleased → confused 다른 버스를 타고 안도한 감정이 당황함은 아님
　기쁜 → 당황한
④ indifferent → delighted 무관심한 감정은 없었음
　무관심한 → 즐거운
⑤ bored → thrilled 버스를 기다리는 상태는 지루한 것이 아니라 초조했음
　지루한 → 아주 신이 난

왜 정답? [정답률 96%]

전반부: David는 새 직장에 처음 출근하는 날, 버스가 오지 않아 지각할까 봐 마음을 놓을 수 없었음

후반부: 직장으로 가는 다른 버스가 제시간에 도착하여 빈 좌석에 앉아 긴장을 풂

▶ ① '초조한' 심경에서 '안도한' 심경으로 변화함

왜 오답?

② 전반부에 버스를 기다리는 감정이 쓸쓸한 감정은 아니다.

③ 후반부에 다른 버스를 타고 직장에 지각하지 않게 된 것이 당황한 감정은 아니다.

④ 무관심한 감정을 느낄 만한 일은 언급되지 않았다.

⑤ 전반부에 버스를 기다리는 상태는 지루한 감정이 아니다.

류이레 | 연세대 의예과 2024년 입학 · 광주대동고 졸

두 번째 문장에 나온 kept looking back and forth를 보면서 두리번거리는 거니까 부정적인 상황이라고 생각하고, 후반부에서 Luckily가 나오는 것을 보니 긍정적인 상황이라고 예상했어. '부정 → 긍정'의 순서로 심경이 변화되는 선택지 중에서, 두리번거리면서 '초조한' 상황이었지만 다행히 버스가 와서 '안도하는' 상황으로 변화되는 선택지를 골랐어.

B 19 정답 ③ *Jamie의 기운을 북돋운 Ken

Jamie와 능동 관계이므로 현재분사가 분사구문을 이끎

Putting all of her energy / into her last steps of the running race, / Jamie crossed the finish line. //

자신의 모든 에너지를 쏟으면서 / 자신의 달리기 경주의 마지막 스텝에 / Jamie는 결승선을 통과했다 //

단서 1 자신의 개인 최고 기록을 깨지 못해 실망함

To her disappointment, / she had failed to beat / her personal best time, / again. //

실망스럽게도 / 그녀는 깨는 데 실패했다 / 자신의 개인 최고 기록을 / 또 //

Jamie had pushed herself / for months / to finally break her record, / but it was all for nothing. //

과거 이전부터 과거까지를 나타내는 과거완료

Jamie는 자신을 몰아붙였지만 / 몇 달 동안 / 기어코 자신의 기록을 깨기 위해 / 그것은 모두 수포로 돌아갔다 //

★Ken과 능동 관계이므로 현재분사가 분사구문을 이끎

Recognizing / how she felt / about her failure, /

알아차리고 / 그녀가 어떻게 느끼는지 / 자신의 실패에 대해 /

★ **분사구문의 수동태**
부사절이 수동태 문장인 경우 분사구문으로 바꿀 때 주절의 시제와 같으면 being p.p., 주절의 시제보다 앞서면 having been p.p.를 쓰는데, being이나 having been은 대개 생략된다.

자동사로 착각하기 쉬운 타동사

Ken, her teammate, approached her and said, /

그녀의 팀 동료인 Ken은 그녀에게 다가와 말했다 /

부사절 접속사(양보)

"Jamie, even though you didn't set a personal best time today, / your performances have improved dramatically. //

주어 / 동사(완전자동사)

"Jamie, 비록 오늘 네가 개인 최고 기록을 세우지 않았지만 / 너의 경기력은 극적으로 향상되었어 //

주어 / 동사(완전자동사)

Your running skills / have progressed so much! // You'll definitely break your personal best time / in the next race!" //

너의 달리기 기량이 / 아주 많이 발전했어 // 너는 분명히 너의 개인 최고 기록을 깰 거야 / 다음 경주에서" //

단서 2 Ken의 말을 듣고 자신감을 느낌

After hearing his comments, / she felt confident about herself. //

그의 말을 들은 후 / 그녀는 자신에 대해 자신감을 느꼈다 //

Jamie, / now motivated to keep pushing for her goal, / replied with a smile. //

주어 / 동사(완전자동사)

단서 3 다음 경기에서 최고 기록을 깰 거라고 말함

Jamie는 / 이제 자신의 목표를 계속 밀고 나갈 의욕을 갖게 된 / 미소를 지으며 대답했다 //

"You're right! // Next race, / I'll beat my best time for sure!" //

"네 말이 맞아 // 다음 경주에서 / 나는 틀림없이 나의 최고 기록을 깰 거야" //

- beat ⓥ 능가하다, (시합 등에서) 이기다
- progress ⓥ 진전을 보이다, 진행하다
- confident ⓐ 자신감 있는
- dramatically ad 극적으로
- definitely ad 분명히, 틀림없이
- motivate ⓥ 동기를 부여하다

Jamie는 자신의 모든 에너지를 달리기 경주의 마지막 스텝에 쏟으면서 결승선을 통과했다. 실망스럽게도, 그녀는 자신의 개인 최고 기록을 깨는 데 또 실패했다. Jamie는 기어코 자신의 기록을 깨기 위해 몇 달 동안 자신을 몰아붙였지만, 그것은 모두 수포로 돌아갔다. 그녀가 자신의 실패에 대해 어떻게 느끼는지 알아차린 그녀의 팀 동료인 Ken은 그녀에게 다가와 말했다. "Jamie, 비록 오늘 네가 개인 최고 기록을 세우지 않았지만 너의 경기력은 극적으로 향상되었어. 너의 달리기 기량이 아주 많이 발전했어! 다음 경주에서 너는 분명히 너의 개인 최고 기록을 깰 거야!" 그의 말을 들은 후, 그녀는 자신에 대해 자신감을 느꼈다. 이제 자신의 목표를 계속 밀고 나갈 의욕을 갖게 된 Jamie는 미소를 지으며 대답했다. "네 말이 맞아! 다음 경주에서 나는 틀림없이 나의 최고 기록을 깰 거야!"

다음 글에 드러난 Jamie의 심경 변화로 가장 적절한 것은?

전반부에서는 To her disappointment라고 했음

① indifferent → regretful
무관심한 → 후회하는

② pleased → bored — Ken의 말을 듣고 지루해한 것이 아님
기쁜 → 지루한

③ frustrated → encouraged — 실망했다가 Ken의 격려를 듣고 자신감을 되찾음
좌절한 → 용기를 얻은

④ nervous → fearful — 초조하게 경기 결과를 기다리는 것이 아님
초조한 → 무서워하는

⑤ calm → excited
차분한 → 신이 난

왜 정답? [정답률 92%]

자신의 개인 최고 기록을 깨지 못해서 실망한 Jamie에게 Ken이 격려의 말을 건넸고, Ken의 말을 듣고 난 Jamie가 자신감을 느끼며 다음 경기에서 자신이 최고 기록을 깰 거라고 확신한다고 말했으므로 정답은 ③ '좌절한 → 용기를 얻은'이다.

왜 오답?

① 후반부에서는 자신감을 느꼈지, 후회한 것이 아니다.

② 자신의 최고 기록을 깨지 못한 것에 대해 실망한 것이 전반부의 심경이다.

④ Jamie가 두려움을 느낄 만한 상황은 아니다.

⑤ To her disappointment가 나타내는 심경은 침착함보다는 실망스러움이다.

B 20 정답 ④ *Jenny가 그린 아빠 얼굴

"Daddy!" Jenny called, / waving a yellow crayon / in her little hand. //

"아빠!" Jenny가 불렀다 / 노란색 크레용을 흔들며 / 그녀의 작은 손에 쥔 //

Nathan approached her, / wondering / why she was calling him. //

1형식 동사로 착각하기 쉬운 3형식 동사 — 단서 1 Jenny가 왜 자신을 부르는지 궁금해함

Nathan은 그녀에게 다가갔다 / 궁금해하며 / 그녀가 왜 자신을 부르는지 //

Jenny, his three-year-old toddler, / was drawing a big circle / on a piece of paper. //

셀 수 없는 명사의 수량은 단위나 모양을 이용해서 나타냄

그의 걸음마를 하는 세 살배기 Jenny는 / 큰 원을 그리고 있었다 / 종이 한 장에 //

"What are you doing, Sweetie?" / Nathan asked with interest. //

"뭘 하고 있니, 아가야?"라고 / Nathan은 관심을 가지고 물었다 //

She just kept drawing / without reply. //

그녀는 그저 계속 그림을 그렸다 / 대답 없이 //

목적어절을 이끄는 의문사

He continued watching her, / wondering / what she was working on. //

단서 2 Jenny가 무엇을 하고 있는지 궁금해함

그는 계속해서 그녀를 봤다 / 궁금해하면서 / 그녀가 무엇을 하고 있는지 //

선행사

She was drawing something / that looked like a face. //

그녀는 무언가를 그리고 있었다 / 얼굴처럼 보이는 // 주격 관계대명사절

When she finished it, / Jenny shouted, / "Look, Daddy!" //

그녀가 그것을 끝냈을 때 / Jenny는 외쳤다 / "보세요, 아빠!"라고 //

She held her artwork up / proudly. //

그녀는 자신의 작품을 들어 올렸다 / 자랑스럽게 //

= As he took ~

Taking a closer look, / Nathan recognized / that it was his face. //

자세히 보자 / Nathan은 알아차렸다 / 그것이 자신의 얼굴임을 //

The face had two big eyes and a beard / just like his. //

소유대명사

그 얼굴에는 두 개의 큰 눈과 수염이 있었다 / 그의 것과 똑같은 //

He loved Jenny's work. //

그는 Jenny의 작품이 마음에 들었다 // 단서 3 Jenny의 그림을 보고 기쁨과 행복으로 가득 참

Filled with joy and happiness, / Nathan gave her a big hug. //

기쁨과 행복으로 가득 차 / Nathan은 그녀를 크게 껴안아 주었다 //

- **approach** ⓥ 다가가다[오다]　　• **toddler** ⓝ 아장아장 걷는 아이
- **reply** ⓝ 대답, 답장　　• **artwork** ⓝ 그림, (박물관의) 미술품
- **recognize** ⓥ 알아보다, 인정하다　　• **beard** ⓝ 턱수염

"아빠!" Jenny가 작은 손에 쥔 노란색 크레용을 흔들며 불렀다. Nathan은 그녀가 왜 자신을 부르는지 궁금해하며 그녀에게 다가갔다. 그의 걸음마를 하는 세 살배기 Jenny는 종이 한 장에 큰 원을 그리고 있었다. "뭘 하고 있니, 아가야?"라고 Nathan은 관심을 가지고 물었다. 그녀는 대답 없이 계속 그림을 그렸다. 그는 그녀가 무엇을 하고 있는지 궁금해하면서 계속해서 그녀를 봤다. 그녀는 얼굴처럼 보이는 것을 그리고 있었다.

그것을 끝냈을 때, Jenny는 "보세요, 아빠!"라고 외쳤다. 그녀는 자신의 작품을 자랑스럽게 들어 올렸다. 자세히 보자 Nathan은 그것이 자신의 얼굴임을 알아차렸다. 그 얼굴에는 그의 것과 똑같은 두 개의 큰 눈과 수염이 있었다. 그는 Jenny의 작품이 마음에 들었다. 기쁨과 행복으로 가득 찬 Nathan은 그녀를 크게 껴안아 주었다.

다음 글에 드러난 Nathan의 심경 변화로 가장 적절한 것은?

① sorrowful → relieved　전반부는 wondering이 핵심임
　슬픈 → 안도하는
② frustrated → satisfied　좌절감을 느낄 만한 상황이 아님
　좌절한 → 만족한
③ worried → scared　Jenny의 그림이 무서운 것은 아님
　걱정하는 → 무서워하는
④ curious → delighted　무엇을 그리는지 궁금해하다가 기쁨으로 가득 참
　궁금한 → 기쁜
⑤ hopeful → disappointed　Filled with joy and happiness라고 했음
　기대하는 → 실망한

＞왜 정답 ?　[정답률 96%]

딸이 왜 자신을 부르는지, 딸이 무엇을 하는 건지 궁금해하다가 딸이 그린 그림이 자신의 얼굴임을 알아차리고 기쁨과 행복으로 가득 찼다고 했으므로 정답은 ④ '궁금한 → 기쁜'이다.

＞왜 오답 ?

①, ② 아이가 그림을 그리는 모습을 보면서 슬픔이나 좌절을 느끼는 것이 아니다.
③ 아이가 그린 그림을 보고 무서움을 느낀 것은 아니다.
⑤ 아이의 그림을 기대했다가 결과물을 보고 실망하는 흐름이 아니다.

B 21　정답 ①　＊Midtown 대신 Pland Zoo에 가게 됨

앞에 주격 관계대명사와 be동사가 생략됨
The day trip to Midtown / **scheduled for today** / was canceled / because the road leading there was blocked / by heavy snow. //
Midtown으로 가는 당일치기 여행은 / 오늘 예정된 / 취소되었다 / 그곳으로 가는 도로가 막혀서 / 폭설로 //

"Luck just didn't run my way. // Sightseeing in Midtown / was **why I signed up for this trip** …" / Nancy said to herself, / with a long sigh. //
목적어로 쓰인 의문사절　　단서 1　긴 한숨을 내쉬며 혼잣말을 함
"나한테 운이 따르지 않는군 // Midtown 관광이 / 내가 이 여행을 신청한 이유였는데…"라고 / Nancy는 혼잣말을 했다 / 긴 한숨을 내쉬며 //

She was thinking / of all the interesting sights / **she wouldn't be able to enjoy.** //
앞에 목적격 관계대명사가 생략됨
그녀는 생각하고 있었다 / 온갖 흥미로운 명소들에 대해 / 자신이 즐길 수 없을 //

All of a sudden, / there was a knock at the door. //
갑자기 / 문을 두드리는 소리가 났다 //

미래를 나타내는 현재진행형
"News! // We **are going** to the Pland Zoo / near the hotel. // We will meet in the lobby soon." //
"뉴스입니다 // 우리는 Pland 동물원에 갈 겁니다 / 호텔 근처에 있는 // 곧 로비에서 모일 겁니다" //

It was the voice / of her tour guide. //
그건 목소리였다 / 그녀의 여행 가이드의 //

She sprung off the couch / and **started putting** on her coat / in a hurry. //
목적어로 동명사나 to부정사를 취하는 start
그녀는 소파에서 벌떡 일어나 / 외투를 입기 시작했다 / 서둘러 //

"The Pland Zoo! // That's on my bucket list! // What a turn of fortune!" / shouted Nancy. //
단서 2　행운이 찾아왔다며 소리침
"Pland 동물원이라고 // 그건 내 버킷 리스트에 있는 거잖아 // 이런 행운이 찾아오다니"라고 / Nancy는 소리쳤다 //

- **day trip** 당일치기 여행　　• **scheduled** ⓐ 예정된
- **sightseeing** ⓝ 관광　　• **sign up** 신청하다　　• **sigh** ⓝ 한숨
- **all of a sudden** 갑자기　　• **spring off** ~에서 벌떡 일어나다

오늘 예정된 Midtown으로 가는 당일치기 여행은 그곳으로 가는 도로가 폭설로 막혀 취소되었다. "나한테 운이 따르지 않는군. Midtown 관광이 내가 이 여행을 신청한 이유였는데 …"라고 Nancy는 긴 한숨을 내쉬며 혼잣말을 했다. 그녀는 자신이 즐길 수 없을 온갖 흥미로운 명소들에 대해 생각하고 있었다. 갑자기 문을 두드리는 소리가 났다. "뉴스입니다! 우리는 호텔 근처에 있는 Pland 동물원에 갈 겁니다. 곧 로비에서 모일 겁니다." 그건 그녀의 여행 가이드의 목소리였다. 그녀는 소파에서 벌떡 일어나 서둘러 외투를 입기 시작했다. "Pland 동물원이라고! 그건 내 버킷 리스트에 있는 거잖아! 이런 행운이 찾아오다니!"라고 Nancy는 소리쳤다.

다음 글에 드러난 Nancy의 심경 변화로 가장 적절한 것은?

① disappointed → excited　한숨을 내쉼 → 행운이 찾아왔다고 소리침
　실망한 → 신이 난
② relieved → anxious　여행이 취소되어 안도한 것이 아님
　안도한 → 불안한
③ surprised → annoyed　행운이 찾아온 것이 화가 날 일은 아님
　깜짝 놀란 → 화가 난
④ ashamed → grateful　부끄러움을 느낄 만한 일은 없음
　부끄러운 → 감사한
⑤ indifferent → amazed　여행을 신청한 이유라고 했음
　무관심한 → 놀란

＞왜 정답 ?　[정답률 97%]

전반부: 여행을 신청한 이유인 Midtown으로 가는 여행이 취소되어 긴 한숨을 내쉼
후반부: 버킷 리스트에 있는 Pland 동물원에 가게 되어 행운이 찾아왔다며 소리침
▶ ① '실망한' 심경에서 '신이 난' 심경으로 변화함

＞왜 오답 ?

② Midtown에 가지 못하게 되어 안도한 것이 아니다.
③ 깜짝 놀란 것은 후반부의 일이다.
④ 여행이 취소된 것이 부끄러운 일은 아니다.
⑤ Midtown으로의 여행이 취소된 것에 관심이 없던 것이 아니다.

B 어휘 Review 정답　　　　　문제편 p. 34

01 턱수염	11 be about to-v	21 scheduled
02 심사위원	12 in time	22 misstep
03 격심한	13 be known for	23 cast
04 무관심한	14 in person	24 chest
05 사라지다	15 at ease	25 toddler
06 passenger	16 overall	26 sighed
07 disappointment	17 adjust	27 glow
08 doubtful	18 immediately	28 attempted
09 calm	19 shoreline	29 stillness
10 traffic	20 replacing	30 warning

C 주장 찾기　문제편 p. 36~49

C 01　정답 ⑤　＊인간의 오류 극복 능력을 활용하여 AI를 감독할 수 있다.

~하면서
As the world seems to be increasingly affected / by the ever-expanding influence / of machines in general / and artificial intelligence (AI) specifically, /
전 세계가 점점 더 영향을 받는 듯 보이면서 / 계속 확대되는 영향력에 의해 / 전반적으로 기계의 / 구체적으로 말하면 인공지능(AI)

either A or B: A 또는 B
many begin to imagine, with **either** fear **or** anticipation, / a future with a **diminished** role for human decision making. //
많은 사람은 두려움 속에 또는 기대를 품고 상상하기 시작한다 / 인간의 의사 결정 역할이 줄어드는 미래를 //

whether it be A or B : A이든 B이든
Whether it be due to the growing presence of AI assistants / **or** the emergence of self-driving cars, /
커지는 AI 비서의 존재감 때문이든 / 자율 주행 자동차의 등장 때문이든 /

the necessity of the role of humans / **as** the decision makers / would appear to be in decline. //
~로서
인간 역할의 필요성은 / 의사 결정권자로서의 / 감소하는 듯 보일 것이다 //

After all, / our capacity for making mistakes / **is** well **documented**. //
수동태
어쨌든 / 실수를 저지르는 우리(= 인간)의 능력은 / 충분히 입증되었다 //

be to 부정사 : 예정, 운명(~할 것이다)
However, perhaps the saving grace of human determination / **is to be found** here as well. //
수동태
하지만, 아마도 인간 결단력의 장점은 / 또한 여기에서 발견될 것이다 //

거의 없는(부정)
Little evidence exists /
증거는 거의 존재하지 않는다 /

주격 관계대명사
that suggests modern AI's infallibility /
현재 AI의 무오류성을 시사하거나 /

or predicts it in the future. //
미래에 그것(= AI의 무오류성)을 예측하는 //

★가주어　진주어절을 이끄는 접속사
It is crucial **that**, / in light of humanity's acceptance of our own fallibility, /
매우 중요하다 / 인류가 스스로 오류성을 인정한다는 점으로 미루어 볼 때 /

부사적 용법(결과)
we utilize our capacity to overcome such failures / **to position** ourselves / **as** the overseers of AI's own growth and applications / for the foreseeable future. //
~로서
단서 인간의 오류 극복 능력으로 AI를 감독하는 역할을 할 수 있다고 주장함
우리가 이러한 실패를 극복할 수 있는 능력을 활용하여 / 자리 잡는 것이 / AI 자체의 성장과 적용의 감독관으로서 / 가까운 미래에 //

> **가주어와 진주어절**
> 주어 자리에 가주어 it을 쓰고 진주어절을 이끄는 접속사 that이 이끄는 진주어는 문장 뒤쪽으로 보낸다.

- **anticipation** ⓝ 기대　　• **assistant** ⓝ 비서, 조수, 보조원
- **saving grace** 장점, 미덕　　• **determination** ⓝ 결단력
- **infallibility** ⓝ 무오류성　　• **crucial** ⓐ 중대한, 결정적인
- **utilize** ⓥ 활용하다　　• **overseer** ⓝ 감독관
- **foreseeable future** 가까운 미래

전 세계가 전반적으로 기계의 영향력, 구체적으로 말하면 인공지능(AI)의 계속 확대되는 영향력에 점점 더 영향을 받는 듯 보이면서, 많은 사람은 두려움 속에 또는 기대를 품고 인간의 의사 결정 역할이 줄어드는 미래를 상상하기 시작한다. 커지는 AI 비서의 존재감 때문이든, 자율 주행 자동차의 등장 때문이든, 의사 결정권자로서의 인간 역할의 필요성은 감소하는 듯 보일 것이다. 결국, 실수를 저지르는 우리의 능력은 충분히 입증되었다. 하지만, 아마도 인간 결단력의 장점 또한 여기에서 발견될 것이다. 현재 AI의 무오류성을 시사하거나 미래에 그것을 예측하는 증거는 거의 존재하지 않는다. 인류가 스스로 오류성을 인정한다는 점으로 미루어 볼 때, 우리가 이러한 실패를 극복할 수 있는 능력을 활용하여 가까운 미래에 AI 자체의 성장과 적용의 감독관으로서 자리 잡는 것이 매우 중요하다.

다음 글에서 필자가 주장하는 바로 가장 적절한 것은?

① 인간은 AI의 발전 가능성과 불안정성을 동시에 고려해야 한다.
　AI를 인간의 능력으로 감독할 수 있다는 것이 주요 내용임
② 인간은 창의력을 향상시키기 위해 AI에 의존하지 말아야 한다.
　창의력에 대한 내용은 언급되지 않았음
③ 실수를 보완하기 위해 인간은 AI의 활용 방안을 모색해야 한다.
　실수를 행하고 극복하는 것이 인간이 가진 장점이라고 했음
④ AI에 대한 학습을 통해 인간은 미래 사회 변화에 대비해야 한다.
　학습에 대한 언급은 없음
⑤ AI의 영향력 확산에 대비하여 인간은 오류 극복 능력을 활용해야 한다.
　인간의 오류 극복 능력으로 인공지능을 감독하는 역할을 할 수 있다고 주장하는 내용임

> **왜 정답?** [정답률 72%]
> - 인공지능(AI)의 영향력이 점차 확대되면서 미래에는 인간의 의사 결정 능력이 감소할 것으로 예측됨
> - 그러나 인간은 오류를 범하고 극복하는 능력이 있으므로, 이 능력을 활용해 인공지능을 감독하는 역할을 해야 함 **단서**
> ▶ 인간의 오류 극복 능력으로 인공지능을 감독하는 역할을 할 수 있다고 주장하는 내용이므로 정답은 ⑤이다.

> **왜 오답?**
> ① AI를 인간의 능력으로 감독할 수 있다는 것이 주요 내용이다.
> ② 창의력에 대한 내용은 언급되지 않았다.
> ③ 실수를 행하고 극복하는 것이 인간이 가진 장점이며, 이를 이용해 AI를 감독하자는 것이지 AI로 인간의 실수를 막자는 것이 아니다. **함정**
> ④ 학습에 대한 언급은 없다.

C 02　정답 ④　＊창의성의 영역 간 활용

주어
Certain hindrances / to multifaceted creative activity / **may lie** / in premature specialization, /
동사(완전자동사)
어떤 방해 요인은 / 다면적인 창의적 활동에 대한 / 있을 수 있다 / 너무 이른 전문화에 /

i.e., having **to choose** the direction of education / or **to focus** on developing one ability / too early in life. //
병렬 구조
즉 교육 방향을 선택해야 하거나 / 한 가지 능력 개발에 집중해야 하는 것에 / 인생의 너무 이른 시기에 //

However, / development of creative ability / in one domain / may enhance effectiveness / in other domains / that require similar skills, /
단서 1 한 영역에서의 창의적 능력 개발은 다른 영역에서 효과를 높일 수 있음
그러나 / 창의적 능력 개발은 / 한 영역에서의 / 효과를 높일 수 있다 / 다른 영역에서 / 비슷한 기술을 필요로 하는 /

and **flexible switching** / between generality and specificity / **is** helpful to productivity / in many domains. //
주어　　동사
유연한 전환은 / 일반성과 특수성 사이의 / 생산성에 도움이 된다 / 많은 영역에서 //

Excessive specificity may result / in information / from outside the domain / being underestimated and unavailable, / **which** leads to fixedness of thinking, /
계속적 용법의 주격 관계대명사
지나친 특수성은 결과를 낳을 수 있어서 / 정보가 / 해당 영역 외부로부터 오는 / 과소평가되고 활용할 수 없게 되는 / 사고의 고정성으로 이어질 수 있다 /

whereas excessive generality causes / chaos, vagueness, and shallowness. //
부사절 접속사(대조)
지나친 일반성은 초래하는 반면 / 혼돈, 모호함, 얕음을 //

Both tendencies pose a threat / to the transfer of knowledge and skills / between domains. //
두 가지 경향 모두 위협이 된다 / 지식과 기술 이전에 대한 / 영역 간 //

What should therefore be optimal / for the development of cross-domain creativity / **is support** for young people / in taking up creative challenges / in a specific domain /
명사절 주어　　　　　단수 동사　주격 보어①
그러므로 응당 최선인 것은 / 영역 간 창의성 개발을 위해 / 젊은이들을 지원하고 / 창의적인 도전을 하기 시작할 때 / 특정한 영역에서 /
단서 2 최선인 것은 특정 영역에서의 창의적 도전을 다른 영역, 분야, 과업의 지식, 기술과 결합하도록 장려하는 것임

주격 보어②(동명사)
and **coupling** it with encouragement / to apply knowledge and skills / in, as well as from, other domains, disciplines, and tasks. //
그것을 장려하는 것과 결합하는 것이다 / 지식과 기술을 적용하도록 / 다른 영역, 분야, 과업으로부터 나온 지식과 기술을 적용할 뿐만 아니라, 다른 영역, 분야, 과업에 //

• certain ⓐ 어떤, 무슨　• hindrance ⓝ 방해요인, 장애물
• multifaceted ⓐ 다면적인　• premature ⓐ 이른
• specialization ⓝ 전문화　• direction ⓝ 방향
• domain ⓝ 영역　• enhance ⓥ 높이다　• generality ⓝ 일반성
• specificity ⓝ 특수성　• productivity ⓝ 생산성
• excessive ⓐ 지나친　• underestimate ⓥ 과소평가하다
• unavailable ⓐ 손에 넣을 수 없는, 활용할 수 없는　• fixedness ⓝ 고정성
• chaos ⓝ 혼돈　• vagueness ⓝ 모호함　• shallowness ⓝ 얕음
• transfer ⓥ 이전하다　• optimal ⓐ 최선의　• couple ⓥ 연결하다
• discipline ⓝ 분야

다면적인 창의적 활동에 대한 어떤 방해 요인은 너무 이른 전문화, 즉 인생의 너무 이른 시기에 교육 방향을 선택하거나 한 가지 능력 개발에 집중해야 하는 것에 있을 수 있다. 그러나 한 영역에서의 창의적 능력 개발은 비슷한 기술을 필요로 하는 다른 영역에서 효과를 높일 수 있으며, 일반성과 특수성 사이의 유연한 전환은 많은 영역에서 생산성에 도움이 된다. 지나친 특수성은 해당 영역 외부로부터 오는 정보가 과소평가 되고 활용할 수 없게 되는 결과를 낳을 수 있어 사고의 고정성으로 이어지는 반면, 지나친 일반성은 혼돈, 모호함, 얕음을 초래한다. 두 가지 경향 모두 영역 간 지식과 기술 이전에 대한 위협이 된다. 그러므로 영역 간 창의성 개발을 위해 응당 최선인 것은 특정한 영역에서 창의적인 도전을 하기 시작할 때 젊은이들을 지원하고 그것을 다른 영역, 분야, 과업으로부터 나온 지식과 기술을 적용할 뿐만 아니라, 다른 영역, 분야, 과업에 지식과 기술을 적용하도록 장려하는 것과 결합하는 것이다.

다음 글에서 필자가 주장하는 바로 가장 적절한 것은?
① 창의성을 개발하기 위해서는 도전과 실패를 두려워하지 말아야 한다.
　창의성을 개발하는 방법을 설명한 것이 아님
② 전문 지식과 기술을 전수하려면 집중적인 투자가 선행되어야 한다.
　지식과 기술의 전수에 대한 내용이 아님
③ 창의적인 인재를 육성하기 위해 다양한 교육과정을 준비해야 한다.
　다양한 교육과정의 필요성은 언급되지 않음
④ 특정 영역에서 개발된 창의성이 영역 간 활용되도록 장려해야 한다.
　마지막 문장이 핵심 단서임
⑤ 조기 교육을 통해 특정 분야의 전문가를 지속적으로 양성해야 한다.
　너무 이른 전문화의 단점을 이야기했음

＞왜 정답? [정답률 83%]

첫 문장: 다면적인 창의적 활동에 대한 방해 요인: 너무 이른 '전문화'
두 번째 문장: 그러나(However) 한 영역에서의 창의적 능력 개발은 다른 영역에서 효과를 높일 수 있음 **단서 1**
마지막 문장: 영역 간 창의성 개발에 최선인 것: 특정 영역의 창의적 도전을 다른 영역, 분야, 과업의 지식, 기술과 결합하도록 장려하는 것 **단서 2**

➡ 너무 이른 전문화는 다면적인 창의적 활동을 방해한다. 한 영역에서 개발된 창의성이 다른 영역에서도 적용되도록 해야 한다. 따라서 필자가 주장하는 바는 ④이다.

＞왜 오답?
① 도전과 실패를 통해 창의성이 개발된다는 내용이 아니다.
② 전문 지식과 기술의 진수를 위한 선행 조건을 설명한 것이 아니다.
③ 다양한 교육과정의 필요성에 대해서는 언급되지 않았다.
⑤ 인생의 너무 이른 시기에 전문화되는 것을 부정적으로 바라보는 글이다.

C 03 정답 ② ＊현대 작사가들이 언어와 문학에 미친 영향

The study of literature **has** repeatedly **failed** / to recognize the influence of modern musical lyricists / and their contributions to the evolution of language. //
문학 연구는 반복적으로 실패했다 / 현대 음악 작사가들의 영향을 인식하는 데에 / 그리고 언어의 발전에 대한 그들의 기여를 //
Unlike Shakespeare, / **who** has been studied and celebrated / for his development of the English language, / particularly in vocabulary and grammatical structure, /
세익스피어와 달리 / 연구되고 기려져 온 / 영어의 발전을 이끌었다고 / 특히 어휘와 문법 구조에서 /

modern songwriters have experienced / restraints on the acknowledgement of their contributions / and largely been ignored. //
현대 작사가들은 겪어 왔다 / 그들의 기여가 인정되는 데 제약을 / 그리고 대체로 무시당해 왔다 //
Over the past century, / we have witnessed / an explosion of incredible literary works / by these artists, /
지난 한 세기 동안 / 우리는 목격해 왔다 / 엄청난 문학 작품들의 폭발적 증가를 / 이 예술가들에 의한 /
who, through their music, / have used linguistic manipulation and storytelling / **to enrich** our language and literature. //
그들은 음악을 통해 / 언어적 조작과 스토리텔링을 사용했다 / 우리의 언어와 문학을 풍요롭게 하기 위해 //
Producing lyrics / of distinct and complex imagery, / <u>songwriters have had an incredible literary impact</u> / on our language. // **단서 1** 작사가들이 언어에 엄청난 문학적 영향을 미쳐 왔음
가사를 만들어 내며 / 독특하고 복잡한 심상을 담은 / 작사가들은 엄청난 문학적 영향을 미쳐 왔다 / 우리의 언어에 //
Their remarkable works, / **including** influences on modern language development, / **must be recognized** / in the field of modern literature. // **단서 2** 그들의 작품은 문학과 언어 발전 측면에서 인정받아야 함
그들의 훌륭한 작품들은 / 현대 언어 발전에 미친 영향을 포함하여 / 인정받아야 한다 / 현대 문학 분야에서 //

• literature ⓝ 문학　• contribution ⓝ 기여
• evolution ⓝ 발전, 진화　• acknowledgement ⓝ 인정
• explosion ⓝ 폭발적 증가　• incredible ⓐ 엄청난, 믿을 수 없는
• literary ⓐ 문학의, 문학적인　• linguistic ⓐ 언어적인
• manipulation ⓝ 조작　• enrich ⓥ 풍요롭게 하다
• distinct ⓐ 독특한　• imagery ⓝ 심상

문학 연구는 현대 음악 작사가들의 영향과 그들이 언어의 발전에 기여한 바를 반복적으로 인식하지 못해 왔다. 특히 어휘와 문법 구조에서 영어의 발전을 이끌었다고 연구되고 기려져 온 셰익스피어와 달리, 현대 작사가들은 그들의 기여가 인정되는 데 제약을 겪어 왔고 대체로 무시당해 왔다. 지난 한 세기 동안 우리는 이 예술가들에 의한 엄청난 문학 작품들의 폭발적 증가를 목격해 왔는데, 그들은 음악을 통해 언어적 조작과 스토리텔링을 사용하여 우리의 언어와 문학을 풍요롭게 했다. 독특하고 복잡한 심상을 담은 가사를 만들어 내며, 작사가들은 우리의 언어에 엄청난 문학적 영향을 미쳐 왔다. 현대 언어 발전에 미친 영향을 포함하여 그들의 훌륭한 작품들은 현대 문학 분야에서 인정받아야 한다.

다음 글에서 필자가 주장하는 바로 가장 적절한 것은?
① 독특하고 복합적인 이미지 표현 기법을 작사 과정에 적용해야 한다.
　독특하고 복합적인 이미지 표현 기법을 작사 과정에 적용해야 한다는 내용은 없음
② 가사를 통해 작사가들이 언어와 문학에 기여한 바를 인정해야 한다.
　작사가들의 작품이 언어와 문학에 미친 영향을 인정해야 한다고 주장했음
③ 셰익스피어의 작품이 영문학 발전에 미친 영향을 분석해야 한다.
　셰익스피어가 언급된 것으로 보는 오답
④ 문학 작품을 감상하기 위해 스토리텔링 기법을 이해해야 한다.
　스토리텔링을 사용해 언어와 문학을 풍요롭게 했다고 언급했을 뿐임
⑤ 문학 작품과 가사에 사용되는 언어의 차이를 연구해야 한다.
　문학 작품과 가사에 사용되는 언어 차이에 대한 글이 아님

＞왜 정답? [정답률 90%]

• 현대 작사가들은 그들의 기여가 인정되는 데 제약을 겪어 옴
• 작사가들은 음악을 통해 언어적 조작과 스토리텔링을 사용하여 우리의 언어와 문학을 풍요롭게 함 **단서 1**
• 현대 언어 발전에 미친 영향을 포함하여 작사가의 훌륭한 작품은 현대 문학 분야에서 인정받아야 함 **단서 2**

▶ 현대 작사가들의 가사가 언어와 문학을 풍요롭게 해왔으므로, 그들의 작품이 언어 발전에 미친 영향을 포함해 문학 분야에서도 인정받아야 한다는 것이 필자의 주장이므로 정답은 ②이다.

＞왜 오답?

① 독특하고 복합적인 이미지 표현 기법을 작사 과정에 적용해야 한다는 내용은 없다.
③ 셰익스피어의 작품이 영문학 발전에 미친 영향에 대한 글이 아니다.
④ 문학 작품 감상을 위한 스토리텔링 기법 이해의 필요성에 대한 언급은 없다.
⑤ 문학 작품과 가사에 사용되는 언어 차이에 대한 글이 아니다.

김윤 | 2026 수능 응시 · 익산 이리남성여고 졸

주장을 파악하는 문제에서는 should, must, need, have to와 같이 당위성을 나타내는 표현이 나오는 문장이 답을 포함하고 있을 가능성이 높기 때문에, 이 표현들이 나오는 문장을 찾으면 빠르게 문제를 해결할 수 있어. 이 문제에서는 마지막 문장에 must가 나오며 당위성을 나타내고 있으므로, 문장 속 핵심어인 influences, language, recognized, literature에 대응되는 내용을 모두 포함하고 있는 선택지 ②을 어렵지 않게 답으로 고를 수 있었어.

다음 글에서 필자가 주장하는 바로 가장 적절한 것은?

① 생산성 향상을 위해 기업은 직원 윤리 교육을 주기적으로 시행해야 한다.
　생산성 향상을 위한 직원 윤리 교육에 대한 내용은 없음
② 기업은 행동 수칙에 대한 명확한 규정을 마련하여 직원을 교육해야 한다.
　문제 행동에 대한 명확한 규정을 만들어 그것에 대해 교육해야 한다고 함
③ 직원의 비윤리적 행위 예방을 위해 기업은 상벌 규정을 정비해야 한다.
　비윤리적 행위 예방을 위한 상벌 규정 정비에 대한 내용이 아님
④ 근무 성과에 따른 보상을 통해 기업은 우수 직원의 이탈을 막아야 한다.
　근무 성과에 따른 보상을 통한 우수 직원 보호에 대한 언급은 없음
⑤ 기업은 직원에 대한 공정한 평가를 위해 동료 평가를 실시해야 한다.
　동료 평가를 실시해야 한다는 내용은 없음

> 왜 정답 ? [정답률 96%]

- 기업은 규칙을 어기는 문제 직원들을 처벌하려고 함
- 규칙을 어기는 한 가지 흔한 이유는 단지 정보가 부족해서임 **단서 1**
- 기업들은 명확한 기준을 만들고 이에 대해 직원들을 직접 교육해야 함 **단서 2**

▶ 기업이 문제 행동에 대한 명확한 기준을 만들고 이를 준수하는 방법에 대해 직원들을 교육해야 한다는 것이 필자의 주장이므로 정답은 ②이다.

> 왜 오답 ?

① 생산성 향상을 위한 직원 윤리 교육의 시행을 이야기하고 있지 않다.
③ 직원의 비윤리적 행위 예방을 위한 상벌 규정 정비에 대한 내용이 아니다.
④ 근무 성과에 따른 보상을 통한 우수 직원 보호에 대한 언급은 없다.
⑤ 기업이 동료 평가를 실시해야 한다는 내용은 없다.

C 04 정답 ② ＊기업의 명확한 기준 설정과 교육의 필요성

Showing up late for work and using abusive language / are the kinds of problems / that every business wants to eliminate. //
직장에 늦게 나타나고 욕설을 사용하는 것은 / 문제의 유형이다 / 모든 기업이 없애고 싶어 하는 //

Business leaders looking to achieve this / often focus on finding "bad apples" / who break their rules / and then punishing them. //
이를 달성하기를 바라는 기업 지도자들은 / 흔히 '나쁜 사과들(문제 직원들)'을 찾아내는 데 중점을 둔다 / 규칙을 어기는 / 그리고 그들을 처벌하는 데 //

This assumes / that the bad apples are acting badly / on purpose. //
이것은 가정한다 / 나쁜 사과들(문제 직원들)이 나쁘게 행동한다고 / 고의로 //

In fact, / one common reason / that employees give for breaking rules / is that they were unaware their behavior was undesirable. // **단서 1** 직원들이 규칙을 어기는 한 가지 흔한 이유는 잘 모르기 때문임
사실 / 한 가지 흔한 이유는 / 직원들이 규칙을 어긴 것에 대해 제시하는 / 그들이 그들의 행동이 바람직하지 않다는 것을 몰랐다는 것이다 //

There are some actors / who knowingly act against policy, / but many problems are unintentional failings. //
몇몇 행위자들도 있다 / 방침을 알면서도 위반하는 / 하지만 많은 문제들은 의도하지 않은 실수이다 //

If businesses want better employees, / those businesses must create clear standards / and educate their employees directly / about how to follow them. // **단서 2** 기업들은 명확한 기준을 만들고 직원들을 교육해야 함
기업들이 더 나은 직원들을 원한다면 / 그 기업들은 명확한 기준을 만들어야 한다 / 그리고 직원들을 직접 교육해야 한다 / 그것을 준수하는 방법에 대해 //

Without these standards / there would be no way / to distinguish bad apples from merely uninformed apples. //
이러한 기준이 없다면 / 방법이 없을 것이다 / 단지 정보가 부족한 사과들(직원들)로부터 나쁜 사과들(문제 직원들)을 구별할 //

- abusive language 욕설, 폭언　• eliminate ⓥ 없애다
- assume ⓥ 가정하다　• unaware ⓐ 모르는
- unintentional ⓐ 의도하지 않은　• distinguish ⓥ 구별하다
- uninformed ⓐ 정보가 부족한, 무지한

직장에 늦게 나타나고 욕설을 사용하는 것은 모든 기업이 없애고 싶어 하는 유형의 문제이다. 이를 달성하기를 바라는 기업 지도자들은 흔히 규칙을 어기는 '나쁜 사과들(문제 직원들)'을 찾아내어 그들을 처벌하는 데 중점을 둔다. 이렇게 하는 것은 문제 직원들이 고의로 나쁘게 행동한다고 가정한다. 사실, 직원들이 규칙을 어긴 것에 대해 제시하는 한 가지 흔한 이유는 그들의 행동이 바람직하지 않다는 것을 몰랐다는 것이다. 방침을 알면서도 위반하는 몇몇 행위자들도 있지만, 많은 문제들은 의도하지 않은 실수이다. 기업들이 더 나은 직원들을 원한다면, 그 기업들은 명확한 기준을 만들고 그것을 준수하는 방법에 대해 직원들을 직접 교육해야 한다. 이러한 기준이 없다면 문제 직원들과 단지 정보가 부족한 직원들을 구별할 방법이 없을 것이다.

C 05 정답 ② ＊과도한 걱정은 필요 없다.

Our ability to respond to danger / has been important for survival, / so feeling worried in uncertain situations is normal. //
위험에 대한 우리의 대응 능력은 / 생존에 중요했기 때문에 / 불확실한 상황에서 걱정을 느끼는 것은 정상이다 //

Feelings of worry, / which are activated in anticipation of future events, / are often experienced in everyday situations. //
걱정이라는 감정은 / 미래 사건을 예상하면서 활성화되며 / 일상적인 상황에서 자주 경험된다 //

For example, / we may feel nervous / imagining unlikely events, / such as a computer crashing during an important presentation. //
예를 들어 / 우리는 걱정할 수 있다 / 일어날 것 같지 않은 일을 상상하며 / 중요한 발표 도중 컴퓨터가 갑자기 작동을 멈추는 것과 같은 //

To some extent, / thinking through potential scenarios / can be helpful. //
어느 정도까지는 / 잠재적 시나리오를 충분히 생각하는 것이 / 도움이 될 수 있다 //

When our worries exceed our control, / however, / they cause us unnecessary suffering. // **단서 1** 앞 내용을 반전시키며, 통제를 벗어나는 과도한 걱정은 불필요한 고통을 일으킨다고 했음
우리의 걱정이 통제 범위를 넘어서면 / 하지만 / 그것은 우리에게 불필요한 고통을 일으킨다 //

Consider how many times you have lost sleep / thinking about a terrible situation, / which, in the end, did not actually take place. //
잠을 설친 적이 얼마나 많았었는지 생각해 보라 / 끔찍한 상황을 생각하느라 / 결국 실제로는 일어나지 않은 //

If that situation actually occurred, / it only goes to show / that worrying about it / did nothing to prevent it from happening. //
만약 그 상황이 실제로 일어났다고 해도 / 보여줄 뿐이다 / 그것에 대해 걱정하는 것이 / 그것이 일어나는 것을 막는 데 아무런 도움이 되지 않았다는 것을 //

It is worth making a conscious effort, then, / to stop worrying endlessly / about events you may not experience. //
그러므로 의식적인 노력을 기울이는 것은 가치가 있다 / 끝없이 걱정하는 것을 멈추기 위해 / 겪지 않을 수도 있는 일에 대해 // **단서 2** 겪지 않을 수도 있는 일을 걱정하는 것을 멈추어야 함

- activate ⓥ 활성화하다　• anticipation ⓝ 예상, 기대
- crash ⓥ 갑자기 작동을 멈추다　• extent ⓝ 정도, 규모
- think through ~을 충분히 생각하다　• exceed ⓥ 넘어서다, 뛰어넘다
- take place 일어나다　• occur ⓥ 일어나다
- be worth -ing ~할 가치가 있다　• conscious ⓐ 의식적인
- stop -ing ~하는 것을 멈추다

위험에 대한 우리의 대응 능력은 생존에 중요했기 때문에, 불확실한 상황에서 걱정을 느끼는 것은 정상이다. 걱정이라는 감정은, 미래 사건을 예상하면서 활성화되며, 일상적인 상황에서 자주 경험된다. 예를 들어, 우리는 중요한 발표 도중 컴퓨터가 갑자기 작동을 멈추는 것과 같은, 일어날 것 같지 않은 일을 상상하며 걱정할 수 있다. 어느 정도까지는, 잠재적 시나리오를 충분히 생각하는 것은 도움이 될 수 있다. 하지만 우리의 걱정이 통제 범위를 넘어서면, 그것은 우리에게 불필요한 고통을 일으킨다. 여러분은 결국 실제로는 일어나지 않은 끔찍한 상황을 생각하느라 잠을 설친 적이 얼마나 많았었는지 생각해 보라. 만약 그 상황이 실제로 일어났다고 해도, 그것은 그것에 대해 걱정하는 것이 그것이 일어나는 것을 막는 데 아무런 도움이 되지 않았다는 것을 보여줄 뿐이다. 그러므로 겪지 않을 수도 있는 일에 대해 끝없이 걱정하는 것을 멈추기 위해 의식적인 노력을 기울이는 것은 가치가 있다.

다음 글에서 필자가 주장하는 바로 가장 적절한 것은?

① 긴장감으로 인한 실수를 줄이기 위해 연습을 많이 해야 한다.
　걱정하는 것을 멈추기 위해 의식적인 노력을 기울이라고 했음
② 일어날 것 같지 않은 일에 대해 지나치게 걱정하지 말아야 한다.
　겪지 않을 수도 있는 일에 대해 걱정하는 것을 멈추어야 한다고 했음
③ 목표를 수월하게 달성하려면 계획을 구체적으로 세워야 한다.
　구체적인 계획을 세우는 것의 중요성은 언급되지 않음
④ 일의 과정을 즐기려면 결과에 대한 과도한 집착을 버려야 한다.
　결과에 대한 과도한 집착에 대해 말하는 것이 아님
⑤ 자신의 걱정이 무엇에서 비롯되었는지 면밀히 살펴봐야 한다.
　일어날 것 같지 않은 일에 대한 과도한 걱정이라고 언급했음

왜 정답? [정답률 96%]

- 걱정이 통제 범위를 넘어서면, 그것은 우리에게 불필요한 고통을 일으킴 단서1
- 겪지 않을 수도 있는 일에 대해 끝없이 걱정하는 것을 멈추어야 함 단서2

▶ 불확실한 상황에서의 걱정은 정상적인 것이지만, 그 걱정이 자신의 통제 범위를 넘어서면 불필요한 고통을 일으킨다고 했다. 따라서 일어나지 않을 수도 있는 일에 대해 끝없이 걱정하는 것을 멈춰야 한다는 내용이므로 정답은 ②이다.

왜 오답?

① 걱정하는 것을 멈추기 위해 의식적인 노력을 기울이라고 했다.
③ 구체적인 계획을 세우는 것의 중요성은 언급되지 않았다.
④ 결과에 대한 과도한 집착에 대해 말하는 것이 아니다.
⑤ 일어날 것 같지 않은 일에 대한 과도한 걱정이라고 이미 언급했다.

C 06 정답 ③ ＊과거 경험에 대한 의식적 통제

You probably have quirks / in your own memory and feedback loop: / the past negative experiences **that** feel **bigger** / **than** they should, / or the positive affirmations **that** we can over-interpret. //
여러분은 아마도 별난 점을 지니고 있을 것이다 / 여러분 자신의 기억과 피드백 순환 속에 / 즉 더 크게 느껴지는 과거의 부정적인 경험들이나 / 그들이 그래야 하는 것보다 / 혹은 우리가 지나치게 해석할 수 있는 긍정적인 확언들을 //

The important thing is / **to take** some conscious control over a process / **that otherwise** proceeds unconsciously, /
중요한 점은 ~이다 / 과정을 일부 의식적으로 통제하는 것 / 그렇게 하지 않으면 무의식적으로 진행되는 //

robbing us of complete ownership / of how we think about life situations and make decisions. // 단서1 중요한 것은 무의식적으로 진행될 수 있는 과정을 의식적으로 통제하는 것임
우리에게서 완전한 소유를 빼앗아 가는 / 삶의 상황에 대해 생각하고 결정을 내리는 방식에 대한 //

If you are struggling to commit to a relationship / because your last **one** was difficult, / you need to remember / **that** your previous **one** does not define you; /
만약 관계에 헌신하는 데 어려움을 겪고 있다면 / 여러분의 지난번 그것(관계)이 힘들었기 때문에 / 여러분은 기억해야 한다 / 이전의 것(관계)이 여러분을 정의하지 않는다는 것을 //

the weighting of **that** may be too heavy / in your feedback loop, / **inhibiting** your ability / **to judge** the new relationship on its merits. //
그것의 영향력이 너무 강력해서 / 여러분의 피드백 순환 내에서 / 여러분의 능력을 억제하고 있을 수도 있다 / 새로운 관계를 그 자체의 가치에 따라 판단하는 //

We need to think / about *why* we feel a certain way, / **whether** that is uncertain **or** over-confident, /
우리는 생각해야 한다 / 우리가 '왜' 특정 방식으로 느끼는지 / 그 방식이 불확실한 것이든 지나치게 자신감 있는 것이든 간에 /

and try to locate the root of that emotion / in the previous experiences / **that have filled** our memory banks / and **conditioned** our feedback loops. //
그리고 그 감정의 근원을 찾으려 노력해야 한다 / 이전 경험들 내에서 / 우리의 기억 저장소를 채우고 / 피드백 순환을 좌우해 온 // 단서2 우리가 '왜' 특정 방식으로 느끼는지 생각해야 하며, 우리의 이전 경험 내에서 그 감정의 근원을 찾으려 노력해야 함

- affirmation ⓝ 확언 ・ over-interpret ⓥ 지나치게 해석하다
- conscious ⓐ 의식적인 ・ proceed ⓥ 진행되다
- rob A of B A에게서 B를 빼앗다 ・ ownership ⓝ 소유
- commit to ~에 헌신하다 ・ define ⓥ 정의하다
- inhibit ⓥ 억제하다 ・ merit ⓝ 가치 ・ root ⓝ 근원, 뿌리
- condition ⓥ 좌우하다, 영향을 미치다

여러분은 아마도 여러분 자신의 기억과 피드백 순환 속에 별난 점, 즉 그들이 그래야 하는 것보다 더 크게 느껴지는 과거의 부정적인 경험들이나 우리가 지나치게 해석할 수 있는 긍정적인 확언들을 지니고 있을 것이다. 중요한 점은 그렇게 하지 않으면 무의식적으로 진행되며 우리에게서 삶의 상황들에 대해 생각하고 결정을 내리는 방식에 대한 완전한 소유를 빼앗아 가는 과정을 일부 의식적으로 통제하는 것이다. 만약 여러분이 지난 관계가 힘들었기 때문에 관계에 헌신하는 데 어려움을 겪고 있다면, 여러분의 이전 관계가 여러분을 정의하지 않는다는 것을 기억해야 하는데, 여러분의 피드백 순환 내에서 그것의 영향력이 너무 강력해서, (그것이) 새로운 관계를 그 자체의 가치에 따라 판단하는 여러분의 능력을 억제하고 있을 수도 있다. 우리는 그 방식이 불확실한 것이든 지나치게 자신감 있는 것이든 간에, 우리가 '왜' 특정 방식으로 느끼는지 생각해야 하며, 우리의 기억 저장소를 채우고 피드백 순환을 좌우해 온 이전 경험들 내에서 그 감정의 근원을 찾으려 노력해야 한다.

다음 글에서 필자가 주장하는 바로 가장 적절한 것은?

① 때로는 무의식적 판단이 더 옳다는 것을 인정해야 한다.
　무의식보다 의식적인 통제가 필요하다는 내용임
② 주관보다는 공신력 있는 자료를 바탕으로 결정해야 한다.
　공신력 있는 자료에 대한 언급은 없음
③ 우리가 과거 경험에서 받는 영향을 의식적으로 통제해야 한다.
　과거의 경험이나 기억을 의식적으로 통제해야 한다는 내용임
④ 낯선 상황에서 빠르게 판단하려면 다양한 경험을 쌓아야 한다.
　다양한 경험이 필요하다는 언급은 없음
⑤ 중요한 결정을 할 때 그에 따른 장기적인 결과를 고려해야 한다.
　장기적인 결과를 고려해야 한다는 내용이 아님

왜 정답? [정답률 91%]

- 우리의 기억과 피드백 순환 속에는 과거의 부정적인 경험들이나 지나치게 해석할 수 있는 긍정적인 확언들이 있음
- 중요한 점은 이 과정을 일부 의식적으로 통제하는 것임 단서1
- 우리는 그 방식이 '왜' 특정 방식으로 느껴지는지 생각해야 하며, 우리의 기억 저장소를 채우고 피드백 순환을 좌우해 온 이전 경험들 내에서 그 감정의 근원을 찾으려 노력해야 함 단서2

▶ 우리의 기억과 피드백 순환 속에 있는 과거 경험들이나 감정의 근원에 대해 의식적으로 생각하고 통제하려는 노력이 필요하다는 내용이므로 정답은 ③이다.

왜 오답?

① 무의식적 판단이 아니라 의식적인 통제가 필요하다고 말하고 있다.
② 공신력 있는 자료를 이용하라는 내용이 아니다.
④ 다양한 경험이 아닌 과거의 기억에 대한 의식적인 통제를 강조하고 있다.
⑤ 중요한 결정의 장기적 결과를 고려하라는 내용이 아니다.

C 07 정답 ② ＊예산 절감을 지속하기 위해 지출을 점진적으로 줄여라.

The idea of cutting out a budget category / probably makes you nervous. // 어떤 예산 항목을 없앤다는 생각은 / 아마도 당신을 불안하게 만들 것이다 //
But **being** mindful about your spending / **doesn't have to be** an all-or-nothing game. //
하지만 지출에 대해 신경 쓰는 것이 / 전부 아니면 아무것도 하지 않는 게임일 필요는 없다 //

Instead of forcing yourself to go entirely without, / reduce

spending on that category / by just 10 percent each month. //

당신 스스로에게 완전히 끊으라고 하기보다는 / 그 항목에 대한 지출을 줄여 보아라 / 매달 10퍼센트만 // **단서 1** 완전히 지출을 끊기보다는 매달 10퍼센트만 줄이는 것을 권장함

You won't see sudden, drastic change in your budget, / but the

shift will be a lot easier to stomach. //

당신은 예산에서 갑작스럽고 극적인 변화는 보지 못하겠지만 / 그 변화는 소화하기에 훨씬 더 쉬울 것이다 //

Say / you spent $148 at coffee shops last month. //

예를 들어 / 지난달에 커피숍에서 148달러를 썼다고 하자 //

The idea of never buying coffee is enough / to make you want

to hide from your budget forever, / but what if you challenged

yourself / to spend just 10 percent less on coffee this month? //

커피를 절대로 사지 않는다는 생각은 충분하다 / 당신을 당신의 예산으로부터 영원히 숨고 싶게 만들기에 / 하지만 자신에게 요구한다면 어떻겠는가 / 이번 달에 커피에 대해 10퍼센트만 덜 쓰도록 //

That's $14.80 less, / for a total of $133.20. //

그것은 14.80달러를 덜 쓰는 것이며 / 총액은 133.20달러이다 //

Then, / next month, / see if you can bring that expense down by

10 percent again / to $119.88. //

그런 다음 / 다음 달에는 / 그 지출을 다시 10퍼센트 줄일 수 있는지 확인해 보아라 / 119.88달러로 //

By introducing incremental shifts / instead of huge, radical

changes, / you're more likely to stick with your new, moderately

reduced habits. // **단서 2** 예산에 점진적인 변화를 도입하면 지속 가능한 새로운 지출 습관을 만들 수 있음

점진적인 변화를 도입함으로써 / 큰 급진적인 변화 대신 / 당신은 새롭고 적당히 줄어든 습관을 지속할 가능성이 더 높아질 것이다 //

- budget ⓝ 예산   • mindful ⓐ ~을 신경 쓰는
- all-or-nothing ⓐ 전부 아니면 아무것도 하지 않는
- sudden ⓐ 갑작스러운   • drastic ⓐ 극적인   • shift ⓝ 변화
- stomach ⓥ 소화하다   • expense ⓝ 지출
- incremental ⓐ 점진적인   • radical ⓐ 급진적인
- stick with ~를 지속하다   • moderately ⓐⓓ 적당히

어떤 예산 항목을 없앤다는 생각은 아마도 당신을 불안하게 만들 것이다. 하지만 지출에 대해 신경 쓰는 것이 전부 아니면 아무것도 하지 않는 게임일 필요는 없다. 당신 스스로에게 완전히 끊으라고 하기보다는, 그 항목에 대한 지출을 매달 10퍼센트만 줄여 보아라. 당신은 예산에서 갑작스럽고 극적인 변화는 보지 못하겠지만, 그 변화는 소화하기에 훨씬 더 쉬울 것이다. 예를 들어, 지난달에 커피숍에서 148달러를 썼다고 하자. 커피를 절대로 사지 않는다는 생각은 당신을 당신의 예산으로부터 영원히 숨고 싶게 만들기에 충분하지만, 이번 달에 커피에 대해 10퍼센트만 덜 쓰도록 자신에게 요구한다면 어떻겠는가? 그것은 14.80달러를 덜 쓰는 것이며, 총액은 133.20달러이다. 그런 다음, 다음 달에는 그 지출을 다시 10퍼센트 줄여서 119.88달러로 만들 수 있는지 확인해 보아라. 큰 급진적인 변화 대신 점진적인 변화를 도입함으로써, 당신은 새롭고 적당히 줄어든 습관을 지속할 가능성이 더 높아질 것이다.

다음 글에서 필자가 주장하는 바로 가장 적절한 것은?

① 불필요한 소비를 막으려면 주기적으로 지출 내역을 확인하라.
주기적으로 지출 내역을 확인하라는 내용이 아님
② 예산 절감을 지속하기 위해 지출을 점진적으로 줄여라.
예산 절감을 위해서는 점진적으로 지출을 줄여야 한다는 것이 필자의 주장임
③ 소비를 계획하기 전에 수입과 지출 현황을 분석하라.
수입과 지출 현황을 분석하라는 언급은 없음
④ 재정 위기가 닥쳤을 때 큰 폭으로 예산을 삭감하라.
큰 폭의 예산 삭감과 같은 급진적인 변화는 권장하지 않음
⑤ 예산 항목에 따라 지출 계획을 다르게 수립하라.
예산 항목에 따라 지출 계획을 달리하라는 내용이 아님

＞왜 정답? [정답률 95%]

- 예산 항목을 완전히 없애기보다 그 항목의 지출을 매달 10퍼센트만 줄이는 것을 권장함 **단서 1**
- 점진적인 변화를 도입하면 새로운 지출 습관을 지속할 가능성이 더 높아짐 **단서 2**

▶ 예산 절감을 위해서는, 지출을 매달 10퍼센트씩 줄이는 것처럼 점진적으로 줄여나가야 한다는 것이 필자의 주장이므로 정답은 ②이다.

＞왜 오답?

① 주기적으로 지출 내역을 확인해야 한다는 내용은 없다.
③ 수입과 지출 현황을 분석해야 한다는 것은 아니다.
④ 큰 폭의 예산 삭감과 같은 급진적인 변화가 아니라 점진적으로 지출을 줄여나가야 한다는 것이 필자의 주장이다. **함정**
⑤ 예산 항목에 따라 지출 계획을 다르게 세워야 한다는 언급은 없다.

C 08 정답 ⑤ ＊AI를 만드는 데 다양한 분야의 사람들이 참여할 필요성

AI technology is powerful, and it is transformative, / but the AI

hype of recent years has contributed to a god complex /

AI 기술은 강력하고, 변화시키는 힘이 있지만 / 최근 몇 년간의 AI의 과도한 열풍은 신 콤플렉스의 원인이 되어왔다 /

that positions technology leaders as voices of authority / on the

societal problems their creations have often caused. //

기술 선도자들을 권위 있는 목소리로 자리 잡게 하는 / 자신의 창작물이 자주 일으켜 왔던 사회적 문제에 대한 //

Listening to scientists and innovators / is important. //

과학자와 혁신가에게 귀 기울이는 것은 / 중요하다 //

But those who are profiting from AI hype / are not experts / on

how that work should be judged. //

하지만 AI의 과도한 열풍의 혜택을 누리고 있는 사람들은 / 전문가가 아니다 / 그 일이 어떻게 판단되어야 하는지에 대한 //

Neither do distinguished computer scientists, / no matter how

gifted in their field, / automatically understand the complex

systems / of power, money, and politics / that will govern the

use of their products in the future. //

뛰어난 컴퓨터 과학자들도 못한다 / 자신의 분야에서 아무리 재능이 뛰어나더라도 / 복잡한 체계를 저절로 이해하지는 / 권력, 돈, 정치의 / 미래에 자신들의 산출물 사용을 좌우할 //

In fact, those already living at the frontline / of AI-enabled

worker surveillance, / or trapped in a nightmare / of AI decision-

making, / are far better qualified for that. //

사실, 이미 최전선에 살고 있거나 / AI가 가능하게 한 근로자 감시의 / 악몽에 갇힌 사람들이 / AI 의사 결정의 / 훨씬 더 그것에 적합하다 //

So it is critically important for the future of AI / that a much

wider group of people / become involved in shaping its future. //

그래서 AI의 미래에 결정적으로 중요하다 / 훨씬 더 넓은 분야의 사람들이 / 그것의 미래를 만드는 데 관여되는 것이 // **단서 1** AI의 미래를 만드는 데 넓은 분야의 사람들이 관여되는 것이 중요함

Instead of continually turning to the architects of AI /

for predictions of the future and solutions to its ills, /

the introduction of AI into society / requires a broader and more

inclusive approach. // **단서 2** AI를 사회에 도입하는 것은 더 넓고 포괄적인 접근이 필요함

계속해서 AI의 설계자에게 의존하는 대신 / 미래의 예측과 그것의 문제에 대한 해결책을 위해 / 사회에 AI를 도입하는 것은 / 더 넓고 포괄적인 접근 방식이 필요하다 //

- transformative ⓐ 변화시키는   • distinguished ⓐ 뛰어난
- gifted ⓐ 재능 있는   • complex ⓐ 복잡한
- govern ⓥ 좌우[통제]하다   • frontline ⓝ 최전선   • trap ⓥ 가두다
- nightmare ⓝ 악몽   • qualified ⓐ 자격 있는
- critically ⓐⓓ 결정적으로   • inclusive ⓐ 포괄적인
- approach ⓝ 접근 방식

AI 기술은 강력하고, 변화시키는 힘이 있지만, 최근 몇 년간의 AI의 과도한 열풍은 기술 선도자들을 자신의 창작물이 자주 일으켜 왔던 사회적 문제에 대한 권위 있는 목소리로 자리 잡게 하는 신 콤플렉스의 원인이 되어왔다. 과학자와 혁신가에게 귀 기울이는 것은 중요하다. 하지만 AI의 과도한 열풍의 혜택을 누리고 있는 사람들은 그 일이 어떻게 판단되어야 하는지에 대한 전문가가 아니다. 뛰어난 컴퓨터 과학자들도 자신의 분야에서 아무리 재능이 뛰어나더라도, 미래에 자신들의 산출물 사용을 좌우할 권력, 돈, 정치의 복잡한 체계를 저절로 이해하지는 못한다. 사실, 이미 AI가 가능하게 한 근로자 감시의 최전선에 살고

있거나, AI 의사 결정의 악몽에 갇힌 사람들이 훨씬 더 그것에 적합하다. 그래서 AI의 미래를 만드는 데 훨씬 더 넓은 분야의 사람들이 관여되는 것이 AI의 미래에 결정적으로 중요하다. 미래의 예측과 그것의 문제에 대한 해결책을 위해 계속해서 AI의 설계자에게 의존하는 대신, 사회에 AI를 도입하는 것은 더 넓고 포괄적인 접근 방식이 필요하다.

다음 글에서 필자가 주장하는 바로 가장 적절한 것은?

① AI 개발로 인한 고용 시장 변화에 대비해야 한다.
　고용 시장 변화에 대한 언급은 없음
② AI 기술 개발에 있어 윤리적 문제를 고려해야 한다.
　AI 기술 개발과 관련된 윤리적 문제에 대한 내용은 아님
③ 높은 접근성이 AI 기술의 최우선 목표가 되어야 한다.
　AI 기술을 더 접근 가능하도록 해야 한다는 내용이 아님
④ 미래 사회문제 해결에 AI 전문가가 중대한 역할을 해야 한다.
　AI 전문가뿐만 아니라 다양한 분야의 사람들이 관여되어야 한다고 했음
⑤ AI의 미래를 만드는 데 더 다양한 분야의 사람들이 관여되어야 한다.
　AI의 미래를 만드는 데에는 더 다양한 분야의 사람들이 관여되어야 하고, 넓고 포괄적인 접근이 필요하다고 주장함

왜 정답? [정답률 79%]

- 과학자들이나 AI 전문가들뿐만 아니라 더 다양한 분야의 사람들이 AI의 미래를 만드는 데 관여해야 함 **단서1**
- AI를 사회에 도입하는 것은 더 넓고 포괄적인 접근이 필요함 **단서2**

▶ 다양한 분야의 사람들이 AI의 미래를 만드는 데 관여해야 한다는 것이 필자의 주장이므로 정답은 ⑤이다.

왜 오답?

① 고용 시장 변화에 대한 언급은 없다.
② AI 기술 개발을 할 때 윤리적 문제를 고려해야 한다는 내용은 아니다.
③ AI 기술에의 높은 접근성이 목표가 되어야 한다는 내용은 아니다.
④ AI 전문가나 과학자들뿐만 아니라 AI가 가능하게 한 근로자 감시나, AI 의사 결정과 관련된 사람들도 AI 관련 미래 사회문제 해결에 중요한 역할을 해야 한다는 내용이다. **함정**

C 09 정답 ⑤ ＊상반된 의견을 설득할 때의 전략

People have an anti-persuasion radar or defense system / **that** goes off / when someone is trying to persuade them. //
（주격 관계대명사）
사람들은 반(反)설득 레이더 또는 방어 체계를 가지고 있다 / 작동하는 / 누군가가 그들을 설득하려고 할 때 //

The more something or someone disagrees with them, / **the less** likely they are to listen. //
the 비교급 ~, the 비교급 …: ~할수록 더 …하다
무언가 혹은 누군가가 그들과 의견이 다를수록 / 그들이 들을 가능성은 더 적다 //

Consequently, / **one reason** change is so hard is / **that** people are unwilling to even consider information / **that** goes against their beliefs. //
뒤에 관계부사 why가 생략됨 / 보어절 접속사 / 주격 관계대명사
결과적으로 / 변화가 몹시 어려운 한 가지 이유는 ~이다 / 사람들이 정보를 고려조차 하지 않으려 한다는 점 / 자신들의 신념에 반하는 **단서1** 상반된 의견을 다룰 때 간접적인 것이 더 효과적일 수 있음

As a result, / **when dealing with opposing viewpoints**, / **being a bit more indirect** / can often be more effective. //
접속사가 생략되지 않은 분사구문 / 동명사(주어)
그 결과 / 상반되는 의견을 다룰 때 / 약간 더 간접적인 것이 / 종종 더 효과적일 수 있다 //

Rather than starting with information, / start by encouraging people / to be more open minded and receptive. //
정보로 시작하기보다는 / 사람들을 격려하는 것으로 시작하라 / 더 마음을 열고 수용적이 되도록 //

This is **why** / expressing doubt can help. //
관계부사
이것이 이유이다 / 의구심을 드러내는 것이 도움이 될 수 있는 //

Showing / **that** we're conflicted or uncertain / makes us **seem** less threatening. //
동명사(주어) / 목적어절 접속사 / makes의 목적격 보어(원형부정사)
보여 주는 것은 / 우리가 갈등하고 있거나 확신하지 못하고 있음을 / 우리를 덜 위협적인 것처럼 보이게 한다 //

Expressing doubt about one's own view / acknowledges / **that** conflicting beliefs are valid, / **making** the other side **feel** validated / and more willing to listen. //
동명사(주어) / 목적어절 접속사 / 분사구문을 이끎 / making의 목적격 보어(원형부정사)
자신의 관점에 대해 의구심을 드러내는 것은 / 인정한다 / 상반된 신념이 타당하다는 것을 / 상대편이 옳다는 것을 인정받았다고 느끼도록 만들고 / 그리고 더 기꺼이 듣게 하면서 //

It recognizes / **that** issues are complicated or nuanced, / **which** increases receptiveness. //
목적어절 접속사 / 계속적 용법의 관계대명사
이것은 인정한다 / 문제가 복잡하거나 미묘하게 차이가 있다는 것을 / 이는 수용성을 높여 준다 //

Uncertainty signals an openness / to other perspectives. //
불확실성은 개방성을 나타낸다 / 다른 관점에 대한 **단서2** 불확실성은 다른 관점에 대한 개방성을 나타냄

So particularly when issues are controversial / or people are dug in, / **expressing a little doubt** / can actually be more persuasive. //
동명사구 주어
그래서 특히 문제가 논란이 될 때 / 또는 사람들이 의견을 바꾸지 않을 때 / 약간의 의구심을 드러내는 것이 / 실제로 더 설득력이 있을 수 있다 //

- **anti-persuasion** ⓝ 반(反)설득　　• **persuade** ⓥ 설득하다
- **be unwilling to** ~하는 것을 꺼리다　　• **indirect** ⓐ 간접적인
- **receptive** ⓐ 수용적인　　• **doubt** ⓝ 의구심　　• **conflict** ⓥ 상충하다
- **acknowledge** ⓥ 인정하다　　• **valid** ⓐ 타당한
- **complicated** ⓐ 복잡한　　• **nuanced** ⓐ 미묘한 차이가 있는
- **perspective** ⓝ 관점　　• **controversial** ⓐ 논란이 되는
- **dig in** 고집을 피우다(dig-dug-dug)

사람들은 누군가가 그들을 설득하려고 할 때 작동하는 반(反)설득 레이더 또는 방어 체계를 가지고 있다. 무언가 혹은 누군가가 그들과 의견이 다를수록, 그들이 들을 가능성은 더 적다. 결과적으로, 변화가 몹시 어려운 한 가지 이유는 사람들이 자신들의 신념에 반하는 정보를 고려조차 하지 않으려 한다는 점이다. 그 결과, 상반되는 의견을 다룰 때, 약간 더 간접적인 것이 종종 더 효과적일 수 있다. 정보로 시작하기보다는, 사람들이 더 마음을 열고 수용적이 되도록 격려하는 것으로 시작하라. 이것이 의구심을 드러내는 것이 도움이 될 수 있는 이유이다. 우리가 갈등하고 있거나 확신하지 못하고 있음을 보여 주는 것은 우리를 덜 위협적인 것처럼 보이게 한다. 자신의 관점에 대해 의구심을 드러내는 것은 상반된 신념이 타당하다는 것을 인정하며, 상대편이 옳다는 것을 인정받았다고 느끼도록, 그리고 더 기꺼이 듣게 한다. 이것은 문제가 복잡하거나 미묘하게 차이가 있다는 것을 인정하고, 이는 수용성을 높여 준다. 불확실성은 다른 관점에 대한 개방성을 나타낸다. 그래서 특히 문제가 논란이 되거나 사람들이 의견을 바꾸지 않을 때, 약간의 의구심을 드러내는 것이 실제로 더 설득력이 있을 수 있다.

다음 글에서 필자가 주장하는 바로 가장 적절한 것은?

① 불확실한 상황을 피하려면 계획을 철저히 세워야 한다.
　불확실성이 언급된 것으로 만든 오답
② 상대를 변화시키려면 정확한 정보를 먼저 제공해야 한다.
　정확한 정보 제공의 필요성에 대한 글이 아님
③ 누군가 자신을 일방적으로 설득하려 하면 이를 경계해야 한다.
　누군가 자신을 일방적으로 설득하는 것을 경계하라는 내용이 아님
④ 자신의 주장을 관철하고자 할 때는 본론으로 바로 들어가야 한다.
　주장을 관철할 때 본론으로 바로 들어가라고 하지 않았음
⑤ 나와 다른 의견에 설득력이 있으려면 간접적인 태도를 보여야 한다.
　상반된 의견을 다룰 때 간접적인 것이 효과적일 수 있다고 함

왜 정답? [정답률 78%]

- 상반되는 의견을 다룰 때 간접적인 것이 더 효과적일 수 있음 **단서1**
- 불확실성은 다른 관점에 대한 개방성을 나타냄 **단서2**

▶ 상반된 의견에 설득력을 가지려면 간접적인 태도를 취하는 것이 상대방으로 하여금 더 기꺼이 듣게 만들 수 있다는 것이 필자의 주장이므로 정답은 ⑤이다.

왜 오답?

① 불확실한 상황을 피하려면 계획을 세우라고 하는 내용의 글이 아니다.
② 정확한 정보 제공의 필요성에 대한 내용이 아니다.
③ 누군가가 자신을 일방적으로 설득하는 것을 경계하라는 내용이 아니다.
④ 주장을 관철할 때 본론으로 바로 들어가라고 하지 않았다.

C 10 정답 ① ＊학습 효과 증진에 도움이 되는 게임 개발의 필요성

We almost universally accept / **that** playing video games is at best a pleasant break / from a student's learning / and more often what prevents a student / from accomplishing their goals. //
목적어절을 이끄는 접속사
우리는 거의 보편적으로 받아들인다 / 비디오 게임을 하는 것이 기껏해야 즐거운 휴식이라고 / 학생의 학습으로부터 벗어나는 / 더 흔히는 학생을 방해하는 것이라고 / 목표를 이루는 것을 //

Games catch and hold attention / in a way / that few things can. //
way를 수식하는 관계부사
게임은 주의를 사로잡고 계속해서 유지한다 / 방식으로 / 다른 어떤 것도 거의 할 수 없는 //

And yet once they have our focus, / they rarely seem to offer
anything meaningful / to help students grow / in their lives
anything을 수식하는 형용사 *help의 목적격 보어로 쓰인 동사원형*
outside the games. //
하지만 일단 그것이 우리의 집중을 얻고 나면 / 그것은 거의 의미 있는 아무것도 제공하지
않는 것 같다 / 학생들이 성장하는 것을 돕는 / 게임 이외의 그들의 삶에서 //

While this may be true / for many games, / we are too easily
ignoring a valuable tool / that could be used / to enhance
주격 관계대명사
productivity / instead of derailing it. //
이것이 사실일 수도 있지만 / 많은 게임에 대해 / 우리는 가치 있는 도구를 너무 쉽게 무시하고
있다 / 사용될 수도 있는 / 생산성을 향상하는 데 / 저해하는 대신 //

Rather, / it is desirable / that we develop games / that connect to
가주어 *진주어절을 이끄는 접속사* *주격 관계대명사*
the learning outcomes / we want for our students. //
사이에 outcomes를 수식하는 목적격 관계대명사 생략
오히려 / 바람직하다 / 우리가 게임을 개발하는 것이 / 학습 성과와 연결되는 / 우리가
학생들에게 원하는 //
단서 학습 성과와 연결되는 게임을 개발하는 것이 바람직함

This will enable educators / to take advantage of games'
attention commanding capacities / and allow our students / to
enjoy their games / while learning. //
접속사가 생략되지 않은 분사구문
이것은 교육자들을 가능하게 할 것이다 / 게임의 주의력 지배 능력을 활용할 수 있도록 /
그리고 학생들에게 허락할 것이다 / 게임을 즐기도록 / 학습하면서 //

- universally [ad] 보편적으로 · accomplish [v] 이루다
- hold attention 주의를 유지하다 · enhance [v] 향상시키다
- productivity [n] 생산성 · derail [v] 탈선시키다, 망치다
- desirable [a] 바람직한 · connect to ~와 관련시키다[연결하다]
- outcome [n] 결과, 성과 · educator [n] 교육자
- take advantage of ~을 활용하다 · command [v] 지배하다, 지휘하다

우리는 거의 보편적으로 비디오 게임을 하는 것이 기껏해야 학생이 학습에서
잠시 벗어나는 즐거운 휴식이고, 더 흔히는 학생이 목표를 이루는 것을
방해하는 것이라 받아들인다. 게임은 다른 어떤 것도 거의 할 수 없는 방식으로
주의를 사로잡고 계속해서 유지한다. 하지만 일단 그것이 우리의 집중을 얻고
나면, 그것은 게임 이외의 삶에서 학생들이 성장하는 데 도움이 되는 의미
있는 무언가를 제공하는 경우는 거의 없는 것 같다. 많은 게임에 대해 이것이
사실일 수도 있지만, 우리는 생산성을 저해하는 대신 생산성을 향상하는 데
사용될 수도 있는 가치 있는 도구를 너무 쉽게 무시하고 있다. 오히려, 우리가
학생들에게 원하는 학습 성과와 연결되는 게임을 개발하는 것이 바람직하다.
이를 통해 교육자들은 게임의 주의력 지배 능력을 활용할 수 있게 되고, 우리
학생들은 학습하면서 게임을 즐길 수 있게 될 것이다.

다음 글에서 필자가 주장하는 바로 가장 적절한 것은?

① 학습 효과 증진에 활용될 수 있는 게임을 개발해야 한다.
  학습 효과 증진에 활용될 수 있는 게임을 개발해야 한다는 것이 핵심 내용임
② 교육 현장에서 학습과 게임 활동을 적절하게 분배해야 한다.
  학습과 게임 활동을 적절히 분배하라는 것이 아니라 학습과 연결된 게임을 개발하라는 것임
③ 학습 활동에 게임이 초래하는 집중력 저하를 경계해야 한다.
  게임이 초래하는 학습 집중력 저하를 경계하라는 것이 필자의 주장은 아님
④ 여가 시간에 게임을 활용함으로써 학습 효율을 향상해야 한다.
  여가 시간에 게임을 활용하라고 하지 않았음
⑤ 게임의 부정적 영향을 줄이기 위해 학습 공동체가 노력해야 한다.
  게임의 부정적 영향을 줄이기 위한 학습 공동체의 노력은 언급되지 않음

왜 정답? [정답률 84%]

- 게임이 사람들의 주의 집중을 끄는 데 뛰어나지만 게임을 하는 것은 학생들의
  삶에서 성장에 도움이 되는 경우가 거의 없음
- 교육자들이 게임의 가치를 인정하고 학습 결과와 연결된 게임을 개발하여 게임의
  강력한 집중력 유도 능력을 활용하는 것이 바람직함

▶ 학습과 연결된 게임을 개발하여 게임의 집중력 유도 능력을 활용, 학생들이 즐기며
학습하도록 해야 한다는 것이 필자의 주장이므로 정답은 ①이다.

왜 오답?

② 학습과 게임 활동을 적절히 분배하라는 것이 아니라 학습과 연결된 게임을
  개발하라는 것이다.
③ 게임이 초래하는 학습 집중력 지하를 경계하라는 것이 필자의 주장은 아니다.
④ 여가 시간에 게임을 활용해 학습 효율을 향상시켜야 한다고 하지 않았다.
⑤ 게임의 부정적 영향을 줄이기 위한 학습 공동체의 노력은 언급되지 않았다.

한규진 | 연세대 치의예과 2025년 입학 · 대구 계성고 졸

필자의 주장을 찾는다는 것은 곧 글의 주제를 찾는 것이라고 볼 수
있어. 해당 지문에서는 앞부분에 '비디오 게임'에 대한 부정적인
견해를 언급했지만, 중간에 while과 rather의 표현을 통해서
글의 기조를 바꾸고 있어. 또한 rather로 시작하는 문장에서는
desirable(바람직한)이라는 표현을 통해서 이 문장이 화자가 바라는 것임을 알 수
있어.

C 11 정답 ③ * 소셜 미디어 사용자의 정보의 정확성과 신뢰성 확보

Truth is essential / for progress and the development of
knowledge, / as it serves as the foundation / upon which reliable
접속사(이유) *전치사+관계대명사*
and accurate understanding is built. //
진실은 필수적이다 / 진보와 지식의 발전에 / 그것이 토대의 역할을 하기 때문에 / 신뢰할 수
있고 정확한 이해가 이루어지는 //

However, / one of the greatest threats to the accumulation of
knowledge / can now be found / on social media platforms. //
그러나 / 지식 축적에 가장 큰 위험 중 하나가 / 이제 발견될 수 있다 / 소셜 미디어 플랫폼에서 //

As social media becomes / a primary source of information for
접속사(~하면서)
millions, / its unregulated nature / allows misinformation to
spread rapidly. //
소셜 미디어가 되면서 / 수백만 명에게 주 정보원이 / 그것의 규제받지 않는 특성이 / 오정보가
빠르게 퍼지게 허락한다 //

Social media users may unknowingly participate / in creating
and circulating misinformation, / which can influence elections,
계속적 용법의 관계대명사
/ cause violence, / and create widespread panic, / as seen in
병렬 구조 *접속사(~하듯이): 주어와 동사가 생략된 분사구문이 따라옴*
various global incidents. //
소셜 미디어 사용자는 자신도 모르게 참여할 수 있다 / 오정보를 만들고 유포하는 데 / 이는
선거에 영향을 미칠 수 있다 / 폭력을 유발하며 / 광범위한 공황 상태를 조성하고 / 다양한 전
세계적 사건에서 보이듯이 //

As creators and consumers, / it is our responsibility / to take on
전치사(~로서) *가주어* *진주어*
a greater role / in the enhancement of fact-checking protocols /
in order to ensure accuracy. //
단서 1 소셜 미디어 정보의 정확성을 확보하기 위해
  더 큰 역할을 맡는 것이 우리의 역할이라고 함
(정보) 제작자이자 소비자로서 / 우리의 책무이다 / 더 큰 역할을 맡는 것이 / 사실 확인
프로토콜 강화에 / 정확성을 확보하기 위해 //
단서 2 참여자들이 정보의 신뢰성을 보호하는
  것이 중요하다고 함

It is critical / that participants safeguard the reliability of
가주어 *진주어절을 이끄는 접속사*
information, / supporting a more informed and rational public
community. //
분사구문
매우 중요하다 / 참여자들이 정보의 신뢰성을 보호하는 것이 / 더 사실 이해에 입각하고
합리적인 대중 커뮤니티를 지원하면서 //

- essential [a] 필수적인 · progress [n] 진보
- foundation [n] 토대, 기반 · reliable [a] 신뢰할 수 있는
- accurate [a] 정확한 · accumulation [n] 축적
- unregulated [a] 규제받지 않는 · unknowingly [ad] 자신도 모르게
- participate in ~에 참여하다 · circulate [v] 유포하다
- violence [n] 폭력 · take on ~을 (떠)맡다
- enhancement [n] 강화 · safeguard [v] 보호하다
- informed [a] 사실 이해에 입각한, 정보에 근거한 · rational [a] 합리적인

진실은 진보와 지식의 발전에 필수적인데, 그것이 신뢰할 수 있고 정확한
이해가 이루어지는 토대의 역할을 하기 때문이다. 그러나 지식 축적에 가장 큰
위협 중 하나가 이제 소셜 미디어 플랫폼에서 발견될 수 있다. 소셜 미디어가
수백만 명에게 주 정보원이 되면서, 그것의 규제받지 않는 특성으로 인해
오정보가 빠르게 퍼지게 된다. 소셜 미디어 사용자는 자신도 모르게 오정보를
만들고 유포하는 데 참여할 수 있는데, 이는 다양한 전 세계적 사건에서
보이듯이 선거에 영향을 미치고, 폭력을 유발하며, 광범위한 공황 상태를
조성할 수 있다. (정보) 제작자이자 소비자로서, 정확성을 확보하기 위해 사실
확인 프로토콜 강화에 더 큰 역할을 맡는 것이 우리의 책무이다. 참여자들이 더
사실 이해에 입각하고 합리적인 대중 커뮤니티를 지원하면서 정보의 신뢰성을
보호하는 것이 매우 중요하다.

다음 글에서 필자가 주장하는 바로 가장 적절한 것은?
① 소셜 미디어 플랫폼을 운영할 때 사용자의 의견을 반영해야 한다.
　소셜 미디어 플랫폼 운영에 사용자 의견을 반영해야 한다고 하지 않았음
② 디지털 창작물의 저작권 보호에 관한 사회적 합의를 도출해야 한다.
　디지털 창작물 저작권 보호에 대한 내용이 아님
③ 소셜 미디어 사용자는 정보의 정확성과 신뢰성 확보를 위해 힘써야 한다.
　소셜 미디어 사용자로서 정보의 정확성과 신뢰성을 위해 역할을 해야 한다고 함
④ 광범위한 지식을 축적하기 위해 다양한 정보의 유통을 촉진해야 한다.
　광범위한 지식을 축적하기 위한 방법에 대한 언급은 없음
⑤ 소셜 미디어 기업은 개인 정보 보호를 위한 대책을 세워야 한다.
　단순히 '소셜 미디어'라는 단어를 넣어 만든 오답

왜 정답? [정답률 96%]

- 소셜 미디어에서의 오정보 확산이 문제가 됨
- (정보) 제작자이자 소비자로서의 소셜 미디어 사용자는 정보의 정확성과 신뢰성을 위해 큰 역할을 해야 함 **단서1**, **단서2**

▶ 소셜 미디어 사용자가 오정보를 만들고 유포해서 전 세계적으로 심각한 영향을 끼칠 수 있다고 하며, 정보의 정확성과 신뢰성 확보를 위해 힘써야 한다는 내용이다. 따라서 필자의 주장으로 가장 적절한 것은 ③이다.

왜 오답?

① 소셜 미디어 플랫폼 운영에 사용자 의견을 반영해야 한다고 하지 않았다.
② 디지털 창작물 저작권 보호에 대한 내용이 아니다.
④ 광범위한 지식을 축적하기 위한 방법에 대한 언급은 전혀 없다.
⑤ 소셜 미디어의 개인 정보 보호에 대한 내용이 아니다.

C 12 정답 ① ＊초기 유년기에서 음악 실천의 장점

There are few universals in this world, / but among them are
our love for our children and our love of music. //
이 세상에는 보편적인 것들이 거의 없지만 / 그것들 중에 우리 아이들에 대한 우리의 사랑과 음악에 대한 우리의 사랑이 있다 //

When we hold a baby in our arms, / comforting her with song, /
we are channelling the emotional power of music. //
우리가 아기를 우리 팔에 안고 / 그녀를 노래로 다독일 때 / 우리는 음악의 정서적 힘을 전하고 있다 //

We do so instinctively, / just as our ancestors did. //
우리는 본능적으로 그렇게 한다 / 꼭 우리 조상들이 했던 것처럼 //

Music can be a powerful parental ally / during the challenging
child-rearing years. //
음악은 강력한 부모의 협력자가 될 수 있다 / 아이를 키우는 힘든 시기 동안 //

To successfully prepare our children for life in the twenty-first
century, / we will need to nurture qualities / such as curiosity,
imagination, empathy, creative entrepreneurship, and most of
all resilience. //
21세기에서의 삶에 우리 아이들을 성공적으로 준비시키기 위해 / 우리는 자질들을 길러줘야 할 것이다 / 호기심, 상상력, 공감, 창의적 기업가 정신, 그리고 무엇보다도 회복력과 같은 //

Musical practice in early childhood / develops all of the above
and more. //
초기 유년기에서 음악의 실천은 / 위의 모든 것과 그 이상을 발달시킨다 //

Research has shown / that musical practice in early childhood
/ is beneficial not only for mental acuity / but for social and
emotional development as well. //
연구는 보여 준다 / 초기 유년기에서 음악의 실천은 / 정신의 예리함뿐만 아니라 / 사회적 그리고 정서적 발달에도 유익하다는 것을 **단서1** 초기 유년기에서 음악을 실천하면 정신의 예리함뿐만 아니라 사회적, 정서적 발달에도 유익함

Music is not just a hobby, a pleasant pastime; / it is an integral
part of what makes us happy, healthy, and whole. //
음악은 단지 취미, 즐거운 오락거리가 아니라 / 우리를 행복하고 건강하며 온전하게 만드는 것의 필수적인 부분이다 //

Indeed, if we want to do one thing to help our children develop
/ into emotionally, socially, intellectually, and creatively
competent human beings, /
사실, 우리가 우리 아이들을 성장하도록 돕기 위해 한 가지를 하고 싶다면 / 정서적으로, 사회적으로, 지적으로, 그리고 창의적으로 유능한 인간으로 /

we should start the musical conversation / — the earlier the
better. // **단서2** 아이가 정서적, 사회적, 지적, 그리고 창의적으로 유능한 인간으로 성장시키는 데 도움을 주기 위해서는 최대한 빨리 음악을 접할 수 있도록 해야 함
우리는 음악의 대화를 시작해야 한다 / 더 빠를수록 더 좋다 //

- channel ⓥ 전하다, 보내다　・instinctively ⓐⓓ 본능적으로
- ancestor ⓝ 조상, 선조　・ally ⓝ 협력자
- child-rearing ⓝ 자녀 양육　・nurture ⓥ 양육하다, 길러주다
- quality ⓝ 질　・curiosity ⓝ 호기심　・empathy ⓝ 감정이입
- entrepreneurship ⓝ 기업가 정신　・childhood ⓝ 어린시절
- develop ⓥ 발달시키다　・beneficial ⓐ 유익한
- integral ⓐ 필수적인　・competent ⓐ 유능한
- conversation ⓝ 대화

이 세상에는 보편적인 것들이 거의 없지만, 그것들 중에 우리 아이들에 대한 우리의 사랑과 음악에 대한 우리의 사랑이 있다. 우리가 아기를 우리 팔에 안고, 그녀를 노래로 다독일 때, 우리는 음악의 정서적 힘을 전하고 있다. 꼭 우리 조상들이 했던 것처럼, 우리는 본능적으로 그렇게 한다. 음악은 아이를 키우는 힘든 시기 동안 강력한, 부모의 협력자가 될 수 있다. 21세기에서의 삶에 우리 아이들을 성공적으로 준비시키기 위해, 우리는 호기심, 상상력, 공감, 창의적 기업가 정신, 그리고 무엇보다도 회복력과 같은 자질들을 길러줘야 할 것이다. 초기 유년기에서 음악의 실천은 위의 모든 것과 그 이상을 발달시킨다. 연구는 초기 유년기에서 음악의 실천은 정신의 예리함뿐만 아니라 사회적 그리고 정서적 발달에도 유익하다는 것을 보여 준다. 음악은 단지 취미, 즐거운 오락거리가 아니고, 우리를 행복하고 건강하며 온전하게 만드는 것의 필수적인 부분이다. 사실, 우리가 우리 아이들을 정서적으로, 사회적으로, 지적으로, 그리고 창의적으로 유능한 인간으로 성장하도록 돕기 위해 한 가지를 하고 싶다면, 우리는 음악의 대화를 시작해야 한다. 더 빠를수록 더 좋다.

다음 글에서 필자가 주장하는 바로 가장 적절한 것은?
① 아이의 전인적 성장을 위해 어릴 때부터 음악을 접하게 해줘야 한다.
　정서적, 사회적, 지적, 그리고 창의적으로 유능한 사람이 되도록 하려면 어렸을 때부터 음악을 실천해야 함
② 음악이 단순한 취미 이상이 되려면 악기를 꾸준히 연습해야 한다.
　꾸준한 악기 연습에 대한 언급은 없음
③ 질 높은 음악 교육을 위해 이론과 실습을 병행해야 한다.
　이론과 실습을 병행해야 한다는 말은 나오지 않음
④ 음악을 아이 양육에 활용하려면 음악적 전문성이 있어야 한다.
　음악적 전문성을 갖춰야한다는 것은 글쓴이의 주장이 아님
⑤ 어린 연주자들에게도 재능을 발휘할 수 있는 기회가 주어져야 한다.
　어린 연주자들에게 기회를 제공해야한다는 내용은 아님

왜 정답? [정답률 97%]

- 21세기에서의 삶에 아이를 성공적으로 대비시키려면 호기심, 상상력, 공감 능력, 창의력 그리고 회복력을 갖추도록 해야 하고, 초기 유년기의 음악 실천이 이를 길러줄 수 있음 **단서1**
- 아이가 정서적, 사회적, 지적 그리고 창의적으로 유능한 인간으로 성장시키는 데 도움을 주기 위해서는 최대한 빨리 음악을 접할 수 있도록 해야 함 **단서2**

▶ 아이가 다방면으로의 역량을 기를 수 있도록 하기 위해서는 어릴 때부터 음악을 접해야 한다는 것이 필자의 주장이므로 정답은 ①이다.

왜 오답?

② 음악이 단순한 취미를 넘는다는 말은 있지만, 악기를 꾸준히 연습해야 한다는 말은 없다.
③ 음악 이론과 실습을 병행해야 한다는 말은 없다.
④ 아이 양육에 음악이 좋다는 내용이긴 하지만, 이를 위해 음악적 전문성을 갖춰야 한다는 내용은 아니다. **함정**
⑤ 어린 연주자에게 기회를 줘야 한다는 언급은 없다.

C 13 정답 ① ＊작가로 성공하기 위한 방법으로서의 계속된 출간

Walk into a bookstore / and you'll see some authors have a
whole shelf. //
서점으로 걸어 들어가면 / 당신은 몇몇 작가들이 선반 전체를 차지하고 있는 것을 볼 것이다 //

Authors with just one book are hard to find / and it's the same
for digital shelf-space. //
단지 한 권의 책만 가지고 있는 작가들은 찾기 어렵고 / 이것은 디지털 선반 공간에서도 마찬가지이다 //

Look at the most loved and top-selling authors / and they all have a lot of books. //
가장 사랑받고 가장 책이 잘 팔린 작가들을 보면 / 그들은 모두 많은 책을 가지고 있다 //

One book is not enough / to build a career as a fiction author / if **that** is a goal of yours. //
지시대명사(= to build a career as a fiction author)
책 한 권은 그러기에 충분하지 않다 / 소설 작가로서 경력을 쌓는 것이 / (그것이) 당신의 목적이라면 //

So, don't obsess over **that** one book, / consider it just the beginning, and get writing on the next one. //
지시형용사
그러므로, 그 책 한 권에 사로잡히지 말고 / 그것을 단지 시작이라고 여기고 다음 책을 쓰기 시작하라 //
단서 1 다음 책을 쓰기 시작하라는 조언을 함

Of course, / first-time authors don't want to hear this! //
물론, 처음 쓴 작가는 이것을 듣기를 원하지 않는다 //

I certainly **didn't** / when I put my first book out. //
뒤에 want to hear this 생략됨
나는 분명히 듣고 싶지 않았다 / 내가 처음 책을 내놓았을 때 //

I've tried **every single marketing tool possible** / and I still continue **to experiment** / with new forms. //
후치 수식 가능한 형용사(-ible, -able로 끝남)
명사적 용법(목적어)
나는 가능한 모든 각각의 마케팅 수단을 시도해왔고 / 여전히 계속해서 실험한다 / 새로운 형태를 //

But after 27 books, / **writing** more books / is **what** I personally keep coming back to / as the best marketing tool / and the best way / **to increase** my income as a writer. //
동명사 주어
선행사를 포함한 관계대명사
형용사적 용법(the best way 수식)
단서 2 책을 더 쓰는 것이
가장 좋은 방법
그러나 27권의 책 이후 / 더 많은 책을 쓰는 것이 / 내가 스스로 계속 되돌아가는 것이자 / 최고의 마케팅 수단으로서 / 그리고 가장 좋은 방법이다 / 작가로서 나의 수입을 증가시키는 //

Because every time a new book comes out, / more readers discover the backlist. //
왜냐하면 새로운 책이 나올 때마다 / 더 많은 독자들이 이전에 출간된 도서 목록을 발견하기 때문이다 //

You also have another chance / to 'break out'. //
당신은 또한 또 다른 기회를 가진다 / '인기 작가가 될' //

- **author** ⓝ 필자, 작가　　· **career** ⓝ 경력
- **obsess** ⓥ (생각이나 마음을) 사로잡다　　· **income** ⓝ 수입
- **discover** ⓥ 발견하다

서점으로 걸어 들어가면 당신은 몇몇 작가들이 선반 전체를 차지하고 있는 것을 볼 것이다. 단지 한 권의 책만 가지고 있는 작가들은 찾기 어렵고 이것은 디지털 선반 공간에서도 마찬가지이다. 가장 사랑받고 가장 책이 잘 팔린 작가들을 보면 그들은 모두 많은 책을 가지고 있다. 소설 작가로서 경력을 쌓는 것이 당신의 목적이라면, 책 한 권은 그러기에 충분하지 않다. 그러므로, 그 책 한 권에 사로잡히지 말고, 그것을 단지 시작이라고 여기고, 다음 책을 쓰기 시작하라. 물론, 처음 쓴 작가는 이것을 듣기를 원하지 않는다! 나는 분명히 내가 처음 책을 내놓았을 때 듣고 싶지 않았다. 나는 가능한 한 모든 각각의 마케팅 수단을 시도해 왔고, 여전히 새로운 형태를 계속해서 실험한다. 그러나 27권의 책 이후, 더 많은 책을 쓰는 것이 최고의 마케팅 수단으로서 내가 스스로 계속 되돌아가는 것이자 작가로서 나의 수입을 증가시키는 가장 좋은 방법이다. 왜냐하면 새로운 책이 나올 때마다, 더 많은 독자들이 이전에 출간 된 도서 목록을 발견하기 때문이다. 당신은 또한 '인기 작가가 될' 또 다른 기회를 가진다.

다음 글에서 필자가 주장하는 바로 가장 적절한 것은?

① 작가로 성공하려면 계속해서 출간해야 한다.
writing more books is what I personally keep coming back to ~ as a writer.
② 좋은 글을 쓰려면 먼저 글을 많이 읽어야 한다.
글을 많이 읽어야 한다는 내용은 없음
③ 자신의 경험을 글쓰기 소재로 적극 활용해야 한다.
경험을 활용한 글쓰기에 대해 말하지 않았음
④ 책을 홍보하기 위해 다양한 마케팅 수단을 마련해야 한다.
마케팅 수단 중 더 많은 책을 써야 한다는 것에 초점을 맞춘 글임
⑤ 작가별 전시에서 벗어나 새로운 도서 전시 방식을 시도해야 한다.
도서 전시 방식에 대한 언급은 없음

왜 정답? [정답률 80%]

- 책이 잘 팔린 작가들은 모두 많은 책을 가지고 있음
- 글쓴이도 많은 마케팅 수단을 시도했으나, 계속 돌아가는 것이자 수입을 증가시키는 가장 좋은 방법은 더 많은 책을 쓰는 것이라고 함

▶ 작가로 경험을 쌓고 성공을 하기 위해서는 더 많은 책을 써야 한다는 것이 필자의 주장이므로 정답은 ①이다.

왜 오답?

② 글을 많이 읽어야 한다는 내용은 없었다.

③ 작가의 경험이 소개되어 있긴 해도 경험을 글쓰기 소재로 활용해야 한다는 내용은 없었다.

④ 글쓴이가 다양한 방법을 시도했으나 더 많은 책을 쓰는 것이 최고의 마케팅 수단이라 했으며, 다양한 수단을 활용해야 한다는 내용은 글의 초점이 아니다. 함정

⑤ 도서 전시에 대한 언급은 없었다.

C 14 정답 ⑤ ＊중년의 결합 조직 부상 예방 방법

When you are middle-aged, / **the risk** of connective tissue injuries **peaks** / as decreased load tolerance combines / with continued high activity levels. //
단수 주어
단수 동사
여러분이 중년이 되면 / 결합 조직 부상의 위험이 최고조에 달한다 / 감소된 하중을 견디는 힘이 결합하면서 / 계속된 높은 활동 수준과 //

The path of least resistance is **to stop** doing the things / **that** hurt / — avoid uncomfortable movements / and find easier forms of exercise. //
'가장 무난한 방법'
명사적 용법(주격 보어)
주격 관계대명사
가장 무난한 방법은 일들을 그만두는 것인데 / 아프게 하는 / 이를테면 불편한 움직임들을 피하며 / 더 쉬운 형태의 운동을 찾는 것이다 //

However, that's the exact opposite / of **what** you should do. //
명사절을 이끄는 관계대명사
그러나 그것은 정확한 반대다 / 여러분이 해야 하는 것의 //

There is a path forward. // 앞으로 나아가는 길이 있다 //
But it doesn't involve / **following the typical pain management advice** / of rest, ice, and medicine, /
동명사(involve의 목적어)
선행사
하지만 그것은 포함하지 않는데 / 전형적인 통증 관리 조언을 따르는 것을 / 휴식, 얼음찜질 및 의약품의 /

which multiple reviews have shown is not effective / for treating age-related joint pain and dysfunction. //
계속적 용법의 관계대명사
다수의 비평은 이것이 효과적이지 않다는 것을 보여주었다 / 나이와 관련된 관절 통증과 기능 장애를 치료하는데 //

These methods do **nothing more / than** treat superficial symptoms. //
'~에 지나지 않는'
이 방법들은 지나지 않는다 / 표면적인 증상을 치료하는 것에 //

The only practical solution is **to strengthen** your body / with muscle training. // 단서 노화로 인해 약해진 신체를 위해서는 근육 운동이 필수적임
명사적 용법(주격 보어)
유일한 실질적인 해결책은 여러분의 신체를 강화하는 것이다 / 근육 훈련으로 //

Whether you've been training for a few years or a few decades, / or haven't ever stepped foot in the weight room, /
여러분이 몇 년이나 몇십 년 동안 운동을 해 왔든지 / 혹은 체력 단련실에 발을 디딘 적이 전혀 없든지 간에 /

it's not too late / **to restore** your body, **build** real strength, and **achieve** your physical potential. // 병렬 구조
너무 늦지 않다 / 여러분의 몸을 회복하고, 실질적인 힘을 기르고 / 신체적인 잠재력을 실현하는 것은 //

- **middle-aged** ⓐ 중년의　　· **connective tissue** 결합 조직
- **peak** ⓥ 절정에 달하다　　· **load tolerance** 내하중(견딜 수 있는 무게)
- **typical** ⓐ 전형적인　　· **dysfunction** ⓝ 기능 장애
- **superficial** ⓐ 피상적인　　· **weight room** 체력 단련실
- **restore** ⓥ 회복시키다

여러분이 중년이 되면 감소된 하중을 견디는 힘이 계속된 높은 활동 수준과 결합하면서 결합 조직 부상의 위험이 최고조에 달한다. 가장 무난한 방법은 아프게 하는 일들을 그만두는 것인데 이를테면 불편한 움직임들을 피하며 더 쉬운 형태의 운동을 찾는 것이다. 그러나 그것은 여러분이 해야 하는 것의 정확한 반대다. 앞으로 나아가는 길이 있다. 하지만 그것은 휴식, 얼음찜질 및 의약품의 전형적인 통증 관리 조언을 따르는 것을 포함하지 않는데, 다수의 비평은 이것이 나이와 관련된 관절 통증과 기능 장애를 치료하는데 효과적이지 않다는 것을 보여 주었다. 이 방법들은 표면적인 증상을 치료하는 것에 지나지 않는다. 유일한 실질적인 해결책은 근육 훈련으로 여러분의 신체를 강화하는

것이다. 여러분이 몇 년이나 몇십 년 동안 운동을 해 왔든지 혹은 체력 단련실에 발을 디딘 적이 전혀 없든지 간에 여러분의 몸을 회복하고, 실질적인 힘을 기르고, 신체적인 잠재력을 실현하는 것은 너무 늦지 않다.

다음 글에서 필자가 주장하는 바로 가장 적절한 것은?
① 관절의 노화를 늦추기 위해 적절한 체중을 유지해야 한다. 체중과 관련 없음
② 근육을 강화하기 위해 다양한 강도의 운동을 병행해야 한다.
　다양한 강도의 운동을 병행하자는 내용은 아님
③ 중년층은 근 손실 예방을 위해 식단을 철저히 관리해야 한다.
　식단 관리를 주장하는 것이 아님
④ 노화와 관련된 관절 질환에는 치료보다 예방이 우선되어야 한다.
　근육 훈련이 중요함
⑤ 중년에는 통증이 따르더라도 근력 운동으로 신체를 강화해야 한다.
　노화가 옴에 따라 관절 통증을 느끼고 운동할 때 불편함을 느끼더라도 근력 운동은 해야함

왜 정답? [정답률 85%]
・ 중년이 되면 부상의 위험이 늘고 불편함이 느껴져서 쉬운 움직임 형태의 운동을 찾게 됨
・ 휴식, 얼음찜질 및 의약품의 전형적인 통증 관리는 표면적인 치료임
・ 유일한 실질적인 해결책은 근육 훈련임 단서

➡ 노화로 인해 약해진 신체를 단련하고 부상을 방지하기 위해서는 근육 훈련을 통한 신체 강화가 필수적이라는 내용의 글이다.
　▶ 따라서 정답은 ⑤이다.

왜 오답?
① 노화가 오면서 하중을 견디는 힘이 감소된다고 했으나 적절한 체중은 언급되지 않았다.
② 근육 강화를 위해 운동을 해야 하지만 다양한 강도로 해야 한다는 내용은 적절하지 않다. 함정
③ 철저한 식단 관리를 강조하는 것이 아니다.
④ 관절 질환의 치료가 표면적인 효과만 가지고 오기 때문에 운동을 해야 한다.

C 15 정답 ① ＊과학자의 이미지 개선에 있어 대중문화의 역할

New ideas, / such as those / inspired by scientific developments,
= new ideas　앞에 those를 선행사로 하는 주격 관계대명사와 be동사가 생략됨
/ are often aired and critiqued / in our popular culture /
새로운 아이디어는 / ~한 것들과 같은 / 과학 발전에 영감을 받은 / 자주 방송되고 비판되는데 / 우리의 대중문화에서

as part of a healthy process of public debate, / and scientists
sometimes deserve the criticism / they get. //
앞에 목적격 관계대명사가 생략됨
건전한 공개 토론 과정의 일부로 / 과학자들은 때로 비판을 받는 것이 마땅하다 / 자신들이 받는 //

단서 1 과학자의 이미지를 개선하면 과학의 대중화가 크게 증진될 것임
But the popularization of science / would be greatly enhanced /
by improving / the widespread images of the scientist. //
그러나 과학의 대중화는 / 크게 증진될 것이다 / 개선함으로써 / 널리 퍼진 과학자의 이미지를

Part of the problem may be / that the majority of the people /
주어
who are most likely to write / novels, plays, and film scripts /
were educated / in the humanities, / not in the sciences. //
동사
그 문제의 일부는 ~일 수도 있다 / 사람들의 대다수가 / 쓸 가능성이 가장 높은 / 소설, 희곡, 그리고 영화 대본을 / 교육받았다는 것 / 인문학 분야에서 / 과학에서가 아니라 //

Furthermore, / the few scientists-turned-writers have used /
their scientific training / as the source material for thrillers / that
선행사　　　　　　　　　　　　　　　　　　　주격
further damage / the image of science and scientists. //
관계대명사
더욱이 / 작가로 전업한 몇 안 되는 과학자가 사용해왔다 / 자신들의 과학 교육을 / 스릴러물의 원자료로 / 더욱 해치는 / 과학과 과학자의 이미지를 //

We need more screenplays and novels / that present scientists /
in a positive light. // 단서 2 과학자를 긍정적으로 묘사하는 매체가 더 많아야 함
우리는 더 많은 영화 대본과 소설이 필요하다 / 과학자를 보여주는 / 긍정적인 관점에서 //

In our contemporary world, / television and film are particularly
influential media, / and it is likely / that the introduction of more
목적어로 to부정사나 원형부정사를 취하는 help
scientist-heroes would help / to make science more attractive. //
우리의 현대 세계에서 / 텔레비전과 영화는 특히 영향력 있는 매체여서 / ~할 것이다 / 더 많은 과학자 영웅들의 도입이 도움이 될 / 과학을 더 매력 있게 만드는 데 //

・ inspire ⓥ 영감을 주다　・ development ⓝ 발달　・ air ⓥ 방송하다
・ critique ⓥ 비평하다　・ popular culture 대중문화
・ healthy ⓐ 건전한, 건강한　・ process ⓝ 과정, 절차
・ public ⓐ 공개적인　・ debate ⓝ 토론
・ deserve ⓥ (보수・도움・벌 등을) 받아야 마땅하다　・ criticism ⓝ 비판
・ popularization ⓝ 대중화　・ greatly ⓐⓓ 크게
・ enhance ⓥ 향상시키다　・ improve ⓥ 개선하다
・ widespread ⓐ 널리 퍼진　・ majority ⓝ (특정 집단 내의) 대다수
・ novel ⓝ 소설　・ play ⓝ 희곡, 연극　・ script ⓝ 대본
・ humanities ⓝ 인문학　・ furthermore ⓐⓓ 뿐만 아니라
・ few ⓐ (수가) 많지 않은　・ source material 원자료
・ further ⓐⓓ 더, 게다가　・ screenplay ⓝ 영화 대본
・ present ⓥ 보여주다, 제시하다　・ contemporary ⓐ 동시대의, 현대의
・ particularly ⓐⓓ 특히　・ influential ⓐ 영향력 있는
・ introduction ⓝ 도입, 전래　・ attractive ⓐ 매력적인

과학 발전에 영감을 받은 아이디어와 같은 새로운 아이디어는 건전한 공개 토론 과정의 일부로 우리의 대중문화에서 자주 방송되고 비판되는데, 과학자들은 때로 자신들이 받는 비판을 받는 것이 마땅하다. 그러나 널리 퍼진 과학자의 이미지를 개선함으로써 과학의 대중화는 크게 증진될 것이다. 그 문제의 일부는 소설, 희곡, 그리고 영화 대본을 쓸 가능성이 가장 높은 사람들의 대다수가 과학에서가 아니라 인문학 분야에서 교육받았다는 것일 수도 있다. 더욱이 작가로 전업한 몇 안 되는 과학자가 자신들이 받은 과학 교육을 과학과 과학자의 이미지를 더욱 해치는 스릴러물의 원자료로 사용해왔다. 우리는 긍정적인 관점에서 과학자를 보여주는 더 많은 영화 대본과 소설이 필요하다. 우리의 현대 세계에서 텔레비전과 영화는 특히 영향력 있는 매체여서, 더 많은 과학자 영웅들의 도입이 과학을 더 매력 있게 만드는 데 도움이 될 것이다.

다음 글에서 필자가 주장하는 바로 가장 적절한 것은?
① 과학의 대중화를 위해 여러 매체에서 과학자를 긍정적으로 묘사해야 한다.
　과학자의 이미지를 개선하면 과학의 대중화가 증진될 것임
② 작가로 전업한 과학자는 전공 지식을 작품에 사실적으로 반영해야 한다.
　scientists-turned-writers로 만든 오답
③ 공상 과학 작가로 성공하려면 과학과 인문학을 깊이 이해해야 한다.
　과학이 아니라 인문학 분야에서 교육받았다는 것이 문제임
④ 과학의 저변 확대를 위해 영화 주인공으로 과학자가 등장해야 한다.
　'긍정적으로' 묘사해야 한다는 것이 핵심임
⑤ 과학 정책 논의에 과학자뿐만 아니라 인문학자도 참여해야 한다.
　humanities로 만든 오답

왜 정답? [정답률 89%]
첫 문장은 과학자들이 때로 비판 받는 것이 마땅하다는 내용 꿀팁
역접의 연결어 But으로 시작한 두 번째 문장부터 과학자의 이미지를 개선하면 과학의 대중화가 크게 증진될 것이고, 긍정적인 관점에서 과학자를 보여주는 더 많은 매체가 필요하다는 내용이 이어지는 것으로 보아 필자의 주장은 ①이다.

왜 오답?
② scientists-turned-writers가 언급된 것으로 만든 오답이다. 작가로 전업한 과학자들이 자신들의 과학적 지식으로 과학과 과학자의 이미지를 해치는 스릴러물을 만들어 낸다는 문제점을 지적했다.
③, ⑤ 대중 매체의 작가들이 과학이 아니라 인문학 교육을 받았다는 것이 문제의 일부라고 했다.
④ 단순히 과학자를 주인공으로 만들어야 한다는 것이 아니라, 과학자를 영웅으로 묘사해야 한다는 것이다.

C 16 정답 ① ＊교육의 바람직한 방법

We live in a time / when everyone seems to be looking / for
선행사　　　관계부사
quick and sure solutions. //
우리는 시대에 살고 있다 / 모든 이가 찾고 있는 듯한 / 빠르고 확실한 해결책을 //

Computer companies have even begun / to advertise ways /
선행사
관계부사 how를 대신하는 '전치사+관계대명사'
in which computers can replace parents. //
컴퓨터 회사들은 심지어 시작했다 / 방법을 광고하기 / 컴퓨터가 부모를 대신할 수 있는 //

They are too late / — television has already done that. //
그들은 너무 늦었는데 / 텔레비전이 이미 그것을 해버렸다 //

Seriously, however, / in every branch of education, / including moral education, /

하지만 진지하게 / 교육의 모든 분야에서 / 도덕 교육을 포함한 /

단서 1 특정한 방식을 통해 아이들을 교육할 수 있다고 생각하는 것은 실수임

we make a mistake / when we suppose / that a particular batch of content / or a particular teaching method / or a particular configuration of students and space / will accomplish our ends. //

로 연결된 세 개의 주어

우리는 실수를 범한다 / 우리가 가정할 때 / 특정한 내용 묶음이나 / 특정 교육 방법 / 또는 학생과 공간의 특정 배치가 / 우리의 목적을 성취할 것이라고 /

주격 보어로 쓰인 비교급 형용사가 both A and B(A와 B 둘 다)로 연결됨

The answer / is both harder and simpler. //

정답은 / 더 어렵고 또한 더 단순하다 //

단서 2 아이들과 생활하고 이야기 나누는 등의 일상을 통해 그들을 교육해야 함

We, parents and teachers, have to live / with our children, / talk to them, / listen to them, / enjoy their company, /

우리, 부모와 교사는, 생활해야 하고 / 우리의 아이들과 / 그들과 이야기를 나눠야 하고 / 그들의 말에 귀 기울여야 하며 / 그들과 함께하는 것을 즐겨야 하고 /

병렬 구조

and show them / by what we do / and how we talk /

그들에게 보여주어야 한다 / 우리가 하는 것을 통해 / 그리고 우리가 말하는 방식을 통해 /

that it is possible / to live / appreciatively or, at least, nonviolently / with most other people. //

가주어 / 진주어 / 병렬 구조

~이 가능하다는 것을 / 사는 것이 / 감사하며 또는 최소한 비폭력적으로 / 대부분의 다른 사람들과 //

- solution ⓝ 해결책
- replace ⓥ 대신[대체]하다
- seriously ⓐd 진지하게, 심(각)하게
- branch ⓝ (지식의) 분야, 나뭇가지, 분점
- moral ⓐ 도덕과 관련된
- suppose ⓥ 가정하다
- batch ⓝ 묶음, 무리
- method ⓝ 방법
- configuration ⓝ 배치, 배열
- accomplish ⓥ 성취하다
- end ⓝ 목적
- company ⓝ 함께 있음
- appreciatively ⓐd 고마워하며
- nonviolently ⓐd 비폭력적으로

우리는 모든 이가 빠르고 확실한 해결책을 찾고 있는 듯한 시대에 살고 있다. 컴퓨터 회사들은 심지어 컴퓨터가 부모를 대신할 수 있는 방법을 광고하기 시작했다. 그들은 너무 늦었는데, 텔레비전이 이미 그것을 해버렸다. 하지만 진지하게, 도덕 교육을 포함한 교육의 모든 분야에서, 우리는 우리가 특정한 내용 묶음이나 특정 교육 방법 또는 학생과 공간의 특정 배치가 우리의 목적을 성취할 것이라고 가정할 때 실수를 범한다.

정답은 더 어렵고 또한 더 단순하다. 우리, 부모와 교사는, 우리의 아이들과 생활하고, 그들과 이야기를 나누고, 그들의 말에 귀 기울이며, 그들과 함께하는 것을 즐기고, 우리가 하는 것과 말하는 방식을 통해 그들에게 감사하며 살거나 최소한 대부분의 다른 사람들과 비폭력적으로 사는 것이 가능하다는 것을 보여주어야 한다.

다음 글에서 필자가 주장하는 바로 가장 적절한 것은?

① 교육은 일상에서 아이들과의 상호 작용을 통해 이루어져야 한다.

특정한 방식이 아이들을 교육할 것이라는 가정은 실수임

② 도덕 교육을 강화하여 타인을 배려하는 공동체 의식을 높여야 한다.

어떻게 교육해야 하는지를 주장하는 글임

③ 텔레비전의 부정적 영향을 줄이려는 사회적 노력이 있어야 한다.

television이 언급된 것으로 만든 오답

④ 다양한 매체를 활용하여 학교와 가정 교육의 한계를 보완해야 한다.

다양한 매체를 활용해야 한다는 언급은 없음

⑤ 아이들의 온라인 예절 교육을 위해 적절한 콘텐츠를 개발해야 한다.

적절한 콘텐츠 개발이 필요하다는 것이 아님

> 왜 정답? [정답률 89%]

however 이후의 내용을 보면, 아이들을 교육하는 우리의 목적이 어떤 특별한 방법을 통해 성취될 것이라는 가정은 실수라고 했다. 이후로 우리는 아이들과 생활하고, 대화하며, 그들의 말에 귀 기울여야 하고, 우리가 하는 것과 말하는 방식을 통해 그들을 교육해야 한다는 내용이 이어지는데, 이는 어떤 특정한 수단으로 아이들을 교육하는 것이 아니라 일상에서 그들과 함께함으로써 그들을 교육해야 한다는 것이므로 정답은 ①이다.

> 왜 오답?

② moral education이 언급된 것으로 만든 오답이다. 도덕 교육을 포함한 교육의 모든 분야에 대해 이야기하는 글이다.

③ television이 언급되긴 했지만, 텔레비전이 아이들에게 부정적인 영향을 미친다거나 그러한 부정적인 영향을 줄여야 한다는 것은 아니다.

---

④ 일상에서 아이들을 교육해야 한다는 것이지, 다양한 매체를 이용해야 한다는 것이 아니다.

⑤ 아이들에게 온라인 예절 교육이 필요하다거나 그러한 교육을 위해 적절한 콘텐츠를 개발해야 한다는 언급은 없다.

C 17 정답 ③ ＊기업이 소셜 미디어를 활용할 때 주의할 점

주어 / 앞에 주격 관계대명사와 be동사가 생략됨

One of the most common mistakes / made by organizations /

부사절속사(시간)

when they first consider / experimenting with social media /

가장 일반적인 실수 중 하나는 / 조직에 의해 저질러지는 / 그것들이 처음 고려할 때 / 소셜 미디어로 실험하는 것을 /

주격 보어절 접속사 단서 1 조직의 사업 목표에 충분히 중점을 두지 않는 것은 실수임

is / that they focus too much / on social media tools and platforms / and not enough on their business objectives. //

동사

~이다 / 그것들이 너무 지나치게 중점을 두고 / 소셜 미디어 도구와 플랫폼에 / 조직 자체의 사업 목표에는 충분히 중점을 두지 않는 것 //

The reality of success / in the social web for businesses / is / that

동명사구 주어 / 단수 동사

creating a social media program begins /

성공의 실제는 / 기업을 위한 소셜 웹에서의 / ~이다 / 소셜 미디어 프로그램을 고안하는 것이 시작된다는 것 /

not with insight / into the latest social media tools and channels /

not A but B(A가 아니라 B인)로 with가 이끄는 전치사구가 연결됨

but with a thorough understanding / of the organization's own goals and objectives. //

단서 2 소셜 웹에서 성공하려면 조직 자체의 목적, 목표에 대한 철저한 이해가 필요함

통찰력과 더불어서가 아니라 / 최신 소셜 미디어 도구와 채널에 대한 / 철저한 이해와 더불어 / 조직 자체의 목적과 목표에 대한 //

A social media program / is not merely the fulfillment of a vague need / to manage a "presence" / on popular social networks / because "everyone else is doing it." //

형용사적 용법(need 수식)

소셜 미디어 프로그램은 / 그저 막연한 필요의 이행이 아니다 / '존재'를 관리할 / 인기 소셜 네트워크상에서 / '다른 모든 이가 하고 있기' 때문에 //

동명사구 주어 / 단수 동사

"Being in social media" / serves no purpose in and of itself. //

'소셜 미디어에 있다는 것'은 / 그 자체로는 아무 쓸모도 없다 //

'그것 자체는'

In order to serve any purpose at all, / a social media presence / must either solve a problem / for the organization and its customers /

조금이라도

either A or B(A 혹은 B)로 must에 이어지는 동사구가 연결됨

조금이라도 어떤 목적에 도움이 되려면 / 소셜 미디어상의 존재는 / 문제를 해결하거나 / 조직과 조직의 고객을 위해 /

or result in an improvement of some sort / (preferably a measurable one). //

어떤 종류의 개선이라는 결과를 가져와야 한다 / (될 수 있으면 측정 가능한 결과) //

주어 / 동사 / 목적어

In all things, / purpose drives success. //

어떤 일이든 / 목적이 성공을 이끌어낸다 //

The world of social media / is no different. //

소셜 미디어의 세계도 / 다르지 않다 //

- common ⓐ 흔한, 공동의, 보통의
- consider ⓥ 고려하다, 생각하다
- experiment ⓥ 실험하다, 시험 삼아 해 보다
- objective ⓝ 목적, 목표
- reality ⓝ 현실, 사실, 실체
- insight ⓝ 통찰력, 식견, 이해
- latest ⓐ 최신(식)의, 최근의
- thorough ⓐ 철저한, 완전한
- merely ⓐd 그저, 단지
- fulfillment ⓝ (의무·직무 등의) 이행, 실천
- vague ⓐ (기억 등이) 희미한, 모호한
- presence ⓝ (특정한 곳에) 있음, 존재(함)
- serve ⓥ 도움이 되다, (상품·서비스를) 제공하다
- improvement ⓝ 향상, 개선
- sort ⓝ 종류, 유형, 분류
- preferably ⓐd 되도록이면, 가급적이면
- measurable ⓐ 측정할 수 있는
- drive ⓥ (특정한 행동을 하도록) 만들다, 추진하다

조직이 소셜 미디어로 실험하는 것을 처음 고려할 때 범하는 가장 일반적인 실수 중 하나는 너무 지나치게 소셜 미디어 도구와 플랫폼에 중점을 두고 조직 자체의 사업 목표에는 충분히 중점을 두지 않는 것이다. 기업을 위한 소셜 웹에서의 성공의 실제는 소셜 미디어 프로그램을 고안하는 것이 최신 소셜 미디어 도구와 채널에 대한 통찰력이 아니라 조직 자체의 목적과 목표에 대한 철저한 이해와 더불어 시작된다는 것이다. 소셜 미디어 프로그램은 그저 '다른 모든 이가

하고 있기' 때문에 인기 소설 네트워크상에서 '존재'를 관리해야 할 막연한 필요를 이행하는 것이 아니다. '소셜 미디어에 있다는 것'은 그 자체로는 아무 쓸모도 없다. 조금이라도 어떤 쓸모가 있으려면, 소셜 미디어상의 존재는 조직과 조직의 고객을 위해 문제를 해결하거나 어떤 종류의 개선이라는 결과(될 수 있으면 측정 가능한 결과)를 가져와야 한다. 어떤 일이든, 목적이 성공을 이끌어낸다. 소셜 미디어의 세계도 다르지 않다.

다음 글에서 필자가 주장하는 바로 가장 적절한 것은?

① 기업 이미지에 부합하는 소셜 미디어를 직접 개발하여 운영해야 한다.
　　기업 이미지나 직접적인 개발, 운영에 대한 언급은 없음
② 기업은 사회적 가치와 요구를 반영하여 사업 목표를 수립해야 한다.
　　사업 목표의 수립 방법을 설명한 것이 아님
③ 기업은 소셜 미디어를 활용할 때 사업 목표를 토대로 해야 한다.
　　기업의 사업 목표에 충분히 중점을 두지 않는 것은 실수임
④ 소셜 미디어로 제품을 홍보할 때는 구체적인 정보를 제공해야 한다.
　　제품 홍보 방법에 대한 내용이 아님
⑤ 소비자의 의견을 수렴하기 위해 소셜 미디어를 적극 활용해야 한다.
　　소셜 미디어의 활용 목적은 언급되지 않음

＞왜 정답 ?　[정답률 90%]

> '조직, 단체, 기구'를 의미하는 organizations를 '기업'으로 해석했음 

기업이 소셜 미디어를 이용하는 것을 처음 고려할 때 저지르는 가장 일반적인 실수 중 하나가 조직 자체의 사업 목표에 충분히 중점을 두지 않는 것이라면서, 소셜 웹에서의 기업의 성공은 조직 자체의 목적과 목표에 대한 철저한 이해와 더불어 시작된다고 했으므로 필자는 ③을 주장하는 것이다.

＞왜 오답 ?

① 기업의 이미지에 부합하는 소셜 미디어를 이용해야 한다거나, 그러한 소셜 미디어를 직접 개발하고 운영해야 한다는 언급은 없다.
② 소셜 미디어를 이용할 때 사업 목표를 고려해야 한다는 것이지, 사업 목표를 어떻게 수립해야 하는지를 설명한 것이 아니다.
④, ⑤ '소셜 미디어를 통한 제품 홍보 방법'이나 '소셜 미디어를 활용하는 목적'처럼 구체적이고 실질적인 소재를 다루는 글이 아니다. 소셜 미디어의 활용은 사업 목표에 부합해야 하고, 그 목표에 맞게 어떤 문제를 해결하거나 개선하는 결과를 가져와야 한다는, 다소 추상적인 내용의 글이다.

자이쌤's Follow Me! - 홈페이지에서 제공

C 18 정답 ② ＊정신적 추진력의 중요성

Consider **two athletes** / who both **want** to play in college. //
　　　　　복수 선행사　　　　　　주격 관계대명사절의 복수 동사
두 명의 운동선수를 생각해 보라 / 둘 다 대학에서 뛰고 싶어 하는 //

One says / she has to work very hard / and **the other** uses goal setting / to create a plan / to stay on track / and work on **specific skills** / **where** she is lacking. //
한 명은 말하고 / 그녀가 매우 열심히 해야 한다고 / 다른 한 명은 목표 설정을 이용한다 / 계획을 세우기 위해 / 계획대로 계속 진전하고 / 특정 기술을 연마할 / 자신이 부족한 //

Both are working hard / but only the latter is working smart. //
둘 다 열심히 하고 있지만 / 후자만이 영리하게 하고 있다 //

It can be frustrating / **for athletes** to work extremely hard / but not make the progress / they wanted. //
~은 좌절감을 줄 수 있다 / 운동선수가 정말로 열심히 하지만 / 진전을 이루지 못하는 것은 / 자신이 원하는 //

What can make the difference / **is** drive — utilizing the mental gear / to maximize gains / made in the technical and physical areas. // **단서1** 차이를 만드는 것은 정신적 장치, 즉 정신적 추진력임
차이를 만들어낼 수 있는 것은 / 추진력이다 / 정신적 장치를 활용하는 것 / 이점을 극대화하기 위해 / 기술과 신체 영역에서 이루어지는 //

Drive **provides** direction (goals), / **sustains** effort (motivation), / and **creates** a training mindset / that goes beyond simply working hard. // **단서2** 정신적 추진력의 이점 ①
추진력은 방향(목표)을 제공하고 / 노력(동기 부여)을 유지하며 / 훈련의 마음가짐을 만든다 / 그냥 열심히 하는 것을 넘어서는 //

Drive applies direct force / on your physical and technical gears, / **strengthening and polishing** them / so they can spin / with vigor and purpose. // **단서3** 정신적 추진력의 이점 ②
추진력은 직접적인 힘을 가하여 / 여러분의 신체와 기술 장치에 / 그것들을 강화하고 다듬는다 / 그것들이 회전할 수 있도록 / 활력과 목적을 가지고 //

While **desire might make you spin** those gears / faster and harder / as you work out or practice, / drive is **what built them** / in the first place. //
욕망은 여러분이 그러한 장치를 회전시키게 만들지도 모르지만 / 더 빨리 그리고 더 열심히 / 여러분이 운동을 하거나 연습할 때 / 추진력이 그것들을 만든 것이다 / 애초에 //

- athlete ⓝ (운동)선수
- specific ⓐ 구체적인, 특정한
- frustrating ⓐ 좌절감을 주는
- drive ⓝ 추진력, 투지
- gear ⓝ (특정 목적용) 장치
- physical ⓐ 육체의, 물질의
- motivation ⓝ 동기 부여, 자극
- strengthen ⓥ 강화하다
- desire ⓝ 욕구, 갈망
- on track 제대로 진행되고 있는
- lack ⓥ 부족하다
- progress ⓝ 진전, 진행
- utilize ⓥ 활용[이용]하다
- maximize ⓥ 극대화하다
- sustain ⓥ 지속하다, 존재하게 하다
- mindset ⓝ 사고방식, 태도
- polish ⓥ (좋아지도록) 다듬다
- spin ⓥ 돌다, 질주하다

둘 다 대학에서 뛰고 싶어 하는 두 명의 운동선수를 생각해 보라. 한 명은 매우 열심히 해야 한다고 말하고, 다른 한 명은 계획대로 계속 진전하고 자신이 부족한 특정 기술을 연마할 계획을 세우기 위해 목표 설정을 이용한다. 둘 다 열심히 하고 있지만 후자만이 영리하게 하고 있다. 운동선수가 정말로 열심히 하지만 자신이 원하는 진전을 이루지 못하는 것은 좌절감을 줄 수 있다. 차이를 만들어낼 수 있는 것은 추진력, 즉 기술과 신체 영역에서 이루어지는 이점을 극대화하기 위해 정신적 장치를 활용하는 것이다. 추진력은 방향(목표)을 제공하고, 노력(동기 부여)을 유지하며, 그냥 열심히 하는 것을 넘어서는 훈련의 마음가짐을 만든다. 추진력은 여러분의 신체와 기술 장치에 직접적인 힘을 가하여, 그것들이 활력과 목적을 가지고 회전할 수 있도록 그것들을 강화하고 다듬는다. 욕망은 여러분이 운동을 하거나 연습할 때 그러한 장치를 더 빨리, 그리고 더 열심히 회전시키게 만들지도 모르지만, 애초에 추진력이 그것들을 만든 것이다.

다음 글에서 필자가 주장하는 바로 가장 적절한 것은?

① 선수들의 훈련 방식은 장점을 극대화하는 방향으로 이루어져야 한다.
　　올바른 훈련 방식이 무엇인지 설명하는 것이 아님
② 선수들은 최고의 성과를 얻기 위해 정신적 추진력을 잘 활용해야 한다.
　　정신적 장치를 활용하는 것이 아니라 만듦
③ 선수들은 단기적 훈련 성과보다 장기적 목표 달성에 힘써야 한다.
　　단기적 훈련 성과와 장기적 목표 달성을 대조한 것이 아님
④ 선수들은 육체적 훈련과 정신적 훈련을 균형 있게 병행해야 한다.
　　정신적 추진력의 중요성을 주장함
⑤ 선수들은 수립한 계획을 실행하면서 꾸준히 수정하여야 한다.
　　계획을 적절히 수정하라는 조언이 아님

＞왜 정답 ?　[정답률 71%]

단순히 열심히 해야 한다고 말하는 선수와 목표를 설정하는 선수 중 후자만이 영리하게 하는 것이라면서, 차이를 만드는 것은 추진력, 즉 정신적 장치를 활용하는 것이라고 했다.
(정신적) 추진력을 통해 목표를 향한 방향을 잡고, 계속해서 동기를 부여 받아 노력하며, 그냥 열심히 하는 것을 넘어서는 훈련의 마음가짐을 갖는다는 설명과 (정신적) 추진력이 신체와 기술을 강화하고 다듬도록 직접적인 힘을 가한다는 설명을 통해 필자의 주장이 ②임을 알 수 있다.

＞왜 오답 ?

① 훈련에 있어 정신적 추진력을 활용하라는 것이지, 장점을 극대화하는 훈련을 하라는 것은 아니다.
③ 단기적 훈련 성과보다 장기적 목표 달성이 더 중요하다는 언급은 없다.
④ 정신적으로도 훈련하라는 것이 아니라 정신적 장치, 즉 정신적 추진력을 활용하라는 것이다.
⑤ 목표를 설정하고 계획을 세우는 선수가 영리하게 훈련하는 것이라는 언급은 있지만, 수립한 계획을 수정해야 한다고 주장하는 것은 아니다.

C 19 정답 ⑤ ＊조직에서 명시적 지침의 필요성

Values alone do not create and build culture. //
가치만으로는 문화가 창조되고 구축되지 않는다 //

Living your values only some of the time / **does not contribute** / to the creation and maintenance of culture. //
동명사 주어(단수 취급)　　　　　　　　　단수 동사
일부 시간에만 가치에 따라 생활하는 것은 / 기여하지 않는다 / 문화의 창조와 유지에 //

동명사구 주어(단수 취급)　　　단수 동사
Changing values into behaviors / is only half the battle. //
가치를 행동으로 바꾸는 것은 / 전투의 절반에 불과하다 //

Certainly, this is a step in the right direction, / but those behaviors
must then be shared and distributed / widely throughout the
organization, /
물론, 이것은 올바른 방향으로 나아가는 단계이지만 / 그다음에 그러한 행동은 공유되고
배포되어야 한다 / 조직 전체에 널리 /

along with a clear and concise description of what is expected. //
기대되는 것에 대한 명확하고 간결한 설명과 함께 // [단서] 조직 전체에 기대되는 가치관이 담긴
　　　　　　　　　　　　　　　　　　　　　　　명확한 지침이 있어야 함
가주어
It is not enough / to simply talk about it. //
충분하지 않다 / 단순히 그것에 관해 이야기하는 것만으로는 //
가주어　　　　　　　　　진주어
It is critical / to have a visual representation of the specific
　　　　목적격 관계대명사
behaviors / that leaders and all people managers can use /
부사적 용법(목적)
to coach their people. //
중요하다 / 특정 행동을 시각적으로 표현해 놓는 것이 / 리더와 모든 인력 관리자가 사용할 수
있는 / 자신의 팀을 지도하는 데 //

Just like a sports team has a playbook / with specific plays /
과거분사(plays 수식)
designed to help them / perform well and win, /
스포츠 팀이 플레이 북을 갖고 있는 것과 마찬가지로 / 특정 플레이를 담고 있는 / 도움이
되도록 고안된 / 좋은 성과를 내고 승리하는 데 /

your company should have a playbook / with the key shifts /
과거분사(shifts 수식)
needed to transform your culture into action / and turn your
　　　　　　　　　　　　　　　　　　　　병렬 구조
values into winning behaviors. //
여러분의 회사는 플레이 북을 갖고 있어야 한다 / 핵심적인 변화를 담은 / 여러분의 문화를
행동으로 바꾸고 / 여러분의 가치를 승리하는 행동으로 바꾸는 데 필요한 //

- contribute ⓥ 기여하다　　　- creation ⓝ 창작품
- maintenance ⓝ 유지　　　- concise ⓐ 간결한
- description ⓝ 설명, 기술　　- critical ⓐ 중요한
- representation ⓝ 표현, 묘사
- playbook ⓝ 플레이 북(팀의 공격과 수비의 작전을 그림과 함께 기록한 책)
- shift ⓝ 변화　　　- transform ⓥ 바꾸다

가치만으로는 문화가 창조되고 구축되지 않는다. 일부 시간에만 가치에 따라
생활하는 것은 문화의 창조와 유지에 기여하지 않는다. 가치를 행동으로
바꾸는 것은 전투의 절반에 불과하다. 물론, 이것은 올바른 방향으로 나아가는
단계이지만, 그다음에 그러한 행동은 기대되는 것에 대한 명확하고 간결한
설명과 함께 조직 전체에 널리 공유되고 배포되어야 한다. 단순히 그것에 관해
이야기하는 것만으로는 충분하지 않다. 리더와 모든 인력 관리자가 자신의
팀을 지도하는 데 사용할 수 있는 특정 행동을 시각적으로 표현해 놓는 것이
중요하다. 스포츠 팀이 좋은 성과를 내고 승리하는 데 도움이 되도록 고안된
특정 플레이를 담고 있는 플레이 북을 갖고 있는 것과 마찬가지로, 여러분의
회사는 여러분의 문화를 행동으로 바꾸고 여러분의 가치를 승리하는 행동으로
바꾸는 데 필요한 핵심적인 변화를 담은 플레이 북을 갖고 있어야 한다.

다음 글에서 필자가 주장하는 바로 가장 적절한 것은?

① 조직 문화 혁신을 위해서 모든 구성원이 공유할 핵심 가치를 정립해야 한다.
　핵심 가치를 정립하는 것만으로는 충분하지 않다는 것이 필자의 주장임
② 조직 구성원의 행동을 변화시키려면 지도자는 명확한 가치관을 가져야 한다.
　지도자의 명확한 가치관에 관한 언급은 없음
③ 조직 내 문화가 공유되기 위해서 구성원의 자발적 행동이 뒷받침되어야
　한다. 조직 내 문화가 공유되기 위해서는 명확한 지침이 필요하다는 것이 필자의 주장임
④ 조직의 핵심 가치 실현을 위해 구성원 간의 지속적인 의사소통이 필수적
　이다. 지속적인 의사소통에 관한 언급은 없음
⑤ 조직의 문화 형성에는 가치를 반영한 행동의 공유를 위한 명시적 지침이
　필요하다. 스포츠 팀이 명확한 플레이 북을 갖고 있는 것처럼 조직도 핵심적인 변화를 담은
　　　　　　플레이 북이 있어야 함

> **왜 정답?** [정답률 76%]

- 조직의 문화가 구축되려면 단순히 가치를 논하거나 행동으로 바꾸기만으로는 충분
　하지 않음
- 조직에 요구되는 가치가 명확하게 담긴 플레이 북이 있어야 함

▶ 조직의 문화 형성에는 가치를 반영한 행동의 공유를 위한 명시적 지침이
필요하다는 것이 필자의 주장이므로 정답은 ⑤이다.

> **왜 오답?**

① 핵심 가치를 정립하는 것도 올바른 방향이지만, 그것만으로는 충분하지 않으며
　명확한 지침이 수립되어야 한다는 것이 필자의 주장이다. 함정
② 지도자의 명확한 가치관에 관한 언급은 없다.
③ 구성원의 자발적 행동에 관한 내용은 없다.
④ 지속적인 의사소통에 관한 언급은 없다.

김아린 | 충남대 의예과 2024년 입학 · 대전한빛고 졸

필자의 주장 문제를 풀 때는 should, must, important,
critical처럼 직접적으로 중요성을 나타내는 표현이 포함된
문장을 읽다 보면 금방 필자의 주장을 파악할 수 있어! 이
문제에서는 중반부에 must가 포함된 문장과 critical이 포함된
문장에 집중하는 것이지.
행동이 공유되어야 한다는 것과 특정 행동의 시각적 표현이 필요하다는 내용을
종합하면 ⑤이 답이라는 것을 쉽게 알 수 있을 거야.

C 20 정답 ① ＊타 문화의 이면을 보는 것의 중요성

동명사구 주어　　　　　　　　　　　단수 동사　동명사구 목적어
Becoming competent / in another culture / means / looking
beyond behavior /
유능해진다는 것은 / 타 문화에 / 의미한다 / 행동 그 이상의 것을 살펴보는 것을 /

to see / if we can understand / the attitudes, beliefs, and values /
　　　　명사절 접속사　　목적어 역할을 하는 관계대명사절
that motivate / what we observe. //
알아보기 위해 / 우리가 이해할 수 있는지를 / 태도, 신념, 가치를 / 이유가 되는 / 우리가
관찰하는 것의 //

By looking / only at the visible aspects of culture / — customs,
clothing, food, and language — /
봄으로써 / 문화의 눈에 보이는 면만 / 관습, 의복, 음식, 언어 /

we develop a short-sighted view / of intercultural understanding
/ — just the tip of the iceberg, really. // [단서 1] 문화의 눈에 보이는 면만 보는 것은
　　　　　　　　　　　　　　　　　　　　　　　　　빙산의 일각만 보는 것임
우리는 근시안적 시각을 키운다 / 타 문화 이해에 있어 / 정말 빙산의 일각에 불과한 //

If we are to be successful / in our business interactions / with
　　　〈의도〉를 나타내는 'be동사+to부정사'
people / who have different values and beliefs / about how the
　　　　　　　　　　　　　　　　　　전치사의 목적어로 쓰인 간접의문문
world is ordered, /
우리가 성공하고자 한다면 / 우리의 사업상의 교류에서 / 사람들과의 / 다른 가치와 신념을
가진 / 세상이 어떻게 질서를 세우는지에 대한 /
　　　　　　　　　　　　　　　　　　　　　　　　　가주어　　　　　　진주어
then we must go below the surface / of what it means / to
　　　　　　　　　　　　　　　　　　　　　　　to see의 목적어절
understand culture / and attempt to see / what Edward Hall
calls the "hidden dimensions." // [단서 2] 우리가 문화를 이해한다는 것이
　　　　　　　　　　　　　　　　　　　　　의미하는 것의 이면을 들여다봐야 함
우리는 이면을 들여다봐야 하고 / ~이 의미하는 것의 / 문화를 이해한다는 것이 / 보려고
시도해야 한다 / Edward Hall이 '숨겨진 차원'이라고 부르는 것을 //

Those hidden aspects / are the very foundation of culture / and
are the reason / why culture is actually more / than meets the
　　　　선행사　　관계부사　　　　　　　　　　유사 관계대명사(비교급 문장에서 접속사와
eye. //　　　　　　　　　　　　　　　　　　　　주어·목적어·보어 역할을 겸할 수 있음)
그런 숨겨진 측면이 / 바로 문화의 근간이며 / 이유이다 / 문화가 실제로는 이상인 / 눈에
보이는 것 //

not A until B: B하고서야 비로소 A하다
We tend not to notice / those cultural norms / until they violate /
what we consider / to be common sense, good judgment, or the
nature of things. //
우리는 알아차리지 못하는 경향이 있다 / 그런 문화적 규범들을 / 그것들이 어길 때까지 /
우리가 여기는 것을 / 상식, 올바른 판단 또는 사물의 본질이라고 //

- competent ⓐ 능숙한, 만족할 만한　　- motivate ⓥ 동기를 부여하다
- observe ⓥ 관찰하다, 목격하다　　- custom ⓝ 관습, 풍습
- short-sighted ⓐ 근시안의　　- intercultural ⓐ 다른 문화 간의
- iceberg ⓝ 빙산　　- surface ⓝ 표면, 지면　　- attempt ⓥ 시도하다
- dimension ⓝ 차원, 관점　　- foundation ⓝ 토대, 기초
- norm ⓝ 규범, 표준　　- violate ⓥ (법·합의 등을) 위반하다
- judgment ⓝ 판단, 심판

타 문화에 유능해진다는 것은 우리가 관찰하는 것의 이유가 되는 태도, 신념, 가치를 이해할 수 있는지 알아보기 위해 행동 그 이상의 것을 살펴보는 것을 의미한다. 문화의 눈에 보이는 면, 즉 관습, 의복, 음식, 언어만 봄으로써, 우리는 타 문화 이해에 있어 정말로 빙산의 일각에 불과한 근시안적 시각을 키운다. 세상이 어떻게 질서를 세우는지에 대한 다른 가치와 신념을 가진 사람들과의 사업상의 교류에서 성공하고자 한다면, 문화를 이해한다는 것이 의미하는 것의 그 이면을 들여다봐야 하고 Edward Hall이 '숨겨진 차원'이라고 부르는 것을 보려고 시도해야 한다. 그런 숨겨진 측면이 바로 문화의 근간이며 문화가 실제로는 눈에 보이는 것 이상인 이유이다. 우리는 그런 문화적 규범들이 우리가 상식, 올바른 판단 또는 사물의 본질이라고 여기는 것을 어기고 나서야 비로소 그것들을 알아차리는 경향이 있다.

다음 글에서 필자가 주장하는 바로 가장 적절한 것은?

① 타 문화 사람들과 교류를 잘하려면 그 문화의 이면을 알아야 한다.
　　If we are to be successful ~ what Edward Hall calls the "hidden dimensions."
② 문화 배경이 다른 직원과 협업할 때 공정하게 업무를 나눠야 한다.
　　공정한 업무 배분을 강조하는 것이 아님
③ 여러 문화에 대한 이해를 통해 공동체 의식을 길러야 한다.
　　공동체 의식의 필요성에 대한 내용이 아님
④ 원만한 대인 관계를 위해서는 서로의 공통점을 우선 파악해야 한다.
　　다른 문화를 이해하는 것에 대한 내용임
⑤ 문화적 갈등을 줄이려면 구성원 간의 소통을 활성화해야 한다.
　　문화적 갈등의 해결책을 알려주는 것이 아님

〉왜 정답? [정답률 94%]

관습이나 의복, 언어처럼 문화의 눈에 보이는 면만 보는 것은 타 문화를 이해하는 데 있어 근시안적인 시각을 키우는 것이라고 한 후, 타 문화 사람들과의 교류에서 성공하고자 한다면 문화를 이해한다는 것이 의미하는 것의 이면을 들여다봐야 한다고 했으므로 정답은 ①이다.

〈의무〉의 조동사 must가 포함된 문장이 정답의 핵심 단서!　꿀팁　함정

〉왜 오답?

② 세상의 질서에 대해 다른 가치와 신념을 가진 사람들과의 사업상 교류에 대해 언급하긴 했지만, 공정한 업무 배분을 강조한 것은 아니다.
③ 타 문화의 이면을 알아야 한다는 주장이지, 타 문화의 이해를 통해 추구해야 하는 바를 설명하지는 않았다.
④ 타 문화의 사람들과의 사업상 교류에서 성공하기 위해 필요한 것을 설명하는 글로, 원만한 대인 관계를 위한 조언이 아니다.
⑤ 구성원 간의 소통이 아니라 타 문화의 이면을 아는 것의 중요성을 주장하는 글이다.

C 21 정답 ③ ＊성공 가능성에 대한 확률적 분석

At every step in our journey through life / we encounter junctions / **with** many different pathways / leading into the distance. //
　　　　　　〈소유·동반〉의 전치사
평생을 두고 우리 여정의 모든 단계에서 / 우리는 분기점을 만난다 / 많은 다른 길들이 있는 / 먼 곳으로 이어지는 //

Each choice involves uncertainty / about **which** path will get
단수 주어　　단수 동사　　　　　　　전치사 about의 목적어절을 이끄는 의문형용사
you / to your destination. //
각각의 선택은 불확실성을 포함한다 / 어떤 길이 여러분을 데려다줄지에 대한 / 여러분의 목적지로 //

Trusting our intuition / to make the choice / often **ends** up with
동명사 making의 의미상 주어　　　　　　　　　　　　단수 동사
us making a suboptimal choice. //
우리의 직관을 믿는 것은 / 선택을 하기 위해 / 흔히 우리가 차선의 선택을 하는 것으로 결국 끝난다 //

Turning the uncertainty into numbers / **has proved** a potent
동명사구 주어　　　　　　　　　　　　　단수 동사
way / of **analyzing** the paths / and **finding** the shortcut / to your
　　　　　　　　　　　병렬 구조(of의 목적어(동명사))
destination. //　단서 1　불확실성을 확률적으로 분석하는 것이 목적 달성에 도움이 됨
불확실성을 숫자로 바꾸는 것은 / 강력한 방법으로 입증되었다 / 길을 분석하는 / 그리고 지름길을 찾는 / 여러분의 목적지로 가는　단서 2　확률적 분석은 위험을 효과적으로 관리하게 함

The mathematical theory of probability / hasn't eliminated risk,
　　주어　　　　동사　　목적어　　목적격 보어＊
/ but **it allows us to manage** that risk / more effectively. //
확률에 대한 수학적 이론은 / 위험을 제거하지는 않지만 / 그것은 우리가 그 위험을 관리하게 한다 / 더 효과적으로 //

The strategy is / **to analyze** / all the possible scenarios / that the
　　　　　　　　　　병렬 구조(is의 주격 보어)
future holds / and then **to see** / what proportion of them lead /
to success or failure. //
전략은 ~이다 / 분석하는 것 / 모든 가능한 시나리오를 / 미래가 안고 있는 / 그리고 나서 살펴보는 것 / 그것들의 얼마의 비율이 이어질지를 / 성공이나 실패로 //

This gives **you** / **a much better map** of **the future** / **on which to**
gives의 간접목적어와 직접목적어　　　　　　the future to base on으로 해석
base your decisions / about which path to choose. //
이것은 여러분에게 제공한다 / 미래에 대한 훨씬 더 좋은 지도를 / 여러분의 결정의 근거를 둘 / 어떤 길을 선택할 것인지에 관한 //

- encounter ⓥ 만나다, 경험하다　　　• uncertainty ⓝ 불확실성
- destination ⓝ 목적지　　• intuition ⓝ 직관　　• potent ⓐ 강력한
- shortcut ⓝ 지름길　　• mathematical ⓐ 수학적인
- eliminate ⓥ 없애다, 제거하다　　• proportion ⓝ 비율

　　평생을 두고 우리 여정의 모든 단계에서 우리는 먼 곳으로 이어지는 많은 다른 길들이 있는 분기점을 만난다. 각각의 선택은 어떤 길이 여러분의 목적지로 데려다줄지에 대한 불확실성을 포함한다. 선택을 하기 위해 우리의 직관을 믿는 것은 흔히 우리가 차선의 선택을 하는 것으로 결국 끝난다.
　　불확실성을 숫자로 바꾸는 것은 여러분의 목적지로 가는 길을 분석하고 지름길을 찾는 강력한 방법으로 입증되었다. 확률에 대한 수학적 이론은 위험을 제거하지는 않았지만, 우리가 그 위험을 더 효과적으로 관리하게 한다. 미래가 안고 있는 모든 가능한 시나리오를 분석한 다음, 그것들이 성공이나 실패로 이어질 비율이 얼마나 되는지를 살펴보는 것이 전략이다. 이것은 여러분이 어떤 길을 선택할 것인지에 관한 결정을 내릴 때 그 근거로 삼을 수 있는 미래에 대한 훨씬 더 좋은 지도를 여러분에게 제공한다.

다음 글에서 필자가 주장하는 바로 가장 적절한 것은?

① 성공적인 삶을 위해 미래에 대한 구체적인 계획을 세워야 한다.
　　분석의 중요성을 이야기함
② 중요한 결정을 내릴 때에는 자신의 직관에 따라 판단해야 한다.
　　직관보다 확률적 분석을 강조함
③ 더 나은 선택을 위해 성공 가능성을 확률적으로 분석해야 한다.
　　모든 시나리오를 분석하는 것이 전략임
④ 빠른 목표 달성을 위해 지름길로 가고자 할 때 신중해야 한다.
　　단순히 신중해야 한다는 것이 아님
⑤ 인생의 여정에서 선택에 따른 결과를 스스로 책임져야 한다.
　　선택과 책임에 대한 내용이 아님

〉왜 정답? [정답률 80%]

직관을 믿는 것과 불확실성을 숫자로 바꾸는 것을 대조하는 글이다. 불확실성을 확률적으로 분석하는 것은 목적지로 가는 지름길을 찾는 강력한 방법이고, 위험을 더 효과적으로 관리하게 한다는 것으로 보아 필자의 주장은 ③임을 알 수 있다.

〉왜 오답?　차선을 선택하는 것을 긍정적으로 이야기하는 글이 아님　꿀팁

① 성공하기 위해 불확실성을 확률적으로 분석해야 한다는 주장이다.
② 직관을 믿는 것은 흔히 결국 차선을 선택하는 것으로 끝난다고 했다.　주의
④ shortcut 등이 언급된 것으로 만든 오답이다. 단순히 신중해야 한다는 것이 아니라 확률적, 수학적으로 분석해야 한다는 것이 주장의 핵심이다.
⑤ 확률적 분석에 따라 선택해야 한다는 것이지, 선택에 대해 책임져야 한다는 언급은 없다.

━━ 어법 특강

＊ **목적격 보어로 to부정사를 취하는 동사**

– ask, wish, want, tell, order, teach, allow 등의 동사는 목적격 보어로 to부정사를 취한다.
- I want you **to call** him right now.
　(나는 네가 당장 그에게 전화하기를 바란다.)
- Jennifer didn't allow Marshall **to go** out last night.
　(Jennifer는 Marshall이 어젯밤에 나가는 것을 허락하지 않았다.)
- Douglas asked us **to join** him.
　(Douglas는 우리에게 그와 함께할 것을 요청했다.)
- I told you **to be** here on time this morning.
　(내가 네게 오늘 아침에 제시간에 이곳에 오라고 말했잖아.)

C 22 정답 ② — ⭐ 2등급 대비 [정답률 96%]

＊자신감을 키우는 방법

Confident is not the same / as comfortable. //
자신감이 있다는 것은 같지 않다 / 맘이 편하다는 것과 //

One of the biggest misconceptions / about becoming self-confident / **is that** it means / living fearlessly. //
가장 큰 오해 중 하나는 / 자신감을 갖게 되는 것에 관한 / 그것이 의미한다는 것이다 / 두려움 없이 사는 것을 //

The key / to building confidence / **is** quite the opposite. //
핵심은 / 자신감 구축의 / 상당히 반대이다 //

It means / we are willing to let fear **be** present / as we do **the things** / **that** matter to us. //
이는 의미한다 / 우리가 두려움이 존재하도록 기꺼이 두는 것을 / 우리가 일을 할 때 / 우리에게 중요한 //

When we establish some self-confidence / in something, / it feels good. //
우리가 어느 정도의 자신감이 생기면 / 무언가에 대한 / 기분이 좋다 //

We want / to stay there and hold on to it. //
우리는 원한다 / 거기에 머물러서 고수하기를 //

But if we only go / where we feel confident, / then confidence never expands / beyond that. //
하지만 우리가 오직 간다면 / 자신감을 느끼는 곳으로만 / 그러면 자신감은 절대 확장되지 않는다 / 그 이상으로 //

If we only do the things / we know / we can do well, / fear of the new and unknown / **tends** to grow. //
우리가 일만 한다면 / 우리가 알고 있는 / 우리가 잘할 수 있다는 것을 / 새롭고 미지의 것에 대한 두려움은 / 커지는 경향이 있다 //

Building confidence inevitably **demands** / that we make friends with vulnerability / because it is the only way / **to be** without confidence / for a while. //
자신감을 키우는 것은 필연적으로 요구한다 / 우리가 취약성과 친구가 되는 것을 / 그것이 유일한 방법이기 때문에 / 자신감 없이 지낼 수 있는 / 한동안 //

But the only way / **confidence can grow** / is when we are willing to be without it. //
하지만 유일한 방법은 / 자신감이 커질 수 있는 / 기꺼이 자신감 없이 지낼 때이다 //

When we can step into fear / and sit with the unknown, / **it is** the courage of doing so / **that** builds confidence / from the ground up. // **단서** 두렵고 낯선 것과 어울리는 용기가 자신감을 쌓음
우리가 두려움 속으로 들어가 / 미지의 것과 어울릴 수 있을 때 / 바로 그렇게 하는 용기가 / 자신감을 쌓는다 / 바닥에서부터 //

- confident ⓐ 자신감 있는
- misconception ⓝ 오해
- fearlessly ⓐⓓ 두려움 없이
- hold on to ~을 고수하다
- matter to ~에게 중요하다
- expand ⓥ 확장하다
- tend to ~하는 경향이 있다
- inevitably ⓐⓓ 불가피하게

자신감이 있다는 것은 맘이 편하다는 것과 같지 않다. 자신감을 갖게 되는 것에 관한 가장 큰 오해 중 하나는 그것이 두려움 없이 사는 것을 의미한다는 것이다. 자신감 구축의 핵심은 오히려 그 반대이다. 이는 우리가 우리에게 중요한 일을 할 때 두려움이 존재하도록 기꺼이 두는 것을 의미한다. 무언가에 대한 어느 정도의 자신감이 생기면 기분이 좋다. 우리는 거기에 머물러서 고수하고 싶어 한다. 하지만 우리가 자신감을 느끼는 곳으로만 간다면, 그런 경우 자신감은 그 이상으로 절대 확장되지 않는다. 우리가 잘할 수 있다고 알고 있는 일만 한다면, 새롭고 미지의 것에 대한 두려움은 커지는 경향이 있다. 자신감을 키우려면 필연적으로 취약성과 친구가 되어야 하는데 그것이 한동안 자신감 없이 지낼 수 있는 유일한 방법이기 때문이다. 하지만 자신감이 커질 수 있는 유일한 방법은 기꺼이 자신감 없이 지낼 때이다. 우리가 두려움 속으로 들어가 미지의 것과 어울릴 수 있을 때, 바닥에서부터 자신감을 쌓는 것은 바로 그렇게 하는 용기이다.

다음 글에서 필자가 주장하는 바로 가장 적절한 것은?

① 적성을 파악하기 위해서는 자신 있는 일을 다양하게 시도해야 한다.
　자신 있는 일만 하지 말라는 내용임
② 자신감을 키우기 위해 낯설고 두려운 일에 도전하는 용기를 가져야 한다.
　낯설고 두려운 것에 도전하는 용기가 자신감을 쌓음
③ 어려운 일을 자신 있게 수행하기 위해 사전에 계획을 철저히 세워야 한다.
　계획의 중요성을 언급한 것이 아님
④ 과도한 자신감을 갖기보다는 자신의 약점을 객관적으로 분석해야 한다.
　자신감을 갖기 위한 방법을 설명함
⑤ 자신의 경험과 지식을 바탕으로 당면한 문제에 자신 있게 대처해야 한다.
　자신감을 가지라는 조언이 아님

왜 2등급? 선택지에서 반복되는 어구인 '자신 있는', '자신감' 등을 토대로 필자의 주장을 파악해야 하는 2등급 대비 문제이다. 필자의 주장을 묻는 문제의 대부분은 마지막 문장에 주장이 드러나기 마련이므로, 마지막 문장부터 읽는다면 오히려 쉽게 정답을 파악할 수 있다.

왜 정답?

자신감에 대한 오해: 자신감이 있다는 것은 두려움 없이 사는 것을 의미함
자신감에 대한 진실: 두려움 속으로 들어가 미지의 것과 어울리려는 용기가 자신감을 쌓음
▶ ② 자신감을 키우려면 낯설고 두려운 일에 도전하려는 용기가 있어야 한다는 것이 필자의 주장

왜 오답?

① 적성을 파악하기 위해 해야 하는 일을 설명한 글이 아니다.
③ 계획을 세우는 것의 중요성을 주장하는 것이 아니다.
④ 약점에 대한 객관적인 분석을 강조하는 내용이 아니다.
⑤ 자신감을 가지라는 주장이 아니라, 어떻게 하면 자신감을 갖게 되는지 설명한 것이다. 함정

C 23 정답 ② — ⭐ 2등급 대비 [정답률 94%]

＊과학자가 지녀야 할 자질

The chemists Hans Ebel, Claus Bliefert, and William Russey note: / "**It** goes without saying / **that** scientists need to be skillful *readers*. //
화학자 Hans Ebel과 Claus Bliefert, William Russey는 적는다 / "말할 필요가 없다 / 과학자가 숙련된 '독자'여야 한다는 것은 //

Extensive reading is the principal key / **to expanding** one's knowledge / and **keeping** up with developments in a discipline. //
다독은 주요한 비결이다 / 자신의 지식을 확장하고 / 학문에서의 발전에 뒤처지지 않는 //

However, **what is often overlooked here is** / **that** scientists are also obliged / to be skillful *writers*. //
그러나 여기에서 흔히 간과되는 것은 ~이다 / 과학자는 또한 ~해야 한다는 것 / 숙련된 '필자'가 되어야 //

Only **the researcher** / **who** is competent / in the art of *written* communication / **can play** an active and effective role / in *contributing* to science." // **단서 1** 과학자는 독자 중심의 사고방식으로 글을 써야 하고, 쓰기 행위에서도 읽기 행위를 염두에 두어야 함
연구자만이 / 능숙한 / '글로 써서 하는' 의사소통 기술에 / 적극적이고 효과적인 역할을 할 수 있다 / 과학에 '기여하는' 데" //

From the perspective of readability, / moreover, / scientists should always write / with a reader-centered mentality; / even in the act of writing / they must be mindful / of the act of reading. //
가독성의 관점에서 / 더욱이 / 과학자는 항상 글을 써야 한다 / 독자 중심의 사고방식으로 / 심지어 글을 쓰는 행위에서도 / 그들은 염두에 두어야 한다 / 읽기 행위를 //

It would be beneficial **for them to understand** / how readers read / in order to improve their writing. //
그들이 이해하는 것은 유익할 것이다 / 독자가 어떻게 읽는지를 / 그들의 글쓰기를 개선하려면 // **단서 2** 독자가 어떻게 읽는지를 이해하는 것이 글쓰기 개선에 도움이 됨

- chemist ⓝ 화학자　　• extensive ⓐ 광범위한
- discipline ⓝ 학문　　• overlook ⓥ 간과하다
- oblige ⓥ 의무를 다하다　　• competent ⓐ 능숙한
- contribute ⓥ 기여하다　　• perspective ⓝ 관점
- readability ⓝ 가독성　　• reader-centered ⓐ 독자 중심의
- mentality ⓝ 사고방식　　• mindful ⓐ 유의하는
- beneficial ⓐ 유익한

화학자 Hans Ebel과 Claus Bliefert, William Russey의 말에 따르면,
"과학자가 숙련된 '독자'여야 한다는 것은 말할 필요가 없다. 다독은 자신의
지식을 확장하고 학문에서의 발전에 뒤처지지 않는 주요한 비결이다. 그러나
여기에서 흔히 간과되는 것은 과학자는 또한 숙련된 '필자'가 되어야 한다는
것이다. '글로 써서 하는' 의사소통 기술에 능숙한 연구자만이 과학에 '기여하는'
데 적극적이고 효과적인 역할을 할 수 있다." 더욱이 가독성의 관점에서
과학자는 항상 독자 중심의 사고방식으로 글을 써야 하며, 심지어 글을 쓰는
행위에서도 읽기 행위를 염두에 두어야 한다. 그들의 글쓰기를 개선하려면
독자가 어떻게 읽는지 그들이 이해하는 것은 유익할 것이다.

다음 글에서 필자가 주장하는 바로 가장 적절한 것은?

① 과학자는 독자와 만나는 기회를 자주 가져야 한다.
　자주 만나는 것에서 그치는 것이 아님
② 과학자는 독자의 관점에서 글을 쓸 줄 알아야 한다.
　scientists should always write with a reader-centered mentality
③ 과학자는 다양한 의견에 개방적인 태도를 가져야 한다.
　수용적인 태도를 이야기한 것이 아님
④ 과학자는 자기 연구 분야 이외의 책도 많이 읽어야 한다.
　다독이 언급된 것으로 만든 오답
⑤ 과학자는 연구 결과가 사회에 미치는 영향을 인식해야 한다.
　연구 결과에 대한 책임을 이야기하는 것이 아님

 **2등급?** 선택지에서 반복되는 어구인 '과학자'만으로는 필자의 주장을 예상할 수
없지만, 글의 마지막 부분에 초점을 맞추어 글을 읽다 보면 필자의 주장을 쉽게 파악할
수 있는 2등급 대비 문제이다.

왜 정답?

- **과학자에게 요구되는 자질:** 독자 중심의 사고방식으로 글을 쓰고, 글을 쓰는
  행위에서도 읽기 행위를 염두에 두는 숙련된 필자가 될 것
- **숙련된 필자가 되려면:** 독자가 어떻게 읽는지를 이해하는 것이 글쓰기를 개선하는
  데 도움이 됨
➡ 과학자는 독자의 관점에서 글을 써야 한다는 것이므로 정답은 ②이다.

왜 오답?

① 독자와의 만남을 넘어서, 독자의 관점에서 글을 써야 한다는 내용이다.
③ 개방적이고 수용적인 태도의 중요성에 대한 내용이 아니다.
④ 전반부에 다독이 주요한 비결이라고 한 것으로 만든 오답이다. 함정
⑤ 과학자가 가져야 하는 책임감에 대해 설명하는 것이 아니다.

C 어휘 Review 정답　　　문제편 p. 50

01 좌절감을 주는	11 take place	21 receptive
02 진전, 진행	12 matter to	22 controversial
03 영감을 주다	13 on track	23 deserve
04 배치	14 hold on to	24 obliged
05 필수적인	15 contribute to	25 competent
06 strengthen	16 assistants	26 athletes
07 activate	17 branch	27 fearlessly
08 qualified	18 maximize	28 conscious
09 perspective	19 Reliable	29 expanding
10 circulate	20 iceberg	30 Excessive

D 밑줄 친 부분의 의미 찾기

문제편 p. 52~69

D 01　정답 ③　∗ 음악에서 옥타브의 보편성과 지각적 특성

Here is a fundamental quality of music. //
다음은 음악의 근본적 특성이다 //

Note names repeat / because of a perceptual phenomenon / **that**〔주격 관계대명사〕
corresponds to the doubling and halving of frequencies. //
음 이름들은 반복된다 / 지각 현상 때문에 / 주파수의 두 배와 절반에 상응하는 //

When we double or halve a frequency, / we end up with a note
/ **that**〔주격 관계대명사〕 sounds remarkably similar / to the **one**〔=note〕 we started out
with. //　단서 1 주파수를 두 배로 하거나 절반으로 줄이면 결국 처음의 음과 비슷하게 들림
주파수를 두 배로 하거나 절반으로 줄이면 / 우리는 결국 음을 얻게 된다 / 놀라울 정도로
유사하게 들리는 / 시작했던 것(음)과 //

This relationship, / a frequency ratio of 2:1 or 1:2, / is called the
octave. //　이 관계 / 즉 2:1 또는 1:2의 주파수 비율은 / 옥타브라고 불린다 //
It is **so** important **that**, / in spite of the large differences / **that**〔주격 관계대명사〕
exist between musical cultures, /　〔so+형용사/부사+that ...: 너무 ~해서 …하다〕
그것은 매우 중요해서 / 큰 차이에도 불구하고 / 음악 문화 간에 존재하는 /
　〔앞에 목적격 관계대명사 생략〕
every culture **we know of** has the octave / as the basis for its
music, / even if it has little else in common / with other musical
traditions. //　단서 2 모든 문화가 음악의 기초로 옥타브를 사용함
우리가 아는 모든 문화가 옥타브를 사용한다 / 그것의 음악의 기초로 / 공통점이 거의
없을지라도 / 다른 음악 전통과 //

This phenomenon leads to the notion of circularity / in pitch
perception, / and is similar to circularity in colors. //
이 현상은 순환성 개념으로 이어진다 / 음높이 지각에서의 / 그리고 색채의 순환성과
유사하다 //

Although red and violet fall / at opposite ends of the continuum
　〔부사절 접속사(양보)〕
/ of visible frequencies of electromagnetic energy, / we see them
as perceptually similar. //
적색과 보라색은 위치하지만 / 연속체의 정반대 끝에 / 전자기 에너지의 가시 주파수의 /
우리는 그것들을 지각적으로 유사하게 인식한다 //

The same is true in music, / and music is often described as
having two dimensions, / one **that** accounts for tones **going up**
in frequency /　〔주격 관계대명사〕〔현재분사(tones 수식)〕
음악에서도 마찬가지이다 / 그리고 음악은 종종 두 가지 차원을 가진 것으로 묘사된다 /
하나는 주파수가 상승하는 음을 설명하는 것이다 /

and another **that** accounts for the perceptual sense / **that**
we've come back home again / **each time** we double a tone's
frequency. //　〔주격 관계대명사〕〔동격절 접속사〕〔'~할 때마다'〕
그리고 다른 하나는 지각적 감각을 설명하는 것이다 / 우리가 다시 집으로 돌아왔다는 / 음의
주파수를 두 배로 할 때마다 //

- fundamental ⓐ 근본적인　　• note ⓝ 음, 음표
- perceptual ⓐ 지각의　　• phenomenon ⓝ 현상
- correspond to ~에 상응하다　　• frequency ⓝ 주파수, 진동수
- ratio ⓝ 비율　　• octave ⓝ 옥타브　　• notion ⓝ 개념
- circularity ⓝ 순환성　　• pitch ⓝ 음높이　　• continuum ⓝ 연속체
- visible ⓐ 가시적인, 눈에 보이는　　• electromagnetic ⓐ 전자기의
- dimension ⓝ 차원, 크기　　• account for ~을 설명하다

다음은 음악의 근본적 특성이다. 음 이름들이 반복되는 것은 주파수의 두 배와
절반에 상응하는 지각 현상 때문이다. 주파수를 두 배로 하거나 절반으로 줄이
면, 우리는 결국 시작했던 음과 놀라울 정도로 유사하게 들리는 음을 얻게 된
다. 이 관계, 즉 2:1 또는 1:2의 주파수 비율을 옥타브라고 부른다. 그것은 매우
중요해서, 음악 문화 간에 큰 차이가 존재함에도, 우리가 아는 모든 문화가 다
른 음악 전통과 공통점이 거의 없을지라도 그것의 음악의 기초로 옥타브를 사용

한다. 이 현상은 음높이 지각에서의 순환성 개념으로 이어지며, 색채의 순환성과 유사하다. 적색과 보라색은 전자기 에너지의 가시 주파수 연속체에서 정반대 끝에 위치하지만, 우리는 그것들을 지각적으로 유사하게 인식한다. 음악에서도 마찬가지로, 음악은 종종 두 가지 차원을 가진 것으로 묘사되는데, 하나는 음의 주파수가 상승하는 것을 설명하는 것이고, 다른 하나는 음의 주파수를 두 배로 할 때마다 우리가 다시 집으로 돌아왔다는 지각적 감각을 설명하는 것이다.

밑줄 친 come back home again이 다음 글에서 의미하는 바로 가장 적절한 것은? [3점]

주파수를 두 배 혹은 절반으로 변화시켰을 때 놀라울 정도로 유사한 음을 듣게 되는 것을 비유적으로 표현함

① identified tonal differences within the same octave
같은 옥타브 내에서 음조의 차이를 식별했다 같은 옥타브 내에서 음조의 차이를 식별했다는 의미가 아님
② returned to the original note with an identical frequency
동일한 주파수를 가진 원래 음으로 돌아갔다 동일한 주파수가 아니라 주파수를 변화시켰다고 했음
③ reached a note named the same but with a different pitch
이름은 같으나 다른 음높이를 가진 음에 도달했다
④ restored musical sensitivity by adapting to various octaves
다양한 옥타브에 적응함으로써 음악적 감수성을 회복했다 주파수를 변화시킨다는 것으로 만든 오답
⑤ constructed frequency patterns from notes with the same name
같은 이름을 가진 음들로부터 주파수 패턴을 구성했다
같은 음들로부터 주파수 패턴을 구성했다는 것이 아님

왜 정답? [정답률 44%]

- 주파수를 두 배 혹은 절반으로 변화시켰을 때 우리는 결국 시작했던 음과 놀라울 정도로 유사한 음을 듣게 됨 **단서 1**
- 모든 문화가 음악의 기초로 옥타브를 사용함 **단서 2**

➡ 주파수와 지각 현상을 통해 옥타브가 음악의 보편적 기초가 된 것을 설명하는 내용이다. 따라서 집으로 돌아오는 것 같은 지각 경험을 하게 된다는 것은, 한 옥타브가 지나면 마치 다시 출발점으로 돌아온 듯한 느낌, 즉 시작했던 음과 놀라울 정도로 유사한 음을 듣게 되는 것을 비유적으로 표현한 것이다.

▶ 우리가 '다시 집으로 돌아왔다'는 지각적 감각이 의미하는 바: ③ '이름은 같으나 다른 음높이를 가진 음에 도달했다'

왜 오답?

① 같은 옥타브 내에서 음조의 차이를 식별했다는 의미가 아니다.
② 동일한 주파수가 아니라 주파수를 두 배 혹은 절반으로 변화시켰다고 했으므로 적절하지 않다. **함정**
④ 주파수를 변화시킨다는 것으로 만든 오답으로, 다양한 옥타브에 적응해 음악적 감수성을 회복한다는 의미가 아니다.
⑤ 같은 음들로부터 주파수 패턴을 구성했다는 내용은 없다.

D 02 정답 ③ ＊자존감을 등반 성과에 근거하면 판단이 왜곡될 수 있다.

Basing your self-worth on climbing performance / puts you at
the whim of external factors. //
동명사구 주어 / 단수 동사
여러분의 자존감을 등반 성과에 근거하는 것은 / 외부 요인의 변덕에 자신을 맡기는 것이다 //

These factors may be random and misleading. //
이러한 요인은 무작위적이고 오도할 수도 있다 // **단서 1** 판단의 근거를 외부 요인에 두면 무작위적이고 오도할 수 있음

Comparison is one source of illusion. // 비교는 착각의 한 원천이다 //

Perhaps you felt that you performed well on a certain climb
/ because your partner was having an off day and found the
climbing very difficult. //
목적어절을 이끄는 접속사
어쩌면 여러분이 그 등반을 잘했다고 느꼈을지도 모른다 / 여러분의 파트너가 컨디션이 별로 좋지 않은 날이어서 등반이 매우 어렵다고 생각했기 때문에 //

You found it only slightly difficult / and conclude that you were
climbing quite well, / when in fact you were climbing no better
than usual. //
목적어절을 이끄는 접속사
여러분은 그것이 조금 어렵다고만 생각했고 / 자신이 꽤 잘 등반하고 있었다고 결론짓는다 / 실제로는 평소보다 나을 게 없이 등반하고 있었을 때도 //

Or, your partner was at the top of his game. //
아니면, 여러분의 파트너는 기량이 최고였다 //

You felt weak in comparison, / when in fact, objectively, / you
put in a very strong performance. //
여러분은 (그와) 비교하여 자신이 약하다고 느꼈다 / 실제로는 객관적으로 / 여러분이 매우 강렬한 성과를 냈을 때도 //

Environmental factors may be involved. //
조동사의 수동태
환경적 요인이 연관될 수도 있다 //

Perhaps you mastered your day's objective / due to especially
favorable conditions, / such as low humidity, / when in fact, you
really didn't climb particularly well. //
어쩌면 여러분의 하루 목표를 달성했을지도 모른다 / 특히 유리한 조건 덕분에 / 가령 습도가 낮은 것처럼 / 실제로는 정말로 그다지 잘 등반하지 못했을 때도 //

In all these cases, / the good or bad feelings you have / are not
based on something you can take credit for. //
주어 / 수동태 / 앞에 목적격 관계대명사 생략
이 모든 경우에서 / 여러분이 느끼는 좋거나 나쁜 감정은 / 여러분이 자신의 공으로 돌릴 수 있는 것에 근거한 것이 아니다 // **단서 2** 이러한 경우에 성과에 대한 감정은 실제 자기 자신이 한 일에 근거하지 않음

If the performances boost your self-worth, / the boost is
grounded in fiction. //
만약 그 성과가 여러분의 자존감을 높여준다면 / 그 상승은 허구에 근거한 것이다 //

- performance ⓝ 성과 · external ⓐ 외부의 · factor ⓝ 요인
- random ⓐ 무작위적인 · misleading ⓐ 오도하는
- an off day 컨디션이 별로 안 좋은 날 · no better than ~보다 나을 게 없는
- at the top of one's game 기량이 최고인 · objectively ⓐⓓ 객관적으로
- favorable ⓐ 유리한 · take credit for ~을 자신의 공으로 돌리다
- boost ⓥ 높이다, 증대하다; ⓝ 상승, 증대
- demotivating ⓐ 동기를 저하시키는

여러분의 자존감을 등반 성과에 근거하는 것은 외부 요인의 변덕에 자신을 맡기는 것이다. 이러한 요인은 무작위적이고 오도할 수도 있다. 비교는 착각의 한 원천이다. 어쩌면 여러분의 파트너가 컨디션이 별로 좋지 않은 날이어서 등반이 매우 어렵다고 생각했기 때문에, 여러분이 그 등반을 잘했다고 느꼈을지도 모른다. 실제로는 평소보다 나을 게 없이 등반하고 있었을 때도, 여러분은 그것이 조금 어렵다고만 생각했고, 자신이 꽤 잘 등반하고 있었다고 결론짓는다. 아니면, 여러분의 파트너는 기량이 최고였다. 실제로는 여러분이 객관적으로 매우 강렬한 성과를 냈을 때도, (그와) 비교하여 자신이 약하다고 느꼈다. 환경적 요인이 연관될 수도 있다. 어쩌면 실제로는 정말로 그다지 잘 등반하지 못했을 때도, 여러분은, 가령 습도가 낮은 것처럼, 특히 유리한 조건 덕분에 여러분의 하루 목표를 달성했을지도 모른다. 이 모든 경우에서, 여러분이 느끼는 좋거나 나쁜 감정은 여러분이 자신의 공으로 돌릴 수 있는 것에 근거한 것이 아니다. 만약 그 성과가 여러분의 자존감을 높여준다면, 그 상승은 허구에 근거한 것이다.

밑줄 친 the boost is grounded in fiction이 다음 글에서 의미하는 바로 가장 적절한 것은? [3점]

등반에 자존감을 두면 외부 요인에 의해 자존감에 관한 판단이 왜곡될 수 있다고 함

① perceptions of self-growth vary from person to person
자기 성장의 인식은 사람마다 다르다 자기 성장의 인식이 개인마다 다름을 강조하는 글이 아님
② your self-confidence is an outcome of constant effort
여러분의 자신감은 끊임없는 노력의 결과이다 끊임없는 노력의 중요성에 대해 나오지 않음
③ the pride you take in your achievement is unreliable
여러분의 성취에 대해 느끼는 자부심은 신뢰할 수 없다
④ performance comparison to partners is demotivating
동료와의 성과 비교는 동기를 저하시킨다 성과 비교가 동기를 저하시킨다는 언급은 없음
⑤ ambitious goals help you improve performance
야심찬 목표는 여러분의 성과를 향상하는 데 도움이 된다 야심찬 목표의 중요성은 언급되지 않았음

왜 정답? [정답률 59%]

- 등반 성과에 자존감의 근거를 두면, 파트너의 컨디션이나 환경 조건처럼 그때그때 바뀔 수 있는 외부 요인에 판단의 근거를 두게 되어 자존감에 관한 판단이 왜곡될 수 있음 **단서 1**
- 등반 성과에 근거를 둔 자존감의 상승은 실제 실력에 근거한 것이 아님 **단서 2**

➡ 등반 성과에 자존감의 근거를 두면, 바뀔 수 있는 외부 요인에 판단의 근거를 두게 되어 자존감에 관한 판단이 왜곡될 수 있다는 내용의 글이다. 즉, 그런 자존감의 상승은 실제 실력이 아니라 착각이나 허구에 근거하는 것이다.

▶ '그 (자존감의) 상승은 허구에 근거한 것이다'가 의미하는 바: ③ '여러분의 성취에 대해 느끼는 자부심은 신뢰할 수 없다.'

왜 오답?

① 자기 성장의 인식에 대한 개인마다의 다름을 강조하는 글이 아니다. **함정**
② 끊임없는 노력의 중요성은 언급되지 않았다.
④ 성과 비교가 동기를 저하시킨다는 내용은 없다.
⑤ 야심찬 목표의 중요성은 언급되지 않았다.

D 03 정답 ② ＊원격화된 업무를 가능하게 하는 디지털 플랫폼

Digital platforms / **have made** a lot of work **less sticky**. //
디지털 플랫폼은 / 많은 일을 덜 끈끈하게 만들었다 //

As work becomes / ever more **modularised, commoditised and standardised**, / **and** as markets for digital work **are created**, / ties between service work and particular places / **can be disconnected**. //
일이 ~되면서 / 점점 더 모듈화되고, 상품화되고, 표준화(되면서) / 그리고 디지털 노동을 위한 시장이 만들어지면서 / 서비스 노동과 특정 장소 사이의 연결은 / 끊어질 수 있다 //

While the business process of outsourcing / **that** emerged in the 1990s / allowed large companies / to take advantage of a 'global reserve army' / **by moving** their call centres to cheap and distant labour markets, /
아웃소싱이라는 비즈니스 과정이 한편 / 1990년대에 등장한 / 대기업이 해준 / '글로벌 산업예비군'을 활용하도록 / 콜센터를 값싸고 먼 노동 시장으로 옮김으로써 /

cloudwork changes / the volume and granularity / **at which** geographically non-proximate work can take place. //
클라우드 워크는 변화시킨다 / 규모와 과립상을 / 지리적으로 가까이 있지 않은 곳에서 일이 이루어질 수 있는 //

A small business in New York / can hire a freelance transcriber / in Nairobi one day / and New Delhi the next. //
뉴욕의 작은 기업이 / 프리랜서 필사생을 고용할 수 있다 / 어느 날은 나이로비의 / 다음 날에는 뉴델리의 (필사생을) //

No offices or factories need **to be built**, / no local regulations **are observed**, / and — in most cases — no local taxes **are paid**. //
사무실이나 공장이 지어질 필요가 없고 / 현지 규정들은 준수되지 않으며 / 그리고 대부분의 경우 현지 세금도 지불되지 않는다 //

The switch in the production network of work happens / **by** simply **sending** some emails / **or** clicking some buttons / on a digital work platform. //
노동 생산 네트워크의 전환은 이루어진다 / 단순히 몇 통의 이메일을 보내는 것으로 / 또는 버튼을 몇 개 클릭하는 것(으로) / 디지털 노동 플랫폼에서 //

And, in this way, / the employer leaves behind no material traces / in the places **where** it was once an employer. //
그리고 이런 방식으로 / 고용주는 어떠한 물질적 흔적도 남기지 않는다 / 한때 고용주였던 장소들에 //

- **modularise** ⓥ 모듈화하다 ・ **standardise** ⓥ 표준화하다
- **outsourcing** ⓝ 아웃소싱(업무를 외부 용역・부품으로 대체하는 것)
- **emerge** ⓥ 등장하다 ・ **reserve army** (산업)예비군
- **cloudwork** ⓝ 클라우드 워크(인터넷 서버를 이용한 작업)
- **geographically** ⓐⓓ 지리적으로
- **non-proximate** ⓐ 가까이 있지 않은 ・ **transcriber** ⓝ 필사생(筆寫生)
- **observe** ⓥ 준수하다 ・ **trace** ⓝ 흔적 ・ **elevate** ⓥ 높이다
- **flexibility** ⓝ 유연성

디지털 플랫폼은 많은 일을 덜 끈끈하게 만들었다. 일이 점점 더 모듈화되고, 상품화되고, 표준화되면서, 그리고 디지털 노동을 위한 시장이 만들어지면서, 서비스 노동과 특정 장소 사이의 연결은 끊어질 수 있다. 1990년대에 등장한 아웃소싱이라는 비즈니스 과정이 대기업이 콜센터를 값싸고 먼 노동 시장으로 옮김으로써 '글로벌 산업예비군'을 활용하도록 해준 한편, 클라우드 워크는 지리적으로 가까이 있지 않은 곳에서 일이 이루어질 수 있는 규모와 과립상을 변화시킨다. 뉴욕의 작은 기업이 어느 날은 나이로비의 프리랜서 필사생을, 다음 날에는 뉴델리의 필사생을 고용할 수 있다. 사무실이나 공장을 지을 필요가 없고, 현지 규정을 준수하지 않으며, 대부분의 경우 현지 세금도 내지 않는다. 노동 생산 네트워크의 전환은 단순히 몇 통의 이메일을 보내거나 디지털 노동 플랫폼에서 버튼을 몇 개 클릭하는 것으로 이루어진다. 그리고 이런 방식으로, 고용주는 한때 고용주였던 장소들에 어떠한 물질적 흔적도 남기지 않는다.

밑줄 친 made a lot of work less sticky가 다음 글에서 의미하는 바로 가장 적절한 것은?

① settled the locational dilemma of the global markets
세계 시장에서 소재지의 딜레마를 해결했다

② elevated the spatial flexibility in conducting business
사업을 운영하는 데 있어 공간적 유연성을 높였다

③ weakened the geographical expansion of local business
현지 사업의 지리학적 확장을 약화시켰다

④ relieved the strict legal processes of regional outsourcing
지역 아웃소싱의 엄격한 법적 절차를 완화했다

⑤ allowed business to be less complicated in its hiring process
사업의 고용 과정이 덜 복잡해지도록 허용했다

| 문제 풀이 순서 | [정답률 59%]

1st 밑줄 친 부분이 포함된 첫 문장과 마지막 문장을 읽고, 글의 내용을 예상한다.

밑줄 친 부분이 포함된 첫 문장	디지털 플랫폼은 많은 일을 덜 끈끈하게 만들었다.
마지막 문장	그리고 이런 방식으로, 고용주는 한때 고용주였던 장소들에 어떠한 물질적 흔적도 남기지 않는다.

➡ **밑줄 친 부분이 포함된 첫 문장**: 디지털 플랫폼으로 인해 '여러 업무가 덜 끈끈하게 됨'
마지막 문장: 이런 방식을 통해, 사업가들은 한때 사업을 운영했던 곳에 어떠한 물리적인 흔적도 남기지 않게 됨

➡ 디지털 플랫폼은 여러 업무를 '덜 끈끈하게' 만들었으며, 이러한 방식을 통해 사업가들은 과거에 사업을 운영했던 곳에 어떤 물리적 흔적도 남기지 않을 수 있다고 했다. 따라서 사업가들은 디지털 플랫폼을 활용하여 물리적 장소에 흔적을 남기지 않을 수 있게 되었으며, 이 의미가 '덜 끈끈하게' 되었다는 표현과 관련된 내용일 것이다.

2nd 글의 나머지 부분을 읽고, 예상한 내용이 맞는지 확인한다.

- 업무가 모듈화, 상품화, 표준화, 디지털화되면서 서비스 노동과 특정 장소 사이의 연결이 끊어짐
- 클라우드 워크를 통해 지리적으로 가깝지 않은 곳에서 일을 할 수 있는 양상이 발생함
- 현지 규정이나 세금을 감수하면서까지 굳이 현지에 물리적인 사무실이나 공장을 지을 필요가 없음
- 생산 작업은 디지털 노동 플랫폼에서 간단하게 변화함

➡ 디지털 노동 플랫폼이 발달하고, 업무가 모듈화, 상품화, 표준화, 디지털화되면서, 노동은 특정 장소에서만 이뤄질 필요가 없게 되었다. 특히 클라우드 워크를 통해 지리적으로 가깝지 않은 곳에서도 일을 할 수 있게 되었으며, 기업들은 현지의 규제나 세금을 감수하면서까지 굳이 현지에 물리적인 공간을 확보할 필요가 없어진 것이다. 즉, 디지털 노동 플랫폼으로 인해 생산 작업의 양상이 물리적 공간으로부터 자유로워졌다는 뜻이다.

3rd 파악한 글의 내용을 종합하여 밑줄 친 부분의 의미를 파악한다.

밑줄 친 부분은 디지털 플랫폼이 '많은 일을 덜 끈끈하게 만들었다'라고 했다. 이어진 내용에서 디지털 플랫폼으로 노동을 할 수 있는 환경이 조성되면서, 고용주들은 특정한 물리적 장소에서만 사업을 운영할 필요가 사라졌다고 설명했다.

특히 지리적으로 가깝지 않은 곳의 노동자도 이메일, 디지털 플랫폼 등으로 손쉽게 고용할 수 있게 되었으며, 노동 생산 네트워크는 디지털 플랫폼으로 인해 전환되고 있다고 설명했다. 따라서 디지털 플랫폼이 공간에 대한 제약을 없애주었다는 의미이므로, 정답은 ② '사업을 운영하는 데 있어 공간적 유연성을 높였다'이다.

| 선택지 분석 |

① 디지털 플랫폼이 소재지라는 개념에서 벗어나게 해주었다는 내용이지, 소재지 자체가 딜레마를 지니고 있었다는 내용은 언급되지 않았으며, 이 딜레마를 해결했다는 내용이 아니다.

② 업무가 디지털화되면서 서비스 업무와 특정 장소 간의 연결이 불필요해졌다는 내용이다.

③ 디지털 플랫폼이 현지 사업을 지리적으로 확장하지 못하게 했다는 내용이 아니라, 지리학적으로 매이지 않게 만들어 주었다는 내용이다.

④ 디지털 플랫폼으로 현지에 회사를 설치하지 않게 됨으로써 지역의 엄격한 규제로부터 자유로워질 수 있었다는 내용이지, 지역 아웃소싱의 법적 절차 자체를 완화했다는 내용이 아니다.

⑤ 디지털 플랫폼으로 사업의 고용 과정을 온라인으로 처리할 수 있게 되었다는 내용이지, 이것이 고용 과정이 덜 복잡해졌다는 의미가 아니다.

김연준 | 2026 수능 응시 · 안성 안법고 졸

밑줄 친 부분의 의미를 묻는 문제를 풀 때는, 밑줄 친 부분을 빈칸처럼 생각하고 푸는 것을 추천해! 이 문제에서 Digital platforms have 뒤에 밑줄이 나왔기 때문에 글에서 디지털 플랫폼의 특징이나 역할을 찾으면서 읽으면 좋을 것 같아! geographically non-proximate work can take place라는 문장과 뉴욕의 회사가 나이로비 등 멀리 떨어진 곳의 근로자를 고용할 수 있다는 부분에서 알 수 있듯이, 이 글의 핵심은 디지털 플랫폼으로 인해 기업의 업무가 특정 장소에 고정되지 않게 되었다는 거야. 따라서 ②이 적절해.

D 04 정답 ③ ＊의식적 계획과 무의식적 운동 제어의 위계적 조화

<u>핵심 주어(단수)</u> <u>단수 동사</u>
One consequence of the hierarchical organization of action / **is**
주격 보어절을 이끄는 접속사
that when we reach for a cup of coffee, /
행동의 위계적 구조와 관련된 한 가지 결과는 / 우리가 커피 한 잔에 손을 뻗을 때 ~라는 것이다 /

we do not need to consciously activate / the sequence of muscles
부사적 용법(목적)
/ **to send** our arm and hand out toward the cup. //
의식적으로 활성화할 필요가 없다 / 근육의 순서를 / 우리의 팔과 손을 컵 쪽으로 보내기 위해 //

Instead, / most action plans / are made at a higher level / —
we want to taste the coffee, / and our arm, hand, and mouth
'그렇게 만들다'
coordinate to **make it so**. //
대신 / 대부분의 동작 계획들은 / 더 높은 수준에서 만들어지는데 / 우리가 커피를 맛보고 싶고 / 우리의 팔, 손 그리고 입은 그렇게 하기 위해 조화하여 움직인다 //

목적어절 접속사 '~와 같은'
This means / **that** in a skilled task / **such as** playing the piano, /
there is a delicate ballet /
이는 의미한다 / 숙련된 기술이 필요한 작업에서 ~라는 것을 / 피아노 연주 같은 / 섬세한 발레가 존재한다 /

현재분사 (conscious plans 수식)
between conscious plans **unfolding** further up the hierarchy /
(choosing **how** fast **to play**, / or **how** much emphasis **to put** on
particular passages) /
「의문사＋to부정사」의 병렬 구조
위계의 상위 단계에서 펼쳐지는 의식적인 계획들과 / (얼마나 빠르게 연주할지 결정하는 / 혹은 특정 악절에 어느 정도 강조를 둘지) /

and the automatic and unconscious aspects of motor control
주격 관계대명사
/ **that** send our fingers toward the right keys / at just the right
time. // **단서1** 피아노 연주는 상위 단계에서 펼쳐지는 의식적 계획과 손가락을 움직이는 자동적, 무의식적인 움직임의 조화임
그리고 운동 제어의 자동적이고 무의식적인 측면 간에 / 우리의 손가락을 정확한 건반 쪽으로 보내는 / 꼭 맞는 순간에 //

단서2 손가락이 제 생명을 가진 듯 움직이지만 사실은 피아니스트의 의식 속 높은 곳에서 명령을 내리고 있음
When watching a concert pianist at work, / it seems / as though
their hands and fingers have a life of their own, / while the
분사구문
pianist glides above it all, / **issuing commands from on high**. //
연주 중인 콘서트 피아니스트를 보고 있으면 / 보인다 / 그들의 손과 손가락이 마치 제 생명을 가진 듯이 / 피아니스트는 그 모든 것 위를 미끄러지듯 움직이고 / 높은 곳에서 명령을 내리면서 //

As the celebrated pianist Vladimir Horowitz declared, / "I am a
general, / my soldiers are the keys." //
유명한 피아니스트 Vladimir Horowitz가 단언했듯이 / "나는 장군이고 / 나의 병사들은 건반들이다"라고 /

- **consequence** ⓝ 결과 ・**hierarchical** ⓐ 위계적인, 계급의
- **consciously** ⓐⓓ 의식적으로 ・**activate** ⓥ 활성화시키다
- **sequence** ⓝ 순서 ・**coordinate** ⓥ 조화[조정]하다
- **delicate** ⓐ 섬세한, 우아한 ・**unfold** ⓥ 펼쳐지다
- **emphasis** ⓝ 강조(점) ・**passage** ⓝ 악절
- **automatic** ⓐ 자동적인 ・**unconscious** ⓐ 무의식적인
- **issue** ⓥ (명령 등을) 내리다, 발행하다 ・**command** ⓝ 명령
- **celebrated** ⓐ 유명한 ・**declare** ⓥ 단언하다
- **implementation** ⓝ 실행 ・**tremendous** ⓐ 엄청난
- **deliberate** ⓐ 의도적인

행동의 위계적 구조와 관련된 한 가지 결과는 우리가 커피 한 잔에 손을 뻗을 때, 우리의 팔과 손을 컵 쪽으로 보내기 위해 근육의 순서를 의식적으로 활성화할 필요가 없다는 점이다. 대신 대부분의 동작 계획들은 더 높은 수준에서 만들어지는데, 우리가 커피를 맛보고 싶고, 우리의 팔, 손 그리고 입은 그렇게 하기 위해 조화하여 움직인다. 이는 피아노 연주 같은 숙련된 기술이 필요한 작업에서 (얼마나 빠르게 연주할지 혹은 특정 악절에 어느 정도 강조를 둘지를 결정하는) 위계의 상위 단계에서 펼쳐지는 의식적인 계획들과 우리의 손가락을 꼭 맞는 순간에 정확한 건반 쪽으로 보내는 운동 제어의 자동적이고 무의식적인 측면 간에 섬세한 발레가 존재한다는 것을 의미한다. 연주 중인 콘서트 피아니스트를 보고 있으면, 그들의 손과 손가락이 마치 제 생명을 가진 듯하고, 피아니스트는 그 모든 것 위를 미끄러지듯 움직이며 높은 곳에서 명령을 내리는 것처럼 보인다. 유명한 피아니스트 Vladimir Horowitz가 "나는 장군이고, 나의 병사들은 건반들이다."라고 단언했듯이.

밑줄 친 I am a general, my soldiers are the keys.가 다음 글에서 의미하는 바로 가장 적절한 것은? [3점]

명령을 정확하게 실행하는 것이 어렵다거나 비현실적이라는 내용이 아님
① It is unrealistic to expect precise implementation of every command at all times.
모든 명령의 정확한 실행을 항상 기대하는 것은 비현실적이다.

② Musicians must achieve perfect finger independence for outstanding performance. 손가락은 의식의 명령을 따른다는 내용으로, 손가락의
음악가들은 뛰어난 연주를 위해 완벽한 손가락 독립성을 이루어야 한다. 독립성이 필요하다는 것이 아님

③ When motor skills operate, they are actually being commanded by higher-level consciousness.
운동 기술이 작동할 때, 그것은 실제로 더 높은 수준의 의식에 의해 명령을 받고 있다.
손가락 움직임과 같은 운동 기술은 상위 단계의 의식에 의해서 명령을 받는다는 의미임

④ Artistic excellence can be achieved only when preceded by tremendous amount of practice. 예술적 우수성과 연습량에 관한 내용이 아님
예술적 우수성은 엄청난 연습량이 선행되어야만 달성될 수 있다.

⑤ A physical reaction occurs automatically, independent of a performer's deliberate intention.
연주자의 의도적인 의사와는 무관하게 신체 반응이 자동적으로 일어난다.
신체 반응은 연주자의 의도와 무관한 것이 아니라 명령을 받고 있음

＞왜 정답? [정답률 53%]

- 피아노를 연주할 때, 상위 단계에서 펼쳐지는 의식적인 계획과 자동적이고 무의식적으로 손가락을 움직이는 운동 제어 간의 섬세한 발레가 존재함 **단서1**
- 연주 중인 피아니스트의 손과 손가락은 마치 제 생명을 가진 듯하나, 피아니스트는 높은 곳에서 명령을 내리는 것처럼 보임 **단서2**

➡ 피아니스트가 손가락을 자동적이고 무의식적으로 움직일 수 있는 것은 위계의 상위 단계에 있는 피아니스트의 의식이 명령하고 있기 때문이다.

▶ 피아니스트의 '나는 장군이고, 나의 병사들은 건반이다.'가 의미하는 바: ③ '운동 기술이 작동할 때, 그것은 실제로 더 높은 수준의 의식에 의해 명령을 받고 있다.'

＞왜 오답?

① 모든 명령을 정확하게 실행하는 것이 어렵다거나 비현실적이라는 내용이 아니다.
② 손가락의 독립성이 중요하다고 말하는 것이 아니다.
④ 예술적 우수성을 달성하기 위해 많은 연습량이 필요하다는 내용이 아니다.
⑤ 신체 반응은 연주자의 의도와 무관한 것이 아니라, 상위 단계에서 그것의 명령을 받기 때문에 발생한다. （함정）

D 05 정답 ③ ＊스포츠 미디어 보도의 본질

Media coverage of sports is, / by its very nature, / ephemeral. //
스포츠의 미디어 보도는 ~다 / 그 본질상 / 오래 가지 않는 // **단서1** 스포츠의 미디어 보도는 오래 가지 않음

The temporary loss of the here and now **is embraced** / when we
수동태
consume mediated sports coverage / as a welcome break from
the press of everyday demands. //
지금 당장의 일시적 상실은 용인된다 / 우리가 매체를 통해 전달된 스포츠 보도를 소비할 때 / 일상의 요구들의 압력으로부터 반가운 휴식으로 //

단서2 한때 중요했던 스포츠 경기에 대한 기억은 금방 사라짐 주격 관계대명사
Yet, / many sports fans recognize / that contests **that** once seemed
both A and B: A와 B 둘 다
both urgent **and** critical / often melt into the background in a
week's time / and are summarily forgotten. //
그럼에도 / 많은 스포츠 팬들은 인정한다 / 한때 급하고도 중요하게 보였던 경기들이 / 일주일의 시간 안에 종종 배경으로 녹아들고 / 즉석에서 잊혀진다는 것을 //

The ubiquity of sports contests / and the blur of discussions
about them / across the contemporary mediascape / contribute
to this liquidity; /
스포츠 경기가 도처에 있는 것과 / 그것들에 대한 논의의 흐름은 / 당대의 통신 매체에서 /
이러한 액상성에 기여한다 /
단서3 항상 존재하는 스포츠 경기와 그것에 대한 논의의 흐름이 '액상성(사라짐)'에 기여하고,
새로운 경기와 그 기대가 이미 지나간 경기에 대한 우리의 생각을 대체함

a new "big game" is seemingly always around the corner / and
newly-fueled anticipation / routinely supersedes reflection
about results /
새로운 '큰 경기'는 보기에는 항상 코 앞에 와 있고 / 새롭게 부추겨진 기대가 / 결과에 대한
숙고를 일상적으로 대체한다 /
주격 관계대명사(results 수식)

that have quickly faded in our memories / and become trivial in
the records of sports. //
우리 기억에서 빠르게 흐려지고 / 스포츠 기록에서 사소해진 //
보어(rising ~ amnesia)가 문두에 오면서 주어와 동사 도치

However, / rising above ubiquitous sporting competitions / that
quickly fade as cultural amnesia / are those holding promise /
to become ground-breaking moments / in lived experience and
common culture. //
그러나 / 도처에 있는 스포츠 경기들 위로 떠오르는 것은 / 문화적 망각으로서 빠르게
흐려지는 / 약속을 품은 것들이다 / 획기적인 순간이 될 것이라는 / 인생 경험과 공동의
문화에서 //

These are the events and championships / that define a sport,
/ solidifying one's fanship, / and serving as historical markers
/ that bring order, meaning, and significance to the sports
landscape. //
이것들은 행사들과 선수권 대회들이다 / 스포츠를 정의하는 / 사람들의 팬십을 공고히 하고 /
역사적 표지로서의 역할을 한다 / 스포츠 풍경에 질서, 의미, 중요성을 가져오는 //

- ephemeral ⓐ 오래 가지 않는   • embrace ⓥ 용인하다
- critical ⓐ 중요한   • summarily ⓐⓓ 즉석에서, 즉시   • blur ⓝ 흐림
- contemporary ⓐ 당대의   • mediascape ⓝ 통신 매체
- liquidity ⓝ 액상성, 유동성   • anticipation ⓝ 기대
- trivial ⓐ 사소한   • ground-breaking ⓐ 획기적인
- solidify ⓥ 공고히 하다   • significance ⓝ 중요성, 의미

스포츠의 미디어 보도는 그 본질상 오래 가지 않는다. 우리가 매체를 통해 전달
된 스포츠 보도를 일상의 요구들의 압력으로부터 반가운 휴식으로 소비할 때 지
금 당장의 일시적 상실은 용인된다. 그럼에도 많은 스포츠 팬들은 한때 급하고
도 중요하게 보였던 경기들이 종종 일주일의 시간 안에 배경으로 녹아들고 즉석
에서 잊혀진다는 것을 인정한다. 스포츠 경기가 도처에 있고 당대의 통신 매체
에서 그것들에 대한 논의의 흐름은 이러한 액상성에 기여한다. 새로운 '큰 경기'
는 보기에는 항상 코 앞에 와 있고, 새롭게 부추겨진 기대가 우리 기억에서 빠
르게 흐려지고 스포츠 기록에서 사소해진 결과에 대한 숙고를 일상적으로 대체
한다. 그러나 문화적 망각으로서 빠르게 흐려지는 도처에 있는 스포츠 경기들
위로 떠오르는 것은 인생 경험과 공동의 문화에서 획기적인 순간이 될 것이라는
약속을 품은 것들이다. 이것들은 스포츠를 정의하는 행사들과 선수권 대회들이
고, 사람들의 팬십을 공고히 하고, 스포츠 풍경에 질서, 의미, 중요성을 가져오
는 역사적 표지로서의 역할을 한다.

밑줄 친 this liquidity가 다음 글에서 의미하는 바로 가장 적절한 것은? [3점]
스포츠 경기에 대한 우리의 관심과 집중은 오래 가지 못하고, 사라지고 잊혀짐
① how fandom influences sports media coverage
팬덤이 스포츠 미디어 보도에 영향을 미치는 방식   팬덤과 스포츠 미디어 보도의 관계에 대한 내용이 아님
② why top athletes' popularity fades away so rapidly
최고의 운동선수들의 인기가 빠르게 사라지는 이유   운동선수의 인기에 관한 내용이 아님
③ how the focus on a sporting event decreases quickly
스포츠 경기에 대한 집중도가 빠르게 감소하는 방식
④ why sporting events are ubiquitous in media coverage   스포츠 경기가
스포츠 경기가 미디어 보도에서 도처에 있는 이유   미디어 보도에 왜 항상 등장하는지에 대한 내용이 아님
⑤ what makes sporting events a part of historical markers   스포츠
스포츠 경기를 역사적 표지의 일부로 만드는 것   경기를 역사적 표지로 만들어 주는 것에 대한 설명이 아님

> **왜 정답?** [정답률 49%]

- 스포츠의 미디어 보도는 그 본질상 금방 사라짐 단서1
- 한때 중요했던 스포츠 경기들의 기억이 배경으로 녹아들고 금방 잊혀짐 단서2
- 항상 존재하는 새로운 경기와 기대로 인해 이미 지나간 경기에 대한 우리의 생각이 대체됨 단서3

→ 스포츠의 미디어 보도 속에서 한때 중요했던 경기들은 우리의 배경 속으로 녹아들
면서 금방 잊혀진다고 했다. 항상 새로운 경기와 기대가 존재하기 때문에 스포츠 경
기에 대한 우리의 관심과 집중은 금방 사라지게 된다는 내용이다.

▶ '이러한 액상성'이 의미하는 바: ③ '스포츠 경기에 대한 집중도가 빠르게 감소하는
방식'

> **왜 오답?**

① 팬덤과 스포츠 미디어 보도의 관계에 대한 내용이 아니다.
② 최고의 운동선수들의 인기가 빠르게 사라지고 있다는 것이 아니다.
④ 스포츠 경기가 미디어 보도에 항상 등장하기 때문에 이미 지나간 것은 금방 잊어버
리는 성질(액상성)에 대한 내용이지, 미디어 보도에 스포츠 경기가 항상 등장하는
이유를 밝히는 내용이 아니다.
⑤ 스포츠 경기를 역사적 표지로 만들어 주는 것에 대한 내용이 아니다.

D 06 정답 ④ ＊지구 생명체 발달에 기여한 달의 중력

The early Earth collided with numerous other masses /
during its formation; / indeed, the proto-Earth is thought to
have sustained a massive impact / with a Mars-sized body
named 'Theia'. //
완료부정사(주절보다 먼저 일어난 시제)
초기 지구는 수많은 다른 (우주의 작은) 덩어리들과 충돌했다 / 그것의 형성 과정 중에 /
실제로, 원시 지구는 엄청난 충돌을 겪었다고 여겨진다 / 'Theia'로 명명된 화성 크기의
천체와 //

The Moon probably formed from this collision / about 100
million years after the formation of the solar system. //
아마도 달은 이 충돌로 인해 형성되었을 것이다 / 태양계가 형성되고 약 1억 년 후에 //

This impact is thought to have knocked the Earth off its 'daily'
rotational axis /
이 충돌은 지구를 쳐서 '하루의' 자전축을 틀어지게 했을 것으로 여겨지고 /
'그래서'

so that the Earth now tilts about 23.4° / away from its orbital
axis around the Sun, / although there is a slight 'wobble' of a
few degrees. //
그래서 지구는 현재 23.4도 정도 기울어져 있다 / 태양 주위를 도는 그것의 궤도 축으로부터 /
몇 도의 근소한 '흔들림'이 있기는 하지만 //

This 23.4° tilt, / as we orbit around the Sun, / causes our yearly
cycle of the seasons. //
이 23.4도의 기울어짐이 / 우리가 태양의 궤도를 도는 동안 / 우리 계절의 연간 주기를
발생시킨다 //

During part of the year, / the northern hemisphere is tilted
towards the Sun (summer) / and the southern hemisphere is
tilted away (winter). //
1년의 일부 동안 / 북반구는 태양을 향하여 기울어져 있고(여름) / 남반구는 먼 쪽으로
기울어져 있다(겨울) //

Six months later, / the situation is reversed. //
6개월 후에 / 그 상황은 뒤바뀐다 //
단서1 달의 중력은 지구 축의 기울어짐을 안정시킴

Critically, the Moon's gravitational pull / stabilizes the Earth's
axial tilt, / moderating the degree of wobble. //
분사구문
결정적으로, 달의 중력으로 인한 당기는 힘은 / 지구 축의 기울어짐을 안정시킨다 / 흔들림의
정도를 완화하며 //

This has produced a relatively stable climate on Earth / for billions of years, / and many believe / **that** life on Earth would never have got started / without this stabilization by the Moon. // **단서 2** 많은 사람들이 달에 의한 안정화 없이는 지구상에 생명체가 나타나지 못했을 것이라 믿음

이것은 지구상에 비교적 안정적인 기후를 만들어 왔다 / 수십억 년 동안 / 많은 사람들은 믿는다 / 지구상에 생명체가 결코 나타나지 못했을 것이라고 / 달에 의한 이러한 안정화 없이는 //

To rephrase a song from the 1970s, / we are *all* children of the Moon. // 1970년대의 노래를 바꿔 말하자면 / 우리는 '모두' 달의 아이들이다 //

- collide with ~와 충돌하다
- mass ⓝ 덩어리
- formation ⓝ 형성
- sustain ⓥ 겪다, 견디다
- impact ⓝ 충돌
- body ⓝ 천체
- collision ⓝ 충돌
- rotational ⓐ 회전의
- orbital ⓐ 궤도의
- hemisphere ⓝ 반구
- gravitational ⓐ 중력의
- stabilize ⓥ 안정시키다
- moderate ⓥ 완화하다
- relatively ⓐⓓ 비교적
- byproduct ⓝ 부산물

초기 지구는 그것의 형성 과정 중에 수많은 다른 (우주의 작은) 덩어리들과 충돌했다. 실제로, 원시 지구는 'Theia'로 명명된 화성 크기의 천체와 엄청난 충돌을 겪었다고 여겨진다. 아마도 달은 태양계가 형성되고 약 1억 년 후에 이 충돌로 인해 형성되었을 것이다. 이 충돌은 지구를 쳐서 '하루의' 자전축을 틀어지게 했을 것으로 여겨지고 그래서 몇 도의 근소한 '흔들림'이 있기는 하지만, 지구는 현재 태양 주위를 도는 그것의 궤도 축으로부터 23.4도 정도 기울어져 있다. 우리가 태양의 궤도를 도는 동안 이 23.4도의 기울어짐이 우리 계절의 연간 주기를 발생시킨다. 1년의 일부 동안, 북반구는 태양을 향하여 기울어져 있고(여름) 남반구는 먼 쪽으로 기울어져 있다(겨울). 6개월 후에, 그 상황은 뒤바뀐다. 결정적으로, 달의 중력으로 인한 당기는 힘은 흔들림의 정도를 완화하며 지구 축의 기울어짐을 안정시킨다. 이것은 수십억 년 동안 지구상에 비교적 안정적인 기후를 만들어 왔고, 많은 사람들은 달에 의한 이러한 안정화 없이는 지구상에 생명체가 결코 나타나지 못했을 것이라고 믿는다. 1970년대의 노래를 바꿔 말하자면, 우리는 '모두' 달의 아이들이다.

밑줄 친 we are *all* children of the Moon이 다음 글에서 의미하는 바로 가장 적절한 것은?

① the Moon protects the Earth from impacts with other masses
달이 다른 (우주의 작은) 덩어리들과의 충돌로부터 지구를 보호한다

② the Moon is a byproduct generated from the Earth's formation
달은 지구의 형성으로부터 생성된 부산물이다
달은 지구 형성 과정의 충돌로 생겨나긴 했지만, 밑줄 친 부분이 의미하는 내용은 아님

③ the Moon's cycle of phases influences our emotions and behaviors 감정이나 행동에 영향을 준다는 내용은 없음
달의 위상 주기는 우리의 감정과 행동에 영향을 준다

④ the Moon's gravitational pull on the Earth allowed for life to develop 많은 사람들이 달에 의한 안정화 없이는 지구상에 생명체가 나타나지 못했을 것이라고 했음
달의 중력이 지구에 생명체가 발달하게 해 주었다

⑤ the observation of the Moon's orbit contributed to scientific progress 달의 궤도 관측이 과학 발전에 기여했다는 언급은 없음
달의 궤도 관측이 과학의 발전에 기여했다

왜 정답? [정답률 69%]

- 지구와 'Theia'라는 천체의 충돌로 달이 형성됐고, 이 충돌로 지구는 23.4도 기울어졌으며 계절이 생겨났음
- 달의 중력은 지구 자전축의 흔들림을 안정시켜 주었고, 덕분에 지구의 기후는 안정적이었으며 생명체가 존재할 수 있었음 **단서 1**, **단서 2**

➡ 지구와 'Theia'라는 천체의 충돌로 지구는 축이 기울어졌는데, 달의 중력이 지구 축의 기울어짐을 안정시켜준다고 했다. 또한, 많은 사람들이 달에 의한 안정화 없이는 지구상에 생명체가 나타나지 못했을 것이라 믿는다고 했다.

▶ '우리는 '모두' 달의 아이들이다'가 의미하는 바: ④ '달의 중력이 지구에 생명체가 발달하게 해 주었다'

왜 오답?

① 달이 충돌로부터 지구를 보호한다는 내용이 아니다.
② 달이 지구 형성 과정의 충돌로 생겨나긴 했지만, 밑줄 친 부분이 의미하는 내용은 아니다.
③ 달의 위상 주기가 감정이나 행동에 영향을 준다는 언급은 없다.
⑤ 달의 궤도 관측이 과학 발전에 기여했다는 내용은 없다.

D 07 정답 ① ＊과학의 독립적 발전과 철학적 토대의 약화 ──

핵심 주어(단수)
The unity of science and philosophy in the old classical sense / 단수 동사 **was** perhaps best described / by the famous tree of Descartes:

이전의 고전적 의미에서 과학과 철학의 통일성은 / 아마도 가장 잘 설명됐다 / 유명한 데카르트의 나무에 의해

단서 1 나무의 뿌리는 형이상학(원리를 설명하는 학문)에 해당함
The roots of this tree / corresponded to metaphysics (the intelligible principles), / the trunk to physics (statements of intermediate generality), / and the branches and fruit / to **what** we would call applied science. // = the thing which

이 나무의 뿌리는 / 형이상학에 해당했다 (이해할 수 있는 원리) / (나무) 몸통은 물리적 현상에 (중간 수준의 일반성을 지닌 진술) / 그리고 가지와 열매는 / 우리가 응용 과학이라고 부르는 것에 //

He regarded the whole system of science and philosophy / as we today regard science alone; /

그는 과학과 철학의 전체 체계를 여겼다 / 우리가 오늘날 과학 하나만을 여기는 대로 /

목적격 접속사
he felt / **that** the metaphysical principles were ultimately justified / by their "fruits," / not merely by their self-evidence. //

즉 그는 생각했다 / 형이상학적 원리는 궁극적으로 정당화된다고 / 그들의 '열매'에 의해 / 단지 그들의 자명함만이 아니라 /

선행사를 포함하는 관계대명사
What we today call applied science / consisted for him / not only in mechanics / but also in medicine and ethics. //

우리가 오늘날 응용 과학이라고 부르는 것은 / 그에게 있어서 존재했다 / 역학뿐만 아니라 / 의학과 윤리학에도 //

보어절 접속사
The difficulty was / **that** from the general principles of Cartesian or Aristotelian science-philosophy / no results could be derived /

문제점은 ~이다 / 데카르트 또는 아리스토텔레스의 과학 철학의 일반적 원리로부터 / 결과가 도출될 수 없었다는 것 /

주격 관계대명사
which were precisely in agreement with observation, / but these principles seemed / to be intelligible and plausible. //

관찰과 정확히 일치하는 / 그러나 이러한 원리는 보였다 / 이해할 수 있고 그럴듯하게 //

So the tree was cut / in the middle. // 그래서 그 나무는 잘렸다 / 중간에서 //

가주어
For the derivation of technical results, / **it** was necessary / 진주어 **to start** from the physical principles in the trunk. //

기술적 결과의 도출을 위해서는 / 필요가 있었다 / 몸통의 물리적 원리에서 시작할 //

단서 2 새로운 의미의 과학은 뿌리(형이상학)에 대한 고려가 없음
Science in the new sense was / **to think** only of how the fruits 명사적 용법 would develop from the trunk / without regard to the roots. //

새로운 의미의 과학은 ~이었다 / 어떻게 열매가 몸통에서 자랐는지만 생각하는 것 / 뿌리에 대한 고려 없이 //

- unity ⓝ 통일성
- correspond to ~에 해당하다, ~와 일치하다
- metaphysics ⓝ 형이상학
- intelligible ⓐ 이해할 수 있는
- intermediate ⓐ 중간의
- generality ⓝ 일반성
- justify ⓥ 정당화하다
- self-evidence ⓝ 자명함
- mechanics ⓝ 역학
- derive ⓥ 도출하다, 유래하다
- precedence ⓝ 우선(함)
- consideration ⓝ 관찰

이전의 고전적 의미에서 과학과 철학의 통일성은 아마도 유명한 데카르트의 나무에 의해 가장 잘 설명되어졌는데, 이 나무의 뿌리는 형이상학(이해할 수 있는 원리)에, (나무) 몸통은 물리적 현상(중간 수준의 일반성을 지닌 진술)에, 그리고 가지와 열매는 우리가 응용 과학이라고 부르는 것에 해당했다. 그는 우리가 오늘날 과학 하나만을 여기는 대로 과학과 철학의 전체 체계를 여겼는데, 즉 그는 형이상학적 원리는 단지 그들의 자명함만이 아닌 그들의 '열매'에 의해 궁극적으로 정당화된다고 생각했다. 우리가 오늘날 응용 과학이라고 부르는 것은 그에게 있어서 역학뿐만 아니라 의학과 윤리학에도 존재했다. 문제점은 데카르트 또는 아리스토텔레스의 과학 철학의 일반적 원리에서 관찰과 정확히 일치하는 결과는 도출될 수 없었으나, 이러한 원리는 이해할 수 있고 그럴듯해 보였다. 그래서 그 나무는 중간에서 잘렸다. 기술적 결과의 도출을 위해서는 (나무) 몸통의 물리적 원리에서 시작할 필요가 있었다. 새로운 의미의 과학은 뿌리에 대한 고려 없이 오로지 어떻게 열매가 (나무) 몸통에서 자랐는지만 생각하는 것이었다.

밑줄 친 the tree was cut in the middle이 다음 글에서 의미하는 바로 가장 적절한 것은? [3점]

① Science detached itself from philosophical foundations and shifted to deriving outcomes based on physical principles.
과학은 철학적 기초로부터 분리되어 물리적 원리에 기반한 결과를 도출하는 것으로 이동했다.
과학이 철학적 기초(뿌리)를 고려하지 않고 물리적 원리에 기반한 결과를 도출하게 되었다고 함

② Metaphysics became the first priority above all as practical results took precedence over intelligible theory.
형이상학이 최우선 순위가 되었으며, 실용적인 결과가 이해할 수 있는 이론보다 우위를 차지했다.
형이상학이 최우선 순위가 된 것이 아니라 고려 대상이 아니게 됨

③ Results consistent with the observation were the utmost priority in Cartesian science-philosophy.
관찰과 일치하는 결과가 데카르트 과학 철학의 최우선 순위였다는 언급은 없음
관찰과 일치하는 결과가 데카르트 과학 철학에서 최우선 순위였다

④ Applied science moved toward being less reliant on both metaphysical and physical principles.
응용 과학은 형이상학적 원리와 물리적 원리 모두에 덜 의존하는 방향으로 나아갔다.
응용 과학이 형이상학적 원리와 물리적 원리 모두에 덜 의존하게 된 것은 맞지만 물리적 원리에서 도출되는 것임

⑤ Science de-emphasized ethical considerations in favor of raw observations.
과학이 윤리적 고려보다 날것 그대로의 관찰을 우선시한다는 내용이 아님
과학은 윤리적 고려를 덜 중요하게 여기고, 날것 그대로의 관찰을 우선시했다.

왜 정답? [정답률 53%]

- 데카르트의 과학과 철학에 대한 설명: 나무의 뿌리 – 형이상학(철학), 몸통 – 물리적 현상, 가지와 열매 – 응용 과학 **단서 1**
- 새로운 의미의 과학은 뿌리(형이상학/철학)에 대한 고려 없이 어떻게 열매(응용 과학)가 몸통(물리적 현상)에서 자랐는지에만 관심이 있음 **단서 2**

➡ 새로운 의미의 과학은 데카르트의 나무(뿌리, 몸통, 가지 및 열매)를 몸통에서 자른, 다시 말해 뿌리를 버린 것이다. 즉, 이론에 따른 뿌리(형이상학, 즉 철학)에 대한 고려를 하지 않고 물리적 현상에 기반한 결과를 도출하는 것이다.

▶ '그 나무는 중간에서 잘렸다'가 의미하는 바: ① '과학은 철학적 기초로부터 분리되어 물리적 원리에 기반한 결과를 도출하는 것으로 이동했다.'

왜 오답?

② 형이상학이 최우선 순위가 된 것이 아니라 고려 대상이 아니게 되었다.

③ 관찰과 일치하는 결과가 데카르트 과학 철학의 최우선 순위였다는 내용이 아니다.

④ 응용 과학이 형이상학적 원리에 덜 의존하게 된 것은 맞지만 물리적 원리에서 도출되는 것이다. **함정**

⑤ 과학이 윤리적 고려보다 날것 그대로의 관찰을 우선시한다는 내용이 아니다.

D 08 정답 ② ＊번아웃은 '상태'가 아닌 '범위'로 간주해야 한다.

부사적 용법(목적)
To balance the need / for breadth (everyone feels a bit burned out) / and depth (some are so burned out, they can no longer do their jobs), / we ought to think of burnout / **not** as a *state* **but** as a *spectrum*. // **단서 1** 번아웃을 '상태'가 아니라 '범위'로 생각해야 함
not A but B: A가 아니라 B
필요의 균형을 맞추기 위해 / 폭(모두가 약간 지쳤다고 느낀다)과 깊이(일부는 너무 지쳐서 더는 일을 할 수 없다)에 대한 / 우리는 번아웃을 간주해야 한다 / '상태'가 아니라 '범위'로 //

In most public discussion of burnout, / we talk about workers
주격 관계대명사(선행사 workers)   가정법 과거(현재 사실과 반대)
who "are burned out," / **as if** that status **were** black and white. //
번아웃에 대한 대부분의 대중적 논의에서 / 우리는 '번아웃 된' 노동자에 대해 이야기한다 / 마치 그 상태가 흑백 상태인 것처럼 // **단서 2** 흑백 논리(대상을 둘 중 하나로 명확하게 나누는 것)로는 번아웃 경험의 다양성을 설명할 수 없음

A black-and-white view cannot account for / the variety of burnout experience, though. //
흑백 논리의 관점은 설명할 수 없다 / 번아웃 경험의 다양성을 / 그러나 //

If there is a clear line between burned out and not, / as
뒤에 반복어구 a clear line 생략
there is with a lightbulb, /
번아웃 상태와 그렇지 않은 상태 사이에 명확한 경계가 있다면 / 전구의 경우 그런 것처럼 /
형용사적 용법(way 수식)   주격 관계대명사
then we have no good way **to categorize** people / **who** say they are burned out / but still manage to do their work competently. //
사람들을 분류할 수 있는 좋은 방법이 없다 / 자신이 번아웃 되었다고 말하지만 / 여전히 용케도 자기 일을 유능하게 해내는 //

동명사 주어   단수 동사
Thinking about burnout as a spectrum / **solves** this problem; / those who claim burnout but are not debilitated by **it** / are simply dealing with a partial or less-severe form of it. //
= burnout
번아웃을 범위로 간주하는 것은 / 이러한 문제를 해결할 수 있는데 / 번아웃을 주장하지만 그것에 의해 쇠약해지지 않는 사람들은 / 그것의 부분적이거나 덜 심각한 형태를 다루고 있을 뿐이다 //

전치사+동명사
They are experiencing burnout / **without** *being* burned out. //
그들은 번아웃을 경험하고 있다 / 번아웃 '되고 있지' 않으면서 //

현재완료
Burnout **hasn't had** the last word. // **단서 3** 앞에서 언급한 대로 생각하면 '번아웃 상태임에도 자기 일을 해내는 사람들(번아웃의 다양한 경험의 하나로 제시된 예시)'에 대한 분류를 할 수 있음
번아웃은 마지막 진술을 하지 않았다 //

- **breadth** ⓝ 폭, 너비 • **burn out** 에너지를 소진하다
- **spectrum** ⓝ 범위, 스펙트럼 • **account for** 설명하다
- **categorize** ⓥ 분류하다 • **manage to** 힘든 일을 겨우(간신히) 하다
- **competently** ⓐⓓ 유능하게 • **partial** ⓐ 부분적인
- **have[give, say] the last word** 결정적 발언을 하다, 마지막 진술을 하다
- **exhaustion** ⓝ 탈진
- **all-or-nothing** ⓐ 양자택일의, 이것 아니면 저것인
- **criterion** ⓝ 기준 (복수형: criteria) • **applicable** ⓐ 해당되는
- **severity** ⓝ 심각성

폭(모두가 약간 지쳤다고 느낀다)과 깊이(일부는 너무 지쳐서 더는 일을 할 수 없다)에 대한 필요의 균형을 맞추기 위해, 우리는 번아웃을 '상태'가 아니라 '범위'로 간주해야 한다. 번아웃에 대한 대부분의 대중적 논의에서, 우리는 '번아웃 된' 노동자에 대해, 마치 그 상태가 흑백 상태인 것처럼 이야기한다. 그러나, 흑백 논리의 관점은 번아웃 경험의 다양성을 설명할 수 없다. 전구의 경우 그런 것처럼, 번아웃 상태와 그렇지 않은 상태 사이에 명확한 경계가 있다면, 자신이 번아웃 되었다고 말하지만 여전히 용케도 자기 일을 유능하게 해내는 사람들을 분류할 수 있는 좋은 방법이 없다. 번아웃을 범위로 간주하면 이러한 문제를 해결할 수 있는데, 번아웃을 주장하지만 그것에 의해 쇠약해지지 않는 사람은 그것의 부분적이거나 덜 심각한 형태를 다루고 있을 뿐이다. 그들은 번아웃 '되고 있지' 않으면서 번아웃을 경험하고 있다. 번아웃은 마지막 진술을 하지 않았다.

밑줄 친 Burnout hasn't had the last word.가 다음 글에서 의미하는 바로 가장 적절한 것은?

번아웃(= 탈진)을 범위로 간주하면, 번아웃의 다양한 경험과 정도를 설명할 수 있음
① Public discussion of burnout has not reached an end. 서두에 제시된 public discussion을 이용해 만든 오답
번아웃에 대한 대중적 논의는 아직 끝나지 않았다.
② There still exists room for a greater degree of exhaustion.
탈진의 정도가 더 클 수 있는 여지가 여전히 있다.
③ All-or-nothing criteria are applicable to burnout symptoms. 흑백 논리
양자택일의 기준은 번아웃 증상에 적용 가능하다. (= 양자택일)로는 번아웃의 다양한 경험을 설명할 수 없음
④ Exhaustion is overcome in different ways based on its severity.
탈진은 그것의 심각성을 기준으로 다양한 방법으로 극복된다. 탈진의 극복 방법은 언급되지 않았음
⑤ Degrees of exhaustion are shaped by individuals' perceptions.
탈진의 정도는 개인의 인식에 의해 형성된다. 번아웃이 개인의 인식에 의해 형성된다는 말은 없음

왜 정답? [정답률 34%]

- 번아웃을 '상태'가 아니라 '범위'로 생각해야 함 **단서 1**
- 흑백 논리(대상을 둘 중 하나로 명확하게 나누는 것)로는 번아웃 경험의 다양성을 설명할 수 없음 **단서 2**
- 번아웃을 범위의 개념으로 생각하면 번아웃의 다양한 경험에 대한 분류를 할 수 있음 **단서 3**

➡ 번아웃을 '상태'로 간주(번아웃 vs 번아웃 아님 사이의 양자택일)하면 그 다양한 경험을 설명하기 어렵기 때문에, 번아웃은 '범위'로 이해해야 한다는 것이 글의 핵심이다.

▶ 따라서 밑줄 친 부분은 ② '탈진의 정도가 더 클 수 있는 여지가 여전히 있다.'를 의미한다.

왜 오답?

① 서두에 제시된 public discussion을 이용해 만든 오답일 뿐이다.
(▶◀ 이유: 대중적 논의는 이미 번아웃을 흑백 상태인 것처럼 이야기하고 있다고 언급되어 있음)

③ 흑백논리(= 양자택일)로는 번아웃의 다양한 경험을 설명할 수 없으므로, 번아웃 증상에 적용할 수 없다는 것이 글의 내용이다. 글의 주제와 반대되는 내용의 선택지이다.

④ 탈진의 극복 방법은 언급되지 않았다.
⑤ 번아웃을 명확한 상태보다는 다양한 범위로서 간주해야 한다는 것이지, '번아웃이 개인의 인식에 의해 형성된다'는 것은 논리적인 비약이다. (함정)

D 09 정답 ③ ＊인류학자들의 문화 집단 연구 방식

Around the turn of the twentieth century, / anthropologists
과거분사(선행사 anthropologists 수식)
trained in the natural sciences / began to reimagine /
20세기에 접어들면서 / 자연과학에서 훈련받은 인류학자들은 / 다시 생각하기 시작했다 /
간접의문문의 병렬 구조
what a science of humanity should look like / and **how social**
scientists ought to go / **about studying cultural groups.** //
인류학이 어떻게 보여야 하는지와 / 그리고 사회 과학자들이 어떻게 시작해야 하는지 / 문화 집단 연구를 //
insist that 주어(should) 동사원형: ~해야 한다고 주장하다
Some of those anthropologists **insisted** / **that** one **should** at least
spend significant time / actually observing and talking to / the
과거분사(선행사 people 수식) 단서1 연구 대상인 사람들을 직접 관찰하고 대화하며
people **studied.** // 시간을 할애해야 한다고 했음
그러한 인류학자들 중 일부는 주장했다 / 적어도 상당한 시간을 할애해야 한다고 / 실제로 관찰하고 대화하는 데 / 연구되는 사람들과 //

Early ethnographers such as Franz Boas and Alfred Cort
문장의 동사①
Haddon / typically **traveled** to the remote locations / **where**
관계부사
the people in question lived / and **spent** a few weeks to a few
문장의 동사②
months there. //
Franz Boas와 Alfred Cort Haddon과 같은 초기 민족지학자들은 / 일반적으로 외딴 지역으로 갔다 / 연구되고 있는 사람이 살고 있는 / 그리고 그곳에서 몇 주에서 몇 달을 보냈다 //
문장의 동사①
They **sought** out a local Western host / **who** was familiar with
주격 관계대명사
the people and the area / (such as a colonial official, missionary,
문장의 동사②
or businessman) / and **found** accommodations through them. //
그들은 서양인 호스트를 찾아내었다 / 주민들과 그 지역을 잘 알고 있는 / (식민지 관료, 선교사 혹은 사업가와 같이) / 그리고 그들을 통해 숙박 시설을 구했다 //

Although they did at times venture into the community /
without a guide, / they generally did not spend significant time
/ with the local people. // 단서2 민족지학자들은 현지인들과 상당한 시간을 보내지는 않았음
가끔은 그들은 정말이지 그 지역사회를 탐험하기도 했지만 / 가이드 없이 / 대개 그들은 상당한 시간을 보내지는 않았다 / 현지인들과 //

Thus, / their observations were primarily conducted / from their
verandas. //
그리하여 / 그들의 관찰은 주로 행해졌다 / 그들의 '베란다'에서 //

- anthropologist ⓝ 인류학자 ・ go about ~을 시작하다
- insist ⓥ 주장하다 ・ significant ⓐ 상당한, 중요한
- ethnographer ⓝ 민족지학자 ・ remote ⓐ 외딴
- in question 연구[논의]되고 있는 ・ seek out ~을 찾아내다
- colonial ⓐ 식민지의 ・ missionary ⓝ 선교사
- accommodation ⓝ 숙박 시설 ・ venture into ~을 탐험하다
- primarily ⓐⓓ 주로 ・ conduct ⓥ (특정한 활동을) 하다
- collaborative ⓐ 공동의 ・ struggle to ~하려고 애쓰다
- examine ⓥ 조사하다

20세기에 접어들면서, 자연과학에서 훈련받은 인류학자들은 인류학이 어떻게 보여야 하는지와 사회 과학자들이 문화 집단 연구를 어떻게 시작해야 하는지를 다시 생각하기 시작했다. 그러한 인류학자들 중 일부는 다른 건 몰라도 연구 대상인 사람들을 실제로 관찰하고 그들과 대화하는 데 상당한 시간을 할애해야 한다고 주장했다. Franz Boas와 Alfred Cort Haddon과 같은 초기 민족지학자들은 일반적으로 연구되고 있는 사람이 살고 있는 외딴 지역으로 가서 그곳에서 몇 주에서 몇 달을 보냈다. 그들은 (식민지 관료, 선교사 혹은 사업가와 같이) 주민들과 그 지역을 잘 알고 있는 그 지역 서양인 호스트를 찾아내어 그들을 통해 숙박 시설을 구했다. 가끔은 그들은 정말이지 가이드 없이 그 지역사회를 탐험하기도 했지만, 대개 그들은 현지인들과 상당한 시간을 보내지는 않았다. 그리하여 그들의 관찰은 주로 그들의 '베란다'에서 행해졌다.

밑줄 친 from their *verandas*가 다음 글에서 의미하는 바로 가장 적절한 것은?
원주민과 관계를 구축하기 위해 노력하는 것과 반대임
① seeking to build long-lasting relationships with the natives
원주민과 오래 지속되는 관계를 구축하기 위해 노력하기
② participating in collaborative research with natural scientists
자연 과학자들과의 공동 연구에 참여하기   자연 과학자들과 공동 연구에 참여하지 않았음
③ engaging in little direct contact with the people being studied
연구되고 있는 사람들과 직접적인 접촉을 거의 하지 않기   현지인들과는 거의 시간을 보내지 않았다고 했음
④ cooperating actively with Western hosts in the local community
지역사회에서 서양인 호스트와 적극적으로 협력하기   서양인 호스트를 통해 숙박 시설을 구했을 뿐임
⑤ struggling to take a wider view of the native culture examined
조사 대상인 원주민 문화에 관한 더 넓은 관점을 갖기 위해 애쓰기
조사 대상인 원주민을 언급한 것으로 만든 함정

＞왜 정답? [정답률 54%]

- 인류학자들 중 일부는 연구 대상인 사람들을 직접 관찰하고 대화하며 시간을 할애해야 한다고 함 단서1
- 초기 민족지학자들이 연구를 할 때 현지인과 상당한 시간을 보내지 않았음 단서2

➡ 자연과학에서 훈련받은 인류학자들은 연구 대상인 사람들을 직접 관찰하면서 소통하는 연구가 중요하다고 주장했다. 그러나 초기 민족지학자들은 연구 대상인 현지인과 직접 접촉하거나 시간을 보내지 않고 멀리에서 지켜보기만 했다.

▶ 관찰이 주로 '그들의 베란다에서' 행해졌다는 말이 의미하는 바: ③ '연구되고 있는 사람들과 직접적인 접촉을 거의 하지 않기'

＞왜 오답?

① 원주민과 오래 지속되는 관계를 구축하기 위해 노력하지 않았다.
② 자연 과학자들과 공동 연구에 참여했다는 내용은 없다.
④ 서양인 호스트를 통해 숙박 시설을 구한 것은 맞지만 밑줄 친 부분의 의미는 아니다. (이유: 민족지학자들이 서양인 호스트를 통해 숙박 시설을 구한 것을 확대 해석하면 안 됨)
⑤ 원주민을 언급했을 뿐, 문화에 대한 더 넓은 관점을 갖고자 애썼다는 것은 아니다.

D 10 정답 ③ ＊실용적, 이론적 지식을 모두 필요로 하는 건축가

rise의 과거(자동사)
The position of the architect / **rose** during the Roman Empire, /
as architecture symbolically became / a particularly important
political statement. //
건축가의 지위는 / 로마 제국 시대에 상승했는데 / 이는 건축이 상징적으로 되었기 때문이다 / 특히 중요한 정치적 성명이 //

Cicero classed the architect with the physician and the teacher /
'so+형용사+관사+명사' 어순 cf) 'such+관사+형용사+명사' 어순
and Vitruvius spoke of "**so great a profession** as this." //
Cicero는 건축가를 의사와 교사와 같은 부류에 넣었으며 / Vitruvius는 '이토록 위대한 직업'에 대해 말했다 //
단서1 건축은 실용적 지식과 이론적 지식 모두 필요로 함
Marcus Vitruvius Pollio, / a **practicing** architect during the rule
현재분사(architect 수식)
of Augustus Caesar, / recognized **that** architecture requires /
명사절 접속사
both practical and theoretical knowledge, /
Marcus Vitruvius Pollio는 / Augustus Caesar 통치 시기에 활동하던 건축가인 / 건축이 필요로 한다는 점을 인정했으며 / 실용적 지식과 이론적 지식을 모두 /
목적격 관계대명사 생략 현재분사(architect 수식)
and he listed **the disciplines he** felt the **aspiring** architect should
master: / literature and writing, draftsmanship, mathematics,
history, philosophy, music, medicine, law, and astronomy / — a
주격 관계대명사
curriculum **that** still has much to recommend it. //
그는 장차 건축가가 되려는 자가 숙달해야 한다고 생각한 학문 분야를 나열했는데 / 이는 문학과 작문, 제도, 수학, 역사, 철학, 음악, 의학, 법, 그리고 천문학이었고 / 이것은 여전히 많은 추천을 받는 교육과정이다 //

All of this study was necessary, he argued, / because architects
주격 관계대명사
who have aimed at acquiring manual skill without scholarship
현재완료
/ **have never been** able to reach a position of authority /
형용사적 용법(position 수식) 단서2 학문 없이 손기술만 습득하는 건축가는
to correspond to their plans, / 권위 있는 지위에 도달할 수 없음
그는 이 모든 학문이 필요하다고 주장했는데 / 그 이유는 학문 없이 손기술을 습득하려 한 건축가는 / 결코 권위 있는 지위에 도달할 수 없었던 반면 / 자신의 계획에 상응하는 /

while **those who** have relied only upon theories and scholarship
those who: ~한 사람들
/ were obviously "hunting the shadow, not the substance." //

오로지 이론과 학문에만 의존한 건축가는 / 분명히 '실체가 아닌 그림자를 쫓고 있었기' 때문이다 //

단서 3 반대로 손기술 없이 이론과 학문에만 의존하는 건축가는 '실체가 아닌 그림자를 쫓고' 있음

- **architect** ⓝ 건축가 • **empire** ⓝ 제국 • **architecture** ⓝ 건축
- **symbolically** ⓐⓓ 상징적으로 • **statement** ⓝ 성명
- **class** ⓥ 분류하다 • **physician** ⓝ 의사 • **profession** ⓝ 직업
- **practice** ⓥ 활동하다 • **practical** ⓐ 실용적인
- **theoretical** ⓐ 이론적인 • **aspire** ⓥ 열망하다
- **draftsmanship** ⓝ 제도 • **astronomy** ⓝ 천문학
- **manual** ⓐ 손의 • **scholarship** ⓝ 학문 • **authority** ⓝ 권위
- **correspond** ⓥ 상응하다 • **substance** ⓝ 실체

건축가의 지위는 로마 제국 시대에 상승했는데, 이는 건축이 상징적으로 특히 중요한 정치적 성명이 되었기 때문이다. Cicero는 건축가를 의사와 교사와 같은 부류에 넣었으며, Vitruvius는 '이토록 위대한 직업'에 대해 말했다. Augustus Caesar 통치 시기에 활동하던 건축가인 Marcus Vitruvius Pollio는 건축이 실용적 지식과 이론적 지식을 모두 필요로 한다는 점을 인정했으며, 그는 장차 건축가가 되려는 자가 숙달해야 한다고 생각한 학문 분야를 나열했는데, 이는 문학과 작문, 제도, 수학, 역사, 철학, 음악, 의학, 법, 그리고 천문학이었고, 이것은 여전히 많은 추천을 받는 교육과정이다. 그는 이 모든 학문이 필요하다고 주장했는데, 그 이유는 학문 없이 손기술을 습득하려 한 건축가는 결코 자신의 계획에 상응하는 권위 있는 지위에 도달할 수 없었던 반면, 오로지 이론과 학문에만 의존한 건축가는 분명히 '실체가 아닌 그림자를 쫓고 있었기' 때문이다.

밑줄 친 hunting the shadow, not the substance가 다음 글에서 의미하는 바로 가장 적절한 것은? [3점]

건축 목표에 필요한 과목을 구별하는 것이 아니라, 모든 과목이 건축에 요구된다는 내용임

① seeking abstract knowledge emphasized by architectural tradition 건축 전통이나 추상적 지식에 관한 언급은 없었음
건축 전통에 의해 강조되는 추상적 지식을 추구하기

② discounting the subjects necessary to achieve architectural goals
건축 목표를 달성하는 데 필요한 과목들을 무시하기

③ pursuing the ideals of architecture without the practical skills
실용적인 기술 없이 건축의 이상을 추구하기
기술 없이 이론만으로 건축의 이상을 쫓는 건축가들에 관한 설명임

④ prioritizing architecture's material aspects over its artistic ones
건축의 예술적 측면보다 물질적 측면을 우선시하기
건축가의 실용적, 이론적 지식에 관한 내용이므로, 예술적, 물질적 측면에 관한 언급은 없었음

⑤ following historical precedents without regard to current standards 건축에 관한 현대 기준이나 역사적 선례와 같은 내용은 언급되지 않음
현재 기준을 고려하지 않고 역사적 선례를 따르기

왜 정답? [정답률 52%]

1st 첫 부분과 밑줄 친 부분이 포함된 부분을 읽고, 글의 내용을 예상한다.

첫 부분	건축가의 지위는 로마 제국 시대에 상승했는데, 이는 건축이 상징적으로 특히 중요한 정치적 성명이 되었기 때문이다.
밑줄 친 부분이 포함된 부분	그는 이 모든 학문이 필요하다고 주장했는데, 그 이유는 학문 없이 손기술을 습득하려 한 건축가는 결코 자신의 계획에 상응하는 권위 있는 지위에 도달할 수 없었던 반면, 오로지 이론과 학문에만 의존한 건축가는 분명히 '실체가 아닌 그림자를 쫓고 있었기' 때문이다.

➡ **첫 부분:** 로마 제국 당시 건축가의 지위가 상당히 중요하고 높았음

밑줄 친 부분이 포함된 부분: 건축가에게 필요한 학문을 나열한 후, 학문 없이 손기술만 습득하는 건축가는 권위에 도달할 수 없을 것이라 했고, 손기술 없이 학문에만 의존하는 건축가는 '실체가 아닌 그림자를 쫓고 있다'라고 표현함

➡ 로마 제국 당시 건축가의 지위와 건축가에게 필요한 역량에 관한 고찰을 설명한 글이다. 밑줄 친 부분은 당시 건축가에게 필요하다고 인정되었던 여러 학문이 나열된 후, 이 모든 학문이 건축가에게 필요하다고 주장했음을 소개하고 있다. 이후에 학문 없이 손기술만 습득하려는 건축가를 부정적으로 바라보았으므로, 반대의 경우인 이론과 학문에만 의존하는 건축가 역시 부정적으로 바라보았을 것이다.

2nd 글의 나머지 부분을 읽고, 예상한 내용이 맞는지 확인한다.

- Marcus Vitruvius Pollio는 건축은 실용적 지식과 이론적 지식 모두 필요로 한다고 주장함 **단서 1**
- 학문 없이 손기술만 습득하는 건축가는 권위 있는 지위에 도달할 수 없음 **단서 2**
- 반대로 손기술 없이 이론과 학문에만 의존하는 건축가는 '실체가 아닌 그림자를 쫓고' 있음 **단서 3**

➡ Marcus Vitruvius Pollio는 건축가에게는 실용적 지식과 이론적 지식 모두 요구된다고 주장했으며, 건축가에게 필요한 학문들을 나열한 후, 모든 학문이 필요하다고 했다. 따라서 이론과 기술 중 하나만을 추구하는 건축가를 부정적으로 평가하고 있다.

3rd 파악한 글의 내용을 종합하여 밑줄 친 부분의 의미를 파악한다.

로마 제국 당시 건축가의 지위가 상당히 높았으며, 건축가에게 요구되는 자질도 많았다는 내용이다. 구체적으로, Marcus Vitruvius Pollio는 건축에는 실용적 지식과 이론적 지식 모두 요구된다고 주장했다.

따라서 이론 없이 기술만 습득하는 건축가를 부정적으로 평가한 것과 마찬가지로, 기술 없이 이론에만 의존하는 건축가 역시 '실체가 아닌 그림자를 쫓고' 있다고 표현한 것의 의미는 ③ '실용적인 기술 없이 건축의 이상을 추구하기'이다.

| 선택지 분석 |

① 건축 전통이나 추상적 지식에 관한 언급은 없었다.

② 건축 목표에 필요한 과목을 구별하는 것이 아니라, 모든 과목이 건축에 요구된다는 내용이다.

③ 기술 없이 이론만으로 건축의 이상을 쫓는 건축가들에 관한 설명이다.

④ 건축가의 실용적, 이론적 지식에 관한 내용이므로, 예술적, 물질적 측면에 관한 언급은 없었다.

⑤ 건축에 관한 현대 기준이나 역사적 선례와 같은 내용은 언급되지 않았다.

배지오 | 연세대 약학과 2025년 입학 · 성남 낙생고 졸

architect라는 단어가 반복되기 때문에 건축에 대한 글이라는 것을 알 수 있어. 더 나아가 건축이 로마 제국 시대에 정치적 성명의 역할을 했다는 것을 파악했다면 잘 한거야. 세 번째 recognized that architecture ~ theoretical knowledge 라는 문장에서 건축은 실용적 지식과 이론적 지식 모두를 필요로 한다고 주장해. 따라서 실용적 지식식만 갖춘 architects who have aimed at acquiring manual skill without scholarship과 이론적 지식만 갖춘 those who have relied only upon theories 둘 다 불완전하다는 말이 나와야 하겠지!

 **자이 쌤's Follow Me!** – 홈페이지에서 제공

D 11 정답 ⑤ *세계를 있는 그대로 볼 수는 없는 우리

Our view of the world / is not given to us / from the outside / in a pure, objective form; /

세계에 대한 우리의 관점은 / 우리에게 주어지지 않는다 / 외부에서 / 순수하고 객관적인 형태로 /

단서 1 우리의 세계관은 우리의 정신력, 문화적 관점, 가치관 등에 의해 형성됨

it is shaped / by our mental abilities, our shared cultural perspectives and our unique values and beliefs. //

그것은 형성된다 / 우리의 정신 능력, 우리의 공유된 문화적 관점, 그리고 우리의 독특한 가치관과 신념에 의해 //

This is not to say / **that** there is no reality outside our minds / or **that** the world is just an illusion. //
to say의 목적어절을 이끄는 명사절 접속사의 병렬 구조

이것은 말하는 것이 아니다 / 우리의 마음 외부에 현실이 없다거나 / 세계는 환영에 불과하다고 //

It is to say / **that** our version of reality is precisely **that**: / our version, / not *the* version. //
명사절 접속사 ... *지시대명사*

그것은 말하는 것이다 / 현실에 대한 우리의 버전은 바로 그것이라고 / '우리의' 버전 / '그' 버전이 아니라 //

There is no single, universal or authoritative version / **that** makes sense, / other than as a theoretical construct. //
주격 관계대명사

단일하거나, 보편적이거나 또는 권위 있는 버전은 없다 / 이치에 맞는 / 이론적 구성물로서가 아닌 //

We can see the world / only as it appears to us, / not "as it truly is," / because there is no "as it truly is" / without a perspective / to give it form. //

우리는 세계를 볼 수 있다 / 그것이 우리에게 보이는 대로만 / '정말로 있는 그대로'가 아니라 / '정말로 있는 그대로'란 없기 때문에 / 관점 없이 / 그것에 형태를 부여하는 //

Philosopher Thomas Nagel argued / that there is no "view from nowhere," /

철학자 Thomas Nagel은 주장했다 / '입장이 없는 관점'은 없다고 /

since we cannot see the world / except from a particular perspective, / and **that** perspective influences / what we see. //
〈이유〉의 부사절 접속사   지시형용사

우리는 세계를 볼 수 없기 때문에 / 특정한 관점에서를 제외하고는 / 그리고 그 관점이 영향을 미치기 때문에 / 우리가 보는 것에 //

We can experience the world / only through the human lenses / that make it intelligible to us. //

우리는 세계를 경험할 수 있다 / 인간의 렌즈를 통해서만 / 그것을 우리가 이해할 수 있게 만드는 //

- pure ⓐ 순수한, 완전한
- objective ⓐ 객관적인
- perspective ⓝ 관점, 시각
- reality ⓝ 현실
- precisely ⓐⅾ 바로, 정확하게
- universal ⓐ 보편적인, 일반적인
- authoritative ⓐ 권위적인
- theoretical ⓐ 이론의, 이론적인
- construct ⓝ 생각, 건축물
- philosopher ⓝ 철학자
- intelligible ⓐ (쉽게) 이해할 수 있는

세계에 대한 우리의 관점은 순수하고 객관적인 형태로 외부에서 우리에게 주어지는 것이 아니라, 그것은 우리의 정신 능력, 우리의 공유된 문화적 관점, 그리고 우리의 독특한 가치관과 신념에 의해 형성된다. 이것은 우리의 마음 외부에 현실이 없다거나 세계는 환영에 불과하다고 말하는 것이 아니다. 그것은 현실에 대한 우리의 버전은 바로 그것, 즉 '우리의' 버전이지 '그' 버전은 아니라고 말하는 것이다. 이론적 구성물로서가 아닌, 이치에 맞는 단일하거나, 보편적이거나 또는 권위 있는 버전은 없다. 우리는 세계를 '정말로 있는 그대로'가 아니라, 그것이 우리에게 보이는 대로만 볼 수 있는데, 왜냐하면 세계에 형태를 부여하는 관점 없이 '정말로 있는 그대로'란 없기 때문이다. 철학자 Thomas Nagel은 '입장이 없는 관점'은 없다고 주장했는데, 왜냐하면 우리는 특정한 관점에서 보는 경우를 제외하고는 세계를 볼 수 없고, 그 관점이 우리가 보는 것에 영향을 미치기 때문이다. 우리는 세계를 우리가 이해할 수 있게 만드는 인간의 렌즈를 통해서만 세계를 경험할 수 있다.

밑줄 친 "view from nowhere"가 다음 글에서 의미하는 바로 가장 적절한 것은? [3점]

① perception of reality affected by subjective views
주관적인 견해에 영향을 받는 현실 인식   밑줄 앞의 no에 주의해야 함

② valuable perspective most people have in mind
대부분의 사람이 염두에 두고 있는 가치 있는 관점   대다수 또는 소수가 가진 세계관에 대한 내용이 아님

③ particular view adopted by very few people
극소수의 사람에게 채택된 특정한 견해

④ critical insight that defeats our prejudices
우리의 편견을 물리치는 비판적 통찰   편견을 버리려는 노력이 없음을 비판하는 것이 아님

⑤ unbiased and objective view of the world
편견이 없으면서 객관적인 세계관   '정말로 있는 그대로'라는 것은 없음

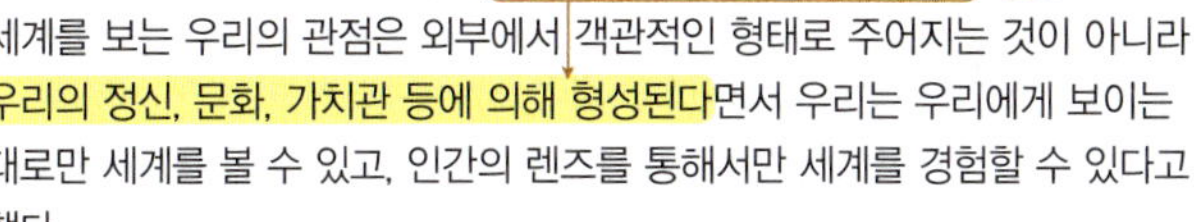

왜 정답? [정답률 59%]   주관적으로 형성된다는 것을 의미함 꿀팁

세계를 보는 우리의 관점은 외부에서 객관적인 형태로 주어지는 것이 아니라 우리의 정신, 문화, 가치관 등에 의해 형성된다면서 우리는 우리에게 보이는 대로만 세계를 볼 수 있고, 인간의 렌즈를 통해서만 세계를 경험할 수 있다고 했다.

이러한 글의 내용을 뒷받침하기 위해 Thomas Nagel의 말을 인용한 것이므로, Thomas Nagel이 없다고 주장한 '입장이 없는 관점'은 ⑤ '편견이 없으면서 객관적인 세계관'이다.

왜 오답?

① '주관적인 견해에 영향을 받는 현실 인식'이 없다고(no) 말하는 것은 글과 정반대의 내용이 된다. 함정

②, ③ 대다수가 가진 세계관 또는 극소수만이 채택하는 세계관에 대해서 설명하는 글이 아니다.

④ 우리가 우리의 렌즈를 통해 세계를 본다는 것이 편견을 의미한다고 할 수는 있지만, 그러한 편견을 버리려는 통찰이 없다는 등의 비판을 제기하는 글은 아니다.

D 12 정답 ①   * 대화에서 화자의 의도를 나타내는 단서를 알아차리는 것의 필요성

In improv, / the actors have no control / of the conversation or the direction it takes. //

즉흥 연극에서 / 배우들은 통제할 수 없다 / 대화나 대화의 방향을 //

They can only react / to the other actors' words or nonverbal communication. //

그들은 반응할 수 있을 뿐이다 / 다른 배우들의 말이나 비언어적 의사소통에 //

Because of this, / the actors become experts / at reading body language and reading between the lines of **what** is said. //
선행사를 포함한 관계대명사

이 때문에 / 배우들은 전문가가 된다 / 몸짓 언어를 읽고 발화의 행간을 읽는 데 //

If they are unable to do this, / they are left in the dark / and the performance crumbles. //
조건의 부사절 접속사

만약 그들이 이것을 할 수 없다면 / 그들은 알지 못하는 상태에 있게 되며 / 공연은 무너진다 //

This applies to our daily conversations, / but we're usually too self-centered to notice. //

이것은 우리의 일상적인 대화에도 적용되지만 / 우리는 대개 너무 자기 중심적이어서 알아챌 수 없다 //

Just like the improv actors become adept / at picking up on the breadcrumbs of the conversation, / we need to do the same. //

즉흥 연극 배우들이 능숙해지는 것처럼 / 대화의 빵 부스러기를 알아차리는 데 / 우리는 똑같이 할 필요가 있다 //

When people want to talk about **something specific,** / **rarely will they come out** and just say it. //
-thing으로 끝나는 대명사는 뒤에서 수식함   부정어 구문 도치(rarely+동사+주어)

사람들이 구체적인 무언가에 대해 말하기를 원할 때 / 그들은 좀처럼 나서서 그것을 말하지 않을 것이다 //

99 percent of people won't say, / "Hey, let's talk about my dog now. So...."//

99퍼센트의 사람들은 말하지 않을 것이다 / "이봐, 지금 내 강아지에 대해 말해보자. 그러니...."라고 //

Instead, they will hint at it. // 대신에, 그들은 그것을 암시할 것이다 //

When they bring up a topic unprompted, / or ask questions about it, / they want to talk about it. //

그들이 남이 시키지 않은 상태에서 화제를 제시하거나 / 그것에 관해 질문할 때 / 그들은 그것에 대해 말하기를 원하는 것이다 //

Sometimes, / when the other person seems to not pick up on these signals, / they will **keep redirecting** the conversation / to **that** specific topic. //
지시형용사   keep -ing: 계속 ~하다

때때로 / 상대방이 이 신호를 알아차리는 것처럼 보이지 않을 때 / 그들은 계속해서 대화를 다시 돌릴 것이다 / 그 특정 주제로 //

If they seem excited / whenever the topic comes up, / they want to talk about it. //

만약 그들이 신나 보인다면 / 그 화제가 나타날 때마다 / 그들은 그것에 대해 말하기를 원하는 것이다 //

- conversation ⓝ 대화
- nonverbal ⓐ 비언어적인
- apply to 적용하다
- pick up on 알아차리다
- specific ⓐ 구체적인
- unprompted ⓐ 자발적인
- roundabout ⓐ 둘러가는, 우회적인
- reveal ⓥ 밝히다, 드러내다
- intention ⓝ 의도
- distract ⓥ 방해하다
- unexpected ⓐ 예상치 못한

즉흥 연극에서, 배우들은 대화나 대화의 방향을 통제할 수 없다. 그들은 다른 배우들의 말이나 비언어적 의사소통에 반응할 수 있을 뿐이다. 이 때문에, 배우들은 몸짓 언어를 읽고 발화의 행간을 읽는 데 전문가가 된다. 만약 그들이 이것을 할 수 없다면, 그들은 알지 못하는 상태에 있게 되며 공연은 무너진다. 이것은 우리의 일상적인 대화에도 적용되지만, 우리는 대개 너무 자기 중심적이어서 알아챌 수 없다. 즉흥 연극 배우들이 대화의 빵 부스러기를 알아차리는 데 능숙해지는 것처럼, 우리는 똑같이 할 필요가 있다. 사람들이 구체적인 무언가에 대해 말하기를 원할 때, 그들은 좀처럼 나서서 그것을

말하지 않을 것이다. 99퍼센트의 사람들은 "이봐, 지금 내 강아지에 대해 말해보자. 그러니...."라고 말하지 않을 것이다. 대신에, 그들은 그것을 암시할 것이다. 그들이 남이 시키지 않은 상태에서 화제를 제시하거나 그것에 관해 질문할 때, 그들은 그것에 대해 말하기를 원하는 것이다. 때때로, 상대방이 이 신호를 알아차리는 것처럼 보이지 않을 때, 그들은 계속해서 대화를 그 특정 주제로 다시 돌릴 것이다. 만약 그들이 그 화제가 나타날 때마다 신나 보인다면, 그들은 그것에 대해 말하기를 원하는 것이다.

밑줄 친 the breadcrumbs of the conversation이 다음 글에서 의미하는 바로 가장 적절한 것은? [3점]

① roundabout hints revealing the speaker's intention
화자의 의도를 드러내는 우회적인 힌트　화자가 하고 싶은 말을 암시하는 단서를 드러낼 수 있다는 내용임
② opening words to make the topic more interesting
주제를 더 흥미롭게 만드는 시작의 말　주제를 더 흥미롭게 한다는 내용은 없음
③ part of the conversation that distracts the listeners
청중을 산만하게 만드는 대화의 부분　청자를 방해하는 것에 대한 내용이 아님
④ characteristics that are unique to the actors themselves
배우들만의 독특한 특징들　배우의 특징에 대한 언급은 없음
⑤ unexpected reactions of the audience to the performance
공연에 대한 관객의 예상치 못한 반응　관객의 반응에 대한 내용이 아님

왜 정답? [정답률 65%]

- 즉흥 연극 배우들은 대화를 이어나가기 위해 상대의 비언어적 표현을 알아차리고 말의 행간을 읽는 것에 전문가임 **단서 1**
- 일상 대화에서도 마찬가지로 상대의 의도를 드러내는 단서를 잘 알아차려야 함 **단서 2**

➡ 즉흥 연극 배우들이 '대화의 빵 부스러기(= 직접적으로 드러나지 않고 암시되어 있는 상대의 의도)'를 알아차리는 것에 능숙해지듯 우리도 그렇게 해야 한다는 것이 이 글의 중심 내용이다.

▶ 따라서 밑줄 친 부분은 ① '화자의 의도를 드러내는 우회적인 힌트'를 의미한다.

왜 오답?

② 주제를 더 흥미롭게 만드는 시작의 말에 대한 내용이 아니다.
③ 청자를 방해하는 대화의 부분에 대한 설명은 없다.
④ 배우의 독특한 특징에 대한 글이 아니다.
⑤ 관객이 공연에 대해 어떻게 반응하는지에 대한 언급은 없다.

자이 쌤's Follow Me! − 홈페이지에서 제공

D 13 정답 ① ＊보석을 찾아주는 알고리즘

You may feel / there is something scary / about an algorithm / deciding / what you might like. //
현재분사 deciding의 목적어절
여러분은 느낄 수 있다 / 뭔가 무서운 것이 있다고 / 알고리즘에 대해 / 결정하는 / 여러분이 좋아할지도 모르는 것을

Could it mean / that, if computers conclude / you won't like something, / you will never get the chance / to see it? //
형용사적 용법(the chance 수식)
그것은 의미하는가 / 컴퓨터가 결론을 내린다면 / 당신이 뭔가를 좋아하지 않을 것이라고 / 당신은 기회를 결코 얻지 못하리라는 것 / 그것을 볼 //

Personally, I really enjoy being directed / toward new music / that I might not have found by myself. //
목적격 관계대명사　　동명사의 수동태　　선행사
개인적으로 나는 안내받는 것을 정말 좋아한다 / 새로운 음악 쪽으로 / 내가 스스로는 발견하지 못했을 //

I can quickly get stuck / in a rut / where I put on the same songs / over and over. //
선행사　관계부사
나는 빨리 갇힐 수 있다 / 틀에 / 내가 같은 노래를 재생하는 / 계속 반복해서 //

That's / why I've always enjoyed the radio. //
그것이 ~이다 / 내가 항상 라디오를 즐겨 듣는 이유 //　주격 보어로 쓰인 간접의문문

But the algorithms / that are now pushing and pulling me / 복수 주어
through the music library / are perfectly suited / to finding gems / that I'll like. // **단서 1** 알고리즘이 내가 좋아할 노래를 찾는 데 완벽하게 적합함
복수 동사
그러나 알고리즘은 / 지금 나를 밀고 당기고 있는 / 뮤직 라이브러리를 통해 / 완벽하게 적합하다 / 보석을 찾는 데 / 내가 좋아할 //

My worry originally / about such algorithms / was that they
단수 주어　　　　　　　　　　　　단수 동사 주격 보어절 접속사
might drive everyone / into certain parts of the library, / leaving others lacking listeners. // **단서 2** 알고리즘이 모든 사람을 특정 음악으로만 몰아넣을까 봐 걱정함
원래 나의 걱정은 / 그런 알고리즘에 대한 / ~이었다 / 그것이 모든 사람을 몰아넣을 수 있다는 것 / 라이브러리의 특정 부분으로 / 나머지는 듣는 이들이 부족하게 하면서 //

Would they cause / a convergence of tastes? //
그것은 일으킬 것인가 / 취향의 수렴을 //

But thanks to the nonlinear and chaotic mathematics / usually behind them, / this doesn't happen. // **단서 3** 걱정하는 일은 일어나지 않음
그러나 비선형적이고 불규칙적인 수학 덕분에 / 일반적으로 그 배후에 있는 / 이런 일은 발생하지는 않는다 // **단서 4** 각자의 취향을 비교하여 갈라짐

A small divergence / in my likes / compared to yours / can send　= your likes
us off / into different far corners of the library. //
작은 갈라짐이 / 내가 좋아하는 것의 / 여러분의 것과 비교하여 / 우리를 보낼 수 있다 / 라이브러리의 서로 다른 저 멀리 떨어진 구석들로 //

- conclude ⓥ 결론을 내리다, 끝나다　　・ stuck ⓐ 움직일 수 없는, 갇힌
- suit ⓥ 어울리다, 맞다　　・ lack ⓥ 부족하다, 없다
- convergence ⓝ 집합점, 수렴　　・ nonlinear ⓐ 직선이 아닌
- chaotic ⓐ 혼돈 상태인

여러분은 여러분이 좋아할지도 모르는 것을 결정하는 알고리즘에 대해 뭔가 무서운 것이 있다고 느낄 수 있다. 그것은 당신이 뭔가를 좋아하지 않을 것이라고 컴퓨터가 결론을 내린다면 당신은 그것을 볼 기회를 결코 얻지 못할 수도 있다는 뜻인가? 개인적으로, 나는 스스로는 발견하지 못했을 새로운 음악 쪽으로 안내받는 것을 정말 좋아한다. 나는 같은 노래를 계속 반복해서 재생하는 틀에 빨리 갇힐 수 있다. 그래서 나는 항상 라디오를 즐겨 듣는다. 그러나 지금 뮤직 라이브러리를 통해 나를 밀고 당기고 있는 알고리즘은 내가 좋아할 보석을 찾는 데 완벽하게 적합하다. 원래 그런 알고리즘에 대한 나의 걱정은 모든 사람을 라이브러리의 특정 부분으로 몰아넣고 나머지는 듣는 이들이 부족하게 만들 수 있다는 것이었다. 그것은 취향의 수렴을 일으킬 것인가? 그러나 일반적으로 그 배후에 있는 비선형적이고 불규칙적인 수학 덕분에 이런 일은 발생하지는 않는다. 여러분이 좋아하는 것과 비교하여 내가 좋아하는 것의 작은 갈라짐이 우리를 라이브러리의 서로 다른 저 멀리 떨어진 구석들로 보낼 수 있다.

밑줄 친 send us off into different far corners of the library가 다음 글에서 의미하는 바로 가장 적절한 것은? [3점]

① lead us to music selected to suit our respective tastes
우리를 우리 각각의 취향에 맞도록 선택된 음악으로 이끌다　각각의 사람들이 좋아할 음악으로 안내함
② enable us to build connections with other listeners
우리가 다른 청취자들과 관계를 맺을 수 있게 하다　사람들이 관계를 맺는다는 것이 아님
③ encourage us to request frequent updates for algorithms
우리에게 알고리즘을 위한 잦은 업데이트를 요구하라고 권하다　업데이트를 필요로 한다는 언급은 없음
④ motivate us to search for talented but unknown musicians
재능이 있지만 알려지지 않은 음악가들을 찾도록 우리에게 동기를 주다　우리 스스로 찾는 것이 아님
⑤ make us ignore our preferences for particular music genres
우리가 특정 음악 장르에 대한 우리의 선호를 무시하도록 만들다　우리의 선호를 반영함

왜 정답? [정답률 55%]　뮤직 라이브러리의 특정 부분에만 사람들이 몰리는 일이 일어나지 않음, 즉 다양한 부분으로 사람들이 퍼짐 🍯

나를 내가 좋아할 음악으로 안내하는 알고리즘에 대해, 원래는 그것이 모든 사람을 특정 음악으로 몰아넣고 다른 음악은 듣는 사람이 부족하게 만들까 봐 걱정했지만, 그런 일은 일어나지 않는다고 했다.

내가 좋아하는 것과 다른 사람이 좋아하는 것이 갈라진다는 사실이 우리 각각을 뮤직 라이브러리의 다양한 부분으로 보낸다는 것은, 우리가 각자의 취향에 의해 우리가 좋아할 음악으로 안내받는다는 의미이므로 정답은 ① '우리를 우리 각각의 취향에 맞도록 선택된 음악으로 이끈다'이다.

왜 오답?

② my likes와 yours가 등장하긴 하지만, 나와 다른 청취자들이 어떤 관계를 맺는다는 내용이 아니다.
③ 알고리즘이 우리의 취향을 더 세밀하게 반영하여 안내할 수 있도록 잦은 업데이트가 필요하다는 등의 언급은 없다.
④ 우리로 하여금 스스로 새로운 음악을 찾도록 동기를 부여하는 것이 아니라 알고리즘이 우리를 우리가 좋아할 음악으로 안내하는 것에 대한 내용이다.
⑤ 우리의 선호를 반영하여 안내한다는 것이므로 글의 내용과 완전히 반대된다.

D 14 정답 ⑤ ＊눈의 움직임과 시각 안정성

병렬 구조

Turn the lights out / and point the beam of a small flashlight / up into one of your eyes. //
조명을 끄고 / 작은 손전등의 빛줄기가 향하게 하라 / 여러분의 한쪽 눈 안을 //

Shake the beam around /
빛줄기를 이리저리 흔들어라 /

★접속사가 생략되지 않은 분사구문
while moving your gaze up and down. //
여러분의 시선을 위아래로 움직이면서 //

> ★ 분사구문에서 접속사를 생략하지 않는 경우
> 분사구문의 의미를 명확하게 나타내기 위해 접속사를 생략하지 않는 경우도 있다. (= ~ while you are moving gaze up and down.)

You should catch glimpses /
여러분은 얼핏 보게 될 것이다 /

of what look like delicate branches. //
미세한 가지들처럼 보이는 것을 //

These branches are shadows of the blood vessels / that lie on top of your retina. //
주격 관계대명사
이 가지들은 혈관의 그림자들이다 / 여러분의 망막 위에 있는 //

The vessels constantly cast shadows / as light streams into the eye, / but because these shadows never move, / the brain ceases responding to them. //
그 혈관들은 끊임없이 그림자를 드리우지만 / 빛이 눈으로 흘러들어 오는 동안 / 이 그림자들은 절대 움직이지 않기 때문에 / 뇌가 이것들에 반응하는 것을 멈춘다 //

Moving the flashlight beam around shifts the shadows / just enough to make them momentarily visible. //
동명사구 주어(단수 취급)   단수 동사
손전등 빛줄기를 이리저리 움직이는 것은 그림자를 이동시킨다 / 그림자가 잠깐 눈에 보이게 할 만큼만 //

목적어절 접속사   cause의 목적어와 목적격 보어(to부정사)
Now you might wonder / if you could cause an image to fade / just by staring at something unmoving. //
이제 여러분은 궁금해할지도 모른다 / 이미지가 사라지도록 할 수 있는지 / 움직이지 않는 무언가를 단지 응시하는 것만으로도 //

But that is not possible / because the visual system constantly jiggles the eye muscles, / which prevents the perfect stabilization / of images of the world. //
계속적 용법의 주격 관계대명사
[단서 1] 눈 근육의 흔들림이 이미지의 완벽한 안정화를 막음
그러나 그것은 불가능하다 / 시각 체계가 끊임없이 눈의 근육을 가볍게 흔들고 있고 / 이것이 완벽한 안정화를 막기 때문에 / 세상의 이미지들의 //

These muscle movements are unbelievably small, / but their effect is huge. //
= these muscle movements'
이 근육의 움직임들은 믿을 수 없을 정도로 작지만 / 그 효과는 엄청나다 //

Without them, / we would go blind / by tuning out what we see / shortly after fixating our gaze! //
[단서 2] 눈 근육의 흔들림 덕분에 시각적으로 볼 수 있음
그것들이 없으면 / 우리는 보지 못하게 될 것이다 / 보고 있는 것을 무시함으로써 / 시선을 고정한 직후에 //

It's an interesting notion: / Approximate perfection is better than perfect perfection. //
이것은 흥미로운 개념이다 / 근사치의 완벽함이 완벽한 완벽함보다 더 낫다 //

- **beam** ⓝ 빛줄기 ・ **catch a glimpse** 얼핏 보다
- **delicate** ⓐ 연약한 ・ **blood vessel** 혈관
- **cast** ⓥ (그림자를) 드리우다 ・ **cease** ⓥ 중단되다
- **momentarily** ⓐⓓ 잠깐, 곧 ・ **stabilization** ⓝ 안정화
- **fixate** ⓥ 정착[고정]시키다 ・ **approximate** ⓐ 거의 정확한, 근사치인
- **blurry** ⓐ 흐릿한 ・ **sensitively** ⓐⓓ 민감하게
- **distortion** ⓝ 왜곡 ・ **shaky** ⓐ 떨리는, 불안한

조명을 끄고 작은 손전등의 빛줄기가 여러분의 한쪽 눈 안을 향하게 하라. 여러분의 시선을 위아래로 움직이면서 빛줄기를 이리저리 흔들어라. 여러분은 미세한 가지들처럼 보이는 것을 얼핏 보게 될 것이다. 이 가지들은 여러분의 망막 위에 있는 혈관의 그림자들이다. 그 혈관들은 빛이 눈으로 흘러들어 오는 동안 끊임없이 그림자를 드리우지만, 이 그림자들은 절대 움직이지 않기 때문에 뇌가 이것들에 반응하는 것을 멈춘다. 손전등 빛줄기를 이리저리 움직이는 것은 그림자가 잠깐 눈에 보이게 할 만큼만 그림자를 이동시킨다. 이제 여러분은

움직이지 않는 무언가를 단지 응시하는 것만으로도 이미지가 사라지도록 할 수 있는지 궁금해할지도 모른다. 그러나 시각 체계가 끊임없이 눈의 근육을 가볍게 흔들고 있고 이것이 세상의 이미지들의 완벽한 안정화를 막기 때문에 그것은 불가능하다. 이 근육의 움직임들은 믿을 수 없을 정도로 작지만 그 효과는 엄청나다. 그것들이 없으면 우리는 시선을 고정한 직후에 보고 있는 것을 무시함으로써 보지 못하게 될 것이다! 이것은 흥미로운 개념이다. 근사치의 완벽함이 완벽한 완벽함보다 더 낫다.

밑줄 친 Approximate perfection is better than perfect perfection이 다음 글에서 의미하는 바로 가장 적절한 것은? [3점]

① What makes your vision blurry actually protects your eyes.
시야가 흐려지는 것이 실제로 당신의 눈을 보호한다.   보호하는 것이 아님
② The more quickly an object moves, the more sensitively eyes react.
물체의 이동 속도를 말하는 것이 아님
물체가 더 빨리 움직일수록, 눈은 더 민감하게 반응한다.
③ Eyes exposed to intense light are subject to distortion of images.
강한 빛에 노출된 눈은 이미지가 왜곡될 수 있다.   관련 없음
④ Constant adjustment of focusing makes your eye muscles tired.
지속적인 초점 조절은 눈의 근육을 피곤하게 한다.   관련 없음
⑤ Shaky eye-muscle movements let us see what the brain might ignore.
눈 근육의 떨림 덕분에 볼 수 있음
눈 근육의 떨림 운동은 뇌가 무시할 수도 있는 것을 우리가 볼 수 있게 한다.

왜 정답? [정답률 40%]

- 손전등의 빛줄기가 눈에 들어왔을 때 망막 위 혈관의 그림자들이 보임
- 혈관의 그림자들은 움직임을 통해 잠시 보이는데 작은 움직임은 뇌가 이미지를 완전히 무시하지 않게 하며, 시각 체계의 안정성을 막음 **[단서 1]**
→ 시각 체계가 눈의 근육을 가볍게 흔들고 있고 이 작은 움직임 덕분에 시선을 고정한 직후에 보고 있는 것들을 무시하지 못하고 이로써 볼 수 있게 된다.
▶ 따라서 밑줄 친 부분은 ⑤ '눈 근육의 떨림 운동은 뇌가 무시할 수도 있는 것을 우리가 볼 수 있게 한다.'를 의미한다.

왜 오답?

① 시야가 흐릿해지는 행위가 눈을 실제로 보호한다는 내용은 관련이 없다.
② 물체 자체의 이동 속도가 아닌 눈의 근육에 관련된 내용이다.
③ 강한 빛으로 인한 이미지 왜곡은 전체 내용과 관련이 없다.
④ 초점을 조정하는 것으로 인해서 눈의 근육이 피곤하다는 것은 상관이 없는 내용이다.

D 15 정답 ⑤ ＊인식된 가치가 주관적 경험에 미치는 영향

주어를 이끄는 명사절 접속사
That perception is a construction / is not true / just of one's perception of sensory input, / such as visual and auditory information. //
인식이 구성이라는 것은 / 해당되는 것이 아니다 / 단지 감각적 투입에 대한 한 사람의 인식에만 / 시각 및 청각 정보와 같은 //

It is true / of your social perceptions as well / — your perceptions / of the people you meet, / the food you eat, / and even of the products you buy. //
~도
이것은 해당된다 / 여러분의 사회적 인식에도 / 여러분의 인식 / 여러분이 만나는 사람에 대한 / 여러분이 먹는 음식 / 그리고 심지어 여러분이 사는 제품 //

For example, / in a study of wine, / when wines were tasted blind, / there was little or no correlation / between the ratings of a wine's taste and its cost, /
예를 들어 / 와인에 대한 한 연구에서 / 와인이 조건을 숨긴 상태로 시음되었을 때 / 상관 관계가 거의 없거나 아예 없었다 / 와인의 맛에 대한 평가와 그것의 가격 간의 /

but there *was* a significant correlation / when the wines were labeled by price. //
[단서 1] 와인의 가격을 알게 되면 맛과 가격 간의 유의미한 상관 관계가 있었음
그러나 유의미한 상관 관계가 '있었다' / 와인이 가격에 따라 라벨이 붙었을 때는 //

목적어절 접속사
That wasn't because the subjects consciously believed / that the higher-priced wines should be the better ones / and thus revised / whatever opinion they had accordingly. //
이는 피험자들이 의식적으로 믿었기 때문은 아니었다 / 가격이 더 비싼 와인이 더 좋은 와인일 것이라고 / 그리고 따라서 수정했다 / 이에 따라 그들이 가졌던 어떠한 의견이든지 //

Or rather, / it wasn't true *just* at the conscious level. //
더 정확히 말하면 / 이것은 '단지' 의식적인 수준에서만 그런 것은 아니었다 //

We know / because **as** the subjects were tasting the wine, / the
　　　　　　접속사
researchers were imaging their brain activity, / and the imaging
showed /
우리는 알 수 있다 / 왜냐하면 피험자들이 와인을 시음할 때 / 연구원들이 그들의 뇌 활동을
영상화했다 / 그리고 그 영상은 보여줬다 /

that drinking **what** they believed was an expensive glass of
목적어절 접속사　　the thing which
wine / really did activate / their centers of taste for pleasure /
　　　　　　　　　주격 관계대명사(선행사: the same wine)
more than drinking a glass of the same wine / **that** had been
labeled as cheaper. //
단서 2 고가의 와인이라고 인식한 것을 마시는 것이 저렴하다고
인식한 와인을 마시는 것보다 더 만족감을 불러일으켰다고 함
그들이 고가의 와인 한 잔이라고 믿는 것을 마시는 것이 / 실제로 더 활성화했다 / 그들의
만족감을 담당하는 미각 중추를 / 같은 와인 한잔을 마시는 것보다 / 더 저렴하다고 라벨이
붙었던 //

That's related to the placebo effect. //
이는 플라세보 효과와 관련이 있다 //

Like pain, / taste is not just the product of sensory signals; / it
depends also on psychological factors: / you don't just taste the
wine; / you taste its price. //
통증과 같이 / 미각은 단순히 감각 신호의 산물일 뿐만 아니라 / 그것은 심리적 요인에도
좌우된다 / 여러분은 와인을 단순히 맛보는 것이 아니라 / 여러분은 그것의 가격을 맛보는
것이다 //

- perception ⓝ 인식, 지각　　• input ⓝ 투입, 입력
- auditory ⓐ 청각의　　• correlation ⓝ 상관 관계
- significant ⓐ 유의미한　　• label ⓥ 라벨[표]를 붙이다
- subject ⓝ 피험자　　• revise ⓥ 수정하다
- placebo effect 위약 효과(가짜 약이지만 약을 복용하고 있다는 데 대한 심리효과
　따위로 실제 환자의 상태가 좋아지는 것)　• psychological ⓐ 정신적인
- dismiss ⓥ 묵살하다

인식이 구성이라는 것은 단지 시각 및 청각 정보와 같은 감각적 투입에 대한
한 사람의 인식에만 해당되는 것이 아니다. 이것은 여러분의 사회적 인식, 즉
여러분이 만나는 사람, 여러분이 먹는 음식, 그리고 심지어 여러분이 사는
제품에 대한 여러분의 인식에도 해당된다. 예를 들어, 와인에 대한 한 연구에서
와인이 조건을 숨긴 상태로 시음되었을 때 와인의 맛에 대한 평가와 그것의
가격 간의 상관 관계가 거의 없거나 아예 없었지만, 와인이 가격에 따라 라벨이
붙었을 때는 유의미한 상관 관계가 '있었다'. 이는 피험자들이 가격이 더 비싼
와인이 더 좋은 와인일 것이라고 의식적으로 믿어서, 이에 따라 그들이 가졌던
어떠한 의견이든지 수정했기 때문은 아니었다. 더 정확히 말하면, 이것은 '단지'
의식적인 수준에서만 그런 것은 아니었다. 우리는 알 수 있는데, 왜냐하면
피험자들이 와인을 시음할 때 연구원들이 그들의 뇌 활동을 영상화했고, 그
영상은 그들이 고가의 와인 한 잔이라고 믿는 것을 마시는 것이 더 저렴하다고
라벨이 붙었던 같은 와인 한잔을 마시는 것보다 그들의 만족감을 담당하는 미각
중추를 실제로 더 활성화했다는 것을 보여줬기 때문이다. 이는 플라세보 효과와
관련이 있다. 통증과 같이 미각은 단순히 감각 신호의 산물일 뿐만 아니라,
그것은 심리적 요인에도 좌우된다. 여러분은 와인을 단순히 맛보는 것이
아니다. 여러분은 그것의 가격을 맛보는 것이다.

다음 밑줄 친 you taste its price가 의미하는 바로 가장 적절한 것은?

① Customer ratings determine the price of a product.
고객 평가가 상품의 가격을 결정한다.　　고객 평가가 상품의 가격을 결정한다는 내용이 아님
② We fool ourselves into thinking our unplanned buying was
reasonable.　무계획적 소비가 합리적이었다는 생각으로 스스로를 속인다는 언급은 없음
우리는 우리의 무계획적인 소비가 합리적이었다는 생각으로 스스로를 속인다.
③ We immediately dismiss opposing opinions without any
consideration.　반대 의견을 즉시 묵살한다는 내용이 아님
우리는 특별한 고려 없이 반대 의견을 즉시 묵살한다.
④ The brain shows consistent response regardless of personal
preference.　뇌가 보여주는 지속적인 반응에 대한 내용이 아님
뇌는 개인적 선호에 관계 없이 지속적인 반응을 보여준다.
⑤ The perceived value of a product influences one's subjective
experience of it.　상품에 대한 인식된 가치가 그것에 대한 경험을 좌우한다고 함
상품에 대한 인식된 가치가 그것에 대한 주관적 경험에 영향을 미친다.

- 와인의 가격을 알게 되었을 때 맛과 가격 간 유의미한 상관 관계가 있음 단서 1
- 고가로 인식한 와인을 마셨을 때 저렴하다고 인식한 와인을 마셨을 때보다
　만족감이 증가함 단서 2
➡ 와인이라는 상품에 대한 '인식'된 가치가 그 와인을 접했을 때의 경험(만족감)에
　영향을 미침
　▶ '여러분은 그것의 가격을 맛보는 것이다.'가 의미하는 바: ⑤ '상품에 대한 인식된
　　가치가 그것에 대한 주관적 경험에 영향을 미친다.'

＞왜 오답 ？

① 고객 평가가 상품의 가격을 결정한다는 내용이 아니다.
② 무계획적인 소비를 합리적인 것이라 생각하면서 스스로를 속인다는 언급은 없다.
③ 특별한 고려 없이 반대 의견을 즉시 묵살한다는 내용이 아니다.
④ 개인적 선호와 관계 없이 뇌가 보여주는 지속적인 반응에 대한 내용이 아니다.

D 16 정답 ③ ＊막대 다발로 묘사되는 소유권

Lawyers sometimes describe ownership / as a *bundle of sticks*. //
변호사들은 때로는 소유권을 묘사한다 / '막대 다발'로 //

This metaphor was introduced / about a century ago, / and it has
dramatically transformed / the teaching and practice of law. //
이 비유는 도입되었고 / 약 1세기 전에 / 그것은 극적으로 변화시켰다 / 법학 교육과 실무를 //
　　　　　　　　　　　주어　동사　목적어 목적격 보어(원형부정사)
The metaphor is useful / because **it helps us see** ownership /
as a grouping of interpersonal rights / that can be separated and
put back together. //　단서 1 소유권: 분리되고 다시 합쳐질 수 있는 대인 관계적 권리의 모음
그 비유는 유용하다 / 그것이 우리가 소유권을 보는 것을 도와주기 때문에 / 대인 관계적인
권리의 모음으로 / 분리될 수 있고 다시 합쳐질 수 있는 //

When you say *It's mine* / in reference to a resource, / often
that means / you own a lot of the sticks / **that** make up the full
bundle: /　　　　　　　　　　주격 관계대명사
여러분이 '그것은 내 것이다'라고 말할 때 / 어떤 자원에 관해 / 흔히 그것은 의미한다 /
여러분이 많은 막대를 소유한다는 것을 / 전체 다발을 구성하는 /
　　　　　　　　　　　　　　　　　　　형용사적 용법(the right 수식)
the sell stick, the rent stick, the right **to mortgage, license, give
away, even destroy** the thing. //　단서 2 막대 다발을 구성하는 것: 판매할 권리 막대,
　　　　　　　　　　　　　　　임대할 권리 막대, 저당잡힐 권리 막대 등
판매 막대, 임대 막대, 저당잡히고, 허가하고, 증여하며, 심지어 그것을 파괴할 권리 //

Often, though, we split the sticks up, / as for a piece of land: /
그러나 우리는 흔히 그 막대들을 분할한다 / 토지 한 면에 대해서처럼 / 단서 3 흔히 그 막대들을
　　　　　　　　　　　　　　　　　　　　　　　　　　　　　분할하여 소유함
there may be / a landowner, a bank with a mortgage, a tenant
with a lease, a plumber with a license **to enter the land**, an oil
company with mineral rights. //　형용사적 용법의 to부정사구
　　　　　　　　　　　　　　　(a license 수식)
~이 있을 수 있다 / 땅 주인, 저당권을 가진 은행, 임대차 계약을 맺은 세입자, 토지 진입
면허를 가진 배관공, 광물에 대한 권리를 가진 석유 회사가 //
단수 주어　　　　　　　단수 동사
Each of these parties **owns** / a stick in the bundle. //
이러한 각 당사자는 소유한다 / 그 다발의 막대 하나를 //

- ownership ⓝ 소유권　　• metaphor ⓝ 비유
- dramatically ⓐⓓ 극적으로　　• transform ⓥ 변화시키다
- interpersonal ⓐ 대인관계에 관련된　　• reference ⓝ 언급
- license ⓥ 허가하다　　• give away 증여하다　　• split up 분리하다
- lease ⓝ 임대차 계약　　• plumber ⓝ 배관공　　• party ⓝ 당사자
- obligation ⓝ 의무　　• priority ⓝ 우선권　　• aspect ⓝ 측면

변호사들은 때로는 소유권을 '막대 다발'로 묘사한다. 이 비유는 약 1세기 전에
도입되었고, 법학 교육과 실무를 극적으로 변화시켰다. 그 비유는 그것이
우리가 소유권을 분리될 수 있고 다시 합쳐질 수 있는 대인 관계적인 권리의
모음으로 보는 것을 도와주기 때문에 유용하다. 어떤 자원에 관해 '그것은 내
것이다.'라고 말할 때, 흔히 그것은 여러분이 전체 다발을 구성하는 많은 막대,
즉 판매 막대, 임대 막대, 저당잡히고, 허가하고, 증여하며, 심지어 그것을
파괴할 권리를 소유한다는 것을 의미한다. 그러나 우리는 흔히 토지 한 면에
대해서처럼 그 막대들을 분할한다. 즉 땅 주인, 저당권을 가진 은행, 임대차
계약을 맺은 세입자, 토지 진입 면허를 가진 배관공, 광물에 대한 권리를
가진 석유 회사가 있을 수 있다. 이러한 각 당사자는 그 다발의 막대 하나를
소유한다.

밑줄 친 a stick in the bundle이 다음 글에서 의미하는 바로 가장 적절한 것은? [3점]

① a legal obligation to develop the resource 권리에 대한 내용임
  그 자원을 개발할 법적 의무
② a priority to legally claim the real estate 소유권이 분할됨
  법적으로 그 부동산을 차지할 우선권
③ a right to use one aspect of the property 각각 소유권의 한 측면을 행사할
  그 재산의 한 측면을 사용할 권리 / 권리를 가짐
④ a building to be shared equally by tenants 임차인의 권리만 말하는 것이 아님
  임차인들에 의해 동등하게 공유될 건물
⑤ a piece of land nobody can claim as their own 각각 소유권을 주장할 수 있음
  아무도 자신의 것으로 주장할 수 없는 토지의 한 면

> **왜 정답?** [정답률 59%]

- 막대 다발로 묘사되는 소유권 첫 문장: 소유권은 분리되고 다시 합쳐질 수 있는 대인 관계적 권리의 모음 **단서1**

- 소유권: 어떤 자원을 판매할 권리, 임대할 권리, 저당잡힐 권리 등으로 구성되는데, 이 권리들은 흔히 분할됨 **단서2** **단서3**

➡ 어떤 토지에 대해 땅 주인, 은행, 세입자, 배관공, 석유 회사가 각각 막대 하나를 소유한다.

　▶ 즉, 그 부동산에 대해 각각 분할된 권리를 갖는다는 의미이므로 정답은
　③ '그 재산의 한 측면을 사용할 권리'이다.

> **왜 오답?**

① 법적 의무가 아니라 법적 권리가 분할된다는 내용이다.
② 각 당사자가 부동산에 대한 소유권을 분할하여 갖는다는 내용이다.
④ 임차인의 권리에 대해서만 이야기하는 글이 아니다.
⑤ 소유권이 분할되어 각각의 당사자가 자신의 권리를 주장할 수 있다.

D 17 정답 ⑤　＊평판 덕분에 뿌린 대로 거두는 우리

Thanks to the power of reputation, / we help others / without 전치사
동명사구 expecting an immediate return. // **단서1** 선하고 관대한 일을 하면 미래에 다른 사람에게 도움을 받을 가능성이 높음
평판의 힘 덕분에 / 우리는 남들을 돕는다 / 즉각적인 보답을 기대하지 않고 //

If, / thanks to endless chat and intrigue, / the world knows / that 목적어절 접속사
you are a good, charitable guy, / then you boost your chance / of
being helped by someone else / at some future date. // 동격의 전치사
만일 / 끝없는 잡담과 관심 덕분에 / 세상이 안다면 / 여러분이 선하고 관대한 사람임을 /
여러분은 여러분의 가능성을 높인다 / 다른 누군가에 의해 도움을 받을 / 미래의 어느 날에 //

The converse is also the case. //
그 역 또한 마찬가지이다 // **단서2** 다른 사람에게 도움을 주지 않으면 도움을 받을 가능성이 낮아짐

I am less likely to get my back scratched, / in the form of a favor,
가주어 진주어절 접속사
/ if it becomes known / that I never scratch anybody else's. //
나는 내 등이 긁어지게 할 가능성이 더 적어진다 / 호의의 형태로 / ~이 알려지면 / 내가 다른 누구의 등도 결코 긁어주지 않는다는 것이 //

Indirect reciprocity now means / something like /
간접적인 상호 호혜는 이제 의미한다 / ~와 같은 것을 /
will encourage의 목적어와 목적격 보어
"If I scratch your back, / my good example will encourage others
/ to do the same / and, with luck, / someone will scratch mine." //
"내가 너의 등을 긁어주면 / 나의 선한 모범이 다른 사람을 장려할 것이며 / 똑같이 하도록 /
운이 좋으면 / 누군가 내 등을 긁어줄 것이다" // **단서3** 다른 사람에게 도움을 주면 나도 도움을 받을 것임

By the same token, / our behavior is endlessly shaped / by the
동격절 접속사
possibility / that somebody else might be watching us / or might
find out / what we have done. //
마찬가지로 / 우리의 행동은 끊임없이 형성된다 / 가능성에 의해 / 다른 누군가가 우리를
지켜보고 있거나 / 알아낼 수도 있다는 / 우리가 한 일을 //

We are often troubled / by the thought / of what others may 동격의 전치사
think / of our deeds. //
우리는 흔히 걱정한다 / 생각으로 / 다른 사람이 어떻게 생각할지라는 / 우리의 행동에 대해 //

In this way, / our actions have consequences / that go far beyond 주격 관계대명사
any individual act of charity, / or indeed any act of mean-
spirited malice. //
이런 식으로 / 우리의 행동은 결과를 초래한다 / 어떤 개별적인 자선 행위를 훨씬 넘어서는 /
또는 정말로 어떠한 비열한 악의의 행동을 //

We all behave differently / when we know / we live / in the
shadow of the future. //
우리 모두는 다르게 행동한다 / 우리가 알면 / 우리가 산다는 것을 / 미래의 그늘 아래 //

That shadow is cast / by our actions / because there is always 동격절 접속사
the possibility / that others will find out / what we have done. //
그 그늘은 드리워진다 / 우리의 행동에 의해 / 가능성이 항상 있기 때문에 / 다른 사람이
알아낼 / 우리가 한 일을 //

- reputation ⓝ 평판　　• immediate ⓐ 즉각적인, 당면한
- intrigue ⓝ 관심, 흥미　• charitable ⓐ 관대한, 자선의
- boost ⓥ 북돋우다, 높이다　• chance ⓝ 가능성
- converse ⓝ 정반대　• favor ⓝ 호의　• indirect ⓐ 간접적인
- reciprocity ⓝ 호혜(互惠)
- encourage ⓥ 권장[장려]하다, 용기를 북돋우다
- by the same token 마찬가지로　• shape ⓥ 형성하다
- possibility ⓝ 가능성　• trouble ⓥ 괴롭히다, 애 먹이다
- deed ⓝ 행동　• consequence ⓝ 결과
- charity ⓝ 너그러움, 관용　• mean-spirited ⓐ 비열한
- cast ⓥ (빛을) 발하다, (그림자를) 드리우다　• conflict ⓝ 갈등, 충돌
- regardless of ~에 상관없이　• ultimately ⓐⓓ 궁극적으로, 근본적으로
- reap ⓥ 거두다, 수확하다　• sow ⓥ (씨를) 뿌리다[심다]

평판의 힘 덕분에, 우리는 즉각적인 보답을 기대하지 않고 남들을 돕는다. 만일 끝없는 잡담과 관심 덕분에 여러분이 선하고 관대한 사람임을 세상 사람들이 안다면, 여러분은 미래의 어느 날에 다른 누군가에 의해 도움을 받을 가능성을 높인다. 그 역 또한 마찬가지이다. 호의의 형태로, 내가 다른 누구의 등도 결코 긁어주지 않는다는 것이 알려지면, (누군가가) 내 등을 긁어줄 가능성은 더 적어진다. 간접적인 상호 호혜는 이제 "내가 너의 등을 긁어주면, 나의 선한 모범이 다른 사람을 똑같이 하도록 장려할 것이며, 운이 좋으면, 누군가 내 등을 긁어줄 것이다."와 같은 것을 의미한다. 마찬가지로, 우리의 행동은 다른 누군가가 우리를 지켜보고 있거나 우리가 한 일을 알아낼 수도 있다는 가능성에 의해 끊임없이 형성된다. 우리는 흔히 다른 사람이 우리의 행동을 어떻게 여길까라는 생각으로 걱정한다. 이런 식으로 우리의 행동은 어떤 개별적인 자선 행위나 정말로 어떠한 비열한 악의의 행동을 훨씬 넘어서는 결과를 초래한다. 우리가 미래의 그늘 아래 산다는 것을 알면 우리 모두는 다르게 행동한다. 다른 사람이 우리가 한 일을 알아낼 가능성이 항상 있기 때문에 그 그늘은 우리의 행동에 의해 드리워진다.

밑줄 친 live in the shadow of the future가 다음 글에서 의미하는 바로 가장 적절한 것은?

① are distracted by inner conflict 돕지 말지를 갈등하는 것이 아님
  내면의 갈등에 의해 산만해지다
② fall short of our own expectations 자신이나 타인의 기대에 대한 언급은 없음
  우리 자신의 기대에 미치지 못하다
③ seriously compete regardless of the results 타인을 돕는 것에 대한 내용임
  결과에 상관없이 진지하게 경쟁하다
④ are under the influence of uncertainty 도움을 받을지가 불확실하다는 것으로
  불확실성의 영향 아래에 있다 / 만든 오답
⑤ ultimately reap what we have sown 남을 도우면 내가 도움을 받을 가능성이
  궁극적으로 우리가 씨 뿌린 것을 거두다 / 높아짐

> **왜 정답?** [정답률 33%]

- 선하고 관대한 일을 함 ➡ 선하고 관대한 사람이라는 평판을 얻음 ➡ 미래의 어느 날에 다른 사람의 도움을 받을 가능성을 높임 **단서1**
- 남에게 도움을 주지 않음 ➡ 남에게 도움을 주지 않는다는 것이 알려짐(평판) ➡ 남에게 도움을 받을 가능성이 적어짐 **단서2**

➡ 남을 도우면 미래에 남에게 도움을 받고, 남을 돕지 않으면 미래에 남에게 도움을 받지 못할 것임

　▶ 뿌린 대로 거둔다는 것이므로 '미래의 그늘 아래 산다'는 것은 ⑤ '궁극적으로 우리가 씨 뿌린 것을 거두다'라는 의미이다.

> **왜 오답?**

① 남을 도울지 말지에 대한 내면의 갈등을 다룬 글이 아니다.
② 나의 행동이나 타인의 행동이 어떤 기준에 의해 평가된다는 언급은 없다.
③ 타인과의 경쟁이 아니라 타인을 돕는 것에 대해 이야기하는 글이다.
④ 내가 남을 도우면 남에게 도움을 받을 가능성이 높다고 한 것은 도움을 받을지, 받지 못할지가 불확실하다는 것을 이야기하기 위한 것이 아니다. (▶◀ 이유: 도움을 받을 가능성이 높다는 말과 도움을 받을 수 있는지 불확실하다는 말은 전혀 다른 말임)

＊ 결과주의(consequentialism)

영국의 분석철학자 Elizabeth Anscombe이 도입한 용어로, 어떤 행위나 사건을 그것의 과정보다 결과를 중심으로 해석하고 판단하는 경향을 말한다. 결과주의에 따르면 행위의 옳고 그름은 그것이 좋은 결과를 낳았는지 아닌지에 따라 결정된다.

결과주의는 행위의 동기보다 결과를 우선시하기 때문에, 선한 의도로 행한 행위일지라도 나쁜 결과를 초래하였을 경우 그 행위를 옳은 행위라고 간주하지 않는다. 따라서 극단적인 결과주의는 목적이 수단을 정당화한다는 비판을 받는다.

D 18 정답 ② ＊빈 수신함보다 더 중요한 것

The single most important change / you can make / in your working habits / **is** to switch / to creative work first, / reactive work second. //
단서1 창조적인 일을 하는 것이 첫 번째이고, 대응하는 일이 나중임

가장 중요한 단 한 가지 변화는 / 여러분이 이룰 수 있는 / 여러분의 일하는 습관에서 / 전환하는 것이다 / 창조적인 일을 첫 번째로 하고 / 대응적인 일을 두 번째로 하는 쪽으로

This **means** / **blocking** off a large chunk of time / every day / for creative work / on your own priorities, / with the phone and e-mail off. //
mean+동명사: ~을 의미하다 / mean+to부정사: ~을 의도하다

이것은 의미한다 / 많은 시간을 차단하는 것을 / 매일 / 창조적인 작업을 위해 / 여러분 자신의 우선순위에 따라 / 전화기와 이메일을 끈 채 //

'현재는 아니다'라는 것을 과거와 대조할 때 쓰이는 used to-v
I **used to be** / a frustrated writer. //
나는 ~였다 / 좌절감을 느끼는 작가 //

Making this switch / **turned me** / into a productive writer. //
동명사구 주어 / 동사 / 목적어

이러한 전환을 하는 것은 / 나를 변신시켰다 / 생산적인 작가로 //

Yet there wasn't **a single day** / **when** I sat down / to write an article, blog post, or book chapter / without a string of people / waiting for me / to get back to them. //
선행사 / 관계부사

하지만 단 하루도 없었다 / 내가 앉은 / 기사나 블로그 게시글 혹은 책의 한 장을 쓰려고 / 일련의 사람들 없이 / 나를 기다리는 / 그들에게 답장을 주기를 //

부사절 접속사(시간)
It wasn't easy, / and it still isn't, / particularly **when** I get phone messages / beginning / "I sent you an e-mail *two hours ago*...!" //

그것은 쉽지 않았고 / 그것은 아직도 쉽지 않다 / 특히 내가 전화 메시지를 받을 때는 / 시작하는 / "제가 당신에게 이메일을 보냈어요 '2시간 전에'…!"라고 //

By definition, / this approach goes against the grain of others' expectations / and the pressures / they put on you. //

당연히 / 이러한 접근 방식은 다른 사람들의 기대에 맞지 않는다 / 그리고 압박에 / 그들이 여러분에게 가하는 //

가주어 / 진주어
It takes willpower / **to switch** off the world, / even for an hour. //
~은 의지가 필요하다 / 세상에 대한 스위치를 끄는 것은 / 단 한 시간 동안이라도 //

It feels uncomfortable, / and sometimes people get upset. //
그것은 불편한 느낌이 들고 / 때로 사람들이 기분 상하기도 한다 //
단서2 '빈 수신함'과 비교되는 것이 몇 사람을 실망하게 하는 것임

가주어 / 진주어
But **it's** better / **to disappoint** a few people / over small things, /
to disappoint와 비교됨
than **to abandon** your dreams / for an empty inbox. //

그러나 ~이 더 낫다 / 몇 사람을 실망하게 하는 것이 / 사소한 것에 대해 / 여러분의 꿈을 포기하는 것보다 / 빈 수신함을 위해 //

Otherwise, / you're sacrificing your potential / for the illusion of professionalism. //

그렇게 하지 않으면 / 여러분은 자신의 잠재력을 희생할 것이다 / 전문성이라는 환상을 위해 //

- habit ⓝ 습관　　・switch ⓥ 전환하다, 바꾸다
- reactive ⓐ 반응을 보이는　　・block off ~을 막다[차단하다]
- chunk ⓝ 덩어리, 많은 양　　・priority ⓝ 우선 사항, 우선권
- frustrated ⓐ 좌절감을 느끼는　　・productive ⓐ 생산적인
- article ⓝ (신문·잡지의) 글, 기사　　・a string of 여러 개의, 일련의
- particularly ⓐⓓ 특별히　　・by definition 당연히, 분명히

- approach ⓝ 접근법, 처리 방법　　・go against the grain 천성을 거스르다
- expectation ⓝ 예상, 기대　　・pressure ⓝ 압박, 압력
- willpower ⓝ 의지력　　・upset ⓥ 속상하게 만들다
- disappoint ⓥ 실망시키다　　・abandon ⓥ 버리다, 포기하다
- inbox ⓝ 받은 편지함　　・otherwise ⓐⓓ 그렇지 않으면
- sacrifice ⓥ 희생하다　　・potential ⓝ 잠재력　　・illusion ⓝ 환상
- professionalism ⓝ 전문성

여러분이 일하는 습관에서 이룰 수 있는 가장 중요한 단 한 가지 변화는 창조적인 일을 첫 번째로 하고 대응적인 일은 두 번째로 하는 쪽으로 전환하는 것이다. 이것은 전화기와 이메일을 끈 채, 여러분 자신의 우선순위에 따라 창조적인 작업을 위해 매일 많은 시간을 차단하는 것을 의미한다. 나는 좌절감을 느끼는 작가였다. 이러한 전환을 하는 것은 나를 생산적인 작가로 변신시켰다. 하지만 내가 그들에게 답장을 주기를 기다리는 사람들 없이 내가 기사나 블로그 게시글 혹은 책의 한 장을 쓰려고 앉은 날은 단 하루도 없었다. 그것은 쉽지 않았고, 특히 "'2시간 전에' 당신에게 이메일을 보냈어요…!"라고 시작하는 전화 메시지를 받을 때는 아직도 쉽지 않다. 당연히, 이러한 접근 방식은 다른 사람들의 기대와 그들이 여러분에게 가하는 압박에 맞지 않는다. 단 한 시간 동안이라도 세상에 대한 스위치를 끄는 데는 의지가 필요하다. 그것은 불편한 느낌이 들고, 때로 사람들이 기분 상하기도 한다. 그러나 빈 수신함을 위해 여러분의 꿈을 포기하는 것보다, 사소한 것에 대해 몇 사람을 실망하게 하는 것이 더 낫다. 그렇게 하지 않으면, 여러분은 전문성이라는 환상을 위해 자신의 잠재력을 희생할 것이다.

밑줄 친 an empty inbox가 다음 글에서 의미하는 바로 가장 적절한 것은? [3점]

① following an innovative course of action
혁신적인 행동 방침을 따르는 것　　혁신적인 행동 방침을 따르지 말라는 내용이 아님
② attempting to satisfy other people's demands
다른 사람들의 요구를 충족하려고 시도하는 것　　대응을 요구하는 사람들에게 바로 대응하는 것을 의미함
③ completing challenging work without mistakes
도전적인 일을 실수 없이 완수하는 것　　실수를 하는 것이 더 낫다는 내용이 아님
④ removing social ties to maintain a mental balance
정신적 균형을 유지하기 위해 사회적 유대를 제거하는 것　　사람들과 아예 소통하지 말라는 것이 아님
⑤ securing enough opportunities for social networking
소셜 네트워킹을 위한 충분한 기회를 확보하는 것　　소셜 네트워크에 대한 언급은 없음

＞왜 정답? [정답률 69%]
전화기, 이메일을 끄면 나의 대응을 요청하는 다른 사람들의 메시지가 쌓일 것임 [꿀팁]

첫 문장에서 창조적인 일을 하는 것이 가장 중요하고, 무언가에 대응하는 것은 그 다음이라고 했다. 두 번째 문장에 따르면 이는 창조적인 작업을 위해 전화기와 이메일을 끈 채 많은 시간을 차단하는 것을 의미하는데, 다시 말하면, 나의 대응을 기다리는 사람들을 실망하게 하더라도 창조적인 일을 하는 것이 더 낫다는 의미이다. 사람들에게 바로바로 대응해서 수신함을 빈 상태로 유지하는 것보다 대응하지 않고 창조적인 일에 집중해서 사람들을 실망하게 하는 것이 더 낫다는 것이므로 '빈 수신함'이 의미하는 것은 ② '다른 사람들의 요구를 충족하려고 시도하는 것'이다.

바로 대답을 못 들으니까 실망함 [꿀팁]

＞왜 오답?

① 혁신적인 행동 방침을 따르지 않으면 사람들이 실망하겠지만, 그렇게 하는 것이 더 낫다는 내용이 아니다.
③ 어떤 일을 실수 없이 완수하는 것보다 실수를 함으로써 사람들을 실망하게 하는 것이 더 낫다는 것이 아니다.
④ 사람들에게 대응하는 것보다 창조적인 일을 하는 것이 더 먼저라면서 전화기와 이메일을 꺼서 사람들에게 대응하지 말라고는 했지만, 아예 사람들과의 사회적 유대를 제거하라는 것은 아니다.
⑤ '이메일'이 언급된 것으로 만든 오답이다. 소셜 네트워크가 글의 주요 소재인 것은 아니다.

D 19 정답 ② ＊거시 경제학자의 어려움

Physicians and other natural scientists test their theories / using controlled experiments. //
단서1 의사, 자연 과학자는 통제된 실험을 통해 자신의 이론을 시험함
의사와 여타의 자연 과학자는 자신의 이론을 시험한다 / 통제된 실험을 통해 //

완전 부정어　　준부정어
Macroeconomists, however, have **no** laboratories / and **little** ability / **to run** economy-wide experiments of any kind. //
형용사적 용법(ability 수식)

하지만 거시 경제학자에게는 실험실이 없고 / 능력이 거의 없다 / 경제 전반에 걸친 그 어떤 실험도 할 수 있는 //
단서2 거시 경제학자에게는 실험실이 없고, 실험을 할 수 있는 능력이 거의 없음

Granted, they can study / different economies around the world,
/ but each economy is unique, / so comparisons are tricky. //
물론, 그들이 연구할 수는 있지만 / 전 세계의 다양한 경제를 / 각 경제가 고유해서 / 비교가
까다롭다 //

Controlled experiments also provide the natural sciences / with
something seldom available to economists / — the chance, or
serendipitous, discovery (such as penicillin). //
또한 통제된 실험은 자연 과학에 제공한다 / 경제학자가 거의 얻을 수 없는 것을 / 뜻밖의 또는
우연히 하는 발견 (페니실린 같은) //

Macroeconomists / studying the U.S. economy / have only one
patient, / so they can't introduce particular policies / in a variety
of alternative settings. //
거시 경제학자에게는 / 미국 경제를 연구하는 / 환자가 한 명뿐이어서 / 그들은 특정 정책을
도입할 수 없다 / 다양한 다른 상황에서 //

단서 3 거시 경제학자가 할 수 없는 것이 이어짐
You can't squeeze economies / into a test tube. //
당신은 경제를 집어넣을 수 없다 / 시험관에 //

Cries of "Eureka!" are seldom heard / from macroeconomists. //
"유레카!"라는 외침은 거의 들려오지 않는다 / 거시 경제학자에게서 //

An economy / consisting of hundreds of millions of individual
actors / is a complicated thing. //
경제는 / 수억 명의 개별 행위자로 구성된 / 복잡한 것이다 //

As Nobel Prize-winning physicist Murray Gell-Mann once
observed, / "Think / how hard physics would be / if particles
could think." //
노벨상을 수상한 물리학자 Murray Gell-Mann이 이전에 말했듯이 / "생각해 보라 /
물리학이 얼마나 어려울지 / 입자가 생각할 수 있다면" //

- physician ⓝ 의사   • macroeconomist ⓝ 거시경제학자
- economy-wide ⓐ 경제 전반에 걸친   • granted ⓐ 물론
- tricky ⓐ 까다로운   • penicillin ⓝ 페니실린
- alternative ⓐ (기존의 것과) 다른   • squeeze ⓥ 쥐어짜다
- complicated ⓐ 복잡한   • particle ⓝ 입자

의사와 여타의 자연 과학자는 통제된 실험을 통해 자신의 이론을 시험한다.
하지만 거시 경제학자에게는 실험실이 없고 경제 전반에 걸친 그 어떤 실험도
할 수 있는 능력이 거의 없다. 물론, 그들이 전 세계의 다양한 경제를 연구할
수는 있지만, 각 경제가 고유해서 비교가 까다롭다. 또한 통제된 실험은
경제학자가 거의 얻을 수 없는 것, 즉 뜻밖의 또는 우연히 하는 발견(페니실린
같은)을 자연 과학에 제공한다. 미국 경제를 연구하는 거시 경제학자에게는
환자가 한 명뿐이어서 다양한 다른 상황에서 특정 정책을 도입할 수 없다.
당신은 경제를 시험관에 집어넣을 수 없다. 거시 경제학자에게서 "유레카!"라는
외침은 거의 들려오지 않는다. 수억 명의 개별 행위자로 구성된 경제는 복잡한
것이다. 노벨상을 수상한 물리학자 Murray Gell-Mann이 이전에 말했듯이,
"입자가 생각할 수 있다면 물리학이 얼마나 어려울지 생각해 보라."

**밑줄 친 squeeze economies into a test tube가 다음 글에서 의미하는 바
로 가장 적절한 것은?**
① admit economists' contributions to the natural sciences
자연 과학에 대한 경제학자들의 기여를 인정하다   경제학자의 기여를 설명하는 글이 아님
② conduct controlled experiments on the economy
경제에 대해 통제된 실험을 수행하다   통제된 실험으로 이론을 시험하는 의사와 다른 점
③ employ complex economic theories
복잡한 경제학 이론을 이용하다   '실험'과 관련된 내용임
④ share test results with other scientists
다른 과학자들과 실험 결과를 공유하다   실험 자체를 할 수 없다는 내용임
⑤ collect economic data over a long period of time
긴 기간에 걸쳐 경제적 데이터를 수집하다   자연 과학자는 짧은 기간의 데이터를 수집한다는 것이 아님

왜 정답? [정답률 74%]

밑줄 친 문장	당신은 경제를 시험관에 집어넣을 수 없다.
대조	의사와 여타의 자연 과학자: 통제된 실험을 통해 자신의 이론을 실험함
	거시 경제학자: 실험실이 없고, 거시 경제에 대해 그 어떤 실험도 할 수 있는 능력이 거의 없음

→ 밑줄 친 부분이 포함된 문장은 거시 경제학자가 할 수 없는 것(경제를 시험관에
집어넣는 것)을 설명한다. 이 글에서 설명하는 거시 경제학자가 할 수 없는 것은
경제에 대한 통제된 실험이다.
  ▶ 밑줄 친 부분이 포함된 문장은 거시 경제학자는 ② '경제에 대해 통제된 실험을
  수행할' 수 없다는 것을 의미함

왜 오답?
① 거시 경제학자가 자연 과학에 기여했다고 설명하는 글이 아니다.
③ 밑줄 친 부분은 거시 경제학자가 할 수 없는 것을 의미한다.
④ 실험을 할 수 있는지 여부에 대한 글이다.
⑤ 반대로 자연 과학자가 경제학자와는 다르게 '짧은' 기간에 수집된 데이터를
  이용한다는 것이 아니다. **주의**

D 20 정답 ② ＊최고는 좋음의 적

Gold plating in the project means / needlessly enhancing the
expected results, /
프로젝트에서 금도금은 의미한다 / 예상되는 결과를 불필요하게 향상하는 것을 /
namely, adding characteristics / that are costly, not required, /
and that have low added value / with respect to the targets /
즉 특성을 추가하는 것 / 비용이 많이 들고 필요하지 않으며 / 부가 가치가 낮은 / 목표와
관련하여 /
— in other words, / giving more / with no real justification /
other than to demonstrate one's own talent. //
다시 말해 / 더 많은 것을 제공하는 것을 / 실질적인 명분이 없이 / 자신의 재능을 입증하는 것
외에는 //
단서 1 프로젝트에서 금도금의 의미: 실질적인 명분 없이 자신의 재능을
입증하기 위해 더 많은 것을 제공하는 것

Gold plating is especially interesting / for project team
members, /
금도금은 특히 흥미롭다 / 프로젝트 팀원들에 대해서 /
as it is typical of projects / with a marked professional component
/ — in other words, / projects / that involve specialists / with
proven experience and extensive professional autonomy. //
그것이 프로젝트에서 일반적이기 때문에 / 전문적인 요소가 뚜렷한 / 다시 말해 프로젝트 /
전문가가 참여하는 / 검증된 경험과 폭넓은 전문적 자율성을 갖춘 //

In these environments / specialists often see the project as an
opportunity / to test and enrich their skill sets. //
이러한 환경에서 / 전문가들은 종종 프로젝트를 기회로 여긴다 / 자신의 다양한 능력을
테스트하고 강화할 //

There is therefore a strong temptation, / in all good faith, /
to engage in gold plating, /
따라서 강한 유혹이 있다 / 선의로 / 금도금에 참여하려는 /
namely, to achieve more or higher-quality work / that gratifies
the professional / but does not add value / to the client's
requests, /
즉 더 많은 또는 더 높은 품질의 성과를 달성하려는 / 전문가를 만족시키는 / 하지만 가치를
더하지 않는 / 고객의 요청에 /
and at the same time / removes valuable resources / from the
project. //
그리고 동시에 / 귀중한 자원을 없애는 / 프로젝트에서 //
단서 2 고객에게 도움이 되는 성과가 아니라 전문가를 만족시키는 성과를 달성하려고 함

As the saying goes, / "The best is the enemy of the good." //
속담에 있듯이 / '최고는 좋음의 적'이다 //

- gold plating 금도금   • needlessly ⓐ 불필요하게
- enhance ⓥ 향상시키다   • added value 부가 가치
- with respect to ~에 관하여   • in other words 다시 말해
- justification ⓝ 명분, 정당화   • other than ~외에
- demonstrate ⓥ 입증하다, 나타내다   • component ⓝ 요소
- enrich ⓥ 강화하다   • temptation ⓝ 유혹
- in all good faith 선의로

프로젝트에서 금도금은 예상되는 결과를 불필요하게 향상하는 것, 즉 비용이 많이 들고 필요하지 않으며 목표와 관련하여 부가 가치가 낮은 특성을 추가하는 것으로, 다시 말해 자신의 재능을 입증하는 것 외에는 실질적인 명분이 없는 더 많은 것을 제공하는 것을 의미한다. 금도금은 특히 프로젝트 팀원들에 대해서 흥미로운데, 이는 전문적인 요소가 뚜렷한 프로젝트, 다시 말해 검증된 경험과 폭넓은 전문적 자율성을 갖춘 전문가가 참여하는 프로젝트에서 일반적이기 때문이다. 이러한 환경에서 전문가들은 종종 프로젝트를 자신의 다양한 능력을 테스트하고 강화할 기회로 여긴다. 따라서 선의로 금도금에 참여하려는 유혹, 즉 전문가를 만족시키지만, 고객의 요청에 가치를 더하지 않는 동시에 프로젝트에서 귀중한 자원을 없애는 더 많은 또는 더 높은 품질의 성과를 달성하려는 유혹이 있다. 속담에 있듯이, '최고는 좋음의 적'이다.

밑줄 친 "The best is the enemy of the good."이 다음 글에서 의미하는 바로 가장 적절한 것은? [3점]

① Pursuing perfection at work causes conflicts among team members. 팀원 간 갈등은 언급되지 않음
일에서 완벽을 추구하면 팀원 간 갈등이 일어난다.
② Raising work quality only to prove oneself is not desirable.
오직 자신을 증명하기 위해 성과의 질을 증명하는 것은 바람직하지 않다.
③ Inviting overqualified specialists to a project leads to bad ends.
프로젝트에 필요 이상의 자격을 갖춘 전문가를 끌어들이는 것은 나쁜 결과를 가져온다.
필요 이상의 자격을 갖춘 전문가라는 언급은 없음
④ Responding to the changing needs of clients is unnecessary.
고객의 변화하는 요구에 대응하는 것은 불필요하다.
부정적으로 언급한 내용임
⑤ Acquiring a range of skills for a project does not ensure success.
프로젝트에 필요한 다양한 기술을 습득한다고 해서 성공이 보장되는 것은 아니다.
다양한 기술에 대한 언급은 없음

> 왜 정답? [정답률 40%]

프로젝트에서 금도금의 의미: 순전히 자신의 재능을 입증하기 위해 비용이 많이 들고 필요하지 않으며 목표와 관련하여 부가 가치가 낮은 특성을 추가하는 것
전문가가 참여하는 프로젝트: 전문가를 만족시키지만, 고객의 요청에 가치를 더하지 않고, 프로젝트에서 귀중한 자원을 없애는 결과를 달성하려는 강한 유혹이 있음
➡ 전문가가 자신의 재능을 입증하기 위해 전문가를 만족시키는 더 많은, 더 높은 품질의 성과를 추구하는 것이 프로젝트에 좋지 않은 영향을 미침
▶ '최고는 좋음의 적'이 의미하는 바: ② 오로지 자신을 증명하기 위해 성과의 질을 올리는 것은 바람직하지 않다.

> 왜 오답?

① 완벽을 추구하면 안 된다는 것이 아니다.
③ 전문가를 끌어들이는 것이 나쁜 결과를 가져온다는 것이 아니라 전문가가 자신의 재능을 입증하기 위해 필요 이상의 성과를 달성하려고 하는 것이 바람직하지 않다는 것이다.
④ 고객의 요청에 가치를 더하지 않는 성과를 부정적으로 이야기했다.
⑤ 다양한 기술을 습득한다는 언급은 없다.

D 21 정답 ④ ＊스트레스를 대처할 때 넓은 초점의 중요성

의문사절 주어 / 전치사의 의문사절 목적어
How you focus your attention / plays a critical role / in **how you deal with stress**. //
여러분이 여러분의 주의를 집중하는 방식은 / 중요한 역할을 한다 / 여러분이 스트레스에 대처하는 방식에 //

과거분사(attention 수식)
Scattered attention harms your ability to let go of stress, / because even though your attention is scattered, / it is narrowly focused, /
주의가 분산되면 스트레스를 해소하는 능력이 손상되는데 / 왜냐하면 여러분의 주의가 분산되더라도 / 그것이 좁게 집중되기 때문이다 /

이유의 접속사
for you are able to fixate / only on the stressful parts of your experience. //
여러분은 집착할 수 있으므로 / 여러분의 경험 중 스트레스가 많은 부분에만 //

When your attentional spotlight is widened, / you can more easily let go of stress. //
여러분의 주의의 초점이 넓어지면 / 여러분은 스트레스를 더 쉽게 해소할 수 있다 //

You can put in perspective / many more aspects of any situation / and not get locked into one part / **that** ties you down / to superficial and anxiety-provoking levels of attention. //
주격 관계대명사
여러분은 균형 있는 시각으로 볼 수 있으며 / 어떤 상황이라도 그 상황의 더 많은 측면을 / 한 부분에 갇히지 않을 수 있다 / 여러분을 옭아매는 / 피상적이고 불안을 유발하는 주의 수준으로 //

단서 1 초점이 좁으면 스트레스 수준이 높아지고, 초점이 넓으면 스트레스 수준이 낮아짐
A narrow focus heightens the stress level of each experience, / but a widened focus turns down the stress level / because you're better able to put / each situation into a broader perspective. //
초점이 좁으면 각 경험의 스트레스 수준이 높아지지만 / 초점이 넓으면 스트레스 수준이 낮아진다 / 여러분은 더 잘 볼 수 있기 때문에 / 각 상황을 더 넓은 시각으로 //

One anxiety-provoking detail / is **less important than** the bigger picture. //
비교급 구문
불안감을 유발하는 하나의 세부 사항은 / 더 전체적인 상황보다 덜 중요하다 //

동명사 / 재귀대명사의 재귀적 용법
It's like **transforming yourself** / into a nonstick frying pan. //
그것은 여러분 자신을 변형시키는 것과 같다 / 들러붙지 않는 프라이팬으로 //

You can still fry an egg, / but the egg won't stick to the pan. //
여러분은 여전히 달걀을 부칠 수 있지만 / 그 달걀이 팬에 들러붙지 않을 것이다 //

단서 2 달걀이 팬에 들러붙지 않고도 달걀을 부칠 수 있다는 비유는 스트레스 상황에 좁게 초점을 맞춰 매달리지 않고도 스트레스를 대처할 수 있는 상태를 나타냄

- play a critical role 중요한 역할을 수행하다
- scatter ⓥ 분산시키다, 흩뜨리다 • let go of ~을 해소하다[놓아주다]
- fixate on ~에 집착하다 • perspective ⓝ 관점
- tie down to ~에 옭아매다 • superficial ⓐ 피상적인
- anxiety-provoking ⓐ 불안을 유발하는 • heighten ⓥ 높이다
- widened ⓐ 확장된 • turn down 약화하다
- nonstick ⓐ 들러붙지 않는

여러분이 여러분의 주의를 집중하는 방식은 여러분이 스트레스에 대처하는 방식에 중요한 역할을 한다. 주의가 분산되면 스트레스를 해소하는 능력이 손상되는데, 왜냐하면 여러분의 주의가 분산되더라도, 여러분은 여러분의 경험 중 스트레스가 많은 부분에만 집착할 수 있으므로, 그것이 좁게 집중되기 때문이다. 여러분의 주의의 초점이 넓어지면, 여러분은 스트레스를 더 쉽게 해소할 수 있다. 여러분은 어떤 상황이라도 그 상황의 더 많은 측면을 균형 있는 시각으로 볼 수 있으며, 피상적이고 불안을 유발하는 주의 수준으로 여러분을 옭아매는 한 부분에 갇히지 않을 수 있다. 초점이 좁으면 각 경험의 스트레스 수준이 높아지지만, 초점이 넓으면 여러분은 각 상황을 더 넓은 시각으로 더 잘 볼 수 있기 때문에 스트레스 수준이 낮아진다. 불안감을 유발하는 하나의 세부 사항은 더 큰 전체적인 상황보다 덜 중요하다. 그것은 여러분 자신을 들러붙지 않는 프라이팬으로 변형시키는 것과 같다. 여러분은 여전히 달걀을 부칠 수 있지만, 그 달걀이 팬에 들러붙지 않을 것이다.

밑줄 친 a nonstick frying pan이 다음 글에서 의미하는 바로 가장 적절한 것은? [3점]

① never being confronted with any stressful experiences in daily life 스트레스 상황에 직면하지 않는다는 내용은 언급되지 않음
일상생활에서 스트레스가 많은 어떤 경험에도 결코 직면하지 않는 것
② broadening one's perspective to identify the cause of stress
스트레스의 원인을 파악하기 위해 시각을 넓히는 것
시각을 넓힘으로써 스트레스 수준을 낮출 수 있다는 내용임
③ rarely confining one's attention to positive aspects of an experience
경험의 긍정적인 측면에 주의를 거의 제한하지 않는 것
경험의 긍정적인 측면에 관한 내용은 언급되지 않음
④ having a larger view of an experience beyond its stressful aspects
스트레스를 주는 측면을 넘어 경험에 대한 더 넓은 시각을 갖는 것
주의의 초점을 넓힘으로써 스트레스에만 얽매이지 않고 더 넓은 측면을 볼 수 있다는 내용임
⑤ taking stress into account as the source of developing a wide view 넓은 시각으로 스트레스를 대처할 수 있다는 내용임
넓은 시각을 개발하는 원천으로 스트레스를 고려하는 것

> 왜 정답? [정답률 61%]

- 주의를 집중하는 방식이 스트레스에 대처하는 방식에 영향을 미침
- 주의의 초점이 좁으면 스트레스 상황에 얽매이게 되어 스트레스 수준이 높아지지만, 주의의 초점이 넓으면 더 넓은 시각에서 상황을 바라볼 수 있으므로 스트레스 수준이 낮아짐 단서 1
➡ 스스로를 '들러붙지 않는 프라이팬'으로 변형하여 달걀이 팬에 달라붙지 않고도 (= 스트레스 상황에 집착하지 않고도) 여전히 달걀을 부칠 수 있도록(= 스트레스에 대처할 수 있도록) 해야 함
▶ '들러붙지 않는 프라이팬'이 의미하는 바: ④ '스트레스를 주는 측면을 넘어 경험에 대한 더 넓은 시각을 갖는 것'

① 스트레스 상황에 직면하지 않는다는 내용은 언급되지 않았다.
② 시각을 넓힘으로써 스트레스 수준을 낮출 수 있다는 내용이다. (▶◀ 이유: 시각을 넓히는 것이 스트레스의 '원인'을 파악하는 것이 아니라 '수준'을 낮추는 것임)
③ 경험의 긍정적인 측면에 관한 내용은 언급되지 않았다.
⑤ 스트레스가 넓은 시각의 원천이라는 내용이 아니라, 넓은 시각으로 스트레스를 대처할 수 있다는 내용이다.

조수근 | 순천향대 의예과 2024년 입학 · 성남 태원고 졸

대부분의 밑줄 문장은 맥락 없이 의미를 파악하기 힘들어. 달걀을 부칠 수 있지만 팬에 들러붙지 않는 것, 그리고 초점이 좁으면 스트레스가 높아지고 넓으면 스트레스 수준이 낮아진다고 했어. 앞 문장과 뒤 문장의 맥락을 고려해서 이 지문의 주제와 가장 근접한 내용의 선지를 고르면 생각보다 간단하게 풀 수 있을 거야.

D 22 정답 ④ ＊예상을 벗어나는 것을 싫어하는 우리의 뇌

Our brains light up / when our predicted reality and actual reality match. // **단서 1** 우리의 뇌는 예상과 현실이 일치하는 것을 좋아함
우리의 뇌는 환해진다 / 우리의 예상되는 현실과 실제 현실이 일치할 때 //

Our brains love / to be right. //
우리의 뇌는 좋아한다 / 맞기를 //

단서 2 현실이 예상과 다를 때는 위협을 느낌
We also don't like to be wrong, / and we feel threatened / when our stereotyped predictions don't come true. //
우리는 또한 틀리기를 좋아하지 않으며 / 우리는 위협을 느낀다 / 우리의 고정 관념에 기반한 예측이 실현되지 않을 때 //

Psychologist Wendy Mendes asked / White and Asian college students / to interact with Latino students / who had been hired as actors / by the researchers. //
심리학자 Wendy Mendes는 요청했다 / 백인과 아시아인 대학생들에게 / 라틴계 학생들과 상호 작용하도록 / 배우로 고용된 / 연구원들에 의해 //

Some of the Latino students / portrayed themselves / as socioeconomically "high status," / with lawyer fathers, professor mothers, and summers / spent volunteering in Europe. //
라틴계 학생들의 일부는 / 자신을 묘사했다 / 사회 경제적으로 '높은 계층'으로 / 변호사 아버지, 교수 어머니, 그리고 여름을 가진 / 유럽에서 자원봉사를 하며 보내는 //

Others portrayed themselves / as "low status," / with unemployed parents and part-time summer jobs. //
다른 사람들은 자신을 묘사했다 / '낮은 계층'으로 / 실업인 부모님과 여름에 아르바이트 일을 가진 //

The researchers found / that when participants interacted / with the Latino students / who appeared to come from wealth / and thus challenged American stereotypes, /
연구원들은 알아냈다 / 참가자들이 상호 작용했을 때 / 라틴계 학생들과 / 부유한 가정 출신으로 보이고 / 그래서 미국인의 고정 관념에 이의를 제기하는 /

they responded physiologically / as if to a threat: / their blood vessels constricted / and their heart activity changed. //
그들이 생리적으로 반응한다는 것을 / 마치 위협을 대하는 것처럼 / 그들의 혈관은 수축했고 / 그들의 심장 활동은 변했다 //

In these interactions, / participants also saw the students / who violated stereotypes / as less likable. //
이러한 상호 작용에서 / 참가자들은 또한 학생들을 간주했다 / 고정 관념을 깨뜨린 / 덜 호감이 가는 것으로 //

In this way, / stereotypes that are *descriptive* / can easily become *prescriptive*. //
이러한 방식으로 / '기술적인' 고정 관념은 / 쉽게 '규범적이게' 될 수 있다 //

The phenomenon, / it turns out, / may have a neuroscientific explanation: / it's an angry protest / from the brain's reward system. //
그 현상은 / 판명된다 / 신경 과학적인 설명을 가질 수 있다고 / 그것은 격렬한 항의이다 / 뇌의 보상 체계로부터의 //

- light up 환해지다
- predict ⓥ 예상하다
- threaten ⓥ 협박하다
- stereotype ⓝ 고정관념
- psychologist ⓝ 심리학자
- portray ⓥ 묘사하다
- socioeconomically ⓐⓓ 사회경제적으로
- unemployed ⓐ 실직한
- appear ⓥ ~인 것 같다
- physiologically ⓐⓓ 생리학적으로
- blood vessel 혈관
- constrict ⓥ 수축하다
- violate ⓥ 위반하다, 침해하다
- descriptive ⓐ 서술하는, 기술적인
- prescriptive ⓐ 지시하는, 규범적인
- phenomenon ⓝ 현상
- neuroscientific ⓐ 신경과학의
- protest ⓝ 항의
- conditioned to ~에 적응된

우리의 뇌는 우리의 예상되는 현실과 실제 현실이 일치할 때 환해진다. 우리의 뇌는 맞기를 좋아한다. 우리는 또한 틀리기를 좋아하지 않으며, 우리의 고정 관념에 기반한 예측이 실현되지 않을 때 우리는 위협을 느낀다. 심리학자 Wendy Mendes는 백인과 아시아인 대학생들에게 연구원들에 의해 배우로 고용된 라틴계 학생들과 상호 작용하도록 요청했다. 라틴계 학생들의 일부는 자신을 변호사 아버지, 교수 어머니, 그리고 유럽에서 자원봉사를 하며 보내는 여름을 가진 사회 경제적으로 '높은 계층'으로 묘사했다. 다른 사람들은 자신을 실업인 부모님과 여름에 아르바이트 일을 가진 '낮은 계층'으로 묘사했다. 연구원들은 참가자들이 부유한 가정 출신으로 보이고 그래서 미국인의 고정 관념에 이의를 제기하는 라틴계 학생들과 상호 작용했을 때 그들이 마치 위협을 대하는 것처럼 생리적으로 반응한다는 것을 알아냈는데, 즉 그들의 혈관은 수축했고 그들의 심장 활동은 변했다. 이러한 상호 작용에서 참가자들은 또한 고정 관념을 깨뜨린 학생들을 덜 호감이 가는 것으로 간주했다. 이러한 방식으로 '기술적인' 고정 관념은 쉽게 '규범적이게' 될 수 있다. 그 현상은 신경 과학적인 설명을 가질 수 있다고 판명되는데, 즉 그것은 뇌의 보상 체계로부터의 격렬한 항의이다.

밑줄 친 it's an angry protest from the brain's reward system이 다음 글에서 의미하는 바로 가장 적절한 것은? [3점]

① Our brain prefers actual reality to predicted reality.
우리의 뇌는 예상되는 현실보다 실제 현실을 더 좋아한다. 중에서의 선호를 이야기하는 것이 아님
② Humans have a tendency to deny that they are stereotyped.
인간은 그들이 정형화되어 있다는 것을 부인하는 경향이 있다. 정형화되어 있음을 보여줌
③ Humans are conditioned to avoid people who resemble them.
인간은 그들을 닮은 사람들을 피하도록 길들어 있다. 닮았는지가 변수인 실험이 아님
④ Our brain dislikes when something goes against its prediction.
우리의 뇌는 무언가가 그것의 예상을 벗어나는 때를 싫어한다. 예상이 틀리면 위협을 느낌
⑤ When dissatisfied, the brain operates to make itself feel better.
불만스러울 때, 뇌는 자신이 기분 좋아지게 만들도록 작동한다. 기분이 좋아지도록 뇌가 작동한다는 것이 아님

 [정답률 62%]

주제문과 그 주제를 뒷받침하는 실험이 제시된 글이다.

> **주제문**: 우리의 뇌는 예상과 현실이 일치할 때 환해지고, 현실이 예상과 다를 때는 위협을 느낀다. **단서 1** **단서 2**
>
> **실험**: **1** 백인과 아시아인 대학생에게 라틴계 학생들과 상호 작용하도록 요청함
>
> **2** 라틴계 학생의 일부는 자신을 높은 계층으로 묘사하고, 나머지는 낮은 계층으로 묘사함
>
> **3** 높은 계층의 라틴계 학생과 상호 작용했을 때(자신의 예상(고정 관념)과 현실이 다를 때) 참가자는 생리적으로 위협을 받을 때처럼 반응하고, 그 학생이 덜 호감이 간다고 여김

➡ 이러한 현상에 대한 신경 과학적인 설명은 ④ '우리의 뇌는 무언가가 그것의 예상을 벗어나는 때를 싫어한다.'라고 할 수 있다.

① 예상되는 현실과 실제 현실이 일치하지 않는 경우에 대한 이야기이다.
② 고정 관념에서 벗어나는 현실을 싫어한다는 것으로 보아, 정형화되어 있다고 할 수 있다.
③ 실험에 등장한 라틴계 학생이 참가자와 닮았는지가 실험의 변수인 것이 아니다.
⑤ 뇌가 좋아하지 않는 경우를 이야기한 것이지, 그 경우에 뇌가 어떻게 작동하는지를 설명한 것이 아니다.

D 23 정답 ⑤ ＊소비주의와 자본주의에 대한 오해

단서 1 소비주의는 자본 형성을 불가능하게 하기 때문에 자본주의를 불가능하게 만듦

Far from a synonym for capitalism, / consumerism makes
capitalism impossible / over the long term, / since it makes
capital formation / all but impossible. //

자본주의의 동의어이기는커녕 / 소비주의는 자본주의를 불가능하게 만든다 / 오랜 기간에
걸쳐 / 그것이 자본 형성을 만들기 때문에 / 사실상 불가능하게 //

A consumer culture / isn't a saving culture, / isn't a thrift
culture. //

소비문화는 / 저축 문화도 아니고 / 절약 문화도 아니다 //

It's too fixated / on buying the next toy / to ever delay
gratification, / to ever save and invest / for the future. //

그것은 너무 집착해서 / 다음 장난감을 사는 데 / 결코 욕구 충족을 미루지도 않고 / 결코
저축하고 투자하지도 않는다 / 미래를 위해 //

The point is elementary: / you can't have sustainable capitalism
/ without capital; / you can't have capital / without savings; /

요점은 기본적이다 / 여러분은 지속 가능한 자본주의를 가질 수 없다 / 자본이 없이는 /
여러분은 자본을 가질 수 없다 / 저축이 없이는 /

and you can't save / if you're running around / spending
everything / you've just earned. //

그리고 여러분은 저축할 수 없다 / 여러분이 돌아다닌다면 / 모든 것을 쓰면서 / 여러분이 방금
벌어들인 //

But the confusion has grown so deep / that many people today
do not have the ears / to hear it. // **단서 2** 혼동이 너무 깊어서 오늘날 많은 사람들이 ~한다'는 내용이 역접으로 연결됨

하지만 혼동은 너무 깊어져서 / 많은 이들이 오늘날 귀를 갖고 있지 않다 / 그것을 들을 //

Indeed, the policies of our nation's central bank / seem to
reinforce this habit /

실제로 우리나라의 중앙은행의 정책은 / 이런 습관을 강화하는 것 같다 /

by driving down interest rates / to near zero / and thereby
denying people a material reward /

이자율을 끌어내림으로써 / 영에 가깝게 / 그리고 그로 인해 사람들에게 물질적 보상을 주기를
거부함으로써 /

— in the form of interest / on their banked savings — / for
foregoing consumption. //

이자의 형태로 / 그들의 은행 예금에 대한 / 소비를 단념하는 것에 대한 //

- far from 전혀 ~이 아닌　　· synonym ⓝ 동의어
- capitalism ⓝ 자본주의　　· consumerism ⓝ 소비지상주의
- term ⓝ (지속되는 · 정해진) 기간　　· capital ⓝ 자본금, 자산
- formation ⓝ 형성　　· all but 사실상, 거의　　· thrift ⓝ 절약
- elementary ⓐ 기본적인, 초보의　　· sustainable ⓐ 지속 가능한
- saving ⓝ ((pl.)) 저축한 돈, 저금　　· confusion ⓝ 혼란, 혼돈
- policy ⓝ 정책, 방침　　· reinforce ⓥ 강화하다, 증원하다
- interest ⓝ 이자, 이익　　· deny ⓥ 부정하다, 거부하다
- material ⓐ 물질[물리]적인　　· consumption ⓝ 소비[소모](량)

　　소비주의는 자본주의의 동의어이기는커녕 자본주의를 오랜 기간에 걸쳐
불가능하게 하는데, 이는 그것이 자본 형성을 사실상 불가능하게 하기
때문이다. 소비문화는 저축 문화도 아니고 절약 문화도 아니다. 그것은 다음
장난감을 사는 데 너무 집착한 나머지 결코 욕구 충족을 미루지도 않고, 미래를
위해 결코 저축하고 투자하지도 않는다.

　　요점은 기본적인데, 자본이 없이는 지속 가능한 자본주의가 있을 수 없고,
저축이 없이는 자본이 생길 수 없으며, 방금 벌어들인 모든 것을 쓰면서
돌아다닌다면 저축할 수 없다는 것이다. 하지만 혼동은 너무 깊어져서 많은
이들이 오늘날 그것을 들을 귀를 갖고 있지 않다. 실제로 우리나라의 중앙은행
정책은 이자율을 영에 가깝게 끌어내려, 그로 인해 사람들에게 그들의 은행
예금에 대한 이자의 형태로, 소비를 단념하는 것에 대한 물질적 보상을 주기를
거부함으로써 이런 습관을 강화하는 것 같다.

밑줄 친 do not have the ears to hear it이 다음 글에서 의미하는 바로 가장
적절한 것은? [3점]　저축과 국가의 번영 사이의 관계에 대한 내용이 아님

① disagree with the national policy of lowering interest rates
이자율을 낮추는 국가 정책에 반대하다　마지막 문장에 interest rates가 언급된 것으로 만든 오답
② ignore the fact that consumerism is a synonym for capitalism
소비주의가 자본주의의 동의어라는 사실을 무시하다　소비주의는 자본주의의 동의어가 아님
③ believe that consumerism doesn't really do much for well-being
소비주의가 실제로 행복을 위해 많은 것을 하지 않는다고 믿다　소비와 자본주의에 대한 내용임
④ form a false assumption that savings can make nations prosper
저축이 국가를 번영하게 만들 수 있다는 잘못된 추정을 형성하다
⑤ fail to understand that consumption alone can't sustain
capitalism　소비주의가 자본주의를 불가능하게 한다는 것을 모름
소비만으로 자본주의를 지탱할 수 없다는 것을 이해하지 못하다

왜 정답? [정답률 44%]

　　소비주의는 자본 형성을 불가능하게 만들기 때문에 자본주의를 불가능하게
한다는 첫 문장 이후로 소비주의가 자본주의를 불가능하게 하는 것에 대한
구체적인 부연이 밑줄 친 부분이 포함된 문장의 바로 앞까지 이어진다.

　　역접의 연결어로 시작한 밑줄 친 부분이 포함된 문장은, 소비주의는 결코
자본주의의 동의어가 아닌데도 소비주의와 자본주의에 대한 혼동이 너무 깊어져서
많은 사람들이 '그것을 들을 귀를 갖고 있지 않다'는 의미이므로, 밑줄 친 부분이
의미하는 바는 ⑤ '소비만으로 자본주의를 지탱할 수 없다는 것을 이해하지
못하다'이다.　소비주의가 자본주의의 동의어가 아니며
소비주의가 자본주의를 불가능하게 한다는 것 **꿀팁**

왜 오답?

①, ④ 마지막 문장이 이자율에 관한 내용이라는 점으로 만든 오답이다. **함정**
　　마지막 문장은 이자율을 영에 가깝게 만드는 국가 중앙은행의 정책으로
소비주의가 조장되어 자본주의가 불가능해진다는 의미이다.

② 소비주의가 자본주의의 동의어가 아니라는 것을 사람들이 모른다는 글이다.

③ 소비문화가 행복으로 이어지는지 또는 그렇지 않은지에 대해 이야기하는 것이
아니라 소비주의와 자본주의의 관계에 대한 글이다.

D 24 정답 ② ＊과학은 진화하고 뉴스는 일어난다

Journalists love to report studies / that are at the "initial
findings" stages /

언론인들은 연구들을 보도하기를 매우 좋아한다 / '초기 결과' 단계에 있는 /
선행사(관계부사는 생략됨)

— research / that claims to be the first time / anyone has
discovered a thing — / because there is newsworthiness / in
their novelty. // **단서 1** 언론인들은 최초의 발견이라고 주장하는 연구를 보도하는 것을
좋아하는데, 이는 그 '새로움'에 뉴스 가치가 있기 때문임

연구 / 최초라고 주장하는 / 누군가가 어떤 것을 발견한 / 뉴스 가치가 있기 때문에 / 그것들의
새로움에 //

But "first ever" discoveries are extremely vulnerable / to
becoming undermined / by subsequent research. //　전치사　동명사구

그러나 '사상 최초의' 발견들은 아주 취약하다 / 약화되는 것에 / 후속 연구에 의해 //

When that happens, / the news media often don't go back and
inform their audiences / about the change / — assuming they
even hear about it. // **단서 2** 그러나 후속 연구로 인해 기존에 보도한 연구에
변화가 있을 때는 그것을 보도하지 않음　(시간)의 부사절

그것이 일어날 때 / 뉴스 매체는 종종 돌아가서 그들의 독자들에게 알리지 않는다 / 변화에
관해 / 그들이 그것에 관해 심지어 듣는다고 가정한 채 //

Kelly Crowe, a CBC News reporter writes, / quoting one
epidemiologist, /

CBC News 기자인 Kelly Crowe는 쓴다 / 한 전염병학자의 말을 인용하며 /

"There is increasing concern / that in modern research, / false
findings may be the majority or even the vast majority / of
published research claims." //　동격절 접속사

"증가하는 염려가 있다 / 현대 연구에서 / 잘못된 결과가 다수 또는 심지어 대다수일 수도
있다는 / 게재된 연구 주장의"라고 //

She goes on to suggest / that journalists, / though blameworthy
for this tendency, / are aided and abetted / by the scientists /
whose studies they cite. //　복수 주어　소유격 관계대명사　복수 동사　선행사

그녀는 이어서 시사한다 / 언론인들이 / 이러한 경향에 있어 비난받을 만하지만 / 방조된다고
/ 과학자들에 의해 / 그들(과학자들)의 연구를 그들(언론인들)이 인용하는 //

She writes / that the "conclusions" sections / in scientific abstracts / can sometimes be overstated /
그녀는 쓴다 / '결론' 부분들이 / 과학 초록의 / 때로로 과장될 수 있다고
in an attempt to draw attention / from prestigious academic journals and media / who uncritically take their bait. //
관심을 끌기 위한 시도에서 / 명성 있는 학술지와 매체로부터 / 무비판적으로 그것들의 미끼를 무는 //
Even so, / Crowe ends her piece / by stressing / that there is still an incompatibility / between the purposes and processes of news and science: /
그럼에도 불구하고 / Crowe는 자신의 글을 끝맺는다 / 강조함으로써 / 여전히 상반된 점이 있다는 것을 / 뉴스와 과학의 목적과 과정 사이에는 /
Science 'evolves,' / but news 'happens.' //
과학은 '진화하지만' / 뉴스는 '일어난다' //

- initial ⓐ 초기의, 처음의 · claim ⓥ 주장하다, 요구하다 ⓝ 주장
- newsworthiness ⓝ 보도[뉴스] 가치가 있음 · novelty ⓝ 신기함, 새로움
- vulnerable ⓐ 취약한, 상처받기 쉬운 · undermine ⓥ 손상[약화]시키다
- subsequent ⓐ 그[이]다음의, 차후의 · assume ⓥ 추정[상정]하다
- quote ⓥ 인용하다, 전달하다 · majority ⓝ 다수, 대부분
- blameworthy ⓐ 탓할 만한, 책임이 있는 · cite ⓥ 인용하다
- abstract ⓝ (책·연설·서류의) 개요
- overstate ⓥ 과장하다, 허풍을 떨다 · draw ⓥ (마음을) 끌다
- prestigious ⓐ 명망 있는[높은], 일류의 · uncritically ⓐⅾ 무비판적으로
- bait ⓝ 미끼 · piece ⓝ (글·음악·미술 등의 작품) 한 점
- stress ⓥ 강조하다 · incompatibility ⓝ 불일치, 양립할 수 없음

언론인들은 '초기 결과' 단계에 있는 연구들, 즉 누군가가 어떤 것을 발견한 최초라고 주장하는 연구를 보도하기를 매우 좋아하는데, 왜냐하면 그것들의 새로움에 뉴스 가치가 있기 때문이다. 그러나 '사상 최초의' 발견들은 후속 연구에 의해 약화되는 것에 아주 취약하다. 그것이 일어날 때 뉴스 매체는 그들의 독자들이 그것에 관해 심지어 듣는다고 가정한 채, 종종 돌아가서 그들에게 그 변화에 관해 알리지 않는다. CBC News 기자인 Kelly Crowe는 한 전염병학자의 말을 인용하며 "현대 연구에서 잘못된 결과가 게재된 연구 주장의 다수 또는 심지어 대다수일 수도 있다는 증가하는 염려가 있다."라고 쓴다. 그녀는 언론인들이 이러한 경향에 있어 비난받을 만하지만, 자신들이 인용하는 과학자들의 연구들이 그들에 의해 방조되고 있음을 이어서 시사한다. 그녀는 무비판적으로 그것들의 미끼를 무는 명성 있는 학술지와 매체로부터 관심을 끌기 위한 시도에서 과학 초록의 '결론' 부분들이 때때로 과장될 수 있다고 쓴다. 그럼에도 불구하고, Crowe는 뉴스와 과학의 목적과 과정 사이에는 여전히 상반된 점이 있다는 것, 즉 과학은 '진화하지만' 뉴스는 '일어난다'는 것을 강조함으로써 자신의 글을 끝맺는다.

밑줄 친 news 'happens'가 다음 글에서 의미하는 바로 가장 적절한 것은?
[3점]
① News follows the process of research more than the outcome.
뉴스는 연구의 결과보다 과정을 더 많이 따른다.
② News focuses not on how research changes but on the novelty of it.
뉴스는 연구가 어떻게 바뀌는가가 아니라 그것의 새로움에 집중한다.
③ News attracts attention by criticizing false scientific discoveries.
뉴스는 틀린 과학적 발견을 비판함으로써 주의를 끈다.
④ Reporters give instant feedback to their viewers, unlike scientists.
기자들은 과학자들과 달리 그들의 시청자들에게 즉각적인 피드백을 준다.
⑤ Reporters create and strengthen trust in the importance of science.
기자들은 과학의 중요성에 대한 믿음을 만들어내고 강화한다.

왜 정답? [정답률 61%]
뉴스는 어떤 것을 최초로 발견했다고 주장하는 연구를 보도하는 것을 매우 좋아하는데, 이는 그러한 새로움에 뉴스 가치가 있기 때문이라는 것이 첫 문장의 내용이다.
최초 = 새로움 🍯팁
이러한 최초(라고 주장하는) 연구는 후속 연구에 의해 약화되기 쉬운데, 실제로 후속 연구로 인해 해당 연구가 약화되더라도 뉴스 매체는 그러한 변화를 보도하지 않는다는 내용이 역접의 연결어로 시작한 두 번째 문장부터 이어진다.
다시 말해, 뉴스는 연구의 새로움에는 많은 가치를 두지만, 그 연구가 어떻게 바뀌는지에 대해서는 관심을 갖지 않는다는 것이므로 정답은 ② '뉴스는 연구가 어떻게 바뀌는지가 아니라 그것의 새로움에 집중한다.'이다.

왜 오답?
① 연구의 결과와 과정 사이에서 무엇에 더 집중하는지를 이야기하는 것이 아니다. 최초 연구는 보도하고 후속 연구는 보도하지 않는다는 것이 핵심이다. 주의
③, ④ 최초 연구의 새로움을 통해 주의를 끌며, 이미 보도한 최초 연구가 후속 연구에 의해 달라지더라도 그것을 알리지 않는다고 했다.
⑤ 기자들이 대중으로 하여금 과학이 중요하다고 믿게 만든다는 내용이 아니다.

D 25 정답 ① ＊인간의 발달상의 분업

Humans already have / a longer period of protected immaturity / — a longer childhood — / than any other species. //
인간은 이미 갖는다 / 더 긴 기간의 보호받는 미성숙 상태를 / 더 긴 어린 시절 / 다른 어떤 종보다 //
Across species, / a long childhood is correlated / with an evolutionary strategy / that depends on flexibility, intelligence, and learning. //
종 전체에서 / 긴 어린 시절은 상호 관련이 있다 / 진화 전략과 / 유연성, 지능, 그리고 학습에 의존하는 //
There is a developmental division of labor. // 발달상의 분업이 있다 //
Children get to learn freely / about their particular environment / without worrying about their own survival / — caregivers look after that. //
아이들은 자유롭게 배우게 된다 / 자신의 특정 환경에 대해 / 자신의 생존에 대해 걱정하지 않고 / 보호자가 그것을 책임진다 //
Adults use / what they learned as children / to mate, hunt, and generally succeed / as grownups / in that environment. //
어른들은 사용한다 / 자신이 어렸을 때 배운 것을 / 짝을 맺고, 사냥하고, 일반적으로 잘 해내기 위해 / 어른으로서 / 그 환경에서 //
Children are the R&D (research and development) department / of the human species. //
아이들은 R&D(연구와 개발) 부서이다 / 인류의 //
We grown-ups / are production and marketing. //
우리 어른들은 / 생산과 마케팅이다 //
We start out / as brilliantly flexible but helpless and dependent babies, / great at learning everything / but terrible at doing just about anything. //
우리는 시작한다 / 놀랍도록 유연하지만 무력하고 의존적인 아기로 / 모든 것을 배우는 데는 훌륭하지만 / 거의 어떤 것이든 하는 데에는 엉망인 //
We end up / as much less flexible but much more efficient and effective adults, / not so good at learning / but terrific at planning and acting. //
우리는 결국 ~이 된다 / 훨씬 덜 유연하지만 훨씬 더 효율적이고 효과적인 어른이 / 학습에는 그다지 능숙하지 않지만 / 계획과 실행은 매우 잘하는 //

- immaturity ⓝ 미성숙 · species ⓝ 종
- be correlated with ~와 상호 관련이 있다 · evolutionary ⓐ 진화의
- strategy ⓝ 전략 · flexibility ⓝ 유연성 · intelligence ⓝ 지능
- developmental ⓐ 발달의 · division of labor 분업
- succeed ⓥ 성공하다 · dependent ⓐ 의존적인
- efficient ⓐ 효율적인 · effective ⓐ 효과적인 · agent ⓝ 행위자
- executive ⓝ 경영진, 이사 · characteristic ⓝ 성격

인간은 이미 다른 어떤 종보다 더 긴 기간의 보호받는 미성숙 상태, 즉 더 긴 어린 시절을 갖는다. 종 전체에서, 긴 어린 시절은 유연성, 지능, 그리고 학습에 의존하는 진화 전략과 상호 관련이 있다. 발달상의 분업이 있다. 보호자가 아이들의 생존을 책임지기 때문에, 아이들은 자신의 생존에 대해 걱정하지 않고 자신의 특정 환경에 대해 자유롭게 배우게 된다. 어른들은 그 환경에서 짝을 맺고, 사냥을 하고, 어른으로서 일반적으로 잘 해내기 위해 자신이 어렸을 때 배운 것을 사용한다. 아이들은 인류의 R&D(연구와 개발) 부서이다. 우리 어른들은 생산과 마케팅 부서이다. 우리는 모든 것을 배우는 데는 훌륭하지만 거의 어떤 것이든 하는 데에는 엉망인, 놀랍도록 유연하지만 무력하고 의존적인 아기로 시작한다. 우리는 결국 학습에는 그다지 능숙하지 않지만 계획과 실행은 매우 잘하는, 훨씬 덜 유연하지만 훨씬 더 효율적이고 효과적인 어른이 된다.

밑줄 친 production and marketing이 다음 글에서 의미하는 바로 가장 적절한 것은?

Adults use what they learned as children ~ in that environment.

① agents who conduct the tasks of living with what they learned
그들이 배운 것을 가지고 삶의 과업을 수행하는 행위자들
② executives who assign roles according to one's characteristics
개인의 성격에 따라 역할을 배분하는 경영진들   성격에 따른 분업이 아님
③ actors who realize their dreams by building better relations
더 나은 관계를 맺음으로써 그들의 꿈을 실현하는 배우들   관계를 통해 꿈을 실현한다는 언급은 없음
④ traders who contribute to economic development
경제적 발전에 기여하는 거래자들   경제적 발전에 대한 내용이 아님
⑤ leaders who express their thoughts to others
그들의 생각을 다른 사람들에게 표현하는 지도자들   성인과 아이가 대조되는 글임

> 왜 정답 ? [정답률 76%]

아이	• 인류의 연구/개발 부서 • 모든 것을 배우는 데는 훌륭하지만, 어떤 것이든 하는 데에는 엉망임
어른	• 인류의 생산/마케팅 부서 • 어렸을 때 배운 것을 이용하여 어른으로서 잘 해냄 • 학습에는 그다지 능숙하지 않지만, 계획과 실행은 매우 잘함

➡ 어른은 '생산과 마케팅 (부서)' = 어른은 ① '그들이 배운 것을 가지고 삶의 과업을 수행하는 행위자들'

> 왜 오답 ?

② 인간의 발달 과정에 따른 분업이 있다는 것이지, 성격에 따라 역할이 나뉜다는 것이 아니다. 함정

③ 관계를 통해 꿈을 실현한다는 언급은 없다.

④ 연구/개발 부서, 생산/마케팅 부서 등이 언급된 것으로 만든 오답이다.

⑤ 자신의 생각을 다른 사람에게 표현하는 것에 대한 내용이 아니다.

D 26 정답 ④ ＊트로이의 목마였던 기술의 발전

It seemed like a fair deal: / we would accept new technologies, / which would modify our habits / and oblige us to adjust / to certain changes, /
앞 절을 선행사로 하는 계속적 용법의 주격 관계대명사
그것은 공정한 거래처럼 보였다 / 우리는 새로운 기술을 받아들일 것이었고 / 그것은 우리의 습관을 바꾸고 / 어쩔 수 없이 우리가 적응하게 할 것이었다 / 특정한 변화에 /

but in exchange / we would be granted / relief from the burden of work, / more security, / and above all, / the freedom to pursue our desires. //
단서1 새로운 기술의 대가로 (여가를 즐길) 자유를 얻을 것이었음   형용사적 용법 추구할 (the freedom 수식)
하지만 그 대가로 / 우리는 얻을 것이었다 / 일의 부담의 경감 / 더 많은 보안 / 그리고 무엇보다도 / 우리의 욕망을 추구할 자유를 //

The sacrifice was worth the gain; / there would be no regrets. //
그 희생에는 그 이득의 가치가 있었다 / 후회는 없을 것이었다 //

Yet it has become apparent / that this civilization of leisure / was, in reality, a Trojan horse. //
가주어   진주어절 접속사
그러나 ~이 명백해졌다 / 여가로 인한 이러한 생활의 개선은 / 실제로는 트로이 목마였다는 것이 //

Its swelling flanks hid / the impositions of a new type of enslavement. // 그것의 불룩한 옆구리는 숨겼다 / 새로운 형태의 노예화라는 부담을 //

The automatons are not as autonomous / as advertised. //
그 자동 장치는 자율적이지 않다 / 광고되는 것만큼 // 원급 비교

They need us. // 그것들은 우리를 필요로 한다 //

Those computers / that were supposed to do our calculations / for us / instead demand our attention: / for ten hours a day, / we are glued to their screens. //
복수 주어   복수 동사   〈기간〉의 전치사
단서2 하지만 우리는 하루에 10시간 동안 컴퓨터(새로운 기술) 화면에 붙어 있음
그 컴퓨터들은 / 우리의 계산을 해 주기로 되어 있던 / 우리를 위해 / 대신 우리의 주의를 요구한다 / 하루에 10시간 동안 / 우리는 그것들의 화면에 붙어 있다 //

Our communications / monopolize our time. //
우리의 통신은 / 우리의 시간을 독점한다 //
강조 용법의 재귀대명사
Time itself is accelerating. // 시간 자체가 빨라지고 있다 //

The complexity of the system / overwhelms us. //
그 시스템의 복잡성은 / 우리를 어쩔 줄 모르게 만든다 //

And leisure is often a costly distraction. //
그리고 여가는 종종 비용이 많이 드는 오락이다 //

- modify ⓥ 수정[변경]하다 • oblige ⓥ 강요하다, 의무 지우다
- adjust ⓥ 적응하다, 조정하다 • in exchange 그 대신
- grant ⓥ 주다, 부여[수여]하다, 승인[허락]하다 • relief ⓝ 경감, 완화, 안심
- burden ⓝ 부담, 짐 • above all 무엇보다도, 특히
- pursue ⓥ 추구하다, 계속하다 • sacrifice ⓝ 희생(물)
- worth ⓐ ~할 가치가 있는 • apparent ⓐ 분명한, 누가 봐도 알 수 있는
- civilization ⓝ 문명, 문명화 • swell ⓥ 붓다, 부풀다
- imposition ⓝ (새로운 법률 · 세금 등의) 시행[도입], 부담
- enslavement ⓝ 노예화, 노예 상태 • autonomous ⓐ 자율[자주]적인
- glue ⓥ (접착제로) 붙이다 • monopolize ⓥ 독점하다
- accelerate ⓥ 가속화되다[하다]
- overwhelm ⓥ 어쩔 줄 모르게 만들다, 압도하다
- costly ⓐ 많은 돈이 드는, 대가[희생]가 큰 • incorporate ⓥ 포함하다
- hierarchical ⓐ 계급[계층]에 따른

그것은 공정한 거래처럼 보였다. 우리는 새로운 기술을 받아들일 것이었고, 그것은 우리의 습관을 바꾸고 어쩔 수 없이 우리가 특정한 변화에 적응하게 할 것이었지만, 그 대가로 우리는 일의 부담의 경감, 더 많은 보안, 그리고 무엇보다도 우리의 욕망을 추구할 자유를 얻을 것이었다. 그 희생에는 그 이득의 가치가 있었다. 후회는 없을 것이었다. 그러나 여가로 인한 이러한 생활의 개선은 실제로는 트로이 목마였다는 것이 명백해졌다. 그것의 불룩한 옆구리는 새로운 형태의 노예화라는 부담을 숨겼다. 그 자동 장치는 광고되는 것만큼 자율적이지 않다. 그것들은 우리를 필요로 한다. 우리를 위해 계산을 해 주기로 되어 있던 그 컴퓨터들은 대신 우리의 주의를 요구한다. 하루에 10시간 동안 우리는 그것들의 화면에 붙어 있다. 우리의 통신은 우리의 시간을 독점한다. 시간 자체가 빨라지고 있다. 그 시스템의 복잡성은 우리를 어쩔 줄 모르게 만든다. 그리고 여가는 종종 비용이 많이 드는 오락이다.

밑줄 친 this civilization of leisure was, in reality, a Trojan horse가 다음 글에서 의미하는 바로 가장 적절한 것은? [3점]

① Doing leisure activities increased communication between colleagues. Our communications로 만든 오답
여가 활동을 하는 것이 동료들 사이의 의사소통을 증가시켰다.
② Labor was easily incorporated with leisure by the media.
노동은 미디어에 의해 쉽게 여가와 통합되었다.   여전히 노동을 해야 한다는 내용임
③ People's privacy was attacked because of low security.
사람들의 사생활이 낮은 보안 때문에 공격당했다.   more security로 만든 오답
④ Technology's promise for leisure actually made people less free.
여가에 대한 기술의 약속은 사실 사람들을 덜 자유롭게 만들었다.   하루 10시간을 컴퓨터 화면에 붙어 있음
⑤ Technological innovations did not improve hierarchical working culture. 계층적 업무 문화에 대한 언급은 없음
기술적 혁신은 계층적인 업무 문화를 향상하지 않았다.

> 왜 정답 ? [정답률 72%]   '여가를 즐길 자유'를 의미함 꿀팁

역접의 연결어 Yet을 사이에 두고, 새로운 기술을 받아들이는 대가로 우리는 우리의 욕망을 추구할 자유를 얻을 것이었지만, 사실 여가로 인한 이러한 생활의 개선이 트로이의 목마였다는 상반되는 내용이 이어진다.
우리에게 여가를 주기로 되어 있던 새로운 기술인 자동 장치는 광고만큼 자율적이지는 않아서 우리를 필요로 하고, 컴퓨터 역시 우리를 위해 계산을 해 주기로 되어 있었지만, 우리는 하루에 10시간 동안 컴퓨터 모니터에 붙어 있어야 한다는 것으로 보아 밑줄 친 부분의 의미는 ④ '여가에 대한 기술의 약속은 사실 사람들을 덜 자유롭게 만들었다.'이다.

> 왜 오답 ?   새로운 기술이 우리를 필요로 한다는 것을 의미함 

① 글의 후반부에서 우리의 통신(Our communications)이 우리의 시간을 독점한다고 한 것으로 만든 오답이다.

② 새로운 기술 덕분에 여가를 즐길 수 있게 될 줄 알았는데 전혀 그렇지 않다는 내용이다.

③ 새로운 기술이 가져올 것으로 생각했던 이점의 하나로 more security가 언급된 것으로 만든 오답이다. 사생활이 공격당했다는 내용은 없다.

⑤ 기술적 혁신이 계층적인 업무 문화에 어떤 영향을 미쳤는지에 대한 내용이 아니다.

D 27 정답 ① ☆ 2등급 대비 [정답률 68%]

＊자신을 되돌아보는 수단으로서의 일기

the personal diary와 능동 관계이므로 현재분사가 분사구문을 이룸
Coming of age / in the 18th and 19th centuries, / the personal diary became a centerpiece / in the construction of a modern subjectivity, /

발달한 상태가 되어 / 18세기와 19세기에 / 개인 일기는 중심물이 되었는데 / 근대적 주체성을 구축하는 데 / 장소의 부사구가 문두에 오면서 이어지는 주어와 동사가 도치됨

단서 1 일기를 통해 자아에 대한 이해에 이성과 비판이 적용됨

at the heart of which is / the application of reason and critique / to the understanding of world and self, / **which** allowed / the creation of a new kind of knowledge. //

계속적 용법의 주격 관계대명사

그것의 중심에 (~이) 있고 / 이성과 비판의 적용이 / 세계와 자아에 대한 이해에 / 이는 가능하게 했다 / 새로운 종류의 지식의 창조를 //

선행사 전치사+관계대명사
Diaries were **central media** / **through which** enlightened and free subjects / could be constructed. //

일기는 중심 매체였다 / 그것을 통해 계몽되고 자유로운 주체가 / 구성될 수 있는 //

선행사 관계부사
They provided **a space** / **where** one could write daily / about her whereabouts, feelings, and thoughts. //

단서 2 자신에 관한 통찰력과 이야기가 만들어지고 주체성이 형성됨

그것은 공간을 제공했다 / 개인이 매일 쓸 수 있는 / 자신의 행방, 감정, 생각에 대해 //

전치사구의 병렬 구조
Over time and **with rereading**, / disparate entries, events, and happenstances / **could be rendered** / into insights and narratives about the self, / and **allowed** / for the formation of subjectivity. //

병렬 구조

시간이 지남에 따라 그리고 다시 읽음으로써 / 이질적인 항목, 사건 및 우연이 / 만들어질 수 있었으며 / 자신에 관한 통찰력과 이야기로 / 허용했다 / 주체성의 형성을 //

It is **in that context** / that the idea / **of** "the self [as] both made and explored with words" / emerges. //

It is ~ that으로 강조되는 전치사구 동격의 전치사

바로 그러한 맥락에서 / 개념이 / '말로 만들어지고 또한 탐구되는 (것으로의) 자아'라는 / 나타난다 //

과거의 동작을 나타내는 조동사
Diaries were personal and private; / one **would** write for oneself, / or, in Habermas's formulation, / one would make oneself public to oneself. //

일기는 개인적이고 사적이었다 / 사람들은 자신을 위해 쓰곤 했다 / 즉 Habermas의 명확한 표현을 빌리면 / 사람들은 자신을 자신에게 공개적으로 만들곤 했다 //

By making the self public / in a private sphere, / the self also became an object / for self-inspection and self-critique. //

자아를 공적으로 만듦으로써 / 사적 영역에서 / 자아는 또한 대상이 되었다 / 자기 점검과 자기 비판의 //

단서 3 일기를 통해 자아가 자기 점검과 자기 비판의 대상이 됨

- centerpiece ⓝ 중심물, 주목할 존재 • construction ⓝ 건설, 구성
- subjectivity ⓝ 주관성 • application ⓝ 적용
- reason ⓝ 이성, 사리(事理) • critique ⓝ 비평한 글, 평론
- enlighten ⓥ (설명하여) 이해시키다[깨우치다]
- whereabout ⓝ 소재, 행방 • entry ⓝ (사전·장부 등의 개별) 항목
- happenstance ⓝ (특히 좋은 결과로 이어지는) 우연 • insight ⓝ 통찰력
- narrative ⓝ 이야기, 묘사 • formation ⓝ 형성
- explore ⓥ 탐험하다 • emerge ⓥ 드러나다, 알려지다
- formulation ⓝ 정확한 표현[어구], 공식화
- sphere ⓝ (활동·영향·관심) 영역 • self-inspection ⓝ 자체 검사
- self-critique ⓝ 자기 비판 • means ⓝ 수단, 방법
- reflect on ~을 반성하다[되돌아보다] • process ⓝ 과정
- alternate ⓐ 대신인, 번갈아 나오는 • ego ⓝ 자아
- selfhood ⓝ 자아, 개성

　18세기와 19세기에 발달한 상태가 된 개인 일기는 근대적 주체성을 구축하는 데 중심물이 되었는데, 그것의 중심에는 세계와 자아에 대한 이해에 이성과 비판의 적용이 있고, 이는 새로운 종류의 지식을 창조할 수 있게 해주었다. 일기는 그것을 통해 계몽되고 자유로운 주체가 구성될 수 있는 중심 매체였다. 그것은 개인이 자신의 행방, 감정, 생각에 대해 매일 쓸 수 있는 공간을 제공했다.

　시간이 지남에 따라 그리고 다시 읽음으로써, 이질적인 항목, 사건 및 우연이 자신에 관한 통찰력과 이야기로 만들어질 수 있었으며, 주체성의 형성을 가능하게 만들었다. '말로 만들어지고 또한 탐구되는 (것으로의) 자아'라는 개념이 나타나는 것은 바로 그러한 맥락에서다. 일기는 개인적이고 사적이었다. 사람들은 자신을 위해 쓰곤 했는데, Habermas의 명확한 표현을 빌리면, 자신을 자신에게 공개적으로 만들곤 했다. 자아를 사적 영역에서 공적으로 만들면서, 자아는 또한 자기 점검과 자기 비판의 대상이 되었다.

밑줄 친 make oneself public to oneself가 다음 글에서 의미하는 바로 가장 적절한 것은? [3점]

① use writing as a means of reflecting on oneself
　글을 자신을 되돌아보는 수단으로 사용하곤 일기를 통해 자아를 자기 점검과 자기 비판의 대상으로 만듦
② build one's identity by reading others' diaries
　타인의 일기를 읽음으로써 자신의 정체성을 확립하곤
③ exchange feedback in the process of writing
　글 쓰는 과정에서 의견을 교환하곤 자신의 일기, 주체성, 자아에 대한 내용임
④ create an alternate ego to present to others
　다른 사람에게 제시하기 위한 대체 자아를 창조하곤
⑤ develop topics for writing about selfhood
　자아에 관한 글을 쓰기 위한 주제를 개발하곤 '일기'라는 글의 소재로 만든 오답

2등급 ? Habermas의 표현에 나오는 public이라는 단어의 의미가 흔히 쓰이는 '공공의, 대중의'라는 의미가 아니라는 것을 파악해야 한다. 글을 이해했더라도 밑줄 친 부분의 해석을 잘못하면 틀리기 쉬운 2등급 대비 문제이다.

| 문제 풀이 순서 |

1st 밑줄 친 부분이 포함된 문장을 읽고, 의미를 예상한다.

- 일기는 개인적이고 사적이었다. 사람들은 자신을 위해 쓰곤 했는데, Habermas의 명확한 표현을 빌리면, 자신을 자신에게 공개적으로 만들곤 했다.

➡ 개인적이고 사적인 기록인 '일기'에 대해 이야기하는 글이다. 자신을 자신에게 공개적으로 만든다는 것은 일기를 통해 자신을 되돌아본다는 의미이리라고 생각할 수 있다.

2nd 글의 나머지 부분에서 일기의 역할을 파악하여 정답을 찾는다.

- 그것의 중심에는 세계와 자아에 대한 이해에 이성과 비판의 적용이 있다. **단서 1**
- 시간이 지남에 따라 그리고 다시 읽음으로써, 이질적인 항목, 사건 및 우연이 자신에 관한 통찰력과 이야기로 만들어질 수 있었으며, 주체성의 형성을 가능하게 만들었다. **단서 2**

➡ 자아에 대한 이해에 이성과 비판을 적용하는 것이 일기의 중심에 있다. 또한, 일기를 통해 자신에 관한 통찰력과 이야기가 만들어지고, 주체성이 형성된다. 그렇다면 밑줄 친 부분은 ① '글(일기)을 자신을 되돌아보는 수단으로 사용하곤' 했다는 의미이다.

- 자아를 사적 영역에서 공적으로 만들면서, 자아는 또한 자기 점검과 자기 비판의 대상이 되었다. **단서 3**

➡ '사적 영역 = 일기', '공적으로 만듦으로써 = 자신을 자신에게 공개함으로써' 마지막 문장 역시 일기를 통해 자아가 자기 점검과 자기 비판의 대상이 된다는 의미이므로, 정답은 ①이다.

| 선택지 분석 |

① '자기 점검', '자기 비판'이 의미하는 바가 '자신을 되돌아보는 것'이다.

② 자신의 행방, 감정, 생각에 대해 쓰는 일기를 통해 사람들이 자신을 돌아보고 주체성을 형성하게 되었다는 내용으로, 타인의 일기와 같이 다른 사람이 등장하는 글이 아니다.

③ 타인과의 의견 교환과 같이 다른 사람과 관련된 내용은 아니다.

④ 다른 사람과 관련 있는 글이 아니므로 대체 자아에 대한 것은 맞지 않는다.

⑤ '일기'라는 글의 소재로 만든 오답이다. 일기가 자신에 대한 글인 것은 맞지만, 자아에 대한 글의 주제를 개발했다는 등의 내용은 없다.

D 28 정답 ② ☆ 2등급 대비 [정답률 65%]

＊지도자가 해야 하는 일

동명사구 주어 단수 동사
Flicking / **the collaboration light switch** / **is** something / that leaders are uniquely positioned to do, / because several obstacles stand / in the way of people / **voluntarily working alone**. //

people을 수식하는 형용사구

획 누르는 것은 / 협업의 전동 스위치를 / ~한 것이다 / 고유하게 지도자들이 해야 하는 위치에 있는 / 여러 장애물이 서 있기 때문에 / 사람들의 길에 / 자발적으로 혼자 일하는 //

For one thing, / the fear / of being left out of the loop / can keep
them glued / to their enterprise social media. //
우선 / 두려움이 / 상황을 잘 모르고 혼자 남겨진다는 / 그들이 계속 매달리도록 할 수 있다 /
자신들의 기업 소셜미디어에 //
단서 1 개인은 고립되는 것을 원하지 않음
Individuals don't want / to be — or appear to be — isolated. //
개인들은 원치 않는다 / 고립되거나 고립된 듯 보이는 것을 //
For another, / knowing / what their teammates are doing /
provides a sense of comfort and security, /
또 다른 이유로는 / 아는 것이 / 자신들의 팀 동료들이 무엇을 하고 있는지 / 편안하고 안전하
다는 느낌을 제공한다 //
because people can adjust their own behavior / to be in harmony
/ with the group. //
사람들은 그들 자신의 행동을 조정할 수 있기 때문에 / 조화를 이루도록 / 집단과 //
It's risky to go off on their own / to try something new / that will
probably not be successful / right from the start. //
홀로 벗어나는 것은 위험천만하다 / 뭔가 새로운 것을 시도하기 위해 / 아마도 성공적이지 않
을 / 바로 처음부터 //
But / even though it feels reassuring / for individuals to be
hyperconnected, / **단서 2** 사람들이 연결되는 것이 안도감을 줌
하지만 / ~이 안도감이 든다고 느낄지라도 / 사람들이 과잉 연결되는 것이 /
it's better / for the organization / if they periodically go off /
and think for themselves / and generate / diverse — if not quite
mature — ideas. // **단서 3** 조직을 위해서는 개인이 주기적으로 혼자 일하는 것이 더 좋음
~이 더 좋다 / 조직을 위해 / 그들이 주기적으로 벗어나 / 스스로 생각하여 / 창안하는 것이 /
그다지 성숙하지는 않더라도 다양한 아이디어를 //
단서 4 지도자의 임무는 전체에게 유익한 여건을 조성하는 것임
Thus, / it becomes the leader's job / to create conditions / that
are good for the whole / by enforcing intermittent interaction /
따라서 / ~이 지도자의 임무가 된다 / 여건을 조성하는 것이 / 전체에게 유익한 / 간간이 일어
나는 상호 작용을 시행함으로써 /
even when people wouldn't choose it for themselves, / without
making it seem / like a punishment. //
사람들이 그것을 스스로 선택하지 않는 때에도 / 그것을 보이게 하지 않으면서 / 처벌처럼 //

- flick ⓥ (버튼·스위치를) 획 누르다　• collaboration ⓝ 협력, 협업
- obstacle ⓝ 장애물　• voluntarily ⓐⓓ 자발적으로
- out of the loop (상황을) 잘 알지 못하는　• enterprise ⓝ 기업, 회사
- individual ⓝ 개인　• isolate ⓥ 고립시키다
- security ⓝ 안전, 보안　• adjust ⓥ 조정하다　• risky ⓐ 위험한
- right ⓐⓓ 곧바로, 정확히, 꼭　• reassure ⓥ 안심시키다
- hyperconnected ⓐ 과잉 연결된　• periodically ⓐⓓ 주기적으로
- generate ⓥ 만들어 내다, 발생시키다　• diverse ⓐ 다양한
- mature ⓐ 성숙한　• enforce ⓥ 시행[집행]하다
- interaction ⓝ 상호 작용　• punishment ⓝ 처벌
- physical ⓐ 물리적인　• barrier ⓝ 장벽, 장애물
- norm ⓝ 규범, 표준　• prohibit ⓥ 금지하다, 방해하다
- cooperation ⓝ 협력　• devote ⓥ 전념하다, 헌신하다
- productivity ⓝ 생산성

협업의 전등 스위치를 획 누르는 것은 고유하게 지도자들이 해야 하는 위치에
있는 것인데, 자발적으로 혼자 일하는 사람들에게 여러 장애물이 방해되기 때문
이다. 우선, 상황을 잘 모르고 혼자 남겨진다는 두려움이 그들이 계속 자신의
기업 소셜미디어에 매달리도록 할 수 있다. 개인들은 고립되거나 고립된 듯 보
이는 것을 원치 않는다. 또 다른 이유로는, 자신들의 팀 동료들이 무엇을 하고
있는지 아는 것이 편안하고 안전하다는 느낌을 제공하는데, 사람들은 그들 자
신의 행동을 집단과 조화를 이루도록 조정할 수 있기 때문이다. 아마도 바로 처
음부터 성공적이지 않을 뭔가 새로운 것을 시도하기 위해 홀로 벗어나는 것은
위험천만하다. 하지만 사람들이 과잉 연결되는 것이 안도감이 든다고 느낄지라
도, 그들이 주기적으로 (조직을) 벗어나 스스로 생각하여 그다지 성숙하지는 않
더라도 다양한 아이디어를 창안하는 것이 조직을 위해 더 좋다. 따라서, 사람들
이 그것을 스스로 선택하지 않는 때에도, 그것을 처벌처럼 보이게 하지 않으면
서 간간이 일어나는 상호 작용을 시행함으로써, 전체에게 유익한 여건을 조성하
는 것이 지도자의 임무가 된다.

밑줄 친 Flicking the collaboration light switch가 다음 글에서 의미하는 바
로 가장 적절한 것은? [3점]
① breaking physical barriers and group norms that prohibit
cooperation 협력을 유도하는 것과 반대되어야 함
② having people stop working together and start working
individually 조직을 벗어나 스스로 생각하게 해야 함
③ encouraging people to devote more time to online collaboration
사람들이 온라인 협업에 더 많은 시간을 할애하도록 격려하는 것　협업하지 않게 하는 것이 지도자의 임무임
④ shaping environments where higher productivity is required
더 높은 생산성이 요구되는 환경을 조성하는 것　더 높은 생산성을 요구하는 것이 아님
⑤ requiring workers to focus their attention on group projects
직원들이 집단 프로젝트에 관심을 집중하도록 요구하는 것　집단성이 아니라 개인성을 촉진하는 것이 핵심임

왜 2등급? '협업의 전등 스위치를 획 누르는 것'이라는 비유적 표현이 의미하는
바를 잘 파악해야 한다. 지도자가 해야 하는 일에 대해 말하며 나온 표현이라는 것을
이해하지 못하면 풀기 힘든 2등급 대비 문제이다.

| 문제 풀이 순서 |

1st 밑줄 친 부분이 포함된 문장을 읽고, 의미를 예상한다.

협업의 전등 스위치를 획 누르는 것은 고유하게 지도자들이 해야 하는 위치에 있는
것인데, 여러 장애물이 자발적으로 혼자 일하는 사람들을 방해하기 때문이다.

→ 지도자가 해야 하는 일로 '협업의 전등 스위치를 누르는 것'을 든 글이다.
'협업의 전등 스위치를 획 누르는 것'이 협업을 시작하게 한다는 것인지, 협업을
그만하게 한다는 것인지를 파악해야 한다.

▶ 여러 장애물이 자발적으로 혼자 일하는 사람을 방해한다는 것으로 보아
지도자가 나서서 혼자 일하게 해야 한다는 의미라고 예상할 수 있다.

2nd 글의 나머지 부분에서 지도자의 역할을 파악하여 정답을 찾는다.

• 개인은 고립되거나 고립된 듯 보이는 것을 원치 않는다. **단서 1**
• 하지만 사람들이 과잉 연결되는 것이 안도감이 든다고 느낄지라도, **단서 2**
그들이 주기적으로 (조직을) 벗어나 스스로 생각하여 그다지 성숙하지는 않더라도
다양한 아이디어를 창안하는 것이 조직을 위해 더 좋다. **단서 3**

→ 개인이 조직을 벗어나 혼자서 아이디어를 창안하는 것이 조직을 위해 더 좋은데,
개인은 고립되는 것을 원치 않고, 사람들과 연결되는 것에서 안도감을 느낀다.
따라서 지도자가 나서서 ② '사람들이 함께 일하는 것을 멈추고 개인적으로 일하기
시작하도록 해야 한다.

| 선택지 분석 |

① 이 글에 제시된 지도자의 임무는 직원들이 협력을 하도록 유도하는 것이 아니다.
② 지도자의 임무는 전체 조직에 유익한 여건을 조성하는 것이고, 개인이 혼자서 일하
는 것이 조직에 더 유익하다.
③ 이 글에 제시된 지도자의 임무는 직원들이 조직을 벗어나 스스로 생각하도록 하는
것이다.
④ 직원들에게 더 높은 생산성을 요구하는 환경을 조성해야 한다는 언급은 없다.
⑤ 직원들이 집단 프로젝트에 집중하도록 요구하는 것이 아니라 반대로 개인적인 프로
젝트를 진행하도록 요구하는 것이 이 글에서 설명하는 지도자의 임무이다.

D 29 정답 ② ★ 1등급 대비 [정답률 61%]

＊전문가에 대한 우리의 신뢰

Scientists have no special purchase / on moral or ethical
decisions; / 과학자들은 특별한 강점이 없다 / 도덕적 혹은 윤리적 결정에 대한 /
a climate scientist is no more qualified / to comment on health
care reform / than a physicist is / to judge the causes / of bee
colony collapse. //
A is no more B than C is D: A가 B가 아닌 것은 C가 D가 아닌 것과 같다.
C가 D가 아니듯 A는 B가 아니다
기후 과학자가 자격이 없는 것은 / 의료개혁에 대한 견해를 밝힐 / 물리학자가 자격이 없는 것
과 같다 / 원인을 판단할 / 꿀벌 집단의 붕괴의 //
단서 1 전문화된 한 영역에서 전문 지식을 가진
과학자는 다른 영역에서는 무지함
The very features / that create expertise / in a specialized
domain / lead to ignorance / in many others. //
바로 그 특징이 / 전문 지식을 만들어 내는 / 전문화된 영역에서의 / 무지로 이어진다 / 많은
다른 영역에서의 //
ⓐ (어떤 주제에 대해) 전문 지식이 없는[문외한의]
In some cases / lay people / — farmers, fishermen, patients,
native peoples — / may have relevant experiences / that
scientists can learn from. // **단서 2** 어떤 경우에는 전문가가 아닌
사람들에게서 과학자가 배울 수도 있음
어떤 경우에는 / 전문가가 아닌 사람들이 / 농부, 어부, 환자, 토착민 / 관련 경험을 가지고 있
을 수 있다 / 과학자들이 배울 수 있는 //

Indeed, in recent years, / scientists have begun to recognize this: / the Arctic Climate Impact Assessment includes observations / gathered from local native groups. //
실제로 최근 들어 / 과학자들은 이 점을 인식하기 시작했다 / 북극 기후 영향 평가는 관찰을 포함한다 / 지역 토착 집단에게서 수집된 //

So our trust needs / to be limited, and focused. //
그러므로 우리의 신뢰는 ~할 필요가 있다 / 한정되고 초점이 맞춰질 //

It needs to be very *particular*. // 그것은 매우 '특정할' 필요가 있다 //

Blind trust will get us / into at least as much trouble / as no trust at all. //
맹목적 신뢰는 우리를 봉착하게 할 것이다 / 최소한 많은 문제에 / 신뢰가 전혀 없는 것만큼 //

But <u>without</u> some degree of trust / in our designated experts / — the men and women / who have devoted their lives / to sorting out tough questions / about the natural world / we live in /
하지만 어느 정도의 신뢰가 없으면 / 우리의 지정된 전문가들에 대한 / 남녀들 / 그들의 생애를 바친 / 어려운 질문들을 처리하는 데 / 자연 세계에 관한 / 우리가 사는 /

— we are paralyzed, / in effect / not knowing / whether to make ready / for the morning commute / or not. //
우리는 마비되어 / 사실상 / 알지 못한다 / 준비할지를 / 아침 통근을 위해 / 아니면 (준비하지) 말지를 //

- purchase ⓝ 유리한 입장, 강점 · moral ⓐ 도덕적인
- ethical ⓐ 윤리적인 · climate ⓝ 기후 · qualify ⓥ 자격이 있다
- comment on ~을 판단하다 · reform ⓝ (사회 · 제도 등의) 개혁[개정]
- colony ⓝ (동일 지역에 서식하는 동 · 식물의) 군집 · collapse ⓝ 붕괴, 와해
- very ⓐ (다름 아닌) 바로 그[이] · expertise ⓝ 전문 지식
- specialized ⓐ 전문적인, 전문화된 · domain ⓝ (지식 · 활동의) 영역[분야]
- ignorance ⓝ 무지, 무식 · relevant ⓐ 관련 있는
- observation ⓝ 관찰, 주시 · assessment ⓝ 평가
- gather ⓥ 모으다, 수집하다 · blind ⓐ 맹목적인, 비논리적인
- designate ⓥ (특정한 자리나 직책에) 지정하다
- devote ⓥ (노력 · 시간 · 돈 등을) 바치다[쏟다]
- sort out ~을 처리하다[해결하다]

과학자들은 도덕적 혹은 윤리적 결정에 대한 특별한 강점이 없으며, 기후 과학자가 의료개혁에 대한 견해를 밝힐 자격이 없는 것은 물리학자가 꿀벌 집단의 붕괴 원인을 판단할 자격이 없는 것과 같다. 전문화된 영역에서의 전문 지식을 만들어 내는 바로 그 특징이, 많은 다른 영역에서의 무지로 이어진다. 어떤 경우에는, 농부, 어부, 환자, 토착민처럼 전문가가 아닌 사람들이 과학자들이 그것으로부터 배울 수 있는 관련 경험을 가지고 있을 수 있다. 실제로, 최근 들어 과학자들은 이 점을 인식하기 시작했는데, 북극 기후 영향 평가는 지역 토착 집단에게서 수집된 관찰을 포함한다. 그러므로 우리의 신뢰는 한정되고 초점이 맞춰질 필요가 있다. 그것은 매우 '특정할' 필요가 있다. 맹목적 신뢰는 최소한 신뢰가 전혀 없는 것만큼이나 우리를 문제에 봉착하게 할 것이다. 하지만 우리의 지정된 전문가들, 즉 우리가 사는 자연 세계에 관한 어려운 질문들을 처리하는 데 생애를 바친 남녀들에 대한 어느 정도의 신뢰가 없으면 우리는 마비되고, 사실상 아침 통근을 위해 준비할지 말지를 알지 못한다.

밑줄 친 whether to make ready for the morning commute or not이 다음 글에서 의미하는 바로 가장 적절한 것은? [3점]
① questionable facts that have been popularized by non-experts
비전문가에 의해 보급된 의심스러운 사실
② readily applicable information offered by specialized experts
전문화된 전문가들에 의해 제공된 쉽게 적용할 수 있는 정보
③ common knowledge that hardly influences crucial decisions
중대한 결정에 거의 영향을 주지 않는 일반 지식
④ practical information produced by both specialists and lay people
전문가와 전문가가 아닌 사람들 모두에 의해 생산된 실용적인 지식
⑤ biased knowledge that is widespread in the local community
지역 공동체에 널리 퍼져 있는 편향된 지식

왜 1등급? '아침 통근을 위해 준비할지 말지'가 신뢰해야 하는 전문가의 지식을 가리킨다는 의미를 글을 읽으면서 파악해야 한다. 기후 과학자나 물리학자를 언급하며 설명하는 내용을 제대로 이해하지 못하면 풀기 힘든 문제이다.

| 문제 풀이 순서 |

1st 첫 문장과 밑줄 친 부분이 포함된 문장을 읽고, 글의 내용을 예상한다.

첫 문장	과학자들은 도덕적 혹은 윤리적 결정에 대한 특별한 강점이 없으며, 기후 과학자가 의료 개혁에 대한 견해를 밝힐 자격이 없는 것은 물리학자가 꿀벌 집단의 붕괴 원인을 판단할 자격이 없는 것과 같다.
밑줄 친 부분이 포함된 문장	하지만 우리의 지정된 전문가들, 즉 우리가 사는 자연 세계에 관한 어려운 질문들을 처리하는 데 생애를 바친 남녀들에 대한 어느 정도의 신뢰가 없으면 우리는 마비되고, 사실상 아침 통근을 위해 준비할지 말지를 알지 못한다.

➡ **첫 문장:** 과학자는 자신의 전문 분야에 대해서만 전문 지식을 갖고 있음
밑줄 친 부분이 포함된 문장: 우리가 사는 자연 세계에 관한 어려운 질문들을 처리하는 데 생애를 바친 남녀들(= 전문가)을 어느 정도 신뢰해야 함
▶ '전문가를 신뢰할 때는 매우 주의해야 한다. 하지만 전문가를 어느 정도 신뢰하지 않으면 우리는 마비된다.'라는 내용임을 예상할 수 있다.

2nd 글의 나머지 부분을 읽고, 예상한 내용이 맞는지 확인한다.
- 전문화된 영역에서의 전문 지식을 만들어 내는 바로 그 특징이 많은 다른 영역에서의 무지로 이어진다. 단서 1
- 그러므로 우리의 신뢰는 한정되고 초점이 맞춰질 필요가 있다. 그것은 매우 '특정할' 필요가 있다. 단서 3
- 하지만 지정된 전문가들에 대한 어느 정도의 신뢰가 없으면 우리는 마비된다. 단서 4

➡ 전문가에 대한 신뢰는 매우 한정되고 특정해야 한다. 하지만 전문가를 어느 정도 신뢰하지 않으면 마비된다. ▶ **1st** 에서 예상한 흐름이 맞음

3rd 파악한 글의 내용을 종합하여 밑줄 친 부분의 의미를 파악한다.

'아침 통근을 위해 준비할지 말지'는 우리가 마비되지 않기 위해 어느 정도 신뢰해야 하는 전문가의 지식을 가리킨다. 따라서 정답은 ② '전문화된 전문가들에 의해 제공된 쉽게 적용할 수 있는 정보'이다.

| 선택지 분석 |

① 밑줄 친 부분이 포함된 문장은 우리가 어느 정도는 전문가를 신뢰해야 한다는 내용인데, 의심스러운 사실을 믿어야 한다는 것은 어색하다.
② 단서 1 문장을 통해 전문화된 영역에서의 전문 지식은 신뢰할 만하다는 것을 알 수 있다. '전문화된 영역에서의 전문 지식'이 곧 '전문화된 전문가들에 의해 제공된 정보'이다.
③ '아침 통근을 위한 준비를 할지 말지'와 같은 일상적인 결정에 쉽게 적용되는 전문가의 지식, 정보를 신뢰하라는 의미이다.
④ 전문가의 전문 지식을 매우 특정적으로 신뢰해야 하는 이유로 등장한, 전문가가 비전문가로부터 배우기도 한다는 내용으로 만든 오답이다.
⑤ 편향된 지식을 믿어야 한다는 것은 어색하다.

D 30 정답 ④ ⭐ 1등급 대비 [정답률 58%]

＊인터넷의 등장으로 약화된 집중력

In 1890, William James described attention / as "the taking possession by the mind, in clear and vivid form, / of one out of what seem several simultaneously possible objects or trains of thought." //
1890년에 William James는 주의력을 기술했다 / '분명하고 선명한 형태로 차지하는 것'이라고 / '정신으로, 동시에 가능한 여러 대상들 혹은 생각의 맥락들 같은 것 중 하나를' //

Attention is a choice we make / to stay on one task, one line of thinking, one mental road, / even as attractive off-ramps signal. //
주의력은 우리가 하는 선택이다 / 하나의 일, 하나의 사고 방식, 하나의 정신의 길에 머무르기 위해 / 심지어 매력적인 빠져나가는 길이 신호를 보내도 //

When we fail to make that choice / and allow ourselves to be frequently sidetracked, / we end up in "the confused, dazed, scatterbrained state" / that James said is the opposite of attention. //
우리가 그 선택을 하지 못하고 / 우리 자신을 자주 곁길로 새게 할 때 / 우리는 '혼란스럽고, 멍하고, 정신이 산만한 상태'에 결국 처하게 된다 / James가 주의력의 반대라고 말한 //

동명사 주어
<u>Staying</u> on one road got much harder / when the internet arrived and moved much of our reading online. // **단서 1** 인터넷의 등장으로 집중하는 것이 훨씬 더 어려워짐
한 길에 머무르는 것은 훨씬 더 어려워졌다 / 인터넷이 등장하고 우리 독서의 대부분을 온라인으로 이동시키자 /

Every hyperlink is an off-ramp, / calling us to abandon the choice
관계대명사가 생략된 관계절
<u>we made moments earlier.</u> //
모든 하이퍼링크는 빠져나가는 길이며 / 우리가 잠깐(의 순간) 전에 한 선택을 포기하라고 우리를 부른다 //

Nicholas Carr, in his 2010 book, / grieved his lost ability to stay on one path. //
Nicholas Carr는 그의 2010년 저서에서 / 한 길에 머무르는 그의 능력을 잃어버린 것을 슬퍼했다 //

Life on the internet changed how his brain sought out information, / even when he was off-line trying to read a book. //
인터넷에서의 생활은 그의 뇌가 어떻게 정보를 찾아내는지를 바꾸었다 / 그가 오프라인에서 책을 읽으려고 노력하고 있었을 때조차 /
(= Life on the internet)
<u>It</u> reduced his ability to focus and reflect / because he now craved a constant stream of stimulation: //
이것은 그의 집중하고 성찰하는 능력을 감소시켰는데 / 그는 이제 끊임없는 자극의 흐름을 갈망하게 되었기 때문이다 / **단서 2** 인터넷에서의 생활은 집중하고 성찰하는 능력을 감소시켰는데, 끊임없는 자극의 흐름을 원했기 때문임

"Once I was a scuba diver in the sea of words. / <u>Now I zip along the surface like a guy on a Jet Ski.</u>" //
"한때 나는 언어의 바다 속 스쿠버 다이버였다 / 이제는 제트 스키를 타는 사람처럼 수면 위를 쌩하고 지나간다" //

- describe ⓥ 기술하다
- possession ⓝ 소유
- simultaneously @d 동시에
- sidetrack ⓥ 곁길로 새게 하다
- scatterbrained @ 침착하지 못한
- abandon ⓥ 버리다, 포기하다
- constant @ 끊임없는
- stimulation ⓝ 자극
- convenience ⓝ 편의
- restrain ⓥ 저지하다
- analyze ⓥ 분석하다
- comprehend ⓥ 이해하다
- thoroughly @d 철저하게

1890년에 William James는 주의력을 '정신으로, 동시에 가능한 여러 대상들 혹은 생각의 맥락들 같은 것 중 하나를 분명하고 선명한 형태로 차지하는 것'이라고 기술했다. 주의력은 심지어 매력적인 빠져나가는 길이 신호를 보내도, 하나의 일, 하나의 사고 방식, 하나의 정신의 길에 머무르기 위해 우리가 하는 선택이다. 우리가 그 선택을 하지 못하고 우리 자신을 자주 곁길로 새게 할 때, 우리는 James가 주의력의 반대라고 말한 '혼란스럽고, 멍하고, 정신이 산만한 상태'에 결국 처하게 된다. 인터넷이 등장하고 우리 독서의 대부분을 온라인으로 이동시키자, 한 길에 머무르는 것은 훨씬 더 어려워졌다. 모든 하이퍼링크는 빠져나가는 길이며, 우리가 잠깐(의 순간) 전에 한 선택을 포기하라고 우리를 부른다. Nicholas Carr는 그의 2010년 저서에서 한 길에 머무르는 그의 능력을 잃어버린 것을 슬퍼했다. 인터넷에서의 생활은 그가 오프라인에서 책을 읽으려고 노력하고 있었을 때조차 그의 뇌가 어떻게 정보를 찾아내는 지를 바꾸었다. 이것은 그의 집중하고 성찰하는 능력을 감소시켰는데, 그는 이제 끊임없는 자극의 흐름을 갈망하게 되었기 때문이다. "한때 나는 언어의 바다 속 스쿠버 다이버였다. 이제는 제트 스키를 타는 사람처럼 수면 위를 쌩하고 지나간다."

밑줄 친 Now I zip along the surface like a guy on a Jet Ski가 다음 글에서 의미하는 바로 가장 적절한 것은? [3점]

① Ironically, the convenience of downloading digital creations restrains people's creativity. 사람의 창의력을 저해한다는 내용은 나오지 않음
아이러니하게도, 디지털 창작물을 다운로드하는 편리함이 사람들의 창의력을 제한한다.
② By uncritically accepting information, we get trapped in a cycle of misunderstanding. 정보를 무비판적으로 받아들이게 된다는 내용이 초점이 아님
비판적으로 정보를 수용하지 않으면, 우리는 오해의 악순환에 갇히게 된다.
③ People's attention is naturally drawn to carefully analyzed and well-presented data. 사람들이 잘 분석되고 제시된 데이터에 끌린다는 내용은 없음
사람들은 신중하게 분석되고 잘 제시된 데이터에 자연스럽게 주목한다.
④ We now deal with the information in a skin-deep manner, constantly being distracted.
우리는 이제 정보를 피상적으로 다루며, 끊임없이 주의가 분산되고 있다.
⑤ With the help of the internet, we comprehend the information quickly and thoroughly. 인터넷의 도움으로 정보를 철저하게 이해한다는 언급은 없음
인터넷의 도움으로 우리는 정보를 빠르고 철저하게 이해한다.
— 인터넷의 등장으로 과거와는 다르게 깊이 있는 성찰과 집중을 하지 못하고, 표면적인 정보만 끊임없이 찾게 됨

왜 1등급? '언어의 바다 속 스쿠버 다이버'나 '제트 스키를 타는 사람'과 같이 비유적인 표현의 의미를 글을 읽으면서 잘 파악하지 못하면 풀기 힘든 1등급 대비 문제이다.

| 문제 풀이 순서 |

1st 밑줄 친 부분이 포함된 문장을 읽고, 글에서 찾아야 하는 것이 무엇인지 파악한다.
"한때 나는 언어의 바다 속 스쿠버 다이버였다. 이제는 제트 스키를 타는 사람처럼 수면 위를 쌩하고 지나간다."
➡ 예전에는 언어의 바다 속 스쿠버 다이버였지만, 이제는 제트 스키를 타는 사람처럼 수면 위를 쌩하고 지나간다고 했으므로, 과거와 다르게 어떻게 바뀌었는지를 파악해야 한다.

2nd 글의 나머지 부분을 읽고 정답의 근거들을 찾는다.
- 집중력은 곁길로 새지 않고 한 가지 일 / 사고방식 / 정신의 길에 머무를 수 있게 하는 것임
- 인터넷의 등장으로 이런 집중력은 많이 약해졌으며, 끊임없는 자극의 흐름을 찾게 됨 **단서 1** **단서 2**
➡ 한 때 '언어의 바다 속 스쿠버다이버'였다는 말의 뜻은, 과거에는 깊이 있는 탐색과 사고를 할 수 있는 집중력이 있었다는 뜻이고, 지금 '제트스키를 타는 사람처럼 수면 위를 지나간다'라는 의미는 깊이는 없고 피상적인 정보만 찾게 된다는 뜻이다.

3rd **1st** 와 **2nd** 에서 파악한 바를 종합하여 정답을 찾는다.
➡ 과거에는 집중력이 있었지만 지금은 그런 집중력이 많이 약해졌고 피상적인 정보를 찾게 된다는 내용의 글이다. 따라서 정답은 ④ '우리는 이제 정보를 피상적으로 다루며, 끊임없이 주의가 분산되고 있다.'이다.

| 선택지 분석 |

① 글에 디지털 창작물을 다운로드 받는다는 말도, 창의력이 제한된다는 말도 없다.
② 집중에 대한 글이지, 오해의 악순환에 대한 언급은 없다.
③ 집중이 핵심 키워드이긴 하지만, 사람들이 잘 분석되고 소개된 데이터에 끌린다는 말은 없다.
④ 인터넷의 등장으로 과거와는 다르게 깊이 있는 성찰과 집중을 하지 못하고, 표면적인 정보만 끊임없이 찾게 된다는 내용의 글이다.
⑤ 인터넷의 등장이 악영향을 초래했다는 말이 핵심이지, 정보를 빠르고 철저하게 이해하도록 도움을 준다는 말은 아니다.

D 어휘 Review 정답 ━━━━ 문제편 p. 70

E 01 정답 ④　＊인간 의사소통의 평등성이 형성한 공유와 공조 가치

both A and B : A와 B 둘 다
In **both** the ancient hunter-gatherer band / **and** our intimate
speech communities today, / the diffusion of speech shaped
values. //
단서 1 언어의 확산은 어떠한 가치를 형성함
고대의 수렵·채집인 무리와 / 오늘날 우리의 친밀한 언어 공동체 둘 다에서 / 언어의 확산은
가치를 형성했다 //
주어　동격의 접속사
The fact / **that** everyone was going to be able to speak and listen
동사
/ **had to be accommodated** ethically, / and it was via a rough
egalitarianism. //
그 사실 / 모든 사람이 말하고 들을 수 있을 것은 / 윤리적으로 수용되어야 했는데 / 그것은
개략적인 인류 평등주의를 통해서였다 //
단서 2 의사소통 측면에서 인간은 평등함
In terms of communications, / people were equal and therefore /
가주어　　　　　　　that 생략
it was believed / they *should be* equal, / or at least relatively so. //
의사소통의 측면에서 / 사람들은 평등했고 그리고 그러므로 / 여겨졌다 / 그들은 평등'해야'
하거나, 적어도 비교적 그렇다(평등하다)고 //

By this code, / ancient Big Men were not allowed to act
controllingly / and modern office managers / are not allowed to
silence anyone at will. //
이러한 관례에 따라 / 고대의 '거물'은 통제적으로 행동하도록 허용되지 않았고 / 현대의
사무실 관리자는 / 마음대로 누구도 침묵시키도록 허용되지 않는다 //

Moreover, equal access to speech and hearing / promoted the
notion /
게다가, 말하기와 듣기에 대한 평등한 접근은 / 생각을 촉진했다 /
동격의 접속사 ①　　　　　　　　　　　　　동격의 접속사 ②
that property should be held in common, / **that** goods and food
동격의 접속사 ③
in particular should be shared, / and **that** everyone had a duty /
to take care of everyone else. // 단서 3 의사소통의 평등은 공유,
상호협력의 가치를 촉진함
재산은 공동으로 소유되어야 하고 / 특히 물자와 식량은 공유되어야 하며 / 모든 사람은
의무가 있다는 / 다른 사람을 돌볼 //
비교급 more than
This was probably **more** true / among hunter-gatherers / **than**
= it is (true)
it is in the modern family, circle of friends, or workplace. //
이것은 아마도 더 사실이었을 것이다 / 수렵·채집인 사이에서 / 현대의 가족, 친구 사이, 또는
직장에서보다 //
목적어절 접속사　　　주어
But even in these cases / we believe / **that sharing and mutual**
동사
aid are right and proper. //
하지만 이 경우에도 / 우리는 믿는다 / 공유와 상호 협력이 옳고 적절하다고 //

Remember, / if you bring something, / you should bring enough
for everyone. //
기억하라 / 여러분이 무언가를 가져온다면 / 모두를 위해 충분히 가져와야 한다는 것을 //

- intimate ⓐ 친밀한　　• speech community 언어 공동체
- accommodate ⓥ 수용하다　　• ethically ⓐⓓ 윤리적으로
- code ⓝ 관례　　• at will 마음대로　　• promote ⓥ 촉진하다, 장려하다
- property ⓝ 재산, 소유물　　• hunter-gatherer 수렵·채집인
- circle ⓝ (관심·직업 등으로 연결된 사람들의) …계[사회]
- mutual aid 상호 협력

고대의 수렵·채집인 무리와 오늘날 우리의 친밀한 언어 공동체 둘 다에서,
언어의 확산은 가치를 형성했다. 모든 사람이 말하고 들을 수 있을 것이라는
사실은 윤리적으로 수용되어야 했는데, 그것은 개략적인 인류 평등주의를
통해서였다. 의사소통의 측면에서 사람들은 평등했으므로, 그들은 평등'해야'
하거나 적어도 비교적 그렇다고 여겨졌다. 이러한 관례에 따라, 고대의 '거물'은
통제적으로 행동하도록 허용되지 않았고, 현대의 사무실 관리자는 마음대로
누구도 침묵시키도록 허용되지 않는다. 게다가, 말하기와 듣기에 대한 평등한
접근은 재산은 공동으로 소유되어야 하고, 특히 물자와 식량은 공유되어야
하며, 모든 사람은 다른 사람을 돌볼 의무가 있다는 생각을 촉진했다. 이것은

아마도 현대의 가족, 친구 사이, 또는 직장에서보다 수렵·채집인 사이에서
더 사실이었을 것이다. 하지만 이 경우에도, 우리는 공유와 상호 협력이 옳고
적절하다고 믿는다. 여러분이 무언가를 가져온다면, 모두를 위해 충분히
가져와야 한다는 것을 기억하라.

다음 글의 요지로 가장 적절한 것은?
① 수렵인과 현대인은 언어에 대한 유사한 가치를 가지고 있다.
　공유와 상호 협력에 대한 의무감은 수렵인에게서 더 높음
② 인간은 언어를 사용하여 자원을 보다 효율적으로 배분해 왔다.
　효율적인 자원의 분배는 언급되지 않았음
③ 현대 사회는 고대 수렵 사회보다 평등한 체계에 의해 운영된다.
　각 사회의 체계가 얼마나 평등한지에 대한 내용은 없음
④ 인간 의사소통의 평등성은 공유와 공조 가치 기반을 형성했다.
　Moreover, equal access to speech and hearing promoted ~ to take care of everyone else.
⑤ 인간은 의사소통을 통해 자원을 공유하는 평등한 사회를 건설했다.
　의사소통을 통해 평등한 사회를 건설했다는 것은 논리의 비약임

왜 정답? [정답률 57%]

도입	언어의 확산은 가치를 형성함 단서 1
의사소통의 특징이 가져온 가치	• 의사소통의 측면에서 사람들은 평등했으므로, 그들은 평등'해야' 하거나 적어도 비교적 그렇다고 여겨짐 단서 2 • 말하기와 듣기에 대한 평등한 접근은, 재산은 공동으로 소유되어야 하고, 특히 물자와 식량은 공유되어야 하며, 모든 사람은 다른 사람을 돌볼 의무가 있다는 생각을 촉진함 단서 3

➡ 인간은 의사소통 측면에서 평등하므로 인간은 평등하며, 이 생각이 공유와 공조
가치를 촉진했다는 내용이다.
▶ 따라서 정답은 ④이다.

왜 오답?
① 공유와 상호 협력에 대한 의무감은 수렵인에게서 더 높다.
② 효율적인 자원의 분배는 언급되지 않았다.
③ 각 사회의 체계가 얼마나 평등한지는 언급되지 않은 내용이다.
⑤ 의사소통 평등성이 공유와 상호 협력의 가치를 촉진했다는 내용이지,
　의사소통을 통해 평등한 사회를 건설했다는 것은 논리의 비약이다. 주의

E 02 정답 ⑤　＊가상 세계에서는 덜 방어적인 우리

When it comes to the Internet, / it just pays to be a little paranoid
/ (but not a lot). //
인터넷에 관한 한 / 약간 편집적이게 되는 것이 이득이 될 따름이다 / (많이는 아니고) //
가주어
Given the level of anonymity / with all that resides on the
진주어
Internet, / **it**'s sensible / **to question** the validity of any data /
목적격 관계대명사
that you may receive. // 단서 1 인터넷의 자료에 대해 타당성을 의심하는 것이 합리적임
익명성 수준을 고려할 때 / 인터넷에 있는 모든 것의 / ~이 합리적이다 / 어떤 자료든 그것의
타당성에 대해 의문을 제기하는 것이 / 여러분이 받을지도 모르는 //

Typically **it**'s to our natural instinct / when we meet someone /
가주어
coming down a sidewalk / **to place** yourself / in some manner of
진주어
protective position, /
일반적으로 ~은 우리의 자연스러운 본능이다 / 우리가 누군가를 만날 때 / 인도를 따라
내려오는 / 여러분 스스로를 위치시키는 것은 / 어떤 방식의 방어적인 자세로 /

especially when they introduce themselves / as having known
you, / much to your surprise. //
특히 그들이 자신을 소개할 때 / 여러분을 알고 있었다고 / 너무 놀랍게도 //

By design, we set up challenges / **in which** the individual must
관계부사 where로 바꿀 수 있음
validate / how they know us /
일부러 우리는 과제를 설정한다 / 그 사람이 입증해야만 하는 / 그들이 우리를 어떻게
아는지를 /

by presenting scenarios, names or acquaintances, or evidence /
by which to validate / (that is, photographs). //
시나리오나, 이름이나 지인, 혹은 증거를 제시함으로써 / 그것으로 입증할 / (말하자면, 사진) //

Once we have received that information / and it has gone
부사절 접속사(조건)
through a cognitive validation, / we accept that person / as more
trustworthy. //
일단 우리가 그 정보를 받고 / 그것이 인지적 검증을 통과하면 / 우리는 그 사람을 받아들인다
/ 더 신뢰할 수 있다고 //

All this happens / in a matter of minutes / but is a natural defense
                         병렬 구조
mechanism / that we perform / in the real world. //
이 모든 것이 일어나지만 / 몇 분 안에 / 자연스러운 방어 기제이다 / 우리가 수행하는 / 현실
세계에서 //
단서 2 우리는 가상 세계에서는
덜 방어적인 경향이 있음
                                              형용사적 용법(a tendency 수식)
However, in the virtual world, / we have a tendency / to be less
defensive, / as there appears to be no physical threat / to our
            부사절 접속사(이유)
well-being. //
하지만 가상 세계에서는 / 우리는 경향이 있다 / 덜 방어적인 / 물리적인 위험이 없는 것처럼
보이기 때문에 / 우리의 행복에 //

- **reside** ⓥ 살다, 거주하다 · **sensible** ⓐ 분별있는, 합리적인
- **validity** ⓝ 유효함, 타당성 · **instinct** ⓝ 본능
- **protective** ⓐ 방어적인 · **challenge** ⓝ 도전, 과제
- **validate** ⓥ 입증하다, 인증하다 · **present** ⓥ 제시하다
- **acquaintance** ⓝ 지인 · **evidence** ⓝ 증거
- **cognitive** ⓐ 인식의, 인지의 · **trustworthy** ⓐ 신뢰할 수 있는
- **mechanism** ⓝ 기제, 방법 · **perform** ⓥ 수행하다
- **virtual** ⓐ 가상의 · **tendency** ⓝ 경향, 성향

인터넷에 관한 한, (많게는 아니고) 약간 편집적이게 되는 것이 이득이 될
따름이다. 인터넷에 있는 모든 것의 익명성 수준을 고려할 때, 여러분이
받을지도 모르는 어떤 자료든 그것의 타당성에 대해 의문을 제기하는 것이
합리적이다. 일반적으로 우리가 인도를 따라 내려오는 누군가를 만날 때,
특히 너무 놀랍게도 그들이 여러분을 알고 있었다고 자신을 소개할 때,
여러분이 스스로 어떤 방식의 방어적인 자세를 취하는 것은 우리의 자연스러운
본능이다. 일부러 우리는 시나리오나, 이름이나 지인, 혹은 그것으로 입증할
증거 (말하자면, 사진)를 제시함으로써 그 사람이 우리를 어떻게 아는지를
입증해야만 하는 과제를 설정한다. 일단 우리가 그 정보를 받고 그것이 인지적
검증을 통과하면, 우리는 그 사람을 더 신뢰할 수 있다고 받아들인다. 이 모든
것이 몇 분 안에 일어나지만, 우리가 현실 세계에서 수행하는 자연스러운 방어
기제이다. 하지만, 가상 세계에서는 우리의 행복에 물리적인 위협이 없는
것처럼 보이기 때문에 우리는 덜 방어적인 경향이 있다.

다음 글의 요지로 가장 적절한 것은?

① 가상 세계 특유의 익명성 때문에 표현의 자유가 남용되기도 한다.
인터넷상의 표현의 자유에 대한 언급은 없음
② 인터넷 정보의 신뢰도를 검증하는 기술은 점진적으로 향상되고 있다.
신뢰도 검증 기술이 소재가 아님
③ 가상 세계에서는 현실 세계와 달리 자유로운 정보 공유가 가능하다.
정보 공유의 자유로움에 대한 내용이 아님
④ 안전한 인터넷 환경 구축을 위해 보안 프로그램을 설치하는 것이 좋다.
보안 프로그램 설치를 권하는 것이 아님
⑤ 방어 기제가 덜 작동하는 가상 세계에서는 신중한 정보 검증이 중요하다.
어느 자료든 타당성에 의문을 제기하는 것이 합리적임

왜 정답? [정답률 85%]

┌ **첫 두 문장**: 인터넷에서는 약간 편집적인 것이 이득이다. 단서 1
│ 인터넷상의 모든 자료에 있어 그 타당성을 의심하는 것
└ **마지막 문장**: 우리는 가상 세계에서는 덜 방어적인 경향이 있다. 단서 2

➡ '우리는 가상 세계에서는 덜 방어적이다.' + '인터넷상의 모든 자료는 그 타당성에
   의문을 제기하는 것이 합리적이다.' = 글의 요지: ⑤

왜 오답?

① 인터넷의 익명성 때문에 인터넷상의 모든 자료를 신중하게 검토해야 한다는
   것이다.
② 인터넷상의 정보를 검증하는 기술에 대해 설명하는 글이 아니다.
③ 가상 세계에서는, 현실 세계와 달리, 우리가 덜 방어적이라는 내용이다.
④ 보안 프로그램 설치의 필요성에 대해서는 언급되지 않았다.

E 03 정답 ① * 협력과 경쟁을 동시에 수행하는 스포츠 생태계

A sport ecosystem exists / based on the type and rate of
                                  현재분사(coopetition 수식)
coopetition existing. // 단서 1 스포츠 생태계는 협력과 경쟁이 공존하며 존재함
스포츠 생태계는 존재한다 / 존재하는 협력적 경쟁의 유형과 정도에 기반하여 //
                            define A as B의 수동태
Coopetition is defined / as "the simultaneous pursuit of
cooperation and competition among firms / to leverage
                                                  부사적 용법(목적)
strategically important resources / for superior value creation
purposes". //
협력적 경쟁은 정의된다 / 기업들이 협력과 경쟁을 동시에 추구하는 것으로 / 전략적으로
중요한 자원을 활용하기 위해 / 우월한 가치 창출을 목적으로 //
= Coopetition
                        형용사적 용법(way 수식)
It is a useful way / to understand the dynamic nature of sport
                              주격 관계대명사
businesses / which need to collaborate for resource efficiency
                    collaborate와 compete 병렬 연결
purposes / but potentially compete with each other. //
그것은 유용한 방식이다 / 스포츠 사업체의 역동적 특성을 이해하는 데 / 자원 효율성 목적을
위해 협력해야 하는 / 하지만 잠재적으로 서로 경쟁해야 하는 //
                                                          수동태
This special relationship / should be managed properly / due to
                            동명사의 의미상 주어   전치사 due to의 목적어로 쓰인 동명사
trust and confidence issues being paramount. //
이 특별한 관계는 / 적절히 관리되어야 한다 / 신뢰와 신용 문제가 최고이기 때문에 //
가주어   진주어
It can be challenging / to be collaborative and competitive in
sport / as they involve different forms of behaviour. //
어려울 수 있다 / 스포츠에서 협력적이면서 경쟁적인 것은 / 서로 다른 형태의 행동을
수반하기 때문에 //
뒤에 목적어절 접속사 that 생략
This means / a careful balancing act may be required / in terms
                                          과거분사(emphasis 수식)
of the amount of emphasis placed on each activity. //
이는 의미한다 / 주의 깊은 균형 잡기가 필요할 수도 있음을 / 각 활동에 두는 강조의 정도
면에서 //
단서 2 스포츠에서는 협력과 경쟁을 각각 강조하는 정도에 균형을 잡아야 함
try to-v: ~하려고 하다 cf) try -ing: 시험삼아 ~하다
Often sport managers / will try to be more competitive / due to
              more competitive와 less collaborative 병렬 연결
performance reasons / and less collaborative. //
흔히 스포츠 관리자들은 / 더 경쟁적이려 한다 / 성과의 이유로 / 그리고 덜 협력적이려 한다 //
= share information
By necessity / they may need to share information / but do so in
a cautious manner. //
필요 때문에 / 그들은 정보를 공유해야 할 수도 있다 / 하지만 신중한 방식으로 그렇게 한다 //
뒤에 목적어절 접속사 that 생략
가주어   진주어
This means / it might be better / to have plans in place / about
how to pursue both simultaneously. // 단서 3 스포츠는 정보를 공유하는 협력과
이는 뜻이다 / 더 나을 수도 있다는 / 계획을 마련해 두는 것이 / 둘을 동시에 추구하는 방법에
대한 //   성과를 추구하는 경쟁을 동시에 추구해야 함
뒤에 목적어절 접속사 that 생략
This will ensure / one is not neglected / at the expense of the
other. // 이렇게 함으로써 확실히 할 것이다 / 어느 하나가 소홀히 다루어지지 않도록 / 다른
하나를 대가로 //

- **coopetition** ⓝ 협조적 경쟁 · **pursuit** ⓝ 추구
- **leverage** ⓥ (원하는 결과를 얻기 위해) 활용하다
- **strategically** ⓐ 전략적으로 · **superior** ⓐ 우월한
- **properly** ⓐ 적절하게 · **collaborative** ⓐ 협력적인
- **involve** ⓥ 수반하다 · **balancing act** 균형 잡기, 갈등 조정
- **emphasis** ⓝ 강조 · **cautious** ⓐ 신중한, 조심하는
- **neglect** ⓥ 소홀히 하다 · **at the expense of** ~을 대가로

스포츠 생태계는 존재하는 협력적 경쟁의 유형과 정도에 기반하여 존재한다. 협
력적 경쟁은 "우월한 가치 창출을 목적으로 전략적으로 중요한 자원을 활용하
기 위해 기업들이 협력과 경쟁을 동시에 추구하는 것"으로 정의된다. 그것은 자
원 효율성 목적을 위해 협력해야 하지만, 잠재적으로 서로 경쟁해야 하는 스포
츠 사업체의 역동적 특성을 이해하는 데 유용한 방식이다. 이 특별한 관계는 신
뢰와 신용 문제가 최고이기 때문에 적절히 관리되어야 한다. 스포츠에서 협력적
이면서 경쟁적인 것은 서로 다른 형태의 행동을 수반하기 때문에 어려울 수 있
다. 이는 각 활동에 두는 강조의 정도 면에서 주의 깊은 균형 잡기가 필요할 수
도 있음을 의미한다. 흔히 스포츠 관리자들은 성과의 이유로 더 경쟁적이려 하
고, 덜 협력적이려 한다. 필요 때문에 그들은 정보를 공유해야 할 수도 있지만,
신중한 방식으로 그렇게 한다. 이는 둘을 동시에 추구하는 방법에 대한 계획을
마련해 두는 것이 더 나을 수도 있다는 뜻이다. 이렇게 함으로써 어느 하나가
다른 하나를 대가로 소홀히 다루어지지 않도록 확실히 할 것이다.

다음 글의 요지로 가장 적절한 것은?

① 스포츠 산업에서는 협력과 경쟁 사이의 균형 잡힌 접근이 요구된다.
This means a careful balancing act may be required ~ emphasis placed on each activity.
② 협력에 기반한 경쟁을 위해서 스포츠 정신 함양 교육이 필수적이다.
스포츠는 협력과 경쟁을 동시에 추구해야 한다는 내용이지, 이를 위해 교육이 필수라는 내용은 언급되지 않음
③ 스포츠에서는 성과를 중요시하기 때문에 협력을 과소평가하기 쉽다.
스포츠는 성과를 이유로 덜 협력적이라는 것을 언급한 것으로 만든 오답
④ 스포츠 산업에서는 효율적 자원 활용을 위한 전략이 필요하다.
스포츠의 효율적 자원 활용을 위한 전략은 언급되지 않음
⑤ 스포츠 산업에서의 성취는 경쟁을 필연적으로 수반한다.
협력과 경쟁 사이에 균형을 잡아야 한다는 내용이 요지임

왜 정답? [정답률 93%]

도입	스포츠 생태계는 협력과 경쟁이 공존하며 존재함 **단서 1**
전개	• 스포츠에서는 협력과 경쟁을 각각 강조하는 정도에 균형을 잡아야 함 **단서 2** • 스포츠 매니저들은 성과를 위해 더 경쟁적이자 덜 협력적으로 되기도 함
결론(주제)	스포츠는 정보를 공유하는 협력과 성과를 추구하는 경쟁을 동시에 추구해야 함 **단서 3**

▶ 스포츠 생태계의 협력적 경쟁에 관한 내용이다. 스포츠는 자원 효율성을 목적으로 협력해야 하지만, 동시에 경쟁해야 하는 관계이기도 하다. 협력적이면서 경쟁적인 이 스포츠의 역동적인 특성을 이해하고, 각 활동을 균형 있게 강조해야 한다고 주장하고 있다.

스포츠 관리자들은 협력과 경쟁을 동시에 추구할 방안을 고민해야 하며, 하나를 대가로 다른 하나가 소홀히 다뤄져서는 안 된다고 설명하고 있으므로 정답은 ①이다.

왜 오답?

② 스포츠는 협력과 경쟁을 동시에 추구해야 한다는 내용이지, 이를 위해 교육이 필수라는 내용은 언급되지 않았다.

③ 스포츠는 성과를 이유로 덜 협력적이라는 내용은 언급했지만, 요지는 협력과 경쟁을 동시에 추구해야 한다는 것이다.

④ 스포츠의 효율적 자원 활용을 위한 전략은 언급되지 않았다.

⑤ 스포츠는 성과를 위한 경쟁이 포함된다는 내용은 언급했지만, 협력과 경쟁 사이에 균형을 잡아야 한다는 내용이다.

강기헌 2026 수능 응시 · 천안 천안고 졸

첫 문장에 sport ecosystem, coopetition 같이 생소한 단어가 나왔다고 해서 너무 겁먹고 들어가지 말자. 대부분의 학생들이 잘 모르는 내용은 화자가 뒤에서 친절하게 설명해줄 거거든. 바로 다음 문장을 보니까 정말 그러네. 문장의 전체 해석은 어려워도 coopetition이 협력과 경쟁을 동시에 추구하는 것인 것만 잡고 들어가도 될 것 같아. 그런데 5번째 문장에서 이것이 어려울 수도 있다고 하네? 이렇게 글의 흐름이 바뀌는 부분을 놓치지 말아야 해. 다음 문장을 읽어보니 결국 '주의 깊은 경쟁과 협력의 균형'이 중요하다는 말이구나. 뒤의 문장들에서도 똑같은 말을 반복하고 있으므로, 협력과 경쟁의 균형을 주제로 정답을 고르면 될 것 같아.

E 04 정답 ① * 소셜 미디어를 통한 사회적 자본의 증가

관계부사 why 대신 씀
One reason / **that** people participate in social media / is because it builds social relations. //
한 가지 이유는 / 사람들이 소셜 미디어에 참여하는 / 그것이 사회적 관계를 형성하기 때문이다 //

We increase our social capital / when we successfully engage in social media. // **단서 1** 소셜 미디어에 참여함으로써 사회적 자본을 증가시킴
우리는 사회적 자본을 증가시킨다 / 우리가 소셜 미디어에 성공적으로 참여할 때 //

Social capital describes / the networks of relationships
앞에 목적격 관계대명사 생략
we have / **that** are built on mutuality / and sharing of identity, understanding, norms and values. //
주격 관계대명사
사회적 자본은 설명한다 / 우리가 가지는 관계망을 / 상호성을 바탕으로 구축된 / 그리고 정체성, 이해, 규범 및 가치 공유를 바탕으로 (구축된) //

We build ties / **that** may pay off / with a job lead or a letter of recommendation. //
우리는 유대를 형성한다 / 보상이 따를 수 있는 / 일자리 정보로 또는 추천서로 //

We reinforce our identities / through our online presentation / in a personal blog or our profile. //
우리는 우리의 정체성을 강화한다 / 온라인 표현을 통해 / 개인 블로그에서 또는 우리의 프로필에서 //

핵심 주어(단수)   단수 동사
"**The premise** / behind the notion of social capital / **is** rather simple and straightforward: / investment in social relations / with expected returns," / noted sociologist Nan Lin. //
"전제는 / 사회적 자본 개념 뒤에 있는 / 상당히 단순하고 직접적이다 / 사회적 관계에 대한 투자 / 기대 수익이 있는 / 사회학자 Nan Lin은 언급했다 //

목적어절 접속사
Lin's work stresses / **that it** is *who* you know / as much as *what*
it ~ that 강조 구문
you know / **that** shapes our experience in society. //
Lin의 연구는 강조한다 / 우리가 '누구를' 아는가라고 / 우리가 '무엇을' 아는가만큼이나 / 사회에서 우리의 경험을 형성하는 것은 //

분사구문을 이끄는 현재분사
With new media, / our reach of connecting is all the greater, / **expanding** our "who you know" / to greater and greater lengths. // **단서 2** 소셜 미디어와 함께 관계망이 확장됨
새로운 미디어와 함께 / 우리의 연결 범위는 훨씬 더 커진다 / 우리의 '누구를 아는가'를 확장하면서 / 점점 더 넓게 //

- **social capital** 사회적 자본
- **mutuality** ⓝ 상호성
- **norms** ⓝ 규범
- **tie** ⓝ 유대
- **job lead** 일자리 정보
- **a letter of recommendation** 추천서
- **reinforce** ⓥ 강화하다
- **notion** ⓝ 개념
- **straightforward** ⓐ 직접적인, 확실한
- **stress** ⓥ 강조하다
- **expand** ⓥ 확장하다

사람들이 소셜 미디어에 참여하는 한 가지 이유는 그것이 사회적 관계를 형성하기 때문이다. 우리가 소셜 미디어에 성공적으로 참여할 때, 우리는 사회적 자본을 증가시킨다. 사회적 자본은 상호성과 정체성, 이해, 규범 및 가치 공유를 바탕으로 구축된 관계망을 설명한다. 우리는 일자리 정보나 추천서와 같은 보상이 따를 수 있는 유대를 형성한다. 우리는 개인 블로그나 우리의 프로필에서의 온라인 표현을 통해 우리의 정체성을 강화한다. "사회적 자본 개념 뒤에 있는 전제는 상당히 단순하고 직접적인데, 그것은 기대 수익이 있는 사회적 관계에 대한 투자"라고 사회학자 Nan Lin은 언급했다. Lin의 연구는 사회에서 우리의 경험을 형성하는 것은 우리가 '무엇을' 아는가만큼이나 우리가 '누구를' 아는가라는 점을 강조한다. 새로운 미디어와 함께 우리의 연결 범위는 훨씬 더 커지고, 우리의 '누구를 아는가'를 점점 더 넓게 확장한다.

다음 글의 요지로 가장 적절한 것은?

① 소셜 미디어를 통한 관계망의 확장은 중요한 사회적 자본이 된다.
소셜 미디어를 통해 관계망이 확장되면 사회적 자본이 증가한다고 함
② 사회적 규범과 가치를 공유하는 것이 인간관계 형성의 기반이다.
관계망의 확장과 관련시켜 만든 함정
③ 뉴 미디어의 등장은 사회적 자본 형성의 방식을 변화시킨다.
사회적 자본 형성 방식을 변화시킨다는 내용은 없음
④ 다양한 인적 자본 구축은 소셜 미디어 활동에 필수적이다.
논리의 순서가 반대임
⑤ 사회적 경험은 인격 함양과 세계관 확장에 도움이 된다.
사회적 경험이 인격 함양과 세계관 확장에 도움이 된다는 내용이 아님

왜 정답? [정답률 84%]

전반부	소셜 미디어 참여는 사회적 자본을 형성 · 강화하며, 보상과 정체성 강화를 가능하게 함 **단서 1**
후반부	Nan Lin은 사회적 자본을 관계에 대한 투자로 보며, 새로운 미디어는 우리의 사회적 연결 범위를 크게 확장함 **단서 2**

▶ 따라서 글의 요지는 '소셜 미디어를 통한 관계망의 확장은 중요한 사회적 자본이 된다.'는 것이므로 정답은 ①이다.

② 사회적 규범과 가치를 공유하는 것이 인간관계 형성의 기반이라는 내용은 아니다.
③ 뉴 미디어의 등장이 사회적 자본 형성 방식을 변화시킨다고 하지 않았다.
④ 소셜 미디어 활동을 통해 다양한 인적 자본 구축이 가능하다는 글의 내용과 오히려 반대이다. —주의
⑤ 사회적 경험이 인격 함양과 세계관 확장에 도움이 된다는 내용의 글이 아니다.

E 05 정답 ① ＊진정한 소속을 위한 자기 수용과 인정

Our yearning for belonging / is so hardwired that we often try to acquire it / by any means possible, / including trying to fit in / and working hard for approval and acceptance. //
소속에 대한 우리의 갈망은 / 너무 생래적이어서 우리는 흔히 그것을 얻으려고 시도하며 / 가능한 무슨 수를 써서라도 / 여기에는 어울리려고 노력하는 것이 포함된다 / 그리고 인정과 수용을 얻고자 열심히 하는 것이 /

Not only are these efforts hollow substitutes for belonging, / but they are the greatest barriers to belonging. //
이러한 노력들은 소속에 대한 공허한 대체물들일 뿐만 아니라 / 그것은 소속에 대한 가장 큰 장벽이다 //

When we work to fit in and be accepted, / our "belonging" is unstable. //
우리가 어울리고 받아들여지기 위해 노력할 때 / 우리의 '소속'은 불안정하다 //

If we do or say / something that's true to who we are / but outside the expectations or rules of the group, / we risk everything. //
만약 우리가 행하거나 말한다면 / 우리가 누구인지에 대해서 진실한 무언가를 / 하지만 집단의 기대나 규칙 밖에 있는 / 우리는 모든 것을 위태롭게 한다 //

If people don't really know / who we are / and what we believe or think, / there's no true belonging. // 단서 1 사람들이 우리를 잘 알지 못하면 진정한 소속은 없음
만약 사람들이 정말로 알지 못한다면 / 우리가 누구인지 / 그리고 우리가 무엇을 믿거나 생각하는지를 / 진정한 소속은 없다 //

Because we can feel belonging / only if we have the courage / to share our most authentic selves with people, / our sense of belonging / can never be greater than our level of self-acceptance. // 단서 2 가장 진정한 모습을 공유할 수 있어야 소속감을 느낄 수 있음
우리가 소속을 느낄 수 있으므로 / 용기가 있을 때만 / 우리의 가장 진정한 모습을 사람들과 공유할 수 있는 / 우리의 소속감은 / 우리의 자기 수용 수준보다 절대 클 수 없다 //

We can never truly belong / if we are betraying ourselves, our ideals, or our values / in the process. // 단서 3 자기 자신을 배신한다면 진정으로 소속될 수 없음
우리는 결코 진정으로 소속될 수 없다 / 우리가 우리 자신, 우리의 이상, 또는 가치를 배신하고 있다면 / 그 과정에서 /

That is why it's a mistake to think / that belonging is passive / and simply about joining or "going along" with others. //
그렇기 때문에 생각하는 것은 실수이다 / 소속을 수동적이고 / 단순히 다른 사람과 함께하거나 '따라가는 것'에 관한 것이라고 //

It's not. // 그것은 그렇지 않다 //

- **belonging** ⓝ 소속(감)
- **hardwired** ⓐ 생래적인, 타고나는
- **acquire** ⓥ 얻다, 획득하다
- **approval** ⓝ 인정, 승인
- **acceptance** ⓝ 수용
- **substitute** ⓝ 대체물
- **barrier** ⓝ 장벽, 장애물
- **authentic** ⓐ 진정한
- **betray** ⓥ 배신하다
- **passive** ⓐ 수동적인

소속에 대한 우리의 갈망은 너무 생래적이어서, 우리는 흔히 가능한 무슨 수를 써서라도 그것을 얻으려고 시도하며, 여기에는 어울리려고 노력하는 것과 인정과 수용을 얻고자 열심히 하는 것을 포함한다. 이러한 노력들은 소속에 대한 공허한 대체물들일 뿐만 아니라 소속에 대한 가장 큰 장벽이다. 우리가 어울리고 받아들여지기 위해 노력할 때, 우리의 '소속'은 불안정하다. 만약 우리가 누구인지에 대해서는 진실하지만, 집단의 기대나 규칙 밖에 있는 무언가를 행하거나 말한다면, 우리는 모든 것을 위태롭게 한다. 만약 사람들이 우리가 누구인지 그리고 우리가 무엇을 믿거나 생각하는지 정말로 알지 못한다면, 진정한 소속은 없다. 우리가 자신의 가장 진정한 모습을 사람들과 공유할 용기가 있을 때만

소속을 느낄 수 있으므로, 우리의 소속감은 절대 우리의 자기 수용 수준보다 클 수 없다. 우리가 그 과정에서 우리 자신, 우리의 이상, 또는 우리의 가치를 배신하고 있다면 결코 진정으로 소속될 수 없다. 그렇기 때문에 소속을 수동적이고 단순히 다른 사람과 함께하거나 '따라가는 것'에 관한 것이라고 생각하는 것은 실수이다. 그것은 그렇지 않다.

다음 글의 요지로 가장 적절한 것은?

① 자신을 있는 그대로 드러내 보일 때 진정한 소속감을 느낄 수 있다.
자신을 수용하고 자신의 진정한 모습을 공유할 때 진정한 소속감을 느낄 수 있다는 내용임
② 타인의 기대에서 벗어날 때 비로소 진정한 자아를 실현할 수 있다.
진정한 자아를 찾기 위해 타인의 기대에서 벗어나라는 내용이 아님
③ 속하려는 집단과 자신의 성향이 잘 맞는지 살펴볼 필요가 있다.
속하려는 집단과 자신의 성향이 맞아야 한다는 내용은 없음
④ 때로는 개인의 선호가 집단의 목표에 충분히 반영되지 않는다.
개인의 선호와 집단의 목표에 대한 언급은 없음
⑤ 타인의 비판을 인정할 수 있을 때 자기 수용이 가능해진다.
타인의 비판을 인정해야 자기 수용이 가능해진다는 내용은 없음

ᐅ왜 정답 ? [정답률 83%]

도입	집단의 인정과 수용을 위한 노력은 소속감을 막는 장애물이 됨
전개	• 사람들이 우리가 누구인지, 그리고 우리가 무엇을 믿거나 생각하는지 정말로 알지 못한다면 진정한 소속은 없음 단서 1 • 우리의 진정한 모습을 사람들과 공유할 용기가 있을 때만 소속을 느낄 수 있음 단서 2
결론	• 우리 자신, 우리의 이상, 또는 우리의 가치를 배신하고 있다면 결코 진정으로 소속될 수 없음 단서 3

▶ 따라서 글의 요지는 자신을 수용하고 '자신을 있는 그대로 드러내 보일 때 진정한 소속감을 느낄 수 있다.'는 것이므로 정답은 ①이다.

ᐅ왜 오답 ?

② 진정한 소속감을 갖기 위한 방법으로 자기 수용의 필요성을 말하고 있지, 진정한 자아를 찾기 위해 타인의 기대에서 벗어나라는 것이 아니다. —주의
③ 속하려는 집단과 자신의 성향이 맞아야 한다는 내용이 아니다.
④ 개인의 선호와 집단의 목표에 대한 언급은 없다.
⑤ 타인의 비판을 인정해야 자기 수용이 가능해진다는 내용은 없다.

E 06 정답 ① ＊입소문을 통한 마케팅

Making your marketing fun for customers / is what makes them tell other people about you. // 단서 1 즐거운 마케팅을 하면 사람들이 당신에 대해 이야기하게 됨
고객들을 위한 마케팅을 재미있게 만드는 것은 / 그들이 다른 사람들에게 당신에 대해 이야기하게 만드는 것이다 //

This is the basis of viral marketing / — the word of mouth / that ultimately generates more business / than all the advertising campaigns put together. // 단서 2 입소문을 통한 바이럴 마케팅이 모든 광고 캠페인을 합친 것보다 더 많은 사업을 창출함
이것이 바이럴 마케팅의 기초이다 / 즉 입소문이다 / 궁극적으로 더 많은 사업을 창출하는 / 모든 광고 캠페인을 합친 것보다 //

Humor is good, / but something that encourages customers to pass on messages / to friends, business colleagues, family, and indeed anyone else /
유머도 좋지만 / 고객이 메시지를 전달하도록 촉진하는 무언가가 / 친구, 사업 동료, 가족, 그리고 실은 그 이외의 누구에게든 /
단서 3 입소문으로 메시지를 전달하는 것은 당신의 브랜드나 회사에 대한 인식을 높여줌
will result in / stronger customers' perception of your brand / and increased awareness of what your company is all about. //
불러올 것이다 / 당신의 브랜드에 대한 더 강해진 고객의 인식과 / 당신의 회사가 어떤 회사인지에 대한 높아진 인식 //

The message need not be too serious, either, / or indeed be an overt marketing plug. //
메시지가 너무 진지할 필요도 없고 / 사실상 명백한 마케팅 광고 문구일 필요도 없다 //

Just passing the brand name along, / and having it associated with something entertaining and fun, / is quite sufficient. //
브랜드 이름을 단순히 전달하는 것과 / 그것을 재미있고 즐거운 무언가와 연결 짓는 것은 / 상당히 충분하다 //

Your other marketing promotions / will fill in the gaps, / and anyway / no single promotion will ever cover all the communication / **you want it to** /
앞에 목적격 관계대명사 생략(all the communication 수식)
당신의 다른 마케팅 판촉들이 / 그 빈틈을 채워줄 것이고 / 어차피 / 어떤 단일 판촉도 모든 메시지를 포함할 수는 없다 / 당신이 원하는 /

보어절을 이끄는 접속사
— the best you can hope for / is **that** one communication will sensitize the customers / to receiving a later one. //
당신이 바랄 수 있는 최선은 / 하나의 메시지가 고객들이 민감하도록 하는 것이다 / 그 후의 것을 수용하는 것에 //

- **viral marketing** 바이럴 마케팅(상품 판매를 촉진하기 위해 SNS를 이용하는 경영 전략) · **word of mouth** 입소문 · **ultimately** (ad) 궁극적으로
- **generate** (v) 창출하다 · **colleague** (n) 동료
- **perception** (n) 인식 · **overt** (a) 명백한
- **associate with** ~와 연결 짓다 · **sufficient** (a) 충분한
- **promotion** (n) 판촉, 홍보 · **sensitize** (v) 민감하게 만들다

고객들을 위한 마케팅을 재미있게 만드는 것은 그들이 다른 사람들에게 당신에 대해 이야기하게 만드는 것이다. 이것이 바이럴 마케팅, 즉 궁극적으로 모든 광고 캠페인을 합친 것보다 더 많은 사업을 창출하는 입소문의 기초이다. 유머도 좋지만, 고객이 친구, 사업 동료, 가족, 그리고 실은 그 이외의 누구에게든 메시지를 전달하도록 촉진하는 무언가가 당신의 브랜드에 대한 더 강해진 고객의 인식과 당신의 회사가 어떤 회사인지에 대한 높아진 인식을 불러올 것이다. 메시지가 너무 진지할 필요도 없고, 사실상 명백한 마케팅 광고 문구일 필요도 없다. 브랜드 이름을 단순히 전달하고, 그것을 재미있고 즐거운 무언가와 연결 짓는 것만으로도 상당히 충분하다. 당신의 다른 마케팅 판촉들이 그 빈틈을 채워 줄 것이고, 어차피 어떤 단일 판촉도 당신이 원하는 모든 메시지를 포함할 수는 없다. 당신이 바랄 수 있는 최선은 하나의 메시지가 고객들이 그 후의 것을 수용하는 것에 민감하도록 하는 것이다.

다음 글의 요지로 가장 적절한 것은?

① 즐거움을 주는 마케팅은 입소문을 통해 브랜드와 기업에 대한 인식을 향상시킨다. something that encourages ~ what your company is all about
② 경쟁사의 마케팅 전략을 분석하는 것은 기업 경쟁력 강화에 도움이 된다.
경쟁사의 마케팅 전략을 분석하라는 내용이 아님
③ 브랜드 이미지 제고를 위해 일관된 메시지를 전달하는 것이 중요하다.
입소문의 긍정적 효과에 대한 내용이지 일관된 메시지 전달의 중요성에 대한 내용이 아님
④ 고객의 피드백을 충실히 반영하여 제품의 질을 개선할 필요가 있다.
고객의 피드백을 반영한 제품의 질 개선에 대한 내용이 아님
⑤ 유머에 의존한 마케팅은 브랜드 이미지를 손상시킬 위험이 있다.
재미있는 마케팅은 입소문을 통해 브랜드 인식을 향상시킬 수 있다는 장점에 대한 내용임

>왜 정답? [정답률 89%]

초반부	마케팅을 재미있게 만들면, 입소문을 통해 그들이 다른 사람들에게 당신에 대해 이야기하게 만들고, 이는 모든 광고 캠페인을 합친 것보다 더 큰 효과를 냄 **단서 1** **단서 2**
중반부	입소문으로 메시지를 전달하는 것은 당신의 브랜드와 회사에 대한 인식을 높여줄 것임 **단서 3**

▶ 따라서 글의 요지는 '즐거움을 주는 마케팅은 입소문을 통해 브랜드와 기업에 대한 인식을 향상시킨다.'는 것이므로 정답은 ①이다.

>왜 오답?

② 경쟁사의 마케팅 전략을 분석하는 것이 도움이 된다는 내용이 아니다.
③ 입소문을 통한 메시지 전달과 마케팅이 브랜드 인식 향상에 도움이 된다는 내용이지, 일관된 메시지 전달의 중요성을 말하는 것이 아니다. **주의**
④ 고객의 피드백을 반영하여 제품의 질을 개선해야 한다는 내용이 아니다.
⑤ 무엇이든 즐거움을 주는 마케팅은 입소문을 통해 브랜드 인식을 향상시킬 수 있다는 것이 이 글의 요지이다.

E 07 정답 ⑤ ＊관찰이 증거가 되게 하는 배경지식 기반 개념화

'~인지 아닌지'
Whether or not an observation is evidence for a person / depends crucially on what the person is bringing to the table / in terms of background knowledge. // **단서 1** 관찰이 증거가 될지는 관찰자의
배경지식에 달려 있음
관찰이 어떤 사람에게 증거가 되는지 안 되는지는 / 결정적으로 그 사람이 어떤 것을 제시하는지에 달려 있다 / 배경지식 면에서 //

The physician sees the Koplik spots *as* Koplik spots / and
주어 The physician과 수 일치(단수 동사)   동격절 접속사
thereby **gains** evidence for her belief / **that** the patient is coming down with the measles. //
의사는 코플릭 반점을 코플릭 반점'으로' 보고 / 그 때문에 자신의 믿음에 대한 증거를 얻는다 / 그 환자가 홍역에 걸렸다는 // 동격

I, a nonexpert, see the same spots, / but I do not see them *as* Koplik spots. //
전문가가 아닌 나는 같은 반점을 보지만 / 그것을 코플릭 반점'으로' 보지 않는다 //

Thus, they are not evidence for me, / because they don't provide me with good reasons / for believing **that** I am confronted with a case of the measles. //
따라서, 그것들은 나에게는 증거가 안 된다 / 그것들은 충분한 이유를 제공하지 않기 때문에 / 내가 홍역 환자를 마주하고 있다고 믿을 만한 //

주격 관계대명사
Only observations **that** are seen *as* this or that / can be evidence for (or against) some hypothesis. //
이것 혹은 저것'으로' 보여지는 관찰만이 / 어떤 가설을 지지하는(또는 반박하는) 증거가 될 수 있다 //

Another way of putting the same point is this: / During the processing of sensory stimuli, / we bring / — often automatically — / various categories, background knowledge, and similar things, to bear. //
동일한 요지를 다른 방식으로 표현하자면 다음과 같다 / 감각 자극을 처리하는 동안에 / 우리는 동원한다 / 종종 무의식적으로 / 다양한 범주, 배경지식, 그리고 그와 유사한 것들을 //

선행사를 포함하는 관계대명사
Thus, / categorized observations are **what** constitutes evidence. //
따라서 / 범주화된 관찰이 증거를 구성하는 것이다 **단서 2** 증거를 구성하는 것은 범주화된 관찰임

목적어절을 이끄는 접속사
Some might worry / **that** we are overintellectualizing evidence. //
일부 사람들은 걱정할지도 모른다 / 우리가 증거를 지나치게 지적으로 처리하고 있다고 //

가주어   진주어절을 이끄는 접속사
However, **it** seems to us / **that** in the empirical sciences, unconceptualized experiences / hardly ever play a role as evidence. //
그러나, 우리에게 보인다 / 경험주의 과학에서는 개념화되지 않은 경험들은 / 증거로서의 역할을 거의 하지 않는 것처럼 //

- **observation** (n) 관찰 · **crucially** (ad) 결정적으로
- **bring to the table** 제시하다 · **come down with** (병에) 걸리다
- **nonexpert** (n) 비전문가 · **confront with** ~와 마주하다
- **hypothesis** (n) 가설 · **stimulus** (n) 자극 (*pl.* stimuli)
- **bring ~ to bear** ~를 동원하다, 적용하다 · **constitute** (v) ~을 구성하다
- **overintellectualize** (v) 지나치게 지적으로 처리하다
- **unconceptualized** (a) 개념화되지 않은

관찰이 어떤 사람에게 증거가 되는지 안 되는지는 결정적으로 그 사람이 배경지식 면에서 어떤 것을 제시하는지에 달려 있다. 의사는 코플릭 반점을 코플릭 반점'으로' 보고 그 때문에 그 환자가 홍역에 걸렸다는 자신의 믿음에 대한 증거를 얻는다. 전문가가 아닌 나는 같은 반점을 보지만, 그것을 코플릭 반점'으로' 보지 않는다. 따라서, 그것들은 내가 홍역 환자를 마주하고 있다고 믿을 만한 충분한 이유를 제공하지 않기 때문에 그것들은 나에게는 증거가 안 된다. 이것 혹은 저것'으로' 보여지는 관찰만이 어떤 가설을 지지하는(또는 반박하는) 증거가 될 수 있다. 동일한 요지를 다른 방식으로 표현하자면 다음과 같다. 감각 자극을 처리하는 동안에, 우리는 종종 무의식적으로 다양한 범주, 배경지식, 그리고 그와 유사한 것들을 동원한다. 따라서, 범주화된 관찰이 증거를 구성하는 것이다. 일부 사람들은 우리가 증거를 지나치게 지적으로 처리하고 있다고 걱정할지도 모른다. 그러나, 경험주의 과학에서는 개념화되지 않은 경험들은 증거로서의 역할을 거의 하지 않는 것처럼 우리에게 보인다.

다음 글의 요지로 가장 적절한 것은?

① 개념적 이해보다 감각적 경험이 더 중요한 증거가 된다.
감각적 경험만으로는 증거가 되지 않음
② 동일한 관찰 결과가 반복될수록 증거로서 더 유의미해진다.
관찰 반복 여부에 대한 언급은 없음
③ 개인의 관찰은 집단적 합의가 있어야 증거로 간주될 수 있다.
집단적 합의에 대한 내용은 없음
④ 관찰 과정에서 주관적 요소를 배제해야 증거로서 신뢰성을 갖는다.
주관적 요소를 배제해야 한다는 내용이 아님
⑤ 관찰이 배경지식을 바탕으로 개념화되었을 때 증거가 될 수 있다.
Whether or not an observation is evidence for a person ~ in terms of background knowledge.

- 어떤 관찰이 증거가 되는지는 관찰자의 배경지식에 달려 있음 **단서 1**
- 감각 자극을 처리할 때, 우리는 무의식적으로 범주, 배경 지식 등을 동원하고, 범주화된 관찰이 증거가 될 수 있음 **단서 2**

▶ 따라서 글의 요지는 '관찰이 배경지식을 바탕으로 개념화되었을 때 증거가 될 수 있다.'는 것이므로 정답은 ⑤이다.

왜 오답?

① 감각적 경험만으로는 증거가 되지 않고, 관련 배경지식이 있어야 증거가 될 수 있다고 했다. — 주의
② 동일한 관찰 결과의 반복에 대한 언급은 없다.
③ 집단적 합의가 있어야 증거가 된다는 내용은 없다.
④ 증거가 신뢰성을 갖기 위해서는 주관적 요소를 배제해야 한다는 것이 요지가 아니다.

E 08 정답 ⑤ ★좋은 논픽션을 쓸 때 필요한 것

원급 비교
Good narrative writing / is often **as much** technique / **as it** is
= good narrative writing
talent, / sometimes more. //
훌륭한 서사적 글쓰기는 / 종종 기술이다 / 재능인 것만큼이나 / 때로는 그 이상이다 //

The best narrative nonfiction writers / often turn to time-honored tools of fiction writers / for effect: / plot and pacing, character and drama, / and, yes, suspense. //
가장 뛰어난 서사적 논픽션 작가들은 / 픽션 작가들의 전통 있는 도구들에 종종 의지한다 / 효과를 위해 / 구성과 속도감, 등장인물과 드라마 / 그리고 물론 긴장감 //

목적어절 접속사
And they understand / **that** a good story just can't spread out / in all directions / like a serving of spaghetti. //
그리고 그들은 이해한다 / 훌륭한 이야기는 그저 넓게 흩어질 수 없다는 것을 / 사방으로 / 스파게티 한 접시처럼 //

과거분사(form, shape, structure 수식)·부사적 용법(목적)
The story needs / form, shape, a structure / **designed to pull** the reader / from start to finish. // **단서 1** 이야기에는 형식, 모양, 구조가 필요함
이야기에는 필요하다 / 형식, 모양, 구조가 / 독자를 끌어당기기 위해 설계된 / 처음부터 끝까지 //

~보다 적지 않은, ~ 만큼이나
"The craftsmanship of the writer / is **no less** beautiful / **than that** = the craftsmanship
of the cabinet maker / or the builder of temples or fine violins," / writes Jon Franklin. //
"작가의 솜씨는 / 못지않게 아름답다 / 캐비닛 제작자의 그것(솜씨)만큼 / 또는 사원 또는 고급 바이올린 제작자(만큼)" / 라고 Jon Franklin은 썼다 //

Yes, / this may sound grandiose, / but the emphasis on craftsmanship / is pure pragmatism: / a knowledge of the basic structures / **that** narrative science writers use / **to build** an effective story. //
목적격 관계대명사 · 부사적 용법(목적)
그렇다 / 이것은 거창하게 들릴 수도 있다 / 그러나 솜씨에 대한 강조는 / 순수한 실용주의이다 / 즉 기본적인 구조에 대한 지식 / 서사적 과학 작가들이 사용하는 / 효과적인 이야기를 만들어 내기 위해 //

단서 2 작가는 어떤 구조가 이야기에 가장 잘 들어맞는지, 어디에 맞춰 넣을지 결정할 수 있음
I think of this approach / as journalistic architecture. //
나는 이러한 접근 방식을 생각한다 / 저널리스트적 건축이라고 //

Once a writer has the story blueprints in hand, / so to speak, / then he or she can decide / which structure best fits / the facts of the story / — and **where to slot** them into place. //
where to-v: 어디에 ~할지
일단 작가가 이야기의 청사진을 손에 쥐고 나면 / 말하자면 / 그런 다음 결정할 수 있다 / 어떤 구조가 가장 잘 들어맞는지 / 이야기의 사실에 / 그리고 그것들을 어디에 맞춰 넣을지 //

- **turn to** ~에 의지하다
- **time-honored** ⓐ 전통적인
- **suspense** ⓝ 긴장감
- **structure** ⓝ 구조
- **craftsmanship** ⓝ 솜씨
- **temple** ⓝ 사원
- **emphasis** ⓝ 강조
- **approach** ⓝ 접근 방식
- **architecture** ⓝ 건축
- **blueprint** ⓝ 청사진

훌륭한 서사적 글쓰기는 종종 재능인 것만큼이나 기술이며, 때로는 그 이상이다. 가장 뛰어난 서사적 논픽션 작가들은 구성과 속도감, 등장인물과 드라마, 그리고 물론 긴장감 등의 효과를 위해 픽션 작가들의 전통 있는 도구들에 종종

의지한다. 그리고 그들은 훌륭한 이야기는 스파게티 한 접시처럼 그저 사방으로 넓게 흩어질 수 없다는 것을 이해한다. 이야기에는 독자를 처음부터 끝까지 끌어당기기 위해 설계된 형식, 모양, 구조가 필요하다. Jon Franklin은 '작가의 솜씨는 캐비닛 제작자나 사원 또는 고급 바이올린 제작자의 그것 못지않게 아름답다.'라고 썼다. 그렇다, 이것은 거창하게 들릴지 모르지만 솜씨에 대한 강조는 순수한 실용주의, 즉 서사적 과학 작가들이 효과적인 이야기를 만들어 내는 데 사용하는 기본적인 구조에 대한 지식이다. 나는 이러한 접근 방식을 저널리스트적 건축이라고 생각한다. 말하자면, 일단 작가가 이야기의 청사진을 손에 쥐고 나면, 그런 다음 어떤 구조가 이야기의 사실에 가장 잘 들어맞는지, 그리고 그것들을 어디에 맞춰 넣을지를 결정할 수 있다.

다음 글의 요지로 가장 적절한 것은?

① 모든 위대한 작가는 천부적인 감각과 솜씨를 타고난다.
　단순히 작가와 관련된 내용으로 만든 오답
② 다양한 문장 구조를 사용하면 독자의 관심을 끌 수 있다.
　다양한 문장 구조로 독자의 관심을 끌 수 있다는 내용이 아님
③ 글의 완성도를 높이려면 준비에 오랜 시간을 들여야 한다.
　글의 완성도를 위해 오랜 시간을 들여야 한다는 것이 핵심은 아님
④ 다양한 장르의 글을 많이 읽으면 작문 실력을 키울 수 있다.
　다양한 장르의 글을 많이 읽는 것과 상관 없음
⑤ 좋은 논픽션을 쓸 때 기술적 접근과 구조적 설계가 필요하다.
　The story needs form, shape, a structure designed to pull the reader from start to finish.

왜 정답? [정답률 86%]

전반부	논픽션 작가들은 픽션 작가들의 전통 있는 도구에 의지함
주제문	이야기에는 독자를 끌어들일 수 있는 형식, 모양, 구조가 필요함 **단서 1**
후반부(부연 설명)	논픽션 작가들은 효과적인 이야기를 만들어 내는 구조를 잘 알고 이를 결정해야 함 **단서 2**

▶ 따라서 글의 요지는 '좋은 논픽션을 쓸 때 기술적 접근과 구조적 설계가 필요하다.'는 것이므로 정답은 ⑤이다.

왜 오답? —  주의

① 단순히 작가와 관련된 내용으로 만든 오답일 뿐, 위대한 작가가 천부적 감각과 솜씨를 타고난다는 내용이 아니다.
② 다양한 문장 구조로 독자의 관심을 끌 수 있다는 글이 아니다.
③ 글의 완성도를 위해 준비에 오랜 시간을 들이라는 것이 핵심은 아니다.
④ 다양한 장르의 글을 많이 읽으면 작문 실력을 키울 수 있다는 내용이 요지는 아니다.

E 09 정답 ② ★집단에서 협력하는 사람들의 특성

단서 1 감정을 이해하는 능력은 집단 환경에서 중요함
The ability **to understand** emotions / — **to have** a diverse emotion
형용사적 용법(ability 수식)·앞의 to understand와 동격
vocabulary and **to understand** the causes and consequences of emotion — / is particularly relevant in group settings. //
감정을 이해하는 능력 / 즉 다양한 감정 어휘를 가지고 있고 감정의 원인과 결과를 이해하는 능력이 / 특히 집단 환경에서 중요하다 //

Individuals **who** are skilled in this domain / **are** able to
주격 관계대명사
express emotions, feelings and moods accurately / **and thus,**
병렬 구조
may facilitate clear communication between co-workers. //
이 분야에 능숙한 사람들은 / 감정, 느낌, 그리고 기분을 정확하게 표현할 수 있으므로 / 동료들 간의 명확한 의사소통을 촉진할 수 있다 // **단서 2** 이들은 동료들 간의 명확한 의사소통을 촉진함

Furthermore, / they may **be more likely to act** / in ways **that**
be likely to-v: ~할 가능성이 높다 · 주격 관계대명사
accommodate their own needs / as well as the needs of others / (i.e. cooperate). // **단서 3** 이들은 타인의 필요도 수용하는 방식으로 행동함
더욱이 / 그들은 행동할 가능성이 더 높을 수도 있다 / 자신의 필요뿐만 아니라 / 타인의 필요도 수용하는 방식으로 / (즉, 협력) //

In a group conflict situation, for example, / a member with a
형용사적 용법(ability 수식)
strong ability **to understand** emotion / will be able to express / 의문사절의 병렬 구조
how he feels about the problem / and **why he feels this way.** //
예를 들어, 집단 갈등 상황에서 / 감정을 이해하는 강력한 능력을 지닌 구성원은 / 표현할 수 있을 것이다 / 문제에 대해 자신이 어떻게 느끼는지 / 그리고 왜 그렇게 느끼는지를 //

He also should be able to **take** the perspective / of the other group members / and **understand** / **why they are reacting in a certain manner.** //
또한 그는 관점을 취하여 / 다른 집단 구성원들의 / 이해할 수 있을 것이다 / 그들이 왜 특정한 방식으로 반응하는지 //

Appreciation of differences / **creates** an arena for open communication / and **promotes** constructive conflict **resolution** and improved group **functioning.** //
다름에 대한 이해는 / 열린 의사소통을 위한 장을 만들고 / 건설적인 갈등 해결과 향상된 집단 기능을 촉진한다 //

- **consequence** ⓝ 결과   - **relevant** ⓐ 중요한, 의미 있는
- **mood** ⓝ 기분   - **facilitate** ⓥ 촉진하다
- **accomodate** ⓥ 수용하다   - **perspective** ⓝ 관점
- **appreciation** 이해   - **arena** ⓝ 장, 터
- **promote** ⓥ 촉진하다   - **constructive** ⓐ 건설적인

감정을 이해하는 능력, 즉 다양한 감정 어휘를 가지고 있고 감정의 원인과 결과를 이해하는 능력은 특히 집단 환경에서 중요하다. 이 분야에 능숙한 사람들은 감정, 느낌, 그리고 기분을 정확하게 표현할 수 있으므로, 동료들 간의 명확한 의사소통을 촉진할 수 있다. 더욱이, 그들은 자신의 필요뿐만 아니라 타인의 필요도 수용하는 방식으로 행동(즉, 협력)할 가능성이 더 높을 수도 있다. 예를 들어, 집단 갈등 상황에서 감정을 이해하는 강력한 능력을 지닌 구성원은 문제에 대해 자신이 어떻게 느끼는지 그리고 왜 그렇게 느끼는지를 표현할 수 있을 것이다. 또한 그는 다른 집단 구성원들의 관점을 취하여 그들이 왜 특정한 방식으로 반응하는지 이해할 수 있을 것이다. 다름에 대한 이해는 열린 의사소통을 위한 장을 만들고 건설적인 갈등 해결과 향상된 집단 기능을 촉진한다.

다음 글의 요지로 가장 적절한 것은?

① 집단 구성원 간 갈등 해소를 위해 감정 조절이 중요하다.
  갈등 해소를 위한 감정 조절이 아니라, 감정을 잘 이해하는 사람들이 갈등 해결을 촉진한다는 내용임
② 감정 이해 능력은 집단 내 원활한 소통과 협력을 촉진한다.
  집단에서 협력하는 사람들은 감정을 이해하는 능력을 가지고 있다는 내용임
③ 타인에 대한 공감 능력은 자신의 감정 표현 능력을 향상한다.
  감정을 잘 이해하는 것은 자신의 표현 능력을 향상하는 것이 아니라, 집단 환경에서 중요하다는 내용임
④ 감정 관련 어휘에 대한 지식은 공감 능력 발달의 기반이 된다.
  공감 능력이 발달할 수 있는 원인에 관한 설명은 언급되지 않음
⑤ 자신의 감정 상태에 대한 이해는 사회성 함양에 필수적 요소이다.
  자신의 감정만을 이해하는 것이 아니라, 상대의 감정까지 잘 읽어낼 수 있는 역량이 중요함

〉왜 정답? [정답률 92%]

- **주제:** 감정을 이해하는 능력은 집단 환경에서 중요함 단서1
- **근거 1:** 이들은 동료들 간의 명확한 의사소통을 촉진함 단서2
- **근거 2:** 이들은 타인의 필요도 수용하는 방식으로 행동함 단서3
- **결론:** 다름에 대한 이해는 열린 의사소통과 건설적인 갈등 해결의 토대를 마련함

▶ 감정을 이해하는 사람들은 동료들 간의 명확한 의사소통을 촉진하고, 타인의 필요도 수용하는 방식으로 협력하기 때문에 집단 환경에서 중요하다는 내용이다.
따라서 감정을 이해하는 능력이 집단의 기능을 향상한다고 했으므로, 정답은 ②이다.

〉왜 오답?

① 갈등 해소를 위한 감정 조절이 아니라, 감정을 잘 이해하는 사람들이 갈등 해결을 촉진한다는 내용이므로, 인과관계가 반대이다. 주의
③ 감정을 잘 이해하는 것은 자신의 표현 능력을 향상하는 것이 아니라, 집단 환경에서 중요하다는 내용이다.
④ 공감 능력이 발달할 수 있는 원인에 관한 설명은 언급되지 않았다.
⑤ 자신의 감정만을 이해하는 것이 아니라, 상대의 감정까지 잘 읽어낼 수 있는 역량이 중요하다는 내용이다.

백승준 | 카이스트 새내기과정학부 2025년 입학·광주 광주숭일고 졸
나는 요지 문제에서 글의 소재를 먼저 파악한 후 소재와 관련된 글의 주장이나 추가적인 정보를 덧붙이며 읽어나가. 이 문제에선 첫 문장의 The ability to understand emotions가 중심 소재임을 쉽게 알 수 있고 글 전반적으로 의사소통과 집단 내에서 이 능력의 장점을 나열하고 있어서 정답을 쉽게 찾을 수 있을 거야. 단, 모든 선택지에서 감정, 능력, 집단 등 소재와 관련된 단어를 사용하였기에 섣불리 답을 판단하지 않는 것이 중요해.

E 10 정답 ③ ✱ 인간 사회에서만 나타나는 '도덕성' 

Even though there is good reason / **to consider a dog a sentient being** / capable of making choices and plans — /
타당한 이유가 있더라도 / 개를 지각력 있는 존재로 간주할 / 선택과 계획을 할 수 있는 /

so that we might **suppose** / 'it could have conceived of acting otherwise' — / we're unlikely to **think / it** is wicked and immoral / for attacking a child. //
그래서 우리가 추정할 수도 있다 / 그것은 다른 방식으로 행동하는 것을 상상할 수 있었을 것이다'라고 / 우리는 생각할 것 같지는 않다 / 그것이 사악하고 부도덕하다고 / 아이를 공격하는 것에 관해 //

Moral responsibility is not some universal concept / like entropy or temperature — / something **that applies** equally, / and **can be** measured similarly, / everywhere in the cosmos. //
도덕적 책임은 보편적인 개념이 아니다 / 엔트로피나 온도 같은 / 즉 똑같이 적용되어 / 비슷하게 측정될 수 있는 / 우주 어디에서나 //

It is a notion / **developed** specifically for human use, / no more or less than languages are. //
그것은 개념이다 / 인간이 사용하기 위해 특별히 개발된 / 언어와 별반 다르지 않다 //

While sentience and volition are aspects of mind and agency, / morals are cultural tools / **developed to influence** social behaviour: / to cultivate the desirable / and discourage the harmful. // 단서1 도덕성은 바람직한 것을 함양하고 해로운 것을 막기 위해 개발된 문화적 도구임
지각력과 의지가 마음 및 주체성의 측면인 반면 / 도덕성은 문화적 도구이다 / 사회적 행동에 영향을 미치기 위해 개발된 / 즉 바람직한 것을 함양하고 / 해로운 것을 막는 //

They are learnt, / not given at birth. //
그것들은 학습된다 / 태어날 때 주어지는 것이 아니라 //

It's possible, / indeed likely, / **that** we are born with a predisposition / **to cooperate** with others / — but only within human society / **do we** come **to understand** this / as *moral behaviour.* // 단서2 오직 인간 사회에서만 도덕적 행동으로 이해함
가능하다 / 실제로 가능성이 크다 / 우리가 성향을 가지고 태어난 것이 / 다른 사람과 협력하려는 / 그러나 오로지 인간 사회만 / 우리는 이것을 이해하게 된다 / '도덕적' 행동으로 //

- **be capable of** ~할 수 있다   - **suppose** ⓥ 추정하다
- **conceive** ⓥ 상상하다   - **wicked** ⓐ 사악한   - **agency** ⓝ 주체성
- **moral** ⓐ 도덕적(인); ⓝ 도덕성   - **cultivate** ⓥ 함양[배양]하다, 기르다
- **desirable** ⓐ 바람직한   - **discourage** ⓥ (못하게) 막다
- **harmful** ⓐ 해로운   - **predisposition** ⓝ 성향
- **cooperate** ⓥ 협력하다

개를 선택과 계획을 할 수 있는 지각력이 있는 존재로 간주하여, 이를테면 우리가 '그것은 다른 방식으로 행동하는 것을 상상할 수 있었을 것이다'라고 추정할 수도 있는 타당한 이유가 있더라도, 우리가 아이를 공격하는 것에 관해 그것이 사악하고 부도덕하다고 생각할 것 같지는 않다. 도덕적 책임은 엔트로피나 온도 같은 어떤 보편적인 개념, 즉 똑같이 적용되어 우주 어디에서나 비슷하게 측정될 수 있는 것이 아니다. 그것은 인간이 사용하기 위해 특별히 개발된 개념인데, 언어와 별반 다르지 않다. 지각력과 의지가 마음 및 주체성의 측면인 반면, 도덕성은 사회적 행동에 영향을 미치기 위해, 즉 바람직한 것을 함양하고 해로운 것을 막기 위해 개발된 문화적 도구이다. 그것들은 태어날 때 주어지는 것이 아니라 학습된다. 우리는 다른 사람과 협력하려는 성향을 가지고 태어날 수 있고 실제로 그럴 가능성이 크지만, 오로지 인간 사회 내에서만 우리는 이것을 '도덕적' 행동으로 이해하게 된다.

다음 글의 요지로 가장 적절한 것은?

① 도덕성은 자신의 선택에 대해 책임을 진다는 개념이다.
  도덕성의 개념을 정의하는 내용이 아님
② 동물과 인간을 구별하는 중요한 특징은 분별력과 언어이다.
  개를 언급하긴 했지만 동물과 인간을 구별하는 특징이 분별력과 언어라는 내용은 아님
③ 도덕성은 학습되는 문화적 도구로서 인간 사회에만 나타난다.
  도덕성은 문화적 도구로 학습되며 인간 사회에서만 나타난다고 함
④ 동물과 인간은 공통적으로 다른 개체와 협력하는 경향이 있다.
  동물이 다른 개체와 협력하려는 경향이 있다는 언급은 없음
⑤ 문화적 도구로서의 도덕성은 개체의 의사 결정에 영향을 미친다.
  도덕성이 문화적 도구라는 것으로 만든 함정

| 중반부 | 인간은 도덕성이라는 문화적 도구를 개발하여 바람직한 것과 해로운 것을 구별함 **단서 1** |
| 후반부 | 도덕적 행위라는 것은 인간 사회에서만 나타나는 특징임 **단서 2** |

▶ 따라서 글의 요지는 '도덕성은 학습되는 문화적 도구로서 인간 사회에만 나타난다.'는 것이므로 정답은 ③이다.

▷**왜 오답?**

① 도덕성이 자신의 선택에 책임을 진다는 개념이라고 하지 않았다.

② 개를 언급했을 뿐, 동물과 인간을 구별하는 특징이 분별력과 언어라는 내용은 아니다.

④ 동물이 다른 개체와 협력하려는 경향이 있다는 언급은 없다.

⑤ 도덕성이 문화적 도구인 것은 맞지만 개체의 의사 결정에 영향을 미친다고 하지 않았다. **함정**

E 11 정답 ① ＊실행과 경험을 통해 체득되고 전수되는 실용적 지식

Technical, book knowledge consists of / "formulated rules which are, or may be, deliberately learned." //
주격 관계대명사
기술적, 책(에서 얻을 수 있는) 지식은 ~로 구성된다 / '의도적으로 배우거나, 그럴 수도 있는, 체계적으로 표현된 규칙들'로 //

Practical knowledge, on the other hand, / cannot be taught or learned but only transmitted and acquired. //
반면에 실용적 지식은 / 가르쳐지거나 배울 수 없으며 오직 전해지고 습득된다 //
(= Practical knowledge)
단서 1 실용적 지식은 가르치거나 배울 수 없고 전수되거나 체득될 수 밖에 없음

It exists only in practice. //
그것은 오직 실행 속에서만 존재한다 //

When we talk about practical knowledge, / we tend to use bodily metaphors. //
우리가 실용적 지식에 관해 이야기할 때 / 우리는 신체적 비유를 사용하는 경향이 있다 //
목적어절을 이끄는 접속사
We say that somebody has a *touch* for doing some activity / — an ability to hit the right piano key / with just enough force and pace. //
우리는 누군가가 어떤 활동을 하기 위한 '솜씨'를 가지고 있다고 말한다 / 정확한 피아노 건반을 치는 능력을 / 딱 필요한 만큼의 힘과 속도로 //
목적어절을 이끄는 접속사
We say that somebody has a *feel* for the game, / an intuition for how events are going to unfold, / an awareness of when you should plow ahead with a problem / and when you should put it aside before coming back to it. //
절의 병렬 구조
우리는 누군가가 게임에 대한 '감각'을 가지고 있다고 말한다 / 어떻게 사건들이 전개될지에 대한 직감 / 여러분이 문제를 밀고 나가야 할 때와 / 그것으로 되돌아오기 전까지 제쳐 두어야 할 때에 대한 인식 //

When the expert is using her practical knowledge, / she isn't thinking more; / she is thinking less. //
전문가가 자신의 실용적 지식을 사용하고 있을 때 / 그녀는 더 생각하는 것이 아니다 / 그녀는 덜 생각한다 //

She has built up a repertoire of skills through habit / and has thereby extended the number of tasks she can perform / without conscious awareness. //
현재완료시제
앞에 관계대명사가 생략된 관계절
그녀는 습관을 통해 기술의 레퍼토리를 쌓아 왔고 / 그렇게 함으로써 그녀가 수행할 수 있는 과제의 수를 늘려 왔다 / 의식적 인식 없이 //
(= practical knowledge)
단서 2 실용 지식은 경험을 통해 쌓여지고, 공유된 경험을 통해 전수됨

This sort of knowledge is built up through experience, / and it is passed along through shared experience. //
이러한 종류의 지식은 경험을 통해 쌓이고 / 그것은 공유된 경험을 통해 다음으로 전달된다 //

- **consists of** ~로 구성되다
- **formulate** ⓥ 표현[진술]하다
- **deliberately** ⓐⓓ 의도[계획]적으로
- **practical** ⓐ 실용적인
- **transmit** ⓥ 전송하다
- **metaphor** ⓝ 비유
- **extend** ⓥ 연장하다
- **conscious** ⓐ 의식적인

기술적, 책(에서 얻을 수 있는) 지식은 '의도적으로 배우거나, 그럴 수도 있는, 체계적으로 표현된 규칙들'로 구성된다. 반면에 실용적 지식은 가르쳐지거나 배울 수 없으며 오직 전해지고 습득된다. 그것은 오직 실행 속에서만 존재한다. 우리가 실용적 지식에 관해 이야기할 때, 우리는 신체적 비유를 사용하는 경향이 있다. 우리는 누군가가 어떤 활동을 하기 위한 '솜씨', 딱 필요한 만큼의 힘과 속도로 정확한 피아노 건반을 치는 능력을 가지고 있다고 말한다. 우리는 누군가가 게임에 대한 '감각', 어떻게 사건들이 전개될지에 대한 직감, 여러분이 문제를 밀고 나가야 할 때와 그것으로 되돌아오기 전까지 제쳐 두어야 할 때에 대한 인식을 가지고 있다고 말한다. 전문가가 자신의 실용적 지식을 사용하고 있을 때, 그녀는 더 생각하는 것이 아니다. 그녀는 덜 생각한다. 그녀는 습관을 통해 기술의 레퍼토리를 쌓아 왔고, 그렇게 함으로써 의식적 인식 없이 그녀가 수행할 수 있는 과제의 수를 늘려 왔다. 이러한 종류의 지식은 경험을 통해 쌓이고, 그것은 공유된 경험을 통해 다음으로 전달된다.

다음 글의 요지로 가장 적절한 것은?

① 실용적 지식은 실행과 경험을 통해 체득되고 전수된다.
　실용적 지식은 배우거나 가르칠 수 없으며, 실행과 경험을 통해 체득되고 전수됨
② 직감에 의한 판단이 옳아 보여도 심사숙고의 과정은 필요하다.
　직감에 의한 판단에 대한 심사숙고가 언급되지 않음
③ 기술적 지식을 완전히 이해해야만 이를 실제로 적용할 수 있다.
　기술적 지식이 중심이 되는 글이 아님
④ 상황에 맞게 행동하게 하는 실용적 지식은 타고나는 능력이다.
　실용적 지식은 경험을 통해 습득되는 것이지, 타고나는 능력이 아님
⑤ 실용적 지식과 기술적 지식의 균형 있는 학습이 중요하다.
　실용적 지식과 기술적 지식의 균형을 강조한 글이 아님

- 실용적 지식은 실천을 통해 체득될 수 있지, 가르치거나 배우는 것이 아님 **단서 1**
- 실용적 지식을 갖춘 사람은 이를 사용할 때 기술의 레파토리를 형성했기에 의식적으로 하는 부분이 적음
- 실용적 지식은 경험을 통해 형성되고, 공유된 경험을 통해 전수됨 **단서 2**

▶ 따라서 글의 요지는 '실용적 지식은 실행과 경험을 통해 체득되고 전수된다'는 것이므로 정답은 ①이다.

▷**왜 오답?**

② 실용적 지식에 직감이 포함되며, 심사숙고가 필요하다는 내용은 아니다.

③ 기술적 지식은 첫 문장에만 언급되었고, 나머지 글은 실용적 지식에 대한 것이다.

④ 실용적 지식은 계속된 연습과 실행을 통해 만들어지는 것이지, 타고나는 능력이란 말은 없다.

⑤ 실용적 지식과 기술적 지식 간의 균형에 대한 언급은 없다.

E 12 정답 ⑤ ＊조직 행동 이해에 있어 관리자의 과학적 접근 부재의 실수

The relevance of science in understanding organizational behavior / can start with / asking this question: / Why do good managers make bad decisions? //
조직 행동을 이해하는 데 과학의 연관성은 / ~로 시작할 수 있다 / 이 질문을 묻는 것 / 왜 좋은 관리자가 나쁜 결정을 내리는가 //
~에 관한 한
관계대명사
Too often managers make mistakes / when it comes to fostering conditions / that inspire positive outcomes in the workplace, / such as performance, satisfaction, team cohesion, and ethical behavior. //
관리자들은 너무 자주 실수한다 / 조건을 조성하는 데 있어 / 직장에서 긍정적인 결과를 일으키게 하는 / 성과, 만족, 조직 응집력, 그리고 윤리적 행동과 같은 //

Why does this happen? // 왜 이런 일이 발생하는가 //
보어절 접속사
Part of the reason / is that rather than relying on a clearly validated set of scientific discoveries, / managers use less reliable sources of insight / such as feel, intuition, the latest trend, /
이유 중 일부는 / 정당성이 분명히 입증된 일련의 과학적 발견에 의존하기보다는 / 관리자는 덜 신뢰할 만한 통찰력의 원천을 사용한다는 것이다 / 직감, 직관, 최신 경향 /
관계대명사
현재진행형 수동태
what a highly paid consultant might say, / or what is being done in another company. // **단서 1** 관리자는 덜 신뢰할 만한 통찰력의 원천을 사용하기도 함
고액을 받는 컨설턴트가 말할 수도 있는 것 / 또는 다른 회사에서 일어나는 것과 같은 //

Like most of us, / managers tend to rely on their own strengths and experiences / when making choices / about how to get the best from others. //
접속사가 생략되지 않은 분사구문
대부분의 우리처럼 / 관리자들은 자기 자신의 장점과 경험에 의존하는 경향이 있다 / 선택할 때 / 다른 사람들로부터 가장 좋은 것을 얻어 내는 방법을 //

But what works for one manager / may not work for another. //
그러나 한 명의 관리자에게 효과가 있는 것이 / 다른 관리자에게는 효과가 없을지도 모른다 //

In the absence of a scientific approach, / managers tend to make mistakes, / offer ill-conceived incentives, misinterpret employee behavior, / and fail to account for the many possible explanations / for why employees might perform poorly. //
병렬 구조
간접의문문
과학적 접근법이 부재하면 / 관리자들은 실수하고 / 잘못 생각해 낸 유인책을 제공하고, 직원들의 행동을 잘못 이해하고 / 많은 가능한 설명을 하는 데 실패한다 / 왜 직원들이 형편없이 일하는지에 대한 //
단서 2 과학적 접근법이 없으면 관리자들은 조직 행동에 대한 판단을 제대로 하지 못함

- organizational ⓐ 구조적인 · foster ⓥ 강화하다, 조성하다
- condition ⓝ 조건 · inspire ⓥ 영감을 주다
- cohesion ⓝ 결속력 · ethical ⓐ 윤리적인
- validate ⓥ 입증하다, 인증하다 · absence ⓝ 부재
- misinterpret ⓥ 잘못 해석하다, 오해하다
- account for 설명하다, 차지하다

조직 행동을 이해하는 데 과학의 연관성은 이 질문을 묻는 것으로 시작할 수 있다. 왜 좋은 관리자가 나쁜 결정을 내리는가? 관리자들은 직장에서 성과, 만족, 조직 응집력, 그리고 윤리적 행동과 같은 긍정적인 결과를 일으키게 하는 조건을 조성하는 데 있어 너무 자주 실수한다. 왜 이런 일이 발생하는가? 이유 중 일부는 관리자가 정당성이 분명히 입증된 일련의 과학적 발견에 의존하기보다는 직감, 직관, 최신 경향, 고액을 받는 컨설턴트가 말할 수도 있는 것, 또는 다른 회사에서 일어나는 것과 같은 덜 신뢰할 만한 통찰력의 원천을 사용한다는 것이다. 대부분의 우리처럼 관리자들은 다른 사람들로부터 가장 좋은 것을 얻어 내는 방법을 선택할 때 자기 자신의 장점과 경험에 의존하는 경향이 있다. 그러나 한 명의 관리자에게 효과가 있는 것이 다른 관리자에게는 효과가 없을지도 모른다. 과학적 접근법이 부재하면, 관리자들은 실수하고, 잘못 생각해 낸 유인책을 제공하고, 직원들의 행동을 잘못 이해하고, 왜 직원들이 형편없이 일하는지에 대한 많은 가능한 설명을 하는 데 실패한다.

다음 글의 요지로 가장 적절한 것은?
① 직원들의 성과에 대한 다양한 평가 기준이 필요하다.
직원의 성과를 평가하는 기준은 언급되지 않음
② 성공적인 관리자는 실패로부터 교훈을 이끌어 낸다.
실패로부터 교훈을 이끌어 낸다는 내용이 요지가 아님
③ 직원 간의 목표 공유가 조직을 결속하는 데 효과적이다.
조직을 결속하기 위해 직원 간 목표 공유가 효과적이라는 내용은 없음
④ 조직 문화의 혁신적 변화를 위해서는 관리자의 경험에 의한 직관이 중요하다. 관리자의 경험에 의한 직관이 혁신적 변화를 이끌어내는 것이 아니라 판단 실수로 이어질 수 있다고 했음
⑤ 조직 행동 이해에서 관리자가 과학적 접근법을 활용하지 않으면 잘못된 판단을 할 수 있다. In the absence of a scientific approach, managers tend to make mistakes ~ perform poorly.

왜 정답? [정답률 83%]

전반부	관리자는 조직 행동을 이해하고 긍정적 결과를 가져올 수 있는 판단을 내리는 데에 실수를 하곤 함
중반부 이후	• 과학적으로 접근을 하기보다는 덜 신뢰할만한 통찰력의 원천을 사용하기 때문에 각종 결정 실수를 하게 됨 단서1 • 관리자들은 과학적 접근법이 없으면 조직 행동에 대한 판단을 제대로 하지 못함 단서2

▶ 따라서 글의 요지는 '조직 행동 이해에서 관리자가 과학적 접근법을 활용하지 않으면 잘못된 판단을 할 수 있다.'는 것이므로 정답은 ⑤이다.

왜 오답?

① 성과를 평가하는 기준이 필요하다는 것이 글의 요지가 아니다.
② 관리자가 경험으로부터 결정을 내린다는 내용은 있으나, 실패로부터 교훈을 이끌어 낸다는 것이 요지는 아니다.
③ 직원 간 목표 공유에 대한 내용이 없으며, 이것이 조직 결속을 효과적으로 한다는 내용도 없다.
④ 관리자의 경험에 의한 직관이 언급되었으나, 이런 결정 방식은 판단 실수로 이어질 수 있다는 것이 글의 핵심 내용이다.

Most opposition to wilderness preservation / doesn't come from environmentalists / but from corporate interests and developers. //
not A but B: A가 아니라 B
야생 보호 구역 보존에 대한 대부분의 반대는 / 환경론자들로부터가 아니라 / 기업 관계자와 개발자들로부터 나온다 //

When wild places are designated as wilderness, / they are closed / to most commercial activities and residential or infrastructure development. //
야생의 지역이 야생 보호 구역으로 지정되면 / 그 지역은 금지된다 / 대부분의 상업 활동 및 주거 또는 기반 시설 개발이 //

There is thus frequently an economic cost / to wilderness preservation. // 따라서 흔히 경제적인 비용이 존재한다 / 야생 보호 구역 보존에는 //

Some critics claim / that when wilderness and economic interests clash, / economic interests should normally prevail. //
일부 비평가들은 주장한다 / 야생 보호 구역과 경제적 이익이 충돌할 때 / 경제적 이익이 일반적으로 우세해야 한다고 //

This argument, / even if it is sound, / won't exclude all wilderness preservation efforts, / because some wilderness areas have little economic value. //
주어 '타당한' 동사
이러한 주장은 / 비록 타당할지라도 / 모든 야생 보호 구역 보존 노력을 배제하지는 않을 것이다 / 일부 야생 보호 구역은 경제적인 가치가 거의 없기 때문에 //

But a deeper problem with the argument is / that it views nature / from a human-focused and excessively economic point of view. //
주격 보어절 접속사
그러나 이 주장의 더 심층적인 문제점은 ~이다 / 그것이 자연을 본다는 것 / 인간 중심적이고 지나치게 경제적인 관점에서 //

Allowing economic considerations to outweigh all other forms of value / is inconsistent with the biocentric reasons / that support wilderness preservation. //
동명사 주어(단수 취급) Allowing의 목적격 보어
단수 동사 주격 관계대명사
단서 1 경제적인 고려 사항이 다른 형태의 가치들을 능가하도록 두어서는 안 됨
경제적인 고려 사항이 모든 다른 형태의 가치를 능가하도록 두는 것은 / 생명 중심적인 이유들에 부합하지 않는다 / 야생 보호 구역 보존을 지지하는 //

Thus, / while it certainly makes sense / to weigh the economic costs of wilderness protection, / especially when such costs are high, /
가주어 진주어(to부정사)
따라서 / 분명히 타당하지만 / 야생 보호 구역 보호의 경제적 비용을 따져 보는 것이 / 특히 그러한 비용이 높을 때 /

the biocentric values underlying wilderness preservation / exclude viewing economic considerations / as the most important. //
복수 주어 현재분사구(values 수식)
복수 동사
단서 2 야생 보호 구역에 있어서 생명 중심적인 가치를 배제해서는 안 됨
야생 보호 구역 보존의 근본이 되는 생명 중심적인 가치는 / 경제적인 고려를 여기는 것을 배제한다 / 가장 중요한 것으로 //

- opposition ⓝ 반대 · wilderness ⓝ 황야, 황무지
- environmentalist ⓝ 환경 운동가 · corporate ⓐ 기업의
- interest ⓝ 이익 · designate ⓥ 지정하다
- residential ⓐ 거주지의 · infrastructure ⓝ 사회 기반 시설
- clash ⓥ (의견 차이 등에 의해) 충돌하다 · prevail ⓥ 만연하다
- exclude ⓥ 배제하다 · outweigh ⓥ …보다 더 크다, 능가하다
- inconsistent ⓐ 부합하지 않는 · biocentric ⓐ 생명을 중심으로 하는
- underlying ⓐ 근본적인

야생 보호 구역 보존에 대한 대부분의 반대는 환경론자들로부터가 아니라 기업 관계자와 개발자들로부터 나온다. 야생의 지역이 야생 보호 구역으로 지정되면 그 지역은 대부분의 상업 활동 및 주거 또는 기반 시설 개발이 금지된다. 따라서 야생 보호 구역 보존에는 흔히 경제적인 비용이 존재한다. 일부 비평가들은 야생 보호 구역과 경제적 이익이 충돌할 때 경제적 이익이 일반적으로 우세해야 한다고 주장한다. 이러한 주장은, 비록 타당할지라도, 일부 야생 보호 구역은 경제적인 가치가 거의 없기 때문에 모든 야생 보호 구역 보존 노력을 배제하지는 않을 것이다. 그러나 이 주장의 더 심층적인 문제점은

그것이 자연을 인간 중심적이고 지나치게 경제적인 관점에서 본다는 것이다. 경제적인 고려 사항이 모든 다른 형태의 가치를 능가하도록 두는 것은 야생 보호 구역 보존을 지지하는 생명 중심적인 이유들에 부합하지 않는다. 따라서 특히 그러한 비용이 높을 때 야생 보호 구역 보호의 경제적 비용을 따져 보는 것이 분명히 타당하지만, 야생 보호 구역 보존의 근본이 되는 생명 중심적인 가치는 경제적인 고려를 가장 중요한 것으로 여기는 것을 배제한다.

다음 글의 요지로 가장 적절한 것은?

① 야생 보호 구역 보존의 생명 중심적 가치는 경제적 고려에 우선한다.
   the biocentric values ~ as the most important
② 자연과의 공존을 고려한 상업 활동이 기업에 경제적 이익을 가져다준다.
   공존과 관련 없음
③ 야생 보호에 있어 우선적으로 고려하는 가치는 문화에 따라 다양하다.
   문화에 따라 다르다는 내용은 없음
④ 야생 보호는 경제적 가치와 상관없이 모든 생물에 똑같이 적용된다.
   관련 없음
⑤ 야생의 보호와 회복을 위한 비용 부담은 공동체 모두의 몫이다.
   책임 소재에 대해 이야기 하는 글이 아님

왜 정답? [정답률 70%]

- 경제적인 고려 사항이 모든 다른 형태의 가치를 능가하도록 두는 것은 야생 보호 구역 보존을 지지하는 생명 중심적인 이유들에 부합하지 않는다. 단서 1
- 야생 보호 구역 보존의 근본이 되는 생명 중심적인 가치는 경제적인 고려를 가장 중요한 것으로 여기는 것을 배제한다. 단서 2

➡ 일부 비평가들은 야생 보호 구역과 경제적 이익이 충돌할 때 경제적 이익이 일반적으로 우세해야 한다고 주장하지만, 이는 야생 보호 구역 보존을 지지하는 생명 중심적인 이유들에 부합하지 않는다고 주장하고 있다.

▶ 따라서 정답은 ①이다.

왜 오답?

② 경제적 이익이 자연과의 공존으로 이뤄질 수 있다는 내용의 글이 아니다.
③ 경제적 고려를 최우선시하는 집단에 대한 언급이 있을 뿐이다.
④ 생물들 간에 차이를 두지 않고 동일하게 보호하자는 것이 글의 요지는 아니다.
⑤ 야생 보호와 회복을 위해서 공동체가 비용을 부담하자는 내용은 언급되지 않았다.

자이 쌤's Follow Me! –홈페이지에서 제공

E 14 정답 ④ ＊면밀한 계획의 중요성

Contractors / that will construct a project / may place more
주어   동사
weight / on the planning process. //
도급업자들은 / 주택 단지를 건설하려는 / 더 많은 비중을 둘 수 있다 / 계획 과정에 //

Proper planning / forces detailed thinking / about the project. //
적절한 계획은 / 면밀한 사고를 하게 한다 / 그 건설 사업에 대해 //

It allows the project manager (or team) / to "build" the project /
주어   목적어
in his or her head." //
                     목적격 보어
그것은 건설 사업 책임자(또는 팀)가 ~하게 한다 / '그 주택 단지를 지어 보게 / 자기 머릿속에' //

The project manager (or team) can consider / different
methodologies / thereby deciding / what works best / or what
                        deciding의 목적어절의 병렬 구조
does not work at all. //
그 건설 사업 책임자(또는 팀)는 고려하고 / 여러 다른 방법론을 / 그에 의해 결정할 수 있다 /
어떤 것이 가장 잘 작동되는지 / 또는 어떤 것이 전혀 작동되지 않는지를 //

This detailed thinking / may be the only way / to discover
restrictions or risks / that were not addressed / in the estimating
process. // 단서 1 면밀한 사고를 통한 적절한 계획은 추정으로는
발견할 수 없는 제약이나 위험을 발견하는 유일한 방법임
이런 면밀한 사고는 / 유일한 방법일 수 있다 / 제약이나 위험을 발견하는 / 다뤄지지 못했던
/ 추정 과정에서 //
              비교급
It would be far better to discover / in the planning phase / that
가주어   강조 부사   진주어
a particular technology or material will not work / than in the
execution process. // 단서 2 실행 과정보다는 계획 단계에서 제약이나
위험을 발견하는 것이 훨씬 더 나음
발견하는 것이 훨씬 더 나을 것이다 / 계획 단계에서 / 특정 기술이나 재료가 작동되지 않으리
라는 것을 / 실행 과정에서보다는 //
         주어
The goal of the planning process / for the contractor / is to
                                                       동사
produce a workable scheme / that uses the resources efficiently
주격 보어
/ within the allowable time and given budget. //
계획 과정의 목표는 / 도급업자에게 / 실행 가능한 계획을 만들어 내는 것이다 / 자원을 효율적
으로 사용하는 / 허용되는 시간과 주어진 예산 내에서 //

A well-developed plan does not guarantee / that the executing
                                does not guarantee의 목적어절 접속사의 병렬 구조
process will proceed flawlessly / or that the project will even
succeed / in meeting its objectives. //
잘 만들어진 계획이 보장하지는 않는다 / 실행 과정이 흠 없이 진행될 것이라거나 / 심지어 그
건설 사업이 성공할 것임을 / 그 목표를 달성하는 데 // 단서 3 잘 만들어진 계획은 목표 달성
가능성을 크게 높임
It does, however, greatly improve / its chances. //
하지만 그것은 정말로 크게 높인다 / 그 가능성을 //

- contractor ⓝ 계약자, 도급업자   · construct ⓥ 건설하다
- project ⓝ 주택 계획, 주택 단지   · weight ⓝ 중요성, 무게
- process ⓝ 과정, 절차   · proper ⓐ 적절한
- force ⓥ 강요하다, ~하게 하다   · detailed ⓐ 상세한, 면밀한
- allow ⓥ 허락하다, 가능하게 하다   · methodology ⓝ 방법론
- thereby ⓐd 그렇게 함으로써   · discover ⓥ 발견하다
- restriction ⓝ 제약, 제한   · risk ⓝ 위험 (요소)
- address ⓥ (어려운 문제 등을) 다루다   · estimate ⓥ 추정하다
- far ⓐd 훨씬   · phase ⓝ 단계, 국면   · particular ⓐ 특정한
- material ⓝ 재료   · execution ⓝ 실행, 수행   · goal ⓝ 목표
- workable ⓐ 실행 가능한   · scheme ⓝ 계획   · resource ⓝ 자원
- efficiently ⓐd 능률적으로   · allowable ⓐ 허용되는
- given ⓐ (이미) 정해진, 주어진   · budget ⓝ 예산
- guarantee ⓥ 보장하다   · proceed ⓥ 진행하다
- flawlessly ⓐd 흠 없이   · meet ⓥ 충족시키다   · objective ⓝ 목표
- improve ⓥ 개선하다   · chance ⓝ 가능성

주택 단지를 건설하려는 도급업자들은 계획 과정에 더 많은 비중을 둘 수 있다. 적절한 계획은 그 건설 사업에 대해 면밀한 사고를 하게 한다. 그것은 건설 사업 책임자(또는 팀)가 '그 주택 단지를 자기 머릿속에 지어 보게' 한다. 그 건설 사업 책임자(또는 팀)는 여러 다른 방법론을 고려함으로써 어떤 것이 가장 잘 작동되는지 또는 어떤 것이 전혀 작동되지 않는지를 결정할 수 있다. 이런 면밀한 사고는 추정 과정에서 다뤄지지 못했던 제약이나 위험을 발견하는 유일한 방법일 수 있다. 실행 과정보다는 계획 단계에서 특정 기술이나 재료가 작동되지 않으리라는 것을 발견하는 것이 훨씬 더 나을 것이다. 도급업자에게 계획 과정의 목표는 허용되는 시간과 주어진 예산 내에서 자원을 효율적으로 사용하는 실행 가능한 계획을 만들어 내는 것이다. 잘 만들어진 계획이, 실행 과정이 흠 없이 진행될 것이라거나 심지어 그 건설 사업이 그 목표를 달성하는 데 성공할 것이라고 보장하지는 않는다. 하지만 그것은 정말로 그 가능성을 크게 높인다.

다음 글의 요지로 가장 적절한 것은?

① 계획 수립 절차를 간소화하면 일의 진행 속도가 빨라진다.
   계획을 면밀히 세우라는 내용임
② 안정적인 예산 확보는 일의 원활한 진행을 위해 필수적이다.
   given budget으로 만든 오답
③ 사업 계획은 급변하는 상황에 따라 유연하게 변경될 수 있다.
   상황에 따라 계획을 변경하라는 것이 아님
④ 면밀한 계획 수립은 일의 효율성을 증대시키고 성공 가능성을 높인다.
   면밀한 계획 수립의 이점을 설명함
⑤ 대규모 사업에서는 지속적인 성장을 목표로 하는 세부 계획이 중요하다.
   지속적인 성장을 목표로 삼아야 한다는 것이 아님

왜 정답? [정답률 94%]

면밀한 사고를 통해 적절한 계획을 세우면 추정을 통해서는 발견되지 않는 제약이나 위험을 발견할 수 있는데, 이러한 제약이나 오류를 실행 과정보다는 계획 단계에서 발견하는 것이 훨씬 더 효율적이라고 했다. 마지막 두 문장에서는 잘 만들어진 면밀한 계획이 목표 달성 성공을 보장하지는 않지만 성공 가능성을 크게 높인다고 했으므로 정답은 ④이다.

왜 오답?

① 계획 과정에 더 많은 비중을 두고 면밀한 사고를 통해 적절한 계획을 세우라는 내용이다.
② 계획 과정의 목표를 설명하면서 given budget이 언급된 것으로 만든 오답이다. 예산 확보가 아니라 면밀한 계획의 수립이 필수적이라는 내용이다. 함정
③ 상황에 따라 계획을 변경하는 유연성이 중요하다는 내용이 아니다.
⑤ 지속적인 성장을 목표로 세부적인 계획을 세우라는 것이 아니라, 면밀한 목표를 세움으로써 목표 달성에 성공할 수 있다는 내용이다.

Historically, / the professions and society have engaged / in
a negotiating process / intended to define / the terms of their
relationship. //
　　　　선행사(주격 관계대명사와 be동사는 생략됨)
역사적으로 / 전문직과 사회는 참여해 왔다 / 협상 과정에 / 규정하고자 의도된 / 그들의 관계
의 조건을 //　　장소의 부사구가 문두로 오면서 주어와 동사가 도치됨

At the heart of this process / is the tension / between the
professions' pursuit of autonomy / and the public's demand for
accountability. //
이 과정의 핵심에는 / 긴장이 있다 / 전문직의 자율성 추구와 / 책임에 대한 공공의 요구 사이
의 //granting의　　　　　　　　**단서 1** 전문직에 권한과 특권을 부여한 것은
　　　의미상 주어 동사명 주어　　　　　　그들의 사회적 책임 완수를 전제로 함

Society's granting of power and privilege / to the professions /
is premised / on their willingness and ability /
　동사
사회가 권한과 특권을 부여한 것은 / 전문직에 / 전제로 한다 / 그들의 자발성과 능력을 /
　형용사적 용법(willingness and ability 수식)
to contribute to social well-being / and to conduct their affairs /
in a manner / consistent with broader social values. //
사회 복지에 기여하고 / 그들의 일을 수행하는 / 방식으로 / 더 넓은 사회적 가치와 일치하는 //
　　　　　　　　진주어절 접속사
It has long been recognized / that the expertise and privileged
가주어
position / of professionals / confer authority and power /
　　　　　　　　　　　　　　　　선행사
～이 오랫동안 인식되어 왔다 / 전문지식과 특권적 지위는 / 전문직의 / 권위와 권한을 준다
는 것이 /

that could readily be used / to advance their own interests / at
주격 관계대명사
the expense of those / they serve. //
쉽게 이용될 수 있는 / 그들 자신의 이익을 향상하기 위해 / 사람들을 희생시키고서 / 그들이
봉사하는 //

As Edmund Burke observed / two centuries ago, / "Men
are qualified / for civil liberty / in exact proportion / to their
disposition / to put moral chains / upon their own appetites." //
　　　　　형용사적 용법(disposition 수식)
Edmund Burke가 말했듯이 / 두 세기 전에 / "인간은 자격이 부여된다 / 시민적 자유를 누
릴 / 정확히 비례해서 / 그들의 성향에 / 도덕적 사슬을 채우는 / 자신의 욕구에" //

Autonomy has never been a one-way street / and is never
granted / absolutely and irreversibly. // **단서 2** 자율성은 대가 없이 주어지기만
　　　　　　　　　　　　　　　　　　　하는 것이 아님
자율성은 일방통행로였던 적이 없었으며 / 결코 주어지지 않는다 / 절대적이고 뒤집을 수 없게 //

- profession ⓝ 전문직　　　　• engage in ～에 관예[참여]하다
- negotiate ⓥ 협상하다　　　• intend ⓥ 의도하다　　　• define ⓥ 규정하다
- terms ⓝ (합의 · 계약 등의) 조건　　• tension ⓝ 긴장
- pursuit ⓝ 추구　　　• demand ⓝ 요구
- accountability ⓝ 책임, 의무　　　• grant ⓥ 부여하다, 승인하다
- willingness ⓝ 기꺼이 하는 마음　　　• contribute ⓥ 기여하다
- conduct ⓥ 수행하다　　　• affair ⓝ 일, 문제
- consistent ⓐ 일치하는, 일관된　　　• broad ⓐ 폭넓은, 넓은
- expertise ⓝ 전문 지식　　　• confer ⓥ 부여[수여]하다
- authority ⓝ 권한, 권위　　　• readily ⓐⓓ 손쉽게
- at the expense of ～을 희생하면서　　　• observe ⓥ 말하다, 관찰하다
- qualify ⓥ 자격을 주다　　　• civil ⓐ 시민의　　　• liberty ⓝ 자유
- proportion ⓝ 비율　　　• disposition ⓝ 성향, 기질
- moral ⓐ 도덕적인　　　• appetite ⓝ 욕구, 식욕
- irreversibly ⓐⓓ 돌이킬 수 없게

역사적으로 전문직과 사회는 그들의 관계의 조건을 규정하고자 의도된 협상 과
정에 참여해 왔다. 이 과정의 핵심에는 전문직의 자율성 추구와 책임에 대한 공
공의 요구 사이의 긴장이 있다. 사회가 전문직에 권한과 특권을 부여한 것은 사
회 복지에 기여하고 더 넓은 사회적 가치와 일치하는 방식으로 그들의 일을 수
행하는 그들의 자발성과 능력을 전제로 한다. 전문직의 전문지식과 특권적 지
위는 그들이 봉사하는 사람들을 희생시키고서 그들 자신의 이익을 향상하기 위
해 쉽게 이용될 수 있는 권위와 권한을 준다는 것이 오랫동안 인식되어 왔다.
Edmund Burke가 두 세기 전에 말했듯이, "인간은 자신의 욕구를 도덕적으
로 구속하는 그들의 성향에 정확히 비례해서 시민적 자유를 누릴 자격이 부여된
다." 자율성은 일방통행로였던 적이 없었으며 결코 절대적이고 뒤집을 수 없게
주어지지 않는다.

다음 글의 요지로 가장 적절한 것은?

① 전문직에 부여되는 자율성은 그에 상응하는 사회적 책임을 수반한다.
　　　　　　　　　　　　　　　　　　자율성은 그냥 주어지는 것이 아님
② 전문직의 권위는 해당 집단의 이익을 추구하는 데 이용되어 왔다.
　　　　　　　　　　　　　글의 내용 중 일부로 만든 오답
③ 전문직의 사회적 책임을 규정할 수 있는 제도 정비가 필요하다.
　　　　　　　　　　　　　　　제도 정비의 필요성은 언급되지 않음
④ 전문직이 되기 위한 자격 요건은 사회 경제적 요구에 따라 변화해 왔다.
　　　　　　　　　　　　　　　전문직의 자격 요건 변화에 대한 글이 아님
⑤ 전문직의 업무 성과는 일정 수준의 자율성과 특권이 부여될 때 높아진다.
　　　　　　　　　　　전문직에 주어지는 자율성에는 전제가 있다는 것이 핵심임

＞왜 정답?　[정답률 85%]

전문직의 자율성 추구와 전문직의 책임에 대한 공공의 요구 사이의 긴장이 전문직
과 사회의 협상 과정의 핵심이라고 한 이후에, 사회가 전문직에 권한과 특권을 부
여한 것은 그들이 사회 복지에 기여하고 더 넓은 사회적 가치와 일치하는 방식으로
일할 것을 전제로 한다고 했다. 즉, 전문직에 부여되는 자율성은 그들이 사회적 책
임을 다하는 것을 수반한다는 의미로, ①이 글의 요지이다.

＞왜 오답?

② 전문직의 전문지식과 특권적 지위가 그들 자신의 이익을 향상하기 위해 쉽게 이
　용될 수 있는 권위와 권한을 준다는 것이 오랫동안 인식되어 왔다는 문장이 있
　긴 하지만, 이는 전문직의 자율성에는 사회적 책임이 따른다는 것을 주장하는
　글의 일부로서 제시된 것일 뿐이다.
③ 자율성이 부여된 전문직은 사회적 책임을 다해야 한다는 내용인 것은 맞지만,
　그를 위해 제도를 정비해야 한다는 것은 아니다. 함정
④ 전문직이 되기 위한 자격 요건이 변화한다는 언급은 없다.
⑤ 업무 성과 향상을 위해 전문직에 자율성과 특권을 부여해야 한다는 등의 내용이
　아니다.

E 16 정답 ① ＊사회적 대응이 필요한 유해 환경 요인

Environmental hazards include / biological, physical, and
chemical ones, / along with the human behaviors / that promote
or allow exposure. //
　= environmental hazards　　　　선행사　　　　주격 관계대명사
환경 위험 요인은 포함한다 / 생물학적, 물리적, 화학적 위험 요인을 / 인간의 행동과 함께 / 노
출을 조장하거나 허용하는 **단서 1** 피하기 어려운 환경적 위험 요인이 있음　부사적 용법(difficult 수식)
Some environmental contaminants are difficult / to avoid /
일부 환경오염 물질은 어렵다 / 피하기가 /

(the breathing / of polluted air, / the drinking / of chemically
contaminated public drinking water, / noise / in open public
spaces); /
(호흡 / 오염된 공기의 / 음용 / 화학적으로 오염된 공공 식수의 / 소음 / 개방된 공공장소에
서의) /
　　　　　　단서 2 이러한 환경적 위험 요인은 개인이 피하기 어려움
in these circumstances, / exposure is largely involuntary. //
이러한 상황에서 / 노출은 대개 자기도 모르게 이루어진다 //

Reduction or elimination of these factors / may require societal
action, / such as public awareness and public health measures. //
이러한 요인의 감소 또는 제거는 / 사회적 조치를 필요로 할 수도 있다 / 대중의 인식 및 공중
보건 조치와 같은 //　　**단서 3** 이러한 요인에 대해서 사회적 조치가 필요함
　　　　　　　주어　　　　　동격절 접속사
In many countries, / the fact / that some environmental hazards
are difficult / to avoid / at the individual level / is felt to be more
　　　　　　　　부사적 용법(difficult 수식)　　　주격 관계대명사
morally egregious / than those hazards / that can be avoided. //
많은 국가에서 / 사실은 / 일부 환경적 위험 요인이 어렵다 / 피하기 / 개인 수준에서 / 도덕
적으로 더 나쁘다고 느껴진다 / 그러한 위험 요인보다도 / 피해질 수 있는 //

Having no choice but to drink water / contaminated with very
　　　　　　or로 연결된 동명사구 주어
high levels of arsenic, / or being forced / to passively breathe in
tobacco smoke / in restaurants, /
어쩔 수 없이 물을 마실 수밖에 없는 것은 / 매우 높은 수준의 비소로 오염된 / 또는 강요당하
는 것은 / 담배 연기를 수동적으로 들이마시도록 / 식당에서 /
　단수 동사
outrages people more / than the personal choice / of whether an
　　　　　　　　　　　　　　　　　　　　　　of의 목적어절을 이끄는 명사절 접속사
individual smokes tobacco. //
더 사람들을 화나게 한다 / 개인적 선택보다 / 개인이 담배를 피울지에 대한 //

These factors are important / when one considers / how change
(risk reduction) happens. //
이러한 요인들은 중요하다 / 사람이 고려할 때 / 변화(위험 감소)가 어떻게 일어나는지를 //

- hazard ⓝ 위험 (요인)　　· biological ⓐ 생물학적인
- physical ⓐ 물리적인　　· chemical ⓐ 화학적인
- promote ⓥ 조장[촉진]하다　　· exposure ⓝ (유해한 환경 등에의) 노출[접함]
- contaminant ⓝ 오염 물질　　· breathing ⓝ 호흡
- polluted ⓐ 오염된, 더럽혀진　　· chemically ⓐⓓ 화학적으로
- circumstance ⓝ 상황, 환경　　· involuntary ⓐ 자기도 모르게 하는
- reduction ⓝ 감소　　· elimination ⓝ 제거　　· societal ⓐ 사회의
- public ⓐ 대중의, 공공의　　· awareness ⓝ (중요성에 대한) 의식, 인식
- measure ⓝ 조치, 정책　　· morally ⓐⓓ 도덕적으로
- arsenic ⓝ ((화학)) 비소(砒素)　　· passively ⓐⓓ 수동적으로
- outrage ⓥ 격분[격노]하게 만들다

환경 위험 요인에는 노출을 조장하거나 허용하는 인간의 행동과 함께 생물학적, 물리적, 화학적 위험 요인이 포함된다. (오염된 공기의 호흡, 화학적으로 오염된 공공 식수의 음용, 개방된 공공장소에서의 소음처럼) 일부 환경오염 물질은 피하기가 어렵고, 이러한 상황에서 노출은 대개 자기도 모르게 이루어진다. 이러한 요인의 감소 또는 제거에는 대중의 인식 및 공중보건 조치와 같은 사회적 조치가 필요할 수도 있다. 많은 국가에서, 일부 환경적 위험 요인이 개인 수준에서 피하기 어렵다는 사실은 피할 수 있는 그 위험 요인보다도 도덕적으로 더 나쁘다고 느껴진다. 어쩔 수 없이 매우 높은 수준의 비소로 오염된 물을 마실 수밖에 없는 것이나, 식당에서 담배 연기를 수동적으로 들이마시도록 강요당하는 것은 개인이 담배를 피울지에 대한 개인적인 선택보다 더 사람들을 화나게 한다. 이러한 요인들은 변화(위험 감소)가 어떻게 일어나는지를 고려할 때 중요하다.

다음 글의 요지로 가장 적절한 것은?
① 개인이 피하기 어려운 유해 환경 요인에 대해서는 사회적 대응이 필요하다.
　Reduction or elimination of these factors may require societal action
② 환경오염으로 인한 피해자들에게 적절한 보상을 하는 것이 바람직하다.
　보상에 대한 언급은 없음
③ 다수의 건강을 해치는 행위에 대해 도덕적 비난 이상의 조치가 요구된다.
　more morally egregious로 만든 오답
④ 환경오염 문제를 해결하기 위해서는 사후 대응보다 예방이 중요하다.
　환경적 위험 요인을 예방하려는 것이 아님
⑤ 대기오염 문제는 인접 국가들과의 긴밀한 협력을 통해 해결할 수 있다.
　In many countries로 만든 오답

왜 정답? [정답률 84%]
일부 환경오염 물질에 대한 노출은 자기도 모르게 이루어지기 때문에 피하기가 어렵다면서 개인 수준에서 피하기 어려운 이러한 환경적 위험 물질을 감소시키거나 제거하는 데는 사회적 조치가 필요하다는 내용이므로 정답은 ①이다.

왜 오답?
② 오염된 공기의 호흡이나 화학적으로 오염된 공공 식수의 음용으로부터 피해를 입은 사람들에게 적절한 보상을 해야 한다는 것이 아니다.
③ 개인 수준에서 피하기 어려운 환경적 위험 요인에 대해서는 사회적인 조치가 필요하다는 내용으로, 다수의 건강을 해치는 행위에 사회적 조치를 해야 한다는 것이 아니다. 주의
④ 환경오염 문제에 있어서의 사후 대응과 예방을 대조하여 설명하는 글이 아니다.
⑤ 많은 국가에서 사람들이 일부 환경적 위험 요인은 개인 수준에서 피하기 어렵다는 사실을 피할 수 있는 위험 요인보다 도덕적으로 더 나쁘게 느낀다는 문장에서 언급된 many countries로 만든 오답이다. 국가 간 긴밀한 협력에 대한 언급은 없다.

E 17 정답 ⑤　＊조세 입법에서 도덕적 목표 설정의 중요성

Historically, / drafters of tax legislation are attentive / to questions of economics and history, / and less attentive / to moral questions. //
역사적으로 / 조세 입법 입안자들은 주의를 기울이고 / 경제학과 역사 문제에 / 주의를 덜 기울인다 / 도덕적 질문에는 //

Questions of morality are often pushed to the side / in legislative debate, / labeled / too controversial, / too difficult to answer, / or, worst of all, / irrelevant to the project. //
부사적 용법(too difficult 수식)
도덕성에 관한 질문은 종종 옆으로 밀려나면서 / 입법 토론에서 / 분류된다 / 너무 논란이 많거나 / 답변하기 너무 어렵거나 / 아니면 최악의 경우 / 계획과 무관한 것으로 //

But, in fact, / the moral questions of taxation / are at the very heart / of the creation of tax laws. //
주어　　동사　　〈장소〉의 부사구
단서 1 조세의 도덕적 문제는 세법을 만드는 것의 핵심에 있음
하지만 사실 / 조세의 도덕적 문제는 / 핵심에 있다 / 세법의 창조의 //

Rather than irrelevant, / moral questions are fundamental / to the imposition of tax. //
단서 2 도덕적 질문은 세금 부과에 근본적임
무관한 것이 아니라 / 도덕적 질문은 근본적이다 / 세금 부과에 //

Tax is the application / of a society's theories / of distributive justice. //
〈소유·소속〉을 나타냄　　〈주제·관련〉을 나타냄
세금은 적용이다 / 사회의 이론의 / 분배 정의에 대한 //

Economics can go a long way / towards helping a legislature determine /
유용하다　　helping의 목적어와 목적격 보어
경제학은 큰 도움이 될 수 있지만 / 입법부가 결정하는 것을 돕는 것에 /

whether or not a particular tax law will help / achieve a particular goal, / but economics cannot, in a vacuum, identify the goal. //
원형부정사 determine의 목적어절 접속사　　will help의 목적어로 쓰인 원형부정사
외부와 단절되어
특정 세법이 도움이 될지 아닐지를 / 특정 목표를 달성하는 데 / 경제학만으로는 목표를 규명할 수 없다 //

단서 3 조세 정책의 수립은 도덕적 목표의 규명을 요구함
Creating tax policy requires / identifying a moral goal, / which is a task / that must involve / ethics and moral analysis. //
조세 정책을 만드는 것은 요구하는데 / 도덕적 목표를 규명하는 것을 / 그것은 과업이다 / 수반해야 하는 / 윤리학과 도덕적 분석을 //

- drafter ⓝ (계획·문서 등의) 입안자
- attentive ⓐ 주의를 기울이는, 신경을 쓰는　　· moral ⓐ 도덕상의, 도의적인
- morality ⓝ 도덕(성)　　· legislative ⓐ 입법의, 입법부의
- debate ⓝ 토론, 논쟁　　· controversial ⓐ 논란이 많은
- irrelevant ⓐ 무관심한, 상관없는　　· taxation ⓝ 조세, 과세 제도
- fundamental ⓐ 근본적인, 핵심적인　　· application ⓝ 적용, 응용, 신청(서)
- distributive ⓐ 분배의, 유통의　　· justice ⓝ 정의, 공정성
- legislature ⓝ 입법 기관, 입법부　　· identify ⓥ 확인하다, 발견하다
- policy ⓝ 정책, 방침　　· ethics ⓝ 윤리학　　· analysis ⓝ 분석

역사적으로, 조세 입법 입안자들은 경제학과 역사 문제에 주의를 기울이고 도덕적 질문에는 주의를 덜 기울인다. 도덕성에 관한 질문은 종종 입법 토론에서 옆으로 밀려나면서, 너무 논란이 많거나, 답변하기 너무 어렵거나, 아니면 최악의 경우, 계획과 무관한 것으로 분류된다. 하지만, 사실, 조세의 도덕적 문제는 세법을 만드는 핵심에 있다. 무관한 것이 아니라, 도덕적 질문은 세금 부과에 근본적이다. 세금은 사회의 분배 정의 이론을 적용한 것이다. 경제학은 입법부가 특정 세법이 특정 목표를 달성하는 데 도움이 될지를 결정하는 것을 돕는 것에 큰 도움이 될 수 있지만, 경제학만으로는 목표를 규명할 수 없다. 조세 정책을 만드는 것은 도덕적 목표를 규명하는 것을 요구하는데, 그것은 윤리학과 도덕적 분석을 수반해야 하는 과업이다.

다음 글의 요지로 가장 적절한 것은?
① 분배 정의를 실현하려면 시민 단체의 역할이 필요하다.
　시민 단체의 역할은 언급되지 않음
② 사회적 합의는 민주적인 정책 수립의 선행 조건이다.
　'세법'에 대한 글임
③ 성실한 납세는 안정적인 정부 예산 확보의 기반이 된다.
　성실한 납세의 중요성에 대한 내용이 아님
④ 경제학은 세법을 개정할 때 이론적 근거를 제공한다.
　경제학의 역할을 강조하는 글이 아님
⑤ 세법을 만들 때 도덕적 목표를 설정하는 것이 중요하다.
　Creating tax policy requires identifying a moral goal

왜 정답? [정답률 92%]
조세 입법 입안자들이 경제학과 역사 문제에는 주의를 기울이지만 도덕적 질문에는 주의를 덜 기울인다면서, 사실 조세의 도덕적 문제가 세법을 만드는 것의 핵심에 있다고 했다.
또한 도덕적 질문은 세금 부과에 근본적이며, 조세 정책을 만드는 것은 도덕적 목표를 규명하는 것을 요구한다고 했으므로 정답은 ⑤이다.

왜 오답?
① a society's theories of distributive justice가 언급된 것으로 만든 오답이다. 시민 단체의 역할에 대해서는 언급되지 않았다.
② 일반적인 정책 수립에 대한 내용이 아니라, 조세 정책이라는 특정 정책에 대해 이야기하는 글이다.

③ 안정적인 정부 예산의 확보를 위해 성실히 납세해야 한다는 등의 내용이
아니다.
④ 조세 입법에 있어 경제학이 어떤 면에서는 큰 도움을 줄 수 있다는 언급으로
만든 오답이다. 해당 문장에서는 경제학만으로는 목표를 규명할 수 없다는
설명이 핵심이다. 주의

E 18 정답 ① ＊수동적 방관자에서 능동적 참여자로

Often overlooked, / but just as important a stakeholder, / is the
consumer / who plays a large role / in the notion of the privacy
paradox. //
　　　　　　　　　　　　　　　　　동격의 전치사
흔히 간과되지만 / 못지않게 중요한 이해관계자는 / 소비자이다 / 큰 역할을 하는 / 개인정보
역설이라는 개념에서
　　　　　　복수 주어
Consumer engagement levels / in all manner of digital
experiences and communities / have simply exploded / — and
they show little or no signs of slowing. //
소비자의 참여 수준은 / 모든 방식의 디지털 경험과 공동체에서 / 그야말로 폭발적으로 증가해
왔으며 / 둔화될 기미가 거의 또는 전혀 보이지 않는다 //
There is an awareness / among consumers, / not only that their
personal data helps / to drive the rich experiences / that these
companies provide, /
인식이 있다 / 소비자들 사이에서는 / 자신들의 개인정보가 도움이 된다는 것뿐만 아니라 /
풍부한 경험을 추진하는 데 / 이러한 회사들이 제공하는 /
but also that sharing this data is the price / you pay for these
experiences, / in whole or in part. //
이 정보를 공유하는 것이 대가이기도 하다 / 여러분이 이러한 경험에 대해 지불하는 /
전체로든 부분으로든 //
Without a better understanding / of the what, when, and why
of data collection and use, / the consumer is often left / feeling
vulnerable and conflicted. //
더 훌륭한 이해가 없다면 / 정보 수집 및 이용의 내용, 시기, 그리고 이유에 대한 / 소비자는
흔히 남겨진다 / 취약하고 갈등을 겪는다고 느끼도록 //
"I love this restaurant-finder app on my phone, / but what
happens to my data / if I press 'ok' / when asked / if that app
can use my current location?" //
'나는 내 전화기에 있는 이 식당 검색 앱이 마음에 드는데 / 내 정보에 무슨 일이 생기는 걸까 /
내가 'ok'를 누르면 / 질문받을 때 / 그 앱이 내 현재 위치를 이용할 수 있느냐고' //
Armed with tools / that can provide them options, / the consumer
moves / from passive bystander to active participant. //
도구로 무장하여 / 그들에게 선택권을 제공할 수 있는 / 소비자는 이동한다 / 수동적
방관자에서 능동적 참여자로 //

- notion ⓝ 개념, 생각　　　• privacy ⓝ 사생활, 비밀　　　• paradox ⓝ 역설
- engagement ⓝ 참여　　　• manner ⓝ 방식, 태도
- explode ⓥ 폭발하다　　　• awareness ⓝ (중요성에 대한) 의식[관심]
- rich ⓐ 풍부한　　　• conflicted ⓐ 갈등을 겪는　　　• current ⓐ 현재의
- armed ⓐ 무장한　　　• passive ⓐ 수동적인, 소극적인
- bystander ⓝ 구경꾼, 행인

흔히 간과되지만 못지않게 중요한 이해관계자는 개인정보 역설이라는 개념에서
큰 역할을 하는 소비자이다. 모든 방식의 디지털 경험과 공동체에서 소비자의
참여 수준은 그야말로 폭발적으로 증가해 왔으며, 둔화될 기미가 거의 또는
전혀 보이지 않는다. 소비자들 사이에서는 이러한 회사들이 제공하는 풍부한
경험을 추진하는 데 자신들의 개인정보가 도움이 된다는 것뿐만 아니라,
이 정보를 공유하는 것이 전체로든 부분으로든, 이러한 경험에 대해 지불하는
대가이기도 하다는 인식이 있다. 정보 수집 및 이용의 내용과 시기, 이유에
대해 더 잘 이해하지 못할 경우, 소비자는 흔히 취약하고 갈등을 겪는다는
느낌을 받게 된다. '내 전화기에 있는 이 식당 검색 앱이 마음에 드는데,
그 앱이 내 현재 위치를 이용할 수 있느냐고 물을 때 'ok'를 누르면 내 정보에
무슨 일이 생기는 걸까?' 그들에게 선택권을 제공할 수 있는 도구로 무장한
소비자는 수동적 방관자에서 능동적 참여자로 이동한다.

다음 글의 요지로 가장 적절한 것은?

① 개인정보 제공의 속성을 심층적으로 이해하면 주체적 소비자가 된다.
　　　　　　　　　　　　　　　　　이해를 못하면 취약하다는 느낌을 받게 됨
② 소비자는 디지털 시대에 유용한 앱을 적극 활용하는 자세가 필요하다.
③ 현명한 소비자가 되려면 다양한 디지털 데이터를 활용해야 한다.
　　　　　　　　　　　　　　　　　개인정보에 대한 글임
④ 기업의 디지털 서비스를 이용하면 상응하는 대가가 뒤따른다.
　　　　　　　　　　　　the price you pay for these experiences로 만든 오답
⑤ 타인과의 정보 공유로 인해 개인정보가 유출되기도 한다.
　　　　　　　　　　　개인정보 유출을 우려하는 것이 아님

＞왜 정답? ［정답률 62%］

개인정보의 수집 및 이용의 내용, 시기, 이유에 대해 더 잘 이해하지 못하면
소비자는 취약하고 갈등을 겪는다는 느낌을 받게 된다고 했다.
반대로 개인정보 수집의 속성을 더 잘 이해하고, 개인정보 제공 여부에 대한
선택권을 가짐으로써 소비자는 능동적 참여자가 될 수 있다고 했으므로 정답은
①이다.

＞왜 오답?

②, ③ 현명한 소비자는 개인정보 제공의 속성을 잘 이해하고 자신에게 선택권을
　　　제공하는 도구로 무장함으로써 수동적 방관자에서 능동적 참여자로
　　　이동한다는 것이 핵심이다.
④ 우리의 개인정보는 회사에서 제공하는 경험에 대해 우리가 지불하는 주의
　　대가이기도 하다는 것을 소비자들이 인식하고 있다는 언급으로 만든 오답이다.
⑤ '개인정보'에 관한 내용인 것은 맞지만, 어떻게 해서 개인정보가 유출되는지를
　　설명한 것은 아니다.

E 19 정답 ① ＊효율적인 배송 수단으로서의 자전거

Urban delivery vehicles can be adapted / to better suit / the
density of urban distribution, / which often involves / smaller
vehicles such as vans, / including bicycles. //
　　　　　　　　　　　계속적 용법의 주격 관계대명사
도시의 배달 운송 수단은 개조될 수 있는데 / 더 잘 맞도록 / 도시 배치의 밀집 상태에 /
그것은 자주 포함한다 / 밴과 같은 더 작은 운송 수단을 / 자전거를 포함하여 //
The latter have the potential / to become a preferred 'last-mile'
vehicle, / particularly in high-density and congested areas. //
후자는 / 잠재력이 있다 / 선호되는 '최종 단계' 운송 수단이 될 / 특히 밀도가 높고 혼잡한
지역에서 //
In locations / where bicycle use is high, / such as the Netherlands,
　　　선행사　　관계부사
/ delivery bicycles are also used / to carry personal cargo (e.g.
groceries). //
지역에서 / 자전거 사용이 많은 / 네덜란드와 같이 / 배달 자전거는 또한 사용된다 / 개인 짐을
운반하기 위해 (예를 들어 식료품) //
Due to their low acquisition and maintenance costs, / cargo
　전치사　　　　　　　　　　　　명사구
bicycles convey much potential /
그것의 낮은 매입과 유지 비용 때문에 / 짐 자전거는 많은 잠재력을 전달한다 /
in developed and developing countries alike, / such as the becak
(a three-wheeled bicycle) in Indonesia. //
선진국과 개발도상국에서 똑같이 / 인도네시아의 becak(바퀴가 세 개 달린 자전거)과 같이 //
Services / using electrically assisted delivery tricycles / have
복수 주어
been successfully implemented / in France /
서비스는 / 전기 보조 배달용 세발자전거를 이용하는 / 성공적으로 시행되었고 / 프랑스에서 /
and are gradually being adopted / across Europe / for services /
복수 동사②
as varied as parcel and catering deliveries. //
점차 도입되고 있다 / 유럽 전역에서 / 서비스를 위해 / 소포나 음식 배달만큼 다양한 //
Using bicycles / as cargo vehicles / is particularly encouraged /
동명사구 주어　　　　　　　　단수 동사
자전거를 사용하는 것은 / 화물 운송 수단으로 / 특히 장려된다 /
when combined / with policies / that restrict motor vehicle access
　　　　　　병렬 구조
/ to specific areas of a city, / such as downtown or commercial
districts, / or with the extension of dedicated bike lanes. //
결합될 때 / 정책과 / 자동차 접근을 제한하는 / 도시의 특정 지역에 / 도심이나 상업 지구처럼
/ 또는 자전거 전용 도로의 확장과 //

- adapt ⓥ 개조하다
- density ⓝ 밀도, 농도
- distribution ⓝ 분포, 배치
- potential ⓝ 잠재력, 가능성
- congested ⓐ 붐비는, 혼잡한
- cargo ⓝ 짐, 화물
- acquisition ⓝ 매입, 취득
- maintenance ⓝ 유지
- convey ⓥ 운반하다, 전달하다
- tricycle ⓝ 세발자전거
- implement ⓥ 시행하다
- parcel ⓝ 소포
- catering ⓝ 음식 공급
- district ⓝ 지역, 구역
- extension ⓝ 확장, 확대
- dedicated ⓐ 전용의

도시의 배달 운송 수단은 도시 배치의 밀집 상태에 더 잘 맞도록 개조될 수 있다. 거기에는 자주 밴과 같은 더 작은 운송 수단을 포함하는데, 자전거도 포함된다. 후자는 특히 밀도가 높고 혼잡한 지역에서 선호되는 '최종 단계' 운송 수단이 될 잠재력이 있다. 네덜란드와 같이 자전거 사용이 많은 지역에서 배달 자전거는 또한 개인 짐(예를 들어 식료품)을 운반하기 위해 사용된다. 매입과 유지 비용이 낮아서 짐 자전거는 선진국에서 그리고 인도네시아의 becak(바퀴가 세 개 달린 자전거)과 같이 개발도상국에서 똑같이 많은 잠재력을 전달한다.

전기 보조 배달용 세발자전거를 이용하는 서비스는 프랑스에서 성공적으로 시행되었고 소포나 음식 배달만큼 다양한 서비스를 위해 유럽 전역에서 점차 도입되고 있다. 자전거를 화물 운송 수단으로 사용하는 것은 도심이나 상업 지구처럼 도시의 특정 지역에 자동차 접근을 제한하는 정책이나 자전거 전용 도로의 확장과 결합될 때 특히 장려된다.

다음 글의 요지로 가장 적절한 것은?

① 도시에서 자전거는 효율적인 배송 수단으로 사용될 수 있다.
두 번째 문장의 The latter가 자전거임
② 자전거는 출퇴근 시간을 줄이기 위한 대안으로 선호되고 있다.
배송(운송) 수단으로서의 자전거를 이야기함
③ 자전거는 배송 수단으로의 경제적 장단점을 모두 가질 수 있다.
단점은 언급되지 않음
④ 수요자의 요구에 부합하는 다양한 용도의 자전거가 개발되고 있다.
a three-wheeled bicycle로 만든 오답
⑤ 세계 각국에서는 전기 자전거 사용을 장려하는 정책을 추진하고 있다.
전기 자전거를 장려한다는 내용이 아님

＞왜 정답？ [정답률 78%]

자전거는 특히 밀도가 높고 혼잡한 지역에서 선호되는 운송 수단이 될 잠재력이 있다면서, 낮은 구매 비용과 유지비 때문에 짐을 운반하는 자전거는 많은 잠재력을 가졌다고 했으므로 정답은 ①이다.

＞왜 오답？

② 출퇴근 수단이 아니라 배달 운송 수단으로서의 자전거의 장점을 이야기하는 글이다.
③ 자전거가 배송 수단으로 적합한 이유로 낮은 매입 비용과 유지비를 들었다. 자전거의 경제적 단점은 언급되지 않았다.
④ 인도네시아의 becak 등이 언급된 것으로 만든 오답이다. 운송 용도로서의 자전거의 이점에 대해 설명하는 글이다.
⑤ electrically assisted delivery tricycles, policies 등으로 만든 오답이다. 프랑스나 인도네시아의 전기 자전거 사용 장려 정책에 대해 설명한 글이 아니다.

E 20 정답 ① ＊고객의 브랜드 칭찬에 응답하는 것의 중요성

동명사 주어(단수 취급) / 단수 동사
Being able to prioritize your responses / **allows** you to connect more deeply with individual customers, /
여러분의 응답에 우선순위를 매길 수 있는 것은 / 여러분이 개별 고객들과 더 깊은 관계를 맺을 수 있게 해 준다 /
단서 1 기업이 고객의 글에 우선순위를 매겨 응답하는 것은 고객과의 관계에 중요함

be it a one-off interaction around a particularly delightful or upsetting experience, /
be it A or B = whether it be A or B (A든 B든 간에)
그것이 특별히 즐겁거나 화가 나는 경험에 대한 일회성 상호 작용이든 /

or the development of a longer-term relationship / with a significantly influential individual / within your customer base. //
장기적 관계의 발전이든 간에 / 상당히 영향력 있는 개인과의 / 여러분의 고객 기반 내에서 //

If you **'ve ever posted** a favorable comment / — or any comment, for that matter — / about a brand, product or service, /
현재완료의 경험적 용법
만약 여러분이 호의적인 의견을 올려 본 적이 있다면 / 혹은 그 문제에 대해서 어떠한 의견이라도 / 어떤 브랜드, 제품 또는 서비스에 관해 /

think about what it **would feel** like / **if you were** personally acknowledged / by the brand manager, for example, as a result. //
가정법 과거(현재 사실과 반대): 「if+주어+동사의 과거형/were, 주어+조동사의 과거+동사원형」
기분이 어떨지 생각해 보라 / 개인적으로 인정의 반응을 얻는다면 / 그 브랜드 관리자로부터 / 그 결과, 예를 들어 //

In general, / people post / because they have something **to say** / — and because they want to be recognized for **having said** it. //
형용사적 용법 / 동명사의 완료형(과거 시제 표현)
일반적으로 / 사람들은 글을 올린다 / 할 말이 있기 때문에 / 그리고 그것을 말한 것에 대해 인정받기를 원하기 때문에 //

In particular, / when people post positive comments / they are expressions of appreciation / for the experience **that** led to the post. //
주격 관계대명사(선행사: the experience)
특히 / 사람들이 긍정적인 의견을 게시할 때 / 그것은 감사의 표현이다 / 그 게시물을 작성하게 만든 경험에 대한 //

While a compliment to the person **standing** next to you / is typically answered with a response like "Thank You," / the sad fact is / **that** most brand compliments / go unanswered. //
현재분사(the person 수식)
명사절 접속사
여러분 옆에 서 있는 사람에 대한 칭찬은 / 보통 '감사합니다'와 같은 응답을 받지만 / 슬픈 사실은 ~이다 / 대부분의 브랜드 칭찬은 답을 받지 못한다는 것 //

These are lost opportunities / **to understand what** drove the compliments / and create a solid fan based on them. //
형용사적 용법(opportunities 수식)
의문사절을 이끔
이것은 기회를 잃은 것이다 / 무엇이 칭찬을 이끌어 냈는지 이해하고 / 그 칭찬을 바탕으로 하여 확고한 팬을 만들어 낼 수 있는 //
단서 2 고객의 긍정적인 칭찬에 응답하지 않는 것은 왜 칭찬을 받았는지 이해하거나 확고한 기업의 팬을 만들 기회를 잃는 것임

- prioritize ⓥ 우선순위를 매기다, 우선시하다
- one-off ⓐ 일회성의
- upsetting ⓐ 속상하게 하는
- significantly ⓐd 상당히
- influential ⓐ 영향력 있는
- customer base 고객층
- favorable ⓐ 호의적인
- acknowledge ⓥ 감사하다, 인정하다
- appreciation ⓝ 감사
- unanswered ⓐ 답을 못한

여러분의 응답에 우선순위를 매길 수 있는 것은, 그것이 특별히 즐겁거나 화가 나는 경험에 대한 일회성 상호 작용이든, 여러분의 고객 기반 내에서 상당히 영향력 있는 개인과의 장기적 관계의 발전이든 간에, 여러분이 개별 고객들과 더 깊은 관계를 맺을 수 있게 해 준다. 만약 여러분이 어떤 브랜드, 제품 또는 서비스에 관해 호의적인 의견이나 혹은 그 문제에 대해서 어떠한 의견이라도 올려 본 적이 있다면, 그 결과, 예를 들어, 그 브랜드 관리자로부터 개인적으로 인정의 반응을 얻는다면 기분이 어떨지 생각해 보라. 일반적으로, 사람들은 할 말이 있기 때문에, 그리고 그것을 말한 것에 대해 인정받기를 원하기 때문에 글을 올린다. 특히, 사람들이 긍정적인 의견을 게시할 때 그것은 그 게시물을 작성하게 만든 경험에 대한 감사의 표현이다. 여러분 옆에 서 있는 사람에 대한 칭찬은 보통 '감사합니다'와 같은 응답을 받지만, 슬픈 사실은 대부분의 브랜드 칭찬은 답을 받지 못한다는 것이다. 이것은 무엇이 칭찬을 이끌어 냈는지 이해하고 그 칭찬을 바탕으로 하여 확고한 팬을 만들어 낼 수 있는 기회를 잃은 것이다.

다음 글의 요지로 가장 적절한 것은?

① 고객과의 관계 증진을 위해 고객의 브랜드 칭찬에 응답하는 것은 중요하다.
These are lost opportunities to understand ~ create a solid fan based on them.
② 고객의 피드백을 면밀히 분석함으로써 브랜드의 성공 가능성을 높일 수 있다.
긍정적인 피드백에 응답을 주는 것이 요지임
③ 신속한 고객 응대를 통해서 고객의 긍정적인 반응을 이끌어 낼 수 있다.
고객 응대를 '신속하게' 하는 것이 아니라 긍정적인 피드백에 응답을 주는 것이 요지임
④ 브랜드 매니저에게는 고객의 부정적인 의견을 수용하는 태도가 요구된다.
부정적 의견을 수용하는 것이 요지가 아님
⑤ 고객의 의견을 경청하는 것은 브랜드의 새로운 이미지 창출에 도움이 된다.
고객의 의견을 경청하는 방식은 긍정적인 피드백에 응답을 주는 것으로 소개됨

›왜 정답 ? [정답률 86%]

첫 문장(주제문)	고객의 일회성 경험이든, 장기적 상호 작용이든, 응답에 우선순위를 매기는 것은 고객과의 관계에서 중요함
중반 이후	고객의 호의나 칭찬 등 긍정적인 의견에 반응하는 것은 작성자에게 인정받는 느낌을 주고 팬을 확보하는 기회가 됨

▶ 따라서 글의 요지는 '고객과의 관계 증진을 위해 고객의 브랜드 칭찬에 응답하는 것은 중요하다'이므로 정답은 ①이다.

›왜 오답 ?

② 피드백을 면밀히 분석하는 것이 아니라, 긍정적인 피드백에 응답을 주는 것이 요지이다.

③ 고객 응대를 '신속하게' 하는 것이 아니라, 긍정적인 피드백에 응답을 주는 것이 요지이다.

④ 부정적 의견을 수용하는 것이 아니라, 긍정적 피드백에 응답을 주는 것이 요지이다.

⑤ 고객의 의견을 경청하는 방식은 구체적으로 긍정적인 피드백에 응답을 주는 것으로 소개되었다.

류이레 | 연세대 의예과 2024년 입학 · 광주대동고 졸

첫 문장에서 prioritize your responses라는 표현이 직접적으로 와닿지 않아서 처음에 잠깐 당황했던 문제였어. 그래도 지문에 나오는 예시들을 통해 고객의 의견에 대한 응답의 중요성을 강조한다는 걸 캐치하고 빠르게 후반부까지 읽었지. 결정적으로 지문 후반부에서 칭찬에 대해 답변이 되지 않는 것이 아쉽다고 하는 것을 보고, 첫 문장의 prioritize가 이해되어서 답을 고를 수 있었어.

E 21 정답 ① ⭐ 2등급 대비 [정답률 83%]

＊정보를 해석함으로써 의미를 만들어 낸다.

Information and meaning / are, clearly, not the same thing. //
정보와 의미는 / 분명히 동일한 것이 아니다 //
= information
The former refers to uninterpreted data or sensory states /
소유격 관계대명사
whose probability in a certain situation can be easily measured;
수동태
= meaning
the latter refers to the interpretation of the data or sensory
states, / 단서 1 의미는 데이터나 감각 상태에 대한 해석을 가리킴
전자는 해석되지 않은 데이터나 감각 상태를 가리키고 / 특정 상황에서 그 확률이 쉽게 측정될 수 있는 / 후자는 그 데이터나 감각 상태에 대한 해석을 가리키며 /
현재분사   목적격 관계대명사
including the special kinds of nuances and values / that the
수동태
information entails, or is intended to have, / in the given
situation. //
여기에는 특별한 종류의 뉘앙스와 가치가 포함된다 / 그 정보가 수반하거나 갖도록 의도된 / 특정 상황에서 //
from A to B: A에서 B까지
This applies to any type of information, / from alarm signals to
sophisticated statements. //
이는 어떤 종류의 정보에도 적용된다 / 경보 신호에서 정교한 진술문에 이르기까지 //
전치사+관계대명사 가주어
Take, for instance, a coin-tossing game / in which it is decided /
진주어절을 이끄는 접속사
that throwing three heads in a row constitutes a win. //
예를 들어, 동전 던지기 게임을 생각해 보자 / 결정된 / 연속으로 앞면을 세 번 던지는 것이 이기게 되는 것으로 //

If a certain player ends up consistently with the desired
주격 관계대명사
outcome, / defeating all who challenge that player, /
어떤 게임 참가자가 결국 지속적으로 원하는 결과를 얻어 / 그 참가자에게 도전하는 모든 이들을 이긴다면 /

then we tend to interpret the outcome either as the work of
either A or B: A 또는 B
Fortune, / or else as clever and undetectable cheating / on the
part of the winning player. //
우리는 그 결과를 '행운'의 작용으로 해석하거나 / 아니면 교묘하고 감지할 수 없는 부정행위로 해석하는 경향이 있다 / 그 이긴 게임 참가자에 의한 //
앞에 목적격 관계대명사 생략
Interpretation is at the core of everything / we do, think about,
and feel. // 단서 2 해석이라는 행위가 중요하다고 했음
해석은 모든 것의 중심에 있다 / 우리가 행하고, 생각하며, 느끼는 //

- refer to ~을 가리키다, ~을 의미하다   · sensory ⓐ 감각의
- probability ⓝ 확률   · interpretation ⓝ 해석
- entail ⓥ 수반하다   · statement ⓝ 진술(문)   · in a row 연속으로
- constitute ⓥ ~이 되다   · consistently ⓐⓓ 지속적으로
- outcome ⓝ 결과   · undetectable ⓐ 감지할 수 없는
- on the part of ~에 의한

정보와 의미는 분명히 동일한 것이 아니다. 전자는 특정 상황에서 그 확률이 쉽게 측정될 수 있는, 해석되지 않은 데이터나 감각 상태를 가리키고, 후자는 그 데이터나 감각 상태에 대한 해석을 가리키며, 여기에는 특정 상황에서 그 정보가 수반하거나 갖도록 의도된 특별한 종류의 뉘앙스와 가치가 포함된다. 이는 경보 신호에서 정교한 진술문에 이르기까지 어떤 종류의 정보에도 적용된다. 예를 들어, 연속으로 앞면을 세 번 던지는 것이 이기게 되는 것으로 결정된 동전 던지기 게임을 생각해 보자. 어떤 게임 참가자가 결국 지속적으로 원하는 결과를 얻어 그 참가자에게 도전하는 모든 이들을 이긴다면, 우리는 그 결과를 '행운'의 작용으로 해석하거나, 아니면 그 이긴 게임 참가자에 의한 교묘하고 감지할 수 없는 부정행위로 해석하는 경향이 있다. 해석은 우리가 행하고, 생각하며, 느끼는 모든 것의 중심에 있다.

다음 글의 요지로 가장 적절한 것은?

① 우리는 정보를 해석함으로써 의미를 만들어 낸다.
  정보는 해석되지 않은 데이터이고, 그것을 해석하는 것이 의미라는 내용임
② 우리는 경험적 확률에 근거하여 미래를 예측한다.
  확률에 근거하여 미래를 예측하는 것은 이 글의 요지가 아님
③ 정보의 양이 너무 많으면 정확한 분석이 어려워진다.
  정보의 양이 과도하여 분석이 어렵다는 내용은 없음
④ 정보의 진위 여부를 판단할 때 출처 확인이 필수이다.
  정보의 진위 여부에 대한 언급은 없음
⑤ 정보 해석에 개인의 감정이 개입되면 의미가 왜곡된다.
  감정의 개입에 따라 의미가 왜곡된다는 내용은 없음

왜 2등급 ?
도입부에 나오는 내용이 주제라는 것을 잘 파악하지 못하면 틀릴 수 있는 2등급 대비 문제이다. 이어서 나오는, 동전 던지기 예시가 무엇을 의미하는지 이해하고, 글에 내용에 근거해 정확히 판단한다면 요지를 쉽게 찾을 수 있을 것이다.

›왜 정답 ?

도입부 (주제)	• '정보'와 '의미'는 다른 것이며, 정보를 해석한 것이 '의미'임 • 해석 과정에서 뉘앙스나 가치가 포함됨
예시	• 정보: 특정인이 동전 던지기에서 모든 참가자를 상대로 이김 • 이에 대한 해석: 행운의 작용 or 교묘한 부정행위

▶ 따라서 글의 요지는 '우리는 정보를 해석함으로써 의미를 만들어 낸다.'는 것이므로 정답은 ①이다.

›왜 오답 ?

② 도입부에서 개념을 설명하며 '정보는 확률이 쉽게 측정될 수 있는 해석되지 않은 데이터'라고 했지만 '확률에 근거하여 미래를 예측하는 것'은 이 글의 요지가 아니다.

③ 정보의 양이 과도하여 분석이 어렵다는 내용은 없다.

④ 정보의 진위 여부에 대한 언급은 없다.

⑤ 해석의 과정에서 뉘앙스나 가치가 포함된다고 했지만, 이를 '감정의 개입에 따라 왜곡이 된다'고 하는 것은 잘못된 추측이다. 함정

E 22 정답 ① ⭐ 2등급 대비 [정답률 72%]

＊이민자의 권리에 대한 인식 변화 필요성

단수 주어   형용사적 용법(The need 수식)
The need / to assimilate / values and lifestyle of the host culture
단수 동사
/ has become a growing conflict. //
필요성이 / 동화시키는 / 주류 문화의 가치와 생활방식을 / 커지는 갈등이 되었다 //
생략 가능
Multiculturalists suggest / that there should be a model of
partial assimilation / in which immigrants retain / some of their
customs, beliefs, and language. //
다문화주의자들은 제안한다 / 부분 동화 모델이 있어야 한다고 / 이민자들이 유지하는 / 자신의 관습, 신념, 언어 중 일부를 // 단서 1 갈등 해결을 위한 다문화주의자들의 제안: 이민자들이 자신의 일부 문화를 유지하는 부분 동화 모델이 필요함

There is pressure / to conform rather than to maintain / their
cultural identities, / however, / and these conflicts are greatly
determined / by the community / to which one migrates. //
압력이 있다 / 유지하기보다는 순응해야 한다는 / 그들의 문화적 정체성을 / 그러나 / 그리고
이러한 갈등은 대개 결정된다 / 커뮤니티에 의해 / 이민자가 이주하는 //

These experiences are not new; / many Europeans experienced
exclusion and poverty / during the first two waves of
immigration / in the 19th and 20th centuries. //
이러한 경험은 새롭지 않다 / 많은 유럽인이 배제와 빈곤을 경험했다 / 첫 두 차례의 이민 물결
동안 / 19세기와 20세기에 //

Eventually, / these immigrants transformed this country /
with significant changes / that included enlightenment and
acceptance of diversity. //
결국 / 이 이민자들은 이 나라를 탈바꿈시켰다 / 중대한 변화로 / 계몽과 다양성 수용을 포함한 //

People of color, / however, / continue to struggle / for
acceptance. //
유색인종들은 / 그러나 / 계속 안간힘을 쓰고 있다 / 받아들여지기 위해 //

Once again, / the challenge is to recognize / that other cultures
think and act differently / and that they have the right / to do
so. // 과제: 다른 문화는 다르게 생각하고 행동하며, 그들에게는 그럴 권리가 있음을 인정하는 것
거듭 말하자면 / 어려운 과제는 인정하는 것이다 / 다른 문화는 다르게 생각하고 행동하며 /
그들에게 권리가 있다는 것을 / 그렇게 할 //

Perhaps, / in the not too distant future, / immigrants will no
longer be strangers / among us. //
아마도 / 그리 머지않아 / 이민자들이 더는 이방인이 아닐 것이다 / 우리 사이에서 //

- assimilate ⓥ 동화하다　　· host culture 주류 문화
- conflict ⓝ 갈등　　· multiculturalist ⓝ 다문화주의자
- partial ⓐ 부분적인　　· immigrant ⓝ 이민자　　· retain ⓥ 유지하다
- conform ⓥ 순응하다　　· be determined by ~에 의해 결정되다
- migrate ⓥ 이주하다　　· exclusion ⓝ 배제　　· poverty ⓝ 빈곤
- transform ⓥ 변화시키다　　· enlightenment ⓝ 계몽
- diversity ⓝ 다양성　　· people of color 유색 인종

주류 문화의 가치와 생활방식에 동화되어야 하는 필요성 때문에 갈등이 커지고
있다. 다문화주의자들은 이민자들이 자신의 관습, 신념, 언어 중 일부를
유지하는 부분 동화 모델이 있어야 한다고 제안한다. 그러나 그들의 문화적
정체성을 유지하기보다는 순응해야 한다는 압력이 있는데, 이러한 갈등은 대개
이민자가 이주하는 커뮤니티에 따라 결정된다. 이러한 경험은 새로운 것이
아니며, 많은 유럽인이 19세기와 20세기의 첫 두 차례의 이민 물결 동안 배제와
빈곤을 경험했다. 결국 이 이민자들은 계몽과 다양성 수용을 포함한 중대한
변화로 이 나라를 탈바꿈시켰다. 그러나 유색인종들은 계속 받아들여지기
위해 안간힘을 쓰고 있다. 거듭 말하자면, 어려운 과제는 다른 문화는 다르게
생각하고 행동하며 그들이 그렇게 할 권리가 있다는 것을 인정하는 것이다.
아마도, 그리 머지않아 이민자들이 우리 사이에서 더는 이방인이 아닐 것이다.

다음 글의 요지로 가장 적절한 것은?
① 이민자 고유의 정체성을 유지할 권리에 대한 공동체의 인식이 필요하다.
the challenge is to recognize ~ and that they have the right to do so
② 이민자의 적응을 돕기 위해 그들의 요구를 반영한 정책 수립이 중요하다.
정책적 해결책은 제시되지 않음
③ 이민자는 미래 사회의 긍정적 변화에 핵심적 역할을 수행할 수 있다.
이민자를 받아들이는 자세에 대한 내용임
④ 다문화 사회의 안정을 위해서는 국제적 차원의 지속적인 협력이 요구된다.
'이민자'라는 소재로 만든 오답
⑤ 문화적 동화는 장기적이고 체계적인 과정을 통해 점진적으로 이루어진다.
문화적 동화의 과정을 설명한 것이 아님

2등급? assimilate, conform, enlightenment 등 생소한 어휘가 다수
사용되어 글의 요지 파악에 어려움을 겪을 수도 있는 2등급 대비 문제이다. 하지만
정작 글의 요지를 나타내는 단서 문장들은 어렵지 않은 단어로 이루어져 있으므로
차분히 글을 읽는다면 충분히 요지를 파악할 수 있다.

- **문제점**: 이민자가 주류 문화의 가치와 생활방식에 동화되어야 하는
필요성이 갈등을 키움
- **다문화주의자들의 제안**: 부분 동화 모델이 필요함
  └ 이민자들이 자신의 관습, 신념, 언어 중 일부를 유지하며 주류 문화에 부분적으로 동화되는 것
- **주어진 과제**: 다른 문화는 다르게 생각하고 행동하며, 그들에게는 그렇게
할 권리가 있다는 것을 인정하는 것

▶ 글의 요지는 ①!

왜 오답?

② 특정 정책을 수립함으로써 이민자와의 문화적 갈등을 해결해야 한다는 내용이
아니다.
③ 이민자가 수행하는 역할은 언급되지 않았다.
④ '이민자'라는 소재로 만든 오답이다. 다른 문화에 대한 인정을 통해 다문화 사회를
안정시킬 수 있다는 내용이다.
⑤ 문화적 동화가 어떤 과정을 통해 이루어지는지를 설명한 글이 아니다.

E 어휘 Review 정답　　　　　문제편 p. 86

01 수반하다	11 in a row	21 legislature
02 본능	12 be capable of	22 undetectable
03 흠 없이	13 at the expense of	23 observations
04 부분적인	14 engage in	24 Property
05 진술(문)	15 irrelevant to	25 architecture
06 broad	16 moral	26 Armed
07 ethics	17 probability	27 exclusion
08 sensory	18 cognitive	28 conceived
09 notion	19 manner	29 forces
10 bystander	20 fundamental	30 granted

F 주제 찾기　　문제편 p. 88~102

F 01 정답 ③ * 토론에 능동적으로 참여하기 위한 메모의 중요성

The purpose of class discussions / is to encourage you to be an
active participant, / not a passive recorder. //
수업 토론의 목적은 / 여러분이 능동적인 참여자가 되도록 장려하는 것이다 / 수동적인
기록자가 아니라 //

Much of the emphasis in a discussion / is on getting students
involved in thinking, reacting, and responding. //
토론에서는 많은 강조점이 / 학생들이 생각하고, 반응하고, 응답하도록 하는 데 주어진다 //

These are important intellectual activities in the learning
process, / for through them you are supposed to discover and
express your opinions. //
이러한 활동은 학습 과정에서 중요한 지적 활동인데 / 이는 그것을 통해 자신의 의견을
발견하고 표현해야 하기 때문이다 //

동명사 주어
Writing is an invaluable tool / for accomplishing these tasks. //
글쓰기는 매우 유용한 도구이다 / 이러한 과업을 완수하는 데 // 단서 1 글쓰기는 토론에서 매우 유용함

Unfortunately, too many times, / when class discussion begins, / pens and pencils go down. //
안타깝게도 경우가 너무 많다 / 수업 토론이 시작되면 / 펜과 연필을 내려놓는

가주어 / 비교급 / 진주어
Admittedly, **it** is considerably **more difficult** / **to take** notes from discussions than from lectures, / **for**, unlike lectures, / discussions tend to be disorganized and difficult to follow. //
이유를 나타내는 접속사
훨씬 더 어렵다는 것은 인정한다 / 강의에서보다 토론에서 메모를 하는 것이 / 강의와 달리 ~ 때문에 / 토론은 정리가 안 되어 있고 따라가기 어려운 경향이 있기

선행사를 포함하는 관계대명사
Also, students usually don't know / how much of **what** other students are saying is important. //
또한 학생들은 보통 모른다 / 다른 학생이 하는 말 중 얼마나 많은 부분이 중요한지 //

가주어 / 진주어
And if you are an active participant, / **it** is not easy **to take** notes and formulate / **what** you want to say. //
선행사를 포함하는 관계대명사
그리고 여러분이 적극적인 참여자라면 / 메모를 하면서 표현하는 것이 쉽지 않다 / 자신이 하고 싶은 말을 //

not only A (but) also B: A뿐만 아니라 B도
But note taking in discussions / is **not only** manageable, / it is **also** important. // 단서 2 토론에서 메모를 하는 것의 중요성
하지만 토론에서 메모를 하는 것은 / 관리하기 쉬울 뿐만 아니라 / 중요하다 //

allow+목적어+목적격 보어(to부정사)
Note taking helps to keep you active and alert; / it **allows you to impose** some organization on the discussion; / and it can prepare you to speak. //
메모를 하는 것은 여러분이 능동적이고 정신이 초롱초롱하게 유지하는 데 도움이 되며 / 토론에 일정한 체계를 부여할 수 있게 해주고 / 말할 준비를 하게 해 줄 수 있다 //

- passive ⓐ 수동적인
- emphasis ⓝ 강조점, 강조
- be supposed to-v ~하기로 되어 있다
- invaluable ⓐ 매우 유용한
- admittedly ⓐd 인정하건대
- considerably ⓐd 훨씬, 상당히
- take notes 메모하다, 필기하다
- disorganized ⓐ 정리가 안 되어 있는, 계획이 잘못된
- formulate ⓥ (의견을 공들여) 표현하다
- alert ⓐ 정신이 초롱초롱한
- standardize ⓥ 표준화하다
- significance ⓝ 중요성, 의의
- engagement ⓝ 참여
- brainstorming ⓝ 브레인스토밍(무엇에 대해 여러 사람들이 동시에 자유롭게 자기 생각을 제시하는 방법)

수업 토론의 목적은 여러분이 수동적인 기록자가 아닌 능동적인 참여자가 되도록 장려하는 것이다. 토론에서는 학생들이 생각하고, 반응하고, 응답하도록 하는 데 많은 강조점이 주어진다. 이러한 활동은 학습 과정에서 중요한 지적 활동인데, 이는 그것을 통해 자신의 의견을 발견하고 표현해야 하기 때문이다. 글쓰기는 이러한 과업을 완수하는 데 매우 유용한 도구이다. 안타깝게도 수업 토론이 시작되면 펜과 연필을 내려놓는 경우가 너무 많다. 강의와 달리 토론은 정리가 안 되어 있고 따라가기 어려운 경향이 있기 때문에, 강의에서보다 토론에서 메모를 하는 것이 훨씬 더 어렵다는 것은 인정한다. 또한 학생들은 보통 다른 학생이 하는 말 중 얼마나 많은 부분이 중요한지 모른다. 그리고 여러분이 적극적인 참여자라면 메모를 하면서 자신이 하고 싶은 말을 표현하는 것이 쉽지 않다. 하지만 토론에서 메모를 하는 것은 관리하기 쉬울 뿐만 아니라 중요하다. 메모를 하는 것은 여러분이 능동적이고 정신이 초롱초롱하게 유지하는 데 도움이 되며, 토론에 일정한 체계를 부여할 수 있게 해주고, 말할 준비를 하게 해 줄 수 있다.

다음 글의 주제로 가장 적절한 것은?

① reasons to standardize procedures for class discussions
수업 토론 절차를 표준화해야 하는 이유   토론 절차의 표준화에 대한 내용은 없음
② strategies to improve note-taking skills for public speaking
대중 연설을 위한 메모 능력을 향상시키는 전략
대중 연설이 아니라 토론에 대한 글이며, 메모 능력 향상에 대한 전략은 언급되지 않음
③ significance of note taking for active engagement in discussion
토론에 능동적으로 참여하기 위한 메모의 중요성
토론에서 메모를 하는 것이 매우 유용하며, 중요하다는 것을 강조함
④ effectiveness of summarizing and reviewing notes after class
수업 후 필기를 요약하고 복습하는 것의 효과   수업 후 필기 요약 또는 복습에 대한 내용이 아님
⑤ benefits of brainstorming to generate ideas for writing tasks
글쓰기 과제를 위한 아이디어를 도출하기 위한 브레인스토밍의 이점   브레인스토밍에 대한 언급은 없음

소재	수업 토론의 목적은 학생들이 능동적인 참여자가 되게 하는 것이며 글쓰기가 유용함 단서 1
어려움	그러나, 강의와는 다르게 수업 토론 중에는 메모를 하기가 어려움
주제	그럼에도 불구하고 수업 토론에서 메모를 하는 것은 매우 중요함 단서 2

▶ 따라서 이 글의 주제는 ③ '토론에 능동적으로 참여하기 위한 메모의 중요성'이 가장 적절하다.

🔍왜 오답?

① 토론 절차의 표준화는 언급되지 않았다.
② 대중 연설이 아니라 토론에 대한 글이며, 메모 능력 향상에 대한 전략은 언급되지 않았다. ◀주의
④ 수업 후 필기 요약 또는 복습에 대한 내용이 아니다.
⑤ 브레인스토밍에 대한 언급은 없으며, 글쓰기 과제에 대한 글이 아니다.

F 02 정답 ④ *박물관의 이윤 지향 경영의 결과*

주격 관계대명사(선행사: pressures)
There are pressures *within* the museum / **that** cause it to emphasise / **what happens in the galleries** / over the activities / **that** take place in its unseen zones. //
to emphasise의 목적어절
주격 관계대명사(선행사: the activities)
박물관 '내부의' 압력이 있다 / 그것이 강조하게 만드는 / 갤러리에서 발생하는 것을 / 활동보다 / 그것의 보이지 않는 구역에서 일어나는 // 단서 1 박물관이 수입을 늘리도록 강요받는 경우에 일어나는 일

선행사 / 관계부사
In **an era** / **when** museums are forced / to increase their earnings, /
시대에 / 박물관이 강요당하는 / 그것의 수입을 늘리도록 /

they often focus their energies / on **modernising** their galleries / or **mounting** temporary exhibitions / to bring more and more audiences through the door. //
병렬 구조
그것은 흔히 자기 에너지를 집중시킨다 / 그것의 갤러리를 현대화하는 데 / 또는 일시적인 전시회를 시작하는 데 / 점점 더 많은 관객을 문으로 데려오기 위해 //

In other words, / as museums struggle to survive / in a competitive economy, / their budgets often prioritise / those parts of themselves / that are consumable: /
다시 말해 / 박물관이 살아남기 위해 고군분투할 때 / 경쟁 경제에서 / 그것의 예산은 흔히 우선시한다 / 박물관 자체의 부분을 / 소비할 수 있는 /

infotainment in the galleries, goods and services in the cafes and the shops. //
갤러리의 인포테인먼트, 카페와 상점의 상품과 서비스와 같은 //

부사절 접속사(양보)
The unlit, unglamorous storerooms, / **if** they are ever discussed, / are at best presented as service areas / that process objects / for the exhibition halls. // 단서 2 저장실은 논의되더라도 기껏해야 전시할 물건을 처리하는 서비스 공간으로 제시됨
불이 켜져 있지 않은 매력 없는 저장실은 / 그것들이 논의가 된다고 해도 / 기껏해야 서비스 공간으로 제시된다 / 물건을 처리하는 / 전시 홀에 둘 //

And at worst, / as museums pour more and more resources / into their publicly visible faces, /
그리고 최악의 경우 / 박물관이 점점 더 많은 자원을 쏟아붓기 때문에 / 공개적으로 보이는 겉면에 /

생략되지 않은 부사절의 주어
the spaces of storage may even suffer, / **their modernisation** being kept on hold / or being given less and less space / **to house** the expanding collections / and **serve** their complex conservation needs. // 단서 3 저장 공간은 현대화가 보류되거나 공간이 점점 더 작아짐
병렬 구조(space 수식)
저장 공간은 더 나빠질지도 모른다 / 그것의 현대화가 보류되거나 / 점점 더 적은 공간이 주어지게 되어 / 확장되는 소장품을 보관하고 / 그것의 복잡한 보존상의 요구를 충족시킬 //

- emphasise ⓥ 강조하다　　· era ⓝ 시대
- be forced to ~하도록 강요당하다　　· earning ⓝ 획득, 소득
- modernise ⓥ 현대화하다　　· mount ⓥ 시작하다
- competitive ⓐ 경쟁을 하는, 경쟁력 있는　　· budget ⓝ 예산
- prioritise ⓥ 우선시하다　　· consumable ⓐ 소비할 수 있는, 소비재의
- unlit ⓐ 불을 켜지 않은　　· unglamorous ⓐ 매력적이지 못한, 따분한
- storage ⓝ 저장 공간　　· conservation ⓝ 보호, 보존
- need ⓝ 욕구, 요구　　· commitment ⓝ 헌신

박물관의 보이지 않는 구역에서 일어나는 활동보다 갤러리에서 발생하는 것을 강조하게 만드는 박물관 '내부의' 압력이 있다. 박물관의 수입을 늘리도록 박물관이 강요당하는 시대에, 박물관은 점점 더 많은 관객을 문으로 데려오기 위해 자기 갤러리를 현대화하거나 일시적인 전시회를 시작하는 데 흔히 자기 에너지를 집중시킨다. 다시 말해서, 박물관이 경쟁 경제에서 살아남기 위해 고군분투할 때, 그것의 예산은 흔히 갤러리의 인포테인먼트, 카페와 상점의 상품과 서비스와 같은 소비할 수 있는 박물관 자체의 부분을 우선시한다. 불이 켜져 있지 않은 매력 없는 저장실은, 그것들이 논의가 된다고 해도, 기껏해야 전시 홀에 둘 물건을 처리하는 서비스 공간으로 제시된다. 그리고 최악의 경우 박물관이 공개적으로 보이는 겉면에 점점 더 많은 자원을 쏟아붓기 때문에, 저장 공간의 현대화가 보류되거나 확장되는 소장품을 보관하고 그것의 복잡한 보존상의 요구를 충족시킬 공간이 점점 줄어들게 되어 저장 공간은 더 나빠질지도 모른다.

다음 글의 주제로 가장 적절한 것은? [3점]

① importance of prioritising museums' exhibition spaces
　박물관 전시 공간을 우선시하는 것의 중요성　　전시 공간의 우선시로 인한 악영향을 설명함
② benefits of diverse activities in museums for audiences
　관객을 위한 박물관에서의 다양한 활동의 이점　　the activities로 만든 오답
③ necessity of expanding storerooms for displaying objects
　물건 전시를 위해 저장실을 확장할 필요성　　저장실에 미치는 악영향을 설명함
④ consequences of profit-oriented management of museums
　박물관의 이윤 지향 경영의 결과　　저장 공간이 열악해짐
⑤ ways to increase museums' commitment to the public good
　공공의 이익에 대한 박물관의 헌신을 늘리는 방법　　박물관의 이윤 추구에 대한 글임

〉왜 정답? [정답률 56%]

- 박물관이 그것의 수입을 늘리도록 강요당하는 시대에 일어나는 일을 설명함 **단서 1**
- 저장실은, 논의되더라도, 기껏해야 전시할 물건을 처리하는 서비스 공간으로 제시될 뿐임 **단서 2**
- 저장 공간은 현대화가 보류되거나 공간이 점점 더 작아질 수 있음 **단서 3**

➡ 박물관이 수입을 늘리는 것을 지향함으로써 저장 공간이 열악해질 수 있다는 내용이므로 정답은 ④ '박물관의 이윤 지향 경영의 결과'이다.

〉왜 오답?

① 박물관이 전시 공간을 우선시함으로써 일어나는 악영향에 대해 설명하는 글이다.
② 관객이 소비할 수 있는 부분을 우선시함으로써 저장 공간은 열악해질 수 있다는 내용이다.
③ 박물관의 이윤 추구가 저장실에 미치는 악영향을 설명한 것이지, 저장실을 확장해야 한다는 직접적인 언급은 없다. (이유: 저장실에 미치는 악영향을 저장실을 확장해야 한다는 것으로 확대 해석하면 안 됨)
⑤ 박물관이 공공의 이익에 기여해야 한다는 내용이 아니다.

F 03 정답 ③ ＊속도보다 빈도를 고려해야 하는 대중교통 서비스

동명사 주어
Emphasizing speed over frequency / can make sense / in contexts
관계부사
where everyone is expected to plan around the timetable, / including peak-only commute services / and very long trips with low demand. //
'빈도보다 속도'를 강조하는 것은 / 타당할 수 있다 / 모든 사람이 시간표에 맞춰 계획을 짤 것으로 예상되는 상황에서는 / 출퇴근 시간대에만 운행하는 통근 서비스를 포함하여 / 그리고 수요가 적은 아주 긴 거리의 운행(을 포함하여) //

In all other contexts, though, / it seems to be / a common motorist's error. // **단서 1** 빈도보다 속도를 강조하는 것은 오류임
그러나 그 외의 모든 다른 상황에서 / 그것은 보인다 / 운전자들의 흔한 오류인 것으로 / //

Roads are there all the time, / so their speed is the most important
주격 관계대명사
fact / **that** distinguishes them. //
도로는 항상 거기에 존재한다 / 그렇기에 그것(도로)의 속도가 가장 중요한 사실이다 / 그것을 구분 짓는 //
단서 2 항상 존재하는 도로와 달리, 대중교통은 곧 도착하는 경우에만 그곳에 존재함
But transit is only there / if it's coming soon. //
하지만 대중교통은 거기에 존재한다 / 그것(대중교통)이 곧 도착하는 경우에만 //

If you have a car, / you can use a road whenever you want /
use와 experience 병렬 연결
and experience its speed. //
만약에 여러분이 차가 있다면 / 여러분은 원하는 어느 때든지 도로를 이용할 수 있다 / 그리고 그것의 속도를 경험할 (수 있다) //

But transit has to exist / when you need it (span), / and it needs to be coming soon (frequency). // **단서 3** 대중교통은 우리가 대중교통을 타야 할 때 곧 도착해야 존재의 의미가 있음
그러나 대중교통은 존재해야 한다 / 여러분이 그것(운행 시간대의 범위)을 필요로 할 때 / 그리고 그것은 곧 도착해야 한다 (운행 빈도) //

Otherwise, / waiting time will wipe out / any time savings from a faster service. //
그렇지 않으면 / 기다리는 시간이 모두 없애 버릴 것이다 / 빠른 서비스로 절약된 시간을 //
'~하지 않는다면': 부사절 접속사(조건)
Unless you're comfortable / planning your life around a particular scheduled trip, / speed is worthless without frequency, /
여러분이 편안하지 않다면 / 특정한 운행 일정에 맞춰 삶을 계획하는 것이 / 속도는 빈도 없이는 가치가 없다 /
　　주격 관계대명사　　　　　　screams와 whispers 병렬 연결
so a transit map / **that** screams about speed / **and** whispers about frequency / may simply be planting confusion. //
그래서 교통 지도는 / 속도에 대해선 소리치고 / 빈도에 대해선 속삭이는 / 단지 혼란을 심어줄 수도 있다 //
단서 4 대중교통에 빈도가 없다면 속도는 소용이 없으며, 속도만 강조하고 빈도는 경시하는 교통 지도는 혼란을 불러옴

- emphasize ⓥ 강조하다　　· frequency ⓝ 빈도
- timetable ⓝ 시간표　　· demand ⓝ 수요　　· motorist ⓝ 운전자
- distinguish ⓥ 구분 짓다　　· transit ⓝ 대중교통
- span ⓝ (운행 시간대의) 범위　　· wipe out ~을 없애 버리다
- worthless ⓐ 가치 없는　　· whisper ⓥ 속삭이다
- consequence ⓝ 결과　　· adjust ⓥ 조정하다
- accurate ⓐ 정확한　　· value ⓥ 가치를 두다
- public transportation 대중교통

'빈도보다 속도'를 강조하는 것은, 출퇴근 시간대에만 운행하는 통근 서비스와 수요가 적은 아주 긴 거리의 운행을 포함하여, 모든 사람이 시간표에 맞춰 계획을 짜야 하는 상황에서는 타당할 수 있다. 그러나 그 외의 모든 다른 상황에서, 그것은 운전자들의 흔한 오류인 것으로 보인다. 도로는 항상 거기에 존재하기에, 그것(도로)의 속도가 그것을 구분 짓는 가장 중요한 사실이다. 하지만 대중교통은 그것(대중교통)이 곧 도착하는 경우에만 거기에 존재한다. 만약에 여러분이 차가 있다면, 여러분은 원하는 어느 때든지 도로를 이용해 그것의 속도를 경험할 수 있다. 그러나 대중교통은 여러분이 그것을 필요로 할 때 존재해야 하고(운행 시간대의 범위), 그것은 곧 도착해야 한다(운행 빈도). 그렇지 않으면, 기다림으로 인해 빠른 서비스로 절약된 시간이 모두 없어져 버릴 것이다. 여러분이 특정한 운행 일정에 맞춰 삶을 계획하는 것이 편안하지 않다면, 속도는 빈도 없이는 가치가 없으므로, 속도에 대해선 소리치고(강조하고) 빈도에 대해선 속삭이는(드러내지 않는) 교통 지도는 단지 혼란을 심어줄 수도 있다.

다음 글의 주제로 가장 적절한 것은?

① consequences of adjusting frequency of transit
　대중교통의 (운행) 빈도를 조정한 것의 결과　　대중교통에서는 (운행) 빈도를 실제로 조정한 결과에 대한 설명은 아님
② significance of designing an accurate transit map
　정확한 대중교통 지도를 설계하는 것의 중요성　　대중교통 지도에 (운행) 빈도보다 속도를 강조했을 때 혼란을 불러온다고 했을 뿐임
③ importance of valuing frequency in public transportation
　대중교통에서 (운행) 빈도에 가치를 두는 것의 중요성　　속도는 빈도 없이는 가치가 없어서, 속도에 대해선 강조하고 빈도에 대해선 드러내지 않는 교통 지도는 혼란을 심어줄 수도 있다고 했음
④ impact of creating high-speed public transportation systems
　고속 대중교통 체계를 만드는 것의 영향　　고속 대중교통 체계를 만드는 것에 관한 언급은 없음
⑤ methods to improve speed and frequency of commute services
　통근 서비스의 속도와 (운행) 빈도를 향상시키는 방법　　통근 서비스의 속도와 (운행) 빈도를 향상시키는 법에 관한 글이 아님

왜 정답 ? [정답률 63%]

도입	빈도보다 속도를 강조하는 것은 출퇴근 서비스, 장거리 노선, 시간표가 있는 노선에는 타당하지만, 그 외의 경우에는 빈도보다 속도를 강조하는 것은 오류임 **단서 1**
근거	항상 존재하는 도로와 달리, 대중교통은 곧 도착하는 경우에만 그곳에 존재함 **단서 2**
예시	차가 있다면 언제든 도로를 이용하여 속도를 경험할 수 있지만, 대중교통은 우리가 대중교통을 타야 할 때 곧 도착해야 존재의 의미가 있음 **단서 3**
결론(주제)	대중교통에 빈도가 없다면 속도도 소용이 없으며, 속도만 강조하고 빈도는 경시하는 교통 지도는 혼란을 불러옴 **단서 4**

➡ 교통에서 빈도와 속도를 비교하고 있다. 통근할 때, 장거리 노선을 이용할 때, 정해진 시간표에 따라 운행하는 교통수단일 때는 빈도보다 속도를 강조하는 것이 타당하지만, 그 외의 경우에는 빈도가 더 중요하다고 설명한다. 그 이유는, 도로는 항상 이용할 수 있는 반면, 대중교통은 우리가 타야 할 때 곧 도착이 예정된 경우에만 이용할 수 있기 때문이다.

따라서 대중교통은 얼마나 빠른가보다, 얼마나 자주, 그리고 얼마나 넓은 시간대에 이용할 수 있는가가 더 중요하다. 즉, 대중교통은 속도보다 빈도를 더 중시해야 한다는 내용이므로, 글의 주제는 ③ '대중교통에서 (운행) 빈도에 가치를 두는 것의 중요성'이다.

왜 오답 ?

① 대중교통에서는 빈도가 더 중요하다는 내용이지, 빈도를 실제로 조정한 결과에 대한 설명은 아니다.

② 대중교통 지도에 빈도보다 속도를 강조했을 때 혼란을 불러온다고 했지, 정확한 대중교통 지도를 설계하라는 내용이 아니다. **주의**

④ 고속 대중교통 체계를 만드는 것에 관한 언급은 없었다.

⑤ 통근 서비스의 경우 속도가 빈도보다 더 중요하다고 했지, 통근 서비스의 속도와 빈도를 향상시키는 법에 관한 글이 아니다.

김윤 | **2026 수능 응시** · 익산 이리남성여고 졸

주제를 추론하는 문제에서는 일반적인 통념을 제시한 다음, however, but 혹은 though와 같은 접속사로 흐름을 반전시킨 뒤, 화자가 말하고 싶은 내용을 제시하는 경우가 많아. 이 문제에서도 처음엔 빈도보다는 속도가 중요하다고 말하고 있지만, In all other contexts, though로 내용을 반전시키며 후반부에서 speed is worthless without frequency라고 말하며 결국 운행 빈도가 중요하다는 주제를 직접적으로 드러내고 있어.

F 04 정답 ① ＊문화적 정체성을 보여주는 장소들의 중요성

Places today / have become exhibitions of themselves. //
오늘날 장소는 / 스스로에 대한 전시품이 되었다 //

Through heavy investment / in architecture, art, design, exhibition space, landscaping and various kinds of redevelopment / **towns, cities and countryside pronounce** / their possession of various cultural values /
많은 투자를 통해 / 건축, 예술, 디자인, 전시 공간, 조경 그리고 다양한 종류의 재개발에 대한 / 마을, 도시, 그리고 시골은 단언한다 / 다양한 문화적 가치에 대한 자신의 소유를 /

— **such as** unchanging nature, the historic past, the dynamic future, multiculturalism, fun and pleasure, artistic creativity or simply stylishness. //
변하지 않는 자연, 역사적 과거, 역동적인 미래, 다문화주의, 재미와 즐거움, 예술적 창의성 혹은 단순한 세련됨과 같은 //

These cultural values have come **to be seen** / as a place's identity, / the possession **of which** is key / to the important task of attracting visitors. // **단서 1** 장소의 정체성을 갖는 것은 관광객을 끌어들이는 데 중요함
이러한 문화적 가치는 여겨지게 되었다 / 장소의 정체성으로 / 이것의 소유는 핵심이다 / 방문객들을 끌어들이는 중요한 과업에 대한 //

And this identity is expected to be easily accessed / by those visitors / or, to use a currently favoured term in urban design, / to be *legible*. // **단서 2** 장소의 정체성은 접근하기 쉽고 '알아볼 수 있는' 분명한 것으로 기대됨
그리고 이 정체성은 쉽게 접근될 것으로 기대된다 / 그러한 방문객들에 의해 / 또는 도시 설계에서 현재 선호되는 용어를 사용하자면 / '알아볼 수 있는' 것(으로 기대된다) //

Places **whose** identity seems inaccessible, confusing or contradictory / do not present themselves as destinations. //
그것의 정체성이 접근하기 어렵거나, 혼란스럽거나 혹은 모순적으로 보이는 장소는 / 자신을 목적지로 나타내지 않는다 //

They do not, in other words, seem visitable. //
다시 말해, 그곳들은 방문할 만해 보이지 않는다 // **단서 3** 정체성이 뚜렷하지 않은 장소는 방문할 만해 보이지 않음

An identity that is not pointed to / in the form of well-restored or beautifully designed buildings, artworks, shopping plazas, streets, walkways or gardens /
가리켜지지 않는 정체성은 / 잘 복원되거나 아름답게 디자인된 건물, 예술품, 쇼핑센터, 거리, 보도, 혹은 정원의 형태로 /

does not compose itself into a view / **nor** offer itself as an 'experience'. //
자신을 하나의 경관으로 구성하지 않거나 / 자신을 '경험'으로 제공하지도 않는다 //

To avoid such a fate, / places should 'make the most of themselves'. // 그러한 운명을 피하려면 / 장소는 '자신을 최대한 활용해야 한다' //

In this way, / they can find their niche / in the new cultural economy of visitability. //
이런 방식으로 / 그곳들은 자신의 꼭 맞는 역할을 찾을 수 있다 / 방문 가능성의 새로운 문화 경제 속에서 //

- exhibition ⓝ 전시품
- landscaping ⓝ 조경
- pronounce ⓥ 단언하다
- possession ⓝ 소유
- multiculturalism ⓝ 다문화주의
- inaccessible ⓐ 접근할 수 없는
- confusing ⓐ 혼란스러운
- contradictory ⓐ 모순적인
- destination ⓝ 목적지
- restore ⓥ 복원하다
- fate ⓝ 운명
- make the most of 최대한 ~를 활용하다
- urbanization ⓝ 도시화
- uniqueness ⓝ 고유성

오늘날 장소는 스스로에 대한 전시품이 되었다. 건축, 예술, 디자인, 전시 공간, 조경 그리고 다양한 종류의 재개발에 대한 많은 투자를 통해 마을, 도시, 그리고 시골은 변하지 않는 자연, 역사적 과거, 역동적인 미래, 다문화주의, 재미와 즐거움, 예술적 창의성 혹은 단순한 세련됨과 같은 다양한 문화적 가치에 대한 자신의 소유를 단언한다. 이러한 문화적 가치는 장소의 정체성으로 여겨지게 되었고, 이것의 소유는 방문객들을 끌어들이는 중요한 과업의 핵심이다. 그리고 이 정체성은 그러한 방문객들에 의해 쉽게 접근될 수 있거나, 도시 설계에서 현재 선호되는 용어를 사용하자면, '알아볼 수 있는' 것으로 기대된다. 그것의 정체성이 접근하기 어렵거나, 혼란스럽거나 혹은 모순적으로 보이는 장소는 자신을 목적지로 나타내지 않는다. 다시 말해, 그곳들은 방문할 만해 보이지 않는다. 잘 복원되거나 아름답게 디자인된 건물, 예술품, 쇼핑센터, 거리, 보도, 혹은 정원의 형태로 가리켜지지 않는 정체성은 자신을 하나의 경관으로 구성하지 않고, 자신을 '경험'으로 제공하지도 않는다. 그러한 운명을 피하려면, 장소는 '자신을 최대한 활용해야 한다'. 이런 방식으로, 그곳들은 방문 가능성의 새로운 문화 경제 속에서 자신의 꼭 맞는 역할을 찾을 수 있다.

다음 글의 주제로 가장 적절한 것은? [3점]

① importance of places showcasing a clear cultural identity
뚜렷한 문화적 정체성을 보여주는 장소들의 중요성
　　장소는 자신만의 뚜렷한 문화적 정체성이 있어야 방문 가능성이 높아지고 관광객들이 찾는다는 내용임

② need for preserving traditional lifestyles from urbanization
도시화로부터 전통 생활 방식을 보존해야 할 필요성
　　도시화로부터 전통적인 생활 방식을 보존해야 한다는 내용이 아님

③ benefits of mixing foreign and local culture to attract tourists
관광객을 유치하기 위해 외국 문화와 현지 문화를 융합하는 것의 이점
　　외국 문화와 현지 문화의 융합에 대한 언급은 없음

④ impact of globalization in weakening the uniqueness of location
세계화가 장소의 고유성을 약화시키는 데 미치는 영향
　　세계화로 인해 장소의 고유성이 약화된다는 내용이 아님

⑤ role of citizen participation in shaping urban identity and design
도시 정체성과 디자인을 형성하는 데 있어 시민 참여의 역할
　　도시 정체성 형성에 시민의 참여가 필요하다는 언급은 없음

전반부	• 다양한 문화적 가치들을 통해 장소는 정체성을 소유하고 있음 • 장소의 정체성의 소유는 방문객들을 끌어들이는 중요한 과업의 핵심임 단서 1
후반부	• 장소의 정체성은 접근하기 쉽고 '알아볼 수 있는' 분명한 것이어야 함 단서 2 • 정체성이 접근하기 어렵거나, 혼란스럽거나 혹은 모순적으로 보이는 장소는 관광객들이 방문할 만해 보이지 않음 단서 3 • 장소는 방문 가능성의 새로운 문화 경제 속에서 자신만의 역할(정체성)을 찾을 수 있음

▶ 장소는 뚜렷한 문화적 정체성을 활용하여 방문 가능성을 높여야 한다는 내용이다. 따라서 이 글의 주제는 ① '뚜렷한 문화적 정체성을 보여주는 장소들의 중요성'이 가장 적절하다.

>왜 오답?

② 도시화로부터 전통적인 생활 방식을 지켜내거나 보존해야 한다는 언급은 없다.
③ 외국 문화와 현지 문화의 융합에 대한 내용이 아니다.
④ 세계화가 장소의 고유성을 약화시키고 있다는 내용이 아니다.
⑤ 도시 정체성 형성에 시민의 참여가 필요하다는 언급은 없다.

F 05 정답 ④ *야생 동물 개체군에서 질병을 발견하는 데 관련된 어려움

The prevalence of diseases among wild animals / can be compared to an iceberg. //
야생 동물들 사이에서 질병의 확산 정도는 / 빙산에 비유될 수 있다 //
It is only its top / that appears visible to us, / an insignificant fraction of its total volume. // 단서 1 우리가 알 수 있는 야생 동물 질병의 확산은 일부에 불과함
오직 꼭대기에 지나지 않는다 / 우리에게 보이는 것은 / 전체 규모의 사소한 일부에 불과하다 //
There are two main causes / that converge to bring about this scenario. // 두 가지 주요 원인이 있다 / 이 시나리오를 초래하기 위해 수렴되는 //
First, / until very recently, / research on wild animal disease / has been an underestimated field of inquiry. //
첫째 / 매우 최근까지도 / 야생 동물 질병에 대한 연구는 / 과소평가되어 온 탐구 분야였다 //
Wild animal disease is thought to be relevant / only inasmuch as it proves instrumental / in bettering our knowledge about treatment of diseases / affecting human and domestic populations. //
야생 동물 질병은 의미 있다고 여겨진다 / 도움이 되는 것으로 판명되는 정도로만 / 질병을 치료하는 것에 관한 우리의 지식을 개선하는 데 / 인간과 가축 집단에 영향을 미치는 //
Second, / disease is a fundamentally surreptitious phenomenon, / often resulting from many factors interacting simultaneously. //
둘째 / 질병은 본질적으로 비밀스러운 현상인데 / 종종 동시에 상호 작용하는 많은 요인들로부터 발생한다 //
Unlike humans and other animals under human control, / wild animals are anonymous. //
인간과 인간의 관리하에 있는 다른 동물들과 달리 / 야생 동물들은 알려져 있지 않다 //
We can make estimations / about their numbers and whereabouts, / but we do not have accurate records of them. //
우리는 추정할 수 있지만 / 그들의 수와 위치를 / 그들에 관한 정확한 기록을 갖고 있지 않다 //
In addition, / sick and dead animals are quickly assimilated into the environment / by predators and scavengers. //
게다가 / 아프거나 죽은 동물들은 빠르게 환경 속으로 흡수된다 / 포식자와 썩은 고기를 먹는 동물에 의해 //
As a consequence, / the results of wild animal death caused by disease / remain, / for the most part, / hidden from us. //
그 결과 / 질병으로 인한 야생 동물의 죽음의 결과는 / 남아 있다 / 대부분 / 우리에게 드러나지 않은 채로 //
단서 2 질병으로 인한 야생 동물의 죽음의 결과는 대부분 우리에게 알려지지 않음

• prevalence ⓝ 확산, 유행   • insignificant ⓐ 사소한
• fraction ⓝ 일부   • bring about 초래하다   • inquiry ⓝ 연구
• instrumental ⓐ 도움이 되는   • simultaneously ⓓ 동시에
• estimation ⓝ 추정, 판단   • whereabouts ⓝ 위치, 행방
• assimilate into ~에 흡수되다   • predator ⓝ 포식자
• scavenger ⓝ 썩은 고기를 먹는 동물   • intervention ⓝ 개입

야생 동물들 사이에서 질병의 확산 정도는 빙산에 비유될 수 있다. 우리에게 보이는 것은 오직 꼭대기에 지나지 않으며, 전체 규모의 사소한 일부에 불과하다. 이 시나리오를 초래하기 위해 수렴되는 두 가지 주요 원인이 있다. 첫째, 매우 최근까지도 야생 동물 질병에 대한 연구는 과소평가되어 온 탐구 분야였다. 야생 동물 질병은 인간과 가축 집단에 영향을 미치는 질병을 치료하는 것에 관한 우리의 지식을 개선하는 데 도움이 되는 것으로 판명되는 정도로만 의미 있다고 여겨진다. 둘째, 질병은 본질적으로 비밀스러운 현상인데, 종종 동시에 상호 작용하는 많은 요인들로부터 발생한다. 인간과 인간의 관리하에 있는 다른 동물들과 달리, 야생 동물들은 알려져 있지 않다. 우리는 그들의 수와 위치를 추정할 수 있지만, 그들에 관한 정확한 기록을 갖고 있지 않다. 게다가 아프거나 죽은 동물들은 포식자와 썩은 고기를 먹는 동물에 의해 빠르게 환경 속으로 흡수된다. 그 결과, 질병으로 인한 야생의 동물 죽음의 결과는 대부분 우리에게 드러나지 않은 채로 남아 있다.

다음 글의 주제로 가장 적절한 것은?

① far-reaching consequences of unidentified diseases in wildlife
야생에서 확인되지 않은 질병이 어떤 결과를 가져오는지에 대한 글이 아님 / 야생에서 확인되지 않은 질병의 광범위한 결과
② the relationship between disease prevalence and survival rates
질병의 확산과 생존율 간의 관계
③ the role of human intervention in preventing wild animal diseases
질병 확산과 생존율의 관계에 대한 내용이 아님 / 야생 동물 질병을 예방하는 데 있어 인간 개입의 역할 / 야생 동물 질병 예방을 위한 인간 개입에 대한 글이 아님
④ challenges involved in detecting diseases in wildlife populations
야생 동물 개체군에서 질병을 발견하는 데 관련된 어려움 / 야생 동물이 가지고 있는 질병은 대부분 우리가 확인하기 어렵다는 내용임
⑤ the significance of researching diseases in wildlife for human health 야생 동물 질병을 연구하는 것이 인간의 건강에 중요하다는 것이 아님
인간 건강을 위해 야생 동물의 질병을 연구하는 것의 중요성

>왜 정답? [정답률 49%]

도입부	야생 동물 질병에 대해 우리가 아는 것은 사소한 일부에 불과함 단서 1
중반부	• 우리가 야생 동물 질병에 대해 일부만 알고 있는 이유 2가지 1. 야생 동물 질병에 대한 연구는 과소평가되어 옴 2. 질병은 본질적으로 비밀스러운 현상인데, 종종 동시에 상호 작용하는 많은 요인들로부터 발생함
후반부	질병으로 인한 야생 동물의 죽음의 결과는 대부분 우리가 알지 못함 단서 2

▶ 따라서 이 글의 주제는 ④ '야생 동물 개체군에서 질병을 발견하는 데 관련된 어려움'이 가장 적절하다.

>왜 오답?

① 야생 동물의 질병은 인간이 대부분 확인할 수 없다는 내용이지, 야생 동물의 확인되지 않은 질병이 어떤 결과를 가져오는지 설명하는 글이 아니다.
② 질병 확산과 생존율의 관계에 대해 설명하고 있는 내용이 아니다.
③ 야생 동물 질병 예방을 위한 인간의 개입과 그 역할에 대한 글이 아니다.
⑤ 야생 동물의 질병을 연구하는 것이 인간의 건강에 중요하다는 내용이 아니다.

F 06 정답 ⑤ *다국적 기업에 과세하고 규제하려는 정부의 어려움

Some multinational IT companies, / which generate revenue through digital advertising and data collection, / have been accused of exploiting loopholes in international tax regimes / to shift profits to low-tax territories. //
몇몇 다국적 IT 기업들은 / 디지털 광고와 데이터 수집을 통해 수익을 창출하는데 / 국제 조세 제도에서의 허점을 이용했다는 비난을 받아 왔다 / 이윤을 세율이 낮은 지역으로 옮기기 위해 //

This practice, known as profit shifting, / allows corporations to pay minimal taxes / in the countries where they operate, / **depriving governments of critical revenue.** //
분사구문
이윤 이전이라고 알려진 이 관행은 / 기업들이 최소한의 세금을 내는 것을 가능케 해서 / 그들이 영업을 하는 국가에서 / 정부에서 중대한 세입을 빼앗는다 //

In response, / several countries have attempted / to impose digital services taxes on tech giants, / but these efforts **have been met** with fierce resistance. //
현재완료 수동태
단서 1 몇몇 국가들은 거대 기술 기업들에게 세금을 부과하려 했지만, 거센 반발에 부딪혀 왔음
이에 대응하여 / 몇몇 국가들은 시도해 왔지만 / 거대 기술 기업들에 디지털 서비스 세금을 부과하려고 / 이 노력은 거센 반발에 부딪혀 왔다 //

Corporations argue / **that** such taxes unfairly target their business models, /
목적어절을 이끄는 접속사
기업들은 주장한다 / 이러한 세금이 그들의 비즈니스 모델을 불공정하게 겨냥한다고 /

while governments contend **that** they are necessary / to level the playing field / and ensure **that** corporations contribute their fair share / to the public good. //
목적어절을 이끄는 접속사
반면에 정부는 그것들이 필요하다고 강력히 주장한다 / 경쟁의 장을 공평하게 만들고 / 기업들이 자신들의 공정한 몫을 기여하는 것을 보장하기 위해 / 공익에 //

These disputes over taxation / illustrate the broader challenge / **that** governments face / in regulating multinational corporations. //
목적격 관계대명사
단서 2 과세에 대한 논쟁은 정부가 다국적 기업을 규제하는 데 있어 직면한 어려움을 보여줌
과세에 대한 이러한 논쟁은 / 더 광범위한 어려움을 보여 준다 / 정부가 직면한 / 다국적 기업을 규제하는 데 있어 //

Meanwhile, traditional regulatory frameworks, / **designed for nation-bound businesses**, / are often ill-equipped / to address the complexities of global operations. //
과거분사구
동시에, 전통적인 규제 체계는 / 국가 범위 기업들을 위해 고안된 / 종종 불충분하다 / 국제적인 경영의 복잡한 특징들을 다루기에는 //

As a result, corporations are frequently able to avoid or undermine regulations, / **operating in a legal gray area** / **where** national laws cannot easily reach them. //
분사구문 · 관계부사
그 결과, 기업들은 종종 규제를 피하거나 약화시킬 수 있다 / 합법적 회색 지대에서 사업을 하면서 / 국가법이 그들에게 쉽게 도달할 수 없는 //

- multinational ⓐ 다국적의 • generate ⓥ 창출하다
- revenue ⓝ 수익 • accuse ⓥ 비난하다 • exploit ⓥ 이용하다
- tax regime 조세 제도 • territory ⓝ 지역
- deprive A of B A에게서 B를 빼앗다 • critical ⓐ 중대한
- impose ⓥ 부과하다 • fierce ⓐ 거센, 격렬한
- resistance ⓝ 반발, 저항 • contend ⓥ 주장하다
- public good 공익 • framework ⓝ 체계
- ill-equipped ⓐ 준비가 불충분한 • complexity ⓝ 복잡한 특징들
- undermine ⓥ 약화시키다

몇몇 다국적 IT 기업들은 디지털 광고와 데이터 수집을 통해 수익을 창출하는데, 이윤을 세율이 낮은 지역으로 옮기기 위해 국제 조세 제도에서의 허점을 이용했다는 비난을 받아 왔다. 이윤 이전이라고 알려진 이 관행은 기업들이 그들이 영업을 하는 국가에서 최소한의 세금을 내는 것을 가능케 해서 정부에게서 중대한 세입을 빼앗는다. 이에 대응하여, 몇몇 국가들은 거대 기술 기업들에 디지털 서비스 세금을 부과하려고 시도해 왔지만, 이 노력은 거센 반발에 부딪혀 왔다. 기업들은 이러한 세금이 그들의 비즈니스 모델을 불공정하게 겨냥한다고 주장하는 반면에 정부는 경쟁의 장을 공평하게 만들고 기업들이 자신들의 공정한 몫을 공익에 기여하는 것을 보장하기 위해 그것들이 필요하다고 강력히 주장한다. 과세에 대한 이러한 논쟁은 다국적 기업을 규제하는 데 있어 정부가 직면한 더 광범위한 어려움을 보여 준다. 동시에, 국가 범위 기업들을 위해 고안된 전통적인 규제 체계는 국제적인 경영의 복잡한 특징들을 다루기에는 종종 불충분하다. 그 결과, 기업들은 국가법이 그들에게 쉽게 도달할 수 없는 합법적 회색 지대에서 사업을 하면서, 종종 규제를 피하거나 약화시킬 수 있다.

다음 글의 주제로 가장 적절한 것은?

① benefits of reducing taxes on multinational corporations
다국적 기업에 대한 세금 감면의 이점 — 세금 감면의 이점에 대해 말하는 것이 아님
② the rise of corporate social responsibility in global markets
세계 시장에서 기업의 사회적 책임 증가 — 기업의 사회적 책임에 대한 언급은 없음
③ strategies to attract foreign investment through tax incentives
세금 혜택으로 외국인 투자를 유치하기 위한 전략들 — 세금 혜택은 언급되지 않음
④ the need for tax cuts to ensure fair growth for global corporations
세계적인 기업의 공정한 성장을 보장하기 위한 세금 감면의 필요성 — 세금 감면의 필요성을 주장하는 글이 아님
⑤ struggles of governments to tax and regulate multinational companies 다국적 기업에 과세를 하고 규제를 하려는 정부가 어려움을 겪고 있다는 내용
다국적 기업에 과세하고 규제하려는 정부들의 어려움

⟩왜 정답? [정답률 69%]

- 일부 다국적 IT 기업들의 이윤 이전으로 각국 정부는 세입 손실을 겪음
- 정부는 디지털 서비스 세금을 부과하려고 했으나, 기업은 자신들의 비즈니스 모델을 불공정하게 겨냥한다고 주장하며 반대함 단서 1
- 이는 정부가 다국적 기업을 과세하고 규제하려 할 때 겪는 구조적인 어려움을 보여 줌 단서 2

▶ 따라서 이 글의 주제는 ⑤ '다국적 기업에 과세하고 규제하려는 정부들의 어려움'이 가장 적절하다.

⟩왜 오답?

① 다국적 기업에 세금을 부과하는 것의 어려움을 말하고 있는 것이지, 세금 감면의 이점에 대한 글이 아니다.
② 기업의 사회적 책임에 대한 글이 아니다.
③ 세금 혜택을 통해 외국인 투자를 유치하는 전략들에 대한 내용이 아니다.
④ 세계적인 기업의 성장을 보장하기 위해 세금을 줄여줘야 한다는 내용은 없다.

F 07 정답 ① ＊현실을 해석하는 데 있어서 언어의 필요성

조건의 부사절 접속사
If you want / to bring something into shared reality / for the purpose of social coordination, / you have to describe it, / or at the very least label it. //
만약 여러분이 원한다면 / 공유된 현실 속으로 무언가를 가져오길 / 사회적 조율의 목적을 위해 / 그것을 말로 설명해야 한다 / 혹은 최소한 명칭을 붙여야 한다 //

Even the ideally objective pursuit of science / is unable to escape / the framing effects of language. //
단서 1 과학의 객관적 사실도 언어의 틀 효과를 벗어날 수 없음
심지어 과학의 이상적으로 객관적인 추구조차도 / 벗어날 수 없다 / 언어의 틀 효과를 //

Like all collective culture, / science is constructed / on report, reason, debate, negotiation, justification, consensus, / and, most important, coordination. //
모든 집단 문화와 마찬가지로 / 과학은 세워져 있다 / 기록, 논거, 토론, 협상, 정당화, 합의 위에 / 그리고 가장 중요하게는 조율 위에 //
단서 2 모든 것들(과학의 기록부터 조율까지)은 언어에 의존함
And all of these things / depend on language. //
그리고 이 모든 것들은 / 언어에 의존한다 //

원급 비교
Even something **as** fundamental / **as** particle physics / depends on language / in a particular way. //
단서 3 입자 물리학 같은 근본적인 것도 언어에 의존함
심지어 근본적인 무언가조차도 / 입자 물리학처럼 / 언어에 의존한다 / 특정한 방식으로 //

I don't mean / **that** particle physics wouldn't exist / if we didn't describe it. //
목적어절 접속사
의미는 아니다 / 입자 물리학이 존재하지 않을 것이라는 / 만약 우리가 그것을 말로 설명하지 않는다 하더라도 //

Particle physics is part of brute reality / and so it will carry on / independent of any human agreement or understanding of what it is. //
입자 물리학은 적나라한 현실의 일부이다 / 따라서 계속될 것이다 / 어떤 인간의 합의나 그것이 무엇인지에 대한 이해와 별도로 //

분사구문
But consider this remark by Michael I. Jordan, / **referring to the "infinite potential well" model**, / **which** studies / how a single particle behaves / in a small, enclosed space: /
계속적 용법의 관계대명사
하지만 Michael I. Jordan의 이 발언을 고려해 보라 / '무한 퍼텐셜 우물' 모델이라고 언급한 / 이 모델은 연구한다 / 하나의 단일 입자가 어떻게 반응을 나타내는지 / 작은 폐쇄된 공간에서 /

"A particle in a potential well / is optimizing a function / **called**
the Lagrangian function. //
과거분사(function 수식)
"퍼텐셜 우물 속의 입자는 / 함수를 최적화하고 있다 / 라그랑지안 함수라고 불리는 //

The particle doesn't know that. // 그 입자는 그것을 알지 못한다 //
현재분사(algorithm 수식)
There's no algorithm / **running** / **that** does that. //
알고리듬도 없다 / 작동 중인 / 그것을 하는 //
주격 관계대명사

It just happens. // 그것은 그저 일어난다 //
── it ~ that 강조 구문 ──
It's a description / mathematically of something / **that** helps us
helps의 목적격 보어(원형부정사)
understand as analysts / what's happening." //
설명한 것이다 / 무언가를 아주 정확히 / 우리가 분석가로서 이해하도록 돕는 것은 / 무슨 일이
일어나고 있는지" //
단서 4 분석가로서 이해하도록 돕는 것은
아주 정확히 설명한 것임

- coordination ⓝ 조율, 조화 · label ⓥ 명칭을 붙이다
- objective ⓐ 객관적인 · pursuit ⓝ 추구
- collective ⓐ 집단적인 · negotiation ⓝ 협상
- consensus ⓝ 합의 · fundamental ⓐ 근본적인
- exist ⓥ 존재하다 · infinite ⓐ 무한한 · remark ⓝ 발언
- optimize ⓥ 최적화하다 · function ⓝ 함수, 기능
- mathematically ⓐⓓ 아주 정확히, 수학적으로 · interpret ⓥ 해석하다
- phenomenon ⓝ 현상 (*pl.* phenomena)

만약 여러분이 사회적 조율의 목적을 위해 공유된 현실 속으로 무언가를 가져오
길 원한다면 그것을 말로 설명하거나, 혹은 최소한 명칭을 붙여야 한다. 심지어
과학의 이상적으로 객관적인 추구조차도 언어의 틀 효과를 벗어날 수 없다. 모
든 집단 문화와 마찬가지로, 과학은 기록, 논거, 토론, 협상, 정당화, 합의, 그리
고 가장 중요하게는 조율 위에 세워져 있다. 그리고 이 모든 것들은 언어에 의
존한다. 심지어 입자 물리학처럼 근본적인 무언가조차도 특정한 방식으로 언어
에 의존한다. 만약 우리가 입자 물리학을 말로 설명하지 않는다 하더라도 그것
이 존재하지 않을 것이라는 의미는 아니다. 입자 물리학은 적나라한 현실의 일
부이고 따라서 어떤 인간의 합의나 그것이 무엇인지에 대한 이해와 별도로 계속
될 것이다. 하지만 Michael I. Jordan이 '무한 퍼텐셜 우물' 모델이라고 언급한
이 발언을 고려해 보는데, 이 모델은 하나의 단일 입자가 작은 폐쇄된 공간에서
어떻게 반응을 나타내는지를 연구한다. "퍼텐셜 우물 속의 입자는 라그랑지안
함수라고 불리는 함수를 최적화하고 있다. 그 입자는 그것을 알지 못한다. 그것
을 하는 작동 중인 알고리듬도 없다. 그것은 그저 일어난다. 우리가 분석가로서
무슨 일이 일어나고 있는지 이해하도록 돕는 것은 무언가를 아주 정확히 설명한
것이다."

다음 글의 주제로 가장 적절한 것은? [3점]
입자 물리학을 비롯한 과학의 모든 것을 설명하는 데에 언어가 필수적임
① **necessity of language in framing and interpreting reality**
현실을 구성하고 해석하는 데 있어서 언어의 필요성
② role of word choices in science to avoid misinterpretation
오해를 피하기 위한 과학에서의 단어 선택의 역할 과학에서 단어 선택이 하는 역할에 대한 글이 아님
③ ways to establish scientific facts without linguistic framing
언어적 틀 구성 없이 과학적 사실을 확립하는 방법
언어적 틀 구성이 없이는 과학적 사실을 확립할 수 없다는 것이 글의 내용임
④ impact of social coordination on setting priorities in science
과학에서 우선순위를 설정하는 데 사회적 협력이 미치는 영향
과학에서 우선순위를 정하는 것에 대해 이야기하는 내용이 아님
⑤ difficulty of naming complex social phenomena with simple terms
복잡한 사회 현상을 단순한 용어로 이름 붙이는 것의 어려움
복잡한 사회 현상을 단순한 용어로 이름 붙이는 것에 대한 언급은 없음

왜 정답? [정답률 71%]

전반부	과학의 모든 것들, 심지어 입자 물리학과 같은 근본적인 것조차도 언어에 의존함 단서1 ~ 단서3
후반부	'무한 퍼텐셜 우물' 모델: 입자 스스로 이를 인식하거나 알고리듬을 따르는 것이 아니고 자연 법칙에 따라 현상이 발생하는 것임. 인간이 이를 언어를 통해 설명하고 분석함 단서4

▶ 따라서 이 글의 주제는 ① '현실을 구성하고 해석하는 데 있어서 언어의 필요성'이
가장 적절하다.

왜 오답?

② 과학에서 단어 선택이 하는 역할에 대한 글이 아니다.
③ 언어적 틀 구성이 없이는 과학적 사실을 확립할 수 없다는 것이 이 글의 내용이다.
④ 과학에서 우선순위를 정하는 것에 대해 이야기하는 글이 아니다.
⑤ 복잡한 사회 현상을 단순한 용어로 이름 붙이는 것에 대한 언급은 없다.

F 08 정답 ② * 식품 광고와 관련된 단어 의미의 변화

While many city shoppers were clearly drawn to the notion /
주어
of buying and eating foods associated with nature, / **the nature**
동사   주격 관계대명사(선행사 the nature)
claimed by the ads / **was** no longer the nature / **that** created the
foods. //
단서1 식품 광고의 '자연'은 광고의 부속물로서만 관련이 있음
도시의 구매자 대부분이 개념에 확실히 끌렸지만 / 자연과 관련이 있는 식품을 사고 먹는다는 /
광고가 주장하는 그 자연은 / 더는 그 자연이 아니었다 / 그 식품을 만들어 낸 //
단수 주어   단수 동사
Indeed, **the nature** claimed by many ads / **was** associated with
food products / *only* by the ads' attachment. //
실제로 많은 광고가 주장하는 자연은 / 식품 제품과 관련이 있었다 / '오직' 광고의 부속물로만 //
선행사를 포함한 관계대명사
This is clearly a case of / **what** French sociologist Henri Lefebvre
has called "the decline of the referentials," /
이것이 분명하게 보이는 사례다 / 프랑스의 사회학자 Henri Lefebvre가 '지시성의 감소'라고
일컬었던 것 /
단서2 자본주의의 영향을 받은 단어가 (원래의) 의미 있는 연관으로부터 분리되는 것임
동격의 or
or the tendency of words / under the influence of capitalism /
형용사적 용법(the tendency를 수식)
to become separated from meaningful associations. //
즉 단어들의 경향 / 자본주의의 영향을 받은 / 의미 있는 연관으로부터 분리되는 //

Increasingly, food ads helped shoppers become accustomed
동격의 콤마
to / new definitions of words such as "fresh" and "natural," /
주격 관계대명사
definitions **that** could well be considered opposite of their
traditional meanings. //
단서3 식품 광고의 '신선한', '자연스러운'이라는 단어는 기존과 정반대로 여겨지는 개념임
점차, 식품 광고는 구매자가 익숙해지도록 도왔는데 / '신선한', '자연스러운' 같은 단어의
새로운 개념에 / 어쩌면 기존 의미와 정반대로 여겨질 수 있는 정의였다 //

The new definitions better served / the needs of the emerging
계속적 용법의 관계대명사   주격 관계대명사(선행사 foods)
industrial food system, / **which** could not supply foods / **that**
matched customary meanings and expectations. //
그 새로운 정의는 더 잘 부합했는데 / 신흥 식품 산업 시스템의 요구에 / 그 시스템은 식품을
공급할 수 없었다 / 관례적인 의미와 기대에 부응하는 //
(= the new definitions)
And **they** better met shoppers' desires, / although with
pretense. //
그래서 그 정의는 소비자들의 열망을 더 잘 충족했다 / 비록 겉치레이긴 하더라도 //

- attachment ⓝ 부속물, 부착 · decline ⓝ 감소, 하락
- referential ⓝ 지시성 · tendency ⓝ 경향
- capitalism ⓝ 자본주의 · association ⓝ 연관, 연상
- accustomed ⓐ 익숙한 · definition ⓝ 정의
- emerging ⓐ 신흥의, 새로 만들어진 · customary ⓐ 관례적인, 관습상의
- pretense ⓝ 겉치레, 가식 · reliability ⓝ 신뢰성

도시의 구매자 대부분이 자연과 관련이 있는 식품을 사고 먹는다는 개념에
확실히 끌렸지만, 광고가 주장하는 그 자연은 더는 그 식품을 만들어 낸 자연이
아니었다. 실제로 많은 광고가 주장하는 자연은 '오직' 광고의 부속물로만
식품 제품과 관련이 있었다. 이것이 프랑스의 사회학자 Henri Lefebvre가
'지시성의 감소'라고 일컬었던 것, 즉 자본주의의 영향을 받은 단어가 의미 있는
연관으로부터 분리되는 경향을 분명하게 보이는 사례다. 점차, 식품 광고는
구매자가 '신선한', '자연스러운' 같은 단어의 새로운 개념에 익숙해지도록
도왔는데, 어쩌면 기존 의미와 정반대로 여겨질 수 있는 정의였다. 그 새로운
정의는 신흥 식품 산업 시스템의 요구에 더 잘 부합했는데, 그 시스템은
관례적인 의미와 기대에 부응하는 식품을 공급할 수 없었다. 그래서 비록
겉치레이긴 하더라도 그 정의는 소비자들의 열망을 더 잘 충족했다.

다음 글의 주제로 가장 적절한 것은?
광고에서 쓰이는 단어의 뜻이 변화했다는 것이지 신뢰도 하락은 언급하고 있지 않음
① decline of reliability in the ads of natural foods
자연식품 광고의 신뢰도 하락
② **changes in the senses of words linked to food ads**
식품 광고와 관련된 단어 의미의 변화 식품 광고에 사용되는 단어가 자본주의의 영향으로 본래 의미로부터 분리되는 결과를 초래했음
③ influence of capitalism on the industrial food system
산업 식품 시스템에 대한 자본주의의 영향 산업 식품 시스템이나 자본주의는 주요 내용이 아님
④ various ways to attract customers in the food industry
식품 산업에서 고객을 유인하는 다양한 방법 고객을 유인하는 다양한 방법이 언급되어 있지 않음
⑤ necessity of meaningful word associations in commercials
상업 광고에서 유의미한 어휘 연관의 필요성 유의미한 어휘 연관의 필요성에 대해 언급하지 않았음

➡ 식품 광고에서 사용되는 단어는 자본주의의 영향으로 새로운 식품 산업 시스템의
요구에 더 잘 맞추어짐 → 이 단어는 소비자의 욕구를 충족시키는 방향으로
재정의되었음 → 이러한 현상은 단어가 원래의 의미에서 벗어나는 결과를 가져왔음
▶ 따라서 글의 주제로 가장 적절한 것은 ② '식품 광고와 관련된 단어 의미의
변화'이다.

① 광고에서 쓰이는 단어의 뜻이 변화했다는 것이지 신뢰도 하락으로 연결하고 있지
않다. 
③ 산업 식품 시스템이나 자본주의는 주요 내용이 아니다.
④ 고객을 유인하는 다양한 방법이 언급되어 있지 않다.
⑤ 식품 광고에서 쓰이는 단어의 의미 변화에 대한 글이지, 유의미한 어휘 연관의
필요성에 대해 언급하지 않았다.

F 09 정답 ① *산업화가 가져온 노동과 시간의 변화

The arrival of the Industrial Age / changed the relationship
among time, labor, and capital. // 단서 1 산업 시대가 도래하면서 시간, 노동,
자본 사이의 관계가 변화함
산업 시대의 도래는 / 시간, 노동, 자본 사이의 관계를 변화시켰다 //

Factories could produce around the clock, / and they could
= produce around the clock
do so with greater speed and volume / than ever before. //
공장은 24시간 내내 생산할 수 있었고 / 더 빠른 속도와 더 많은 양으로 그렇게 할 수 있었다 /
이전 어느 때보다 //

A machine that runs twelve hours a day / will produce more
widgets / than one that runs for only eight hours per day /
= a machine
— and a machine that runs twenty-four hours per day / will
produce the most widgets of all. //
하루 12시간 가동되는 기계는 / 더 많은 제품을 생산할 것이고 / 하루 8시간만 가동되는
기계보다 / 하루 24시간 가동되는 기계는 / 모든 기계 중 가장 많은 제품을 생산할 것이다 //
수동태
As such, at many factories, / the workday is divided into eight-
hour shifts, / so that there will always be people on hand /
부사적 용법(목적)   단서 2 공장의 기계화로 인간의
to keep the widget machines humming. // 작업일은 8시간 근무 교대로 나뉨
따라서 많은 공장에서 / 작업일은 8시간 근무 교대로 나누어져서 / 언제나 인력이 배치되어
있을 것이다 / 제품(생산) 기계가 쉬지 않고 돌아가도록 // 단서 3 산업화로 인해 인간은 노동한
                              시간만큼 많은 제품을 생산하고, 많은 돈을 벌게 되어 임금이 노력과 연계됨
Industrialization raised the potential value of every single work
the 비교급 ~, the 비교급 ... : ~할수록 더 …하다
hour / the more hours you worked, / the more widgets you
produced, / and the more money you made — / and thus wages
수동태
became tied to effort and production. //
산업화는 모든 개별 근무 시간의 잠재적 가치를 높였는데 / 더 많은 시간을 일했을수록 / 더
많은 제품을 생산했고 / 더 많은 돈을 벌었으며 / 이로써 임금은 노력과 생산량에 연계되었다 //
과거분사(labor 수식)
Labor, previously guided by harvest cycles, / became clock-
oriented, / and society started to reorganize / around new
principles of productivity. // 단서 4 수확 시기(자연의 질서)를 따르던 노동이 시계와
                                생산성을 중심으로 재조직됨
이전에는 수확 주기를 따르던 노동이 / 시계 중심이 되었고 / 사회는 재조직되기 시작했다 /
새로운 생산성의 원칙을 중심으로 //

- Industrial Age 산업 시대   · capital ⓝ 자본
- around the clock 24시간 내내   · shift ⓝ 교대 근무
- hum ⓥ 웅웅거리다, 활기가 넘치다   · industrialization ⓝ 산업화
- potential ⓐ 잠재적인   · wage ⓝ 임금
- reorganize ⓥ 재조직하다

산업 시대의 도래는 시간, 노동, 자본 사이의 관계를 변화시켰다. 공장은
24시간 내내 생산할 수 있었고, 이전 어느 때보다 더 빠른 속도와 더 많은
양으로 그렇게 할 수 있었다. 하루 12시간 가동되는 기계는 하루 8시간만
가동되는 기계보다 더 많은 제품을 생산할 것이고, 하루 24시간 가동되는
기계는 모든 기계 중 가장 많은 제품을 생산할 것이다. 따라서 많은 공장에서
작업일은 8시간 근무 교대로 나누어져서, 제품(생산) 기계가 쉬지 않고
돌아가도록 언제나 인력이 배치되어 있을 것이다. 산업화는 모든 개별 근무
시간의 잠재적 가치를 높였는데, 더 많은 시간을 일했을수록, 더 많은 제품을

생산했고, 더 많은 돈을 벌었으며, 이로써 임금은 노력과 생산량에 연계되었다.
이전에는 수확 주기를 따르던 노동이 시계 중심이 되었고, 사회는 새로운
생산성의 원칙을 중심으로 재조직되기 시작했다.

다음 글의 주제로 가장 적절한 것은?

① shift in the work-time paradigm brought about by
industrialization 산업화가 가져온 노동과 시간의 변화에 대한 내용임
산업화로 인해 야기된 일과 시간의 패러다임 변화
② effects of standardizing production procedures on labor markets
생산 절차의 표준화가 노동 시장에 미친 영향 생산 과정의 기계화가 노동 시간과 임금에 미친 영향을
                                설명한 내용이므로, 생산 절차의 '표준화'와는 관련이 없음
③ influence of industrialization on the machine-human relationship
산업화가 기계와 인간의 관계에 미친 영향
산업화가 인간의 노동 시간과 임금에 미친 영향이지, '기계와 인간의 관계'에 미친 영향은 언급되지 않음
④ efficient ways to increase the value of time in the Industrial Age
산업 시대에 시간의 가치를 높이는 효율적인 방법 산업 시대가 도래하면서 시간에 따라 노동의 가치가
                                부여되었다는 내용이지, '시간의 가치'를 높이는 방법에 관한 내용은 아님
⑤ problems that excessive work hours have caused for laborers
과도한 업무 시간이 노동자에게 초래한 문제 과도한 업무 시간으로 인해 발생한 문제에 관한 언급은 없음

- 산업 시대의 도래는 시간, 노동, 자본 사이의 관계를 변화시켰음 단서 1
- 많은 공장에서 작업일은 8시간 근무 교대로 나누어져서, 제품(생산) 기계가 쉬지
  않고 돌아가도록 언제나 인력이 배치되어 있을 것임 단서 2
- 산업화는 모든 개별 근무 시간의 잠재적 가치를 높였는데, 더 많은 시간을
  일했을수록, 더 많은 제품을 생산했고, 더 많은 돈을 벌었으며, 이로써 임금은
  노력과 생산량에 연계되었음 단서 3
- 수확 주기를 따르던 노동이 시계 중심이 되었고, 사회는 새로운 생산성의 원칙을
  중심으로 재조직되기 시작했음 단서 4

➡ 산업 시대가 도래하면서 시간, 노동, 자본 사이의 관계가 변화했다. 공장의 기계화로
인간의 작업일은 8시간 근무 교대로 나뉘게 되었으며, 산업화로 인해 인간은
노동한 시간만큼 기계를 돌릴 수 있고, 기계를 돌리는 만큼 생산량을 확보할 수 있게
되었다.
따라서 인간은 노동한 시간만큼 많은 제품을 생산하고, 또 그만큼 많은 돈을
벌게 되었다는 내용이다. 이는 임금이 노력(시간)과 연계되는 계기가 되었다.
이전에는 수확 시기(자연의 질서)를 따르던 노동이 시계와 생산성을 중심으로
재조직되었다고 설명하고 있으므로, 정답은 ① '산업화로 인해 야기된 일과 시간의
패러다임 변화'이다.

② 생산 과정의 기계화가 노동 시간과 임금에 미친 영향을 설명한 내용이므로, 생산
절차의 '표준화'와는 관련이 없다.
③ 산업화가 인간의 노동 시간과 임금에 미친 영향이지, '기계와 인간의 관계'에 미친
영향은 언급되지 않았다.
④ 산업 시대가 도래하면서 시간에 따라 노동의 가치가 부여되었다는 내용이지,
'시간의 가치'를 높이는 방법에 관한 내용은 아니다.
⑤ 과도한 업무 시간으로 인해 발생한 문제에 관한 언급은 없었다.

한규진 | 연세대 치의예과 2025년 입학·대구 계성고 졸

지문 초반에 '산업 시대의 도래'가 '시간, 노동, 자본 사이의 관계'를
'변화'시켰다고 했으니, 앞으로 글을 읽으면서 시간, 노동, 자본의
세 요소를 중심으로 '어떤 변화'가 있었는지를 주목해야겠다는
생각을 가져보자. 글 중간에 부정이나 대조의 표현 없이 글이
이어지고 있으므로, 마지막까지 산업 시대의 도래가 초래한 변화에 집중하면 돼.
특히 중간에 'the 비교급, the 비교급' 구문이 있는데 어떤 특성이 강하게 나타나는
것을 강조하는 표현이므로 여기에 무게를 두면 산업화가 시간에 영향을 미치는 것에
대한 이야기라는 걸 알 수 있어!

F 10 정답 ④ *특이한 것을 이해하기 위해 일상적인 것에 대해 질문 제기하기

가주어   진주어
It is much more natural to be surprised / by unusual phenomena
비교급을 강조하는 부사
like eclipses / than ordinary phenomena like falling bodies / or
the succession of night into day and day into night. //
놀라는 것이 훨씬 더 자연스럽다 / 일식과 같은 특이한 현상에 의해 / 낙하하는 물체 같은
평범한 현상보다 / 또는 밤이 낮으로, 낮이 밤으로 이어지는 것과 같은 //

Many cultures invented gods / to explain these eclipses / that shocked, frightened, or surprised them; / but very few imagined a god of falling bodies /
많은 문화는 신을 만들어 냈다 / 이러한 일식을 설명하기 위해 / 그들에게 충격, 공포, 또는 놀라움을 주었던 / 그러나 낙하하는 물체의 신을 상상했던 문화는 거의 없었다 /

— to which they were so accustomed that they did not even notice them. //
너무 익숙해서 심지어 알아차리지도 못했던 //

But the reason for eclipses / is ultimately the same / as that of the succession of night and day: /
그러나 일식이 일어나는 이유는 / 궁극적으로 동일하다 / 밤과 낮이 연속되는 이유와 /

the movement of celestial bodies, / which itself is based on the Newtonian law of attraction / and how it explains / why things fall / when we let them go. //
즉 천체의 움직임 / 그 자체로 뉴턴의 만유인력의 법칙에 기반하는 / 그리고 설명하는 방식 / 왜 물체가 떨어지는지 / 우리가 물체를 놓으면 /

For the physicist, / understanding the ordinary, the habitual, and the frequent / thus allows us to account for / the frightening and the singular. // 단서 1 평범한 것을 이해하는 것이 기묘한 것을 설명할 수 있게 해줌
그러므로 물리학자로 말할 것 같으면 / 평범한 것, 습관적인 것, 빈번한 것을 이해하는 것이 / 우리가 설명할 수 있게 해준다 / 무서운 것과 기묘한 것을 //

As such, / it was thus necessary / to ask "Why do things fall?" / and to have Newton's response /
그와 같이 / 따라서 필요했다 / "물체는 왜 떨어지는가?"라고 질문하는 것 / 그리고 뉴턴식의 답을 하는 것 /

단서 2 평범한 것에 대해 질문을 던지는 것이 기괴한 현상을 이해하기 위해 필요함
to understand a broad range of much more bizarre phenomena / occurring at every level of the universe. //
다양하고 폭넓은 훨씬 더 기괴한 현상들을 이해하기 위해서 / 우주의 모든 수준에서 일어나고 있는 //

- phenomena ⓝ 현상
- ordinary ⓐ 평범한
- succession ⓝ 연속
- frightened ⓐ 겁먹은
- accustomed ⓐ 익숙한
- physicist ⓝ 물리학자
- account for 설명하다
- notice ⓥ 알아차리다
- singular ⓐ 기묘한
- widespread ⓐ 광범위한
- mythical ⓐ 신화적인
- influence ⓝ 영향
- perception ⓝ 인식
- pose ⓥ (위협·문제 등을) 제기하다

낙하하는 물체나 밤이 낮으로, 낮이 밤으로 이어지는 것과 같은 평범한 현상보다 일식과 같은 특이한 현상에 놀라는 것이 훨씬 더 자연스럽다. 그들에게 충격, 공포, 또는 놀라움을 주었던 이러한 일식을 설명하기 위해 많은 문화에서 신을 만들어 냈지만, 너무 익숙해서 심지어 알아차리지도 못했던, 낙하하는 물체의 신을 상상했던 문화는 거의 없었다. 그러나 일식이 일어나는 이유는 밤과 낮이 연속되는 이유와 궁극적으로 동일한데, 즉 그 자체로 뉴턴의 만유인력의 법칙에 기반하는 천체의 움직임과 그것이 우리가 물체를 놓으면 왜 떨어지는지 설명하는 방식이다. 그러므로 물리학자로 말할 것 같으면, 평범한 것, 습관적인 것, 빈번한 것을 이해하여 우리가 무서운 것과 기묘한 것을 설명할 수 있게 해준다. 따라서 그와 같이, 우주의 모든 수준에서 일어나고 있는 다양하고 폭넓은 훨씬 더 기괴한 현상들을 이해하기 위해서, "물체는 왜 떨어지는가?"라고 질문하는 것과 뉴턴식의 답을 하는 것이 필요했다.

다음 글의 주제로 가장 적절한 것은? [3점]
특이한 것을 이해하기 위해 일상적인 것에 질문을 던지는 것이 필요함을 역설하는 내용
① widespread preference for mythical explanations over scientific ones
신화적 설명에 대한 광범위한 선호가 있다고 하지 않았음
과학적 설명보다는 신화적 설명에 대한 광범위한 선호
② limitations of Newtonian law in explaining eclipse phenomena
일식 현상을 설명하는 데 있어 뉴턴 법칙의 한계   뉴턴 법칙이 언급된 것으로 만든 오답
③ influence of scientific interpretations on perceptions of reality
현실 인식에 대한 과학적 해석의 영향   현실 인식에 대한 과학적 해석의 영향을 다루지 않음
④ need to pose questions about the usual to understand the unusual
특이한 것을 이해하기 위해 일상적인 것에 대한 질문을 제기할 필요성
⑤ difficulty of drawing general conclusions from unusual phenomena
특이한 현상에서 일반적인 결론을 도출하는 것의 어려움
특이한 현상에서 일반적 결론을 내는 것이 어렵다는 내용은 아님

전반부	일식과 같은 특이한 현상이 일어나는 이유는 평범한 현상과 사실 동일함
후반부	• 물리학자는 평범한 것, 습관적인 것, 빈번한 것을 이해하여 우리가 무서운 것과 기묘한 것을 설명하게 해줌 단서 1 • 다양하고 기괴한 현상을 이해하기 위해 평범한 현상에 대한 물음과 그것을 설명하기 위한 답이 필요함 단서 2

▶ 따라서 이 글의 주제는 ④ '특이한 것을 이해하기 위해 일상적인 것에 대한 질문을 제기할 필요성'이다.

WHY 오답?
① 과학적 설명보다는 신화적 설명에 대한 광범위한 선호를 이야기하는 글이 아니다.
② 뉴턴 법칙이 언급된 것으로 만든 오답일 뿐, 일식 현상을 설명하는 데 있어 뉴턴 법칙의 한계에 대해 언급하지 않았다.
③ 일상적인 것을 언급하긴 했지만, 현실 인식에 대한 과학적 해석의 영향을 말하는 글이 아니다.
⑤ 특이한 현상에서 일반적인 결론을 도출하는 것의 어려움에 대한 글이 아니다. 

F 11 정답 ③ *인간이 그림을 그리는 근본적 이유

The human desire to make pictures is deeply rooted. //
그림을 만드는 인간의 욕망은 깊게 뿌리를 내리고 있다 //

At least 64,000 years ago, / Neanderthals used colored oxide and charcoal / to make paintings of large wild animals, tracings of human hands, / and abstract patterns on cave and rock walls. //
적어도 6만 4천년 전에 / 네안데르탈인은 색깔이 있는 산화물과 목탄을 사용하여 / 커다란 야생 동물의 그림, 사람 손의 모사(模寫) / 그리고 동굴과 암벽에 추상적인 무늬를 만들었다 //

Today, people create images / with a multitude of mediums, including photography. //
오늘날, 사람들은 그림을 만든다 / 사진 촬영을 포함한 다수의 도구로 //

What drives this picturemaking impulse? //
무엇이 이 그림을 만드는 충동을 이끄는가 //

Some make pictures for commercial reasons. //
어떤 사람들은 상업적인 이유로 그림을 만든다 //

Others create informational systems / or employ scientific imaging tools to visualize the unseen. //
다른 사람들은 정보 체계를 만들거나 / 보이지 않는 것을 시각화하기 위해 과학적 이미지화 도구를 사용한다 //

Artists use images expressionistically, / to conceptualize and articulate / who they are and how they view the world. //
예술가들은 그림을 표현주의적으로 사용한다 / 개념화하고 분명하게 표현하기 위해서 / 그들이 누구인지 그리고 그들이 세상을 어떻게 바라보는지를 //

단서 그림을 만드는 근본적 동기는 보존하려는 욕구임
However, the fundamental motive for making the vast majority of pictures / is a desire to preserve: / to document, and therefore honor, specific people, events, and possessions of importance. //
그러나, 그림 대부분을 만드는 것에 대한 근본적인 동기는 / 보존하려는 욕구인데 / 기록하고, 그래서 중요성을 지닌 특정 사람들, 사건들, 그리고 소유물을 기념하려는 것이다 //

Regardless of purpose, the making of images persists / because words alone cannot always provide a satisfactory way / to describe and express our relationship to the world. //
목적과 관계없이, 그림 만드는 것은 지속되는데 / 말만으로는 만족할 만한 방법을 항상 제공할 수가 없기 때문이다 / 세상과 우리의 관계를 설명하고 표현하는 //

Pictures are an essential component / of how humans observe, communicate, celebrate, comment, and, most of all, remember. //
그림은 가장 중요한 요소이다 / 인간이 어떻게 관찰하고, 소통하고, 기념하고, 논평하고, 무엇보다도 기억하는지의 //

What and how we remember shapes our worldview, / and pictures can provide a stimulus to jog one's memory. //
우리가 무엇을 그리고 어떻게 기억하느냐가 우리의 세계관을 형성하고 / 그림은 누군가의 기억을 되살리는 자극을 제공할 수 있다 //

- desire ⓝ 욕구　　• rooted ⓐ ~에 뿌리[근원]를 둔
- abstract ⓐ 추상적인　　• multitude ⓝ 다수
- visualize ⓥ 시각화하다　　• conceptualize ⓥ 개념화하다
- fundamental ⓐ 근본적인　　• preserve ⓥ 보존하다
- document ⓥ 기록하다　　• persist ⓥ 계속[지속]되다
- satisfactory ⓐ 만족스러운, 충분한　　• essential ⓐ 필수적인
- evaluation ⓝ 평가

그림을 만드는 인간의 욕망은 깊게 뿌리를 내리고 있다. 적어도 6만 4천년 전에, 네안데르탈인은 색깔이 있는 산화물과 목탄을 사용하여 동굴과 암벽에 커다란 야생 동물의 그림, 사람 손의 모사(模寫), 그리고 추상적인 무늬를 만들었다. 오늘날, 사람들은 사진 촬영을 포함한 다수의 도구로 그림을 만든다. 무엇이 이 그림을 만드는 충동을 이끄는가? 어떤 사람들은 상업적인 이유로 그림을 만든다. 다른 사람들은 정보 체계를 만들거나 보이지 않는 것을 시각화하기 위해 과학적 이미지화 도구를 사용한다. 예술가들은 그들이 누구인지 그리고 그들이 세상을 어떻게 바라보는지를 개념화하고 분명하게 표현하기 위해서 그림을 표현주의적으로 사용한다. 그러나, 그림 대부분을 만드는 것에 대한 근본적인 동기는 보존하려는 욕구인데, 기록하고, 그래서 중요성을 지닌 특정 사람들, 사건들, 그리고 소유물을 기념하려는 것이다. 목적과 관계없이, 그림 만드는 것은 지속되는데 말만으로는 세상과 우리의 관계를 설명하고 표현하는 만족할 만한 방법을 항상 제공할 수가 없기 때문이다. 그림은 인간이 어떻게 관찰하고, 소통하고, 기념하고, 논평하고, 무엇보다도 기억하는지의 가장 중요한 요소이다. 우리가 무엇을 그리고 어떻게 기억하느냐가 우리의 세계관을 형성하고 그림은 누군가의 기억을 되살리는 자극을 제공할 수 있다.

다음 글의 주제로 가장 적절한 것은?

인간은 중요한 것을 기념하고 보존하기 위해 그림을 만듦

① factors that influence the art evaluation process
예술 평가 과정에 영향을 미치는 요인　　예술을 평가한다는 내용은 없음
② difference between commercial images and informative pictures
상업적 이미지와 정보 전달 이미지의 차이　상업적 이미지와 정보 전달 이미지를 대조하여 설명하는 글이 아님
③ explanation for the human desire of creating images to remember
기억하기 위해 이미지를 창조하려는 인간의 욕망에 대한 설명
④ benefits of written records in understanding our ancestors
조상을 이해하는 데 있어 글로 쓰여진 기록의 이점　　그림에 내용이지, 글로 쓰여진 기록에 대한 내용이 아님
⑤ change in the value of the same painting across history
역사 속에서 같은 그림의 가치 변화　　한 그림이 시간이 지나면서 가치가 변했다는 내용이 아님

왜 정답? [정답률 89%]

- 아주 옛날부터 그림을 만들려는 인간의 욕망은 존재함
- 이러한 그림을 만드는 충동은 근본적으로 중요한 것을 기록하여 보존하려는 욕구임 단서
- 그림은 글만으로는 설명할 수 없는 세상과 우리의 관계를 표현하고, 우리가 무엇을 어떻게 기억하는지를 보여주는 중요한 요소임

➡ 따라서 이 글의 주제로는 ③ '기억하기 위해 이미지를 창조하려는 인간의 욕망에 대한 설명'이 가장 적절하다.

왜 오답?

① 예술을 평가한다는 것에 대한 언급은 없다.
② 상업적 목적으로 그림을 만드는 사람이 있다는 언급은 있었으나, 이 글의 핵심 내용은 아니다.
④ 글로 쓰여진 기록이 아니라 그림이 이 글의 핵심이다.
⑤ 같은 그림이 시대의 흐름에 따라 가치가 어떻게 변화했는지에 대한 글이 아니다.

F 12　정답 ④　＊문제의 본질에 따라 달라지는 정부의 접근 방식

목적격 관계대명사

Natural disasters and aging are two problems / that societies
현재완료진행형
have been dealing with for all of human history. //
자연재해와 노화는 두 문제이다 / 전 인류 역사에 걸쳐 사회가 다뤄온 //

Governments must respond to both, / but their dynamics are entirely different / and this has profound consequences / for the nature of the response. // 단서1 (두 문제의) 역학이 다른 것이 반응의 본질에 큰 영향을 미침
정부는 두 가지 모두에 반응해야 하지만 / 그것들의 역학은 완전히 다르고 / 이것은 깊은 영향력을 가진다 / 반응의 본질에 //

Simply by plotting the aging slope, / policy makers go a long way / toward understanding the problem: / People get older / at a constant and reliable rate. //
단순히 노화 기울기를 그림으로써 / 정책 결정자들은 진척을 보인다 / 문제를 이해하는 데 / 사람들은 나이 들어간다 / 일정하고 신뢰할 만한 속도로 //

There can be disagreements / over how to solve the aging problem (this is political complexity), / but the nature of the problem is never in dispute. //
이견들이 있을 수 있으나 / 노화 문제를 해결하는 방법에 대한 (이것은 정치적 복잡성이다) / 문제의 본질은 절대로 논쟁의 여지가 없다 //

동명사 주어(단수)　　과거분사구(the number of people 수식)　　단수 동사
Plotting the number of people / killed in natural disasters / does very little to advance understanding of this problem / other than emphasizing the randomness of natural disasters. //
사람들의 숫자를 그려 보는 것은 / 자연재해로 사망한 / 이 문제에 대한 이해를 거의 진척시키지 않는다 / 자연재해의 무작위성을 강조하는 것 외에는 //

동명사 주어
Preparing a policy response is, therefore, / much easier in some areas than in others. //
그러므로 정책 반응을 준비하는 것은 / 다른 영역보다 일부 영역에서 훨씬 더 쉽다 //

When inputs are reliable and easy to predict, / it greatly facilitates information processing / and allows for anticipatory problem-solving. // 단서2 문제(입력 정보)가 신뢰할 만하고 예측하기 쉬울 때의 정책 반응
입력 정보가 신뢰할 만하고 예측하기 쉬울 때 / 그것은 정보 처리를 크게 용이하게 하고 / 예측적 문제 해결을 가능하게 한다 //

When problems are causally complex and multivariate,
동명사 주어(단수)　　단수 동사
/ determining the appropriate response / is a reactionary endeavor. // 단서3 문제가 복잡하고 변수가 많을 때의 정책 반응
문제가 인과적으로 복잡하고 변수가 많을 때 / 적절한 반응을 결정하는 것은 / 반응적 노력이다 //

- plot ⓥ 그리다, 표시하다　　• slope ⓝ 기울기, 경사면
- emphasize ⓥ 강조하다　　• facilitate ⓥ 용이하게 하다, 가능하게 하다
- anticipatory ⓐ 기대한, 예측한　　• multivariate ⓐ 다변량의
- reactionary ⓐ 반응적인　　• endeavor ⓝ 노력, 시도
- hasty ⓐ 급한, 서두르는　　• comprehensive ⓐ 포괄적인, 종합적인

자연재해와 노화는 전 인류 역사에 걸쳐 사회가 다뤄온 두 문제이다. 정부는 두 가지 모두에 반응해야 하지만, 그것들의 역학은 완전히 다르고 이것은 반응의 본질에 깊은 영향력을 가진다. 단순히 노화 기울기를 그림으로써, 정책 결정자들은 문제를 이해하는 데 진척을 보인다. 사람들은 일정하고 신뢰할 만한 속도로 나이 들어간다. 노화 문제를 해결하는 방법에 대한 이견들이 있을 수 있으나, (이것은 정치적 복잡성이다) 문제의 본질은 절대로 논쟁의 여지가 없다. 자연재해로 사망한 사람들의 숫자를 그려 보는 것은 자연재해의 무작위성을 강조하는 것 외에는 이 문제에 대한 이해를 거의 진척시키지 않는다. 그러므로 정책 반응을 준비하는 것은 다른 영역보다 일부 영역에서 훨씬 더 쉽다. 입력 정보가 신뢰할 만하고 예측하기 쉬울 때, 그것은 정보 처리를 크게 용이하게 하고 예측적 문제 해결을 가능하게 한다. 문제가 인과적으로 복잡하고 변수가 많을 때, 적절한 반응을 결정하는 것은 반응적 노력이다.

다음 글의 주제로 가장 적절한 것은? [3점]

자연재해에 대한 언급은 있으나 성급한 결정이 위험하다는 내용은 없음
① risks of hasty decision-making during natural disasters
자연재해 발생 시 성급한 의사결정의 위험
② reasons for governmental concern about aging populations
노인 인구 증가에 대한 정부의 우려 이유　고령화에 대한 언급은 있으나, 정부의 걱정에 대한 내용은 없음
③ significance of studying the comprehensive history of policy making
정책 결정의 역사에 대한 글이 아님
정책 결정의 포괄적인 역사를 연구하는 것의 중요성
④ different approaches of governments depending on the nature of the problem　their dynamics are entirely different ~ nature of the response
문제의 성격에 따른 정부의 다양한 접근 방식
⑤ advantages of anticipatory problem-solving in dealing with social problems　예측적 문제 해결의 장점이 언급은 되었으나, 이것의 장점에 대해 쓴 글이 아님
사회 문제 해결에 있어서 예측 문제 해결의 장점

왜 정답? [정답률 42%]

핵심 문장	두 가지 사회적 문제는 역학이 다르고, 따라서 반응의 본질에도 영향을 미침 단서 1
예시 비교	• 노화는 일정하고 신뢰할 만한 속도로 일어나므로 단순한 노화 기울기 그림이 문제 이해에 큰 도움을 줌 단서 2 • 하지만 자연재해는 같은 방식으로 접근하면 문제 이해에 거의 도움이 되지 않음 단서 3
구체적 설명	문제가 신뢰할 만하고 단순할 때와 인과적으로 복잡하고 변수가 많을 때의 정책 반응 준비는 다름

▶ 따라서 이 글의 주제는 ④ '문제의 성격에 따른 정부의 다양한 접근 방식'이 가장 적절하다.

왜 오답?

① 자연재해에 대한 언급은 있으나 성급한 결정으로 인한 위험에 대한 내용은 없다.
② 고령화에 대한 언급은 있으나, 이에 대해 정부가 걱정하는 이유가 없다.
③ 정책 수립의 역사에 대한 글이 아니다.
⑤ 입력 정보가 예측하기 쉽고 신뢰할 만하다면 예측적 문제 해결이 가능하다고 하지만, 이것의 장점을 설명하는 글은 아니다. 함정

자이 쌤's Follow Me! − 홈페이지에서 제공

F 13 정답 ② *문화적으로 구성되는 감정

단수 주어
Considerable work / by cultural psychologists and
단수 동사
anthropologists / has shown /
주목할 만한 연구는 / 문화 심리학자들과 인류학자들에 의한 / 보였다 /

that there are indeed large and sometimes surprising differences
/ in the words and concepts / that different cultures have / for
describing emotions, 단서 1 서로 다른 문화가 감정을 묘사하기 위해 가진 어휘와 개념에는 큰 차이가 있음
정말로 크고, 때로는 놀랄 만한 차이가 있다는 것을 / 어휘와 개념에 / 서로 다른 문화가 가진
/ 감정을 묘사하기 위해 /
복수 선행사 **주격 관계대명사절의 복수 동사**
as well as in the social circumstances / that draw out the
expression of particular emotions. //
사회적 상황에서만이 아니라 / 특정한 감정의 표현을 끌어내는 //

However, / those data do not actually show / that different
cultures have different emotions, /
하지만 / 그런 데이터가 실제로 보이지는 않는다 / 서로 다른 문화가 서로 다른 감정을 가지고
있다는 것을 /

ⓐ 중추 신경의
if we think of emotions / as central, neurally implemented
states. // 만약 우리가 감정을 생각한다면 / 중추 신경의, 즉 신경계에서 실행되는 상태라고 //

As for, say, color vision, / they just say / that, despite the same
internal processing architecture, /
say의 목적어절 전치사 명사구
접속사 ①
예를 들어 색 식별에 대해 / 데이터들은 단지 말할 뿐이다 / 체내에서 일어나는 동일한 처리
구조에도 불구하고 /

명사절 주어 **단수 동사**
how we interpret, categorize, and name emotions varies /
according to culture / 단서 2 감정을 표현하는 것이 적절한 상황이 문화에 따라 다름
우리가 감정을 해석하고 범주화하며 명명하는 방식은 다르고 / 문화에 따라 /
say의 목적어절 접속사 ② 선행사
and that we learn in a particular culture the social context /
관계부사 where로 바꿀 수 있음
in which it is appropriate to express emotions. //
우리는 사회적 상황을 특정 문화에서 배운다는 것을 / 감정을 표현하는 것이 적절한 //

However, / the emotional states themselves / are likely to be
quite invariant / across cultures. //
하지만 / 감정 상태 그 자체는 / 지극히 불변할 가능성이 있다 / 문화 전반에 걸쳐 //

In a sense, / we can think of a basic, culturally universal
emotion set / that is shaped by evolution / and implemented
in the brain, /
어떤 의미에서 / 우리는 기본적인, 문화적으로 보편적인 감정 모음을 생각할 수 있다 / 진화에
의해 형성되어 / 두뇌에서 실행되는 /

but the links / between such emotional states and stimuli,
복수 주어
behavior, and other cognitive states / are plastic / and can be
복수 동사
modified / by learning / in a specific cultural context. //
하지만 연관성은 / 그런 감정 상태와 자극, 행동, 그리고 다른 인지 상태 간의 / 바뀌기 쉽고 /
수정될 수 있다 / 학습에 의해 / 특정한 문화적 상황에서의 //

• considerable ⓐ 상당한, 주목할 만한 • psychologist ⓝ 심리학자
• indeed ⓐ d 정말, 사실 • circumstance ⓝ (주변) 상황, 환경
• draw out ~을 끌어내다[뽑아내다]
• neurally ⓐ d 신경(계)으로 • implement ⓥ 실행하다
• architecture ⓝ 건축, 구조 • categorize ⓥ 분류하다
• context ⓝ 맥락, 전후 사정 • invariant ⓐ 변함없는, 변치 않는
• evolution ⓝ 진화, 발전 • plastic ⓐ 형태를 바꾸기 쉬운, 가짜의
• modify ⓥ 수정하다, 조정하다

문화 심리학자들과 인류학자들의 주목할 만한 연구에 따르면 특정한 감정의 표현을 끌어내는 사회적 상황에서만이 아니라 감정을 묘사하기 위해 서로 다른 문화가 가진 어휘와 개념에 정말로 크고, 때로는 놀랄 만한 차이가 있다. 하지만 그런 데이터가 서로 다른 문화가 서로 다른 감정을 가지고 있다는 것을 실제로 보여주는 것은 아닌데, 만약 우리가 감정을 중추 신경의, 즉 신경계에서 실행되는 상태라고 생각한다면 말이다. 예를 들어 색 식별에 대해 데이터들은 체내에서 일어나는 동일한 처리 구조에도 불구하고, 우리가 감정을 해석하고, 범주화하며 명명하는 방식은 문화에 따라 다르고, 우리는 감정을 표현하는 것이 적절한 사회적 상황을 특정 문화에서 배운다는 것을 단지 말할 뿐이다. 하지만 감정 상태 그 자체는 문화 전반에 걸쳐 지극히 불변할 가능성이 있다. 어떤 의미에서 우리는 진화에 의해 형성되어 두뇌에서 실행되는 기본적인, 문화적으로 보편적인 감정 모음을 생각할 수 있지만, 그런 감정 상태와 자극, 행동, 그리고 다른 인지 상태 간의 연관성은 바뀌기 쉬워, 특정한 문화적 상황에서의 학습에 의해 수정될 수 있다.

다음 글의 주제로 가장 적절한 것은? [3점]

① essential links between emotions and behaviors
감정과 행동 간의 근본적 연관성   감정과 문화 간의 연관성에 대한 글
② culturally constructed representation of emotions
문화적으로 구성되는 감정 표현   감정 표현에 문화가 영향을 미침
③ falsely described emotions through global languages
세계 공용어를 통해 잘못 묘사되는 감정
④ universally defined emotions across academic disciplines
학문 분야 전반에 걸쳐 보편적으로 정의되는 감정   universal로 만든 오답
⑤ wider influence of cognition on learning cultural contexts
문화적 상황을 학습하는 데 미치는 인식의 더 광범위한 영향   감정 표현에 미치는 문화적 상황의 영향을 설명함

왜 정답? [정답률 63%]

서로 다른 문화가 감정을 묘사하기 위해 가진 어휘와 개념에는 큰 차이가 있다는 첫 문장만으로도 감정 표현이 문화적으로 구성된다는 내용임을 알 수 있다.
감정을 표현하는 것이 적절한 사회적 상황을 특정 문화에서 배운다는 설명 역시 문화가 감정 표현에 영향을 미친다는 의미이므로 정답은 ② '문화적으로 구성되는 감정 표현'이다.

감정을 표현하는 것이 적절한 사회적 상황이 문화에 따라 다르다는 의미임 꿀팁

왜 오답?

① 감정과 행동 간의 연관성이 아니라 감정 표현과 문화 간의 연관성을 설명한 글이다.
③ 세계 공용어를 통해 묘사됨으로써 잘못 묘사되는 특정 감정이 있다는 등의 내용이 아니다.
④ 문화적으로 보편적인 감정 모음을 생각할 수도 있지만, 그러한 감정 상태와 다른 인지 상태 사이의 연관성은 문화적 학습을 통해 쉽게 바뀐다고 했다.
⑤ 문화적 상황의 학습에 인식이 영향을 미친다는 것이 아니라, 감정 표현에 문화적 상황이 영향을 미친다는 것이다.

F 14 정답 ⑤ *심미적 즐거움을 유발하는 것

too ~ to-v: 너무 ~해서 …할 수 없는
In Kant's view, / geometrical shapes are too perfect / to induce
an aesthetic experience. // 단서 1 기하학적 모양은 너무 완벽해서 심미적 경험을 유발할 수 없음
칸트의 관점에서 / 기하학적 모양은 너무 완벽하다 / 심미적 경험을 유발하기에 //

Insofar as they agree / with the underlying concept or idea / —
thus possessing the *precision* / that the ancient Greeks sought
선행사 목적격 관계대명사
and celebrated — /
그것들이 일치하는 한 / 근본적인 개념이나 생각에 / 그래서 '정확성'을 갖는데 / 고대 그리스
인들이 추구하고 찬양했던 /

geometrical shapes can be grasped, / but they do not **give rise to** emotion, / and, most importantly, / they do not move the imagination / to free and new (mental) lengths. //
기하학적 모양은 이해될 수는 있지만 / 감정을 불러일으키지 않으며 / 가장 중요하게 / 그것들은 상상력을 움직이게 하지 않는다 / 자유롭고 새로운 (정신적인) 범위로 /

Forms or phenomena, / on the contrary, / that possess a degree of immeasurability, / or that do not appear constrained, / **stimulate** the human imagination /
형태나 현상은 / 그와는 반대로 / 어느 정도의 헤아릴 수 없음을 갖거나 / 제약되어 보이지 않는 / 인간의 상상력을 자극한다 /

— hence their ability / **to induce** a sublime aesthetic experience. //
그로 인한 그것들의 능력 / 숭고한 심미적인 경험을 유발하는 //

The pleasure / associated with experiencing / immeasurable objects / — indefinable or formless objects — / **can be defined** / as enjoying / one's own emotional and mental activity. //
즐거움은 / 경험하는 것과 연관된 / 헤아릴 수 없는 대상을 / 규정할 수 없거나 형태가 없는 대상 / 정의될 수 있다 / 즐기는 것으로 / 사람 자신의 감정적이고 정신적인 활동을 /

Namely, / the pleasure consists / of being challenged and struggling / to understand and decode the phenomenon / present to view. //
다시 말해 / 그 즐거움은 구성된다 / 도전 받고 애쓰는 것으로 / 현상을 이해하고 해독하려고 / 볼 수 있게 존재하는 //

Furthermore, / part of the pleasure comes / from having one's comfort zone (momentarily) violated. //
게다가 / 그 즐거움의 일부는 온다 / 사람의 안락구역을 (일시적으로) 벗어나는 데서 //

- induce ⓥ 유발[초래]하다
- insofar as ~하는 한
- underlying ⓐ 근본적인
- possess ⓥ 보유하다
- precision ⓝ 정확성
- seek ⓥ 추구하다((sought–sought))
- celebrate ⓥ 찬양하다, 축하하다
- grasp ⓥ 이해하다, 파악하다, 움켜잡다
- phenomenon ⓝ 현상(pl. phenomena))
- immeasurability ⓝ 헤아릴 수 없음
- constrain ⓥ 제한[제약]하다
- stimulate ⓥ 자극하다
- hence ⓐⓓ 그러므로, 이런 이유로
- associated ⓐ 관련된
- indefinable ⓐ 규정할 수 없는
- formless ⓐ 형태가 없는
- namely ⓐⓓ 다시 말해
- consist of ~으로 이루어지다[구성되다]
- struggle ⓥ 열심히 노력하다
- decode ⓥ 해독하다, 이해하다
- momentarily ⓐⓓ 잠깐, 일시적으로
- violate ⓥ 어기다, 위반하다
- diversity ⓝ 다양성
- inherent ⓐ 내재하는, 선천적인
- imperfection ⓝ 불완전 (상태)
- inclination ⓝ 경향, 성향

칸트의 관점에서 기하학적 모양은 너무 완벽해서 심미적 경험을 유발할 수 없다. 그것들이 근본적인 개념이나 생각에 일치하는 한, 그래서 고대 그리스인들이 추구하고 찬양했던 '정확성'을 갖는데, 기하학적 모양은 이해될 수는 있지만 감정을 불러일으키지 않으며 가장 중요하게 그것들은 상상력을 자유롭고 새로운 (정신적인) 범위로 움직이게 하지 않는다. 그와는 반대로, 어느 정도의 헤아릴 수 없음을 갖거나 제약되어 보이지 않는 형태나 현상은 인간의 상상력을 자극하기 때문에 숭고한 심미적인 경험을 유발할 수 있다. 헤아릴 수 없는 대상, 즉 규정할 수 없거나 형태가 없는 대상을 경험하는 것과 연관된 즐거움은 사람 자신의 감정적이고 정신적인 활동을 즐기는 것으로 정의될 수 있다. 다시 말해, 그 즐거움은 볼 수 있게 존재하는 현상을 이해하고 해독하려고 도전 받고 애쓰는 것으로 구성된다. 게다가, 그 즐거움의 일부는 사람의 안락구역을 (일시적으로) 벗어나는 데서 온다.

다음 글의 주제로 가장 적절한 것은? [3점]
① diversity of aesthetic experiences in different eras
서로 다른 시대에 심미적인 경험의 다양성 · 시대에 따라 달라진다는 것이 아님
② inherent beauty in geometrically perfect shapes
기하학적으로 완벽한 모양의 내재적 아름다움 · 완벽한 기하학적 모양이 아름답다는 것이 아님
③ concepts of imperfection in modern aesthetics
현대 미학에서 불완전함의 개념 · 현대 미학에서의 불완전함의 개념을 설명한 것이 아님
④ natural inclination towards aesthetic precision
심미적 정확성을 향한 자연스러운 경향 · 정확성을 갖는 기하학적 모양은 심미적 경험을 유발하지 않음
⑤ aesthetic pleasure from things unconstrained
제약되지 않은 것으로부터 얻는 심미적 즐거움 · 제약되지 않은 형태나 현상이 인간의 상상력을 자극함

너무 완벽해서 심미적 경험을 유발할 수 없는 기하학적 모양은 이해는 될 수 있지만 감정을 불러일으키지 않고, 상상력을 자유롭고 새로운 정신적 영역으로 움직이게 하지 않는 반면에, 제약되어 보이지 않는 형태나 현상은 인간의 상상력을 자극하여 심미적인 경험을 유발한다는 내용이므로 주제로 적절한 것은 ⑤ '제약되지 않은 것으로부터 얻는 심미적 즐거움'이다. 글의 후반부는 헤아릴 수 없거나 규정할 수 없는, 또는 형태가 없는 대상을 경험하는 즐거움에 대한 구체적인 설명이다.

〉**왜** 오답 ?

① 칸트의 시대와 오늘날의 심미적 경험이 다르다고 이야기하는 것이 아니다.
② 기하학적 모양은 너무 완벽해서 상상력을 자극하지 않는다는 것이지, 기하학적 모양이 내재적 아름다움을 지닌다는 것이 아니다. 함정
③ 칸트의 시대와 대조하여 현대 미학에서의 불완전함의 개념을 설명하는 것이 아니다.
④ precision은 기하학적 모양이 너무 완벽하고 '정확성'을 가져서 심미적 경험을 유발하지 않는다는 문장에서 언급되었다.

F 15 정답 ④ ＊아동기 이후에도 계속되는 놀이에의 참여 —

Children can move effortlessly / between play and absorption in a story, / as if both are forms / of the same activity. //
아이들은 쉽게 이동할 수 있다 / 놀이와 이야기로의 몰입 사이를 / 마치 그 둘이 형태인 것처럼 / 같은 활동의 //

The taking of roles / in a narratively structured game of pirates / **is** not very different / than the taking of roles / in identifying with characters / as one watches a movie. //
역할을 맡는 것은 / 이야기식 구조의 해적 게임에서 / 크게 다르지 않다 / 역할을 맡는 것과 / 등장인물과 동일시하며 / 사람들이 영화를 감상하면서 /

It might be thought / that, as they grow towards adolescence, / people give up childhood play, / but this is not so. //
~라고 여겨질 수도 있지만 / 그들이 청소년기로 성장하면서 / 사람들이 아동기의 놀이를 그만둔다고 / 이는 그렇지 않다 //

Instead, / the bases and interests / of this activity / change and develop / **to** playing and watching sports, / **to** the fiction of plays, novels, and movies, / and nowadays **to** video games. //
대신에 / 기반과 흥미가 / 이런 활동의 / 바뀌어 발전한다 / 스포츠 활동과 관람으로 / 연극, 소설, 영화의 허구로 / 그리고 최근에는 비디오 게임으로 //

In fiction, / one can enter / possible worlds. //
허구에서 / 사람들은 들어갈 수 있다 / 있을 법한 세계로 //

When we experience emotions / in such worlds, / this is not a sign / that we are being incoherent or regressed. //
우리가 감정들을 경험할 때 / 그런 세계에서 / 이는 신호가 아니다 / 우리가 일관되지 않다거나 퇴행하고 있다는 //

It derives / from trying out metaphorical transformations / of our selves / **in new ways**, / **in new worlds**, / **in ways** / that can be moving and important / to us. //
그것은 기인한다 / 은유적 변신을 시도하는 것에서 / 우리 자신의 / 새로운 방식으로 / 새로운 세계에서 / 방식으로 / 감동적이고 중요할 수 있는 / 우리에게 //

- effortlessly ⓐⓓ 쉽게, 노력하지 않고
- absorption ⓝ 몰두, 몰입
- role ⓝ 역할
- narratively ⓐⓓ 이야기식으로
- structure ⓥ 조직하다, 구조화하다
- identify with ~와 동일시하다
- towards prep ~ 쪽으로, ~을 향하여
- adolescence ⓝ 청소년기
- give up ~을 포기하다
- instead ⓐⓓ 대신에
- base ⓝ 기반, 기초
- develop ⓥ 발전하다
- fiction ⓝ 허구, 소설
- play ⓝ 연극, 희곡
- novel ⓝ 소설
- nowadays ⓐⓓ 요즘에는
- regress ⓥ 퇴행[퇴보]하다
- derive from ~에서 유래하다
- metaphorical ⓐ 은유[비유]의
- transformation ⓝ 변화, 변신
- self ⓝ 자아, 자신, 본모습

아이들은 놀이와 이야기로의 몰입 사이를 마치 그 둘이 같은 활동의 형태인 것처럼 쉽게 이동할 수 있다. 이야기식 구조의 해적 게임에서 역할을 맡는 것은 영화를 감상하면서 등장인물과 동일시하며 역할을 맡는 것과 크게 다르지 않다. 사람들이 청소년기로 성장하면서 아동기의 놀이를 그만둔다고 여겨질 수도 있겠지만, 이는 그렇지 않다. 대신에, 이런 활동의 기반과 흥미가 바뀌어 스포츠 활동과 관람으로, 연극, 소설, 영화의 허구로, 그리고 최근에는 비디오 게임으로 발전한다. 허구에서 사람들은 있을 법한 세계로 들어갈 수 있다. 우리가 그런 세계에서 감정들을 경험할 때 이는 우리가 일관되지 않다거나 퇴행하고 있다는 신호가 아니다. 그것은 새로운 방식으로, 새로운 세계에서, 우리에게 감동적이고 중요할 수 있는 방식으로 우리 자신의 은유적 변신을 시도하는 것에서 기인한다.

다음 글의 주제로 가장 적절한 것은? [3점]

① relationship between play types and emotional stability
놀이 유형과 정서적 안정 간의 관계　　　놀이 유형에 따라 정서적 안정에 변화가 있다는 내용이 아님
② reasons for identifying with imaginary characters in childhood
아동기에 가상의 등장인물과 동일시하는 이유　　동일시하는 '이유'는 언급되지 않음
③ ways of helping adolescents develop good reading habits
청소년이 좋은 독서 습관을 개발하도록 돕는 방법　　좋은 독서 습관의 필요성 등 등장하지 않음
④ continued engagement in altered forms of play after childhood
아동기 이후 변화된 형태의 놀이에의 지속적인 참여　　this is not so라고 했음
⑤ effects of narrative structures on readers' imaginations
이야기 구조가 독자의 상상력에 미치는 영향　　narratively structured가 언급된 것으로 만든 오답

왜 정답? [정답률 76%]

아이들에게는 놀이에서 역할을 맡는 것이나 어떤 이야기의 등장인물과 동일시하며 몰입하는 것이나 크게 다르지 않은데, 청소년기로 성장하면서 이러한 아동기의 놀이를 그만두는 것은 아니라면서 아동기 놀이의 기반과 흥미가 스포츠 활동과 관람으로, 연극, 소설, 영화의 허구로, 비디오 게임으로 바뀌어 발전한다고 했다. 이를 통해 이 글의 주제가 ④ '아동기 이후 변화된 형태의 놀이에의 지속적인 참여'임을 알 수 있다.

왜 오답?

① 놀이 유형이 정서적 안정에 영향을 미친다거나 반대로 정서적 안정이 놀이 유형에 영향을 미친다는 내용이 아니다.
② 영화와 같은 어떤 이야기를 감상하면서 등장인물과 동일시한다는 내용은 있지만, 그 이유를 설명한 것은 아니다.
③ 청소년이 좋은 독서 습관을 개발해야 한다고 주장하거나 그 방법을 설명하는 글이 아니다.
⑤ 이야기 구조와 독자의 상상력 사이에 어떤 관계가 있는지에 대한 설명은 없다.

F 16 정답 ② ＊정보 공개의 이점

단서 1 (정보) 공개의 이점에 대해 이야기하는 글임

An important advantage of disclosure, / as opposed to more aggressive forms / of regulation, / is its flexibility and respect / for the operation of free markets. //
공개의 중요한 이점은 / 더 공세적인 형태와는 반대로 / 규제의 / 그것의 유연성과 존중이다 / 자유 시장의 작용에 대한 //

Regulatory mandates are blunt swords; / they tend to neglect diversity / and may have serious unintended adverse effects. //
규제하는 명령은 무딘 칼이다 / 그것들은 다양성을 무시하는 경향이 있으며 / 의도하지 않은 심각한 역효과를 발생시킬 수도 있다 //

For example, / energy efficiency requirements for appliances / may produce goods / that work less well / or that have characteristics / that consumers do not want. //
예를 들어 / 가전제품에 대한 에너지 효율 요건은 / 제품을 만들어 낼 수도 있다 / 덜 잘 작동하거나 / 특성을 가진 / 소비자가 원하지 않는 //

Information provision, by contrast, respects / freedom of choice. //　단서 2 정보 제공은 선택의 자유를 존중함
반대로 정보 제공은 존중한다 / 선택의 자유를 //

If automobile manufacturers are required / to measure and publicize / the safety characteristics of cars, /
자동차 제조업체가 요청 받으면 / 측정하고 공개하도록 / 자동차의 안전 특성을 /

potential car purchasers can trade safety concerns / against other attributes, / such as price and styling. //
잠재적인 자동차 구매자는 안전에 대한 우려를 맞바꿀 수 있다 / 다른 속성과 / 가격과 스타일 같은 //

If restaurant customers are informed of the calories / in their meals, /
식당 손님들이 칼로리를 알게 되면 / 그들의 식사에 들어 있는 /

those who want to lose weight /
살을 빼고 싶은 사람들은 /

can make use of the information, /
그 정보를 이용할 수 있다 /

leaving those / who are unconcerned about calories / unaffected. //
사람들을 남겨 놓으며 / 칼로리에 신경 쓰지 않는 / 영향을 받지 않은 채로 //

Disclosure does not interfere with, / and should even promote, / the autonomy (and quality) / of individual decision-making. //
공개는 방해하지 않으며 / 심지어 촉진할 것이다 / 자율성(과 품질)을 / 개인 의사 결정의 //
단서 3 (정보) 공개는 개인 의사 결정의 자율성과 품질을 촉진함

> **접속사 if**
> if는 명사절 접속사로서 불확실하거나 의문시되는 사실에 대해 말할 때 쓰이기도 하고, (조건)을 나타내는 부사절 접속사로 쓰이기도 한다.

- disclosure ⓝ (기업의) 정보 공개
- as opposed to ~와는 대조적으로
- aggressive ⓐ 공격적인, 공세적인
- regulation ⓝ 규제, 단속
- flexibility ⓝ 유연성, 융통성
- operation ⓝ 작용, 운용, 수술
- regulatory ⓐ 규제력을 지닌
- blunt ⓐ 무딘
- unintended ⓐ 의도하지 않은
- appliance ⓝ (가정용) 기기, 가전제품
- provision ⓝ 제공, 공급
- potential ⓐ 잠재적인
- attribute ⓝ 속성, 자질
- interfere ⓥ 방해하다, 간섭하다

공개의 중요한 이점은 규제의 더 공세적인 형태와는 반대로 자유 시장의 작용에 대한 유연성과 존중이다. 규제하는 명령은 무딘 칼인데, 그것들은 다양성을 무시하는 경향이 있으며, 의도하지 않은 심각한 역효과를 발생시킬 수도 있다. 예를 들어, 가전제품에 대한 에너지 효율 요건은 덜 잘 작동하거나 소비자가 원하지 않는 특성을 가진 제품을 만들어 낼 수도 있다.

반대로 정보 제공은 선택의 자유를 존중한다. 자동차 제조업체가 자동차의 안전 특성을 측정하고 공개해야 한다면, 잠재적인 자동차 구매자는 가격과 스타일 같은 다른 속성과 안전에 대한 우려를 맞바꿀 수 있다. 식당 손님들에게 식사에 들어 있는 칼로리를 알려주면, 살을 빼고 싶은 사람들은 그 정보를 이용할 수 있고, 칼로리에 신경 쓰지 않는 사람들은 영향을 받지 않은 채로 있게 된다. 공개는 개인 의사 결정의 자율성(과 품질)을 방해하지 않으며 심지어 촉진할 것이다.

다음 글의 주제로 가장 적절한 것은? [3점]
An important advantage of disclosure, respects freedom of choice

① steps to make public information accessible to customers
공공의 정보를 소비자가 이용할 수 있게 하는 절차　　공공 정보에 대해서만 말하는 것이 아님
② benefits of publicizing information to ensure free choices
자유로운 선택을 보장하기 위해 정보를 공개하는 것의 이점
③ strategies for companies to increase profits in a free market
기업들이 자유 시장에서 이윤을 늘리는 전략　　이윤 증가를 위한 기업의 전략을 설명한 것이 아님
④ necessities of identifying and analyzing current industry trends
현재 산업 동향을 파악하고 분석할 필요성　　현재의 산업 동향에 대한 언급은 없음
⑤ effects of diversified markets on reasonable customer choices
다양화된 시장이 합리적인 고객 선택에 미치는 영향　　markets, choice가 언급된 것으로 만든 오답

왜 정답? [정답률 68%]

(정보) 공개의 중요한 이점은 자유 시장의 작용에 대한 유연성과 존중이라면서 규제와 달리 정보 제공은 선택의 자유를 존중한다고 했다.

마지막 문장에서는 (정보) 공개가 개인 의사 결정의 자율성뿐만 아니라 품질도 촉진할 것이라고 했으므로 이 글의 주제는 ② '자유로운 선택을 보장하기 위해 정보를 공개하는 것의 이점'이다.

왜 오답?

① 공공의 정보에 대해서만 이야기하는 글이 아니며, 정보 이용 절차 또한 언급되지 않았다.
③ 기업의 이윤 창출 전략에 대해서 설명한 글이 아니다.
④ 현재의 산업 동향을 분석해야 한다는 내용이 아니다.
⑤ 시장의 다양화가 고객의 선택에 미치는 영향을 설명한 것이 아니라 정보 공개가 고객의 선택에 도움이 된다는 내용이다.

F 17 정답 ⑤ ＊과학 연구에서 패러다임의 기능적 측면

단서 1 과학자들은 패러다임을 그저 '사용할' 뿐임

Scientists *use* paradigms / rather than believing them. //
과학자들은 패러다임을 '사용한다' / 그것들을 믿기보다는 //
= paradigms

The use of a paradigm in research / typically addresses related problems /
연구에서 패러다임의 사용은 / 일반적으로 관련된 문제들을 다룬다 /

by employing / shared concepts, symbolic expressions, experimental and mathematical tools and procedures, / and even some of the same theoretical statements. //
사용함으로써 / 공유된 개념, 상징적 표현, 실험적이고 수학적인 도구와 절차를 / 그리고 심지어 동일한 이론적 진술의 일부를 /

Scientists **need** only understand / *how* to use these various elements / in **ways** / **that** others would accept. //
과학자들은 이해할 필요가 있을 뿐이다 / 이러한 다양한 요소를 사용하는 '방법'을 / 방식으로 / 다른 사람들이 받아들일 //

These elements of shared practice / thus need not presuppose / any comparable unity / in scientists' beliefs / about **what they are doing** / **when they use them.** //
이러한 공유된 실행의 요소들은 / 따라서 전제로 할 필요는 없다 / 그 어떤 비슷한 통일성을 / 과학자들의 믿음에서 / 그들이 하고 있는 것에 관한 / 그들이 그것들을 사용할 때 //

Indeed, one role of a paradigm / is to enable scientists / to work successfully /
실제로 패러다임의 한 가지 역할은 / 과학자들이 ~하게 하는 것이다 / 성공적으로 일할 수 있게 /

단서 2 패러다임은 과학자들로 하여금 그들이 하고 있는 것과 그에 관해 그들이 믿는 것을 설명하지 않고도 성공적으로 일할 수 있게 함

without having to provide a detailed account / of **what they are doing** / or **what they believe about it.** //
상세한 설명을 제공할 필요 없이 / 그들이 무엇을 하고 있는지에 대한 / 또는 그들이 그것에 관해 무엇을 믿고 있는지에 대한 //

Thomas Kuhn noted / that scientists "can agree / in their *identification* of a paradigm /
Thomas Kuhn이 언급했다 / 과학자들은 "의견이 일치할 수 있다 / 그들의 패러다임 '식별'에 있어서 /

단서 3 과학자들은 패러다임에 대한 완전한 해석이나 이론적 설명이 없더라도 패러다임의 식별에 있어 의견의 일치를 보일 수 있음

without agreeing on, / or even attempting to produce, / **a full** *interpretation* or *rationalization* / **of it.** //
동의하지 않고도 / 또는 심지어 만들어 내려고 시도조차 하지 않고 / 완전한 '해석'이나 '이론적 설명'에 / 그것에 대한 //

Lack / of a standard interpretation / or of an agreed reduction to rules / **will not prevent** a paradigm / **from** guiding research." //
없는 것은 / 표준적인 해석이나 / 규칙으로 축약되어 합의된 것이 / 패러다임을 막지는 못할 것이다 / 연구를 안내하는 것으로부터"라고 //

- address ⓥ (문제·상황 등에 대해) 고심하다[다루다]
- employ ⓥ (기술·방법 등을) 쓰다[이용하다] · symbolic ⓐ 상징적인
- mathematical ⓐ 수학적인
- procedure ⓝ (특히 어떤 일을 늘·제대로 하는) 절차[방법]
- theoretical ⓐ 이론적인 · statement ⓝ 진술 · element ⓝ 요소
- presuppose ⓥ 전제로 하다 · comparable ⓐ 비슷한
- unity ⓝ 통일성 · account ⓝ 설명, 기술
- identification ⓝ 식별, 확인 · attempt ⓥ 시도하다
- interpretation ⓝ 해석, 이해 · rationalization ⓝ 이론적 설명
- lack ⓝ 부족, 결핍 · standard ⓐ 표준적인, 기준이 되는

과학자들은 패러다임을 믿기보다는 그것을 '사용한다.' 연구에서 패러다임의 사용은 일반적으로 공유된 개념, 상징적 표현, 실험적이고 수학적인 도구와 절차, 그리고 심지어 동일한 이론적 진술의 일부를 사용함으로써 관련된 문제들을 다룬다. 과학자들은 다른 사람들이 받아들일 방식으로 이러한 다양한 요소들을 사용하는 '방법'을 이해하기만 하면 된다. 따라서 이러한 공유된 실행의 요소들은 과학자들이 그것들을 사용할 때 그들이 하고 있는 것에 관한 그들의 믿음에서 그 어떤 비슷한 통일성을 전제로 할 필요는 없다. 실제로, 패러다임의 한 가지 역할은 과학자들이 그들이 무엇을 하고 있는지 또는 그들이 그것에 관해 무엇을 믿고 있는지에 대한 상세한 설명을 제공할 필요 없이 성공적으로 일할 수 있게 하는 것이다. Thomas Kuhn이 언급하기를, 과학자들은 "패러다임에 대한 완전한 '해석'이나 '이론적 설명'에 동의하거나, 심지어 그런 것을 만들어 내려고 시도조차 하지 않고도, 패러다임을 '식별'하는 데 있어서 의견이 일치할 수 있다. 표준적인 해석이나 규칙으로 축약되어 합의된 것이 없다 해도 패러다임이 연구를 안내하는 것을 막지는 못할 것이다."

<hr>

다음 글의 주제로 가장 적절한 것은? [3점]

패러다임의 기능적 사용에 대한 내용임
① difficulty in drawing novel theories from existing paradigms
기존의 패러다임으로부터 새로운 이론을 도출하는 데 있어서의 어려움
② significant influence of personal beliefs in scientific fields
과학 분야에서 개인 신념의 상당한 영향력 개인의 신념이 과학 분야에 영향을 미친다는 언급은 없음
③ key factors that promote the rise of innovative paradigms
혁신적 패러다임의 출현을 고취하는 핵심 요인
④ roles of a paradigm in grouping like-minded researchers
생각이 비슷한 연구원들을 분류하는 데 있어서 패러다임의 역할 패러다임이 연구원을 구분한다는 내용이 아님
⑤ functional aspects of a paradigm in scientific research
과학 연구에서 패러다임의 기능적 측면 과학 연구의 편의를 위해 패러다임을 기능적으로 사용함

✔왜 정답? [정답률 72%]   그냥 기능적인 측면에서만 사용함 

과학자들이 연구에 패러다임을 사용하는 것에 관한 글로, 과학자들은 패러다임을 사용함으로써 자신이 하고 있는 것이나 그에 대해 자신이 믿고 있는 것을 설명할 필요 없이도 성공적으로 일할 수 있다고 했다. 패러다임을 사용하는 데 있어 그에 대한 과학자들의 믿음이 통일될 필요가 없다고 했고, Thomas Kuhn의 말을 인용하여 과학자들은 패러다임에 대한 완전한 해석이나 이론적 설명이 없더라도 패러다임의 식별에 있어 의견이 일치할 수 있다고 했다. 이를 종합하면 과학 연구를 위해 기능적 측면에서만 패러다임을 사용한다는 것이므로 글의 주제는 ⑤ '과학 연구에서 패러다임의 기능적 측면'이 적절하다.

✔왜 오답?

①, ③ 과학 연구에서 패러다임을 기능적 측면에서 사용한다는 내용의 글이다. 기존의 패러다임에서 새로운 이론을 도출한다거나 혁신적 패러다임의 출현을 촉진하는 요인을 설명하는 글이라면 단순한 기능적 측면이 아니라 더 중요한 의미를 갖는 요소로서 패러다임을 이야기했을 것이다.

② scientists' beliefs, what they believe about it 등이 언급된 것으로 만든 오답이다. 개인의 신념이 과학 분야에 상당한 영향을 미친다는 내용이 아니다.

④ 패러다임이 생각이 비슷한 연구원들을 분류한다는 것이 아니라, 과학자들의 의견이 패러다임 식별에서 일치할 수 있다는 것이다.

F 18 정답 ① *농업에서 경험적 관찰 사용의 한계

단서 1 농부는 무엇이 이익이 되는지에 대한 관찰에 근거하여 결정함

Environmental learning occurs / **when** farmers base decisions / on observations of "payoff" information. //
환경적 학습은 발생한다 / 농부들이 결정의 근거를 둘 때 / '이익' 정보에 관한 관찰에 //

They may observe / their own or neighbors' farms, / but **it is** the empirical results / they are using / as a guide, / not the neighbors themselves. // **단서 2** 이는 경험적 결과를 지침으로 사용하는 것임
그들은 관찰할 수도 있다 / 자기 자신이나 이웃의 농장을 / 하지만 바로 경험적 결과를 / 그들은 사용하고 있다 / 지침으로 / 이웃 자체가 아니라 //

They are **looking** at farming activities / as experiments / and **assessing** such factors / as relative advantage, compatibility with existing resources, difficulty of use, and "trialability" /
그들은 농업 활동을 보고 / 실험으로 / 그러한 요인을 평가하고 있다 / 상대적 이점, 기존 자원과의 양립성, 사용의 어려움, 그리고 '시험 가능성'과 같은 /

— how well / can it be experimented with. //
얼마나 잘 / 그것이 실험될 수 있는가 //

But that criterion of "trialability" turns out / to be a real problem; /
하지만 그 '시험 가능성'의 기준은 밝혀진다 / 진짜 문제인 것으로 /

it's true / that farmers are always experimenting, / but working farms are / very flawed laboratories. // **단서 3** 경작되고 있는 농장은 매우 결함이 있는 실험실임
~은 사실이다 / 농부들이 항상 실험하고 있다는 것은 / 하지만 경작되고 있는 농장은 ~이다 / 매우 결함이 있는 실험실 //

Farmers cannot set up / the controlled conditions of professional test plots / in research facilities. //
농부는 마련할 수 없다 / 전문적인 시험 구성의 통제된 조건을 / 연구 시설에서 //

Farmers also often confront / complex and difficult-to-observe phenomena / that would be hard to manage / even if they could run / controlled experiments. // **단서 4** 통제된 실험을 할 수 있다고 하더라도 관리하기 힘든 현상에 자주 직면함
농부는 자주 직면하기도 한다 / 복잡하고 관찰하기 어려운 현상에 / 관리하기 힘든 / 그들이 운영할 수 있다고 해도 / 통제된 실험을 //

Moreover farmers can **rarely** acquire / payoff information / on more than a few of the production methods / they might use, /
준부정어
게다가 농부는 거의 얻을 수 없고 / 이익 정보를 / 몇 가지 생산 방법을 넘어서는 것에 관한 / 자신이 사용할 수 있는 /

which makes **the criterion of "relative advantage" hard** / to measure. //
makes의 목적어와 목적격 보어
이는 '상대적 이점'의 기준을 어렵게 만든다 / 측정하기에 //

- base ⓥ (~에) 근거[기초]를 두다
- observation ⓝ 관찰, 감시, 의견
- payoff ⓝ 이득, 보상, 분배
- assess ⓥ 평가하다
- factor ⓝ 요인, 인자
- advantage ⓝ 이점, 장점
- resource ⓝ 자원, 재료
- trialability ⓝ 시험 (사용) 가능성
- flaw ⓥ 망가뜨리다, 파기하다
- laboratory ⓝ 실험실
- plot ⓝ (소설·영화 등의) 구성, 줄거리
- facility ⓝ ((pl.)) (생활의 편리를 위한) 시설[기관]
- confront ⓥ 정면으로 부딪치다, 맞서다
- phenomenon ⓝ 현상(pl. phenomena)
- acquire ⓥ 습득하다, 취득하다

환경적 학습은 농부들이 '이익' 정보에 관한 관찰에 근거하여 결정할 때 발생한다. 그들은 자기 자신이나 이웃의 농장을 관찰할 수도 있지만, 그들이 지침으로 삼고 있는 것은 이웃 자체가 아니라 바로 경험적 결과이다. 그들은 농업 활동을 실험으로 보고 상대적 이점, 기존 자원과의 양립성, 사용의 어려움, 그리고 '시험 가능성', 즉 그것이 얼마나 잘 실험될 수 있는가와 같은 요인을 평가하고 있다. 하지만 그 '시험 가능성'의 기준은 진짜 문제인 것으로 밝혀지는데, 농부들이 항상 실험한다는 것은 사실이지만, 경작되고 있는 농장은 매우 결함이 있는 실험실이다. 농부는 연구 시설에서 전문적인 시험 구성의 통제된 조건을 마련할 수 없다. 통제된 실험을 할 수 있다고 해도, 농부는 관리하기 힘들 복잡하고 관찰하기 어려운 현상에 자주 직면하기도 한다. 게다가 농부는 자신이 사용할 수 있는 몇 가지 생산 방법을 넘어서는 것에 관한 이익 정보를 거의 얻을 수 없고, 이는 '상대적 이점'의 기준을 측정하기 어렵게 만든다.

다음 글의 주제로 가장 적절한 것은? [3점]

① limitations of using empirical observations in farming
농업에서 경험적 관찰을 사용하는 것의 한계 농부가 경험적 관찰을 근거로 결정하는 것의 한계를 설명함
② challenges in modernizing traditional farming equipment
기존 농업 장비를 현대화하는 데 있어서의 난제 농업 장비의 현대화가 어렵다는 것이 아님
③ necessity of prioritizing trialability in agricultural innovation
농업 혁신에서 시험 가능성을 우선 처리해야 할 필요성 trialability로 만든 오답
④ importance of making instinctive decisions in agriculture
농업에서 본능적 결정을 하는 것의 중요성 경험적 관찰에 근거한 결정에 대한 설명임
⑤ ways to control unpredictable agricultural phenomena
예측할 수 없는 농업 현상을 통제하는 방법 농업 현상을 통제하는 방법을 알려주는 것이 아님

왜 정답? [정답률 73%]

농부는 자신의 농장이나 이웃의 농장에서 무엇이 이익이 되는지 관찰하여 결정을 내리는데, 이는 경험적 결과를 지침으로 사용하는 것이라고 했다. 하지만 경작되고 있는 농장은 매우 결함이 있는 실험실이며, 통제된 실험을 할 수 있더라도 농부는 관리하기 힘들 복잡하고 관찰하기 어려운 현상에 자주 직면한다는 내용이 이어지는 것으로 보아 정답은 ① '농업에서 경험적 관찰을 사용하는 것의 한계'이다.

왜 오답?

② 기존의 농업 장비를 현대화하는 것이 어렵다는 내용이 아니다.
③ 글에 언급된 trialability를 이용하여 만든 오답이다. 농업 혁신에 있어 시험 가능성을 우선 처리하는 것이 중요하다고 말하는 글이 아니다.
④ 농부의 본능적 결정이 아니라 경험적 관찰에 의한 결정에 한계가 있다는 점을 설명하는 글이다. ▶주의
⑤ 농부는 '통제된' 조건을 마련할 수 없다는 문장이나 '통제된' 실험을 할 수 있더라도 관찰하기 어려운 현상에 자주 직면한다는 문장에 등장한 controlled로 만든 오답이다. ▶함정

F 19 정답 ② *산림 자원의 비시장적 가치

Managers of natural resources typically face / market incentives
주격 관계대명사(선행사: market incentives)
that provide financial rewards for exploitation. //
천연자원의 관리자는 일반적으로 직면한다 / 이용에 대한 재정적 보상을 제공하는 시장 인센티브에 //

For example, / owners of forest lands have a market incentive / to cut down trees /
예를 들어 / 삼림 지대의 소유자는 시장 인센티브를 가지고 있다 / 나무를 베어 내는 /
cut down과 manage 병렬 연결
rather than manage the forest / for carbon capture, wildlife habitat, flood protection, and other ecosystem services. //
숲을 관리하기보다는 / 탄소 포집, 야생 동물 서식지, 홍수 방어 및 다른 생태계 도움을 위해 //
provide A with B: A에게 B를 제공하다 = provide B for A
These services **provide** the owner **with** no financial benefits, / and thus are unlikely to influence management decisions. //
이러한 (생태계) 도움은 소유자에게 어떠한 재정적 이익도 제공하지 않는다 / 따라서 관리 결정에 영향을 미칠 것 같지 않다 //
단서 1 생태계 도움을 위해 숲을 관리하는 것은 소유자에게 재정적 이익을 가져다주지 않음

But the economic benefits **provided by** these services, / based on their non-market values, / may exceed the economic value of the timber. //
과거분사
그러나 이러한 도움이 제공하는 경제적 이익은 / 그것의 비시장적 가치에 근거하여 / 목재의 경제적 가치를 초과할 수도 있다 //

For example, / a United Nations initiative has estimated / **that** the economic benefits of ecosystem services / **provided** by tropical forests, including climate regulation, water purification, and erosion prevention, /
명사절 접속사 과거분사(services 수식)
단서 2 숲을 관리하는 것의 경제적 이익(비시장적 이익)이 시장의 이익보다 3배 이상 큼
예를 들어 / 유엔의 한 계획은 추정했다 / 생태계 도움의 경제적 이익이 / 기후 조절, 수질 정화 및 침식 방지를 포함하여 열대 우림이 제공하는 /

are over three times greater per hectare / than the market benefits. //
동명사 주어(단수 취급)   단수 동사
헥타르당 3배보다 더 크다고 / 시장 이익보다 //
Thus **cutting** down the trees / **is** economically inefficient, / and markets are not sending the correct "signal" / **to favor** ecosystem services over extractive uses. //
형용사적 용법(signal 수식)
단서 3 비시장적 가치를 고려했을 때 나무를 베는 것은 비효율적이지만, 시장은 이를 간과하고 있음
따라서 나무를 베는 것은 / 경제적으로 비효율적인데 / 시장은 올바른 '신호'를 보내지 않고 있다 / 채취하는 사용보다 생태계 도움을 선호하게 하는 //

- market incentive 시장 인센티브
- carbon capture 탄소 포집
- habitat ⓝ 서식지
- ecosystem ⓝ 생태계
- exceed ⓥ 초과하다
- initiative ⓝ 계획
- estimate ⓥ 추정하다
- tropical ⓐ 열대의
- regulation ⓝ 규제
- purification ⓝ 정화
- erosion ⓝ 침식
- hectare ⓝ 헥타르(땅 면적의 단위)
- favor ~ over … ~를 …보다 선호하다
- extractive ⓐ 채취의, 채광의

천연자원의 관리자는 일반적으로 이용에 대한 재정적 보상을 제공하는 시장 인센티브에 직면한다. 예를 들어, 삼림 지대의 소유자는 탄소 포집, 야생 동물 서식지, 홍수 방어 및 다른 생태계 도움을 위해 숲을 관리하기보다는 나무를 베어 내는 시장 인센티브를 가지고 있다. 이러한 (생태계) 도움은 소유자에게 어떠한 재정적 이익도 제공하지 않으므로, 관리 결정에 영향을 미칠 것 같지 않다. 그러나 이러한 도움이 제공하는 경제적 이익은, 그것의 비시장적 가치에 근거하여, 목재의 경제적 가치를 초과할 수도 있다. 예를 들어, 유엔의 한 계획은 기후 조절, 수질 정화 및 침식 방지를 포함하여 열대 우림이 제공하는 생태계 도움의 경제적 이익이 시장 이익보다 헥타르당 3배보다 더 크다고 추정했다. 따라서 나무를 베는 것은 경제적으로 비효율적인데, 시장은 채취하는 사용보다 생태계 도움을 선호하게 하는 올바른 '신호'를 보내지 않고 있다.

다음 글의 주제로 가장 적절한 것은?

① necessity of calculating the market values of ecosystem services
생태계 도움의 시장 가치는 이미 나무를 베는 것과 비교하여 제시됨
생태계 도움의 시장 가치 계산의 필요성
② significance of weighing forest resources' non-market values
산림 자원의 비시장적 가치를 따져 보는 것의 의미
산림 자원을 관리하는 것이 생태계 도움에 미치는 비시장적 가치가 있음
③ impact of using forest resources to maximize financial benefits
재정적 이익을 극대화하기 위해 산림 자원을 이용하는 것의 영향
산림을 이용하게 되는 현상만 소개했고 구체적인 영향은 언급되지 않음
④ merits of balancing forests' market and non-market values
숲의 시장 가치와 비시장 가치의 균형을 맞추는 장점
숲의 시장 가치가 비시장 가치보다 중시되는 현상을 소개한 글임
⑤ ways of increasing the efficiency of managing natural resources
천연자원 관리의 효율성을 높이는 방법
천연자원 관리의 효율성은 언급되지 않음

> **왜 정답?** [정답률 55%]

문제 상황: 천연자원 관리자는 생태계 도움을 위해 숲을 관리하는 것에서 시장 인센티브를 받기 어려움
추정 결과: 삼림 지대를 관리함으로써 얻게 되는 경제적 가치가, 파괴함으로써 얻게 되는 경제적 가치보다 3배 이상 큼
▶ 따라서 이 글의 주제는 ② '산림 자원의 비시장적 가치를 따져 보는 것의 의의'가 가장 적절하다.

> **왜 오답?**

① 생태계 도움의 시장 가치는 이미 나무를 베는 것과 비교하여 제시되었으며, 이를 계산하는 것이 필요하다는 내용이 아니다.
③ 재정적 이익을 위해 삼림을 관리하기보다는 이용하게 되는 현상만 소개했지, 구체적인 영향은 언급되지 않았다. [주의]
④ 숲의 시장 가치가 비시장 가치보다 중시되는 현상을 소개한 글이므로, 둘의 균형을 맞추는 내용은 언급되지 않았다.
⑤ 천연자원 관리의 효율성에 대한 내용은 없다.

김아린 | 충남대 의예과 2024년 입학·대전한빛고 졸

주제 문제에서는 특히 선지의 첫 단어들이 중요한데, ① '필요성'이라면 명확한 주장, ② '의의'라면 중요성을 암시하는 설명, ③ '영향'이라면 특정 현상의 결과, ④ '장점들과 ⑤ '방법들'처럼 복수 명사면 해당하는 '여러' 내용이 글에 나타났는지 확인해야 해.
이 문제에선 ecosystem service가 어떤 재정적 이익도 제공하지 않는다고 했지만 But 뒤에서 글의 흐름이 바뀌는 것과, Thus로 시작하는 결론 문장을 통해 산림 자원이 재정적 이익 외에 다른 가치를 가진다는 주제를 잘 찾아낸다면 정답을 고를 수 있을 거야.

F 20 정답 ① ⭐ 2등급 대비 [정답률 78%]

✱ 고대 매장지에서 발견된 불평등의 증거

Just as today some jobs are better / than others, / **so would they have been** / in early societies / with their blossoming towns and eventually cities, /
(앞 문장의 내용을 받는 so가 문두로 오면서 도치 구문이 이어짐)
오늘날 어떤 직업이 더 나은 것처럼 / 다른 직업보다 / 직업은 마찬가지였을 것이다 / 초기 사회에서도 / 번창하는 마을과 종국에는 도시가 있었던 /
(with+(대)명사+분사 구문에서 more 앞에 분사 being이 생략됨)
with some roles more dangerous / and some having more plentiful access / to food or other resources. //
어떤 역할은 더 위험하고 / 어떤 역할은 더 많은 접근권을 가지면서 / 식량이나 다른 자원들에 //
The archeological record shows / **that** soon after the appearance / of towns, agriculture, and surpluses, / some burials start to look different / from others. //
(생략 가능한 명사절 접속사)
고고학적 기록은 보인다 / 출현 직후에 / 마을과 농업, 잉여물의 / 일부 매장지는 다르게 보이기 시작한다 / 다른 매장지와 //
[단서 1] 고고학적 기록이 보여줌: 어떤 사람은 귀중품과 함께 매장되고, 어떤 사람은 공동묘지에 매장됨
Some individuals are buried / with more precious goods (metals, weapons, and maybe even art), /
어떤 사람들은 매장되고 / 더 많은 귀중품(금속과 무기, 아마도 심지어 예술품)과 함께 /
some are in group graves / and some by themselves, / and still others don't even seem to be buried at all. //
[단서 2] 어떤 사람은 홀로 매장되고, 어떤 사람은 전혀 매장되지도 못함
어떤 사람들은 집단 무덤에 매장되고 / 어떤 사람들은 홀로 / 또 다른 어떤 사람들은 전혀 매장되지도 않은 것처럼 보인다 //
(복수 주어)(복수 동사)(to show의 간접목적어와 직접목적어)
The bones from the burials / **start** to show **us differences** / as well — chemical and isotope analyses / of teeth and long bones / reveal /
매장지에서 나온 뼈도 / 우리에게 차이점을 보여 주기 시작한다 / 또한 / 화학적, 동위 원소 분석은 / 치아와 긴뼈에 대한 / 보여 준다 /
that some members of groups / were getting more protein or minerals / than others; /
[단서 3] 일부 구성원이 다른 구성원보다 더 많은 단백질이나 무기질을 섭취함
집단의 일부 구성원들이 / 더 많은 단백질이나 무기질을 섭취하고 있었다는 것을 / 다른 구성원들보다 /

some have more evidence / of diseases and greater physical injuries / from their labors. //
[단서 4] 일부 구성원은 노동으로 인해 더 큰 신체적 부상을 당했음
일부에게는 더 많은 증거가 있다 / 질병 및 더 큰 신체적 부상의 / 그들의 노동으로 인한 //
Early on these differences are small, / but by 5,000 to 7,000 years ago / they are becoming quite pronounced. //
초기에는 이런 차이가 작았지만 / 5,000년에서 7,000년 전 즘에는 / 그 차이가 상당히 뚜렷해지고 있다 //

- **blossoming** ⓐ 번창하는   **appearance** ⓝ 출현
- **resource** ⓝ 자원   **agriculture** ⓝ 농업   **burial** ⓝ 매장지
- **bury** ⓥ 매장하다   **protein** ⓝ 단백질   **mineral** ⓝ 무기질
- **pronounce** ⓥ 뚜렷하게 하다

오늘날 어떤 직업이 다른 직업보다 더 나은 것처럼, 번창하는 마을과 종국에는 도시가 있었던 초기 사회에서도 직업은 마찬가지였을 텐데, 어떤 역할은 더 위험하고 어떤 역할은 식량이나 다른 자원들에 더 많은 접근권을 가졌을 것이다. 고고학적 기록에 따르면 마을과 농업, 잉여물이 나타난 직후에, 일부 매장지는 다른 매장지와 다르게 보이기 시작한다. 어떤 사람들은 더 많은 귀중품(금속과 무기, 아마도 심지어 예술품)과 함께 매장되고, 어떤 사람들은 집단 무덤에 매장되고, 어떤 사람들은 홀로 매장되며, 또 다른 어떤 사람들은 전혀 매장되지도 않은 것처럼 보인다. 매장지에서 나온 뼈도 또한 우리에게 차이점을 보여 주기 시작하는데, 치아와 긴뼈에 대한 화학적, 동위 원소 분석은 집단의 일부 구성원들이 다른 구성원들보다 더 많은 단백질이나 무기질을 섭취하고 있었고, 일부에게는 질병 및 그들의 노동으로 인한 더 큰 신체적 부상의 더 많은 증거가 있다는 것을 보여 준다. 초기에는 이런 차이가 작았지만, 5,000년에서 7,000년 전 즘에는 그 차이가 상당히 뚜렷해지고 있다.

다음 글의 주제로 가장 적절한 것은? [3점]
① the evidence of social inequality found in ancient burials
고대 매장지에서 발견된 사회적 불평등의 증거 — 일부가 다른 구성원보다 더 잘 먹음을 보여주는 증거
② scientific efforts to preserve ancient remains
고대 유적을 보존하려는 과학적 노력 — 유적 보존에 대한 글이 아님
③ attempts to overcome inequality in history
역사에서 불평등을 극복하려는 시도 — 불평등했음을 보여주는 증거를 설명함
④ cultural differences in the concept of better jobs
더 나은 직업이라는 개념에 있어 문화적 차이 — 첫 문장으로만 만든 오답
⑤ ancient agricultural methods passed down to the present
현재로 전해진 고대의 농업 기술 — 농업 기술을 설명하는 글이 아님

왜 2등급? 선택지와 첫 문장을 통해 핵심 소재에 대한 힌트를 얻지 못하면, 뒤에 이어지는 고고학적 기록에 대한 내용이 왜 나오는지 알 수 없을 것이므로 풀기 힘든 2등급 대비 문제이다.

| 문제 풀이 순서 |

[1st] 선택지와 첫 문장을 통해 핵심 소재를 확인하고 글의 내용을 예상한다.

선택지	거의 모든 선택지에 '고대', '불평등'과 같은 표현들이 등장한다.
첫 문장	오늘날 어떤 직업이 다른 직업보다 더 나은 것처럼, 번창하는 마을과 종국에는 도시가 있었던 초기 사회에서도 직업은 마찬가지였을 텐데, 어떤 역할은 더 위험하고 어떤 역할은 식량이나 다른 자원들에 더 많은 접근권을 가졌을 것이다.

➡ 이 글은 고대의 불평등과 관련된 내용일 것이다.
➡ 오늘날 더 나은 직업이 있는 것처럼, 초기 사회에서도 그랬을 것이라고 했으므로 이런 불평등에 대한 내용이 나올 것임을 예상할 수 있다.

[2nd] 글의 나머지 부분에서 내용을 파악하고 주제를 찾는다.

- 어떤 사람들은 더 많은 귀중품(금속과 무기, 아마도 심지어 예술품)과 함께 매장되고, 어떤 사람들은 집단 무덤에 매장되고, 어떤 사람들은 홀로 매장되며, 또 다른 어떤 사람들은 전혀 매장되지도 않은 것처럼 보인다. [단서 1]
- 치아와 긴뼈에 대한 화학적, 동위 원소 분석은 집단의 일부 구성원들이 다른 구성원들보다 더 많은 단백질이나 무기질을 섭취하고 있었고, 일부에게는 질병 및 그들의 노동으로 인한 더 큰 신체적 부상의 더 많은 증거가 있다는 것을 보여 준다. [단서 2] [단서 3]
➡ 고고학적 기록에서 어떤 사람은 귀중품과 함께 매장되고, 어떤 사람은 집단 무덤에 매장되고, 어떤 사람은 홀로 매장되고, 또 어떤 사람은 아예 매장되지도 않았다고 했다. [단서 1] 일부 구성원이 다른 구성원보다 더 많은 단백질이나 무기질을

섭취했고, **단서 2** 일부 구성원은 노동으로 인한 더 큰 신체적 부상을 당했다고
했다. **단서 3**
모두 고고학적 기록이 고대 사회에서도 불평등이 존재했음을 보여 주는 것이므로
글의 주제로 ① '고대 매장지에서 발견된 사회적 불평등의 증거'가 가장 적절하다.

| 선택지 분석 |

① 고고학적 기록이 고대 사회에서도 불평등이 존재했음을 보여 주는 내용이다.
② 고대 유적에서 드러난 고대 사회의 불평등을 설명하는 글이다.
③ 고대 사회도 불평등했다는 글로, 그 불평등을 극복하려는 시도에 대한 언급은 없다.
④ 고대 사회에도 직업간 불평등이 존재했다는 의미라고 할 수 있다.
⑤ 농업 기술에 대해 설명하는 글이 아니다.

F 21 정답 ①   ⭐ 2등급 대비 [정답률 78%]

＊소셜 네트워킹 서비스의 부정적인 영향들

For those of any age / with an existing network of friendships /
built up in the three-dimensional world, /
어떠한 연령대의 사람에게나 / 친구 관계의 기존의 네트워크를 가진 / 3차원 세계에서 구축된 /

social networking sites can be a happy extension of
communication, / along with email, video calls, or phone calls, /
when face-to-face time together just isn't possible. //
소셜 네트워킹 사이트는 소통의 행복한 연장선이 될 수 있다 / 이메일, 영상 통화, 또는 전화
통화와 함께 / 함께 대면하는 시간이 단지 실현 가능하지 않을 때 //

The danger comes / when a fake identity is both tempting and
possible / through relationships / that are *not* based / on real,
three-dimensional interaction, /
위험이 발생한다 / 가짜 정체성이 유혹적이고도 가능할 때 / 관계를 통해 / 기반하지 '않은' /
현실의 3차원적 상호 작용에 / 〈때〉를 나타내는 부사절 접속사의 병렬 구조 /

and/or when the most important things in your life are / the
secondhand lives of others / rather than personal experiences. //
그리고/또는 여러분의 삶에서 가장 중요한 것이 ~일 때 / 다른 사람들의 간접적인 삶 /
개인적인 경험이라기보다 //

Living in the context of the screen / might suggest / false norms
of desirable lifestyles / full of friends and parties. //
화면의 맥락 안에서 사는 것은 / 암시할지 모른다 / 바람직한 생활 방식이라는 잘못된 기준을 /
친구들과 파티들로 가득 찬 // **단서 1** 평범한 사람이 소셜 네트워킹 사이트의 생활 방식을
추종함에 따라 필연적으로 자존감이 떨어짐

As ordinary human beings follow / the activities of these golden
individuals, / self-esteem will inevitably drop; / 평범한 인간들이
추종함에 따라 / 이러한 특별한 개인들의 활동을 / 자존감은 필연적으로 떨어질 것이다 /

yet the constant narcissistic obsession with the self / and its
inadequacies / will dominate. //
그러나 자신에 대한 끊임없는 자아도취적 집착과 / 그것의 부적절함이 / 지배력을 발휘할
것이다 / **단서 2** 악순환: 소셜 네트워킹의 결과로 자존감이 떨어질수록
소셜 네트워킹의 매력이 더 커짐

We can imagine a vicious circle / where the more your identity
is harmed / as a result of social networking / and the more
inadequate you feel, / 우리는 악순환을 상상할 수 있다 / 여러분의 정체성이 더
많이 손상될수록 / 소셜 네트워킹의 결과로 / 그리고 여러분이 더 많이 부족하다고 느낄수록 /

the greater the appeal of a medium / where you don't need to
communicate with people / face-to-face. //
매체의 매력이 더 커지는 / 여러분이 사람들과 소통할 필요가 없는 / 얼굴을 맞대고 //

- three-dimensional ⓐ 3차원의   · extension ⓝ 연장선
- along with ~와 함께   · identity ⓝ 정체성
- tempting ⓐ 유혹적인   · interaction ⓝ 상호작용
- secondhand ⓐ 간접의   · context ⓝ 맥락   · norm ⓝ 기준
- golden ⓐ 특별한   · self-esteem ⓝ 자존감
- inevitably ⓐⓓ 필연적으로, 불가피하게   · obsession ⓝ 집착
- inadequacy ⓝ 부적절함   · dominate ⓥ 지배하다
- vicious circle 악순환

3차원 세계에서 구축된 친구 관계의 기존의 네트워크를 가진 어떠한 연령대의
사람에게나, 소셜 네트워킹 사이트는 함께 대면하는 시간이 단지 실현 가능하지
않을 때, 이메일, 영상 통화, 또는 전화 통화와 함께 소통의 행복한 연장선이
될 수 있다. 현실의 3차원적 상호 작용에 기반하지 '않은' 관계를 통해 가짜
정체성이 유혹적이고도 가능할 때, 그리고/또는 여러분의 삶에서 가장 중요한
것이 개인적인 경험이라기보다 다른 사람들의 간접적인 삶일 때 위험이
발생한다. 화면의 맥락 안에서 사는 것은 친구들과 파티들로 가득 찬 바람직한
생활 방식이라는 잘못된 기준을 암시할지 모른다. 평범한 인간들이 이러한
특별한 개인들의 활동을 추종함에 따라 자존감은 필연적으로 떨어질 것이다.
그러나 자신에 대한 끊임없는 자아도취적 집착과 그것의 부적절함이 지배력을
발휘할 것이다. 소셜 네트워킹의 결과로 여러분의 정체성이 더 많이 손상되고
여러분이 더 많이 부족하다고 느낄수록, 우리는 여러분이 사람들과 얼굴을
맞대고 소통할 필요가 없는 매체의 매력이 더 커지는 악순환을 상상할 수 있다.

다음 글의 주제로 가장 적절한 것은? [3점]

① negative effects of social networking services on self-perception
　자아 인식에 미치는 소셜 네트워킹 서비스의 부정적인 영향들　　자존감이 떨어짐
② unknown risks to personal well-being from internet addiction
　인터넷 중독으로부터 오는 개인적 안녕에 대한 알려지지 않은 위험들　인터넷 중독은 너무 광범위함
③ software features to make virtual lives more realistic
　가상의 삶을 더욱 현실적으로 만드는 소프트웨어 특징들　　소프트웨어의 특징을 설명한 것이 아님
④ efforts to increase face-to-face interaction for social bonds
　사회적 유대감을 위한 대면 상호 작용을 증가하려는 노력　　문제점을 설명하는 글임
⑤ difficulties of filtering out fake information on social media
　소셜 미디어에서 가짜 정보를 걸러내는 것의 어려움　　가짜 정보라는 문제점을 설명한 것이 아님

🔵 **2등급?** 접속사 없이 내용이 전환되므로 문맥 위주로 지문을 유심히 살펴봐야
하는 문제였다. 하지만 첫 번째 문장을 제외한 모든 문장에서 not, false, drop,
inadequacies, vicious 등 부정적인 어감의 단어들과 identity, self-esteem 등
자아 인식과 관련된 단어들을 종합하면 '소셜 네트워킹 서비스가 자아 인식에 부정적인
영향을 미친다'라는 주제를 쉽게 파악할 수 있다.

| 문제 풀이 순서 |

1st 글의 앞부분에서 중심 화제를 제시했는지 확인하고 글의 내용을 예상한다.

- … 소셜 네트워킹 사이트는 … 소통의 행복한 연장선이 될 수 있다.
- 현실의 3차원적 상호 작용에 기반하지 '않은' 관계를 통해 가짜 정체성이
  유혹적이고도 가능할 때, 그리고/또는 여러분의 삶에서 가장 중요한
  것이 개인적인 경험이라기보다 다른 사람들의 간접적인 삶일 때 위험이
  발생한다.

➡ 첫 번째 문장에서 소셜 네트워킹 서비스가 소통의 행복한 연장선이 될 수 있다고
　하며 긍정적인 기능을 제시했다. 하지만 바로 다음 문장에서 가짜 정체성이
　가능하고 간접적인 삶이 중요해질 때 '위험'이 발생한다고 하며 부정적인 영향을
　언급했다.

➡ 소셜 네트워킹 서비스의 부정적인 영향에 관한 내용이 이어질 것이다.

2nd 글을 읽으면서 세부적인 내용들을 파악해서 주제를 고른다.

- 평범한 인간들이 이러한 특별한 개인들의 활동을 추종함에 따라 자존감은
  필연적으로 떨어질 것이다. **단서 1**
- 소셜 네트워킹의 결과로 여러분의 정체성이 더 많이 손상되고 여러분이 더 많이
  부족하다고 느낄수록, … 매체의 매력이 더 커지는 악순환을 상상할 수
  있다. **단서 2**

➡ 소셜 네트워킹 서비스를 이용하는 평범한 인간들은 자존감이 떨어지고, 정체성이
　더 많이 손상되고, 더 많이 부족하다고 느끼는 등 여러 부정적인 영향을 받는다고
　했다. 즉, 자아 인식에 있어서 부정적인 영향을 받지만, 그럴수록 매체의 매력이 더
　커지는 악순환이 발생한다고 했다.

▶ 따라서 ① '자아 인식에 미치는 소셜 네트워킹 서비스의 부정적인 영향들'이 이
글의 주제로 가장 적절하다.

| 선택지 분석 |

① 소셜 네트워킹 서비스로 인해 자존감이 떨어진다는 문제점을 이야기하고 있다.
② 인터넷 중독이 아니라 현실의 상호 작용에 기반하지 않고 소셜 네트워킹 서비스를
　통해 사람들과 관계를 맺는 것의 문제점을 이야기하는 글이다.
③ 소프트웨어를 통해 가상의 삶이 더욱 현실적이 된다는 내용이 아니다.
④ 대면 상호 작용이 아닌 소셜 네트워킹을 통해 상호 작용의 문제점을 이야기하는 글
　이다.
⑤ 소셜 미디어의 문제점 중 가짜 정보를 설명하는 것이 아니다.

✱ 다양한 유형의 생애 서술에서 개인적 기억의 역할

In writing a life, / the life narrator and the biographer engage / different kinds of evidence. // **[단서 1]** 생애 서술자와 전기 작가가 다른 종류의 증거를 사용함
한 사람의 생애를 기록하는 데 있어서 / 생애 서술자와 전기 작가는 사용한다 / 서로 다른 종류의 증거를 //

Most biographers incorporate multiple forms of evidence, / 분사구문을 이끄는 현재분사
including historical documents, interviews, and family archives, / 계속적 용법의 목적격 관계대명사 **which** they evaluate for validity. //
대부분의 전기 작가들은 여러 형태의 증거를 통합한다 / 역사적 문서, 인터뷰, 그리고 가족 기록물을 포함한 / 그들은 그것들의 타당성을 평가한다 //

[단서 2] 전기 작가는 개인적 기억을 증거로 거의 사용하지 않음
Relatively few biographers use / their personal memories of their subject as reliable evidence, /
상대적으로 전기 작가는 거의 쓰지 않는다 / 대상에 대한 자신 개인적인 기억을 믿을 만한 증거로 //

unless they had a personal relationship / to the subject of the biography / (as a relative, child, friend, or colleague). //
그들이 개인적 관계가 있지 않으면 / 전기의 대상과 / (친척, 자녀, 친구, 또는 동료로서) //

For life narrators, / by contrast, / personal memories are the primary archival source. // **[단서 3]** 생애 서술자에게 개인적 기억은 주요한 기록물의 출처임
생애 서술자들에게는 / 반면 / 개인적 기억이 주요한 기록물의 출처이다 //

They may have recourse / **to** other kinds of sources / — 병렬 구조(전치사)
letters, journals, photographs, conversations / — and **to** their knowledge of a historical moment. //
그들은 의지할 수도 있다 / 여러 종류의 자료들에 / 편지, 일기, 사진, 대화와 같은 / 그리고 역사적 순간에 대한 자신의 지식에 //

But the usefulness of such evidence for their stories / lies in 전치사+관계대명사
the ways / **in which** they employ that evidence / to support, supplement, or offer commentary / on their personalized acts of remembering. //
그러나 그러한 증거가 그들의 이야기에 갖는 유용성은 / 방식에 달려 있다 / 그들이 그 증거를 이용하여 / 뒷받침하거나 보완하거나 해설을 제공하는 / 그들의 개인화된 기억 행위에 대해 //

In autobiographical narratives, / imaginative acts of remembering always overlap with such rhetorical acts 전치사(~와 같은)
/ **as** assertion, justification, judgment, conviction, and questioning. //
자서전적인 서술에서 / 기억을 떠올리는 상상적 행위는 항상 수사적 행위와 중첩된다 / 단언, 정당화, 판단, 확신, 그리고 의문 제기와 같은 //

- **biographer** ⓝ 전기 작가 · **engage** ⓥ 사용하다, 관여하다
- **incorporate** ⓥ 통합하다 · **validity** ⓝ 타당성, 유효성
- **subject** ⓝ 대상, 주제 · **primary** ⓐ 주요한, 가장 중요한
- **employ** ⓥ 이용하다, 활용하다 · **supplement** ⓥ 보완하다, 보충하다
- **commentary** ⓝ 해설, 논평 · **overlap** ⓥ 중첩되다, 겹치다
- **assertion** ⓝ 단언, 주장 · **justification** ⓝ 정당화
- **conviction** ⓝ 확신

한 사람의 생애를 기록하는 데 있어서, 생애 서술자와 전기 작가는 서로 다른 종류의 증거를 사용한다. 대부분의 전기 작가들은 역사적 문서, 인터뷰, 그리고 가족 기록물을 포함한 여러 형태의 증거를 통합하는데, 그들은 그것들의 타당성을 평가한다. 전기 작가가 대상에 대한 자신 개인적인 기억을 믿을 만한 증거로 쓰는 일은 상대적으로 드문데, 그들이 (친척, 자녀, 친구, 또는 동료로서) 전기의 대상과 개인적 관계가 있지 않으면 그렇다. 반면, 생애 서술자들에게는 개인적 기억이 주요한 기록물의 출처이다. 그들은 편지, 일기, 사진, 대화와 같은 여러 종류의 자료들, 그리고 역사적 순간에 대한 자신의 지식에 의지할 수도 있다. 그러나 그러한 증거가 그들의 이야기에 갖는 유용성은 그들이 그 증거를 이용하여 자신의 개인화된 기억 행위를 뒷받침하거나 보완하거나 해설을 제공하는 방식에 달려 있다. 자서전적인 서술에서, 기억을 떠올리는 상상적 행위는 항상 단언, 정당화, 판단, 확신, 그리고 의문 제기와 같은 수사적 행위와 중첩된다.

다음 글의 주제로 가장 적절한 것은?

전기 작가와 생애 서술자가 개인적 기억을 다른 방식으로 활용하고 있다는 내용임
① Q role of personal memories in different types of life storytelling
    다양한 유형의 생애 서술에서 개인적 기억의 역할
② advantages of documenting evidence-based family histories
    증거에 근거한 가족사를 기록하는 것의 장점   가족사가 아닌 개인의 생애를 기록하는 일에 대한 글임
③ influence of the source types on the quality of life narratives
    자료의 출처 유형이 생애 서술의 질에 미치는 영향   자료의 출처 유형이 언급된 것으로 만든 함정
④ similarity of data sources in describing a person's life
    한 사람의 생애를 묘사할 때 자료 출처의 유사성   묘사할 때 자료 출처의 유사성에 대한 언급은 없음
⑤ crucial conditions for the success of life narrators
    생애 서술자의 성공을 위한 결정적인 조건   생애 서술자의 성공을 위한 조건에 대한 내용은 없음

왜 1등급? 첫 문장에서 '생애 서술자와 전기 작가가 다른 종류의 증거를 사용한다'는 내용이 나온 것을 염두에 두고, 이어지는 내용에서 어떤 다른 증거들을 사용하는지 파악해야 한다. 전반적으로 어휘의 난이도가 높지 않지만, 선택지에 반복되어 나오는 단어들 때문에 헷갈리면 정답을 찾기 어려운 1등급 대비 문제였다.

| 문제 풀이 순서 |

1st 선택지와 첫 문장을 통해 핵심 소재를 확인하고 글의 내용을 예상한다.

선택지	선택지에 '생애 서술', '개인적 기억', '자료의 출처' 같은 표현들이 등장한다.
첫 문장	생애 서술자와 전기 작가가 다른 종류의 증거를 사용한다. **[단서 1]**

→ 이 글은 '생애 서술에서 개인적 기억과 자료의 역할'에 관한 내용일 것이다. **[단서]**
→ 첫 문장만으로는 생애 서술자와 전기 작가가 어떤 다른 종류의 증거를 사용하는지 명확하게 알기 어려우므로 이와 관련된 설명이 이어질 것이라고 예상할 수 있다. **[발상]**

2nd 글의 나머지 부분에서 내용을 파악하고 주제를 찾는다.

- 전기 작가는 역사적 문서, 기록물, 인터뷰 등 다양한 증거를 평가·활용하지만, 개인적 기억은 특별한 관계가 있을 때만 사용한다. **[단서 2]**
- 생애 서술자는 주로 개인적 기억을 중심으로 다양한 자료를 활용하며, 그 기억은 수사적 행위와 결합된다. **[단서 3]**

→ 한 사람의 삶을 글로 쓸 때 전기 작가는 주로 객관적 자료를 활용하고 개인적 기억은 특별한 관계가 있을 때만 사용하는 반면, 생애 서술자는 개인적 기억을 가장 중요한 자료로 삼고, 다른 자료들을 보조로 활용한다는 내용의 글이다.

▶ 따라서 이 글의 주제로 ① '다양한 유형의 생애 서술에서 개인적 기억의 역할'이 가장 적절하다.

| 선택지 분석 |

① 전기 작가와 생애 서술자가 개인적 기억을 다른 방식으로 활용하고 있다는 내용의 글이다.
② 가족사가 아닌 개인의 생애를 기록하는 일에 대한 글이다.
③ 자료의 출처 유형이 언급된 것으로 만든 함정일 뿐, 자료의 출처 유형이 생애 서술의 질에 미치는 영향을 언급한 것은 아니다.
④ 한 사람의 생애를 묘사할 때 자료 출처의 유사성에 대한 언급은 없다.
⑤ 생애 서술자의 성공을 위한 조건에 대한 내용은 없다.

F 23 정답 ⑤   ⭐ 1등급 대비 [정답률 62%]

✱ 청취자를 끌어들이려는 시도의 결과

주어
The primary purpose / of commercial music radio broadcasting 동사   주격 보어
/ **is to deliver** an audience / to a group of advertisers and sponsors. //
주된 목적은 / 상업적 음악 라디오 방송의 / 청취자를 인도하는 것이다 / 광고주와 후원자 집단에 //

부사적 용법(목적)
To achieve commercial success, / that audience must be as large as possible. // **[단서 1]** 상업적 음악 라디오 방송이 상업적 성공을 달성하려면
대규모의 청취자를 끌어들여야 함
상업적 성공을 달성하기 위해서는 / 그 청취자는 가능한 한 대규모여야 한다 //

More than any other characteristics / (such as demographic or psychographic profile, / purchasing power, / level of interest, / degree of satisfaction, / quality of attention / or emotional state), /
다른 어떤 특성보다도 / (인구 통계학적 또는 심리 통계학적 개요 / 구매력 / 관심 수준 / 만족도 / 주목의 질 / 또는 정서 상태 같은) /

the quantity of an audience / aggregated as a mass / is the most
significant metric / for broadcasters / seeking to make music
radio / for profitable ends. // 청취자의 크기는 / 집단으로 모인 / 가장 중요한 측정
기준이다 / 방송 진행자에게 / 음악 라디오를 만들고자 하는 / 수익 목적을 위해 //

As a result, / broadcasters attempt / to maximise their audience
size / by playing music / that is popular, /
결과적으로 / 방송 진행자는 애쓴다 / 청취자의 규모를 극대화하려고 / 음악을 틀어서 / 인기
있는 /
단서 2 그 결과 방송 진행자는 특정 음악을 틀어서 청취자의 규모를 극대화하려고 애씀

or — at the very least — music / that can be relied upon / not
to cause audiences / to switch off their radio / or change the
station. //
└── to cause의 목적격 보어의 병렬 구조 ──┘
또는 적어도 음악 / 믿길 수 있는 / 청취자가 ~하게 하지 않을 거라고 / 그들의 라디오를
끄거나 / 방송국을 바꾸게 //

Audience retention is a key value / (if not the key value)
/ for many music programmers / and for radio station
management. //
청취자 보유는 하나의 핵심 가치이다 / (유일한 핵심 가치는 아니더라도) / 많은 음악 프로그램
제작자에게 / 그리고 라디오 방송국 경영진에 //

In consequence, / a high degree of risk aversion / frequently
marks out / the 'successful' radio music programmer. //
그 결과 / 높은 수준의 모험 회피는 / 흔히 구분 짓는다 / '성공한' 라디오 음악 프로그램
제작자를 //
단서 3 라디오 음악 프로그램 제작자는 높은 수준으로 모험을 회피하게 됨

Playlists are restricted, / and often very small. //
방송 목록은 한정되고 / 흔히 매우 적다 //

- primary ⓐ 주된 · demographic ⓐ 인구 통계학적인
- psychographic ⓐ 심리 통계학적인 · profile ⓝ 개요, 윤곽
- emotional state 정서 상태 · metric ⓝ 측정 기준
- profitable ⓐ 수익성이 있는 · attempt ⓥ 시도하다
- maximise ⓥ 극대화하다 · retention ⓝ 보유, 유지

상업적 음악 라디오 방송의 주된 목적은 청취자를 광고주와 후원자 집단에
인도하는 것이다. 상업적 성공을 달성하기 위해서는, 그 청취자는 가능한 한
대규모여야 한다. (인구 통계학적 또는 심리 통계학적 개요, 구매력, 관심 수준,
만족도, 주목의 질, 또는 정서 상태 같은) 다른 어떤 특성보다도, 집단으로 모인
청취자의 크기는 음악 라디오가 수익 목적에 이바지하게 하고자 하는 방송
진행자에게 가장 중요한 측정 기준이다. 결과적으로 방송 진행자는 인기 있는
음악, 또는 – 적어도 – 청취자가 라디오를 끄거나 방송국을 바꾸게 하지 않을
것으로 믿기는 음악을 틀어 청취자의 규모를 극대화하려고 애쓴다. 청취자
보유는 많은 음악 프로그램 제작자에게, 그리고 라디오 방송국 경영진에
(유일한 핵심 가치는 아니더라도) 하나의 핵심 가치이다. 그 결과 높은 수준의
모험 회피는 흔히 '성공한' 라디오 음악 프로그램 제작자를 구분 짓는다. 방송
목록은 한정되고 흔히 매우 적다.

다음 글의 주제로 가장 적절한 것은?

① features of music playlists appealing to international audiences
국제적 청중의 관심을 끄는 음악 방송 목록의 특징 / 상업적 음악 방송에 대한 내용임
② influence of advertisers on radio audiences' musical preferences
광고주가 라디오 청중의 음악적 선호에 미치는 영향
③ difficulties of increasing audience size in radio music
programmes 청중 규모 확대를 추구한 결과를 설명함 / 광고주가 청중의 음악적 선호에
라디오 음악 프로그램에서 청중 규모 확대의 어려움 / 영향을 미친다는 것이 아님
④ necessity of satisfying listeners' diverse needs in the radio
business 청취자의 요구를 충족시키는 것이 목적이 아님
라디오 사업에서 청취자의 다양한 요구를 충족시킬 필요성
⑤ outcome of music radio businesses' attempts to attract large
audiences 인기 있는 음악만 틂
음악 라디오 사업의 대규모 청취자를 끌어들이려는 시도의 결과

왜 1등급 ? 첫 문장에서 음악 라디오 방송의 목적이 나오고 그 뒤로는 방송
제작자가 청취자를 끌어들이려는 시도가 언급된다. 다만 글 전체를 읽으면서 그
주제가 단순히 청취자를 끌어들이는 '시도'가 아니라, 그 시도의 '결과'라는 것을
파악해야 한다. 글 앞부분의 단편적인 정보만으로는 정답이 아닌 선택지를 가려내기
어려운 1등급 대비 문제였다.

| 문제 풀이 순서 |

1st 글의 중심 내용을 이해하는 데 중요한 내용이 앞부분에 나오는지 확인한다.

- 상업적 음악 라디오 방송의 주된 목적은 청취자를 광고주와 후원자 집단에
  인도하는 것이다.
- 상업적 성공을 달성하기 위해서는, 그 청취자는 가능한 한 대규모여야
  한다. 단서 1
➡ 앞부분에서 상업적 음악 라디오 방송의 목적이 광고주와 후원자 집단에 청취자를
  인도하는 것이라고 하며, 상업적 성공을 위해서는 청취자가 대규모여야 한다고
  했다.
➡ 상업적 음악 라디오 방송의 성공을 위해 청취자를 대규모로 모으려는 시도에 관한
  내용이 이어질 것이다.

2nd 글의 나머지 부분에 나오는 관련된 내용을 파악한다.

- 결과적으로 방송 진행자는 인기 있는 … 음악을 틀어 청취자의 규모를
  극대화하려고 애쓴다. 단서 2
- 그 결과 높은 수준의 모험 회피는 흔히 '성공한' 라디오 음악 프로그램 제작자를
  구분 짓는다. 단서 3
- 방송 목록은 한정되고 흔히 매우 적다.
➡ 앞에서 예상한 대로, 방송 진행자가 인기 있는 음악을 재생하여 청취자의 규모를
  극대화하려고 애쓴다는, 즉 청취자를 대규모로 모으려는 시도가 있었다. 단서 2
➡ '성공한' 라디오 음악 프로그램 제작자는 높은 수준의 모험 회피를 한다고
  했는데, 단서 3 여기서 '모험'이 뜻하는 것은 '인기 있는 한정된 음악이 아니라
  그보다 많은 수의 인기가 없는 음악을 재생하는 것'이다. 즉, 성공한 제작자는 인기
  있는 음악만 재생하여 이러한 모험을 회피한다.
➡ 마지막 문장에는 그 결과로 방송 목록이 한정되고 매우 적게 된다는 부정적인
  결과가 제시되었다.

3rd 글의 알맞은 주제를 고른다.

➡ 2nd 에서 파악한 글의 내용을 종합하면 이 글의 주제는 '음악 라디오 사업이
  대규모의 청취자를 끌어들이려고 시도하면서 제한된 음악만을 재생하게 된다는
  부정적인 결과'이다.
  따라서 이 글의 주제로 가장 적절한 것은 ⑤ '음악 라디오 사업의 대규모 청취자를
  끌어들이려는 시도의 결과'이다.

| 선택지 분석 |

① 상업적 성공을 추구하는 음악 방송의 특징을 이야기하는 글이다.
② 광고주와 후원자가 음악 방송에 미치는 영향을 설명하는 것이지, 광고주가 청중의
  음악적 선호에 영향을 미친다는 것이 아니다.
③ 청중 규모의 확대를 목표로 하기 때문에 일어나는 일을 설명했다.
④ 청취자의 다양한 요구를 충족시켜야 한다는 언급은 없다.
⑤ 음악 라디오 사업이 대규모의 청취자를 끌어들이려고 시도하면서 제한된 음악만을
  재생하게 된다는 부정적인 결과가 나타났다는 내용이다.

F 어휘 Review 정답 　　　　　　　　 문제편 p. 103

01 평범한	11 account for	21 accustomed
02 경향	12 known as	22 alert
03 연속	13 be accused of	23 fierce
04 퇴행하다	14 be associated with	24 emerging
05 수동적인	15 be forced to	25 incoherent
06 underlying	16 modernise	26 grasped
07 evolution	17 extension	27 implemented
08 notice	18 blossoming	28 confront
09 emphasis	19 archeological	29 inevitably
10 resource	20 agriculture	30 retention

G 제목 찾기 문제편 p. 106~121

G 01 정답 ① ＊예술에서 그림자의 역사적 발전

단서 1 선사시대 동굴 벽화의 그림자
As far back as 32,000 years ago, / prehistoric cave artists
skillfully used modeling shadows / to give their horses and
bison volume. //
부사적 용법(목적)
무려 3만 2천 년 전으로 거슬러 올라가 / 선사시대 동굴 예술가들은 모형화한 그림자를
능숙하게 사용했다 / 자신의 말과 들소 그림에 입체감을 주기 위해 //

A few thousand years ago / ancient Egyptian and then
ancient Greek art / presented human forms in shadow-style
silhouette. // **단서 2** 고대 이집트, 고대 그리스 미술의 그림자
수천 년 전 / 고대 이집트와 그 이후 고대 그리스 예술은 / 그림자 스타일의 실루엣으로 인간
형태를 나타냈다 //

⌐ not A until B: B하고 나서야 비로소 A하다 ⌐
But cast shadows do not appear in Western art / until about 400
BCE in Athens. //
그러나 서양 예술에서 그림자 드리우기는 등장하지 않는다 / 기원전 400년경까지도
아테네에서 //

과거완료
It was only after shadows had become an established, /
It ~ that 강조 구문(only after ~ representation을 강조)
if controversial, / part of representation / that classical writers
삽입어구
claimed / that art itself had begun with the tracing of a human
shadow. // 과거완료
그림자가 자리 잡게 되고 난 이후였다 / 논란의 여지는 있으나 / (그림자가) 표현의 확고한
한 부분으로 / 고전 저술가들이 주장한 것은 / 예술 자체가 인간 그림자의 모사와 더불어
시작되었다고 //
단서 3 그리스와 로마인들은 그림자 표현 방식을 전환시킴
Greeks and Romans were the first / to make the transition from
from A to B: A에서 B로
modeling shadows to cast shadows, /
그리스인과 로마인은 최초였다 / 그림자를 모형화하는 방식에서 그림자를 드리우는 방식으로
전환한 /
주격 관계대명사(선행사 a practice) implied의 목적어 ① implied의 목적어 ②
a practice that implied / a consistent light source, / a fixed point
implied의 목적어 ③
of view, / and an understanding of geometric projection. //
이는 함축하는 관행이었다 / 일관된 광원 / 고정된 시점 / 기하학적 투영에 대한 이해를 //
선행사를 포함하는 관계대명사
In fact, / what we might now call "shadow studies" / — the
동사
exploration of shadows in their various artistic representations
/ — has its roots in ancient Athens. //
사실 / 현재 우리가 '그림자 연구'라고 부를 수도 있을 것 / 즉 다양한 예술적 표현에서
그림자에 관해 탐구하는 것은 / 고대 아테네에 그 뿌리를 두고 있다 //
단서 4 그 이후 그림자의 묘사 방식은 계속 발전해왔음
Ever since, / the practice of portraying shadows / has evolved
현재완료
along with critical analysis of them, /
그 이후로 / 그림자를 묘사하는 방식은 / 그림자에 대한 비판적 분석과 더불어 발전해왔다 /

as artists and theoreticians have engaged in an ongoing debate /
현재완료
about the significance of shadow representation. //
예술가와 이론가가 지속적인 논쟁을 벌임에 따라 / 그림자 표현의 중요성에 대한 //

- **prehistoric** ⓐ 선사시대의 • **bison** ⓝ 들소 • **volume** ⓝ 부피, 양
- **silhouette** ⓝ 실루엣, 그림자 그림   • **cast shadows** 그림자 드리우기
  ((물체(캐릭터)를 입체적으로 보이게 하기 위해 그림 밑에 그림자 색을 붙여 넣는 것))
- **established** ⓐ 확립된 • **controversial** ⓐ 논란의 여지가 있는
- **tracing** ⓝ 모사, 투사 • **transition** ⓝ 전환, 이행, 변천
- **portray** ⓥ 그리다, 묘사하다 • **theoretician** ⓝ 이론가
- **engage in** ~에 종사하다 • **ongoing** ⓐ 지속적인

무려 3만 2천 년 전으로 거슬러 올라가, 선사시대 동굴 예술가들은 자신의 말과
들소 그림에 입체감을 주기 위해 모형화한 그림자를 능숙하게 사용했다. 수천
년 전 고대 이집트와 그 이후 고대 그리스 예술은 그림자 스타일의 실루엣으로
인간 형태를 나타냈다. 그러나 서양 예술에서 그림자 드리우기는 기원전
400년경이 되어서야 아테네에서 등장한다. 고전 저술가들이 예술 자체가 인간
그림자의 모사와 더불어 시작되었다고 주장한 것은 그림자가, 논란의 여지는
있으나, 표현의 확고한 한 부분으로 자리 잡게 되고 난 이후였다. 그리스인과
로마인은 최초로 그림자를 모형화하는 방식에서 그림자를 드리우는 방식으로

전환했는데, 이는 일관된 광원, 고정된 시점, 기하학적 투영에 대한 이해를
함축하는 관행이었다. 사실 현재 우리가 '그림자 연구'라고 부를 수도 있을 것,
즉 다양한 예술적 표현에서 그림자에 관해 탐구하는 것은 고대 아테네에 그
뿌리를 두고 있다. 그 이후로 예술가와 이론가가 그림자 표현의 중요성에 대한
지속적인 논쟁을 벌임에 따라 그림자를 묘사하는 방식은 그림자에 대한 비판적
분석과 더불어 발전해 왔다.

다음 글의 제목으로 가장 적절한 것은? [3점]
미술에서 그림자가 역사적으로 어떻게 발전해왔는지를 서술한 글임
① The Journey of Shadows in Art from Prehistoric Caves Onward
선사시대 동굴에서 이어져 온 예술 속 그림자의 여정
② Portrayals of Human Shadows from the Artistic Perspective
예술적 관점에서 본 사람 그림자의 묘사   사람 그림자만을 예술적 관점으로 다룬 글이 아님
③ Representing Shadows as a Key Part of Contemporary Art
현대 예술의 핵심 요소로 그림자 표현하기 그림자 표현하기를 현대 예술만의 핵심 요소로 표현하지 않음
④ What Are the Primary Challenges for Shadow Painters?
그림자 화가에게 주요 과제란 무엇인가?   그림자 화가의 어려움에 대한 내용이 아님
⑤ Unique Views on Shadows: From Cave Artists to Romans
그림자에 대한 독특한 관점: 동굴 예술가부터 로마인까지
독특한 관점은 언급되지 않았으며, 로마인까지만의 역사를 다룬 글이 아님

＞왜 정답? [정답률 56%]

선사시대 동굴 벽화	모형화한 그림자를 능숙하게 사용함
고대 이집트, 고대 그리스	그림자 스타일의 실루엣으로 인간 형태를 나타냄
그리스, 로마	그림자를 모형화하는 방식에서 그림자를 드리우는 방식으로 전환 → 일관된 광원, 고정된 시점, 기하학적 투영에 대한 이해를 나타냄
그 이후	그림자를 묘사하는 방식은 그림자에 대한 비판적 분석과 함께 발전해옴

→ 예술에서 그림자를 표현하는 방식은 선사시대 동굴 벽화에서 시작하여 고대
이집트와 고대 그리스를 거쳐 아테네와 로마에 이르러 모형화하는 방식에서
그림자를 드리우는 방식으로 변화하였으며, 그 이후 계속 발전해왔다.

▶ 따라서 글의 제목으로 가장 적절한 것은 ① '선사시대 동굴에서 시작된 예술 속
그림자의 여정'이다.

＞왜 오답?

② 사람의 그림자만을 지엽적으로 다룬 글이 아니다. 함정
③ 그림자 표현하기를 현대 예술만의 핵심 요소로 표현하지 않았다.
④ 미술 속 그림자의 역사에 대한 글이지, 그림자 화가의 어려움에 대한 내용이
아니다.
⑤ 그림자에 대한 독특한 관점은 언급되지 않았으며, 로마인까지만의 역사를 다룬
글이 아니다.

G 02 정답 ① ＊하이퍼 모빌리티의 단점

단수 주어   동격절 접속사
Hyper-mobility / — the notion / that more travel at faster speeds
/ covering longer distances / generates greater economic success
— /
하이퍼 모빌리티는 / 개념 / 더 빠른 속도의 더 많은 여행이 / 더 먼 거리를 이동하는 / 더 큰
경제적 성공을 만든다는 / **단서 1** 하이퍼 모빌리티는 도시 지역의 두드러진 특징임
단수 동사   선행사   관계부사
seems to be a distinguishing feature of urban areas, / where more
than half of the world's population / currently reside. //
도시 지역의 두드러진 특징인 것으로 보인다 / 세계 인구의 절반보다 더 많은 사람이 / 현재
거주하는 //

By 2005, / approximately 7.5 billion trips were made / each day
/ in cities worldwide. //
2005년까지 / 약 75억 건의 이동이 이루어졌다 / 매일 / 전 세계 도시에서 //

In 2050, / there may be three to four times as many passenger-
원급 비교를 이용한 배수 표현
kilometres travelled / as in the year 2000, / infrastructure and
생략되지 않은 부사절의 주어
energy prices permitting. //
2050년에는 / 서너 배 더 많은 이동된 인(人)킬로미터가 있을지도 모른다 / 2000년보다 /
사회 기반 시설 및 에너지 가격이 허락하는 한 //

Freight movement could also rise / more than threefold / during the same period. // 화물 이동도 증가할 수 있다 / 세 배보다 더 많이 / 같은 기간 동안 //

Mobility flows have become a key dynamic of urbanization, / with the associated infrastructure invariably constituting / the backbone of urban form. // 이동성 흐름은 도시화의 핵심 동력이 되었다 / 관련 사회 기반 시설이 변함없이 구성하면서 / 도시 형태의 중추를 //

Yet, / despite the increasing level of urban mobility worldwide, / access to places, activities and services / has become increasingly difficult. // 단서2 증가하는 도시 이동성 수준에도 불구하고 장소, 활동 및 서비스에 대한 접근은 점점 더 어려워졌음
그러나 / 전 세계적으로 증가하는 도시 이동성 수준에도 불구하고 / 장소, 활동 및 서비스에 대한 접근은 / 점점 더 어려워졌다 /
부정어가 문두로 나가면서 가주어와 동사가 도치됨

Not only is it less convenient / — in terms of time, cost and comfort — / to access locations in cities, / ~이 덜 편리할 뿐만 아니라 / 시간, 비용 및 편안함 측면에서 보면 / 도시에서 장소에 접근하는 것이 /
단서3 하이퍼 모빌리티로 인한 부정적인 영향을 부연함

but the very process of moving around in cities / generates a number of negative externalities. //
도시에서 돌아다니는 바로 그 과정이 / 많은 부정적인 외부 효과를 발생시킨다 //

Accordingly, / many of the world's cities face / an unprecedented accessibility crisis, / and are characterized / by unsustainable mobility systems. // 단서4 많은 도시가 전례 없는 접근성 위기를 직면하고, 지속 불가능한 이동성 시스템을 특징으로 함
그에 따라 / 세계의 많은 도시는 직면하고 / 전례 없는 접근성 위기를 / 특징지어진다 / 지속 불가능한 이동성 시스템으로 //

- notion ⓝ 개념
- generate ⓥ 만들다
- distinguishing ⓐ 두드러진, 특색있는
- feature ⓝ 특징
- reside ⓥ 살다, 거주하다
- freight ⓝ 화물
- threefold ⓐ 3배의
- dynamic ⓝ 동력
- urbanization ⓝ 도시화
- invariably ⓐⓓ 변함없이
- constitute ⓥ ~을 구성하다
- backbone ⓝ 중추
- mobility ⓝ 이동성
- increasingly ⓐⓓ 점점 더
- in terms of ~의 면에서
- externality ⓝ 외부 효과, 외부성
- unprecedented ⓐ 전례없는
- crisis ⓝ 위기
- unsustainable ⓐ 지속 불가능한
- winding ⓐ 구불구불한
- inevitable ⓐ 불가피한

더 먼 거리를 더 빠른 속도로 더 많이 이동하는 것이 더 큰 경제적 성공을 만든다는 개념인 하이퍼 모빌리티는 현재 세계 인구의 절반보다 더 많은 사람이 거주하는 도시 지역의 두드러진 특징인 것으로 보인다. 2005년까지 전 세계 도시에서 매일 약 75억 건의 이동이 이루어졌다. 2050년에는 사회 기반 시설 및 에너지 가격이 허락하는 한, 2000년보다 서너 배 더 많은 인(人)킬로미터를 이동할지도 모른다. 화물 이동도 같은 기간 세 배보다 더 많이 증가할 수 있다. 이동성 흐름은 관련 사회 기반 시설이 변함없이 도시 형태의 중추를 구성하면서 도시화의 핵심 동력이 되었다. 그러나 전 세계적으로 증가하는 도시 이동성 수준에도 불구하고, 장소, 활동 및 서비스에 대한 접근은 점점 더 어려워졌다. 시간, 비용 및 편안함 측면에서 보면, 도시에서 장소에 접근하는 것이 덜 편리할 뿐만 아니라, 도시에서 돌아다니는 바로 그 과정이 많은 부정적인 외부 효과를 발생시킨다. 그에 따라 세계의 많은 도시는 전례 없는 접근성 위기를 직면하고 지속 불가능한 이동성 시스템을 특징으로 한다.

다음 글의 제목으로 가장 적절한 것은?

① Is Hyper-mobility Always Good for Cities?
하이퍼 모빌리티는 도시에 항상 이로운가?   이롭지 않은 점을 설명함
② Accessibility: A Guide to a Web of Urban Areas
접근성: 도시 지역망 가이드   접근성 자체에 대한 설명이 아님
③ A Long and Winding Road to Economic Success
경제적 성공으로 가는 길고 구불구불한 길   첫 문장으로 만든 오답
④ Inevitable Regional Conflicts from Hyper-mobility
하이퍼 모빌리티로 인한 불가피한 지역 갈등   지역 갈등에 대한 언급은 없음
⑤ Infrastructure: An Essential Element of Hyper-mobility
사회 기반 시설: 하이퍼 모빌리티의 필수 요소   infrastructure and energy prices permitting으로 만든 오답

왜 정답? [정답률 72%]

도입	하이퍼 모빌리티(더 먼 거리를 더 빠른 속도로 더 많이 이동하는 것이 더 큰 경제적 성공을 만든다는 개념)는 도시 지역의 두드러진 특징임 단서1

<hr>

반전	• 그러나(Yet) 증가하는 도시 이동성 수준에도 불구하고 장소, 활동 및 서비스에 대한 접근은 점점 더 어려워졌음 단서2 → 도시에서 장소에 접근하는 것이 시간, 비용 및 편안함 측면에서 덜 편리할 뿐만 아니라, 도시에서 돌아다니는 바로 그 과정이 많은 부정적인 외부 효과를 발생시킴 단서3 → 그에 따라(Accordingly) 세계의 많은 도시는 접근성 위기를 직면하고, 지속 불가능한 이동성 시스템을 특징으로 함 단서4

➡ Yet 이후의 내용이 글의 핵심이다.
하이퍼 모빌리티가 도시 지역의 특징이고, 이동성의 흐름이 도시화의 핵심 동력이지만, 도시에서 돌아다니는 바로 그 과정이 많은 부정적인 외부 효과도 발생시킨다고 했다.

▶ 따라서 정답은 ① '하이퍼 모빌리티는 도시에 항상 이로운가?'이다.

왜 오답?

② 접근성이 도시 지역망의 가이드 역할을 한다는 등의 내용이 아니다.
③ 하이퍼 모빌리티의 개념을 설명하면서 economic success를 언급한 것으로 만든 오답이다.
④ 하이퍼 모빌리티로 인한 단점을 설명한 것은 맞지만, 지역 갈등이라는 구체적인 문제점을 설명한 것은 아니다. 주의
⑤ 하이퍼 모빌리티를 실현하는 데 사회 기반 시설이 필수적이라는 것을 설명하는 글이 아니다.

G 03 정답 ② * 컬처테인먼트의 경제적 가능성과 그로 인한 상업화 문제

The economic benefit of culturtainment / makes it attractive / to politicians and policy makers alike. // 단서1 컬처테인먼트는 정치인들에게 경제적인 매력이 있음   make의 목적격 보어(형용사)
컬처테인먼트의 경제적 이점은 / 매력적이다 / 정치인들과 정책 입안자들에게 동등하게 //

A potential increase in inbound visitor numbers / coupled with their demand for related goods and services / (travel, accommodation, retail) / is an incentive /   '~와 결부된'
국내 유입 방문객 수의 증가 가능성은 / 관련 상품과 서비스에 대한 수요와 더불어 / (여행, 숙박, 소매 등) / 장려책이 된다 /

for those within governments and authorities / to work with cultural groups / in order to develop celebrations and commemorations / into larger and more high-profile events. //   to부정사의 의미상 주어 / 형용사적 용법(incentive 수식) / 부사적 용법(목적)
정부 및 관련 기관 사람들이 / 문화 단체와 협력하게 하는 / 축제와 기념 행사를 발전시키기 위한 / 더 크고 더 주목을 끄는 행사로 //

단서2 하지만 컬처테인먼트가 상업화되면 원래 메시지를 잃고 관객이 희석되는 문제가 초래됨
However, such commercialization risks / culturtainment becoming homogeneous / and losing its original 'message' / that could lead to a dilution of audiences. //   becoming과 losing 병렬 연결(risks의 목적어) / 동명사의 의미상 주어 / 주격 관계대명사
그러나 그와 같은 상업화는 위험이 있다 / 컬처테인먼트가 동종화가 되는 / 그리고 그것의 원래의 '메시지'를 잃어버려 / 관객의 희석화를 초래할 수도 있는 //

This could also lead / to smaller non-commercial independent events being set up / that would only serve to divide audiences further. // 이것은 또한 역할만 할 수도 있다 / 더 소규모의 비상업적 독립 행사가 생겨나게 해 / 관객을 더욱 분산시키는 //   동명사의 의미상 주어 / lead to의 목적어로 쓰인 동명사 / 주격 관계대명사

This is something / that planners and stakeholders will need to balance / against potential financial gain. // 이것은 일이다 / 계획자들과 이해관계자들이 균형을 맞춰야 할 필요가 있는 / 잠재적인 재정적 이익에 맞서 //   단서3 컬처테인먼트의 계획자와 이해관계자는 행사의 메시지와 재정적 이익 사이에 균형을 맞춰야 함   주격 관계대명사

Changing political, social and religious landscapes / will lead / to the emergence of new cultures, / and with them new culturtainment experiences. // 정치적, 사회적, 종교적 경관을 바꾸는 것은 / 이끌 것이다 / 새로운 문화의 출현 / 그리고 그와 더불어 새로운 컬처테인먼트 경험의 출현을 //   동명사 주어

Overall this is a healthy growth sector / of the entertainment industry, / but one that by its very nature is delicate / in the face of exploitation. // 단서4 컬처테인먼트는 경제적 지원을 받아 건전하게 성장할 수 있지만, 동시에 착취와 마주했을 때 본질적으로 취약하기도 함   주격 관계대명사
전반적으로 이것은 건전한 성장 영역이다 / 엔터테인먼트 산업의 / 하지만 본질적으로 취약한 영역이기도 하다 / 착취와 마주하는 경우엔 //

- **culturtainment** ⓝ 컬처테인먼트(문화와 오락이 합쳐진 산업)
- **attractive** ⓐ 매력적인 • **policy maker** 정책 입안자
- **potential** ⓐ 가능성이 있는, 잠재적인 • **inbound** ⓐ 국내 유입의
- **coupled with** ~와 더불어 • **accommodation** ⓝ 숙박
- **retail** ⓝ 소매 • **incentive** ⓝ 장려책
- **authorities** ⓝ 관련 기관[관계자] • **commemoration** ⓝ 기념 행사
- **high-profile** ⓐ 주목을 끄는 • **commercialization** ⓝ 상업화
- **stakeholder** ⓝ 이해관계자 • **landscape** ⓝ 경관
- **emergence** ⓝ 출현 • **delicate** ⓐ 취약한, 섬세한
- **poisonous** ⓐ 독이 든, 유해한

컬처테인먼트의 경제적 이점은 정치인들과 정책 입안자들에게 동등하게 매력적이다. 관련 상품과 서비스(여행, 숙박, 소매 등)에 대한 수요와 더불어 국내 유입 방문객 수의 증가 가능성은 정부 및 관련 기관 사람들이 축제와 기념 행사를 더 크고 더 주목을 끄는 행사로 발전시키기 위해 문화 단체와 협력하게 하는 장려책이 된다. 하지만 그와 같은 상업화는 컬처테인먼트가 동종화가 되고 그것의 원래의 '메시지'를 잃어버려 관객의 희석화를 초래할 수도 있는 위험이 있다. 이것은 또한 더 소규모의 비상업적 독립 행사가 생겨나게 해 관객을 더욱 분산시키는 역할만 할 수도 있다. 이것은 계획자들과 이해관계자들이 잠재적인 재정적 이익에 맞서 균형을 맞춰야 할 필요가 있는 일이다. 정치적, 사회적, 종교적 경관을 바꾸는 것은 새로운 문화의 출현 및 그와 더불어 새로운 컬처테인먼트 경험의 출현을 이끌 것이다. 전반적으로 이것은 엔터테인먼트 산업의 건전한 성장 영역이지만, 본질적으로 착취와 마주하는 경우엔 취약한 영역이기도 하다.

다음 글의 제목으로 가장 적절한 것은? [3점]

① The Commercialization of Culture and Its Unexpected Benefits
문화의 상업화와 그것의 예상치 못한 장점들 ··· 문화를 상업화했을 때의 문제점들을 설명한 글임
② Cash or Soul? When Culture Couples with Entertainment
돈인가 아니면 정신인가? 문화가 엔터테인먼트와 결합할 때
··· 문화와 엔터테인먼트가 결합할 때 본래의 메시지와 경제적 이익 사이에 균형을 맞춰야 함
③ Culturtainment: An Ambition of Entertainment to Be a Culture
컬처테인먼트: 엔터테인먼트가 문화가 되려는 야망
··· 컬처테인먼트는 문화에 엔터테인먼트 요소를 덧붙인 개념으로, 엔터테인먼트가 문화가 되려는 개념이 아님
④ New Cultures! The Poisonous Fruit of Culturtainment
새로운 문화들! 컬처테인먼트의 독이 든 열매
··· 컬처테인먼트의 악영향으로 새로운 문화가 탄생한다는 내용은 언급되지 않음
⑤ Why Balanced Investments Matter in the Entertainment Industry
왜 엔터테인먼트 산업에서 균형 잡힌 투자가 중요한가
··· 컬처테인먼트의 경제적 이익과 문화적 메시지 사이의 균형에 관한 내용임

❯ 왜 정답 ❓ [정답률 28%]

- 컬처테인먼트는 정치인들에게 경제적인 매력이 있음 **단서 1**
- 하지만 컬처테인먼트가 상업화되면 원래 메시지를 잃고 관객이 희석되는 문제가 초래됨 **단서 2**
- 컬처테인먼트의 계획자와 이해관계자는 행사의 메시지와 재정적 이익 사이에 균형을 맞춰야 함 **단서 3**
- 컬처테인먼트는 경제적 지원을 받아 건전하게 성장할 수 있지만, 동시에 착취와 마주했을 때 본질적으로 취약해지기도 함 **단서 4**

➡ 컬처테인먼트의 경제적 가능성과 이로 인한 위험성에 관한 글이다. 컬처테인먼트는 문화 상품에 여행, 숙박, 축제 등 엔터테인먼트 요소를 섞어 정치인들에게 경제적 매력을 줄 수 있다. 하지만 이러한 상업화는 문화 본래의 메시지를 잃게 하거나 관객을 분산시키는 등의 위험성이 수반된다.

따라서 컬처테인먼트의 계획자와 이해관계자는 문화의 메시지와 경제적 이익 사이에 균형을 맞춰야 한다고 설명하고 있다. 글의 마지막 문장에서 컬처테인먼트는 경제적 지원을 통해 성장할 수 있지만, 동시에 경제적 착취와 마주했을 때는 본질적으로 취약하기도 하다고 했다.

▶ 따라서 제목으로 가장 적절한 것은 ② '돈인가 아니면 정신인가? 문화가 엔터테인먼트와 결합할 때'이다.

❯ 왜 오답 ❓

① 문화를 상업화했을 때의 문제점들을 설명한 글이지, 이에 대한 장점들에 관한 글이 아니다.
③ 컬처테인먼트는 문화에 엔터테인먼트 요소를 결합한 개념으로, 엔터테인먼트가 문화가 되려는 개념이 아니다.
④ 컬처테인먼트의 악영향으로 새로운 문화가 탄생한다는 내용은 언급되지 않았다.
⑤ 컬처테인먼트의 경제적 이익과 문화적 메시지 사이의 균형에 관한 내용이지, 엔터테인먼트 산업에 대한 투자에 관한 글이 아니다.

김연준 | 2026 수능 응시 · 안성 안법고 졸

제목을 고르는 문제에서는 글을 다 읽고 중심 내용을 정리한 뒤 선지를 보는 것을 추천해! '컬처테인먼트'에 대한 글인데, 앞부분에서는 컬처테인먼트의 경제적 이점은 매력적이라는 내용을 말하며 시작하고 있어. 하지만, 뒤에서 너무 이익만을 추구하는 것은 문제를 일으킬 수 있다고 하며 '계획자와 이해관계자가 잠재적인 재정적 이익에 맞서 균형을 맞춰야 할 필요가 있다(planners and stakeholders ~ to balance against potential financial gain)'는 내용을 제시하고 핵심을 드러내고 있어. 시간적 압박감 때문에 글의 뒷부분으로 가면 갈수록 대충 읽는 경우가 있는데, 그런 경우에 ①과 같은 오답이 나올 수 있으니 주의해야 해!

🦉 **평가원 해설**

본 문항은 글을 읽고 글의 내용과 어울리는 제목을 추론하는 능력을 측정하는 문항입니다. 이의신청 내용은 크게 두 가지로 분류됩니다.

첫째, 선택지 ② "Cash or Soul? When Culture Couples with Entertainment"가 정답으로 부적절하다는 주장과 둘째, 선택지 ④ "New Cultures! The Poisonous Fruit of Culturtainment", 선택지 ⑤ "Why Balanced Investments Matter in the Entertainment Industry"가 정답으로 적절하다는 주장입니다.

본 지문은 culturtainment의 전개 과정에서 상업적 이익에 치우치게 되면 문화가 가진 고유한 특질이 훼손될 수 있어 둘 사이의 균형 잡힌 접근이 필요하다는 내용입니다. 선택지 ②의 "Cash or Soul?"은 상업적 이익과 문화의 고유한 특질, 두 가치가 서로 긴장 관계에 있음을 수사학적으로 표현하고 있어 지문의 중심 내용을 가장 잘 담고 있는 제목입니다. 또한 선택지 ④는 culturtainment로 인해 부정적 문화 현상이 나타났다는 쪽에 초점을 두는데, 지문의 핵심인 균형적 접근의 필요성을 담고 있지 못하며 "New Cultures"는 사회 변화에 따라 새로운 형태의 문화가 등장한다는 당위적 사실을 언급한 부차적 정보에 불과합니다. 선택지 ⑤는 엔터테인먼트 산업에 균형 잡힌 투자가 중요하다는 의미로, culturtainment 자체에 균형적 접근이 필요하다는 글의 요지와 다릅니다. 그러므로 선택지 ④와 ⑤는 지문의 내용과 부합하는 제목이 아닙니다. 따라서 이 문항의 정답은 ②번으로, 문항 및 정답에는 이상이 없습니다.

G 04 정답 ③ ＊사회와 긴밀히 연결되어 있었던 수도원

Monasteries were the engine rooms / of the Middle Ages. //
수도원은 원동력이었다 / 중세 시대의 //
단서 1 수도원이 사회 전반에 여러 영향력을 제공했음을 설명함

At the height of their activities and influence, / monasteries provided / intellectual leadership for the institutions of Church and civil governments, / 활동과 영향력이 정점에 있을 때 / 수도원은 제공했다 / 교회와 시민 정부 기관들에 지적 지도력을 /

innovation in religious thought and practice, / medical provision, education, visual culture and agricultural development. //
종교적 사상과 관행의 혁신을 / 의료 공급, 교육, 시각 문화, 그리고 농업 발전을 //
접속사가 생략되지 않은 분사구문

They did all this / while apparently observing self-imposed isolation / from the wider community. // 그들은 이 모든 것을 해냈다 / 스스로 부과한 고립을 명백히 지키면서 / 더 넓은 공동체로부터 //
과거분사(places 수식)

For monasteries were intended to function as places / set apart from the world, / in which monks devoted their lives / to a permanent rhythm of religious observance, prayer and study. //
= where
왜냐하면 수도원은 장소로서 기능하도록 의도되었기 때문이다 / 세상으로부터 동떨어진 / 그곳에서 수도사들은 그들의 삶을 바쳤다 / 종교적 의식, 기도와 공부의 영속적인 리듬에 //

Religious prayer and praise / lay at the heart of monasticism. //
종교적 기도와 찬양은 / 수도원 생활의 중심에 자리했다 //

Both those following this life and those outside believed / that monastic lives were led for the benefit of wider society, /
= people
목적어절 접속사
이러한 삶을 따르는 사람들과 외부 사람들 둘 다 믿었다 / 수도원 생활이 더 넓은 사회의 이익을 위해 영위되는 것이라고 /
단서 2 수도사들의 분리된 삶은 사회의 이익을 위한 것이며 공동체를 대신한 참회 행위로 여겨졌음

and that the sacrifices made by monks / in separating themselves from 'normal' human contact / functioned as penances on behalf of the community / as well as for their own deliverance. //
목적어절 접속사
과거분사(sacrifices 수식)
그리고 수도사들이 행한 희생이 / '정상적인' 인간 접촉으로부터 스스로를 분리함으로써 / 공동체를 대신한 참회 행위로 작용한다고 / 자신들의 구원뿐만 아니라 //
주격 관계대명사

Monks were regarded as leading parallel lives / that had the power to save themselves and others. // 수도사들은 (속세와) 나란한 삶을
형용사적 용법
영위하는 것으로 여겨졌다 / 그들 자신과 다른 사람들을 구원할 힘을 지닌

• height ⓝ 정점, 절정 • civil ⓐ 시민의, 세속의
• provision ⓝ 공급, 제공 • self-imposed ⓐ 스스로 부과한, 자진한
• permanent ⓐ 영속[영구]적인
• observance ⓝ (종교) 의식, (법 · 규율 · 의식의) 준수
• on behalf of ~을 대신하여 • deliverance ⓝ 구원
• parallel ⓐ 나란한, 평행하는

수도원은 중세 시대의 원동력이었다. 수도원은 활동과 영향력이 정점에 있을 때, 교회와 시민 정부 기관들에 지적 지도력, 종교적 사상과 관행의 혁신, 의료 공급, 교육, 시각 문화, 그리고 농업 발전을 제공했다. 그들은 더 넓은 공동체로부터 스스로 부과한 고립을 명백히 지키면서 이 모든 것을 해냈다. 왜냐하면 수도원은 세상으로부터 동떨어진 장소로서 기능하도록 의도되었기 때문인데, 그곳에서 수도사들은 종교적 의식, 기도와 공부의 영속적인 리듬에 자신의 삶을 바쳤다. 종교적 기도와 찬양은 수도원 생활의 중심에 자리했다. 이러한 삶을 따르는 사람들과 외부 사람들 둘 다 수도원 생활이 더 넓은 공동체의 이익을 위해 영위되는 것이라 믿었고, '정상적인' 인간 접촉으로부터 스스로를 분리함으로써 수도사들이 행한 희생이 자신들의 구원뿐만 아니라 공동체를 대신한 참회 행위로 작용한다고 믿었다. 수도사들은 그들 자신과 다른 사람들을 구원할 힘을 지닌, (속세와) 나란한 삶을 영위하는 것으로 여겨졌다.

다음 글의 제목으로 가장 적절한 것은? [3점]

① How to Gain Religious and Social Benefits from Monastery Life
수도원 생활에서 종교적, 사회적 혜택을 얻는 방법 — 단순하게 수도원 생활이 언급된 것으로 만든 오답
② Why the Middle Ages Demanded Religious Figures Be Isolated
중세 시대가 종교적 인물의 고립을 요구했던 이유 — 수도사들이 고립된 삶을 산 것은 맞지만 중세 시대가 고립을 요구했던 이유는 핵심이 아님
③ The Grace of Solitude: Detached from but Attached to Society
고독의 은총: 사회와 단절된 듯하지만 연결된 — 수도사들의 고립된 삶이 공동체를 위한 것이며 사회 전체에 이바지했다고 했음
④ No Sacrificial Leaders, No Flowering of Civilization
희생적 지도자가 없으면 문명이 꽃피는 일도 없다 — 희생적 지도자와 문명의 관계에 대한 글이 아님
⑤ Mystery of Power: The Politics of Peace and Solitude
권력의 신비: 평화와 고독의 정치학 — 권력이 평화와 고독의 정치학이라는 내용의 글이 아님

왜 정답? [정답률 42%]

전반부	수도원은 중세 사회에서 지적 · 종교적 지도력, 의료, 교육, 문화, 농업 발전을 제공하며 중요한 원동력이었음 단서 1
후반부	수도사들은 속세와 단절된 기도와 규율의 삶을 통해 공동체의 구원과 참회를 대신하는 존재로 여겨짐 단서 2

➡ 수도사들이 사회와 단절되어 고립된 것처럼 보였지만, 사실 사회 전반에 영향을 미치며 공동체의 구원과 참회를 대신하는 존재였다는 내용의 글이다.
▶ 따라서 글의 제목으로 가장 적절한 것은 ③ '고독의 은총: 사회와 단절된 듯하지만 연결된'이다.

왜 오답?

함정
① 수도원 생활에서 종교적, 사회적 혜택을 얻는 방법에 대한 언급은 없다.
② 수도사들이 고립된 삶을 산 것은 맞지만 중세 시대가 고립을 요구했던 것은 아니다.
④ 희생적 지도자와 문명의 관계에 대한 글이 아니다.
⑤ 권력이 평화와 고독의 정치학이라는 내용의 글이 아니다.

G 05 정답 ② *음식은 단순한 필수품이 아니라 문화

Food, as we all know, / is essential for human life. //
우리 모두가 아는 것처럼 음식은 / 인간의 삶에 필수적이다 //

It also is the basis for several major industries / found (과거분사) in many countries around the world / such as ('~와 같은') in agriculture, food processing, food retailing and food service. //
그것은 또한 몇몇 주요 산업의 기반이기도 하다 / 전 세계 여러 나라에서 볼 수 있는 / 농업, 식품 가공, 식품 소매업, 식품 서비스업과 같은 //

For millennia, / the focus (핵심 주어) of those involved (과거분사) with food as a human and economic phenomenon / was (문장의 동사) on its production, preservation, distribution, pricing and other practical concerns. //
수천 년 동안 / 인간과 경제 현상으로서 음식과 관련된 사람들의 관심은 / 그것의 생산, 보존, 유통, 가격 책정 및 기타 실용적인 문제에 집중되어 있었다 //

But in the late 18th century this began to change. //
하지만 18세기 후반에 이것이 바뀌기 시작했다 //

Food became more than just a life necessity. //
음식은 단순한 생활필수품 그 이상이 되었다 // 단서 1 음식은 생활필수품 이상의 것이 됨

Restaurants began to be developed (수동태), / initially in France but eventually in other nations, / as a distinct institution / offering (현재분사) people dining choices and table service, /
레스토랑은 발전되기 시작했다 / 처음에는 프랑스에서, 하지만 결국에는 다른 나라에서도 / 별개의 시설로 / 사람들에게 식사 선택권과 테이블 서비스를 제공하는 /

the opportunity for socialization / and, over time, a finer and finer atmosphere. // 단서 2 레스토랑의 부상
사교의 기회 / 그리고 시간이 지남에 따라 점점 더 고급스러운 분위기를 제공하며 //

The rise of restaurants eventually led to a class of diners / who (주격 관계대명사) prided themselves (재귀대명사) on being critics of taste, food and cooking. //
레스토랑의 부상은 결국 한 부류의 식사하는 사람들을 탄생시켰다 / 맛, 음식, 그리고 요리의 비평가임을 자랑하는 // 단서 3 레스토랑의 부상은 비평가 집단을 탄생시킴

Brillat-Savarin is probably the best known of the 'culinary philosophers' / or, in today's parlance, a 'foodie'. //
Brillat-Savarin은 아마도 '요리 철학자'로 가장 잘 알려져 있다 / 또는 오늘날의 용어로 '미식가'로 //

「one of+복수 명사」: ~ 중 하나 / 대괄호 [ ]: 인용문을 전체 문장 구조에 맞도록 변경했을 때 사용함
One of Brillat-Savarin's better known sayings / was, '[t]ell me what you eat, and I'll tell you who you are.' //
Brillat-Savarin이 말한 더 잘 알려진 격언 중 하나는 / '당신이 무엇을 먹는지 말해주세요, 그러면 당신이 누구인지 알려 드리겠습니다'이다 // 단서 4 음식은 단순한 영양 섭취가 아니라 그 사람을 드러내는 문화적 지표임

• essential ⓐ 필수적인 • retailing ⓝ 소매업
• millennium ⓝ 천년 (pl. millennia) • phenomenon ⓝ 현상
• preservation ⓝ 보존 • distribution ⓝ 유통
• necessity ⓝ 필수품 • initially ad 처음에는
• distinct ⓐ 별개의, 뚜렷한 • institution ⓝ 시설, 기관
• socialization ⓝ 사교, 사회화 • pride oneself on ~을 자랑하다
• critic ⓝ 비평가 • foodie ⓝ 미식가
• industrialization ⓝ 산업화

우리 모두가 아는 것처럼 음식은 인간의 삶에 필수적이다. 그것은 또한 농업, 식품 가공, 식품 소매업, 식품 서비스업과 같은 전 세계 여러 나라에서 볼 수 있는 몇몇 주요 산업의 기반이기도 하다. 수천 년 동안 인간과 경제 현상으로서 음식과 관련된 사람들의 관심은 그것의 생산, 보존, 유통, 가격 책정 및 기타 실용적인 문제에 집중되어 있었다. 하지만 18세기 후반에 이것이 바뀌기 시작했다. 음식은 단순한 생활필수품 그 이상이 되었다. 레스토랑은 처음에는 프랑스에서, 하지만 결국에는 다른 나라에서도 사람들에게 식사 선택권과 테이블 서비스, 사교의 기회, 그리고 시간이 지남에 따라 점점 더 고급스러운 분위기를 제공하는 별개의 시설로 발전되기 시작했다. 레스토랑의 부상은 결국 맛, 음식, 그리고 요리의 비평가임을 자랑하는 한 부류의 식사하는 사람들을 탄생시켰다. Brillat-Savarin은 아마도 '요리 철학자' 또는 오늘날의 용어로 '미식가'로 가장 잘 알려져 있다. Brillat-Savarin이 말한 더 잘 알려진 격언 중 하나는 '당신이 무엇을 먹는지 말해주세요, 그러면 당신이 누구인지 알려 드리겠습니다'이다.

다음 글의 제목으로 가장 적절한 것은?

① Changing Appetites: The Return of Fine Dining
변화하는 식욕: 고급 식사의 귀환 — 식욕이 변화하였기 때문에 고급 식사가 다시 돌아온 것이 아님
② Beyond Mere Necessity: The Rise of Food Culture
단순한 필수품을 넘어서: 음식 문화의 부상 — 음식이 단순한 필수품을 넘어 18세기 후반에 레스토랑의 부상과 함께 문화적 현상을 만들었다는 내용
③ Tips for Choosing Restaurants for Social Occasions
사교 모임을 위한 식당 선택 요령 — 식당을 선택하는 요령은 언급되지 않음
④ Why Table Manners Matter: Food and Class Identity
식사 예절이 중요한 이유: 음식과 계급 정체성 — 식사 예절과 계급을 연결 짓는 내용은 나오지 않음
⑤ How Industrialization Is Taking Over Food Production
산업화가 식품 생산을 대체하는 방법 — 산업화가 식품 생산을 대체하는 것에 대한 내용은 없음

전반부 (수천 년 동안)	• 음식은 인간의 삶에 필수적이며, 여러 나라들의 주요 산업의 기반임 • 수천 년 동안 사람들의 관심은 음식의 생산, 보존, 유통, 가격 책정 등 실용적인 문제에 집중되어 있었음
후반부 (18세기 후반)	• 18세기 후반에 음식에 대한 관심사가 바뀌기 시작해 생활필수품 이상의 것이 됨 단서 1 • 레스토랑의 부상: 식사 선택권, 테이블 서비스, 사교의 기회, 고급스러운 분위기를 제공하는 시설(= 영양 보충이나 허기진 배를 채우기 위한 목적 이외의 것) 단서 2 • 레스토랑의 부상과 함께 요리 비평가 집단도 생겨남 단서 3 • '당신이 무엇을 먹는지 말해주세요, 그러면 당신이 누구인지 알려 드리겠습니다' (= 음식은 그 사람을 드러내는 문화적 지표) 단서 4

▶ 수천 년 동안 실용적인 문제에 집중했던 음식에 대한 관심사는 18세기 후반에 레스토랑이 등장하면서 미식과 요리 비평가의 등장으로 일종의 새로운 문화적 양상을 보이게 된다. 따라서 ② '단순한 필수품을 넘어서: 음식 문화의 부상'이 제목으로 가장 적절하다.

✅오H 오답 ❓

① 글의 내용상 식욕이 변화하였다고 보기 어려우며, 고급 식사가 다시 돌아온 것이 아니다.

③ 식당을 선택하는 요령은 언급되지 않았다.

④ 식사 예절과 계급을 연결 짓는 내용은 나오지 않았다.

⑤ 산업화가 식품 생산을 대체하는 것, 즉 기존의 식품 생산을 산업화가 대신하는 내용은 없다. 주의

G 06 정답 ② ＊사회적 합의로서의 재산

For most people, / the word "property" just refers to "stuff": / land, yes, / but also the structures on that land, / as well as physical possessions / and even intangibles like ideas or radio frequencies. //
대부분의 사람들에게 / '재산'이라는 단어는 그저 '물건'을 의미한다 / 땅도 그렇지만 / 그 땅 위에 있는 구조물뿐만 아니라 / 또한 물리적 소유물 / 그리고 심지어 아이디어나 무선 주파수와 같은 무형 자산도 그렇다 //

If you can own it, / or claim some kind of right to it, / it's property. //
만약 여러분이 그것을 소유할 수 있거나 / 그것에 대한 일종의 권리를 주장할 수 있다면 / 그것은 재산이다 //

But sociologists and anthropologists have observed / that in human societies, / property rights systems aren't really about "stuff"; / they're about people. //
그러나 사회학자들과 인류학자들은 말해 왔다 / 인간 사회에서 / 재산권 체계는 실제로 '물건'에 관한 것이 아니라고 / 그것들은 사람에 관한 것이라고 //

More specifically, / a property right isn't a relationship between a person and an object, / it's an agreement between people about the object. // 단서 1 재산권은 사물과 관련된 사람들 사이의 (사회적) 합의임
더 구체적으로 / 재산권은 사람과 사물 사이의 관계가 아니라 / 그 사물과 '관련된' 사람들 사이의 합의이다 //

And these agreements aren't limited / to written deeds and titles, or other property laws in a society. //
그리고 이러한 합의는 국한되지 않는다 / 서면상의 증서나 소유권 증서, 혹은 사회 내의 기타 재산법에만 //

Becher explained / that a sociologist like herself / "would see property as a kind of social agreement. //
Becher는 설명했다 / 그녀 자신과 같은 사회학자는 / '재산을 일종의 사회적 합의로 볼 것이라고 //

Property rights certainly exist / in writing, in law, / and that's part of what they are. //
재산권은 분명히 존재한다 / 문서나 법률로 / 그리고 그것은 재산권이 무엇인지의 일부이기도 하다 //

But they're really only real / to the extent that we respect them. //
그러나 재산권은 오직 진짜로 실재한다 / 우리가 그것들을 존중하는 한에서만 //

[So, property rights are, in a sense,] / claims that people make that get respected by others. // 단서 2 재산권은 사람들이 주장하고 다른 사람들로부터 존중받는 권리임
(그래서 어떤 의미에서 재산권은) / 사람들이 주장하고 다른 사람들로부터 존중받는 권리이다 //

So they're always social." // 따라서 그것은 항상 사회적인 것이다 //

- property ⓝ 재산
- refer to ~를 의미하다
- possession ⓝ 소유물
- radio frequency 라디오 주파수
- anthropologist ⓝ 인류학자
- observe ⓥ (의견을) 말하다
- specifically ⓐd 구체적으로
- agreement ⓝ 합의

대부분의 사람들에게 '재산'이라는 단어는 그저 '물건'을 의미하는데, 땅도 그렇고, 또한 그 땅 위에 있는 구조물뿐만 아니라 물리적 소유물, 그리고 심지어 아이디어나 무선 주파수와 같은 무형 자산도 그렇다. 만약 여러분이 그것을 소유할 수 있거나, 그것에 대한 일종의 권리를 주장할 수 있다면, 그것은 재산이다. 그러나 사회학자들과 인류학자들은 인간 사회에서 재산권 체계는 실제로 '물건'에 관한 것이 아니라고 말해 왔는데, 그것은 사람에 관한 것이다. 더 구체적으로, 재산권은 사람과 사물 사이의 관계가 아니라, 그 사물과 '관련된' 사람들 사이의 합의이다. 그리고 이러한 합의는 서면상의 증서나 소유권 증서, 혹은 사회 내의 기타 재산법에만 국한되지 않는다. Becher는 그녀 자신과 같은 사회학자는 '재산을 일종의 사회적 합의로 볼 것이다. 재산권은 분명히 문서나 법률로 존재하며, 그것은 재산권이 무엇인지의 일부이기도 하다. 그러나 재산권은 오직 우리가 그것들을 존중하는 한에서만 진짜로 실재한다. (그래서 어떤 의미에서 재산권은) 사람들이 주장하고 다른 사람들이 존중하는 권리이다. 따라서 그것은 항상 사회적인 것이다.'라고 설명했다.

다음 글의 제목으로 가장 적절한 것은?

① How Can We Build Agreement When Reforming Property Law?
재산법을 개혁할 때 어떻게 합의를 형성할 수 있는가? 재산법 개혁에 관한 글이 아님

② Rethinking Property: Understanding It as a Social Agreement
재산 재고하기: 그것을 사회적 합의로서 이해하기 재산권은 사람들 사이의 합의로 이해해야 한다는 내용임

③ The Growing Importance of Protecting Private Property
사유 재산을 보호하는 중요성 사유 재산을 보호해야 할 필요가 커졌다는 내용은 없음

④ Social Duty: Reframing Possession as Collective Goods 소유를 집단
사회적 의무: 소유를 공동의 재화로 재구성하기 재화로 재구성해야 한다는 사회적 의무에 대한 언급은 없음

⑤ New Insight on Property as a Timeless Asset
영원한 자산으로서의 재산에 대한 새로운 통찰 재산이 영원한 자산이라는 내용은 없음

✅오H 정답 ❓ [정답률 89%]

전반부	재산권은 사람과 사물 사이의 관계가 아니라, 그 사물과 '관련된' 사람들 사이의 합의임 단서 1
후반부	• 재산권은 오직 우리가 그것들을 존중하는 한에서만 진짜로 실재함 • 재산권은 사람들이 주장하고 다른 사람들이 존중하는 권리로 항상 사회적임 단서 2

▶ 재산권은 물건과 관련 있는 사람들 간의 존중된 사회적 합의라는 내용이다. 따라서 ② '재산 재고하기: 그것을 사회적 합의로서 이해하기'가 제목으로 적절하다.

✅오H 오답 ❓

① 재산법 개혁을 위한 합의 방안에 대한 내용이 아니다.

③ 사유 재산을 보호할 필요성에 대한 내용이 아니다.

④ 소유를 공동의 재화로 재구성하는 것이 사회적 의무라는 언급은 없다.

⑤ 재산이 시간을 초월한 영원한 자산이라는 내용은 없다.

G 07 정답 ① ★문학 작품의 모호함을 받아들이는 이유

선행사를 포함하는 관계대명사
What sets off literary works / from other narrative display texts
보어절을 이끄는 접속사
/ is that they have undergone a process of selection: /
동사
문학 작품을 구별 짓는 점은 / 다른 이야기체로 표현된 텍스트와 / 그것들이 선택 과정을
거쳤다는 것이다 /

they have been published, reviewed, and reprinted, / so that
동격의 접속사
readers approach them with the assurance / that others have
find+목적어+목적격 보어
found them well constructed and 'worth it'. //
즉, 그것들은 출판되고, 검토를 거쳐, 재판(再版)되었다 / 그렇기 때문에 독자들은 그것에
확신을 가지고 접근한다 / 다른 사람들이 그 작품을 잘 구성되었으며 '그만한 가치가 있다'고
생각한다는 //

So for literary works, / the cooperative principle is 'hyper-
protected'. // 그래서 문학 작품에 있어서 / 협력 원리는 '강력하게 보호된다' /

단서 1 우리는 모호함과 명백하게 관련 없는 것을 모두 받아들임
We can put up with many obscurities and apparent irrelevancies,
목적어절을 이끄는 접속사
/ without assuming that this makes no sense. //
우리는 많은 모호함과 명백하게 관련 없는 것을 참아낼 수 있다 / 이것이 말이 되지 않는다고
가정하지 않고도 /

목적어절을 이끄는 접속사   that절의 주어
Readers assume / that in literature / complications of language
ultimately have a communicative purpose and, / instead of
목적어절을 이끄는 접속사
imagining that the speaker or writer is being uncooperative, /
독자들은 가정한다 / 문학에서 / 언어의 복잡성이 궁극적으로 의사소통의 목적을 갖는다고 /
화자나 작가가 비협조적일 것이라고 상상하는 대신에 /

= readers
as they might in other speech contexts, / they struggle to interpret
주격 관계대명사
elements / that flout principles of efficient communication /
'~를 위해'
in the interests of some further communicative goal. //
다른 언어적 상황에서 그렇듯 / 요소들을 해석하려 애쓴다 / 효율적인 의사소통 원칙을 비웃는
/ 어떤 그 이상의 의사소통 목표를 위해 //

주격 관계대명사
'Literature' is an institutional label / that gives us reason to
목적어절을 이끄는 접속사
expect / that the results of our reading efforts will be 'worth
it'. //
'문학'은 제도적인 표시이다 / 우리가 기대할 이유를 제공하는 / 우리가 읽는 노력의 결과가
'그만한 가치가 있을 것'이라고 //

단서 2 문학을 읽는 독자들은 불확실성을 탐구하려는 태도를 가짐
And many of the features of literature / follow from the
to부정사의 병렬 구조
willingness of readers / to pay attention, / to explore uncertainties,
to 생략
/ and not immediately ask 'what do you mean by that?' //
그리고 문학의 많은 특징들은 / 독자들의 태도에서 나온다 / 기꺼이 주의를 기울이고 /
불확실성을 탐구하며 / 그리고 즉시 '그게 무슨 뜻이야?'라고 묻지 않으려는 //

- set off A from B A를 B와 구별 짓다 • literary ⓐ 문학의
- undergo ⓥ ~를 거치다, 겪다 • assurance ⓝ 확신
- put up with 참아내다 • apparent ⓐ 명백한
- irrelevancy ⓝ 관련 없는 것 • complication ⓝ 복잡성
- interpret ⓥ 해석하다 • institutional ⓐ 제도적인
- willingness ⓝ (기꺼이 하는) 태도[의지] • uncertainty ⓝ 불확실성
- illusion ⓝ 환상 • perspective ⓝ 관점

문학 작품을 다른 이야기체로 표현된 텍스트와 구별 짓는 점은 그것들이 선택
과정을 거쳤다는 것이다. 즉, 그것들은 출판되고, 검토를 거쳐, 재판(再版)되었
기 때문에 독자들은 다른 사람들이 그 작품을 잘 구성되었으며 '그만한 가치가
있다'고 생각한다는 확신을 가지고 그것들에 접근한다. 그래서 문학 작품에 있
어 협력 원리는 '강력하게 보호된다'. 우리는 많은 모호함과 명백하게 관련 없는
것을 참아낼 수 있으며, 이것이 말이 되지 않는다고 가정하지 않는다. 독자들은
문학에서 언어의 복잡성이 궁극적으로 의사소통의 목적을 갖는다고 가정하고,
화자나 작가가 비협조적일 것이라고 상상하는 대신에, 다른 언어적 상황에서 그
렇듯 어떤 그 이상의 의사소통 목표를 위해 효율적인 의사소통 원칙을 비웃는
요소들을 해석하려 애쓴다. '문학'은 우리가 읽는 노력의 결과가 '그만한 가치가
있을 것'이라고 기대할 이유를 제공하는 제도적인 표시이다. 그리고 문학의 많
은 특징들은 기꺼이 주의를 기울이고, 불확실성을 탐구하며, 즉시 '그게 무슨 뜻
이야?'라고 묻지 않으려는 독자들의 태도에서 나온다.

다음 글의 제목으로 가장 적절한 것은? [3점]

문학을 읽을 때 우리가 모호함을 기꺼이 받아들이는 이유를 설명하고 있음
① Why Do We Willingly Accept Uncertainty in Literary Works?
왜 우리는 문학 작품의 모호함을 기꺼이 받아들이는가?
② Irrelevant Elements Should Be Left Out in Narrative Texts
이야기체 텍스트에서 관련 없는 요소들은 제외되어야 한다
모호함과 관련 없는 요소들까지도 우리는 받아들인다고 했음
③ The Illusion of Depth: Complex Language Weakens Literature
깊이의 환상: 복잡한 언어는 문학을 약화시킨다   복잡한 언어가 문학을 약화시킨다는 내용이 아님
④ Literary Interpretation as a Worthwhile Quest for Pleasure
즐거움을 위한 가치 있는 탐구로서의 문학적 해석   문학적 해석이 즐거움을 위한 것이라는 언급은 없음
⑤ How Selective Reading Narrows Readers' Perspectives
선택적 독서가 독자의 관점을 좁히는 방식   선택적 독서가 독자의 관점을 좁힌다는 내용이 아님

＞왜 정답？ [정답률 55%]

전반부	• 우리는 문학 작품이 잘 구성되고 가치가 있다고 생각함 • 우리는 모호함과 명백하게 관련 없는 것을 모두 받아들임 **단서 1**
후반부	• 우리는 언어의 복잡성에 대해 작가가 비협조적이라고 생각하지 않고 그것을 해석하려고 노력함 • 문학이라는 표시는 우리의 읽는 노력이 가치 있을 것이라는 기대감을 제공함 • 문학의 특징은 독자가 불확실함을 탐구하려는 태도에서 비롯됨 **단서 2**

▶ 우리가 문학 작품의 모호함과 불확실성을 받아들이고 해석하려고 노력하는 이유는
그 노력이 가치가 있다고 생각하기 때문이라는 내용이다. 따라서 ① '왜 우리는 문학 작
품의 모호함을 기꺼이 받아들이는가?'가 제목으로 적절하다.

＞왜 오답？

② 우리는 문학 작품을 읽을 때 모호함과 관련 없는 것들을 모두 참아낸다고 했으므로,
글의 내용과 반대이다.

③ 복잡한 언어가 문학을 약화시킨다는 언급은 없다.

④ 우리가 문학의 모호함을 참아내고 해석하는 이유를 말하고 있지, 문학적 해석이 우
리에게 즐거움을 준다는 언급은 없다.

⑤ 선택적인 독서가 독자의 관점을 좁게 만든다는 내용이 아니다.

G 08 정답 ② ★지구의 방대한 역사에 대한 우리의 시간적 맹목

과거분사구
Time denial, / rooted in a very human combination of pride and
existential dread, / is perhaps the most common and forgivable
선행사를 포함하는 관계대명사
form / of what might be called *chronophobia*. //
시간 부정은 / 인간에게 매우 흔히 있는 오만과 실존적 두려움의 결합에 뿌리를 두고 있는 /
가장 흔하고 용서할 만한 형태이다 / 아마도 '시간 공포증'이라고 불릴지도 모르는 것의 //

주격 관계대명사
But there are other, more toxic varieties / that work together
with the less harmful kind / to create a prevalent, stubborn, and
dangerous temporal illiteracy / in our society. //
그러나 다른 더 독성이 강한 변종들이 있다 / 덜 해로운 그 종류와 함께 작용하여 / 널리 퍼져
있는, 고집스럽고, 위험한 시간 문맹을 만드는 / 우리 사회에 //

가정법 과거
We in the twenty-first century would be shocked / if an educated
adult were unable to identify / the continents on a world map, /
21세기의 우리는 충격을 받을 것이지만 / 만약 교육을 받은 성인이 식별할 수 없다면 / 세계
지도에서 대륙들을 /

yet we are quite comfortable / with widespread ignorance /
about anything but the most superficial highlights / from the
planet's long history: / perhaps the Bering Strait, dinosaurs, or
Pangaea. // **단서 1** 지구의 오랜 역사에서 겉으로 잘 드러나는 중요한 사건 외의 다른 사건에
대해서 널리 퍼진 무지함에는 불편함이 없음
하지만 전혀 불편함이 없다 / 널리 퍼진 무지함에는 / 겉으로 가장 잘 드러나는 중요한 사건
외의 그 어떤 것에 대해 / 지구의 오랜 역사에서 / 아마도 베링 해협, 공룡, 혹은 판게아와 같이 //

Most humans have no sense of temporal proportion / — the
durations of the great chapters in Earth's history, / the *rates* of
change during previous intervals of environmental instability, /
대부분의 사람들은 시간적 비율에 대해서는 감각이 없다 / 즉, 지구 역사의 위대한 장들의
'지속 기간' / 이전에 있던 환경 불안정기들 동안 변화의 '속도' /

전치사(~와 같은)
the *intrinsic timescales* of "natural capital" / like groundwater
systems. // '자연 자본'의 '내재된 시간 척도' / 지하수 시스템과 같은 //

As a species, / we have a childlike disinterest and partial disbelief / in the time before our appearance on Earth. //
하나의 종으로서 / 우리는 어린아이와 같은 무관심과 편파적인 불신을 지니고 있다 / 지구에 우리가 나타나기 전의 시간에 대해 //

단서 2 인간이 빠진 이야기에는 흥미가 없어서 많은 사람들은 자연사에 관심이 없음

With no appetite for stories lacking humans, / many people simply can't be bothered / with natural history. //
인간이 빠져 있는 이야기에 대한 흥미가 없어서 / 많은 이들은 굳이 개의치 않는다 / 자연사에 //

- denial ⓝ 부정
- existential ⓐ 실존적인
- dread ⓝ 두려움
- toxic ⓐ 유독성의
- prevalent ⓐ 널리 퍼진
- stubborn ⓐ 고집스러운
- temporal ⓐ 시간의
- illiteracy ⓝ 문맹
- continent ⓝ 대륙
- superficial ⓐ 피상적인
- proportion ⓝ 비율
- instability ⓝ 불안정
- intrinsic ⓐ 내재된, 고유한
- timescale ⓝ 시간 척도
- capital ⓝ 자본
- groundwater ⓝ 지하수
- partial ⓐ 편파적인
- appetite ⓝ 흥미, 욕구
- must ⓝ 필수품, 꼭 해야 하는 것

인간에게 매우 흔히 있는 오만과 실존적 두려움의 결합에 뿌리를 두고 있는 시간 부정은 아마도 '시간 공포증'이라고 불릴지도 모르는 것의 가장 흔하고 용서할 만한 형태이다. 그러나 덜 해로운 그 종류와 함께 작용하여 우리 사회에 널리 퍼져 있는, 고집스럽고, 위험한 시간 문맹을 만드는 다른 더 독성이 강한 변종들이 있다. 21세기의 우리는 만약 교육을 받은 성인이 세계 지도에서 대륙들을 식별할 수 없다면 충격을 받을 것이지만, 아마도 베링 해협, 공룡, 혹은 판게아와 같이 지구의 오랜 역사에서 겉으로 가장 잘 드러나는 중요한 사건들 외의 그 어떤 것에 대해 널리 퍼진 무지함에는 전혀 불편함이 없다. 대부분의 사람들은 시간적 비율, 즉, 지구 역사의 위대한 장들의 '지속 기간', 이전에 있던 환경 불안정기들 동안 변화의 '속도', 지하수 시스템과 같은 '자연 자본'의 '내재된 시간 척도'에 대해서는 감각이 없다. 하나의 종으로서, 우리는 지구에 우리가 나타나기 전의 시간에 대해 어린아이와 같은 무관심과 편파적인 불신을 지니고 있다. 인간이 빠져 있는 이야기에 대한 흥미가 없어서, 많은 이들은 굳이 자연사에 개의치 않는다.

다음 글의 제목으로 가장 적절한 것은? [3점]

① Awareness of Planetary Time: A Must for Survival Skill
지구 시간에 대한 인식: 생존 기술을 위한 필수품 — 생존 기술을 다루지 않음

② Our Temporal Blindness to the Vast History of the Earth
지구의 방대한 역사에 대한 우리의 시간적 맹목
지구의 오래된 역사에서 인간이 빠진 부분에 대해서는 우리가 무관심하다고 함

③ Time Leaves You Behind While You're Stuck in Yesterday
당신이 과거에 갇혀 있는 동안 시간은 당신을 두고 간다 — 과거에 머물러 있다는 내용이 아님

④ What Is the Future of a Society That Forgets Its History?
역사를 잊는 사회의 미래는 무엇인가? — 사회의 역사보다 지구의 자연사에 대한 무지가 초점임

⑤ Time Denial: Technology Shapes Our Perceptions of Time
시간 부정: 기술이 우리의 시간 인식을 형성한다 — 기술이 시간 인식을 형성한다는 언급은 없음

왜 정답? [정답률 73%]

- 교육을 받은 성인이 세계 지도에서 대륙을 식별할 수 없으면 충격을 받을 테지만, 지구의 오랜 역사에서 겉으로 가장 잘 드러나는 사건들 외의 것에 대해 널리 퍼진 무지함에 대해서는 불편함이 없음 **단서 1**
- 인간이 빠진 이야기에는 흥미가 없어서 많은 사람들이 자연사에 관심이 없음 **단서 2**

▶ 많은 사람들이 지구의 역사 중 인간에 대한 내용이 아닌 자연사에는 관심이 없는 경향이 있다는 내용이므로 ② '지구의 방대한 역사에 대한 우리의 시간적 맹목'이 제목으로 적절하다.

왜 오답?

① 지구 시간에 대한 인식이 생존 기술의 필수품이라는 내용은 아니다.
③ 우리가 과거에 머물러 있다는 내용이 아니다.
④ 사회의 역사보다 지구의 자연사에 대한 무지가 초점이다.
⑤ 기술이 시간 인식을 형성한다는 언급은 없다.

G 09 정답 ② ＊인간의 눈에 잘 띄는 공막의 고유함

단서 1 인간은 모든 종 중에 가장 눈에 잘 띄는 공막을 가지고 있음

In fact, / humans are known / to have the largest and most visible sclera / — the "whites" of the eyes — / of any species. //
실제로 / 인간은 알려져 있다 / 가장 크고 가장 눈에 잘 띄는 공막을 가지고 있는 것으로 / 즉 눈의 '흰자위'를 / 모든 종 중 //

This fact intrigues scientists, / because it would seem actually to be a considerable obstacle: /
이 사실은 과학자들의 호기심을 돋운다 / 왜냐하면 그것이 실제로는 상당한 방해물이 될 것 같기 때문이다 /

관계부사

imagine, / for example, / the classic war movie scene / **where** the soldier dresses in camouflage / and paints his face / with green and brown color / — but can do nothing / about his noticeably white sclera, / **beaming bright against the jungle.** //
상상해 보라 / 예를 들어 / 고전적인 전쟁 영화 장면을 / 병사가 위장복을 입고 있는 / 그리고 그의 얼굴을 칠한 / 녹색과 갈색으로 / 그러나 아무 것도 할 수 없는 / 눈에 띄게 하얀 공막에 대해 / 정글과 대비되어 밝게 빛나는 //

~에도 불구하고'(전치사)

There must be **some reason** / humans developed it, / **despite** its obvious costs. //
'어떤' 이유가 분명히 있음에 틀림없다 / 인간이 그것을 발달시킨 / 그것의 명백한 대가에도 불구하고 //

주어-동사 도치

In fact, / the advantage of visible sclera / — so **goes the "cooperative eye hypothesis"** / — is precisely **that** it enables humans / to see clearly, / and from a distance, / which direction other humans are looking. //

단서 2 인간의 공막은 다른 인간이 어느 방향을 보고 있는지를 분명히, 멀리서 보도록 해줌

실제로 / 눈에 잘 띄는 공막의 이점은 / '협력적 눈 가설'이 말하듯이 / 바로 그것이 인간이 가능하게 한다는 것이다 / 분명하게 보는 것을 / 그리고 멀리서 / 다른 인간이 어느 방향을 보고 있는지를 //

목적어절 접속사

Michael Tomasello showed / in a 2007 study / **that** chimpanzees, gorillas, and bonobos / — our nearest cousins / — follow the direction of each other's *heads*, / **whereas** human infants follow / the direction of each other's *eyes*. //
Michael Tomasello는 증명했다 / 한 2007년의 연구에서 / 침팬지, 고릴라, 그리고 보노보는 / 우리의 가장 가까운 사촌들인 / 서로의 '머리' 방향을 따라간다는 것을 / 반면 인간 유아들은 따라간다는 것을 / 서로의 '눈' 방향을 //

So / the value of looking someone in the eye / may in fact be something uniquely human. //

단서 3 (공막을 통해) 누군가의 눈을 바라보는 것은 인간의 고유함임

그러므로 / 누군가의 눈을 바라보는 것의 가치는 / 사실 고유하게 인간이기에 갖게 되는 것일 수도 있다 //

- visible ⓐ 눈에 잘 띄는, 눈에 보이는
- intrigue ⓥ 호기심을 돋우다
- considerable ⓐ 상당한
- obstacle ⓝ 방해물, 장애물
- noticeably ⓐ 눈에 띄게, 두드러지게
- cooperative ⓐ 협력적인
- hypothesis ⓝ 가설
- infant ⓝ 유아
- adaptive ⓐ 적응의

실제로 인간은 모든 종 중 가장 크고 가장 눈에 잘 띄는 공막, 즉 눈의 '흰자위'를 가지고 있는 것으로 알려져 있다. 이 사실은 과학자들의 호기심을 돋우는데, 왜냐하면 그것이 실제로는 상당한 방해물이 될 것 같기 때문이다. 예를 들어, 병사가 위장복을 입고 그의 얼굴을 녹색과 갈색으로 칠하지만, 정글과 대비되어 밝게 빛나는 그의 눈에 띄게 하얀 공막에 대해 아무것도 할 수 없는 고전적인 전쟁 영화 장면을 상상해 보라. 그것의 명백한 대가에도 불구하고, 인간이 그것을 발달시킨 '어떤' 이유가 분명히 있음에 틀림없다. 실제로, '협력적 눈 가설'이 말하듯이, 눈에 잘 띄는 공막의 이점은 바로 그것이 인간이 분명하게, 그리고 멀리서, 다른 인간이 어느 방향을 보고 있는지 볼 수 있게 한다는 것이다. Michael Tomasello는 한 2007년의 연구에서 우리의 가장 가까운 사촌들인 침팬지, 고릴라, 그리고 보노보는 서로의 '머리' 방향을 따라가는데, 반면 인간 유아들은 서로의 '눈' 방향을 따라간다는 것을 증명했다. 그러므로 누군가의 눈을 바라보는 것의 가치는 사실 고유하게 인간이기에 갖게 되는 것일 수도 있다.

다음 글의 제목으로 가장 적절한 것은?

① Adaptive Strategies for Animals with Poor Vision
시력이 좋지 않은 동물들을 위한 적응 전략 — 시력이 좋지 않은 동물들의 적응 전략에 대한 내용이 아님

② The Uniqueness of Human's Visible Sclera
인간의 눈에 잘 띄는 공막의 고유함 — 잘 띄는 공막을 고유하게 지니고 있음을 이야기하는 글임

③ The Human Eye: A Window to Our Soul
인간의 눈: 우리의 영혼에 대한 창문 — 인간의 눈과 관련된 내용으로 만든 함정

④ Why Human Eyes Evolved Various Colors
인간의 눈이 다양한 색으로 진화한 이유 — 인간의 눈이 다양한 색이라는 내용이 아님

⑤ How Non-human Species Use Sclera in Communication
비인간 종들이 의사소통에서 공막을 사용하는 방법 — 비인간 종들이 의사소통에서 공막을 사용하는 방법에 대한 글이 아님

G 10 정답 ⑤ ＊자신을 드러내는 현대적인 방식인 셀피

The selfie resonates / **not** because it is new, / **but** because it
not A but B: A가 아니라 B
expresses, develops, expands, and intensifies / the long history
of the self-portrait. // **단서 1** 셀피는 새로워서가 아니라 자화상의 오랜 역사를 발전시키고
확장해 가기 때문에 우리에게 반향을 불러일으킴
셀피가 공명하는 이유는 / 그것이 새롭기 때문이 아니라 / 표현하고 발전시키며 확장하고
강화하기 때문이다 / 자화상의 오랜 역사를 //

The self-portrait showed to others / the status of the person
과거분사(person 수식)
depicted. //
자화상은 다른 사람들에게 보여 주었다 / 그려진 사람의 지위를 //
관계대명사절을 이끎   have come to-v: ~하게 되다
In this sense, / **what** we **have come to call** our own "image" / —
the interface of the way we think we look / and the way others
see us — / is the first and fundamental object of global visual
culture. //
이런 의미에서 / 우리가 자신의 '이미지'라고 부르게 된 것은 / 즉 우리가 생각하는 우리의
모습과 / 다른 사람들이 우리를 보는 방식의 접점이라고 / 세계적 시각 문화의 첫 번째이자
근본적인 대상이다 // **단서 2** 셀피는 우리가 바라는 대로 표현되거나 되지 않을 내면의 감정들과의
긴장 관계 속에서 일상적인 모습을 담아냄
The selfie depicts / the drama of our own daily performance of
재귀적 용법   주격 관계대명사
ourselves / in tension with our inner emotions / **that** may or may
not be expressed as we wish. //
셀피는 그린다 / 우리 자신의 일상적 수행의 드라마를 / 우리의 내면적 감정과 긴장 관계에
있는 / 우리가 바라는 대로 표현될 수도 있고 그렇지 않을 수도 있는 //
At each stage of the self-portrait's expansion, / more and more
현재완료   재귀적 용법
people **have been** able to depict **themselves**. //
자화상 확장의 각 단계에서 / 점점 더 많은 사람이 자신을 그릴 수 있게 되었다 //
현재완료
Today's young, urban, networked majority / **has reworked** the
부사적 용법(목적)
history of the self-portrait / **to make** the selfie / into the first
visual signature of the new era. // **단서 3** 현대인들은 셀피를 새 시대의 첫 시각적
특징으로 만들고 자화상의 역사를 다시 씀
오늘날의 젊고, 도시에 살며, 네트워크로 연결된 대다수는 / 자화상의 역사를 다시 만들었다 /
셀피를 만들기 위해 / 새로운 시대의 첫 번째 시각적 특징으로 //

- **selfie** ⓝ 셀피(셀카)   • **expand** ⓥ 확장하다
- **intensify** ⓥ 강화하다   • **self-portrait** ⓝ 자화상
- **interface** ⓝ 접점   • **fundamental** ⓐ 근본적인
- **tension** ⓝ 긴장   • **inner** ⓐ 내면의   • **signature** ⓝ 서명, 특징
- **era** ⓝ 시대

셀피가 공명하는 이유는 그것이 새롭기 때문이 아니라, 자화상의 오랜
역사를 표현하고 발전시키며 확장하고 강화하기 때문이다. 자화상은 그려진
사람의 지위를 다른 사람들에게 보여 주었다. 이런 의미에서, 우리가 자신의
'이미지', 즉 우리가 생각하는 우리의 모습과 다른 사람들이 우리를 보는
방식의 접점이라고 부르게 된 것은 세계적 시각 문화의 첫 번째이자 근본적인

대상이다. 셀피는 우리가 바라는 대로 표현될 수도 있고 그렇지 않을 수도 있는
우리의 내면적 감정과 긴장 관계에 있는, 우리 자신의 일상적 수행의 드라마를
그린다. 자화상 확장의 각 단계에서 점점 더 많은 사람이 자신을 그릴 수 있게
되었다. 오늘날의 젊고, 도시에 살며, 네트워크로 연결된 대다수는 셀피를
새로운 시대의 첫 번째 시각적 특징으로 만들기 위해 자화상의 역사를 다시
만들었다.

다음 글의 제목으로 가장 적절한 것은?
① Are Selfies Just a Temporary Trend in Art History?
  셀피는 단지 미술사의 일시적 유행인가?   셀피가 일시적인 유행일 것이라는 내용은 언급되지 않음
② Fantasy or Reality: Your Selfie Is Not the Real You
  환상 또는 현실: 당신의 셀피는 진정한 당신이 아니다   셀피는 자신의 '이미지'를 보여주는 수단이라고
  했으므로, 이를 진정한 당신이 아니라고 표현하는 것은 적절하지 않음
③ The Selfie: A Symbol of Self-oriented Global Culture
  셀피: 자기 지향적 세계 문화의 상징   셀피는 자신이 생각하는 자신의 모습과 타인에게 보여지는
  모습의 접점을 찾는 과정이므로, '자기 지향적'인 특성은 아니며, 세계 문화에 관한 언급은 없었음
④ The End of Self-portraits: How Selfies Are Taking Over 자화상의
  자화상의 종말: 셀피가 어떻게 지배하고 있는가 특징이 현대에 들어 셀피로 확장되고 발전되었다는 내용임
⑤ Selfies, the Latest Innovation in Representing Ourselves
  셀피, 우리 자신을 표현하는 최신 혁신   자신을 드러내는 현대적인 방식인 셀피에 대한 글임

G 11 정답 ④ ＊일정한 주기를 두고 반복되는 사무실 디자인

관계부사
There are good reasons / **why** open-office plans have gained
currency, / but open offices may not be the plan of choice / for
all times. //
그럴 만한 이유가 있다 / 개방형 사무실 계획이 유행하는 데는 / 그러나 개방형 사무실이
선택할 수 있는 계획은 아닐 수도 있다 / '언제라도' //
Instead, / the right plan seems to be building / a culture of
change. //
대신에 / 올바른 계획은 구축하는 것인 듯하다 / 변화의 문화를 //
부사절을 이끄는 종속접속사(아무리 ~하더라도)
Overly rigid habits and conventions, / **no matter how** well-
considered or well-intentioned, / threaten innovation. //
지나치게 굳은 관례와 관습은 / 아무리 깊이 고려되거나 의도가 좋다 하더라도 / 혁신을
위협한다 //

The crucial take-away / from analyzing office plans over time / 핵심 주어
보어절을 이끄는 접속사
is that the answers keep changing. //
매우 중요한 핵심은 / 시간이 지남에 따른 사무실 계획을 분석할 때 / 답이 계속 바뀐다는 것이다 //

보어절을 이끄는 접속사
It might seem / that there is a straight line of progress, / but it's a myth. //
보일 수도 있다 / 일직선으로 발전하는 것처럼 / 그러나 이는 근거 없는 믿음이다 //

분사구문을 이끎   선행사(cycle)를 수식하는 주격 관계대명사
Surveying office spaces / from the past eighty years, / one can see a cycle / that repeats. // 단서 1 사무실 공간에서 반복되는 주기를 확인할 수 있음
사무실 공간을 조사해 보면 / 지난 80년의 / 주기를 확인할 수 있다 / 반복되는 //

목적어절을 이끄는 접속사
Comparing the offices of the 1940s / with contemporary office spaces / shows that they have circled back around /
1940년대의 사무실을 비교하는 것이 / 현대의 사무실 공간과 / 다시 크게 한 바퀴 돌아왔음을 보여준다 /
단서 2 현대와 과거 사무실을 비교하면 사무실 스타일이 다시 돌아왔음을 알 수 있다고 함
to essentially the same style, / via a period in the 1980s when
관계부사
partitions and cubicles were more the norm. //
본질적으로 동일한 스타일로 / 1980년대를 거쳐 / 칸막이벽과 작은 개인 방이 훨씬 더 일반적이었던 //

The technologies and colors may differ, / but the 1940s and
pillars를 수식하는 분사
2000s plans are alike, / right down to the pillars / running down the middle. //
기술과 색상은 다를 수 있지만 / 1940년대와 2000년대의 계획은 비슷하다 / 바로 기둥까지 그렇다 / 중앙을 따라 내려오는 //

- open-office ⓝ 개방형 사무실 · currency ⓝ 유행
- rigid ⓐ 굳은 · convention ⓝ 관습 · crucial ⓐ 매우 중요한
- take-away ⓝ 핵심, 요점 · progress ⓝ 발전
- contemporary ⓐ 현대의 · partition ⓝ 칸막이벽
- cubicle ⓝ 작은 개인 방 · alike ⓐ 비슷한
- cost-efficient ⓐ 비용 효율적인 · incorporate ⓥ 통합하다
- retro ⓐ 복고풍의

개방형 사무실 계획이 유행하는 데는 그럴 만한 이유가 있지만, 개방형 사무실이 '언제라도' 선택할 수 있는 계획은 아닐 수도 있다. 대신에, 올바른 계획은 변화의 문화를 구축하는 것인 듯하다. 지나치게 굳은 관례와 관습은, 아무리 깊이 고려되거나 의도가 좋다 하더라도 혁신을 위협한다. 시간이 지남에 따른 사무실 계획을 분석할 때 매우 중요한 핵심은 답이 계속 바뀐다는 것이다. 일직선으로 발전하는 것처럼 보일 수 있지만 이는 근거 없는 믿음이다. 지난 80년의 사무실 공간을 조사해 보면, 반복되는 주기를 확인할 수 있다. 1940년대의 사무실과 현대의 사무실 공간을 비교해 보면 칸막이벽과 작은 개인 방이 훨씬 더 일반적이었던 1980년대를 거쳐, 다시 본질적으로 동일한 스타일로 크게 한 바퀴 돌아왔음을 알 수 있다. 기술과 색상은 다를 수 있지만, 1940년대와 2000년대의 계획은 비슷한데, 바로 중앙을 따라 내려오는 기둥까지 그렇다.

다음 글의 제목으로 가장 적절한 것은?

① Why Are Open-office Plans So Cost-efficient?
왜 개방형 사무실 계획이 매우 비용 효율적인가?　개방형 사무실이 언급된 것으로 만든 함정
② How to Incorporate Retro Styles into Office Spaces
복고 스타일을 사무실에 섞어 넣는 방법　복고 스타일을 사무실에 섞는 방법은 나오지 않음
③ An Office Divided: Why Partitions Limit Productivity
분할된 사무실: 칸막이벽이 생산성을 제한하는 이유　칸막이벽이 더 일반적이었던 때가 있었다는 언급만 있음
④ Office Designs: What Goes Around Comes Around
사무실 디자인: 유행은 돌고 돈다　시간이 지남에 따른 사무실 계획을 분석해 보면 반복되는 주기를 확인해 볼 수 있음
⑤ Tips for Managing Contemporary Office Spaces
현대의 사무실 공간 관리를 위한 요령　현대의 사무실 공간 관리 요령에 대한 글이 아님

왜 정답? [정답률 77%]

전반부	시간이 지남에 따른 사무실 계획을 분석해 보면 반복되는 주기를 확인해 볼 수 있음 단서 1
후반부	개방형 사무실 계획이 유행하고 있지만 올바른 (사무실) 계획은 변화의 문화를 구축하는 것임 단서 2

▶ 사무실 계획(디자인)은 반복되는 주기를 가지고 있다는 내용이므로 ④ '사무실 디자인: 유행은 돌고 돈다'가 글의 제목으로 가장 적절하다.

왜 오답?
① 개방형 사무실이 비용 효율적이라는 내용이 아니다.
② 복고 스타일을 사무실 공간에 섞는 방법이 언급되지 않았다.
③ 칸막이벽이 더 일반적이었던 때가 있었다는 언급만 있을 뿐, 칸막이벽이 생산성을 제한하는 것에 대한 내용은 없다.
⑤ 현대의 사무실 공간 관리 요령에 대한 글이 아니다.

G 12 정답 ③ ＊유사한 신념을 가진 집단이 개인의 정체성에 미치는 영향

소유격 관계대명사
We naturally gravitate toward people / whose views and beliefs
분사구문을 이끎 선행사를 포함한 관계대명사
are similar to our own, / seeking what the eighteenth-century moral philosopher Adam Smith called "a certain harmony of minds." //
우리는 자연스럽게 사람들에게 자연히 끌리며 / 견해와 신념이 우리 자신의 것과 유사한 / 18세기 도덕 철학자 Adam Smith가 '마음의 특정한 조화'라고 불렀던 것을 추구한다 //

동명사 주어(단수 취급)   주격 관계대명사   단수 동사
Spending time with people who share our opinions / reinforces our group identity, / strengthening trust, cooperation, equality, and productivity. //
분사구문을 이끎
우리의 의견을 공유하는 사람들과 시간을 보내는 것은 / 우리의 집단 정체성을 보강하여 / 신뢰, 협력, 평등, 그리고 생산성을 강화한다 //

not just/only A but (also) B: A뿐만 아니라 B도
Our shared reality grounds us / not just in our common perceptions / but in similar feelings and worldviews. //
우리의 공유된 현실은 근거를 두게 한다 / 단지 우리의 공통의 인식뿐만 아니라 / 유사한 감정과 세계관에 //

This helps to preserve / our core values and beliefs about ourselves. //
이는 지키는 데 도움이 된다 / 우리의 핵심적인 가치와 자신에 대한 신념을 //

It also provides us with meaning and a feeling of self-worth. //
또한, 그것은 우리에게 의미와 자아 존중감을 제공한다 //

주격 관계대명사
And with each decision or interaction / that confirms our tribe's common experience, / we get rewarded with the hormonal
앞에 관계대명사가 생략된 관계절   단서 1 공통된 경험을 확인받는 결정이나 상호 작용으로부터
happiness we crave. //   우리는 호르몬의 행복을 느낌
그리고 각 결정이나 상호 작용으로 / 우리 부족의 공통의 경험을 견고하게 하는 / 우리는 우리가 갈망하는 호르몬의 행복으로 보상받는다 //

Our perception of ourselves is a mixture / of our own unique characteristics and our sense of belonging to our in-groups. //
우리 자신에 대한   우리의 인식은 혼합이다 / 우리 자신의 고유한 특성과 우리의 내집단에 대한
소속감의 //   단서 2 스스로에 대한 인식은 자신의 고유한 특성과 내집단에 대한 소속감의 혼합임

In fact, / our personal identity is so closely interwoven with our
so ~ that …: 너무 ~해서 …하다
social identity / that our brains can't tell them apart. //
실제로 / 우리의 개인 정체성은 우리의 사회 정체성과 너무 밀접하게 뒤섞여서 / 우리 뇌는 그것들을 분간할 수 없다 //

If I put you in a scanner and ask you to talk about yourself / and then about the groups to which you feel the closest affinity, / it will activate the same neural networks in your brain. //
만약 내가 여러분을 스캐너에 넣고 여러분 자신에 대해 이야기하게 한 다음 / 여러분이 가장 가까운 유사성을 느끼는 집단에 대해 이야기하게 한다면 / 그것은 여러분의 뇌에서 동일한 신경망을 활성화할 것이다 //

- cooperation ⓝ 협력 · equality ⓝ 평등
- perception ⓝ 인식 · core ⓐ 핵심적인
- self-worth ⓝ 자아 존중감, 자부심 · confirm ⓥ 견고하게 하다
- hormonal ⓐ 호르몬의 · crave ⓥ 갈망[열망]하다
- characteristic ⓝ 특성 · belong to ⓥ ~에 속하다
- activate ⓥ 활성화시키다 · breed ⓥ 새끼를 낳다, 초대하다
- mutual ⓐ 상호간의 · sympathy ⓝ 동정 · resolve ⓥ 해결하다

우리는 자연스럽게 견해와 신념이 우리 자신의 것과 유사한 사람들에게 자연히 끌리며, 18세기 도덕 철학자 Adam Smith가 '마음의 특정한 조화'라고 불렀던 것을 추구한다. 우리의 의견을 공유하는 사람들과 시간을 보내는 것은 우리의 집단 정체성을 보강하여, 신뢰, 협력, 평등, 그리고 생산성을 강화한다. 우리의

공유된 현실은 단지 우리의 공통의 인식뿐만 아니라 유사한 감정과 세계관에 근거를 두게 한다. 이는 우리의 핵심적인 가치와 자신에 대한 신념을 지키는 데 도움이 된다. 또한, 그것은 우리에게 의미와 자아 존중감을 제공한다. 그리고 우리 부족의 공통의 경험을 견고하게 하는 각 결정이나 상호 작용으로 우리는 우리가 갈망하는 호르몬의 행복으로 보상받는다. 우리 자신에 대한 우리의 인식은 우리 자신의 고유한 특성과 우리의 내집단에 대한 소속감의 혼합이다. 실제로 우리의 개인 정체성은 우리의 사회 정체성과 너무 밀접하게 뒤섞여서 우리 뇌는 그것들을 분간할 수 없다. 만약 내가 여러분을 스캐너에 넣고 여러분 자신에 대해 이야기하게 한 다음 여러분이 가장 가까운 유사성을 느끼는 집단에 대해 이야기하게 한다면, 그것은 여러분의 뇌에서 동일한 신경망을 활성화할 것이다.

다음 글의 제목으로 가장 적절한 것은? [3점]

① The Secret to Becoming a Unique Individual
독특한 개인이 되는 비밀
② Societal Conflict: Shared Reality Breeding Mutual Distrust
사회적 갈등: 공유된 현실이 상호 불신을 초래하다
③ Our Identity Shaped by Shared Views: Comfort of Like Minds
공유된 관점에 의해 형성된 우리의 정체성: 같은 생각을 가진 사람들의 편안함
④ Sympathy: Key to Resolving Disharmony in the Workplace
동정심: 직장에서 불화를 해결하는 열쇠
⑤ How We Balance Personal Identity with Social Identity
개인 정체성과 사회적 정체성의 균형 맞추기

왜 정답? [정답률 84%]

- 우리는 우리와 신념과 관점이 비슷한 사람에게 끌리며, 이런 사람들과 상호 작용하는 것은 신뢰, 협력, 평등, 생산성을 강화하는 등 우리 집단의 정체성을 보강함
- 이런 공통된 인식, 세계관, 감정을 가진 집단에서의 상호 작용은 자신에 대한 신념을 지키고 자아 존중감을 제공하는 것에 도움을 주고, 행복함을 느끼게 해줌 **단서 1**
- 개인의 정체성은 고유한 특징과 사회 정체성의 혼합임 **단서 2**

▶ 따라서 비슷한 의견의 사람과 상호 작용할 때 긍정적 감정을 느끼며 개인 정체성과도 밀접한 연관성이 있다는 내용을 담은 ③ '공유된 관점에 의해 형성된 우리의 정체성: 같은 생각을 가진 사람들의 편안함'이 제목으로 적절하다.

왜 오답?

① 독특한 개인이 되는 방법이 초첨이 되는 글이 아니다.
② 글에서 공유된 현실을 부정적으로 보지 않았으며, 사회적 갈등에 대한 언급도 없다.
④ 동정심이 핵심이 되는 글이 아니며, 직장에서의 불화에 대한 언급도 없다.
⑤ 개인의 정체성과 사회적 정체성에 대한 내용이 있으나, 이 둘 간의 균형을 맞춰야 한다는 글은 아니다.

G 13 정답 ② ＊피해 기반 연구의 위험성

A scholar Eve Tuck **urges researchers to move away** from / what she calls "damage-based research," /
학자 Eve Tuck은 연구자들에게 멀어질 것을 촉구한다 / 그녀가 "피해 기반 연구"라고 부르는 것으로부터 /

or "research **that** operates, even benevolently, from a theory of change / **that** establishes harm or injury / in order to achieve reparation." //
또는 "선의일지라도 변화의 이론으로부터 작동하는 연구 / 손상이나 피해를 정하는 / 보상을 얻기 위하여" //

Citing studies in education / **that** sought to increase resources for **marginalized** youths / by documenting the "illiteracies" of indigenous youths and youths of color, /
교육에서의 연구를 인용하면서 / 소외된 청년들을 위한 자원을 증가시키려고 노력한 / 토착 청년들과 유색 청년들의 "문맹"을 기록함으로써 /

Tuck explains / **that** damage-based research is a popular mechanism / **by which** "pain and loss **are documented** / in order to obtain particular political or material gains."//
Tuck은 설명한다 / 피해 기반 연구가 인기 있는 메커니즘이라고 / "고통과 손실이 기록되는 / 특정 정치적 또는 물질적 이득을 얻기 위하여" //

While damage-based studies have proven successful / in attaining political or material gains / in the form of funding, attention, and increased awareness / **related** to the struggles of marginalized communities, /
피해 기반 연구가 성공적으로 입증되어 왔지만 / 정치적 또는 물질적 이득을 얻는 데 있어 / 자금 조성, 주의, 그리고 증가된 인식의 형태로 / 소외된 공동체의 고군분투에 관한 /

Tuck points researchers to the ongoing violence / damage-based research inflicts on marginalized communities, / even under benevolent or perceivably beneficial circumstances. //
Tuck은 연구자들에게 지속적인 폭력을 지적한다 / 피해 기반 연구가 소외된 공동체에 가하는 / 심지어 선의로운 또는 뚜렷이 이득이 되는 상황에서조차 //

Among the many issues **associated** with damage-based research / are the underlying assumptions / **this type of work makes and sustains / about marginalized people**; /
피해 기반 연구와 관련된 많은 문제 중에 / 저변의 전제들이 있다 / 이러한 유형의 연구가 만들어 내고 지속시키는 / 소외된 사람들에 대해 /

namely, that marginalized communities lack / communication, civility, intellect, desires, assets, innovation, and ethics. //
즉, 소외된 공동체는 결핍되어 있다는 것이다 / 의사소통, 시민성, 지적 능력, 욕구, 자산, 혁신, 그리고 윤리 의식이 //

- benevolently 〔ad〕 호의적으로
- illiteracy 〔n〕 문맹
- attain 〔v〕 얻다
- inflict on ~에 영향을 주다, 타격을 주다
- sustain 〔v〕 살아가게 하다, 지속시키다
- civility 〔n〕 시민성
- privileged 〔a〕 특권을 가진
- backfire 〔v〕 부작용을 낳다
- diversity 〔n〕 다양성

학자 Eve Tuck은 연구자들에게 그녀가 "피해 기반 연구", 또는 "선의일지라도 보상을 얻기 위하여 손상이나 피해를 정하는 변화의 이론으로부터 작동하는 연구"라고 부르는 것으로부터 멀어질 것을 촉구한다. 토착 청년들과 유색 청년들의 "문맹"을 기록함으로써 소외된 청년들을 위한 자원을 증가시키려고 노력한 교육에서의 연구를 인용하면서, Tuck은 피해 기반 연구가 "특정 정치적 또는 물질적 이득을 얻기 위하여 고통과 손실이 기록되는" 인기 있는 메커니즘이라고 설명한다. 피해 기반 연구가 자금 조성, 주의, 그리고 소외된 공동체의 고군분투에 관한 증가된 인식의 형태로 정치적 또는 물질적 이득을 얻는 데 있어 성공적으로 입증되어 왔지만, Tuck은 연구자들에게 피해 기반 연구가 심지어 선의로운 또는 뚜렷이 이득이 되는 상황에서조차 소외된 공동체에 가하는 지속적인 폭력을 지적한다. 피해 기반 연구와 관련된 많은 문제 중에 이러한 유형의 연구가 소외된 사람들에 대해 만들어 내고 지속시키는 저변의 전제들이 있다. 즉, 소외된 공동체는 의사소통, 시민성, 지적 능력, 욕구, 자산, 혁신, 그리고 윤리 의식이 결핍되어 있다는 것이다.

다음 글의 제목으로 가장 적절한 것은?

① Marginalized Yesterday, Privileged Today
소외된 어제, 특권을 누리는 오늘
② How Damage-Based Research Can Backfire
피해 기반 연구가 역효과를 낼 수 있는 방법
③ Research: An Endless Journey to the Truth
연구: 진리를 향한 끝없는 여정
④ Different Era, Different Education for Minority Youth
다른 시대, 소수 민족 청소년을 위한 다른 교육
⑤ The Growth of Diversity Among Younger Generations
젊은 세대의 다양성 성장

왜 정답? [정답률 75%]

전반 내용	피해 기반 연구는 소외된 집단의 정치적 혹은 물질적 이득을 위해 그들의 고통과 손실을 기록하는 연구임
후반 내용	피해 기반 연구는 의도가 선하고 뚜렷하게 이득이 되는 상황이더라도 소외된 집단에게 해를 끼칠 수 있음 **단서**

▶ 피해 기반 연구가 좋은 의도에도 불구하고 소외된 집단에게 피해를 미칠 수 있다는 내용을 담은 ② '피해 기반 연구가 역효과를 낼 수 있는 방법'이 글의 제목으로 가장 적절하다.

① 예전에 소외된 사람들이 지금은 특권을 갖게 되었다는 것이 아니다.
③ 연구에 대한 내용이지만, 연구를 통해 진리를 추구하고자 하는 내용이 핵심은 아니다. → 주의
④ 시대에 따라 소수 집단 청소년의 교육이 달라진다는 내용이 아니다.
⑤ 젊은 세대에서 다양성이 증가한다는 언급은 없다.

G 14 정답 ④ ＊물속에서의 색상 변화와 바다 생물의 색깔

When viewed from space, / one of the Earth's most commanding features / is the blueness of its vast oceans. //
앞에 being 생략 / 단수 주어 / 단수 동사
단서 1 바다의 푸르름에 대해 설명함
우주에서 보았을 때 / 지구의 가장 인상적인 특징들 중 하나는 / 드넓은 바다의 푸르름이다 //

Small amounts of water do not indicate / the color of these large bodies of water; / when pure drinking water is examined in a glass, / it appears clear and colorless. //
수동태
적은 양의 물은 나타내지 않고 / 이러한 많은 양의 물의 색을 / 깨끗한 식수가 유리잔 속에서 검사될 때 / 그것은 맑고 무색인 것처럼 보인다 //

Apparently a relatively large volume of water is required / to reveal the blue color. //
분명 비교적 많은 양의 물이 필요하다 / 파란색을 드러내기 위해서는 //

Why is this so? // 이것은 왜 그런 것일까 //

When light penetrates water, / it experiences both absorption and scattering. //
빛이 물을 관통할 때 / 그것은 흡수와 산란 둘 다를 겪는다 //

단서 2 물 분자는 적외선을 강하게 흡수함
Water molecules strongly absorb infrared / and, to a lesser degree, red light. //
병렬 구조(absorb의 목적어)
단서 3 물 분자는 짧은 파장을 산란시킴
물 분자는 적외선을 강하게 흡수하고 / 더 적은 정도로 붉은빛을 (흡수한다) //

'~하기에 충분히 …하다'
At the same time, / water molecules are small enough to scatter shorter wavelengths, / giving water its blue-green color. //
분사구문
동시에 / 물 분자는 더 짧은 파장을 산란시키기에 충분히 작아서 / 물에 청록색을 부여한다 //

The amount of long-wavelength absorption / is a function of depth; / the deeper the water, / the more red light is absorbed. //
the 비교급, the 비교급: ~하면 할수록, 더 …하다
장파장 흡수의 양은 / 수심의 작용이다 / 즉, 물이 더 깊을수록 / 더 많은 붉은빛이 흡수된다 //

단수 주어 / 단수 동사①
At a depth of 15m, / the intensity of red light drops / to 25% of its original value / and falls to zero / beyond a depth of 30m. //
단수 동사②
15미터 수심에서는 / 붉은빛의 강도가 떨어지고 / 기존 값의 25%로 / 0으로 떨어진다 / 30미터 이상의 수심에서는 //

과거분사구(Any object 수식) / 수동태 동사
Any object viewed at this depth / is seen in a blue-green light. //
이 수심에서 보이는 모든 물체는 / 청록빛 내에서 보인다 //

현재분사구(divers 수식)
For this reason, / red inhabitants of the sea, / such as lobsters and crabs, / appear black to divers / not carrying a lamp. //
이러한 이유로 / 바다의 붉은색 서식 동물들은 / 바닷가재와 게와 같은 / 잠수부들에게는 검게 보인다 / 램프를 들고 있지 않은 //

- commanding ⓐ 인상적인　　• vast ⓐ 방대한
- indicate ⓥ 나타내다　　• examine ⓥ 조사하다
- apparently ⓐⓓ 겉보기에는, 외관상으로는　　• absorption ⓝ 흡수
- scattering ⓝ 분산　　• absorb ⓥ 흡수하다　　• scatter ⓥ 흩뿌리다
- wavelength ⓝ 파장　　• depth ⓝ 깊이　　• intensity ⓝ 강도
- inhabitant ⓝ 서식 동물　　• deceptive ⓐ 기만적인
- microorganism ⓝ 미생물

우주에서 보았을 때 지구의 가장 인상적인 특징들 중 하나는 드넓은 바다의 푸르름이다. 적은 양의 물은 이러한 많은 양의 물의 색을 나타내지 않고, 깨끗한 식수가 유리잔 속에서 검사될 때 그것은 맑고 무색인 것처럼 보인다. 파란색을 드러내기 위해서는 분명 비교적 많은 양의 물이 필요하다. 이것은 왜 그런 것일까? 빛이 물을 관통할 때 그것은 흡수와 산란 둘 다를 겪는다. 물 분자는 적외선을 강하게 흡수하고 더 적은 정도로 붉은빛을 흡수한다. 동시에 물 분자는 더 짧은 파장을 산란시키기에 충분히 작아서 물에 청록색을

부여한다. 장파장 흡수의 양은 수심의 작용이다. 즉, 물이 더 깊을수록 더 많은 붉은빛이 흡수된다. 15미터 수심에서는 붉은빛의 강도가 기존 값의 25%로 떨어지고 30미터 이상의 수심에서는 0으로 떨어진다. 이 수심에서 보이는 모든 물체는 청록빛 내에서 보인다. 이러한 이유로 바닷가재와 게와 같은 바다의 붉은색 서식 동물들은 램프를 들고 있지 않은 잠수부들에게는 검게 보인다.

다음 글의 제목으로 가장 적절한 것은?

① We Should Go Green with the Ocean Exploration
우리는 해양 탐사를 친환경적으로 해야 한다　　해양 탐사 방법에 대한 글이 아님
② Various Tones of Water Our Deceptive Eyes Show Us
우리의 기만적인 눈이 보여 주는 다양한 색조의 물　　우리의 눈 때문에 푸른빛으로 보는 것이 아님
③ How Deep-Sea Microorganisms Affect the Ocean's Color
심해 미생물이 바다의 색깔에 미치는 영향　　미생물들에 의해 바다 색이 정해지는 것이 아님
④ Why So Blue: The Science Behind the Color of Earth's Oceans
왜 그렇게 푸른빛일까: 지구의 바다 색깔에 숨겨진 과학　　바닷물의 색이 푸른 이유를 설명함
⑤ The Bigger Volume Water Has, the Lower Temperature It Gets
물의 부피가 클수록, 물의 온도는 낮아진다　　언급되지 않음

>왜 정답? [정답률 81%]

지구의 가장 인상적인 특징들 중 하나는 드넓은 바다의 푸르름임

이유 ①: 물 분자는 적외선은 강하게, 붉은빛을 적게 흡수함
이유 ②: 물 분자는 더 짧은 파장을 산란시키기에 충분히 작아서 물에 청록색을 부여함

▶ 바다의 푸르름에 대해 설명하고 있으므로 글의 제목으로 가장 적절한 것은 ④ '왜 그렇게 푸른빛일까: 지구의 바다 색깔에 숨겨진 과학'이다.

>왜 오답?

① 해양 탐사에 있어서 친환경적인 방법을 채택해야 한다는 내용은 언급되지 않았다.
② 우리의 시각 때문에 물의 색을 다양하게 보는 것이 아니다.
③ 바닷물의 색은 심해 미생물들이 아닌 빛과 물 분자의 속성에 의해 정해진다.
⑤ 물의 부피와 온도는 언급되지 않았다.

G 15 정답 ⑤ ＊시간의 경계를 넘어 행동하는 우리

Distance in time is like / distance in space. //
시간 속에서의 거리는 같다 / 공간 속에서의 거리와 //

People matter / even if they live thousands of miles away. //
사람들은 중요하다 / 그들이 수천 마일 떨어져서 살더라도 //

Likewise, / they matter / even if they live thousands of years hence. //
마찬가지로 / 그들은 중요하다 / 그들이 지금부터 수천 년 후에 살더라도 //

가주어
In both cases, / it's easy / to mistake distance for unreality, / to treat the limits of what we can see / as the limits of the world. //
진주어의 병렬 구조
= the thing which
두 경우 모두 / 쉽다 / 거리를 비현실성으로 착각하는 것이 / 우리가 볼 수 있는 것의 한계를 취급하는 것이 / 세상의 한계로 //

But just as the world does not stop / at our doorstep or our country's borders, / neither does it stop / with our generation, or the next. //
부정어구에 의한 도치
단서 1 시간에 따라 세상이 멈추는 것 아님
하지만 세상이 멈추지 않는 것처럼 / 우리의 문 앞이나 우리 국가의 경계에서 / 그것은 멈추지 않는다 / 우리의 세대나 다음 세대에서 //

These ideas are common sense. // 이러한 생각들은 상식이다 //

소유격 관계대명사
A popular proverb says, / "A society grows great / when old men plant trees / under whose shade they will never sit." //
한 유명한 속담은 말한다 / "사회는 크게 성장한다 / 노인들이 나무를 심을 때 / 그 그늘에 결코 앉지 못할" //

When we dispose of radioactive waste, / we don't say, / "Who cares / if this poisons people centuries from now?" //
우리가 방사성 폐기물을 버릴 때 / 우리는 말하지 않는다 / "누가 상관하겠는가 / 이것이 지금으로부터 수백 년 후의 사람들을 해치든" //

주격 관계대명사
Similarly, / few of us who care about climate change or pollution / do so / solely for the sake of people alive today. //
= care ~ pollution
비슷하게 / 기후 변화나 오염에 신경 쓰는 우리 중 사람은 거의 없다 / 그렇게 하는 / 단지 오늘날 살아 있는 사람들을 위해서 //

We build museums and parks and bridges / that we hope will last for generations; /

주격 관계대명사(museums and parks and bridges 수식)

우리는 박물관과 공원과 다리를 만든다 / 대대로 지속되기를 바라는 /

we invest in schools and longterm scientific projects; / we preserve paintings, traditions, languages; / we protect beautiful places. //

우리는 학교와 장기적인 과학 프로젝트에 투자한다 / 우리는 그림, 전통, 언어를 보존한다 / 우리는 아름다운 장소를 보호한다 //

In many cases, / we don't draw clear lines / between our concerns for the present and the future / — both are in play. //

단서 2 우리는 현재와 미래 사이에 명확한 선을 긋지 않고 둘 다 영향을 끼친다고 함

많은 경우 / 우리는 명확한 선을 긋지 않는다 / 현재와 미래에 대한 우리의 걱정 사이에 / 둘 다 영향을 끼친다 //

- **matter** ⓥ 중요하다
- **hence** ⓐ𝖽 이런 이유로
- **doorstep** ⓝ 문간
- **proverb** ⓝ 속담
- **shade** ⓝ 그늘
- **dispose of** ~을 버리다
- **solely** ⓐ𝖽 단지, 오로지
- **for the sake of** ~을 위해서
- **preserve** ⓥ 보존하다, 유지하다
- **in play** 작용하여, 영향을 끼치는
- **management** ⓝ 관리
- **infrastructure** ⓝ 사회 기반 시설

시간 속에서의 거리는 공간 속에서의 거리와 같다. 사람들이 수천 마일 떨어져서 살더라도 그들은 중요하다. 마찬가지로, 그들이 지금부터 수천 년 후에 살더라도 그들은 중요하다. 두 경우 모두, 거리를 비현실성으로 착각하고 우리가 볼 수 있는 것의 한계를 세상의 한계로 취급하기 쉽다. 하지만 세상이 우리의 문 앞이나 우리 국가의 경계에서 멈추지 않는 것처럼, 그것은 우리의 세대나 다음 세대에서 멈추지 않는다. 이러한 생각들은 상식이다. 한 유명한 속담은 "사회는 노인들이 그 그늘에 결코 앉지 못할 나무를 심을 때 크게 성장한다."라고 한다. 우리가 방사성 폐기물을 버릴 때, 우리는 "이것이 지금으로부터 수백 년 후의 사람들을 해치든 누가 상관하겠는가?"라고 말하지 않는다. 비슷하게, 기후 변화나 오염에 신경 쓰는 우리들 중 단지 오늘날 살아 있는 사람들을 위해서 그렇게 하는 사람은 거의 없다. 우리는 대대로 지속되기를 바라는 박물관과 공원과 다리를 만들고, 우리는 학교와 장기적인 과학 프로젝트에 투자하고, 우리는 그림, 전통, 언어를 보존하고, 우리는 아름다운 장소를 보호한다. 많은 경우, 우리는 현재와 미래에 대한 우리의 걱정 사이에 명확한 선을 긋지 않는다 — 둘 다 영향을 끼친다.

다음 글의 제목으로 가장 적절한 것은?

① How to Be Present: Discover the Benefits of Here and Now
현재를 사는 방법: 지금 여기의 이점을 발견하라　　지금 여기의 이점을 발견하라는 내용의 글이 아님

② The Power of Time Management: The Key to Success
시간 관리의 힘: 성공의 열쇠　　시간 관리의 힘에 대해 언급하고 있지 않음

③ Why Is Green Infrastructure Eventually Cost-Effective?
친환경 기반 시설이 왜 결국 비용 효율적인가?　　친환경 기반 시설에 대한 글이 아님

④ Solving Present-Day Problems from Past Experiences
과거 경험으로부터 현재의 문제 해결하기　　과거 경험에서 현재 문제를 해결하는 것에 대한 언급은 없음

⑤ How We Act Beyond the Bounds of Time
우리는 어떻게 시간의 경계를 넘어 행동하는가
우리가 현재와 미래 사이에 명확한 선을 긋지 않고 시간의 경계를 넘어 행동한다고 함

왜 정답? [정답률 68%]

전반부	세상은 우리 세대나 다음 세대에서 멈추는 것이 아님 (시간에 따라 세상이 멈추지 않음) **단서 1**
후반부	• 나무 심기, 기후 변화나 오염 문제, 박물관이나 학교 등 기반 시설에 투자하는 것은 모두 오늘만을 위해서가 아님 • 우리는 현재와 미래 사이에 명확한 선을 긋지 않음 **단서 2**

▶ 우리가 현재와 미래, 즉 시간 사이에 명확한 선을 긋지 않고 그 경계를 넘어 행동한다는 내용이므로 ⑤ '우리는 어떻게 시간의 경계를 넘어 행동하는가'가 제목으로 적절하다.

왜 오답?

① 지금 여기의 이점을 발견하라는 내용의 글이 아니다.
② 시간 관리의 힘에 대해 언급하고 있지 않다.
③ 친환경 기반 시설에 대한 글이 아니다.
④ 과거 경험에서 현재 문제를 해결하는 것에 대한 언급이 없다.

G 16 정답 ① ＊인간과 로봇의 혼합팀

단서 1 로봇을 서로 도움을 주고받는 인간－기계 팀의 일부로 다루는 접근법에 대한 내용임

The approach, *joint cognitive systems*, treats a robot / as part of a human-machine team / where the intelligence is synergistic, / arising from the contributions of each agent. //

'결합 인지 시스템' 접근법은 로봇을 다룬다 / 인간－기계 팀의 일부로 / 지력이 서로 도움을 주는 / 각 행위자의 기여로 생겨나는 //

The team consists / of at least one robot and one human / and is often called a *mixed team* / because it is a mixture of human and robot agents. //

주어　　동사①　　동사②

그 팀은 구성되고 / 적어도 로봇 하나와 인간 한 명으로 / 흔히 '혼합팀'이라고 불린다 / 그것이 인간 행위자와 로봇 행위자가 혼합된 것이기 때문에 //

Self-driving cars, / where a person turns on and off the driving, / is an example of a joint cognitive system. //

선행사　　관계부사

자율주행차는 / 사람이 주행을 켜고 끄는 / 결합 인지 시스템의 한 예이다 //

Entertainment robots are examples of mixed teams / as are robots for telecommuting. //

비교 구문 as에서 주어와 동사가 도치됨

오락용 로봇은 혼합팀의 예이다 / 재택근무를 위한 로봇이 그런 것처럼 //

The design process concentrates / on how the agents will cooperate and coordinate with each other / to accomplish the team goals. //

전치사 on의 목적어절을 이끄는 의문사

설계 과정은 집중한다 / 그 행위자들이 어떻게 서로 협력하고 조정하는지에 / 팀의 목표를 달성하기 위해 //

Rather than treating robots / as peer agents / with their own completely independent agenda, /

로봇을 다루기보다는 / 동료 행위자로 / 그들 자체의 완전히 독립된 과제를 가진 /

joint cognitive systems approaches treat robots as helpers / such as service animals or sheep dogs. //

단서 2 이 접근법은 로봇을 도움을 주는 존재로 다룸

결합 인지 시스템 접근법은 로봇을 도움을 주는 존재로 다룬다 / 도우미 동물이나 양몰이 개처럼 //

In joint cognitive system designs, / artificial intelligence is used / along with human-robot interaction principles /

수동태

결합 인지 시스템 설계에서 / 인공 지능이 사용된다 / 인간－로봇 상호작용 원리와 함께 /

to create robots / that can be intelligent enough / to be good team members. //

부사 enough는 형용사나 부사를 뒤에서 수식함

로봇을 만들기 위해 / 충분히 똑똑할 수 있는 / 훌륭한 팀 구성원이 될 만큼 //

- **joint** ⓐ 공동의, 합동의
- **intelligence** ⓝ 지능
- **synergistic** ⓐ (반응 · 효과 등이) 상승[상조]적인
- **contribution** ⓝ 기여, 이바지
- **agent** ⓝ 행위자, 대리인
- **telecommute** ⓥ (컴퓨터 등의) 통신 시설을 이용하여 재택근무하다
- **concentrate** ⓥ 집중하다, 모으다
- **coordinate** ⓥ 조정하다, 조직화하다
- **accomplish** ⓥ 완수하다, 성취하다
- **peer** ⓝ (나이 등이 비슷한) 또래
- **independent** ⓐ 독립적인
- **agenda** ⓝ 의제, 안건
- **artificial** ⓐ 인공의
- **intelligent** ⓐ 지능적인, 지능이 있는

'결합 인지 시스템' 접근법은 로봇을 지력이 서로 도움을 주고, 각 행위자의 기여로 생겨나는 인간－기계 팀의 일부로 다룬다. 그 팀은 적어도 로봇 하나와 인간 한 명으로 구성되고 그 팀이 인간 행위자와 로봇 행위자가 혼합된 것이기 때문에 흔히 '혼합팀'이라고 불린다. 사람이 주행을 켜고 끄는 자율주행차는 결합 인지 시스템의 한 예이다. 오락용 로봇은 재택근무를 위한 로봇이 그런 것처럼 혼합팀의 예이다. 설계 과정은 그 행위자들이 팀의 목표를 달성하기 위해 어떻게 서로 협력하고 조정하는지에 집중한다. 결합 인지 시스템 접근법은 로봇을 그들 자체의 완전히 독립된 과제를 가진 동료 행위자로 다루기보다는 로봇을 도우미 동물이나 양몰이 개처럼 도움을 주는 존재로 다룬다. 결합 인지 시스템 설계에서, 훌륭한 팀 구성원이 될 만큼 충분히 똑똑할 수 있는 로봇을 만들기 위해 인공 지능이 인간－로봇 상호작용 원리와 함께 사용된다.

다음 글의 제목으로 가장 적절한 것은?

① Better Together: Human and Machine Collaboration
함께 하는 것이 더 낫다: 인간과 기계의 공동 작업 | 로봇을 도움을 주는 존재로 봄
② Can Robots Join Forces to Outperform Human Teams?
로봇은 인간 팀을 능가하기 위해 세력을 규합할 수 있을까? | 로봇의 반란에 관한 내용이 아님
③ Loss of Humanity in the Human and Machine Conflict
인간과 기계 간의 갈등에서 인간성의 상실 | 인간과 도움을 주고받는 관계로 봄
④ Power Off: When and How to Say No to Robot Partners
전원 끄기: 로봇 파트너에게 아니라고 말할 시점과 방법 | 혼합팀을 긍정적으로 보는 접근법임
⑤ Shifting from Service Animals to Robot Assistants of Humans
도우미 동물에서 인간을 돕는 로봇 조력자로의 이동 | service animals로 만든 오답

>왜 정답 [정답률 76%]

로봇을 서로 도움을 주고받는 인간−기계 팀의 일부로 다루는 결합 인지 시스템 접근법에 대해 설명하는 글로, 이 접근법은 로봇을 도움을 주는 존재로 다룬다고 했으므로 제목으로 ① '함께 하는 것이 더 낫다: 인간과 기계의 공동 작업'이 적절하다.

>왜 오답 ?

② 로봇이 인간을 능가할 수 있다거나 그렇게 하기 위해 세력을 규합할 수 있는지 없는지에 대해 설명한 것이 아니다.
③, ④ 로봇을 인간과 도움을 주고받는 존재로 여기는 접근법에 대한 글이므로 로봇에 대한 부정적인 견해를 담은 제목은 적절하지 않다.
⑤ 결합 인지 시스템 접근법은 로봇을 도우미 동물처럼 도움을 주는 존재로 다룬다고 했지, 도우미 동물을 로봇으로 대체한다는 것이 아니다. 주의

G 17 정답 ② *관계의 깨짐은 곧 새로운 시작을 의미한다

When you break up / with a partner or close friend, / the natural
주어
response / (after having a good cry, obviously) / is to blame
동사 주격 보어
to blame의 주체와 대상이 같음
yourself. //
여러분이 헤어지는 경우에 / 파트너나 친한 친구와 / 자연스러운 반응은 / (분명히, 실컷 운 다음에) / 여러분 자신을 탓하는 것이다 //

might have p.p.: ~했을지도 모른다
You wonder / what you did wrong / and what you might have
done differently. //
여러분은 궁금해한다 / 무엇을 잘못했고 / 여러분이 무엇을 다르게 할 수 있었을지 //
주어   동사   목적어 목적격 보어(원형부정사)
Bonds can help us reach / a more balanced perspective; /
결합 관계는 우리가 도달하도록 도와줄 수 있다 / 더 균형 잡힌 관점에 /

there are some bonds / that were simply never meant to last, /
복수 선행사   주격 관계대명사절의 복수 동사
even if they played an essential role / in your evolution / to this
부사절 접속사(양보)
point. //
일부 결합 관계가 있다 / 결코 절대 지속되기로 되어 있지 않았을 / 그것들이 중요한 역할을 했을지라도 / 여러분의 진화에서 / 이 시점까지 //

동명사구 주어
Perhaps the most valuable thing / is to know / that seeing bonds
단수 동사
break / doesn't have to break us. //
어쩌면 가장 중요한 것은 / 아는 것이다 / 결합 관계가 깨지는 것을 보는 것이 / 우리를 무너뜨릴 필요는 없다는 것을 //
단서 1 화학: 원자의 결합에서의 변화는 새로운 결합 가능성에 대한 여지를 만드는 것임
In chemistry, / by definition, / a change in the atomic bonding /
단수 동사
is not just the end of one state, / but the beginning of another: /
단수 동사
creating the space / for new bonding potential. //
화학에서 / 본질적으로 / 원자 결합에서의 변화는 / 단지 한 상태의 끝이 아니라 / 또 다른 상태의 시작이다 / 여지를 만드는 것 / 새로운 결합 가능성에 대한 //

The same is true for us / as humans. //
우리에게도 마찬가지이다 / 인간인 | 단서 2 이는 인간에게도 마찬가지임
가주어
It might take a cup of warm milk / to reset us and give us
진주어
comfort / after a relationship has broken down. //
~은 따뜻한 우유 한 잔이 필요할지도 모른다 / 우리를 원래 상태로 되돌리고 우리에게 위안을 주는 것은 / 관계가 깨진 후에 //

But / however many bonds / we see / come apart, /
하지만 / 아무리 많은 결합 관계가 / 우리가 보더라도 / 깨지는 것을 /

we will always retain / one of our most human abilities: / to
connect afresh, find new friends and love again. //
우리는 항상 보유할 것이다 / 우리의 가장 인간적인 능력 중 하나를 / 새롭게 관계 맺고, 새 친구들을 찾으며, 다시 사랑하는 것 | 단서 3 아무리 많은 관계가 깨지더라도 우리는 항상 새롭게 관계 맺을 것임

- obviously ad 분명히 · bond n 결합 관계 · perspective n 관점
- evolution n 진화 · chemistry n 화학
- by definition 본질적으로 · atomic bonding 원자 결합
- potential n 가능성 · come apart 분리되다 · retain v 보유하다
- afresh ad 새롭게

여러분이 파트너나 친한 친구와 헤어지는 경우에, 자연스러운 반응(분명히, 실컷 운 다음에)은 여러분 자신을 탓하는 것이다. 여러분은 무엇을 잘못했고 무엇을 다르게 할 수 있었을지 궁금해한다. 결합 관계는 우리가 더 균형 잡힌 관점에 도달하도록 도와줄 수 있는데, 이 시점까지 여러분의 진화에서 중요한 역할을 했을지라도 결코 절대 지속되기로 되어 있지 않았을 일부 결합 관계가 있다. 어쩌면 가장 중요한 것은 결합 관계가 깨지는 것을 본다고 해서 우리가 무너질 필요는 없다는 것을 아는 것이다. 화학에서, 본질적으로 원자 결합에서의 변화는 단지 한 상태의 끝이 아니라 또 다른 상태의 시작, 즉 새로운 결합 가능성에 대한 여지를 만드는 것이다. 인간인 우리에게도 마찬가지이다. 관계가 깨진 후에 우리를 원래 상태로 되돌리고 우리에게 위안을 주기 위해서는 따뜻한 우유 한 잔이 필요할지도 모른다. 하지만 아무리 많은 결합 관계가 깨지는 것을 보더라도, 우리는 우리의 가장 인간적인 능력 중 하나를 항상 보유할 것인데, 즉 새롭게 관계 맺고, 새 친구들을 찾으며, 다시 사랑하는 것이다.

다음 글의 제목으로 가장 적절한 것은?
① Relationships: The Older, The Better
관계: 오래될수록 더 좋은 | 관계의 깨짐에 대한 글임
② A Break in a Bond: A New Beginning
결합 관계의 깨짐: 새로운 시작 | 결합의 깨짐은 새로운 결합의 여지를 만듦
③ Shared Experiences Make Strong Bonds
공유된 경험이 강한 결합 관계를 만든다 | 결합의 요소에 대한 글이 아님
④ A Friend in Need, A Friend Indeed
어려울 때 친구가 진정한 친구 | 우정이 깨졌을 때에 대한 내용임
⑤ Two Heads Are Better Than One
두 사람이 한 사람보다 낫다 | 힘을 합치는 것에 대한 내용이 아님

>왜 정답 ? [정답률 91%]

- 화학에서 원자의 결합에서의 변화는 또 다른 상태의 시작으로, 새로운 결합 가능성에 대한 여지를 만듦 단서 1
- 위에서 설명한 원자의 결합에서의 변화는 인간인 우리에게도 마찬가지임 단서 2
- 아무리 많은 결합 관계가 깨지더라도 우리는 항상 새롭게 관계 맺고, 새 친구를 찾으며, 다시 사랑할 것임 단서 3

➡ 관계가 깨진다는 것은 새로운 관계가 시작된다는 의미라는 내용이므로, 제목은 ② '결합 관계의 깨짐: 새로운 시작'이 적절함

>왜 오답 ?

① '관계가 깨졌을 때', '새로운 관계의 시작'에 대한 내용이다.
③ 관계를 강화하는 요소에 대해 설명한 것이 아니다.
④ 관계의 진정성을 결정하는 요소에 대한 언급은 없다.
⑤ 혼자보다 여럿이 낫다는 것을 설명하는 글이 아니다.

G 18 정답 ① *웹 기반 저널리즘의 특징

Before the web, / newspaper archives were largely the musty
domain / of professional researchers and journalism students. //
웹 이전에 / 신문 기록 보관소는 주로 곰팡내 나는 영역이었다 / 전문적 연구원과 언론학과 학생의 //

Journalism was, by definition, current. //
저널리즘은 당연히 최신에 관한 것이었다 //
단서 1 웹 기반 저널리즘은 저널리즘의 유통 기한을 크게 늘렸음
The general accessibility of archives / has greatly extended / the
shelf life of journalism, / with older stories now regularly cited /
to provide context / for more current ones. // with+(대)명사+분사: ~가 …한/된 채로
자료 보관소의 일반적 접근 가능성은 / 크게 늘렸다 / 저널리즘의 유통 기한을 / 더 오래된 기사가 이제는 자주 인용되면서 / 맥락을 제공하기 위해 / 더 최신 기사에 //

With regard / to how meaning is made / of complex issues /
선행사(주격 관계대명사와 be동사는 생략됨)
encountered in the news, /
관련하여 / 의미가 어떻게 형성되는가와 / 복잡한 이슈에 관해 / 뉴스에서 마주치는 /

this departure can be understood / as a readiness / by online news consumers / to engage / with the underlying issues and contexts of the news /
형용사적 용법(a readiness 수식)
이 새로운 출발은 이해될 수 있다 / 준비로 / 온라인 뉴스 소비자에 의한 / 관여할 / 뉴스의 기저 이슈와 맥락에 /

that was not apparent in, or even possible for, / print consumers. //
명백하지 않았던 또는 심지어 가능하지 않았던 / 인쇄물 소비자에게는 //

One of the emergent qualities of online news, / determined / in part by the depth / of readily accessible online archives, /
단수 주어
온라인 뉴스의 떠오르는 특성 중 하나는 / 결정되는 / 부분적으로는 깊이로 / 쉽게 접근할 수 있는 온라인 기록 보관소의 /

seems to be the possibility / of understanding news stories / as the manifest outcomes / of larger economic, social and cultural issues / rather than short-lived and unconnected media spectacles. //
단수 동사
단서 2 온라인 뉴스의 특성 중 하나는 더 큰 맥락에서 뉴스 기사를 이해할 가능성임
가능성인 듯 보인다 / 뉴스 기사를 이해할 / 분명한 결과로 / 더 큰 경제적, 사회적, 문화적 이슈의 / 수명이 짧고 연결성이 없는 미디어 구경거리가 아니라 //

- domain ⓝ 영역
- journalism ⓝ 저널리즘 (기사거리를 모으고 기사를 쓰는 일)
- by definition 당연히 · accessibility ⓝ 접근성
- extend ⓥ 연장하다 · shelf life 유통기한 · cite ⓥ 인용하다
- readiness ⓝ 준비 · engage ⓥ 참여하다
- underlying ⓐ 기저의 · apparent ⓐ 분명한
- emergent ⓐ 명백한, 뚜렷한 · manifest ⓐ 분명한
- short-lived ⓐ 수명이 짧은 · spectacle ⓝ 구경거리

웹 이전에 신문 기록 보관소는 주로 전문적 연구원과 언론학과 학생의 곰팡내 나는 영역이었다. 저널리즘은 당연히 최신에 관한 것이었다. 자료 보관소의 일반적 접근 가능성은 더 오래된 기사가 이제는 자주 더 최신 기사에 맥락을 제공하기 위해 인용되면서, 저널리즘의 유통 기한을 크게 늘리게 되었다. 뉴스에서 마주치는 복잡한 이슈에 관해 의미가 어떻게 형성되는가와 관련하여, 이 새로운 출발은 온라인 뉴스 소비자가 인쇄물 소비자에게는 명백하지 않았던, 또는 심지어 가능하지 않았던, 뉴스의 기저 이슈와 맥락에 관여할 준비로 이해될 수 있다. 온라인 뉴스의 떠오르는 특성 중 하나는, 부분적으로는 쉽게 접근할 수 있는 온라인 기록 보관소의 깊이로 결정되는데, 뉴스 기사가 수명이 짧고 연결성이 없는 미디어 구경거리가 아니라 더 큰 경제적, 사회적, 문화적 이슈의 분명한 결과로 이해될 가능성인 듯 보인다.

다음 글의 제목으로 가장 적절한 것은? [3점]

①Web-based Journalism: Lasting Longer and Contextually Wider
웹 기반 저널리즘: 더 오래 지속되고 맥락상 더 넓다　웹 기반 저널리즘의 특징을 설명함
② With the Latest Content, Online News Beats Daily Newspapers!
최신 콘텐츠로 온라인 뉴스가 일간 신문을 능가한다!　이전 콘텐츠를 인용함
③ How Online Media Journalists Reveal Hidden Stories Behind News 저널리스트는 언급되지 않음
온라인 미디어 저널리스트가 뉴스 배경에 숨겨진 이야기를 밝히는 방식
④ Let's Begin a Journey to the Past with Printed Newspapers!
인쇄된 신문으로 과거로의 여행을 시작하자!　온라인 뉴스를 통해 과거로 여행함
⑤ Present and Future of Journalism in the Web World
웹 세계 저널리즘의 현재와 미래　인쇄물 소비자와 온라인 뉴스 소비자를 대조함

인쇄물을 통한 저널리즘	• 최신 이슈를 다룸 • 뉴스의 기저 이슈와 맥락이 명백하지 않고, 소비자가 그에 관여할 수 없음
웹 기반 저널리즘	• 최신 기사에 오래된 기사가 인용됨 → 저널리즘의 유통 기한이 크게 늘어남 • 뉴스 기사를 더 큰 경제적, 사회적, 문화적 이슈의 결과로 이해할 수 있음 → 기사를 더 큰 맥락에서 이해할 수 있음

➡ 웹 기반 저널리즘의 특징을 담은 ① '웹 기반 저널리즘: 더 오래 지속되고 맥락상 더 넓다'가 제목으로 적절하다.

② 최신 뉴스에 오래된 기사를 인용한다는 온라인 뉴스의 특징을 설명하는 글이다.
③ 온라인 미디어 저널리스트가 사용하는 방식을 설명한 것이 아니다.
④ 인쇄물을 통한 저널리즘은 최신 이슈를 다룬다고 했다.
⑤ 웹에 기반한 저널리즘이 가져온 변화에 대한 글이다.

G 19 정답 ② * 공백 채우기 원리

Melody is one of the primary ways / that our expectations are controlled / by composers. //
관계부사 how를 대신해서 쓰임
멜로디는 주요한 방법 중 하나이다 / 우리의 기대가 통제되는 / 작곡가들에 의해 //

Music theorists have identified a principle / called gap fill; / in a sequence of tones, / if a melody makes a large leap, / either up or down, / the next note should change direction. //
앞에 주격 관계대명사와 be동사가 생략됨
음악 이론가들은 원리를 밝혀냈다 / 공백 채우기라고 불리는 / 일련의 음조에서 / 멜로디가 크게 도약한다면 / 위나 아래로 / 다음 음은 방향을 바꿔야 한다 //

A typical melody includes / a lot of stepwise motion, / that is, adjacent tones / in the scale. //
전형적인 멜로디는 포함한다 / 많은 단계적 움직임을 / 즉 인접한 음조를 / 음계에서 //

If the melody makes a big leap, / theorists describe a tendency / for the melody to "want" to return / to the jumping-off point; / this is another way / to say /
형용사적 용법(a tendency 수식)
to want의 의미상 주어　　형용사적 용법(way 수식)
단서 1 크게 도약한 멜로디는 출발점으로 돌아가기를 원하는 경향이 있음
멜로디가 크게 도약하면 / 이론가들은 경향을 설명한다 / 멜로디가 돌아가기를 '원하는' / 출발점으로 / 이것은 또 다른 방법이다 / 말하는 /

that our brains expect / that the leap was only temporary, / and tones / that follow / need to bring us closer and closer / to our starting point, or harmonic "home." //
복수 명사(주어, 선행사)　　주격 관계대명사절 문장의 복수 동사
단서 2 우리의 뇌는 그 도약이 일시적이며, 이어지는 음조는 우리를 출발점으로 데려다줘야 한다고 기대함
우리의 뇌가 기대한다는 것을 / 그 도약이 일시적이었을 뿐이며 / 음조는 / 뒤따르는 / 우리를 점점 더 가까이 데려다줄 필요가 있다고 / 우리의 출발점, 즉 음악적 '고향'으로 //

In "Over the Rainbow," / the melody begins / with one of the largest leaps / we've ever experienced / in a lifetime of music listening: / an octave. //
'Over the Rainbow'에서 / 멜로디는 시작한다 / 가장 큰 도약 중 하나로 / 우리가 지금까지 경험한 / 음악 감상을 한 일생에서 / 옥타브 //

This is a strong schematic violation, / and so the composer rewards and soothes us / by bringing the melody back toward home again, /
단서 3 크게 도약한 멜로디에 대해 작곡가는 멜로디를 고향을 향해 가져옴으로써 우리를 보상하고 달램
이것은 강력한 도식적 위반이고 / 그래서 작곡가는 우리를 보상하고 달랜다 / 멜로디를 고향을 향해 다시 가져옴으로써 /

but not by too much / because he wants to continue / to build tension. //
wants의 목적어
to continue의 목적어
하지만 너무 많이 하지는 않는다 / 그가 계속하기를 원하기 때문에 / 긴장감을 조성하는 것을 //

The third note of this melody / fills the gap. //
이 멜로디의 세 번째 음이 / 그 공백을 채운다 //

- primary ⓐ 주요한 · expectation ⓝ 기대
- composer ⓝ 작곡가 · identify ⓥ 밝혀내다
- a sequence of 일련의 · leap ⓝ 도약 · note ⓝ 음정
- typical ⓐ 전형적인 · stepwise ⓐ 단계적인 · tone ⓝ 음조
- scale ⓝ 음계 · theorist ⓝ 이론가 · tendency ⓝ 경향
- temporary ⓐ 일시적인 · harmonic ⓐ 화성의
- octave ⓝ 옥타브 · schematic ⓐ 도식적인 · violation ⓝ 위반
- soothe ⓥ 달래다 · tension ⓝ 긴장

멜로디는 우리의 기대가 작곡가들에 의해 통제되는 주요한 방법 중 하나이다. 음악 이론가들은 공백 채우기라고 불리는 원리를 밝혀냈다. 일련의 음조에서, 멜로디가 위나 아래로 크게 도약한다면, 다음 음은 방향을 바꿔야 한다. 전형적인 멜로디는 많은 단계적 움직임, 즉, 음계에서 인접한 음조를 포함한다. 멜로디가 크게 도약하면 이론가들은 멜로디가 출발점으로 돌아가기를 '원하는' 경향을 설명한다. 이것은 그 도약이 일시적이었을 뿐이며, 뒤따르는 음조는 우리를 우리의 출발점, 즉 음악적 '고향'으로 점점 더 가까이 데려다줄 필요가 있다고 우리의 뇌가 기대한다는 것을 말하는 또 다른 방법이다. 'Over the

Rainbow'에서, 멜로디는 음악 감상을 한 일생에서 우리가 지금까지 경험한 가장 큰 도약 중 하나인 옥타브로 시작한다. 이것은 강력한 도식적 위반이고, 그래서 작곡가는 멜로디를 고향을 향해 다시 가져옴으로써 우리를 보상하고 달래지만, 계속해서 긴장감을 조성하기를 원하기 때문에 너무 많이 하지는 않는다. 이 멜로디의 세 번째 음이 그 공백을 채운다.

다음 글의 제목으로 가장 적절한 것은?

① How Awesome Repetition in Melody Can Be!
멜로디의 반복이 얼마나 멋있을 수 있는지!　　　　멜로디의 도약에 대한 내용임
② Why a Big Leap Melody Tends to Go Back Home
크게 도약한 멜로디가 고향으로 돌아가는 경향이 있는 이유　　우리 뇌의 기대 때문임을 설명함
③ Lyrics of Songs: Key Controller of Our Emotions
노래의 가사: 우리의 감정의 핵심적인 통제자　　　　노래 가사에 대한 설명이 아님
④ Should Composers Consider Their Potential Audience?
작곡가들은 그들의 잠재적인 청중을 고려해야 하는가?　　잠재적인 청중에 대한 고려는 언급되지 않음
⑤ Misunderstanding of Composers' Intention with Melody
작곡가들의 의도된 멜로디에 대한 오해　　　　'오해'를 설명하는 글이 아님

왜 정답? [정답률 75%]

공백 채우기 원리	일련의 음조에서 멜로디가 위나 아래로 크게 도약하면 다음 음은 방향을 바꿔야 함
이유	우리의 뇌는 그 도약이 일시적이었을 뿐이고 뒤따르는 음조는 우리를 출발점(음악적 고향)으로 데려다줄 필요가 있다고 기대함
예시	Over the Rainbow에서 작곡가는 큰 도약 이후에 멜로디를 고향을 향해 다시 가져옴으로써 우리를 보상하고 달램

➡ 멜로디가 크게 도약한 이후 다음 음이 음악적 고향을 향하는 이유에 대해 설명하는 글이다.

▶ 따라서 제목으로 적절한 것은 ② '크게 도약한 멜로디가 고향으로 돌아가는 경향이 있는 이유'

왜 오답?

① 멜로디의 반복이 아니라 멜로디의 도약 이후에 이어지는 다음 음의 경향에 대한 글이다.
③ 첫 문장에 등장한 controlled로 만든 오답이다. 노래의 가사에 대한 언급은 없다.
④ 청중의 기대가 원인이라는 내용으로, 잠재적인 청중을 고려해야 한다는 것이 아니다.
⑤ 작곡가들의 멜로디에 대해 청중이 오해한다는 내용은 없다.

G 20 정답 ⑤ ＊과잉 관광의 문제 요소

The concept of overtourism / rests on a particular assumption / about people and places / **common** in tourism studies and the
앞에 주격 관계대명사와 be동사가 생략됨
social sciences in general. //
과잉 관광의 개념은 / 특정한 가정에 기초한다 / 사람과 장소에 관한 / 관광학과 사회 과학 전반에서 흔히 볼 수 있는 //

단서 1 과잉 관광에서 사람과 장소는 명확하게 정의되고 경계가 정해진 것으로 여겨짐

Both are seen / as clearly defined and demarcated. //
둘은 모두 여겨진다 / 명확하게 정의되고 경계가 정해진 것으로 //

People are framed as bounded social actors / **either** playing the
either A or B: A와 B 둘 중 하나
role of hosts **or** guests. //
사람들은 경계가 확실한 사회적 행위자로 구성된다 / 주인이나 손님의 역할을 하는 //

Places, in a similar way, / are treated as stable containers with clear boundaries. //
장소는 비슷한 방식으로 / 명확한 경계가 있는 안정적인 용기로 취급된다 //

Hence, places can be full of tourists / and thus suffer from overtourism. //
그러므로 장소는 관광객으로 가득 찰 수 있고 / 따라서 과잉 관광으로 고통받을 수 있다 //

But what does **it** mean / **for a place to be** full of people? //
가주어　　　의미상 주어　　진주어
하지만 무엇을 의미하는가 / 어떤 장소가 사람으로 가득 차 있다는 것은 //

Indeed, there are examples of particular attractions / **that** have
주격 관계대명사(선행사: particular attractions)
limited capacity / and **where** there is actually no room for more
관계부사
visitors. //
사실, 특정 명소의 예가 있다 / 제한된 수용력을 가지고 있고 / 더 많은 방문객을 수용할 공간이 실제로 없는 //

This is **not least** the case with some man-made constructions /
＝especially
such as the Eiffel Tower. //
이것은 특히 일부 인공 건축물의 경우이다 / 에펠탑과 같은 //

단서 2 과잉 관광의 피해지로 묘사되는 곳들은 문제 요소가 복잡함

However, with places such as cities, regions or even whole countries / **being promoted** as destinations / **and** described as
현재분사의 수동태　　　　promoted와 described 병렬 연결
victims of overtourism, / things become more complex. //
그러나 도시, 지역 또는 심지어 국가 전체와 같은 장소에서는 / 목적지로 홍보되고 / 과잉 관광의 피해지로 묘사되는 / 상황이 더 복잡해진다 //

선행사를 포함하는 관계대명사
What is excessive or out of proportion / is highly relative / and might be more related to other aspects than physical capacity, /
과도하거나 균형이 안 맞는 것은 / 매우 상대적이며 / 물리적 수용력 이외의 다른 측면과 더 관련이 있을 수도 있다 /

such as natural degradation and economic leakages / (not to mention politics and local power dynamics). //
자연적 저하와 경제적 유출과 같은 / (정치 및 지방 권력 역학은 말할 것도 없이) //

단서 3 과잉이라는 개념은 상대적이며, 사람과 장소 등 물리적 수용력 외에도 자연적 저하, 경제적 유출 등의 문제가 복합적으로 작용함

- **overtourism** ⓝ 과잉 관광(지역 규모에 비해 너무 많은 관광객이 오는 현상)
- **rest on** ~에 기초하다　　・**assumption** ⓝ 가정
- **frame as** ~로 규정하다　　・**bounded** ⓐ 경계가 확실한
- **boundary** ⓝ 경계　　・**attraction** ⓝ 관광 명소
- **capacity** ⓝ 수용력　　・**destination** ⓝ 목적지　　・**victim** ⓝ 피해자
- **out of proportion** 균형이 안 맞는　　・**degradation** ⓝ (질적) 저하
- **leakage** ⓝ 유출　　・**dynamics** ⓝ 역학

과잉 관광의 개념은 관광학과 사회 과학 전반에서 흔히 볼 수 있는 사람과 장소에 관한 특정한 가정에 기초한다. 둘(사람과 장소)은 모두 명확하게 정의되고 경계가 정해진 것으로 여겨진다. 사람들은 주인이나 손님의 역할을 하는 경계가 확실한 사회적 행위자로 구성된다. 장소는 비슷한 방식으로, 명확한 경계가 있는 안정적인 용기로 취급된다. 그러므로 장소는 관광객으로 가득 찰 수 있고, 따라서 과잉 관광으로 고통받을 수 있다. 하지만 어떤 장소가 사람으로 가득 차 있다는 것은 무엇을 의미하는가? 사실, 제한된 수용력을 가지고 있고 더 많은 방문객을 수용할 공간이 실제로 없는 특정 명소의 예가 있다. 이것은 특히 에펠탑과 같은 일부 인공 건축물의 경우이다. 그러나 장소가 목적지로 홍보되고 과잉 관광의 피해지로 묘사되는 도시, 지역 또는 심지어 국가 전체와 같은 장소에서는 상황이 더 복잡해진다. 과도하거나 균형이 안 맞는 것은 매우 상대적이며 자연적 저하와 경제적 유출(정치 및 지방 권력 역학은 말할 것도 없이)과 같은, 물리적 수용력 이외의 다른 측면과 더 관련이 있을 수도 있다.

다음 글의 제목으로 가장 적절한 것은? [3점]

① The Solutions to Overtourism: From Complex to Simple
과잉 관광의 해결책: 복잡함에서 단순함으로　　과잉 관광의 해결책을 설명하는 글이 아님
② What Makes Popular Destinations Attractive to Visitors?
무엇이 인기 있는 목적지를 방문객에게 매력적으로 만드는가?
인기 있는 목적지의 매력 요소에 대한 언급은 없었음
③ Are Tourist Attractions Winners or Losers of Overtourism?
관광 명소는 과잉 관광의 승자인가 아니면 패자인가?　　관광 명소의 승패를 설명하는 글이 아님
④ The Severity of Overtourism: Much Worse than Imagined
과잉 관광의 심각성: 상상했던 것보다 훨씬 더 나쁜　　과잉 관광이 심각하다는 내용의 글이 아님
⑤ Overtourism: Not Simply a Matter of People and Places
과잉 관광: 단순히 사람과 장소의 문제가 아니다
과잉 관광의 문제 요소는 단순히 사람과 장소뿐만이 아님

왜 정답? [정답률 70%]

통념	・과잉 관광은 사람과 장소의 개념이 명확하게 정의되고 경계가 정해진 것으로 여겨지기 때문에, 특정 관광지가 관광객으로 가득 차면 과잉 관광으로 고통받는 것으로 여겨짐 ・특히 에펠탑 등 인공 건축물의 경우, 제한된 수용력을 가진 경우가 있음
반박	・과잉 관광의 피해지로 묘사되는 곳들은 상황이 복잡함 ・과잉이라는 개념은 상대적이며, 자연적 저하, 경제적 유출 등 사람과 장소의 물리적 수용력 외에 다른 측면과도 관련이 있음

▶ 과잉 관광의 문제 요소를 사람과 장소에 국한하지 않아야 한다는 내용을 담은
⑤ '과잉 관광: 단순히 사람과 장소의 문제가 아니다'가 제목으로 적절함

> **왜 오답?**
>
> ① 과잉 관광의 해결책을 단순화해야 한다는 내용의 글이 아니다.
> ② 인기 있는 목적지의 매력 요소에 대한 언급은 없었다.
> ③ 과잉 관광의 문제 요소를 다룬 글로, 관광 명소의 승패를 설명하는 글이 아니다. (함정)
> ④ 과잉 관광이 심각하다는 내용의 글이 아니다.

조수근 | 순천향대 의예과 2024년 입학·성남 태원고 졸

나는 이 문제를 '소거법'으로 풀었어! 먼저 지문에 등장한 적도 없는 소재의 선지를 지워보는 거야. 해결책이나 심각한 현상 등이 구체적으로 제시되지는 않았으니 ①과 ④ 정도가 지워질 거야. 그리고 지문의 주제와 관련이 없는 선지를 지우는 거지. 이 문제에서는 공통적으로 관광 명소에 초점을 맞추는 ②과 ③을 지울 수 있어. 글의 내용으로부터 제목을 바로 도출할 수 있으면 좋겠지만, 이 문제처럼 그렇지 못한 경우도 있으니 필요하다면 '소거법'도 적극적으로 활용해보자!

━ 배경 지식

✳ 소수민족문제

복수민족국가에서 소수민족이 불이익을 받거나 불평등한 처지에 놓여 있는 경우에 발생하는 일련의 문제를 말한다. 국제법상으로는 하나의 국가 안에서 인종, 종교, 언어, 풍습 등을 달리하는 소수민족의 권리를 보호하는 것을 소수자 보호의 원칙으로 중시하고 있다. 제1차 세계대전 후에는 국제연맹의 보장 아래 동유럽을 주축으로 한 유럽 13개국과 튀르키예가 소수민족보호조약을 체결하였고, 제2차 세계대전 후 이 문제는 인권옹호 문제의 일부분으로서 국제연합의 보장하에 있다.

소수민족 보호의 방법에는 여러 종류가 있는데, 단지 일반 국민과 평등한 대우를 한다는 데 그치지 않고, 그 소수민족이 전통적으로 유지하고 있는 종교나 언어, 풍습 등의 존중을 포함한다. 나라에 따라서는 정치상으로도 일정한 자치권을 인정하거나 연방제를 택하기도 한다.

자이 쌤's Follow Me! ─ 홈페이지에서 제공

G 21 정답 ① ✱ 노년의 사회 지각

부사절 접속사(양보)

Although cognitive and neuropsychological approaches emphasize / **the losses** / with age / **that** might impair social perception, /
(선행사 / 주격 관계대명사)

인식적 접근법과 신경심리학적 접근법이 강조하긴 하지만 / 상실을 / 노화에 따른 / 사회 지각을 훼손할지도 모르는 /

단서 1 노화로 인한 사회 지각에 어떤 이득이나 질적 변화가 있을 수 있음

motivational theories indicate / that there may be / some gains or qualitative changes. //

동기 이론은 보여준다 / 있을 수 있다는 것을 / 어떤 이득이나 질적 변화가 //

Charles and Carstensen review / a considerable body of evidence / indicating / that, as people get older, / they tend /

Charles와 Carstensen은 재검토한다 / 상당한 양의 증거를 / 보여주는 / 사람들은 나이가 들면서 / 그들이 (~하는) 경향이 있다는 것을 /

to prioritize / close social relationships, / **focus** more / on achieving emotional well-being, / and **attend** more / to positive emotional information / **while ignoring** negative information. //
(병렬 구조(focus, attend 앞에 to가 생략됨) / = while they ignore)

우선시하는 / 친밀한 사회적 관계를 / 더 주력하는 / 정서적 행복을 성취하는 데 / 그리고 더 주목하는 / 긍정적인 정서적 정보에 / 부정적인 정보는 무시하는 반면에 //

These changing motivational goals / in old age / have implications / for attention to and processing of **social cues** / from the environment. //
(전치사 to와 of의 목적어)

이런 변화하는 동기 부여상의 목표는 / 노년의 / 영향을 미친다 / 사회적 신호에 주목하고 (그것을) 처리하는 것에 / 주변 환경으로부터의 //

주격 보어 역할을 하는 「of+추상 명사」가 문두로 가면서 주어와 동사가 도치됨

Of particular importance / in considering emotional changes / in old age / **is the presence** / of a positivity bias: /

특히 중요(하다) / 정서적 변화를 고려할 때 / 노년의 / 존재가 ~하다 / 긍정 편향의 /

that is, a tendency / **to notice, attend to, and remember** / more positive / compared to negative information. //
형용사적 용법(a tendency 수식)

즉 경향 / 인지하고, 주목하고, 기억하는 / 더 많은 긍정적 (정보를) / 부정적 정보에 비해 //

단수 주어 / 단수 동사

The role of life experience / in social skills / also **indicates** / that older adults might show gains / in some aspects / of social perception. //

단서 2 인생 경험을 통해 노인이 사회 지각의 일부 측면에서 이득을 얻을 수도 있음

인생 경험의 역할이 / 사회적 기술에 관한 / 또한 보여준다 / 노년의 성인이 이득을 얻을 수 있다는 것을 / 일부 측면에서 / 사회 지각의 //

- **neuropsychological** ⓐ 신경심리학적인
- **approach** ⓝ 접근법, 처리 방법 · **emphasize** ⓥ 강조하다
- **loss** ⓝ 상실, 분실 · **perception** ⓝ 인식, 지각
- **motivational** ⓐ 동기의, 동기를 주는 · **theory** ⓝ 이론
- **indicate** ⓥ 나타내다, 보이다 · **gain** ⓝ 이득, 이점
- **qualitative** ⓐ 질적인 · **considerable** ⓐ 상당한
- **body** ⓝ 많은 양[모음] · **evidence** ⓝ 증거
- **prioritize** ⓥ 우선순위를 매기다 · **close** ⓐ 친(밀)한, 가까운
- **focus on** ~에 주력하다 · **achieve** ⓥ 성취하다
- **emotional** ⓐ 감정의 · **attend** ⓥ 주의를 기울이다
- **ignore** ⓥ 무시하다 · **goal** ⓝ 목표
- **implication** ⓝ 영향, 결과, 암시 · **process** ⓥ 처리하다
- **cue** ⓝ 신호 · **environment** ⓝ 환경 · **particular** ⓐ 특별한
- **presence** ⓝ 존재(함) · **bias** ⓝ 편향, 편견 · **tendency** ⓝ 경향, 성향
- **notice** ⓥ 의식하다, 주목하다 · **compared to** ~와 비교하여
- **role** ⓝ 역할 · **aspect** ⓝ 측면, 양상

인식적 접근법과 신경심리학적 접근법이 사회 지각을 손상시킬지도 모르는 노화에 따른 상실을 강조하긴 하지만, 동기 이론은 어떤 이득이나 질적 변화가 있을 수 있다는 것을 보여준다. Charles와 Carstensen은 사람들은 나이가 들면서 친밀한 사회적 관계를 우선시하고, 정서적 행복을 성취하는 데 더 주력하고, 긍정적인 정서적 정보에 더 주목하는 반면에 부정적인 정보는 무시하는 경향이 있다는 것을 보여주는 상당한 양의 증거를 재검토한다. 노년의 이런 변화하는 동기 부여상의 목표는 주변 환경으로부터의 사회적 신호에 주목하고 그것을 처리하는 것에 영향을 미친다. 노년의 정서적 변화를 고려할 때 특히 중요한 것은 긍정 편향, 즉 부정적 정보에 비해 더 많은 긍정적 정보를 인지하고, 주목하고, 기억하는 경향의 존재이다. 사회적 기술에 관한 인생 경험의 역할 또한 노년의 성인이 사회 지각의 일부 측면에서 이득을 얻을 수 있다는 것을 보여준다.

다음 글의 제목으로 가장 적절한 것은?

① **Social Perception in Old Age: It's Not All Bad News!**
노년의 사회 지각 전부 나쁜 소식은 아니다! / 이득이 있을 수 있음
② **Blocking Out the Negative Sharpens Social Skills**
부정적인 것을 떨쳐 버리면 사회적 기술이 연마된다 / 부정적인 것을 떨치라는 것이 아님
③ **Lessons on Life-long Goals from Senior Achievers**
노년에 크게 성취한 사람들에게서 얻는 평생 목표에 대한 교훈 / 노년기의 사회 지각에 대한 설명임
④ **Getting Old: A Road to Maturity and Objectivity**
나이를 먹는 것: 성숙과 객관성에 이르는 길 / 긍정적인 것에 주목한다고 했음
⑤ **Positive Mind and Behavior: Tips for Reversing Aging**
긍정적인 마음과 행동: 노화를 되돌리기 위한 조언 / 노화를 통해 긍정적이 됨

> **왜 정답?** [정답률 77%]

(although가 이끄는 양보의 부사절은 주절을 강조하는 도구임) (꿀팁)

인식적 접근법과 신경심리학적 접근법은 사회 지각을 손상시킬지도 모르는 노화에 따른 상실을 강조하지만, 이와 달리 동기 이론은 어떤 이득이 있을 수 있음을 보여준다고 한 첫 문장 이후로 사람들이 나이가 들수록 사회 지각에 있어 부정적인 것보다 긍정적인 것에 주목하는 긍정 편향이 존재한다는 내용이 이어진다. 마지막 문장에서는 인생 경험을 통해 노년의 성인이 사회 지각의 일부 측면에서 이득을 얻을 수도 있다고 했으므로 제목은 ① '노년의 사회 지각: 전부 나쁜 소식은 아니다!'가 적절하다.

> **왜 오답?**

② · ⑤ positive, negative 등의 단어가 언급된 것으로 만든 오답이다. 노화가 진행됨에 따라 부정적인 것보다 긍정적인 것에 주목한다는 이점이 있다는 것이지, 부정적인 것을 떨치라거나 긍정적으로 생각하고 행동해서 노화를 되돌리라는 것이 아니다.
③ 노화에 따른 현상을 설명한 것이지, 노년에 크게 성취한 사람들의 특징을 이야기하는 것이 아니다.
④ 나이를 먹으면 긍정 편향이 생긴다고 했다. 긍정 편향이란 부정적 정보보다는 긍정적 정보를 더 많이 인지하고 기억하는 것으로, 객관적이라고는 할 수 없다.

There was once a certain difficulty / with the moons of Jupiter / that is worth remarking on. //
한때 어떤 어려움이 있었다 / 목성의 위성들에는 / 주목할 만한 가치가 있는 //

계속적 용법의 주격 관계대명사
These satellites were studied very carefully / by Roemer, / who noticed / that the moons sometimes seemed to be ahead of schedule, / and sometimes behind. //
이 위성들은 매우 면밀히 연구되었는데 / Roemer에 의해 / 그는 알아차렸다 / 위성들이 때로는 예정보다 앞서는 것처럼 보였다는 것을 / 때로는 뒤처지고 //

They were *ahead* / when Jupiter was particularly *close* to the earth / and they were *behind* / when Jupiter was *farther* from the earth. // **단서 1** 목성의 위성들이 때에 따라 앞서거나 뒤처지는 것으로 관찰됨
그것들은 '앞섰다' / 목성이 지구에 특히 '가까울' 때는 / 그리고 그것들은 '뒤처졌다' / 목성이 지구에서 '더 멀' 때는 //

This would have been a very difficult thing / to explain / according to the law of gravitation. //
이것은 매우 어려운 것이었을 것이다 / 설명하기에 / 중력의 법칙에 따라 //

선행사   관계부사
If a law does not work / even in *one place* / where it ought to, / it is just wrong. //
법칙이 작용하지 않는다면 / '한 곳'에서라도 / 그것이 그래야 하는 / 그것은 그냥 틀리다 //

But / the reason for this discrepancy / was very simple and beautiful: / **단서 2** 목성의 위성들이 그렇게 보이는 이유를 설명함
하지만 / 이 불일치의 이유는 / 매우 간단하고 아름다웠다 /

선행사(목적격 관계대명사는 생략됨)
it takes a little while / to *see* the moons of Jupiter / because of the time / it takes light to travel / from Jupiter to the earth. //
약간의 시간이 걸린다 / 목성의 위성들을 '보는' 데 / 시간 때문에 / 빛이 이동하는 데 걸리는 / 목성에서 지구로 //

부사절(때)   주절
When Jupiter is closer to the earth / the time is a little less, / and
부사절(때)   주절
when it is farther from the earth, / the time is more. // 목성이 지구에
더 가까울 때는 / 그 시간이 조금 더 짧으며 / 지구에서 더 멀 때는 / 그 시간이 더 길다 //

This is why moons appear / to be, on the average, a little ahead or a little behind, / depending on whether they are closer to or farther / from the earth. //
전치사 on의 목적어절을 이끄는 명사절 접속사
이것이 위성들이 보이는 이유이다 / 대체로 조금 앞서거나 조금 뒤처지는 것처럼 / 더 가깝거나 더 먼지에 따라 / 지구로부터 //

- remark ⓝ 주목   - satellite ⓝ 위성
- particularly ⓐ𝖽 특히, 특별히   - average ⓐ 평균의, 일반적인, 보통의
- gravitational ⓐ 중력의   - illusion ⓝ 환영   - obstacle ⓝ 장애물
- technology ⓝ 기술

한때 목성의 위성들에는 주목할 만한 가치가 있는 어떤 어려움이 있었다. 이 위성들은 Roemer에 의해 매우 면밀히 연구되었는데, 그는 위성들이 때로는 예정보다 앞서고 때로는 뒤처지는 것처럼 보였다는 것을 알아차렸다. 그것들은 목성이 지구에 특히 '가까울' 때는 '앞섰고' 목성이 지구에서 '더 멀' 때는 '뒤처졌다'. 이것은 중력의 법칙에 따라 설명하기 매우 어려운 것이었을 것이다. 법칙이 작용해야 하는 '한 곳'에서라도 작용하지 않는다면 그것은 그냥 틀린 것이다. 하지만 이 불일치의 이유는 매우 간단하고 아름다웠는데, 그것은 빛이 목성에서 지구로 이동하는 데 걸리는 시간 때문에 목성의 위성들을 '보는' 데 약간의 시간이 걸린다는 것이다. 목성이 지구에 더 가까울 때는 그 시간이 조금 더 짧으며 지구에서 더 멀 때는 그 시간이 더 길다. 이것이 위성들이 지구에 더 가깝거나 더 먼지에 따라 대체로 조금 앞서거나 조금 뒤처지는 것처럼 보이는 이유이다.

다음 글의 제목으로 가장 적절한 것은?
① The Difficulty of Proving the Gravitational Law
중력의 법칙을 증명하는 것의 어려움
② An Illusion Created by the Shadow of the Moon
달의 그림자에 의해 만들어진 환영   the law of gravitation으로 만든 오답
③ Why Aren't Jupiter's Moons Observed Where They Should Be?
목성의 위성들은 왜 그것들이 관찰되어야 하는 곳에서 관찰되지 않는가? 빛의 이동 시간 때문이라고 설명함
④ Obstacles in Measuring Light's Speed: Limits of Past Technology
빛의 속도를 측정하는 데 있어 장애물들: 과거 기술의 한계들   빛의 속도를 측정하는 것에 대한 내용이 아님
⑤ Ahead and Behind: Moons Change Their Position by Themselves
앞서고 뒤처지는: 위성들은 스스로 자신의 위치를 바꾼다   실제로 위치가 바뀌는 것이 아님

의문점: 목성의 위성들이 때에 따라 예정보다 앞서거나 뒤처지는 것처럼 보였음
→ 목성이 지구에 가까울 때는 앞서고, 지구에서 더 멀 때는 뒤처졌음
이 현상의 이유: 빛이 목성에서 지구로 이동하는 데 약간의 시간이 걸리기 때문임
→ 목성이 지구에 더 가까울 때는 그 시간이 더 짧고, 지구에서 더 멀 때는 그 시간이 더 긺
▶ 그래서 목성의 위성들이 지구로부터의 거리에 따라 앞서거나 뒤처지는 것처럼 보인다는 내용이다. 따라서 제목은 ③ '목성의 위성들은 왜 그것들이 관찰되어야 하는 곳에서 관찰되지 않는가?'가 적절하다.

>왜 오답 ?

① '중력의 법칙'이 언급되긴 하지만, 그것을 증명하는 것이 어렵다는 내용은 아니다.
② '환영'에 대한 내용은 등장하지 않는다.
④ 빛이 이동하는 데 걸리는 시간 때문에 일어나는 현상을 설명하는 것이지, 빛의 속도 측정에 대한 내용은 아니다.
⑤ 목성의 위성들이 위치를 바꾸는 것이 아니라, 위치가 바뀐 것처럼 보이는 이유를 설명하는 글이다. **주의**

G 23 정답 ⑤   ★ 2등급 대비 [정답률 78%]

＊독립적으로 작동하는 뇌의 시각 체계

복수 주어   복수 동사
Different parts of the brain's visual system / get information / on a need-to-know basis. //
뇌 시각 시스템의 다양한 부분들은 / 정보를 얻는다 / 꼭 필요한 때 꼭 필요한 것만 알려주는 방식으로 //

help의 목적어와 목적격 보어   부정관사
Cells / that help your hand muscles / reach out to an object /
복수 주어
need to know / the size and location of the object, / but they don't need to know / about color. //
복수 동사   정관사
세포들은 / 여러분의 손 근육을 돕는 / 어떤 물체에 닿도록 / 알아야 하지만 / 그 물체의 크기와 위치를 / 그것들은 알 필요는 없다 / 색깔에 대해 //

They need to know a little about shape, / but not in great detail. //
그것들은 모양에 대해 약간 알아야 하지만 / 매우 자세히는 아니다 //

Cells / that help you / recognize people's faces / need to be
복수 주어   복수 동사
extremely sensitive / to details of shape, / but they can pay less attention / to location. //
세포들은 / 여러분을 돕는 / 사람의 얼굴을 인식하도록 / 극도로 예민해야 하지만 / 모양의 세부 사항에 / 그것들은 신경을 덜 쓸 수 있다 / 위치에는 //

It is natural to assume / that anyone who sees an object /
가주어   진주어   단수 주어
sees everything about it / — the shape, color, location, and movement. //
단수 동사
추정하는 것은 당연하다 / 어떤 물체를 보는 사람은 누구든 / 그것에 관한 모든 것을 본다고 / 모양, 색깔, 위치, 움직임 //

However, / one part of your brain sees its shape, / another sees color, / another detects location, / and another perceives movement. // **단서** 뇌의 부분마다 보는 것이 다름 → 뇌세포의 시각적 인식이 분리되고 독립적임
하지만 / 여러분 뇌의 한 부분은 그것의 모양을 보고 / 다른 한 부분은 색깔을 보며 / 또 다른 부분은 위치를 감지하고 / 또 다른 부분은 움직임을 인식한다 //

Consequently, / after localized brain damage, / it is possible /
진주어   전치사   명사구   가주어
to see certain aspects of an object / and not others. //
따라서 / 국부적 뇌 손상 후 / ~이 가능하다 / 물체의 특정한 측면은 보면서 / 다른 측면은 볼 수 없는 것이 //

Centuries ago, / people found it difficult to imagine / how
가목적어   진목적어
someone could see an object / without seeing / what color it is. //
동명사 seeing의 목적어(간접의문문)
수 세기 전 / 사람들은 상상하기가 어렵다는 것을 알았다 / 어떻게 누군가가 어떤 물체를 볼 수 있는지를 / 못 보면서 / 그것이 무슨 색깔인지 //

Even today, / you might find it surprising to learn / about people /
가목적어   진목적어
심지어 오늘날에도 / 여러분은 알게 되는 것이 놀랍다고 생각할 수 있다 / 사람들에 대해 /

who see an object / without seeing / where it is, / or see it / without seeing whether it is moving. //
병렬 구조
동명사 seeing의 목적어절 접속사

물체를 보는 / 보지 못하면서 / 그것이 어디에 있는지 / 또는 그것을 보는 / 보지 못하면서 / 그것이 움직이고 있는지 //

- basis ⓝ 근거, 기반   - extremely 졚 극도로, 극히
- sensitive ⓐ 세심한, 민감한   - detect ⓥ 감지하다
- perceive ⓥ 감지[인지]하다   - betray ⓥ 배신하다, 등지다
- exemplify ⓥ 전형적인 예가 되다   - perception ⓝ 인식

뇌 시각 시스템의 다양한 부분들은 꼭 필요한 때 꼭 필요한 것만 알려주는 방식으로 정보를 얻는다. 여러분의 손 근육이 어떤 물체에 닿도록 돕는 세포들은 그 물체의 크기와 위치를 알아야 하지만 색깔에 대해 알 필요는 없다. 그것들은(그 세포들은) 모양에 대해 약간 알아야 하지만, 매우 자세히는 아니다. 여러분이 사람의 얼굴을 인식하도록 돕는 세포들은 모양의 세부 사항에 극도로 예민해야 하지만, 위치에는 신경을 덜 쓸 수 있다.

어떤 물체를 보는 사람은 누구든 모양, 색깔, 위치, 움직임 등 그것에 관한 모든 것을 본다고 추정하는 것은 당연하다. 하지만, 여러분 뇌의 한 부분은 그것의 모양을 보고, 다른 한 부분은 색깔을 보며, 또 다른 부분은 위치를 감지하고, 또 다른 한 부분은 움직임을 인식한다. 따라서 국부적 뇌 손상 후 물체의 특정한 측면은 보면서 다른 측면은 볼 수 없는 것이 가능하다. 수 세기 전, 사람들은 어떻게 누군가가 그것이 무슨 색깔인지 못 보면서 그 물체를 볼 수 있는지 상상하기가 어렵다는 것을 알았다. 심지어 오늘날에도, 여러분은 물체가 어디에 있는지 보지 못하면서 그것을 보거나, 또는 그것이 움직이고 있는지 보지 못하면서 그것을 보는 사람들에 대해 알게 되면 놀라워할 수 있다.

다음 글의 제목으로 가장 적절한 것은?

① Visual Systems Never Betray Our Trust!
시각 체계는 결코 우리의 신뢰를 저버리지 않는다!   모든 것을 볼 거라는 추정이 틀렸음
② Secret Missions of Color-Sensitive Brain Cells
색에 예민한 뇌세포의 비밀 임무   색깔을 보는 뇌세포에 대한 자세한 설명이 아님
③ Blind Spots: What Is Still Unknown About the Brain
맹점: 뇌에 관해 아직 알려지지 않은 것   뇌의 시각 시스템의 특징을 설명하는 글임
④ Why Brain Cells Exemplify Nature's Recovery Process
뇌세포가 자연의 회복 과정의 전형적 예가 되는 이유   뇌세포의 회복 과정은 언급되지 않음
⑤ Separate and Independent: Brain Cells' Visual Perceptions
분리되고 독립적인: 뇌세포의 시각적 인식   각각의 뇌세포가 서로 다른 것을 봄

2등급? 글의 중간에서 However로 시작하는 문장을 통해 주제를 파악하기 쉽다. 하지만 지문에 자주 등장한 단어인 '뇌세포', '시각' 등이 여러 선택지에 공통으로 포함되어 헷갈릴 수 있을 것이다.

| 문제 풀이 순서 |

1st 글의 앞부분에서 중심 화제를 제시했는지 확인하고 글의 내용을 예상한다.

┌ 뇌 시각 시스템의 다양한 부분들은 꼭 필요한 때 꼭 필요한 것만 알려주는
└ 방식으로 정보를 얻는다.

➡ 뇌 시각 시스템을 언급하면서 그것의 다양한 부분들이 필요한 때에 필요한 정보만 알려준다는 내용이 나온다.

➡ 뇌 시각 시스템의 구체적인 작동 방식과 관련된 내용이 이어질 것이다.

2nd 글을 읽으면서 세부적인 내용들을 파악해서 답을 고른다.

┌ • 하지만, 여러분 뇌의 한 부분은 그것의 모양을 보고, 다른 한 부분은 색깔을 보며,
└ 또 다른 부분은 위치를 감지하고, 또 다른 한 부분은 움직임을 인식한다. 단서

➡ 뇌의 부분들이 모양, 색깔, 위치, 움직임 등 각자 다른 정보를 인식한다고 했다. 그 뒤에는 국부적 뇌 손상의 증상과 물체를 단편적으로 인식하는 현상을 언급하는데, 이들은 뇌세포가 독립적으로 기능하기에 가능한 현상들이다.

▶ 따라서 ⑤ '분리되고 독립적인: 뇌세포의 시각적 인식'이 이 글의 제목으로 가장 적절하다.

| 선택지 분석 |

① 우리는 어떤 물체를 보는 사람은 그 물체에 관한 모든 것을 본다고 추정하지만 사실 뇌의 각각의 부분이 보는 것은 독립적이고 분리되어 있다는 내용이다.
② 색깔을 인식하는 뇌세포에 대해서만 설명하는 글이 아니다.
③ 뇌의 시각 시스템이 어떻게 작동하는지를 알려주는 글이다.
④ 뇌세포의 회복 과정을 다루거나 그것이 자연의 회복 과정을 보여주는 예시라고 설명하는 글이 아니다.

⑤ 뇌세포마다 시각적 인식이 분리되어 있어 각기 다른 정보를 인식하고, 독립적으로 기능한다고 한다.

G 24 정답 ①   ⭐ 2등급 대비 [정답률 71%]

＊수리는 기계가 못함

등위접속사 and로 연결된 주어는 원칙적으로 복수형 동사 사용   복수 동사
Mending and restoring objects / often require even more creativity / than original production. //
비교급 강조 부사

물건을 고치고 복원하는 것은 / 흔히 훨씬 더 많은 창의력을 필요로 한다 / 최초 제작보다 //

The preindustrial blacksmith made things to order / for people in his immediate community; /
make to order: 주문에 따라 만들다

산업화 이전의 대장장이는 주문에 따라 물건을 만들었다 / 그와 가까운 마을의 사람들을 위해 /

customizing the product, / modifying or transforming it / according to the user, / was routine. //
동명사구 주어   단수 동사

제품을 주문 제작하는 것은 / 그것을 수정하거나 변형하여 / 사용자에게 맞게 / 일상적이었다 //

Customers would bring things back / if something went wrong; / repair was thus / an extension of fabrication. //
부사절 접속사(조건)

고객들은 다시 가져오곤 했다 / 뭔가 잘못되면 / 따라서 수리는 ~이었다 / 제작의 연장 //

With industrialization / and eventually with mass production, / making things became / the province of machine tenders / with limited knowledge. //
동명사구 주어   동사   주격 보어

산업화로 / 그리고 결국 대량 생산으로 / 물건을 만드는 것은 되었다 / 기계 관리자의 영역이 / 제한된 지식을 지닌   단서 1 제작과 비교하여 수리는 전체와 설계자의 의도에 대한 더 큰 이해가 필요함

But repair continued to require / a larger grasp of design and materials, / an understanding of the whole / and a comprehension of the designer's intentions. //

그러나 수리는 계속해서 필요로 했다 / 설계와 재료에 대한 더 큰 이해를 / 전체에 대한 이해와 / 설계자 의도에 대한 이해 //

"Manufacturers all work / by machinery / or by vast subdivision of labour / and not, so to speak, by hand," / an 1896 *Manual of Mending and Repairing* explained. //
'말하자면, 이를테면'

"제조업자들은 모두 일한다 / 기계로 / 또는 방대한 분업으로 / 말하자면 수작업으로가 아니라"라고 / 1896년의 *Manual of Mending and Repairing*은 설명했다 //

"But all repairing *must* be done / by hand. //

"그러나 모든 수리는 '행해져야 한다' / 손으로 //   단서 2 모든 수리는 여전히 손으로 행해져야 함

We can make every detail / of a watch or of a gun / by machinery, / but the machine cannot mend it / when broken, / much less a clock or a pistol!" //
주어와 동사(it is)가 생략된 부사절   '하물며[더구나] ~은 아니다'

우리는 모든 세부적인 것을 만들 수 있지만 / 손목시계나 총의 / 기계로 / 기계는 그것을 고칠 수 없으며 / 고장 났을 때 / 시계나 권총은 말할 것도 없다" //

- mend ⓥ 고치다, 수리하다   - restore ⓥ 복원하다, 복구하다
- creativity ⓝ 창의력, 독창성   - original ⓐ 원래의, 최초의
- preindustrial ⓐ 산업화 이전의, 산업 혁명 전의
- blacksmith ⓝ 대장장이
- immediate ⓐ (시간적·공간적으로) 아주 가까운, 직속[직계]의
- customize ⓥ 주문 제작하다   - modify ⓥ (더 알맞도록) 수정[변경]하다
- transform ⓥ (외양·모양을) 변형하다   - routine ⓐ 일상적인, 보통의
- extension ⓝ 연장(선)   - fabrication ⓝ 제작, 제조
- industrialization ⓝ 산업화   - mass ⓐ 대량의, 대규모의
- province ⓝ 영역, 분야   - tender ⓝ 관리자, 감시인
- grasp ⓝ (~에 대한) 이해[파악]   - comprehension ⓝ 이해
- intention ⓝ 의도, 계획   - manufacturer ⓝ (대규모의) 제조업자[회사]
- subdivision ⓝ 세분, 다시 나눔   - labour ⓝ (육체적인) 노동[작업]
- pistol ⓝ 권총, 회전 탄창이 없는 소형의 총

물건을 고치고 복원하는 것에는 흔히 최초 제작보다 훨씬 더 많은 창의력이 필요하다. 산업화 이전의 대장장이는 가까이에 사는 마을 사람들을 위해 주문에 따라 물건을 만들었고, 사용자에게 맞게 그것을 수정하거나 변형하여 제품을 주문 제작하는 것이 일상적이었다. 고객들은 뭔가 잘못되면 물건을 다시 가져오곤 했고, 따라서 수리는 제작의 연장이었다. 산업화와 결국 대량 생산이 이루어

지면서, 물건을 만드는 것은 제한된 지식을 지닌 기계 관리자의 영역이 되었다. 그러나 수리에는 설계와 재료에 대한 더 큰 이해, 즉 전체에 대한 이해와 설계자 의도에 대한 이해가 계속해서 요구되었다. 1896년의 Manual of Mending and Repairing의 설명에 따르면, "제조업자들은 모두 기계나 방대한 분업으로 일하고, 말하자면 수작업으로 일하지는 않는다." "그러나 모든 수리는 손으로 '해야 한다.' 우리는 기계로 손목시계나 총의 모든 세부적인 것을 만들 수 있지만, 고장 났을 때 기계는 그것을 고칠 수 없으며, 시계나 권총은 말할 것도 없다!"

다음 글의 제목으로 가장 적절한 것은?

① Still Left to the Modern Blacksmith: The Art of Repair
현대 대장장이에게 여전히 남겨진 것: 수리의 기술 기계가 시계나 권총의 부품을 만들 수는 있지만 그것을 고치지는 못함
② A Historical Survey of How Repairing Skills Evolved
수리의 기술이 어떻게 발전했는가에 관한 역사적 개괄 수리 기술의 발전 과정을 설명한 것이 아님
③ How to Be a Creative Repairperson: Tips and Ideas
창의적 수리공이 되는 방법: 조언과 아이디어 수리공이 되는 방법을 설명한 것이 아님
④ A Process of Repair: Create, Modify, Transform!
수리의 과정: 만들고, 수정하고, 변형하라! 수리의 구체적인 과정이 등장하지 않음
⑤ Can Industrialization Mend Our Broken Past?
산업화가 우리의 부서진 과거를 고칠 수 있을까? industrialization, when broken으로 만든 오답

왜 2등급? 모든 선택지가 '수리'에 관한 내용이어서 정답을 쉽게 가려내기 힘들었을 것이다. 그러나 마지막에서 두 번째 문장에 주목하면 (단서) 주제를 쉽게 파악할 수 있을 것이다. (발상)

| 문제 풀이 순서 |

1st 선택지와 첫 문장을 통해 핵심 소재를 확인하고 글의 내용을 예상한다.

선택지	거의 모든 선택지에 '수리'와 같은 표현이 등장한다.
첫 문장	물건을 고치고 복원하는 것에는 흔히 최초 제작보다 훨씬 더 많은 창의력이 필요하다.

➡ 이 글은 창의력의 관점에서 물건 제작과 물건 수리 · 복원을 대조하는 내용일 것이다.

➡ 첫 문장을 통해 물건의 수리·복원에 많은 창의력이 요구되는 이유가 이어질 것임을 짐작할 수 있다.

2nd 글의 나머지 부분에서 내용을 파악하고 정답을 찾는다.

- 그러나 수리에는 설계와 재료에 대한 더 큰 이해, 즉 전체에 대한 이해와 설계자 의도에 대한 이해가 계속해서 요구되었다. **단서 1**
- '그러나 모든 수리는 손으로 해야 한다.' **단서 2**

➡ 수리에는 전체와 설계자의 의도에 대한 이해가 요구되며 모든 수리는 사람의 손으로 이루어져야 한다고 했다. 물건 제작은 제한된 지식을 지닌 기계 관리자의 영역이 되었지만, 여전히 수리는 설계와 재료에 대한 더 큰 이해를 지닌 사람의 손으로 행해져야 한다는 내용이므로 ① '현대 대장장이에게 여전히 남겨진 것: 수리의 기술'이 제목으로 가장 적절하다.

| 선택지 분석 |

① 물건 수리는 기계가 아니라 여전히 인간의 수작업이 필요하다는 내용이다.
② 과거에 대한 언급은 산업화 이전에는 대장장이가 제작도, 수리도 했다는 내용 뿐이다. 수리의 기술이 과거부터 어떻게 발전해 왔는지를 설명한 것이 아니다.
③ 어떻게 하면 창의적인 수리공이 될 수 있는지를 알려주는 내용이 아니다.
④ 수리는 여전히 사람이 손으로 해야 한다는 내용으로, 과거에는 대장장이가 물건을 만들고 수정하거나 변형했다고 했지만, 수리의 구체적인 과정은 언급되지 않았다.
⑤ preindustrial, industrialization, when broken 등이 언급된 것으로 만든 오답이다. 우리의 과거가 부서졌다거나 산업화가 그것을 고칠 수 있다는 등의 내용은 없다.

G 25 정답 ③   ⭐ 1등급 대비 [정답률 70%]

＊시민 참여를 감소시키는 정부 서비스

The world has become / a nation of laws and governance / that has introduced / a system of public administration and management / to keep order. //
세상은 되었다 / 법과 통치의 나라가 / 도입한 / 공공 행정과 관리의 체계를 / 질서를 유지하기 위해 //

With this administrative management system, / urban institutions of government have evolved / to offer increasing levels of services / to their citizenry, /
이런 행정적인 관리 체계로 / 도시의 정부 기관들은 진화했다 / 증대되는 수준의 서비스를 제공하도록 / 자신의 시민에게 /

provided / through a taxation process and/or fee for services / (e.g., police and fire, street maintenance, utilities, waste management, etc.). //
제공되는 / 과세 과정 그리고/또는 서비스 수수료를 통해 / (예를 들면, 치안과 소방, 도로 유지 · 보수, 공익사업, 쓰레기 관리 등) //

Frequently this has displaced / citizen involvement. //
빈번하게 이것은 대체했다 / 시민 참여를 **단서 1** 정부가 서비스를 제공하는 것이 시민 참여를 대체함

Money for services / is not a replacement / for citizen responsibility and public participation. //
서비스를 위해 내는 돈은 / 대체물이 아니다 / 시민의 책임과 공적인 참여에 대한 //

Responsibility of the citizen / is slowly being supplanted / by government being the substitute provider. //
시민의 책임이 / 서서히 대체되고 있다 / 대체 제공자가 되는 정부에 의해 //

Consequentially, / there is a philosophical and social change / in attitude and sense of responsibility / of our urban-based society / to become involved. //
결과적으로 / 철학적이고 사회적인 변화가 있다 / 책임의 태도와 의식에서 / 도시를 기반으로 하는 우리 사회의 / 참여해야 하는 // **단서 2** 서비스를 제공하는 정부에 의해 적극적인 참가자가 되어야 한다는 시민의 책임감이 줄어들고 있음

The sense of community / and associated responsibility of all citizens / to be active participants / is therefore diminishing. //
공동체 의식과 / 모든 시민의 관련된 책임감은 / 적극적인 참가자가 되어야 한다는 / 그래서 줄어들고 있다 // **단서 3** 정부가 시민의 참여를 대신하는 것은 심각한 영향을 미칠 수 있음

Governmental substitution / for citizen duty and involvement / can have serious implications. //
정부의 대체는 / 시민의 의무와 참여에 대한 / 심각한 영향을 미칠 수 있다 //

This impedes / the nations of the world to be responsive / to natural and man-made disasters / as part of global preparedness. //
이것은 방해한다 / 전 세계의 국가들을 / 반응하는 / 자연재해와 인재에 / 전반적인 준비 태세의 일부로 //

- governance ⓝ 통치 • administration ⓝ 행정 (업무)
- administrative ⓐ 행정[관리]상의 • urban ⓐ 도시의
- institution ⓝ 기관, 단체 • evolve ⓥ 진화하다
- citizenry ⓝ 시민들 • taxation ⓝ 과세
- maintenance ⓝ 보수, 유지 • utility ⓝ (수도 · 전기 · 가스 등의) 공익사업
- frequently ⓐⓓ 자주 • displace ⓥ 대체하다
- involvement ⓝ 관여, 참여 • replacement ⓝ 대체, 교체
- responsibility ⓝ 책임 • substitute ⓝ 대체재[물]
- consequentially ⓐⓓ 결과적으로 • philosophical ⓐ 철학의
- associated ⓐ 관련된 • diminish ⓥ 줄어들다
- substitution ⓝ 대체, 대리 • duty ⓝ 의무
- implication ⓝ 영향, 결과 • responsive ⓐ 반응하는
- sound ⓐ 건전한 • contemporary ⓐ 현대의, 당대의

세상은 질서를 유지하기 위해 공공 행정과 관리의 체계를 도입한 법과 통치의 나라가 되었다. 이런 행정적인 관리 체계로, 도시의 정부 기관들은 자신의 시민에게, 과세 과정 그리고/또는 (예를 들면, 치안과 소방, 도로 유지 · 보수, 공익사업, 쓰레기 관리 등) 서비스 수수료를 통해 제공되는, 증대되는 수준의 서비스를 제공하도록 진화했다. 빈번하게 이것은 시민 참여를 대체했다. 서비스를 위해 내는 돈은 시민의 책임과 공적인 참여를 대체하는 게 아니다. 대체 제공자가 되는 정부가 서서히 시민의 책임을 대체하고 있다. 결과적으로, 도시를 기반으로 하는 우리 사회가 참여해야 하는 책임의 태도와 의식에서 철학적이고 사회적인 변화가 있다. 공동체 의식과 적극적인 참가자가 되어야 한다는 모든 시민의 관련된 책임감은 그래서 줄어들고 있다. 시민의 의무와 참여를 정부가 대신하는 것은 심각한 영향을 미칠 수 있다. 이것은 전반적인 준비 태세의 일부로 자연재해와 인재에 반응하는 전 세계의 국가들을 방해한다.

다음 글의 제목으로 가장 적절한 것은?

① A Sound Citizen Responsibility in a Sound Government
건전한 정부에 건전한 시민의 책임감(이 깃듦다)　정부가 건전해야 시민의 책임감이 건전하다는 내용이 아님
② Always Better than Nothing: The Roles of Modern Government
없는 것보다 항상 더 낫다: 현대 정부의 역할　정부의 서비스 제공이 갖는 악영향을 설명함
③ Decreased Citizen Involvement: A Cost of Governmental Services
줄어든 시민 참여: 정부 서비스의 대가　정부의 서비스 제공이 시민 참여를 감소시킴
④ Why Does Global Citizenship Matter in Contemporary Society?
현대 사회에서 세계 시민권은 왜 중요한가?　세계 시민권에 대한 언급은 없음
⑤ How to Maximize Public Benefits of Urban-Based Society
도시를 기반으로 하는 사회의 공적인 혜택을 최대화하는 방법　공적 서비스가 커지는 것을 경계함

왜1등급? 글 전반적으로 정부, 공공행정, 시민 참여 등의 단어가 등장하여 생소하다고 느낄 수 있다. **단서** '정부 서비스의 증가'와 '시민 참여의 감소'라는 각각의 현상을 파악하고 이들이 어떤 결과를 낳게 되었는지 파악해야 주제를 도출할 수 있을 것이다. **발상**

| 문제 풀이 순서 |

1st 글의 중심 내용을 이해하는 데 중요한 내용이 앞부분에 나오는지 확인한다.

이런 행정적인 관리 체계로, 도시의 정부 기관들은 자신의 시민에게, … 증대되는 수준의 서비스를 제공하도록 진화했다. 빈번하게 이것은 시민 참여를 대체한다. **단서1**

➡ 앞부분에서 정부는 공공 행정과 관리 체계를 통해 시민에게 더 많은 서비스를 제공하도록 진화했지만, 이것이 시민 참여를 대체했다고 했다.

2nd 글의 나머지 부분에 나오는 관련된 내용을 파악한다.

· 공동체 의식과 적극적인 참가자가 되어야 한다는 모든 시민의 관련된 책임감은 그래서 줄어들고 있다. **단서2**
· 시민의 의무와 참여를 정부가 대신하는 것은 심각한 영향을 미칠 수 있다. **단서3**

➡ 정부 서비스가 증가하면서 시민 참여를 대체함에 따라, 참가자로서 시민의 책임감이 줄어들었다고 했으며, 이는 심각한 영향을 미칠 수 있다고 했다. 정부 서비스가 증가하면서 시민의 참여가 감소하는 현상에 대해 우려하는 내용이다.

3rd 글의 주제에 알맞은 제목을 고른다.

➡ **2nd**에서 파악한 글의 내용을 종합하면 이 글의 주제는 '정부 서비스 증가에 따른 시민 참여 감소'이다.

▶ 따라서 이 글의 제목으로 가장 적절한 것은 ③ '줄어든 시민 참여: 정부 서비스의 대가'이다.

| 선택지 분석 |

① 정부가 건전하지 않아서 시민 참여가 줄어든다는 것이 아니다.
② 오늘날 정부가 서비스를 제공하는 것에 의해 시민의 참여가 줄어들고 있음을 지적하는 글로, 정부의 서비스 제공을 경계하는 글이다.
③ 정부 서비스가 시민의 참여를 대체하면서 시민들의 책임감이 줄어들었다고 했다.
④ the nations of the world, global preparedness가 언급된 것으로 만든 오답이다. 세계 시민권에 대한 언급은 없다.
⑤ 오늘날 정부가 서비스를 제공하는 것에 의해 시민의 참여가 줄어들고 있음을 지적하는 글로, 정부의 서비스 제공을 경계하는 글이다.

G 26 정답 ②　　　⭐ 1등급 대비 [정답률 86%]

＊음악 연주에서 변화의 가치

not only A but also B(A뿐만 아니라 B도)로 주어가 연결됨
Not only musicians and psychologists, / **but also** committed music enthusiasts and experts / often voice the opinion /
음악가와 심리학자뿐만 아니라 / 열성적인 음악 애호가와 전문가도 / 흔히 의견을 표현한다 /
that the beauty of music lies / in an expressive deviation / from the exactly defined score. //
동격절 접속사
음악의 아름다움은 있다 / 표현상 벗어나는 데 / 정확히 정해진 악보로부터 //
단서1 음악의 아름다움은 정해진 악보대로 표현하지 않는 데 있음
복수 주어　　동사 ①
Concert performances / become interesting and gain in attraction / from the fact / that they go far beyond the information / printed in the score. //
동격절 접속사
콘서트 공연은 / 흥미로워지고 매력을 얻는다 / 사실에서 / 그것이 정보를 훨씬 뛰어넘는다는 / 악보에 인쇄된 //
단서2 콘서트 공연은 악보에 인쇄된 정보를 훨씬 뛰어넘는다는 점에서 흥미로워지고 매력을 얻음

〈주제·관계〉를 나타내는 전치사
In his early studies / **on** musical performance, / Carl Seashore discovered / that musicians only rarely play / two equal notes / in exactly the same way. //
자신의 초기 연구에서 / 음악 연주에 관한 / Carl Seashore는 발견했다 / 음악가는 거의 연주하지 않는다는 것을 / 두 개의 동등한 음을 / 정확히 같은 방식으로 //
Within the same metric structure, / there is a wide potential of variations / in tempo, volume, tonal quality and intonation. //
같은 미터 구조 내에서 / 광범위한 변화 가능성이 있다 / 박자, 음량, 음질 및 인토네이션에 있어 //
주어　　　동사 ①　　　　　　　　　　　동사 ②
Such variation is based / on the composition / but diverges from it individually. //
이러한 변화는 기초한다 / 작품에 / 하지만 개별적으로 그것으로부터 갈라진다 //
주어　　동사　목적어　목적격 보어
We generally call this 'expressivity'. //
우리는 일반적으로 이것을 '표현성'이라고 부른다 //
단서3 음악가마다 다르게 표현하기 때문에 우리가 흥미를 잃지 않음
목적어절을 이끄는 의문사
This explains / why we do not lose interest / when we hear different artists perform / the same piece of music. //
〈시간의〉 부사절 접속사
이것은 설명한다 / 왜 우리가 흥미를 잃지 않는지를 / 우리가 서로 다른 예술가가 연주하는 것을 들을 때 / 같은 음악을 //
가주어　　　　　　지각동사 hear의 목적격 보어　to repeat의 의미상 주어
It also explains / why it is worthwhile / for following generations to repeat / the same repertoire. //
진주어
단서4 음악가마다 다르게 표현하기 때문에 다음 세대가 같은 작품을 반복하는 것이 가치 있음
이것은 또한 설명한다 / 왜 ~이 가치 있는지를 / 다음 세대가 / 같은 연주 목록을 / 반복하는 것이 //
주어　　　　　　　　　　동사　목적어　목적격 보어
New, inspiring interpretations help us / to expand our understanding, / which serves / to enrich and animate the music scene. //
새롭고 영감을 주는 해석은 우리에게 도움을 주는데 / 우리의 이해를 넓히도록 / 이는 도움이 된다 / 음악계를 풍부하게 하고 활기를 불어넣는 데 //

· psychologist ⓝ 심리학자　　· commit ⓥ 전념하다, (그릇된 일을) 저지르다
· enthusiast ⓝ 열렬한 지지자　　· expressive ⓐ (생각·감정을) 나타내는
· score ⓝ 악보, 점수　　· metric ⓐ 미터법의
· potential ⓐ 잠재적인, 가능성이 있는　　· variation ⓝ 변화, 변형
· tempo ⓝ (음악의) 박자, 속도　　· tonal ⓐ 음색의, 음조의
· composition ⓝ 구성 요소, (음악·미술) 작품
· diverge ⓥ 갈라지다, 나뉘다　　· individually ⓐⓓ 개별적으로
· expressivity ⓝ 표현성, 표현의 풍부함　　· worthwhile ⓐ 가치[보람] 있는
· repertoire ⓝ 연주[노래] 목록　　· interpretation ⓝ 해석, 이해, 설명
· enrich ⓥ 풍요롭게 하다, 강화하다　　· animate ⓥ 생기를 불어넣다

음악가와 심리학자뿐만 아니라, 열성적인 음악 애호가와 전문가도 음악의 아름다움은 정확히 정해진 악보로부터 표현상 벗어나는 데 있다는 의견을 흔히 표현한다. 콘서트 공연은 악보에 인쇄된 정보를 훨씬 뛰어넘는다는 사실에서 흥미로워지고 매력을 얻는다. 음악 연주에 관한 자신의 초기 연구에서, Carl Seashore는 음악가가 정확히 같은 방식으로 두 개의 동등한 음을 연주하는 경우가 거의 없다는 것을 발견했다. 같은 미터 구조 내에서, 박자, 음량, 음질 및 인토네이션에 있어 광범위한 변화 가능성이 있다. 이러한 변화는 작품에 기초하지만, 개별적으로 그것으로부터 갈라진다. 우리는 일반적으로 이것을 '표현성'이라고 부른다. 이것은 서로 다른 예술가가 같은 음악을 연주하는 것을 들을 때 왜 우리가 흥미를 잃지 않는지를 설명한다. 이것은 또한 다음 세대가 같은 연주 목록을 반복하는 것이 왜 가치 있는지를 설명한다. 새롭고 영감을 주는 해석은 우리가 이해를 넓히는 데 도움을 주는데, 이 이해는 음악계를 풍부하게 하고 활기를 불어넣는 데 도움이 된다.

다음 글의 제목으로 가장 적절한 것은?

① How to Build a Successful Career in Music Criticism
음악 비평에서 성공적인 이력을 이루는 방법　음악 비평에 대한 내용이 아님
② Never the Same: The Value of Variation in Music Performance
절대 같지 않음: 음악 연주에서 변화의 가치　같은 작품을 다르게 연주하는 것의 가치를 설명함
③ The Importance of Personal Expression in Music Therapy
음악 요법에서 개인적 표현의 중요성　음악 요법은 언급되지 않음
④ Keep Your Cool: Overcoming Stage Fright When Playing Music
냉정을 유지하라: 음악 연주 시 무대 공포증을 극복하기　무대 공포증을 극복하는 방법을 알려주는 것이 아님
⑤ What's New in the Classical Music Industry?
클래식 음악 산업에서 무엇이 새로운가?　음악 산업이 아니라 음악에 대한 글임

왜1등급? 첫 번째 문장에 주제가 제시되어 있지만, **단서** 여러 단서를 종합하여 더 구체적으로 이를 파악해야 풀 수 있었을 것이다. **발상**

1st 글의 중심 내용을 이해하는 데 중요한 내용이 앞부분에 나오는지 확인한다.

음악가와 심리학자뿐만 아니라, 열성적인 음악 애호가와 전문가도 음악의 아름다움은 정확히 정해진 악보로부터 표현상 벗어나는 데 있다는 의견을 흔히 표현한다. **단서 1**

➡ 음악 분야의 전문가들이 음악의 아름다움은 정확히 정해진 악보로부터 표현상 벗어나는 데 있다는 의견을 표현한다고 했다.

2nd 글의 나머지 부분에 나오는 관련된 내용을 파악한다.

• 콘서트 공연은 악보에 인쇄된 정보를 훨씬 뛰어넘는다는 사실에서 흥미로워지고 매력을 얻는다. **단서 2**

• 이것은 서로 다른 예술가가 같은 음악을 연주하는 것을 들을 때 왜 우리가 흥미를 잃지 않는지를 설명한다. **단서 3**

• 이것은 또한 다음 세대가 같은 연주 목록을 반복하는 것이 왜 가치 있는지를 설명한다. **단서 4**

➡ 콘서트 공연은 악보에 인쇄된 정보를 뛰어넘는다는 점에서 흥미롭다고 했다. 또한 같은 음악과 연주 목록이더라도 예술가마다, 그리고 세대마다 변화 가능성이 있으므로 흥미롭고 가치 있다고 했다.

▶ 정해진 악보를 벗어나 변화를 주는 음악 연주의 가치에 대한 내용이다.

3rd 글의 주제에 알맞은 제목을 고른다.

➡ 이 글의 주제는 '음악 연주에서 변화의 가치'이므로 글의 제목으로 가장 적절한 것은 ② '절대 같지 않음: 음악 연주에서 변화의 가치'이다.

| 선택지 분석 |

① 음악 비평가로서 어떻게 하면 성공적인 이력을 이루는지 등을 알려주는 글이 아니다.

② 음악의 아름다움은 정해진 악보대로 연주하는 것이 아니라 변화하는 연주에 있다고 했다.

③ 연주에 있어 개인적 표현이 중요하다는 내용인 것은 맞지만, 그것이 음악 요법에 있어 중요하다는 글이 아니다.

④ 음악 연주에 관한 글인 것은 맞지만, 음악을 연주할 때 냉정을 유지함으로써 무대 공포증을 극복할 수 있다는 내용이 아니다.

⑤ following generations 등이 언급된 것으로 클래식 음악을 연상할 수는 있지만, 클래식 음악 산업에 대해 이야기하는 글이 아니다.

G 어휘 Review 정답

문제편 **p. 122**

01 악보, 점수	11 pride oneself on	21 established
02 보존	12 in terms of	22 currency
03 보유하다	13 be rooted in	23 tension
04 논란의 여지가 있는	14 focus on	24 necessity
05 굳은	15 back around	25 proportion
06 implication	16 toxic	26 significance
07 volume	17 appetite	27 domain
08 apparent	18 critics	28 analyzing
09 substitution	19 various	29 diverges
10 foodie	20 agents	30 Artificial

H 도표의 이해

문제편 p. 124~137

H 01 정답 ⑤ ✱ 유럽 상위 4개국의 재생에너지 발전 용량

The graph above shows / the top four European countries / with the most renewable energy generation capacity / in 2011 and in 2020. //

위의 그래프는 보여 준다 / 유럽의 상위 4개국을 / 가장 많은 재생에너지 발전 용량을 가진 / 2011년과 2020년에 //

① **Each** / of the four countries in the graph / **had a higher capacity** / to generate renewable energy / in 2020 / than its respective capacity / in 2011. // 4개국 모두 2020년의 그래프가 더 높음

각각은 / 그래프에 있는 4개국의 / 더 높은 용량을 가졌다 / 재생에너지를 발전하는 / 2020년에 / 그것의 각각의 용량보다 / 2011년에 //

독일: 2011년에 67.4, 2020년에 131.7로 두 해 모두 50이 넘음

② Germany's capacity to generate renewable energy / in 2011 / reached more than 50.0 gigawatts, / **which** was also the case / in 2020. // 계속적 용법의 주격 관계대명사

독일의 재생에너지 발전 용량은 / 2011년에 / 50.0기가와트가 넘는 수준에 달했으며 / 이는 마찬가지였다 / 2020년에도 //

③ **Among** the countries above, / **Spain ranked** in second place / in terms of renewable energy generation capacity / in 2011 / and **remained** in second place / in 2020. // 스페인: 2011년에도, 2020년에도 2위임

상기 국가 중 / 스페인은 2위에 있었고 / 재생에너지 발전 용량 면에서 / 2011년에 / 2위를 유지했다 / 2020년에도 //

2020년: 이탈리아는 55.3, 스페인은 59.1

④ The renewable energy generation capacity of Italy / in 2020 / was lower / than that of Spain / in the same year. //

이탈리아의 재생에너지 발전 용량은 / 2020년에 / 더 낮았다 / 스페인의 그것보다 / 같은 해에 //

단서 2011년에는 이탈리아가 더 높았음

⑤ The renewable energy generation capacity of France / was higher / than that of Italy / in both 2011 and 2020(→ 2020). //

프랑스의 재생에너지 발전 용량은 / 더 높았다 / 이탈리아의 그것보다 / 2011년과 2020년 모두(→ 2020년에) //

• renewable ⓐ 재생할 수 있는   • generation ⓝ (전기·열 등의) 발생
• capacity ⓝ 능력, 용량   • respective ⓐ 각각의

위의 그래프는 2011년과 2020년에 가장 많은 재생에너지 발전 용량을 가진 유럽의 상위 4개국을 보여 준다. ① 그래프에 있는 4개국은 각각 2020년 재생에너지 발전 용량이 각각의 2011년 용량보다 더 높았다. ② 독일의 2011년 재생에너지 발전 용량은 50.0기가와트가 넘는 수준에 달했으며, 이는 2020년에도 마찬가지였다. ③ 상기 국가 중, 스페인은 2011년 재생에너지 발전 용량 면에서 2위에 있었고, 2020년에도 2위를 유지했다. ④ 2020년 이탈리아의 재생에너지 발전 용량은 같은 해 스페인의 용량보다 더 낮았다. ⑤ 프랑스의 재생에너지 발전 용량은 2011년과 2020년 모두(→ 2020년에) 이탈리아의 용량보다 더 높았다.

다음 도표의 내용과 일치하지 <u>않는</u> 것은?

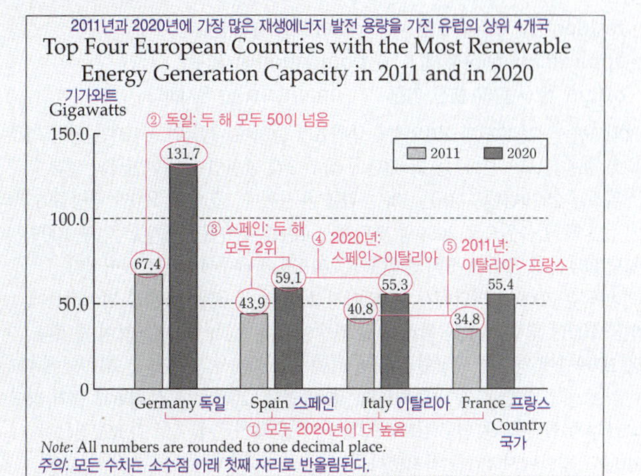

프랑스와 이탈리아를 비교하면, 2011년에는 이탈리아가 40.8기가와트로 34.8기가와트인 프랑스보다 더 높으므로, 2011년과 2020년 모두 프랑스의 재생에너지 발전 용량이 이탈리아의 재생에너지 발전 용량보다 더 높았다고 한 ⑤은 도표와 일치하지 않는다.

왜 오답?

① 제시된 4개국 모두 2020년의 그래프가 2011년의 그래프보다 더 길다.
② 독일의 재생에너지 발전 용량은 2011년에 67.4기가와트, 2020년에 131.7기가와트로 두 해 모두 50기가와트가 넘는다.
③ 스페인은 2011년과 2020년 모두 2위를 기록했다.
④ 2020년에 이탈리아는 55.3기가와트, 스페인은 59.1기가와트로, 이탈리아의 재생에너지 발전 용량이 더 낮았다.

H 02 정답 ③ ＊거주민 특허 출원 통계

The above tables show / the resident patent applications per million population / for the top 6 origins / in 2009 and in 2019. //
위의 표들은 보여준다 / 인구 100만 명당 거주민 특허 출원을 / 상위 6개 출처에 대한 / 2009년과 2019년에 //

① The Republic of Korea, Japan, and Switzerland, / the top three origins in 2009, / maintained their rankings in 2019. //
대한민국과 일본, 스위스는 / 2009년에 상위 3개 출처였던 / 2019년에도 자신들의 순위를 유지했다 //
└ 2009년과 2019년 모두 1위는 한국, 2위는 일본, 3위는 스위스

② Germany, / which sat fourth on the 2009 list / with 891 resident patent applications per million population, /
└ 독일: 2009년 891로 4위
독일은 / 2009년 명단에서 4위를 차지했던 / 인구 100만 명당 891건의 거주민 특허 출원으로 /
fell to fifth place on the 2019 list / with 884 resident patent applications per million population. // 독일: 2019년 884로 5위
2019년 명단에서 5위로 떨어졌다 / 인구 100만 명당 884건의 거주민 특허 출원으로 //

③ The U.S. fell / from fifth place on the 2009 list / to sixth place on the 2019 list, /
└ 단서 미국: 2009년 733으로 5위, 2019년 869로 6위 → 건수는 증가함
미국은 떨어졌는데 / 2009년 명단에서 5위였다가 / 2019년 명단에서 6위로 /
showing a decrease(→ an increase) / in the number of resident patent applications per million population. //
감소(→ 증가)를 보였다 / 인구 100만 명당 거주민 특허 출원 건수에서 //

④ Among the top 6 origins / which made the list in 2009, / Finland was the only origin / which did not make it again in 2019. // 2009년에 6위였던 핀란드가 2019년에는 순위에 없음
상위 6개 출처들 중에서 / 2009년에 명단에 들었던 / 핀란드가 유일한 출처였다 / 2019년에 다시 순위에 들지 못한 //

⑤ On the other hand, / China, / which did not make the list of the top 6 origins / in 2009, / sat fourth on the 2019 list / with 890 resident patent applications per million population. //
└ 2009년에는 중국이 없었는데 2019년에는 중국이 890으로 4위
반면에 / 중국은 / 상위 6개 출처 명단에 오르지 못한 / 2009년에 / 2019년 명단에서 4위를 차지했다 / 인구 100만 명당 890건의 거주민 특허 출원 건수로 //

- resident ⑪ 거주자, 주민 ・ patent ⑪ 특허(권)
- application ⑪ 신청(서) ・ population ⑪ 인구
- origin ⑪ (사람의) 출신, 기원 ・ maintain ⓥ 유지하다

위의 표들은 2009년과 2019년에 상위 6개 출처에 대한 인구 100만 명당 거주민 특허 출원을 보여준다. ① 2009년에 상위 3개 출처였던 대한민국과 일본, 스위스는 2019년에도 자신들의 순위를 유지했다. ② 인구 100만 명당 891건의 거주민 특허 출원으로 2009년 명단에서 4위를 차지했던 독일은 인구 100만 명당 884건의 거주민 특허 출원으로 2019년 명단에서 5위로 떨어졌다. ③ 미국은 2009년 명단에서 5위였다가 2019년 명단에서 6위로 떨어졌는데, 인구 100만 명당 거주민 특허 출원 건수에서 감소(→ 증가)를 보여 주었다. ④ 2009년에 명단에 들었던 상위 6개 출처들 중에서, 핀란드가 2019년에 다시 순위에 들지 못한 유일한 출처였다. ⑤ 반면에, 2009년에 상위 6개 출처 명단에 오르지 못한 중국은 인구 100만 명당 거주민 특허 출원 건수가 890건으로 2019년 명단에서 4위를 차지했다.

다음 표의 내용과 일치하지 않는 것은?

Resident Patent Applications per Million Population for the Top 6 Origins, in 2009 and in 2019
2009년과 2019년에 상위 6개 출처에 대한 인구 100만 명당 거주민 특허 출원

2009 인구 100만 명당 거주민 특허 출원			**2019** 인구 100만 명당 거주민 특허 출원		
Rank 순위	Origin 출처	Resident patent applications per million population	Rank 순위	Origin 출처	Resident patent applications per million population
1	Republic of Korea	2,582	1	Republic of Korea	3,319
2	Japan	2,306	2	Japan	1,943
3	Switzerland	975	3	Switzerland	1,122
4	Germany	891	4	China	890
5	U.S.	733	5	Germany	884
6	Finland	609	6	U.S.	869

순위는 떨어졌지만 / 건수는 증가함

Note: The top 6 origins were included if they had a population greater than 5 million and if they had more than 100 resident patent applications.
주의: 상위 여섯 개 출처는 5백만 명보다 더 큰 인구와 100건보다 많은 거주민 특허 출원이 있는 경우에 포함되었다.

미국이 2009년에 5위였다가 2019년에 6위로 떨어진 것은 맞지만, 거주민 특허 출원 건수는 733건에서 869건으로 증가했으므로 특허 출원 건수에서 감소를 보였다고 설명한 ③은 표와 일치하지 않는다.

왜 오답?

① 2009년과 2019년 모두 1위는 한국, 2위는 일본, 3위는 스위스이다.
② 독일은 2009년에 891건으로 4위였다가 2019년에 884건으로 5위로 떨어졌다.
④. ⑤ 핀란드는 2009년에 6위였는데 2019년에는 순위에 들지 못했다. 반대로 2009년에 순위에 들지 못했던 중국이 2019년에 890건으로 4위를 차지했다.

H 03 정답 ④ ＊의사소통 유형별 미국 십 대가 친구와 시간을 보내는 비율

The graph above shows / the percentages of U.S. teenagers
주격 관계대명사
who spent time with friends / by communication type, / based
과거분사(survey 수식)
on a survey conducted between 2014 and 2015. //
위 도표는 보여준다 / 친구와 시간을 보낸 미국 십 대의 비율을 / 의사소통 유형별로 / 2014년에서 2015년 사이에 실시된 조사에 기반하여 //
'매일'의 범주에서 문자 보내기는 55퍼센트로, 나머지 세 유형보다 더 높음

① In the category of Every Day, / text messaging showed the highest percentage / among the four types of communication /
목적격 관계대명사   부사적 용법(목적)
that teenagers used / to spend time with friends. //
'매일'의 범주에서 / 문자 보내기는 가장 높은 비율을 보였다 / 네 가지 의사소통 유형들 중에서 / 십 대가 사용했던 / 친구와 시간을 보내기 위해 //
'덜 자주' 범주에서 전화 통화하기는 41퍼센트로, 문자 보내기의 13퍼센트의 두 배를 넘어섰음

② In the category of Less Often, / the percentage of teenagers
주격 관계대명사
who spent time with friends / through talking on the phone /
= spent time with friends
was more than twice / that of teenagers / who did so through
= percentage   주격 관계대명사
text messaging. //
'덜 자주'의 범주에서 / 친구와 시간을 보낸 십 대의 비율은 / 전화 통화를 통해 / 두 배를 넘어섰다 / 십 대의 비율을 / 문자 보내기를 통해 그렇게 한 //

③ The percentage of teenagers who spent time with friends /
주격 관계대명사
through talking on the phone / in the category of Every Day /
= percentage   주격 관계대명사
was lower than / that of teenagers / who did so in the category of Less Often. //
= spent time with friends
전화 통화하기는 '매일' 범주에서 19퍼센트로, '덜 자주' 범주에서의 41퍼센트보다 더 낮음
친구와 시간을 보낸 십 대의 비율은 / 전화 통화를 통해 / '매일'의 범주에서 / 더 낮았다 / 십 대의 비율보다 / '덜 자주'의 범주에서 그렇게 한 //

④ In the category of Less Often, / emailing was the second(→ 삭제) highest in percentage / among the types of communication / **listed** above. //
과거분사(type 수식)
단서 '덜 자주' 범주에서 이메일 보내기는 43퍼센트로, 네 유형 중 가장 비율이 높음
'덜 자주'의 범주에서 / 이메일 보내기는 두 번째로(→ 가장) 비율이 높았다 / 의사소통 유형들 중에 / 위에 열거된 //

⑤ The percentage of teenagers **who** spent time with friends / through video chatting / in the category of Less Often / was higher than / **that** of teenagers / **who did so** in the category of Every Day. //
주격 관계대명사 / = percentage / 주격 관계대명사 = spent time with friends
화상 채팅하기는 '덜 자주' 범주에서 37퍼센트로, '매일' 범주에서의 7퍼센트보다 더 높음
친구와 시간을 보낸 십 대의 비율은 / 화상 채팅을 통해 / '덜 자주'의 범주에서 / 더 높았다 / 십 대의 비율보다 / '매일'의 범주에서 그렇게 한 //

- **survey** ⓝ 조사   - **conduct** ⓥ 실시하다   - **category** ⓝ 범주
- **text messaging** 문자 보내기   - **video chatting** 화상 채팅

위 도표는 2014년에서 2015년 사이에 실시된 조사에 기반하여, 친구와 시간을 보낸 미국 십 대의 비율을 의사소통 유형별로 보여준다. ① '매일'의 범주에서, 문자 보내기는 십 대가 친구와 시간을 보내기 위해 사용했던 네 가지 의사소통 유형들 중에서 가장 높은 비율을 보였다. ② '덜 자주'의 범주에서, 전화 통화를 통해 친구와 시간을 보낸 십 대의 비율은 문자 보내기를 통해 그렇게 한 십 대의 비율의 두 배를 넘어섰다. ③ '매일'의 범주에서 전화 통화를 통해 친구와 시간을 보낸 십 대의 비율은 '덜 자주'의 범주에서 그렇게 했던 십 대의 비율보다 더 낮았다. ④ '덜 자주'의 범주에서, 이메일 보내기는 위에 열거된 의사소통 유형들 중에 두 번째로(→ 가장) 비율이 높았다. ⑤ '덜 자주'의 범주에서 화상 채팅을 통해 친구와 시간을 보낸 십 대의 비율은 '매일'의 범주에서 그렇게 한 십 대의 비율보다 더 높았다.

다음 도표의 내용과 일치하지 않는 것은?

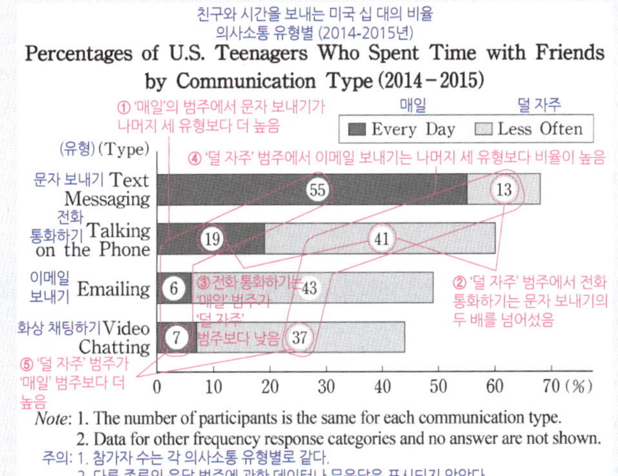

왜 정답? [정답률 93%]

④ '덜 자주' 범주에서, 이메일 보내기는 43퍼센트로, 문자 보내기 13퍼센트, 전화 통화하기 41퍼센트, 화상 채팅하기 37퍼센트 중에서 가장 높다. 따라서 '덜 자주' 범주에서 네 유형들 중 이메일 보내기가 두 번째로 높다고 설명한 ④은 도표의 내용과 일치하지 않는다.

왜 오답?

① '매일'의 범주에서 문자 보내기는 55퍼센트로, 나머지 세 유형보다 더 높다.
② '덜 자주' 범주에서 전화 통화하기는 41퍼센트로, 문자 보내기의 13퍼센트의 두 배를 넘어섰다.
③ 전화 통화하기는 '매일' 범주에서 19퍼센트로, '덜 자주' 범주에서의 41퍼센트보다 더 낮다.
⑤ 화상 채팅하기는 '덜 자주' 범주에서 37퍼센트로, '매일' 범주에서의 7퍼센트보다 더 높다.

강기헌 | 2026 수능 응시 · 천안 천안고 졸

도표 문제는 보통 듣기 시간에 빠르게 풀고 넘어가는 경우도 많잖아. 그래서 워낙 빨리 넘어가려 하니 은근 실수가 나오기도 해. 선지에서 물어보는 수치들의 대소관계, 몇 배 관계인지를 꼼꼼히 체크하자. 정답인 ④을 보면 'Less Often' 카테고리에서 'Emailing'은 43%로 가장 많은 수치를 가지니까 두 번째로 높다는 선지의 말은 거짓이 되겠지.

H 04 정답 ⑤ * 구매 전 온라인 구매평을 읽은 미국 소비자들의 비율

The above graph shows / the percentages of U.S. shoppers / **who** read online reviews before making purchases / in 2015 / by product category and age group. //
주격 관계대명사
위 도표는 보여 준다 / 미국 소비자들의 비율을 / 구매 전 온라인 구매평을 읽은 / 2015년에 / 제품 범주별과 연령대별로 //

① Of all the above categories, / people from each age group / tended to read online reviews the most, / by percentage, / before buying electronics. //
전자제품을 사기 전 온라인 구매평을 읽는 사람들이 각 연령대에서 가장 많음
위의 모든 범주 중에서 / 각각의 연령대의 사람들은 / 온라인 구매평을 가장 많이 읽는 경향을 보였다 / 비율상 / 전자제품을 사기 전에 //

② **The age group** / **least** likely to read online reviews / before buying a car / **was** the 18 – 34 age group. //
단수 주어   앞에 주격 관계대명사와 be 동사 생략   단수 동사
연령대는 / 온라인 구매평을 읽을 가능성이 가장 작은 / 자동차를 사기 전에 / 18~34세였다 //
자동차를 사기 전 온라인 구매평을 읽을 가능성이 가장 작은 연령대는 47퍼센트인 18~34세임

③ The percentage of people in the 35 – 54 age group / **using** online reviews / before making purchases of household appliances / was more than twice / **that** of people in the same age group / **using** online reviews / before purchasing clothes. //
현재분사   = the percentage
35~54세의 사람들의 비율은 / 온라인 구매평을 이용한 / 가전제품을 구매하기 전에 / 두 배 이상이었다 / 같은 연령대의 사람들의 그것(비율)보다 / 온라인 구매평을 이용한 / 옷을 사기 전에 //
35~54세의 가전제품 구매 전 온라인 구매평 이용 비율: 57퍼센트, 옷 사기 전 온라인 구매평 이용 비율: 25퍼센트

④ For people **who** read online reviews / before purchasing household appliances, / the percentage of people **aged** 35 – 54 / was higher than **that** of those **aged** 18 – 34 / and lower than **that** of those **aged** 55+. //
주격 관계대명사   과거분사(people 수식)   = the percentage   과거분사(those 수식)   = the percentage   과거분사(those 수식)
가전제품 구매 전 온라인 구매평을 읽는 비율: 18~34세(42퍼센트), 35~54세(57퍼센트), 55세 이상(62퍼센트)
온라인 구매평을 읽은 사람들의 경우 / 가전제품을 구매하기 전에 / 35~54세 사람들의 비율은 / 18~34세 사람들의 그것(비율)보다 높았다 / 그리고 55세 이상 사람들의 그것(비율)보다는 낮았다 //

⑤ The percentage of people / **reading** online reviews / before buying clothes / was less than 30% / for each of the three age groups(→ for 35 – 54 and 55+ age groups). //
현재분사(people 수식)
사람들의 비율은 / 온라인 구매평을 읽은 / 옷을 구매하기 전에 / 30퍼센트 미만이었다 / 세 연령대 각각에서(→ 35~54세와 55세 이상 연령대에서) //
단서 옷 사기 전 온라인 구매평을 읽은 비율이 30퍼센트 미만: 35~54세(25퍼센트), 55세 이상(21퍼센트)

- **by percentage** 비율상   - **electronics** ⓝ 전자제품
- **household appliance** (냉장고, 세탁기, 전자레인지 등) 가전제품
- **pre-purchase** ⓐ 구매 전의   - **readership** ⓝ 독자 수, 독자층

위 도표는 2015년에 구매 전 온라인 구매평을 읽은 미국 소비자들의 비율을 제품 범주별과 연령대별로 보여 준다. ① 위의 모든 범주 중에서, 각각의 연령대의 사람들은 비율상 전자제품을 사기 전에 온라인 구매평을 가장 많이 읽는 경향을 보였다. ② 자동차를 사기 전에 온라인 구매평을 읽을 가능성이 가장 작은 연령대는 18~34세였다. ③ 가전제품을 구매하기 전에 온라인 구매평을 이용한 35~54세 사람들의 비율은 같은 연령대에서 옷을 사기 전에 온라인 구매평을 이용한 사람들의 비율의 두 배 이상이었다. ④ 가전제품을 구매하기 전에 온라인 구매평을 읽은 사람들의 경우, 35~54세 사람들의 비율은 18~34세 사람들의 비율보다 높았고, 55세 이상 사람들의 비율보다는 낮았다. ⑤ 옷을 사기 전에 온라인 구매평을 읽은 사람들의 비율은 세 연령대 각각에서(→ 35~54세와 55세 이상 연령대에서) 30퍼센트 미만이었다.

다음 도표의 내용과 일치하지 <u>않는</u> 것은?

> 왜 정답 ? [정답률 95%]

⑤ 옷을 사기 전에 온라인 구매평을 읽는 비율이 18~34세의 경우 33퍼센트로 30퍼센트 이상이고, 35~54세와 55세 이상만 각각 25퍼센트, 21퍼센트로 30퍼센트 미만이다. 따라서 세 연령대 각각에서 30퍼센트 미만이라고 하는 것은 적절하지 않다.

> 왜 오답 ?

① 모든 연령대에서 전자제품을 사기 전에 온라인 구매평을 읽는 비율이 가장 높았다.

② 자동차를 사기 전 온라인 구매평을 읽는 비율이 18~34세는 47퍼센트로, 가장 낮았다.

③ 35~54세가 가전제품 구매 전 온라인 구매평을 읽는 비율은 57퍼센트로, 옷을 사기 전에 온라인 구매평을 읽는 비율인 25퍼센트의 두 배가 넘었다.

④ 가전제품을 구매하기 전에 온라인 구매평을 읽는 비율을 비교하면 다음과 같다.
18~34세: 42퍼센트 < 35~54세: 57퍼센트 < 55세 이상: 62퍼센트

H 05 정답 ④ ＊성인 교육 및 훈련 참여 추세

The graph above shows / trends in adult participation in education and training / in five OECD countries in 2016 and 2022. //
위 그래프는 보여 준다 / 성인 교육 및 훈련 참여 추세를 / 2016년과 2022년 OECD 5개국의 //

네덜란드의 비율이 나머지 모든 나라보다 2016년, 2022년 둘 다 가장 높음
① Among these countries, / the percentage of adults in the Netherlands who participated in education and training / was the highest in each year listed in the graph. //
이들 국가 중 / 네덜란드에서 교육 및 훈련에 참여한 성인 비율이 / 그래프에 나열된 각 연도마다 가장 높았다 /

독일의 비율은 2016년 52%에서 2022년 60%로 증가함
② In Germany, / the percentage of adults who participated in education and training in 2022 / was higher than that in 2016. //
독일에서는 / 2022년에 교육 및 훈련에 참여한 성인의 비율이 / 2016년보다 더 높았다 /

2022년 비율은 스페인이 49%이고, 독일이 60%이므로, 스페인이 독일보다 더 낮음
③ In 2022, the percentage of adults who participated in education and training / was lower in Spain than in Germany. //
2022년 교육 및 훈련에 참여한 성인의 비율은 / 스페인이 독일보다 더 낮았다 //

④ In Italy, / the percentage of adults who participated in education and training in 2016 / was lower(→ higher) than that in 2022. //
이탈리아에서는 / 2016년에 교육 및 훈련에 참여한 성인의 비율이 / 2022년에 비해 더 낮았다(→ 더 높았다) //
단서 이탈리아에서는 2016년 비율이 42%이고, 2022년에는 36%로 감소했으므로 2016년 비율은 2022년보다 높았음

그리스는 2016년과 2022년 모두 17%이므로 20% 미만임
⑤ In each year listed, / the percentage of adults in Greece who participated in education and training / was less than 20%. //
나열된 각 연도에서 / 그리스에서는 교육 및 훈련에 참여한 성인의 비율이 / 20% 미만이었다 //

· trend ⓝ 추세, 동향 · adult ⓝ 성인 · participation ⓝ 참여

위 그래프는 2016년과 2022년 OECD 5개국의 성인 교육 및 훈련 참여 추세를 보여 준다. ① 이들 국가 중 네덜란드에서 교육 및 훈련에 참여한 성인 비율이 그래프에 나열된 각 연도마다 가장 높았다. ② 독일에서는 2022년에 교육 및 훈련에 참여한 성인의 비율이 2016년보다 높았다. ③ 2022년 교육 및 훈련에 참여한 성인의 비율은 스페인이 독일보다 더 낮았다. ④ 이탈리아에서는 2016년에 교육 및 훈련에 참여한 성인의 비율이 2022년에 비해 더 낮았다 (→ 더 높았다). ⑤ 나열된 각 연도에서 그리스에서는 교육 및 훈련에 참여한 성인의 비율이 20% 미만이었다.

다음 도표의 내용과 일치하지 <u>않는</u> 것은?

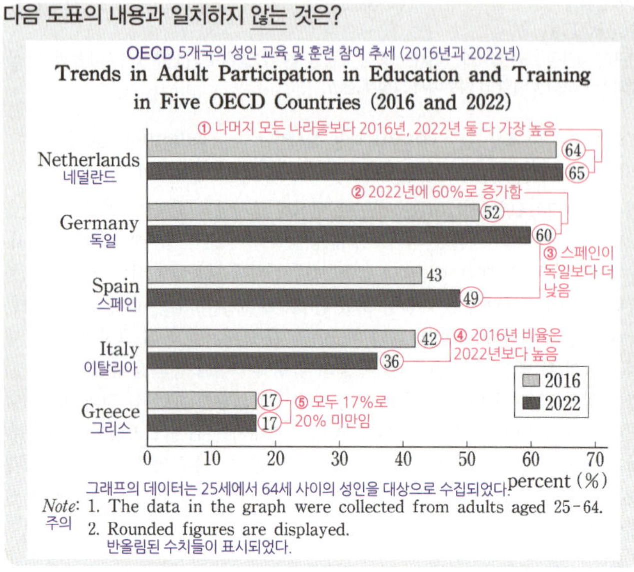

> 왜 정답 ? [정답률 96%]

④ 이탈리아에서 2016년에 교육 및 훈련에 참여한 성인의 비율은 42%이고, 2022년에는 36%로 감소했으므로 2016년 비율이 2022년 비율보다 높다. 따라서 이탈리아에서는 2016년에 교육 및 훈련에 참여한 성인의 비율이 2022년에 비해 더 낮았다고 하는 것은 적절하지 않다.

> 왜 오답 ?

① 네덜란드의 비율이 나머지 모든 나라들보다 2016년, 2022년 둘 다 가장 높았다.

② 독일의 비율은 2016년 52%에서 2022년 60%로 증가했다.

③ 2022년에 스페인의 비율이 49%이고, 독일의 비율은 60%이므로, 스페인이 독일보다 더 낮다.

⑤ 그리스의 비율은 2016년과 2022년 모두 17%였으므로 20% 미만에 해당한다.

H 06 정답 ③ ＊용도별 곡물 할당 비율

과거분사(cereals 수식)
The above graph shows / the share of cereals allocated to human food, animal feed, industrial use, and processing / among four countries in 2022. //
위 그래프는 보여 준다 / 인간 식품, 동물 사료, 산업용 및 가공에 할당된 곡물의 비율을 / 2022년 4개국 중에서 //

4개국은 모두 40퍼센트 이상을 동물 사료에 할당했고, 중국을 제외한 다른 나라들보다 가장 높은 비중을 차지함
① Each of the four countries / allocated more than 40 percent of cereals to animal feed, / which was also the highest share / among all cereal uses within each country / except in China. //
4개국 각각 모두 / 곡물의 40퍼센트 이상을 동물 사료에 할당했으며 / 이는 가장 높은 비중을 차지했다 / 각국의 모든 시리얼 용도 중에서 / 중국을 제외한 //

② Among the four countries, / China had the highest share of cereals allocated to human food / whereas the United States had the lowest. //
중국은 인간 식품에 할당된 비중이 48퍼센트로 가장 높으며 미국은 13퍼센트로 가장 낮음
4개국 중에서 / 중국은 인간 식품에 할당한 시리얼의 비중이 가장 높았고 / 반면 미국은 가장 낮았다 //

③ Within Australia, / the share of cereals allocated to animal feed showed the highest percentage, / which was less(→ more) than three times / that of cereals allocated to human food. //
호주 내에서는 / 동물 사료에 할당된 시리얼의 비중이 가장 높았으며 / 이는 3배 미만(→ 이상)이었다 / 인간 식품에 할당된 시리얼 비중의 //
단서 호주의 동물 사료에 할당된 비율(67퍼센트)은 인간 식품(21퍼센트)의 3배보다 더 큼

④ **In terms of** industrial use, / the United States had the highest
percentage of cereals allocated to industrial use / **while** Australia
had the lowest. //
산업용의 경우 / 미국이 산업용에 할당된 시리얼의 비중이 가장 높았던 반면 / 호주가 가장
낮았다 //

⑤ **Within** France, / more cereals were allocated to processing
than to industrial use / and this was reversed / in all the other
countries. //
프랑스 내에서는 / 더 많은 시리얼이 산업용보다 가공용으로 할당되었으며 / 이는 역전되었다 /
다른 모든 국가들에서 //

- **share** ⓝ 비율, 지분   - **allocate** ⓥ 할당하다   - **industrial** ⓐ 산업의
- **except** prep ~을 제외하고   - **reverse** ⓥ 역전시키다

위 그래프는 2022년 4개국 중에서 인간 식품, 동물 사료, 산업용 및 가공에 할
당된 곡물의 비율을 보여 준다. ① 4개국은 각각 모두 곡물의 40퍼센트 이상을
동물 사료에 할당했으며, 이는 중국을 제외한 각국의 모든 시리얼 용도 중 가
장 높은 비중을 차지했다. ② 4개국 중에서 중국은 인간 식품에 할당된 시리얼
의 비중이 가장 높았던 반면 미국은 가장 낮았다. ③ 호주 내에서는 동물 사료
에 할당된 시리얼의 비중이 가장 높았으며, 이는 인간 식품에 할당된 시리얼 비
중의 3배 미만(→ 이상)이었다. ④ 산업용의 경우, 미국이 산업용에 할당된 시리
얼의 비중이 가장 높았던 반면 호주가 가장 낮았다. ⑤ 프랑스 내에서는 더 많
은 시리얼이 산업용보다 가공용으로 더 많이 할당되었으며 다른 모든 국가들에
서 이는 역전되었다.

다음 도표의 내용과 일치하지 <u>않는</u> 것은?

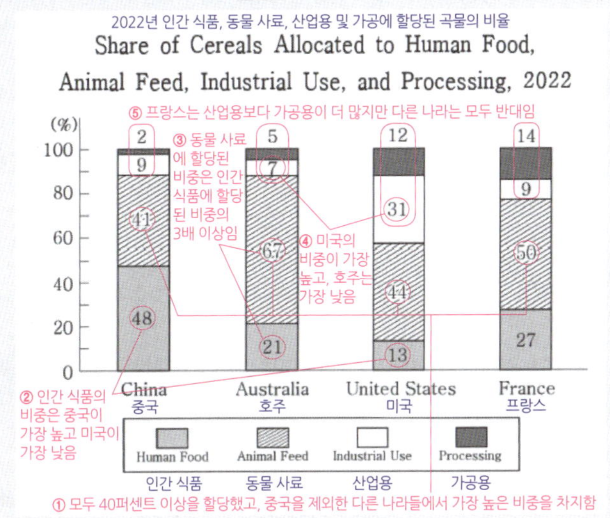

﹥왜 정답? [정답률 80%]

③ 호주 내에서 동물 사료에 할당된 시리얼의 비중은 67퍼센트로 가장 높으며, 이는
인간 식품에 할당된 시리얼의 비중인 21퍼센트의 3배 이상이다. 따라서 인간 식품
에 할당된 시리얼의 3배 미만이었다고 하는 것은 적절하지 않다.

﹥왜 오답?

① 4개국은 모두 40퍼센트 이상을 동물 사료에 할당했고, 중국을 제외한 다른 나라들
에서 가장 높은 비중을 차지했다.
② 중국은 인간 식품에 할당된 비중이 48퍼센트로 가장 높고, 미국은 13퍼센트로 가
장 낮다.
④ 산업용의 경우 미국의 비중은 31퍼센트로 가장 높고, 호주는 7퍼센트로 가장 낮다.
⑤ 프랑스는 가공용에 더 많은 시리얼이 할당된 반면, 다른 모든 국가에서는 산업용에
더 많이 할당됐다. (프랑스: 가공용(14퍼센트)＞산업용(9퍼센트), (중국: 가공용(2
퍼센트)＜산업용(9퍼센트), 호주: 가공용(5퍼센트)＜산업용(7퍼센트), 미국: 가공
용(12퍼센트)＜산업용(31퍼센트))

H 07 정답 ③   *2023년 10월 미국에서의 세대별 인공지능(GAI) 사용 빈도

The graph above shows / the frequency of generative artificial
intelligence (GAI) usage / in the United States in October 2023, /
categorized by generation. //
위 그래프는 보여 준다 / 생성형 인공지능(GAI) 사용 빈도를 / 2023년 10월 미국에서의 /
세대별로 분류된 //

① In each generation group, / the respondents **who had** never
used GAI / accounted for the largest share. //
각 세대 그룹에서 / GAI를 사용한 적이 없는 응답자가 / 가장 큰 비율을 차지했다 //

② Of the four generation groups, / Baby Boomers showed the
smallest share / **both** in those who used GAI at least once a day
/ **and** those who used GAI once to a few times a week. //
네 개의 세대 그룹 중 / 베이비 부머들은 가장 작은 비율을 보였다 / GAI를 적어도 하루에 한
번 사용한 응답자와 / GAI를 일주일에 한 번에서 몇 번 정도 사용한 응답자 모두에서 //

③ In Generation X, / the share of those who had never used GAI
/ was four(→ three) times **that** of those who used GAI up to a
few times. //
X세대에서 / GAI를 사용한 적이 없는 응답자의 비율은 / GAI를 몇 번은 사용해 본 응답자의
비율의 네 배(→ 세 배)였다 //

④ **The generation group** with the smallest gap / **between** the
share of those who used GAI at least once a day **and that** of
those who had never used GAI / **was** Millenials. //
격차가 가장 작은 세대 그룹은 / GAI를 적어도 하루에 한 번 사용한 응답자와 GAI를 사용한
적이 없는 응답자 비율 사이의 / 밀레니얼들이었다 //

⑤ The share of the respondents / **who** used GAI at least once a
day / was larger in Millenials than in Generation Z. //
응답자의 비율은 / GAI를 적어도 하루에 한 번 사용한 / Z세대보다 밀레니얼들이 더 높았다 //

- **frequency** ⓝ 빈도   - **respondent** ⓝ 응답자
- **account for** ~를 차지하다   - **share** ⓝ 비율

위 그래프는 세대별로 분류된 2023년 10월 미국의 생성형 인공지능(GAI) 사용
빈도를 보여 준다. ① 각 세대 그룹에서 GAI를 사용한 적이 없는 응답자가 가
장 큰 비율을 차지했다. ② 네 개의 세대 그룹 중 베이비 부머들은 GAI를 적어
도 하루에 한 번 사용한 응답자와 GAI를 일주일에 한 번에서 몇 번 정도 사용
한 응답자 모두에서 가장 작은 비율을 보였다. ③ X세대에서 GAI를 사용한 적
이 없는 응답자의 비율은 GAI를 몇 번은 사용해 본 응답자의 비율의 네 배(→
세 배)였다. ④ GAI를 적어도 하루에 한 번 사용한 응답자와 GAI를 사용한 적
이 없는 응답자의 비율 사이의 격차가 가장 작은 세대 그룹은 밀레니얼들이었
다. ⑤ GAI를 적어도 하루에 한 번 사용한 응답자의 비율은 Z세대보다 밀레니
얼들이 더 높았다.

다음 도표의 내용과 일치하지 <u>않는</u> 것은?

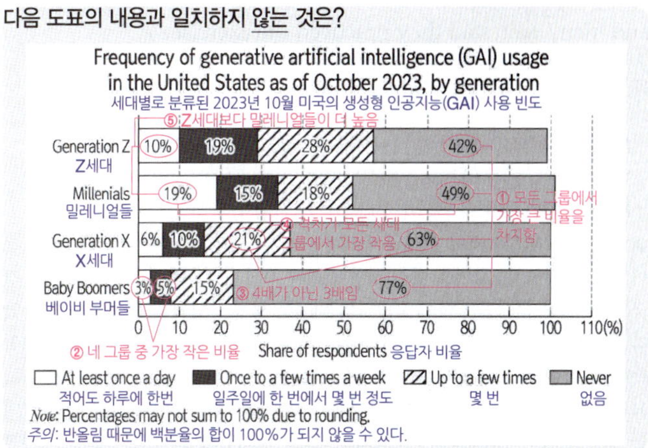

③ X세대에서 GAI를 사용한 적이 없는 응답자의 비율은 63%로, 몇 번 사용해 본 응답자의 비율인 21%의 네 배가 아닌 세 배이다. 따라서 네 배라고 한 것은 적절하지 않다.

① 각 세대 그룹에서 사용한 적이 없는 응답자의 비율이 가장 크다.
② 베이비 부머들에서 적어도 하루에 한 번 사용한 응답자 비율(3%)과 일주일에 한 번에서 몇 번 정도 사용한 응답자 비율(5%)은 모두 네 그룹 중 가장 작다.
④ 밀레니얼들에서 적어도 하루에 한 번 사용한 응답자 비율(19%)과 사용한 적이 없는 응답자의 비율(49%)의 격차는 네 그룹 중에서 가장 작다.
⑤ 적어도 하루에 한 번 사용한 응답자의 비율은 Z세대(10%)보다 밀레니얼들(19%)이 더 높다.

H 08 정답 ④ ＊5개국의 성별에 따른 요가 참여율 비교

The graph above, / based on a survey conducted in 2022 – 2023, / shows the share of respondents / who at least occasionally practiced yoga / by gender in five countries. //
위 그래프는 / 2022년에서 2023년에 진행된 설문 조사에 기반해 / 응답자의 비율을 보여준다 / 적어도 가끔씩이라도 요가를 했던 / 5개 국가에서 성별에 따른 //

① In each country, / the percentage of female respondents / who participated in yoga / was higher than that of male respondents. //
각 국가에서, / 여성 응답자의 비율은 / 요가를 했던 / 남성 응답자의 비율보다 더 높았다 //
대한민국은 남성과 여성 간 차이가 36퍼센트포인트로 성별 간 가장 큰 차이를 보이고, 요가를 했던 여성의 비율은 43%로, 남성의 7%보다 6배보다 더 많았음

② Among the countries in the graph, / South Korea stands out for having the biggest difference between genders, / with the percentage of women who practiced yoga / being more than six times that of men. //
그래프의 국가들 중 / 대한민국은 성별 간 가장 큰 차이가 있어 두드러지는데 / 요가를 했던 여성의 비율이 / 남성의 비율의 6배보다 더 많았다 //

③ Conversely, the country with the smallest gap / between the share of female respondents and that of male respondents / who practiced it / was India, / with a difference of 9 percentage points. //
반대로, 가장 작은 차이를 보인 국가는 / 여성 응답자의 비율과 남성 응답자의 비율 사이의 / 요가를 했던 / 인도였고 / 9퍼센트포인트의 차이가 있었다 //

④ In all other countries except India, / each(→ not every) percentage of the male respondents / who participated in yoga / was lower than 10%. //
인도를 제외한 모든 다른 국가에서 / 남성 응답자의 각 비율은(→ 비율이 모두) 요가에 참여했던 / 10% 미만이었던 것은 아니다) //
중국의 여성 응답자의 비율은 26%, 남성 응답자의 비율은 4%로 5개국 중 가장 낮음

⑤ China ranked the lowest / both in the percentage of women and men / who said they practiced the exercise. //
중국은 가장 낮은 순위를 차지했다 / 여성과 남성의 비율 모두에서 / 그 운동을 했다고 응답한 //

- respondent ⓝ 응답자   - practice ⓥ 실천하다, 수행하다
- stand out 두드러지다   - conversely ⓐd 반대로
- gap ⓝ 차이, 격차

위 그래프는 2022년에서 2023년에 진행된 설문 조사에 기반해 5개 국가에서 적어도 가끔씩이라도 요가를 했던 성별에 따른 응답자의 비율을 보여 준다. ① 각 국가에서, 요가를 했던 여성 응답자의 비율은 남성 응답자의 비율보다 더 높았다. ② 그래프의 국가들 중, 대한민국은 성별 간 가장 큰 차이가 있어 두드러지는데, 요가를 했던 여성의 비율이 남성의 비율의 6배보다 더 많았다. ③ 반대로, 요가를 했던 여성 응답자의 비율과 남성 응답자의 비율 사이의 가장 작은 차이를 보인 국가는 인도였고, 9퍼센트포인트의 차이가 있었다. ④ 인도를 제외한 모든 다른 국가에서, 요가에 참여했던 남성 응답자의 각 비율은 10% 미만이었다(→ 비율이 모두 10% 미만이었던 것은 아니다). ⑤ 중국은 그 운동을 했다고 응답한 여성과 남성의 비율 모두에서 가장 낮은 순위를 차지했다.

다음 도표의 내용과 일치하지 않는 것은?

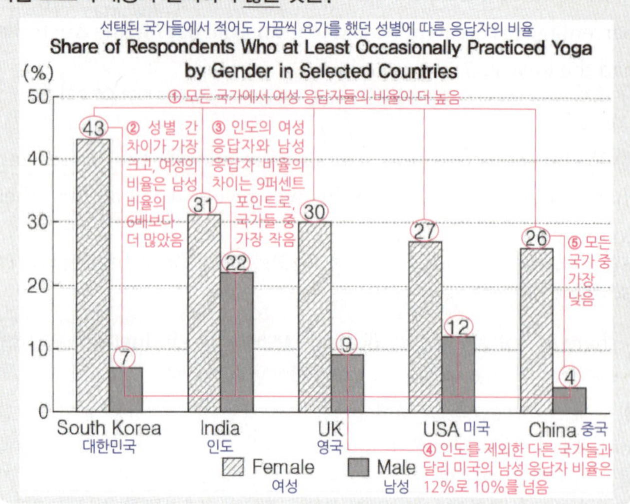

④ 미국에서 요가에 참여했던 남성 응답자의 비율은 12%로, 10%보다 높다. 따라서 인도를 제외한 모든 다른 국가에서 요가에 참여했던 남성 응답자의 각 비율이 10% 미만이었다는 것은 적절하지 않다.

① 모든 국가에서 요가를 했던 여성 응답자의 비율이 남성 응답자의 비율보다 더 높았다.
② 대한민국의 여성 응답자의 비율과 남성 응답자의 비율 차이는 36퍼센트포인트로, 모든 국가 중 남녀 응답자 비율 차이가 가장 크고, 여성의 비율인 43%가 남성 응답자의 비율인 7%의 6배보다 더 많았다.
③ 인도는 요가를 했던 여성 응답자와 남성 응답자의 비율의 차이가 9퍼센트포인트로 모든 국가 중 가장 작은 차이를 보였다.
⑤ 중국은 요가를 했던 여성 응답자와 남성 응답자의 비율이 모든 국가 중 가장 낮은 순위를 차지했다.

H 09 정답 ③ ＊미국 온라인 식료 잡화점 매출액

The above graph shows / U.S. online grocery sales / recorded in the month of March, from 2020 to 2023. //
위 그래프는 보여준다 / 미국의 온라인 식료 잡화점 매출액을 / 2020년부터 2023년까지 3월에 기록된 //
전체 매출액 최고점은 93억 달러이며 2020년 3월부터 28억 달러 증가함

① Total online grocery sales / peaked at $9.3 billion / in March 2021, / showing an increase of $2.8 billion / since March 2020. //
전체 온라인 식료 잡화점 매출액은 / 93억 달러로 정점에 달했다 / 2021년 3월에 / 28억 달러의 증가를 보이면서 / 2020년 3월부터 //

② In March 2022, / total online grocery sales / decreased to $8.7 billion, / but they were still the second-highest / in the timeframe observed. //
2022년 3월에는 / 전체 온라인 식료 잡화점 매출액이 / 87억 달러로 줄었다 / 그러나 그것은 여전히 두 번째로 높았다 / 관측된 기간에 //
ship-to-home 서비스의 2023년 매출액은 13억 달러, delivery 서비스 매출액은 32억 달러로 정확히 절반은 아님

③ Sales of ship-to-home services / recorded the lowest / in March 2023, / and were exactly(→ nearly) half / the sales of delivery services / recorded in the same year. //
ship-to-home 서비스의 매출액은 / 가장 낮게 기록되었다 / 2023년 3월에 / 그리고 정확히(→ 거의) 절반이었다 / delivery 서비스 매출액의 / 같은 해에 기록된 //
pickup 서비스 매출액: 24억, 43억, 38억, 35억 달러
delivery 서비스 매출액: 16억, 29억, 35억, 32억 달러 → pickup 서비스 매출액이 꾸준히 높음

④ Although sales of pickup services declined / after their peak / in March 2021, / they consistently outnumbered / those of delivery services / throughout the following years. //
pickup 서비스의 매출액이 감소했음에도 불구하고 / 그것의 정점 이후 / 2021년 3월에 / 그것은 지속적으로 더 많았다 / delivery 서비스의 그것보다 / 잇따르는 연도들 내내 //

⑤ While sales of ship-to-home services outperformed / those = sales
of delivery services / in March 2020, / sales of delivery services
exceeded / those of ship-to-home services / in March 2021. // = sales
ship-to-home 서비스의 매출액은 능가했지만 / delivery 서비스의 그것을 / 2020년 3월에 /
delivery 서비스의 매출액은 초과했다 / ship-to-home 서비스의 그것을 / 2021년 3월에 //

- peak ⓥ 정점에 달하다; ⓝ 정점　　　- timeframe ⓝ 기간
- consistently ⓐⓓ 지속적으로　　- outnumber ⓥ ~보다 수가 더 많다
- outperform ⓥ 능가하다　　- exceed ⓥ 초과하다

위 그래프는 2020년부터 2023년까지 3월에 기록된 미국의 온라인 식료 잡화점
매출액을 보여준다. ① 전체 온라인 식료 잡화점 매출액은 2021년 3월에 93억
달러로 정점에 달했고, 2020년 3월부터 28억 달러의 증가를 보였다. ② 2022년
3월에는 전체 온라인 식료 잡화점 매출액이 87억 달러로 줄었지만, 그것은 관측
된 기간에 여전히 두 번째로 높았다. ③ ship-to-home 서비스의 매출액은 2023
년 3월에 가장 낮게 기록되었고, 같은 해에 기록된 delivery 서비스 매출액의
정확히(→ 거의) 절반이었다. ④ pickup 서비스의 매출액은 2021년 3월에 그것
의 정점 이후 감소했음에도 불구하고 그것은 잇따르는 연도를 내내 delivery 서
비스의 그것보다 지속적으로 더 많았다. ⑤ 2020년 3월에 ship-to-home 서비
스의 매출액은 delivery 서비스의 그것을 능가했지만, delivery 서비스의 매출
액은 2021년 3월에 ship-to-home 서비스의 그것을 초과했다.

다음 도표의 내용과 일치하지 않는 것은?

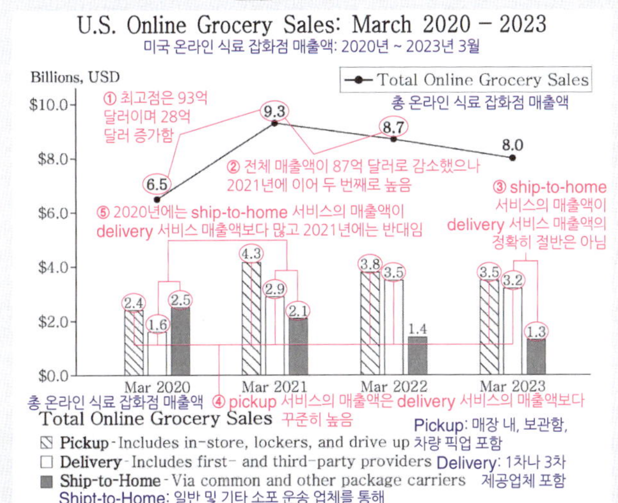

왜 정답? [정답률 83%]

③ ship-to-home 서비스의 2023년 매출액은 13억 달러, delivery 서비스 매출액은
32억 달러로 ship-to-home 서비스의 매출액이 delivery 서비스 매출액의 정확히
절반은 아니다. 따라서 ship-to-home 서비스의 매출액이 delivery 서비스 매출
액의 정확히 절반이라고 하는 것은 적절하지 않다.

왜 오답?

① 전체 매출액 최고점은 93억 달러이며 2020년 3월(65억 달러)부터 2021년 3월
(93억 달러)에 28억 달러 증가했다.

② 2022년 3월 전체 매출액이 87억 달러로 감소했으나 2021년에 이어 두 번째로 높다.

④ pickup 서비스 매출액은 24억, 43억, 38억, 35억 달러로 delivery 서비스의 매출
액 16억, 29억, 35억, 32억 달러에 비해 꾸준히 높다.

⑤ 2020년에는 ship-to-home 서비스의 매출액이 25억 달러로 delivery 서비스의
매출액 16억 달러보다 크며, 2021년에는 ship-to-home 서비스의 매출액이 21
억 달러로 delivery 서비스의 매출액 29억 달러보다 적다.

H 10 정답 ④ * 미국 영화 제작 현장에 고용된 역할별 여성 비율

The graph above shows / the percentages of women / employed 과거분사(women 수식)
behind the scenes / on the top 100 U.S. films / by role / in 2020,
2021, and 2022. //
위 그래프는 보여 준다 / 여성의 비율을 / 제작 현장에 고용된 / 미국 상위 100개 영화의 /
역할별로 / 2020년, 2021년, 그리고 2022년에 //

핵심 주어(단수)
① For each of the three years, / the percentage of women
과거분사(women 수식)
employed as producers on the top 100 U.S. films / was the 단수 동사
highest / as compared with the percentages of each of the other =와 비교하여
three roles. // '제작자' 비율은 2020년, 2021년, 2022년 각각에서 모두 네 역할 중 가장 높음
세 개 연도 각각에서 / 상위 100개 미국 영화의 제작자로 고용된 여성의 비율이 / 가장 높았다
/ 다른 세 가지 역할 각각의 비율과 비교하여 //

② The percentage of women employed as directors / on the top
100 U.S. films / in 2021 / was lower than in 2020 / but higher than
in 2022. // '감독' 비율은 2021년에 12퍼센트로, 2020년의 16퍼센트보다 낮고,
2022년의 11퍼센트보다 높음
감독으로 고용된 여성의 비율은 / 상위 100개 미국 영화에서 / 2021년에 / 2020년보다는 더
낮았지만 / 2022년보다는 더 높았다 // '작가' 비율은 2020년 12퍼센트에서 2021년 16퍼센트로
4퍼센트포인트, 이후 2022년 17퍼센트로 1퍼센트포인트 증가함

③ The percentage of women employed as writers / on the top
100 U.S. films / increased by 4 percentage points / from 2020 to 과거분사(women 수식)
2021 / and by 1 percentage point / from 2021 to 2022. //
작가로 고용된 여성의 비율은 / 상위 100개 미국 영화에서 / 4퍼센트 포인트가 증가했고 /
2020년에서 2021년까지는 / 1퍼센트 포인트가 증가했다 / 2021년에서 2022년까지는 //

④ The percentage of women employed as editors / on the top
100 U.S. films / was less(→ more) than 20% / in each of the three
years. // 단서 '편집자' 비율은 2021년에 21퍼센트로 20퍼센트보다 높음
편집자로 고용된 여성의 비율은 / 상위 100개 미국 영화에서 / 각각 20퍼센트보다 더 낮았다
(→ 더 높았다) / 세 개 연도에서 //

'제작자' 비율은 2022년과 2020년 모두 28퍼센트로 같음
⑤ In 2022, / the percentage of women employed as producers /
on the top 100 U.S. films / was the same as that in 2020. // = the percentage of women employed as producers
2022년에 / 제작자로 고용된 여성의 비율은 / 상위 100개 미국 영화에서 / 2020년의 비율과
같았다 //

- employ ⓥ 고용하다　　- director ⓝ 감독　　- writer ⓝ 작가
- editor ⓝ 편집자　　- producer ⓝ 제작자

위 그래프는 2020년, 2021년, 그리고 2022년에 미국 상위 100개 영화의 제작
현장에 고용된 여성의 비율을 역할별로 보여 준다. ① 세 개 연도 각각에서,
상위 100개 미국 영화의 제작자로 고용된 여성의 비율이 다른 세 가지 역할
각각의 비율과 비교하여 가장 높았다. ② 2021년에 상위 100개 미국 영화에서
감독으로 고용된 여성의 비율은, 2020년보다는 더 낮았지만 2022년보다는 더
높았다. ③ 상위 100개 미국 영화에서 작가로 고용된 여성의 비율은 2020년에서
2021년까지는 4퍼센트 포인트가 증가했고, 2021년에서 2022년까지는
1퍼센트 포인트가 증가했다. ④ 상위 100개 미국 영화에서 편집자로 고용된
여성의 비율은 세 개 연도에서 각각 20퍼센트보다 더 낮았다(→ 더 높았다).
⑤ 2022년에 상위 100개 미국 영화에서 제작자로 고용된 여성의 비율은
2020년의 비율과 같았다.

다음 도표의 내용과 일치하지 않는 것은?

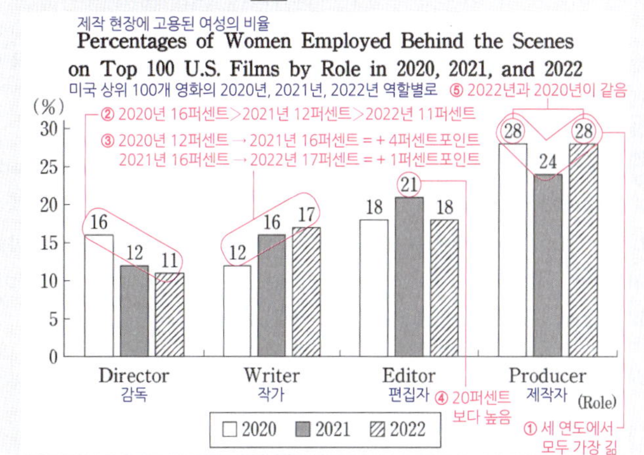

왜 정답? [정답률 96%]

④ '편집자' 비율은 세 개 연도에서 모두 20퍼센트보다 낮았다고 했으나, 2020년과
2022년에는 18퍼센트로 20퍼센트보다 낮았던 반면, 2021년에 21퍼센트로
20퍼센트보다 높다. 따라서 세 개 연도 모두 20퍼센트보다 낮았다는 ④은 도표의
내용과 일치하지 않는다.

백승준 | 카이스트 새내기과정학부 2025년 입학·광주 광주숭일고 졸

도표 문제는 특정 정보와 연결된 구체적인 수치를 바탕으로 선택지의 정답 여부를 판단해야 하므로 1 percentage point, 20%와 같은 수치나, less, same, higher, increased와 같은 단어들에 주목하여 빠르게 도표와 비교하는 것이 중요해. 또 The percentage of women employed와 같이 도표의 주제가 반복되는 경우가 많으니 이는 무시하고 Director, Writer와 같은 도표의 변인에 집중하여 읽는다면 빠르게 정답을 찾아낼 수 있을 거야.

H 11 정답 ⑤ * 4개국의 가상 현실과 증강 현실에 친숙한 응답자 비율

The graph above shows / the percentages of respondents / **who**
were familiar with the concept of virtual reality (VR) /
위 그래프는 보여준다 / 응답자 비율을 / 가상 현실(VR)의 개념에 친숙한 /

and **those who** were familiar with the concept of augmented
reality (AR) / in four countries in 2022. //
그리고 증강 현실(AR)의 개념에 친숙한 응답자 비율을 / 2022년에 4개국에서 //

① For each country, / the **percentage** of respondents familiar
with VR / was greater / than the percentage of respondents
familiar with AR. //
각 국가별로 / VR에 친숙한 응답자 비율이 / 더 높았다 / AR에 친숙한 응답자 비율보다 //

② The **country** / with the highest percentage of respondents
familiar with AR / was South Korea. //
국가는 / AR에 친숙한 응답자 비율이 가장 높은 / 한국이었다 //

③ The country with the largest gap / between the percentage of
respondents familiar with VR / and **that** of respondents familiar
with AR / was Canada. //
격차가 가장 큰 국가는 / VR에 친숙한 응답자 비율과 / AR에 친숙한 응답자 비율의 /
캐나다였다 //

④ In Japan, / the percentage of respondents familiar with VR /
was greater / than 60%. //
일본에서는 / VR에 친숙한 응답자 비율이 / 더 높았다 / 60퍼센트보다 //

⑤ The percentage of respondents familiar with VR / and that
of respondents familiar with AR / were lower in Switzerland /
than in Japan, / respectively. (→ The percentage of respondents
familiar with VR was lower in Switzerland than in Japan, but
that of respondents familiar with AR was not.) //
VR에 친숙한 응답자 비율과 / AR에 친숙한 응답자 비율은 / 스위스에서 더 낮았다 /
일본보다 / 각각 / 단서 스위스의 AR에 친숙한 응답자 비율(46퍼센트)은 일본(43퍼센트)보다 높음

- respondent ⓝ 응답자   - familiar with ~에 친숙한
- concept ⓝ 개념   - respectively 🄰🄳 각각

위 그래프는 2022년 4개국에서 가상 현실(VR)의 개념에 친숙한 응답자 비율과
증강 현실(AR)의 개념에 친숙한 응답자 비율을 보여준다. ① 각 국가별로
VR에 친숙한 응답자 비율이 AR에 친숙한 응답자 비율보다 더 높았다.
② AR에 친숙한 응답자 비율이 가장 높은 국가는 한국이었다. ③ VR에 친숙한
응답자 비율과 AR에 친숙한 응답자 비율의 격차가 가장 큰 국가는 캐나다였다.

---

④ 일본에서는 VR에 친숙한 응답자 비율이 60퍼센트를 넘었다. ⑤ VR에
친숙한 응답자 비율과 AR에 친숙한 응답자 비율은 각각 일본보다 스위스에서
더 낮았다. (→ 스위스의 VR에 친숙한 응답자 비율은 일본보다 낮았지만,
AR에 친숙한 응답자 비율은 그렇지 않았다.)

다음 도표의 내용과 일치하지 <u>않는</u> 것은?

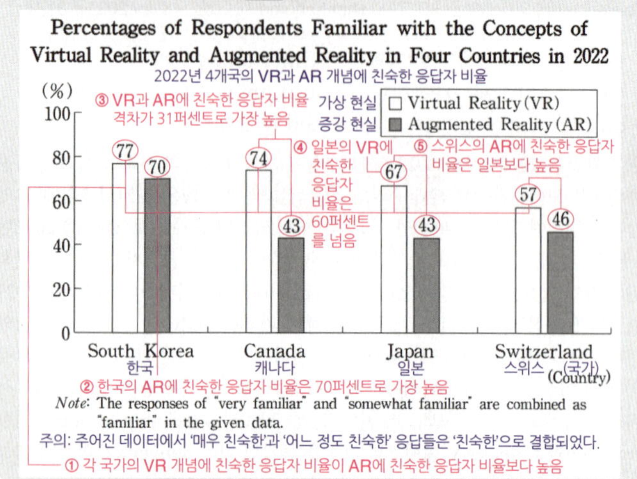

왜 정답? [정답률 95%]

⑤ 스위스의 VR에 친숙한 응답자 비율은 57퍼센트로 일본의 비율 67퍼센트보다
  낮은 것이 맞지만, 스위스의 AR에 친숙한 응답자 비율은 46퍼센트로 일본의 비율
  43퍼센트보다 높다. 따라서 스위스의 VR에 친숙한 응답자 비율과 AR에 친숙한
  응답자 비율이 모두 일본보다 낮다고 하는 것은 적절하지 않다.

왜 오답?

① 각 국가별로 VR에 친숙한 응답자 비율이 AR에 친숙한 응답자 비율보다 높다.
② 한국의 AR에 친숙한 응답자 비율은 70퍼센트로 가장 높다.
③ 캐나다의 VR에 친숙한 응답자 비율은 74퍼센트, AR에 친숙한 응답자 비율은
  43퍼센트로 그 격차가 31퍼센트포인트로 가장 높다.
④ 일본의 VR에 친숙한 응답자 비율은 67퍼센트로 60퍼센트를 넘는다.

H 12 정답 ③ * 머신 러닝 기능을 갖춘 스마트 앱에 대한 인식과 사용 현황

The above graph shows awareness and usage / of smartphone
applications featuring machine learning in 2017. //
위 그래프는 인식과 사용 현황을 보여준다 / 2017년에 머신 러닝 기능을 갖춘 스마트폰 앱에
대한 //

① In each of the five surveyed applications, / the percentage of
respondents demonstrating awareness / was higher than **that** of
respondents demonstrating usage. //
조사된 다섯 개의 앱 각각에 대해 / 인지하고 있다는 응답자의 비율이 / 사용하고 있다는
응답자의 비율보다 높았다 //

② Predictive text had the highest percentages of respondents /
in both awareness and usage, / among the five applications. //
텍스트 예측이 응답자의 비율이 가장 높았다 / 인지와 사용 모두에서 / 다섯 개의 앱 중에서 //

③ The percentage of respondents displaying awareness of
voice search / was(→ was not) more than four times **that** of
respondents using it. //
음성 검색을 인지하고 있다는 응답자의 비율이 / 사용한다는 응답자의 비율보다 네 배 이상
높았다(→ 높지 않았다) //
단서 음성 검색의 '인지' 비율은 31퍼센트로, '사용' 비율인
9퍼센트의 네 배 이상 높지 않음

④ Voice-to-text showed a higher percentage of the respondents
reporting awareness of it / than email classification, / while this
was not the case in their usage. //
음성 텍스트 변환은 인지하고 있다는 응답자의 비율은 높았지만 / 이메일 분류보다 / 사용하고
있다는 응답자의 비율에서는 그렇지 않았다 //
음성 텍스트 변환의 '인지' 비율은 25퍼센트로 이메일 분류 '인지' 비율인 23퍼센트보다 높고,
반대로 음성 텍스트 변환의 '사용' 비율은 7퍼센트로 이메일 분류의 '사용' 비율인 12퍼센트보다 낮음

⑤ The percentage of respondents showing usage of automated photo classification / was less than half of the percentage of those showing awareness of it. //
자동 사진 분류의 '사용' 비율은 9퍼센트로, '인지' 비율인 20퍼센트의 절반에 못 미침
자동 사진 분류에 대한 사용 비율은 / 인지 비율의 절반에도 미치지 못했다 //

- awareness ⓝ 인식   - feature ⓥ 포함하다
- demonstrate ⓥ 입증하다   - predictive ⓐ 예측의
- classification ⓝ 분류

위 그래프는 2017년 머신러닝 기능을 갖춘 스마트폰 앱에 대한 인식과 사용 현황을 보여준다. ① 조사된 다섯 개의 앱 각각에 대해, 인지하고 있다는 응답자의 비율이 사용하고 있다는 응답자의 비율보다 높았다. ② 다섯 개의 앱 중에서 텍스트 예측이 인지와 사용 모두에서 응답자의 비율이 가장 높았다. ③ 음성 검색을 인지하고 있다는 응답자의 비율이 사용한다는 응답자의 비율보다 네 배 이상 높았다.(→ 높지 않았다.) ④ 음성 텍스트 변환은 이메일 분류보다 인지하고 있다는 응답자의 비율은 높았지만, 사용하고 있다는 응답자의 비율에서는 그렇지 않았다. ⑤ 자동 사진 분류에 대한 사용 비율은 인지 비율의 절반에도 미치지 못했다.

다음 도표의 내용과 일치하지 않는 것은?

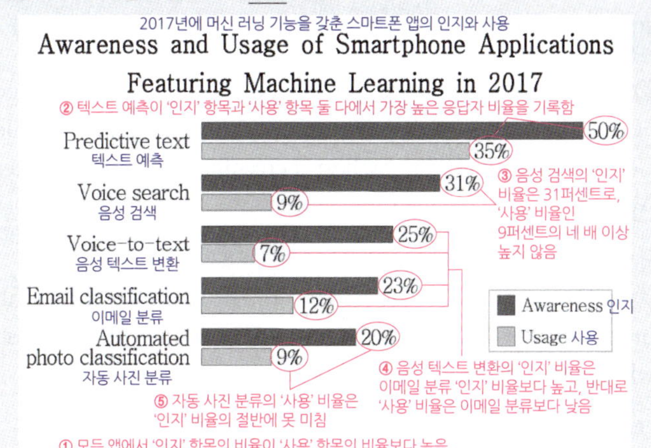

➢ 왜 정답 ? [정답률 95%]

③ 음성 검색 앱의 '인지' 비율은 31퍼센트로, '사용' 비율인 9퍼센트의 4배가 되지 않는다. 따라서 음성 검색을 인지하고 있다는 응답자의 비율이 사용한다는 응답자의 비율보다 네 배 이상 높았다는 것은 적절하지 않다.

➢ 왜 오답 ?

① 모든 앱에 대해 '인지' 비율이 '사용' 비율보다 높다.
② 텍스트 예측 앱이 '인지' 비율은 50퍼센트, '사용' 비율은 35퍼센트로 모든 앱 중에서 가장 높은 응답자 비율을 보인다.
④ 음성 텍스트 변환 앱의 '인지' 비율은 25퍼센트이고, 이는 이메일 분류 앱의 '인지' 비율 23퍼센트보다 높다. 반면 음성 텍스트 변환 앱의 '사용' 비율은 7퍼센트로, 이는 이메일 분류 앱의 '사용' 비율인 12퍼센트보다 낮다.
⑤ 자동 사진 분류 앱의 '사용' 비율은 9퍼센트로, 같은 앱의 '인지' 비율인 20퍼센트의 절반이 되지 않는다.

H 13 정답 ② ＊낙농 우유와 식물성 우유의 환경 발자국

The above graph shows / the environmental footprints /
in terms of greenhouse gas emissions (measured per kilogram) and freshwater use (measured per liter) / of dairy and the four plant-based milks in 2018. //
위 그래프는 보여준다 / 환경 발자국을 / (킬로그램당 측정된) 온실가스 배출과 (리터당 측정된) 담수 사용 면에서 / 2018년 낙농 우유와 4가지의 식물성 우유의 //
낙농 우유의 온실가스 배출량은 3.15kg, 담수 사용량은 628.2L로 가장 많음
① Dairy milk had the largest environmental footprint / of both greenhouse gas emissions and freshwater use. //
낙농 우유는 가장 큰 환경 발자국을 남겼다 / 온실가스 배출과 담수 사용 모두에서 //

② Rice milk used more(→ less) than ten times / the amount of fresh water that soy milk did. //
쌀 우유는 담수량이 269.81L이고, 콩 우유는 27.81L로, 쌀 우유의 담수량은 10배 미만임
쌀 우유는 열 배보다 더(→ 덜) 많이 사용했다 / 콩 우유가 사용한 담수량의 //

③ Oat milk ranked fourth / in both environmental footprint categories. //
귀리 우유는 0.9kg의 온실가스 배출량, 48.24L의 담수량을 가지고 있으며, 전체 우유 중 4위임
귀리 우유는 4위를 차지했다 / 환경 발자국의 두 범주에서 //

④ In the category of greenhouse gas emissions, / the gap between soy milk and oat milk / was less than the gap between oat milk and almond milk. // 콩 우유와 귀리 우유의 온실가스 배출량 차이가 더 작음
온실가스 배출 영역에서 / 콩 우유와 귀리 우유 간의 차이는 / 귀리 우유와 아몬드 우유 간의 차이보다 더 적었다 //

⑤ Among plant-based milks, / almond milk consumed the largest amount of freshwater, / yet emitted the least amount of greenhouse gas. //
식물성 우유들 중에서 아몬드 우유가 담수량 371.46L로 가장 많고, 온실가스 배출량은 0.7kg으로 가장 적음
식물성 우유들 중에서 / 아몬드 우유가 가장 많은 양의 담수를 소비했지만 / 가장 적은 양의 온실가스를 배출했다 //

- greenhouse gas 온실가스   - emission ⓝ 배출
- freshwater ⓝ 담수

위 그래프는 2018년 낙농 우유와 4가지의 식물성 우유의 (킬로그램당 측정된) 온실가스 배출과 (리터당 측정된) 담수 사용 면에서 환경 발자국을 보여준다. ① 낙농 우유는 온실가스 배출과 담수 사용 모두에서 가장 큰 환경 발자국을 남겼다. ② 쌀 우유는 콩 우유가 사용한 담수량의 열 배보다 더(→ 덜) 많이 사용했다. ③ 귀리 우유는 환경 발자국의 두 범주에서 4위를 차지했다. ④ 온실가스 배출 영역에서, 콩 우유와 귀리 우유 간의 차이는 귀리 우유와 아몬드 우유 간의 차이보다 더 적었다. ⑤ 식물성 우유들 중에서, 아몬드 우유가 가장 많은 양의 담수를 소비했지만, 가장 적은 양의 온실가스를 배출했다.

다음 도표의 내용과 일치하지 않는 것은?

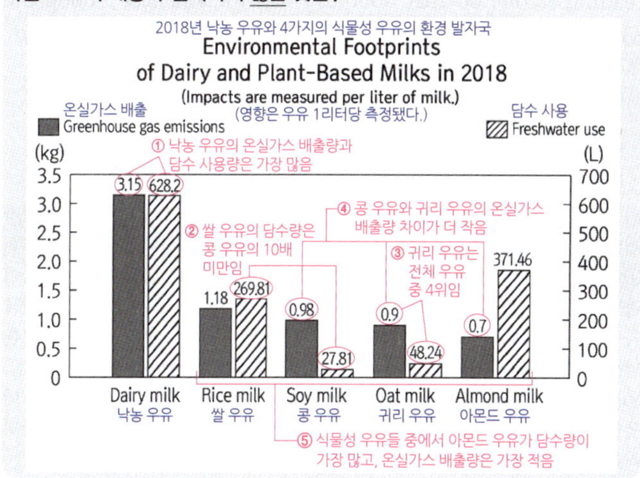

➢ 왜 정답 ? [정답률 43%]

② 쌀 우유는 담수량이 269.81L이고, 콩 우유는 27.81L로, 쌀 우유의 담수량은 10배 미만이므로 10배보다 더 많다고 한 것은 적절하지 않다.

➢ 왜 오답 ?

① 낙농 우유의 온실가스 배출량은 3.15kg, 담수 사용량은 628.2L로 가장 많다.
③ 귀리 우유는 0.9kg의 온실가스 배출량, 48.24L의 담수량을 가지고 있으며, 전체 우유 중 4위이다.
④ 콩 우유와 귀리 우유의 온실가스 배출량 차이는 0.08kg이고, 귀리 우유와 아몬드 우유의 온실가스 배출량 차이는 0.2kg으로, 콩 우유와 귀리 우유의 온실가스 배출량 차이가 더 작다.
⑤ 식물성 우유들 중에서 아몬드 우유가 담수량 371.46L로 가장 많고, 온실가스 배출량은 0.7kg으로 가장 적다.

The above graph, / based on a survey conducted in 2023, / shows the share of respondents / who say reading is one of their personal hobbies / according to their gender group in five countries. //

위 도표는 / 2023년에 수행된 한 설문조사에 근거한 것으로 / 응답자의 비율을 보여준다 / 독서가 개인 취미 중 하나라고 답한 / 5개국에서 성별 집단에 따라 //

① Among the countries shown in the graph, / Spain had the largest share of females / who said reading was one of their hobbies, / which was 58%. //

도표에 나온 나라 중 / 스페인이 여성의 비율이 가장 높았는데 / 독서가 취미 중 하나라고 답한 / 비율은 58퍼센트였다 //

② The gap between the share of females and that of males / who selected reading as one of their hobbies / was larger in Germany than in Mexico. //

남녀 간의 비율 차이는 / 독서를 취미 중 하나로 고른 / 독일이 멕시코보다 더 컸다 //

③ The share of males / who selected reading as one of their hobbies in Mexico / was 41%, / which was smaller(→ larger) than that in the United States. //

남성의 비율은 / 멕시코에서 독서를 취미 중 하나로 고른 / 41퍼센트였는데 / 이는 미국에서보다 더 낮았다(→ 더 높았다) //

④ The share of females / who selected reading as one of their hobbies in the United States / was larger than that in South Korea. //

여성의 비율은 / 미국에서 독서를 취미 중 하나로 고른 / 한국에서보다 더 높았다 //

⑤ As for South Korea, / the share of respondents / who selected reading as one of their hobbies / was the smallest among the countries / shown in the graph for each gender, respectively. //

한국의 경우 / 응답자의 비율이 / 독서를 취미 중 하나로 고른 / 도표에 나온 나라 중 가장 낮았다 / 남녀 각각 도표에 나온 //

- conduct ⓥ 수행하다　　　- share ⓝ 지분, 비율
- respondent ⓝ 응답자　　　- respectively ⓐⓓ 각각

위 도표는 2023년에 수행된 한 설문조사에 근거한 것으로, 5개국에서 독서가 개인 취미 중 하나라고 답한 응답자의 비율을 성별 집단에 따라 보여준다. ① 도표에 나온 나라 중 스페인이 독서가 취미 중 하나라고 답한 여성의 비율이 가장 높았는데, 58퍼센트였다. ② 독서를 취미 중 하나로 고른 남녀 간의 비율 차이는 독일이 멕시코보다 더 컸다. ③ 멕시코에서 독서를 취미 중 하나로 고른 남성의 비율은 41퍼센트였는데, 이는 미국에서보다 더 낮았다(→ 더 높았다). ④ 미국에서 독서를 취미 중 하나로 고른 여성의 비율은 한국에서보다 더 높았다. ⑤ 한국의 경우, 독서를 취미 중 하나로 고른 응답자의 비율이 남녀 각각 도표에 나온 나라 중 가장 낮았다.

다음 도표의 내용과 일치하지 <u>않는</u> 것은?

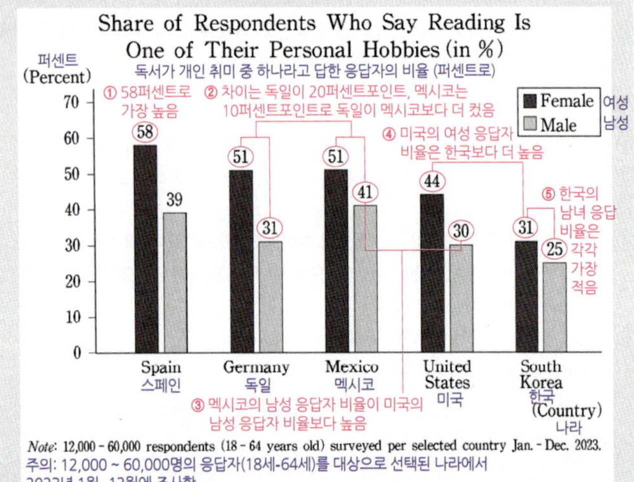

③ 멕시코의 남성 응답자 비율은 41퍼센트로 미국의 남성 응답자 비율인 30퍼센트보다 더 높으므로 더 낮다고 한 것은 적절하지 않다.

① 스페인의 독서를 취미 중 하나로 하는 여성 응답자의 비율은 58퍼센트이며, 가장 높다.

② 남녀 비율 차이는 독일이 20퍼센트포인트, 멕시코는 10퍼센트포인트로 격차는 독일이 멕시코보다 크다.

④ 미국의 여성 응답자 비율은 44퍼센트이며, 31퍼센트인 한국보다 더 높다.

⑤ 한국의 남녀 응답 비율은 제시된 국가 중 각각 가장 적다.

The above graph shows / the percentage of preferable chatbot platforms / by age / categorized by Generation Z, Millennials, and Generation X. //

위 그래프는 보여 준다 / 선호하는 챗봇 플랫폼의 비율을 / 연령대별로 / Z세대, 밀레니얼 세대 그리고 X세대로 분류된 //

① Millennials and Generation X had the highest percentage of respondents / who preferred Desktop Websites / while Generation Z had the highest percentage / for Messenger Apps. //

밀레니얼 세대와 X세대는 가장 높은 비율을 가졌다 / 데스크톱 웹사이트를 선호하는 / 반면 Z세대는 응답자의 가장 높은 비율을 가졌다 / 메신저 앱에 대해 //

② In Generation Z, / the percentage of respondents / who preferred Mobile Apps / was more than twice / that of those who preferred Voice Assistant Devices. //

Z세대 내에서 / 응답자의 비율은 / 모바일 앱을 선호하는 / 두 배보다 더 높았다 / 음성 지원 장치를 선호하는 응답자 비율의 //

③ Messenger Apps was the only platform / where the percentage of respondents' preference for it / sank lower and lower / from Generation Z, to Millennials, to Generation X. //

메신저 앱은 유일한 플랫폼이었다 / 그것에 대한 응답자의 선호 비율이 / 점점 더 낮아진 / Z세대, 밀레니얼 세대, X세대로 갈수록 //

④ The percentage point gap / between Millennial and Generation X respondents / who preferred Mobile Apps / was larger(→ smaller) than the percentage point gap / between the same two groups for Voice Assistant Devices. //

비율 수치 격차는 / 밀레니얼 세대와 X세대의 응답자의 / 모바일 앱을 선호하는 / 비율 수치 격차보다 더 컸다(→ 더 작았다) / 음성 지원 장치에 대한 동일한 두 집단 사이의 //

⑤ The percentage of respondents / who preferred Mobile Websites / was the lowest / in all the age groups. //

응답자들의 비율은 / 모바일 웹사이트를 선호하는 / 가장 낮았다 / 모든 연령 집단에서 //

- preferable ⓐ 선호되는　　　- respondent ⓝ 응답자
- sink ⓥ 가라앉다

위 그래프는 Z세대, 밀레니얼 세대 그리고 X세대로 분류된 연령대별로 선호하는 챗봇 플랫폼의 비율을 보여 준다. ① 밀레니얼 세대와 X세대는 데스크톱 웹사이트를 선호하는 응답자의 가장 높은 비율을 가진 반면 Z세대는 메신저 앱에 대해 가장 높은 비율을 가졌다. ② Z세대 내에서, 모바일 앱을 선호하는 응답자의 비율은 음성 지원 장치를 선호하는 응답자 비율의 두 배보다 더 높았다. ③ 메신저 앱은 Z세대, 밀레니얼 세대, X세대로 갈수록 그것에 대한 응답자의 선호 비율이 점점 더 낮아진 유일한 플랫폼이었다. ④ 모바일 앱을 선호하는 밀레니얼 세대와 X세대의 응답자의 비율 수치 격차는 음성 지원 장치에 대한 동일한 두 집단 사이의 비율 수치 격차보다 더 컸다(→ 더 작았다). ⑤ 모바일 웹사이트를 선호하는 응답자들의 비율은 모든 연령 집단에서 가장 낮았다.

다음 도표의 내용과 일치하지 <u>않는</u> 것은?

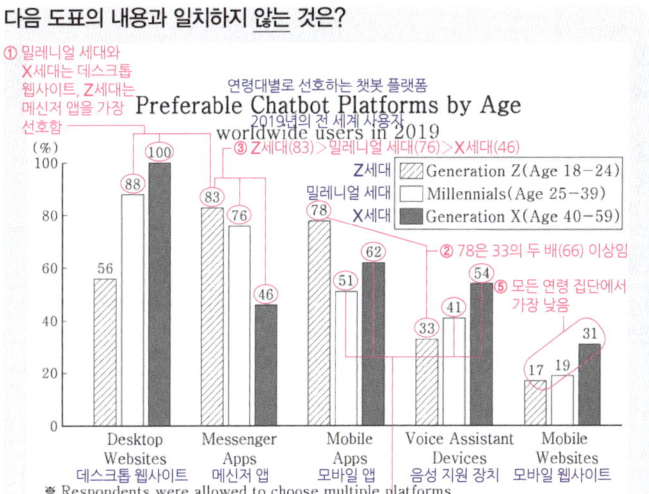

>왜 정답? [정답률 85%]

모바일 앱: 밀레니얼 세대(51), X세대(62) → 11퍼센트포인트 차이

음성 지원 장치: 밀레니얼 세대(41), X세대(54) → 13퍼센트포인트 차이

따라서 모바일 앱에서의 격차가 음성 지원 장치보다 크다고 한 ④이 일치하지 않는다.

>왜 오답?

① 가장 높은 비율은 밀레니얼 세대와 X세대는 데스크톱 웹사이트, Z세대는 메신저 앱이다.

② 모바일 앱(78)은 음성 지원 장치(33)의 두 배(66) 이상이다.

③ 메신저 앱에 대한 선호도는 Z세대(83)＞밀레니얼 세대(76)＞X세대(46)이다.

⑤ 모바일 웹사이트는 모든 연령 집단에서 가장 낮은 선호도(17, 19, 31)를 보인다.

H 16 정답 ④ * 때때로 또는 자주 적극적으로 뉴스를 회피한 비율 —

The above graph shows / the percentages of the respondents in five countries / <u>who</u> sometimes or often actively avoided news / in 2017, 2019, and 2022. //
주격 관계대명사
위 도표는 보여준다 / 다섯 개 국가의 응답자 비율이 / 때때로 또는 자주 적극적으로 뉴스를 회피한 / 2017년, 2019년 및 2022년에 //

① For each of the three years, / Ireland showed the highest percentage of the respondents / <u>who</u> sometimes or often actively avoided news, / among the countries in the graph. //
주격 관계대명사
아일랜드는 세 해 모두 가장 높음
세 해 각각에 대해 / 아일랜드가 응답자의 가장 높은 비율을 보여주었다 / 때때로 또는 자주 적극적으로 뉴스를 회피한 / 도표의 국가 중 //

② In Germany, / the percentage of the respondents <u>who</u> sometimes or often actively avoided news / was less than 30% in each of the three years. //
주격 관계대명사
독일은 세 해 모두 30퍼센트보다 낮음
독일의 경우 / 때때로 또는 자주 적극적으로 뉴스를 회피한 응답자 비율이 / 세 해 각각 30퍼센트보다 낮았다 //

③ In Denmark, / the percentage of the respondents / who sometimes or often actively avoided news in 2019 / was higher than <u>that</u> in 2017 / but lower than <u>that</u> in 2022. //
the percentage of ~ avoided news
덴마크는 2019년에는 15퍼센트로, 2017년의 14퍼센트보다 높고 2022년의 20퍼센트보다 낮음
덴마크의 경우 / 응답자 비율이 / 2019년에 때때로 또는 자주 적극적으로 뉴스를 회피한 / 2017년의 비율보다 더 높았으나 / 2022년의 그것보다는 더 낮았다 //

④ In Finland, / the percentage of the respondents / who sometimes or often actively avoided news in 2019 / was lower than that in 2017, / <u>which</u> was also(→ not) true for Japan. //
주격 관계대명사의 계속적 용법
단서
일본은 2019년에는 11퍼센트로 2017년의 6퍼센트보다 높으므로 일본도 마찬가지라는 표현은 틀림
핀란드의 경우 / 응답자 비율이 / 2019년에 때때로 또는 자주 적극적으로 뉴스를 회피한 / 2017년의 그것보다 더 낮았으며 / 이는 일본도 마찬가지였다(→ 일본은 아니었다) //

⑤ In Japan, / the percentage of the respondents who sometimes or often actively avoided news / did not exceed 15% in each of the three years. //
일본은 세 해 모두 15퍼센트보다 낮음
일본의 경우 / 때때로 또는 자주 적극적으로 뉴스를 회피한 응답자 비율이 / 세 해 각각 15퍼센트를 넘지 않았다 //

- respondent ⓝ 응답자 - actively 🅐🅓 적극적으로
- exceed ⓥ 넘다

위 도표는 2017년, 2019년 및 2022년에 때때로 또는 자주 적극적으로 뉴스를 회피한 다섯 개 국가의 응답자 비율을 보여준다. ① 세 해 각각에 대해, 아일랜드가 도표의 국가 중, 때때로 또는 자주 적극적으로 뉴스를 회피한 응답자의 가장 높은 비율을 보여주었다. ② 독일의 경우, 때때로 또는 자주 적극적으로 뉴스를 회피한 응답자 비율이 세 해 각각 30퍼센트보다 낮았다. ③ 덴마크의 경우, 2019년에 때때로 또는 자주 적극적으로 뉴스를 회피한 응답자 비율이 2017년의 비율보다 더 높았으나 2022년의 그것보다는 더 낮았다. ④ 핀란드의 경우, 2019년에 때때로 또는 자주 적극적으로 뉴스를 회피한 응답자 비율이 2017년의 그것보다 더 낮았으며, 이는 일본도 마찬가지였다(→ 일본은 아니었다). ⑤ 일본의 경우, 때때로 또는 자주 적극적으로 뉴스를 회피한 응답자 비율이 세 해 각각 15퍼센트를 넘지 않았다.

다음 도표의 내용과 일치하지 <u>않는</u> 것은?

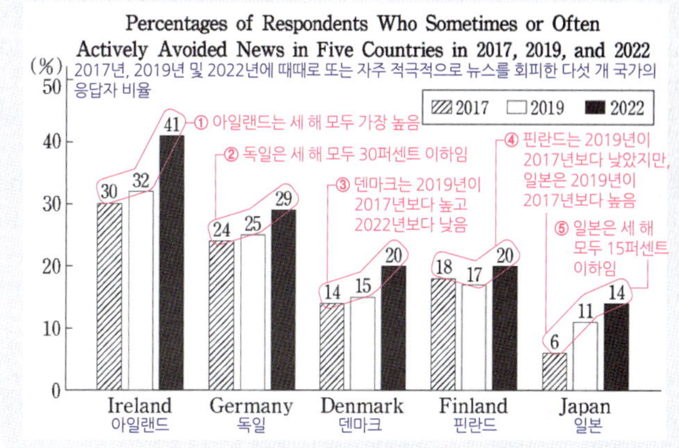

>왜 정답? [정답률 95%]

④ 핀란드는 2019년에 17퍼센트로, 2017년의 18퍼센트보다 낮은 것은 맞지만, 일본은 2019년에 11퍼센트로, 2017년의 6퍼센트보다 높다. 따라서 일본도 핀란드와 마찬가지라는 표현은 적절하지 않다.

>왜 오답?

① 아일랜드는 2017년에는 30퍼센트, 2019년에는 32퍼센트, 2022년에는 41퍼센트로 세 해 모두 가장 높다.

② 독일은 2017년에는 24퍼센트, 2019년에는 25퍼센트, 2022년에는 29퍼센트로 세 해 모두 30퍼센트보다 낮다.

③ 덴마크는 2019년에는 15퍼센트로, 2017년의 14퍼센트보다 높고 2022년의 20퍼센트보다 낮다.

⑤ 일본은 2017년에는 6퍼센트, 2019년에는 11퍼센트, 2022년에는 14퍼센트로 세 해 모두 15퍼센트보다 낮다.

류이레 | 연세대 의예과 2024년 입학 · 광주대동고 졸

여기서는 ④의 which was also true for Japan이라는 부분이 틀린 부분이었어. 도표 문제는 빠르게 맥락을 눈치채고 도표의 필요한 내용을 신속하게 뽑아내어 선지와 연결하는 것이 중요해. 그리고 도표 문제에서 percentage와 percentage point라는 단어가 등장하는데, 이 중 percentage point는 퍼센트 값들 사이의 차이를 뜻하는 말이니까 퍼센트 값들에 대한 해석을 할 때 참고해!

H 17 정답 ② * 연령대별 독서 양상 —

The above graph, / <u>which was</u> based on a survey / <u>conducted</u> in 2019, / <u>shows</u> the percentages of U.S. adults / by age group /
주어(선행사) * 생략 가능한 주격 관계대명사와 be동사 앞에 주격 관계대명사와 be동사가 생략됨
동사 *
위의 그래프는 / 조사에 근거한 / 2019년에 실시된 / 미국 성인의 비율을 보여준다 / 연령대별로 /

who said / they had read (or listened to) a book / in one or more of the formats / — print books, e-books, and audiobooks — / in the previous 12 months. //
말한 / 그들이 책을 읽었(거나 들었)다고 / 한 가지 이상의 형식으로 / 활자본, 전자책, 오디오북 / 지난 12개월 동안 //

① The percentage of people / in the 18-29 group / who said / they had read a print book / was 74%, / which was the highest / among the four groups. //
활자본: 18~29세가 74퍼센트로 가장 높음
사람들의 비율은 / 18~29 연령대 / 말한 / 그들이 활자본을 읽었다고 / 74퍼센트였는데 / 이는 가장 높았다 / 네 개의 연령대 중에서 //
단서 활자본: 50~64세는 59퍼센트, 65세 이상은 63퍼센트

② The percentage of people / who said / they had read a print book / in the 50-64 group / was higher(→ lower) than that in the 65 and up group. //
사람들의 비율은 / 말한 / 그들이 활자본을 읽었다고 / 50~64세 연령대에서 / 더 높았다(→ 더 낮았다) / 65세 이상 연령대에서의 그것보다 //

③ While 34% of people in the 18-29 group said / they had read an e-book, / the percentage of people / who said so / was below 20% / in the 65 and up group. //
전자책: 18~29세는 34퍼센트, 65세 이상은 17퍼센트
18~29세 연령대의 34퍼센트의 사람들이 말한 반면에 / 그들이 전자책을 읽었다고 / 사람들의 비율이 / 그렇게 말한 / 20퍼센트 미만이었다 / 65세 이상 연령대에서는 //

④ In all age groups, / the percentage of people / who said / they had read an e-book / was higher / than that of people / who said / they had listened to an audiobook. //
네 개의 연령대 모두에서 전자책의 비율이 오디오북의 비율보다 더 높음
모든 연령대에서 / 사람들의 비율은 / 말한 / 그들이 전자책을 읽었다고 / 더 높았다 / 사람들의 그것보다 / 말한 / 그들이 오디오북을 들었다고 //

⑤ Among the four age groups, / the 30-49 group had the highest percentage of people / who said / they had listened to an audiobook. //
오디오북: 30~49세가 27퍼센트로 가장 높음
네 개의 연령대 중에서 / 30~49세 연령대가 가장 높은 사람들의 비율을 가졌다 / 말한 / 그들이 오디오북을 들었다고 //

- above ⓐ 위의, 앞서 말한   • based on ~에 근거하여
- survey ⓝ (설문) 조사   • conduct ⓥ (특정한 활동을) 하다
- previous ⓐ 이전의   • among prep ~ 중에
- consumption ⓝ 소비(량)   • format ⓝ (전반적인) 구성 방식, 형식

2019년에 실시된 조사에 근거한 위의 그래프는 지난 12개월 동안 활자본, 전자책, 오디오북 중 한 가지 이상의 형식으로 책을 읽(거나 들었)다고 말한 미국 성인의 비율을 연령대별로 보여준다. ① 활자본을 읽었다고 말한 18~29세 연령대 사람들의 비율은 74퍼센트였는데, 이는 네 개의 연령대 중에서 가장 높았다. ② 50~64세 연령대에서 활자본을 읽었다고 말한 사람들의 비율은 65세 이상 연령대의 비율보다 더 높았다(→ 더 낮았다). ③ 18~29세 연령대의 34퍼센트의 사람들이 전자책을 읽었다고 말한 반면에, 65세 이상 연령대에서는 그렇게 말한 사람들의 비율이 20퍼센트 미만이었다. ④ 모든 연령대에서, 전자책을 읽었다고 말한 사람들의 비율은 오디오북을 들었다고 말한 사람들의 비율보다 더 높았다. ⑤ 네 개의 연령대 중에서, 30~49세 연령대에서 오디오북을 들었다고 말한 사람들의 비율이 가장 높았다.

다음 도표의 내용과 일치하지 않는 것은?

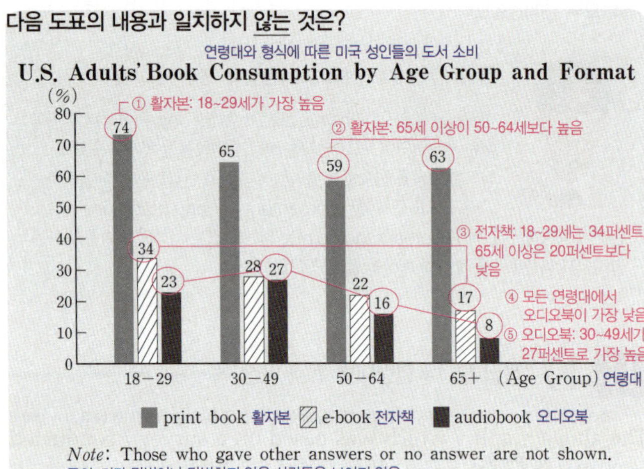

활자본을 읽었다고 말한 사람들의 비율은 50~64세 연령대가 59퍼센트, 65세 이상이 63퍼센트로, 65세 이상이 더 높다. 따라서 ②의 higher를 반의어인 lower로 바꿔야 도표와 일치한다.

---

① 활자본을 읽었다고 말한 사람들의 비율은 18~29세가 74퍼센트로 가장 높다.

③ 전자책을 읽었다고 말한 사람들의 비율은 18~29세는 34퍼센트, 65세 이상은 17퍼센트로 20퍼센트 미만이다.

④ 네 개의 연령대에서 모두 오디오북의 그래프보다 전자책의 그래프가 더 길다.

⑤ 오디오북에 관해서는 30~49세 그래프가 27퍼센트로 가장 길다.

어법 특강

✱ 주어와 동사의 수 일치

- 주어 뒤에 전치사구, 분사구, 관계사절이 붙어서 길어지면 진짜 동사를 찾아서 해석하기가 어렵다. 이때 수식어구와 진짜 주어, 동사를 구분해야 한다.

- Children [with permission from their parents] are able to join the special summer camp.
복수 주어 / 복수 동사
(부모님의 허락을 받은 아이들은 특별한 여름 캠프에 참가할 수 있다.)

- Health problems [related to using smartphones too much and too often] give you more stress.
복수 주어 / 복수 동사
(스마트폰을 너무 많이 그리고 너무 자주 사용하는 것과 관련된 건강 문제는 여러분에게 더 스트레스를 준다.)

- Making a list of situations [that make you feel shy] helps overcome shyness.
단수 주어(동명사구) / 단수 동사
(당신을 부끄럽게 느끼도록 만드는 상황들의 목록을 만드는 것은 수줍음을 극복하는 데 도움을 준다.)

H 18 정답 ④ ✱ 미국인의 연령대별 선호 주거지 유형

The above graph shows / the percentages of Americans' preferred type of place to live / by age group, / based on a 2020 survey. //
위의 그래프는 보여준다 / 미국인이 선호하는 거주지 유형의 비율을 / 연령대별로 / 2020년 조사를 기반으로

① In each of the three age groups, / Town/Rural Area was the most preferred type of place to live. //
각각의 연령 그룹에서 읍내/시골 지역의 그래프가 가장 긺   최상급 비교
세 연령대 각각에서 / 읍내/시골 지역이 가장 선호되는 거주지 유형이었다 //

② In the 18-34 year-olds group, / the percentage of those / who preferred Big/Small City / was higher than that of those / who preferred Suburb of Big/Small City. //
18-34 그룹에서 대/소도시는 33%, 대/소도시의 근교는 27%
18~34 연령층에서는 / 사람들의 비율이 / 대도시/소도시를 선호하는 / 사람들의 비율보다 더 높았다 / 대도시/소도시의 근교를 선호하는 //

③ In the 35-54 year-olds group, / the percentage of those / who preferred Suburb of Big/Small City / exceeded that of those / who preferred Big/Small City. //
35-54 그룹에서 대/소도시의 근교는 27%, 대/소도시는 24%
= the percentage
35~54 연령층에서는 / 사람들의 비율이 / 대도시/소도시의 근교를 선호하는 / 사람들의 비율을 앞질렀다 / 대도시/소도시를 선호하는 //
단서 55세 이상 그룹에서 대/소도시는 26%, 대/소도시의 근교는 22%

④ In the 55 year-olds and older group, / the percentage of those / who chose Big/Small City(→ Suburb of Big/Small City) / among the three preferred types of place to live / was the lowest. //
55세 이상 연령층에서는 / 사람들의 비율이 / 대도시/소도시(→ 대도시/소도시의 근교)를 선택한 / 세 가지 선호하는 거주지 유형 중에서 / 가장 낮았다 //
도표의 모든 그래프가 20%보다 높음

⑤ Each percentage / of the three preferred types of place to live / was higher than 20% / across the three age groups. //
단수 주어 / 단수 동사
각각의 비율은 / 세 가지 선호하는 거주지 유형의 / 20퍼센트보다 더 높았다 / 세 연령대에 걸쳐 //

- suburb ⓝ 교외, 근교   • exceed ⓥ 넘어서다

　위의 그래프는 2020년 조사를 기반으로 연령대별로 미국인이 선호하는 거주지 유형의 비율을 보여준다. ① 각기 세 연령대에서 읍내/시골 지역이 가장 선호되는 거주지 유형이었다. ② 18~34 연령층에서는 대도시/소도시를 선호하는 비율이 대도시/소도시의 근교를 선호하는 비율보다 더 높았다.

③ 35~54세 연령층에서는 대도시/소도시의 근교를 선호하는 비율이
대도시/소도시를 선호하는 비율을 앞질렀다. ④ 55세 이상 연령층에서는 세
가지 선호하는 거주지 유형 중에서 대도시/소도시(→ 대도시/소도시의 근교)를
선택한 비율이 가장 낮았다. ⑤ 세 가지 선호하는 거주지 유형의 각각의 비율은
세 연령대에 걸쳐 20퍼센트보다 더 높았다.

다음 도표의 내용과 일치하지 <u>않는</u> 것은?

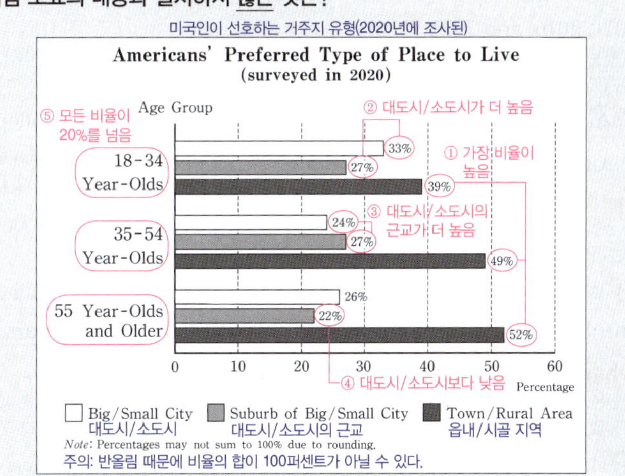

>왜 정답? [정답률 94%]

55세 이상 그룹에서 가장 낮은 비율을 차지한 것은 22퍼센트의 대도시/소도시의
근교이므로 대도시/소도시를 선택한 사람들의 비율이 가장 낮았다고 설명한 ④은
도표와 일치하지 않는다.

>왜 오답?

① 각각의 연령 그룹에서 가장 긴 그래프는 읍내/시골 지역이다.
② 18~34세 그룹에서 대도시/소도시는 33퍼센트이고, 대도시/소도시의 근교는
   27퍼센트이므로 대도시/소도시의 비율이 더 높다.
③ 35~54세 그룹에서 대도시/소도시의 근교는 27퍼센트로, 24퍼센트인
   대도시/소도시를 능가한다.
⑤ 세 연령 그룹의 모든 비율이 20퍼센트보다 높다.

H 19 정답 ③ ＊태양에너지 산업에 추가된 노동자의 수

The table above **shows** seven U.S. states / ranked by the
number of workers added / in the solar industry / between 2015
and 2020, /
위 표는 미국의 일곱 개 주를 보여주고 / 추가된 노동자의 수에 따라 순위가 매겨진 / 태양에너
지 산업에 / 2015년에서 2020년 사이에 /

and **provides** information / on the corresponding growth
percentage / in each state. //
정보를 제공한다 / 그에 상응하는 증가율에 관한 / 각 주의 //

① During this period, / **Florida**, / which ranked first / with regard
to the number of workers added, / **exhibited** 71% growth. //
이 기간에 / 플로리다는 / 1위였던 / 추가된 노동자의 수에 있어서 / 71퍼센트의 성장을 보
였다 //

② **The number** of workers added / in Utah / **was** more / than
twice the number of workers added / in Minnesota. //
추가된 노동자의 수는 / 유타에서 / 더 많았다 / 추가된 노동자 수의 두 배보다 / 미네소타에서 //

③ Regarding Texas and Virginia, / each state showed / less than
50% growth. // 단서 텍사스는 44퍼센트, 버지니아는 120퍼센트의 성장을 보였음
텍사스와 버지니아에 관해서는 / 각 주는 보였다 / 50퍼센트 미만의 성장을 //

④ New York added more than 1,900 workers, / displaying 24%
growth. // 뉴욕: 1,964명, 24퍼센트
뉴욕은 1,900명이 넘는 노동자를 추가했다 / 24퍼센트의 성장을 보이면서 //

⑤ **Among** these seven states, / Pennsylvania added the lowest
number of workers / during this period. // 펜실베이니아가 1,810명으로 가장 적음
이 일곱 개 주 가운데 / 펜실베이니아는 가장 적은 수의 노동자를 추가했다 / 이 기간에 //

• solar ⓐ 태양열을 이용한   • corresponding ⓐ 상응하는
• with regard to ~에 관해서   • exhibit ⓥ 보여주다
• regarding (prep) ~에 관해   • display ⓥ 나타내다

위 표는 2015년에서 2020년 사이에 태양에너지 산업에 추가된 노동자의 수에
따라 순위를 매긴 미국의 일곱 개 주를 보여주고, 그에 상응하는 각 주의 증가
율에 관한 정보를 제공한다. ① 이 기간에 추가된 노동자의 수에 있어서 1위였
던 플로리다는 71퍼센트의 성장을 보였다. ② 유타에서 추가된 노동자의 수는
미네소타에서 추가된 노동자 수의 두 배보다 더 많았다. ③ 텍사스와 버지니아
에 관해서는, 각 주는 50퍼센트 미만의 성장을 보였다. ④ 뉴욕은 24퍼센트의
성장을 보이면서, 1,900명이 넘는 노동자를 추가했다. ⑤ 이 일곱 개 주 가운데
펜실베이니아는 이 기간에 가장 적은 수의 노동자를 추가했다.

다음 표의 내용과 일치하지 <u>않는</u> 것은?

2015년과 2020년 사이에 태양에너지 산업에 가장 많은 노동자가 추가된 미국의 주들
**U.S. States That Added the Most Solar Industry Workers
Between 2015 and 2020**

Rank 순위	State 주	Number of Workers Added (추가된 노동자의 수)	Growth Percentage (%) 성장률
①	Florida	4,659	71
2	Utah	4,246	158
3	Texas	3,058	44
4	Virginia	2,352	120
5	Minnesota	2,003	101
6	New York	1,964	24
7	Pennsylvania	1,810	72

① 71퍼센트 성장한 플로리다가 1위임
③ 버지니아는 120퍼센트로 50퍼센트보다 높음
④ 뉴욕은 1,964명과 24퍼센트임
⑤ 펜실베이니아가 1,810명으로 7위임

② 유타(4,246명)>미네소타의 두 배(2,003×2=4,006명)

>왜 정답? [정답률 91%]

텍사스가 44퍼센트로 50퍼센트 미만의 성장을 보인 것은 맞지만, 버지니아는 120
퍼센트로 50퍼센트가 넘는 성장을 보였으므로 ③은 표와 일치하지 않는다.

>왜 오답?

① 플로리다가 71퍼센트의 성장을 보이며 1위를 차지했다.
② 유타의 추가된 노동자는 4,246명으로, 미네소타의 2,003명의 두 배보다 더 많
   았다.
④ 뉴욕은 1,964명을 추가하여 24퍼센트의 성장을 보였다.
⑤ 펜실베이니아는 가장 적은 수인 1,810명을 추가하여 일곱 개 주 중에서 7위를
   차지했다.

H 20 정답 ④ ＊2015년과 2025년의 세계 중산층의 점유율

The above graphs show / the percentage share of the global
middle class / by region / in 2015 / and its projected share / in
2025. //
위의 그래프들은 보여준다 / 세계 중산층의 점유율을 / 지역별로 / 2015년에 / 그리고 그것의
예상되는 점유율을 / 2025년에 //

① **It** is projected / **that** the share of the global middle class /
in Asia Pacific / will increase / from 46 percent in 2015 / to 60
percent in 2025. // 아시아 태평양: 2015년에 46%, 2025년에 60%
~이 예상된다 / 세계 중산층 점유율은 / 아시아 태평양 지역의 / 증가할 것이 / 2015년에 46퍼
센트에서 / 2025년에는 60퍼센트로 //

② **The projected share** of Asia Pacific / in 2025, / the largest /
among the six regions, / **is** more than three times / that of Europe
/ in the same year. // 2025년: 아시아 태평양은 60%, 유럽은 16%
아시아 태평양 지역의 예상 점유율은 / 2025년의 / 가장 큰 / 여섯 개의 지역 중에서 / 세 배보
다 더 많다 / 유럽의 예상 점유율의 / 같은 해 //

③ **The shares** of Europe and North America / **are** both **projected**
to decrease, /
유럽과 북미 지역의 점유율은 / 둘 다 감소할 것으로 예상된다 / 유럽은 2015년에 24%, 2025년에 16%

from 24 percent in 2015 to 16 percent in 2025 / for Europe, / and
from 11 percent in 2015 to 8 percent in 2025 / for North America. //
2015년에 24퍼센트에서 2025년에 16퍼센트로 / 유럽은 / 그리고 2015년에 11퍼센트로부터
2025년에 8퍼센트로 / 북미 지역은 // 북미는 2015년에 11%, 2025년에 8%

④ Central and South America is not expected(→ expected) / to change from 2015 to 2025 / in its share of the global middle class. // 단서 중남미: 2015년에 9%, 2025년에 7%

중남미 지역은 예상되지 않는다(→ 예상된다) / 2015년에서 2025년까지 변화할 것으로 / 세계 중산층 점유율에 있어서 //
중동 및 북아프리카: 2015년과 2025년에 6%,
사하라 사막 이남의 아프리카: 2015년과 2025년에 4%

⑤ In 2025, / the share of the Middle East and North Africa / will be larger / than that of sub-Saharan Africa, as it was in 2015. //

2025년에 / 중동 및 북아프리카의 점유율은 / 더 클 것이다 / 사하라 사막 이남의 아프리카의 점유율보다 / 2015년에 그랬듯이 //
뒤에 larger than that of sub-Saharan Africa가 생략됨

- share ⓝ 점유율, 지분   · middle class 중산층   · region ⓝ 지역
- project ⓥ 예상하다, 추정하다

위의 그래프들은 지역별로 2015년 세계 중산층의 점유율과 2025년에 예상되는 점유율을 보여준다. ① 아시아 태평양 지역의 세계 중산층 점유율은 2015년에 46퍼센트에서 2025년에는 60퍼센트로 증가할 것으로 예상된다. ② 2025년의 아시아 태평양 지역의 예상 점유율은 여섯 개의 지역 중에서 가장 크며, 같은 해 유럽의 예상 점유율의 세 배보다 더 많다. ③ 유럽과 북미 지역의 점유율은, 유럽은 2015년에 24퍼센트로부터 2025년에 16퍼센트로, 북미 지역은 2015년에 11퍼센트로부터 2025년에 8퍼센트로, 둘 다 감소할 것으로 예상된다. ④ 중남미 지역은 세계 중산층 점유율에 있어서 2015년에서 2025년까지 변화할 것으로 예상되지 않는다(→ 예상된다). ⑤ 2015년에 그랬듯이, 2025년에 중동 및 북아프리카의 점유율은 사하라 사막 이남의 아프리카의 점유율보다 더 클 것이다.

다음 도표의 내용과 일치하지 않는 것은?   ⑤ 중동 및 북아프리카: 2015, 2025년에 6퍼센트 > 사하라 이남 아프리카: 2015, 2025년에 4퍼센트

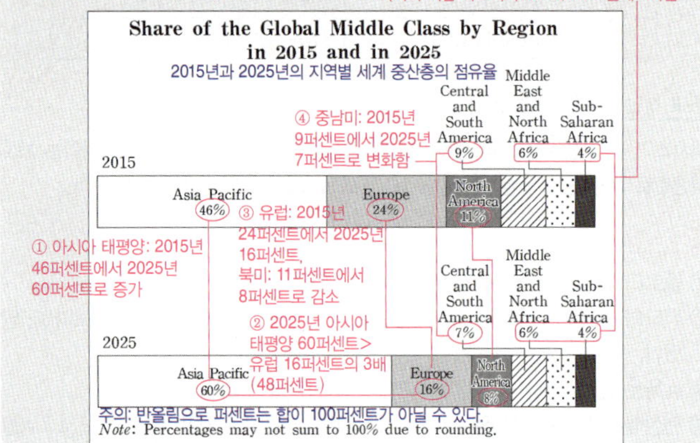

왜 정답? [정답률 90%]

도표에 따르면 중남미는 2015년에는 9퍼센트였고, 2025년에는 7퍼센트로 예상된다. 따라서 변화할 것으로 예상되지 않는다고 한 ④은 도표와 일치하지 않는다.

왜 오답?   not을 뺀 긍정문으로 바꾸어야 도표와 일치함 꿀팁

① 아시아 태평양은 2015년에는 46퍼센트였고, 2025년에는 60퍼센트로 예상되므로 증가할 것으로 예상된다는 설명은 적절하다.

② 2025년에 아시아 태평양은 60퍼센트이고, 유럽은 16퍼센트이므로, 아시아 태평양이 유럽의 세 배인 48퍼센트보다 더 크다.

③ 유럽은 2015년에 24퍼센트, 2025년에 16퍼센트이고, 북미는 2015년에 11퍼센트, 2025년에 8퍼센트이므로 감소할 것으로 예상된다는 설명은 도표와 일치한다.

⑤ 중동 및 북아프리카는 2015년과 2025년에 6퍼센트이고, 사하라 사막 이남의 아프리카는 2015년과 2025년에 4퍼센트이므로, 2015년과 2025년에 중동 및 북아메리카가 사하라 사막 이남의 아프리카보다 비율이 더 컸고, 더 클 것이라는 설명은 적절하다.

✱ 미국의 인종/민족별 대학 등록률

The table above shows / the college enrollment rates of 18- to 24-year-olds / from five racial/ethnic groups / in the U.S. / in 2011, 2016, and 2021. //

위 표는 보여준다 / 18세에서 24세 사람들의 대학 등록률을 / 다섯 인종/민족 집단의 / 미국 내 / 2011년, 2016년, 그리고 2021년에 //
세 해 모두 아시아인의 비율이 가장 높음

① Among the five groups, / Asians exhibited the highest college enrollment rate / with more than 50% / in each year / listed in the table. //
관계대명사   앞에 주격 관계대명사와 be동사가 생략됨

다섯 집단 중에서 / 아시아인은 가장 높은 대학 등록률을 보였다 / 50퍼센트를 넘는 / 연도마다 / 표에 열거된 //
백인: 2011년 45, 2016년 42, 2021년 38퍼센트이고, 세 해 모두 두 번째로 높은 비율

② Whites were the second highest / in terms of the college enrollment rate / among all the groups / in all three years, / while the rate dropped below 40% / in 2021. //
부사절 접속사(대조)

백인은 두 번째로 높았다 / 대학 등록률에 있어 / 모든 집단 중에서 / 3년 내내 / 그 비율은 40퍼센트 아래로 떨어진 반면에 / 2021년에 //

③ The college enrollment rates / of both Blacks and Hispanics(→ Blacks) / were higher than 35% / but lower than 40% / in 2011 and in 2021. //   단서 흑인: 2011년 37퍼센트, 2021년 37퍼센트 히스패닉: 2011년 35퍼센트, 2021년 33퍼센트

대학 등록률이 / 흑인과 히스패닉 둘 다(→ 흑인)의 / 35퍼센트보다 높았지만 / 40퍼센트보다 낮았다 / 2011년과 2021년에 //
2016년: 히스패닉 39퍼센트, 흑인 36퍼센트

④ Among the years / displayed in the table, / 2016 was the only year / when the college enrollment rate of Hispanics / was higher than that of Blacks. //
선행사   관계부사   = the college enrollment rate

연도 중 / 표에 나타난 / 2016은 유일한 해였다 / 히스패닉의 대학 등록률이 / 흑인의 그것보다 높았던 //
세 해 모두 아메리칸 인디언/알래스카 원주민의 비율이 가장 낮음

⑤ In each year, / American Indians/Alaska Natives showed / the lowest college enrollment rate. //

매년 / 아메리칸 인디언/알래스카 원주민은 보여주었다 / 가장 낮은 대학 등록률을 //

- enrollment ⓝ 등록   · ethnic ⓐ 민족의
- racial ⓐ 인종의   · exhibit ⓥ 보이다

위 표는 미국 내 다섯 인종/민족 집단의 18세에서 24세 사람들의 2011년, 2016년, 그리고 2021년 대학 등록률을 보여준다. ① 다섯 집단 중에서 아시아인은 표에 열거된 연도마다 50퍼센트를 넘는 가장 높은 대학 등록률을 보였다. ② 백인은 3년 내내 모든 집단 중에서 대학 등록률이 두 번째로 높았지만, 2021년에 그 비율은 40퍼센트 아래로 떨어졌다. ③ 흑인과 히스패닉 둘 다(→ 흑인)의 2011년과 2021년에 대학 등록률이 35퍼센트보다 높았지만 40퍼센트보다 낮았다. ④ 표에 나타난 연도 중, 2016년은 히스패닉의 대학 등록률이 흑인의 등록률보다 높았던 유일한 해였다. ⑤ 매년, 아메리칸 인디언/알래스카 원주민은 가장 낮은 대학 등록률을 보여주었다.

다음 도표의 내용과 일치하지 않는 것은?

종/민족 연도Year Race/Ethnicity	2011	2016	2021
백인 White	45%	42%	38%
흑인 Black	37%	36%	37%
히스패닉 Hispanic	35%	39%	33%
아시아인 Asian	60%	58%	61%
아메리칸 인디언/알래스카 원주민 American Indian/ Alaska Native	24%	19%	28%

미국 내 인종/민족의 18세에서 24세 사람들의
2011년, 2016년, 그리고 2021년 대학 등록률

Note: Rounded figures are displayed.   참고: 반올림 숫자가 표시된다.

② 백인은 항상 두 번째로 높았지만, 2021년에 40퍼센트 아래로 떨어졌음 
③ 히스패닉의 비율은 35퍼센트보다 높지 않았음
① 아시아인은 세 해 모두 가장 높은 비율을 보임
⑤ 매년 가장 낮은 대학 등록률을 보여주었음
④ 2016년은 히스패닉의 대학 등록률이 흑인의 등록률보다 높았던 유일한 해였음

왜 2등급? both라는 표현이 등장하여 두 그룹의 대학 등록률을 동시에 살펴봐야 해서 헷갈릴 수도 있는 2등급 대비 문제이다. 표에서 every, all, both 등 여러 그룹의 수치를 나타내는 표현이 등장한다면 그 중 하나라도 설명과 일치하지 않는 수치가 있는지 꼼꼼히 살펴봐야 한다.

왜 정답?

③ 2021년에 히스패닉의 비율은 33퍼센트로, 35퍼센트보다 낮다. 2011년에도 35퍼센트로, 35퍼센트보다 높지 않다. 따라서 흑인과 히스패닉 둘 다가 아니라 흑인의 비율만 2011년과 2021년에 37퍼센트로, 35퍼센트보다 높다.

왜 오답?

① 아시아인은 60퍼센트, 58퍼센트, 61퍼센트로 세 해 모두 가장 높은 비율을 차지했다.

② 두 번째로 높은 비율을 차지한 것은 세 해 모두 백인인데, 2021년에는 38퍼센트로, 40퍼센트 미만으로 떨어졌다.

④ 히스패닉과 흑인의 비율을 비교하면, 2011년과 2021년에는 흑인의 비율이 더 높았는데, 2016년에는 히스패닉의 비율이 더 높았다.

⑤ 세 해 모두 아메리칸 인디언/알래스카 원주민의 비율이 가장 낮다.

H 22 정답 ④   ☆ 2등급 대비 [정답률 94%]

＊관광에 참여한 EU-28 인구의 점유율

The above graph shows / the share of the EU-28 population / participating in tourism / in 2017 / by age group and destination category. //
위의 그래프는 보여준다 / EU-28 인구의 점유율을 / 관광에 참여한 / 2017년에 / 연령대와 목적지 범주별로 //

① The share of people / in the No Trips category / was over 30% / in each of the five age groups. //
단수 주어 / 단수 동사 / 다섯 개 그래프 모두에서 No Trips의 비율이 30이 넘음
사람들의 비율은 / 여행 안 함 범주에 있는 / 30퍼센트가 넘었다 / 다섯 연령 집단 각각에서 //

② The percentage of people / in the Outbound Trips Only category / was higher in the 25 – 34 age group / than in the 35 – 44 age group. //
비교급 비교 / Outbound Trips Only: 25~34세 15.2, 35~44세 11.8
사람들의 비율은 / 오로지 외국 여행 범주에 있는 / 25~34세 연령 집단에서 더 높았다 / 35~44세 연령 집단보다 //

③ In the 35 – 44 age group, / the percentage of people / in the Domestic Trips Only category / was 34.2%. //
Domestic Trips Only: 35~44세 34.2
35~44세 연령 집단에서 / 사람들의 비율은 / 오로지 국내 여행 범주에 있는 / 34.2퍼센트였다 //

④ The percentage of people / in the Domestic & Outbound Trips category / was lower(→ higher) in the 45 – 54 age group / than in the 55 – 64 age group. //
단서 Domestic & Outbound Trips: 45~54세 23.3, 55~64세 22.5이므로 45~54세가 더 높음
사람들의 비율은 / 국내외 여행 범주에 속하는 / 45~54세 연령 집단에서 더 낮았다(→ 더 높았다) / 55~64세 연령 집단에서보다 //

⑤ In the 65 or over age group, / the percentage of people / in the No Trips category / was more than 50%. //
No Trips: 65세 52.6
65세 이상 연령 집단에서 / 사람들의 비율은 / 여행 안 함 범주에 속하는 / 50퍼센트가 넘었다 //

- share ⓝ 점유율, 몫, 지분
- participate ⓥ 참여하다
- percentage ⓝ 비율
- population ⓝ 인구
- destination ⓝ 목적지

위의 그래프는 2017년에 관광에 참여한 EU−28 인구의 점유율을 연령대와 목적지 범주별로 보여준다. ① 여행 안 함 범주에 있는 사람들의 비율은 다섯 연령 집단 각각에서 30퍼센트가 넘었다. ② 오로지 외국 여행 범주에 있는 사람들의 비율은 35~44세 연령 집단보다 25~34세 연령 집단에서 더 높았다. ③ 35~44세 연령 집단에서 오로지 국내 여행 범주에 있는 사람들의 비율은 34.2퍼센트였다. ④ 국내외 여행 범주에 속하는 사람들의 비율은 55~64세 연령 집단보다 45~54세 연령 집단에서 더 낮았다(→ 더 높았다). ⑤ 65세 이상 연령 집단에서 여행 안 함 범주에 속하는 사람들의 비율은 50퍼센트가 넘었다.

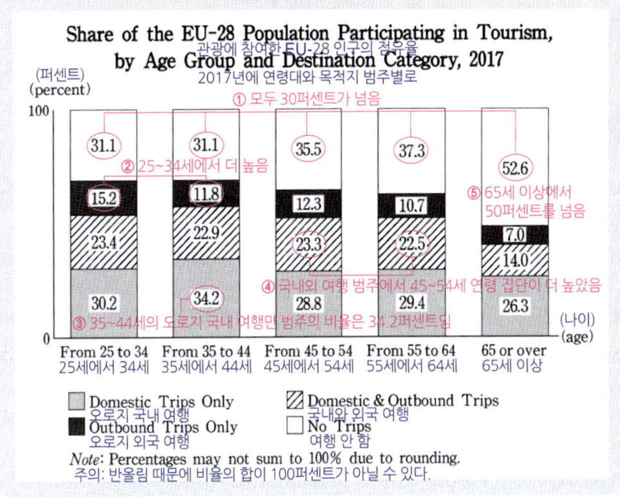

왜 2등급? 그래프를 구성하는 그룹 중에 Domestic, Outbound, 그리고 이 둘을 묶은 'Domestic & Outbound'로 구성되어 있어 그룹을 명확히 구분해야 하는 2등급 대비 문제이다. 그래프 문제에서 비교해야 하는 자료들의 그래프 비중이 비슷하다면, 수치도 꼼꼼히 살펴보면서 비교해야 한다.

왜 정답?

④ 국내와 외국 여행 범주의 비율은 45~54세에서 23.3퍼센트, 55~64세에서 22.5퍼센트이다.

▶ 45~54세의 비율이 더 높으므로 lower를 반의어인 higher로 바꿔야 한다.

왜 오답?

① 여행 안 함 범주의 비율은 각각 31.1, 31.1, 35.5, 37.3, 52.6퍼센트로 모두 30퍼센트가 넘는다.

② 오로지 외국 여행 범주의 비율은 35~44세에서 11.8, 25~34세에서 15.2퍼센트이다.

③ 35~44세의 오로지 국내 여행 범주의 비율은 34.2퍼센트이다.

⑤ 65세 이상에서 여행 안 함 범주의 비율은 52.6퍼센트이다.

H 어휘 Review 정답   문제편 p. 138

01 거주자, 주민	11 stand out	21 respondents
02 친숙한	12 as for	22 corresponding
03 특허(권)	13 based on	23 outnumbered
04 목적지	14 make the list	24 maintained
05 능력, 용량	15 in terms of	25 peaked
06 conversely	16 population	26 participation
07 table	17 timeframe	27 outperformed
08 region	18 gap	28 males
09 ethnic	19 renewable	29 enrollment
10 select	20 solar	30 adults

Ⅰ 내용 불일치

문제편 p. 140~150

Ⅰ 01 정답 ③ ＊위대한 지질학자 William Buckland

William Buckland (1784–1856) was well known / as one of the greatest geologists / in his time. //
William Buckland(1784–1856)는 잘 알려져 있었다 / 가장 위대한 지질학자 중 한 사람으로 / 그의 시대에 //

His birthplace, Axminster in Britain, was rich with fossils, / and as a child, / he naturally became interested in fossils / while collecting them. //
그의 출생지인 영국의 Axminster에는 화석이 풍부했고 / 어릴 때 / 그는 자연스럽게 화석에 관심을 갖게 되었다 / 화석을 수집하면서 //

In 1801, / Buckland won a scholarship / and was admitted to Corpus Christi College, Oxford. //
1801년에 / Buckland는 장학금을 받고 / Oxford의 Corpus Christi College에 입학하였다 //

He developed his scientific knowledge there / while attending John Kidd's lectures / on mineralogy and chemistry. //
그는 거기서 자신의 과학 지식을 발전시켰다 / John Kidd의 강의를 들으면서 / 광물학과 화학에 관한 //

After Kidd resigned his position, / Buckland was appointed his successor / at the college. //
Kidd가 자신의 직위에서 사임한 후에 / Buckland가 그의 후임자로 임명되었다 / 대학에서 //

Buckland used / representative samples and large-scale geological maps / in his lectures, / which made his lectures more lively. //
앞 절 전체를 선행사로 하는 계속적 용법의 관계대명사
Buckland는 사용했는데 / 대표 표본과 대축척 지질학 지도를 / 자신의 강의에서 / 그것이 그의 강의를 더 활기차게 만들었다 //

In 1824, / he announced the discovery / of the bones of a giant creature, / and he named it *Megalosaurus*, or 'great lizard'. //
주어 동사 목적어 목적격 보어 동격의 전치사
1824년에 / 그는 발견을 발표했으며 / 거대한 생물의 뼈의 / 그는 그것을 Megalosaurus 즉 '거대한 도마뱀'이라고 이름 붙였다 //

He won the prize from the Geological Society / due to his achievements in geology. //
전치사 명사구
그는 지질학회로부터 상을 받았다 / 지질학에서의 그의 업적으로 //

- geologist ⓝ 지질학자　　・birthplace ⓝ 출생지, 발생지
- fossil ⓝ 화석　　・scholarship ⓝ 장학금
- admit ⓥ 가입[입학]을 허락하다　　・lecture ⓝ 강의, 강연
- mineralogy ⓝ 광물학　　・chemistry ⓝ 화학
- resign ⓥ 사직[사임]하다　　・appoint ⓥ 지명하다, 정하다
- successor ⓝ 후임자, 계승자　　・representative ⓐ 대표적인 사례가 되는
- large-scale ⓐ 광범위한, 대규모의　　・geological ⓐ 지질학의
- lizard ⓝ 도마뱀　　・achievement ⓝ 업적, 성취
- geology ⓝ 지질학

William Buckland(1784–1856)는 그의 시대에 가장 위대한 지질학자 중 한 사람으로 잘 알려져 있었다. 그의 출생지인 영국의 Axminster에는 화석이 풍부했고, 어릴 때 그는 화석을 수집하면서 자연스럽게 화석에 관심을 갖게 되었다. 1801년에 Buckland는 장학금을 받고 Oxford의 Corpus Christi College에 입학하였다. 그는 거기서 광물학과 화학에 관한 John Kidd의 강의를 들으면서 자신의 과학 지식을 발전시켰다. Kidd가 자신의 직위에서 사임한 후에, Buckland가 대학에서 그의 후임자로 임명되었다. Buckland는 자신의 강의에서 대표 표본과 대축척 지질학 지도를 사용했는데, 그것이 그의 강의를 더 활기차게 만들었다. 1824년에, 그는 거대한 생물의 뼈를 발견했다고 발표했으며, 그는 그것을 Megalosaurus 즉 '거대한 도마뱀'이라고 이름 붙였다. 그는 지질학에서의 그의 업적으로 지질학회로부터 상을 받았다.

William Buckland에 관한 다음 글의 내용과 일치하지 않는 것은?

① 태어난 곳은 화석이 풍부하였다.
His birthplace, Axminster in Britain, was rich with fossils
② John Kidd의 강의를 들으며 자신의 과학 지식을 발전시켰다.
He developed his scientific knowledge there while attending John Kidd's lectures
③ John Kidd의 사임 전에 그의 후임자로 임명되었다.
After Kidd resigned his position, Buckland was appointed his successor
④ 자신의 강의에서 대축척 지질학 지도를 사용하였다.
Buckland used representative samples and large-scale geological maps in his lectures
⑤ 1824년에 거대 생물 뼈의 발견을 발표하였다.
In 1824, he announced the discovery of the bones of a giant creature

❯왜 정답❓ [정답률 92%]

Kidd가 사임한 후에 그의 후임자로 임명되었으므로(After Kidd resigned his position, Buckland was appointed his successor) ③은 글과 일치하지 않는다.

❯왜 오답❓

① 태어난 곳은 화석이 풍부했다. (His birthplace, Axminster in Britain, was rich with fossils)
② John Kidd의 강의를 들으며 자신의 과학 지식을 발전시켰다. (He developed his scientific knowledge there while attending John Kidd's lectures)
④ 자신의 강의에서 대축척 지질학 지도를 사용했다. (Buckland used ~ large-scale geological maps in his lectures)
⑤ 1824년에 거대 생물 뼈의 발견을 발표했다. (In 1824, he announced the discovery of the bones of a giant creature)

Ⅰ 02 정답 ⑤ ＊영국 예술가 Henry Moore

Henry Moore (1898–1986), / one of the most significant British artists / of the 20th century, / was the seventh child / of a coal miner. //
Henry Moore(1898~1986)는 / 가장 중요한 영국 예술가 중 한 명인 / 20세기의 / 일곱 번째 자녀였다 / 석탄 광부의 //

Henry Moore showed a talent for art / from early on / in school. //
Henry Moore는 예술에 재능을 보였다 / 일찍이 / 학창 시절에 //

After World War I, / during which he volunteered for army service, / Moore began to study sculpture / at the Leeds School of Art. //
선행사　　「전치사+관계대명사」
제1차 세계대전 후에 / 그가 군 복무를 자원했던 / Moore는 조각을 공부하기 시작했다 / Leeds School of Art에서 //

Then, he entered the Royal College of Art / in London / and earned his degree there. //
그 후 그는 Royal College of Art에 들어갔고 / 런던에 있는 / 거기서 자신의 학위를 취득했다 //

His sculptures, / known around the world, / present the forms of the body / in a unique way. //
복수 주어　　복수 동사
그의 조각은 / 전 세계적으로 알려진 / 신체 형태를 나타낸다 / 독특한 방식으로 //

One of his artistic themes / was mother-and-child / as shown in *Madonna and Child* / at St. Matthew's Church in Northampton. //
단수 주어　　단수 동사
그의 예술적 주제 중 하나는 / 엄마와 아이였다 / 〈Madonna and Child〉에서 보이듯이 / Northampton의 St. Matthew's 교회에 있는 //

He achieved financial success / from his hard work / and established the Henry Moore Foundation / to support / education and promotion of the arts. //
그는 경제적인 성공을 거두었고 / 각고의 노력으로 / Henry Moore 재단을 세웠다 / 후원하기 위해 / 예술 교육과 증진을 //

- significant ⓐ 중요한　　・coal ⓝ 석탄　　・miner ⓝ 광부
- sculpture ⓝ 조각(품)
- earn ⓥ (그럴 만한 자격·자질이 되어서 ~을) 얻다[받다]
- degree ⓝ 학위, ((단위)) 도　　・artistic ⓐ 예술적인
- establish ⓥ 설립하다　　・foundation ⓝ 토대, 기반, 재단
- promotion ⓝ 증진, 촉진

20세기의 가장 중요한 영국 예술가 중 한 명인 Henry Moore(1898~1986)는 석탄 광부의 일곱 번째 자녀였다. Henry Moore는 학창 시절에 일찍이 예술에 재능을 보였다. 군 복무를 자원했던 제1차 세계대전 후에, Moore는 Leeds School of Art에서 조각을 공부하기 시작했다. 그 후, 그는 런던에 있는 Royal College of Art에 들어갔고 거기서 자신의 학위를 취득했다. 전 세계적으로 알려진 그의 조각은 신체 형태를 독특한 방식으로 나타낸다. 그의 예술적 주제 중 하나는 Northampton의 St. Matthew's 교회에 있는 〈Madonna and Child〉에서 보이듯이 엄마와 아이였다. 그는 각고의 노력으로 경제적인 성공을 거두었고 예술 교육과 증진을 후원하기 위해 Henry Moore 재단을 세웠다.

Henry Moore에 관한 다음 글의 내용과 일치하지 <u>않는</u> 것은?

① 석탄 광부의 일곱 번째 자녀였다.
was the seventh child of a coal miner
② 학창 시절에 일찍이 예술에 재능을 보였다.
Henry Moore showed a talent for art from early on in school.
③ 런던에 있는 Royal College of Art에서 학위를 취득했다.
Then, he entered the Royal College of Art in London and earned his degree there.
④ 그의 조각은 신체 형태를 독특한 방식으로 나타낸다.
His sculptures, ~ present the forms of the body in a unique way.
⑤ 경제적으로 성공을 거두지 못했다.
He achieved financial success

＞왜 정답? [정답률 97%]

경제적인 성공을 거두었고(He achieved financial success) Henry Moore 재단을 설립했다고 했으므로 ⑤은 글과 일치하지 않는다.

＞왜 오답?

① 석탄 광부의 일곱 번째 자녀였다. (was the seventh child of a coal miner)
② 학창 시절에 일찍이 예술에 재능을 보였다. (Henry Moore showed a talent for art from early on in school.)
③ 런던에 있는 Royal College of Art에서 학위를 취득했다. (Then, he entered the Royal College of Art in London and earned his degree there.)
④ 그의 조각은 신체 형태를 독특한 방식으로 나타낸다. (His sculptures, ~ present the forms of the body in a unique way.)

I 03 정답 ③ *동물 영양과 신진대사를 연구한 Max Kleiber

Max Kleiber, a pioneer in the study of animal biology, / **was best known / for** his research on animal nutrition and metabolism. // (be known for: ~로 알려지다)
동물 생물학 연구의 선구자인 Max Kleiber는 / 가장 잘 알려져 있었다 / 동물 영양(학)과 신진대사에 관한 연구로 //

He was born / in Zurich, Switzerland / in 1893. //
그는 태어났다 / 스위스의 Zurich에서 / 1893년에 // ①의 단서 스위스의 Zurich에서 태어남

Kleiber graduated / from the Swiss Federal Institute of Technology / in 1920 / **and** earned his doctoral degree / in 1924. // (graduated와 earned 병렬 연결)
Kleiber는 졸업했다 / Swiss Federal Institute of Technology를 / 1920년에 / 그리고 박사 학위를 받았다 / 1924년에 // ②의 단서 1924년에 박사 학위를 받았음

He came to the University of California at Davis (UC Davis) / in 1929 / **to conduct** research / on energy metabolism in animals. // (부사적 용법(목적))
그는 University of California at Davis(UC Davis)에 왔다 / 1929년에 / 연구를 수행하기 위해 / 동물의 에너지 신진대사에 관한 //

In 1952, / Kleiber received / the distinguished Borden Award / from the American Institute of Nutrition / **and**, a year later, / the Morrison Award / from the American Society for Animal Production. // (the distinguished Borden Award와 the Morrison Award 병렬 연결)
③의 단서 1952년에 Borden Award을 수상했고, 1년 후(1953년)에 Morrison Award을 수상했음
1952년 / Kleiber는 수상했다 / 유명한 Borden Award를 / American Institute of Nutrition으로부터 / 그리고 1년 후에 / Morrison Award를 / American Society for Animal Production으로부터 //

Kleiber's book, *The Fire of Life*, / **was published** in 1961 / **and** subsequently translated / into German, Polish, Spanish, and Japanese. // (수동태) (published와 translated 병렬 연결)
④의 단서 그의 저서 *The Fire of Life*는 여러 언어로 번역되었음
Kleiber의 저서인 *The Fire of Life*는 / 1961년에 출간되었다 / 그리고 그 뒤에 번역되었다 / 독일어, 폴란드어, 스페인어, 일본어로 //

---

⑤의 단서 대학생과 대학원생에게 인기 있는 뛰어난 선생님이었음
Kleiber was an outstanding teacher / **popular** with undergraduates and graduate students alike. // (앞에 주격 관계대명사와 be동사(who was) 생략)
Kleiber는 뛰어난 선생님이었다 / 대학생과 대학원생 모두에게 인기 있는 //

Before his death, / a new classroom building at UC Davis **was named** / Kleiber Hall / in his honor. // (수동태)
사망 전 / UC Davis의 새 강의동은 명명되었다 / Kleiber Hall로 / 그를 기념하여 //

- pioneer ⓝ 선구자　　· animal biology 동물 생물학
- federal ⓐ 연방의　　· institute ⓝ (대학 등의) 기관[단체]
- doctoral ⓐ 박사 학위의　　· conduct ⓥ (특정한 활동을) 수행하다
- distinguished ⓐ 유명한　　· publish ⓥ 출간하다
- subsequently 🔤 그 뒤에, 나중에　　· translate ⓥ 번역하다
- outstanding ⓐ 뛰어난　　· undergraduate ⓝ 대학생
- in one's honor ~을 기념하여

동물 생물학 연구의 선구자인 Max Kleiber는 동물 영양(학)과 신진대사에 관한 연구로 가장 잘 알려져 있었다. 그는 1893년에 스위스의 Zurich에서 태어났다. Kleiber는 1920년에 Swiss Federal Institute of Technology를 졸업하고 1924년에 박사 학위를 받았다. 그는 1929년에 University of California at Davis(UC Davis)에 와서 동물의 에너지 신진대사에 관한 연구를 수행했다. 1952년, Kleiber는 American Institute of Nutrition으로부터 유명한 Borden Award를 수상했으며, 1년 후에 American Society for Animal Production으로부터 Morrison Award를 수상했다. Kleiber의 저서인 *The Fire of Life*는 1961년에 출간되었고 그 뒤에 독일어, 폴란드어, 스페인어, 일본어로 번역되었다. Kleiber는 대학생과 대학원생 모두에게 인기 있는 뛰어난 선생님이었다. 사망 전, UC Davis의 새 강의동은 그를 기념하여 Kleiber Hall로 명명되었다.

Max Kleiber에 관한 다음 글의 내용과 일치하지 <u>않는</u> 것은?

① 스위스의 Zurich에서 태어났다.
He was born in Zurich, Switzerland
② 1924년에 박사 학위를 받았다.
earned his doctoral degree in 1924
③ 1952년에 Borden Award와 Morrison Award를 수상했다.
In 1952, Kleiber received the distinguished Borden Award ~ and, a year later, the Morrison Award
④ 그의 저서 *The Fire of Life*는 여러 언어로 번역되었다.
Kleiber's book, *The Fire of Life*, was ~ translated into German, Polish, Spanish, and Japanese.
⑤ 대학생과 대학원생에게 인기 있는 뛰어난 선생님이었다.
Kleiber was an outstanding teacher popular with undergraduates and graduate students alike.

＞왜 정답? [정답률 93%]

③ 1952년에 Borden Award를 수상했고, 1년 후(1953년)에 Morrison Award를 수상했다고 했으므로 (In 1952, Kleiber received the distinguished Borden Award ~ and, a year later, the Morrison Award) 글의 내용과 일치하지 않는 것은 ③이다.

＞왜 오답?

① 스위스의 Zurich에서 태어났다. (He was born in Zurich, Switzerland)
② 1924년에 박사 학위를 받았다. (earned his doctoral degree in 1924)
④ 그의 저서 *The Fire of Life*는 여러 언어로 번역되었다. (Kleiber's book, *The Fire of Life*, was ~ translated into German, Polish, Spanish, and Japanese.)
⑤ 대학생과 대학원생에게 인기 있는 뛰어난 선생님이었다. (Kleiber was an outstanding teacher popular with undergraduates and graduate students alike.)

김윤 | 2026 수능 응시 · 익산 이리남성여고 졸

이 유형은 선지를 먼저 읽고 선지에 들어있는 단어를 본문에서 찾아가며 해결하는 것이 좋아. 이 문제는 본문에서 1952라는 숫자를 찾고, 그 숫자가 포함되어 있는 문장을 훑으며 a year later 뒤로 Morrison Award를 수상했다는 내용이 나와서, 어렵지 않게 답을 ③으로 고를 수 있었어.

I 04 정답 ⑤　＊정보 이론의 아버지 Claude Shannon

Claude Shannon was an American mathematician and information scientist, / **famous** for being the "father of information theory." //
앞에 who was 생략
Claude Shannon은 미국의 수학자이자 정보 과학자였다 / '정보 이론의 아버지'로 유명한 //
①의 단서 어린 시절 전기기기에 관심이 있었음
As a child, / he was interested in electrical devices / and built a telegraph / **that** connected to his friend's home / half a mile away. //
주격 관계대명사
어린 시절 / 그는 전기기기에 관심이 있었다 / 그리고 전신기를 만들었다 / 친구의 집과 연결되는 / 0.5마일 떨어진 //
②의 단서 스물한 살에 전기공학 석사과정을 시작했음
At age 21, / he started his master's program / in electrical engineering. // 스물한 살에 / 그는 석사과정을 시작했다 / 전기공학에서 //

His master's thesis on digital computing theory / has been called / the "most important master's thesis of all time." //
디지털 컴퓨팅 이론에 관한 그의 석사 논문은 / ~라고 불리어 왔다 / '역사상 가장 중요한 석사 논문' //
help의 목적어 (앞에 to 생략)
During World War II, / he worked to help **win** the war / by inventing a machine / **that** helped destroy German rockets. //
주격 관계대명사
제2차 세계대전 동안 / 그는 전쟁에서 승리하는 데 이바지했다 / 기계를 발명함으로써 / 독일 로켓을 파괴하는 데 도움이 됐던 //
③의 단서 제2차 세계대전 동안 독일 로켓의 파괴에 도움이 되는 기계를 발명했음
In 1950, / with the help of his wife, / he built a machine / **capable of** learning by itself. //
앞에 주격 관계대명사와 be동사 생략
1950년에 / 아내의 도움을 받아 / 그는 기계를 만들었다 / 스스로 학습할 수 있는 //
④의 단서 1950년에 스스로 학습할 수 있는 기계를 만듦

This machine was viewed / as part of the foundation of Artificial Intelligence. // 이 기계는 여겨졌다 / 인공 지능의 기초를 이루는 부분으로 //
⑤의 단서 1958년에 교수직을 퇴임한 것이 아니라, MIT에서 정교수가 되어 20년 이상 가르침
In 1958, / he became a full professor at MIT / and continued to teach there / for more than 20 years. //
1958년에 / 그는 MIT의 정교수가 되었다 / 그리고 그곳에서 계속 가르쳤다 / 20년 넘는 시간 동안 //
과거분사(biography 수식)
A biography **written** about his life called him, / the "most important genius **you've** never heard of." //
앞에 목적격 관계대명사 생략
그의 생애를 다룬 전기는 그를 불렀다 / '여러분이 들어본 적 없는 가장 중요한 천재'라고 //

- **mathematician** ⓝ 수학자　　• **device** ⓝ 기기, 장치
- **master** ⓝ 석사　　• **theory** ⓝ 이론　　• **destroy** ⓥ 파괴하다
- **foundation** ⓝ 기초, 토대　　• **biography** ⓝ 전기

Claude Shannon은 미국의 수학자이자 정보 과학자로, '정보 이론의 아버지'로 유명했다. 어린 시절 그는 전기기기에 관심이 있었고, 0.5마일 떨어진 친구의 집과 연결되는 전신기를 만들었다. 그는 스물한 살에 전기공학 석사과정을 시작했다. 디지털 컴퓨팅 이론에 관한 그의 석사 논문은 '역사상 가장 중요한 석사 논문'으로 불리어 왔다. 제2차 세계대전 동안 그는 독일 로켓을 파괴하는 데 도움이 되는 기계를 발명해 전쟁에서 승리하는 데 이바지했다. 1950년에 그는 아내의 도움을 받아 스스로 학습할 수 있는 기계를 만들었다. 이 기계는 인공 지능의 기초를 이루는 부분으로 여겨졌다. 1958년에 그는 MIT의 정교수가 되었고, 이후 20년 넘게 그곳에서 가르쳤다. 그의 생애를 다룬 전기는 그를 '여러분이 들어본 적 없는 가장 중요한 천재'라고 불렀다.

Claude Shannon에 관한 다음 글의 내용과 일치하지 <u>않는</u> 것은?

① 어렸을 때 전기기기에 관심이 있었다.
　As a child, he was interested in electrical devices
② 스물한 살에 전기공학 석사과정을 시작했다.
　At age 21, he started his master's program in electrical engineering.
③ 제2차 세계대전 때 독일 로켓의 파괴에 도움이 되는 기계를 발명했다.
　During World War II, he worked to help ~ destroy German rockets.
④ 스스로 학습할 수 있는 기계를 1950년에 만들었다.
　In 1950, with the help of his wife, he built a machine capable of learning by itself.
⑤ MIT에서 20년 이상 교수로 재직 후 1958년에 퇴임했다.
　In 1958, he became a full professor at MIT ~ for more than 20 years.

⟩왜 정답 ? [정답률 94%]
⑤ 1958년에 퇴임한 것이 아니라, MIT 교수가 된 후로 20년 이상 재직했다. (In 1958, he became a full professor at MIT ~ for more than 20 years.)

⟩왜 오답 ?
① 어렸을 때 전기기기에 관심이 있었다. (As a child, he was interested in electrical devices)
② 스물한 살에 전기공학 석사과정을 시작했다. (At age 21, he started his master's program in electrical engineering.)
③ 제2차 세계대전 때 독일 로켓의 파괴에 도움이 되는 기계를 발명했다. (During World War II, he worked to help ~ destroy German rockets.)
④ 스스로 학습할 수 있는 기계를 1950년에 만들었다. (In 1950, with the help of his wife, he built a machine capable of learning by itself.)

I 05 정답 ②　＊과학 교육자 Mary Budd Rowe의 생애

Mary Budd Rowe was best known for her achievements / in science education. //
Mary Budd Rowe는 그녀의 성취로 가장 잘 알려졌다 / 과학 교육에서 //
①의 단서 Albert Einstein을 만났을 때 중학생이었음
When she was a middle school student, / she met Albert Einstein / and **was inspired** by him to study science. //
수동태
중학교 학생이었을 때 / 그녀는 Albert Einstein을 만났고 / 그에 의해 과학을 공부하도록 영감을 받았다 //

In 1954, / she graduated from the University of California at Berkeley / with a master's degree in zoology. //
1954년에 / 그녀는 Berkeley에 있는 캘리포니아대학교를 졸업했다 / 동물학 석사 학위를 받고 //

Then she earned her doctorate degree in science education / from Stanford University in 1964. //
②의 단서 박사 학위는 동물학이 아니라 과학 교육으로 받았음
그런 다음 그녀는 과학 교육 박사 학위를 취득했다 / 1964년에 스탠퍼드대학교에서 //
목적어절을 이끄는 접속사
Through her research, / Rowe discovered **that** learning could **be improved** / **by increasing** teachers' average "wait time" for students' responses. //
수동태　　*by ~ing: ~함으로써*
자신의 연구를 통해 / Rowe는 학습이 향상될 수 있다는 것을 발견했다 / 학생들의 응답을 위한 교사의 평균 '기다려주는 시간'을 늘림으로써 //

During her career, / she directed a science education program in Harlem. // **③의 단서** Harlem에서 과학 교육 프로그램을 감독했음
자신의 경력 동안에 / 그녀는 Harlem에서 과학 교육 프로그램을 감독했다 //

She also served / as President of the National Science Teachers Association. // 그녀는 또한 봉직했다 / 전국 과학 교사협회의 회장으로 //
④의 단서 1990년에 'The Process of Knowing'을 출판함
In 1990, / she published her book, *The Process of Knowing*. //
1990년에 / 그녀는 자신의 책 'The Process of Knowing'을 출판했다 //

Throughout her career, / she practiced Einstein's advice, "Science is exploring, and exploring is fun."//
자신의 경력 내내 / 그녀는 Einstein의 충고였던 "과학은 탐험이고, 탐험은 재미있다."를 실천했다 //
수동태　　「one of+복수 명사」: ~ 중 하나
When she died in 1996, / she **was remembered** as **one of the leading figures** / in the field of science education. //
그녀가 1996년에 사망했을 때 / 그녀는 선도적인 인물 중 한 명으로 기억되었다 / 과학 교육계의 //
⑤의 단서 과학 교육 분야의 선도적인 인물로 기억됨

- **inspire** ⓥ 영감을 주다　　• **master's degree** 석사 학위
- **zoology** ⓝ 동물학　　• **doctorate degree** 박사 학위
- **direct** ⓥ 감독[지휘]하다　　• **publish** ⓥ 출판하다
- **practice** ⓥ 실천하다　　• **figure** ⓝ 인물, 주요 인사

Mary Budd Rowe는 과학 교육에서 그녀의 성취로 가장 잘 알려졌다. 중학교 학생이었을 때, 그녀는 Albert Einstein을 만났고 그에 의해 과학을 공부하도록 영감을 받았다. 1954년에, 그녀는 동물학 석사 학위를 받고 Berkeley에 있는 캘리포니아대학교를 졸업했다. 그런 다음 그녀는 1964년에 스탠퍼드대학교에서 과학 교육 박사 학위를 취득했다. 자신의 연구를 통해, Rowe는 학습이 학생들의 응답을 위한 교사의 평균 '기다려주는 시간'을 늘림으로써 향상될 수 있다는 것을 발견했다. 자신의 경력 동안에, 그녀는 Harlem에서 과학 교육 프로그램을 감독했다. 그녀는 또한 전국 과학 교사협회의 회장으로 봉직했다. 1990년에, 그녀는 자신의 책 'The Process of Knowing'을 출판했다. 자신의 경력 내

내, 그녀는 Einstein의 충고였던 "과학은 탐험이고, 탐험은 재미있다."를 실천했다. 그녀가 1996년에 사망했을 때, 그녀는 과학 교육계의 선도적인 인물 중 한 명으로 기억되었다.

Mary Budd Rowe에 관한 다음 글의 내용과 일치하지 <u>않는</u> 것은?

① Albert Einstein을 만났을 때 중학생이었다.
When she was a middle school student, she met Albert Einstein
② 1964년에 동물학으로 박사 학위를 받았다.
Then she earned her doctorate degree in science education ~ in 1964.
③ Harlem에서 과학 교육 프로그램을 감독했다.
she directed a science education program in Harlem
④ 1990년에 *The Process of Knowing*을 출판했다.
In 1990, she published her book, *The Process of Knowing*.
⑤ 과학 교육 분야의 선도적인 인물로 기억되었다.
she was remembered as one of the leading figures in the field of science education

왜 정답? [정답률 95%]

② 박사 학위는 동물학이 아니라 과학 교육으로 받았다. (Then she earned her doctorate degree in science education from Stanford University in 1964.)

왜 오답?

① Albert Einstein을 만났을 때 중학생이었다. (When she was a middle school student, she met Albert Einstein)
③ Harlem에서 과학 교육 프로그램을 감독했다. (she directed a science education program in Harlem)
④ 1990년에 *The Process of Knowing*을 출판했다. (In 1990, she published her book, *The Process of Knowing*.)
⑤ 과학 교육 분야의 선도적인 인물로 기억되었다. (she was remembered as one of the leading figures in the field of science education)

I 06 정답 ④ ＊간호사 Mary Eliza Mahoney의 일생

Born in 1845 in Boston, / Mary Eliza Mahoney was known / as the first African American nurse in the United States. //
1845년 Boston에서 태어난 / Mary Eliza Mahoney는 알려져 있다 / 미국 최초의 아프리카계 미국인 간호사로 //

①의 단서 Boston에 있는 Phillips School을 다녔음

She attended the Phillips School in Boston, / **one of the first integrated schools** in the United States. //
「one of+복수 명사」 ~중 하나
그녀는 Boston에 있는 Phillips School에 다녔다 / 미국 최초의 통합 학교들 중 한 곳인 //

목적어절 접속사
When she was in her teens, / Mahoney knew / **that** she wanted to become a nurse. // **②의 단서** 십 대 시절에 간호사가 되기를 원했음
그녀의 십 대 시절에 / Mahoney는 알았다 / 그녀가 간호사가 되고 싶다는 것을 //

부사적 용법(목적)
To work towards her goal, / Mahoney began working at the New England Hospital for Women and Children, / **which** operated
계속적 용법의 주격 관계대명사
one of the first nursing schools in the United States. //
그녀의 목표를 향해 나아가기 위해 / Mahoney는 New England Hospital for Women and Children에서 일하기 시작했는데 / 이곳은 미국 최초의 간호 학교들 중 한 곳을 운영했다 //

She was admitted to its nursing program in 1878 / at the age of 33. // **③의 단서** 33살에 간호 프로그램에 합격했음
1878년에 그녀는 그곳의 간호 프로그램에 합격했다 / 33살 때 //

upon+(동)명사: '~하자마자'
Upon graduation, / she became a private duty nurse. //
졸업하자마자 / 그녀는 개인 간호사가 되었다 //

In 1908, / Mahoney co-founded the National Association of Colored Graduate Nurses (NACGN) / **to promote** equality for
부사적 용법(목적)
African American nurses. // **④의 단서** 1908년에 NACGN을 혼자가 아니라 공동으로 설립했음
1908년에 / Mahoney는 National Association of Colored Graduate Nurses (NACGN)를 공동 설립했다 / 아프리카계 미국인 간호사들의 평등을 증진하기 위해 //

분사구문을 이끄는 현재분사
Recognizing that Mahoney served as an outstanding role model / for nurses of all races, / NACGN created the Mary Mahoney
목적어절 접속사
Award in 1936. // **⑤의 단서** 1936년에 NACGN은 Mary Mahoney 상을 만들었음
Mahoney가 뛰어난 본보기가 됨을 인정하여 / 모든 인종의 간호사들에게 / NACGN은 1936년에 Mary Mahoney 상을 만들었다 //

• integrated ⓐ 통합된　• operate ⓥ 운영하다
• admit ⓥ (시험 등에) 합격하다　• co-found ⓥ 공동 설립하다
• promote ⓥ 증진시키다　• equality ⓝ 평등
• recognize ⓥ 인정하다　• outstanding ⓐ 뛰어난

1845년 Boston에서 태어난 Mary Eliza Mahoney는 미국 최초의 아프리카계 미국인 간호사로 알려져 있다. 그녀는 미국 최초의 통합 학교들 중 한 곳인 Boston에 있는 Phillips School에 다녔다. 그녀의 십 대 시절에, Mahoney는 자신이 간호사가 되고 싶다는 것을 알았다. 자신의 목표를 향해 나아가기 위해, Mahoney는 New England Hospital for Women and Children에서 일하기 시작했는데, 이곳은 미국 최초의 간호 학교들 중 한 곳을 운영했다. 1878년 그녀는 33살에 그곳의 간호 프로그램에 합격했다. 졸업하자마자, 그녀는 개인 간호사가 되었다. 1908년에 Mahoney는 아프리카계 미국인 간호사들의 평등을 증진하기 위해 National Association of Colored Graduate Nurses (NACGN)를 공동 설립했다. Mahoney가 모든 인종의 간호사들에게 뛰어난 본보기가 됨을 인정하여, 1936년에 NACGN은 Mary Mahoney 상을 만들었다.

Mary Eliza Mahoney에 관한 다음 글의 내용과 일치하지 <u>않는</u> 것은?

① Boston에 있는 Phillips School을 다녔다.
She attended the Phillips School in Boston
② 십 대 시절에 간호사가 되기를 원했다.
When she was in her teens, Mahoney knew that she wanted to become a nurse.
③ 33살에 간호 프로그램에 합격했다.
She was admitted to its nursing program in 1878 at the age of 33.
④ 1908년에 NACGN을 혼자서 설립했다. In 1908, Mahoney co-founded the National Association of Colored Graduate Nurses ~ for African American nurses.
⑤ 1936년에 NACGN은 Mary Mahoney 상을 만들었다.
NACGN created the Mary Mahoney Award in 1936

왜 정답? [정답률 96%]

④ 1908년에 NACGN을 혼자서 설립한 것이 아니라 '공동으로' 설립했다. (In 1908, Mahoney co-founded the National Association of Colored Graduate Nurses (NACGN) ~ for African American nurses.)

왜 오답?

① Boston에 있는 Phillips School을 다녔다. (She attended the Phillips School in Boston)
② 십 대 시절에 간호사가 되기를 원했다. (When she was in her teens, Mahoney knew that she wanted to become a nurse.)
③ 33살에 간호 프로그램에 합격했다. (She was admitted to its nursing program in 1878 at the age of 33.)
⑤ 1936년에 NACGN은 Mary Mahoney 상을 만들었다. (NACGN created the Mary Mahoney Award in 1936)

I 07 정답 ⑤ ＊Barbara Ann Scott의 생애

「one of+최상급+복수 명사」 가장 ~한 … 중 하나
Barbara Ann Scott / was **one of the most famous Canadian figure skaters.** //
Barbara Ann Scott은 / 가장 유명한 캐나다 피겨 스케이팅 선수 중 한 명이었다 //

She was born in Ottawa / in 1928. // **①의 단서** Ottawa에서 태어났음
그녀는 Ottawa에서 태어났다 / 1928년에 //

began의 목적어(동명사)
At the age of seven, / she began **skating** at the Minto Skating Club. // 일곱 살의 나이에 / 그녀는 Minto Skating Club에서 스케이팅을 시작했다 //

When she was just 10, / she became the youngest Canadian /
형용사적 용법
to pass the "gold figures test." // **②의 단서** 10살 때 gold figures test를 통과했음
겨우 10살이 되었을 때 / 그녀는 최연소 캐나다인이 되었다 / 'gold figures test'를 통과한 //

양보의 부사절을 이끄는 접속사
Although she tried to win the Canadian Senior Championship / in both 1941 and 1942, / she finished second both years. //
그녀는 Canadian Senior Championship에서 우승하려고 시도했지만 / 1941년과 1942년에 / 두 해 모두 2등을 했다 // **③의 단서** 1942년에 Canadian Senior Championship에서 2등을 했음

Later, / Scott traveled overseas / and became the first North American / **to win** both the European and World Figure Skating
형용사적 용법
Championships. //
이후 / Scott은 해외로 갔고 / 최초의 북아메리카인이 되었다 / European과 World Figure Skating Championships에서 둘 다 우승한 //

She gained widespread fame / **by winning** the gold medal / at the 1948 Olympic Games in Switzerland. //
by -ing: '~ 함으로써'
그녀는 널리 명성을 얻었다 / 금메달을 획득함으로써 / 1948년에 스위스에서 열린 올림픽에서 //
⑤**의 단서** 1948년 스위스에서 열린 올림픽에서 금메달을 받았음

She toured with an ice show / and engaged in various other activities. // 그녀는 아이스 쇼 순회 공연을 하였고 / 다양한 다른 활동에 참여했다 //

After getting married, / she settled in Chicago / and passed away in Florida in 2012. //
⑤**의 단서** 결혼 후 Chicago에 정착했음
결혼 후 / 그녀는 Chicago에 정착했고 / 2012년에 Florida에서 세상을 떠났다 //

She **became** known as "Canada's Sweetheart" / and **had** a lasting impact / on Canadian figure skating history. //
병렬 구조
그녀는 '캐나다의 연인'으로 알려졌으며 / 지속적인 영향을 미쳤다 / 캐나다 피겨 스케이팅 역사에 //

- **overseas** ⓐⅾ 해외로
- **gain** ⓥ 얻다, 획득하다
- **widespread** ⓐ 널리 퍼진
- **fame** ⓝ 명성
- **engage in** ~에 참여하다
- **settle** ⓥ 정착하다
- **pass away** 세상을 떠나다
- **lasting** ⓐ 지속적인
- **impact** ⓝ 영향

Barbara Ann Scott은 가장 유명한 캐나다 피겨 스케이팅 선수 중 한 명이었다. 그녀는 1928년에 Ottawa에서 태어났다. 일곱 살의 나이에, 그녀는 Minto Skating Club에서 스케이팅을 시작했다. 겨우 10살이 되었을 때, 그녀는 'gold figures test'를 통과한 최연소 캐나다인이 되었다. 그녀는 1941년과 1942년에 Canadian Senior Championship에서 우승하려고 시도했지만, 두 해 모두 2등을 했다. 이후, Scott은 해외로 갔고 European과 World Figure Skating Championships에서 둘 다 우승한 최초의 북아메리카인이 되었다. 그녀는 1948년에 스위스에서 열린 올림픽에서 금메달을 획득함으로써 널리 명성을 얻었다. 그녀는 아이스 쇼 순회 공연을 하였고 다양한 다른 활동에 참여했다. 결혼 후, 그녀는 Chicago에 정착했고 2012년에 Florida에서 세상을 떠났다. 그녀는 '캐나다의 연인'으로 알려졌으며 캐나다 피겨 스케이팅 역사에 지속적인 영향을 미쳤다.

Barbara Ann Scott에 관한 다음 글의 내용과 일치하지 <u>않는</u> 것은?
① Ottawa에서 태어났다.
　She was born in Ottawa in 1928.
② 10살 때 gold figures test를 통과했다. When she was just 10,
　she became the youngest Canadian to pass the "gold figures test."
③ 1941년에 Canadian Senior Championship에서 2등을 했다.
　Although she tried to win ~, she finished second both years.
④ 1948년에 스위스에서 열린 올림픽에서 금메달을 받았다.
　She gained widespread fame by winning ~ in Switzerland.
⑤ 결혼 전에 Chicago에 정착했다.
　After getting married, she settled in Chicago

왜 정답? [정답률 94%]

⑤ Chicago에 정착한 것은 결혼 전이 아니라 결혼 후이다. (After getting married, she settled in Chicago)

왜 오답?

① Ottawa에서 태어났다. (She was born in Ottawa in 1928.)
② 10살 때 gold figures test를 통과했다. (When she was just 10, she became the youngest Canadian to pass the "gold figures test.")
③ 1941년에 Canadian Senior Championship에서 2등을 했다. (Although she tried to win ~, she finished second both years.)
④ 1948년에 스위스에서 열린 올림픽에서 금메달을 받았다. (She gained widespread fame by winning ~ in Switzerland.)

Ⅰ 08 정답 ④ ＊Octavio Paz의 생애

Mexican poet and diplomat Octavio Paz / was one of the chief literary figures of the 20th century. //
①**의 단서** 20세기의 주요 문학계 인사 중 한 명이었음
멕시코의 시인이자 외교관인 Octavio Paz는 / 20세기의 주요 문학계 인사 중 한 명이었다 //

He was born in Mexico City / to a Spanish mother and a Mexican father / in 1914. //
그는 Mexico City에서 태어났다 / 스페인인 어머니와 멕시코인 아버지에게서 / 1914년에 //

He came into early contact with literature / due to his grandfather's extensive library. //
②**의 단서** 할아버지의 방대한 서재 덕분에 / 일찍 문학을 접함
그는 일찍 문학을 접했다 / 할아버지의 방대한 서재 덕분에 //
접속사가 생략되지 않은 분사구문

After attending a Roman Catholic school / he went to the University of Mexico. //
로마 카톨릭 학교를 다닌 후에 / 그는 Mexico 대학교에 갔다 //

While at university / he published his first book of poetry, *Forest Moon*, / in 1933. //
③**의 단서** 대학 재학 중, 첫 번째 시집인 *Forest Moon*을 출판했음
대학 재학 중 / 그는 자신의 첫 번째 시집인 *Forest Moon*을 출판했다 / 1933년에 //

On a visit to Spain in 1937, / he wrote *Beneath Your Clear Shadow and Other Poems*, / **which** showed him **to be** a poet of great promise. //
계속적 용법의 관계대명사 *목적격 보어*
1937년 스페인 방문 중에 / 그는 Beneath Your Clear Shadow and Other Poems를 썼고 / 그것은 그가 대단한 가능성을 지닌 시인임을 보여 주었다 //
④**의 단서** 주인도 대사로 재임하면서 시 쓰는 것도 지속함

From 1962 until 1968, / Paz served as Mexico's ambassador to India, / although he continued writing poetry as well. //
1962년부터 1968년까지 / Paz는 주인도 멕시코 대사로 재임했지만 / 그와 동시에 시 쓰는 것 또한 지속했다 //

After his resignation, / he taught briefly / at Cambridge University in England / and at Harvard University in the United States. // 자신의 사임 후에 / 그는 잠시 가르쳤다 / 영국의 Cambridge 대학교 / 그리고 미국의 Harvard 대학교에서 //

In 1990, / Paz won the Nobel Prize for Literature, / **becoming the first Mexican writer to do so.** //
분사구문
⑤**의 단서** 노벨 문학상을 받은 최초의 멕시코인 작가가 되었음
1990년에 / Paz는 노벨 문학상을 받았다 / 그렇게 하는 최초의 멕시코인 작가가 되었다 //

- **poet** ⓝ 시인
- **diplomat** ⓝ 외교관
- **chief** ⓐ 주요한
- **literary** ⓐ 문학의
- **figure** ⓝ 인물
- **extensive** ⓐ 방대한
- **attend** ⓥ (~에) 다니다
- **publish** ⓥ 출판하다
- **serve** ⓥ 근무하다
- **ambassador** ⓝ 대사
- **resignation** ⓝ 사임

멕시코의 시인이자 외교관인 Octavio Paz는 20세기의 주요 문학계 인사 중 한 명이었다. 그는 1914년에 Mexico City에서 스페인인 어머니와 멕시코인 아버지에게서 태어났다. 그는 할아버지의 방대한 서재 덕분에 일찍 문학을 접했다. 로마 카톨릭 학교를 다닌 후에 그는 Mexico 대학교에 갔다. 대학 재학 중 1933년에 그는 자신의 첫 번째 시집인 *Forest Moon*을 출판했다. 1937년 스페인 방문 중에, 그는 *Beneath Your Clear Shadow and Other Poems*를 썼고, 그것은 그가 대단한 가능성을 지닌 시인임을 보여 주었다. 1962년부터 1968년까지 Paz는 주인도 멕시코 대사로 재임했지만 시 쓰는 것 또한 지속했다. 자신의 사임 후에, 그는 잠시 영국의 Cambridge 대학교와 미국의 Harvard 대학교에서 가르쳤다. 1990년에 Paz는 노벨 문학상을 받은 최초의 멕시코인 작가가 되었다.

Octavio Paz에 관한 다음 글의 내용과 일치하지 <u>않는</u> 것은?
① 20세기의 주요 문학계 인사 중 한 명이었다.
　Octavio Paz was one of the chief literary figures of the 20th century.
② 할아버지의 방대한 서재 덕분에 일찍 문학을 접했다.
　He came into early contact with literature due to his grandfather's extensive library.
③ 대학 재학 중 첫 번째 시집인 *Forest Moon*을 출판했다.
　While at university he published his first book of poetry, *Forest Moon*, in 1933.
④ 주인도 대사로 재임한 기간 동안 시 쓰는 것을 중단했다. Paz served as
　Mexico's ambassador to India, although he continued writing poetry as well.
⑤ 노벨 문학상을 받은 최초의 멕시코인 작가가 되었다.
　Paz won the Nobel Prize for Literature, becoming the first Mexican writer to do so.

왜 정답? [정답률 97%]

④ 주인도 대사로 재임한 기간 동안에도 시 쓰는 것을 계속했다. (Paz served as Mexico's ambassador to India, although he continued writing poetry as well.)

왜 오답?

① 20세기의 주요 문학계 인사 중 한 명이었다. (Octavio Paz was one of the chief literary figures of the 20th century.)
② 할아버지의 방대한 서재 덕분에 일찍 문학을 접했다. (He came into early contact with literature due to his grandfather's extensive library.)
③ 대학 재학 중 첫 번째 시집인 *Forest Moon*을 출판했다. (While at university he published his first book of poetry, *Forest Moon*, in 1933.)
⑤ 노벨 문학상을 받은 최초의 멕시코인 작가가 되었다. (Paz won the Nobel Prize for Literature, becoming the first Mexican writer to do so.)

I 09 정답 ③ ＊Hans Hofmann의 생애와 업적 ─────────

Hans Hofmann was one / of the most influential art teachers /
of the 20th century. //
Hans Hofmann은 한 명이었다 / 가장 영향력 있는 예술 교육자들 중 / 20세기의 //

Born on March 21, 1880 in Germany, / he moved to Munich /
분사구문
with his family. //
1880년 3월 21일 독일에서 태어났으며 / 그는 뮌헨으로 이주했다 / 그의 가족과 //

When he was a teenager, / Hofmann produced scientific
inventions, / including a radar device. // ①의 단서 십 대였을 때
분사구문   과학 발명품들을 만듦
Hofmann이 십 대였을 때 / 그는 과학 발명품들을 만들었다 / 레이더 장치를 포함한 //

②의 단서 1904년에 파리로 이주했음
In 1904, / he moved to Paris, / where he was deeply affected / by
관계부사
the expressive use of color / that distinguished the paintings / of
주격 관계대명사
Henri Matisse and Robert Delaunay. //
1904년에 / 그는 파리로 이주했다 / 그 곳에서 그는 깊이 영향을 받았다 / 표현주의적 색채
사용에 / 그림들을 특징짓는 / Henri Matisse와 Robert Delaunay의 //

He opened his first school, / the Schule für Bildende Kunst(School
of Fine Art), / in Munich / in 1915. // ③의 단서 첫 번째 학교를 뮌헨에서 열었음
그는 그의 첫 번째 학교를 열었다 / the Schule für Bildende Kunst(School of Fine Art)
/ 뮌헨에서 / 1915년에 //

In 1930 / Hofmann moved to the United States, / where he
관계부사
taught / at the Art Students League in New York City / and later
opened his own Hans Hofmann School of Fine Arts. //
1930년에 / Hofmann은 미국으로 이주하였다 / 그 곳에서 그는 가르쳤다 / 뉴욕시의 Art
Students League에서 / 그리고 이후 자신의 Hans Hofmann School of Fine Arts를
열었다 //

④의 단서 1930년대 초에 표현주의적 풍경화와 정물화를 그렸음
By 1939, / he was able to break away / from the Expressionistic
landscapes and still lifes / he had painted / in the early 1930s. //
앞에 목적격 관계대명사 생략
1939년까지 / 그는 벗어날 수 있었다 / 표현주의적 풍경화와 정물화에서 / 그가 그렸던 /
1930년대 초에 //

At the age of 85, / he was still very active / in his studio, / and
completed / approximately 45 paintings. // ⑤의 단서 85세의 나이에 대략
                                              45점의 그림을 완성했음
85세의 나이에 / 그는 여전히 매우 왕성히 활동했다 / 그의 작업실에서 / 그리고 완성했다 /
대략 45점의 그림을 //

- influential ⓐ 영향력 있는   - expressive ⓐ 표현주의적인, 표현적인
- distinguish ⓥ 구별하다, 특징짓다   - break away 벗어나다, 탈피하다
- Expressionistic landscape 표현주의적 풍경화   - still life ⓝ 정물화
- approximately ⓐⓓ 대략

Hans Hofmann은 20세기의 가장 영향력 있는 예술 교육자들 중 한 명이었
다. 1880년 3월 21일 독일에서 태어났으며, 그는 그의 가족과 뮌헨으로 이주했
다. Hofmann이 십 대였을 때, 그는 레이더 장치를 포함한 과학 발명품들을 만
들었다. 1904년에 그는 파리로 이주했는데 그 곳에서 그는 Henri Matisse와
Robert Delaunay의 그림들을 특징짓는 표현주의적 색채 사용에 깊이 영향을
받았다. 그는 1915년에 그의 첫 번째 학교인 the Schule für Bildende Kun-
st(School of Fine Art)를 뮌헨에 열었다. 1930년에 Hofmann은 미국으로 이
주하였고, 그 곳에서 뉴욕시의 Art Students League에서 가르쳤고, 이후 자신
의 Hans Hofmann School of Fine Arts를 열었다. 1939년까지 그는 1930년
대 초 그렸던 표현주의적 풍경화와 정물화에서 벗어날 수 있었다. 85세의 나
이에 그는 그의 작업실에서 여전히 매우 왕성히 활동했고 대략 45점의 그림을
완성했다.

Hans Hofmann에 관한 다음 글의 내용과 일치하지 않는 것은?
① 십 대였을 때 과학 발명품들을 만들었다. When he was a teenager, Hofmann
                                       produced scientific inventions, including a radar device.
② 1904년에 파리로 이주했다.
In 1904, he moved to Paris
③ 첫 번째 학교를 뉴욕시에서 열었다. He opened his first school, the Schule für
                                    Bildende Kunst(School of Fine Art), in Munich in 1915.
④ 1930년대 초에는 표현주의적 풍경화와 정물화를 그렸다.
the Expressionistic landscapes and still lifes he had painted in the early 1930s
⑤ 85세의 나이에 대략 45점의 그림을 완성했다.
At the age of 85, he ~ completed approximately 45 paintings.

왜 정답? ［정답률 88%］
③ 첫 번째 학교를 뉴욕시에서 연 것이 아니라 뮌헨에서 열었다. (He opened his
first school, the Schule für Bildende Kunst(School of Fine Art), in
Munich in 1915.)

왜 오답?
① 십 대였을 때 과학 발명품들을 만들었다. (When he was a teenager, Hofmann
produced scientific inventions, including a radar device.)
② 1904년에 파리로 이주했다. (In 1904, he moved to Paris)
④ 1930년대 초에는 표현주의적 풍경화와 정물화를 그렸다. (the Expressionistic
landscapes and still lifes he had painted in the early 1930s)
⑤ 85세의 나이에 대략 45점의 그림을 완성했다. (At the age of 85, he ~
completed approximately 45 paintings.)

I 10 정답 ④ ＊스포츠 방송인 Dick Enberg의 일생 ─────────

형용사(broadcasters 수식)
Dick Enberg was one / of America's most beloved sports
broadcasters. //
Dick Enberg는 한 명이었다 / 미국의 가장 사랑받는 스포츠 방송인 중 //

He was born in Michigan in 1935. //
그는 1935년에 미시간에서 태어났다 // ①의 단서 Michigan에서 태어났음

In the early 1960s, / he became an assistant professor at San
Fernando Valley State College, / where he also served as a coach
관계부사
of its baseball team. // ②의 단서 대학 야구팀 코치였음
1960년대 초에 / 그는 San Fernando Valley 주립 대학의 조교수가 되었으며 / 그곳에서
그는 그 대학의 야구팀 코치로도 활동했다 //

Afterwards, / he began a full-time sportscasting career / in Los
Angeles. //
후에 / 그는 전업 스포츠 방송 일을 시작했다 / 로스앤젤레스에서 //

형용사적 용법(sportcaster 수식)
In 1973, / he became the first U.S. sportscaster / ever to visit
China. // ③의 단서 중국을 방문한 첫 미국인 스포츠 캐스터였음
1973년에 / 그는 최초의 미국 스포츠 방송 진행자가 되었다 / 역사상 중국을 방문한 //

병렬 구조
He joined NBC Sports in 1975 / and remained with the network
for about 25 years, / covering such big events as the Olympics. //
분사구문
그는 1975년에 NBC 스포츠에 합류하여 / 그 방송국에 약 25년간 남아 있었고 / 올림픽과
같은 대규모 행사를 보도했다 //

He later worked for other major sports broadcasting stations. //
그는 후에 다른 주요 스포츠 방송국에서 일했다 //

병렬 구조
He made his last live broadcast in 2016 / and died the following
year at the age of 82. // ④의 단서 마지막 생방송 후 3년 뒤가 아니라 1년 뒤에 사망하였음
그는 2016년에 자신의 마지막 생방송을 했고 / 그 다음 해에 82세의 나이로 사망했다 //

He served as Chairman / of the American Sportscaster
Association / for more than three decades. //
그는 회장직을 역임했다 / 미국 스포츠 캐스터 협회의 / 30년 넘게 //

병렬 구조
Enberg was also a best-selling writer / and won Emmy Awards
/ as a sportscaster, a writer, and a producer. // ⑤의 단서 Emmy Awards를
                                                  수상하였음
Enberg는 또한 베스트셀러 작가였으며 / 에미상을 수상했다 / 스포츠 방송 진행자, 작가,
그리고 제작자로 //

- beloved ⓐ 사랑받는   - broadcaster ⓝ 방송인
- assistant professor 조교수   - cover ⓥ 보도하다
- broadcasting station 방송국   - chairman ⓝ 회장

Dick Enberg는 미국의 가장 사랑받는 스포츠 방송인 중 한 명이었다. 그는
1935년에 미시간에서 태어났다. 1960년대 초에, 그는 San Fernando Valley
주립 대학의 조교수가 되었으며, 그곳에서 그는 그 대학의 야구팀 코치로도
활동했다. 후에 그는 로스앤젤레스에서 전업 스포츠 방송 일을 시작했다.
1973년에 그는 역사상 중국을 방문한 최초의 미국 스포츠 방송 진행자가
되었다. 그는 1975년에 NBC 스포츠에 합류하여 그 방송국에 약 25년간 남아
있었고, 올림픽과 같은 대규모 행사를 보도했다. 그는 후에 다른 주요 스포츠
방송국에서 일했다. 그는 2016년에 자신의 마지막 생방송을 했고 그 다음 해에
82세의 나이로 사망했다. 그는 30년 넘게 미국 스포츠 캐스터 협회의 회장직을
역임했다. Enberg는 또한 베스트셀러 작가였으며, 스포츠 방송 진행자, 작가,
그리고 제작자로 에미상을 수상했다.

Dick Enberg에 관한 다음 글의 내용과 일치하지 <u>않는</u> 것은?

① Michigan에서 태어났다.
He was born in Michigan in 1935.
② 대학 야구팀 코치였다. he became an assistant professor at San Fernando Valley State College, where he also served as a coach of its baseball team
③ 중국을 방문한 첫 미국인 스포츠 캐스터였다.
he became the first U.S. sportscaster ever to visit China
④ 마지막 생방송 후 3년 뒤에 사망하였다.
He made his last live broadcast in 2016 and died the following year
⑤ Emmy Awards를 수상하였다.
won Emmy Awards

왜 정답? [정답률 98%]

④ 그는 2016년에 마지막 생방송을 하고 그 다음 해에 사망했다고 했으므로 (He made his last live broadcast in 2016 and died the following year) ④은 글의 내용과 일치하지 않는다.

왜 오답?

① Michigan에서 태어났다. (He was born in Michigan in 1935.)
② 대학 야구팀 코치였다. (he became an assistant professor at San Fernando Valley State College, where he also served as a coach of its baseball team)
③ 중국을 방문한 첫 미국인 스포츠 캐스터였다. (he became the first U.S. sportscaster ever to visit China)
⑤ Emmy Awards를 수상하였다. (won Emmy Awards)

한규진 | 연세대 치의예과 2025년 입학 · 대구 계성고 졸

이 문제를 시간을 줄이면서 푸는 꿀팁은 지문을 먼저 다 읽는 것이 아니라, 선택지를 먼저 보는 거야! 선택지를 먼저 보고 지문을 훑으면서 Michigan에서 태어났는지, 대학 야구팀 코치였는지 등 해당 내용이 지문에 있는지만 확인해도 충분히 답을 찾을 수 있어. 이렇게 하면 불필요한 부분을 해석하는 데 낭비하는 시간을 확보할 수 있으니까 꼭 도전해봐!

I 11 정답 ② ＊예술가이자 교육자였던 György Kepes

artist and educator를 수식하는 분사
György Kepes was an artist and educator / **born** in Selyp, Hungary in 1906. //
György Kepes는 예술가이자 교육자였다 / 1906년에 헝가리 Selyp에서 태어난 //

He studied painting / at the Royal Academy of Fine Arts / in Budapest, Hungary. // **①의 단서** 헝가리에서 회화를 공부함
그는 회화를 공부했다 / 왕립 미술 아카데미에서 / 헝가리 Budapest의 //

Then, / he studied design and film / in Berlin, Germany. //
그 후 / 그는 디자인과 영화를 공부했다 / 독일 Berlin에서 //

He went to the United States in 1937, / and about a decade later, / he started teaching visual design / at the Massachusetts Institute of Technology (MIT). // **②의 단서** MIT에서 시각 디자인을 가르치기 시작한 것이 아니라 10년 후임
그는 1937년 미국으로 갔다 / 그리고 약 10년 후 / 그는 시각 디자인을 가르치기 시작했다 / 매사추세츠 공과대학(MIT)에서 //

He founded the Center for Advanced Visual Studies at MIT /
부사적 용법(결과)
to form a community / composed of artists and scientists. //
그는 MIT에 고급 시각 연구 센터를 설립했다 / 그리고 커뮤니티를 만들었다 / 예술가와 과학자들로 구성된 //

His exhibition in 1951 titled *The New Landscape* / became the basis of his book *The New Landscape in Art and Science*, /
계속적 용법의 관계대명사
which was published several years later. // **③의 단서** 전시회를 기반으로 책을 출간했음
1951년 '새로운 풍경'이라는 제목으로 열린 그의 전시회는 / 그의 저서 '예술과 과학의 새로운 풍경'의 기반이 되었다 / 몇 년 후에 출간된 //

주격 관계대명사
In the book, / he presented images / **that** were not previously available, **captured by the latest scientific devices**. //
분사구문
그 책에서 / 그는 이미지를 선보였다 / 이전에는 볼 수 없었던 / 최신 과학 기기로 포착된 //

핵심 주어(단수)   단수 동사
In 1995, / a **museum** to house his works / **was** established / in Eger, Hungary. // **④의 단서** 작품을 소장하기 위한 박물관이 설립됨
1995년 / 그의 작품을 소장하기 위한 박물관이 / 설립되었다 / 헝가리 Eger에 //

He was a great pioneer / in connecting art and technology. //
그는 위대한 선구자였다 / 예술과 기술을 연결하는 데 있어 // **⑤의 단서** 예술과 기술을 연결하는 데 있어서 위대한 선구자였음

- **decade** ⓝ 10년   · **found** ⓥ 설립하다   · **exhibition** ⓝ 전시회
- **basis** ⓝ 기반, 기초   · **capture** ⓥ 포착하다
- **previously** ⓐⓓ 이전에   · **establish** ⓥ 설립하다

György Kepes는 1906년 헝가리 Selyp에서 태어난 예술가이자 교육자였다. 그는 헝가리 Budapest의 왕립 미술 아카데미에서 회화를 공부했다. 그 후 그는 독일 Berlin에서 디자인과 영화를 공부했다. 그는 1937년 미국으로 건너가 약 10년 후 매사추세츠 공과대학(MIT)에서 시각 디자인을 가르치기 시작했다. 그는 MIT에 고급 시각 연구 센터를 설립하여 예술가와 과학자들로 구성된 커뮤니티를 만들었다. 1951년 '새로운 풍경'이라는 제목으로 열린 그의 전시회는 몇 년 후 출간된 그의 저서 '예술과 과학의 새로운 풍경'의 기반이 되었다. 그 책에서 그는 최신 과학 기기로 포착한, 이전에는 볼 수 없었던 이미지를 선보였다. 1995년 그의 작품을 소장하기 위한 박물관이 헝가리 Eger에 설립되었다. 그는 예술과 기술을 연결하는 데 있어 위대한 선구자였다.

György Kepes에 관한 다음 글의 내용과 일치하지 <u>않는</u> 것은?

① 헝가리에서 그림을 공부했다.
He studied painting at the Royal Academy of Fine Arts in Budapest, Hungary.
② 1937년에 MIT에서 시각 디자인을 가르치기 시작했다.
He went to the United States in 1937, ~ at the Massachusetts Institute of Technology (MIT).
③ 그의 전시회를 기반으로 책이 출판되었다.
His exhibition in 1951 titled *The New Landscape* became the basis of his book
④ 그의 작품을 소장하기 위한 박물관이 설립되었다.
In 1995, a museum to house his works was established in Eger, Hungary.
⑤ 예술과 기술을 연결하는 데 있어서 위대한 개척자였다.
He was a great pioneer in connecting art and technology.

왜 정답? [정답률 65%]

② 1937년에 MIT에서 시각 디자인을 가르치기 시작한 것이 아니라 10년 후인 1947년에 가르치기 시작했다. (He went to the United States in 1937, and about a decade later, he started teaching visual design at the Massachusetts Institute of Technology (MIT).)

왜 오답?

① 헝가리에서 그림을 공부했다. (He studied painting at the Royal Academy of Fine Arts in Budapest, Hungary.)
③ 그의 전시회를 기반으로 책이 출판되었다. (His exhibition in 1951 titled *The New Landscape* became the basis of his book)
④ 그의 작품을 소장하기 위한 박물관이 설립되었다. (In 1995, a museum to house his works was established in Eger, Hungary.)
⑤ 예술과 기술을 연결하는 데 있어서 위대한 개척자였다. (He was a great pioneer in connecting art and technology.)

I 12 정답 ⑤ ＊미국의 유명한 공인 Will Rogers의 일생

Will Rogers (1879–1935) / was a famous American public figure. //
Will Rogers(1879-1935)는 / 미국의 유명한 공인이었다 //
①의 단서 여덟 번째 아이로 태어났음
He was born as the eighth child. // 그는 여덟 번째 아이로 태어났다 //

When he was young, / he was clever and mature / but he dropped out of school after the 10th grade. //
어렸을 때 / 그는 영리하고 어른스러웠지만 / 10학년을 마치고 학교를 중퇴했다 //
②의 단서 카우보이와 말에 매우 관심이 있었음
He was very interested in cowboys and horses, / and he even learned how to do rope tricks. //
그는 카우보이와 말에 매우 관심이 많았고 / 심지어 밧줄로 묘기하는 방법까지 배웠다 //

He left the U.S. in 1902 / and worked as a cowboy and roping artist / in South Africa and Australia. //
1902년에 그는 미국을 떠나 / 카우보이와 로핑 아티스트로 일했다 / 남아프리카공화국과 호주에서 //

③의 단서 미국에 돌아온 후 50편이 넘는 영화에 출연했음

After returning to the U.S., / he appeared in more than 50
접속사가 있는 분사구문(선후 관계를 밝히기 위함)
movies / and was often heard on the radio as an entertainer. //
미국으로 돌아온 후 / 그는 50편 이상의 영화에 출연했으며 / 라디오에 자주 엔터테이너로
나왔다 //

④의 단서 뛰어난 신문 칼럼니스트였음

He was also an outstanding newspaper columnist with his wit

and humor, / writing more than 4,000 columns. //
분사구문
그는 또한 재치와 유머를 겸비한 뛰어난 신문 칼럼니스트로서 / 4,000편이 넘는 칼럼을 썼다 //

He unfortunately died / at the height of his career in 1935. //
그는 안타깝게도 세상을 떠났다 / 경력이 한창일 때인 1935년에 //

⑤의 단서 생전이 아니라 사망 이후에 그의 동상이 U.S. Capitol에 설치되었음

Rogers was so popular / that after his death / his statue was
so+형용사/부사+that ~: ~할 정도로 ⋯한
installed in the U.S. Capitol. //
Rogers는 인기가 많았다 / 사망 후 / 미국 국회의사당에 그의 동상이 설치될 정도로 //

He will be remembered / as a great American of many talents. //
그는 기억될 것이다 / 많은 재능을 가진 위대한 미국인으로 //

- public figure 공인, 유명 인사 • mature ⓐ 어른스러운
- drop out of ~을 중퇴하다 • trick ⓝ 묘기, 마술
- outstanding ⓐ 뛰어난 • columnist ⓝ 정기 기고가, 칼럼니스트
- wit ⓝ 재치 • at the height of ~이 한창일 때에
- install ⓥ 설치하다

Will Rogers(1879−1935)는 미국의 유명한 공인이었다. 그는 여덟 번째 아이로
태어났다. 어렸을 때 그는 영리하고 어른스러웠지만 10학년을 마치고 학교를
중퇴했다. 그는 카우보이와 말에 매우 관심이 많았고 심지어 밧줄로 묘기하는
방법까지 배웠다. 1902년에 그는 미국을 떠나 남아프리카공화국과 호주에서
카우보이와 로핑 아티스트로 일했다. 미국으로 돌아온 후, 그는 50편 이상의
영화에 출연했으며 라디오에 자주 엔터테이너로 나왔다. 그는 또한 재치와
유머를 겸비한 뛰어난 신문 칼럼니스트로서 4,000편이 넘는 칼럼을 썼다. 그는
안타깝게도 경력이 한창일 때인 1935년에 세상을 떠났다. Rogers는 사망
후 미국 국회의사당에 그의 동상이 설치될 정도로 인기가 많았다. 그는 많은
재능을 가진 위대한 미국인으로 기억될 것이다.

Will Rogers에 관한 다음 글의 내용과 일치하지 <u>않는</u> 것은?

① 여덟 번째 아이로 태어났다.
He was born as the eighth child.
② 카우보이와 말에 매우 관심이 있었다.
He was very interested in cowboys and horses
③ 미국에 돌아온 후 50편이 넘는 영화에 출연했다.
After returning to the U.S., he appeared in more than 50 movies
④ 뛰어난 신문 칼럼니스트였다.
He was also an outstanding newspaper columnist
⑤ 생전에 그의 동상이 U.S. Capitol에 설치되었다.
after his death his statue was installed in the U.S. Capitol.

＞왜 정답？ [정답률 91%]

⑤ 생전이 아니라 사망 이후에 그의 동상이 U.S. Capitol에 설치되었다. (after his
　 death his statue was installed in the U.S. Capitol)

＞왜 오답？

① 여덟 번째 아이로 태어났다. (He was born as the eighth child.)
② 카우보이와 말에 매우 관심이 있었다. (He was very interested in cowboys
　 and horses)
③ 미국에 돌아온 후 50편이 넘는 영화에 출연했다. (After returning to the U.S.,
　 he appeared in more than 50 movies)
④ 뛰어난 신문 칼럼니스트였다. (He was also an outstanding newspaper
　 columnist)

I 13 정답 ⑤ ＊고고학자 Mary Douglas Leakey의 일생 ──

수동태
Mary Douglas Leakey was born in 1913 in London, England / in

a family of scholars and researchers. // **①의 단서** 1913년에 영국 런던에서
태어남
Mary Douglas Leakey는 1913년에 영국 런던에서 태어났다 / 학자와 연구자의 집안에서 //
주격 관계대명사
Her father, who was an artist, / took her to see the stone tools /

being studied by French prehistorians. //
예술가였던 그녀의 아버지는 / 그녀를 데리고 석기를 보러 갔다 / 프랑스 선사학자들이
연구하고 있던 //

This sparked her interest in archaeology. //
이것은 고고학에 대한 그녀의 흥미를 불러 일으켰다 //

When she was just 17 years old, / she served as an illustrator at

a dig in England. // **②의 단서** 17살이었을 때 영국에 있는 발굴지에서 삽화가로 일함
그녀가 단지 17세일 때 / 그녀는 영국에 있는 발굴지에서 삽화가로 일했다 //

Shortly after marrying Louis Leakey, / she left for East Africa

with her husband. // **③의 단서** 그녀는 남편과 함께 동아프리카로 떠났음
Louis Leakey와 결혼하고 얼마 되지 않아 / 그녀는 그녀의 남편과 함께 동아프리카로
떠났다 //

Together, they made important fossil discoveries. //
함께, 그들은 중요한 화석들을 발견했다 // **④의 단서** 1948년에 Proconsul africanus의
두개골 화석의 일부를 찾음

In 1948, / Mary found a partial skull fossil of *Proconsul africanus*

/ on Rusinga Island in Lake Victoria. //
1948년 / Mary는 Proconsul africanus의 두개골 화석의 일부를 찾았다 / Lake Victoria
에 있는 Rusinga Island에서 //

In 1959 in Tanzania, / she discovered the skull of an early
목적격 관계대명사
hominin / that her husband named *Zinjanthropus boisei*, / which

is now known as *Paranthropus boisei*. //
1959년 탄자니아에서 / 그녀는 초기 호미닌(분류학상 인간의 조상으로 분류되는 종족)
의 두개골을 발견했다 / 그녀의 남편이 Zinjanthropus boisei라고 이름 붙인 / 지금은
Paranthropus boisei라고 알려진 //

Even after her husband's death in 1972, / Mary continued her

work in Africa. //
1972년 그녀의 남편의 사망 이후에도 / Mary는 아프리카에서 그녀의 일을 계속했다 //

Mary died in 1996, in Nairobi, Kenya. //
Mary는 1996년 케냐 나이로비에서 사망했다 // **⑤의 단서** 1996년에 케냐 나이로비에서 사망함

- prehistorian ⓝ 선사학자 • spark ⓥ 촉발시키다
- archaeology ⓝ 고고학 • serve as ~의 역할을 하다, 일하다

Mary Douglas Leakey는 1913년에 영국 런던에서 학자와 연구자의 집안에서
태어났다. 예술가였던 그녀의 아버지는 그녀를 데리고 프랑스 선사학자들이
연구하고 있던 석기를 보러 갔다. 이것은 고고학에 대한 그녀의 흥미를 불러
일으켰다. 그녀가 단지 17세일때, 그녀는 영국에 있는 발굴지에서 삽화가로
일했다. Louis Leakey와 결혼하고 얼마 되지 않아, 그녀는 그녀의 남편과 함께
동아프리카로 떠났다. 함께, 그들은 중요한 화석들을 발견했다. 1948년에,
Mary는 Lake Victoria에 있는 Rusinga Island에서 Proconsul africanus의
두개골 화석의 일부를 찾았다. 1959년 탄자니아에서 그녀는 그녀의 남편이
Zinjanthropus boisei라고 이름 붙인, 지금은 Paranthropus boisei라고
알려진 초기 호미닌(분류학상 인간의 조상으로 분류되는 종족)의 두개골을
발견했다. 1972년 그녀의 남편의 사망 이후에도, Mary는 아프리카에서 그녀의
일을 계속했다. Mary는 1996년 케냐 나이로비에서 사망했다.

Mary Douglas Leakey에 관한 다음 글의 내용과 일치하지 <u>않는</u> 것은?

① 1913년에 영국 런던에서 태어났다.
Mary Douglas Leakey was born in 1913 in London, England
② 17세의 나이에 영국에 있는 발굴지에서 삽화가로 일했다.
When she was just 17 years old ~ dig in England.
③ 그녀의 남편과 함께 동아프리카로 떠났다.
she left for East Africa with her husband
④ 1948년에 *Proconsul africanus*의 두개골 화석의 일부를 찾았다.
In 1948, Mary found a partial skull fossil of Proconsul africanus
⑤ 1972년에 케냐 나이로비에서 사망했다.
Mary died in 1996, in Nairobi, Kenya.

＞왜 정답？ [정답률 95%]

⑤ 1972년에는 Mary가 아닌 그녀의 남편이 사망했으며, Mary는 1996년 케냐
　 나이로비에서 사망했다. (Mary died in 1996, in Nairobi, Kenya.)

＞왜 오답？

① 1913년에 영국 런던에서 태어났다. (Mary Douglas Leakey was born in
　 1913 in London, England)
② 17세의 나이에 영국에 있는 발굴지에서 삽화가로 일했다. (When she was just
　 17 years old, she served as an illustrator at a dig in England.)
③ 그녀의 남편과 함께 동아프리카로 떠났다. (she left for East Africa with her
　 husband)
④ 1948년에 Lake Victoria에 있는 Rusinga Island에서 Proconsul
　 africanus의 두개골 화석의 일부를 찾았다. (In 1948, Mary found a partial
　 skull fossil of Proconsul africanus)

I 14 정답 ④　*John Carew Eccles의 일생

John Carew Eccles was born / on 27 January 1903 in Melbourne,
Australia. //
John Carew Eccles는 태어났다 / Australia의 Melbourne에서 1903년 1월 27일에 //

Both his parents were school teachers, / **who** home-schooled
him until he was 12. //
계속적 용법의 관계대명사
①의 단서 부모님은 그를 12세까지 홈스쿨링 시킴
부모님 모두 학교 선생님이었고 / 그를 12세까지 홈스쿨링 시켰다 //

In 1915, Eccles began his secondary schooling / and after
four years, / **prior to** entering the University of Melbourne,
~에 앞서
/ he studied science and mathematics / for another year at
Melbourne High School. //
②의 단서 Melbourne High School에서 과학과 수학을 공부함
1915년에 Eccles는 중등교육을 시작했고 / 4년 뒤에 / University of Melbourne에
입학하기 전에 / 과학과 수학을 공부했다 / Melbourne High School에서 한 해 더 //

He completed his medical course in February 1925, / and left
Melbourne for Oxford the same year. //
그는 의학 과정을 1925년 2월에 끝마쳤고 / 같은 해에 Melbourne에서 Oxford로 갔다 //

③의 단서 Sir Charles Sherrington의 연구 조교를 했음
From 1928 to 1931 / he was a research assistant to Sir Charles
Sherrington, / and published eight papers conjointly. //
1928년부터 1931년까지 / 그는 Sir Charles Sherrington의 연구 조교였고 / 공동으로
출판된 8개의 논문이 있었다 //

Returning to Australia with his family in 1937, / he gave lectures
분사구문
to third-year medical students / at the University of Sydney
from 1938 to 1940. //
그의 가족들과 1937년에 Australia로 돌아와서 / 그는 의대 3학년 학생들에게 강의를 했다 /
University of Sydney에서 1938년부터 1940년까지 //

④의 단서 1963년 노벨 생리·의학상의 공동 수상자였음
Eccles was the co-winner of the Nobel Prize in Physiology or
Medicine / along with A.L. Hodgkin and A.F. Huxley in 1963. //
Eccles는 노벨 생리·의학상의 공동 수상자였다 / 1963년에 A.L. Hodgkin, A.F. Huxley
와 함께 //

⑤의 단서 은퇴 후에 Switzerland로 이주함
In 1975, he voluntarily retired / and moved to Switzerland /
to dedicate himself to work on the mind-brain problem. //
1975년에 그는 자발적으로 은퇴했고 / Switzerland로 이주해서 / 정신과 두뇌의 문제에
관한 연구에 전념했다 //

- complete ⓥ 끝내다, 완성하다　　• assistant ⓝ 조수
- publish ⓥ 출판하다　　• conjointly ⓐⓓ 결합하여, 공동으로
- dedicate oneself to ~ ~에 전념하다

John Carew Eccles는 Australia의 Melbourne에서 1903년 1월 27일에
태어났다. 부모님 모두 학교 선생님이었고 그를 12세까지 홈스쿨링
시켰다. 1915년에 Eccles는 중등교육을 시작했고 4년 뒤에, University of
Melbourne에 입학하기 전에, 과학과 수학을 Melbourne High School에서
한 해 더 공부했다. 그는 의학 과정을 1925년 2월에 끝마쳤고, 같은 해에
Melbourne에서 Oxford로 갔다. 1928년부터 1931년까지 그는 Sir Charles
Sherrington의 연구 조교였고, 공동으로 출판된 8개의 논문이 있었다. 그의
가족들과 1937년에 Australia로 돌아와서, 그는 University of Sydney에서
의대 3학년 학생들에게 1938년부터 1940년까지 강의를 했다. Eccles는
1963년에 A.L. Hodgkin, A.F. Huxley와 함께 노벨 생리·의학상의 공동
수상자였다. 1975년에 그는 자발적으로 은퇴했고 Switzerland로 이주해서
정신과 두뇌의 문제에 관한 연구에 전념했다.

John Carew Eccles에 관한 다음 글의 내용과 일치하지 <u>않는</u> 것은?
① 12세까지 홈스쿨링을 받았다.
　Both his parents were school teachers, who home-schooled him until he was 12.
② Melbourne High School에서 과학과 수학을 공부했다.
　he studied science and mathematics for another year at Melbourne High School
③ Sir Charles Sherrington의 연구 조교였다.
　he was a research assistant to Sir Charles Sherrington
④ 1963년에 노벨 생리·의학상을 단독으로 수상했다.　Eccles was the co-winner
　Physiology or Medicine along with A.L. Hodgkin and A.F. Huxley in 1963.　of the Nobel Prize in
⑤ 은퇴하고 Switzerland로 이주했다.
　he voluntarily retired and moved to Switzerland

✓왜 정답 ? [정답률 94%]
④ 1963년에 노벨 생리·의학상을 단독으로 수상한 것이 아니라, A.L. Hodgkin, A.F.
　Huxley와 함께 노벨 생리·의학상을 공동 수상했다. (Eccles was the co-winner
　of the Nobel Prize in Physiology or Medicine along with A.L. Hodgkin
　and A.F. Huxley in 1963.)

✓왜 오답 ?
① 12세까지 홈스쿨링을 받았다. (Both his parents were school teachers,
　who home-schooled him until he was 12.)
② Melbourne High School에서 과학과 수학을 공부했다. (he studied science
　and mathematics for another year at Melbourne High School)
③ Sir Charles Sherrington의 연구 조교였다. (he was a research assistant
　to Sir Charles Sherrington)
⑤ 은퇴하고 Switzerland로 이주했다. (he volutarily retired and moved to
　Switzerland)

I 15 정답 ③　*José Saramago의 생애와 문학적 업적

José Saramago was born in 1922 / to a family of farmers / in a
little village north of Lisbon. //
José Saramago는 1922년에 태어났다 / 농부의 가정에서 / Lisbon 북쪽의 작은 마을에
있는 //

①의 단서 재정적인 이유로 고등학교 공부를 그만둠
For financial reasons / he **abandoned** his high-school studies /
병렬 구조(동사)
and **worked** as a mechanic. //
재정적인 이유로 / 그는 고등학교 공부를 그만두었고 / 정비공으로 일을 했다 //

②의 단서 독서에 흥미가 생겨 공립 도서관을 자주 방문하기 시작함
At this time, / he acquired a taste for reading / and started
명사적 용법(started의 목적어)
to frequent a public library in Lisbon / in his free time. //
이때 / 그는 독서에 흥미가 생겨 / Lisbon에 있는 공립 도서관을 자주 방문하기 시작했다 /
여가 시간에 //

After trying different jobs in the civil service, / he worked for a
publishing company for twelve years / and then as an editor of
the newspaper 'Diário de Notícias.' //
③의 단서 출판사에서 일한 후 편집자로 일함
공직에서 여러 가지 일을 해 본 뒤에 / 그는 출판사에서 12년간 일한 후 / 신문사
'Diário de Notícias'의 편집자로 일했다 //

재귀 용법의 재귀대명사
Between 1975 and 1980 / Saramago supported **himself** as a
translator, / but after his literary successes in the 1980s / he
devote A to B: A를 B에 바치다
devoted himself **to** his own writing. //
1975년부터 1980년까지 / Saramago는 번역가로 생계를 유지했지만 / 1980년대의
문학적인 성공 이후로는 / 자신의 글쓰기에 몰두했다 //

He achieved worldwide recognition in 1982 / with the humorous
love story *Baltasar and Blimunda*, / a novel set in 18th-century
Portugal. //
④의 단서 포르투갈이 배경인 소설로 세계적인 인정을 받음
그는 1982년에 세계적인 인정을 받았다 / 해학적인 사랑 이야기 'Baltasar and Blimunda'
로 / 18세기 포르투갈을 배경으로 한 소설인 //

병렬 구조(동사)
Saramago's oeuvre **totals** 30 works, / and **comprises** not only
⑤의 단서 소설뿐 아니라 시,
novels but also poetry, essays and drama. // 수필, 희곡 또한 집필함
Saramago의 전체 작품은 총 30편에 이르고 / 소설뿐만 아니라 시, 수필, 희곡 등도
포함한다 //

- abandon ⓥ 그만두다　　• mechanic ⓝ 정비공
- frequent ⓥ 자주 다니다　　• civil service (정부의) 공무원[행정] 조직[업무]
- recognition ⓝ 인정　　• humorous ⓐ 재미있는, 해학적인

José Saramago는 1922년에 Lisbon 북쪽의 작은 마을에 있는 농부의 가정에서
태어났다. 그는 재정적인 이유로 고등학교 공부를 그만두었고 정비공으로
일을 했다. 이때, 그는 독서에 흥미가 생겨 여가 시간에 Lisbon에 있는 공립
도서관을 자주 방문하기 시작했다. 공직에서 여러 가지 일을 해 본 뒤에 그는
출판사에서 12년간 일한 후, 신문사 'Diário de Notícias'의 편집자로 일했다.
1975년부터 1980년까지 Saramago는 번역가로 생계를 유지했지만 1980년대의
문학적인 성공 이후로는 자신의 글쓰기에 몰두했다. 그는 18세기 포르투갈을
배경으로 한 소설인 해학적인 사랑 이야기 'Baltasar and Blimunda'로
1982년에 세계적인 인정을 받았다. Saramago의 전체 작품은 총 30편에
이르고 소설뿐만 아니라 시, 수필, 희곡 등도 포함한다.

José Saramago에 관한 다음 글의 내용과 일치하지 <u>않는</u> 것은?
① 재정적인 이유로 고등학교 공부를 그만두었다.
   For financial reasons he abandoned his highschool studies
② 독서에 흥미가 생겨 공립 도서관을 자주 방문하기 시작했다.
   he acquired a taste for reading and started to frequent a public library
③ 신문사의 편집자로 일한 후 출판사에서 12년간 일했다.
   he worked ~ and then as an editor of the newspaper 'Diário de Notícias
④ 포르투갈이 배경인 소설로 세계적인 인정을 받았다.
   He achieved worldwide recognition in 1982 ~ Portugal
⑤ 소설뿐 아니라 시, 수필, 희곡 또한 집필하였다.
   comprises not only novels but also poetry, essays and drama

왜 정답? [정답률 91%]

출판사에서 12년간 일한 후, 신문사의 편집자로 일했다고 했으므로 (he worked for a publishing company for twelve years and then as an editor of the newspaper 'Diário de Notícias.') 반대로 말한 ③이 글의 내용과 일치하지 않는다.

왜 오답?

① 재정적인 이유로 고등학교 공부를 그만두었다. (For financial reasons he abandoned his highschool studies)
② 독서에 흥미가 생겨 공립 도서관을 자주 방문하기 시작했다. (he acquired a taste for reading and started to frequent a public library)
④ 포르투갈이 배경인 소설로 세계적인 인정을 받았다. (He achieved worldwide recognition in 1982 ~ Portugal.)
⑤ 소설뿐 아니라 시, 수필, 희곡 또한 집필하였다. (comprises not only novels but also poetry, essays and drama)

I 16 정답 ④ ＊프랑스 영화감독 Jean Renoir

Jean Renoir (1894 – 1979), a French film director, / was born in Paris, France. //
프랑스 영화감독인 Jean Renoir(1894~1979)는 / 프랑스 파리에서 태어났다 //

He was the son / of the famous painter Pierre-Auguste Renoir. // (①의 단서 유명 화가인 Pierre-Auguste Renoir의 아들이었음)
그는 아들이었다 / 유명 화가 Pierre-Auguste Renoir의 //

He and the rest of the Renoir family / were the models / of many of his father's paintings. //
그와 나머지 Renoir 가족은 / 모델이었다 / 그의 아버지의 그림 다수의 //

At the outbreak of World War I, / Jean Renoir was serving in the French army / but was wounded in the leg. // (②의 단서 제1차 세계대전이 발발했을 때 프랑스 군에 복무 중이었음 / 병렬 구조)
제1차 세계대전이 발발했을 때 / Jean Renoir는 프랑스 군에 복무 중이었지만 / 다리에 부상을 입었다 //

In 1937, / he made La Grande Illusion, / one of his better-known films. // (③의 단서 1937년에 La Grande Illusion을 만들었음)
1937년에 / 그는 La Grande Illusion을 만들었다 / 자신의 더 잘 알려진 영화 중 하나인 //

It was enormously successful / but was not allowed / to show in Germany. // (능동태 문장의 목적격 보어)
그것은 엄청나게 성공적이었지만 / 허용되지 않았다 / 독일에서 상영하도록 //

During World War II, / when the Nazis invaded France in 1940, / he went to Hollywood in the United States / and continued his career there. // (전치사 / 부사절 접속사(때) / ④의 단서 제2차 세계대전 중에 미국 할리우드로 갔음)
제2차 세계대전 중 / 1940년에 나치가 프랑스를 침공했을 때 / 그는 미국 할리우드로 가서 / 그곳에서 경력을 이어갔다 //

He was awarded numerous honors and awards / throughout his career, / including the Academy Honorary Award in 1975 / for his lifetime achievements / in the film industry. // (⑤의 단서 Academy Honorary Award를 포함하여 많은 상을 받았음)
그는 수많은 명예상과 상을 받았다 / 그의 경력을 통틀어 / 1975년 아카데미 공로상을 포함하여 / 평생의 업적을 인정받아 / 영화계에서 //

Overall, Jean Renoir's influence / as a film-maker and artist / endures. // (동사(완전자동사) / 주어)
전반적으로 Jean Renoir의 영향력은 / 영화 제작자이자 예술가로서 / 지속되고 있다 //

• film director ⓝ 영화 감독 • outbreak ⓝ 발생
• serve ⓥ 복무하다, 제공하다 • army ⓝ 군대
• wound ⓥ 상처를 입히다 • enormously ⓐⓓ 엄청나게, 대단히
• successful ⓐ 성공한, 출세한 • award ⓥ 수여하다

• throughout [prep] ~동안, 도처에 • lifetime ⓝ 일생, 생애
• achievement ⓝ 업적 • influence ⓝ 영향력
• endure ⓥ 오래가다, 지속되다

프랑스 영화감독인 Jean Renoir(1894~1979)는 프랑스 파리에서 태어났다. 그는 유명 화가 Pierre-Auguste Renoir의 아들이었다. 그와 나머지 Renoir 가족은 아버지의 그림 다수의 모델이었다. 제1차 세계대전이 발발했을 때, Jean Renoir는 프랑스 군에 복무 중이었지만, 다리에 부상을 입었다. 1937년에 그는 자신의 더 잘 알려진 영화 중 하나인 La Grande Illusion을 만들었다. 그것은 엄청나게 성공적이었지만 독일에서는 상영이 허용되지 않았다. 제2차 세계대전 중, 1940년에 나치가 프랑스를 침공했을 때 그는 미국 할리우드로 가서 그곳에서 경력을 이어갔다. 그는 영화계에서 평생의 업적을 인정받아 1975년 아카데미 공로상을 포함하여 경력을 통틀어 수많은 명예상과 상을 받았다. 전반적으로, 영화 제작자이자 예술가로서 Jean Renoir의 영향력은 지속되고 있다.

Jean Renoir에 관한 다음 글의 내용과 일치하지 <u>않는</u> 것은?
① 유명 화가의 아들이었다. He was the son of the famous painter Pierre-Auguste Renoir.
② 제1차 세계대전이 발발했을 때 프랑스 군에 복무 중이었다.
   At the outbreak of World War I, Jean Renoir was serving in the French army
③ La Grande Illusion을 1937년에 만들었다. In 1937, he made La Grande Illusion
④ 제2차 세계대전 내내 프랑스에 머물렀다.
   During World War II, ~ he went to Hollywood in the United States
⑤ Academy Honorary Award를 수상하였다.
   He was awarded numerous honors and awards ~ including the Academy Honorary Award

왜 정답? [정답률 96%]

④ 제2차 세계대전 중에 미국 할리우드로 갔다. (During World War II, ~ he went to Hollywood in the United States)

왜 오답?

① 유명 화가의 아들이었다. (He was the son of the famous painter Pierre-Auguste Renoir.)
② 제1차 세계대전이 발발했을 때 프랑스 군에 복무 중이었다. (At the outbreak of World War I, Jean Renoir was serving in the French army)
③ La Grande Illusion을 1937년에 만들었다. (In 1937, he made La Grande Illusion)
⑤ Academy Honorary Award를 수상하였다. (He was awarded numerous honors and awards ~ including the Academy Honorary Award)

I 17 정답 ③ ＊위대한 장거리 선수인 Emil Zátopek

Emil Zátopek, a former Czech athlete, / is considered / one of the greatest long-distance runners ever. //
전직 체코 육상선수인 Emil Zátopek은 / 여겨진다 / 역대 가장 위대한 장거리 선수 중 한 명이라고 //

He was also famous / for his distinctive running style. // (①의 단서 독특한 달리기 스타일로 유명했음)
그는 또한 유명했다 / 그의 독특한 달리기 스타일로 //

While working in a shoe factory, / he participated in a 1,500-meter race / and won second place. // (= While he worked / ②의 단서 신발 공장에서 일한 적이 있음)
신발 공장에서 일하는 동안 / 그는 1,500미터 경주에 참가해서 / 2등을 했다 //

After that event, / he took a more serious interest / in running / and devoted himself to it. // (병렬 구조 / ③의 단서 헬싱키 올림픽에서 올림픽 기록을 깸)
그 일 이후로 / 그는 더 진지한 흥미를 느끼게 되어 / 달리기에 / 그것에 전념했다 //

At the 1952 Olympic Games in Helsinki, / he won three gold medals / in the 5,000-meter and 10,000-meter races and in the marathon, / breaking Olympic records / in each. //
1952년 헬싱키 올림픽 대회에서 / 그는 세 개의 금메달을 땄는데 / 5,000미터, 1만 미터 종목과 마라톤에서 / 올림픽 기록을 깼다 / 각 종목에서 //

He was married to Dana Zátopková, / who was an Olympic gold medalist, too. // (선행사 / 주격 관계대명사(계속적 용법) / ④의 단서 Dana Zátopková 그녀도 올림픽 금메달리스트였음)
그는 Dana Zátopková와 결혼했는데 / 그녀 또한 올림픽 금메달리스트였다 //

Zátopek was also noted / for his friendly personality. //
Zátopek은 또한 유명했다 / 그의 다정한 성격으로 //

In 1966, / Zátopek invited Ron Clarke, / a great Australian runner / who had never won an Olympic gold medal, / to an athletic meeting in Prague. //

1966년에 / Zátopek은 Ron Clarke를 초대했다 / 위대한 호주 달리기 선수인 / 올림픽 금메달을 딴 적이 없었던 / 프라하에서 열린 체전에 //

After the meeting, / he gave Clarke / one of his gold medals / as a gift. // ⑤의 단서 자신의 금메달들 중 하나를 Ron Clarke에게 줬음

그 대회 후에 / 그는 Clarke에게 주었다 / 자신의 금메달들 중 하나를 / 선물로 //

- former ⓐ 과거의, 이전의, 전자의
- Czech ⓐ 체코의
- athlete ⓝ (운동) 선수
- consider A B A를 B로 여기다
- long-distance ⓐ 장거리의
- distinctive ⓐ 독특한, 특유의
- factory ⓝ 공장
- participate in ~에 참가하다
- race ⓝ 달리기 (시합), 경주
- win ⓥ (경기 등에서 이겨) 따다[타다]
- serious ⓐ 진지한, 심각한
- devote ⓥ (노력·시간을) 바치다
- break ⓥ (기록을) 깨다
- record ⓝ 기록
- noted for ~로 유명한
- personality ⓝ 성격
- athletic ⓐ 육상(경기)의

전직 체코 육상선수인 Emil Zátopek은 역대 가장 위대한 장거리 선수 중 한 명이라고 여겨진다. 그는 또한 그의 독특한 달리기 스타일로 유명했다. 신발 공장에서 일하는 동안 그는 1,500미터 경주에 참가해서 2등을 했다. 그 일 이후로 그는 달리기에 더 진지한 흥미를 느끼게 되어 그것에 전념했다. 1952년 헬싱키 올림픽 대회에서 그는 5,000미터, 1만 미터 종목과 마라톤에서 세 개의 금메달을 땄는데, 각 종목에서 올림픽 기록을 깼다. 그는 Dana Zátopková와 결혼했는데, 그녀 또한 올림픽 금메달리스트였다. Zátopek은 또한 그의 다정한 성격으로 유명했다. 1966년에, Zátopek은 올림픽 금메달을 딴 적이 없었던 위대한 호주 달리기 선수인 Ron Clarke를 프라하에서 열린 체전에 초대했다. 그 대회 후에 그는 Clarke에게 자신의 금메달들 중 하나를 선물로 주었다.

Emil Zátopek에 관한 다음 글의 내용과 일치하지 <u>않는</u> 것은?
① 독특한 달리기 스타일로 유명했다.
He was also famous for his distinctive running style.
② 신발 공장에서 일한 적이 있다.
While working in a shoe factory
③ 1952년 Helsinki 올림픽에서 올림픽 기록을 깨지 못했다.
At the 1952 Olympic Games in Helsinki, ~ breaking Olympic records in each.
④ 올림픽 금메달리스트인 Dana Zátopková와 결혼했다.
He was married to Dana Zátopková, who was an Olympic gold medalist, too.
⑤ 자신의 금메달 중 하나를 Ron Clarke에게 주었다.
After the meeting, he gave Clarke one of his gold medals as a gift.

왜 정답? [정답률 96%]
1952년 헬싱키 올림픽에서 5,000미터, 1만 미터 마라톤에서 금메달을 땄고, 각 종목에서 올림픽 기록을 깼다고(At the 1952 Olympic Games in Helsinki, ~ breaking Olympic records in each.) 했으므로 ③은 글과 일치하지 않는다.

왜 오답?
① 자신의 독특한 달리기 스타일로 유명했다. (He was also famous for his distinctive running style.)
② 신발 공장에서 일하는 동안 1,500미터 경주에 참가해서 2등을 했다. (While working in a shoe factory)
④ 올림픽 금메달리스트인 Dana Zátopková와 결혼했다. (He was married to Dana Zátopková, who was an Olympic gold medalist, too.)
⑤ 프라하에서 열린 체전 이후에 자신의 금메달 중 하나를 Ron Clarke에게 주었다. (After the meeting, he gave Clarke one of his gold medals as a gift.)

I 18 정답 ③ ＊Donato Bramante의 생애

Donato Bramante, / born in Fermignano, Italy, / began to paint / early in his life. //

Donato Bramante는 / 이탈리아의 Fermignano에서 태어난 / 그림을 그리기 시작했다 / 인생에서 일찍이 //

His father encouraged him / to study painting. //

그의 아버지는 그를 격려했다 / 그림을 공부하도록 //

Later, he worked / as an assistant of Piero della Francesca / in Urbino. // ①의 단서 Piero della Francesca의 조수로 일했음

나중에 그는 일했다 / Piero della Francesca의 조수로 / Urbino에서 //

Around 1480, / he built several churches / in a new style / in Milan. // ②의 단서 Milan에서 새로운 양식의 교회들을 건축했음

1480년경 / 그는 몇 개의 교회들을 건축했다 / 새로운 양식으로 / Milan의 //

He had a close relationship / with Leonardo da Vinci, / and they worked together / in that city. //

그는 친근한 관계를 맺었으며 / Leonardo da Vinci와 / 그들은 함께 작업했다 / 그 도시에서 //

Architecture became his main interest, / but he did not give up painting. // ③의 단서 건축이 주된 관심사가 되었지만 그림 그리기를 포기하지 않았음

건축이 그의 주요한 관심사가 되었지만 / 그는 그림을 포기하지 않았다 //

Bramante moved to Rome / in 1499 / and participated in Pope Julius II's plan / for the renewal of Rome. //

Bramante는 Rome으로 이주해서 / 1499년에 / 교황 Julius 2세의 계획에 참여했다 / Rome 재개발을 위한 // ④의 단서 Pope Julius II의 Rome 재개발 계획에 참여했음

He planned / the new Basilica of St. Peter in Rome / — one of the most ambitious building projects / in the history of humankind. //

그는 구상했다 / Rome의 St. Peter(성 베드로 대성당)의 새로운 바실리카를 / 가장 야심 찬 건축 프로젝트 중 하나 / 인류 역사에서 //

Bramante died on April 11, 1514 / and was buried in Rome. //

Bramante는 1514년 4월 11일에 사망했으며 / Rome에 묻혔다 //

His buildings influenced other architects / for centuries. //

그의 건축물들은 다른 건축가들에게 영향을 끼쳤다 / 여러 세기 동안 // ⑤의 단서 그의 건축물들이 다른 건축가들에게 영향을 미쳤음

- encourage ⓥ 격려하다, 권장하다
- assistant ⓝ 조수, 보조원
- architecture ⓝ 건축 (양식)
- renewal ⓝ 재개발
- ambitious ⓐ 어마어마한, 야심 찬
- architect ⓝ 건축

이탈리아의 Fermignano에서 태어난 Donato Bramante는 인생에서 일찍이 그림을 그리기 시작했다. 그의 아버지는 그림을 공부하도록 그를 격려했다. 나중에, 그는 Urbino에서 Piero della Francesca의 조수로 일했다. 1480년경, 그는 Milan의 몇 개의 교회들을 새로운 양식으로 건축했다. 그는 Leonardo da Vinci와 친근한 관계를 맺었으며, 그들은 그 도시에서 함께 작업했다. 건축이 그의 주요한 관심사가 되었지만, 그는 그림을 포기하지 않았다. Bramante는 1499년에 Rome으로 이주해서 교황 Julius 2세의 Rome 재개발 계획에 참여했다. 그는 Rome의 성 베드로 대성당의 새로운 바실리카를 구상했는데, 그것은 인류 역사상 가장 야심 찬 건축 프로젝트 중 하나였다. Bramante는 1514년 4월 11일에 사망했으며 Rome에 묻혔다. 그의 건축물들은 여러 세기 동안 다른 건축가들에게 영향을 끼쳤다.

Donato Bramante에 관한 다음 글의 내용과 일치하지 <u>않는</u> 것은?
① Piero della Francesca의 조수로 일했다.
he worked as an assistant of Piero della Francesca
② Milan에서 새로운 양식의 교회들을 건축했다.
he built several churches in a new style in Milan
③ 건축에 주된 관심을 갖게 되면서 그림 그리기를 포기했다.
Architecture became his main interest, but he did not give up painting.
④ Pope Julius II의 Rome 재개발 계획에 참여했다.
participated in Pope Julius II's plan for the renewal of Rome
⑤ 그의 건축물들은 다른 건축가들에게 영향을 끼쳤다.
His buildings influenced other architects

왜 정답? [정답률 95%]
건축이 그의 주된 관심사가 되었지만 그는 그림 그리기를 포기하지 않았다고 (Architecture became his main interest, but he did not give up painting.) 했으므로 ③은 글과 일치하지 않는다.

왜 오답?
① Piero della Francesca의 조수로 일했다. (he worked as an assistant of Piero della Francesca)
② Milan에서 새로운 양식의 교회들을 건축했다. (he built several churches in a new style in Milan)
④ Pope Julius II의 Rome 재개발 계획에 참여했다. (participated in Pope Julius II's plan for the renewal of Rome)
⑤ 그의 건축물들은 다른 건축가들에게 영향을 끼쳤다. (His buildings influenced other architects)

I 19 정답 ⑤ ＊Charles Rosen의 일생

Charles Rosen, / a virtuoso pianist and distinguished writer, / **was born** in New York / in 1927. //
Charles Rosen은 / 거장 피아니스트이자 저명한 작가인 / 뉴욕에서 태어났다 / 1927년에 //

Rosen displayed a remarkable talent / for the piano / from his early childhood. // ①의 단서 어려서부터 피아노에 재능을 보였음
Rosen은 주목할 만한 재능을 보였다 / 피아노에 / 어린 시절부터 //

In 1951, / **the year** he earned / his doctoral degree in French literature / at Princeton University, / Rosen made both his New York piano debut and his first recordings. // ②의 단서 프랑스 문학으로 박사 학위를 받았음
1951년에 / 그가 받은 해인 / 불문학 박사 학위를 / 프린스턴 대학교에서 / Rosen은 뉴욕에서 피아노 데뷔도 했고 첫 음반의 녹음도 했다 //

To glowing praise, / he appeared / in numerous recitals and orchestral concerts / around the world. //
열렬한 찬사 속에 / 그는 출연했다 / 수많은 독주회와 오케스트라 연주회에 / 전 세계적으로 //

Rosen's performances impressed / some of the 20th century's most well-known composers, / who invited **him** / **to play** their music. // ③의 단서 유명 작곡가들로부터 그들의 작품 연주를 요청받음 invited의 목적어와 목적격 보어
Rosen의 연주는 감명을 주었고 / 20세기의 가장 유명한 작곡가들 중 일부에게 / 그들은 그에게 요청했다 / 자기들의 곡을 연주해 달라고 //

Rosen was also the author / of many widely admired books / about music. //
Rosen은 또한 저자였다 / 널리 칭송받는 많은 저서의 / 음악에 관한 //

His most famous book, *The Classical Style*, / was first published in 1971 / and won the U.S. National Book Award / the next year. // ④의 단서 The Classical Style이 처음으로 출판되고 다음 해에 상을 받았음
그의 가장 유명한 책은 The Classical Style은 / 1971년에 처음 출판되었고 / U.S. National Book Award를 수상했다 / 이듬해에 //

This work, / which was reprinted / in an expanded edition / in 1997, / **remains** a landmark / in the field. //
이 저작은 / 재판(再版)되었고 / 증보판으로 / 1997년에 / 획기적인 것으로 남아 있다 / 그 분야에서 //

While writing extensively, / Rosen continued to perform as a pianist / for the rest of his life / until he died in 2012. // ⑤의 단서 피아니스트로서 공연을 계속하면서 글쓰기에 매진함
폭넓게 글쓰기를 하면서 / Rosen은 피아니스트로서 공연을 계속했다 / 여생 동안 / 2012년에 사망할 때까지 //

- **virtuoso** ⓝ 거장, 명장
- **distinguished** ⓐ 저명한, 성공한
- **doctoral degree** 박사 학위
- **recital** ⓝ 독주회
- **landmark** ⓝ 획기적인 것
- **extensively** ⓐⅾ 폭넓게

거장 피아니스트이자 저명한 작가인 Charles Rosen은 1927년 뉴욕에서 태어났다. Rosen은 어린 시절부터 피아노에 주목할 만한 재능을 보였다. 프린스턴 대학교에서 불문학 박사 학위를 받은 1951년, Rosen은 뉴욕에서 피아노 데뷔도 했고 첫 음반의 녹음도 했다. 열렬한 찬사 속에, 그는 전 세계적으로 수많은 독주회와 오케스트라 연주회에 출연했다. Rosen의 연주는 20세기의 가장 유명한 작곡가들 중 일부에게 감명을 주었고, 그들은 Rosen에게 자기들의 곡을 연주해 달라고 요청했다. Rosen은 또한 널리 칭송받는 많은 음악 저서의 저자였다. 그의 가장 유명한 책은 The Classical Style은 1971년에 처음 출판되었고 이듬해에 U.S. National Book Award를 수상했다. 이 저작은 1997년에 증보판으로 재판(再版)되었고, 이 분야에서 획기적인 것으로 남아있다. 폭넓게 글쓰기를 하면서, Rosen은 2012년 사망할 때까지 여생 동안 피아니스트로서 공연을 계속했다.

Charles Rosen에 관한 다음 글의 내용과 일치하지 않는 것은?

① 어려서부터 피아노에 재능을 보였다.
Rosen displayed a remarkable talent for the piano from his early childhood.
② 프랑스 문학으로 박사 학위를 받았다.
he earned his doctoral degree in French literature
③ 유명 작곡가들로부터 그들의 작품 연주를 요청받았다.
some of the 20th century's most well-known composers, who invited him to play their music
④ *The Classical Style*이 처음으로 출판되고 다음 해에 상을 받았다.
was first published in 1971 and won the U.S. National Book Award the next year
⑤ 피아니스트 활동을 중단하고 글쓰기에 매진하였다.
While writing extensively, Rosen continued to perform as a pianist

⑤ 광범위하게 글쓰기를 하면서 피아니스트로서 공연을 계속했다. (While writing extensively, Rosen continued to perform as a pianist)

왜 오답 ?

① 어려서부터 피아노에 재능을 보였다. (Rosen displayed a remarkable talent for the piano from his early childhood.)
② 프랑스 문학으로 박사 학위를 받았다. (he earned his doctoral degree in French literature)
③ 유명 작곡가들로부터 그들의 작품 연주를 요청받았다. (Rosen's performances impressed some of the 20th century's most well-known composers, who invited him to play their music.)
④ The Classical Style이 처음으로 출판되고 다음 해에 상을 받았다. (was first published in 1971 and won the U.S. National Book Award the next year)

I 20 정답 ③ ＊Leon Festinger의 생애

Leon Festinger was an American social psychologist. //
Leon Festinger는 미국의 사회 심리학자였다 //

He was born in New York City / in 1919 / to a Russian immigrant family. // ①의 단서 러시아인 이민자 가정에서 태어났음
그는 New York City에서 태어났다 / 1919년에 / 러시아인 이민자 가정에 //

As a graduate student / **at the University of Iowa**, / Festinger was influenced / by Kurt Lewin, a leading social psychologist. // ②의 단서 사회 심리학자인 Kurt Lewin의 영향을 받음
대학원생으로서 / Iowa 대학교의 / Festinger는 영향을 받았다 / 대표적인 사회 심리학자 Kurt Lewin의 //

After graduating from there, / he became a professor / at the Massachusetts Institute of Technology / in 1945. //
그곳에서 졸업한 후 / 그는 교수가 되었다 / Massachusetts 공과대학의 / 1945년에 //

He later moved to **Stanford University**, / **where** he continued / his work in social psychology. // ③의 단서 Stanford University에서 사회 심리학 연구를 계속함
이후 그는 Stanford University로 옮겨 / 그곳에서 그는 계속했다 / 그의 사회 심리학 연구를 //

His theory of social comparison / **earned him a good reputation**. //
그의 사회 비교 이론은 / 그에게 훌륭한 명성을 얻어 주었다 //

Festinger actively participated / in international scholarly cooperation. // ④의 단서 국제 학술 협력에 활발히 참여함
Festinger는 적극적으로 참여했다 / 국제 학술 협력에 //

In the late 1970s, / he turned his interest / to the field of history. // ⑤의 단서 1970년대 후반에 역사 분야로 관심을 돌림
1970년대 후반에 / 그는 그의 관심을 돌렸다 / 역사 분야로 //

He was one / of the most cited psychologists / of the twentieth century. //
그는 한 명이었다 / 가장 많이 인용된 심리학자 중 / 20세기의 //

Festinger's theories still **play** an important role / in psychology / today. //
Festinger의 이론은 여전히 중요한 역할을 한다 / 심리학에서 / 오늘날에도 //

- **immigrant** ⓝ 이민자, 이주민
- **leading** ⓐ 선두의, 가장 중요한
- **comparison** ⓝ 비교, 비유
- **earn** ⓥ (돈을) 벌다, (자격이 되어서) 얻다
- **actively** ⓐⅾ 활발하게, 적극적으로
- **scholarly** ⓐ 학자의, 전문적인
- **cooperation** ⓝ 협력, 협조
- **theory** ⓝ 학설, 이론

Leon Festinger는 미국의 사회 심리학자였다. 그는 1919년 New York City에서 러시아인 이민자 가정에서 태어났다. Iowa 대학교의 대학원생으로서, Festinger는 대표적인 사회 심리학자 Kurt Lewin의 영향을 받았다. 그곳에서 졸업한 후, 그는 1945년에 Massachusetts 공과대학의 교수가 되었다. 이후 그는 Stanford University로 옮겨 그곳에서 자신의 사회 심리학 연구를 계속했다. 자신의 사회 비교 이론으로 그는 훌륭한 명성을 얻었다. Festinger는 국제 학술 협력에 적극적으로 참여했다. 1970년대 후반, 그는 역사 분야로 자신의 관심을 돌렸다. 그는 가장 많이 인용된 20세기의 심리학자 중 한 명이었다. Festinger의 이론은 오늘날에도 여전히 심리학에서 중요한 역할을 한다.

Leon Festinger에 관한 다음 글의 내용과 일치하지 <u>않는</u> 것은?

① 러시아인 이민자 가정에서 태어났다.
He was born in New York City in 1919 to a Russian immigrant family.
② 사회 심리학자 Kurt Lewin에게 영향을 받았다.
Festinger was influenced by Kurt Lewin, a leading social psychologist
③ Stanford University에서 사회 심리학 연구를 중단했다.
Stanford University, where he continued his work in social psychology
④ 국제 학술 협력에 활발히 참여했다.
Festinger actively participated in international scholarly cooperation.
⑤ 1970년대 후반에 역사 분야로 관심을 돌렸다.
In the late 1970s, he turned his interest to the field of history.

> **왜 정답?** [정답률 98%]

Stanford University에서 자신의 사회 심리학 연구를 계속했다고(Stanford University, where he continued his work in social psychology) 했으므로 ③은 글과 일치하지 않는다.

> **왜 오답?**

① 러시아인 이민자 가정에서 태어났다. (He was born in New York City in 1919 to a Russian immigrant family.)
② 사회 심리학자 Kurt Lewin에게 영향을 받았다. (Festinger was influenced by Kurt Lewin, a leading social psychologist)
④ 국제 학술 협력에 활발하게 참여했다. (Festinger actively participated in international scholarly cooperation.)
⑤ 1970년대 후반에 역사 분야로 관심을 돌렸다. (In the late 1970s, he turned his interest to the field of history.)

I 21 정답 ② ＊물리학자 Charles H. Townes의 일생

Charles H. Townes, / one of the most influential American physicists, / was born in South Carolina. //
Charles H. Townes는 / 가장 영향력 있는 미국의 물리학자 중 한 사람인 / South Carolina에서 태어났다 //

In his childhood, / he grew up on a farm, / studying the stars in the sky. // **①의 단서** 어린 시절에 농장에서 성장함
어린 시절에 / 그는 농장에서 성장했다 / 하늘의 별들을 연구하면서 //

He earned his doctoral degree / from the California Institute of Technology in 1939, / and then he took a job at Bell Labs in New York City. // **②의 단서** 박사 학위를 받기 전이 아니라 후에 Bell Labs에서 일함
그는 박사 학위를 받았고 / 1939년에 California Institute of Technology에서 / 그 후 뉴욕시에 있는 Bell Labs에서 일자리를 얻었다 //

After World War II, / he became an associate professor of physics / at Columbia University. //
제2차 세계 대전 후에 / 그는 물리학 부교수가 되었다 / Columbia 대학교에서 //

In 1958, / Townes and his co-researcher / proposed the concept of the laser. // **③의 단서** 1958년에 레이저의 개념을 제안함
1958년에 / Townes와 그의 동료 연구자는 / 레이저의 개념을 제안했다 //

Laser technology won quick acceptance / in industry and research. //
레이저 기술은 빠르게 인정을 받았다 / 산업과 연구에서 //

He received the Nobel Prize in Physics / in 1964. //
그는 노벨 물리학상을 받았다 / 1964년에 // **④의 단서** 1964년에 노벨 물리학상을 수상함
be involved in: ~에 관여하다
He was also involved in Project Apollo, / the moon landing project. // **⑤의 단서** 달 착륙 프로젝트에 관여함
그는 또한 아폴로 계획에 관여했다 / 달 착륙 프로젝트인 //

His contribution is priceless / because the Internet and all digital media would be unimaginable / without the laser. //
그의 공헌은 대단히 귀중하다 / 인터넷과 모든 디지털 미디어는 상상할 수 없을 것이기 때문에 / 레이저 없이는 //

- physicist ⓝ 물리학자
- institute ⓝ 기관
- associate professor 부교수
- acceptance ⓝ 인정
- contribution ⓝ 공헌, 기여
- priceless ⓐ 대단히 귀중한
- unimaginable ⓐ 상상할 수 없는

가장 영향력 있는 미국의 물리학자 중 한 사람인 Charles H. Townes는 South Carolina에서 태어났다. 어린 시절에 그는 하늘의 별들을 연구하면서 농장에서 성장했다. 1939년에 그는 California Institute of Technology에서 박사 학위를 받았고 그 후 뉴욕시에 있는 Bell Labs에서 일자리를 얻었다. 제2차 세계 대전 후에 그는 Columbia 대학교에서 물리학 부교수가 되었다. 1958년에 Townes와 그의 동료 연구자는 레이저의 개념을 제안했다. 레이저 기술은 산업과 연구에서 빠르게 인정을 받았다. 1964년에 그는 노벨 물리학상을 받았다. 그는 또한 달 착륙 프로젝트인 아폴로 계획에 관여했다. 인터넷과 모든 디지털 미디어는 레이저 없이는 상상할 수 없을 것이기 때문에 그의 공헌은 대단히 귀중하다.

Charles H. Townes에 관한 다음 글의 내용과 일치하지 <u>않는</u> 것은?

① 어린 시절에 농장에서 성장하였다.
In his childhood, he grew up on a farm
② 박사 학위를 받기 전에 Bell Labs에서 일했다.
He earned his doctoral degree ~ and then he took a job at Bell Labs in New York City.
③ 1958년에 레이저의 개념을 제안하였다.
In 1958, Townes and his co-researcher proposed the concept of the laser.
④ 1964년에 노벨 물리학상을 수상하였다.
He received the Nobel Prize in Physics in 1964.
⑤ 달 착륙 프로젝트에 관여하였다.
He was also involved in Project Apollo, the moon landing project.

> **왜 정답?** [정답률 94%]

② California Institute of Technology에서 박사 학위를 받기 전이 아니라 후에 뉴욕시에 있는 Bell Labs에서 일했다. (He earned his doctoral degree from the California Institute of Technology in 1939, and then he took a job at Bell Labs in New York City.)

> **왜 오답?**

① 어린 시절에 농장에서 성장하였다. (In his childhood, he grew up on a farm)
③ 1958년에 레이저의 개념을 제안하였다. (In 1958, Townes and his co-researcher proposed the concept of the laser.)
④ 1964년에 노벨 물리학상을 수상하였다. (He received the Nobel Prize in Physics in 1964.)
⑤ 달 착륙 프로젝트에 관여하였다. (He was also involved in Project Apollo, the moon landing project.)

김아린 | 충남대 의예과 2024년 입학 · 대전한빛고 졸

내용 일치 문제에서 시간 절약 해야하는 거 알지? 4번 선지나 5번 선지가 답인 경우가 많아서 난 보통 밑에서부터 거꾸로 확인하는 편인데 이번엔 2번 선지가 답이라 살짝 당황했어. 이번 문제에서는 특히 '이전'이나 '이후' 등 선후 관계가 정답의 단서였어. 이 경우는 단어 하나로 선후 관계가 좌우되어서 글을 대충 읽으면 놓치기 쉬우니까 반드시 꼼꼼히 확인해!

I 22 정답 ⑤ ＊20세기의 사회학자 Niklas Luhmann

Niklas Luhmann, / a renowned sociologist of the twentieth century, / was born / in Lüneburg, Germany / in 1927. //
Niklas Luhmann은 / 20세기의 유명한 사회학자인 / 태어났다 / 독일 Lüneburg에서 / 1927년에 //

After World War II, / he studied law / at the University of Freiburg / until 1949. // **①의 단서** 제2차 세계 대전 이후에 법을 공부했음
제2차 세계 대전 후 / 그는 법학을 공부했다 / University of Freiburg에서 / 1949년까지 //

Early in his career, / he worked for the State of Lower Saxony, / where he was in charge of educational reform. //
그의 경력 초기에 / 그는 State of Lower Saxony에서 일했는데 / 그곳에서 그는 교육 개혁을 담당했다 **②의 단서** State of Lower Saxony에서 교육 개혁을 담당했음

In 1960–1961, / Luhmann had the chance to study sociology / at Harvard University, /
1960년에서 1961년에 / Luhmann은 사회학을 공부할 기회가 있었는데 / Harvard University에서 / **③의 단서** Harvard University에 있을 때 Talcott Parsons의 영향을 받았음
where he was influenced by Talcott Parsons, / one of the most famous social system theorists. //
그곳에서 그는 Talcott Parsons의 영향을 받았다 / 가장 유명한 사회 체계 이론가 중 한 명이었던 //

Later, Luhmann developed / his own social system theory. //
나중에 Luhmann은 개발했다 / 자기 자신의 사회 체계 이론을 //

In 1968, / he became a professor of sociology / at the University of Bielefeld. //
1968년에 / 그는 사회학 교수가 되었다 / University of Bielefeld에서 //

He researched a variety of subjects, / including mass media and law. // **④의 단서** 다양한 주제에 관해 연구했음
그는 다양한 주제를 연구했다 / 대중 매체와 법을 포함한 //

부사적 용법(difficult 수식)
Although his books are known / to be difficult to translate, / they have in fact been widely translated / into other languages. // **⑤의 단서** 그의 책은 번역하기가 어렵다고 알려짐
비록 그의 책들이 알려져 있지만 / 번역하기에 어렵다고 / 그것들은 사실 널리 번역되었다 / 다른 언어로 //

- renowned ⓐ 유명한 · sociologist ⓝ 사회학자
- theorist ⓝ 이론가 · translate ⓥ 번역[통역]하다

20세기의 유명한 사회학자 Niklas Luhmann은 1927년 독일 Lüneburg에서 태어났다. 제2차 세계 대전 후, 그는 University of Freiburg에서 1949년까지 법학을 공부했다. 경력 초기에 그는 State of Lower Saxony에서 일했는데, 그곳에서 그는 교육 개혁을 담당했다.

1960년에서 1961년에 Luhmann은 Harvard University에서 사회학을 공부할 기회가 있었는데, 그곳에서 그는 가장 유명한 사회 체계 이론가 중 한 명이었던 Talcott Parsons의 영향을 받았다. 나중에 Luhmann은 자기 자신의 사회 체계 이론을 개발했다. 1968년에 그는 University of Bielefeld에서 사회학 교수가 되었다. 그는 대중 매체와 법을 포함한 다양한 주제를 연구했다. 비록 그의 책들이 번역하기 어렵다고 알려져 있지만, 그것들은 사실 다른 언어들로 널리 번역되었다.

Niklas Luhmann에 관한 다음 글의 내용과 일치하지 <u>않는</u> 것은?

① 제2차 세계 대전 이후에 법을 공부했다.
After World War II, he studied law
② State of Lower Saxony에서 교육 개혁을 담당했다.
he worked for the State of Lower Saxony, where he was in charge of educational reform
③ Harvard University에 있을 때 Talcott Parsons의 영향을 받았다.
at Harvard University, where he was influenced by Talcott Parsons
④ 다양한 주제에 관해 연구했다.
He researched a variety of subjects
⑤ 그의 책은 번역하기가 쉽다고 알려져 있다.
his books are known to be difficult to translate

왜 정답? [정답률 97%]

그의 책은 번역하기 어렵다고 알려져 있다고(his books are known to be difficult to translate) 했으므로 ⑤은 글과 일치하지 않는다.

왜 오답?

① 제2차 세계 대전 이후에 법을 공부했다. (After World War II, he studied law)
② State of Lower Saxony에서 교육 개혁을 담당했다. (he worked for the State of Lower Saxony, where he was in charge of educational reform)
③ Harvard University에 있을 때 Talcott Parsons의 영향을 받았다. (at Harvard University, where he was influenced by Talcott Parsons)
④ 다양한 주제에 관해 연구했다. (He researched a variety of subjects)

Ⅰ 어휘 Review 정답 문제편 p. 151

01 폭넓게	11 break away	21 actively
02 외교관	12 be rich with	22 figures
03 조각(품)	13 noted for	23 resigned
04 협력, 협조	14 drop out	24 ambassador
05 설립하다	15 graduate from	25 wounded
06 literary	16 fossils	26 extensive
07 geologist	17 decade	27 leading
08 devote	18 lectures	28 approximately
09 promotion	19 zoology	29 inspired
10 chief	20 outbreak	

J 실용문의 이해 문제편 p. 154~177

J 01 정답 ④ *유성 보기 행사

Shooting Star Viewing Event /
유성 보기 행사 /

Would you like to watch the rare shooting star, / coming on Sunday, July 24? //
희귀한 유성을 보고 싶으신가요 / 7월 24일 일요일에 오는 //

The Downtown Central Science Museum is the perfect spot / to catch the vivid view! //
형용사적 용법 (spot 수식)
Downtown Central Science Museum은 최적의 장소입니다 / 그 생생한 광경을 포착하는 //

Registration /
등록 / **①의 단서** 등록은 온라인으로만 가능함
- Online only — www.dcsm.org /
온라인으로만 가능 — www.dcsm.org /
- From July 1 to July 14 /
7월 1일부터 7월 14일까지 / **②의 단서** 참가자는 50명으로 제한됨
- The number of participants / will be limited to 50. //
참가자 수는 / 50명으로 제한될 것입니다 //

Schedule on July 24 /
7월 24일 일정 /
- 8:00 p.m.: / Participants will gather at the hall / and then move to the rooftop. // **③의 단서** 참가자들이 홀에서 모인 다음 옥상으로 이동하는 것은 오후 8시임
오후 8시: / 참가자들은 홀에서 모이고 / 그다음 옥상으로 이동할 것입니다 //
- 8:30 p.m.: / Guides will explain / how to observe the shooting star. //
will explain의 목적어로 쓰인 「의문사+to부정사」
오후 8시 30분: / 안내원들이 설명할 것입니다 / 유성을 관측하는 방법을 //
- 9:00 p.m. – 11:00 p.m.: / We will share / the experience of the shooting star. //
오후 9시~오후 11시: / 우리는 공유할 것입니다 / 유성을 본 경험을 //

Notes /
공지 사항 / **④의 단서** 기상 상황으로 행사가 취소되면 문자 메시지를 통해 공지될 것임
- If the event is cancelled / due to the weather conditions, / notice will be given / via text message. //
행사가 취소되면 / 기상 상황으로 인해 / 공지가 주어질 것입니다 / 문자 메시지를 통해 //
- Outside food and drinks / are not allowed. //
외부 음식과 음료는 / 허용되지 않습니다 // **⑤의 단서** 외부 음식과 음료는 허용되지 않음

- rare ⓐ 드문, 희귀한 · spot ⓝ (특정한) 곳, 장소
- vivid ⓐ 선명한, 생생한 · limit ⓥ 제한[한정]하다
- rooftop ⓝ (건물의) 옥상 · observe ⓥ 관측하다, 관찰하다
- notice ⓝ 안내문, 공지 사항 · via prep ~을 통하여

유성 보기 행사

7월 24일 일요일에 오는, 희귀한 유성을 보고 싶으신가요? Downtown Central Science Museum은 그 생생한 광경을 포착하는 최적의 장소입니다!

등록
- 온라인으로만 가능 — www.dcsm.org
- 7월 1일부터 7월 14일까지
- 참가자 수는 50명으로 제한될 것입니다.

7월 24일 일정
- 오후 8시: 참가자들은 홀에서 모인 다음에 옥상으로 이동할 것입니다.
- 오후 8시 30분: 안내원들이 유성을 관측하는 방법을 설명할 것입니다.
- 오후 9시~오후 11시: 우리는 유성을 본 경험을 공유할 것입니다.

공지 사항
- 행사가 기상 상황으로 인해 취소될 경우, 문자 메시지를 통해 공지될 것입니다.
- 외부 음식과 음료는 허용되지 않습니다.

Shooting Star Viewing Event에 관한 다음 안내문의 내용과 일치하는
것은?
① 현장 등록이 가능하다. Online only

② 참가 인원에 제한이 없다. The number of participants will be limited to 50.

③ 참가자들은 오후 9시에 홀에서 모여 옥상으로 이동할 것이다.
8:00 p.m.: Participants will gather at the hall and then move to the rooftop.
④ 기상 상황으로 인한 행사 취소 시 문자 메시지로 공지될 것이다.
If the event is cancelled due to the weather conditions, notice will be given via text message.
⑤ 외부 음식과 음료는 허용된다. Outside food and drinks are not allowed.

> **왜 정답?** [정답률 96%]

만약 기상 상황으로 인해 행사가 취소되면 문자 메시지를 통해 공지될 것이라고(If
the event is cancelled due to the weather conditions, notice will be given
via text message.) 했으므로 ④이 안내문과 일치한다.

> **왜 오답?**

① 등록은 온라인으로만 가능하다. (Online only)
② 참가 인원은 50명으로 제한될 것이다. (The number of participants will be
limited to 50.)
③ 오후 8시에 참가자들이 홀에서 모여 옥상으로 이동할 것이다. (8:00 p.m.:
Participants will gather at the hall and then move to the rooftop.)
⑤ 외부 음식과 음료는 허용되지 않는다. (Outside food and drinks are not
allowed.)

J 02 정답 ④ ＊Mary 고등학교 외국어 프로그램

Mary High School Foreign Language Program /
Mary 고등학교 외국어 프로그램 /

Would you like to learn / about another culture? //
여러분은 배우고 싶은가요 / 다른 문화에 관해 //

동명사구 주어 　　단수 동사 　형용사적 용법(way 수식)
Learning a new language / is the best way / to do it. //
새로운 언어를 배우는 것이 / 가장 좋은 방법입니다 / 그것을 하는 //

Please come and enjoy / our new foreign language classes. //
방문하셔서 즐기세요 / 저희 새로운 외국어 수업을 //

①의 단서 하나만 선택할 수 있음
Languages: Arabic, French, Spanish / (A student can choose
only one.) //
언어: 아랍어, 프랑스어, 스페인어 / (한 학생은 하나만 선택할 수 있습니다) //

Dates and Times: September 13, 2021 — October 29, 2021 /
날짜 및 시간: 2021년 9월 13일 ~ 2021년 10월 29일 /
②의 단서 월요일부터 금요일까지임
Monday to Friday, 4:00 p.m. — 6:00 p.m. /
월요일부터 금요일까지, 오후 4시 ~ 오후 6시 /

Registration: / Available / from September 1 to September 5 / on
our website (www.maryhighs.edu) /
등록: / 가능함 / 9월 1일부터 9월 5일까지 / 저희 웹사이트(www.maryhighs.edu)에서 /

Tuition Fee: $50 / (Full payment is required / when
registering.) // ③의 단서 등록 시 전액 납부해야 함
수업료: 50달러 / (전액 납부가 요구됩니다 / 등록 시) //

부사절 접속사(조건)
Refund Policy: / If you cancel on or before September 5, / your
payment will be refunded. // ④의 단서 9월 5일 이전에 취소하면 전액 환불됨
환불 방침: / 여러분이 9월 5일이나 그 이전에 취소하시면 / 여러분의 대금이 환불될 것입니다 //

For more information about the classes, / feel free to contact us
at (215) 8393-6047 / or email us at info@maryhighs.edu. //
수업에 대한 더 많은 정보를 원하시면 / 자유롭게 저희에게 (215) 8393-6047로 연락하시거나 /
info@maryhighs.edu로 저희에게 이메일을 보내세요 // ⑥의 단서 전화로도 문의할 수 있음

- tuition ⓝ 수업, 교습, 수업료 　• fee ⓝ 요금, 수수료
- full ⓐ 완전한, 모든 　• payment ⓝ 지불, 납입 　• refund ⓥ 환불하다
- policy ⓝ 방침 　• contact ⓥ 연락하다

Mary 고등학교 외국어 프로그램

여러분은 다른 문화에 관해 배우고 싶으신가요? 새로운 언어를 배우는 것이 그
것을 하는 가장 좋은 방법입니다. 방문하셔서 저희 새로운 외국어 수업을 즐기
세요.

언어: 아랍어, 프랑스어, 스페인어 (한 학생은 하나만 선택할 수 있습니다.)
날짜 및 시간: 2021년 9월 13일 ~ 2021년 10월 29일
월요일부터 금요일까지, 오후 4시 ~ 오후 6시
등록: 9월 1일부터 9월 5일까지 저희 웹사이트(www.maryhighs.edu)에서 가
능함
수업료: 50달러 (등록 시에 전액 납부가 요구됩니다.)
환불 방침: 9월 5일이나 그 이전에 취소하시면 대금이 환불될 것입니다.
수업에 대한 더 많은 정보를 원하시면, 자유롭게 저희에게 (215) 8393-6047로
연락하시거나 info@maryhighs.edu로 이메일을 보내세요.

Mary High School Foreign Language Program에 관한 다음 안내문의
내용과 일치하는 것은?
① 학생은 두 개의 언어를 선택할 수 있다. A student can choose only one.

② 수업은 주말에 진행된다. Monday to Friday

③ 수업료는 등록 시 전액 납부하지 않아도 된다.
Full payment is required when registering.
④ 9월 5일까지 취소하면 환불받을 수 있다.
If you cancel on or before September 5, your payment will be refunded.
⑤ 수업 관련 문의는 이메일을 통해서만 할 수 있다.
For more information about the classes, feel free to contact us at (215) 8393-6047

> **왜 정답?** [정답률 96%]

9월 5일이나 그 이전에 취소하면 환불될 것이라고(If you cancel on or before
September 5, your payment will be refunded.) 했으므로 ④이 안내문과 일치
한다.

> **왜 오답?**

① 한 학생이 한 언어만 선택할 수 있다. (A student can choose only one.)
② 월요일부터 금요일까지(Monday to Friday) 진행된다.
③ 등록 시 전액 납부가 요구된다. (Full payment is required when registering.)
⑤ 수업과 관련하여 전화로도 문의할 수 있다. (For more information about the
classes, feel free to contact us at (215) 8393-6047)

J 03 정답 ④ ＊학교 종소리 경연 대회 안내

School Bell Sound Contest / 학교 종소리 경연 대회 /
현재진행(가까운 미래)
Wakeville High School is holding / a school bell sound contest. //
Wakeville 고등학교는 엽니다 / 학교 종소리 경연 대회를 //

The theme of this contest / is Happy School Life. //
이 경연 대회의 주제는 / 행복한 학교생활입니다 ①의 단서 주제는 행복한 학교생활임

Deadline: / December 12, 2025 / 마감 일자 / 2025년 12월 12일 /

Participants: / Wakeville High School students of all grades /
참가자 / 모든 학년의 Wakeville 고등학교의 학생들 / ②의 단서 Wakeville 고등학교 모든
학년의 학생이 참여할 수 있음
Application Details / 신청 세부 사항 /

• Submit entries / in MP3 format only. //
출품작을 제출하세요 / 오직 MP3 형식으로만 //
③의 단서 출품작은 학교 웹사이트에 업로드해야 함
• Upload entries / to our school website / (file size limit: 1MB). //
출품작을 업로드하세요 / 우리 학교 웹사이트에 / (파일 크기 제한: 1MB) //

• Include the description / of the sound creation process. //
설명을 포함하세요 / 소리를 창작한 과정에 대한 //

Selection Method / 선택 방법 /
④의 단서 네 개가 아니라 세 개의 학교 종소리가 학생 투표에 의해 선택될 것임
• Three school bell sounds will be selected / by student vote, /
미래시제의 수동태
based on creativity and suitability. //
세 개의 학교 종소리가 선택될 것입니다 / 학생 투표에 의해 / 창의성과 적합성에 근거하여 //

Awards / 상 /

• The winning school bell sounds / will replace / our current
bell sounds. //
우승한 학교 종소리는 / 대체할 것입니다 / 현재 우리의 종소리를 //
⑤의 단서 우승자는 무선 스피커를 받을 것임
• The winners of the contest / will each get / a wireless speaker. //
경연 대회의 우승자들은 / 각각 받을 것입니다 / 무선 스피커를 //

• theme ⓝ 주제　• deadline ⓝ 마감 일자　• submit ⓥ 제출하다
• entry ⓝ 출품작　• description ⓝ 설명　• suitability ⓝ 적합성
• wireless ⓐ 무선의

학교 종소리 경연 대회

Wakeville 고등학교는 학교 종소리 경연 대회를 엽니다. 이 경연 대회의 주제는 행복한 학교생활입니다.

마감 일자: 2025년 12월 12일

참가자: Wakeville 고등학교의 모든 학년의 학생들

신청 세부 사항

• 오직 MP3 형식으로만 출품작을 제출하세요.

• 우리 학교 웹사이트에 출품작을 업로드하세요 (파일 크기 제한: 1MB).

• 소리를 창작한 과정에 대한 설명을 포함하세요.

선택 방법

• 창의성과 적합성에 근거하여 학생 투표에 의해 세 개의 학교 종소리가 선택될 것입니다.

상

• 우승한 학교 종소리는 현재 우리의 종소리를 대체할 것입니다.

• 경연 대회의 우승자들은 각각 무선 스피커를 받을 것입니다.

School Bell Sound Contest에 관한 다음 안내문의 내용과 일치하지 <u>않는</u> 것은?

① 주제는 행복한 학교생활이다.
　The theme of this contest is Happy School Life.
② Wakeville 고등학교 모든 학년의 학생이 참여할 수 있다.
　Participants: Wakeville High School students of all grades
③ 출품작은 학교 웹사이트에 업로드해야 한다.
　Upload entries to our school website
④ 네 개의 학교 종소리가 학생 투표에 의해 선택될 것이다.
　Three school bell sounds will be selected by student vote
⑤ 우승자는 무선 스피커를 받을 것이다.
　The winners of the contest will each get a wireless speaker.

〉왜 정답? [정답률 98%]

④ 네 개가 아니라 세 개의 학교 종소리가 학생 투표에 의해 선택될 것이라고 했으므로 (Three school bell sounds will be selected by student vote), 안내문의 내용과 일치하지 않는 것은 ④이다.

〉왜 오답?

① 주제는 행복한 학교생활이다. (The theme of this contest is Happy School Life.)
② Wakeville 고등학교 모든 학년의 학생이 참여할 수 있다. (Participants: Wakeville High School students of all grades)
③ 출품작은 학교 웹사이트에 업로드해야 한다. (Upload entries to our school website)
⑤ 우승자는 무선 스피커를 받을 것이다. (The winners of the contest will each get a wireless speaker.)

김연준 | 2026 수능 응시 · 안성 안법고 졸

이 유형은 안내문의 내용을 전부 읽기보다는, 선지 하나하나를 보면서 주어진 내용과 일치하는지 비교하면서 푸는 것을 추천해! ④을 보면 '네 개의 학교 종소리가 학생 투표에 의해 선택될 것이다.'라고 나와 있는데, 글을 보면 Three school bell sounds will be selected ~라고 나와 있으므로 ④이 정답이야.

J 04 정답 ④ ＊Fun Bowling 시즌 패스 안내

Fun Bowling Season Pass / Fun Bowling 시즌 패스 /
부사절 접속사(조건)
If you love bowling, / don't miss out on the best deal of the season! // 볼링을 좋아하신다면 / 시즌의 최고의 특가를 놓치지 마세요 //

You can have fun / with your friends and family. //
여러분은 즐거운 시간을 보낼 수 있습니다 / 친구와 가족과 함께 //

---

①의 단서 Bowl Heaven의 일부 지점에서 사용이 제한되는 것이 아니라, 모든 지점에서 사용 가능함

Where to Use: / All branches of Bowl Heaven /
어디에서 사용할까 / Bowl Heaven의 모든 지점 /

When to Use: / January 1 to March 31, 2026 /
언제 사용할까 / 2026년 1월 1일부터 3월 31일까지 /

Pass Type / 패스 종류 /

	Price 가격	Details 세부 사항
Standard 표준	$40 40달러	Two free games a day (no discounts for shoe rentals) ②의 단서 스탠다드 패스로는 신발 대여가 할인되지 않음 하루에 두 번의 무료 게임 (신발 대여에 대한 할인 없음)
Silver 실버	$60 60달러	Three free games a day + 50% off shoe rentals 하루에 세 번의 무료 게임과 신발 대여에 대한 50% 할인
Gold 골드	$80 80달러	Four free games a day + free shoe rentals ③의 단서 골드 패스로는 하루에 다섯 번이 아니라 네 번 무료로 게임을 함 하루에 네 번의 무료 게임과 무료 신발 대여

※ All passes include / a 20% food and beverage discount. //
모든 패스는 포함합니다 / 20%의 음식과 음료 할인을 //

Purchase Details / 구매 세부 사항 /
수동태
• The pass can **be purchased** / only online. //
패스는 구매할 수 있습니다 / 온라인으로만 // ④의 단서 온라인 구매만 가능함
수동태
• Purchases **are limited** / to only one per person. //
구매는 제한됩니다 / 한 사람당 한 개로 //

• The pass is not transferable / to another person. //
패스는 양도할 수 없습니다 / 타인에게 // ⑤의 단서 타인에게 양도할 수 없음

※ For more information, / please visit www.＊b#pa＊s.com. //
더 자세한 정보는 / www.＊b#pa＊s.com을 방문해 주세요 //

• miss out on ~을 놓치다　• branch ⓝ 지점　• rental ⓝ 대여
• beverage ⓝ 음료　• transferable ⓐ 양도할 수 있는

Fun Bowling 시즌 패스

볼링을 좋아하신다면, 시즌의 최고의 특가를 놓치지 마세요! 여러분은 친구와 가족과 함께 즐거운 시간을 보낼 수 있습니다.

어디에서 사용할까: Bowl Heaven의 모든 지점

언제 사용할까: 2026년 1월 1일부터 3월 31일까지

패스 종류

	가격	세부 사항
표준	40달러	하루에 두 번의 무료 게임 (신발 대여에 대한 할인 없음)
실버	60달러	하루에 세 번의 무료 게임과 신발 대여에 대한 50% 할인
골드	80달러	하루에 네 번의 무료 게임과 무료 신발 대여

※ 모든 패스는 20%의 음식과 음료 할인을 포함합니다.

구매 세부 사항

• 패스는 온라인으로만 구매할 수 있습니다.

• 구매는 한 사람당 한 개로 제한됩니다.

• 패스는 타인에게 양도할 수 없습니다.

※ 더 자세한 정보는 www.＊b#pa＊s.com을 방문해 주세요.

Fun Bowling Season Pass에 관한 다음 안내문의 내용과 일치하는 것은?

① Bowl Heaven의 일부 지점에서는 사용이 제한된다.
　Where to Use: All branches of Bowl Heaven
② 스탠다드 패스로는 신발 대여가 할인된다.
　Standard / (no discounts for shoe rentals)
③ 골드 패스로는 하루에 다섯 번 무료로 게임을 한다.
　Gold / Four free games a day
④ 온라인 구매만 가능하다.
　The pass can be purchased only online.
⑤ 타인에게 양도할 수 있다.
　The pass is not transferable to another person.

〉왜 정답? [정답률 98%]

④ 구매 세부 사항에서 패스는 온라인으로만 구매할 수 있다고 했으므로 (The pass can be purchased only online.) 안내문의 내용과 일치하는 것은 ④이다.

▸**왜 오답?**

① Bowl Heaven의 일부 지점에서는 사용이 제한되는 것이 아니라, 모든 지점에서 사용 가능하다. (Where to Use: All branches of Bowl Heaven)

② 스탠다드 패스로는 신발 대여가 할인되지 않는다. (Standard / (no discounts for shoe rentals))

③ 골드 패스로는 하루에 다섯 번이 아니라 네 번 무료로 게임을 한다. (Gold / Four free games a day)

⑤ 타인에게 양도할 수 없다. (The pass is not transferable to another person.)

강기헌 | 2026 수능 응시 · 천안 천안고 졸

이 유형은 비교적 쉬운 문제긴 하지만, 너무 빨리 풀려고만 하지 말고 실수하지 않게 주의하자. Purchase Details의 첫 번째 문장에서 '패스는 오직 온라인으로만 구매할 수 있다'고 하니 정답인 선지는 ④이 되겠네.

J 05 정답 ③ ＊Wabut 정글 요가

Wabut Jungle Yoga / Wabut 정글 요가 /

In this program, / you can rediscover forgotten rhythms of your life / 접속사가 생략되지 않은 분사구문 while experiencing both yoga and the jungle. //
이 프로그램에서는 / 여러분이 잊고 지냈던 삶의 리듬을 다시 발견할 수 있습니다 / 요가와 정글을 함께 체험하며 //

Many travelers join us again / year after year. //
많은 여행자가 다시 참여합니다 / 매년 // **①의 단서** 많은 여행자가 매년 다시 참여함

Where: Wabut Jungle Yoga Center in Kroiwan /
장소: Kroiwan의 Wabut 정글 요가 센터 /

What / 프로그램 내용 /

• Doing yoga / on the deck outside / 요가하기 / 야외 덱에서 /
②의 단서 프로그램에 정글에서 조류 관찰하기가 포함됨
• Bird watching / in the jungle / 조류 관찰하기 / 정글에서 /

• Hiking in the jungle / with a guide / 정글에서 하이킹하기 / 가이드와 함께 /

Lodging: Beautifully crafted bungalow / 숙소: 아름답게 지어진 방갈로 /

(No private restroom inside bungalow, / but common restrooms easily accessible) / **③의 단서** 방갈로 내부에 개인 화장실이 없음
(방갈로 내부에 개인 화장실은 없음 / 그러나 공용 화장실을 쉽게 이용할 수 있음) /

Application / 신청 방법 /

• **④의 단서** 신청서를 온라인상에서 작성해야 함
Visit our website at www.wabu*.com / and fill out the application form online. // 병렬 구조
저희 웹사이트 www.wabu*.com에 방문하세요 / 그리고 신청서를 온라인상에서 작성하세요 //

• For more information, / email us at wabu*@*mail.com. //
더 자세한 정보를 원하시면 / wabu*@*mail.com으로 이메일을 보내주세요 //
⑤의 단서 교통편이 공항에서 요가 센터까지 제공됨
Transportation: / It is offered / from the airport to the yoga center. // 교통편 / 그것(교통편)이 제공됩니다 / 공항에서 요가 센터까지 //

• rediscover ⓥ 다시 발견하다   • craft ⓥ 짓다, 다듬다
• common ⓐ 공용의, 공동의   • accessible ⓐ 이용할 수 있는
• fill out ~을 작성하다

Wabut 정글 요가

이 프로그램에서는 요가와 정글을 함께 체험하며, 여러분이 잊고 지냈던 삶의 리듬을 다시 발견할 수 있습니다. 많은 여행자가 매년 다시 참여합니다.
장소: Kroiwan의 Wabut 정글 요가 센터
프로그램 내용
• 야외 덱에서 요가하기
• 정글에서 조류 관찰하기
• 가이드와 함께 정글에서 하이킹하기

숙소: 아름답게 지어진 방갈로
(방갈로 내부에 개인 화장실은 없지만, 공용 화장실을 쉽게 이용할 수 있음)
신청 방법
• 저희 웹사이트 www.wabu*.com에 방문해 신청서를 온라인상에서 작성하세요.
• 더 자세한 정보를 원하시면 wabu*@*mail.com으로 이메일을 보내주세요.
교통편: 공항에서 요가 센터까지 교통편이 제공됩니다.

Wabut Jungle Yoga에 관한 다음 안내문의 내용과 일치하지 <u>않는</u> 것은?

① 많은 여행자들이 매년 다시 참여한다.
Many travelers join us again year after year.
② 정글에서의 조류 관찰이 포함된다.
Bird watching in the jungle
③ 방갈로 안에 개인 화장실이 있다.
No private restroom inside bungalow
④ 신청서를 온라인으로 작성해야 한다.
fill out the application form online
⑤ 교통편이 공항에서 요가 센터까지 제공된다.
Transportation: It is offered from the airport to the yoga center.

▸**왜 정답?** [정답률 99%]

③ 방갈로 안에는 개인 화장실이 없다고 했으므로 (No private restroom inside bungalow) 안내문의 내용과 일치하지 않는다.

▸**왜 오답?**

① 많은 여행자들이 매년 다시 참여한다. (Many travelers join us again year after year.)

② 정글에서의 조류 관찰이 포함된다. (Bird watching in the jungle)

④ 신청서를 온라인으로 작성해야 한다. (fill out the application form online)

⑤ 교통편이 공항에서 요가 센터까지 제공된다. (Transportation: It is offered from the airport to the yoga center.)

J 06 정답 ⑤ ＊바닷속 마스코트 공모전

Under the Sea Mascot Contest / 바닷속 마스코트 공모전 /

Design a unique marine animal mascot, / reflecting the theme of marine ecosystem conservation. // 현재분사(분사구문을 이끎)
독창적인 해양 동물 마스코트를 디자인해보세요 / 해양 생태계 보전이라는 주제를 반영하는 //

Schedule / 일정 /

• Submission period: September 15 – October 15 /
제출 기간: 9월 15일 ~ 10월 15일 /

• Judging period: October 16 – October 20 /
심사 기간: 10월 16일 ~ 10월 20일 / **①의 단서** 심사 기간은 10월 16부터 10월 20일임

• Winner announcement: October 21 / 수상자 발표: 10월 21일 /

Prizes / 시상 내역 /

	Number of Winners 수상 인원	Prize Money (per winner) 상금 (수상자 당)
1st prize 1등	1 1명	$1,000 1,000달러
2nd prize 2등	1 **②의 단서** 2등은 1명 한 명임	$700 700달러
3rd prize 3등	2 2명	$500 500달러

Guidelines / 응모 요강 /
③의 단서 참가비는 없음
• There is no participation fee. // 참가비는 없습니다 /

• The design must be in JPG format. (Maximum file size 10MB) // 디자인은 JPG 형식이어야 합니다 (최대 파일 크기 10MB) //

• Each participant must submit / one mascot design. //
각 참가자는 제출해야 합니다 / 마스코트 디자인 한 점만 // **④의 단서** 각 참가자는 마스코트 디자인 한 점만 제출해야 함

Assessment Criteria / 평가 기준 /

	Percentage 비율	
Creativity 창의성	50% 50퍼센트	⑤의 단서 평가 기준에서 창의성이 가장 높은 비중을 차지함
Relevance to Theme 주제와의 관련성	30% 30퍼센트	
Attractiveness 매력도	20% 20퍼센트	

※ You can find more information / at www.eco*cea*.org. //
더 많은 정보는 확인할 수 있습니다 / www.eco*cea*.org에서 //

- marine ⓐ 해양의
- conservation ⓝ 보전
- submission ⓝ 제출
- judge ⓥ 심사하다
- announcement ⓝ 발표
- maximum ⓐ 최대의
- submit ⓥ 제출하다
- assessment ⓝ 평가, 심사
- relevance ⓝ 관련성

바닷속 마스코트 공모전

해양 생태계 보전이라는 주제를 반영하는 독창적인 해양 동물 마스코트를 디자인해 보세요.

일정
- 제출 기간: 9월 15일 ~ 10월 15일
- 심사 기간: 10월 16일 ~ 10월 20일
- 수상자 발표: 10월 21일

시상 내역

	수상 인원	상금(수상자 당)
1등	1명	1,000 달러
2등	1명	700 달러
3등	2명	500 달러

응모 요강
- 참가비는 없습니다.
- 디자인은 JPG 형식이어야 합니다. (최대 파일 크기: 10MB)
- 각 참가자는 마스코트 디자인 한 점만 제출할 수 있습니다.

평가 기준

	비율
창의성	50퍼센트
주제와의 관련성	30퍼센트
매력도	20퍼센트

※ 더 많은 정보는 www.eco*cea*.org에서 확인할 수 있습니다.

Under the Sea Mascot Contest에 관한 다음 안내문의 내용과 일치하는 것은?

① 심사 기간은 9월 15일부터 10월 15일까지이다.
Judging period: October 16 - October 20
② 2등은 두 명 선발된다.
2nd prize / Number of Winners: 1
③ 참가비가 있다.
There is no participation fee.
④ 각 참가자는 마스코트 디자인을 두 개 이상 제출해야 한다.
Each participant must submit one mascot design.
⑤ 평가 기준에서 창의성이 가장 높은 비중을 차지한다.
Creativity / Percentage: 50%

> **왜 정답?** [정답률 97%]

⑤ 평가 기준에서 창의성이 50퍼센트로 가장 높은 비중을 차지한다. (Creativity / Percentage: 50%)

> **왜 오답?**

① 심사 기간은 10월 16일부터 10월 20일까지이다. (Judging period: October 16 – October 20)

---

② 2등은 한 명 선발된다. (2nd prize / Number of Winners: 1)
③ 참가비가 없다. (There is no participation fee.)
④ 각 참가자는 마스코트 디자인을 한 점만 제출해야 한다. (Each participant must submit one mascot design.)

J 07 정답 ⑤ ＊한옥에서 영감을 받은 문화 작품 경연 대회

Hanok-inspired Cultural Product Contest /
한옥에서 영감을 받은 문화 작품 경연 대회 /
by -ing: ~함으로써
Explore your creativity / by designing practical products! //
여러분의 창의력을 탐색해 보세요 / 실용적인 작품을 디자인함으로써 //
①의 단서 주제는 한옥의 아름다움
Theme: The beauty of Hanok / 주제: 한옥의 아름다움 /
②의 단서 예술가와 사회적 기업이 응모할 수 있음
Applicants: Artists and social enterprises /
응모자: 예술가와 사회적 기업 /
미래시제 수동태
Benefit: Selected products will be sold / in Hanok village souvenir shops. // ③의 단서 선정된 작품은 한옥 마을 기념품점에서 판매될 것임
혜택: 선정된 작품은 판매될 것입니다 / 한옥 마을 기념품점에서 //

Schedule / 일정 /

	When 일자	What to Do 할 일
Application 응모	June 10–15 6월 10일에서 15일	Download the application form from our website / and upload a completed one. // ④의 단서 응모 신청서 양식은 웹사이트에서 다운로드해야 함 신청서 양식을 저희 웹사이트에서 다운로드하고 / 완성된 양식을 업로드하세요 //
Product Submission 작품 제출	July 14–18 7월 14일에서 18일	Bring the product in person to our office / and do not send it by post. // ⑤의 단서 응모자는 작품을 우편으로 제출하는 것이 아니라, 직접 사무실로 제출해야 함 작품을 직접 저희 사무실로 가져오시고 / 그것을 우편 발송하지 마세요 //
Selection Announcement 선정 발표	July 28 7월 28일	Check the results on our website. // 저희 웹사이트에서 결과를 확인하세요 //

※ For more information, / including selection methods, / please visit our website, www.pre*serve*H.kr. //
더 많은 정보를 원하시면 / 선정 방법을 포함한 / 저희 웹사이트, www.pre*serve*H.kr을 방문해 주세요 //

- enterprise ⓝ 기업
- souvenir ⓝ 기념품
- submission ⓝ 제출
- in person 직접, 몸소
- announcement ⓝ 발표

한옥에서 영감을 받은 문화 작품 경연 대회

실용적인 작품을 디자인함으로써 여러분의 창의력을 탐색해 보세요!
주제: 한옥의 아름다움
응모자: 예술가와 사회적 기업
혜택: 선정된 작품은 한옥 마을 기념품점에서 판매될 것입니다.
일정

	일자	할 일
응모	6월 10일에서 15일	신청서 양식을 저희 웹사이트에서 다운로드하고 완성된 양식을 업로드하세요.
작품 제출	7월 14일에서 18일	작품을 직접 저희 사무실로 가져오시고 그것을 우편 발송하지 마세요.
선정 발표	7월 28일	저희 웹사이트에서 결과를 확인하세요.

※ 선정 방법을 포함한 더 많은 정보를 원하시면 저희 웹사이트, www.pre*serve*H.kr을 방문해 주세요.

Hanok-inspired Cultural Product Contest에 관한 다음 안내문의 내용과 일치하지 <u>않는</u> 것은?

① 주제는 한옥의 아름다움이다.
　Theme: The beauty of Hanok
② 예술가와 사회적 기업이 응모할 수 있다.
　Applicants: Artists and social enterprises
③ 선정된 작품은 한옥 마을 기념품점에서 판매될 것이다.
　Benefit: Selected products will be sold in Hanok village souvenir shops.
④ 응모 신청서 양식은 웹사이트에서 다운로드해야 한다.
　Download the application form from our website and upload a completed one.
⑤ 응모자는 작품을 우편으로 제출해야 한다.
　Bring the product in person to our office and do not send it by post.

>왜 정답 ?　[정답률 97%]

⑤ 응모자는 작품을 우편으로 제출하는 것이 아니라, 직접 사무실로 제출하여야 한다.
　(Bring the product in person to our office and do not send it by post.)

>왜 오답 ?

① 주제는 한옥의 아름다움이다. (Theme: The beauty of Hanok)
② 예술가와 사회적 기업이 응모할 수 있다. (Applicants: Artists and social enterprises)
③ 선정된 작품은 한옥 마을 기념품점에서 판매될 것이다. (Benefit: Selected products will be sold in Hanok village souvenir shops.)
④ 응모 신청서 양식은 웹사이트에서 다운로드해야 한다. (Download the application form from our website and upload a completed one.)

J 08 정답 ② ＊2025 과학 게임화 챌린지 ———

2025 Science Gamification Challenge /
2025 과학 게임화 챌린지 /

Learn science through games at Evernville Science Park! //
Evernville 과학 공원에서 게임을 통해 과학을 배워 보세요 //

Participants: Ages 8 – 13 / 참가자: 8세에서 13세 /

Date and Time: June 7, 9:00 a.m. – 11:30 a.m. /
일시: 6월 7일 오전 9시에서 오전 11시 30분 / ①의 단서 2시간 30분 동안 진행됨

Guidelines / 안내 사항 /

• Download the game map from the website. //
웹사이트에서 게임 지도를 다운로드하세요 //

• Start the first mission at the main gate. //
정문에서 첫 번째 미션을 시작하세요 // ②의 단서 정문에서 첫 번째 미션을 시작함
분사구문

• Complete each mission / using your knowledge of science. //
각 미션을 완수하세요 / 여러분의 과학 지식을 활용해서 //

• Go back to the main gate / after you complete all five missions. // 정문으로 돌아가세요 / 다섯 가지 미션을 모두 완료한 후 //

Reservation: Online reservation is required. //
예약: 온라인으로 예약하셔야 합니다 // ③의 단서 온라인으로 예약해야 함

Participation Fee: $20 (lunch not included) /
참가비: 20달러 (점심은 포함되지 않음) / ④의 단서 참가비에 점심은 포함되어 있지 않음
주격 관계대명사
Note: Only the first participant who completes all five missions / will receive a medal. // ⑤의 단서 다섯 가지 미션을 모두 완수한 첫 번째 참가자만이 메달을 받음
주의 사항: 다섯 가지 미션을 모두 완수한 첫 번째 참가자만이 / 메달을 받을 것입니다 //

※ For more information, / please visit www.＊s＊gc＊.com. //
더 많은 정보를 원하시면 / www.＊s＊gc＊.com을 방문하세요 //

• gamification Ⓝ 게임화(게임이 아닌 분야에 게임의 요소를 넣는 것)
• complete Ⓥ 완수하다　• main gate 정문　• fee Ⓝ …료, 요금

2025 과학 게임화 챌린지

Evernville 과학 공원에서 게임을 통해 과학을 배워 보세요!
참가자: 8세에서 13세
일시: 6월 7일 오전 9시에서 오전 11시 30분
안내 사항
• 웹사이트에서 게임 지도를 다운로드하세요.

• 정문에서 첫 번째 미션을 시작하세요.
• 여러분의 과학 지식을 활용해 각 미션을 완수하세요.
• 다섯 가지 미션을 모두 완료한 후 정문으로 돌아가세요.
예약: 온라인으로 예약하셔야 합니다.
참가비: 20달러(점심은 포함되지 않음)
주의 사항: 다섯 가지 미션을 모두 완수한 첫 번째 참가자만이 메달을 받을 것입니다.
※ 더 많은 정보를 원하시면, www.＊s＊gc＊.com을 방문하세요.

2025 Science Gamification Challenge에 관한 다음 안내문의 내용과 일치하는 것은?

① 3시간 동안 진행된다.
　June 7, 9:00 a.m. – 11:30 a.m.
② 첫 번째 미션을 정문에서 시작한다.
　Start the first mission at the main gate.
③ 온라인으로 예약하지 않아도 된다.
　Online reservation is required.
④ 참가비에 점심이 포함되어 있다.
　Participation Fee: $20 (lunch not included)
⑤ 모든 참가자는 메달을 받을 것이다.
　Only the first participant who completes all five missions will receive a medal.

>왜 정답 ?　[정답률 97%]

② 첫 번째 미션을 정문에서 시작한다고 했다. (Start the first mission at the main gate.)

>왜 오답 ?

① 오전 9시에서 오전 11시 30분까지 2시간 30분 동안 진행된다고 했다. (June 7, 9:00 a.m. — 11:30 a.m.)
③ 온라인으로 예약해야 한다고 했다. (Online reservation is required.)
④ 참가비에 점심이 포함되어 있지 않다. (Participation Fee: $20 (lunch not included))
⑤ 모든 참가자가 아니라 다섯 가지 미션을 모두 완수한 첫 번째 참가자만이 메달을 받는다고 했다. (Only the first participant who completes all five missions will receive a medal.)

J 09 정답 ⑤ ＊책과 함께하는 놀이 시간 ———

Playtime with Books / 책과 함께하는 놀이 시간 /
Read, write, and play / — your Saturday becomes a story-filled adventure. // 읽고, 쓰고, 놀아요 / 여러분의 토요일은 이야기로 가득한 모험이 됩니다 //
①의 단서 날짜는 12월 6일임
• Date: December 6 / 날짜: 12월 6일 /
• Target: Elementary school students (Grades 3 & 4) /
대상: 초등학생 (3학년 및 4학년) / ②의 단서 대상은 초등학교 3학년과 4학년임
• Location: Bluebell Library Multipurpose Room /
장소: Bluebell 도서관 다목적실 /
• Registration / 등록 /
– Registration starts on November 17. //
등록은 11월 17일에 시작됩니다 // ③의 단서 등록은 11월 17일에 시작함
병렬 구조(명령문 동사)
– Visit our homepage / and click the event banner. //
홈페이지를 방문하여 / 이벤트 배너를 클릭하세요 //
접속사(~하자마자)
* Note: First come, first served! // Registration will close / once all spots are filled. // ④의 단서 등록은 선착순
참고: 선착순 / 등록이 마감됩니다 / 모든 자리가 채워지면 //
• Programs / 프로그램 /
– Morning Program: Create Your Own Amazing Tales /
오전 프로그램: 나만의 놀라운 이야기 만들기 / ⑤의 단서 오전 프로그램은 자신만의 이야기 만들기임
– Afternoon Program: Design Your Book Cover /
오후 프로그램: 책 표지 디자인하기 /

• adventure Ⓝ 모험　• location Ⓝ 장소　• registration Ⓝ 등록
• tale Ⓝ 이야기

책과 함께하는 놀이 시간
읽고, 쓰고, 놀아요 — 여러분의 토요일은 이야기로 가득한 모험이 됩니다.
• 날짜: 12월 6일
• 대상: 초등학생 (3학년 및 4학년)
• 장소: Bluebell 도서관 다목적실
• 등록
– 등록은 11월 17일에 시작됩니다.
– 홈페이지를 방문하여 이벤트 배너를 클릭하세요.
＊참고: 선착순! 모든 자리가 채워지면 등록이 마감됩니다.
• 프로그램
– 오전 프로그램: 나만의 놀라운 이야기 만들기
– 오후 프로그램: 책 표지 디자인하기

Playtime with Books에 관한 다음 안내문의 내용과 일치하지 않는 것은?

① 날짜는 12월 6일이다.
　Date: December 6
② 대상은 초등학교 3학년과 4학년이다.
　Target: Elementary school students (Grades 3 & 4)
③ 등록은 11월 17일에 시작한다.
　Registration starts on November 17.
④ 등록은 선착순이다.
　First come, first served!
⑤ 오전 프로그램은 책 표지 디자인하기이다.
　Morning Program: Create Your Own Amazing Tales

〉왜 정답? [정답률 97%]

⑤ 오전 프로그램은 자신만의 놀라운 이야기 만들기(Morning Program: Create
　Your Own Amazing Tales)라고 했으므로, 안내문의 내용과 일치하지 않는다.

〉왜 오답?

① 날짜는 12월 6일이다. (Date: December 6)
② 대상은 초등학교 3학년과 4학년이다. (Target: Elementary school students
　(Grades 3 & 4))
③ 등록은 11월 17일에 시작한다. (Registration starts on November 17.)
④ 등록은 선착순이다. (First come, first served!)

J 10 정답 ⑤ ＊블루투스 VR 고글 사용 설명서

Bluetooth VR Goggles / 블루투스 VR 고글 /
- **Instruction Manual** - / 사용 설명서 /
how to -v: ~하는 방법
How to Operate the Bluetooth VR Goggles /
블루투스 VR 고글 작동 방법 /
• Turn on Bluetooth in your smartphone settings, / and search
　for the "VR Goggles" Bluetooth signal. //
여러분의 스마트폰 설정에서 블루투스를 켜고 / "VR 고글" 블루투스 신호를 검색하세요 //
앞에 목적격 관계대명사 생략
• Start the app or content you want to use / on your smartphone,
　/ before putting on the goggles. // ①의 단서 고글을 착용하기 전에 스마트폰 앱을
　　실행해야 함
여러분이 사용하고 싶은 앱이나 콘텐츠를 시작하세요 / 스마트폰에서 고글을 착용하기 전에 //
remain+형용사(주격 보어)
• If the goggles remain inactive for 30 minutes, / they will
　automatically shut down. // ②의 단서 30분 동안 사용하지 않으면 자동으로
　　전원이 꺼짐
고글이 30분 동안 비활성 상태로 유지되면 / 그것은 자동으로 꺼집니다 //

Charging Instructions / 충전 지침 /
• The red light means / the device needs to be charged. //
빨간 불은 의미합니다 / 기기를 충전해야 한다는 것을 ③의 단서 빨간 불은 충전해야 한다는
　　의미임
• The green light means / the battery is fully charged. //
녹색 표시등은 의미합니다 / 배터리가 완전히 충전되었음을 //
• The power connector is on the left strap. //
전원 연결 장치는 왼쪽 끈에 있습니다 // ④의 단서 전원 연결 장치는 왼쪽 끈에 있음

Caution When Charging / 충전 시 주의 사항 /
• Do not charge / while wearing the goggles. //
충전하지 마세요 / 고글을 착용한 상태에서는 // ⑤의 단서 고글을 착용한 채로 충전하면 안 됨
• When charging, / put the goggles in a cool and dry area. //
충전할 때는 / 고글을 서늘하고 건조한 곳에 두세요 //

• inactive ⓐ 비활성의　• automatically ⓐⓓ 자동으로
• charge ⓥ 충전하다　• device ⓝ 기기, 장치　• strap ⓝ 끈

블루투스 VR 고글
－ 사용 설명서 －
블루투스 VR 고글 작동 방법
• 여러분의 스마트폰 설정에서 블루투스를 켜고 "VR 고글" 블루투스 신호를 검색하세요.
• 고글을 착용하기 전에 스마트폰에서 여러분이 사용하고 싶은 앱이나 콘텐츠를 시작하세요.
• 고글이 30분 동안 비활성 상태로 유지되면 그것은 자동으로 꺼집니다.
충전 지침
• 빨간 불은 기기를 충전해야 한다는 것을 의미합니다.
• 녹색 표시등은 배터리가 완전히 충전되었음을 의미합니다.
• 전원 연결 장치는 왼쪽 끈에 있습니다.
충전 시 주의 사항
• 고글을 착용한 상태에서는 충전하지 마세요.
• 충전할 때는 고글을 서늘하고 건조한 곳에 두세요.

Bluetooth VR Goggles에 관한 다음 안내문의 내용과 일치하는 것은?

① 고글을 착용한 후에 스마트폰 앱을 실행해야 한다. Start the app or content
　you want to use on your smartphone, before putting on the goggles.
② 10분 동안 사용하지 않으면 자동으로 전원이 꺼진다.
　If the goggles remain inactive for 30 minutes, they will automatically shut down.
③ 녹색 불은 충전해야 한다는 의미이다.
　The red light means the device needs to be charged.
④ 전원 연결 장치는 오른쪽 끈에 있다.
　The power connector is on the left strap.
⑤ 고글을 착용한 채로 충전하면 안 된다.
　Do not charge while wearing the goggles.

〉왜 정답? [정답률 96%]

⑤ 고글을 착용한 채로 충전하면 안 된다고 했다. (Do not charge while wearing
　the goggles.)

〉왜 오답?

① 고글을 착용하기 전에 스마트폰 앱을 실행해야 한다. (Start the app or content
　you want to use on your smartphone, before putting on the goggles.)
② 30분 동안 사용하지 않으면 자동으로 전원이 꺼진다. (If the goggles remain
　inactive for 30 minutes, they will automatically shut down.)
③ 빨간 불은 충전해야 한다는 의미이다. (The red light means the device
　needs to be charged.)
④ 전원 연결 장치는 왼쪽 끈에 있다. (The power connector is on the left
　strap.)

J 11 정답 ④ ＊전국 연 축제

National Kite Festival / 전국 연 축제 /
수동태
Kite enthusiasts from all over the country / are invited to City
부사적 용법(목적)
Park, San Francisco, / to showcase their kite-flying skills. //
전국에서 온 연에 열정적인 사람들은 / San Francisco의 City Park로 초대됩니다 / 그들의
연날리기 기술을 보여 주기 위해 //
This event celebrates cultural diversity / through the art of kite-
making and kite-flying. //
이번 행사는 문화적 다양성을 기념합니다 / 연 만들기와 연날리기 기술을 통해 //

Event Details / 행사 세부 사항 /
• Date: August 10th, 2025 / 날짜: 2025년 8월 10일 /
①의 단서 오전 10시부터 오후 6시까지 진행됨
• Time: From 10 a.m. to 6 p.m. / 시간: 오전 10시부터 오후 6시까지 /
②의 단서 연령 제한이 없음
• Open to all ages / 연령 제한 없음 /
Competition / 시합 /
③의 단서 시합 부문 중 하나는 연 높이 날리기임
• Categories: Largest Kite, Highest-Flying Kite, Most Creative
　Design / 부문: 가장 큰 연, 연 높이 날리기, 가장 창의적인 디자인 /
• All competitors / must use self-made kites. //
모든 시합 참가자는 / 직접 만든 연을 사용해야 합니다 //
= kites
　(Purchased ones are not allowed.) //
구매한 것들은 허용되지 않습니다 // ④의 단서 구매한 연은 허용되지 않음

Additional Activities / 추가 활동 /

• Kite-making workshops available for $10 per person /
1인당 10달러에 참가 가능한 연 만들기 워크숍 / ⑤의 단서 연 만들기 워크숍 참가 비용은 1인당 10달러임

• Face painting and a kite-themed costume parade /
페이스 페인팅과 연을 테마로 한 의상 퍼레이드 /

☑ Scan the QR code / for the latest updates and event registration. // QR 코드를 스캔하세요 / 최신 정보 및 행사 등록을 위해 //

- • enthusiast ⓝ 열성적인 사람 • celebrate ⓥ 기념하다, 축하하다
- • diversity ⓝ 다양성 • competitor ⓝ 시합 참가자
- • purchase ⓥ 구매하다 • costume ⓝ 의상

전국 연 축제

전국에서 온 연에 열성적인 사람들은 자신의 연날리기 기술을 보여 주기 위해 San Francisco의 City Park로 초대됩니다. 이번 행사는 연 만들기와 연날리기 기술을 통해 문화적 다양성을 기념합니다.

행사 세부 사항
• 날짜: 2025년 8월 10일
• 시간: 오전 10시부터 오후 6시까지
• 연령 제한 없음

시합
• 부문: 가장 큰 연, 연 높이 날리기, 가장 창의적인 디자인
• 모든 시합 참가자는 직접 만든 연을 사용해야 합니다.
  (구매한 연은 허용되지 않습니다.)

추가 활동
• 1인당 10달러에 참가 가능한 연 만들기 워크숍
• 페이스 페인팅과 연을 테마로 한 의상 퍼레이드
☑ 최신 정보 및 행사 등록을 위해 QR 코드를 스캔하세요.

National Kite Festival에 관한 다음 안내문의 내용과 일치하지 않는 것은?

① 오전 10시부터 오후 6시까지 진행된다.
　Time: From 10 a.m. to 6 p.m.
② 연령 제한이 없다.
　Open to all ages
③ 시합 부문 중 하나는 연 높이 날리기이다.
　Categories: Largest Kite, Highest-Flying Kite, Most Creative Design
④ 시합 참가자는 구매한 연을 사용할 수 있다.
　Purchased ones are not allowed.
⑤ 연 만들기 워크숍 참가 비용은 1인당 10달러이다.
　Kite-making workshops available for $10 per person

⟩왜 정답 ? [정답률 98%]
④ 시합 참가자는 구매한 연을 사용하는 것이 허용되지 않는다고 했다. (Purchased ones are not allowed.)

⟩왜 오답 ?
① 오전 10시부터 오후 6시까지 진행된다. (Time: From 10 a.m. to 6 p.m.)
② 연령 제한이 없다. (Open to all ages)
③ 시합 부문 중 하나는 연 높이 날리기이다. (Categories: Largest Kite, Highest-Flying Kite, Most Creative Design)
⑤ 연 만들기 워크숍 참가 비용은 1인당 10달러이다. (Kite-making workshops available for $10 per person)

J 12 정답 ⑤ ＊Los Angeles 시내 무료 CPR(심폐소생술) 수업 ─

FREE CPR Class Downtown Los Angeles /
Los Angeles 시내 무료 CPR(심폐소생술) 수업 /
Learn how to save lives / with a CPR training course / in Downtown Los Angeles. //
how to-v: ~하는 방법
생명을 구하는 방법을 배우세요 / CPR(심폐소생술) 훈련 과정으로 / Los Angeles 시내에서 //

• Date and Time: November 30th, 2025, from 2 p.m. to 5 p.m. /
일시: 2025년 11월 30일, 오후 2시부터 오후 5시까지 / ①의 단서 3시간 동안 진행됨

• Location: Blue Healthcare Training Center /
장소: Blue Healthcare Training Center /
②의 단서 강의실은 5층임

• Classroom: 5th floor, Suite 510 / 강의실: 5층, 스위트 510 /
③의 단서 과정 완료 시 2년간 유효한 수료증을 받음

• Certification: / Upon course completion, / participants will receive a CPR certificate / valid for 2 years. //
앞에 주격 관계대명사와 be동사 생략
수료증 / 과정 완료 시 / 참가자들은 CPR 수료증을 받을 것입니다 / 2년간 유효한
④의 단서 예약이 필요함

• Reservations are required. // 예약이 필요합니다 //
⑤의 단서 무료 주차가 가능함

• Free parking is available. // 무료 주차가 가능합니다 //

☑ Scan the QR code / for reservations and more information. //
QR 코드를 스캔하세요 / 예약과 더 많은 정보를 위해 //

We look forward to seeing you! // 우리는 당신을 만나기를 고대합니다 //

- • completion ⓝ 완료 • certificate ⓝ 수료증 • valid ⓐ 유효한
- • look forward to -ing ~하기를 고대하다

Los Angeles 시내 무료 CPR(심폐소생술) 수업

Los Angeles 시내에서 CPR(심폐소생술) 훈련 과정으로 생명을 구하는 방법을 배우세요.
• 일시: 2025년 11월 30일, 오후 2시부터 오후 5시까지
• 장소: Blue Healthcare Training Center
• 강의실: 5층, 스위트 510
• 수료증: 과정 완료 시, 참가자들은 2년간 유효한 CPR 수료증을 받을 것입니다.
• 예약이 필요합니다.
• 무료 주차가 가능합니다.
☑ 예약과 더 많은 정보를 위해 QR 코드를 스캔하세요.
　우리는 당신을 만나기를 고대합니다!

FREE CPR Class Downtown Los Angeles에 관한 다음 안내문의 내용과 일치하는 것은?

① 4시간 동안 진행된다.
　Date and Time: ~ from 2 p.m. to 5 p.m.
② 강의실은 10층에 있다.
　Classroom: 5th floor, Suite 510
③ 과정 완료 시, 참가자는 3년간 유효한 수료증을 받는다.
　Upon course completion, participants will receive a CPR certificate valid for 2 years.
④ 예약을 하지 않아도 참여가 가능하다.
　Reservations are required.
⑤ 무료 주차가 가능하다.
　Free parking is available.

⟩왜 정답 ? [정답률 97%]
⑤ 무료 주차가 가능하다고 했다. (Free parking is available.)

⟩왜 오답 ?
① 4시간이 아니라 3시간 동안 진행된다. (Date and Time: ~ from 2 p.m. to 5 p.m.)
② 강의실은 10층이 아니라 5층에 있다. (Classroom: 5th floor, Suite 510)
③ 과정 완료 시, 참가자는 3년간이 아니라 2년간 유효한 수료증을 받는다. (Upon course completion, participants will receive ~ valid for 2 years.)
④ 참여하기 위해서는 예약이 필수이다. (Reservations are required.)

J 13 정답 ② ＊The Wonder of Bees 행사 안내 ─

The Wonders of Bees / 벌들의 경이로움 /

Attention, all bee lovers! // 주목해 주세요, 모든 벌 애호가 여러분 //

Come and discover the wonders / of these tiny creatures! //
오셔서 경이로움을 발견하세요 / 이 작은 생명체들의 //

When: May 17 − 24, 2025 / 언제: 2025년 5월 17일부터 24일까지 /

Where: National Science Museum /
어디서: 국립 과학관 / ①의 단서 장소는 국립 과학관임

Admission Fee: $5 / (Hands-on activities not included) /
입장료: 5달러 / (체험 활동은 미포함) / ②의 단서 체험 활동 비용은 입장료에 포함되어 있지 않음

Exhibitions / 전시 /

Place 장소	Theme 주제
1st Floor 1층	Bee Communication 벌의 의사소통
2nd Floor 2층	Structure of a Beehive ③의 단서 2층의 전시 주제는 벌집의 구조임 벌집의 구조
3rd Floor 3층	Bees' Habitat Loss 벌의 서식지 감소

Hands-on Activities / 체험 활동 /

• $1 extra per participant / 참가자당 1달러 추가 /
④의 단서 7세 미만의 아이들은 체험 활동에 성인 동반자가 필요함
• An adult companion required / for kids under 7 /
성인 동반자 필요 / 7세 미만의 아이들은 /

Place 장소	Activity 활동
Newton Hall ⑤의 단서 Newton Hall에서 체험 활동이 이루어짐 Newton Hall	동명사 Building a Model Beehive 벌집 모형 만들기 동명사 Tracing Bees in Virtual Reality 가상 현실에서 벌 추적하기

For more information, / call us at (254) 832−9585. //
더 많은 정보를 위해서 / (254) 832-9585로 저희에게 전화해 주세요 //

• wonder ⓝ 경이로움 • admission fee 입장료
• structure ⓝ 구조 • habitat ⓝ 서식지 • participant ⓝ 참가자
• companion ⓝ 동반자 • trace ⓥ 추적하다
• virtual reality 가상 현실

벌들의 경이로움

주목해 주세요, 모든 벌 애호가 여러분! 오셔서 이 작은 생명체들의 경이로움을 발견하세요!

언제: 2025년 5월 17일부터 24일까지
어디서: 국립 과학관
입장료: 5달러 (체험 활동은 미포함)

전시

장소	주제
1층	벌의 의사소통
2층	벌집의 구조
3층	벌의 서식지 감소

체험활동
• 참가자당 1달러 추가
• 7세 미만의 아이들은 성인 동반자 필요

장소	활동
Newton Hall	벌집 모형 만들기
	가상 현실에서 벌 추적하기

더 많은 정보를 위해서, (254) 832−9585로 저희에게 전화해 주세요.

The Wonders of Bees에 관한 다음 안내문의 내용과 일치하지 <u>않는</u> 것은?
① 국립 과학관에서 진행된다.
Where: National Science Museum
② 체험 활동 비용은 입장료에 포함되어 있다.
Admission Fee: $5 (Hands-on activities not included)
③ 2층의 전시 주제는 벌집의 구조이다.
2nd Floor / Structure of a Beehive
④ 7세 미만 아이들의 체험 활동에는 성인 동반자가 필요하다.
An adult companion required for kids under 7
⑤ Newton Hall에서 체험 활동이 이루어진다.
Hands-on Activities / Newton Hall

왜 정답? [정답률 96%]

② 체험 활동 비용은 입장료에 포함되어 있지 않다고 (Admission Fee: $5 (Hands-on activities not included)) 했으므로 안내문의 내용과 일치하지 않는다.

왜 오답?

① 국립 과학관에서 진행된다. (Where: National Science Museum)
③ 2층의 전시 주제는 벌집의 구조이다. (2nd Floor / Structure of a Beehive)
④ 7세 미만 아이들의 체험 활동에는 성인 동반자가 필요하다. (An adult companion required for kids under 7)
⑤ Newton Hall에서 체험 활동이 이루어진다. (Hands-on Activities / Newton Hall)

J 14 정답 ③ ＊전 세계 미식가의 포틀럭 파티 안내

Global Gourmet Potluck Party / 전 세계 미식가의 포틀럭 파티 /

Are you ready / to share your country's special dish? //
준비가 되었나요 / 여러분 나라의 특별한 음식을 나눌 //

Join us and have a delicious meal together. //
저희와 함께 맛있는 식사를 합시다 //

Site & Date / 장소와 날짜 /

− Main cafeteria / 메인 식당 / ①의 단서 메인 식당에서 진행됨
− Friday, July 18, 2025 / 2025년 7월 18일 금요일 /

Guidelines / 안내 사항 /

− Participation is only for freshman international students / of Pineview Culinary Institute. // ②의 단서 참여 대상은 1학년 국제 학생들임
참여는 1학년 국제 학생들만을 대상으로 합니다 / Pineview 요리 전문학교의 //

− Participants must make and bring / one of their countries' dishes. // ③의 단서 참여자는 자국의 요리 중 하나를 만들어 가져와야 함
참여자들은 반드시 만들어 가져와야 합니다 / 자국의 요리 중 하나를 //

Schedule / 일정 /

• 5:00 p.m.: Introduction of each local dish /
오후 5시: 각 지역의 요리 소개 /
• 5:30 p.m.: Sharing and enjoying dishes /
오후 5시 30분: 요리 나누고 즐기기 /
• 6:30 p.m.: Voting for the best dish /
오후 6시 30분: 최고의 요리 투표하기 /
• 7:00 p.m.: Dance party with drinks and desserts /
오후 7시: 음료와 후식이 있는 댄스파티 / ④의 단서 댄스파티는 최고의 요리 투표 이후에 열림

Notes / 유의 사항 /

미래시제 수동태
− Drinks and desserts will be served for free. //
음료와 후식은 무료로 제공될 것입니다 //
주격 관계대명사
− A trophy will be given to the student / who brings the best dish. // ⑤의 단서 최고의 요리를 가져온 학생에게는 트로피가 수여됨
학생에게 트로피가 수여될 것입니다 / 최고의 요리를 가져온 //

• gourmet ⓝ 미식가
• potluck party 포틀럭 파티(각자 음식을 가져오는 파티) • dish ⓝ 요리
• freshman ⓝ 1학년 학생 • culinary ⓐ 요리의
• institute ⓝ 기관, 학원

전 세계 미식가의 포틀럭 파티

여러분 나라의 특별한 음식을 나눌 준비가 되셨나요? 저희와 함께 맛있는 식사를 합시다.

장소와 날짜
− 메인 식당
− 2025년 7월 18일 금요일

안내 사항
− 참여는 Pineview 요리 전문학교의 1학년 국제 학생들만을 대상으로 합니다.
− 참여자들은 반드시 자국의 요리 중 하나를 만들어 가져와야 합니다.

일정

- 오후 5시: 각 지역의 요리 소개
- 오후 5시 30분: 요리 나누고 즐기기
- 오후 6시 30분: 최고의 요리 투표하기
- 오후 7시: 음료와 후식이 있는 댄스파티

유의 사항

– 음료와 후식은 무료로 제공될 것입니다.
– 최고의 요리를 가져온 학생에게 트로피가 수여될 것입니다.

Global Gourmet Potluck Party에 관한 다음 안내문의 내용과 일치하는 것은?

① 강당에서 금요일에 진행된다.
Site: Main cafeteria
② 참여 대상은 전 학년의 국제 학생들이다.
Participation is only for freshman international students of Pineview Culinary Institute.
③ 참여자는 자국의 요리 중 하나를 만들어 가져와야 한다.
Participants must make and bring one of their countries' dishes.
④ 댄스파티가 최고의 요리 투표 이전에 열린다.
6:30 p.m.: Voting for the best dish / 7:00 p.m.: Dance party with drinks and desserts
⑤ 최고의 요리를 가져온 학생에게 상금이 수여된다.
A trophy will be given to the student who brings the best dish.

왜 정답? [정답률 89%]

③ 참여자는 자국의 요리 중 하나를 만들어 가져와야 한다고 했다. (Participants must make and bring one of their countries' dishes.)

왜 오답?

① 장소는 메인 식당이다. (Site: Main cafeteria)
② 참여 대상은 1학년 국제 학생들이다. (Participation is only for freshman international students of Pineview Culinary Institute.)
④ 댄스파티가 최고의 요리 투표 이후에 열린다. (6:30 p.m.: Voting for the best dish / 7:00 p.m.: Dance party with drinks and desserts)
⑤ 최고의 요리를 가져온 학생에게 트로피가 수여된다. (A trophy will be given to the student who brings the best dish.)

J 15 정답 ③ ＊Primm 독서 마라톤 행사

Primm Reading Marathon Event / Primm 독서 마라톤 행사 /

In this event, / each page of a book is converted / into 5 meters. //
이 행사에서는 / 도서 한 페이지는 환산됩니다 / 5미터로 // ①의 단서 도서 한 페이지는 5미터로 환산됨

Participants will reach / the target distance / by reading. //
참가자들은 도달할 수 있습니다 / 목표 거리에 / 독서를 함으로써 // by -ing: ~함으로써

Event Period / 행사 기간 /

• From March 28th to June 28th /
3월 28일부터 6월 28일까지 // ②의 단서 행사 기간은 3월 28일부터 6월 28일까지임

Qualification / 자격 /

• Only open / to members of the Primm library /
오직 열려 있음 / Primm 도서관 회원에게만 // ③의 단서 도서관 회원만 참여가 가능함

How to Participate / 참가 방법 /
부사적 용법(목적)
• Visit Primm library / to receive the reading log. //
Primm 도서관에 방문하세요 / 독서 일지를 수령하기 위해 //
병렬 구조
• Complete the reading log / and submit it to the librarian. //
독서 일지를 완성하세요 / 그리고 그것을 사서에게 제출하세요 // ④의 단서 독서 일지를 완성하고 사서에게 제출해야 함

Target Distance and Benefits / 목표 거리 및 혜택 /

• Half marathon (4,200 pages): / Completion certificate /
하프 마라톤 (4,200페이지) / 완료 인증서 // ⑤의 단서 4,200페이지를 읽으면 완료 인증서를 받음

• Full marathon (8,400 pages): / Completion certificate & Eco-friendly book stand /
풀 마라톤 (8,400페이지) / 완료 인증서 & 친환경 독서대 /

- convert A into B A를 B로 환산하다
- participant ⓝ 참여자
- reading log 독서 일지
- certificate ⓝ 인증서
- book stand 독서대

Primm 독서 마라톤 행사

이 행사에서는 도서 한 페이지는 5미터로 환산됩니다. 참가자들은 독서를 함으로써 목표 거리에 도달할 수 있습니다.
행사 기간
•3월 28일부터 6월 28일까지
자격
•Primm 도서관 회원만 참여 가능
참가 방법
•독서 일지를 수령하기 위해 Primm 도서관에 방문하세요.
•독서 일지를 완성하고 사서에게 제출하세요.
목표 거리 및 혜택
•하프 마라톤 (4,200페이지): 완료 인증서
•풀 마라톤 (8,400페이지): 완료 인증서 & 친환경 독서대

Primm Reading Marathon Event에 관한 다음 안내문의 내용과 일치하지 않는 것은?

① 도서 한 페이지는 5미터로 환산된다.
each page of a book is converted into 5 meters
② 행사 기간은 3월 28일부터 6월 28일까지이다.
From March 28th to June 28th
③ Primm 도서관 회원이 아니어도 참여가 가능하다.
Only open to members of the Primm library
④ 독서 일지를 완성하고 사서에게 제출한다.
Complete the reading log and submit it to the librarian.
⑤ 4,200페이지를 읽으면 완료 인증서를 받는다.
Half marathon (4,200 pages): Completion certificate

왜 정답? [정답률 94%]

③ Primm 도서관 회원만 참여할 수 있다고 (Only open to members of the Primm library) 했으므로 안내문의 내용과 일치하지 않는다.

왜 오답?

① 도서 한 페이지는 5미터로 환산된다. (each page of a book is converted into 5 meters)
② 행사 기간은 3월 28일부터 6월 28일까지이다. (From March 28th to June 28th)
④ 독서 일지를 완성하고 사서에게 제출한다. (Complete the reading log and submit it to the librarian.)
⑤ 4,200페이지를 읽으면 완료 인증서를 받는다. (Half marathon (4,200 pages): Completion certificate)

J 16 정답 ⑤ ＊2025 꿈을 스크린으로

2025 Dream to Screen / 2025 꿈을 스크린으로 /
see의 목적격 보어(원형부정사)
Do you dream / of seeing your story come to life / in the theater? //
꿈꾸나요 / 여러분의 이야기가 살아나는 것을 보기를 / 극장에서 //

Here's your chance! // 여기 기회가 있습니다 //

Guidelines / 지침 /

• All genres are welcome / but submissions must be original works. //
모든 장르가 환영받습니다 / 그러나 제출물은 반드시 독창적인 작품이어야 합니다 //

• The maximum length of your synopsis / is 1,000 words. //
시놉시스의 최대 길이는 / 1,000 단어입니다 // ①의 단서 시놉시스의 최대 길이는 1,000단어

Details / 세부 사항 /
미래시제 수동태
• Submissions will be accepted / from April 30th to May 15th. //
제출물은 접수될 것입니다 / 4월 30일부터 5월 15일까지 // ②의 단서 제출물은 4월 30일부터 접수될 것임

• Email your synopsis / to drscreen@cinevision.org. //
여러분의 시놉시스를 이메일로 보내세요 / drscreen@cinevision.org로 //

• The winner will be announced / through the official website / and via email. // ③의 단서 수상자는 공식 웹사이트와 이메일을 통해 발표될 것임
수상자는 발표될 것입니다 / 공식 웹사이트를 통해서 / 그리고 이메일을 통해 //

Benefits / 혜택 /

- All the participants will receive / professional feedback / from famous production companies. // **④의 단서** 모든 참가자가 유명 제작사로부터 피드백을 받을 것임

모든 참가자들은 받을 것입니다 / 전문적인 피드백을 / 유명 제작사로부터 //

현재분사(synopsis 수식)
- The synopsis / receiving the most votes / will be adapted into a screenplay! // **⑤의 단서** 가장 많은 표를 받은 시놉시스는 영화 대본으로 각색될 것임

시놉시스는 / 가장 많은 표를 받은 / 영화 대본으로 각색될 것입니다 //

- submission ⓝ 제출물   - original ⓐ 독창적인, 원본의
- maximum ⓝ 최대의   - adapt ⓥ 각색하다
- screenplay ⓝ 영화 대본

2025 꿈을 스크린으로

여러분의 이야기가 극장에서 살아나는 것을 보기를 꿈꾸나요? 여기 기회가 있습니다!

지침
- 모든 장르를 환영하지만, 제출물은 반드시 독창적인 작품이어야 합니다.
- 시놉시스의 최대 길이는 1,000 단어입니다.

세부 사항
- 제출물은 4월 30일부터 5월 15일까지 접수될 것입니다.
- 여러분의 시놉시스를 drscreen@cinevision.org로 이메일 보내세요.
- 수상자는 공식 웹사이트와 이메일을 통해 발표될 것입니다.

혜택
- 모든 참가자들은 유명 제작사로부터 전문적인 피드백을 받을 것입니다.
- 가장 많은 표를 받은 시놉시스는 영화 대본으로 각색될 것입니다!

2025 Dream to Screen에 관한 다음 안내문의 내용과 일치하는 것은?

① 시놉시스의 최소 길이는 1,000 단어이다.
The maximum length of your synopsis is 1,000 words.
② 제출은 5월 15일부터이다.
Submissions will be accepted from April 30th to May 15th.
③ 수상자는 공식 웹사이트를 통해서만 발표될 것이다.
The winner will be announced through the official website and via email.
④ 수상자만 유명 제작사로부터 전문적인 피드백을 받을 것이다.
All the participants will receive professional feedback from famous production companies.
⑤ 가장 많은 표를 받은 시놉시스는 영화 대본으로 각색될 것이다.
The synopsis receiving the most votes will be adapted into a screenplay!

왜 정답 [정답률 89%]

⑤ 가장 많은 표를 받은 시놉시스는 영화 대본으로 각색될 것이라고 했다. (The synopsis receiving the most votes will be adapted into a screenplay!)

왜 오답?

① 시놉시스의 최소 길이가 아닌 최대 길이가 1,000 단어이다. (The maximum length of your synopsis is 1,000 words.)
② 제출은 5월 15일부터가 아니라 4월 30일부터이다. (Submissions will be accepted from April 30th to May 15th.)
③ 수상자는 공식 웹사이트를 통해서만이 아니라 공식 웹사이트와 이메일을 통해서 발표될 것이다. (The winner will be announced through the official website and via email.)
④ 참가자 모두가 유명 제작사로부터 전문적인 피드백을 받을 것이다. (All the participants will receive professional feedback from famous production companies.)

J 17 정답 ③ * Adenville 시티 패스 카드 안내

Adenville City Pass Card / Adenville 시티 패스 카드 /

The Adenville City Pass Card / is a public transportation card /
현재분사(tourists 수식)
for tourists visiting Adenville. // **①의 단서** 관광객을 위한 대중교통 카드임

Adenville 시티 패스 카드는 / 대중교통 카드입니다 / Adenville을 방문하는 관광객을 위한 //

Service Range / 서비스 범위 /

- Adenville-based subway lines / Adenville 기반의 지하철 노선 /
- Adenville-licensed buses / Adenville 면허의 버스 /
수동태
※ This card cannot be used / for city tour buses. // **②의 단서** 시티 투어 버스에는 사용할 수 없음

이 카드는 사용될 수 없습니다 / 시티 투어 버스에 //

Card Type / 카드 유형 /

	Price 가격	Additional Benefit 추가 혜택
1-Day 1일권	$10 10달러	10% off admission for major tourist attractions
3-Day 3일권	$25 25달러	**③의 단서** 5일 패스 카드뿐만 아니라 1일, 3일 패스 카드에도 주요 관광지 입장료 할인 혜택이 제공됨 주요 관광지 입장료 10퍼센트 할인
5-Day 5일권	$40 40달러	

과거분사(cards 수식)
※ Unused cards are refundable / within 30 days of the purchase date. // **④의 단서** 미사용 카드는 구입일로부터 30일 이내에 환불이 가능함

미사용 카드는 환불할 수 있습니다 / 구입일 30일 이내에 //

Purchase Information / 구매 정보 /
수동태
- Physical cards can be purchased / at subway stations. //

실물 카드는 구입할 수 있습니다 / 지하철역에서 //
수동태
- Mobile cards can be purchased / on the A-Transit app. // **⑤의 단서** 모바일 카드는 A-Transit 앱에서 구입할 수 있음

모바일 카드는 구입할 수 있습니다 / A-Transit 앱에서 //

- additional ⓐ 추가적인   - admission ⓝ 입장료
- refundable ⓐ 환불할 수 있는   - physical ⓐ 물리적인, 실물의

Adenville 시티 패스 카드

Adenville 시티 패스 카드는 Adenville을 방문하는 관광객을 위한 대중교통 카드입니다.

서비스 범위
- Adenville 기반의 지하철 노선
- Adenville 면허의 버스
※ 이 카드는 시티 투어 버스에 사용될 수 없습니다.

카드 유형

	가격	추가 혜택
1일권	10달러	
3일권	25달러	주요 관광지 입장료 10퍼센트 할인
5일권	40달러	

※ 미사용 카드는 구입일 30일 이내에 환불할 수 있습니다.

구매 정보
- 실물 카드는 지하철역에서 구입할 수 있습니다.
- 모바일 카드는 A-Transit 앱에서 구입할 수 있습니다.

Adenville City Pass Card에 관한 다음 안내문의 내용과 일치하지 않는 것은?

① 관광객을 위한 대중교통 카드이다.
The Adenville City Pass Card is a public transportation card
② 시티 투어 버스에는 사용할 수 없다.
※ This card cannot be used for city tour buses.
③ 5일 패스 카드에만 주요 관광지 입장료 할인 혜택이 제공된다.
10% off admission for major tourist attractions
④ 미사용 카드는 구입일로부터 30일 이내에 환불이 가능하다.
※ Unused cards are refundable within 30 days of the purchase date.
⑤ 모바일 카드는 A-Transit 앱에서 구입할 수 있다.
Mobile cards can be purchased on the A-Transit app.

왜 정답? [정답률 98%]

③ 주요 관광지 입장료 할인 혜택은 5일 패스 카드뿐만 아니라 1일, 3일 패스 카드에도 제공된다고 했으므로 (10% off admission for major tourist attractions) ③은 안내문의 내용과 일치하지 않는다.

왜 오답?

① 관광객을 위한 대중교통 카드이다. (The Adenville City Pass Card is a public transportation card for tourists)
② 시티 투어 버스에는 사용할 수 없다. (※ This card cannot be used for city tour buses.)
④ 미사용 카드는 구입일로부터 30일 이내에 환불이 가능하다. (※ Unused cards are refundable within 30 days of the purchase date.)
⑤ 모바일 카드는 A-Transit 앱에서 구입할 수 있다. (Mobile cards can be purchased on the A-Transit app.)

Luckwood Snow Festival에 관한 다음 안내문의 내용과 일치하는 것은?

① 2년에 한 번 열린다.
the 15th annual Luckwood Snow Festival
② 열흘 동안 진행된다.
January 24th–30th (7 days)
③ 눈 조각 경연에는 11개 팀이 참가할 것이다.
Snow Sculpture Contest: 11 teams will participate.
④ 주차가 가능하다.
Parking is not available
⑤ 셔틀버스 이용은 무료이다.
(One-way fare: $1, cash only)

> **왜 정답?** [정답률 98%]

③ 눈 조각 경연에는 11개 팀이 참가할 것이라고 했으므로 (Snow Sculpture Contest: 11 teams will participate.) ③은 안내문의 내용과 일치한다.

> **왜 오답?**

① 2년에 한 번이 아니라 1년마다 열리는 연례 축제이다. (the 15th annual Luckwood Snow Festival)

② 열흘 동안 진행되는 것이 아니라 7일 간 진행된다. (January 24th – 30th (7 days))

④ 주차는 가능하지 않다. (Parking is not available)

⑤ 셔틀버스 이용은 무료가 아니라 편도에 1달러로 유료다. (One-way fare: $1, cash only)

J 18 정답 ③ *Luckwood 눈 축제 안내문

Luckwood Snow Festival / Luckwood 눈 축제 /
We're happy **to announce** / the 15th annual Luckwood Snow Festival. //
부사적 용법(~하게 되어, 이유)
①의 단서 1년마다 열리는 연례 축제임
저희는 알려 드리게 되어 기쁩니다 / 제15회 연례 Luckwood 눈 축제를 //
Come to the festival / **to enjoy** winter activities. //
부사적 용법(목적)
축제에 오세요 / 동계 활동을 즐기러 //

When & Where / 언제 & 어디서 /
②의 단서 7일 간 진행됨
• January 24th – 30th (7 days), / from 9 a.m. to 8 p.m. //
1월 24일부터 30일까지(7일간) / 오전 9시부터 오후 8시까지 //

• Luckwood Park / Luckwood 공원 /

Special Activities / 특별 활동 /
• Snow Sculpture Contest: / 11 teams will participate. //
눈 조각 경연 / 11개 팀이 참가할 것입니다 // ③의 단서 눈 조각 경연에는 11개 팀이 참가할 것임

• Fun in the Snow: / Kids can enjoy snow tunnels and snow slides. //
눈 속 즐거움 / 아이들은 눈 터널과 눈 미끄럼틀을 즐길 수 있습니다 //

Transportation / 교통 /
④의 단서 주차는 가능하지 않음
• Parking is not available / (Use public transportation and/or shuttle bus service). //
주차는 할 수 없습니다 / (대중교통과/또는 셔틀버스 서비스를 이용하세요) //

• The shuttle bus **runs** / between Luckwood Subway Station and Luckwood Park / (One-way fare: $1, cash only). //
자동사
셔틀버스는 운행합니다 / Luckwood 지하철역과 Luckwood 공원 사이를 / (편도 요금: 1달러, 현금만 받음) //
⑤의 단서 셔틀버스 이용은 편도에 1달러로 유료임

※ For more information, / please visit www.lwsnow.org.//
더 많은 정보를 원하시면 / 웹사이트 www.lwsnow.org를 방문하세요 //

• annual ⓐ 연례의   • sculpture ⓝ 조각
• slide ⓝ 미끄럼틀   • transportation ⓝ 교통

Luckwood 눈 축제

저희는 제15회 연례 Luckwood 눈 축제를 알려 드리게 되어 기쁩니다. 동계 활동을 즐기러 축제에 오세요.

언제 & 어디서
• 1월 24일부터 30일까지(7일간) 오전 9시부터 오후 8시까지
• Luckwood 공원

특별 활동
• 눈 조각 경연: 11개 팀이 참가할 것입니다.
• 눈 속 즐거움: 아이들은 눈 터널과 눈 미끄럼틀을 즐길 수 있습니다.

교통
• 주차는 할 수 없습니다(대중교통과/또는 셔틀버스 서비스를 이용하세요).
• 셔틀버스는 Luckwood 지하철역과 Luckwood 공원 사이를 운행합니다 (편도 요금: 1달러, 현금만 받음).
※ 더 많은 정보를 원하시면, 웹사이트 www.lwsnow.org를 방문하세요.

J 19 정답 ③ *Teverley 대학교 캠퍼스 방문의 날

University of Teverley Campus Visit Day /
Teverley 대학교 캠퍼스 방문의 날 /
Do you want to see / **if** the University of Teverley is the right fit for you? /
명사절 접속사
알아보고 싶으신가요 / Teverley 대학교가 여러분에게 딱 알맞은지 //
Come to our annual campus visit event / for prospective students / on Thursday, September 26th. //
연례 캠퍼스 방문 행사에 오세요 / 입학 희망 학생들을 위한 / 9월 26일 목요일에 //

Participants / 참가 대상 /
①의 단서 고등학교 3학년 학생만 참여할 수 있음
• 3rd-year high school students only / 고등학교 3학년 학생 한정 /

Meeting Time & Place / 만남 시간과 장소 /
• The auditorium at the Student Center / at 9:30 a.m. /
학생회관 강당 / 오전 9시 30분 /

Schedule / 일정 /

• 10:00 a.m.: / Presentation on the admissions process /
오전 10시 / 입학 절차에 관한 소개 / ②의 단서 입학 절차에 관한 소개가 오전 10시에 있을 예정임

• 10:30 a.m.: / Campus tour / 오전 10시 30분 / 캠퍼스 투어 /

• 12:00 p.m.: / Free lunch / **provided** at the students' cafeteria /
free lunch를 수식하는 분사
낮 12시 / 무료 점심 / 학생 식당에서 제공되는 / ③의 단서 점심이 무료로 제공될 것임

• 1:00 p.m.: / Q&A with the student tour staff /
오후 1시 / 학생 투어 담당 직원과의 질의응답 /

※ After the event, / a T-shirt with our university logo / **will be given out** / as a gift. //
미래시제 수동태
④의 단서 티셔츠가 선물로 주어질 것임
행사 종료 후 / 우리 대학 로고가 새겨진 티셔츠가 / 주어질 것입니다 / 선물로 /

Registration / 등록 /
• Register / by 6 p.m., / September 17th, / on our website, www.teverley.edu. //
등록하세요 / 오후 6시까지 / 9월 17일 / 저희 웹사이트 www.teverley.edu에서 //
⑤의 단서 등록은 학교 웹사이트에서 함

• fit ⓝ 알맞은 것, 적합한 것   • annual ⓐ 연례의
• prospective student 입학 희망 학생   • admission ⓝ 입학
• registration ⓝ 등록

Teverley 대학교 캠퍼스 방문의 날

Teverley 대학교가 여러분에게 딱 알맞은지 알아보고 싶으신가요? 9월 26일 목요일에 열리는 입학 희망 학생들을 위한 연례 캠퍼스 방문 행사에 오세요.

참가 대상
• 고등학교 3학년 학생 한정

만남 시간과 장소
• 오전 9시 30분 학생회관 강당

일정
• 오전 10시: 입학 절차에 관한 소개
• 오전 10시 30분: 캠퍼스 투어
• 낮 12시: 학생 식당에서 무료 점심 제공
• 오후 1시: 학생 투어 담당 직원과의 질의응답

※ 행사 종료 후 우리 대학 로고가 새겨진 티셔츠가 선물로 주어질 것입니다.

등록
• 9월 17일 오후 6시까지 저희 웹사이트 www.teverley.edu에서 등록하세요.

University of Teverley Campus Visit Day에 관한 다음 안내문의 내용과 일치하지 <u>않는</u> 것은?

① 고등학교 3학년 학생만 참여할 수 있다.
  3rd-year high school students only
② 입학 절차에 관한 소개가 예정되어 있다.
  10:00 a.m.: Presentation on the admissions process
③ 점심은 무료로 제공되지 않는다.
  12:00 p.m.: Free lunch provided at the students' cafeteria
④ 티셔츠가 선물로 주어질 것이다.
  a T-shirt with our university logo will be given out as a gift
⑤ 등록은 학교 웹사이트에서 한다.
  Register by 6 p.m., September 17th, on our website, www.teverley.edu.

> **왜 정답?** [정답률 97%]

③ 점심은 무료로 제공된다고 했다. (12:00 p.m.: Free lunch provided at the students' cafeteria)

> **왜 오답?**

① 고등학교 3학년 학생만 참여할 수 있다. (3rd-year high school students only)
② 입학 절차에 관한 소개가 예정되어 있다. (10:00 a.m.: Presentation on the admissions process)
④ 티셔츠가 선물로 주어질 것이다. (a T-shirt with our university logo will be given out as a gift)
⑤ 등록은 학교 웹사이트에서 한다. (Register by 6 p.m., September 17th, on our website, www.teverley.edu.)

J 20 정답 ⑤ ＊2024 녹색 미래 웹툰 공모전

2024 Green Future Webtoon Contest / 2024 녹색 미래 웹툰 공모전 /

Showcase your creativity and artistic talents / by creating a webtoon / **that** captures your vision of a cleaner environment. //
여러분의 창의력과 예술적 재능을 뽐내 보세요 / 웹툰을 제작하여 / 더 깨끗한 환경에 대한 여러분의 비전을 포착한 //
(that: 주격 관계대명사)

Theme: / Renewable energy for a green future /
주제 / 친환경 미래를 위한 재생 에너지 / **①의 단서** 주제는 친환경 미래를 위한 재생 에너지임

Submission Details / 출품 세부 정보 /

• Submissions **will be accepted** / from October 1st to November 30th. // **②의 단서** 출품은 10월 1일부터 접수됨
  (미래시제 수동태)
출품작은 접수됩니다 / 10월 1일부터 11월 30일까지 //

• Submissions should be uploaded / to our website. //
출품작은 업로드되어야 합니다 / 저희 웹사이트에 //

• Each participant is allowed / to submit only one webtoon. //
각 참가자는 허용됩니다 / 한 개의 웹툰만 제출하도록 // **③의 단서** 참가자는 웹툰 하나만 제출 가능함

Prizes / 상금 /

	Number of winners 수상자 수	Prize money(per winner) 상금(수상자 당)
1st prize 1등	1	$3,000
2nd prize 2등	2 **④의 단서** 2등 수상자는 2명임	$2,000
3rd prize 3등	3	$1,000

• The winners will be decided / by the selection committee / and will be announced / on December 30th. // **⑤의 단서** 수상자는 선정 위원회에서 결정함
수상자는 결정될 것입니다 / 선정 위원회에서 / 그리고 발표될 것입니다 / 12월 30일에 //

※ For more information, / visit our website, www.grnftr.org. //
더 많은 정보를 원하시면 / 저희 웹사이트 www.grnftr.org를 방문하세요 //

• showcase ⓥ 뽐내다   • capture ⓥ 포착하다
• renewable ⓐ 재생 가능한   • submission ⓝ 출품, 출품작
• submit ⓥ 제출하다   • selection committee 선정 위원회

2024 녹색 미래 웹툰 공모전

더 깨끗한 환경에 대한 여러분의 비전을 포착한 웹툰을 제작하여 여러분의 창의력과 예술적 재능을 뽐내 보세요.

주제: 친환경 미래를 위한 재생 에너지

출품 세부 정보
• 출품작은 10월 1일부터 11월 30일까지 접수합니다.
• 출품작은 저희 웹사이트에 업로드해야 합니다.
• 각 참가자는 한 개의 웹툰만 제출할 수 있습니다.

상금

	수상자 수	상금(수상자 당)
1등	1	$3,000
2등	2	$2,000
3등	3	$1,000

• 수상자는 선정 위원회에서 결정되며 12월 30일에 발표될 것입니다.
※ 더 많은 정보를 원하시면, 저희 웹사이트 www.grnftr.org를 방문하세요.

2024 Green Future Webtoon Contest에 관한 다음 안내문의 내용과 일치하는 것은?

① 주제는 농업 기술의 미래이다.
  Theme: Renewable energy for a green future
② 출품은 11월 30일부터이다.
  Submissions will be accepted from October 1st to November 30th.
③ 각 참가자는 두 개의 웹툰을 제출할 수 있다.
  Each participant is allowed to submit only one webtoon.
④ 2등상은 세 명에게 주어진다.
  2nd prize Number of winners - 2
⑤ 수상자는 선정 위원회에서 결정될 것이다.
  The winners will be decided by the selection committee

> **왜 정답?** [정답률 96%]

⑤ 수상자는 선정 위원회에서 결정될 것이라고 했다. (The winners will be decided by the selection committee)

> **왜 오답?**

① 주제는 친환경 미래를 위한 재생 에너지이다. (Theme: Renewable energy for a green future)
② 출품은 10월 1일부터이다. (Submissions will be accepted from October 1st to November 30th.)
③ 각 참가자는 한 개의 웹툰만 제출할 수 있다. (Each participant is allowed to submit only one webtoon.)
④ 2등상은 두 명에게 주어진다. (2nd prize Number of winners – 2)

Summer Job at Wildlife Rescue Center /
야생 동물 구조 센터 여름 일자리
We are looking for summer workers / **who** will take care of the
animals / **rescued** from Mount Donovahn. //
여름 근무자를 모집합니다 / 동물들을 돌봐줄 / Mount Donovahn에서 구조된 //

Schedule / 일정 /

• Dates: August 1st to 31st / 날짜: 8월 1일부터 31일까지 /

• Hours: 10 a.m. – 4 p.m. / 시간: 오전 10시 ~ 오후 4시 /

※ On rainy days, / working hours may change. //
우천 시에는 / 근무 시간이 변경될 수 있습니다 //

Requirements / 자격 요건 /

• Only **those** aged 18 and over / can apply. //
18세 이상만 / 지원할 수 있습니다 /

• Previous experience with animals /
이전에 동물과 관련된 경험이 있어야 합니다 /

Tasks / 업무 /

• Preparing food for animals and feeding them /
동물 먹이 준비 및 먹이 주기 /

• Writing reports about animals /
동물에 대한 보고서 작성하기 /

- Summer workers will get training / from our caretakers. //
여름 근무자는 교육을 받게 됩니다 / 사육사로부터 //

- Free shuttle bus service will **be provided** / twice a day. //
무료 셔틀 버스 서비스가 제공됩니다 / 하루에 두 번 /

To learn more about the summer job, / please visit our website,
www.dwildliferescue.org. //
여름 일자리에 대해 더 알아보려면 / 저희 웹사이트(www.dwildliferescue.org)를
방문하세요 //

• wildlife ⓝ 야생 동물   • previous ⓐ 이전의
• feed ⓥ 먹이를 주다   • caretaker ⓝ 사육사, 돌보는 사람

야생 동물 구조 센터 여름 일자리

Mount Donovahn에서 구조된 동물들을 돌봐줄 여름 근무자를 모집합니다.

일정

• 날짜: 8월 1일부터 31일까지

• 시간: 오전 10시 ~ 오후 4시

※ 우천 시에는 근무 시간이 변경될 수 있습니다.

자격 요건

• 18세 이상만 지원할 수 있습니다.

• 이전에 동물과 관련된 경험이 있어야 합니다.

업무

• 동물 먹이 준비 및 먹이 주기

• 동물에 대한 보고서 작성하기

– 여름 근무자는 사육사로부터 교육을 받게 됩니다.

– 무료 셔틀 버스 서비스가 하루에 두 번 제공됩니다.

여름 일자리에 대해 더 알아보려면, 저희 웹사이트 (www.dwildliferescue.
org)를 방문하세요.

Summer Job at Wildlife Rescue Center에 관한 다음 안내문의 내용과
일치하지 **않는** 것은?

① Mount Donovahn으로부터 구조된 동물을 돌본다.
who will take care of the animals rescued from Mount Donovahn
② 우천 시 업무 시간이 변경될 수 있다.
On rainy days, working hours may change.
③ 18세 이상만 지원할 수 있다.
Only those aged 18 and over can apply.
④ 동물에 관한 보고서를 작성한다.
Writing reports about animals
⑤ 무료 셔틀 버스 서비스가 하루에 세 번 제공된다.
Free shuttle bus service will be provided twice a day.

왜 정답 ? [정답률 96%]
⑤ 무료 셔틀 버스 서비스가 하루에 세 번이 아니라 두 번 제공된다. (Free shuttle
bus service will be provided twice a day.)

왜 오답 ?
① Mount Donovahn으로부터 구조된 동물을 돌본다. (who will take care of
the animals rescued from Mount Donovahn)
② 우천 시 업무 시간이 변경될 수 있다. (On rainy days, working hours may
change.)
③ 18세 이상만 지원할 수 있다. (Only those aged 18 and over can apply.)
④ 동물에 관한 보고서를 작성한다. (Writing reports about animals)

LCU Geography Field Trip / LCU 지리 현장 학습 /
Lionsford City University **is offering** a one-day geography field
trip / on June 17th. //
Lionsford City University는 일일 지리 현장 학습을 제공합니다 / 6월 17에에 /
We believe / it is **one of the finest field trips** in the country. //
저희는 생각합니다 / 이 현장 학습이 국내 최고의 현장 학습 중 하나라고 //
Participants: / First-year students **majoring** in geography //
참가 대상 / 지리학을 전공하는 1학년 학생 //

Course Options / 코스 옵션 /

A	B
Exploring the landscape while hiking Mount Belena Belena 산을 하이킹하며 풍경 탐험하기	Examining coastal features along Lionsford Beach Lionsford 해변을 따라 해안 특징 살펴보기

Participation Fee: / $70 per person (lunch included) /
참가비 / 1인당 70달러(점심 포함) /

How to Apply / 지원 방법 /

• Email the application to geography@lcu.edu / or drop it off at
the department office. //
지원서를 이메일(geography@lcu.edu)로 보내거나 / 학과 사무실에 제출하세요 //

• Deadline: June 4th / 마감일: 6월 4일 /

※ For further information, / please contact us at 607-223-2127. //
더 많은 정보를 원하시면 / 607-223-2127로 문의하시기 바랍니다 //

• field trip 현장 학습   • fine ⓐ 좋은, 질 높은   • coastal ⓐ 해안의
• feature ⓝ 특징, 특색   • include ⓥ 포함하다
• department ⓝ 부서

LCU 지리 현장 학습

Lionsford City University는 6월 17일에 일일 지리 현장 학습을 제공합니다.
저희는 이 현장 학습이 국내 최고의 현장 학습 중 하나라고 생각합니다.

참가 대상: 지리학을 전공하는 1학년 학생

코스 옵션

A	B
Belena 산을 하이킹하며 풍경 탐험하기	Lionsford 해변을 따라 해안 특징 살펴보기

참가비: 1인당 70달러(점심 포함)

지원 방법

• 지원서를 이메일(geography@lcu. edu)로 보내거나 학과 사무실에
제출하세요.

• 마감일: 6월 4일

※ 더 많은 정보를 원하시면 607-223-2127로 문의하시기 바랍니다.

LCU Geography Field Trip에 관한 다음 안내문의 내용과 일치하는 것은?

① 2일 동안 진행된다.
a one-day geography field trip on June 17th
② 모든 전공의 학생들이 참여할 수 있다.
First-year students majoring in geography
③ A코스에서는 Lionsford Beach 해안의 특징을 조사한다.
B: Examining coastal features along Lionsford Beach
④ 참가비에 점심이 포함되어 있다.
Participation Fee: $70 per person (lunch included)
⑤ 지원서는 이메일로만 제출이 가능하다.
Email the application to geography@lcu.edu or drop it off at the department office.

왜 정답? [정답률 94%]

④ 참가비에 점심이 포함되어 있다. (Participation Fee: $70 per person (lunch included))

왜 오답?

① 2일 동안 진행된다. (a one-day geography field trip on June 17th)
② 모든 전공의 학생들이 참여할 수 있다. (First-year students majoring in geography)
③ A코스에서는 Lionsford Beach 해안의 특징을 조사한다. (B: Examining coastal features along Lionsford Beach)
⑤ 지원서는 이메일로만 제출이 가능하다. (Email the application to geography@lcu.edu or drop it off at the department office.)

J 23 정답 ③ * "Be Active" 공동체 챌린지

2024 "Be Active" Community Challenge /
2024 "Be Active" 공동체 챌린지 /

The "Be Active" Community Challenge invites all of you. //
"Be Active" 공동체 챌린지에 여러분을 초대합니다 //

Let's get moving this fall! // 올 가을, 함께 움직여 보아요 //
①의 단서 챌린지 기간은 10월 1일부터 10월 31일까지임
- **When**: October 1 – October 31 / 기간: 10월 1일 – 10월 31일 /

- **How It Works**: / 진행 방법 /

- Keep track of the number of minutes / you were active every
day. // 분 단위로 기록하세요 / 매일 활동한 시간을 //
앞에 관계대명사가 생략된 관계절
②의 단서 모든 종류의 운동이 인정됨
- Every kind of exercise counts: / jogging, dancing, football,
etc. // 모든 종류의 운동이 인정됩니다 / 조깅, 춤, 축구, 등 //

- **Tracking Your Progress**: / 진행 상황 기록 /

- Log your active minutes daily / on the "Be Active" app. //
매일 활동 시간을 기록하세요 / "Be Active" 앱에 //
③의 단서 총합 시간의 제출 기한은 11월 1일 오전 10시임
- Deadline for submitting your total time / is November 1, 10:00
a.m. // 총합 시간을 제출하는 마감일은 / 11월 1일 오전 10시입니다 //
- **Entry Fees**: $10 (12 years and under are FREE.) /
참가비: 10달러 (12세 이하 무료) / **④의 단서** 12세 이하는 참가비가 무료임

- **Rewards and Recognition**: / 보상 및 표창 /

- The three participants / who recorded the highest total time /
will win a prize. //
주격 관계대명사
세 명의 참가자가 / 총 활동 시간이 가장 많은 / 상을 받습니다 //
⑤의 단서 우승자는 온라인으로 발표될 것임
- Winners will be announced online. //
수상자는 온라인으로 발표됩니다 //

- track ⓥ 기록하다   - log ⓥ (일지에) 기록하다
- deadline ⓝ 마감일   - submit ⓥ 제출하다   - record ⓥ 기록하다
- announce ⓥ 발표하다

2024 "Be Active" 커뮤니티 챌린지
"Be Active" 커뮤니티 챌린지에 여러분을 초대합니다.
올 가을, 함께 움직여 보아요!
• 기간: 10월 1일 – 10월 31일

• 진행 방법:
매일 활동한 시간을 분 단위로 기록하세요.
모든 종류의 운동이 인정됩니다: 조깅, 춤, 축구 등.
• 진행 상황 추적:
"Be Active" 앱에 매일 활동 시간을 기록하세요.
총합 시간을 제출하는 마감일은 11월 1일 오전 10시입니다.
• 참가비: $10 (12세 이하 무료)
• 보상 및 표창:
총 활동 시간이 가장 많은 세 명의 참가자가 상을 받습니다.
수상자는 온라인으로 발표됩니다.

2024 "Be Active" Community Challenge에 관한 다음 안내문의 내용과 일치하지 않는 것은?

① 기간은 10월 1일부터 10월 31일까지이다.
When: October 1 – October 31
② 모든 종류의 운동이 인정된다.
Every kind of exercises counts
③ 총합 시간의 제출 기한은 11월 1일 오후 10시이다.
Deadline for submitting your total time is November 1, 10:00 a.m.
④ 12세 이하는 참가비가 무료이다.
12 years and under are FREE
⑤ 우승자는 온라인으로 발표될 것이다.
Winners will be announced online

왜 정답? [정답률 95%]
③ 총합 시간의 제출 기한은 오후 10시가 아니라 오전 10시이다. (Deadline for submitting your total time is November 1, 10:00 a.m.)

왜 오답?

① 기간은 10월 1일부터 10월 31일까지이다. (When: October 1 – October 31)
② 모든 종류의 운동이 인정된다. (Every kind of exercises counts)
④ 12세 이하는 참가비가 무료이다. (12 years and under are FREE)
⑤ 우승자는 온라인으로 발표될 것이다. (Winners will be announced online)

J 24 정답 ④ * Heritage 호텔 숙박 안내

Heritage Hotel Stay Information / Heritage Hotel 숙박 안내 /

Dear guests, please read the following / to ensure your safety
and comfort during your stay. //
부사적 용법(목적)
고객님들께, 다음 내용을 읽어주시기 바랍니다 / 귀하의 안전과 편안함을 위해 //

• **Check in & Check out** / 체크인 & 체크아웃 /

- Room check in is from 2 p.m. // 객실 체크인은 오후 2시부터 가능합니다 //

- Room check out is until 12 p.m. // 객실 체크아웃은 오후 12시까지입니다 //
• **During the Stay** / 숙박 중 / **①의 단서** 객실 체크아웃은 오후 12시까지임

- Used towels are changed every other day. //
사용한 수건은 이틀에 한 번 교체됩니다 // **②의 단서** 사용한 수건은 이틀에 한 번 교체됨

- Free Wi-Fi is available ONLY in the lobby. //
무료 와이파이는 로비에서만 이용 가능합니다 // **③의 단서** 무료 와이파이는 로비에서만 이용 가능함

- Two bottles of water are provided for FREE. //
무료로 생수 두 병이 제공됩니다 // **④의 단서** 무료로 생수 두 병이 제공됨

• **Facilities** / 시설 /

- The gym and business center are open 24 hours. //
헬스장과 비즈니스 센터는 24시간 운영됩니다 //

- The parking lot is in front of the hotel. //
주차장은 호텔 앞에 위치해 있습니다 // **⑥의 단서** 주차장은 호텔 앞에 있음

- following ⓐ 다음에 나오는   - ensure ⓥ 반드시 …하게[이게] 하다
- available ⓐ 이용할 수 있는   - parking lot 주차장

Heritage 호텔 숙박 정보
고객님들께, 귀하의 안전과 편안함을 위해 다음 내용을 읽어 주시기 바랍니다.
• 체크인 & 체크아웃
객실 체크인은 오후 2시부터 가능합니다.
객실 체크아웃은 오후 12시까지입니다.

• 숙박 중
사용한 수건은 이틀에 한 번 교체됩니다.
무료 Wi-Fi는 로비에서만 이용 가능합니다.
무료로 생수 두 병이 제공됩니다.
• 시설
헬스장과 비즈니스 센터는 24시간 운영됩니다.
주차장은 호텔 앞에 위치해 있습니다.

Heritage Hotel Stay Information에 관한 다음 안내문의 내용과 일치하는 것은?

① 객실 체크아웃은 오후 2시까지이다.
Room check out is until 12 p.m.
② 사용한 수건은 매일 교체된다.
Used towels are changed every other day.
③ 무료 와이파이는 호텔 전체에서 이용 가능하다.
Free Wi-Fi is available ONLY in the lobby.
④ 물 두 병이 무료로 제공된다.
Two bottles of water are provided for FREE.
⑤ 주차장은 호텔 뒤편에 있다.
The parking lot is in front of the hotel.

왜 정답? [정답률 89%]

④ 무료로 생수 두 병이 제공된다고 했다. (Two bottles of water are provided for FREE.)

왜 오답?

① 객실 체크아웃은 오후 12시까지이다. (Room check out is until 12 p.m.)
② 사용한 수건은 이틀에 한 번 교체된다. (Used towels are changed every other day.)
③ 무료 와이파이는 로비에서만 이용 가능하다. (Free Wi-Fi is available ONLY in the lobby.)
⑤ 주차장은 호텔 앞에 있다. (The parking lot is in front of the hotel.)

J 25 정답 ④ * Dolphin Tours

Dolphin Tours / Dolphin Tours /

Come join Dolphin Tours / sailing from Golden Bay / and dive into the enchanting world of marine life. //
현재분사(Dolphin Tours 수식)
Dolphin Tour에 참여하고 / Golden Bay에서 항해하는 / 해양 생물의 매력적인 세계로 뛰어드세요 //

Daily Tour Times / 일일 투어 시간 /

• 11 a.m., 2 p.m., & Sunset / 오전 11시, 오후 2시 & 일몰 /
①의 단서 각 투어는 2시간이 소요됨
※ Each tour lasts two hours. // 각 투어는 2시간이 소요됩니다 //
each+단수 명사+단수 동사

Tickets & Booking / 티켓 & 예약 /

• Adult (ages 12 and over): $20 / 성인 (12세 이상): 20달러 /
②의 단서 11세 이하 어린이는 티켓이 무료임
• Child (ages 11 and under): Free / 어린이 (11세 이하): 무료 /

• Reserve your tickets on our website at www.dolphintourgb. com. // 티켓은 저희 웹사이트인 www.dolphintourgb.com에서 예약하세요 //

Activities / 활동 /
과거분사(Dolphin watching 수식)
• Dolphin watching guided by a marine biologist /
해양 생물학자가 안내하는 돌고래 관찰 / ③의 단서 해양 생물학자가 돌고래 관찰을 안내함

• Swimming with dolphins (Optional) / 돌고래와 수영하기 (선택 사항) /

Notices / 공지 /

• Reservations are required for all activities. //
모든 활동은 예약이 필요합니다 // ④의 단서 모든 활동은 예약이 필요함

• Children must be accompanied by a parent or guardian. //
어린이는 부모나 보호자를 동반해야 합니다 // ⑤의 단서 어린이는 부모나 보호자를 동반해야 함

• In the case of cancellation due to bad weather, / a full refund will be provided. // 기상 악화로 취소될 경우 / 전액 환불됩니다 //

• **enchanting** ⓐ 매력적인, 황홀케 하는   • **accompany** ⓥ 동행하다
• **guardian** ⓝ 후견인   • **refund** ⓝ 환불

Dolphin Tours
Golden Bay에서 항해하는 Dolphin Tour에 참여하고 해양 생물의 매력적인 세계로 뛰어드세요.
일일 투어 시간
• 오전 11시, 오후 2시 & 일몰
※ 각 투어는 2시간이 소요됩니다.
티켓 & 예약
• 성인 (12세 이상): 20달러
• 어린이 (11세 이하): 무료
• 티켓은 저희 웹사이트인 www.dolphintourgb.com에서 예약하세요.
활동
• 해양 생물학자가 안내하는 돌고래 관찰
• 돌고래와 수영하기 (선택 사항)
공지
• 모든 활동은 예약이 필요합니다.
• 어린이는 부모나 보호자를 동반해야 합니다.
• 기상 악화로 취소될 경우, 전액 환불됩니다.

Dolphin Tours에 관한 다음 안내문의 내용과 일치하지 않는 것은?

① 각 투어는 2시간이 소요된다.
Each tour lasts two hours.
② 11세 이하의 어린이는 무료로 참가할 수 있다.
Child (ages 11 and under): Free
③ 해양 생물학자가 돌고래 관찰을 안내한다.
Dolphin watching guided by a marine biologist
④ 일부 활동은 예약 없이 참여할 수 있다.
Reservations are required for all activities.
⑤ 어린이는 부모나 보호자를 동반해야 한다.
Children must be accompanied by a parent or guardian.

왜 정답? [정답률 95%]

④ 모든 활동은 예약을 해야 하므로 일부 활동은 예약 없이 참여할 수 있다는 내용은 일치하지 않는다. (Reservations are required for all activities.)

왜 오답?

① 각 투어는 2시간이 소요된다. (Each tour lasts two hours.)
② 11세 이하의 어린이는 무료로 참가할 수 있다. (Child (ages 11 and under): Free)
③ 해양 생물학자가 돌고래 관찰을 안내한다. (Dolphin watching guided by a marine biologist)
⑤ 어린이는 부모나 보호자를 동반해야 한다. (Children must be accompanied by a parent or guardian.)

J 26 정답 ⑤ * Wing Cheese Factory 견학 안내

Wing Cheese Factory Tour /
Wing Cheese Factory 견학 /

Attention, / all cheese lovers! //
주목해 주세요 / 모든 치즈 애호가 여러분 //

Come and experience / our historic cheese-making process / at the Wing Cheese Factory. //
오셔서 경험하세요 / 우리의 유서 깊은 치즈 제조 과정을 / Wing Cheese Factory에서 //

Look around, taste, and make! //
구경하고, 맛보고, 만드세요 //

Participation /
참가 /

• Adults: $30, / Children: $10 / (Ages 3 and under: Free) /
어른: 30달러 / 어린이: 10달러 / (3세 이하: 무료) / ①의 단서 참가비에 치즈 만들기 비용이 포함됨

• The fee includes / cheese tasting and making. //
참가 요금은 포함합니다 / 치즈 시식과 만들기를 // ②의 단서 참가 신청은 6월 30일까지

• Sign up for the tour / at www.cheesewcf.com / by June 30. //
견학을 신청하세요 / www.cheesewcf.com에서 / 6월 30일까지 // 동작이나 상태의 완료 기한을 나타내는 전치사

Tour Schedule /
견학 일정 /

• 10:00 a.m.: / Watch a video / about the factory's history /

③의 단서 공장의 역사에 관한 비디오를 시청함

오전 10시: / 비디오 시청 / 공장의 역사에 대한 /

• 10:30 a.m.: / Factory tour and cheese tasting /

오전 10시 30분: / 공장 견학과 치즈 시식 /

• 11:30 a.m.: / Cheese making /

오전 11시 30분: / 치즈 만들기 /

Note /

참고 사항 /

④의 단서 참가자는 치즈 모양의 열쇠고리를 15달러에 살 수 있음

• Participants can buy / a cheese-shaped key chain / for $15. //

참가자는 구입할 수 있습니다 / 치즈 모양의 열쇠고리를 / 15달러에 /

• No photography is allowed / inside the factory. //

사진 촬영은 허용되지 않습니다 / 공장 안에서 / ⑤의 단서 공장 안에서는 사진 촬영이 허용되지 않음

• We are closed / on Saturdays, Sundays, and holidays. //

우리는 영업하지 않습니다 / 토요일, 일요일, 그리고 공휴일에는 //

- factory ⓝ 공장   - historic ⓐ 역사적으로 중요한, 역사적인
- process ⓝ 과정, 절차   - taste ⓥ 맛보다
- participation ⓝ 참가, 참여   - fee ⓝ 요금   - include ⓥ 포함하다
- sign up for ~을 신청하다   - participant ⓝ 참가자
- allow ⓥ 허락[허용]하다   - holiday ⓝ 공휴일

Wing Cheese Factory 견학

주목해 주세요, 모든 치즈 애호가 여러분! Wing Cheese Factory에 오셔서 우리의 유서 깊은 치즈 제조 과정을 경험하세요. 구경하고, 맛보고, 만드세요!

참가

• 어른: 30달러, 어린이: 10달러 (3세 이하: 무료)

• 참가 요금에는 치즈 시식과 만들기가 포함됩니다.

• 6월 30일까지 www.cheesewcf.com에서 견학을 신청하세요.

견학 일정

• 오전 10시: 공장의 역사에 대한 비디오 시청

• 오전 10시 30분: 공장 견학과 치즈 시식

• 오전 11시 30분: 치즈 만들기

참고 사항

• 참가자는 치즈 모양의 열쇠고리를 15달러에 구입할 수 있습니다.

• 공장 안에서 사진 촬영은 허용되지 않습니다.

• 토요일, 일요일, 그리고 공휴일에는 영업하지 않습니다.

Wing Cheese Factory Tour에 관한 다음 안내문의 내용과 일치하지 않는 것은?

① 참가비에는 치즈 만들기 비용이 포함된다.
The fee includes cheese tasting and making.
② 참가 신청은 6월 30일까지 해야 한다.
Sign up for the tour at www.cheesewcf.com by June 30.
③ 공장의 역사에 대한 비디오를 보는 일정이 있다.
10:00 a.m.: Watch a video about the factory's history
④ 참가자는 치즈 모양의 열쇠고리를 15달러에 살 수 있다.
Participants can buy a cheese-shaped key chain for $15.
⑤ 공장 안에서 사진 촬영이 허용된다.
No photography is allowed inside the factory.

＞왜 정답❓ [정답률 97%]

공장 안에서는 사진 촬영이 허용되지 않는다고(No photography is allowed inside the factory.) 했으므로 ⑤이 안내문과 일치하지 않는다.

＞왜 오답❓

① 참가 요금에는 치즈 시식과 만들기가 포함된다. (The fee includes cheese tasting and making.)

② 견학 신청은 6월 30일까지이다. (Sign up for the tour at www.cheesewcf.com by June 30.)

③ 오전 10시에 공장의 역사에 대한 비디오를 시청한다. (10:00 a.m.: Watch a video about the factory's history)

④ 참가자는 치즈 모양의 열쇠고리를 15달러에 구입할 수 있다. (Participants can buy a cheese-shaped key chain for $15.)

J 27 정답 ⑤ ＊2022 K-차 문화 프로그램

2022 K-Tea Culture Program /

2022 K-차 문화 프로그램 /

Evergreen Tea Society invites you / to the second annual K-Tea Culture Program! //

Evergreen 차 협회는 여러분을 초대합니다 / 제2회 연례 K-차 문화 프로그램에 /

Come and enjoy / a refreshing cup of tea / and learn / about traditional Korean tea culture. //

오셔서 즐기세요 / 상쾌한 차 한 잔을 / 그리고 배우세요 / 전통적인 한국의 차 문화에 관해 //

Program Includes: /

프로그램은 포함합니다: /

1) Watching a short video / about the history of Korean tea culture / ①의 단서 한국의 차 문화 역사에 관한 짧은 영상을 시청함

짧은 영상 시청하기를 / 한국의 차 문화 역사에 관한 /

2) Observing a demonstration / of a traditional Korean tea-ceremony (*dado*) / ②의 단서 한국 전통 다도 시연을 봄

시연 보기를 / 한국 전통의 차 의식('다도')의 /

3) Participating in the ceremony / yourself /

그 의식에 참가하기 / 직접 /

4) Tasting / a selection of teas / along with cookies / ③의 단서 쿠키와 함께 차를 맛봄

맛보기를 / 엄선된 여러 차를 / 쿠키와 함께 /

When: Saturday, September 24, 3:00 p.m. – 5:00 p.m. /

일시: 9월 24일 토요일 오후 3시 ~ 오후 5시 /

Where: Evergreen Culture Center /

장소: Evergreen 문화 센터 /

Participation Fee: $20 per person / (traditional teacup included) / ④의 단서 참가비에 전통 찻잔이 포함됨

참가비: 1인당 20달러 / (전통 찻잔이 포함됨) /

Reservations should be made online (www.egtsociety.or.kr) / at least one day before your visit. // ⑤의 단서 예약은 적어도 방문 하루 전에 해야 함

예약은 온라인(www.egtsociety.or.kr)으로 이루어져야 합니다 / 적어도 여러분의 방문 하루 전에 //

- refreshing ⓐ 신선한, 상쾌하게 하는
- demonstration ⓝ (제품 등의) 시연, 입증
- selection ⓝ 선발(된 것들), 선택   - reservation ⓝ 예약

2022 K-차 문화 프로그램

Evergreen 차 협회는 여러분을 제2회 연례 K-차 문화 프로그램에 초대합니다! 오셔서 상쾌한 차 한 잔을 즐기면서 전통적인 한국의 차 문화에 관해 배우세요.

프로그램은 포함합니다:

1) 한국의 차 문화 역사에 관한 짧은 영상 시청하기를

2) 한국 전통의 차 의식('다도')의 시연 보기를

3) 직접 그 의식에 참가하기를

4) 엄선된 여러 차를 쿠키와 함께 맛보기를

일시: 9월 24일 토요일 오후 3시 ~ 오후 5시

장소: Evergreen 문화 센터

참가비: 1인당 20달러 (전통 찻잔이 포함됨)

예약은 적어도 방문 하루 전에 온라인(www.egtsociety.or.kr)으로 이루어져야 합니다.

2022 K-Tea Culture Program에 관한 다음 안내문의 내용과 일치하지 않는 것은?

① 한국의 차 문화 역사에 관한 영상을 시청한다. Watching a short video about the history of Korean tea culture

② 한국 전통 다도 시연을 본다. Observing a demonstration of a traditional Korean tea-ceremony (*dado*)

③ 쿠키와 함께 차를 맛본다. Tasting a selection of teas along with cookies

④ 참가비에는 전통 찻잔이 포함되어 있다. traditional teacup included

⑤ 예약은 방문 일주일 전까지 해야 한다. Reservations should be made ~ at least one day before your visit.

>왜 정답? [정답률 97%]

예약은 최소한 방문 하루 전에 해야 한다고(Reservations should be made ~ at least one day before your visit.) 했으므로 ⑤은 안내문과 일치하지 않는다.

>왜 오답?

① 한국의 차 문화 역사에 관한 영상을 시청한다. (Watching a short video about the history of Korean tea culture)

② 한국 전통 다도 시연을 본다. (Observing a demonstration of a traditional Korean tea-ceremony (*dado*))

③ 쿠키와 함께 차를 맛본다. (Tasting a selection of teas along with cookies)

④ 참가비에는 전통 찻잔이 포함된다. (traditional teacup included)

J 28 정답 ⑤ ＊Treehouse 드라이브 인 영화의 밤

Treehouse Drive-in Movie Night /
Treehouse 드라이브 인 영화의 밤 /

Looking / for a fun night out with the family? //
찾고 있나요 / 가족과 함께 외출하는 즐거운 하룻밤을 //

Come / with your loved ones / and enjoy / our first drive-in movie night of 2021! //
①의 단서 2021년에 첫 번째로 열리는 행사임
오셔서 / 여러분의 사랑하는 이들과 함께 / 즐기세요 / 우리의 2021년 첫 번째 드라이브 인 영화의 밤을 //

All money / from ticket sales / **will be donated** / to the local children's hospital. //
미래 시제 수동태
②의 단서 지역 아동 병원에 기부될 것임
모든 돈은 / 티켓 판매로부터의 / 기부될 것입니다 / 지역 아동 병원에 //

Featured Film: *Dream Story* /
특집 영화: Dream Story /

Date: June 13, 2021 / 일자: 2021년 6월 13일 /

Place: Treehouse Parking Lot / 장소: Treehouse 주차장 /

Showtimes / 상영 시각 /

• First Screening: 7:30 p.m. / ③의 단서 첫 번째 상영은 오후 7시 30분임
첫 번째 상영: 오후 7시 30분 /

• Second Screening: 10:00 p.m. /
두 번째 상영: 오후 10시 /

Tickets: $30 per car / ④의 단서 티켓 가격은 자동차 한 대당 30달러임
티켓: 자동차 한 대당 30달러 /

Additional Information / 추가 정보 /

• 50 parking spots are available / (The gate opens / at 6 p.m.). //
50개의 주차 공간이 이용 가능합니다 / (문은 엽니다 / 오후 6시에) //

• Ice cream and hot dogs are sold / on site. //
아이스크림과 핫도그가 판매됩니다 / 현장에서 / ⑤의 단서 현장에서 아이스크림과 핫도그가 판매됨

• Make your reservation online / at www.tdimn.com. //
온라인으로 예약하세요 / www.tdimn.com에서 //

• drive-in ⓐ 자동차를 탄 채 이용할 수 있는   • donate ⓥ 기부하다
• local ⓐ 지역의, 현지의   • feature ⓥ 특별히 포함하다
• parking lot 주차장   • showtime ⓝ 상영 시간
• screening ⓝ (영화) 상영   • additional ⓐ 추가의
• spot ⓝ (특정한) 곳[자리]   • available ⓐ 이용할 수 있는
• on site 현장에서, 현지에서   • reservation ⓝ 예약

Treehouse 드라이브 인 영화의 밤

가족과 함께 외출하는 즐거운 하룻밤을 찾고 있나요? 여러분의 사랑하는 이들과 함께 오셔서 우리의 2021 첫 번째 드라이브 인 영화의 밤을 즐기세요! 티켓 판매에서 오는 모든 돈은 지역 아동 병원에 기부될 것입니다.

특집 영화: Dream Story
일자: 2021년 6월 13일
장소: Treehouse 주차장
상영 시각
• 첫 번째 상영: 오후 7시 30분
• 두 번째 상영: 오후 10시

티켓: 자동차 한 대당 30달러
추가 정보
• 50개의 주차 공간이 이용 가능합니다(문은 오후 6시에 엽니다).
• 아이스크림과 핫도그가 현장에서 판매됩니다.
• www.tdimn.com에서 온라인으로 예약하세요.

Treehouse Drive-in Movie Night에 관한 다음 안내문의 내용과 일치하는 것은?

① 2021년에 두 번째로 열리는 행사이다. our first drive-in movie night of 2021

② 티켓 판매 수입금 전액은 어린이 도서관에 기부될 것이다. to the local children's hospital

③ 첫 번째 상영 시작 시간은 오후 10시이다. First Screening: 7:30 p.m.

④ 티켓 가격은 자동차 한 대당 50달러이다. Tickets: $30 per car

⑤ 아이스크림과 핫도그가 현장에서 판매된다. Ice cream and hot dogs are sold on site.

>왜 정답? [정답률 96%]

현장에서 아이스크림과 핫도그가 판매된다고(Ice cream and hot dogs are sold on site.) 했으므로 ⑤이 안내문과 일치한다.

>왜 오답?

① 2021년의 첫 번째 드라이브 인 영화의 밤 행사이다. (our first drive-in movie night of 2021)

② 티켓 판매 수익금 전액은 지역 아동 병원에 기부될 것이다. (to the local children's hospital)

③ 첫 번째 상영은 오후 7시 30분이다. (First Screening: 7:30 p.m.)

④ 티켓은 자동차 한 대당 30달러이다. (Tickets: $30 per car)

J 29 정답 ② ＊2021년 씽씽 자동차 그리기 대회

2021 Whir Car Drawing Contest for Kids /
2021년 어린이들을 위한 씽씽 자동차 그리기 대회 /

Theme: Family /
주제: 가족 /

Does your child love cars? //
여러분의 자녀는 자동차를 좋아하나요 // to think and draw의 의미상 주어

Take this opportunity / **for your child to think** / about what they love / and **draw** it. // 형용사적 용법(opportunity 수식)
이번 기회를 잡으세요 / 여러분의 자녀가 생각하고 / 자신이 아주 좋아하는 것에 관해 / 그리고 그것을 그리는 //

They will definitely enjoy / and learn from **this contest**! //
will enjoy와 learn from의 목적어
그들은 틀림없이 (이 대회를) 즐기고 / 이 대회로부터 배울 것입니다 //

Details /
세부 사항 / ①의 단서 10개의 출품작이 선정되며 각각 50달러의 상품권이 수여됨

• Ten entries are chosen, / and each is awarded a $50 gift certificate. //
10개의 출품작이 선정되며 / 각각은 50달러의 상품권이 수여됩니다 //

• Drawing skills are not considered / in judging. //
그림 기술은 고려되지 않습니다 / 심사에서 // ②의 단서 심사에서 그림 기술은 고려되지 않음

Submission /
제출 /

• Take a photo / of your child's drawing. //
사진으로 찍으십시오 / 여러분 자녀의 그림을 //

• Visit our website (www.whircar4kids.com) / and upload the photo / by October 3. // ③의 단서 자녀의 그림을 찍어 웹사이트에 업로드해야 함
저희 웹사이트(www.whircar4kids.com)를 방문하여 / 사진을 업로드하십시오 / 10월 3일까지 //

Note /
참고 사항 / ④의 단서 그림에는 가족과 자동차가 포함되어야 함

• The drawing should contain / your family and a car. //
그림은 포함해야 합니다 / 여러분의 가족과 자동차를 //

• Participants must be 3 to 7 years old. //
참가자는 3세에서 7세까지여야 합니다 // ⑤의 단서 참가자는 3세에서 7세까지여야 함

Please visit our website / to learn more. //
저희 웹사이트를 방문하십시오 / 더 많은 것을 아시려면 //

- **whir** ⓝ 씽씽 하는 소리　　　• **theme** ⓝ 주제, 테마
- **definitely** ⓐⓓ 틀림없이, 분명히　　• **entry** ⓝ 출품작, 출전, 참가
- **gift certificate** 상품권　　• **judging** ⓝ 심사
- **submission** ⓝ (서류 등의) 제출, 항복
- **contain** ⓥ 포함하다, ~이 들어 있다　　• **participant** ⓝ 참가자

2021년 어린이들을 위한 씽씽 자동차 그리기 대회

주제: 가족

여러분의 자녀는 자동차를 좋아하나요? 여러분의 자녀가 자신이 아주 좋아하는 것에 관해 생각하고 그것을 그리는 이번 기회를 잡으세요. 그들은 틀림없이 이 대회를 즐기고 그것으로부터 배울 것입니다!

세부 사항
- 10개의 출품작이 선정되며, 각각 50달러의 상품권이 수여됩니다.
- 그림 기술은 심사에서 고려되지 않습니다.

제출
- 여러분 자녀의 그림을 사진으로 찍으십시오.
- 저희 웹사이트(www.whircar4kids.com)를 방문하여 10월 3일까지 사진을 업로드하십시오.

참고 사항
- 그림에 여러분의 가족과 자동차가 포함되어야 합니다.
- 참가자는 3세에서 7세까지여야 합니다.

더 많은 것을 아시려면 저희 웹사이트를 방문하십시오.

2021 Whir Car Drawing Contest for Kids에 관한 다음 안내문의 내용과 일치하지 <u>않는</u> 것은?

① 출품작 중 10개를 선정해서 시상한다. Ten entries are chosen, and each is awarded a $50 gift certificate.

② 그림 기술이 심사에서 고려된다. Drawing skills are not considered in judging.

③ 그림을 찍은 사진을 웹사이트에 업로드해야 한다. Take a photo of your child's drawing. ~ and upload the photo

④ 그림은 가족과 차를 포함해야 한다. The drawing should contain your family and a car.

⑤ 참가자의 나이는 3세에서 7세로 제한된다. Participants must be 3 to 7 years old.

⟩왜 정답? [정답률 97%]

그림 기술은 심사에서 고려되지 않는다고(Drawing skills are not considered in judging.) 했으므로 ②은 안내문과 일치하지 않는다.

⟩왜 오답?

① 10개의 출품작이 선정되며 각각 50달러의 상품권이 수여된다. (Ten entries are chosen, and each is awarded a $50 gift certificate.)

③ 자녀의 그림을 사진 찍어서 웹사이트에 업로드하라고 했다. (Take a photo of your child's drawing. ~ and upload the photo)

④ 그림에는 가족과 자동차가 포함되어야 한다. (The drawing should contain your family and a car.)

⑤ 참가자는 3세에서 7세까지여야 한다. (Participants must be 3 to 7 years old.)

J 30 정답 ③ ＊Goldbeach SeaWorld 하룻밤 행사

Goldbeach SeaWorld Sleepovers /
Goldbeach SeaWorld 하룻밤 행사 /

Do your children love / marine animals? //
여러분의 자녀는 좋아하나요 / 해양 동물들을 //

A sleepover at Goldbeach SeaWorld / will surely be an exciting overnight experience / for them. //
Goldbeach SeaWorld에서의 하룻밤 행사는 / 분명히 신나는 하룻밤 동안의 경험이 될 것입니다 / 그들에게 //

Join us / for a magical underwater sleepover. //
우리와 함께하십시오 / 환상적인 수중 하룻밤 행사를 //

Participants /
참가자 / ①의 단서 8세에서 12세 아이들이 대상임
- **Children ages 8 to 12 /**
8세~12세의 아동 / 조동사가 포함된 수동태: 조동사+be p.p.
- **Children must be accompanied / by a guardian. //**
아동은 동반되어야 합니다 / 보호자에 의해 //

When: / Saturdays 5 p.m. / to Sundays 10 a.m. / in May, 2022 /
②의 단서 토요일 오후 5시부터 일요일 오전 10시까지임
일시: / 매주 토요일 오후 5시부터 / 매주 일요일 오전 10시까지 / 2022년 5월에 /

Activities: / guided tour, underwater show, and photo session with a mermaid / 활동: / 가이드 투어, 수중 쇼, 인어와 사진 찍는 시간 /

Participation Fee / 참가비 / ③의 단서 참가비에 아침 식사가 포함됨
- **$50 per person / (dinner and breakfast included) /**
1인당 50달러 / (저녁 식사 및 아침 식사 포함) /

Note / 참고 사항 /
미래 시제 수동태의 부정
- **Sleeping bags and other personal items / will not be provided. //**
침낭 및 기타 개인용품은 / 제공되지 않을 것입니다 //

④의 단서 모든 활동은 실내에서 진행됨
- **All activities / take place indoors. //**
모든 활동은 / 실내에서 이루어집니다 //

⑤의 단서 밤 10시부터 아침 7시까지는 사진 촬영이 허용되지 않음
동명사구 주어　　단수 동사
- **Taking photos is not allowed / from 10 p.m. to 7 a.m. //**
사진 촬영이 허용되지 않습니다 / 오후 10시부터 오전 7시까지는 //

For more information, / you can visit our website at www.goldbeachseaworld.com. //
더 많은 정보를 원하시면 / 우리 웹사이트 www.goldbeachseaworld.com을 방문하실 수 있습니다 //

- **sleepover** ⓝ (아이들이나 청소년들이 한 집에 모여) 함께 자며 놀기, 밤샘 파티
- **marine** ⓐ 해양의, 바다의　　• **surely** ⓐⓓ 분명히, 틀림없이
- **overnight** ⓐ 하룻밤 동안의　　• **underwater** ⓐ 수중의
- **accompany** ⓥ 동반하다, 동행하다　　• **guardian** ⓝ 보호자
- **session** ⓝ (특정한 활동을 위한) 시간[기간]　　• **mermaid** ⓝ 인어
- **indoors** ⓐⓓ 실내에서

Goldbeach SeaWorld 하룻밤 행사

여러분의 자녀는 해양 동물들을 좋아하나요? Goldbeach SeaWorld에서의 하룻밤 행사는 그들에게 분명히 신나는 하룻밤 동안의 경험이 될 것입니다. 환상적인 수중 하룻밤 행사를 우리와 함께하십시오.

참가자
− 8세~12세의 아동
− 아동은 보호자를 동반하여야 합니다.

일시: 2022년 5월 매주 토요일 오후 5시부터 일요일 오전 10시까지

활동: 가이드 투어, 수중 쇼, 인어와 사진 찍는 시간

참가비
1인당 50달러(저녁 식사 및 아침 식사 포함)

참고 사항
− 침낭 및 기타 개인용품은 제공되지 않을 것입니다.
− 모든 활동은 실내에서 이루어집니다.
− 오후 10시부터 오전 7시까지는 사진 촬영이 허용되지 않습니다.

더 많은 정보를 원하시면 우리 웹사이트 www.goldbeachseaworld.com을 방문하실 수 있습니다.

Goldbeach SeaWorld Sleepovers에 관한 다음 안내문의 내용과 일치하는 것은?

① 7세 이하의 어린이가 참가할 수 있다. Children ages 8 to 12

② 평일에 진행된다. Saturdays 5 p.m. to Sundays 10 a.m.

③ 참가비에 아침 식사가 포함된다. dinner and breakfast included

④ 모든 활동은 야외에서 진행된다. All activities take place indoors.

⑤ 사진 촬영은 언제든지 할 수 있다. Taking photos is not allowed from 10 p.m. to 7 a.m.

⟩왜 정답? [정답률 96%]

참가비는 한 사람당 50달러인데 저녁 식사와 아침 식사가 포함된다고(dinner and breakfast included) 했으므로 ③이 안내문과 일치한다.

⟩왜 오답?

① 8세에서 12세 아이들이 대상이다. (Children ages 8 to 12)

② 토요일 오후 5시부터 일요일 오전 10시까지 진행된다. (Saturdays 5 p.m. to Sundays 10 a.m.)

④ 모든 활동은 실내에서 진행된다. (All activities take place indoors.)

⑤ 밤 10시부터 아침 7시까지는 사진 촬영이 허용되지 않는다. (Taking photos is not allowed from 10 p.m. to 7 a.m.)

J 31 정답 ③ *2023 Cierra 농구 주간 캠프

2023 Cierra Basketball Day Camp /
2023 Cierra 농구 주간 캠프 /

Cierra Basketball Day Camp provides opportunities / **for teens**
형용사적 용법(opportunities 수식)   to get의 의미상 주어
to get healthy and have fun. //
Cierra 농구 주간 캠프는 기회를 제공합니다 / 십 대들이 건강해지고 즐길 //

Come and learn a variety of skills / from the experts! //
오셔서 다양한 기술을 배우세요 / 전문가들로부터 / **①의 단서** 전문가들로부터 다양한 기술을 배움

Site & Dates /
장소 & 일자 /

• Cierra Sports Center / Cierra 스포츠 센터 /

• July 17th – July 21st /
7월 17일~7월 21일 /

Ages & Level: 13 – 18 years, for beginners only /
연령 및 수준: 13~18세, 초보자만을 대상으로 함 **②의 단서** 초보자만을 대상으로 함

Camp Activities / 캠프 활동 /

• Skill Drills: 1:00 p.m. – 2:00 p.m. /
기술 연습: 오후 1시~오후 2시 /

• Team Games: 2:30 p.m. – 3:30 p.m. /
팀 경기: 오후 2시 30분~오후 3시 30분 / **③의 단서** 팀 경기는 오후 2시 30분에 시작함

• Free Throw Shooting Contests: 4:00 p.m. – 5:00 p.m. /
자유투 슈팅 대회: 오후 4시~오후 5시 /

Registration & Cost /
등록 & 비용 /
④의 단서 온라인으로 등록함

• Register online / at www.crrbbcamp.com. //
온라인 등록하세요 / www.crrbbcamp.com에서 //

• $40 (Full payment is required / when registering. //)
40달러(완불하셔야 합니다 / 등록 시 //)
미래 시제 수동태
※ A towel will be provided / for free. // **⑤의 단서** 수건이 무료로 제공됨
※ 수건이 제공될 것입니다 / 무료로 //

• provide ⓥ 제공하다   • opportunity ⓝ 기회
• variety of 형형색색의, 다양한   • expert ⓝ 전문가
• registration ⓝ 등록

2023 Cierra 농구 주간 캠프

Cierra 농구 주간 캠프는 십 대들이 건강해지고 즐길 기회를 제공합니다.
오셔서 전문가들로부터 다양한 기술을 배우세요!

장소 & 일자

• Cierra 스포츠 센터
• 7월 17일~7월 21일

연령 및 수준: 13~18세, 초보자만을 대상으로 함

캠프 활동

• 기술 연습: 오후 1시~오후 2시
• 팀 경기: 오후 2시 30분~오후 3시 30분
• 자유투 슈팅 대회: 오후 4시~오후 5시

등록 & 비용

• www.crrbbcamp.com에서 온라인 등록하세요.
• 40달러(등록 시 완불하셔야 합니다.)
※ 수건이 무료로 제공될 것입니다.

2023 Cierra Basketball Day Camp에 관한 다음 안내문의 내용과 일치하지 않는 것은?

① 전문가들로부터 다양한 기술을 배울 수 있다. Come and learn a variety of skills from the experts!
② 초급자만을 대상으로 한다. for beginners only
③ 팀 경기는 오후 1시에 시작한다. Team Games: 2:30 p.m. – 3:30 p.m.
④ 온라인으로 등록할 수 있다. Register online
⑤ 수건이 무료로 제공될 것이다. A towel will be provided for free.

왜 정답 ? [정답률 97%]
③ 팀 경기는 오후 2시 30분에 시작한다. (Team Games: 2:30 p.m. – 3:30 p.m.)

왜 오답 ?
① 와서 전문가들로부터 다양한 기술을 배우라고 했다. (Come and learn a variety of skills from the experts!)
② 초급자만을 대상으로 한다. (for beginners only)
④ 온라인으로 등록하라고 했다. (Register online)
⑤ 수건이 무료로 제공될 것이다. (A towel will be provided for free.)

J 32 정답 ④ *Cornhill 종이컵 사용 않기 챌린지

Cornhill No Paper Cup Challenge /
Cornhill 종이컵 사용 않기 챌린지 /
주어   동사   목적어   목적격 보어
Cornhill High School invites you / to join the "No Paper Cup
Challenge." //
Cornhill 고등학교는 여러분을 초대합니다 / '종이컵 사용 않기 챌린지'에 참여하도록 //
주어   동사   목적어   목적격 보어
This encourages you / to reduce your use of paper cups. //
이 행사는 여러분을 권장합니다 / 여러분의 종이컵 사용을 줄이도록 //

Let's save the earth together! //
함께 지구를 구합시다 //

How to Participate /
참여 방법 /   **①의 단서** 텀블러를 사용하는 자신의 동영상을 촬영함

1) After being chosen, / record a video / showing you are using
전치사   동명사구
a tumbler. //
선택된 후에 / 동영상을 녹화하십시오 / 여러분이 텀블러를 사용하고 있는 것을 보여주는 //

2) Choose the next participant / by saying his or her name / in
the video. //
②의 단서 동영상을 학교 웹사이트에 업로드함
다음 참가자를 선택하십시오 / 그 사람의 이름을 말하여 / 동영상에서 //

3) Upload the video / to our school website / within 24 hours. //
동영상을 업로드하십시오 / 우리 학교 웹사이트에 / 24시간 이내에 //

※ The student council president will start the challenge / on
December 1st, 2021. // **③의 단서** 학생회장이 챌린지를 시작할 것임
학생회장이 챌린지를 시작할 것입니다 / 2021년 12월 1일에 //

Additional Information /
추가 정보 /   **④의 단서** 챌린지는 2주 동안 진행될 것임

• The challenge will last / for two weeks. //
챌린지는 계속될 것입니다 / 2주 동안 //

• All participants will receive T-shirts. //
모든 참가자는 티셔츠를 받을 것입니다 // **⑤의 단서** 모든 참가자가 티셔츠를 받을 것임

If you have questions about the challenge, / contact us at
cornhillsc@chs.edu. //
챌린지에 관한 질문이 있다면 / cornhillsc@chs.edu로 저희에게 연락하십시오 //

• encourage ⓥ 권장하다, 고무하다   • reduce ⓥ 줄이다
• participate ⓥ 참가하다, 참여하다   • participant ⓝ 참가자
• additional ⓐ 추가의

Cornhill 종이컵 사용 않기 챌린지

Cornhill 고등학교는 '종이컵 사용 않기 챌린지'에 여러분을 초대합니다. 이 행사는 여러분이 종이컵의 사용을 줄이도록 권장합니다. 함께 지구를 구합시다!

참여 방법

1) 선택된 후에, 여러분이 텀블러를 사용하고 있는 것을 보여주는 동영상을 녹화하십시오.
2) 동영상에서 그 사람의 이름을 말하여 다음 참가자를 선택하십시오.
3) 24시간 이내에 우리 학교 웹사이트에 동영상을 업로드하십시오.
※ 학생회장이 2021년 12월 1일에 챌린지를 시작할 것입니다.

추가 정보

• 챌린지는 2주 동안 진행될 것입니다.
• 모든 참가자는 티셔츠를 받을 것입니다.
챌린지에 관한 질문이 있다면 cornhillsc@chs.edu로 저희에게 연락하십시오.

Cornhill No Paper Cup Challenge에 관한 다음 안내문의 내용과 일치하지 <u>않는</u> 것은?

① 참가자는 텀블러를 사용하는 자신의 동영상을 찍는다. record a video showing you are using a tumbler

② 참가자가 동영상을 업로드할 곳은 학교 웹사이트이다. Upload the video to our school website

③ 학생회장이 시작할 것이다. The student council president will start the challenge

④ 두 달 동안 진행될 예정이다. The challenge will last for two weeks.

⑤ 참가자 전원이 티셔츠를 받을 것이다. All participants will receive T-shirts.

왜 정답? [정답률 93%]

두 달이 아니라 2주 동안(for two seeks) 진행되는 것이므로 ④은 안내문과 일치하지 않는다.

왜 오답?

① 텀블러를 사용하는 자신의 동영상을 찍으라고 했다. (record a video showing you are using a tumbler)

② 동영상을 학교 웹사이트에 업로드하라고 했다. (Upload the video to our school website)

③ 학생회장이 시작할 것이다. (The student council president will start the challenge)

⑤ 모든 참가자가 티셔츠를 받을 것이다. (All participants will receive T-shirts.)

J 33 정답 ④ ＊2023 Greenfield City Run

2023 Greenfield City Run /
2023 Greenfield City Run /

Are you eager for the race / that can awaken the running spirit within you? //
선행사　　주격 관계대명사
여러분은 경주를 열망하나요 / 여러분 안에 있는 달리기에 대한 열정을 깨울 수 있는 //

Maybe the Greenfield City Run is best / for you. //
아마 Greenfield City Run이 가장 좋을 거예요 / 여러분에게 //

• **When**: Sunday, November 5 /
일시: 11월 5일 일요일 /

– Assembly time is 9:00 a.m. //
집합 시간은 오전 9시입니다 // **①의 단서** 집합 시간: 오전 9시

– Start time is 9:30 a.m. //
시작 시간은 오전 9시 30분입니다 //

• **Where**: Riverside Park /
장소: Riverside 공원 /

②의 단서 2km 종목은 아이들만 참가

• **Races**: 2km, 5km, 10km (The 2km race is only for kids.) //
경주 목록: 2 km, 5 km, 10 km (2 km 경주는 아이들만 참가 가능합니다) //

• **Registration** /
등록 /
주어　　　동사　　　시간의 부사구

– Registration starts / on October 16. //
등록은 시작합니다 / 10월 16일에 // **③의 단서** 등록: 10월 16일에 시작함

– The registration fees depend on the date / you sign up. //
등록비는 날짜에 따라 다릅니다 / 여러분이 등록한 // **④의 단서** 등록비: 등록 날짜에 따라 다름

$30: October 16 – November 4 / $40: November 5 /
30달러: 10월 16일 – 11월 4일 / 40달러: 11월 5일 /

– Register online / at www.finishrace.com. //
온라인으로 등록하세요 / www.finishrace.com에서 //

• **Activities** /
활동 /

– Coffee and Cookie Fair & Outdoor Charity Bazaar /
커피와 쿠키 박람회 & 야외 자선 바자회 / **⑤의 단서** 야외 자선 바자회가 있음

For more information, / call (516) 703–1737. //
더 많은 정보를 원하시면 / (516) 703–1737로 전화 주세요 //

• eager ⓥ 열망하다　• awaken ⓥ 깨우다
• charity bazaar 자선 바자회

여러분 안에 있는 달리기에 대한 열정을 깨울 수 있는 경주에 대한 열망이 있나요? 아마 Greenfield City Run이 여러분에게 가장 좋을 거예요.

• **일시**: 11월 5일 일요일
– 집합 시간은 오전 9시입니다.
– 시작 시간은 오전 9시 30분입니다.
• **장소**: Riverside 공원
• **경주 목록**: 2 km, 5 km, 10 km (2 km 경주는 아이들만 참가 가능합니다.)
• **등록**
– 등록은 10월 16일부터 시작합니다.
– 등록비는 여러분이 등록한 날짜에 따라 다릅니다.
30달러: 10월 16일 – 11월 4일 / 40달러: 11월 5일
– www.finishrace.com에서 온라인으로 등록하세요.
• **활동**
커피와 쿠키 박람회 & 야외 자선 바자회
더 많은 정보를 원하시면, (516) 703–1737로 전화 주세요.

2023 Greenfield City Run에 관한 다음 안내문의 내용과 일치하지 <u>않는</u> 것은?

① 집합 시간은 오전 9시이다. Assembly time is 9:00 a.m.

② 2km 종목은 아이들만 참가할 수 있다. The 2km race is only for kids.

③ 등록은 10월 16일부터 시작된다. Registration starts on October 16.

④ 날짜와 상관없이 등록비는 동일하다. The registration fees depend on the date you sign up.

⑤ 야외 자선 바자회가 있다. Outdoor Charity Bazaar

왜 정답? [정답률 98%]

④ 등록한 날짜에 따라 등록비는 다르다. (The registration fees depend on the date you sign up.)

왜 오답?

① 집합 시간은 오전 9시이다. (Assembly time is 9:00 a.m.)

② 2km 종목은 아이들만 참가할 수 있다. (The 2km race is only for kids.)

③ 등록은 10월 16일부터 시작된다. (Registration starts on October 16.)

⑤ 야외 자선 바자회가 있다. (Outdoor Charity Bazaar)

J 34 정답 ② ＊보수 공사 공지

★ 형용사 vs. 부사
형용사는 명사를 수식하고, 부사는 명사 외에 형용사, 동사, 부사를 수식한다.
동사에서 파생한 준동사 역시 부사의 수식을 받는다.

Renovation Notice /
보수 공사 공지 /

At the Natural Jade Resort, /
Natural Jade 리조트에서 /
★현재진행형 동사 are improving을 수식하는 부사

we are continually improving our facilities / to better serve our guests. //
우리는 계속해서 시설을 개선하고 있습니다 / 투숙객들에게 더 나은 서비스를 제공하기 위해 //
미래진행 시제

Therefore, we will be renovating / some areas of the resort, / according to the schedule below. //
그래서 우리는 보수 공사를 하려고 합니다 / 리조트의 몇몇 구역을 / 아래 일정에 따라 //

Renovation Period: / November 21 to December 18, 2022 /
보수 공사 기간: / 2022년 11월 21일부터 12월 18일까지 / **①의 단서** 2022년 11월 21일부터임

• Renovations will take place / every day / from 9:00 a.m. to 5:00 p.m. /
②의 단서 보수 공사는 매일 진행될 것임
보수 공사는 진행됩니다 / 매일 / 오전 9시부터 오후 5시까지 //

Areas to be Closed: / Gym and indoor swimming pool /
폐쇄될 구역: / 체육관과 실내 수영장 / **③의 단서** 폐쇄될 구역은 체육관과 수영장

Further Information /
추가정보 / **④의 단서** 모든 야외 레저 활동은 평소와 같이 가능할 것임

• All outdoor leisure activities / will be available / as usual. //
모든 야외 여가 활동은 / 이용 가능할 것입니다 / 평소와 같이 //

• Guests will receive a 15% discount / for all meals in the restaurant. //
투숙객들은 15퍼센트의 할인을 받을 것입니다 / 식당의 모든 식사에 대해 //

• Guests may use the tennis courts / for free. //
투숙객들은 테니스장을 이용할 수 있습니다 / 무료로 // **⑤의 단서** 손님은 테니스장을 무료로 이용할 수 있음

We will take all possible measures / to minimize / noise and any
other inconvenience. //
부사적 용법(목적)
저희는 가능한 모든 조치를 취할 것입니다 / 최소화하기 위해 / 소음과 다른 불편함을 //
We sincerely appreciate your understanding. //
이해해 주셔서 진심으로 감사드립니다 //

- renovation ⓝ 보수, 개조 ・ minimize ⓥ 최소화하다
- inconvenience ⓝ 불편(함) ・ sincerely ⓐⓓ 진심으로
- appreciate ⓥ 고마워하다

보수 공사 공지

Natural Jade 리조트는 투숙객들에게 더 나은 서비스를 제공하기 위해
계속해서 시설을 개선하고 있습니다. 그래서 우리는 아래 일정에 따라 리조트의
몇몇 구역을 보수 공사를 하려고 합니다.
보수 공사 기간: 2022년 11월 21일부터 12월 18일까지
- 보수 공사는 매일 오전 9시부터 오후 5시까지 진행됩니다.
폐쇄될 구역: 체육관과 실내 수영장
추가정보
- 모든 야외 여가 활동은 평소와 같이 이용 가능할 것입니다.
- 투숙객들은 식당의 모든 식사에 대해 15퍼센트의 할인을 받을 것입니다.
- 투숙객들은 테니스장을 무료로 이용할 수 있습니다.
저희는 소음과 다른 불편함을 최소화하기 위해 가능한 모든 조치를 취할
것입니다.
이해해 주셔서 진심으로 감사드립니다.

다음 Renovation Notice의 내용과 일치하지 <u>않는</u> 것은?
① 보수 공사는 2022년 11월 21일에 시작된다. November 21 to December 18, 2022
② 보수 공사는 주말에만 진행될 것이다. Renovations will take place every day
③ 체육관과 실내 수영장은 폐쇄될 것이다. Areas to be Closed: Gym and indoor swimming pool
④ 모든 야외 레저 활동은 평소와 같이 가능할 것이다. All outdoor leisure activities will be available as usual.
⑤ 손님은 무료로 테니스장을 이용할 수 있다. Guests may use the tennis courts for free.

✏ 왜 정답 ? [정답률 97%]
보수 공사는 매일 진행될 것이라고(Renovations will take place every day)
했으므로 ②은 안내문과 일치하지 않는다.

✏ 왜 오답 ?
① 보수 공사는 2022년 11월 21일부터 12월 18일까지이다. (November 21 to
   December 18, 2022)
③ 체육관과 실내 수영장은 폐쇄될 것이다. (Areas to be Closed: Gym and
   indoor swimming pool)
④ 모든 야외 레저 활동은 평소와 같이 가능할 것이다. (All outdoor leisure
   activities will be available as usual.)
⑤ 손님은 무료로 테니스장을 이용할 수 있다. (Guests may use the tennis
   courts for free.)

J 35 정답 ⑤ ＊2022 Sunbay 고등학교 자선 음악회 ──

2022 Sunbay High School Benefit Concert /
2022 Sunbay 고등학교 자선 음악회 /
Sunbay High School students will be holding / their benefit
미래진행형과 현재진행형이 미래를 나타내기도 함
concert for charity. //
Sunbay 고등학교 학생들이 엽니다 / 그들의 자선 음악회를 // ①의 단서 수익금 전액이 지역 아동 병원에 기부될 것임
All profits will be donated / to the local children's hospital. //
수익금 전액은 기부될 것입니다 / 지역 아동 병원에 //
Come and enjoy / your family and friends' performances. //
오셔서 즐기세요 / 여러분의 가족과 친구의 공연을 //
Date & Time: / Thursday, June 30, 2022 at 6 p.m. /
일시: / 2022년 6월 30일 목요일 오후 6시 /
Place: / Sunbay High School's Vision Hall /
장소: / Sunbay 고등학교의 Vision Hall / ②의 단서 장소: Sunbay 고등학교의 Vision Hall

Events /
행사 /
- singing, dancing, drumming, and other musical performances /
노래 부르기, 춤추기, 드럼 치기, 그리고 다른 음악 공연들 / ③의 단서 Sunbay 고등학교를 졸업한 가수의 특별 공연이 있음
- special performance by singer Jonas Collins, / who graduated
from Sunbay High School /
선행사　　주격 관계대명사
가수 Jonas Collins의 특별 공연 / Sunbay 고등학교를 졸업한 /
Tickets /
티켓 /
- $3 per person /
1인당 3달러 / ④의 단서 오후 5시부터 티켓을 구입할 수 있음
- available to buy / from 5 p.m. / at the front desk of Vision
Hall /
구입 가능 / 오후 5시부터 / Vision Hall의 접수대에서 /
Other Attractions /
다른 관심을 끌 만한 것들 / ⑤의 단서 동아리 학생들의 작품이 전시되지만 구입할 수는 없음
- club students' artwork on display, / but not for purchase /
동아리 학생들의 예술 작품이 전시되나 / 구입이 가능하지는 않음 /
- free face-painting /
무료 얼굴 페인팅 /
For more information about the concert, / feel free to contact us
at concert@sunbayhighs.edu. //
음악회에 관해 더 많은 정보를 원하시면 / 자유롭게 concert@sunbayhighs.edu로
저희에게 연락하세요 //

- benefit ⓝ (모금을 위한) 자선 행사 ・ charity ⓝ 자선
- profit ⓝ (금전적) 이익, 수익 ・ donate ⓥ 기부하다, 기증하다
- local ⓐ 지역의, 현지의 ・ performance ⓝ 공연, 연주
- attraction ⓝ 흥미를 끄는 것[장소], 매력 ・ display ⓝ 전시, 진열
- purchase ⓝ 구입, 구매

2022 Sunbay 고등학교 자선 음악회
Sunbay 고등학교 학생들이 자선 음악회를 엽니다. 수익금 전액은 지역 아동
병원에 기부될 것입니다. 오셔서 여러분의 가족과 친구의 공연을 즐기세요.
일시: 2022년 6월 30일 목요일 오후 6시
장소: Sunbay 고등학교의 Vision Hall
행사
- 노래 부르기, 춤추기, 드럼 치기, 그리고 다른 음악 공연들
- Sunbay 고등학교를 졸업한 가수 Jonas Collins의 특별 공연
티켓
- 1인당 3달러
- Vision Hall의 접수대에서 오후 5시부터 구입 가능
다른 관심을 끌 만한 것들
- 동아리 학생들의 예술 작품이 전시되나, 구입이 가능하지는 않음
- 무료 얼굴 페인팅
음악회에 관해 더 많은 정보를 원하시면 자유롭게
concert@sunbayhighs.edu로 저희에게 연락하세요.

2022 Sunbay High School Benefit Concert에 관한 다음 안내문의 내용과
일치하지 <u>않는</u> 것은?
① 수익금 전액은 지역 아동 병원에 기부될 것이다.
   All profits will be donated to the local children's hospital.
② Sunbay 고등학교의 Vision Hall에서 열린다.
   Place: Sunbay High School's Vision Hall
③ Sunbay 고등학교를 졸업한 가수의 특별 공연이 있다.
   special performance by singer Jonas Collins, who graduated from Sunbay High School
④ 티켓은 오후 5시부터 살 수 있다.
   available to buy from 5 p.m.
⑤ 동아리 학생들의 전시 작품은 구입이 가능하다.
   club students' artwork on display, but not for purchase

✏ 왜 정답 ? [정답률 97%]
동아리 학생들의 작품이 전시되기는 하지만 구입할 수는 없다고(club students'
artwork on display, but not for purchase) 했으므로 ⑤이 안내문과 일치하지
않는다.

왜 오답?

① 수익금 전액은 지역 아동 병원에 기부될 것이다. (All profits will be donated to the local children's hospital.)

② Sunbay 고등학교의 Vision Hall에서 열린다. (Place: Sunbay High School's Vision Hall)

③ Sunbay 고등학교를 졸업한 가수의 특별 공연이 있다. (special performance by singer Jonas Collins, who graduated from Sunbay High School)

④ 티켓은 오후 5시부터 살 수 있다. (available to buy from 5 p.m.)

J 36 정답 ② ＊Brushwood 국립 공원 투어 프로그램

Brushwood National Park Tour Program /
Brushwood 국립 공원 투어 프로그램 /

Walking in nature is a great way / to stay fit and healthy. //
자연 속에서 걷는 것은 좋은 방법입니다 / 체력과 건강을 유지하는 /

Enjoy free park walks / with our volunteer guides, / while
appreciating / the beautiful sights and sounds of the forest. //
무료 공원 산책을 즐기세요 / 우리의 자원봉사 안내자와 함께 / 감상하면서 / 숲의 아름다운 풍경과 소리를 //

Details /
세부 정보 /

• Open on weekdays / from March to November /
평일에 운영함 / 3월부터 11월까지 /

• Easy walk along the path / for one hour / (3 km) /
길을 따라 편안하게 걷기 / 1시간 동안 / (3km) /

• Groups of 15 to 20 / per guide /
15명 내지 20명으로 이루어진 그룹 / 가이드당 /

Registration / 등록 /

• Scan the QR code / to sign up for the tour. //
QR 코드를 스캔하여 / 투어에 신청하십시오 //

Note / 참고 사항 /

• A bottle of water will be provided / to each participant. //
물이 한 병씩 제공될 것입니다 / 각 참가자에게 //

• Children under 12 must be accompanied / by an adult. //
12세 미만 어린이는 동행되어야 합니다 / 어른에 의해 //

• Tours may be canceled / due to weather conditions. //
투어가 취소될 수도 있습니다 / 날씨로 인해 //

※ If you have any questions, / please email us at
brushwoodtour@parks.org. //
※ 궁금한 점이 있으면 / brushwoodtour@parks.org로 저희에게 이메일을 보내주십시오 //

- **appreciate** ⓥ 감상하다
- **accompany** ⓥ 동행하다
- **participant** ⓝ 참가자
- **registration** ⓝ 등록

Brushwood 국립 공원 투어 프로그램

자연 속에서 걷는 것은 체력과 건강을 유지하는 좋은 방법입니다. 우리의 자원봉사 안내자와 함께 무료 공원 산책을 즐기며, 숲의 아름다운 풍경과 소리를 감상하십시오.

세부 정보
• 3월부터 11월까지 평일에 운영함
• 1시간 동안 길을 따라 편안하게 걷기 (3km)
• 가이드당 15명 내지 20명으로 이루어진 그룹

등록
• QR 코드를 스캔하여 투어에 신청하십시오.

참고 사항
• 각 참가자에게 물이 한 병씩 제공될 것입니다.
• 12세 미만 어린이는 어른과 동행해야 합니다.
• 날씨로 인해 투어가 취소될 수도 있습니다.
※ 궁금한 점이 있으면, brushwoodtour@parks.org로 저희에게 이메일을 보내주십시오.

Brushwood National Park Tour Program에 관한 다음 안내문의 내용과 일치하지 <u>않는</u> 것은?

① 자원봉사 안내자가 동행한다. with our volunteer guides

② 주말에 진행된다. Open on weekdays

③ QR 코드를 스캔하여 신청한다. Scan the QR code to sign up for the tour.

④ 각 참가자에게 물이 한 병씩 제공될 것이다. A bottle of water will be provided to each participant.

⑤ 날씨에 따라 취소될 수 있다. Tours may be canceled due to weather conditions.

왜 정답? [정답률 92%]

② 평일에 운영된다. (Open on weekdays)

왜 오답?

① 자원봉사 안내자가 동행한다. (with our volunteer guides)

③ QR 코드를 스캔하여 신청한다. (Scan the QR code to sign up for the tour.)

④ 각 참가자에게 물이 한 병씩 제공될 것이다. (A bottle of water will be provided to each participant.)

⑤ 날씨에 따라 취소될 수 있다. (Tours may be canceled due to weather conditions.)

J 37 정답 ③ ＊Turtle Island 보트 투어

Turtle Island Boat Tour / Turtle Island 보트 투어 /

The fantastic Turtle Island Boat Tour / invites you to the beautiful sea world. //
환상적인 Turtle Island 보트 투어가 / 아름다운 바다 세계로 여러분을 초대합니다 //

Dates: From June 1 to August 31, 2024 /
날짜: 2024년 6월 1일부터 8월 31일까지 /

Tour Times / 투어 시간 /

Weekdays 주중	1 p.m. – 5 p.m. 오후 1시 ~ 오후 5시
Weekends 주말	9 a.m. – 1 p.m. 오전 9시 ~ 오후 1시
	1 p.m. – 5 p.m. 오후 1시 ~ 오후 5시

※ Each tour lasts four hours. //
각각의 투어는 네 시간 동안 진행됩니다 //

Tickets & Booking / 표와 예약 /

• $50 per person for each tour / 투어별로 1인당 50달러 /
(Only those aged 17 and over can participate.) //
17세 이상인 사람만 참가할 수 있습니다 //

• Bookings must be completed / no later than 2 days before the day of the tour. //
예약은 완료되어야 합니다 / 늦어도 투어 당일 이틀 전에 //

• No refunds after the departure time /
출발 시각 이후에는 환불 불가 /

• Each tour group size is limited / to 10 participants. //
각각의 투어 그룹 규모는 제한됩니다 / 10명의 참가자로 //

Activities /
활동 /

• Snorkeling with a professional diver /
전문 다이버와 함께 하는 스노클링 /

• Feeding tropical fish /
열대어에게 먹이 주기 /

※ Feel free to explore our website, www.snorkelingti.com. //
저희 웹사이트인 www.snorkelingti.com을 마음껏 탐색하세요 //

- **no later than** 늦어도 ~까지는
- **refund** ⓝ 환불
- **feed** ⓥ 먹이를 주다

Turtle Island 보트 투어

환상적인 Turtle Island 보트 투어가 아름다운 바다 세계로 여러분을 초대합니다.

날짜: 2024년 6월 1일부터 8월 31일까지

투어 시간

주중	오후 1시 ~ 오후 5시
주말	오전 9시 ~ 오후 1시
	오후 1시 ~ 오후 5시

※ 각각의 투어는 네 시간 동안 진행됩니다.

표와 예약
- 투어별로 1인당 50달러
  (17세 이상인 사람만 참가할 수 있습니다.)
- 예약은 늦어도 투어 당일 이틀 전에 완료되어야 합니다.
- 출발 시각 이후에는 환불 불가
- 각각의 투어 그룹 규모는 10명의 참가자로 제한됩니다.

활동
- 전문 다이버와 함께 하는 스노클링
- 열대어에게 먹이 주기

※ 저희 웹사이트인 www.snorkelingti.com을 마음껏 탐색하세요.

Turtle Island Boat Tour에 관한 다음 안내문의 내용과 일치하지 <u>않는</u> 것은?

① 주말에는 하루에 두 번 운영된다. Weekends 9 a.m. – 1 p.m., 1 p.m. – 5 p.m.
② 17세 이상만 참가할 수 있다. Only those aged 17 and over can participate.
③ 당일 예약이 가능하다. Bookings must be completed no later than 2 days before the day of the tour.
④ 출발 시간 이후에는 환불이 불가능하다. No refunds after the departure time
⑤ 전문 다이버와 함께 하는 스노클링 활동이 있다.
Snorkeling with a professional diver

왜 정답? [정답률 97%]

③ 예약은 늦어도 투어 이틀 전에 완료되어야 하므로 당일 예약은 불가능하다.
(Bookings must be completed no later than 2 days before the day of the tour.)

왜 오답?

① 주말에는 하루에 두 번 운영된다. (Weekends 9 a.m. – 1 p.m., 1 p.m. – 5 p.m.)
② 17세 이상만 참가할 수 있다. (Only those aged 17 and over can participate.)
④ 출발 시간 이후에는 환불이 불가능하다. (No refunds after the departure time)
⑤ 전문 다이버와 함께 하는 스노클링 활동이 있다. (Snorkeling with a professional diver)

조수근 | 순천향대 의예과 2024년 입학 · 성남 태원고 졸

안내문의 세부 내용 파악 문제는 선지를 먼저 읽고, 그 선지와 관련된 내용만 안내문에서 찾아내면 빠르게 풀 수 있어! 이 문제에서는 ③의 '당일 예약'이라는 단어를 보고 지문에서 다른 부분은 볼 필요도 없이 Booking이 나타난 문장만 바로 확인하는 거야. 늦어도 투어 당일 이틀 전에 예약이 완료되어야 한다고 했으니 당일 예약은 불가능하다는 것을 알 수 있지.

J 38 정답 ④ ＊아이들을 위한 창의적인 미술 강좌

Creative Art Class for Kids /
아이들을 위한 창의적인 미술 강좌 /

Want to encourage / your child's artistic talent? //
북돋고 싶으신가요 / 여러분의 자녀의 예술적 재능을 //

Color World Art Center is going to have art classes / for kids /
from A to B: (시간적·공간적) A부터 B까지
from June 1st to August 31st. // ①의 단서 6월부터 8월까지 진행됨
Color World 아트 센터는 미술 강좌를 열 예정입니다 / 아이들을 위한 / 6월 1일부터 8월 31일까지 //

Class Programs & Schedule / 강좌 프로그램 & 일정 /

- Clay Arts: Ages 4 – 6, Every Monday / 점토 미술: 4~6세, 매주 월요일 /
- Cartoon Drawing: Ages 7 – 9, Every Thursday /
만화 그리기: 7~9세, 매주 목요일 / ②의 단서 만화 그리기 강좌는 매주 목요일임
- Watercolors: Ages 10 – 12, Every Friday /
수채화: 10~12세, 매주 금요일 /

Class Time: 4 p.m. – 6 p.m. / ③의 단서 강좌는 오후에 열림
강좌 시간: 오후 4시~오후 6시 /

Monthly Fee / 월 수강료 /

- $30 per child (snacks included) / ④의 단서 월 수강료에 간식이 포함됨
아동당 30달러(간식 포함) /

- Family discounts are available / (10% discount for each child). //
가족 할인이 가능합니다 / (각 아동당 10퍼센트 할인) //

Notes / 참고 사항 /

- Only 10 kids are allowed / per class. // ⑤의 단서 강좌당 아동 10명으로 제한됨
10명의 아동만 허용됩니다 / 강좌당 /

- Kids should wear clothes / that they don't mind getting dirty. //
선행사 / 목적격 관계대명사
아이들은 옷을 입어야 합니다 / 더러워져도 그들이 신경 쓰지 않는 //

※ Sign up at Color World Art Center. //
Color World 아트 센터에서 등록하세요 //

- encourage ⓥ 격려하다, 북돋우다   - talent ⓝ 재능
- monthly fee 월 수강료   - include ⓥ 포함하다
- discount ⓝ 할인   - allow ⓥ 허락하다, 용납하다
- mind ⓥ 언짢아하다, 신경쓰다

아이들을 위한 창의적인 미술 강좌

자녀의 예술적 재능을 키워주고 싶으신가요? Color World 아트 센터는 6월 1일부터 8월 31일까지 아이들을 위한 미술 강좌를 열 예정입니다.

강좌 프로그램 & 일정
- 점토 미술: 4~6세, 매주 월요일
- 만화 그리기: 7~9세, 매주 목요일
- 수채화: 10~12세, 매주 금요일

강좌 시간: 오후 4시~오후 6시

월 수강료
- 아동당 30달러(간식 포함)
- 가족 할인(각 아동당 10퍼센트 할인)이 가능합니다.

참고 사항
- 강좌당 10명의 아동만 허용됩니다.
- 아이들은 더러워져도 신경 쓰지 않는 옷을 입어야 합니다.

※ Color World 아트 센터에서 등록하세요.

Creative Art Class for Kids에 관한 다음 안내문의 내용과 일치하는 것은?

① 6월부터 9월까지 진행된다. from June 1st to August 31st
② 만화 그리기 강좌가 월요일마다 있다. Cartoon Drawing: Ages 7 – 9, Every Thursday
③ 모든 강좌는 오전에 열린다. Class Time: 4 p.m. – 6 p.m.
④ 월 수강료에 간식이 포함되어 있다. $30 per child (snacks included)
⑤ 강좌당 수강 아동 수에 제한이 없다. Only 10 kids are allowed per class.

왜 정답? [정답률 96%]

④ 월 수강료 30달러에 간식이 포함된다. ($30 per child (snacks included))

왜 오답?

① 6월부터 8월까지 진행된다. (from June 1st to August 31st)
② 만화 그리기 강좌는 매주 목요일이다. (Cartoon Drawing: Ages 7 – 9, Every Thursday)
③ 강좌 시간은 오후 4시부터 6시까지이다. (Class Time: 4 p.m. – 6 p.m.)
⑤ 강좌당 10명의 아동만 허용된다. (Only 10 kids are allowed per class.)

 정답 ⑤ ＊WGHS 지리 사진 대회 ────────

WGHS Geography Photo Contest /
WGHS 지리 사진 대회 /

The event / you've been waiting for all this year / is finally here! //
　　　　　　　　앞에 목적격 관계대명사가 생략됨
행사가 / 여러분이 올해 내내 기다려온 / 드디어 돌아왔습니다 //

Please join / Wood Gate High School's 10th annual Geography Photo Contest. //
　　　　　　　　　　　　　❶의 단서 제10회 연례 대회임
참가하십시오 / Wood Gate 고등학교의 제10회 연례 지리 사진 대회에 //

Guidelines /
지침 /

- Participants should use / the theme of the "Beauty of Rivers Crossing Our City." //
　　　　　　　❷의 단서 사용해야 하는 주제가 정해져 있음
참가자는 사용해야 합니다 / '우리의 도시를 가로지르는 강들의 아름다움'이라는 주제를 //

- Submissions are limited / to one photo / per person. //
출품작은 제한됩니다 / 사진 한 장으로 / 1인당 //

- Files should not be larger / than 50 MB. //
파일 용량은 더 크면 안 됩니다 / 50MB보다 / ❸의 단서 파일은 50MB를 초과하면 안 됨

Schedule /
일정 /

	When 언제	Where 어디서
Submission 제출	October 2 - October 8 10월 2일 ~ 10월 8일	Email: geography@woodgate.edu 이메일: geography@woodgate.edu
Voting 투표	October 11 - October 13 ❹의 단서 투표는 10월 11일부터 13일까지임 10월 11일 ~ 10월 13일	School Website: https://www.woodgate.edu 학교 웹 사이트: https://www.woodgate.edu
Exhibition 전시	October 16 - October 20 10월 16일 ~ 10월 20일	Main Lobby 메인 로비

Note /
참고 사항 /
　　　　　　　　앞에 주격 관계대명사와 be동사가 생략됨
- The top 10 photos / selected by students / will be exhibited. //
상위 10개의 사진이 / 학생들이 선정한 / 전시될 것입니다 // ❺의 단서 학생들이 선정한 상위 10개 사진이 전시될 것임

※ For more information, / visit the geography teacher's room. //
더 많은 정보를 얻으려면 / 지리 교사실을 방문하십시오 //

· geography ⓝ 지리　　· annual ⓐ 매년의, 연례의
· submission ⓝ 제출　　· voting ⓝ 투표　　· exhibition ⓝ 전시

WGHS 지리 사진 대회

여러분이 올해 내내 기다려온 행사가 드디어 돌아왔습니다! Wood Gate 고등학교의 제10회 연례 지리 사진 대회에 참가하십시오.

지침
– 참가자는 '우리의 도시를 가로지르는 강들의 아름다움'이라는 주제를 사용해야 합니다.
– 출품작은 1인당 사진 한 장으로 제한됩니다.
– 파일 용량은 50MB보다 더 크면 안 됩니다.

일정

	언제	어디서
제출	10월 2일 ~ 10월 8일	이메일: geography@woodgate.edu
투표	10월 11일 ~ 10월 13일	학교 웹 사이트: https://www.woodgate.edu
전시	10월 16일 ~ 10월 20일	메인 로비

참고 사항
– 학생들이 선정한 상위 10개의 사진이 전시될 것입니다.
※ 더 많은 정보를 얻으려면, 지리 교사실을 방문하십시오.

WGHS Geography Photo Contest에 관한 다음 안내문의 내용과 일치하는 것은?

① 처음으로 개최되는 대회이다. 10th annual Geography Photo Contest
② 출품 사진 주제에 제한이 없다. Participants should use the theme of the "Beauty of Rivers Crossing Our City."
③ 100 MB 크기의 파일을 제출할 수 있다. Files should not be larger than 50 MB.
④ 투표는 일주일간 실시된다. October 11 - October 13
⑤ 학생들이 선정한 사진들이 전시될 것이다.
　　The top 10 photos selected by students will be exhibited.

〉왜 정답? [정답률 96%]
⑤ 학생들이 선정한 상위 10개 사진이 전시될 것이다. (The top 10 photos selected by students will be exhibited.)

〉왜 오답?
① 제10회 연례 사진 대회이다. (10th annual Geography Photo Contest)
② '우리의 도시를 가로지르는 강들의 아름다움'이라는 주제를 사용해야 한다. (Participants should use the theme of the "Beauty of Rivers Crossing Our City.")
③ 파일은 50MB를 초과하면 안 된다. (Files should not be larger than 50 MB.)
④ 투표는 10월 11일부터 10월 13일까지이다. (October 11 - October 13)

 정답 ③ ＊빅 데이터 전문가와 함께하는 직업의 날 ────

Career Day with a Big Data Expert /
빅 데이터 전문가와 함께하는 직업의 날 /

Meet a Big Data expert / from a leading IT company! //
빅 데이터 전문가를 만나 보십시오 / 선도적인 IT 기업의 //
　　　　　　　　　　　　　　　　　　　　미래진행형
Jill Johnson, / famous data analyst and bestselling author, / will be visiting Sovenhill High School / to give a lecture on careers / related to Big Data. //
Jill Johnson은 / 유명한 데이터 분석가이자 베스트셀러 작가인 / Sovenhill 고등학교를 방문하여 / 직업에 대한 강의를 할 것입니다 / 빅 데이터에 관련된 //

Participation: /
참가: ❶의 단서 Sovenhill 고등학교 학생만 참여할 수 있음
- Sovenhill High School students only /
Sovenhill 고등학교 학생만 참여 가능 /
- Limited / to 50 students / ❷의 단서 학생 50명으로 제한됨
제한됨 / 50명의 학생으로 /

When & Where: /
일시 및 장소: /
- October 15, / 10:00 a.m. to 11:30 a.m. /
10월 15일 / 오전 10시부터 오전 11시 30분까지 /
- Library /
도서관 /　　　　　　　❸의 단서 QR 코드를 스캔하여 신청서를 작성함
Registration: Scan the QR code / to fill in the application form. //
등록: QR 코드를 스캔하여 / 신청서를 작성하세요 //

Note: /
주의사항:　　　　❹의 단서 강의 중 음료수를 마시는 것은 허용되지 않음
- Drinking beverages is not permitted / during the lecture. //
음료수를 마시는 것은 허용되지 않습니다 / 강의 중에 //
　　　　　　　미래시제 수동태
- The lecture will be followed / by a Q&A session. //
강의는 이어질 것입니다 / 질의응답 시간으로 //
- All participants will receive / a free copy of the lecturer's book. // ❺의 단서 모든 참석자가 강연자의 책을 무료로 받음
모든 참석자는 받을 것입니다 / 강연자의 무료 책 한 부를 //

· analyst ⓝ 분석가　　· author ⓝ 작가, 저자　　· lecture ⓝ 강의, 강연
· participation ⓝ 참가, 참여　　· registration ⓝ 등록, 신고
· application ⓝ 신청(서)　　· beverage ⓝ (물 외의) 음료
· permit ⓥ 허용[허락]하다　　· participant ⓝ 참가자

빅 데이터 전문가와 함께하는 직업의 날

선도적인 IT 기업의 빅 데이터 전문가를 만나 보십시오! 유명한 데이터 분석가이자 베스트셀러 작가인 Jill Johnson은 Sovenhill 고등학교를 방문하여 빅 데이터 관련 직업에 대한 강의를 할 것입니다.

참가:
- Sovenhill 고등학교 학생만 참여 가능
- 학생 50명까지 제한됨

일시 및 장소:
- 10월 15일 오전 10시부터 오전 11시 30분까지
- 도서관

등록: QR 코드를 스캔하여 신청서를 작성하세요.

주의사항:
- 강의 중에 음료수를 마시는 것은 허용되지 않습니다.
- 강의 후에 질의응답 시간이 이어질 것입니다.
- 모든 참석자는 강연자의 책 한 부를 무료로 받을 것입니다.

Career Day with a Big Data Expert에 관한 다음 안내문의 내용과 일치하는 것은?

① 학부모도 참여할 수 있다. Sovenhill High School students only

② 참석 인원에 제한이 없다. Limited to 50 students

③ QR 코드를 스캔하여 신청서를 작성한다. Scan the QR code to fill in the application form.

④ 강연 중에 음료수를 마실 수 있다. Drinking beverages is not permitted during the lecture.

⑤ 참석자 중 일부만 강연자의 책을 무료로 받는다. All participants will receive a free copy of the lecturer's book.

＞왜 정답? [정답률 97%]

등록 방법을 안내하면서 QR 코드를 스캔하여 신청서를 작성하라고(Scan the QR code to fill in the application form.) 했으므로 ③이 안내문과 일치한다.

＞왜 오답?

① Sovenhill 고등학교 학생만 참여할 수 있다. (Sovenhill High School students only)

② 학생 50명으로 제한된다. (Limited to 50 students)

④ 강연 중 음료수를 마시는 것은 허용되지 않는다. (Drinking beverages is not permitted during the lecture.)

⑤ 모든 참석자가 강연자의 책 한 부를 무료로 받는다. (All participants will receive a free copy of the lecturer's book.)

J 41 정답 ④ ＊2022 Valestown 재활용 포스터 대회

2022 Valestown Recycles Poster Contest /
2022 Valestown 재활용 포스터 대회 /

Join this year's Valestown Recycles Poster Contest / and **show off** your artistic talent! //
병렬 구조
올해의 Valestown 재활용 포스터 대회에 참가하여 / 여러분의 예술적 재능을 뽐내세요 //

Guidelines / 지침 /
①의 단서 Valestown의 고등학생만 참여할 수 있음
- Participation is only for high school students in Valestown. //
참가는 Valestown의 고등학생만 가능합니다 //

- Participants should use / the theme of "Recycling for the Future." // ②의 단서 참가자는 정해진 주제를 사용해야 함
참가자들은 사용해야 합니다 / '미래를 위한 재활용'이라는 주제를 //

Submission Format /
출품작 형식 /

- File type: PDF only / ③의 단서 PDF 양식만 허용됨
파일 형식: PDF만 가능 /

- Maximum file size: 40MB / 최대 파일 크기: 40MB /

Judging Criteria /
심사 기준 / ④의 단서 심사 기준에 창의성이 포함됨
- Use of theme / - Creativity / - Artistic skill
주제 활용 / 창의성 / 예술적 기술

Details / 세부 사항 / ⑤의 단서 출품은 1인당 하나의 포스터로 제한됨
- Submissions are limited / to one poster per person. //
출품작은 제한됩니다 / 1인당 한 장의 포스터로 //

- Submissions **should** be uploaded to the website / **by** 6 p.m., December 19. //
(의무)의 조동사 / 완료 기한을 나타내는 전치사
출품작은 웹 사이트에 업로드되어야 합니다 / 12월 19일 오후 6시까지 //

- Winners will be announced / on the website / on December 28. // 수상자는 발표될 것입니다 / 웹 사이트에 / 12월 28일에 /

For more information, / please visit www.vtco.org. //
더 많은 정보를 원하면 / www.vtco.org를 방문하십시오 //

- **show off** ～을 자랑하다, 뽐내다　　• **talent** ⓝ 재주, 재능
- **submission** ⓝ 제출　　• **format** ⓝ 방식
- **maximum** ⓐ 최대[최고]의　　• **criterion** ⓝ 기준(pl. criteria)

2022 Valestown 재활용 포스터 대회

올해의 Valestown 재활용 포스터 대회에 참가하여 여러분의 예술적 재능을 뽐내세요!

지침
- Valestown의 고등학생만 참가할 수 있습니다.
- 참가자들은 '미래를 위한 재활용'이라는 주제를 사용해야 합니다.

출품작 형식
- 파일 형식: PDF만 가능
- 최대 파일 크기: 40MB

심사 기준
- 주제 활용　- 창의성　- 예술적 기술

세부 사항
- 출품작은 1인당 한 장의 포스터로 제한됩니다.
- 출품작은 12월 19일 오후 6시까지 웹 사이트에 업로드되어야 합니다.
- 수상자는 12월 28일에 웹 사이트에 발표될 것입니다.
　　더 많은 정보를 원하면 www.vtco.org를 방문하십시오.

2022 Valestown Recycles Poster Contest에 관한 다음 안내문의 내용과 일치하는 것은?

① Valestown의 모든 학생들이 참여할 수 있다. Participation is only for high school students in Valestown.

② 참가자는 포스터의 주제 선정에 제약을 받지 않는다. Participants should use the theme of "Recycling for the Future."

③ 출품할 파일 양식은 자유롭게 선택 가능하다. File type: PDF only

④ 심사 기준에 창의성이 포함된다. Creativity

⑤ 1인당 출품할 수 있는 포스터의 수에는 제한이 없다. Submissions are limited to one poster per person.

＞왜 정답? [정답률 96%]

심사 기준에는 주제의 사용과 창의성(Creativity), 예술적 기술이 포함되므로 ④이 안내문과 일치한다.

＞왜 오답?

① Valestown의 고등학생만 참여할 수 있다. (Participation is only for high school students in Valestown.)

② 참가자는 정해진 주제를 사용해야 한다. (Participants should use the theme of "Recycling for the Future.")

③ 파일은 PDF 양식만 허용된다. (File type: PDF only)

⑤ 출품은 1인당 하나의 포스터로 제한된다. (Submissions are limited to one poster per person.)

J 42 정답 ③ ＊2023 Eastland 고등학교 비디오 클립 경연대회

2023 Eastland High School Video Clip Contest /
2023 Eastland 고등학교 비디오 클립 경연대회 /

Shoot and share your most memorable moments / with your teachers and friends! //
명령문
가장 기억할 만한 순간들을 찍어 공유하세요 / 선생님과 친구들과 //

Guidelines / 참가 요령 /

· Theme: "Joyful Moments" in Our Growing Community /
주제: 우리가 성장하는 공동체에서 '즐거운 순간들' / **①의 단서** 출품작의 주제가 정해져 있음

· Submissions will be accepted / from December 1 to December 14. // **②의 단서** 2주 동안 동영상을 접수할 예정임
출품작은 접수될 예정입니다 / 12월 1일부터 12월 14일까지 //

· Submissions should be uploaded / to our school website. //
출품작은 업로드되어야 합니다 / 우리 학교 웹사이트에 //

– Video length cannot exceed three minutes. //
동영상의 길이는 3분을 초과할 수 없습니다 / **③의 단서** 출품할 동영상의 길이는 3분을 초과할 수 없음

– Entries are limited to one per student. //
출품작은 학생 1인당 1개로 제한됩니다 // **④의 단서** 출품작은 학생 1인당 한 개로 제한됨

Prizes / 시상 /

· 1st place: $100 gift card, 2nd place: $50 gift card /
1등: 100달러 상품권, 2등: 50달러 상품권 /

· Winning videos will be posted to our school's app. //
수상한 동영상은 우리 학교 앱에 게시될 예정입니다 //

· The prize winners will be chosen / by the school art teachers. //
수상자는 선정될 것입니다 / 학교 미술 선생님들에 의해 // **⑤의 단서** 학교 미술 선생님들이 수상자를 선정할 것임

※ For more information, / visit the school website. //
더 많은 정보를 원하시면 / 학교 웹사이트를 방문하세요 //

· shoot ⓥ 촬영하다　· memorable ⓐ 기억할 만한
· theme ⓝ 주제　· submission ⓝ 출품(작)
· entry ⓝ 출품(작), 응모

2023 Eastland 고등학교 비디오 클립 경연대회

선생님, 친구들과의 가장 기억할 만한 순간들을 찍어 공유하세요!

참가 요령
· 주제: 우리가 성장하는 공동체에서 '즐거운 순간들'
· 출품작은 12월 1일부터 12월 14일까지 접수될 예정입니다.
· 출품작은 우리 학교 웹사이트에 업로드되어야 합니다.
– 동영상의 길이는 3분을 초과할 수 없습니다.
– 출품작은 학생 1인당 1개로 제한됩니다.

시상
· 1등: 100달러 상품권, 2등: 50달러 상품권
· 수상한 동영상은 우리 학교 앱에 게시될 예정입니다.
· 수상자는 학교 미술 선생님들에 의해 선정될 것입니다.
※ 더 많은 정보를 원하시면 학교 웹사이트를 방문하세요.

2023 Eastland High School Video Clip Contest에 관한 다음 안내문의 내용과 일치하는 것은?

① 출품작의 주제가 정해져 있지 않다.
Theme: "Joyful Moments" in Our Growing Community
② 한 달 동안 동영상을 접수할 예정이다.
Submissions will be accepted from December 1 to December 14.
③ 출품할 동영상의 길이는 3분을 초과할 수 없다.
Video length cannot exceed three minutes.
④ 출품작은 학생 1인당 두 개로 제한된다. Entries are limited to one per student.
⑤ 학생회가 수상자를 선정할 것이다.
The prize winners will be chosen by the school art teachers.

〉왜 정답❓ [정답률 97%]

③ 출품할 동영상의 길이는 3분을 초과할 수 없다고 했다. (Video length cannot exceed three minutes.)

〉왜 오답❓

① 출품작의 주제는 정해져 있다. (Theme: "Joyful Moments" in Our Growing Community)
② 2주 동안 동영상을 접수할 예정이다. (Submissions will be accepted from December 1 to December 14.)
④ 출품작은 학생 1인당 한 개로 제한된다. (Entries are limited to one per student.)
⑤ 학교 미술 선생님들이 수상자를 선정할 것이다. (The prize winners will be chosen by the school art teachers.)

류이레 | 연세대 의예과 2024년 입학 · 광주대동고 졸

28번 문제는 제시된 자료와 '일치'하는 내용을 고르는 문제야. 이 문제에서는 제시문의 중반부에 나온 Video length cannot exceed three minutes.라는 문장과 ③이 일치하기 때문에 사실 쉽게 답을 고를 수 있는 문제였어. 도표, 자료 문제는 단순한 매칭 문제니까 듣기평가 도중에 해결해서 독해 시간을 확보하는 걸 추천해!

J 어휘 Review 정답　　문제편 p. 178

01 구입, 구매	11 in person	21 rooftop
02 선명한, 생생한	12 sign up for	22 profits
03 이전의	13 on site	23 beverages
04 분석가	14 be limited to	24 souvenir
05 동반하다	15 due to	25 via
06 benefit	16 featured	26 mind
07 rare	17 display	27 at least
08 observe	18 spot	28 participants
09 refreshing	19 process	29 companion
10 tuition	20 university	30 limited

K 빈칸 완성하기　문제편 p. 180~229

K 01 정답 ⑤　＊동물도 다른 개체에게 학습을 유도한다.

The human psychology and education communities (as well as some animal researchers!) / have been against referring to "teaching" / when describing social learning in animals, /
B as well as A: A뿐만 아니라 B도　현재완료　전치사　동명사
인간 심리학과 교육계(일부 동물 연구자들까지도!)는 / '가르치기'라고 언급하는 것에 반대해 왔다 / 동물의 사회적 학습을 설명할 때 /

mainly because teaching implies a level of **intentionality** / on the part of the model / that is difficult to measure in animals. //
주격 관계대명사
주된 이유는 가르치기는 어느 정도 수준의 의도성이 필연적으로 수반되는데 / 모델(본보기 역할을 하는 개체)에게 / 이는 동물에서는 측정이 어렵기 때문이다 //

Nonetheless, there has been a movement / within the animal cognition community / to say that animals can, in fact, teach one another. //
현재완료
그럼에도 불구하고, 움직임이 있어 왔다 / 동물 인지 관련 분야 내에서는 / 동물도 실제로 서로를 가르칠 수 있다고 발언하려는 //

단서 1 숙련된 개미가 초보 개미를 돕기 위해 의도적으로 하는 신체 접촉 행위인 '탠덤 러닝'이 있음
For example, skilled ants engage in a behavior called *tandem running*, / in which they touch their bodies to the body of a novice ant / as they lay down chemical trails, /
전치사+관계대명사　～하면서
예를 들어, 숙련된 개미는 '탠덤 러닝'으로 불리는 행동을 하는데 / 이 행동에서 숙련된 개미는 초보 개미의 신체에 자기 신체를 접촉하는데 / 화학적 흔적을 남기면서 /

assist A with B: A를 B로 돕다
presumably to **assist** the newcomer **with** route learning. //
이는 신입 개미의 경로 학습을 돕기 위한 것으로 추정된다 //

Killer whales also repeat the same seal hunting technique / in front of their offspring, / sometimes without even killing the seal, / 단서 2 범고래가 새끼 앞에서 물개 사냥 기술을 의도적으로 반복하여 보여줌
범고래 또한 같은 물개 사냥 기술을 반복하는데 / 자신의 새끼 앞에서 / 때로는 물개를 죽이지도 않는 상태에서 /
분사구문(결과)을 이룸
간접의문문: 의문사+주어+동사
leading researchers to ask / **why they would repeatedly catch and release a seal** / if they were not planning to eat it. //
이로 인해 연구자들은 의문을 품게 되었다 / 그들이(범고래가) 도대체 왜 물개를 반복적으로 잡고 놓아주는지 / 먹을 생각이 없다면 //
분사구문(~를 고려한다면)
Considering the amount of energy they'd have to expend, / there would need to be a good reason, / and that reason might be teaching. // 단서 3 동물들이 에너지를 소모하는 이유는 가르치기 위해서일 것임
그들(범고래)이 소모해야 하는 에너지를 고려한다면 / 타당한 이유가 있어야 하는데 / 그 이유가 아마 가르치기일 수도 있을 것이다 //

- psychology ⓝ 심리학
- community ⓝ 계, 집단
- refer to 언급하다, 지칭하다
- social learning 사회적 학습
- imply ⓥ 수반하다, 내포하다
- movement ⓝ 움직임
- cognition ⓝ 인지
- engage in (행동·활동을) 하다, 실행하다
- novice ⓝ 초보자
- lay down (흔적·자취 등을) 남기다, 두다
- trail ⓝ 흔적, 자취
- newcomer ⓝ 신입자, 신참자
- release ⓥ 놓아주다
- expend ⓥ 소모[소비]하다
- tandem running 개미와 흰개미 중에서 한 개체가 다른 개체를 새로운 장소로 이끌어 가는 형태

인간 심리학과 교육계(일부 동물 연구자들까지도!)는 동물의 사회적 학습을 설명할 때 '가르치기'라고 언급하는 것에 반대해 왔는데, 주된 이유는 가르치기는 모델(본보기 역할을 하는 개체)에게 어느 정도 수준의 <u>의도성</u>이 필연적으로 수반되는데, 이는 동물에서는 측정이 어렵기 때문이다. 그럼에도 불구하고, 동물 인지 관련 분야 내에서는 동물도 실제로 서로를 가르칠 수 있다고 발언하려는 움직임이 있어 왔다. 예를 들어, 숙련된 개미는 '탠덤 러닝'으로 불리는 행동을 하는데, 이 행동에서 숙련된 개미는 화학적 흔적을 남기면서 초보 개미의 신체에 자기 신체를 접촉하는데, 이는 신입 개미의 경로 학습을 돕기 위한 것으로 추정된다. 범고래 또한 자신의 새끼 앞에서, 때로는 물개를 죽이지도 않는 상태에서, 같은 물개 사냥 기술을 반복하는데, 이로 인해 연구자들은 먹을 생각이 없다면 범고래가 도대체 왜 물개를 반복적으로 잡고 놓아주는지 의문을 품게 되었다. 그들(범고래)이 소모해야 하는 에너지를 고려한다면, 타당한 이유가 있어야 하는데, 그 이유가 아마 가르치기일 수도 있을 것이다.

다음 빈칸에 들어갈 말로 가장 적절한 것을 고르시오.

① comfort 예시로 나온 사례들이 편안함과 관련된 것이 아님
편안함
② courage 개미나 범고래가 다른 개체를 가르치기 위해 용기가 필요하다는 것이 아님
용기
③ frustration 좌절감을 통해 가르친다는 내용은 언급되지 않음
좌절감
④ inventiveness 동물들이 서로를 가르치기 위해 창의성이 필요하다는 내용은 없음
창의성
⑤ intentionality 개미와 범고래의 사례처럼, 의도적으로 다른 개체에게 무언가를 보여주고 반복하는 행동을 통해 학습을 유도함
의도성

? 왜 정답 ? [정답률 61%]

빈칸 문장	인간 심리학과 교육계(일부 동물 연구자들까지도!)는 동물의 사회적 학습을 설명할 때 '가르치기'라고 언급하는 것에 반대해 왔는데, 주된 이유는 가르치기는 모델(본보기 역할을 하는 개체)에게 어느 정도 수준의 __________이 필연적으로 수반되는데, 이는 동물에서는 측정이 어렵기 때문이다.

➡ 빈칸에는 동물이 서로를 가르칠 때 필연적으로 수반되는 요소가 들어가야 한다.

- 숙련된 개미는 '탠덤 러닝'으로 불리는 행동을 하는데, 숙련된 개미가 화학적 흔적을 남기면서 초보 개미의 신체에 자기 신체를 접촉한다. 단서 1
- 범고래는 자신의 새끼 앞에서 실제로 물개를 죽이지도 않으면서, 같은 물개 사냥 기술을 반복하여 보여준다. 단서 2
- 그들(범고래)이 소모해야 하는 에너지를 고려한다면, 타당한 이유가 있어야 하는데, 그 이유가 아마 가르치기일 수도 있을 것이다. 단서 3

➡ 개미와 범고래의 사례처럼, 동물 또한 의도적으로 다른 개체에게 무언가를 보여주고 반복하는 행동을 통해 학습을 유도하는 모습을 볼 수 있다.
▶ 그러므로 동물의 가르치기에서 필연적으로 수반되는 요소는 ⑤ '의도성'이다.

? 왜 오답 ?
① 예시로 나온 사례들이 편안함과 관련된 것이 아니다.
② 용기를 주기 위해 개미나 범고래가 특정한 행동을 하는 것이 아니다.
③ 좌절감을 통해 가르치기를 한다는 내용은 언급되지 않았다.
④ 동물들이 서로를 가르치기 위해 창의성이 필요하다는 내용은 없다.

K 02 정답 ① ＊초기 곡물 무역 회사들의 위험 관리 방식 ——

both A and B: A와 B 모두
The early grain trade firms / were active / in **both** surplus-producing **and** food deficit regions, / and these firms made
가목적어
진목적어
it their business / **to know** the state of supply and demand in both. // 단서 1 초기 곡물 무역 회사들은 잉여 생산 지역과 식량 부족 지역 모두의 수요와 공급 상태를 아는 것이 중요했음
초기 곡물 무역 회사들은 / 활발히 활동했다 / 잉여 생산 지역과 식량 부족 지역 모두에서 / 그리고 이들 회사는 그들의 업무로 삼았다 / 두 지역의 공급과 수요 상태를 아는 것을 //
부사절 접속사(이유)
Because this information was the key / to their **profitability**, / these firms worked in relative secrecy, / frequently **built** on family ties, trust, and loyalty. //
분사구문을 이끄는 과거분사
이러한 정보가 열쇠였기에 / 그들의 수익성에 대한 / 이들 회사는 상대적으로 비밀리에 운영되었으며 / 종종 가족 관계, 신뢰, 충성심에 기반을 두었다 //

In addition, / these firms were able to benefit / from the rise of commodity exchanges and commodities futures markets /
주격 관계대명사
that emerged in the mid-1800s. // 단서 2 초기 곡물 무역 회사들은 상품 거래소와 선물 시장의 부흥으로 이익을 얻음
게다가 / 이들 기업은 이익을 얻을 수 있었다 / 상품 거래소와 상품 선물 시장의 부흥으로 / 1800년대 중반에 생긴 //

Agricultural markets are naturally unstable, / due to changes in harvest size /
주격 관계대명사   result from+원인 cf) result in+결과
that result from variable weather patterns and other factors. //
농업 시장은 원래 불안정하다 / 수확량 변화로 인해 / 변동하는 기상 패턴 및 기타 요인들로 인한 //
by -ing: ~함으로써
Locking-in prices / **by buying and selling** grain for future delivery /
help+목적어+목적격 보어
helped these firms / **to minimize** such risks. //
가격을 고정하는 방식은 / 미래 인도용 곡물을 구매하고 판매함으로써 / 이 회사들에게 도움이 되었다 / 그러한 위험을 최소화하는 데 //
가주어   to부정사의 의미상 주어   진주어
It made sense / **for the grain trading companies** / **to manage** their risks / within a single firm / **that** was operating in more than one country, /
주격 관계대명사
합리적이었다 / 곡물 무역 회사들이 / 위험을 관리하는 것이 / 단일 기업 내에서 / 여러 국가에서 운영되는 /
rather than에 의해 병렬 연결
rather than operating / as independent national companies /
현재분사(companies 수식)
trading with each other. //
운영하기보다는 / 독립적인 국가별 회사로 / 서로 거래하는 //

Their access to information / in multiple markets / enabled them / to easily cover the risks /
과거분사(risks 수식)
associated with agricultural commodity trade. // 단서 3 초기 곡물 무역 회사들은 정보 접근성을 통해 농작물 거래에 관한 위험을 상쇄함
그들의 정보 접근성은 / 여러 시장에 대한 / 그들에게 해주었다 / 쉽게 위험을 상쇄할 수 있게 / 농업 상품 거래와 관련된 //

- grain ⓝ 곡물
- trade firm 무역 회사
- surplus ⓝ 잉여, 과잉
- supply ⓝ 공급
- profitability ⓝ 수익성
- secrecy ⓝ 비밀, 비밀인 상태
- tie ⓝ (유대) 관계
- loyalty ⓝ 충성심
- commodity exchange 상품 거래소
- futures market (상품·채권의) 선물 시장 (先物市場)
- emerge ⓥ 생기다
- agricultural ⓐ 농업의
- harvest ⓝ 수확(량)
- variable ⓐ 변동하는
- access ⓝ 접근성
- unification ⓝ 통일
- morality ⓝ 도덕성

초기 곡물 무역 회사들은 잉여 생산 지역과 식량 부족 지역 모두에서 활발히 활동했으며, 이들 회사는 두 지역의 공급과 수요 상태를 아는 것을 그들의 업무로 삼았다. 이러한 정보가 그들의 **수익성**의 열쇠였기에, 이들 회사는 상대적으로 비밀리에 운영되었으며, 종종 가족 관계, 신뢰, 충성심에 기반을 두었다. 게다가 이들 기업은 1800년대 중반에 생긴 상품 거래소와 상품 선물 시장의 부흥으로 이익을 얻을 수 있었다. 농업 시장은 변동하는 기상 패턴 및 기타 요인들로 인한 수확량 변화로 인해 원래 불안정하다. 미래 인도용 곡물을 구매하고 판매하여 가격을 고정하는 방식은 이 회사들이 그러한 위험을 최소화하는 데 도움이 되었다. 곡물 무역 회사들이 서로 거래하는 독립적인 국가별 회사로 운영하기보다는 여러 국가에서 운영되는 단일 기업 내에서 위험을 관리하는 것이 합리적이었다. 여러 시장에 대한 그들의 정보 접근성은 그들이 농업 상품 거래와 관련된 위험을 쉽게 상쇄할 수 있게 해주었다.

다음 빈칸에 들어갈 말로 가장 적절한 것을 고르시오.

① profitability 초기 곡물 무역 회사들은 잉여 생산 지역과 식량 부족 지역에 관한 정보를 통해
수익성 　　　　　　 수익을 얻을 수 있었음
② unification 지역에 관한 정보를 아는 것이 통일의 열쇠라는 내용이 아님
통일
③ innovation 시대가 바뀌면서 곡물 무역 회사들이 어떻게 위험을 관리했는지에 관한 내용이지,
혁신 　　　　　 혁신에 관한 내용이 아님
④ reputation 곡물업자들의 평판에 관한 내용은 언급되지 않음
평판
⑤ morality 곡물 무역 회사들의 수익에 관한 내용이지, 도덕성에 관한 내용이 아님
도덕성

왜 정답? [정답률 53%]

빈칸 문장	이러한 정보가 ＿＿＿＿＿＿의 열쇠였기에, 이들 회사는 상대적으로 비밀리에 운영되었으며, 종종 가족 관계, 신뢰, 충성심에 기반을 두었다.

➡ 빈칸은 초기 곡물 무역 회사들에게 정보가 '무엇'의 열쇠였는가와 관련된 내용으로, 곡물 무역 회사들이 정보를 얻음으로써 무엇을 얻을 수 있었는지에 관한 내용을 찾아야 한다.

• 초기 곡물 무역 회사들은 잉여 생산 지역과 식량 부족 지역 모두의 수요와 공급 상태를 아는 것이 중요했다. 단서 1
• 초기 곡물 무역 회사들은 상품 거래소와 선물 시장의 부흥으로 이익을 얻었다. 단서 2
• 초기 곡물 무역 회사들은 정보 접근성을 통해 농작물 거래에 관한 위험을 상쇄했다. 단서 3

➡ 초기 곡물 무역 회사들은 지역별 수요와 공급 정보를 아는 것이 수익과 직결되었기 때문에, 비밀스럽게 기업을 운영했다. 즉, 수요와 공급 정보는 그들의 수익성과 직결되는 핵심 자산이었으며, 정보 유출을 막기 위해 은밀한 방식으로 운영했다는 내용이다.
이후에는 상품 거래소와 선물 시장이 등장하며 이익을 얻을 수 있었고, 국제적 통합 기업을 운영하며 위험을 상쇄할 수 있게 되었다고 했으므로, 곡물 무역 회사들이 정보망을 활용해 불안정한 농업 시장의 위험을 어떻게 효과적으로 관리했는지에 관한 내용이다.

▶ 따라서 곡물 무역 회사들에게 정보란 수익과 직결된다는 내용이므로, 빈칸에 들어갈 말은 ① '수익성'이다.

왜 오답?

② 지역에 관한 정보를 아는 것이 통일의 열쇠라는 내용이 아니다.
③ 시대가 바뀌면서 곡물 무역 회사들이 어떻게 위험을 관리했는지에 관한 내용이지, 혁신에 관한 내용이 아니다.
④ 곡물업자들의 평판에 관한 내용은 언급되지 않았다.
⑤ 곡물 무역 회사들의 수익에 관한 내용이지, 도덕성에 관한 내용이 아니다.

강기헌 | 2026 수능 응시 · 천안 천안고 졸
나는 빈칸 문제를 풀 때 선지를 먼저 보지 않고, 빈칸에 들어갈 말이 뭘까를 먼저 추측하고 생각해. 그리고 내 추측을 선지랑 비교하면서 풀어야 한번에 잘 풀리더라고. 이 지문은 곡물 무역 회사들에 관한 얘기를 하고 있어. 빈칸 문장을 보면 그들에게 정보가 중요했음을 알 수 있네. 농업 시장은 농산물과 관련해서 여러 위험이 있다. 그런데 마지막 문장을 보면, Their access to information ~ cover the risks associated with agricultural commodity trade.라고 하고 있지. 즉, 정보가 농산물 무역의 위험을 해결하고 이익을 극대화하는 데 도움을 준 거야. 따라서 정답은 ① '수익성'이지.

 정답 ② ✱큰바우어새 수컷이 사용하는 지각적 편향 전략

We know / **that** animals have evolved a variety of patterns /
목적어절 접속사
to manipulate the perceptions of their predators / **to afford**
형용사적 용법 　　　　　　　　　　　　　　　　　부사적 용법(목적)
themselves a modicum of safety. //
우리는 알고 있다 / 동물들이 다양한 방식을 진화시켜 왔음을 / 포식자의 지각을 조작하는 / 자신에게 약간의 안전을 부여하기 위해 //

Greater Bower birds utilize **perceptual biases** / in the mating domain. // 큰바우어새는 지각적 편향을 활용한다 / 짝짓기 영역에서 //

Males construct a bower; / its function is **to provide** an arena /
　　　　　　　　　　　　　　　　　명사적 용법(주격 보어)
in which males display to females **standing** in an avenue / **that**
전치사+관계대명사　　　　　　　현재분사(females 수식)　　　　주격 관계대명사
leads up to the bower. //
수컷은 바우어를 짓는다 / 그것의 기능은 무대를 제공하는 것이다 / 수컷이 길에 서 있는 암컷에게 구애 동작을 하는 / 바우어로 이어지는 //

The males decorate the avenue with a variety of objects, / such as stones and shells. //
수컷은 다양한 물체로 그 길을 장식한다 / 돌이나 조개껍데기 같은 //

But they do not do so / in a chaotic manner. //
그러나 그들은 그렇게 하지는 않는다 / 무질서하게 //

The larger objects are placed / closer to the bower / and the
앞에 are placed 생략
smaller objects / **farther away.** 단서 1 더 큰 물체는 바우어에 더 가까이에, 더 작은
　　　　　　　　　　　　　　 물체는 더 멀리 배치됨
더 큰 물체는 배치된다 / 바우어에 더 가까이에 / 그리고 더 작은 물체는 / 더 멀리 //

This creates a forced perspective / the opposite of the Cinderella Castle; / the bower appears smaller / than it actually is. //
이것은 강제 원근감을 만들어 낸다 / '신데렐라 성'과는 반대의 / 바우어는 더 작아 보인다 / 실제보다 // 단서 2 바우어가 실제보다 더 작아 보이게 만듦

Endler and his colleagues suggested / **that** the male **courting** in
목적어절 접속사　　　현재분사(male 수식)
the bower / now appears larger / and thus more attractive to the female. // 단서 3 수컷이 암컷에게 더 크고 매력적으로 보이게 됨
Endler와 그의 동료들은 보여 주었다 / 바우어에서 구애하는 수컷이 / 이제 더 커 보이는 것을 / 따라서 암컷에게 더 매력적으로 (보인다는 것을) //

Data on male mating success / **collected** in the wild / supports their hypothesis. //
과거분사(data 수식)
수컷의 짝짓기 성공에 관한 자료는 / 야생에서 수집된 / 그들의 가설을 뒷받침한다 //

• manipulate ⓥ 조작하다　　• perception ⓝ 지각
• afford ⓥ 부여하다
• bower ⓝ 바우어(수컷 새가 암컷을 유혹하려고 화려하게 꾸민 집)
• utilize ⓥ 활용하다　　• domain ⓝ 영역
• construct ⓥ 짓다, 건축하다　　• arena ⓝ 무대, 경기장
• display ⓥ 구애 동작을 하다　　• chaotic ⓐ 무질서한
• perspective ⓝ 원근감　　• court ⓥ 구애하다
• hypothesis ⓝ 가설

우리는 동물들이 자신에게 약간의 안전을 부여하기 위해 포식자의 지각을 조작하는 다양한 방식을 진화시켜 왔음을 알고 있다. 큰바우어새는 짝짓기 영역에서 **지각적 편향**을 활용한다. 수컷은 바우어를 짓는데, 그것의 기능은 수컷이 바우어로 이어지는 길에 서 있는 암컷에게 구애 동작을 하는 무대를 제공하는 것이다. 수컷은 돌이나 조개껍데기 같은 다양한 물체로 그 길을 장식한다. 그러나 그들은 무질서하게 그렇게 하지는 않는다. 더 큰 물체는 바우어에 더 가까이에, 더 작은 물체는 더 멀리 배치된다. 이것은 '신데렐라 성'과는 반대의 강제 원근감을 만들어 내는데, 바우어는 실제보다 더 작아 보인다. Endler와 그의 동료들은 바우어에서 구애하는 수컷이 이제 더 커 보이고, 따라서 암컷에게 더 매력적으로 보인다는 것을 보여 주었다. 야생에서 수집된 수컷의 짝짓기 성공에 관한 자료는 그들의 가설을 뒷받침한다.

다음 빈칸에 들어갈 말로 가장 적절한 것을 고르시오.

① genetic variations 큰바우어새가 짝짓기를 위해 유전적 변이를 사용한다는 언급은 없음
유전적 변이
② perceptual biases 바우어에 물체를 배치하는 방법을 통해 수컷이 암컷에게 더 크고
지각적 편향 　　　　매력적으로 보이도록 만듦
③ vocal attractiveness 큰바우어새가 짝짓기 영역에서 목소리를 활용한다는 언급은 없음
목소리의 매력
④ decorating skills 큰바우어새 수컷이 물체 배치를 통해 수컷을 더 크게 보이도록 한다는
장식하는 기술 　　것으로 만든 함정
⑤ locational advantages 위치상의 이점을 활용한다는 언급은 없음
위치상의 이점

| 빈칸 문장 | 큰바우어새는 짝짓기 영역에서 __________을 활용한다. |

➡ 빈칸에는 큰바우어새가 짝짓기 영역에서 어떤 전략이나 기술을 사용하는지가 나와야 한다.

- 더 큰 물체는 바우어에 더 가까이에, 더 작은 물체는 더 멀리 배치된다. 단서1
- 바우어는 실제보다 더 작아 보인다. 단서2
- 수컷이 이제 더 커 보이고, 따라서 암컷에게 더 매력적으로 보인다. 단서3

➡ 큰바우어새 수컷은 바우어로 이어지는 길을 다양한 물체로 장식하면서 크기에 따라 배치해 강제 원근감을 만들어 내는데, 그 결과 암컷이 수컷을 실제보다 더 크고 매력적으로 지각하게 되는 현상을 설명하는 내용의 글이다.

  ▶ 따라서 큰바우어새가 짝짓기 영역에서 활용하는 전략은 ② '지각적 편향'이다.

왜 오답?

① 큰바우어새가 짝짓기를 위해 유전적 변이를 사용한다는 언급은 없다.
③ 큰바우어새가 짝짓기 영역에서 목소리를 활용한다는 내용은 없다.
④ 이 글에서 핵심은 큰바우어새 수컷이 물체 배치를 통해 바우어는 작게, 수컷은 크게 보이도록 한다는 것이므로 적절하지 않다. (이유: 큰바우어새 수컷이 물체 배치를 한다는것을 '장식하는 기술'을 활용한다고 착각할 수 있음)
⑤ 위치상의 이점을 활용한다는 언급은 없다.

K 04 정답 ① ＊공정한 집단적 선택에서 추첨의 필요성과 의미

접속사가 생략되지 않은 분사구문
When gathering the preferences of multiple agents / into one collective choice, / it is easily seen / that certain cases call for randomization / or other means of tiebreaking. //
가주어 진주어절 접속사
여러 행위자의 선호를 모을 때 / 하나의 집단적 선택으로 / 쉽게 알 수 있다 / 특정 경우들은 무작위 추출이 필요하다는 것을 / 또는 동점을 가르는 다른 방법들이 (필요하다는 것을) //

For example, / if there are two alternatives, *a* and *b*, / and two agents / such that one prefers *a* and the other one *b*, /
접속사(그 결과 ~하다)
예를 들어 / 두 개의 대안 *a*와 *b*가 있으면 / 그리고 두 명의 행위자(가 있으면) / 한 사람은 *a*를 선호하고 나머지 사람은 *b*를 선호하는 /

there is no deterministic way / of selecting a single alternative / without violating one of two basic fairness conditions / **known** as *anonymity* and *neutrality*. //
과거분사
단서1 두 가지 대안 중 공정성 조건을 위반하지 않고 단일 대안을 선택할 방법은 없음
결정적 방법은 없다 / 단일 대안을 선택할 / 두 가지 기본적인 공정성 조건 중 하나를 위반하지 않고 / '익명성'과 '중립성'으로 알려진 //

목적어절 접속사
Anonymity requires / **that** the collective choice ought to be independent / of the agents' identities / **whereas** neutrality requires impartiality towards the alternatives. //
접속사(반면)
익명성은 요구한다 / 집단적 선택이 무관해야 한다고 / 행위자들의 정체성과는 / 반면 중립성은 대안들에 대한 공정성을 요구한다 //

단서2 추첨을 허용하는 것이 공정한 집단적 선택에 필수적인 것으로 보임
Allowing lotteries as social outcomes hence / seems like a necessity for impartial collective choice. //
동명사(주어)
따라서 사회적 결과로 추첨을 허용하는 것은 / 공정한 집단적 선택을 위해 필수적인 것처럼 보인다 //

단서3 다수결과 같은 선택 방법도 동점이 없어야만 결정적이며, 이런 경우 제비뽑기로 해결됨
Indeed, / most common "deterministic" social choice functions / such as plurality rule / are only deterministic / **as long as** there is no tie, / **which** is usually resolved by drawing a lot. //
접속사(~하는 한)
계속적 용법의 주격 관계대명사
사실 / 가장 일반적인 '결정적' 사회적 선택 함수조차도 / 복수 규칙(다수결)과 같은 / 오직 결정적이다 / 동점이 없는 한에서만 / 보통 그런 경우는 제비뽑기로 해결된다 //

The use of lotteries for the selection of officials / interestingly goes back / to the world's first democracy in Athens, /
관리 선발을 위한 추첨의 사용은 / 흥미롭게도 거슬러 올라간다 / 아테네의 세계 최초의 민주주의로 /
계속적 용법의 관계부사(Athens 부연 설명)
where it was widely regarded / as a principal characteristic of democracy, / and **has recently gained** / increasing attention in political science. //
현재완료
거기서는 그것이 널리 여겨졌다 / 민주주의의 주요 특징으로 / 그리고 최근에는 점점 더 얻어 왔다 / 정치학에서 점점 더 많은 관심을 //

- preference ⓝ 선호 • agent ⓝ 행위자 • collective ⓐ 집단적인
- alternative ⓝ 대안 • deterministic ⓐ 결정적인, 결정론적인
- anonymity ⓝ 익명성 • neutrality ⓝ 중립성
- impartiality ⓝ 공정성 • resolve ⓥ 해결하다 • lot ⓝ 제비

여러 행위자의 선호를 하나의 집단적 선택으로 모을 때, 특정 경우들은 **무작위 추출이나 동점을 가르는 다른 방법들이 필요하다**는 것을 쉽게 알 수 있다. 예를 들어, 두 개의 대안 *a*와 *b*가 있고, 두 명의 행위자가 있는데 한 사람은 *a*를 선호하고 나머지 사람은 *b*를 선호한다면, '익명성'과 '중립성'으로 알려진 두 가지 기본적인 공정성 조건 중 하나를 위반하지 않고 단일 대안을 선택할 결정적 방법은 없다. 익명성은 집단적 선택이 행위자들의 정체성과는 무관해야 한다고 요구하고, 반면 중립성은 대안들에 대한 공정성을 요구한다. 따라서 사회적 결과로 추첨을 허용하는 것은 공정한 집단적 선택을 위해 필수적인 것처럼 보인다. 사실, 복수 규칙(다수결)과 같은 가장 일반적인 '결정적' 사회적 선택 함수조차도, 동점이 없는 한에서만 결정적인데, 보통 그런 경우에는 제비뽑기로 해결된다. 관리 선발을 위한 추첨의 사용은 흥미롭게도 아테네의 세계 최초의 민주주의로 거슬러 올라가는데, 거기서는 그것이 민주주의의 주요 특징으로 널리 여겨졌으며, 최근에는 정치학에서 점점 더 많은 관심을 얻어 왔다.

다음 빈칸에 들어갈 말로 가장 적절한 것을 고르시오. [3점]

특정 대안을 고르는 것은 공정성 조건을 위반하는 것이므로 추첨이 필요하고 동점이 없어야 결정적일 수 있다고 했음

① call for randomization or other means of tiebreaking
  무작위 추출이나 동점을 가르는 다른 방법들이 필요하다
② demonstrate how impartial selection could be invalidated 공정한 선택이 무효화될 수 있는 것에 대한 글이 아님
  공정한 선택이 어떻게 무효화될 수 있는지를 보여준다
③ necessitate deterministic systems of selecting voters blindly
  맹목적으로 유권자를 선택하는 결정적 시스템을 필요로 한다
  맹목적으로 유권자를 선택하는 결정적 시스템에 대한 내용은 없음
④ rely upon neutral agents to establish clear selection guidelines
  명확한 선택 지침을 세우기 위해 중립적인 행위자들에게 의존한다
  명확한 선택 지침을 세우기 위해 중립적인 행위자들에게 의존한다는 언급은 없음
⑤ require understanding of the unpredictability inherent in democracy 민주주의에 내재된 예측 불가능성에 대한 이해를 요구한다는 내용이 아님
  민주주의에 내재된 예측 불가능성에 대한 이해를 요구한다

| 빈칸 문장 | 여러 행위자의 선호를 하나의 집단적 선택으로 모을 때, 특정 경우들은 __________는 것을 쉽게 알 수 있다. |

➡ 빈칸에는 여러 사람들의 선호를 하나로 모을 때, 특정 경우들은 '어떠하다'는 것인지가 들어가야 한다.

- 두 개의 대안 *a*와 *b*가 있고, 두 명의 행위자가 있는데 한 사람은 *a*를 선호하고 나머지 사람은 *b*를 선호한다면, '익명성'과 '중립성'으로 알려진 두 가지 기본적인 공정성 조건 중 하나를 위반하지 않고 단일 대안을 선택할 결정적 방법은 없다. 단서1
- 따라서 사회적 결과로 추첨을 허용하는 것은 공정한 집단적 선택을 위해 필수적인 것처럼 보인다. 단서2
- 사실, 복수 규칙(다수결)과 같은 가장 일반적인 '결정적' 사회적 선택 함수조차도, 동점이 없는 한에서만 결정적인데, 그런 경우 보통 제비뽑기로 해결된다. 단서3

➡ 여러 행위자의 선호를 하나로 모을 때, '익명성'과 '중립성'이라는 두 가지 기본적인 공정성 조건 중 하나를 위반하지 않으면서 단일 대안을 선택할 결정적 방법은 없다고 했다.
그 때문에 사회적 결과로 추첨을 허용하여 공정한 집단적 선택을 하게 되었는데, 사실 다수결 규칙도 동점이 없는 한에서만 결정적이고 결국 제비뽑기(무작위 추첨)를 통해 해결된다는 내용의 글이다.

  ▶ 따라서 여러 사람들의 선호를 하나로 모을 때, 특정 경우들은 ① '무작위 추출이나 동점을 가르는 다른 방법들이 필요하다'고 하는 것이 가장 적절하다.

왜 오답?

② 공정한 선택이 어떻게 무효화될 수 있는지에 대한 글이 아니다.
③ 맹목적으로 유권자를 선택하는 결정적 시스템을 필요로 한다는 이야기는 없다.
④ 명확한 선택 지침을 세우기 위해 중립적인 행위자들에게 의존한다는 언급은 없다.
⑤ 민주주의에 내재된 예측 불가능성에 대한 이해를 요구한다는 내용이 아니다.

Our epistemic relation to self-determination / is open to error and, / thus, subjective. // **단서 1** 자기 결정에 대한 인식론적 관계는 오류에 빠지기 쉽고 주관적임
자기 결정에 대한 우리의 인식론적 관계는 / 오류에 빠지기 쉬우며 / 따라서 주관적이다 //
동명사 주어(단수) by -ing: ~함으로써
Turning oneself into an agent of a particular kind / **by conceiving** of oneself as that type of agent / **does not suffice** to make **it** the case / **that** one actually is that type of agent. //
단수 동사   가목적어   진목적어절 접속사
자신을 특정 유형의 행위자로 바꾸는 것은 / 자신을 그러한 유형의 행위자로 생각함으로써 / 사실이 되게 하기에는 충분하지 않다 / 한 사람이 실제로 그러한 유형의 행위자라는 것이 //
주격 관계대명사
Just imagine / someone **who** believes himself to be a natural born tango dancer. // **단서 2** 자기 자신을 타고난 탱고 무용수라고 인식하는 사람을 가정함
그저 상상해 보라 / 자신을 타고난 탱고 무용수라고 믿는 사람을 //
He **has watched** many videos about tango dancing / and **practices** dancing by himself for many years. //
단수 동사의 병렬 구조
그는 탱고 춤에 관한 많은 영상을 봐 왔고 / 수년간 혼자서 춤을 연습한다 //
분사구문
Having prepared himself for a glorious entrance on the international scene, / he travels to Buenos Aires / and shows up at Maldita Milonga **to show** his skills. //
부사적 용법(목적)
국제 무대에서의 화려한 등장을 위한 준비를 마치고 / 그는 Buenos Aires로 가서 / 그의 기량을 보여주기 위해 Maldita Milonga에 등장한다 //
Unbeknownst to him, / though, / his dancing (if dancing it be) does not even remotely resemble tango, / and nothing **he does on stage** can be recognized as tango dancing. //
앞에 목적격 관계대명사 생략
그가 모르는 것은 / 그러나 / 그의 춤은 (그것이 춤이라고 할 수 있다면) 탱고와 조금도 닮지 않았고 / 그가 무대에서 하는 어떤 것도 탱고 춤으로 인정될 수 없다는 것이다 //
Hence, / while he conceived of himself as a tango dancer / and did many things **in light of** that self-conception /
'~에 비추어'
따라서 / 그가 자신을 탱고 무용수라고 생각했고 / 그러한 자기 개념에 비추어 많은 것을 했지만 /
(including **buying** a ticket to Buenos Aires, **dressing** up, **consuming** hours of tango videos, **reading** books about tango, **learning** Spanish, etc.), /
동명사(전치사의 목적어)
(Buenos Aires로 가는 표를 사고, 옷을 차려입고, 수 시간의 탱고 영상을 소비하고, 탱고에 관한 책을 읽고, 스페인어를 배우는 것 등을 포함하여) /
he failed at meeting / some of the minimal norms of actually being a tango dancer at all. //
그는 충족시키지 못했다 / 실제로 탱고 무용수가 되는 것의 최소한의 기준들 중 일부조차 전혀 //
단서 3 그는 자신이 탱고 무용수라고 믿고 많은 것들을 했지만 실제로 탱고 무용수가 될 수 있는 최소한의 기준도 충족시키지 못함

- determination ⓝ 결정
- subjective ⓐ 주관적인
- conceive ⓥ 생각하다
- agent ⓝ 행위자
- glorious ⓐ 화려한, 영광스러운
- entrance ⓝ 등장, 입장
- unbeknownst to ~가 모르게
- remotely ⓐⓓ 아주 조금
- resemble ⓥ 닮다, 유사하다
- norm ⓝ 기준
- downplay ⓥ 경시하다
- precede ⓥ ~에 앞서다
- mastery ⓝ 숙련도, 숙달

자기 결정에 대한 우리의 인식론적 관계는 오류에 빠지기 쉬우며, 따라서 주관적이다. 자신을 그러한 유형의 행위자로 생각함으로써 자신을 특정 유형의 행위자로 바꾸는 것은 **한 사람이 실제로 그러한 유형의 행위자라는** 것이 사실이 되게 하기에는 충분하지 않다. 자신을 타고난 탱고 무용수라고 믿는 사람을 그저 상상해 보라. 그는 탱고 춤에 관한 많은 영상을 봐 왔고, 수년간 혼자서 춤을 연습한다. 국제 무대에서의 화려한 등장을 위한 준비를 마치고, 그는 Buenos Aires로 가서 자신의 기량을 보여주기 위해 Maldita Milonga에 등장한다. 그러나 그가 모르는 것은, 그의 춤은 (그것이 춤이라고 할 수 있다면) 탱고와 조금도 닮지 않았고, 그가 무대에서 하는 어떤 것도 탱고 춤으로 인정될 수 없다는 것이다. 따라서 그가 자신을 탱고 무용수라고 생각했고 그러한 자기 개념에 비추어 (Buenos Aires로 가는 표를 사고, 옷을 차려입고, 수 시간의 탱고 영상을 소비하고, 탱고에 관한 책을 읽고, 스페인어를 배우는 것 등을 포함하여) 많은 것을 했지만, 그는 실제로 탱고 무용수가 되는 것의 최소한의 기준들 중 일부조차 전혀 충족시키지 못했다.

다음 빈칸에 들어갈 말로 가장 적절한 것을 고르시오. [3점]
① one downplays others' feedback
자기 결정과 관련된 내용이지, 다른 사람의 피드백을 수용하는지에 대한 내용이 아님
한 사람이 다른 사람들의 피드백을 무시하는
② one actually is that type of agent
자신이 어떤 유형의 행위자라고 생각한다고 해서 꼭 그 행위자가 되는 것은 아니라고 했음
한 사람이 실제로 그러한 유형의 행위자라는
③ one's innate ability precedes mastery
선천적인 능력과 숙련도를 비교하는 내용이 아님
한 사람의 선천적인 능력이 숙련도보다 앞선다는
④ one is capable of setting priorities
우선순위 결정에 대한 언급은 없음
한 사람이 우선순위를 정할 수 있다는
⑤ one fails to stick to one's goal 목표를 고수하는 것에 대한 내용이 아님
한 사람이 자신의 목표를 고수하지 못한다는

왜 정답? [정답률 58%]

빈칸 문장	자신을 그러한 유형의 행위자로 생각함으로써 자신을 특정 유형의 행위자로 바꾸는 것은 ＿＿＿ 것이 사실이 되게 하기에는 충분하지 않다.

➡ 자신을 특정 유형의 행위자라고 인식하고 행동한다고 하더라도 사실로 성립하지 않는 것이 무엇인지가 빈칸에 들어가야 한다.

- 자기 결정에 대한 우리의 인식론적 관계는 오류에 빠지기 쉽고 주관적이다. 단서 1
- 자신을 타고난 탱고 무용수라고 믿는 사람을 상상해 보라. 단서 2
- 그가 자신을 탱고 무용수라고 생각했고 자기 개념에 따라 많은 것을 했지만, 그는 실제로 탱고 무용수가 되는 것의 최소한의 기준들 중 일부조차 전혀 충족시키지 못했다. 단서 3

➡ 자신을 타고난 탱고 무용수라고 생각하고 많은 것을 하지만 실제로는 탱고 무용수가 되기 위한 최소한의 기준들 중 일부도 충족시키지 못하는 경우를 예로 들며, 자기 결정에 대한 우리의 인식은 오류에 빠지기 쉽고 주관적임을 설명하고 있다.

▶ 즉, 자신이 특정 유형의 행위자라고 인식한다고 해서 자신이 실제로 그 유형의 행위자가 되는 것은 아니므로, 빈칸에 들어갈 말로 가장 적절한 것은 ② '한 사람이 실제로 그러한 유형의 행위자라는'이다.

왜 오답?

① 자기 결정에 대한 내용이지, 다른 사람의 피드백을 수용하는지에 대한 내용이 아니다.
③ 선천적인 능력과 숙련도 중에 무엇이 더 우선인지에 대한 내용이 아니다.
④ 우선순위를 설정하는 능력에 대한 언급은 없다.
⑤ 자신의 목표를 고수할 수 있는지에 대한 내용이 아니다.

K 06 정답 ⑤ ＊관계 밖에서도 존재하는 사회적 관심

선행사를 포함하는 관계대명사   makes의 목적격 보어 (형용사)의 병렬 구조
What makes social attention **distinct**, / and **more far-reaching** than many other forms of social connection, / **is** that it can **live outside of the actual relationships we have**. //
단수 동사
사회적 관심을 구별되게 하는 것은 / 그리고 다른 많은 형태의 사회적 관계보다 더 멀리까지 이르게 하는 것은 / 그것이 우리가 맺고 있는 실제 관계 밖에서 존재할 수 있다는 점이다 //
'~하지 않으면'
You can't have a *relationship* with a celebrity / **unless** you know him and he knows you. // **단서 1** 유명 인사와 '관계'는 맺을 수 없음
여러분은 한 유명 인사와 '관계'를 맺을 수 없다 / 여러분이 그를 알고 그가 여러분을 알지 않는 한 //
단서 2 그러나 유명 인사는 여러분의 사회적 관심의 대상이 될 수 있음
But / a celebrity *can* be the object of your social attention. //
하지만 / 한 유명 인사는 여러분의 사회적 관심의 대상이 될 '수 있'다 //
not A but B : A가 아니라 B
And / this kind of one-sided social attention / **isn't** something trivial or secondary, / **but** an enormous part of our lives. //
그리고 / 이런 종류의 일방적인 사회적 관심은 / 사소하거나 부차적인 것이 아니라 / 우리 삶에서 상당한 부분을 차지한다 //
In tenth grade, / you can spend most of your waking hours / daydreaming about a high school senior / **you have a crush on.** //
앞에 목적격 관계대명사 생략
10학년 때 / 여러분은 깨어 있는 시간 대부분을 보낼 수도 있다 / 고등학교 선배에 대한 공상에 잠겨서 / 여러분이 반한 //
find+목적어+목적격 보어(현재분사)
As an adult, / you might **find yourself having** imaginary arguments in your head / with a certain media personality. //
성인일 때에는 / 여러분은 머릿속으로 가상의 언쟁을 벌이는 자신을 발견할지도 모른다 / 특정 미디어의 인물과 //

Think for a moment of the pantheon of strangers / **we have** in
our heads / **that we put our social attention on** /
낯선 이들의 만신전(萬神殿)을 잠시 생각해 보라 / 우리 머릿속에 있는 / 우리가 사회적 관심을
기울이는 /
— from athletes **we root for or jeer**, / to celebrities, / to people
whose struggle we encounter in the news. //
우리가 응원하거나 야유하는 운동선수부터 / 유명 인사까지 / 우리가 뉴스에서 접하는 힘든
일을 겪는 사람들까지 //
[단서 3] 우리는 다양한 낯선 이들에게 사회적 관심을 줌

An enormous part of our social attention / falls upon people
who do not know us at all. // **[단서 4]** 우리의 사회적 관심은 우리를 전혀 알지 못하는 사람들에게 있음
우리의 사회적 관심 중 상당 부분은 / 우리를 전혀 알지 못하는 사람들에게 있다 //

- **distinct** ⓐ 구별되는, 뚜렷한 - **object** ⓝ 대상 - **trivial** ⓐ 사소한
- **secondary** ⓐ 부차적인 - **enormous** ⓐ 상당한, 아주 큰
- **daydream** ⓥ 공상에 잠기다 - **have a crush on** ~에게 반하다
- **root for** ~를 응원하다 - **struggle** ⓝ 힘든 일, 고충
- **encounter** ⓥ 접하다, 마주치다 - **exclusively** ⓐ 오로지, 독점적으로
- **mutual** ⓐ 상호 간의 - **reinforcement** ⓝ 강화

사회적 관심을 구별되게 하는 것, 그리고 다른 많은 형태의 사회적 관계보다 더
멀리까지 이르게 하는 것은, 그것이 **우리가 맺고 있는 실제 관계 밖에서 존재
할** 수 있다는 점이다. 여러분이 한 유명 인사를 알고 그가 여러분을 알지 않는
한, 여러분은 그와 '관계'를 맺을 수 없다. 하지만 한 유명 인사는 여러분의 사회
적 관심의 대상이 될 '수 있다'. 그리고 이런 종류의 일방적인 사회적 관심은 사
소하거나 부차적인 것이 아니라, 우리 삶에서 상당한 부분을 차지한다. 10학년
때, 여러분은 여러분이 반한 고등학교 선배에 대한 공상에 잠겨 깨어 있는 시간
대부분을 보낼 수도 있다. 성인일 때에는, 특정 미디어의 인물과 머릿속으로 가
상의 언쟁을 벌이는 자신을 발견할지도 모른다. 우리가 응원하거나 야유하는 운
동선수부터, 유명 인사, 우리가 뉴스에서 접하는 힘든 일을 겪는 사람들까지,
우리 머릿속에서 우리가 사회적 관심을 기울이는 낯선 이들의 만신전(萬神殿)을
잠시 생각해 보라. 우리의 사회적 관심 중 상당 부분은 우리를 전혀 알지 못하
는 사람들에게 있다.

다음 빈칸에 들어갈 말로 가장 적절한 것을 고르시오. [3점]

① focus exclusively on figures we admire 사회적 관심은 상당 부분 낯선 이들에게
오로지 우리가 존경하는 인물들에게만 집중할 향해있다는 것이지 존경하는 인물에만 집중된다는 내용은 없음
② depend on someone's in-person presence
누군가의 직접적인 존재에 의존함 사회적 관심은 직접적인 존재에 의존하지 않음
③ deepen our mutual relationship over time
시간이 지나면서 우리의 상호 관계를 심화시킬 사회적 관심이 상호 관계를 심화시킨다는 내용은 없음
④ fade away without constant reinforcement
지속적인 강화 없이는 사라질 지속적인 강화가 없으면 사회적 관심이 사라진다는 언급은 없음
⑤ live outside of the actual relationships we have
우리가 맺고 있는 실제 관계 밖에서 존재할 실제 관계가 없어도 사회적 관심은 존재할 수 있다는 내용임

> **왜 정답?** [정답률 45%]

빈칸 문장	사회적 관심을 구별되게 하는 것, 그리고 다른 많은 형태의 사회적 관계보다 더 멀리까지 이르게 하는 것은, 그것이 ＿＿＿＿＿＿＿＿＿＿ 수 있다는 점이다.

➡ 빈칸에는 사회적 관심이 다른 사회적 관계와는 구별되는 특징이 들어가야 한다.

- 유명 인사와 여러분이 서로 알지 않은 한, 여러분은 그와 '관계'를 맺을 수 없음
  [단서 1]
- 하지만 그 유명 인사는 여러분의 사회적 관심의 대상이 될 수 있음 **[단서 2]**
- 운동선수, 유명 인사, 뉴스 속의 사람들까지 우리는 낯선 이들에게 사회적 관심을 줌
  [단서 3]
- 우리의 사회적 관심 중 상당 부분은 우리를 전혀 알지 못하는 사람들에게 있음
  [단서 4]

➡ 실제로 관계를 맺을 수는 없어도 우리는 우리를 알지 못하는 많은 낯선 사람들에게
  사회적 관심을 준다는 내용이다.
  ▶ 따라서 사회적 관심은 우리가 실제로 관계를 맺지 못하는 사람들에게도 줄 수 있
  으므로 사회적 관심이 ⑤ '우리가 맺고 있는 실제 관계 밖에서 존재할' 수 있다고 하
  는 것은 적절하다.

> **왜 오답?**

① 사회적 관심은 대부분 낯선 이들에게 있다고 했고, 존경하는 인물에만 관심을 준다
  는 언급은 없다.
② 사회적 관심은 실제 관계가 없어도 가능한 것이므로 대상이 직접 대면으로 존재하
  지 않아도 된다. (▶◀ 이유: 사회적 관심이 실제 관계가 없어도 가능하다는 핵심 내
  용을 파악해야 함)
③ 사회적 관심이 시간이 지날수록 상호 관계를 심화시킨다는 내용은 없다.
④ 사회적 관심에 대한 지속적인 강화가 없으면 사라진다는 내용은 없다.

K 07 정답 ① ＊사람들을 협력하게 하는 능력에서 생기는 권력 —

In history, / power stems only partially from knowing the truth.
// 역사적으로 / 권력은 오직 일부만 진실을 아는 것으로부터 나온다 //

It also stems from the ability / **to maintain** social order among a
large number of people. //
그것은 또한 능력에서 나온다 / 많은 사람들 사이에서 사회 질서를 유지할 수 있는 //

Suppose / you want to make an atom bomb. //
가정해 보자 / 당신이 원자 폭탄을 만들고 싶다고 //

To succeed, / you obviously need / some accurate knowledge of
physics. // 성공하려면 / 당신은 분명히 필요하다 / 물리학에 대한 어떤 정확한 지식이 //

But you also need lots of people / **to mine** uranium ore, / **build**
nuclear reactors / and **provide** food for the construction workers,
miners and physicists. // **[단서 1]** 원자 폭탄을 만드는 데 많은 사람들이 필요함
하지만 당신은 또한 많은 사람들이 필요하다 / 우라늄 광석을 채굴하고 / 핵 원자로를
건설하며 / 건설 노동자들, 광부들, 물리학자들에게 음식을 제공할 //

The Manhattan Project directly employed about 130,000 people,
/ **with millions more working** to sustain them. //
Manhattan Project는 약 13만 명의 사람들을 직접 고용했으며 / 그들을 지원하기 위해
수백만 명이 더 일했다 // **[단서 2]** Manhattan Project에서도 많은 사람들이 함께 일함

Robert Oppenheimer could devote himself to his equations /
because he relied on thousands of miners / **to extract** uranium /
at the Eldorado mine in northern Canada and the Shinkolobwe
mine in the Belgian Congo /
Robert Oppenheimer는 그의 방정식에 몰두할 수 있었다 / 왜냐하면 수천 명의 광부들에게
의존했기 때문이다 / 우라늄을 채굴하기 위해 / 캐나다 북부의 Eldorado 광산과 Belgian
Congo의 Shinkolobwe 광산에서 /
— **not to mention** the farmers / **who** grew potatoes for his
lunch. // 농부들은 말할 것도 없이 / 그의 점심을 위해 감자를 재배한 //

If you want to make an atom bomb, / you must find a way to
make millions of people cooperate. // **[단서 3]** 수백만 명의 사람들이 협력하여 일할 수 있도록 해야 함
만약 당신이 원자 폭탄을 만들고 싶다면 / 수백만 명의 사람들이 협력하게 할 방법을 찾아야
한다 //

- **stem from** ~로부터 나오다 - **maintain** ⓥ 유지하다
- **atom bomb** ⓝ 원자 폭탄 - **mine** ⓥ 채굴하다
- **construction** ⓝ 건설 - **physicist** ⓝ 물리학자
- **sustain** ⓥ 지원하다 - **devote oneself to** ~에 몰두하다, 헌신하다
- **equation** ⓝ 방정식 - **extract** ⓥ 채굴하다, 추출하다
- **reflection** ⓝ 성찰 - **prioritize** ⓥ 우선시하다

역사적으로, 권력은 오직 일부만 진실을 아는 것으로부터 나온다. 그것은 또한
많은 사람들 사이에서 사회 질서를 유지할 수 있는 능력에서 나온다. 당신이 원
자 폭탄을 만들고 싶다고 가정해 보자. 성공하려면, 당신은 물리학에 대한 어떤
정확한 지식이 분명히 필요하다. 하지만 당신은 또한 우라늄 광석을 채굴하고,
핵 원자로를 건설하며, 건설 노동자들, 광부들, 물리학자들에게 음식을 제공
할 많은 사람들이 필요하다. Manhattan Project는 약 13만 명의 사람들을 직
접 고용했으며, 그들을 지원하기 위해 수백만 명이 더 일했다. Robert Oppen-
heimer가 그의 방정식에 몰두할 수 있었던 것은 그의 점심을 위해 감자를 재배
한 농부들은 말할 것도 없이, 캐나다 북부의 Eldorado 광산과 Belgian Congo
의 Shinkolobwe 광산에서 우라늄을 채굴한 수천 명의 광부들에게 의존했기 때
문이다. 만약 당신이 원자 폭탄을 만들고 싶다면, 수백만 명의 사람들이 협력하
게 할 방법을 찾아야 한다.

① maintain social order among a large number of people
많은 사람들 사이에서 사회 질서를 유지할 수 있는
많은 사람들이 협력할 수 있도록 사회적 질서를 유지하는 능력이 중요함
② focus on personality rather than skill and experience
기술과 경험보다 성격에 집중하는   기술과 경험보다 성격에 초점을 맞추어야 한다는 언급은 없음
③ acknowledge one's limitation through reflection
성찰을 통해 자신의 한계를 인정하는   성찰을 통해 자신의 한계를 인정해야 한다는 내용은 없음
④ prioritize group needs over individual needs
개인의 필요보다 집단의 필요를 우선시하는   개인보다 집단의 필요를 더 중요시해야 한다는 내용이 아님
⑤ recognize people's hidden potential
사람들의 숨겨진 잠재력을 알아보는   사람들의 숨겨진 잠재력을 발견하는 것이 중요하다는 내용이 아님

왜 정답? [정답률 63%]

빈칸 문장	그것은 또한 ____________________ 능력에서 나온다.

➡ 빈칸에는 권력이 진실을 아는 것뿐만 아니라 '무엇을 할 수 있는' 능력에서 나오는지
가 들어가야 한다.

- 원자 폭탄을 만든다고 가정했을 때 물리학 지식이 필요하다.
- 하지만 당신은 또한 우라늄 광석을 채굴하고, 핵 원자로를 건설하며, 건설 노동자
들, 광부들, 물리학자들에게 음식을 제공할 많은 사람들이 필요하다. **단서 1**
- Manhattan Project에서도 약 13만 명의 많은 사람들이 협력하여 일했다. **단서 2**
- 만약 당신이 원자 폭탄을 만들고 싶다면, 수백만 명의 사람들이 협력하게 할 방법을
찾아야 한다. **단서 3**

➡ 원자 폭탄을 만든다고 가정했을 때 물리학 지식과 같이 진실을 아는 것도 필요하지
만, 고용된 많은 사람들이 협력하도록 질서를 유지할 수 있는 방법이 중요하다고 말
하고 있다.

▶ 권력은 진실을 아는 것에서만 나오는 것이 아니라 많은 사람들이 협력하여 일할
수 있도록 조직하는 능력에서 나온다는 것을 Manhattan Project의 원자 폭탄 만
들기의 사례로 설명하고 있다. 따라서 빈칸에는 ① '많은 사람들 사이에서 사회 질서
를 유지할 수 있는' 능력이 들어가는 것이 적절하다.

왜 오답?

② 기술과 경험보다 성격에 집중해야 한다는 내용은 없다.
③ 성찰을 통해 자신의 한계를 인정하는 것에 대한 언급은 없다.
④ 많은 사람들의 협력을 끌어내는 것이 중요하다고 했지, 개인보다 집단의 필요를 더
우선시해야 한다는 것이 아니다.
⑤ 사람들의 잠재력을 발견하는 것이 아니라, 많은 사람들 사이의 협력을 조직하는 능
력이 중요하다는 내용이다.

자이 쌤's Follow Me! – 홈페이지에서 제공

K 08 정답 ⑤　★사진이 장소에 미친 영향

Prior to photography, / **places did not travel well**. //
사진이 나오기 전에는 / 장소들이 잘 이동하지 않았다 //
부사절 접속사(대조)　particular places를 가리키는 소유격/목적격 대명사
While painters have always lifted particular places / out of their
'dwelling' / and transported them elsewhere, /
화가들이 항상 특정한 장소를 들어 올려 / 그것의 '거주지' 밖으로 / 그것을 다른 곳으로
이동시켜 왔지만 /
부사적 용법(time-consuming 수식)
paintings were time-consuming to produce, / relatively difficult
부사적 용법(difficult 수식)
to transport / and one-of-a-kind. // **단서 1** 그림은 장소를 이동시키는 데
어려움이 많았음
그림은 제작에 시간이 많이 걸렸고 / 상대적으로 운반이 어려웠고 / 단품 수주 생산이었다 //

The multiplication of photographs especially took place / with
the introduction of the half-tone plate / in the 1880s /
사진의 증가는 특히 이루어졌다 / 하프톤 판의 도입으로 / 1880년대 /
that made possible the mechanical reproduction of photographs
made의 목적격 보어와 목적어
/ in newspapers, periodicals, books and advertisements. //
사진의 기계적인 복제를 가능하게 한 / 신문, 정기간행물, 책 그리고 광고에서 /

Photography became coupled / to consumer capitalism / and
the globe was now offered / 'in limitless quantities, / figures,
landscapes, events /
사진은 결합하게 되었고 / 소비자 자본주의와 / 이제 세계는 제공받았다 / '무제한의 양으로 /
인물, 풍경, 사건들을 /

---

which had not previously been utilised either at all, / or only as
pictures / for one customer'. //
이전에는 전혀 사용되지 않았거나 / 그림으로만 사용되었던 / 단 한 명의 고객을 위한' //
With capitalism's arrangement of the world / as a 'department
store', / 자본주의가 세계를 정리함에 따라 '백화점'으로 **단서 2** 사진을 통해 표현물이 세계적
규모로 확산 및 유통됨
'the proliferation and circulation of representations ... achieved
/ a spectacular and virtually inescapable global magnitude'. //
'표현물의 확산과 유통은 … 달성했다 / 극적이고 사실상 피할 수 없는 세계적 규모를' //
Gradually photographs became / cheap mass-produced objects
made의 목적어와 목적격 보어
/ that made the world visible, aesthetic and desirable. //
점차 사진은 되었다 / 값싼 대량생산품이 / 세계를 가시적이고, 미적이며, 탐나게 만드는 //
수단을 나타내는 「by+동명사」
Experiences were 'democratised' / by translating them into
cheap images. // 경험들은 '대중화'되었다 / 그것을 저렴한 이미지로 바꿈으로써 //
Light, small and mass-produced photographs / became dynamic
vehicles / for the spatiotemporal circulation of places. //
가볍고 작고 대량으로 제작된 사진은 / 역동적인 수단이 되었다 / 장소의 시공간적 순환을
위한 // **단서 3** 사진은 장소의 시공간적 순환을 위한 역동적인 수단이 되었음

- prior to ~ 이전에　　　• lift ~ out of ~을 들어서 벗어나게 하다
- dwelling ⓝ 거주지　　• transport ⓥ 이동시키다
- time-consuming ⓐ 시간이 많이 걸리는
- one-of-a-kind 단 하나뿐인 것　　• multiplication ⓝ 증가, 증식
- take place 이루어지다　　• periodical ⓝ 정기 간행물
- capitalism ⓝ 자본주의　　• globe ⓝ 세계　　• limitless ⓐ 무제한의
- circulation ⓝ 순환　　• virtually ⓐⓓ 사실상
- democratise ⓥ 민주화하다　　• spatiotemporal ⓐ 시공간적인

사진이 나오기 전에는 **장소들이 잘 이동하지 않았다.** 화가들이 항상 특정한
장소를 그것의 '거주지'에서 벗어나게 해 다른 곳으로 이동시켜 왔지만,
그림은 제작에 시간이 많이 걸렸고, 상대적으로 운반이 어려웠고, 단품 수주
생산이었다. 사진의 증가는 특히, 신문, 정기간행물, 책 그리고 광고에서
사진의 기계적인 복제를 가능하게 한 1880년대 하프톤 판의 도입으로
이루어졌다. 사진은 소비자 자본주의와 결합하게 되었고 이제 세계는 '이전에는
전혀 사용되지 않았거나 단 한 명의 고객을 위한 그림으로만 사용되었던
인물, 풍경, 사건들을 무제한의 양으로 제공받았다'. 자본주의가 세계를
'백화점'으로 정리함에 따라, '표현물의 확산과 유통은… 극적이고 사실상 피할
수 없는 세계적 규모를 달성했다'. 점차 사진은 세계를 가시적이고, 미적이며,
탐나게 만드는 값싼 대량생산품이 되었다. 경험들은 그것을 저렴한 이미지로
바꿈으로써 '대중화'되었다. 가볍고 작고 대량으로 제작된 사진은 장소의
시공간적 순환을 위한 역동적인 수단이 되었다.

다음 빈칸에 들어갈 말로 가장 적절한 것을 고르시오. [3점]

① paintings alone connected with nature   자연과의 연관성에 대한 내용이 아님
그림만이 자연과 연관되었다
② painting was the major form of art   예술로서의 사진의 역할을 설명하지 않았음
그림은 예술의 주요한 형식이었다
③ art held up a mirror to the world   예술이 세상을 반영했다는 것이 아님
예술은 세상을 비추는 거울을 떠받쳤다
④ desire for travel was not strong   그림과 사진을 통한 장소의 이동을 대조하는 글임
여행을 위한 욕구가 강하지 않았다
⑤ places did not travel well   장소를 시공간적으로 순환시킨 사진과 대조됨
장소들이 잘 이동하지 않았다

왜 정답? [정답률 25%]

사진이 나오기 이전	화가가 그림을 통해 장소를 이동시켰으나, 그림은 제작에 시간이 많이 걸리고, 운반이 어려우며, 단품 수주 생산이라는 어려움이 있음
하프톤 판의 도입	사진의 기계적인 복제가 가능해지고, 표현물의 확산과 유통이 세계적인 규모를 달성함
사진의 역할	장소의 시공간적 순환을 위한 역동적인 수단이 됨

➡ 사진이 나오기 이전과 이후의 상황이 대조되는 글이다.
빈칸 문장은 사진이 나오기 이전의 상황을 설명한다.
▶ 마지막 문장에서 사진이 장소의 시공간적 순환을 위한 역동적인 수단이
되었다고 했으므로, 빈칸 문장은, 사진이 나오기 전에는 ⑤ '장소들이 잘 이동하지
않았다'는 내용이 되어야 한다.

> **왜 오답?**

① 사진이 표현물의 확산과 유통에 미친 영향을 설명하는 글이다.
② 예술의 형식으로서 그림과 사진의 차이를 설명하는 것이 아니다.
③ 예술의 역할은 언급되지 않았다.
④ 사진이나 그림이 여행 욕구에 미친 영향이 글의 주요 내용은 아니다.

K 09 정답 ⑤ ＊문학이 외국어 학습에 도움을 주는 방식

Literature can be helpful / in the language learning process /
because of the **personal involvement** / it fosters in readers. //
문학은 도움이 될 수 있다 / 언어 학습 과정에 / 개인적 몰입 때문에 / 그것이 독자에게
촉진하는 //

Core language teaching materials / must concentrate on / how
a language operates / both as a rule-based system and as a
sociosemantic system. //
핵심 언어 교육 자료는 / 중점을 두어야 한다 / 언어가 어떻게 작동하는지에 / 규칙 기반
체계이자 사회의미론적인 체계로서 //

Very often, / the process of learning / is essentially analytic,
piecemeal, / and, at the level of the personality, / fairly
superficial. //
매우 흔히 / 학습 과정은 / 본질적으로 분석적이고 단편적이며 / 개인의 수준에서는 / 상당히
피상적이다 //

단서 1 문학에 몰입하며 상상력을 발휘하는 것은 외국어 체계의 기계적인
측면을 넘어 초점을 전환하도록 해줌

Engaging imaginatively with literature / enables learners to
shift the focus of their attention / beyond the more mechanical
aspects / of the foreign language system. //
상상력을 발휘하여 문학에 몰입함으로써 / 학습자는 주의의 초점을 전환할 수 있게 된다 / 더
기계적인 측면 너머로 / 외국어 체계의 //

When a novel, play or short story / is explored over a period of
time, / the result is / that the reader begins to 'inhabit' the text. //
소설, 희곡, 혹은 단편 소설이 / 일정 기간 탐구되면 / 그 결과로 ~한다 / 독자는 그 글에
'깃들기' 시작 //

He or she is drawn / into the book. //
그 독자는 빨려 들어간다 / 책 속으로 //

Pinpointing / what individual words or phrases may mean /
becomes less important / than pursuing the development of the
story. //
정확히 집어내는 것은 / 개별 단어나 어구가 무엇을 의미할 수도 있는지 / 덜 중요해진다 /
이야기 전개를 따라가는 것보다 //

단서 2 독자는 책에 빨려 들어가며 점차 언어 하나하나의 의미에 집착하기보다는 이야기의 전개나 등장인물의
감정에 더 관심을 두게 됨

The reader is eager to find out / what happens as events unfold;
/ he or she feels close / to certain characters / and shares their
emotional responses. //
독자는 간절히 알아내고 싶어 하고 / 사건이 전개되면서 무슨 일이 일어나는지 / 그 독자는
친밀감을 느끼며 / 특정 등장인물들과 / 그들의 감정적 반응을 공유한다 //

The language becomes 'transparent' / — the fiction draws the
whole person / into its own world. // **단서 3** 문학은 독자 전체를 자신의 세계로
끌어들여 언어가 투명해지도록 만듦
언어는 '투명'해지는데 / 소설은 그 사람 전체를 끌어들인다 / 그 자신의 세계로 //

- literature ⓝ 문학   • foster ⓥ 촉진하다, 강화하다
- concentrate on ~에 중점을 두다   • piecemeal ⓐ 단편적인
- superficial ⓐ 피상적인   • inhabit ⓥ ~에 깃들다, ~에 거주하다
- pinpoint ⓥ 정확히 찾아내다   • unfold ⓥ 전개되다
- insight ⓝ 통찰력   • sensibility ⓝ 감성[감수성]
- alternative ⓐ 대안적인   • involvement ⓝ 몰입

문학은 그것이 독자에게 촉진하는 **개인적 몰입** 때문에 언어 학습 과정에 도움이
될 수 있다. 핵심 언어 교육 자료는 언어가 규칙 기반 체계이자 사회의미론적인
체계로서 어떻게 작동하는지에 중점을 두어야 한다. 매우 흔히, 학습 과정은
본질적으로 분석적이고 단편적이며, 개인의 수준에서는 상당히 피상적이다.
상상력을 발휘하여 문학에 몰입함으로써 학습자는 주의의 초점을 외국어
체계의 더 기계적인 측면 너머로 전환할 수 있게 된다. 소설, 희곡, 혹은 단편

소설이 일정 기간 탐구되면, 그 결과로 독자는 그 글에 '깃들기' 시작한다. 그
독자는 책 속으로 빨려 들어간다. 개별 단어나 어구가 무엇을 의미할 수도
있는지 정확히 집어내는 것은 이야기 전개를 따라가는 것보다 덜 중요해진다.
독자는 사건이 전개되면서 무슨 일이 일어나는지 간절히 알아내고 싶어 하고,
그 독자는 특정 등장인물들과 친밀감을 느끼며 그들의 감정적 반응을 공유한다.
언어는 '투명'해지는데, 소설은 그 사람 전체를 그 자신의 세계로 끌어들인다.

다음 빈칸에 들어갈 말로 가장 적절한 것을 고르시오.

① linguistic insight   문학은 언어를 오히려 투명하게 만들어서 문학의 세계로 끌어들인다고 했음
   언어적 통찰력
② artistic imagination   문학은 상상을 통해 독자를 문학의 세계로 몰입하게 만든다는 내용이지,
   예술적 상상력   문학 자체의 예술적 상상력이 언어 학습을 돕는다는 내용은 아님
③ literary sensibility   문학적 감수성에 관한 내용은 언급되지 않음
④ alternative perspective   문학이 다른 관점을 제공한다는 것이 아님
   대안적 관점
⑤ personal involvement   문학은 독자가 문학의 세계에 개인적으로 몰입하게 함으로써
   개인적 몰입   외국어 학습에 도움을 줌

> **왜 정답?** [정답률 38%]

1st 빈칸이 포함된 문장을 읽고, 빈칸에 들어갈 말에 대한 단서를 얻는다.

빈칸 문장	문학은 그것이 독자에게 촉진하는 ＿＿＿＿＿ 때문에 언어 학습 과정에 도움이 될 수 있다.

➡ 글의 첫 부분에 밑줄이 있으므로, 글의 전체적인 주제를 다루는 부분이며, 이어질
내용을 토대로 문학의 '이러한 특징' 덕분에 언어 학습 과정에 도움이 될 것이라는
내용임
  ▶ 빈칸을 채우려면 글에서 소개된 내용을 통해 문학이 언어 학습에 어떻게 도움을
  주는지를 찾아야 한다.

2nd 글을 마저 읽으며 빈칸에 들어갈 적절한 말을 찾는다.
보통의 언어 교육 자료는 언어의 규칙, 체계 등 피상적이고 분석적인 측면만을 다룸 →
하지만 문학에 몰입하며 상상력을 발휘하는 것은 외국어 체계의 기계적인 측면을 넘어
초점을 전환하도록 해줌 → 독자는 책에 빨려 들어가며 점차 언어 하나하나의 의미에
집착하기보다는 이야기의 전개나 등장인물의 감정에 더 관심을 두게 됨 → 문학은
독자 전체를 자신의 세계로 끌어들여 언어가 투명해지도록 만듦
  ▶ 언어를 교육할 때 우리가 흔히 사용하는 자료는 언어의 사회의미론적 체계를
  다루는 분석적, 단편적 자료이고, 이로 인해 학습자는 피상적으로 언어를 학습할
  수밖에 없다. 하지만 문학은 독자를 책에 빨려 들어가게 만들며 점차 단어 하나하나의
  의미가 중요하지 않게 만들어 준다.
즉, 문학은 독자를 자신의 세계로 이끌어 이야기의 전개나 등장인물의 감정에 더
초점을 맞추게 함으로써 언어를 투명하게 만든다는 것이다. 따라서 문학이 외국어
학습에 도움을 주는 방식은 독자가 문학에 개인적으로 몰입하게 함이므로, 정답은
⑤ '개인적 몰입'이다.

| **선택지 분석** |

① 문학은 언어를 오히려 투명하게 만들어서 문학의 세계로 끌어들인다고 했으므로,
   언어적 통찰력은 빈칸과 상반되는 표현이다.
② 문학은 상상을 통해 독자를 문학의 세계로 몰입하게 만든다는 내용이지, 문학 자체
   의 예술적 상상력이 언어 학습을 돕는다는 내용은 아니다.
③ 문학적 감수성에 관한 내용은 언급되지 않았다.
④ 문학이 다른 관점을 제공한다는 것이 아니라, 주인공의 감정을 공유하고 그들의 세
   계에 몰입하도록 만들어 준다는 내용이다.
⑤ 문학은 독자가 문학의 세계에 개인적으로 몰입하게 함으로써 외국어 학습에 도움을
   준다.

백승준 | 카이스트 새내기과정학부 2025년 입학·광주 광주숭일고 졸

나는 빈칸 문제에서 빈칸이 있는 문장을 먼저 읽고 빈칸에서
요구하는 정보를 파악한 후 그걸 의식하며 지문을 읽어나가. 이
문제에서는 문학을 읽는 독자가 얻는 능력을 찾으면 되겠지.
지문을 읽어보면 Engaging imaginatively나 inhabit the text
같은 부분에서 힌트를 얻을 수 있었어. 글 전반적으로도 큰 반전 없이 진행되어서
쉽게 답을 찾을 수 있던 문제였어. 또한, 3번째 문장(Very often ~ superficial.)과
문학을 통한 언어 학습의 이점을 대조하며 읽으면 쉽게 글의 주제를 이해할 수
있었지.

 **10** 정답 ⑤ ＊역할과 관행을 확립함으로써 생산적인 활동을 촉진하는 규칙

과거분사(rules 수식)
Centralized, formal rules / can **facilitate productive activity** / **by establishing roles and practices**. //
중앙 집권화되고 공식적인 규칙은 / 생산적인 활동을 촉진할 수 있다 / 역할과 관행을 확립함으로써 //

The rules of baseball don't just regulate the behavior of the players; / they determine the behavior / **that** constitutes playing the game. //
주격 관계대명사
야구 규칙은 그저 선수들의 행동을 규제하는 것만이 아니라 / 행동을 결정한다 / 경기하는 것을 구성하는 //

prevent A from B: A를 B로부터 막다
Rules do not **prevent** people **from** playing baseball; / they create the very+명사: 바로 그 명사
the very practice / that allows people to play baseball. //
규칙은 사람들이 야구를 하지 못하게 막는 게 아니라 / 바로 그 관행을 만들어 낸다 / 사람들이 야구를 할 수 있게 하는 //
단서 1 야구 규칙은 행동을 규제하는 것이 아니라 경기를 구성하는 행동을 결정하여 경기가 진행되도록 함

A score of music imposes rules, / but it also creates a pattern of
주격 관계대명사 enable+목적어+목적격 보어(to 부정사)
conduct / **that enables** people to produce music. //
악보는 규칙을 부과하지만 / 그것은 또한 행동 양식을 만들어 내기도 한다 / 사람들이 음악을 만들 수 있게 하는 //
단서 2 악보는 음악에 규칙을 부과하지만, 음악을 만들 수 있게 하기도 함

Legal rules **that** enable the formation of corporations, / **that**
rules를 수식하는 that절의 병렬 구조
enable the use of wills and trusts, / **that** create negotiable instruments, / and **that** establish the practice of contracting /
기업의 형성을 가능하게 하는 법규 / 유언장과 신탁금의 사용을 가능하게 하는 법규 / 양도성 증권을 만들어 내는 법규 / 계약의 관행을 확립하는 법규는 /
문장의 본동사   practices를 선행사로 하는 관계대명사
all **make** practices / **that** create new opportunities for individuals. // **단서 3** 모든 법규들은 새로운 기회를 창출하는 관행을 만듦
모두 관행을 만든다 / 사람들을 위해 새로운 기회를 만들어 내는 //

주격 관계대명사   목적격 관계대명사 생략
And we have legal rules / **that** establish roles / **individuals** play within the legal system, / such as judges, trustees, partners, and guardians. //
그리고 우리에게는 법규가 있다 / 역할을 확립하는 / 법률 시스템 내에서 개인이 수행하는 / 판사, 신탁 관리자, 동업자, 후견인과 같은 //

주격 관계대명사
True, / the legal rules **that** establish these roles / constrain the behavior of individuals / **who** occupy them, / but rules also
강조적 용법(생략 가능)   주격 관계대명사
create the roles **themselves**. // **단서 4** 개인의 역할을 확립하는 법규는 사람들의 행동을 제약하지만, 동시에 그 역할을 만들어 내기도 함
물론 / 이러한 역할을 확립하는 법규는 / 사람들의 행동을 제약하지만 / 그 역할을 차지하는 / 규칙 스스로가 또한 역할을 만들어 내기도 한다 //

Without them / an individual would not have the opportunity /
형용사적 용법(opportunity 수식)
to occupy the role. //
그것들이 없다면 / 개인은 기회를 갖지 못할 것이다 / 역할을 차지할 //

- centralize ⓥ 중앙집권화하다 · constitute ⓥ 구성하다
- impose ⓥ 부과하다 · will ⓝ 유언장 · trust ⓝ 신탁금
- negotiable ⓐ 절충 가능한 · trustee ⓝ 신탁 관리자
- guardian ⓝ 후견인 · occupy ⓥ 차지하다
- reinforce ⓥ 강화하다

중앙 집권화되고 공식적인 규칙은 **역할과 관행을 확립함으로써 생산적인 활동을 촉진할** 수 있다. 야구 규칙은 그저 선수들의 행동을 규제하는 것만이 아니라, 경기하는 것을 구성하는 행동을 결정한다. 규칙은 사람들이 야구를 하지 못하게 막는 게 아니라, 사람들이 야구를 할 수 있게 하는 바로 그 관행을 만들어 낸다. 악보는 규칙을 부과하지만, 그것은 또한 사람들이 음악을 만들 수 있게 하는 행동 양식을 만들어 내기도 한다. 기업의 형성을 가능하게 하는 법규, 유언장과 신탁금의 사용을 가능하게 하는 법규, 양도성 증권을 만들어 내는 법규, 계약의 관행을 확립하는 법규는 모두 사람들을 위해 새로운 기회를 만들어 내는 관행을 만든다. 그리고 우리에게는 판사, 신탁 관리자, 동업자, 후견인과 같은 법률 시스템 내에서 개인이 수행하는 역할을 확립하는 법규가 있다. 물론, 이러한 역할을 확립하는 법규는 그 역할을 차지하는 사람들의 행동을 제약하지만, 규칙 스스로가 또한 역할을 만들어 내기도 한다. 그것들이 없다면 개인은 역할을 차지할 기회를 갖지 못할 것이다.

다음 빈칸에 들어갈 말로 가장 적절한 것을 고르시오. [3점]

① categorize one's patterns of conduct in legal and productive ways
합법적이고 생산적인 방식으로 행동 양식을 분류할 행동 양식을 분류한다는 내용은 언급되지 않음
② lead people to reevaluate their roles and practices in a society
사람들이 사회에서 자기 역할과 행동을 재평가하도록 이끌 규칙이 각자의 역할과 행동을 재평가한다는 내용은 아님
③ encourage new ways of thinking which promote creative ideas
창의적인 생각을 촉진하는 새로운 사고방식을 장려할 창의적인 사고방식에 관한 내용은 언급되지 않음
④ reinforce one's behavior within legal and established contexts
합법적이고 확립된 맥락 내에서 자기의 행동을 강화할
⑤ facilitate productive activity by establishing roles and practices
역할과 관행을 확립함으로써 생산적인 활동을 촉진할 합법적이고 확립된 규칙을 통해 자신의 행동을 강화한다는 내용은 아님
공식적인 규칙은 역할이나 관행을 설정해 줌으로써 생산적인 활동을 가능하게 함

왜 정답? [정답률 34%]

1st 빈칸이 포함된 문장을 읽고, 빈칸에 들어갈 말에 대한 단서를 얻는다.

빈칸 문장	중앙 집권화되고 공식적인 규칙은 ＿＿＿＿＿ 수 있다.

→ 글의 첫 부분에 밑줄이 있으므로, 글의 전체적인 주제를 다루는 부분이며, 이어질 내용을 토대로 중앙 집권화되고 공식적인 규칙이 무엇을 할 수 있는지에 관한 내용임

▶ 빈칸을 채우려면 글에서 소개된 내용을 통해 공식적인 규칙들이 어떤 특징을 가지는지를 찾아야 한다.

2nd 글을 마저 읽으며 빈칸에 들어갈 적절한 말을 찾는다.

예시 1) 야구 규칙은 행동을 규제하는 것이 아니라 경기를 구성하는 행동을 결정하여 경기가 진행되도록 함 → 예시 2) 악보는 음악에 규칙을 부과하지만, 음악을 만들 수 있게 하기도 함 → 예시 3) 모든 법규들은 새로운 기회를 창출하는 관행을 만듦 → 예시 4) 개인의 역할을 확립하는 법규는 사람들의 행동을 제약하지만, 동시에 그 역할을 만들어 내기도 함

▶ 중앙 집권화되고 공식적인 규칙들은 어떤 역할을 할 수 있는가에 관한 글이다. 주제문 이후 이어지는 문장에서 여러 구체적인 사례들이 제시되고 있다. 야구는 규칙을 통해 선수들이 하지 못할 행동을 규제하기도 하지만, 규칙이 있어서 경기가 진행된다.

악보는 음악을 어떻게 연주하라는 규칙을 부과하지만, 음악을 만들 수 있게 하기도 한다. 또한 모든 법규는 새로운 기회를 창출하는 관행을 만들며, 개인의 역할을 확립하는 법규는 개인마다 어떤 행동을 해야 하는지 제약하지만 동시에 그 역할을 만들어 내기도 한다.

즉, 공식적인 규칙들은 역할과 관행을 확립해 줌으로써 오히려 그것을 가능하게 한다는 내용이므로, 정답은 ⑤ '역할과 관행을 확립함으로써 생산적인 활동을 촉진할'이다.

| 선택지 분석 |

① 행동 양식을 분류한다는 내용은 언급되지 않았다.
② 규칙은 사람들이 각자의 역할과 행동을 할 수 있도록 해준다는 내용이지, 그것을 재평가한다는 내용은 아니다.
③ 창의적인 사고방식에 관한 내용은 언급되지 않았다.
④ 합법적이고 확립된 규칙을 통해 생산적인 활동이 가능하다는 내용이지, 자신의 행동을 강화한다는 내용은 아니다.
⑤ 공식적인 규칙은 역할이나 관행을 설정해 줌으로써 생산적인 활동을 가능하게 한다.

백승준 | 카이스트 새내기과학학부 2025년 입학·광주 광주숭일고 졸

이 문제는 빈칸에 '규칙의 특징'이 들어가야 함을 금방 파악할 수 있을 거야. 해석하기 매우 어려운 문장은 없지만, 말하고자 하는 바를 명확하게 파악하지 못했고 정답에 근접해 보이는 ①, ④, ⑤ 선택지가 비슷해 보여서 답을 고르기에 곤란했던 문제였어.

그래서 나는 선택지별로 오답의 여지가 있는 부분을 파악하여 소거법으로 이 문제를 해결했어. 글에서 반복되는 말이 '규칙이 ~를 확립한다.'였기에 ①, ④에서 각각 categorize와 reinforce가 부적절하다고 생각하여 답을 ⑤으로 선택했지.

There has been a lot of discussion / on why moths are attracted to light. //
많은 논의가 있어 왔다 / 나방이 왜 빛에 끌리는지에 관한 //

목적어절을 이끄는 접속사
The consensus seems to hold / that moths are not so much attracted to lights / as they are trapped by them. //
not so much A as B: A라기보다는 B에 가까운
합의인 것처럼 보인다 / 나방이 빛에 끌리는 것이 아니라 / 빛에 의해 갇힌다는 것이 //

단서 1 빛은 곤충이 방향을 잃고 제자리를 맴돌게 하는 특성이 있음

주격 관계대명사
The light becomes a sensory overload / that disorients the insects / and sends them into a holding pattern. //
관계대명사절의 동사 ② 관계대명사절의 동사 ①
빛은 감각 과부하를 일으킨다 / 곤충이 방향을 잃게 하는 / 그리고 그것이 제자리를 맴돌게 하는 //

hypothesis를 수식하는 분사 목적어절을 이끄는 접속사
A hypothesis called the Mach band theory suggests / that moths see a dark area around a light source / and head for it / to escape the light. //
that절의 동사 ① that절의 동사 ②
마하 밴드 이론이라는 가설은 보여준다 / 나방이 광원 주변의 어두운 영역을 본다고 / 그리고 그쪽으로 향한다고 / 빛을 피하고자 //

목적어절을 이끄는 접속사
Another theory suggests / that moths perceive the light / coming from a source as a diffuse halo / with a dark spot in the center. //
또 다른 이론은 보여준다 / 나방이 빛을 인식한다는 것을 / 광원에서 나오는 널리 퍼진 광륜(光輪)으로 / 중앙에 어두운 점이 있는 //

The moths, / attempting to escape the light, /
나방은 / 빛을 피하려고 애쓰면서 /

fly toward that imagined "portal," /
상상 속의 '입구'를 향해 날아간다 /
★분사구문
bringing them closer to the source. //
그래서 광원에 더 가까이 다가가게 된다 //

단서 2 빛에 가까워지면서 나방은 입구에 도달하기 위해 어쩔 수 없이 빛 주위를 맴돈다
As they approach the light, / their reference point changes / and they circle the light hopelessly / trying to reach the portal. //
분사구문
빛에 가까워지면서 / 나방의 기준점이 바뀌고 / 나방은 어쩔 도리 없이 빛 주위를 맴돈다 / 입구에 도달하기 위해 //

moths를 수식하는 분사
Everyone is familiar with moths / circling their porch lights. //
누구나 나방에 익숙하다 / 현관 불빛을 맴도는 //

단서 3 나방은 빛의 끌어당김에서 벗어나려고 애씀
Their flight appears to have no purpose, / but they are, it is believed, / trying to escape / the pull of the light. //
나방의 비행은 아무런 목적이 없는 것처럼 보인다 / 그러나 그들은 여겨진다 / 벗어나려고 애쓰고 있는 것으로 / 빛의 끌어당김에서 //

- consensus ⓝ 합의
- sensory ⓐ 감각의
- overload ⓝ 과부하
- disorient ⓥ 방향을 잃게 하다
- send ~ into a holding pattern ~가 제자리를 맴돌게 하다
- hypothesis ⓝ 가설
- escape ⓥ 달아나다, 탈출하다
- perceive ⓥ 인식하다
- diffuse ⓐ 널리 퍼진, 분산된
- halo ⓝ 광륜(光輪), 후광
- portal ⓝ 입구, 정문
- reference point 기준점, 참조점
- porch ⓝ 현관
- trap ⓥ 가두다
- target ⓥ 겨냥하다
- reject ⓥ 거부하다

나방이 왜 빛에 끌리는지에 관한 많은 논의가 있어 왔다. 나방이 빛에 끌리는 것이 아니라 빛에 의해 갇힌다는 것이 합의인 것처럼 보인다. 빛은 감각 과부하를 일으켜 곤충이 방향을 잃게 하고 그것이 제자리를 맴돌게 한다. 마하 밴드 이론이라는 가설에 따르면, 나방은 광원 주변의 어두운 영역을 보고 빛을 피하고자 그쪽으로 향한다. 또 다른 이론은 나방이 광원에서 나오는 빛을 중앙에 어두운 점이 있는, 널리 퍼진 광륜(光輪)으로 인식한다는 것을 보여준다. 나방은 빛을 피하려고 애쓰면서, 상상 속의 '입구'를 향해 날아가 광원에 더 가까이 다가가게 된다. 빛에 가까워지면서 나방의 기준점이 바뀌고 나방은 입구에 도달하기 위해 어쩔 도리 없이 빛 주위를 맴돈다. 누구나 현관 불빛을 맴도는 나방에 익숙하다. 나방의 비행은 아무런 목적이 없는 것처럼 보이지만, 그들은 빛의 끌어당김에서 벗어나려고 애쓰고 있는 것으로 여겨진다.

다음 빈칸에 들어갈 말로 가장 적절한 것을 고르시오.

① warmed 나방이 빛에 의해 데워진다는 내용은 없음
데워진
② trapped 나방이 빛에 끌리는 것이 아니라 빛에 의해 갇히게 되는 것이라는 내용임
갇힌
③ targeted 나방이 빛을 피하려고 애쓴다는 것이지 겨냥되었다고 하지 않았음
겨냥된
④ protected 나방이 빛에 의해 보호되고 있다는 언급은 없음
보호된
⑤ rejected 나방이 빛에 의해 거부당하는 것이 아니라 벗어나려고 애쓰는 것임
거부된

왜 정답? [정답률 66%]

빈칸 문장 | 나방이 빛에 끌리는 것이 아니라 빛에 의해 ________는 것이 합의인 것처럼 보인다.

➡ 빈칸에는 나방이 빛에 끌리는 것이 아니라 빛에 의해 어떻게 되는지가 들어가야 한다.

- 빛은 감각 과부하를 일으켜 곤충이 방향을 잃게 하고 그것이 제자리를 맴돌게 한다. 단서 1
- 빛에 가까워지면서 나방의 기준점이 바뀌고 나방은 입구에 도달하기 위해 어쩔 도리 없이 빛 주위를 맴돈다. 단서 2
- 그들은 빛의 끌어당김에서 벗어나려고 애쓰고 있는 것으로 여겨진다. 단서 3

➡ 나방이 빛에 끌리기 때문에 빛 주위를 맴도는 것이 아니라 빛의 특성(곤충이 방향을 잃고 제자리를 맴돌게 만드는)에 의해 빛을 피하지 못하고 입구를 찾는 것처럼 그 주변을 계속 맴돌게 된다는 내용의 글이다.

▶ 그러므로 나방은 빛에 끌리는 것이 아니라 빛에 의해 갇히는 것이라고 할 수 있으므로 ② '갇힌'이 정답이다.

왜 오답?

① 나방이 빛에 의해 데워진다는 내용은 없다.
③ 나방이 빛을 피하려고 애쓴다는 것이지 빛에 의해 겨냥되었다고 하지 않았다.
④ 나방이 빛에 의해 보호되고 있다는 언급은 없다.
⑤ 나방이 빛에 의해 거부당하는 것이 아니라 벗어나려고 애쓰는 것이다.

We are less forgiving of technical sound mistakes / than we are of visual ones. // 우리는 음향에 관한 기술적인 실수를 덜 용서한다 / 시각적인 것보다 //

We notice and dislike / breaks in audio, defects in audio, and static in audio. // 단서 1 우리는 오디오의 끊김, 결함 및 잡음을 인지하고 싫어함
우리는 알아차리고 싫어한다 / 오디오의 끊김, 결함, 및 잡음을 //

단서 2 오디오보다 시각 자료의 흠에 덜 예민함
A bit less so for things on the visual side. //
시각적인 면에 있는 것들에 대해서는 조금 덜 그렇다 //

명사적 용법 (= scan lines)
For example, / if a video has some scan lines in it, / within a short period, / you will start to ignore them. //
예를 들어 / 만약 일부 주사선(스캔 라인)이 비디오에 있다면 / 짧은 기간 내에 / 당신은 그것을 무시하기 시작할 것이다 //

get used to ~: ~에 익숙해지다
If the visual signal streams in 1080 instead of 4k, / eventually you'll get used to it. //
만약 시각적인 신호가 4k가 아니라 1080으로 스트리밍된다면 / 결국 당신은 그것에 익숙해질 것이다 //

However / if there is static in the audio, / you will want to shut it off / rather than endure the whole program. //
그러나 / 만약 오디오에 잡음이 있다면 / 당신은 그것을 꺼버리고 싶을 것이다 / 전체 프로그램을 견디기보다 //

Or if the audio continues to drop out, / you also will barely be able to tolerate it. //
또는 오디오가 계속 중단된다면 / 당신은 또한 그것을 참기 어려울 것이다 //

In fact, / probably more than any other aspect of filmmaking, / it is via the audio / that people determine silently to themselves, /
it is ~ that … 강조 구문
사실 / 아마도 영화 제작의 다른 어떤 측면보다 / 오디오를 통해서이다 / 사람들이 조용히 결정하는 것은 /

"Good, professional quality" or "low-budget student production" / as soon as the film begins. //
"훌륭하고 전문적인 품질" 또는 "저예산 학생 작품"이라고 / 영화가 시작되자마자 //

These reactions are **not** just from seasoned filmmakers and educators, / **but** the instinctual, natural reaction of all audiences. //
└ not A but B: A가 아니라 B ┘
이러한 반응은 숙련된 영화 제작자와 교육자들로부터만 오는 것이 아니라 / 모든 관객들의 본능적이면서 자연스러운 반응이다 //

- defect ⓝ 결함 · static ⓝ 잡음 · ignore ⓥ 무시하다
- endure ⓥ 참다, 견디다 · via 〔prep〕 경유하여
- determine ⓥ 결정하다 · seasoned ⓐ 노련한
- instinctual ⓐ 본능적인 · forgive ⓥ 용서하다
- forgetful ⓐ 잘 잊는 · desirous ⓐ 바라는

우리는 시각적인 것보다 <u>음향에 관한 기술적인 실수를 덜 용서</u>한다. 우리는 오디오의 끊김, 결함, 및 잡음을 알아차리고 싫어한다. 시각적인 면에 있는 것들에 대해서는 조금 덜 그렇다. 예를 들어, 만약 일부 주사선(스캔 라인)이 비디오에 있다면, 당신은 짧은 기간 내에 그것을 무시하기 시작할 것이다. 만약 시각적인 신호가 4k가 아니라 1080으로 스트리밍된다면, 결국 당신은 그것에 익숙해질 것이다. 그러나, 만약 오디오에 잡음이 있다면, 당신은 전체 프로그램을 견디기보다 그것을 꺼버리고 싶을 것이다. 또는 오디오가 계속 중단된다면, 당신은 또한 그것을 참기 어려울 것이다. 사실, 영화 제작의 다른 어떤 측면보다, 아마도 영화가 시작되자마자 사람들이 "훌륭하고 전문적인 품질" 또는 "저예산 학생 작품"이라고 조용히 결정하는 것은 오디오를 통해서이다. 이러한 반응은 숙련된 영화 제작자와 교육자들로부터만 오는 것이 아니라, 모든 관객들의 본능적이면서 자연스러운 반응이다.

다음 빈칸에 들어갈 말로 가장 적절한 것을 고르시오.

① less aware of the sound techniques in film 사람들은 시각 정보보다
영화의 음향 기법에 대한 인식이 덜하다   청각 정보에 더 민감하다는 내용이지, 그 반대는 아님
② less forgiving of technical sound mistakes
음향에 관한 기술적인 실수를 덜 용서한다   음향/소리와 관련된 실수를 더 예민하게 알아차리고 더 싫어함
③ more forgetful of auditory experiences
청각적 경험을 잊어버리기 더 쉽다   청각 경험을 시각 경험보다 더 잘 잊는다는 말은 없음
④ less desirous of sound effects 시각 효과에 비해 음향 효과를 덜 원한다는 내용이 아님
음향 효과에 대한 욕구가 덜하다
⑤ more in need of hearing aids 보청기에 대한 언급은 아예 없음
보청기의 필요성이 더 크다

왜 정답? [정답률 51%]

빈칸 문장	우리는 시각적인 것보다 __________ 한다.
빈칸 뒤 문장	시각 자료와 상반된 오디오(청각 자료)라는 소재를 언급하며 오디오보다 시각 자료의 흠에 덜 예민하다고 함 단서1, 단서2

➡ 우리는 오디오에서의 문제를 시각 자료에서의 문제보다 더 잘 알아차리고 싫어한다는 것이 핵심이다. 영상에서 주사선이 있거나 화질이 좀 떨어져도(시각 자료 결함) 금새 적응하지만, 오디오에 잡음이 있거나 계속 중단되면 참기 힘들어한다는 예시로 이를 뒷받침해주고 있다.

▶ 그러므로 시각적인 것보다 ② '음향에 관한 기술적인 실수를 덜 용서'한다고 하는 것이 적절하다.

왜 오답?

① 후반부에 영화 제작에 대한 내용은 언급되나 사람들은 시각 자료보다 오디오에 더 민감하다는 것이 이 글의 핵심이다. 주의
③ 청각 경험을 시각 경험보다 더 잘 잊는다는 내용은 없다.
④ 시각 효과에 비해 음향 효과를 덜 원한다는 언급은 없다.
⑤ 청각이나 시각 보조기에 대한 언급은 전혀 없다.

K 13 정답 ② ＊사회의 계층과 색상 사용의 역사 ────────

As colors came to take on / meanings and cultural significance / within societies, / attempts were made / to **restrict** **their** use. //
= colors'
색들이 갖게 됨에 따라 / 의미와 문화적인 의의를 / 사회 내에서 / 시도들이 이루어졌다 / 그것들의 사용을 제한하는 //

The most extreme example of this phenomenon / was the sumptuary laws. // 이 현상의 가장 극단적인 예시는 / 사치 금지법이었다 //
While these were passed in ancient Greece and Rome, / **and** examples can be found in ancient China and Japan, /
절과 절을 잇는 등위접속사
이것은 고대 그리스와 로마에서 통과되었고 / 실례들이 고대 중국과 일본에서 발견될 수 있지만 /

they found their fullest expressions in Europe / from the mid-twelfth century, / **before slowly disappearing in the early modern period**. //
접속사가 생략되지 않은 분사구문
그것은 유럽에서 가장 완전하게 표출되었다 / 12세기 중반부터 / 초기 근대에 서서히 사라지기 전에 //

Such laws **could** touch on / anything **from** diet **to** dress and furnishings, / **and sought** to enforce social boundaries / by encoding the social classes into a clear visual system: /
단서1 법을 통해서 신분에 따라 사용할 수 있는 것들을 특정함
└ 병렬 구조(동사)   from A to B: A부터 B까지
그러한 법들은 관여할 수 있었고 / 식단에서 의복과 가구까지 어떤 것에도 / 사회적인 경계선을 강요하는 것을 추구했다 / 사회적인 계층을 분명한 시각적 체계로 부호화함으로써 /

the peasants, in other words, should eat and dress like peasants; / craftsmen should eat and dress like craftsmen. //
즉, 다시 말해서 농부는 농부처럼 먹고 입어야 하고 / 기술자는 기술자처럼 먹고 입어야 한다 //
단서2 색은 사회적 언어에서 중대한 기표였음(제한했음)

Color was a vital signifier in this social language / — dull, earthy colors like russet were explicitly confined / to the poorest rural peasants, / **while** bright ones like scarlet were the preserve of a select few. //
부사절 접속사 (대조)
색은 이 사회적 언어에서 중대한 기표였는데 / 황갈색과 같은 칙칙한 흙색은 명시적으로 국한된 반면 / 가장 가난한 시골 농부들에게 / 진홍색과 같은 밝은색들은 선택된 소수의 전유물이었다 //

- sumptuary law 사치 금지법 · pass ⓥ (투표로 법안 등을) 통과시키다
- touch on ~에 관해 언급하다, 관여하다 · furnishing ⓝ 가구
- enforce ⓥ (법률 등을) 시행하다 · boundary ⓝ 경계
- encode ⓥ 부호화하다 · peasant ⓝ 소작농
- craftsman ⓝ 공예가 · signifier ⓝ 기표 · earthy ⓐ 흙의
- russet ⓝ 적갈색 · explicitly 〔ad〕 명백하게
- confine ⓥ 국한시키다 · scarlet ⓝ 진홍색 · preserve ⓝ 전유물

색들이 사회 내에서 의미와 문화적인 의의를 갖게 됨에 따라 그것들의 사용을 <u>제한하는</u> 시도들이 이루어졌다. 이 현상의 가장 극단적인 예시는 사치 금지법이었다. 이것은 고대 그리스와 로마에서 통과되었고 실례들이 고대 중국과 일본에서 발견될 수 있지만, 그것은 초기 근대에 서서히 사라지기 전에 12세기 중반부터 유럽에서 가장 완전하게 표출되었다. 그러한 법들은 식단에서 의복과 가구까지 어떤 것에도 관여할 수 있었고 사회적인 계층을 분명한 시각적 체계로 부호화함으로써 사회적인 경계선을 강요하는 것을 추구했다. 즉, 다시 말해서 농부는 농부처럼 먹고 입어야 하고 기술자는 기술자처럼 먹고 입어야 한다. 색은 이 사회적 언어에서 중대한 기표였는데, 황갈색과 같은 칙칙한 흙색은 가장 가난한 시골 농부들에게 명시적으로 국한된 반면 진홍색과 같은 밝은색들은 선택된 소수의 전유물이었다.

다음 빈칸에 들어갈 말로 가장 적절한 것을 고르시오.

① export 수출은 언급되지 않은 내용임
수출하다
② restrict 신분에 따라 색 사용을 제한하는 예가 이어짐
제한하다
③ conceal 숨기는 것이 아니고 제한을 당함
숨기다
④ liberate 반대되는 내용
해방하다
⑤ tolerate 용인되지 않음
용인하다

왜 정답? [정답률 59%]

· 그러한 법들은 식단에서 의복과 가구까지 어떤 것에도 관여할 수 있었고 사회적인 계층을 분명한 시각적 체계로 부호화함으로써 사회적인 경계선을 강요하는 것을 추구했다. 단서1
· 색은 이 사회적 언어에서 중대한 기표였는데, 황갈색과 같은 칙칙한 흙색은 가장 가난한 시골 농부들에게 명시적으로 국한된 반면 진홍색과 같은 밝은색들은 선택된 소수의 전유물이었다. 단서2

➡ 신분에 따라 색이 국한된다는 내용이므로 색들의 사용을 ② '제한하는' 시도가 있었다고 해야 한다.

왜 오답?

① 색을 사용하는 방법이 다른 나라에 퍼진 것은 아니다.
③ 숨기는 것이 아니고 제한을 해서 한정된 색만 사용할 수 있게 했다.
④ 해방하는 것은 내용과 반대되는 표현이다.
⑤ 자유로운 색의 사용이 용인되지 않는 사회 상황이었다.

K 14 정답 ① ＊정신적 모델의 확장

Learning is *constructive*, / not *destructive*. //
학습은 '건설적'이다 / '파괴적'이지 않고 //

This means / we don't **replace** mental models / — we simply
expand / upon them. //
이것은 의미한다 / 우리가 정신적 모델을 교체하지 않는다는 것을 / 우리는 단지 확장한다 /
그것을 기반으로 //

To understand / what I mean, / think back to your childhood. //
이해하기 위해서 / 내가 의미하는 것을 / 여러분의 어린 시절을 회상해 보아라 //

There was likely a time / when you believed in Santa Claus;
/ your mental model accepted him / and your predictions
accounted / for his existence. //
때가 있었을 것이다 / 여러분이 산타클로스를 믿었던 / 여러분의 정신적 모델은 그를
받아들였고 / 여러분의 예측은 설명했다 / 그의 존재를 //

At some point, however, / you came to recognize / he was
fictitious / and you updated your mental model accordingly. //
하지만 어느 순간 / 여러분은 인식하게 되었고 / 그가 가상이라는 것을 / 그에 따라 여러분의
정신적 모델을 갱신했다 //

At that moment, / you didn't suddenly forget everything /
about Santa Claus. // 단서 1 이전의 믿음을 잃어버린 것이 아님
그 순간 / 여러분은 갑자기 모든 것을 잊어버린 것은 아니다 / 산타클로스에 대한 //

To this day, / you can still recognize him, / speak of him / and
embrace young children's belief in him. //
오늘날까지 / 여러분은 여전히 그를 인식하고 / 그에 대해 말하고 / 그에 대한 어린아이들의
믿음을 받아들일 수 있다 // 단서 2 이전의 모델 대신 새로운 모델을 받아들인 것이
아니라 새로운 정보를 추가한 것임

In other words, / you didn't destroy your old mental model, /
you simply added new information / to it. //
다시 말해 / 여러분은 여러분의 이전의 정신적 모델을 파괴한 것이 아니라 / 단순히 새로운
정보를 추가했을 뿐이다 / 그것에 //

By building upon old mental models / we are able to maintain
/ ties to the past, / foster a deeper understanding of concepts /
이전의 정신적 모델을 기반으로 함으로써 / 우리는 유지할 수 있고 / 과거와의 연결을 / 개념에
대한 더 깊은 이해를 촉진할 수 있으며 /

and develop an ever-expanding pool of information / to draw
upon / in order to continually adapt / to an ever-evolving world. //
끊임없이 확장하는 정보 저장소를 개발할 수 있다 / 활용할 / 계속해서 적응하기 위해 /
끊임없이 진화하는 세계에 //

- constructive ⓐ 건설적인 ・ destructive ⓐ 파괴적인
- mental ⓐ 정신적인 ・ expand ⓥ 확장하다 ・ think back 회상하다
- prediction ⓝ 예측 ・ account for 설명하다
- embrace ⓥ 안다, 받아들이다 ・ belief ⓝ 믿음
- in other words 다시 말해 ・ build upon ~을 기반으로 하다
- maintain ⓥ 유지하다 ・ tie ⓝ 연결 ・ foster ⓥ 양육하다
- ever-evolving ⓐ 계속 진화하는

학습은 '파괴적'이지 않고 '건설적'이다. 이것은 우리가 정신적 모델을
교체하지 않는다는 것을 의미한다. 우리는 단지 그것을 기반으로 확장한다.
내가 의미하는 것을 이해하기 위해서, 여러분의 어린 시절을 회상해 보아라.
여러분이 산타클로스를 믿었던 때가 있었을 것이다. 여러분의 정신적 모델은
그를 받아들였고 여러분의 예측은 그의 존재를 설명했다. 하지만 어느 순간,
여러분은 그가 가상이라는 것을 인식하게 되었고 그에 따라 여러분의 정신적
모델을 갱신했다. 그 순간, 여러분은 갑자기 산타클로스에 대한 모든 것을
잊어버린 것은 아니다. 오늘날까지, 여러분은 여전히 그를 인식하고, 그에

대해 말하고, 그에 대한 어린아이들의 믿음을 받아들일 수 있다. 다시 말해,
여러분은 여러분의 이전의 정신적 모델을 파괴한 것이 아니라, 단순히 그것에
새로운 정보를 추가했을 뿐이다. 이전의 정신적 모델을 기반으로 함으로써
우리는 과거와의 연결을 유지할 수 있고, 개념에 대한 더 깊은 이해를 촉진할
수 있으며, 끊임없이 진화하는 세계에 계속해서 적응하기 위해 활용할 끊임없이
확장하는 정보 저장소를 개발할 수 있다.

다음 빈칸에 들어갈 말로 가장 적절한 것을 고르시오.

① replace 이전 모델을 새로운 모델로 바꾸는 것이 아님
　교체하다
② imagine 산타클로스를 상상하는 것이 아님
　상상하다
③ predict your predictions로 만든 오답
　예측하다
④ analyze 산타클로스에 대한 믿음을 분석한다는 언급은 없음
　분석하다
⑤ imitate 타인 등을 모방한다는 내용은 없음
　모방하다

왜 정답? [정답률 77%]

빈칸 문장	우리는 정신적 모델을 ＿＿＿＿＿＿＿＿하지 않는다. 우리는 그것을 기반으로 확장한다.
예시	이전의 정신적 모델: 산타클로스의 존재를 믿음 → 산타클로스가 가상이라는 것을 인식하고 정신적 모델을 갱신함 → 산타클로스에 대한 이전의 정신적 모델을 없앤 것이 아니라 새로운 정보를 추가한 것임

➡ 산타클로스가 존재한다는 이전의 정신적 모델을 산타클로스는 가상이라는 새로운
　정신적 모델로 ① '교체한' 것이 아니라, 이전의 정신적 모델에 새로운 정보를
　추가했을 뿐이라는 내용이다.

왜 오답?

② 산타클로스가 가상의 인물이라는 점으로 만든 오답이다. 함정
③ your predictions accounted for his existence로 만든 오답이다.
④ 산타클로스의 존재를 믿은 정신적 모델을 분석한다는 언급은 없다.
⑤ 모방과 관련된 내용은 없다.

K 15 정답 ④ ＊사람이 도로를 바라보는 자기중심적 방식

Everyone who drives, walks, or swipes a transit card in a city
/ views herself / as a transportation expert / from the moment /
she walks out the front door. //
도시에서 운전하거나 걷거나 교통 카드를 판독기에 통과시키는 모든 사람은 / 자신을 여긴다 /
교통 전문가로 / 순간부터 / 현관문을 나서는 //

And how she views the street / **tracks pretty closely / with how
she gets around**. //
그리고 그 사람이 도로를 바라보는 방식은 / 매우 밀접하게 일치한다 / 그 사람이 돌아다니는
방식과 //

That's why we find / so many well-intentioned and civic-
minded citizens / arguing past one another. //
그런 이유로 우리는 보게 된다 / 선의의 시민 의식을 가진 매우 많은 사람이 / 서로를 지나치며
언쟁하는 것을 //

At neighborhood meetings in school auditoriums, / and in
back rooms at libraries and churches, /
학교 강당에서 열리는 주민 회의에서 / 도서관과 교회의 뒷방에서 /

local residents across the nation gather / for often-contentious
discussions / about transportation proposals / that would
change a city's streets. //
전국의 지역 주민들이 모인다 / 흔한 논쟁적인 토론을 하려고 / 교통 제안에 대한 / 도시의
거리를 바꿀 //

And like all politics, / all transportation is local and intensely
personal. // 단서 1 교통은 지역적이고 '개인적'이라고 함
그리고 모든 정치와 마찬가지로 / 모든 교통은 지역적이고 지극히 개인적이다 //

A transit project / ^{주격 관계대명사} **that** could speed travel / for tens of thousands of people / can be stopped /
교통 프로젝트는 / 이동 속도를 높일 수 있는 / 수만 명의 / 중단될 수 있다 /

by objections to the loss of a few parking spaces / or by the simple fear / ^{동격절을 이끄는 접속사} **that** the project won't work. //
몇 개의 주차 공간 상실에 대한 반대에 의해 / 또는 단순한 두려움에 의해 / 프로젝트가 효과가 없을 것이라는 //

It's not a challenge / of the data or the traffic engineering or the planning. //
그것은 과제가 아니다 / 데이터나 교통 공학 또는 계획의 //

Public debates about streets / are typically rooted / in emotional assumptions / 〔단서 2〕 도로에 대한 대중의 생각은 그 변화가 자신의 통근이나 주차, 안전함에 대한 믿음 등에 어떠한 영향을 미칠지에 대한 감정적인 추정에 뿌리를 둠
도로에 대한 대중 토론은 / 보통 뿌리를 두고 있다 / 감정적인 추정에 /

about how a change will affect / a person's commute, / ability ^{형용사적 용법} to park, / belief about ^{선행사를 포함한 관계대명사} **what** is safe and **what** isn't, / or the bottom line of a local business. //
변화가 어떤 영향을 미칠지에 대한 / 개인의 통근에 / 주차 능력에 / 안전한 것과 안전하지 않은 것에 대한 믿음에 / 또는 지역 사업체의 순익에 //

- transit card 교통 카드
- transportation ⓝ 교통, 운송
- well-intentioned ⓐ 선의의
- civic-minded ⓐ 시민 의식이 있는
- auditorium ⓝ 강당
- across the nation 전국의
- discussion ⓝ 토론
- intensely ⓐⓓ 지극히, 몹시
- objection ⓝ 반대
- engineering ⓝ 공학
- be rooted in ~에 뿌리를 두다
- assumption ⓝ 추정, 가정
- bottom line 순익
- independently of ~와 관계없이

도시에서 운전하거나 걷거나 교통 카드를 판독기에 통과시키는 모든 사람은 현관문을 나서는 순간부터 자신을 교통 전문가로 여긴다. 그리고 그 사람이 도로를 바라보는 방식은 **그 사람이 돌아다니는 방식과 매우 밀접하게 일치한다.** 그런 이유로 우리는 선의의 시민 의식을 가진 매우 많은 사람이 서로를 지나치며 언쟁하는 것을 보게 된다. 학교 강당에서 열리는 주민 회의에서, 도서관과 교회의 뒷방에서, 전국의 지역 주민들이 모여 도시의 거리를 바꿀 교통 제안에 대해 흔히 논쟁적인 토론을 벌인다. 그리고 모든 정치와 마찬가지로, 모든 교통은 지역적이고 지극히 개인적이다. 수만 명의 이동 속도를 높일 수 있는 교통 프로젝트는 몇 개의 주차 공간 상실에 대한 반대나 프로젝트가 효과가 없을 것이라는 단순한 두려움 때문에 중단될 수 있다. 그것은 데이터나 교통 공학 또는 계획의 과제가 아니다. 도로에 대한 대중 토론은 보통 변화가 개인의 통근, 주차 능력, 안전한 것과 안전하지 않은 것에 대한 믿음, 또는 지역 사업체의 순익에 어떤 영향을 미칠지에 대한 감정적인 추정에 뿌리를 두고 있다.

다음 빈칸에 들어갈 말로 가장 적절한 것을 고르시오. [3점]

① relies heavily on how others see her city's streets
다른 사람이 그 사람의 도시 도로를 어떻게 보느냐에 크게 의존한다
〔다른 사람이 도로를 어떻게 보느냐에 의존한다고 하지 않았음〕

② updates itself with each new public transit policy
각각의 새로운 대중교통 정책에 맞춰 자체를 업데이트한다
〔도로를 바라보는 방식을 업데이트한다는 내용이 아님〕

③ arises independently of the streets she travels on
그 사람이 이동하는 도로와 관계없이 발생한다
〔새로운 대중교통 정책에 맞춰 자체를 업데이트한다고 했음〕

④ tracks pretty closely with how she gets around
그 사람이 돌아다니는 방식과 매우 밀접하게 일치한다
〔한 사람이 도로를 바라보는 방식이 돌아다니는 방식과 매우 밀접하게 일치한다고 했음〕

⑤ ties firmly in with how her city operates
그 사람의 도시가 운영되는 방식과 긴밀하게 연계되어 있다
〔도시가 운영되는 방식이 영향을 미치는 것이 아님〕

왜 정답? [정답률 25%]

빈칸 문장	(도시에서 다니는) 모든 사람이 도로를 바라보는 방식은 '무엇'이다.

➡ 빈칸에는 도시에서 돌아다니는 사람들이 갖는 도로 정책이나 교통에 대한 생각에 영향을 미치는 것이 들어가야 한다.

- 모든 교통은 지역적이고 지극히 개인적이다. 〔단서 1〕
- 도로에 대한 대중 토론은 보통 변화가 개인의 통근, 주차 능력, 안전한 것과 안전하지 않은 것에 대한 믿음, 또는 지역 사업체의 순익에 어떤 영향을 미칠지에 대한 감정적인 추정에 뿌리를 두고 있다. 〔단서 2〕

➡ 도시에서 운전하거나 걷거나 교통 카드를 판독기에 통과시키는 모든 사람은 개인적인 관점에서 교통 제안을 하며, 결국 사람이 도로를 바라보는 방식은 자기중심적 추정에 뿌리를 두고 있다는 내용의 글이다.

▶ 빈칸에 들어갈 말로 가장 적절한 것은 ④ '그 사람이 돌아다니는 방식과 매우 밀접하게 일치한다'이다.

왜 오답?

① 다른 사람이 도로를 어떻게 보느냐가 아니라 자신의 관점에 크게 의존한다고 했다.

② 새로운 대중교통 정책에 맞춰 도로를 바라보는 방식을 업데이트한다는 내용의 글이 아니다.

③ 〔주의〕 단순히 '이동'과 '도로'를 넣어 만든 오답일 뿐, 도로를 바라보는 방식이 이동하는 도로와 관계없이 발생한다고 한 것이 아니다.

⑤ 도로를 바라보는 방식이 도시가 운영되는 방식에 의해 영향을 받는 것이 아니다.

류이레 | 연세대 의예과 2024년 입학·광주대동고 졸

이번 수능에서 33번과 함께 가장 어려운 문제 중 하나였어. 이 지문은 빈칸 뒤 문장을 읽으면서 시민들이 논쟁하는 이유가 빈칸에 들어가야 한다는 사실을 캐치해야 했는데 그 과정이 많이 어려웠어.

이에 대한 구체적인 근거는 It's not a challenge ~문장부터 계속 나타나. 변화가 시행될 수 없는 요인으로 '감정적인 가정'을 언급하고 있거든. 다시 말해 도시의 변화가 과학에 기인하지 않는다는 것이지. 그래서 사람들의 일상적인 삶을 지칭하는 ④이 답이야.

K 16 정답 ② ＊고통스러운 자각에서 벗어나고 싶은 마음 ——

^{as ~ as 원급 비교 ＊}
Even **as** mundane a behavior **as** watching TV / may be a way / ^{to escape의 의미상 주어} **for some people** / **to escape** / painful self-awareness / through distraction. // ^{형용사적 용법(a way 수식)}
TV를 보는 것처럼 평범한 행동일지라도 / 방법일 수 있다 / 어떤 사람들이 / 벗어나는 / 고통스러운 자각에서 / 주의를 딴 데로 돌리는 것을 통해 //

To test this idea, / ^{주어} Sophia Moskalenko and Steven Heine / ^{동사 ①} **gave** ^{간접목적어} participants ^{직접목적어} false feedback / about their test performance, /
이 생각을 검증하기 위해 / Sophia Moskalenko와 Steven Heine은 / 참가자들에게 거짓 피드백을 주었고 / 그들의 시험 성적에 관한 /

and then ^{동사②} **seated** ^{목적어} **each one** / in front of a TV set / to watch a video / ^{전치사} **as** the next part of the study. //
그런 다음 각각 앉혔다 / TV 앞에 / 비디오를 시청하도록 / 연구의 다음 부분으로 //

When the video came on, / showing nature scenes / with a musical soundtrack, /
비디오가 나오자 / 자연의 장면을 보여주는 / 음악 사운드트랙과 함께 /

the experimenter **exclaimed** / that this was the wrong video / and **went** / supposedly to get the correct one, / leaving the participant alone / ^{접속사} **as** the video played. // ^{병렬 구조}
실험자는 소리쳤고 / 이것이 잘못된 비디오라고 / 갔다 / 아마도 제대로 된 것을 가지러 / 참가자를 홀로 남겨두고 / 비디오가 재생될 때 //

^{선행사} The participants / **who** had received failure feedback / watched the video / **much** longer / than **those** / **who** thought / they had succeeded. // ^{비교급 강조 부사} 〔단서 1〕 자신이 시험에 실패했다는 피드백을 받은 참가자가 훨씬 더 오래 비디오를 시청함
참가자들은 / 실패라는 피드백을 받았던 / 비디오를 시청했다 / 훨씬 더 오래 / 참가자들보다 / 생각하는 / 자신이 성공했다고 //

〔단서 2〕 TV 시청을 통해 고통스러운 자각을 효과적으로 완화할 수 있음
The researchers concluded / that distraction / through television viewing / can effectively relieve **the discomfort** / ^{선행사(주격 관계대명사와 be동사는 생략됨)}
연구원들은 결론지었다 / 주의를 딴 데로 돌리는 것이 / 텔레비전 시청을 통해 / 불편함을 효과적으로 완화할 수 있다고 /

associated with painful failures or mismatches / between the self and self-guides. //
고통스러운 실패나 불일치와 관련된 / 자신과 자기 안내 지침 사이의 //

형용사적 용법
(wish 수식)

In contrast, / successful participants had little wish / to be distracted / from their self-related thoughts! //
준부정어
(거의 ~ 않는)
이와 대조적으로 / 성공한 참가자들은 / 거의 바라지 않았다 / 주의가 딴 데로 돌려지기를 / 자기 자신과 관련된 생각에서 //

단서 3 자극이 고통스럽지 않은 사람은 주의를 딴 데로 돌리고 싶어 하지 않음

- experimenter ⓝ 실험자 - exclaim ⓥ 소리치다, 외치다
- supposedly ⓐⓓ 아마, 추정하건대 - conclude ⓥ 결론을 내리다
- distraction ⓝ 주의를 딴 데로 돌리기 - relieve ⓥ 완화하다
- discomfort ⓝ 불편 - mismatch ⓝ 불일치 - peer ⓝ 동료
- escape ⓥ 벗어나다, 탈출하다 - self-awareness ⓝ 자기 인식
- constructive ⓐ 건설적인 - intense ⓐ 강렬한, 극심한
- self-reflection ⓝ 자기반성

TV를 보는 것처럼 평범한 행동일지라도 그 행동은 어떤 사람들이 **주의를 딴 데로 돌리는 것을 통해 고통스러운 자각에서 벗어나는** 방법일 수 있다. 이 생각을 검증하기 위해, Sophia Moskalenko와 Steven Heine은 참가자들에게 그들의 시험 성적에 관한 거짓 피드백을 주었고, 그런 다음 연구의 다음 부분으로 각각 TV 앞에 앉아 비디오를 시청하게 했다. 음악 사운드트랙과 함께 자연의 장면을 보여주는 비디오가 나오자, 실험자는 이것이 잘못된 비디오라고 소리쳤고, 아마도 제대로 된 것을 가지러 가면서, 참가자를 비디오가 재생될 때 홀로 남겨두었다. (시험 성적에 관하여) 실패라는 피드백을 받았던 참가자들은 자신이 성공했다고 생각하는 참가자들보다 훨씬 더 오래 비디오를 시청했다. 연구원들은 텔레비전 시청을 통해 주의를 딴 데로 돌리는 것이 고통스러운 실패나 자신과 자기 안내 지침 사이의 불일치와 관련된 불편함을 효과적으로 완화할 수 있다고 결론지었다. 이와 대조적으로, 성공한 참가자들은 자기 자신과 관련된 생각에서 주의가 딴 데로 돌려지기를 거의 바라지 않았다!

다음 빈칸에 들어갈 말로 가장 적절한 것을 고르시오.

① ignore uncomfortable comments from their close peers
가까운 동료의 불편한 지적을 무시하는 동료가 지적한 상황을 실험한 것이 아님
② escape painful self-awareness through distraction
주의를 딴 데로 돌리는 것을 통해 고통스러운 자각에서 벗어나는 TV를 봄으로써 자신이 시험이
③ receive constructive feedback from the media
미디어에서 건설적인 피드백을 받는 실패했다는 자각을 벗어남 TV를 통해 건설적인 피드백을 얻는다는 것이 아님
④ refocus their divided attention to a given task
분열된 집중력을 주어진 과업에 다시 집중시키는 TV 시청을 통해 주의를 분산시키는 것임
⑤ engage themselves in intense self-reflection
스스로를 강렬한 자기반성에 참여시키는 TV를 보면서 강력하게 자기반성을 한다는 것이 아님

＞왜 정답 ? [정답률 43%]

빈칸 문장에 이어지는 실험 내용을 보면, 시험에 실패했다는 피드백을 받은 참가자, 즉 고통스러운 자각을 마주한 참가자들이 시험에 성공했다고 생각하는 참가자들보다 훨씬 더 오래 비디오를 시청했고, 이러한 결과를 가지고 연구원들은 TV 시청을 통해 주의를 딴 데로 돌리는 것이 불편함을 효과적으로 완화할 수 있다는 결론을 내렸다고 했다. 따라서 빈칸 문장은 TV를 보는 것과 같은 평범한 행동일지라도 어떤 사람들이 ② '주의를 딴 데로 돌리는 것을 통해 고통스러운 자각에서 벗어나는' 방법일 수 있다는 내용이 되어야 한다.

자신이 시험에 실패했다는 고통스러운 자각 꿀팁

＞왜 오답 ?

① 참가자 중 일부가 시험에 실패했다는 피드백을 받는 상황을 실험한 것이지, 동료로부터 불편한 지적을 받는 상황을 실험한 것이 아니다.
③ TV 시청을 통해 건설적인 피드백을 받는다는 결론을 내린 것이 아니다.
④ TV를 시청함으로써 주의를 딴 데로 돌려서 자신이 시험에 실패했다는 고통스러운 자각에서 벗어나는 것이다. 주의
⑤ TV를 보면서 시험에 실패한 자신을 반성한다는 것이 아니다.

———— 어법 특강

＊ as ~ as 원급 비교

– as ~ as는 두 비교 대상이 동등함을 나타내며, '…만큼 ~한[하게]'라고 해석하면 된다. 이때 첫 번째 as는 부사로, as와 as 사이에는 부사의 수식을 받는 형용사나 부사가 들어가야 한다.
- This cookie is as big as my face.
 (이 쿠키는 내 얼굴만큼 크다.)

– 「배수사＋as ~ as 구문」은 '…의 몇 배만큼 ~한[하게]'라는 의미로 쓴다.
- Your office is twice as big as my room.
 (네 사무실이 내 방보다 두 배만큼 크다.)

K 17 정답 ④ ＊동물이 무해한 자극을 대하는 방식 ————

동명사 주어 '~에 직면하여, ~의 면전에서'
Enabling animals to operate / in the presence of harmless stimuli / is an almost universal function / of learning. //
단수 동사
동물이 움직일 수 있게 하는 것은 / 무해한 자극 앞에서 / 거의 보편적인 기능이다 / 학습의 //

Most animals innately avoid objects / they have not previously encountered. //
선행사(목적격 관계대명사는 생략됨) 〈경험〉을 나타내는 현재완료
대부분의 동물은 선천적으로 대상을 피한다 / 그들이 이전에 마주친 적 없는 //

Unfamiliar objects may be dangerous; / treating them with caution / has survival value. //
단수 동사 동명사구 주어
익숙하지 않은 대상은 위험할 수 있다 / 그것을 조심해서 다루는 것은 / 생존가(生存價)를 갖는다 //

단서 1 익숙하지 않은 자극에 대한 신중함이 지속되면 오히려 해가 될 수 있음

If persisted in, / however, / such careful behavior could interfere / with feeding and other necessary activities / to the extent / that the benefit of caution / would be lost. //
선행사 관계부사
지속된다면 / 그러나 / 그러한 신중한 행동은 방해할 수도 있다 / 먹이 섭취와 다른 필요한 활동을 / 정도로 / 조심해서 얻는 이익이 / 소실될 //

A turtle / that withdraws / into its shell / at every puff of wind / or whenever a cloud casts a shadow / would never win races, / not even with a lazy rabbit. //
주어 동사
거북은 / 움츠리는 / 자신의 등껍질 속으로 / 바람이 조금 불 때마다 / 또는 구름이 그림자를 드리울 때마다 / 결코 경주에서 이기지 못할 것이다 / 게으른 토끼와의 (경주라도) //

부사적 용법(목적)
To overcome this problem, / almost all animals habituate / to safe stimuli / that occur frequently. //
선행사 주격 관계대명사
이 문제를 극복하기 위해 / 거의 모든 동물은 익숙해져 있다 / 안전한 자극에 / 자주 발생하는 //

단서 2 낯선 자극이 무해하다고 판단되면 동물은 자신의 활동을 계속할 것임

Confronted by a strange object, / an inexperienced animal / may freeze or attempt to hide, / but if nothing unpleasant happens, / sooner or later / it will continue its activity. //
부사절 접속사(조건)
낯선 대상에 직면하면 / 경험이 없는 동물은 / 얼어붙거나 숨으려고 할 수도 있지만 / 불쾌한 일이 일어나지 않으면 / 머잖아 / 그것은 자신의 활동을 계속할 것이다 //

The possibility also exists / that an unfamiliar object may be useful, / so if it poses no immediate threat, / a closer inspection may be worthwhile. //
The possibility의 동격절 접속사
〈결과〉의 등위절 접속사
가능성도 있다 / 익숙하지 않은 대상이 유용할 / 그래서 그것이 즉각적인 위협을 주지 않는다면 / 더 자세히 살펴보는 것이 가치가 있을 수도 있다 //

- universal ⓐ 보편적인, 일반적인 - avoid ⓥ (회)피하다, 모면하다
- object ⓝ 물건, 물체 - previously ⓐⓓ 이전에, 사전에
- encounter ⓥ 마주치다, 맞닥뜨리다 - treat ⓥ 다루다, 대하다
- caution ⓝ 조심 - persist ⓥ 집요하게[끈질기게] 계속하다
- interfere ⓥ 방해하다, 간섭하다 - feed ⓥ 먹을 것을 먹다
- necessary ⓐ 필요한, 필연적인 - activity ⓝ 활동
- extent ⓝ 정도 - benefit ⓝ 이득, 혜택
- withdraw ⓥ (뒤로) 물러나다 - shell ⓝ 껍데기, 껍질
- puff ⓝ (훅 날아오는 작은 양의) 공기[연기]
- cast ⓥ (빛을) 발하다, (그림자를) 드리우다 - overcome ⓥ 극복하다
- habituate ⓥ 습관이 되다, 길들이다 - occur ⓥ 일어나다, 발생하다
- confront ⓥ 마주치다, 직면하게 만들다 - strange ⓐ 낯선, 이상한
- inexperienced ⓐ 경험이 부족한, 미숙한 - freeze ⓥ 얼다, 얼어붙다
- attempt ⓥ 시도하다 - hide ⓥ 숨다, 감추다
- sooner or later 조만간, 머지않아 - possibility ⓝ 가능성, 가능함
- exist ⓥ 존재하다, 있다 - pose ⓥ (위협·문제 등을) 제기하다
- immediate ⓐ 즉각적인, 당면한 - threat ⓝ 위협
- close ⓐ 철저한, 면밀한 - inspection ⓝ 검사
- worthwhile ⓐ ~할 가치가 있는 - weigh ⓥ 따져 보다, 저울질하다
- predict ⓥ 예측하다 - operate ⓥ 움직이다, 작동하다
- stimulus ⓝ 자극((pl. stimuli)) - surrounding ⓐ 주위의

동물이 **무해한 자극 앞에서 움직일** 수 있게 하는 것은 학습의 거의 보편적인 기능이다. 대부분의 동물은 선천적으로 이전에 마주친 적 없는 대상을 피한다. 익숙하지 않은 대상은 위험할 수 있으므로, 그것을 조심해서 다루는 것은 생존가(生存價, 생체의 특질이 생존·번식에 기여하는 유용성)를 갖는다. 그러나 그러한 신중한 행동이 지속된다면, 그 행동은 조심해서 얻는 이익이 소실될 정도로 먹이 섭취와 다른 필요한 활동을 방해할 수도 있다. 바람이 조금 불 때마다, 또는 구름이 그림자를 드리울 때마다 등껍질 속으로 움츠리는 거북은 게으른 토끼와의 경주라도 결코 이기지 못할 것이다. 이 문제를 극복하기 위해, 거의 모든 동물은 자주 발생하는 안전한 자극에 익숙해져 있다. 낯선 대상에 직면하면, 경험이 없는 동물은 얼어붙거나 숨으려고 할 수도 있지만, 불쾌한 일이 일어나지 않으면 그것은 머잖아 활동을 계속할 것이다. 익숙하지 않은 대상이 유용할 가능성도 있으므로, 그것이 즉각적인 위험을 주지 않는다면, 더 자세히 살펴보는 것이 가치가 있을 수도 있다.

다음 빈칸에 들어갈 말로 가장 적절한 것을 고르시오. [3점]

① weigh the benefits of treating familiar things with care
익숙한 것을 조심해서 다루는 것의 이점을 따져 봄 신중한 행동이 계속되면 해가 됨
② plan escape routes after predicting possible attacks
있을법한 공격을 예측한 이후에 퇴로를 계획할 낯선 자극이 무해할 때의 행동에 대한 내용임
③ overcome repeated feeding failures for survival
생존을 위해 반복된 먹이 섭취의 실패를 극복할 먹이 섭취의 실패를 극복한다는 언급은 없음
④ operate in the presence of harmless stimuli
무해한 자극 앞에서 움직일 낯선 자극에 직면하여 불쾌한 일이 일어나지 않으면 활동을 계속함
⑤ monitor the surrounding area regularly
주변 지역을 정기적으로 감시할 자주 발생하는 안전한 자극에는 익숙함

〉왜 정답? [정답률 42%] = '불쾌한 일이 일어나지 않으면' 꿀팁

동물이 낯선 자극을 조심해서 다루는 것은 생존에 도움이 되지만, 그러한 신중한 행동이 지속되면 조심해서 얻는 이익이 없어질 만큼 먹이 섭취와 같은 다른 활동이 방해 받을 수 있다고 했다. 그래서 낯선 자극에 직면했을 때 그것이 무해하다고 밝혀지면 동물은 자신의 활동을 계속할 것이고, 나아가 낯선 자극을 더 자세히 살펴보는 것이 가치가 있을 수 있다는 내용이 이어진다. 따라서 빈칸 문장에서 설명하는 학습의 거의 보편적인 기능은 동물이 ④ '무해한 자극 앞에서 움직일' 수 있게 하는 것이다.

〉왜 오답?

① 낯선 자극을 신중히 다루는 것도 지속되면 해가 된다고 했다. 따라서 동물로 하여금 익숙한 것을 조심히 다루는 이점을 따져 볼 수 있게 한다는 것은 글의 내용에 맞지 않는다.

② 동물이 낯선 자극에 직면했을 때 있을법한 공격을 예측하고 퇴로를 계획한다는 언급은 없다. 낯선 자극에 직면했을 때 그것이 무해하다고 밝혀지면 자신의 행동을 계속하도록 학습된다는 것이 핵심이다.

③ 동물이 학습을 통해 먹이 섭취의 반복적인 실패를 극복한다는 내용이 아니다.

⑤ 거의 모든 동물이 자주 발생하는 안전한 자극에는 익숙해져 있다고 했으므로 자신에게 익숙한 주변 지역을 정기적으로 감시한다는 것은 글의 내용에 맞지 않는다. 동물이 주변 지역을 정기적으로 감시하도록 학습된다는 언급도 없다. 주의

K 18 정답 ⑤ ⭐ 2등급 대비 [정답률 51%]

＊뉴스의 표현 방식의 변화

News, / especially in its televised form, / is constituted / not only **by its choice of topics and stories** / but **by its verbal and visual idioms or modes of address**. // not only A but (also) B로 전치사구가 연결됨
뉴스는 / 특히 텔레비전으로 방송되는 형태에서 / 구성된다 / 그것의 주제와 이야기 선택에 의해서뿐만 아니라 / 그것의 언어적, 시각적 표현 양식이나 전달 방식에 의해서도 //

Presentational styles have been subject to a tension / between an informational-educational purpose and the need / **to engage** us entertainingly. // 형용사적 용법(the need 수식)
표현 방식은 긴장 상태에 영향을 받아 왔다 / 정보 제공 및 교육적 목적과 필요성 사이의 / 재미있게 우리의 주의를 끌 //

단서1 어조, 즉 언어적 전달 방식에 대해 설명함
While current affairs programmes are often 'serious' / in tone / 부사절 접속사(대조)
sticking to the 'rules' of balance, / more popular programmes adopt / a friendly, lighter, idiom /
시사 프로그램들이 흔히 '진지'하지만 / 어조에 있어 / 균형이라는 '규칙'을 고수하면서 / 더 대중적인 프로그램들은 채택한다 / 친근하고 더 가벼운 표현 양식을 /

in which we are invited to consider / the impact of particular news items / from the perspective / of the 'average person in the street'. // 관계부사 where로 바꾸어 쓸 수 있음
그 안에서 우리가 고려하도록 초대되는 / 특정 뉴스 기사의 영향을 / 관점에서 / '거리에서 만나는 보통 사람'의 //

Indeed, / contemporary news construction / has come to rely / on an increased use / of faster editing tempos / and 'flashier' presentational styles / 단서2 '더 현란한' 표현 방식, 즉 시각적 전달 방식에 대해 설명함
사실 / 현대의 뉴스 구성은 / 의존하게 되었다 / 더 많은 이용에 / 더 빠른 편집 속도와 '더 현란한' 표현 방식의 /

including the use / of logos, sound-bites, rapid visual cuts / and the 'star quality' of news readers. //
이용을 포함한 / 로고, 짤막한 방송용 어구, 빠른 시각적 편집 화면의 / 그리고 뉴스 독자의 '스타성'의 //

Popular formats can be said / to enhance understanding / by engaging an audience / **unwilling** to endure / the longer verbal orientation / of older news formats. // an audience를 수식하는 현재분사
대중적인 구성은 말해질 수 있다 / 이해를 높인다고 / 시청자의 주의를 끎으로써 / 견딜 의사가 없는 / 더 장황한 언어적 지향을 / 낡은 뉴스 구성 방식의 //

However, / they arguably work to reduce understanding / by failing to provide / the structural contexts / for news events. //
하지만 / 그것은 거의 틀림없이 이해를 감소시키는 효과가 있다 / 제공하지 못함으로써 / 구조적 맥락을 / 뉴스 사건에 관한 //

- televised ⓐ 텔레비전으로 방송되는 ・ constitute ⓥ 구성하다, 이루다
- be subject to ~의 영향을 받다
- tension ⓝ (필요·이해의 차이로 인한) 긴장[갈등] 상태
- informational ⓐ 지식을 주는, 정보를 제공하는
- engage ⓥ 끌어들이다, 참여시키다 ・ entertainingly ⓐd 재미있게
- current affairs (현재의 정치적·사회적 사건들인) 시사(時事)
- stick to ~을 고수하다[지키다]
- adopt ⓥ (특정한 방식이나 자세를) 채택하다[취하다]
- idiom ⓝ 어법, 표현 양식 ・ impact ⓝ 영향
- perspective ⓝ 관점, 시각 ・ contemporary ⓐ 현대의, 당대의
- construction ⓝ 구성 ・ rely ⓥ 의존하다, 믿다
- edit ⓥ 편집하다, 수정하다 ・ flashy ⓐ 현란한, 호화스러운
- enhance ⓥ 높이다, 증진하다 ・ unwilling ⓐ 꺼리는, 마지못해 하는
- endure ⓥ 견디다, 참다 ・ verbal ⓐ 언어의, 구두의
- orientation ⓝ 지향 ・ arguably ⓐd 아마 틀림없이, 주장하건대
- structural ⓐ 구조적인, 구조상의

뉴스, 특히 텔레비전으로 방송되는 형태는 그것이 선택하는 주제와 이야기뿐만 아니라 그것의 **언어적, 시각적 표현 양식이나 전달 방식**에 의해서도 구성된다. 표현 방식은 정보 제공 및 교육적 목적과 재미있게 우리의 주의를 끌 필요성 사이의 긴장 상태에 영향을 받아 왔다. 시사 프로그램들이 흔히 균형이라는 '규칙'을 고수하면서 어조가 '진지'하지만, 더 대중적인 프로그램들은 친근하고 더 가벼운 표현 양식을 채택하는데, 그 표현 양식에서 우리는 '거리에서 만나는 보통 사람'의 관점에서 특정 뉴스 기사의 영향을 고려하도록 초대된다. 사실, 현대의 뉴스 구성은 로고, 짤막한 방송용 어구, 빠른 시각적 편집 화면, 그리고 뉴스 독자의 '스타성'을 이용하는 것을 포함한 더 빠른 편집 속도와 '더 현란한' 표현 방식을 더 많이 이용하는 것에 의존하게 되었다. 대중적인 구성은 더 장황한 언어를 지향하는 낡은 뉴스 구성 방식을 견딜 의사가 없는 시청자의 주의를 끌어서 이해를 높인다고 할 수 있다. 하지만 그것은 뉴스 사건에 관한 구조적 맥락을 제공하지 못함으로써 거의 틀림없이 이해를 감소시키는 효과가 있다.

다음 빈칸에 들어갈 말로 가장 적절한 것을 고르시오.

① coordination with traditional display techniques
전통적인 표현 기법과의 조화 older news formats가 언급된 것으로 만든 오답
② prompt and full coverage of the latest issues
최신 쟁점에 대한 신속하고도 완전한 취재 취재의 신속성과 완전성에 대한 언급은 없음
③ educational media contents favoured by producers
제작자가 선호하는 교육용 매체 내용 informational-educational로 만든 오답
④ commitment to long-lasting news standards
오래도록 지속하는 뉴스 기준에 대한 책임 뉴스의 기준에 대한 내용이 아님
⑤ verbal and visual idioms or modes of address
언어적, 시각적 표현 양식이나 전달 방식 친근하고 가벼운 어조, 시각적으로 더 현란한 표현 방식을 설명함

왜 **2등급?** 뉴스의 구성 요소가 주제나 이야기 말고 또 어떤 것이 있는지 찾아야 하는 것을 첫 문장을 읽고 바로 파악해야 한다. 글을 읽으면서 무엇을 찾아야 하는지 첫 문장에서 힌트를 얻지 못하면 풀기 힘든 2등급 대비 문제이다.

| 문제 풀이 순서 |

1st 빈칸이 포함된 문장을 읽고, 글에서 찾아야 하는 것이 무엇인지 확인한다.

News, especially in its televised form, is constituted not only by its choice of topics and stories but by its ______________.
뉴스는, 특히 텔레비전으로 방송되는 형태에서, 그것의 주제와 이야기 선택에 의해서뿐만 아니라 그것의 ___________ 에 의해서도 구성된다.

➡ 뉴스의 구성 요소를 설명하는 글로, 주제와 이야기 외에 또 무엇으로 뉴스가 구성되는지를 파악해야 한다.

2nd 글에서 설명하는 뉴스의 구성 요소를 확인한다.

- 시사 프로그램들이 흔히 어조가 진지하지만, 더 대중적인 프로그램들은 친근하고 더 가벼운 표현 양식을 채택한다. **단서 1**
- 현대의 뉴스 구성은 로고, 빠른 시각적 편집 화면 등을 포함한 더 빠른 편집 속도와 더 현란한 표현 방식을 이용하는 것에 의존하게 되었다. **단서 2**

➡ 시사 프로그램은 어조가 진지하고, 대중적인 프로그램은 어조가 친근하고 가볍다. 현대의 뉴스는 빠른 시각적 편집 화면, 더 현란한 표현 방식을 이용한다.
　▶ '어조=언어적', '화면=시각적'
　따라서 첫 문장은 〈뉴스가 ⑤ '언어적, 시각적 표현 양식이나 전달 방식'에 의해서도 구성된다〉는 내용이어야 한다.

| 선택지 분석 |

① 낡은 뉴스 구성 방식의 장황한 언어적 지향과 오늘날의 뉴스의 표현 방식에 대해 이야기하기는 했지만, 그 둘을 조화시킨다는 언급은 없다.
② 뉴스가 글의 소재라는 점으로 만든 오답이다. 취재의 신속성과 완전성이 강조된다는 등의 내용이 아니다.
③ 뉴스의 표현 방식이 정보 제공 및 교육적 목적과 재미, 흥미로움 사이의 긴장 상태로부터 영향을 받는다는 언급으로 만든 오답이다.
④ 오래도록 지속하는 뉴스 기준이나 그것에 대한 뉴스의 전념, 책임에 대해서는 언급되지 않았다.
⑤ idiom에 '관용구, 숙어' 외에 '표현 양식'이라는 뜻이 있다. address의 '연설, 강연'이라는 뜻에서 modes of address가 '전달 방식'이라는 의미임을 추론해야 한다.

K 19 정답 ③　　　　　★ **2등급 대비** [정답률 58%]

＊ 엄청나게 불완전한 고고학 기록

분사구문의 생략되지 않은 접속사
When examining / the archaeological record of human culture, /
(일반적인) 사람[사람들]
one has to consider / that it is vastly **incomplete**. //
살펴볼 때 / 인류 문화의 고고학 기록을 / 사람들은 고려해야 한다 / 그것이 엄청나게 불완전하다는 것을 // **단서 1** 인류 문화의 많은 측면은 고고학적으로 식별하기가 어려움

have의 목적어로 쓰인 간접의문문
Many aspects of human culture have / **what archaeologists describe** / **as low archaeological visibility**, / meaning / **they** are
부사적 용법(difficult 수식)
difficult **to identify** archaeologically. // = many aspects ~ culture
인류 문화의 많은 측면은 지니고 있는데 / 고고학자들이 말하는 것을 / 낮은 고고학적 가시성이라고 / 이것은 의미한다 / 그것들이 어렵다는 것을 / 고고학적으로 식별하기에 //

Archaeologists tend to focus / on tangible (or material) aspects of culture: / things / that can be handled and photographed, / such as tools, food, and structures. //
고고학자들은 초점을 맞추는 경향이 있다 / 문화의 유형적인 (혹은 물질적인) 측면에 / ~한 것들 / 다뤄지고 사진을 찍을 수 있는 / 도구, 음식, 구조물처럼 // **단서 2** 문화의 무형적 측면은 더 많은 추론이 필요함

동명사 주어
Reconstructing / intangible aspects of culture / **is** more difficult,
앞에 조동사 should가 생략됨　단수 동사
/ requiring / that one **draw** more inferences / from the tangible. //
재구성하는 것은 / 문화의 무형적 측면을 / 더 어려워서 / 요구한다 / 사람들이 더 많은 추론을 끌어내는 것을 / 유형적인 것에서 //

가주어　　　　　　　　　　　　　　　　　　　　　　의미상 주어
It is relatively easy, / for example, / **for archaeologists** /
진주어
to identify and draw inferences / about technology and diet / from stone tools and food remains. //
~은 비교적 쉽다 / 예를 들어 / 고고학자들이 / (기술과 식습관을) 식별하고 추론을 도출하기는 / 기술과 식습관에 관한 / 석기와 음식 유물로부터 //

Using / the same kinds of physical remains / to draw inferences
동명사 주어
/ about social systems / and what people were thinking about /
단수 동사
is more difficult. // **단서 3** 무형적인 측면에 대해서는 어쩔 수 없이 더 많은 추론이 있음
사용하는 것은 / 같은 종류의 물질적인 유물을 / 추론을 도출하기 위해 / 사회 체계에 관한 / 그리고 사람들이 무엇에 대해 생각하고 있었는지에 관한 / 더 어렵다 //

Archaeologists do it, / but there are necessarily more inferences /
고고학자들은 그렇게 하지만 / 더 많은 추론이 어쩔 수 없이 있다 /
involved in getting / **from** physical remains / **recognized as trash**
　　from A to B: A에서 B까지
/ **to making interpretations** / about belief systems. // physical remains를 수식하는 과거분사구
도달하는 것과 관련된 / 물리적 유물로부터 / 쓸모없는 것으로 인식되는 / 해석하는 것에 / 신념 체계에 관해 //

- examine ⓥ 조사[검토]하다　　· consider ⓥ 고려하다, 여기다
- vastly ⓐⓓ 엄청나게　　· aspect ⓝ 측면
- visibility ⓝ 가시성, 눈에 잘 보임　　· identify ⓥ 확인하다, 알아보다
- tangible ⓐ 유형의, 만질 수 있는　　· reconstruct ⓥ 재구성하다
- intangible ⓐ 무형의, 만질 수 없는　　· draw ⓥ (결론·생각 등을) 도출하다
- inference ⓝ 추론　　· relatively ⓐⓓ 상대적으로, 비교적
- diet ⓝ 식습관　　· remains ⓝ 유물, 유적
- necessarily ⓐⓓ 어쩔 수 없이, 필연적으로　　· interpretation ⓝ 해석

인류 문화의 고고학 기록을 살펴볼 때, 사람들은 그것이 엄청나게 **불완전하다는** 것을 고려해야 한다. 인류 문화의 많은 측면은 고고학자들이 낮은 고고학적 가시성이라고 말하는 것을 지니고 있는데, 이것은 그것들이 고고학적으로 식별하기 어렵다는 것을 의미한다. 고고학자들은 문화의 유형적인 (혹은 물질적인) 측면, 즉 도구, 음식, 구조물처럼 다루고 사진을 찍을 수 있는 것들에 초점을 맞추는 경향이 있다. 문화의 무형적 측면을 재구성하는 것은 더 어려워서, 사람들은 유형적인 것에서 더 많은 추론을 끌어내야 한다. 예를 들어, 고고학자들이 석기와 음식 유물로부터 기술과 식습관을 식별하고 그것에 관한 추론을 도출하기는 비교적 쉽다. 같은 종류의 물질적인 유물을 사용하여 사회 체계와 사람들이 무엇에 대해 생각하고 있었는지에 관한 추론을 도출하는 것은 더 어렵다. 고고학자들은 그렇게 하지만, 쓸모없는 것으로 인식되는 물리적 유물로부터 신념 체계에 관한 해석에 도달하는 것과 관련된 더 많은 추론이 어쩔 수 없이 있다.

다음 빈칸에 들어갈 말로 가장 적절한 것을 고르시오.

① outdated 고고학적 기록이 시대에 뒤떨어진다는 것이 아님
　구식인
② factual 고고학적 기록이 허구인지 사실인지를 논하는 것이 아님
　사실에 기반을 둔
③ incomplete 고고학적 기록을 바탕으로 많은 추론이 필요함
　불완전한
④ organized
　체계적인 체계적이고 상세하다면 굳이 추론할 필요가 없을 것임
⑤ detailed
　상세한

왜 **2등급?** 고고학 기록이 식별하기 어렵고, 추론이 필요하다는 것을 설명하는 내용을 잘 이해해야 한다. 첫 문장에 빈칸이 있으므로 이후에 나오는 고고학 기록의 이런 특성을 파악하지 못하면 풀기 힘든 2등급 대비 문제이다.

| 문제 풀이 순서 |

1st 빈칸이 포함된 문장을 읽고, 글에서 찾아야 하는 것이 무엇인지 확인한다.

When examining the archaeological record of human culture, one has to consider that **it** is vastly ______________.
인류 문화의 고고학 기록을 살펴볼 때, 사람들은 그것이 엄청나게 ___________ 하다는 것을 고려해야 한다.

➡ it이 가리키는 것은 앞에 나온 the archaeological record이다. 글에서 인류 문화의 고고학 기록이 어떤 특성을 갖는지 확인하여 빈칸을 채워야 한다.

- 인류 문화의 많은 측면은 고고학자들이 낮은 고고학적 가시성이라고 말하는 것을 지니고 있는데, 이것은 그것들이 고고학적으로 식별하기 어렵다는 것을 의미한다. **단서 1**
- 문화의 무형적 측면을 재구성하는 것은 더 어려워서, 사람들은 유형적인 것에서 더 많은 추론을 끌어내야 한다. **단서 2**
- 쓸모없는 것으로 인식되는 물리적 유물로부터 신념 체계에 관한 해석에 도달하는 것과 관련된 더 많은 추론이 어쩔 수 없이 있다. **단서 3**

➡ 고고학 기록의 '식별하기 어렵다', '추론이 필요하다'는 특성에 대해 설명하는 글이다.

추론: 어떤 근거를 갖고 미루어 생각하는 것

▶ 근거(고고학적 기록)가 ③ '불완전하기' 때문에 미루어 생각하는 것임

| 선택지 분석 |

① 고고학적 기록이 불완전하긴 하지만 그래도 고고학적 기록을 토대로 추론을 한다는 내용이 이어지므로 구식이어서 더는 쓸모가 없다는 의미를 내포하는 outdated는 적절하지 않다.

② 고고학적 기록이 허구인지 아니면 사실에 기반을 둔 것인지에 대해 이야기하는 것이 아니다. 굳이 말하자면 사실에 기반을 두었다고 가정하기 때문에 그것을 토대로 추론하는 것이겠지만, 글의 핵심은 그것이 아니다.

③ 인류 문화의 고고학 기록이 완전하다면 기록을 바탕으로 추론하는 것이 아니라 기록을 통해 알게 될 것이다.

④ 고고학적 기록이 충분히 체계적이라면 많은 추론이 필요하지 않을 것이다.

⑤ 고고학적 기록이 충분히 상세하다면 많은 추론이 필요하지 않을 것이다.

K 20 정답 ⑤ — ⭐ 1등급 대비 [정답률 29%]

＊숲의 다양성과 숲 확장 정책의 생태학적 문제

과거분사
Compared to other ecosystems, / forests are relatively diverse, / but this should not necessarily be **a justification / for converting nonforests into forests**. //
다른 생태계들과 비교했을 때 / 숲은 상대적으로 다양하다 / 그러나 이것이 반드시 타당한 이유가 될 수는 없을 것이다 / 숲이 아닌 곳을 숲으로 전환하기 위한 //
단서 1 숲이 아닌 곳들 역시 숲만큼 고유한 생물상을 가지고 있음

Wetlands, meadows, and grasslands / have a unique biota too, / even if it is often not **as** rich **as** a forest biota. //
원급 비교
습지, 목초지, 초원은 / 역시 고유한 생물상을 가지고 있다 / 비록 보통은 숲의 생물상만큼 풍부하지는 않더라도 //

핵심 주어(복수)　*복수 동사(현재완료 수동태)*
The ecological problems of this process / have been described from a number of places / such as Iceland, South Africa, and Australia, /
이 과정의 생태학적 문제는 / 여러 지역에서 기술되어 왔다 / 아이슬란드, 남아프리카, 오스트레일리아와 같은 /

but the classic example of this / comes from Scotland and northern England. //
그러나 이것의 전형적 사례는 / 스코틀랜드와 잉글랜드 북부에서 나온다 //

Here the Forestry Commission / has drained, fertilized, and fenced / extensive areas of wetlands / **to facilitate** turning them into forests. //
부사적 용법(결과)
여기서 삼림위원회는 / 배수하고, 기름지게 하며, 울타리를 설치했다 / 광대한 습지 구역을 / 그래서 그것들을 숲으로 바꾸는 것을 촉진했다 //

동명사구 주어(단수)　*단수 동사*
Increasing the extent of forests in Britain / is certainly a desirable goal, / and most of the Forestry Commission's efforts / are directed toward sites /
영국에서 숲의 범위를 늘리는 것은 / 분명히 바람직한 목표이다 / 그리고 삼림위원회의 노력의 대부분은 / 장소들을 대상으로 한다 /

주격 관계대명사
that were forested / before sheep and their keepers came to the island. //
숲이었던 / 양과 양치기들이 섬에 오기 전에는 //

However, / ecologists frequently complain about the Commission's work / because it is not restricted to former forest sites, /
그러나 / 생태학자들은 그 위원회의 작업에 대해 자주 불평한다 / 왜냐하면 그것이 이전에 숲이었던 곳에만 국한되지 않기 때문이다 /

과거분사(forests 수식)
because the forests **established** / are usually composed of exotic trees, / and because the wildlife **threatened** by this activity / includes many uncommon species. //
과거분사(wildlife 수식)
왜냐하면 조성된 숲이 / 대개 외래종 나무로 구성되어 있기 때문이다 / 그리고 왜냐하면 이 활동으로 위협받는 야생물은 / 흔하지 않은 종들을 많이 포함하기 때문이다 //
단서 2 생태학자들이 숲이 아닌 곳을 숲으로 만드는 작업에 불평을 하고 있는데, 그 이유는 조성된 숲이 외래종 나무로 구성되어 있거나 이 활동으로 흔하지 않은 야생동물들이 위협을 받기 때문임

- wetland ⓝ 습지　· meadow ⓝ 목초지　· grassland ⓝ 초원
- ecological ⓐ 생태학적인　· drain ⓥ 배수하다
- extensive ⓐ 광대한　· facilitate ⓥ 촉진하다　· extent ⓝ 범위
- desirable ⓐ 바람직한　· be composed of ~로 구성되다

다른 생태계들과 비교했을 때, 숲은 상대적으로 다양하지만, 이것이 반드시 **숲이 아닌 곳을 숲으로 전환하기 위한 타당한 이유**가 될 수는 없을 것이다. 비록 보통은 숲의 생물상만큼 풍부하지는 않더라도 습지, 목초지, 초원 역시 고유한 생물상을 가지고 있다. 이 과정의 생태학적 문제는 아이슬란드, 남아프리카, 오스트레일리아와 같은 여러 지역에서 기술되어 왔지만, 이것의 전형적 사례는 스코틀랜드와 잉글랜드 북부에서 나온다. 여기서 삼림위원회는 광대한 습지 구역을 배수하고, 기름지게 하며, 울타리를 설치해 그것들을 숲으로 바꾸는 것을 촉진했다. 영국에서 숲의 범위를 늘리는 것은 분명히 바람직한 목표이며, 삼림위원회의 노력의 대부분은 양과 양치기들이 섬에 오기 전에는 숲이었던 장소들을 대상으로 한다. 그러나 생태학자들은 그 위원회의 작업에 대해 자주 불평하는데, 그 이유는 그것이 이전에 숲이었던 곳에만 국한되지 않고, 조성된 숲이 대개 외래종 나무로 구성되어 있으며, 이 활동으로 위협받는 야생동물들에는 흔하지 않은 종들이 많이 포함되기 때문이다.

다음 빈칸에 들어갈 말로 가장 적절한 것을 고르시오.

① grounds for investigating the value of forest expansion 숲이 숲 확장의 가치를 조사하기 위한 근거 가치를 조사하기 위한 근거가 될 수 없다는 내용의 글이 아님

② a basis for extending institutional aid to entire ecosystems 제도적 지원을 전체 생태계로 확대하기 위한 근거 숲이 제도적 지원을 전체 생태계로 확대하기 위한 근거가 될 수 없다고는 하지 않았음

③ taken as the reason for introducing exotic species to an ecosystem 생태계에 외래종을 도입하는 이유로서 받아들여지는 숲이 생태계에 외래종을 도입하는 이유로서 받아들여질 수 없다고 하지 않았음

④ accepted as evidence for increasing ecological enrichment 숲과 숲이 생태학적 풍요 증가의 증거로서 받아들여지는 아니었던 곳의 생태학적 풍요로움에 대해 이야기하는 글이 아님

⑤ a justification for converting nonforests into forests 숲이 아닌 곳을 숲으로 전환하기 위한 타당한 이유 숲의 상대적 다양성을 실천적 정당성(숲으로 전환할 이유)으로 쓰는 게 문제라는 내용의 글임

🔴 **1등급❓** 글 자체의 내용이 그렇게 어렵지는 않았지만, 빈칸이 포함된 문장이 부정어구인 should not으로 제시되어 한 번 더 뒤집어 생각해야 하는 1등급 대비 문제이다. 정답을 찾은 것 같더라도 부정어구가 포함된 문장의 빈칸에 적절한 말을 넣을 때는 주의해야 한다.

| 문제 풀이 순서 |

1st 빈칸이 포함된 문장을 읽고, 글에서 찾아야 하는 것이 무엇인지 확인한다.

Compared to other ecosystems, forests are relatively diverse, but this should not necessarily be ＿＿＿＿＿＿＿＿.
다른 생태계들과 비교했을 때, 숲은 상대적으로 다양하지만, 이것이 반드시 ＿＿＿＿＿가 될 수는 없을 것이다.

➡ 빈칸에는 숲이 다양하기는 하지만 이것이 반드시 '무엇' 또는 '어떻게' 될 수 없는지가 들어가야 하므로 숲의 다양성과 관련된 내용을 나머지 글에서 파악해야 한다.

2nd 이후에 설명하는 숲의 다양성과 관련된 내용을 확인한다.

- 비록 보통은 숲의 생물상만큼 풍부하지는 않더라도 습지, 목초지, 초원 역시 고유한 생물상을 가지고 있다. **단서 1**
- 이 과정의 생태학적 문제는 여러 지역에서 기술되어 왔는데, 삼림위원회는 광대한 습지 구역을 배수하고, 그것들을 숲으로 바꾸는 것을 촉진했다.

숲이 아닌 습지, 목초지, 초원 같은 곳도 고유한 생물상을 가지고 있다고 하면서, 삼림위원회가 습지 구역을 숲으로 바꾸는 과정을 촉진했다는 내용이다.
  ▶ 숲이 아닌 곳들도 고유한 생물상을 가지고 있다는 내용과, 습지 구역을 숲으로 바꾸는 과정을 촉진했던 삼림위원회에 대한 내용이 나옴

3rd 마지막 문장을 읽고, 정답을 찾는다.
- 생태학자들은 그 위원회의 작업에 대해 자주 불평하는데, 그 이유는 그것이 이전에 숲이었던 곳에만 국한되지 않고, 조성된 숲이 대개 외래종 나무로 구성되어 있으며, 이 활동으로 위협받는 야생동물들에는 흔하지 않은 종들이 많이 포함되기 때문이다. 단서 2
- 습지 지역을 숲으로 바꾸는 과정에서 생태학적 문제가 발생하며 생태학자들이 이 작업에 대해 불평하고 있다는 내용이다.
  ▶ 숲의 다양성을 숲이 아닌 곳을 숲으로 전환할 이유로 삼는 것은 문제가 있다는 것이 글의 요지이다. 따라서 숲이 상대적으로 다양하다는 것이 반드시 ⑤ '숲이 아닌 곳을 숲으로 전환하기 위한 타당한 이유'가 될 수는 없다고 하는 것이 가장 적절하다.

| 선택지 분석 |
① 숲이 숲 확장의 가치를 조사하기 위한 근거가 될 수 없다는 내용의 글이 아니다.
② 숲이 제도적 지원을 전체 생태계로 확대하기 위한 근거가 될 수 없다고는 하지 않았다.
③ 숲이 생태계에 외래종을 도입하는 이유로서 받아들여질 수는 없다는 것이 아니다.
④ 숲과 숲이 아니었던 곳의 생태학적 풍요로움에 대해 이야기하는 글이 아니다.
⑤ 숲의 상대적 다양성을 실천적 정당성(숲으로 전환할 이유)으로 쓰는 게 문제라는 내용의 글이다.

K 21 정답 ① ＊주관적 경험과 환경은 결합하여 결정에 영향을 준다.

Because the environment plays a significant role / in aiding meaningful internal processes, / subjective experience and the environment / act as a 'coupled system.' // 단서 1
환경이 중요한 역할을 하기 때문에 / 의미 있는 내적 과정을 돕는 데 / 주관적 경험과 환경은 / '결합된 시스템'으로 작용한다 //

This coupled system can be seen / as a complete cognitive system of its own. //
이 결합된 시스템은 여겨질 수 있다 / 그 자체로 하나의 완전한 인지 시스템으로 //

In this manner, / subjective experience is extended into the external environment / and vice versa; /
이런 방식으로 / 주관적 경험은 외부 환경으로 확장되고 / 그 반대의 경우도 마찬가지여서 /

the external environment with its disciplinary objects / such as institutional laws and equipment / becomes mental institutions / that affect our subjective experience and solutions. //
규율 객체를 지닌 외부 환경은 / 제도적 법률과 장비와 같은 / 정신적 제도가 된다 / 우리의 주관적 경험과 해결책에 영향을 미치는 // 단서 2 제도적 법률과 장비와 같은 규율을 갖춘 외부의 환경은 '빈칸'하는 정신적 제도가 됨

A subjectively held belief / attains the status of objectivity / when the belief is socially shared. //
주관적으로 가지고 있는 믿음은 / 객관성의 지위를 얻는다 / 그 믿음이 사회적으로 공유될 때 //

That is, / even if we are trained / as hard-nosed health care rationalists, or no-nonsense bureaucrats, or data-driven scientists, /
즉, 우리가 훈련되어 있다고 해도 / 엄격한 의료 합리주의자, 혹은 현실적인 관료, 혹은 데이터 기반의 과학자로서 /

research has shown / that our decisions are influenced by various institutional practices. // 단서 3 제도적 관행은 우리의 결정에 영향을 미침
연구는 증명해왔다 / 우리의 결정은 다양한 제도적 관행의 영향을 받는다고 //

They include / bureaucratic structures and procedures, / the architectural design of health care institutions, / the rules of evidence and the structure of allowable questions in a courtroom trial, /
그것(제도적 관행)은 포함한다 / 관료적 구조와 절차 / 의료 기관의 건축 설계 / 법정 재판에서 증거 규칙과 허용되는 질문의 구조 /

the spatial arrangement of kindergartens and supermarkets, / and a variety of conventions and practices / designed to manipulate our emotions. //
유치원과 슈퍼마켓의 공간 배치 / 그리고 다양한 관습과 관행을 / 우리의 감정을 다루기 위해 고안된 //

- **significant** ⓐ 중요한   • **aid** ⓥ 돕다   • **internal** ⓐ 내적인, 내부의
- **subjective** ⓐ 주관적인   • **couple** ⓥ 결합하다
- **cognitive** ⓐ 인지의   • **extend** ⓥ 확장하다
- **external** ⓐ 외부의, 외적인   • **disciplinary** ⓐ 규율의
- **institutional** ⓐ 제도적인, 제도상의   • **attain** ⓥ 얻다
- **status** ⓝ 지위, 중요도   • **hard-nosed** ⓐ 엄격한, 냉철한
- **no-nonsense** ⓐ 현실적인   • **data-driven** ⓐ 데이터 기반의
- **procedure** ⓝ 절차   • **architectural** ⓐ 건축학의
- **allowable** ⓐ 허용되는   • **courtroom** ⓝ 법정   • **trial** ⓝ 재판
- **spatial** ⓐ 공간의   • **arrangement** ⓝ 배치
- **convention** ⓝ 관습   • **manipulate** ⓥ 다루다, 조작하다
- **advocate** ⓝ 지지자, 옹호자   • **comprise** ⓥ ~으로 구성되다

환경이 의미 있는 내적 과정을 돕는 데 중요한 역할을 하기 때문에, 주관적 경험과 환경은 '결합된 시스템'으로 작용한다. 이 결합된 시스템은 자체로 하나의 완전한 인지 시스템으로 볼 수 있다. 이런 방식으로 주관적 경험은 외부 환경으로 확장되고 그 반대의 경우도 마찬가지여서, 제도적 법률과 장비와 같은 규율 객체를 지닌 외부 환경은 우리의 주관적 경험과 해결책에 영향을 미치는 정신적 제도가 된다. 주관적으로 가지고 있는 믿음이 사회적으로 공유될 때 그 믿음은 객관성의 지위를 얻는다. 즉, 우리가 엄격한 의료 합리주의자, 혹은 현실적인 관료, 혹은 데이터 기반의 과학자로 훈련되어 있다고 해도, 연구에 따르면 우리의 결정은 다양한 제도적 관행의 영향을 받는다. 그것에는 관료적 구조와 절차, 의료 기관의 건축 설계, 법정 재판에서 증거 규칙과 허용되는 질문의 구조, 유치원과 슈퍼마켓의 공간 배치, 그리고 우리의 감정을 다루기 위해 고안된 다양한 관습과 관행이 포함된다.

다음 빈칸에 들어갈 말로 가장 적절한 것을 고르시오. [3점]
① affect our subjective experience and solutions
   우리의 주관적 경험과 해결책에 영향을 미치는
② serve as advocates for independent decision-making
   독립적인 의사 결정에 대한 옹호자의 역할을 하는
③ position social experience within the cognitive system
   인지 시스템 내에 사회적 경험을 배치하는
④ comprise subjective interpretations of the environment
   환경에 대한 주관적 해석을 구성하는
⑤ facilitate the construction of our concept of subjectivity
   주관성 개념의 형성을 촉진하는

>왜 정답? [정답률 35%]

빈칸 앞 내용	'외부 환경'과 '개인의 주관적 경험'은 결합하여 인지 시스템으로 작용함 단서 1
빈칸 문장	제도적 법률과 장비와 같은 규율을 갖춘 외부의 환경은 _______ 하는 정신적 제도가 됨
빈칸 뒤 내용	제도적 관행은 우리의 결정에 영향을 미침 단서 3

→ 외부 환경과 주관적 경험은 서로 영향을 주고받는 '결합된 시스템'으로 작용하여, 주관적 경험은 외부 환경으로 확장되며, 외부 환경은 우리의 주관적 경험에 영향을 미친다고 했다.
  ▶ 제도적 법률과 장비와 같은 규율을 갖춘 외부의 환경은 '~하는' 정신적 제도가 된다고 했으므로 빈칸에 들어갈 말로 가장 적절한 것은 ① '우리의 주관적 경험과 해결책에 영향을 미치는'이다.

>왜 오답?

② 독립적이라는 것은 영향을 받지 않는다는 것이므로 글의 내용과 반대이다.
③ 빈칸 뒤에 제시되는 '주관적 믿음의 사회적 공유'라는 어구를 변형하여 만든 주의 오답이며, 외부 환경과 주관적 경험은 종속적 관계가 아니다.
④ 외부 환경과 주관적 경험은 종속적 관계가 아니라 서로 영향을 주고받는 관계이다.
⑤ 정신적 제도가 주관성 형성을 촉진하는 것이 아니라 주관성과 외부 환경이 합쳐져 정신적 제도가 만들어지는 것이다.

Although empathy is widely praised / by scholars and public figures, / not everyone is an empathy booster. //
비록 공감이 널리 칭송받지만 / 학자들과 공인들에 의해 / 모든 사람이 공감을 북돋는 것은 아니다 //

Critics of empathy argue / [목적어절 접속사] that empathy will not save us / from interpersonal and intergroup conflict. //
공감의 비판자들은 주장한다 / 공감이 우리를 구해주지 않을 것이라고 / 개인 간 및 집단 간 갈등으로부터 //

In fact, / they argue, / empathy makes such conflicts [makes의 목적격 보어(형용사)] worse. //
사실 / 그들은 주장한다 / 공감이 그러한 갈등을 더 악화시킨다고 // [단서 1] 공감이 갈등을 더 악화시킬 수 있음

These critics maintain / [목적어절 접속사] that empathy can be exhausting / and lead to burnout, insensitivity to suffering, / or worse. //
이 비판자들은 주장한다 / 공감이 소모적일 수 있고 / 쇠진, 고통에 대한 무감각으로 이끌 수 있다고 / 혹은 더 나쁘게 //

They argue / [목적어절 접속사] that we tend to empathize strongly with our in-group / and resist empathizing with out-groups, / and even enjoy the suffering of out-groups / in competitive or threatening contexts. //
그들은 주장한다 / 우리가 내집단에 대해서는 강하게 공감하는 경향이 있다고 / 그리고 외집단에 대해서는 공감하기를 거부한다고 / 그리고 심지어 외집단의 고통을 즐긴다고 / 경쟁적이거나 위협적인 상황에서는 //

Thus, / the prescription for more empathy / **is often counterproductive in cases of conflict**. //
따라서 / 더 많은 공감을 위한 처방은 / 갈등 상황에서 흔히 역효과를 낸다 //

Empathy, / they argue, / can further entrench conflict / and force us into an us vs. them mentality. // [단서 2] 공감이 우리 대 그들이라는 사고방식을 강화하고 갈등을 한층 더 확립할 수 있음
공감은 / 그들이 주장하기를 / 갈등을 한층 더 확립할 수 있다 / 그리고 우리를 우리 대 그들이라는 사고방식에 몰아넣을 수 있다 //

Finally, / even when we try to empathize with others / [주격 관계대명사] who are dissimilar from us / or in unfamiliar contexts, /
마지막으로 / 우리가 다른 사람들에게 공감하려고 할 때조차 / 우리와 다르거나 / 또는 낯선 맥락 속에 있는 /

sometimes we are unable to accurately empathize with their experiences, / [분사구문] causing further misunderstandings and frustration. // [단서 3] 정확한 공감은 어렵고 오히려 더 깊은 오해와 좌절이 발생할 수 있음
때때로 우리는 그들의 경험에 정확히 공감할 수 없다 / 그것은 더 깊은 오해와 좌절을 일으킨다 //

Critics of empathy argue / [목적어절 접속사] that we should give up on empathy / and employ other tools in pursuit of social harmony, / e.g., rational compassion or moral emotions [~와 같은] like fear, anger, and shame. //
공감의 비판자들은 주장한다 / 우리가 공감을 포기해야 한다고 / 그리고 사회적 조화를 추구하면서 다른 수단을 써야 한다고 / 예를 들어 이성적 동정심이나 두려움, 분노, 수치심 같은 도덕적 감정과 같은 //

- empathy ⓝ 공감 • public figure 공인, 유명 인사
- conflict ⓝ 갈등 • maintain ⓥ 주장하다
- exhausting ⓐ 소모적인 • burnout ⓝ 쇠진, 소모
- insensitivity ⓝ 무감각 • competitive ⓐ 경쟁적인
- prescription ⓝ 처방, 규정 • mentality ⓝ 사고방식
- frustration ⓝ 좌절 • employ ⓥ 쓰다, 사용하다
- pursuit ⓝ 추구 • rational ⓐ 이성적인

비록 공감이 학자들과 공인들에 의해 널리 칭송받지만, 모든 사람이 공감을 북돋는 것은 아니다. 공감의 비판자들은 공감이 우리를 개인 간 및 집단 간 갈등으로부터 구해주지 않을 것이라고 주장한다. 사실, 그들은 공감이 그러한 갈등을 더 악화시킨다고 주장한다. 이 비판자들은 공감이 소모적일 수 있고, 쇠진, 고통에 대한 무감각, 혹은 더 나쁘게 이끌 수 있다고 주장한다. 그들은 우리가 내집단에 대해서는 강하게 공감하고 외집단에 대해서는 공감하기를 거부하며, 경쟁적이거나 위협적인 상황에서는 심지어 외집단의 고통을 즐기는 경향이 있

다고 주장한다. 따라서, 더 많은 공감을 위한 처방은 **갈등 상황에서 흔히 역효과를 낸다**. 그들이 주장하기를, 공감은 갈등을 한층 더 확립하고 우리를 우리 대 그들이라는 사고방식에 몰아넣을 수 있다. 마지막으로, 우리가 우리와 다르거나 낯선 맥락 속에 있는 다른 사람들에게 공감하려고 할 때조차, 때때로 우리는 그들의 경험에 정확히 공감할 수 없고, 그것은 더 깊은 오해와 좌절을 일으킨다. 공감의 비판자들은 우리가 공감을 포기하고 사회적 조화를 추구하면서 예를 들어 이성적 동정심이나 두려움, 분노, 수치심 같은 도덕적 감정과 같은 다른 수단을 써야 한다고 주장한다.

다음 빈칸에 들어갈 말로 가장 적절한 것을 고르시오. [3점]

① underestimates the invisible conflicts possible within a group
공감이 집단 내의 보이지 않는 갈등을 과소평가한다는 언급은 없음
집단 내에서 일어날 수 있는 보이지 않는 갈등을 과소평가한다
② is triggered by the need for solutions to emotional conflicts
감정적 갈등에 대한 해결책의 필요로 촉발된다 공감은 갈등을 악화시킨다고 했으므로 적절하지 않음
③ is often counterproductive in cases of conflict
갈등 상황에서 흔히 역효과를 낸다 공감이 갈등을 더 악화시키고 확립할 수 있다고 했음
④ functions as a facilitator in the resolution of social disharmony
사회적 불화 해결에서 촉진제로서 기능한다 공감은 사회적 불화 해결에 역효과를 낸다고 했음
⑤ raises questions about negative attitudes toward social disharmony
공감이 사회적 불화를 향한 부정적 태도에 의문을 제기한다는 언급은 없음
사회적 불화를 향한 부정적 태도에 대해 의문을 제기한다

> **왜 정답?** [정답률 42%]

빈칸 문장	따라서, 더 많은 공감을 위한 처방은 ___________.

➡ 빈칸에는 더 많은 공감을 위한 처방이 어떤 영향이나 결과를 가져오는지가 나와야 한다.

- 공감이 그러한 갈등을 더 악화시킨다고 주장한다. [단서 1]
- 공감은 갈등을 한층 더 확립하고 우리를 우리 대 그들이라는 사고방식에 몰아넣을 수 있다. [단서 2]
- 우리가 우리와 다르거나 낯선 맥락 속에 있는 다른 사람들에게 공감하려고 할 때조차, 때때로 우리는 그들의 경험에 정확히 공감할 수 없고, 그것은 더 깊은 오해와 좌절을 일으킨다. [단서 3]

➡ 공감이 개인 간 및 집단 간의 갈등을 악화시키고, 갈등을 더 확립하고 더 깊은 오해와 좌절을 일으킬 수 있다는 내용의 글이다. 따라서 더 많은 공감을 위한 처방은 갈등 해결에 도움이 되지 못할 것이라고 해야 한다.

▶ 더 많은 공감을 위한 처방은 ③ '갈등 상황에서 흔히 역효과를 낸다'고 하는 것이 가장 적절하다.

> **왜 오답?**

① 공감이 집단 내의 보이지 않는 갈등을 과소평가한다는 언급은 없다.
② 공감은 갈등을 악화시킨다고 했으므로 갈등에 대한 해결책의 필요로 촉발되는 것이 아니다.
④ 공감은 사회적 불화 해결에 역효과를 낸다고 했지 촉진제라고 하지 않았다.
⑤ 공감이 사회적 불화를 향한 부정적 태도에 의문을 제기한다는 언급은 없다.

When we narrow, / we're redirecting all of our computing power / [주격 관계대명사] to the handful of processes that matter. //
우리가 한 곳에 집중할 때 / 우리는 모든 연산력을 다시 향하게 하고 있다 / 중요한 몇 가지 과정으로 //

It's as if [부사적 용법(목적)] to help with our slow Wi-Fi, / we disconnect our phone and tablet, / just so that our video conference call won't lag. //
그것은 마치 느린 와이파이를 돕기 위해 / 휴대폰과 태블릿의 접속을 끊어서 / 화상 회의가 지체되지 않게 하는 것과 같다 //

[동명사 주어] Narrowing also [단수 동사] helps with goal attainment. //
한 곳에 집중하는 것은 목표 달성에도 도움이 된다 //

It cuts out all of the other distractions / and places the most important goal front and center. // [단서 1] 한 곳에 집중하는 것은 집중을 방해하는 것을 삭제하고, 목표 달성에도 도움이 됨
그것은 집중을 방해하는 다른 모든 것을 삭제하고 / 가장 중요한 목표를 전면 중앙에 놓는다 //

When we home in, / we increase motivational intensity, / [분사구문을 이끎] reinforcing that [선행사를 포함하는 관계대명사] what's in front of us is what we should be after. //
전념할 때 / 우리는 동기의 강도를 높이고 / 우리 눈앞에 있는 것이 우리가 추구해야 하는 것임을 강화한다 //

For a brief moment, the trade-off can be worthwhile, / but when we **remain zoomed in for too long**, / we start to miss cues and signals. //

단서 2 한 곳에만 집중하는 것이 잠깐은 가치가 있지만, '빈칸'하게 되면
단서와 신호를 놓치기 시작함
잠깐은 이러한 절충안이 가치가 있을 수 있지만 / 우리가 너무 오랫동안 집중한 상태로 있으면 / 우리는 단서와 신호를 놓치기 시작한다 //

We get locked in on one path / without *being* able to step back and see a better route. //
우리는 하나의 길에 갇히게 된다 / 한발 물러서 더 나은 길을 보지 못한 채로 //

When we're stuck narrowed in for too long, / accidents go up and performance drops. //
단서 3 오랫동안 한 곳에만 집중하면 사고는 늘어나고 성과는 떨어짐
우리가 너무 오랫동안 한 곳에 집중한 채 꼼짝도 하지 않으면 / 사고는 늘어나고 성과는 떨어진다 //

We miss hearing alarms / *that* signal there's a problem elsewhere. //
우리는 경고음을 듣지 못하게 된다 / 다른 곳에 문제가 있다는 것을 알리는 //

- redirect ⓥ 다시 향하게 하다   · computing power 연산력
- handful ⓝ 몇 안 되는 수, 줌, 움큼   · disconnect ⓥ 접속을 끊다
- video conference 화상 회의   · attainment ⓝ 달성
- distraction ⓝ 집중을 방해하는 것   · motivational ⓐ 동기의
- intensity ⓝ 강도   · reinforce ⓥ 강화하다
- trade-off ⓝ 절충안, (타협을 위한) 거래   · performance ⓝ 성과

우리가 한 곳에 집중할 때, 우리는 모든 연산력을 중요한 몇 가지 과정으로 다시 향하게 하고 있다. 그것은 마치 느린 와이파이를 돕기 위해, 휴대폰과 태블릿의 접속을 끊어서 화상 회의가 지체되지 않게 하는 것과 같다. 한 곳에 집중하는 것은 목표 달성에도 도움이 된다. 그것은 집중을 방해하는 다른 모든 것을 삭제하고 가장 중요한 목표를 전면 중앙에 놓는다. 전념할 때, 우리는 동기의 강도를 높이고, 우리 눈앞에 있는 것이 우리가 추구해야 하는 것임을 강화한다. 잠깐은 이러한 절충안이 가치가 있을 수 있지만, 우리가 **너무 오랫동안 집중한 상태로 있으면**, 우리는 단서와 신호를 놓치기 시작한다. 우리는 한발 물러서 더 나은 길을 보지 못한 채로 하나의 길에 갇히게 된다. 우리가 너무 오랫동안 한 곳에 집중한 채 꼼짝도 하지 않으면, 사고는 늘어나고 성과는 떨어진다. 우리는 다른 곳에 문제가 있다는 것을 알리는 경고음을 듣지 못하게 된다.

다음 빈칸에 들어갈 말로 가장 적절한 것을 고르시오.

① get distracted by too many sources   자료가 많아서 정신이 산만하다는 것은 언급되지 않음
너무 많은 자료로 인해 정신이 산만해지면
② rely too heavily on digital devices   디지털 기기 의존이 주요 내용이 아님
디지털 기기에 지나치게 의존하면
③ randomly switch between tasks   과제를 무작위로 전환하는 것에 대한 내용은 나오지 않음
과제 사이를 무작위로 전환하면
④ remain zoomed in for too long   한 곳에 집중하는 것은 장점이 있지만, 반대로 너무 오랫동안 한 곳에 집중하면 단점이 있다는 내용임
너무 오랫동안 집중한 상태로 있으면
⑤ fail to control our feelings   감정 조절에 대한 내용은 나오지 않음
우리의 감정을 조절하지 못하면

왜 정답? [정답률 52%]

전반부 (통념)	한 곳에 집중할 때, 방해되는 다른 것들을 삭제하고 목표에 집중하는 것의 장점이 있다. 단서 1
빈칸 문장 (반전)	잠깐은 이러한 절충안(다른 것을 없애고 한 가지에만 집중하는 것)이 가치가 있을 수 있지만, 우리가 ____________, 우리는 단서와 신호를 놓치기 시작한다. 단서 2
후반부 (이유 설명)	한 곳에만 집중하여 움직이지 못하면, 사고는 늘어나고 성과는 떨어진다. 단서 3

➥ 빈칸에는 '잠깐 동안은 한 가지에 집중하는 것'의 반대 내용이 나와야 한다.
한 곳에의 집중은 목표 달성에 도움이 되고 동기의 강도를 높이는 등 장점이 있지만, 너무 오랫동안 한 곳에 집중한 상태로 꼼짝도 하지 않으면, 사고는 늘어나고 성과는 떨어지게 된다는 내용의 글이다.
▶ 그러므로 빈칸에는 ④ '너무 오랫동안 집중한 상태로 있으면'이 들어가는 것이 적절하다.

왜 오답?

① 집중을 방해하는 다른 것을 없애고, 목표에만 집중한다는 내용은 언급되었으나, 자료가 많아서 정신이 산만하다는 내용은 나오지 않았다.
② 목표에 집중하기 위한 예시로서 휴대폰과 태블릿의 와이파이를 언급한 것이지 디지털 기기 의존이 주요 내용이 아니다.
③ 과제를 무작위로 전환하는 것에 대한 내용은 나오지 않았다.
⑤ 감정 조절에 대한 것은 언급되지 않았다.

K 24 정답 ②   ＊지리학은 장소에 대한 학문을 넘어 '이유'와 '의미'를 탐구함

One word is inextricably associated with geography: / where. //
지리학과 풀 수 없게 연관된 단어가 하나 있는데 / 바로 '어디에서'이다 //

That is because geography starts from the premise / that it matters where something takes place on Earth's surface. //
이는 지리학이 전제에서 출발하기 때문이다 / 어떤 일이 지구 표면의 어디에서 일어나는지가 중요하다는 //

단서 1 지리학의 질문은 단순히 장소에 대한 질문이 아니라 '왜 거기인가', '무슨 의미가 있는가'임
The key questions are not simply "where" questions, though; / they are "why there" and "so what" questions. //
하지만 핵심 질문은 단순히 '어디에서'라는 질문이 아니라 '왜 거기인가' 그리고 '그래서 무슨 의미가 있는가'라는 질문들이다 //

단서 2 공간의 배열, 차이, 상호 연결성을 진지하게 받아들이는 것을 의미함
Getting to such questions means / taking spatial arrangements, variations, and interconnections seriously. //
그러한 질문에 도달한다는 것은 의미한다 / 공간의 배열, 차이, 상호 연결성을 진지하게 받아들인다는 //

단서 3 단순한 일상생활 참여에도, 공간적 상황에 대한 인식이 필요함
Engaging in even the simplest day-to-day activity / requires some appreciation of spatial circumstances / — where to find food and services, how to get to work places, and the like. //
심지어 가장 단순한 일상 활동에 참여하는 것조차도 / 공간적 상황에 대한 어느 정도의 올바른 인식을 필요로 한다 / 즉, 음식과 서비스를 어디서 찾을지, 일터에 어떻게 갈지 등에 대한 //

Moving up in scale, / without some awareness of **how phenomena are arranged on Earth's surface**, /
범위를 좀 더 확장해 보면 / 현상들이 지구 표면에 어떻게 배열되어 있는지에 대한 어느 정도의 인식 없이는 /

it is difficult / to make reasoned business or policy judgments, / make sense of events, / or grasp some of the basic forces shaping life on the planet. //
어렵다 / 합리적인 사업 및 정책 판단을 하거나 / 사건을 이해하거나 / 지구상의 삶을 형성하는 몇 가지 기본적인 힘들을 파악하기가 //

Locating a new store or public service / requires taking into consideration / population distributions, the location of roads and utilities, socio-economic patterns, and more. //
새로운 가게나 공공 서비스의 위치를 정하는 것은 / 고려하는 것을 필요로 한다 / 인구 분포, 도로 및 공공시설의 위치, 사회 경제적 패턴 등을 //

Understanding why and where migration happens / requires consideration /
이주가 왜, 그리고 어디에서 일어나는지를 이해하는 것은 / 고려를 필요로 한다 /

of the political organization of territory, the spatial consequences of discrimination, socio-economic patterns, and the layout of the physical environment. //
지역의 정치 구조, 차별의 공간적 영향, 사회 경제적 패턴, 그리고 물리적 환경의 배치를 //

- associated ⓐ 연관된   · geography ⓝ 지리학
- spatial ⓐ 공간의, 공간적인   · arrangement ⓝ 배열
- variation ⓝ 차이   · appreciation ⓝ 올바른 인식
- awareness ⓝ 인식   · phenomenon ⓝ 현상 (*pl.* phenomena)
- reasoned ⓐ 합리적인, 이치에 맞는

- grasp ⓥ 파악하다, 완전히 이해하다 · locate ⓥ 위치를 정하다
- take into consideration ~을 고려하다
- population distribution 인구 분포 · utility ⓝ 공공 시설
- migration ⓝ 이주, 이동 · political organization 정치 구조
- territory ⓝ 지역, 영토 · discrimination ⓝ 차별
- layout ⓝ 배치

지리학과 풀 수 없게 연관된 단어가 하나 있는데, 바로 '어디에서'이다. 이는 지리학이 어떤 일이 지구 표면의 어디에서 일어나는지가 중요하다는 전제에서 출발하기 때문이다. 하지만 핵심 질문은 단순히 '어디에서'라는 질문이 아니라, '왜 거기인가' 그리고 '그래서 무슨 의미가 있는가'라는 질문들이다. 그러한 질문에 도달한다는 것은 공간의 배열, 차이, 상호 연결성을 진지하게 받아들인다는 의미이다. 심지어 가장 단순한 일상 활동에 참여하는 것조차도 공간적 상황에 대한 어느 정도의 올바른 인식, 즉 음식과 서비스를 어디서 찾을지, 일터에 어떻게 갈지 등에 대한 올바른 인식을 필요로 한다. 범위를 좀 더 확장해 보면, **현상들이 지구 표면에 어떻게 배열되어 있는지**에 대한 어느 정도의 인식 없이는, 합리적인 사업 및 정책 판단을 하거나, 사건을 이해하거나, 지구상의 삶을 형성하는 몇 가지 기본적인 힘들을 파악하기 어렵다. 새로운 가게나 공공 서비스의 위치를 정하려면 인구 분포, 도로 및 공공시설의 위치, 사회 경제적 패턴 등을 고려해야 한다. 이주가 왜, 그리고 어디에서 일어나는지를 이해하려면 지역의 정치 구조, 차별의 공간적 영향, 사회 경제적 패턴, 그리고 물리적 환경의 배치를 고려해야 한다.

다음 빈칸에 들어갈 말로 가장 적절한 것을 고르시오. [3점]

— 지리학은 특정 현상이 일어나는 이유와 의미를 분석하는 학문이며, 이를 위해서 여러 공간적 요소들을 고려해야 한다는 글임

① why cross-cultural conflicts will increase 문화 간 갈등이 증가한다는 것은
왜 문화 간 갈등이 증가할 것인지 이 글에서 다루는 지리학의 주요 내용이 아님
② how phenomena are arranged on Earth's surface
현상들이 지구 표면에 어떻게 배열되어 있는지
③ when the Earth's natural resources will be exhausted
지구의 천연자원이 언제 고갈될 것인지 지구의 천연자원 고갈 여부는 언급되지 않음
④ which places on Earth are damaged by climate change
지구상의 어느 지역이 기후 변화로 인해 피해를 보는지 기후 변화로 인한 피해는 이 글의 주요 내용이 아님
⑤ who has the authority to make decisions about territories
누가 지역에 대한 의사 결정 권한을 가지고 있는지 의사 결정권자가 누구인가에 대한 내용이 아님

✅왜 정답? [정답률 58%]

빈칸 문장	범위를 좀 더 확장해 보면, __________________에 대한 어느 정도의 인식 없이는 사업 및 정책 판단을 하거나, 사건을 이해하거나, 지구상의 삶을 형성하는 기본적인 힘들을 파악하기 어렵다.

➡ 빈칸에는 '무엇'에 대한 인식 없이 사업 및 정책 판단을 하거나 사건을 이해하는 것 등이 어렵다는 내용이 들어가야 한다.

- 지리학의 질문은 단순히 장소에 대한 질문이 아니라 '왜 거기인가', '무슨 의미가 있는가'이다. 단서 1
- 이는 공간의 배열, 차이, 상호 연결을 진지하게 받아들이는 것을 의미한다. 단서 2
- 단순한 일상생활 참여에도, 공간적 상황에 대한 인식이 필요하다. 단서 3

➡ 지리학은 단순히 어디에서 특정 현상이 일어나는지를 넘어서, 그 이유와 의미를 분석하는 학문이며, 이를 위해서는 여러 공간적 요소들을 고려해야 한다는 내용이다.

▶ 빈칸에는 지리학과 지리 현상을 이해하고 판단하기 위해 필요한 인식이 들어가야 한다. 따라서 ② '현상들이 지구 표면에 어떻게 배열되어 있는지'가 들어가는 것이 적절하다.

✅왜 오답?

① 문화 간 갈등이 증가한다는 것은 이 글에서 다루는 지리학의 주요 내용이 아니다.
③ 지구의 천연자원 고갈 여부는 언급되지 않았다.
④ 기후 변화로 인한 피해는 이 글의 주요 내용이 아니며 단순히 지리학과 연결시켜 만든 함정이다. (▶ 이유: 바로 앞 문장의 '단순한 일상생활'에서 범위를 더 확장하는 것이므로 앞 문장의 논조와 비슷하면서도 더 광범위한 내용이 나와야 함)
⑤ 정책 의사 결정권자가 누구인가에 대한 내용은 아니다.

전치사(~로)
As a general rule, / when the individuals of a population encounter a new environmental stress, / some individuals in the population will die prematurely / and some individuals will survive. //
일반적 규칙으로 / 한 개체군의 개체가 새로운 환경 스트레스에 맞닥뜨렸을 때 / 그 개체군의 일부 개체는 정상보다 이르게 사망하고 / 일부 개체는 생존할 것이다 //

부사절 접속사(조건)
If the reason for their survival (such as a slightly enhanced
조동사+수동태
ability or trait) / **can be passed on** to their offspring (that is, it's genetically encoded), /
만일 (약간 향상된 능력 또는 형질 같은) 그들이 생존할 수 있던 이유가 / 그들의 자손에게 전달될 수 있다면 / (즉, 유전적으로 부호화된다면) /

then the next generation should be better able to withstand / the
과거분사(뒤의 명사구 수식)
newly **encountered** environmental stress, / and the population overall will be less susceptible to it. //
그렇다면 다음 세대는 더 잘 견딜 수 있어야 한다 / 새로 맞닥뜨리는 환경 스트레스를 / 그러면 전체 개체군이 그것에 영향을 받기가 덜 쉬울 것이다 //

핵심 주어(단수)
Therefore, / **the key** to the ability of a population to survive by
단수 동사 전치사+관계대명사
adaptation / **lies** in the **rapidity** / **with which the next generation,**
동격
/ **the more resistant generation,** / is produced by the survivors of this generation. //
그러므로 / 한 개체군이 적응을 통해 생존하는 능력의 핵심은 / 신속성에 있다 / 다음 세대가 / 즉 더 저항성이 있는 세대가 / 이 세대의 생존 개체에 의해 생산된다 //

뒤에 주격 관계대명사와 be동사 생략
It follows that / **those species** capable of producing a new generation very quickly / should be better able to respond to a stress very quickly. // 단서 1 새로운 세대를 빠르게 번식할 수 있는 종들은 스트레스에 대한 적응도 빠름
따라서 결론은 / 새로운 세대를 매우 빠르게 생산할 수 있는 그러한 종들은 / 스트레스에 매우 빠르게 더 잘 반응할 수 있어야 한다 //

단서 2 번식에 시간이 더 걸리는 종들은 스트레스에 대한 적응이 더 느림
Those species **that** require more time for reproduction / will be
주격 관계대명사
slower to adapt to the stress / because of the additional time /
과거분사 부사적 용법(목적)
needed for them to produce stress-tolerant offspring. //
to부정사의 의미상 주어
번식에 더 많은 시간이 필요한 그러한 종들은 / 스트레스에 적응하는 것이 더 느릴 것인데 / 추가 시간 때문이다 / 그들이 스트레스에 내성이 있는 자손을 생산하는 데 필요한 //

- population ⓝ 개체군 · encounter ⓥ 맞닥뜨리다
- prematurely ⓐⓓ (너무) 이르게 · pass on 전달하다
- offspring ⓝ 자손 · genetically ⓐⓓ 유전적으로
- encode ⓥ 부호화하다 · withstand ⓥ 견디다
- adaptation ⓝ 적응 · resistant ⓐ 저항성 있는
- species ⓝ (생물의) 종 · reproduction ⓝ 번식
- tolerant ⓐ 내성이 있는

일반적 규칙으로, 한 개체군의 개체가 새로운 환경 스트레스에 맞닥뜨렸을 때, 그 개체군의 일부 개체는 정상보다 이르게 사망하고 일부 개체는 생존할 것이다. 만일 (약간 향상된 능력 또는 형질 같은) 그들이 생존할 수 있던 이유가 자신들의 자손에게 전달될 수 있다면 (즉, 유전적으로 부호화된다면), 그렇다면 다음 세대는 새로 맞닥뜨리는 환경 스트레스를 더 잘 견딜 수 있어야 하고, 전체 개체군이 그것에 영향을 받기가 덜 쉬울 것이다. 그러므로, 한 개체군이 적응을 통해 생존하는 능력의 핵심은 이 세대의 생존 개체에 의해 다음 세대, 즉 더 저항성이 있는 세대가 생산되는 **신속성**에 있다. 따라서 새로운 세대를 매우 빠르게 생산할 수 있는 그러한 종들은 스트레스에 매우 빠르게 더 잘 반응할 수 있어야 한다. 번식에 더 많은 시간이 필요한 그러한 종들은 스트레스에 적응하는 것이 더 느릴 것인데, 그들이 스트레스에 내성이 있는 자손을 생산하는 데 필요한 추가 시간 때문이다.

다음 빈칸에 들어갈 말로 가장 적절한 것을 고르시오.

① rapidity 적응 능력의 핵심은 세대 간 얼마나 빠르게 번식하는지에 달려있다는 내용임
　 신속성
② precision 적응 능력이 번식의 정확성에 있다는 내용이 아님
　 정확성
③ simplicity 개체군의 적응 능력이 번식의 단순함에 있다는 내용이 아님
　 단순함
④ consistency 번식의 일관성이 아니라 얼마나 빠르게 번식하는지에 달려있음
　 일관성
⑤ randomness 적응 능력이 번식의 무작위성에 달려있다는 내용이 아님
　 무작위성

왜 정답? [정답률 63%]

빈칸 문장	그러므로, 한 개체군이 적응을 통해 생존하는 능력의 핵심은 이 세대의 생존 개체에 의해 다음 세대, 즉 더 저항성이 있는 세대가 생산되는 __________ 에 있다.

➡ 빈칸에는 한 개체군이 생존을 위한 적응 능력을 키우기 위해 다음 세대를 번식하는 데 있어서 무엇이 중요한지가 들어가야 한다.

- 새로운 세대를 매우 빠르게 생산할 수 있는 그러한 종들은 스트레스에 매우 빠르게 더 잘 반응한다. **단서 1**
- 번식에 더 많은 시간이 필요한 그러한 종들은 스트레스에 적응하는 것이 더 느리다. **단서 2**

➡ 한 개체군의 적응 능력을 높이기 위해서는 다음 세대에 더 잘 적응할 수 있는 능력을 전달해야 하며, 다음 세대가 빠르게 번식될수록 더 잘 적응하고, 번식이 느릴수록 적응이 더 느려진다는 내용.

▶ 생존을 위해 적응하는 능력은 다음 자손을 얼마나 '빠르게' 생산할 수 있는지에 달렸다는 것을 알 수 있으므로, ① '신속성'이 정답이다.

왜 오답?

② 적응 능력이 번식의 정확성에 있다는 언급은 없다.
③ 적응 능력이 번식의 단순함에 있다는 내용이 아니다.
④ 적응 능력은 번식의 일관성이 아니라 얼마나 빠르게 번식하는지에 달려있다.
⑤ 적응 능력이 번식의 무작위성에 달려있다는 내용이 아니다.

K 26 정답 ⑤ ＊지속 가능성을 위한 생태계 단위 보존의 필요성 —

가주어 / 진주어(뒤에 목적어절 접속사 that 생략)
It is typically considered important / to make sure species do not go extinct, / unless they are really nasty. //
보통 중요하다고 여겨진다 / 종이 멸종되지 않도록 하는 것이 / 그 종이 정말 골칫거리가 아닌 경우에 //

접속사(이유)
Since most species are above the threshold, / there is, according to this argument, not really much of a *general* problem. //
대부분의 종들은 임계점 위에 있기 때문에 / 이 주장에 따르면 '전반적인' 문제는 사실상 없는 셈이다 //

The focus is just on / a *specific* subset of endangered species. //
초점은 단지 맞춰진다 / 멸종 위기에 처한 종들의 '특정' 일부에만 //
단서 1 우리가 초점을 두어야 할 곳은 종이 아니라 생태계와 그것을 뒷받침하는 서식지임

But suppose / that the unit is **not** a species (or not just a species), / **but** ecosystems and their supporting habitats. //
not A but B: A가 아니라 B
하지만 생각해 보자 / 단위가 종이 아니라, (혹은 종만이 아니라) / 생태계와 그것을 뒷받침하는 서식지라고 //

명령문(뒤에 목적어절 접속사 that 생략)
Suppose / within ecosystems / **everything depends upon everything else**. //
생각해 보자 / 생태계 내에서는 / 모든 것이 서로에게 의존하고 있다고 //

it ~ that 강조 구문
Then / **it is** the *system* / **that** needs to stay above the threshold. //
그렇다면 / '시스템' 이다 임계점 위에 있어야 하는 것은 // **단서 2** 임계점 위에 있어야 하는 것은 '시스템', 즉 생태계임

In this case, / while **it** is still necessary / **to protect** species / from falling below their particular thresholds, / **it** is not sufficient just **to do** this. //
가주어 / 진주어 / 가주어
이런 경우 / 여전히 필요하지만 / 종들을 보호하는 것이 / 특정 임계점 아래로 떨어지지 않도록 / 그것만으로는 충분하지 않다 //

단서 3 지속 가능성을 위해서는 수많은 종들을 위한 생태계와 그 서식지를 보호해야 함　동명사 병렬 구조
Sustainability now requires much more / — **preserving and enhancing** ecosystems and habitats / to a level **sufficient** to sustain the myriad of interrelated species. //
앞에 주격 관계대명사와 be동사 생략
지속 가능성이 이제는 훨씬 더 많은 것을 요구하는데 / 생태계와 서식지를 보존하고 강화해야 하는 것이다 / 무수히 많은 상호 연결된 종들이 살아갈 수 있는 충분한 수준까지 //

Weak sustainability / suddenly becomes a **much** more serious and complex matter. //
비교급 강조 부사
약한 지속 가능성은 / 단숨에 훨씬 더 심각하고 복잡한 문제가 된다 //

- extinct ⓐ 멸종된
- nasty ⓐ 골칫거리의
- subset ⓝ 일부, 부분 집합
- endangered ⓐ 멸종 위기에 처한
- habitat ⓝ 서식지
- sufficient ⓐ 충분한
- sustainability ⓝ 지속 가능성
- enhance ⓥ 강화하다
- interrelated ⓐ 상호 연결된
- reversible ⓐ 되돌릴 수 있는

그 종이 정말 골칫거리가 아닌 경우 보통 종이 멸종되지 않도록 하는 것이 중요하다고 여겨진다. 대부분의 종들은 임계점 위에 있기 때문에, 이 주장에 따르면 '전반적인' 문제는 사실상 없는 셈이다. 초점은 단지 멸종 위기에 처한 종들의 '특정' 일부에만 맞춰진다. 하지만, (우리가 기준으로 삼는) 단위가 종이 아니라, (혹은 종만이 아니라,) 생태계와 그것을 뒷받침하는 서식지라고 생각해 보자. 생태계 내에서는 **모든 것이 서로에게 의존하고 있다**고 생각해 보자. 그렇다면 임계점 위에 있어야 하는 것은 (종이 아니라) '시스템'이다. 이런 경우, 여전히 종들이 자신의 특정 임계점 아래로 떨어지지 않게 보호하는 것은 필요하지만, 그것만으로는 충분하지 않다. 지속 가능성이 이제는 훨씬 더 많은 것을 요구하는데, 무수히 많은 상호 연결된 종들이 살아갈 수 있는 충분한 수준까지 생태계와 서식지를 보존하고 강화해야 하는 것이다. 약한 지속 가능성은 단숨에 훨씬 더 심각하고 복잡한 문제가 된다.

다음 빈칸에 들어갈 말로 가장 적절한 것을 고르시오. [3점]

① balance comes from chaos 생태계의 균형이 혼돈에서 온다는 내용은 없음
　 균형은 혼돈에서 온다
② changes are naturally reversible 생태계의 변화가 자연적으로 회복 가능하다는 언급은 없음
　 변화는 자연적으로 되돌릴 수 있다
③ one gains only when another loses 손실과 이득에 대한 내용은 없음
　 누군가가 잃어야만 다른 누군가가 얻는다
④ what seems good is not always good
　 좋아 보이는 것이 항상 좋은 것은 아니다 좋아 보이는 것이 꼭 좋지는 않다는 반전의 내용은 없음
⑤ everything depends upon everything else
　 모든 것이 서로에게 의존하고 있다
　 수많은 종들이 상호 연결되어 의존하고 있는 생태계를 보호해야 한다고 했음

왜 정답? [정답률 38%]

빈칸 문장	생태계 내에서는 __________ 고 생각해 보자.

➡ 빈칸에는 글쓴이가 말하는 생태계의 특징 혹은 생태계에서 어떤 일이 일어나는지가 들어가야 한다.

- (우리가 기준으로 삼아야 할 단위는) 종이 아니라, 생태계와 그것을 뒷받침하는 서식지라고 생각해 보자. **단서 1**
- 임계점 위에 있어야 하는 것은 (종이 아니라) '시스템(생태계)'이다. **단서 2**
- 지속 가능성을 위해서는 무수히 많은 상호 연결된 종들이 살아갈 수 있는 충분한 수준까지 생태계와 서식지를 보존하고 강화해야 한다. **단서 3**

➡ 우리가 생각하는 환경 보호의 초점은 보통 멸종 위기의 종 단위에만 맞춰져 있지만, 임계점 위에 있어야 하는 것은 종이 아니라 생태계라는 시스템이라고 했다. 또한, 지속 가능성을 강화하기 위해서는 상호 연결되어 있는 모든 종들이 살아가는 생태계와 그 서식지를 보호해야 한다고 했다.

▶ 글쓴이는 상호 연결된 수많은 종들이 살아가는 생태계를 보호해야 한다고 말하고 있으므로, 생태계에서는 ⑤ '모든 것이 서로에게 의존하고 있다'고 생각해 보자는 것이 적절하다.

왜 오답?

① 생태계의 균형이 혼돈에서 온다는 내용은 없다.
② 생태계의 변화가 자연적으로 회복 가능하다는 내용은 없다. (▶ 이유: 지속 가능성을 강화하기 위해 생태계와 서식지를 보호해야 한다고 했지, 이것을 자연적으로 회복 가능하다는 것으로 확대하여 해석하면 안 됨)
③ 하나의 손실이 있어야 하나의 이득을 보는 생태계에 대한 언급은 없다.
④ 좋아 보이는 것이 항상 좋은 것은 아니라는 반전에 대한 내용은 없다.

K 27 정답 ② ＊안정성을 찾으려고 하는 우리의 경향

Life is insecure / and human well-being is fragile. //
삶은 불안정하다 / 그리고 인간의 웰빙은 무너지기 쉽다 //

If we are honest with ourselves, / we realize that, / despite our
best efforts, / we often cannot control / the vicissitudes of human
existence. //
만약 우리가 스스로에게 솔직하다면 / 우리는 깨닫는다 / 최선의 노력에도 불구하고 / 우리가
종종 통제할 수 없다는 것을 / 인간 생활의 우여곡절들을 //

We go through life / in fear and trembling, / fearing what may
happen, / while hoping for the best. // 우리는 삶을 견디어 낸다 / 두려움과
떨림 속에서 / 일어날지도 모를 일을 두려워하며 / 최선을 바라는 한편 //

Most of us get anxious / in the face of an indeterminate or
ambiguous situation. // 단서 1 우리 대부분은 막연하거나 애매한 상황의 앞에서 불안해 함
우리 대부분은 불안해진다 / 막연하거나 애매한 상황의 앞에서 //

We don't handle / uncertainty very well. //
우리는 처리하지 않는다 / 불확실성을 별로 잘 //

We are easily tempted / to settle for quick "solutions," / in order
to eliminate our anxiety and doubt, / even though these quick
fixes may not, / in the long run, / actually be adequate solutions. //
우리는 쉽게 유혹당한다 / 빠른 '해결책'을 받아들이는 것에 / 우리의 불안과 불확실성을
없애기 위해 / 이러한 빠른 해결법이 아닐 수도 있음에도 불구하고 / 장기적으로는 / 실제로
적절한 해결책이 //

It is natural, / therefore, / and even somewhat necessary, / for us
to seek stability / in a sea of change and indeterminacy. //
자연스럽다 / 따라서 / 심지어 어느 정도 필요하다 / 우리가 안정성을 찾으려는 것은 / 변화와
불확정성의 바닷속에서 //

We want a fixed star / to guide us on our journey / through
hazardous waters. // 단서 2 위험한 바다(불확실성)를 헤쳐 우리를 안내할 항성을 원함
우리는 항성을 원한다 / 우리의 여정을 안내할 / 위험한 바다를 헤쳐 //

If only we could have knowledge / of what is fixed, unchanging,
and ultimately reliable, / then, / we assume, / that would be
knowledge / most worth having. //
만약 우리가 지식을 가질 수만 있다면 / 고정되어 있고, 변하지 않으며, 궁극적으로 신뢰할
수 있는 것에 대한 / 그렇다면 / 우리는 추정한다 / '그것'이 지식일 것이라고 / 가장 가질 만한
가치가 있는 //
단서 3 고정되어 있고 변하지 않는 지식을 가질 수 있다면
그것이 가장 가질 만한 가치가 있는 지식일 것임

- fragle ⓐ 무너지기 쉬운   • indeterminate ⓐ 막연한
- ambiguous ⓐ 애매한   • settle for ~을 받아들이다
- eliminate ⓥ 없애다   • adequate ⓐ 적절한   • stability ⓝ 안정성
- indeterminacy ⓝ 불확정(성)   • hazardous ⓐ 위험한
- fluidity ⓝ 유동성   • interdependency ⓝ 상호 의존성

삶은 불안정하며 인간의 웰빙은 무너지기 쉽다. 만약 우리가 스스로에게 솔직하
다면, 우리는 최선의 노력에도 불구하고 인간 생활의 우여곡절들을 종종 통제할
수 없다는 것을 깨닫는다. 우리는 두려움과 떨림 속에서 삶을 견디어 내며, 최
선을 바라는 한편 일어날지도 모를 일을 두려워한다. 우리 대부분은 막연하거나
애매한 상황의 앞에서 불안해진다. 우리는 불확실성을 별로 잘 처리하지 않는
다. 우리는 우리의 불안과 불확실성을 없애기 위해, 빠른 '해결책'을 쉽게 받아
들이고 싶어지며, 이러한 빠른 해결법이 장기적으로는 실제로 적절한 해결책이
아닐 수도 있음에도 불구하고 그렇게 한다. 따라서 변화와 불확정성의 바닷속에
서 우리가 안정성을 찾으려는 것은 자연스러우며, 심지어 어느 정도 필요하다.
우리는 위험한 바다를 헤쳐 우리의 여정을 안내할 항성을 원한다. 만약 우리가
고정되어 있고, 변하지 않으며, 궁극적으로 신뢰할 수 있는 것에 대한 지식을
가질 수만 있다면, 그렇다면 우리는 '그것'이 가장 가질 만한 가치가 있는 지식
일 것이라고 추정한다.

다음 빈칸에 들어갈 말로 가장 적절한 것을 고르시오.

① reputation 우리가 명성을 찾으려고 한다는 내용의 글이 아님
명성
②stability 변화와 불확정성 속에서 안정성을 찾고자 한다고 했음
안정성
③ fluidity 변화와 불확정성을 불안해한다고 했으므로 유동성을 찾는다고 할 수 없음
유동성
④ challenge 우리가 도전을 찾으려고 한다는 내용의 글이 아님
도전
⑤ interdependency 우리가 상호 의존성을 찾으려고 한다는 언급은 없음
상호 의존성

빈칸 문장	따라서 변화와 불확정성의 바닷속에서 우리가 __________을 찾으려는 것은 자연스러우며, 심지어 어느 정도 필요하다.

➡ 빈칸에는 변화와 불확정성 속에서 우리가 '무엇'을 찾으려고 하고 '무엇'을 필요로 하는지가 들어가야 한다.

- 우리 대부분은 막연하거나 애매한 상황의 앞에서 불안해진다. 단서 1
- 우리는 위험한 바다를 헤쳐 우리의 여정을 안내할 항성을 원한다. 단서 2
- 우리가 고정되어 있고, 변하지 않으며, 궁극적으로 신뢰할 수 있는 것에 대한 지식을 가질 수만 있다면, 우리는 '그것'이 가장 가질 만한 가치가 있는 지식일 것이라고 추정한다. 단서 3

➡ 우리는 불확실하거나 애매한 상황 앞에서 불안함을 느끼기 때문에 이 위험 속에서 우리를 안내할 항성을 원하며, 고정되어 있고 변하지 않는 지식을 갖는 것은 가장 가질 만한 가치가 있는 지식일 것이라고 생각된다는 내용의 글이다.
▶ 변화와 불확정성의 바다 속에서 우리가 찾으려고 하고 필요로 하는 것은 '안정성'이라고 하는 것이 자연스러우므로 ②이 정답이다.

>왜 오답 ?
① 우리가 명성을 찾으려고 한다는 내용의 글이 아니다.
③ 변화와 불확정성을 불안해한다고 했으므로 유동성을 찾는다고 할 수 없다.
④ 우리가 도전을 찾으려고 한다는 내용의 글이 아니다.
⑤ 우리가 상호 의존성을 찾으려고 한다는 언급은 없다.

K 28 정답 ③ ＊교육을 통해 얻는 정신적 해방

Education, at its best, / teaches more than just knowledge. //
교육은 최고의 모습에서는 / 단순한 지식 이상을 가르친다 //
단서 1 교육은 비판적 사고, 즉 감정적 압박에 굴복하지 않는 것을 가르침

It teaches critical thinking: / the ability to stop and think before
acting, / to avoid succumbing to emotional pressures. //
그것은 비판적 사고를 가르친다 / 즉 행동하기 전에 멈추어 생각할 수 있는 / 감정적 압박에
굴복하는 것을 피하는 능력을 //

This is not thought control. // 이것은 사고 통제가 아니다 //

It is the very reverse: / mental liberation. //
그것은 바로 정반대인 / 정신적 해방이다 //

Even the most advanced intellectual / will be imperfect at this
skill. // 심지어 가장 지적으로 발달한 사람조차도 / 이 기능은 불완전할 것이다 //

But even imperfect possession of it / frees a person from the
burden / of being 'stimulus-driven', / constantly reacting / to
the immediate environment, / the brightest colours or loudest
sounds. //
하지만 그것을 불완전하게나마 소유하는 것은 / 부담에서 사람을 벗어나게 한다 / '자극에
유도'되는 것에 대한 / 끊임없이 반응하면서 / 인접한 주변 환경, 가장 밝은색이나 가장 큰
소리에 //
단서 2 자극과 반응, 본능과 감정에 따라 사는 것은 쉽고, 사고는 노력을 필요로 함

Being driven by heuristic responses, / living by instinct and
emotion all the time, / is a very easy way to live, / in many ways:
/ thought is effortful, / especially for the inexperienced. //
경험적인 반응에 의해 유도되는 것 / 즉 항상 본능과 감정에 따라 사는 것은 / 매우 쉬운 삶의
방식인데 / 여러 면에서 / 사고는 노력을 필요로 한다 / 특히 경험이 없는 사람들에게는 //

But emotions are also exhausting, / and short-term reactions
may not, in the long term, / be the most beneficial for health
and survival. //
그러나 감정도 또한 지치게 하고 / 단기적인 반응은 장기적으로 볼 때 / 건강과 생존에 가장
유익하지 않을 수도 있다 //
단서 3 감정에 의존하며 사는 것은 눈앞의 편리함을 위해 장기적으로 해로운 일을 하는 것과 마찬가지임

Just as we reach for burgers / for the sake of convenience, /
storing up the arterial fat / which may one day kill us, / so our
reliance on feelings / can do us great harm. //
우리가 햄버거에 손을 뻗어 / 편리함을 얻으려고 / 동맥 지방을 축적하는 것처럼 / 언젠가
우리의 목숨을 앗아갈지도 모르는 / 우리가 감정에 의존하는 것은 / 우리에게 큰 해를 끼칠 수
있다 //

• reverse ⓝ 정반대　　• liberation ⓝ 해방
• possession ⓝ 소유　　• stimulus-driven ⓐ 자극 유발의
• heuristic ⓐ 체험적인　　• instinct ⓝ 본능　　• reliance ⓝ 의존
• intensify ⓥ 심화시키다　　• burden ⓝ 부담, 짐
• inevitability ⓝ 필연성

교육은 최고의 모습에서는 단순한 지식 이상을 가르친다. 그것은 비판적 사고, 즉 행동하기 전에 멈추어 생각할 수 있는, 감정적 압박에 굴복하는 것을 피하는 능력을 가르친다. 이것은 사고 통제가 아니다. 그것은 바로 정반대인 정신적 해방이다. 심지어 가장 지적으로 발달한 사람조차도 이 기능은 불완전할 것이다. 하지만 그것을 불완전하게나마 소유하는 것은 인접한 주변 환경, 가장 밝은색이나 가장 큰 소리에 끊임없이 반응하면서 '자극에 유도'되는 것에 대한 **부담에서 사람을 벗어나게 한다**. 경험적인 반응에 의해 유도되는 것, 즉 항상 본능과 감정에 따라 사는 것은 여러 면에서 매우 쉬운 삶의 방식인데, 사고는 특히 경험이 없는 사람들에게는 노력을 필요로 한다. 그러나 감정도 또한 지치게 하고, 단기적인 반응은 장기적으로 볼 때 건강과 생존에 가장 유익하지 않을 수도 있다. 우리가 편리함을 얻으려고 햄버거에 손을 뻗어 언젠가 우리의 목숨을 앗아갈지도 모르는 동맥 지방을 축적하는 것처럼, 우리가 감정에 의존하는 것은 우리에게 큰 해를 끼칠 수 있다.

다음 빈칸에 들어갈 말로 가장 적절한 것을 고르시오.

① intensifies people's danger — 비판적 사고는 사람들이 자극이나 감정에서 벗어나게
사람들의 위험을 심화시킨다　해준다고 했으므로 글의 내용과 상반됨
② enhances our understanding
우리의 이해를 증진한다　　자극에 유도되는 것에 대한 이해를 증진한다는 내용이 아님
③ frees a person from the burden — 교육은 비판적 사고를 가르침으로써 사람들이
부담에서 사람을 벗어나게 한다　　자극에 유도되지 않도록 해준다는 내용임
④ allows us to accept the inevitability
어찌할 수 없음을 받아들이도록 해준다　자극에 유도되는 부담으로부터 자유롭게 해준다는 내용임
⑤ requires one to have the experience
경험을 해보기를 요구한다　　자극에 유도되는 것을 직접 경험해보라는 내용은 아님

왜 정답? [정답률 23%]

1st 빈칸이 포함된 문장을 읽고, 빈칸에 들어갈 말에 대한 단서를 얻는다.

빈칸 문장	하지만 그것을 불완전하게나마 소유하는 것은 인접한 주변 환경, 가장 밝은색이나 가장 큰 소리에 끊임없이 반응하면서 '자극에 유도'되는 것에 대한 ＿＿＿＿＿＿＿＿＿.

➡ '하지만(but)'으로 시작하는 문장에 빈칸이 있으므로, 이전 내용을 전환하는 부분이며, 이어질 내용을 토대로 비판적 사고를 가지고 있다는 것은 자극에 유도되는 것에 대해 우리를 '어떻게' 만들어 주는지에 관한 내용임

▶ 빈칸을 채우려면 글에서 소개된 내용을 통해 비판적 사고가 자극으로 유도되는 것을 어떻게 해주는지를 찾아야 한다.

2nd 글을 마저 읽으며 빈칸에 들어갈 적절한 말을 찾는다.
교육은 비판적 사고, 즉 감정적 압박에 굴복하지 않는 것을 가르침 ➡ 이러한 비판적 사고는 정신적 해방으로, 우리를 감정에 의해 유도되는 것으로부터 해방해 줌
자극과 반응, 본능과 감정에 따라 사는 것은 쉽고, 사고는 노력을 필요로 함 ➡ 감정에 의존하며 사는 것은 눈앞의 편리함을 위해 장기적으로 해로운 일을 하는 것과 마찬가지임

▶ 교육의 정점은 학생들에게 비판적 사고, 즉 감정적 압박에 굴복하지 않는 법을 가르치는 것이다. 이러한 비판적 사고는 정신적 해방이라고 말할 수 있으며, 그것이 정신적 해방인 이유가 자극과 관련해 무엇인지를 빈칸에서 묻고 있다.
빈칸 이후, 자극과 반응, 감정 등에 따라 사는 것은 쉽고, 비판적으로 사고하며 사는 것은 노력을 필요로 한다고 설명했다. 그리고 감정에 의존하며 사는 것은 단기적인 편의를 위해 장기적으로 해로운 일을 저지르는 것과 마찬가지라고 비유했다.
따라서 교육을 통해 비판적 사고를 기르는 것은 '자극에 유도되는 것'으로부터 우리를 벗어날 수 있도록 해준다는 내용이므로, 정답은 ③ '부담에서 사람을 벗어나게 한다'이다.

| 선택지 분석 |

① 비판적 사고는 사람들이 자극이나 감정에서 벗어나게 해주므로, 자극에 유도될 위험을 심화시킨다는 말은 글의 내용과 상반된다.
② 자극에 유도되는 것에 대한 이해를 증진한다는 내용은 아니다.
③ 교육은 비판적 사고를 가르침으로써 사람들이 자극에 유도되지 않도록 해준다는 내용이다.

④ 자극에 유도되는 것이 어찌할 수 없는 것이 아니라, 자극에 유도되는 부담으로부터 자유롭게 해준다는 내용이다.
⑤ 자극에 유도되는 것을 직접 경험해보라는 내용은 아니다.

한규진 | 연세대 치의예과 2025년 입학·대구 계성고 졸

앞부분에 추상적이고 어렵게만 느껴지는 이야기들을 늘어놓고 중간에 But 표현까지 들어 있어 난이도가 있게 느껴지지만, 후반부에 '단기적인 반응은 장기적으로 볼 때 건강과 생존에 가장 유익한 것이 아닐 수도 있다'라는 문장을 통해서 빈칸과 연관된 stimulus-driven을 부정적으로 인식하고 있다는 것을 알 수 있어. 이렇게 단서를 차근차근 찾아가면서 선택지를 빈칸에 대입하지 말고 먼저 능동적으로 빈칸에 무슨 내용이 들어갈지를 생각해보는 게 좋아.

K 29 정답 ② ＊자신의 관심을 소비하는 관심 경제

단서 1 가장 수익성이 높은 사업은 자신의 관심을 소비하는 관심 경제임
We are famously living in the era of the attention economy, / 관계부사 **where** the largest and most profitable businesses in the world / 주격 관계대명사 are those **that** *consume* my attention. //
우리는 잘 알려져 있는 바와 같이 관심 경제의 시대에 살고 있다 / 세상에서 가장 크고 수익성이 가장 높은 사업은 / 나의 관심을 '소비하는' 사업인 //

be dedicated to -ing: ~에 전념하다
The advertising industry / **is literally dedicated to capturing** the conscious hours of my life / and **selling** them to someone else. // 병렬 구조
광고 산업은 / 말 그대로 내 삶의 의식적인 시간을 포착하여 / 다른 누군가에게 그것을 판매하는 데 전념한다 //
단서 2 광고 산업은 자신이 의식하는 시간이나 대상을 포착하여 누군가에게 그 관심을 판매하는 것임

가주어 It might seem magical / **that** so many exciting and useful software systems / are available to use for free, / 진주어절을 이끄는 접속사
아주 멋지게 보일 수도 있지만 / 너무나 많은 흥미롭고 유용한 소프트웨어 시스템을 / 무료로 사용할 수 있는 것이 /

가주어 진주어절을 이끄는 접속사 부사절 접속사 의문사
but **it** is now conventional wisdom / **that** if you can't see **who** is paying for something / **that** appears to be free, / then **the real product being sold is you.** // 주격 관계대명사
이제 일반 통념이다 / 누가 비용을 지불하고 있는지 알 수 없다면 / 무료인 것처럼 보이는 것에 대해 / 그렇다면 팔리고 있는 진짜 제품은 바로 당신이라는 것은 //

단서 3 우리는 타인과 관계를 맺을 때, 우리의 관심을 끌도록 고안된 인공지능 추천 시스템의 영향을 받음
Our creative engagement with other people / **is mediated** by AI-based recommendation systems / **that** are designed to trap our attention / through the process **that** Nick Seaver calls *captology*, / 주격 관계대명사 수동태 목적격 관계대명사
다른 사람들과 맺는 우리의 창의적 관계는 / AI 기반 추천 시스템의 영향을 받는다 / 우리의 관심을 붙잡도록 고안된 / Nick Seaver가 'captology'라고 부르는 과정을 통해 /

분사구문을 이끎 과거분사(work 수식)
keeping us attending to work / **sold** by one company rather than another, / replacing the freedom of personal exploration / with algorithm-generated playlists / or even algorithm-generated art. //
단서 4 인공지능 추천 시스템은 우리가 특정 회사에 관심을 쏟게 하고, 자신이 탐색할 자유를 알고리즘이 만들어낸 상품으로 대체시킴
제품에 우리가 계속 관심을 쏟게 하고 / 딴 회사가 아니라 어떤 한 회사에 의해 판매되는 / 개인적 탐색의 자유를 대체하며 / 알고리즘이 생성한 재생 목록이나 / 심지어 알고리즘이 생성한 예술로 //

• profitable ⓐ 수익성이 있는　　• conscious ⓐ 의식하는, 자각하는
• conventional wisdom 일반 통념　　• mediate ⓥ 영향을 주다, 중재하다
• trap ⓥ 가두다, 붙잡다　　• violate ⓥ 침해하다
• sponsor ⓥ 후원하다

우리는 잘 알려져 있는 바와 같이 세상에서 가장 크고 수익성이 가장 높은 사업은 나의 관심을 '소비하는' 사업인 관심 경제의 시대에 살고 있다. 광고 산업은 말 그대로 내 삶의 의식적인 시간을 포착하여 다른 누군가에게 그것을 판매하는 데 전념한다. 너무나 많은 흥미롭고 유용한 소프트웨어 시스템을 무료로 사용할 수 있는 것이 아주 멋지게 보일 수도 있지만, 무료인 것처럼 보이는 것에 대해 누가 비용을 지불하고 있는지 알 수 없다면, 그렇다면 **팔리고 있는 진짜 제품은 바로 당신이라는 것**은 이제 일반 통념이다. 다른 사람들과 맺는 우리의 창의적 관계는 Nick Seaver가 'captology'라고 부르는 과정을 통해 우리의 관심을 붙잡고, 딴 회사가 아니라 어떤 한 회사에 의해 판매되는 제품에 우리가 계속 관심을 쏟게 하고, 개인적 탐색의 자유를 알고리즘이

생성한 재생 목록이나 심지어 알고리즘이 생성한 예술로 대체하도록 고안된 AI 기반 추천 시스템의 영향을 받는다.

다음 빈칸에 들어갈 말로 가장 적절한 것을 고르시오. [3점]

① all of your attention has already been spent
모든 관심이 이미 지출된 것이 아니라, 무료로 제품을 이용하는 상황에서도 자신의 관심이라는 대가를
당신의 모든 관심은 이미 지출되었다는 것 / 지불하고 있다는 내용임
② **the real product being sold is you**
팔리고 있는 진짜 제품은 바로 당신이라는 것 / 무료로 보이지만 아무도 대가를 지불하고 있지 않다면, 이때 팔리고 있는 진짜 제품은 당신의 관심사임
③ your privacy is being violated
당신의 사생활이 침해되고 있다는 것 / 사생활 침해와 관련된 내용은 언급되지 않음
④ the public may be sponsoring you
대중이 당신을 후원하고 있을지도 모른다는 것 / 대중의 후원과 관련된 내용은 언급되지 않음
⑤ you owe the benefits to your friend AI
당신은 당신의 친구인 인공지능에 그 혜택을 빚지고 있다는 것 / 제품을 무료로 이용하는 것이 인공지능 덕분이라는 내용이 아님

왜 정답? [정답률 41%]

1st 빈칸이 포함된 문장을 읽고, 빈칸에 들어갈 말에 대한 단서를 얻는다.

빈칸 문장	너무나 많은 흥미롭고 유용한 소프트웨어 시스템을 무료로 사용할 수 있는 것이 아주 멋지게 보일 수도 있지만, 무료인 것처럼 보이는 것에 대해 누가 비용을 지불하고 있는지 알 수 없다면, 그렇다면 ____________은 이제 일반 통념이다.

→ 유용한 소프트웨어 시스템을 무료로 사용할 수 있지만, 누가 비용을 지불하고 있는지 알 수 없는 상황이라면 어떤 생각을 해야 하는지를 묻고 있음
▶ 빈칸을 채우려면 글에서 소개된 내용을 통해 우리는 누구도 값을 지불하지 않는 무료 제품을 어떻게 생각해야 하는지를 찾아야 한다.

2nd 글을 마저 읽으며 빈칸에 들어갈 적절한 말을 찾는다.
가장 수익성이 높은 사업은 자신의 관심을 소비하는 관심 경제임 → 광고 산업은 자신이 의식하는 시간이나 대상을 포착하여 누군가에게 그 관심을 판매하는 것임 → 무료로 보이지만 누구도 값을 지불하지 않는다면, 진짜 팔리고 있는 것은 자신의 관심임 → 우리는 타인과 관계를 맺을 때, 우리의 관심을 끌도록 고안된 인공지능 추천 시스템의 영향을 받음 → 즉, 인공지능 추천 시스템은 우리가 특정 회사에 관심을 쏟게 하고, 자신이 탐색할 자유를 알고리즘이 만들어 낸 상품으로 대체시킴
▶ 관심 경제는 자신의 관심을 소비하는 사업이며, 광고 산업은 자신이 무엇에 몰두하는지를 포착하여 누군가에게 그 관심을 판매하는 것이다. 즉, 우리가 무료로 제공받고 있다고 생각하는 제품에 실제로 우리는 우리의 관심사와 관련된 정보를 대가로 지불하고 있다.
마지막 문장에서 우리는 타인과 관계를 맺을 때, 나의 관심을 끌 만한 대상을 인공지능 추천 시스템이 제안하는 세상에 살고 있다고 했다. 우리의 관심을 소비하여 무료로 제품을 이용하거나 특정 제품을 추천받게 되는 것이다.
따라서 관심 경제에서는 자신의 관심을 대가로 지불하여 상품이나 서비스를 얻게 되므로, 정답은 ② '팔리고 있는 진짜 제품은 바로 당신이라는 것'이다.

| 선택지 분석 |

① 모든 관심이 이미 지출된 것이 아니라, 무료로 제품을 이용하는 상황에서도 자신의 관심이라는 대가를 지불하고 있다는 내용이다.
② 무료로 보이지만 아무도 대가를 지불하고 있지 않다면, 이때 팔리고 있는 진짜 제품은 당신의 관심사이다.
③ 사생활 침해와 관련된 내용은 언급되지 않았다.
④ 대중의 후원과 관련된 내용은 언급되지 않았다.
⑤ 제품을 무료로 이용하는 것이 인공지능 덕분이라는 내용이 아니라, 제품을 무료로 이용하는 대신 인공지능 추천 시스템에 의해 영향을 받게 된다는 내용이다.

배지오 | 연세대 약학과 2025년 입학 · 성남 낙생고 졸

첫 문장에서 우리는 현재 개인의 관심을 소비하는 사업인 관심 경제 시대에 살고 있음을 알려줘. 이후 문장에서는 관심 경제에 대한 구체적인 설명이 나오고 빈칸의 앞부분에서 it is now conventional wisdom that이라고 언급하며 빈칸에 들어갈 말이 앞의 내용과 동일선상에 있었겠구나를 추리하면 돼. 이 문제의 경우에도 앞 문장의 내용을 제대로 해석하지 못했더라도, 뒤에 by AI-based recommendation systems, with algorithm-generated playlists 등을 보고, 아, 사람들의 관심을 사업의 자원으로 사용하는 관심 경제에 대한 이야기구나를 파악한다면 보기에서 쉽게 답을 고를 수 있을 거야.

K 30 정답 ② ＊상업적 이익을 추구하는 투자로 결정되는 통신 기술 현대화 

One of the factors / **determining** the use of technologies of communication / will be the kinds of investments / **made** in equipment and personnel; / who makes them, / and what they expect in return. //
factors를 수식하는 분사 / investments를 수식하는 분사
요인들 중 하나는 / 통신 기술의 사용을 결정하는 / 투자의 종류일 것이다 / 장비와 인력에 들어가는 / 즉, 누가 투자를 하고 / 그들이 수익으로 무엇을 기대하는지 //

There is no guarantee / that the investment will necessarily be in forms of communication / **that are most appropriate for the majority of people**. //
주격 관계대명사
보장은 없다 / 투자가 반드시 통신 형태일 것이라는 / 다수의 사람에게 가장 적합한 //
단서 1 통신 시설의 투자 기금이 상업적 조직의 것이므로, 통신 시설 현대화는 수익성을 바탕으로 함

Because the ownership of investment funds tends to / be in the hands of commercial organisations, /
투자 기금의 소유권은 경향이 있기 때문에 / 상업적 조직의 수중에 있는 /

the modernisation of communications infrastructure only takes place / on the basis of potential profitability. //
통신 기간 시설의 현대화는 오로지 이루어진다 / 잠재적 수익성을 바탕으로 //

Take, for example, / the installation of fibre-optic communications cable / across the African continent. //
예로 들어보자 / 광섬유 통신 케이블 설치를 / 아프리카 대륙 전역에 걸친 //
= many
A number of African nations / are involved in the development / but its operational structures will be oriented / to **those who** can pay for access. //
~하는 사람들
단서 2 통신 케이블 운영은 이용 대가를 지급할 수 있는 국가를 우선시할 것임
여러 아프리카 국가가 / 그 개발에 관여하고 있다 / 그러나 그것의 운영 구조는 우선할 것이다 / 이용에 대한 대가를 지급할 수 있는 국가들을 //

Many states / **that** might wish to use it for education and information / may not only find it too **expensive** / but also simply **unavailable** to them. //
주격 관계대명사 / find의 목적격 보어인 형용사 ① / find의 목적격 보어인 형용사 ②
많은 국가들 / 교육과 정보를 위해 그것을 이용하고 싶어 할 수도 있는 / 그것이 너무 비쌀 뿐만이 아니라는 것을 알게 될지도 모른다 / 자국에 단순히 이용할 수 없다는 것도 //

There can be no doubt / that the development has been led / by investment opportunity / rather than community demand. //
의심의 여지가 있을 수 없다 / 그 개발이 주도되었다는 것은 / 투자 기회에 의해 / 지역 사회의 수요보다는 //
단서 3 개발이 지역 사회를 위해서라기 보다 투자 기회에 의해 주도됨

- **investment** ⓝ 투자
- **equipment** ⓝ 장비
- **personnel** ⓝ 인력, 직원
- **return** ⓝ 수익
- **guarantee** ⓝ 보장
- **appropriate** ⓐ 적합한
- **majority** ⓝ 대다수
- **ownership** ⓝ 소유권
- **organisation** ⓝ 조직
- **modernisation** ⓝ 현대화
- **infrastructure** ⓝ 기간 시설
- **profitability** ⓝ 수익성
- **installation** ⓝ 설치
- **continent** ⓝ 대륙
- **oriented to** ~을 우선하는
- **in line with** ~와 일치하다
- **current** ⓐ 현재의
- **advanced** ⓐ 진보된

통신 기술의 사용을 결정하는 요인 중 하나는 장비와 인력에 들어가는 투자의 종류, 즉, 누가 투자를 하고, 그들이 수익으로 무엇을 기대하는지이다. 투자가 반드시 **다수의 사람에게 가장 적합한** 통신 형태일 것이라는 보장은 없다. 투자 기금의 소유권은 상업적 조직의 수중에 있는 경향이 있으므로, 통신 기간 시설의 현대화는 오로지 잠재적 수익성을 바탕으로 이루어진다. 아프리카 대륙 전역에 걸친 광섬유 통신 케이블 설치를 예로 들어보자. 여러 아프리카 국가가 그 개발에 관여하고 있지만, 그것의 운영 구조는 이용에 대한 대가를 지급할 수 있는 국가들을 우선할 것이다. 교육과 정보를 위해 그것을 이용하고 싶어 할 수도 있는 많은 국가는 그것이 자국에 너무 비쌀 뿐만 아니라 단순히 이용할 수 없다는 것을 알게 될지도 모른다. 그 개발이 지역 사회의 수요보다는 투자 기회에 의해 주도되었다는 것은 의심의 여지가 있을 수 없다.

다음 빈칸에 들어갈 말로 가장 적절한 것을 고르시오. [3점]

① require minimal cost and effort to maintain 유지 관리에 최소한의 비용과 노력이
유지 관리에 최소한의 비용과 노력이 필요한 필요한 통신 형태일 것이란 보장은 없다는 내용이 아님
②are most appropriate for the majority of people 투자가 반드시 다수의
다수의 사람에게 가장 적합한 사람에게 가장 적합한 통신 형태를 만든다는 보장은 없다고 함
③ are in line with current standards and global norms
현재 표준 및 글로벌 규범과 부합하는 현재 표준 및 글로벌 규범과 관련 없음
④ employ some of the most advanced technologies
가장 진보된 기술 중 일부를 사용하는 통신 시설의 현대화에 대해 언급한 것으로 만든 오답
⑤ promote the commercial interests of companies 투자가 기업의 업적
기업의 상업적 이익을 촉진하는 이익을 촉진하는 통신 형태를 보장한다 했으므로 반대임

왜 정답? [정답률 44%]

- 투자 기금의 소유권은 상업적 조직의 수중에 있는 경향이 있으므로, 통신 기간 시설의 현대화는 오로지 잠재적 수익성을 바탕으로 이루어진다. **단서 1**
- 그것의 운영 구조는 이용에 대한 대가를 지급할 수 있는 국가들을 우선할 것이다. **단서 2**
- 그 개발이 지역 사회의 수요보다는 투자 기회에 의해 주도되었다는 것은 의심의 여지가 있을 수 없다. **단서 3**

➡ 통신 시설 개발은 지역 사회의 수요보다는 투자 기금을 댄 상업적 조직의 이해 관계에 따라 주도되고 있다는 내용의 글이다. 따라서 통신 시설에 대한 투자가 반드시 지역 사회의 많은 사람들의 이용을 위한 것이라고 보장할 수는 없다.

▶ 빈칸에는 투자가 어떠한 통신 형태일 것이라는 보장이 없는지가 들어가야 한다. 그러므로 투자가 반드시 ②'다수의 사람에게 가장 적합한' 통신 형태일 것이라는 보장이 없다고 하는 것이 적절하다.

왜 오답?

① 투자가 유지 관리에 최소한의 비용과 노력이 필요한 통신 형태일 것이란 보장은 없다는 내용이 아니다.

③ 현재 표준 및 글로벌 규범과 관련 없는 내용이다.

④ 통신 시설의 현대화에 대해 언급한 것으로 만든 오답일 뿐, 가장 진보된 기술 중 일부를 사용하는 통신 형태일 것이란 보장은 없다는 내용은 아니다.

⑤ 투자가 기업의 상업적 이익을 촉진하는 통신 형태를 보장할 리가 없다는 것이 **주의** 아니라 오히려 보장한다는 내용이다.

K 31 정답 ③ ＊타인과의 정서적 유대를 통해 개인이 형성된다고 한 Rousseau

주어를 이끄는 명사절 접속사
That people need other people / is hardly news, / but for Rousseau / this dependence extended / far beyond companionship or even love, / into the very process of becoming human. //
사람이 다른 사람을 필요로 한다는 것은 / 거의 새로울 게 없다 / 그러나 Rousseau에게는 / 이러한 의존이 이르렀다 / 동료 관계나 심지어 사랑을 넘어 / 인간이 되는 바로 그 과정까지까지 //
단서 1 Rousseau는 사람은 만들어지며 특히 잠재성 실현을 위해서는 다른 사람들의 관여가 필수라고 함
Rousseau believed / **that** people are not born but made, / every
목적어절을 이끄는 접속사
individual a bundle of potentials / **whose** realization requires /
소유격 관계대명사
the active involvement of other people. //
Rousseau는 믿었다 / 사람은 태어나는 것이 아니라 만들어진다고 / 모든 개인은 잠재성 꾸러미라고 / 이 잠재성의 실현은 필요하다 / 다른 사람의 적극적인 관여가 /
단서 2 자기 계발은 사회적 과정이라 함
Self-development is a social process. // 자기 계발은 사회적 과정이다 /
Self-sufficiency is an impossible fantasy. // 자족은 불가능한 환상이다 /
목적어절을 이끄는 접속사
Much of the time / Rousseau wished passionately / **that** it were not: / *Robinson Crusoe* was a favorite book, / and he yearned to be free / from the pains and uncertainties of social life. //
대부분 시간을 / Rousseau는 열렬히 바랐다 / 그것이 그렇지 않기를 / Robinson Crusoe 는 좋아하는 책이었고 / 그는 벗어나기를 갈망했다 / 그는 사회생활의 고통과 불확실성에서 //
But his writings document / with extraordinary clarity / **the shaping of the individual by his emotional attachments**. //
그러나 그의 저작은 기록한다 / 보기 드문 명료함으로 / 정서적 유대에 의해 개인이 형성되는 과정을 //
"Our sweetest existence / is relative and collective, / and our true *self* is not entirely within us." //
"우리의 가장 달콤한 존재는 / 상대적이고 집단적이다 / 그리고 우리의 진정한 '자아'는 우리 안에 전혀 있지 않다" //

And **it is** kindness / — **which** Rousseau analyzed / under the
it is ~ that ... 강조 구문   목적격 관계대명사
rubric of *pitié*, / **which** translates as "pity" /
계속적 용법의 관계대명사
그리고 친절이다 / Rousseau가 분석한 / 'pitié'라는 항목 아래에 / '연민'으로 번역되는 /
but is much closer to "sympathy" / as Hume and Smith defined it / — **that** is the key to this collective existence. //
그러나 '공감'에 훨씬 더 가까운 / Hume과 Smith가 정의한 것처럼 / 이러한 집단적 존재의 핵심인 것은 //

- extend ⓥ (~에) 이르다, 미치다 ・ companionship ⓝ 동료 관계
- involvement ⓝ 관여 ・ self-development ⓝ 자기 계발
- self-sufficiency ⓝ 자족 ・ passionately ⓐⓓ 열렬하게
- yearn ⓥ 갈망하다, 동경하다 ・ uncertainty ⓝ 불확실성
- document ⓥ 기록하다 ・ extraordinary ⓐ 보기 드문, 뛰어난
- clarity ⓝ 명료함 ・ attachment ⓝ 유대, 애착
- existence ⓝ 존재 ・ relative ⓐ 상대적인
- collective ⓐ 집단적인 ・ entirely ⓐⓓ 아주, 완전히
- rubric ⓝ 항목 ・ sympathy ⓝ 공감, 동정
- philosophical ⓐ 철학적인 ・ self-reliant ⓐ 자립적인
- wholeheartedly ⓐⓓ 진정으로, 전적으로

사람이 다른 사람을 필요로 한다는 것은 거의 새로울 게 없지만, Rousseau에게는 이러한 의존이 동료 관계나 심지어 사랑을 넘어 인간이 되는 바로 그 과정에까지 이르렀다. Rousseau는 사람은 태어나는 것이 아니라 만들어진다고, 모든 개인은 잠재성 꾸러미라고, 이 잠재성을 실현하기 위해서는 다른 사람의 적극적인 관여가 필요하다고 믿었다. 자기 계발은 사회적 과정이다. 자족은 불가능한 환상이다. Rousseau는 대부분 시간을 그것이 그렇지 않기를 열렬히 바랐는데, *Robinson Crusoe*는 좋아하는 책이었고, 그는 사회생활의 고통과 불확실성에서 벗어나기를 갈망했다. 그러나 그의 저작은 보기 드문 명료함으로 **정서적 유대에 의해 개인이 형성되는 과정**을 기록한다. "우리의 가장 달콤한 존재는 상대적이고 집단적이며, 우리의 진정한 '자아'는 우리 안에 있는 것이 전혀 아니다." 그리고 이러한 집단적 존재의 핵심은 친절인데, Rousseau는 이를 'pitié'라는 항목 아래에 분석하였고, 이는 '연민'으로 번역되지만, Hume과 Smith가 정의한 '공감'에 훨씬 더 가깝다.

다음 빈칸에 들어갈 말로 가장 적절한 것을 고르시오. [3점]
Rousseau가 인간 본성을 이해하기 위한 철학적 연구의 필요성을 이야기한 것이 아님
① the necessity of philosophical study to understand human nature
인간 본성을 이해하기 위한 철학적 연구의 필요성
② the development of self-sufficiency through literary works
문학 작품을 통한 자족의 개발 Rousseau가 좋아하는 책이 언급된 것으로 만든 오답
③ the shaping of the individual by his emotional attachments
정서적 유대에 의해 개인이 형성되는 과정 다른 사람과의 관계, 사회적 과정을 통해 개인이 형성된다고 함
④ the making of the self-reliant man through his struggles
투쟁을 통해 자립적인 사람 만들기 투쟁을 통해 자립적인 사람을 만든다는 내용이 아님
⑤ the difficulty of trusting other people wholeheartedly
다른 사람을 진심으로 신뢰하는 것의 어려움
다른 사람을 진심으로 신뢰하는 것의 어려움에 대한 언급은 없음

왜 정답? [정답률 32%]

1st 빈칸이 포함된 문장을 읽고, 빈칸에 들어갈 말에 대한 단서를 얻는다.

빈칸 문장	그러나 그의 저작은 보기 드문 명료함으로 ___________을 기록한다.

➡ 빈칸에는 그(Rousseau)의 저작이 무엇을 기록하는 지가 들어가야 한다.

2nd 글의 앞부분을 읽고, 빈칸에 들어갈 적절한 말을 찾는다.

앞부분 주요 내용	• Rousseau는 사람은 태어나는 것이 아니라 만들어진다고, 모든 개인은 잠재성 꾸러미이고 이 잠재성을 실현하기 위해서는 다른 사람의 적극적인 관여가 필요하다고 믿었다. **단서 1** • 자기 계발은 사회적 과정이다. **단서 2**
빈칸 문장의 앞 문장	Robinson Crusoe는 그(Rousseau)가 좋아하는 책이었고, 사회생활의 고통과 불확실성에서 벗어나기를 갈망했음

➡ Rousseau는 인간의 자기 계발은 사회적 과정으로서 인간이 형성되고 잠재성을 실현하는 과정에 다른 사람의 관여가 반드시 필요하다고 했다.

▶ 빈칸에는 그(Rousseau)의 저작이 기록한 것이 들어가야 함

Rousseau는 인간의 잠재성을 실현하는 과정에서 다른 사람의 관여가 필요하고, 친절이나 공감이 핵심적인 역할을 한다고 보는 내용의 글이다.
그러므로 그(Rousseau)가 명료하게 기록한 내용은 ③ '정서적 유대에 의해 개인이 형성되는 과정'이라고 하는 것이 적절하다.

| 선택지 분석 |

① Rousseau가 인간 본성을 이해하기 위한 철학적 연구의 필요성을 이야기한 것이 아니다.
② Rousseau가 좋아하는 책이 언급된 것으로 만든 오답일 뿐이다.
③ Rousseau는 다른 사람과의 관계, 사회적 과정을 통해 개인이 형성된다고 보았다는 내용의 글이다.
④ 투쟁을 통해 자립적인 사람을 만든다는 내용이 아니다.
⑤ 다른 사람을 진심으로 신뢰하는 것의 어려움에 대한 언급은 없다.

K 32 정답 ③ ＊디지털 환경에서의 정보 콘텐츠 보존

접속사가 생략되지 않은 분사구문
When trying to establish / what is meant by digital preservation, / the first question that must be addressed is: / what are you actually trying to preserve? //
정립하려고 할 때 / 디지털 보존이 의미하는 바를 / 가장 먼저 다루어야 할 질문은 ~이다 / '실제로 무엇을 보존하려고 하는가?' //

선행사 / 관계부사(뒤에 완전한 절이 옴)
This is clear in the analog environment / **where** the information content is inextricably fixed to the physical medium. //
이것이(무엇을 보존하려 하는지)은 아날로그 환경에서는 분명하다 / 정보 콘텐츠가 물리적 매체에 풀 수 없게 고정된 //
단서 1 아날로그 환경에서는 보존하고자 하는 것이 분명함

In the digital environment, / the medium is not part of the **message**. //
단서 2 디지털 환경이므로 앞서 제시된 아날로그 환경 (매체 자체를 보존함)과는 반대되는 내용이 나와야 함
디지털 환경에서는 / 매체가 메시지의 일부가 아니다 //

A bit stream looks the same to a computer / regardless of the media **it is read** from. //
앞에 목적격 관계대명사 생략 / 수동태
단서 3 비트 스트림(보존해야 할 정보)은 그것이 읽히는 매체와 관계없이 동일하게 보이므로, 원본 이동 장치의 보존은 그 중요성이 줄어들고 있음
비트 스트림은 컴퓨터에서 동일하게 보인다 / 그것이 읽히는 매체와 관계없이 //

A physical carrier is necessary, / but as long as the source media can be read, / bit-perfect copies can be made cheaply and easily on other devices, /
물리적 이동 장치가 필요하다 / 하지만 원본 매체를 읽을 수 있는 한 / 다른 기기에서도 비트 단위의 완벽한 복사본을 저렴하고 쉽게 만들 수 있어서 /

분사구문(결과)
making the preservation of the original carrier **of** diminishing **importance**. //
of+추상명사=형용사
원본 이동 장치의 보존은 그 중요성이 줄어들고 있다 //

이유를 나타내는 접속사 / 주격 관계대명사(선행사 the physical media)
As the physical media / **that** carry digital information / are quite delicate / relative to most analog media, /
물리적 매체는 ~ 때문에 / 디지털 정보를 전달하는 / 상당히 취약하기 / 대부분의 아날로그 매체에 비해 //

가주어 / 진주어절을 이끄는 접속사
it is expected / **that** digital information will necessarily need to be migrated / from one physical carrier to another / as part of the ongoing preservation process. //
예상된다 / 디지털 정보를 옮겨야 할 필요가 있을 것으로 / 한 물리적 이동 장치에서 다른 이동 장치로 / 지속적인 보존 과정의 일환으로 //

not A but B : A가 아니라 B
It is **not** the media itself / **but** the information on the media / **that** needs to be preserved. //
It that 강조 구문
단서 4 보존되어야 하는 것은 매체가 아닌 매체에 담긴 정보임
매체 자체가 아니라 / 매체에 담긴 정보이다 / 보존해야 하는 것은 //

- **preservation** ⓝ 보존　　・ **address** ⓥ 다루다, 해결하다
- **analog** ⓐ 아날로그의　　・ **medium** ⓝ 매체, 수단 (복수형: media)
- **bit stream** 비트 스트림(비트 단위로 전송하는 데이터)
- **regardless of** ~와 관계없이　　・ **device** ⓝ 장치, 기기
- **carrier** ⓝ 운반 용기　　・ **delicate** ⓐ 취약한
- **migrate** ⓥ 옮기다, 이동하다

디지털 보존이 의미하는 바를 정립하려고 할 때 가장 먼저 다루어야 할 질문은 '실제로 무엇을 보존하려고 하는가?'이다. 이는 정보 콘텐츠가 물리적 매체에

풀 수 없게 고정된 아날로그 환경에서는 분명하다. 디지털 환경에서는 매체가 **메시지**의 일부가 아니다. 비트 스트림은 그것이 읽히는 매체와 관계없이 컴퓨터에서 동일하게 보인다. 물리적 이동 장치가 필요하지만, 원본 매체를 읽을 수 있는 한, 다른 기기에서도 비트 단위의 완벽한 복사본을 저렴하고 쉽게 만들 수 있어서 원본 이동 장치의 보존은 그 중요성이 줄어들고 있다. 디지털 정보를 전달하는 물리적 매체는 대부분의 아날로그 매체에 비해 상당히 취약하기 때문에, 지속적인 보존 과정의 일환으로 디지털 정보를 한 물리적 이동 장치에서 다른 이동 장치로 옮겨야 할 필요가 있을 것으로 예상된다. 보존해야 하는 것은 매체 자체가 아니라 매체에 담긴 정보이다.

다음 빈칸에 들어갈 말로 가장 적절한 것을 고르시오.

① platform　정보 기술과 관련된 단어를 이용하여 만든 오답
플랫폼
② storage　'매체'와 '저장'은 이 글에서 반대되는 내용을 나타내지 않음
저장
③ message　매체는 보존하고자 하는 메시지의 일부(즉 고정된 것)가 아니라는 내용임
메시지
④ challenge　어려움에 대해 언급되지 않음
어려움
⑤ transformation　단순히 정보 기술과 관련된 단어로 만든 함정
변환

왜 정답? [정답률 15%]

빈칸 문장의 앞 문장	아날로그 환경에서는 정보가 매체에 고정되어 있으므로, 보존하고자 하는 대상이 명확함 (매체를 보존한다는 것) 단서 1
빈칸 문장	디지털 환경에서는 매체가 __________의 일부가 아니다.
빈칸 문장의 뒤 문장	비트 스트림(보존해야 할 정보)은 그것이 읽히는 매체와 관계없이 동일하게 보이므로, 원본 이동 장치의 보존은 그 중요성이 줄어들고 있음 단서 3

➡ 빈칸에는 앞에서 언급된 아날로그 환경과는 대조적인 내용이 나와야 한다.
아날로그 환경과는 반대로 디지털 환경에서는 '정보가 매체에 고정되어 있지 않다'는 내용이 와야 할 것이다.
또한, 디지털 환경의 메시지에 해당하는 비트 스트림은 매체와 관계없이 동일하게 보인다고 했다.
▶ 따라서 디지털 환경에서 매체는 ③ '메시지'의 일부가 아닌 것이다.

왜 오답?

① 정보 기술과 관련된 단어를 이용하여 만든 오답이다.
② '매체'와 '저장'은 이 글에서 반대되는 내용을 나타내지 않고, 빈칸에는 오히려 매체와 반대되는 개념인 '내용, 메시지'가 와야 한다.
④ 이 글에서는 어려움에 대해 언급되지 않았다.
⑤ 정보 기술과 관련된 '변환'이라는 단어로 만든 함정일 뿐이다.

K 33 정답 ① ＊점차 어려워지는 과학적, 기술적 발전

After we make some amount of scientific and technological progress, / does further progress get easier or harder? //
우리가 어느 정도의 과학적 그리고 기술적 발전을 이룬 후에 / 더 이상의 발전은 더 쉬워지는가 혹은 더 어려워지는가 //

~처럼 보이다
Intuitively, **it seems like** it could go either way / because there **are two competing effects**. //
복수 동사(뒤의 주어에 일치)
직관적으로, 어느 쪽이든 될 수 있을 것처럼 보이는데 / 두 가지 경쟁하는 영향이 있기 때문이다 //

On the one hand, we "stand on the shoulders of giants": / previous discoveries can **make future progress easier**. //
5형식 동사 make+목적어+목적격 보어
한편으로는, 우리는 '거인의 어깨에 서 있는데' / 즉 이전의 발견이 미래의 발전을 더 쉽게 만들 수 있다 //
단서 1 우리는 쉬운 발견을 먼저 해서 남은 발견은 더 어려움

On the other hand, /
다른 한편으로는 /

we "pick the low-hanging fruit": /
우리는 '낮게 매달려 있는 과일을 따는데' /

we make the easy discoveries first, /
즉 우리는 쉬운 발견을 먼저 해서 /

★주격 관계대명사
so those **that** remain are more difficult. //
남아 있는 것들은 더 어렵다 //

★ 주격 관계대명사 that
선행사가 사람, 동물, 사물일 때 주격 관계대명사로 that을 쓸 수 있다. 주격 관계대명사는 관계대명사절 안에서 주어의 역할을 한다.

You can only invent the wheel once, / and once you **have**, / **it**'s
뒤에 invented the wheel 생략 가주어
harder **to find** a similarly important invention. //
진주어
여러분은 바퀴를 한 번만 발명할 수 있고 / 일단 그러고 나면 / 비슷하게 중요한 발명을 찾기란
더 어렵다 //

Though both of these effects are important, / when we look at
the data / it's the latter effect that **predominates**. //
이 두 영향 모두 중요하지만 / 데이터를 보면 / 지배하는 것은 바로 후자의 영향이다 //

Overall, past progress makes future progress harder. //
대체로, 과거의 발전은 미래의 발전을 더 어렵게 한다 //

It's easy to see this qualitatively / by looking at the history of
innovation. //
이것을 질적으로 아는 것은 쉽다 / 혁신의 역사를 살펴봄으로써 //

Consider physics. // 물리학을 고려해 보라 //

In 1905, his "miracle year," / Albert Einstein revolutionized
분사구문을 이끎
physics, / **describing** the photoelectric effect, Brownian motion,
the theory of special relativity, and his famous equation,
$E=mc^2$. //
그의 '기적의 해'인 1905년에 / 알버트 아인슈타인은 물리학에 대변혁을 일으켰는데 / 광전
효과, 브라운 운동, 특수 상대성 이론, 그리고 그의 유명한 공식 $E=mc^2$을 기술하였다 //

He was twenty-six at the time and did all this / while working
as a patent clerk. //
접속사가 생략되지 않은 분사구문
그는 그 당시 26살이었고 이 모든 것을 했다 / 특허 사무원으로 일하며 //

Compared to Einstein's day, / progress in physics is now **much**
harder to achieve. //
비교급 강조 부사
아인슈타인의 시대와 비교하여 / 이제 물리학에서 발전은 이루기가 훨씬 더 어렵다 //

- **progress** ⓝ 발전, 진전　• **predominate** ⓥ 지배적이다
- **qualitatively** ⓐⓓ 질적으로　• **physics** ⓝ 물리학
- **revolutionize** ⓥ 대변혁[혁신]을 일으키다
- **photoelectric** ⓐ 광전자를 이용한　• **theory** ⓝ 이론
- **relativity** ⓝ 상대성 이론, 상대성　• **equation** ⓝ 방정식
- **scatter** ⓥ (흩)뿌리다　• **vary** ⓥ 다르다
- **vanish** ⓥ 없어지다　• **fade** ⓥ 바래다, 희미해지다

우리가 어느 정도의 과학적 그리고 기술적 발전을 이룬 후에, 더 이상의
발전은 더 쉬워지는가 혹은 더 어려워지는가? 직관적으로, 어느 쪽이든 될 수
있을 것처럼 보이는데, 두 가지 경쟁하는 영향이 있기 때문이다. 한편으로는,
우리는 '거인의 어깨에 서 있는데,' 즉 이전의 발견이 미래의 발전을 더 쉽게
만들 수 있다. 다른 한편으로는, 우리는 '낮게 매달려 있는 과일을 따는데,' 즉
우리는 쉬운 발견을 먼저 해서 남아 있는 것들은 더 어렵다. 여러분은 바퀴를
한 번만 발명할 수 있고, 일단 그러고 나면, 비슷하게 중요한 발명을 찾기란
더 어렵다. 이 두 영향 모두 중요하지만, 데이터를 보면 **지배하는** 것은 바로
후자의 영향이다. 대체로, 과거의 발전은 미래의 발전을 더 어렵게 한다.
혁신의 역사를 살펴봄으로써 이것을 질적으로 아는 것은 쉽다. 물리학을 고려해
보라. 그의 '기적의 해'인 1905년에, 알버트 아인슈타인은 물리학에 대변혁을
일으켰는데, 광전 효과, 브라운 운동, 특수 상대성 이론, 그리고 그의 유명한
공식 $E=mc^2$을 기술하였다. 그는 그 당시 26살이었고, 특허 사무원으로 일하며
이 모든 것을 했다. 아인슈타인의 시대와 비교하여, 이제 물리학에서 발전은
이루기가 훨씬 더 어렵다.

다음 빈칸에 들어갈 말로 가장 적절한 것을 고르시오.

① **predominates** 갈수록 발명이 어려워진다는 것이 지배적이라는 내용임
　지배하는
② **scatters** 어려운 발명만 남아 있다는 영향이 흩어진다는 내용은 아님
　흩어지는
③ **varies** 남아 있는 것은 어려운 발명이라는 영향이 다양하다는 것이 아님
　다양한
④ **vanishes** 후자의 영향이 사라진다는 내용은 글의 내용과 반대임
　사라지는
⑤ **fades** 후자의 영향이 희미해진다는 내용은 글의 내용과 반대됨
　희미해지는

빈칸 문장	이 두 영향 모두 중요하지만, 데이터를 보면 ________ 것은 바로 후자의 영향이다.

→ 후자의 영향이 '어떠하다'를 선택지에서 찾아야 한다. 이를 위해서는 후자의 영향이
무엇인지, 그리고 이것이 어떠한지를 글에서 찾아야 한다.

- 다른 한편으로는, 우리는 '낮게 매달려 있는 과일을 따는데,' 즉 우리는 쉬운 발견을
　먼저 해서 남아있는 것들은 더 어렵다.
- 대체로, 과거의 발전은 미래의 발전을 더 어렵게 한다.

→ 후자의 영향은 쉬운 발견을 먼저했기에 어려운 발견만 남아서 갈수록 진보는 더
어려워질 것이라는 내용이며, 빈칸 문장 바로 다음 문장에서 과거의 발전은 미래의
발전을 더 어렵게 한다고 했다.

▶ 따라서 빈칸에 들어갈 말로 가장 적절한 것은 ① '지배하는'이다.

② 남아있는 발견은 어렵다는, 후자의 영향이 흩어진다는 내용은 적절하지 않다.
③ 후자의 영향이 다양하다는 것이 아니다.
④ 후자의 영향이 사라진다는 것은 글의 요지와 반대되는 내용이다.
⑤ 후자의 영향이 희미해진다는 것은 글의 핵심 내용과 반대된다.

K 34 정답 ① *식충식물의 독특한 먹이 유인 전략

Insect-eating plants' unique **strategies** / for catching live prey /
복수 주어
have long **captured** the public imagination. //
복수 동사
식충식물의 독특한 전략들은 / 살아 있는 먹이를 잡기 위한 / 오랫동안 대중의 상상력을
사로잡아 왔다 //

But even within this strange group, / **in which** food-trapping
「전치사+관계대명사」
mechanisms have evolved multiple times independently, /
some unusual **ones** stand out. //
= strategies
그러나 심지어 이상한 무리 안에서조차 / 먹이를 가두는 기제가 여러 번 독립적으로 진화해 온
/ 이 몇몇 특이한 것들이 두드러진다 //

According to Ulrike Bauer, / an evolutionary biologist, / the
동격
visually striking pitcher plant *Nepenthes gracilis*, / for example, /
can **exploit external energy for a purpose**. //
Ulrike Bauer에 따르면 / 진화 생물학자인 / 시각적으로 인상적인 낭상엽 식물인
Nepenthes gracilis는 / 예를 들어 / 어떤 목적을 위해 외부의 에너지를 이용할 수 있다 //

This species' pitcher has a rigid, horizontal lid / with an exposed
underside / **that** produces nectar, / **luring insects to land on it**. //
주격 관계대명사　분사구문
이 종의 주머니 모양의 잎은 단단하고 수평으로 된 뚜껑을 갖고 있는데 / 노출된 아랫면을
지닌 / 꿀을 생산하는 / 그것은 곤충들이 그 면에 앉도록 유혹한다 //

When a raindrop strikes the lid's top, / the lid **jolts** downward
/ and **throws** any unsuspecting visitor / into digestive juices
below. //
병렬 구조
빗방울이 뚜껑의 윗면을 칠 때 / 뚜껑은 아래쪽으로 흔들려서 / 의심하지 않고 있는 어떤
방문객도 떨구어 버린다 / 아래의 소화액으로 //

Researchers used x-ray scans / to analyze cross sections of
the pitchers / when the lid is raised, lowered, and in a neutral
position. //
연구원들은 엑스선 정밀 검사를 사용했다 / 주머니 모양의 잎의 단면을 분석하기 위해 /
뚜껑이 올려질 때, 내려질 때 그리고 중립 위치에 있을 때의 //

Their results revealed a structural weak point / in the pitcher's
neck: /
그것의 결과는 구조상의 약한 부분을 밝혀냈다 / 주머니 모양의 잎의 목 부분에서 /

when a raindrop hits the lid, / the weak spot folds in / and forces
the lid **to** quickly **move** downward, / similar to a diving board. //
forces의 목적격 보어
즉 빗방울이 뚜껑을 칠 때 / 그 약한 지점은 안으로 접히고 / 뚜껑이 아래로 빠르게 움직이도록
만드는데 / 그것은 다이빙 보드와 비슷하다 //

The weak point makes / the pitcher's body / **bend** and **bounce**
back in a specific, consistent way, /
makes의 목적격 보어 (원형부정사)
그 약한 부분은 하도록 한다 / 주머니 모양의 잎의 몸통이 / 휘었다가 일정하고 일관된
방식으로 튀어서 되돌아오도록 /

so the lid rises back up / without **bouncing too far** / — unlike a
동명사구 (전치사의 목적어)
typical leaf's chaotic vibration / when struck by rain. //
그래서 그 뚜껑은 다시 올라온다 / 너무 멀리 튀지 않고 / 보통의 잎의 무질서한 흔들림과 달리
/ 비에 맞을 때 //

- insect-eating plant 식충식물　　• stand out 눈에 띄다
- rigid ⓐ 뻣뻣한, 단단한　　• horizontal ⓐ 수평의
- lure ⓥ 꾀다, 유혹하다　　• unsuspecting ⓐ 의심하지 않는
- digestive juice 소화액　　• cross section 횡단면, 단면도
- neutral ⓐ 중립의(위치에 있는)　　• structural ⓐ 구조상의
- diving board 다이빙 도약대　　• chaotic ⓐ 혼돈 상태의
- vibration ⓝ 진동　　• exploit ⓥ 이용하다
- modify ⓥ 수정하다, 바꾸다

식충식물의 살아 있는 먹이를 잡기 위한 독특한 전략들은 오랫동안 대중의
상상력을 사로잡아 왔다. 그러나 심지어 먹이를 가두는 기제가 여러 번
독립적으로 진화해 온 이 이상한 무리 안에서조차 몇몇 특이한 것들이
두드러진다. 진화 생물학자인 Ulrike Bauer에 따르면 예를 들어 시각적으로
인상적인 낭상엽 식물인 Nepenthes gracilis는 **어떤 목적을 위해 외부의
에너지를 이용**할 수 있다. 이 종의 주머니 모양의 잎은 꿀을 생산하는 노출된
아랫면을 지닌 단단하고 수평으로 된 뚜껑을 갖고 있는데, 그것은 곤충들이
그 면에 앉도록 유혹한다. 빗방울이 뚜껑의 윗면을 칠 때, 뚜껑은 아래쪽으로
흔들려서 의심하지 않고 있는 어떤 방문객도 아래의 소화액으로 떨구어 버린다.
연구원들은 뚜껑이 올려질 때, 내려질 때 그리고 중립 위치에 있을 때의 주머니
모양의 잎의 단면을 분석하기 위해 엑스선 정밀 검사를 사용했다. 그것의
결과는 주머니 모양의 잎의 목 부분에서 구조상의 약한 부분을 밝혀냈다. 즉
빗방울이 뚜껑을 칠 때 그 약한 지점은 안으로 접히고, 뚜껑이 아래로 빠르게
움직이도록 만드는데, 그것은 다이빙 보드와 비슷하다. 그 약한 부분은 주머니
모양의 잎의 몸통을 휘었다가 특정하고 일관된 방식으로 튀어서 되돌아오도록
해서, 비에 맞을 때 보통의 잎의 무질서한 흔들림과 달리 그 뚜껑은 너무 멀리
튀지 않고 다시 올라온다.

다음 빈칸에 들어갈 말로 가장 적절한 것을 고르시오. [3점]

① exploit external energy for a purpose
　어떤 목적을 위해 외부의 에너지를 이용하다 　외부 에너지인 빗방울을 통해서 먹이를 잡음
② hide itself with help of the environment
　환경의 도움을 받아 자신을 숨기다 　숨는 것은 아님
③ coordinate with other plants to trap insects 　관련 없음
　곤충을 포획하기 위해 다른 식물들과 협력하다
④ change its shape to absorb more rain water 　흡수하기 위한 것이 아님
　더 많은 비를 흡수하기 위해 모양을 변형하다
⑤ modify its hunting strategy on a regular basis
　정기적으로 사냥 전략을 수정하다 　사냥 전략의 변화는 언급되지 않음

| 문제 풀이 순서 | [정답률 40%]

1st 빈칸이 포함된 문장을 읽고, 빈칸에 들어갈 말에 대한 단서를 얻는다.

빈칸 문장 앞	그러나 심지어 먹이를 가두는 기제가 여러 번 독립적으로 진화해 온 이 이상한 무리 안에서조차 몇몇 특이한 것들이 두드러진다.
빈칸 문장	진화 생물학자인 Ulrike Bauer에 따르면 예를 들어 시각적으로 인상적인 낭상엽 식물인 'Nepenthes gracilis'는 ＿＿＿＿＿＿＿＿＿＿＿ 할 수 있다.

➡ 먹이를 잡기 위한 Nepenthes gracilis의 독특한 전략이 빈칸에 들어갈 것이다.
▶ 나머지 부분을 읽으며 Nepenthes gracilis의 먹이 잡기 전략이 무엇인지
　파악한다.

2nd 글의 나머지 부분을 읽고, Nepenthes gracilis의 먹이 잡기 전략을 파악한다.

- 빗방울이 뚜껑의 윗면을 칠 때, ~ 방문객도 아래의 소화액으로 떨구어
　버린다. 단서 1
- ~ 비에 맞을 때 ~ 그 뚜껑은 너무 멀리 튀지 않고 다시 올라온다. 단서 2

➡ Nepenthes gracilis는 빗방울의 도움을 받아 방문객(곤충)을 가두고, 먹이를
　포획한 후 모양을 회복함

3rd **2nd** 에서 이해한 내용을 선택지에서 고른다.

빗방울(외부의 에너지)을 이용해 먹이를 포획하는 Nepenthes gracilis의 전략을
소개하고 있는 빈칸에는 ① '어떤 목적을 위해 외부의 에너지를 이용하다'가 들어가는
것이 알맞다.

| 선택지 분석 |

① 외부 에너지인 빗방울을 통해서 먹이를 잡는 Nepenthes gracilis의 독특한 전략을
　소개하고 있다.

---

② 환경의 도움으로 숨는 것은 아니다.
③ 협력하는 내용은 나오지 않는다.
④ 비를 더 많이 흡수하기 위함이 아니다.
⑤ Nepenthes gracilis가 전략을 수정하지는 않았다.

K 35 정답 ① ＊언어 기술의 숙달에 따른 변화

From about ages eight through sixteen, / our manual dexterity
has strengthened / through continually improving eye-hand
coordination. //
약 8세부터 16세까지 / 우리의 손재주는 강화되어 왔다 / 눈과 손의 협응을 지속적으로
향상시키면서 //

There is considerable improvement / in handwriting skills. //
상당한 향상이 있다 / 필기 능력에 //

We gain mastery / over the mechanics of language. //
우리는 숙달을 얻는다 / 언어의 기술에 대한 //

We also gradually eliminate / the logical gaps in our stories / —
characteristic of our earlier stage of perception /
우리는 또한 점차적으로 제거한다 / 우리 이야기의 논리적 공백을 / 우리의 초기 지각 단계의
특징인
　접속사
— **as** intense preoccupation with the whole vision / gives way
/ to preoccupation with correctness. // 단서 1 정확성에 집착하게 되면서 초기
　　　　　　　　　　　　　　　　　　　단서의 특징인 논리적 공백을 제거한다고 함
전체 시각에 대한 강렬한 집착이 / 바뀌면서 / 정확성에 대한 집착으로 //

As a result, / our writing and oral storying / become increasingly
conventional and literal, / 단서 2 글쓰기와 구술이 상투적이며
　　　　　　　　　　　　　　 사실에 충실하게 된다고 함
그 결과 / 우리의 글쓰기와 구술은 / 점점 더 상투적이며 사실에 충실하게 된다 /

with an accompanying **loss** of the spontaneity and originality /
주격 관계대명사(the spontaneity and originality 수식)
that characterized our earlier efforts. //
즉흥성과 독창성의 손실을 수반하면서 / 우리의 초기 노력의 특징이었던 //

At this stage /
이 단계에서 /

our vocabulary is firmly grounded. //
우리의 어휘는 확고하게 기반을 갖는다 //
★사이에 목적격 관계대명사 생략
We use **words** /
우리는 단어를 사용한다 /

everyone else uses. //
모든 사람이 사용하는 // 단서 3 모든 사람이 사용하는 단어를 사용
　　　　　　　　　　　 형용사적 용법　　　　　부사적 용법(목적)
We have little need / **to invent** metaphors / **to communicate**. //
우리는 필요가 거의 없다 / 은유를 지어낼 / 의사소통하기 위해 //
　　　　　　　 목적어를 이끄는 접속사　　　　　　　mass를 수식하는 분사
By now / we know / **that** a star is "a hot gaseous mass **floating**
in space" / in contrast to our innocent stage, / when we noticed,
/ "Look that star is like a flower without a stem!" //
이제 / 우리는 알고 있다 / 별이 "우주를 떠다니는 뜨거운 기체 덩어리"라는 것을 / 순진한
단계와 대조하여 / 우리가 말했던 / "봐 저 별은 줄기가 없는 꽃과 같아!"라고 //

> ★ 목적격 관계대명사의 생략
> 관계대명사절에서 목적어 역할을
> 하는 목적격 관계대명사는
> 생략할 수 있다. 선행사인 words
> 뒤에 uses의 목적어 역할을
> 하는 목적격 관계대명사 that이
> 생략되었다.

- continually ⓐⓓ 지속적으로　　• coordination ⓝ 협응, 협조
- handwriting ⓝ 필기　　• mastery ⓝ 숙달, 통달
- eliminate ⓥ 제거하다　　• logical ⓐ 타당한, 논리적인
- characteristic ⓝ 특징　　• earlier ⓐ 초기의　　• intense ⓐ 강렬한
- preoccupation ⓝ 집착　　• whole ⓐ 전체의, 온전한
- give way to ~로 바뀌다　　• correctness ⓝ 정확성
- conventional ⓐ 상투적인, 관습적인
- literal ⓐ 사실에 충실한, 글자 그대로의　　• accompanying ⓐ 수반하는
- originality ⓝ 독창성　　• characterize ⓥ 특징짓다
- firmly ⓐⓓ 단호히, 확고히　　• grounded ⓐ 현실에 기반을 둔
- metaphor ⓝ 은유(법)　　• by now 이제
- gaseous ⓐ 기체의　　• mass ⓝ 덩어리　　• float ⓥ 떠다니다
- in contrast with[to] ~와 대조를 이루어　　• innocent ⓐ 순진한
- stem ⓝ 줄기

약 8세부터 16세까지, 우리의 손재주는 눈과 손의 협응을 지속적으로 향상시키면서 강화되어 왔다. 필기 능력에 상당한 향상이 있다. 우리는 언어의 기술에 대한 숙달을 얻는다. 우리는 또한 전체 시각에 대한 강렬한 집착이 정확성에 대한 집착으로 바뀌면서 — 우리의 초기 지각 단계의 특징인 — 우리 이야기의 논리적 공백을 점차적으로 제거한다. 그 결과, 우리의 글쓰기와 구술은 점점 더 상투적이며 사실에 충실하게 되고, 우리의 초기 노력의 특징이었던 즉흥성과 독창성의 **손실**을 수반하게 된다. 이 단계에서 우리의 어휘는 확고하게 기반을 갖는다. 우리는 모든 사람이 사용하는 단어를 사용한다. 우리는 의사소통하기 위해 은유를 지어낼 필요가 거의 없다. 이제 우리는 "봐 저 별은 줄기가 없는 꽃과 같아!"라고 말했던 순진한 단계와 대조하여, 별이 "우주를 떠다니는 뜨거운 기체 덩어리"라는 것을 알고 있다.

다음 빈칸에 들어갈 말로 가장 적절한 것을 고르시오.

① **loss** 글쓰기와 구술이 초기의 즉흥성과 독창성을 손실하고 상투적이며 사실에 충실하게 된다고 함
손실
② **sense** 글쓰기와 구술이 즉흥성과 독창성의 감각을 수반하는 것이 아니라 이를 잃게 된다는 내용임
감각
③ **increase** 즉흥성과 독창성의 증가를 수반한다는 것과 반대되는 내용임
증가
④ **recovery** 즉흥성과 독창성을 회복하는 것이 아니라 잃게 됨
회복
⑤ **demonstration** 글쓰기와 구술이 즉흥성과 독창성을 입증한다는 내용이 아님
입증

왜 정답? [정답률 45%]

빈칸 문장	그 결과, 우리의 글쓰기와 구술은 점점 더 상투적이며 사실에 충실하게 되고, 우리의 초기 노력의 특징이었던 즉흥성과 독창성의 ______을 수반하게 된다.

➡ 빈칸에는 글쓰기와 구술에서 초기 노력이었던 즉흥성과 독창성이 어떻게 되었는지가 들어가야 한다.

- 전체 시각에 대한 강렬한 집착이 정확성에 대한 집착으로 바뀌면서, 우리의 초기 지각 단계의 특징인 이야기의 논리적 공백을 점차적으로 제거하게 된다. **단서 1**
- 우리의 글쓰기와 구술은 점점 더 상투적이며 사실에 충실하게 된다. **단서 2**
- 우리는 모든 사람이 사용하는 단어를 사용한다. **단서 3**

➡ 정확성에 대한 집착이 생겨나면서 초기 지각 단계의 특징인 이야기의 논리적 공백이 제거되며, 글쓰기와 구술은 점점 더 상투적이며 사실에 충실하게 된다고 했다. 또한, 이제는 모든 사람이 사용하는 단어를 사용하게 된다는 내용의 글이다.

▶ 그러므로 글쓰기와 구술에서 사실에 충실하고 다른 사람들이 사용하는 단어를 사용하기 위해 초기 노력이었던 즉흥성과 독창성은 '사라지게' 된다고 하는 것이 적절하므로 ① '손실'이 정답이다.

왜 오답?

② 글쓰기와 구술이 즉흥성과 독창성의 감각을 수반한다는 내용이 아니다.
③ 글쓰기와 구술이 즉흥성과 독창성의 증가를 수반한다는 것과 오히려 반대되는 내용이다.
④ 글쓰기와 구술이 즉흥성과 독창성의 회복을 수반한다는 언급은 없다.
⑤ 글쓰기와 구술이 즉흥성과 독창성을 입증한다는 내용의 글이 아니다.

K 36 정답 ① ＊이타적인 행위를 하는 사람들의 도덕성

The commonsense understanding / of the moral status of altruistic acts / conforms to / how most of us think about our responsibilities toward others. //
상식적인 이해는 / 이타적인 행위의 도덕적 상태에 대한 / ~에 따른다 / 우리 대부분이 다른 사람들을 향한 우리의 책임에 대해 어떻게 생각하는지 //

We tend to get offended / when someone else or society determines for us / how much of what we have should be given away; / **단서 1** 일반적으로 다른 사람이나 사회가 무언가를 결정해 주는 것을 불쾌하게 여기는 경향이 있다고 함
우리는 불쾌하게 여기는 경향이 있다 / 다른 누군가 또는 사회가 우리를 대신하여 결정하면 / 우리가 가진 것의 얼마만큼을 나누어줘야 하는지를 /

we are adults / and should have the right / to make such decisions for ourselves. //
우리는 성인이다 / 그리고 권리가 있어야 한다 / 스스로 그러한 결정을 내릴 //

Yet, / when interviewed, / altruists known for making the largest sacrifices / — and bringing about the greatest benefits to their recipients / — assert just the opposite. // **단서 2** 이타주의자들은 (앞 내용과) 정반대의 주장을 함
하지만 / 인터뷰를 하면 / 가장 큰 희생을 한 것으로 알려진 이타주의자들은 / 그리고 그들의 수혜자에게 가장 큰 이익을 가져다주는 것으로 / 정반대의 주장을 한다 //

They insist / that they **had absolutely no choice but to act / as they did**. // **단서 3** 이타적인 사람들은 누구나 똑같은 일을 했을 것이며 자신들의 행동이 찬사를 받을 만하지 않다고 일관되게 주장함
그들은 주장한다 / 그들이 전적으로 (그렇게) 행동할 수밖에 없었다고 / 자신들이 그랬던 것처럼 //

Organ donors, and everyday citizens / who risk their own lives to save others in mortal danger / are remarkably consistent / in their explicit denials /
장기 기증자들과 평범한 시민들은 / 치명적인 위험에 처한 다른 사람들을 구하기 위해 자기 자신의 목숨을 거는 / 놀랍게 일관된다 / 그들의 명백한 부인에서 /

that they have done anything deserving of high praise / as well as in their assurance / that anyone in their shoes **should have done** exactly the same thing. //
자신이 찬사를 받을 만한 어떤 일을 했다는 것에 대한 / 그들의 확신에서뿐만 아니라 / 자신의 입장에 처한 사람이라면 누구나 정확하게 똑같은 것을 했을 것이라는 //

To be sure, / it seems / that the *more* altruistic someone is, / the more they are likely to insist /
확실히 / 보인다 / 누군가가 '더' 이타적일수록 / 그들은 주장할 가능성이 더 높다 /

that they have done no more than all of us would be expected to do, / lest we shirk our basic moral obligation to humanity. //
우리 모두가 할 것으로 기대되는 만큼만 했을 뿐이라고 / 우리가 인류에 대한 우리의 기본적인 도덕적 의무를 회피하지 않도록 //

- commonsense ⓐ 상식적인 · moral status 도덕적 지위
- conform ⓥ 따르다 · responsibility ⓝ 책임
- offend ⓥ 기분 상하게 하다, 불쾌하게 여겨지다 · determine ⓥ 결정하다
- sacrifice ⓝ 희생 · benefit ⓝ 이익 · recipient ⓝ 수혜자
- assert ⓥ 주장하다 · organ donor 장기 기증자
- mortal ⓐ 치명적인 · remarkably ⓐⓓ 놀랍게도
- explicit ⓐ 명백한 · denial ⓝ 부인, 부정
- deserving ⓐ (도움·보답·칭찬 등을) 받을 만한[자격이 있는]
- assurance ⓝ 확신 · in one's shoes ~의 입장에서
- obligation ⓝ 의무 · humanity ⓝ 인류
- appreciation ⓝ 감탄, 찬사 · in return 대신에, 답례로
- inapplicable ⓐ 적용되지 않는, 사용할 수 없는

이타적인 행위의 도덕적 상태에 대한 상식적인 이해는 우리 대부분이 다른 사람들을 향한 우리의 책임에 대해 어떻게 생각하는지에 따른다. 우리는 다른 누군가 또는 사회가 우리를 대신하여 우리가 가진 것의 얼마만큼을 나누어줘야 하는지를 결정하면 그것을 불쾌하게 여기는 경향이 있다. 우리는 성인이고 스스로 그러한 결정을 내릴 권리가 있어야 한다. 하지만, 인터뷰를 하면, 가장 큰 희생을 하고, 그들의 수혜자에게 가장 큰 이익을 가져다주는 것으로 알려진 이타주의자들은 정반대의 주장을 한다. 그들은 그들이 **자신들이 그랬던 것처럼 전적으로 (그렇게) 행동할 수밖에 없었다**고 주장한다. 치명적인 위험에 처한 다른 사람들을 구하기 위해 자기 자신의 목숨을 거는 장기 기증자들과 평범한 시민들은 자신의 입장에 처한 사람이라면 누구나 정확하게 똑같은 것을 했을 것이라는 그들의 확신에서뿐만 아니라 자신이 찬사를 받을 만한 어떤 일을 했다는 것에 대한 그들의 명백한 부인에서도 놀랍게 일관된다. 확실히, 누군가가 '더' 이타적일수록, 그들은 우리가 인류에 대한 우리의 기본적인 도덕적 의무를 회피하지 않도록, 우리 모두가 할 것으로 기대되는 만큼만 했을 뿐이라고 주장할 가능성이 더 높아 보인다.

다음 빈칸에 들어갈 말로 가장 적절한 것을 고르시오.

① **had absolutely no choice but to act as they did** 그 입장에 처하면 자신들처럼 행동할 수밖에 없다는 주장을 하고 있음
자신들이 그랬던 것처럼 전적으로 (그렇게) 행동할 수밖에 없었다
② **should have been rewarded financially** 재정적으로 보상을 받았어야 한다고 하지 않음
재정적으로 보상을 받았어야 했다
③ **regretted making such decisions** 이러한 결정을 후회한다는 언급은 없음
이러한 결정을 한 것을 후회했다
④ **deserved others' appreciation in return** 오히려 다른 사람들의 찬사를 부인한다고 했음
보답으로 다른 사람들의 인정을 받을 만했다
⑤ **found the moral obligations inapplicable in risky situations** 위험한 상황에서 도덕적 의무감이 적용되지 않는다는 것을 발견했다는 내용이 아님
위험한 상황에서 도덕적 의무감이 적용되지 않는다는 것을 발견했다

- 우리는 다른 누군가 또는 사회가 우리를 대신하여 결정하면 그것을 불쾌하게 여기는 경향이 있다. **단서 1**
- 하지만, 이타주의자들은 정반대의 주장을 한다. **단서 2**
- 이타주의자들은 자신의 입장에 처한 사람이라면 누구나 정확하게 똑같은 것을 했을 것이며 자신이 찬사를 받을 만한 어떤 일을 했다는 것에 대해 일관되게 부인한다. **단서 3**

→ 사람들은 일반적으로 자신이 스스로 결정하지 못하는 상황을 불쾌해하지만 이타주의자들은 이와 정반대의 주장을 하는데, 그 정반대의 주장이란 바로 자신의 입장이라면 누구나 (선택권 없이) 정확하게 똑같은 일을 했으리라는 것이다.

▶ 빈칸에는 그들(이타주의자들)이 무엇이라고 주장했는지가 들어가야 하므로 ① '자신들이 그랬던 것처럼 전적으로 (그렇게) 행동할 수밖에 없었다'고 하는 것이 적절하다.

오 오답 ?

② 재정적으로 보상을 받아야 한다고 하지 않았다.
③ 이러한 결정을 후회한다는 언급은 없다.
④ 다른 사람들의 인정을 바라는 것이 아니라 **주의** 오히려 다른 사람들의 찬사를 부인한다고 했다.
⑤ 위험한 상황에서 도덕적 의무감이 적용되지 않는다는 것을 발견했다는 내용이 아니다.

K 37 정답 ③ ★스토아학파의 철학: 통제 불가능한 것에 대한 대응 방법

Epictetus wrote, / "A man's master is / he **who** is able to confirm or remove / **whatever** that man seeks or shuns." //
Epictetus는 썼다 / "사람의 주인은 ~이다 / 확인하거나 제거할 수 있는 사람이다."라고 / 그 사람이 추구하거나 피하는 것 무엇이든지를 //

If you depend on no one except yourself / **to satisfy** your desires, / you will have no master other than yourself / and you will be free. //
만일 여러분이 여러분 자신 외에 누구에게도 의존하지 않는다면 / 자신의 욕망을 만족시키기 위해 / 여러분은 여러분 자신 외에 주인이 없을 것이고 / 여러분은 자유로울 것이다 //

Stoic philosophy was about that / — taking charge of your life, / **learning** to work on those things **that** are within your power to accomplish or change /
스토아 철학은 ~ 것에 관한 것이었다 / 여러분의 삶을 책임지고 / 성취하거나 변화하기 위해 여러분의 힘 안에 있는 것들에 노력하는 것과 / **단서 1** 스토아 학파는 여러분이 할 수 없는 것에 에너지를 낭비하지 말라고 함

and **not to** waste energy on **things you** cannot. //
여러분이 할 수 없는 것들에 에너지를 낭비하지 않는 것을 배우는 //

In particular, / the Stoics warned against / **reacting emotionally to what is outside your control**. //
특히 / 스토아학파는 ~에 대해 경고했다 / 여러분의 통제 밖에 있는 것에 대해 감정적으로 반응하는 것 //

Often, Epictetus argued, / **it**'s not our circumstances **that** get us down / but rather the **judgments we** make about them. //
흔히, Epictetus는 주장했다 / 우리를 낙담시키는 것은 우리의 상황이 아니라 / 오히려 그것들에 대해 우리가 내리는 판단이라고 //

Consider anger. // 분노를 생각해보라 //

We don't get angry at the rain / if it spoils our picnic. //
우리는 그것에 화가 나지 않는다 / 비가 우리의 소풍을 망친다 해도 //

That would be silly / because we can't do anything about the rain. //
그것은 어리석은 짓인데 / 우리가 비에 대해 아무것도 할 수 없기 때문이다 //
단서 2 비만큼이나 그 사람을 통제하거나 바꿀 수 없기 때문에 둘 다 똑같이 어리석다고 함

But we often do get angry / if someone mistreats us. //
하지만 우리는 흔히 정말 화가 난다 / 누군가가 우리를 나쁘게 대한다면 //

We usually can't control or change that person / any more than we can stop the rain, / so that is equally silly. //
우리는 대개 그 사람을 통제하거나 바꿀 수도 없으므로 / 우리가 비를 멈출 수 없는 것처럼 / 그것은 마찬가지로 어리석다 //

More generally, / **it** is **just as** pointless / **to tie** our feelings of well-being to altering another individual's behavior / **as it** is **to tie** them to the weather. //
just as ~ as ...: ...만큼이나 ~하다
더 일반적으로 / 무의미하다 / 우리의 안녕에 관한 감정을 다른 개인의 행동을 바꾸는 것에 연결하는 것은 / 그것들을 날씨에 연결하는 것만큼이나 //

Epictetus wrote, / "If it concerns anything not in our control, / be prepared to say **that** it is nothing to you." // **단서 3** 통제 안에 있지 않다면 아무것도 아니라고 함
Epictetus는 썼다 / "만약 그것이 우리의 통제 안에 있지 않은 것과 관련이 있다면 / 그것은 당신에게 아무것도 아니라고 말할 준비를 하라."고 //

- satisfy ⓥ 만족시키다 · desire ⓝ 욕구
- take charge of ~을 책임지다 · accomplish ⓥ 완수하다, 성취하다
- circumstance ⓝ 상황 · judgment ⓝ 판단 · spoil ⓥ 망치다
- mistreat ⓥ 학대하다 · equally 國 마찬가지로
- pointless 國 무의미한 · well-being ⓝ 안녕, (건강과) 행복
- alter ⓥ 바꾸다, 변경하다 · concern ⓥ 영향을 미치다
- argument ⓝ 논쟁 · react ⓥ 반응하다
- comprehend ⓥ 이해하다 · rationalize ⓥ 합리화하다

Epictetus는 "사람의 주인은 그 사람이 추구하거나 피하는 것 무엇이든지를 확인하거나 제거할 수 있는 사람이다."라고 썼다. 만일 여러분이 자신의 욕망을 만족시키기 위해 여러분 자신 외에 누구에게도 의존하지 않는다면, 여러분은 여러분 자신 외에 주인이 없을 것이고 여러분은 자유로울 것이다. 스토아 철학은 여러분의 삶을 책임지고, 성취하거나 변화하기 위해 여러분의 힘 안에 있는 것들에 노력하는 것과 여러분이 할 수 없는 것들에 에너지를 낭비하지 않는 것을 배우는 것에 관한 것이었다. 특히, 스토아학파는 **여러분의 통제 밖에 있는 것에 대해 감정적으로 반응하는 것**에 대해 경고했다. 흔히, Epictetus는 우리를 낙담시키는 것은 우리의 상황이 아니라 오히려 그것들에 대해 우리가 내리는 판단이라고 주장했다. 분노를 생각해보라. 우리는 비가 우리의 소풍을 망친다 해도, 그것에 화가 나지 않는다. 그것은 어리석은 짓인데, 우리가 비에 대해 아무것도 할 수 없기 때문이다. 하지만 우리는 누군가가 우리를 나쁘게 대한다면 흔히 정말 화가 난다. 우리가 비를 멈출 수 없는 것처럼 우리는 대개 그 사람을 통제하거나 바꿀 수도 없으므로, 그것은 마찬가지로 어리석다. 더 일반적으로, 우리의 안녕에 관한 감정을 다른 개인의 행동을 바꾸는 것에 연결하는 것은, 그것들을 날씨에 연결하는 것만큼이나 무의미하다. Epictetus는 "만약 그것이 우리의 통제 안에 있지 않은 것과 관련이 있다면, 그것은 당신에게 아무것도 아니라고 말할 준비를 하라."고 썼다.

다음 빈칸에 들어갈 말로 가장 적절한 것을 고르시오. [3점]

① making an argument without enough evidence
충분한 증거 없이 주장을 하는 것 / 충분한 증거 없이 주장을 하는 것에 대한 언급이 없음
② listening to others' opinions without judgment
판단 없이 다른 사람의 의견을 듣는 것 / 판단 없이 다른 사람의 의견을 듣고라고 하지 않았음
③ reacting emotionally to what is outside your control
여러분의 통제 밖에 있는 것에 대해 감정적으로 반응하는 것 / 통제할 수 없는 것에 에너지를 쏟지 말라고 함
④ pretending to have comprehended when you have not
여러분이 이해하지 못했을 때 이해한 척 하는 것 / 이해하지 못했을 때 이해한 척 하라는 언급은 없음
⑤ rationalizing to yourself that the situation is out of control
그 상황이 통제 불가능하다는 것을 여러분 스스로에게 합리화하는 것 / 상황이 통제 불가능함을 합리화하는 것을 경고하는 내용이 아님

빈칸 문장	특히, 스토아학파는 ________________에 대해 경고했다.

→ 빈칸에는 스토아학파가 무엇에 대해 경고했는지가 들어가야 한다.

- 스토아 철학은 여러분이 할 수 없는 것들에 에너지를 낭비하지 않는 것을 배우는 것이었다. **단서 1**
- 비를 멈출 수 없는 것처럼 그 사람을 통제하거나 바꿀 수도 없으므로 마찬가지로 어리석다. **단서 2**
- 만약 그것이 우리의 통제 안에 있지 않은 것과 관련이 있다면, 그것은 당신에게 아무것도 아니라고 말할 준비를 하라. **단서 3**

→ 스토아 철학에서는 자신이 통제할 수 없는 것들(비 또는 다른 사람)에 에너지를 낭비하지 말라고 가르쳤으며, 통제 안에 있지 않은 것이라면 아무것도 아니라고 말할 수 있어야 한다고 했다.

▶ 그러므로 스토아 학파들이 ③ '여러분의 통제 밖에 있는 것에 대해 감정적으로 반응하는 것'에 대해 경고했다고 하는 것이 적절하다.

자이 쌤's Follow Me! – 홈페이지에서 제공

K 38 정답 ② ＊전략적 자기 무지

Some of the most insightful work / on information seeking / emphasizes "strategic self-ignorance," /
가장 통찰력 있는 연구 중 일부는 / 정보 탐색에 관한 / '전략적 자기 무지'를 강조하는데 /
앞에 주격 관계대명사와 be동사가 생략됨
understood / as "the use of ignorance / as an excuse / to engage excessively / in pleasurable activities / that may be harmful / to one's future self." //
단서1 미래에 해로울 수도 있는 즐거운 활동을 하기 위한 핑계로 무지를 전략적으로 사용함
이는 이해된다 / '무지의 사용으로 / 핑계로서 / 과도하게 하기 위한 / 즐거운 활동을 / 해로울 수도 있는 / 자신의 미래 자아에'
부사절 접속사(조건)
The idea here is / that if people are present-biased, / they might avoid information / that would **make current activities less attractive** /
명사절(주격 보어) 주격 관계대명사
여기서의 생각은 ~이다 / 만약 사람들이 현재에 편향되어 있다면 / 그들은 정보를 피할 수도 있다는 것 / 현재의 활동을 덜 매력적으로 만들
단서2 정보가 죄책감이나 수치심을 유발하고 그러한 활동을 하지 말라고 충고할 것이기 때문에 정보를 피함
— perhaps because it would produce guilt or shame, / perhaps because it would suggest / an aggregate trade-off / that would counsel against engaging / in such activities. //
아마도 그것이 죄책감이나 수치심을 유발할 것이기 때문에 / 아마도 그것이 제안할 것이기 때문에 / 총체적 절충을 / 관여하지 말라고 충고할 / 그러한 활동에
간접목적어 직접목적어
St. Augustine famously said, / "God give me chastity — tomorrow." //
주어 동사
성 아우구스티누스는 유명한 말을 했다 / "하나님 제게 정결을 내일 주시옵소서"라는 //
Present-biased agents think: / "Please let me know the risks — tomorrow." //
현재에 편향되어 있는 행위자들은 생각한다 / "제가 위험을 내일 알게 해주세요"라고 //
Whenever people are thinking / about engaging in an activity /
= No matter when
with short-term benefits but long-term costs, / they might prefer to delay / receipt of important information. //
사람들이 생각하고 있을 때마다 / 활동을 하려고 / 단기적인 혜택은 있지만 장기적인 대가가 있는 / 그들은 미루는 것을 선호할 수도 있다 / 중요한 정보의 수신을 //
The same point might hold / about information / that could make people sad or mad: / "Please tell me / what I need to know / — tomorrow." //
단서3 슬프게 하거나 화나게 할 수 있는 정보를 아는 것을 미룸
똑같은 점이 있을 수 있다 / 정보에 관해서도 / 사람들을 슬프게 하거나 화나게 할 수 있는 / "제게 말해 주세요 / 제가 알아야 할 것을 / 내일" //

- insightful ⓐ 통찰력 있는
- seek ⓥ 찾다, 추구하다
- emphasize ⓥ 강조하다
- strategic ⓐ 전략적인
- self-ignorance 자기 무지
- excuse ⓝ 핑계, 변명
- engage in ~에 참여[관여]하다
- excessively ⓐⓓ 지나치게, 과도하게
- pleasurable ⓐ 즐거운
- harmful ⓐ 해로운
- present-biased 현재에 편향되어 있는
- avoid ⓥ 피하다, 모면하다
- guilt ⓝ 죄책감
- shame ⓝ 수치심, 창피
- trade-off 절충, 균형
- counsel ⓥ 조언[충고]하다, 상담하다
- agent ⓝ 행위자, (일정 권한을 가진) 대리인[점]
- risk ⓝ 위험
- benefit ⓝ 혜택
- prefer ⓥ 선호하다
- delay ⓥ 미루다
- receipt ⓝ 수령, 받기, 인수
- mad ⓐ 몹시 화가 난

정보 탐색에 관한 가장 통찰력 있는 연구 중 일부는 '전략적 자기 무지'를 강조하는데, 이는 '자신의 미래 자아에 해로울 수도 있는 즐거운 활동을 과도하게 하기 위한 핑계로서의 무지의 사용'으로 이해된다. 여기서의 생각은, 만약 사람들

이 현재에 편향되어 있다면, **현재의 활동을 덜 매력적으로 만들** 정보를 피할 수도 있다는 것인데, 아마도 그것이 죄책감이나 수치심을 유발할 것이고, 그러한 활동을 하지 말라고 충고할 총체적 절충을 제안할 것이기 때문일 것이다. 성 아우구스티누스는 "하나님 제게 정결을 내일 주시옵소서."라는 유명한 말을 했다. 현재에 편향되어 있는 행위자들은 "제가 위험을 내일 알게 해주세요."라고 생각한다. 사람들이 단기적인 혜택은 있지만 장기적인 대가가 있는 활동을 하려고 생각하고 있을 때마다, 그들은 중요한 정보의 수신을 미루는 것을 선호할 수도 있다. 사람들을 슬프게 하거나 화나게 할 수 있는 정보에 관해서도 똑같은 점이 있을 수 있다. "제가 알아야 할 것을 내일 말해 주세요."

다음 빈칸에 들어갈 말로 가장 적절한 것을 고르시오.
① highlight the value of preferred activities 선호되는 활동의 가치를 떨어뜨리는 정보임
   선호되는 활동의 가치를 강조할
② make current activities less attractive 현재의 활동을 하는 것에 대해 수치심을 유발하는 정보임
   현재의 활동을 덜 매력적으로 만들
③ cut their attachment to past activities '현재'의 활동에 대한 내용임
   과거 활동에 대한 자신들의 애착을 끊을
④ enable them to enjoy more activities 그들로 하여금 그 활동을 하지 못하게 하는 정보임
   그들로 하여금 더 많은 활동을 즐기게 할
⑤ potentially become known to others 타인이 관련되는 것은 아님
   다른 사람들에게 잠재적으로 알려지게 될

✎왜 정답 ? [정답률 39%] 지금은 즐거운 어떤 활동이 미래에는 해로울 수 있음을 알기를 피하는 것 꿀팁
전략적 자기 무지란 미래의 자신에게 해로울 수 있는, 그러나 현재에는 즐거운 활동을 하기 위한 핑계로서 무지를 사용하는 것을 말한다. 다시 말해, 그러한 활동을 하는 것에 대해 죄책감이나 수치심을 유발하거나 그 활동을 하지 말 것을 제안하는 정보를 일부러 피하는 것을 의미하므로 이러한 정보가 어떤 정보인지를 설명하는 빈칸에는 ② '현재의 활동을 덜 매력적으로 만들'이 들어가야 한다.

K 39 정답 ② ＊소비의 변화

People have always needed to eat, / and they always will. //
사람들은 항상 먹을 것이 필요했으며 / 그들은 항상 그럴 것이다 // 뒤에 need to eat이 생략됨
Rising emphasis / on self-expression values / does not put an end / to material desires. //
단수 주어 단수 동사
늘어나는 강조가 / 자기표현 가치에 관한 / 마침표를 찍지는 않는다 / 물질적 욕구에 //
But prevailing economic orientations / are gradually being reshaped. //
└ 수동태의 현재진행형
하지만 우세한 경제적 방향성이 / 서서히 재형성되고 있다 //
People / who work in the knowledge sector / continue to seek high salaries, /
복수 주어 복수 동사
사람들은 / 지식 부문에서 일하는 / 계속 높은 급료를 추구하지만 /
but they place equal or greater emphasis / on doing stimulating work / and being able to follow their own time schedules. //
그들은 동등한 또는 더 큰 중점을 둔다 / (아주 흥미로워) 자극이 되는 일을 하는 것에 / 그리고 그들 자신의 시간 계획을 따르는 것에 //
Consumption is becoming progressively less determined / by the need for sustenance / and the practical use of the goods consumed. //
소비는 점진적으로 덜 결정된다 / 생존에 대한 필요에 의해 / 소비되는 재화의 실용적 사용에 의해 //
단서1 음식의 가치가 '어떤' 측면에 의해 결정되는지가 빈칸에 필요함
People still eat, / but a growing component of food's value / is determined / by its **nonmaterial** aspects. //
사람들은 여전히 먹지만 / 음식 가치의 증가하는 구성 요소가 / 결정된다 / 그것의 비물질적인 측면에 의해 //
단서2 음식의 가치: 흥미로운 경험을 제공, 독특한 생활 방식을 접할 기회
People pay a premium / to eat exotic cuisines / that provide an interesting experience / or that symbolize a distinctive life-style. //
부사적 용법(목적) 주격 관계대명사의 병렬 구조
사람들은 할증금을 낸다 / 이국적인 요리를 먹고자 / 흥미로운 경험을 제공하는 / 또는 독특한 생활 방식을 상징하는 //

The publics of postindustrial societies / place growing emphasis / on "political consumerism," / such as boycotting goods / whose production violates / ecological or ethical standards. //
탈공업화 사회의 대중은 / 점점 더 많은 중점을 둔다 / '정치적 소비주의'에 / 상품의 구매를 거부하는 것과 같은 / 그것의 생산이 위반하는 / 생태적 또는 윤리적 기준을 //

Consumption is less and less a matter of sustenance / and more and more a question of life-style / — and choice. //
소비는 점점 덜 생존의 문제이며 / 점점 더 생활 방식의 문제(이다) / 그리고 선택(의 문제이다) //

- emphasis ⓝ 강조 · value ⓥ 소중하게 생각하다
- orientation ⓝ 방향성 · reshape ⓥ 모양을 고치다, 재형성하다
- salary ⓝ 급료 · stimulating ⓐ 자극이 되는
- consumption ⓝ 소비 · progressively ⓐⓓ 계속해서, 점진적으로
- determine ⓥ 결정하다 · sustenance ⓝ 자양물, 지속, 생존
- practical ⓐ 현실적인, 실용적인 · component ⓝ 구성요소
- nonmaterial ⓐ 비물질적인 · aspect ⓝ 측면
- exotic ⓐ 이국적인 · symbolize ⓥ 상징하다
- distinctive ⓐ 독특한 · postindustrial ⓐ 탈공업화의
- boycott ⓥ 구매를 거부하다 · violate ⓥ 위반하다
- ecological ⓐ 생태적인 · ethical ⓐ 윤리적인

사람들은 항상 먹을 것이 필요했으며, 또 항상 그럴 것이다. 자기표현 가치에 관한 늘어나는 강조가 물질적 욕구를 끝내지는 않는다. 하지만 우세한 경제적 방향성이 서서히 재형성되고 있다. 지식 부문에서 일하는 사람들은 계속 높은 급료를 추구하지만, 그들은 (아주 흥미로워) 자극이 되는 일을 하는 것과 그들 자신의 시간 계획을 따르는 것에 동등한 또는 더 큰 중점을 둔다. 소비는 점진적으로 생존에 대한 필요와 소비되는 재화의 실용적 사용에 의해 덜 결정된다. 사람들은 여전히 먹지만, 음식 가치의 증가하는 구성 요소가 그것의 **비물질적인** 측면에 의해 결정된다. 사람들은 흥미로운 경험을 제공하거나 독특한 생활 방식을 상징하는 이국적인 요리를 먹고자 할증금을 낸다. 탈공업화 사회의 대중은 생산이 생태적 또는 윤리적 기준을 위반하는 상품의 구매를 거부하는 것과 같은 '정치적 소비주의'에 점점 더 많은 중점을 둔다. 소비는 점점 덜 생존의 문제이며 점점 더 생활 방식, 그리고 선택의 문제이다.

다음 빈칸에 들어갈 말로 가장 적절한 것을 고르시오.

① quantitative 음식의 양이 중요하다는 것이 아님
　양적인
②nonmaterial 흥미로운 경험, 독특한 생활 방식을 접하는 것
　비물질적인
③ nutritional 음식의 영양적 측면에 대한 내용이 아님
　영양의
④ invariable 변하지 않는 음식을 추구한다는 것이 아님
　불변의
⑤ economic high salaries로 만든 오답
　경제적인

>왜 정답? [정답률 52%]

| 빈칸 문장 | 사람들은 여전히 먹지만, 음식 가치의 증가하는 구성 요소가 그것의 ＿＿＿＿＿한 측면에 의해 결정된다. |

➡ 음식의 가치가 그것의 '어떤' 측면에 의해 결정되는지를 파악해야 한다.

| 빈칸 문장의
뒤 문장 | 사람들은 흥미로운 경험을 제공하거나 독특한 생활 방식을 상징하는 이국적인 요리를 먹고자 할증금을 낸다. |

➡ 흥미로운 경험을 제공하거나 독특한 생활 방식을 상징하는 이국적인 요리를 먹기 위해 더 많은 돈을 지불한다.
　다시 말해, 음식의 가치는 그것이 제공하는 흥미로운 경험, 독특한 생활 방식을 접할 기회에 있다.

▶ 이는 음식의 가치가 ② '비물질적인' 측면에 의해 결정된다는 것을 보여준다.

>왜 오답?
① 음식의 양에 가치를 두는 것이 아니다.
③ '음식'이라는 소재에서 연상되는 '영양'으로 만든 오답이다.
④ 음식의 변하지 않는 측면을 중시한다는 언급은 없다.
⑤ economic, salaries, consumption 등의 어휘가 등장한 것으로 만든 오답이다.
　음식의 경제적인 측면을 위해 할증금을 지불하는 것이 아니다.

K 40 정답 ① ＊주관적인 뉴스 선정

There is a difference / between a newsworthy event and news. //
차이가 있다 / 뉴스 가치가 있는 사건과 뉴스 간에는 //

A newsworthy event / will not necessarily become news, / just as news is often about an event / that is not, in itself, newsworthy. //
뉴스 가치가 있는 사건이 / 반드시 뉴스가 되지는 않을 것이다 / 뉴스가 종종 사건에 관한 것이듯이 / 그 자체로는 뉴스 가치가 없는 //

We can define news as an event / that is recorded in the news media, / regardless of whether it is about a newsworthy event. //
우리는 뉴스를 사건으로 규정할 수 있다 / 뉴스 매체에 기록되는 / 그것이 뉴스 가치가 있는 사건에 대한 것인지와 상관없이 //

The very fact of its transmission means / that it is regarded as news, /
그것의 전송이라는 바로 그 사실이 의미한다 / 그것이 뉴스로 간주됨을 /

even if we struggle to understand / why that particular story has been selected / from all the other events / happening at the same time / that have been ignored. //
비록 우리가 이해하려고 몹시 애쓸지라도 / 그 특정 이야기가 선정된 이유를 / 다른 모든 일들 중에서 / 같은 시기에 발생한 / 무시된 //

News selection is subjective / so not all events / seen as newsworthy / by some people / will make it to the news. //
뉴스 선정은 주관적이어서 / 모든 사건이 (~하지는 않는다) / 뉴스 가치가 있어 보이는 / 일부 사람들에게 / 뉴스가 되지는 않는다 //

All journalists are familiar with the scenario / where they are approached / by someone / with the words 'I've got a great story for you'. //
모든 기자들은 시나리오에 익숙하다 / 그들이 접근 당하는 / 누군가에 의해 / '내가 당신을 위한 엄청난 이야기를 가지고 있어'라는 말로 //

For them, / it is a major news event, / but for the journalist / it might be something to ignore. //
그들에게는 / 그것이 주요한 뉴스 사건이지만 / 기자에게는 / 그것이 무시할 만한 것일 수도 있다 //

- newsworthy ⓐ 뉴스 가치가 있는, 뉴스거리가 되는
- define ⓥ 정의하다, 규정하다 · regardless of ~에 상관없이[구애받지 않고]
- transmission ⓝ 방송, 전송, 전염 · struggle ⓥ 분투하다, 애쓰다
- ignore ⓥ 무시하다 · major ⓐ 주요한, 중대한

뉴스 가치가 있는 사건과 뉴스 간에는 차이가 있다. 뉴스가 종종 그 자체로는 뉴스 가치가 없는 사건에 관한 것이듯이, 뉴스 가치가 있는 사건이 반드시 뉴스가 되지는 않을 것이다. 우리는 그것이 뉴스 가치가 있는 사건에 대한 것인지와 상관없이, 뉴스를 뉴스 매체에 기록되는 사건으로 규정할 수 있다. 비록 그 특정 이야기가 같은 시기에 발생하였지만 선정되지 못한 다른 모든 일들 중에서 선정된 이유를 우리가 이해하려고 몹시 애쓸지라도, 그것의 전송이라는 바로 그 사실이 그것이 뉴스로 간주됨을 의미한다. 뉴스 선정은 **주관적**이어서 일부 사람들에게 뉴스 가치가 있어 보이는 모든 사건이 뉴스가 되지는 않는다. 모든 기자들은 누군가가 '내가 당신을 위한 엄청난 이야기를 가지고 있어'라는 말로 접근하는 시나리오에 익숙하다. 그들에게는 그것이 주요한 뉴스 사건이지만, 기자에게는 그것이 무시할 만한 것일 수도 있다.

다음 빈칸에 들어갈 말로 가장 적절한 것을 고르시오.

①subjective 사람마다 생각이 다름　　②passive 누가 시켜서 뉴스로 만드는 것이
　주관적인　　　　　　　　　　　　　 수동적인　 아님
③ straightforward 뉴스 선정이 간단하다는　④ consistent 사람마다 다르므로 일관적이지
　복잡하지 않은　　　것이 아님　　　　　 일관적인　 않음
⑤ crucial 뉴스 선정이 중요하다는 내용이 아님
　중요한

>왜 정답? [정답률 67%]
뉴스 가치가 있는 사건과 뉴스 사이에는 차이가 있다면서 뉴스 가치가 있는 사건이 반드시 뉴스가 되지는 않는다는 내용으로 글을 시작한 후, 누군가에게는 뉴스 가치가 있어 보이는 사건이 기자나 다른 사람에게는 무시할 만한 사건일 수도 있다고 한 것으로 보아 뉴스 선정이 ① '주관적이라는' 점을 설명하는 글이다.

② 뉴스 선정을 능동적으로 하는지 아니면 **누군가 시켜서 수동적으로** 하는지를 설명하는 것이 아니다.

③ 어떤 복잡하지 않은 기준으로 뉴스를 선정한다는 내용이 아니다.

④ 사람마다 뉴스를 선정하는 기준이 다르다는 내용이므로 일관적인 것과는 **정반대이다.** — 주의

⑤ 뉴스 선정이 중요하다는 것을 설명하는 것이 아니다.

K 41 정답 ③ ＊사회적으로 규제되는 노동력 공유 정산

In labor-sharing groups, / people contribute labor to other people / on a regular basis / (for seasonal agricultural work / such as harvesting) /
노동력 공유 집단에서 / 사람들은 다른 사람들에게 노동력을 제공한다 / 정기적으로 / (계절적인 농사일을 위해 / 수확과 같은) /

or on an irregular basis / (in the event of a crisis / such as the 앞에 주격 관계대명사와 be동사가 생략됨
need to rebuild a barn / **damaged by fire**). //
혹은 비정기적으로 / (위기 상황 발생시 / 헛간을 다시 지어야 하는 것과 같은 / 화재로 손상된) //

Labor sharing groups are part / of what has been called a "moral economy" / **since** no one keeps formal records / on how much 부사절 접속사(이유) 단서 1 노동력 공유 집단은 '도덕적 경제'라고
any family puts in or takes out. // 불리는 것의 일부임
노동력 공유 집단은 일부이다 / '도덕적 경제'라고 불려 온 것의 / 아무도 공식적인 기록을 남기지 않으므로 / 어떤 가족이 얼마나 많이 투입하거나 가져갔는지에 대해 //

Instead, / accounting is **socially regulated**. //
대신에 / 정산은 사회적으로 규제된다 //
선행사(주격 관계대명사와 be동사는 생략됨)
The group has a sense of moral community / based on years of 단서 2 노동력 공유가 사회적 응집성을
trust and sharing. // 구성하는 주요 경제적 요소임
그 집단은 도덕적 공동체 의식을 가지고 있다 / 다년간의 신뢰와 나눔을 바탕으로 하는 //

In a certain community of North America, / labor sharing is a major economic factor / of social cohesion. //
북미의 특정 지역 사회에서는 / 노동력 공유가 주요 경제적 요소이다 / 사회적 응집성의 //

When a family needs a new barn / or faces **repair work** / **that** 부사절 접속사(때) 선행사 주격
requires group labor, / a barn-raising party is called. // 관계대명사
한 가족이 새 헛간을 필요로 할 때 / 또는 수리 작업에 직면할 때 / 단체 노동력을 요하는 / 헛간 조성 모임이 소집된다 //

Many families show up / to help. //
여러 가족이 온다 / 도우러 //

Adult men provide manual labor, / and adult women provide food / for the event. //
성인 남성은 육체노동을 제공하고 / 성인 여성은 음식을 제공한다 / 행사를 위한 //

Later, / when another family needs help, / they call on the same people. //
나중에 / 다른 가족이 도움이 필요할 때 / 그들은 같은 사람들을 부른다 //

- contribute ⓥ 제공하다, 기여하다 ・ labor ⓝ 노동력
- on a regular basis 정기적으로 ・ agricultural ⓐ 농업의
- harvest ⓥ 수확하다 ・ crisis ⓝ 위기 상황
- rebuild ⓥ 다시 세우다, 다시 조립하다 ・ barn ⓝ 헛간
- accounting ⓝ 회계 ・ regulate ⓥ 규제하다 ・ repair ⓥ 수리하다
- manual ⓐ 육체노동의, 수동의 ・ call on 요청하다
- legally 〔ad〕 법적으로

노동력 공유 집단에서 사람들은 정기적으로(수확과 같은 계절적인 농사일을 위해) 혹은 비정기적으로(화재로 손상된 헛간을 다시 지어야 하는 것과 같은 위기 상황 발생시) 다른 사람들에게 노동력을 제공한다. 아무도 어떤 가족이 얼마나 많이 투입하고 얼마나 많이 가져갔는지에 대해 공식적인 기록을 남기지 않으므로, 노동력 공유 집단은 '도덕적 경제'라고 불려 온 것의 일부이다. 대신에, 정산은 **사회적으로 규제된다**. 그 집단은 다년간의 신뢰와 나눔을 바탕으로 하는 도덕적 공동체 의식을 가지고 있다. 북미의 특정 지역 사회에서는 노동력 공유가 사회적 응집성의 주요 경제적 요소이다. 한 가족이

새 헛간이 필요하거나 단체 노동력을 요하는 수리 작업에 직면할 때, 헛간 조성 모임이 소집된다. 여러 가족이 도우러 온다. 성인 남성은 육체노동을 제공하고, 성인 여성은 행사를 위한 음식을 제공한다. 나중에, 다른 가족이 도움이 필요할 때, 그들은 같은 사람들을 부른다.

다음 빈칸에 들어갈 말로 가장 적절한 것을 고르시오.

① legally established 도덕적으로 정산됨
 법적으로 확립된다
② regularly reported 보고의 대상이 없음
 정기적으로 보고된다
③ socially regulated 도움을 받으면 도움을 줘야 한다는 도덕적 기준
 사회적으로 규제된다
④ manually calculated 수동 계산인지 자동 계산인지가 핵심이 아님
 수동으로 계산된다
⑤ carefully documented 기록을 남기지 않는다고 했음
 신중하게 문서화된다

 [정답률 56%]

| 빈칸 문장과 그 앞뒤 문장 | 아무도 어떤 가족이 얼마나 많이 투입하거나 가져갔는지에 대해 공식적인 기록을 남기지 않으므로, 노동력 공유 집단은 '도덕적 경제'라고 불려 온 것의 일부이다. 대신에, 정산은 ______________. 그 집단은 다년간의 신뢰와 나눔을 바탕으로 하는 도덕적 공동체 의식을 가지고 있다. |

➡ 어떤 가족이 얼마나 투입하거나 가져갔는지에 대한 공식적인 기록이 없는데, 노동력 공유의 정산이 어떻게 이루어지는지가 빈칸에 들어가야 한다.

➡ '도덕적 경제', '도덕적 공동체 의식'이 언급된 것으로 보아, 정산이 도덕적 기준에 의해 이루어짐을 알 수 있다.
 도덕: 사회의 구성원들이 양심, 사회적 여론, 관습 등에 비추어 스스로 마땅히 지켜야 할 행동 준칙이나 규범

| 이어지는 문장 | 노동력 공유가 사회적 응집성의 주요 경제적 요소이다. |

▶ 노동력 공유를 통해 사회적으로 응집된다는 것이므로, 정산은 ③ '사회적으로 규제된다'고 할 수 있다.

① 법적으로가 아니라 도덕적으로 정산된다는 것을 설명하는 글이다.

② a regular basis, an irregular basis 등이 언급된 것으로 만든 오답이다.

④ 누가 얼마의 도움을 주고받았는지가 구체적으로 계산되지 않는다.

⑤ 아무도 공식적인 기록을 남기지 않는다고 했다.

K 42 정답 ② ＊바우어새의 예술 감상

Animals arguably make art. //
동물은 거의 틀림없이 예술을 만든다 //
복수 주어 복수 동사
The male bowerbirds of New Guinea and Australia / dedicate huge fractions / of their time and energy /
뉴기니와 오스트레일리아의 수컷 바우어새는 / 큰 부분을 바친다 / 그들의 시간과 에너지의 /
전치사 동명사구
to creating elaborate structures / from twigs, flowers, berries, beetle wings, and even colorful trash. //
정교한 구조물을 만드는 데 / 나뭇가지, 꽃, 딸기류, 딱정벌레 날개 그리고 심지어 다채로운 잡동사니로부터 //

전치사 명사구
These are the backdrops / **to their complex mating dances**, / 계속적 용법의 주격 관계대명사
which include / acrobatic moves and even imitations / of other species. //
이것들은 배경이며 / 그들의 복잡한 짝짓기 춤을 위한 / 그것은 포함한다 / 그 춤은 곡예 동작과 심지어 모방까지 / 다른 종들의 //
앞에 목적격 관계대명사가 생략됨
What's most amazing / about the towers and "bowers" / they 단수 동사 주격 보어절 접속사
construct / is that they aren't stereotyped / like a beehive or hummingbird nest. //
가장 놀라운 점은 / 탑과 '바우어'의 / 그들이 지은 / 그것들이 정형화되어 있지 않다는 것이다 / 벌집이나 별새 둥지처럼 //

Each one is different. // 각각의 것은 다르다 //
주어 동사
Artistic skill, / along with fine craftsbirdship, / is rewarded by the females. //
예술적 기술은 / 새의 정교한 장인 정신과 함께 / 암컷에 의해 보상받는다 //

Many researchers suggest / these displays **are used** by the

^(suggest가 제안의 의미로 쓰인 것이 아님)

females / to gauge the cognitive abilities / of her potential

mates, / [단서 1] 바우어가 잠재적 짝의 능력을 측정하는 데 사용된다고 말함

많은 연구원들은 말한다 / 이 과시가 암컷에 의해 이용된다고 / 인지적 능력을 측정하기
위해서 / 자신의 잠재적 짝의 /

but Darwin thought / that she was actually attracted / to their

beauty. // [단서 2] 사실은 바우어의 아름다움 그 자체에 끌린 것이라고 생각함

하지만 다윈은 생각했다 / 암컷이 실제로 끌렸다고 / 그것들의 '아름다움'에 //

In other words, / the bowers **aren't simply signals** / of mate

quality; / 다시 말해 / 바우어는 단순히 신호만인 것은 아니다 / 짝의 자질의 /

they are appreciated by the females / for their own sake, / much

^(부사절 접속사(~처럼))

as we appreciate / a painting or a bouquet of spring flowers. //

그것들은 암컷에 의해 감상된다 / 그 자체의 목적을 위해 / 우리가 감상하는 것처럼 / 그림이나
봄꽃 한 다발을 //

A 2013 study looked / at **whether** bowerbirds / **that** did better

^(명사절 접속사) ^(주격 관계대명사)

on cognitive tests / were more successful / at attracting mates. //

2013년의 한 연구는 살펴보았다 / 바우어새가 / 인지 검사에서 더 잘했던 / 더
성공적이었는지를 / 짝을 유혹하는 데 //

They were not, / suggesting / **whatever** the females are looking

^(<부정>의 부사절을 이끄는 복합 관계대명사)

for, / it isn't a straightforward indicator / of cognitive ability. //

그들은 그러지 않았고 / 이것은 시사한다 / 암컷이 찾는 것이 무엇이든지 / 그것이 직접적인
지표는 아니라는 것을 / 인지 능력의 //

- arguably @ 거의 틀림없이　　・dedicate ⓥ 바치다, 전념하다
- fraction ⓝ 부분, 분수　　・elaborate @ 정교한, 정성을 들인
- twig ⓝ 나뭇가지　　・backdrop ⓝ 배경　　・acrobatic @ 곡예의
- imitation ⓝ 모방　　・beehive ⓝ 벌집　　・hummingbird ⓝ 벌새
- gauge ⓥ 측정하다　　・cognitive @ 인식의
- appreciate ⓥ 감상하다　　・for one's own sake 자신을 위해
- straightforward @ 간단한, 솔직한　　・indicator ⓝ 지표
- reproduction ⓝ 번식　　・aggressiveness ⓝ 공격성

동물은 거의 틀림없이 예술을 만든다. 뉴기니와 오스트레일리아의 수컷
바우어새는 나뭇가지, 꽃, 딸기류, 딱정벌레 날개 그리고 심지어 다채로운
잡동사니로부터 정교한 구조물을 만드는 데 그들의 시간과 에너지의 큰 부분을
바친다. 이것들은 그들의 복잡한 짝짓기 춤을 위한 배경이며 그 춤은 곡예
동작과 심지어 다른 종들의 모방까지 포함한다. 그들이 지은 탑과 '바우어'의
가장 놀라운 점은 그것들이 벌집이나 벌새 둥지처럼 정형화되어 있지 않다는
것이다. 각각의 것은 다르다. 새의 정교한 장인 정신과 함께 예술적 기술은
암컷에 의해 보상받는다. 많은 연구원들은 이 과시가 자신의 잠재적 짝의
인지적 능력을 측정하기 위해서 암컷에 의해 이용된다고 말하지만, 다윈은
암컷이 실제로 그것들의 '아름다움'에 끌렸다고 생각했다. 다시 말해, 바우어는
단순히 짝의 자질의 신호만인 것은 아니다. 그것들은 우리가 그림이나 봄꽃
한 다발을 감상하는 것처럼 그 자체의 목적을 위해 암컷에 의해 감상된다.
2013년의 한 연구는 인지 검사에서 더 잘했던 바우어새가 짝을 유혹하는 데
더 성공적이었는지를 살펴보았다. 그들은 그러지 않았고, 이것은 암컷이 찾는
것이 무엇이든지 그것이 인지 능력의 직접적인 지표는 아니라는 것을 시사한다.

다음 빈칸에 들어갈 말로 가장 적절한 것을 고르시오.

① block any possibility of reproduction 번식을 위해 짝을 고르는 데 사용되기도 함
번식의 어떠한 가능성도 차단한다
② aren't simply signals of mate quality
단순히 짝의 자질의 신호만인 것은 아니다　　짝의 인지적 능력을 측정하기 위한 것만이 아님
③ hardly sustain their forms long enough
그들의 형태를 충분히 길게 지속하지 않는다　　지속성에 대한 언급은 없음
④ don't let the mating competition overheat
짝짓기 경쟁이 과열되게 하지 않는다　　짝짓기 경쟁의 과열은 언급되지 않음
⑤ can be a direct indicator of aggressiveness
공격성의 직접적인 지표일 수 있다　　바우어가 공격성을 나타내는 것은 아님

빈칸 문장의 앞 문장	**많은 연구원:** 이 과시(바우어)는 암컷이 잠재적 짝의 인지적 능력을 측정하는 데 사용됨 **다윈:** 사실 암컷은 바우어의 아름다움 그 자체에 끌리는 것임
빈칸 문장	다시 말해(In other words), 바우어는 ________________. 우리가 그림이나 봄꽃 한 다발을 감상하는 것처럼 암컷은 그것을 감상한다.

➡ 빈칸 앞 문장에서 많은 연구원의 생각(암컷은 바우어를 잠재적 짝의 인지적 능력을
측정하는 데 사용함)을 뒤집는 다윈의 의견(암컷은 바우어의 아름다움 그 자체에
끌리는 것임)이 제시된다.

In other words로 연결되는 빈칸 문장 역시 앞 문장과 같은 문맥이어야 한다.

▶ 따라서 빈칸에 들어갈 말은 ② '단순히 짝의 자질의 신호만인 것은 아니다'가
적절하다.

① 바우어가 짝을 찾는 데 아예 사용되지 않는다는 것이 아니며, 짝짓기를 막는다는
내용도 아니다.

③ 바우어의 형태가 정형화되어 있지 않다는 등의 언급은 있으나, 바우어의 형태가
글의 주제인 것은 아니다. (☜ 이유: 바우어의 형태는 일부 내용이므로 글의 중심
내용과 구분해야 함)

④ 바우어를 통해 짝짓기 경쟁이 과열되지 않는다는 내용은 없다.

⑤ 바우어새의 공격성에 대한 언급은 없다.

K 43 정답 ⑤ ✱학습에 더 의존적인 먹이 찾기

^(복수 주어)

Innate behaviors / used for finding food, / such as grazing,

^(복수 동사)

scavenging, or hunting, / **are** more dependent on learning / than

^(비교의 두 대상)

behaviors / used to consume food. // [단서 1] 먹이를 먹는 행동보다 먹이를 찾는
행동이 학습에 더 의존적임

내재된 행동은 / 먹이를 찾는 데 사용되는 / 풀을 뜯어 먹기, 동물 사체를 찾아다니기, 또는
사냥하기와 같이 / 학습에 더 의존적이다 / 행동보다 / 음식을 먹는 데 사용되는 /

^(to부정사의 수동태(to be p.p.))

Mating, nesting, eating, and prey-killing behaviors / tend **to be**

governed more / by instinct. // [단서 2] 먹이를 죽이거나 먹는 행동은 본능에 더 지배됨

짝짓기, 둥지 틀기, 먹기, 그리고 먹이를 죽이는 행동은 / 더 지배되는 경향이 있다 / 본능에
의해 //

^(단수 주어)　　　　　　　　　　　　　　　　　　　　　　^(단수 동사)

The greater dependence on learning / to find food / **makes**

animals in the wild / **more flexible and able to adapt** / to a

variety of environments. //

학습에의 더 큰 의존은 / 먹이를 찾기 위해 / 야생의 동물들을 만든다 / 더 유연하고 적응할 수
있게 / 다양한 환경에 //

^(주어, 선행사(뒤에 주격 관계대명사와 be동사는 생략됨))　　　　^(동사)

Behaviors / used to kill or consume food / **can be** the same / in

any environment. // [단서 3] 먹이를 죽이거나 먹는 행동은 어떤 환경에서도 동일함

행동은 / 먹이를 죽이거나 먹기 위해 사용되는 / 동일할 수 있다 / 어떤 환경에서도 //

Ernst Mayr, an evolutionary biologist, / called these different

behavioral systems / "open" or "closed" to the effects of

experience. //

진화 생물학자인 Ernst Mayr는 / 이러한 다른 행동 체계들을 칭했다 / 경험의 영향에 대해
'개방적' 또는 '폐쇄적'이라고 //

^(주어)　　　　　　　　　　　　^(동사)

A lion / hunting her prey / **is** an example of an open system. //

사자는 / 사냥감을 사냥하는 / 개방적 체계의 한 예이다 //

The hunting female lion / recognizes her prey from a distance /

and approaches it carefully. //

사냥하는 암사자는 / 멀리서 먹이를 알아보고 / 조심스럽게 그것에게 다가간다 //

Charles Herrick, a neurobiologist, wrote, / "**the details** of the

^(복수 동사(완전자동사))　　　　　^(앞에 관계부사가 생략됨)

hunt **vary** / every time **she hunts**. //

신경 생물학자인 Charles Herrick은 썼다 / "사냥의 세부적인 것들은 다르다 / 그것이
사냥할 때마다 //

Therefore / no combination of simple reflex arcs / laid down in

^(부사적 용법(adequate 수식))

the nervous system / will be adequate / **to meet** / the infinite

variations of the requirements / for obtaining food." //

따라서 / 단순한 반사궁들의 어떤 조합도 / 신경계에 있는 / 충분하지 않을 것이다"라고 /
충족시키기에 / 요건의 무한한 변화를 / 먹이를 획득하기 위한 //

- innate @ 내재된　　・graze ⓥ 풀을 뜯다
- dependent on ~에 의존하는　　・consume ⓥ 섭취하다
- mating ⓝ 짝짓기　　・nest ⓥ 둥지를 틀다　　・prey ⓝ 먹이

- tend to ~하는 경향이 있다 · governed ⓐ 지배되는
- instinct ⓝ 본능 · flexible ⓐ 유연한 · behavioral ⓐ 행동의
- neurobiologist ⓝ 신경 생물학자 · evolutionary ⓐ 진화의
- vary ⓥ 서로 다르다 · combination ⓝ 결합
- nervous system ⓝ 신경계 · adequate ⓐ 적합한
- infinite ⓐ 무한한 · requirement ⓝ 요건

풀을 뜯어 먹기, 동물 사체를 찾아다니기, 또는 사냥하기와 같이, 먹이를 찾는 데 사용되는 내재된 행동은 음식을 먹는 데 사용되는 행동보다 학습에 더 의존적이다. 짝짓기, 둥지 틀기, 먹기, 그리고 먹이를 죽이는 행동은 더 본능에 의해 지배되는 경향이 있다. 먹이를 찾기 위해 학습에 더 크게 의존하는 것은 야생의 동물들을 **더 유연하게 그리고 다양한 환경에 적응할 수 있게** 한다. 먹이를 죽이거나 먹기 위해 사용되는 행동은 어떤 환경에서도 동일할 수 있다. 진화 생물학자인 Ernst Mayr는 이러한 다른 행동 체계들을 경험의 영향에 대해 '개방적' 또는 '폐쇄적'이라고 칭했다. 사냥감을 사냥하는 사자는 개방적 체계의 한 예이다. 사냥하는 암사자는 멀리서 먹이를 알아보고 조심스럽게 그것에게 다가간다. 신경 생물학자인 Charles Herrick은 "사냥할 때 세부적인 것들은 그것이 사냥할 때마다 다르다. 따라서 신경계에 있는 단순한 반사궁들의 어떤 조합도 먹이를 획득하기 위한 요건의 무한한 변화를 충족시키기에 충분하지 않을 것이다."라고 썼다.

다음 빈칸에 들어갈 말로 가장 적절한 것을 고르시오. [3점]

① less cooperative with others in their community
그들의 집단에서 다른 개체들과 덜 협력적이게 동물의 협력에 대한 언급은 없음
② less focused on monitoring predators' approaches
포식자의 접근을 추적 관찰하는 데 덜 집중하게 사냥하는 암사자로 만든 오답
③ more intelligent to build their natural surroundings
그들의 자연 환경을 구축하기에 더 총명하게 환경에 적응하는 것임
④ more sensitive to visual information than any other stimuli
다른 어떤 자극보다 시각적 정보에 더 민감하게 정보의 종류에 대한 내용이 아님
⑤ more flexible and able to adapt to a variety of environments
더 유연하고 다양한 환경에 적응할 수 있게 어떤 환경에서도 동일한 행동과 대조됨

왜 정답? [정답률 49%]

빈칸 문장	먹이를 찾는 데 학습에 더 크게 의존하는 것은 야생의 동물을 __________하게 만든다.
먹이를 죽이거나 먹는 행동	본능에 지배되는 경향이 있음 **단서 2** → 어떤 환경에서도 동일할 수 있음 **단서 3**
먹이를 찾는 행동	· 학습에 더 의존적임 **단서 1** → ?

→ 먹이를 찾는(사냥하는) 행동과 먹이를 죽이거나 먹는 행동이 대조되는 글이다.
먹이를 죽이거나 먹는 행동: 본능에 지배되므로 어떤 환경에서도 동일할 수 있음
먹이를 찾는 행동: 학습에 더 의존함 → 환경이 달라지면 학습하는 바도 달라짐
▶ 학습에 더 크게 의존하는 것은 동물이 ⑤ '더 유연하게 그리고 다양한 환경에 적응할 수 있게' 만드는 것이다.

왜 오답?

① 사냥을 위한 동물의 협력에 대한 내용은 없다.
② 사냥하는 암사자를 언급한 것으로 만든 오답이다.
③ 자신을 둘러싼 자연 환경에 맞게 학습한다는 내용이다.
④ 자극, 정보의 종류에 대해 설명하는 글이 아니다.

K 44 정답 ② ★혁명의 승리파와 과학의 혁명적 재구성

The revolution's victorious party can claim / **to have resolved** / the fundamental anomalies of the old paradigm /
혁명의 승리파는 주장할 수 있다 / 해결해 왔고 / 낡은 패러다임의 근본적인 변칙을 /
to부정사의 완료형(to have p.p.)
and **to have renewed** / the prospects for successful research / governed by shared assumptions. //
새롭게 해 왔다고 / 성공적인 연구의 전망을 / 공유된 가정에 의해 좌우된 //

Indeed, / the new community typically **rewrites** the textbooks, / and **retells** its own history, / **to reflect** this point of view. //
병렬 구조 부사적 용법(목적)
실제로 / 새로운 공동체는 전형적으로 교과서를 다시 쓰고 / 자신의 역사를 다시 이야기한다 / 이러한 관점을 반영하기 위해 //

But from the standpoint / of the losers, or even of **those** / **who** look on impartially, /
선행사 관계대명사 주격
단서 1 혁명 승리파의 재작성: 변화의 장점을 평가하는 중립적인 기준이 없음 → 진보에 대한 진정한 주장이 없는 변화로 보일 수 있음
그러나 관점에서 / 패배자들이나 심지어 사람들의 / 공정하게 바라보는 /
such rewritings might seem to mark change / without any genuine claim to progress, / because there is no **neutral standard** / **by which** to assess / the merits of the change. //
선행사 전치사+관계대명사
그러한 재작성은 변화를 나타내는 것처럼 보일지 모른다 / 진보에 대한 진정한 주장 없이 / 중립적인 기준이 없기 때문에 / 그것으로 평가하는 / 그 변화의 장점을 //

The resulting body of knowledge / is in any case not cumulative, /
그 결과적인 지식의 체계는 / 어떠한 경우에도 누적되지 않는다 /
부사절 접속사(이유)
since much / of what was previously known / (or merely believed) / **had to be excluded** / without ever **having been** conclusively **refuted**. //
주어 동사 동명사의 완료형 수동태(having been p.p.)
왜냐하면 많은 부분이 / 이전에 알려졌던 것의 / (또는 단순히 믿어졌던 것의) / 배제되어야 했기 때문에 / 한 번도 확실하게 반박되어 보지 않은 채 //
단서 2 과학의 혁명적 재구성에 대해 진리를 지향하는 것으로 말할 수 없음
One likewise cannot plausibly talk / about revolutionary reconstitutions of science / as aiming toward truth, /
마찬가지로 우리는 그럴듯하게 말할 수 없다 / 과학의 혁명적 재구성에 대해 / 진리를 지향하는 것으로 /
동위접속사(이유) **단서 3** 혁명 승리파의 재작성과 마찬가지의 이유임
for similarly, / there can be no **impartial formulation of standards / for its assessment**. //
왜냐하면 비슷하게도 / 기준의 공정한 공식화는 있을 수 없기 때문에 / 그것의 평가를 위한 //
주어
The available justification of scientific knowledge / after revolutions, / couched in new terms / according to newly instituted standards, / **may well be** sufficient, /
동사
과학 지식의 유효한 정당화는 / 혁명 이후의 / 새로운 용어로 표현된 / 새로 제정된 기준에 따라 / 충분할 것 같다 /
but perhaps / only because these standards and terms / are now inevitably our own. //
하지만 아마도 / 단지 이러한 기준과 용어가 / 이제 불가피하게 우리 자신의 것이기 때문일 것이다 //

- revolution ⓝ 혁명 · victorious ⓐ 승리한 · claim ⓥ 주장하다
- resolve ⓥ 해결하다 · fundamental ⓐ 근본적인
- prospect ⓝ 전망 · paradigm ⓝ 패러다임
- assumption ⓝ 가정 · point of view 관점
- standpoint ⓝ 관점 · impartially ⓐⓓ 공정하게
- genuine ⓐ 진정한 · progress ⓝ 진보 · neutral ⓐ 중립의
- assess ⓥ 평가하다 · cumulative ⓐ 누적되는
- exclude ⓥ 배제하다 · conclusively ⓐⓓ 결론적으로
- justification ⓝ 정당화 · inevitably ⓐⓓ 불가피하게

혁명의 승리파는 낡은 패러다임의 근본적인 변칙을 해결해 왔고 공유된 가정에 의해 좌우된 성공적인 연구의 전망을 새롭게 해 왔다고 주장할 수 있다. 실제로, 새로운 공동체는 이러한 관점을 반영하기 위해 전형적으로 교과서를 다시 쓰고, 자신의 역사를 다시 이야기한다. 그러나 패배자들이나, 심지어 공정하게 바라보는 사람들의 관점에서, 그러한 재작성은 진보에 대한 진정한 주장 없이 변화를 나타내는 것처럼 보일지 모르는데, 왜냐하면 그 변화의 장점을 평가하는 중립적인 기준이 없기 때문이다. 이전에 알려졌던 것(또는 단순히 믿어졌던 것)의 많은 부분이 한 번도 확실하게 반박되어 보지 않은 채 배제되어야 했기 때문에, 그 결과적인 지식의 체계는 어떠한 경우에도 누적되지 않는다. 마찬가지로 우리는 과학의 혁명적 재구성을 진리를 지향하는 것으로 그럴듯하게 말할 수 없는데, 왜냐하면 비슷하게도 **과학의 평가를 위한 기준의 공정한 공식화**는 있을 수 없기 때문이다. 새로 제정된 기준에 따라 새로운 용어로 표현된 혁명 이후의 과학 지식의 유효한 정당화는 충분할 것 같으나, 아마도 단지 이러한 기준과 용어가 이제 불가피하게 우리 자신의 것이기 때문일 것이다.

다음 빈칸에 들어갈 말로 가장 적절한 것을 고르시오. [3점]
① official connection between scientists and policy makers
과학자들과 정책 입안자들 사이의 공식적인 연관성   공식적으로 연관되었다는 말이 아님
② impartial formulation of standards for its assessment
과학적 평가를 위한 기준의 공정한 공식화   '변화의 장점을 평가하는 중립적인 기준'과 같은 의미
③ incomplete terms to describe the reconstitutions
재구성을 묘사하는 불완전한 용어들   용어의 문제가 아님
④ easy process to learn about new scientific theories
새로운 과학적 이론들에 대해 배우는 쉬운 과정   혁명의 승리파와 연관되어야 함
⑤ strong belief that scientific progress benefits everyone
과학적 발전이 모두에게 이롭다는 강한 믿음   '기준'과 관련된 언급이 포함되어야 함

왜 정답? [정답률 43%]

혁명의 승리파	교과서를 다시 쓰고, 자신의 역사를 다시 이야기함 → 그러나 그러한 재작성은 진보에 대한 진정한 주장이 없는 변화로 보일 수 있음 단서 1 → 왜냐하면 그 변화의 장점을 평가하는 중립적인 기준이 없기 때문임
과학의 혁명적 재구성	마찬가지로(likely) 진리를 지향하는 것으로 말할 수 없음 → 왜냐하면, 유사하게(similarly), ____________이 있을 수 없기 때문임

→ 혁명의 승리파가 가져온 변화가, 그 변화의 장점을 평가하는 중립적인 기준이 없기 때문에 진정한 주장이 없는 변화로 보일 수 있는 것처럼, 과학의 혁명적 재구성 역시 ② '과학의 평가를 위한 기준의 공정한 공식화'가 있을 수 없으므로 그것이 진리를 지향한다고 말할 수 없다는 내용이다.

왜 오답?

① 과학의 혁명적 재구성과 혁명의 승리파가 행한 재작성의 공통점을 설명하는 글이지, 과학자와 정책 입안자 사이에 공식적인 연관성이 있다는 내용이 아니다.
   (이유: 혁명의 승리파를 단순히 정책 입안자와 연결시키면 안 되고, 글에 나온 내용에만 근거해 생각해야 함)
③ 용어가 불완전하기 때문이라는 언급은 없다.
④ 혁명의 승리파에 대해 이야기하는 글의 전반부에 해당 내용에 관한 언급이 없다.
⑤ 과학적 발전의 이점에 대한 믿음이 없어서 일어나는 일이 아니다.

K 45 정답 ④ ＊제2차 세계대전 이후의 변화

In the post-World War II years after 1945, / unparalleled economic growth / fueled a building boom and a massive migration / from the central cities / to the new suburban areas. //
(시간적·공간적으로) ~에서 …로
1945년 이후 제2차 세계대전 이후 시절에 / 유례없는 경제 성장은 / 건축 붐과 대규모 이주를 부추겼다 / 중심 도시에서 / 새로운 교외 지역으로의 //

The suburbs were far more dependent / on the automobile, / signaling the shift / from primary dependence on public transportation / to private cars. //
비교급 강조 부사
교외 지역은 훨씬 더 많이 의존했고 / 자동차에 / 전환을 알렸다 / 대중교통에 대한 주된 의존에서 / 자가용으로의 //

Soon this led / to the construction of better highways and freeways / and the decline and even loss / of public transportation. //
전치사 to의 목적어의 병렬 구조
이것은 곧 이어졌다 / 더 나은 고속도로와 초고속도로의 건설과 / 감소, 심지어 쇠퇴까지로 / 대중교통의 //

With all of these changes / came a privatization of leisure. //
부사구가 문두로 가면서 주어와 동사가 도치됨
이러한 모든 변화와 함께 / 여가의 사유화가 이루어졌다 //

As more people owned their own homes, / with more space inside / and lovely yards outside, /
더 많은 사람이 자신의 집을 소유함에 따라 / 내부 공간은 더 넓어지고 / 외부 정원은 더 아름다운 /

단서 휴양과 여가 시간이 점점 더 집, 기껏해야 이웃에 집중됨
their recreation and leisure time / was increasingly centered / around the home or, at most, the neighborhood. //
그들의 휴양과 여가 시간은 / 점점 더 집중되었다 / 집이나 기껏해야 이웃에 //

One major activity / of this home-based leisure / was watching television. //
단수 주어   단수 동사
한 가지 주요 활동은 / 이러한 가정에 기반한 여가의 / TV를 시청하는 것이었다 //

No longer did one have to ride the trolly / to the theater / to watch a movie; / similar entertainment was available / for free / and more conveniently / from television. //
부정어구가 문두로 가면서 주어와 동사가 도치됨
더 이상 전차를 타고 갈 필요가 없었다 / 극장까지 / 영화를 보기 위해 / 유사한 오락(물)이 이용 가능하게 되었다 / 무료로 / 그리고 더 편리하게 / 텔레비전을 통해 //

- fuel ⓥ 기름을 끼얹다; 부추기다   · massive ⓐ 대규모의
- central city 중심 도시   · suburban area 교외 지역
- suburb ⓝ 교외   · dependent on ~에 의존하는
- automobile ⓝ 자동차   · signal ⓥ 신호를 주다, 알리다
- shift ⓝ 전환   · public transportation 대중 교통
- freeway ⓝ 초고속도로   · decline ⓝ 감소   · loss ⓝ 쇠퇴
- leisure ⓝ 여가

1945년 이후 제2차 세계대전 이후 시절에 유례없는 경제 성장은 건축 붐과 중심 도시에서 새로운 교외 지역으로의 대규모 이주를 부추겼다. 교외 지역은 자동차에 훨씬 더 많이 의존했고, 대중교통에 대한 주된 의존에서 자가용으로의 전환을 알렸다. 이것은 곧 더 나은 고속도로와 초고속도로의 건설과 대중교통의 감소, 심지어 쇠퇴까지로 이어졌다. 이러한 모든 변화와 함께 여가의 사유화가 이루어졌다. 더 많은 사람이 내부 공간은 더 넓어지고 외부 정원은 더 아름다운 자신의 집을 소유함에 따라 그들의 휴양과 여가 시간은 점점 더 집이나 기껏해야 이웃에 집중되었다. 이러한 가정에 기반한 여가의 한 가지 주요 활동은 TV를 시청하는 것이었다. 더 이상 영화를 보기 위해 전차를 타고 극장까지 갈 필요가 없었고, 유사한 오락(물)이 텔레비전을 통해 무료로 그리고 더 편리하게 이용 가능하게 되었다.

다음 빈칸에 들어갈 말로 가장 적절한 것을 고르시오.
① downfall 어떻게 여가를 즐겼는지가 이어짐
몰락
② uniformity 모든 사람이 같은 여가를 즐겼다는 것이 아님
획일성
③ restoration 이전에는 여가를 즐기지 못했다는 언급은 없음
회복
④ privatization 가정에 기반한 여가를 즐기게 됨
사유화
⑤ customization TV 시청이 맞춤 여가는 아님
맞춤화

왜 정답? [정답률 58%]

제2차 세계대전 이후의 변화	대중교통에서 자가용으로 전환됨
	· 휴양과 여가 시간이 집, 기껏해야 이웃에 집중됨
	· 극장에 가지 않고 집에서 텔레비전으로 유사한 오락(물)을 즐김

→ 대중교통에서 자가용으로 전환된 것처럼, 여가도 개인적으로 즐기게 되었다는 내용이다.

▶ 따라서 빈칸에는 ④ '사유화'가 적절하다.

왜 오답?

① 제2차 세계대전 이후로 사람들이 여가를 즐기지 않았다는 내용이 아니다.
② 다양한 여가를 즐겼다거나, 여가의 종류가 획일화되었다는 언급은 없다. 모든 사람들이 여가 시간에 TV를 시청했다는 의미가 아니라는 점에 주의해야 한다.
③ 이전에는 여가를 즐기지 못했다가 제2차 세계대전 이후로 여가를 즐기게 되었다는 말은 없다.
⑤ 여가 활동의 예시로 등장한 TV 시청이 맞춤화된 여가는 아니다.

K 46 정답 ① ＊수용된 이전의 사상에서 도출되는 새로운 사상

가주어   진주어
It is important / to recognise the interdependence / between individual, culturally formed actions / and the state of cultural integration. //
~은 중요하다 / 상호 의존성을 인식하는 것은 / 개별적이고 문화적으로 형성된 행동과 / 문화적 통합의 상태 사이의 //

People work / within the forms / provided by **the cultural**
선행사
patterns / **that** they have internalised, / **however** contradictory
목적격 관계대명사   = no matter how
these may be. //
사람들은 일한다 / 형태 내에서 / 문화적 패턴에 의해 제공되는 / 자신이 내면화한 / 이것들이
아무리 모순되더라도 // 단서 1 사상은 이전에 수용된 사상의 결과로 도출되고, 이런 방식으로
문화적 혁신과 발견이 가능함

Ideas are worked out / as logical implications or consequences
/ of other accepted ideas, / and **it is** in this way / **that** cultural
innovations and discoveries are possible. //
it is ~ that
강조 구문
사상은 도출되고 / 논리적 영향이나 결과로 / 다른 수용된 사상의 / 이러한 방식으로 / 문화적
혁신과 발견이 가능하다 //

New ideas are discovered / through logical reasoning, /
새로운 사상은 발견되지만 / 논리적 추론을 통해   단서 2 새로운 사상은 그 전제가 되는 사상의
수용되고 있는 특정 숫자 체계에서 비롯한 결과임
but such discoveries **are** inherent in and integral / to the
병렬 구조
conceptual system / and **are made** possible / only because of the
acceptance of its premises. //
그러한 발견은 내재 및 내장되어 있고 / 개념 체계에 / 가능해진다 / 오직 그 전제의 수용 때문
에 //   단서 3 새로운 소수의 발견한 것은 사용되고
있는 특정 숫자 체계에서 비롯한 결과임

For example, / the discoveries of new prime numbers / are 'real'
consequences / of the particular number system / employed. //
예를 들어 / 새로운 소수의 발견은 / '실제' 결과이다 / 그것은 특정 숫자 체계의 / 사용되고 있
는 //

Thus, / cultural ideas show / 'advances' and 'developments' /
because they **are outgrowths** / **of previous ideas**. //
따라서 / 문화적 사상은 보여준다 / '진보'와 '발전'을 / 그것이 이전 사상의 결과물이기 때문
에 //

The cumulative work of many individuals / **produces a corpus**
단수 주어   선행사
of knowledge / **within which** certain 'discoveries' become
단수 동사
possible or more likely. //
「전치사+관계대명사」
많은 개인의 축적된 작업은 / 집적된 지식을 생산한다 / 그것으로 특정 '발견'이 가능해지거나
가능성이 높아지는 //
could have p.p.: ~했을 수도 있다
Such discoveries are 'ripe' / and **could** not **have occurred** earlier
/ and are also likely to be made simultaneously / by numbers of
individuals. //
그러한 발견은 '알맞게 익고' / 더 일찍 발생할 수 없었을 것이며 / 또한 동시에 이루어질 가능
성이 있다 / 다수의 개인에 의해 //

- - - - -
- recognise ⓥ 인식하다, 알아보다   - interdependence ⓝ 상호 의존
- individual ⓝ 개인   - integration ⓝ 통합
- internalise ⓥ (사상·태도 등을) 내면화하다
- contradictory ⓐ 모순되는   - logical ⓐ 논리적인, 타당한
- implication ⓝ 영향, 결과, 함축   - consequence ⓝ 결과
- discovery ⓝ 발견   - reasoning ⓝ 추론, 추리
- inherent ⓐ 내재하는
- integral ⓐ 내장된, 일부로서 포함되어 있는, 필수적인
- conceptual ⓐ 개념의   - premise ⓝ 전제
- prime number 소수(素數)   - cumulative ⓐ 누적되는
- ripe ⓐ 익은, 숙성한   - outgrowth ⓝ 결과물, 파생물
- abstract ⓐ 추상적인   - basis ⓝ 근거, 기반
- universalism ⓝ 보편성

개별적이고 문화적으로 형성된 행동과 문화적 통합의 상태 사이의 상호 의존성
을 인식하는 것은 중요하다. 사람들은 아무리 모순되더라도 자신이 내면화한 문
화적 패턴에 의해 제공되는 형태 내에서 일한다. 사상은 다른 수용된 사상의 논
리적 영향이나 결과로 도출되고, 이러한 방식으로 문화적 혁신과 발견이 가능하
다. 새로운 사상은 논리적 추론을 통해 발견되지만, 그러한 발견은 개념 체
계에 내재 및 내장되어 있고, 오직 그 전제를 수용하기 때문에 가능해진다. 예
를 들어, 새로운 소수의 발견은 사용되고 있는 특정 숫자 체계의 '실제' 결과이
다. 따라서, 문화적 사상은 그것이 **이전 사상의 결과물이기** 때문에 '진보'와 '발
전'을 보여준다. 많은 개인의 축적된 작업은 특정 '발견'이 가능해지거나 가능성
이 높아지는 집적된 지식을 생산한다. 그러한 발견은 (이루어지기에) '알맞게 익
고', 더 일찍 발생할 수 없었을 것이며, 또한 다수의 개인에 의해 동시에 이루어
질 가능성이 있다.

다음 빈칸에 들어갈 말로 가장 적절한 것을 고르시오. [3점]

① are outgrowths of previous ideas
이전 사상의 결과물이기   문화적 혁신과 발견은 이전에 수용된 사상의 결과로 도출됨
② stem from abstract reasoning ability
추상적 추론 능력에서 비롯된   추상적 추론 능력으로 문화적 진보가 이루어진다는 예시가 아님
③ form the basis of cultural universalism
문화적 보편성의 토대를 형성하기   문화적 사상이 발전한 결과가 문화적 보편성이라는 것이 아님
④ emerge between people of the same age
같은 시대의 사람들 사이에서 출현하기   같은 시대의 사람들 사이에서 문화적 사상이 발전한다는 언급은 없음
⑤ promote individuals' innovative thinking
개인들의 혁신적 사고를 촉진하기   무엇이 문화적 사상의 진보의 토대인지를 설명하는 글임

왜 정답? [정답률 51%]

2, 3, 5, 7, 11처럼 1과 그 수 자신 이외의
자연수로는 나눌 수 없는 자연수

새로운 사상은 이전에 수용된 사상의 논리적 영향의 결과로 도출되고, 이러한 방식
으로 문화적 혁신과 발견이 가능한 것이라고 하면서, 새로운 소수의 발견은 이전
에 사용되고 있던 특정 숫자 체계로부터의 결과라는 예시를 들었다. 다시 말해, 문화
적 사상의 진보와 발전은 그 이전에 수용된 사상의 결과라는 것이므로 빈칸에는 ①
'이전 사상의 결과물이기'가 적절하다.

왜 오답?

② 문화적 사상의 진보가 추상적 추론 능력을 통해 이루어진다는 것이 아니라 이전
의 사상의 영향과 결과로 이루어진다는 내용이다.
③, ⑤ 문화적 사상의 진보와 발전이 무엇을 토대로 이루어지는지를 설명한 것이
지, 문화적 사상의 진보와 발전이 다른 무언가의 토대가 되고 촉진한다는 것
이 아니다.
④ 같은 시대의 사람들 사이에서 일어나기 때문에 문화적 사상이 진보하고 발전하
는 것이라는 언급은 없다.

K 47 정답 ② ＊단어 태그의 한계 ━━━━━━

동사의 병렬 구조   목적어의 병렬 구조
Many people **create and share** **pictures and videos** / on the
Internet. // 많은 사람이 사진과 비디오를 만들고 공유한다 / 인터넷에서
주어   동사   주격 보어(동명사구)
The difficulty is / **finding what you want**. //
어려운 점은 ~이다 / 여러분이 원하는 것을 찾는 것 //

Typically, people want to search / using words / (rather than,
say, example sketches). //
일반적으로 사람들은 검색하기를 원한다 / 단어를 사용하여 / (가령, 예시 스케치 대신) //

Because most pictures don't come with words attached, / **it** is
가주어
natural / **to try and build** **tagging systems** / **that** tag images /
진주어   선행사   주격 관계대명사
with relevant words. //
대부분의 사진은 첨부된 단어와 같이 오지 않기 때문에 / ~은 자연스럽다 / 태그 시스템을
시도하고 만들려는 것은 / 이미지를 태그하는 / 관련 단어로 //

The underlying machinery is straightforward / — we **apply**
image classification and object detection methods / and **tag** the
동사의 병렬 구조
image / with the output words. //
기본적인 시스템은 간단하다 / 우리는 적용하고 / 이미지 분류와 개체 감지 방법을 / 이미지를
태그한다 / 출력된 단어로 //

But tags aren't **a comprehensive description** / **of what is**
happening in an image. //
하지만 태그는 포괄적인 설명이 아니다 / 이미지에서 일어나고 있는 일에 대한 //
가주어   진주어   단서 1 태그는 누가 무엇을 하고 있는지를 포착하지 못함
It matters / **who is doing what**, / and tags don't capture this. //
~이 중요하다 / 누가 무엇을 하고 있는지가 / 그리고 태그는 이것을 포착하지 못한다 //

동명사구 주어
For example, / **tagging a picture** / of a cat in the street / with the
object categories "cat", "street", "trash can" and "fish bones" /
예를 들어 / 사진을 태그하는 것은 / 거리에 있는 고양이의 / '고양이', '거리', '쓰레기통', '물고기
뼈'의 개체 범주로 /
단수 동사   단서 2 고양이가 무엇을 하고 있는지는 태그를 통해 알 수 없음
leaves out the information / that the cat is pulling the fish bones
/ out of an open trash can / on the street. // 정보를 빠뜨리게 된다 / 그
고양이가 물고기 뼈를 빼내고 있다는 / 열린 쓰레기통에서 / 거리에 있는 //

- - - - -
- typically ⓐⓓ 일반적으로   - attach ⓥ 첨부하다
- relevant ⓐ 관련 있는   - underlying ⓐ 기본적인
- machinery ⓝ 시스템   - straightforward ⓐ 간단한
- classification ⓝ 분류   - object ⓝ 개체   - detection ⓝ 감지
- method ⓝ 방법   - output ⓝ 출력   - capture ⓥ 포착하다

많은 사람이 인터넷에서 사진과 비디오를 만들고 공유한다. 어려운 점은 여러분이 원하는 것을 찾는 것이다. 일반적으로 사람들은 (가령, 예시 스케치 대신) 단어를 사용하여 검색하기를 원한다. 대부분의 사진에는 단어가 첨부되어 있지 않기 때문에 이미지에 관련 단어를 태그하는 태그 시스템을 시도하고 만들려는 것은 자연스러운 일이다. 기본적인 시스템은 간단한데, 이미지 분류와 개체 감지 방법을 적용하고 출력된 단어로 이미지를 태그한다. 하지만 태그는 **이미지에서 일어나고 있는 일에 대한 포괄적인 설명**이 아니다. 누가 무엇을 하고 있는지가 중요한데, 태그는 이것을 포착하지 못한다. 예를 들어, 거리에 있는 고양이의 사진을 '고양이', '거리', '쓰레기통', '물고기 뼈'의 개체 범주로 태그하는 것은 그 고양이가 거리에 있는 열린 쓰레기통에서 물고기 뼈를 빼내고 있다는 정보를 빠뜨리게 된다.

다음 빈칸에 들어갈 말로 가장 적절한 것을 고르시오.

— 사진을 분류하는 데 있어서의 역할에 대한 내용이 아님
① a set of words that allow users to identify an individual object
　사용자가 개별 개체를 식별할 수 있게 하는 단어의 집합　　부정어 not에 주의하여야 함
② a comprehensive description of what is happening in an image
　이미지에서 일어나고 있는 일에 대한 포괄적인 설명　　누가 무엇을 하고 있는지를 설명하지 못함
③ a reliable resource for categorizing information by pictures
　사진으로 정보를 분류할 수 있는 신뢰할 만한 자원
④ a primary means of organizing a sequential order of words
　단어의 순차적 순서를 구성하는 주요 수단　　이미지와 관련된 내용임
⑤ a useful filter for sorting similar but not identical images
　유사하지만 동일하지 않은 이미지를 분류하는 데 유용한 필터　　태그를 통한 이미지 분류는 언급되지 않음

＞왜 정답？　[정답률 55%]

글의 앞부분	이미지를 관련 단어로 태그하는 태그 시스템을 시도하고 만드는 것은 자연스러움
빈칸 문장	그러나(But) 태그는 ________________이 아님
빈칸 뒤 문장	태그는 누가 무엇을 하고 있는지를 포착하지 못함
예시	거리에 있는 고양이의 사진을 '고양이', '거리', '쓰레기통', '물고기 뼈'로 태그하는 것은, 고양이가 거리에 있는 열린 쓰레기통에서 물고기 뼈를 빼내고 있다는 정보를 나타내지 못함

➡ 역접의 연결어 But으로 시작한 빈칸 문장부터 글의 흐름이 전환된다. 태그는 누가 무엇을 하고 있는 이미지인지를 포착하지 못한다는 설명과 그 예시가 빈칸 문장에 이어진다.
　▶ 따라서 빈칸 문장은 태그가 ② '이미지에서 일어나고 있는 일에 대한 포괄적인 설명'이 아니라는 내용이어야 한다.

＞왜 오답？

① 태그를 통해 어떤 이미지인지 대강은 알 수 있다.
③ 태그가 나타내는 정보가 불완전하다는 것이지, 태그를 통해 정보나 사진을 분류한다는 등의 내용은 아니다. 함정
④ 이미지에 단어를 태그하는 것에 대해 설명하는 글이다.
⑤ 이어지는 예시가 이미지를 분류하는 내용이 아니다.

K　48　정답 ③　＊너무 낙관적인 우리

형용사적 용법(reason 수식)
There's reason to worry / that an eyes-on-the-prize mentality / could be a mistake. //
우려할 이유가 있다 / 자기 목표에 몰두하는 사고방식이 / 잘못일 수 있다고 //

Lots of research shows / that we tend to be over-confident / 가주어 진주어
about how easy it is / to be self-disciplined. //
많은 연구는 보여준다 / 우리는 과신하는 경향이 있다는 것을 / ~이 얼마나 쉬운지에 관해 / 자기 훈련이 된다는 것이 //

This is / why so many of us optimistically buy expensive gym
병렬 구조
memberships / when paying per-visit fees would be cheaper, /
이것이 ~이다 / 우리 중 매우 많은 사람이 낙관적으로 값비싼 체육관 회원권을 사는 이유 / 방문당 이용료를 내는 것이 더 저렴할 때 /
앞에 목적격 관계대명사가 생략됨
register for online classes / we'll never complete, / and purchase
family-size chips on discount / to trim our monthly snack
부사적 용법(목적)
budget, /
온라인 강좌에 등록하는 (이유) / 우리가 결코 다 끝내지 않을 / 그리고 할인하는 대형 과자를 사서 / 우리의 한 달 치 간식 예산을 줄이기 위해 /

부사적 용법(결과)
only to consume every last crumb / in a single sitting. //
결국 한 번에 마지막 부스러기까지 다 먹는 (이유) / 앉은 자리에서 //

We think / "future me" will be able to make good choices, / but too often / "present me" gives in to temptation. //
우리는 생각하지만 / '미래의 내'가 좋은 선택을 할 수 있을 거라고 / 너무 자주 / '현재의 나'는 유혹에 굴복한다 //

형용사적 용법(ability 수식)
People have a remarkable ability / to ignore their own failures. //
사람들에게는 놀라운 능력이 있다 / 자신의 실패를 무시하는 //
단서 거듭 실패할 때도 실수로부터 배우기보다 자신의 능력에 관해 장밋빛 낙관주의를 유지함
Even when we flounder again and again, / many of us manage to maintain / a rosy optimism / about our ability / to do better next time / rather than learning from our past mistakes. //
형용사적 용법(ability 수식)
우리가 거듭 실패할 때도 / 우리 중 많은 사람은 용케 유지한다 / 장밋빛 낙관주의를 / 우리의 능력에 관해 / 다음에는 더 잘할 거는 / 우리의 과거의 실수로부터 배우기보다는 /
형용사적 용법(reason 수식)
We cling / to fresh starts and other reasons / to stay upbeat, /
우리는 매달리고 / 새로운 시작과 다른 이유들에 / 낙관적인 태도를 유지할 /

which may help us / get out of bed in the morning / but can
may help의 목적어와 목적격 보어(원형부정사)
prevent us / from approaching change / in the smartest possible way. //
그것이 우리를 도울지는 모르지만 / 아침에 침대에서 일어나도록 / 우리를 막을 수 있다 / 변화에 접근하는 것으로부터 / 가능한 가장 영리한 방식으로 //

- eyes-on-the-prize ⓐ 자기 목표에 몰두하는　· mentality ⓝ 사고방식
- over-confident ⓐ 과신하는　· self-disciplined ⓐ 자기 훈련이 되는
- optimistically 〔ad〕 낙관적으로　· per-visit fee 방문 당 이용료
- trim ⓥ 줄이다　· in a single sitting 앉은 자리에서
- give in to ~에 굴복하다　· temptation ⓝ 유혹
- remarkable ⓐ 놀라운　· manage to ~하기 위해 애쓰다
- rosy ⓐ 장밋빛의　· optimism ⓝ 낙관주의

자기 목표에 몰두하는 사고방식이 잘못일 수 있다고 우려할 이유가 있다. 많은 연구에 따르면, 우리는 자기 훈련이 된다는 것이 얼마나 쉬운지에 관해 과신하는 경향이 있다. 이것이 우리 중 매우 많은 사람이 낙관적으로 방문당 이용료를 내는 것이 더 저렴할 텐데도 값비싼 체육관 회원권을 사고, 다 끝내지도 못할 온라인 강좌에 등록하며, 우리의 한 달 치 간식 예산을 줄이기 위해 할인하는 대형 과자를 사서 결국 앉은 자리에서 한 번에 마지막 부스러기까지 다 먹는 이유이다. 우리는 '미래의 내'가 좋은 선택을 할 수 있을 거라고 생각하지만, 너무나 자주 '현재의 나'는 유혹에 굴복한다. 사람들에게는 자신의 실패를 **무시하는** 놀라운 능력이 있다. 거듭 실패하면서도 우리 중 많은 사람은 우리의 과거의 실수로부터 배우기보다는 다음에는 더 잘할 거라는 우리의 능력에 관해 장밋빛 낙관주의를 용케 유지한다. 우리는 새로운 시작과 낙관적인 태도를 유지할 다른 이유들에 매달리고, 그것이 아침에 우리가 침대에서 일어나는 데 도움이 될지는 모르지만 가능한 가장 영리한 방식으로 우리가 변화에 접근하는 것을 막을 수 있다.

다음 빈칸에 들어갈 말로 가장 적절한 것을 고르시오.

① criticize 실수에 대해 비판적으로 접근하는 것이 아님
　비판하다
② remind 실수를 생각한다면 실수에서 배울 것임
　상기시키다
③ ignore 거듭된 실패에도 실수에서 배우지 않고 장밋빛으로 생각함
　무시하다
④ detect 실수를 발견하더라도 무시한다는 내용임
　탐지하다
⑤ overestimate 실수를 과소평가하는 능력임
　과대평가하다

＞왜 정답？　[정답률 70%]

빈칸 문장	사람들에게는 자신의 실패를 '~하는' 놀라운 능력이 있다.
빈칸 뒤 문장	거듭 실패할 때도 우리 중 많은 사람은 과거의 실수에서 배우기보다 자신의 능력에 관해 장밋빛 낙관주의를 유지한다.

➡ 거듭 실패할 때도 실수로부터 배우지 않고 자신의 능력에 관해 장밋빛 낙관주의를 유지하는 능력에 대해 말했다.
　▶ 즉 자신의 실패를 ③ '무시하는' 능력을 말한다.

① 자신이 실수했다는 사실에 비판적으로 접근하는 것이 아니다.
② 실수에 많은 주의를 기울이지 않는다는 내용이다.
④ 실수했다는 것을 알면서도 자신의 능력을 과대평가한다는 내용이다.
⑤ 실수를 과소평가하는 능력에 더 가깝다.

K 49 정답 ⑤ ＊생태 건강이 붕괴하는 상황

Ecological health depends / on keeping **the surface of the earth rich** / in humus and minerals / **so that** it can provide a foundation / for healthy plant and animal life. //
생태 건강은 달려 있다 / 지표면을 풍부한 상태로 유지하는 데 / 부식토와 광물에 있어 / 그것이 토대를 제공할 수 있도록 / 동식물의 건강한 삶을 위한 //
단서 1 지표면의 상태에 달린 생태 건강이 붕괴하는 상황을 찾아야 함

The situation is disrupted / **if** the soil loses these raw materials / or **if great quantities of contaminants are introduced** / into it. //
그 상황은 붕괴된다 / 토양이 이러한 원료를 잃거나 / 다량의 오염 물질이 유입되면 / 그것에 //

When man **goes** / beneath the surface of the earth / and **drags out** minerals or other compounds / that did not evolve / as part of this system, / then problems follow. //
인간이 가면 / 지표면 아래로 / 그리고 광물이나 다른 화합물을 끄집어내면 / 변하지 않은 / 이 시스템의 일부로 / 그러면 문제가 뒤따른다 //

The mining of lead and cadmium / are examples of this. //
납과 카드뮴의 채굴이 / 이것의 예이다 //

Petroleum is also a substance / that has been **dug** / out of the bowels of the earth / and **introduced** into the surface ecology / by man. //
단서 2 석유는 인간이 지표면 아래의 광물이나 다른 화합물을 지표 생태계로 끄집어내면 문제가 발생한다는 것을 보여주는 예시임
석유 또한 물질이다 / 채굴되어 / 지구의 내부 밖으로 / 지표 생태계에 유입된 / 인간에 의해 //

Though it is formed / from plant matter, / the highly reduced carbon compounds / **that result** / are often toxic / to living protoplasm. //
단서 3 지구 내부에서 채굴되어 지표면으로 유입된 석유는 종종 유독함
비록 그것이 형성되지만 / 식물로부터 / 고도로 환원된 탄소 화합물은 / 그로 인해 생기는 / 종종 유독하다 / 살아 있는 원형질에 //

In some cases / this is true of even very tiny amounts, / as in the case of "polychlorinated biphenyls," / a petroleum product / which can cause cancer. //
몇몇 경우에는 / 심지어 매우 적은 양일 때도 이러하다 / '폴리염화 바이페닐'의 경우에서처럼 / 석유 생성 물질인 / 암을 유발할 수 있는 //

- ecological ⓐ 생태계의
- surface ⓝ 표면, 수면
- foundation ⓝ 토대, 기초
- disrupt ⓥ 방해하다, 지장을 주다
- raw ⓐ 날것의, 가공되지 않은
- quantity ⓝ 양, 수량
- contaminant ⓝ 오염 물질
- drag out ~을 끄집어내다
- compound ⓝ 화합물, 혼합물
- mine ⓥ 채굴하다, 캐다
- lead ⓝ ((화학)) 납
- petroleum ⓝ 석유
- substance ⓝ 물질, 본질
- bowel ⓝ 창자, 가장 깊은 곳
- introduce ⓥ (처음으로) 들여오다, 시작하다
- ecology ⓝ 생태계, 생태학
- matter ⓝ 물질, 성분
- carbon ⓝ 탄소
- toxic ⓐ 유독성의

　생태 건강은 지표면이 동식물의 건강한 삶을 위한 토대를 제공할 수 있도록 그것을 부식토와 광물이 풍부한 상태로 유지하는 데 달려 있다. 토양이 이러한 원료를 잃거나 **다량의 오염 물질이 그것에 유입되면** 그 상황은 붕괴된다.
　인간이 지표면 아래로 가서, 이 시스템의 일부로 변하지 않은 광물이나 다른 화합물을 끄집어내면, 문제가 뒤따른다. 납과 카드뮴의 채굴이 이것의 예이다. 석유 또한 인간에 의해 지구의 내부에서 채굴되어 지표 생태계에 유입된 물질이다. 비록 그것이 식물로부터 형성되지만, 그로 인해 생기는 고도로 환원된 탄소 화합물은 살아 있는 원형질에 유독한 경우가 많다. 암을 유발할 수 있는 석유 생성 물질인 '폴리염화 바이페닐'의 경우에서처럼, 몇몇 경우에는 심지어 매우 적은 양일 때도 이러하다.

다음 빈칸에 들어갈 말로 가장 적절한 것을 고르시오.
① the number of plants on it increases too rapidly
　그것에 있는 식물의 수가 너무 빠르게 증가하다
　동식물의 건강한 삶을 위한 토대를 제공한다는 언급으로 만든 오답
② it stops providing enough nourishment for humans
　그것이 인간을 위한 충분한 영양분을 제공하기를 멈추다
③ climate change transforms its chemical components
　기후 변화가 그것의 화학적 구성요소를 바꾸다　기후 변화는 언급되지 않음
④ alien species prevail and deplete resources around it
　외래종이 만연하여 그것 주변의 자원을 대폭 감소시키다
⑤ great quantities of contaminants are introduced into it
　다량의 오염 물질이 그것에 유입되다　지표면으로 유입된 다량의 지구 내부의 광물이나 화합물이 문제임

>왜 정답? ［정답률 32%］
　지표면의 상태에 달린 생태 건강이 붕괴하는 조건을 설명하는 부사절에 빈칸이 있다.
　인간이 지표면 아래의 광물이나 다른 화합물을 (지표면으로) 끄집어내면 문제가 뒤따른다면서, 인간에 의해 채굴되어 지표 생태계에 유입된 물질의 예시로 납과 카드뮴, 석유를 들었다. 그중 석유를 구체적으로 부연했는데, 살아 있는 원형질에 종종 유독하다면서 석유 생성 물질인 폴리염화 바이페닐이 암을 유발할 수 있다고 했다.
　따라서 생태 건강이 붕괴하는 조건은 ⑤ '다량의 **오염 물질**이 그것(지표면)에 유입되면'이다.

지표면 아래에서 채굴되어 지표면으로 유입된 납, 카드뮴, 석유가 지표면 입장에서는 오염 물질 **꿀팁**

>왜 오답?
①, ② 동식물의 건강한 삶을 위한 토대를 제공할 수 있도록 지표면이 부식토와 광물이 풍부한 상태로 유지되어야 한다는 첫 문장으로 만든 오답이다.
③, ④ 기후 변화나 외래종이 지표면에 영향을 미친다는 언급은 없다.

K 50 정답 ② ＊수많은 사람들이 서로와 접촉하는 도시

People have always wanted / **to be** around other people / and **to learn** from them. //
사람들은 항상 원해 왔다 / 다른 사람들 주위에 머무르며 / 그들로부터 배우기를 //

Cities have long been dynamos of social possibility, / foundries of art, music, and fashion. //
단서 1 어휘의 혁신은 항상 도시에서 시작되었는데, 이는 많은 사람들이 서로 접촉한 결과물임
도시는 오랫동안 사회적 가능성의 발전기였다 / 예술, 음악, 패션의 주물 공장 //

Slang, or, if you prefer, "lexical innovation," / **has** always **started** in cities / — an outgrowth / of all those different people / so frequently exposed / to one another. //
속어, 또는 여러분이 선호한다면 '어휘의 혁신'은 / 항상 도시에서 시작되었다 / 결과물 / 그 모든 별의별 사람이 / 그렇게도 빈번히 접촉된 / 서로에게 //

It spreads outward, / in a manner / not unlike **transmissible disease**, / **which itself** typically "takes off" in cities. //
그것은 외부로 퍼져나가는데 / 방식으로 / 전염성 질병과 다르지 않은 / 그것 자체도 보통 도시에서 '이륙한다' //

If, / as the noted linguist Leonard Bloomfield argued, / **the way** / a person talks / **is** a "composite result / of what he has heard before," /
단서 2 언어 혁신은 가장 많은 사람들이 가장 많은 사람들의 말을 듣고 가장 많은 다른 사람들에게 말한 곳에서 일어남
만약 / 저명한 언어학자 Leonard Bloomfield가 주장하듯 / 방식이 / 한 사람이 말하는 / '합성한 결과물'이라면 / 그가 전에 들었던 것의 /

then language innovation would happen / **where** the most people heard and talked / to the most other people. //
언어 혁신은 일어날 것이다 / 가장 많은 사람이 귀를 기울이고 말한 곳에서 / 가장 많은 다른 사람들에게 //

Cities drive taste change / because they **offer the greatest exposure** / to **other people**, /
도시는 취향 변화를 이끄는데 / 그곳이 가장 많은 접촉을 제공하기 때문에 / 다른 사람들과의 /

who not surprisingly are often **the creative people** / cities seem to attract. //
그들은 놀랄 것도 없이 흔히 창의적인 사람들이다 / 도시가 끌어들이는 듯 보이는 //

Media, / ever more global, ever more far-reaching, / **spread** language faster / to more people. //
미디어는 / 그 어느 때보다 더 전방위적이고, 그 어느 때보다 더 멀리까지 미치는 / 언어를 더 빨리 퍼뜨린다 / 더 많은 사람에게 //

- dynamo ⓝ ((pl.)) 발전기 ・ slang ⓝ 속어, 은어
- outgrowth ⓝ 결과물 ・ expose ⓥ 노출하다, 접하게 하다
- spread ⓥ 퍼지다, 퍼뜨리다 ・ outward ⓐⓓ 외부로
- transmissible ⓐ 전염성의 ・ noted ⓐ 저명한, 잘 알려진
- linguist ⓝ 언어학자 ・ composite ⓐ 합성의, 복합의
- drive ⓥ 추진하다, 몰아붙이다 ・ far-reaching ⓐ 멀리까지 미치는

사람들은 항상 다른 사람들 주위에 머무르며 그들로부터 배우기를 원해 왔다. 도시는 오랫동안 사회적 가능성의 발전기, 즉 예술, 음악, 패션의 주물 공장이었다. 속어, 또는 여러분이 선호한다면 '어휘의 혁신'은 항상 도시에서 시작되었는데, 그 모든 별의별 사람이 그렇게도 빈번히 서로에게 접촉한 결과물이다. 그것은 전염성 질병과 다르지 않은 방식으로 외부로 퍼져나가는데, 그 전염성 질병 자체도 보통 도시에서 '이륙한다.'

저명한 언어학자 Leonard Bloomfield가 주장하듯, 한 사람이 말하는 방식이 '그가 전에 들었던 것을 합성한 결과물'이라면, 언어 혁신은 가장 많은 사람이 가장 많은 다른 사람의 말을 듣고 가장 많은 다른 사람에게 말한 곳에서 일어날 것이다. 도시는 그곳이 **다른 사람들과의 가장 많은 접촉을 제공하기** 때문에 취향 변화를 이끄는데, 그들은 놀랄 것도 없이 흔히 도시가 끌어들이는 듯 보이는 창의적인 사람들이다. 그 어느 때보다 더 전방위적이고, 그 어느 때보다 더 멀리까지 미치는 미디어는 언어를 더 빨리 더 많은 사람에게 퍼뜨린다.

다음 빈칸에 들어갈 말로 가장 적절한 것을 고르시오.

① provide rich source materials for artists
　예술가들에게 풍부한 원재료를 공급하기　　타인과의 빈번한 접촉이 핵심임
② offer the greatest exposure to other people
　다른 사람들과의 가장 많은 접촉을 제공하기　　그 모든 별의별 사람들의 그렇게도 빈번한 접촉의 결과물
③ cause cultural conflicts among users of slang
　속어 사용자들 사이에서 문화 갈등을 초래하기　　문화 갈등에 대한 내용이 아님
④ present ideal research environments to linguists
　언어학자들에게 이상적인 연구 환경을 제공하기　　the noted linguist로 만든 오답
⑤ reduce the social mobility of ambitious outsiders
　야심 찬 외부인의 사회 이동을 줄이기　　사회 이동에 대해서는 언급되지 않음

> **왜 정답?** ［정답률 68%］

어휘의 혁신은 항상 도시에서 시작되었는데, 그것은 많은 사람이 서로에게 빈번히 접촉한 결과물이라고 했다.

빈칸 문장의 바로 앞 문장에서도 언어 혁신이 가장 많은 사람들이 가장 많은 다른 사람들의 말을 듣고, 가장 많은 사람들에게 말한 곳에서 일어날 것이라고 했으므로, 〔다른 사람들과 많이 접촉하는 곳, 즉 도시〕 **꿀팁**

도시가 취향 변화를 이끄는 이유는 도시가 ② '다른 사람들과의 가장 많은 접촉을 제공하기' 때문이라고 하는 것이 적절하다.

> **왜 오답?**

① 첫 문장에서 도시가 예술의 주물 공장이라고 한 것으로 만든 오답이다.
③ 도시에서 시작된 속어가 문화 갈등을 초래한다는 내용은 없다.
④ 저명한 언어학자인 Leonard Bloomfield의 주장이 인용된 것으로 만든 오답이다. **함정**
⑤ '외부인'이나 '사회 이동'에 대해서는 언급되지 않았다.

K 51 정답 ① ＊큰 그림을 보는 우리의 조상들

A connection with ancestors, / especially remote ones, / is useful
　　　단수 주어　　　　　　　　　　　　　　　　　　　단수 동사
/ for getting a wide-angled, philosophical view of life. //
조상들과의 관계는 / 특히 먼 조상들과의 관계 / 유용하다 / 삶에 대한 폭넓은 철학적 관점을 얻는 데 //

Whereas our immediate ancestors are notably skilled / at
부사절 접속사(대조)
helping us / with the "little pictures," / namely the particular,
the trees — say, a problem with a boss — /
우리의 직계 조상들은 특히 능숙하지만 / 우리를 도와주는 데 / '작은 그림'에 대해 / 즉 특정한 것, 나무들 / 말하자면, 상사와의 문제 /

our remote ones are best / for seeing the "Big Picture," / namely
the general, the forest — say, the meaning of our job. //
우리의 먼 조상들은 가장 알맞다 / '큰 그림'을 보는 것에 / 즉 일반적인 것, 숲 / 말하자면 직업의 의미 //

As modern people rush around / blowing small problems out
of proportion, / thus contributing to a global anxiety epidemic, /
현대인들은 바쁠 때 / 작은 문제를 어울리지 않게 부풀리며 / 그래서 세계적인 불안 확산의 원인이 되면서 /

ancestral spirits have a broader perspective / that can **calm the**
　　　　　　　　　　　　　　　　선행사　　　　　　주격 관계대명사
disquieted soul. //
조상들에게는 더 넓은 시야가 있다 / 불안한 영혼을 진정시킬 수 있는 //

When it comes to a trivial problem, / for example, / they'll just
tell us, / "This too will pass." // **단서 1** 작은 문제들에 있어 조상들은 우리에게 "이 또한 지나갈 것이다"라고 말할 것임
사소한 문제에 관한 한 / 예를 들어 / 그들은 그저 우리에게 말할 것이다 / "이 또한 지나갈 것이다"라고 //

They appreciate / how rapidly and often things change. //
그들은 이해한다 / 상황이 얼마나 빨리 그리고 자주 변하는지를 //

According to American anthropologist Richard Katz, / for
instance, /
미국 인류학자 Richard Katz에 따르면 / 예를 들어 /

Fijians say / that from the ancestral viewpoint / whatever looks
　　　　　생략 가능한 명사절 접속사　　　　　　　　　　명사절(주어)을 이끄는 복합 관계대명사
unfortunate / may turn out to be fortunate after all: /
피지 사람들은 말한다 / 조상의 관점에서 볼 때 / 불운해 보이는 무엇이든 / 결국은 운 좋은 것으로 판명될 수 있다고 /

"What may seem to be a horrible outcome / ... is seen in another
　　　　　　　　명사절 주어　　　　　　　　　　　단수 동사
light / by the ancestors." //
"끔찍한 결과로 보일지도 모르는 것은 / … 또 다른 관점으로 보인다 / 조상들에게는" //

The ancestors, / it might be said, / keep their heads / when
everyone around them / is losing theirs. //
조상들은 / 말해질 수 있다 / 자신들의 평정심을 유지한다고 / 그들 주변의 모든 사람이 / 평정심을 잃고 있을 때도 // **단서 2** 조상들은 주변 모든 사람이 평정심을 잃을 때도 평정심을 유지함

- remote ⓐ 먼 ・ wide-angled ⓐ 폭넓은
- philosophical ⓐ 철학적인 ・ immediate ⓐ 직접적인
- notably ⓐⓓ 특히 ・ rush around 서두르다
- blow out of proportion 과장하다 ・ contribute to ~의 원인이 되다
- anxiety ⓝ 불안 ・ ancestral ⓐ 선조의 ・ perspective ⓝ 시야
- calm ⓥ 진정시키다 ・ disquieted ⓐ 불안한
- when it comes to ~에 관한 한 ・ trivial ⓐ 사소한
- appreciate ⓥ 이해하다 ・ unfortunate ⓐ 불운한
- turn out 판명되다 ・ keep one's head 평정심을 유지하다
- lose one's head 평정심을 잃다

조상들과의 관계, 특히 먼 조상들과의 관계는, 삶에 대한 폭넓은 철학적 관점을 얻는 데 유용하다. 우리의 직계 조상들은 '작은 그림', 즉 특정한 것, 나무들을, 말하자면, 상사와의 문제, 도와주는 데 특히 능숙하지만, 우리의 먼 조상들은 '큰 그림', 즉 일반적인 것, 숲, 말하자면 직업의 의미와 같은 것을 보는 것에 가장 알맞다. 현대인들은 바쁘게 작은 문제를 어울리지 않게 부풀리며, 세계적인 불안 확산의 원인이 될 때, 조상들은 **불안한 영혼을 진정시킬** 수 있는 더 넓은 시야가 있다. 예를 들어, 사소한 문제에 관한 한, 그들은 그저 우리에게 "이 또한 지나갈 것이다."라고 말할 것이다. 그들은 상황이 얼마나 빨리 그리고 자주 변하는지를 이해한다. 예를 들어, 미국 인류학자 Richard Katz에 따르면 피지 사람들은 조상의 관점에서 볼 때, 불운해 보이는 무엇이든 결국은 운 좋은 것으로 판명될 수 있다고 말한다. "끔찍한 결과로 보일지도 모르는 것은 … 조상들에게는 또 다른 관점으로 보인다." 조상들은 주변의 모든 사람이 평정심을 잃고 있을 때도, 자신들의 평정심을 유지한다고 할 수 있다.

다음 빈칸에 들어갈 말로 가장 적절한 것을 고르시오.

① calm the disquieted soul 이 또한 지나갈 것이라고 말해줌
　불안한 영혼을 진정시키다
② boost cooperation in the community 공동체, 협력에 대한 내용이 아님
　공동체에서 협력을 신장시키다
③ make us stick to the specific details 작은 문제에 호들갑 떨지 않게 함
　우리로 하여금 특정한 세부 사항을 고수하게 하다
④ result in a waste of time 긍정적인 면을 이야기하는 글임
　시간 낭비를 야기하다
⑤ complicate situations 작은 문제를 부풀리는 것은 현대인임
　상황을 복잡하게 하다

빈칸 문장	현대인이 작은 문제를 부풀리며 세계적인 불안 확산의 원인이 될 때, 조상들에게는 '무엇'할 수 있는 더 넓은 시야가 있다.
빈칸 뒤 문장	사소한 문제에 대해 그들은 그저 우리에게 "이 또한 지나갈 것이다"라고 말할 것임 불안을 진정시키는 말
마지막 문장	조상들은 그들 주변의 모든 사람이 평정심을 잃을 때도 평정심을 유지한다고 할 수 있다.

➡ 사소한 문제를 부풀려 불안을 확산시키는 현대인과 조상이 대조되는 글이다.
▶ 사소한 문제를 겪는 현대인에게 "이 또한 지나갈 것이다"라고 말할 것이라는 빈칸 뒤 문장을 통해, 조상들에게는 ① '불안한 영혼을 진정시킬' 수 있는 더 넓은 시야가 있다는 내용임을 알 수 있다.

② 공동체나 협력에 대해 이야기하는 글이 아니다.
③ 특정한 세부 사항과 같은 사소한 문제에 대해 '이 또한 지나갈 것이다'라고 말한다는 내용이다. (▶ 이유: 조상들이 불안을 진정시키는 말을 할 것이라고 했으므로 오히려 반대 내용임)
④ 조상들의 긍정적인 면에 대해 이야기하는 글이다.
⑤ 상황을 복잡하게 하는 것은 사소한 문제를 부풀리는 현대인이다.

K 52 정답 ② ＊공간을 분할하는 인간과 동물

More than just *having* territories, / animals also *partition* them. //
그저 영역을 '갖는' 것을 넘어서 / 동물은 또한 그것을 '분할한다' //
And this insight turned out / to be particularly useful / for zoo husbandry. //
그리고 이러한 통찰은 밝혀졌다 / 특히 유용한 것으로 / 동물원 관리에 //
An animal's territory has an internal arrangement / that Heini Hediger compared / to the inside of a person's house. //
동물의 영역에는 내부 배치가 있다 / Heini Hediger가 비유한 / 사람의 집 내부에 //
Most of us assign separate functions / to separate rooms, / but even if you look at a one-room house / you will find / the same internal specialization. // 단서1 우리는 (공간이 구분되어 있지 않더라도)
우리 대부분은 별도의 기능을 할당한다 / 별도의 방에 / 하지만 여러분이 원룸 주택을 살펴봐도 / 여러분은 발견할 것이다 / 동일한 내부의 전문화를 //
In a cabin or a mud hut, or even a Mesolithic cave / from 30,000 years ago, / 단서2 각 공간에 별도의 기능을 할당하는 예시
오두막이나 진흙 오두막, 혹은 심지어 중석기 시대의 동굴 안에도 / 3만 년 전의 /
this part is for cooking, / that part is for sleeping; / this part is for making tools and weaving, / that part is for waste. //
이 부분은 요리를 위한 것이고 / 저 부분은 잠을 자기 위한 것이다 / 이 부분은 도구 제작과 직조를 위한 것이고 / 저 부분은 폐기물을 위한 것이다 //
We keep / a neat functional organization. //
우리는 유지한다 / 정돈된 기능적 체계를 //
To a varying extent, / other animals do the same. //
다양한 정도로 / 다른 동물들도 같은 행동을 한다 //
A part of an animal's territory / is for eating, / a part for sleeping, / a part for swimming or wallowing, /
동물의 영역 중 일부는 / 먹기 위한 것이고 / 일부는 잠을 자기 위한 것이며 / 일부는 헤엄치거나 뒹굴기 위한 것이고 /
a part may be set aside / for waste, / depending on the species of animal. // 일부는 남겨질 수도 있다 / 폐기물을 위해 / 동물의 종에 따라 //

- territory ⓝ 영역, 영토　• partition ⓥ 분할하다, 나누다
- insight ⓝ 통찰력, 이해　• arrangement ⓝ 배치, 배열
- assign ⓥ (일·책임 등을) 맡기다, (가치·기능 등을) 부여하다
- separate ⓐ 분리된, 관련 없는　• specialization ⓝ 특수[전문]화
- cabin ⓝ 오두막집, 객실　• weave ⓥ (옷감을) 짜다[엮다]

- neat ⓐ 정돈된, 깔끔한　• functional ⓐ 기능적인, 가동되는
- varying ⓐ 가지각색의, 바뀌는　• extent ⓝ 정도, 규모
- wallow ⓥ (물·진흙 등의 속에서) 뒹굴다　• set aside 따로 떼어 두다

그저 영역을 '갖는' 것을 넘어서, 동물은 또한 영역을 '분할한다'. 그리고 이러한 통찰은 동물원 관리에 특히 유용한 것으로 밝혀졌다. 동물의 영역에는 Heini Hediger가 사람의 집 내부에 비유한 내부 배치가 있다. 우리 대부분은 별도의 방에 별도의 기능을 할당하지만, 원룸 주택을 살펴봐도 동일한 내부의 전문화를 발견할 것이다. 오두막이나 진흙 오두막, 혹은 심지어 3만 년 전의 중석기 시대의 동굴 안에도, 이 부분은 요리를 위한 것이고, 저 부분은 잠을 자기 위한 것이며, 이 부분은 도구 제작과 직조를 위한 것이고, 저 부분은 폐기물을 위한 것이다. 우리는 정돈된 기능적 체계를 유지한다. 다양한 정도로, 다른 동물들도 같은 행동을 한다. 동물의 종에 따라, 동물의 영역 중 일부는 먹기 위한 것이고, 일부는 잠을 자기 위한 것이며, 일부는 헤엄치거나 뒹굴기 위한 것이고, 일부는 폐기물을 위해 남겨질 수도 있다.

다음 빈칸에 들어갈 말로 가장 적절한 것을 고르시오.
① an interest in close neighbors 이웃과 관련된 언급은 없음
　가까운 이웃에 대한 관심
② a neat functional organization 각각의 공간에 별도의 기능을 할당함
　정돈된 기능적 체계
③ a stock of emergency supplies 비상용품의 비축량을 유지한다는 내용이 아님
　비상용품의 비축량
④ a distance from potential rivals 잠재적 경쟁자는 등장하지 않음
　잠재적 경쟁자로부터의 거리
⑤ a strictly observed daily routine 우리와 동물이 일상을 엄격하게 지킨다는 것이 아님
　엄격하게 지켜지는 일상

빈칸 문장의 앞부분을 보면, 우리는 각 공간에 각각의 기능을 할당하는데, 이는 공간이 구분되어 있지 않은 원룸 주택인 경우에도 마찬가지라는 설명이 등장하고, 각각의 공간에 요리, 수면, 도구 제작과 직조, 폐기물 처리 등의 기능을 할당하는 구체적인 예시가 이어진다.
이를 통해 이 글에서 설명하는 우리가 유지하는 것이 ② '정돈된 기능적 체계'임을 알 수 있다.

① 우리가 가까운 이웃에게 관심을 갖는다는 내용이 아니다. '주거 공간'이라는 글의 소재에서 자연스럽게 연상되는 '이웃'을 포함하여 오답의 함정을 만들었다.
③ 우리와 동물이 비상용품의 비축량을 일정하게 유지한다는 내용이 아니다.
④ 잠재적 경쟁자에 대해서는 전혀 언급되지 않았다.
⑤ 각 공간에 별도의 기능을 할당한다는 것이지, 일상을 엄격하게 지킨다는 것은 아니다.

K 53 정답 ④ ＊팬덤의 즐거움의 원천

Fans feel / for feeling's own sake. // 팬은 느낀다 / 감정 그 자체를 //
They make meanings / beyond what seems to be on offer. //
그들은 의미를 만든다 / 제공되는 것으로 보이는 것을 넘어서는 //
They build identities and experiences, / and make artistic creations of their own / to share with others. //
그들은 정체성과 경험을 만들고 / 그들 자신의 예술적 창작물을 만든다 / 다른 사람들과 공유하기 위해 //
A person can be an individual fan, / feeling / an "idealized connection with a star, / strong feelings of memory and nostalgia," /
한 사람은 개인적인 팬이 되어 / 느끼며 / '어떤 스타와 이상적인 관계를 / 기억과 향수의 강한 감정'을 /
and engaging in activities / like "collecting to develop a sense of self." // 단서1 개인적인 경험은 공유된 애착을 지닌 사람들이 애정의 대상을 중심으로 교제하는 사회적 상황에서 깊이 새겨짐
그리고 활동을 할 수 있다 / '자아감 형성을 위해 수집하기'와 같은 //
But, more often, / individual experiences are embedded / in social contexts / where other people / with shared attachments / socialize around the object / of their affections. //
그러나 더 흔히 / 개인적인 경험은 깊이 새겨진다 / 사회적인 상황에서 / 다른 사람들이 / 공유된 애착을 지닌 / 대상을 중심으로 교제하는 / 그들의 애정의 //

Much of the pleasure of fandom / **comes from being connected / to other fans**. //
주어부에 부분을 나타내는 표현이 쓰이면 of 뒤의 명사에 동사의 수를 일치시킴
팬덤의 많은 즐거움은 / 연결되는 것에서 온다 / 다른 팬들에게 //

In their diaries, / Bostonians of the 1800s described / being part of the crowds / at concerts / as part of the pleasure of attendance. // 단서 2 콘서트에 모인 군중의 일부가 되는 것이 참석의 즐거움의 일부임
그들의 일기에서 / 1800년대의 보스턴 사람들은 묘사했다 / 군중의 일부가 되는 것을 / 콘서트에서 / 참석의 즐거움의 일부로 //

동격절 접속사   명사절 주어
A compelling argument can be made / **that what fans love** / is less the object of their fandom / 단수 동사
강력한 주장이 제기될 수 있다 / 팬이 사랑하는 것은 / 그들의 팬덤의 대상이라기보다 /

than the attachments to (and differentiations from) one another / that those affections afford. // 단서 3 팬들이 사랑하는 것은 그들의 서로에 대한 애착과 서로 간의 차이라고 강력히 주장될 수 있음
서로에 대한 애착(그리고 서로 간의 차이)이라는 / 그 애정이 제공하는 //

- on offer 제공되는, 이용할[살] 수 있는 · identity ⓝ 정체성, 신원
- idealize ⓥ 이상화하다 · nostalgia ⓝ 향수(鄕愁)
- context ⓝ 맥락, 문맥 · attachment ⓝ 애착, 믿음
- socialize ⓥ (사람들과) 어울리다, 사회화하다
- affection ⓝ 애착, 보살핌 · attendance ⓝ 출석, 참석
- argument ⓝ 논쟁, 주장 · differentiation ⓝ 차별, 구별
- afford ⓥ 제공하다

팬은 감정 그 자체를 느낀다. 그들은 제공되는 것으로 보이는 것을 넘어서는 의미를 만든다. 그들은 정체성과 경험을 만들고, 다른 사람들과 공유하기 위해 그들 자신의 예술적 창작물을 만든다. 한 사람은 개인적인 팬이 되어, '어떤 스타와 이상적인 관계, 기억과 향수의 강한 감정'을 느끼며, '자아감 형성을 위해 수집하기'와 같은 활동을 할 수 있다. 그러나 더 흔히 개인적인 경험은 애착을 공유하는 다른 사람들이 그들의 애정의 대상을 중심으로 교제하는 사회적인 상황에서 깊이 새겨진다. 팬덤의 많은 즐거움은 **다른 팬들에게 연결되는 것에서 온다**. 1800년대의 보스턴 사람들은 그들의 일기에서 콘서트에 모인 군중의 일부가 되는 것을 참석의 즐거움의 일부로 묘사했다. 팬이 사랑하는 것은 그들의 팬덤의 대상이라기보다 그 애정이 제공하는 서로에 대한 애착(그리고 서로 간의 차이)이라는 강력한 주장이 제기될 수 있다.

다음 빈칸에 들어갈 말로 가장 적절한 것을 고르시오.
애착의 대상으로부터 즐거움을 얻는다는 것이 아님
① is enhanced by collaborations between global stars
  세계적인 스타들 간의 협업으로 고양된다
② results from frequent personal contact with a star
  스타와의 잦은 개인적인 연락에서 기인한다
③ deepens as fans age together with their idols
  팬이 그들의 우상과 함께 나이 들어갈수록 깊어진다   나이 들면서 더 즐거워진다는 것이 아님
④ comes from being connected to other fans
  다른 팬들에게 연결되는 것에서 온다   콘서트에 모인 군중의 일부가 되는 것이 즐거움
⑤ is heightened by stars' media appearances
  스타가 미디어에 등장함으로써 고양된다

왜 정답? [정답률 65%] 역접의 연결어 But을 통해! 꿀팁
빈칸 문장의 앞 문장에서 **글의 내용이 전환되면서**, 공유된 애착을 지닌 사람들, 즉 같은 대상을 사랑하는 팬들이 그 대상을 중심으로 교제하는 사회적 상황에서 개인적인 경험이 깊이 새겨진다고 했다.
빈칸 문장 이후로는, 콘서트에 모인 군중의 일부가 되는 것이 즐거움의 일부이고, 팬들이 사랑하는 것은 팬덤의 대상이라기보다 팬들의 서로에 대한 애착일 수 있다는 내용이 이어지므로, 이 글은 팬덤의 많은 즐거움이 ④ '다른 팬들에게 연결되는 것에서 온다'는 점을 설명하는 것이다.

왜 오답?
①, ②, ⑤ 팬덤의 즐거움이 그들의 애착의 대상인 스타로부터 오는 것이 아니라 같은 대상을 좋아하는 사람들과의 교제로부터 온다는 내용이다.
③ 애착의 대상과 팬이 나이 들수록, 혹은 세월이 흐를수록 즐거움이 커진다는 내용은 없다.

K 54 정답 ④ * 형식주의자의 특징
주어
The critic / who wants to write about literature / from a formalist perspective / **must** first **be** a close and careful reader /
비평가는 / 문학에 관하여 쓰고자 하는 / 형식주의자의 관점에서 / 먼저 면밀하고도 주의 깊은 독자가 되어야 한다 /

주격 관계대명사절의 동사 ①
who **examines** all the elements of a text individually / and
주격 관계대명사절의 동사 ②   부사적 용법(결과)
questions / how they come together **to create** a work of art. //
글의 모든 요소를 개별적으로 검토하고 / 질문하는 / 그것들이 모여 예술 작품을 만드는 방식에 대해 //

주어   동사
Such a reader, / who respects the autonomy of a work, / **achieves** an understanding of it / by **looking inside it, / not outside it or beyond it**. // 그러한 독자는 / 작품의 자율성을 존중하는 / 그것에 대한 이해를 달성한다 / 그것의 내부를 들여다봄으로써 / 그것의 외부나 그것을 넘어서가 아니라 //

Instead of examining / historical periods, author biographies, or literary styles, / for example, / 단서 1 글 자체가 아닌 외적인 요소를 검토하지 않음
검토하는 대신 / 역사상의 시대, 작가의 전기, 또는 문학적 양식을 / 예를 들어 /
동격절 접속사 ①
he or she will approach a text / with the assumption / **that** it is a self-contained entity / and **that** he or she is looking for the governing principles / **that** allow the text to reveal itself. //
주격 관계대명사
그 사람은 글에 접근할 것이다 / 추정으로 / 글이 자족적인 실체이며 / 자신은 지배적인 원칙을 찾고 있다는 / 그 글이 스스로를 드러내도록 해주는 //
단서 2 글은 자기 스스로를 충족시키는 실체라는 추정으로 글에 접근함

For example, / the **correspondences** / between the characters in James Joyce's short story "Araby" and the people / **he knew personally** / **may** be interesting, /
주어   동사   앞에 목적격 관계대명사가 생략됨
예를 들어 / 관련성은 / James Joyce의 단편 소설인 〈Araby〉 속의 등장인물들과 사람들과의 / 그가 개인적으로 알았던 / 흥미로울 수도 있겠지만 /

but for the formalist / they are less relevant / to understanding / how the story creates meaning / than **are other kinds of information** / **that** the story contains within itself. //
목적격 관계대명사   주어와 동사가 도치됨
그 형식주의자에게 / 그것들은 덜 관련되어 있다 / 이해하는 데 / 그 이야기가 의미를 만들어내는 방식을 / 다른 종류의 정보가 그런 것보다 / 이야기가 그 안에 포함하고 있는 //
단서 3 〈Araby〉를 이해하는 데 있어 외적인 요소는 〈Araby〉 안에 포함된 정보보다 덜 관련되어 있음

- literature ⓝ (특정 분야의) 문헌, 문학
- formalist ⓝ 형식주의자, 이론주의자 · autonomy ⓝ 자율성, 자주성
- biography ⓝ 전기(傳記) · literary ⓐ 문학적인, 문학의
- assumption ⓝ 가정, 추정 · self-contained ⓐ 자족적인, 자립하는
- entity ⓝ 독립체 · correspondence ⓝ 관련성, 서신, 편지
- relevant ⓐ 관련 있는, 적절한 · contain ⓥ 포함하다, 함유하다

형식주의자의 관점에서 문학에 관하여 쓰고자 하는 비평가는 먼저 글의 모든 요소를 개별적으로 검토하고 그것들이 모여 예술 작품을 만드는 방식에 대해 질문하는 면밀하고도 주의 깊은 독자가 되어야 한다. 작품의 자율성을 존중하는 그러한 독자는 **그것의 외부나 그것을 넘어서가 아니라 그것의 내부를 들여다봄**으로써 그것에 대한 이해를 달성한다. 예를 들어, 역사상의 시대, 작가의 전기, 또는 문학적 양식을 검토하는 대신, 그 사람은 글이 자족적인 실체이며, 자신은 그 글이 스스로를 드러내도록 해주는 지배적인 원칙을 찾고 있다는 추정으로 글에 접근할 것이다. 예를 들어, James Joyce의 단편 소설인 〈Araby〉 속의 등장인물들과 그가 개인적으로 알았던 사람들과의 관련성은 흥미로울 수도 있겠지만, 그 형식주의자에게 그것들은 그 이야기가 그 안에 포함하고 있는 다른 종류의 정보보다 이야기가 의미를 만들어내는 방식을 이해하는 데 덜 관련되어 있다.

다음 빈칸에 들어갈 말로 가장 적절한 것을 고르시오.
① putting himself or herself both inside and outside it   작품의 안팎을 대조하는 것임
  그 자신을 그것의 안과 밖 모두에 놓음
② finding a middle ground between it and the world   내부에 집중함
  그것과 세상 사이에서 중간 위치를 찾음
③ searching for historical realities revealed within it   역사적 사실을 다룬
  그 안에서 드러난 역사적인 사실을 찾아봄   글에 국한하는 것이 아님
④ looking inside it, not outside it or beyond it   작품 자체의 내용에 집중함
  그것의 외부나 그것을 넘어서가 아니라 그것의 내부를 들여다봄
⑤ exploring its characters' cultural relevance   외부적 요소를 배제함
  그것의 등장인물들의 문화적인 관련성을 탐구함

왜 정답? [정답률 47%] 필요한 것을 자기 스스로 충족시키는 것을 의미함 꿀팁
형식주의자는 어떤 글을 검토할 때 그 글이 쓰인 역사적 시대나 작가의 전기, 문학적 양식 등의 외적인 요소를 고려하는 대신, 글은 **자족적인** 실체라는 추정으로 글에 접근할 것이라는 내용이다.
이에 대한 예로, 단편 소설 〈Araby〉의 등장인물과 작가가 개인적으로 알았던 사람들과의 관련성은 흥미로울 수는 있지만, 〈Araby〉를 이해하는 데는 〈Araby〉 안에 포함된 정보보다 덜 중요하다고 했다.
이를 통해 형식주의자의 특징이 ④ '작품의 외부나 작품을 넘어서가 아니라 작품의 내부를 들여다봄'으로써 작품을 이해한다는 것임을 알 수 있다.

①, ② 작품 내부와 외부를 대조하여 내부에 집중한다는 내용이다. 내부와 외부를 모두 고려한다거나 그 사이의 중간 위치를 찾는다는 것이 아니다. **주의**

③ 작품 내부에 드러나는 내용이 구체적으로 무엇인지에 대해서는 언급하지 않았다.

⑤ James Joyce의 단편 소설인 〈Araby〉를 예시로 들어 설명한 부분으로 만든 오답이다. 외적인 요소인 '문화적 관련성'을 중점적으로 다룬 글이 아니다.

K 55 정답 ① ＊신피질의 특징

단서 1 신피질은 '거의' 아무것도 모르는 채로 태어남(일부는 이미 아는 상태로, 즉 정해진 상태로 태어남)

When you are born, / your neocortex knows almost nothing. //
여러분이 태어날 때 / 여러분의 신피질은 거의 아무것도 모른다 //

It doesn't know / any words, / what buildings are like, / how to use a computer, / or what a door is / and how it moves on hinges. //
그것은 알지 못한다 / 어떠한 단어도 / 건물이 무엇과 같은지 / 컴퓨터를 어떻게 사용하는지 / 혹은 문이 무엇이며 / 그것이 경첩에서 어떻게 움직이는지를 //

It has to learn / countless things. //
그것은 배워야 한다 / 무수한 것을 //

The overall structure of the neocortex / is not random. //
신피질의 전체적인 구조는 / 무작위가 아니다 //

Its size, / the number of regions / it has, / and how they are connected together / is largely determined / by our genes. //
그것의 크기 / 영역들의 수 / 그것이 가진 / 그리고 어떻게 그것들이 함께 연결되는지는 / 주로 결정된다 / 우리의 유전자에 의해 //

For example, / genes determine / what parts of the neocortex are connected / to the eyes, / what other parts are connected / to the ears, / and how those parts connect / to each other. //
예를 들어 / 유전자는 결정한다 / 신피질의 어떤 부분들이 연결되는지 / 눈에 / 어떤 다른 부분들이 연결되는지 / 귀에 / 그리고 어떻게 그 부분들이 연결되는지를 / 서로에 //

Therefore, / we can say / that the neocortex is structured / at birth / to see, hear, and even learn language. //
그러므로 / 우리는 말할 수 있다 / 신피질은 구조화된다고 / 태어날 때 보고 듣고 심지어 언어를 배우도록 //

단서 2 보고 듣고 언어를 배우도록 결정된 채로 태어남

But it is also true / that the neocortex doesn't know / what it will see, / what it will hear, / and what specific languages it might learn. //
하지만 ~이 또한 사실이다 / 신피질은 모른다는 것이 / 그것이 무엇을 볼지를 / 그것이 무엇을 들을지를 / 그리고 그것이 어떤 특정한 언어를 배울지를 //

단서 3 무엇을 보고 들을지, 어떤 언어를 배울지는 모르는 채로 태어남

We can think of the neocortex / as starting life / **having some built-in assumptions / about the world** / but knowing nothing in particular. //
우리는 신피질을 생각할 수 있다 / 생을 시작하는 것으로 / 어떤 내재된 가정을 가졌지만 / 세상에 대한 / 특정하게 아는 것은 없이 //

Through experience, / it learns / a rich and complicated model of the world. //
경험을 통해 / 그것은 배운다 / 풍부하고 복잡한 세상 모형을 //

- hinge ⓝ (문·뚜껑 등의) 경첩   · countless ⓐ 무수한, 셀 수 없이 많은
- overall ⓐ 전반적인   · structure ⓝ 구조, 구성 ⓥ 구조화하다, 조직하다
- random ⓐ 임의의, 무작위의   · determine ⓥ 결정하다
- gene ⓝ 유전자   · complicated ⓐ 복잡한

여러분이 태어날 때, 여러분의 신피질은 거의 아무것도 모른다. 그것은 어떠한 단어도, 건물이 어떤지, 컴퓨터를 어떻게 사용하는지, 혹은 문이 무엇이며 그것이 경첩에서 어떻게 움직이는지를 알지 못한다. 그것은 무수한 것을 배워야 한다. 신피질의 전체적인 구조는 무작위가 아니다. 그것의 크기, 그것이 가지고 있는 영역들의 수, 그리고 어떻게 그것들이 함께 연결되는지는 우리의 유전자에 의해 주로 결정된다. 예를 들어, 유전자는 신피질의 어떤 부분들이 눈과 연결되는지, 어떤 다른 부분들이 귀와 연결되는지, 그리고 어떻게 그 부분들이 서로 연결되는지를 결정한다. 그러므로 우리는 신피질은 태어날 때 보고 듣고

심지어 언어를 배우도록 구조화된다고 말할 수 있다. 하지만 신피질은 그것이 무엇을 볼지, 그것이 무엇을 들을지, 그리고 그것이 어떤 특정한 언어를 배울지 모른다는 것 또한 사실이다. 우리는 신피질이 **세상에 대한 어떤 내재된 가정을 가졌지만** 특정하게 아는 것은 없이 생을 시작하는 것으로 생각할 수 있다. 경험을 통해 그것은 풍부하고 복잡한 세상 모형을 배운다.

다음 빈칸에 들어갈 말로 가장 적절한 것을 고르시오.

① having some built-in assumptions about the world
세상에 대한 어떤 내재된 가정을 가졌지만   유전자에 의해 전체적인 구조는 결정된 채로 태어남
② causing conflicts between genes and environments
유전자와 환경 사이에 충돌을 야기하지만   유전자와 환경의 충돌에 대한 내용이 아님
③ being able to efficiently reprocess prior knowledge
이전의 지식을 효율적으로 다시 처리할 수 있지만   지식의 재처리가 가능하다는 언급은 없음
④ controlling the structure and processing power of the brain
뇌의 구조와 처리 능력을 제어하지만   신피질의 기능에 대한 설명이 아님
⑤ fighting persistently against the determined world of genes
유전자라는 정해진 세상에 맞서 끊임없이 싸우지만   유전자와 맞서 싸우는 것이 아님

>왜 정답? [정답률 44%]

아예 아무것도 모른다면 부사 almost를 쓰지 않았을 것임 **꿀팁**

우리의 신피질은 '거의 아무것도' 모르는 채로 태어난다는 첫 문장은 신피질이 대부분은 모르는 채로 태어나지만 결정된 채로 태어나는 것도 있다는 것을 의미한다.

신피질은 태어날 때 보고 듣고 언어를 배우도록 구조화되지만 무엇을 보고 들을지, 어떤 언어를 배울지는 모른다는 것으로 보아 빈칸 문장은 신피질이 ① '세상에 대한 어떤 내재된 가정을 가졌지만' 특정하게 아는 것은 없이 태어난다는 내용이 되어야 한다.

>왜 오답?

② 유전자의 영향을 받는지, 아니면 환경의 영향을 받는지를 대조해서 설명하는 글이 아니다.

③, ④ 신피질이 이전의 지식을 다시 처리할 수 있다거나 뇌의 구조와 처리 능력을 제어한다는 언급은 없다. **함정**

⑤ genes가 언급된 것으로 만든 오답이다. 신피질의 전체적인 구조가 유전자에 의해서 결정된다고 했지, 신피질이 유전자에 맞선다는 내용은 없다.

K 56 정답 ② ＊영화 음악의 친숙한 구조가 갖는 효과

A musical score within any film / can add an additional layer / to the film text, / which goes beyond / simply imitating the action viewed. //
관계대명사의 계속적 용법 / 앞 명사를 수식하는 과거분사
어떤 영화 속에서든 악보는 / 추가적인 층을 추가할 수 있다 / 영화 텍스트에 / 그것은 넘어선다 / 보이는 연기를 단순히 흉내 내는 것을 //

In films / that tell of futuristic worlds, / composers, / much like sound designers, / have added freedom / to create a world / that is unknown and new to the viewer. //
주격 관계대명사 / 주격 관계대명사
영화에서 / 미래 세계에 관해 말하는 / 작곡가는 / 사운드 디자이너와 꼭 마찬가지로 / 자유를 추가해 왔다 / 세계를 창조할 수 있는 / 관객에게 알려지지 않은 새로운 //

However, / unlike sound designers, / composers often shy away from / creating unique pieces / that reflect these new worlds /
병렬 구조 / 주격 관계대명사
그러나 / 사운드 디자이너와 달리 / 작곡가는 흔히 피한다 / 독특한 곡을 만들어 내는 것을 / 이러한 새로운 세계를 반영하는 //

and often present musical scores / that possess familiar structures and cadences. //
주격 관계대명사
그리고 흔히 악보를 제시한다 / 친숙한 구조와 박자를 가진 //

While it is possible / that this may interfere with creativity / and a sense of space and time, / it in fact **aids in viewer / access to the film.** //
가주어 / 진주어
가능성이 있지만 / 창의성을 저해할 / 그리고 시공간 감각을 / 사실 그것은 관객에게 도움이 된다 / 영화에 접근하는 데 //

단서 1 친숙한 악보를 통해 알아볼 수 있는 맥락을 제공함

Through recognizable scores, / visions of the future or a galaxy far, far away / can be placed / within a recognizable context. //
알아볼 수 있는 악보를 통해 / 미래나 멀고 먼 은하계에 대한 비전은 / 놓일 수 있다 / 알아볼 수 있는 맥락 안에 //

Such familiarity allows the viewer / to be placed / in a comfortable space /
그러한 친숙함은 관객에게 허락한다 / 놓이도록 / 편안한 공간에 /
so that ~: ~할 수 있도록, 그래서 ~하다
so that the film may then lead the viewer / to what is an unfamiliar, but acceptable vision of a world / different from their own. //
단서 2 친숙한 악보가 관객들에게 편안함을 제공하고, 이를 통해 영화를 낯설지만 받아들일 수 있는 비전으로 인식하게 됨
그러면 영화는 관객을 인도할 수 있을 것이다 / 낯설지만 받아들일 수 있는 비전으로 / 그들 자신의 것과 다른 세계에 관한 //

- futuristic ⓐ 미래의
- composer ⓝ 작곡가
- shy away from ~을 피하다
- piece ⓝ 작품, 곡
- possess ⓥ 가지다, 보유하다
- structure ⓝ 구조
- interfere with ~을 저해[방해]하다
- recognizable ⓐ 알아볼 수 있는
- galaxy ⓝ 은하계
- familiarity ⓝ 친숙함
- acceptable ⓐ 받아들일 수 있는

어떤 영화 속에서든 악보는 영화 텍스트에 추가적인 층을 추가할 수 있는데, 그것은 보이는 연기를 단순히 흉내 내는 것을 넘어선다. 미래 세계에 관해 말하는 영화에서, 작곡가는 사운드 디자이너와 꼭 마찬가지로, 관객에게 알려지지 않은 새로운 세계를 창조할 수 있는 자유를 추가해 왔다. 그러나 사운드 디자이너와 달리, 작곡가는 흔히 이러한 새로운 세계를 반영하는 독특한 곡을 만들어 내는 것을 피하고, 친숙한 구조와 박자를 가진 악보를 흔히 제시한다. 이는 창의성과 시공간 감각을 저해할 가능성이 있지만, 사실 그것은 **관객이 영화에 접근하는 데 도움이 된다.** 알아볼 수 있는 악보를 통해 미래나 멀고 먼 은하계에 대한 비전은 알아볼 수 있는 맥락 안에 놓일 수 있다. 그러한 친숙함을 통해 관객은 편안한 공간에 놓이게 되고, 그러면 영화는 관객을 그들 자신의 것과 다른 세계에 관한 낯설지만 받아들일 수 있는 비전으로 인도할 수 있을 것이다.

다음 빈칸에 들어갈 말로 가장 적절한 것을 고르시오.
음악의 친숙함이 줄거리를 친숙함에서 자유롭게 한다는 내용이 아님
① frees the plot of its familiarity
줄거리를 그것의 친숙함에서 자유롭게 하다
② aids in viewer access to the film
관객이 영화에 접근하는 데 도움이 된다
영화 음악의 친숙함을 통해 관객이 영화에 접근하는 데 도움을 준다는 내용임
③ adds to an exotic musical experience
이국적인 음악 경험을 늘린다
낯선 다른 세계를 언급한 것으로 만든 오답
④ orients audiences to the film's theme
관객을 영화의 주제로 향하게 한다
영화의 주제로 향하게 한다고는 하지 않음
⑤ inspires viewers to think more deeply
관객이 더 깊이 생각할 수 있도록 고취한다
친숙한 영화 음악이 관객을 더 깊이 생각할 수 있게 만든다는 내용은 없음

왜 정답? [정답률 45%]

빈칸 문장	(영화 음악의 친숙한 구조는) 창의성과 시공간 감각을 저해할 수도 있지만, 사실은 '무엇이다.'
빈칸 뒤 문장	친숙한 악보는 알아볼 수 있는 맥락을 제공함 단서 1
마지막 문장	이러한 친숙함을 통해 관객은 편안한 공간에 놓여, 미래 세계를 낯설지만 받아들일 수 있는 비전으로 보게 됨 단서 2

➡ 영화 속 음악의 친숙한 구조는 알아볼 수 있는 맥락을 제공한다고 했고, 이를 통해 관객은 편안한 공간에 놓여, 미래 세계를 낯설지만 받아들일 수 있는 비전으로 보게 된다고 했다.

▶ 그러므로 친숙한 영화 음악은 ② '관객이 영화에 접근하는 데 도움이 된다'고 하는 것이 적절하다.

왜 오답?

① 음악의 친숙함이 줄거리를 친숙함에서 자유롭게 한다는 내용이 아니다.
③ 낯선 다른 세계를 언급했을 뿐, 이국적인 음악 경험에 대한 내용은 없다.
④ 음악의 친숙한 구조가 영화의 '주제'로 향하게 한다고는 하지 않았다. 주의
⑤ 음악의 친숙함이 관객으로 하여금 더 깊이 생각할 수 있도록 한다는 내용이 아니다.

김아린 | 충남대 의예과 2024년 입학 · 대전한빛고 졸

빈칸 문제를 풀 때는 빈칸 앞에도 집중을 해야 하는데, 여기선 it in fact라고 적혀있지? 그러면 앞 문장에서 it이 가리키는 걸 찾고 그 내용을 그대로 연결시키는 거야. 작곡가들이 친숙한 악보를 만든다는 내용이 앞에 나오고 빈칸 뒤에 such familiarity로 부연 설명해주고 있으니까 이 둘을 조합하면 ②이 정답이라는 것을 금방 찾을 수 있어! 빈칸 문제를 풀기 위해서는 빈칸 앞뒤에 있는 기능어들에 주목해보자!

K 57 정답 ⑤ ＊환경이나 맥락이 빠진 감정의 불확정성 ——

전치사+관계대명사
There have been psychological studies / **in which** subjects were shown / photographs of people's faces / and asked to identify / the expression or state of mind / evinced. //
심리학 연구가 있었다 / 피실험자에게 보여준 / 사람들의 얼굴 사진을 / 그리고 파악하도록 요청한 / 표정이나 마음 상태를 / 분명히 나타나는 //

The results are invariably very mixed. //
그 결과는 언제나 매우 엇갈린다 //

In the 17th century / the French painter and theorist Charles Le Brun / drew a series of faces / illustrating the various emotions /
목적격 관계대명사
that painters could be called upon to represent. //
17세기에 / 프랑스의 화가이자 이론가인 Charles Le Brun은 / 일련의 얼굴 그림을 그렸다 / 다양한 감정을 분명히 보여주는 / 화가가 표현해 달라고 요청받을 수 있는 //

선행사를 포함하는 관계대명사   보어절을 이끄는 접속사
What is striking about them is / **that any number of them could be substituted** / for one another / without loss. //
그 그림들에서 놀라운 점은 / 어떤 수의 얼굴 그림이든 대체될 수 있었다는 것이다 / 서로 손실 없이 //

형용사적 용법(any setting or context 수식)
What is missing in all this is / any setting or context / **to make the emotion determinate**. //
make+목적어+목적격 보어(동사원형)
단서 (위에서 언급한 그림들에서) 빠진 것이 감정을 뚜렷하게 보여주는 환경이나 맥락임을 언급함
이 모든 것에서 빠진 것은 / 어떤 환경이나 맥락이다 / 감정을 확정적인 것으로 만드는 //

We must know / **who** this person is, / **who** these other people are, / **what** their relationship is, / **what** is at stake in the scene, / and the like. //
병렬 구조
우리는 알아야 한다 / 이 사람이 누구인지 / 다른 이 사람들이 누구인지 / 그들은 어떤 관계인지 / 그 장면에서 관건이 무엇인지 / 그리고 기타 등등을 //

In real life as well as in painting / we do not come across / just faces; / we encounter people / in particular situations /
그림에서뿐만 아니라 실생활에서도 / 우리는 우연히 마주치는 것이 아니다 / 단지 얼굴만 / 우리는 사람들을 마주친다 / 특정한 상황에서 /

and our understanding of people / cannot somehow **be** precipitated and **held** isolated /
병렬 구조
그리고 사람들에 대한 우리의 이해는 / 그럭저럭 촉발되어 보유되고 괴리될 수 없다 /

from the social and human circumstances / **in which** they, and we, live and breathe and have our being. //
전치사+관계대명사
사회적, 인간적 상황으로부터 / 그들과 우리가 살아 숨 쉬고 존재하는 //

- psychological ⓐ 심리학의
- subject ⓝ 피실험자
- identify ⓥ 확인하다, 파악하다
- state of mind 마음 상태
- invariably ⓐ 언제나, 변함없이
- theorist ⓝ 이론가
- illustrate ⓥ 분명히 보여주다, 그려넣다
- call upon to-v ~하도록 요청하다
- striking ⓐ 놀라운
- determinate ⓐ 확정적인
- at stake 관건이 되는
- encounter ⓥ 마주치다
- isolated ⓐ 고립된, 괴리된

피실험자에게 사람들의 얼굴 사진을 보여주고 분명히 나타나는 표정이나 마음 상태를 파악하도록 요청하는 심리학 연구가 있었다. 그 결과는 언제나 매우 엇갈린다. 17세기에 프랑스의 화가이자 이론가인 Charles Le Brun은 화가가 표현해 달라고 요청받을 수 있는 다양한 감정을 분명히 보여주는 일련의 얼굴 그림을 그렸다. 그 그림들에서 놀라운 점은 **어떤 수의 얼굴 그림이든 손실 없이 서로 대체될 수 있었다**는 것이다. 이 모든 것에서 빠진 것은 감정을 확정적인 것으로 만드는 어떤 환경이나 맥락이다. 우리는 이 사람이 누구인지, 다른 이 사람들이 누구인지, 그들은 어떤 관계인지, 그 장면에서 관건이 무엇인지 등을 알아야 한다. 그림에서뿐만 아니라 실생활에서도 우리는 단지 얼굴만 우연히 마주치는 것이 아니며, 우리는 특정한 상황에서 사람들을 마주치고, 사람들에 대한 우리의 이해는 그들과 우리가 살아 숨 쉬고 존재하는 사회적, 인간적 상황으로부터 괴리된 채 그럭저럭 촉발되어 보유될 수는 없다.

다음 빈칸에 들어갈 말로 가장 적절한 것을 고르시오. [3점]

① all of them could be matched consistently with their intended emotions 글의 내용과 정반대임
모든 얼굴 그림이 의도된 감정과 일관되게 일치할 수 있었다
② every one of them was illustrated with photographic precision
모든 얼굴 그림이 사진과 같이 정밀하게 그려졌다
모든 얼굴 그림이 사진과 같이 정밀하게 그려졌다는 내용은 없음
③ each of them definitively displayed its own social narrative
얼굴 그림 각각이 자체의 사회적 이야기를 명확하게 보여주었다   사회적 이야기가 관련된 내용이 아님
④ most of them would be seen as representing unique characteristics
얼굴 그림 대부분이 고유한 특징을 나타내는 것으로 여겨질 것이다
얼굴 그림이 나타내는 고유의 특징에 대한 글이 아님
⑤ any number of them could be substituted for one another without loss 확정적으로 보여줄 수 없어 얼굴 그림이 서로 대체될 수 있었다는 내용임
어떤 수의 얼굴 그림이든 손실 없이 서로 대체될 수 있었다

> **왜 정답?** [정답률 18%]

빈칸 문장	그 (얼굴) 그림들에서 놀라운 점은 '무엇'이다.
빈칸 뒤 문장	이 모든 것에서 빠진(없는) 것은 감정을 확정적인 것으로 만드는 어떤 환경이나 맥락이다. 단서

→ 환경이나 맥락이 있어야 얼굴에 나타나는 감정이 확실해진다는 내용의 글이다. 얼굴 그림들에서 빠진 것은 감정을 확정적인 것으로 만드는 어떤 환경이나 맥락이라고 했다. 그러므로 얼굴 그림들은 환경이나 맥락 없이 그려졌기 때문에 감정이 확정적인 것으로 드러나지 않아 서로 대체될 수 있었다는 것을 알 수 있다.

▶ 따라서 빈칸에는 ⑤ '어떤 수의 얼굴 그림이든 손실 없이 서로 대체될 수 있었다'가 들어가야 한다.

> **왜 오답?**

① 모든 얼굴 그림이 의도된 감정과 일관되게 일치할 수 있었다는 내용은 글의 내용과 오히려 정반대이다. 함정
② 모든 얼굴 그림이 사진과 같이 정밀하게 그려졌다는 내용은 없었다.
③ 얼굴 그림이 각각의 사회적 이야기를 보여주고 있다는 내용의 글이 아니다.
④ 얼굴 그림이 나타내는 고유의 특징에 대한 글이 아니다.

조수근 | 순천향대 의예과 2024년 입학 · 성남 태원고 졸

이 문제를 풀 때는 지문의 핵심 주제와 지문 속 예시를 대응하는 것이 관건이었어. 또한, 빈칸이 요구하는 정보를 예시에 맞게 추론해야 했기에 더욱 까다로운 문제였지. 나는 이 문제를 처음 풀 때 바로 정답을 고르지 않고, 지문을 쭉 읽으면서 '감정 파악에는 맥락이 중요하다'라는 주제를 대략적으로 먼저 파악했어.
그 후에 다시 지문을 처음부터 읽으면서 지문의 사례에 이 주제가 어떻게 적용될 수 있을지 생각해보니까 '맥락 없이는 얼굴 그림의 감정을 구별할 수 없다'라는 내용이 빈칸에 들어갈 수 있겠다고 생각이 들었지.

K 58 정답 ⑤   ⊕ 2등급 대비 [정답률 41%]

＊기후 변화에 있어 시간 구분의 문제점

understand의 목적어절 접속사   주어
We understand / that the segregation of our consciousness / into present, past, and future / is both a fiction and an oddly self-referential framework; /
동사   주격 보어가 both A and B로 연결됨
우리는 이해한다 / 우리의 의식을 분리하는 것이 / 현재, 과거, 미래로 / 허구이며 또한 이상하게도 자기 지시적인 틀이라는 것을 /

your present was part of your mother's future, / and your children's past / will be in part your present. //
여러분의 현재는 여러분 어머니의 미래의 일부였고 / 여러분 자녀의 과거는 / 부분적으로 여러분의 현재일 것이다 //

Nothing is generally wrong / with structuring our consciousness of time / in this conventional manner, / and it often works well enough. //
주어   동사(완전자동사)
일반적으로 잘못된 것이 전혀 없으며 / 시간에 대한 우리의 의식을 구조화하는 것에는 / 이러한 전통적인 방식으로 / 그것은 흔히 충분히 효과적이다 //

단수 주어
In the case of climate change, / however, / the sharp division of time / into past, present, and future /
기후 변화의 경우 / 그러나 / 시간의 분명한 구분은 / 과거, 현재, 미래로 /
단수 동사①   단수 동사②
has been desperately misleading / and has, most importantly,
has hidden의 목적어
hidden / from view / the extent of the responsibility / of those of us alive now. // 단서 1 기후 변화의 경우에는 시간을 과거, 현재, 미래로
분명히 구분하는 것이 우리의 책임 범위를 보이지 않게 숨겨 왔음
심하게 오도해 왔으며 / 가장 중요하게는 숨겨 왔다 / 시야로부터 / 책임 범위를 / 지금 살아 있는 우리들의 //
주어   동사
The narrowing of our consciousness of time / smooths the way /
시간에 대한 우리의 의식을 좁히는 것은 / 길을 닦는다 /
to divorcing ourselves / from responsibility for developments
전치사   동명사구
/ in the past and the future / with which our lives are in fact deeply intertwined. // 단서 2 시간에 대한 의식을 좁히는 것은
발전에 대한 책임으로부터 우리를 단절시킴
우리를 단절시키는 것으로의 / 발전에 대한 책임으로부터 / 과거와 미래의 / 사실 우리의 삶이 깊이 뒤얽혀 있는 //

In the climate case, / it is not that **we face the facts but then deny** / **our responsibility**. //
기후의 경우 / 우리가 사실을 직면하면서도 부인하는 것이 문제가 아니다 / 우리의 책임을 //

It is that the realities are obscured / from view / by the partitioning of time, / and so questions of responsibility / toward the past and future / do not arise naturally. //
복수 주어
복수 동사
문제는 현실이 흐릿해지고 / 시야로부터 / 시간을 나눔으로써 / 그래서 책임에 관한 질문이 / 과거와 현재를 향한 / 자연스럽게 생겨나지 않는 것이다 //

- consciousness ⓝ 의식
- oddly ⓐⓓ 이상하게
- framework ⓝ 틀, 골조
- structure ⓥ 구조화하다
- conventional ⓐ 전통적인
- manner ⓝ 방식
- division ⓝ 구분
- desperately ⓐⓓ 심하게, 극도로
- mislead ⓥ (사실을) 오도[호도]하다
- extent ⓝ 범위
- smooth ⓥ 매끄럽게[반반하게] 하다
- divorce ⓥ 단절시키다, 분리하다
- partition ⓥ 나누다, 분할하다
- arise ⓥ 생겨나다

우리는 우리의 의식을 현재, 과거, 미래로 분리하는 것이 허구이며 또한 이상하게도 자기 지시적인 틀이라는 것을 이해하는데, 여러분의 현재는 여러분 어머니의 미래의 일부였고 여러분 자녀의 과거는 여러분 현재의 일부일 것이라는 것이다. 시간에 대한 우리의 의식을 이러한 전통적인 방식으로 구조화하는 것에는 일반적으로 잘못된 것이 전혀 없으며 그것은 흔히 충분히 효과적이다.

그러나 기후 변화의 경우, 시간을 과거, 현재, 미래로 분명하게 구분하는 것은 심하게 오도해 왔으며 가장 중요하게는 지금 살아 있는 우리들의 책임 범위를 시야로부터 숨겨 왔다. 시간에 대한 우리의 의식을 좁히는 것은 사실 우리의 삶이 깊이 뒤얽혀 있는 과거와 미래의 발전에 대한 책임으로부터 우리를 단절시키는 길을 닦는다. 기후의 경우, **우리가 사실을 직면하면서도 우리의 책임을 부인하는** 것이 문제가 아니다. 문제는 시간을 나눔으로써 현실이 시야로부터 흐릿해지고 그래서 과거와 현재의 책임에 관한 질문이 자연스럽게 생겨나지 않는 것이다.

다음 빈칸에 들어갈 말로 가장 적절한 것을 고르시오. [3점]

① all our efforts prove to be effective and are thus encouraged
우리의 모든 노력이 효과적인 것으로 밝혀지고 따라서 장려되는   노력한다는 언급은 없음
② sufficient scientific evidence has been provided to us
충분한 과학적인 증거가 우리에게 제공되어 온   기후 변화의 증거에 대한 언급은 없음
③ future concerns are more urgent than present needs
미래의 우려가 현재의 필요보다 더욱 긴급한   미래에 대해 우려해야 함
④ our ancestors maintained a different frame of time
우리의 조상들이 다른 시간적 틀을 유지한   과거, 현재, 미래와 다른 틀은 언급되지 않음
⑤ we face the facts but then deny our responsibility   책임에 대한 질문
우리가 사실을 직면하면서도 우리의 책임을 부인하는   자체가 생겨나지 않는다는 것과 대조됨

> **왜 2등급?** 기후 변화에 있어 과거, 현재, 미래로 시간을 구분하는 것이 문제임을 말하는 글이다. 빈칸에는 문제인 것과 대조되는 것이 들어가야 함을 파악하지 못하면 풀기 힘든 2등급 대비 문제이다.

| 문제 풀이 순서 |

1st 역접의 연결어가 포함된 문장부터 확인한다.

In the case of climate change, however, the sharp division of time into past, present, and future has been desperately misleading and has, most importantly, hidden from view the extent of the responsibility of those of us alive now.
그러나 기후 변화의 경우, 시간을 과거, 현재, 미래로 분명하게 구분하는 것은 심하게 오도해 왔으며, 가장 중요하게는 지금 살아 있는 우리들의 책임 범위를 시야로부터 숨겨 왔다. **단서 1**

➡ 앞부분은 기후 변화 외의 경우에는 시간을 과거, 현재, 미래로 구분하는 것이 문제없다는 내용일 것이다.

➡ 기후 변화에 있어서는 시간을 과거, 현재, 미래로 구분하는 것이 우리의 책임 범위를 보이지 않게 한다. ➡ 시간을 과거, 현재, 미래로 구분해서는 안 됨

▶ 기후의 경우를 설명하는 문장에 빈칸이 있으므로, 중요한 것은 앞부분이 아니라 이후의 내용임

2nd 기후 변화의 경우에 과거, 현재, 미래로 구분하는 문제점이 이어질 것이다.

The narrowing of our consciousness of time smooths the way to divorcing ourselves from responsibility for developments in the past and the future with which our lives are in fact deeply intertwined.
시간에 대한 우리의 의식을 좁히는 것은 사실 우리의 삶이 깊이 뒤얽혀 있는 과거와 미래의 발전에 대한 책임으로부터 우리를 단절시키는 길을 닦는다. **단서 2**

➡ 시간에 대한 의식을 좁히는 것 = 시간을 과거, 현재, 미래로 구분하는 것
➡ 과거와 미래에 대한 책임으로부터 우리를 단절시킴
▶ 글의 주제: 기후 변화에 있어 시간을 과거, 현재, 미래로 구분하는 것이 문제임

3rd 빈칸 문장을 확인하고, 빈칸에 들어갈 말을 찾는다.

In the climate case, it is not that ______________.
기후의 경우, __________하는 것이 문제가 아니다.

➡ 문제인 것(시간을 과거, 현재, 미래로 나누어 우리의 책임 범위를 보이지 않게 하는 것)과 대조되는 것이 빈칸에 들어가야 한다.

▶ 기후의 경우에는 ⑤ '우리가 사실을 직면하면서도 우리의 책임을 부인하는' 것이 문제가 아니라 시간을 과거, 현재, 미래로 나눔으로써 책임에 대한 질문 자체가 생겨나지 않게 하는 것이 문제임

| 선택지 분석 |

① 기후에 있어 우리가 노력한다거나 그 노력이 효과적인 것으로 밝혀졌다는 언급은 없다.

② 기후 변화를 알려주는 과학적 증거에 대한 내용이 아니다.

③ 기후 변화 책임에 대한 질문 자체가 생겨나지 않는다는 문제점을 지적한 글로, 미래에 대해 우려해야 한다는 의미로 볼 수 있다.

④ past가 등장하는 것으로 만든 오답이다. 우리의 선조가 과거, 현재, 미래와는 다른 시간적 틀을 유지했다는 내용은 없다.

⑤ 정답을 찾는 직접적인 근거가 글에 드러나지는 않는다. 기후 변화에 대한 책임 자체가 보이지 않게 된다는 것과 가장 논리적으로 대조되는 선택지가 정답이다.

K 59 정답 ① ⭐ 2등급 대비 [정답률 66%]

✱ 공유지 문제의 해결책에 있어 중요한 점

Elinor Ostrom found / that there are several factors / critical to bringing about stable institutional solutions / to the problem of the commons. //
Elinor Ostrom은 알게 되었다 / 몇 가지 요인이 있음을 / 안정적인 제도적 해결책을 가져오는 데 중요한 / 공유지의 문제에 대한 //

She pointed out, / for instance, / that the actors / affected by the rules / for the use and care of resources / must have the right / to participate in decisions / to change the rules. //
그녀는 지적했다 / 예를 들어 / 행위자는 / 규칙의 영향을 받는 / 자원의 이용 및 관리에 대한 / 권리를 가져야 한다고 / 결정에 참여할 / 규칙을 변경하는 //

For that reason, / the people / who monitor and control / the behavior of users / should also be users / and/or have been given a mandate / by all users. // **단서 1** 이용자의 행동을 감시하고 통제하는 사람은 모든 이용자에 의해 위임을 받았어야 함
그러한 이유로 / 사람들은 / 감시하고 통제하는 / 이용자의 행동을 / 또한 이용자이고/이용자이거나 / 위임을 받았어야 한다 / 모든 이용자에 의해 //

This is a significant insight, / as it shows / that prospects are poor / for a centrally directed solution / to the problem of the commons / coming from a state power /
이것은 중요한 통찰이다 / 그것이 보여주기 때문에 / 전망이 열악하다는 것을 / 중앙 (정부) 지향적 해결책의 / 공유지 문제에 대한 / 국가 권력에서 나오는 /

in comparison with a local solution / for which users assume personal responsibility. //
지역적인 해결책에 비해 / 이용자가 개인적 책임을 지는 //

Ostrom also emphasizes / the importance of democratic decision processes / and that all users must be given access / to local forums / **단서 2** Ostrom이 강조하는 것은 민주적 의사결정 과정과 모든 이용자에게 문제의 해결 과정에 참여할 권리가 주어져야 한다는 것임
Ostrom은 또한 강조한다 / 민주적 의사결정 과정의 중요성과 / 모든 이용자에게 접근권이 주어져야 한다는 것을 / 지역 포럼에의 /

for solving problems and conflicts / among themselves. //
문제와 갈등을 해결하기 위한 / 그들 사이의 //

Political institutions / at central, regional, and local levels / must allow users / to devise their own regulations / and independently ensure observance. //
정치 기관들은 / 중앙, 지방 및 지역 차원의 / 이용자가 ~할 수 있게 해야 한다 / 자체 규정을 고안하고 / 독립적으로 준수를 보장할 수 있게 //

- critical ⓐ 중요한, 중대한
- bring about ~을 불러일으키다[유발하다]
- stable ⓐ 안정적인
- institutional ⓐ 제도적인
- point out ~을 지적하다
- resource ⓝ 자원
- monitor ⓥ 감시하다, 관리하다
- significant ⓐ 중요한, 의미 있는
- insight ⓝ 통찰(력), 안식(眼識)
- prospect ⓝ (성공할) 전망
- centrally ⓐⓓ 중심에, 중앙에
- state power 공권력, 국가 권력
- in comparison with ~에 비해서
- assume ⓥ (권리·책임을) 지다[맡다]
- responsibility ⓝ 책임, 책무
- emphasize ⓥ 강조하다
- democratic ⓐ 민주적인
- conflict ⓝ 갈등, 충돌
- institution ⓝ (대학·은행 등과 같은) 기관[단체], 협회
- devise ⓥ (계획·방법 등을) 고안하다
- ensure ⓥ 보장하다, 반드시 ~하게[이게] 하다
- observance ⓝ 준수, 엄수

Elinor Ostrom은 공유지의 문제에 대한 안정적인 제도적 해결책을 가져오는 데 중요한 몇 가지 요인이 있음을 알게 되었다. 예를 들어, 그녀는 자원의 이용 및 관리 규칙의 영향을 받는 행위자는 **규칙을 변경하는 결정에 참여할** 권리를 가져야 한다고 지적했다. 그러한 이유로 이용자의 행동을 감시하고 통제하는 사람들 또한 이용자이고/이용자이거나 모든 이용자에 의해 위임을 받았어야 한다. 이것은 중요한 통찰인데, 이용자가 개인적 책임을 지는 지역적인 해결책에 비해 국가 권력에서 나오는 공유지 문제에 대한 중앙 (정부) 지향적 해결책의 전망이 열악하다는 것을 그것이 보여주기 때문이다. Ostrom은 또한 민주적 의사결정 과정의 중요성과 모든 이용자에게 그들 사이의 문제와 갈등을 해결하기 위한 지역 포럼에 참여할 권한이 주어져야 한다고 강조한다. 중앙, 지방 및 지역 차원의 정치 기관들은 이용자가 자체 규정을 고안하고 독립적으로 준수할 수 있도록 해야 한다.

다음 빈칸에 들어갈 말로 가장 적절한 것을 고르시오. [3점]

① participate in decisions to change the rules
규칙을 변경하는 결정에 참여할 / 문제의 해결 과정에 참여할 권한이 주어져야 함

② claim individual ownership of the resources
자원에 대한 개인의 소유권을 주장할 / 개인 소유의 자원이 아니라 공유지에 대한 내용임

③ use those resources to maximize their profits
자신의 이익을 최대화하기 위해 그 자원을 이용할 / 공유지를 마음대로 이용할 권리가 주어져야 한다는 것이 아님

④ demand free access to the communal resources
공동 자원에 대한 자유로운 이용 권한을 요구할

⑤ request proper distribution based on their merits
자신의 능력을 바탕으로 적당한 분배를 요청할 / 공유지를 분배하는 것에 대한 언급은 없음

 Elinor Ostrom이 공유지 문제에 대한 해결책으로 무엇이 중요하다고 생각하는지 파악해야 한다. 예시가 나오는 빈칸 문장 뒤에 나오는 글의 내용을 잘 포함하는 선택지를 찾아야 하는 2등급 대비 문제이다.

| 문제 풀이 순서 |

1st 빈칸이 포함된 문장을 읽고, 글에서 찾아야 하는 것이 무엇인지 확인한다.

She pointed out, for instance, that the actors affected by the rules for the use and care of resources must have the right __________.

예를 들어, 그녀는 자원의 이용 및 관리에 대한 규칙의 영향을 받는 행위자는 __________한 권리를 가져야 한다고 지적했다.

➡ 자원의 이용 및 관리 규칙의 영향을 받는 행위자가 어떤 권리를 가져야 하는지를 파악해야 한다.
She는 앞 문장에 나온 Elinor Ostrom을 가리킨다. Elinor Ostrom이 생각하는 공유지 문제를 해결하는 데 중요한 요인이 무엇인지 설명하는 글이다.

2nd 공유지 문제를 해결하는 데 있어 Ostrom이 중요하다고 생각하는 요인을 찾는다.

• 이용자의 행동을 감시하고 통제하는 사람들 또한 이용자이고/이용자이거나 모든 이용자에 의해 위임을 받았어야 한다. **단서 1**
• Ostrom은 또한 민주적 의사결정 과정의 중요성과 모든 이용자에게 그들 사이의 문제와 갈등을 해결하기 위한 지역 포럼에 참여할 권한이 주어져야 한다고 강조한다. **단서 2**

➡ **단서 1** 〈이용자의 행동을 감시하고 통제하는 사람을 결정하는 과정에 모든 이용자가 참여해야 한다〉는 것을 의미한다.
단서 2 〈모든 이용자가 문제 해결 과정에 참여해야 한다〉라는 의미이다.

▶ Elinor Ostrom이 지적한 것은 〈규칙의 영향을 받는 행위자는 ① '규칙을 변경하는 결정에 참여할' 권리를 가져야 한다〉는 것이다.

| 선택지 분석 |

① 민주적: '국민이 모든 결정의 중심에 있는 것'을 의미한다.
② 여러 사람이 이용하는 공유지에 대해 개인에게 문제 해결 과정에 참여할 권리를 주는 것이지, 자원에 대한 소유권을 주장한다는 것은 자연스럽지 않다.
③ 공유지 문제의 해결책을 만드는 데 있어 개인에게 자신의 이익을 최대화하기 위해 공동 자원을 이용할 권리를 주어야 한다는 것은 적절하지 않다.
④ 공유지 문제의 해결책을 만드는 데 있어 개인에게 자신의 이익을 최대화하기 위해 공동 자원을 자유롭게 이용할 권한을 주어야 한다는 것은 적절하지 않다.
⑤ 개인의 능력에 따라 공유지를 개인에게 분배해야 한다는 언급은 없다.

K 60 정답 ② — **2등급 대비** [정답률 36%]

＊다─다─다─덤의 다양한 변화

Development can get very complicated and fanciful. //
전개부는 매우 복잡하고 별날 수가 있다 //

A fugue by Johann Sebastian Bach / illustrates / how far this process could go, /
주어 / 동사 / 목적어
Johann Sebastian Bach의 푸가는 / 보여준다 / 이 과정이 어느 정도까지 갈 수 있을지를 /

when a single melodic line, / sometimes just a handful of notes, / was all / that the composer needed /
하나의 멜로디 라인이 / 때로는 단지 소수의 음표가 / 전부였을 때 / 그 작곡가가 필요한 /

to create a brilliant work / containing lots of intricate development / within a coherent structure. //
훌륭한 작품을 만들기 위해 / 많은 복잡한 전개부를 포함하는 / 일관된 구조 내에서 //

Ludwig van Beethoven's famous Fifth Symphony / provides an exceptional example /
Ludwig van Beethoven의 유명한 5번 교향곡은 / 이례적일 정도로 우수한 예를 제공한다 /

of how much mileage / a classical composer can get / out of a few notes and a simple rhythmic tapping. //
얼마나 많은 이익을 / 클래식 작곡가가 얻어낼 수 있는지에 대한 / 몇 개의 음표와 단순하며 리듬감 있는 두드림에서 //
단서 1 베토벤의 5번 교향곡은 몇 개의 음표와 단순한 두드림에서 작곡가가 많은 이익을 얻는다는 것을 보여줌

The opening da-da-da-DUM / that everyone has heard somewhere or another / **appears in an incredible variety of ways** /
단수 주어 / 단수 동사
시작 부분의 다─다─다─덤은 / 모든 사람들이 어디선가 들어본 / 엄청나게 다양한 방식으로 나타난다 /

throughout not only the opening movement, / but the remaining three movements, / like a kind of motto or a connective thread. //
not only A but (also) B로 연결된 명사구
시작 악장뿐만 아니라 / 나머지 3악장 내내 / 일종의 주제구나 연결 끈처럼 //

Just as we don't always see / the intricate brushwork / that goes into the creation of a painting, /
부분 부정: 항상 ~인 것은 아닌
우리가 항상 보는 것이 아니듯이 / 복잡한 붓놀림을 / 그림 작품 하나를 완성하는 데 들어가는 /

we may not always notice / how Beethoven keeps finding fresh uses / for his motto /
may not notice의 목적어절 접속사 ①
단서 2 우리가 항상 알아보지는 못하지만 베토벤은 자신의 주제구를 계속해서 새롭게 사용함
우리는 항상 알아보지는 못할 수도 있다 / Beethoven이 어떻게 계속 새로운 사용을 찾는지를 / 자신의 주제구에 대한 /

or how he develops his material / into a large, cohesive statement. //
may not notice의 목적어절 접속사 ②
앞에 목적격 관계대명사가 생략됨
또는 그가 그의 제재를 어떻게 전개하는지를 / 거대하고 응집력 있는 진술로 //

But a lot of the enjoyment / we get from that mighty symphony / stems from the inventiveness behind it, / the impressive development of musical ideas. //
그러나 즐거움의 많은 부분은 / 그 강력한 교향곡에서 우리가 얻는 / 그 이면의 독창성에서 비롯된다 / 음악적 아이디어의 인상적인 전개 //

• fanciful ⓐ 별난, 기발한 • illustrate ⓥ 분명히 보여주다, 실증하다
• melodic ⓐ 운율의 • a handful of 소수의, 한 줌의
• composer ⓝ 작곡가 • brilliant ⓐ 훌륭한, 눈부신
• symphony ⓝ 교향곡 • exceptional ⓐ 특출한, 예외적인
• mileage ⓝ (특정 상황에서 얻을 수 있는) 이득, 사용(량)
• tap ⓥ (가볍게) 톡톡 두드리다
• movement ⓝ (큰 음악 작품의) 한 부분, 움직임
• motto ⓝ 좌우명, ((음악)) 주제구 • thread ⓝ 실, (이야기의) 맥락
• brushwork ⓝ (화가의) 화법[붓놀림] • cohesive ⓐ 화합[결합]하는
• statement ⓝ 표현, 서술 • mighty ⓐ 웅장한, 힘센
• stem ⓥ 유래하다, 생기다 • inventiveness ⓝ 독창적임

전개부는 매우 복잡하고 별날 수가 있다. Johann Sebastian Bach의 푸가는 하나의 멜로디 라인, 때로는 단지 소수의 음표가 그 작곡가가 일관된 구조 내에서 많은 복잡한 전개부를 포함하는 훌륭한 작품을 만들기 위해 필요한 전부였을 때, 이 과정이 어느 정도까지 갈 수 있을지를 보여준다. Ludwig van Beethoven의 유명한 5번 교향곡은 클래식 작곡가가 몇 개의 음표와 단순하며 리듬감 있는 두드림에서 얼마나 많은 이익을 얻어낼 수 있는지에 대한 이례적일 정도로 우수한 예를 제공한다. 모든 사람들이 어디선가 들어본 시작 부분의 다─다─다─덤은 일종의 주제구나 연결 끈처럼, 시작 악장뿐만 아니라 나머지 3악장 내내 **엄청나게 다양한 방식으로 나타난다.** 우리가 그림 작품 하나를 완성하는 데 들인 복잡한 붓놀림을 항상 보는 것이 아니듯이, Beethoven이 자신의 주제구를 어떻게 계속 새롭게 사용하는 것을 찾는지 또는 그의 제재를 거대하고 응집력 있는 진술로 어떻게 전개하는지를 항상 알아보지는 못할 수도 있다. 그러나 그 강력한 교향곡에서 우리가 얻는 즐거움의 많은 부분은 그 이면의 독창성, 즉 음악적 아이디어의 인상적인 전개에서 비롯된다.

다음 빈칸에 들어갈 말로 가장 적절한 것을 고르시오. [3점]
① makes the composer's musical ideas contradictory
작곡가의 음악적 아이디어를 모순되게 만든다 / 음악적 아이디어의 모순에 대한 언급은 없음
② appears in an incredible variety of ways
엄청나게 다양한 방식으로 나타난다 / 베토벤은 다─다─다─덤을 계속 새롭게 사용
③ provides extensive musical knowledge creatively
광범위한 음악적 지식을 창의적으로 제공한다 / 다─다─다─덤이 음악적 지식을 제공하는 것은 아님
④ remains fairly calm within the structure
구조 내에서 상당히 조용하게 남아 있다 / 계속 새롭게 활용됨
⑤ becomes deeply associated with one's own enjoyment
스스로의 즐거움과 깊이 관련된다 / a lot of the enjoyment로 만든 오답

 Bach의 푸가, Beethoven의 5번 교향곡의 예시를 통해 '다─다─다─덤'에 대해 설명하는 내용을 잘 파악해야 한다. 다소 생소한 '다─다─다─덤'이라는 표현 때문에 어렵다고 생각할 수 있는 2등급 대비 문제이다.

| 문제 풀이 순서 |

1st 빈칸이 포함된 문장을 읽고, 글에서 찾아야 하는 것이 무엇인지 확인한다.

The opening da-da-da-DUM that everyone has heard somewhere or another ＿＿＿＿＿＿ throughout not only the opening movement, but the remaining three movements, like a kind of motto or a connective thread.

모든 사람들이 어딘가서 들어본 시작 부분의 다-다-다-덤은 일종의 주제구나 연결 끈처럼 시작 악장뿐만 아니라 나머지 3악장 내내 ＿＿＿＿＿.

➡ 먼저 '시작 부분의 다-다-다-덤'이 가리키는 것이 무엇인지 앞부분에서 확인해야 한다.

2nd 빈칸 문장 앞뒤를 읽고, 무슨 내용인지 파악한다.

빈칸 앞앞 문장	Bach의 푸가는 하나의 멜로디 라인, 때로는 단지 소수의 음표가 그 작곡가가 일관된 구조 내에서 많은 복잡한 전개부를 포함하는 훌륭한 작품을 만들기 위해 필요한 전부였을 때, 이 과정이 어느 정도까지 갈 수 있을지를 보여준다.
빈칸 앞 문장	Beethoven의 유명한 5번 교향곡은 클래식 작곡가가 몇 개의 음표와 단순하며 리듬감 있는 두드림에서 얼마나 많은 이익을 얻어낼 수 있는지에 대한 이례적일 정도로 우수한 예를 제공한다. **단서 1**
빈칸 다음 문장	우리는 Beethoven이 자신의 주제구를 어떻게 계속 새롭게 사용하는 것을 찾는지 또는 그의 제재를 거대하고 응집력 있는 진술로 어떻게 전개하는지를 항상 알아보지는 못할 수도 있다. **단서 2**

➡ **Bach의 푸가**: 하나의 멜로디 라인, 소수의 음표만으로 많은 일관된 구조 내에 복잡한 전개부를 포함한 훌륭한 작품을 만든 사례

➡ 빈칸 문장의 '시작 부분의 다-다-다-덤': Beethoven의 5번 교향곡에 등장하는 멜로디
Beethoven의 5번 교향곡: 몇 개의 음표와 단순하고 리듬감 있는 두드림으로 많은 이익을 얻는 사례

➡ Beethoven은 다-다-다-덤(자신의 주제구)을 계속 새롭게 사용하고, 거대하고 응집력 있는 진술로 전개한다.

▶ <시작 부분의 다-다-다-덤이 시작 악장뿐만 아니라 3악장 내내, 5번 교향곡 내내 ② '엄청나게 다양한 방식으로 나타난다'>는 것을 의미함

| 선택지 분석 |

① 다-다-다-덤을 다양하게 사용하는 음악적 아이디어의 인상적인 전개에서 우리가 즐거움을 얻는다는 내용이다.

② 우리가 항상 알아차리지는 못하지만 Beethoven은 다-다-다-덤(자신의 주제구)을 계속 새롭게 사용하고, 거대하고 응집력 있는 진술로 전개한다.

③ 광범위한 음악적 지식을 창의적으로 청자에게 제공하는 것이 아니라 이를 활용하여 다-다-다-덤을 계속 새롭게 사용하는 것이라고 할 수 있다.

④ 몇 개의 음표와 단순한 두드림을 계속 새롭게 사용하여 훌륭한 작품을 만들어낸다는 것이지, 몇 개의 음표와 단순한 두드림이 두드러지지 않는다는 것이 아니다.

⑤ 다-다-다-덤이 그 자체로 우리에게 즐거움을 주는 것이 아니라 그것을 계속 새롭게 사용하는 베토벤의 독창성에서 즐거움의 많은 부분이 비롯된다는 것이다.

K 61 정답 ② ★ 1등급 대비 [정답률 35%]

＊제조업자들의 생각

Manufacturers design their innovation processes / around the way / **they think** / the process works. //
제조업자들은 자신들의 혁신 과정을 설계한다 / 방식에 맞춰 / 자신들이 생각하기에 / 그 과정이 작동되는 //

The vast majority of manufacturers still think / **that** product development and service development / are always done by manufacturers, /
제조업자의 대다수는 여전히 생각한다 / 제품 개발과 서비스 개발은 / 항상 제조업자들에 의해 이루어진다고 /

and **that** their job / is always **to find** a need and **fill** it / rather than to sometimes find and commercialize an innovation / that **lead users have already developed**. //
그리고 자신들의 일은 / 항상 필요를 발견하고 그것을 채우는 것이라고 / 가끔 혁신을 발견하고 상업화하기보다는 / 시장 경향을 선도하는 사용자가 이미 개발한 //

Accordingly, / manufacturers have set up / **market-research departments** / to explore the needs of users / in the target market, /
그래서 / 제조업자들은 설치해 왔다 / 시장 연구 부서를 / 사용자들의 필요를 탐구하기 위한 / 표적 시장에서 /
단서 1 제조업자가 직접 표적 시장 사용자들의 필요를 탐구하는 시장 연구 부서를 설치함

product-development groups / to think up suitable products / to address those needs, / and so forth. //
제품 개발 집단을 / 적절한 제품을 고안하기 위한 / 그러한 필요에 대처하기에 / 그리고 기타 등등을 //

The needs and prototype solutions of lead users / — if encountered at all — / are typically rejected / as outliers of no interest. //
단서 2 제조업자는 시장 경향을 선도하는 사용자의 필요와 해결책을 대체로 거부함
시장 경향을 선도하는 사용자의 필요와 시제품 해결책은 / 만일 정말 마주치기라도 한다면 / 대체로 거부된다 / 전혀 흥미롭지 않고 해당 범위에서 많이 벗어나는 것으로 //

Indeed, / when lead users' innovations **do** enter / a firm's product line /
정말로 / 시장 경향을 선도하는 사용자의 혁신이 정말로 들어가게 될 때 / 한 회사의 제품 라인에 /

— and **they** have been shown / to be the actual source / of many major innovations / for many firms — / **they** typically arrive / with a lag / and by an unusual and unsystematic route. //
그리고 그것은 알려졌는데 / 실질적인 원천이 되는 것으로 / 여러 주요 혁신의 / 많은 회사의 / 그것은 대체로 도착한다 / 지연과 함께 / 그리고 이례적이고 비체계적인 경로를 통해 //

- manufacturer ⓝ 제조재[사]
- vast ⓐ (범위 · 크기 등이) 방대한
- commercialize ⓥ 상업화하다
- department ⓝ (조직의) 부서
- suitable ⓐ 적합한, 적절한
- address ⓥ (어려운 문제 등을) 다루다, 처리하다
- prototype ⓝ 원형, 시제품
- reject ⓥ 거부[거절]하다
- firm ⓝ 회사
- innovation ⓝ 혁신, 쇄신
- majority ⓝ (특정 집단 내에서) 다수
- accordingly ⓐⓓ 그런 이유로, 그에 맞춰
- explore ⓥ 탐험하다, 탐구하다
- and so forth ~ 등등
- encounter ⓥ 맞닥뜨리다
- outlier ⓝ 영외 거주자, 분리물
- unsystematic ⓐ 비체계적인
- route ⓝ 길, 노선

제조업자들은 자신들이 생각하기에 그 과정이 작동되는 방식에 맞춰 자신들의 혁신 과정을 설계한다. 제조업자의 대다수는 제품 개발과 서비스 개발은 항상 제조업자들에 의해 이루어지며, 자신들의 일은 가끔 **시장 경향을 선도하는 사용자가 이미 개발한** 혁신을 발견하고 상업화하기보다는 항상 필요를 발견하고 그것을 채우는 것이라고 여전히 생각한다. 그래서, 제조업자들은 표적 시장 사용자들의 필요를 탐구하기 위한 시장 연구 부서, 그러한 필요에 대처하기에 적절한 제품을 고안하기 위한 제품 개발 집단 및 기타 등등을 설치해 왔다. 시장 경향을 선도하는 사용자의 필요와 시제품 해결책은, 만일 정말 마주치기라도 한다면, 대체로 전혀 흥미롭지 않고 해당 범위에서 많이 벗어나는 것으로 거부된다. 정말로, 시장 경향을 선도하는 사용자의 혁신이 한 회사의 제품 라인에 정말로 들어가게 될 때, 그리고 그것은 많은 회사의 여러 주요 혁신의 실질적인 원천이 되는 것으로 알려졌는데, 그것은 대체로 지연 후에 이례적이고 비체계적인 경로를 통해 도착한다.

다음 빈칸에 들어갈 말로 가장 적절한 것을 고르시오. [3점]

① lead users tended to overlook 시장 경향을 선도하는 사용자의 해결책을 거부함
시장 경향을 선도하는 사용자가 간과하는 경향이 있던
② lead users have already developed 자신들이 직접 필요를 발견하고 충족시켜야 한다는 생각과 대조됨
시장 경향을 선도하는 사용자가 이미 개발한
③ lead users encountered in the market if encountered at all로 만든 오답
시장 경향을 선도하는 사용자가 시장에서 마주친
④ other firms frequently put into use 다른 회사가 실행한 혁신이 아니라 lead users의 혁신을 거부함
다른 회사들이 자주 실행한
⑤ both users and firms have valued 여러 번 언급된 users, firm으로 만든 오답
사용자와 회사 둘 다 소중하게 여긴

왜 1등급? 제조업자들이 자신들의 일이 아니라고 생각하는 것을 글에서 찾아야 빈칸에 들어갈 말을 고를 수 있다. 제조업자들의 생각과 대조되는 것을 제조업자들의 생각으로 헷갈리면 틀리기 쉬운 1등급 대비 문제이다.

| 문제 풀이 순서 |

1st 빈칸이 포함된 문장을 읽고, 글에서 찾아야 하는 것이 무엇인지 확인한다.

The vast majority of manufacturers still think that product development and service development are always done by manufacturers, and that their job is always to find a need and fill it rather than to sometimes find and commercialize an innovation that ___________.

제조업자의 대다수는 여전히 제품 개발과 서비스 개발은 항상 제조업자들에 의해 이루어지고, 자신들의 일은 가끔 ___________한 혁신을 발견하고 상업화하기보다는 항상 필요를 발견하고 그것을 충족시키는 것이라고 생각한다.

➡ **제조업자가 생각하는 자신의 일:** 제품 개발과 서비스 개발, 필요를 발견하고 충족시키기 ↔ 가끔 ___________한 혁신을 발견하고 상업화하는 것은 자신의 일이 아니라고 생각함

2nd 글의 나머지 부분에서 제조업자의 생각을 파악한다.

빈칸 앞 문장	제조업자들은 자신들이 생각하기에 그 과정이 작동되는 방식에 맞춰 자신들의 혁신 과정을 설계한다.
빈칸 다음 문장	제조업자들은 표적 시장 사용자들의 필요를 탐구하기 위한 시장 연구 부서, 그러한 필요에 대처하기에 적절한 제품을 고안하기 위한 제품 개발 집단 및 기타 등등을 설치해 왔다. **단서 1**

➡ **1** 다른 사람이 아니라 제조업자 자신이 생각하는 대로 혁신 과정을 설계한다.
　2 제조업자가 표적 시장 사용자의 필요를 조사하고, 그 필요에 대처한다.
▶ 제조업자는 사용자가 무엇을 필요로 하는지 '직접' 조사하여 대처하고, 자신이 생각하는 대로 혁신 과정을 설계함

3rd 제조업자가 자신의 일이라고 생각하는 것과 대조되는 것을 찾는다.

빈칸 다다음 문장	시장 경향을 선도하는 사용자의 필요와 시제품 해결책은, 만일 정말 마주치기라도 한다면, 대체로 전혀 흥미롭지 않고 해당 범위에서 많이 벗어나는 것으로 거부된다. **단서 2**

➡ 제조업자는 시장 경향을 선도하는 사용자의 시제품 해결책을 거부한다.
▶ 제조업자는 ② '시장 경향을 선도하는 사용자가 이미 개발한' 혁신을 발견하고 상업화하는 것은 자신의 일이 아니라고 생각함

| 선택지 분석 |

① 시장 경향을 선도하는 사용자가 간과한 혁신을 거부하는 것이 아니라 그들이 만들어낸 해결책, 혁신을 거부하는 것이다.
② 직접 혁신을 발견하고 상업화하는 것이 제조업자가 생각하는 자신의 일이다.
③ '제조업자들이 직접 혁신을 이루려 한다는 것'과 좀 더 정확하게 대조되는 것은 '시장 경향을 선도하는 사용자가 이미 개발한 혁신을 발견하고 상업화하는 것'이지, 시장 경향을 선도하는 사용자가 단순히 시장에서 마주친 혁신을 이용하는 것이 아니다.
④ 시장 경향을 선도하는 사용자의 혁신을 제조업자들은 대체로 거부하지만, 실제로 그러한 혁신이 회사의 제품 라인에 적용되면 여러 주요 혁신의 실질적인 원천이 된다는 마지막 문장에 firm이 언급된 것으로 만든 오답이다.
⑤ 마찬가지로 firm이라는 단어를 넣어 만든 오답으로 빈칸에 들어갈 말로 적절하지 않다.

K 62 정답 ①　　　⭐ 1등급 대비 [정답률 34%]

＊ 개별적 행동이 군집의 노동력을 조절함

　　　　단수 주어　　　　　　　　　　　수식 받는 a honeybee colony와 수동 관계
The entrance to a honeybee colony, / often **referred to** as the dancefloor, / **is** a market place for information / about the state
　　　　　　　　　단수 동사
of the colony / and the environment outside the hive. //
꿀벌 군집의 입구는 / 흔히 댄스 플로어라고 불리는 / 정보를 위한 시장이다 / 군집의 상태에 관한 / 그리고 벌집 밖의 환경(에 관한) //

　　　　동명사 주어　　　　　　　　　　　　　　　　단수 동사
Studying / interactions on the dancefloor / **provides** us / with a
　　　　　　　　　　　　　　　　　　　　　　　　'많은'
number of illustrative examples /　the number of: ~의 수
연구하는 것은 / 댄스 플로어에서의 상호 작용을 / 우리에게 제공한다 / 많은 예증이 되는 예들을 /
　　　　　　　　　주어
of how **individuals** / changing their own behavior / in response to local information / **allow the colony to regulate** / its
　　　　　　　　　　　　　　　　　　　　　동사　　　목적어　　　목적격 보어
workforce. //
어떻게 개체들이 / 그것들 자신의 행동을 바꾸는 / 지엽적인 정보에 반응하여 / 군집으로 하여금 조절하게 하는지에 대한 / 그것의 노동력을 //
　　　　　　　　　　　　　　　　　　　　　　　주어, 선행사
For example, / **upon returning** to their hive / **honeybees** / **that**
　　　　　　　upon+동명사: ~하자마자　　　　　주격 관계대명사
have collected water / **search out** a receiver bee / to unload their
　　　　　　　　　　　　　　　　　　　　　동사
water to / within the hive. //
예를 들어 / 자신들의 벌집으로 돌아오자마자 / 꿀벌들은 / 물을 가져온 / 받을 벌을 찾는다 / 자신들의 물을 넘겨줄 / 벌집 안에서 //
If this search time is short / then the returning bee is more likely
to perform / a waggle dance / **to recruit** others / to the water
　　　　　　　　　　　　　　　　　부사적 용법(목적)
source. //
만약 이 찾는 시간이 짧으면 / 그 돌아오는 벌은 수행할 가능성이 더 크다 / 8자 춤을 / 다른 벌들을 모집하기 위해 / 물이 있는 곳으로 //
　　　　　　　　　　　　　　　　　　　　　목적어로 동명사를 취하는 give up
Conversely, / if this search time is long / then the bee is more
likely to give up / **collecting** water. //
반대로 / 이 찾는 시간이 길면 / 그 벌은 포기할 가능성이 더 크다 / 물을 가지러 가는 것을 //
Since receiver bees will only accept water / if they require it, /
부사절 접속사(이유)　　　　　　　either A or B로 연결된 부사구
either for themselves / or **to pass on to other bees and brood**, /
받는 벌들은 오직 물을 받을 것이므로 / 그들이 그것을 필요로 할 때 / 자신들을 위해서든 / 또는 다른 벌들과 애벌레들에게 전해주기 위해서든 //
this unloading time is correlated / with the colony's overall need of water. //
이러한 물을 넘겨주는 시간은 상관관계가 있다 / 군집의 전반적인 물 수요와 //
　　　　　　　　　　　　　　　　　　　　　　　　　　　　명사구
Thus / the individual water forager's response / **to unloading**
　　　　　　　　　　　　　　　　　　　　　　　　　전치사
time / (up or down) / regulates water collection / in response to
the colony's need. // **단서** 물을 넘겨주는 시간에 대한 개별적인 물 조달자의 반응이
　　　　　　　　　　　　　　　　　군집의 수요에 맞추어 물 수집(량)을 조절함
따라서 / 개별적인 물 조달자의 반응은 / 물을 넘겨주는 시간에 대한 / (시간이 늘어나든 혹은 줄어들든 간에) / 물 수집(량)을 조절한다 / 군집의 수요에 맞추어서 //

• colony ⓝ 군집, 집단　　• hive ⓝ 벌집
• illustrative ⓐ 예증이 되는, 분명히 보여주는　　• regulate ⓥ 규제[조절]하다
• unload ⓥ 넘겨주다　　• workforce ⓝ 노동력
• respective ⓐ 각각의

　흔히 댄스 플로어라고 불리는 꿀벌 군집의 입구는 군집의 상태와 벌집 밖의 환경에 관한 정보를 (교환하기) 위한 시장이다. 댄스 플로어에서의 상호 작용을 연구하는 것은 우리에게 지엽적인 정보에 반응하여 그것들 자신의 행동을 바꾸는 개체들이 어떻게 **군집이 그것의 노동력을 조절하게 하는지**에 대한 많은 예증이 되는 예들을 제공한다.
　예를 들어, 물을 가져온 꿀벌들은 자신들의 벌집으로 돌아오자마자 벌집 안에서 자신들의 물을 넘겨줄 받을 벌을 찾는다. 만약 이 찾는 시간이 짧으면, 그 돌아오는 벌은 물이 있는 곳으로 데려갈 다른 벌들을 모집하기 위해 8자 춤을 출 가능성이 더 크다. 반대로, 이 찾는 시간이 길면 그 벌은 물을 가지러 가는 것을 포기할 가능성이 더 크다. 물을 받는 벌들은 자신들을 위해서든 다른 벌들과 애벌레들에게 전해주기 위해서든, 물이 필요할 때만 물을 받을 것이므로, 이러한 물을 넘겨주는 시간은 군집의 전반적인 물 수요와 상관관계가 있다. 따라서 (시간이 늘어나든 혹은 줄어들든 간에) 물을 넘겨주는 시간에 대한 개별적인 물 조달자의 반응은 군집의 수요에 맞춰서 물 수집(량)을 조절한다.

다음 빈칸에 들어갈 말로 가장 적절한 것을 고르시오. [3점]

① allow the colony to regulate its workforce
　군집으로 하여금 군집의 노동력을 조절하게 하는지　　물 수집에 투입되는 벌의 수가 조절됨
② search for water sources by measuring distance
　거리를 측정하여 물이 있는 곳을 찾는지　　물이 있는 곳까지의 거리가 중요한 것이 아님
③ decrease the colony's workload when necessary
　필요할 때 군집의 작업 부담을 줄이는지　　물 수집량을 늘릴 수도 있음
④ divide tasks according to their respective talents
　자신들 각자의 재능에 따라 일을 나누는지　　재능에 따른 분업에 대한 내용이 아님
⑤ train workers to acquire basic communication patterns
　기본적인 의사소통 패턴을 습득하도록 일벌들을 훈련하는지　　8자 춤을 춘다는 것으로 만든 오답

왜 1등급? 예시로 나온, 물을 가져온 벌이 군집에 물이 필요한 경우와 필요하지 않은 경우에 어떻게 하는지를 파악하는 것이 문제를 푸는 열쇠이다. 이 단서를 잘 이해해서 문제를 풀어야 하는 1등급 대비 문제이다.

| 문제 풀이 순서 |

1st 빈칸 문장이나 그 앞뒤 문장에 쓰인 연결어나 지시어를 확인한다.

빈칸 다음 문장	For example, upon returning to their hive honeybees that have collected water search out a receiver bee to unload their water to within the hive. 예를 들어 자신들의 벌집으로 돌아오자마자 물을 가져온 꿀벌들은 벌집 안에서 자신들의 물을 넘겨줄 받을 벌을 찾는다.

➡ For example은 앞서 설명한 것을 구체적인 예시를 통해 뒷받침할 때 쓰이는 연결어이다.
  ▶ 예시의 내용을 파악하면 그 앞부분, 즉 빈칸 문장이 어떤 내용이어야 하는지 알 수 있음

2nd 이어지는 문장을 읽고, 예시의 내용을 파악한다.

물을 갖고 돌아온 벌은 벌집 안에서 물을 넘겨 받을 벌을 찾는다.
벌집 안의 벌은 물이 필요할 때만 물을 받을 것이다.

찾는 시간이 짧으면 물을 가져온 벌은 물을 가지러 갈 벌을 모집하기 위해 8자 춤을 춘다.	찾는 시간이 길면 물을 가져온 벌은 물을 가지러 가는 것을 포기한다.

그러므로 물을 넘겨주는 데 드는 시간은 군집의 물 수요와 관계가 있다. 따라서 물을 넘겨주는 시간에 대한 개별적인 물 조달자의 반응은 군집의 수요에 맞춰 물 수집(량)을 조절한다. **단서**

➡ 벌집 안의 벌은 군집에 물이 필요하면 물을 넘겨 받고, 필요하지 않으면 넘겨 받지 않는다.
  ➡ **1** 군집에 물이 필요한 경우: 물을 가져온 벌이 물을 넘겨줄 벌을 찾는 시간이 짧음, 그러면 그 벌은 물을 가지러 갈 벌을 모집함
  ➡ **2** 군집에 물이 필요하지 않은 경우: 물을 가져온 벌이 물을 벌을 찾는 시간이 긺, 그러면 그 벌은 물을 가지러 가는 것을 포기함

3rd 확인한 예시의 내용에 맞게 빈칸 문장을 완성한다.

Studying interactions on the dancefloor provides us with a number of illustrative examples of how individuals changing their own behavior in response to local information __________.

댄스 플로어에서의 상호 작용을 연구하는 것은 우리에게 지엽적인 정보에 반응하여 그것들 자신의 행동을 바꾸는 개체들이 어떻게 __________에 대한 많은 예증이 되는 예들을 제공한다.

➡ 개별적인 물 조달자(개체)가 물을 넘겨줄 벌을 찾는 시간(지엽적인 정보)에 따라 다르게 반응함으로써 군집의 벌들(노동력)이 물을 가지러 가는지 여부가 결정된다는 내용이다.
  ▶ 댄스 플로어(꿀벌 군집의 입구)에서의 상호 작용을 연구하는 것은, 지엽적인 정보에 반응하여 자신의 행동을 바꾸는 개체가 어떻게 ① '군집으로 하여금 그것의 노동력을 조절하게 하는지'를 알려줌

| 선택지 분석 |

① '물을 가져온 벌=개체', '물을 넘겨줄 벌을 찾는 시간=지엽적인 정보', '물을 가지러 갈지 말지=노동력 조절'
② to the water source가 언급된 것으로 만든 오답이다. 물이 있는 곳을 어떻게 찾는 지를 설명하는 것이 아니다.
③ 군집에 물이 필요한 경우에는 물을 수집하러 나가는 벌의 수를 늘릴 것이므로 정답이 될 수 없다.
④ 각각의 벌들이 서로 다른 일을 수행한다는 언급은 없다.
⑤ 8자 춤을 추어서 물을 가지러 갈 벌들을 모집한다는 내용으로 만든 오답이다.

K 63 정답 ①   ＊ 등장인물에 대해 들은 인상만으로도 외모를 들은 것처럼 느낀다. 

Writers often give us the impression / that they have described the faces of their characters, / when in fact they have simply given you an outline / to fill in. // **단서 1** 작가는 등장인물의 얼굴을 묘사한 것이 아니라, 독자가 채워 넣어야 할 윤곽만 제시함
작가는 흔히 우리에게 인상을 주지만 / 자신이 등장인물의 얼굴을 묘사했다는 / 사실, 그들은 여러분에게 윤곽만 제시했을 뿐이다 / 채워 넣어야 할 //

Of Esch, / the most important character in Hermann Broch's masterpiece *The Sleepwalkers*, / we learn only that he has big teeth. //
Esch에 대해서 / Hermann Broch의 대표작 *The Sleepwalkers*에서 가장 중요한 등장인물인 / 우리는 그가 큰 치아를 가졌다는 것만 알게 된다 //

단서 2 작품 속 인물에 대한 묘사가 일부만 주어졌지만, 독자들은 나머지 부분을 채워서 생각함
Even so, we don't feel / as if his face is a dentate blankness. //
그렇기는 하지만, 우리는 느끼지는 않는다 / 그의 얼굴이 치아만 있는 공허한 공간인 것처럼 //

Most often, we mistake / being told what effect someone's appearance has / for an account of that appearance. //
대부분 우리는 착각한다 / 누군가의 외모가 갖고 있는 인상을 들은 것을 / 실제 그 외모를 기술한 것으로 // **단서 3** 외모에 대한 인상만을 들은 것도, 그 외모를 기술한 것으로 착각함

The poet Mallarmé's advice / — *Peindre non la chose, mais l'effet qu'elle produit* ('Paint not the thing itself but the effect it produces') / sounds like a self-denying ordinance. //
시인 Mallarmé의 충고 / "대상 그 자체를 그리지 말고 대상이 주는 인상을 그려라."는 / 자기 부정적인 법령처럼 들린다 //

Actually it is a rather clever way / out of an intractable problem. // 실제로 그것은 꽤 영리한 방법이다 / 다루기 힘든 문제에서 벗어나는 //

When, in one of his novels, Evelyn Waugh says of a new character, / that 'he had just the kind of appearance / one would expect a young man of his type to have' and nothing else, /
Evelyn Waugh가 자신의 소설 중 하나에서 새로운 인물에 대해 말할 때 / "그는 딱 그런 외모를 가지고 있었다 / 그런 유형의 젊은이라면 가지고 있을 것이라 누구나 예상할 만한" 이라고만 말하고, 다른 설명을 하지 않았을 (때도) /

you still feel / as if you have been told exactly what he looks like. // 여러분은 여전히 느낀다 / 그가 정확히 어떻게 생겼는지 들은 것처럼 //

- impression ⓝ 인상
- blankness ⓝ 공허함
- appearance ⓝ 외모
- self-denying ⓐ 자기 부정적인
- masterpiece ⓝ 대표작, 명작
- effect ⓝ 인상, 느낌
- mistake ~ for ... ~을 …로 착각하다

작가는 흔히 자신이 등장인물의 얼굴을 묘사했다는 인상을 우리에게 주지만, 사실, 그들은 여러분에게 채워 넣어야 할 윤곽만 제시했을 뿐이다. Hermann Broch의 대표작 *The Sleepwalkers*에서 가장 중요한 등장인물인 Esch에 대해서, 우리는 그가 큰 치아를 가졌다는 것만 알게 된다. 그렇기는 하지만, 우리는 그의 얼굴이 치아만 있는 공허한 공간인 것처럼 느끼지는 않는다. 대부분 우리는 누군가의 외모가 갖고 있는 인상을 들은 것을, 실제 그 외모를 기술한 것으로 착각한다. "대상 그 자체를 그리지 말고 대상이 주는 인상을 그려라."라는 시인 Mallarmé의 충고는 자기 부정적인 법령처럼 들린다. 실제로 그것은 다루기 힘든 문제에서 벗어나는 꽤 영리한 방법이다. Evelyn Waugh가 자기 소설 중 하나에서 새로운 인물에 대해 "그는 그런 유형의 젊은이라면 가지고 있을 것이라 누구나 예상할 만한, 딱 그런 외모를 가지고 있었다."라고만 말하고, 다른 설명을 하지 않았을 때도, 여러분은 여전히 그가 정확히 어떻게 생겼는지 들은 것처럼 느낀다.

다음 빈칸에 들어갈 말로 가장 적절한 것을 고르시오. [3점]
작가가 등장인물의 외모를 구체적으로 묘사하지 않아도, 독자는 등장인물에 대해 들은 인상만으로도
① have been told exactly what he looks like 등장인물의 외모를 들은 것처럼 느낀다는 내용임
  그가 정확히 어떻게 생겼는지 들은 것
② have become a member of his social group
  그의 사회 집단의 구성원이 된 것 사회 집단의 구성원에 관한 내용은 언급되지 않음
③ already know what will happen to him in the story 등장인물에게
  이야기 속에서 그에게 무슨 일이 일어날지 이미 아는 것 일어날 일에 대해 이미 안다는 내용은 없음
④ have been given precise details about his behavior 행동이 아니라 외모에
  그의 행동에 대한 정확한 세부 사항을 전달받은 것 대한 세부 사항을 독자들이 그리는 것임
⑤ recognize the core characteristics of his personality
  그의 성격의 핵심적 특징을 알아차린 것 등장인물의 성격적 특징이 아니라 외모의 세부 사항에 대한 글임

빈칸 문장	Evelyn Waugh의 소설에서 새로운 인물에 대해 "그는 그런 유형의 젊은이라면 가지고 있을 것이라 누구나 예상할 만한, 딱 그런 외모를 가지고 있었다."라고만 언급이 되었을때, 독자들은 여전히 ＿＿＿＿＿＿＿＿＿＿처럼 느낀다.

➡ 빈칸에는 작가가 등장인물의 외모를 묘사하지 않았는데, 독자들은 여전히 '어떻게' 느낀다는 내용이 들어가야 한다.

- 작가는 등장인물의 얼굴을 묘사한 것이 아니라, 독자가 채워 넣어야 할 윤곽만 제시한다.(즉 등장인물의 얼굴은 독자가 채워 넣는 것임) 단서 1
- Hermann Broch의 대표작 *The Sleepwalkers*에서 등장인물인 Esch에 대해 작가는 '큰 치아'에 관한 것만 알려주었지만, 독자들은 치아만 생각하는 것이 아니다. 단서 2
- 대부분의 독자들은 누군가의 외모가 갖고 있는 인상을 들은 것을, 실제 그 외모를 기술한 것으로 착각한다. 단서 3

➡ 작가는 등장인물의 외모를 구체적으로 묘사하지 않아도, 독자는 등장인물에 대해 들은 인상만으로도 등장인물의 외모를 들은 것처럼 느낀다는 내용이다.

▶ 그러므로 작가가 등장인물의 외모에 대해 구체적으로 언급하지 않았을 때에도 독자들은 ① '그가 정확히 어떻게 생겼는지 들은 것'처럼 느낀다고 하는 것이 적절하다.

② 사회 집단의 구성원에 대한 내용은 언급되지 않았다.
③ 등장인물에게 일어날 일에 대한 내용은 나오지 않았다.
④ 행동이 아니라 외모에 대한 세부 사항을 독자들이 생각한다는 글이다.
⑤ 등장인물의 성격적 특징이 아니라 외모에 대해 독자들이 상상한다는 글이다. — 주의

K 64 정답 ⑤ ＊글쓰기와 일상 대화의 공통점과 차이점

The basic guidelines for good style / are not mysterious; / in fact, you use them / every day in conversation. //
좋은 문체를 위한 기본 지침들은 / 신비로운 것이 아니다 / 사실, 여러분은 그것들을 사용한다 / 매일 대화에서 //

단서 1 대화와 글쓰기는 모두 협력을 기반으로 하며, 세련되고 실용적인 문체를 활용해 협력적으로 대화함
In conversation and in writing, / we all rely heavily on cooperation / to make sense of exchanges, / and a polished practical style / makes cooperation easier. //
대화에서나 글쓰기에서나 / 우리는 모두 협력에 크게 의존하고 / 대화를 이해하기 위해 / 그리고 세련된 실용적 문체는 / 협력을 더 쉽게 만든다 //

단서 2 마찬가지로, 글쓴이는 대화에 사용되는 명료성, 적절성 등이 독자가 원하는 것이라고 인정함으로써 협력적인 문체를 발전시킴
Writers develop such a style / by acknowledging / that readers expect the same things / that listeners expect in conversation: / clarity, relevance, and proportion. //
글쓴이들은 그런 문체를 발전시킨다 / 인정함으로써 / 독자들이 같은 것을 기대한다는 것을 / 대화에서 청자들이 기대하는 것과 / 명료성, 적절성, 그리고 균형을 //

If you listen to someone / who is not clear, / who cannot stay on the topic, / or who offers too much or too little information, / you will quickly lose interest / in the conversation. //
여러분이 어떤 사람의 말을 듣는다면 / 명료하지 않은 / 주제에 머물지 못하는 / 또는 너무 많은 혹은 너무 적은 정보를 제공하는 / 여러분은 금방 흥미를 잃게 될 것이다 / 그 대화에 대한 //

Writers, too, / need to be clear, / stay on the topic, / and give information appropriately. //
글쓴이들 역시 / 명료해야 한다 / 주제에 머물러야 한다 / 그리고 정보를 적당하게 주어야 한다 //

In fact, this attention to audience and appropriateness / may be even more important / in writing / than in conversation /
사실, 독자에 대한 이러한 주의와 적절성은 / 훨씬 더 중요할 수도 있다 / 글쓰기에서 / 대화보다 /

단서 3 일상 대화에서는 수시로 발생하는 비언어적 소통과 즉각적인 피드백이 글쓰기에서는 발생하지 않기 때문에, 글쓴이는 독자들에 대한 주의가 더 필요함
because writing does not permit / the nonverbal communication and immediate feedback / that are part of conversation. //
글쓰기는 허용하지 않기 때문에 / 비언어적 소통과 즉각적인 피드백을 / 대화의 일부인 //

As writers, / we have to **anticipate the absent reader's response**; / in effect, / we have to imagine / both halves of a virtual conversation. // 단서 4 글쓴이는 대화 상대가 없는 상황에서 대화 상대가 기대할 문체로 글을 써야 하기 때문에, 가상 대화의 양쪽 절반을 상상해야 함
글쓴이로서 / 우리는 부재한 독자의 반응을 예상해야 한다 / 사실상 / 우리는 상상해야 한다 / 가상 대화의 양쪽 절반을 //

- guideline ⓝ 지침
- style ⓝ 문체, 양식
- cooperation ⓝ 협력, 협조
- make sense of ~을 이해하다
- exchange ⓝ 대화, 회화
- polished ⓐ 세련된
- practical ⓐ 실용적인
- acknowledge ⓥ 인정하다
- clarity ⓝ 명료성
- relevance ⓝ 적절성
- proportion ⓝ 균형, 비율
- appropriately ⓐ⒟ 적당하게
- nonverbal ⓐ 비언어적인
- virtual ⓐ 가상의
- envision ⓥ 상상하다
- preference ⓝ 선호

좋은 문체를 위한 기본 지침들은 신비로운 것이 아니다. 사실, 여러분은 대화에서 그것들을 매일 사용한다. 대화에서나 글쓰기에서나, 우리는 모두 대화를 이해하기 위해 협력에 크게 의존하고, 세련된 실용적 문체는 협력을 더 쉽게 만든다. 글쓴이들은 독자들이 대화에서 청자들이 기대하는 것과 같은 것인 명료성, 적절성, 그리고 균형을 기대한다는 것을 인정함으로써 그런 문체를 발전시킨다. 여러분이 명료하지 않거나, 주제에 머물지 못하거나, 너무 많은 혹은 너무 적은 정보를 제공하는 어떤 사람의 말을 듣는다면, 여러분은 그 대화에 대한 흥미를 금방 잃게 될 것이다. 글쓴이들 역시 명료해야 하고, 주제에 머물러야 하고, 정보를 적당하게 주어야 한다. 사실, 독자에 대한 이러한 주의와 적절성은 대화보다 글쓰기에서 훨씬 더 중요할 수도 있는데, 이는 글쓰기는 대화의 일부인 비언어적 소통과 즉각적인 피드백을 허용하지 않기 때문이다. 글쓴이로서, 우리는 **부재한 독자의 반응을 예상해야** 하는데, 사실상, 우리는 가상 대화의 양쪽 절반을 상상해야 한다.

다음 빈칸에 들어갈 말로 가장 적절한 것을 고르시오. [3점]

① recognize the limitations of writing and conversation
글쓰기와 대화의 한계를 인식해야
글쓰기에는 비언어적인 신호가 없다는 한계가 있음을 알고, 이를 가정해야 한다는 내용이지, 대화의 한계를 깨달아야 한다는 내용이 아님

② envision the reader's preference for stylistic writing
문체적 글쓰기에 대한 독자의 선호를 상상해야
독자가 문체적 글쓰기를 선호한다는 것을 상상해야 한다는 내용이 아님

③ picture the reader's desire for more knowledge
더 많은 지식에 대한 독자의 욕구를 그려야
독자들이 더 많은 지식을 욕망하고 있다는 내용은 없음

④ develop collaborative writing with readers
독자들과 함께 협동적인 글쓰기를 발전시켜야
독자들과 함께 협동적인 글쓰기를 발전시켜야 한다는 내용은 언급되지 않음

⑤ anticipate the absent reader's response
부재한 독자의 반응을 예상해야
글쓰기에는 대화와 달리 비언어적 신호가 없기 때문에, 글쓴이는 이곳에 존재하지 않는 독자의 반응을 예상하며 글을 써야 함

| 문제 풀이 순서 | [정답률 30%]

1st 빈칸이 포함된 문장을 읽고, 빈칸에 들어갈 말에 대한 단서를 얻는다.

빈칸 문장	글쓴이로서, 우리는 ＿＿＿＿＿＿＿＿＿＿하는데, 사실상, 우리는 가상 대화의 양쪽 절반을 상상해야 한다.

➡ 글쓴이들은 무엇을 해야 하는지에 관한 부분이 빈칸임 → 세미콜론으로 연결된 다음 절이 in effect(사실상)로 시작하므로, 두 절은 같은 내용이 대등하게 연결되어 있을 것임

▶ 빈칸을 채우려면 글쓴이들이 무엇을 해야 한다고 설명하는지, 그리고 그 내용이 '글쓴이는 가상 대화의 양쪽을 상상해야 한다'라는 다음 절의 내용과 일맥상통하는지를 살펴보아야 한다.

2nd 글을 마저 읽으며 글쓴이들의 역할을 어떻게 설명하고 있는지를 찾는다.

- 대화와 글쓰기는 모두 협력을 기반으로 하며, 세련되고 실용적인 문체를 활용해 협력적으로 대화함 단서 1
- 마찬가지로, 글쓴이는 대화에 사용되는 명료성, 적절성 등이 독자가 원하는 것이라고 인정함으로써 협력적인 문체를 발전시킴 단서 2
- 일상 대화에서는 수시로 발생하는 비언어적 소통과 즉각적인 피드백이 글쓰기에서는 발생하지 않기 때문에, 글쓴이는 독자들에 대한 주의가 더 필요함 단서 3
- 글쓴이는 대화 상대가 없는 상황에서 대화 상대가 기대할 문체로 글을 써야 하기 때문에, 가상 대화의 양쪽 절반을 상상해야 함 단서 4

➡ 좋은 문체의 기본은 이미 일상 대화에서 사용하고 있으며, 좋은 글쓰기의 기반은 일상적인 소통 방식과 크게 다르지 않음 → 대화에서 상대가 기대하는 명료성, 적절성, 균형 등은 글쓰기에서 독자가 기대하는 바와 동일하며, 이러한 문체는 협력을 더 쉽게 만들어줌 → 하지만 글쓰기는 대화와 달리 표정, 목소리, 즉각적 피드백과 같은 비언어적 신호가 없으므로, 글쓴이는 독자가 어떻게 반응할지를 스스로 예측해야 함 → 따라서, 글쓴이는 대화 상대가 없는 상황에서 적절한 문체를 찾기 위해, 가상 대화의 양쪽을 상상하며 글을 써야 함

3rd **2nd** 에서 이해한 내용을 선택지에서 고른다.

글쓴이는 일상 대화와 마찬가지인 문체로 글을 작성해야 하지만, 대화에서 발생하는 비언어적 신호가 없는 상황에서 이를 상상하며 글을 써야 한다. 즉, 글쓴이는 실제로 존재하지 않는 대화 상대와 독자의 반응을 예상해야 한다는 내용이다.

▶ 따라서 빈칸에 들어갈 말은 ⑤ '부재한 독자의 반응을 예상해야'이다.

| 선택지 분석 |

① 글쓰기에는 비언어적인 신호가 없다는 한계가 있음을 알고, 이를 가정해야 한다는 내용이지, 대화의 한계를 깨달아야 한다는 내용이 아니다.
② 독자가 문체 글쓰기를 선호한다는 것을 상상해야 한다는 내용이 아니다.
③ 독자들이 더 많은 지식을 욕망하고 있다는 내용은 언급되지 않았다.
④ 독자들과 함께 협력적인 글쓰기를 개발해야 한다는 내용은 언급되지 않았다.
⑤ 글쓰기에는 대화와 달리 비언어적 신호가 없기 때문에, 글쓴이는 이곳에 존재하지 않는 독자의 반응을 예상하며 글을 써야 한다.

김윤 | **2026 수능 응시** · 익산 이리남성여고 졸

이 유형은 지문의 키워드를 찾는 것이 중요하다고 생각해. 따라서 나는 지문을 읽을 때 여러 번 반복해서 나오는 단어나 유의어들에 밑줄을 긋고, 선지에는 주요 키워드에다가 밑줄을 그어서 지문과 대조해가며 답을 찾았어. 이 문제의 경우 글의 초반에서 '협력'이 여러 번 나와서 ④이 답이라고 생각할 수 있지만, 글의 후반부에서 글쓰기는 즉각적인 피드백을 허용하지 않고 대화의 절반을 상상해야 한다고 말했으므로, 이와 대응되는 키워드인 anticipate, absent, response 등을 포함한 ⑤이 답임을 알 수 있었어.

K 65 정답 ④ ＊다양한 건물 사용자의 설계 참여의 중요성

동명사 주어(단수)
Giving clients sufficient opportunity / to react to your designs /
부사절에서 주어와 be동사(your designs are) 생략
while in progress / **is** a key to professional success. //
단수 동사
고객들에게 충분한 기회를 주는 것은 / 여러분의 설계 작업에 대해 반응할 / 진행 중인 / 전문적 성공의 핵심이다 //
단서 1 고객에게 설계 작업에 반응할 기회를 주는 것이 성공의 핵심임

동명사 주어(단수)
Similarly, / **involving** prospective building users / as well as clients / **is even** more valuable / in the long run. //
단수 동사 비교급 강조
마찬가지로 / 예상되는 건물 사용자들을 참여시키는 것은 / 고객뿐 아니라 / 훨씬 더 가치가 있다 / 장기적으로 //
단서 2 고객(설계를 요청한 사람)뿐만 아니라 건물을 잠재적으로 이용할 사람들을 설계에 참여시키는 것도 가치 있음

Say / your client is a large corporation, / such as a health care provider. //
이를테면 / 여러분의 고객이 대규모 기업이라고 하자 / 의료 서비스 제공 기관과 같은 //

부사절 접속사(역접)
While the hospital administration / may serve as your client, /
= there is no doubt that
no doubt / the perspectives of administration personnel / will differ significantly /
병원 행정 부서가 / 여러분의 고객 역할을 할 수 있더라도 / 분명 / 행정 부서 직원들의 관점은 / 크게 다를 것이다 /

= perspectives
from **those** of doctors, interns, residents, nurses, / and other medical staff / **who** use the building regularly. //
주격 관계대명사
의사, 인턴, 레지던트, 간호사부터 / 그리고 다른 의료 직원들의 관점과 / 그 건물을 정기적으로 사용하는 //

주격 관계대명사
In addition, / the experiences of patients and visitors / **who** use the building irregularly, / often as a result of life-threatening emergencies, / are altogether different as well. //
게다가 / 환자와 방문객들의 경험은 / 그 건물을 비정기적으로 사용하는 / 종종 생명을 위협하는 응급 상황의 결과로 찾아오게 되는 / 또한 완전히 다르다 //

동명사 주어(단수)
Understanding / **how** each type of user experiences / the current medical environment / as well as **how** each reacts to your prospective designs / inevitably **produces** / a better building. //
의문사절을 이끎 · 단수 동사
이해하는 것은 / 각 사용자 유형이 어떻게 경험하는지를 / 현재의 의료 환경을 / 여러분의 예상되는 설계안에 어떻게 반응하는지 뿐만 아니라 / 필연적으로 만들어 낸다 / 더 나은 건물을 //
단서 3 건물을 사용할 서로 다른 유형의 사람들마다 설계에 어떻게 달리 반응하는지를 이해해야 더 나은 건물을 만들 수 있음

People are likely to be more satisfied / with a new building or addition / **if** they **have been consulted in the design process**. //
부사절 접속사(조건)
사람들은 더 만족할 가능성이 높다 / 새로운 건물이나 증축에 대해 / 설계 과정에서 자신의 의견이 참고되었을 경우 //

For a large institution, / this can translate into / **increased** productivity on the job, / **reduced** absenteeism, / less turnover, / and lower costs. //
과거분사(각각 바로 뒤의 명사 수식)
대규모 기관의 경우 / 이것은 이어질 수 있다 / 업무 생산성 향상 / 장기 결근 감소 / 이직률 감소 / 그리고 비용 절감으로 //

- in progress 진행 중인
- prospective ⓐ 예상되는, 장래의
- corporation ⓝ 기업
- administration ⓝ 행정 부서
- life-threatening ⓐ 생명을 위협하는
- satisfied ⓐ 만족한
- consult ⓥ 의견을 말하다, 상의하다
- productivity ⓝ 생산성
- absenteeism ⓝ 장기 결근[결석]
- turnover ⓝ 이직률
- draft ⓥ 초안을 작성하다

진행 중인 여러분의 설계 작업에 대해 고객들이 반응할 충분한 기회를 주는 것은 전문적 성공의 핵심이다. 마찬가지로, 고객뿐 아니라 예상되는 건물 사용자들을 참여시키는 것은 장기적으로 훨씬 더 가치가 있다. 이를테면, 여러분의 고객이 의료 서비스 제공 기관과 같은 대규모 기업이라고 하자. 병원 행정 부서가 여러분의 고객 역할을 할 수는 있더라도, 행정 부서 직원들의 관점은 그 건물을 정기적으로 사용하는 의사, 인턴, 레지던트, 간호사, 그리고 다른 의료 직원들의 관점과 분명 크게 다를 것이다. 게다가 그 건물을 비정기적으로 사용하는, 종종 생명을 위협하는 응급 상황의 결과로 찾아오게 되는, 환자와 방문객들의 경험은 또한 완전히 다르다. 각 사용자 유형이 여러분의 예상되는 설계안에 어떻게 반응하는지는 물론 현재의 의료 환경을 어떻게 경험하는지를 이해하는 것은 필연적으로 더 나은 건물을 만들어 낸다. 새로운 건물이나 증축에 대해 사람들은 <u>설계 과정에서 자신의 의견이 참고되었을</u> 경우 더 만족할 가능성이 높다. 대규모 기관의 경우, 이것은 업무 생산성 향상, 장기 결근 감소, 이직률 감소, 비용 절감으로 이어질 수 있다.

다음 빈칸에 들어갈 말로 가장 적절한 것을 고르시오.

① have been engaged in multiple design training sessions
여러 설계 훈련 시간에 참여했을 　　사람들이 직접 설계 훈련 시간에 참여해야 한다는 내용이 아님
② are given the opportunity to draft a new design
새로운 설계의 초안을 작성할 기회를 받을 　　건축가의 설계에 자신의 의견이 반영되는 것이 중요하다는 내용임
③ have established trust with the building designers
건물 설계자들과 신뢰를 구축했을 　　건물 설계자들과의 신뢰 관계 형성은 언급되지 않음
④ have been consulted in the design process
설계 과정에서 자신의 의견이 참고되었을 　　설계 과정에서 건물을 사용하게 될 여러 유형의 사람들이 건물을 어떻게 볼지를 이해하는 것이 성공적인 설계의 핵심임
⑤ share their perspectives on the building with each other
서로에게 건물에 대한 자신의 관점을 공유할 　　건물을 사용하는 사람들 간에 관점을 공유하는 것이 아니라, 건물 사용자와 설계자 간의 소통이 중요하다는 내용임

⤷왜 정답? [정답률 23%]

빈칸 문장	새로운 건물이나 증축에 대해 사람들은 ＿＿＿＿＿＿ 경우 더 만족할 가능성이 높다.

➡ 빈칸은 사람들이 '어떤' 경우에 건물과 증축에 관해 만족할 것인가와 관련된 내용으로, 건물을 이용할 사람들이 무슨 과정을 통해 건물에 만족할 수 있을지에 관한 내용을 찾아야 한다.

- 고객에게 설계 작업에 반응할 기회를 주는 것이 성공의 핵심이다. **단서 1**
- 고객뿐만 아니라 건물을 잠재적으로 이용할 사람들을 설계에 참여시키는 것도 가치 있다. **단서 2**
- 건물을 사용할 서로 다른 유형의 사람들마다 설계에 어떻게 달리 반응하는지를 이해해야 더 나은 건물을 만들 수 있다. **단서 3**

➡️ 설계가 진행되는 동안, 고객(의뢰인)뿐만 아니라 건물을 실제로 사용할 다양한 사용자층이 설계에 대해 반응하고 의견을 제시할 기회를 충분히 받아야 한다는 내용이다. 이후, 병원에는 의사, 간호사 등의 정기적인 사용자와 환자, 방문객 등의 비정기적인 사용자가 있다는 예시를 들고 있다. 각 유형의 사용자가 현재 의료 환경을 어떻게 경험하는지, 미래 설계에 어떻게 반응하는지 등을 이해해야 더 나은 건물을 만들 수 있다고 설명하고 있다.

▶ 따라서 새로운 건물이나 증축에 더 만족할 사람들은 설계 과정에서 자신의 의견이 반영되었다고 느끼는 사람들일 것이므로, 빈칸에 들어갈 말은 ④ '설계 과정에서 자신의 의견이 참고되었을'이다.

왜 오답?

① 사람들이 직접 설계 훈련 시간에 참여해야 한다는 내용이 아니라, 설계 과정에서 자신의 의견을 낼 수 있는 것이 중요하다는 내용이다.

② 사람들이 건축가의 설계에 자신의 의견이 반영되는 것이 중요하다고 생각한다는 내용이므로 적절하지 않다. (ᕙ 이유: 직접 새로운 설계 초안을 작성해야 한다는 것으로 착각하면 안 됨)

③ 건물 설계자들과의 신뢰 관계 형성은 언급되지 않았다.

⑤ 건물을 사용하는 사람들 간에 관점을 공유하는 것이 아니라, 건물 사용자와 설계자 간의 소통이 중요하다는 내용이다.

김연준 | 2026 수능 응시 · 안성 안법고 졸

이 글은 서로 다른 사용자마다 건물에 대한 반응이 다르기 때문에 건물 설계에서 다양한 유형의 사용자들을 참여시키는 것이 만족도가 높은 건물을 만드는 데 중요하다는 내용을 담고 있어. 빈칸 문장으로 가보면, '새로운 건물이나 증축에 대해 사람들은 자신들이 '무엇'을 할 경우 더 만족할 가능성이 높다'라고 나와 있어. 글의 내용을 바탕으로 생각해보면 설계 과정에 참여할 경우 만족도가 높아진다고 했으므로 ④이 정답이야.

K 66 정답 ③ ✱ 인간 본성에 대한 현실적 인식에서 비롯된 칸트의 법치주의 ➖

Kant was a strong defender of the rule of law / as the ultimate
guarantee, / **not only** of security and peace, / **but also** of
freedom. //
(not only A but also B: A뿐만 아니라 B도)
칸트는 법의 지배에 대한 강력한 옹호자였다 / 궁극적인 보장 수단으로서의 / 안전과 평화뿐 아니라 / 자유에 대한

He believed / **that** human societies **were moving** towards
more rational forms / **regulated** by effective and binding legal
frameworks /
(목적어절 접속사) (과거진행) (과거분사(forms 수식))
그는 믿었는데 / 인간 사회가 더 합리적인 형태로 나아가고 있다고 / 효과적이고 법적 구속력이 있는 법적인 틀에 의해 규제되는

단서 1 칸트는 법이 모든 사람에게 동일하게 적용될 때 자유와 평화를 보장하며, 인간 사회는 더 효과적이고 합리적인 법체계로 발전한다고 믿음

because only such frameworks enabled people / **to live** in
harmony, / **to prosper** / **and to co-operate**. //
(목적격 보어로 쓰인 to부정사 3개 병렬 연결)
오직 그러한 틀이야말로 사람들이 ~ 해주기 때문이었다 / 조화를 이루며 살아가고 / 번영하고 / 그리고 협력할 수 있게 //

However, his belief in inevitable progress / was not based on /
an optimistic or high-minded view of human nature. //
그러나 불가피한 진보에 대한 그의 믿음은 / 근거한 것이 아니었다 / 인간 본성에 대한 낙관적이거나 고결한 관점에 //

On the contrary, / it comes close to Hobbes's outlook: / man's
violent and conflict-prone nature / makes **it** necessary /
(가목적어)
to establish and maintain an effective legal framework / **in order
to secure** peace. //
(진목적어) (부사적 용법(목적))
단서 2 칸트의 법치주의는 인간 본성에 대한 낙관적 믿음 때문이 아니라, 오히려 인간은 폭력적이고 갈등을 일으키는 존재라는 믿음에서 비롯됨
그와는 반대로 / 그의 견해는 홉스의 관점에 가까워지는데 / 인간의 폭력적이고 갈등을 일으키기 쉬운 본성이 / 필수적으로 만든다는 것이다 / 효과적인 법적 틀을 세우고 유지하는 것을 / 평화를 확보하기 위해 //

단서 3 사회가 조화롭게 운영되도록 하는 것은 인간의 선의가 아니라, 모든 사람을 똑같이 구속하는 법체계임

We cannot count on people's benevolence or goodwill, / but
even 'a nation of devils' / can live in harmony / in a legal system
/ **that** binds every citizen equally. //
(주격 관계대명사)
우리는 사람들의 자비심이나 선의에 의존할 수 없다 / 하지만 심지어 '악마의 나라'조차 / 조화롭게 살아갈 수 있다 / 법체계 속에서는 / 모든 시민을 똑같이 구속하는 //

단서 4 이상적인 법은 모든 이성적 존재가 자유롭게 선택할 정치적 원칙을 담고 있음

Ideally, / the law is the embodiment of those political principles
/ **that** all rational beings would freely choose. //
(목적격 관계대명사)
이상적으로 / 법은 정치적 원칙들의 구현이다 / 모든 이성적 존재가 기꺼이 선택할 //

단서 5 이런 법이 금지하는 것은 애초에 이성적 인간이라면 하지 않을 행동뿐이며, 따라서 이러한 법은 인간의 자유를 제약하는 것이 아니라 오히려 자유를 실현시키는 수단임

If such laws forbid them / to do something / **that** they would
not rationally choose to do anyway, / then the law cannot be
understood / as a restraint on their freedom. //
(목적격 관계대명사)
만약 그러한 법이 그들을 하지 못하게 금지한다면 / 어떤 것을 하도록 / 그들이 어차피 이성적으로는 선택하지 않을 / 그렇다면 그 법은 이해될 수 없다 / 그들의 자유에 대한 제약으로 //

- **defender** ⓝ 옹호자 · **ultimate** ⓐ 궁극적인
- **binding** ⓐ 법적 구속력이 있는 · **prosper** ⓥ 번영하다
- **optimistic** ⓐ 낙관적인 · **high-minded** ⓐ 고결한
- **outlook** ⓝ 관점 · **conflict-prone** ⓐ 갈등을 일으키기 쉬운
- **goodwill** ⓝ 선의, 호의 · **embodiment** ⓝ 구현
- **forbid** ⓥ 금지하다 · **restraint** ⓝ 제약, 제한
- **confine** ⓥ 제한하다 · **enforce** ⓥ 집행하다
- **assumption** ⓝ 전제, 가정

칸트는 안전과 평화뿐 아니라 자유에 대한 궁극적인 보장 수단으로서의 법의 지배에 대한 강력한 옹호자였다. 그는 인간 사회가 효과적이고 법적 구속력이 있는 법적인 틀에 의해 규제되는 더 합리적인 형태로 나아가고 있다고 믿었는데, 오직 그러한 틀이야말로 사람들이 조화를 이루며 살아가고, 번영하고, 협력할 수 있게 해주기 때문이었다. 그러나 불가피한 진보에 대한 그의 믿음은 인간 본성에 대한 낙관적이거나 고결한 관점에 근거한 것이 아니었다. 그와는 반대로, 그의 견해는 홉스의 관점에 가까워지는데, 인간의 폭력적이고 갈등을 일으키기 쉬운 본성이 평화를 확보하기 위해 효과적인 법적 틀을 세우고 유지하는 것을 필수적으로 만든다는 것이다. 우리는 사람들의 자비심이나 선의에 의존할 수 없지만, 심지어 '악마의 나라'조차 모든 시민을 똑같이 구속하는 법체계 속에서는 조화롭게 살아갈 수 있다. 이상적으로, 법은 모든 이성적 존재가 기꺼이 선택할 정치적 원칙들의 구현이다. 만약 그러한 법이 그들이 어차피 이성적으로는 선택하지 않을 어떤 것을 하지 못하게 금지한다면, 그 법은 **그들의 자유에 대한 제약으로 이해될** 수 없다.

다음 빈칸에 들어갈 말로 가장 적절한 것을 고르시오. [3점]

인간의 자유를 제한하는 부분은 합리적인 인간이라면 당연히 하지 않을 부분에서만 제한하고 있음
① regarded as reasonably confining human liberty
인간의 자유를 합리적으로 제한하는 것으로 간주됨
② viewed as a strong defender of the justice system
사법 체계의 강력한 수호자로 여겨질 / 법 자체가 사법 체계의 수호자라는 내용은 언급되지 않음
③ understood as a restraint on their freedom
그들의 자유에 대한 제약으로 이해될 / 법은 이성적 존재들이 당연히 하지 않았을 것들만 금지하고 있으므로, 법은 자유에 대한 제약이라고 여겨질 수 없음
④ enforced effectively to suppress their evil nature
그들의 악한 본성을 억압하기 위해 효과적으로 집행될 / 법은 인간의 본성을 억압하고 조화롭게 살아가도록 도와준다는 내용임
⑤ accepted within the assumption of ideal legal frameworks
이상적인 법적 틀의 전제 안에서 받아들여질 / 법은 이상적인 법적 틀로 수용되고 있다는 내용임

| **문제 풀이 순서** | [정답률 21%]

1st 빈칸이 포함된 문장을 읽고, 빈칸에 들어갈 말에 대한 단서를 얻는다.

| 빈칸 문장 | 만약 그러한 법이 그들이 어차피 이성적으로는 선택하지 않을 어떤 것을 하지 못하게 금지한다면, 그 법은 ____________ 수 없다. |

➡️ 글의 마지막 부분에 빈칸이 있으며, 빈칸 앞에 부정어가 있음을 유의해야 함

➡️ 그러한 법이 어차피 이성적으로 선택하지 않을 무언가를 하지 못하게 금지한다면, 그 법은 '어떻게' 될 수 없는지에 관한 내용이 빈칸임

▶ 빈칸을 채우려면 글의 전체적인 내용을 통해 법이 이성적으로 선택하지 않을 것을 금지한다면 어떻게 될 수 없는지에 관한 내용을 살펴보아야 한다.

2nd 글을 마저 읽으며 법이 '어떻게' 될 수 없는지에 대한 설명을 찾는다.

- 칸트는 법이 모든 사람에게 동일하게 적용될 때 자유와 평화를 보장하며, 인간 사회는 더 효과적이고 합리적인 법체계로 발전한다고 믿었음 **단서 1**
- 칸트의 법치주의는 인간 본성에 대한 낙관적 믿음 때문이 아니라, 오히려 인간은 폭력적이고 갈등을 일으키는 존재라는 믿음에서 비롯됨 **단서 2**
- 사회가 조화롭게 운영되도록 하는 것은 인간의 선의가 아니라, 모든 사람을 똑같이 구속하는 법체계임 **단서 3**
- 이상적인 법은 모든 이성적인 존재가 자유롭게 선택할 정치적 원칙을 담고 있음 **단서 4**
- 이런 법이 금지하는 것은 애초에 이성적 인간이라면 하지 않았을 행동뿐이며, 따라서 이러한 법은 인간의 자유를 제약하는 것이 아니라 오히려 자유를 실현시키는 수단임 **단서 5**

➡ 칸트는 법이 모든 사람에게 똑같이 적용되는 것이 자유와 평화를 보장하는 것이며, 인간 사회가 발전한 것은 효과적이고 합리적인 법체계 덕분이었다고 믿었음 → 칸트가 법치주의를 옹호하는 이유는 인간의 본성을 낙관적으로 보기 때문이 아니라, 오히려 갈등과 폭력을 좋아하는 존재로 보기 때문임 → 이러한 인간 사회가 조화로운 이유는 인간이 선하기 때문이 아니라, 모든 사람을 똑같이 구속할 수 있는 법체계가 있기 때문임 → 이상적인 법은 모든 이성적 존재가 자유롭게 선택할 정치적인 원칙을 담고 있으며, 따라서 이러한 법이 금지하는 것은 이성적 인간이라면 하지 않았을 행동임

3rd **2nd** 에서 이해한 내용을 선택지에서 고른다.

칸트는 법치주의를 옹호하며, 사회가 조화롭게 운영될 수 있는 것은 모든 사람에게 똑같이 적용되는 법체계가 있었기 때문이라고 주장한다. 나아가 이상적인 법은 이성적인 존재들이 원래부터 자연스럽게 선택하지 않았을 행동만을 금지했을 것이므로, 법의 존재는 인간의 자유를 제약하는 것이 아니라, 오히려 자유를 실현해 주는 수단으로 이해되어야 한다는 내용이다.

▶ 따라서 빈칸에 들어갈 말은 ③ '그들의 자유에 대한 제약으로 이해될'이다.

| 선택지 분석 |

① 인간의 자유를 제한하는 부분은 합리적인 인간이라면 당연히 하지 않을 부분에서만 제한하고 있으므로, 법은 인간의 자유를 합리적으로 제한한다고 볼 수 있다.
② 법은 인간의 자유와 평화의 강력한 수호자라고 했지, 법 자체가 사법 제도의 수호자라는 내용은 언급되지 않았다.
③ 법은 이성적인 존재들이 당연히 하지 않았을 것들만 금지하고 있으므로, 법은 자유에 대한 제약이라고 여겨질 수 없다.
④ 법은 인간의 본성을 억누르고 조화롭게 살아가도록 도와준다는 내용이다.
⑤ 법은 이상적인 법적 틀로 수용되고 있다는 내용이다.

> **강기헌** | 2026 수능 응시 · 천안 천안고 졸
>
> 지문에 제시된 칸트의 주요 주장은 구속력 있는 법적 틀 안에서 폭력적인 본성을 가진 인간들이 조화를 이루며 자유롭게 살아가고 있다는 내용이야. 먼저 빈칸 앞 문장을 보면, 이성적 존재가 자유롭게 선택하는 원칙이 구현된 것이 바로 법이야. 그럼 빈칸 문장을 볼까? 만약 법이 이성적 존재들이 이성적으로는 선택하지 않을 것들을 금지한다면, 법은 '무언가'가 될 수 없을 거래. 이 문장의 앞 절을 해석해보면, 법이 이성적인 것만 선택하게 해 준데. 그럼 법이 긍정적인 기능을 하게 되므로 뒤의 문장 또한 긍정적인 내용이 나와야 해. 하지만 부정 표현 cannot이 보이지? 이 부정 표현 때문에 빈칸에는 '그들의 자유의 제약으로 이해된다'라는 ③이 정답이 되는 거지.

K 67 정답 ④ ＊감정 읽기가 더 요구되는 디지털 의사소통

The digital age has brought remarkable advancements / in communication. // 디지털 시대는 놀라운 발전을 가져왔다 / 의사소통에 있어 //

A message / that **might have taken** weeks to deliver by mail / can now be sent in seconds. //
주격 관계대명사 might have p.p.: ~였을지도 모른다
메시지는 / 우편으로 전달하는 데 몇 주가 걸렸을 수도 있는 / 이제 몇 초 안에 보내질 수 있다 //

Yet, / in this shift toward efficiency, / we've lost something **essential**: / the richness of face-to-face interaction. //
형용사(-thing으로 끝나는 명사 뒤에서 수식)
그러나 / 효율성을 향한 이러한 변화 속에서 / 우리는 본질적인 무언가를 잃었다 / 즉 대면 상호 작용의 풍부함을 //

Think about it / — when you communicate through a text or email, / you're missing out on nonverbal cues / like facial expressions, tone of voice, and body language. //
단서 1 문자나 이메일로 소통할 때는 비언어적 단서들을 놓치게 됨
전치사
생각해 보라 / 여러분이 문자나 이메일을 통해 소통할 때 / 여러분은 비언어적 단서들을 놓치고 있다(는 것을) / 표정, 목소리의 어조, 그리고 몸짓 언어와 같은 //

These elements carry emotional weight, / **helping** us to interpret meaning and intent. //
분사구문을 이끄는 현재분사
이러한 요소들은 감정적인 중요성을 지닌다 / 이는 우리가 의미와 의도를 해석하는 데 도움을 준다 //

단서 2 비언어적 단서 없이는 다른 사람의 감정 이해가 불완전함
Without them, / our understanding of others' emotions is often incomplete, / **leading to confusion and frustration**. //
분사구문
이것들 없이는 / 타인의 감정들에 대한 우리의 이해는 자주 불완전하며 / 혼란과 좌절로 이어진다 //

Take, for instance, / a short reply to an email: "Okay." //
예를 들어, 보아라 / 이메일에 대한 짧은 답장인 '알았어'를 //

Depending on the context, / the sender's intention might be neutral, annoyed, or even sarcastic. //
맥락에 따라 / 발신자의 의도는 중립적일 수도, 짜증이 났을 수도, 혹은 심지어 비꼬는 것일 수도 있다 //

But without vocal inflections or facial expressions / **to guide** us, / we are left **guessing**. //
형용사적 용법
현재분사(주격 보어)
단서 3 비언어적 단서 없이 우리는 상대방의 감정을 추측할 수밖에 없음
하지만 목소리의 억양이나 표정 없이 / 우리를 안내해 줄 / 우리는 추측하는 상태에 놓이게 된다 //

This is why digital communication requires heightened emotional awareness / — **not only** to express ourselves effectively / **but also** to decode **the emotions behind the words we receive**. //
not only A but also B: A뿐만 아니라 B도
이것이 디지털 의사소통이 고도의 감정 인식을 요구하는 이유이며 / 이는 우리 자신을 효과적으로 표현하기 위한 것뿐만 아니라 / 우리가 수신하는 말 이면에 있는 감정을 해독하기 위해서다 //

- **advancement** ⓝ 발전 • **shift** ⓝ 변화
- **nonverbal** ⓐ 비언어적인 • **cue** ⓝ 단서 • **interpret** ⓥ 해석하다
- **intent** ⓝ 의도 • **confusion** ⓝ 혼란 • **frustration** ⓝ 좌절(감)
- **neutral** ⓐ 중립적인 • **sarcastic** ⓐ 비꼬는
- **heightened** ⓐ 고도의 • **decode** ⓥ 해독하다
- **personify** ⓥ 의인화하다 • **era** ⓝ 시대

디지털 시대는 의사소통에 있어 놀라운 발전을 가져왔다. 우편으로 전달하는 데 몇 주가 걸렸을 수도 있는 메시지는 이제 몇 초 안에 보내질 수 있다. 그러나 효율성을 향한 이러한 변화 속에서 우리는 본질적인 무언가, 즉 대면 상호 작용의 풍부함을 잃었다. 여러분이 문자나 이메일을 통해 소통할 때, 표정, 목소리의 어조, 그리고 몸짓 언어와 같은 비언어적 단서들을 놓치고 있다는 것을 생각해 보라. 이러한 요소들은 감정적인 중요성을 지니며, 우리가 의미와 의도를 해석하는 데 도움을 준다. 이것들 없이는 타인의 감정들에 대한 우리의 이해는 자주 불완전하며 혼란과 좌절로 이어진다. 예를 들어, 이메일에 대한 짧은 답장인 '알았어.'를 보라. 맥락에 따라 발신자의 의도는 중립적일 수도, 짜증이 났을 수도, 혹은 심지어 비꼬는 것일 수도 있다. 하지만 우리를 안내해 줄 목소리의 억양이나 표정 없이, 우리는 추측하는 상태에 놓이게 된다. 이것이 디지털 의사소통이 고도의 감정 인식을 요구하는 이유이며, 이는 우리 자신을 효과적으로 표현하기 위한 것뿐만 아니라, **우리가 수신하는 말 이면에 있는 감정**을 해독하기 위해서다.

다음 빈칸에 들어갈 말로 가장 적절한 것을 고르시오.

① the source materials we refer to 출처 자료들에 대한 언급은 없음
   우리가 참고하는 출처 자료들
② the specific subject being personified 의인화되는 대상에 대한 내용은 없음
   의인화되고 있는 구체적인 대상
③ the grammatical structures in a speech 연설의 문법적인 구조들에 대한 내용이 아님
   연설에서의 문법적인 구조들
④ the emotions behind the words we receive 디지털 의사소통에서는 우리가
   우리가 수신하는 말 이면에 숨겨진 감정 수신하는 언어 이면의 감정을 해독하는 것이 요구됨
⑤ the newly-coined words used in the digital era
   디지털 시대에 사용되는 새롭게 만들어진 단어 단순히 디지털 시대를 넣어 만든 오답

빈칸 문장	이것이 디지털 의사소통이 고도의 감정 인식을 요구하는 이유이며, 이는 우리 자신을 효과적으로 표현하기 위한 것뿐만 아니라, ___________________을 해독하기 위해서다.

➡ 디지털 의사소통에서는 고도의 감정 인식이 요구되는데, 이는 '무엇'을 해독하기 위함인지가 빈칸에 들어가야 한다.

- 디지털 의사소통에서는 효율성을 얻은 대신, 대면 상호 작용의 풍부함을 잃었다.
- 문자나 이메일을 통해 소통할 때, 우리는 표정, 목소리의 어조, 그리고 몸짓 언어와 같은 비언어적 단서들을 놓치고 있다. 단서 1
- 비언어적인 단서도 없는 타인의 감정에 대한 우리의 이해는 불완전하며 혼란과 좌절로 이어진다. 단서 2
- 우리를 안내해 줄 목소리의 억양이나 표정 없이, 우리는 추측할 수밖에 없다. 단서 3

➡ 디지털 의사소통은 대면 상호 작용이 부족해지면서 비언어적 단서를 얻기 힘들어졌기 때문에, 상대방의 감정을 이해하는 것이 불완전하고 우리는 그것을 추측할 수밖에 없다는 내용이다.

▶ 그러므로 디지털 의사소통에서는 상대방의 감정을 이해하기 위해 고도의 감정 인식이 더 요구되며, 이는 언어 이면에 숨겨진 감정을 해독하기 위함이므로 ④ '우리가 수신하는 말 이면에 숨겨진 감정'이 정답이다.

① 참고 자료들에 대한 언급은 없다.
② 의인화되는 대상에 대한 내용은 없다.
③ 연설의 문법적인 구조들에 대한 내용이 아니다.
⑤ 디지털 시대에 새롭게 만들어진 단어에 대한 언급은 없다.

K 68 정답 ① ＊인생의 경험을 통한 배역의 개인화 과정

No matter how astoundingly well written, / all characters lack / the complexity, the detailed history, the ambivalence and the sheer volume of details / that your own life has. //
아무리 놀랄 정도로 잘 쓰였다고 해도 / 모든 등장인물은 부족하다 / 복잡성, 상세한 역사, 양면 가치 그리고 엄청난 양의 세부 사항이 / 당신 자신의 인생이 지닌 //
It is your life / that makes your work in the role / distinct and individual. //
바로 당신의 인생이다 / 그 배역에서의 당신의 일을 만들어 주는 것은 / 독특하고 특유하게 //
단서 1 배역을 위해 자신의 인생을 끌어들이라고 함
Bring your life to the table! // 당신의 인생을 그 배역으로 끌어들여라 //

By examining the character and the events of the play, / and both comparing them to and understanding them through your own life, / you personalize the role. // 단서 2 당신의 인생과 비교하고 인생을 통해 이해함으로써 배역을 개인화할 수 있음
연극의 등장인물과 사건들을 고찰함으로써 / 그리고 그것들을 당신 자신의 인생과 비교해 보고 당신의 인생을 통해 그것들을 이해함으로써 / 당신은 그 배역을 개인화한다 //
By personalizing the role, / you deepen your interest and desire / to perform this particular part. //
그 배역을 개인화함으로써 / 당신은 당신의 흥미와 열망을 더 깊게 한다 / 이 특정한 배역을 연기하고자 하는 //
You know full well / that the greater your interest in a task, / the better you do it. //
당신은 충분히 안다 / 어떤 과업에 대한 당신의 흥미가 클수록 / 당신이 그것을 더 잘한다는 것을 //
Once you have fully examined the circumstances in the text, / find similar situations in your past. // 단서 3 자신의 과거에서 비슷한 상황을 찾으라고 함
일단 당신이 대본의 상황들을 충분히 고찰하면 / 당신의 과거에서 비슷한 상황들을 찾아라 //
If not precisely similar in event, / you can abstract the nature of the circumstance. //
그것이 사건이 일어난 방식에서 정확히 비슷하지 않더라도 / 당신은 그 상황의 본질을 추출할 수 있다 //
You may not have killed, / but you have been driven to do harm. //
당신은 사람을 죽인 적이 없었을지도 모르지만 / 당신은 해를 끼치도록 이끌린 적이 있다 //

This simple understanding of the moment / in your own terms / bonds you consciously and subconsciously with the part. //
그 순간에 대해 온전히 이해하는 것은 / 당신만의 말로 / 당신을 그 배역과 의식적으로 그리고 잠재의식적으로 이어준다 //
단서 4 자신만의 방식(경험)으로 그 상황을 이해하면 배역과의 유대감이 형성됨
Parallel experiences will sometimes provide you / with what you might "do," / and doing that / often reclaims and releases in you / the original emotion. //
평행한 경험들은 때때로 당신에게 제공할 것이다 / 당신이 '할' 수도 있는 것을 / 그리고 그렇게 하는 것은 / 당신 안에서 종종 되찾아서 놓아준다 / 본래의 감정을 //
The performance of the role is your own life / examined in the light of the circumstances and central themes of the play. //
그 배역의 연기는 당신 자신의 인생이다 / 그 연극의 상황들과 중심 주제에 비추어 고찰된 //

- astoundingly @ 놀랄 정도로
- complexity ⓝ 복잡성
- distinct @ 독특한
- personalize ⓥ 개인화하다
- circumstance ⓝ 상황
- precisely @ 정확히
- abstract ⓥ 추출하다, 발췌하다
- bond ⓥ 이어주다, 결합시키다
- subconsciously @ 잠재의식적으로
- parallel @ 평행한
- reclaim ⓥ 되찾다
- underlying @ 근본적인

아무리 놀랄 정도로 잘 쓰였다고 해도, 모든 등장인물은 당신 자신의 인생이 지닌 복잡성, 상세한 역사, 양면 가치 그리고 엄청난 양의 세부 사항이 부족하다. 그 배역에서의 당신의 일을 독특하고 특유하게 만들어 주는 것은 당신의 인생이다. 당신의 인생을 그 배역으로 끌어들여라! 연극의 등장인물과 사건들을 고찰하고 그것들을 당신의 인생과 비교해 보고, 당신 자신의 인생을 통해 그것들을 이해함으로써, 당신은 그 배역을 개인화한다. 그 배역을 개인화함으로써, 당신은 이 특정한 배역을 연기하고자 하는 당신의 흥미와 열망을 더 깊게 한다. 어떤 과업에 대한 당신의 흥미가 클수록 당신이 그것을 더 잘한다는 것을 당신은 충분히 안다. 일단 당신이 대본의 상황들을 충분히 고찰하면, 당신의 과거에서 비슷한 상황들을 찾아라. 그것이 사건이 일어난 방식에서 정확히 비슷하지 않더라도, 당신은 그 상황의 본질을 추출할 수 있다. 당신은 사람을 죽인 적이 없었을지도 모르지만, 당신은 해를 끼치도록 이끌린 적이 있다. 당신만의 말로 그 순간에 대해 온전히 이해하는 것은 당신을 그 배역과 의식적으로 그리고 잠재의식적으로 이어준다. 평행한 경험들은 때때로 당신이 '할' 수도 있는 것을 당신에게 제공하고, 그렇게 하는 것은 종종 본래의 감정을 당신 안에서 되찾아서 놓아준다. 그 배역의 연기는 그 연극의 상황들과 중심 주제에 비추어 고찰된 당신 자신의 인생이다.

다음 빈칸에 들어갈 말로 가장 적절한 것을 고르시오. [3점]

① Parallel experiences 평행한 경험들 — 자신의 인생에서 겪은 비슷한 경험을 통해 배역을 개인화하고 몰입할 수 있다는 내용임
② Underlying themes 근본적인 주제들 — 주제가 아니라 개인의 인생과 경험을 통한 배역의 개인화가 핵심임
③ Emotional struggles 정서적 고충들 — 정서적 고충이나 어려움에 대한 언급은 없음
④ Complex storylines 복잡한 줄거리들 — 복잡한 줄거리가 도움이 된다는 내용은 없음
⑤ Audience feedback 관객의 피드백 — 관객의 피드백에 대한 언급은 없음

빈칸 문장	___________은 때때로 당신이 '할' 수도 있는 것을 당신에게 제공하고, 그렇게 하는 것은 종종 본래의 감정을 당신 안에서 되찾아서 놓아준다.

➡ 빈칸에는 연극에서 배역을 연기할 때 단서를 제공해주고 본래의 감정을 이끌어낼 수 있게 도움을 주는 것이 들어가야 한다.

- 당신의 인생을 그 배역으로 끌어들여라. 단서 1
- 당신의 인생과 비교하고 이해함으로써 배역을 개인화할 수 있다. 단서 2
- 당신의 과거에서 비슷한 상황들을 찾아라. 단서 3
- 자신만의 경험으로 그 상황을 이해하면 배역과 유대감을 형성할 수 있다. 단서 4

➡ 배역을 위해서 개인이 과거에 겪었던 비슷한 인생 경험을 활용한다면 그 배역을 개인화할 수 있으며, 이를 통해 배역에 대한 강한 유대감을 형성하여 몰입할 수 있다는 내용의 글이다.

▶ 그러므로 배역을 연기할 때 단서를 제공해주고 감정을 끌어낼 수 있게 해주는 것은 개인의 인생에서 그와 '비슷한 경험들'이라고 하는 것이 적절하므로 ① '평행한 경험들'이 정답이다.

② 작품의 근본적인 주제가 배역에 대한 이해를 도와준다는 내용이 아니다.

③ 정서적 고충이나 어려움에 대한 내용은 없다.

④ 복잡한 줄거리가 배역에 대한 이해를 도와준다는 내용이 아니다.

⑤ 관객의 피드백에 대한 언급은 없다.

K 69 정답 ③ ＊휴가 경험에 대한 '장밋빛 관점' 현상

The "rosy view" phenomenon tells us / that tourists overestimate the happiness / experienced during vacations. //
'장밋빛 관점' 현상은 우리에게 알려준다 / 관광객들이 행복을 과대평가한다는 것을 / 휴가 중 경험한 //

The actual experience is perceived less enjoyable / than anticipated experience and recollected experience. //
실제 경험은 덜 즐겁게 인식된다 / 예상되는 경험과 기억된 경험보다 //

Some researchers further analyzed / future vacation choice / by investigating /
몇몇 연구자들은 더 나아가 분석했다 / 미래 휴가 선택을 / 조사함으로써 /

how the anticipated, on-line (i.e., during vacation), and remembered vacation experience / in terms of emotions, / predicted the desire / to take a similar vacation in the future. //
어떻게 예상되는, 진행 중인(즉, 휴가 중), 그리고 기억된 휴가 경험이 / 감정의 측면에서 / 욕구를 예측하는지를 / 미래에 유사한 휴가를 선택하려는 //

They found / that not on-line or predicted experience, / but remembered experience predicted the desire / to repeat the vacation. // 단서1 기억된 경험이 휴가를 다시 반복하려는 욕구를 예측함
그들은 알아냈다 / 진행 중이거나 예상되는 경험이 아니라 / 기억된 경험이 욕구를 예측한다는 것을 / 휴가를 반복하려는 //

Thus, / a rosy memory / — accurate or not — / is a major determinant / for future plans for vacation travel. //
따라서 / 장밋빛 기억은 / 정확하든 아니든 / 주요한 결정 요인이다 / 미래의 휴가 여행 계획에 있어서 //
단서2 (과거의) 장밋빛 기억이 미래 휴가 여행에 대한 결정 요인이 됨

More recent neurological research / supports these empirical observations / 좀 더 최근의 신경학 연구는 / 이러한 실험상의 관찰을 뒷받침한다 /
revealing / that the area in the brain / that gives humans the ability to imagine the future / is the same area / that allows recollection of the past. //
밝혀내며 / 뇌의 영역이 / 인간이 미래를 상상할 수 있는 능력을 제공하는 / 동일한 영역이라는 것을 / 과거를 회상할 수 있도록 하는 영역과 //

- rosy ⓐ 장밋빛의 ・overestimate ⓥ 과대평가하다
- perceive ⓥ 인식하다 ・anticipate ⓥ 예상하다
- investigate ⓥ 조사하다 ・predict ⓥ 예측하다
- determinant ⓝ 결정 요인 ・neurological ⓐ 신경학의
- observation ⓝ 관찰 ・stimulus ⓝ 자극 (pl. stimuli)
- impulsive ⓐ 충동적인 ・recollection ⓝ 회상

'장밋빛 관점' 현상은 관광객들이 휴가 중 경험한 행복을 과대평가한다는 것을 알려준다. 실제 경험은 예상되는 경험과 기억된 경험보다 덜 즐겁게 인식된다. 몇몇 연구자들은 더 나아가 감정의 측면에서 예상되는, 진행 중인(즉, 휴가 중), 그리고 기억된 휴가 경험이 미래에 유사한 휴가를 선택하려는 요구를 어떻게 예측하는지를 조사함으로써 미래 휴가 선택을 분석했다. 그들은 진행 중이거나 예상되는 경험이 아니라, 기억된 경험이 휴가를 반복하려는 욕구를 예측한다는 것을 알아냈다. 따라서, 정확하든 아니든 장밋빛 기억은 미래의 휴가 여행 계획에 있어 주요한 결정 요인이다. 좀 더 최근의 신경학 연구는, 인간이 미래를 상상할 수 있는 능력을 제공하는 뇌의 영역이 **과거를 회상할 수 있도록 하는** 영역과 동일한 영역이라는 것을 밝혀내며 이러한 실험상의 관찰을 뒷받침한다.

다음 빈칸에 들어갈 말로 가장 적절한 것을 고르시오.

① recognizes new stimuli 새로운 자극이 아니라 과거의 기억으로 미래를 예측할 수 있다는 것임
새로운 자극을 인식하는

② controls impulsive decisions 충동적인 결정 통제에 대한 내용은 없음
충동적인 결정을 통제하는

③ allows recollection of the past 과거의 기억이 미래를 상상하는 것에 큰 영향을 줌
과거를 회상할 수 있도록 하는

④ anticipates dangerous situations 위험을 예상하는 내용은 없음
위험한 상황을 예상하는

⑤ stores repetitive behavioral patterns 과거의 기억으로 미래 휴가 계획을 예측할 수
반복적인 행동 패턴을 저장하는 있다는 내용으로, 반복적인 행동 패턴을 저장하는 것과는 관련이 없음

❯왜 정답❓ [정답률 62%]

빈칸 문장	좀 더 최근의 신경학 연구는, 인간이 미래를 상상할 수 있는 능력을 제공하는 뇌의 영역이 ＿＿＿＿＿＿ 영역과 동일한 영역이라는 것을 밝혀내며 이러한 실험상의 관찰을 뒷받침한다.

➡ 빈칸에는 인간이 미래를 상상하고 예측하는 능력이 뇌의 '어떤 기능을 하는' 영역과 관련이 있는지가 들어가야 한다.

- 기억된 경험이 휴가를 반복하려는 욕구를 예측한다는 것을 알아냈다. 단서1
- 장밋빛 기억은 미래의 휴가 여행 계획에 있어 주요한 결정 요인이다. 단서2

➡ 사람들은 과거의 휴가를 실제보다 더 좋게 기억하는 경향이 있는데, 이 장밋빛 기억이 휴가를 반복하고자 하는 욕구를 예측하며, 미래의 휴가 결정에 중요한 결정 요인이 된다는 내용이다.

▶ 미래를 상상하고 예측하는 능력을 제공하는 뇌의 영역은 '과거의 기억'을 담당하는 영역과 밀접한 연관을 가지고 있음을 알 수 있으므로 ③ '과거를 회상할 수 있도록 하는'이 정답이다.

① 새로운 자극 인식이 아니라 과거의 기억으로 미래를 예측할 수 있다는 내용이다.

② 충동적인 결정 통제에 대한 내용은 없다.

④ 위험을 예상하는 것에 대한 내용은 언급되지 않았다.

⑤ 과거의 기억이 그 휴가를 반복하려는 미래 계획을 예측한다는 내용으로, 반복적인 행동 패턴을 저장하는 것과는 관련이 없다.

K 70 정답 ② ＊공론장 참여의 자격을 갖추게 하는 사적 영역

According to philosopher Habermas, / the public sphere is 'the sphere of *private* people come together as a public'. //
철학자 Habermas에 따르면 / 공론장은 "사적' 개인들이 모여 하나의 대중을 형성하는 영역'이다 //

= the praise of the private sphere
Habermas's basic praise of the private sphere / contradicts that of the ancients. //
Habermas의 사적 영역에 대한 기본적인 찬사는 / 고대인의 그것과 상반된다 //

It is not a realm of mere particularity; / it harbours its own universals. //
그것은 단순한 개별성의 영역이 아니며 / 그 자체의 보편성을 품고 있다 //

It is in fact equal in value / to the public sphere. //
그것은 사실 가치면에서 동등하다 / 공론장과 //

As Habermas explains, / 'the public sphere has a *complementary* relation to this private sphere, / from which the public, / as the bearers of the public sphere, / is recruited'. //
Habermas가 설명하듯이 / 공론장은 이 사적 영역과 '상호 보완적' 관계를 맺으며 / 이 사적 영역으로부터 대중이 / 공론장의 주체로서의 / 모집된다 //

Habermas pictures the private sphere / as the waiting room / in which people develop the consciousness / that enables them to step out in public. // 단서1 Habermas는 사적 영역을 사람들이 대중으로 나설 수 있게 해주는 대기실로 묘사함
Habermas는 사적 영역을 묘사한다 / 대기실로 / 사람들이 의식을 개발하는 / 그들이 대중으로 나설 수 있게 해주는 //

This involves / self-confidence, critical faculties, opinion- and will-formation, and so on. //
이것은 포함한다 / 자신감, 비판적 사고 능력, 의견 및 의지 형성 등을 //

it ~ that 강조 구문

It is in the private sphere, / especially the privacy of one's own home, / **that** one is able to find one's very identity, / to achieve existential meaning and a personal conception of the good. //
바로 사적 영역에서이다 / 특히 자신의 집에서의 사생활 / 개인이 자신의 참된 정체성을 찾을 수 있고 / 존재론적 의미와 선에 대한 개인의 개념 형성을 이룰 수 있는 곳은 //

= the private sphere   단서 2 사적 영역은 공론장이 생성되는 생활 세계임
It is the lifeworld out of which the public sphere is generated, / enabling defects in the economic and political systems to be confronted. //
분사구문
그것은 공론장이 생성되는 생활 세계이고 / 경제와 정치 시스템에서의 결함에 맞서는 것을 가능하게 한다 /

Privacy thus **qualifies** persons for the public sphere, / for rational-critical interaction in street meetings or on social media. //
따라서 사생활은 개인들에게 공론장에 대한 자격을 갖추도록 한다 / 거리 집회나 소셜 미디어에서 이루어지는 합리적·비판적 상호 작용에 대한 //

- philosopher ⓝ 철학자
- sphere ⓝ 영역
- contradict ⓥ 모순되다
- realm ⓝ 영역
- particularity ⓝ 개별성
- harbour ⓥ (생각·감정 등을) 품다
- complementary ⓐ 상호 보완적인
- bearer ⓝ 전달자, 주체
- consciousness ⓝ 의식
- critical ⓐ 비판적인
- faculty ⓝ (사람이 타고나는 신체적·정신적) 능력
- formation ⓝ 형성
- identity ⓝ 정체성
- existential ⓐ 존재론적인
- defect ⓝ 결함
- confront ⓥ 맞서다

철학자 Habermas에 따르면, 공론장은 "사적' 개인들이 모여 하나의 대중을 형성하는 영역'이다. Habermas의 사적 영역에 대한 기본적인 찬사는 고대인의 그것과 상반된다. 그것은 단순한 개별성의 영역이 아니며, 그 자체의 보편성을 품고 있다. 그것은 사실 공론장과 가치면에서 동등하다. Habermas가 설명하듯이 '공론장은 이 사적 영역과 '상호 보완적' 관계를 맺으며, 공론장의 주체로서의 대중이 이 사적 영역으로부터 모집된다.' Habermas는 사적 영역을 사람들이 대중으로 나설 수 있게 해주는 의식을 개발하는 대기실로 묘사한다. 이것은 자신감, 비판적 사고 능력, 의견 및 의지 형성 등을 포함한다. 개인이 자신의 참된 정체성을 찾을 수 있고, 존재론적 의미와 선에 대한 개인의 개념 형성을 이룰 수 있는 곳은, 바로 사적 영역, 특히 자신의 집에서의 사생활에서이다. 그것은 공론장이 생성되는 생활 세계이고, 경제와 정치 시스템에서의 결함에 맞서는 것을 가능하게 한다. 따라서 사생활은 개인들에게 거리 집회나 소셜 미디어에서 이루어지는 합리적·비판적 상호 작용과 같은 공론장에 대한 **자격을 갖추도록 한다**.

다음 빈칸에 들어갈 말로 가장 적절한 것을 고르시오. [3점]

① censors 사생활이 공론장에 대해 개인들을 검열한다는 내용이 아님
검열한다
② qualifies 사생활은 개인들에게 공론장에 대한 자격을 갖추도록 함
자격을 갖추도록 한다
③ misleads 사생활이 개인들을 잘못 이끈다는 내용이 아님
잘못 이끈다
④ compares 사생활이 개인들을 비교한다는 내용은 옳지 않음
비교한다
⑤ intimidates 사생활이 개인들을 위협한다는 언급은 없음
위협한다

왜 정답 ? [정답률 51%]

빈칸 문장	따라서 사생활은 개인들에게 거리 집회나 소셜 미디어에서 이루어지는 합리적·비판적 상호 작용과 같은 공론장에 대한 ______

➡ 빈칸에는 사생활이 사람들을 공론장, 즉, 거리 집회나 소셜 미디어에서 이뤄지는 합리적, 비판적 상호 작용을 할 수 있게 하기 위해 어떻게 하는지가 들어가야 한다.

- Habermas는 사적 영역을 사람들이 대중으로 나설 수 있게 해주는 의식을 개발하는 대기실로 묘사한다. 단서 1
- 그것(사적 영역)은 공론장이 생성되는 생활 세계이다. 단서 2

➡ Habermas는 사적 영역을 사람들이 대중 앞에 나설 수 있도록 자신감, 비판적 사고 능력, 의견 및 의지 형성 등 의식을 개발하는 공간이라고 말하고 있으며, 이 영역을 기반으로 공론장이 생성된다고 하는 내용의 글이다.
   ▶ 그러므로 사적 영역, 즉, 사생활이 개인들이 공론장에 대한 '자격을 갖추도록 한다'고 하는 것이 적절하므로 ② '자격을 갖추도록 한다'가 정답이다.

왜 오답 ?

① 사생활이 개인들을 검열한다는 내용이 아니다.
③ 사생활이 개인들을 잘못 이끈다는 내용의 글이 아니다.
④ 사생활이 개인들을 비교한다는 언급은 없다.
⑤ 사생활이 개인들을 위협한다는 내용이 아니다.

K 71 정답 ① ＊다양한 문화와의 교류를 통해 만들어지는 문화 —

주격 관계대명사   동격절 접속사
There is a view of culture / **that** rejects the idea **that** culture can be owned. // 단서 1 문화가 소유될 수 있다는 생각을 거부하는 관점이 있음
문화적 관점이 있다 / 문화가 소유될 수 있다는 생각을 거부하는 //

주격 관계대명사
This view is exemplified by Xuanzang, the Chinese traveler / **who** went to India / and brought back Buddhist manuscripts. //
이 관점은 중국인 여행자 Xuanzang의 사례를 통해 잘 나타난다 / 인도로 가서 / 불교 경전을 가져왔던 //

It was embraced by Arab and Persian scholars / who translated Greek philosophy. //
그것은 아랍과 페르시아의 학자들에 의해 받아들여졌다 / 그리스 철학을 번역했던 //

It was practiced by countless scribes, teachers, and artists / who found inspiration far outside their local culture. //
그것은 수많은 필경사, 교사, 예술가들에 의해 실천되었다 / 그들의 지역 문화에서 멀리 떨어진 곳에서 영감을 얻었던 //

not only A but also B: A뿐만 아니라 B도
Culture, for these figures, is made / **not only** from the resources of one community / **but also** from encounters with other cultures. // 단서 2 문화는 하나의 공동체 자원에서만이 아니라 다른 문화와의 만남에서도 만들어지는 것임
문화는 이들에게 있어서 만들어진다 / 하나의 공동체 자원에서만이 아니라 / 다른 문화와의 만남에서도 //

단서 3 문화는 차용된 형식과 생각으로부터도 형성됨
It is crafted / **not only** from the lived experience of individuals / **but also** from borrowed forms and ideas / **that** help individuals understand and articulate their experience / in new ways. //
not only A but also B: A뿐만 아니라 B도   주격 관계대명사
그것은 형성된다 / 개인의 살아온 경험으로부터만이 아니라 / 차용된 형식과 생각으로부터도 / 개인이 자신의 경험을 이해하고 분명히 표현할 수 있도록 돕는 / 새로운 방식으로 //

When seen through the lens of culture as property, / these figures might appear / to be unwelcome visitors, appropriators, even thieves. //
시간의 접속사가 생략되지 않은 분사구문
문화를 자산으로 보는 관점에서 보면 / 이러한 인물들은 보일지도 모른다 / 환영받지 못한 방문객, 도용하는 사람, 심지어 도둑처럼 //

= these figures
But **they** pursued their work with humility and dedication / because they understood instinctively / **that** culture evolves through circulation; /
목적어절 접속사
그러나 그들은 겸손과 헌신으로 그들의 작업을 해 나갔다 / 본능적으로 이해했기 때문에 / 문화가 순환을 통해 진화한다고 /

목적어절 접속사
they knew **that** false ideas of property and ownership / impose limits and constraints, / **leading to impoverished forms of expression**. //
분사구문
즉 그들은 자산과 소유라는 잘못된 생각이 / 한계와 제약을 부과해서 / 표현의 빈약한 형태를 초래한다는 것을 알았다 //

- reject ⓥ 거부하다
- exemplify ⓥ 전형적인 사례가 되다
- embrace ⓥ 받아들이다
- philosophy ⓝ 철학
- countless ⓐ 수많은
- scribe ⓝ (인쇄술이 발명되기 전의) 필경사
- inspiration ⓝ 영감
- encounter ⓝ 만남
- craft ⓥ 만들다
- articulate ⓥ 분명히 표현하다
- lens ⓝ 관점
- property ⓝ 재산
- figure ⓝ 인물
- pursue ⓥ 추구하다
- humility ⓝ 겸손
- dedication ⓝ 헌신
- impose ⓥ 부과하다
- constraint ⓝ 제약
- impoverished ⓐ 빈약한

문화가 소유될 수 있다는 생각을 거부하는 문화적 관점이 있다. 이 관점은 인도로 가서 불교 경전을 가져왔던 중국인 여행자 Xuanzang의 사례를 통해 잘 나타난다. 그것은 그리스 철학을 번역했던 아랍과 페르시아의 학자들에 의해 받아들여졌다. 그것은 그들의 지역 문화에서 멀리 떨어진 곳에서 영감을 얻었던 수많은 필경사, 교사, 예술가들에 의해 실천되었다. 문화는 이들에게 있어서 하나

의 공동체 자원에서만 만들어지는 것이 아니라 다른 문화와의 만남에서도 만들어진다. 그것은 개인의 살아온 경험으로부터만 형성되는 것이 아니라 개인이 자신의 경험을 새로운 방식으로 이해하고 분명히 표현할 수 있도록 돕는 차용된 형식과 생각으로부터도 형성된다. 문화를 자산으로 보는 관점에서 보면, 이러한 인물들은 환영받지 못한 방문객, 도용하는 사람, 심지어 도둑처럼 보일지도 모른다. 그러나 그들은 문화가 순환을 통해 진화한다고 본능적으로 이해했기 때문에 겸손과 헌신으로 그들의 작업을 해 나갔다. 즉 그들은 자산과 소유라는 잘못된 생각이 한계와 제약을 부과해서 표현의 빈약한 형태를 초래한다는 것을 알았다.

다음 빈칸에 들어갈 말로 가장 적절한 것을 고르시오.

① culture evolves through circulation 자기 문화와 다른 문화에서 영감을 얻었던
문화가 순환을 통해 진화한다　　　사람들은 문화가 순환을 통해 진화한다는 것을 이해했다는 내용
② borrowing undermines cultural identity
차용은 문화 정체성을 약화시킨다　　오히려 차용이 문화를 풍부하게 만든다고 했음
③ culture belongs to the people born into it 문화는 소유물이 아니라고 했음
문화는 그 문화에서 태어난 사람들의 것이다
④ ownership of culture ensures its preservation 문화가 자산이자 소유물이라는
문화의 소유권은 그것의 보존을 보장한다　　잘못된 생각이 표현의 빈약한 형태를 초래한다고 했음
⑤ cultural boundaries promote artistic originality
문화적 경계는 예술적 독창성을 촉진한다　문화적 경계를 강조하기보다 문화 간의 만남을 강조하는 내용임

〉왜 정답? [정답률 45%]

빈칸 문장	그러나 그들은 ＿＿＿＿＿＿＿고 본능적으로 이해했기 때문에 겸손과 헌신으로 그들의 작업을 해 나갔다.

➡ 빈칸에는 그들, 즉, 자기 문화와 다른 문화에서 영감을 얻었던 사람들이 본능적으로 이해한 내용이 들어가야 한다.

- 문화가 소유될 수 있다는 생각을 거부하는 문화적 관점이 있다. **단서 1**
- 문화는 자신의 지역 문화에서 멀리 떨어진 곳에서 영감을 얻었던 사람들에게 있어서 하나의 공동체에서만 만들어지는 것이 아니라 다른 문화와의 만남에서도 만들어진다. **단서 2**
- 문화는 개인이 자신의 경험을 새로운 방식으로 이해하고 분명히 표현할 수 있도록 돕는 차용된 형식과 생각으로부터도 형성된다. **단서 3**

➡ 문화가 소유될 수 있다는 생각을 거부하는 관점에서는, 문화는 한 공동체와 그에 속한 개인뿐만 아니라 다른 문화와의 교류와 다른 문화에서 차용된 형식으로부터 만들어진다고 여겨진다는 내용의 글이다.

　▶ 그러므로 빈칸에는 그들(지역 문화에서 멀리 떨어진 곳에서 영감을 얻었던 사람들)이 무엇을 이해했는지가 들어가야 하므로 ① '문화가 순환을 통해 진화한다'고 하는 것이 정답이다.

〉왜 오답?

② 오히려 차용이 문화를 풍부하게 만들어준다고 했다.
③ 문화는 소유물이라는 관점에 대한 내용이 아니다.
④ 문화가 소유물이라는 잘못된 생각이 표현의 빈약한 형태를 초래한다고 했다.
⑤ 문화적 경계를 강조하기보다 문화 간의 만남을 강조하는 내용이다.

K 72 정답 ③ ＊신호의 진실성을 강화하는 공공성

주격 관계대명사　　　　　　　　　　　　　　　　문장의 동사
An expense that reinforces the honesty of a signal / is its potential reputational cost. //
신호의 진실성을 강화하는 비용은 / 그것의 잠재적인 평판 비용이다 //

For example, / a signal might be considered costly / when there's
동격절 접속사
a greater risk / that a dishonest signaller will receive a penalty as a result. // **단서 1** 신호는 진실되지 않은 신호 발신자가 그 결과로 처벌을 받을 위험이 더 클 때
　　　　　　　　　　　　　　대가가 큰 것으로 간주될 수 있음
예를 들어 / 신호는 대가가 큰 것으로 간주될지도 모른다 / 위험이 더 클 때 / 진실되지 않은
신호 발신자가 그 결과로 처벌을 받을 //

The most powerful signals in nature / aren't directed one-to-one. // 자연에서 가장 강력한 신호들은 / 일대일로 전달되지 않는다 //

The brightly coloured poison frog / and the impressive tail of the peacock / are for *all* to see. //
밝은 색깔의 독 개구리와 / 강한 인상을 주는 공작의 꼬리는 / '모두'가 볼 수 있는 것이다 //

the 비교급 ~, the 비교급 … : 〜할수록 더 …하다
The more witnesses of a signal, / the higher the risk is / for a dishonest signaller. // **단서 2** 신호를 목격하는 사람이 많을수록 진실되지 않은 신호 발신자의
　　　　　　　　　　　　　　　　　　　　　　위험 부담이 더 커짐
신호를 목격하는 사람이 많을수록 / 위험 부담이 더 커진다 / 진실되지 않은 신호
발신자에게는 //

Interestingly, / the arrival of digital communications / (specifically targeted ads online), / is limiting this reputational
분사구문
risk, / theoretically reducing the impact of a communicator's signal. //
흥미롭게도 / 디지털 통신의 등장은 / (구체적으로는 대상이 지정된 온라인 광고의 등장은) / 이 평판의 위험을 제한하고 / 이론적으로 전달자 신호의 영향력을 감소시키고 있다 //

목적어절 접속사
Writer Don Marti hypothesises / that, in communications, "targeting breaks signalling." //
작가 Don Marti는 가정한다 / 의사소통에서 '타기팅은 신호를 약화시킨다'라고 //

목적어절 접속사　　　　　　　　　　　　　　　　　주격 관계대명사
This means / that when you see an advertisement / that's targeting you alone, / it's more like a cold call / than a public message. //
이것은 의미한다 / 여러분이 광고를 볼 때 / 오직 여러분을 대상으로 하고 있는 / 그것은 상품 등의 판매를 위한 임의의 권유 전화에 더 가깝다는 것을 / 공개적인 메시지라기보다는 //

It doesn't carry the same credible information / about the seller's intentions / because it's free of reputational cost. //
그것은 똑같은 신뢰할 만한 정보를 전달하지 않는다 / 판매자의 의도에 대해 / 평판 비용이 없기 때문에 // **단서 3** 오직 여러분을 대상으로 하고 있는 광고는 판매자의 의도에 대해
　　　　　　　　　　　　　공개적인 메시지와 같은 신뢰할 만한 정보를 전달하지 않음

가주어　　　　　　　　　　　　진주어절을 이끄는 접속사
It's maybe no surprise / that deceptive sellers have far more success online / than through more public communication channels. //
놀라운 일이 아닐지도 모른다 / 부정직한 판매자가 온라인에서 훨씬 더 큰 성공을 거두는 것은 / 더 공개적인 의사소통 경로를 통해서보다 //

목적어절 접속사
To build trust, / often it's not just about seeing the message, / it's knowing that other people have seen it too. //
신뢰를 갖는다는 것은 / 대개의 경우 단지 메시지를 보는 것에 대한 것만이 아니라 / 다른 사람들도 그것을 보았다는 것을 아는 것이다 //

- expense ⓝ 비용　　　• reinforce ⓥ 강화하다　　　• honesty ⓝ 진실성
- reputational ⓐ 평판의　　　• penalty ⓝ 처벌
- witness ⓝ 목격자　　　• theoretically ⓐ𝖽 이론적으로
- impact ⓝ 영향　　　• communicator ⓝ 전달자
- hypothesise ⓥ 가정하다　　　• credible ⓐ 신뢰할 만한
- intention ⓝ 의도　　　• deceptive ⓐ 속이는
- consistent ⓐ 일관된

신호의 진실성을 강화하는 비용은 그것의 잠재적인 평판 비용이다. 예를 들어, 진실되지 않은 신호 발신자가 그 결과로 처벌을 받을 위험이 더 클 때 신호는 대가가 큰 것으로 간주될지도 모른다. 자연에서 가장 강력한 신호들은 일대일로 전달되지 않는다. 밝은 색깔의 독 개구리와 강한 인상을 주는 공작의 꼬리는 '모두'가 볼 수 있는 것이다. 신호를 목격하는 사람이 많을수록, 진실되지 않은 신호 발신자에게는 위험 부담이 더 커진다. 흥미롭게도, 디지털 통신, 구체적으로는 대상이 지정된 온라인 광고의 등장은 이 평판의 위험을 제한하고, 이론적으로 전달자 신호의 영향력을 감소시키고 있다. 작가 Don Marti는 의사소통에서 '타기팅은 신호를 약화시킨다'라고 가정한다. 이것은 여러분이 오직 여러분을 대상으로 하고 있는 광고를 볼 때, 그것은 공개적인 메시지라기보다는 상품 등의 판매를 위한 임의의 권유 전화에 더 가깝다는 것을 의미한다. 그것은 평판 비용이 없기 때문에 판매자의 의도에 대해 똑같은 신뢰할 만한 정보를 전달하지 않는다. 부정직한 판매자가 더 공개적인 의사소통 경로를 통해서보다 온라인에서 훨씬 더 큰 성공을 거두는 것은 놀라운 일이 아닐지도 모른다. 신뢰를 갖는다는 것은, 대개의 경우 단지 메시지를 보는 것에 대한 것만이 아니라 **다른 사람들도 그것을 보았다**는 것을 아는 것이다.

다음 빈칸에 들어갈 말로 가장 적절한 것을 고르시오. [3점]

① it is clear and specific 메시지가 명확한 것이 신뢰로 이어지는 않음
명확하고 구체적이다
② it is targeting your emotions 메시지가 감정에 호소하며 신뢰를 형성한다는 내용이 아님
여러분의 감정을 겨냥하고 있다
③ other people have seen it too 신뢰를 형성하려면 신호(메시지)의 공공성과
다른 사람들도 그것을 보았다　　　목격자 수가 중요하다고 강조함
④ what it contains is consistent 신뢰 형성에 일관성이 중요한 것은 아님
내용이 일관되어 있다
⑤ it perfectly meets one's needs 개인에 맞추는 것은 오히려 신뢰를 떨어뜨린다고 주장함
개인의 필요를 완벽히 충족시킨다

정답 및 해설　233

빈칸 문장	신뢰를 갖는다는 것은, 대개의 경우 단지 메시지를 보는 것에 대한 것만이 아니라 ____________ 는 것을 아는 것이다.

→ 빈칸에는 신뢰를 갖는다는 것이 의미하는 내용이 들어가야 한다.

- 진실되지 않은 신호 발신자가 그 결과로 처벌을 받을 위험이 더 클 때 신호는 대가가 큰 것으로 간주될지도 모른다. 단서 1
- 신호를 목격하는 사람이 많을수록, 진실되지 않은 신호 발신자에게는 위험 부담이 더 커진다. 단서 2
- 오직 한 사람을 대상으로 한 광고는, 평판 비용이 없기 때문에 판매자의 의도에 대해 공개적인 메시지와 똑같은 신뢰할 만한 정보를 전달하지 않는다. 단서 3

→ 신호는 더 많은 사람이 목격할수록, 진실되지 않은 신호 발신자에게 더 큰 위험 부담이 생긴다. 한 사람만을 대상으로 하는 맞춤형 광고의 경우, 평판 비용이 낮고, 따라서 (공개적인 메시지에 비해) 판매자의 의도에 대해 똑같은 신뢰할 만한 정보는 전달하지 않는다고 했다.

▶ 그러므로 신뢰를 쌓는 것은 대개의 경우 메시지를 보는 것뿐만 아니라 ③ '다른 사람들도 그것을 보았다'는 사실을 아는 것이라고 하는 것이 가장 적절하다.

왜 오답?

① 메시지가 명확한 것이 신뢰로 이어지지는 않는다.
② 메시지가 감정에 호소하며 신뢰를 형성한다는 내용은 아니다.
④ 신뢰 형성에 일관성이 중요한 것은 아니다. 주의
⑤ 글에서는 오히려 개인 맞춤형 메시지가 신뢰를 떨어뜨린다고 하고 있다.

K 73 정답 ④ ＊자기 동일시가 아닌 타자 이해로서의 공감

When someone recounts their story of some tragedy, / the other responds with 'I feel for you. That happened to me.' //
누군가가 어떤 비극적인 자신의 이야기를 말할 때 / 다른 사람은 "당신의 마음을 이해합니다. 저에게 그런 일이 있었어요."라고 응답한다 //

Through identification, / the object of the emotional response / shifts from the other person to oneself. //
동일시를 통해 / 감정적 반응의 대상이 / 다른 사람으로부터 자신으로 이동한다 //

Such identification fails to count as empathy / since it is not a genuine instance of sharing in the emotional response of the other /
이러한 동일시는 공감으로 간주될 수 없다 / 다른 사람의 감정적 반응을 공유하는 진정한 경우가 아니라 /

(with temporarily activated concern for the other) / but is a simple projection of the self onto the other. //
(다른 사람에 대해 일시적으로 촉진된 걱정과 함께) / 자신을 단순히 다른 사람에게 투사하는 것이기 때문에 //
단서 1 이러한 동일시는 진정한 공감이 아니라 자신을 단순히 다른 사람에게 투사하는 것임

It is merely one's own / — imagined or remembered — / emotional response. //
그것은 그저 자기 자신만의 ~이다 / 상상된 것이든 기억된 것이든 / 감정적 반응 //

To put this in other words, / there is a forgetting that it is not you but the other who is in the situation. //
이를 다른 말로 표현하자면 / 여러분이 아니라 상대방이라는 것에 대해 망각이 있다는 것이다 / 그 상황 속에 있는 사람이 /

What happens in the case of empathy / is an attempt to appreciate a situation / from another's point of view / without losing sight of this being experienced by the other. //
공감의 경우에서 일어나는 것은 / 상황을 이해하려는 시도이다 / 다른 사람의 관점에서 / 이것이 다른 사람에 의해 경험되고 있다는 것을 잊어버리지 않으면서 //

In other words, / we attempt to consider / what it is to experience such circumstances /
다시 말해서 / 우리는 생각하려고 시도한다 / 그러한 상황을 경험하는 것이 어떤 것인지 /

---

with a particular set of beliefs and desires / that we take the other to hold / (which may or may not overlap with our own). //
일련의 특정한 신념과 욕망으로 / 다른 사람이 가지고 있다고 여기는 / (우리 자신의 것과 겹칠 수도 그렇지 않을 수도 있는) //
단서 2 우리는 자신의 것과는 겹칠 수도, 그렇지 않을 수도 있는 신념과 욕망을 가지고 다른 사람의 그런 상황을 경험하는 것이 어떤 것인지 생각하려고 시도함

- recount ⓥ 이야기하다   · tragedy ⓝ 비극
- identification ⓝ 동일시   · empathy ⓝ 공감
- genuine ⓐ 진정한   · temporarily ⓐⓓ 일시적으로
- projection ⓝ 투사   · appreciate ⓥ 이해하다
- circumstance ⓝ 상황   · desire ⓝ 욕망   · overlap ⓥ 겹치다

누군가가 어떤 비극적인 자신의 이야기를 말할 때, 다른 사람은 "당신의 마음을 이해합니다. 저에게 그런 일이 있었어요."라고 응답한다. 동일시를 통해 감정적 반응의 대상이 다른 사람으로부터 자신으로 이동한다. 이러한 동일시는 (다른 사람에 대해 일시적으로 촉진된 걱정과 함께) 다른 사람의 감정적 반응을 공유하는 진정한 경우가 아니라 자신을 단순히 다른 사람에게 투사하는 것이기 때문에 공감으로 간주될 수 없다. 그것은 상상된 것이든 기억된 것이든 그저 자기 자신만의 감정적 반응이다. 이를 다른 말로 표현하자면, 그 상황 속에 있는 사람이 여러분이 아니라 상대방이라는 것에 대해 망각이 있다는 것이다. 공감의 경우에서 일어나는 것은 이것이 다른 사람에 의해 경험되고 있다는 것을 잊어버리지 않으면서 다른 사람의 관점에서 상황을 이해하려는 시도이다. 다시 말해서, 우리는 다른 사람이 가지고 있다고 여기는 (우리 자신의 것과 겹칠 수도 그렇지 않을 수도 있는) 일련의 특정한 신념과 욕망으로 그러한 상황을 경험하는 것이 어떤 것인지 생각하려고 시도한다.

다음 빈칸에 들어갈 말로 가장 적절한 것을 고르시오. [3점]
공감은 다른 사람의 신념과 욕망 등으로 그 사람이 처한 상황을 경험하는 것은 어떤 것인지 생각하려 시도하는 것이라고 했음

① despite having no background knowledge of this
이에 대한 배경 지식이 없음에도 불구하고   배경 지식의 유무가 공감의 여부를 결정한다는 것이 아님
② by imagining how you would feel in the same situation
같은 상황에서 당신이 어떻게 느낄지 상상함으로써   이 글에서는 이런 동일시가 공감이 아니라고 함
③ with a focus on hiding our negative emotional response
우리의 부정적인 감정 반응을 숨기는 데 집중하면서   감정의 표현 방식에 대한 내용이 아님
④ without losing sight of this being experienced by the other
이것이 다른 사람에 의해 경험되고 있다는 것을 잊어버리지 않으면서
⑤ through finding the overlapping area between me and the other
나와 타인 사이의 겹치는 영역을 찾아내는 것을 통해
공감은 자신과 타인이 얼마나 비슷한지와는 관계가 없음

- 이러한 동일시는 자신을 단순히 다른 사람에게 투사하는 것이기 때문에 공감으로 간주될 수 없다. 단서 1
- 우리는 다른 사람이 가지고 있다고 여기는 일련의 특정한 신념과 욕망으로 그러한 상황을 경험하는 것이 어떤 것인지 생각하려고 시도한다. 단서 2

→ 자기 동일시는 타인의 감정을 진정으로 공유하는 공감이 아니며, 자기 감정을 타인에게 투사한 것이라고 했다. 공감은 다른 사람이 가지고 있다고 생각하는 신념과 욕망 등으로 그 사람이 처한 상황을 경험하는 것은 어떤 것인지 생각하려 시도하는 것이라는 내용이다.

▶ 따라서 공감의 경우 일어나는 것은 ④ '이것이 다른 사람에 의해 경험되고 있다는 것을 잊어버리지 않으면서' 다른 사람의 관점에서 상황을 이해하려는 시도라고 할 수 있다.

왜 오답?

① 배경 지식의 유무가 공감의 여부를 결정하지는 않는다.
② 이 글에서는 이런 동일시가 공감이 아니라고 했다.
③ 감정의 표현 방식에 대한 내용이 아니다.
⑤ 공감은 자신과 타인이 얼마나 비슷한지와는 관계가 없다고 했다. (◄► 이유: 글의 내용에 근거하지 않고, 단순히 공감이 타인과의 겹치는 부분을 찾아내는 것이라고 생각할 수 있음)

K 74 정답 ① ＊타인의 생각을 알 수 없음에서 기인한 두려움

In one of the most famous passages of *Being and Nothingness*, / "The Look," / Jean-Paul Sartre describes the peculiar vulnerability /
'존재와 무(Being and Nothingness)'의 가장 유명한 구절 중 하나인 / '시선(The Look)'에서 / Jean-Paul Sartre는 특유의 취약성을 설명한다 /

주격 관계대명사
that develops when someone goes / from seeing / (being a self with a perspective on the world) / to being seen / (having to confront the perspective of another on one's self). //

어떤 사람이 전환될 때 생기는 / 보는 상태에서 / (세상에 대한 관점을 가진 자아) / 보이는 상태로 / (자기 자아에 대한 타인의 관점을 직면해야 하는 것) //

현재분사(someone 수식)
He illustrates it / with the example of someone / **looking** through a keyhole / **who** suddenly finds himself **caught** / by someone **watching** him. //
주격 관계대명사 / finds의 목적격 보어(과거분사) / 현재분사(someone 수식)

그는 그것을 설명한다 / 어떤 사람의 예시를 들어 / 열쇠 구멍을 통해 들여다보고 있는 / 그런데 갑자기 자신이 들키는 / 그를 지켜보고 있는 누군가에 의해 //

The look of the other / is always unnerving, / Sartre argues, / **not only** because we momentarily recognize ourselves in it / through our imagination of their judgment of us / **but also** because we don't. //
not only A but also B: A뿐만 아니라 B도

타인의 시선이 / 항상 불안하게 만든다 / Sartre는 주장한다 / 우리가 순간적으로 그 속에서 우리 자신을 인식하기 때문만이 아니라 / 우리에 대한 그들의 판단을 상상함으로써 / 그렇지 않기 때문이기도 하다 //

`단서 1` 우리는 우리 자신에 대한 타인의 인식이 실제로 무엇인지 알지 못함
We can always **step** back, / **challenge** our perception / of others' perceptions of ourselves, / or **explain** them away / — but we don't know / what these perceptions really are. //
병렬구조

우리는 언제든지 한 발짝 물러날 수 있다 / 우리의 인식에 이의를 제기하거나 / 우리 자신에 대한 타인의 인식에 대해 / 혹은 그것이 (중요하지 않음을) 해명할 수 있다 / 그러나 우리는 알지 못한다 / 이러한 인식이 실제로 무엇인지 //

make의 목적격 보어(원형부정사)
Others have the distinctive power / of making us **feel** judged / in ways we cannot fully control. //

타인은 특유의 힘을 가지고 있다 / 우리가 판단 받고 있음을 느끼게 만드는 / 우리가 완전히 통제할 수 없는 방식으로 //

주격 관계대명사
Social life is all about the fear / **that** accompanies our awareness / **that** we can never **access what the other sees**. //
동격절 접속사

사회생활의 핵심은 두려움이다 / 인식에서 동반되는 / 우리가 결코 타인이 바라보는 것에 접근할 수 없다는 //

We can only guess. // `단서 2` 우리는 단지 추측할 수 있을 뿐임
우리는 단지 추측할 수 있을 뿐이다 //

- perspective ⓝ 관점 · confront ⓥ 직면하다
- unnerve ⓥ 불안하게 만들다 · momentarily ⓐⓓ 순간적으로
- perception ⓝ 인식 · distinctive ⓐ 특유의
- accompany ⓥ 동반하다 · comprehend ⓥ 이해하다
- consensus ⓝ 합의 · validity ⓝ 타당성

'존재와 무(Being and Nothingness)'의 가장 유명한 구절 중 하나인 '시선(The Look)'에서 Jean-Paul Sartre는 어떤 사람이 보는 상태(세상에 대한 관점을 가진 자아)에서 보이는 상태(자기 자아에 대한 타인의 관점을 직면해야 하는 것)로 전환될 때 생기는 특유의 취약성을 설명한다. 그는 열쇠 구멍을 통해 보던 어떤 사람이 갑자기 누군가 자신을 지켜보고 있음을 깨닫는 예를 통해 그것을 설명한다. Sartre는 타인의 시선이 항상 불안하게 만든다고 주장하는데, 그것은 단지 우리가 우리에 대한 그들의 판단을 상상함으로써 순간적으로 그 속에서 우리 자신을 인식하기 때문만이 아니라, 그렇지 않기 때문이기도 하다. 우리는 언제든지 한 발짝 물러나거나, 우리 자신에 대한 타인의 인식에 대한 우리의 인식에 이의를 제기하거나, 혹은 그것이 중요하지 않음을 해명할 수 있지만, 우리는 이러한 인식이 실제로 무엇인지 알지 못한다. 타인은 우리가 완전히 통제할 수 없는 방식으로 판단 받고 있음을 느끼게 만드는 특유한 힘을 가지고 있다. 사회생활의 핵심은 우리가 결코 **타인이 바라보는 것에 접근**할 수 없다는 인식에서 동반되는 두려움이다. 우리는 단지 추측할 수 있을 뿐이다.

다음 빈칸에 들어갈 말로 가장 적절한 것을 고르시오. [3점]

① access what the other sees
타인이 바라보는 것에 접근할　타인이 가진 우리 자신에 대한 인식을 알지 못하고 추측할 뿐이라고 함
② be certain of the best choice
최선의 선택에 확신할　우리가 최선의 선택에 확신할 수 없다는 내용의 글이 아님
③ fully comprehend social consensus
사회적 합의를 완전히 이해할　타인의 인식을 알 수 없다는 것으로 만든 함정
④ know what others' weaknesses are
타인의 약점이 무엇인지 알　타인의 약점이 무엇인지 알 수 없다는 언급은 없음
⑤ fail to judge the validity of our view
우리 관점의 타당성을 판단하는 데 실패할　우리 관점의 타당성을 판단할 수 없다는 내용은 없음

왜 정답? [정답률 63%]

빈칸 문장	사회생활의 핵심은 우리가 결코 ＿＿＿＿＿＿ 수 없다는 인식에서 동반되는 두려움이다.

➡ 빈칸에는 사회생활의 핵심이 우리가 '무엇'을 할 수 없다는 인식에서 동반되는 두려움인지가 들어가야 한다.

- 우리는 언제든지 한 발짝 물러나거나, 우리 자신에 대한 타인의 인식에 대한 우리의 인식에 이의를 제기하거나, 혹은 그것이 중요하지 않음을 해명할 수 있지만, 우리는 이러한 인식이 실제로 무엇인지 알지 못한다. `단서 1`
- 우리는 단지 추측할 수 있을 뿐이다. `단서 2`

➡ 우리 자신에 대한 타인의 인식에 대해 우리는 이의를 제기하거나 중요하지 않음을 해명할 수 있지만 우리는 타인의 인식이 실제로 무엇인지 알지 못하고 추측할 수 있을 뿐이라고 했다.

▶ 그러므로 사회생활을 하면서 우리가 두려움을 느끼는 부분은 타인이 가지고 있는 우리에 대한 생각을 알 수 없는 것, 다시 말해 ① '타인이 바라보는 것에 접근할' 수 없는 것이라고 하는 것이 가장 적절하다.

왜 오답?

② 우리가 최선의 선택에 확신할 수 없다는 내용의 글이 아니다.
③ 타인의 인식을 알 수 없다는 것으로 만든 함정이다.
④ 타인의 약점이 무엇인지 알 수 없다는 언급은 없다.
⑤ 우리 관점의 타당성을 판단하는 데 실패할 수 없다는 내용은 없다.

K 75 정답 ② ＊시각적 공간의 한계와 크기 지각

주격 관계대명사
Perceived distance of objects / **that** are far away from the observer / is often assumed to be subject to some global limitation /

물체의 지각된 거리는 / 관찰자로부터 멀리 떨어져 있는 / 어떤 광범위한 제한을 받는다고 종종 가정된다 /

'~라는 점에서'
in the sense that the moon, the stars, and the sun are all perceived / at the "sky": / that is, / at about the same distance. //

달, 별, 그리고 태양이 모두 지각된다는 점에서 / '하늘'에서 / 즉 / 대략 같은 거리에서 그렇다는 것이다 //

동격절 접속사
This observation is related to the idea / **that** visual space is **not** open / **but** ends at visible surfaces / or, indeed, the sky. //
not A but B: A 아니라 B

이 관찰은 생각과 관련이 있다 / 시각적 공간이 열려 있는 것이 아니라는 / 보이는 표면에서 끝난다는 / 또는 사실상 하늘에서 //

목적어절 접속사
Uexküll and Kriszat (1934) suggested / **that** this is realized as a hard limit, / **which** they call / the "farthest plane." //
계속적 용법의 관계대명사

Uexküll과 Kriszat(1934)는 제안했다 / 이것이 엄연한 한계로 실현된다고 / 그들은 이를 부른다 / '가장 먼 평면'이라고 //

`단서 1` 가장 먼 평면을 넘어 걸으면 더 멀리 움직이는 것이 아니라 크기가 줄어드는 것으로 지각될 것임
If an observed person or object would walk / beyond this farthest plane, / it would no longer be perceived / as **moving** further away, / but rather as **shrinking** in size. //
병렬 구조

만약 관찰된 사람이나 물체가 걷는다면 / 이 가장 먼 평면을 넘어 / 더 이상 지각되지 않을 것이다 / 더 멀리 움직이는 것으로 / 오히려 크기가 줄어드는 것으로 지각될 것이다 //

This observation is actually quite common; / if looking down from a high tower, / for example, / cars or even houses on the ground below may appear / **as if** they were toys: /
'마치 ~처럼'

이런 관찰은 사실 꽤 흔하다 / 만약 높은 탑에서 내려다볼 때 / 예를 들어 / 아래 지면에 있는 자동차나 심지어 집도 보일 수도 있다 / 마치 장난감인 것처럼 //

`단서 2` 높은 탑에서 내려다보는 자동차나 집도 가장 먼 평면의 거리에서 지각되기 때문에 크기가 줄어든 것으로 보임
that is, **shrunk**, / presumably because they are perceived / at the distance of the farthest plane / **while subtending a visual angle** / **that** corresponds to a larger distance. //
they were에 연결된 부분 / 접속사가 생략되지 않은 분사구문 / 주격 관계대명사

즉 줄어든 것으로 보인다 / 그것들이 아마 지각되기 때문에 / 가장 먼 평면의 거리에서 / 시각에 대(對)하면서 / 더 먼 거리와 일치하는 //

The farthest plane would thus **mark / the limit of the perception of size constancy**. //

가장 먼 평면은 따라서 나타낼 것이다 / 크기의 불변성에 대한 지각의 한계를 //

• be subject to ~의 지배를 받다　• global ⓐ 광범위한
• shrink ⓥ 줄어들다　• presumably ⓐⓓ 아마, 짐작컨대
• correspond to ~와 일치하다　• mark ⓥ 나타내다, 표시하다
• constancy ⓝ 불변성　• boundless ⓐ 끝이 없는
• reference point 기준점

관찰자로부터 멀리 떨어져 있는 물체의 지각된 거리는 달, 별, 그리고 태양이 모두 '하늘'에서 지각된다는 점에서 어떤 광범위한 제한을 받는다고 종종 가정되는데, 즉 대략 같은 거리에서 그렇다는 것이다. 이 관찰은 시각적 공간이 열려 있는 것이 아니라 보이는 표면이나 사실상 하늘에서 끝난다는 생각과 관련이 있다. Uexküll과 Kriszat(1934)는 이것이 엄연한 한계로 실현된다고 제안했는데, 그들은 이를 '가장 먼 평면'이라고 부른다. 만약 관찰된 사람이나 물체가 이 가장 먼 평면을 넘어 걷는다면, 더 이상 더 멀리 움직이는 것이 아니라, 오히려 크기가 줄어드는 것으로 지각될 것이다. 이런 관찰은 사실 꽤 흔한데, 예를 들어 높은 탑에서 내려다볼 때, 아래 지면에 있는 자동차나 심지어 집도 마치 장난감인 것처럼 보일 수도 있는데, 즉 그것들은 아마 더 먼 거리와 일치하는 시각에 대(對)하면서 가장 먼 평면의 거리에서 지각되기 때문에 줄어든 것으로 보인다. 따라서 가장 먼 평면은 **크기의 불변성에 대한 지각의 한계를 나타낼** 것이다.

다음 빈칸에 들어갈 말로 가장 적절한 것을 고르시오. [3점]

— 멀리 있는 물체를 볼 때 특정한 지각적 한계(가장 먼 평면)에서 인식된다고 했으므로
크기의 불변성에 대한 지각의 한계를 나타낸다는 것임

① prove the boundless reach of visual space
시각적 공간의 무한한 범위를 증명함　가장 먼 평면이 시각적 공간의 무한한 범위를 증명하는 것이 아님

② mark the limit of the perception of size constancy
크기의 불변성에 대한 지각의 한계를 나타낼　　　　　　가장 먼 평면에

③ cause objects to look more vivid as they approach it 물체가 다가갈수록
물체가 다가갈수록 더 선명해 보이도록 야기할　　　　　더 선명하게 보이도록 한다고 하지 않았음

④ allow objects to appear larger as they move beyond it
물체가 그것을 넘어갈 때 더 커 보이도록 허락할　　　오히려 크기가 줄어드는 걸로 보이게 한다고 함

⑤ provide a reference point for calculating the exact distance
정확한 거리를 계산하기 위한 기준점을 제공할
　　　　　　가장 먼 평면이 정확한 거리를 계산하기 위한 기준점을 제공한다고 하지 않았음

＞왜 정답？ [정답률 46%]

빈칸 문장	따라서 가장 먼 평면은 ＿＿＿＿＿ 것이다.

➡ 빈칸에는 가장 먼 평면이 '어떤' 역할을 할 것인지가 들어가야 한다.

・ 만약 관찰된 사람이나 물체가 이 가장 먼 평면을 넘어 걷는다면, 더 이상 더 멀리 움직이는 것이 아니라, 오히려 크기가 줄어드는 것으로 지각될 것이다. **단서 1**
・ 높은 탑에서 내려다볼 때, 아래 지면에 있는 자동차나 심지어 집도 마치 장난감인 것처럼 보일 수도 있는데, 즉 그것들은 아마 더 먼 거리와 일치하는 시각에 대(對)하면서 가장 먼 평면의 거리에서 지각되기 때문에 줄어든 것으로 보인다. **단서 2**

➡ 우리가 멀리 있는 물체를 볼 때, 그것들이 단순히 작게 보이는 것이 아니라 특정한 시각적 한계(가장 먼 평면)에서 인식된다는 것이다. 즉, 우리의 시각이 공간을 무한히 확장해서 인식하는 것이 아니라, 특정한 거리에서 멈추는 것처럼 작동한다고 했다.

　▶ 그러므로 가장 먼 평면은 ② '크기의 불변성에 대한 지각의 한계를 나타낼' 것이라고 하는 것이 적절하다.

＞왜 오답？

① 가장 먼 평면이 시각적 공간의 무한한 범위를 증명하는 것이 아니다.
③ 물체에 다가갈수록 더 선명하게 보이도록 한다고 하지 않았다.
④ 가장 먼 평면이 그것을 넘어갈 때 더 커 보이게 하는 것이 아니라 크기가 줄어드는 것으로 보이게 한다고 했다. (✄ 이유: 이와 정반대로 오히려 크기가 줄어드는 것으로 보인다고 했음)
⑤ 정확한 거리를 계산하기 위한 기준점을 제공한다고 하지 않았다.

K 76 정답 ① ＊예술에서의 규칙의 필요성 ━━━━━━

In both the arts and the sciences, / an aesthetics of simplicity / facilitates the precise communication of messages. //
예술과 과학 모두에서 / 단순성의 미학은 / 메시지의 정확한 전달을 용이하게 한다 //
Both are also fairly systematic. // 또한 둘 다 꽤 체계적이다 //

Although many people believe / **that** art is by definition wild and intuitive, / while only science is methodologically disciplined, / there is a great deal of evidence /
비록 많은 사람이 믿지만 / 예술은 본질적으로 자유분방하고 직관적이라고 / 반면 오직 과학만이 방법론적으로 통제되어 있다고 / 많은 양의 증거가 있다 /
— including from artists / **talking** about their own practices / — **to suggest** / **that** art is often created methodically and systematically, / and **that** frameworks and forms permit creativity to flow. // **단서 1** 예술은 방법론적, 체계적으로 만들어지며 틀과 형식이 창의성이 흐르도록 허용한다는 것
예술가들로부터의 것을 포함한 / 자신의 작업 방식에 대해 이야기하는 / 시사하는 / 예술은 종종 방법론적이고 체계적으로 만들어진다는 것을 / 그리고 틀과 형식이 창의성이 흐르도록 허용한다는 것을 //

Instead of being liberating, / freedom without limits is almost paralysing, / because without frameworks / we end up in a vacuum / **in which** our actions generate no response. //
자유로워지는 것 대신에 / 한계 없는 자유는 거의 마비되는 것과 같다 / 왜냐하면 틀 없이는 / 결국 우리가 진공 상태에 빠지게 되기 때문이다 / 우리의 행동이 아무런 반응도 만들어 내지 않는 //

As the Danish poet and filmmaker Jørgen Leth has put it many times, / 'the rules of the game' are a prerequisite / for artistic freedom. // **단서 2** 예술적 자유의 전제 조건은 규칙임
덴마크의 시인이자 영화 제작자인 Jørgen Leth가 여러 차례 말했듯이 / '게임의 규칙들'은 전제 조건이다 / 예술적 자유의 /

They provide a solid form or structure / **that** enables the artist / to make use of 'the gifts of chance' / (to use Leth's expression), / and **in which** a part of the world can be exhibited / in a non-chaotic manner. //
그것들은 견고한 형태나 구조를 제공한다 / 예술가에게 가능하도록 하는 / '우연의 선물'을 활용하는 것을 / (Leth의 표현을 사용하자면) / 그리고 그 안에서 세계의 일부가 나타날 수 있다 / 혼란스럽지 않은 방식으로 //

In order to create beauty, / **the artist must restrict him- or herself**. //
아름다움을 창조하기 위해서는 / 예술가는 자신을 제한해야만 한다 //

• aesthetics ⓝ 미학　• facilitate ⓥ 용이하게 하다
• intuitive ⓐ 직관적인　• methodologically ⓐⓓ 방법론적으로
• discipline ⓥ 통제하다　• liberate ⓥ 자유롭게 하다
• non-chaotic ⓐ 혼란스럽지 않은　• restrict ⓥ 제한하다
• originality ⓝ 독창성　• instinct ⓝ 본능　• embrace ⓥ 포용하다
• coincidence ⓝ 우연

예술과 과학 모두에서 단순성의 미학은 메시지의 정확한 전달을 용이하게 한다. 또한 둘 다 꽤 체계적이다. 비록 많은 사람이 예술은 본질적으로 자유분방하고 직관적인 반면, 오직 과학만이 방법론적으로 통제되어 있다고 믿지만, 예술은 종종 방법론적이고 체계적으로 만들어진다는 것과, 틀과 형식이 창의성이 흐르도록 허용한다는 것을 시사하는, 자신의 작업 방식에 관해 이야기하는 예술가들로부터의 것(증거)을 포함한, 많은 양의 증거가 있다. 자유로워지는 것 대신에, 한계 없는 자유는 거의 마비되는 것과 같은데, 틀 없이는 결국 우리가 우리의 행동이 아무런 반응도 만들어 내지 않는 진공 상태에 빠지게 되기 때문이다. 덴마크의 시인이자 영화 제작자인 Jørgen Leth가 여러 차례 말했듯이, '게임의 규칙들'은 예술적 자유의 전제 조건이다. 그것들은 예술가가 (Leth의 표현을 사용하자면) '우연의 선물'을 활용할 수 있도록 하는 견고한 형태나 구조를 제공하며, 그 안에서 세계의 일부가 혼란스럽지 않은 방식으로 나타날 수 있다. 아름다움을 창조하기 위해서는 **예술가는 자신을 제한해야만 한다.**

다음 빈칸에 들어갈 말로 가장 적절한 것을 고르시오.

① the artist must restrict him- or herself 예술에도 틀이나 형식, 규칙이 필요하다고
예술가는 자신을 제한해야만 한다　했으므로 자신을 제한해야만 한다는 것임

② creative minds must maintain their originality
창의적 정신은 그들의 독창성을 유지해야 한다　창의적 정신이 독창성을 유지해야 한다는 내용이 아님

③ the creator must trust his or her own instinct
창조자는 자신의 본능을 믿어야 한다　본능을 믿어야 하는 것이 아니라 규칙을 지킬 필요가 있다고 했음

④ one must think outside the predefined framework
우리는 사전에 정의된 틀 밖에서 생각해야 한다　사전에 정의된 틀 밖에서 생각해야 한다는 내용이 아님

⑤ the scientist must embrace the role of coincidence
과학자는 우연의 역할을 포용해야 한다　　　　　　과학자에 대한 글이 아님

빈칸 문장 아름다움을 창조하기 위해서는 _________________.

→ 빈칸에는 아름다움을 창조하기 위해 필요한 것이 들어가야 한다.

- 예술은 종종 방법론적이고 체계적으로 만들어진다는 것과, 틀과 형식이 창의성이 흐르도록 허용한다는 것을 시사하는, 자신의 작업 방식에 관해 이야기하는 예술가들로부터의 것(증거)을 포함한, 많은 양의 증거가 있다. 단서1
- 덴마크의 시인이자 영화 제작자인 Jørgen Leth가 말했듯이, '게임의 규칙들'은 예술적 자유의 전제 조건이다. 단서2

→ 예술에는 방법론적이고 체계적인 요소가 필요하며 틀과 형식이 창의성이 흐르도록 한다고 했다. 또한 예술적 자유의 전제 조건은 '규칙들'이라고 했다.

▶ 그러므로 아름다움을 창조하기 위해서는 규칙이나 틀, 형식이 필요하다는 의미를 지닌 ① '예술가는 자신을 제한해야만 한다'가 정답으로 가장 적절하다.

왜 오답?

② 창의적 정신이 독창성을 유지해야 한다는 내용이 아니다.
③ 창조자는 본능을 믿어야 하는 것이 아니라 규칙을 지킬 필요가 있다고 했다.
④ 사전에 정의된 틀 밖에서 생각해야 한다는 내용이 아니다.
⑤ 과학자에 대한 글이 아니다.

K 77 정답 ① ★창의성을 위해 아이디어를 평가하고 선택하는 과정의 필요성

Creativity is commonly defined / as(~로서) the production of ideas / that are both novel (original, new) and useful (appropriate, feasible). // (both A and B: A와 B 둘 다)
창의성은 흔히 정의된다 / 아이디어를 생산하는 것으로 / 참신하고(독창적이고, 새로운) 유용한(적절하고, 실현 가능한) //

Ideas that are original but not useful / are irrelevant, / and ideas that are useful but not original / are unremarkable. //
독창적이지만 유용하지 않은 아이디어는 / 무의미하고 / 유용하지만 독창적이지 않은 아이디어는 / 특별한 것이 없다 //

While this definition is widely used in research, / an important aspect of creativity / is often ignored: / Generating creative ideas rarely is the final goal. //
이러한 정의가 연구에서 널리 사용되지만 / 창의성의 중요한 측면이 / 흔히 간과되는데 / 창의적인 아이디어를 생성하는 것이 최종 목표인 경우는 거의 없다는 것이다 //

단서1 창의적 아이디어 생성 자체가 최종 목표인 경우는 거의 없음

Rather, to successfully solve problems or innovate / requires one or a few good ideas / that really work, and work better than previous approaches. //
오히려, 문제를 성공적으로 해결하거나 혁신하는 것에는 / 하나 또는 몇 개의 좋은 아이디어가 필요하다 / 실제로 작동하고, 이전 접근 방식보다 더 잘 작동하는 //

(주장, 요구, 명령, 제안을 나타내는 동사(+that)+주어(+should)+동사원형)
This requires / that people evaluate the products of their own or each other's imagination, /
이것은 필요로 한다 / 사람들은 자기 자신 또는 서로의 상상력 산물을 평가하고 /

and choose those ideas that seem promising enough to develop further, / and abandon those that are unlikely to be successful. //
더 발전시킬 수 있을 정도로 유망해 보이는 아이디어를 선택하며 / 성공 가능성이 작은 것은 포기해야 한다 //

단서2 아이디어 생성 이후 평가, 선택의 과정이 필요함

Thus, being creative / does not stop with idea generation. //
따라서 창의적인 것은 / 아이디어 생성에서 멈추지 않는다 //

In fact, the ability to generate creative ideas / is essentially useless / if these ideas subsequently die a silent death. //
사실, 창의적인 아이디어를 생성하는 능력은 / 본질적으로 쓸모가 없다 / 이러한 아이디어가 이후 조용히 죽어 없어진다면 //

단서3 아이디어가 생성만 되고 사라진다면 쓸모가 없음 (= 생성 이후의 평가와 선택의 과정이 중요)

- commonly ad 흔히
- novel a 참신한
- original a 독창적인
- appropriate a 적절한
- feasible a 실현 가능한
- irrelevant a 무의미한
- unremarkable a 특별한 것이 없는, 평범한
- ignore v 간과하다
- innovate v 혁신하다
- evaluate v 평가하다
- abandon v 포기하다, 버리다
- essentially ad 본질적으로, 근본적으로
- subsequently ad 나중에
- practical a 실용적인, 현실적인
- frequently ad 자주
- give way to ~에 굽히다
- tension n 긴장 상태

창의성은 참신하고(독창적이고, 새로운) 유용한(적절하고, 실현 가능한) 아이디어를 생산하는 것으로 흔히 정의된다. 독창적이지만 유용하지 않은 아이디어는 무의미하고, 유용하지만 독창적이지 않은 아이디어는 특별한 것이 없다. 이러한 정의가 연구에서 널리 사용되지만, 창의성의 중요한 측면이 흔히 간과되는데, 창의적인 아이디어를 생성하는 것이 최종 목표인 경우는 거의 없다는 것이다. 오히려, 문제를 성공적으로 해결하거나 혁신하기 위해서는, 실제로 작동하고 이전 접근 방식보다 더 잘 작동하는 하나 또는 몇 개의 좋은 아이디어가 필요하다. 이를 위해 사람들은 자기 자신 또는 서로의 상상력 산물을 평가하고, 더 발전시킬 수 있을 정도로 유망해 보이는 아이디어를 선택하며, 성공 가능성이 작은 것들은 포기해야 한다. 따라서 창의적인 것은 **아이디어 생성에서 멈추지 않는다**. 사실, 창의적인 아이디어를 생성하는 능력은 이러한 아이디어가 이후 조용히 죽어 없어진다면 본질적으로 쓸모가 없다.

다음 빈칸에 들어갈 말로 가장 적절한 것을 고르시오.

① does not stop with idea generation
아이디어 생성에서 멈추지 않는다 | 아이디어 생성 후 이를 평가하고 선택하는 과정이 있어야 한다는 내용임
② rarely originates from practical ideas 아이디어가 유용하게 쓰이기 위해
실용적인 아이디어에서 비롯되는 경우는 거의 없다 | 평가 및 선택이 필요하다고 했으므로 반대 내용임
③ is often regarded as a shortcut to innovation
혁신으로 가는 지름길로 흔히 간주된다 | 지름길보다는 거쳐야 하는 과정을 제시하고 있음
④ frequently gives way to unanticipated success
예상치 못한 성공에 자주 자리를 내어준다 | 예상치 못한 성공은 언급된 바 없음
⑤ brings out tension between novelty and relevancy
독창성과 유의미성 사이에 긴장을 불러일으킨다 | 창의적인 것과 독창성을 연결시켜 만든 오답

왜 정답? [정답률 35%]

- 창의적 아이디어 생성 자체가 최종 목표인 경우는 거의 없음 단서1
- 아이디어 생성 이후 평가, 선택의 과정이 필요함 단서2
- 아이디어가 생성만 되고 사라진다면 쓸모가 없음(= 생성 이후의 평가와 선택의 과정이 중요함) 단서3

→ 창의적인 것은 단순히 창의적인 아이디어를 생성하는 것으로 끝나지 않고, 생성된 아이디어를 평가하고 선택하는 과정이 필요하다는 내용의 글이다.

▶ 따라서 빈칸에 들어갈 말로 가장 적절한 것은 ① '아이디어 생성에서 멈추지 않는다'이다.

왜 오답?

② 아이디어가 유용하게 쓰이고자 하기 위해 아이디어 평가 및 선택이 필요하다는 내용이므로 이것은 글의 내용과 반대라고 볼 수 있다. 주의
③ 지름길보다는 거쳐야 하는 과정을 제시하고 있다.
④ 예상치 못한 성공은 언급된 바 없다.
⑤ 창의적인 것과 독창성을 연결시켜 만든 오답일 뿐이다.

K 78 정답 ① ★도시의 질을 측정하는 머물기 활동의 정도

(so+형용사/부사+that절: 너무 ~해서 …하다)
City quality is so crucial for optional activities / that the extent of staying activities can often be used / as a measuring stick for the quality of the city / as well as of its space. //
도시의 질은 선택적 활동에 매우 중요하다 / 그래서 머물기 활동의 정도가 흔히 사용될 수 있다 / 도시의 질을 측정하는 잣대로 / 도시의 공간뿐만 아니라 //

Many pedestrians in a city / are not necessarily an indication of good city quality /
도시의 많은 보행자가 / 반드시 좋은 도시 질의 지표인 것은 아니다 /

단서1 머물기 활동의 정도가 도시의 질을 측정하는 잣대일 수 있음

— many people walking around / can often be a sign / of insufficient transit options / or long distances between the various functions in the city. //
걸어서 돌아다니는 많은 사람은 / 흔히 징표일 수 있다 / 부족한 운송 선택권 / 또는 도시 내 다양한 기능 간의 먼 거리의 //

(전치사+관계대명사(= where))
Conversely, / it can be claimed / that a city in which many people are not walking / often indicates good city quality. //
반대로 / 주장될 수 있다 / 많은 사람이 걷지 않는 도시가 / 흔히 좋은 도시의 질을 나타낸다고 //

(it is ~ that … 강조 구문)
In a city like Rome, / it is the large number of people / standing or sitting in squares / rather than walking / that is conspicuous. //
로마와 같은 도시에서 / 많은 사람이다 / 광장에서 서 있거나 앉아 있는 / 걷기보다는 / 눈에 띄는 것은 //

단서2 로마와 같은 도시에는 서 있거나 앉아 있는 사람이 많음

And it's not due to necessity / but rather that **the city quality is so inviting**. //
그런데 이것은 필요성 때문이 아니다 / 그 도시의 질이 매우 매력적이기 때문이다 //
It is hard / to keep moving in city space / with so many temptations / to stay. // **단서 3** 도시에 머물게 만드는 유혹이 많아 움직이기 어려움
어렵다 / 도시 공간에서 계속 움직이는 것은 / 너무 많은 유혹이 있는 / 머무르게 하는 //
In contrast / are many new quarters and complexes / that many people walk through / but rarely stop or stay in. //
반대로 / 새로운 구역과 단지가 있다 / 많은 사람이 걸어서 지나가는 / 그러나 거의 멈추거나 머무르지 않는 //

- crucial ⓐ 중요한 · optional ⓐ 선택의 · extent ⓝ 정도
- pedestrian ⓝ 보행자 · indication ⓝ 지표, 표시
- insufficient ⓐ 부족한, 불충분한 · transit ⓝ 운송
- function ⓝ 기능 · conversely ⓐⓓ 반대로
- conspicuous ⓐ 눈에 띄는 · inviting ⓐ 매력적인, 유혹적인
- temptation ⓝ 유혹 · quarter ⓝ 구역, 지구
- complex ⓝ (건물) 단지 · occupy ⓥ 차지하다
- public transportation 대중 교통 · administrative ⓐ 행정의
- concentrate ⓥ 집중하다, 모으다

도시의 질은 선택적 활동에 매우 중요해서, 머물기 활동의 정도가 흔히 도시의 공간뿐만 아니라 도시의 질을 측정하는 잣대로 사용될 수 있다. 도시의 많은 보행자가 반드시 도시의 질이 좋다는 지표인 것은 아니며, 걸어서 돌아다니는 많은 사람은 흔히 부족한 운송 선택권 또는 도시 내 다양한 기능 간의 먼 거리의 징표일 수 있다. 반대로, 많은 사람이 걷지 않는 도시는 흔히 좋은 도시의 질을 나타낸다고 주장될 수 있다. 로마와 같은 도시에서 눈에 띄는 것은 걷기보다는 광장에 서 있거나 앉아 있는 많은 사람이다. 그런데 이것은 필요성 때문이 아니라, **그 도시의 질이 매우 매력적이기** 때문이다. 도시 공간에는 머무르게 하는 유혹이 너무 많아서 계속 움직이기 어렵다. 반대로 많은 사람이 걸어서 지나가지만 거의 멈추거나 머무르지 않는 많은 새로운 구역과 단지가 있다.

다음 빈칸에 들어갈 말로 가장 적절한 것을 고르시오.

① the city quality is so inviting 도시에 서 있거나 앉아 있는 사람이 많은 것은 도시의
  그 도시의 질이 매우 매력적이기   질이 좋기 때문이라고 함
② public spaces are already occupied
  공공장소가 이미 점유되었기   도시에 서 있거나 앉아 있는 사람이 있다는 것으로 만든 함정
③ public transportation is not available
  대중교통을 이용할 수 없기   대중교통을 이용할 수 없기 때문에 도시에 머무는 것이 아님
④ major tourist spots are within walking distance
  주요 관광지가 도보 거리 내에 있기   주요 관광지가 도보 거리 내에 있어서 도시에 머무는다는 내용이 아님
⑤ the city's administrative buildings are concentrated
  도시의 행정 건물이 밀집되어 있기   도시의 행정 건물이 밀집되어 있다는 언급은 없음

왜 정답 ? [정답률 35%]

빈칸 문장	그런데 이것은 필요성 때문이 아니라, __________ 때문이다.

➡ 빈칸에는 이것(앉아 있는 사람이 많은 것)이 필요성 때문이 아니라 무엇 때문인지가 들어가야 한다.

- 머물기 활동의 정도가 도시의 질을 측정하는 잣대로 사용될 수 있다. **단서 1**
- 로마와 같은 도시에는 광장에 서 있거나 앉아 있는 사람이 많다. **단서 2**
- 도시 공간에는 머무르게 하는 유혹이 너무 많아서 계속 움직이기 어렵다. **단서 3**

➡ 머물기 활동의 정도가 도시의 질을 측정할 수 있는데, 로마와 같은 도시에서 광장에 서 있거나 앉아 있는 사람이 많은 이유는 그 도시에 머무르게 하는 유혹이 너무 많아서, 즉 도시의 질이 좋아서 계속 움직이기 어렵기 때문이라고 한다.

▶ 그러므로 도시에 사람들이 앉아 있는 이유로는 ① '그 도시의 질이 매우 매력적이기' 때문이라고 하는 것이 적절하다.

왜 오답 ?

② 도시에서 서 있거나 앉아 있는 사람이 있다는 것으로 만든 함정으로, 공공장소가 이미 점유되었기 때문에 많은 사람들이 도시에 머문다는 내용은 없다.
③ 대중교통을 이용할 수 없기 때문에 도시에 머무는 것이 아니다.
④ 주요 관광지가 도보 거리 내에 있어서 도시에 머무는 것이라고 하지 않았다.
⑤ 도시의 행정 건물이 밀집되어 있다는 언급은 없다.

K 79 정답 ④ ＊19세기 후반의 변화

There was nothing modern / about the idea / of men making women's clothes / — we saw them doing it / for centuries in the past. //
동격의 전치사   주어 동사 목적어 목적격 보어
현대적인 것이 전혀 없었다 / 생각에 대해서는 / 여자 옷을 만드는 남자라는 / 우리는 그들이 그것을 하는 것을 보았다 / 과거 여러 세기 동안 //
In the old days, however, / the client was always primary / and her tailor was an obscure craftsman, / perhaps talented but perhaps not. // 하지만 옛 시절에는 / 고객이 항상 주됐고 / 그녀의 재단사는 무명의 장인이었다 / 재능이 있었을 수도 있고 그렇지 않았을 수도 있는 //
She had her own ideas / like any patron, / there were no fashion plates, /
그녀는 자기 자신의 생각이 있었고 / 여느 후원자처럼 / 유행하는 옷의 본이 없었으며 /
and the tailor was simply at her service, / perhaps with helpful suggestions / about what others were wearing. //
전치사   명사절
재단사는 그저 그녀의 생각에 따랐다 / 아마도 도움이 되는 제안을 가지고 / 다른 사람들이 입고 있는 것에 관한 //
Beginning in the late nineteenth century, / with the hugely successful rise / of the artistic male couturier, /
19세기 후반에 시작하여 / 매우 성공적인 부상과 함께 / 예술적인 남성 고급 여성복 디자이너의 /
it was ~ who 구문으로 강조되는 문장의 주어   동사 became이 생략됨
it was the designer / who became celebrated, / and the client elevated / by his inspired attention. //
바로 디자이너가 / 유명해졌고 / 고객은 치켜세워졌다 / 그의 영감 어린 관심에 의해 //
In a climate of admiration / for male artists and their female creations, / the dress-designer first flourished / as the same sort of creator. // **단서** 의상 디자이너가 남성 예술가와 같은 종류의 창작자로서 번영함
찬탄의 분위기 속에서 / 남성 예술가와 여성을 위한 그들의 창작물에 대한 / 의상 디자이너는 처음으로 번영했다 / 같은 종류의 창작자로서
동격절 접속사   선행사
Instead of the old rule / that dressmaking is a craft, / **a modern connection / between dress-design and art** / was invented /
주격 관계대명사
that had not been there before. // 옛 규칙 대신에 / 의상 제작은 공예라는 / 현대적 연결이 / 의상 디자인과 예술 사이의 / 만들어졌다 / 예전에는 없던 //

- client ⓝ 의뢰인, 고객 · primary ⓐ 주된, 기본적인, 초기의
- tailor ⓝ 재단사 · craftsman ⓝ (수)공예가, 장인(匠人)
- talented ⓐ (타고난) 재능이 있는 · suggestion ⓝ 제안, 암시
- rise ⓝ 성공, 출세 · elevate ⓥ (정도를) 높이다, (들어)올리다
- climate ⓝ 기후, 분위기 · admiration ⓝ 감탄, 존경
- flourish ⓥ 번창하다

남자가 여자 옷을 만든다는 생각에는 현대적인 것이 전혀 없었는데, 우리는 과거 여러 세기 동안 그들이 그것을 하는 것을 보았다. 하지만 옛 시절에는 고객이 항상 주됐고 그녀의 재단사는 재능이 있었을 수도 있고 그렇지 않았을 수도 있는 무명의 장인이었다. 그녀는 여느 후원자처럼 자기 자신의 생각이 있었고, 유행하는 옷의 본이 없었으며, 재단사는 아마도 다른 사람들이 입고 있는 것에 관한 도움이 되는 제안을 가지고 그저 그녀의 생각에 따랐다. 예술적인 남성 고급 여성복 디자이너의 매우 성공적인 부상과 함께 19세기 후반에 시작하여, 유명해진 것은 바로 디자이너였고, 고객은 그의 영감 어린 관심에 의해 치켜세워졌다. 남성 예술가와 여성을 위한 그들의 창작물에 대한 찬탄의 분위기 속에서, 의상 디자이너는 처음으로 같은 종류의 창작자로서 번영했다. 의상 제작은 공예라는 옛 규칙 대신에, 예전에는 없던 **의상 디자인과 예술 사이의 현대적 연결**이 만들어졌다.

다음 빈칸에 들어갈 말로 가장 적절한 것을 고르시오. [3점]

① a profitable industry driving fast fashion 패스트 패션에 대한 언급은 없음
  패스트 패션을 주도하는 수익성 있는 산업
② a widespread respect for marketing skills
  마케팅 기술에 대한 광범위한 존중   마케팅 기술이 존중받게 되었다는 것이 아님
③ a public institution preserving traditional designs
  전통 디자인을 보존하는 공공 기관   공공 기관은 등장하지 않음
④ a modern connection between dress-design and art
  의상 디자인과 예술 사이의 현대적 연결   의상 디자이너가 예술가와 같은 종류의 창작자가 됨
⑤ an efficient system for producing affordable clothing
  적정 가격의 의류를 생산하기 위한 효율적인 체계   의류의 가격에 대한 내용은 없음

글을 통해 예전에는 없던 '무엇'이 만들어졌는지 파악해서 빈칸에 들어갈 말을 골라야 한다.

과거에 재단사는 그저 고객의 생각에 따라 옷을 만드는 무명의 장인이었지만, 19세기 후반에 고급 여성복을 디자인하는 예술적인 남성 디자이너가 매우 성공적으로 부상했고, 의상 디자이너는 여성을 위한 창작물을 창작하는 남성 예술가와 같은 종류의 창작자로서 번영했다고 했다.

그러므로 의상 제작은 공예라는 옛 규칙 대신에 등장한 것은 ④ '의상 디자인과 예술 사이의 현대적 연결'이다.

'물건을 만드는 기술에 관한 재주'라는 뜻으로, '(수)공예가, 장인'이 '예술가, 창작자'와 대조되는 글임

①, ⑤ 의류 산업의 수익성이나 의류의 적정 가격에 대한 내용이 아니다.

② 마케팅 기술이 과거에는 제대로 존중받지 못하다가 존중받게 되었음을 설명하는 글이 아니다.

③ 전통 디자인이나 그것을 보존하기 위한 공공 기관에 대한 언급은 없다.

K 80 정답 ② *유전자와 뇌의 신경 경로의 산물인 행동

Behavior is, for the most part, / a product of genes and brain neuropathways. // **단서1** 행동은 대부분 유전자와 뇌의 신경 경로의 산물임
행동은, 대부분 ~이다 / 유전자와 뇌의 신경 경로의 산물 //

Consider the elegant chemistry at work / when living organisms move, think, behave, and act. //
정교한 화학 작용을 고려해 보라 / 살아 있는 유기체가 움직이고, 생각하고, 처신하고, 행동할 때 작용하는 //

Certainly, the environment is a factor here / because it can influence *how* we act. //
관계부사
틀림없이, 환경은 여기서 하나의 요소인데 / 그것이 우리가 '행동하는 방식'에 영향을 미칠 수 있기 때문이다 //

An analogy would illustrate this adequately. //
한 가지 비유가 이것을 적절히 설명할 수 있을 것이다 //

Think of the environment as gasoline, and our body as the engine. // 환경을 휘발유로, 우리 몸을 엔진으로 생각해 보라 //

Truly, the engine does not run without the gasoline, / but all the intricate parts of the engine are the product of *physical architecture*, /
엄밀히, 엔진은 휘발유 없이는 작동하지 않지만 / 엔진의 모든 복잡한 부품들은 '물리적 구조'의 산물인데 /

designed and assembled for a reactive purpose / long before the gasoline is injected. //
등위접속사 and로 연결된 과거분사
반응을 보이려는 목적으로 설계되고 조립되었다 / 휘발유가 주입되기 훨씬 이전에 //

Inject more gas and the engine accelerates, / *less*, and it slows. //
(= inject less gas)
더 많은 휘발유를 주입하면, 엔진이 빨라지고 / 더 적은 (휘발유를 주입하면), 그것은 느려진다 //

The same is true for an organism. // 유기체에서도 마찬가지이다 //

Behavior is a *response* to the environment. //
행동은 환경에 대한 '반응'이다 //

We have 'free will,' / but the ultimate characteristic of **that** response can only act / with respect to the architecture of our genes and our brain. //
지시형용사   ~에 관하여
단서2 반응의 궁극적 특성은 우리 유전자와 뇌의 구조에 관해서만 작용 가능함
우리는 '자유 의지'를 가지고 있지만 / 그 반응의 궁극적인 특성은 작용할 수 있다 / 우리의 유전자와 우리의 뇌의 구조와 관해서만 //

In other words, the environment can, effectively, accelerate or slow down a potential behavior, /
다시 말해, 환경은 잠재적인 행동을 효과적으로 빨라지게 하거나 늦출 수 있지만 /

but the engine for **that** behavior **is already built and functional**; / therefore, the environment is but a catalyst. //
지시형용사
그 행동을 위한 엔진은 이미 구축되었고 가동된다 / 따라서, 환경은 단지 촉매일 뿐이다 //

- **behavior** ⓝ 행동　·**elegant** ⓐ 우아한
- **influence** ⓥ 영향을 미치다　·**analogy** ⓝ 비유, 유사점
- **illustrate** ⓥ 설명하다　·**adequately** ⓐⓓ 적절히
- **intricate** ⓐ 복잡한　·**architecture** ⓝ 구조, 건축
- **assemble** ⓥ 조립하다　·**reactive** ⓐ 반응을 하는
- **inject** ⓥ 주입하다　·**accelerate** ⓥ 가속화하다
- **malfunction** ⓥ 제대로 작동하지 않다　·**periodically** ⓐⓓ 주기적으로

행동은, 대부분, 유전자와 뇌의 신경 경로의 산물이다. 살아 있는 유기체가 움직이고, 생각하고, 처신하고, 행동할 때 작용하는 정교한 화학 작용을 고려해 보라. 틀림없이, 환경은 여기서 하나의 요소인데 그것이 우리가 '행동하는 방식'에 영향을 미칠 수 있기 때문이다. 한 가지 비유가 이것을 적절히 설명할 수 있을 것이다. 환경을 휘발유로, 우리 몸을 엔진으로 생각해 보라. 엄밀히, 엔진은 휘발유 없이는 작동하지 않지만, 엔진의 모든 복잡한 부품들은 '물리적 구조'의 산물인데, 휘발유가 주입되기 훨씬 이전에 반응을 보이려는 목적으로 설계되고 조립되었다. 더 많은 휘발유를 주입하면, 엔진이 빨라지고, 더 적은 (휘발유를 주입하면), 그것은 느려진다. 유기체에서도 마찬가지이다. 행동은 환경에 대한 '반응'이다. 우리는 '자유 의지'를 가지고 있지만, 그 반응의 궁극적인 특성은 우리의 유전자와 우리의 뇌의 구조와 관해서만 작용할 수 있다. 다시 말해, 환경은 잠재적인 행동을 효과적으로 빨라지게 하거나 늦출 수 있지만, 그 행동을 위한 엔진은 **이미 구축되었고 가동된다**. 따라서 환경은 단지 촉매일 뿐이다.

다음 빈칸에 들어갈 말로 가장 적절한 것을 고르시오.

① malfunctions even with correct input 행동을 하게 하는 물리적 구조인 엔진이
올바른 입력에도 불구하고 오작동한다　올바른 입력에도 고장난다는 말이 아님
② is already built and functional
이미 구축되었고 가동된다　행동을 하게 하는 엔진은 이미 만들어져 있다는 내용임
③ tends to shut down periodically
주기적으로 자동으로 꺼지는 경향이 있다　행동을 하게 하는 엔진이 때때로 멈춘다는 내용이 아님
④ runs in an unpredictable manner
예측할 수 없는 방식으로 작동한다　엔진이 예측 불가능한 방식으로 작동된다는 의미가 아님
⑤ is subject to change without notice
사전 통보 없이 변경될 수 있다　예고 없이 엔진이 바뀔 수도 있다는 언급은 없음

첫번째 문장	행동은, 대부분, 유전자와 뇌의 신경 경로의 산물이다. **단서1**
빈칸 앞 문장	우리는 '자유 의지'를 가지고 있지만, 그 반응의 궁극적인 특성은 우리의 유전자와 우리의 뇌의 구조와 관해서만 작용할 수 있다. **단서2**
빈칸 문장	다시 말해, 환경은 잠재적인 행동을 효과적으로 빨라지게 하거나 늦출 수 있지만, 그 행동을 위한 엔진은 __________. 따라서 환경은 단지 촉매일 뿐이다.

➡ 첫 번째 문장에서 행동은 유전자와 뇌 신경 경로의 산물이라고 했으며, 빈칸 앞 문장에서도 이 내용을 다시 언급하고 있다. 또한, 비유에서 휘발유가 주입되기 훨씬 이전부터 엔진은 반응을 보이려는 목적으로 미리 설계된 '물리적 구조'의 산물이라고 했다.

▶ 따라서 행동의 엔진은 ② '이미 구축되었고 가동된다'고 하는 것이 가장 적절하다.

① 엔진에 올바른 입력을 했음에도 오작동한다는 내용은 없다.
③ 엔진이 주기적으로 꺼진다는 내용이 아니다.
④ 엔진이 예측 불가능한 방식으로 작동한다는 의미가 아니다.
⑤ 엔진이 사전 통보 없이 바뀔 수도 있다는 언급은 없다.

K 81 정답 ③ *부차적인 학문이 된 수집

The growth / of academic disciplines and sub-disciplines, / such as art history or palaeontology, / and of particular figures / such as the art critic, /
주어
성장은 / 학과와 하위 학과의 / 미술사학이나 고생물학과 같은 / 그리고 특정 인물의 / 미술평론가와 같은 /

helped produce principles and practices / for selecting and organizing / what was worthy of keeping, / though it remained a struggle. // 원칙과 관행을 도출하는 것에 도움이 되었다 / 선택하고 정리하기 위한 / 지킬 가치가 있는 것을 / 비록 힘든 일로 남게 되었지만 //

Moreover, as museums and universities drew further apart / toward the end of the nineteenth century, / 게다가 / 박물관과 대학이 더욱 멀어지면서 / 19세기 말엽에 /

and as the idea of objects / as a highly valued route / to knowing the world / went into decline, / 그리고 물체라는 개념이 / 매우 가치 있는 경로로서 / 세상을 알게 되는 / 쇠퇴하면서 /

collecting began to lose its status / as a worthy intellectual pursuit, / especially in the sciences. // [단서 1] 수집은 특히 과학에서 가치 있는 지적 활동으로서의 지위를 잃기 시작했음
수집은 그 지위를 잃기 시작했다 / 가치 있는 지적 활동으로서 / 특히 과학에서 /

The really interesting and important aspects / of science / were increasingly those invisible / to the naked eye, / 참으로 흥미롭고 중요한 측면은 / 과학의 / 점점 더 보이지 않는 것들이었고 / 육안에 /

and the classification of things collected / no longer promised to produce / cutting-edge knowledge. // [단서 2] 수집된 것들에 대한 분류는 더이상 최첨단의 지식을 생산할 가망이 없었음
수집된 것들에 대한 분류는 / 더이상 생산할 가망이 없었다 / 최첨단의 지식을 /

The term "butterfly collecting" / could come to be used / with the adjective "mere" / to indicate / a pursuit of secondary academic status. // '나비 채집'이라는 용어는 / 사용될 수 있었다 / '한낱'이라는 형용사와 / 나타내는 데 / 부차적인 학문적 지위의 추구를 //

- growth ⓝ 성장　　• academic ⓐ 학업의, 학과의
- discipline ⓝ 지식[학문] 분야, 학과　　• sub- pref 「아래」, 「하위」
- particular ⓐ 특정한　　• figure ⓝ 인물, 사람　　• critic ⓝ 평론가
- principle ⓝ 원칙, 원리　　• practice ⓝ 관행, 관례
- select ⓥ 선발[선택]하다　　• organize ⓥ 정리하다, 체계화하다
- worthy ⓐ (~을 받을) 자격이 있는, 받을 만한　　• remain ⓥ 계속 ~이다
- struggle ⓝ 힘든 일, 투쟁　　• moreover ⓐⁿ 게다가
- draw apart (~으로부터) 떨어져[사라져] 가다　　• further ⓐⁿ 더 멀리에[로]
- toward prep 무렵, ~쯤　　• object ⓝ 물건, 대상
- valued ⓐ 귀중한, 평가된　　• route ⓝ 길, 경로　　• decline ⓝ 감소
- status ⓝ 지위, 신분　　• intellectual ⓐ 지적인
- pursuit ⓝ 추구, (시간과 에너지를 들여서 하는) 일[활동]　　• aspect ⓝ 측면
- increasingly ⓐⁿ 점점 더　　• invisible ⓐ 보이지 않는
- naked ⓐ 아무것도 걸치지 않은, 벌거벗은　　• classification ⓝ 분류
- promise ⓥ ~의 조짐을 보이다　　• cutting-edge ⓐ 최첨단의
- knowledge ⓝ 지식　　• mere ⓐ ~에 불과한　　• indicate ⓥ 나타내다

미술사학이나 고생물학과 같은 학과와 하위 학과의 성장, 그리고 미술평론가와 같은 특정 인물의 성장은 비록 힘든 일로 남게 되었지만, 지킬 가치가 있는 것을 선택하고 정리하기 위한 원칙과 관행의 도출에 도움이 되었다. 게다가, 19세기 말엽에 박물관과 대학이 더욱 멀어지면서, 그리고 세상을 알게 되는 매우 가치 있는 경로로서 물체라는 개념이 쇠퇴하면서, 수집은 특히 과학에서 가치 있는 지적 활동으로서의 지위를 잃기 시작했다. 과학의 참으로 흥미롭고 중요한 측면은 점점 더 육안에 보이지 않는 것들이었고, 수집된 것들에 대한 분류는 더이상 최첨단의 지식을 생산할 가망이 없었다. '나비 채집'이라는 용어는 '한낱'이라는 형용사와 부차적인 학문적 지위의 추구를 나타내는 데 사용될 수 있었다.

다음 빈칸에 들어갈 말로 가장 적절한 것을 고르시오.

① competitive 경쟁력이 없어졌다는 내용임
경쟁력 있는
② novel 새롭게 등장한 것이 아님
새로운
③ secondary 가치 있는 지적 활동으로서의 지위를 잃음
부차적인
④ reliable 신뢰와 관련된 내용이 아님
신뢰할 수 있는
⑤ unconditional 가치 있는 학문으로서의 지위를 잃었다는 내용임
무조건적인

수집이 가치 있는 지적 활동으로서의 지위를 잃었고, 수집된 것들을 분류하는 것은 더이상 최첨단 지식을 생산하리라는 보장이 없었다는 것으로 보아 수집 활동을 나타내는 '나비 채집'이라는 용어는 '한낱'이라는 형용사와 함께 ③ '부차적인' 학문적 지위의 추구를 나타내는 데 사용될 수 있었다는 내용으로 글을 마무리하는 것이 적절하다.

왜 오답?

① '나비 채집'과 같은 수집이 학문으로서의 경쟁력이 없어졌다는 내용이다.

② 수집이 과거에는 도움이 되는 학문이었으나 현재는 가치 있는 지적 학문으로서의 지위를 잃었음을 설명하는 글이다.

④ 수집이 쇠퇴했음을 설명하는 글이므로, '신뢰할 수 있는'이라는 형용사는 적절하지 않다.

⑤ '한낱'이라는 형용사와 함께 사용된다는 것은 그 중요성이 떨어졌다는 것을 의미한다. '무조건적인 학문적 지위의 추구'와 관련된 언급은 없다.
주의

K 82 정답 ① ＊과학자와 예술가의 차이

양보의 부사절(whatever가 be동사의 주격 보어일 때 be동사는 생략할 수 있음)
Whatever their differences, / scientists and artists begin / with the same question: can you and I see the same thing / the same way? If so, how? // 그들의 차이점이 무엇이든 / 과학자와 예술가는 시작한다 / 똑같은 질문으로 / '당신과 내가 똑같은 것을 볼 수 있을까 / 똑같은 방식으로 // 만약 그렇다면 어떻게' //

The scientific thinker looks for features of the thing / that can be stripped of subjectivity / 과학적 사고를 하는 사람은 사물의 특징을 찾는다 / 주관성이 박탈될 수 있는 /

— ideally, / those aspects / that can be quantified / and whose values will thus never change / from one observer to the next. // 선행사 / 주격 관계대명사 / 소유격 관계대명사
이상적으로는 / 그런 측면들 / 정량화될 수 있고 / 그래서 그것의 가치가 전혀 달라지지 않을 / 관찰자마다 //

In this way, / he arrives at a reality / independent of all observers. // 이런 식으로 / 그 사람은 현실에 도달한다 / 모든 관찰자로부터 독립적인 //

The artist, on the other hand, relies / on the strength of her artistry / to effect a marriage / between her own subjectivity and that of her readers. // 부사적 용법(목적) =subjectivity [단서 1] 예술가는 자신의 주관성과 독자의 주관성의 결합을 이루려고 함
한편 예술가는 의지한다 / 자신의 예술가적 솜씨의 힘에 / 결합을 이루기 위해 / 자기 자신의 주관성과 자기 독자의 그것 간의 //

To a scientific thinker, / this must sound like magical thinking: / 강한 추측을 나타내는 조동사
과학적 사고를 하는 사람에게 / 이것은 틀림없이 마술적인 사고처럼 들릴 것이다 /

you're saying / you will imagine something so hard / it'll pop into someone else's head / exactly the way / you envision it? // 앞에 관계부사가 생략됨
'당신은 말하고 있는 것인가 / 당신이 뭔가를 매우 열심히 상상해서 / 다른 누군가의 머릿속에 그것이 떠오를 것이라고 / 바로 그 방식대로 / 당신이 마음속으로 그것을 그리는' //

The artist has sought the opposite / of the scientist's observer-independent reality. // [단서 2] 과학자: 관찰자로부터의 독립을 추구함, 예술가: 과학자와 정반대인 것을 추구함
예술가는 정반대인 것을 추구해 왔다 / 과학자의 관찰자로부터 독립적인 현실과 //

She creates a reality / dependent upon observers, / indeed a reality / in which human beings must participate / in order for it to exist at all. // 관계부사 where로 바꾸어 쓸 수 있음 to부정사의 목적의 의미를 강조함 [단서 3] 관찰자가 필요한 현실을 만듦 to exist의 의미상 주어
그 사람은 현실을 만들어 낸다 / 관찰자에게 의존하는 / 다시 말하면 현실 / 인간들이 참여해야만 하는 / 그것이 존재할 수라도 있으려면 //

- feature ⓝ 특색, 특징　　• strip of ~을 빼앗다
- subjectivity ⓝ 주관성　　• aspect ⓝ 측면
- quantify ⓥ 양을 나타내다, 수량화하다　　• observer ⓝ 관찰자
- artistry ⓝ 예술가적 기교　　• envision ⓥ 마음속에 그리다
- seek ⓥ 추구하다　　• participate ⓥ 참여하다
- maintain ⓥ 유지하다　　• harmonize ⓥ 조화를 이루다
- disengage ⓥ 분리하다, 풀다

과학자와 예술가의 차이점이 무엇이든, 그들은 똑같은 질문, 즉 '당신과 내가 똑같은 것을 똑같은 방식으로 볼 수 있을까? 만약 그렇다면 어떻게?'라는 질문으로 시작한다. 과학적 사고를 하는 사람은 주관성이 박탈될 수 있는 사물의 특징, 즉 이상적으로는 정량화될 수 있고 그래서 그것의 가치가 관찰자마다 전혀 달라지지 않을 그런 측면을 찾는다. 이런 식으로, 그 사람은 모든 관찰자로부터 독립적인 현실에 도달한다. 다른 한편, 예술가는

자기 자신의 주관성과 자기 독자의 주관성 간의 결합을 이루기 위해 자신의 예술적 솜씨의 힘에 의지한다. 과학적 사고를 하는 사람에게, 이것은 틀림없이 마술적인 사고처럼 들릴 것이다. 즉 '당신이 뭔가를 매우 열심히 상상해서 그것에 대해 당신이 마음속으로 그리는 바로 그대로 다른 누군가의 머릿속에 그것이 떠오를 것이라고 당신은 말하고 있는 것인가?' 예술가는 과학자의 관찰자로부터 독립적인 현실과 정반대인 것을 추구해 왔다. 예술가는 관찰자에게 의존하는 현실, 다시 말하면, 그것이 존재할 수라도 있으려면 **인간들이 참여해야만 하는** 현실을 만들어 낸다.

다음 빈칸에 들어갈 말로 가장 적절한 것을 고르시오. [3점]

① human beings must participate 다른 사람들이 포함되어야 함
　인간들이 참여해야만 하는
② objectivity should be maintained subjectivity에 대한 내용임
　객관성이 유지되어야 하는
③ science and art need to harmonize 과학자와 예술가의 차이를 대조함
　과학과 예술이 조화를 이룰 필요가 있는
④ readers remain distanced from the arts 독자의 주관성과 결합하는 현실을 추구함
　독자가 예술로부터 거리를 둔
⑤ she is disengaged from her own subjectivity 자신의 주관성도 포함되어야 함
　예술가가 자신의 주관성에서 벗어난

> 왜 정답 ?　[정답률 34%]

대조	**과학자:** 모든 관찰자로부터 독립적인, 그들로부터 영향을 받지 않는 현실(주관성이 박탈되는 사물의 특징)에 도달하고자 함
	예술가: 자신의 예술적 솜씨를 통해 자신의 주관성과 독자의 주관성이 결합되는 것을 추구함

➡ 과학자와 예술가가 대조되는 글이다. 빈칸 문장이 과학자를 설명하는 문장인지, 예술가를 설명하는 문장인지 파악해서 빈칸을 채워야 한다.

빈칸 문장	예술가는 관찰자에게 의존하는 현실, 다시 말하면, 그것이 존재할 수라도 있으려면 ＿＿＿＿ 현실을 만들어 낸다.

➡ 예술가가 만들어 내는 현실을 설명하는 문장이다.
　▶ '관찰자에게 의존하는 현실'이란 관찰자, 즉 다른 사람을 필요로 하는 현실이라는 의미이므로, 이를 다르게 표현하려면 ① '인간들이 참여해야만 하는'이 가장 적절하다.

> 왜 오답 ?

② '객관성'은 과학자가 추구하는 현실이라고 할 수 있다.
③ 과학과 예술의 조화가 아니라 과학자가 추구하는 바와 예술가가 추구하는 현실을 대조하는 글이다.
④ 예술적 솜씨를 통해 예술가의 주관성과 독자의 주관성이 결합되는 것을 추구한다.
⑤ 독자의 주관성뿐만 아니라 예술가의 주관성도 결합 요소이다.

K 83 정답 ⑤　＊합리적 이성의 우월성

One of the common themes / of the Western philosophical
　단수 주어
tradition / **is** the distinction / between sensual perceptions and
　　　　단수 동사
rational knowledge. //
공통된 주제 중 하나는 / 서양의 철학적 전통의 / 구별이다 / 감각적 지각과 합리적 지식 사이의 //

Since Plato, / the supremacy of rational reason / is based on
the assertion / **that** it is able to extract true knowledge / from
　　　　　동격절 접속사
experience. //
플라톤 이래로 / 합리적 이성의 우월성은 / 주장에 근거한다 / 그것이 참된 지식을 얻어낼 수 있다는 / 경험에서 //

As the discussion in the *Republic* helps / to explain, / perceptions
are **inherently** unreliable and misleading / because the senses
are subject / to errors and illusions. // 단서1 지각은 본질적으로 신뢰할 수 없고
　　　　　　　　　　　　　　　　　　　　　오해의 소지가 있음
Republic에서의 논의가 도움이 되듯이 / 설명하는 데 / 지각은 본질적으로 신뢰할 수 없고 오해의 소지가 있다 / 감각은 영향을 받기 때문에 / 오류와 착각의 //
　　　　　　　　　　　　　　　　　　　　형용사적 용법(the tools 수식)
Only the rational discourse has the tools / **to overcome** illusions
/ and **to point** towards true knowledge. // 단서2 합리적 담론만이 착각을
　　　　　　　　　　　　　　　　　　　　　　극복하고 참된 지식을 가리킬 수 있음
오직 합리적 담론만이 도구를 가지고 있다 / 착각을 극복하고 / 참된 지식을 가리키는 //

For instance, / perception suggests / that a figure in the distance
is smaller / than it really is. //
예를 들어 / 지각은 보여 준다 / 멀리 있는 어떤 형체가 더 작다는 것을 / 실제로 그것이 그런 것보다 //

Yet, / the application of logical reasoning will reveal / that
the figure only appears small / because it obeys / the laws of
geometrical perspective. //
하지만 / 논리적 추론의 적용은 드러낼 것이다 / 그 형체는 작게 보일 뿐이라는 것을 / 그것이 따르기 때문에 / 기하학적 원근법을 //

Nevertheless, / even **after** the perspectival correction is applied /
　　　　　　　　부사절 접속사(때)
and reason concludes / that perception is misleading, /
그럼에도 불구하고 / 원근 보정을 적용한 후에도 / 그리고 이성이 결론을 내린 후에도 / 지각이 오해의 소지가 있다고 단서3 원근 보정을 적용해도, 지각은 오해의 소지가 있다고
　　　　　　　　　　　　　　　　　　　　이성이 결론을 내려도 여전히 작게 보임
the figure still *appears* small, / and the truth of the matter is
revealed / not **in the perception of the figure** / but **in its rational
representation**. // └─ not A but B(A가 아니라 B)로 연결된 전치사구 ─┘
그 형체는 여전히 작게 '보이고' / 문제의 진실은 드러난다 / 형체의 지각에서가 아닌 / 그것의 합리적 재현에서 //

- tradition ⓝ 전통　・ distinction ⓝ 구별　・ perception ⓝ 지각
- sensual ⓐ 감각의　・ supremacy ⓝ 패권, 우위
- assertion ⓝ 주장　・ inherently ⓐ𝒹 본질적으로
- unreliable ⓐ 믿을 수 없는　・ illusion ⓝ 오해, 환상
- figure ⓝ 형체　・ application ⓝ 적용　・ perspective ⓝ 관점
- conclude ⓥ 결론을 내리다　・ representation ⓝ 묘사, 나타낸 것

서양의 철학적 전통의 공통된 주제 중 하나는 감각적 지각과 합리적 지식 사이의 구별이다. 플라톤 이래로, 합리적 이성의 우월성은 그것이 경험에서 참된 지식을 얻어낼 수 있다는 주장에 근거한다. Republic에서의 논의가 설명에 도움이 되듯이, 감각은 오류와 착각의 영향을 받기 때문에 지각은 본질적으로 신뢰할 수 없고 오해의 소지가 있다. 오직 합리적 담론만이 착각을 극복하고 참된 지식을 가리키는 도구를 가지고 있다. 예를 들어, 지각은 멀리 있는 어떤 형체가 실제보다 더 작다는 것을 보여 준다. 하지만, 논리적 추론을 적용하면 그 형체는 기하학적 원근법을 따르기 때문에 작게 보일 뿐이라는 것이 드러날 것이다. 그럼에도 불구하고, 원근 보정을 적용하여 이성이 지각이 오해의 소지가 있다는 결론을 내린 후에도, 그 형체는 여전히 작게 '보이고', 문제의 진실은 **형체의 지각이 아닌 그것의 합리적 재현에서** 드러난다.

다음 빈칸에 들어갈 말로 가장 적절한 것을 고르시오. [3점]

① as the outcome of blindly following sensual experience
　감각적인 경험을 맹목적으로 따르는 것의 결과로 감각적 '지각'에 대한 내용임
② by moving away from the idea of perfect representation
　완벽한 재현이라는 생각에서 벗어남으로써 완벽한 재현이 잘못됐다는 것이 아님
③ beyond the limit of where rational knowledge can approach
　합리적 지식이 접근할 수 있는 곳의 한계 너머에서 합리적 지식의 우월성을 설명함
④ through a variety of experiences rather than logical reasoning
　논리적 추론이라기보다 다양한 경험을 통해 합리적 우월성을 설명하는 것이 아님
⑤ not in the perception of the figure but in its rational representation
　형체의 지각이 아닌 그것의 합리적 재현에서 지각과 합리적 지식이 대조됨

> 왜 정답 ?　[정답률 32%]

글의 소재	감각적 지각과 합리적 지식 사이의 구별(첫 문장) → (감각적) 지각: 본질적으로 신뢰할 수 없고, 오해의 소지가 있음 단서1 합리적 담론(지식): 착각을 극복하고 참된 지식을 가리킬 수 있음 단서2

➡ 감각적 지각과 합리적 사고 중에서 합리적 사고의 우월성을 설명하는 글이다.

합리적 사고의 우월성을 드러내는 예시	예를 들어, 지각은 멀리 있는 어떤 형체가 실제보다 더 작다는 것을 보여 준다. 하지만, 논리적 추론을 적용하면 그 형체는 기하학적 원근법을 따르기 때문에 작게 보일 뿐이라는 것이 드러날 것이다.

➡ 감각적 지각: 멀리 있는 어떤 형체가 실제보다 더 작다는 것을 보여 줌
　▶ 논리적 추론(합리적 사고): 그 형체는 기하학적 원근법을 따르기 때문에 작게 보일 뿐이라는 것을 드러냄

<table>
<tr><td>빈칸 문장</td><td>원근 보정을 적용하여 이성이 지각이 오해의 소지가 있다는 결론을 내린 후에도, 그 형체는 여전히 작게 '보이고', 문제의 진실은 ___________ 드러난다.</td></tr>
</table>

➡ 여전히 지각은 신뢰할 수 없고 오해의 소지가 있고, 진실은 감각적 지각이 아니라 합리적 사고로 드러난다는 내용이 되어야 한다.

▶ 따라서 빈칸에는 ⑤ '형체의 지각이 아닌 그것의 합리적 재현에서'가 적절하다.

〉왜 오답 ?

① 감각적인 경험에 의해 진실이 밝혀진다는 내용이 아니다.
② 완벽한 재현이라고 생각하여 오해한다는 언급은 없다.
③ 원근법 때문이라는 합리적 지식을 통해 진실이 드러난다는 내용이다.
④ 다양한 경험을 하면 진실을 알게 된다는 것이 아니다.

K 84 정답 ① ＊유머를 통해 얻고자 하는 것

Humour involves / not just **practical disengagement** / but **cognitive disengagement**. //
유머는 포함한다 / 실제적인 이탈뿐만 아니라 / 인식의 이탈도
부사절 접속사(조건)
As long as something is funny, / we are **for the moment** not concerned / with whether it is real or fictional, true or false. //
어떤 것이 재미있다면 / 우리는 잠깐 관심을 두지 않는다 / 그것이 진짜인지 허구인지, 진실인지 거짓인지에 //
단서 1 유머를 들을 때 그것이 진짜인지 허구인지에 관심을 두지 않음

This is why we give considerable leeway / to people / **telling funny stories**. //
people을 수식하는 현재분사구
이것이 우리가 상당한 여지를 주는 이유이다 / 사람들에게 / 재미있는 이야기를 하는 //
If they are getting extra laughs / **by exaggerating** / the silliness of a situation / or even **by making up** a few details, /
병렬 구조
만약 그들이 추가 웃음을 얻고 있다면 / 과장함으로써 / 상황의 어리석음을 / 또는 심지어 몇 가지 세부 사항을 꾸며냄으로써 /
we are happy to grant them comic licence, / a kind of poetic licence. //
우리는 그들에게 기꺼이 희극적 파격을 허락한다 / 일종의 시적 파격 //
주어
Indeed, / **someone** / listening to a funny story / who tries to correct the teller /
단서 2 유머를 정확한 정보로 바로잡는 사람은 방해하지 말라는 말을 들을 것임
실제로 / 누군가는 / 재미있는 이야기를 듣고 있는 / 말하는 사람을 바로잡으려고 하는 /
— 'No, he didn't spill the spaghetti / on the keyboard and the monitor, / just on the keyboard' — **will** probably **be told** / by the other listeners / to stop interrupting. //
동사(미래 시제 수동태)
'아니야, 그는 스파게티를 쏟지 않았어 / 키보드와 모니터에 / 키보드에만 (쏟았어)' / 아마 들을 것이다 / 듣고 있는 다른 사람들에게서 / 방해하는 것을 멈추라고 //
The creator of humour is putting ideas / into people's heads / for 선행사 **the pleasure** / those ideas will bring, / not to provide **accurate** information. //
앞에 목적격 관계대명사가 생략됨
유머를 만드는 사람은 생각을 집어넣고 있다 / 사람들의 머릿속에 / 재미를 위해서 / 그 생각이 가져올 / 정확한 정보를 제공하기 위해서가 아니라 //

- **disengagement** ⓝ 이탈, 자유, 해방
- **be concerned with** ~에 관심을 두다   • **fictional** ⓐ 허구적인
- **considerable** ⓐ 상당한, 많은
- **exaggerate** ⓥ 과장하다, 지나치게 강조하다
- **silliness** ⓝ 어리석음, 우둔한 짓   • **make up** ~을 꾸며내다[지어내다]
- **grant** ⓥ 부여하다, 허락하다   • **licence** ⓝ (창작상의) 파격, 허용
- **poetic** ⓐ 시적인   • **correct** ⓥ (남의 실수를) 바로잡다[지적하다]
- **spill** ⓥ 쏟다, 흘리다   • **interrupt** ⓥ 방해하다, 중단하다

유머는 실제적인 이탈뿐만 아니라 인식의 이탈도 포함한다. 어떤 것이 재미있다면, 우리는 잠깐 그것이 진짜인지 허구인지, 진실인지 거짓인지에 관심을 두지 않는다. 이것이 우리가 재미있는 이야기를 하는 사람들에게 상당한 여지를 주는 이유이다. 만약 그들이 상황의 어리석음을 과장하거나 심지어 몇 가지 세부 사항을 꾸며서라도 추가 웃음을 얻고 있다면, 우리는 그들에게 기꺼이 희극적 파격, 일종의 시적 파격을 허락한다. 실제로, 재미있는 이야기를 듣고 있는 누군가가 '아니야, 그는 스파게티를 키보드와 모니터에 쏟은 것이 아니라 키보드에

만 쏟았어.'라며 말하는 사람을 바로잡으려고 하면 그는 아마 듣고 있는 다른 사람들에게서 방해하지 말라는 말을 들을 것이다. 유머를 만드는 사람은 사람들의 머릿속에 생각을 집어넣고 있는데, 그 생각이 가져올 재미를 위해서이지, **정확한** 정보를 제공하기 위해서가 아니다.

다음 빈칸에 들어갈 말로 가장 적절한 것을 고르시오.
① accurate 진짜인지 허구인지 관심을   ② detailed
정확한 두지 않음 상세한
③ useful ④ additional 추가적인 정보를 달라고
유용한 추가적인 요청한 예시가 아님
⑤ alternative 정확한 정보로 바로잡는
대안적인 예시를 들었음

〉왜 정답 ? [정답률 54%]   정확한 정보를 제공하는지 그렇지 않은지 꿀

어떤 것이 재미있다면 우리는 그것이 **진짜인지 허구인지, 진실인지 거짓인지**에 관심을 두지 않는다면서, 유머를 듣던 누군가가 정확한 정보(스파게티를 키보드와 모니터에 쏟은 것이 아니라 키보드에만 쏟았다는 것)로 유머를 바로잡으려고 하면 다른 사람들이 그에게 방해하지 말라고 할 것이라고 했다. 따라서 마지막 문장은 유머는 ① '정확한' 정보가 아니라 재미를 위한 것이라는 의미가 되어야 한다.

〉왜 오답 ?

②, ④ 유머를 말하는 사람을 방해하는 사람이 정확한 정보를 요청하는 것이지, 상세한 정보나 추가적인 정보를 요청하는 것이 아니다.

③, ⑤ 스파게티를 키보드와 모니터에 쏟은 것이 아니라 키보드에만 쏟았다고 바로 잡는 것이 유용하거나 대안적인 정보를 요청하는 것은 아니다.

K 85 정답 ④ ＊시대를 너무 앞서갔던 Mendel의 발견

주어, 선행사   주격 관계대명사   동사
An invention or discovery / **that** is too far ahead of its time / **is** worthless; / no one can follow. //
발명이나 발견은 / 시대를 너무 앞서간 / 가치가 없다 / 누구도 따라갈 수 없다 //
invites의 목적어와 목적격 보어   전치사 명사절
Ideally, / an innovation opens up only the next step / **from what is known** / and invites **the culture** / **to move** forward one hop. //
이상적으로 / 혁신은 단지 다음 단계만을 가능하게 하고 / 알려진 것으로부터 / 그 문화에 요청한다 / 한 걸음 앞으로 나아가도록 //
단서 1 이상적인 혁신은 한 걸음 오직 다음 단계만을 가능하게 함
An overly futuristic, unconventional, or visionary invention / 병렬 구조
can **fail** initially /
지나치게 미래지향적이거나 관행을 벗어나는 혹은 비현실적인 발명은 / 처음에는 실패할 수도 있다 /
(it may lack / essential not-yet-invented materials / or a critical market / or proper understanding) /
(그것은 부족할 수 있다 / 아직 발명되지 않은 필수적인 재료나 / 중요한 시장 / 또는 적절한 이해가) /
fail과 병렬 구조
yet **succeed** later, / when the ecology of supporting ideas catches up. //
하지만 나중에 성공할 수도 있다 / 아이디어를 뒷받침하는 생태 환경이 따라잡을 때 //
Gregor Mendel's 1865 theories of genetic heredity / were correct / but ignored **for** 35 years. //
〈기간〉의 전치사   단서 2 Mendel의 이론은 너무 앞서가서 35년 동안 무시됐음
Gregor Mendel의 1865년 유전 이론은 / 옳았지만 / 35년 동안 무시되었다 //
His sharp insights were not accepted / because they did not 앞에 목적격 관계대명사가 생략됨
explain the problems / **biologists had at the time**, /
그의 날카로운 통찰력은 받아들여지지 않았다 / 그것들이 문제들을 설명하지 않았기 때문에 / 생물학자들이 그 당시에 가졌던 /
nor did his explanation operate / by known mechanisms, / so 부정어가 문두로 오면서 주어와 동사가 도치됨
his discoveries were out of reach / even for the early adopters. //
그의 설명 역시 작동하지 않았기 때문에 / 알려진 메커니즘에 의해 / 그의 발견은 이해하기 어려웠다 / 얼리 어답터들에게도 //
생략 가능한 목적격 관계대명사
Decades later / science faced the urgent questions / **that** Mendel's discoveries could answer. // 단서 3 수십 년이 지나고 Mendel의 발견이 이상적인 혁신이 됨
수십 년 후 / 과학은 긴급한 질문에 직면했다 / Mendel의 발견이 답할 수 있는 //
Now his insights / **were only one step away**. //
이제 그의 통찰력은 / 단 한 걸음만 떨어져 있었다 //

Within a few years of one another, / three different scientists
each independently rediscovered / Mendel's forgotten work, /
계속적 용법의 관계대명사
which of course had been there all along. //
서로 몇 년 간격으로 / 세 명의 다른 과학자들이 각각 독립적으로 재발견했는데 / Mendel의
잊혀진 연구를 / 물론 그것은 줄곧 그곳에 있었다 //

- ahead of ~보다 앞선 · worthless ⓐ 가치가 없는
- ideally ⓐ 이상적으로 · open up ~을 가능하게 하다
- futuristic ⓐ 미래지향적인 · unconventional ⓐ 관습에 얽매이지 않는
- visionary ⓐ 비현실적인 · initially ⓐ 처음에는
- critical ⓐ 중요한 · catch up 따라잡다 · genetic ⓐ 유전의
- insight ⓝ 통찰력
- early adopter 얼리 어답터(신제품을 먼저 사서 써 보는 사람)
- urgent ⓐ 긴급한 · independently ⓐ 독립적으로

시대를 너무 앞서간 발명이나 발견은 가치가 없는데, 누구도 따라갈 수
없기 때문이다. 이상적으로, 혁신은 알려진 것으로부터 단지 다음 단계만을
가능하게 하고, 그 문화가 한 걸음 앞으로 나아가도록 요청한다. 지나치게
미래지향적이거나 관행을 벗어나는 혹은 비현실적인 발명은 처음에는 실패할
수도 있지만(아직 발명되지 않은 필수적인 재료나 중요한 시장 또는 적절한
이해가 부족할 수 있다) 아이디어를 뒷받침하는 생태 환경이 따라잡을 때
나중에 성공할 수도 있다. Gregor Mendel의 1865년 유전 이론은 옳았지만
35년 동안 무시되었다. 그의 날카로운 통찰력은 생물학자들이 그 당시에
가졌던 문제들을 설명하지 않았기 때문에 받아들여지지 않았고, 그의 설명
역시 알려진 메커니즘에 의해 작동하지 않았기 때문에 그의 발견은 얼리
어답터들에게도 이해하기 어려웠다. 수십 년 후 과학은 Mendel의 발견이 답할
수 있는 긴급한 질문에 직면했다. 이제 그의 통찰력은 단 한 걸음만 떨어져
있었다. 서로 몇 년 간격으로, 세 명의 다른 과학자들이 각각 독립적으로
Mendel의 잊혀진 연구를 재발견했는데, 물론 그 연구는 줄곧 그곳에 있었다.

다음 빈칸에 들어갈 말로 가장 적절한 것을 고르시오. [3점]

① caught up to modern problems Mendel의 연구는 줄곧 그곳에 있었음
　현대의 문제를 따라잡았다
② raised even more questions Mendel의 발견이 답할 수 있음
　훨씬 더 많은 의문을 제기했다
③ addressed past and current topics alike 과거에는 무시되었음
　과거와 현재의 주제를 동일하게 다루었다
④ were only one step away 이상적인 혁신은 오직 다음 단계만을 가능하게 함
　단 한 걸음만 떨어져 있었다
⑤ regained acceptance of the public 수용된 적이 없음
　대중에게 다시 수용되었다

왜 정답? [정답률 22%]

글의 앞부분	· 이상적인 혁신은 오직 다음 단계만을 가능하게 하고, 한 걸음 앞으로 나아갈 것을 요청함 · 지나치게 앞서간 발명/발견은 처음에는 실패할 수 있지만 나중에 성공할 수도 있음
예시	이제(수십 년 후) Mendel의 통찰력은 ＿＿＿＿＿＿＿ 했다.
빈칸 문장	· Gregor Mendel의 1865년 유전 이론은 옳았지만, 당시에는 받아들여지지 않았음 · 수십 년 후 과학은 Mendel의 발견이 답할 수 있는 질문에 직면했음

➡ 당시에는 인정받지 못했던 Mendel의 발견이 수십 년이 지난 후에 성공한,
이상적인 혁신이 되었다는 내용이다.

▶ 이상적인 혁신이란 오직 다음 단계만을 가능하게 한다고 했으므로 Mendel의
혁신을 설명하는 빈칸에는 ④ '단 한 걸음만 떨어져 있었다'가 적절하다.

왜 오답?

① Mendel의 발견이 현대의 문제를 따라잡은 게 아니라, 생태 환경이 Mendel의
아이디어를 따라잡은 것이다. (▶◀ 이유: Mendel의 1865년 유전 이론은 35년
동안 무시된 상태로 있었음)
② 긴급한 질문에 Mendel의 발견이 답할 수 있었다.
③ 과거의 문제들은 설명하지 않았다.
⑤ 수용된 적이 없으므로 regained는 적절하지 않다.

Over the last decade / the attention / given to how children learn
to read / has foregrounded / the nature of *textuality*, /
지난 10년 동안 / 관심은 / 어린이가 읽는 법을 배우는 방법에 관한 / 전면으로 불러왔다 /
'텍스트성'의 본질 /
and of the different, interrelated ways / in which readers of all
ages / make texts mean. //
그리고 다양하고 상호 연관된 방식의 / 모든 나이의 독자가 / 텍스트를 의미하게 하는 //

'Reading' now applies / to a greater number of representational
forms / than at any time in the past: / pictures, maps, screens,
design graphics and photographs are all regarded / as text. //
이제 '읽기'는 적용된다 / 훨씬 더 많은 표현 형식에 / 과거 어느 시대보다 / 그림, 지도, 화면,
디자인 그래픽, 사진이 모두 여겨진다 / 텍스트로 //
단서 1 이제 읽기는 훨씬 더 많은 표현 형식에 적용됨
In addition to the innovations / made possible in picture books /
by new printing processes, / design features also predominate /
in other kinds, / such as books of poetry and information texts. //
혁신에 더해 / 그림책에서 가능해진 / 새로운 인쇄 공정에 의해 / 디자인적 특징이 두드러진다
/ 다른 종류에서도 / 시집이나 정보 텍스트와 같은 //

Thus, / reading becomes / a more complicated kind of
interpretation /
이처럼 / 읽기는 된다 / 더 복잡한 종류의 해석이 /
than it was when children's attention was focused / on the
printed text, / with sketches or pictures as an adjunct. //
어린이들의 주의가 집중될 때보다 / 인쇄된 텍스트에 / 스케치나 그림을 부속물로 가질
때보다 //
단서 2 읽기는 인쇄된 텍스트보다 더 복잡한 종류의 해석이 됨

Children now learn / from a picture book / that words and
illustrations complement and enhance each other. //
이제 어린이들은 배운다 / 그림책을 통해 / 글과 삽화가 서로를 보완하여 향상한다는 것을 //

Reading is not simply **word recognition**. //
읽기는 단순히 단어 인식이 아니다 //

Even in the easiest texts, / what a sentence 'says' / is often not /
what it means. // 단서 3 문장이 말하는 것이 의미하는 것은 아님
아무리 쉬운 텍스트에서도 / 문장이 '말하는 것'은 / 흔히 아니다 / 그 문장이 의미하는 것이 //

- foreground ⓥ 특히 중시하다 · textuality ⓝ 텍스트성
- interrelated ⓐ 상호 연관된 · representational ⓐ 표현의, 나타내는
- predominate ⓥ 두드러지다, 지배적이다 · illustration ⓝ 삽화
- complement ⓥ 보완하다 · enhance ⓥ 높이다, 향상하다

지난 10년 동안 어린이가 읽는 법을 배우는 방법에 관한 관심은 '텍스트성'의
본질과 모든 나이의 독자가 텍스트를 의미하게 하는 다양하고 상호 연관된
방식의 본질을 전면으로 불러왔다. 이제 '읽기'는 과거 어느 시대보다 훨씬
더 많은 표현 형식에 적용되는데, 그림, 지도, 화면, 디자인 그래픽, 사진이
모두 텍스트로 여겨진다. 새로운 인쇄 공정에 의해 그림책에서 가능해진
혁신에 더해, 시집이나 정보 텍스트와 같은 다른 종류에서도 디자인적 특징이
두드러진다. 이처럼, 읽기는 어린이들의 주의가 인쇄된 텍스트에 집중되고
스케치나 그림이 부속물일 때보다 더 복잡한 종류의 해석이 된다. 이제
어린이들은 그림책을 통해 글과 삽화가 서로를 보완하여 향상한다는 것을
배운다. 읽기는 단순히 단어 인식이 아니다. 아무리 쉬운 텍스트에서도 흔히
문장이 '말하는 것'이 그 문장이 의미하는 것이 아니다.

다음 빈칸에 들어갈 말로 가장 적절한 것을 고르시오.

① knowledge acquisition 읽기가 단순히 지식 습득이 아니라는 내용은 아님
　지식 습득
② word recognition 읽기는 단순히 인쇄된 단어를 인식하는 것이 아니라는 내용임
　단어 인식
③ imaginative play 읽기가 창의적 놀이가 아니라는 언급은 아예 없음
　창의적인 놀이
④ subjective interpretation 더 복잡한 종류의 해석이 된다고 했음
　주관적인 해석
⑤ image mapping 사진, 그림 등이 언급된 것으로 만든 오답
　이미지 맵핑

| 빈칸 문장 | 읽기는 단순히 '~'이 아니다. |

➡ 빈칸에는 읽기가 단순히 무엇이 아니라고 하는지가 들어가야 한다.

- 이제 '읽기'는 과거 어느 시대보다 훨씬 더 많은 표현 형식에 적용된다. **단서1**
- 읽기는 어린이들의 주의가 인쇄된 텍스트에 집중되고 스케치나 그림이 부속물일 때보다 더 복잡한 종류의 해석이 된다. **단서2**
- 아무리 쉬운 텍스트에서도 흔히 문장이 '말하는 것'이 그 문장이 의미하는 것이 아니다. **단서3**

➡ 이제는 글뿐만 아니라 그림, 지도, 화면, 디자인 그래픽, 사진이 모두 텍스트로 여겨지므로 읽기 또한 이러한 다양한 표현 방식에 적용되고 읽기가 인쇄된 텍스트에 집중하는 것보다 더 복잡한 종류의 해석이 되며, 문장이 말하는 것이 문장이 의미하는 것은 아니라는 내용의 글이다.

▶ 그러므로 읽기는 단순한 '단어 인식'이 아니라는 것이 되어야 하므로 ②이 정답이다.

왜 오답?

① 읽기가 단순히 지식 습득이 아니라고 하지 않았다.
③ 읽기가 창의적인 놀이가 아니라는 내용은 나오지 않았다.
④ 더 복잡한 종류의 해석이 된다고 했으므로 빈칸에 들어갈 말로 적절하지 않다.
⑤ 사진, 그림 등이 언급된 것으로 만든 오답일 뿐, 읽기가 단순히 이미지 맵핑은 아니라는 내용이 아니다.

류이레 | 연세대 의예과 2024년 입학·광주대동고 졸

이 문제에서는 '글을 읽는 방법을 배우는 것'을 화제로 글이 시작되고 바로 필자의 생각이 나타나는데, 필자는 그림이나 지도와 같은 요소들이 글과 높은 관련성을 지니는 것으로 인식된다고 했어.

Thus 뒤에서 '읽기'가 그림과 같은 부속물들과 함께 있는 대상을 해석하는 복잡한 과정이라고 하며 주장을 끝맺지. 이를 토대로 '필자는 글을 읽는 과정을 단순한 글자 인식으로 여기지 않는구나!'라고 생각했고, 빈칸 앞의 not에 유의하며 정답을 고를 수 있었지.

K 87 정답 ⑤ *소멸한 컴퓨터 아티스트

Young contemporary artists / who employ digital technologies / in their practice / rarely make reference to computers. //
젊은 현대 미술가들은 / 디지털 기술을 이용하는 / 자기 일에 / 컴퓨터를 거의 언급하지 않는다 //

For example, / Wade Guyton, / an abstractionist / who uses a word processing program and inkjet printers, / does not call himself a computer artist. // **단서1** 젊은 현대 미술가인 Wade Guyton은 스스로를 컴퓨터 아티스트라고 부르지 않음
예를 들어 / Wade Guyton은 / 추상파 화가인 / 워드 프로세싱 프로그램과 잉크젯식 프린터를 사용하는 / 자신을 컴퓨터 아티스트라고 부르지 않는다 //

Moreover, / some critics, / who admire his work, / are little concerned / about his extensive use of computers / in the art-making process. //
게다가 / 몇몇 비평가들은 / 그의 작품을 높이 평가하는 / 거의 신경 쓰지 않는다 / 그의 광범위한 컴퓨터 사용에 관해 / 예술 창작 과정에서 //

This is a marked contrast / from three decades ago / when artists / who utilized computers / were labeled by critics / — often disapprovingly — / as computer artists. //
이것은 뚜렷한 대조이다 / 30년 전과 / 미술가들이 / 컴퓨터를 활용하는 / 비평가들에 의해 명명되었던 / 자주 탐탁지 않게 / 컴퓨터 아티스트라고 // **단서2** 30년 전에는 컴퓨터를 활용하는 미술가들을 컴퓨터 아티스트라고 명명했음

For the present generation of artists, / the computer, or more appropriately, the laptop, / is one /
현세대의 미술가들에게 / 컴퓨터 혹은 더욱 적절히는 휴대용 컴퓨터는 / 하나이다 /

in a collection of integrated, portable digital technologies / that link their social and working life. //
일련의 통합된, 휴대 가능한 디지털 기술 중 / 그들의 사회생활과 직업 생활을 연결하는 //

With tablets and cell phones / surpassing personal computers / in Internet usage, /
with+(대)명사+현재분사: ~이 …한 채로
태블릿 컴퓨터와 휴대 전화가 / 개인용 컴퓨터를 능가하고 / 인터넷 사용에서 /

and as slim digital devices resemble nothing / like the room-sized mainframes and bulky desktop computers / of previous decades, / **단서3** 오늘날의 디지털 기기들은 예전의 컴퓨터 같지 않음
(이유)의 부사절 접속사
그리고 얇은 디지털 기기들이 전혀 닮지 않았으므로 / 방 크기의 중앙 컴퓨터와 부피가 큰 탁상용 컴퓨터와 / 수십 년 전의 /

it now appears / that the computer artist is finally extinct. //
가주어 / 진주어절 접속사
오늘날에는 ~으로 보인다 / 컴퓨터 아티스트가 결국 소멸한 것으로 //

- **contemporary** ⓐ 현대의, 동시대의
- **employ** ⓥ (기술·방법 등을) 쓰다[이용하다]
- **practice** ⓝ (의사·변호사 등 전문직 종사자의) 업무
- **reference** ⓝ 언급, 참조 • **abstractionist** ⓝ 추상파 화가
- **critic** ⓝ 비평가, 평론가 • **admire** ⓥ 칭찬하다, 감탄하다
- **marked** ⓐ 뚜렷한 • **contrast** ⓝ 차이, 대조
- **label** ⓥ 꼬리표를 붙이다, (~라고) 분류하다
- **disapprovingly** ⓐⓓ 못마땅하여, 비난하여
- **appropriately** ⓐⓓ 적당하게, 알맞게 • **integrate** ⓥ 통합하다
- **portable** ⓐ 휴대가 쉬운, 휴대용의 • **surpass** ⓥ 능가하다, 뛰어넘다
- **resemble** ⓥ 닮다, 비슷하다 • **bulky** ⓐ 부피가 큰

자기 일에 디지털 기술을 이용하는 젊은 현대 미술가들은 컴퓨터를 거의 언급하지 않는다. 예를 들어, 워드 프로세싱 프로그램과 잉크젯식 프린터를 사용하는 추상파 화가인 Wade Guyton은 자신을 컴퓨터 아티스트라고 부르지 않는다. 게다가, 그의 작품을 높이 평가하는 몇몇 비평가들은 예술 창작 과정에서 그의 광범위한 컴퓨터 사용에 관해 거의 신경 쓰지 않는다. 이것은 컴퓨터를 활용하는 미술가들이 비평가들에 의해, 자주 탐탁지 않게, 컴퓨터 아티스트라고 명명되었던 30년 전과 뚜렷이 대조된다. 현세대의 미술가들에게 컴퓨터, 혹은 더욱 적절히는 휴대용 컴퓨터는, 그들의 사회생활과 직업 생활을 연결하는 일련의 통합된, 휴대 가능한 디지털 기술 중 하나이다. 인터넷 사용에서 태블릿 컴퓨터와 휴대 전화가 개인용 컴퓨터를 능가하는 상황에서, 그리고 얇은 디지털 기기들이 수십 년 전의 방 크기의 중앙 컴퓨터와 부피가 큰 탁상용 컴퓨터와 전혀 닮지 않았으므로, 오늘날에는 컴퓨터 아티스트가 결국 **소멸한** 것으로 보인다.

다음 빈칸에 들어갈 말로 가장 적절한 것을 고르시오.

① awake 깨어 있는 컴퓨터 아티스트가 있었던 것은 30년 전임
② influential 영향력 있는 컴퓨터를 사용하든 말든 상관하지 않음
③ distinct 뚜렷이 다른 뚜렷이 다른 게 아니라 사라졌음
④ troublesome 골칫거리의 디지털 기술을 이용하는 것이 자연스러움
⑤ extinct 소멸한 30년 전에는 있었지만 오늘날에는 없음

왜 정답? [정답률 37%]

30년 전에는 컴퓨터를 활용하는 미술가들을 컴퓨터 아티스트라고 명명했지만, 오늘날 디지털 기술을 이용하는 젊은 현대 미술가들은 컴퓨터를 거의 언급하지 않고, Wade Guyton은 디지털 기술을 이용하더라도 자신을 컴퓨터 아티스트라고 부르지 않는다고 했다.
또한, 오늘날의 디지털 기기들은 예전의 컴퓨터와 전혀 닮지 않았고, 인터넷 사용에 있어 태블릿과 휴대 전화가 개인용 컴퓨터를 능가한다고 한 것으로 보아 마지막 문장은 컴퓨터 아티스트가 오늘날에는 결국 ⑤ '소멸한' 것으로 보인다는 내용이 되어야 한다.

왜 오답?

① 30년 전, 수십 년 전과 달리 오늘날에는 컴퓨터 아티스트가 존재하지 않는다는 내용이다.
② 워드 프로세싱 프로그램 등의 디지털 기술을 이용하더라도 스스로를 컴퓨터 아티스트라고 부르지 않는다고 했으므로 컴퓨터 아티스트가 영향력을 갖는 것이 아니다.
③ 컴퓨터 아티스트가 30년 전과 뚜렷이 대조되는 것이 아니라 더이상 존재하지 않는 것이다.
④ 오늘날에는 디지털 기술을 이용하는 것에 거의 신경 쓰지 않는다고 했으므로 컴퓨터 아티스트가 골칫거리라는 말은 글에 맞지 않는다.

Concepts of nature / are always cultural statements. //
자연에 대한 개념은 / 항상 문화적 진술이다 //

This may not strike Europeans / as much of an insight, / for
Europe's landscape is so much of a blend. //
much of a(n): 대단한, 심한, 지독한
부사절 접속사(이유)
이것은 유럽인들에게 인상을 주지 않을 수도 있다 / 대단한 통찰이라는 / 유럽의 풍경은 너무
나 많이 혼합되어 있기 때문에 //
크게[대단히] ~한

But in the new worlds / — 'new' at least to Europeans — /
the distinction appeared much clearer / not only to European
settlers and visitors / but also to their descendants. //
비교급 강조 부사
not only A but also B(A뿐만 아니라 B도)로 연결된 전치사구
선행사
그러나 새로운 세계에서 / 적어도 유럽인들에게는 '새로운' 그 차이는 훨씬 더 분명해 보였다
/ 유럽 정착민과 방문객뿐만 아니라 / 그들의 후손에게도 //

For that reason, / they had the fond conceit / of primeval nature
/ uncontrolled by human associations / which could later find
expression / in an admiration for wilderness. //
주격 관계대명사
그런 이유로 / 그들은 허황된 생각을 갖고 있었다 / 원시 자연이라는 / 인간과의 연관에 의해
통제되지 않는 / 후에 표현을 찾을 수 있었던 / 황야에 대한 감탄에서 //

Ecological relationships certainly have / their own logic /
생태학적 관계는 확실히 가지고 있었고 / 그 나름의 논리를 /

and in this sense / 'nature' can be seen to have / a self-regulating
but not necessarily stable dynamic / independent of human
intervention. //
단서 1 자연이 인간의 개입과 무관한 역동성을
가지고 있다는 내용에 역접으로 연결됨
이런 의미에서 / '자연'은 가지고 있다고 보일 수 있다 / 자율적이지만 반드시 안정적이지는 않
은 역동성을 / 인간의 개입과 무관하게 //

But / the context for ecological interactions / has increasingly
been set / by humanity. //
may not determine의 목적어절
그러나 / 생태학적 상호 작용의 맥락은 / 점점 더 설정되어 왔다 / 인류에 의해 //

We may not determine / how or what a lion eats / but we
certainly can regulate / where the lion feeds. //
can regulate의 목적어절
우리는 정하지 못할 수도 있지만 / 사자가 어떻게 또는 무엇을 먹는지는 / 우리는 확실히 규제
할 수 있다 / 사자가 어디에서 먹이를 먹을지는 //
단서 2 사자가 어디에서 먹이를 먹을지는
인간이 규제할 수 있음

- concept ⓝ 개념 - cultural ⓐ 문화와 관련된 - statement ⓝ 진술
- strike A as B A에게 B라는 인상을 주다 - insight ⓝ 통찰력
- landscape ⓝ 풍경 - blend ⓝ 혼합(물) - distinction ⓝ 차이, 구분
- settler ⓝ 정착민 - descendant ⓝ 후손, 자손
- fond ⓐ 허황된, 좋아하는 - uncontrolled ⓐ 통제되지 않은
- association ⓝ 연관(성), 협회 - expression ⓝ 표현, 표정
- admiration ⓝ 감탄, 존경 - wilderness ⓝ 황야, 황무지
- ecological ⓐ 생태계[학]의 - certainly ⓐⓓ 분명히, 틀림없이
- logic ⓝ 논리 - self-regulating ⓐ 자체적으로 규제하는
- not necessarily 반드시 ~은 아닌 - stable ⓐ 안정된
- dynamic ⓝ 역동성 - independent of ~와는 관계없이
- intervention ⓝ 개입, 중재, 조정 - context ⓝ 맥락, 전후 사정
- interaction ⓝ 상호 작용 - determine ⓥ 결정하다, 알아내다
- regulate ⓥ 규제[통제]하다

자연에 대한 개념은 항상 문화적 진술이다. 이것은 유럽인들에게 대단한 통찰
이라는 인상을 주지 않을 수도 있는데, 유럽의 풍경은 너무나 많이 혼합되어 있
기 때문이다. 그러나 새로운, 적어도 유럽인들에게는 '새로운', 세계에서, 그 차
이는 유럽 정착민과 방문객뿐만 아니라 그들의 후손에게도 훨씬 더 분명해 보였
다. 그런 이유로, 그들은 후에 황야에 대한 감탄에서 표현을 찾을 수 있었던 인
간과의 연관에 의해 통제되지 않는 원시 자연이라는 허황된 생각을 갖고 있었
다. 생태학적 관계는 확실히 그 나름의 논리를 가지고 있었고, 이런 의미에서
'자연'은 인간의 개입과 무관하게, 자율적이지만 반드시 안정적이지는 않은 역
동성을 가지고 있다고 볼 수 있다. 그러나 생태학적 상호 작용의 맥락은 **점점 더
인류에 의해 설정되어 왔다.** 우리는 사자가 어떻게 또는 무엇을 먹는지는 정하
지 못할 수도 있지만, 사자가 어디에서 먹이를 먹을지는 확실히 규제할 수 있다.

다음 빈칸에 들어갈 말로 가장 적절한 것을 고르시오. [3점]
① has supported new environment-friendly policies
새로운 친환경적인 정책을 지지해 왔다
'정책'과 관련된 내용이 아님
② has increasingly been set by humanity
점점 더 인류에 의해 설정되어 왔다
인간의 개입과 무관하다는 것과 반대되는 내용
③ inspires creative cultural practices
창의적인 문화적 관행을 고취한다
cultural statements로 만든 오답
④ changes too frequently to be regulated
너무 자주 바뀌어 규제될 수 없다
생태학적 상호 작용의 맥락이 자주 바뀐다는 것이 아님
⑤ has been affected by various natural conditions
다양한 자연의 조건에 의해 영향을 받아 왔다
'인간'의 영향을 받는다는 것임

＞왜 정답 ？ [정답률 56%]

자연이 인간의 개입과 무관하게 자율적인 (그러나 반드시 안정적이지는 않은) 역동
성을 가지고 있는 것으로 보일 수 있다는 내용에 역접의 연결어 But으로 이어진 것으
로 보아 빈칸 문장은 생태학적 상호 작용의 맥락이 ② '점점 더 인류에 의해 설정
되어 왔다'는 내용이 되어야 한다. 이어지는 문장에서도 사자가 어떻게, 무엇을 먹
는지는 **인간의 개입 없이 결정되지만,** 사자가 먹이를 어디에서 먹는지는 **인간이 규
제할 수 있다**고 했다.

but으로 이어지는 내용이 핵심이며, 낮은 가능성을
나타내는 조동사 may와 부사 certainly의 수식을
받는 조동사 can이 대조됨 

＞왜 오답 ？

① 자연에 대한 인간의 개입에 관련된 내용인 것은 맞지만, 정책을 통한 인간의 개
   입을 설명하는 것은 아니다.
③ 자연에 대한 개념이 항상 문화적 진술(cultural statements)이라고 한 첫 문장
   으로 만든 오답이다.
④ 이어지는 문장에서 생태학적 상호 작용의 맥락이 인간에 의해 규제됨을 보여주는
   예시를 들었으므로 정답이 될 수 없다.
⑤ 생태학적 상호 작용의 맥락이 자연적 조건의 영향을 받는다는 것이 아니라 인간
   의 영향을 받는다는 내용이다.

for example 등의 연결어가 등장하지는 않지만, 내용상 앞 문장에 대한 예시임 

K 89 정답 ② ★ 2등급 대비 [정답률 53%]

＊스포츠 저널리스트가 겪는 역설

There is something deeply paradoxical / about the professional
status of sports journalism, / especially in the medium of
print. //
형용사의 후치 수식을 받는 -thing
단서 1 스포츠 저널리즘의 전문적 지위에 관한 역설에 대해 이야기하는 글임
매우 역설적인 것이 있다 / 스포츠 저널리즘의 전문적 지위에 관해서 / 특히 인쇄 매체에서 //

In discharging their usual responsibilities / of description and
commentary, / reporters' accounts of sports events / are eagerly
consulted by sports fans, /
복수 주어
복수 동사
단서 2 스포츠 팬들은 스포츠 기자들의 기사를 열심히 찾아 읽음
그들의 통상적인 책무를 이행하는 것에 있어 / 설명과 논평이라는 / 스포츠 경기에 관한
기자들의 설명은 / 스포츠 팬들에 의해 열심히 찾아진다 /

while in their broader journalistic role / of covering sport / in its
many forms, / sports journalists are among the most visible / of
all contemporary writers. //
the+형용사: 사람을 나타내는 복수 보통명사
반면에 그들의 더 폭넓은 저널리스트의 역할에서 / 스포츠를 취재하는 / 여러 형식으로 /
스포츠 저널리스트는 가장 눈에 띄는 이들 가운데 있다 / 동시대의 모든 작가 중에서 //

The ruminations / of the elite class / of 'celebrity' sports
journalists / are much sought after / by the major newspapers, /
seek after와 같은 구동사는 하나의 동사로 취급하여 수동태로 전환함
생각은 / 엘리트 계층의 / '유명인급' 스포츠 저널리스트 중 / 많이 추구되고 / 주요 신문사들에
의해 /
주어가 생략되지 않음(독립 분사구문)

their lucrative contracts being the envy of colleagues / in other
'disciplines' of journalism. //
그들의 돈을 많이 버는 계약은 동료들의 선망 대상이 된다 / 저널리즘의 다른 '부문'에 있는 //

Yet sports journalists do not have a standing / in their profession
/ that corresponds to the size / of their readerships or of their
pay packets, /
선행사
주격 관계대명사
단서 3 하지만 스포츠 기자는 독자 수나 급여 액수의 크기에
상응하는 지위를 누리지 못함
그러나 스포츠 저널리스트는 지위를 누리지 못한다 / 그들의 전문성에서의 / 크기에 상응하는
/ 그들의 독자 수나 급여 액수의 /

with the old saying / (now reaching the status of cliché) / that
sport is the 'toy department of the news media' /
동격절 접속사
옛말과 더불어 / (이제는 상투적인 문구의 지위에 이르는) / 스포츠는 '뉴스 매체의 장난감
부서'라는 /

still readily to hand / as a dismissal of the worth / of **what sports journalists do**. //
전치사 of의 목적어로 쓰인 명사절
여전히 쉽게 건네지는 / 가치를 묵살하는 말로 / 스포츠 저널리스트들이 하는 일의 //

This reluctance / **to take** sports journalism seriously / **produces**
단수 주어 / 형용사적 용법(reluctance 수식) / 단수 동사
the paradoxical outcome / **that** sports newspaper writers / are
주격보어 / 동격절 접속사
much read but **little admired**. //
이러한 꺼림은 / 스포츠 저널리즘을 진지하게 여기기를 / 역설적인 결과를 낳는다 / 스포츠
신문 작가들이 / 많이 읽히지만 거의 존경받지 못하는 //

- paradoxical ⓐ 역설적인
- commentary ⓝ 해설, 논평
- eagerly 〔ad〕 열렬히, 열심히
- cover ⓥ 다루다, 취재하다
- discipline ⓝ 분야, 부문
- correspond ⓥ 상응하다
- pay packet 급여 봉투
- reluctance ⓝ 꺼림, 내키지 않음
- censor ⓥ 검열하다
- description ⓝ 설명, 서술
- account ⓝ 말, 설명
- consult ⓥ 찾아보다
- contemporary ⓐ 동시대의
- standing ⓝ 지위
- readership ⓝ (특정 신문 등의) 독자 수[층]
- dismissal ⓝ 묵살, 일축
- admire ⓥ 존경하다, 선망하다

스포츠 저널리즘의 전문적 지위에 관해서, 특히 인쇄 매체에서, 매우 역설적인 것이 있다. 기자들이 설명하고 논평하는 통상적으로 자신이 맡은 일을 이행할 때, 스포츠 팬들이 스포츠 경기에 관한 기자들의 설명을 열심히 찾아보는 반면, 여러 형식으로 스포츠를 취재하는 그들의 더 폭넓은 저널리스트의 역할에서 스포츠 저널리스트는 동시대의 모든 작가 중에서 가장 눈에 띄는 이들 가운데 있다.

'유명인급' 스포츠 저널리스트 중 엘리트 계층의 생각은 주요 신문사들이 많이 원하고, 그들의 돈을 많이 버는 계약은 저널리즘의 다른 '부문'에 있는 동료들의 선망 대상이 된다. 그러나 스포츠 저널리스트는 스포츠는 스포츠 저널리스트들이 하는 일의 가치를 묵살하는 말로 여전히 쉽게 건네지는 '뉴스 매체의 장난감 부서'라는 (이제는 상투적인 문구의 지위에 이르는) 옛말과 더불어 그들의 독자 수나 급여 액수의 크기에 상응하는 그들의 전문성에서의 지위를 누리지 못한다. 이렇게 스포츠 저널리즘을 진지하게 여기기를 꺼리는 것은 스포츠 신문 작가들이 많이 읽히지만 거의 **존경받지** 못하는 역설적인 결과를 낳는다.

다음 빈칸에 들어갈 말로 가장 적절한 것을 고르시오.

① paid 많은 돈을 번다고 했음 / 돈을 받는
② admired 전문성에서의 지위를 누리지 못함 / 존경받는
③ censored 기사 검열에 대한 내용이 아님 / 검열되지
④ challenged 의문이 제기되지
⑤ discussed 논의되지 — 스포츠 기자의 의견에 의문을 제기하거나 그것을 논의한다는 언급은 없음

왜 2등급? 각각의 문장이 너무 길어서 정확히 해석하기가 무척 어려운 글이다. 하지만 첫 문장을 읽고 '스포츠 저널리즘의 전문적 지위에 관한 역설'이 이 글의 소재임을 파악한 후, 단서 스포츠 저널리스트의 설명(기사)이 스포츠 팬들에 의해 열심히 읽힌다는 것과 (그럼에도 불구하고) 스포츠 저널리스트가 그들의 전문성에서의 지위를 누리지 못한다는 것만 파악하면 정답을 찾는 것은 어렵지 않을 것이다. 발상

| 문제 풀이 순서 |

1st 빈칸이 포함된 문장의 내용을 파악하고, 빈칸에 들어갈 말에 대한 단서를 얻는다.

빈칸 문장	This reluctance to take sports journalism seriously produces the paradoxical outcome that sports newspaper writers are much read but little __________. 이렇게 스포츠 저널리즘을 진지하게 여기기를 꺼리는 것은 스포츠 신문 작가들이 많이 읽히지만 거의 __________ 못하는 역설적인 결과를 낳는다.

➡ 스포츠 저널리즘을 진지하게 여기기를 꺼리는 현상은 스포츠 신문 작가들이 거의 '무엇'하지 못하는 역설적인 결과를 낳는다고 했다. 글의 나머지 부분에서 앞서 말한 현상이 스포츠 신문 작가들에게 어떤 부정적인 영향을 미치는지 확인한다.

2nd **Yet**으로 시작하는 문장에서 글의 흐름이 계속 전환되는 것에 주목한다.

- 스포츠 저널리즘의 전문적 지위에 관해서, 특히 인쇄 매체에서, 매우 역설적인 것이 있다. 단서 1
- 스포츠 팬들이 스포츠 경기에 관한 기자들의 설명을 열심히 찾아보는 … 단서 2
- 그러나(Yet) 스포츠 저널리스트는 … 그들의 독자 수나 급여 액수의 크기에 상응하는 그들의 전문성에서의 지위를 누리지 못한다. 단서 3
- 스포츠는 스포츠 저널리스트들이 하는 일의 가치를 묵살하는 말로 … 단서 4

➡ 글의 전반부는 스포츠 저널리즘의 전문적 지위는 역설적이라고 하며 스포츠 저널리즘이 선망되는 측면을 보여준다. 단서 1 단서 2 역접의 연결어 Yet으로 이어지는 후반부에서 스포츠 기자는 전문성에 상응하는 지위를 누리지 못하며, 그들이 하는 일의 가치를 묵살하는 옛말이 쉽게 건네진다고 했다. 단서 3 단서 4 즉, 스포츠 저널리즘이 선망되기도 하지만 역설적으로 그 일의 가치를 인정받지 못한다는 내용의 글이다.

▶ 빈칸 문장은 〈스포츠 저널리즘을 진지하게 여기기를 꺼리는 것은 스포츠 신문 작가들이 많이 읽히지만 거의 ② '존경받지' 못하는 역설적인 결과를 낳는다.〉라는 내용이 되어야 함

3rd 글의 내용을 다시 한번 정리하며 정답이 맞는지 확인한다.

➡ 이 글은 선망받기도 하면서 인정받지 못하는 스포츠 저널리즘의 역설적인 지위에 관한 내용이다. 스포츠 저널리즘의 가치를 묵살하는 경향과 전문성의 지위를 누리지 못하는 현상으로 인해 스포츠 신문 작가들이 많이 읽히면서도 존경받지 못한다는 내용이 자연스럽다.

▶ 따라서 빈칸에 들어갈 말로 가장 적절한 것은 ② '존경받지'이다.

| 선택지 분석 |

① 스포츠 저널리스트의 돈을 많이 버는 계약이 다른 부문에 있는 동료들의 선망의 대상이 된다고 했다.
② 스포츠 신문 작가들은 그들의 전문성을 인정받지 못하므로 존경받지 못하는 것과 같다.
③ 스포츠 기사가 많이 읽히지만, 이들이 검열된다는 내용이 아니다.
④ 스포츠 기사가 많이 읽히지만, 이들에게 의문이 제기된다는 내용이 아니다.
⑤ 스포츠 기사가 많이 읽히지만, 이들이 논의되지 않는다는 내용이 아니다.

배경 지식

✻ 엠바고(embargo)

엠바고의 본래 뜻은 '선박의 억류 혹은 통상 금지'이나, 언론에서는 '어떤 뉴스 기사를 일정 시간까지 그 보도를 유보하는 것'을 말한다. 즉, 뉴스를 발표하는 시간을 일시적으로 제한하는 것이다.

취재 대상이 기자를 상대로 보도 자제를 요청하거나, 기자실에서 기자들 사이 합의에 따라 일정 시점까지 보도를 자제하겠다는 약속이며 국가 안보 사항 등 조기 보도할 경우 문제가 생기는 경우에 보도를 유보한다. 언론에서의 엠바고는 크게 보충 취재용 엠바고, 조건부 엠바고, 공공이익을 위한 엠바고, 관례적 엠바고의 네 가지 유형으로 나뉜다.

＊심리학은 정원, 문학은 황무지

In trying to explain / how different disciplines attempt / to understand autobiographical memory /
설명하려고 노력하는 것에 있어 / 서로 다른 학문이 어떻게 시도하는지를 / 자전적 기억을 이해하는 것을 /

the literary critic Daniel Albright said, / "Psychology is a garden, / literature is a wilderness." // 단서 1 심리학은 정원이고, 문학은 황무지임
문학평론가 Daniel Albright는 말했다 / '심리학은 정원이고 / 문학은 황무지이다'라고 //

He meant, / I believe, / that psychology seeks / to make patterns, / find regularity, / and ultimately impose order / on human experience and behavior. // 단서 2 심리학은 인간의 경험과 행동에 질서를 부여하는 것을 추구함
그는 의미했다 / 내가 믿기에 / 심리학은 추구한다는 것을 / 패턴을 만들고 / 규칙성을 찾으며 / 궁극적으로 질서를 부여하는 것을 / 인간의 경험과 행동에 //

Writers, by contrast, dive / into the unruly, untamed depths / of human experiences. // 단서 3 작가(문학)는 인간 경험의 제멋대로 굴고, 길들지 않은 깊이를 파고듦
반면에 작가는 파고든다 / 제멋대로 굴고, 길들지 않은 깊이 / 인간 경험의 //

What he said / about understanding memory / can be extended / to our questions / about young children's minds. //
그가 말한 것은 / 기억을 이해하는 것에 관해 / 확장될 수 있다 / 우리의 질문으로 / 어린아이의 마음에 관한 //

If we psychologists are too bent / on identifying the orderly pattern, / the regularities of children's minds, /
만약 우리 심리학자들이 너무 열중한다면 / 질서 있는 패턴을 밝히는 데 / 즉 아이 마음의 규칙성 /

we may miss / an essential and pervasive characteristic / of our topic: / the child's more unruly and imaginative ways / of talking and thinking. // 단서 4 심리학자가 아이 마음의 규칙성을 밝히는 데 너무 열중하면 아이의 제멋대로 굴고 상상력이 풍부한 방식을 놓칠 수 있음
우리는 놓칠 수도 있다 / 본질적이고 널리 퍼져 있는 특성을 / 우리 주제의 / 아이의 더 제멋대로 굴고 상상력이 풍부한 방식 / 말하고 생각하는 //

It is not only the developed writer or literary scholar / who seems drawn / toward a somewhat wild and idiosyncratic way of thinking; / young children are as well. //
비단 성숙한 작가나 문학 연구가뿐만 (~한 것이) 아니다 / 끌리는 것처럼 보이는 / 다소 거칠고 색다른 사고방식에 / 어린아이도 역시 그렇다 //

The psychologist / interested in young children / may have to venture / a little more often / into the wilderness / in order to get a good picture / of how children think. //
심리학자는 / 어린아이에게 관심이 있는 / 위험을 무릅쓰고 가야 할지도 모른다 / 조금 더 자주 / 황무지로 / 상황을 잘 파악하기 위해 / 아이가 어떻게 생각하는지에 관한 //

- discipline ⓝ 지식 분야, 학과목 ・ autobiographical ⓐ 자서전적인
- literary ⓐ 문학의, 문학적인 ・ wilderness ⓝ 황야, 버려진 땅
- regularity ⓝ 규칙적임, 정기적임 ・ impose ⓥ 도입하다, 부과하다
- untamed ⓐ 길들지 않은 ・ depth ⓝ 깊이
- orderly ⓐ 정돈된, 질서 있는 ・ essential ⓐ 필수적인, 본질적인
- imaginative ⓐ 창의적인, 상상력이 풍부한 ・ scholar ⓝ 학자, 장학생
- somewhat ⓐⅾ 어느 정도, 다소 ・ venture ⓥ (위험을 무릅쓰고) 가다

서로 다른 학문이 자전적 기억을 어떻게 이해하려고 하는지 설명하려고 노력할 때, 문학평론가 Daniel Albright는 '심리학은 정원이고, 문학은 황무지이다.'라고 말했다. 내가 믿기에, 그는 심리학은 패턴을 만들고, 규칙성을 찾으며, 궁극적으로 인간의 경험과 행동에 질서를 부여하는 것을 추구한다는 것을 의미했다. 반면에, 작가는 제멋대로 굴고, 길들지 않은 인간 경험의 깊이를 파고든다. 기억을 이해하는 것에 관해 그가 말한 것은 어린아이의 마음에 관한 우리의 질문으로 확장될 수 있다. 만약 우리 심리학자들이 질서 있는 패턴, 즉 아이 마음의 규칙성을 밝히는 데 너무 열중한다면, 우리는 우리 주제의 본질적이고 널리 퍼져 있는 특성, 즉 아이가 지닌 더 제멋대로 굴고 상상력이 풍부한 말하기 방식과 생각하기 방식을 놓칠 수도 있다. 다소 거칠고 색다른 사고방식에 끌리는 것처럼 보이는 것은 비단 성숙한 작가나 문학 연구가뿐만이 아니라, 어린아이도 역시 그렇다. 어린아이에게 관심이 있는

심리학자는 아이가 어떻게 생각하는지에 관한 상황을 잘 파악하기 위해 **조금 더 자주 위험을 무릅쓰고 황무지로 가야** 할지도 모른다.

다음 빈칸에 들어갈 말로 가장 적절한 것을 고르시오. [3점]
① venture a little more often into the wilderness 작가의 특징을 띠어야 함
　위험을 무릅쓰고 조금 더 자주 황무지로 가야
② help them recall their most precious memories 아이로 하여금 어떤 기억을
　그들이 자신의 가장 소중한 기억을 떠올리도록 도와야 　　떠올리게 해야 한다는 것이 아님
③ better understand the challenges of parental duty
　부모의 의무라는 난제를 더 잘 이해해야 　　　부모의 의무는 언급되지 않음
④ disregard the key characteristics of children's fiction
　아동 소설의 핵심 특징을 무시해야 　　　'문학', '작가'로 만든 오답
⑤ standardize the paths of their psychological development
　그들의 심리발달 경로를 표준화해야 　　표준화는 규칙성의 발견과 연관됨

:왜 2등급 ? 선택지에 비유적인 표현이 사용되어 곧바로 정답을 유추하기 어려운 2등급 대비 문제이다. 글의 전반부를 통해 '문학=황무지=불규칙성'이라는 관계를 정립한 후, 단서 '심리학자들이 아이가 지닌 불규칙적 사고방식을 놓치면 안 된다'라는 글의 주장을 찾아내어야 할 것이다. 발상 그렇다면 어린아이의 사고방식을 파악하려면 '황무지로 가야 한다'라는 정답을 찾을 수 있다.

| 문제 풀이 순서 |

1st 빈칸이 포함된 문장의 내용을 파악하고, 빈칸에 들어갈 말에 대한 단서를 얻는다.

빈칸 문장	The psychologist interested in young children may have to ＿＿＿＿＿＿＿＿＿ in order to get a good picture of how children think. 어린아이에게 관심이 있는 심리학자는 아이가 어떻게 생각하는지에 관한 상황을 잘 파악하기 위해 ＿＿＿＿＿ 할지도 모른다.

➡ 어린아이에게 관심이 있는 '심리학자'를 언급하며 아이가 어떻게 생각하는지에 관한 상황을 파악하려면 '무엇'을 할지도 모른다고 했다. 글의 나머지 부분에서 심리학자들이 어린아이의 사고 과정을 파악하기 위해 '무엇'을 할지 확인한다.

2nd 글의 내용을 종합해서 빈칸에 들어갈 적절한 말을 찾는다.

- '심리학은 정원이고, 문학은 황무지이다.' 단서 1
- 그는 심리학은 패턴을 만들고, 규칙성을 찾으며, 궁극적으로 인간의 경험과 행동에 질서를 부여하는 것을 추구한다는 것을 의미했다. 단서 2
- 반면에, 작가는 제멋대로 굴고, 길들지 않은 인간 경험의 깊이를 파고든다. 단서 3
- 만약 우리 심리학자들이 … 아이 마음의 규칙성을 밝히는 데 너무 열중한다면, 우리는 …, 즉 아이가 지닌 더 제멋대로 굴고 상상력이 풍부한 말하기 방식과 생각하기 방식을 놓칠 수도 있다. 단서 4

➡ '심리학=정원', '문학=황무지'라는 관계를 찾아낼 수 있다. 단서 1 한편 심리학이 규칙성을 찾는다는 것 단서 2, 작가(문학)가 제멋대로 구는 특성, 즉 불규칙성을 파악한다는 것 단서 3 을 알 수 있다.
이를 종합하면 '심리학=정원=규칙성', '문학=황무지=불규칙성'이라는 관계가 정립된다.
이어서 심리학자들이 아이 마음의 규칙성에만 열중하면 불규칙적인 생각하기 방식을 놓칠 수 있다고 했다. 단서 4
▶ 빈칸 문장은 〈어린아이에게 관심이 있는 심리학자는 … ① '조금 더 자주 위험을 무릅쓰고 황무지로 가야 할지도 모른다.〉라는 내용이 되어야 함

3rd 글의 내용을 다시 한번 정리하며 정답이 맞는지 확인한다.

➡ 이 글은 어린아이의 심리의 불규칙성에 관한 내용이다. 심리학자들은 규칙성을 추구하지만, 어린아이의 심리를 연구하는 심리학자들은 규칙성에 집착하지 않고 불규칙성, 즉 황무지로 나아가야 한다는 것이다.
▶ 따라서 빈칸에 들어갈 말로 가장 적절한 것은 ① '위험을 무릅쓰고 조금 더 자주 황무지로 가야'이다.

| 선택지 분석 |

① 어린아이의 심리를 연구하는 심리학자들은 아이의 불규칙적인 사고방식을 연구하는 것을 놓치지 말아야 한다는 내용이다.
② 아이의 사고방식을 파악하기 위해 심리학자가 아이로 하여금 어떤 기억을 떠올리게 해야 한다는 것이 아니다.
③ 아이의 사고방식을 연구하는 심리학자가 주의해야 하는 점을 설명한 것으로, 심리학자가 부모의 의무를 더 잘 이해해야 한다는 것은 아니다.
④ 작가처럼 인간 경험의 제멋대로 굴고 길들지 않은 깊이를 파고들어야 한다는 것이므로, 아동 소설의 핵심 특징을 무시해야 한다는 것은 아니다.
⑤ 표준화한다는 것은 규칙성을 발견하고자 하는 심리학자의 특징과 비슷한 의미이다. 이 글은 심리학자가 작가의 특징을 띠어야 한다고 주장하는 것이다.

✱ 장소와 노래를 연관시키는 유럽 울새

Emma Brindley has investigated / the responses of European robins / to the songs of neighbors and strangers. //
Emma Brindley는 조사해 왔다 / 유럽 울새의 반응을 / 이웃 새와 낯선 새의 노래에 대한 //
전치사   명사구

Despite the large and complex song repertoire / of European robins, / they were able to discriminate / between the songs of neighbors and strangers. //
크고 복잡한 노래 목록에도 불구하고 / 유럽 울새의 / 그것은 구별할 수 있었다 / 이웃 새와 낯선 새의 노래를 //

When they heard / a tape recording of a stranger, / they began to sing sooner,
부사절 접속사(시간)
그것이 들었을 때 / 낯선 새의 테이프 녹음 소리를 / 그것은 더 빨리 노래를 부르기 시작했고 /
sang more songs, / and overlapped their songs / with the playback / more often / than they did / on hearing a neighbor's song. //
began ~, sang ~, overlapped ~를 대신하는 대동사
더 많은 노래를 불렀으며 / 자기 노래를 겹치게 불렀다 / 재생된 노래와 / 더 자주 / 그것이 그랬던 것보다 / 이웃 새의 노래를 들었을 때 //

As Brindley suggests, / the overlapping of song / may be an aggressive response. //
Brindley가 말하는 것처럼 / 노래를 겹치게 하는 것은 / 공격적인 반응일 수도 있다 //
However, / this difference / in responding to neighbor versus stranger / occurred /
주어   동사(완전자동사) ✱   단서 1 이웃 새와 낯선 새에 대한 반응의 차이는 이웃 새의 노래가 특정 장소에서 재생되었을 때만 발생했음
그러나 / 이러한 차이는 / 이웃 새와 낯선 새에 대한 반응의 / 발생했다 /
only when the neighbor's song was played / by a loudspeaker / placed at the boundary / between that neighbor's territory and the territory of the bird / being tested. //
이웃 새의 노래가 재생되었을 때만 / 확성기로 / 경계에 놓인 / 그 이웃 새의 영역과 새의 영역 사이의 / 실험되고 있는 //
단서 2 같은 이웃 새의 노래가 다른 장소에서 재생되면 낯선 새의 울음으로 취급되었음
If the same neighbor's song was played / at another boundary, / one / separating the territory / of the test subject / from another neighbor, / it was treated / as the call of a stranger. //
같은 이웃 새의 노래가 재생되었을 경우 / 다른 경계에서 / 경계 / 영역을 분리하는 / 실험 대상의 / 또 다른 이웃 새에서 / 그것은 취급되었다 / 낯선 새의 울음으로 //

Not only does this result demonstrate / that the robins associate locality / with familiar songs, / but it also shows / that the choice of songs / used in playback experiments / is highly important. //
부정어가 맨 앞으로 나간 도치 구문
이 결과는 입증할 뿐만 아니라 / 울새가 장소를 연관시킨다는 것을 / 친숙한 노래와 / 그것은 또한 보여준다 / 노래의 선택이 / 재생 실험에 사용되는 / 매우 중요하다는 것을 //

- investigate ⓥ 조사[연구]하다 · response ⓝ 반응, 대답
- despite (prep) ~에도 불구하고 · complex ⓐ 복잡한
- repertoire ⓝ (할 수 있는) 모든 것[목록]
- discriminate ⓥ 식별하다, 차별하다 · recording ⓝ 녹음(된 것)
- overlap ⓥ 겹치게 하다, 포개지다 · playback ⓝ 재생(된 내용)
- suggest ⓥ 말하다, (뜻을) 비치다 · aggressive ⓐ 공격적인
- versus (prep) ~에 비해 · occur ⓥ 발생하다, 일어나다
- loudspeaker ⓝ 확성기 · boundary ⓝ 경계(선)
- separate ⓥ 분리하다, 나누다 · subject ⓝ 연구[실험] 대상
- treat ⓥ 대하다, 취급하다 · demonstrate ⓥ 입증하다
- highly (ad) 매우

Emma Brindley는 이웃 새와 낯선 새의 노래에 대한 유럽 울새의 반응을 조사해 왔다. 유럽 울새의 크고 복잡한 노래 목록에도 불구하고, 그것은 이웃 새와 낯선 새의 노래를 구별할 수 있었다. 낯선 새의 테이프 녹음 소리를 들었을 때, 그것은 이웃 새의 노래를 들었을 때 그랬던 것보다, 더 빨리 노래를 부르기 시작했고, 더 많은 노래를 불렀으며, 더 자주 자기 노래를 재생된 노래와 겹치게 불렀다. Brindley가 말하는 것처럼, 노래를 겹치게 하는 것은 공격적인 반응일 수도 있다. 그러나 이웃 새와 낯선 새에 대한 반응의 이러한 차이는, 그 이웃 새의 영역과 실험되고 있는 새의 영역 사이의 경계에 놓인 확성기로 이웃 새의 노래가 재생되었을 때만 발생했다. 같은 이웃 새의 노래가 다른 경계, 즉 실험 대

상의 영역을 또 다른 이웃 새에게서 분리하는 경계에서 재생되었을 경우, 그것은 낯선 새의 울음으로 취급되었다. 이 결과는 **울새가 장소를 친숙한 노래와 연관시킨다**는 것을 입증할 뿐만 아니라, 또한 재생 실험에 사용되는 노래의 선택이 매우 중요하다는 것을 보여준다.

다음 빈칸에 들어갈 말로 가장 적절한 것을 고르시오. [3점]

① variety and complexity characterize the robins' songs
다양성과 복잡성이 울새 노래의 특징이다   울새의 노래가 가진 특징을 설명하는 글이 아님
② song volume affects the robins' aggressive behavior
노래의 음량이 울새의 공격적 행동에 영향을 미친다   an aggressive response로 만든 오답
③ the robins' poor territorial sense is a key to survival
울새의 보잘것없는 영역 감각이 생존의 열쇠이다   울새는 뛰어난 영역 감각을 갖고 있음
④ the robins associate locality with familiar songs
울새가 장소를 친숙한 노래와 연관시킨다   장소에 따라 이웃 새의 노래에 대한 반응이 달라짐
⑤ the robins are less responsive to recorded songs
울새는 녹음된 노래에 대해서는 관심이 덜 보인다   둘 다 녹음된 노래였음

왜 2등급? 빈칸 문장을 제외한 글 전체를 통해 실험 내용을 파악한 뒤에 결론을 빈칸에 넣어야 한다. 빈칸 문장에서 '재생 실험에 사용되는 노래의 선택'이 언급되는데, (단서) 이것 외에도 다른 '무엇'이 입증되는지 파악해야 할 것이다. (발상) 글의 일부 내용으로 구성한 오답이 다수 있어 충분히 헷갈릴 수 있는 2등급 대비 문제이다.

| 문제 풀이 순서 |

1st 빈칸이 포함된 문장의 내용을 파악하고, 빈칸에 들어갈 말에 대한 단서를 얻는다.

빈칸 문장	Not only does this result demonstrate that ____________, but it also shows that the choice of songs used in playback experiments is highly important. 이 결과는 ____________는 것을 입증할 뿐만 아니라, 또한 재생 실험에 사용되는 노래의 선택이 매우 중요하다는 것을 보여준다.

➡ 빈칸 문장은 '이 결과'가 '무엇'하다는 것을 입증한다는 내용이며, not only A but also B 구조를 이루면서 '무엇'뿐만 아니라 재생 실험에 사용된 노래의 선택이 중요하다고 했다.
글의 나머지 부분에서 '이 결과'가 어떤 것이며, 이를 통해 '무엇'을 입증하는지 확인한다.

2nd 글의 내용을 종합해서 빈칸에 들어갈 적절한 말을 찾는다.

- 그러나 이웃 새와 낯선 새에 대한 반응의 이러한 차이는, 그 이웃 새의 영역과 실험되고 있는 새의 영역 사이의 경계에 놓인 확성기로 이웃 새의 노래가 재생되었을 때만 발생했다. 단서 1
- 같은 이웃 새의 노래가 다른 경계, 즉 실험 대상의 영역을 또 다른 이웃 새에게서 분리하는 경계에서 재생되었을 경우, 그것은 낯선 새의 울음으로 취급되었다. 단서 2

➡ 다섯 번째 문장에서 새의 영역 사이 경계에 놓인 확성기로 이웃 새의 노래가 재생되었을 때만 울새의 반응에 차이가 있었다고 했다.
빈칸이 포함된 문장 앞에는 같은 이웃 새의 노래이더라도 다른 경계에서 재생될 경우, 낯선 새의 울음으로 취급되었다는 내용이 나온다.
이는 곧 이웃 새의 노래가 특정 장소에서 재생될 때만 이웃으로 인식한다는 것이다.
▶ 빈칸 문장은 〈이 결과는 ④ '울새가 장소를 친숙한 노래와 연관시킨다'는 것을 입증할 뿐만 아니라, …〉라는 내용이 되어야 함

3rd 글의 내용을 다시 한번 정리하며 정답이 맞는지 확인한다.

➡ 유럽 울새는 같은 이웃 새의 노래이더라도 특정 장소가 아닌 다른 장소에서 들릴 경우, 낯선 새의 울음으로 취급한다는 내용이다. 따라서 빈칸에 들어갈 말로 가장 적절한 것은 ④ '울새가 장소를 친숙한 노래와 연관시킨다'이다.

| 선택지 분석 |

① Emma Brindley의 실험을 통해 울새의 노래가 다양하고 복잡하다는 것을 알 수 있는 것이 아니다.
② 노래를 겹치게 하는 것이 공격적인 반응일 수도 있다는 언급으로 만든 오답이다. 노래의 음량과 울새의 공격적인 행동의 연관성을 보여주는 실험이 아니다.
③ 제시된 실험을 통해 울새의 영역 감각이 뛰어나다는 것을 알 수 있다. 또한, 울새의 생존 방식에 대한 언급은 없다.
④ 같은 이웃 새의 노래가 다른 장소에서 재생될 때는 낯선 새의 울음으로 취급되었다고 했으므로 '장소를 친숙한 노래와 연관시킨다'는 것을 입증한다고 할 수 있다.
⑤ 이웃 새와 낯선 새의 노래가 모두 녹음된 것이었으므로 실험의 변수가 될 수 없다.

＊ 1형식 동사, 2형식 동사, 3형식 동사

- John is in the backyard. (1형식 동사)
  (John은 뒷마당에 있다.)

- John is my cousin. (2형식 동사)
  (John은 내 사촌이다.)

- I need something sharp. That screwdriver will do. (1형식 동사)
  (나는 날카로운 것이 필요하다. 저 드라이버가 도움이 될 것이다.)

- I do yoga twice a week. (3형식 동사)
  (나는 일주일에 두 번 요가를 한다.)

- Designer clothes don't sell much in the smaller towns. (1형식 동사)
  (디자이너 의상은 더 작은 동네에서는 많이 팔리지 않는다.)

- My uncle buys and sells antiques for a living. (3형식 동사)
  (내 삼촌은 생계를 위해 골동품을 사고판다.)

K 92 정답 ④   1등급 대비 [정답률 22%]

＊음악의 기본적인 인식에는 일관성이 존재함

Any attempt / to model (형용사적 용법(Any attempt 수식)) musical behavior or perception in a general way / is filled with difficulties. //
어떤 시도이든 / 일반적인 방식으로 음악적 행동이나 인식의 모형을 만들려는 것은 / 어려움으로 가득 차 있다 //

With regard to models of perception, / the question arises / of whose perception we are trying to model (the question을 수식하는 긴 수식어구를 뒤로 보냄) / — even if we confine ourselves to a particular culture and historical environment. //
인식의 모형과 관련하여 / 의문이 생긴다 / 우리가 누구의 인식을 모형으로 만들려고 하고 있는지에 관한 / 우리가 특정 문화와 역사적 환경에 국한하더라도 //

Surely the perception of music varies greatly / between listeners of different levels of training; /
분명, 음악에 대한 인식은 크게 다르다 / 다양한 수준의 훈련을 받은 청취자마다 /

indeed, a large part of music education is devoted / to (be devoted to+명사 / 동명사(to는 전치사): ~에 할애하다) developing and enriching (and therefore likely changing) these listening processes. //
사실, 음악 교육의 큰 부분은 할애되고 있다 / 이러한 청취 과정을 개발하고 풍부하게 하는 (따라서 변화시킬 가능성이 있는) 데에 //

단서 1 음악 청취자 간에 비교적 일관성이 있다고 믿는 측면들에 관심을 두고자 함

While this may be true, / I am concerned here with fairly basic aspects of perception / — particularly meter and key — / which (주격 관계대명사) I believe are (삽입어구 / 동사) relatively consistent across listeners. //
이것이 사실일 수도 있지만 / 나는 여기서는 인식의 아주 기본적인 측면에 관심을 두고 있다 / 특히 박자 및 조성과 같이 / 청취자 간에 비교적 일관성이 있다고 내가 믿고 있는 //

Anecdotal evidence suggests, for example, / that (목적어절 접속사) most people are able to "find the beat" / in a typical folk song or classical piece. // **단서 2** 대부분의 사람들은 '박자'라는 것을 찾을 수 있다(일관성이 있는 측면에 대한 예시)
예를 들어 일화적 증거가 있다 / 대부분의 사람은 '박자를 찾을' 수 있다는 / 전형적인 민요나 클래식 곡에서 //

This is not to say / that (목적어절 접속사) there is complete uniformity in this regard / — there may be occasional disagreements, even among experts, / as to how we hear the tonality or meter of a piece. // (~에 관하여 / 간접의문문)
이것이 의미하는 것은 아니다 / 이 점에 있어 완전한 일치가 있다는 것을 / 심지어 전문가들 사이에서도 이따금 의견 차이가 있을 수도 있다 / 곡의 음조나 박자를 듣는 방법에 대해 //

단서 3 빈칸 문장은 But으로 시작하므로 앞과 대조되는 내용이 와야 함
But I believe / **the commonalities between us far outweigh / the differences.** //
하지만 나는 믿는다 / 우리 사이의 공통점이 훨씬 더 크다고 / 차이점보다 //

- perception ⓝ 인식, 지각
- arise ⓥ 생기다, 일어나다
- confine ⓥ 국한하다
- be devoted to ~에 할애되다
- enrich ⓥ 풍부하게 하다
- meter ⓝ 박자
- key ⓝ (장·단조의) 조성
- relatively ⓐⓓ 비교적, 상대적으로
- consistent ⓐ 일관성이 있는
- typical ⓐ 전형적인
- uniformity ⓝ 일치, 통일성
- occasional ⓐ 이따금의
- tonality ⓝ 조성
- emerge ⓥ 드러나다
- narrow ⓥ 좁히다
- fundamental ⓐ 근본적인
- diversity ⓝ 다양성

일반적인 방식으로 음악적 행동이나 인식의 모형을 만들려는 시도는 어떤 것이든 어려움으로 가득 차 있다. 인식의 모형과 관련하여, 우리가 특정 문화와 역사적 환경에 국한하더라도, 우리가 누구의 인식을 모형으로 만들려고 하고 있는지에 관한 의문이 생긴다. 분명, 음악에 대한 인식은 다양한 수준의 훈련을 받은 청취자마다 크게 다르며, 사실, 음악 교육의 큰 부분은 이러한 청취 과정을 개발하고 풍부하게 하는(따라서 변화시킬 가능성이 있는) 데 할애되고 있다. 이것이 사실일 수도 있지만, 나는 여기서는 인식의 아주 기본적인 측면, 특히 박자 및 조성과 같이 청취자 간에 비교적 일관성이 있다고 내가 믿고 있는 측면에 관심을 두고 있다. 예를 들어, 대부분의 사람은 전형적인 민요나 클래식 곡에서 '박자를 찾을' 수 있다는 일화적 증거가 있다. 이것이 이 점에 있어 완전한 일치가 있다는 것을 의미하는 것은 아니고, 전문가들 사이에서도 곡의 음조나 박자를 듣는 방법에 대해 이따금 의견 차이가 있을 수도 있다. 하지만 나는 우리 사이의 공통점이 차이점보다 훨씬 더 크다고 믿는다.

다음 빈칸에 들어갈 말로 가장 적절한 것을 고르시오. [3점]

① our devotion to narrowing these differences will emerge
  일관성을 찾으려고 하는 것은 맞지만 이를 위한 헌신은 논리의 비약임
  이 차이를 좁히려는 우리의 헌신이 드러날 것이다
② fundamental musical behaviors evolve within communities
  기본적인 음악적 행동은 공동체 내에서 진화한다 '행동'이 아니라 주로 음악적 '인식'에 대해 다루고 있음
③ these varied perceptions enrich shared musical experiences 다양한
  이러한 다양한 인식은 공유된 음악적 경험을 풍부하게 한다 인식'라는 반대되는 내용이 제시되어야 함
④ the commonalities between us far outweigh the differences 음악의
  우리 사이의 공통점이 차이점보다 훨씬 더 크다 기본적인 인식의 측면에는 비교적 일관성이 있다고 함
⑤ diversity rather than uniformity in musical processes counts
  음악적 과정에서 일치보다는 다양성이 중요하다
  음악의 인식 측면에서 일관적인 요소가 있다는 것을 주장하는 글의 내용과 반대임

왜 1등급? 글에 나오는 어휘들의 난이도는 높지 않지만, 필자의 입장과 반대의 입장이 교차되면서 나오고 있다. **단서** 따라서 어떤 것이 필자의 입장인지 정확히 파악해야 할 것이다. **발상** 글을 읽으면서 음악의 기본적인 인식에는 일관성이 존재한다는 필자의 입장을 잘 집어내야 하는 1등급 문제였다.

| 문제 풀이 순서 |

1st 빈칸이 포함된 문장을 읽고, 빈칸에 들어갈 말에 대한 단서를 얻는다.

빈칸 문장	하지만, 나는 ______________고 믿는다.

➡ 빈칸 문장은 반대되는 내용을 연결하는 But(하지만)으로 시작했다. 따라서 앞과 대조되는 내용이 와야 하므로 글의 앞부분의 내용을 정확히 파악해야 한다.

2nd 글의 앞부분을 읽고, 빈칸에 들어갈 적절한 말을 찾는다.

앞부분 주요 내용	개인차로 인해 일반적인 음악적 인식 모형을 만드는 것은 어렵지만, 음악의 기본적인 인식(박자 및 조성과 같은 요소)에는 일관성이 존재함 **단서 1**
예시	대부분의 사람은 전형적인 민요나 클래식 곡에서 '박자'를 찾을 수 있다는 일화적 증거가 있음 **단서 2**
빈칸 문장의 앞 문장	음악의 인식에 완벽한 일치가 있는 것은 아니고, 의견 차이가 있을 수 있음

➡ 글의 서술 방식이 '반대 입장을 인정하지만, 나의 의견은 이러하다'는 패턴으로 반대 입장과 주장하는 바가 교차로 반복되고 있다.
음악적 행동이나 인식의 모형을 만들려는 시도는 개인차로 인해 어려움이 있지만, 음악에 대한 기본적인 인식 측면에서는 비교적 일관성이 있다는 주장을 담은 글이다.

▶ 빈칸 문장은 〈앞의 내용과 반대로, 나는 우리 사이의 공통점이 차이점보다 훨씬 더 크다고 믿는다.〉는 내용이 되어야 함

음악에 대한 기본적인 인식 측면에서는 비교적 일관성이 있다는 내용의 글이다. 따라서 빈칸에 들어갈 말로 가장 적절한 것은 ④ '우리 사이의 공통점이 차이점보다 훨씬 더 크다'이다.

| 선택지 분석 |

① 차이를 좁히고 일관성을 찾으려고 하는 것은 맞지만 '헌신'은 논리적으로 어색하다.

② '행동'이 아니라 주로 음악적 '인식'에 대해 다루고 있으며, 공동체에서의 진화는 언급되지 않았다.

③ 빈칸은 But으로 시작되므로 앞에 나온 '다양한 인식'과는 반대되는 내용이 제시되어야 한다.

④ 음악의 기본적인 인식의 측면에는 비교적 일관성이 있다는 주장을 하는 글이다.

⑤ 필자는 음악의 인식 측면에서 일관적인 요소가 있다는 것을 주장하므로 이것은 글의 내용과 반대이다.

K 93 정답 ② ★1등급 대비 [정답률 50%]

＊과학과 역사의 차이

Precision and determinacy are a necessary requirement / for all meaningful scientific debate, /
정확성과 확정성은 필요조건이며 / 모든 의미 있는 과학 토론을 위한 /

and progress in the sciences / is, to a large extent, the ongoing process / of achieving ever greater precision. //
과학에서의 발전은 / 상당 부분 계속 진행 중인 과정이다 / 훨씬 더 높은 정확성을 달성하는 //

But historical representation puts a premium / on a proliferation of representations, /
그러나 역사적 진술은 중요시한다 / 진술의 증식을 / 다양한 진술의 생성, 즉 진술의 증식을 중요시함

hence not on the refinement of one representation / but on the production / of an ever more varied set of representations. //
한 가지 진술의 정제가 아니라 / 생성을 / 훨씬 더 다양한 진술 집합의 //

Historical insight is not a matter / of a continuous "narrowing down" / of previous options, / not of an approximation of the truth, /
역사적 통찰은 문제가 아니라 / 지속적인 '줄여 가기'의 / 이전에 선택한 것들의 / 진리에 근접함의 문제가 아니라 /

but, on the contrary, is an "explosion" / of possible points of view. //
반대로 '폭발적 증가'이다 / 가능한 관점들의 //

It therefore aims / at the unmasking of previous illusions / of determinacy and precision / by the production / of new and alternative representations, /
그러므로 그것은 목표로 한다 / 이전에 가진 환상의 정체를 드러내는 것을 / 확정성과 정확성에 대해 / 생성에 의해 / 새롭고 대안적인 진술의 /

rather than at achieving truth / by a careful analysis / of what was right and wrong / in those previous representations. //
진리를 획득하는 것이 아니라 / 신중한 분석에 의해 / 무엇이 옳고 틀렸는지에 대한 / 이전의 진술에서 //

And from this perspective, / the development of historical insight / may indeed be regarded / by the outsider / as a process of creating / ever more confusion, /
그리고 이러한 관점에서 보면 / 역사적 통찰의 발전은 / 진정 여겨질 수도 있다 / 외부인에 의해 / 만들어 내는 과정으로 / 훨씬 더 큰 혼란을 /

a continuous questioning / of **certainty and precision / seemingly achieved already**, / rather than, / as in the sciences, / an ever greater approximation / to the truth. //
지속적인 의문 제기 / 확실성과 정확성에 대한 / 이미 획득한 것처럼 보이는 / ～보다는 / 과학에서처럼 / 훨씬 더 큰 근접(보다는) / 진리에 //

- precision ⓝ 정확성
- determinacy ⓝ 확정성, 결정된 상태
- necessary requirement 필요조건
- meaningful ⓐ 의미 있는, 중요한
- progress ⓝ 발전, 진보
- to a large extent 상당 부분

- ongoing ⓐ 진행 중인
- achieve ⓥ 달성하다, 성취하다
- representation ⓝ 진술, 설명, 묘사
- refinement ⓝ 정제, 정련
- varied ⓐ 다양한
- insight ⓝ 통찰(력), 안식(眼識)
- continuous ⓐ 계속되는, 지속적인
- narrow down 좁히다, 줄이다
- approximation ⓝ 근접, 근사
- explosion ⓝ 폭발적인 증가
- unmask ⓥ 정체를 밝히다, 가면을 벗기다
- illusion ⓝ 환상, 착각
- alternative ⓐ 대안적인, 대체의
- analysis ⓝ 분석, 해석
- regard ⓥ 여기다, 평가하다
- confusion ⓝ 혼란, 혼동

정확성과 확정성은 모든 의미 있는 과학 토론을 위한 필요조건이며, 과학에서의 발전은 상당 부분, 훨씬 더 높은 정확성을 달성하는 계속 진행 중인 과정이다. 그러나 역사적 진술은 진술의 증식을 중요시하는데, 이는 한 가지 진술의 정제가 아닌, 훨씬 더 다양한 진술 집합의 생성에 중요성을 두는 것이다. 역사적 통찰은 이전에 선택한 것들을 지속해서 '줄여 가는' 것의 문제, 즉 진리에 근접함의 문제가 아니라, 반대로 가능한 관점들의 '폭발적 증가'이다. 그러므로 그것은 이전의 진술에서 무엇이 옳고 틀렸는지에 대한 신중한 분석에 의해 진리를 획득하는 것이 아니라, 새롭고 대안적인 진술의 생성에 의해 확정성과 정확성에 대해 이전에 가진 환상의 정체를 드러내는 것을 목표로 한다. 그리고 이러한 관점에서 보면, 역사적 통찰의 발전은 과학에서처럼 진리에 훨씬 더 많이 근접함보다는, 훨씬 더 큰 혼란을 만들어 내는 과정, 즉 이미 획득한 것처럼 보이는 확실성과 정확성에 대한 지속적인 의문 제기로 외부인에게 진정 여겨질 수도 있다.

다음 빈칸에 들어갈 말로 가장 적절한 것을 고르시오. [3점]

① criteria for evaluating historical representations
역사적 진술을 평가하는 기준   역사적 진술을 평가하는 기준에 의문을 제기하는 것처럼 보이는 과정이 아님

② certainty and precision seemingly achieved already
이미 획득한 것처럼 보이는 확실성과 정확성   이미 진술이 있는데 또다른 진술을 생성함

③ possibilities of alternative interpretations of an event
어떤 사건에 대한 대안적 해석의 가능성   대안적 해석의 가능성을 믿기 때문에 진술의 증식을 중시하는 것임

④ coexistence of multiple viewpoints in historical writing
역사 저술에서 여러 관점의 공존   여러 관점이 공존한다고 생각하기 때문에 진술의 증식을 중시하는 것임

⑤ correctness and reliability of historical evidence collected
수집된 역사적 증거의 정확성과 신뢰성   더 큰 혼란을 만들어 내는 과정처럼 보여야 함

왜 1등급? 과학과 역사의 차이라는 추상적인 내용을 다루는 데다가, 구체적인 예시 없이 설명이 이어지고 있다. **단서** 이런 문제일수록 서로 비교되는 대상이 각각 어떤 특징을 지니는지 명확히 구분해야 한다. **발상** 최종적으로 빈칸에서 묻는 대상이 무엇인지 파악하고 그 대상의 특징을 중심으로 글을 읽다 보면 정답을 찾을 수 있을 것이다.

| 문제 풀이 순서 |

1st 먼저 빈칸이 포함된 문장을 읽고, 빈칸에 들어갈 말에 대한 단서를 얻는다.

빈칸 문장	And from this perspective, the development of historical insight may indeed be regarded by the outsider as a process of creating ever more confusion, a continuous questioning of __________ rather than, as in the sciences, an ever greater approximation to the truth. **단서 4** 그리고 이러한 관점에서 보면, 역사적 통찰의 발전은 과학에서처럼 진리에 훨씬 더 많이 근접함보다는, 훨씬 더 큰 혼란을 만들어 내는 과정, 즉 __________에 대한 지속적인 의문 제기로 외부인에게 진정 여겨질 수도 있다.

➡ rather than을 사용하여 '역사적 통찰'과 '과학'을 비교하며, 역사적 통찰은 '무엇'에 대한 지속적인 의문 제기로 간주되는 반면, 과학은 진리에 근접함으로 간주된다고 했다. 빈칸 문장 처음에 제시된 '이러한 관점'이 무엇인지, 역사적 통찰이 '무엇'에 대해 지속적인 의문을 제기하는지 찾아야 한다.

2nd **1st** 에서 찾은 단서를 염두에 두고, 빈칸 문장의 앞부분부터 확인한다.

- 그러나 역사적 진술은 진술의 증식을 중요시하는데, 이는 한 가지 진술의 정제가 아닌, 훨씬 더 다양한 진술 집합의 생성에 중요성을 두는 것이다. **단서 1**
- 역사적 통찰은 … 가능한 관점들의 '폭발적 증가'이다. **단서 2**
- 그러므로(therefore) 그것은 … 새롭고 대안적인 진술의 생성에 의해 확정성과 정확성에 대해 이전에 가진 환상의 정체를 드러내는 것을 목표로 한다. **단서 3**

➡ 역사적 진술은 진술의 증식을 중요시하고, 역사적 통찰은 가능한 관점들의 '폭발적 증가'라고 했다. 단서1 단서2

Therefore를 사용하여 위에 진술한 내용들을 종합하며, 그것(역사적 통찰)은 새롭고 대안적인 진술을 만들어내며 과학의 필요조건인 확정성과 정확성의 정체를 드러내는 것이 목표라고 했다. 단서3

빈칸 문장을 보면 역사적 통찰의 발전 과정이 혼란을 만드는 과정이라 언급하는데, 이는 역사적 통찰과 대조되는 의견이므로, this perspective는 '과학'의 관점임을 알 수 있다. 결국 과학에 관점에서 볼 때, 역사적 통찰이 지속적인 의문을 제기하는 것은 과학의 특성일 것이다.

▶ 빈칸 문장은 〈② '이미 획득한 것처럼 보이는 확실성과 정확성'에 대한 지속적인 의문 제기로 외부인에게 진정 여겨질 수도 있다.〉라는 내용이 되어야 함

3rd 글의 내용을 다시 한번 정리하며 정답이 맞는지 확인한다.

➡ 역사적 통찰은 가능한 관점과 진술을 증가시키며 과학이 가진 환상의 정체를 드러낸다고 했다. 즉, 과학의 관점에서 역사적 통찰은 과학의 필요조건에 의문을 제기할 것이므로, 빈칸에 들어갈 말로 ②이 가장 적절하다.

| 선택지 분석 |

① 역사적 진술을 평가하는 기준에 대해 지속적으로 의문을 제기함으로써 역사적 통찰이 발전한다고 외부인이 생각할 만한 내용은 언급되지 않았다.

② 역사적 통찰이 과학의 필요조건인 확실성과 정확성에 대해 의문을 제기한다는 내용이다.

③ 어떤 역사적 사건에 대한 대안적 해석이 가능하고, 역사 저술에 있어 다수의 관점이 공존할 수 있다고 생각하기 때문에 역사적 통찰의 발전이 진술의 증식을 중시한다고 볼 수 있다. 이러한 역사적 통찰의 발전이 대안적 해석의 가능성과 여러 관점의 공존에 대해 지속적으로 의문을 제기하는 것으로 보이지는 않을 것이다.

④ 어떤 역사적 사건에 대한 대안적 해석이 가능하고, 역사 저술에 있어 다수의 관점이 공존할 수 있다고 생각하기 때문에 역사적 통찰의 발전이 진술의 증식을 중시한다고 볼 수 있다. 이러한 역사적 통찰의 발전이 대안적 해석의 가능성과 여러 관점의 공존에 대해 지속적으로 의문을 제기하는 것으로 보이지는 않을 것이다.

⑤ 수집된 역사적 증거의 정확성과 신뢰성에 지속적인 의문을 제기하는 것은 합리적인 발전 과정이지, 더 큰 혼란을 만들어 내는 과정으로 보이지는 않을 것이다.

K 어휘 Review 정답

문제편 p. 230

01 이해하다	11 regardless of	21 delicate
02 흔적	12 and so forth	22 flourished
03 적절한	13 lay down	23 wilderness
04 언급, 참조	14 mistake ~ for ...	24 blankness
05 사소한	15 head for	25 discriminate
06 commercialize	16 route	26 exceptional
07 integrate	17 supremacy	27 tangible
08 sphere	18 attendance	28 untamed
09 conceal	19 novice	29 cumulative
10 biography	20 handful	30 urgent

L 흐름에 맞지 않는 문장 찾기

문제편 p. 232~243

L 01 정답 ④ ＊다양한 멘토링 네트워크의 필요성과 그 효과

다음 글에서 전체 흐름과 관계 없는 문장은?

단서1 근로자들은 멘토에게로의 접근이 필요함

All workers need access to mentors / that can provide them with valuable information / about their job, their workplace, and the resources / that are available within their organization. //
모든 근로자들은 멘토에게로의 접근이 필요하다 / 그들에게 가치 있는 정보를 제공해 줄 수 있는 / 그들의 직무, 직장, 그리고 자원에 대해 / 조직 내에서 이용 가능한 //

Mentors also provide / much needed psychosocial support. //
멘토들은 또한 제공한다 / 꼭 필요한 심리 사회적인 지원을 //

① Having a diverse network of mentors / is important for dominant and minority group members alike. //
다양한 멘토 네트워크를 갖추는 것은 / 지배 집단과 소수 집단 구성원들에게 똑같이 중요하다 //

단서2 다양한 멘토 네트워크를 갖추는 것이 지배 집단과 소수 집단 구성원들에게 중요함

② Minority group members need diverse mentors / so that they can gain insight / into what it means to be employed / by a particular organization / or in a particular field or profession. //
소수 집단 구성원들은 다양한 멘토가 필요하다 / 통찰을 얻기 위해 / 고용된다는 것이 무엇을 의미하는지에 대한 / 특정한 조직에 의해 / 혹은 특정한 분야 혹은 직종에 //

③ Majority workers benefit / by having a network of diverse mentors / because it increases their understanding and sensitivity / to the unique realities of diverse workers / and their own identity, / and perhaps even their own forms of privilege. //
다수 집단의 근로자들은 혜택을 본다 / 다양한 멘토들로 구성된 네트워크를 가짐으로써 / 그것이 그들의 이해와 민감성을 높여주기 때문에 / 다양한 근로자들의 고유한 현실에 대해 / 그리고 그들 자신의 정체성 / 그리고 어쩌면 그들 자신이 지닌 특권의 형태들(에 대한) //

④ Mentoring has been typically required and praised / as an essential component / in the personal development of employers. //
단서3 멘토링은 전형적으로 고용주의 개인적 성장의 필수 요소였다는 내용은 관계 없음
(멘토링은 전형적으로 요구되고 칭송되어 왔다 / 필수 요소로 / 고용주의 개인적 성장의 //)

⑤ The ultimate goal of these mentoring opportunities / is to have individuals be more informed, identified, and engaged / in their work and in their organization. //
이러한 멘토링 기회들의 궁극적인 목표는 / 개인들이 더 많은 정보를 갖고, 더 많이 동일시되며, 더 많이 관여되게 하는 것이다 / 그들의 일과 조직에 대해 //

- access ⓝ (장소·사람 등에의) 접근, 면회
- psychosocial ⓐ 심리 사회적인 · diverse ⓐ 다양한
- dominant ⓐ 지배적인, 우세한 · gain ⓥ (이익·혜택을) 얻다
- sensitivity ⓝ 민감성 · identity ⓝ 정체성
- component ⓝ (구성) 요소, 부품 · ultimate ⓐ 궁극적인
- identify ⓥ 동일시하다 · engage in 관여하다, ~에 종사하다

모든 근로자들은 그들의 직무, 직장, 그리고 조직 내에서 이용 가능한 자원에 대해 가치 있는 정보를 제공해 줄 수 있는 멘토에게로의 접근이 필요하다. 멘토들은 또한 꼭 필요한 심리 사회적인 지원을 제공한다. ① 다양한 멘토 네트워크를 갖추는 것은 지배 집단과 소수 집단 구성원들에게 똑같이 중요하다. ② 소수 집단 구성원들은 특정한 조직이나 특정한 분야 혹은 직종에 고용된다는 것이 무엇을 의미하는지에 대한 통찰을 얻기 위해 다양한 멘토가 필요하다. ③ 다수 집단의 근로자들은 다양한 멘토들로 구성된 네트워크를 가짐으로써 혜택을 보는데, 그 이유는 그것이 다양한 근로자들의 고유한 현실과 그들 자신의 정체성, 그리고 어쩌면 그들 자신이 지닌 특권의 형태들에 대해서까지도 그들의 이해와 민감성을 높여주기 때문이다. (④ 멘토링은 전형적으로 고용주의 개인적 성장의 필수 요소로 요구되고 칭송되어 왔다.) ⑤ 이러한 멘토링 기회들의 궁극적인 목표는 개인들이 자신의 일과 조직에 대해 더 많은 정보를 갖고, 더 많이 동일시되며, 더 많이 관여되게 하는 것이다.

글의 앞부분: 모든 근로자들은 그들의 직무, 직장, 조직 등에서 이용 가능한 자원에 대해 가치 있는 정보를 제공해 줄 수 있는 멘토에게로의 접근이 필요함

①: 다양한 멘토 네트워크를 갖추는 것은 지배 집단과 소수 집단 구성원들에게 똑같이 중요함

▶ 앞의 내용에 대한 부연 설명으로 다양한 멘토 네트워크를 갖추는 것이 중요하다고 말하고 있으므로 ①은 무관한 문장이 아님

②: 소수 집단 구성원들은 특정한 조직 등에 고용된다는 것이 무엇을 의미하는지에 대한 통찰을 얻기 위해 다양한 멘토가 필요함

▶ 앞 문장에 나온 소수 집단을 언급하며 그들에게 멘토가 왜 필요한지를 설명하고 있으므로 ②은 무관한 문장이 아님

③: 다수 집단의 근로자들은 다양한 멘토 네트워크에서 혜택을 보는데, 그 이유는 다양한 근로자들의 고유한 현실과 그들 자신의 정체성, 그리고 어쩌면 그들이 지닌 특권의 형태들에 대해서까지도 그들의 이해와 민감성을 높여주기 때문임

▶ ①에서 언급한 다수(지배) 집단을 언급하며 그들에게 멘토 네트워크가 주는 이점에 대해 설명하고 있으므로 ③은 무관한 문장이 아님

④ 멘토링은 고용주의 개인적 성장의 필수 요소였음

▶ 소수 집단과 다수 집단에게 멘토 네트워크가 왜 중요한지를 설명한 앞 내용과 다르게 멘토링이 개인적 성장의 필수 요소라고 말하고 있으므로, ④은 무관한 문장임

⑤: 멘토링 기회들의 궁극적인 목표는 개인들이 자신의 일에 대해 더 많은 정보를 갖고, 더 많이 동일시되며, 더 많이 관여되게 하는 것임

▶ ③에 이어서 멘토링 기회가 소수 및 다수 집단의 구성원들에게 어떠한 이익을 줄 수 있는지에 대해 말하고 있으므로 ⑤은 무관한 문장이 아님

*** 글의 흐름**

도입	근로자들은 직무·직장·자원 관련 정보를 줄 수 있는 멘토에 대한 접근이 필요함
전개	다양한 멘토 네트워크는 지배 집단과 소수 집단 구성원들 모두에게 중요함
부연	• 소수 집단: 조직·분야·직종에서의 의미를 이해하기 위해 다양한 멘토 필요 • 다수 집단: 다양한 멘토 네트워크를 통해 다양한 근로자들의 현실·정체성·특권에 대한 이해와 민감성 증가
결론	멘토링의 궁극적인 목표는 개인들이 자신의 일에 대해 더 많은 정보를 갖고, 더 많이 동일시·관여되게 하는 것임

L 02 정답 ④ *기후 변화로 인한 전 세계 빙하의 급격한 감소

다음 글에서 전체 흐름과 관계 없는 문장은?

A genuine glacier must be permanent. //
진정한 빙하는 영구적이어야 한다 //

Generally, this implies **that** sufficient fresh snow must accumulate / during the cold months to offset melting during the summer, /
일반적으로, 이는 충분한 새 눈이 쌓여야 한다는 것을 의미한다 / 추운 몇 달 동안 여름철에 녹는 것을 상쇄할 만큼 /

although on a year-to-year basis, glaciers may expand or contract, / depending on local and global climatic conditions. //
연간 기준으로는 빙하가 팽창하거나 수축할 수도 있지만 / 지역적 및 지구적 기후 조건에 따라 //

① Today, most glaciers around the world are melting / **because of the warming climate,** / and **it** appears **that** the rate of melting is accelerating. //
오늘날, 전 세계 대부분의 빙하는 녹고 있으며 / 온난해지는 기후로 인해 / 녹는 속도가 더 빨라지고 있는 것으로 보인다 //

② This **has been documented** spectacularly in places such as the Alps, / **where** historical records **have been kept** / and dated sketches and photographs are available / to compare with the present extent of ice. //
이것은 알프스산맥과 같은 곳에서 인상적으로 기록되었는데 / 그런 곳에서는 역사상 기록이 보존되었고 / 날짜가 표기된 스케치와 사진을 이용해 / 현재의 얼음 범위와 비교할 수 있다 //

③ Even over periods **as short as** a few decades, / satellite images show / **that** dramatic reduction of mountain glaciers **has occurred** / in the Andes, the Himalayas, and elsewhere. //
심지어 수십 년이라는 짧은 기간에도 / 위성 사진은 보여준다 / 산악 빙하의 급격한 감소가 발생해 왔음을 / 안데스산맥, 히말라야산맥, 그리고 그 외 산맥에서 //

(④ The various rocks and minerals **contained** in glaciers / **have become** a popular subject of science projects in schools. //)
(빙하에 함유된 다양한 암석과 광물은 / 학교 내 과학 프로젝트의 인기 있는 주제가 되었다 //)

⑤ **It is estimated** / **that** many small mountain glaciers will disappear / completely within ten to twenty years / **unless** there is a sudden and unexpected change / in the present warming trend. //
추정된다 / 많은 소규모 산악 빙하는 사라질 것으로 / 10년에서 20년 내 완전히 / 갑작스럽고 예상치 못한 변화가 없다면 / 현재의 온난화 추세에 //

- genuine ⓐ 진정한
- permanent ⓐ 영구적인
- imply ⓥ 의미하다
- sufficient ⓐ 충분한
- accumulate ⓥ 쌓이다, 축적하다
- contract ⓥ 수축하다, 줄어들다
- accelerate ⓥ (속도가) 더 빨라지다
- document ⓥ 기록하다
- spectacularly ⓐⓓ 인상적으로
- satellite image 위성 사진
- dramatic ⓐ 급격한
- estimate ⓥ 추정하다
- completely ⓐⓓ 완전히

진정한 빙하는 영구적이어야 한다. 일반적으로, 이는 연간 기준으로는 빙하가 지역적 및 지구적 기후 조건에 따라 팽창하거나 수축할 수도 있지만, 추운 몇 달 동안 여름철에 녹는 것을 상쇄할 만큼 충분한 새 눈이 쌓여야 한다는 것을 의미한다. ① 오늘날, 전 세계 대부분의 빙하는 온난해지는 기후로 인해 녹고 있으며, 녹는 속도가 더 빨라지고 있는 것으로 보인다. ② 이것은 알프스산맥과 같은 곳에서 인상적으로 기록되었는데, 그런 곳에서는 역사상 기록이 보존되었고 날짜가 표기된 스케치와 사진을 이용해 현재의 얼음 범위와 비교할 수 있다. ③ 심지어 수십 년이라는 짧은 기간에도, 위성 사진은 산악 빙하의 급격한 감소가 안데스산맥, 히말라야산맥, 그리고 그 외 산맥에서 발생해 왔음을 보여준다. (④ 빙하에 함유된 다양한 암석과 광물은 학교 내 과학 프로젝트의 인기 있는 주제가 되었다.) ⑤ 현재의 온난화 추세에 갑작스럽고 예상치 못한 변화가 없다면, 많은 소규모 산악 빙하는 10년에서 20년 내 완전히 사라질 것으로 추정된다.

🔵왜 정답·오답? [정답률 89%]

글의 앞부분: 진정한 빙하는 영구적이어야 하고, 여름철에 녹을 수도 있지만 겨울 동안 충분히 새 눈이 쌓여야 한다는 내용이 나옴

①: 오늘날, 전 세계 대부분의 빙하는 온난해지는 기후로 인해 녹고 있으며, 녹는 속도가 더 빨라지고 있는 것으로 보임

▶ 앞에 나온 빙하의 특성과 달리, 오늘날에는 온난화로 인해 빙하가 더 빠르게 녹고 있다고 했으므로 ①은 무관한 문장이 아님

②: 이것은 알프스산맥과 같은 곳에서 인상적으로 기록되었는데, 그런 곳에서는 역사상 기록이 보존되었고 날짜가 표기된 스케치와 사진을 이용해 현재의 얼음 범위와 비교할 수 있음

▶ 앞의 내용을 뒷받침하는 실제 빙하의 기록을 설명하고 있으므로 ②은 무관한 문장이 아님

③: 심지어 수십 년이라는 짧은 기간에도, 위성 사진은 산악 빙하의 급격한 감소가 안데스산맥, 히말라야산맥, 그리고 그 외 산맥에서 발생해 왔음을 보여줌

▶ 알프스산맥 외에도 전 세계의 다른 산맥에서 수십 년간의 짧은 기간 중에도 산악 빙하가 감소하고 있음을 말하고 있으므로 ③은 무관한 문장이 아님

④ 빙하에 함유된 다양한 암석과 광물은 학교 내 과학 프로젝트의 인기 있는 주제가 됨

▶ 현재까지 온난화로 인해 세계의 산악 빙하가 녹는 현상을 말하고 있었는데, 빙하의 암석과 광물이 학교 과학 프로젝트의 인기 주제라고 말하는 ④는 무관한 문장임

⑤: 현재의 온난화 추세에 갑작스럽고 예상치 못한 변화가 없다면, 많은 소규모 산악 빙하는 10년에서 20년 내 완전히 사라질 것으로 추정됨

▶ 산악 빙하의 급격한 감소에 대한 ③의 내용에 이어지고 있으므로 ⑤은 무관한 문장이 아님

＊ 글의 흐름

도입	진정한 빙하는 영구적이어야 하고, 추운 몇 달 동안 여름철에 녹는 것을 상쇄할 만큼 충분한 새 눈이 쌓여야 함
전개	오늘날, 대부분의 빙하는 온난해지는 기후로 인해 녹고 있음
부연	짧은 기간에도, 위성 사진은 산악 빙하의 급격한 감소가 여러 산맥에서 발생해 왔음을 보여줌
결론	현재의 온난화 추세에 갑작스런 변화가 없다면, 많은 산악 빙하는 10년에서 20년 내 완전히 사라질 것으로 추정됨

L 03 정답 ④ ＊자기관리를 미룰 때 발생하는 누적된 영향

다음 글에서 전체 흐름과 관계 없는 문장은?

There are few of us / who don't at least want to make time / for self-care activities such as exercise, hobbies, or relaxation. //
우리 중에 거의 없다 / 시간을 적어도 만들고자 하지 않는 사람은 / 운동, 취미, 혹은 휴식과 같은 자기관리 활동을 위한 //

We start each day with the best of intentions / but then get stuck by the flood of email messages / or pulled into an unexpected meeting. //
우리는 가장 좋은 의도를 가지고 날마다 시작한다 / 하지만 그러고는 이메일 메시지의 홍수에 갇힌다 / 또는 예상치 못한 회의로 끌려간다 //

① As we struggle to reprioritize / so we can get everything done before our deadlines, / often our self-care activities / are the first thing to be given up. //
우리가 우선순위를 다시 정하려고 애쓸 때 / 마감 전에 모든 일을 끝낼 수 있도록 / 흔히 우리의 자기관리 활동은 / 가장 먼저 포기되는 것이다 //

② No matter how much we plan, / we all occasionally have days / when that happens. //
우리가 아무리 계획을 세워도 / 우리는 모두 날을 때때로 겪는다 / 그런 일이 일어나는 //

③ In the short term, / the impact of missing that grant deadline / may be greater / than the impact of missing a woodworking class. //
단기적으로는 / 그 보조금 신청 마감일을 놓치는 것의 영향은 / 더 클 수 있다 / 목공 수업을 놓치는 것의 영향보다 //

④ Needless to say, / we should try to enroll / in the woodworking class / before the design class / because it is more competitive to get into / and more beneficial to us. //
(말할 필요도 없이 / 우리가 등록하려고 노력해야 하는데 / 목공 수업에 / 디자인 수업에 앞서 / 그 이유는 그것이 들어가는 데 더 경쟁이 치열하기 때문이다 / 그리고 우리에게 더 유익하기 때문이다)

⑤ But it's important / to recognize the cumulative impact / of not prioritizing self-care / and to make sure that in the long term, / this is the exception rather than the norm. //
그러나 중요하다 / 누적된 영향을 인식하는 것이 / 자기관리에 우선순위를 두지 않는 것의 / 그리고 장기적으로는 하는 것이 / 이것이 일반적인 것이 아니라 예외가 되도록 //

[단서 3] 하지만 장기적으로는 자기관리에 우선순위를 두지 않는 것의 영향이 누적됨을 인식하고, 이를 예외로 두도록 해야 함

- self-care ⓝ 자기관리 · relaxation ⓝ 휴식 · intention ⓝ 의도
- get stuck 갇히다 · struggle ⓥ 애쓰다, 고군분투하다
- reprioritize ⓥ 우선순위를 다시 정하다 · grant ⓝ 보조금
- woodworking ⓝ 목공 · needless to say 말할 필요도 없이
- enroll in ~에 등록하다 · beneficial ⓐ 유익한
- cumulative ⓐ 누적되는 · exception ⓝ 예외
- norm ⓝ 일반적인 것, 표준

우리 중에 운동, 취미, 혹은 휴식과 같은 자기관리 활동을 위한 시간을 적어도 만들고자 하지 않는 사람은 거의 없다. 우리는 가장 좋은 의도를 가지고 날마다 시작하지만, 그러고는 이메일 메시지의 홍수에 갇히거나 예상치 못한 회의로 끌려간다. ① 우리가 마감 전에 모든 일을 끝낼 수 있도록 우선순위를 다시 정하려고 애쓸 때, 흔히 우리의 자기관리 활동은 가장 먼저 포기되는 것이다. ② 우리가 아무리 계획을 세워도, 우리는 모두 그런 일이 일어나는 날을 때때로 겪는다. ③ 단기적으로는, 그 보조금 신청 마감일을 놓치는 것의 영향은 목공 수업을 놓치는 것의 영향보다 더 클 수 있다. (④ 말할 필요도 없이, 우리가 디자인 수업에 앞서 목공 수업에 등록하려고 노력해야 하는데, 그 이유는 그것이 들어가는 데 더 경쟁이 치열하고 우리에게 더 유익하기 때문이다.) ⑤ 그러나 자기관리에 우선순위를 두지 않는 것의 누적된 영향을 인식하고, 장기적으로는 이것이 일반적인 것이 아니라 예외가 되도록 하는 것이 중요하다.

왜 정답 · 오답? [정답률 80%]

글의 앞부분: 우리는 운동, 취미, 휴식과 같은 자기관리 시간을 확보하고자 애쓰지만, 일상에서 업무 등으로 인해 우선순위가 밀리게 됨

①: 우리가 마감 시간 안에 모든 일을 끝내기 위해 업무의 우선순위를 정할 때, 자기관리 활동은 가장 후순위로 밀리는 것이 일반적임

▶ 자기관리 활동을 위한 시간을 확보하려고 하지만, 업무로 인해 우선순위에서 밀린다는 내용을 설명하고 있으므로, ①은 무관한 문장이 아님

②: 아무리 부지런히 계획을 세웠어도, 업무로 인해 자기관리 활동을 먼저 포기하는 날이 생김

▶ 업무로 인해 자기관리 활동을 가장 먼저 포기하게 된다는 앞 문장의 내용에 이어, 아무리 계획을 세워도 그런 날이 있다는 내용을 덧붙이므로, ②은 무관한 문장이 아님

③: 단기적으로는 보조금 신청 마감일을 놓치는 것이 목공 수업을 놓치는 것의 영향보다 더 크게 느껴짐

▶ 업무(보조금 신청하기)를 놓치는 것이 자기관리 활동(목공 수업 신청하기)을 놓치는 것보다 단기적으로는 영향이 더 클 수 있다는 내용으로, 당장의 업무가 자기관리 활동보다 더 중요해 보일 수 있다는 구체적인 사례를 제시하고 있으므로, ③은 무관한 문장이 아님

④: 디자인 수업 전에 목공 수업을 등록해야 하는데, 이는 목공 수업이 더 경쟁이 치열하고 유익하기 때문임

▶ 앞 문장에서 자기관리 활동의 예시로 나왔던 목공 수업에 관한 내용처럼 보이지만, 자기관리 활동이 업무보다 후순위로 밀려선 안 된다는 글의 주제에서 벗어나, 또 다른 취미 활동인 디자인 수업과의 우선순위에 대해 설명하고 있으므로, ④은 무관한 문장임

⑤: 자기관리를 우선시하지 않으면 그 영향이 누적될 수 있으며, 장기적으로는 이런 행동이 일반적인 것이 아니라 가끔씩 발생하는 예외가 되도록 해야 함

▶ '그러나(But)'는 ③에서 설명한 업무와 자기관리 행동의 우선순위를 거꾸로 인식하는 내용을 담고 있으며, 장기적으로는 자기관리 행동이 밀리는 것을 예외로 만들어야 한다고 설명하므로, ⑤은 무관한 문장이 아님

＊ 글의 흐름

도입	우리 대부분은 운동, 취미, 휴식 등 자기관리 활동을 위한 시간을 만들고자 하지만, 실제로는 업무 등에 우선순위에서 밀림
예시	단기적으로는 보조금 신청 업무가 목공 수업 신청보다 더 중요해 보일 수 있음
결론 (주제)	하지만, 장기적으로 자기관리를 후순위로 미루는 것의 누적된 영향을 인식하고, 자기관리를 미루는 행위는 일상에서 예외로 삼는 것이 중요함

L 04 정답 ④ * 과학적 담론에서 무지의 인식이 가지는 중요성 —

다음 글에서 전체 흐름과 관계 없는 문장은?

We often use the word *ignorance* / to denote a primitive or
foolish set of beliefs. //
부사적 용법(목적)
우리는 자주 '무지'라는 단어를 사용한다 / 원시적이거나 어리석은 믿음의 모음을 나타내는 데 //

In fact, / I would say that "explanation" is often primitive or
foolish, / and the recognition of ignorance is the beginning of
scientific discourse. //
단서 1 '설명'은 원시적이고 어리석으며, 무지에 대한 인식이 과학적 담론의 시작임
사실 / 나는 '설명'이 흔히 원시적이거나 어리석다고 말할 것이다 / 그리고 무지에 대한 인식이
과학적 담론의 시작이라고 (말할 것이다) //

목적어절 접속사
① When we admit that something is unknown and inexplicable,
/ then we admit also that it is worthy of investigation. //
무언가가 알려지지 않았고 설명할 수 없다고 우리가 인정할 때 / 그렇다면 우리는 그것이
조사할 가치가 있다는 것 또한 인정한다 //

간접의문문
② David Helfand, the astronomer, / traces how our view of the
wind evolved / from the primitive to the scientific: /
천문학자인 David Helfand는 / 바람에 대한 우리의 관점이 어떻게 발달했는지를 추적하는데
/ 원시적인 것에서 과학적인 것으로 /

앞에 which is 생략
first "the wind is angry," / followed by "the wind god is angry,"
/ and finally "the wind is a measurable form of energy." //
처음에는 '바람이 화가 났다' / 뒤이어 '바람의 신이 화가 났다' / 그리고 최종적으로 '바람은
측정 가능한 에너지의 한 형태다'이다 //
단서 2 바람에 대한 처음 두 진술은 '설명'이지만 무지하며, 세 번째 진술은 우리의 무지를
보여주는(인정하는) 것이지만 사실 덜 무지함

③ The first two statements provide a complete explanation / but
are clearly ignorant; / the third shows our ignorance / (we can't
predict or alter the weather yet) / but is surely less ignorant. //
처음 두 진술은 완전한 설명을 제공하지만 / 분명히 무지하며 / 세 번째는 우리의 무지를 보여
주지만 / (우리가 날씨를 아직 예측하거나 변경할 수 없다) / 확실히 덜 무지하다 //

가주어   진주어절 접속사   최상급
④ It is undeniable / that ignorance stands as the greatest
barrier to scientific discovery / and thus it fails to function as a
support to scientists. //
단서 3 무지가 과학적 발견에 큰 장애물이며 도움이 되지 않는다는 내용은 관계 없음
부인할 수 없다 / 무지가 과학적 발견에 있어서 가장 큰 장애물로 있다는 것은 / 그러므로
그것이 과학자들에게 도움으로 기능하는 것에는 실패한다 //

⑤ Explanation rather than ignorance / is the hallmark of
intellectual narrowness. // 무지보다는 설명이 / 지적 편협함의 특징이다 //

- ignorance ⓝ 무지   · denote ⓥ 나타내다
- primitive ⓐ 원시적인   · explanation ⓝ 설명
- discourse ⓝ 담론   · inexplicable ⓐ 설명할 수 없는
- investigation ⓝ 조사   · evolve ⓥ 발달[진화]하다
- measurable ⓐ 측정 가능한 · alter ⓥ 변경하다
- undeniable ⓐ 부인할 수 없는 · barrier ⓝ 장애물
- hallmark ⓝ 특징

우리는 원시적이거나 어리석은 믿음의 모음을 나타내는 데 자주 '무지'라는 단
어를 사용한다. 사실, 나는 '설명'이 흔히 원시적이거나 어리석으며, 무지에 대
한 인식이 과학적 담론의 시작이라고 말할 것이다. ① 무언가가 알려지지 않았

고 설명할 수 없다고 우리가 인정할 때, 그렇다면 우리는 그것이 조사할 가치가
있다는 것 또한 인정한다. ② 천문학자인 David Helfand는 바람에 대한 우리
의 관점이 원시적인 것에서 과학적인 것으로 어떻게 발달했는지를 추적하는데,
처음에는 '바람이 화가 났다.' 뒤이어 '바람의 신이 화가 났다.' 그리고 최종적으
로 '바람은 측정 가능한 에너지의 한 형태다'이다. ③ 처음 두 진술은 완전한 설
명을 제공하지만 분명히 무지하며, 세 번째는 우리의 무지를 보여 주지만 (우리
가 날씨를 아직 예측하거나 변경할 수 없다) 확실히 덜 무지하다. (④ 무지가 과
학적 발견에 있어서 가장 큰 장애물로 있다는 것은 부인할 수 없고, 그러므로
그것이 과학자들에게 도움으로 기능하는 것에는 실패한다.) ⑤ 무지보다는 설
명이 지적 편협함의 특징이다.

왜 정답 · 오답? [정답률 77%]

글의 앞부분: 우리는 원시적이거나 어리석은 믿음을 나타내는 데 '무지'라는 단어를
자주 사용하지만, 오히려 '설명'이 원시적이고 어리석으며, 무지에 대한 인식이 과학
적 담론의 시작이라는 필자의 주장이 나옴

①: 무언가를 우리가 모른다고 인정할 때, 우리는 그것이 조사할 가치가 있다고 생
각함

▶ 앞 문장에서 언급한 '무지'에 대한 인식이 과학적 담론의 시작이라는 내용에 이어
서, 우리가 무지를 인정할 때 그것을 탐구할 가치를 느낀다는 내용이므로 ①은 무관
한 문장이 아님

②: 바람에 대한 우리의 관점은 원시적인 것에서 과학적인 것으로 변화함

▶ 예시로 바람에 대한 우리의 관점이 어떻게 원시적인 것에서 과학적으로 변화했
는지를 말하고 있으므로 ②는 무관한 문장이 아님

③: 처음 두 진술은 설명을 제공하지만 분명히 무지하며, 세 번째는 우리의 무지를
보여주지만 확실히 덜 무지함

▶ 앞 문장에서 언급된 바람에 관한 세 가지 관점에 대한 진술을 부가적으로 설명하
고 있으므로 ③은 무관한 문장이 아님

④: 무지가 과학적 발견에 있어서 가장 큰 장애물이며, 과학자들에게 도움도 되지 않음

▶ 앞 문장에서 완전한 설명은 무지하며, 오히려 우리의 무지를 보여주는 것이 확실
히 덜 무지하다고 했으므로, 필자는 무지에 대한 인식의 중요성을 말하고 있음
하지만 무지한 것을 큰 장애로 보며 과학자들에게 도움을 주지 않는 것이라고 말하
는 것은 이와 상반되므로 ④은 무관한 문장임

⑤: 무지보다는 설명이 지적 편협함의 특징임

▶ 무지보다 설명이 오히려 지적 편협함을 드러낸다는 내용으로, 설명이 분명히 무
지하다는 ③의 내용에 이어지므로, ⑤은 무관한 문장이 아님

* 글의 흐름

도입	'무지'와 '설명'의 개념을 새롭게 정의하면서, 무지는 부정적인 것이 아니라 과학적 담론의 시작임을 주장함
전개	무지를 인정하는 태도가 탐구의 시작임을 논리적으로 설명함
예시	바람에 대한 세 가지 관점의 인식 변화 사례를 제시함
결론	무지보다는 설명이 지적 편협함의 특징임

L 05 정답 ④ * 사진 예술 시장의 형성과 작품의 희소성 ——

다음 글에서 전체 흐름과 관계 없는 문장은?

It wasn't until 1960 / that a market for photographic art began to
form / in the United States. //
1960년이 되어서야 / 사진 예술 시장이 형성되기 시작했다 / 미국에서 //
단서 1 사진 예술 시장의 발전은 예술에 대한 전통적인 개념의 거부와 맞물려 있었음

This development / coincided with a rejection of many
traditional notions of art: / that it was the work of the hand, /
동격의 접속사
that each work was a unique creation. //
이러한 발전은 / 예술에 대한 많은 전통적인 개념의 거부와 맞물려 있었는데 / 즉 그것(예술)은
손으로 만들어진 작품이며 / 각각의 작품은 독창적인 창작물이라는 개념이다 //

① Prices remained modest, / but collectors began to emerge, / and finally, in the 1970s, / a true art market was established, /
가격은 여전히 적당한 수준이었지만 / 수집가들이 등장하기 시작했고 / 마침내 1970년대에는 / 진정한 예술 시장이 설립되었다 /

with control / over the originality and rarity of the works (limited-edition prints), expositions, galleries, and museums. //
통제를 가진 채로 / 작품(한정판 인쇄본)의 독창성과 희소성, 전시회, 갤러리, 박물관에 대한 //

단서 2 가장 귀중한 인쇄본은 사진 필름 원판이 없는 경우임

② The most valuable prints / are those where the negatives
= prints 관계부사(those 수식)
are lost; / for this reason, / some contemporary photographers destroy their negatives / after making a predetermined number of prints. //
부사절 접속사(조건)
가장 귀중한 인쇄본은 / 필름 원판이 사라진 경우인데 / 이러한 이유로 / 일부 현대 사진작가들은 그들의 필름 원판을 파괴한다 / 미리 결정된 수량의 인쇄본을 만든 후 //

③ Where negatives remain available / and unlimited prints could, in principle, be made, / the market distinguishes between recent and "vintage" prints. //
필름 원판이 여전히 사용 가능하고 / 이론상 무한한 인쇄본 제작이 가능한 경우 / 시장은 최근 인쇄본과 '빈티지' 인쇄본을 구분한다 //

단서 3 1990년대 초에는 포토 리얼리즘이 관심을 받았다는 내용은 관계 없음

④ The early 1990s saw a renewed interest in photorealism, /
~ 덕분에
thanks to new technology / in the form of cameras and digital
주격 관계대명사
equipment / which offered more precision. //)
(1990년대 초는 포토 리얼리즘에 새로운 관심을 보였는데 / 새로운 기술 덕분에 / 카메라와 디지털 장비 형태의 / 더 많은 정확성을 제공하는 //)

주격 관계대명사
⑤ Such a market requires experts / who are able to look at a print and distinguish / which year it was made from the negative. //
이러한 시장은 전문가를 필요로 한다 / 인쇄본을 보고 식별할 수 있는 / 그것이 몇 년도에 필름 원판으로부터 제작되었는지를 //

- coincide with ~ 와 맞물려 있다 • rejection ⓝ 거부
- modest ⓐ 적당한 • emerge ⓥ 등장하다 • establish ⓥ 설립하다
- originality ⓝ 독창성 • rarity ⓝ 희소성 • exposition ⓝ 전시회
- predetermined ⓐ 미리 결정된 • distinguish ⓥ 구분하다, 식별하다
- precision ⓝ 정확성

1960년이 되어서야 미국에서 사진 예술 시장이 형성되기 시작했다. 이러한 발전은 예술에 대한 많은 전통적인 개념의 거부와 맞물려 있었는데, 그것은 예술은 손으로 만들어진 작품이며 즉, 각각의 작품은 독창적인 창작물이라는 개념이다. ① 가격은 여전히 적당한 수준이었지만 수집가들이 등장하기 시작했고, 마침내 1970년대에는 작품(한정판 인쇄본)의 독창성과 희소성, 전시회, 갤러리, 박물관에 대한 통제를 가진 채로 진정한 예술 시장이 설립되었다. ② 가장 귀중한 인쇄본은 필름 원판이 사라진 경우인데, 이러한 이유로 일부 현대 사진작가들은 미리 결정된 수량의 인쇄본을 만든 후 자신의 필름 원판을 파괴한다. ③ 필름 원판이 여전히 사용 가능하고 이론상 무한한 인쇄본 제작이 가능한 경우, 시장은 최근 인쇄본과 '빈티지' 인쇄본을 구분한다. (④ 1990년대 초는 포토 리얼리즘에 새로운 관심을 보였는데, 이는 카메라와 더 많은 정확성을 제공하는 디지털 장비 형태의 새로운 기술 덕분이었다.) ⑤ 이러한 시장은 인쇄본을 보고 그것이 몇 년도에 필름 원판으로부터 제작되었는지를 식별할 수 있는 전문가를 필요로 한다.

왜 정답·오답? [정답률 78%]

- **글의 앞부분:** 1960년에 미국에서는 사진 예술 시장이 형성되기 시작했는데, 예술은 손으로 만들어지고 각각의 작품이 독창적인 창작물이라는 전통적인 개념의 거부에서 시작되었음

- ①: 가격은 적당했고 수집가들이 등장했으며, 1970년대에는 작품(한정판 인쇄본)의 독창성과 희소성 등을 가진 채로 진정한 예술 시장이 설립되었다고 이야기함

  ▶ 앞에서 언급한 사진 예술 시장에 대한 설명이 이어지고 있으므로 ①은 무관한 문장이 아님

- ②: 가장 귀중한 인쇄본은 필름 원판이 사라진 경우이며, 일부 현대 사진작가들은 필름 원판을 파괴하기도 함

  ▶ 앞 문장에서 언급한 인쇄본의 독창성과 희소성에 대한 설명으로, 가장 귀중한 인쇄 작품이 무엇인지 설명하고 있으므로 ②은 무관한 문장이 아님

---

③: 필름 원판이 여전히 사용 가능하고 인쇄본 제작이 가능한 경우, 시장은 최근 인쇄본과 '빈티지' 인쇄본을 구분함

  ▶ 필름 원판이 사라진 경우와 반대로 필름 원판이 여전히 존재하는 경우에 대해 말하고 있으므로 ③은 무관한 문장이 아님

④: 1990년대 초에 포토 리얼리즘이 관심을 받았음

  ▶ 그 전까지 사진 예술 시장에서 인쇄본의 필름 원판의 유무에 대한 설명이 이어지다가, 새로운 기술로 인한 포토 리얼리즘에 대한 관심 증가에 대해 말하고 있으므로 ④은 무관한 문장임

⑤: 시장은 인쇄본이 몇 년도의 필름 원판으로부터 제작되었는지를 식별할 수 있는 전문가를 필요로 함

  ▶ 필름 원판이 존재하는 경우 최근 인쇄본과 빈티지 인쇄본을 구분한다는 ③의 내용에 이어지고 있으므로 ⑤은 무관한 문장이 아님

＊ 글의 흐름

도입	1960년이 되어서야 미국에서 사진 예술 시장이 형성되기 시작했고, 이는 예술에 대한 전통적인 개념의 거부와 맞물려 있었음
전개	수집가들이 등장하기 시작했고, 1970년대에는 진정한 예술 시장이 설립되었음
설명	가장 귀중한 인쇄본은 필름 원판이 사라진 경우임
부연	필름 원판이 여전히 사용 가능하고 무한한 인쇄본 제작이 가능한 경우, 시장은 최근 인쇄본과 '빈티지' 인쇄본을 구분하고, 이러한 시장은 전문가를 필요로 함

L 06 정답 ③ ＊진화적 적응에 따른 낮 또는 밤의 활동 특화

다음 글에서 전체 흐름과 관계 없는 문장은?

Almost all life shows a 24-hour pattern of activity and rest, / even bacteria. // **단서 1** 거의 모든 생명체는 24시간의 기준에 맞춰져 있음
거의 모든 생물은 24시간의 기준에 맞춘 활동과 휴식의 패턴을 보여 준다 / 심지어 박테리아도 //

가주어
It seems very likely / that this rhythm evolved / as a result of
주격 관계대명사
living on a planet that rotates once every 24 hours /
가능성이 매우 높은 것처럼 보인다 / 이 리듬이 진화했고 / 24시간마다 한 번씩 자전하는 행성 위에 사는 것의 결과로 /
진주어절 접속사의 병렬 구조
and that the resultant changes in light, temperature and food availability / forced an adaptive evolutionary response. //
그에 따른 빛, 온도 그리고 먹이 이용 가능성에서의 변화가 / 적응할 수 있는 진화 반응을 강요했을 //

주격 관계대명사   have allowed의 목적어와 목적격 보어
① Diurnal and nocturnal species / have evolved numerous specializations / that have allowed them to perform best / under the different conditions of light or dark, / but, critically, not both. //
낮에 활동하는 종과 밤에 활동하는 종은 / 다수의 특화를 진전시켰지만 / 그들이 가장 잘 수행하게 해 주는 / 밝음 혹은 어둠이라는 다른 조건 하에서 / 결정적으로 둘 다에서는 아니다 //

주격 관계대명사
② Life seems to have made an evolutionary 'decision' / to be active at a specific part of the day/night cycle, / and, as a result, / those species that are specialized to be active during the day / will not be particularly effective at night. // **단서 2** 낮에 활동적인 종은 밤에 유능하지 않음
생물은 진화적 '결정'을 내린 것으로 보이고 / 낮/밤 사이클의 특정 부분에 활동적이게 되도록 / 그 결과 / 낮 동안 활동적이게 되도록 특화된 그 종들은 / 밤에는 특별히 유능하지는 않을 것이다 //

주격 관계대명사
③ Light is the primary factor controlling the body's rhythms, / and irregularly timed light is a common issue / that disrupts the sleep-wake cycle. //) **단서 3** 빛이 신체 리듬을 통제하며, 불규칙한 빛은 수면 사이클을 방해한다는 것은 관계 없는 내용
(빛은 신체의 리듬을 통제하는 주요한 요소이고 / 불규칙하게 시간이 맞춰진 빛은 흔한 문제이다 / 수면 각성 사이클을 방해하는 //)

④ In the same way, / nocturnal animals that are perfectly adapted / to move around and hunt under dim or no light / fail miserably during the day. //

마찬가지로 / 완벽하게 적응된 밤에 활동하는 동물은 / 어둑하거나 빛이 없는 상태에서 돌아다니거나 사냥하는 데 / 낮 동안에는 형편없이 약해진다 //

⑤ The struggle for existence has forced / species to become specialists and not generalists, / and no species can operate with the same effectiveness / across the 24-hour light/dark environment. //

생존을 위한 투쟁은 강요해왔고 / 종들이 다방면 인재가 아니라 특화된 인재가 되도록 / 그 어떤 종도 동일한 효율성을 가지고 활동할 수 없다 / 24시간의 낮/밤 환경 전체에 걸쳐 //

- **evolve** ⓥ 진화하다
- **rotate** ⓥ 회전하다
- **resultant** ⓐ 그에 따른
- **availability** ⓝ 이용 가능성
- **adaptive** ⓐ 적응적인
- **species** ⓝ 종(種)
- **specialization** ⓝ 특화
- **irregularly** 〔ad〕 불규칙하게
- **disrupt** ⓥ 방해하다
- **struggle** ⓝ 투쟁
- **generalist** ⓝ 다방면 인재
- **effectiveness** ⓝ 효율성

거의 모든 생물은, 심지어 박테리아도, 24시간의 기준에 맞춘 활동과 휴식의 패턴을 보여 준다. 24시간마다 한 번씩 자전하는 행성 위에 사는 것의 결과로 이 리듬이 진화했고 그에 따른 빛, 온도 그리고 먹이 이용 가능성에서의 변화가 적응할 수 있는 진화 반응을 강요했을 가능성이 매우 높은 것처럼 보인다. ① 낮에 활동하는 종과 밤에 활동하는 종은 밝음 혹은 어둠이라는 다른 조건하에서 그들이 가장 잘 수행하게 해 주는 다수의 특화를 진전시켰지만, 결정적으로 둘 다에서는 아니다. ② 생물은 낮/밤 사이클의 특정 부분에 활동적이게 되도록 진화적 '결정'을 내린 것으로 보이고, 그 결과, 낮 동안 활동적이게 되도록 특화된 그 종들은 밤에는 특별히 유능하지는 않을 것이다. (③ 빛은 신체의 리듬을 통제하는 주요한 요소이고, 불규칙하게 시간이 맞춰진 빛은 수면 각성 사이클을 방해하는 흔한 문제이다.) ④ 마찬가지로, 어둑하거나 빛이 없는 상태에서 돌아다니거나 사냥하는 데 완벽하게 적응된 밤에 활동하는 동물은 낮 동안에는 형편없이 약해진다. ⑤ 생존을 위한 투쟁은 종들이 다방면 인재가 아니라 특화된 인재가 되도록 강요해왔고 그 어떤 종도 24시간의 낮/밤 환경 전체에 걸쳐 동일한 효율성을 가지고 활동할 수 없다.

왜 정답·오답? [정답률 77%]

글의 앞부분: 거의 모든 생물이 24시간 패턴으로 맞춰진 이유는 24시간마다 한 번씩 자전하는 행성 위에 살고 있기 때문이고, 이에 따른 여러 가지 면에서의 변화가 이에 적응할 수 있는 진화 반응으로 이어졌을 것이라는 내용이 나옴

- ①: 낮에 활동하는 종과 밤에 활동하는 종은 낮 혹은 밤에 특화해서 진화했으며, 중요한 것은 낮과 밤 둘 다에 특화하지는 않았다는 점을 설명함

▶ 앞에 나온 내용과 연결되는 것으로, 24시간 패턴에 대한 추가 설명을 하고 있으므로 ①은 무관한 문장이 아님

- ②: 낮 시간 동안 활동적이게 되도록 특화된 종은 밤에는 특별히 유능하지는 않는 진화적 '결정'을 내린 것이라고 함

▶ 낮과 밤에 둘 다 특화되지는 않는다는 내용을 이어나가는 것이므로 ②은 무관한 문장이 아님

- ③ 빛은 신체 리듬을 통제하는 중요 요소이며, 불규칙한 빛은 수면 사이클을 방해한다고 함

▶ 24시간 패턴이 아니라 빛과 신체 리듬, 수면 패턴에 대한 내용을 말하고 있으므로 ③은 무관한 문장임

- ④: 어둠에 특화된 생물은 낮에는 약해진다는 내용임

▶ 앞에서 낮에 특화된 생물은 밤에 약해진다는 내용과 대응 구조를 이루고 있으므로 ④은 무관한 문장이 아님

- ⑤: 동물은 낮 혹은 밤 둘 중 하나에 특화된 인재가 되도록 진화해왔으며, 낮과 밤 둘 다에 효율성을 가질 수는 없다고 함

▶ 낮과 밤 둘 중 한 시간대에 특화되었다는 내용과 이어지기 때문에 ⑤은 무관한 문장이 아님

★ 글의 흐름

도입	거의 모든 생물은 24시간의 기준에 맞춘 패턴을 보여줌
전개	낮에 활동하는 종과 밤에 활동하는 종은 낮 혹은 밤에 특화해서 진화했으며, 낮 시간 동안 활동적이게 되도록 특화된 종은 밤에는 유능하지 않은 진화적 '결정'을 내린 것임
부연	마찬가지로, 어둠에 특화된 생물은 낮에는 약해짐
결론	동물은 낮 혹은 밤 둘 중 하나에 특화된 인재가 되도록 진화해왔으며, 낮과 밤 둘 다에 효율성을 가질 수는 없음

L 07 정답 ③ ★인간이 발전시킨 문화의 저장과 전달 방식 —

다음 글에서 전체 흐름과 관계 없는 문장은?

Cultural storage and transmission / require humans to accomplish the work / of storing knowledge and passing it on to the next generation / by means other than DNA. //

문화의 저장과 전달은 / 인간이 일을 완수할 것을 요구한다 / 지식을 저장하고 그것을 다음 세대에게 전달하는 일을 / DNA 이외의 방법으로 //

To that end, / humans developed techniques of memorization, / of transmitting knowledge through education / and by using external memory devices. // **단서 1** 인간이 지식 전달의 기술을 발전시킴

그 목적을 달성하기 위해서 / 인간은 암기의 기술을 발전시켰다 / 교육을 통한 지식 전달과 / 그리고 외부 저장 장치의 사용을 통한 //

① The Chauvet cave was such a device, / a place that humans returned to generation after generation, / cooperating on a project / that none of them could have accomplished alone. //

쇼베 동굴은 그러한 장치였다 / 인간이 대대로 되돌아오는 장소 / 프로젝트에 협력하면서 / 인간 중 그 누구도 혼자서는 완수할 수 없었던 //

② Each generation of artists / learned techniques / and continued the work of previous ones, / preserving and improving / what their predecessors had worked on. //

각 세대의 예술가들은 / 기술을 배웠다 / 그리고 이전 사람들의 작업을 이어 갔다 / 보존하고 개선하면서 / 그들의 전임자들이 공들여온 것을 //

단서 2 기술의 진보에도 불구하고 손상된 동굴 벽화를 복구하는 데 한계가 있다는 내용은 관계 없음

③ Despite advances in technology, / there is a limit / in restoring damaged cave paintings, / leaving us puzzled / about what those paintings really were. //)

(기술의 진보에도 불구하고 / 한계가 있다 / 손상된 동굴 벽화를 복구하는 데는 / 우리를 갈피를 못잡은 채로 남겨 둔다 / 그 그림이 정말 무엇인지에 대해 //)

④ For us, / the idea / that humans might work on a single system of caves / for thousands of years / in the same style / is almost unimaginable. //

우리에게 / 생각은 / 인간이 동굴이라는 하나의 시스템에서 작업했을 것이라는 / 수천 년 동안 / 같은 방식으로 / 거의 상상조차 할 수 없는 것이다 //

⑤ But these early humans were highly conscious of the importance / of storing and preserving knowledge / and of passing down ideas. //

그러나 이러한 초기 인간들은 중요성을 매우 의식하고 있었다 / 지식을 저장하고 보존하는 것의 / 그리고 아이디어를 전수하는 것의 //

- **transmission** ⓝ 전달
- **accomplish** ⓥ 완수하다
- **external** ⓐ 외부의
- **preserve** ⓥ 보존하다
- **advance** ⓝ 진보
- **unimaginable** ⓐ 상상조차 할 수 없는
- **restore** ⓥ 복구하다
- **conscious** ⓐ 의식하고 있는

문화의 저장과 전달은 인간이 DNA 이외의 방법으로 지식을 저장하고 그것을 다음 세대에게 전달하는 일을 완수할 것을 요구한다. 그 목적을 달하기 위해서, 인간은 암기의 기술과 교육을 통한, 그리고 외부 기억 장치의 사용을 통한 지식 전달의 기술을 발전시켰다. ① 쇼베 동굴은 그러한 장치였고, 인간 중 그 누구도 혼자서는 완수할 수 없었던 프로젝트에 협력하면서 대대로 되돌아오는 장소

였다. ② 각 세대의 예술가들은 기술을 배웠고 이전 사람들의 작업을 이어 가면서 그들의 전임자들이 공들여온 것을 보존하고 개선했다. (③ 기술의 진보에도 불구하고, 손상된 동굴 벽화를 복구하는 데는 한계가 있어 우리를 그 그림이 정말 무엇인지에 대해 갈피를 못잡은 채로 남겨 둔다.) ④ 우리에게, 인간이 수천 년 동안 같은 방식으로 동굴이라는 하나의 시스템에서 작업했을 것이라는 생각은 거의 상상조차 할 수 없는 것이다. ⑤ 그러나 이러한 초기 인간들은 지식을 저장하고 보존하는 것과 아이디어를 전수하는 것의 중요성을 매우 의식하고 있었다.

왜 정답·오답? [정답률 60%]

글의 앞부분: 인간이 암기의 기술과 교육을 통해, 외부 기억 장치 사용을 통해 지식 전달 기술을 발전시켰다는 내용이 나옴

- ①: 인간이 지식 전달을 하기 위해 사용한 기술의 예시로 쇼베 동굴을 이야기함
  - ▶ 앞에 나온 내용에 대한 예시로 쇼베 동굴을 제시했으므로 ①은 무관한 문장이 아님

- ②: 각 세대 예술가들이 기술을 배우고 전임자의 것을 보존 및 개선했다고 설명하고 있음
  - ▶ 쇼베 동굴의 프로젝트는 혼자서 완수할 수 없었던 대대로 협력하는 성격의 것이었음을 언급한 후에 이어지는 내용이므로 ②은 무관한 문장이 아님

- ③ 기술의 진보에도 불구하고 손상된 동굴 벽화를 복구하는 데는 한계가 있음
  - ▶ 동굴 벽화가 손상되었다는 내용이 앞에 제시되지 않았으며, 손상된 벽화를 복구하고자 한다는 내용도 제시되지 않았으므로 ③은 무관한 문장임

- ④: 인간이 수천 년 동안 같은 방식으로 동굴이라는 시스템에서 작업했음
  - ▶ 앞에서 언급한 쇼베 동굴에서의 프로젝트를 이어서 말하는 것이므로 ④은 무관한 문장이 아님

- ⑤: 초기 인간들은 지식을 저장하고 보존하는 것, 아이디어를 전수하는 것의 중요성을 의식했음
  - ▶ 쇼베 동굴의 예시를 통해 말하던 앞의 내용과 이어지므로 ⑤은 무관한 문장이 아님

*** 글의 흐름**

도입	인간이 발전시킨 지식 전달 기술
전개	쇼베 동굴의 대대로 협력해서 진행한 프로젝트
설명	쇼베 동굴에서 각 세대 예술가들이 기술을 배우고 전임자의 것을 보존 및 개선함
부연	초기 인간들이 지식을 저장하고 보존하는 것, 아이디어를 전수하는 것을 중요시함

L 08 정답 ④ *교통수단의 발달이 스포츠 관광에 미치는 영향

다음 글에서 전체 흐름과 관계 없는 문장은?

단서 1 스포츠 관광의 확대는 교통수단의 발전에 영향을 받았음
The expansion of sports tourism / in the twentieth century / has been influenced / by further developments in transportation. //
현재완료의 수동태
스포츠 관광의 확대는 / 20세기의 / 영향을 받았다 / 교통수단이 더욱 발전되는 것에 //

Just as the railways revolutionized travel / in the nineteenth
just as A, so B: A와 마찬가지로 B도
century, / so the automobile produced even more dramatic
비교급 강조
changes / in the twentieth. //
철도가 여행에 혁신을 일으켰던 것과 꼭 마찬가지로 / 19세기에 / 자동차가 훨씬 더 극적인 변화를 일으켰다 / 20세기에 //

① The significance of the car / in the development of sport and
tourism / generally has attracted considerable coverage / and it
현재완료
has had no less an impact / on sports tourism specifically. //
현재완료
자동차의 중요성은 / 스포츠와 관광의 발전에서의 / 일반적으로 상당한 주목을 끌었으며 / 못지않은 영향을 미쳤다 / 구체적으로는 스포츠 관광에 //

뒤에 부사절의 주어와 be동사 생략
② Although originally invented / towards the end of the nineteenth century, / it started to become a mass form of transport / in the 1920s in the USA / and rather later in Britain. //
자동차는 원래 발명되었지만 / 19세기 말에 접어들면서 / 대중적인 교통수단이 되기 시작했다 / 1920년대에 미국에서 / 그리고 상당히 더 늦게 영국에서 //

③ Apart from its convenience and flexibility, / the car has the additional advantages / of affording access to many areas /
과거분사(areas 수식)
not served by public transport,
자동차는 편리함과 유연성 외에도 / 추가적인 장점이 있다 / 많은 지역에 접근하게 해 준다는 / 대중교통이 제공되지 않는 /
A as well as B: B뿐만 아니라 A도
/ as well as allowing the easy transport / of luggage and equipment. // **단서 2** 자동차는 대중교통이 제공되지 않는 많은 지역에 접근하게 해줌
쉽게 운송해 준다는 것과 더불어 / 짐과 장비를 //

(④ The expansion of reasonably priced, good quality
과거분사(accomodation 수식)
accommodation / associated with tourism growth / has also
현재완료   과거분사(restaurants 수식)
facilitated the growth / of locally based restaurants. //)
(가격이 합리적이고 질이 좋은 숙박 시설의 확대는 / 관광업 성장과 연관된 / 또한 성장을 촉진했다 / 현지에 기반을 둔 식당의 //) **단서 3** 관광업이 지역의 숙박 시설과 식당의 성장을 촉진한다는 내용은 관계 없음

⑤ As a result, / it was invaluable / for the development of many
= forms 주격 관계대명사
forms of sports tourism / but especially those which require the transportation of people and equipment / to relatively remote locations. //
그 결과 / 그것은 매우 유용했다 / 여러 형태의 스포츠 관광 형태가 발전하는 데 / 특히 사람과 장비를 운송해야 하는 스포츠 관광 형태가 / 비교적 먼 곳으로 //

- expansion ⓝ 확장
- significance ⓝ 중요성
- apart from ~외에도
- equipment ⓝ 장비
- revolutionize ⓥ 혁신을 일으키다
- considerable ⓐ 상당한
- flexibility ⓝ 유연성, 신축성
- reasonably ⓐⓓ 합리적으로
- invaluable ⓐ 매우 유용한, 귀중한

20세기의 스포츠 관광의 확대는 교통수단이 더욱 발전되는 것에 영향을 받았다. 철도가 19세기에 여행에 혁신을 일으켰던 것과 꼭 마찬가지로, 자동차가 20세기에 훨씬 더 극적인 변화를 일으켰다. ① 스포츠와 관광의 발전에서의 자동차의 중요성은 일반적으로 상당한 주목을 끌었으며, 구체적으로는 스포츠 관광에 못지않은 영향을 미쳤다. ② 자동차는 원래 19세기 말에 접어들면서 발명되었지만, 1920년대에 미국에서, 그리고 상당히 더 늦게 영국에서 대중적인 교통수단이 되기 시작했다. ③ 자동차는 편리함과 유연성 외에도 짐과 장비를 쉽게 운송해 준다는 것과 더불어 대중교통이 제공되지 않는 많은 지역에 접근하게 해 준다는 추가적인 장점이 있다. (④ 관광업 성장과 연관된 가격이 합리적이고 질이 좋은 숙박 시설의 확대는 또한 현지에 기반을 둔 식당의 성장을 촉진했다.) ⑤ 그 결과, 그것은 여러 형태의 스포츠 관광, 특히 사람과 장비를 비교적 먼곳으로 운송해야 하는 스포츠 관광 형태가 발전하는 데 매우 유용했다.

왜 정답·오답? [정답률 66%]

글의 앞부분: 철도가 19세기 여행에 혁신을 일으켰던 것처럼, 자동차는 20세기의 스포츠 관광에 큰 변화를 불러왔다.

- ①: 스포츠와 관광이 발전하는 데 있어 자동차는 매우 중요하며, 구체적으로 스포츠 관광에 못지않은 영향을 미쳤다고 했다.
  앞부분에서 자동차가 스포츠 관광에 변화를 불러왔다는 내용에 이어, 스포츠와 관광 및 스포츠 관광의 발전에 자동차가 중요하다고 설명하고 있는 흐름이다.
  - ▶ ①은 무관한 문장이 아님

- ②: 자동차가 대중적인 교통수단이 되기 시작했다고 언급했다. 20세기에 스포츠 관광에 자동차가 큰 영향을 미쳤다는 내용을 구체화하기 위해 자동차가 20세기에 대중적인 교통수단이 되었다고 설명하는 문장이므로 자연스럽게 이어진다.
  - ▶ ②은 무관한 문장이 아님

- ③: 자동차는 짐과 장비를 쉽게 운송해 주고, 대중교통이 제공되지 않는 많은 지역에 접근하도록 해준다고 했다. 자동차가 스포츠 관광 발달에 어떻게 영향을 주었는지를 설명하는 흐름이다.
  - ▶ ③은 무관한 문장이 아님

④ 관광업이 지역의 숙박 시설과 식당의 성장을 촉진했다는 내용은 지금까지 이야기한 내용과 전혀 관계 없는 것이다.

▶ ④은 무관한 문장임

⑤: 그 결과, 스포츠 관광의 발전에 자동차가 매우 유용하다고 했다. 자동차가 먼 지역을 이동하고, 장비를 쉽게 운송한다는 장점을 ③에서 언급한 이후, 이 이유로 스포츠 관광의 발전에 영향을 미쳤다고 설명하는 흐름이다.

▶ ④이 빠져야 자연스러운 흐름이 됨, ⑤은 무관한 문장이 아님

＊ 글의 흐름

주제	자동차의 발달은 스포츠 관광의 발전에 큰 변화를 불러옴
원인	자동차는 짐과 장비를 쉽게 운송해 주고, 대중교통이 미치지 않는 곳까지 쉽게 이동할 수 있도록 해 줌
결과	스포츠 관광의 발전에 자동차가 매우 유용한 역할을 함

한규진 | 연세대 치의예과 2025년 입학 · 대구 계성고 졸

무관한 문장 찾기 문제는 주제 찾기와 연결되어 있다고 할 수 있어. 이 문제에서는 첫 문장에서 '20세기의 스포츠 관광 확대는 교통수단이 더욱 발전하는 데에 영향을 받았다'라고 했으니까, '스포츠 관광 확대'와 '교통수단의 발전'을 포인트로 잡고 글을 읽어내려갈 수 있어. 계속 글이 이어지다가 3번 문장에서 갑자기 '숙박 시설의 확대와 식당의 성장'이라는 다소 뜬금없는 내용이 등장한다는 것이 느껴지면 성공이야!

L 09 정답 ④ ＊판매업자의 물품 확보를 위한 조직망

다음 글에서 전체 흐름과 관계 없는 문장은?

The best dealers offer / a much broader service / than merely
having their goods on display / and 'selling from stock'. //
최고의 판매업자는 제공한다 / 훨씬 더 폭넓은 서비스를 / 단지 상품을 전시하는 것보다 /
그리고 '재고로 있는 것을 판매하는 것'보다 //
단서 1 최고의 판매업자는 더 폭넓은 서비스를 제공함

Once they know / the needs of a particular collector / they can
actively seek specific items / to fill gaps in the collection. //
일단 그들이 알게 되면 / 특정 수집가의 필요를 / 그들은 적극적으로 특정 물품을 찾을 수 있다
/ 소장품의 빈틈을 채우려 //

① Because it is their business, / to which they devote themselves
full-time, / they will inevitably have a much wider network /
than any non-professional collector can ever develop. //
그것이 그들의 사업이기 때문에 / 그들이 전업으로 하는 / 그들은 훨씬 더 넓은 조직망을
필연적으로 갖출 것이다 / 여태껏 어느 비전문 수집가가 구축할 수 있는 것보다도 //

② As a matter of course / they can enquire about the availability
of pieces / from dealers in other cities / and, most crucially in
some categories, / from overseas. //
당연히 / 그들은 작품의 구매 가능 여부를 문의할 수 있다 / 그들은 다른 도시의
판매업자들에게 / 그리고 가장 중요하게 일부 범주에서는 / 해외의 판매업자들에게도 //

③ They will be routinely informed / of news of all auctions and
important private sales, /
그들은 정례적으로 정보를 받을 것이다 / 모든 경매와 중요한 개인 판매 소식에 대해 /

and should be well-enough connected / to hear occasionally of
items / which are not yet quite on sale / but might be available
for a certain price. //
그리고 충분히 연결망을 갖추고 있을 것이다 / 물품에 대해 가끔 소식을 들을 수 있도록 / 아직
판매되지 않은 / 그러나 특정 가격에 구매할 수 있을 //
단서 2 그들(판매업자)이 정례적으로 물품과 관련된 소식을 들을 것이며 충분한 연결망을 갖추고 있을 것임

단서 3 판매업자로부터 구매하는 것의 주요 이점은 관계 없는 내용임
④ The main advantage / of buying from a dealer / is getting
personalised service / on your purchases. //)
주요 이점은 / 판매업자로부터 구매하는 것의 / 개인화된 서비스를 받는 것이다 / 구매품에
대해 //

⑤ In turn, / they can circulate their own contacts / with 'want-
lists' of desired items or subjects, / multiplying their client
collectors' chances of expanding their collections. //
결과적으로 / 그들은 자신들이 연락하는 이들에게 배포할 수 있다 / 원하는 물품이나 대상의
'필요 품목표'를 / 자신들의 고객 수집가의 소장품 확장 기회를 배가할 수 있다 //

- **stock** ⓝ 재고 ・ **specific** ⓐ 특정한 ・ **collection** ⓝ 소장품
- **devote** ⓥ (~에) 바치다, 기울이다
- **full-time** ⓐ 전업의, 전시간(근무, 노동)의
- **inevitably** ⓐd 필연적으로 ・ **as a matter of course** 당연히
- **enquire** ⓥ 문의하다 ・ **availability** ⓝ 구매 가능 여부, 이용 가능성
- **crucially** ⓐd 중요하게 ・ **routinely** ⓐd 정례적으로, 일상적으로
- **occasionally** ⓐd 가끔 ・ **purchase** ⓝ 구매
- **circulate** ⓥ 배포하다, 돌리다 ・ **multiply** ⓥ 배가하다, 늘리다
- **expand** ⓥ 확장하다

최고의 판매업자는 단지 상품을 전시하고 '재고로 있는 것을 판매하는 것'보다 훨씬 더 폭넓은 서비스를 제공한다. 특정 수집가의 필요를 알게 되면, 그들은 소장품의 빈틈을 채우려 특정 물품을 적극적으로 찾을 수 있다. ① 그것이 그들이 전업으로 하는 사업이기 때문에, 그들은 여태껏 어느 비전문 수집가가 구축할 수 있는 것보다도 훨씬 더 넓은 조직망을 필연적으로 갖출 것이다. ② 당연히 그들은 다른 도시의 판매업자들에게, 그리고 가장 중요하게 일부 범주에서는 해외의 판매업자들에게도 작품의 구매 가능 여부를 문의할 수 있다. ③ 그들은 모든 경매와 중요한 개인 판매 소식에 대해 정례적으로 정보를 받을 것이며, 아직 판매되지 않았지만 특정 가격에 구매할 수 있을 물품에 대해 가끔 소식을 들을 수 있도록 충분히 연결망을 갖추고 있을 것이다. (④ 판매업자로부터 구매하는 것의 주요 이점은 구매품에 대해 개인화된 서비스를 받는 것이다.) ⑤ 결과적으로, 그들은 원하는 물품이나 대상의 '필요 품목표'를 자신들이 연락하는 이들에게 배포하여, 자신들의 고객 수집가의 소장품 확장 기회를 배가할 수 있다.

왜 정답 · 오답? [정답률 78%]

첫 문장: 판매업자는 특정 구매자가 필요로 하는 물품을 적극적으로 찾아줄 수 있다는 내용으로 특정 물품을 적극적으로 찾는 것에 대한 부연 설명이 뒤따를 것임

①: 훨씬 더 넓은 조직망을 필연적으로 갖출 것이라고 하며 앞 문장에서 언급한 특정 물품을 적극적으로 찾는 방법을 제시했다.

▶ ①은 무관한 문장이 아님

②: 앞 문장에서 언급한 더 넓은 조직망을 사용해 다른 도시나 해외의 판매업자에게 작품의 구매 여부를 문의할 수 있다고 말하고 있다.

▶ ②은 무관한 문장이 아님

③: ①에서 언급한 더 넓은 조직망을 활용하여 물품을 구입하는 것에 대한 정보를 교환하는 것에 대해 추가적으로 설명하고 있다.

▶ ③은 무관한 문장이 아님

④: 판매업자가 물품 확보를 위해 조직망을 활용하는 것에 대해 이야기하는 것과는 다르게 판매업자의 이점을 구매품에 대한 개인화된 서비스를 받는 것이라고 언급하고 있다.

▶ ④은 무관한 문장임

⑤: ③의 내용에 이어서 원하는 물품이나 대상의 필요 품목표를 연락하는 이들에게 배포하여 확보할 수 있다고 말하고 있다.

▶ ④이 빠져야 자연스러운 흐름이 됨

＊ 글의 흐름

도입	최고의 판매업자는 폭넓은 서비스를 제공, 구매자를 위해 특정 물품을 적극적으로 찾을 수 있음
설명	물품 확보를 위한 넓은 조직망을 갖춤
부연	다른 도시나 해외 판매업자에게 문의 가능하고, 물품에 대한 여러 정보를 받을 수 있음
결론	자신들이 원하는 물품 확보 가능성을 조직망을 활용해 높일 수 있음

L 10 정답 ④ ＊새가 노래를 학습하는 단계

다음 글에서 전체 흐름과 관계 없는 문장은?

Avian song learning occurs in two stages: / first, songs must be memorized / and, second, they must be practiced. //
조류의 노래 학습은 두 단계로 이루어지는데 / 첫째로는, 노래를 암기해야 하고 / 둘째로는, 노래를 연습해야 한다 //
> 단서 1 조류의 노래 학습은 암기와 연습이라는 두 단계로 이루어짐

In some species these two events overlap, / but in others memorization can occur / before practice by several months, / providing an impressive example of long-term memory storage. //
일부 종에서는 이 두 가지 일이 겹치기도 하지만 / 다른 종에서는 암기가 이루어질 수 있는데 / 연습 전 몇 달 동안 / 이는 장기 기억 저장의 인상적인 예시를 제공한다 //

① The young bird's initial efforts / to reproduce the memorized song / are usually not successful. //
어린 새의 초기의 노력은 / 암기한 노래를 재현하려는 / 대체로 성공적이지 못하다 //

② These early songs may have / uneven pitch, irregular tempo, / and notes that are out of order or poorly reproduced. //
이러한 초기의 노래에는 있을 수도 있다 / 고르지 않은 음정과 불규칙한 박자 / 그리고 순서가 맞지 않거나 제대로 재현되지 않은 음이 //

③ However, sound graphs of songs recorded / over several weeks or months / reveal /
하지만 녹음된 노래의 음향 그래프를 보면 / 몇 주 또는 몇 달에 걸쳐(녹음된) / 보여준다 /
that during this practice period / the bird fine-tunes his efforts / until he produces an accurate copy of the memorized template. //
이 연습 기간 동안 / 새가 미세 조정의 노력을 기울인다는 것을 / 암기된 본보기를 정확하게 모방할 때까지 //
> 단서 2 지금까지 제시된 새의 노래 학습에 대한 내용은 선호나 한계점과는 관련이 없음

④ An important idea to emerge from the study of birdsong / is that song learning is shaped by preferences and limitations. //)
(새소리 연구를 통해 드러날 수 있는 중요한 아이디어는 / 노래 학습은 선호하는 것과 한계점에 의해 형성된다는 것이다 //)
> 단서 3 새가 노래를 연습하며 정확도를 높이기 위해 미세 조정을 하는 ③ 문장의 내용을 가리킴

⑤ This process requires hearing oneself sing; / birds are unable to reproduce memorized songs / if they are deafened / after memorization but before the practice period. //
이 과정에서는 자신이 노래하는 것을 들어야 하는데 / 새들은 암기된 노래를 재현할 수 없다 / 만약 귀가 먹으면 / 새들이 암기는 한 후이지만 연습 기간 전이라면 //

- memorize ⓥ 암기하다
- overlap ⓥ 겹치다
- storage ⓝ 저장, 보관
- reproduce ⓥ 재현하다
- uneven ⓐ 고르지 않은
- pitch ⓝ 음정
- irregular ⓐ 불규칙적인
- tempo ⓝ 박자
- note ⓝ 음, 음표
- fine-tune ⓐ 미세 조정을 하다
- accurate ⓐ 정확한
- template ⓝ 본보기
- emerge ⓥ 드러나다, 판명되다
- deafen ⓥ 귀를 먹게 만들다

조류의 노래 학습은 두 단계로 이루어지는데, 첫째로는, 노래를 암기해야 하고 둘째로는, 노래를 연습해야 한다. 일부 종에서는 이 두 가지 일이 겹치기도 하지만, 다른 종에서는 연습 전 몇 달 동안 암기가 이루어질 수 있는데, 이는 장기 기억 저장의 인상적인 예를 제공한다. ① 어린 새가 암기한 노래를 재현하려는 초기의 노력은 대체로 성공적이지 못하다. ② 이러한 초기의 노래에는 고르지 않은 음정과 불규칙한 박자, 그리고 순서가 맞지 않거나 제대로 재현되지 않은 음이 있을 수도 있다. ③ 하지만 몇 주 또는 몇 달에 걸쳐 녹음된 노래의 음향 그래프를 보면, 이 연습 기간 동안 새가 암기된 본보기를 정확하게 모방할 때까지 미세 조정의 노력을 기울인다는 것을 알 수 있다. (④ 새소리 연구를 통해 드러날 수 있는 중요한 아이디어는 노래 학습은 선호하는 것과 한계점에 의해 형성된다는 것이다.) ⑤ 이 과정에서는 자신이 노래하는 것을 들어야 하는데, 만약 새들이 암기한 후이지만 연습 기간 전에 귀가 먹으면 암기된 노래를 재현할 수 없다.

왜 정답·오답? [정답률 83%]

글의 앞부분: 조류가 노래를 학습하는 두 단계(암기, 연습)의 구체적인 설명이 뒤따를 것이다.

- ①: 새가 노래를 학습하는 과정의 첫 단계가 제시된다.
  - ▶ ①은 무관한 문장이 아님
- ②: '이러한 초기의 노래'는 ①에서 제시된 초기의 노력과 연결되므로 자연스러운 흐름이다.
  - ▶ ②은 무관한 문장이 아님
- ③: 반대 내용을 연결하는 However(하지만)가 왔는데, 암기 이후 연습하는 과정과 관련된 내용이면서 However로 연결 가능한 문장이 이어진다.
  - ▶ ③은 무관한 문장이 아님
- ④: 현재까지 제시된 새의 노래 학습 과정은 이 문장에서 말하는 선호나 한계점과는 관련이 없다.
  - ▶ ④이 무관한 문장임
- ⑤: ⑤의 '이 과정(This process)'은 ③에서 제시된 '미세 조정의 노력'을 가리킨다.
  - ▶ ④이 빠져야 자연스러운 흐름이 되므로 ⑤은 무관한 문장이 아님

＊ 글의 흐름

도입	새의 노래 학습은 암기와 연습이라는 두 단계로 이루어짐
설명	초기의 암기는 불완전한 노래지만 계속 연습하면서 미세 조정을 통해 노래를 정확하게 재현할 수 있게 됨
부연	연습하면서 자신의 노래를 들어야 미세 조정이 가능함

L 11 정답 ③ ＊새로운 시스템 사용에 있어 사회적 목표와 개인적 목표의 불일치

다음 글에서 전체 흐름과 관계 없는 문장은?

It is important to remember / that to achieve acceptance and use of new technologies systems, / the personal importance to the users / has to be valued more highly than the degree of innovation. //
기억하는 것이 중요하다 / 새로운 기술/시스템의 수용과 사용을 달성하기 위해서는 / 사용자들에게 개인적 중요성이 / 혁신의 정도보다 더욱 높이 평가되어야 한다는 점을 //

However, policies and political goals / are often confused with the driver's personal goals. //
그러나 정책들과 정치적 목표들은 / 종종 운전자의 개인적 목표들과 혼동된다 //

① Societal goals and individual goals / do not necessarily coincide. //
> 단서 1 사회적 목표와 개인적 목표는 반드시 일치하지는 않음

사회적 목표들과 개인적 목표들은 / 반드시 일치하지는 않는다 //

② For example, / the policy goal / behind ISA (Intelligent Speed Adaptation; a system which warns the drivers when they exceed the speed limit, and may even prevent them from doing so) /
예를 들어 / 정책 목표는 / ISA (지능형 속도 적응 시스템, 즉 운전자들이 제한 속도를 초과할 때 그들에게 경고하고 심지어 그들이 그렇게 하는 것을 방지할 수 있는 시스템) 뒤에 있는 /
could be to increase traffic safety / or to increase speed limit compliance. //
교통안전을 증진하거나 / 제한 속도 준수를 증진하는 것일 수 있다 //

③ Some drivers have a goal to collect many classic cars, / although it has little impact on their use of new speed adaptation systems. //)
> 단서 2 일부 운전자들이 클래식 자동차를 수집하는 목표를 가지고 있다는 것은 관계없는 내용임

일부 운전자들은 많은 클래식 자동차를 수집하는 목표를 가지고 있지만 / 이는 그들의 새로운 속도 적응 시스템들의 사용에는 거의 영향이 없다 //

④ These goals might not be relevant to some drivers, / for example, due to their feeling that safety measures are redundant /
이러한 목표들은 일부 운전자들에게는 관련이 없을 수 있는데 / 예를 들어, 안전 조치가 불필요하다는 그들의 느낌 때문에 /

because of their own personal driving skills / or because speeding is not seen as a 'real crime'. //
[단서 3] 이러한 목표, 즉, 정책목표는 일부 운전자들에게는 관련이 없을 수 있음
그들 자신의 개인적인 운전 기술 때문에 / 혹은 속도위반이 '진짜 범죄'로 보이지 않기 때문이다 //

help+목적어+목적격 보어(to부정사)
⑤ Nevertheless, they might find / that the system helps them to avoid speeding tickets / or they want to use the system / simply because they have a general interest in innovative systems. //
그럼에도 불구하고, 그들은 알게 될 수도 있고 / 그 시스템이 속도위반 딱지를 피하는 것을 도와준다는 것을 / 혹은 그들은 그 시스템을 사용하고 싶어 한다 / 단순히 그들이 혁신적인 시스템에 대한 일반적인 관심을 가졌기 때문에 //

- **achieve** ⓥ 성취하다, 달성하다
- **policy** ⓝ 정책
- **warn** ⓥ 경고하다
- **exceed** ⓥ 넘다
- **adaptation** ⓝ 적응
- **relevant** ⓐ 관련 있는
- **measure** ⓝ 조치
- **innovative** ⓐ 혁신적인

새로운 기술/시스템의 수용과 사용을 달성하기 위해서는 사용자들에게 개인적 중요성이 혁신의 정도보다 더욱 높이 평가되어야 한다는 점을 기억하는 것이 중요하다. 그러나 정책들과 정치적 목표들은 종종 운전자의 개인적 목표들과 혼동된다. ① 사회적 목표들과 개인적 목표들은 반드시 일치하지는 않는다. ② 예를 들어, ISA(지능형 속도 적응 시스템, 즉 운전자들이 제한 속도를 초과할 때 그들에게 경고하고 심지어 그들이 그렇게 하는 것을 방지할 수 있는 시스템) 뒤에 있는 정책 목표는 교통안전을 증진하거나 제한 속도 준수를 증진하는 것일 수 있다. (③ 일부 운전자들은 많은 클래식 자동차를 수집하는 목표를 가지고 있지만, 이는 그들의 새로운 속도 적응 시스템들의 사용에는 거의 영향이 없다.) ④ 이러한 목표들은 일부 운전자들에게는 관련이 없을 수 있는데, 예를 들어, 그들 자신의 개인적인 운전 기술 때문에 안전 조치가 불필요하다는 그들의 느낌 때문에 혹은 속도위반이 '진짜 범죄'로 보이지 않기 때문이다. ⑤ 그럼에도 불구하고, 그들은 그 시스템이 속도위반 딱지를 피하는 것을 도와준다는 것을 알게 될 수도 있고 혹은 단순히 그들이 혁신적인 시스템에 대한 일반적인 관심을 가졌기 때문에 그들은 그 시스템을 사용하고 싶어 한다.

왜 정답·오답? [정답률 77%]

첫 두 문장: 새로운 기술/시스템에 대한 정책들과 정치적 목표들이 개인적 목표들과 어떤 방식으로 혼동되는지에 대한 구체적인 설명이나 예시가 뒤따를 것이다.

- ①: 앞 문장의 정치적 목표와 개인적 목표들이 혼동된다는 내용을 반복하고 있다.
  - ▶ ①은 무관한 문장이 아님

- ②: 앞 문장에서 말한 사회적 목표와 개인적 목표 중 사회적 목표(정책/정치적 목표)에 대한 구체적 예시를 들고 있다.
  - ▶ ②은 무관한 문장이 아님

- ③ 앞에서 지능형 속도 적응 시스템에 대한 언급은 있었으나, 클래식 자동차를 수집하는 목표가 있는 운전자와 이들의 시스템 사용에 대한 내용으로 이어지는 것은 어색하다.
  - ▶ ③이 무관한 문장임

- ④: '이러한 목표들(These goals)'은 ②에서 언급된 정책 목표(= 사회적 목표)이며, 주어진 문장과 ①에서 말한 개인적 목표와 사회적 목표의 다름을 뒷받침해주는 예시가 된다.
  - ▶ ③이 빠져야 자연스러운 흐름이 됨, ④은 무관한 문장이 아님

- ⑤: 여기서 '그들(They)'은 운전자를 뜻하며, 정책 목표와 개인적 목표가 다를지라도 시스템을 사용한다는 설명이 이어지고 있다.
  - ▶ ⑤은 무관한 문장이 아님

도입	새로운 기술의 수용과 사용을 위해서는 혁신의 정도보다 사용자들의 개인적 중요성이 높게 평가되어야 하는데, 종종 정책과 정치적 목표들이 개인적 목표들과 혼동됨
예시 ① (사회적 목표)	지능형 속도 적용 시스템의 정책 목표는 교통 안전 증진 혹은 제한 속도 준수 증진일 수 있음
예시 ② (개인적 목표)	운전자들의 개인적 목표와 일치하지 않을 수 있지만, 속도 위반 딱지를 피하게 해주거나 혁신적 시스템에 관심이 있어서 시스템을 사용하고 싶을 수 있음

L 12 정답 ③ * 알고리즘에 맡겨지는 개인화

다음 글에서 전체 흐름과 관계 없는 문장은? [3점]

전치사+관계대명사
In a context in which / the cultural obligation to produce the self / as a distinctive authentic individual / is difficult to fulfill, /
상황에서 / 자아를 만들어야 하는 문화적 의무가 / 독특하고 진정한 개인으로서의 / 이행되기 어려운 /

the burdensome work of individualizing the self / is turned over increasingly to algorithms. //
[단서 1] 자아를 개인화하는 것은 알고리즘에 넘겨짐
자아를 개인화하는 부담스러운 작업은 / 점점 더 알고리즘에 넘겨진다 //

단수 주어 · 주격 관계대명사
① The "personalization" that is promised on every front / — in the domains of search, shopping, health, news, advertising, learning, music, and entertainment — /
모든 전면에서 약속되는 "개인화"는 / 검색, 쇼핑, 건강, 뉴스, 광고, 학습, 음악, 그리고 오락의 영역에서 /

단수 동사
depends on ever more refined algorithmic constructions of individuality. //
그 어느 때보다 더 정교한 개성의 알고리즘적 구성에 달려 있다 //

가주어 · 진주어
② As it becomes more difficult / to produce our digital selves as unique individuals, / we are increasingly being produced as unique individuals from the outside. //
더 어려워지면서 / 우리의 디지털 자아를 고유한 개인으로 만들어내는 것이 / 우리는 점점 더 외부에서부터 고유한 개인으로 만들어지고 있다 //

(③ When AI algorithms learn more about our identities, /
가주어
it becomes essential / to safeguard this information and ensure
진주어 · 목적어절 접속사
/ that individuals have control and consent / over the data
과거분사
collected about them. //)
[단서 2] 우리에 대한 정보를 보호하고 수집된 데이터에 대한 통제권과 동의를 가져야 한다는 것은 관계 없는 내용임
인공지능 알고리즘이 우리의 자아에 대해서 더 많이 배울 때 / 필수적인 것으로 되고 있다 / 이 정보를 보호하고 확실히 하는 것이 / 개인들이 통제권과 동의를 가짐을 / 그들에 대해 수집된 데이터에 대한 //

④ Individuality is redefined / from a cultural practice and reflexive project to an algorithmic process. //
from A to B: A에서 B로
개성은 재정의된다 / 문화적 관행이자 성찰적 과제에서 알고리즘적 과정으로 //

⑤ Our unique selfhood is no longer something / for which we are wholly responsible; / it is algorithmically guaranteed. //
우리의 고유한 자아는 더이상 무언가가 아니다 / 우리가 전적으로 책임지는 / 그것은 알고리즘적으로 보장된다 //

- **obligation** ⓝ 의무
- **distinctive** ⓐ 독특한
- **authentic** ⓐ 진짜의
- **fulfill** ⓥ 충족하다, 이행하다
- **personalization** ⓝ 개인화
- **refined** ⓐ 정제된
- **construction** ⓝ 구조
- **essential** ⓐ 필수적인
- **consent** ⓝ 합의, 동의
- **individuality** ⓝ 특성, 개성
- **reflexive** ⓐ 성찰적인

독특하고 진정한 개인으로서의 자아를 만들어야 하는 문화적 의무가 이행되기 어려운 상황에서, 자아를 개인화하는 부담스러운 작업은 점점 더 알고리즘에 넘겨진다. ① 모든 전면—검색, 쇼핑, 건강, 뉴스, 광고, 학습, 음악, 그리고 오락의 영역—에서 약속되는 "개인화"는 그 어느 때보다 더 정교한 개성의

알고리즘적 구성에 달려 있다. ② 우리의 디지털 자아를 고유한 개인으로 만들어내는 것이 더 어려워지면서, 우리는 점점 더 외부에서부터 고유한 개인으로 만들어지고 있다. (③ 인공지능 알고리즘이 우리의 자아에 대해서 더 많이 배울 때, 이 정보를 보호하고 개인들이 그들에 대해 수집된 데이터에 대한 통제권과 동의를 가짐을 확실히 하는 것이 필수적인 것으로 되고 있다.) ④ 개성은 문화적 관행이자 성찰적 과제에서 알고리즘적 과정으로 재정의된다. ⑤ 우리의 고유한 자아는 더 이상 우리가 전적으로 책임지는 무언가가 아니다. 그것은 알고리즘적으로 보장된다.

왜 정답·오답? [정답률 53%]

— **첫 문장**: 개인화와 알고리즘의 관계와 관련된 내용이 나올 것이다.

- ①: 모든 면에서 개인화는 알고리즘에 달려 있다는 내용으로, 앞 문장과 이어지는 내용이다.
  - ▶ ①은 무관한 문장이 아님

- ②: 개인이 고유하게 자신만의 디지털 자아를 만드는 것이 어려워지면서 외부에서부터 만들어지고 있다는 내용으로, 여기서 '외부'는 앞의 알고리즘과 비슷한 의미로 쓰였으므로 자연스럽게 이어진다.
  - ▶ ②은 무관한 문장이 아님

- ③: 앞 내용과 달리 글의 초점이 인공지능 알고리즘에 의해 수집된 데이터에 대한 개인의 통제권과 동의 및 정보 보호에 있다고 말하고 있다.
  - ▶ ③이 무관한 문장임

- ④: 개성, 즉, 개인화는 알고리즘적 과정으로 재정의되고 있다는 내용으로, ②의 내용이 이어지고 있다.
  - ▶ ③이 빠져야 자연스러운 흐름이 됨, ④은 무관한 문장이 아님

- ⑤: 우리의 고유한 자아는 알고리즘적으로 보장된다는 내용으로, ④의 내용에 이어서 같은 맥락이 이어지고 있다.
  - ▶ ⑤은 무관한 문장이 아님

＊ 글의 흐름

도입	자아를 개인화하는 부담스러운 작업은 점점 더 알고리즘에 넘겨지고 있음
전개	모든 전면에서 약속되는 "개인화"는 그 어느 때보다 더 정교한 개성의 알고리즘적 구성에 달려 있음
부연	우리는 점점 더 외부에서부터 고유한 개인으로 만들어지고 있음
결론	고유한 자아는 더 이상 우리가 전적으로 책임지는 무언가가 아니고, 알고리즘적으로 보장됨

L 13 정답 ③ ＊인류의 공통 조상과 생존의 어려움

다음 글에서 전체 흐름과 관계 없는 문장은?

The human race traces back / to a surprisingly small number of common ancestors. //
'거슬러 올라가다'
인류는 거슬러 올라간다 / 놀랄 만큼 적은 수의 공통 조상으로 //

It has been documented / that the entire human race can be traced back / to only seven different mothers, / and one of these
가주어   진주어절 접속사   절과 절을 잇는 등위접속사
women / is a common ancestor to roughly 40% of the human species. //
밝혀졌다 / 전체 인류가 거슬러 올라갈 수 있고 / 단 7명의 다른 어머니들로 / 이 여성들 중 한 명은 / 대략 인간 종의 40%의 공통 조상이라고 //

Why is this? // 이것은 왜일까 //

The simple answer is / that humans are extremely good at dying and at wiping each other out.
주격 보어절 접속사   **단서 1** 인간은 서로를 몰살함
간단한 답은 ~이다 / 인간이 죽는 것과 서로를 몰살하는 것에 몹시 능숙하다는 것 //

① History has had many successful rulers and conquerors /
주격 관계대명사
who have got rid of entire populations, /
역사적으로 많은 성공적인 통치자들과 정복자들이 존재해 왔으며 / 전체 인구를 제거한 /

절과 절을 잇는 등위접속사
and even beyond that, / our species has wiped out plenty of
주격 관계대명사
similar humanoid lines / that existed on this earth. //
심지어 그것을 넘어 / 우리 종은 수많은 비슷한 인간에 가까운 계통들을 몰살해 왔다 / 이 지구에 존재했던 //

단서 2 네안데르탈인과 데니소바인 또한 몰살된 것으로 추정됨
② Scientific finds have so far discovered / a number of other
주어
humanoid species / that once shared the earth with us, / some of
계속적 용법의 목적격 관계대명사
which include Neanderthals and Denisovans. //
과학적 발견들은 지금까지 발견해 왔는데 / 많은 인간에 가까운 종들을 / 한때 우리와 지구를 공유했던 / 그들 중 몇몇은 네안데르탈인과 데니소바인을 포함한다 //

attempting의 의미상 주어
③ There are still no clear examples / of Neanderthals attempting to expressively symbolize / real-life elements such as animals or people / in creative works. // **단서 3** 네안데르탈인은 지구에서 사라진 종들의 예시로 언급되었음
(명백한 사례는 아직까지 없다 / 네안데르탈인이 표현적으로 상징화하려고 시도한 / 동물이나 사람과 같은 실재의 요소들을 / 창의적인 작품에 //)

④ Yet of these lines, / only homo sapiens have survived, / only the modern humans. //
그러나 이 계통들 중에서 / 오직 호모사피엔스 살아남았다 / 즉 현대의 인간들만이 //

가주어   의미상 주어   진주어
⑤ That itself shows / how difficult it is / for a species to survive and thrive long-term / on this planet. //
그 자체가 보여 준다 / 얼마나 어려운지를 / 한 종이 살아남아 장기적으로 번영하는 것이 / 이 행성에서 //

- human race 인류
- trace back to …의 기원[유래]이 …까지 거슬러 올라가다
- roughly (ad) 대략 • wipe out 몰살하다, ~을 완전히 파괴하다
- ruler (n) 통치자 • conqueror (n) 정복자
- expressively (ad) 표현적으로 • symbolize (v) 상징하다
- thrive (v) 번성하다

인류는 놀랄 만큼 적은 수의 공통 조상으로 거슬러 올라간다. 전체 인류가 단 7명의 다른 어머니들로 거슬러 올라갈 수 있고 이 여성들 중 한 명은 대략 인간 종의 40%의 공통 조상이라고 밝혀졌다. 이것은 왜일까? 간단한 답은 인간이 죽는 것과 서로를 몰살하는 것에 몹시 능숙하다는 것이다. ① 역사적으로 전체 인구를 제거한 많은 성공적인 통치자들과 정복자들이 존재해 왔으며, 심지어 그것을 넘어 우리 종은 이 지구에 존재했던 수많은 비슷한 인간에 가까운 계통들을 몰살해 왔다. ② 과학적 발견들은 지금까지 한때 우리와 지구를 공유했던 많은 인간에 가까운 종들을 발견해 왔는데, 그들 중 몇몇은 네안데르탈인과 데니소바인을 포함한다. (③ 네안데르탈인이 동물이나 사람과 같은 실재의 요소들을 창의적인 작품에 표현적으로 상징화하려고 시도한 명백한 사례는 아직까지 없다.) ④ 그러나 이 계통들 중에서 오직 호모사피엔스, 즉 현대의 인간들만이 살아남았다. ⑤ 그 자체가 한 종이 이 행성에서 살아남아 장기적으로 번영하는 것이 얼마나 어려운지를 보여 준다.

왜 정답·오답? [정답률 74%]

- **글의 앞부분**: 인간들이 서로를 몰살하는 것이 능숙하다는 것에 관한 구체적인 설명이 뒤따를 것이다.

- ①: 우리 종은 수많은 비슷한 인간에 가까운 계통들을 몰살해 왔다는 내용이 이어진다.
  - ▶ ①은 무관한 문장이 아님

- ②: 인간이 몰살시킨 구체적인 사례를 들며, 앞 문장을 뒷받침하고 있다.
  - ▶ ②은 무관한 문장이 아님

- ③: 네안데르탈인이 상징을 창의적 작품에 사용했다는 내용은 관련이 전혀 없다.
  - ▶ ③이 무관한 문장임

- ④: 인간들끼리 서로 몰살시킨 결과 현대 인간들의 조상인 호모사피엔스만 살아남았다고 설명하므로 앞의 내용에서 이어진다.
  - ▶ ③이 빠지면 자연스러운 흐름이 되므로 ④은 무관한 문장이 아님

- ⑤: 한 종만이 살아남았다는 앞 내용에 이어, 그것이 어려운 일임을 설명한다.
  - ▶ ⑤은 무관한 문장이 아님

도입	인간들은 서로를 몰살하는 것에 능숙함
부연	인류 역사상 인간은 자신과 비슷한 계통들을 몰살시켰음
전개	인간들끼리의 몰살 결과 호모사피엔스만 살아남음
부연	몰살을 뚫고 현대까지 자손을 퍼뜨린 일이 쉽지는 않았을 것임

L 14 정답 ④ * 다른 영어 사용자와 일하면서 겪게 되는 언어적 차이

다음 글에서 전체 흐름과 관계 없는 문장은?

사이에 접속사 that 생략   students를 수식하는 분사

No doubt / students collaborating with other speakers of
English / might encounter language variances, / which may
관계대명사의 계속적 용법
interfere with intentionality. // 단서1 다른 영어 사용자와 일하면 언어적 차이에 마주칠 수밖에 없음을 언급함
의심의 여지가 없다 / 영어로 말하는 다른 사용자와 공동으로 일하는 학생들이 / 언어적
차이와 마주칠 수도 있다는 것은 / 그것은 의도성에 방해가 될 수도 있다 //

부사적 용법(목적)

① To address such disparities, / Horner, Lu, Royster, and
Trimbur (2011) call for a "translingual approach" /
이러한 차이를 다루기 위해 / Horner, Lu, Royster, Trimbur(2011)는 '초언어적 접근법'을
요구한다 /

= where

in which language varieties are not perceived as barriers, / but
as avenues for meaning making. //
not A but B: A가 아니라 B
언어의 다양성이 장벽으로 인식되는 것이 아니라 / 의미 창출의 수단으로(인식되는) //

② Similarly, / Galloway and Rose (2015) study of Global
Englishes found / that exposure to other Englishes / helps
목적어절 접속사   help+동사원형
normalize language differences. //
마찬가지로 / 글로벌 영어들에 대한 Galloway와 Rose(2015)의 연구가 발견했다 / 다른
영어들에 대한 노출이 / 언어 차이를 표준화하는 데 도움이 된다는 사실을 //

부사적 용법(목적)

③ Educators have to work with students / to examine phrases,
expressions, and other ranges of English language use /
교육자들은 학생들과 함께해야 한다 / 구문, 표현 그리고 영어 사용의 다른 범주를 검토하기
위해 / 단서2 언어적 차이의 오류나 열등한 지위가 아니라 여러 차이점의 범주를 검토해야 함

for their rhetorical and communicative possibilities / and not
their perceived errors or inferior status. //
그것들의 수사적, 의사소통적 가능성을 위한 / 그것들의 인식되는 오류나 열등한 지위가
아니라 //

= the thing which

④ Committing an error means / unintentionally saying what
isn't true, / so any linguistic or perspective error should be
avoided / at all cost.) 단서3 언어적 오류를 무슨 수를 써서라도 피해야 한다고 함 (앞 문장들과 다른 내용)
오류를 범한다는 것은 의미한다 / 사실이 아닌 것을 의도치 않게 말하는 것을 / 그래서 그 어떤
언어적 또는 관점적 오류는 피해야 한다 / 무슨 수를 써서라도 //

⑤ After all, / students are constantly reading texts / and listening
to speakers / whose Englishes do not necessarily conform to /
소유격 관계대명사
what is considered standard / in their own communities. //
= the thing which
결국 / 학생들은 계속해서 글을 읽고 화자의 말을 듣는다 / 그(것)들의 영어는 반드시
일치하지는 않는다 / 표준으로 여겨지는 것과 / 그들 자신의 공동체에서 //

- collaborate ⓥ 협력하다   · encounter ⓥ 마주치다
- variance ⓝ 차이, 불일치   · interfere ⓥ 방해하다
- intentionality ⓝ 의도성
- address ⓥ (문제·상황 등에 대해) 고심하다[다루다]
- translingual ⓐ 초언어적인   · barrier ⓝ 장벽
- avenue ⓝ 수단; 큰 길   · exposure ⓝ 노출
- normalize ⓥ 표준화하다, 정상화하다   · examine ⓥ 조사하다
- constantly ⓐⓓ 끊임없이   · considered ⓐ 중히 여겨지는, 깊이 생각한
- community ⓝ 주민, 공동체

영어로 말하는 다른 사용자와 공동으로 일하는 학생들이 언어적 차이와 마주칠
수도 있다는 것은 의심의 여지가 없고, 그것은 의도성에 방해가 될 수도 있다.
① 이러한 차이를 다루기 위해 Horner, Lu, Royster, Trimbur(2011)는

언어의 다양성이 의미 창출의 장벽이 아니라 수단으로 인식되는 '초언어적
접근법'을 요구한다. ② 마찬가지로, 글로벌 영어들에 대한 Galloway와
Rose(2015)의 연구가 다른 영어들에 대한 노출이 언어 차이를 표준화하는 데
도움이 된다는 사실을 발견했다. ③ 교육자들은 그것들의 인식되는 오류나
열등한 지위가 아니라 그것들의 수사적, 의사소통적 가능성을 위한 구문, 표현
그리고 영어 사용의 다른 범주를 검토하기 위해 학생들과 함께해야 한다. (④
오류를 범한다는 것은 사실이 아닌 것을 의도치 않게 말하는 것을 의미하고,
그래서 그 어떤 언어적 또는 관점적 오류는 무슨 수를 써서라도 피해야 한다.)
⑤ 결국, 학생들은 계속해서 글을 읽고 화자의 말을 듣는데, 그(것)들의 영어는
그들 자신의 공동체에서 표준으로 여겨지는 것과 반드시 일치하지는 않는다.

왜 정답·오답? [정답률 80%]

첫 문장: 학생들이 마주치는 언어적 차이 혹은 언어적 차이를 다루는 방법에 대한 설
명이 뒤따를 것임

①: 언어적 차이를 다루기 위해 언어의 다양성을 의미 창출의 수단으로 보는 접근법
이 요구된다고 하며 앞 문장에서 언급한 언어적 차이를 다루는 방법을 제시했다.

▶ ①은 무관한 문장이 아님

②: 다른 영어들에 대한 노출이 언어 차이를 표준화한다고 하며 언어적 차이를 다루
는 방법을 추가적으로 제시하고 있다.

▶ ②은 무관한 문장이 아님

③: 앞 문장에 이어 교육자들이 학생들과 함께 다른 영어들이 갖는 차이를 표준화하
고 검토하는 방법을 말하고 있다.

▶ ③은 무관한 문장이 아님

④: 앞 문장에서 언어 차이에 의한 오류가 열등한 것이 아니며 언어 차이를 표준화하
는 방식을 제시한 것과 달리 언어적 오류를 반드시 피해야 한다고 말하고 있다.

▶ ④은 무관한 문장임

⑤: ③의 내용에 이어서 학생들의 영어가 표준과 반드시 일치하지는 않는다고 언급
하고 있다.

▶ ④이 빠져야 자연스러운 흐름이 됨

* 글의 흐름

도입	다른 영어 사용시 발생하는 언어적 차이
전개	언어적 차이를 다양한 의미 창출의 수단으로 보는 접근법을 소개하고, 다른 영어에 대한 노출이 언어적 차이를 표준화한다고 함
부연	교육자들이 학생들과 함께 다른 영어들이 갖는 차이를 표준화하고 검토하는 방법 소개
결론	학생들의 영어가 표준과 반드시 일치하지는 않음

자이 쌤's Follow Me! – 홈페이지에서 제공

L 15 정답 ③ * 동물의 의사 결정

다음 글에서 전체 흐름과 관계 없는 문장은?

주어   단서1 상대를 공격할지 아니면 도망칠지 갈등하는 상황에 처한 동물에 관한 글임

The animal / in a conflict / between attacking a rival and fleeing
/ may initially not have sufficient information / to enable it to
make a decision straight away. //
동사   to enable의 목적어와 목적격 보어
동물은 / 갈등하는 / 상대를 공격하는 것과 도피하는 것 사이에서 / 처음에는 충분한 정보를
갖지 못할 수도 있다 / 그것이 즉시 결정을 내릴 수 있게 할 //

① If the rival is likely to win the fight, / then the optimal
decision / would be to give up immediately and not risk getting
injured. //
병렬 구조
(risk 앞에 to가 생략됨)
상대가 싸움에서 이길 것 같다면 / 최적의 결정은 / 즉시 포기하고 부상당할 위험을 무릅쓰지
않는 것일 것이다 //

② But if the rival is weak and easily defeatable, / then there
could be considerable benefit / in going ahead and obtaining /
the territory, females, food or whatever is at stake. //
하지만 상대가 약하고 쉽게 이길 만하다면 / 상당한 이익이 있을 수 있다 / 싸워서 얻는 것에 /
영역, 암컷, 먹이 또는 성패가 달린 것은 무엇이든 // 복합 관계대명사 이끄는 obtaining의 목적어절

③ Animals / under normal circumstances / maintain a very constant body weight / and they eat and drink enough / for their needs / at regular intervals. // 단서2 평상시 동물의 특징을 설명함
(동물은 / 보통의 상황에서 / 매우 일정한 체중을 유지하며 / 그들은 충분히 먹고 마신다 / 자신들에게 필요한 만큼 / 규칙적인 간격으로 //)

④ By taking a little extra time / to collect information about the opponent, /
약간의 추가 시간을 들임으로써 / 상대에 대한 정보를 수집하는 데 /

the animal is more likely to reach a decision / that maximizes its chances of winning / than if it takes a decision / without such information. // [주격 관계대명사] [선행사]
그 동물은 결정에 도달할 가능성이 더 크다 / 그것의 이길 가능성을 최대화하는 / 그것이 결정을 내리는 경우보다 / 그러한 정보 없이 //

⑤ Many signals are now seen / as having this information gathering or 'assessment' function, / [see A as B(A를 B로 간주하다)의 수동태]
오늘날 많은 신호가 간주되어 / 이러한 정보 수집 또는 '평가' 기능을 갖는 것으로 /

directly contributing / to the mechanism of the decision-making process / by supplying vital information / about the likely outcomes / of the various options. // [연속 동작의 분사구문을 이끄는 현재분사]
직접적으로 기여한다 / 의사 결정 과정의 메커니즘에 / 매우 중요한 정보를 제공함으로써 / 가능한 결과에 관한 / 다양한 선택의 //

- conflict ⓝ 갈등　　• flee ⓥ 달아나다　　• initially ⓐⅾ 처음에
- sufficient ⓐ 충분한　　• straight away 즉시, 지체 없이
- optimal ⓐ 최고[최적]의　　• considerable ⓐ 상당한, 많은
- obtain ⓥ 얻다, 구하다　　• territory ⓝ 영토, 지역
- at stake 위태로운, 성패가 달려 있는　　• circumstance ⓝ 환경, 상황
- constant ⓐ 끊임없는, 변함없는　　• interval ⓝ 간격, 사이
- opponent ⓝ 상대, 반대자　　• maximize ⓥ 극대화하다, 최대한 활용하다
- assessment ⓝ 평가　　• vital ⓐ 필수적인
- likely ⓐ 예상되는, 그럴듯한　　• outcome ⓝ 결과

상대를 공격하는 것과 도피하는 것 사이에서 갈등하는 동물은 처음에는 즉시 결정을 내릴 수 있게 할 충분한 정보를 갖지 못할 수도 있다. ① 상대가 싸움에서 이길 것 같다면, 최적의 결정은 즉시 포기하고 부상당할 위험을 무릅쓰지 않는 것일 것이다. ② 하지만 상대가 약하고 쉽게 이길 만하다면, 싸워서 영역, 암컷, 먹이 또는 성패가 달린 것은 무엇이든 얻는 것에 상당한 이익이 있을 수 있다. (③ 보통의 상황에서 동물은 매우 일정한 체중을 유지하며, 그들은 규칙적인 간격으로 자신들에게 필요한 만큼 충분히 먹고 마신다.) ④ 상대에 대한 정보를 수집하는 데 약간의 추가 시간을 들임으로써, 그 동물은 그러한 정보 없이 결정을 내리는 경우보다 이길 가능성을 최대화하는 결정에 도달할 가능성이 더 크다. ⑤ 오늘날 많은 신호들이 이러한 정보 수집 또는 '평가' 기능을 갖는 것으로 간주되어, 다양한 선택의 가능한 결과에 관한 매우 중요한 정보를 제공함으로써 의사 결정 과정의 메커니즘에 직접적으로 기여한다.

> 왜 정답?　[정답률 82%]　싸울지 도망칠지 결정하는 것을 말함 꿀팁

첫 문장을 통해 이 글이 상대와 싸울지 아니면 도망칠지 갈등하는 상황에 처한 동물에 대해 설명한다는 것을 알 수 있다. 이어지는 내용은 약간의 추가 시간을 들임으로써 정보를 수집하여 결정을 내리면 정보 없이 결정을 내리는 것보다 더 좋은 결정을 내릴 수 있다는 것으로, 보통의 상황에서 동물이 일정한 체중을 유지한다는 ③은 전체 글의 흐름에 맞지 않는다.

> 왜 오답?

①, ② 각각 도망치기로 결정하는 것과 상대를 공격하기로 결정하는 것에 대해 부연하는 문장이다.
④ 처음에는 충분한 정보를 갖지 못할 수 있다고 설명한 첫 문장과 연결되는 내용으로, 약간의 추가 시간을 늘여서 정보를 수집하면 좋은 결정을 내릴 가능성이 더 커진다는 설명이다.
⑤ 오늘날에는 많은 신호들이 앞에서 설명한 정보 수집이나 평가의 기능을 갖는 것으로 간주되고 의사 결정에 기여한다는 내용으로, '의사 결정에 영향을 미치는 정보 수집'이라는 글의 소재와 연결된다.

도입	상대를 공격할지 도망칠지 갈등하는 동물은 처음에는 결정을 내리기에 충분한 정보를 갖지 못할 수도 있음
대조	상대가 이길 것 같다면 최적의 결정은 즉시 (싸움을) 포기하는 것임
	상대를 쉽게 이길 것 같다면 싸워서 얻는 것에 상당한 이익이 있을 수 있음
부연	상대에 대한 정보를 수집하는 데 약간의 추가 시간을 들임으로써 최적의 결정에 도달할 수 있음

자이 쌤's Follow Me! – 홈페이지에서 제공

L 16 정답 ④　＊수정 확대가족

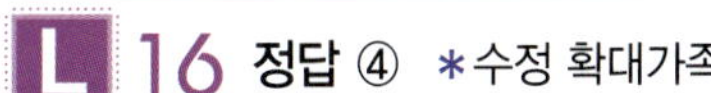

다음 글에서 전체 흐름과 관계 없는 문장은?

Kinship ties / continue to be important / today. //
친족 유대 관계는 / 계속 중요하다 / 오늘날에도 //

In modern societies / such as the United States / people frequently have family get-togethers, / [앞에 관계부사가 생략됨]
현대 사회에서 / 미국과 같은 / 사람들이 자주 가족 모임을 갖는 /

they telephone their relatives regularly, / and they provide their kin / with a wide variety of services. // [provide A with B: A에게 B를 제공하다]
그들은 자신의 친척에게 자주 전화하고 / 그들은 자신의 친척에게 제공한다 / 아주 다양한 도움을 //

① Eugene Litwak has referred to this pattern of behaviour / as the 'modified extended family'. // 단서1 수정 확대가족 구조의 특징을 설명함
Eugene Litwak은 이 행동 양식을 표현했다 / '수정 확대가족'이라고 //

② It is an extended family structure / because multigenerational ties are maintained, /
그것은 확대가족 구조이지만 / 다세대의 유대 관계가 유지되기 때문에 /

but it is modified / because it does not usually rest on co-residence / between the generations / and most extended families do not act / as corporate groups. //
그것은 수정된다 / 그것이 일반적으로 공동 거주에 기초를 두지 않고 / 세대 간 / 대부분의 확대가족이 기능하지는 않기 때문에 / 공동 집단으로서 //

③ Although modified extended family members often live / close by, / [부사절 접속사(양보)]
비록 수정 확대가족의 구성원들이 흔히 살기는 하지만 / 가까이 /

the modified extended family does not require / geographical proximity / and ties are maintained / even when kin are separated / by considerable distances. // [부사절 접속사(시간)]
수정 확대가족은 필요로 하지 않으며 / 지리적 근접을 / 유대 관계는 유지된다 / 친척이 떨어져 있더라도 / 상당한 거리에 의해 // 단서2 수정 확대가족 구조가 갖는 특징이 아님

④ The oldest member of the family / makes the decisions / on important issues, / no matter how far away family members live / from each other. //) [= however]
(그 가족의 최고 연장자가 / 결정을 내린다 / 중요한 문제에 관해서는 / 가족 구성원들이 아무리 멀리 떨어져 살지라도 / 서로에게 //)

⑤ In contrast to the traditional extended family / where kin always live / in close proximity, / [선행사] [관계부사]
전통적인 확대가족과는 대조적으로 / 친척이 항상 사는 / 아주 가까이에서 /

the members of modified extended families / may freely move away from kin / to seek opportunities / for occupational advancement. // 수정 확대가족의 구성원들은 / 친척에게서 자유로이 멀리 이주해 가서 / 기회를 추구할 수도 있다 / 직업상의 발전을 위한 //

- kinship ⓝ 친족　　• tie ⓝ ((pl.)) 유대 관계　　• modern ⓐ 현대의
- frequently ⓐⅾ 자주　　• get-together (비격식적인) 모임
- relative ⓝ 친척　　• regularly ⓐⅾ 자주, 규칙적으로

• refer to ~을 언급[표현]하다 • behaviour ⓝ 행동
• modified ⓐ 수정된 • extend ⓥ 확대하다 • structure ⓝ 구조
• multigenerational ⓐ 다세대의 • maintain ⓥ 유지하다
• rest on ~에 기초하다 • co-residence 공동 거주
• corporate ⓐ 공동의 • close ad 가까이 • require ⓥ 필요로 하다
• geographical ⓐ 지리(학)적인 • separate ⓥ 분리하다
• considerable ⓐ 상당한, 많은 • distance ⓝ 거리
• decision ⓝ 결정 • in contrast ~와 대조적으로
• traditional ⓐ 전통적인 • away from ~에서 떠나서
• seek ⓥ 찾다, 추구하다 • opportunity ⓝ 기회
• occupational ⓐ 직업의 • advancement ⓝ 발전

친족 유대 관계는 오늘날에도 계속 중요하다. 사람들이 자주 가족 모임을 갖는 미국과 같은 현대 사회에서, 그들은 자신의 친척에게 자주 전화하고, 아주 다양한 도움을 제공한다. ① Eugene Litwak은 이 행동 양식을 '수정 확대가족'이라고 표현했다. ② 그것은 다세대의 유대 관계가 유지되기 때문에 확대가족 구조이지만, 일반적으로 세대 간 공동 거주에 기초를 두지 않고 대부분의 확대가족이 공동 집단으로서 기능하지는 않기 때문에 수정 확대가족 구조이다. ③ 비록 수정 확대가족의 구성원들이 흔히 가까이 살기는 하지만, 수정 확대가족은 지리적 근접이 필요치 않으며, 유대 관계는 친척이 상당한 거리에 의해 떨어져 있더라도 유지된다.
(④ 가족 구성원들이 서로에게서 아무리 멀리 떨어져 살지라도, 중요한 문제에 관해서는 그 가족의 최고 연장자가 결정을 내린다.) ⑤ 친척이 항상 아주 가까이에서 사는 전통적인 확대가족과는 대조적으로, 수정 확대가족의 구성원들은 친척에게서 자유로이 멀리 이주해 가서 직업상의 발전을 위한 기회를 추구할 수도 있다.

왜 정답? [정답률 83%]

현대 사회의 수정 확대가족 구조의 특징을 설명하는 글로, 다세대의 유대 관계가 유지된다는 점에서 확대가족이지만, 지리적으로 근접한 곳에 거주하는 것이 필요치 않기 때문에 수정 확대가족이라는 것이 글의 핵심이다. 그런데 ④은 가족 구성원들이 떨어져 살더라도 중요한 문제에 관한 결정은 가족의 최고 연장자가 내린다는 내용으로, 수정 확대가족 구조가 갖는 특징을 설명한 문장이 아니다.

왜 오답?

① 과거의 확대가족과는 다르면서도 비슷한 현대 사회의 가족 구조를 수정 확대가족이라고 부른다는 내용으로, 수정 확대가족의 특징에 대한 설명을 시작하는 문장이다.
② 수정 확대가족과 기존의 확대가족의 특징을 설명하여 오늘날의 가족 구조가 어떤 특징 때문에 '수정된 확대가족'인지를 설명한다.
③, ⑤ 기존의 확대가족 구조와 달리 공동 거주에 기초를 두지 않는다는 수정 확대가족의 특징을 좀 더 자세히 설명하는 문장이다.

*** 글의 흐름**

도입	친족 유대 관계는 오늘날에도 계속 중요함
전개	Eugene Litwak은 오늘날의 확대가족이 다세대의 유대 관계를 유지하기는 하지만 공동 집단으로서 기능하지 않기 때문에 '수정 확대가족'이라고 설명함
부연	수정 확대가족은 지리적 근접이 필요치 않고 상당한 거리로 서로 떨어져 있어도 유대 관계는 유지됨
결론	수정 확대가족 구성원들은 친척에게서 멀리 이주해 가서 직업상의 발전을 추구할 수 있음

L 17 정답 ③ *이주 결정에 대한 경제학적 관점

다음 글에서 전체 흐름과 관계 없는 문장은?

A variety of theoretical perspectives / provide insight / into immigration. //
다양한 이론적 관점은 / 통찰을 제공한다 / 이주에 대한 //

단서 1 이주에 대한 경제학적 관점은 행위자들이 효용 극대화에 참여한다고 상정하는 것임
학과 이름, 병명, 운동 이름 등의 복수형 명사가 주어일 때는 단수 동사를 씀
Economics, / which assumes / that actors engage / in utility maximization, / represents one framework. //
경제학은 / 상정하는 / 행위자들이 참여한다고 / 효용 극대화에 / 하나의 틀을 제시한다 //
가주어 / 진주어절 접속사 ② / 진주어절 접속사 ①
① From this perspective, / it is assumed / that individuals are rational actors, / i.e., that they make migration decisions /
이런 관점에서는 / ~이라고 추정된다 / 개인은 합리적인 행위자라고 / 즉 그들은 이주 결정을 내린다고 /
B as well as A: A뿐만 아니라 B도
based on their assessment / of the costs as well as benefits / of remaining in a given area / versus the costs and benefits / of leaving. //
자신의 평가에 근거하여 / 비용 및 편익에 대한 / 특정한 지역에 남는 것의 / 비용과 편익 모두에 비한 / 떠나는 것의 //
동사 may include와 전치사 to의 공통된 목적어
② Benefits may include / but are not limited / to short-term and long-term monetary gains, safety, and greater freedom / of cultural expression. //
편익은 포함할 수도 있지만 / 국한되지는 않는다 / 단기적 및 장기적인 금전적 이득, 안전, 더 큰 자유에 / 문화적 표현의 //
주어 / 동사
(③ People with greater financial benefits / tend to use their money / to show off their social status / by purchasing luxurious items. //) 단서 2 사람들이 효용 극대화의 관점에서 이주 결정을 내린다는 것과 관계 없음
(더 큰 금전적 혜택이 있는 사람들은 / 자신의 돈을 쓰는 경향이 있다 / 자신의 사회적 지위를 과시하기 위해 / 사치품을 구입함으로써 //)
④ Individual costs include / but are not limited / to the expense of travel, /
개인적 비용은 포함하지만 / 국한되지는 않는다 / 이동 비용에 /
uncertainty of living in a foreign land, / difficulty of adapting / to a different language, / uncertainty about a different culture, / and the great concern / about living in a new land. //
타지에서 사는 것의 불확실성에 / 적응하는 것의 어려움에 / 다른 언어에 / 다른 문화에 대한 불확실성에 / 그리고 큰 염려에 / 새로운 지역에서 사는 것에 대한 //
주어 / 동사
⑤ Psychic costs / associated / with separation from family, friends, / and the fear of the unknown / also should be taken into account / in cost-benefit assessments. //
심리적 비용은 / 관련된 / 가족, 친구와의 이별과 / 그리고 미지의 것에 대한 두려움과 / 또한 고려되어야 한다 / 비용-편익 평가에서 //

• theoretical ⓐ 이론적인 • perspective ⓝ 관점 • insight ⓝ 통찰
• immigration ⓝ 이주, 이민 • assume ⓥ 추정[상정]하다
• utility ⓝ 효용 • maximization ⓝ 극대화
• represent ⓥ 제시하다 • rational ⓐ 합리적인
• migration ⓝ (사람 · 동물의 대규모) 이주, 이동 • assessment ⓝ 평가
• versus prep ~ 대(對) • monetary ⓐ 금전(상)의
• show off ~을 과시하다 • status ⓝ 지위 • luxurious ⓐ 사치스러운
• expense ⓝ 비용 • uncertainty ⓝ 불확실성 • adapt ⓥ 적응하다
• associated ⓐ 관련된 • separation ⓝ 헤어짐
• take ~ into account ~을 고려하다

다양한 이론적 관점은 이주에 대한 통찰을 제공한다. 행위자들이 효용 극대화에 참여한다고 상정하는 경제학은 하나의 틀을 제시한다. ① 이런 관점에서는 개인은 합리적인 행위자라고, 즉 그들은 특정한 지역을 떠나는 것의 비용 및 편익과 대비하여 남는 것의 비용과 편익 모두에 대한 자신의 평가에 근거하여 이주 결정을 내린다고 추정된다.
② 편익은 단기적 및 장기적인 금전적 이득, 안전, 문화적 표현의 더 큰 자유를 포함할 수도 있지만 이에 국한되지는 않는다. (③ 더 큰 금전적 혜택이 있는 사람들은 사치품을 구입함으로써 자신의 사회적 지위를 과시하기 위해 돈을 쓰는 경향이 있다.) ④ 개인적 비용은 이동 비용, 타지에서 사는 것의 불확실성, 다른 언어에 적응하는 것의 어려움, 다른 문화에 대한 불확실성, 새로운 지역에서 사는 것에 대한 큰 염려를 포함하지만 이에 국한되지는 않는다. ⑤ 가족, 친구와의 이별과 미지의 것에 대한 두려움과 관련된 심리적 비용 또한 비용-편익 평가에서 고려되어야 한다.

왜 정답 ? [정답률 79%]

이주에 대한 경제학적 관점에 대해 설명하는 글로, 경제학은 행위자들의 효용 극대화 측면에서 이주를 설명한다는 내용이다.

즉, '특정 지역에 남는 것의 비용과 편익 vs. 그곳을 떠나는 것의 비용과 편익'에 대한 자신의 판단에 근거하여 이주 결정을 내리는 것으로, 편익에 포함되는 요소와 비용에 포함되는 요소에 대한 구체적인 설명이 이어진다. ③은 더 큰 금전적 혜택을 가진 사람들의 사치품 구입 목적을 설명하는, 경제학에서 바라보는 이주 결정과 관계 없는 문장이다.

왜 오답 ?

① 이주 결정에 있어 행위자가 효용 극대화에 참여하는 것이 구체적으로 무슨 의미인지를 설명하는 문장이다.

② 앞 문장에서 두 가지 경우의 비용과 편익을 비교하여 결정을 내린다고 했고, 편익에 포함되는 요소가 무엇인지 설명하는 문장이 이어지는 것이다.

④, ⑤ 앞에서 편익에 포함되는 요소를 설명했고, 이어서 비용에 포함되는 요소가 무엇인지 설명하는 것이다.

＊ 글의 흐름

도입	경제학에서는 개인이 특정 지역을 떠나는 것과 떠나지 않는 것의 비용과 편익 평가에 근거하여 이주를 결정한다고 상정함
부연 ①	편익에는 단기 및 장기적인 금전적 이득, 안전, 문화적 표현의 더 큰 자유가 포함됨
부연 ②	비용에는 이동 비용, 타지 생활의 불확실성과 염려, 다른 언어에의 적용 등이 포함됨
	비용 측면에서는 가족, 친구와의 이별과 미지의 것에 대한 두려움과 관련된 심리적 비용도 고려되어야 함

L 18 정답 ④ ＊정보 시스템의 도입이 가져온 변화

다음 글에서 전체 흐름과 관계 <u>없는</u> 문장은?

Since their introduction, / information systems have substantially changed the way / business is conducted. //
그것의 도입 이래로 / 정보 시스템은 방식을 상당히 변화시켜 왔다 / 사업이 수행되는 //

① This is particularly true / for business / in the shape and form of cooperation / between firms / that involves an integration of value chains / across multiple units. //
이는 특히 해당된다 / 사업에 / 협력의 형태와 유형의 / 기업 간의 / 가치 체인의 통합을 수반하는 / 다수의 부문에 걸쳐 //

② The resulting networks / do not only cover / the business units / of a single firm / but typically also include multiple units / from different firms. //
그 결과로 나타나는 네트워크는 / 포함할 뿐만 아니라 / 사업 부문을 / 단일 기업의 / 보통 여러 부문을 포함하기도 한다 / 서로 다른 기업의 //

③ As a consequence, / firms do not only need to consider / their internal organization / in order to ensure / sustainable business performance; /
결과적으로 / 기업은 고려할 필요가 있을 뿐만 아니라 / 그들 내부 조직을 / 보장하기 위해 / 지속 가능한 사업 성과를 /

they also need to take into account / the entire ecosystem of units / surrounding them. //
그것들은 또한 고려할 필요도 있다 / 부문들의 전체 생태계를 / 자신들을 둘러싸고 있는 //

④ Many major companies are fundamentally changing / their business models / by focusing on profitable units / and cutting off less profitable ones. //
(많은 주요 기업들은 근본적으로 변화시키고 있다 / 자신들의 사업 모델을 / 수익성이 있는 부문에는 집중하고 / 수익성이 낮은 부문은 잘라냄으로써 //

⑤ In order to allow these different units / to cooperate successfully, / the existence of a common platform / is crucial. //
이 서로 다른 부문들이 ~하게 하기 위해서는 / 성공적으로 협력하게 / 공동 플랫폼의 존재가 / 매우 중요하다 //

• introduction ⓝ 도입, 전래　　• substantially ⓐⓓ 상당히, 많이
• conduct ⓥ (업무 등을) 수행하다[처리하다]　• cooperation ⓝ 협력, 협동
• firm ⓝ 기업, 회사　• involve ⓥ 수반하다　• integration ⓝ 통합
• multiple ⓐ 다수의, 다양한　• resulting ⓐ 결과로 초래된[나타난]
• cover ⓥ 포함하다　• ensure ⓥ 보장하다, 확실하게 하다
• sustainable ⓐ (오랫동안) 지속[유지] 가능한　• entire ⓐ 전체의, 온
• surround ⓥ 둘러싸다, 에워싸다　• fundamentally ⓐⓓ 근본적으로, 완전히
• profitable ⓐ 수익성이 있는, 이득이 되는　• cut off ~을 잘라내다
• cooperate ⓥ 협력하다, 협조하다　• existence ⓝ 존재

정보 시스템은 도입 이래로 사업이 수행되는 방식을 상당히 변화시켜 왔다. ① 이는 특히 다수의 부문에 걸쳐 가치 체인의 통합을 수반하는 기업 간의 협력 형태와 유형의 사업에 해당된다. ② 그 결과로 나타나는 네트워크는 단일 기업의 사업 부문을 포함할 뿐만 아니라 서로 다른 기업의 여러 부문을 보통 포함하기도 한다. ③ 결과적으로, 기업은 지속 가능한 사업 성과를 보장하기 위해 그들 내부 조직을 고려할 필요가 있을 뿐만 아니라, 자신들을 둘러싸고 있는 부문들의 전체 생태계를 고려할 필요도 있다. (④ 많은 주요 기업들은 수익성이 있는 부문에는 집중하고 수익성이 낮은 부문은 잘라냄으로써 자신들의 사업 모델을 근본적으로 변화시키고 있다.) ⑤ 이 서로 다른 부문들이 성공적으로 협력할 수 있도록 하기 위해서는 공동 플랫폼의 존재가 매우 중요하다.

왜 정답 ? [정답률 78%]

정보 시스템의 도입이 여러 부문에 걸친 가치 체인의 통합을 수반하는 기업 간의 협력 형태의 사업에 특히 상당한 변화를 가져왔다는 내용의 글로, 기업은 그 내부 조직뿐 아니라 자신을 둘러싼 부문들의 전체 생태계를 고려할 필요가 있게 되었다고 했다. 그런데 ④은 많은 주요 기업들이 수익성 있는 부문에는 집중하고 수익성 낮은 부문은 잘라내고 있다는 내용으로, 기업의 내부와 외부를 모두 고려해야 한다는 내용인 전체 글의 흐름에 맞지 않는다.

왜 오답 ?

① 정보 시스템의 도입이 사업의 수행 방식을 상당히 변화시켰는데, 이것이 특히 다수의 부문에 걸친 가치 체인의 통합을 수반하는 기업 간의 협력 형태의 사업에서 두드러진다는 내용이다.

② 정보 시스템의 도입이 기업 간의 협력 형태에 변화를 가져온 결과로 등장하는 네트워크에 대한 설명이 자연스럽게 이어진다.

③ 앞 문장에서 설명한 네트워크가 한 기업의 사업 부문들뿐 아니라 서로 다른 기업의 여러 부문을 포함하기도 해서 일어나는 일들에 대한 부연 설명이다.

⑤ 앞에서 설명한 한 기업을 둘러싼 부문들의 전체 생태계가 성공적으로 협력하려면 공동 플랫폼이 꼭 있어야 한다는 내용으로 이어진다.

＊ 글의 흐름

도입	정보 시스템은 가치 체인을 공유하는 기업 간의 협력 사업에 변화를 가져옴
부연	네트워크는 단일 기업뿐만 아니라 여러 기업의 사업 부문을 포함함
결론	기업은 내부 조직뿐만 아니라 주변의 전체 생태계를 고려해야 함
부연	기업들이 서로 성공적으로 협력하기 위해서는 공동 플랫폼이 매우 중요함

L 19 정답 ④ ＊매우 창의적인 사람들의 어린 시절

다음 글에서 전체 흐름과 관계 <u>없는</u> 문장은?

Several common themes were found / in the highly creative individuals / regarding their early experiences and education. //
몇 가지 공통된 주제들이 발견되었다 / 매우 창의적인 사람들 사이에서 / 어릴 적 경험과 교육에 관하여 //

In early childhood / their families accorded them a great deal of respect / and allowed them / to explore on their own / and develop a strong sense of personal autonomy. //
어린 시절에 / 그들의 가족들은 그들을 많이 존중해 주었고 / 그들이 ~하게 했다 / 스스로 탐구하고 / 강한 개인적 자율성을 발달시키게 //

① There was also a lack of extreme emotional closeness / with parents. // 극도의 정서적 친밀감도 없었다 / 부모와의 //

② There was little evidence / of intensely negative experiences; / for example / there was, / relative to the times in which they lived, / very little physical punishment for transgressions. // 증거가 거의 없었다 / 심하게 부정적인 경험에 대한 / 예를 들어 / ~이 있었다 / 부모가 살았던 시대에 비해 / 일탈에 대한 신체적 처벌이 거의 없는 //

③ Nor, on the positive side, was there evidence / of extremely intense bonds of the sort / that can smother independence. // 긍정적인 측면에서도 증거가 없었다 / ~한 종류의 극도로 강렬한 유대감의 / 독립성을 억누를 수 있는 //

단서 2 핵가족과 확대 가족 사이의 차이점을 이야기함

(④ There was more competition / among brothers and sisters / for parental love / in nuclear families / than in extended families. //) (경쟁이 더 많았다 / 형제자매간에 / 부모의 사랑을 두고 / 핵가족에서 / 확대 가족에서보다 //)

⑤ On balance, / for those / who would grow up to be highly creative, / 모든 것을 감안할 때 / 사람들의 경우 / 매우 창의적인 사람으로 성장하는 /

relationships with parents / were relatively easy / and, in later life, / pleasant and friendly / rather than intensely intimate. // 부모와의 관계가 / 비교적 편안했고 / 나이가 들어서는 / 즐겁고 친했다 / 몹시 친밀했다기보다는 //

- accord ⓥ 주다, 부여하다 · a great deal of 많은
- on one's own 스스로 · intensely ⓐⓓ 심하게
- relative to ~에 비하여 · punishment ⓝ 처벌 · bond ⓝ 유대감
- sort ⓝ 분류 · independence ⓝ 독립성 · competition ⓝ 경쟁
- parental ⓐ 부모의 · nuclear family 핵가족
- extended family 대가족 · on balance 모든 것을 감안하여
- relatively ⓐⓓ 상대적으로 · intimate ⓐ 친밀한

매우 창의적인 사람들 사이에서 어릴 적 경험과 교육에 관하여 몇 가지 공통된 주제들이 발견되었다. 어린 시절에 그들의 가족들은 그들을 많이 존중해 주었고 그들이 스스로 탐구하고 강한 개인적 자율성을 발달시키게 했다. ① 또한, 부모와의 극도의 정서적 친밀감도 없었다. ② 심하게 부정적인 경험에 대한 증거가 거의 없었는데, 예를 들어, 부모가 살았던 시대에 비해, 일탈에 대한 신체적 처벌은 거의 없었다. ③ 긍정적인 측면에서도, 독립성을 억누를 수 있는 것과 같은 종류의 극도로 강렬한 유대감의 증거도 없었다. (④ 확대 가족에서보다 핵가족에서 부모의 사랑을 두고 형제자매간에 경쟁이 더 많았다.) ⑤ 모든 것을 감안할 때, 매우 창의적인 사람으로 성장하는 사람들의 경우 부모와의 관계가 몹시 친밀했다기보다는 비교적 편안했고, 나이가 들어서는 즐겁고 친했다.

왜 정답·오답? [정답률 81%]

— 첫 문장: 매우 창의적인 사람들이 보낸 어린 시절의 특징에 대해 설명하는 글이다.

▶ 그들의 가족들이 그들을 많이 존중했고, 스스로 탐구하며 강한 개인적 자율성을 발달시키게 했다는 특징과 관련된 내용이 이어질 것이다.

①: also는 앞부분과 같은 맥락의 내용이 이어질 때 쓰이는 부사이다. 스스로 탐구하고, 강한 개인적 자율성을 발달시켰다는 것과 부모와의 극도의 정서적 친밀감이 없었다는 것은 같은 맥락이다.

▶ ①은 무관한 문장이 아님

②: 매우 창의적인 사람들의 어린 시절의 특징을 설명하는 문장이다. 바로 앞 문장과의 연관성은 떨어져 보일 수 있지만, 여전히 글의 주제(매우 창의적인 사람들이 보낸 어린 시절의 특징)에 맞는 문장이다.

▶ ②은 무관한 문장이 아님

③: 앞 문장: 신체적 처벌과 같은 부정적인 경험을 했다는 증거가 거의 없음
뒤 문장: 긍정적인 측면에서도 독립성을 억누를 만한 극도의 강렬한 유대감의 증거도 없음
긍정적이든 부정적이든 부모와의 극도의 친밀감이 없다는 설명이 앞뒤로 자연스럽게 이어진다.

▶ ③은 무관한 문장이 아님

④ 확대 가족과 핵가족이 보이는 차이점을 설명하는 문장이다. 매우 창의적인 사람들이 지닌 어린 시절의 특징을 설명하는 글에 맞지 않는 문장이다.

▶ ④이 무관한 문장임

⑤: 부모와의 극도의 정서적 친밀감이 없었다는 글의 내용을 종합하여 결론 짓는 문장이다.

▶ ④이 빠져야 자연스러운 흐름이 됨. ⑤은 무관한 문장이 아님

＊ 글의 흐름

도입	매우 창의적인 사람들은 어린 시절에 가족들이 그들을 많이 존중해 주었고 강한 개인적 자율성을 발달시키게 했음
설명 ①	부모와의 극도의 정서적 친밀감도 없었고 심하게 부정적인 경험에 대한 증거가 거의 없었음
설명 ②	긍정적인 측면에서도, 극도로 강렬한 유대감의 증거도 없었음
결론	매우 창의적인 사람으로 성장하는 사람들의 경우 부모와의 관계가 비교적 편안했음

L 20 정답 ③ ＊빨리 말하는 것이 가져올 수 있는 언어적 위험

다음 글에서 전체 흐름과 관계 없는 문장은?

Speaking fast is a high-risk proposition. // 빨리 말하는 것은 위험 부담이 큰 일이다 // **단서 1** 빨리 말하는 것은 위험 부담이 큼

It's nearly impossible / to maintain the ideal conditions / to be persuasive, well-spoken, and effective / when the mouth is traveling well over the speed limit. // 거의 불가능하다 / 이상적 조건을 유지하는 것은 / 설득력 있고, 말을 잘하며, 효과적인 / 입이 속도 제한을 훨씬 초과하여 움직일 때 //

① Although we'd like to think / that our minds are sharp / enough to always make good decisions with the greatest efficiency, / they just aren't. // 우리는 생각하고 싶겠지만 / 우리의 정신이 예리하다고 / 항상 최고의 효율로 좋은 결정을 내릴 수 있을 정도로 / 그것은 정말 그렇지 않다 //

② In reality, / the brain arrives at an intersection of four or five possible things to say / and sits idling for a couple of seconds, / considering the options. // **단서 2** 선택지가 많아지면 뇌(정신)는 빈둥거리며 시간을 보냄 실제로 / 뇌는 말할 가능성이 있는 것들 4~5가지가 교차하는 지점에 도달하면 / 몇 초 동안 빈둥거리며 / 선택지를 고려한다 //

(③ Making a good decision helps you speak faster / because it provides you with more time / to come up with your responses. //) **단서 3** 좋은 결정을 내리면 빨리 말할 수 있음(앞 문장들과 다른 내용) (좋은 결정을 내리면 여러분은 더 빨리 말할 수 있다 / 시간이 더 많아지기 때문에 / 응답을 생각해 낼 //)

④ When the brain stops sending navigational instructions back to the mouth / and the mouth is moving too fast to pause, / that's when you get a verbal fender bender, / otherwise known as filler. // 뇌가 입에 항해 지시를 다시 보내는 것을 멈추었는데 / 입은 너무 빨리 움직여 멈출 수 없을 때 / 이때가 바로 여러분이 가벼운 언어적 장애를 겪게 되는 시간이다 / 또는 필러라고도 하는 것을 //

⑤ Um, ah, you know, and like are what your mouth does / when it has nowhere to go. // '음, 아, 알다시피, 그러니까'는 입이 하는 행동이다 / 갈 곳이 없을 때 //

- proposition ⓝ 일, 문제 · maintain ⓥ 유지하다
- persuasive ⓐ 설득력이 있는 · sharp ⓐ 예리한
- efficiency ⓝ 효율성 · intersection ⓝ 교차하는 지점
- idle ⓥ 빈둥거리다 · come up with ~을 생각해 내다
- navigational ⓐ 항해의 · instruction ⓝ 지시
- fender bender 가벼운 접촉 사고

빨리 말하는 것은 위험 부담이 큰 일이다. 입이 속도 제한을 훨씬 초과하여 움직일 때 설득력 있고, 말을 잘하며, 효과적인 이상적 조건을 유지하는 것은 거의 불가능하다. ① 우리는 우리의 정신이 항상 최고의 효율로 좋은 결정을 내릴 수 있을 정도로 예리하다고 생각하고 싶겠지만, 그것은 정말 그렇지 않다. ② 실제로 뇌는 말할 가능성이 있는 것들 4~5가지가 교차하는 지점에 도달하면 몇 초 동안 빈둥거리며 선택지를 고려한다. (③ 좋은 결정을 내리면 응답을 생각해 낼 시간이 더 많아지기 때문에, 여러분은 더 빨리 말할 수 있다.) ④ 뇌가 입에 향해 지시를 다시 보내는 것을 멈추었는데 입은 너무 빨리 움직여 멈출 수 없을 때, 이때가 바로 여러분이 가벼운 언어적 장애, 또는 필러라고도 하는 것을 겪게 되는 시간이다. ⑤ '음, 아, 알다시피, 그러니까'는 입이 갈 곳이 없을 때 하는 행동이다.

왜 정답·오답? [정답률 80%]

— **첫 두 문장:** 빨리 말하는 것이 지닌 위험 부담에 대한 구체적인 설명이 뒤따를 것이다.

— ①: 우리의 정신은 항상 또렷하지 않다는 주장에 대한 예시가 나올 것이다.

▶ ①은 무관한 문장이 아님

— ②: 특정 상황에서 뇌(정신)가 빈둥거리며 시간을 보낸다고 말하며, 앞 문장을 뒷받침하고 있다.

▶ ②은 무관한 문장이 아님

— ③ 앞 내용과 달리 부정적인 진술이 갑자기 사라졌고, '빨리 말하다'가 앞 내용과 달리 원인이 아닌 결과로 등장하고 있다.

▶ ③이 무관한 문장임

— ④: 뇌가 빈둥거리며 시간을 보내고 있기에 입에게 지시를 보내지 않는다고 풀어 설명하고, 첫 문장의 빨리 말하는 것으로 인해 발생하는 장애(위험 부담)를 소개하면서 ②의 내용이 이어지고 있다.

▶ ③이 빠져야 자연스러운 흐름이 됨, ④은 무관한 문장이 아님

— ⑤: 앞의 내용에 이어서 장애의 구체적인 사례를 나열하고 있다.

▶ ⑤은 무관한 문장이 아님

* 글의 흐름

도입	빨리 말하는 것은 위험 부담이 큼
부연	뇌는 선택지가 많아지면 고민하는 시간이 길어짐
전개	뇌가 선택지를 고민하는 동안 입은 계속 움직이면 가벼운 언어적 장애를 겪음
부연	'음, 아, 알다시피, 그러니까'가 그 장애의 발현임

김아린 | 충남대 의예과 2024년 입학·대전한빛고 졸

일단 첫 문장과 ① 문장을 읽으면서 글의 소재를 찾아보자. 빠르게 말하는 것에 대해 부정적으로 이야기했어. ②, ④ 문장에선 우리의 뇌에 대해 이야기하고 있지. 그런데 갑자기 ③ 문장에서 뜬금없이 '좋은 결정이 빠르게 말하는 데에 도움이 된다.'라고 하며 글이 어색하게 단절되는 게 느껴지지? 글의 소재를 찾고 앞뒤 문장 간 연결 관계를 확인하면서 읽으면 글이 어색하게 끊기는 지점을 쉽게 찾을 수 있을 거야!

L 21 정답 ④ * 재해로부터 회복하는 식물의 특별한 능력

다음 글에서 전체 흐름과 관계 없는 문장은?

〈이유〉의 부사절 접속사
Because plants tend to recover / from disasters / more quickly than animals, / they are essential / to the revitalization of damaged environments. //
식물은 회복하는 경향이 있기 때문에 / 재해로부터 / 동물보다 더 빨리 / 그것은 필수적이다 / 손상된 환경의 소생에 //

형용사적 용법(ability 수식)
Why do plants have this preferential ability / **to recover** from disaster? // 단서1 식물이 가진 재해로부터 회복하는 능력에 대해 설명하는 글임
왜 식물에게는 이런 특별한 능력이 있을까 / 재해로부터 회복하는 //

주격 보어절을 이끄는 접속사
It is largely **because**, unlike animals, they can generate / new organs and tissues / throughout their life cycle. //
그것은 대체로 그들이 동물과 달리 생성할 수 있기 때문이다 / 새로운 장기와 조직을 / 그들의 생애 주기 내내 //

주격 보어 역할을 하는 전치사구
① This ability is **due to the activity / of plant meristems** /
이러한 능력은 활동 때문이다 / 식물의 분열 조직(分裂組織)의 /

— regions of undifferentiated tissue / in roots and shoots / that can, **in response to specific cues**, differentiate / into new tissues and organs. //
조동사와 동사 사이에 삽입된 부사구
미분화 세포 조직 부위 / 뿌리와 싹에 있는 / 특정 신호에 반응하여 분화할 수 있는 / 새로운 세포 조직과 기관으로 //

② **If** meristems are not damaged / during disasters, / plants can recover / and ultimately transform / the destroyed or barren environment. //
〈조건〉의 부사절 접속사
분열 조직(分裂組織)이 손상되지 않으면 / 재해 시에 / 식물은 회복해서 / 궁극적으로 변화시킬 수 있다 / 파괴되거나 척박한 환경을 //

③ You can see this phenomenon / on a smaller scale / **when** a tree struck by lightning forms / **new branches** / **that** grow from the old scar. //
〈시간〉의 부사절 접속사 / 선행사 / 주격 관계대명사
여러분은 이러한 현상을 볼 수 있다 / 더 작은 규모로 / 번개 맞은 나무가 형성할 때 / 새로운 가지를 / 오래된 상처에서 자라나는 //

④ In the form of forests and grasslands, / plants regulate the cycling of water / and adjust / the chemical composition of the atmosphere. //) 단서2 식물의 재해로부터 회복하는 능력이 아닌 다른 능력을 설명함
(숲과 초원의 형태로 / 식물은 물의 순환을 조절하고 / 조정한다 / 대기의 화학적 구성을 //)

⑤ In addition to regeneration or resprouting of plants, / disturbed areas can also recover / through reseeding. //
구 형태의 전치사 / 명사구
식물의 재생이나 재발아 외에도 / 교란된 지역은 또한 회복할 수 있다 / 재파종을 통해서 //

- **essential** ⓐ 필수적인, 근본적인
- **preferential** ⓐ 우선권[특혜]을 주는, 특혜인
- **organ** ⓝ (인체 내의) 장기[기관] • **tissue** ⓝ ((생물)) 조직
- **shoot** ⓝ (새로 돋아난) 순[싹] • **differentiate** ⓥ 분화하다
- **barren** ⓐ 척박한, 열매가 안 열리는 • **scale** ⓝ 규모, 범위
- **scar** ⓝ 흉터, 상처 • **composition** ⓝ 구성 (요소)
- **atmosphere** ⓝ (지구의) 대기, 분위기
- **regeneration** ⓝ ((생물)) 재생, 부흥 • **resprout** ⓥ 재발아하다
- **disturb** ⓥ 방해하다, 불안하게 만들다
- **reseed** ⓥ 다시 씨를 뿌리다, 자생하다

식물은 동물보다 더 빨리 재해로부터 회복하는 경향이 있기 때문에 손상된 환경의 소생에 필수적이다. 왜 식물에게는 재해로부터 회복하는 이런 특별한 능력이 있을까? 그것은 대체로 식물이 동물과 달리 생애 주기 내내 새로운 장기와 조직을 생성할 수 있기 때문이다. ① 이러한 능력은 식물의 분열 조직(分裂組織), 즉 특정 신호에 반응하여 새로운 세포 조직과 기관으로 분화할 수 있는, 뿌리와 싹에 있는 미분화 세포 조직 부위의 활동 때문이다. ② 재해 시에 분열 조직(分裂組織)이 손상되지 않으면, 식물은 회복해서 파괴되거나 척박한 환경을 궁극적으로 변화시킬 수 있다. ③ 번개 맞은 나무가 오래된 상처에서 자라나는 새로운 가지를 형성할 때 더 작은 규모로 이러한 현상을 볼 수 있다. (④ 숲과 초원의 형태로, 식물은 물의 순환을 조절하고 대기의 화학적 구성을 조정한다.) ⑤ 식물의 재생이나 재발아 외에도, 교란된 지역은 재파종을 통해서도 회복할 수 있다.

왜 정답? [정답률 80%]

첫 세 문장으로 보아 재해로부터 회복하는 식물의 특별한 능력에 대해 설명하는 글인데, ④은 식물의 재해로부터 회복하는 능력이 아니라 물의 순환을 조절하고 대기의 화학적 구성을 조정하는 능력을 설명하고 있으므로 글의 전체 흐름에 맞지 않는다.
'식물의 능력'이라는 글의 소재는 일치하지만, 글의 구체적인 주제와는 맞지 않는다.

왜 오답?

①, ② 재해로부터 회복하는 식물의 능력이 무엇 때문에 가능한지 설명한 후, 이러한 능력 때문에 가능한 일을 이야기하는 문장이다.

③ 앞 문장에서 말한 현상을 좀 더 작은 규모로 확인할 수 있는 구체적인 경우를 제시하는 문장으로, 앞 문장과 자연스러운 흐름으로 이어진다.

⑤ 앞에서 설명한 식물의 재생, 재발아 외에 식물을 재파종함으로써 교란된 환경을 회복시킬 수 있다는 내용으로, 파괴된 환경을 회복시키는 식물의 능력에 대해 추가적으로 설명하는 문장이다.

* 글의 흐름

도입	식물에게는 재해로부터 회복하는 능력이 있음
부연	식물은 분열 조직이 손상되지 않으면 재해가 일어났을 때 회복하여 파괴된 환경을 변화시킬 수 있음
예시	번개를 맞은 나무가 오래된 상처에서 자라나는 새로운 가지를 형성함
첨가	식물을 재파종하는 것을 통해서도 교란된 지역이 회복할 수 있음

L 22 정답 ③ * 경력 초기의 교사에게 필요한 기술

다음 글에서 전체 흐름과 관계 없는 문장은?

Actors, singers, politicians and countless others / recognise the power of the human voice / as a **means** of communication / beyond the simple decoding of the words / **that are** used. //
배우, 가수, 정치가, 그리고 무수한 다른 사람은 / 사람 목소리의 힘을 인정한다 / 의사소통의 수단으로서의 / 단어의 단순한 해독을 넘어서는 / 사용된 //

Learning / **to control** your voice and **use** it / for different purposes / **is**, therefore, one of the most important skills / to develop / as an early career teacher. //
배우는 것은 / 여러분의 목소리를 통제하고 그것을 사용하는 것을 / 다양한 목적을 위해 / 따라서 가장 중요한 기술 중 하나이다 / 개발할 / 경력 초기의 교사로서 //

단서 1 교사로서 다양한 목적으로 목소리를 통제하고 사용하는 것을 배우는 것이 중요함

① **The more confidently** / you give instructions, / **the higher** the chance / of a positive class response. //
더 자신 있게 / 여러분이 설명할수록 / 확률은 더 높다 / 긍정적인 학급 반응의 //

② There are **times** / **when being able** to project your voice loudly / **will be** very useful / when working in school, /
경우가 있으며 / 목소리를 크게 내보낼 수 있는 것이 / 매우 유용할 / 학교에서 일할 때 /

and **knowing** / that you can cut through a noisy classroom, dinner hall or playground / **is** a great skill **to have**. //
아는 것은 / 여러분이 시끄러운 교실, 구내식당이나 운동장을 가를 수 있다는 것을 / 갖출 훌륭한 기술이다 //

단서 2 학교 내의 소음 문제에 대한 대처 방법을 설명함

③ In order to address / serious noise issues in school, / students, parents and teachers should search for a solution / together. //
(대처하기 위해서는 / 학교 내의 심각한 소음 문제에 / 학생, 학부모, 교사가 해결책을 찾아야 한다 / 함께 //)

④ However, I would always advise / that you **use** your loudest voice / incredibly sparingly / and **avoid shouting** / as much as possible. //
그러나 나는 항상 조언하고자 한다 / 여러분이 가장 큰 목소리를 쓰고 / 놀랍도록 드물게 / 소리치는 것을 피해야 한다고 / 최대한 //

⑤ **A quiet, authoritative and measured tone** / has so much more impact / than **slightly panicked shouting**. //
조용하고도 권위가 있으며 침착한 어조는 / 그렇게나 훨씬 더 큰 효과를 갖는다 / 약간 당황한 고함보다 //

- **countless** ad 무수한, 셀 수 없이 많은
- **recognise** v 인정하다
- **decode** v (암호를) 해독하다
- **instruction** n 지시, 설명

- **address** v 대처하다
- **incredibly** ad 놀랍도록
- **sparingly** ad 드물게, 인색하게
- **authoritative** a 권위가 있는
- **measured** a 침착한
- **tone** n 어조
- **panicked** a 당황한

배우, 가수, 정치가, 그리고 무수한 다른 사람은 사용된 단어의 단순한 해독을 넘어서는 의사소통의 수단으로서의 사람 목소리의 힘을 인정한다. 따라서 여러분의 목소리를 통제하고 그것을 다양한 목적을 위해 사용하는 것을 배우는 것은 경력 초기의 교사로서 개발할 가장 중요한 기술 중 하나이다. ① 여러분이 더 자신 있게 설명할수록, 긍정적인 학급의 반응이 나올 확률은 더 높다. ② 목소리를 크게 내보낼 수 있는 것이 학교에서 일할 때 매우 유용할 경우가 있으며, 여러분이 시끄러운 교실, 구내식당이나 운동장을 가를 수 있다는 것을 아는 것은 갖춰야 할 훌륭한 기술이다. (③ 학교 내의 심각한 소음 문제에 대처하기 위해서는 학생, 학부모, 교사가 함께 해결책을 찾아야 한다.) ④ 그러나, 나는 가장 큰 목소리는 놀랍도록 드물게 쓰고 소리치는 것을 최대한 피해야 한다고 항상 조언하고자 한다. ⑤ 조용하고도 권위가 있으며 침착한 어조는 약간 당황한 고함보다 그렇게나 훨씬 더 큰 효과를 갖는다.

왜 정답? [정답률 82%]

사람의 목소리의 힘에 대해 이야기하면서 다양한 목적으로 목소리를 통제하고 사용하는 것을 배우는 것이 경력 초기의 교사로서 개발해야 하는 중요한 기술 중 하나라고 했다.

이후로 교사의 목소리 사용에 대해 부연하는 내용이 이어지는데, ③은 학교 내의 소음 문제에 대처하는 방법을 설명한 문장으로, 전체 글의 흐름에 맞지 않는다.

왜 오답?

①, ② 교사가 목소리를 통제하고 다양한 목적으로 목소리를 사용할 줄 아는 것의 이점에 대한 구체적인 부연이 이어지는 문장이다.

④, ⑤ 큰 목소리를 낼 수 있다는 것이 유용한 경우를 설명한 앞 문장과 반대되는 내용이 역접의 연결어 However로 이어진다.

> 조용하고도 권위가 있으며 침착한 어조가 고함보다 훨씬 더 큰 효과가 있으므로, 소리치는 것을 최대한 피하라는 조언 

* 글의 흐름

도입	다양한 목적으로 목소리를 통제하고 사용하는 것을 배우는 것이 교사로서 개발할 가장 중요한 기술 중 하나임
대조	학교에서 일할 때 큰 목소리를 낼 수 있다는 것이 매우 유용한 경우가 있음
	하지만 조용하고도 권위 있는, 침착한 어조가 고함보다 훨씬 더 큰 효과가 있으므로 소리치는 것을 최대한 피해야 함

L 23 정답 ③ ⭐ 2등급 대비 [정답률 81%]

*** 전문가와 초보자의 차이**

다음 글에서 전체 흐름과 관계 없는 문장은?

단서 1 초보자에 비해 전문가가 가진 강점에 대해 설명하는 글임

Interestingly, experts do not suffer / as much as beginners / **when performing** complex tasks / or combining multiple tasks. //
흥미롭게도 전문가들은 어려움을 겪지 않는다 / 초보자만큼 / 복잡한 과제를 수행하거나 / 많은 과제를 결합할 때 //

Because experts have extensive practice / within a limited domain, / **the key component skills** / in their domain / **tend** to be highly practiced and more automated. //
전문가는 광범위한 연습을 하기 때문에 / 제한된 영역 내에서 / 핵심 구성 기술은 / 그들의 영역에서의 / 고도로 숙련되고 더 자동화되어 있는 경향이 있다 //

① **Each** of these highly practiced skills / then **demands** / relatively few cognitive resources, / effectively lowering the total cognitive load / that experts experience. //
고도로 숙련된 이러한 각각의 기술은 / 그래서 필요로 하여 / 비교적 적은 인지 자원을 / 총 인지 부하를 효과적으로 낮춘다 / 전문가가 경험하는 //

② Thus, / experts can perform complex tasks / and combine multiple tasks relatively easily. //
따라서 / 전문가는 복잡한 과제를 수행하고 / 많은 과제를 결합할 수 있다 / 비교적 쉽게 //

단서 2 초보자의 강점이 furthermore로 연결되는 문맥이 아님
((③ Furthermore, / beginners are excellent / at processing the tasks / when the tasks are divided and isolated. //))
(게다가 / 초보자는 탁월하다 / 과제를 처리하는 데 / 과제가 분할되고 분리될 때 //)

④ This is not **because** they necessarily have / more cognitive resources / than beginners; /
접속사(뒤에 완전한 절이 옴)
이것은 그들이 반드시 가지고 있기 때문인 것은 아니다 / 더 많은 인지적 자원을 / 초보자보다 /

rather, **because of** the high level of fluency / they have achieved / in performing key skills, / they can do more / with what they have. //
구 형태의 전치사(뒤에 명사구가 옴)
오히려 높은 수준의 능숙함 때문에 / 그들이 달성한 / 핵심 기술을 수행하는 데 있어 / 그들은 더 많은 것을 할 수 있다 / 자신들이 가지고 있는 것으로 //

⑤ Beginners, on the other hand, have not achieved / the same degree of fluency and automaticity / in each of the component skills, /
반면에 초보자는 달성하지 못했으며 / 동일한 수준의 능숙함과 자동성을 / 각각의 구성 기술에서 /

and thus they struggle to combine **skills** / **that** experts combine / with relative ease and efficiency. //
선행사   주격 관계대명사
따라서 그들은 기술을 결합하려고 애쓴다 / 전문가가 결합하는 / 비교적 쉽고 효율적으로 //

- expert ⓝ 전문가
- extensive ⓐ 광범위한
- domain ⓝ 영역, 범위
- component ⓝ 요소, 부품
- automate ⓥ 자동화하다
- cognitive ⓐ 인식의, 인지의
- load ⓝ 부하, 짐
- process ⓥ 처리하다, 가공하다
- isolate ⓥ 격리하다, 분리하다
- necessarily ⓐⓓ 어쩔 수 없이, 필연적으로
- fluency ⓝ 유창성, 능숙도
- automaticity ⓝ 자동성
- struggle ⓥ 애쓰다, 고군분투하다
- relative ⓐ 비교상의, 상대적인

흥미롭게도, 전문가들은 복잡한 과제를 수행하거나 많은 과제를 결합할 때 초보자만큼 어려움을 겪지 않는다. 전문가는 제한된 영역 내에서 광범위한 연습을 하기 때문에, 그들의 영역에서의 핵심 구성 기술은 고도로 숙련되고 더 자동화되어 있는 경향이 있다. ① 그래서 고도로 숙련된 이러한 각각의 기술은 비교적 적은 인지 자원을 필요로 하여, 전문가가 경험하는 총 인지 부하를 효과적으로 낮춘다. ② 따라서 전문가는 비교적 쉽게 복잡한 과제를 수행하고 많은 과제를 결합할 수 있다. (③ 게다가, 초보자는 과제가 분할되고 분리될 때 그것을 처리하는 데 탁월하다.) ④ 이것은 그들이 반드시 초보자보다 더 많은 인지적 자원을 가지고 있기 때문인 것은 아니며, 오히려 핵심 기술을 수행하면서 달성한 높은 수준의 능숙함 때문에 그들은 자신들이 가지고 있는 것으로 더 많은 것을 할 수 있다. ⑤ 반면에, 초보자는 각각의 구성 기술에서 동일한 수준의 능숙함과 자동성을 달성하지 못했으며, 따라서 그들은 전문가가 비교적 쉽고 효율적으로 결합하는 기술을 결합하려고 애쓴다.

왜 2등급? 전문가와 초보자를 비교하는 글에서, 초보자라는 그럴 듯한 소재가 오답 문장에도 포함되어 충분히 헷갈릴 수도 있는 2등급 대비 문제이다.

왜 정답·오답?

— **첫 문장:** 초보자에 비해 전문가가 갖는 강점에 대해 설명하는 글이다.

①: 전문가가 가진 기술 덕분에 전문가는 초보자보다 낮은 인지 부하를 경험한다는 내용으로, 전문가의 강점을 설명한다.

▶ ①은 무관한 문장이 아님

②: 앞 문장에서 설명한 것 때문에 전문가가 비교적 쉽게 과제를 수행할 수 있다는 내용으로, 앞뒤 문장이 Thus로 자연스럽게 연결된다.

▶ ②은 무관한 문장이 아님

③: furthermore는 앞에서 설명한 것에 대한 추가적 요소를 덧붙일 때 쓰이는 부사이다.
앞에서는 전문가가 갖는 강점에 대해 설명했는데, 이어지는 내용은 초보자의 강점에 대한 것이므로 ③이 글의 흐름에 맞지 않는다.

▶ ③이 무관한 문장임

④: This가 가리키는 것은 ③이 아니라 ②의 내용이다. 따라서 ③이 무관한 문장임을 더욱 확실히 알 수 있다.

▶ ③이 빠져야 자연스러운 흐름이 됨, ④은 무관한 문장이 아님

⑤: on the other hand는 상반되는 내용을 이을 때 쓰이는 연결어이다.
앞 문장의 전문가에 대한 내용과, 이어지는 문장의 초보자의 내용이 on the other hand로 매끄럽게 이어진다.

▶ ⑤은 무관한 문장이 아님

＊ 글의 흐름

도입	전문가들은 복잡한 과제를 수행하거나 많은 과제를 결합할 때 초보자만큼 어려움을 겪지 않음
설명	고도로 숙련된 기술은 비교적 적은 인지 자원을 필요로 하여, 전문가가 경험하는 총 인지 부하를 효과적으로 낮춤
부연	핵심 기술을 수행하면서 달성한 높은 수준의 능숙함 때문에 그들은 더 많은 것을 할 수 있음
역접	초보자는 동일한 수준의 능숙함을 달성하지 못했으므로 전문가가 쉽고 효율적으로 결합하는 기술을 결합하려고 애씀

L 24 정답 ③ — ⭐ 2등급 대비 [정답률 68%]

＊ 재택근무의 발전

> 다음 글에서 전체 흐름과 관계 없는 문장은?

부사절 접속사(양보)
Although organizations are offering telecommuting programs / in greater numbers than ever before, / **acceptance and use** of
복수 주어
these programs / **are still limited** / by a number of factors. //
복수 동사
조직들이 더 많은 수의 재택근무 프로그램을 제공하고 있지만 / 과거 어느 때보다 / 이러한 프로그램의 수용과 이용은 / 여전히 제한된다 / 많은 요인에 의해 //

① These factors include / manager reliance on face-to-face management practices, / lack of telecommuting training within an organization, / misperceptions of and discomfort with flexible workplace programs, /
이들 요인은 포함한다 / 대면 관리 관행에 대한 관리자의 의존을 / 조직 내 재택근무 교육 부족을 / 유연한 직장 프로그램에 대한 오해와 불편함을 /

and a lack of information / about the effects of telecommuting / on an organization's bottom line. //
전치사   명사구
그리고 정보 부족을 / 재택근무의 영향에 대한 / 조직의 최종 결산 결과에 미치는 //

② **Despite these limitations**, / at the beginning of the 21st century, / a new "anytime, anywhere" work culture / is emerging. //
이러한 한계에도 불구하고 / 21세기 초에는 / '언제 어디서나' 일할 수 있는 새로운 업무 문화가 / 등장하고 있다 //
단서 1 재택근무가 직면한 한계에도 불구하고 재택근무 문화가 등장하고 있음

선행사   소유격 관계대명사
((③ Care must be taken / to select **employees** / **whose** personal and working characteristics / are best suited for telecommuting. //))
단서 2 재택근무가 아니라 직원 선발 방법에 대한 내용임
(주의를 기울여야 한다 / 직원을 선발하기 위해 / 개인적 그리고 업무적 특성이 / 재택근무에 가장 적합한 //)

④ Continuing advances in information technology, / the expansion of a global workforce, / and increased desire /
형용사적 용법(increased desire 수식)
to balance work and family /
정보 기술의 지속적인 발전 / 글로벌 노동력의 확대 / 그리고 욕구의 증가는 / 일과 가정 사이에서 균형을 이루려는 /
선행사   주격 관계대명사
are only three of **the many factors** / **that** will gradually reduce the current barriers / to telecommuting / as a dominant workforce development. //
많은 요인 중 세 가지에 불과하다 / 현재의 장벽을 점진적으로 낮출 / 재택근무에 대한 / 지배적인 노동력 개발로서 //

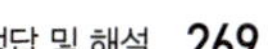

⑤ With implications / for organizational cost savings, /
especially with regard / to lower facility costs, increased
employee flexibility, and productivity, /
영향과 함께 / 조직 비용 절감에 대한 / 특히 관련하여 / 더 낮은 시설 비용, 증가된 직원의
유연성, 그리고 생산성과 /
telecommuting is increasingly of interest / to many
organizations. //
재택근무는 점점 더 관심사가 되고 있다 / 많은 조직의 //

- acceptance ⓝ 수용 · factor ⓝ 요인 · reliance ⓝ 의존
- face-to-face 대면의 · misperception ⓝ 오해, 오인
- discomfort ⓝ 불편함 · flexible ⓐ 유연한
- bottom line 최종 결산 결과 · limitation ⓝ 한계
- emerge ⓥ 등장하다 · be suited for ~에 적합하다
- advance ⓝ 진보 · expansion ⓝ 확대 · workforce ⓝ 노동력
- balance ⓥ 균형을 맞추다 · barrier ⓝ 장벽
- dominant ⓐ 지배적인 · implications ⓝ 영향
- with regard to ~에 관련하여

조직들이 과거 어느 때보다 더 많은 수의 재택근무 프로그램을 제공하고
있지만, 이러한 프로그램의 수용과 이용은 여전히 많은 요인에 의해 제한된다.
① 이들 요인에는 대면 관리 관행에 대한 관리자의 의존, 조직 내 재택근무
교육 부족, 유연한 직장 프로그램에 대한 오해와 불편함, 그리고 재택근무가
조직의 최종 결산 결과에 미치는 영향에 대한 정보 부족 등이 있다. ② 이러한
한계에도 불구하고, 21세기 초에는, '언제 어디서나' 일할 수 있는 새로운 업무
문화가 등장하고 있다. (③ 개인적 그리고 업무적 특성이 재택근무에 가장
적합한 직원을 선발하기 위해 주의를 기울여야 한다.) ④ 정보 기술의 지속적인
발전, 글로벌 노동력의 확대, 일과 가정 사이에서 균형을 이루려는 욕구의
증가는 지배적인 노동력 개발로서 재택근무에 대한 현재의 장벽을 점진적으로
낮출 많은 요인 중 세 가지에 불과하다. ⑤ 특히 더 낮은 시설 비용, 증가된
직원의 유연성, 그리고 생산성과 관련하여 조직 비용 절감에 대한 영향과 함께,
재택근무는 점점 더 많은 조직의 관심사가 되고 있다.

왜 2등급? 오답에도 '재택근무'라는 핵심 소재가 포함되어 있어서 집중해서 읽지
않으면 헷갈릴 수 있는 2등급 대비 문제이다. 재택근무를 제한하는 요인을 설명하는
흐름에서, 재택근무에 적합한 직원을 선발해야 한다는 문장은 어색하다는 점을 잘
포착해야 한다.

왜 정답·오답?

첫 문장: 조직들이 이전보다 많은 재택근무 프로그램을 제공하지만 여전히 그 이용
은 많은 요인에 의해 제한받는다는 내용이다.

▶ 재택근무 프로그램의 수용과 이용을 제한하는 요인에 대한 구체적인 설명이
이어질 것임

①: 앞 문장에 등장한 '많은 요인'에 어떤 것들이 포함되는지를 구체적으로 설명하므
로 앞 문장에 자연스럽게 연결되고 있다.

▶ ①은 무관한 문장이 아님

②: 앞 문장에서 설명한 재택근무가 직면한 한계를 these limitations로 가리키며,
이러한 한계에도 불구하고 재택근무가 새로운 업무 문화로 등장하고 있다는 내용이
다. 지시형용사 these를 통해 앞뒤 문장이 자연스럽게 이어진다.

▶ ②은 무관한 문장이 아님

③ 앞부분은 재택근무가 직면한 여러 한계에도 불구하고 재택근무가 새로운 업무
문화로 등장하고 있다는 내용이다. 그렇다면 이후로는 왜 이런 현상이 일어나고 있
는지에 대한 설명이 이어지는 것이 적절하고, 기업의 직원 선발 방법에 대해 설명하
는 글이 아니다.

▶ ③이 무관한 문장임

④: 정보 기술의 지속적인 발전, 글로벌 노동력의 확대, 일과 가정 사이에서 균형을
이루려는 욕구의 증가 등의 요인 때문에 재택근무 문화가 증가하고 있다는 내용이다.
앞에서 설명한 한계를 the current barriers로 가리키며 앞뒤 내용을 자연스럽게
연결한다.

▶ ③이 빠져야 자연스러운 흐름이 됨, ④은 무관한 문장이 아님

---

⑤: 앞 문장에서 설명한 요인 외에 재택근무를 증가시키는 추가적인 요인을 설명한
다. 재택근무 문화가 등장하고 있는 요인에 대해 앞뒤 문장에서 자연스럽게 설명하
고 있다.

▶ ⑤은 무관한 문장이 아님

＊ 글의 흐름

도입	조직들이 어느 때보다 더 많은 수의 재택근무 프로그램을 제공하고 있지만, 여전히 많은 요인에 의해 제한됨
설명 ①	여러 한계에도 불구하고, 21세기 초에는 새로운 업무 문화가 등장하고 있음
설명 ②	정보 기술의 지속적인 발전 등의 요인 때문에 재택근무 문화가 증가하고 있음
부연	재택근무는 점점 많은 조직의 관심사가 되고 있음

L 어휘 Review 정답 문제편 p. 244

01 수축하다	11 as a result	21 sufficient
02 자율성	12 with regard to	22 organs
03 수정된	13 straight away	23 permanent
04 처음에	14 at stake	24 species
05 심하게	15 on one's own	25 referred
06 scar	16 dramatic	26 migration
07 essential	17 transmission	27 assessment
08 disrupt	18 fluency	28 barren
09 independence	19 external	29 Experts
10 expense	20 advances	

M 글의 순서 정하기

문제편 p. 246~271

M 01 정답 ① ＊호주에서 경관 관리를 위한 의도적인 불 지르기

Wildfire is a natural phenomenon / in many Australian
environments. //
산불은 자연스러운 현상이다 / 호주의 많은 환경에서 //
단서 1 호주 원주민에 의해 오랜 기간
행해졌던 의도적 불 지르기를 설명함
The intentional setting of fire / to manage the landscape /
was practised by Aboriginal people for millennia. //
의도적으로 불을 지르는 일은 / 경관을 관리하기 위해 / 수천 년 동안 호주 원주민들에 의해
행해졌다 //

(A) However, the pattern of burning **that** stockmen introduced
/ was unlike previous regimes. // **단서 2** 주어진 글에서 말한, 기존의 호주 원주민의
방식과 다른 목축업자들의 방식을 소개함
하지만 목축업자들이 도입한 불 지르기 방식은 / 이전 양식과는 달랐다 //

독립분사구문(주어가 다르므로 명시) ~하곤 했다
When conditions allowed, / they **would** set fire to the landscape
/ as they moved their animals out for the winter. //
여건이 허락되면 / 그들은 경관에 불을 지르곤 했다 / 그들은 겨울에 자신들의 가축을 외부로
이동시켜 //

동사 ① 동사 ②
This **functioned** to clear woody vegetation / and also **stimulated**
new plant growth in the following spring. //
이는 숲이 우거진 초목을 없애는 역할을 했고 / 또한 이듬해 봄에 새로운 식물의 성장을
촉진했다 //

형용사적 용법
(B) Although grasses were the first kinds of plants / **to recolonize**
수동태에 의한 전후관계 파악(~에 의해 뒤가 이어진다)
the burnt areas / they **were** soon **succeeded by** further woody
plants and shrubs. //
단서 3 불을 지른 후 의도했던 대로 어린 새싹이 먼저 자랐지만,
그 이후 통제하고자 했던 목본성 식물과 관목이 다시 자라남
첫 번째 식물류는 풀이었지만 / 불에 탄 지역에 다시 대량 서식한 / 목본성 식물과 관목이 곧
그것들의 뒤를 이었다 //

About the only strategy to prevent such regrowth / was further
burning / — essentially using fire to control the consequences
of using fire. //
그러한 재성장을 막기 위한 거의 유일한 전략은 / 불을 더 지르는 것이었는데 / 본질적으로는
불을 사용하여 불을 사용한 결과를 통제하는 것이었다 //

= their animals
(C) The young shoots were a ready food source / for their
animals when **they** returned. //
단서 4 '그들의 동물들'은 (A)에서 말한
목축업자들의 동물을 지칭함
어린 새싹은 준비된 먹을 수 있는 식량원이었다 / 그들의 동물들이 돌아왔을 때 //

However, the practice also tended to reinforce the scrubby
= the practice 수동태
growth / **it was intended** to control. //
하지만, 그 관행은 우거진 관목의 성장을 강화하는 경향도 있었다 / 그것(그 관행)이
통제하고자 했던 //

- **intentional** ⓐ 의도적인
- **aboriginal** ⓐ 호주 원주민의
- **millennia** ⓝ (millennium의 복수형) 천년
- **stockman** ⓝ 목축업자
- **woody** ⓐ 숲이 우거진
- **vegetation** ⓝ 초목
- **stimulate** ⓥ 자극하다
- **recolonize** ⓥ 다시 대량 서식하다
- **woody plant** 목본성 식물(木本性 植物)
- **shrub** ⓝ 관목(灌木)
- **shoot** ⓝ 새싹, 순
- **reinforce** ⓥ 강화하다

산불은 호주의 많은 환경에서 자연스러운 현상이다. 경관을 관리하기 위해
의도적으로 불을 지르는 일은 수천 년 동안 호주 원주민들에 의해 행해졌다.
(A) 하지만 목축업자들이 도입한 불 지르기 방식은 이전 양식과는 달랐다.
여건이 허락되면, 그들은 겨울에 자신들의 가축을 외부로 이동시켜, 경관에
불을 지르곤 했다. 이는 숲이 우거진 초목을 없애는 역할을 했고, 또한 이듬해
봄에 새로운 식물의 성장을 촉진했다. (C) 어린 새싹은 그들의 동물들이
돌아왔을 때 준비된 먹을 수 있는 식량원이었다. 하지만, 그 관행은 또한
통제하고자 했던 우거진 관목의 성장을 강화하는 경향도 있었다. (B) 불에 탄
지역에 다시 대량 서식한 첫 번째 식물류는 풀이었지만, 목본성 식물과 관목이
곧 그것들의 뒤를 이었다. 그러한 재성장을 막기 위한 거의 유일한 전략은
불을 더 지르는 것이었는데, 본질적으로는 불을 사용하여 불을 사용한 결과를
통제하는 것이었다.

주어진 글 다음에 이어질 글의 순서로 가장 적절한 것을 고르시오.

① (A) — (C) — (B)
② (B) — (A) — (C)
(B)는 풀이 자란 후에 다시 불을 지르게 됐다는 내용이 나오는 결말임
③ (B) — (C) — (A)
④ (C) — (A) — (B)
(C)에서 어린 새싹을 언급하려면 (A)에서 새로운 식물의 성장을
촉진했다는 내용이 먼저 나와야 함
⑤ (C) — (B) — (A)

호주 원주민들은 경관을 관리하기 위해 의도적 불지르기를 했음 - 목축업자들은 겨울에 동물을
이동시킨 후 불을 질렀음 - 어린 새싹은 동물의 식량원이 되었으나 원래 없애고자 했던 나무의 성장이
강화됨 - 풀이 자란 이후 뒤이어 다시 나무가 자라게 되었고, 불을 더 질러야 했음

| 문제 풀이 순서 | [정답률 15%]

1st 각 문단의 내용을 파악하고, 글의 논리적인 순서를 추론한다.

주어진 글: 산불은 호주의 많은 환경에서 자연스러운 현상이다. 경관을
관리하기 위해 의도적으로 불을 지르는 일은 수천 년 동안 호주 원주민들에
의해 행해졌다.

주어진 글 뒤: 호주에서 경관을 관리하기 위한 의도적 불 지르기는 이미 원주민들이
오랜 기간 해왔던 것이었다고 했으므로, 단서 원주민들이 오랫동안 해왔던 이
방식을 설명하거나, 원주민의 방식과는 다르게 새로운 방식을 소개할 것이다. 발상

(A) 하지만(However) 목축업자들이 도입한 불 지르기 방식은 이전
양식과는 달랐다. 여건이 허락되면, 그들은 겨울에 자신들의 가축을 외부로
이동시켜, 경관에 불을 지르곤 했다. 이는 숲이 우거진 초목을 없애는
역할을 했고, 또한 이듬해 봄에 새로운 식물의 성장을 촉진했다.

(A) 앞: 반대 내용을 연결하는 However(하지만)로 문장이 시작했고,
목축업자들의 불 지르기 방식은 이전 양식과는 달랐다는 내용이 나온다.
▶ 주어진 글에 목축업자들의 방식과 다른 이전 양식인 호주 원주민들에 대한
내용이 나옴 (순서: 주어진 글 → (A))
(A) 뒤: 이동한 동물들은 어떻게 되었으며, 우거진 나무가 없어진 자리에 어떤
새로운 식물이 자랐는지 나올 것이다.

(B) 불에 탄 지역에 다시 대량 서식한 첫 번째 식물류는 풀이었지만, 목본성
식물과 관목이 곧 그것들의 뒤를 이었다. 그러한 재성장을 막기 위한 거의
유일한 전략은 불을 더 지르는 것이었는데, 본질적으로는 불을 사용하여
불을 사용한 결과를 통제하는 것이었다.

(B) 앞: 풀이 자란 이후 다시 나무가 자라게 되었다는 내용이므로, 없애고자 했던
나무의 성장을 언급했던 내용이 앞에 와야 한다.
▶ (B) 앞에 (C)가 와야 함 (순서: (C) → (B))
(B) 뒤: 나무가 다시 자라게 되어 불을 지른 자리에 다시 불을 지르게 된다고 했다.
▶ (B)가 마지막에 올 확률이 큼

(C) 어린 새싹은 그들의 동물들(their animals)이 돌아왔을 때 준비된
먹을 수 있는 식량원이었다. 하지만, 그 관행은 또한 통제하고자 했던
우거진 관목의 성장을 강화하는 경향도 있었다.

(C) 앞: '그들의 동물들(their animals)'은 (A)에서 말한 목축업자들의 동물들을
가리킨다. ▶ 순서: (A) → (C)
(C) 뒤: 원래 없애고자 했던 나무의 성장이 다시 강화되는 경향이 있었다고
했으므로, 앞에서 살펴본 것처럼 이와 관련된 내용인 (B)가 이어질 것이다.
▶ 순서: 주어진 글 → (A) → (C) → (B)

2nd 글이 한눈에 들어오도록 정리하여 정답을 확인한다.

주어진 글: 호주에서 경관을 관리하기 위한 의도적 불 지르기는 이미 원주민들이 오랜
기간 해왔던 것이었다.
→ **(A):** 목축업자들이 도입한 불 지르기 방식은 이전 양식(원주민)과는 달랐다. 겨울에
동물을 이동시킨 후 불을 질렀다.
→ **(C):** 동물이 돌아왔을 때 새로 자란 어린 새싹은 동물의 식량원이 되었다. 그러나
원래 없애고자 했던 나무의 성장이 다시 강화되는 경향이 있었다.
→ **(B):** 풀이 자란 이후 뒤이어 다시 나무가 자라게 되었고, 불을 더 질러야 했다.
▶ 주어진 글 다음에 이어질 글의 순서는 (A) → (C) → (B)이므로 정답은 ①임

M 02 정답 ④ ＊복잡해지는 컴퓨터 소프트웨어 ─────

단수 주어 단수 동사
The growing complexity of computer software / **has** direct
implications / for our global safety and security, /
컴퓨터 소프트웨어 증가하는 복잡성은 / 직접적인 영향을 준다 / 우리의 전 세계적인
안전과 보안에 /

부사절 접속사(~함에 따라) 주어, 선행사
particularly **as the physical objects** / **upon which** we
depend / — things like cars, airplanes, bridges, tunnels, and
전치사+관계대명사
implantable medical devices — / **transform** themselves / into
동사
computer code. //
특히 물리적 대상이 ~함에 따라 / 우리가 의존하는 / 자동차, 비행기, 교량, 터널, 이식형
의료 기기와 같은 것들 / 그 자신을 변화시킴에 (따라) / 컴퓨터 코드로 //

(A) As all this code grows / in size and complexity, / so too do /
the number of errors and software bugs. //
이 모든 코드가 증가함에 따라 / 크기와 복잡성에서 / 또한 그렇다 / 오류와 소프트웨어 버그
수 //
단서 1 자동차와 비행기와 같은 물리적 사물들이 크고 복잡한 코드로
변함에 따라 오류와 소프트웨어 버그의 수도 증가함

According to a study / by Carnegie Mellon University, / commercial software typically has twenty to thirty bugs / for every thousand lines of code /
연구에 따르면 / Carnegie Mellon 대학교에 의한 / 상용 소프트웨어에는 20~30개의 버그가 있다 / 보통 코드 1,000줄당 /

— 50 million lines of code means / 1 million to 1.5 million potential errors / **to be exploited**. //
to부정사의 수동태
5천만 줄의 코드는 의미한다 / 1백만~150만 개의 잠재적 오류를 / 악의적으로 이용되는 //

(B) This is the basis / for all malware attacks / that take advantage of these computer bugs / to get **the code to do something** / it was not originally intended to do.
to get의 목적어와 목적격 보어
단서 2 버그에 대해 언급된 (A) 뒤에 이어져야 함
이것이 근간이다 / 모든 악성 소프트웨어 공격의 / 이 컴퓨터 버그를 이용하는 / 코드가 ~한 것을 하도록 / 그것이 원래 하도록 의도되지 않았던 //

As computer code grows more elaborate, / software bugs flourish / and security suffers, / with increasing consequences for society at large. //
컴퓨터 코드가 더 정교해짐에 따라 / 소프트웨어 버그는 창궐하고 / 보안은 악화된다 / 사회 전반에 미치는 증가하는 영향으로 //

(C) Physical things are increasingly becoming / information technologies. //
단서 3 주어진 글에서 말한 the physical objects에 대한 부연 설명이 이어짐
물리적 사물은 점점 더 되어가고 있다 / 정보 기술이 //

Cars are "**computers** / we ride in," / and airplanes are nothing more than "**flying Solaris boxes** / attached to bucketfuls of industrial control systems." //
선행사(목적격 관계대명사는 생략됨)
선행사(주격 관계대명사와 be동사는 생략됨)
자동차는 '컴퓨터'이고 / 우리가 타는 / 비행기는 '비행 솔라리스 박스'에 불과하다 / 수많은 산업 제어 시스템에 부착된 //

- **complexity** ⓝ 복잡성
- **implication** ⓝ 영향, 함축
- **implantable** ⓐ 체내에 삽입되는
- **transform** ⓥ 변화시키다
- **commercial** ⓐ 상업의
- **intend** ⓥ 의도하다
- **elaborate** ⓐ 정교한
- **flourish** ⓥ 번성하다, 창궐하다
- **consequence** ⓝ 결과

컴퓨터 소프트웨어 복잡성의 증가는 전 세계의 안전과 보안에 직접적인 영향을 주는데, 우리가 의존하는 물리적 대상, 즉 자동차, 비행기, 교량, 터널, 이식형 의료 기기와 같은 것들이 컴퓨터 코드로 변해감에 따라 특히 그렇다. (C) 물리적 사물은 점점 더 정보 기술이 되어가고 있다. 자동차는 '우리가 타는 컴퓨터'이고, 비행기는 '수많은 산업 제어 시스템에 부착된 비행 솔라리스 박스'에 불과하다. (A) 이 모든 코드가 크기와 복잡성이 증가함에 따라, 오류와 소프트웨어 버그 수 또한 증가한다. Carnegie Mellon 대학교의 연구에 따르면, 상용 소프트웨어에는 보통 코드 1,000줄당 20~30개의 버그가 있어서, 5천만 줄의 코드는 1백만~150만 개의 잠재적 오류가 악의적으로 이용될 수 있다는 것을 의미한다. (B) 이것이 코드가 원래 하도록 의도되지 않았던 것을 하도록 이 컴퓨터 버그를 이용하는 모든 악성 소프트웨어 공격의 근간이다. 컴퓨터 코드가 더 정교해짐에 따라, 소프트웨어 버그는 창궐하고 보안은 악화되어, 사회 전반에 미치는 영향이 커진다.

> **주어진 글 다음에 이어질 글의 순서로 가장 적절한 것을 고르시오.**
>
> ① (A) — (C) — (B) 코드가 증가한다는 내용을 다룬 (C)가 (A) 앞에 필요함
> ② (B) — (A) — (C) these computer bugs가 가리키는 것이 주어진 글에 없음
> ③ (B) — (C) — (A) 컴퓨터 소프트웨어의 증가하는 복잡성은 전 세계의 안전과 보안에 직접적인 영향을 줌 - 물리적 사물은 점점 정보 기술이 되어 가고 있음 - 코드가 크고 복잡해짐에 따라 오류와 소프트웨어 버그의 수도 증가함 - 보안은 악화되며 사회 전반에 더 큰 영향을 미침
> ④ (C) — (A) — (B)
> ⑤ (C) — (B) — (A) these computer bugs가 가리키는 것은 (A)에 등장함

| **문제 풀이 순서** | [정답률 58%]

1st 각 문단의 내용을 파악하고, 글의 논리적인 순서를 추론한다.

주어진 글: 컴퓨터 소프트웨어 복잡성의 증가는 전 세계의 안전과 보안에 직접적인 영향을 주는데, 우리가 의존하는 물리적 대상, 즉 자동차, 비행기, 교량, 터널, 이식형 의료 기기와 같은 것들이 컴퓨터 코드로 변해감에 따라 특히 그렇다.

→ 이 글은 컴퓨터 소프트웨어가 점점 복잡해지면서 전 세계의 안전과 보안에 영향을 미친다는 내용일 것이다.

주어진 글 뒤: 자동차, 비행기 등의 물리적 대상이 컴퓨터 코드로 변해감에 따른 구체적 과정이 이어질 것이다.

(A): 이 모든 코드가 크기와 복잡성이 증가함에 따라, 오류와 소프트웨어 버그 수 또한 증가한다. Carnegie Mellon 대학교의 연구에 따르면, 상용 소프트웨어에는 보통 코드 1,000줄당 20~30개의 버그가 있어서, 5천만 줄의 코드는 1백만~150만 개의 잠재적 오류가 악의적으로 이용될 수 있다는 것을 의미한다.

→ 물리적 대상이 코드로 변하고, 그 코드가 크고 복잡해짐에 따라 오류와 소프트웨어 버그의 수 또한 증가한다는 내용이다.

(A) 앞: 물리적 대상이 코드로 변한다는 내용이 있어야 한다.
▶ 주어진 글이 (A) 앞에 올 수 있음

(A) 뒤: 증가하는 오류와 소프트웨어 버그가 악의적으로 이용될 수 있고, 나아가 전 세계의 안전과 보안에 직접적인 영향을 준다는 결론으로 이어지리라고 예상할 수 있다.

(B): 이것이 코드가 원래 하도록 의도되지 않았던 것을 하도록 이 컴퓨터 버그(these computer bugs)를 이용하는 모든 악성 소프트웨어 공격의 근간이다. 컴퓨터 코드가 더 정교해짐에 따라, 소프트웨어 버그는 창궐하고 보안은 악화되어, 사회 전반에 미치는 영향이 커진다.

→ **(B) 앞:** these computer bugs가 가리킬 만한 것이 (B) 앞에 있어야 한다.
▶ (A)에서 소프트웨어 버그에 대한 설명이 제시되었으므로 (A)가 (B) 앞에 옴 (순서: (A) → (B))

(B) 뒤: 컴퓨터 코드가 더 정교해짐에 따라 소프트웨어 버그가 창궐하고 보안이 악화되어, 사회 전반에 큰 영향을 미친다는 내용으로, (B)가 글의 결론에 해당한다.
▶ (B)가 마지막에 올 확률이 큼

(C): 물리적 사물은 점점 더 정보 기술이 되어가고 있다. 자동차는 '우리가 타는 컴퓨터'이고, 비행기는 '수많은 산업 제어 시스템에 부착된 비행 솔라리스 박스'에 불과하다.

→ 자동차와 비행기를 예시로 들어, 물리적 사물이 컴퓨터 코드로 변하는 것을 부연 설명한다.

(C) 앞: 물리적 대상이 컴퓨터 코드로 변한다고 설명한 주어진 문장이 (C) 앞에 필요하다.
▶ (C) 앞에 주어진 문장이 와야 함 (순서: 주어진 글 → (C))

(C) 뒤: (A)에서 살펴본 것처럼, (A) 앞에는 물리적 대상이 코드로 변한다는 내용이 있어야 한다.
▶ (C) 뒤에는 (A)가 와야 함 (순서: 주어진 글 → (C) → (A) → (B))

2nd 글이 한눈에 들어오도록 정리하여 정답을 확인한다.

주어진 글: 컴퓨터 소프트웨어의 증가하는 복잡성은 전 세계의 안전과 보안에 직접적인 영향을 주는데, 특히 물리적 대상이 컴퓨터 코드로 변함에 따라 그렇다.

→ **(C):** 자동차, 비행기와 같은 물리적 사물은 점점 더 정보 기술이 되어 가고 있다.

→ **(A):** 이러한 코드가 크고 복잡해짐에 따라 오류와 소프트웨어 버그의 수도 증가한다.

→ **(B):** 컴퓨터 코드가 더 정교해짐에 따라 소프트웨어 버그는 창궐하고 보안은 악화되며 사회 전반에 더 큰 영향을 미친다.

▶ 주어진 글 다음에 이어질 글의 순서는 (C) → (A) → (B)이므로 정답은 ④임

M 03 정답 ④ *반복적 과정으로서의 시계

We usually think of a clock / as a physical thing, / **like** an alarm clock or a wristwatch. //
전치사(~ 같은)
우리는 보통 시계를 생각한다 / 물리적인 것으로 / 알람 시계나 손목시계 같은 //
But a clock is really a process / **embodied** in a machine, / and the nature of that process is repetitive. //
과거분사(process 수식)
단서 1 시계는 과정의 본질이 반복적임
그러나 시계는 실제로는 과정이다 / 어떤 기계 속에 구현된 / 그리고 그 과정의 본질은 반복적이다 //

(A) Indeed, / it is almost impossible / to think of a clock / that
does not depend on / a repetitive cycle of events. //
실제로 / 거의 불가능하다 / 시계를 생각하는 것은 / 의존하지 않는 / 반복적인 사건의 주기에 //

The only example / that comes to mind readily / is a candle /
marked in hours. // 유일한 사례는 / 선뜻 떠오르는 / 양초이다 / 시간 단위로 표시된 //

But / here too there is iteration / — the repeated burning of
molecules of wax / — so this too is an iterative process, /
although at first masked. //
그러나 / 여기에서도 반복이 있다 / 밀랍 분자들의 반복적인 연소처럼 / 그래서 이것 또한
반복적 과정이다 / 비록 처음에는 가려져 있었지만 //

(B) The use of radiocarbon dating / is another, much longer
scale clock / that also appears to be like this. //
방사성탄소 연대측정의 사용은 / 또 다른 훨씬 더 장기적 규모의 시계이다 / 또한 이와 같은
것처럼 보이는 //

It seems to yield / a smooth time scale / but in fact does not: / the
decay of atoms of carbon-14 / is repetitive, / although on a large
scale / it gives the appearance of being continuous. //
그것은 내는 것처럼 보인다 / 매끈한 시간 척도를 / 그러나 실제로는 그렇지 않다 / 탄소-14
원자의 붕괴는 / 반복적이다 / 비록 큰 규모에서는 / 연속적인 것처럼 보이지만 //

(C) A clock can be almost any process / that repeats itself / over
and over again / for an indefinite period. //
시계는 거의 모든 과정일 수 있다 / 자신을 반복하는 / 계속 / 무기한으로 //

Water clocks drip / at a steady pace; / quartz crystals vibrate /
regularly. //
물시계는 물방울이 떨어진다 / 일정한 속도로 / 석영 결정은 진동한다 / 규칙적으로 //

- embody ⓥ 구현하다 · repetitive ⓐ 반복적인
- readily ⓐⓓ 선뜻, 손쉽게 · mark ⓥ 표시하다 · iteration ⓝ 반복
- mask ⓥ 가리다, 감추다 · radiocarbon dating 방사성탄소 연대측정
- yield ⓥ 내다, 산출하다 · scale ⓝ 척도, 규모 · decay ⓝ 붕괴
- atom ⓝ 원자 · carbon ⓝ 탄소
- give the appearance of ~인 것처럼 보이다
- continuous ⓐ 연속적인 · indefinite ⓐ 무기한의
- steady ⓐ 일정한 · crystal ⓝ 결정(체) · vibrate ⓥ 진동하다

우리는 보통 시계를 알람 시계나 손목시계 같은 물리적인 것으로 생각한다. 그
러나 시계는 실제로는 어떤 기계 속에 구현된 하나의 과정이며, 그 과정의 본질
은 반복적이다. (C) 시계는 무기한으로 계속 자신을 반복하는 거의 모든 과정일
수 있다. 물시계는 일정한 속도로 물방울이 떨어지고, 석영 결정은 규칙적으로
진동한다. (A) 실제로, 반복적인 사건의 주기에 의존하지 않는 시계를 생각하는
것은 거의 불가능하다. 선뜻 떠오르는 유일한 사례는 시간 단위로 표시된 양초
이다. 그러나 여기에서도 밀랍 분자들의 반복적인 연소처럼 반복이 있어서, 비
록 처음에는 가려져 있었지만, 이것 또한 반복적 과정이다. (B) 방사성탄소 연
대측정의 사용은 또 다른, 훨씬 더 장기적 규모의 시계로, 이것 또한 이와 같은
것처럼 보인다. 그것은 매끈한 시간 척도를 내는 것처럼 보이지만, 실제로는 그
렇지 않다. 비록 큰 규모에서는 탄소-14 원자의 붕괴가 연속적인 것처럼 보이지
만, 그것은 반복적이다.

주어진 글 다음에 이어질 글의 순서로 가장 적절한 것을 고르시오.

① (A) — (C) — (B)

② (B) — (A) — (C)

③ (B) — (C) — (A)

④ (C) — (A) — (B)

⑤ (C) — (B) — (A)

| 문제 풀이 순서 | [정답률 54%]

1st 각 문단의 내용을 파악하고, 글의 논리적인 순서를 추론한다.

주어진 글: 우리는 보통 시계를 알람 시계나 손목시계 같은 물리적인
것으로 생각한다. 그러나 시계는 실제로는 어떤 기계 속에 구현된 하나의
과정이며, 그 과정의 본질은 반복적이다.

→ **주어진 글 뒤:** 시계는 실제로는 어떤 기계 속에 구현된 하나의 과정이며, 그 과정의
본질은 반복적임을 언급하고 있으므로, 단서 시계의 반복적 성질에 대한 설명이 이
어질 것이다. 발상

(A) 실제로(Indeed), 반복적인 사건의 주기에 의존하지 않는 시계를
생각하는 것은 거의 불가능하다. 선뜻 떠오르는 유일한 사례는 시간 단위로
표시된 양초이다. 그러나 여기에서도 밀랍 분자들의 반복적인 연소처럼
반복이 있어서, 비록 처음에는 가려져 있었지만, 이것 또한 반복적
과정이다.

→ **(A) 앞:** '실제로(Indeed)'라고 했으므로, 시계가 반복적 사건 주기에 의존하고 있음
이 앞에 언급되어야 한다. ▶ 주어진 글이 (A) 앞에 올 수 없음
(A) 뒤: 양초 이외에 반복적 과정을 보이는 다른 시계의 예시가 제시될 가능성이
있다.

(B) 방사성탄소 연대측정의 사용은 또 다른(another), 훨씬 더 장기적
규모의 시계로, 이것 또한 이와 같은 것처럼 보인다. 그것은 매끈한 시간
척도를 내는 것처럼 보이지만, 실제로는 그렇지 않다. 비록 큰 규모에서는
탄소-14 원자의 붕괴가 연속적인 것처럼 보이지만, 그것은 반복적이다.

→ **(B) 앞:** '또 다른(another)'이라고 했으므로, 다른 반복적 과정을 보이는 시계의 예
시가 언급되어야 하는데 이것이 (A)에 나왔다.
▶ (B) 앞에 (A)가 와야 함 (순서: (A) → (B))
(B) 뒤: 반복적 과정을 보이는 시계로 방사성탄소 연대측정 사용에 대해 설명을 마
무리하고 있으므로 글의 마지막 부분에 올 것이다.
▶ (B)가 마지막에 올 확률이 높음

(C) 시계는 무기한으로 계속 자신을 반복하는 거의 모든 과정일 수 있다.
물시계는 일정한 속도로 물방울이 떨어지고, 석영 결정은 규칙적으로
진동한다.

→ **(C) 앞:** 시계가 반복적 과정임에 대한 설명이 있을 것이므로, 이 내용이 나온 주어
진 글이 와야 한다. ▶ 순서: 주어진 글 → (C)
(C) 뒤: 물시계 외에 반복적 과정을 보이는 시계에 대한 예시나 부연 설명이 있을 것
이므로 (A)가 와야 한다. ▶ 순서: 주어진 글 → (C) → (A) → (B)

2nd 글이 한눈에 들어오도록 정리하여 정답을 확인한다.

주어진 글: 시계는 실제로는 어떤 기계 속에 구현된 하나의 과정이며, 그 과정의 본질은
반복적이다.

→ **(C):** 시계는 반복적인 모든 과정이며, 물시계가 그러하다.

→ **(A):** 반복적 사건 주기에 의존하지 않는 시계는 없으며 그 예로, 시간 단위로 표시된
양초 또한 밀랍 분자들의 반복적 연소와 같은 과정이 존재해 반복적 과정이다.

→ **(B):** 방사성탄소 연대측정 사용 또한 장기적 규모의 시계로 반복적 성격을 보인다.
▶ 주어진 글 다음에 이어질 글의 순서는 (C) → (A) → (B)이므로 정답은 ④임

김연준 | 2026 수능 응시 · 안성 안법고 졸

이 유형을 풀 때는 글의 내용을 이해하고 푸는 것과, 글 사이의
논리 단절 여부를 판단하고 글에 있는 기능어를 활용해서 문제를
푸는 것 둘 다 할 수 있어야 해! 이 문제는 기능어보다는 내용으로
풀어야 했어.

주어진 글에서 '시계는 하나의 과정이고 그 과정의 본질은 반복적이다'라고 말하고
있어. 이 뒤에는 반복되는 어떠한 과정이 시계가 될 수 있다는 예시를 보여주는
(C)가 나와야 해. (C) 다음에는 흐름상 '반복 없이 작동하는 시계는 상상하기
어렵다'며 앞의 주장을 이어가는 (A)가 온 뒤, 방사성탄소 연대측정이라는 '장기적
규모'의 시계에 대한 확장된 예시를 제시하는 (B)가 오는 것이 자연스러워.

Philosophy allows us / to ask much broader questions / than many other scientific disciplines. //

철학은 우리에게 허락한다 / 훨씬 더 폭넓은 질문을 던질 수 있게 / 다른 많은 과학 학문 분야보다 //

It is capable / of looking at the bigger picture / and providing important insights / into the relationships / between different areas of knowledge. // **단서 1** 철학은 서로 다른 지식 영역 사이의 관계에 통찰을 제공함

그것은 할 수 있다 / 더 큰 그림을 바라보는 것을 / 그리고 중요한 통찰을 제공하는 것을 / 관계에 대해 / 서로 다른 지식 영역 사이의 //

단서 2 철학과 신경과학 사이의 긴밀한 협력이 요구되는 것을 가리킴

(A) This means / that while philosophy can provide valuable insights / into theoretical concepts and broader ethical questions, / it needs to be supplemented / by empirical findings and experiments / to reach a more comprehensive understanding. //

이는 의미한다 / 철학이 가치 있는 통찰을 제공할 수 있지만 / 이론적 개념과 더 넓은 윤리적 질문에 대해 / 그것은 보완될 필요가 있다 / 경험적 연구 결과와 실험으로 / 더 포괄적인 이해에 도달하기 위해 //

(B) Philosophers tend to ask questions / rather than provide definitive answers, / and their contributions often consist of / challenging established assumptions / and proposing new research approaches. // **단서 3** (C)의 마지막 문장에 이어지는 내용으로, 철학자는 질문을 던지는 경향이 있고, 새로운 연구 접근법을 제안함

철학자는 질문을 던지는 경향이 있다 / 확정적인 답을 제공하는 것이 아니라 / 그리고 그들의 기여는 흔히 ~으로 이루어진다 / 기존의 가정에 도전하는 것 / 그리고 새로운 연구 접근법을 제안하는 것 //

However, / for a more comprehensive understanding of the nature of consciousness, / close collaboration between philosophy and neuroscience / is required. //

그러나 / 의식의 본질에 대한 더 포괄적인 이해를 위해서는 / 철학과 신경과학 사이의 긴밀한 협력이 / 요구된다 //

단서 4 주어진 글에 이어지는 내용으로, 철학은 다른 학문 분야 사이의 간극을 메우는 데 도움이 됨

(C) Philosophy is particularly important / for the interdisciplinary efforts of cognitive science, / where it helps to bridge gaps / between different disciplines / and pioneer new ways for research. //

철학은 특히 중요하다 / 인지과학의 간학문적 노력에서 / 그곳에서 그것은 간극을 메우는 데에 도움이 된다 / 서로 다른 학문 분야 사이의 / 그리고 연구를 위한 새로운 방식을 개척하는 데 //

Unlike scientific methods, / philosophizing is a non-empirical approach / that attempts to validate concepts / through logical thinking and argumentation. //

과학적 방법들과 달리 / 철학적으로 설명하는 것은 비경험적 접근 방식이다 / 개념을 입증하려는 / 논리적 사고와 논증을 통해 //

- discipline ⓝ 학문 분야 · insight ⓝ 통찰
- theoretical ⓐ 이론적인 · supplement ⓥ 보완하다, 보충하다
- comprehensive ⓐ 포괄적인 · philosopher ⓝ 철학자
- definitive ⓐ 확정적인 · contribution ⓝ 기여, 공헌
- assumption ⓝ 가정 · consciousness ⓝ 의식
- neuroscience ⓝ 신경과학
- interdisciplinary ⓐ 간학문적인, 학제 간의 · pioneer ⓥ 개척하다
- philosophize ⓥ 철학적으로 설명하다 · validate ⓥ 입증하다
- argumentation ⓝ 논증

철학은 우리가 다른 많은 과학 학문 분야보다 훨씬 더 폭넓은 질문을 던질 수 있게 한다. 그것은 더 큰 그림을 바라보고, 서로 다른 지식 영역 사이의 관계에 대해 중요한 통찰을 제공할 수 있다. (C) 철학은 인지과학의 간학문적 노력에서 특히 중요한데, 그곳에서 그것은 서로 다른 학문 분야 사이의 간극을 메우고 연구를 위한 새로운 방식을 개척하는 데 도움이 된다. 과학적 방법들과 달리, 철학적으로 설명하는 것은 논리적 사고와 논증을 통해 개념을 입증하려는 비경험

적 접근 방식이다. (B) 철학자는 확정적인 답을 제공하는 것이 아니라 질문을 던지는 경향이 있으며, 그들의 기여는 흔히 기존의 가정에 도전하고 새로운 연구 접근법을 제안하는 것으로 이루어진다. 그러나 의식의 본질에 대한 더 포괄적인 이해를 위해서는 철학과 신경과학 사이의 긴밀한 협력이 필요하다. (A) 이는 철학이 이론적 개념과 더 넓은 윤리적 질문에 대해 가치 있는 통찰을 제공할 수 있지만, 더 포괄적인 이해에 도달하기 위해 그것은 경험적 연구 결과와 실험으로 보완될 필요가 있다는 것을 의미한다.

주어진 글 다음에 이어질 글의 순서로 가장 적절한 것을 고르시오. [3점]

① (A) — (C) — (B)   철학 연구에 과학이 필요하다는 내용인 (A) 앞에는 철학의 한계나 비경험적 특성이 언급되어야 하므로 주어진 글은 올 수 없음

② (B) — (A) — (C)   (B)에서 언급한 철학자의 역할은 철학의 비경험적 접근 방식에 대한 부연 설명이므로 (C) 뒤에 이어져야 함

③ (B) — (C) — (A)

④ (C) — (A) — (B)   철학은 서로 다른 지식 영역 사이의 관계에 통찰을 제공함 - 철학은 인지과학 등 학제 간 연구에서 다리 역할을 하는 비경험적 연구 방식임 - 철학자는 확정적 답을 주지 않고, 이러한 철학적 접근만으로는 부족하므로 과학과의 협력이 필요함 - 철학은 비경험적이므로 실증 연구가 반드시 보완되어야 함

⑤ (C) — (B) — (A)   (A) 앞에 철학의 한계와 과학의 필요성이 먼저 언급되어야 하므로 (B)가 먼저 와야 함

| 문제 풀이 순서 | [정답률 30%]

1st 각 문단의 내용을 파악하고, 글의 논리적인 순서를 추론한다.

주어진 글: 철학은 우리가 다른 많은 과학 학문 분야보다 훨씬 더 폭넓은 질문을 던질 수 있게 한다. 그것은 더 큰 그림을 바라보고, 서로 다른 지식 영역 사이의 관계에 대해 중요한 통찰을 제공할 수 있다.

➡ **주어진 글 뒤:** 철학의 큰 그림 보기, 학문 간 관계 파악이라는 기본적 역할을 소개했으므로, **단서** 철학이 실제 어떤 분야에서 어떤 방식으로 기여하는지가 이어지는 것이 자연스럽다. **발상**

(A): 이(This)는 철학이 이론적 개념과 더 넓은 윤리적 질문에 대해 가치 있는 통찰을 제공할 수 있지만, 더 포괄적인 이해에 도달하기 위해 그것은 경험적 연구 결과와 실험으로 보완될 필요가 있다.

➡ **(A) 앞:** '이(This)'라고 했으므로 철학의 한계나 비(非)경험적 성격으로 인해 과학의 협력이 필요하다는 것이 앞에 언급되어야 한다. ▶ 주어진 글이 (A) 앞에 올 수 없음

(A) 뒤: 철학의 포괄적 이해를 위해 과학적 실증 연구가 보완되어야 한다는 요약적 문장이므로 글의 마무리 내용일 것이다. ▶ (A)가 마지막에 올 확률이 높음

(B) 철학자는 확정적인 답을 제공하는 것이 아니라 질문을 던지는 경향이 있으며, 그들의 기여는 흔히 기존의 가정에 도전하고 새로운 연구 접근법을 제안하는 것으로 이루어진다. 그러나 의식의 본질에 대한 더 포괄적인 이해를 위해서는 철학과 신경과학 사이의 긴밀한 협력이 필요하다.

➡ **(B) 앞:** 철학자가 무엇을 위해 질문을 던지는 것인지, 철학의 역할이나 연구 방식에 대한 설명이 나올 것이다.

(B) 뒤: 철학과 신경과학 사이의 긴밀한 협력에 대한 부연 설명이 이어져야 할 것이므로 (A)가 이어져야 한다. ▶ 순서: (B) → (A)

(C) 철학은 인지과학의 간학문적 노력에서 특히 중요한데, 그곳에서 그것은 서로 다른 학문 분야 사이의 간극을 메우고 연구를 위한 새로운 방식을 개척하는 데 도움이 된다. 과학적 방법들과 달리, 철학적으로 설명하는 것은 논리적 사고와 논증을 통해 개념을 입증하려는 비경험적 접근 방식이다.

➡ **(C) 앞:** 철학이 주로 어떤 역할을 하는지에 대한 개괄적인 설명이 먼저 나와야 (C)의 내용이 나올 수 있으므로, 이런 내용인 주어진 글이 앞에 와야 한다.

▶ 순서: 주어진 글 → (C)

(C) 뒤: 뒤: 비경험적 접근 방식인 철학적 설명을 위한 철학자들의 역할이 나올 가능성이 큰데, 바로 이 내용이 (B)에 있다. ▶ 순서: 주어진 글 → (C) → (B) → (A)

2nd 글이 한눈에 들어오도록 정리하여 정답을 확인한다.

주어진 글: 철학은 큰 그림을 보는 학문이다.

→ **(C):** 철학은 인지과학 등 학제 간 연구에서 다리 역할을 하는 비경험적 접근 방식이다.

→ **(B):** 철학자는 질문을 던지며 확정적 답을 주지 않고, 이러한 철학적 접근만으로는 부족하므로 과학과의 협력이 필요하다.

→ **(A):** 철학은 비경험적이므로 실증 연구가 반드시 보완되어야 한다.

▶ 주어진 글 다음에 이어질 글의 순서는 (C) → (B) → (A)이므로 정답은 ⑤임

강기헌 | 2026 수능 응시 · 천안 천안고 졸

주어진 글을 먼저 보면, 철학이 다양한 지식 관계에 통찰력을 제공한다고 하네. 그리고 (C)로 가보자. (C)에서 철학은 특히 인지과학의 상호학문적인 노력에서 중요하고, 여타 과학적 방법과는 다르게 논리적 사고와 논증을 통한다고 해. 이에 대한 예시로 (B)에서 철학자들이 질문과 도전, 새로운 접근을 제시하는 방식으로 이 과정을 거친다고 하지. 하지만, 더 폭넓은 이해를 위해선 철학과 신경과학 간의 면밀한 협력이 필요한데, 그 내용이 바로 (A)의 This로 연결되고 있는 거야. 내용으로만 (C)와 (B)의 연결 관계를 파악하는 게 이 문제의 핵심이었던 것 같아.

Ｍ 05 정답 ④ ＊과정 중심 글쓰기 지도의 특징

단서 1 전통적인 글쓰기 지도 방식에 대해 언급함

Traditionally, / when teachers teach writing, / they assign topics for students to write on; /

전통적으로 / 교사들이 글쓰기를 가르칠 때 / 그들이 학생들이 글을 쓸 주제를 배정해 준다 /

perhaps they do a bit of brainstorming about the topic / during a pre-writing phase, / and then have students write about the topic / without interruption. //

have(사역동사)+목적어+목적격 보어(원형부정사)

아마도 그 주제에 대해 약간의 브레인스토밍을 한다 / 사전 글쓰기 단계에서 / 그런 다음 학생들이 그 주제에 대해 글을 쓰게 한다 / 방해받지 않고 //

(A) In process writing, / on the other hand, / students may initially brainstorm ideas about a topic / and begin writing, / but then they have repeated conferences / with the teacher and the other students, /

단서 2 '반면에' 과정 중심 글쓰기에서는 학생들이 브레인스토밍을 하고 글을 쓰기 시작함

과정 중심 글쓰기에서는 / 반면에 / 학생들이 처음에 어떤 주제에 대해 아이디어를 브레인스토밍할 수도 있고 / 그리고 글쓰기를 시작할 수도 있지만 / 그러나 그 후에 그들은 반복으로 협의한다 / 교사 및 다른 학생들과 /

전치사+관계대명사

during which they receive feedback on their writing / up to that point, / make revisions, based on the feedback they receive / and carry on writing. //

병렬 구조 / 앞에 목적격 관계대명사 생략

단서 3 피드백을 받고 글을 계속 수정함

그 과정에서 그들은 그들이 쓴 글에 대한 피드백을 받는다 / 그 시점까지 / 받은 피드백을 바탕으로 수정한다 / 그리고 계속해서 글쓰기를 이어 간다 //

(B) In this way, / students learn / to view their writing as someone else's reading / and to improve / both the expression of meaning and the form of their writing / as they draft and redraft. //

병렬 구조 / 접속사(~할 때)

단서 4 글을 계속 수정하면서 글의 의미 표현과 형식을 개선함

이러한 방식으로 / 학생들은 배운다 / 그들의 글쓰기를 어떤 다른 사람의 읽을거리로 여기는 것을 / 그리고 개선하는 것을 / 글의 의미 표현과 형식 둘 다를 / 그들이 초안을 쓰고 다시 쓰는 중에 //

from A to B: A에서 B로

Process writing shifts / the emphasis in teaching writing / from evaluation to revision. //

과정 중심 글쓰기는 전환한다 / 글쓰기 교육의 주안점을 / 평가에서 수정으로 //

선행사를 포함하는 관계대명사

(C) Subsequently, / teachers collect and evaluate / what students have written. //

단서 5 전통적인 글쓰기 지도 방식(주어진 글)에 이어서, 이렇게 쓴 학생들의 글을 교사들이 수거해 평가함

이어서 / 교사들은 수거하여 평가한다 / 학생들이 쓴 것을 //

Such instruction is very 'product-oriented;' / there is no involvement of the teacher / in the act or 'process' of writing. //

이러한 수업 방식은 매우 '결과물 지향적'이다 / 교사의 어떤 관여도 없다 / 글을 쓰는 행위나 '과정'에 //

- **assign** ⓥ (일·책임 등을) 배정하다[맡기다]
- **interruption** ⓝ 방해, 중단
- **initially** ⓐⓓ 처음에
- **conference** ⓝ 협의, 회의
- **revision** ⓝ 수정, 교정
- **emphasis** ⓝ 주안점, 역점
- **evaluation** ⓝ 평가
- **subsequently** ⓐⓓ 이어서
- **product-oriented** ⓐ 결과물 지향적인
- **involvement** ⓝ 관여, 개입

전통적으로, 글쓰기를 가르칠 때, 교사들은 학생들이 글을 쓸 주제를 배정해 주고, 아마도 사전 글쓰기 단계에서 그 주제에 대해 약간의 브레인스토밍을 하고, 그런 다음 학생들이 방해받지 않고 그 주제에 대해 글을 쓰게 한다. (C) 이어서, 교사들은 학생들이 쓴 것을 수거하여 평가한다. 이러한 수업 방식은 매우 '결과물 지향적'이어서, 교사는 글을 쓰는 행위나 '과정'에 어떤 관여도 하지 않는다. (A) 반면에, 과정 중심 글쓰기에서는, 학생들이 처음에 어떤 주제에 대해 아이디어를 브레인스토밍하고 글쓰기를 시작할 수도 있지만, 그 후에 그들은 교사 및 다른 학생들과 반복으로 협의하며, 그 과정에서 그들은 그 시점까지 그들이 쓴 글에 대한 피드백을 받고, 받은 피드백을 바탕으로 수정하며, 계속해서 글쓰기를 이어 간다. (B) 이러한 방식으로, 학생들은 자신의 글쓰기를 어떤 다른 사람의 읽을거리로 여기고, 그들이 초안을 쓰고 다시 쓰는 중에 글의 의미 표현과 형식 둘 다를 개선하는 법을 배운다. 과정 중심 글쓰기는 글쓰기 교육의 주안점을 평가에서 수정으로 전환한다.

주어진 글 다음에 이어질 글의 순서로 가장 적절한 것을 고르시오.

① (A) — (C) — (B) — 주어진 글에서 전통적 글쓰기 지도 방식을 언급했으므로, 이에 대한 설명이 이어지는 (C)가 맨 앞에 와야 함
② (B) — (A) — (C) — (B)의 In this way로 가리킬 수 있는 것이 주어진 글에 없음
③ (B) — (C) — (A) — 전통적인 글쓰기 지도 방식 - 교사가 학생의 글을 수거해 평가하고, 과정은 고려하지 않음 - 과정 중심 글쓰기에서 학생은 아이디어를
④ (C) — (A) — (B) — 내고 글을 쓰며 피드백을 지속적으로 받으며 글을 수정함 - 글을 수정하는 과정에서 형식과 표현이 개선되고, 과정 중심 글쓰기의 주안점은 수정으로 전환함
⑤ (C) — (B) — (A) — (A)에서 과정 중심 글쓰기를 처음 언급하며 '반면에'라고 했으므로, (A) 앞에는 이와 반대인 글쓰기 지도 방식에 대한 (C)가 와야 함

| 문제 풀이 순서 | [정답률 64%]

1st 각 문단의 내용을 파악하고, 글의 논리적인 순서를 추론한다.

주어진 글: 전통적으로, 글쓰기를 가르칠 때, 교사들은 학생들이 글을 쓸 주제를 배정해 주고, 아마도 사전 글쓰기 단계에서 그 주제에 대해 약간의 브레인스토밍을 하고, 그런 다음 학생들이 방해받지 않고 그 주제에 대해 글을 쓰게 한다.

➡ **주어진 글 뒤:** 전통적인 글쓰기 지도 방식에 대해 설명하고 있으므로, **단서** 이 방식에 대한 추가 설명이 이어질 것이다. **발상**

(A): 반면에(on the other hand), 과정 중심 글쓰기에서는, 학생들이 처음에 어떤 주제에 대해 아이디어를 브레인스토밍하고 글쓰기를 시작할 수도 있지만, 그 후에 그들은 교사 및 다른 학생들과 반복으로 협의하며, 그 과정에서 그들은 그 시점까지 그들이 쓴 글에 대한 피드백을 받고, 받은 피드백을 바탕으로 수정하며, 계속해서 글쓰기를 이어 간다.

➡ **(A) 앞:** '반면에(on the other hand)'라고 했으므로, 과정 중심 글쓰기와 반대되는 내용이 앞에 나와야 한다. ▶ 주어진 글이 (A) 앞에 올 수 없음

(A) 뒤: 학생들이 피드백을 통해 수정을 하면서 글쓰기를 이어 나감으로써 얻는 결과나 이 과정을 통해 배울 점 등이 이어질 것이다.

(B): 이러한 방식으로(in this way), 학생들은 자신의 글쓰기를 어떤 다른 사람의 읽을거리로 여기고, 그들이 초안을 쓰고 다시 쓰는 중에 글의 의미 표현과 형식 둘 다를 개선하는 법을 배운다. 과정 중심 글쓰기는 글쓰기 교육의 주안점을 평가에서 수정으로 전환한다.

➡ **(B) 앞:** '이러한 방식으로(in this way)'라고 했으므로 학생들이 자신의 글을 다른 사람에게 보여주고 고쳐쓰는 것에 대한 설명이 나와야 한다.

▶ (B) 앞에 (A)가 와야 함 (순서: (A) → (B))

(B) 뒤: 과정 중심 글쓰기의 궁극적 지향점이 제시되었으므로 글의 마무리 내용일 것이다. ▶ (B)가 마지막에 올 확률이 높음

(C): 이어서(Subsequently), 교사들은 학생들이 쓴 것을 수거하여 평가한다. 이러한 수업 방식은 매우 '결과물 지향적'이어서, 교사는 글을 쓰는 행위나 '과정'에 어떤 관여도 하지 않는다.

➡ **(C) 앞:** '이어서(Subsequently)'라고 했으므로 교사들이 학생들이 쓴 것을 걷기 전의 활동, 즉 교사가 학생들에게 글을 쓰도록 시켰다는 내용이 나와야 한다. 따라서 주어진 글이 (C) 앞에 오는 것이 자연스럽다. ▶ 순서: 주어진 글 → (C)

(C) 뒤: 결과 지향적이고 과정에 관여하지 않는 수업 방식에 대한 대안적 방법인 다른 방법이 제시되는 것이 자연스러우므로 (A)가 와야 한다.

▶ 순서: 주어진 글 → (C) → (A) → (B)

주어진 글: 전통적으로 글쓰기를 가르칠 때, 교사들은 주제를 배정해 주고, 약간의 브레인스토밍을 하고, 학생들에게 글을 쓰게 함

→ **(C):** 교사가 글을 수거하여 평가하고 글쓰기 과정에 어떤 관여도 하지 않음

→ **(A):** 반면에 과정 중심 글쓰기에서는 학생들이 주제에 대해 브레인스토밍하고 글쓰기를 시작한 뒤, 글에 대한 피드백을 받고, 받은 피드백을 바탕으로 수정을 거듭함

→ **(B):** 이러한 방식으로 학생들은 글의 의미 표현과 형식 둘 다를 개선하는 법을 배우며, 과정 중심 글쓰기는 글쓰기 교육의 주안점을 평가에서 수정으로 전환함

▶ 주어진 글 다음에 이어질 글의 순서는 (C) → (A) → (B)이므로 정답은 ④임

M 06 정답 ④ *신체 활동의 감소가 건강에 미치는 부정적인 영향*

If we take an evolutionary look at our beginnings, / we see a life **in which** high levels of physical activity **were required** for survival. // 단서 1 인류는 높은 수준의 신체 활동이 필요한 삶을 살았음

우리가 우리의 시초를 진화론적으로 살펴보면 / 우리는 생존을 위해 높은 수준의 신체 활동이 필요했던 삶을 보게 된다 //

단서 2 신체 활동이 줄어드는 환경이 됨

(A) There are fewer manual jobs, / we do not need to travel on foot, / we do not need to hunt and harvest for our food, / and many domestic chores **have been mechanized**. //

몸을 쓰는 직업은 줄어들었고 / 우리는 걸어서 이동할 필요가 없으며 / 식량을 위해 사냥과 수확을 할 필요가 없고 / 많은 집안일은 기계화되었다 //

While these changes have created many benefits for our longevity and quality of life, / they have also created many problems. //

이러한 변화는 우리의 장수와 삶의 질에 많은 이로움을 낳았지만 / 또한 많은 문제를 유발했다 //

단서 3 신체 활동의 부족은 수많은 해로운 질병과 연관됨

(B) Lack of sufficient physical activity / **has now been linked** to at least 17 unhealthy conditions, / almost **all of which** are chronic diseases / or considered risk factors for chronic diseases. //

충분한 신체 활동의 부족은 / 이제 최소 17가지의 건강에 해로운 질병과 연관되었는데 / 그 중의 거의 모든 질병이 만성 질환이거나 / 만성 질환의 위험 요인으로 여겨진다 //

Adrianne Hardman has summarized this serious situation for public health: / "Physical inactivity is a waste of human potential for health and well-being." //

Adrianne Hardman은 공중 보건에서의 이 심각한 상황을 요약했다 / "신체 활동을 하지 않는 것은 건강과 행복을 위한 인간 잠재력을 낭비하는 것이다."라고 //

(C) Even one century ago, / most people needed to be physically active / **to work**, **to travel**, and **to take** care of homes and families. // 단서 4 1세기 전에 사람들은 신체적으로 활동적이어야 했음 (주어진 글에 이어지는 내용)

1세기 전만 해도 / 사람들 대부분은 신체적으로 활동적이어야 했다 / 일하고 이동하고 가정과 가족을 돌보기 위해 //

Our modern world **has engineered** / such activity out of our lives. // 우리 현대 사회는 설계해 왔다 / 이러한 활동을 우리 삶에서 사라지도록 //

- **evolutionary** ⓐ 진화의
- **manual** ⓐ 몸을 쓰는
- **harvest** ⓥ 수확하다
- **domestic** ⓐ 집안의, 가정의
- **mechanize** ⓥ 기계화하다
- **longevity** ⓝ 장수
- **sufficient** ⓐ 충분한
- **condition** ⓝ 질병
- **summarize** ⓥ 요약하다
- **inactivity** ⓝ 활동을 하지 않는 것
- **potential** ⓝ 잠재력
- **engineer** ⓥ ~하게 하다[만들다]

우리가 우리의 시초를 진화론적으로 살펴보면, 우리는 생존을 위해 높은 수준의 신체 활동이 필요했던 삶을 보게 된다. (C) 1세기 전만 해도, 사람들 대부분은 일하고 이동하고 가정과 가족을 돌보기 위해 신체적으로 활동적이어야 했다. 우리 현대 사회는 이러한 활동을 우리 삶에서 사라지도록 설계해 왔다. (A) 몸을 쓰는 직업은 줄어들었고, 우리는 걸어서 이동할 필요가 없으며, 식량을 위해 사냥과 수확을 할 필요가 없고, 많은 집안일은 기계화되었다. 이러한

변화는 우리의 장수와 삶의 질에 많은 이로움을 낳았지만, 또한 많은 문제를 유발했다. (B) 충분한 신체 활동의 부족은 이제 최소 17가지의 건강에 해로운 질병과 연관되었는데, 그 중의 거의 모든 질병이 만성 질환이거나 만성 질환의 위험 요인으로 여겨진다. Adrianne Hardman은 공중 보건에서의 이 심각한 상황을, "신체 활동을 하지 않는 것은 건강과 행복을 위한 인간 잠재력을 낭비하는 것이다."라고 요약했다.

주어진 글 다음에 이어질 글의 순서로 가장 적절한 것을 고르시오.

① (A) ― (C) ― (B)   (A)는 현대 사회에 신체 활동이 감소해서 문제가 생겼다는 내용이므로 주어진 글 바로 다음에 올 수 없음

② (B) ― (A) ― (C)   주어진 글은 인류의 초창기에 신체 활동이 많았다는 내용인데, 신체 활동 부족으로 인한 질병에 대한 내용인 (B)가 바로 이어질 수 없음

③ (B) ― (C) ― (A)

④ (C) ― (A) ― (B)   과거의 인류는 높은 수준의 신체 활동이 필요했음 - 과거에는 사람들 대부분이 신체적으로 활동적이어야 했음 - 현대 사회에 신체 활동이 감소되면서 이로움과 함께 문제를 유발했음 - 신체 활동 감소는 질병과 연관되었음

⑤ (C) ― (B) ― (A)   (B)에 나온 신체 활동 감소에 따른 문제점들은 (A)의 마지막 문장의 내용을 보충하는 내용임

| 문제 풀이 순서 | **[정답률 74%]**

1st 각 문단의 내용을 파악하고, 글의 논리적인 순서를 추론한다.

주어진 글: 우리가 우리의 시초를 진화론적으로 살펴보면, 우리는 생존을 위해 높은 수준의 신체 활동이 필요했던 삶을 보게 된다.

→ **주어진 글 뒤:** 인류의 시초를 진화론적으로 살펴보면, 높은 수준의 신체 활동이 필요한 삶을 살았다고 했으므로, 단서 이에 이어지는, 신체 활동과 관련된 내용이 나올 것이다. 발상

(A): 몸을 쓰는 직업은 줄어들었고, 우리는 걸어서 이동할 필요가 없으며, 식량을 위해 사냥과 수확을 할 필요가 없고, 많은 집안일은 기계화되었다. 이러한 변화는 우리의 장수와 삶의 질에 많은 이로움을 낳았지만, 또한 많은 문제를 유발했다.

→ **(A) 앞:** 신체 활동이 줄어든 현상을 설명하고 있으므로 앞에는 이와 관련된 내용이 나와야 한다. ▶ 주어진 글이 (A) 앞에 올 수 없음

(A) 뒤: 신체 활동이 줄어들게 되면서 유발된 많은 문제들에 대한 내용이 구체적으로 나와야 할 것이다.

(B): 충분한 신체 활동의 부족(Lack of sufficient physical activity)은 이제(now) 최소 17가지의 건강에 해로운 질병과 연관되었는데, 그 중의 거의 모든 질병이 만성 질환이거나 만성 질환의 위험 요인으로 여겨진다. Adrianne Hardman은 공중 보건에서의 이 심각한 상황을, "신체 활동을 하지 않는 것은 건강과 행복을 위한 인간 잠재력을 낭비하는 것이다."라고 요약했다.

→ **(B) 앞:** '이제(now)'라고 하면서 '충분한 신체 활동의 부족'에 대한 내용이 이어지고 있으므로 앞에도 이에 대한 내용이 먼저 언급되었어야 한다.

▶ 순서: (B) 앞에 (A)가 와야 함 (순서: (A) → (B))

(B) 뒤: 신체 활동이 줄어들게 되면서 유발된 많은 문제와 함께 전문가의 발언을 인용하고 있으므로 글의 마무리 내용일 것이다. ▶ (B)가 마지막에 올 확률이 높음

(C): 1세기 전만 해도, 사람들 대부분은 일하고 이동하고 가정과 가족을 돌보기 위해 신체적으로 활동적이어야 했다. 우리 현대 사회는 이러한 활동을 우리 삶에서 사라지도록 설계해 왔다.

→ **(C) 앞:** 과거에는 인간의 삶에서 신체적으로 활동이 많았다고 했으므로 이와 관련된 내용이 앞에 제시되어야 하는데, 바로 주어진 글에서 과거의 인류는 높은 수준의 신체 활동이 필요했다는 내용이 나왔다. ▶ 순서: 주어진 글 → (C)

(C) 뒤: 현대 사회에서 신체 활동이 사라지게 되었다고 했으므로 이에 대한 구체적인 내용이 이어져야 한다. ▶ 순서: 주어진 글 → (C) → (A) → (B)

2nd 글이 한눈에 들어오도록 정리하여 정답을 확인한다.

주어진 글: 진화론적으로 인류의 시초에는 높은 수준의 신체 활동이 필요했다.

→ **(C):** 1세기 전만 해도, 많은 신체 활동이 필요했으나 현대 사회에서는 신체 활동이 사라지게 됐다.

→ **(A):** 현대에서 신체 활동이 줄어들게 되면서, 장수와 삶의 질에는 이롭지만 또한 많은 문제를 유발했다.

→ **(B):** 신체 활동의 감소는 최소 17가지의 질병과 연관이 있다.

▶ 주어진 글 다음에 이어질 글의 순서는 (C) → (A) → (B)이므로 정답은 ④임

  ＊비선형 체계에서의 반복은 혼돈을 만들어낼 수 있다.

A good example of chaos / is the magnetic pendulum sold as
an executive toy. // 단서 1 혼돈을 설명하기 위해 장난감 자기 진자를 예시로 들어 설명함
혼돈의 좋은 예는 / 사무용 장난감으로 판매되는 자기 진자이다 //

It has four magnets arranged in a square at the base / and a
pendulum that swings back and forth between them. //
그것에는 바닥에 사각형으로 배열된 네 개의 자석이 있고 / 그것들 사이에서 앞뒤로
흔들리는 추가 있다 //

(A) In order to produce chaos, / the iteration has to be / within
what is called a nonlinear system. // 단서 2 혼돈을 만들어 내려면, 반복이 비선형
체계 안에 있어야 함
혼돈을 만들어 내려면 / 반복이 있어야 한다 / 비선형 체계라고 불리는 것 안에 //
Nor are all nonlinear systems chaotic: / to become so / they need
to be pushed beyond a certain point, called a *bifurcation*. //
모든 비선형 체계가 무질서한 것 또한 아닌데 / 그렇게 되기 위해서 / 그것들은 '분기'라고
불리는 특정 지점을 넘어 밀려나야 한다 //
Before that point is reached / they may behave in a quite orderly
fashion. //
그 지점에 도달되기 전까지 / 그것들은 꽤 질서정연한 방식으로 움직일 수도 있다 //

(B) Release the pendulum / and note the magnets that it visits,
and in what order. // 단서 3 추의 움직임과 향하는 자석 순서에 주목하라고 했음
(추를 움직이는 내용을 설명)
추를 놓아주고 / 그것이 향하는 자석과 어떤 순서인지에 주목하라 //
If the pendulum is released from the same position a second
time, / the pattern of movement may at first be the same / but
soon it will become completely different. //
두 번째 때 추를 똑같은 위치에서 놓으면 / 움직임의 양상이 처음에는 같을 수도 있지만 / 곧
그것은 완전히 다르게 될 것이다 //
In fact, / the pattern of its movement is chaotic. //
실제로 / 그것의 움직임의 양상은 무질서하다 //

(C) No matter how much care is taken / to start the pendulum in
the same position, / it will visit an entirely different set of points
/ on the two occasions. // 단서 4 추를 아무리 똑같은 위치에서 시작하려 해도, 추는 다른
지점을 향할 것임 (추의 움직임에 대해 이어지는 내용)
아무리 신경을 많이 써도 / 추를 똑같은 위치에서 시작하기 위해 / 그것은 일단의 완전히 다른
지점을 향할 것이다 / 그 두 번의 경우에서 //
Chaotic systems are generated by iteration, / though not all
iteration leads to chaos. // 단서 5 추의 움직임에 대한 예시에서 알 수 있는 것:
혼돈은 반복을 통해 생겨남
무질서한 체계는 반복을 통해 생겨난다 / 모든 반복이 혼돈을 초래하는 것은 아니지만 //

- **magnetic** ⓐ 자기의, 자석의   - **executive** ⓐ 사무용, 사무실용
- **swing** ⓥ 흔들리다   - **back and forth** 앞뒤로
- **nonlinear** ⓐ 비선형의   - **orderly** ⓐ 질서정연한
- **fashion** ⓝ 방식   - **occasion** ⓝ 경우, 때
- **generate** ⓥ 생성하다, 만들어 내다

혼돈의 좋은 예는 사무용 장난감으로 판매되는 자기 진자이다. 그것에는 바닥에
사각형으로 배열된 네 개의 자석이 있고 그것들 사이에서 앞뒤로 흔들리는 추가
있다. (B) 추를 놓아주고 그것이 향하는 자석과 어떤 순서인지에 주목하라. 두
번째 때 추를 똑같은 위치에서 놓으면, 움직임의 양상이 처음에는 같을 수도 있
지만, 곧 그것은 완전히 다르게 될 것이다. 실제로, 그것의 움직임의 양상은 무
질서하다. (C) 추를 똑같은 위치에서 시작하기 위해 아무리 신경을 많이 써도,
그 두 번의 경우에서 그것은 일단의 완전히 다른 지점을 향할 것이다. 무질서
한 체계는 반복을 통해 생겨나지만, 모든 반복이 혼돈을 초래하는 것은 아니다.
(A) 혼돈을 만들어 내려면, 반복이 비선형 체계라고 불리는 것 안에 있어야 한
다. 모든 비선형 체계가 무질시한 것 또한 아닌데, 그렇게 되기 위해서 그것들
은 '분기'라고 불리는 특정 지점을 넘어 밀려나야 한다. 그 지점에 도달되기 전
까지 그것들은 꽤 질서정연한 방식으로 움직일 수도 있다.

주어진 글 다음에 이어질 글의 순서로 가장 적절한 것을 고르시오. [3점]

① (A) — (C) — (B) 주어진 글에는 장난감 자기 진자에 대한 설명이 나왔으므로 바로 뒤에
이어질 내용에는 진자에 대한 언급, 즉 (B)가 와야 함
② (B) — (A) — (C) (C)는 혼돈이 생성되는 조건으로 반복을 제시하므로 (A) 앞에 와야 함
③ (B) — (C) — (A) 혼돈을 설명하기 위해 장난감 자기 진자를 예시로 들었음 - 같은 출발
점에서도 움직임이 다르게 나타남 - 같은 위치에서 시작하더라도
진자의 움직임이 완전히 다르게 전개되며, 무질서는 반복을 통해
생겨남 - 혼돈이 발생하려면 반복이 비선형 체계 안에서 일어나야 함
④ (C) — (A) — (B) 혼돈의 조건을 서술하는 (C) 앞에는 자기 진자에 대한 설명이 먼저
⑤ (C) — (B) — (A) 나와야 하므로 주어진 글 다음에 올 수 없음

| 문제 풀이 순서 | [정답률 60%]

1st 각 문단의 내용을 파악하고, 글의 논리적인 순서를 추론한다.

주어진 글: 혼돈의 좋은 예는 사무용 장난감으로 판매되는 자기 진자이다.
그것에는 바닥에 사각형으로 배열된 네 개의 자석이 있고 그것들 사이에서
앞뒤로 흔들리는 추가 있다.

➡ **주어진 글 뒤:** 혼돈을 설명하기 위해 장난감 자기 진자를 예시로 들고, 자기 진자의
모양을 설명하므로 단서 장난감 자기 진자의 움직임을 통하여 혼돈을 설명하는 내
용이 이어질 것이다. 발상

(A): 혼돈을 만들어 내려면, 반복(iteration)이 비선형 체계라고 불리는
것 안에 있어야 한다. 모든 비선형 체계가 무질서한 것 또한 아닌데,
그렇게 되기 위해서 그것들은 '분기'라고 불리는 특정 지점을 넘어
밀려나야 한다. 그 지점에 도달되기 전까지 그것들은 꽤 질서정연한
방식으로 움직일 수도 있다.

➡ **(A) 앞:** 혼돈을 만들어 내는 조건으로서 '반복'은 비선형 체계 안에 있어야 한다고 했
으므로, 반복에 관한 언급이 앞에 나와야 한다. ▶ 주어진 글이 (A) 앞에 올 수 없음
(A) 뒤: '분기'라는 특정 지점에 도달하기 전까지 질서 있는 방식으로 움직일 수도 있
다고 했으므로 이에 대한 부연 설명이 더 나오거나 글의 마지막일 것이다.

(B): 추를 놓아주고 그것이 향하는 자석과 어떤 순서인지에 주목하라. 두
번째 때 추를 똑같은 위치에서 놓으면, 움직임의 양상이 처음에는 같을
수도 있지만, 곧 그것은 완전히 다르게 될 것이다. 실제로, 그것의 움직임의
양상은 무질서하다.

➡ **(B) 앞:** 추를 똑같은 위치에 놓으면 움직임이 처음에는 같을 수 있지만 곧 다르게 될
것이라고 했으므로, 추와 자석에 대한 설명이 앞에 나와야 하는데 이 내용이 주어진
글에 있다. ▶ 순서: 주어진 글 → (B)
(B) 뒤: 두 번째 추를 놓았을 때 움직임의 양상이 무질서한 것에 대한 설명이 이어져
야 할 것이다.

(C): 추를 똑같은 위치에서 시작하기 위해 아무리 신경을 많이 써도,
그 두 번의 경우에서(on the two occasions) 그것은 일단의 완전히
다른 지점을 향할 것이다. 무질서한 체계는 반복을 통해 생겨나지만, 모든
반복이 혼돈을 초래하는 것은 아니다.

➡ **(C) 앞:** '그 두 번의 경우에서(on the two occasions)'라고 했으므로 추를 움직인
두 번의 경우에 대한 설명이 앞에 나와야 한다.
▶ 순서: (B) → (C)
(C) 뒤: 모든 반복이 혼돈을 초래하는 것은 아니라고 했으므로, 혼돈이 발생하려면
어떻게 되어야 하는지에 대한 설명, 즉 (A)가 이어져야 한다.
▶ 순서: 주어진 글 → (B) → (C) → (A)

2nd 글이 한눈에 들어오도록 정리하여 정답을 확인한다.

주어진 글: 혼돈을 설명하기 위해 장난감 자기 진자를 예시로 들어, 자기 진자의 모양을
설명했다.

➡ **(B):** 같은 출발점에서도 움직임이 다르게 나타나는 현상이 있다.
➡ **(C):** 무질서는 반복을 통해 생겨난다.
➡ **(A):** 혼돈이 발생하려면 반복이 비선형 체계 안에서 일어나야 한다.
▶ 주어진 글 다음에 이어질 글의 순서는 (B) → (C) → (A)이므로 정답은 ③임

Some propositions about lotteries / are extremely likely to be true. // 복권에 관한 일부 명제들은 / 참일 가능성이 몹시 높다 //

Consider the proposition / 'any given ticket in a ten-million ticket lottery is a losing ticket'. // **단서 1** '천만 장의 복권 중 그 어떤 것도 당첨되지 않을 것이다'라는 명제를 제시함
명제를 고려해 보라 / '천만 장의 복권 중에서 주어진 어떤 복권이든 당첨이 안 되는 복권이다'라는 //

avoid -ing: ~를 피하다　　목적어절 접속사
(A) If we want to avoid conceding / that the scope of our knowledge is much more limited than usually supposed, /
비교급 강조
만약 우리가 인정하는 것을 피하고 싶다면 / 우리 지식의 범위가 보통 추정되는 것보다 훨씬 더 제한적이라는 것을 //

between A and B: A와 B 사이
there must be some difference / between the probabilistic evidence we have about the lottery / and evidence for regular
앞에 목적격 관계대명사 생략
things that we do know. //
목적격 관계대명사
어떠한 차이가 있어야 한다 / 우리가 복권에 대해 가지고 있는 확률적 증거와 / 우리가 정말 알고 있는 일반적인 것에 관한 증거 사이에 //

단서 2 (우리의 지식 범위가 훨씬 제한적이라는 것을 인정하고 싶지 않다면) 복권에 대한 확률적 증거와 우리가 안다고 하는 일반적인 증거에는 분명히 차이가 있어야 함

(B) Despite being overwhelmingly likely to be true, / many philosophers think / that such propositions, / based on probabilities alone, / are different from other propositions we regularly rely upon. //
전치사(~에도 불구하고)
앞에 목적격 관계대명사 생략
단서 3 확률적 증거에 기초하고 있는 그 명제(= 주어진 글)는 참일 가능성이 매우 높지만 우리가 일반적으로 믿는 명제와는 다름
참일 가능성이 압도적으로 높음에도 불구하고 / 많은 철학자들은 생각한다 / 그러한 명제들이 / 확률에만 근거하고 있는 / 우리가 일반적으로 믿는 다른 명제들과는 다르다고 //

목적어절 접속사
It's been popular to suppose, / for instance, / that we don't know that we have lost the lottery / just by reflecting on how unlikely winning is. //
목적어절 접속사
전치사의 목적어로 쓰인 간접의문문
가정하는 것이 일반적이다 / 예를 들어 / 우리가 복권에 당첨되지 않았다는 것을 '알지' 못한다고 / 얼마나 당첨의 가능성이 낮은지를 그저 숙고하는 것만으로는 //

단서 4 (B)의 마지막에 언급한 이것(당첨 확률이 아주 낮아 당첨되지 않음을 알지 못하는 사실은 이해하기 헷갈릴 수 있음
앞에 목적격 관계대명사 생략
(C) This is puzzling, / because there are *many* things we take ourselves to know / even though we presumably have more than a one-in-ten-million chance of being wrong. //
이것은 헷갈리는데 / 우리 스스로가 안다고 믿는 '많은' 것이 있기 때문이다 / 틀릴 가능성이 짐작건대 천만 분의 일보다 높다 할지라도 //

For example, / you might know you will attend a meeting later, / even though occasionally meetings get cancelled unexpectedly / — and surely more frequently than one-in-ten-million meetings! //
앞에 목적어절 접속사 생략
예를 들어 / 여러분은 나중에 회의에 참석하리라는 것을 알 수도 있다 / 때때로 회의가 예기치 못하게 취소되더라도 / 분명 천만번의 회의 중 한 번보다 더 자주 //

- lottery ⓝ 복권　　・scope ⓝ 범위　　・suppose ⓥ 추정하다
- probabilistic ⓐ 확률적인　　・overwhelmingly ⓐⓓ 압도적으로
- puzzling ⓐ 헷갈리는, 당황스러운　　・presumably ⓐⓓ 짐작건대, 아마
- occasionally ⓐⓓ 때때로

복권에 관한 일부 명제들은 참일 가능성이 몹시 높다. '천만 장의 복권 중에서 주어진 어떤 복권이든 당첨이 안 되는 복권이다'라는 명제를 고려해 보라. (B) 참일 가능성이 압도적으로 높음에도 불구하고, 많은 철학자들은 확률에만 근거하고 있는 그러한 명제들이 우리가 일반적으로 믿는 다른 명제들과는 다르다고 생각한다. 예를 들어, 얼마나 당첨의 가능성이 낮은지를 그저 숙고하는 것만으로는 우리가 복권에 당첨되지 않았다는 것을 '알지' 못한다고 가정하는 것이 일반적이다. (C) 이것은 헷갈리는데, 틀릴 가능성이 짐작건대 천만 분의 일보다 높다 할지라도, 우리 스스로가 안다고 믿는 '많은' 것이 있기 때문이다. 예를 들어, 때때로 회의가 예기치 못하게 취소되고, 분명 천만번의 회의 중 한 번보다 더 자주 그럴지라도, 여러분은 나중에 회의에 참석하리라는 것을 알 수도 있다! (A) 만약 우리가 우리 지식의 범위가 보통 추정되는 것보다 훨씬 더 제한적이라는 것을 인정하는 것을 피하고 싶다면, 우리가 복권에 대해 가지고 있는 확률적 증거와 우리가 정말 알고 있는 일반적인 것에 관한 증거 사이에는 어떠한 차이가 있어야만 한다.

주어진 글 다음에 이어질 글의 순서로 가장 적절한 것을 고르시오. [3점]

① (A) — (C) — (B)　주어진 글에서 제시된 명제에 대한 설명이 바로 이어져야 하는데 (A)는 그런 내용이 아님

② (B) — (A) — (C)　(C) 바로 앞에는 독자가 이해하기 헷갈릴만한 내용이 나와야 하므로 이에 해당되는 내용인 (B)가 와야 함

③ (B) — (C) — (A)　'천만 장의 복권 중 어떤 복권이든 당첨이 되지 않을 것이다'라는 복권에 대한 명제 제시 - 이 명제에도 불구하고 우리는 복권에 당첨되지 않을 것을 '안다고' 생각하지 않음 - 복권 확률보다 틀릴 가능성이 더 높은 것들에 대해서는 우리가 참으로 '안다고' 믿는 것들이 많기 때문임 - 복권의 확률적 증거와 우리가 알고 있는 증거 사이에는 차이가 있음

④ (C) — (A) — (B)

⑤ (C) — (B) — (A)　(C)는 (B)에 대한 부연 설명이므로 주어진 글 다음에 올 수 없음

| 문제 풀이 순서 |　[정답률 32%]

1st　각 문단의 내용을 파악하고, 글의 논리적인 순서를 추론한다.

주어진 글: 복권에 관한 일부 명제들은 참일 가능성이 몹시 높다. '천만 장의 복권 중에서 주어진 어떤 복권이든 당첨이 안 되는 복권이다'라는 명제를 고려해 보라.

➡ **주어진 글 뒤**: '천만 장의 복권 중에서 주어진 어떤 복권이든 당첨이 안 되는 복권이다'라는 명제는 참일 가능성이 매우 높다고 했으므로, **단서** 주어진 명제에 대한 설명이 이어질 것이다. **발상**

(A): 만약 우리가 우리 지식의 범위가 보통 추정되는 것보다 훨씬 더 제한적이라는 것을 인정하는 것을 피하고 싶다면, 우리가 복권에 대해 가지고 있는 확률적 증거와 우리가 정말 알고 있는 일반적인 것에 관한 증거 사이에는 어떠한 차이가 있어야만 한다.

➡ **(A) 앞**: 주어진 글에서 제시한 명제에 대한 설명을 이어가야 하는데, (A)는 그 명제와 관련된 내용이 아니다. ▶ 주어진 글이 (A) 앞에 올 수 없음

　(A) 뒤: 복권에 대한 확률적 증거와 우리가 아는 일반적인 증거 사이에는 차이가 있다고 명시하고 있으므로 (A)가 글의 마지막일 확률이 높다.
　▶ (A)가 마지막에 올 확률이 높음

(B): 참일 가능성이 압도적으로 높음에도 불구하고, 많은 철학자들은 확률에만 근거하고 있는 그러한 명제들(such propositions)이 우리가 일반적으로 믿는 다른 명제들과는 다르다고 생각한다. 예를 들어, 얼마나 당첨의 가능성이 낮은지를 그저 숙고하는 것만으로는 우리가 복권에 당첨되지 않았다는 것을 '알지' 못한다고 가정하는 것이 일반적이다.

➡ **(B) 앞**: '그러한 명제들(such propositions)'이 가리키는 내용이 있어야 하는데, 주어진 글에서 제시된 '천만 장의 복권 중에서 주어진 어떤 복권이든 당첨이 안 되는 복권이다'라는 명제가 바로 이것이다. ▶ 순서: 주어진 글 ➡ (B)

　(B) 뒤: 복권 당첨 가능성이 매우 낮으면 우리는 당첨되지 않을 것이라고 '알아야(know)' 하지만 알지 못한다고 하는 내용은 독자로 하여금 이해하는 데 혼란을 줄 수 있는 내용이다. 그러므로 이 부분에 대한 추가 설명이나 이유가 나올 것이다.

(C): 이것(This)은 헷갈리는데, 틀릴 가능성이 짐작건대 천만 분의 일보다 높다 할지라도, 우리 스스로가 안다고 믿는 '많은' 것이 있기 때문이다. 예를 들어, 때때로 회의가 예기치 못하게 취소되고, 분명 천만번의 회의 중 한 번보다 더 자주 그럴지라도, 여러분은 나중에 회의에 참석하리라는 것을 알 수도 있다!

➡ **(C) 앞**: '이것(This)'이 가리키는 내용이 있어야 한다. This는 (B)의 마지막 문장을 가리키며 이는 독자가 이해하기 헷갈릴만한 내용이므로 (B) 뒤에 (C)가 이어지는 것이 자연스럽다. ▶ 순서: (B) ➡ (C)

　(C) 뒤: 복권 당첨 확률과는 다르게 우리가 '안다고' 믿는 일반적인 명제의 예시가 나왔으므로, 뒤이어 복권에 관한 명제와 일반적인 명제의 차이에 관한 내용인 (A)가 오는 것이 적절하다. ▶ 순서: 주어진 글 ➡ (B) ➡ (C) ➡ (A)

2nd　글이 한눈에 들어오도록 정리하여 정답을 확인한다.

주어진 글: '천만 장의 복권 중에서 주어진 어떤 복권이든 당첨이 안 되는 복권이다'라는 명제를 고려해 보자.

➡ **(B)**: 복권에 당첨될 확률이 매우 낮다는 것을 고려해도 우리는 복권에 당첨되지 않을 것임을 '알지' 못한다.

➡ **(C)**: 이는 헷갈릴 수 있는데, 일반적으로 우리는 복권 확률보다 틀릴 가능성이 더 높은 것들에 대해서는 우리가 '안다고' 믿기 때문이다.

➡ **(A)**: 복권의 확률적 증거와 일반적으로 우리가 알고 있는 증거 사이에는 차이가 있다.
　▶ 주어진 글 다음에 이어질 글의 순서는 (B) ➡ (C) ➡ (A)이므로 정답은 ③임

In everyday life, / most people think / <u>that</u> media effects are
things <u>that</u> show up during a media exposure or immediately
afterward. // **단서 1** 대부분의 사람들은 미디어 효과가 미디어 노출 중이나 직후에 나타난다고 생각함
일상생활에서 / 대부분의 사람들은 생각한다 / 미디어 효과란 미디어 노출 중 혹은 그
직후에 나타나는 것으로 //

(A) This is an example of <u>a media message triggering</u> an
immediate effect / — a buying behavior — on you. //
이는 미디어 메시지가 즉각적인 효과를 유발한 예시이다 / 즉 여러분에게 구매 행동을
(을 유발한) // **단서 2** This는 (B)의 마지막 문장을 가리키고, 이것은 여러분에게 구매 행동을 즉각 유발한 예시임

But / let's say you did not click on the buy now button / to buy
the product; / does this mean there was no media effect? //
하지만 / 여러분이 바로 구매하기 버튼을 클릭하지 않았다고 가정해 본다면 / 그 제품을
구매하기 위해 / 이는 미디어 효과가 없었다는 것을 의미하는가 //

Perhaps, / but also perhaps not. // 그럴 수도 있으나 / 그렇지 않을 수도 있다 //
(B) Of course some effects <u>do</u> show up immediately, / but other
effects may take a long time to manifest themselves. //
물론 어떤 효과는 정말 즉시 나타나지만 / 다른 효과는 자신을 드러내 보이는 데 오랜 시간이
걸릴 수도 있다 // **단서 3** 물론 어떤 효과들은 즉시 나타나지만 다른 효과들은 시간이 걸릴 수 있음

Let's say / you see an ad for a product on a website / and you
click on a buy now button <u>to buy</u> that product. //
가정해 보자 / 여러분이 웹사이트에서 어떤 제품에 대한 광고를 보고 / 그 제품을 사기 위해
바로 구매하기 버튼을 클릭한다고 // **단서 4** 웹사이트에서 어떤 광고를 보고 그 제품의 구매 버튼을 클릭한다고 가정함

(C) <u>If</u> you continually expose yourself to ads in the media, / you
may gradually over time come to believe /
만일 여러분이 미디어 속 광고에 자신을 계속해서 노출시킨다면 / 여러분은 점점 시간이
지남에 따라 믿게 될 것이다 /

<u>that</u> you have more needs than you really have / and <u>that</u> all
of those needs can be easily satisfied / <u>by buying</u> particular
products. // **단서 5** 꾸준히 광고에 노출되면 여러분은 점점 특정 제품을 구매하고 싶은 욕구가 생김
실제로 가진 욕구들보다 더 많은 욕구들을 가지고 있다고 / 그리고 그러한 모든 욕구들은 쉽게
충족될 수 있다고 / 특정 제품을 구매함으로써 //

This is a long-term effect on <u>what you believe</u>; / it cannot be
attributed to any one media exposure / but instead gradually
builds up / in a steady drip-drip-drip manner over time. //
이것이 여러분이 믿는 것에 대한 장기적인 효과이며 / 그것은 어느 하나의 미디어 노출
때문이라고 할 수 없고 / 대신에 점점 쌓인다 / 시간이 지나면서 뚝-뚝-뚝 떨어지는 꾸준한
방식으로 //

- exposure ⓝ 노출 • immediately ⓐⓓ 즉시
- trigger ⓥ 유발[촉발]하다 • manifest ⓥ 드러내다, 나타내다
- continually ⓐⓓ 계속해서 • gradually ⓐⓓ 점점, 점차
- be attributed to ~ 때문이다, ~에 기인하다 • steady ⓐ 꾸준한

일상생활에서, 대부분의 사람들은 미디어 효과란 미디어 노출 중 혹은 그 직후에 나타나는 것으로 생각한다. (B) 물론 어떤 효과는 정말 즉시 나타나지만, 다른 효과는 자신을 드러내 보이는 데 오랜 시간이 걸릴 수도 있다. 여러분이 웹사이트에서 어떤 제품에 대한 광고를 보고 그 제품을 사기 위해 바로 구매하기 버튼을 클릭한다고 가정해 보자. (A) 이는 미디어 메시지가 여러분에게 즉각적인 효과, 즉 구매 행동을 유발한 예시이다. 하지만 여러분이 그 제품을 구매하기 위해 바로 구매하기 버튼을 클릭하지 않았다고 가정해 본다면, 이는 미디어 효과가 없었다는 것을 의미하는가? 그럴 수도 있으나, 그렇지 않을 수도 있다. (C) 만일 여러분이 미디어 속 광고에 자신을 계속해서 노출시킨다면, 여러분은 점점 시간이 지남에 따라 실제로 가진 욕구들보다 너 많은 욕구들을 가지고 있다고 믿게 되고 그러한 모든 욕구들은 특정 제품을 구매함으로써 쉽게 충족될 수 있다고 믿게 될지도 모른다. 이것이 여러분이 믿는 것에 대한 장기적인 효과이며, 그것은 어느 하나의 미디어 노출 때문이라고 할 수 없고 대신에 시간이 지나면서 뚝-뚝-뚝 떨어지는 꾸준한 방식으로 점점 쌓인다.

주어진 글 다음에 이어질 글의 순서로 가장 적절한 것을 고르시오.

(A) 앞에는 미디어가 즉각적인 구매 행동을 유발한 예시가 나와야 하는데 주어진 글에는 없음

① (A) — (C) — (B)
② (B) — (A) — (C) — 미디어 효과가 미디어 노출 중 혹은 직후에 나타나는 것으로 생각하는 사람들이 많음 - 웹사이트에서 어떤 제품 광고를 보고 바로 구매 버튼을 클릭한다고 가정함 - 이는 미디어의 즉각적인 효과의 예시임 - 계속 광고에 노출되면 특정 제품을 구매하고 싶은 욕구가 쌓이게 되는 장기적인 효과를 볼 수 있음
③ (B) — (C) — (A)
④ (C) — (A) — (B) — 주어진 글 다음에는 대부분의 사람들이 생각하는 것처럼 미디어의 효과가 즉시 나타날 수도 있지만 오래 걸릴 수도 있다는 (B)가 와야 함
⑤ (C) — (B) — (A)
└ 질문을 던진 (A) 뒤에 장기적인 미디어 효과를 설명하는 (C)가 와야 함

| 문제 풀이 순서 | [정답률 61%]

1st 각 문단의 내용을 파악하고, 글의 논리적인 순서를 추론한다.

주어진 글: 일상생활에서, 대부분의 사람들은 미디어 효과란 미디어 노출 중 혹은 그 직후에 나타나는 것으로 생각한다.

→ **주어진 글 뒤:** 대부분의 사람들은 미디어 효과가 노출 중 혹은 직후에 나타난다고 생각한다고 했으므로, **단서** 미디어 효과가 노출 중 혹은 직후에 나타나는 것이 진실인지에 대해 언급할 것이다. **발상**

(A): 이(This)는 미디어 메시지가 여러분에게 즉각적인 효과, 즉 구매 행동을 유발한 예시이다. 하지만 여러분이 그 제품을 구매하기 위해 바로 구매하기 버튼을 클릭하지 않았다고 가정해 본다면, 이는 미디어 효과가 없었다는 것을 의미하는가? 그럴 수도 있으나, 그렇지 않을 수도 있다.

→ **(A) 앞:** '이(This)'가 가리키는 내용이 있어야 하는데 주어진 글에는 없다.
▶ 주어진 글이 (A) 앞에 올 수 없음
(A) 뒤: 바로 구매 클릭을 하지 않으면 미디어 효과가 없는 것인가에 대한 의문에 그럴 수도 있고 그렇지 않을 수도 있다고 했으므로, 이에 대한 부연 설명이 이어질 것이다.

(B): 물론 어떤 효과는 정말 즉시 나타나지만, 다른 효과는 자신을 드러내 보이는 데 오랜 시간이 걸릴 수도 있다. 여러분이 웹사이트에서 어떤 제품에 대한 광고를 보고 그 제품을 사기 위해 바로 구매하기 버튼을 클릭한다고 가정해 보자.

→ **(B) 앞:** 즉시 나타나는 효과도 있고 오랜 시간이 걸리는 효과도 있다고 했으므로, 미디어 효과는 즉시 나타날 것이라는 사람들의 생각을 먼저 언급한 주어진 글 뒤에 이어져 그렇지 않은 경우도 있다고 제시하는 흐름이 되어야 한다.
▶ 순서: 주어진 글 → (B)
(B) 뒤: 어떤 제품에 대한 광고를 보고 바로 구매 버튼을 클릭한 경우를 처음 언급하고 있으므로, 이에 대한 부연 설명이 이어질 것이다. ▶ 순서: (B) → (A)

(C): 만일 여러분이 미디어 속 광고에 자신을 계속해서 노출시킨다면, 여러분은 점점 시간이 지남에 따라 실제로 가진 욕구들보다 더 많은 욕구들을 가지고 있다고 믿게 되고 그러한 모든 욕구들은 특정 제품을 구매함으로써 쉽게 충족될 수 있다고 믿게 될지도 모른다. 이것이 여러분이 믿는 것에 대한 장기적인 효과이며, 그것은 어느 하나의 미디어 노출 때문이라고 할 수 없고 대신에 시간이 지나면서 뚝-뚝-뚝 떨어지는 꾸준한 방식으로 점점 쌓인다.

→ **(C) 앞:** 바로 구매하지 않았다고 해서 미디어 효과가 없는 것인가에 대한 의문을 제기를 한 (A)에 이어서, 그에 대한 답으로 장기적인 미디어 효과에 대해 설명하는 (C)가 이어지는 것이 자연스럽다. ▶ 순서: (A) → (C)
(C) 뒤: 미디어의 즉각적인 효과와 장기적인 효과가 모두 언급되었으므로 (C)가 글의 마지막일 것이다. ▶ 순서: 주어진 글 → (B) → (A) → (C)

2nd 글이 한눈에 들어오도록 정리하여 정답을 확인한다.

주어진 글: 대부분의 사람들은 미디어 효과가 미디어 노출 중 혹은 직후에 나타나는 것으로 생각한다.

→ **(B):** 물론 어떤 효과는 즉시 나타나지만 다른 효과는 오래 걸릴 수도 있다. 어떤 제품 광고를 보고 바로 구매 버튼을 클릭한 경우를 가정해보자.

→ **(A):** 이는 미디어의 즉각적인 효과의 예시이다. 구매 버튼을 바로 클릭하지 않은 경우에는 미디어 효과가 없는 것인가?

→ **(C):** 계속해서 광고에 노출되면 특정 제품을 구매하고 싶은 욕구가 점점 쌓이게 되는데 이것이 미디어의 장기적인 효과이다.

▶ 주어진 글 다음에 이어질 글의 순서는 (B) → (A) → (C)이므로 정답은 ②임

단서 1 사회적 곤충들은 관련 개체들에게 경고 페로몬을 사용함

Social insects use alarm pheromones / to **alert** related individuals of danger. //
alert A of B: A에게 B를 경고하다
사회적 곤충들은 경고 페로몬을 사용한다 / 관련된 개체들에게 위험을 경고하기 위해 //

(A) Stink bugs, stick insects, and many other insects / have glands / **that** produce repugnant — and sometimes powerfully pungent or even caustic and harmful — fluids / **that** are meant to fight off an attacker. //
단서 2 공격자를 쫓아내기 위해 화학 신호를 다른 종에게 사용하는 곤충들의 예시로, (C)의 마지막 내용에 이어짐
악취 벌레, 막대 곤충, 그리고 많은 다른 곤충들은 / 분비선을 가지고 있다 / 불쾌한, 때로는 강하게 자극적이거나 심지어 부식성이고 해로운 액체를 만들어 내는 / 공격자를 쫓아내기 위해 //

Blister beetles are so named / because **their defensive secretion, cantharidin,** is particularly powerful / and can cause chemical burns. //
물집 벌레는 그렇게 불린다 / 왜냐하면 그들의 방어 분비물인 칸타리딘이 특히 강력해서 / 그리고 화학적인 화상을 일으킬 수 있기 때문에 //

(B) Toxic species often advertise this aspect of themselves / through some form of coloration, / **called** aposematic coloration. //
과거분사(coloration 수식)
단서 3 (A)에서 언급한 '독성 종들'은 색상을 통해 자신의 위험한 특성을 알림
독성 종들은 흔히 자신들의 이런 특성을 알린다 / 색상 형태를 통해 / '경계색'이라고 불리는 //

Among blister beetles, / for example, / some may be black / with prominent red, orange, or yellow bands or spots, / **signaling "do not touch."** //
분사구문
물집 벌레들 중 / 예를 들어 / 일부는 검은색일 수 있다 / 눈에 띄는 빨간색, 주황색 또는 노란색의 띠나 점들과 함께 / '만지지 마'라고 신호를 보내며 //

Others, / however, / can be entirely black or blue / and yet **just as capable** of causing a painful burn. //
can be에 연결
다른 것(물집 벌레)들은 / 반면에 / 완전히 검거나 파란색일 수 있다 / 하지만 여전히 고통스러운 화상을 입힐 수 있는 능력을 가진다 //

(C) Such chemical signals are often employed / to alert a colony of some invader,
이러한 화학 신호들은 흔히 사용된다 / 어떤 침입자에 대해 집단에게 경고하기 위해 /

/ and these alarms can **cause** huge numbers of worker ants or bees **to flow** from their nests, / either **to defend** their nestmates, or simply **to flee.** //
cause의 목적격 보어(to 부정사) / 부사적 용법(목적)
단서 4 '이러한 화학 신호들'은 주어진 글에서 언급한 경고 페로몬을 가리킴
그리고 이 경고는 많은 일개미나 벌로 하여금 둥지에서 나가도록 할 수 있다 / 그들의 둥지 동료들을 방어하거나 단순히 도망가기 위해 //

Chemical signals may also be sent / to individuals of a different species. // 화학 신호는 또한 전달될 수도 있다 / 다른 종의 개체들에게 //

- **pungent** ⓐ 강하게 자극적인 · **caustic** ⓐ 부식성의 · **fluid** ⓝ 액체
- **fight off** 쫓아내다 · **defensive** ⓐ 방어의 · **toxic** ⓐ 독성의
- **aposematic** ⓐ 경계(색)의 · **coloration** ⓝ (생물의) 천연색
- **prominent** ⓐ 눈에 띄는 · **employ** ⓥ 사용하다 · **colony** ⓝ 집단
- **invader** ⓝ 침입자 · **nestmate** ⓝ 둥지 동료 · **flee** ⓥ 도망가다

사회적 곤충들은 관련된 개체들에게 위험을 경고하기 위해 경고 페로몬을 사용한다. (C) 이러한 화학 신호들은 흔히 어떤 침입자에 대해 집단에게 경고하는 데 사용되며, 이 경고는 많은 일개미나 벌이 자신의 둥지 동료들을 방어하거나 단순히 도망가기 위해 둥지에서 나가도록 할 수 있다. 화학 신호는 또한 다른 종의 개체들에게 전달될 수도 있다. (A) 악취 벌레, 막대 곤충, 그리고 많은 다른 곤충들은 공격자를 쫓아내기 위해 불쾌한, 때로는 강하게 자극적이거나 심지어 부식성이고 해로운 액체를 만들어 내는 분비선을 가지고 있다. 물집 벌레는 그들의 방어 분비물인 칸타리딘이 특히 강력해서 화학적인 화상을 일으킬 수 있기 때문에 그렇게 불린다. (B) 독성 종들은 흔히 자신들의 이런 특성을 색상 형태를 통해 알리는데, 이를 '경계색'이라고 한다. 예를 들어, 물집 벌레들 중 일부는 검은색에 눈에 띄는 빨간색, 주황색, 또는 노란색의 띠나 점들이 있어 '만지지 마'라고 신호를 보낸다. 반면에 다른 물집 벌레들은 완전히 검거나 파란색일 수 있지만, 여전히 고통스러운 화상을 입힐 수 있는 능력을 가지고 있다.

주어진 글 다음에 이어질 글의 순서로 가장 적절한 것을 고르시오.

① (A) — (C) — (B)
(C)에서 경고를 위한 화학 신호가 다른 종에게도 사용된다는 내용으로 끝났으므로 그 예시를 설명하는 (A)가 (C) 다음에 와야 함

② (B) — (A) — (C)
(B)는 독성 종들에 대한 내용이므로 주어진 글 바로 다음에 올 수 없음

③ (B) — (C) — (A)

④ (C) — (A) — (B)
사회적 곤충은 관련 개체들에게 경고 페로몬을 사용함 - 이 화학 신호는 집단에 경고하기도 하지만 다른 종에게도 사용됨 - 공격자를 쫓아내는 위험한 분비물을 만듦 - 독성 종들은 자신의 위험한 특성을 경계색을 통해 알림

⑤ (C) — (B) — (A)
위험한 분비물을 만든다는 내용의 (A)가 먼저 나온 후 이에 대한 부연 설명인 (B)가 와야 함

| 문제 풀이 순서 | [정답률 39%]

1st 각 문단의 내용을 파악하고, 글의 논리적인 순서를 추론한다.

주어진 글: 사회적 곤충들은 관련된 개체들에게 위험을 경고하기 위해 경고 페로몬을 사용한다.

→ **주어진 글 뒤:** 사회적 곤충은 관련된 개체들에게 위험을 경고하기 위한 페로몬을 사용한다고 했으므로, **단서** 경고 페로몬에 대한 설명이 이어질 것이다. **발상**

(A): 악취 벌레, 막대 곤충, 그리고 많은 다른 곤충들은 공격자를 쫓아내기 위해 불쾌한, 때로는 강하게 자극적이거나 심지어 부식성이고 해로운 액체를 만들어 내는 분비선을 가지고 있다. 물집 벌레는 그들의 방어 분비물인 칸타리딘이 특히 강력해서 화학적인 화상을 일으킬 수 있기 때문에 그렇게 불린다.

→ **(A) 앞:** (A)에 나온 예시 곤충들은 공격자를 쫓아내기 위한 분비물을 만들어 낸다고 말하고 있다.
주어진 글은 사회적 곤충이 관련된 개체들에게 위험을 알리기 위한 경고 페로몬을 사용한다고 했으므로 (A)는 이에 이어지는 부연 설명으로 적절하지 않다.
▶ 주어진 글이 (A) 앞에 올 수 없음

(A) 뒤: 공격자를 쫓기 위해 위험한 방어 분비물을 만들어 내는 곤충들에 대한 추가 설명이 이어질 것이다.

(B): 독성 종들은 흔히 자신들의 이런 특성(this aspect)을 색상 형태를 통해 알리는데, 이를 '경계색'이라고 한다. 예를 들어, 물집 벌레들 중 일부는 검은색에 눈에 띄는 빨간색, 주황색, 또는 노란색의 띠나 점들이 있어 '만지지 마'라고 신호를 보낸다. 반면에 다른 물집 벌레들은 완전히 검거나 파란색일 수 있지만, 여전히 고통스러운 화상을 입힐 수 있는 능력을 가지고 있다.

→ **(B) 앞:** 독성 종들이 어떤 특성을 가지고 있는지를 설명하는 '이런 특성(this aspect)'에 대한 내용이 있어야 한다. '이런 특성'은 화학적인 화상까지 일으킬 수 있는 해로운 액체를 만들어 내는, (A)에서 언급된 위험한 특성을 가리킨다.
▶ (B) 앞에 (A)가 와야 함 (순서: (A) → (B))

(B) 뒤: 독성 종들이 자신의 해로움을 '경계색'으로 알린다고 했으나, 경계색에 대한 부연 설명을 나머지 다른 글에서 찾아볼 수 없으므로 (B)가 글의 마지막일 확률이 높다. ▶ (B)가 마지막에 올 확률이 높음

(C): 이러한 화학 신호들(Such chemical signals)은 흔히 어떤 침입자에 대해 집단에게 경고하는 데 사용되며, 이 경고는 많은 일개미나 벌이 자신의 둥지 동료들을 방어하거나 단순히 도망가기 위해 둥지에서 나가도록 할 수 있다. 화학 신호는 또한 다른 종의 개체들에게 전달될 수도 있다.

→ **(C) 앞:** '이러한 화학 신호들(Such chemical signals)'이 가리키는 것이 먼저 언급되어야 한다. 이는 주어진 글에서 말한, 관련 개체들에게 경고하기 위해 사용하는 '경고 페로몬'을 가리킨다. 따라서 주어진 글이 (C) 앞에 오는 것이 자연스럽다.
▶ 순서: 주어진 글 → (C)

(C) 뒤: 경고 페로몬이 다른 종의 개체들에게 전달될 수 있다는 내용으로 끝났기 때문에 자신의 집단에게 사용되는 것이 아닌 다른 종에게 사용되는 내용이 이어져야 하므로 (A)가 오는 것이 적절하다. ▶ 순서: 주어진 글 → (C) → (A) → (B)

2nd 글이 한눈에 들어오도록 정리하여 정답을 확인한다.

주어진 글: 사회적 곤충은 관련된 개체들에게 위험을 경고하기 위한 경고 페로몬을 사용한다.

→ **(C):** 그러한 화학 신호는 집단에 경고하기 위해 사용되며, 또한 다른 종에게도 사용된다.

→ **(A):** 많은 곤충들은 공격자를 쫓아내는 위험한 분비물을 만들어 낸다.

→ **(B):** 독성 종들은 자신들의 이러한 위험한 특성을 '경계색'으로 알린다.
▶ 주어진 글 다음에 이어질 글의 순서는 (C) → (A) → (B)이므로 정답은 ④임

M 11　정답 ②　＊조수 보호 구역의 목적과 운영 방식

Sanctuaries are a semi-contrived setting / **that**, at first glance, appear quite similar to zoos. //
주격 관계대명사
단서 1 조수 보호 구역은 언뜻 보기에 동물원과 비슷해 보이는 반(半)인위적인 환경임
조수 보호 구역은 반(半)인위적인 환경이다 / 언뜻 보기에는 동물원과 상당히 비슷해 보이는 //

Animals are kept in enclosures / **simulating a natural environment**, / similar animal farming techniques are used, / and sometimes there are even animals on display for tourists. //
현재분사구(enclosures 수식)
동물들은 울타리로 둘러싸인 구역에 갇혀 있고 / 자연환경을 닮게 꾸민 / (동물원과) 유사한 사육 기법이 사용되며 / 때로는 심지어 관광객을 위해 전시되는 동물들도 있다 //

(A) Many sanctuary models operate mixed-access facilities / **in which** there is a side / **open** to ecotourists / **that** holds such animals indefinitely /
전치사+관계대명사　주격 관계대명사　앞에 주격 관계대명사와 be동사 생략
많은 조수 보호 구역 모델들은 혼합 접근 시설들을 운영한다 / 부분이 있는 / 생태 관광객들에게 공개된 / 그런 동물들을 무기한으로 잡아두는 /

and a rehabilitation side, / closed to the public / **in which** animals can recover in privacy. //
전치사+관계대명사
단서 2 조수 보호 구역은 공개 부분과 비공개 부분이 혼합된 시설을 운영함
그리고 재활 부분이 있다 / 대중에게 비공개된 / 동물들이 방해받지 않고 회복할 수 있는 //

(B) However, / **in contrast to zoos**, / the purpose of a sanctuary is **not** to keep animals captive / **but** to hold them temporarily / until such a time **as they can be rehabilitated and safely released**. //
'~와는 달리'
not A but B: A가 아니라 B
such a time 수식
하지만 / 동물원과는 달리 / 조수 보호 구역의 목적은 동물을 포획된 상태로 두는 것이 아니라 / 임시로 수용하는 것이다 / 그들(동물)이 재활을 받은 후 안전하게 방사될 수 있는 시점까지 //
단서 3 주어진 글에서 말한 동물원과 달리, 조수 보호 구역의 목적은 동물을 임시로 수용하는 것이라고 했음

Some animals may be held indefinitely / **due to** complications **that** would prevent their survival in the wild. //
주격 관계대명사
'~ 때문에'
일부 동물들은 무기한으로 수용되기도 한다 / 야생에서 그들의 생존을 방해할 복잡한 문제들로 인해 //
단서 4 (A)와 같은 시설 외에도, 동물의 안전한 방사를 위한 방사 전 구역이 있음을 설명함

(C) There are also pre-release enclosures / **that** are meant to simulate a natural environment / **as closely as possible** / in order to ensure an animal is ready for release / after time **spent** in an artificial environment for medical rehabilitation. //
주격 관계대명사
as+부사+as possible: '가능한 한 ~하게'
과거분사(time 수식)
또한, 방사 전 울타리로 둘러싸인 구역도 있다 / 자연환경을 닮게 만들어진 / 최대한 근접하게 / 동물이 방사를 위한 준비가 되는 것을 보장하기 위해 / 의료 재활을 위해 인공 환경에서 시간을 보낸 후 //

- **at first glance** 언뜻 보기에는
- **enclosure** ⓝ 울타리로 둘러싸인 구역
- **simulate** ⓥ ~를 닮게[~을 모방해서] 꾸미다
- **ecotourist** ⓝ 생태 관광객
- **indefinitely** ⓐⓓ 무기한으로
- **captive** ⓐ 포획된
- **release** ⓥ 방사하다, 방출하다
- **artificial** ⓐ 인공적인

조수 보호 구역은 언뜻 보기에는 동물원과 상당히 비슷해 보이는 반(半)인위적인 환경이다. 동물들은 자연환경을 닮게 꾸민 울타리로 둘러싸인 구역에 갇혀 있고, (동물원과) 유사한 사육 기법이 사용되며, 때로는 심지어 관광객을 위해 전시되는 동물들도 있다. (B) 하지만 동물원과는 달리, 조수 보호 구역의 목적은 동물을 포획된 상태로 두는 것이 아니라, 동물이 재활을 받은 후 안전하게 방사될 수 있는 시점까지 임시로 수용하는 것이다. 일부 동물들은 야생에서 그들의 생존을 방해할 복잡한 문제들로 인해 무기한으로 수용되기도 한다. (A) 많은 조수 보호 구역 모델들은 그런 동물들을 무기한으로 잡아두며 생태 관광객들에게 공개된 부분과 동물들이 방해받지 않고 회복할 수 있는, 대중에게 비공개된 재활 부분이 있는 혼합 접근 시설들을 운영한다. (C) 또한, 동물이 의료 재활을 위해 인공 환경에서 시간을 보낸 후 방사를 위한 준비가 되는 것을 보장하기 위해 최대한 자연환경과 근접하게 만들어진 방사 전 울타리로 둘러싸인 구역도 있다.

주어진 글 다음에 이어질 글의 순서로 가장 적절한 것을 고르시오. [3점]

① (A) ― (C) ― (B)　동물원과 다르게 조수 보호 구역이 가지는 목적을 설명하는 (B)가 주어진 글 바로 뒤에 와야 함
② (B) ― (A) ― (C)　조수 보호 구역은 동물원과 비슷한 면이 있어 보임 - 그러나 조수 보호 구역은 동물의 재활 후 방사를 위해 임시로 수용하거나 일부 동물은 무기한으로 수용함 - 그런 동물들을 무기한으로 수용하며 혼합 시설(공개된 부분과 비공개된 부분)을 운영함 - 또한 최대한 자연과 근접하게 만들어진 방사 전 구역도 있음
③ (B) ― (C) ― (A)
④ (C) ― (A) ― (B)　(C)에서는 조수 보호 구역의 시설에 대한 설명이 부가적으로 이어지고 있으므로 주어진 글 바로 뒤에 올 수 없음
⑤ (C) ― (B) ― (A)
무기한으로 수용하며 혼합 시설을 운영한다는 내용의 (A)가 먼저 나오고, 방사 전 구역도 있다는 내용의 (C)가 와야 함

| 문제 풀이 순서 | [정답률 43%]

1st 각 문단의 내용을 파악하고, 글의 논리적인 순서를 추론한다.

주어진 글: 조수 보호 구역은 언뜻 보기에는 동물원과 상당히 비슷해 보이는 반(半)인위적인 환경이다. 동물들은 자연환경을 닮게 꾸민 울타리로 둘러싸인 구역에 갇혀 있고, (동물원과) 유사한 사육 기법이 사용되며, 때로는 심지어 관광객을 위해 전시되는 동물들도 있다.

➡ **주어진 글 뒤:** 조수 보호 구역이 언뜻 보기에 동물원과 비슷해 보인다며 그 비슷한 점을 언급하고 있으므로, **단서** 다음에는 조수 보호 구역과 동물원의 차이점을 설명할 것이다. **발상**

(A): 많은 조수 보호 구역 모델들은 그런 동물들(such animals)을 무기한으로 잡아두며 생태 관광객들에게 공개된 부분과 동물들이 방해받지 않고 회복할 수 있는, 대중에게 비공개된 재활 부분이 있는 혼합 접근 시설들을 운영한다.

➡ **(A) 앞:** '그런 동물들(such animals)'을 가리키는 내용이 나와야 하는데, 주어진 글에 이것이 가리킬 수 있는 내용이 없다. ▶ 주어진 글이 (A) 앞에 올 수 없음
(A) 뒤: 조수 보호 구역의 공개된 부분과 비공개된 부분들에 대한 설명이 왔으므로, 시설에 대한 부가적인 설명이 이어질 것이다.

(B): 하지만 동물원과는 달리(However, in contrast to zoos) 조수 보호 구역의 목적은 동물을 포획된 상태로 두는 것이 아니라, 동물이 재활을 받은 후 안전하게 방사될 수 있는 시점까지 임시로 수용하는 것이다. 일부 동물들은 야생에서 그들의 생존을 방해할 복잡한 문제들로 인해 무기한으로 수용되기도 한다.

➡ **(B) 앞:** '하지만 동물원과는 달리(However, in contrast to zoos)'라고 했으므로 동물원과 조수 보호 구역의 비슷한 점이 언급된 주어진 글 뒤에 와야 자연스럽다.
▶ 순서: 주어진 글 ➡ (B)
(B) 뒤: 일부 동물들이 안전하게 방사되기 전까지 무기한으로 수용된다는 사실에 기반한 보충 설명이 이어지는 것이 자연스러우므로 (A)가 와야 한다.
▶ 순서: (B) ➡ (A)

(C): 또한(also), 동물이 의료 재활을 위해 인공 환경에서 시간을 보낸 후 방사를 위한 준비가 되는 것을 보장하기 위해 최대한 자연환경과 근접하게 만들어진 방사 전 울타리로 둘러싸인 구역도 있다.

➡ **(C) 앞:** '또한(also)'이라는 말이 있으므로, 앞에는 대중에 공개된 부분과 비공개된 부분이 섞인 혼합 접근 시설을 운영한다는 내용이 오는 것이 자연스럽다.
▶ 순서: (A) ➡ (C)
(C) 뒤: 다른 곳에 방사 전 구역에 대한 추가적인 설명이 없으므로, (C)가 글의 마지막이 될 것이다.
▶ 순서: 주어진 글 ➡ (B) ➡ (A) ➡ (C)

2nd 글이 한눈에 들어오도록 정리하여 정답을 확인한다.

주어진 글: 조수 보호 구역은 동물원과 비슷한 면이 있다.

➡ **(B):** 하지만 동물원과 달리 조수 보호 구역은 동물의 안전한 방사를 위해 그들을 임시로 수용하는 것이며, 일부 동물들은 무기한으로 수용된다.

➡ **(A):** 그런 동물들을 무기한으로 수용하며, 관광객들에게 공개된 부분과 비공개된 부분이 있는 혼합 시설을 운영한다.

➡ **(C):** 또한 최대한 자연환경과 근접하게 만들어진 방사 전 구역도 있다.

▶ 주어진 글 다음에 이어질 글의 순서는 (B) ➡ (A) ➡ (C)이므로 정답은 ②임

Flowering plants and bees are not strict mutualists. //
꽃을 피우는 식물과 벌은 완전한 공생 관계의 생물은 아니다 //

Flowering plants don't want to give up all their precious
pollen / to undesirable pollinators or even to generally
dependable pollinating bees. //
꽃을 피우는 식물은 그들의 모든 소중한 화분을 내주고 싶어 하지 않는다 / 탐탁지 못한
수분 매개자나 심지어 일반적으로 신뢰할 수 있는 꽃가루 매개 벌에게조차 //

> **단서 1** 꽃을 피우는 식물들은 모든 화분을 탐탁지 못한 수분 매개체나
> 심지어 벌에게조차 내주고 싶어 하지 않음

> **단서 2** 그들(난초와 일부 다른 꽃을 피우는 식물들)은 수컷 벌을 속임

(A) Instead, they deceive male bees / into thinking a particular
orchid flower is a receptive, ready, and waiting female of their
species / to make them pollinate. //
대신에, 그것들은 수컷 벌들을 속여서 / 난초의 특정한 꽃이 수용적이고, 준비가 되어 있고,
기다리고 있는 같은 종의 암컷인 것으로 생각하게 한다 / 그것들(수컷 벌들)이 화분을
암술머리에 나르게 하기 위해 //

Why not? // 왜 아니겠는가 //

They produce the same chemical scents / and even sort of look
like those female bees. //
그것들은 똑같은 화학적 냄새를 만들어 내고 / 심지어 그러한 암컷 벌들과 어느 정도 비슷하게
보이기도 한다 //

(B) A small fraction of a flower's pollen grains / must make their
way to other flowers / to ultimately produce seeds / and foster
new generations of plants. // **단서 3** 소량의 화분 알갱이는 다른 꽃으로 이동해야 함
아주 소량의 꽃의 화분 알갱이는 / 다른 꽃으로 이동해야 한다 / 최종적으로 씨앗을 만들고 /
새로운 세대의 식물을 기르기 위해 //

Bees, on the other hand, would like to collect all the pollen / and
not give any of it up. // **단서 4** 벌은 모든 화분을 모으고 싶어 하고, 내주고 싶어 하지 않음
반면에, 벌은 모든 화분을 모으고 싶어 하고 / 그중 어떤 것도 내주고 싶어 하지 않는다 //

(C) This difference leads to cheaters in the system. //
이 차이는 시스템 내에 속이는 존재들을 만들어 낸다 // **단서 5** 이 차이(꽃의 목표와 벌의 목표 간 차이)는 속이는 존재를 만들어냄

Some nectar-robbing bees / cut slits or holes at the bases of tube-
shaped flowers / and never deposit pollen on stigmas. //
일부 꿀을 훔치는 벌들은 / 관 모양 꽃의 밑부분에 틈이나 구멍을 내고 / 화분을 암술머리에
절대로 두지 않는다 //

They are anti-pollinators. // 그들은 반(反) 수분 매개자이다 //

Orchids and a few other flowering plants / offer no food to bee
pollinators. //
난초와 일부 다른 꽃을 피우는 식물들은 / 벌 수분 매개자에게 어떤 먹이도 제공하지 않는다 //

- mutualist ⑩ 공생 관계 생물
- pollen ⑩ 꽃가루
- undesirable ⓐ 탐탁지 못한
- pollinator ⑩ 수분 매개자
- dependable ⓐ 믿을 수 있는
- deceive ⓥ 속이다
- receptive ⓐ 수용적인
- fraction ⑩ 일부분
- foster ⓥ 번식시키다, 촉진하다
- nectar ⑩ 꿀
- slit ⑩ 구멍
- deposit ⓥ (특정한 곳에) 두다[놓다]

꽃을 피우는 식물과 벌은 완전한 공생 관계의 생물은 아니다. 꽃을 피우는 식물
은 그들의 모든 소중한 화분을 탐탁지 못한 수분 매개자나 심지어 일반적으로
신뢰할 수 있는 꽃가루 매개 벌에게조차 내주고 싶어 하지 않는다. (B) 아주 소
량의 꽃의 화분 알갱이는 최종적으로 씨앗을 만들고 새로운 세대의 식물을 기르
기 위해 다른 꽃으로 이동해야 한다. 반면에, 벌은 모든 화분을 모으고 싶어 하
고 그중 어떤 것도 내주고 싶어 하지 않는다. (C) 이 차이는 시스템 내에 속이는
존재들을 만들어 낸다. 일부 꿀을 훔치는 벌들은 관 모양 꽃의 밑부분에 틈이나
구멍을 내고 화분을 암술머리에 절대로 두지 않는다. 그들은 반(反) 수분 매개
자이다. 난초와 일부 다른 꽃을 피우는 식물들은 벌 수분 매개자에게 어떤 먹이
도 제공하지 않는다. (A) 대신에, 그것들은 그것들(수컷 벌들)이 화분을 암술머
리에 나르게 하기 위해 수컷 벌들을 속여서 난초의 특정한 꽃이 수용적이고, 준
비가 되어 있고, 기다리고 있는 같은 종의 암컷인 것으로 생각하게 한다. 왜 아
니겠는가? 그것들은 똑같은 화학적 냄새를 만들어 내고 심지어 그러한 암컷 벌
들과 어느 정도 비슷하게 보이기도 한다.

주어진 글 다음에 이어질 글의 순서로 가장 적절한 것을 고르시오.

① (A) ─ (C) ─ (B) (A)의 they가 지칭할 수 있는 대상이 주어진 글에 없음
② (B) ─ (A) ─ (C) (A)의 they가 가리키는 '난초와 일부 다른 꽃을 피우는 식물들'은 (C)의 마지막에 나옴
③ (B) ─ (C) ─ (A) 꽃을 피우는 식물과 벌은 완전한 공생 관계는 아님 - 꽃은 화분 알갱이가 다른 곳에 전달되기를 원하고 벌은 화분을 모두 모으고 싶어함 - 이런 차이는 난초와 일부 다른 꽃을 피우는 식물처럼 속이는 존재를 만들어 냄 - 그것들은 벌에 음식을 제공하지 않고 대신 수컷 벌을 속임
④ (C) ─ (A) ─ (B)
⑤ (C) ─ (B) ─ (A) (C)의 '이 차이'에 대한 내용이 주어진 글에 없음

| 문제 풀이 순서 | [정답률 65%]

1st 각 문단의 내용을 파악하고, 글의 논리적인 순서를 추론한다.

주어진 글: 꽃을 피우는 식물과 벌은 완전한 공생 관계의 생물은 아니다.
꽃을 피우는 식물은 그들의 모든 소중한 화분을 탐탁지 못한 수분 매개자나
심지어 일반적으로 신뢰할 수 있는 꽃가루 매개 벌에게조차 내주고 싶어
하지 않는다.

➡ **주어진 글 뒤:** 꽃 피우는 식물과 벌은 완전한 공생 관계가 아니며, 꽃 피우는 식물은
화분을 벌에게 내주고 싶어 하지 않는다고 했으므로, **단서** 왜 식물은 벌에게 화분
을 주고 싶어 하지 않는지에 대한 내용으로 이어질 것이다. **발상**

(A): 대신에, 그것들(they)은 그것들(수컷 벌들)이 화분을 암술머리에
나르게 하기 위해 수컷 벌들을 속여서 난초의 특정한 꽃이 수용적이고,
준비가 되어 있고, 기다리고 있는 같은 종의 암컷인 것으로 생각하게
한다. 왜 아니겠는가? 그것들은 똑같은 화학적 냄새를 만들어 내고 심지어
그러한 암컷 벌들과 어느 정도 비슷하게 보이기도 한다.

➡ **(A) 앞:** '그것들(they)'로 가리키는 대상이 앞에 나와야 하는데, 주어진 글에는 없다.
▶ 주어진 글이 (A) 앞에 올 수 없음
(A) 뒤: 식물이 벌을 속이거나 벌이 식물을 속이는 다른 예시가 이어지거나 (A)가
글의 마지막일 확률이 높다.

(B): 아주 소량의 꽃의 화분 알갱이는 최종적으로 씨앗을 만들고 새로운
세대의 식물을 기르기 위해 다른 꽃으로 이동해야 한다. 반면에, 벌은 모든
화분을 모으고 싶어 하고 그중 어떤 것도 내주고 싶어 하지 않는다.

➡ **(B) 앞:** 꽃의 화분 알갱이 중 일부는 다른 꽃으로 이동해야 하지만 벌은 화분을 모두
모으고 싶어 한다는 내용으로, 앞에는 주어진 글처럼 꽃과 벌 사이가 공생 관계가 아
니라는 내용이 있어야 한다.
▶ (B) 앞에 주어진 글이 와야 함 (순서: 주어진 글 → (B))
(B) 뒤: 꽃과 벌 사이의 이익 충돌로 인해 발생하는 결과에 대한 내용이 이어져야
한다.

(C): 이 차이(This difference)는 시스템 내에 속이는 존재들을 만들어
낸다. 일부 꿀을 훔치는 벌들은 관 모양 꽃의 밑부분에 틈이나 구멍을 내고
화분을 암술머리에 절대로 두지 않는다. 그들은 반(反) 수분 매개자이다.
난초와 일부 다른 꽃을 피우는 식물들은 벌 수분 매개자에게 어떤 먹이도
제공하지 않는다.

➡ **(C) 앞:** '이 차이'에 대한 내용이 앞에 있어야 하는데, (B)에 나오는 꽃과 벌의 목적
차이가 바로 이것을 가리킨다. (C)의 내용은 이런 차이 때문에 발생하는 속이는 존
재들에 대한 소개이므로, (B) 뒤에 이어지는 것이 자연스럽다. ▶ 순서: (B) → (C)
(C) 뒤: 난초와 일부 다른 꽃을 피우는 식물들이 벌에게 어떤 먹이도 제공하지 않으
면서도 화분을 전달하는 방법에 대한 설명이 이어질 것이다.
▶ 순서: 주어진 글 → (B) → (C) → (A)

2nd 글이 한눈에 들어오도록 정리하여 정답을 확인한다.

주어진 글: 꽃 피우는 식물과 벌은 완전한 공생 관계는 아니다.

➡ **(B):** 꽃은 화분을 일부 다른 꽃으로 이동시켜야 하고, 벌은 화분을 모두 모으고 싶어
한다.

➡ **(C):** 이 차이는 벌과 식물 중 서로를 속이는 존재를 만들어낸다.

➡ **(A):** 난초는 특정 꽃이 암컷 벌과 비슷하게 생기고 비슷한 화학적 냄새가 나도록 하
여 수컷 벌들을 속인다.
▶ 주어진 글 다음에 이어질 글의 순서는 (B) → (C) → (A)이므로 정답은 ③임

단서 1 우정이 은행가의 역설(대출이 가장 필요할 때는 대출 받을 가능성이 낮고, 대출이 필요 없을 때는 대출 받을 가능성이 높음)을 해결할지도 모름

The bond of friendship may solve a problem / known as the
banker's paradox. //
분사구(a problem 수식)

우정의 유대는 문제를 해결할지도 모른다 / 은행가의 역설로 알려진 //

When you are facing financial ruin / and most need a loan,
/ the bank is unlikely to grant you one / as you represent a
terrible credit risk. //
(= a loan)   이유를 나타내는 접속사

여러분이 경제적 파산을 직면하고 있고 / 대출이 가장 필요할 때 / 은행은 대출을 해줄
가능성이 낮다 / 당신이 심각한 신용의 위험을 드러낸다는 이유로 //

On the other hand, when things are going well / the bank is
only too happy / to offer you funds. //

반면, 상황이 좋을 때는 / 은행이 아주 흔쾌히 / 여러분에게 자금을 제공하려 한다 //

(A) Why would a non-relative come to your aid, / with a greatly
reduced chance / of being paid back the favour? //

왜 혈연이 아닌 사람이 / 여러분을 돕기 위해 나서겠는가 / 가능성이 크게 줄어든 상황에서 /
호의를 되돌려받을 //

단서 2 (C)의 마지막과 연결되는 내용으로, 호의를 되돌려받을 가능성이 줄어든 상황에서 혈연이 아닌 사람은 돕지 않을 것이라고 함

The evolution of friendship / provides a solution to the
dilemma. //

우정의 진화는 / 그 딜레마에 대한 해결책을 제공한다 //

The oxytocin-mediated bond between friends / makes them
irreplaceable to each other. //
5형식 동사+목적어+목적격 보어(형용사)

옥시토신을 매개로 한 친구 간의 유대는 / 그들을 서로에게 대체 불가능하도록 만든다 //

단서 3 친구가 아프면, 친구를 내버려두기 보다는 회복할 수 있게 도우려고 함

(B) So if a friend falls seriously ill, / rather than abandoning
them to find someone else / with whom to engage in reciprocal
altruism, /
전치사+관계대명사

그래서 만약 친구가 심하게 아프게 된다면 / 그들이 다른 사람을 찾도록 내버려두기 보다는 /
호혜적 이타주의에 함께 참여할 /

you have an emotional stake in their well-being / that compels
you to help them pull through. //
주격 관계대명사

여러분은 그들의 안녕에 대한 감정적 이해관계를 갖는다 / 그들이 회복하도록 돕게 만드는 //

Friendship may have developed in human evolution / as a form
of insurance. //

우정은 인간의 진화에서 발전한 것일지도 모른다 / 보험의 한 형태로 //

(C) This same dynamic would also have posed a deep problem /
for reciprocal altruism in the world of our ancestors. //

이와 동일한 역학은 심각한 문제를 제기했을 것이다 / 우리 조상들의 세계에서 호혜적
이타주의에도 //

단서 4 이와 동일한 역학은 주어진 글에서 말한 내용을 가리키고,
이것은 조상들의 호혜적 이타주의에도 문제를 제기했을 것임

Individuals may be least likely to receive help / when they most
need it, / because they are least able to reciprocate. //

개인들은 도움을 받을 가능성이 가장 낮을 수 있는데 / 그들이 도움이 가장 필요할 때 / 이는
그들이 보답할 능력이 가장 부족하기 때문이다 //

- bond ⓝ 유대
- paradox ⓝ 역설
- loan ⓝ 대출
- credit ⓝ 신용
- grant ⓥ 승인하다
- dilemma ⓝ 딜레마
- oxytocin ⓝ 옥시토신(뇌하수체 후엽(後葉) 호르몬의 일종으로 진통·모유(母乳) 분비 촉진제)
- irreplaceable ⓐ 대체 불가능한
- compel ⓥ 강요하다
- pull through 회복하다
- dynamic ⓝ 역학
- reciprocate ⓥ 보답하다

우정의 유대는 은행가의 역설로 알려진 문제를 해결할지도 모른다. 여러분이 경제적 파산을 직면하고 있고 대출이 가장 필요할 때, 은행은 당신이 심각한 신용의 위험을 드러낸다는 이유로 대출을 해줄 가능성이 낮다. 반면, 상황이 좋을 때는 은행이 아주 흔쾌히 여러분에게 자금을 제공하려 한다. (C) 이와 동일한 역학은 우리 조상들의 세계에서 호혜적 이타주의에도 심각한 문제를 제기했을 것이다. 개인들은 그들이 도움이 가장 필요할 때 도움을 받을 가능성이 가장 낮을 수 있는데, 이는 그들이 보답할 능력이 가장 부족하기 때문이다. (A) 호의를 되돌려받을 가능성이 크게 줄어든 상황에서, 왜 혈연이 아닌 사람이 여러분

을 돕기 위해 나서겠는가? 우정의 진화는 그 딜레마에 대한 해결책을 제공한다. 옥시토신을 매개로 한 친구 간의 유대는 그들을 서로에게 대체 불가능하도록 만든다. (B) 그래서 만약 친구가 심하게 아프게 된다면, 그들이 호혜적 이타주의에 함께 참여할 다른 사람을 찾도록 내버려두기보다는, 여러분은 그들이 회복하도록 돕게 만드는 그들의 안녕에 대한 감정적 이해관계를 갖는다. 우정은 인간의 진화에서 보험의 한 형태로 발전한 것일지도 모른다.

주어진 글 다음에 이어질 글의 순서로 가장 적절한 것을 고르시오. [3점]

① (A) — (C) — (B) (A) 앞에 친척이 아닌 누군가가 도와주는 것과 관련된 내용이 제시되어야 하는데 주어진 글에는 은행가의 역설에 대한 내용 뿐임

② (B) — (A) — (C) (B) 앞에는 친구에 대한 내용이 있어야 하는데 주어진 글의 초점은 은행가의 역설을 설명하는 내용임

③ (B) — (C) — (A)

④ (C) — (A) — (B) 은행가의 역설을 설명함 - 조상들의 호혜적 이타주의에도 이런 역학이 문제를 제기했을 것임 - 도움받기 힘든 문제(딜레마)에 대한 해결책은 우정임 - 친구가 아프면 내버려두기 보다 회복할 수 있게 도우려고 할 것임

⑤ (C) — (B) — (A) (B) 앞에는 친구에 대한 언급이 있어야 하는데 (C)에서는 아직 친구에 대한 내용이 제시되지 않음

| 문제 풀이 순서 | [정답률 60%]

1st 각 문단의 내용을 파악하고, 글의 논리적인 순서를 추론한다.

주어진 글: 우정의 유대는 은행가의 역설로 알려진 문제를 해결할지도 모른다. 여러분이 경제적 파산을 직면하고 있고 대출이 가장 필요할 때, 은행은 당신이 심각한 신용의 위험을 드러낸다는 이유로 대출을 해줄 가능성이 낮다. 반면, 상황이 좋을 때는 은행이 아주 흔쾌히 여러분에게 자금을 제공하려 한다.

➡ **주어진 글 뒤:** 은행가의 역설이란, 대출이 가장 필요할 때는 신용의 위험이 있기 때문에 대출을 받기 힘들고, 대출이 필요 없을 때는 대출받기가 쉽다는 것이다. 우정의 유대는 이를 해결해 줄 수 있다고 했으므로, **단서** 은행가의 역설과 비슷한 내용이 이어질 것이다. 발상

(A): 호의를 되돌려받을 가능성이 크게 줄어든 상황에서, 왜 혈연이 아닌 사람이 여러분을 돕기 위해 나서겠는가? 우정의 진화는 그 딜레마에 대한 해결책을 제공한다. 옥시토신을 매개로 한 친구 간의 유대는 그들을 서로에게 대체 불가능하도록 만든다.

➡ **뒤 문장:** 옥시토신을 매개로 한 친구 간의 유대는 이 딜레마에 대한 해결책이 된다고 함.

(A) 앞: 호의를 되돌려받을 가능성이 낮은 상태에서 왜 혈연이 아닌 사람이 여러분을 돕겠는지에 대한 의문을 제기했으므로 이와 관련된, 도움을 받는 상황에 대한 설명이 나와야 한다.

▶ 주어진 글이 (A) 앞에 올 수 없음

(A) 뒤: 친구 간의 유대에 대한 추가적인 설명이 나와야 할 것이다.

(B): 그래서(So) 만약 친구가 심하게 아프게 된다면, 그들이 호혜적 이타주의에 함께 참여할 다른 사람을 찾도록 내버려두기보다는, 여러분은 그들이 회복하도록 돕게 만드는 그들의 안녕에 대한 감정적 이해관계를 갖는다. 우정은 인간의 진화에서 보험의 한 형태로 발전한 것일지도 모른다.

➡ **(B) 앞:** '그래서(So)'로 문장이 이어지고 친구가 심하게 아프게 되는 상황을 가정하고 있으므로, 친구나 우정에 대한 내용이 제시되어야 한다.

▶ (B) 앞에 (A)가 와야 함 (순서: (A) → (B))

(B) 뒤: 우정에 대한 추가 설명이 나오거나 글의 마무리 내용일 것이다.

▶ (B)가 마지막에 올 확률이 높음

(C): 이와 동일한 역학(This same dynamic)은 우리 조상들의 세계에서 호혜적 이타주의에도 심각한 문제를 제기했을 것이다. 개인들은 그들이 도움이 가장 필요할 때 도움을 받을 가능성이 가장 낮을 수 있는데, 이는 그들이 보답할 능력이 가장 부족하기 때문이다.

➡ **(C) 앞:** '이와 동일한 역학(This same dynamic)'에 해당하는 내용이 있어야 하는데, 바로 은행가의 역설에 대한 내용이므로 주어진 글이 앞에 오는 것이 자연스럽다.

▶ 순서: 주어진 글 → (C)

(C) 뒤: 도움이 가장 필요할 때가 개인이 보답할 능력이 부족한 때라고 했으므로 이와 관련된 내용이 이어지는 (A)가 와야 한다.

▶ 순서: 주어진 글 → (C) → (A) → (B)

주어진 글: 가장 필요할 때 도움을 못 받고, 필요 없을 때만 도움을 쉽게 받는 딜레마인, 은행가의 역설은 우정이 해결해 줄 수 있다.

→ **(C):** 이와 동일한 역학이 호혜적 이타주의에서도 발생한다.

→ **(A):** 이에 대해서 우정이 해결책이 될 수 있다.

→ **(B):** 그래서 친구가 아파도 내버려두지 않고 돕게 되는 것이고, 우정은 인간 진화에서 보험의 한 형태로 발전한 것일 수도 있다.

▶ 주어진 글 다음에 이어질 글의 순서는 (C) → (A) → (B)이므로 정답은 ④임

M 14 정답 ④ ＊인간의 언어가 단순화 또는 일반화를 사용하는 이유

가정법 과거

What would a language be like / if it didn't make any simplifications or generalizations? // **단서 1** 단순화나 일반화를 하지 않을 경우에 언어는 어떨지 질문함
언어는 어떠할까 / 만약 단순화 또는 일반화를 '전혀' 하지 않는다면 //

단서 2 (C)에서 말한 언어에 이어지는 내용으로, '그런' 언어를 알 수도 있는 초지능적 종족이 있을 수 있음
(A) There might be some superintelligent race of beings / that
주격 관계대명사
could know such a language, / but they would have to know / virtually everything in the world / to learn all these names. //
부사적 용법(목적)
어떤 초지능적인 종족이 있을 수도 있다 / 그런 언어를 알 수도 있는 / 그러나 그들은 알아야만 할 것이다 / 사실상 세상의 모든 것을 / 이 모든 명칭을 익히기 위해서는 //

Human language has taken a different route / — many fewer names, / with a loss of precision, / but a basic vocabulary / that
주격 관계대명사
is readily acquired. //
인간 언어는 다른 길을 택했다 / 훨씬 더 적은 명칭을 지닌 / 정밀성에서 손해가 있지만 / 그러나 기본 어휘가 있는 / 쉽게 습득할 수 있는 //

However, / this fact is not simply a compromise / with our limited cognitive capacity. //
그러나 / 이 사실은 단순히 타협이 아니다 / 우리의 제한된 인지 능력과의 //

단서 3 서로 다른 대상에 대해 같은 단어를 사용함으로써 정보를 전달함
(B) By using the same word / for different objects, / we're communicating information / about those things. //
같은 단어를 사용함으로써 / 서로 다른 대상에 대해 / 우리는 정보를 전달하고 있다 / 그것들에 대한 //

Calling two different-looking things "spider" / communicates /
목적어절 접속사
that they probably have eight legs, / weave nests, / eat insects, / and other noticeable details, /
두 개의 서로 다르게 생긴 것을 '거미'라고 부르는 것은 / 전달한다 / 그것들이 아마도 여덟 개의 다리를 가졌고 / 둥지를 엮고 / 곤충을 먹는다는 것을 / 그리고 다른 두드러진 세부 사항들을 /
계속적 용법의 관계대명사
which we would not know / if we gave them all their own separate names. //
이는 우리가 알 수 없는 것이다 / 그들 모두에게 고유한 별개의 명칭을 부여한다면 //

(C) It would be a language / in which every word was a proper
= where
noun. // **단서 4** 그것은 모든 단어가 고유 명사인 언어일 것임(주어진 글에 대한 답)
그것은 언어일 것이다 / 모든 단어가 고유 명사인 //

Because you don't want to gloss over / the differences between
주격 관계대명사
snakes / that are slightly different in some respect, / every snake must have its own name. //
여러분은 얼버무리고 넘어가고 싶지 않기 때문에 / 뱀들 사이의 차이점에 대해 / 어떤 면에서 조금 다른 / 모든 뱀은 자기 자신의 명칭을 가져야만 한다 //

부분 부정
Furthermore, / every event must have its own verb, / because not every occasion of thinking or dancing or talking is identical. //
게다가 / 모든 사건은 자기 자신의 동사를 가져야만 한다 / 왜냐하면 생각하거나 춤추거나 말하는 모든 경우가 똑같지 않기 때문이다 //

- simplification ⓝ 단순화   - generalization ⓝ 일반화
- compromise ⓝ 타협   - cognitive ⓐ 인지의
- noticeable ⓐ 두드러지는   - separate ⓐ 별개의
- proper noun ⓝ 고유 명사   - identical ⓐ 동일한

만약 언어가 단순화 또는 일반화를 '전혀' 하지 않는다면 어떠할까? (C) 그것은 모든 단어가 고유 명사인 언어일 것이다. 여러분은 어떤 면에서 조금 다른 뱀들 사이의 차이점에 대해 얼버무리고 넘어가고 싶지 않기 때문에, 모든 뱀은 자기 자신의 명칭을 가져야만 한다. 게다가, 모든 사건은 자기 자신의 동사를 가져야만 하는데 생각하거나 춤추거나 말하는 모든 경우가 똑같지 않기 때문이다. (A) 그런 언어를 알 수도 있는 어떤 초지능적인 종족이 있을 수도 있지만, 이 모든 명칭을 익히기 위해서는 사실상 세상의 모든 것을 알아야만 할 것이다. 인간 언어는 훨씬 더 적은 명칭을 지녀 정밀성에서 손해가 있지만, 쉽게 습득할 수 있는 기본 어휘가 있는 다른 길을 택했다. 그러나 이 사실은 단순히 우리의 제한된 인지 능력과의 타협이 아니다. (B) 서로 다른 대상에 대해 같은 단어를 사용함으로써 우리는 그것들에 대한 정보를 전달하고 있다. 두 개의 서로 다르게 생긴 것을 '거미'라고 부르는 것은 그것들이 아마도 여덟 개의 다리를 가졌고, 둥지를 엮고, 곤충을 먹는다는 것, 그리고 다른 두드러진 세부 사항들을 전달하는데, 이는 우리가 그들 모두에게 고유한 별개의 명칭을 부여한다면 알 수 없는 것이다.

주어진 글 다음에 이어질 글의 순서로 가장 적절한 것을 고르시오.

① (A) — (C) — (B) (A)에 나오는 '그런' 언어로 가리킬 수 있는 것이 주어진 글에 없음
② (B) — (A) — (C) 적절한 글의 흐름과 정반대
③ (B) — (C) — (A) 다른 대상에 같은 단어를 사용한다는 (B)는 마무리 내용임
④ (C) — (A) — (B) 언어가 단순화나 일반화를 전혀 하지 않는다면 어떠할지 가정함 - 모든 단어가 고유 명사이거나 모든 사건이 자기 자신의 동사를 갖게 될 것임 - 모든 명칭을 익히는 것은 불가능하여 기본 어휘를 사용하기로 함 - 다른 대상에 같은 단어를 사용해 정보를 전달하게 됨
⑤ (C) — (B) — (A) 다른 대상에 같은 단어를 사용한다는 (B)보다 기본 어휘를 사용하기로 한다는 (A)가 먼저 나와야 함

| 문제 풀이 순서 | [정답률 46%]

1st 각 문단의 내용을 파악하고, 글의 논리적인 순서를 추론한다.

주어진 글: 만약 언어가 단순화 또는 일반화를 '전혀' 하지 않는다면 어떠할까?

➡ **주어진 글 뒤:** 언어가 단순화나 일반화를 전혀 하지 않는다면 어떠할지 그 상황을 가정해 보자고 했으므로, **단서** 언어가 단순화나 일반화를 하지 않는 상황이 이어질 것이다. **발상**

(A): 그런 언어(such a language)를 알 수도 있는 어떤 초지능적인 종족이 있을 수도 있지만, 이 모든 명칭(all these names)을 익히기 위해서는 사실상 세상의 모든 것을 알아야만 할 것이다. 인간 언어는 훨씬 더 적은 명칭을 지녀 정밀성에서 손해가 있지만, 쉽게 습득할 수 있는 기본 어휘가 있는 다른 길을 택했다. 그러나 이 사실은 단순히 우리의 제한된 인지 능력과의 타협이 아니다.

➡ **(A) 앞:** '그런 언어(such a language)'의 '이 모든 명칭(all these names)'이 지칭하는 바가 나와야 한다. ▶ 주어진 글이 (A) 앞에 올 수 없음
(A) 뒤: 인간 언어는 쉽게 습득할 수 있는 기본 어휘가 있는 길을 택했다고 했으므로 기본 어휘가 있는 다른 길에 대한 부연 설명이 이어질 것이다.

(B): 서로 다른 대상에 대해 같은 단어를 사용함으로써 우리는 그것들에 대한 정보를 전달하고 있다. 두 개의 서로 다르게 생긴 것을 '거미'라고 부르는 것은 그것들이 아마도 여덟 개의 다리를 가졌고, 둥지를 엮고, 곤충을 먹는다는 것, 그리고 다른 두드러진 세부 사항들을 전달하는데, 이는 우리가 그들 모두에게 고유한 별개의 명칭을 부여한다면 알 수 없는 것이다.

➡ **(B) 앞:** 서로 다른 대상임에도 같은 단어를 사용하는 것의 배경에 대한 설명이 나와야 한다. ▶ (B) 앞에 (A)가 와야 함 (순서: (A) → (B))
(B) 뒤: 고유한 별개의 명칭을 부여한다면 알 수 없는 것에 대한 부연 설명이 나오거나 글의 마무리 내용일 것이다. ▶ (B)가 마지막에 올 확률이 높음

(C): 그것(It)은 모든 단어가 고유 명사인 언어일 것이다. 여러분은 어떤 면에서 조금 다른 뱀들 사이의 차이점에 대해 얼버무리고 넘어가고 싶지 않기 때문에, 모든 뱀은 자기 자신의 명칭을 가져야만 한다. 게다가, 모든 사건은 자기 자신의 동사를 가져야만 하는데 생각하거나 춤추거나 말하는 모든 경우가 똑같지 않기 때문이다.

→ **(C) 앞**: '그것(It)'이 가리키는 내용이 있어야 하는데, 모든 단어가 고유 명사이고, 모든 뱀이 고유한 명칭을 가져야 한다고 했다. 즉 '그것'은 언어가 단순화나 일반화를 하지 않는 상황을 가리킬 것이다. 따라서 주어진 글이 (C) 앞에 오는 것이 자연스럽다. ▶ 순서: 주어진 글 → (C)

(C) 뒤: 모든 뱀이 고유 명칭을 갖거나 모든 사건이 자기 자신의 동사를 갖는 것에 대한 설명이 이어져야 하므로 (A)가 와야 한다.

▶ 순서: 주어진 글 → (C) → (A) → (B)

2nd 글이 한눈에 들어오도록 정리하여 정답을 확인한다.

주어진 글: 언어가 단순화, 일반화를 전혀 하지 않는다면 어떠할까?

→ **(C)**: 모든 단어가 고유 명사이거나 모든 사건이 자기 자신의 동사를 가져야만 할 것이다.

→ **(A)**: 모든 명칭을 다 아는 것이 어려워서 인간은 기본 어휘가 있는 다른 길을 선택했다.

→ **(B)**: 서로 다른 대상에 같은 명칭을 부여하여 정보를 전달하게 되었다.

▶ 주어진 글 다음에 이어질 글의 순서는 (C) → (A) → (B)이므로 정답은 ④임

M 15 정답 ③ *기술 산업의 자기 통제와 윤리적 책임

> Self-regulation has been suggested / as an alternative way /
> 형용사적 용법
> to hold the tech industry to account. // **단서 1** 자기 통제는 기술 산업에 책임을 물을 대안적 방법으로 제시됨
> 자기 통제는 제시됐다 / 대안적인 방법으로 / 기술 산업에 책임을 물을 //

단서 2 그것들을 위반하는 것에 관한 결과가 없다면 (C)의 마지막에 언급한 '이 헌장들은 무력함

(A) But without consequences / for violating them, / these charters are just toothless statements of aspiration. //

그러나 결과가 없다면 / 그것들을 위반하는 것에 관한 / 이 헌장들은 그저 열망의 무력한 선언에 불과하다 //

The tech industry is basically saying: / *trust us*. //

기술 산업은 기본적으로 말하고 있다 / '우리를 믿으라'라고 //

But blind trust is not / how we govern doctors, lawyers, bankers, pilots / or anyone else / in unelected positions of social responsibility. //

그러나 맹목적인 신뢰는 아니다 / 우리가 의사, 변호사, 은행가, 조종사를 통제하는 방식이 / 또는 다른 누군가를 / 사회적 책임이 있는 선출되지 않은 지위의 //

Tech is the exception, / and it's not clear why. //

기술은 예외이다 / 그리고 그 이유는 분명하지 않다 //

(B) But when tech lobbyists speak of self-regulation, / they
= self-regulation
are not describing it / as it is understood by professionals like doctors. // **단서 3** 주어진 글에 나온 '자기 통제'에 대해 기술 로비스트들이 말할 때 그것은 의사 같은 전문가들이 이해하는 것과 다름

그러나 기술 로비스트들이 자기 통제에 대해 말할 때 / 그들은 그것을 설명하는 것이 아니다 / 의사와 같은 전문가들이 이해하는 대로 //

Unlike in medicine, / there are no mandatory ethical qualifications / for working as a software engineer or technology executive. //

의료계와는 달리 / 의무적인 윤리적 자격 요건은 없다 / 소프트웨어 엔지니어나 기술 경영진으로 일하기 위한 //

There is no enforceable industry code of conduct. //

강제할 수 있는 산업 행동 강령도 없다 //

There is no obligatory certification. // 의무적인 인증도 없다 //

형용사적 용법
There is no duty / to put the public ahead of profit. //

의무도 없다 / 이익보다 공공을 우선시해야 할 //

단서 4 (B)에 이어지는 내용으로, 도덕적 결함에 대한 결과도 없고 정직에 대한 두려움도 없음

(C) There are few consequences / for serious moral failings; / no real fear / of being suspended or struck off. //

결과도 거의 없다 / 심각한 도덕적 결함에 관한 / 실질적 두려움도 없다 / 정직이나 제명을 당한다는 //

단서 5 최근 컴퓨터의 책임감 있는 사용에 대한 윤리 헌장 등이 증가함

Recent years have seen / an explosion of AI ethics charters
분사구문
and the like, / filled with well-meaning generalities / about the responsible use / of powerful computers. //

최근 몇 년 간 목격되었다 / AI 윤리 헌장과 그와 같은 비슷한 것들의 폭발적인 증가가 / 선의의 일반론으로 가득 찬 / 책임감 있는 사용에 대해 / 강력한 컴퓨터의 //

- **alternative** ⓐ 대안적인 · **hold ~ to account** ~에게 책임을 묻다
- **consequence** ⓝ 결과 · **violate** ⓥ 위반하다
- **toothless** ⓐ 무력한 · **aspiration** ⓝ 열망 · **govern** ⓥ 통제하다
- **ethical** ⓐ 윤리적인 · **executive** ⓝ 경영진
- **enforceable** ⓐ 강제할 수 있는, 시행할 수 있는
- **code of conduct** 행동 강령 · **obligatory** ⓐ 의무적인
- **suspend** ⓥ 정직시키다, 유예하다 · **explosion** ⓝ 폭발적인 증가

자기 통제는 기술 산업에 책임을 물을 대안적인 방법으로 제시됐다. (B) 그러나 기술 로비스트들이 자기 통제에 대해 말할 때, 그들은 의사와 같은 전문가들이 이해하는 대로 그것을 설명하는 것이 아니다. 의료계와는 달리, 소프트웨어 엔지니어나 기술 경영진으로 일하기 위한 의무적인 윤리적 자격 요건은 없다. 강제할 수 있는 산업 행동 강령도 없다. 의무적인 인증도 없다. 이익보다 공공을 우선시해야 할 의무도 없다. (C) 심각한 도덕적 결함에 관한 결과도 거의 없으며, 정직이나 제명을 당한다는 실질적인 두려움도 없다. 최근 몇 년 간 강력한 컴퓨터의 책임감 있는 사용에 대해 선의의 일반론으로 가득 찬 AI 윤리 헌장과 그와 같은 비슷한 것들의 폭발적인 증가가 목격되었다. (A) 그러나 그것들을 위반하는 것에 관한 결과가 없다면, 이 헌장들은 그저 열망의 무력한 선언에 불과하다. 기술 산업은 기본적으로 '우리를 믿으라'라고 말하고 있다. 그러나 맹목적인 신뢰는 우리가 의사, 변호사, 은행가, 조종사 또는 사회적 책임이 있는 선출되지 않은 지위의 다른 누군가를 통제하는 방식이 아니다. 기술은 예외이며, 그 이유는 분명하지 않다.

주어진 글 다음에 이어질 글의 순서로 가장 적절한 것을 고르시오. [3점]

① (A) — (C) — (B) 적절한 글의 흐름과 정반대
② (B) — (A) — (C) (A)의 them으로 가리킬 수 있는 것이 (C)에 나오므로 (C) 뒤에 와야 함
③ (B) — (C) — (A) 자기 통제는 기술 산업에 책임을 물을 대안적인 방법으로 제시됐음 – 기술 분야의 자기 통제는 의료계와 달라 윤리적 의무 없음 – 도덕적 결함에 대한 결과나 정직에 대한 두려움도 없는 상황에서 윤리 헌장 등이 생김 – 위반에 대한 결과가 없으면 헌장은 무력할 뿐임
④ (C) — (A) — (B)
⑤ (C) — (B) — (A) (C)에서 도덕적 결함의 결과나 정직에 대한 두려움도 없다고 했으므로, 앞에는 무엇이 더 없는 것인지가 나와야 하는데 주어진 글에 이 내용이 없음

| 문제 풀이 순서 | [정답률 51%]

1st 각 문단의 내용을 파악하고, 글의 논리적인 순서를 추론한다.

주어진 글: 자기 통제는 기술 산업에 책임을 물을 대안적인 방법으로 제시됐다.

→ **주어진 글 뒤**: 자기 통제가 기술 산업에 책임을 물을 대안적 방법으로 제시됐다고 했으므로, **단서** 자기 통제가 대안적 방법으로 제시된 것에 대한 설명이 이어질 것이다. **발상**

(A): 그러나(But) 그것들(them)을 위반하는 것에 관한 결과가 없다면, 이 헌장들(these charters)은 그저 열망의 무력한 선언에 불과하다. 기술 산업은 기본적으로 '우리를 믿으라'라고 말하고 있다. 그러나 맹목적인 신뢰는 우리가 의사, 변호사, 은행가, 조종사 또는 사회적 책임이 있는 선출되지 않은 지위의 다른 누군가를 통제하는 방식이 아니다. 기술은 예외이며, 그 이유는 분명하지 않다.

→ **(A) 앞**: '그것들(them)'이 무엇인지 나와야 하고, '이 헌장들(these charters)'이라고 했으므로 이 단어가 앞에 한 번 이상 언급되어야 한다.

▶ 주어진 글이 (A) 앞에 올 수 없음

(A) 뒤: 기술이 왜 예외인지에 대한 설명이 이어지거나 (A)가 글의 마무리 내용일 것이다. ▶ (A)가 마지막에 올 확률이 높음

(B): 그러나(But) 기술 로비스트들이 자기 통제에 대해 말할 때, 그들은 의사와 같은 전문가들이 이해하는 대로 그것을 설명하는 것이 아니다. 의료계와는 달리, 소프트웨어 엔지니어나 기술 경영진으로 일하기 위한 의무적인 윤리적 자격 요건은 없다. 강제할 수 있는 산업 행동 강령도 없다. 의무적인 인증도 없다. 이익보다 공공을 우선시해야 할 의무도 없다.

→ **(B) 앞**: '그러나(But)'로 시작했으므로 자기 통제와 관련된 반대 내용이 나와야 하는데, 이 내용이 주어진 글에 있다. ▶ 순서: 주어진 글 → (B)

(B) 뒤: 기술자들에게 윤리적 자격 요건이나 행동 강령, 의무가 없다는 것에 대한 설명이 이어질 것이다.

→ **(C) 앞:** 도덕적 결함에 대한 결과나 정직에 대한 두려움이 없는 것 외에도 '무엇'이 없는 것인지가 나와야 할 것이다. ▶ 순서: (B) → (C)
(C) 뒤: 최근 컴퓨터의 책임감 있는 사용에 대한 헌장과 같은 것들이 증가했다고 했으므로 최근 증가한 윤리 헌장의 영향이나 결과가 언급될 것이므로 (A)가 와야 한다.
▶ 순서: 주어진 글 → (B) → (C) → (A)

2nd 글이 한눈에 들어오도록 정리하여 정답을 확인한다.

주어진 글: 자기 통제는 기술 산업에 책임을 물을 대안적인 방법으로 제시됐다.
→ **(B):** 기술 분야에서 자기 통제는 의료계와는 달리 윤리적 자격 요건이나 의무를 요구하지 않는다.
→ **(C):** 도덕적 결함에 대한 결과나 정직에 대한 두려움도 없는 상황에서 최근 기술 분야의 윤리 헌장 등이 증가했다.
→ **(A):** 하지만 위반에 대한 결과가 없으면 이런 헌장들은 무력하다.
▶ 주어진 글 다음에 이어질 글의 순서는 (B) → (C) → (A)이므로 정답은 ③임

M 16 정답 ⑤ *평판 자본과 시장 규제 집행 가능성 간 관계

단서 1 시장 규제 집행 가능성은 계약 위반 시 가치가 떨어질 수 있는 평판 자본을 구축한 경우에 더 크다고 언급함

The potential for market enforcement is greater / when contracting parties have developed reputational capital / **that** can be devalued when contracts are violated. //
주격 관계대명사
시장 규제 집행 가능성은 더 크다 / 계약 당사자들이 평판 자본을 구축한 경우에 / 계약 위반 시 가치가 떨어질 수 있는

(A) Similarly, / a landowner can undermaintain / fences, ditches, and irrigation systems. //
단서 2 (B)의 마지막 문장에 이어서, 마찬가지로 지주는 울타리, 도랑 등을 제대로 관리하지 않을 수 있음
마찬가지로 / 지주는 제대로 관리하지 않을 수 있다 / 울타리, 도랑, 관개 시스템을 //

Accurate assessments of farmer and landowner behavior / will be made / over time, /
농부와 지주의 행동에 대한 정확한 평가는 / 이루어질 것이다 / 시간이 지남에 따라 /

and those farmers and landowners / **who** attempt to gain at each other's expense / will find / **that** others may refuse to deal with them / in the future. //
주격 관계대명사 / 목적어절을 이끄는 접속사
그리고 그러한 농부와 지주 / 상대방의 비용으로 이익을 취하려고 시도하는 / 알게 될 것이다 / 다른 사람들이 그들과 거래하는 것을 거부할 수도 있다는 것을 / 향후 //

단서 3 시간이 지나면서 지주들은 농부들을 간접적으로 감시하게 됨
(B) Over time / landowners indirectly monitor farmers / by observing the reported output, / the general quality of the soil, / and any unusual or extreme behavior. //
시간이 지나면서 / 지주들은 농부들을 간접적으로 감시한다 / 보고된 생산량을 관찰함으로써 / 토양의 전반적인 질 / 그리고 어떤 보기 드물거나 극단적인 행동 //

Farmer and landowner reputations act / as a bond. //
농부와 지주의 평판은 역할을 한다 / 계약의 //

In any growing season / a farmer can **reduce** effort, / **overuse** soil, / or **underreport** the crop. //
병렬 구조
어떤 한 재배 철에 / 농부는 노력을 줄일 수 있다 / 토양을 과도하게 사용하거나 / 또는 작물을 축소 보고하거나 //

단서 4 농부와 지주들이 평판을 쌓아 나감(주어진 글에서 언급한 평판 자본의 예시)
(C) Farmers and landowners develop reputations / for honesty, fairness, **producing** high yields, / and consistently **demonstrating** / **that** they are good at what they do. //
분사구문의 병렬 구조 / 목적어절을 이끄는 접속사
농부와 지주는 평판을 쌓아 나간다 / 정직함과 공정함에 대한 / 높은 수확량을 생산하면서 / 그리고 지속적으로 입증하면서 / 자신이 하는 일을 잘한다는 것을 //

In small, close-knit farming communities, / reputations are well known. //
소규모의 긴밀히 맺어진 농업 공동체에서는 / 평판이 잘 알려져 있다 //

- **enforcement** ⓝ 집행   • **party** ⓝ 당사자
- **reputational capital** 평판 자본   • **devalue** ⓥ 평가 절하하다
- **undermaintain** ⓥ 제대로 관리하지 않다   • **assessment** ⓝ 평가
- **expense** ⓝ 비용   • **extreme** ⓐ 극적인   • **reputation** ⓝ 평판
- **overuse** ⓥ 남용하다   • **underreport** ⓥ (소득·수입 등을) 적게 신고하다
- **yield** ⓝ 수확량   • **demonstrate** ⓥ 입증하다
- **close-knit** ⓐ 긴밀히 맺어진

시장 규제 집행 가능성은 계약 당사자들이 계약 위반 시 가치가 떨어질 수 있는 평판자본을 구축한 경우에 더 크다. (C) 농부와 지주는 높은 수확량을 생산하고, 자신이 하는 일을 잘한다는 것을 지속적으로 입증하면서 정직함과 공정함에 대한 평판을 쌓아 나간다. 소규모의 긴밀히 맺어진 농업 공동체에서는 평판이 잘 알려져 있다. (B) 시간이 지나면서 지주들은 보고된 생산량, 토양의 전반적인 질, 어떤 보기 드물거나 극단적인 행동을 관찰하여 농부들을 간접적으로 감시한다. 농부와 지주의 평판은 계약의 역할을 한다. 어떤 한 재배 철에 농부는 노력을 줄이거나 토양을 과도하게 사용하거나 작물을 축소 보고할 수 있다. (A) 마찬가지로, 지주는 울타리, 도랑, 관개 시스템을 제대로 관리하지 않을 수 있다. 농부와 지주의 행동에 대한 정확한 평가는 시간이 지남에 따라 이루어질 것이고, 상대방의 비용으로 이익을 취하려고 시도하는 농부와 지주는 다른 사람들이 향후 그들과의 거래를 거부할 수도 있다는 것을 알게 될 것이다.

주어진 글 다음에 이어질 글의 순서로 가장 적절한 것을 고르시오.

① (A) — (C) — (B) (A)의 Similarly로 이어질 수 있는 내용이 주어진 글에 없음
② (B) — (A) — (C) (B)에서 시간이 지나면서 지주는 농부를 감시하고, 농부는 부정직한 행동을 할 수 있다고 했으므로 (B) 앞에는 시간이 지나기 이전 농부와 지주에 대한 설명이 나와야 함
③ (B) — (C) — (A)
④ (C) — (A) — (B) (A)의 Similarly는 (B)의 마지막 문장에 이어짐
⑤ (C) — (B) — (A) 계약 당사자가 평판 자본을 구축한 경우 시장 규제 집행의 가능성이 더 큼 – 농부와 지주가 평판을 쌓아 감 – 시간이 지나면서 지주는 농부를 감시하는데, 농부가 부정직하게 행동할 수 있는데 – 마찬가지로 지주도 부정직하게 행동할 수 있는데, 결국 이런 사람들은 향후 거래 거부당할 것임

| 문제 풀이 순서 | [정답률 57%]

1st 각 문단의 내용을 파악하고, 글의 논리적인 순서를 추론한다.

주어진 글: 시장 규제 집행 가능성은 계약 당사자들이 계약 위반 시 가치가 떨어질 수 있는 평판 자본을 구축한 경우에 더 크다.
→ 계약 당사자가 평판 자본을 구축한 경우 시장 규제 집행의 가능성이 더 크다는 내용을 제시하고 있다. **단서**
주어진 글 뒤: 계약 당사자가 평판 자본을 구축한 경우 시장 규제 집행의 가능성이 더 크다는 내용을 설명하는 예시가 이어질 것이다. **발상**

(A) **마찬가지로(Similarly)**, 지주는 울타리, 도랑, 관개 시스템을 제대로 관리하지 않을 수 있다. 농부와 지주의 행동에 대한 정확한 평가는 시간이 지남에 따라 이루어질 것이고, 상대방의 비용으로 이익을 취하려고 시도하는 농부와 지주는 다른 사람들이 향후 그들과의 거래를 거부할 수도 있다는 것을 알게 될 것이다.
→ **(A) 앞:** '마찬가지로(Similarly)'가 쓰인 것으로 보아 울타리 등을 제대로 관리하지 않는 지주처럼 농부가 무언가를 제대로 하지 않는 것에 관한 내용이 제시되었을 것이다. ▶ 주어진 글이 (A) 앞에 올 수 없음
(A) 뒤: 상대방 비용으로 이익을 취하려고 하는 농부와 지주가 맞이하게 되는 결론이 마지막에 제시되었으므로 (A)가 글의 마지막에 올 확률이 높다.
▶ (A)가 글의 마지막에 올 확률이 높음

(B) **시간이 지나면서(Over time)** 지주들은 보고된 생산량, 토양의 전반적인 질, 어떤 보기 드물거나 극단적인 행동을 관찰하여 농부들을 간접적으로 감시한다. 농부와 지주의 평판은 계약의 역할을 한다. 어떤 한 재배 철에 농부는 노력을 줄이거나 토양을 과도하게 사용하거나 작물을 축소 보고할 수 있다.
→ **(B) 앞:** '시간이 지나면서(Over time)'라고 했으므로 앞에는 이전에 지주와 농부 사이에 어떤 일이 발생하였는지가 제시되어야 한다.
▶ 주어진 글이 (B) 앞에 올 수 없음
(B) 뒤: 농부가 노력을 줄이는 등의 행동을 하는 것에 대한 지주의 반응이나 결과가 이어질 것이다. ▶ 순서: (B) → (A)

(C) 농부와 지주는 높은 수확량을 생산하고, 자신이 하는 일을 잘한다는 것을 지속적으로 입증하면서 정직함과 공정함에 대한 평판을 쌓아 나간다. 소규모의 긴밀히 맺어진 농업 공동체에서는 평판이 잘 알려져 있다.

➡ (C) 앞: 농부와 지주가 서로 일을 잘 하는 것을 입증하면서 정직함과 공정함에 대한 평판을 쌓아 나간다고 언급하고 있으므로, 계약 당사자의 평판 자본에 대해 설명한 주어진 글 다음에 (C)가 이어져 예시를 제시하는 것으로 보는 것이 적절하다.
▶ 순서: 주어진 글 → (C)
(C) 뒤: 농부와 지주 사이 평판에 어떤 변화가 발생하는지 추가적인 정보가 제시될 것이다. 이 내용이 (B)에 있다. ▶ 순서: 주어진 글 → (C) → (B) → (A)

2nd 글이 한눈에 들어오도록 정리하여 정답을 확인한다.

주어진 글: 계약 당사자가 평판 자본을 구축한 경우 시장 규제 집행의 가능성이 더 크다.

→ **(C):** 하나의 예로 농부와 지주가 서로 평판을 쌓아 간다.

→ **(B):** 시간이 지나면서 지주는 농부를 감시하는데, 농부가 부정직하게 행동할 수 있다.

→ **(A):** 마찬가지로 지주도 부정직하게 행동할 수 있는데, 결국 이런 사람들은 향후 거래를 거부당할 것이다.

▶ 주어진 글 다음에 이어질 글의 순서는 (C) → (B) → (A)이므로 정답은 ⑤임

배지오 | 연세대 약학과 2025년 입학 · 성남 낙생고 졸
난 (A), (B), (C) 각각에서 말하고자 하는 바를 한국어로 정리한 다음, 어떻게 연결해야 논리적으로 말이 될지 생각한 뒤 각 문단을 이어봐. 주제를 파악한 이후에, 나는 접속사, 연결사와 대명사에 신경 쓰면서 순서를 맞춰나갔어. 이 문제의 경우, Similarly, Over time에 주목했지. 처음에는 농부와 지주 모두 긍정적이게 행동을 한다는 (C)가 와야 할 거야. (B)에서 시간이 지나며 농부들이 부정적이게 행동을 할 것임을 언급했고 이와 마찬가지로 지주도 부정적인 행동을 할 수 있다는 흐름이 자연스럽기 때문에 (A)가 마지막에 와야 하지.

M 17 정답 ③ ＊일렬로 선 새들의 관찰 조정력과 감정 전염

Watch the birds / in your backyard. // 새를 관찰해보라 / 뒷마당의 //
If one bird startles and flies off, / others will follow, / not waiting around to assess / whether the threat is real. //
새 한 마리가 놀라 날아오르면 / 다른 새들도 뒤따를 것이다 / 판단하기 위해 기다리지 않고 / 그 위협이 진짜인지 아닌지를 // **단서 1** 새 한 마리가 날아오르면 다른 새들도 뒤따르는 것을 감정 전염에 감염되었다고 설명하고 있다
They have been infected / by emotional contagion. //
그것들은 감염되었다 / 감정 전염에 //

(A) Marc wondered / **whether**(명사절 접속사) the birds in line were more fearful / because they didn't know / what their flockmates were doing. // **단서 2** (C)의 마지막에 이어지는 내용으로, 줄을 선 새들이 더 두려워하는 이유에 대해 궁금해 함
Marc는 궁금해했다 / 줄을 선 새들이 더 두려운 것은 아닌지 / 그들이 모르기 때문에 / 자기 무리가 무엇을 하는지 //

Emotional contagion would have been impossible / for individual grosbeaks in the linear array / except with their nearest neighbors. //
감정 전염은 불가능했을 것이다 / 선형 배열에 있는 개개의 콩새류에 / 가장 가까운 곳에 있는 이웃을 제외하고는 //

(B) In a long-term research project / **that**(목적격 관계대명사) Marc did with some of his students / on patterns of antipredatory scanning / by western evening grosbeaks, /
장기 연구 프로젝트에서 / Marc가 자신의 학생 몇 명과 함께 진행한 / 포식자 회피 관찰 패턴에 관한 / 서양 콩새류의 / **단서 3** Marc의 연구에서 원을 그리고 있는 새들이 일렬로 서 있는 새들보다 더 많은 관찰 조정력을 보이는 것 발견함
they found / **that** birds in a circle showed / more coordination in scanning / than **did birds who** were feeding in a line. // (주어와 동사 도치 / 주격 관계대명사)
그들은 발견했다 / 원을 그리고 있는 새들이 보인다는 것을 / 관찰에 더 많은 조정력을 / 일렬로 먹이를 먹고 있는 새보다 //

(C) The birds in a line, / **who**(계속적 용법의 관계대명사) could only see their nearest neighbor, / not only were less coordinated / **when scanning,**(접속사가 생략되지 않은 분사구문) /
일렬로 늘어선 새들은 / 가장 가까운 이웃만 볼 수 있었는데 / 조정력이 떨어졌을 뿐만 아니라 / 관찰할 때 / **단서 4** 일렬로 줄을 선 새들이 더 조정력이 떨어졌고 더 긴장한 상태였음
but also were more nervous, / **changing** their body and head positions / significantly more than grosbeaks in a circle, / (분사구문을 이끎)
where it was possible for each grosbeak / to see every other grosbeak. // (관계부사 / 가주어 / 의미상 주어 / 진주어)
더 긴장한 상태였고 / 몸과 머리 위치를 바꾸었는데 / 원을 그리고 있는 콩새들보다 훨씬 더 많이 / 그곳에서는 각각의 콩새에게 가능했다 / 다른 모든 콩새를 보는 것이 //

- • startle ⓥ 놀래다　• infect ⓥ 감염시키다　• contagion ⓝ 전염
- • linear ⓐ (직)선의　• antipredatory ⓐ 포식자 회피의
- • scan ⓥ 살피다, 훑어보다　• coordination ⓝ (신체) 조정력
- • significantly ⓐⓓ 상당히

뒷마당의 새를 관찰해보라. 새 한 마리가 놀라 날아오르면 다른 새들도 위협의 진위를 판단하기 위해 기다리지 않고 뒤따를 것이다. 그것들은 감정 전염에 감염되었다. (B) Marc가 자신의 학생 몇 명과 함께 진행한 서양 콩새류의 포식자 회피 관찰 패턴에 관한 장기 연구 프로젝트에서, 그들은 일렬로 먹이를 먹고 있는 새보다 원을 그리고 있는 새들이 관찰에 더 많은 조정력을 보인다는 사실을 발견했다. (C) 일렬로 늘어선 새들은, 가장 가까운 이웃만 볼 수 있었는데, 관찰할 때 조정력이 떨어졌을 뿐만 아니라 더 긴장한 상태였고 원을 그리고 있는 콩새들보다 몸과 머리 위치를 훨씬 더 많이 바꾸었는데, 원을 그린 상태에서는 각각의 콩새가 다른 모든 콩새를 볼 수 있었다. (A) Marc는 줄을 선 새들이 자기 무리가 무엇을 하는지 모르기 때문에 더 두려운 것은 아닌지 궁금해했다. 감정 전염은 선형 배열에 있는 개개의 콩새류에 가장 가까운 곳에 있는 이웃을 제외하고는 불가능했을 것이다.

주어진 글 다음에 이어질 글의 순서로 가장 적절한 것을 고르시오. [3점]

① (A) — (C) — (B)　(A) 앞에는 일렬로 선 새들이 두려워하거나 불안해했다는 내용이 제시되어야 하므로 주어진 글이 올 수 없음
② (B) — (A) — (C)　(C)의 마지막에 이어지는 내용(줄을 선 새들이 더 두려워하는 이유에 대해 궁금해 함)이 (A)에 나오므로 뒤에 와야 함
③ (B) — (C) — (A)　새 한 마리가 날아오르면 다른 새들도 뒤따르는 것을 감정 전염에 감염되었다고 함 - 일렬로 선 새보다 원을 그리고 있는 새들이 더 많은 관찰 조정력을 보임 - 일렬로 늘어선 새들은 가장 가까운 이웃만 볼 수 있었고 관찰 조정력이 떨어짐 - 줄을 선 새들은 무엇을 하는지 모르기 때문에 더 두려웠을 것이며, 감정 전염은 선형 배열의 이웃들끼리만 가능함
④ (C) — (A) — (B)
⑤ (C) — (B) — (A)
(B)가 Marc의 연구 프로젝트를 처음으로 소개하는 내용을 제시하고 있으므로 (C) 뒤에 올 수 없음

| 문제 풀이 순서 | [정답률 34%]

1st 각 문단의 내용을 파악하고, 글의 논리적인 순서를 추론한다.

주어진 글: 뒷마당의 새를 관찰해보라. 새 한 마리가 놀라 날아오르면 다른 새들도 위협의 진위를 판단하기 위해 기다리지 않고 뒤따를 것이다. 그것들은 감정 전염에 감염되었다.

➡ 새 한 마리가 놀라 날아오르면 다른 새들도 위협의 진위를 떠나 뒤따르는 것을 감정 전염에 감염되었다고 설명하고 있다. **단서**
주어진 글 뒤: 새들의 감정 전염에 대한 구체적인 예시가 제시될 것이다. **발상**

(A) Marc는 줄을 선 새들이 자기 무리가 무엇을 하는지 모르기 때문에 더 두려운 것은 아닌지 궁금해했다. 감정 전염은 선형 배열에 있는 개개의 콩새류에 가장 가까운 곳에 있는 이웃을 제외하고는 불가능했을 것이다.

➡ **(A) 앞:** Marc는 일렬로 줄을 선 새들이 자기 무리가 무엇을 하는지 몰라서 더 두려운 것인지 궁금해 했다고 했으므로, 줄지어 있는 새들이 두려워했다는 사실이 앞에 제시되어야 (A)에서 그 이유에 대해 궁금해했다는 내용이 이어질 수 있다.
▶ 주어진 글이 (A) 앞에 올 수 없음
(A) 뒤: 감정 전염이 가장 가까운 곳에 있는 이웃을 제외하고는 불가능했을 것이라는 결론을 제시하고 있으므로 (A)가 글의 마지막에 올 확률이 큼
▶ (A)가 글의 마지막에 올 확률이 큼

(B) Marc가 자신의 학생 몇 명과 함께 진행한 서양 콩새류의 포식자 회피 관찰 패턴에 관한 장기 연구 프로젝트에서, 그들은 일렬로 먹이를 먹고 있는 새보다 원을 그리고 있는 새들이 관찰에 더 많은 조정력을 보인다는 사실을 발견했다.

➡ **(B) 앞:** Marc가 학생들과 서양 콩새류의 포식자 회피 관찰 패턴에 대해 연구했다고 했으므로, Marc의 연구를 예시로 드는 것에 대한 배경이나 단서가 제시되어야 할 것이다. ▶ 순서: 주어진 글 → (B)

(B) 뒤: 일렬로 먹이를 먹고 있는 새보다 원을 그리고 있는 새들이 관찰에 더 많은 조경력을 보이는 것에 대한 부연 설명이 이어질 것이다.

(C) 일렬로 늘어선 새들은, 가장 가까운 이웃만 볼 수 있었는데, 관찰할 때 조경력이 떨어졌을 뿐만 아니라 더 긴장한 상태였고 원을 그리고 있는 콩새들보다 몸과 머리 위치를 훨씬 더 많이 바꾸었는데, 원을 그린 상태에서는 각각의 콩새가 다른 모든 콩새를 볼 수 있었다.

➡ **(C) 앞:** 일렬로 서 있는 새들과 원을 그리고 있는 새들이 차이를 보인다는 내용이 제시되어야, 그 사실에 대해 부연 설명을 하고 있는 (C)가 이어질 수 있다.
▶ 순서: (B) → (C)

(C) 뒤: 일렬로 늘어선 새들과 원을 그리고 있는 새들의 차이에 대한 부연 설명이나 이에 대한 연구자의 결론 등이 이어지는 것이 자연스러울 것이다. 이 내용이 (A)에 있다. ▶ 순서: 주어진 글 → (B) → (C) → (A)

2nd 글이 한눈에 들어오도록 정리하여 정답을 확인한다.

주어진 글: 새 한 마리가 놀라 날아오르면 다른 새들도 위협의 진위를 떠나 뒤따르는 것은 감정 전염에 감염된 것이다.

→ **(B):** Marc의 연구에서, 일렬로 먹이를 먹고 있는 새보다 원을 그리고 있는 새들이 관찰에 더 많은 조경력을 보인다는 사실을 발견했다.

→ **(C):** 일렬로 늘어선 새들은 가장 가까운 이웃만 볼 수 있었고 관찰 조경력이 떨어졌으며, 원을 그린 상태에서는 각각의 콩새가 다른 모든 콩새를 볼 수 있었다.

→ **(A):** 줄을 선 새들이 자기 무리가 무엇을 하는지 모르기 때문에 더 두려웠을 것이며, 감정 전염은 선형 배열의 가장 가까운 곳에 있는 이웃을 제외하고는 불가능했을 것이다.

▶ 주어진 글 다음에 이어질 글의 순서는 (B) → (C) → (A)이므로 정답은 ③임

백승준 | 카이스트 새내기과정학부 2025년 입학 · 광주 광주숭일고 졸

이 문제는 '순서 배열' 문제이고 3점짜리 문제지만 생각보다 쉽게 접근했었어. 글의 제재가 호기심에 따른 관찰과 그에 따른 분석이었기에 순서가 명확할 것이라 생각했지. 주어진 글에서 특정 현상을 제시했으니 이에 관하여 연구를 제시한 (B)가 와야 한다고 생각했어. 다음으로 (A)와 (C)를 훑어보았는데, (A)에서 제시된 Marc의 궁금증은 (B)와 (C)에서 제시된 관찰에 대한 추가적인 궁금증이라 생각했고 또, (A)의 마지막 부분에서 곧바로 궁금증에 대한 가설을 제시했기에 (A)가 마지막 순서인 것을 알 수 있었지.

M 18 정답 ⑤ ＊새로운 정보가 추가될 때 기존 패턴을 조정하는 정도

단서 1 학습이 사실의 목록을 축적하는 문제라면 새로운 정보가 제공되더라도 아무런 차이가 없을 것임

If learning were simply a matter / of accumulating lists of facts, / then it shouldn't make any difference /
학습이 단순히 문제라면 / 사실의 목록을 축적하는 / 아무런 차이가 없을 것이다 /

if we are presented / with information that (주격 관계대명사) is just a little bit beyond what we already know / or totally new information. //
우리가 제공받든 아니든 / 이미 알고 있는 것을 조금 넘어서는 정보를 / 또는 완전히 새로운 정보를 //

단서 2 그러나 완전히 새로운 것을 이해하려고 하면 이미 가진 패턴의 단위를 더 크게 조정해야 함

(A) If we are trying to understand something totally new, however, / we need to make larger adjustments / to the units of the patterns we (사이에 목적격 관계대명사 생략) already have, /
그러나 완전히 새로운 것을 이해하려고 한다면 / 우리는 더 큰 조정을 해야 한다 / 이미 가지고 있는 패턴의 단위를 /

which (계속적 용법의 관계대명사) requires changing / the strengths of large numbers of connections in our brain, / and this is a difficult, tiring process. //
이것은 변경을 필요로 한다 / 우리 뇌의 수많은 연결 강도를 / 이것은 어렵고 피곤한 과정이다 //

(B) The adjustments are clearly smallest / when the new information is only slightly new / — when it is compatible / with what we already know, / 단서 3 약간만 새로운 정보가 추가될 때는 조정이 적음
조정은 분명히 가장 적다 / 새로운 정보가 약간만 새로운 것일 때 / 즉 그것이 양립할 때 / 우리가 이미 알고 있는 것과 /

so that (접속사(그래서 ~하다)) the old patterns need / only a little bit of adjustment / to accommodate (부사적 용법(목적)) the new knowledge. //
그래서 기존 패턴이 필요로 한다 / 약간의 조정만을 / 새로운 지식을 수용하기 위해 //

(C) Each fact would simply be stored separately. //
각 사실은 단순히 개별적으로 저장될 것이다 // 단서 4 주어진 글에서 언급한 '사실'이 연결됨

According to connectionist theory, / however, / our knowledge is organized / into patterns of activity, /
연결주의 이론에 따르면 / 그러나 / 우리의 지식은 조직된다 / 활동 패턴으로 /

and each time (접속사(~할 때마다)) we learn something new / we have to modify the old patterns / so as to keep the old material / while adding (접속사 뒤에 주어와 be동사 생략) the new information. //
그리고 우리가 새로운 것을 배울 때마다 / 기존 패턴을 수정해야 한다 / 이전 자료를 유지하기 위해 / 새로운 정보를 추가하면서 //

- accumulate ⓥ 축적하다, 쌓다
- adjustment ⓝ 조정
- unit ⓝ 단위
- strength ⓝ 힘
- slightly ad 약간
- compatible ⓐ 양립될 수 있는
- accommodate ⓥ 수용하다
- store ⓥ 저장하다
- separately ad 개별적으로
- organize ⓥ 조직하다
- modify ⓥ 수정하다
- material ⓝ 자료, 재료

학습이 단순히 사실의 목록을 축적하는 문제라면, 우리가 이미 알고 있는 것을 조금 넘어서는 정보가 제공되거나 완전히 새로운 정보가 제공되더라도 아무런 차이가 없을 것이다. (C) 각 사실은 단순히 개별적으로 저장될 것이다. 그러나 연결주의 이론에 따르면, 우리의 지식은 활동 패턴으로 조직되며, 우리가 새로운 것을 배울 때마다 새로운 정보를 추가하면서 이전 자료를 유지하기 위해 기존 패턴을 수정해야 한다. (B) 새로운 정보가 약간만 새로운 것일 때, 즉 그것이 우리가 이미 알고 있는 것과 양립할 수 있어서, 새로운 지식을 수용하기 위해 기존 패턴을 약간만 조정하면 될 때 조정은 분명 가장 적다. (A) 그러나 완전히 새로운 것을 이해하려고 한다면, 우리는 이미 가지고 있는 패턴의 단위를 더 크게 조정해야 하는데, 이를 위해서는 우리 뇌의 수많은 연결 강도를 변경해야 하며, 이것은 어렵고 피곤한 과정이다.

주어진 글 다음에 이어질 글의 순서로 가장 적절한 것을 고르시오. [3점]

① (A) — (C) — (B) (A)는 글의 마무리에 해당하는 내용이므로 맨 마지막에 와야 함
② (B) — (A) — (C)
③ (B) — (C) — (A) 주어진 글에서 언급한 '사실'이 (C)의 첫 문장에서 연결됨
④ (C) — (A) — (B)
⑤ (C) — (B) — (A)

학습이 사실의 목록을 축적하는 문제라면 새로운 정보가 제공되더라도 아무런 차이가 없을 것임 - 연결주의 이론에 따르면 새로운 것을 배울 때마다 기존 패턴을 수정해야 함 - 약간만 새로운 정보일 때는 기존 패턴을 약간만 조정하면 됨 - 완전히 새로운 것을 이해할 때는 더 큰 조정이 필요함

(A)에서 그러나 완전히 새로운 것을 이해할 때 더 큰 조정이 필요하다고 했으므로 (A) 앞에는 약간만 새로운 것을 배우는 것에 대한 (B)가 와야 함

| 문제 풀이 순서 | [정답률 44%]

1st 각 문단의 내용을 파악하고, 글의 논리적인 순서를 추론한다.

주어진 글: 학습이 단순히 사실의 목록을 축적하는 문제라면, 우리가 이미 알고 있는 것을 조금 넘어서는 정보가 제공되거나 완전히 새로운 정보가 제공되더라도 아무런 차이가 없을 것이다.

➡ 학습이 단순히 사실의 목록을 축적하는 문제라면 새로운 정보를 제공받더라도 아무런 차이가 없을 것이라고 설명하고 있다. (단서)

주어진 글 뒤: 아무런 차이가 없는 경우라면 각 사실이 단순히 저장될 것이라는 내용이 이어질 것이다. (발상)

(A) 그러나(however) 완전히 새로운 것을 이해하려고 한다면, 우리는 이미 가지고 있는 패턴의 단위를 더 크게 조정해야 하는데, 이를 위해서는 우리 뇌의 수많은 연결 강도를 변경해야 하며, 이것은 어렵고 피곤한 과정이다.

➡ **(A) 앞:** '그러나(however)'가 쓰인 것으로 보아 완전히 새로운 것을 이해하려고 한다는 내용과 반대되는 내용이 제시되었을 것이다.
▶ 주어진 글이 (A) 앞에 올 수 없음
(A) 뒤: 뇌의 수많은 연결 강도를 변경해야 하는데 이것은 어려운 과정이라고 했으므로 이에 대한 부연 설명이 이어지거나 (A)가 글의 마지막일 확률이 높음

(B) 새로운 정보가 약간만 새로운 것일 때, 즉 그것이 우리가 이미 알고 있는 것과 양립할 수 있어서, 새로운 지식을 수용하기 위해 기존 패턴을 약간만 조정하면 될 때 조정은 분명 가장 적다.

➡ **(B) 앞:** 새로운 정보에 대한 언급이 앞에 있어야 할 것이다.
(B) 뒤: 기존 패턴을 약간만 조정하면 된다는 말로 마무리되었으므로, 뒤에 이와 반대되는 내용이 이어질 것이다. ▶ 순서: (B) → (A)

(C) 각 사실(Each fact)은 단순히 개별적으로 저장될 것이다. 그러나 연결주의 이론에 따르면, 우리의 지식은 활동 패턴으로 조직되며, 우리가 새로운 것을 배울 때마다 새로운 정보를 추가하면서 이전 자료를 유지하기 위해 기존 패턴을 수정해야 한다.

➡ **(C) 앞:** 각 사실이 단순히 개별적으로 저장될 것이라고 말하는 배경이 나와야 한다. 학습이 단순히 사실의 목록을 축적하는 문제라면 새로운 정보를 제공받더라도 아무런 차이가 없을 것이라고 이야기한 주어진 글이 앞에 나오는 것이 자연스럽다.
▶ 순서: 주어진 글 → (C)
(C) 뒤: 새로운 정보를 추가할 때 패턴을 수정하는 것에 대한 상세한 부연 설명이 이어져야 할 것이므로 (B)가 와야 한다.
▶ 순서: 주어진 글 → (C) → (B) → (A)

2nd 글이 한눈에 들어오도록 정리하여 정답을 확인한다.

주어진 글: 학습이 단순히 사실의 목록을 축적하는 문제라면 새로운 정보를 제공받더라도 아무런 차이가 없을 것이다.

→ **(C):** 각 사실은 개별적으로 저장될 것이지만, 연결주의 이론에 따르면, 새로운 정보가 추가될 때 기존 패턴을 수정해야 한다.

→ **(B):** 추가되는 새로운 정보가 약간만 새로운 것일 때는 기존 패턴을 약간만 조정한다.

→ **(A):** 그러나 완전히 새로운 것을 이해하려고 한다면 패턴의 단위를 더 크게 조정해야 하고 이것은 어려운 과정이다.
▶ 주어진 글 다음에 이어질 글의 순서는 (C) → (B) → (A)이므로 정답은 ⑤임

M 19 정답 ③ ＊동물의 건강을 지키는 능력 ─────

The generally close connection / between health and what animals want / exists /
일반적으로 밀접한 관계가 / 건강과 동물이 원하는 것 사이에 / 존재한다 /
because **wanting to obtain the right things / and wanting to avoid the wrong ones** / are major ways / **in which** animals keep themselves healthy. // **단서 1** 동물은 올바른 것은 얻고 잘못된 것은 피하려고 함
왜냐하면 올바른 것을 얻고자 하는 것과 / 잘못된 것을 피하고자 하는 것은 / 주요한 방법이기 때문이다 / 동물이 자신의 건강을 유지하는 //

(A) They can take pre-emptive action / **so that** the worst never happens. // **단서 2** (C)의 마지막에 언급한 '동물들(They)'이 최악의 상황을 피하려고 선제 조치를 취할 수 있다고 함
그들은 선제 조치를 취할 수 있다 / 최악의 상황이 발생하지 않도록 //
They start to want / things **that** will be necessary / for their health and survival / not for now / but for some time in the future. //
그들은 원하기 시작한다 / 필요할 것들을 / 건강과 생존에 / 지금이 아니라 / 미래 언젠가의 //

(B) Animals have evolved / many different ways of **maintaining** their health / and then **regaining** it again / **once** it has been damaged, / **단서 3** 동물들이 건강을 유지하고 건강이 손상되었을 때 되찾는 방법을 많이 개발함
동물은 발달시켜 왔다 / 건강을 유지하는 많은 다양한 방법을 / 그러고는 건강을 되찾는 / 건강이 손상되었을 때 /
such as an ability **to heal** wounds / when they are injured / and an amazingly complex immune system / for warding off infection. //
상처를 치유하는 능력과 같은 / 다쳤을 때 / 그리고 놀랍도록 복잡한 면역 체계와 같은 / 감염을 막기 위한 //

단서 4 동물은 부상과 질병이 발생하기 전에 대처하는 능력도 뛰어남
(C) Animals are equally good, / however, / at dealing with injury and disease / before they even happen. //
동물은 똑같이 뛰어나다 / 그러나 / 부상과 질병에 대처하는 능력도 / 발생하기 전에 //
They have evolved / a complex set of mechanisms / for **anticipating** and **avoiding** danger altogether. //
동물은 발달시켜 왔다 / 복잡한 메커니즘을 / 위험을 예측하고 완전히 피하기 위한 //

- **obtain** ⓥ 얻다　　・ **pre-emptive** ⓐ 선제의
- **evolve** ⓥ 발달[진전]하다[시키다]　　・ **maintain** ⓥ 유지하다
- **survival** ⓝ 생존　　・ **regain** ⓥ 되찾다　　・ **damage** ⓥ 손상을 주다
- **heal** ⓥ 치유하다　　・ **wound** ⓝ 상처　　・ **complex** ⓐ 복잡한
- **immune system** 면역 체계　　・ **ward off** 피하다, 물리치다
- **infection** ⓝ 감염　　・ **anticipate** ⓥ 예측하다

올바른 것을 얻고자 하는 것과 잘못된 것을 피하고자 하는 것은 동물이 자신의 건강을 유지하는 주요한 방법이기 때문에 건강과 동물이 원하는 것 사이에는 일반적으로 밀접한 관계가 존재한다. (B) 동물은 다쳤을 때 상처를 치유하는 능력과 감염을 막기 위한 놀랍도록 복잡한 면역 체계와 같은, 건강을 유지하고 그러고는 건강이 손상되었을 때 이를 되찾는 많은 다양한 방법을 발달시켜 왔다. (C) 그러나 동물은 부상과 질병이 발생하기 전에 대처하는 능력도 똑같이 뛰어나다. 동물은 위험을 예측하고 완전히 피하기 위한 복잡한 메커니즘을 발달시켜 왔다. (A) 그들은 최악의 상황이 발생하지 않도록 선제 조치를 취할 수 있다. 그들은 지금이 아니라 미래 언젠가의 건강과 생존에 필요할 것들을 원하기 시작한다.

주어진 글 다음에 이어질 글의 순서로 가장 적절한 것을 고르시오.
① (A) ─ (C) ─ (B)　(A)는 동물의 선제 조치에 대한 이야기로 글의 마무리 내용임
② (B) ─ (A) ─ (C)　(C)의 마지막에 언급한 동물들이 (A)에서 They로 이어짐
③ (B) ─ (C) ─ (A)　동물은 올바른 것은 얻고 잘못된 것은 피하려고 함 - 동물은 건강을 유지하고 건강이 손상되었을 때 되찾는 많은 방법을 발달시킴 - 부상과 질병이 발생하기 전 예측하는 능력도 뛰어남 - 선제 조치를 취해 미래의 건강에 필요할 것들을 원하기 시작함
④ (C) ─ (A) ─ (B)
⑤ (C) ─ (B) ─ (A)　(C)는 '그러나' 동물이 부상과 질병 전에 예측하는 능력도 뛰어나다고 했으므로 (B) 뒤에 이어져야 함

| 문제 풀이 순서 |　[정답률 62%]

1st 각 문단의 내용을 파악하고, 글의 논리적인 순서를 추론한다.

주어진 글: 올바른 것을 얻고자 하는 것과 잘못된 것을 피하고자 하는 것은 동물이 자신의 건강을 유지하는 주요한 방법이기 때문에 건강과 동물이 원하는 것 사이에는 일반적으로 밀접한 관계가 존재한다.

➡ 동물은 건강을 위해 올바른 것은 얻고자 하고 잘못된 것은 피하고자 한다고 했다. **단서**
주어진 글 뒤: 건강을 위해 동물이 올바른 것은 얻고 잘못된 것은 피하고자 하는 구체적인 설명이 이어질 것이다. **발상**

(A) 그들(They)은 최악의 상황이 발생하지 않도록 선제 조치를 취할 수 있다. 그들은 지금이 아니라 미래 언젠가의 건강과 생존에 필요할 것들을 원하기 시작한다.

➡ **(A) 앞:** 선제 조치를 취한다는 것에 대한 배경 설명이나 관련된 내용이 언급되어야 한다.
▶ 주어진 글이 (A) 앞에 올 수 없음
(A) 뒤: 미래의 건강과 생존에 필요할 것들에 대해 부연 설명하거나 (A)가 글의 마지막일 확률이 높다.

(B) 동물은 다쳤을 때 상처를 치유하는 능력과 감염을 막기 위한 놀랍도록 복잡한 면역 체계와 같은, 건강을 유지하고 그러고는 건강이 손상되었을 때 이를 되찾는 많은 다양한 방법을 발달시켜 왔다.

➡ **(B) 앞:** 동물이 건강을 위해 올바른 것(건강)은 얻고 잘못된 것(건강 손상)은 피하려고 한다는 내용이 나와야 한다.
▶ 순서: 주어진 글 → (B)
(B) 뒤: 건강이 손상되었을 때 되찾는 다양한 방법을 발달시켜 왔다고 이미 언급했으므로 화제가 전환될 가능성이 있다.
▶ (C)가 이어질 확률이 큼

(C) 그러나(however) 동물은 부상과 질병이 발생하기 전에 대처하는 능력도 똑같이 뛰어나다. 동물은 위험을 예측하고 완전히 피하기 위한 복잡한 메커니즘을 발달시켜 왔다.

➡ **(C) 앞**: '그러나'가 쓰였으므로 앞 내용과 역접 관계에 있어야 한다. 부상과 질병이 발생하기 '전에' 대처하는 능력도 뛰어나다고 했으므로 이와 상반되는 내용이 나와야 할 것이다.

▶ 순서: (B) ➡ (C)

(C) 뒤: 위험을 예측하고 피하기 위한 매커니즘의 사례나 부연 설명이 이어져야 하므로 (A)가 이어질 것이다.

▶ 순서: 주어진 글 ➡ (B) ➡ (C) ➡ (A)

2nd 글이 한눈에 들어오도록 정리하여 정답을 확인한다.

주어진 글: 건강과 동물이 원하는 것 사이에는 밀접한 관계가 존재한다.

➡ **(B)**: 상처 치유 능력, 면역 체계 등 동물이 건강을 유지하고 되찾는 방법을 발달시켜 왔다.

➡ **(C)**: 부상과 질병이 발생하기 전에 대처하는 능력도 똑같이 뛰어나다.

➡ **(A)**: 동물이 미래의 건강과 생존에 대비해 선제 조치를 취할 수 있다.

▶ 주어진 글 다음에 이어질 글의 순서는 (B) ➡ (C) ➡ (A)이므로 정답은 **③**임

Ⓜ **20** 정답 ③ ＊조직의 학습을 지원하는 인적 자원 관리

a number of+복수 명사 / 선행사
There are a number of human resource management practices
주격 관계대명사
/ that are necessary to support organizational learning. //
여러 가지 인적 자원 관리 관행이 있다 / 조직의 학습을 지원하는 데 필요한 //

단서 1 조직 학습 지원에 필요한 여러 인적 관리 관행이 있음

단서 2 '그들'은 (C)의 마지막에 언급한 human resource development professionals임
(A) Their role should be to assist, consult, and advise teams / on how best to approach learning. //
그들의 역할은 팀을 지원하고, 상담하고, 조언하는 것이어야 한다 / 학습에 가장 잘 접근하는 방법에 대해 //

They must be able to develop / new mechanisms for cross-
전치사+동명사
training peers — team members — / and new systems for capturing and sharing information. //
그들은 개발할 수 있어야 한다 / 동료, 즉 팀원을 두 가지 이상의 일이 가능하도록 훈련시키기 위한 새로운 기법과 / 정보를 수집하고 공유하기 위한 새로운 시스템을 //

To do this, / human resource development professionals / must
동사 ①
be able to think systematically / and understand how to promote
동사 ②
learning / within groups and across the organization. //
이를 이행하기 위해 / 인적 자원 개발 전문가는 / 체계적으로 사고하고 / 학습을 촉진하는 방법을 이해할 수 있어야 한다 / 집단 내 및 조직 전체에서 //

단서 3 주어진 글에서 언급한 인적 관리에 대한 예시를 들어 여러 가지 인적 관리 관행들을 설명함
(B) For example, / performance evaluation and reward systems
주격 관계대명사
that reinforce long-term performance / and the development
주어
and sharing of new skills and knowledge / are particularly
동사(performance evaluation ~ and knowledge가 주어)
important. //
예컨대 / 장기적인 성과를 강화하는 업무 평가 및 보상 시스템 / 그리고 새로운 기술과 지식의 개발 및 공유가 / 특히 중요하다 //

In addition, / the human resource development function may be dramatically changed / to keep the emphasis on continuous learning. //
또한 / 인적 자원 개발 기능은 획기적으로 변경될 수도 있다 / 지속적인 학습에 계속 중점을 두도록 //

단서 4 (B)의 마지막에 언급한 학습과 관련해서 학습 조직에 대한 내용이 이어짐
(C) In a learning organization, / every employee must take the responsibility / for acquiring and transferring knowledge. //
학습 조직 내에서 / 모든 직원은 책임을 져야 한다 / 지식 습득과 전수에 대한 //

Formal training programs, / developed in advance and delivered
문장의 주어 / 과거분사
according to a preset schedule, / are insufficient / to address
동사
shifting training needs / and encourage timely information sharing. //
형식적인 교육 프로그램은 / 사전에 개발되어 미리 정해진 일정에 따라 제공되는 / 충분하지 않다 / 변화하는 교육적 요구에 대응하고 / 시기적절한 정보 공유를 촉진하기에는 //

Rather, human resource development professionals / must become learning facilitators. //
오히려 인적 자원 개발 전문가가 / 학습의 촉진자가 되어야 한다 //

- **human resource(s) management** 인적 자원 관리((구성원의 잠재적 능력을 육성, 개발하여 조직의 전략적 목표를 달성하는 데 기여하는 활동))
- **practice** ⓝ 관행   • **organizational learning** 조직 학습(組織 學習)
- **assist** ⓥ 지원하다, 돕다   • **mechanism** ⓝ 기법
- **cross-train** ⓥ 두 가지 이상의 일이 가능하도록 훈련시키다   • **peer** ⓝ 동료
- **systemically** ⓐⓓ 조직적으로   • **function** ⓝ 기능
- **dramatically** ⓐⓓ 극적으로, 획기적으로   • **emphasis** ⓝ 중점, 강조
- **transfer** ⓥ 전수하다   • **preset** ⓐ 미리 조절한
- **insufficient** ⓐ 충분하지 않은   • **address** ⓥ 대응[대처]하다
- **shifting** ⓐ 변화하는   • **timely** ⓐ 시기적절한
- **facilitator** ⓝ 촉진자

조직의 학습을 지원하는 데 필요한 여러 가지 인적 자원 관리 관행이 있다. (B) 예컨대, 장기적인 성과를 강화하는 업무 평가 및 보상 시스템, 그리고 새로운 기술과 지식의 개발 및 공유가 특히 중요하다. 또한, 지속적인 학습에 계속 중점을 두도록 인적 자원 개발 기능을 획기적으로 변경할 수도 있다. (C) 학습 조직 내 모든 직원은 지식 습득과 전수에 대한 책임을 져야 한다. 사전에 개발되어 미리 정해진 일정에 따라 제공되는 형식적인 교육 프로그램은 변화하는 교육적 요구에 대응하고 시기적절한 정보 공유를 촉진하기에는 충분하지 않다. 오히려 인적 자원 개발 전문가가 학습의 촉진자가 되어야 한다. (A) 그들의 역할은 학습에 가장 잘 접근하는 방법에 대해 팀을 지원하고, 상담하고, 조언하는 것이어야 한다. 그들은 동료, 즉 팀원을 두 가지 이상의 일이 가능하도록 훈련시키기 위한 새로운 기법과 정보를 수집하고 공유하기 위한 새로운 시스템을 개발할 수 있어야 한다. 이를 이행하기 위해, 인적 자원 개발 전문가는 체계적으로 사고하고 집단 내 및 조직 전체에서 학습을 촉진하는 방법을 이해할 수 있어야 한다.

주어진 글 다음에 이어질 글의 순서로 가장 적절한 것을 고르시오. [3점]
① (A) — (C) — (B)   (A)의 '그들'이 가리키는 것이 주어진 글에 없음
② (B) — (A) — (C)   (C)의 human resource development professionals가 (A)의 '그들'이므로 (A)가 뒤에 와야 함
③ (B) — (C) — (A)
④ (C) — (A) — (B)   (B)의 마지막에 언급한 학습과 관련해서 학습 조직에 대한 내용이 (C)에 이어지므로 맨 앞에 올 수 없음
⑤ (C) — (B) — (A)
조직(회사)의 학습 지원에 필요한 여러 인적 자원 관리 관행이 있음 - 여러 가지 조직 내에서의 제도와 시스템이 있음 - 형식적 프로그램보다는 인적 자원 개발 전문가가 학습 촉진자가 되어야 함 - 인적 자원 개발 전문가가 학습을 촉진하기 위해 해야 하는 역할과 자질을 설명함

| 문제 풀이 순서 | **[정답률 23%]**

1st 각 문단의 내용을 파악하고, 글의 논리적인 순서를 추론한다.

주어진 글: 조직의 학습을 지원하는 데 필요한 여러 가지 인적 자원 관리 관행이 있다.

➡ **주어진 글 뒤**: 조직(회사)의 학습 지원에 필요한 인적 자원 관리 관행이 있다고 했으므로, **단서** 조직(회사)의 학습 지원과 인적 자원 관리가 이 글의 주요 내용이 될 것이다. **발상**

(A) 그들의(Their) 역할은 학습에 가장 잘 접근하는 방법에 대해 팀을 지원하고, 상담하고, 조언하는 것이어야 한다. 그들(They)은 동료, 즉 팀원을 두 가지 이상의 일이 가능하도록 훈련시키기 위한 새로운 기법과 정보를 수집하고 공유하기 위한 새로운 시스템을 개발할 수 있어야 한다. 이를 이행하기 위해, 인적 자원 개발 전문가는 체계적으로 사고하고 집단 내 및 조직 전체에서 학습을 촉진하는 방법을 이해할 수 있어야 한다.

→ **(A) 앞:** '그들'이라고 지칭할 수 있는 대상이 제시되어야 한다.
▶ 주어진 글은 '그들'이 해야 하는 역할이 아니라 관행에 대해 설명하고 있으므로
(A) 앞에 올 수 없음

(A) 뒤: 인적 자원 개발 전문가에게 필요한 자질을 이야기하고 있으므로 이와
관련된 내용이 이어지거나 글의 마무리일 수 있다.

(B) 예컨대(For example), 장기적인 성과를 강화하는 업무 평가 및 보상
시스템, 그리고 새로운 기술과 지식의 개발 및 공유가 특히 중요하다. 또한,
지속적인 학습에 계속 중점을 두도록 인적 자원 개발 기능을 획기적으로
변경할 수도 있다.

→ **(B) 앞:** '예컨대(For example)'라고 했으므로 설명하고 있는 대상이나 개념이
앞에 제시되어야 한다. 따라서 조직(회사)의 학습 지원에 필요한 인적 자원 관리
관행이 있다고 언급한 주어진 글이 앞에 와야 한다.
▶ 순서: 주어진 글 → (B)

(B) 뒤: 인적 자원 관리 관행에서 지속적 학습을 위한 인적 자원 개발 기능의 획기적
변경으로 초점이 바뀌었으므로, 이에 대한 설명이 나와야 한다.
▶ (A)에 이런 내용이 없으므로 (C)가 뒤에 올 확률이 큼

(C) 학습 조직 내 모든 직원은 지식 습득과 전수에 대한 책임을 져야
한다. 사전에 개발되어 미리 정해진 일정에 따라 제공되는 형식적인 교육
프로그램은 변화하는 교육적 요구에 대응하고 시기적절한 정보 공유를
촉진하기에는 충분하지 않다. 오히려 인적 자원 개발 전문가가 학습의
촉진자가 되어야 한다.

→ **(C) 앞:** 조직 내 학습에 대한 내용이 앞에 나와야 하는데, 이 내용이 (B)에
있었으므로 (B)가 앞에 와야 한다.
▶ 순서: (B) → (C)

(C) 뒤: 구체적으로 인적 자원 개발 전문가가 어떻게 학습의 촉진자가 되어야
하는지 설명해야 한다. (A)에서 언급한 '그들'이 바로 이 '인적 자원 개발
전문가들(human resource development professionals)'이다.
▶ 순서: 주어진 글 → (B) → (C) → (A)

2nd 글이 한눈에 들어오도록 정리하여 정답을 확인한다.

주어진 글: 조직(회사)의 학습 지원에 필요한 여러 인적 자원 관리 관행이 있다.

→ **(B):** 예를 들어 여러 가지 조직 내에서의 제도와 시스템이 있다. 또한 인적 자원
개발 기능을 획기적으로 변경할 수도 있다.

→ **(C):** 모든 직원은 학습에 대한 책임이 있음을 강조하며, 기존의 정해진 프로그램은
충분하지 않다. 형식적 프로그램보다는 인적 자원 개발 전문가가 학습 촉진자가
되어야 한다.

→ **(A):** 인적 자원 개발 전문가가 학습을 촉진하기 위해 해야 하는 역할과 자질을
설명하고 있다.

▶ 주어진 글 다음에 이어질 글의 순서는 (B) → (C) → (A)이므로 정답은 ③임

M 21 정답 ② ＊다시 계발할 수 있는, 행동으로부터 감정을 추론할 수 있는 능력

단서 1 말하는 것을 배우기 전에 어떻게 사람들의 행동으로부터 감정들을 추론하는지를 흡수함
From infancy, / even before we learn to speak, / we absorb /
how to infer people's emotions from their behaviors. //
유아기부터 / 심지어 우리가 말하는 것을 배우기 전에 / 우리는 흡수한다 / 어떻게
사람들의 감정들을 그들의 행동으로부터 추론하는지를 //

(A) Some people, however, have a talent for detecting emotions,
/ even when they're unspoken. //
하지만, 어떤 사람들은 감정들을 감지하는 재능을 가지고 있다 / 심지어 그것이 입 밖에
내어지지 않을 때도 // **단서 2** (B)의 내용과는 다르게 어떤 사람들은 입 밖에 내어지지 않을 때도
감정을 감지하는 재능을 갖고 있다는 내용
We all know people like this: / Friends **who** seem to intuit when
we're feeling down, / even if we haven't said anything; /
주격 관계대명사
우리 모두는 이와 같은 사람들을 안다 / 우리가 마음이 울적한 때를 직관으로 아는 것처럼
보이는 친구들 / 우리가 어떤 것도 말하지 않았더라도 /

managers **who** sense when a kind word is needed / to help us
주격 관계대명사
get over the hump at work. //
우리가 직장에서 친절한 말이 필요한 때를 감지하는 매니저들 / 고비를 넘기는 것을 돕기 위해 //
단서 3 나이가 들면서 '이 능력'(행동으로부터 감정을 추론하는 능력)이 쇠퇴할 수 있음
(B) As we grow older, however, / this capacity can atrophy. //
하지만, 우리가 나이가 들면서 / 이 능력은 쇠퇴할 수 있다 //

We start to pay increasing attention / to what people say rather
than what they do, / to the point where we can fail to notice
nonlinguistic clues. //
우리는 점점 더 느는 주의를 기울이기 시작하여 / 사람들이 무엇을 하는지보다 무엇을
말하는지에 / 비언어적인 단서들을 알아차리지 못하는 정도에 이른다 //

Spoken language is **so** information rich / **that** it lulls us into
so ~ that...: 너무 ~해서 …하다
ignoring hints / **that** someone might be, **say**, upset / and instead
동격의 that   예를 들어
focus on their words / when they say, *It's nothing. I feel fine.* //
구어는 정보가 매우 풍부해서 / 힌트들을 우리가 무시하게 하고 / 그것은 누군가가, 예를 들어,
화가 났을 수 있다는 / 그들의 말에 대신 집중한다 / 그들이 '아무것도 아니야. 나는 괜찮아.'
라고 말할 때 //
단서 4 '이러한 사람들'(행동으로부터 감정을 추론하는 사람들)을
대단히 관찰력 있거나 세심하다고 추측하는 것은 당연함
(C) **It**'s natural / **to assume** these people are unusually observant,
가주어   진주어
or uncommonly sensitive. //
당연하다 / 이러한 사람들이 대단히 관찰력이 있거나, 굉장히 세심하다고 추측하는 것은 //

Sometimes they are. // 때때로 그들은 그러하다 //

But years of research indicates / this is a skill anyone can
develop. //
하지만 수년간의 연구는 보여 준다 / 이것이 누구나 계발할 수 있는 기술이라는 것을 //

We can learn to identify the nonverbal clues / **that** indicate
주격 관계대명사
someone's true emotions / and use these hints to understand
what they are feeling. //
우리는 비언어적 단서들을 알아보는 것을 배울 수 있고 / 누군가의 진짜 감정들을 보여 주는 /
이 힌트들을 사용하여 그들이 무엇을 느끼고 있는지 이해할 수 있다 //

- **infancy** ⓝ 유아기 - **absorb** ⓥ 흡수하다 - **infer** ⓥ 추론하다
- **detect** ⓥ 감지하다 - **capacity** ⓝ 능력 - **ignore** ⓥ 무시하다
- **observant** ⓐ 관찰력 있는 - **sensitive** ⓐ 예민한, 세심한
- **identify** ⓥ 알아보다 - **nonverbal** ⓐ 비언어적인

유아기부터, 심지어 우리가 말하는 것을 배우기 전에, 우리는 어떻게 사람들의
감정들을 그들의 행동으로부터 추론하는지를 흡수한다. (B) 하지만, 우리가
나이가 들면서 이 능력은 쇠퇴할 수 있다. 우리는 사람들이 무엇을 하는지보다
무엇을 말하는지에 점점 더 느는 주의를 기울이기 시작하여, 비언어적인
단서들을 알아차리지 못하는 정도에 이른다. 구어는 정보가 매우 풍부해서
그것은 누군가가, 예를 들어, 화가 났을 수 있다는 힌트들을 우리가 무시하게
하고 그들이 '아무것도 아니야. 나는 괜찮아.'라고 말할 때 그들의 말에 대신
집중한다. (A) 하지만, 어떤 사람들은 심지어 그것들이 입 밖에 내어지지
않을 때도 감정들을 감지하는 재능을 가지고 있다. 우리 모두는 이와 같은
사람들(우리가 어떤 것도 말하지 않았더라도 우리가 마음이 울적한 때를
직관으로 아는 것처럼 보이는 친구들, 우리가 직장에서 고비를 넘기는
것을 돕기 위해 친절한 말이 필요한 때를 감지하는 매니저들)을 안다. (C)
이러한 사람들이 대단히 관찰력이 있거나, 굉장히 세심하다고 추측하는 것은
당연하다. 때때로 그들은 그러하다. 하지만 수년간의 연구는 이것이 누구나
계발할 수 있는 기술이라는 것을 보여 준다. 우리는 누군가의 진짜 감정들을
보여 주는 비언어적 단서들을 알아보는 것을 배울 수 있고 이 힌트들을
사용하여 그들이 무엇을 느끼고 있는지 이해할 수 있다.

주어진 글 다음에 이어질 글의 순서로 가장 적절한 것을 고르시오.

① (A) — (C) — (B) (A)에서 말하는, 입 밖에 내어지지 않을 때도 감정을 감지하는 재능을 갖고
있는 사람들이 있다는 내용의 반대가 주어진 글에 나오지 않음
② (B) — (A) — (C)
③ (B) — (C) — (A) (B)의 내용과 다르게 감정을 감지하는 재능을 갖고 있는 사람들의 내용이
(A)에 이어짐
④ (C) — (A) — (B)
⑤ (C) — (B) — (A) (C)에서 언급된 '이런 사람들'에 대한 내용이 주어진 글에 없음

유아기때부터 사람들의 행동에서 감정을 추론할 수 있는 능력이 있음 – 나이 들면서 이 능력은 쇠퇴할
수 있으며, 언어적 단서에만 의존하게 됨 – 어떤 사람들은 말을 하지 않아도 감정을 알아채는 능력이
있음 – 이런 사람들이 유독 세심하고 관찰력 있는 것일 수도 있지만, 이는 누구나 계발할 수 있는 기술임

1st 각 문단의 내용을 파악하고, 글의 논리적인 순서를 추론한다.

주어진 글: 유아기부터, 심지어 우리가 말하는 것을 배우기 전에, 우리는 어떻게 사람들의 감정들을 그들의 행동으로부터 추론하는지를 흡수한다. (단서)

➡ 유아기 때 우리는 사람의 행동으로부터 감정을 추론하는 방법을 흡수한다고 했다. 따라서 사람의 감정을 행동으로부터 추론하는 방법/능력에 대한 추가 설명이 나올 것이다. (발상)

(A) 하지만(however), 어떤 사람들은 심지어 그것들이 입 밖에 내어지지 않을 때도 감정들을 감지하는 재능을 가지고 있다. 우리 모두는 이와 같은 사람들(우리가 어떤 것도 말하지 않았더라도 우리가 마음이 울적한 때를 직관으로 아는 것처럼 보이는 친구들, 우리가 직장에서 고비를 넘기는 것을 돕기 위해 친절한 말이 필요한 때를 감지하는 매니저들)을 안다.

➡ **(A) 앞**: '하지만(however)'이 왔기 때문에 앞에서는 이런 재능을 일반적으로는 갖고 있지 않다는 내용이 올 것이다.
  ▶ 주어진 글이 (A) 앞에 올 수 없음
  (A) 뒤: 말을 하지 않아도 감정을 알아채는 사람들에 대한 추가 설명이 나올 것이다.

(B) 하지만(however), 우리가 나이가 들면서 이 능력(this capacity)은 쇠퇴할 수 있다. 우리는 사람들이 무엇을 하는지보다 무엇을 말하는지에 점점 더 느는 주의를 기울이기 시작하여, 비언어적인 단서들을 알아차리지 못하는 정도에 이른다. 구어는 정보가 매우 풍부해서 그것은 누군가가, 예를 들어, 화가 났을 수 있다는 힌트들을 우리가 무시하게 하고 그들이 '아무것도 아니야. 나는 괜찮아.'라고 말할 때 그들의 말에 대신 집중한다.

➡ **(B) 앞**: '이 능력(this capacity)'을 가리키는 내용이 있어야 한다. '이 능력'은 주어진 문장에서 설명한, 사람의 행동으로부터 감정을 추론하는 능력으로, 어렸을 때는 갖고 있는 능력이다.
  ▶ 순서: 주어진 문장 → (B)
  (B) 뒤: 이 능력을 다시 갖출 수 있는 방법이나, 이 능력을 갖춘 사람들에 대한 내용이 나올 것이다. (A)에서 이와 반대되는 내용이 however로 이어지며, 입 밖에 내지 않아도 감정들을 감지하는 재능을 가진 사람들에 대한 내용이 나온다.
  ▶ 순서: (B) → (A)

(C) 이러한 사람들(these people)이 대단히 관찰력이 있거나, 굉장히 세심하다고 추측하는 것은 당연하다. 때때로 그들은 그러하다. 하지만 수년간의 연구는 이것이 누구나 계발할 수 있는 기술이라는 것을 보여 준다. 우리는 누군가의 진짜 감정들을 보여 주는 비언어적 단서들을 알아보는 것을 배울 수 있고 이 힌트들을 사용하여 그들이 무엇을 느끼고 있는지 이해할 수 있다.

➡ **(C) 앞**: '이러한 사람들(these people)'에 대한 내용이 나와야 하며, 이는 (A)에서 말로 하지 않아도 감정을 알아채는 사람들을 뜻한다.
  ▶ 순서: (A) → (C)
  (C) 뒤: 어떤 방식으로 이러한 기술을 기를 수 있는지에 대한 내용이 나오거나 글이 마무리될 것이다.
  ▶ 순서: 주어진 글 → (B) → (A) → (C)

2nd 글이 한눈에 들어오도록 정리하여 정답을 확인한다.

주어진 글: 유아기때부터 사람들의 행동에서 감정을 추론할 수 있는 능력이 있다.

→ **(B)**: 하지만 나이 들면서 이 능력은 쇠퇴할 수 있으며, 감정을 파악하는 데 언어적 단서에만 의존하게 된다.

→ **(A)**: 하지만 어떤 사람들은 여전히 말을 하지 않아도 감정을 알아채는 능력이 있다.

→ **(C)**: 이런 사람들이 유독 세심하고 관찰력 있는 것일 수도 있지만, 이는 누구나 계발할 수 있는 기술이다.

▶ 주어진 글 다음에 이어질 글의 순서는 (B) → (A) → (C)이므로 정답은 ②임

M 22 정답 ④ ＊알고 있거나 알지 못하고 있다는 것을 알려주는 인식론적 느낌

사역동사＋목적어＋목적격 보어(원형부정사) 접속사
Some epistemic feelings **let us know** / **that** we know. //
어떤 인식론적 느낌들은 우리에게 알게 한다 / 우리가 안다는 것을 //

These include / the feeling of knowing, the feeling of certainty, and the feeling of correctness. //
이것들은 포함한다 / 안다는 느낌, 확신의 느낌, 그리고 정확함의 느낌을 //
단서 1 안다는 느낌, 확신의 느낌, 그리고 정확함의 느낌을 포함하는 인식론적 느낌은 우리가 안다는 사실을 알게 함

선행사를 포함하는 관계대명사
(A) Other epistemic feelings alert our attention / to **what** we do not yet know. // 단서 2 다른 인식론적 느낌은 우리가 아직 알지 못하는 것을 알게 해 줌
다른 인식론적 느낌들은 우리의 주의를 환기시킨다 / 우리가 아직 알지 못하는 것에 //

Curiosity, awe, and wonder / fall into this category. //
호기심, 경외감, 그리고 놀라움이 / 이 범주에 속한다 //

As with the feelings of knowing, / we can ask whether feelings of not-yet-knowing are necessarily right. //
안다는 느낌들에서 그렇듯이 / 우리는 아직 알지 못한다는 느낌들이 반드시 맞는지 물을 수 있다 //

동사를 강조하는 do동사
It **does** seem that if you wonder at something, / there is
주격 관계대명사
something **that** prompted you to wonder. //
여러분이 무언가를 궁금해한다면 정말로 있는 것처럼 보인다 / 여러분을 궁금해하게 한 무언가가 //
단서 3 이 느낌((A)의 마지막에 말한 내용)은 현재 지식 체계가 궁금해하는 것을 해결하는 데 충분하지 않다는 것을 알려줌

(B) This feeling alerts you to the fact / **that** your current body of
동격의 that
knowledge / — the schemas, heuristics, and other information
앞에 관계사가 생략된 관계절
you use / — did not prepare you for the thing you wonder at. //
이 느낌은 여러분에게 사실에 주의를 환기시킨다 / 여러분의 현재 지식 체계 / 즉 스키마, 휴리스틱, 그리고 여러분이 사용하는 다른 정보가 / 여러분이 궁금해하는 것에 대해 여러분을 준비시키지 않았다는 //

As such, wonder is a useful emotion, / because it points to gaps
이처럼
in what you thought you knew. //
이처럼 놀라움은 유용한 감정인데 / 그것은 여러분이 알고 있었다 생각했던 것에 빈 곳을 가리키기 때문이다 //
단서 4 주어진 글에 대한 예시임

목적어절을 이끄는 접속사
(C) For example, you feel sure / **that** "1666" is the answer to the question, / "When did the Great Fire of London occur?" //
예를 들어, 여러분은 확신한다 / 질문에 '1666년'이 답이라고 / "런던 대화재는 언제 발생했습니까?"라는 //

동명사
Feeling that you know, even that you are sure, / is not unfailing. //
여러분이 안다고, 심지어 확신한다고, 느끼는 것이 / 언제나 변함없는 것은 아니다 //

We can be mistaken in those feelings. //
우리는 그런 느낌들에서 잘못 알고 있을 수 있다 //

- include ⓥ 포함하다   - correctness ⓝ 정확함
- alert ⓥ 주의를 환기시키다   - awe ⓝ 경외감
- wonder ⓝ 놀라움   - prompt ⓥ 유도하다, 촉발하다
- point to 가리키다

어떤 인식론적 느낌들은 우리에게 우리가 안다는 것을 알게 한다. 이것들은 안다는 느낌, 확신의 느낌, 그리고 정확함의 느낌을 포함한다. (C) 예를 들어, 여러분은 "런던 대화재는 언제 발생했습니까?"라는 질문에 '1666년'이 답이라고 확신한다. 여러분이 안다고, 심지어 확신한다고, 느끼는 것이 언제나 변함없는 것은 아니다. 우리는 그런 느낌들에서 잘못 알고 있을 수 있다. (A) 다른 인식론적 느낌들은 우리가 아직 알지 못하는 것에 우리의 주의를 환기시킨다. 호기심, 경외감, 그리고 놀라움이 이 범주에 속한다. 안다는 느낌들에서 그렇듯이 우리는 아직 알지 못한다는 느낌들이 반드시 맞는지 물을 수 있다. 여러분이 무언가를 궁금해한다면 여러분을 궁금해하게 한 무언가가 정말로 있는 것처럼 보인다. (B) 이 느낌은 여러분에게 여러분의 현재 지식 체계, 즉 스키마, 휴리스틱, 그리고 여러분이 사용하는 다른 정보가 여러분이 궁금해하는 것에 대해 여러분을 준비시키지 않았다는 사실에 주의를 환기시킨다. 이처럼 놀라움은 유용한 감정인데 그것은 여러분이 알고 있었다 생각했던 것에 빈 곳을 가리키기 때문이다.

주어진 글 다음에 이어질 글의 순서로 가장 적절한 것을 고르시오. [3점]

① (A) — (C) — (B) (A)에서 말하는 다른 인식론적 느낌들은 (C)의 마지막에 이어지는 내용
② (B) — (A) — (C) (B)의 '이 느낌'으로 가리키는 것이 주어진 글에 언급되지 않음
③ (B) — (C) — (A)
④ (C) — (A) — (B) 안다는 느낌, 확신의 느낌, 그리고 정확함의 느낌은 인식론적 느낌임 - 안다는 느낌과 확신의 느낌에 대한 예시를 소개하고, 이런 느낌이 항상 옳은 것은 아님 - 다른 인식론적 느낌들은 우리가 아직 알지 못하는 것에 우리의 주의를 환기시킴 - 호기심은 궁금해하는 것에 대한 답을 찾기에 현재 지식 체계가 부족하다는 점을 알려줌
⑤ (C) — (B) — (A) (B)의 '이 느낌'은 (A)의 마지막에 말한 느낌을 가리킴

| 문제 풀이 순서 | [정답률 54%]

1st 각 문단의 내용을 파악하고, 글의 논리적인 순서를 추론한다.

주어진 글: 어떤 인식론적 느낌들은 우리에게 우리가 안다는 것을 알게 한다. 이것들은 안다는 느낌, 확신의 느낌, 그리고 정확함의 느낌을 포함한다.

➡ 안다는 느낌, 확신의 느낌, 그리고 정확함의 느낌은 우리가 안다는 사실을 알게 해주는 인식론적 느낌이다. (단서)

주어진 글 뒤: 이런 느낌에 대한 예시나 추가 설명이 이어질 것이다. (발상)

(A) 다른 인식론적 느낌들(Other epistemic feelings)은 우리가 아직 알지 못하는 것에 우리의 주의를 환기시킨다. 호기심, 경외감, 그리고 놀라움이 이 범주에 속한다. 안다는 느낌들에서 그렇듯이 우리는 아직 알지 못한다는 느낌들이 반드시 맞는지 물을 수 있다. 여러분이 무언가를 궁금해한다면 여러분을 궁금하게 한 무언가가 정말로 있는 것처럼 보인다.

➡ **(A) 앞:** '다른' 인식론적 느낌이라 했으므로, 앞에 어떠한 인식론적 느낌에 대한 언급이 있어야 하고, '안다는 느낌들에서 그렇듯이' 이런 느낌이 반드시 맞는지 의문을 던질 수 있다고 했으므로, (A) 앞에는 이런 내용도 나와야 한다.
▶ 주어진 글이 (A) 앞에 올 수 없음
(A) 뒤: 호기심, 경외감, 그리고 놀라움과 관련된 예시나 추가 설명이 이어질 것이다.

(B) 이 느낌(This feeling)은 여러분에게 여러분의 현재 지식 체계, 즉 스키마, 휴리스틱, 그리고 여러분이 사용하는 다른 정보가 여러분이 궁금해하는 것에 대해 여러분을 준비시키지 않았다는 사실에 주의를 환기시킨다. 이처럼 놀라움은 유용한 감정인데 그것은 여러분이 알고 있었다 생각했던 것에 빈 곳을 가리키기 때문이다.

➡ **(B) 앞:** '이 느낌(This feeling)'에 대한 내용이 앞에서 언급되어야 하고, 뒤 문장에서 '이 느낌'이 놀라움이라는 것을 알려줬으므로 놀라움이 등장하는 (A)가 (B) 앞에 와야 한다. ▶ 순서: (A) ➡ (B)
(B) 뒤: 놀라움 말고 다른 느낌에 대한 설명이 이어지거나, 인식론적 느낌을 모두 설명했기에 글이 마무리될 수도 있다. ▶ (B)가 마지막에 올 확률이 큼

(C) 예를 들어(For example), 여러분은 "런던 대화재는 언제 발생했습니까?"라는 질문에 '1666년'이 답이라고 확신한다. 여러분이 안다고, 심지어 확신한다고, 느끼는 것이 언제나 변함없는 것은 아니다. 우리는 그런 느낌들에서 잘못 알고 있을 수 있다.

➡ **(C) 앞:** 안다는 느낌, 확신의 느낌에 대한 예시이다. 이런 느낌은 주어진 글에 언급되었으므로 주어진 글이 (C)의 앞에 올 것이다. ▶ 순서: 주어진 글 ➡ (C)
(C) 뒤: 이런 느낌이 틀린 이유나 구체적 설명이 오거나, 다른 인식론적 느낌이 소개될 수도 있다. ▶ 순서: 주어진 글 ➡ (C) ➡ (A) ➡ (B)

2nd 글이 한눈에 들어오도록 정리하여 정답을 확인한다.

주어진 글: 안다는 느낌, 확신의 느낌, 그리고 정확함의 느낌은 우리가 안다는 사실을 알게 해주는 인식론적 느낌이다.

➡ **(C):** 안다는 느낌과 확신의 느낌의 예시를 소개하며, 이런 느낌이 항상 옳은 것은 아니다.

➡ **(A):** 호기심, 경외감, 그리고 놀라움은 다른 인식론적 느낌인데, 이는 우리가 아직 알지 못하는 것에 우리의 주의를 환기시킨다. 이런 느낌은 항상 옳은지 의문을 품을 수 있다.

➡ **(B):** 호기심은 궁금해하는 것에 대한 답을 찾기에 현재 지식 체계가 부족하다는 점을 알려주고, 이는 우리가 안다고 생각했던 것에서 빈 곳을 알려주는 유용한 것이다.

▶ 주어진 글 다음에 이어질 글의 순서는 (C) ➡ (A) ➡ (B)이므로 정답은 ④임

M 23 정답 ③ ＊테크노크라시가 기술적 의사결정에 미치는 영향

단서 1 테크노크라시는 기술적 의사결정에 두 가지 방법 중 하나로 영향을 미침
Technocracy can be thought / to influence technological decision-making / in one of two ways. //
테크노크라시는 생각될 수 있다 / 기술적 의사결정에 영향을 미치는 것으로 / 두 가지 방법 중 하나로 //

(A) This is because policy-makers work within the constraints / **set by the experts** / and *choose from the options* / *those experts provide.* //
과거분사(the constraints 수식)
단서 2 정책 결정자들은 전문가들이 설정한 제약 내에서 결정을 내림 (정치가와 전문가가 구분됨)
이것은 정책 결정자들은 제약 내에서 일하고 / 전문가들에 의해 설정된 / 선택지들 중에서 고르기 때문이다 / 그러한 전문가들이 제공하는 //

The technocratic element is clear: / experts set the agenda / and political judgements are parasitic on the judgements of experts. //
테크노크라시적 요소는 명확하다 / 전문가들은 의제를 설정하고 / 정치적 판단은 전문가들의 판단에 기생한다 //

(B) An idealized science and technology replaces politics / and technical experts become the decision-makers, / **planning** and **organizing** societies / according to whatever scientific principles the evidence supports. //
병렬 구조
단서 3 주어진 글에서 말한 테크노크라시와 관련된 내용
이상화된 과학과 기술은 정치를 대체하고 / 기술 전문가들이 의사결정자가 되어 / 사회를 계획하고 조직한다 / 증거가 뒷받침하는 과학적 원칙이면 무엇이든지 그에 따라 //

This form of technocracy is rarely found in practice. //
이러한 형태의 테크노크라시는 실제로는 거의 발견되지 않는다 //

(C) In contrast, / a more moderate form / **in which** experts advise and politicians decide / is found in many democratic societies. //
전치사+관계대명사(= 관계부사 where)
이와 대조적으로 / 더 온건한 형태는 / 전문가들이 조언하고 정치가들이 결정하는 / 많은 민주주의 사회에서 발견된다 //
단서 4 테크노크라시가 기술적 의사 결정에 영향을 미치는 다른 방식을 소개함: 의사결정자가 정치인임

Also called the 'decisionist model', / this form of technocracy **institutionalizes** a division of labour / based on the distinction between facts and values / and **allows specialist experts to wield** significant power. //
병렬 구조
5형식 동사+목적어+목적격 보어(to부정사)
'결정론자 모델'이라고도 불리는 / 이러한 형태의 테크노크라시는 노동 분업을 제도화하고 / 사실과 가치 사이에서의 구별에 기초한 / 특정 분야의 전문가들이 상당한 권력을 휘두를 수 있도록 한다 //

· constraint ⓝ 제약   · element ⓝ 요소
· idealized ⓐ 이상화된   · organize ⓥ 조직하다
· democratic ⓐ 민주적인   · institutionalize ⓥ 제도화하다
· labour ⓝ 노동   · wield ⓥ 행사하다, 휘두르다
· significant ⓐ 중요한

테크노크라시는 두 가지 방법 중 하나로 기술적 의사결정에 영향을 미치는 것으로 생각될 수 있다. (B) 이상화된 과학과 기술은 정치를 대체하고 기술 전문가들이 의사결정자가 되어, 증거가 뒷받침하는 과학적 원칙이면 무엇이든지 그에 따라 사회를 계획하고 조직한다. 이러한 형태의 테크노크라시는 실제로는 거의 발견되지 않는다. (C) 이와 대조적으로, 전문가들이 조언하고 정치가들이 결정하는 더 온건한 형태는 많은 민주주의 사회에서 발견된다. '결정론자 모델'이라고도 불리는 이러한 형태의 테크노크라시는 사실과 가치 사이에서의 구별에 기초한 노동 분업을 제도화하고 특정 분야의 전문가들이 상당한 권력을 휘두를 수 있도록 한다. (A) 이것은 정책 결정자들은 전문가들에 의해 설정된 제약 내에서 일하고 그러한 전문가들이 제공하는 선택지들 중에서 고르기 때문이다. 테크노크라시적 요소는 명확하다: 전문가들은 의제를 설정하고 정치적 판단 은 전문가들의 판단에 기생한다.

① (A) — (C) — (B)
(A)에서는 정책 결정자가 전문가들이 설정한 제약 내에서 일해야 한다는 이유가 나오기 때문에 주어진 글 다음에 올 수 없음

② (B) — (A) — (C)
(C)에서 소개되는 테크노크라시 형태가 전문가와 정책 결정자의 역할이 나눠져 있다는 내용이 있기에 (A)보다 먼저 나와야 함

③ (B) — (C) — (A)

④ (C) — (A) — (B)
⑤ (C) — (B) — (A)
(C)는 '이와 대조적으로'로 시작하고 있으므로 대조적으로 여길만한 내용이 없는 주어진 글 다음에 오지 못함

테크노크라시의 두가지 형태가 있음 – 전문가가 정책 결정까지 하는 형태는 잘 사용되지 않음 – 전문가와 정치가가 나눠진 온건한 형태는 많이 발견됨 – 정치가는 전문가가 제공한 선택지들 중에서 고르기 때문임

| 문제 풀이 순서 | [정답률 45%]

1st 각 문단의 내용을 파악하고, 글의 논리적인 순서를 추론한다.

주어진 글: 테크노크라시는 두 가지 방법 중 하나로 기술적 의사결정에 영향을 미치는 것으로 생각될 수 있다.

➡ 테크노크라시는 기술적 의사결정에 두 가지 방법 중 하나로 영향을 미친다. (단서)
주어진 글 뒤: 테크노크라시가 기술적 의사결정에 영향을 미치는 첫 번째 방법을 소개할 것이다. (발상)

(A) 이것(This)은 정책 결정자들은 전문가들에 의해 설정된 제약 내에서 일하고 그러한 전문가들이 제공하는 선택지들 중에서 고르기 때문이다. 테크노크라시적 요소는 명확하다: 전문가들은 의제를 설정하고 정치적 판단은 전문가들의 판단에 기생한다.

➡ **(A) 앞:** '이것(This)'이 가리키는 것이 앞에 나와야 하고, 전문가가 설정한 의제와 제약 내에서 정책 결정자가 결정을 내리기 때문이라고 하고 있으므로, 이와 관련된 방법이 이전에 소개되었을 것이다.
▶ 주어진 글이 (A) 앞에 올 수 없음
(A) 뒤: 글의 맥락상 이유에 대한 것이므로 마무리 내용일 가능성이 크다.

(B) 이상화된 과학과 기술은 정치를 대체하고 기술 전문가들이 의사결정자가 되어, 증거가 뒷받침하는 과학적 원칙이면 무엇이든지 그에 따라 사회를 계획하고 조직한다. 이러한 형태의 테크노크라시는 실제로는 거의 발견되지 않는다.

➡ **(B) 앞:** 주어진 글처럼 기술적 의사결정에 영향을 미친다는 포괄적인 내용이 와야 할 것이다.
▶ 순서: 주어진 글 ➡ (B)
(B) 뒤: 실제로 많이 발견되는 테크노크라시의 두 번째 형태를 소개할 것이다.
▶ (B)가 (A) 앞에 올 수 없음

(C) 이와 대조적으로(In contrast), 전문가들이 조언하고 정치가들이 결정하는 더 온건한 형태는 많은 민주주의 사회에서 발견된다. '결정론자 모델'이라고도 불리는 이러한 형태의 테크노크라시는 사실과 가치 사이에서의 구별에 기초한 노동 분업을 제도화하고 특정 분야의 전문가들이 상당한 권력을 휘두를 수 있도록 한다.

➡ **(C) 앞:** '이와 대조적으로(In contrast)'라고 했으므로 테크노크라시의 다른 형태가 앞에서 소개되었을 것이다. 이 내용이 (B)에 나왔다.
▶ 순서: (B) ➡ (C)
(C) 뒤: 전문가들이 권력을 휘두를 수 있는 이유에 대해 나올 것이다.
▶ 순서: 주어진 글 ➡ (B) ➡ (C) ➡ (A)

2nd 글이 한눈에 들어오도록 정리하여 정답을 확인한다.

주어진 글: 테크노크라시는 두가지 형태 중 하나로 기술적 의사결정에 영향을 미친다.
➡ **(B):** 기술이 정치를 대신하고 전문가들이 의사결정자가 되는 테크노크라시의 형태는 실제로 거의 발견되지 않는다.
➡ **(C):** 사회에서 더 많이 발견되는 온건한 형태의 테크노크라시는 전문가와 정치가의 역할을 구분하고 전문가에게 상당한 권력을 준다.
➡ **(A):** 전문가에게 상당한 권력이 있는 이유는 정치는 전문가 제공하는 선택지 중에서 고르는 의사결정을 하기 때문이다.
▶ 주어진 글 다음에 이어질 글의 순서는 (B) ➡ (C) ➡ (A)이므로 정답은 ③임

M 24 정답 ⑤ ＊생태계에서 식물의 광합성과 이산화탄소

> Land use change can be good or bad / for the climate. //
> 토지 이용 변화는 좋을 수도 나쁠 수도 있다 / 기후에 //
> **단서 1** 식물은 광합성을 통해 이산화탄소와 물을 탄수화물로 전환함
> Plants use photosynthesis / **to convert** carbon dioxide from the air and water to carbohydrates. //
> (부사적 용법)
> 식물은 광합성을 사용하여 / 공기로부터의 이산화탄소와 물을 탄수화물로 전환한다 //

단서 2 (B)의 마지막에 언급한 내용이 '그러한 상황'으로 이어지고, 미생물은 저장된 탄소를 소비하고 이산화탄소로 내뿜음

(A) In those conditions / microorganisms consume carbon / **that** has been stored in the soil and in plants and animals, / and respire that stored carbon back to atmosphere as CO_2. //
(주격 관계대명사)
그러한 상황에서 / 미생물들은 탄소를 소비하고 / 흙과 식물들과 동물들에 저장된 / 그 저장된 탄소를 다시 대기로 이산화탄소로서 내뿜는다 //

If the original ecosystem was a forest, / much of the carbon stored in the trees / may also be converted to CO_2 through burning. //
만약에 원래 생태계가 숲이었다면 / 나무에 저장된 탄소의 많은 부분은 / 또한 화재를 통해 이산화탄소로 전환될지 모른다 //

단서 3 '그 남은 탄소'는 바이오매스와 토양 안에 저장됨

(B) That extra carbon is stored in living biomass / **like tree trunks and soil bacteria and fungi**, / and **as carbon compounds in the soil**. //
(전치사구의 병렬 구조)
그 남는 탄소는 살아있는 바이오매스 안에 저장된다 / 나무 몸통, 토양 박테리아, 균류와 같은 / 그리고 탄소 화합물로서 토양 안에 //

But when actions like deforestation or plowing / severely disturb a plant community, /
그러나 산림파괴나 경작과 같은 행동들이 / 식물 군집을 심각하게 교란할 때 /

the remaining plants cannot photosynthesize / enough to feed themselves, / plus all the animals and microorganisms / **that** depend on them. //
(주격 관계대명사)
남아있는 식물들은 광합성을 할 수 없게 된다 / 충분히 자신들을 먹일 만큼 / 그에 더해서 모든 동물들과 미생물들을 먹일 만큼 / 그들에게 의존하는 //

단서 4 '그러한 탄수화물'은 주어진 글에서 언급한 것을 가리키며, 동물과 미생물을 위한 식량뿐만 아니라 식물에게 필요한 에너지와 기본 구성요소를 제공함

(C) Those carbohydrates provide / the energy **plants need to live**, / and the building blocks for plant growth, / **as well as** food for animals and microorganisms. //
(앞에 관계대명사가 생략된 관계절)
(A as well as B: B 뿐만 아니라 A도)
그러한 탄수화물은 제공한다 / 식물이 살아가기 위해 필요한 에너지와 / 식물 성장을 위한 기본 구성요소를 / 동물과 미생물들을 위한 식량뿐만 아니라 //

In healthy ecosystems / the plants pull more carbon out of the atmosphere / than they, and the animals and microorganisms **that** consume **them**, need. //
(주격 관계대명사) (= plants)
건강한 생태계에서 / 식물들은 대기로부터 더 많은 탄소를 끌어온다 / 그것들이, 그리고 그것들을 소비하는 동물들과 미생물들이 필요로 하는 것보다 더 (많은 탄소를) //

- photosynthesis Ⓝ 광합성
- convert Ⓥ 전환하다
- carbon dioxide 이산화탄소
- carbohydrate Ⓝ 탄수화물
- microorganism Ⓝ 미생물
- consume Ⓥ 소비하다
- respire Ⓥ 호흡하다, (나무가 공기를) 내뿜다
- atmosphere Ⓝ 대기, 공기
- biomass Ⓝ 바이오매스 연료(메탄·수소로 만든 합성 연료)
- fungi Ⓝ 균류
- compound Ⓝ 화합물
- deforestation Ⓝ 산림파괴
- plowing Ⓝ 경작
- severely Ⓐⓓ 심각하게
- disturb Ⓥ 교란하다, 방해하다

토지 이용 변화는 기후에 좋을 수도 나쁠 수도 있다. 식물은 광합성을 사용하여 공기로부터의 이산화탄소와 물을 탄수화물로 전환한다. (C) 그러한 탄수화물은 동물과 미생물들을 위한 식량뿐만 아니라 식물이 살아가기 위해 필요한 에너지와 식물 성장을 위한 기본 구성요소를 제공한다. 건강한 생태계에서 식물들은 그것들이, 그리고 그것들을 소비하는 동물들과 미생물들이 필요로 하는 것보다 더 많은 탄소를 대기로부터 끌어온다. (B) 그 남는 탄소는 나무 몸통, 토양 박테리아, 균류와 같은 살아있는 바이오매스 안에, 그리고 탄소 화합물로서 토양 안에 저장된다. 그러나 산림파괴나 경작과 같은 행동들이

식물 군집을 심각하게 교란할 때, 남아있는 식물들은 자신들과, 그에 더해서 그들에게 의존하는 모든 동물들과 미생물들을 먹일 만큼 충분히 광합성을 할 수 없게 된다. (A) 그러한 상황에서 미생물들은 흙과 식물들과 동물들에 저장된 탄소를 소비하고, 그 저장된 탄소를 다시 대기로 이산화탄소로서 내뿜는다. 만약에 원래 생태계가 숲이었다면, 나무에 저장된 탄소의 많은 부분은 또한 화재를 통해 이산화탄소로 전환될지 모른다.

주어진 글 다음에 이어질 글의 순서로 가장 적절한 것을 고르시오.

① (A) — (C) — (B) (A)의 시작인 미생물이 탄소를 소비하고 이산화탄소를 배출하게 되는 '그러한 상황'에 해당하는 내용이 주어진 글에 없음

② (B) — (A) — (C) (B)의 '그 남는 산소'에 대한 내용은 주어진 글에 없음

③ (B) — (C) — (A)

④ (C) — (A) — (B) 식물은 광합성으로 이산화탄소를 탄수화물로 만듦 - 건강한 생태계에서는 식물이 필요 이상의 탄소를 흡수하고 저장함 - 생태계가 훼손된 경우 식물은 충분한 광합성을 못함 - 미생물은 저장된 탄소를 사용하고 이산화탄소로 대기에 방출함

⑤ (C) — (B) — (A) (A)의 '그러한 상황'에 해당하는 내용(식물 군집이 심각하게 교란되는 상황)은 (B)에 있으므로 (B) 뒤에 와야 함

| 문제 풀이 순서 | [정답률 44%]

1st 각 문단의 내용을 파악하고, 글의 논리적인 순서를 추론한다.

주어진 글: 토지 이용 변화는 기후에 좋을 수도 나쁠 수도 있다. 식물은 광합성을 사용하여 공기로부터의 이산화탄소와 물을 탄수화물로 전환한다.

→ 식물은 광합성을 통해 이산화탄소와 물을 탄수화물로 전환한다. (단서)
  주어진 글 뒤: 첫 번째 문장에서 기후를 언급했으므로 광합성과 이산화탄소에 대한 내용이 이어질 것이다. (발상)

(A) 그러한 상황에서(In those conditions) 미생물들은 흙과 식물들과 동물들에 저장된 탄소를 소비하고, 그 저장된 탄소를 다시 대기로 이산화탄소로서 내뿜는다. 만약에 원래 생태계가 숲이었다면, 나무에 저장된 탄소의 많은 부분은 또한 화재를 통해 이산화탄소로 전환될지 모른다.

→ **(A) 앞:** 미생물이 탄소를 소비하고 이산화탄소로 내뿜는 '그러한 상황(In those conditions)'에 대한 내용이 나올 것이다.
  ▶ 주어진 글이 (A) 앞에 올 수 없음
  (A) 뒤: 글이 마무리되거나 대기 중에 방출된 이산화탄소가 기후에 어떻게 영향을 미칠지 등에 대한 내용이 올 것이다.
  ▶ (A)가 마지막에 올 확률이 큼

(B) 그 남는 탄소(That extra carbon)는 나무 몸통, 토양 박테리아, 균류와 같은 살아있는 바이오매스 안에, 그리고 탄소 화합물로서 토양 안에 저장된다. 그러나 산림파괴나 경작과 같은 행동들이 식물 군집을 심각하게 교란할 때, 남아있는 식물들은 자신들과, 그에 더해서 그들에게 의존하는 모든 동물들과 미생물들을 먹일 만큼 충분히 광합성을 할 수 없게 된다.

→ **(B) 앞:** '그 남는 탄소(That extra carbon)'가 가리킬 수 있는 것, 즉 탄소가 남는 상황에 대한 내용이 있어야 한다.
  ▶ 주어진 글이나 (A)가 앞에 올 수 없으므로 (C)가 올 가능성이 큼
  (B) 뒤: 자기 자신과 모든 동물 및 미생물을 먹일 만큼 충분히 광합성을 할 수 없게 되는 경우 발생하는 일이 이어질 것이다. (A)에서 '그러한 상황(In those conditions)'이라고 하며 이 내용이 이어진다.
  ▶ 순서: (B) → (A)

(C) 그러한 탄수화물(Those carbohydrates)은 동물과 미생물들을 위한 식량뿐만 아니라 식물이 살아가기 위해 필요한 에너지와 식물 성장을 위한 기본 구성요소를 제공한다. 건강한 생태계에서 식물들은 그것들이, 그리고 그것들을 소비하는 동물들과 미생물들이 필요로 하는 것보다 더 많은 탄소를 대기로부터 끌어온다.

→ **(C) 앞:** 식물이 탄수화물을 만든다는 내용처럼 탄수화물에 대한 언급이 있어야 한다.
  ▶ 순서: 주어진 글 → (C)
  (C) 뒤: 필요보다 더 많이 끌어온 탄소를 어떻게 하는지에 대한 내용이 이어져야 한다. 앞에서 예상했던 것처럼 (B)가 뒤에 와야 한다.
  ▶ 순서: 주어진 글 → (C) → (B) → (A)

주어진 글: 식물은 광합성을 통해 이산화탄소와 물을 탄수화물로 전환한다.

→ **(C):** 탄수화물은 식물의 성장을 위한 에너지와 기본 구성요소를 제공하며, 건강한 생태계에서는 식물이 필요 이상의 탄소를 대기로부터 가져온다.

→ **(B):** 그 남는 탄소는 바이오매스와 토양 내에 저장되지만, 생태계가 훼손되는 경우에는 광합성을 충분히 하지 못한다.

→ **(A):** 이 경우, 미생물은 탄소를 소비하고 이산화탄소를 배출하며, 저장된 탄소는 화재를 통해 이산화탄소로 전환될 수 있다.

▶ 주어진 글 다음에 이어질 글의 순서는 (C) → (B) → (A)이므로 정답은 ⑤임

M 25 정답 ③ ＊시간 여행과 철학적 사고 실험

> Philosophers / who seek to understand the nature of time / might consider the possibility of time travel. //
> 주어   주격 관계대명사   동사
> 철학자들은 / 시간의 본질을 이해하고자 하는 / 시간 여행의 가능성을 고려할지도 모른다 //
> But there are no real-life cases of time travel. //
> 그러나 시간 여행의 실제 사례는 없다 // 단서 1 시간 여행이 실제 일어난 사례는 없음

(A) It seems that something must happen / to prevent you from doing this, / 단서 2 (C)에서 말한 시간 여행을 가서 개입하는 것을 가리킴
무슨 일이 일어나야 하는 것처럼 보이는데 / 여러분이 그렇게 하는 것을 막기 위해 /

because if you were to succeed, / you would not exist / and so you would not have been able to go back in time. //
왜냐하면 만약 여러분이 성공한다면 / 여러분은 존재하지 않을 것이고 / 그래서 여러분은 시간을 거슬러 갈 수 없었을 것이기 때문이다 //

As a result of thinking through these sorts of cases, / some philosophers claim / that the very notion of time travel makes no sense. //
이러한 종류의 사례들을 통해 생각한 결과 / 일부 철학자들은 주장한다 / 시간 여행이라는 바로 그 개념이 말이 되지 않는다고 // 단서 3 주어진 글의 시간 여행이 실제 일어난 사례가 없는 것을 가리킴

(B) In situations such as this, / philosophers often construct thought experiments / — imagined scenarios / that bring out the thoughts and presuppositions / underlying people's judgments. //
주격 관계대명사 / 현재분사구(the thoughts and presuppositions 수식)
이와 같은 상황들에서 / 철학자들은 종종 사고 실험을 구성한다 / 즉 상상의 시나리오를 / 생각과 전제를 끌어내는 / 사람들의 판단의 기초가 되는 //

Sometimes these scenarios are drawn / from books, movies, and television. //
때때로 이러한 시나리오들은 얻어진다 / 책, 영화 그리고 텔레비전으로부터 //

Other times, / philosophers just make up their own scenarios. //
다른 때에는 / 철학자들이 그냥 자신들만의 시나리오를 지어낸다 //
단서 4 (B)의 책, 영화 등에서 시나리오를 얻는 경우와 지어내는 경우를 가리킴

(C) Either way, / the point is to put such concepts to the test. //
어느 쪽이든 / 요점은 그러한 개념들을 시험해 보는 것이다 //

In the case of time travel, for example, / a common thought experiment is to imagine / what would happen /
명사적 용법(주격 보어)
예를 들어 시간 여행의 경우 / 일반적인 사고 실험은 상상하는 것이다 / 어떤 일이 일어났을지를 /

if you went back in time / and found yourself in a position to interfere / in such a way that you were never born. //
형용사적 용법(a position 수식)
만약 여러분이 시간을 거슬러 가서 / 개입할 위치에 있는 자신을 발견한다면 / 여러분이 결코 태어나지 않았다는 식으로 //

- - - - - - - - - -

· philosopher ⓝ 철학자   · go back in time 시간을 거스르다
· sort ⓝ 분류   · notion ⓝ 개념, 생각   · construct ⓥ 구성하다
· presupposition ⓝ 전제, 예상   · interfere ⓥ 간섭하다

시간의 본질을 이해하고자 하는 철학자들은 시간 여행의 가능성을 고려할지도 모른다. 그러나 시간 여행의 실제 사례는 없다. (B) 이와 같은 상황들에서 철학자들은 사고 실험, 즉 사람들의 판단의 기초가 되는 생각과 전제를

끌어내는 상상의 시나리오를 종종 구성한다. 때때로 이러한 시나리오들은 책, 영화 그리고 텔레비전으로부터 얻어진다. 다른 때에는 철학자들이 그냥 자신들만의 시나리오를 지어낸다. (C) 어느 쪽이든, 요점은 그러한 개념들을 시험해 보는 것이다. 예를 들어 시간 여행의 경우 일반적인 사고 실험은 만약 여러분이 시간을 거슬러 가서 여러분이 결코 태어나지 않았다는 식으로 개입할 위치에 있는 자신을 발견한다면 어떤 일이 일어났을지를 상상하는 것이다. (A) 여러분이 그렇게 하는 것을 막기 위해 무슨 일이 일어나야 하는 것처럼 보이는데, 왜냐하면 만약 여러분이 성공한다면, 여러분은 존재하지 않을 것이고 그래서 여러분은 시간을 거슬러 갈 수 없었을 것이기 때문이다. 이러한 종류의 사례들을 통해 생각한 결과, 일부 철학자들은 시간 여행이라는 바로 그 개념이 말이 되지 않는다고 주장한다.

주어진 글 다음에 이어질 글의 순서로 가장 적절한 것을 고르시오.

① (A) — (C) — (B) —막아야 하는 상황이 주어진 글과 (B)에 없음
② (B) — (A) — (C)
③ (B) — (C) — (A) — (B) 철학자들은 기존 자료, 자신의 상상력에 기반해서 시나리오를 구성함 - (C) 다양한 시나리오에 개입한 것을 상상하며 사고 실험을 진행함 - (A) 일부 철학자들은 시간 여행의 개념을 부정함
④ (C) — (A) — (B)
⑤ (C) — (B) — (A) — '어느 쪽이든'으로 언급할 상황이 주어진 글에 없음

| 문제 풀이 순서 | [정답률 57%]

1st 각 문단의 내용을 파악하고, 글의 논리적인 순서를 추론한다.

주어진 글: 시간의 본질을 이해하고자 하는 철학자들은 시간 여행의 가능성을 고려할지도 모른다. 그러나 시간 여행의 실제 사례는 없다.

→ **주어진 글 뒤:** 시간 여행의 실제 사례는 없다는 사실에 대응하는 내용이 이어질 것이다. (발상)

(A): 여러분이 그렇게(this) 하는 것을 막기 위해 무슨 일이 일어나야 하는 것처럼 보이는데, 왜냐하면 만약 여러분이 성공한다면, 여러분은 존재하지 않을 것이고 그래서 여러분은 시간을 거슬러 갈 수 없었을 것이기 때문이다. 이러한 종류의 사례들을 통해 생각한 결과, 일부 철학자들은 시간 여행이라는 바로 그 개념이 말이 되지 않는다고 주장한다.

→ **(A) 앞:** 우리가 존재하기 위해 막아야 하는 것(this)이 주어진 글에는 나오지 않는다.
▶ 주어진 글 바로 다음에 (A)가 이어질 수 없음
(A) 뒤: 주어진 글에서 주장한 바를 다시 정리하고 있으므로, 주어진 글과 (A) 사이에 뒷받침하는 내용이 나오고 (A)는 글의 마지막에 올 것이다.

(B): 이와(this) 같은 상황들에서 철학자들은 사고 실험, 즉 사람들의 판단의 기초가 되는 생각과 전제를 끌어내는 상상의 시나리오를 종종 구성한다. 때때로 이러한 시나리오들은 책, 영화 그리고 텔레비전으로부터 얻어진다. 다른 때에는 철학자들이 그냥 자신들만의 시나리오를 지어낸다.

→ **(B) 앞:** '이와(this)' 같은 상황들이 가리키는 것은 주어진 글의 시간 여행의 실제 사례가 없다는 것이다.
▶ 순서: 주어진 글 → (B)
(B) 뒤: 시나리오를 얻는 두 방법에 대한 설명이 이어질 것이다.
▶ (C)에 그러한 내용이 있을 것이고 (B) 뒤에 이어질 것임
(순서: 주어진 글 → (B) → (C))

(C): 어느 쪽이든(Either way), 요점은 그러한 개념들을 시험해 보는 것이다. 예를 들어 시간 여행의 경우 일반적인 사고 실험은 만약 여러분이 시간을 거슬러 가서 여러분이 결코 태어나지 않았다는 식으로 개입할 위치에 있는 자신을 발견한다면 어떤 일이 일어났을지를 상상하는 것이다.

→ **(C) 앞:** '어느 쪽이든(Either way)'으로 가리킬 만한 상황이 앞에 와야 한다.
▶ (B)에 책, 영화 등에서 시나리오를 얻는 경우와 지어내는 경우가 나옴
(순서: 주어진 글 → (B) → (C))
(C) 뒤: 개입할 수 있는 가능성이 나오므로 그것을 막아야 한다는 내용이 이어질 것이다.
▶ (A)에서 이를 this로 가리킴 (순서: 주어진 글 → (B) → (C) → (A))

2nd 글이 한눈에 들어오도록 정리하여 정답을 확인한다.

주어진 글: 시간 여행은 가능할 수 있지만 아직 실제 이루어진 사례가 없다.

→ **(B):** 철학자들은 다양한 시나리오를 구성할 때 기존의 자료, 자신의 상상력에 의존한다.
→ **(C):** 다양한 시나리오에 개입한 것을 가정하고 상상하는 방식으로 사고 실험이 진행된다.
→ **(A):** 실험의 결과 일부 철학자들은 시간 여행의 개념이 성립되지 않는다고 주장한다.
▶ 주어진 글 다음에 이어질 글의 순서는 (B) → (C) → (A)이므로 정답은 ③임

M 26 정답 ④ **＊수면 중 감각 차단과 시상의 역할**

A universal indicator of sleep / is the loss of external awareness. //
수면의 한 보편적인 지표는 / 외부 인식의 상실이다 //

You are no longer conscious / of all **that** surrounds you, / at least not explicitly. //
_{주격 관계대명사}
여러분은 더 이상 의식하지 않는다 / 자신을 둘러싸고 있는 모든 것을 / 최소한 겉으로 보기에는 //

단서 1 수면 상태에도 감각 정보를 인식함
In actual fact, / your ears are still 'hearing'; / your eyes, **though closed**, are still capable of 'seeing.' //
분사구문
실상은 / 여러분의 귀는 여전히 '듣고' 있고 / 눈은, 감겨 있지만, 여전히 '보는 것'이 가능하다 //

단서 2 its는 (C)의 시상을 가리킴
(A) **Should they** be granted **its** permission to pass, / they are sent to the cortex at the top of your brain, / **where** they are consciously perceived. //
= If they should / 계속적 용법의 관계부사
그것들이 그것(시상)의 통행 허가를 받게 된다면 / 그것들은 여러분의 뇌 상부에 있는 대뇌피질로 보내지는데 / 거기서 그것들은 의식적으로 지각된다 //

By locking its gates shut, / the thalamus imposes a sensory blackout in the brain, / **preventing** onward travel of those signals to the cortex. //
by -ing: ~함으로써 / 분사구문을 이끄는 현재분사
그것의 문을 닫아 잠금으로써 / 시상은 뇌에 감각 정전을 가하고 / 그 신호들의 대뇌피질을 향한 전진 이동을 막는다 //

단서 3 시상이 신호들을 대뇌피질로 보내지 않은 결과
(B) As a result, / you are no longer consciously aware / of the information broadcasts / **being transmitted from your outer sense organs.** //
현재분사구(information broadcasts 수식)
그 결과 / 여러분은 더 이상 의식적으로 인식하지 못한다 / 정보 방송을 / 외부 감각 기관으로부터 전송되고 있는 //

At this moment, your brain has lost / waking contact with the outside world. //
이 순간 여러분의 뇌는 잃었다 / 외부 세계와의 깨어 있는 접촉을 //

Said another way, / you are now asleep. //
다른 말로 하면 / 여러분은 지금 잠이 든 것이다 //

단서 4 수면 상태에도 감각 정보를 인식한다는 것을 의미함
(C) All these signals still flood / into the center of your brain / while you sleep, / but they are blocked / by a perceptual barricade / **set up** in a structure **called** the thalamus. //
과거분사(barricade 수식) / 과거분사(a structure 수식)
이 모든 신호들은 흘러 들어가지만 / 뇌의 중심부로 / 여러분이 자는 동안 여전히 / 그것들은 차단된다 / 지각의 바리케이드에 의해 / 시상이라고 불리는 조직에 설치된 //

The thalamus decides / which sensory signals are allowed through its gate, / and which are not. //
시상은 결정한다 / 그것의 문을 통해 어떤 감각 신호들이 들여보내질지 / 어떤 것들이 그렇지 않을지를 //

- **universal** ⓐ 보편적인
- **indicator** ⓝ 지표
- **awareness** ⓝ 의식
- **grant permission** 허가하다
- **impose** ⓥ 부과하다
- **blackout** ⓝ 일시적인 의식[시력/기억] 상실
- **onward** ⓐ 앞으로[계속 이어서] 나아가는
- **outer** ⓐ 바깥의
- **sense organ** 감각 기관
- **perceptual** ⓐ 지각의
- **barricade** ⓝ 장애물, 바리케이드

수면의 한 보편적인 지표는 외부 인식의 상실이다. 여러분은 자신을 둘러싸고 있는 모든 것을, 최소한 겉으로 보기에는, 더 이상 의식하지 않는다. 실상은 여러분의 귀는 여전히 '듣고' 있고, 눈은, 감겨 있지만, 여전히 '보는 것'이 가능하다. (C) 이 모든 신호들은 여러분이 자는 동안 여전히 뇌의 중심부로 흘러 들어가지만, 그것들은 시상이라고 불리는 조직에 설치된 지각의 바리케이드에 의해 차단된다. 시상은 그것의 문을 통해 어떤 감각 신호들이 들여보내질지, 어떤 것들이 그렇지 않을지를 결정한다. (A) 그것들이 그것의 통행 허가를 받게 된다면, 그것들은 여러분의 뇌 상부에 있는 대뇌피질로 보내지는데, 거기서 그것들은 의식적으로 지각된다. 그것의 문을 닫아 잠금으로써 시상은 뇌에 감각 정전을 가하고, 그 신호들의 대뇌피질을 향한 전진 이동을 막는다. (B) 그 결과 여러분은 외부 감각 기관으로부터 전송되고 있는 정보 방송을 더 이상 의식적으로 인식하지 못한다. 이 순간 여러분의 뇌는 외부 세계와의 깨어 있는 접촉을 잃었다. 다른 말로 하면, 여러분은 지금 잠이 든 것이다.

주어진 글 다음에 이어질 글의 순서로 가장 적절한 것을 고르시오. [3점]

① (A) — (C) — (B) 통행 허가의 주체가 주어진 글과 (B)에 나오지 않음
② (B) — (A) — (C)
③ (B) — (C) — (A) (B)의 '그 결과'와 주어진 글이 연결되지 않음
④ (C) — (A) — (B)
⑤ (C) — (B) — (A) (B)의 '그 결과'와 (C)는 연결되지 않음

(C) 시상이라는 조직이 어떤 신호가 뇌로 들어갈지 결정함 - (A) 시상이 감각 신호를 대뇌피질로 보내지 않을 수도 있음 - (B) 그렇게 되면 외부 정보를 인식하지 못하게 되며 이는 곧 수면 상태임

| 문제 풀이 순서 | [정답률 44%]

1st 각 문단의 내용을 파악하고, 글의 논리적인 순서를 추론한다.

주어진 글: 수면의 한 보편적인 지표는 외부 인식의 상실이다. 여러분은 자신을 둘러싸고 있는 모든 것을, 최소한 겉으로 보기에는, 더 이상 의식하지 않는다. 실상은 여러분의 귀는 여전히 '듣고' 있고, 눈은, 감겨 있지만, 여전히 '보는 것'이 가능하다.

➜ **주어진 글 뒤:** 감지된 정보들이 수면 중에는 어떻게 처리되는지가 나와야 한다. (발상)

(A): 그것들이 그것(its)의 통행 허가를 받게 된다면, 그것들은 여러분의 뇌 상부에 있는 대뇌피질로 보내지는데, 거기서 그것들은 의식적으로 지각된다. 그것의 문을 닫아 잠금으로써 시상은 뇌에 감각 정전을 가하고, 그 신호들의 대뇌피질을 향한 전진 이동을 막는다.

➜ **(A) 앞:** 통행 허가를 내리는 주체가 주어진 글에 등장하지 않는다.
  ▶ 주어진 글 바로 다음에 (A)가 이어질 수 없음
  (A) 뒤: 신호들의 이동을 막는 것의 결과가 나와야 한다.

(B): 그 결과(As a result) 여러분은 외부 감각 기관으로부터 전송되고 있는 정보 방송을 더 이상 의식적으로 인식하지 못한다. 이 순간 여러분의 뇌는 외부 세계와의 깨어 있는 접촉을 잃었다. 다른 말로 하면, 여러분은 지금 잠이 든 것이다.

➜ **(B) 앞:** 외부 감각 기관이 보내는 정보 방송을 인식하지 못하는 이유가 나와야 한다. ▶ (A)에 시상이 신호들을 막는다는 내용이 있고, 그것이 정보 방송을 인식하지 못하는 이유가 될 수 있음 (순서: (A) ➜ (B))
  (B) 뒤: 수면에 대한 설명이 이어지거나 (B)가 글의 결론일 것이다.
  ▶ (B)가 마지막에 올 확률이 높음

(C): 이 모든 신호들(All these signals)은 여러분이 자는 동안 여전히 뇌의 중심부로 흘러 들어가지만, 그것들은 시상이라고 불리는 조직에 설치된 지각의 바리케이드에 의해 차단된다. 시상은 그것의 문을 통해 어떤 감각 신호들이 들여보내질지, 어떤 것들이 그렇지 않을지를 결정한다.

➜ **(C) 앞:** 뇌의 중심부로 흘러 들어가는 '이 모든 신호들(All these signals)'에 관한 내용이 나와야 한다.
  ▶ 주어진 글에서 언급한 수면 상태에서도 여전히 '듣고 보는 것'을 가리킴 (순서: 주어진 글 ➜ (C))
  (C) 뒤: 시상이 통과시킨 감각 신호와 통과시키지 않은 감각 신호가 각각 어떻게 되는지 이어질 것이다.
  ▶ (A)에 해당 내용이 나오므로 (A)가 (C) 뒤에 이어질 것임 (순서: 주어진 글 ➜ (C) ➜ (A) ➜ (B))

주어진 글: 수면 중 감각들이 비활성화된 것 같지만 여전히 감각들이 어느 정도 살아 있다.

→ **(C):** 시상이라는 조직이 이를 차단하여 어떤 신호가 뇌로 들어갈지 결정한다.

→ **(A):** 시상이 감각 신호를 대뇌피질로 보내는 것을 결정하면, 해당 신호들은 의식적으로 인식되며, 시상이 문을 닫아 잠그면 감각의 전달을 막고 대뇌피질로의 처리를 막는다.

→ **(B):** 그 경우, 외부 감각에서 오는 정보를 의식적으로 인식하지 못하게 되며, 이는 수면 상태임을 의미한다.

  ▶ 주어진 글 다음에 이어질 글의 순서는 (C) ➜ (A) ➜ (B)이므로 정답은 ④임

M 27 정답 ② ＊무의식적, 의식적 능력의 결합이 요구되는 창의적인 일

Different creative pursuits / require varying degrees of unconscious flexible thinking, /
서로 다른 창의적인 일들은 / 다양한 정도의 무의식적이고 유연한 사고를 요구한다 /

in combination with varying degrees of the conscious ability /
to adjust it and shape it / through analytical thinking. // (형용사적 용법)
다양한 정도의 의식적인 능력과 함께 결합하여 / 그것을 조정하고 그것을 형성하는 / 분석적인 사고를 통해서 // 단서 1 창의적인 일에는 무의식적, 의식적 능력의 결합이 요구됨

In music, / for example, / at one end of the creative spectrum / are improvisational artists, / such as jazz musicians. //
음악에서 / 예를 들어 / 창의적인 스펙트럼의 한끝에는 / 즉흥 연주자들이 있다 / 재즈 음악가와 같은 //

(A) On the other end of the spectrum / are those who compose complex forms, / such as a symphony or concerto, /
스펙트럼의 다른 끝에는 / 복잡한 형식을 작곡하는 자들이 있다 / 심포니와 콘체르토와 같은 /

that require / not just imagination but also careful planning and exacting editing. // (주격 관계대명사(forms 수식)) 단서 2 스펙트럼의 다른 끝에는 복잡한 형식을 작곡하는 자들이 있음
(not just A but also B: A 뿐만 아니라 B도)
요구하는 / 상상력뿐만이 아니라 신중한 계획과 고된 편집을 //

We know, / for example, / through his letters and the reports of others, /
우리는 안다 / 예를 들어 / 그의 편지와 다른 이들의 기록을 통해 /

that even Mozart's creations did not appear spontaneously, /
(know의 목적어절을 이끄는 접속사)
wholly formed in his consciousness, / as the myths about him portray. //
(creations를 수식하는 분사) (접속사)
심지어 모차르트의 창작물 또한 즉흥적으로 발생한 것이 아니라는 것을 / 그의 의식에서 완전히 만들어졌다는 것을 / 그에 관한 전설이 그려 내듯 //

(B) They have to be particularly talented / at lowering their inhibitions / and letting in their unconsciously generated ideas. // (동명사의 병렬 구조) 단서 3 그들(즉흥 연주자들)은 무의식적 생각을 받아들이는 데 재능이 있음
그들은 특히 재능이 있다 / 그들의 억제를 낮추는 것에 / 그리고 무의식적으로 생성된 생각들을 받아들이는 것에 //

And although the process of learning the fundamentals of jazz / would require a high degree of analytical thought, / that thinking style is not as big a factor / during the performance. //
그리고 비록 재즈의 원리를 배우는 과정이 / 높은 정도의 분석적 사고를 요구할지라도 / 그러한 사고방식은 그렇게 큰 요인이 아니다 / 공연 중에 // 단서 4 그(모차르트)는 생각을 분석하고 재작업하는 데 긴 시간을 보냄

(C) Instead, / he spent long, hard hours / analyzing and reworking the ideas / that arose in his unconscious, / (주격 관계대명사(ideas 수식))
대신 / 그는 길고 힘든 시간을 보냈다 / 생각들을 분석하고 재작업하는 데 / 무의식에 떠오른 /

much as a scientist does / when producing a theory / from a germ of insight. // (접속사가 생략되지 않은 분사구문)
과학자가 그러하듯 / 이론을 만들어 낼 때 / 통찰력의 기원으로부터 //

In Mozart's own words: / "I immerse myself in music... / I think about it all day long / — I like experimenting — studying — reflecting..." // (동명사의 병렬 구조)
모차르트의 말처럼 / "나는 음악에 몰두한다 / 나는 그것에 대해 하루 종일 생각한다 / 나는 시도하고 — 공부하고 — 성찰하는 것…을 좋아한다" //

- pursuit ⓝ 일, 연구
- varying ⓐ 다양한
- flexible ⓐ 유연한
- combination ⓝ 조합
- adjust ⓥ 적응하다, 조절하다
- analytical ⓐ 분석적인
- spectrum ⓝ 범위, 스펙트럼
- concerto ⓝ 협주곡
- exacting ⓐ 고된
- spontaneously ⓐⓓ 자발적으로
- consciousness ⓝ 의식
- myth ⓝ 전설
- portray ⓥ 그리다, 묘사하다
- inhibition ⓝ 억제
- fundamental ⓐ 원리, 기초
- theory ⓝ 이론
- germ ⓝ 기원, 싹틈
- reflect ⓥ 깊이 생각하다, 심사숙고하다

서로 다른 창의적인 일들은 다양한 정도의 무의식적이고 유연한 사고를 분석적인 사고를 통해서 그것을 조정하고 그것을 형성하는 다양한 정도의 의식적인 능력과 함께 결합하여 요구한다. 예를 들어, 음악에서 창의적인 스펙트럼의 한끝에는 재즈 음악가와 같은 즉흥 연주가들이 있다. (B) 그들은 그들의 억제를 낮추고 무의식적으로 생성된 생각들을 받아들이는 것에 특히 재능이 있다. 그리고 비록 재즈의 원리를 배우는 과정이 높은 정도의 분석적 사고를 요구할지라도, 그러한 사고방식은 공연 중에 그렇게 큰 요인이 아니다. (A) 스펙트럼의 다른 끝에는 심포니와 콘체르토와 같은, 상상력뿐만이 아니라 신중한 계획과 고된 편집을 요구하는 복잡한 형식을 작곡하는 자들이 있다. 예를 들어, 우리는 그의 편지와 다른 이들의 기록을 통해, 심지어 모차르트의 창작물 또한, 그에 관한 전설이 그려 내듯 즉흥적으로 발생한 것이 아니라 그의 의식에서 완전히 만들어졌다는 것을 안다. (C) 대신, 그는 과학자가 통찰력의 기원으로부터 이론을 만들어 낼 때 그러하듯, 그의 무의식에 떠오른 생각들을 분석하고 재작업하는 데 길고 힘든 시간을 보냈다. 모차르트의 말대로, "나는 음악에 몰두한다… 나는 그것에 대해 하루 종일 생각하고, 나는 시도하고 — 공부하고 — 성찰하는 것…을 좋아한다."

주어진 글 다음에 이어질 글의 순서로 가장 적절한 것을 고르오. [3점]

① (A) — (C) — (B) A)는 즉흥 연주가들에 대한 설명이 아니라 의식에서 비롯된 복잡한 형식을 작곡하는 자들에 관한 내용이므로 주어진 글에 이어질 수 없음
② (B) — (A) — (C) 창의적인 일은 무의식적 능력과 의식적 능력이 함께 필요함 - 즉흥 연주가들은 무의식적 사고에 재능이 있음 - 반면에 의식에서 비롯된 복잡한 형식을 작곡하는 자들이 있음 - 무의식에서 떠오른 생각들을 분석하고 재작업함
③ (B) — (C) — (A)
④ (C) — (A) — (B) (C)는 (A)에 대한 부연 설명이므로 주어진 글 다음에 올 수 없음
⑤ (C) — (B) — (A) (C)는 의식을 사용하여 복잡한 형식의 곡을 만드는 작곡가들에 대한 부연 설명이므로 (B)가 아니라 (A) 뒤에 이어져야 함

| 문제 풀이 순서 | [정답률 37%]

1st 각 문단의 내용을 파악하고, 글의 논리적인 순서를 추론한다.

주어진 글: 서로 다른 창의적인 일들은 다양한 정도의 무의식적이고 유연한 사고를 분석적인 사고를 통해서 그것을 조정하고 그것을 형성하는 다양한 정도의 의식적인 능력과 함께 결합하여 요구한다. 예를 들어, 음악에서 창의적인 스펙트럼의 한끝에는 재즈 음악가와 같은 즉흥 연주가들이 있다.

➡ 창의적인 일은 무의식적 능력과 의식적 능력이 함께 필요하다고 설명하면서 예시로 재즈 음악가 같은 즉흥 연주가들을 제시하고 있다. 단서

주어진 글 뒤: 재즈 음악가 같은 즉흥 연주가들에 대한 설명이 이어질 것이다. 발상

(A): 스펙트럼의 다른 끝에는 심포니와 콘체르토와 같은, 상상력뿐만이 아니라 신중한 계획과 고된 편집을 요구하는 복잡한 형식을 작곡하는 자들이 있다. 예를 들어, 우리는 그의 편지와 다른 이들의 기록을 통해, 심지어 모차르트의 창작물 또한, 그에 관한 전설이 그려 내듯 즉흥적으로 발생한 것이 아니라 그의 의식에서 완전히 만들어졌다는 것을 안다.

➡ **(A) 앞:** 주어진 글은 재즈 음악가 같은 즉흥 연주가들을 제시했으므로, 즉흥 연주가들에 대한 설명이 이어져야 하는데 (A)는 그런 내용이 아니다.
▶ 주어진 글이 (A) 앞에 올 수 없음
(A) 뒤: 모차르트의 창작물이 의식에서 만들어졌다는 것에 대한 부연 설명이 이어질 것이다.

(B): 그들(They)은 그들의 억제를 낮추고 무의식적으로 생성된 생각들을 받아들이는 것에 특히 재능이 있다. 그리고 비록 재즈의 원리를 배우는 과정이 높은 정도의 분석적 사고를 요구할지라도, 그러한 사고방식은 공연 중에 그렇게 큰 요인이 아니다.

➡ **(B) 앞:** '그들'이 가리키는 내용이 있어야 한다. They는 주어진 글에서 재즈 음악가와 같은 즉흥 연주가들을 가리킨다. ▶ 순서: 주어진 문장 ➡ (B)

(B) 뒤: 무의식적 능력을 사용하는 연주가들의 이야기가 마무리되었으므로 의식적 사고를 사용하는 것에 대한 이야기가 나올 것이다. ▶ (A)가 이어질 확률이 큼

(C): 대신, 그(he)는 과학자가 통찰력의 기원으로부터 이론을 만들어 낼 때 그러하듯, 그의 무의식에 떠오른 생각들을 분석하고 재작업하는 데 길고 힘든 시간을 보냈다. 모차르트의 말대로, "나는 음악에 몰두한다… 나는 그것에 대해 하루 종일 생각하고, 나는 시도하고 — 공부하고 — 성찰하는 것…을 좋아한다."

➡ **(C) 앞:** '그'가 가리키는 내용이 있어야 한다. he는 (A)의 모차르트를 가리키며, 모차르트가 의식을 사용하여 분석한다는 내용이므로 (A) 뒤에 이어지는 것이 자연스럽다. ▶ 순서: (A) ➡ (C)
(C) 뒤: 모차르트에 대한 설명이 이어지거나 (C)가 글의 마지막일 확률이 높다.
▶ 순서: 주어진 글 ➡ (B) ➡ (A) ➡ (C)

2nd 글이 한눈에 들어오도록 정리하여 정답을 확인한다.

주어진 글: 창의적 작업은 무의식적, 의식적 노력의 결합을 요구한다.
→ **(B):** 재즈 음악가와 같은 즉흥 연주가들은 무의식적 생각을 잘 받아들인다.
→ **(A):** 반면 복잡한 형식을 작곡하는 자들이 있고, 모차르트의 창작물 또한 의식을 사용한다.
→ **(C):** 모차르트는 과학자가 이론을 만들어 내는 것처럼 무의식에 떠오른 생각들을 분석하고 음악에 대해 공부한다.
▶ 주어진 글 다음에 이어질 글의 순서는 (B) ➡ (A) ➡ (C)이므로 정답은 ②임

M 28 정답 ⑤ ＊지속 가능한 도시 계획에 대한 두 가지 접근 방식

Today, / historic ideas about integrating nature and urban/suburban space / find expression in various interpretations / of sustainable urban planning. // 단서 1 지속 가능한 도시 계획에 대해 언급함
핵심 주어(복수) / 복수 동사
오늘날 / 자연과 도시/교외 공간의 통합에 대한 역사적인 생각들은 / 다양한 해석의 모습으로 나타난다 / 지속 가능한 도시 계획에 대한 //

(A) But Landscape Urbanists find / that these designs do not prioritize the natural environment / and often involve diverting streams / and disrupting natural wetlands. //
목적어절 접속사 / 동명사의 병렬 구조
그러나 경관 도시론자들은 알게 되었다 / 이러한 설계가 자연환경을 우선시하지 않는다는 것을 / 그리고 흔히 하천의 우회를 수반한다는 것을 / 자연 습지 파괴와 //

Still others, / such as those advocating / for "just sustainabilities" or "complete streets," / find /
그럼에도 불구하고 다른 사람들은 / 예를 들어 주장하는 이들은 / '정당한 지속 가능성'이나 '완전 도로(보행, 자전거 및 자동차 모두 안전하게 접근하고 이동할 수 있도록 설계된 도로)'를 / 알게 되었다 //

that both approaches are overly idealistic / and neither pays enough attention to the realities / of social dynamics and systemic inequality. // 단서 2 두 가지 접근 방식이 모두 문제가 있다고 함
목적어절 접속사 / 둘 중 어느 것도 ~가 아닌
두 접근 방식 모두 지나치게 이상주의적이라는 것을 / 그리고 또한 현실에 충분한 주의를 기울이지 않는다는 것을 / 사회적 역학 관계와 구조적 불평등의 //

(B) However, / critics claim / that Landscape Urbanists prioritize aesthetic and ecological concerns / over human needs. //
목적어절 접속사
그러나 / 비판가들은 주장한다 / 경관 도시론자들이 미적 그리고 생태적 관심사를 우선시한다고 / 인간의 필요보다 // 단서 3 경관 도시론자들의 주장에 대한 비판이 있음

In contrast, / New Urbanism is an approach / that was popularized in the 1980s / and promotes / walkable streets, compact design, and mixed-use developments. //
주격 관계대명사(approach 수식) / 동사의 병렬 구조
대조적으로 / 신도시론은 접근법이다 / 1980년대에 대중화된 / 그리고 장려한다 / 걸을 수 있는 거리, 고밀도 디자인, 그리고 복합 용도 개발을 // 단서 4 신도시론이라는 다른 접근 방식을 제시함

(C) However, / the role of social justice / in these approaches / remains highly controversial. //
그러나 / 사회 정의의 역할은 / 이러한 접근 방식에서 / 논란의 소지가 많이 남아 있다 //

For example, / Landscape Urbanism is a relatively recent planning approach / that advocates for native habitat designs /
주격 관계대명사(approach 수식)
예를 들어 / 경관 도시론은 비교적 최근에 등장한 계획 접근 방식이다 / 자연 서식지 설계를 옹호하는 /

that include diverse species and landscapes / **that** require very
low resource use. // **단서 5** 경관 도시론의 주장/내용을 제시하고 있음
다양한 종과 경관을 포함하는 / 매우 적은 자원 사용을 필요로 하는 //

- integrate ⓥ 통합시키다 ・ suburban ⓐ 교외의
- interpretation ⓝ 해석 ・ sustainable ⓐ 지속 가능한
- Landscape Urbanist 경관 도시론자 ・ prioritize ⓥ 우선시하다
- disrupt ⓥ 방해하다 ・ wetland ⓝ 습지
- advocate ⓥ 주장하다, 옹호하다 ・ overly ⓐⓓ 지나치게
- idealistic ⓐ 이상주의적인 ・ dynamics ⓝ 역학 관계
- inequality ⓝ 불평등 ・ aesthetic ⓐ 미적인
- popularize ⓥ 대중화시키다 ・ controversial ⓐ 논란의 소지가 있는
- relatively ⓐⓓ 비교적 ・ habitat ⓝ 서식지 ・ diverse ⓐ 다양한

오늘날, 자연과 도시/교외 공간의 통합에 대한 역사적인 생각들은 지속 가능한
도시 계획에 대한 다양한 해석의 모습으로 나타난다. (C) 그러나 이러한 접근
방식에서 사회 정의의 역할은 논란의 소지가 많이 남아 있다. 예를 들어, 경관
도시론은 매우 적은 자원 사용을 필요로 하고 다양한 종과 경관을 포함하면서
자연 서식지 설계를 옹호하는 비교적 최근에 등장한 계획 접근 방식이다.
(B) 그러나 비판가들은 경관 도시론자들이 인간의 필요보다 미적, 그리고
생태적 관심사를 우선시한다고 주장한다. 대조적으로 신도시론은 1980년대에
대중화된 접근법이고 걸을 수 있는 거리, 고밀도 디자인, 그리고 복합 용도
개발을 장려한다. (A) 그러나 경관 도시론자들은 이러한 설계가 자연환경을
우선시하지 않으며, 하천의 우회와 자연 습지 파괴를 흔히 수반한다는 것을
알게 되었다. 그럼에도 불구하고 다른 사람들은, 예를 들어 '정당한 지속
가능성'이나 '완전 도로(보행, 자전거 및 자동차 모두 안전하게 접근하고 이동할
수 있도록 설계된 도로)'를 주장하는 이들은 두 접근 방식 모두 지나치게
이상주의적이며, 사회적 역학 관계와 구조적 불평등의 현실에 충분한 주의를
기울이지 않는다는 것을 알게 되었다.

주어진 글 다음에 이어질 글의 순서로 가장 적절한 것을 고르시오.

① (A) — (C) — (B) (A) 앞에 두 가지 접근 방식이 모두 제시되어야 하는데 주어진 글에 없음

② (B) — (A) — (C) (B)에 경관 도시론자들에 대한 비판이 제시되므로 (B) 앞에는
경관 도시론의 주장이 언급된 (C)가 와야 함

③ (B) — (C) — (A)

④ (C) — (A) — (B) 지속 가능한 도시 계획에 대한 다양한 해석이 존재함 - 경관 도시론은
매우 적은 자원으로 다양한 종과 경관을 포함하는 자연 서식지 설계
옹호 방식 - 이와 대조적으로 대중화된 접근 방식인 신도시론이 있음 -
두 접근 방식이 모두 문제가 있다고 이야기하는 사람이 있음

⑤ (C) — (B) — (A)
(A)에서 두 접근 방식이 모두 문제가 있다고 했으므로 (A) 앞에 두 가지 접근 방식이 나와야 함

| 문제 풀이 순서 | [정답률 48%]

1st 각 문단의 내용을 파악하고, 글의 논리적인 순서를 추론한다.

주어진 글: 오늘날, 자연과 도시/교외 공간의 통합에 대한 역사적인
생각들은 지속 가능한 도시 계획에 대한 다양한 해석의 모습으로 나타난다.

➡ 지속 가능한 도시 계획에 대한 다양한 해석이 존재한다고 언급했다. **단서**
주어진 글 뒤: 지속 가능한 도시 계획에 대한 여러 방안이 제시될 것이다. **발상**

(A): 그러나 경관 도시론자들은 이러한 설계(these designs)가
자연환경을 우선시하지 않으며, 하천의 우회와 자연 습지 파괴를 흔히
수반한다는 것을 알게 되었다. 그럼에도 불구하고 다른 사람들은, 예를
들어 '정당한 지속 가능성'이나 '완전 도로(보행, 자전거 및 자동차 모두
안전하게 접근하고 이동할 수 있도록 설계된 도로)'를 주장하는 이들은
두 접근 방식(both approaches) 모두 지나치게 이상주의적이며, 사회적
역학 관계와 구조적 불평등의 현실에 충분한 주의를 기울이지 않는다는
것을 알게 되었다.

➡ **앞 문장:** 경관 도시론자들은 이러한 설계가 자연환경을 우선시하지 않는 등의
문제가 있다고 함
뒤 문장: 두 접근 방식 모두 지나치게 이상주의적인 등의 문제가 있다고 함
(A) 앞: '이러한 설계', '두 접근 방식'이 가리키는 내용이 나와야 한다.
▶ 주어진 글이 (A) 앞에 올 수 없음
(A) 뒤: 두 접근 방식이 가진 문제에 대한 해결책이 나오거나 (A)가 글의 마지막일
확률이 높다.

(B): 그러나(However) 비판가들은 경관 도시론자들이 인간의 필요보다
미적, 그리고 생태적 관심사를 우선시한다고 주장한다. 대조적으로
신도시론은 1980년대에 대중화된 접근법이고 걸을 수 있는 거리, 고밀도
디자인, 그리고 복합 용도 개발을 장려한다.

➡ **(B) 앞:** 비판가들은 경관 도시론자들의 접근법이 미적, 생태적 관심사를
우선시한다고 했으므로 경관 도시론의 주장이 제시되어야 한다.
▶ 순서: (C) ➡ (B)
(B) 뒤: 대조적으로 신도시론이라는 대중화된 접근법이 제시됐으므로 신도시론에
대한 부연 설명이나 추가 정보가 제시될 것이다.
▶ (A)가 이어질 확률이 큼

(C): 그러나 이러한 접근 방식(these approaches)에서 사회 정의의
역할은 논란의 소지가 많이 남아 있다. 예를 들어, 경관 도시론은 매우
적은 자원 사용을 필요로 하고 다양한 종과 경관을 포함하면서 자연 서식지
설계를 옹호하는 비교적 최근에 등장한 계획 접근 방식이다.

➡ **(C) 앞:** '이러한 접근 방식'이 가리키는 내용이 있어야 한다. these approaches는
지속 가능한 도시 계획에 대한 다양한 해석들을 의미하므로 주어진 글 뒤에
이어지는 것이 자연스럽다.
▶ 순서: 주어진 글 ➡ (C)
(C) 뒤: 경관 도시론에 대한 부연 설명이나 추가 정보가 제시될 것이다.
▶ 순서: 주어진 글 ➡ (C) ➡ (B) ➡ (A)

2nd 글이 한눈에 들어오도록 정리하여 정답을 확인한다.

주어진 글: 지속 가능한 도시 계획에 대한 여러 해석이 존재한다.
→ **(C):** 경관 도시론은 다양한 종과 경관을 포함한 자연 서식지 설계를 옹호하는 접근
방식이다.
→ **(B):** 경관 도시론에 대한 비판 존재, 신도시론이라는 대중적 접근 방식이 있다.
→ **(A):** 경관 도시론자들은 신도시론을 비판, 다른 사람들은 두 접근 방식 모두를
비판한다.
▶ 주어진 글 다음에 이어질 글의 순서는 (C) ➡ (B) ➡ (A)이므로 정답은 ⑤임

자이 쌤's Follow Me! −홈페이지에서 제공

M 29 정답 ① ＊블랙홀 같은 랜드마크

Spatial reference points are larger / than themselves. //
공간 기준점은 더 크다 / 자기 자신보다 //
This isn't really a paradox: / landmarks are themselves, / but
they also define neighborhoods / around themselves. //
이것은 그다지 역설이 아니다 / 랜드마크는 그 자체이기도 하지만 / 그것은 또한 주변 지역
을 규정한다 / 자기 자신 주변의 //

(A) In a paradigm / that has been repeated / on many campuses,
/ researchers first collect / a list of campus landmarks / from
students. //
한 전형적인 예에서 / 반복되어 온 / 많은 대학 캠퍼스에서 / 연구원들은 먼저 수집한다 / 캠퍼
스 랜드마크의 목록을 / 학생들에게서 //
Then they ask another group of students / to estimate the
distances / between pairs of locations, / **단서 1** 쌍으로 이루어진 장소 사이의
거리를 추정하라고 요청함
그런 다음 그들은 다른 학생 집단에게 요청한다 / 거리를 추정하라고 / 쌍으로 이루어진 장
소 사이의 /
some to landmarks, / some to ordinary buildings / on campus. //
단서 2 거리 추정에 관한 이 비대칭이 가리키는
예시가 선행되어야 함
어떤 장소에서 랜드마크까지 / 어떤 장소에서 평범한 건물까지 / 캠퍼스에 있는 //
(B) This asymmetry of distance estimates violates / the most
elementary principles of Euclidean distance, / that the distance /
from A to B / must be the same / as the distance / from B to A. //
거리 추정에 관한 이 비대칭은 위배된다 / 가장 기초적인 유클리드 거리 법칙에 / 거리는 / A
에서부터 B까지의 / 같아야 한다는 / 거리와 / B에서부터 A까지의 //
Judgments of distance, / then, / are not necessarily coherent. //
거리에 관한 추정은 / 그렇다면 / 반드시 일관적이지는 않다 //

(C) The remarkable finding is / that distances / from an ordinary location / to a landmark / are judged shorter / than distances / from a landmark / to an ordinary location. //
주목할 만한 결과는 ~이다 / 거리가 / 평범한 장소에서 / 랜드마크까지의 / 더 짧다고 판단된다는 것 / 거리보다 / 랜드마크에서 / 평범한 장소까지의 //

So, / people would judge the distance / from Pierre's house / to the Eiffel Tower / to be shorter / than the distance / from the Eiffel Tower / to Pierre's house. //
단서 3 거리를 추정하라는 요청 결과 '평범한 장소 → 랜드마크'가 '랜드마크 → 평범한 장소보다 더 짧다고 판단됨
그래서 / 사람들은 거리를 판단할 것이다 / Pierre의 집에서 / 에펠탑까지의 / 더 짧다고 / 거리보다 / 에펠탑에서 / Pierre의 집까지의 //

Like black holes, / landmarks seem to pull ordinary locations / toward themselves, / but ordinary places do not. //
뒤에 seem to pull landmarks toward themselves가 생략됨
블랙홀처럼 / 랜드마크는 평범한 장소를 끌어들이는 것처럼 보이지만 / 자기 자신을 향해 / 평범한 장소들은 그렇지 않다 //

- spatial ⓐ 공간의
- reference point 기준(점)
- paradox ⓝ 역설
- landmark ⓝ 주요 지형지물
- define ⓥ 규정하다
- paradigm ⓝ 전형적인 예
- repeated ⓐ 반복되는
- researcher ⓝ 연구원
- estimate ⓥ 추정하다 ⓝ 추정
- distance ⓝ 거리
- ordinary ⓐ 평범한, 보통의
- violate ⓥ 위반하다
- elementary ⓐ 기본적인
- principle ⓝ 원칙
- judgement ⓝ 추정, 판단
- not necessarily 반드시 ~은 아닌
- coherent ⓐ 일관성이 있는
- remarkable ⓐ 주목할 만한
- finding ⓝ 결과

공간 기준점은 자기 자신보다 더 크다. 이것은 그다지 역설이 아닌데, 랜드마크는 그 자체이기도 하지만, 또한 자기 자신 주변 지역을 규정한다. (A) 많은 대학 캠퍼스에서 반복되어 온 한 전형적인 예에서, 연구원들은 먼저 학생들에게서 캠퍼스 랜드마크의 목록을 수집한다. 그런 다음, 그들은 다른 학생 집단에게 쌍으로 이루어진 장소 사이의 거리, 즉 캠퍼스에 있는 어떤 장소에서 랜드마크까지, 어떤 장소에서 평범한 건물까지의 거리를 추정하라고 요청한다. (C) 주목할 만한 결과는 평범한 장소에서 랜드마크까지의 거리가 랜드마크에서 평범한 장소까지의 거리보다 더 짧다고 판단된다는 것이다. 그래서 사람들은 Pierre의 집에서 에펠탑까지의 거리가 에펠탑에서 Pierre의 집까지의 거리보다 더 짧다고 판단할 것이다. 블랙홀처럼, 랜드마크는 평범한 장소를 자기 자신을 향해 끌어들이는 것처럼 보이지만, 평범한 장소들은 그렇지 않다. (B) 거리 추정에 관한 이 비대칭은, A에서부터 B까지의 거리는 B에서부터 A까지의 거리와 같아야 한다는 가장 기초적인 유클리드 거리 법칙에 위배된다. 그렇다면, 거리에 관한 추정은 반드시 일관적이지는 않다.

주어진 글 다음에 이어질 글의 순서로 가장 적절한 것을 고르시오.

① (A) — (C) — (B) 학생들에게 쌍으로 이루어진 장소 사이의 거리를 추정하라고 요청함-평범한 장소 → 랜드마크'가 '랜드마크 → 평범한 장소'보다 더 짧다고 판단됨 - 거리에 관한 추정이 반드시 일관적이지는 않음
② (B) — (A) — (C) This asymmetry of distance estimates가 가리키는 것이 주어진 글에 없음
③ (B) — (C) — (A)
④ (C) — (A) — (B) 결과를 설명하기 전에 무엇을 요청했는지가 먼저 나와야 함
⑤ (C) — (B) — (A)

| 문제 풀이 순서 | [정답률 70%]

1st 각 문단의 내용을 파악하고, 글의 논리적인 순서를 추론한다.

주어진 글: 공간 기준점은 자기 자신보다 더 크다. 이것은 그다지 역설이 아닌데, 랜드마크는 그 자체이기도 하지만, 또한 자기 자신 주변 지역을 규정한다. 단서

→ 주어진 글 뒤: 랜드마크와 같은 공간 기준점이 자기 자신보다 더 크다는 것을 보여주는 구체적인 사례가 등장할 것이다. 발상

(A): 많은 대학 캠퍼스에서 반복되어 온 한 전형적인 예에서, 연구원들은 먼저 학생들에게서 캠퍼스 랜드마크의 목록을 수집한다. 그런 다음, 그들은 다른 학생 집단에게 쌍으로 이루어진 장소 사이의 거리, 즉 캠퍼스에 있는 어떤 장소에서 랜드마크까지, 어떤 장소에서 평범한 건물까지의 거리를 추정하라고 요청한다.

→ (A) 앞: 랜드마크가 자기 자신보다 더 크다는 것을 보여주는 연구에 대한 설명이 (A)에서 시작된다.
  ▶ 주어진 글 뒤에 (A)가 이어짐 (순서: 주어진 글 → (A))
  (A) 뒤: 어떤 장소에서 랜드마크까지의 거리, 어떤 장소에서 평범한 건물까지의 거리를 추정한 결과가 (A) 뒤에 이어져야 한다.

(B): 거리 추정에 관한 이러한 비대칭(This asymmetry)은, A에서부터 B까지의 거리는 B에서부터 A까지의 거리와 같아야 한다는 가장 기초적인 유클리드 거리 법칙에 위배된다. 그렇다면, 거리에 관한 추정은 반드시 일관적이지는 않다.

→ (B) 앞: '이러한 비대칭'이 가리키는 바가 (B) 앞에 있어야 한다.
  ▶ (A)에는 거리 추정에 비대칭이 있다는 내용이 없음
  (B) 뒤: 학생들에게 거리를 추정하라고 요청한 결과 비대칭이 있었고, 이를 통해 거리에 관한 추정이 반드시 일관적이지는 않다는 결론을 내린 것이라고 예상할 수 있다. ▶ (B)는 글의 결론일 것임

(C): 주목할 만한 결과는 평범한 장소에서 랜드마크까지의 거리가 랜드마크에서 평범한 장소까지의 거리보다 더 짧다고 판단된다는 것이다. 그래서 사람들은 Pierre의 집에서 에펠탑까지의 거리가 에펠탑에서 Pierre의 집까지의 거리보다 더 짧다고 판단할 것이다. 블랙홀처럼, 랜드마크는 평범한 장소를 자기 자신을 향해 끌어들이는 것처럼 보이지만, 평범한 장소들은 그렇지 않다.

→ (C) 앞: (C)에서는 사람들이 거리를 어떻게 추정했는지를 설명한다. (A)에서 거리를 추정하라고 요청한 결과를 (C)에서 이야기하는 것이다.
  ▶ 순서: 주어진 글 → (A) → (C)
  (C) 뒤: 사람들이 Pierre의 집에서 에펠탑까지의 거리가 에펠탑에서 Pierre의 집까지의 거리보다 더 짧다고 판단한 것을 (B)에서 '이 비대칭'이라고 가리킨 것이다.
  ▶ (C) 뒤에 (B)가 와야 함 (순서: 주어진 글 → (A) → (C) → (B))

2nd 글이 한눈에 들어오도록 정리하여 정답을 확인한다.

주어진 글: 랜드마크와 같은 공간 기준점은 그 자체뿐 아니라 주변 지역까지 규정함으로써 자기 자신보다 더 크다.
→ (A): 연구원은 학생들에게 어떤 장소에서 랜드마크까지, 어떤 장소에서 평범한 건물까지의 거리를 추정하라고 요청한다.
→ (C): 평범한 장소(Pierre의 집)에서 랜드마크(에펠탑)까지의 거리가 랜드마크(에펠탑)에서 평범한 장소(Pierre의 집)까지의 거리보다 더 짧다고 판단된다.
→ (B): 거리 추정에 관한 이 비대칭은 유클리드 거리 법칙에 위배된다.
▶ 주어진 글 다음에 이어질 글의 순서는 (A) → (C) → (B)이므로 정답은 ①임

M 30 정답 ⑤ *복수 균형

A firm is deciding / whether to invest / in shipbuilding. //
한 회사가 결정하고 있다 / 투자할지를 / 조선업에 / 문장에서 주로 목적어 역할을 하는 「의문사+to부정사」
If it can produce / at sufficiently large scale, / it knows / the venture will be profitable. //
앞에 명사절 접속사 that이 생략됨
만약 그것이 생산할 수 있다면 / 충분히 대규모로 / 그것은 알고 있다 / 모험이 수익성이 있으리라는 것을 //

(A) There is a "good" outcome, / in which both types of investments are made, / and both the shipyard and the steelmakers / end up profitable and happy. //
단서 1 두 가지 결과 중 하나 / 선행사 / 관계부사 where를 대신하는 「전치사+관계대명사」
'좋은' 결과가 있는데 / 그 결과 내에서는 두 가지 투자 형태가 모두 이루어지고 / 조선소와 제강업자 모두 / 결국 이득을 얻고 만족하게 된다 //

Equilibrium is reached. //
균형이 이루어진다 //

Then there is a "bad" outcome, / in which neither type of investment is made. //
선행사 / 관계부사 where를 대신하는 「전치사+관계대명사」
그다음에 '나쁜' 결과가 있는데 / 그 결과 내에서는 어떤 투자 형태도 이루어지지 않는다 //

This second outcome also is an equilibrium / because the decisions / not to invest / reinforce each other. //
형용사적 용법(the decisions 수식)
이 두 번째 결과 또한 균형이 이루어진 것인데 / 왜냐하면 결정이 / 투자하지 않겠다는 / 서로를 강화하기 때문이다 //

(B) Assume / that shipyards are the only potential customers / of steel. //
가정하라 / 조선소가 유일한 잠재적 소비자라고 / 강철의 //

Steel producers figure / they'll make money / if there's a shipyard / to buy their steel, / but not otherwise. //
형용사적 용법(a shipyard 수식)
강철 생산자들은 생각한다 / 자신이 돈을 벌 것이고 / 조선소가 있으면 / 자신의 강철을 구매할 / 그렇지 않으면 돈을 벌지 못하리라고 //
= they'll not make money if there's not a shipyard

단서 2 잠재적 강철 투자들의 생각

Now we have two possible outcomes / — what economists call "multiple equilibria." //
이제 우리는 가능한 두 가지 결과를 갖는다 / 경제학자들이 '복수 균형'이라고 부르는 것 //

(C) But one key input / is low-cost steel, / and it must be produced nearby. //
조동사가 포함된 수동태(「조동사+be p.p.」)
하지만 한 가지 핵심 투입 요소는 / 저가의 강철이고 / 그것은 근처에서 생산되어야 한다 //

The company's decision / boils down to this: / if there is a steel factory close by, / invest in shipbuilding; / otherwise, don't invest. //
= if there is not a steel factory close by
단서 3 조선업에 대한 투자를 고민하는 한 회사의 결정
그 회사의 결정은 / 결국 다음과 같이 된다 / 만약 근처에 강철 공장이 있다면 / 조선업에 투자하고 / 그렇지 않으면 투자하지 마라 //

Now consider / the thinking of potential steel investors / in the region. //
이제 고려해 보라 / 잠재적 강철 투자자들의 생각을 / 그 지역에 있는 //

- firm ⓝ 회사
- invest ⓥ 투자하다
- shipbuilding ⓝ 조선(업)
- sufficiently ⓐⓓ 충분히
- scale ⓝ 규모
- venture ⓝ (사업상의) 모험
- profitable ⓐ 수익성이 있는
- outcome ⓝ 결과
- investment ⓝ 투자
- shipyard ⓝ 조선소
- steelmaker ⓝ 제강업자
- end up 결국 ~이 되다
- equilibrium ⓝ 균형, 평형 ((pl. equilibria))
- reach ⓥ ~에 이르다
- reinforce ⓥ 강화하다
- assume ⓥ 가정하다
- potential ⓐ 잠재적인
- steel ⓝ 강철
- figure ⓥ (~일 거라고) 생각하다
- otherwise ⓐⓓ 그렇지 않으면
- economist ⓝ 경제학자
- key ⓐ 핵심적인
- input ⓝ 투입
- boil down to 결국 ~이 되다
- factory ⓝ 공장
- close ⓐⓓ 가까이
- investor ⓝ 투자자
- region ⓝ 지역

한 회사가 조선업에 투자할지를 결정하고 있다. 만약 충분히 대규모로 생산할 수 있다면, 그것은 그 모험이 수익성이 있으리라는 것을 알고 있다. (C) 하지만 한 가지 핵심 투입 요소는 저가의 강철이고, 그것은 근처에서 생산되어야 한다. 그 회사의 결정은 결국 다음과 같이 된다. 만약 근처에 강철 공장이 있다면, 조선업에 투자하고, 그렇지 않으면 투자하지 마라. 이제 그 지역에 있는 잠재적 강철 투자자들의 생각을 고려해 보라. (B) 조선소가 유일한 잠재적 강철 소비자라고 가정하라. 강철 생산자들은 자신의 강철을 구매할 조선소가 있으면 자신이 돈을 벌 것이고, 그렇지 않으면 돈을 벌지 못하리라고 생각한다. 이제 우리는 경제학자들이 '복수 균형'이라고 부르는 것이 가능한 두 가지 결과를 갖는다. (A) '좋은' 결과가 있는데, 그 결과 내에서는 두 가지 투자 형태가 모두 이루어지고, 조선소와 제강업자 모두 결국 이득을 얻고 만족하게 된다. 균형이 이루어진다. 그다음에 '나쁜' 결과가 있는데, 그 결과 내에서는 어떤 투자 형태도 이루어지지 않는다. 이 두 번째 결과 또한 균형이 이루어진 것인데, 왜냐하면 투자하지 않겠다는 결정이 서로를 강화하기 때문이다.

주어진 글 다음에 이어질 글의 순서로 가장 적절한 것을 고르시오. [3점]

① (A) — (C) — (B) 　두 가지 결과가 발생한다는 (B)가 각각의 결과를 구체적으로 설명하는 (A)보다 앞에 있어야 함
② (B) — (A) — (C) 　주어진 글에는 강철 투자자에 대한 언급이 없음
③ (B) — (C) — (A)
④ (C) — (A) — (B) 　조선업 투자자와 강철 투자자의 생각을 모두 설명한 후에 그로 인한 결과가 이어져야 함
⑤ (C) — (B) — (A) 　근처에 강철 공장이 있어야 조선업에 투자함 – 강철을 구입할 조선소가 있어야 강철에 투자함 – 조선업 투자와 강철 투자가 둘 다 이뤄지든지 둘 다 이뤄지지 않든지 하는 두 가지 결과가 생김

1st 각 문단의 내용을 파악하고, 글의 논리적인 순서를 추론한다.

주어진 글: 한 회사가 조선업에 투자할지를 결정하고 있다. 만약 충분히 대규모로 생산할 수 있다면, 그것은 그 모험이 수익성이 있으리라는 것을 알고 있다. **단서**

→ **주어진 글 뒤:** 조선업 투자에 있어서 고려해야 할 요소와 관련된 내용이 이어질 것이다. **발상**

(A): '좋은' 결과가 있는데, 그 결과 내에서는 두 가지 투자 형태가 모두 이루어지고, 조선소와 제강업자 모두 결국 이득을 얻고 만족하게 된다. **단서 1** 균형이 이루어진다. 그다음에 '나쁜' 결과가 있는데, 그 결과 내에서는 어떤 투자 형태도 이루어지지 않는다. 이 두 번째 결과 또한 균형이 이루어진 것인데, 왜냐하면 투자하지 않겠다는 결정이 서로를 강화하기 때문이다.

→ **(A) 앞:** 두 가지 투자 형태가 이루어지는지, 그리고 균형이 이루어지는지에 따라 '좋은' 결과와 '나쁜' 결과로 나뉜다는 내용으로, 이와 관련된 언급이 앞에 먼저 나와야 한다.
▶ (A) 앞에 주어진 글이 올 수 없음

(A) 뒤: 어떤 것의 결과에 대해 언급하고 있으므로 글을 마무리하는 문단일 것이다.
▶ (A)가 마지막에 올 확률이 높음

(B): 조선소가 유일한 잠재적 강철 소비자라고 가정하라. 강철 생산자들은 자신의 강철을 구매할 조선소가 있으면 자신이 돈을 벌 것이고, 그렇지 않으면 돈을 벌지 못하리라고 생각한다. **단서 2** 이제 우리는 경제학자들이 '복수 균형'이라고 부르는 것이 가능한 두 가지 결과를 갖는다.

→ **(B) 앞:** 강철 생산자들의 결정에 관한 내용으로, 강철에 대한 투자와 관련된 내용이 나와야 한다.
▶ (B) 앞에 주어진 글이 올 수 없음

(B) 뒤: 복수 균형의 두 가지 결과에 관한 내용이 (A)에 나온다.
▶ (B) 뒤에 (A)가 와야 함 (순서: (B) → (A))

(C): 하지만 한 가지 핵심 투입 요소는 저가의 강철이고, 그것은 근처에서 생산되어야 한다. 그 회사의 결정은 결국 다음과 같이 된다. 만약 근처에 강철 공장이 있다면, 조선업에 투자하고, 그렇지 않으면 투자하지 마라. **단서 3** 이제 그 지역에 있는 잠재적 강철 투자자들의 생각을 고려해 보라.

→ **(C) 앞:** 조선업에 투자하려는 회사의 결정에 관하여 언급하므로, 주어진 글 다음에 이어져야 한다.
▶ (C) 앞에 주어진 글이 와야 함 (순서: 주어진 글 → (C))

(C) 뒤: 강철 투자자들의 생각을 고려해 보라고 했는데, 강철 생산자들의 결정에 관한 내용이 (B)에 나온다.
▶ (C) 뒤에 (B)가 와야 함 (순서: 주어진 글 → (C) → (B) → (A))

2nd 글이 한눈에 들어오도록 정리하여 정답을 확인한다.

주어진 글: 조선업에 투자하려는 회사는 대규모로 생산할 경우, 수익성이 있다.
→ **(C):** 강철 공장이 주변에 있다면 투자하고, 그렇지 않으면 투자하지 마라.
→ **(B):** 강철 생산자들은 소비자인 조선소가 근처에 있으면 돈을 벌고, 그렇지 않으면 돈을 벌지 못한다고 생각한다. 여기서 '복수 균형'인 두 가지 결과를 갖는다.
→ **(A):** 좋은 결과는 두 가지 투자가 모두 이루어지는 것이고 나쁜 결과는 어떤 투자도 이루어지지 않는 것이다.

▶ 주어진 글 다음에 이어질 글의 순서는 (C) → (B) → (A)이므로 정답은 ⑤임

Green products involve, / in many cases, / higher ingredient costs / than those of mainstream products. //
= ingredient costs
단서 1 친환경 제품의 부정적인 면을 설명함
친환경 제품은 수반한다 / 많은 경우 / 더 높은 원료비를 / 주류 제품의 그것보다 /

단서 2 성공적인 주류 제품을 보유한 기업들은 이미 알려지고 수익성 있는 다량의 제품에 투자하고자 함
(A) They'd rather put money and time / into known, profitable, high-volume products / that serve populous customer segments /
그들은 돈과 시간을 투자하고 싶어 한다 / 이미 알려지고 수익성이 있는 다량의 제품에 / 다수의 고객 계층의 요구를 충족하는 /
rather ~ than …으로 연결된 전치사구
than into risky, less-profitable, low-volume products / that may serve current noncustomers. //
위험하고 수익성이 더 낮은 소량의 제품보다는 / 현재 고객이 아닌 사람들의 요구를 충족할 수 있는 //

Given that choice, / these companies may choose to leave / the green segment of the market / to small niche competitors. //
prep ~을 고려할 때
그런 선택을 고려하면 / 이들 기업은 남겨두는 선택을 할 수 있다 / 시장의 친환경 부문을 / 소규모 틈새 경쟁업체들에게 //

단서 3 친환경 제품의 부정적인 면에 대한 설명이 완료됨
(B) Even if the green product succeeds, / it may cannibalize / the company's higher-profit mainstream offerings. //
부사절 접속사(양보)
친환경 제품이 성공하더라도 / 그것은 잡아먹을 수 있다 / 기업의 고수익 주류 제품을 //

Given such downsides, / companies / serving mainstream consumers / with successful mainstream products / face / what seems like an obvious investment decision. //
주어　　동사　목적어　　(관계대명사절)
이런 부정적인 면들을 고려하면 / 기업들은 / 주류 소비자의 요구를 충족하는 / 성공적인 주류 제품으로 / 직면한다 / 뻔한 투자 결정처럼 보이는 것에 //
단서 4 친환경 제품의 또다른 부정적인 면을 설명함

(C) Furthermore, / the restrictive ingredient lists and design criteria / that are typical of such products /
주어(명사구)
게다가 / 제한 성분 목록과 디자인 기준이 / 그런 제품에서 일반적인 /
may make green products inferior / to mainstream products / on core performance dimensions / (e.g., less effective cleansers). //
동사　목적어　목적격 보어
친환경 제품을 더 열등하게 만들 수 있다 / 주류 제품보다 / 핵심 성능 측면에서 / (예를 들어, 덜 효과적인 세척제) //

In turn, / the higher costs and lower performance / of some products / 결과적으로 / 더 높은 비용과 더 낮은 성능은 / 일부 제품의 /
= and then they lead
attract only a small portion of the customer base, / leading to lower economies of scale / in procurement, manufacturing, and distribution. //
고객층의 오직 적은 부분만 유인해서 / 더 낮은 규모의 경제를 초래한다 / 조달, 제조, 유통에서 //

- ingredient ⓝ 성분　　· mainstream ⓐ 주류의
- profitable ⓐ 수익성이 있는　　· volume ⓝ (~의) 양
- populous ⓐ 다수의　　· given that ~을 고려하면
- niche ⓝ (시장의) 틈새　　· offering ⓝ 제품
- downside ⓝ 부정적인 면　　· obvious ⓐ 뻔한
- restrictive ⓐ 제한하는　　· criterion ⓝ 기준((pl. criteria))
- typical ⓐ 일반적인　　· inferior ⓐ (~보다) 열등한　　· core ⓐ 핵심적인
- dimension ⓝ 차원　　· economies of scale 규모의 경제
- distribution ⓝ 유통

많은 경우, 친환경 제품은 주류 제품의 원료비보다 더 높은 원료비를 수반한다. (C) 게다가 그런 제품에서 일반적인 제한 성분 목록과 디자인 기준이 친환경 제품을 주류 제품보다 핵심 성능 측면에서 더 열등하게 만들 수 있다(예를 들어, 덜 효과적인 세척제). 결과적으로, 일부 제품의 더 높은 비용과 더 낮은 성능은 고객층의 오직 적은 부분만 유인해서, 조달, 제조, 유통에서 더 낮은 규모의 경제를 초래한다. (B) 친환경 제품이 성공하더라도 기업의 고수익 주류 제품을 잡아먹을 수 있다. 이런 부정적인 면들을 고려하면, 성공적인 주류 제품으로 주류 소비자의 요구를 충족하는 기업들은 뻔한 투자 결정처럼 보이는 것에 직면한다. (A) 그들은 현재 고객이 아닌 사람들의 요구를 충족할 수 있는 위험하고 수익성이 더 낮은 소량의 제품보다는, 다수의 고객 계층의 요구를 충족하는, 이미 알려지고 수익성이 있는 다량의 제품에 돈과 시간을 투자하고 싶어 한다. 그런 선택을 고려하면, 이들 기업은 소규모 틈새 경쟁업체들에게 시장의 친환경 부문을 남겨두는 선택을 할 수 있다.

주어진 글 다음에 이어질 글의 순서로 가장 적절한 것을 고르시오.

① (A) — (C) — (B)　(A)의 They가 가리킬 만한 것이 주어진 글에 없음
② (B) — (A) — (C)　(B)는 친환경 제품의 부정적인 면이 모두 설명된 이후에 와야 함
③ (B) — (C) — (A)
④ (C) — (A) — (B)　(A)의 They가 가리키는 것은 (B)에 등장한 companies임
⑤ (C) — (B) — (A)
친환경 제품은 주류 제품보다 원료비가 더 높음 – 친환경 제품은 주류 제품보다 핵심 성능 측면에서 열등함 – 이런 단점을 고려하면 성공적인 주류 제품으로 주류 고객을 만족시키는 기업은 돈과 시간을 기존의 주류 제품에 투자하고자 함 – 이들 기업은 소규모 경쟁업체들에게 시장의 친환경 부문을 남겨둠

| 문제 풀이 순서 |　[정답률 60%]

1st 각 문단의 내용을 파악하고, 글의 논리적인 순서를 추론한다.

주어진 글: 많은 경우, 친환경 제품은 주류 제품의 원료비보다 더 높은 원료비를 수반한다. **단서 1**

➡ **주어진 글 뒤:** 주류 제품보다 더 높은 원료비를 수반한다는 친환경 제품의 부정적인 면과 관련된 내용이 이어질 것이다.

(A): 그들(They)은 현재 고객이 아닌 사람들의 요구를 충족할 수 있는 위험하고 수익성이 더 낮은 소량의 제품보다는, 다수의 고객 계층의 요구를 충족하는, 이미 알려지고 수익성이 있는 다량의 제품에 돈과 시간을 투자하고 싶어 한다. **단서 2** 그런 선택을 고려하면, 이들 기업은 소규모 틈새 경쟁업체들에게 시장의 친환경 부문을 남겨두는 선택을 할 수 있다.

➡ **(A) 앞:** **1** They로 가리키는 사람들이 앞에 나왔을 것이다.
2 (A)에서는 They가 다수 고객의 요구를 충족하는 제품에 투자하고 싶어 한다고 설명하므로 (A) 앞에는 이들 기업이 그렇게 결정한 원인이 나와야 한다.
▶ 주어진 글에 기업의 결정에 관한 내용이 없으므로 (A) 앞에 주어진 글이 올 수 없음
(A) 뒤: 앞에서 언급한 기업들이 소규모 경쟁업체들에게 친환경 부문을 남겨둘 수 있다고 하며 문단의 내용이 마무리된다. ▶ (A)가 마지막에 올 확률이 높음

(B): 친환경 제품이 성공하더라도 기업의 고수익 주류 제품을 잡아먹을 수 있다. 이런 부정적인 면들(such downsides)을 고려하면, 성공적인 주류 제품으로 주류 소비자의 요구를 충족하는 기업들은 뻔한 투자 결정처럼 보이는 것에 직면한다. **단서 3**

➡ **(B) 앞:** '이런 부정적인 면들'을 통해, 주어진 글 외에도 친환경 제품의 부정적인 면이 더 있음을 알 수 있다. 따라서 주어진 글 외에 친환경 제품의 부정적인 면이 추가로 언급된 문단이 이어져야 한다. ▶ (B) 앞에 주어진 글이 올 수 없음
(B) 뒤: 주류 제품으로 주류 소비자의 요구를 충족하는 기업들의 투자 결정이 뻔하다고 했다. 이 기업들은 (A)에 언급되는 They이며 그들의 결정에 관한 세부사항이 (A)에 나온다.
▶ (B) 뒤에 (A)가 와야 함 (순서: (B) ➡ (A))

(C): 게다가(Furthermore) 그런 제품에서 일반적인 제한 성분 목록과 디자인 기준이 친환경 제품을 주류 제품보다 핵심 성능 측면에서 더 열등하게 만들 수 있다(예를 들어, 덜 효과적인 세척제). **단서 4** 결과적으로, 일부 제품의 더 높은 비용과 더 낮은 성능은 고객층의 오직 적은 부분만 유인해서, 조달, 제조, 유통에서 더 낮은 규모의 경제를 초래한다.

➡ **(C) 앞:** Furthermore는 부연 설명을 나타내는 연결어이므로 (C)보다 앞서 친환경 제품의 부정적인 면이 언급되어야 한다.
▶ (C) 앞에 주어진 글이 와야 함 (순서: 주어진 글 ➡ (C))
(C) 뒤: In turn을 통해 친환경 제품의 부정적인 면에 관한 내용을 마무리한다. 이어서 친환경 제품의 두 가지 부정적인 면들을 언급하는 (B)가 뒤에 나와야 한다.
▶ (C) 뒤에 (B)가 와야 함 (순서: 주어진 글 ➡ (C) ➡ (B) ➡ (A))

2nd 글이 한눈에 들어오도록 정리하여 정답을 확인한다.

주어진 글: 친환경 제품은 주류 제품보다 높은 원료비를 수반한다.
➡ **(C):** 친환경 제품은 주류 제품보다 성능 측면에서 열등할 수 있다.
➡ **(B):** 이러한 부정적인 면들을 고려하면 주류 제품을 생산하는 기업들의 결정은 뻔하다.
➡ **(A):** 그런 기업들은 수익성이 높은 제품에 투자할 것이며 친환경 제품은 소규모 경쟁업체들에게 남겨둘 것이다.
▶ 주어진 글 다음에 이어질 글의 순서는 (C) ➡ (B) ➡ (A)이므로 정답은 ⑤임

The fossil record provides / evidence of evolution. //
화석 기록은 제공한다 / 진화의 증거를 //
앞에 목적격 관계대명사가 생략됨
The story / the fossils tell / is one of change. //
이야기는 / 화석이 전하는 / 변화에 관한 것이다 //
선행사 주격 관계대명사
Creatures existed / in the past / that are no longer with us. //
생물들이 존재했다 / 과거에는 / 더는 우리와 함께하지 않는 //
Sequential changes are found / in many fossils / showing the change of certain features / over time / from a common ancestor, / as in the case of the horse. //
일련의 변화가 발견된다 / 많은 화석에서 / 특정 특징의 변화를 보여주는 / 시간이 지남에 따라 / 공통의 조상으로부터 / 말의 경우에서처럼 //
문장의 시제보다 앞선 때를 나타내는 완료형 to부정사

(A) If multicelled organisms were indeed found / to have evolved / before single-celled organisms, / then the theory of evolution would be rejected. //
다세포 생물이 정말로 밝혀진다면 / 진화한 것으로 / 단세포 생물 이전에 / 진화론이 거부될 것이다 //
단서 1 (B)의 opposite가 의미하는 바를 구체적으로 설명함

A good scientific theory always allows / for the possibility of rejection. //
좋은 과학 이론은 항상 허용한다 / 거부의 가능성을 //
The fact / that we have not found such a case / in countless examinations / of the fossil record / strengthens the case for evolutionary theory. //
주어 동격절 접속사 동사
사실은 / 우리가 그러한 경우를 발견하지 못했다는 / 수많은 조사에서 / 화석 기록에 대한 / 진화론을 위한 논거를 강화한다 //
단서 2 단세포 생물이 다세포 생물 이전에 진화했다는 진화론의 예측을 가리킴

(B) The fossil record supports this prediction / — multicelled organisms are found / in layers of earth / millions of years after the first appearance / of single-celled organisms. //
화석 기록은 이 예측을 뒷받침한다 / 다세포 생물은 발견된다 / 지구 지층에서 / 최초 출현 수백만 년 후의 / 단세포 생물의 //
Note / that the possibility always remains / that the opposite could be found. //
목적어절 접속사 동격절 접속사
주목하라 / 가능성은 항상 남아 있다는 점에 / 그 반대가 발견될 //
단서 3 주어진 글에서 화석이 진화의 증거를 제공한다고 했음

(C) Apart from demonstrating / that evolution did occur, / the fossil record also provides / tests of the predictions / made from evolutionary theory. //
앞에 주격 관계대명사와 be동사가 생략됨
증명하는 것 외에도 / 진화가 정말 일어났다는 것을 / 화석 기록은 또한 제공한다 / 예측에 대한 테스트를 / 진화론에서 만들어진 //
단서 4 단세포 생물, 다세포 생물의 진화에 대한 예시가 시작됨
For example, / the theory predicts / that single-celled organisms evolved / before multicelled organisms. //
예를 들어 / 그 이론은 예측한다 / 단세포 생물이 진화했다고 / 다세포 생물 이전에 //

- evidence ⓝ 증거, 흔적
- creature ⓝ 생물, 생명이 있는 존재
- sequential ⓐ 순차적인, 잇따라 일어나는
- feature ⓝ 특색, 특징
- ancestor ⓝ 조상, 선조
- organism ⓝ 유기체, 생물(체)
- evolve ⓥ 진화하다, 발달하다
- reject ⓥ 거부[거절]하다
- countless ⓐ 셀 수 없이 많은
- examination ⓝ 조사, 검토
- evolutionary ⓐ 진화의
- prediction ⓝ 예측, 예견
- layer ⓝ 층, 겹
- appearance ⓝ 출현, 나타남
- opposite ⓝ 반대(되는 것)
- demonstrate ⓥ 입증하다, 보여주다

화석 기록은 진화의 증거를 제공한다. 화석이 전하는 이야기는 변화에 관한 것이다. 더는 우리와 함께하지 않는 생물들이 과거에는 존재했다. 말의 경우에서처럼 시간이 지남에 따라 공통의 조상으로부터 특정 특징의 변화를 보여주는 많은 화석에서 일련의 변화가 발견된다. (C) 진화가 정말 일어났다는 깃을 증명하는 것 외에도, 화석 기록은 또한 진화론에서 만들어진 예측에 대한 테스트를 제공한다. 예를 들어, 진화론은 단세포 생물이 다세포 생물 이전에 진화했다고 예측한다. (B) 화석 기록은 이 예측을 뒷받침하는데, 다세포 생물은 단세포 생물이 최초로 출현한 수백만 년 후의 지구 지층에서 발견된다. 그 반대가 발견될 가능성은 항상 남아 있다는 점에 주목하라. (A) 다세포 생물이 단세포 생물보다 먼저 진화한 것으로 정말로 밝혀진다면, 진화론은 거부될 것이다. 좋은 과학 이론은 항상 거부의 가능성을 허용한다. 화석 기록에 대한 수많은 조사에서 그러한 경우를 발견하지 못했다는 사실은 진화론을 위한 논거를 강화한다.

주어진 글 다음에 이어질 글의 순서로 가장 적절한 것을 고르시오.

① (A) — (C) — (B) 다세포, 단세포 생물의 진화에 대한 내용은 (C)에서 시작됨
② (B) — (A) — (C)
③ (B) — (C) — (A) (B)의 this prediction이 가리키는 것이 (C)에 있음
④ (C) — (A) — (B) (C)에서 설명한 진화론의 예측을 (B)에서 이어서 설명함
⑤ (C) — (B) — (A)
화석 기록은 진화의 증거를 제공함 - 화석 기록은 진화를 증명할 뿐 아니라 진화론의 예측을 테스트하기도 함 - 진화론은 단세포 생물이 다세포 생물 이전에 진화했다고 예측함 - 화석 기록이 이 예측을 뒷받침하지만 그 반대가 발견될 가능성도 항상 있음 - 그 반대가 발견되면 진화론은 거부될 것임

│ 문제 풀이 순서 │ [정답률 55%]

1st 각 문단의 내용을 파악하고, 글의 논리적인 순서를 추론한다.

주어진 글: 화석 기록은 진화의 증거를 제공한다. 화석이 전하는 이야기는 변화에 관한 것이다. 더는 우리와 함께하지 않는 생물들이 과거에는 존재했다. 말의 경우에서처럼 시간이 지남에 따라 공통의 조상으로부터 특정 특징의 변화를 보여주는 많은 화석에서 일련의 변화가 발견된다.

➡ **주어진 글 뒤:** 화석 기록은 진화의 증거를 제공하며 변화에 관한 이야기를 전한다고 했으므로 단서 생물의 진화와 관련된 내용이 이어질 것이다. 발상

(A): 다세포 생물이 단세포 생물보다 먼저 진화한 것으로 정말로 밝혀진다면, 진화론은 거부될 것이다. 단서 1 좋은 과학 이론은 항상 거부의 가능성을 허용한다. 화석 기록에 대한 수많은 조사에서 그러한 경우를 발견하지 못했다는 사실은 진화론을 위한 논거를 강화한다.

➡ **(A) 앞:** 다세포 생물이 단세포 생물보다 먼저 진화한 것으로 밝혀진다는 가정을 언급하므로, 이와 관련된 내용이 앞에 먼저 나와야 한다.
▶ (A) 앞에 주어진 글이 올 수 없음
(A) 뒤: 화석 기록에 대한 수많은 조사에서 거부의 가능성을 발견하지 못했다는 사실이 진화론의 논거를 강화한다는 결론을 내리고 있다.
▶ (A)가 마지막에 올 확률이 높음

(B): 화석 기록은 이 예측(this prediction)을 뒷받침하는데, 다세포 생물은 단세포 생물이 최초로 출현한 수백만 년 후의 지구 지층에서 발견된다. 단서 2 그 반대가 발견될 가능성은 항상 남아 있다는 점에 주목하라.

➡ **(B) 앞:** this prediction, 즉, 다세포 생물이 단세포 생물보다 나중의 지층에서 발견된다는 예측이 등장한다. 따라서 (B) 앞에는 단세포 생물이 다세포 생물 이전에 진화했다는 내용이 나와야 한다.
▶ (B) 앞에 주어진 글이 올 수 없음
(B) 뒤: 화석 기록이 밝히는 사실의 반대가 발견될 가능성이 항상 남아 있다고 했다. 다세포 생물이 단세포 생물보다 먼저 진화한다는 가정이 (A)에 나온다.
▶ (B) 뒤에 (A)가 와야 함 (순서: (B) → (A))

(C): 진화가 정말 일어났다는 것을 증명하는 것 외에도(Apart from), 화석 기록은 또한 진화론에서 만들어진 예측에 대한 테스트를 제공한다. 단서 3 예를 들어(For example), 진화론은 단세포 생물이 다세포 생물 이전에 진화했다고 예측한다. 단서 4

➡ **(C) 앞:** 화석 기록이 진화를 증명하는 것 외에도 진화론의 예측에 대한 테스트를 제공한다는 내용으로, 화석 기록이 진화의 증거를 제공한다는 내용이 앞에 나와야 한다.
▶ (C) 앞에 주어진 글이 와야 함 (순서: 주어진 글 → (C))
(C) 뒤: For example을 사용하여 '진화론은 단세포 생물이 다세포 생물보다 이전에 진화했다고 예측한다'라는 예시가 나오므로, (B)의 this prediction으로 이어지는 것이 자연스럽다.
▶ (C) 뒤에 (B)가 와야 함 (순서: 주어진 글 → (C) → (B) → (A))

2nd 글이 한눈에 들어오도록 정리하여 정답을 확인한다.

주어진 글: 화석 기록은 진화의 증거를 제공한다.
→ **(C):** 화석 기록은 진화론의 예측에 대한 테스트를 제공한다.
→ **(B):** 화석 기록이 진화론의 예측을 뒷받침하지만 반대의 가능성도 남아 있다.
→ **(A):** 진화론의 예측을 반증하면 진화론은 거부된다.
▶ 주어진 글 다음에 이어질 글의 순서는 (C) → (B) → (A)이므로 정답은 ⑤임

Recently, / a number of commercial ventures / have been launched / that offer social robots / as personal home assistants, / **단서1** 많은 기업들이 개인용 가정 도우미로 소셜 로봇을 제공함

최근에 / 많은 상업적인 벤처 기업들이 / 진출해 왔는데 / 소셜 로봇을 제공하는 / 개인용 가정 도우미로 /

perhaps eventually to rival / existing smart-home assistants. //

아마도 결국 경쟁할 것이다 / 기존의 스마트홈 도우미와 //

(A) They might be motorized / and can track the user / around the room, / giving the impression / of being aware of the people / in the environment. //

그것들은 동력화될 수 있으며 / 사용자를 추적할 수 있는데 / 실내에서 / 이는 인상을 준다 / 사람들을 감지한다는 / 환경 내의 // **단서2** 뚜렷한 사회적 존재감을 갖고, 그 사회적 존재감이 소셜 로봇에게만 있는 기회를 제공함

Although personal robotic assistants provide services / similar to those of smart-home assistants, / their social presence offers an opportunity / that is unique to social robots. //

개인용 로봇 도우미는 서비스를 제공하긴 하지만 / 스마트홈 도우미의 그것과 비슷한 / 그들의 사회적 존재감은 기회를 제공한다 / 소셜 로봇에게만 특유한 //

(B) Personal robotic assistants are devices / that have no physical manipulation or locomotion capabilities. // **단서3** 개인용 로봇 도우미에 대해 구체적으로 설명하기 시작함

개인용 로봇 도우미는 장치이다 / 신체 조작이나 이동 능력이 없는 //

Instead, / they have a distinct social presence / and have visual features / suggestive of their ability / to interact socially, / such as eyes, ears, or a mouth. // **단서4** 사회적 존재감을 가진 소셜 로봇에게만 있는 기회의 예시

대신에 / 그것들은 뚜렷한 사회적 존재감을 / 갖고 / 시각적 특징을 갖는다 / 그것들의 능력을 암시하는 / 사회적으로 상호 작용을 할 수 있는 / 눈, 귀 또는 입과 같은 //

(C) For instance, / in addition to playing music, / a social personal assistant robot would express /

예를 들어 / 음악을 재생할 뿐만 아니라 / 소셜 개인용 도우미 로봇은 표현한다 /

its engagement with the music / so that users would feel / like they are listening to the music / together with the robot. //

그것의 음악과의 교감을 / 사용자가 느끼도록 / 그들이 그 음악을 듣는 것처럼 / 로봇과 함께 //

These robots can be used / as surveillance devices, / act as communicative intermediates, /

이들 로봇은 사용될 수 있거나 / 보안 감시 장치로 / 통신 매개체의 역할을 하거나 /

engage in richer games, / tell stories, / or be used / to provide encouragement or incentives. //

더 다채로운 게임에 참여하거나 / 이야기를 들려주거나 / 사용될 수 있다 / 격려나 동기를 제공하는 데 //

- commercial ⓐ 상업적인
- launch ⓥ 시작하다, 출시하다
- assistant ⓝ 조수, 도우미
- eventually ⓐⓓ 결국
- motorize ⓥ 동력화하다
- device ⓝ 장치
- manipulation ⓝ 조작, 조종
- capability ⓝ 능력
- distinct ⓐ 뚜렷한
- suggestive of ~을 암시하는
- engagement ⓝ 참여, 교감
- intermediate ⓝ 매개[중재]자
- rich ⓐ 다채로운
- encouragement ⓝ 격려
- incentive ⓝ 동기, 장려[우대]책

최근에, 소셜 로봇을 개인용 가정 도우미로 제공하는 많은 상업적인 벤처 기업들이 진출해 왔는데, 아마도 결국 기존의 스마트홈 도우미와 경쟁할 것이다. (B) 개인용 로봇 도우미는 신체 조작이나 이동 능력이 없는 장치이다. 대신에, 그것들에게는 뚜렷한 사회적 존재감이 있고 눈, 귀 또는 입과 같은 사회적 상호 작용을 할 수 있는 능력을 암시하는 시각적 특징을 가지고 있다. (A) 그것들은 동력화될 수 있으며 실내에서 사용자를 추적할 수 있는데, 환경 내의 사람들을 감지한다는 인상을 준다. 개인용 로봇 도우미는 스마트홈 도우미와 비슷한 서비스를 제공하긴 하지만, 그들의 사회적 존재감은 소셜 로봇에게만 특유한 기회를 제공한다. (C) 예를 들어, 소셜 개인용 도우미 로봇은 음악을 재생할 뿐만 아니라 사용자가 로봇과 함께 그 음악을 듣는 것처럼 느끼도록 음악과의 교감을 표

현한다. 이들 로봇은 보안 감시 장치로 사용될 수 있거나, 통신 매개체의 역할을 하거나, 더 다채로운 게임에 참여하거나, 이야기를 들려주거나, 격려나 동기를 제공하는 데 사용될 수 있다.

주어진 글 다음에 이어질 글의 순서로 가장 적절한 것을 고르시오. [3점]

① (A) — (C) — (B) 그들에게 사회적 존재감이 있다는 언급이 (A) 앞에 있어야 함
② (B) — (A) — (C)
③ (B) — (C) — (A) (A)의 an opportunity에 대한 예시가 (C)에 등장함
④ (C) — (A) — (B) ┐ (C)에 등장한 예시가 기존의 스마트홈 도우미와 개인용 로봇 도우미의
⑤ (C) — (B) — (A) ┘ 경쟁을 보여주는 것이 아님

최근 많은 기업들이 개인용 가정 도우미로 소셜 로봇을 제공함 - 개인용 로봇 도우미는 뚜렷한 사회적 존재감을 가짐 - 그들의 사회적 존재감이 소셜 로봇에게만 있는 기회를 제공함 - 예를 들어, 소셜 개인용 도우미 로봇은 사용자가 로봇과 함께 음악을 듣는 것처럼 느끼게 하는 음악과의 교감이 있음

| 문제 풀이 순서 | [정답률 56%]

1st 각 문단의 내용을 파악하고, 글의 논리적인 순서를 추론한다.

주어진 글: 최근에, 소셜 로봇을 개인용 가정 도우미로 제공하는 많은 상업적인 벤처 기업들이 진출해 왔는데, 아마도 결국 기존의 스마트홈 도우미와 경쟁할 것이다. **단서1**

→ **주어진 글 뒤:** 소셜 로봇과 스마트홈 도우미 사이의 경쟁에 관한 내용이 이어질 것이다.

(A): 그것들(They)은 동력화될 수 있으며 실내에서 사용자를 추적할 수 있는데, 환경 내의 사람들을 감지한다는 인상을 준다. 개인용 로봇 도우미는 스마트홈 도우미와 비슷한 서비스를 제공하긴 하지만, 그들의 사회적 존재감은 소셜 로봇에게만 특유한 기회를 제공한다. **단서2**

→ **(A) 앞:** 동력화되고 실내에서 사용자를 추적할 수 있는 무언가가 They로 앞에 언급되었을 것이다.

▶ 주어진 글에 이 내용이 없으므로 (A) 앞에 주어진 글이 올 수 없음

(A) 뒤: 소셜 로봇에게만 제공되는 특유한 기회에 관한 내용이 이어질 것이다.

(B): 개인용 로봇 도우미는 신체 조작이나 이동 능력이 없는 장치이다. **단서3** 대신에, 그것들에게는 뚜렷한 사회적 존재감이 있고 눈, 귀 또는 입과 같은 사회적 상호 작용을 할 수 있는 능력을 암시하는 시각적 특징을 가지고 있다.

→ **(B) 앞:** 개인용 로봇 도우미에 대해 구체적으로 설명하기 시작하는 내용으로, 개인용 가정 도우미로서 소셜 로봇은 주어진 글에서 처음 언급된다.

▶ (B) 앞에 주어진 글이 와야 함

(B) 뒤: 개인용 로봇 도우미를 They로 지칭하며 동력화되고 실내에서 사용자를 추적할 수 있다는 내용이 (A)에 나온다.

▶ (B) 뒤에 (A)가 와야 함 (순서: (B) → (A))

(C): 예를 들어(For instance), 소셜 개인용 도우미 로봇은 음악을 재생할 뿐만 아니라 사용자가 로봇과 함께 그 음악을 듣는 것처럼 느끼도록 음악과의 교감을 표현한다. **단서4** 이들 로봇은 보안 감시 장치로 사용될 수 있거나, 통신 매개체의 역할을 하거나, 더 다채로운 게임에 참여하거나, 이야기를 들려주거나, 격려나 동기를 제공하는 데 사용될 수 있다.

→ **(C) 앞:** For instance는 예시를 나타내는 연결어로, (A)의 마지막에 언급된 사회적 존재감의 예시로서 로봇이 음악과의 교감을 표현하는 것을 제시했다.

▶ (C) 앞에 (A)가 와야 함 (순서: 주어진 글 → (B) → (A) → (C))

2nd 글이 한눈에 들어오도록 정리하여 정답을 확인한다.

주어진 글: 최근 개인용 가정 도우미로 많이 제공되는 소셜 로봇이 기존의 스마트홈 도우미와 경쟁할 것이다.

→ **(B):** 개인용 로봇 도우미는 움직일 수 없지만 사회적 존재감을 갖는다.

→ **(A):** 개인용 로봇 도우미의 사회적 존재감은 소셜 로봇에게 특유의 기회를 제공한다.

→ **(C):** 소셜 로봇은 사용자와 교감을 표현하는 등 여러 목적으로 활용될 수 있다.

▶ 주어진 글 다음에 이어질 글의 순서는 (B) → (A) → (C)이므로 정답은 ②임

✻ 로봇 3원칙(three laws of robotics)

1942년 Isaac Asimov의 공상 과학 소설 〈Runaround〉에서 처음 언급된 로봇의 안전 준칙으로, 로봇이 따라야 할 세 가지 원칙은 다음과 같다.

첫째, 로봇은 인간에게 해를 가하거나, 혹은 행동하지 않음으로써 인간에게 해를 끼치지 않는다. 둘째, 로봇은 첫 번째 원칙에 위배되지 않는 한 인간이 내리는 명령에 복종해야 한다. 셋째, 로봇은 첫 번째와 두 번째 원칙을 위배하지 않는 선에서 로봇 자신의 존재를 보호해야 한다. 1985년 아시모프는 위 원칙에 인류 집단 안전을 위한 0번째 법칙으로 '로봇은 인류에게 해를 가하거나, 해를 끼치는 행동을 하지 않음으로써 인류에게 해를 끼치지 지 않는다'를 추가하였다.

M 34 정답 ② ✻ 가격 인상의 효과

According to the market response model, / **it is** increasing prices / **that** drive **providers to search** / for new sources, / **innovators to substitute**, / **consumers to conserve**, / and **alternatives to emerge**. //

시장 반응 모형에 따르면 / 바로 가격의 인상이 / 공급자가 찾게 하고 / 새로운 공급원을 / 혁신가가 대용하게 하고 / 소비자가 아껴 쓰게 하고 / 대안이 생기게 한다. //

(A) **Many examples** / of such "green taxes" / **exist**. //

많은 예가 / 그러한 '환경세'의 / 존재한다 //

Facing / landfill costs, labor expenses, / and related costs / in the provision of garbage disposal, / for example, /

직면하여 / 쓰레기 매립 비용, 인건비 / 그리고 관련된 비용에 / 쓰레기 처리의 제공에 / 예를 들어 /

some cities have required households / to **dispose of** all waste / in special trash bags, / **purchased by consumers themselves**, / and **often costing a dollar or more / each**. //

일부 도시는 가정에 요구해 왔다 / 모든 폐기물을 처리하라고 / 특별 쓰레기봉투에 담아 / 소비자에 의해 직접 구입된 / 흔히 1달러 또는 그 이상씩 드는 / 각각 //

(B) Taxing certain goods or services, / and so increasing prices, / should result / in either **decreased use of these resources** / or **creative innovation / of new sources or options**. //

특정 재화나 서비스에 과세하는 것은 / 그래서 가격을 인상하는 것은 / 낳을 것이다 / 이러한 자원의 감소된 사용이나 / 창조적 혁신을 / 새로운 공급원 또는 선택사항의 //

The money / raised through the tax / can be used / directly by the government / either **to supply services** / or **to search for alternatives**. //

돈은 / 세금을 통해 조성된 / 사용될 수 있다 / 정부에 의해 직접 / 서비스를 공급하기 위해서나 / 대안을 모색하기 위해 //

(C) The results have been greatly increased / recycling and more careful attention / by consumers / to packaging and waste. //

그 결과는 크게 증가시켜 왔다 / 재활용과 더 세심한 주의를 / 소비자에 의한 / 포장과 폐기물에 //

By internalizing the costs of trash / to consumers, / there has been an observed decrease / in the flow of garbage / from households. //

쓰레기 비용을 자기 것으로 하게 함으로써 / 소비자에게 / 관찰된 감소가 있어 왔다 / 쓰레기의 흐름에 / 가정에서 나오는 //

- **drive** ⓥ (사람을 특정한 방식의 행동을 하도록) 만들다
- **innovator** ⓝ 혁신가, 도입자 • **substitute** ⓥ 대용하다, 대체하다
- **conserve** ⓥ 아껴 쓰다, 보존하다 • **alternative** ⓝ 대안, 대안이 되는 것
- **emerge** ⓥ 생겨나다, 모습을 드러내다
- **green tax** 환경세(환경을 오염시키거나 파괴하는 행위자에게 부과하는 세금)
- **landfill** ⓝ 쓰레기 매립 • **labor expense** 인건비
- **provision** ⓝ 제공, 공급 • **disposal** ⓝ (무엇을 없애기 위한) 처리, 처분

- **household** ⓝ (한 집에 사는 사람들을 일컫는) 가정
- **innovation** ⓝ 혁신, 쇄신
- **internalize** ⓥ (문화·사상 등을) 자신의 것으로 만들다[내면화하다]
- **flow** ⓝ 흐름

시장 반응 모형에 따르면, 바로 가격의 인상이 공급자가 새로운 공급원을 찾게 하고, 혁신가가 대용하게 하고, 소비자가 아껴 쓰게 하고, 대안이 생기게 한다. (B) 특정 재화나 서비스에 과세하여 가격이 인상되면 이러한 자원의 사용의 감소나 새로운 공급원 또는 선택사항의 창조적 혁신을 낳을 것이다. 세금을 통해 조성된 돈은 정부가 서비스를 공급하거나 대안을 모색하는 데 직접 사용할 수 있다. (A) 그러한 '환경세'의 많은 예가 존재한다. 예를 들어, 쓰레기 매립 비용, 인건비, 쓰레기 처리를 제공하는 데 관련된 비용에 직면하여 일부 도시는 모든 폐기물을 소비자가 직접 구입한, 각각 흔히 1달러 또는 그 이상씩 드는 특별 쓰레기봉투에 담아 처리하도록 가정에 요구해 왔다. (C) 그 결과는 재활용과 포장과 폐기물에 대한 소비자의 더 세심한 주의를 크게 증가시켜 왔다. 소비자에게 쓰레기 비용을 자기 것으로 하게 함으로써, 가정에서 나오는 쓰레기의 흐름에 감소가 관찰되어 왔다.

주어진 글 다음에 이어질 글의 순서로 가장 적절한 것을 고르시오.

① (A) — (C) — (B) 주어진 글에는 '세금'에 대한 언급이 없으므로 such green taxes라고 할 수 없음
② (B) — (A) — (C) 가격 인상이 변화를 가져오는 요인임 – 재화나 서비스에 과세하여 가격 인상함 – 일부 도시가 과세를 통해 폐기물 처리를 위한 가격 인상함 – 그 결과 재활용, 포장과 폐기물에 대한 소비자의 주의가 크게 증가함
③ (B) — (C) — (A)
④ (C) — (A) — (B) 폐기물에 대한 소비자의 주의가 크게 증가한 원인은 (A)에 등장함
⑤ (C) — (B) — (A)

| 문제 풀이 순서 | | 정답률 59% |

1st 각 문단의 내용을 파악하고, 글의 논리적인 순서를 추론한다.

주어진 글: 시장 반응 모형에 따르면, 바로 가격의 인상이 공급자가 새로운 공급원을 찾게 하고, 혁신가가 대용하게 하고, 소비자가 아껴 쓰게 하고, 대안이 생기게 한다.

➡ **주어진 글 뒤:** 시장 반응 모형에서 가격 인상의 영향에 대한 설명이 이어질 것이다.

(A): 그러한 '환경세'의 많은 예가 존재한다. 예를 들어(for example), 쓰레기 매립 비용, 인건비, 쓰레기 처리를 제공하는 데 관련된 비용에 직면하여 일부 도시는 모든 폐기물을 소비자가 직접 구입한, 각각 흔히 1달러 또는 그 이상씩 드는 특별 쓰레기봉투에 담아 처리하도록 가정에 요구해 왔다.

➡ **(A) 앞:** 환경세의 예를 드는 내용으로, 환경세에 대한 설명이 앞에 나와야 한다.
▶ 주어진 글에 이 내용이 없으므로 (A) 앞에 주어진 글이 올 수 없음
(A) 뒤: For example은 예시를 나타내는 연결어로, 폐기물 처리 서비스에 세금을 부과한 내용이다. 그에 따른 결과가 뒤에 이어지는 것이 자연스럽다.

(B): 특정 재화나 서비스에 과세하여 가격이 인상되면 이러한 자원의 사용의 감소나 새로운 공급원 또는 선택사항의 창조적 혁신을 낳을 것이다. 세금을 통해 조성된 돈은 정부가 서비스를 공급하거나 대안을 모색하는 데 직접 사용할 수 있다.

➡ **(B) 앞:** 과세로 가격이 인상되면 자원 사용이나 공급원 등에 변화가 생기고, 모인 세금은 정부의 서비스 공급에 사용된다는 내용으로, 가격 인상의 결과를 언급한 주어진 글에 이어진다.
▶ (B) 앞에 주어진 글이 와야 함 (순서: 주어진 글 ➡ (B))
(B) 뒤: 정부의 과세에 대한 예시로서 '환경세'가 (A)에 나온다.
▶ (B) 뒤에 (A)가 와야 함 (순서: 주어진 글 ➡ (B) ➡ (A))

(C): 그 결과(The results)는 재활용과 포장과 폐기물에 대한 소비자의 더 세심한 주의를 크게 증가시켜 왔다. 소비자에게 쓰레기 비용을 자기 것으로 하게 함으로써, 가정에서 나오는 쓰레기의 흐름에 감소가 관찰되어 왔다.

➡ **(C) 앞:** The results(그 결과)는 재활용에 대한 소비자의 주의를 증가시켰다고 했다. 즉, 소비자가 직접 특별 쓰레기봉투에 폐기물을 담아 처리하도록 가정에 요구한 것을 나타낸다.
▶ (C) 앞에 (A)가 와야 함 (순서: 주어진 글 ➡ (B) ➡ (A) ➡ (C))

주어진 글: 가격이 인상되면 공급자, 혁신가, 소비자의 행동이 변화한다.

→ **(B):** 과세로 인해 가격이 인상되면 시장에 변화가 나타나고, 그 세금은 정부의 서비스 공급 또는 대안 모색에 사용될 수 있다.

→ **(A):** 환경세의 예시로 폐기물 처리 서비스에 세금을 부과한 것이 있다.

→ **(C):** 환경세는 폐기물에 대한 주의를 증가시키고 쓰레기 배출을 감소시켰다.

▶ 주어진 글 다음에 이어질 글의 순서는 (B) → (A) → (C)이므로 정답은 ②임

M 35 정답 ⑤ ＊허구의 세계가 현실 세계를 벗어나는 측면 ─

> **In spite of the likeness** / between the fictional and real world, / the fictional world deviates / from the real one / in one important respect. // **단서 1** 허구의 세계와 현실 세계의 차이점에 대해 설명하는 글임
>
> 유사성에도 불구하고 / 허구의 세계와 현실의 세계 사이의 / 허구의 세계는 벗어난다 / 현실 세계로부터 / 하나의 중요한 측면에서 //

단서 2 (B)에서 설명한 '또다른 의식'이 바로 작가의 의식을 가리킴

(A) The author has selected the content / according to his own worldview / and his own conception of relevance, /

작가는 내용을 선정했다 / 자신의 세계관에 따라 / 그리고 적절성에 대한 자신의 개념에 (따라) /

in an attempt / to be neutral and objective / or convey a subjective view / on the world. //

시도에서 / 중립적이고 객관적이려는 / 또는 주관적인 견해를 전달하려는 / 세계에 대한 //

Whatever the motives, / the author's subjective conception of the world / stands / between the reader and the original, untouched world / on which the story is based. //

동기가 무엇이든 / 세계에 대한 작가의 주관적인 개념은 / 서 있다 / 독자와 원래의 손대지 않은 세계 사이에 / 이야기의 기반이 되는 //

(B) Because of the inner qualities / with which the individual is endowed / through heritage and environment, /

내적 특성 때문에 / 개인이 부여받은 / 유산과 환경을 통해 / **단서 3** (C)에서 설명한 a human mind가 작동하는 방식을 설명함

the mind functions / as a filter; every outside impression / that passes through it / is filtered and interpreted. //

그러한 정신은 기능한다 / 여과기로서 / 모든 외부의 인상이 / 그것을 통과하는 / 걸러지고 해석된다 // **단서 4** 문학, 즉 허구의 세계에 대해 역접의 연결어로 설명하기 시작함

However, / the world / the reader encounters / in literature / is already processed and filtered / by another consciousness. //

그러나 / 세계는 / 독자가 접하는 / 문학에서 / 이미 처리되고 여과되어 있다 / 또다른 의식에 의해 // **단서 5** 현재의 세계, 즉 현실 세계에 대해 설명하기 시작함

(C) The existing world / faced by the individual / is in principle an infinite chaos / of events and details / before it is organized / by a human mind. //

현재의 세계는 / 개인이 직면하는 / 이론상으로는 무한한 혼돈 상태이다 / 사건들과 세부 사항들의 / 그것이 조직되기 전에는 / 인간의 정신에 의해 //

This chaos only gets processed and modified / when perceived / by a human mind. //

이 혼돈 상태는 오직 처리되고 수정된다 / 인식될 때 / 인간의 정신에 의해 //

- likeness ⓝ 유사성, 닮음
- fictional ⓐ 허구의, 가상의
- respect ⓝ (측)면, 점, 사항
- content ⓝ (책·프로그램 등의) 내용
- worldview ⓝ 세계관
- conception ⓝ 개념, 생각
- relevance ⓝ 적절성, 타당성
- neutral ⓐ 중립적인
- objective ⓐ 객관적인
- convey ⓥ (생각·감정 등을) 전달하다[전하다]
- subjective ⓐ 주관적인
- motive ⓝ 동기, 이유
- stand ⓥ (어떤 상태·관계·입장에) 있다
- untouched ⓐ 손을 대지 않은, 본래 그대로의
- inner ⓐ 내적인, 내면의
- quality ⓝ 특성, 특징
- function ⓥ 역할을 하다, 기능하다
- impression ⓝ (사람·사물로부터 받는) 인상[느낌]
- interpret ⓥ (의미를) 설명[해석]하다
- encounter ⓥ 접하다, 마주하다
- literature ⓝ 문학 (작품)
- process ⓥ 처리하다, 가공하다
- consciousness ⓝ 의식
- existing ⓐ 기존의, 현재 존재하는
- infinite ⓐ 한계가 없는, 무한한
- chaos ⓝ 혼돈, 혼란
- modify ⓥ (더 알맞도록) 수정[변경]하다
- perceive ⓥ 인식하다, 인지하다

허구의 세계와 현실의 세계 사이의 유사성에도 불구하고 허구의 세계는 하나의 중요한 측면에서 현실 세계로부터 벗어난다. (C) 개인이 직면하는 현재의 세계는 이론상으로는 인간의 정신에 의해 조직되기 전에는 사건들과 세부 사항들의 무한한 혼돈 상태이다. 이 혼돈 상태는 인간의 정신에 의해 인식될 때만 처리되고 수정된다. (B) 개인이 유산과 환경을 통해 부여받은 내적 특성 때문에 그러한 정신은 그것을 통과하는 모든 외부의 인상이 걸러지고 해석되는 여과기로 기능한다. 그러나 문학에서 독자가 접하는 세계는 이미 또다른 의식에 의해 처리되고 여과되어 있다. (A) 작가는 중립적이고 객관적이려는 또는 세계에 대한 주관적인 견해를 전달하려는 시도에서 자신의 세계관과 적절성에 대한 자신의 개념에 따라 내용을 선정했다. 동기가 무엇이든, 세계에 대한 작가의 주관적인 개념은 독자와 이야기의 기반이 되는 원래의 손대지 않은 세계 사이에 존재한다.

주어진 글 다음에 이어질 글의 순서로 가장 적절한 것을 고르시오. [3점]

① (A) ─ (C) ─ (B) ← (B)에서 독자가 문학에서 접하는 세계에 대한 설명이 역접의 연결어로 이어짐
② (B) ─ (A) ─ (C) ← 주어진 글에는 '정신'에 대한 언급이 없음
③ (B) ─ (C) ─ (A)
④ (C) ─ (A) ─ (B) 허구의 세계는 중요한 한 측면에서 현실 세계와 다름 - 현실 세계는 개인의 정신에 의해서만 걸러지고 해석됨 - 그러나 문학의 세계는 작가의 의식에 의해 이미 처리되고 여과되어 있음
⑤ **(C) ─ (B) ─ (A)**

| 문제 풀이 순서 | [정답률 59%]

1st 각 문단의 내용을 파악하고, 글의 논리적인 순서를 추론한다.

주어진 글: 허구의 세계와 현실의 세계 사이의 유사성에도 불구하고 허구의 세계는 하나의 중요한 측면에서 현실 세계로부터 벗어난다. **단서 1**

➡ **주어진 글 뒤:** 허구의 세계가 현실 세계에서 벗어나는 측면이 무엇인지에 대해 나올 것이다.

(A): 작가(The author)는 중립적이고 객관적이려는 또는 세계에 대한 주관적인 견해를 전달하려는 시도에서 자신의 세계관과 적절성에 대한 자신의 개념에 따라 내용을 선정했다. **단서 2** 동기가 무엇이든, 세계에 대한 작가의 주관적인 개념은 독자와 이야기의 기반이 되는 원래의 손대지 않은 세계 사이에 존재한다.

➡ **(A) 앞:** 작가는 견해를 전달하려는 시도에서 자신의 개념에 따라 내용을 선정했다는 내용이다. 주어진 글 뒤에는 허구 세계와 현실 세계 사이의 차이점이 나와야 하는데, 문학의 세계, 즉 허구 세계를 설명하는 (A)가 먼저 나올지, 현실 세계를 설명하는 글이 먼저 나올지 확정하기 어렵다.

▶ (A) 앞에 주어진 글이 올 수도 있지만, (B), (C)도 확인해야 함

(A) 뒤: 문학 세계에서 작가가 독자와 원래(현실) 세계 사이에 존재한다는 내용으로 추가적인 내용으로 이어지는 단서가 없다.

▶ (A)가 마지막에 올 확률이 높음

(B): 개인이 유산과 환경을 통해 부여받은 내적 특성 때문에 그러한 정신(the mind)은 그것을 통과하는 모든 외부의 인상이 걸러지고 해석되는 여과기로 기능한다. **단서 3** 그러나(However) 문학에서 독자가 접하는 세계는 이미 또다른 의식에 의해 처리되고 여과되어 있다. **단서 4**

➡ **(B) 앞:** 외부의 인상을 거르고 해석하는 여과기로서의 the mind에 대해 앞에 나와야 한다. 주어진 글에는 외부의 인상을 거르고 해석한다는 내용이 나오지 않는다.

▶ (B) 앞에 주어진 글이 올 수 없음

(B) 뒤: however는 반대되는 내용을 나타내는 연결어이므로, 현실 세계와 다른 문학의 세계를 설명하는 내용이 이어져야 한다. 문학의 세계에서는 작가의 주관적 개념이 독자와 원래 세계 사이에 존재한다는 내용이 (A)에 나온다.

▶ (B) 뒤에 (A)가 와야 함 (순서: (B) ➡ (A))

(C): 개인이 직면하는 현재의 세계는 이론상으로는 인간의 정신에 의해 조직되기 전에는 사건들과 세부 사항들의 무한한 혼돈 상태이다. **단서 5** 이 혼돈 상태는 인간의 정신에 의해 인식될 때만 처리되고 수정된다.

➡ **(C) 앞:** 현실 세계에 대한 설명을 시작하는 내용이다. (A) 앞에 (B)가 나오므로, 현실 세계와 문학 세계 사이의 차이점이 있다고 언급하는 주어진 글에 이어서 현실 세계를 먼저 설명하는 흐름이 된다.

▶ (C) 앞에 주어진 글이 와야 함 (순서: 주어진 글 ➡ (C))

(C) 뒤: a human mind가 (B)에 등장하는 the mind를 지칭하므로, (B)가 뒤에 이어져야 한다.

▶ (C) 뒤에 (B)가 와야 함 (순서: 주어진 글 ➡ (C) ➡ (B) ➡ (A))

주어진 글: 현실 세계와 문학 세계 사이에 중요한 차이점이 있다.

→ **(C):** 현실 세계는 인간의 정신으로 걸러지고 해석된다.

→ **(B):** 인간의 정신은 외부의 인상을 해석하는 여과기로 기능하지만, 문학의 세계는 또다른 의식에 의해 여과되어 있다.

→ **(A):** 작가는 자신의 개념에 따라 내용을 선정하고, 작가의 주관적 개념은 독자와 현실 세계 사이에 존재한다.

▶ 주어진 글 다음에 이어질 글의 순서는 (C) → (B) → (A)이므로 정답은 ⑤임

M 36 정답 ④ ＊고정 관념의 효율성

The intuitive ability / to classify and generalize / is undoubtedly a useful feature / of life and research, /
형용사적 용법(The intuitive ability 수식)
직관적인 능력은 / 분류하고 일반화하는 / 의심할 여지 없이 유용한 특징이다 / 삶과 연구에 /
단서 1 분류하고 일반화하는 능력은 일반화를 고정 관념화하는 우리의 경향과 같은 많은 대가를 수반함
but it carries a high cost, / such as in our tendency /
형용사적 용법(our tendency 수식)
to stereotype generalizations / about people and situations. //
그러나 그것은 많은 대가를 수반한다 / 우리의 경향에 있어서와 같이 / 일반화를 고정 관념화하는 / 사람과 상황에 대한 //

단서 2 우리는 직관적이고 빠르게, 즉 효율적으로 사물을 차이에 따라 분류함
(A) Intuitively and quickly, / we mentally sort things into groups / based on what we perceive the differences between them to be, / and that is the basis for stereotyping. //
perceive의 목적어와 목적격 보어
직관적이고 빠르게 / 우리는 정신적으로 사물을 그룹으로 분류하며 / 우리가 그것들 간에 차이라고 인식하는 것에 기초해 / 그것이 고정 관념의 기초이다 //

Only afterwards / do we examine (or not examine) more
준부정어가 문두로 나가면서 주어와 동사가 도치됨
evidence / of how things are differentiated, / and the degree and significance / of the variations. //
그 후에야 / 우리는 더 많은 증거를 조사한다 (또는 조사하지 않는다) / 사물이 어떻게 차별화되는지에 대한 / 그리고 정도와 중요성에 대한 / 그 차이의 //

(B) Our brain performs these tasks / efficiently and automatically, / usually without our awareness. // **단서 3** 우리의 뇌는 효율적이고 자동으로 사물을 차이에 기초하여 분류함
우리의 뇌는 이러한 일을 수행한다 / 효율적이고 자동으로 / 대개 우리가 인식하지 못하는 사이에 //
단수 주어   단수 동사
The real danger of stereotypes / is not their inaccuracy, / but their lack of flexibility / and their tendency / to be preserved, /
형용사적 용법(their tendency 수식)
even when we have enough time / to stop and consider. //
형용사적 용법(enough time 수식)
고정 관념이 진정 위험한 것은 / 그것들의 부정확성이 아니라 / 그것들의 유연성 부족과 / 경향이다 / 유지되려는 / 우리가 시간이 충분할 때조차도 / 멈추어 생각할 //

(C) For most people, / the word stereotype arouses / negative connotations: / it implies a negative bias. //
대부분 사람에게 / 고정 관념이라는 단어는 불러일으킨다 / 부정적인 함축을 / 그것은 부정적인 편견을 암시한다 //

But, in fact, stereotypes do not differ / in principle / from all other generalizations; / generalizations about groups of people / are not necessarily always negative. // **단서 4** 그러나 고정 관념이 반드시 항상 부정적인 것은 아님
그러나 사실 고정 관념은 다르지 않다 / 원칙적으로 / 모든 다른 일반화와 / 사람들의 집단에 대한 일반화가 / 반드시 항상 부정적인 것은 아니다 //

- **classify** ⓥ 분류하다 · **generalize** ⓥ 일반화하다
- **undoubtedly** ⓐⓓ 의심할 여지 없이 · **feature** ⓝ 특징
- **tendency** ⓝ 경향 · **stereotype** ⓝ 고정 관념 ⓥ 고정 관념화하다
- **mentally** ⓐⓓ 정신적으로 · **sort** ⓥ 분류하다
- **based on** ~에 기초하여 · **perceive** ⓥ 인식하다
- **afterwards** ⓐⓓ 그 후에 · **differentiate** ⓥ 차별화하다
- **significance** ⓝ 중요성 · **variation** ⓝ 변화
- **perform** ⓥ 수행하다 · **awareness** ⓝ 인식
- **inaccuracy** ⓝ 부정확성 · **flexibility** ⓝ 유연성
- **arouse** ⓥ 불러일으키다 · **imply** ⓥ 암시하다
- **bias** ⓝ 편견 · **differ in** ~에 대해 다르다

분류하고 일반화하는 직관적인 능력은 의심할 여지 없이 삶과 연구에 유용한 특징이지만, 그것은 사람과 상황에 대한 일반화를 고정 관념화하는 경향에 있어서와 같이 많은 대가를 수반한다. (C) 대부분 사람에게, 고정 관념이라는 단어는 부정적인 함축을 불러일으키는데, 즉 그것은 부정적인 편견을 암시한다. 그러나 사실 고정 관념은 원칙적으로 모든 다른 일반화와 다르지 않으며, 사람들의 집단에 대한 일반화가 반드시 항상 부정적인 것은 아니다. (A) 직관적이고 빠르게, 우리는 사물 간에 차이가 있다고 인식하는 것에 기초해 정신적으로 그들을 그룹으로 분류하며, 그것이 고정 관념의 기초이다. 그 후에야 우리는 사물이 어떻게 차별화되는지, 그리고 그 차이의 정도와 중요성에 대한 더 많은 증거를 조사한다 (또는 조사하지 않는다). (B) 우리의 뇌는, 대개 우리가 인식하지 못하는 사이에, 이러한 일을 효율적이고 자동으로 수행한다. 고정 관념이 진정 위험한 것은 그것들의 부정확성이 아니라, 우리가 멈추어 생각할 시간이 충분할 때조차도, 그것들의 유연성 부족과 유지되려는 경향이다.

주어진 글 다음에 이어질 글의 순서로 가장 적절한 것을 고르시오.

① (A) — (C) — (B) 주어진 글은 고정 관념을 부정적으로 보고, (A)는 고정 관념의 효율성에 대해 이야기함
② (B) — (A) — (C) (B)의 these tasks가 가리키는 것이 주어진 글에 없음
③ (B) — (C) — (A) 분류하고 일반화하는 능력은 유용하지만, 사람과 상황에 대한 일반화를 고정 관념화하는 대가를 수반함 - 사실 고정 관념이 반드시 항상 부정적인 것은 아님 - 사물을 그룹으로 분류하는데, 그것이 고정 관념의 기초임 - 고정 관념의 진정한 위험성은 유연성 부족과 유지되려는 경향임
④ (C) — (A) — (B)
⑤ (C) — (B) — (A) 고정 관념의 진정한 위험성을 설명한 (B)가 고정 관념이 항상 부정적인 것은 아니라는 글의 결론으로 적절함

| 문제 풀이 순서 | [정답률 54%]

1st 각 문단의 내용을 파악하고, 글의 논리적인 순서를 추론한다.

주어진 글: 분류하고 일반화하는 직관적인 능력은 의심할 여지 없이 삶과 연구에 유용한 특징이지만, 그것은 사람과 상황에 대한 일반화를 고정 관념화하는 경향에 있어서와 같이 많은 대가를 수반한다.

⇒ 분류하고 일반화하는 직관적인 능력이 사람과 상황에 대한 일반화를 고정 관념화하는 등의 대가를 수반한다는 내용이다. **단서**
주어진 글 뒤: 고정 관념을 부정적으로 바라보는 내용이 나왔으므로 이와 관련된 내용이 이어질 것이다. **발상**

(A): 직관적이고 빠르게(Intuitively and quickly), 우리는 사물 간에 차이가 있다고 인식하는 것에 기초해 정신적으로 그것들을 그룹으로 분류하며, 그것이 고정 관념의 기초이다. 그 후에야 우리는 사물이 어떻게 차별화되는지, 그리고 그 차이의 정도와 중요성에 대한 더 많은 증거를 조사한다(또는 조사하지 않는다).

⇒ '직관적이고 빠르게' 차이가 있는 사물을 그룹으로 분류하고(고정 관념의 기초), 그 후에 그것들이 어떻게 차별화되는지 등에 대한 더 많은 증거를 조사한다고 했다.
(A) 앞: 분류하는 것(고정 관념의 기초)의 효율성(직관적이고 빠르게)을 이야기하므로, 고정 관념을 부정적으로 바라보는 내용은 올 수 없다.
▶ 주어진 글이 (A) 앞에 올 수 없음
(A) 뒤: 고정 관념의 효율성에 대한 추가적인 설명이 이어질 것이다.

(B): 우리의 뇌는, 대개 우리가 인식하지 못하는 사이에, 이러한 일(these tasks)을 효율적이고 자동으로 수행한다. 고정 관념이 진정 위험한 것은 그것들의 부정확성이 아니라, 우리가 멈추어 생각할 시간이 충분할 때조차도, 그것들의 유연성 부족과 유지되려는 경향이다.

⇒ **앞 문장:** 고정 관념의 효율성 → 우리의 뇌는 '이러한 일'을 효율적이고 자동으로 수행함
뒤 문장: 고정 관념의 진정한 위험성 → 고정 관념의 부정확성이 아니라 유연성 부족과 유지되려는 경향임
(B) 앞: 고정 관념의 효율성을 보여주는 these tasks가 가리키는 내용이 있어야 한다. these tasks는 (A)에서 설명한, 직관적이고 빠르게 이루어지는 고정 관념화를 가리킨다.
▶ (B) 앞에 (A)가 와야 함 (순서: (A) → (B))
(B) 뒤: 고정 관념의 유연성 부족과 유지되려는 경향에 대한 구체적인 설명이 이어지거나 (B)가 글의 결론일 것이다.
▶ (B)가 마지막에 올 확률이 큼

(C): 대부분 사람에게, 고정 관념이라는 단어는 부정적인 함축을 불러일으키는데, 즉 그것은 부정적인 편견을 암시한다. 그러나(But) 사실 고정 관념은 원칙적으로 모든 다른 일반화와 다르지 않으며, 사람들의 집단에 대한 일반화가 반드시 항상 부정적인 것은 아니다.

→ **앞 문장**: 고정 관념은 부정적인 편견을 암시함

뒤 문장: 그러나 고정 관념이 항상 부정적인 것은 아님

(C) 앞: 고정 관념을 부정적으로 바라본 주어진 글이 와야 한다.

▶ 주어진 글이 (C) 앞에 와야 함 (순서: 주어진 글 → (C))

(C) 뒤: 고정 관념이 항상 부정적인 것은 아니라는 점을 구체적으로 설명하는 문단이 필요하다.

▶ (C) 뒤에 (A)가 와야 함 (순서: 주어진 글 → (C) → (A) → (B))

2nd 글이 한눈에 들어오도록 정리하여 정답을 확인한다.

주어진 글: 분류하고 일반화하는 능력은 유용하지만, 그것은 사람과 상황에 대한 일반화를 고정 관념화하는 우리의 경향과 같은 대가를 수반한다.

→ **(C)**: 고정 관념은 부정적인 편견을 암시하지만, 사실 고정 관념이 반드시 항상 부정적인 것은 아니다.

→ **(A)**: 우리는 직관적이고 빠르게 차이에 기초하여 사물을 그룹으로 분류하는데, 그것이 고정 관념의 기초이다. 그런 다음 사물이 어떻게 차별되는지, 그 차이의 정도와 중요성에 대한 더 많은 증거를 조사하거나 조사하지 않는다.

→ **(B)**: 우리의 뇌는 이러한 일을 효율적이고 자동으로 수행한다. 고정 관념의 진정한 위험성은 그것의 부정확성이 아니라 유연성 부족과 유지되려는 경향이다.

▶ 주어진 글 다음에 이어질 글의 순서는 (C) → (A) → (B)이므로 정답은 ④임

M 37 정답 ③ ＊얼굴이 붉어지는 것의 역할

Darwin saw blushing / as uniquely human, / representing an
<u>see A as B: A를 B로 여기다</u>
involuntary physical reaction / caused by embarrassment and
단서 1 얼굴이 붉어지는 것은 사회적 환경에서 일어나는 신체 반응임
self-consciousness / in a social environment. //

다원은 얼굴이 붉어지는 것을 여겼다 / 특별나게 인간적인 것으로 / 무의식적인 신체 반응을 나타내는 것 / 당혹감과 자의식에 의해 야기되는 / 사회적 환경에서 //

(A) Maybe our brief loss of face benefits / the long-term cohesion
　　　　　　단수 주어　　　　　단수 동사
of the group. //

아마도 우리가 잠시 체면을 잃는 것이 도움이 될 수 있을 것이다 / 집단의 장기적인 결속에 //

Interestingly, / if someone blushes / after making a social
mistake, / they are viewed / in a more favourable light / than
　　　　　비교의 두 대상　　　　**단서 2** 얼굴이 붉어지는 것은 실수에 대한 사과의 표시이므로
those / who don't blush. //　　　얼굴이 붉어지면 호의적인 시각을 받음

흥미롭게도 / 누군가가 얼굴을 붉히면 / 사회적 실수를 저지른 후 / 그들은 바라봐진다 / 더 호의적인 시각으로 / 사람들보다 / 얼굴을 붉히지 않는 //

(B) If we feel awkward, embarrassed or ashamed / when we are
alone, / we don't blush; / **단서 3** 주어진 글의 사회적 환경과 혼자 있는 경우가 대조됨

우리가 어색하거나 부끄럽거나 창피하다고 느끼더라도 / 우리가 혼자 있을 때 / 우리는 얼굴이 붉어지지 않는다 /

it seems to be caused / by our concern / about what others are
　　　　to부정사의 수동태(to be p.p.)
thinking of us. //

그것은 야기되는 것으로 보인다 / 우리의 염려에 의해 / 다른 사람들이 우리를 어떻게 생각할지에 대한 //

Studies have confirmed / that simply being told / you are
　　　　　　　　　　　　　　　　동명사의 수동태(being p.p.)
blushing / brings it on. //

연구들은 확인했다 / 단지 듣는 것만으로도 / 여러분이 얼굴이 붉어진다고 / 그것을 야기한다는 것을 //

We feel / as though others can see / through our skin and into
our mind. //

우리는 느낀다 / 다른 사람들이 들여다볼 수 있는 것처럼 / 우리의 피부를 꿰뚫어 우리의 마음을 //

(C) However, / while we sometimes want to disappear / when
　　　　　부사절 접속사(대조)　　　　　　　　　　　부사절 접속사(때)
we involuntarily go bright red, /

그러나 / 우리가 때로 사라지고 싶어 하지만 / 우리가 자신도 모르는 사이에 얼굴이 새빨개질 때 /

---

psychologists argue / that blushing actually serves / a positive
social purpose. // **단서 4** 얼굴이 붉어지는 것이 실제로는 긍정적인 사회적 목적에
부합한다는 심리학자의 주장을 소개함
심리학자들은 주장한다 / 얼굴이 붉어지는 것이 실제로는 부합한다고 / 긍정적인 사회적
목적에 //
　　　　　　　　　　　　　　　　　　　명사절 접속사
　　　　　　　　　　　　　　　　　(recognize의 목적어)
When we blush, / it's a signal to others / that we recognize / that
　　　　　　　　　　　　　동격절 접속사(a signal을 부연 설명)
a social norm has been broken; / it is an apology for a faux pas. //

우리가 얼굴이 붉어질 때 / 그것은 다른 사람에게 보내는 신호이다 / 우리가 인정한다는 / 사회적 규범이 깨졌다는 것을 / 그것은 실수에 대한 사과이다 //

- **blush** ⓥ 얼굴을 붉히다　　- **involuntary** ⓐ 원치 않는, 자기도 모르게 하는
- **embarrassment** ⓝ 어색함, 쑥쓰러움
- **self-consciousness** ⓝ 자의식　　- **brief** ⓐ 짧은
- **cohesion** ⓝ 화합, 응집력　　- **favourable** ⓐ 좋은, 호의적인
- **awkward** ⓐ 어색한, 곤란한　　- **bring on** ~을 야기하다
- **psychologist** ⓝ 심리학자　　- **recognize** ⓥ 인정하다
- **norm** ⓝ 규범

다원은 얼굴이 붉어지는 것을 특별나게 인간적인 것으로, 사회적 환경에서 당혹감과 자의식에 의한 무의식적인 신체 반응을 나타내는 것으로 여겼다. (B) 우리가 혼자 있을 때는 어색하거나 부끄럽거나 창피하다고 느끼더라도 얼굴이 붉어지지지 않는데, 얼굴이 붉어지는 것은 우리가 다른 사람들이 우리를 어떻게 생각할지에 대해 염려하기 때문인 것으로 보인다. 연구에 따르면 단지 얼굴이 붉어진다는 말을 듣는 것만으로도 얼굴이 붉어진다는 것이 확인되었다. 우리는 다른 사람들이 우리의 피부를 꿰뚫어 우리의 마음을 들여다볼 수 있는 것처럼 느낀다. (C) 그러나 우리가 때로 자신도 모르는 사이에 얼굴이 새빨개질 때 사라지고 싶어 하지만, 심리학자들은 얼굴이 붉어지는 것이 실제로는 긍정적인 사회적 목적에 부합한다고 주장한다. 얼굴이 붉어질 때, 그것은 사회적 규범을 어겼다는 것을 우리가 인정한다는 것을 다른 사람에게 알리는 신호이자 실수에 대한 사과이다. (A) 아마도 우리가 잠시 체면을 잃는 것이 집단의 장기적인 결속에 도움이 될 수 있을 것이다. 흥미롭게도 누군가가 사회적 실수를 저지른 후 얼굴을 붉히면, 우리는 그 사람을 얼굴을 붉히지 않는 사람보다 더 호의적인 시각으로 바라보게 된다.

주어진 글 다음에 이어질 글의 순서로 가장 적절한 것을 고르시오. [3점]

① (A) — (C) — (B) 적절한 글의 흐름과 정반대
② (B) — (A) — (C) 실수에 대한 언급은 (C)에서 먼저 등장함
③ (B) — (C) — (A)
④ (C) — (A) — (B)
⑤ (C) — (B) — (A) 주어진 글과 (C)는 However로 이어질 만한 내용이 아님

얼굴이 붉어지는 것은 당혹감과 자의식에 의해 야기되는 무의식적인 신체 반응임 → 얼굴이 붉어지는 것은 혼자 있을 때는 일어나지 않음 → 얼굴이 붉어지는 것은 긍정적인 사회적 목적에 부합함 → 사회적 실수를 저지른 후 얼굴을 붉히면 더 호의적인 시각으로 바라봄

| 문제 풀이 순서 | [정답률 58%]

1st 각 문단의 내용을 파악하고, 글의 논리적인 순서를 추론한다.

주어진 글: 다원은 얼굴이 붉어지는 것을 특별나게 인간적인 것으로, 사회적 환경에서 당혹감과 자의식에 의한 무의식적인 신체 반응을 나타내는 것으로 여겼다.

→ **주어진 글 뒤**: 얼굴이 붉어지는 것이 사회적 환경에서 어떤 역할을 하는지에 대한 설명이 이어지는 글일 것이다.

(A): 아마도 우리가 잠시 체면을 잃는 것이 집단의 장기적인 결속에 도움이 될 수 있을 것이다. 흥미롭게도 누군가가 사회적 실수를 저지른 후 얼굴을 붉히면, 우리는 그 사람을 얼굴을 붉히지 않는 사람보다 더 호의적인 시각으로 바라보게 된다.

→ '잠시 체면을 잃는 것'은 '얼굴이 붉어지는 것'을 의미한다. 얼굴이 붉어지는 것이 사회적 환경에서 긍정적인 역할을 한다는 내용이다.

(A) 앞: 주어진 글에서는 얼굴이 붉어지는 것이 사회적 환경에서 어떤 역할을 한다는 것을 암시하기만 했으므로, 주어진 글 바로 뒤에 (A)가 이어지는 것은 어색하다. ▶ 주어진 글 뒤에 (A)가 올 수 없음

(A) 뒤: 얼굴을 붉히는 것이 집단의 장기적인 결속에 도움이 될 수 있다는 것으로 보아, 얼굴을 붉히는 것의 사회적 역할을 설명한 글의 결론일 것이라고 예상할 수 있다. ▶ (A)가 마지막에 올 확률이 큼

(B): 우리가 혼자 있을 때는 어색하거나 부끄럽거나 창피하다고 느끼더라도 얼굴이 붉어지지 않는데, 얼굴이 붉어지는 것은 우리가 다른 사람들이 우리를 어떻게 생각할지에 대해 염려하기 때문인 것으로 보인다. 연구에 따르면 단지 얼굴이 붉어진다는 말을 듣는 것만으로도 얼굴이 붉어진다는 것이 확인되었다. 우리는 다른 사람들이 우리의 피부를 꿰뚫어 우리의 마음을 들여다볼 수 있는 것처럼 느낀다.

➡ **(B) 앞:** 사회적 환경에서는 얼굴이 붉어지지만 혼자 있을 때는 얼굴이 붉어지지 않는다는 두 내용이 대조되도록 주어진 문장이 (B) 앞에 필요하다.

▶ (B) 앞에 주어진 글이 와야 함 (순서: 주어진 글 ➡ (B))

(B) 뒤: (B)에서 얼굴이 붉어지는 원인(우리는 다른 사람들이 우리를 어떻게 생각할지 염려하기 때문)에 대해 설명했다. 이제 얼굴을 붉히는 것의 사회적 역할에 대한 내용이 이어질 것이다.

▶ (B) 뒤에 (A)가 이어질 수도 있음

(C): 그러나(However) 우리가 때로 자신도 모르는 사이에 얼굴이 새빨개질 때 사라지고 싶어 하지만, 심리학자들은 얼굴이 붉어지는 것이 실제로는 긍정적인 사회적 목적에 부합한다고 주장한다. 얼굴이 붉어질 때, 그것은 사회적 규범을 어겼다는 것을 우리가 인정한다는 것을 다른 사람에게 알리는 신호이자 실수에 대한 사과이다.

➡ 얼굴이 붉어지는 것이 사실 긍정적인 사회적 목적에 부합한다는 내용이 However로 이어진다.

(C) 앞: 다른 사람들이 우리를 어떻게 생각할지 염려해서 얼굴이 붉어지지만, 사실 얼굴이 붉어지는 것은 긍정적인 사회적 역할을 한다는 흐름이다.

▶ (B) 뒤에 (C)가 와야 함 (순서: 주어진 글 ➡ (B) ➡ (C))

(C) 뒤: 얼굴이 붉어지는 것은 실수에 대한 사과를 표시하는 것이므로, 실수를 저지른 후 얼굴을 붉히면 더 호의적인 시선을 받는 것이다.

▶ (C) 뒤에 (A)가 와야 함(순서: 주어진 글 ➡ (B) ➡ (C) ➡ (A))

2nd 글이 한눈에 들어오도록 정리하여 정답을 확인한다.

주어진 글: 얼굴이 붉어지는 것은 특별히 인간적인 것으로, 사회적 환경에서 당혹감과 자의식에 의해 야기되는 무의식적인 신체 반응이다.

→ **(B):** 얼굴이 붉어지는 것은 다른 사람들이 우리를 어떻게 생각할지에 대한 염려 때문이므로, 혼자 있을 때는 일어나지 않는다.

→ **(C):** 얼굴이 붉어지는 것은 실수에 대한 사과의 신호로, 긍정적인 사회적 목적에 부합한다.

→ **(A):** 사회적 실수를 저지른 후 얼굴을 붉히면 사과를 한 것이므로 더 호의적인 시각으로 바라봐진다.

▶ 주어진 글 다음에 이어질 글의 순서는 (B) ➡ (C) ➡ (A)이므로 정답은 ③임

M 38 정답 ⑤ ＊똑똑한 식물

Plants show / finely tuned adaptive responses / **when** nutrients are limiting. //
부사절 접속사(때)
식물은 보인다 / 미세하게 조정된 적응 반응을 / 영양분이 제한적일 때 //

Gardeners may recognize yellow leaves / as a sign / of poor nutrition and the need for fertilizer. //
정원사는 노란 잎을 인식할 수도 있다 / 신호로 / 영양 부족과 비료가 필요하다는 //

(A) In contrast, / **plants** / with a history of nutrient abundance /
복수 주어
are risk averse / and save energy. // **단서 1** 영양분이 풍부했던 이력을 가진 식물에 대한 내용이 In contrast로 이어짐
반대로 / 식물은 / 영양분이 풍부했던 이력을 가진 / 위험을 회피하고 / 에너지를 절약한다 //

At all developmental stages, / plants respond / to environmental changes or unevenness / **so as to be** able to use their energy / for growth, survival, and reproduction, /
〈목적〉의 의미를 강조하는 so as to-v
모든 발달 단계에서 / 식물은 반응한다 / 환경 변화나 불균형에 / 에너지를 사용할 수 있도록 / 성장, 생존, 번식에 /
= they limit
while **limiting** / damage and nonproductive uses / of their valuable energy. //
제한하는 동시에 / 손상과 비생산적인 사용을 / 귀중한 에너지의 //

(B) Research in this area has shown / **that** plants are constantly
생략 가능한 목적어절 접속사
aware / of their position in the environment, / in terms of both space and time. //
이 분야의 연구는 보여주었다 / 식물은 지속적으로 인식한다는 것을 / 환경에서 자신의 위치를 / 공간과 시간 모두의 측면에서 //
주격 관계대명사   주격 관계대명사절의 복수 동사   **단서 2** 다양한 영양소 가용성을 경험한 식물의 경우를 설명함
Plants / **that have experienced** / variable nutrient availability / in
복수 주어, 선행사
the past / **tend** to exhibit risk-taking behaviors, / such as spending
복수 동사
energy / on root lengthening / instead of leaf production. //
식물은 / 경험한 / 다양한 영양소 가용성을 / 과거에 / 위험을 감수하는 행동을 보이는 경향이 있다 / 에너지를 소비하는 것과 같은 / 뿌리 길이를 연장하는 데 / 잎 생산 대신 //

(C) But **if** a plant does not have a caretaker / **to provide**
부사절 접속사(조건)   형용사적 용법(a caretaker 수식)
supplemental minerals, /
그러나 식물에게 관리자가 없다면 / 보충하는 미네랄을 공급해 줄 /

it can proliferate or lengthen its roots / and develop root hairs /
부사적 용법(목적)
to allow foraging / in more distant soil patches. //
그것은 뿌리를 증식하거나 길게 늘리고 / 뿌리털을 발달시킬 수 있다 / 구하러 다닐 수 있도록 / 더 먼 토양에서 //

Plants can also use their memory / to respond / to histories of temporal or spatial variation / in nutrient or resource availability. // **단서 3** 영양이나 자원 가용성의 변화에 대응하기 위해 식물이 자신의 기억을 사용할 수도 있다고 설명함
식물은 또한 자신의 기억을 사용할 수 있다 / 대응하기 위해 / 시간적 또는 공간적 변화의 역사에 / 영양 혹은 자원 가용성의 //

- finely ⓐⓓ 미세하게   • tune ⓥ 조정하다
- adaptive response 적응 반응   • gardener ⓝ 정원사
- poor nutrition 영양 실조   • in contrast 반대로
- abundance ⓝ 풍부   • risk averse 위험을 회피하는
- developmental ⓐ 발달의   • unevenness ⓝ 불균형
- so as to-v ~하기 위하여   • reproduction ⓝ 번식
- nonproductive ⓐ 비생산적인   • constantly ⓐⓓ 지속적으로
- availability ⓝ 가용성   • risk-taking ⓐ 위험을 감수하는
- lengthen ⓥ 연장하다   • supplemental ⓐ 보충의
- proliferate ⓥ 증식시키다   • patch ⓝ 작은 땅, 지대
- temporal ⓐ 시간의   • spatial ⓐ 공간의

식물은 영양분이 제한적일 때 미세하게 조정된 적응 반응을 보인다. 정원사는 노란 잎을 영양 부족과 비료가 필요하다는 신호로 인식할 수도 있다.
(C) 그러나 식물에 보충하는 미네랄을 공급해 줄 관리자가 없다면, 그것은 더 먼 토양에서 구하러 다닐 수 있도록 뿌리를 증식하거나 길게 늘리고 뿌리털을 발달시킬 수 있다. 식물은 또한 영양 혹은 자원 가용성의 시간적 또는 공간적 변화의 역사에 대응하기 위해 자신의 기억을 사용할 수 있다.
(B) 이 분야의 연구는 식물은 공간과 시간 모두의 측면에서 환경에서 자신의 위치를 지속적으로 인식한다는 것을 보여주었다. 과거에 다양한 영양소 가용성을 경험한 식물은 잎 생산 대신 뿌리 길이를 연장하는 데 에너지를 소비하는 것과 같은 위험을 감수하는 행동을 보이는 경향이 있다.
(A) 반대로, 영양분이 풍부했던 이력을 가진 식물은 위험을 회피하고 에너지를 절약한다. 모든 발달 단계에서 식물은 성장, 생존, 번식에 에너지를 사용할 수 있도록 환경 변화나 불균형에 반응하는 동시에, 귀중한 에너지의 손상과 비생산적인 사용을 제한한다.

주어진 글 다음에 이어질 글의 순서로 가장 적절한 것을 고르시오. [3점]

① (A) — (C) — (B) (A)에서 설명하는 식물이 정원사가 없는 식물이 아님

② (B) — (A) — (C) ─ (B)의 this area가 가리키는 것이 주어진 글에 없음

③ (B) — (C) — (A) ─

④ (C) — (A) — (B) (B)의 다양한 영양소 가용성을 경험한 식물이 (A)의 영양분이 풍부했던 이력을 가진 식물보다 먼저 나와야 함

⑤ (C) — (B) — (A)
─ 정원사는 노란 잎을 신호로 인식하여 비료를 식물에 세공할 것임 - 관리자가 없는 식물은 뿌리를 증식하거나 길게 늘릴 것임 - 다양한 영양소 가용성을 경험한 식물은 뿌리 길이를 연장하는 데 에너지를 소비하는 경향이 있음 - 영양분이 풍부했던 경험을 가진 식물은 위험을 회피함

1st 각 문단의 내용을 파악하고, 글의 논리적인 순서를 추론한다.

주어진 글: 식물은 영양분이 제한적일 때 미세하게 조정된 적응 반응을 보인다. 정원사는 노란 잎을 영양 부족과 비료가 필요하다는 신호로 인식할 수도 있다.

→ 영양분이 제한적일 때 식물이 보이는 적응 반응을 보이는데 노란 잎을 보면 영양사는 영양과 비료를 제공할 것이라는 내용이다. (단서)

주어진 글 뒤: 정원사가 식물을 관리해주는 것과 관련된 내용이 이어질 것이다. (발상)

(A): 반대로(In contrast), 영양분이 풍부했던 이력을 가진 식물은 위험을 회피하고 에너지를 절약한다. 모든 발달 단계에서 식물은 성장, 생존, 번식에 에너지를 사용할 수 있도록 환경 변화나 불균형에 반응하는 동시에, 귀중한 에너지의 손상과 비생산적인 사용을 제한한다.

→ **(A) 앞:** 영양분이 풍부하지 않았던 이력을 가진 식물의 적응 반응을 설명한 문단이 필요하다.
  ▶ 주어진 글이 (A) 앞에 올 수 있음
  (A) 뒤: 서로 다른 이력을 가진 식물의 적응 반응을 대조하는 글로, 두 번째 식물의 반응을 설명한 (A)가 글의 결론일 수 있다.
  ▶ (A)가 글의 결론일 가능성이 더 큼

(B): 이 분야(this area)의 연구는 식물은 공간과 시간 모두의 측면에서 환경에서 자신의 위치를 지속적으로 인식한다는 것을 보여주었다. 과거에 다양한 영양소 가용성을 경험한 식물은 잎 생산 대신 뿌리 길이를 연장하는 데 에너지를 소비하는 것과 같은 위험을 감수하는 행동을 보이는 경향이 있다.

→ **(B) 앞:** 식물이 공간과 시간 모두의 측면에서 환경에서의 자신의 위치를 지속적으로 인식한다는 것을 보여주는 연구가 어떤 분야의 연구인지, 즉 this area가 가리키는 내용이 (B) 앞에 있어야 한다.
  ▶ 주어진 글이나 (A)에는 해당 분야가 언급되지 않음
  (B) 뒤: (A)에서 설명한 '영양분이 풍부했던 이력을 가진 식물'과 대조되는 '과거에 다양한 영양소 가용성을 경험한 식물'이 (B)에 등장하므로 (A) 앞에 (B)가 있어야 한다.
  ▶ (A) 앞에 (B)가 와야 함 (순서: (B) → (A))

(C): 그러나(But) 식물에 보충하는 미네랄을 공급해 줄 관리자가 없다면, 그것은 더 먼 토양에서 구하러 다닐 수 있도록 뿌리를 증식하거나 길게 늘리고 뿌리털을 발달시킬 수 있다. 식물은 또한 영양 혹은 자원 가용성의 시간적 또는 공간적 변화의 역사에 대응하기 위해 자신의 기억을 사용할 수 있다.

→ **(C) 앞:** 식물에게 보충하는 미네랄을 공급해 줄 관리자가 없는 경우와 대조되는 경우가 (C) 앞에 필요한데, 주어진 글이 정원사가 있는 경우를 설명했다.
  ▶ 주어진 글이 (C) 앞에 와야 함 (순서: 주어진 글 → (C))
  (C) 뒤: 식물은 자신의 기억, 경험을 사용하여 대응할 수 있다고 한 후, 두 가지 서로 다른 경험을 한 식물을 예로 들어 구체적으로 설명하는 흐름이 되어야 한다.
  ▶ (C) 뒤로 (B)와 (A)가 차례로 이어져야 함 (순서: 주어진 글 → (C) → (B) → (A))

2nd 글이 한눈에 들어오도록 정리하여 정답을 확인한다.

주어진 글: 정원사는 노란 잎을 영양 부족과 비료가 필요하다는 신호로 인식하여 그것을 식물에 제공할 것이다.

→ **(C):** 그러나 관리자가 없는 식물은 뿌리를 증식하거나 길게 늘리고, 뿌리털을 발달시켜 더 먼 토양에서 미네랄을 구할 것이다. 식물은 또한 자신의 기억을 사용하여 영양이나 자원 가용성의 변화에 대응할 수 있다.

→ **(B):** 다양한 영양소 가용성을 경험한 식물은 잎 생산 대신 뿌리 길이를 연장하는 데 에너지를 소비하는 경향이 있다.

→ **(A):** 반대로 영양분이 풍부했던 경험을 가진 식물은 위험을 회피하고 에너지를 절약한다.

▶ 주어진 글 다음에 이어질 글의 순서는 (C) → (B) → (A)이므로 정답은 ⑤임

M 39 정답 ④ * 상황에 따라 달라지는 협상의 다양한 목적

> Negotiation can be defined / as an attempt to explore / and reconcile conflicting positions / **in order to reach** an acceptable outcome. // **단서 1** 협상의 정의를 설명함
> 부사적 용법 (목적)
> 협상은 정의될 수 있다 / 상충하는 입장을 탐색하고 / 화해시키려는 시도라고 / 수용할 수 있는 결과에 도달하기 위해 //

(A) Areas of difference can and **do** frequently remain, / and will perhaps be the subject of future negotiations, / or indeed remain irreconcilable. //
일반동사(remain) 강조
이견이 있는 영역은 남을 수 있고, 실제로 자주 남으며 / 아마도 향후 협상의 주제가 되거나 / 실제로 화해할 수 없는 상태로 남게 될 것이다 //

단서 2 협의에 이르지 못하면 공개적인 설명으로 갈등을 다스리기도 함

In those instances / **in which** the parties have highly antagonistic or polarised relations, / the process **is likely to** be dominated by the exposition, / very often in public, of the areas of conflict. //
전치사 + 관계대명사
be likely to-v: ~할 가능성이 있다
그런 경우에 / 당사자들이 매우 적대적이거나 양극화된 관계를 맺고 있는 / 그 과정은 설명에 의해 지배될 가능성이 있다 / 갈등 영역에 대한 아주 흔히 공개적인 //

(B) In these and sometimes other forms of negotiation, / negotiation serves functions / other than reconciling conflicting interests. // **단서 3** 이러한 형태의 협상에서는 협상이 중재가 아닌 다른 기능을 수행함
이러한 형태의 협상과 때로는 다른 형태의 협상에서 / 협상은 기능을 수행한다 / 상충하는 이익을 화해시키는 것이 아닌 //

These will include / delay, publicity, diverting attention / or seeking intelligence about the other party and its negotiating position. //
이러한 것들에는 포함될 것이다 / 지연, 홍보, 주의를 돌리거나 / 상대방과 그쪽의 협상 입장에 관한 정보를 구하는 것이 //

주격 관계대명사 (선행사: the outcome)
(C) Whatever the nature of the outcome, / **which** may actually favour one party more than another, / the purpose of negotiation / is the identification of areas of common interest and conflict. //
그 결과의 성격이 무엇이든 / 실제로 다른 당사자보다 한쪽 당사자에게 더 유리할 수도 있는 / 협상의 목적은 / 공통의 이익과 갈등의 영역을 밝히는 것이다 //

In this sense, / depending on the intentions of the parties, / the areas of common interest / may be clarified, refined and given negotiated form and substance. // **단서 4** 협상의 목적은 공동의 이익과 갈등을 정의하고 협의를 이루는 것임
이러한 의미에서 / 당사자들의 의도에 따라 / 공통의 이익 영역은 / 명확해지고, 정제되며, 협의가 이뤄진 형식과 실체가 주어질 수 있다 //

- - -

- negotiation ⓝ 협상   · explore ⓥ 탐색하다
- conflicting ⓐ 상충하는   · acceptable ⓐ 수용할 수 있는
- outcome ⓝ 결과   · irreconcilable ⓐ 화해할 수 없는
- party ⓝ 당사자   · polarise ⓥ 양극화를 초래하다
- dominate ⓥ 지배하다   · publicity ⓝ 홍보
- divert ⓥ 방향을 바꾸게 하다   · intelligence ⓝ 정보, 기밀
- identification ⓝ (실체를) 밝힘, 확인   · intention ⓝ 의도
- clarify ⓥ 명확하게 하다   · refine ⓥ 정제하다
- substance ⓝ 실체

협상은 수용할 수 있는 결과에 도달하기 위해 상충하는 입장을 탐색하고 화해시키려는 시도라고 정의될 수 있다. (C) 실제로 다른 당사자보다 한쪽 당사자에게 더 유리할 수도 있는, 그 결과의 성격이 무엇이든, 협상의 목적은 공통의 이익과 갈등의 영역을 밝히는 것이다. 이러한 의미에서 당사자들의 의도에 따라 공통의 이익 영역은 명확해지고, 정제되며, 협의가 이뤄진 형식과 실체가 주어질 수 있다. (A) 이견이 있는 영역은 남을 수 있고, 실제로 자주 남으며, 아마도 향후 협상의 주제가 되거나 실제로 화해할 수 없는 상태로 남게 될 것이다. 당사자들이 매우 적대적이거나 양극화된 관계를 맺고 있는 그런 경우에, 그 과정은 갈등 영역에 대한 아주 흔히 공개적인 설명에 의해 지배될 가능성이 있다. (B) 이러한 형태의 협상과 때로는 다른 형태의 협상에서, 협상은 상충하는 이익을 화해시키는 것이 아닌 기능을 수행한다. 이러한 것들에는 지연, 홍보, 주의를 돌리거나 상대방과 그쪽의 협상 입장에 관한 정보를 구하는 것이 포함될 것이다.

주어진 글 다음에 이어질 글의 순서로 가장 적절한 것을 고르시오.

① (A) — (C) — (B) (A)는 협상의 결과로 이견이 발생한 경우를 설명하므로 주어진 글 뒤에 올 수 없음
② (B) — (A) — (C) (C)는 협상의 본래 목적을 설명하고 있으므로 협의에 이르지 못해
③ (B) — (C) — (A) 협상의 목적이 달라진다는 (A)와 (B)보다 먼저 나와야 함
④ (C) — (A) — (B)
⑤ (C) — (B) — (A) (B)는 협의에 이르지 못한 협상의 구체적인 목적을 설명하고 있으므로 (A) 뒤에 이어져야 함

협상은 상충하는 입장을 중재하는 과정임 - 협상을 통해 당사자 간의 합의를 끌어내는 것이 목적임
– 이견이 발생한 경우, 협상의 과정은 공개적인 설명으로 지배될 수 있음 - 이러한 협상의 목적은
더 이상 중재가 아님

| 문제 풀이 순서 | [정답률 38%]

1st 각 문단의 내용을 파악하고, 글의 논리적인 순서를 추론한다.

주어진 글: 협상은 수용할 수 있는 결과에 도달하기 위해 상충하는 입장을 탐색하고 화해시키려는 시도라고 정의될 수 있다.

➡ 협상은 상충하는 입장을 중재하는 과정으로 정의하고 있다. 단서

주어진 글 뒤: 협상의 기능과 목적 등에 관한 내용이 이어질 것이다. 발상

(A) 이견이 있는 영역은 남을 수 있고, 실제로 자주 남으며, 아마도 향후 협상의 주제가 되거나 실제로 화해할 수 없는 상태로 남게 될 것이다. 당사자들이 매우 적대적이거나 양극화된 관계를 맺고 있는 그런 경우에, 그 과정은 갈등 영역에 대한 아주 흔히 공개적인 설명에 의해 지배될 가능성이 있다.

➡ 앞 문장: 협상 후에도 합의나 화해가 이뤄지지 않을 수 있음
뒤 문장: 당사자 간의 적대적인 관계가 유지된다면, 협상의 과정은 공개적 설명에 의해 좀 더 객관적으로 다스려질 수 있음
(A) 앞: 이견이 발생한 상황을 소개하고 있으므로, 그 이전에 협상의 결과로 합의가 이루어진 상황을 소개했을 것이다. ▶ 주어진 글이 (A) 앞에 올 수 없음
(A) 뒤: 합의가 이루어지지 않아 공개적인 설명으로 협상을 다스릴 때 어떤 특징이 있는지 이어질 것이다.

(B) 이러한 형태의 협상과 때로는 다른 형태의 협상에서(In these and sometimes other forms of negotiation), 협상은 상충하는 이익을 화해시키는 것이 아닌 기능을 수행한다. 이러한 것들에는 지연, 홍보, 주의를 돌리거나 상대방과 그쪽의 협상 입장에 관한 정보를 구하는 것이 포함될 것이다.

➡ 앞 문장: 이러한 형태의 협상에서는 협상의 목적이 화해가 아님
뒤 문장: 이 경우, 협상의 목적은 지연, 홍보, 주의 분산, 정보 탐색 등이 됨
(B) 앞: '이러한 형태의 협상'이 가리키는 내용이 있어야 한다. these negotiations는 (A)에서 설명한 당사자 간의 합의에 이르지 못한 협상을 가리킨다. ▶ 순서: (A) ➡ (B)
(B) 뒤: 합의에 이르지 못한 협상의 구체적인 형태가 이어지거나 (B)가 글의 결론일 것이다. ▶ (B)가 마지막에 올 확률이 큼

(C) 실제로 다른 당사자보다 한쪽 당사자에게 더 유리할 수도 있는, 그 결과의 성격이 무엇이든, 협상의 목적은 공통의 이익과 갈등의 영역을 밝히는 것이다. 이러한 의미에서 당사자들의 의도에 따라 공통의 이익 영역은 명확해지고, 정제되며, 협의가 이뤄진 형식과 실체가 주어질 수 있다.

➡ 앞 문장: 협상의 결과가 어떻든 간에, 협상의 목적은 공통의 이익과 갈등 영역을 밝히는 것임
뒤 문장: 이러한 의미에서 협상의 결과로 공통의 이익을 위한 협의가 이루어짐
(C) 앞: 협상의 개념과 당사자 간 협의를 한다는 것의 의미가 무엇인지 나와야 함
▶ 순서: 주어진 글 ➡ (C)

2nd 글이 한눈에 들어오도록 정리하여 정답을 확인한다.

주어진 글: 협상은 상충하는 입장을 중재하는 과정으로 정의된다.

➡ **(C):** 협상의 목적은 공통의 이익과 갈등의 영역을 밝히는 것이고, 이러한 의미에서 협상의 결과로 공통의 이익을 위한 협의가 이루어진다.

➡ **(A):** 협상 후에도 당사자 간의 협의가 이뤄지지 않을 수 있으며, 당사자들의 관계가 적대적이거나 양극화된 경우, 협상의 과정은 갈등에 관한 공개적인 설명으로 지배될 것이다.

➡ **(B):** 이러한 협상(협의가 이뤄지지 않은 이후)에는 협상의 목적이 중재가 아닌 지연, 홍보, 주의 분산, 정보 탐색 등이다.

▶ 주어진 글 다음에 이어질 글의 순서는 (C) ➡ (A) ➡ (B)이므로 정답은 ④임

조수근 | 순천향대 의예과 2024년 입학·성남 태원고 졸

이 문제의 핵심은 글의 범주 파악이야. 주어진 글은 협상의 정의, (C)는 협상의 목적에 대한 내용인 반면 (A)와 (B)는 협상에서 이견이 있는 경우에 대한 내용임을 알 수 있어. 즉, 주어진 글 다음에 (C)가 이어진다는 것이지.

그다음에 나는 ④과 ⑤의 순서로 각각 지문을 읽어보고 더 자연스러운 걸 찾았어. 복잡하게 다음 순서를 생각하는 것보다 두 경우로 모두 읽어보는 게 더 편하더라고. 무식해 보이지만, 순서 문제라면 이런 접근법이 오히려 지름길이 될 수도 있다는 걸 잊지 마!

M 40 정답 ⑤ * 로크를 이용한 운하 건설

When two natural bodies of water stand / at different levels, / building a canal / between them / presents a complicated engineering problem. //
동명사구 주어　단수 동사
단서 1 수위에 차이가 있는 두 자연 수역에 운하를 건설하는 것이 복잡한 공학적 문제를 만들어 냄
두 곳의 자연 수역이 있을 때 / 서로 다른 수위에 / 운하를 건설하는 것은 / 그것들 사이에 / 복잡한 공학적 문제를 만들어 낸다 //

단서 2 로크 안에서 위쪽 물 높이까지 들어 올려진 배가 열린 문을 통과해 상류로 진입함
(A) Then the upper gates open / and the ship passes through. //
그러고 나면 위쪽 문이 열리고 / 배가 통과한다 //

For downstream passage, / the process works / the opposite way. //
앞에 전치사 in이 생략됨
하류 통행의 경우 / 그 과정은 작동한다 / 정반대로 //

The ship enters the lock / from the upper level, / and water is pumped / from the lock / until the ship is in line / with the lower level. //
1형식 동사로 착각하기 쉬운 3형식 동사
배가 로크로 들어오고 / 위쪽 수위로부터 / 물이 양수된다 / 로크로부터 / 배가 직선을 이룰 때까지 / 더 낮은 수위와 //
단서 3 선박이 상류로 올라가는 경우에 로크가 어떻게 작동하는지를 설명하기 시작함

(B) When a vessel is going upstream, / the upper gates stay closed / as the ship enters the lock / at the lower water level. //
(시간)의 부사절 접속사
선박이 상류로 올라가고 있을 때는 / 위쪽 문은 닫혀 있다 / 배가 로크에 들어서는 동안 / 더 낮은 수위에 있는 //

The downstream gates are then closed / and more water is pumped / into the basin. //
그러고 나서 하류의 문이 닫히고 / 더 많은 물이 양수된다 / 웅덩이 안으로 //

The rising water lifts the vessel / to the level / of the upper body of water. //
단서 4 로크 안으로 양수된 물이 선박을 위쪽의 물 높이까지 들어 올림
상승하는 물이 선박을 들어 올린다 / 수준까지 / 위쪽의 물의 //

(C) To make up for the difference in level, / engineers build one or more water "steps," / called locks, / that carry ships or boats up or down / between the two levels. //
앞에 주격 관계대명사와 be동사가 생략됨
단서 5 공학자들이 주어진 글에서 소개한 문제를 해결하는 방법을 설명함
수위의 차이를 보전하기 위해 / 공학자들은 하나 이상의 물 '계단'을 만든다 / 로크라고 불리는 / 배나 보트를 위아래로 운반하는 / 두 수위 사이에서 //

A lock is an artificial water basin. //
주어　동사　주격 보어
로크는 인공적인 물웅덩이이다 //

It has a long rectangular shape / with concrete walls and a pair of gates / at each end. //
그것은 긴 직사각형 모양을 갖는다 / 콘크리트 벽과 한 쌍의 문이 있는 / 양 끝에 //

· body ⓝ 많은 양[모음]　· stand ⓥ (특정 조건·상황에) 있다
· canal ⓝ 운하, 수로　· downstream ⓐ (강) 하류의
· passage ⓝ 뱃길, 통행, 통로　· opposite ⓐ 반대의, 다른 편의
· in (a) line with ~와 일직선을 이루는　· vessel ⓝ (대형) 선박
· upstream ⓐⓓ 상류로　· basin ⓝ 물웅덩이, 대야
· artificial ⓐ 인공의, 인위적인　· concrete ⓐ 콘크리트로 된

두 곳의 자연 수역이 서로 다른 수위에 있을 때, 그것들 사이에 운하를 건설하는 것은 복잡한 공학적 문제를 만들어 낸다. (C) 수위의 차이를 보전하기 위해 공학자들은 두 수위 사이에서 배나 보트를 위아래로 운반하는, 로크라고 불리는 하나 이상의 물 '계단'을 만든다. 로크는 인공적인 물웅덩이이다. 그것은 콘크리트 벽과 양 끝에 한 쌍의 문이 있는 긴 직사각형 모양을 하고 있다.

(B) 선박이 상류로 올라가고 있을 때는, 배가 더 낮은 수위에 있는 로크에 들어서는 동안 위쪽 문은 닫혀 있다. 그러고 나서 하류의 문이 닫히고 더 많은 물이 웅덩이 안으로 양수된다. 상승하는 물이 선박을 위쪽의 물 높이 수준까지 들어 올린다. (A) 그러고 나면 위쪽 문이 열리고 배가 통과한다. 하류 통행의 경우, 그 과정은 정반대로 작동한다. 배가 위쪽 수위로부터 로크로 들어오고, 배가 더 낮은 수위와 일치할 때까지 물이 로크로부터 양수된다.

주어진 글 다음에 이어질 글의 순서로 가장 적절한 것을 고르시오.

① (A) — (C) — (B)   상승하는 물이 배를 위쪽 수위까지 들어 올리고 나면(Then) 위쪽 문이 열리는 것임
② (B) — (A) — (C)
③ (B) — (C) — (A)   정관사가 쓰인 the lock보다 부정관사가 쓰인 a lock이 앞에 있어야 함
④ (C) — (A) — (B)   (A)에서 상류로 이동하는 선박에 대한 내용이 마무리됨
⑤ (C) — (B) — (A)   서로 다른 수위의 두 수역에 운하를 건설하는 것은 복잡한 공학적 문제를 야기함 – 로크라고 불리는 물 계단을 통해 수위의 차이를 극복함 – 로크를 통해 선박이 상류로, 또 하류로 이동하는 과정을 설명함

| 문제 풀이 순서 | [정답률 69%]

1st 각 문단의 내용을 파악하고, 글의 논리적인 순서를 추론한다.

주어진 글: 두 곳의 자연 수역이 서로 다른 수위에 있을 때, 그것들 사이에 운하를 건설하는 것은 복잡한 공학적 문제를 만들어 낸다. **단서1**

→ **주어진 글 뒤:** 서로 다른 수위의 자연 수역 사이에 운하를 건설하는 과정에서 발생하는 문제에 관하여 이어질 것이다.

(A): 그러고 나면(Then) 위쪽 문이 열리고 배가 통과한다. **단서2** 하류 통행의 경우, 그 과정은 정반대로 작동한다. 배가 위쪽 수위로부터 로크로 들어오고, 배가 더 낮은 수위와 일치할 때까지 물이 로크로부터 양수된다.

→ **(A) 앞:** Then이 나오려면 위쪽 문이 열리고 배가 통과하기 전의 과정이 앞에 나와야 한다. 주어진 글에는 운하 건설의 공학적 문제에 대한 세부 사항이 없다.
▶ (A) 앞에 주어진 글이 올 수 없음

(A) 뒤: 하류 통행의 과정을 설명하며 문단이 마무리된다.
▶ (A)가 마지막에 올 확률이 높음

(B): 선박이 상류로 올라가고 있을 때는, 배가 더 낮은 수위에 있는 로크에 들어서는 동안 위쪽 문은 닫혀 있다. **단서3** 그러고 나서 하류의 문이 닫히고 더 많은 물이 웅덩이 안으로 양수된다. 상승하는 물이 선박을 위쪽의 물 높이 수준까지 들어 올린다. **단서4**

→ **(B) 앞:** 선박의 이동에 관한 언급이 있어야 하는데 주어진 글에서는 운하 건설에 관해서만 언급했다.
▶ (B) 앞에 주어진 글이 올 수 없음

(B) 뒤: 선박이 상류로 올라가고 있을 때, 양수되는 물이 선박을 물 높이까지 들어 올린다는 내용이며, 이후에 위쪽 문이 열리고 배가 통과한다는 내용이 (A)에 나온다.
▶ (B) 뒤에 (A)가 와야 함 (순서: (B) → (A))

(C): 수위의 차이를 보전하기 위해 공학자들은 두 수위 사이에서 배나 보트를 위아래로 운반하는, 로크라고 불리는 하나 이상의 물 '계단'을 만든다. **단서5** 로크는 인공적인 물웅덩이이다. 그것은 콘크리트 벽과 양 끝에 한 쌍의 문이 있는 긴 직사각형 모양을 하고 있다.

→ **(C) 앞:** 수위의 차이를 보전하기 위해 수위 사이에서 배나 보트를 운반하는 로크라는 물 계단을 소개하는 내용이다. 두 곳의 자연 수역이 서로 다른 수위에 있는 경우가 주어진 글에서 언급되었다.
▶ (C) 앞에 주어진 글이 와야 함 (순서: 주어진 글 → (C))

(C) 뒤: 서로 다른 수위 사이에서 배나 보트를 운반하는 로크에 대한 소개에 이어서, 선박의 이동 과정을 처음 설명하는 (B)가 뒤에 오는 것이 자연스럽다.
▶ (C) 뒤에 (B)가 와야 함 (순서: 주어진 글 → (C) → (B) → (A))

2nd 글이 한눈에 들어오도록 정리하여 정답을 확인한다.

주어진 글: 서로 다른 수위의 두 자연 수역에 운하를 건설하는 것은 공학적으로 복잡하다.
→ **(C):** 로크라는 물 계단을 통해 두 수위 사이에서 배나 보트를 운반할 수 있다.
→ **(B):** 선박의 상류 통행 과정
→ **(A):** 선박의 하류 통행 과정
▶ 주어진 글 다음에 이어질 글의 순서는 (C) → (B) → (A)이므로 정답은 ⑤임

M 41 정답 ④   *규범의 발생과 순응 양상

Norms emerge in groups / as a result of **people conforming** to the behavior of others. //
(동명사의 의미상 주어 / 동명사(전치사 of의 목적어))
규범은 집단에서 생겨난다 / 사람들이 다른 사람들의 행동에 순응하는 결과로 //

Thus, the start of a norm occurs / when one person acts in a particular manner / in a particular situation / because she thinks she ought to. // **단서1** 규범은 한 사람이 특정 상황에서 하는 특정 행동 방식에서 시작됨
따라서 규범의 시작은 발생한다 / 한 사람이 특정 방식으로 행동할 때 / 특정 상황에서 / 자신이 그래야 한다고 생각하여 //

단서2 최초의 행동을 했던 사람은 그 행동을 다른 사람들에게 지시함
(A) Thus, she may prescribe the behavior to them / **by uttering** the norm statement in a prescriptive manner. //
(by -ing: ~함으로써)
따라서 그 사람은 그들에게 행동을 지시할 수도 있다 / 지시하는 방식으로 규범 진술을 말함으로써 //

Alternately, she may communicate / **that** conformity is desired in other ways, such as by gesturing. //
(명사절 접속사)
다른 방식으로는 그 사람은 전달할 수도 있다 / 몸짓과 같은 것으로 순응이 요망된다는 것을 //

In addition, she may threaten to sanction them / for **not behaving** as she wishes. //
(동명사의 부정형)
게다가 제재를 가하겠다고 그들에게 위협할 수도 있다 / 자신이 원하는 대로 행동하지 않으면 //

This will cause some / **to conform** to her wishes / and **act** as she acts. //
(병렬 구조)
이것은 일부 사람들을 만들 것이다 / 그 사람의 바람에 순응하고 / 그 사람이 행동하는 대로 행동하도록 //

(B) But some others will not need / to **have the behavior prescribed** to them. // **단서3** 다른 어떤 사람들에게는 행동에 대한 지시가 필요 없음
(사역동사+목적어+목적격 보어(과거분사))
그러나 다른 일부 사람들에게는 필요가 없을 것이다 / 그 행동이 자신에게 지시되게 할 //

They will observe the regularity of behavior / and decide on their own / **that** they ought to conform. //
(명사절 접속사)
그들은 행동의 규칙성을 관찰하고 / 스스로 결정할 것이다 / 자신이 순응해야 할지를 //

They may do so / for either rational or moral reasons. //
그들은 그렇게 할 수도 있다 / 이성적 또는 도덕적 이유로 //

(C) Others may then conform to this behavior / for **a number of** reasons. // **단서4** this behavior가 가리키는 행동은 주어진 문장에서 한 사람이 특정 방식으로 했던 행동임
(a number of: 여러, 다양한)
그런 다음 다른 사람들은 이 행동에 순응할 수도 있다 / 여러 가지 이유로 //

The person **who** performed the initial action / may think **that** others ought to behave / as she behaves / in situations of this sort. // **단서5** (A)의 Thus의 원인
(주격 관계대명사 / 명사절 접속사)
최초의 행동을 한 사람은 / 다른 사람들이 행동해야 한다고 생각할 수도 있다 / 자신이 행동하는 것처럼 / 이런 종류의 상황에서 //

- **norm** ⓝ 규범   • **conform to** ~에 순응하다
- **prescribe** ⓥ 지시하다, 규정하다   • **utter** ⓥ 말하다
- **prescriptive** ⓐ 지시하는   • **alternately** ⓐ𝖽 다른 방식으로
- **conformity** ⓝ 순응   • **regularity** ⓝ 규칙성
- **rational** ⓐ 이성적인   • **moral** ⓐ 도덕적인

규범은 사람들이 다른 사람들의 행동에 순응하는 결과로 집단에서 생겨난다. 따라서 규범의 시작은 한 사람이 특정 상황에서 자신이 그래야 한다고 생각하여 특정 방식으로 행동할 때 발생한다. (C) 그런 다음 다른 사람들은 여러 가지 이유로 이 행동에 순응할 수도 있다. 최초의 행동을 한 사람은 다른 사람들이 이런 종류의 상황에서 자신이 행동하는 것처럼 행동해야 한다고 생각할 수도 있다. (A) 따라서 그 사람은 지시하는 방식으로 규범 진술을 말함으로써 그들에게 행동을 지시할 수도 있다. 다른 방식으로는 몸짓과 같은 것으로 순응이 요망된다는 것을 전달할 수도 있다. 게다가 자신이 원하는 대로 행동하지 않으면 그들에게 제재를 가하겠다고 위협할 수도 있다. 이것은 일부 사람들을 그 사람의 바람에 순응하고 그 사람이 행동하는 대로 행동하도록 만들 것이다. (B) 그러나 다른 일부 사람들에게는 그 행동이 자신에게 지시되게 할 필요가 없을 것이다. 그들은 행동의 규칙성을 관찰하고 자신이 순응해야 할지를 스스로 결정할 것이다. 그들은 이성적 또는 도덕적 이유로 그렇게 할 수도 있다.

주어진 글 다음에 이어질 글의 순서로 가장 적절한 것을 고르시오. [3점]

① (A) — (C) — (B) (A)의 시작인 '따라서(Thus)'에 해당하는 원인은 주어진 글에 없음

② (B) — (A) — (C) (B)는 '규범에 순응하지 않는 사람들'을 설명하고 있으므로, 이와 역접을 이루는 '규범에 순응하는 사람'에 대한 설명인 (A)보다 뒤에 와야 함

③ (B) — (C) — (A)

④ (C) — (A) — (B) (A)의 시작인 '따라서(Thus)'에 해당하는 원인은 '처음 행동했던 사람이 다른 사람들도 그 행동을 따라 하기를 바라기' 때문이므로 (C) 뒤에 이어져야 함

⑤ (C) — (B) — (A)

규범은 한 사람이 특정 상황에서 특정 방식으로 행동할 때 발생함 - 그 행동을 다른 사람들이 순응하면서 처음 행동을 했던 사람은 다른 사람들도 그렇게 행동해야 한다고 생각함 - 처음 행동한 사람은 지시 등으로 다른 사람들이 자신의 행동에 순응하도록 만듦 - 일부 사람들은 규범에 순응할지를 스스로 결정함

| 문제 풀이 순서 | [정답률 37%]

1st 각 문단의 내용을 파악하고, 글의 논리적인 순서를 추론한다.

주어진 글: 규범은 사람들이 다른 사람들의 행동에 순응하는 결과로 집단에서 생겨난다. 따라서 규범의 시작은 한 사람이 특정 상황에서 자신이 그래야 한다고 생각하여 특정 방식으로 행동할 때 발생한다.

→ 규범은 한 사람이 특정 상황에서 특정 방식으로 행동할 때 발생한다. (단서)
주어진 글 뒤: 특정 행동 방식으로 시작된 규범이 어떻게 퍼져나가는지에 관한 내용이 이어질 것이다. (발상)

(A) 따라서(Thus) 그 사람은 지시하는 방식으로 규범 진술을 말함으로써 그들에게 행동을 지시할 수도 있다. 다른 방식으로는 몸짓과 같은 것으로 순응이 요망된다는 것을 전달할 수도 있다. 게다가 자신이 원하는 대로 행동하지 않으면 그들에게 제재를 가하겠다고 위협할 수도 있다. 이것은 일부 사람들을 그 사람의 바람에 순응하고 그 사람이 행동하는 대로 행동하도록 만들 것이다.

→ 앞부분: 처음 행동을 했던 사람은 다른 사람도 자신과 같은 행동을 하도록 명시적으로 지시하거나 몸짓 등으로 전달할 수 있음
뒷부분: 혹은 제재를 가하는 방식으로 자신의 행동대로 순응하도록 만들 것임
(A) 앞: 처음 행동을 했던 사람이 다른 사람들도 자신의 행동을 따라하기를 바란다는 내용이 제시되어야 한다.
▶ 주어진 글이 (A) 앞에 올 수 없음
(A) 뒤: 이를 통해 다른 사람들이 처음 행동에 순응하는 경우를 설명했으므로, 이와 대조되는 내용이 역접으로 이어질 수 있다.

(B) 그러나(But) 다른 일부 사람들에게는 그 행동이 자신에게 지시되게 할 필요가 없을 것이다. 그들은 행동의 규칙성을 관찰하고 자신이 순응해야 할지를 스스로 결정할 것이다. 그들은 이성적 또는 도덕적 이유로 그렇게 할 수도 있다.

→ 앞부분: 그러나 일부 사람들은 자신에게 행동이 지시되는 것을 불필요하다고 생각함
뒷부분: 그들은 행동의 규칙성을 관찰하고 이성적, 도덕적인 근거로 이에 순응할지를 스스로 결정함
(B) 앞: (B)에서는 다른 사람들은 이러한 행동 지시가 필요하지 않고, 여기에 마냥 순응하지는 않는다고 했다. 따라서 '그러나(But)'로 이어질 수 있는 내용인 행동 지시에 순응하는 사람들에 관한 내용이 나와야 한다. ▶ 순서: (A) → (B)
(B) 뒤: 규범을 따르지 않는 사람들에 대한 구체적인 설명이 이어지거나 (B)가 글의 결론일 것이다. ▶ (B)가 마지막에 올 확률이 큼

(C) 그런 다음 다른 사람들은 여러 가지 이유로 이 행동(this behavior)에 순응할 수도 있다. 최초의 행동을 한 사람은 다른 사람들이 이런 종류의 상황에서 자신이 행동하는 것처럼 행동해야 한다고 생각할 수도 있다.

→ 앞부분: 한 사람이 시작했던 '이 행동'을 다른 사람들도 따라 하기 시작함
뒷부분: 처음 그 행동을 한 사람은 다른 사람들도 그렇게 행동해야 한다고 생각함
(C) 앞: 다른 사람들도 순응하기 시작한 '이 행동(this behavior)'에 관한 내용이 나와야 한다. 이 행동은 주어진 문장에서 한 사람이 특정 상황에서 했던 특정 행동 방식을 가리킨다. ▶ 순서: 주어진 글 → (C)
(C) 뒤: 처음 행동을 했던 사람은 다른 사람들도 같은 행동을 해야 한다고 생각하므로 어떻게 규범을 퍼뜨릴지에 대한 내용이 이어질 것이다.
▶ 순서: 주어진 글 → (C) → (A) → (B)

M 42 정답 ② ⭐ 2등급 대비 [정답률 57%]

✱ 매몰 비용에 대한 인간의 경향이 갖는 장단점

In economics, / there is a principle / known as the *sunk cost fallacy*. //
앞에 주격 관계대명사와 be동사가 생략됨
경제학에서 / 원리가 있다 / '매몰 비용 오류'라고 알려진 //

The idea is / that when you are invested and have ownership / in something, / you overvalue that thing. //
주격 보어절 접속사 / 주어 / 동사. / 부사절 접속사
그 생각은 ~이다 / 여러분이 투자하고 소유권을 가지면 / 어떤 것에 / 여러분은 그것을 지나치게 중시한다는 것 (단서 1) 그저 많이 투자했기 때문에 끔찍한 관계를 유지할 때 할 수 있는 가장 현명한 일 주격 보어로 쓰인 to부정사의 to는 흔히 생략됨

(A) Sometimes, / the smartest thing / a person can do / is quit. //
때로는 / 가장 현명한 일은 / 한 사람이 할 수 있는 / 중지하는 것이다 //

Although this is true, / it has also become a tired and played-out argument. //
이것이 진실이더라도 / 그것은 또한 식상하고 효력이 떨어진 주장이 되었다 //
부분 부정: 항상 ~인 것은 아닌
Sunk cost doesn't always have to be a bad thing. //
매몰 비용이 언제나 나쁜 것이어야 하는 것은 아니다 // (단서 2) 매몰 비용의 장점에 대한 내용이 이어져야 함

(B) This leads people / to continue on paths or pursuits / that should clearly be abandoned. // (단서 3) 자신이 투자하고 소유한 것을 지나치게 중시하기 때문에 계속 따르거나 추구하게 됨
이것은 사람들이 ~하게 한다 / 계속 경로를 따르거나 추구를 하게 / 분명히 버려져야 하는 //

For example, / people often remain in terrible relationships / simply because they've invested / a great deal of themselves / into them. //
예를 들어 / 사람들은 자주 끔찍한 관계에 남아 있다 / 그저 그들이 투자했기 때문에 / 자신의 많은 것을 / 그것에 //

Or / someone may continue pouring money / into a business / that is clearly a bad idea / in the market. //
주격 관계대명사 / 선행사
또는 / 누군가는 계속 돈을 쏟아부을지도 모른다 / 사업에 / 분명히 나쁜 아이디어인 / 시장에서 //

(C) Actually, / you can leverage this human tendency / to your benefit. // (단서 4) 매몰 비용을 득이 되도록 이용하는 경우를 설명함
실제로 / 여러분은 이 인간적인 경향을 이용할 수 있다 / 여러분에게 득이 되도록 //

Like someone invests a great deal of money / in a personal trainer / to ensure / they follow through on their commitment, /
앞에 명사절 접속사 that이 생략됨
누군가가 많은 돈을 투자하는 것처럼 / 개인 트레이너에게 / 확실히 하기 위해 / 그들이 자신의 약속을 끝까지 완수하는 것을 /

you, too, can invest a great deal up front / to ensure / you stay on the path / 앞에 목적격 관계대명사가 생략됨 **you want to be on.** //
여러분 또한 선지급으로 많은 것을 투자할 수 있다 / 확실히 하기 위해 / 여러분이 경로에 머무는 것을 / 여러분이 있고 싶은 //

- **economics** ⓝ 경제학 ・ **principle** ⓝ 원칙, 원리
- **sink** ⓥ 가라앉다 ・ **fallacy** ⓝ 오류, 틀린 생각
- **ownership** ⓝ 소유(권) ・ **overvalue** ⓥ 지나치게 가치를 두다
- **played-out** ⓐ 영향력[효력]이 다 된 ・ **argument** ⓝ 논쟁, 언쟁
- **pursuit** ⓝ 추구, 추적 ・ **abandon** ⓥ 버리다, 포기하다
- **tendency** ⓝ 경향, 추세 ・ **commitment** ⓝ 전념, 약속

경제학에서 '매몰 비용 오류'라고 알려진 원리가 있다. 여러분이 어떤 것에 투자하고 소유권을 가지면, 그것을 지나치게 중시한다는 생각이다.
(B) 이것은 사람들이 분명히 그만두어야 하는 경로를 계속 따르거나 추구를 계속하게 한다. 예를 들어, 사람들은 그저 자신의 많은 것을 그 관계에 투자했기 때문에 자주 끔찍한 관계에 남아 있다. 또는, 누군가는 시장에서 분명히 나쁜 아이디어인 사업에 계속 돈을 쏟아부을지도 모른다.
(A) 때로는 한 사람이 할 수 있는 가장 현명한 일은 중지하는 것이다. 이것이 진실이더라도, 그것은 또한 식상하고 효력이 떨어진 주장이 되었다. 매몰 비용이 언제나 나쁜 것이어야 하는 것은 아니다.
(C) 실제로, 여러분은 이 인간적인 경향을 여러분에게 득이 되도록 이용할 수 있다. 확실히 자신이 자신의 약속을 끝까지 완수하기 위해 많은 돈을 개인 트레이너에게 투자하는 사람처럼, 여러분 또한 여러분이 있고 싶은 경로에 확실히 있기 위해 선지급으로 많은 것을 투자할 수 있다.

주어진 글 다음에 이어질 글의 순서로 가장 적절한 것을 고르시오. [3점]
① (A) — (C) — (B) 그저 중지하는 것이 가장 현명한 일인 사례가 (B)에 등장함
② (B) — (A) — (C)
③ (B) — (C) — (A) 매몰 비용이 항상 나쁜 것은 아니라는 문장 뒤에 구체적인 사례가 나와야 함
④ (C) — (A) — (B)
⑤ (C) — (B) — (A)
부정적인 면을 먼저 설명하고 긍정적인 면도 있다고 덧붙이는 흐름임
자신이 투자한 것을 지나치게 중시함 – 그래서 분명히 버려야 하는 경로를 계속 따르게 됨 – 이 경우 할 수 있는 가장 현명한 일은 중지하는 것임 – 매몰 비용이 항상 나쁜 것은 아님 – 자신의 약속을 완수하기 위해 개인 트레이너에게 계속 많은 돈을 투자하는 것은 긍정적임

왜 2등급? '매몰 비용 오류'의 개념에 대한 설명을 이해하고, 단점과 장점을 말하는 글의 흐름을 파악하지 못하면 풀기 힘든 2등급 대비 문제이다.

| 문제 풀이 순서 |

1st 각 문단의 내용을 파악하고, 글의 논리적인 순서를 추론한다.

주어진 글: 경제학에서 '매몰 비용 오류'라고 알려진 원리가 있다. 여러분이 어떤 것에 투자하고 소유권을 가지면, 그것을 지나치게 중시한다는 생각이다.

➡ **소재:** 매몰 비용 오류 단서
전개 방향: 매몰 비용이 우리에게 어떤 영향을 미치는지, 긍정적인 영향인지 또는 부정적인 영향인지 등에 대한 내용이 이어질 것이다. 발상

(A): 때로는 한 사람이 할 수 있는 가장 현명한 일은 중지하는 것이다. 이것이 진실이더라도, 그것은 또한 식상하고 효력이 떨어진 주장이 되었다. 매몰 비용이 언제나 나쁜 것이어야 하는 것은 아니다.

➡ **(A) 앞:** 중지하는 것이 가장 현명한 일인 상황이 (A) 앞에 있어야 한다.
▶ 주어진 글에는 그러한 상황이 등장하지 않으므로, (A) 앞에 주어진 글이 올 수 없음
(A) 뒤: 매몰 비용이 긍정적인 영향을 미치는 경우에 대한 예시 또는 구체적인 부연이 이어질 것이다.
▶ (A) 앞에는 매몰 비용이 부정적인 영향을 미치는 경우가 있어야 함

(B): 이것(This)은 사람들이 분명히 그만두어야 하는 경로를 계속 따르거나 추구를 계속하게 한다. 예를 들어, 사람들은 그저 자신의 많은 것을 그 관계에 투자했기 때문에 자주 끔찍한 관계에 남아 있다. 또는, 누군가는 시장에서 분명히 나쁜 아이디어인 사업에 계속 돈을 쏟아부을지도 모른다.

➡ **(B) 앞:** 매몰 비용 때문에 분명히 그만두어야 하는 것을 계속하는 것이다. 즉, '이것(This)'이 가리키는 것이 주어진 글에서 설명한 '매몰 비용 오류'이다.
▶ (B) 앞에 주어진 글이 와야 함 (순서: 주어진 글 → (B))
(B) 뒤: 많은 것을 투자했기 때문에 끔찍한 관계를 지속하거나 나쁜 사업에 계속 투자하는 상황에서 할 수 있는 가장 현명한 일이 중지하는 것이다.
▶ (B) 뒤에 (A)가 와야 함 (순서: 주어진 글 → (B) → (A))

(C): 실제로, 여러분은 이 인간적인 경향을 여러분에게 득이 되도록 이용할 수 있다. 확실히 자신이 자신의 약속을 끝까지 완수하기 위해 많은 돈을 개인 트레이너에게 투자하는 사람처럼, 여러분 또한 여러분이 있고 싶은 경로에 확실히 있기 위해 선지급으로 많은 것을 투자할 수 있다.

➡ **(C) 앞:** (A) 뒤에 이어질 것으로 예상한 내용이 (C)에 등장한다.
〈(A) 매몰 비용 오류가 항상 나쁜 것은 아니다. → (C) 개인 트레이너에게 많은 돈을 투자하면 운동하기로 한 자신과의 약속을 완수할 수 있다.〉라는 흐름이다.
▶ 순서: 주어진 글 → (B) → (A) → (C)

2nd 글이 한눈에 들어오도록 정리하여 정답을 확인한다.

주어진 글: 매몰 비용 오류로 인해 우리는 어떤 것에 투자하고 소유권을 가지면 그것을 지나치게 중시한다.
→ **(B):** 매몰 비용 때문에 사람들은 분명히 그만두어야 하는 것을 계속한다. (매몰 비용의 부정적인 영향)
→ **(A):** 매몰 비용이 언제나 나쁜 것은 아니다. (흐름 전환: 부정적인 영향 → 긍정적인 영향)
→ **(C):** 많은 돈을 개인 트레이너에게 투자함으로써 자신과의 약속(운동)을 끝까지 완수할 수 있다. (매몰 비용의 긍정적인 영향)
▶ 주어진 글 다음에 이어질 글의 순서는 (B) → (A) → (C)이므로 정답은 ②임

M 43 정답 ② ☆ 2등급 대비 [정답률 60%]

＊적응적 가소성

A fascinating species **of** water flea / exhibits a kind of
생략 가능한 목적격 관계대명사 동격의 전치사 call의 목적격 보어
flexibility / **that** evolutionary biologists call *adaptive plasticity*. //
물벼룩이라는 매혹적인 종은 / 일종의 유연성을 보여준다 / 진화생물학자들이 '적응적 가소성'이라고 부르는 //
단서 1 자신을 둘러싼 물에 포식자의 화학적 특성이 없으면 보호 장치를 발달시키지 않는 것을 가리킴
(A) That's a clever trick, / because **producing spines and a**
주격 보어(형용사) 동명사구 주어
helmet / **is costly**, / in terms of energy, /
단수 동사
그것은 영리한 묘책이다 / 왜냐하면 가시돌기와 머리 투구를 만드는 것은 / 비용이 많이 들고 / 에너지 면에서 /
동명사구 주어 단수 동사
and **conserving energy is** essential / for an organism's ability / to survive and reproduce. //
에너지를 보존하는 것은 핵심적이기 때문이다 / 유기체의 능력을 위해 / 살아남고 생식하는 //
The water flea only expends **the energy** / needed to produce
선행사(주격 관계대명사와 be동사는 생략됨)
spines and a helmet / when it needs **to**. //
물벼룩은 오직 에너지를 소모한다 / 가시돌기와 머리 투구를 만드는 데 필요한 / 그것이 그래야 할 때만 / 단서 2 a kind of flexibility에 대한 구체적 설명이 시작됨 뒤에 expend the energy needed ~가 생략됨
(B) If the baby water flea is developing / into an adult / in **water**
선행사
/ **that** includes the chemical signatures of **creatures** / **that** prey
주격 관계대명사 선행사 주격 관계대명사
on water fleas, /
만일 새끼 물벼룩이 발달하고 있으면 / 성체로 / 물에서 / 생물의 화학적인 고유한 특징을 포함하는 / 물벼룩을 잡아먹고 사는 /
부사적 용법(목적)
it develops a helmet and spines / **to defend** itself against predators. //
그것은 머리 투구와 가시돌기를 발달시킨다 / 자신을 포식자로부터 지키기 위해 //
If the water around it doesn't include / the chemical signatures of predators, / the water flea doesn't develop / these protective devices. // 단서 3 물에 포식자의 흔적이 없으면 보호 장치를 발달시키지 않는 게 '영리한 묘책'임
만일 그것을 둘러싼 물이 포함하지 않으면 / 포식자의 화학적인 고유한 특징을 / 그 물벼룩은 발달시키지 않는다 / 이러한 보호 장치를 //
(결과)의 등위접속사
(C) **So** it may well be that this plasticity is an adaptation: / a trait / that came to exist in a species / because it contributed / to reproductive fitness. // 단서 4 가소성이 유기체의 생식에 이바지하기 때문에 생긴 특징이라는 내용이 so로 연결됨
그러므로 이러한 가소성은 아마 적응일 것이다 / 특징 / 생물 종에 존재하게 된 / 그것이 이바지하기 때문에 / 생식적 적합성에 //

There are many cases, / across many species, / of adaptive plasticity. // 많은 사례가 있다 / 많은 종에 걸쳐 / 적응적 가소성의 //
Plasticity is conducive to fitness / **if** there is sufficient variation / in the environment. //
부사절 접속사(조건)
가소성은 적합성에 도움이 된다 / 충분한 차이가 있을 때 / 환경에 //

- exhibit ⓥ (특징 등을) 보이다 · flexibility ⓝ 유연성
- trick ⓝ 묘책, 속임수 · in terms of ~라는 면에서
- conserve ⓥ 보존하다 · organism ⓝ 유기체
- reproduce ⓥ 생식하다, 재생산하다
- signature ⓝ (고유성을 잘 나타내는) 특징 · prey on ~을 먹이로 하다
- predator ⓝ 포식자 · protective ⓐ 방어하는
- adaptation ⓝ 적응 · trait ⓝ 특성, 특징
- reproductive ⓐ 생식의, 번식의 · fitness ⓝ 적합성
- variation ⓝ 차이, 변화

물벼룩이라는 매혹적인 종은 진화생물학자들이 '적응적 가소성'이라고 부르는 일종의 유연성을 보여준다. (B) 만일 새끼 물벼룩이 물벼룩을 잡아먹고 사는 생물의 화학적인 고유한 특징을 포함하는 물에서 성체로 발달하고 있으면, 그것은 자신을 포식자로부터 지키기 위해 머리 투구와 가시돌기를 발달시킨다. 만일 자신을 둘러싼 물이 포식자의 화학적인 고유한 특징을 포함하지 않으면, 그 물벼룩은 이러한 보호 장치를 발달시키지 않는다.

(A) 그것은 영리한 묘책인데, 에너지 면에서 가시돌기와 머리 투구를 만드는 것은 비용이 많이 들고 에너지를 보존하는 것은 살아남고 생식하는 유기체의 능력을 위해 핵심적이기 때문이다. 물벼룩은 오직 필요할 때만 가시돌기와 머리 투구를 만드는 데 필요한 에너지를 소모한다. (C) 그러므로 이러한 가소성은 아마 적응일 텐데, 즉 그것은 생식적 적합성에 이바지하기 때문에 생물 종에 존재하게 된 특징이다. 많은 종에 걸쳐 적응적 가소성의 많은 사례가 있다. 가소성은 환경에 충분한 차이가 있을 때 적합성에 도움이 된다.

주어진 글 다음에 이어질 글의 순서로 가장 적절한 것을 고르시오.

—(A)의 That이 가리키는 것이 (B)에 있음
① (A) — (C) — (B) 물벼룩은 '적응적 가소성'이라고 불리는 유연성을 보임 – 물벼룩은 필요할 때만 보호 장치를 발달시킴 – 보호 장치를 발달시키는 것은 에너지 면에서 많은 비용이 듦 – 에너지 보존은 생식 능력에 핵심적임 – 따라서 가소성은 그것이 생식에 이바지하기 때문에 존재하게 된 특징임
② (B) — (A) — (C)
③ (B) — (C) — (A) (A)에 (C)의 원인이 등장함
④ (C) — (A) — (B)
⑤ (C) — (B) — (A) 물벼룩의 유연성에 대한 구체적인 설명이 (B)에서 시작됨

왜 2등급? 물벼룩의 '적응적 가소성'이라는 생소한 개념을 정확하게 이해하여 글의 흐름을 파악해야 하는 2등급 대비 문제이다. 새끼 물벼룩의 유연성에 대한 글의 흐름을 지시대명사 등의 단서를 통해 찾아야 한다.

| 문제 풀이 순서 |

1st 각 문단의 내용을 파악하고, 글의 논리적인 순서를 추론한다.

주어진 글: 물벼룩이라는 매혹적인 종은 진화생물학자들이 '적응적 가소성'이라고 부르는 일종의 유연성을 보여준다.

➡ **소재:** 물벼룩의 적응적 가소성 **단서**
전개 방향: 물벼룩이 보이는 적응적 가소성, 즉 유연성에 대한 구체적인 부연이 이어질 것이다. **발상**

(A): 그것(That)은 영리한 묘책인데, 에너지 면에서 가시돌기와 머리 투구를 만드는 것은 비용이 많이 들고 에너지를 보존하는 것은 살아남고 생식하는 유기체의 능력을 위해 핵심적이기 때문이다. 물벼룩은 오직 필요할 때만 가시돌기와 머리 투구를 만드는 데 필요한 에너지를 소모한다.

➡ **(A) 앞:** '그것(That)'이 가리키는 것을 찾아 (A) 앞에 위치시켜야 한다.
1 가시돌기와 머리 투구를 만드는 데 많은 에너지가 든다. **2** 에너지를 보존하는 것은 유기체의 생존과 번식에 핵심적이다.
1과 **2**를 통해, '영리한 묘책'인 '그것(That)'은 꼭 필요하지 않은 경우에는 가시돌기와 머리 투구를 만들지 않는 것이라고 예상할 수 있다.
▶ 주어진 글에는 가시돌기나 머리 투구가 전혀 언급되지 않으므로 (A) 앞에 주어진 글이 올 수 없음
(A) 뒤: 오직 필요할 때만 가시돌기와 머리 투구를 만드는 물벼룩의 적응적 가소성이 의미하는 바, 즉 글의 결론이 이어질 것이다.

(B): 만일 새끼 물벼룩이 물벼룩을 잡아먹고 사는 생물의 화학적인 고유한 특징을 포함하는 물에서 성체로 발달하고 있으면, 그것은 자신을 포식자로부터 지키기 위해 머리 투구와 가시돌기를 발달시킨다. 만일 자신을 둘러싼 물이 포식자의 화학적인 고유한 특징을 포함하지 않으면, 그 물벼룩은 이러한 보호 장치를 발달시키지 않는다.

➡ **(B) 앞:** 주어진 글에서 소개한 물벼룩의 적응적 가소성을 (B)에서 부연한다.
〈주어진 글: 물벼룩은 적응적 가소성(유연성)을 보인다. → (B): 새끼 물벼룩은 자신이 자라고 있는 환경에 따라 보호 장치를 발달시키기도 하고, 발달시키지 않기도 하는 유연성을 보인다.〉라는 흐름이다. ▶ 순서: 주어진 글 → (B)
(B) 뒤: (A)의 '그것(That)'이 가리키는 것이 (B)에 등장한다.
〈(B) 자신을 둘러싼 물에 포식자의 화학적인 고유한 특징이 없으면 새끼 물벼룩은 가시돌기와 머리 투구를 발달시키지 않는다. → (A) 가시돌기와 머리 투구를 만드는 데는 많은 에너지가 드는데, 에너지를 보존하는 것이 생존과 번식에 핵심적이므로 '그것'은 영리한 묘책이다.〉라는 흐름이다. ▶ 순서: 주어진 글 → (B) → (A)

(C): 그러므로 이러한 가소성은 아마 적응일 텐데, 즉 그것은 번식적 적합성에 이바지하기 때문에 생물 종에 존재하게 된 특징이다. 많은 종에 걸쳐 적응적 가소성의 많은 사례가 있다. 가소성은 환경에 충분한 차이가 있을 때 적합성에 도움이 된다.

➡ **(C) 앞:** 가소성이 번식에 이바지하기 때문에 존재하게 된 특성이라는 결론을 내리려면 앞에서 가소성이 번식에 이바지하는 것을 보여주는 사례를 제시해야 한다.
▶ (C) 앞에 적응적 가소성이 번식에 이바지한다는 것을 보여주는 내용이 포함된 (B)와 (A)가 있어야 한다. (순서: 주어진 글 → (B) → (A) → (C))
(C) 뒤: 주어진 글, (B), (A)는 물벼룩이 보여주는 적응적 가소성을 이야기하는데, (C)는 많은 종에서 적응적 가소성이 나타난다는 내용이다.
▶ 물벼룩의 사례로 적응적 가소성을 설명한 후 이러한 적응적 가소성이 많은 종에서 나타난다는 결론을 내리는 흐름이다.

2nd 글이 한눈에 들어오도록 정리하여 정답을 확인한다.

주어진 글: 물벼룩은 '적응적 가소성'이라고 불리는 일종의 유연성을 보인다.
→ **(B):** 새끼 물벼룩은 자신의 주변 환경에 포식자의 고유한 특징이 포함되어 있으면 머리 투구와 가시돌기를 발달시킨다. 주변 환경에 포식자의 특징이 없으면 보호 장치를 발달시키지 않는다.
→ **(A):** 새끼 물벼룩의 이러한 유연성은 영리한 묘책이다. 왜냐하면 보호 장치를 발달시키는 데는 에너지가 많이 드는데, 에너지를 보존하는 것이 생존과 번식에 핵심적이기 때문이다.
→ **(C):** 이러한 가소성은 번식에 이바지하기 때문에 존재하게 된 특성이고, 많은 종에게 나타난다.
▶ 주어진 글 다음에 이어질 글의 순서는 (B) → (A) → (C)이므로 정답은 ②임

M 44 정답 ④ ✪ 2등급 대비 [정답률 43%]

＊승소 시 보수 약정

The most commonly known form / of results-based pricing / is a practice / **called *contingency pricing*,** / **used by lawyers**. //
앞에 주격 관계대명사와 be동사가 생략됨
가장 일반적으로 알려진 형태는 / 결과 기반 가격 책정 중 / 관행이다 / '승소 시 보수 약정'이라고 불리는 / 변호사에 의해 사용되는 //

(A) Therefore, / only an outcome in the client's favor / is compensated. // **단서1** 의뢰인이 승소할 때만 보수가 지불되는 이유가 앞에 있어야 함
따라서 / 의뢰인에게 유리한 결과만 / 보수가 지불된다 //

From the client's point of view, / the pricing makes sense / in part / because most clients in these cases / are unfamiliar with and possibly intimidated by **law firms**. //
전치사 with와 by의 목적어
의뢰인의 관점에서 보면 / 그 가격 책정은 타당하다 / 부분적으로는 / 왜냐하면 이러한 소송의 의뢰인 대부분이 / 법률 사무소에 익숙하지 않고 아마도 겁을 먹을 수 있기 때문에 //

Their biggest fears / are high fees for a case / that may take years / to settle. //

단서 2 승소 시 보수 약정을 통해 의뢰인의 가장 큰 두려움이 해결됨

그들의 가장 큰 두려움은 / 소송에 대한 높은 수수료이다 / 몇 년이 걸릴 수 있는 / 해결하는 데 //

(B) By using contingency pricing, / clients are ensured / that they pay no fees / until they receive a settlement. //

승소 시 보수 약정을 사용함으로써 / 의뢰인은 보장받는다 / 그들이 수수료를 지불하지 않는다는 것을 / 그들이 합의금을 받을 때까지 //

In these and other instances of contingency pricing, / the economic value of the service / is hard to determine / before the service, /

승소 시 보수 약정의 이런 경우와 여타 경우에서 / 서비스의 경제적 가치는 / 결정하기 어렵고 / 서비스 전에 /

and providers develop a price / that allows them to share / the risks and rewards / of delivering value to the buyer. //

공급자는 가격을 만든다 / 그들이 나누게 하는 / 위험과 보상을 / 구매자에게 가치를 전달하는 것의 //

(C) Contingency pricing is the major way / that personal injury and certain consumer cases are billed. //

승소 시 보수 약정은 주요 방식이다 / 개인 상해 및 특정 소비자 소송에 대해 비용이 청구되는 //

In this approach, / lawyers do not receive fees or payment / until the case is settled, / when they are paid a percentage of the money / that the client receives. //

이 방식에서 / 변호사는 수수료나 지불금을 받지 않는데 / 소송이 해결될 때까지 / 그때 그들은 금액의 일정 비율을 받는다 / 의뢰인이 받는 //

단서 3 승소 시 보수 약정 방식에서는 의뢰인이 받는 금액의 일정 비율을 변호사가 지불 받음

- price ⓥ 값을 매기다[정하다]   - compensate ⓥ 보수[급여]를 지불하다
- make sense 타당하다   - settle ⓥ 해결하다, 합의를 보다
- ensure ⓥ 보장하다   - settlement ⓝ 합의(금)
- bill ⓥ 비용을 청구하다   - payment ⓝ 지불금

　결과 기반 가격 책정 중 가장 일반적으로 알려진 형태는 변호사가 사용하는 '승소 시 보수 약정'이라고 불리는 관행이다. (C) 승소 시 보수 약정은 개인 상해 및 특정 소비자 소송에 대해 비용이 청구되는 주요 방식이다. 이 방식에서 변호사는 소송이 해결될 때까지 수수료나 지불금을 받지 않는데, 그때 그들은 의뢰인이 받는 금액의 일정 비율을 받는다. (A) 따라서 의뢰인에게 유리한 결과만 보수가 지불된다. 의뢰인의 관점에서 보면, 이러한 소송의 의뢰인 대부분이 법률 사무소에 익숙하지 않고 아마도 겁을 먹을 수 있다는 부분적인 이유로 그 가격 책정은 타당하다. 그들의 가장 큰 두려움은 해결하는 데 몇 년이 걸릴 수 있는 소송에 대한 높은 수수료이다.

　(B) 승소 시 보수 약정을 사용함으로써 의뢰인은 합의금을 받을 때까지 수수료를 지불하지 않도록 보장받는다. 승소 시 보수 약정의 이런 경우와 여타 경우에서 서비스의 경제적 가치는 서비스 전에 결정하기 어렵고, 공급자는 구매자에게 가치를 전달하는 위험과 보상을 그들이 나눌 수 있게 하는 가격을 만든다.

주어진 글 다음에 이어질 글의 순서로 가장 적절한 것을 고르시오. [3점]

① (A) — (C) — (B)　(A) 앞에는 의뢰인에게 유리한 결과만 보상되는 원인이 필요함

② (B) — (A) — (C)

③ (B) — (C) — (A)　(B)의 두 번째 문장의 these가 가리킬 만한 경우가 주어진 글에 없음

④ (C) — (A) — (B)　승소 시 보수 약정에서는 변호사가 의뢰인이 받는 금액의 일정 비율을 받음 – 그래서 의뢰인이 합의금을 받는 경우만 (변호사의) 보수가 지불됨

⑤ (C) — (B) — (A)　승소 시 보수 약정을 통해 의뢰인은 합의금을 받을 때까지 수수료를 지불하지 않도록 보장됨

오매 **2등급?** '승소 시 보수 약정'이 무엇인지를 확실하게 이해해야 글의 흐름을 파악할 수 있는 2등급 대비 문제이다. 이 개념과 그에 대한 설명이 이어지는 흐름을 자연스럽게 이어지도록 해야 한다.

| 문제 풀이 순서 |

1st 각 문단의 내용을 파악하고, 글의 논리적인 순서를 추론한다.

주어진 글: 결과 기반 가격 책정 중 가장 일반적으로 알려진 형태는 변호사가 사용하는 '승소 시 보수 약정'이라고 불리는 관행이다.

소재: 승소 시 보수 약정 단서

전개 방향: 승소 시 보수 약정이 어떤 방식인지 구체적으로 설명하는 내용이 이어질 것이다. 또한, 승소 시 보수 약정이 갖는 장단점이 추가될 수도 있다. 발상

(A): 따라서(Therefore) 의뢰인에게 유리한 결과만 보수가 지불된다. 의뢰인의 관점에서 보면, 이러한 소송의 의뢰인 대부분이 법률 사무소에 익숙하지 않고 아마도 겁을 먹을 수 있다는 부분적인 이유로 그 가격 책정은 타당하다. 그들의 가장 큰 두려움은 해결하는 데 몇 년이 걸릴 수 있는 소송에 대한 높은 수수료이다.

(A) 앞: therefore는 인과 관계를 나타내는 연결어로, 앞에는 원인, 뒤에는 결과가 온다. 그러므로 (A) 앞에는 의뢰인에게 유리한 결과만 보수가 지불되는 원인이 있어야 한다. ▶ 주어진 글이 (A) 앞에 올 수 없음

(A) 뒤: 승소 시 보수 약정의 장점에 대한 글이라면, 의뢰인의 가장 큰 두려움이 승소 시 보수 약정 방식을 통해 해소된다는 내용이 이어질 것이다.

(B): 승소 시 보수 약정을 사용함으로써 의뢰인은 합의금을 받을 때까지 수수료를 지불하지 않도록 보장받는다. 승소 시 보수 약정의 이런 경우와 여타 경우에서 서비스의 경제적 가치는 서비스 전에 결정하기 어렵고, 공급자는 구매자에게 가치를 전달하는 위험과 보상을 그들이 나눌 수 있게 하는 가격을 만든다.

(B) 앞: (A)에서 설명한 의뢰인의 가장 큰 두려움이 승소 시 보수 약정을 사용함으로써 해소된다.

〈(A) 의뢰인의 가장 큰 두려움은 해결에 몇 년이 걸릴 수 있는 소송에 대한 높은 수수료이다. → (B) 승소 시 보수 약정을 사용함으로써 의뢰인은 합의금을 받을 때까지 수수료를 지불하지 않도록 보장받는다.〉라는 흐름이다.

▶ (B) 앞에 (A)가 와야 함 (순서: (A) → (B))

(B) 뒤: 앞에서 설명한 변호사가 사용하는 승소 시 보수 약정 방식 외에 다른 경우에도 결과 기반 가격 책정 방식이 적용된다는 내용이다.

▶ (B)가 글의 결론에 해당함

(C): 승소 시 보수 약정은 개인 상해 및 특정 소비자 소송에 대해 비용이 청구되는 주요 방식이다. 이 방식에서 변호사는 소송이 해결될 때까지 수수료나 지불금을 받지 않는데, 그때 그들은 의뢰인이 받는 금액의 일정 비율을 받는다.

(C) 앞: 주어진 글에서 '승소 시 보수 약정' 관행을 소개한 후 (C)에서 승소 시 보수 약정 방식을 구체적으로 설명하기 시작한다. ▶ 순서: 주어진 글 → (C)

(C) 뒤: 승소 시 보수 약정 방식에서 변호사는 의뢰인이 받는 금액의 일정 비율을 받는다. 그래서(Therefore) 의뢰인에게 유리한 결과가 나올 때만 변호사에게 보수가 지불되는 것이다.

▶ (C)가 원인, (A)가 결과 (순서: 주어진 글 → (C) → (A) → (B))

2nd 글이 한눈에 들어오도록 정리하여 정답을 확인한다.

주어진 글: 결과 기반 가격 책정 중 가장 일반적으로 알려진 형태는 변호사가 사용하는 '승소 시 보수 약정' 관행이다.

→ (C): 승소 시 보수 약정 방식에서 변호사는 소송이 해결될 때까지 보수를 받지 않으며, 소송이 해결될 때 의뢰인이 받는 금액의 일정 비율을 받는다.

→ (A): 따라서 의뢰인에게 유리한 결과가 나올 때만 변호사에게 보수가 지불된다. 의뢰인에게 가장 큰 두려움은 해결에 몇 년이 걸릴 수 있는 소송에 대한 높은 수수료이다.

→ (B): 승소 시 보수 약정을 사용함으로써 의뢰인은 합의금을 받을 때까지 수수료를 지불하지 않도록 보장받아 그러한 두려움이 해소된다.

▶ 주어진 글 다음에 이어질 글의 순서는 (C) → (A) → (B)이므로 정답은 ④임

M 45 정답 ② ⭐ **1등급 대비** [정답률 26%]

＊수학적 글쓰기를 인식하는 기준과 그 어려움

Perhaps at some point / you have seen some mathematical writing / and not understood it. //

단서 1 수학적 글을 봤지만 이해하지 못했을 수 있음

아마도 어느 순간 / 여러분은 수학적 글을 본 적이 있다 / 그리고 그것을 이해하지 못했을 수도 있다 //

(A) The complicated notations / that might spring to mind / —
all those strange dashes, squiggles and letters / — are obvious
signs, / but a lot of those are really quite modern. //

복잡한 기호들은 / 머릿속에 떠오를지도 모르는 / 그 모든 낯선 대시, 꼬부라져 읽기 어려운
글자, 그리고 문자와 같은 / 명백한 부호들이다 / 그러나 그중 많은 것이 사실 꽤 현대적인
것이다 //

[단서 2] 수학적이라는 것을 알아보기 위해 머릿속에 떠오르는 기호들을 설명함

Mathematics had been going on / for a long time before the
dashes and squiggles were invented. //

수학은 계속되어 오고 있었다 / 그 대시들과 꼬부라져 읽기 어려운 글자들이 발명되기 훨씬
전부터 //

(B) You would not be the first; / rest assured, / even professional
mathematicians sometimes have to rely on discussions with
colleagues / to properly understand problems / they are looking
at. //

[단서 3] 수학 이해에 어려움을 겪는 것은 여러분 말고도 전문가들도 그렇다고 함

여러분이 처음은 아니다 / 안심해도 된다 / 심지어 전문 수학자들조차도 때때로 동료들과의
토론에 의존해야 하기 때문이다 / 문제를 제대로 이해하기 위해 / 그들이 바라보고 있는 //

But how do you recognise / some writing is mathematical in the
first place? // 그러나 어떻게 알아볼 수 있을까 / 애초에 어떤 글이 수학적이라는 것을 //

(C) Put simply, / there has to be something *mathematical* going on
/ for us to say / that it is mathematics. //

간단히 말해서 / '수학적인' 무언가가 진행되고 있어야만 한다 / 우리가 말하기 위해서는 /
그것이 수학이라고 //

[단서 4] (A)의 마지막에 이어지는 내용으로, 수학이라고 말하기 위해서는
'수학적인' 무언가가 진행되고 있어야만 함

And if we are dealing with writing from a very distant past,
/ in a language that is not familiar to us, / from a time even
before recorded language, / that can be sometimes difficult to
recognise. //

그리고 만약 우리가 매우 먼 과거의 글을 다루고 있다면 / 우리에게 익숙하지 않은 언어로
쓰인 / 심지어 기록된 언어가 존재하기 이전의 시대에서 온 / 그것을 알아보기란 때로 어려울
수 있다 //

- mathematical ⓐ 수학적인 ·complicated ⓐ 복잡한
- notation ⓝ (특히 수학·과학·음악에서) 기호[표기법]
- rest assured 안심하다 ·colleague ⓝ 동료
- recognise ⓥ 알아보다

아마도 어느 순간 여러분은 수학적 글을 본 적이 있지만, 그것을 이해하지 못했
을 수도 있다. (B) 여러분이 처음은 아니므로, 안심해도 되는 것이, 심지어 전문
수학자들조차도 자신들이 바라보고 있는 문제를 제대로 이해하기 위해 때때로
동료들과의 토론에 의존해야 하기 때문이다. 그러나 애초에 어떤 글이 수학적이
라는 것을 어떻게 알아볼 수 있을까? (A) 그 모든 낯선 대시, 꼬부라져 읽기 어
려운 글자, 그리고 문자와 같은 머릿속에 떠오를지도 모르는 복잡한 기호들은
명백한 부호들이지만, 그중 많은 것이 사실 꽤 현대적인 것이다. 수학은 그 대
시들과 꼬부라져 읽기 어려운 글자들이 발명되기 훨씬 전부터 계속되어 오고 있
었다. (C) 간단히 말해서, 우리가 그것이 수학이라고 말하기 위해서는 '수학적
인' 무언가가 진행되고 있어야만 한다. 그리고 만약 우리가 우리에게 익숙하지
않은 언어로 쓰인, 심지어 기록된 언어가 존재하기 이전의 시대에서 온, 매우
먼 과거의 글을 다루고 있다면, 그것을 알아보기란 때로 어려울 수 있다.

주어진 글 다음에 이어질 글의 순서로 가장 적절한 것을 고르시오. [3점]

수학을 이해하지 못한 경험이 있을 것이라는 주어진 글 뒤에는, 전문가들도 때때로 그렇다는 (B)가
이어져야 함

① (A) — (C) — (B)
② (B) — (A) — (C)
③ (B) — (C) — (A)
④ (C) — (A) — (B)
⑤ (C) — (B) — (A)

수학적 글을 봤지만 이해하지 못했을 수 있음 - 과연 수학적이라는
것을 어떻게 알아볼 수 있을지 질문을 던짐 - 수학이라고 하면
머릿속에 떠오르는 각종 기호들은 현대적인 것으로 수학은 이것 없이
오래전부터 존재해 옴 - 수학인지 판단하려면 수학적인 무언가가
진행되고 있어야 함

(C)에서 수학을 이해하기 어려운 이유에 대한 결론을 내리고 있으므로
마지막에 와야 함

'간단히 말해서'로 시작하는 (C)는 (A)의 내용에 이어지므로 (A) 뒤에 와야 함

왜 1등급? (C)에서 '간단히 말해서(Put simply)'라고 하면서 수학적 글로 인식하
는 것의 어려움에 대해 말하고 있는데, 이것이 (B)에서 전문 수학자들조차도 수학적 글
을 이해하기 힘들다는 내용에 연결된다고 착각하는 학생들이 많았다.

우리가 그것이 수학이라고 말하기 위해서는 '수학적인' 무언가가 진행되고 있어야만 한
다는 내용의 (C)는 결론을 제시하는 글의 마무리 내용이라는 것을 잘 파악해야 한다.

| 문제 풀이 순서 |

1st 각 문단의 내용을 파악하고, 글의 논리적인 순서를 추론한다.

- **주어진 글:** 아마도 어느 순간 여러분은 수학적 글을 본 적이 있지만, 그것을
이해하지 못했을 수도 있다.

➡ **주어진 글 뒤:** 수학적 글을 본 적 있지만 이해하지 못했을 것이라고 했으므로, **(단서)**
수학적 글을 이해하지 못하는 이유를 설명하는 내용이 이어질 것이다. **(발상)**

- **(A):** 그 모든 낯선 대시, 꼬부라져 읽기 어려운 글자, 그리고 문자와 같은
머릿속에 떠오를지도 모르는 복잡한 기호들은 명백한 부호들이지만, 그중
많은 것이 사실 꽤 현대적인 것이다. 수학은 그 대시들과 꼬부라져 읽기
어려운 글자들이 발명되기 훨씬 전부터 계속되어 오고 있었다.

➡ **(A) 앞:** 수학적 기호들이 사실 꽤 현대적인 것이라고 했으므로, 수학적 표현이 쓰이
는 상황에 대한 언급이 있어야 한다. ▶ 주어진 글이 (A) 앞에 올 수 없음
(A) 뒤: 수학이 언제부터 계속되었는지에 대한 설명이 이어질 것이다.

- **(B):** 여러분이 처음은 아니므로, 안심해도 되는 것이, 심지어 전문
수학자들조차도 자신들이 바라보고 있는 문제를 제대로 이해하기 위해
때때로 동료들과의 토론에 의존해야 하기 때문이다. 그러나 애초에 어떤
글이 수학적이라는 것을 어떻게 알아볼 수 있을까?

➡ **(B) 앞:** 여러분이 처음은 아니라고 했으므로, 수학을 이해하지 못했을 수 있다는 주
어진 글이 앞에 나와야 한다. ▶ 순서: 주어진 글 → (B)
(B) 뒤: 어떤 글이 수학적이라는 것을 어떻게 알아볼 수 있을지에 대한 질문을 던졌
으므로, 수학적임을 알 수 있는 수학적 요소에 대한 설명이 이어져야 한다. (A)가 바
로 이 내용이므로 뒤에 와야 한다. ▶ 순서: (B) → (A)

- **(C):** 간단히 말해서(Put simply), 우리가 그것이 수학이라고 말하기
위해서는 '수학적인' 무언가가 진행되고 있어야만 한다. 그리고 만약
우리가 우리에게 익숙하지 않은 언어로 쓰인, 심지어 기록된 언어가
존재하기 이전의 시대에서 온, 매우 먼 과거의 글을 다루고 있다면, 그것을
알아보기란 때로 어려울 수 있다.

➡ **(C) 앞:** '수학적인' 무언가가 필요하고, 그것이 낯선 언어일 경우 알아보기 어렵다
는 내용을 '간단히 말해서(Put simply)'로 정리하고 있으므로, 수학의 복잡한 기호
들이 사실 꽤 현대적인 것이고, 수학은 이 기호들이 발명되기 전부터 계속되어 왔
다는 내용인 (A)가 앞에 와야 한다. ▶ 순서: (A) → (C)
(C) 뒤: 익숙하지 않은 언어나 과거의 글을 다루고 있다면 결국 알아보기 어렵다는
결론을 제시하고 있으므로 글의 마무리 내용일 것이다.
▶ 순서: 주어진 글 → (B) → (A) → (C)

2nd 글이 한눈에 들어오도록 정리하여 정답을 확인한다.

주어진 글: 수학적 글을 보고도 이해하지 못할 수 있다.

➡ **(B):** 전문 수학자들조차 문제를 제대로 이해하기 위해 동료와 논의했다. 그렇다면,
수학적이라는 건 어떻게 알 수 있을까?

➡ **(A):** 수학적 글을 인식할 때 흔히 떠올리는 복잡한 수학 기호들이 사실은 꽤 최근에
생긴 것들이며, 수학은 이들 기호 없이도 오랫동안 계속되어 왔다.

➡ **(C):** 수학인지 판단하려면 '수학적인' 무언가가 진행되고 있어야 하며, 아주 먼 과거
의 낯선 언어로 된 글이라면 이를 인식하기 어려울 수 있다.
▶ 주어진 글 다음에 이어질 글의 순서는 (B) → (A) → (C)이므로 정답은 ②임

M 46 정답 ③ ⚡ 1등급 대비 [정답률 40%]

＊문화의 작동 방식

Culture operates / in ways / we can consciously consider
and discuss / but also in ways / of which we are far less
cognizant. // **[단서 1]** 문화는 우리가 인식하는 방식으로도 작동하고,
훨씬 덜 인식하는 방식으로도 작동함

문화는 작동한다 / 방식으로 / 우리가 의식적으로 고려하고 논의할 수 있는 / 또한
방식으로도 / 우리가 훨씬 덜 인식하는 //

(A) In some cases, / however, / we are far less aware / of why we
believe a certain claim to be true, / **[단서 2]** 우리가 훨씬 덜 알고 있는
경우에 대한 설명이 역접으로 이어짐

어떤 경우에는 / 하지만 / 우리는 훨씬 덜 알고 있다 / 왜 우리가 어떤 주장을 사실이라고
믿는지에 대해 /

or how we are to explain / why certain social realities exist. //
(to explain의 목적어절을 이끄는 의문사: why)
또는 어떻게 우리가 설명할 것인지에 대해 / 왜 어떤 사회적 현실이 존재하는지를 //

Ideas / about the social world / become part of our worldview /
(Ideas 복수 주어 / being의 의미상 주어 / become 복수 동사)
without our necessarily being aware /
관념은 / 사회적 세계에 대한 / 우리 세계관의 일부가 된다 / 우리가 반드시 알고 있지 않은 상태에서도 /

of the source of the particular idea / or that we even hold the idea at all. //
단서 2 우리가 의식적으로 이해하는 경우에 대해 설명하기 시작함
특정한 관념의 출처에 대해서 / 혹은 우리가 심지어 그 관념을 갖고 있다는 것조차 //

(B) When we have to offer / an account of our actions, / we consciously understand / which excuses might prove acceptable, / given the particular circumstances / we find ourselves in. //
((시간)의 부사절 접속사 / 선행사(목적격 관계대명사는 생략됨))
우리가 제시해야 할 때 / 우리의 행동에 대한 설명을 / 우리는 의식적으로 이해한다 / 어떤 변명이 용인되는 것으로 판명될 수도 있는지를 / 특정한 상황 하에 / 우리가 처한 //

In such situations, / we use cultural ideas / as we would use a particular tool. //
단서 3 우리는 우리가 특정 도구를 사용하는 것처럼 문화적 관념을 사용함
그런 상황에서 / 우리는 문화적 관념을 사용한다 / 우리가 특정 도구를 사용하는 것처럼 //

(C) We select the cultural notion / as we would select a screwdriver: / certain jobs call for a Phillips head / while others require an Allen wrench. //
단서 4 (B)의 a particular tool을 a screwdriver라는 구체적인 예시를 들어 부연함
우리는 문화적 개념을 선택한다 / 우리가 스크루드라이버를 선택하는 것처럼 / 어떤 일은 십자드라이버 헤드를 필요로 한다 / 다른 일은 육각 렌치를 필요로 하는 반면에 //

Whichever idea we insert / into the conversation / to justify our actions, / the point is / that our motives are discursively available / to us. //
(부사절을 이끄는 복합 관계형용사 / 주격 보어절 접속사)
우리가 어떤 생각을 넣든 / 대화에 / 우리의 행동을 정당화하기 위해 / 요점은 ~이다 / 우리의 동기가 만연하게 이용 가능하다는 것 / 우리에게 //

They are not hidden. // 그것들은 숨겨져 있지 않다 //

- consciously ad 의식적으로   - claim n 주장, 권리
- worldview n 세계관   - necessarily ad 어쩔 수 없이, 필연적으로
- account n 설명, 해석   - excuse n 변명, 이유   - prove v 증명하다
- acceptable a 용인되는, 허용할 수 있는   - circumstance n 환경, 상황
- notion n 개념, 생각   - call for ~을 요구하다
- insert v 끼워 넣다, 삽입하다   - justify v 정당화하다, 해명하다
- motive n 동기, 이유

문화는 우리가 의식적으로 고려하고 논의할 수 있는 방식뿐만 아니라 우리가 훨씬 덜 인식하는 방식으로도 작동한다. (B) 우리의 행동에 대해 설명을 제시해야 할 때, 우리는 우리가 처한 특정한 상황 하에 어떤 변명이 용인되는 것으로 판명될 수도 있는지를 의식적으로 이해한다. 그런 상황에서 우리는 특정 도구를 사용하는 것처럼 문화적 관념을 사용한다. (C) 우리는 스크루드라이버를 선택하는 것처럼 문화적 개념을 선택한다. 어떤 일은 십자드라이버 헤드를 필요로 하지만 다른 일은 육각 렌치를 필요로 한다. 우리의 행동을 정당화하기 위해 대화에 어떤 생각을 넣든, 요점은 우리의 동기가 우리에게 만연하게 이용 가능하다는 것이다. 그것들은 숨겨져 있지 않다. (A) 하지만 우리는 어떤 경우에는 왜 우리가 어떤 주장을 사실이라고 믿는지 또는 어떤 사회적 현실이 존재하는 이유를 어떻게 우리가 설명할 것인지에 대해 훨씬 덜 알고 있다. 사회적 세계에 대한 관념은 우리가 특정한 관념의 출처에 대해서 혹은 심지어 우리가 그 관념을 갖고 있다는 것조차 반드시 알고 있지 않은 상태에서도 우리 세계관의 일부가 된다.

주어진 글 다음에 이어질 글의 순서로 가장 적절한 것을 고르시오. [3점]

① (A) — (C) — (B) 주어진 글과 (A)가 서로 반대되는 내용인 것은 아님
② (B) — (A) — (C) 스크루드라이버를 선택하는 것은 (B)와 연결되는 내용임
③ (B) — (C) — (A)
④ (C) — (A) — (B) (B)의 마지막 문장에 등장함 a particular tool에 대한 예시가 a screwdriver임
⑤ (C) — (B) — (A)

문화는 우리가 의식적으로 고려하고 논의할 수 있는 방식으로도 작동하고 우리가 훨씬 덜 인식하는 방식으로도 작동함 – 우리의 행동에 대한 설명을 제시해야 할 때는 특정 도구를 사용하는 것처럼 의식적으로 문화적 관념을 사용함 – 이는 우리가 필요에 따라 십자드라이버 헤드나 육각 렌치를 선택하는 것과 같음 – '하지만' 어떤 경우에는 우리는 훨씬 덜 알고 있음

왜 1등급? 핵심 소재인 문화의 두 가지 작동 방식을 설명하는 내용인데, 이 작동 방식을 이해하지 못하면 풀기 힘든 1등급 대비 문제이다. 그러나 반대 내용을 연결하는 however와 같은 연결어를 잘 활용하면 의외로 쉽게 풀 수 있는 문제이다.

| 문제 풀이 순서 |

1st 각 문단의 내용을 파악하고, 글의 논리적인 순서를 추론한다.

주어진 글: 문화는 우리가 의식적으로 고려하고 논의할 수 있는 방식뿐만 아니라 우리가 훨씬 덜 인식하는 방식으로도 작동한다.

➡ 소재: 문화의 작동 방식 단서
전개 방향: 문화의 두 가지 작동 방식(우리가 의식하는 작동 방식, 우리가 덜 의식하는 작동 방식)에 대해 구체적으로 설명할 것이다. 발상

(A): 하지만(however) 우리는 어떤 경우에는 왜 우리가 어떤 주장을 사실이라고 믿는지 또는 어떤 사회적 현실이 존재하는 이유를 어떻게 우리가 설명할 것인지에 대해 훨씬 덜 알고 있다. 사회적 세계에 대한 관념은 우리가 특정한 관념의 출처에 대해서 혹은 심지어 우리가 그 관념을 갖고 있다는 것조차 반드시 알고 있지 않은 상태에서도 우리 세계관의 일부가 된다.

➡ (A) 앞: 역접의 연결어 however는 앞뒤에 반대되는 내용이 온다. 문화의 두 가지 작동 방식 중 (A)에서 설명하는 것은 우리가 덜 의식하는 작동 방식에 대해 설명한다. 따라서 (A) 앞에는 우리가 의식하는 방식으로 문화가 작동하는 사례가 있어야 한다.
▶ 주어진 글과 (A)는 서로 반대되는 내용이 아니므로 (A) 앞에 주어진 글이 올 수 없음
(A) 뒤: however로 보아, (A) 앞에서 첫 번째 작동 방식을 설명하고, 그와 반대되는 작동 방식을 (A)에서 설명하는 흐름이다.
▶ (A)가 마지막에 올 확률이 높음

(B): 우리의 행동에 대해 설명을 제시해야 할 때, 우리는 우리가 처한 특정한 상황 하에 어떤 변명이 용인되는 것으로 판명될 수도 있는지를 의식적으로 이해한다. 그런 상황에서 우리는 특정 도구를 사용하는 것처럼 문화적 관념을 사용한다.

➡ (B) 앞: 주어진 글에서 문화의 작동 방식 두 가지를 소개한 후, (B)에서 그중 한 가지(우리가 의식하는 작동 방식)를 설명하기 시작한다.
▶ however가 (A)에 포함되어 있으므로 (B)보다 앞에 (A)가 올 수는 없음 (순서: 주어진 글 → (B))
(B) 뒤: 특정 도구를 사용하는 것처럼 문화적 관념을 사용하는 것에 대한 구체적인 예시가 이어질 것이다.
▶ (A)에는 특정 도구에 대한 언급이 없음

(C): 우리는 스크루드라이버를 선택하는 것처럼 문화적 개념을 선택한다. 어떤 일은 십자드라이버 헤드를 필요로 하지만 다른 일은 육각 렌치를 필요로 한다. 우리의 행동을 정당화하기 위해 대화에 어떤 생각을 넣든, 요점은 우리의 동기가 우리에게 만연하게 이용 가능하다는 것이다. 그것들은 숨겨져 있지 않다.

➡ (C) 앞: (B)에 등장한 '특정 도구'의 구체적인 예시가 '스크루드라이버'이다.
▶ 순서: 주어진 글 → (B) → (C)
(C) 뒤: 주어진 글에서 문화의 두 가지 작동 방식을 소개함 → (B)와 (C)에서 그중 한 가지 작동 방식(우리가 의식하는 작동 방식)을 설명함
▶ 우리가 덜 의식하는 작동 방식을 설명하는 (A)가 (C) 뒤에 역접으로 이어짐 (순서: 주어진 글 → (B) → (C) → (A))

2nd 글이 한눈에 들어오도록 정리하여 정답을 확인한다.

주어진 글: 문화는 우리가 의식하는 방식으로도 작동하고, 우리가 훨씬 덜 인식하는 방식으로도 작동한다.
→ (B): 특정 상황에서 우리는 의식적으로 문화를 이해하고 특정 도구를 사용하는 것처럼 문화적 관념을 사용한다.
→ (C): 우리는 스크루드라이버를 선택하는 것처럼 문화적 개념을 선택하여 사용한다.
→ (A): 하지만 사회적 세계에 대한 관념은 우리가 의식하지 않는 상태에서도 작동한다.
▶ 주어진 글 다음에 이어질 글의 순서는 (B) → (C) → (A)이므로 정답은 ③임

01 거부[거절]하다	11 in (a) line with	21 ownership
02 축적하다	12 tend to	22 harvest
03 기본적인	13 call for	23 elaborate
04 (~보다) 열등한	14 on foot	24 pollen
05 몸을 쓰는	15 bring on	25 pollinators
06 domestic	16 modify	26 longevity
07 magnetic	17 potential	27 identical
08 prediction	18 manipulation	28 inaccuracy
09 foster	19 evidence	29 justify
10 economics	20 fallacy	30 toothless

N 주어진 문장 넣기

문제편 p. 274~297

N 01 정답 ④ ＊귀엽고 아름다운 디자인의 장단점

글의 흐름으로 보아, 주어진 문장이 들어가기에 가장 적절한 곳을 고르시오.

> **단서 1** 하지만이라고 했으므로 귀엽고 아름다운 디자인의 장점이 앞에 나와야 함
> But cute and beautiful designs / also have downsides. //
> 하지만 귀엽고 아름다운 디자인은 / 또한 부정적인 면을 가진다 //

Research finds / that people show a strong visceral interest in
뒤에 cute-looking and beautiful(elegant) designs 생략
목적어절을 이끄는 접속사
/ and desire to approach and own cute-looking and beautiful (elegant) designs. //
연구에 따르면 / 사람들은 (귀여워 보이고 아름다운(우아한) 디자인에) 강한 본능적인 관심을 보인다 / 그리고 귀여워 보이고 아름다운(우아한) 디자인을 접근하고 소유하고자 하는 욕구를 //

(①) However, cute and beautiful designs elicit / two very different motivations. // **단서 2** 귀엽고 아름다운 디자인이 이끌어내는 두 가지 동기에 대해 서술함
그러나 귀엽고 아름다운 디자인은 이끌어 낸다 / 두 가지 서로 매우 다른 동기를 //

단서 3 귀여운 디자인은 양육 동기를 이끌어 냄
(②) A cute product or package design elicits a nurturing motivation / — a desire to take care of and keep the product, / to hold it dear to our hearts and never let it go. //
to hold와 병렬 구조(앞에 to 생략)
귀여운 제품이나 포장 디자인은 양육 동기를 이끌어 낸다 / 즉 제품을 보살피고 간직하려는 욕구 / 소중히 여기고 결코 놓치고 싶지 않은 (욕구) //

단서 4 아름다운 디자인은 자기 표현 동기나 신호 전달 동기를 이끌어 냄
(③) The beautiful product or package design elicits / a self-expressive, or signaling, motivation / — a desire to express oneself to others / through product ownership. //
재귀대명사
아름다운 제품이나 포장 디자인은 이끌어 낸다 / 자기 표현 (동기) 또는 신호 전달 동기를 / 즉 다른 사람들에게 자신을 표현하고자 하는 욕구를 / 제품 소유를 통해 //

(④) Certain types of cute products / can be associated with a lack of sophistication or seriousness, / which can reduce performance expectations (lowering perceived enablement benefits). //
조동사의 수동태
계속적 용법의 관계대명사
특정 유형의 귀여운 제품은 / 정교함이나 진지함이 부족하다는 인식과 연관될 수 있는데 / 이는 성능에 대한 기대를 줄일 수 있다 (인지된 구현 가능성 이점을 감소시킴) // **단서 5** 주어진 글에서 언급한 귀여운 제품의 부정적인 면을 언급함

(⑤) Beautiful-looking designs / may not attract attention over time / because people become desensitized to them. //
아름답게 보이는 디자인은 / 시간이 지남에 따라 사람들의 관심을 끌지 못할 수 있는데 / 사람들이 그것들에 둔감해지기 때문이다 //

- downside ⓝ 부정적인 면
- elegant ⓐ 우아한
- nurturing motivation 양육 동기
- dear ⓐ 소중한
- be associated with ~와 연관되다
- sophistication ⓝ 정교함
- seriousness ⓝ 진지함
- perceived ⓐ 인지된
- desensitized ⓐ 둔감해진

연구에 따르면, 사람들은 귀여워 보이고 아름다운(우아한) 디자인에 강한 본능적인 관심과 접근하고 소유하고자 하는 욕구를 보인다. (①) 그러나 귀엽고 아름다운 디자인은 두 가지 서로 매우 다른 동기를 이끌어 낸다. (②) 귀여운 제품이나 포장 디자인은 양육 동기, 즉 제품을 보살피고 간직하며, 소중히 여기고 결코 놓치고 싶지 않은 욕구를 이끌어 낸다. (③) 아름다운 제품이나 포장 디자인은 자기 표현 (동기) 또는 신호 전달 동기, 즉 제품 소유를 통해 다른 사람들에게 자신을 표현하고자 하는 욕구를 이끌어 낸다. (④ 하지만 귀엽고 아름다운 디자인은 또한 부정적인 면을 가진다.) 특정 유형의 귀여운 제품은 정교함이나 진지함이 부족하다는 인식과 연관될 수 있는데, 이는 성능에 대한 기대를 줄일 수 있다(인지된 구현 가능성 이점을 감소시킴). (⑤) 아름답게 보이는 디자인은 시간이 지남에 따라 사람들의 관심을 끌지 못할 수 있는데, 사람들이 그것들에 둔감해지기 때문이다.

| 문제 풀이 순서 | [정답률 85%]

1st 주어진 문장을 해석하고, 연결어, 지시어 등을 확인한다.

> But cute and beautiful designs / also have downsides. //
> 하지만 귀엽고 아름다운 디자인은 / 또한 부정적인 면을 가진다 //

➡ '하지만'으로 시작하며 귀엽고 아름다운 디자인의 부정적인 면을 언급했다. **단서**
  ▶ **주어진 문장 앞**: 반대되는 내용으로 귀엽고 아름다운 디자인의 긍정적인 면이 나와야 함
  ▶ **주어진 문장 뒤**: 귀엽고 아름다운 디자인의 부정적인 면에 대한 부연 설명이 나올 것임 **발상**

2nd 각 선택지의 앞뒤 흐름이 매끄러운지 확인한다.

①의 앞 문장과 뒤 문장

> **앞 문장**: 연구에 따르면, 사람들은 귀여워 보이고 아름다운(우아한) 디자인에 강한 본능적인 관심과 접근하고 소유하고자 하는 욕구를 보인다.
> **뒤 문장**: 그러나 귀엽고 아름다운 디자인은 두 가지 서로 매우 다른 동기를 이끌어 낸다.

➡ 앞 문장은 귀엽고 아름다운 디자인에 관해 사람들은 본능적 관심과 욕구를 보인다고 했다.
  뒤 문장에서는 이와 다르게 두 가지의 매우 다른 동기를 이끌어 내기도 한다는 내용으로 연결된다. ▶ 주어진 문장이 ①에 들어갈 수 없음

②의 앞 문장과 뒤 문장

> **앞 문장**: ①의 뒤 문장과 같음
> **뒤 문장**: 귀여운 제품이나 포장 디자인은 양육 동기, 즉 제품을 보살피고 간직하며, 소중히 여기고 결코 놓치고 싶지 않은 욕구를 이끌어 낸다.

➡ 앞에서 두 가지의 동기를 이끌어 낸다고 했고, 뒤에서 두 가지 동기 중 하나인 양육 동기를 설명하고 있으므로 두 문장은 자연스럽게 연결된다.
  ▶ 주어진 문장이 ②에 들어갈 수 없음

③의 앞 문장과 뒤 문장

> **앞 문장**: ②의 뒤 문장과 같음
> **뒤 문장**: 아름다운 제품이나 포장 디자인은 자기 표현 (동기) 또는 신호 전달 동기, 즉 제품 소유를 통해 다른 사람들에게 자신을 표현하고자 하는 욕구를 이끌어 낸다.

➡ 두 가지의 동기 중 두 번째인, 아름다운 제품이 이끌어내는 자기 표현 또는 신호 전달 동기를 설명하고 있으므로 두 문장은 자연스럽게 연결된다.
  ▶ 주어진 문장이 ③에 들어갈 수 없음

④의 앞 문장과 뒤 문장

앞 문장: ③의 뒤 문장과 같음

뒤 문장: 특정 유형의 귀여운 제품은 정교함이나 진지함이 부족하다는 인식과 연관될 수 있는데, 이는 성능에 대한 기대를 줄일 수 있다(인지된 구현 가능성 이점을 감소시킴).

➡ 앞 문장까지는 부정적이지 않은 두 가지 동기를 순차적으로 설명했다.
그런데 뒤 문장에서는 특정 유형의 귀여운 제품이 정교함이나 진지함이 부족하다는 인식과 연관되어 성능에 대한 기대가 감소된다는 부정적인 면이 처음으로 언급되었다. 따라서 여기에 주어진 문장이 들어가야 내용이 이어진다.

▶ 주어진 문장이 ④에 들어가야 함

⑤의 앞 문장과 뒤 문장

앞 문장: ④의 뒤 문장과 같음

뒤 문장: 아름답게 보이는 디자인은 시간이 지남에 따라 사람들의 관심을 끌지 못할 수 있는데, 사람들이 그것들에 둔감해지기 때문이다.

➡ 앞 문장에서 귀여운 디자인의 부정적인 면에 대해 언급했고, 뒤 문장에서는 아름다운 디자인은 시간이 지남에 따라 사람들이 둔감해져서 관심을 끌지 못한다는 또 다른 부정적인 면을 순차적으로 언급하는 자연스러운 흐름이다.

▶ 주어진 문장이 ⑤에 들어갈 수 없음

N 02 정답 ⑤ * 로봇의 자신과 주변의 다른 실재물을 구별하는 능력

글의 흐름으로 보아, 주어진 문장이 들어가기에 가장 적절한 곳을 고르시오.

> If not, / the robot might endlessly chase **itself** / rather than the blocks. // 단서 1 그렇지 않으면 로봇이 블록이 아닌 자기 자신을 쫓아가게 될 수 있음
> 그렇지 않으면 / 로봇이 자기 자신을 끝없이 쫓아갈 수도 있다 / 블록이 아닌 //

People **involved** in the conception and engineering of robots / designed to perceive and act / **know** how fundamental is / the ability **to discriminate** oneself / from other entities in the environment. //
로봇의 구상과 엔지니어링에 관여하는 사람들은 / 인지하고 행동하도록 설계된 / 얼마나 핵심적인지 알고 있다 / 자신을 구별하는 능력이 / 주위의 다른 실재물과 //

Without such an ability, / no goal-oriented action would be possible. //
그러한 능력이 없으면 / 목표 지향적인 행동은 불가능할 것이다 //

(①) Imagine / **that** you have to build a robot / **able** to search for blocks / scattered in a room / in order to pile them. //
상상해 보라 / 여러분이 로봇을 만들어야 한다고 / 블록을 찾을 수 있는 / 방에 흩어져 있는 / 블록을 쌓기 위해 //

(②) Even this simple task would **require / that your machine be** able to discriminate /
이 간단한 작업조차 요구할 것이다 / 기계는 구별할 수 있어야 한다고 /
between stimulation **that** originates from its own machinery / and stimulation **that** originates from the blocks in the environment. //
기계는 자신의 시스템에서 발생하는 자극과 / 주위의 블록에서 발생하는 자극을 //

(③) Suppose / **that** you equip your robot with an artificial eye and an artificial arm / **to detect, grab, and pile** the blocks. //
가정해 보라 / 로봇에 인공 눈과 인공 팔을 갖추게 하는 것을 / 블록을 감지하고, 잡고, 쌓도록 하기 위해 //
단서 2 로봇에게는 블록 감지와 자신의 팔 감지를 구별할 수 있는 시스템이 내장되어 있어야 함

(④) **To be** successful, / your machine will have to have / some built-in system / enabling it to discriminate / between the detection of a block / and the detection of its own arm. //
(이 작업을) 성공적으로 수행하려면 / 여러분의 기계에는 있어야 할 것이다 / 어떤 내장된 시스템이 / 구별할 수 있게 해주는 / 블록 감지와 / 자신의 팔 감지를 //

(⑤) Your robot would engage in / circular, self-centered acts / **that** would drive it away / from the target or external goal. //
로봇은 하게 될 것이다 / 순환적이고 자기중심적인 행동을 / 자신을 멀어지게 하는 / 목표물이나 외부 목표에서 //
단서 3 로봇은 목표에서 멀어져 자기중심적인 행동을 하게 될 것임

- **endlessly** ⓐⓓ 끝없이 · **chase** ⓥ 쫓아가다, 추적하다
- **conception** ⓝ 구상, 고안 · **fundamental** ⓐ 핵심적인, 근본적인
- **discriminate** ⓥ 구별하다, 차별하다 · **scatter** ⓥ 흩어지게 하다
- **pile** ⓥ 쌓다 · **stimulation** ⓝ 자극
- **originate from** ~에서 발생하다 · **machinery** ⓝ 기계
- **equip ~ with ...** ~에게 ···을 갖추게 하다 · **artificial** ⓐ 인공의, 인위적인
- **detect** ⓥ 감지하다, 발견하다 · **enable** ⓥ 가능하게 하다
- **self-centered** ⓐ 자기 중심[본위]의 · **external** ⓐ 외부의, 외적인

인지하고 행동하도록 설계된 로봇의 구상과 엔지니어링에 관여하는 사람들은 주위의 다른 실재물과 자신을 구별하는 능력이 얼마나 핵심적인지 알고 있다. 그러한 능력이 없으면 목표 지향적인 행동은 불가능할 것이다. (①) 여러분이 블록을 쌓기 위해 방에 흩어져 있는 블록을 찾을 수 있는 로봇을 만들어야 한다고 상상해 보라. (②) 이 간단한 작업을 하기 위해서도 기계는 자신의 시스템에서 발생하는 자극과 주위의 블록에서 발생하는 자극을 구별할 수 있어야 할 것이다. (③) 로봇에 인공 눈과 인공 팔을 갖추게 하여 블록을 감지하고, 잡고, 쌓도록 한다고 가정해 보라. (④) (이 작업을) 성공적으로 수행하려면 여러분의 기계에는 그것이 블록 감지와 자신의 팔 감지를 구별할 수 있게 해주는 어떤 시스템이 내장되어 있어야 할 것이다. (⑤ 그렇지 않으면 로봇이 블록이 아닌 자기 자신을 끝없이 쫓아갈 수도 있다.) 로봇은 자신을 목표물이나 외부 목표에서 멀어지게 하는 순환적이고 자기중심적인 행동을 하게 될 것이다.

| 문제 풀이 순서 | [정답률 58%]

1st 주어진 문장을 해석하고, 연결어, 지시어 등을 확인한다.

> If not, / the robot might endlessly chase itself / rather than the blocks. //
> 그렇지 않으면 / 로봇이 자기 자신을 끝없이 쫓아갈 수도 있다 / 블록이 아닌 //

➡ '그렇지 않으면(if not)' 로봇이 블록이 아니라 자신을 끊임없이 쫓아갈 수도 있다고 했다. 단서

▶ 주어진 문장 앞: 로봇이 블록을 쫓아가게 할 필요가 있는 조건이 제시될 것임

▶ 주어진 문장 뒤: 주어진 문장의 결과를 설명하는 내용이 제시될 것임 발상

2nd 각 선택지의 앞뒤 흐름이 매끄러운지 확인한다.

- ①의 앞 문장과 뒤 문장

앞 문장: 인지하고 행동하도록 설계된 로봇의 구상과 엔지니어링에 관여하는 사람들은 주위의 다른 실재물과 자신을 구별하는 능력이 얼마나 핵심적인지 알고 있다. 그러한 능력이 없으면 목표 지향적인 행동은 불가능할 것이다.

뒤 문장: 여러분이 블록을 쌓기 위해 방에 흩어져 있는 블록을 찾을 수 있는 로봇을 만들어야 한다고 상상해 보라.

➡ 앞 문장은 로봇을 설계할 때 주위의 다른 실재물과 자신을 구별하는 능력이 핵심이며, 이러한 능력이 없으면 목표 지향적 행동이 불가능하다고 했다.
뒤 문장에서는 예시로 블록을 쌓기 위해 방에 흩어진 블록을 찾는 로봇을 만드는 것을 상상해 보라고 한다. 따라서 두 문장은 자연스럽게 연결된다.

▶ 주어진 문장이 ①에 들어갈 수 없음

- ②의 앞 문장과 뒤 문장

앞 문장: ①의 뒤 문장과 같음

뒤 문장: 이 간단한 작업(this simple task)을 하기 위해서도 기계는 자신의 시스템에서 발생하는 자극과 주위의 블록에서 발생하는 자극을 구별할 수 있어야 할 것이다.

➡ 앞 문장에서는 블록을 쌓기 위해 방에 흩어진 블록을 쌓는 로봇을 상상하라고 했다. 그리고 뒤에 이어지는 문장에서는 이 간단한 작업(블록 찾기)을 하기 위해 기계(로봇)가 자신의 시스템에서 발생하는 자극과 블록에서 발생하는 자극을 구별할 수 있어야 한다고 했으므로 자연스럽게 연결된다.

▶ 주어진 문장이 ②에 들어갈 수 없음

- ③의 앞 문장과 뒤 문장

앞 문장: ②의 뒤 문장과 같음

뒤 문장: 로봇에 인공 눈과 인공 팔을 갖추게 하여 블록을 감지하고, 잡고, 쌓도록 한다고 가정해 보라.

➡ 앞에서 블록 찾기를 위해 로봇이 자신의 자극과 블록의 구별할 수 있어야 한다고 했으며, 뒤에서는 로봇에 인공 눈과 팔을 갖추게 하여 블록을 감지하고 쌓을 수 있게 하는 상황을 가정하라고 했다.
로봇의 블록 찾기를 위한 설계에 대한 설명이 자연스럽게 이어지고 있다.

▶ 주어진 문장이 ③에 들어갈 수 없음

- ④의 앞 문장과 뒤 문장

앞 문장: ③의 뒤 문장과 같음

뒤 문장: 성공적으로 수행하려면 여러분의 기계에는 그것이 블록 감지와 자신의 팔 감지를 구별할 수 있게 해주는 어떤 시스템이 내장되어 있어야 할 것이다.

➡ 로봇이 인공 팔과 눈을 가지고 블록을 감지할 수 있게 한다고 한 뒤에, 이를 성공적으로 수행하기 위해 로봇 안에 블록 감지와 팔 감지를 구별할 수 있게 해주는 시스템이 내장되어야 함을 설명하고 있다.
인공 팔을 사용한 블록 쌓기에 대한 내용이 서술되고 있으므로 두 문장의 연결이 자연스럽다.

▶ 주어진 문장이 ④에 들어갈 수 없음

- ⑤의 앞 문장과 뒤 문장

앞 문장: ④의 뒤 문장과 같음

뒤 문장: 로봇은 자신을 목표물이나 외부 목표에서 멀어지게 하는 순환적이고 자기중심적인 행동을 하게 될 것이다.

➡ 앞에서 로봇이 인공 팔로 블록을 감지할 수 있게 하려면 로봇 안에 블록 감지와 팔 감지를 구별하게 해주는 시스템이 내장되어 있어야 할 것이라고 했다.
뒤에서는 로봇이 자신의 목표물이나 외부 목표에서 멀어지는 자기중심적인 행동을 하게 될 것이라고 했다.
주어진 문장은 '그렇지 않으면' 로봇이 블록이 아니라 자신을 끊임없이 쫓아갈 수도 있다고 했으므로, 주어진 문장을 이 문장 전에 넣어 로봇이 블록 감지와 팔 감지를 구분하지 못하면 블록이 아니라 자신을 끊임없이 쫓아감으로써 자신의 목표물에서 멀어지는 자기 중심적인 행동을 한다는 내용으로 글을 전개해야 한다.

▶ 주어진 문장이 ⑤에 들어가야 함

N 03 정답 ⑤ ＊사실을 통해 내러티브를 형성하는 존재인 인간

글의 흐름으로 보아, 주어진 문장이 들어가기에 가장 적절한 곳을 고르시오.

단서 1 these internal narratives로 가리키는 것이 앞에 나와야 함

Sometimes / these internal narratives we form / not only shape our beliefs and opinions / but also become deeply rooted in our identity. //
앞에 목적격 관계대명사 생략
때때로 / 우리가 형성하는 이러한 내적 내러티브는 / 우리의 신념과 의견을 형성할 뿐 아니라 / 우리의 정체성에 깊이 뿌리내리기도 한다 //

부사절 접속사(역접)
While stories clearly dominate statistics / from both memorability and persuasiveness perspectives, / it's rarely a battle / between facts and anecdotes — / or even facts and other facts. //
이야기가 통계보다 분명 우세하지만 / 기억할 만함과 설득력의 관점 모두에서 / 싸움으로 보는 경우는 드물다 / 사실과 일화 사이의 / 또는 심지어 사실과 다른 사실 간의 //

The real clash is actually *between stories*: / the predominant incumbent and a new challenger. //
진정한 충돌은 사실 이야기들 사이의 충돌이다 / 우세한 점유자와 새로운 도전자 사이의 //

(①) As storytelling creatures, / we routinely form narratives /
help의 목적격 보어(원형부정사)
to help us understand / the world around us. //
이야기하는 존재로서 / 우리는 일상적으로 내러티브를 형성한다 / 이해하는 데 도움을 주기 위해 / 우리를 둘러싼 세계를 //

(②) When we experience different events / or encounter various facts, / our minds seek to make sense of them /
by -ing: ~함으로써
by forming stories around them. //
우리가 여러 가지 사건을 경험할 때 / 또는 다양한 사실을 마주할 (때) / 우리의 마음은 그것을 이해하려고 한다 / 그것을 둘러싼 이야기를 형성함으로써 //

(③) For example, / if you have had some bad experiences / with graduates from a particular university, / you may create a negative narrative in your mind / about people who went to
주격 관계대명사
that school. //
예를 들어 / 여러분이 어떤 좋지 않은 경험을 했다면 / 특정 대학 졸업생들과 / 여러분은 부정적인 내러티브를 마음 속에 만들어 낼 수도 있다 / 그 학교 출신 사람들에 대한 //

(④) Suddenly, / you judge everyone from the university
선행사를 포함하는 관계대명사
/ by what you've experienced / on just a few unfortunate occasions. // 단서 2 몇 번의 경험을 통해 특정 대학 출신 모두를 판단하는 경우를 언급함
갑자기 / 여러분은 그 대학 출신 모두를 판단한다 / 자신이 겪은 것에 의해 / 고작 몇 번의 유감스러운 상황에서 //

단서 3 우리가 형성한 내러티브가 우리가 어떤 사람인지(= 정체성)와 관련 있음
(⑤) For example, / the narratives you have formed / around
앞에 목적격 관계대명사 생략
gun control or climate change / are most likely related / with your political ideology / — who you are as an individual. //
예를 들어 / 여러분이 형성한 내러티브는 / 총기 규제나 기후 변화를 둘러싸고 / 관련 있을 가능성이 매우 높다 / 여러분의 정치적 이념 / 즉 개인으로서 여러분이 어떤 사람인지와 //

- internal ⓐ 내적인   · narrative ⓝ 내러티브, 서사
- statistics ⓝ 통계   · memorability ⓝ 기억할 만함, 인상적인 일
- persuasiveness ⓝ 설득력   · clash ⓝ 충돌
- predominant ⓐ 우세한, 지배적인   · creature ⓝ (생명이 있는) 존재
- encounter ⓥ 마주하다   · graduate ⓝ 대학 졸업생
- occasion ⓝ 일   · gun control 총기 규제
- climate change 기후 변화   · ideology ⓝ 이념, 이데올로기

이야기가 기억할 만함과 설득력의 관점 모두에서 통계보다 분명 우세하지만, 사실과 일화, 심지어 사실과 다른 사실 간의 싸움으로 보는 경우는 드물다. 진정한 충돌은 사실 '이야기들 사이', 즉 우세한 점유자와 새로운 도전자 사이의 충돌이다. (①) 이야기하는 존재로서 우리는 우리를 둘러싼 세계를 이해하는 데 도움을 주기 위해 일상적으로 내러티브를 형성한다. (②) 우리가 여러 가지 사건을 경험하거나 다양한 사실을 마주할 때, 우리의 마음은 그것을 둘러싼 이야기를 형성함으로써 그것을 이해하려고 한다. (③) 예를 들어, 여러분이 특정 대학 졸업생들과 어떤 좋지 않은 경험을 했다면, 여러분은 그 학교 출신 사람들에 대한 부정적인 내러티브를 마음 속에 만들어 낼 수도 있다. (④) 갑자기, 여러분은 자신이 겪은 고작 몇 번의 유감스러운 일로 그 대학 출신 모두를 판단한다. (⑤ 때때로 우리가 형성하는 이러한 내적 내러티브는 우리의 신념과 의견을 형성할 뿐만 아니라 우리의 정체성에 깊이 뿌리내리기도 한다.) 예를 들어, 총기 규제나 기후 변화를 둘러싸고 여러분이 형성한 내러티브는 여러분의 정치적 이념, 즉 개인으로서 여러분이 어떤 사람인지와 관련이 있을 가능성이 매우 높다.

| 문제 풀이 순서 | [정답률 48%]

1st 주어진 문장을 해석하고, 연결어, 지시어 등을 확인한다.

Sometimes / these internal narratives we form / not only shape our beliefs and opinions / but also become deeply rooted in our identity. //
때때로 / 우리가 형성하는 이러한 내적 내러티브는 / 우리의 신념과 의견을 형성할 뿐 아니라 / 우리의 정체성에 깊이 뿌리내리기도 한다 //

➡ '이러한 내적 내러티브(these internal narratives)'는 우리의 신념과 의견을 형성하고 정체성에 뿌리내린다고 했다. 단서

▶ 주어진 문장 앞: 내적 내러티브에 대한 언급이 있어야 함

▶ 주어진 문장 뒤: 내적 내러티브가 우리의 신념과 의견을 형성하고 정체성에 뿌리 내린다는 것에 대한 부연 설명이 나올 것임 발상

2nd 각 선택지의 앞뒤 흐름이 매끄러운지 확인한다.

①의 앞 문장과 뒤 문장

앞 문장: 진정한 충돌은 사실 '이야기들 사이', 즉 우세한 점유자와 새로운 도전자 사이의 충돌이다.

뒤 문장: 이야기하는 존재로서 우리는 우리를 둘러싼 세계를 이해하는 데 도움을 주기 위해 일상적으로 내러티브를 형성한다.

➡ 앞 문장은 이야기들 사이의 충돌이 진정한 충돌이라는 내용이고, 뒤 문장은 이야기하는 존재로서 우리를 둘러싼 세계를 이해하기 위해 일상적 내러티브를 형성한다는 내용이다.
이야기들 사이의 충돌과 이야기하는 존재로서의 우리에 대해 말하고 있으므로 두 문장은 자연스럽게 연결된다.

▶ 주어진 문장이 ①에 들어갈 수 없음

②의 앞 문장과 뒤 문장

앞 문장: ①의 뒤 문장과 같음

뒤 문장: 우리가 여러 가지 사건을 경험하거나 다양한 사실을 마주할 때, 우리의 마음은 그것을 둘러싼 이야기를 형성함으로써 그것을 이해하려고 한다.

➡ 앞 문장에서는 우리가 우리를 둘러싼 세계를 이해하기 위해 일상적 내러티브를 형성한다고 했고, 이어지는 문장에서는 이야기를 형성하여 우리가 경험한 사건이나 마주한 사실을 이해하려 한다고 했으므로 사실 두 문장은 거의 같은 내용을 담고 있다고 볼 수 있다. 따라서 두 문장의 연결은 자연스럽다.

▶ 주어진 문장이 ②에 들어갈 수 없음

③의 앞 문장과 뒤 문장

앞 문장: ②의 뒤 문장과 같음

뒤 문장: 예를 들어(For example), 여러분이 특정 대학 졸업생들과 어떤 좋지 않은 경험을 했다면, 여러분은 그 학교 출신 사람들에 대한 부정적인 내러티브를 마음 속에 만들어 낼 수도 있다.

➡ 앞에서 우리가 내러티브를 만들어 경험한 사건이나 사실을 이해하려고 한다고 했고, 뒤에서 그에 대한 예시로 특정 대학교 졸업생과의 좋지 않은 경험이 부정적 내러티브를 만든다고 했다. 따라서 두 문장의 연결은 자연스럽다.

▶ 주어진 문장이 ③에 들어갈 수 없음

④의 앞 문장과 뒤 문장

앞 문장: ③의 뒤 문장과 같음

뒤 문장: 갑자기, 여러분은 자신이 겪은 고작 몇 번의 유감스러운 일로 그 대학 출신 모두를 판단한다.

➡ 앞 문장에서 우리가 특정 대학교 졸업생과의 좋지 않은 경험에서 부정적 내러티브를 만든다고 했고, 뒤 문장에서 자신이 겪은 유감스러운 일로 그 대학 출신 모두를 판단한다고 했으므로 두 문장은 자연스럽게 연결된다.

▶ 주어진 문장이 ④에 들어갈 수 없음

⑤의 앞 문장과 뒤 문장

앞 문장: ④의 뒤 문장과 같음

뒤 문장: 예를 들어(For example), 총기 규제나 기후 변화를 둘러싸고 여러분이 형성한 내러티브는 여러분의 정치적 이념, 즉 개인으로서 여러분이 어떤 사람인지와 관련이 있을 가능성이 매우 높다.

➡ 앞 문장에서는 자신이 겪은 유감스러운 일로 그 대학 출신 모두를 판단한다고 했다. 뒤 문장에서는 '예를 들어(For example)' 총기 규제 등에 대한 개인의 내러티브는 그 사람이 어떤 사람인지와 관련이 있다고 했다.
주어진 문장은 '이러한 내적 내러티브(these internal narratives)'는 우리의 신념과 의견을 형성하고 정체성에 뿌리내린다고 했다. 우리가 형성한 내러티브가 정체성을 형성한다는 주어진 문장 뒤에, 그에 대한 예시로 총기 규제에 대해 형성한 내러티브가 그 개인이 어떤 사람인지를 보여준다는 내용이 들어가야 한다.

▶ 주어진 문장이 ⑤에 들어가야 함

김윤 | 2026 수능 응시 · 익산 이리남성여고 졸

이 문제에서는 주어진 문장의 these internal narratives가 ③ 뒤 문장의 a negative narrative를 나타내고, 주어진 문장 속 rooted in our identity에 대한 내용을 ⑤ 뒤의 For example로 받으며 예시를 들고 있기 때문에, 주어진 문장은 ⑤에 들어가는 것이 가장 적절해. 지시어만 고려한다면 ④을 답으로 고를 수도 있기 때문에, 내용도 함께 파악해야 오답을 피할 수 있는 문제였어.

N 04 정답 ③ *아바타를 통한 게임 세계의 체험적 지각

글의 흐름으로 보아, 주어진 문장이 들어가기에 가장 적절한 곳을 고르시오. [3점]

단서 1 차이점은 게임 세계 속 행동이 아바타의 가상 신체 공간을 통해서만 탐색될 수 있다는 점임

The difference is / that the action in the game world / can only be explored / through the virtual bodily space of the avatar. //
(that: 보어절 접속사)
차이점은 ~이다 / 게임 세계 속 행동은 / 오직 탐색될 수 있다는 점 / 아바타의 가상 신체 공간을 통해서만 //

A video game has its own model of reality, / internal to itself / and separate from the player's external reality, / the player's bodily space / and the avatar's bodily space. //
(model of reality를 수식하는 형용사구를 이끎)
비디오 게임은 독자적인 현실 모델을 지닌다 / 그 자체에 내재된 / 그리고 게임을 하는 사람의 외부 현실과 분리된 / 게임을 하는 사람의 신체적 공간 / 그리고 아바타의 신체적 공간과 //

(①) The avatar's bodily space, / the potential actions of the avatar in the game world, / is the only way / in which the reality of the external reality of the game world / can be perceived. //
(in which: 전치사+관계대명사)
아바타의 신체 공간 / 즉 게임 세계에서 아바타의 잠재적인 행동들은 / 유일한 길이다 / 게임 세계라는 외부 현실의 실재가 / 지각될 수 있는 //

(②) As in the real world, / perception requires action. //
현실 세계에서처럼 / 지각은 행동을 요구한다 // 단서 2 현실 세계와 게임 세계의 공통점을 언급함

(③) Players extend their perceptual field / into the game, / encompassing the available actions of the avatar. //
(encompassing: 분사구문을 이끄는 현재분사)
게임을 하는 사람은 그들의 지각 영역을 확장한다 / 게임 안으로 / 아바타가 할 수 있는 행동들을 둘러싸며 //
단서 3 게임을 하는 사람은 아바타가 할 수 있는 행동들을 둘러싸며 지각 영역을 게임 안으로 확장한다는 차이점을 언급함

(④) The feedback loop of perception and action / that enables you to navigate the world around you / is now one step removed: /
(The feedback loop: 핵심 주어(단수) / that: 주격 관계대명사 / is: 단수 동사)
지각과 행동의 순환 고리는 / 여러분을 둘러싼 세계를 탐색할 수 있게 해 주는 / 이제 한 단계 제거되었다 /

instead of perceiving primarily / through interaction of your own body with the external world, / you're perceiving the game world / through interaction of the avatar. //
(instead of -ing: ~ 대신)
주로 지각하는 대신 / 신체와 외부 세계의 상호작용을 / 여러분은 게임 세계를 지각하고 있다 / 아바타의 상호작용을 통해 //

(⑤) The entire perceptual system has been extended / into the game world. // 전체 지각 체계가 확장되었다 / 게임 세계 안으로 //

- bodily ⓐ 신체적인
- avatar ⓝ 아바타
- separate ⓐ 분리된
- external ⓐ 외부의
- potential ⓐ 잠재적인
- perceive ⓥ 지각하다, 인지하다
- extend ⓥ 확장하다
- perceptual ⓐ 지각의
- feedback loop 순환 고리
- navigate ⓥ 탐색하다, 길을 찾다
- primarily ad 주로

비디오 게임은 그 자체에 내재되고, 게임을 하는 사람의 외부 현실, 게임을 하는 사람의 신체적 공간과 아바타의 신체적 공간과 분리된 독자적인 현실 모델을 지닌다. (①) 아바타의 신체 공간, 즉 게임 세계에서 아바타의 잠재적인 행동들만이 게임 세계라는 외부 현실의 실재가 지각될 수 있는 유일한 길이다. (②) 현실 세계에서처럼, 지각은 행동을 요구한다. (③ 차이점은 게임 세계 속 행동은 오직 아바타의 가상 신체 공간을 통해서만 탐색될 수 있다는 점이다.) 게임을 하는 사람은 아바타가 할 수 있는 행동들을 둘러싸며 그들의 지각 영역을 게임 안으로 확장한다. (④) 여러분을 둘러싼 세계를 탐색할 수 있게 해 주는 지각과 행동의 순환 고리는 이제 한 단계 제거되었고, 여러분은 신체와 외부 세계의 상호작용을 통해 주로 지각하는 대신, 아바타의 상호작용을 통해 게임 세계를 지각하고 있다. (⑤) 전체 지각 체계가 게임 세계 안으로 확장되었다.

1st 주어진 문장을 해석하고, 연결어, 지시어 등을 확인한다.

The difference is / that the action in the game world / can only be explored / through the virtual bodily space of the avatar. //
차이점은 ~이다 / 게임 세계 속 행동은 / 오직 탐색될 수 있다는 점 / 아바타의 가상 신체 공간을 통해서만 //

➡ '차이점(The difference)'은 게임 세계 속 행동이 아바타의 가상 신체 공간을 통해서만 탐색될 수 있다는 점이라고 했다. (단서)

▶ **주어진 문장 앞**: 현실 세계와 게임 세계의 행동에 관한 차이점이 아니라, 공통점을 언급하는 내용이 있을 것임

▶ **주어진 문장 뒤**: 게임 세계를 탐색하는 아바타의 행동에 대한 내용이 있을 것임 (발상)

2nd 각 선택지의 앞뒤 흐름이 매끄러운지 확인한다.

①의 앞 문장과 뒤 문장

앞 문장: 비디오 게임은 그 자체에 내재되고, 게임을 하는 사람의 외부 현실, 게임을 하는 사람의 신체적 공간과 아바타의 신체적 공간과 분리된 독자적인 현실 모델을 지닌다.

뒤 문장: 아바타의 신체 공간, 즉 게임 세계에서 아바타의 잠재적인 행동들만이 게임 세계라는 외부 현실의 실재가 지각될 수 있는 유일한 길이다.

➡ 앞 문장에서 비디오 게임은 플레이어의 현실과 분리된 고유한 현실 모델(게임 세계)을 갖고 있다고 했다.
뒤 문장에서는 아바타의 신체 공간과 그 행동 가능성이 그 게임 세계를 체험하고 인식하는 유일한 통로라고 했으므로 두 문장은 자연스럽게 연결된다.

▶ 주어진 문장이 ①에 들어갈 수 없음

②의 앞 문장과 뒤 문장

앞 문장: ①의 뒤 문장과 같음

뒤 문장: 현실 세계에서처럼, 지각은 행동을 요구한다.

➡ 앞 문장에서는 아바타의 신체 공간과 그 행동 가능성이 그 게임 세계를 체험하고 인식하는 유일한 통로라고 했고, 이어지는 문장에서 게임 세계에서도 현실 세계처럼 지각은 행동을 요구한다고 했으므로 두 문장의 연결은 자연스럽다.

▶ 주어진 문장이 ②에 들어갈 수 없음

③의 앞 문장과 뒤 문장

앞 문장: ②의 뒤 문장과 같음

뒤 문장: 게임을 하는 사람은 아바타가 할 수 있는 행동들을 둘러싸며 그들의 지각 영역을 게임 안으로 확장한다.

➡ 앞 문장에서 게임 세계에서도, 현실 세계처럼 지각은 행동을 요구한다고 했다.
뒤 문장에서는 게임을 하는 사람이 아바타가 할 수 있는 행동들을 둘러싸며 지각 영역을 게임 안으로 확장한다고 했다.
주어진 문장은 '차이점(The difference)'이 게임 세계 속 행동이 아바타의 가상 신체 공간을 통해서만 탐색될 수 있다는 점이라는 내용이므로, 현실 세계와 게임 세계의 행동에 관한 공통점을 언급한 후, 주어진 문장을 전개하는 것이 자연스럽다.

▶ 주어진 문장이 ③에 들어가야 함

④의 앞 문장과 뒤 문장

앞 문장: ③의 뒤 문장과 같음

뒤 문장: 여러분을 둘러싼 세계를 탐색할 수 있게 해 주는 지각과 행동의 순환 고리는 이제 한 단계 제거되었고, 여러분은 신체와 외부 세계의 상호작용을 통해 주로 지각하는 대신, 아바타의 상호작용을 통해 게임 세계를 지각하고 있다.

➡ 앞 문장에서 게임을 하는 사람의 지각이 아바타를 중심으로 형성됨을 제시했으며, 뒤 문장에서는 앞 문장에서 제시한 지각 영역의 확장이 기존 신체-세계 상호작용 방식을 대체한다는 구체적 결과를 설명했다.
게임을 하는 사람의 직접 신체 경험 대신, 아바타의 행동을 통해 게임 세계를 지각하게 된 변화를 언급했으므로 두 문장은 자연스럽게 연결된다.

▶ 주어진 문장이 ④에 들어갈 수 없음

⑤의 앞 문장과 뒤 문장

앞 문장: ④의 뒤 문장과 같음

뒤 문장: 전체 지각 체계가 게임 세계 안으로 확장되었다.

➡ 앞 문장에서 아바타 중심 상호작용을 통해 게임 세계를 지각하게 되었음을 설명하면서 지각 방식의 변화와 전환 과정을 보여주었고, 이어지는 문장에서 그 변화의 논리적 결과로, 플레이어의 전체 지각 체계가 게임 세계 안으로 확장되었다고 정리하고 있으므로 두 문장은 논리적으로 연결된다.

▶ 주어진 문장이 ⑤에 들어갈 수 없음

김연준 | 2026 수능 응시 · 안성 안법고 졸

이 문제는 주어진 문장을 제외한 글들에서 크게 논리 단절이 없어서 내용상 연결을 파악하는 게 중요했어. 주어진 문장은 현실 세계와 게임 세계의 차이점을 이야기하고 있기 때문에, 그 앞에는 이 두 세계의 공통점에 대한 내용이 나와서 이와 대조를 이루어야 해. 따라서 앞에서는 As in real world, perception requires action과 같이 공통점을 언급하고, 뒤에서는 게임 세계만의 특징을 자세히 설명하는 내용이 이어지는 ③에 들어가야 해.

N 05 정답 ③ ＊잎을 떨어뜨리는 것은 나무의 생존 전략이다.

글의 흐름으로 보아, 주어진 문장이 들어가기에 가장 적절한 곳을 고르시오.

접속사(~하면서)
As winter approaches, / the length of the day shortens, / the temperature drops, / and plants, including trees, can detect this change. // (단서 1) 겨울이 다가오면서 낮의 길이가 짧아지는 등의 변화가 생김
겨울이 다가오면서 / 낮의 길이가 짧아지고 / 기온이 떨어지고 / 그리고 나무를 포함한 식물들은 이러한 변화를 감지할 수 있다 //

목적어절 접속사
It is worth pointing out / that leaves don't drop to the ground because they are dying / — rather, / the tree initiates an active
과거분사(an active process ~ recycling 수식)
process of clever recycling / called senescence. //
주목할 가치가 있다 / 잎이 땅에 떨어지는 것은 잎이 죽어가기 때문이 아니라 / 오히려 / 나무가 영리한 재순환의 능동적 과정을 시작하기 때문이라는 점은 / 노화라고 불리는 //

A tree, / like an oak for example, / would struggle to survive
가정법 과거
through a harsh winter / if it retained its canopy of leaves. //
나무는 / 예를 들어 참나무 같은 / 혹독한 겨울을 이겨내기 어려울 것이다 / 만약 그것이 수관(樹冠)을 유지한다면 //

(①) It would risk / damage from strong winter winds / and
병렬 구조
would lose more water from its leaves / than it could draw up from the frozen ground. //
그것은 위험을 감수할 것이다 / 강한 겨울바람으로부터 해를 입을 / 그리고 그것의 잎들로부터 더 많은 수분을 잃게 될 것이다 / 얼어붙은 땅에서 끌어올릴 수 있는 양보다 //

(②) If it didn't blow over, / it would die of thirst. //
만약 그것이 바람에 쓰러지지 않는다면 / 그것은 갈증으로 죽을 것이다 (단서 2) 바람을 버틴다 해도 갈증으로 죽을 것임

목적어절 접속사
(③) It signals to them / that it is time to lose their leaves. //
그것은 그들(나무)에게 신호를 보낸다 / 이제 잎을 떨어뜨릴 시기라는 //
(단서 3) '그것(It)'은 주어진 문장에서 말한 '이러한 변화'를 가리키고, 이 변화가 '그들(나무)'에게 잎을 떨어뜨릴 시기라는 신호를 보냄

(④) First, / however, / trees carefully suck all of the useful nutrients / out of the leaves / and then, with surgical precision, / block up that pathway into the leaves. //
먼저 / 그러나 / 나무들은 모든 유용한 영양분을 조심스럽게 빨아들인다 / 잎들로부터 / 그런 다음 외과적 정밀함으로 / 잎 속으로 가는 통로를 막는다 //

핵심 주어(단수)   단수 동사
(⑤) That blocked pathway / at the base of the leaf stem / creates a weakness / and, in the wind, / the leaves snap off and fall to the ground. //
막힌 그 통로는 / 잎줄기 밑동에서 / 약한 부분을 만들어 낸다 / 그리고 바람이 불 때 / 잎들은 끊어져 땅으로 떨어진다 //

• initiate ⓥ 시작하다, 착수하다　• harsh ⓐ 혹독한
• retain ⓥ 유지하다　• canopy ⓝ 수관(樹冠)　• nutrient ⓝ 영양분
• surgical ⓐ 외과적인, 매우 정밀한　• precision ⓝ 정밀함, 정확성
• snap off 끊어지다, 부러지다

잎이 땅에 떨어지는 것은 잎이 죽어가기 때문이 아니라, 나무가 노화라고 불리는 영리한 재순환의 능동적 과정을 시작하기 때문이라는 점은 주목할 가치가 있다. 예를 들어 참나무 같은 나무는 만약 그것이 수관(樹冠)을 유지한다면 혹독한 겨울을 이겨내기 어려울 것이다. (①) 그것은 강한 겨울바람으로부터 해를 입을 위험을 감수할 것이고 얼어붙은 땅에서 끌어올릴 수 있는 양보다 그것의 잎들로부터 더 많은 수분을 잃게 될 것이다. (②) 만약 그것이 바람에 쓰러지지 않는다면 그것은 갈증으로 죽을 것이다. (③ 겨울이 다가오면서 낮의 길이가 짧아지고 기온이 떨어지며, 나무를 포함한 식물들은 이러한 변화를 감지할 수 있다.) 그것(이러한 변화)은 나무에게 이제 잎을 떨어뜨릴 시기임을 알리는 신호를 보낸다. (④) 그러나 나무들은 먼저 조심스럽게 잎들로부터 모든 유용한 영양분을 빨아들이고, 그런 다음 외과적 정밀함으로 잎 속으로 가는 통로를 막는다. (⑤) 잎줄기 밑동에서 막힌 그 통로는 약한 부분을 만들어 내어, 바람이 불 때 잎들은 끊어져 땅으로 떨어진다.

| 문제 풀이 순서 |　[정답률 65%]

1st 주어진 문장을 해석하고, 연결어, 지시어 등을 확인한다.

As winder approaches, / the length of the day shortens, / the temperature drops, / and plants, including trees, can detect this change. //
겨울이 다가오면서 / 낮의 길이가 짧아진다 / 기온이 떨어진다 / 그리고 나무를 포함한 식물들은 이러한 변화를 감지할 수 있다 //

➡ 겨울이 다가오면서 생기는 변화를 식물들이 감지할 수 있다고 했으므로 이를 감지하고 난 후의 변화에 대해 제시될 것이다. 단서
　▶ 주어진 문장 앞: 겨울이 다가오기 전 식물들이 겪는 일에 대해 설명될 것임
　▶ 주어진 문장 뒤: 겨울이 다가오면서 생기는 변화를 감지한 이후 식물들에게 발생하는 변화가 제시될 것임 발상

2nd 각 선택지의 앞뒤 흐름이 매끄러운지 확인한다.

①의 앞 문장과 뒤 문장

앞 문장: 예를 들어 참나무 같은 나무는 만약 그것이 수관(樹冠)을 유지한다면 혹독한 겨울을 이겨내기 어려울 것이다.

뒤 문장: 그것은 강한 겨울바람으로부터 해를 입을 위험을 감수할 것이고 얼어붙은 땅에서 끌어올릴 수 있는 양보다 그것의 잎들로부터 더 많은 수분을 잃게 될 것이다.

➡ 앞 문장은 참나무 같은 나무가 수관을 유지한다면 겨울을 이겨내기 어려울 것이라는 내용이다.
뒤 문장에서는 그것(참나무와 같은 나무)이 수관을 유지했을 때 겨울에 입게 될 피해에 대해 구체적으로 설명하고 있으므로 두 문장은 자연스럽게 연결된다.
　▶ 주어진 문장이 ①에 들어갈 수 없음

②의 앞 문장과 뒤 문장

앞 문장: ①의 뒤 문장과 같음

뒤 문장: 만약 그것이 바람에 쓰러지지 않는다면 그것은 갈증으로 죽을 것이다.

➡ 앞 문장에서는 나무가 겨울바람으로부터 해를 입거나 잎들로부터 더 많은 수분을 잃게 될 것이라고 했고, 뒤 문장에서는 바람에 쓰러지지 않는다면 잎들로부터 더 많은 수분을 잃기 때문에 갈증으로 죽을 것이라고 했으므로 두 문장은 자연스럽게 연결된다. ▶ 주어진 문장이 ②에 들어갈 수 없음

③의 앞 문장과 뒤 문장

앞 문장: ②의 뒤 문장과 같음

뒤 문장: 그것은 나무에게 이제 잎을 떨어뜨릴 시기임을 알리는 신호를 보낸다.

➡ 앞에서는 잎들로부터 많은 수분을 잃어 갈증으로 죽게 될 것이라고 했고, 뒤에서는 그것이 나무에게 이제 잎을 떨어뜨릴 시기임을 알리는 신호를 보낸다고 했다. '그것'으로 가리킬 수 있는 것이 앞 문장에 없으므로 두 문장의 내용이 연결되지 않는다.

주어진 문장은 겨울이 다가오면서 생기는 변화를 식물들이 감지할 수 있다는 내용이므로, 주어진 문장을 여기에 넣어서 나무들이 변화(= 그것)를 감지한 후 이제 잎을 떨어뜨릴 시기임을 알게 된다는 내용으로 이어져야 한다.
　▶ 주어진 문장은 ③에 들어가야 함

④의 앞 문장과 뒤 문장

앞 문장: ③의 뒤 문장과 같음

뒤 문장: 그러나 나무들은 먼저 조심스럽게 잎들로부터 모든 유용한 영양분을 빨아들이고, 그런 다음 외과적 정밀함으로 잎 속으로 가는 통로를 막는다.

➡ 앞 문장에서 나무가 잎을 떨어뜨릴 시기임을 알리는 신호를 감지한다고 했고, 뒤 문장에서는 나무들이 먼저 잎들로부터 영양분을 빨아들인 다음, 잎 속으로 가는 통로를 막는다고 했다. 잎을 떨어뜨려려 한다는 신호를 받은 나무들이 보이는 행동 양상을 뒤 문장에서 제시하고 있으므로 두 문장은 자연스럽게 연결된다.
　▶ 주어진 문장이 ④에 들어갈 수 없음

⑤의 앞 문장과 뒤 문장

앞 문장: ④의 뒤 문장과 같음

뒤 문장: 잎줄기 밑동에서 막힌 그 통로는 약한 부분을 만들어 내어, 바람이 불 때 잎들은 끊어져 땅으로 떨어진다.

➡ 앞 문장에서 나무는 잎 속으로 가는 통로를 막는다고 했다. 뒤 문장에서는 잎줄기 밑동에서 막힌 그 통로가 약한 부분을 만들어 잎이 결국 떨어지게 된다고 했다. 앞 문장이 뒤 문장에서 일어나는 일의 원인이 되고 있으므로 두 문장은 자연스럽게 연결된다. ▶ 주어진 문장이 ⑤에 들어갈 수 없음

Ⓝ 06 정답 ②　＊해석을 통해 의미를 갖는 역사적 사실

글의 흐름으로 보아, 주어진 문장이 들어가기에 가장 적절한 곳을 고르시오.
[3점]

The problem of survival lies at the root / of many of the historian's problems, / 접속사(이유) **for** what has survived / may not necessarily be more significant / than 선행사를 포함하는 관계대명사 **what** has not survived. // 단서 1 현존해 온 것이 현존해 오지 못한 것보다 더 중요한 것은 아닐 수도 있음
현존의 문제는 근원에 있다 / 역사가들이 갖고 있는 많은 문제의 / 그 이유는 현존해 온 것이 / 반드시 더 중요한 것은 아닐 수도 있기 때문이다 / 현존해 오지 못한 것보다 //

Historians use evidence / in order to-v: ~하기 위해 **in order to understand** / what happened and why it happened. //
역사학자들은 증거를 활용한다 / 이해하기 위해 / 무엇이 일어났고 그것이 왜 일어났는지를 //

In architectural history / this evidence may take the form / of the buildings themselves or their remains, / and documents such as plans, drawings, descriptions, diaries or bills. //
건축사에서 / 이러한 증거는 형태를 띨 수도 있다 / 건물 그 자체나 그들의 잔해의 / 그리고 설계도, 도면, 설명서, 일지, 또는 청구서와 같은 문서들의 //

(①) 핵심 주어(단수) **Our picture** of any period of history / 단수 동사 **is** derived from a multitude of sources, / such as the paintings, literature, deeds, buildings and other artefacts / 주격 관계대명사 **that** have survived. //
어떤 역사적 시기에 관한 우리의 인식은 / 수많은 출처에서 유래된다 / 그림, 문학, 증서, 건물 및 다른 인공물과 같은 / 현존해 온 // 단서 2 역사적 시기에 관한 우리의 인식은 수많은 출처에서 유래됨

(②) The Egyptian pyramids have survived thousands of years, / but historical significance is not just a question of durability. //
이집트 피라미드는 수천 년을 견뎌 냈다 / 그러나 역사적 중요성은 단순히 내구성의 문제가 아니다 // 단서 3 주어진 문장의 내용에 대한 예시로, 이집트 피라미드는 수천 년을 견뎌 냈지만 역사적 중요성은 단순히 내구성의 문제가 아니라는 내용임

(③) These buildings were part / of a rich and diverse culture, / 계속적 용법의 관계대명사(culture 부연 설명) much of **which** has been lost. //
이 건축물들은 일부였다 / 풍부하고 다양한 문화의 / 그 대부분은 소실되었다 //

(④) 핵심 주어(복수) They are historical facts, / but **facts** by themselves, / even such massive facts as the pyramids, / 복수 동사 **are** just the first stage in any historical study, /
그것들은 역사적 사실이다 / 그러나 사실 그 자체만으로는 / 피라미드처럼 거대한 사실조차도 / 그저 역사 연구의 첫 단계에 불과하다 /

and until they have been **evaluated**, **placed** in context and **interpreted**, / they tell us little. // 병렬 구조(have been에 연결)
그리고 그것이 평가되고 맥락에 배치되고 해석되기 전까지는 / 우리에게 알려주는 것이 거의 없다 //

(⑤) Different historians may place different values / on the same facts, / and the discovery of new evidence / may modify or change existing theories and interpretations. //
서로 다른 역사학자가 서로 다른 가치를 부여할 수도 있다 / 같은 사실에 / 그리고 새로운 증거의 발견이 / 기존 이론과 해석을 수정하거나 바꿀 수도 있다 //

- **architectural** ⓐ 건축의 • **be derived from** ~에서 유래되다
- **multitude** ⓝ 아주 많은 수, 다수 • **artefact** ⓝ 인공물
- **massive** ⓐ 거대한 • **interpret** ⓥ 해석하다 • **existing** ⓐ 기존의

역사학자들은 무엇이 일어났고 그것이 왜 일어났는지를 이해하기 위해 증거를 활용한다. 건축사에서 이러한 증거는 건물 그 자체나 그들의 잔해, 그리고 설계도, 도면, 설명서, 일지, 또는 청구서와 같은 문서들의 형태를 띨 수도 있다. (①) 어떤 역사적 시기에 관한 우리의 인식은 그림, 문학, 증서, 건물 및 다른 인공물과 같은 현존해 온 수많은 출처에서 유래된다. (② 현존의 문제는 역사가들이 갖고 있는 많은 문제의 근원에 있는데, 현존해 온 것이 현존해 오지 못한 것보다 반드시 더 중요한 것은 아닐 수도 있기 때문이다.) 이집트 피라미드는 수천 년을 견뎌 냈지만, 역사적 중요성은 단순히 내구성의 문제가 아니다. (③) 이 건축물들은 풍부하고 다양한 문화의 일부였고, 그 대부분은 소실되었다. (④) 그것들은 역사적 사실이지만, 피라미드처럼 거대한 사실조차도 사실만으로는 그저 역사 연구의 첫 단계에 불과하고, 그것이 평가되고 맥락에 배치되고 해석되기 전까지는 우리에게 알려주는 것이 거의 없다. (⑤) 서로 다른 역사학자가 같은 사실에 서로 다른 가치를 부여할 수도 있고, 새로운 증거의 발견이 기존 이론과 해석을 수정하거나 바꿀 수도 있다.

| 문제 풀이 순서 | [정답률 28%]

1st 주어진 문장을 해석하고, 연결어, 지시어 등을 확인한다.

The problem of survival lies at the root / of many of the historian's problems, / for what has survived / may not necessarily be more significant / than what has not survived. //
현존의 문제는 근원에 있다 / 역사가들이 갖고 있는 많은 문제의 / 그 이유는 현존해 온 것이 / 반드시 더 중요한 것은 아닐 수도 있기 때문이다 / 현존해 오지 못한 것보다 //

➡ 현존해 온 것이 현존해 오지 못한 것보다 반드시 더 중요한 것은 아닐 수도 있다고 했다. (단서)
▶ **주어진 문장 앞**: 역사가들에게 문제를 야기하는 현존하는 증거나 자료에 대한 설명이 있을 것임
▶ **주어진 문장 뒤**: 현존해 온 것이 현존해 오지 못한 것보다 반드시 더 중요한 것은 아닐 수도 있다는 것에 대한 추가 설명이 이어질 것임 (발상)

2nd 각 선택지의 앞뒤 흐름이 매끄러운지 확인한다.

①의 앞 문장과 뒤 문장
앞 문장: 건축사에서 이러한 증거는 건물 그 자체나 그들의 잔해, 그리고 설계도, 도면, 설명서, 일지, 또는 청구서와 같은 문서들의 형태를 띨 수도 있다.
뒤 문장: 어떤 역사적 시기에 관한 우리의 인식은 그림, 문학, 증서, 건물 및 다른 인공물과 같은 현존해 온 수많은 출처에서 유래된다.
➡ 앞 문장은 건축사에서 증거가 건물, 건물의 잔해, 그리고 문서 등의 형태일 수 있다고 했다. 뒤 문장은 앞 문장의 내용을 바탕으로, 역사에서 우리의 인식은 현존해 온 출처에서 유래된다고 했으므로 두 문장은 자연스럽게 연결된다.
▶ 주어진 문장이 ①에 들어갈 수 없음

②의 앞 문장과 뒤 문장
앞 문장: ①의 뒤 문장과 같음
뒤 문장: 이집트 피라미드는 수천 년을 견뎌 냈지만, 역사적 중요성은 단순히 내구성의 문제가 아니다.
➡ 앞 문장에서는 역사에서 우리의 인식은 현존해 온 출처에서 유래된다고 했고, 뒤 문장에서는 이집트 피라미드라는 구체적인 현존하는 역사적 증거의 예시를 들면서, 이것이 수천 년을 견뎌 냈지만 역사적 중요성이 내구성의 문제가 아님을 설명했다.
주어진 문장은 현존해 온 것이 현존해 오지 못한 것보다 반드시 더 중요한 것은 아닐 수도 있다는 일반적 진술이고, 이에 대한 추가 설명이자 구체적 예시로 이집트 피라미드가 뒤에 이어지는 것이 적절하다. ▶ 주어진 문장이 ②에 들어가야 함

③의 앞 문장과 뒤 문장
앞 문장: ②의 뒤 문장과 같음
뒤 문장: 이 건축물들(These buildings)은 풍부하고 다양한 문화의 일부였고, 그 대부분은 소실되었다.
➡ 앞 문장에서는 이집트 피라미드가 수천 년을 견뎌 냈다고 했고, 뒤 문장에서는 '이 건축물들(These buildings)'이라고 하면서 이집트 피라미드를 가리키고 있다. 따라서 두 문장은 자연스럽게 연결된다. ▶ 주어진 문장이 ③에 들어갈 수 없음

④의 앞 문장과 뒤 문장
앞 문장: ③의 뒤 문장과 같음
뒤 문장: 그것들(They)은 역사적 사실이지만, 피라미드처럼 거대한 사실조차도 사실만으로는 그저 역사 연구의 첫 단계에 불과하고, 그것이 평가되고 맥락에 배치되고 해석되기 전까지는 우리에게 알려주는 것이 거의 없다.
➡ 앞에서 이 건축물들은 대부분 소실된, 풍부하고 다양한 문화의 일부였다고 했고, 뒤에서 '그것들(They)'이라고 하면서 이 건축물들을 가리키고 있다.
역사적 사실이고 거대한 증거이지만, 평가되고 맥락에 배치되고 해석되기 전까지는 우리에게 알려주는 것이 거의 없다는 내용으로 이어지므로 두 문장은 자연스럽게 연결된다. ▶ 주어진 문장이 ④에 들어갈 수 없음

⑤의 앞 문장과 뒤 문장
앞 문장: ④의 뒤 문장과 같음
뒤 문장: 서로 다른 역사학자가 같은 사실에 서로 다른 가치를 부여할 수도 있고, 새로운 증거의 발견이 기존 이론과 해석을 수정하거나 바꿀 수도 있다.
➡ 앞 문장에서 증거들이 평가되고 맥락에 배치되고 해석되기 전까지는 알려주는 것이 거의 없다고 했다. 뒤 문장에서 서로 다른 역사학자가 같은 사실에 다른 가치를 부여하거나 새로운 증거의 발견이 기존 해석을 바꿀 수도 있다고 했으므로 두 문장은 자연스럽게 연결된다. ▶ 주어진 문장이 ⑤에 들어갈 수 없음

N 07 정답 ⑤ ＊일상적인 신체적 경험이 수학 개념의 이해를 돕는다. ─

글의 흐름으로 보아, 주어진 문장이 들어가기에 가장 적절한 곳을 고르시오. [3점]

They might be sitting still / **as** they imagine all of this walking back and forth along their path; / ~하면서
그들은 가만히 앉아 있을 수도 있다 / 그들의 길을 따라 이렇게 앞뒤로 걷는 것 모두를 상상하면서 /
단서 1 '그들'로 가리키는 것이 앞에 나와야 하고, '그들'이 '앞과 뒤로 걷는 것 모두를 상상하면서 가만히 앉아 있을 수도 있다고 했음
but they are reliving, / at least in their imagination, / the movement of their feet. //
그러나 다시 체험하고 있다 / 적어도 상상 속에서는 / 발의 움직임을 //

Researchers are studying / how our everyday physical experiences in the world contribute / to our understanding of mathematical concepts. //
연구자들은 연구하고 있다 / 우리가 세상에서 겪는 일상적인 신체적 경험이 어떻게 기여하는지를 / 수학 개념의 이해에 //
단서 2 길을 걷는 경험(= 일상적인 신체적 경험)을 예로 들어 산수를 설명함
(①) The experience of walking along a path, / for example, / can be a metaphor for thinking about arithmetic. //
길을 따라 걷는 경험은 / 예를 들어 / 산수에 대해 생각하는 하나의 은유가 될 수 있다 //
(②) The path starts at some point 0 / and as children walk along, / every step takes them 1 unit further from the starting point; /
길은 어떤 시작점 0에서 출발하고 / 아이들이 걸어가면서 / 매 걸음 시작점으로부터 1단위만큼 멀어지게 된다 /
they can even take half steps / or skip along two steps at a time. // 그들은 심지어 반걸음을 걷거나 / 한 번에 두 걸음씩 건너뛰며 나아갈 수도 있다 //

(③) If they want to imagine / ^{간접의문문: 의문사+주어+동사} what it might mean to add 5 and 9, / they could think of first walking 9 steps and then walking 5 more. //

만약 그들이 상상하고 싶다면 / 5와 9를 더하는 것이 무엇을 의미하는지 / 먼저 9걸음을 걷고 나서 5걸음을 더 걷는 것을 생각할 수 있을 것이다 //

단서 3 뒤로 걷는 것을 뺄셈과 연관시켜 생각할 수 있음

(④) But that also helps them think about what 14−3 might mean / ^{help+목적어+목적격 보어(원형부정사)} because they can imagine walking backwards. //

그러나 그것은 또한 그들이 14에서 3을 빼는 것이 무엇을 의미하는지를 생각하는 데도 도움이 된다 / 그들은 뒤로 걸어가는 모습을 상상할 수도 있으므로 //

단서 4 눈을 감으면 길을 걷는 행위 외에도 다른 요소들까지 상상할 수 있을지도 모른다고 했음
(주어진 문장에 이어지는 내용)

(⑤) If they close their eyes, / they might even imagine / the shape of the path, / the smell of the trees, / and the sound that ^{주격 관계대명사} is made ^{수동태} when they step on the dried leaves. //

만약 그들이 자신의 눈을 감는다면 / 그들은 심지어 상상할 수 있을지도 모른다 / 길의 형태 / 나무 냄새 / 마른 나뭇잎을 밟을 때 나는 소리까지 //

- relive ⓥ 다시 체험하다
- physical ⓐ 신체적인
- contribute ⓥ 기여하다
- mathematical ⓐ 수학적인
- metaphor ⓝ 은유, 비유
- skip ⓥ 건너뛰다
- backwards ⓐⓓ 뒤로, 거꾸로

연구자들은 우리가 세상에서 겪는 일상적인 신체적 경험이 수학 개념의 이해에 어떻게 기여하는지를 연구하고 있다. (①) 예를 들어, 길을 따라 걷는 경험은 산수에 대해 생각하는 하나의 은유가 될 수 있다. (②) 길은 어떤 시작점 0에서 출발하고, 아이들이 걸어가면서 매 걸음 시작점으로부터 1단위만큼 멀어지게 된다. 그들은 심지어 반걸음을 걷거나 한 번에 두 걸음씩 건너뛰며 나아갈 수도 있다. (③) 만약 그들이 5와 9를 더하는 것이 무엇을 의미하는지 상상하고 싶다면, 먼저 9걸음을 걷고 나서 5걸음을 더 걷는 것을 생각할 수 있을 것이다. (④) 그러나 그들은 뒤로 걸어가는 모습을 상상할 수도 있으므로, 그것은 또한 그들이 14에서 3을 빼는 것이 무엇을 의미하는지를 생각하는 데도 도움이 된다. (⑤ 그들은 그들의 길을 따라 이렇게 앞뒤로 걷는 것 모두를 상상하면서 가만히 앉아 있을 수도 있지만, 적어도 상상 속에서는 발의 움직임을 다시 체험하고 있다.) 만약 그들이 자신의 눈을 감는다면, 그들은 심지어 길의 형태, 나무 냄새, 마른 나뭇잎을 밟을 때 나는 소리까지 상상할 수 있을지도 모른다.

| 문제 풀이 순서 | [정답률 58%]

1st 주어진 문장을 해석하고, 연결어, 지시어 등을 확인한다.

They might be sitting still / as they imagine all of this walking back and forth along their path; / but they are reliving, / at least in their imagination, / the movement of their feet. //

그들은 가만히 앉아 있을 수도 있다 / 그들의 길을 따라 이렇게 앞뒤로 걷는 것 모두를 상상하면서 / 그러나 다시 체험하고 있다 / 적어도 상상 속에서는 / 발의 움직임을 //

➡ '그들(They)'은 '이렇게 앞과 뒤로 걷는 것 모두를(all of this walking back and forth)' 상상하면서 앉아 있을 수도 있다고 했다. **단서**
▶ **주어진 문장 앞**: '그들'과 '앞과 뒤로 걷는 행위'에 대한 언급이 주어진 문장 앞에 있어야 함
▶ **주어진 문장 뒤**: 발을 움직이는 상상에 대한 내용이 이어져야 할 것임 **발상**

2nd 각 선택지의 앞뒤 흐름이 매끄러운지 확인한다.

①의 앞 문장과 뒤 문장

앞 문장: 연구자들은 우리가 세상에서 겪는 일상적인 신체적 경험이 수학 개념의 이해에 어떻게 기여하는지를 연구하고 있다.
뒤 문장: 예를 들어(for example), 길을 따라 걷는 경험은 산수에 대해 생각하는 하나의 은유가 될 수 있다.

➡ 앞 문장은 글의 전체적인 주제로서, 일상적인 신체 경험이 수학 개념의 이해에 기여한다는 것을 제시한다.
뒤 문장에서는 '예를 들어(for example)'라고 하면서 그에 대한 예시로 길을 따라 걷는 경험을 들고 있다. 따라서 두 문장은 자연스럽게 연결된다.
▶ 주어진 문장이 ①에 들어갈 수 없음

②의 앞 문장과 뒤 문장

앞 문장: ①의 뒤 문장과 같음
뒤 문장: 길은 어떤 시작점 0에서 출발하고, 아이들이 걸어가면서 매 걸음 시작점으로부터 1단위만큼 멀어지게 된다. 그들은 심지어 반걸음을 걷거나 한 번에 두 걸음씩 건너뛰며 나아갈 수도 있다.

➡ 앞 문장에서는 길을 걷는 것에 대한 예시를 시작했고, 바로 이어지는 문장이 어떤 길을 어떻게 움직이는가에 대해 구체적으로 설명하므로 두 문장은 자연스럽게 연결된다.
▶ 주어진 문장이 ②에 들어갈 수 없음

③의 앞 문장과 뒤 문장

앞 문장: ②의 뒤 문장과 같음
뒤 문장: 만약 그들이 5와 9를 더하는 것이 무엇을 의미하는지 상상하고 싶다면, 먼저 9걸음을 걷고 나서 5걸음을 더 걷는 것을 생각할 수 있을 것이다.

➡ 앞 문장에서는 시작점에서 걸음마다 1단위만큼 멀어진다는 상황을 설정했고, 뒤 문장에서는 이렇게 앞으로 걷는 것이 덧셈의 개념과 연결된다고 하면서 실제 숫자의 예시를 대입하여 설명하므로 두 문장은 자연스럽게 연결된다.
▶ 주어진 문장이 ③에 들어갈 수 없음

④의 앞 문장과 뒤 문장

앞 문장: ③의 뒤 문장과 같음
뒤 문장: 그러나 그들은 뒤로 걸어가는 모습을 상상할 수도 있으므로, 그것은 또한 그들이 14에서 3을 빼는 것이 무엇을 의미하는지를 생각하는 데도 도움이 된다.

➡ 앞에서는 덧셈을 걸음에 빗댄 구체적 예시가 나왔고, 뒤에서는 뺄셈을 뒤로 걷는 방향의 걸음으로 대입하여 설명하는 자연스러운 흐름이다.
▶ 주어진 문장이 ④에 들어갈 수 없음

⑤의 앞 문장과 뒤 문장

앞 문장: ④의 뒤 문장과 같음
뒤 문장: 만약 그들(they)이 자신의 눈을 감는다면, 그들은 심지어 길의 형태, 나무 냄새, 마른 나뭇잎을 밟을 때 나는 소리까지 상상할 수 있을지도 모른다.

➡ 앞에서 수학의 덧셈과 뺄셈을 걷기라는 일상적 신체 동작과 연결하여 설명했는데, '앞으로 걷는 것'을 덧셈으로, '뒤로 걷는 것'은 뺄셈으로 설명했다.
주어진 문장의 '그들(They)'은 지금까지 앞에 나온 걷기 예시에서 나온 '아이들'을 지칭한다. 또한, '이렇게 앞뒤로 걷는 것 모두를 상상하면서'라는 내용에 연결되는 것이 ⑤ 뒤의 문장에 나오고 있다. ▶ 주어진 문장이 ⑤에 들어가야 함

N 08 정답 ⑤ ＊자동차와 인간 운전자의 필요성 ────────

글의 흐름으로 보아, 주어진 문장이 들어가기에 가장 적절한 곳을 고르시오.
[3점]

But with the emerging mass automobility / in the first decades of the twentieth century, / the negative effects of human agency behind the steering wheel / ^{핵심 주어(복수)}

하지만 자동차에 의한 대규모 이동성이 생겨나면서 / 20세기의 첫 몇십 년 중 / 운전대 뒤에 있는 인간 행위자의 부정적인 영향들이

— accidents for example / — became a serious topic of concern. // ^{문장의 동사}

단서 1 But(하지만)으로 시작했으므로 반대 내용이 앞에 와야 함

가령 (자동차) 사고와 같은 / 심각한 우려의 주제가 되었다 //

^{전치사(~ 이후로)}
Since its invention at the end of the nineteenth century, / the automobile remained a machine / that had to be controlled by a human driver. // ^{주격 관계대명사}

19세기 말 그것(자동차)의 발명 이후로 / 자동차는 기계로 남아 있었다 / 인간 운전자에 의해 조종되어야 하는 //

(①) Without human control of steering wheel, gas pedal and
brakes / none of the billions of miles **could have been** traversed
/ by the billions of cars in the world: /
could have p.p.: ~할 수 있었을 것이다
운전대, 가속 페달, 그리고 브레이크에 대한 인간 조종 없이는 / 수십억 마일 중 어느 한 마일도
횡단될 수 없었을 것이다 / 전 세계의 수십억 대의 자동차에 의해 /
A car always needed the driving skills of a human / **to fulfill** its
function. //
부사적 용법(목적)
자동차는 항상 인간의 운전 기술이 필요했다 / 그것의 기능을 이행하기 위해서 //
(②) Without a driver, / it would have been only an immobile
artifact, / **left** to stand still in its parking lot. //
분사구문을 이끄는 과거분사
운전자 없이는 / 그것은 움직일 수 없는 인공물에 불과했을 것이다 / 그저 주차장에 가만히
있도록 남겨진 //
(③) In the early years of motoring, / this necessity of a human
driver was not seen as a barrier. //
자동차 운행 초창기에 / 인간 운전자에 대한 이러한 필요성은 장애물로 여겨지지 않았다 //
(④) Manual driving promised / **to fulfill** the human dream
of individual mobility and freedom, of self-guidance, of
명사적 용법(목적어)
autonomy. // **단서 2** 인력을 요하는 운전은 인간의 꿈을 이행할 것을 약속함
인력을 요하는 운전은 약속했다 / 개인 기동성과 자유, 자기 안내, 자율성에 대한 인간의 꿈을
이행할 것을 //
(⑤) **It** is no surprise / **that** the fantasy of **a self-driving car**, /
가주어   진주어절 접속사   동격
a car that can navigate without a human driver, / can be dated
to this period. // **단서 3** 자율 주행에 대한 환상이 생겨난 이유와 시기가 바로 앞에 언급되어야 함
놀랍지 않다 / 자율 주차에 대한 환상이 / 인간 운전자 없이 주행할 수 있는 차라는 / 이
시기까지 거슬러 올라갈 수 있다는 것은 //

- emerging ⓐ 생겨나는, 나타나는   • mass ⓐ 대규모의
- automobility ⓝ 자동차에 의한 이동성, 자동차
- fulfill ⓥ 이행하다, 충족하다   • immobile ⓐ 움직일 수 없는
- manual ⓐ 인력을 요하는, 수동의   • autonomy ⓝ 자율성
- navigate ⓥ 주행하다, 길을 찾다

19세기 말 자동차의 발명 이후로, 자동차는 인간 운전자에 의해 조종되어야 하
는 기계로 남아 있었다. (①) 운전대, 가속 페달, 그리고 브레이크에 대한 인간
조종 없이는 수십억 마일 중 어느 한 마일도 전 세계의 수십억 대의 자동차에
의해 횡단될 수 없었을 것이고, 자동차가 그것의 기능을 이행하기 위해서는 항
상 인간의 운전 기술이 필요했다. (②) 운전자 없이는, 그것은 그저 주차장에
가만히 있도록 남겨진 움직일 수 없는 인공물에 불과했을 것이다. (③) 자동차
운행 초창기에, 인간 운전자에 대한 이러한 필요성은 장애물로 여겨지지 않았
다. (④) 인력을 요하는 운전은 개인 기동성과 자유, 자기 안내, 자율성에 대한
인간의 꿈을 이행할 것을 약속했다. (⑤ 하지만 20세기의 첫 몇십 년 중 자동차
에 의한 대규모 이동성이 생겨나면서, 가령 (자동차) 사고와 같은 운전대 뒤에
있는 인간 행위자의 부정적인 영향들이 심각한 우려의 주제가 되었다.) 인간 운
전자 없이 주행할 수 있는 차라는 자율 주행차에 대한 환상이 이 시기까지 거슬
러 올라갈 수 있다는 것은 놀랍지 않다.

| 문제 풀이 순서 | [정답률 33%]

1st 주어진 문장을 해석하고, 연결어, 지시어 등을 확인한다.

But with the emerging mass automobility / in the first decades
of the twentieth century, / the negative effects of human
agency behind the steering wheel / — accidents for example
/ — became a serious topic of concern. //
하지만 자동차에 의한 대규모 이동성이 생겨나면서 / 20세기의 첫 몇십 년 중 / 운전대
뒤에 있는 인간 행위자의 부정적인 영향들이 / 가령 (자동차) 사고와 같은 / 심각한 우려의
주제가 되었다 //

➡ 20세기 첫 몇십 년 중 인간 운전자의 부정적인 영향들이 우려의 대상이 되었다고 했
다. 단서

▶ **주어진 문장 앞**: But(하지만)이라고 했으므로 반대되는 내용이 와야 하고, 인간
운전자에 대한 우려가 나타나기 전 상황에 대한 내용이 나와야 함

▶ **주어진 문장 뒤**: 이러한 우려로 인해 어떤 인식의 변화가 생겼는지에 대한 내용이
나올 것임 발상

2nd 각 선택지의 앞뒤 흐름이 매끄러운지 확인한다.

①의 앞 문장과 뒤 문장
┌ **앞 문장**: 19세기 말 자동차의 발명 이후로, 자동차는 인간 운전자에 의해 조종
│ 되어야 하는 기계로 남아 있었다.
│ **뒤 문장**: 운전대, 가속 페달, 그리고 브레이크에 대한 인간 조종 없이는 수십
│ 억 마일 중 어느 한 마일도 전 세계의 수십억 대의 자동차에 의해 횡단될 수
│ 없었을 것이고, 자동차가 그것의 기능을 이행하기 위해서는 항상 인간의 운
└ 전 기술이 필요했다.
➡ 19세기 말 발명된 자동차는 인간 운전자가 필요했으며, 자동차의 기능을 이행하기
위해 항상 인간의 운전 기술이 필요했다는 두 문장은 자연스럽게 이어진다.
▶ 주어진 문장이 ①에 들어갈 수 없음

②의 앞 문장과 뒤 문장
┌ **앞 문장**: ①의 뒤 문장과 같음
│ **뒤 문장**: 운전자 없이는, 그것(it)은 그저 주차장에 가만히 있도록 남겨진 움
└ 직일 수 없는 인공물에 불과했을 것이다.
➡ 자동차의 기능을 이행하기 위해서 인간의 운전 기술이 필요했다는 앞 문장의 내용
과, 운전자 없이는 '그것(자동차)'이 주차장에 가만히 남겨진 인공물에 불과했을 것
이라는 뒤 문장의 내용은 잘 연결된다. ▶ 주어진 문장이 ②에 들어갈 수 없음

③의 앞 문장과 뒤 문장
┌ **앞 문장**: ②의 뒤 문장과 같음
│ **뒤 문장**: 자동차 운행 초창기에, 인간 운전자에 대한 이러한 필요성은 장애물
└ 로 여겨지지 않았다.
➡ 앞 문장에서 인간 운전자 없이 자동차는 주차되어 있는 인공물에 불과했을 것이라
고 했고, 뒤 문장에서 자동차 운행 초창기에 인간 운전자는 필요했다는 내용이 나오
므로 자연스럽게 연결된다. ▶ 주어진 문장이 ③에 들어갈 수 없음

④의 앞 문장과 뒤 문장
┌ **앞 문장**: ③의 뒤 문장과 같음
│ **뒤 문장**: 인력을 요하는 운전은 개인 기동성과 자유, 자기 안내, 자율성에 대
└ 한 인간의 꿈을 이행할 것을 약속했다.
➡ 자동차 운행 초창기에 인간 운전자가 필요했다는 앞 문장의 내용과, 인력을 요하는
운전이 개인의 기동성, 자유, 자기 안내, 자율성에 대한 인간의 꿈을 약속했다는 뒤
문장의 내용은 자연스럽게 연결된다. ▶ 주어진 문장이 ④에 들어갈 수 없음

⑤의 앞 문장과 뒤 문장
┌ **앞 문장**: ④의 뒤 문장과 같음
│ **뒤 문장**: 인간 운전자 없이 주행할 수 있는 차라는 자율 주행차에 대한 환상이
└ 이 시기까지 거슬러 올라갈 수 있다는 것은 놀랍지 않다.
➡ 앞 문장에서 인력을 요하는 운전이 인간의 꿈을 이행할 것을 약속했다는 긍정적인
영향에 대한 문장이 나온 뒤, 뒤 문장에서는 인간 운전자 없이 주행할 수 있는 자율
주행차에 대한 환상이 시작된 시기에 대해 언급하고 있다.
주어진 문장은 '하지만'으로 시작하여 20세기 첫 몇십 년부터 인간 운전자의 부정적
인 영향이 심각한 우려의 주제로 나타났다는 내용이다.
따라서 인간 운전자가 '없는' 자율 주행차에 대한 환상이 시작된 것이 그 시기(20세
기 첫 몇십 년)로 거슬러 올라간다는 뒤 문장의 내용이 오기 전에 위치하여 내용을
전환하는 것이 알맞다. ▶ 주어진 문장이 ⑤에 들어가야 함

N 09 정답 ③ ＊정보 처리를 위한 인간의 범주화 능력

글의 흐름으로 보아, 주어진 문장이 들어가기에 가장 적절한 곳을 고르시오.

If we had to constantly think carefully / about every one of
those stimuli (or even a small subset **thereof**), / **in order to**
in order to-v: ~하기 위해서
understand its nature and function, / we would never get
그것의
anything done! // **단서 1** 우리가 모든 자극을 신경 쓴다면 아무 일도 하지 못할 것이라는
가정을 하고 있으므로, 앞에는 자극에 대한 언급이 있어야 함
만약 우리가 계속 신중하게 생각해야 한다면 / 그러한 모든 자극 하나하나 (혹은 심지어
그것의 작은 부분 집합)에 대해 / 그것의 본질과 기능을 이해하기 위해 / 우리는 아무 일도
해내지 못할 것이다 //

주어절 접속사
That the brain had limitations / on the amount of information
앞에 목적격 관계대명사 생략
processing **it could** handle / was not news to psychologists. //
뇌가 한계가 있다는 것은 / 그것이 다룰 수 있는 정보 처리량에 / 심리학자들에게 새로운
소식이 아니었다 //

Indeed, / about 15 years earlier, / Miller showed this / with his
famous paper on the limited capacity of short-term memory. //
실은 / 약 15년 전에 / Miller는 이를 보여 주었다 / 단기 기억의 제한된 용량에 관한 그의
유명한 논문으로 /
선행사를 포함하는 관계대명사　　단수 동사　　　between A and B: A와 B 사이
(①) **What** *was* novel / **was** the connection **between**
보어절 접속사
categorization **and** stereotyping, / and **that** categorization was
an inevitable aspect of human cognition. //
새로'웠던' 것은 / 범주화와 고정 관념화 사이의 연결이라는 점이었다 / 그리고 범주화가 인간
인지의 필연적인 측면이라는 점(이었다) //

(②) At any given second, / there are hundreds, even thousands,
주격 관계대명사
of different stimuli / **that** can be perceived in our immediate
environment. // 단서 2 항상 우리 주변에는 수많은 자극들이 존재한다고 언급함
어떤 순간에도 / 수백, 심지어 수천 개의 서로 다른 자극들이 있다 / 우리의 인접한 환경에서
인식될 수 있는 //

(③) Instead, / we learn about different stimuli, / and tend
to group them / in terms of common features, attributes, or
functions. // 단서 3 대신에 우리는 다양한 자극들을 분류하는 경향을 가진다고 함
대신, / 우리는 다양한 자극들에 대해 배우고 / 그것들을 분류하는 경향이 있다 / 공통된 특징,
속성, 또는 기능에 따라 //
so ~ as to-v: ~ 할 만큼 …하다
(④) This categorization process then / becomes **so** well
practiced **as to become** automatic, /
그렇다면 이런 범주화 과정은 / 자동화될 정도로 아주 잘 숙련되어 /
주격 관계대명사
and it frees up our consciousness / to attend **to** things **that** are
병렬 구조
novel in our environment, / or **to** our current task. //
그리고 우리의 의식을 자유롭게 해 준다 / 우리 환경의 새로운 것들에 집중하도록 / 혹은
우리의 현재 과업에 //
helps의 목적어와 목적격 보어(원형부정사)
(⑤) Thus, / categorization helps **us reduce** the complexity of
the stimuli / in our social environment. //
따라서 / 범주화는 우리로 하여금 자극들의 복잡성을 줄이는 데 도움을 준다 / 사회적
환경에서 //

- **constantly** [ad] 계속해서, 지속적으로 　 **limitation** [n] 한계
- **handle** [v] ~을 다루다 　 **capacity** [n] 용량
- **short-term** [a] 단기간의 　 **novel** [a] 새로운
- **categorization** [n] 범주화 　 **stereotyping** [n] 고정 관념화
- **inevitable** [a] 필연적인, 피할 수 없는 　 **cognition** [n] 인지, 인식
- **perceive** [v] 인식하다 　 **attribute** [n] 속성
- **consciousness** [n] 의식 　 **complexity** [n] 복잡성

뇌가 다룰 수 있는 정보 처리량에 한계가 있다는 것은 심리학자들에게 새로운
소식이 아니었다. 실은, 약 15년 전에 Miller는 단기 기억의 제한된 용량에 관
한 그의 유명한 논문으로 이를 보여 주었다. (①) 새로'웠던' 것은 범주화와 고
정 관념화 사이의 연결이라는 점, 그리고 범주화가 인간 인지의 필연적인 측면
이라는 점이었다. (②) 어떤 순간에도 우리의 인접한 환경에는 인식될 수 있는
수백, 심지어 수천 개의 서로 다른 자극들이 있다. (③ 만약 우리가 그것의 본질
과 기능을 이해하기 위해, 그러한 모든 자극 하나하나 (혹은 심지어 그것의 작
은 부분 집합)에 대해 계속 신중하게 생각해야 한다면, 우리는 아무 일도 해내
지 못할 것이다!) 대신 우리는 다양한 자극들에 대해 배우고, 그것들을 공통된
특징, 속성, 또는 기능에 따라 분류하는 경향이 있다. (④) 그렇다면 이런 범
주화 과정은 자동화될 정도로 아주 잘 숙련되어, 우리 환경의 새로운 것들 혹은
우리의 현재 과업에 집중하도록 우리의 의식을 자유롭게 해 준다. (⑤) 따라서
범주화는 우리가 사회적 환경에서의 자극들의 복잡성을 줄이는 데 도움을 준다.

1st 주어진 문장을 해석하고, 연결어, 지시어 등을 확인한다.

If we had to constantly think carefully / about every one of
those stimuli (or even a small subset thereof), / in order to
understand its nature and function, / we would never get
anything done! //
만약 우리가 계속 신중하게 생각해야 한다면 / 그러한 모든 자극 하나하나 (혹은 심지어
그것의 작은 부분 집합)에 대해 / 그것의 본질과 기능을 이해하기 위해 / 우리는 아무 일도
해내지 못할 것이다 //

➡ 우리가 모든 자극 하나하나를 계속 생각한다면 아무 일도 하지 못할 것이라는 가정
을 하고 있다. 단서
　▶ **주어진 문장 앞**: 우리가 받는 많은 자극에 대한 언급이 있어야 함
　▶ **주어진 문장 뒤**: 모든 개별 자극을 계속 생각할 수 없으므로, 우리는 어떤 방식으
로 자극을 처리하는지에 대한 내용이 나올 것임 발상

2nd 각 선택지의 앞뒤 흐름이 매끄러운지 확인한다.

①의 앞 문장과 뒤 문장

앞 문장: 뇌가 다룰 수 있는 정보 처리량에 한계가 있다는 것은 심리학자들에
게 새로운 소식이 아니었다. 실은, 약 15년 전에 Miller는 단기 기억의 제한
된 용량에 관한 그의 유명한 논문으로 이를 보여 주었다.

뒤 문장: 새로웠던 것은 범주화와 고정 관념화 사이의 연결이라는 점, 그리고
범주화가 인간 인지의 필연적인 측면이라는 점이었다.

➡ 앞 문장에서는 뇌의 정보 처리량에 한계가 있다는 점은 Miller의 논문에서도 드러난
다고 했다.
뒤 문장에서는 그의 논문에서 새로웠던 점은 범주화와 고정 관념화 사이의 연결, 범
주화가 인간 인지의 필연적이라는 점이라고 하며 Miller의 논문에 대해 계속해서 말
하므로, 자연스럽게 연결된다. ▶ 주어진 문장이 ①에 들어갈 수 없음

②의 앞 문장과 뒤 문장

앞 문장: ①의 뒤 문장과 같음

뒤 문장: 어떤 순간에도 우리의 인접한 환경에는 인식될 수 있는 수백, 심지어
수천 개의 서로 다른 자극들이 있다.

➡ 앞 문장에서 Miller의 논문 중 새로웠던 것은 인간 인지의 범주화라고 했으며, 이에
대한 설명을 시작하기 위해 우리 주변에는 수많은 자극들이 있다고 말하는 뒤 문장
은 자연스럽게 이어진다. ▶ 주어진 문장이 ②에 들어갈 수 없음

③의 앞 문장과 뒤 문장

앞 문장: ②의 뒤 문장과 같음

뒤 문장: 대신(Instead) 우리는 다양한 자극들에 대해 배우고, 그것들을 공통
된 특징, 속성, 또는 기능에 따라 분류하는 경향이 있다.

➡ 앞 문장에서 우리 주변에는 수많은 자극들이 있다고 했고, 뒤 문장에서는 '대신
(Instead)' 우리는 다양한 자극들을 분류하는 경향이 있다고 했다.
주어진 문장은 수많은 자극이 있다는 사실을 바탕으로 '만약 우리가 모든 자극을 계
속 생각한다면 아무 일도 하지 못했을 것이라는 가정을 하고 있다. '대신'으로 시작하
며 우리는 다양한 자극을 분류하는(범주화하는) 경향을 가지고 있다는 상반되는 내
용이 오기 전, 주어진 문장이 와야 한다. ▶ 주어진 문장이 ③에 들어가야 함

④의 앞 문장과 뒤 문장

앞 문장: ③의 뒤 문장과 같음

뒤 문장: 그렇다면 이런 범주화 과정(This categorization process)은 자
동화될 정도로 아주 잘 숙련되어, 우리 환경의 새로운 것들 혹은 우리의 현
재 과업에 집중하도록 우리의 의식을 자유롭게 해 준다.

➡ 앞 문장에서 우리는 다양한 자극들을 분류하는 경향이 있다고 했고, 뒤 문장에서는
'이러한 범주화 과정'이 잘 숙련되어 우리의 의식을 자유롭게 해준다는 부가 설명을
하고 있으므로, 두 문장은 잘 연결된다. ▶ 주어진 문장이 ④에 들어갈 수 없음

⑤의 앞 문장과 뒤 문장

앞 문장: ④의 뒤 문장과 같음

뒤 문장: 따라서 범주화는 우리가 사회적 환경에서의 자극들의 복잡성을 줄
이는 데 도움을 준다.

➡️ 범주화 과정은 우리가 현재 과정에 집중할 수 있도록 하고 우리의 의식을 자유롭게 해준다는 앞 문장의 내용과, 따라서 범주화는 자극의 복잡성을 줄이는 데 도움을 준다는 결론을 내리는 뒤 문장의 내용은 잘 연결된다.
▶ 주어진 문장이 ⑤에 들어갈 수 없음

N 10 정답 ④ ＊잊혀졌던 매듭 이론의 부활

글의 흐름으로 보아, 주어진 문장이 들어가기에 가장 적절한 곳을 고르시오.

> However, more recently, / ideas of this general kind have begun to find favour again, / partly in view of their connection / with string-theoretic notions. //
> 하지만, 최근 들어 / 이러한 일반적인 종류의 아이디어들이 다시 지지를 얻기 시작했다 / 부분적으로 그들의 연관성의 관점에서 / 끈 이론적 개념들과의
> **단서 1** '하지만'이라고 했으므로, 이러한 아이디어들이 끈 이론 개념들과의 연관성에서 다시 지지를 얻기 시작했다는 내용과 반대되는 내용이 앞에 와야 함

Sometimes / theories **that** have been out of fashion for some while / can come back into consideration / in view of later developments. //
때때로 / 얼마 동안 한물갔던 이론들이 / 다시 고려될 수 있다 / 이후의 발전의 관점에서 //

(①) A case in point / is an idea **that** Lord Kelvin put forward in about 1867, / **in which** atoms (the elementary particles of his day) were to be regarded / as **being** composed of tiny knot-like structures. //
딱 들어맞는 사례는 / Lord Kelvin이 1867년경 제안한 생각인데 / 그 아이디어에서 원자(그의 시대의 최소 단위를 이루는 입자)들은 여겨졌다 / 아주 작은 매듭 같은 구조들로 구성된다고 //

(②) This idea attracted some considerable attention / at the time, / and the mathematician J. G. Tait began a systematic study of knots / on the basis of this. //
이 아이디어는 얼마간의 상당한 관심을 끌었고 / 당시에 / 수학자 J. G. Tait은 매듭들의 체계적인 연구를 시작했다 / 이를 토대로 //

(③) But the theory did not **lead to** any clear-cut correspondence / with the actual physical behaviour of atoms, / so it became largely forgotten. //
단서 2 원자는 매듭 같은 구조라는 이론은 실제 원자들의 움직임과 일치하지 않아서 잊혀짐(주어진 글과 반대되는 내용)
하지만 이 이론은 명백한 일치로 이어지지 않았다 / 원자들의 실제 물리적 움직임과 / 그래서 이는 대체로 잊혀졌다 //

(④) The mathematical theory of knots / has also encountered a revival, / since around 1984, / **starting** with the work of Vaughan Jones, / **whose** seminal ideas had their roots in theoretical considerations / within quantum field theory. //
매듭들의 수학적 이론은 / 또한 부흥을 마주했는데 / 1984년쯤부터 / Vaughan Jones의 연구에서 시작하여 / 그의 중요한 아이디어들은 이론적 고려에 뿌리를 두었다 / 양자장론 내의 //
단서 3 다시 지지를 얻기 시작했다는 내용에 이어지는 것으로, 매듭들의 수학적 이론 또한 다시 부흥함

(⑤) The methods of string theory / were subsequently employed by Edward Witten / **to obtain** a kind of quantum field theory / **which**, in a certain sense, encompasses / these new developments in the mathematical theory of knots. //
끈 이론의 방법들은 / 이후 Edward Witten에 의해 사용되었다 / 일종의 양자장론을 얻기 위해 / 이는 어떤 의미에서는 포함한다 / 매듭의 수학적 이론의 이러한 새로운 발전들을 //

- **string** ⓝ 끈　　• **notion** ⓝ 개념
- **out of fashion** 한물간, 유행이 지난　　• **consideration** ⓝ 고려
- **elementary** ⓐ 최소의, 기본적인　　• **particle** ⓝ 입자
- **be composed of** ~로 구성되다　　• **knot** ⓝ 매듭
- **mathematician** ⓝ 수학자　　• **correspondence** ⓝ 일치
- **encounter** ⓥ 마주하다　　• **subsequently** ⓐⓓ 이후에, 나중에

때때로 얼마 동안 한물갔던 이론들이 이후의 발전의 관점에서 다시 고려될 수 있다. (①) 딱 들어맞는 사례는 Lord Kelvin이 1867년경 제안한 생각인데, 그 아이디어에서 원자(그의 시대의 최소 단위를 이루는 입자)들은 아주 작은 매듭 같은 구조들로 구성된다고 여겨졌다. (②) 이 아이디어는 당시에 얼마간의 상당한 관심을 끌었고, 수학자 J. G. Tait은 이를 토대로 매듭들의 체계적인 연구를 시작했다. (③) 하지만 이 이론은 원자들의 실제 물리적 움직임과 명백한 일치로 이어지지 않았고, 그래서 이는 대체로 잊혀졌다. (④ 하지만, 최근 들어, 이러한 일반적인 종류의 아이디어들이 부분적으로 끈 이론적 개념들과의 그들의 연관성의 관점에서 다시 지지를 얻기 시작했다.) 1984년쯤부터 Vaughan Jones의 연구에서 시작하여 매듭들의 수학적 이론은 또한 부흥을 마주했는데, 그의 중요한 아이디어들은 양자장론 내의 이론적 고려에 뿌리를 두었다. (⑤) 끈 이론의 방법들은 일종의 양자장론을 얻기 위해 이후 Edward Witten에 의해 사용되었는데, 이는 어떤 의미에서는 매듭의 수학적 이론의 이러한 새로운 발전들을 포함한다.

| 문제 풀이 순서 |　**| 정답률 55% |**

1st 주어진 문장을 해석하고, 연결어, 지시어 등을 확인한다.

> However, more recently, / ideas of this general kind have begun to find favour again, / partly in view of their connection / with string-theoretic notions. //
> 하지만, 최근 들어 / 이러한 일반적인 종류의 아이디어들이 다시 지지를 얻기 시작했다 / 부분적으로 그들의 연관성의 관점에서 / 끈 이론적 개념들과의 //

➡️ 최근 들어 이러한 아이디어들이 끈 이론적 개념과의 연관성으로 다시 지지를 얻기 시작했다고 했다. **단서**
▶ **주어진 문장 앞:** However라고 했으므로, 반대되는 내용인 '이러한 아이디어들이 지지를 받지 못하고 잊혀졌던 것'이 나와야 함
▶ **주어진 문장 뒤:** 다시 지지를 받은 후에 대한 상황이나 내용이 제시될 것임 **발상**

2nd 각 선택지의 앞뒤 흐름이 매끄러운지 확인한다.

①의 앞 문장과 뒤 문장

앞 문장: 때때로 얼마 동안 한물갔던 이론들이 이후의 발전의 관점에서 다시 고려될 수 있다.
뒤 문장: 딱 들어맞는 사례는 Lord Kelvin이 1867년경 제안한 생각인데, 그 아이디어에서 원자(그의 시대의 최소 단위를 이루는 입자)들은 아주 작은 매듭 같은 구조들로 구성된다고 여겨졌다.

➡️ 한물갔던 이론이 이후에 다시 고려될 수 있다고 말하면서 딱 맞는 사례를 처음 소개하고 있으므로 두 문장은 자연스럽게 연결된다.
▶ 주어진 문장이 ①에 들어갈 수 없음

②의 앞 문장과 뒤 문장

앞 문장: ①의 뒤 문장과 같음
뒤 문장: 이 아이디어(This idea)는 당시에 얼마간의 상당한 관심을 끌었고, 수학자 J. G. Tait은 이를 토대로 매듭들의 체계적인 연구를 시작했다.

➡️ 원자가 매듭 같은 구조로 구성된다는 Lord Kelvin의 아이디어를 소개한 앞 문장과, '이 아이디어(This idea)'가 당시 상당한 관심을 끌었고 다른 수학자도 이를 토대로 연구를 시작했다는 내용은 자연스럽게 연결된다.
▶ 주어진 문장이 ②에 들어갈 수 없음

③의 앞 문장과 뒤 문장

앞 문장: ②의 뒤 문장과 같음
뒤 문장: 하지만 이 이론(But the theory)은 원자들의 실제 물리적 움직임과 명백한 일치로 이어지지 않았고, 그래서 이는 대체로 잊혀졌다.

➡️ 매듭 아이디어가 관심을 끌었다는 문장 뒤에 '하지만(But)'으로 연결되어 '이 이론(the theory)'이 실제 물리적 움직임과 일치하지 않아서 잊혀지게 되었다는 문장은 자연스럽게 연결된다. ▶ 주어진 문장이 ③에 들어갈 수 없음

④의 앞 문장과 뒤 문장

앞 문장: ③의 뒤 문장과 같음
뒤 문장: 1984년쯤부터 Vaughan Jones의 연구에서 시작하여 매듭들의 수학적 이론은 또한(also) 부흥을 마주했는데, 그의 중요한 아이디어들은 양자장론 내의 이론적 고려에 뿌리를 두었다.

➡ 앞 문장에서 매듭 이론이 실제 물리적 움직임과 일치하지 않아서 잊혀졌다고 했는데, 뒤 문장에서 매듭들의 수학적 이론 '또한(also)' 부흥을 마주했다는 내용이 이어지는 것은 부자연스럽다.

주어진 문장은 '하지만(However)'으로 시작하여 매듭 이론이 최근에 다시 지지를 얻게 되었다는 내용으로, 매듭 이론이 잊혀졌다는 내용 뒤에 위치하여 글의 방향을 전환시켜야 한다. ▶ 주어진 문장이 ④에 들어가야 함

⑤의 앞 문장과 뒤 문장

앞 문장: ④의 뒤 문장과 같음

뒤 문장: 끈 이론의 방법들은 일종의 양자장론을 얻기 위해 이후 Edward Witten에 의해 사용되었는데, 이는 어떤 의미에서는 매듭의 수학적 이론의 이러한 새로운 발전들을 포함한다.

➡ 앞 문장에서는 매듭의 수학적 이론이 Vaughan Jones의 연구를 시작으로 부흥을 맞이했고 그의 아이디어가 양자장론 내 이론적 고려에 뿌리를 두었다고 했다.

그리고 뒤 문장에서는 이러한 수학적 이론의 새로운 발전들을 포함하는 양자장론을 얻기 위해 끈 이론이 사용되었다는 추가 설명을 하고 있으므로 자연스럽게 연결된다.

▶ 주어진 문장이 ⑤에 들어갈 수 없음

N 11 정답 ④ * 라이선싱에 대한 음반사와 출판사의 관점 차이

글의 흐름으로 보아, 주어진 문장이 들어가기에 가장 적절한 곳을 고르시오. [3점]

From the record labels' point of view, / the licensing has a completely different purpose, / and that purpose is to promote an act. // **단서 1** 음반사의 경우 라이선싱은 완전히 다른 목적을 가짐
음반사의 관점에서 / 라이선싱은 완전히 다른 목적을 가지고 있다 / 그리고 그 목적은 행위를 촉진하는 것이다 //

Music-licensing / has always been an integral and lucrative part of the music business, / but there has often been a tension / between music publishers **and** record labels. //
음악 라이선싱은 / 언제나 음악 사업의 필수적이고 돈이 되는 부분이었지만 / 종종 긴장감이 있어 왔다 / 음악 출판사와 음반사 사이에는 //
(①) **Although** music is the shared value / for both publishers and labels, / their aims and their business models differ. //
비록 음악은 공유된 가치이지만 / 출판사와 음반사 둘 모두에게 / 그들의 목표와 그들의 사업 모델은 다르다 //
(②) To the music publisher / or the licensing department of a full-service music firm, / licensing opportunities are the bread and butter of their business. //
음악 출판사에게 / 또는 포괄적 업무를 제공하는 음악 회사의 라이선싱 부서(에게) / 라이선싱 기회들은 그들 사업의 생계의 수단이다 //
(③) There is simply no other kind of income / besides the royalties **paid by the licensees**. // **단서 2** 음악 출판사나 음악 회사의 라이선싱 부서에게 라이선싱 외에 다른 수입은 없음
다른 종류의 수입이 전혀 없다 / 라이선스를 받은 사람에 의해 지불되는 사용료 외에는 //
(④) The licensing fee **paid** by the licensee / **is** only the icing on the cake, /
라이선스를 받은 사람에 의해 지불되는 라이선스 사용료는 / 단지 케이크 위의 당의(케이크에서 장식용으로 사용하는 설탕 첨가물)에 불과하다 /
since the majority of a traditional record label's revenues / **are** generated by selling audio recordings (primarily CDs) to consumers. // **단서 3** 라이선스 사용료는 단지 부수적일 뿐이고 수입의 대부분은 음반 판매임
이는 전통적인 음반사 수입의 대부분이 / 소비자에게 오디오 음반(주로 CD)을 판매함으로써 창출되기 때문이다 //

(⑤) In a competition to have a song included in a film etc., / the record label might be inclined to waive the fee / **in order to win** the competition and **achieve** the much-desired media presence. // 영화 등에 노래를 포함하게 하기 위한 경쟁에서 / 음반사는 사료를 포기하는 경향이 있을 수도 있다 / 경쟁에서 이기고 몹시 바라는 미디어 존재감을 얻기 위해 //

- **integral** ⓐ 필수적인   • **tension** ⓝ 긴장(감)
- **publisher** ⓝ 출판사   • **income** ⓝ 수입
- **icing** ⓝ 당의(케이크에서 장식용으로 사용하는 설탕 첨가물)
- **revenue** ⓝ 수입   • **be inclined to-v** ~하는 경향이 있다

음악 라이선싱은 언제나 음악 사업의 필수적이고 돈이 되는 부분이었지만, 음악 출판사와 음반사 사이에는 종종 긴장감이 있어 왔다. (①) 비록 음악은 출판사와 음반사 둘 모두에게 공유된 가치이지만, 그들의 목표와 그들의 사업 모델은 다르다. (②) 음악 출판사 또는 포괄적 업무를 제공하는 음악 회사의 라이선싱 부서에게, 라이선싱 기회들은 그들 사업의 생계의 수단이다. (③) 라이선스를 받은 사람에 의해 지불되는 사용료 외에는 다른 종류의 수입이 전혀 없다. (④ 음반사의 관점에서, 라이선싱은 완전히 다른 목적을 가지고 있으며, 그 목적은 행위를 촉진하는 것이다.) 라이선스를 받은 사람에 의해 지불되는 라이선스 사용료는 단지 케이크 위의 당의(케이크에서 장식용으로 사용하는 설탕 첨가물)에 불과한데, 이는 전통적인 음반사 수입의 대부분이 소비자에게 오디오 음반(주로 CD)을 판매함으로써 창출되기 때문이다. (⑤) 영화 등에 노래를 포함되게 하기 위한 경쟁에서, 음반사는 경쟁에서 이기고 몹시 바라는 미디어 존재감을 얻기 위해 사용료를 포기하는 경향이 있을 수도 있다.

| 문제 풀이 순서 | [정답률 50%]

1st 주어진 문장을 해석하고, 연결어, 지시어 등을 확인한다.

From the record labels' **point of view**, / the licensing has a completely different purpose, / and that purpose is to promote an act. //
음반사의 관점에서 / 라이선싱은 완전히 다른 목적을 가지고 있다 / 그리고 그 목적은 행위를 촉진하는 것이다 //

➡ '음반사의 관점에서(From the record labels' point of view)' 라이선싱은 완전히 다른 목적을 가지고 있으며, 그 목적은 행위를 촉진하는 것이라고 했다. **단서**

▶ **주어진 문장 앞**: 음반사가 아닌 다른 것의 관점에서 본 라이선싱의 목적이 제시되어야 함

▶ **주어진 문장 뒤**: 음반사가 지닌 목적인 행위 촉진에 대한 부연 설명이 와야 할 것임 **발상**

2nd 각 선택지의 앞뒤 흐름이 매끄러운지 확인한다.

①의 앞 문장과 뒤 문장

앞 문장: 음악 라이선싱은 언제나 음악 사업의 필수적이고 돈이 되는 부분이었지만, 음악 출판사와 음반사 사이에는 종종 긴장감이 있어 왔다.

뒤 문장: 비록 음악은 출판사와 음반사 둘 모두에게 공유된 가치이지만, 그들의 목표와 그들의 사업 모델은 다르다.

➡ 음악 라이선싱에 대해 출판사와 음반사 사이의 긴장감이 있다는 문장과, 그들의 목표와 사업 모델이 다르다고 설명하고 있는 두 문장은 자연스럽게 연결된다.

▶ 주어진 문장이 ①에 들어갈 수 없음

②의 앞 문장과 뒤 문장

앞 문장: ①의 뒤 문장과 같음

뒤 문장: 출판사 또는 포괄적 업무를 제공하는 음악 회사의 라이선싱 부서에게, 라이선싱 기회들은 그들 사업의 생계의 수단이다.

➡ 라이선싱에 대한 출판사와 음반사의 목표와 사업 모델이 다르다고 언급한 후, 먼저 출판사의 경우를 구체적으로 설명하고 있으므로 자연스럽게 연결된다.

▶ 주어진 문장이 ②에 들어갈 수 없음

③의 앞 문장과 뒤 문장

앞 문장: ②의 뒤 문장과 같음

뒤 문장: 라이선스를 받은 사람에 의해 지불되는 사용료 외에는 다른 종류의 수입이 전혀 없다.

➡ 앞 문장에서 출판사에게 라이선싱은 생계의 수단이라고 했고, 뒤 문장에서 그 외에 다른 종류의 수입이 전혀 없다는 내용이 이어지므로 자연스럽게 연결된다.

▶ 주어진 문장이 ③에 들어갈 수 없음

④의 앞 문장과 뒤 문장

앞 문장: ③의 뒤 문장과 같음

뒤 문장: 라이선스를 받은 사람에 의해 지불되는 라이선스 사용료는 단지 케이크 위의 당의에 불과한데, 이는 전통적인 음반사(record label) 수입의 대부분이 소비자에게 오디오 음반(주로 CD)을 판매함으로써 창출되기 때문이다.

→ 라이선스 사용료 외에는 다른 종류의 수입이 전혀 없다는 내용에 이어서, 라이선스 사용료가 단지 케이크 위의 당의에 불과하고 '음반사(record label)'의 수입 대부분은 음반 판매라고 설명하고 있다.
주어진 문장은 '음반사'의 관점에서 라이선싱은 완전히 다른 목적을 가지고 있으며 행위를 촉진하는 것이라고 했으므로, 음반사의 관점에 대한 설명으로 전환되기 전에 해당하는 여기에 들어가야 한다. ▶ **주어진 문장은 ④에 들어가야 함**

⑤의 앞 문장과 뒤 문장

앞 문장: ④의 뒤 문장과 같음

뒤 문장: 영화 등에 노래를 포함되게 하기 위한 경쟁에서, 음반사는 경쟁에서 이기고 몹시 바라는 미디어 존재감을 얻기 위해 사용료를 포기하는 경향이 있을 수도 있다.

→ 앞 문장에서 음반사의 대부분의 수입은 음반 판매로부터 온다고 했고, 뒤 문장에서 음반사는 경쟁에서 이기고 미디어 존재감을 얻기 위해 사용료를 포기하는 경향도 있다는 부연 설명을 하고 있으므로 두 문장이 자연스럽게 연결된다.

▶ **주어진 문장이 ⑤에 들어갈 수 없음**

N 12 정답 ⑤ ＊집단적으로 비춰지는 과학의 본질

글의 흐름으로 보아, 주어진 문장이 들어가기에 가장 적절한 곳을 고르시오. [3점]

Yet this, the increasingly collective nature of science, / is often missed in stories of individual genius, / whether Newton sitting under an apple tree / or Einstein writing at night after his job. //

단서 1 점점 더 집단적인 과학의 속성은 뉴턴이든 아인슈타인이든 개인적인 천재의 이야기에서 종종 간과됨

그러나 이러한, 점점 더 집단적인 과학의 속성은 / 개인적인 천재에 대한 이야기에서 종종 간과된다 / 사과나무 아래 앉아 있는 뉴턴이든 / 혹은 퇴근 후 밤에 글을 쓰는 아인슈타인이든 //

For most of history / science was secretive, obscure / and often considered indistinguishable from magic. //

대부분의 역사에서 / 과학은 비밀스럽고 이해하기 힘들며 / 흔히 마법과 구별할 수 없다고 간주되었다 //

단서 2 현대 과학은 지식을 집단화하는 형태로 결합하고 제도화함

(①) Modern science by contrast combines observation, interpretation and action / in forms that collectivize the knowledge gained / and institutionalizes them in labs, centres, disciplines, funds and stored memories. //

대조적으로 현대 과학은 관찰, 해석, 그리고 실행을 결합하고 / 얻어진 지식을 집단화하는 형태로 / 그것들을 실험실, 센터, 학문 분야, 기금 및 저장된 기억에 제도화한다 //

(②) As a collective, science polices itself, / as happened in 2018 / when a Chinese scientist, He Jiankui, / announced the birth of twin girls with edited genomes, / and was met with a storm of disapproval. //

과학은 한 집단으로서 스스로를 단속한다 / 2018년에 일어났던 일처럼 / 중국 과학자인 He Jiankui가 / 편집된 게놈을 가진 쌍둥이 소녀의 탄생을 발표하고 / 거센 비난에 직면했던 //

(③) This open and collective nature / was understood early in the history of modern science. //

이러한 개방적이고 집단적인 속성은 / 현대 과학의 역사 초기에 이해되었다 //

단서 3 Joseph Glanvill은 그것(과학의 개방적이고 집단적인 속성)을 주장한 최초의 이론가 중 한 명이었음

(④) Joseph Glanvill was one of its first theorists, / arguing in the 1660s / that 'free and ingenious exchange of the reasons of our particular sentiments' / is the best method of discovering truth and improving knowledge. //

Joseph Glanvill은 그것을 주장한 최초의 이론가들 중 한 명이었는데 / 1660년대에 주장했다 / '우리의 개별적인 의견들에 대한 이유들을 자유롭고 독창적으로 교환하는 것'이 / 진실을 발견하고 지식을 향상시키는 최고의 방법이라고 //

(⑤) But the more we know, / the more collective science looks, / dependent on networks of collaborators, supporters and colleagues. //

단서 4 주어진 글에 대한 반대 내용이 이어지며, 우리가 더 많이 알수록 과학은 더 집단적으로 보인다고 했음

그러나 우리가 더 많이 알수록 / 과학은 더 집단적으로 보인다 / 협력자, 지지자 및 동료들의 네트워크에 의존하면서 //

- collective ⓐ 집단적인
- secretive ⓐ 비밀스러운
- indistinguishable ⓐ 구별할 수 없는
- combine ⓥ 결합하다
- observation ⓝ 관찰
- interpretation ⓝ 해석
- collectivize ⓥ 집단화하다
- institutionalize ⓥ 제도화하다
- police ⓥ 단속하다, 감시하다
- genome ⓝ 게놈(세포나 생명체의 유전자 총체)
- disapproval ⓝ 비난
- ingenious ⓐ 독창적인
- sentiment ⓝ 감정, 의견
- collaborator ⓝ 협력자

대부분의 역사에서 과학은 비밀스럽고 이해하기 힘들며 흔히 마법과 구별할 수 없다고 간주되었다. (①) 대조적으로 현대 과학은 얻어진 지식을 집단화하는 형태로 관찰, 해석, 그리고 실행을 결합하고 그것들을 실험실, 센터, 학문 분야, 기금 및 저장된 기억에 제도화한다. (②) 중국 과학자인 He Jiankui가 편집된 게놈을 가진 쌍둥이 소녀의 탄생을 발표하고, 거센 비난에 직면했던 2018년에 일어났던 일처럼, 과학은 한 집단으로서 스스로를 단속한다. (③) 이러한 개방적이고 집단적인 속성은 현대 과학의 역사 초기에 이해되었다. (④) Joseph Glanvill은 그것을 주장한 최초의 이론가들 중 한 명이었는데, '우리의 개별적인 의견들에 대한 이유들을 자유롭고 독창적으로 교환하는 것'이 진실을 발견하고 지식을 향상시키는 최고의 방법이라고 1660년대에 주장했다. (⑤ 그러나 이러한, 점점 더 집단적인 과학의 속성은 사과나무 아래 앉아 있는 뉴턴이든 퇴근 후 밤에 글을 쓰는 아인슈타인이든, 개인적인 천재에 대한 이야기에서 종종 간과된다.) 그러나 우리가 더 많이 알수록, 과학은 협력자, 지지자 및 동료들의 네트워크에 의존하면서 더 집단적으로 보인다.

│ 문제 풀이 순서 │ [정답률 26%]

1st 주어진 문장을 해석하고, 연결어, 지시어 등을 확인한다.

Yet this, the increasingly collective nature of science, / is often missed in stories of individual genius, / whether Newton sitting under an apple tree / or Einstein writing at night after his job. //

그러나 이러한, 점점 더 집단적인 과학의 속성은 / 개인적인 천재에 대한 이야기에서 종종 간과된다 / 사과나무 아래 앉아 있는 뉴턴이든 / 혹은 퇴근 후 밤에 글을 쓰는 아인슈타인이든 //

→ 뉴턴이든 아인슈타인이든 점점 더 집단적인 과학의 속성은 개인적인 천재에 대한 이야기에서 간과된다고 했다. (단서)

▶ **주어진 문장 앞:** 점점 더 집단적인 과학의 속성에 대한 내용이 제시되어야 함
▶ **주어진 문장 뒤:** 과학의 집단적인 속성에 대한 설명이 이어질 것임 (발상)

2nd 각 선택지의 앞뒤 흐름이 매끄러운지 확인한다.

①의 앞 문장과 뒤 문장

앞 문장: 대부분의 역사에서 과학은 비밀스럽고 이해하기 힘들며 흔히 마법과 구별할 수 없다고 간주되었다.

뒤 문장: 대조적으로 현대 과학은 얻어진 지식을 집단화하는 형태로 관찰, 해석, 그리고 실행을 결합하고 그것들을 실험실, 센터, 학문 분야, 기금 및 저장된 기억에 제도화한다.

→ 앞 문장에서는 과거에 과학은 비밀스럽고 이해하기 힘들다고 여겨졌다고 했다.
뒤 문장에서는 대조적으로 현대에는 과학이 지식을 집단화하는 형태로 결합하고, 제도화한다고 했으므로 두 문장은 자연스럽게 연결된다.

▶ **주어진 문장이 ①에 들어갈 수 없음**

②의 앞 문장과 뒤 문장

┌ **앞 문장:** ①의 뒤 문장과 같음
│ **뒤 문장:** 중국 과학자인 He Jiankui가 편집된 게놈을 가진 쌍둥이 소녀의 탄생을 발표하고, 거센 비난에 직면했던 2018년에 일어났던 일처럼, 과학은 └ 한 집단으로서 스스로를 단속한다.

➡ 앞 문장에서는 현대 과학이 지식을 집단화하는 형태로 결합하고 제도화한다고 했고, 뒤 문장에서는 과학이 한 집단으로서 스스로를 단속한다는 내용이 이어지므로 두 문장은 자연스럽게 연결된다. ▶ 주어진 문장이 ②에 들어갈 수 없음

③의 앞 문장과 뒤 문장

┌ **앞 문장:** ②의 뒤 문장과 같음
│ **뒤 문장:** 이러한 개방적이고 집단적인 속성은 현대 과학의 역사 초기에 이 └ 해되었다.

➡ 앞에서는 과학이 한 집단으로서 스스로 단속한다고 했고, 뒤에서는 이런 개방적이고 집단적인 속성은 현대 과학의 초기에 이해되었다고 했다. 앞에 나온 내용을 뒤 문장에서 요약하며 설명하고 있기 때문에 두 문장은 자연스럽게 연결된다.
▶ 주어진 문장이 ③에 들어갈 수 없음

④의 앞 문장과 뒤 문장

┌ **앞 문장:** ③의 뒤 문장과 같음
│ **뒤 문장:** Joseph Glanvill은 그것을 주장한 최초의 이론가들 중 한 명이었는데, '우리의 개별적인 의견들에 대한 이유들을 자유롭고 독창적으로 교환하는 것'이 진실을 발견하고 지식을 향상시키는 최고의 방법이라고 1660년 └ 대에 주장했다.

➡ 과학의 개방적이고 집단적인 속성은 현대 과학의 역사 초기에 이해되었다고 한 뒤에, 이를 주장한 이론가로서 Joseph Glanvill의 주장을 설명하고 있다.
앞 문장의 '과학의 개방적이고 집단적 속성'에 대해 뒤 문장에서 내용이 이어지고 있으므로 자연스러운 흐름이다. ▶ 주어진 문장이 ④에 들어갈 수 없음

(⑤)의 앞 문장과 뒤 문장

┌ **앞 문장:** ④의 뒤 문장과 같음
│ **뒤 문장:** 그러나(But) 우리가 더 많이 알수록, 과학은 협력자, 지지자 및 동료 └ 들의 네트워크에 의존하면서 더 집단적으로 보인다.

➡ 앞 문장에서 과학의 개방적이고 집단적인 속성을 주장한 Joseph Glanvill의 주장이 나오는데, 뒤 문장은 '그러나(But)'로 시작해서 과학자는 집단적으로 보인다는 설명이 나오므로, 두 문장 사이에 과학이 집단적이지 않다는 주장과 비슷한 내용이 나와야 한다.
주어진 문장은, 점점 더 집단적인 과학의 속성은 개인적인 천재들의 이야기에서는 종종 간과된다는 내용이므로, 두 문장의 사이에 들어가야 한다.
▶ 주어진 문장은 ⑤에 들어가야 함

N 13 정답 ② ＊사회 과학의 논쟁적 특성

글의 흐름으로 보아, 주어진 문장이 들어가기에 가장 적절한 곳을 고르시오.

┌ **단서 1** 입문자들을 위한 사회 과학 교과서들은 주제를 상충하는 관점으로 설명함
│ In contrast, introductory social science texts / often describe
│ their subjects / as a series of competing perspectives. //
│ 반면에, 입문자들을 위한 사회 과학 교과서들은 / 종종 그것들의 주제들을 설명한다 /
└ 일련의 상충하는 관점들로 //

Social scientists find it harder to agree / than do natural
scientists. // **단서 2** 사회 과학자들은 자연 과학자들보다 동의하는 것을 어렵다고 느낌
사회 과학자들은 동의하는 것을 더 어렵다고 생각한다 / 자연 과학자들이 그러하는 것보다 //

(①) Researchers at the leading edge of physics, for example, /
may argue fiercely, /
예를 들어, 물리학의 최첨단에 있는 연구자들은 / 맹렬하게 논쟁할지도 모르지만 /

단서 3 물리학자들 간에는 입문자들을 위한 물리학 교과서에 들어갈 기본적인 지식에 대해서는 **충분히 합의할 수 있음**
but there is sufficient consensus among the discipline's scholars
/ for an introductory physics textbook to state with authority /
the basic knowledge **that** is accepted by the field. //
그 학문 분야의 학자들 사이에는 충분한 합의가 있다 / 입문자들을 위한 물리학 교과서가 권위 있게 기술할 정도로 / 해당 분야에서 인정되는 기본 지식을 //

단서 4 주어진 문장에서 말한 '주제를 상충하는 관점으로 설명하는 것'과 관련된, 서로 다르다는 점을 강조하는 것도 이점이 있다는 내용임
((②)) There are benefits / to stressing **what** divides us. //
이점이 있다 / 우리를 나누는 것들을 강조하는 데는 //

(③) **By taking** specific emphases to their logical conclusions, /
we can readily perceive the arguments / **that** need to be resolved
/ if we **are to** explain this or that aspect of the social world. //
특정한 강조점들을 그것들의 논리적인 결론까지 이끌고 감으로써 / 우리가 논점들을 쉽게 인식할 수 있다 / 해결될 필요가 있는 / 사회적 세계의 이런 저런 측면을 설명하려는 경우에 //

(④) Like politicians in elections, / advocates of particular
schools try to put 'clear blue water' / **between** themselves **and**
their rivals. //
선거철의 정치인들처럼 / 특정 학파의 옹호자들은 '맑고 푸른 물 (두 집단 간 극명한 입장 차이)'을 두려고 노력한다 / 그들 자신과 자신들의 경쟁자들 사이에 //

(⑤) But, like politicians in power, / when the same advocates
get round to doing sociology / (rather than just advertising
their brand of it) / they tend to fall back to a common middle
ground. //
하지만, 권력을 가진 정치인들처럼 / 그 동일한 옹호자들이 사회학을 실제로 수행할 때는 / (그들의 브랜드를 단지 홍보하기보다는) / 그들은 공통의 중간 지대로 물러서는 경향이 있다 //

- introductory ⓐ 입문자들을 위한　· competing ⓐ 상충하는
- leading edge 최첨단　· fiercely 〔ad〕 맹렬하게, 격렬하게
- consensus ⓝ 합의　· discipline ⓝ 학문 분야　· scholar ⓝ 학자
- stress ⓥ 강조하다　· resolve ⓥ 해결하다　· advocate ⓝ 옹호자
- school ⓝ (학문·예술 등의) 학파

사회 과학자들은 자연 과학자들이 그러는 것보다 동의하는 것을 더 어렵다고 생각한다. (①) 예를 들어, 물리학의 최첨단에 있는 연구자들은 맹렬하게 논쟁할지도 모르지만, 그 학문 분야의 학자들 사이에는 입문자들을 위한 물리학 교과서가 해당 분야에서 인정되는 기본 지식을 권위 있게 기술할 정도로 충분한 합의가 있다. (② 반면에, 입문자들을 위한 사회 과학 교과서들은 종종 그것들의 주제들을 일련의 상충하는 관점들로 설명한다.) 우리를 나누는 것들을 강조하는 데는 이점이 있다. (③) 특정한 강조점들을 그것들의 논리적인 결론까지 이끌고 감으로써, 우리가 사회적 세계의 이런 저런 측면을 설명하려는 경우에 해결될 필요가 있는 논점들을 쉽게 인식할 수 있다. (④) 선거철의 정치인들처럼, 특정 학파의 옹호자들은 '맑고 푸른 물 (두 집단 간 극명한 입장 차이)'을 그들 자신과 자신들의 경쟁자들 사이에 두려고 노력한다. (⑤) 하지만 권력을 가진 정치인들처럼, 그 동일한 옹호자들이 사회학을 실제로 수행할 때는 (그들의 브랜드를 단지 홍보하기보다는), 그들은 공통의 중간 지대로 물러서는 경향이 있다.

| 문제 풀이 순서 | [정답률 28%]

1st 주어진 문장을 해석하고, 연결어, 지시어 등을 확인한다.

┌ In contrast, introductory social science texts / often describe
│ their subjects / as a series of competing perspectives. //
│ 반면에, 입문자들을 위한 사회 과학 교과서들은 / 종종 그것들의 주제들을 설명한다 /
└ 일련의 상충하는 관점들로 //

➡ 입문자들을 위한 사회과학 교과서들은 상충하는 관점으로 사회 과학의 주제를 설명한다고 했고, '반면에(In contrast)'로 시작한다. **단서**
▶ **주어진 문장 앞:** 입문자의 사회 과학 교과서와는 대조되는 내용이 제시될 것임

▶ **주어진 문장 뒤:** 사회 과학의 상충하는 관점에 대한 설명이 이어질 것임

①의 앞 문장과 뒤 문장

┌ **앞 문장**: 사회 과학자들은 자연 과학자들이 그러하는 것보다 동의하는 것을 더 어렵다고 생각한다.

└ **뒤 문장**: 예를 들어, 물리학의 최첨단에 있는 연구자들은 맹렬하게 논쟁할지도 모르지만, 그 학문 분야의 학자들 사이에는 입문자들을 위한 물리학 교과서가 해당 분야에서 인정되는 기본 지식을 권위 있게 기술할 정도로 충분한 합의가 있다.

➡ 앞 문장은 사회 과학자들이 자연 과학자들보다 동의하기를 어려워한다는 설명이다. 뒤 문장은 자연 과학자들 중 물리학 연구자들은 논쟁을 하더라도 입문자들을 위한 물리학 교과서에는 기본 지식을 기술할 정도로 충분한 합의가 있다고 했으므로 두 문장은 자연스럽게 연결된다.

▶ 주어진 문장이 ①에 들어갈 수 없음

②의 앞 문장과 뒤 문장

┌ **앞 문장**: ①의 뒤 문장과 같음

└ **뒤 문장**: 우리를 나누는 것들을 강조하는 데는 이점이 있다.

➡ 앞 문장에서 물리학의 경우, 입문자들을 위한 물리학 교과서에는 모두가 인정할 수 있는 기본 지식을 실을 수 있다고 했다. 하지만 뒤에 이어지는 내용은 우리를 나누는 것을 강조하는 데는 이점이 있다고 했다. 두 문장의 내용이 연결되지 않는데, 주어진 문장은 입문자를 위한 사회 과학 교과서의 경우 종종 상충하는 관점들로 주제를 설명한다는 내용이다. 주어진 문장이 '반면에(In contrast)'로 시작하므로 여기에 이 문장이 들어가야 한다.

▶ 주어진 문장은 ②에 들어가야 함

③의 앞 문장과 뒤 문장

┌ **앞 문장**: ②의 뒤 문장과 같음

└ **뒤 문장**: 특정한 강조점들을 그것들의 논리적인 결론까지 이끌고 감으로써, 우리가 사회적 세계의 이런 저런 측면을 설명하려는 경우에 해결될 필요가 있는 논점들을 쉽게 인식할 수 있다.

➡ 앞에서는 우리를 나누는 것을 강조하는 데에는 장점이 있다고 했다. 뒤에서는 세상의 특정 부분을 설명하려면 해결될 필요가 있는 논점을 인식할 수 있다고 했다. 여기서 논점이란 서로의 의견 차이, 즉, 우리를 나누는 것이라 이해할 수 있으므로 두 문장은 자연스럽게 연결된다.

▶ 주어진 문장이 ③에 들어갈 수 없음

④의 앞 문장과 뒤 문장

┌ **앞 문장**: ③의 뒤 문장과 같음

└ **뒤 문장**: 선거철의 정치인들처럼, 특정 학파의 옹호자들은 '맑고 푸른 물(두 집단 간 극명한 입장 차이)'을 그들 자신과 자신들의 경쟁자들 사이에 두려고 노력한다.

➡ 앞 문장은 특정한 강조점을 논의하면서 논점을 쉽게 인식할 수 있다고 하는 등 사회 과학 분야에 대한 설명이고, 뒤 문장은 사회 과학 분야의 특정 학파 옹호자들은 경쟁자들과 뚜렷한 차별점을 두려워한다는 것을 비유적으로 설명하는 내용이다. 따라서 두 문장의 연결이 자연스럽다.

▶ 주어진 문장이 ④에 들어갈 수 없음

⑤의 앞 문장과 뒤 문장

┌ **앞 문장**: ④의 뒤 문장과 같음

└ **뒤 문장**: 하지만 권력을 가진 정치인들처럼, 그 동일한 옹호자들이 사회학을 실제로 수행할 때는 (그들의 브랜드를 단지 홍보하기보다는), 그들은 공통의 중간 지대로 물러서는 경향이 있다.

➡ 앞 문장에서는 '선거철의 정치인'이라는 비유를 써서 사회 과학자들을 설명하고 있다. 뒤 문장에서는 그 비유를 이어가며 사회학을 실제로 수행할 때는 다른 학파와도 어느 정도 공통으로 받아들일 수 있는 의견으로 수렴하게 된다고 설명하고 있으므로 두 문장은 자연스럽게 연결된다.

▶ 주어진 문장이 ⑤에 들어갈 수 없음

N 14 정답 ③ ＊ 감정의 인식과 개념화 과정

글의 흐름으로 보아, 주어진 문장이 들어가기에 가장 적절한 곳을 고르시오.

An alternative view / is **that** we make sense of / the sensations we feel / and the facial expressions we see / only when we attach words to them /
보어절 접속사 / 앞에 목적격 관계대명사가 생략됨
다른 관점은 / 우리가 이해한다는 것이다 / 우리가 느끼는 감각을 / 그리고 우리가 보는 얼굴 표정을 / 우리가 그것들에 단어를 붙일 때만 /

— we develop rather than inherit / our emotional concepts. //
즉 우리는 물려받기보다는 발달시킨다는 것이다 / 감정 관련 개념을 //

단서 1 다른 관점은 우리가 감각과 얼굴 표정에 단어를 붙일 때만 그것들을 이해하며 감정을 발달시킨다는 것임

We experience emotions / as different bodily sensations, / such as a beating heart and sweaty palms; / we recognize emotions in others / by their facial expressions and behaviour. //
'~와 같은'
우리는 감정을 경험한다 / 다양한 신체적 감각으로서 / 뛰고 있는 심장 혹은 땀이 나는 손바닥과 같은 / 우리는 다른 사람들의 감정을 인식한다 / 그들의 얼굴 표정과 행동에서 //

(①) One prominent idea is / **that** we are born / with a fixed set of basic emotions / **that** are universal within our species, / notably happiness, sadness, fear, surprise, disgust and anger. //
보어절 접속사 / 주격 관계대명사
한 가지 두드러진 견해는 ~이다 / 우리가 타고 났다는 것 / 고정된 일련의 기본적인 감정을 / 우리 종에게 보편적인 / 특히 행복, 슬픔, 두려움, 놀람, 싫증 그리고 분노 //

(②) Just as we attach the word gravity / to our intuitive understanding / about how objects move through space, /
우리가 중력이라는 단어를 붙이는 것과 마찬가지로 / 우리의 직관적인 이해에 / 물체가 공간을 통해 움직이는 방식에 대한 /
단서 2 선천적이고 보편적인 각각의 감정에 간단하게 그 단어를 붙임

we simply attach words / to each of these innate and universal emotions / **once** those words become available. //
일단 ~하면(접속사)
우리는 간단하게 그 단어를 붙인다 / 이러한 선천적이고 보편적인 각각의 감정에 / 일단 그러한 단어들을 사용할 수 있게 되면 //

단서 3 주어진 글의 내용에 대한 증거가 제시되며, 아이들이 다른 감정을 나타내는 얼굴 표정을 감정에 대한 어휘 목록을 습득하기 전에는 분류할 수 없다고 함

(**③**) Key evidence is / **that** children are unable to categorise / facial expressions as representing different emotions / until they have acquired / a lexicon of words for emotions. //
보어절 접속사
핵심적인 증거는 ~이다 / 어린아이들은 분류할 수 없다는 것 / 얼굴 표정들이 다른 감정을 나타내는 것으로 / 그들이 습득할 때까지 / 감정에 대한 단어의 어휘 목록을 //

(④) Before having such words, / faces **that** we might view as angry, sad or fearful / are all categorised together / as 'unpleasant'. //
목적격 관계대명사
그런 단어를 지니기 전에는 / 우리가 화나거나, 슬프거나 혹은 두렵다고 볼 수 있는 표정은 / 모두 함께 분류된다 / '불쾌한' 것으로 //

(⑤) By acquiring the words / for different types of emotions / while experiencing sensations or observing their expressions in others, / we develop a set of concepts / **into which** those feelings can be placed. //
접속사가 생략되지 않은 분사구문 / 전치사+관계대명사(a set of concepts 수식)
단어를 습득함으로써 / 다른 종류의 감정에 대한 / 감각을 경험하거나 다른 사람의 표현을 관찰하는 동안 / 우리는 일련의 개념을 발달시킨다 / 그 감정들을 위치시킬 수 있는 //

- sensation ⓝ 감각
- facial expression 얼굴 표정
- inherit ⓥ 물려받다
- prominent ⓐ 두드러진
- universal ⓐ 보편적인
- notably ⓐⓓ 특히
- disgust ⓝ 싫증, 혐오감
- gravity ⓝ 중력
- intuitive ⓐ 직관적인
- innate ⓐ 선천적인
- categorise ⓥ 분류하다

우리는 뛰고 있는 심장 혹은 땀이 나는 손바닥과 같은 다양한 신체적 감각으로서 감정을 경험하며, 다른 사람들의 감정을 그들의 얼굴 표정과 행동에서 인식한다. (①) 한 가지 두드러진 견해는 우리는 우리 종에게 보편적인 고정된 일련의 기본적인 감정, 특히 행복, 슬픔, 두려움, 놀람, 싫증 그리고 분노를 타고

났다는 것이다. (②) 물체가 공간을 통해 움직이는 방식에 대한 우리의 직관적인 이해에 중력이라는 단어를 붙이는 것과 마찬가지로, 우리는 일단 그러한 단어들을 사용할 수 있게 되면 이러한 선천적이고 보편적인 각각의 감정에 간단하게 그 단어를 붙인다. (③ 다른 관점은 우리가 느끼는 감각과 우리가 보는 얼굴 표정에 단어를 붙일 때만 그것들을 이해한다는 것, 즉 우리는 감정 관련 개념을 물려받기보다는 발달시킨다는 것이다.) 핵심적인 증거는 어린아이들은 감정에 대한 단어의 어휘 목록을 습득할 때까지는 얼굴 표정들이 다른 감정들을 나타내는 것으로 분류할 수 없다는 점이다. (④) 그런 단어를 지니기 전에는 우리가 화나거나, 슬프거나 혹은 두렵다고 볼 수 있는 표정은 '불쾌한' 것으로 모두 함께 분류된다. (⑤) 감각을 경험하거나 다른 사람의 표현을 관찰하는 동안 다른 종류의 감정에 대한 단어를 습득함으로써, 우리는 그 감정들을 위치시킬 수 있는 일련의 개념을 발달시킨다.

| 문제 풀이 순서 | [정답률 42%]

1st **주어진 문장을 해석하고, 연결어, 지시어 등을 확인한다.**

An alternative view / is that we make sense of / the sensations we feel / and the facial expressions we see / only when we attach words to them / — we develop rather than inherit / our emotional concepts. //
다른 관점은 / 우리가 이해한다는 것이다 / 우리가 느끼는 감각을 / 그리고 우리가 보는 얼굴 표정을 / 우리가 그것들에 단어를 붙일 때만 / 즉 우리는 물려받기보다는 발달시킨다는 것이다 / 감정 관련 개념을 //

➡ '다른 관점(An alternative view)'은 우리가 감각이나 얼굴 표정을 단어를 붙일 때만 이해한다는 것이며, 우리는 감정 관련 개념을 발달시킨다고 했다. (단서)
  ▶ **주어진 문장 앞**: 감정에 대해 가지고 있는 주어진 문장과는 다른 관점이 소개되어야 함
  ▶ **주어진 문장 뒤**: 감정 관련 개념을 발달시키는 것에 대한 부연 설명이 나올 것임 (발상)

2nd **각 선택지의 앞뒤 흐름이 매끄러운지 확인한다.**

①의 앞 문장과 뒤 문장

앞 문장: 우리는 뛰고 있는 심장 혹은 땀이 나는 손바닥과 같은 다양한 신체적 감각으로서 감정을 경험하며, 다른 사람들의 감정을 그들의 얼굴 표정과 행동에서 인식한다.
뒤 문장: 한 가지 두드러진 견해는 우리는 우리 종에게 보편적인 고정된 일련의 기본적인 감정, 특히 행복, 슬픔, 두려움, 놀람, 싫증 그리고 분노를 타고났다는 것이다.

➡ 앞 문장은 우리가 신체적 감각으로 감정을 경험하고 다른 사람들의 감정을 얼굴 표정과 행동에서 인식한다고 했다.
  뒤 문장에서는 이에 대한 한 가지 견해로 우리가 감정을 타고났다고 했으므로 두 문장은 자연스럽게 연결된다. ▶ 주어진 문장이 ①에 들어갈 수 없음

②의 앞 문장과 뒤 문장

앞 문장: ①의 뒤 문장과 같음
뒤 문장: 물체가 공간을 통해 움직이는 방식에 대한 우리의 직관적인 이해에 중력이라는 단어를 붙이는 것과 마찬가지로, 우리는 일단 그러한 단어들을 사용할 수 있게 되면 이러한 선천적이고 보편적인 각각의 감정에 간단하게 그 단어를 붙인다.

➡ 앞 문장에서는 우리가 감정을 타고났다고 했고, 뒤 문장에서는 이 내용에 이어 우리가 이러한 선천적인 감정에 단어를 붙인다고 하였으므로 두 문장은 자연스럽게 연결된다. ▶ 주어진 문장이 ②에 들어갈 수 없음

③의 앞 문장과 뒤 문장

앞 문장: ②의 뒤 문장과 같음
뒤 문장: 핵심적인 증거는 어린아이들은 감정에 대한 단어의 어휘 목록을 습득할 때까지는 얼굴 표정들이 다른 감정들을 나타내는 것으로 분류할 수 없다는 점이다.

➡ 앞에서 감정은 선천적이고 보편적이라고 하였고, 뒤에서는 핵심적인 증거가 아이들이 감정에 대한 어휘 목록을 습득할 때까지 얼굴 표정이 다른 감정 나타내는 것으로 분류할 수 없는 것이라고 했다.

두 문장의 내용이 연결되지 않는데, 주어진 문장은 '감정이 타고 나는 것이라기보다는 발달되는 것'이라는 내용이므로 이 문장이 들어가야 내용이 이어진다.
  ▶ 주어진 문장은 ③에 들어가야 함

④의 앞 문장과 뒤 문장

앞 문장: ③의 뒤 문장과 같음
뒤 문장: 그런 단어를 지니기 전에는 우리가 화나거나, 슬프거나 혹은 두렵다고 볼 수 있는 표정은 '불쾌한' 것으로 모두 함께 분류된다.

➡ 앞 문장에서는 아이들이 어휘 목록에 있는 단어를 학습한 뒤에야 얼굴 표정이 다른 감정을 나타내는 것으로 인식한다고 했다.
  뒤 문장에서는 그런 단어를 배우기 전에 화나고 슬프고 두려운 표정을 모두 불쾌한 것으로 함께 분류한다고 하였으므로 앞 문장에 대한 예시가 이어지는 흐름이라고 할 수 있다. ▶ 주어진 문장이 ④에 들어갈 수 없음

⑤의 앞 문장과 뒤 문장

앞 문장: ④의 뒤 문장과 같음
뒤 문장: 감각을 경험하거나 다른 사람의 표현을 관찰하는 동안 다른 종류의 감정에 대한 단어를 습득함으로써, 우리는 그 감정들을 위치시킬 수 있는 일련의 개념을 발달시킨다.

➡ 앞 문장에서 어휘를 배우기 전에는 화나고 슬프고 두려운 표정을 모두 불쾌한 것으로 함께 분류한다고 하였고, 뒤 문장에서는 감정에 대한 단어를 습득함으로써 그 감정들을 위치시킬 수 있는 개념을 발달시킨다고 하였으므로 두 문장은 자연스럽게 연결된다. ▶ 주어진 문장이 ⑤에 들어갈 수 없음

N 15 정답 ③ ＊동기화된 추론과 인간의 편향적 사고

글의 흐름으로 보아, 주어진 문장이 들어가기에 가장 적절한 곳을 고르시오.
[3점]

(단서 1) 개인들이 최선을 다하고 있을 때조차 동기를 주는 목표가 사고나 추론의 과정을 편향시킴
The rest of the time, / even as individuals are trying their best / to think through issues, / motivational goals may bias their thought processes / and bias their reasoning. //
부사적 용법(목적)
나머지 경우에 / 개인들이 최선을 다하고 있을 때조차도 / 문제를 충분히 생각하기 위해 / 동기를 주는 목표가 그들의 사고 과정을 편향시킬 수도 있다 / 그리고 추론(의 과정)을 편향시킬 수도 있다 //

Everyone likes to think of themselves / as behaving in an unbiased fashion / most of the time. //
모든 사람은 자신을 생각하기를 좋아한다 / 편견 없는 방식으로 행동한다고 / 대부분의 경우에 //
We all view ourselves / similar to the blindfolded statue of Lady Justice / evaluating competing claims / without bias, emotions, or motivations. //
현재분사(Lady Justice 수식)
우리 모두는 자신을 여긴다 / 눈가리개를 한 정의의 여신상과 비슷하다고 / 상충되는 요구들을 평가하는 / 편견, 감정, 또는 동기 없이 //
And yet, / overwhelming psychological research suggests / that such unbiased rationality / is actually a fairly elusive quality in humans. //
목적어절 접속사
그러나 / 수많은 심리학 연구는 보여 준다 / 그러한 편견 없는 합리성은 / 실제로 인간에게는 상당히 찾기 어려운 특성이라는 것을 //
(①) Much of the time / people are on automatic pilot. //
대부분의 경우에 / 사람들은 자동으로 행동하고 있다 //
(②) In other words, / individuals are *acting* without reflection / more often / than they are *thinking* carefully and deliberately. //
다시 말해서 / 개인은 심사숙고 없이 '행동하고' 있다 / 더 자주 / 조심스럽고 신중하게 '생각하고' 있기보다는 //
(단서 2) 사람들은 대부분의 경우에 심사숙고 없이 행동함
(③) Ziva Kunda, / who coined the term "motivated reasoning" / to describe this phenomenon, / explained /
주격 관계대명사 / 부사적 용법(목적)
Ziva Kunda는 / '동기화된 추론'이라는 용어를 만든 / 이 현상을 설명하기 위해 / 설명했다 /

목적어절 접속사

that although individuals try / to **make** well-thought-out
decisions, / **use** available evidence, / and **look** at both sides of an
issue, / the process is often tainted by motivations / that may be
unknown to them. // 단서 3 주어진 문장에서 말한 '이 현상'을 설명하기 위해 '동기화된 추론'
이라는 용어를 사용해 인간의 사고 과정이 동기에 의해 오염된다고 함
비록 개인이 노력할지라도 / 매우 신중한 검토한 결정을 내리려고 / 쓸모 있는 증거를
사용하고 / 문제의 양면을 보려고 / 그 과정은 종종 동기에 의해 오염된다 / 자신이 알지 못할
수도 있는 //

(④) Individuals' motivations may direct them / to attend more
carefully to some information / **while ignoring other relevant**
facts. //
접속사가 생략되지 않은 분사구문
개인의 동기는 그들을 유도할 수 있다 / 몇몇 정보에 더 신중히 주의를 기울이도록 / 다른 관련
있는 사실을 무시하면서 //

(⑤) Or they may use different strategies / to evaluate information
앞에 목적격 관계대명사가 생략됨
/ **they prefer** to be correct / while at the same time being
hypercritical of flaws in information / **they prefer** to be wrong. //
앞에 목적격 관계대명사가 생략됨
또는 그들은 다양한 전략을 사용할 수도 있다 / 정보를 평가하는 데에 / 그들이 옳았으면 하는
/ 동시에 정보의 결함에 대해서는 지나치게 비판적이다 / 그들이 틀렸으면 하는 //

- bias ⓥ 편향시키다 - evaluate ⓥ 평가하다
- motivation ⓝ 동기 - overwhelming ⓐ 압도적인, 수많은
- rationality ⓝ 합리성 - reflection ⓝ 심사숙고
- deliberately ⓐⓓ 신중하게 - phenomenon ⓝ 현상
- direct ⓥ 유도하다, 겨냥하다 - hypercritical ⓐ 혹평하는

모든 사람은 자신이 대부분의 경우에 편견 없는 방식으로 행동한다고 생각하기
를 좋아한다. 우리 모두는 자신을 편견, 감정, 또는 동기 없이 상충되는 요구들
을 평가하는 눈가리개를 한 정의의 여신상과 비슷하다고 여긴다. 그러나, 수많
은 심리학 연구는 그러한 편견 없는 합리성은 실제로 인간에게는 상당히 찾기
어려운 특성이라는 것을 보여 준다. (①) 대부분의 경우에 사람들은 자동으로
행동하고 있다. (②) 다시 말해서, 개인은 조심스럽고 신중하게 '생각하고' 있기
보다는 더 자주 심사숙고 없이 '행동하고' 있다. (③ 나머지 경우에 개인들이 문
제를 충분히 생각하기 위해 최선을 다하고 있을 때조차도, 동기를 주는 목표가
그들의 사고 과정을 편향시키고 추론(의 과정)을 편향시킬 수도 있다.) 이 현상
을 설명하기 위해 '동기화된 추론'이라는 용어를 만든 Ziva Kunda는 비록 개
인이 매우 신중히 검토한 결정을 내리고 쓸모 있는 증거를 사용하며 문제의 양
면을 보려고 노력할지라도, 그 과정은 자신이 알지 못할 수 도 있는 동기에 의
해 종종 오염된다고 설명했다. (④) 개인의 동기는 자신이 다른 관련 있는 사
실을 무시하면서 몇몇 정보에 더 신중히 주의를 기울이도록 유도할 수도 있
다. (⑤) 또는 그들은 옳았으면 하는 정보를 평가하는 데에 다양한 전략을 사
용할 수도 있으며, 동시에 틀렸으면 하는 정보의 결함에 대해서는 지나치게 비
판적이다.

| 문제 풀이 순서 | [정답률 35%]

1st 주어진 문장을 해석하고, 연결어, 지시어 등을 확인한다.

The rest of the time, / even as individuals are trying their best
/ to think through issues, / motivational goals may bias their
thought processes / and bias their reasoning. //
나머지 경우에 / 개인들이 최선을 다하고 있을 때조차도 / 문제를 충분히 생각하기 위해
/ 동기를 주는 목표가 그들의 사고 과정을 편향시킬 수도 있다 / 그리고 추론(의 과정)을
편향시킬 수도 있다 //

➡ '나머지 경우에(The rest of the time)' 개인들이 문제를 생각하기 위해 최선을 다
하고 있을 때조차 동기를 주는 목표가 사고나 추론의 과정을 편향시킬 수 있다고 했
다. 단서
▶ **주어진 문장 앞**: 나머지 경우가 아닌 일반적인 경우가 제시되어야 할 것임
▶ **주어진 문장 뒤**: 동기를 주는 목표가 사고 과정과 추론 과정을 편향시키는 것에
대한 설명이 이어져야 할 것임 발상

2nd 각 선택지의 앞뒤 흐름이 매끄러운지 확인한다.

①의 앞 문장과 뒤 문장
┌ **앞 문장**: 수많은 심리학 연구는 그러한 편견 없는 합리성은 실제로 인간에게
│ 는 상당히 찾기 어려운 특성이라는 것을 보여 준다.
└ **뒤 문장**: 대부분의 경우에 사람들은 자동으로 행동하고 있다.

➡ 앞 문장에서 수많은 심리학 연구가 편견 없는 합리성이 인간에게서 찾기 어려운 특
성임을 보여준다고 했다.
뒤 문장에서는 앞 문장에 이어 연구의 결과를 소개하려는 내용이므로 두 문장은 자
연스럽게 연결된다. ▶ 주어진 문장이 ①에 들어갈 수 없음

②의 앞 문장과 뒤 문장
┌ **앞 문장**: ①의 뒤 문장과 같음
└ **뒤 문장**: 다시 말해서(In other words), 개인은 조심스럽고 신중하게 '생각
  하고' 있기보다는 더 자주 심사숙고 없이 '행동하고' 있다.

➡ 인간이 자동으로 행동한다고 한 앞 문장을 다른 표현으로 다시 서술하는 내용이 뒤
문장에 이어지고 있다. ▶ 주어진 문장이 ②에 들어갈 수 없음

③의 앞 문장과 뒤 문장
┌ **앞 문장**: ②의 뒤 문장과 같음
└ **뒤 문장**: 이 현상(this phenomenon)을 설명하기 위해 '동기화된 추론'이
  라는 용어를 만든 Ziva Kunda는 비록 개인이 매우 신중히 검토한 결정을
  내리고 쓸모 있는 증거를 사용하며 문제의 양면을 보려고 노력할지라도, 그
  과정이 자신이 알지 못할 수도 있는 동기에 의해 종종 오염된다고 설명했다.

➡ 앞 문장에서 인간은 심사숙고 없이 자동으로 행동하고 있다고 했고, 뒤 문장에서 감
정은 선천적이고 보편적이라고 했다. '이 현상(this phenomenon)'을 설명하기 위
해 개인이 신중히 검토한 결정을 내린다고 하더라도 그 과정이 자신이 알지 못할 수
도 있는 동기에 종종 오염된다고 설명했다.
두 문장의 내용이 연결되지 않으며, 뒤 문장에서 언급한 '이 현상'을 지칭하는 내용이
앞 문장에 제시되지 않았다.
주어진 문장은 '나머지 경우에 개인들이 문제를 생각하기 위해 최선을 다하고 있을
때조차 동기를 주는 목표가 사고나 추론의 과정을 편향시킬 수 있다'고 했으므로 이
문장이 들어가야 내용이 이어진다. ▶ 주어진 문장은 ③에 들어가야 함

④의 앞 문장과 뒤 문장
┌ **앞 문장**: ③의 뒤 문장과 같음
└ **뒤 문장**: 개인의 동기는 자신이 다른 관련 있는 사실을 무시하면서 몇몇 정보
  에 더 신중히 주의를 기울이도록 유도할 수도 있다.

➡ 앞 문장에서는 개인의 심사숙고 과정이 알지 못하는 동기에 오염된다고 했으며, 뒤
문장에서는 개인의 동기가 특정 사실을 무시하면서 몇몇 정보에만 주의를 기울이도
록 유도할 수 있다고 했으므로 두 문장은 자연스럽게 연결된다.
▶ 주어진 문장이 ④에 들어갈 수 없음

⑤의 앞 문장과 뒤 문장
┌ **앞 문장**: ④의 뒤 문장과 같음
└ **뒤 문장**: 또는 그들은 옳았으면 하는 정보를 평가하는 데에 다양한 전략을 사
  용할 수도 있으며, 동시에 틀렸으면 하는 정보의 결함에 대해서는 지나치
  게 비판적이다.

➡ 앞에서 개인들이 특정 사실을 무시하면서 원하는 정보에만 주의를 기울인다고 했
고, 뒤에서는 그들이 옳았으면 하는 정보를 평가할 때는 다양한 전략을 사용하는 반
면, 틀렸으면 하는 정보의 결함에 대해서는 지나치게 비판적이라고 했으므로 두 문
장은 자연스럽게 연결된다. ▶ 주어진 문장이 ⑤에 들어갈 수 없음

N 16 정답 ④ ＊측정된 배출물에 기반한 환경세

글의 흐름으로 보아, 주어진 문장이 들어가기에 가장 적절한 곳을
고르시오.

단서 1 지속적인 배출물 측정은 비용이 많이 들어서, 배출물에 직접 과세하는 것을 어렵게 할 수 있음
(단점 제시)
Continuous emissions measurement can be costly, /
particularly **where** there are many separate sources of
관계부사(뒤에 완전한 절이 옴)
emissions, /
지속적인 배출물 측정은 비용이 많이 들 수 있으며 / 특히 개별 배출원이 많은 경우 /
and for many pollution problems / this may be a major
disincentive to direct taxation of emissions. //
그리고 많은 오염 문제에 있어 / 이는 배출물에 직접적으로 과세하는 것에 주요한 저해
요소가 될 수 있다 //

Environmental taxes / based directly on measured emissions / can, in principle, be very precisely targeted to the policy's environmental objectives. //
환경세는 / 측정된 배출물에 직접적으로 기반한 / 원칙적으로 그 정책의 환경적 목표를 매우 정확하게 겨냥할 수 있다 //

(①) If a firm pollutes more, / it pays additional tax / directly in proportion to the rise in emissions. //
어떤 기업이 더 많이 오염시키면 / 그 기업은 추가 세금을 낸다 / 배출물 증가에 직접적으로 비례한 //

(②) The polluter thus has an incentive / to reduce emissions in any manner / that is less costly per unit of abatement / than the tax on each unit of residual emissions. //
따라서 공해 기업은 동기를 갖게 된다 / 어떤 방식으로든 배출량을 줄이려는 / 감소 단위당 비용이 덜 드는 / 잔여 배출물의 단위당 세금보다 //

(③) The great attraction of basing the tax directly on measured emissions / is that the actions the polluter can take to reduce tax liability / are actions that also reduce emissions. //
세금을 측정된 배출물에 직접 기반하는 것의 매우 큰 매력은 / 공해 기업이 세금 부담액을 줄이기 위해 취할 수 있는 조치가 ~이다 / 배출물을 줄이는 조치이기도 하다는 점 //

(④) Nevertheless, the technologies / available for monitoring the concentrations and flows of particular substances in waste discharges / have been developing rapidly. //
그럼에도 불구하고, 기술은 / 폐기물 방출에서 특정 물질의 농도와 흐름을 관찰하는 데 이용할 수 있는 / 빠르게 발전해 오고 있다 //
단서 2 '그럼에도 불구하고' 측정 기술이 빠르게 발전하였다고 하였으므로, 앞에는 측정 기술의 단점이나 한계가 서술되어야 함

(⑤) In the future, it may be possible / to think of taxing measured emissions / in a wider range of applications. //
앞으로는 가능할 수도 있다 / 측정된 배출물에 대한 세금 부과를 생각하는 것이 / 더 광범위한 적용으로 //

- continuous ⓐ 지속적인
- emission ⓝ 배출(물)
- measurement ⓝ 측정
- costly ⓐ 많은 비용이 드는
- disincentive ⓝ 저해 요소
- taxation ⓝ 과세
- in principle 원칙적으로
- in proportion to ~에 비례하여
- incentive ⓝ 동기, 유인, 장려책
- residual ⓐ 잔여의, 나머지의
- base ~ on … ~을 …에 기반하다
- concentration ⓝ 농도
- substance ⓝ 물질
- discharge ⓝ 방출, 배출

측정된 배출물에 직접적으로 기반한 환경세는 원칙적으로 그 정책의 환경적 목표를 매우 정확하게 겨냥할 수 있다. (①) 어떤 기업이 더 많이 오염시키면 그 기업은 배출물 증가에 직접적으로 비례한 추가 세금을 낸다. (②) 따라서 공해 기업은 잔여 배출물의 단위당 세금보다 감소 단위당 비용이 덜 드는 어떤 방식으로든 배출량을 줄이려는 동기를 갖게 된다. (③) 세금을 측정된 배출물에 직접 기반하는 것의 매우 큰 매력은 공해 기업이 세금 부담액을 줄이기 위해 취할 수 있는 조치가 배출물을 줄이는 조치이기도 하다는 점이다. (④ 지속적인 배출물 측정은 특히 개별 배출원이 많은 경우 비용이 많이들 수 있으며, 많은 오염 문제에 있어 이는 배출물에 직접적으로 과세하는 것에 주요한 저해 요소가 될 수 있다.) 그럼에도 불구하고, 폐기물 방출에서 특정 물질의 농도와 흐름을 관찰하는 데 이용할 수 있는 기술은 빠르게 발전해 오고 있다. (⑤) 앞으로는 더 광범위한 적용으로 측정된 배출물에 대한 세금 부과를 생각하는 것이 가능할 수도 있다.

| 문제 풀이 순서 | [정답률 51%]

1st 주어진 문장을 해석하고, 연결어, 지시어 등을 확인한다.

Continuous emissions measurement can be costly, particularly where there are many separate sources of emissions, and for many pollution problems this may be a major disincentive to direct taxation of emissions.
지속적인 배출물 측정은 특히 개별 배출원이 많은 경우 비용이 많이들 수 있으며, 많은 오염 문제에 있어 이는 배출물에 직접적으로 과세하는 것에 주요한 저해 요소가 될 수 있다.

⇒ 주어진 문장은 지속적인 배출물 측정은 비용이 많이 들어서, 배출물에 직접 과세하는 것을 어렵게 할 수 있다는 단점이 '저해 요소'라는 말로 제시되고 있다.
▶ 주어진 문장 앞에는 지속적인 배출물 측정의 단점과 관련된 내용이 나올 것임

2nd 각 선택지의 앞뒤 흐름이 매끄러운지 확인한다.

- ①의 앞 문장과 뒤 문장

앞 문장: 측정된 배출물에 직접적으로 기반한 환경세는 원칙적으로 그 정책의 환경적 목표를 매우 정확하게 겨냥할 수 있다.
뒤 문장: 어떤 기업이 더 많이 오염시키면 그 기업은 배출물 증가에 직접적으로 비례한 추가 세금을 낸다.

⇒ 측정된 배출물에 직접 기반하는 환경세가 어떤 개념인지를 설명하고 있으며, 그 예시로 어떤 기업이 더 많이 오염시킬수록 더 많은 세금을 낸다는 부연 설명이 나오므로 두 문장은 자연스럽게 연결된다.
▶ 주어진 문장이 ①에 들어갈 수 없음

- ②의 앞 문장과 뒤 문장

앞 문장: ①의 뒤 문장과 같음
뒤 문장: 따라서(thus) 공해 기업은 잔여 배출물의 단위당 세금보다 감소 단위당 비용이 덜 드는 어떤 방식으로든 배출량을 줄이려는 동기(incentive)를 갖게 된다.

⇒ 기업에 대한 서술을 연결하고 있다. 오염물을 많이 배출할수록 기업은 비례하여 세금이 부과되므로, 세금을 줄이려는 동기를 갖게 된다는 설명의 인과 관계가 성립한다.
▶ 주어진 문장이 ②에 들어갈 수 없음

- ③의 앞 문장과 뒤 문장

앞 문장: ②의 뒤 문장과 같음
뒤 문장: 세금을 측정된 배출물에 직접 기반하는 것의 매우 큰 매력(great attraction)은 공해 기업이 세금 부담액을 줄이기 위해 취할 수 있는 조치가 배출물을 줄이는 조치이기도 하다는 점이다.

⇒ 앞 문장에서는 기업이 세금을 줄이기 위하여 배출량을 줄이려는 동기를 갖게 된다는 내용이 제시되었고, 뒤 문장은 세금을 배출물에 기반하는 것의 큰 장점에 대해 언급하고 있으므로 자연스럽게 연결된다.
▶ 주어진 문장이 ③에 들어갈 수 없음

④의 앞 문장과 뒤 문장

앞 문장: ③의 뒤 문장과 같음
뒤 문장: 그럼에도 불구하고(Nevertheless), 폐기물 방출에서 특정 물질의 농도와 흐름을 관찰하는 데 이용할 수 있는 기술은 빠르게 발전해 오고 있다.

⇒ 바로 앞 문장까지 글의 전체적인 흐름이 측정된 배출물에 기반하여 세금을 부과하는 것의 장점을 서술하였는데, '그럼에도 불구하고(Nevertheless)'라는 말 뒤에 이 측정 기술이 발전해오고 있다는 내용이 나오는 것은 어색하다. 배출물 측정의 단점을 서술하고 있는 내용이 들어가야 흐름이 자연스럽다.
▶ 주어진 문장이 ④에 들어가야 함

- ⑤의 앞 문장과 뒤 문장

앞 문장: ④의 뒤 문장과 같음
뒤 문장: 앞으로는 더 광범위한 적용으로 측정된 배출물에 대한 세금 부과를 생각하는 것이 가능할 수도 있다.

⇒ 앞 문장에서 배출물 측정 기술이 발전해오고 있다고 하였고, 이는 앞으로 더욱 광범위한 적용을 가능하게 하는 것으로 연결된다.
▶ 주어진 문장이 ⑤에 들어갈 수 없음

글의 흐름으로 보아, 주어진 문장이 들어가기에 가장 적절한 곳을 고르시오. [3점]

> **단서 1** however로 이어지므로 앞에는 법적 보호가 없다면 비밀이 노출될 위험이 있다는 것과 반대 내용이 와야 함
>
> Without any special legal protection / for trade secrets, / however, / the secretive inventor risks / **that** an employee or contractor will disclose the proprietary information. //
> 어떤 특별한 법적 보호가 없다면 / 영업상의 비밀에 대한 / 그러나 / 비밀주의의 발명가는 위험을 감수하게 된다 / 직원이나 계약자가 독점 정보를 드러낼 //

Trade secret law aims / to promote innovation, / although it accomplishes this objective / in a very different manner / than patent protection. //
영업상의 비밀 법은 목표로 한다 / 혁신을 촉진하는 것을 / 비록 그것이 이 목표를 성취하더라도 / 매우 다른 방식으로 / 특허 보호와는 //

(①) Notwithstanding the advantages of obtaining a patent, / many innovators prefer / to protect their innovation / through secrecy. //
특허 취득의 장점에도 불구하고 / 많은 혁신가는 선호한다 / 자신의 혁신을 보호하는 것을 / 비밀 유지를 통해 //

(②) They may believe / **that** the cost and delay of seeking a patent / are too great / or **that** secrecy better protects their investment / and increases their profit. //
그들은 믿을 수도 있다 / 특허를 따는 데 있어서의 비용과 지연이 / 너무 크다고 / 또는 비밀 유지가 투자를 더 잘 보호한다고 / 그리고 이익을 증가시킨다고 //

(③) They might also believe / that the invention can best be utilized / over a longer period of time / than a patent would allow. //
그들은 또한 믿을 수도 있다 / 그 발명품이 최고로 활용될 수 있다고 / 더 오랜 기간 동안 / 특허가 허용할 것보다 //

단서 2 일단 아이디어가 공개되면, 공기처럼 자유롭게(걷잡을 수 없게) 유출됨

(④) Once the idea is released, / it will be "free as the air" / under the background norms / of a free market economy. //
일단 그 아이디어가 공개되면 / 그것은 '공기처럼 자유롭게' 유출될 것이다 / 이면 규범에 따라 / 자유 시장 경제의 //

(⑤) Such a predicament would **lead** / any inventor **seeking** to rely upon secrecy / **to spend** an inordinate amount of resources / **building** high and impassable fences around their research facilities /
이러한 곤경은 이끌 것이다 / 비밀 유지에 의존하려는 모든 발명가를 / 과도한 양의 자원을 소비하도록 / 자신의 연구 시설 주변에 높고 통과할 수 없는 울타리를 칠 /

and greatly **limiting** the number of people / with access to the proprietary information. //
그리고 사람의 수를 크게 제한할 / 독점 정보에 접근할 권리를 가진 //

- trade secret 영업상 비밀
- secretive ⓐ 비밀스러운
- disclose ⓥ 드러내다, 폭로하다
- proprietary ⓐ 독점의, 독점적인
- aim to ~하는 것을 목표로 하다
- innovation ⓝ 혁신
- accomplish ⓥ 이루다, 성취하다
- utilize ⓥ 활용하다
- inordinate ⓐ 과도한
- impassable ⓐ 통과할 수 없는

영업상의 비밀 법은 혁신을 촉진하는 것이 목표이지만, 특허 보호와는 매우 다른 방식으로 이 목표를 이룬다. (①) 특허 취득의 장점에도 불구하고 많은 혁신가는 비밀 유지를 통해 자신의 혁신을 보호하는 것을 선호한다. (②) 그들은 특허를 따는 데 있어서의 비용과 지연이 너무 크거나 비밀 유지가 투자를 더 잘 보호하고 수익을 증가시킨다고 믿을 수도 있다. (③) 그들은 또한 그 발명품이 특허가 허용할 것보다 더 오랜 기간 최고로 활용될 수 있다고 믿을 수도 있다. (④ 그러나 영업상의 비밀에 대한 어떤 특별한 법적 보호가 없다면, 비밀주의의 발명가는 직원이나 계약자가 독점 정보를 드러낼 위험을 감수하게 된다.) 일단 그 아이디어가 공개되면, 그것은 자유 시장 경제의 이면 규범에 따라 '공기처럼 자유롭게' 유출될 것이다. (⑤) 이러한 곤경으로 인해

비밀 유지에 의존하려는 모든 발명가는 자신의 연구 시설 주변에 높고 통과할 수 없는 울타리를 치고 독점 정보에 접근할 권리를 가진 사람의 수를 크게 제한하는 데 과도한 양의 자원을 소비하게 될 것이다.

| **문제 풀이 순서** | [정답률 49%]

1st 주어진 문장을 해석하고, 연결어, 지시어 등을 확인한다.

Without any special legal protection / for trade secrets, / **however**, / the secretive inventor risks / that an employee or contractor will disclose the proprietary information. //
어떤 특별한 법적 보호가 없다면 / 영업상의 비밀에 대한 / **그러나** / 비밀주의의 발명가는 위험을 감수하게 된다 / 직원이나 계약자가 독점 정보를 드러낼 //

➡ '그러나(however)'라고 하면서 법적 보호가 없는 상황에서 영업상의 비밀을 유지하려는 발명가가 직면할 위험을 언급하고 있으므로 앞에는 이와 대조적인 내용이 제시될 것이다. **단서**

▶ **주어진 문장 앞:** 비밀 유지가 법적으로 보호받을 때 발명가가 누릴 수 있는 이점이 제시될 것임 **발상**

▶ **주어진 문장 뒤:** 아이디어가 공개되었을 경우 발명가가 직면하는 위험을 언급하는 내용이 이어질 것임

2nd 각 선택지의 앞뒤 흐름이 매끄러운지 확인한다.

- ①의 앞 문장과 뒤 문장

앞 문장: 영업상의 비밀 법은 혁신을 촉진하는 것이 목표이지만, 특허 보호와는 매우 다른 방식으로 이 목표를 이룬다.

뒤 문장: 특허 취득의 장점에도 불구하고 많은 혁신가는 비밀 유지를 통해 자신의 혁신을 보호하는 것을 선호한다.

➡ 앞 문장은 영업상의 비밀 법이 혁신을 촉진하지만 특허 보호와는 다르다고 했으며, 뒤 문장에서는 특허 취득의 장점에도 불구하고 많은 혁신가들이 비밀 유지를 선호한다고 했다.
비밀 유지와 특허 보호의 차이점을 앞에서 제시하고 뒤에서 특허보다는 비밀 유지를 선호한다고 했으므로 두 문장은 자연스럽게 연결된다.

▶ 주어진 문장이 ①에 들어갈 수 없음

- ②의 앞 문장과 뒤 문장

앞 문장: ①의 뒤 문장과 같음

뒤 문장: **그들은(they)** 특허를 따는 데 있어서의 비용과 지연이 너무 크거나 비밀 유지가 투자를 더 잘 보호하고 수익을 증가시킨다고 믿을 수도 있다.

➡ 앞 문장에서는 많은 혁신가들이 특허 취득보다 비밀 유지를 선호한다고 했고, 이어지는 문장에서는 그들(혁신가들)이 왜 특허 취득보다 비밀 유지를 더 선호하는지 그 이유(특허 취득의 비용 및 지연, 비밀 유지의 보호 및 수익 증가)를 설명하고 있으므로 두 문장의 연결은 자연스럽다.

▶ 주어진 문장이 ②에 들어갈 수 없음

- ③의 앞 문장과 뒤 문장

앞 문장: ②의 뒤 문장과 같음

뒤 문장: 그들은 **또한(also)** 그 발명품이 특허가 허용할 것보다 더 오랜 기간 최고로 활용될 수 있다고 믿을 수도 있다.

➡ 앞부분에서 그들이 특허보다 비밀 유지를 선호하는 이유를 제시했으며 이어지는 문장에서 그들은 '또한(also)' 그 발명품(비밀 유지가 된 발명품)이 특허보다 더 오랜 기간 최고로 활용될 수 있다고 믿을 수도 있다는 내용을 언급하고 있으므로 두 문장의 연결은 자연스럽다. ▶ 주어진 문장이 ③에 들어갈 수 없음

- ④의 앞 문장과 뒤 문장

앞 문장: ③의 뒤 문장과 같음

뒤 문장: 일단 그 아이디어가 공개되면, 그것은 자유 시장 경제의 이면 규범에 따라 '공기처럼 자유롭게' 유출될 것이다.

➡ 앞 문장에서 그들이 비밀 유지가 된 발명품이 특허보다 더 오랜 기간 최고로 활용될 수 있다고 믿는다고 했다. 뒤 문장에서는 일단 그 아이디어가 공개되면(비밀이 유지되지 않으면), 그것이 걷잡을 수 없게 유출될 것이라고 말하고 있다.
주어진 문장은 '그러나(however)' 영업상의 비밀에 대한 어떤 특별한 법적 보호가 없다면 비밀이 드러날 위험을 감수하게 될 것이라고 했으므로, 주어진 문장을 이 사이에 넣어 비밀 유지가 많은 장점이 있으나 법으로 보호되지 않으면 유출될 수 있고 이것이 일단 유출되면 걷잡을 수 없게 된다는 내용으로 전개되어야 한다.

▶ 주어진 문장이 ④에 들어가야 함

- ⑤의 앞 문장과 뒤 문장

앞 문장: ④의 뒤 문장과 같음

뒤 문장: 이러한 곤경(such a predicament)으로 인해 비밀 유지에 의존하려는 모든 발명가가 자신의 연구 시설 주변에 높고 통과할 수 없는 울타리를 치고 독점 정보에 접근할 권리를 가진 사람의 수를 크게 제한하는 데 과도한 양의 자원을 소비하게 될 것이다.

→ 앞에서 일단 아이디어가 공개되면 그것이 공기처럼 자유롭게 유출될 것이라고 했으며, 뒤에 이어지는 문장에서는 '이러한 곤경'으로 인해 비밀 유지를 원하는 발명가가 자신의 연구 시설에 울타리를 치고 독점 정보에 접근할 권리를 가진 사람의 수를 제한하게 된다고 했다.
앞 문장이 원인, 뒤 문장이 결과를 언급하고 있으므로 두 문장이 자연스럽게 연결된다. ▶ 주어진 문장이 ⑤에 들어갈 수 없음

한규진 | 연세대 치의예과 2025년 입학·대구 계성고 졸
지문을 먼저 읽기 전에 반드시 주어진 문장을 먼저 읽어야 해. 주어진 문장에 힌트가 될 만한 연결사나 포인트들을 체크하고, 특히 문장에서 언급된 대상들을 파악해야 해. 그리고 지문에서 단절이 느껴지거나 생략된 부분이 있다고 느껴지는 부분을 위주로 보는 것도 방법이야. 이 문제에서는 주어진 문장에 however가 등장하고, ④ 앞뒤로 단절을 느낄 수 있어! ④ 앞에서는 비밀 유지의 베네핏을, 뒤에서는 아이디어의 공개 상황에서 문제를 이야기하므로 그 사이의 단절에 주어진 문장을 삽입해주자.

N 18 정답 ④ * 물건의 다양하고 역동적인 생애(수명) 주기

글의 흐름으로 보아, 주어진 문장이 들어가기에 가장 가장 적절한 곳을 고르시오.

단서 1 실제로 물건은 선형적 주기 모형을 따르지 않고 다양한 용도나 운명을 겪음
In reality, / objects do not conform / to a linear lifecycle model; /
실제로 / 물건은 따르지 않는다 / 선형적인 수명 주기 모형을 /
instead, / they **undergo** breakdowns, / **await** repairs, / **are** stored away, / or **find** themselves relegated to the basement, /
only to be rediscovered and repurposed later. //
대신에 / 그것들은 고장을 겪는다 / 수리를 기다리거나 / 사용되지 않고 보관되거나 / 지하실로 추방되거나 했다가 / 결국 나중에 다시 발견되어 용도가 변경되기도 하면서 //

By their very nature, / the concepts of maintenance and repair / are predominantly examined / from a process-oriented perspective. //
그야말로 본질적으로 / 정비와 수리의 개념은 / 주로 검토된다 / 과정 지향적인 관점에서 //

(①) The focus / in related scholarly discourse / often revolves / around the lifespan or lifecycle / of objects and technologies. //
초점은 / 관련된 학문적 담론의 / 주로 이루어진다 / 수명 또는 생애 주기를 중심으로 / 물건과 기술의 //

(②) In this context, / maintenance and repair are considered practices / **that** have the potential / **to prolong** the existence of objects, / **ensuring** their sustained utilization / over an extended period. //
이러한 맥락에서 / 정비와 수리는 행위로 여겨진다 / 잠재력을 가진 / 물건의 존재를 연장하는 / 지속적인 활용을 보장하면서 / 장기간에 걸친 //

단서 2 Krebs와 Weber는 기술의 선형적 수명 주기가 불완전한 정의를 제공한다고 함
(③) Krebs and Weber critically engage / with anthropomorphic metaphors / **that** imply a biography of things, /
Krebs와 Weber는 비판적으로 사용한다 / 의인화된 은유를 / 물건의 일대기를 암시하는 /

appropriately **highlighting** / **that** conventional understanding of the lifecycle of a technology, / from its acquisition to its disposal from the household, / provides an incomplete definition. //
적절히 강조하면서 / 기술의 수명 주기에 대한 관례적인 이해가 / 기술의 획득부터 가정에서의 그것의 폐기에 이르기까지 / 불완전한 정의를 제공한다는 것을 //

(④) Additionally, / objects may enter recycling or second-hand cycles, / **leading** to a dynamic afterlife / **marked** by diverse applications. //
단서 3 게다가 물건은 재활용 또는 중고품 순환 과정으로 들어가 다양한 용도로 쓰임
게다가 / 물건은 재활용 또는 중고품 순환 과정으로 들어갈 수도 있다 / 역동적인 사후 생애로 이어지는 / 다양한 용도를 특징으로 하는 //

(⑤) As such, / the life of an object exhibits / a **far** more complicated and adaptive path / than a simplistic linear progression. //
그와 같이 / 물건의 생애는 보여준다 / 훨씬 더 복잡하고 적응적인 경로를 / 단순한 선형적 진행보다는 //

- conform ⓥ 따르다
- maintenance ⓝ 정비
- scholarly ⓐ 학문적인
- prolong ⓥ 연장하다
- biography ⓝ 전기, 일대기
- afterlife ⓝ 사후 생애
- adaptive ⓐ 적응적인
- linear ⓐ 선형적인
- predominantly ⓐⓓ 대부분, 주로
- discourse ⓝ 담론
- metaphor ⓝ 은유, 비유
- disposal ⓝ 폐기
- application ⓝ 용도
- progression ⓝ 진행
- revolve ⓥ 돌다

그야말로 본질적으로, 정비와 수리의 개념은 과정 지향적인 관점에서 주로 검토된다. (①) 관련된 학문적 담론의 초점은 흔히 물건과 기술의 수명 또는 생애 주기를 중심으로 이루어진다. (②) 이러한 맥락에서 정비와 수리는 물건의 존재를 연장하여 장기간에 걸쳐 지속적인 활용을 보장할 수 있는 잠재력을 가진 행위로 여겨진다. (③) Krebs와 Weber는 물건의 일대기를 암시하는 의인화된 은유를 비판적으로 사용하여, 기술의 수명 주기에 대한 관례적인 이해가, 기술의 획득부터 가정에서의 그것의 폐기에 이르기까지, 불완전한 정의를 제공한다는 점을 적절히 강조한다. (④ 실제로 물건은 선형적인 수명 주기 모형을 따르지 않고, 대신에 고장을 겪거나, 수리를 기다리거나, 사용되지 않고 보관되거나, 지하실로 추방되거나 했다가, 결국 나중에 다시 발견되어 용도가 변경되기도 한다.) 게다가, 물건은 재활용 또는 중고품 순환 과정으로 들어갈 수도 있어서 다양한 용도가 특징인 역동적인 사후 생애를 맞이하기도 한다. (⑤) 그와 같이 물건의 생애는 단순한 선형적 진행보다는 훨씬 더 복잡하고 적응적인 경로를 보인다.

| 문제 풀이 순서 | [정답률 59%]

1st 주어진 문장을 해석하고, 연결어, 지시어 등을 확인한다.

In reality, / objects do not conform / to a linear lifecycle model; / instead, / they undergo breakdowns, / await repairs, / are stored away, / or find themselves relegated to the basement, / only to be rediscovered and repurposed later. //
실제로 / 물건은 따르지 않는다 / 선형적인 수명 주기 모형을 / 대신에 / 그것들은 고장을 겪는다 / 수리를 기다리거나 / 사용되지 않고 보관되거나 / 지하실로 추방되거나 했다가 / 결국 나중에 다시 발견되어 용도가 변경되기도 하면서 //

→ 현실에서는 물건이 단순한 선형적 생애 주기를 따르지 않고 다양한 방식으로 변화하며 유지된다는 내용이 제시되었으므로 앞에는 물건의 수명 주기를 단순히 선형적으로 보는 이론이 있다는 내용이 언급될 것이다. 단서

▶ 주어진 문장 앞: 물건의 단순한 선형적 수명 주기에 대한 이론이 제시될 것임 발상

▶ 주어진 문장 뒤: 물건이 재활용과 용도 변경을 통해 어떻게 생명이 연장되고 있는지에 대한 설명이 이어질 것임

2nd 각 선택지의 앞뒤 흐름이 매끄러운지 확인한다.

- ①의 앞 문장과 뒤 문장

앞 문장: 그야말로 본질적으로, 정비와 수리의 개념은 과정 지향적인 관점에서 주로 검토된다.

뒤 문장: 관련된(related) 학문적 담론의 초점은 흔히 물건과 기술의 수명 또는 생애 주기를 중심으로 이루어진다.

➡ 앞 문장은 정비와 수리의 개념이 과정 지향적 관점에서 검토된다고 했으며
뒤에서는 이와 관련된 학문적 담론이 흔히 물건과 기술의 수명 주기를 중심으로
이루어진다고 했으므로 두 문장의 연결은 자연스럽다.
▶ 주어진 문장이 ①에 들어갈 수 없음

- ②의 앞 문장과 뒤 문장

앞 문장: ①의 뒤 문장과 같음

뒤 문장: 이러한 맥락에서 정비와 수리는 물건의 존재를 연장하여 장기간에
걸쳐 지속적인 활용을 보장할 수 있는 잠재력을 가진 행위로 여겨진다.

➡ 앞 문장에서 정비와 수리에 관한 학문적 이론이 물건의 수명 주기를 중심으로
이루어짐을 밝힌 뒤, 이러한 맥락에서 정비와 수리가 물건의 존재를 연장하여
장기간에 걸친 활용을 보장하는 것임을 뒤 문장에서 설명하고 있으므로 두 문장은
자연스럽게 연결된다.
▶ 주어진 문장이 ②에 들어갈 수 없음

- ③의 앞 문장과 뒤 문장

앞 문장: ②의 뒤 문장과 같음

뒤 문장: Krebs와 Weber는 물건의 일대기를 암시하는 의인화된 은유를
비판적으로 사용하여, 기술의 수명 주기에 대한 관례적인 이해가, 기술의
획득부터 가정에서의 그것의 폐기에 이르기까지, 불완전한 정의를
제공한다는 점을 적절히 강조한다.

➡ 앞 부분에서 정비와 수리는 물건의 존재를 연장하여 오래 활용하도록 하는 것임을
제시한 뒤, 이어지는 뒤 문장에서 이러한 기술의 수명 주기에 대한 관례적 이해가
기술의 획득부터 폐기에 이르는 전 과정을 불완전하게 제공하고 있다는 설명이
자연스럽게 이어지고 있다.
▶ 주어진 문장이 ③에 들어갈 수 없음

- ④의 앞 문장과 뒤 문장

앞 문장: ③의 뒤 문장과 같음

뒤 문장: 게다가(additionally), 물건은 재활용 또는 중고품 순환
과정으로 들어갈 수도 있어서 다양한 용도가 특징인 역동적인 사후 생애를
맞이하기도 한다.

➡ 앞 문장에서 기술의 선형적 수명 주기에 대한 관례적 이해가 불완전함을 제시하고
있다.
뒤 문장에서는 '게다가(additionally)' 물건이 재활용 또는 중고품 순환 과정으로
들어가 역동적 사후 생애를 맞이한다고 했다.
주어진 문장은 현실에서 물건이 단순한 선형적 생애 주기를 따르지 않고 다양한
방식으로 변화하며 유지된다는 내용으로, 정비와 수리에 대한 학문적 담론이
불완전하다는 앞 문장과 '게다가' 물건이 재활용과 용도 변경의 역동적 상태를
겪는다는 뒤 문장 사이에 들어가야 자연스러운 글이 전개된다.
▶ 주어진 문장이 ④에 들어가야 함

- ⑤의 앞 문장과 뒤 문장

앞 문장: ④의 뒤 문장과 같음

뒤 문장: 그와 같이(as such) 물건의 생애는 단순한 선형적 진행보다는
훨씬 더 복잡하고 적응적인 경로를 보인다.

➡ 앞에서 물건이 재활용과 중고품 순환 과정을 통해 역동적 생애를 맞이한다고
했으며, 이어지는 뒤 문장에서는 그와 같이 물건의 생애가 선형적이라기 보다는
훨씬 더 복잡한 경로를 보인다고 했으므로 두 문장은 자연스럽게 이어진다.
▶ 주어진 문장이 ⑤에 들어갈 수 없음

배지오 | 연세대 약학과 2025년 입학 · 성남 낙생고 졸

문장 삽입 문제에서는 처음부터 주어진 문장에 집중하지는 말고,
먼저 글을 일단 읽어서 주제를 파악하려고 했어. 이 글은 정비와
수리의 역할을 설명하는 글이고, 때문에 정비와 수리가 어떠한
기능을 하는지를 중점적으로 봤어. 이 글에서 수리와 정비는 the
potential to prolong the existence of objects를 지니고 따라서 물건들은
선형적인 수명 주기를 갖는다고 말해. 하지만 Additinoally 이후로는 물건의
수명과 생애가 역동적임을 명시해. 따라서 In reality이라고 시작하며 수리와 정비를
통해 선형적인 생애 주기가 아닌 역동적인 생애 주기를 살아간다는 내용이 ④에
들어가는 것이 맞겠지!

 정답 ④　＊생태계 관리를 위한 미래 생태계 모습 예측하기

**글의 흐름으로 보아, 주어진 문장이 들어가기에 가장 가장 적절한 곳을
고르시오. [3점]**

Unfortunately, / at the scales, accuracy, and precision / most
useful to protected area management, /
안타깝게도 / 규모, 정확성, 정밀도를 고려할 때 / 보호 지역 관리에 가장 유용한 /

not only A but also B: A뿐만 아니라 B도
the future not only promises to be unprecedented, / but it also
promises to be unpredictable. //　**단서 1** 불행히도 미래는 전례도 없고
예측할 수도 없는 것이 될 것임
미래는 전례가 없을 뿐만 아니라 / 예측할 수 없는 것이 될 것이다 //

부사적 용법(목적)
To decide whether and how to intervene in ecosystems, /
protected area managers normally need / a reasonably clear
idea / of what future ecosystems would be like / if they did not
intervene. //
생태계에 개입할지 여부와 방법을 결정하기 위해 / 보호 지역 관리자는 일반적으로 필요로
한다 / 상당히 명확한 아이디어를 / 미래의 생태계가 어떨지 / 자신이 개입하지 않을 경우 //

(①) Management practices usually involve / defining a more
병렬 구조
desirable future condition / and implementing management
actions를 수식하는 분사
actions / designed to push or guide ecosystems toward that
condition. //
관리 관행에는 대체로 포함된다 / 더 바람직한 미래 상태를 규정하는 것이 / 그리고 관리
조치를 실행하는 것이 / 생태계를 그 상태 쪽으로 밀고 가거나 이끌도록 설계된 //

(②) Managers need confidence / in the likely outcomes of their
interventions. // 관리자는 확신이 필요하다 / 개입의 가능한 결과에 대한 //

(③) This traditional and inherently logical approach / requires
a high degree of predictive ability, /　**단서 2** (관리자의 확신을 위해) 높은 수준의
예측 능력이 필요함
이러한 전통적이고 본질적으로 논리적인 접근 방식은 / 높은 수준의 예측 능력을 필요로
한다 /

and predictions must be developed / at appropriate spatial and
분사구문
temporal scales, / often localized and near-term. //
그리고 예측은 이루어져야 한다 / 적절한 공간적, 시간적 규모에서 / 종종 국지적이고
단기적으로 //

부사적 용법(목적)　　　　　　　　　uncertainties를 수식하는 분사
(④) To illustrate this, / consider / the uncertainties involved
in predicting climatic changes, / how ecosystems are likely to
respond / to climatic changes, /　**단서 3** 이를 설명하기 위해 기후 변화 예측의
불확실성을 고려해 보라고 함
이를 설명하기 위해 / 고려해 보라 / 기후 변화 예측과 관련된 불확실성을 / 생태계가 어떻게
반응할 것인지를 / 기후 변화에 //

주격 관계대명사
and the likely efficacy of actions / that might be taken / to
counter adverse effects of climatic changes. //
그리고 조치의 가능한 효율을 / 취할 수도 있는 / 기후 변화의 해로운 영향에 대응하기 위해 //

(⑤) Comparable uncertainties surround / the nature and
magnitude of future changes / in other ecosystem stressors. //
비슷한 불확실성이 존재한다 / 미래 변화의 성격과 규모에서도 / 다른 생태계 스트레스
요인의 //

- **scale** ⓝ 규모　・**accuracy** ⓝ 정확성　・**precision** ⓝ 정밀함
- **unprecedented** ⓐ 전례가 없는
- **unpredictable** ⓐ 예측할 수 없는, 예측이 불가능한
- **intervene** ⓥ 개입하다　・**define** ⓥ 규정하다, 정의하다
- **implement** ⓥ 시행하다　・**confidence** ⓝ 확신, 자신감
- **inherently** ⓐⓓ 본질적으로, 내재적으로　・**appropriate** ⓐ 적절한
- **spatial** ⓐ 공간의　・**temporal** ⓐ 시간의, 시간의 제약을 받는
- **localized** ⓐ 국지적인, 국부적인　・**climatic change** 기후 변화
- **efficacy** ⓝ 효율　・**counter** ⓥ (무엇의 악영향에) 대응하다
- **adverse** ⓐ 부정적인, 불리한　・**comparable** ⓐ 비슷한, 비교할 만한
- **surround** ⓥ 둘러싸다　・**magnitude** ⓝ (엄청난) 규모

생태계에 개입할지 여부와 방법을 결정하기 위해 보호 지역 관리자는 자신이 개입하지 않을 경우 미래의 생태계가 어떨지 일반적으로 상당히 명확하게 알고 있을 필요가 있다. (①) 관리 관행에는 대체로 더 바람직한 미래 상태를 규정하고 생태계를 그 상태 쪽으로 밀고 가거나 이끌도록 설계된 관리 조치를 실행하는 것이 포함된다. (②) 관리자는 개입의 가능한 결과에 대한 확신이 필요하다. (③) 이러한 전통적이고 본질적으로 논리적인 접근 방식은 높은 수준의 예측 능력을 필요로 하며, 예측은 적절한 공간적, 시간적 규모에서, 종종 국지적이고 단기적인 규모로 이루어져야 한다. (④ 안타깝게도 보호 지역 관리에 가장 유용한 규모, 정확성, 정밀도를 고려할 때 미래는 전례가 없을 뿐만 아니라 예측할 수 없는 것이 될 것이다.) 이를 설명하기 위해 기후 변화 예측과 관련된 불확실성, 생태계가 기후 변화에 어떻게 반응할 것인지, 그리고 기후 변화의 해로운 영향에 대응하기 위해 취할 수도 있을 조치의 가능한 효율을 고려해 보라. (⑤) 다른 생태계 스트레스 요인의 미래 변화의 성격과 규모에서도 비슷한 불확실성이 존재한다.

| 문제 풀이 순서 | [정답률 73%]

1st 주어진 문장을 해석하고, 연결어, 지시어 등을 확인한다.

Unfortunately, / at the scales, accuracy, and precision / most useful to protected area management, / the future not only promises to be unprecedented, / but it also promises to be unpredictable. //

안타깝게도 / 규모, 정확성, 정밀도를 고려할 때 / 보호 지역 관리에 가장 유용한 / 미래는 전례가 없을 뿐만 아니라 / 예측할 수 없는 것이 될 것이다 //

➡ '불행히도(unfortunately)' 규모, 정확성, 정밀도를 고려할 때 미래는 전례도 없을 것이고 예측할 수 없는 것이 될 것이라고 했다. (단서)
▶ **주어진 문장 앞:** 규모, 정확성, 정밀도를 고려한 방식이 제시되어야 함
▶ **주어진 문장 뒤:** 미래가 예측할 수 없는 것이 될 것이므로 이에 대한 대처나 결과가 이어질 것임 (발상)

2nd 각 선택지의 앞뒤 흐름이 매끄러운지 확인한다.

- **①의 앞 문장과 뒤 문장**

앞 문장: 생태계에 개입할지 여부와 방법을 결정하기 위해 보호 지역 관리자는 자신이 개입하지 않을 경우 미래의 생태계가 어떨지 일반적으로 상당히 명확하게 알고 있을 필요가 있다.

뒤 문장: 관리 관행에는 대체로 더 바람직한 미래 상태를 규정하고 생태계를 그 상태 쪽으로 밀고 가거나 이끌도록 설계된 관리 조치를 실행하는 것이 포함된다.

➡ 앞 문장에서 생태계에 개입할지 여부와 방법을 결정하기 위해 보호 지역 관리자는 미래 생태계가 어떻게 될지 명확히 알고 있을 필요가 있다고 했고, 뒤 문장에서는 따라서 더 바람직한 미래 상태를 규정하고 생태계를 그 상태 쪽으로 밀고 나가는 것이 필요하다고 했다. 따라서 두 문장은 자연스럽게 연결된다.
▶ 주어진 문장이 ①에 들어갈 수 없음

- **②의 앞 문장과 뒤 문장**

앞 문장: ①의 뒤 문장과 같음
뒤 문장: 관리자는 개입의 가능한 결과에 대한 확신이 필요하다.

➡ 바람직한 미래 상태를 규정하고 생태계를 그 상태 쪽으로 밀고 가는 관리 조치가 필요하다고 한 앞 문장의 내용과, 관리자가 개입 가능한 결과에 대해 확신할 필요가 있다고 한 뒤 문장의 내용은 자연스럽게 연결된다.
▶ 주어진 문장이 ②에 들어갈 수 없음

- **③의 앞 문장과 뒤 문장**

앞 문장: ②의 뒤 문장과 같음
뒤 문장: 이러한 전통적이고 본질적으로 논리적인 접근 방식(this traditional and inherently logical approach)은 높은 수준의 예측 능력을 필요로 하며, 예측은 적절한 공간적, 시간적 규모에서, 종종 국지적이고 단기적인 규모로 이루어져야 한다.

➡ '이러한 전통적이고 본질적으로 논리적인 접근 방식'은 앞 문장에서 언급한 관리자의 개입 가능한 결과에 대한 확신의 방법을 가리킨다.
그리고 이 방식은 공간적, 시간적 규모에서, 국지적이고 단기적인 규모로 이루어지는 높은 수준의 예측 능력을 필요로 한다는 내용이 자연스럽게 전개된다.
▶ 주어진 문장이 ③에 들어갈 수 없음

- **④의 앞 문장과 뒤 문장**

앞 문장: ③의 뒤 문장과 같음
뒤 문장: 이(this)를 설명하기 위해 기후 변화 예측과 관련된 불확실성, 생태계가 기후 변화에 어떻게 반응할 것인지, 그리고 기후 변화의 해로운 영향에 대응하기 위해 취할 수도 있을 조치의 가능한 효율을 고려해 보라.

➡ 앞에서 전통적이고 본질적으로 논리적인 접근 방식이 높은 수준의 예측 능력을 필요로 한다고 했는데, 뒤에서는 이를 설명하기 위해 기후 변화 예측과 관련된 불확실성에 대응할 수 있는 조치의 효율을 고려해 보자고 했으므로 앞 문장과 뒤 문장의 전개가 대조적으로 이루어지고 있다.
주어진 문장은 '불행히도' 규모, 정확성, 정밀도를 고려할 때 미래는 전례도 없을 것이고 예측할 수 없는 것이 될 것이라고 했다.
따라서 주어진 문장이 뒤 문장으로 방향이 전환되기 전에 들어가 예측이 필요하지만 미래는 예측할 수 없는 것이 될 것이기 때문에 이러한 불확실성에 대응할 수 있는 조치를 고려해야 한다는 내용이 되어야 한다.
▶ 주어진 문장이 ④에 들어가야 함

- **⑤의 앞 문장과 뒤 문장**

앞 문장: ④의 뒤 문장과 같음
뒤 문장: 다른 생태계 스트레스 요인의 미래 변화의 성격과 규모에서도 비슷한 불확실성이 존재한다.

➡ 앞에서 기후 변화 예측과 관련된 불확실성에 대응할 수 있는 조치의 효율을 고려해 보자고 했고, 뒤에서는 다른 생태계 스트레스 요인의 미래에도 비슷한 불확실성이 존재한다고 했으므로 두 문장이 자연스럽게 연결된다.
▶ 주어진 문장이 ⑤에 들어갈 수 없음

N 20 정답 ④ * 살충제 외의 방법이 떠오르게 된 계기

글의 흐름으로 보아, 주어진 문장이 들어가기에 가장 적절한 곳을 고르시오.

단서 1 해충을 관리하는 살충제 외의 방법들이 더 고려되고 있는 또 다른 이유가 앞에 있어야 함

Also, / it has become difficult / for companies to develop new pesticides, / even those / that can have major beneficial effects and few negative effects. //

또한 / ~이 어려워졌다 / 기업들이 새로운 살충제를 개발하는 것이 / (~한) 것들조차 / 주요한 이로운 효과는 있지만 부정적인 효과는 거의 없을 수 있는 //

Simply maintaining yields / at current levels / often requires / new cultivars and management methods, /

단지 수확량을 유지하는 것만도 / 현재의 수준으로 / 보통 필요로 한다 / 새로운 품종과 관리 기법을 /

since pests and diseases continue to evolve, / and aspects / of the chemical, physical, and social environment / can change / over several decades. //

해충과 질병이 계속 진화하므로 / 그리고 양상이 / 화학적, 물리적, 사회적 환경의 / 변할 수 있으므로 / 수십 년에 걸쳐 //

(①) In the 1960s, / many people considered pesticides / to be mainly beneficial / to mankind. //

1960년대에 / 많은 사람은 살충제를 여겼다 / 대체로 유익한 것으로 / 사람들에게 //

(②) Developing / new, broadly effective, and persistent pesticides / often was considered / to be the best way / to control pests on crop plants. //

개발하는 것은 / 새롭고 널리 효과를 거두고 지속하는 살충제를 / 흔히 여겨졌다 / 최고의 방법으로 / 농작물에의 해충을 통제하는 //

(③) Since that time, / it has become apparent / that broadly effective pesticides / can have harmful effects / on beneficial insects, / **단서 2** 살충제가 유익한 곤충에 해로운 영향을 미칠 수 있음이 분명해졌음

그때 이래로 / ~이 분명해졌다 / 널리 효과를 거두는 살충제가 / 해로운 영향을 미칠 수 있어서 / 유익한 곤충에 /

which can negate their effects / in controlling pests, / and that
persistent pesticides can damage / non-target organisms in the
ecosystem, / such as birds and people. //
진주어절 접속사 ②

그것이 살충제의 효과를 무효화할 수 있으며 / 해충을 통제하는 것에서 / 지속하는 살충제는
해를 끼칠 수 있다는 것이 / 생태계의 목표 외 생물에게 / 새와 사람 같은 //

(④) Very high costs are involved / in following all of the
procedures / needed to gain government approval / for new
pesticides. // 단서 3 기업이 새로운 살충제를 개발하는 것이 어려워진 이유를 부연함
앞에 주격 관계대명사와 be동사가 생략됨

매우 높은 비용이 수반된다 / 모든 절차를 따르는 것에 / 정부의 승인을 얻는 데 필요한 /
새로운 살충제에 대한 //

(⑤) Consequently, / more consideration is being given / to
other ways / to manage pests, /
진행형 수동태

결과적으로 / 더 많은 고려가 주어지고 있다 / 다른 방법들에 / 해충을 관리하는 /

such as incorporating greater resistance to pests / into cultivars
/ by breeding and using / other biological control methods. //
더 강한 해충 저항력을 포함하는 것 같은 / 품종에 / 개량하여 사용함으로써 / 다른 생물학적
통제 기법을 //

- • beneficial ⓐ 유익한, 이로운　• yield ⓝ (농작물의) 수확량, 총수익
- • pest ⓝ 해충　• aspect ⓝ (측)면, 양상　• mankind ⓝ 인류, 인간
- • broadly ⓐ𝖽 대략적으로, 넓게　• persistent ⓐ 지속하는, 끈질긴
- • apparent ⓐ 분명한, 표면상의　• negate ⓥ 무효화하다
- • procedure ⓝ 절차, 방법　• approval ⓝ 승인, 찬성
- • consequently ⓐ𝖽 그 결과, 따라서　• consideration ⓝ 숙고, 고려 사항
- • incorporate ⓥ 포함하다　• resistance ⓝ 저항, 반대
- • breed ⓥ (번식을 위해) 사육하다, 품종 개량을 하다
- • biological ⓐ 생물학적인

단지 현재의 수준으로 수확량을 유지하는 것만도 해충과 질병이 계속 진화하고
화학적, 물리적, 사회적 환경의 양상이 수십 년에 걸쳐 변할 수 있으므로,
보통 새로운 품종과 관리 기법이 필요하다. (①) 1960년대에 많은 사람은
살충제가 사람들에게 대체로 유익한 것으로 여겼다. (②) 새롭고 널리 효과를
거두고 지속하는 살충제를 개발하는 것은 흔히 농작물 해충을 통제하는 최고의
방법으로 여겨졌다. (③) 그때 이래로, 널리 효과를 거두는 살충제가 유익한
곤충에 해로운 영향을 미칠 수 있어서 그것이 해충 통제 효과를 무효화할 수
있으며, 지속하는 살충제는 새와 사람 같은, 생태계의 목표 외 생물에게 해를
끼칠 수 있다는 것이 분명해졌다. (④ 또한, 기업들이 새로운 살충제를, 주요한
이로운 효과는 있지만 부정적인 효과는 거의 없을 수 있는 것들조차, 개발하는
것이 어려워졌다.) 매우 높은 비용이 새로운 살충제에 대한 정부의 승인을 얻는
데 필요한 모든 절차를 따르는 것에 수반된다. (⑤) 결과적으로, 다른 생물학적
통제 기법을 개량하여 사용함으로써 품종에 더 강한 해충 저항력을 포함하는 것
같은, 해충을 관리하는 다른 방법들이 더 많이 고려되고 있다.

| 문제 풀이 순서 | [정답률 53%]

1st 주어진 문장을 해석하고, 연결어, 지시어 등을 확인한다.

Also, it has become difficult for companies to develop new
pesticides, even those that can have major beneficial effects
and few negative effects. 단서 1
또한, 기업들이 새로운 살충제를, 주요한 이로운 효과는 있지만 부정적인 효과는 거의 없을
수 있는 것들조차, 개발하는 것이 어려워졌다.

➡ also는 앞에서 언급한 것과 같은 맥락의 설명을 추가할 때 쓰는 연결어이다. 단서
주어진 문장은 살충제가 예전만큼 많이 사용되지 않는 이유를 설명하는 것이라고
예상할 수 있다. 발상
　▶ 주어진 문장 앞에 살충제가 예전만큼 많이 사용되지 않는 또 다른 이유가 있어야 함

2nd 각 선택지의 앞뒤 흐름이 매끄러운지 확인한다.

- **①의 앞 문장과 뒤 문장**

앞 문장: 단지 현재의 수준으로 수확량을 유지하는 것만도 해충과 질병이
계속 진화하고 화학적, 물리적, 사회적 환경의 양상이 수십 년에 걸쳐 변할
수 있으므로, 보통 새로운 품종과 관리 기법이 필요하다.

뒤 문장: 1960년대에 많은 사람은 살충제가 사람들에게 대체로 유익한
것으로 여겼다.

➡ **앞 문장:** 새로운 관리 기법이 필요하다고 했다.

뒤 문장: 1960년대에 새로운 관리 기법이었던 살충제에 대해 설명하기 시작한다.
앞 문장에서 새로운 관리 기법을 언급하고 살충제에 대한 내용이 이어진다.
　▶ 주어진 문장이 ①에 들어갈 수 없음

- **②의 앞 문장과 뒤 문장**

앞 문장: ①의 뒤 문장과 같음

뒤 문장: 새롭고 널리 효과를 거두고 지속하는 살충제를 개발하는 것은 흔히
농작물 해충을 통제하는 최고의 방법으로 여겨졌다.

➡ 살충제를 긍정적으로 여겼던 과거의 내용이 앞뒤로 이어진다.
주어진 문장은 살충제가 어떤 부작용 때문에 예전만큼 많이 사용되지 않는 이유를
설명한다. ▶ 주어진 문장이 ②에 들어갈 수 없음

- **③의 앞 문장과 뒤 문장**

앞 문장: ②의 뒤 문장과 같음

뒤 문장: 그때 이래로, 널리 효과를 거두는 살충제가 유익한 곤충에 해로운
영향을 미칠 수 있어서 그것이 해충 통제 효과를 무효화할 수 있으며,
지속하는 살충제는 새와 사람 같은, 생태계의 목표 외 생물에게 해를 끼칠
수 있다는 것이 분명해졌다.

➡ 살충제에 대한 긍정적인 평가에서 살충제의 부작용이 분명해졌다는 내용으로
자연스럽게 전환된다.
　▶ 주어진 문장에 Also가 포함되어 있으므로, 긍정적인 평가 뒤인 ③에 주어진
문장이 들어갈 수는 없음

- **④의 앞 문장과 뒤 문장**

앞 문장: ③의 뒤 문장과 같음

뒤 문장: 매우 높은 비용이 새로운 살충제에 대한 정부의 승인을 얻는 데
필요한 모든 절차를 따르는 것에 수반된다.

➡ 살충제가 예전만큼 많이 사용되지 않는 첫 번째 이유가 앞 문장에 등장한다.
〈살충제가 유익한 곤충에 해로운 영향을 미쳐서 해충 통제 효과를 무효화하고, 목표
외 생물에게 해를 끼칠 수 있다. ➡ 또한, 기업이 새로운 살충제를 개발하는 것이
어려워졌다.〉의 흐름이 자연스럽다.
　▶ 주어진 문장이 ④에 들어가야 함

- **⑤의 앞 문장과 뒤 문장**

앞 문장: ④의 뒤 문장과 같음

뒤 문장: 결과적으로, 다른 생물학적 통제 기법을 개량하여 사용함으로써
품종에 더 강한 해충 저항력을 포함하는 것 같은, 해충을 관리하는 다른
방법들이 더 많이 고려되고 있다.

➡ 기업이 새로운 살충제를 개발하는 것이 어려워졌다는 것에 대해 부연한 후, 해충을
관리하는 데 살충제 외의 방법이 더 많이 고려되고 있다는 결론을 내리는 흐름이다.
　▶ 주어진 문장이 ⑤에 들어갈 수 없음

─────────── 어법 특강

＊ 형용사적 용법의 to부정사

− 형용사적 용법의 to부정사는 명사나 대명사를 뒤에서 수식할 수 있다.
- • I need someone to help me.
  (나는 나를 도와줄 누군가가 필요하다.)
- • Please give me something to sit on.
  (제게 앉을 만한 것을 좀 주세요.)
- • Eric has a lot of things to do.
  (Eric은 해야 할 많은 일들이 있다.)
- • Don't make a promise to buy me a computer.
  (내게 컴퓨터를 사주겠다는 약속을 하지 마세요.)

글의 흐름으로 보아, 주어진 문장이 들어가기에 가장 적절한 곳을 고르시오. [3점]

This active involvement provides a basis / for depth of aesthetic processing and reflection on the meaning of the work. // **단서 1** '이러한 적극적인 관여'에 해당하는 것이 바로 앞에 제시되어야 함
이러한 적극적인 관여는 기반을 제공한다 / 미학적 처리의 과정 그리고 작품 의미 성찰의 깊이에 대한 //

복수 동사　복수 주어
There are interesting trade-offs / in the relative importance of subject matter (i.e., figure) and style (i.e., background). //
흥미로운 균형이 있다 / 주제(즉, 형상)와 스타일(즉, 배경)의 상대적 중요성에는 //
단서 2 구상주의적인 예술작품에 대한 설명이 먼저 제시됨
(①) In highly representational paintings, plays, or stories, / the focus is on subject matter that resembles everyday life / and the role of background style / is to facilitate the construction of mental models. //
주격 관계대명사　명사적 용법(보어)
고도로 구상주의적인 그림, 연극 또는 이야기에서는 / 초점이 일상생활과 유사한 주제에 있고 / 배경 스타일의 역할은 / 심성 모형의 구성을 용이하게 하는 것이다 //

(②) Feelings of pleasure and uncertainty / carry the viewer / along to the conclusion of the piece. //
복수 주어　복수 동사
즐거움과 불확실성의 감정은 / 관객을 이끌고 간다 / 작품의 결말까지 함께 //

(③) In highly expressionist works, / novel stylistic devices work / in an inharmonious manner against the subject matter / thereby creating a disquieting atmosphere. //
분사구문을 이끎
고도로 표현주의적인 작품에서는 / 새로운 스타일 장치가 작용하여 / 주제와 조화롭지 않은 방식으로 / 그럼으로써 불안한 분위기를 조성한다 //

(④) Thus, when the work is less "readable" (or easily interpreted), / **단서 3** 다소 난해한 표현주의 작품을 볼 때, 감상자는 미학적 태도가 필요하다는 것을 생각하게 됨(주어진 글에서 언급한 '이러한 적극적인 관여'임)
따라서 작품이 덜 '읽기 쉬운'(혹은 쉽게 해석되는) 상태일 때 /
주어　동사
its departure from conventional forms / reminds the viewer or reader / that an "aesthetic attitude" is needed / to appreciate the whole episode. //
그것이 전통적인 방식에서 벗어났다는 것은 / 보는 사람이나 독자에게 상기시킨다 / '미학적 태도'가 필요하다는 것을 / 작품의 전체 내용을 제대로 감상하기 위해 //

(⑤) An ability to switch / between the "pragmatic attitude" of everyday life and an "aesthetic attitude" / is fundamental to a balanced life. //
주어　between A and B: A와 B 사이　동사
전환하는 능력은 / 일상생활의 '실용주의적 태도'와 '미학적 태도' 사이를 / 균형 잡힌 삶에 핵심적이다 //

- involvement ⑪ 관여, 참여　　• a basis for ~의 기반
- reflection ⑪ 성찰　　• trade-off ⑪ 균형, 교환
- subject matter 주제　　• representational ⓐ 구상주의적인
- resemble ⓥ ~와 유사하다　　• facilitate ⓥ ~을 용이하게 하다
- uncertainty ⑪ 불확실성　　• expressionist ⑪ 표현주의자
- novel ⓐ 새로운, 참신한　　• a stylistic device 문체(文體)상의 기교 장치
- inharmonious ⓐ 조화롭지 않은　　• thereby ⑳ 그렇게 함으로써
- disquieting ⓐ 불안한, 불안하게 하는　　• departure ⑪ 벗어남
- conventional ⓐ 전통적인, 관습적인
- appreciate ⓥ 제대로 인식하다, 감상하다
- fundamental ⓐ 핵심적인, 근본적인

주제(즉, 형상)와 스타일(즉, 배경)의 상대적 중요성에는 흥미로운 균형이 있다. (①) 고도로 구상주의적인 그림, 연극 또는 이야기에서는 초점이 일상생활과 유사한 주제에 있고, 배경 스타일의 역할은 심성 모형의 구성을 용이하게 하는 것이다. (②) 즐거움과 불확실성의 감정은 관객을 작품의 결말까지 함께 이끌고 간다. (③) 고도로 표현주의적인 작품에서는 새로운

스타일 장치가 주제와 조화롭지 않은 방식으로 작용하여, 그럼으로써 불안한 분위기를 조성한다. (④) 따라서 작품이 덜 '읽기 쉬운'(혹은 쉽게 해석되는) 상태일 때, 그것이 전통적인 방식에서 벗어났다는 것은 보는 사람이나 독자에게 작품의 전체 내용을 제대로 감상하기 위해 '미학적 태도'가 필요하다는 것을 상기시킨다. (⑤ 이러한 적극적인 관여는 미학적 처리와 작품 의미 성찰의 깊이에 대한 기반을 제공한다.) 일상생활의 '실용주의적 태도'와 '미학적 태도' 사이를 전환하는 능력은 균형 잡힌 삶에 핵심적이다.

| 문제 풀이 순서 | **| 정답률 23% |**

1st 주어진 문장을 해석하고, 연결어, 지시어 등을 확인한다.

This active involvement provides a basis for depth of aesthetic processing and reflection on the meaning of the work.
이러한 적극적인 관여는 미학적 처리와 작품 의미 성찰의 깊이에 대한 기반을 제공한다.

➡ This active involvement(이러한 적극적 관여)가 언급됐다. **단서**
▶ 주어진 문장 앞: '적극적 관여'라고 할 만한 상태나 행위가 제시될 것임 **발상**

2nd 각 선택지의 앞뒤 흐름이 매끄러운지 확인한다.

- **①의 앞 문장과 뒤 문장**

앞 문장: 주제(즉, 형상)와 스타일(즉, 배경)의 상대적 중요성에는 흥미로운 균형이 있다.
뒤 문장: 고도로 구상주의적인 그림, 연극 또는 이야기에서는 초점이 일상생활과 유사한 주제에 있고, 배경 스타일의 역할은 심성 모형의 구성을 용이하게 하는 것이다.

➡ 앞 문장에서는 글의 핵심적인 내용이 되는 예술작품에서의 주제(형상)와 스타일(배경)의 중요성에 균형이 있다고 했다. 즉 이 글을 관통하는 두 가지 핵심어는 주제와 스타일이다.
뒤 문장에서는 구상주의적인 예술에서 주제와 스타일이 각각 어떠한지 설명하므로 자연스럽게 연결된다. ▶ 주어진 문장이 ①에 들어갈 수 없음

- **②의 앞 문장과 뒤 문장**

앞 문장: ①의 뒤 문장과 같음
뒤 문장: 즐거움과 불확실성의 감정은 관객을 작품의 결말까지 함께 이끌고 간다.

➡ 앞의 내용에서 구상주의적 예술작품에서는 일상생활과 유사한 주제와 심성 모형의 구성을 용이하게 한다는 말이 언급되었고, 그래서 이런 주제와 배경이 관객들에게 어떤 영향을 주는지를 설명하고 있다. ▶ 주어진 문장이 ②에 들어갈 수 없음

- **③의 앞 문장과 뒤 문장**

앞 문장: ②의 뒤 문장과 같음
뒤 문장: 고도로 표현주의적인 작품에서는 새로운 스타일 장치가 주제와 조화롭지 않은 방식으로 작용하여, 그럼으로써 불안한 분위기를 조성한다.

➡ 앞 문장까지는 구성주의적 예술작품에서의 주제와 배경, 그리고 관객에게 주는 영향을 언급하였다. 뒤에 나오는 문장부터는 다른 예시를 들기 위해 구성주의의 대립 개념으로 사용된 표현주의 작품의 언급을 시작한다.
▶ 주어진 문장이 ③에 들어갈 수 없음

- **④의 앞 문장과 뒤 문장**

앞 문장: ③의 뒤 문장과 같음
뒤 문장: 따라서(Thus) 작품이 덜 '읽기 쉬운(쉽게 해석되는)' 상태일 때, 그것이 전통적인 방식에서 벗어났다는 것은 보는 사람이나 독자에게 작품의 전체 내용을 제대로 감상하기 위해 '미학적 태도'가 필요하다는 것을 상기시킨다.

➡ 글의 서술 패턴을 일관적으로 유지하려면, 앞서 나온 구성주의의 서술 패턴이 그랬던 것처럼, 표현주의의 특징과 그 특징이 감상자에게 미치는 영향이 나와야 한다.
예술작품이 읽기가 쉽지 않고 쉽게 해석되지 않는 상태일 때, 즉 표현주의 작품의 주제와 배경에 대한 언급이 ④의 앞 문장에서 먼저 제시되었다. 그렇다면 뒤 문장은 감상자에 대한 서술이 나와야 한다.
④ 뒤 문장에서 '따라서(Thus)'라고 하면서 관객이나 독자는 '미학적 태도'의 필요성을 상기시키게 된다는 내용이 제시되었다. 따라서 ④의 앞 문장과 뒤 문장은 먼저 제시된 서술 패턴을 일관성 있게 따르고 있다.
▶ 주어진 문장이 ④에 들어갈 수 없음

앞 문장: ④의 뒤 문장과 같음

뒤 문장: 일상생활의 '실용주의적 태도'와 '미학적 태도' 사이를 전환하는 능력은 균형 잡힌 삶에 핵심적이다.

➡ 상대적으로 난해한 예술을 접할 때 미학적 태도가 필요하다는 말이 앞에서 나온 이후에, 미학적 태도에 구체적인 설명이 없이 실용주의적 태도와 미학적 태도 사이의 전환 능력이 균형잡힌 삶에 필요한 능력이라고 언급되어 있다.
주어진 문장의 '이러한 적극적인 관여'는 ⑤ 앞에서 나온 '미학적 태도를 상기시키는 것'을 지칭한다. ▶ 주어진 문장이 ⑤에 들어가야 함

N 22 정답 ⑤　＊높이 친 공을 잡는 데에 쓰이는 소뇌의 기능

글의 흐름으로 보아, 주어진 문장이 들어가기에 가장 가장 적절한 곳을 고르시오.

단서 1 소뇌를 사용할 수 있는 다른 방법을 '또한(also)'으로 언급했기에 앞에서 소뇌를 사용하는 방법이 나왔을 것임

We are also able to use the cerebellum / to anticipate what our actions would be / even if we don't actually take them. //
우리는 또한 소뇌를 사용할 수 있는데 / 우리의 행동들이 무엇일지 예측하는 데에 / 설령 우리가 그것들을 실제로 하지 않아도 그러하다 //

One way to catch a fly ball / is to **solve** all the differential equations / governing the ball's trajectory as well as your own movements / and at the same time **reposition** your body based on those solutions. //
병렬 구조
높이 친 공을 잡는 한 가지 방법은 / 모든 미분 방정식을 풀고 / 여러분 자신의 움직임뿐만 아니라 그 공의 궤적을 지배하는 / 동시에 그 해법에 따라 여러분의 몸의 위치를 움직이는 것이다 //

(①) Unfortunately, you don't have a differential equation-solving device in your brain, / so instead you solve a simpler problem: / how to place the glove most effectively between the ball and your body. //
불행히도, 여러분은 여러분의 뇌에 미분 방정식을 푸는 장치가 없어서 / 대신 여러분은 더 간단한 문제를 푼다 / (어떻게 그 공과 여러분의 몸 사이에 글러브를 가장 효과적으로 위치시킬지) //

목적어절을 이끄는 접속사
(②) The cerebellum assumes / **that** your hand and the ball should appear / in similar relative positions for each catch. //
소뇌는 가정한다 / 여러분의 손과 그 공이 나타나야 한다고 / 각 포구(捕球)마다 비슷한 상대적 위치에 //

(③) So, if the ball is dropping too fast / and your hand appears to be going too slowly, / **it** will direct your hand to move more quickly / to match the familiar relative position. //
(= the cerebellum)
그래서, 공이 너무 빠르게 떨어지고 있고 / 여러분의 손이 너무 느리게 움직이고 있는 것처럼 보이면 / 그것은 여러분의 손을 더 빠르게 움직이도록 지시할 것이다 / 익숙한 상대적 위치에 맞추기 위해 //

단서 2 소뇌를 사용하는 간단한 행동들에 대한 내용
(④) These simple actions by the cerebellum / **to map** sensory inputs onto muscle movements / **enable us to catch** the ball / without solving any differential equations. //
형용사적 용법
5형식 동사+목적어+목적격 보어(to부정사)
소뇌에 의한 이러한 간단한 행동들은 / 감각 입력을 근육 움직임에 연결시키는 / 우리가 공을 잡을 수 있게 한다 / 그 어떤 미분 방정식도 풀지 않고 //

(⑤) Your cerebellum might tell you / **that** you could catch the ball but you're likely to crash into another player, / so maybe you should not take this action. //
목적어절을 이끄는 접속사
단서 3 소뇌가 일어나지 않은 일에 대해서 행동과 그 결과를 예측할 수 있다는 예시임
여러분의 소뇌는 알려줄 수도 있고 / 여러분이 공을 잡을 수는 있지만 또 다른 선수와 충돌할 가능성이 있다는 것을 / 그러면 여러분은 이 행동을 하지 않는 편이 좋을지도 모른다 //

- **anticipate** ⓥ 기대하다, 예상하다　• **govern** ⓥ 지배하다
- **reposition** ⓥ ~의 위치를 바꾸다　• **device** ⓝ 장치
- **place** ⓥ 두다　• **assume** ⓥ 가정하다　• **relative** ⓐ 상대적인
- **direct** ⓥ 지시하다　• **map ~ onto ...** …을 ~에 연결하다
- **sensory** ⓐ 감각의　• **muscle** ⓝ 근육

높이 친 공을 잡는 한 가지 방법은 여러분 자신의 움직임뿐만 아니라 그 공의 궤적을 지배하는 모든 미분 방정식을 풀고, 동시에 그 해법에 따라 여러분의 몸의 위치를 움직이는 것이다. (①) 불행히도, 여러분은 여러분의 뇌에 미분 방정식을 푸는 장치가 없어서, 대신 여러분은 더 간단한 문제(어떻게 그 공과 여러분의 몸 사이에 글러브를 가장 효과적으로 위치시킬지)를 푼다. (②) 소뇌는 여러분의 손과 그 공이 각 포구(捕球)마다 비슷한 상대적 위치에 나타나야 한다고 가정한다. (③) 그래서, 공이 너무 빠르게 떨어지고 있고 여러분의 손이 너무 느리게 움직이고 있는 것처럼 보이면, 그것은 여러분의 손을 더 빠르게 움직여 익숙한 상대적 위치에 맞추도록 지시할 것이다. (④) 감각 입력을 근육 움직임에 연결시키는 소뇌에 의한 이러한 간단한 행동들은 우리가 그 어떤 미분 방정식도 풀지 않고 공을 잡을 수 있게 한다. (⑤ 우리는 또한 우리의 행동들이 무엇일지 예측하는 데에 소뇌를 사용할 수 있는데 설령 우리가 그것들을 실제로 하지 않아도 그러하다.) 여러분의 소뇌는 여러분이 공을 잡을 수는 있지만 또 다른 선수와 충돌할 가능성이 있다는 것을 알려줄 수도 있고, 그러면 여러분은 이 행동을 하지 않는 편이 좋을지도 모른다.

| 문제 풀이 순서 | [정답률 53%]

1st 주어진 문장을 해석하고, 연결어, 지시어 등을 확인한다.

We are also able to use the cerebellum / to anticipate what our actions would be / even if we don't actually take them. //
우리는 또한 소뇌를 사용할 수 있는데 / 우리의 행동들이 무엇일지 예측하는 데에 / 설령 우리가 그것들을 실제로 하지 않아도 그러하다 //

➡ 소뇌를 사용하는 다른 방법을 '또한(also)'으로 언급하고 있기 때문에, 주어진 문장 앞에서는 소뇌를 사용하는 어떠한 방법이 소개되었을 것이다. **단서**
▶ 주어진 문장 앞: 소뇌를 사용하는 어떤 방법이 소개되었을 것임
▶ 주어진 문장 뒤: 실제로 행동을 하지 않아도 행동이 무엇일지 예측하는 것의 예시가 나올 것임 **발상**

2nd 각 선택지의 앞뒤 흐름이 매끄러운지 확인한다.

- ①의 앞 문장과 뒤 문장

앞 문장: 높이 친 공을 잡는 한 가지 방법은 복잡한 모든 미분 방정식을 풀고 몸을 움직이는 것이다.

뒤 문장: 뇌에는 미분 방정식을 푸는 장치는 없지만 글러브를 공과 몸사이에 가장 효과적으로 위치시키는 방법을 생각할 수는 있다.

➡ 앞 문장에서는 높이 공을 잡는 한가지 방법으로 복잡한 수학적 계산을 하는 방법을 소개하면서, 뒤 문장에서는 이러한 방법이 불가능하지만 우리 뇌로 글러브를 공과 몸 사이에 가장 효과적으로 위치시키는 방법은 생각해낼 수 있다고 하며 자연스럽게 연결된다.
▶ 주어진 문장이 ①에 들어갈 수 없음

- ②의 앞 문장과 뒤 문장

앞 문장: ①의 뒤 문장과 같음

뒤 문장: 소뇌는 여러분의 손과 그 공이 각 포구(捕球)마다 비슷한 상대적 위치에 나타나야 한다고 가정한다.

➡ 앞의 내용에서 뇌는 글러브를 공과 몸 사이에 가장 효과적으로 위치시키는 문제는 해결할 수 있다고 했으며, 뒤 문장에서는 어떤 식으로 위치시키는지에 대한 설명이 이어지고 있다.
▶ 주어진 문장이 ②에 들어갈 수 없음

- ③의 앞 문장과 뒤 문장

앞 문장: ②의 뒤 문장과 같음

뒤 문장: 그래서(So), 공이 너무 빠르게 떨어지고 있고 여러분의 손이 너무 느리게 움직이고 있는 것처럼 보이면, 그것은 여러분의 손을 더 빠르게 움직여 익숙한 상대적 위치에 맞추도록 지시할 것이다.

➡ 앞에서는 소뇌가 손과 공이 각 포구마다 비슷한 상대적 위치에 있어야 한다고 가정한다고 했고, 뒤에서는 공과 손의 상대적 위치에 따라 손의 움직임 속도를 변화시킨다는 내용이 온다.
따라서 상반되는 내용의 두 문장은 '그래서(So)'로 자연스럽게 연결된다.
▶ 주어진 문장이 ③에 들어갈 수 없음

- **④의 앞 문장과 뒤 문장**

앞 문장: ③의 뒤 문장과 같음

뒤 문장: 감각 입력을 근육 움직임에 연결시키는 소뇌에 의한 이러한 간단한 행동들은 우리가 그 어떤 미분 방정식도 풀지 않고 공을 잡을 수 있게 한다.

➡ 앞 문장에서 소뇌는 공과 손의 상대적 위치를 맞추도록 한다고 했고, 뒤 문장에서는 이에 대한 설명을 하고 있다. (감각을 근육 움직임에 연결시켜서 미분 방정식을 풀지 않고도 공을 잡을 수 있게 해줌) 따라서 두 문장은 자연스럽게 연결된다.

▶ 주어진 문장이 ④에 들어갈 수 없음

- **⑤의 앞 문장과 뒤 문장**

앞 문장: ④의 뒤 문장과 같음

뒤 문장: 여러분의 소뇌는 여러분이 공을 잡을 수는 있지만 또 다른 선수와 충돌할 가능성이 있다는 것을 알려줄 수도 있고, 그러면 여러분은 이 행동을 하지 않는 편이 좋을지도 모른다.

➡ 앞 문장까지는 감각 입력과 근육 움직임에 연결하는 소뇌가 공과 손의 상대적 위치가 맞도록 손의 움직임을 조정할 수 있다는 내용이 나온다. 하지만 뒤에서는 상대적 위치를 맞추는 것과는 다른 내용의 사례가 나온다. 주어진 문장에서 소뇌로 실제 행동을 하지 않더라도 우리 행동을 예측할 수 있다는 또 다른 기능을 소개하고 있으므로 주어진 문장은 ⑤에 들어가야 한다.

▶ 주어진 문장이 ⑤에 들어가야 함

N 23 정답 ⑤ ＊친사회적 행동을 일으킬 수 있는 요소

글의 흐름으로 보아, 주어진 문장이 들어가기에 가장 적절한 곳을 고르시오.

> Following this pathway, / we act altruistically / when we feel empathy for a person / and can truly imagine a situation from their perspective. //
> **단서 1** 타인에 공감할 수 있고, 그들의 관점에서 상황을 볼 수 있을 때 이타적으로 행동함
> 이 경로를 따라서 / 우리는 이타적으로 행동한다 / 어떤 사람에 대한 공감을 느끼고 / 진정으로 그 관점에서부터 상황을 상상할 수 있을 때 //

Prosocial behavior / — that is(즉), behavior that is intended to help another person — / can be motivated by two different pathways, / according to Daniel Batson at the University of Kansas. //
친사회적 행동 / 다시 말해, 다른 사람을 돕기 위해 의도된 행동은 / 두 가지 다른 경로로 동기 부여될 수 있다 / University of Kansas의 Daniel Batson에 따르면 //

(①) One pathway, the egoistic pathway, is largely self-focused: / we provide help / if the rewards to us outweigh the costs. //
첫 번째 경로인 자기중심적 경로는 주로 자신에게 초점이 맞추어져 있다 / 우리는 도움을 제공한다 / 우리에 대한 보상이 비용보다 더 중요하다면 //

(②) This pathway is the one **that**(주격 관계대명사) is operating / if we hand a homeless person a dollar / **to make**(부사적 용법(목적)) ourselves feel better. //
이 경로는 작동하는 것이다 / 만일 우리가 노숙자에게 1달러를 건넬 때 / 우리 자신들을 더 기분 좋게 만들기 위해서 //

(③) Doing so(동명사 주어) costs us very little(4형식 동사＋간접목적어＋직접목적어) / — only a dollar — / and the reward of doing so — avoiding the guilt / we'd feel from simply walking by(관계대명사가 생략된 관계절(guilt 수식)) — / is greater. //
그렇게 하는 것은 우리에게 거의 비용이 들게 하지 않으며 / 오로지 1달러만 / 그렇게 하는 것의 보상 / 죄책감을 피하는 것은 / 단지 그저 지나쳐가는 것에서부터 우리가 느끼게 될 — / 더 크다 //

(④) But according to Bat-son's hypothesis, / there is another pathway, / **which**(계속적 용법의 관계대명사) is other-focused / — it's motivated by a genuine desire / to help the other person, / even if we incur a cost for doing so. // **단서 2** 타자에게 초점이 맞춰져 있는 다른 경로가 있음
하지만 Batson의 가설에 따르면 / 또 다른 경로가 있으며 / 그것은 타자에게 초점이 맞추어져 있다 / 그것은 진실된 욕구에 의해서 동기 부여된다 / 다른 사람을 도와주려는 / 비록 그렇게 하는 것 때문에 우리가 비용을 치를지라도 //

(⑤) This ability to see(형용사적 용법(this ability 수식)) the world from someone else's perspective / can **lead us to help**,(5형식 동사＋목적어＋목적격 보어) / even if there are considerable costs. //
그 밖의 다른 누군가의 관점으로부터 세상을 볼 수 있는 이 능력은 / 우리로 하여금 돕도록 이끌 수 있다 / 비록 상당한 비용이 있을지라도 //

- **altruistically** ad 이타적으로
- **empathy** n 공감
- **prosocial** a 친사회적인
- **egoistic** a 자기 중심적인
- **outweigh** v ~보다 더 크다
- **genuine** a 진실된
- **incur** v 초래하다, 발생시키다
- **considerable** a 상당한

University of Kansas의 Daniel Batson에 따르면, 친사회적 행동 — 다시 말해, 다른 사람을 돕기 위해 의도된 행동 — 은 두 가지 다른 경로로 동기 부여될 수 있다. (①) 첫 번째 경로인 자기중심적 경로는 주로 자신에게 초점이 맞추어져 있다. 우리에 대한 보상이 비용보다 더 중요하다면 우리는 도움을 제공한다. (②) 이 경로는 만일 우리가 우리 자신들을 더 기분 좋게 만들기 위해서 노숙자에게 1달러를 건넬 때 작동하는 것이다. (③) 그렇게 하는 것은 우리에게 거의 비용이 들게 하지 않으며 — 오로지 1달러만 — 그렇게 하는 것의 보상 — 단지 그저 지나쳐가는 것에서부터 우리가 느끼게 될 죄책감을 피하는 것 — 은 더 크다. (④) 하지만 Batson의 가설에 따르면, 또 다른 경로가 있으며, 그것은 타자에게 초점이 맞추어져 있다 — 그것은 비록 그렇게 하는 것 때문에 우리가 비용을 치를지라도, 다른 사람을 도와주려는 진실된 욕구에 의해서 동기 부여된다. (⑤ 이 경로를 따라서, 우리는 어떤 사람에 대한 공감을 느끼고 진정으로 그 관점에서부터 상황을 상상할 수 있을 때 이타적으로 행동한다.) 그 밖의 다른 누군가의 관점으로부터 세상을 볼 수 있는 이 능력은 비록 상당한 비용이 있을지라도 우리로 하여금 돕도록 이끌 수 있다.

| 문제 풀이 순서 | [정답률 58%]

1st 주어진 문장을 해석하고, 연결어, 지시어 등을 확인한다.

> Following this pathway, / we act altruistically / when we feel empathy for a person / and can truly imagine a situation/ from their perspective. //
> 이 경로를 따라서 / 우리는 이타적으로 행동한다 / 어떤 사람에 대한 공감을 느끼고 / 진정으로 상황을 상상할 수 있을 때 / 그 관점에서부터 //

➡ '이 경로를 따라서(Following this pathway)' 타인에 공감을 느끼고 그들의 관점에서 상황을 상상할 수 있을 때 이타적으로 행동한다고 했다. **단서**

▶ **주어진 문장 앞**: 이타적으로 행동하게 되는 '이 경로'가 소개될 것임

▶ **주어진 문장 뒤**: 이타적인 행동을 하는 내용이 이어지게 될 것임 **발상**

2nd 각 선택지의 앞뒤 흐름이 매끄러운지 확인한다.

- **①의 앞 문장과 뒤 문장**

앞 문장: University of Kansas의 Daniel Batson에 따르면, 친사회적 행동 — 다시 말해, 다른 사람을 돕기 위해 의도된 행동 — 은 두 가지 다른 경로로 동기 부여될 수 있다.

뒤 문장: 첫 번째 경로인 자기중심적 경로는 주로 자신에게 초점이 맞추어져 있다. 우리에 대한 보상이 비용보다 더 중요하다면 우리는 도움을 제공한다.

➡ 친사회적 행동은 두 가지 경로로 동기부여 될 수 있음을 앞 문장에 소개하고, 뒤 문장에 바로 자신에게 주어질 보상 때문에 도움을 제공한다는 첫 번째 경로를 소개하고 있다. 따라서 두 문장은 자연스럽게 이어진다.

▶ 주어진 문장이 ①에 들어갈 수 없음

- **②의 앞 문장과 뒤 문장**

앞 문장: ①의 뒤 문장과 같음

뒤 문장: 이 경로(This pathway)는 만일 우리가 우리 자신들을 더 기분 좋게 만들기 위해서 노숙자에게 1달러를 건넬 때 작동하는 것이다.

➡ 자기 자신의 이익을 위해 타인을 돕는 행동을 한다는 앞 문장에 이어 '이 경로(This pathway)'라고 하며, 자기 기분을 좋게 하기 위해 노숙자에게 돈을 건넨다는 예시가 담긴 뒤 문장은 자연스럽게 연결된다.

▶ 주어진 문장이 ②에 들어갈 수 없음

- ③의 앞 문장과 뒤 문장

앞 문장: ②의 뒤 문장과 같음

뒤 문장: 그렇게 하는 것(Doing so)은 우리에게 거의 비용이 들게 하지 않으며 — 오로지 1달러만 — 그렇게 하는 것의 보상 — 단지 그저 지나쳐가는 것에서부터 우리가 느끼게 될 죄책감을 피하는 것 — 은 더 크다.

→ 앞 문장에서는 자기 기분을 위해 노숙자에게 돈을 건네는 예시가 소개되었고, 뒤 문장에는 앞 문장의 예시가 '그렇게 하는 것'으로 지칭되어 노숙자를 돕는 것의 자기중심적인 동기에 대한 설명이 있다. 따라서 두 문장은 자연스럽게 연결된다.

▶ 주어진 문장이 ③에 들어갈 수 없음

- ④의 앞 문장과 뒤 문장

앞 문장: ③의 뒤 문장과 같음

뒤 문장: 하지만(But) Batson의 가설에 따르면, 또 다른 경로가 있으며, 그것은 타자에게 초점이 맞추어져 있다 — 그것은 비록 그렇게 하는 것 때문에 우리가 비용을 치를지라도, 다른 사람을 도와주려는 진실된 욕구에 의해서 동기 부여된다.

→ 앞 문장까지는 자기중심적인 동기로 친사회적인 행동을 하게 된다는 첫 번째 경로가 소개되고 있다. 뒤 문장에서는 반대로 타자에게 초점이 맞춰진 동기가 작용되는 또 다른 경로가 소개되었으며 But으로 대조를 이루고 있다.

▶ 주어진 문장이 ④에 들어갈 수 없음

- ⑤의 앞 문장과 뒤 문장

앞 문장: ④의 뒤 문장과 같음

뒤 문장: 그 밖의 다른 누군가의 관점으로부터 세상을 볼 수 있는 이 능력(This ability)은 비록 상당한 비용이 있을지라도 우리로 하여금 돕도록 이끌 수 있다.

→ 앞 문장에서는 타자에게 초점이 맞춰진 동기로 친사회적인 행동을 하는 또 다른 경로가 소개되어 있으며, 뒤 문장에는 타인의 관점으로부터 세상을 바라보는 '이 능력'이 타인을 돕는 행동으로 이어질 수 있다는 내용이다.

주어진 문장은 타인에게 공감하고 그들의 입장에서 상황을 상상할 수 있을 때 이타적으로 행동한다는 내용이고, 뒤 문장의 '이 능력(This ability)'이 '그들의 입장에서 상황을 상상할 수 있는 능력'이 되므로 그 전에 들어가야 한다.

▶ 주어진 문장이 ⑤에 들어가야 함

N 24 정답 ⑤　＊외재적 동기의 한계 및 내재적 동기의 필요성

글의 흐름으로 보아, 주어진 문장이 들어가기에 가장 적절한 곳을 고르시오.

Without the anchor of intrinsic motivation however, / even a small bump in the road may reset you back; / we may go back to eating meat in February / when the social support has disappeared. //

단서 1　내재적 동기 없이는 친구들의 지지가 사라지면 작은 걸림돌에도 금세 채식주의를 포기하게 될 수도 있음

하지만 내재적 동기부여라는 닻이 없는 상태에서는 / 심지어 도로에 솟아오른 작은 턱조차 당신을 다시 원래대로 돌아가게 할지 모르고 / 우리는 2월에는 고기를 먹는 것으로 되돌아갈지도 모른다 / 사회적 지지가 사라진 //

Our behaviour can be modified externally / without there **being** strong personal motivation. //

동명사

우리의 행동은 외부적으로 수정될 수 있다 / 강력한 개인적 동기가 없는 상태에서 //

Everything from our supermarket shopping and online browsing choices / are examples of **how our actions are shaped** / without our conscious choice or motivation. //

의문사＋주어＋동사

우리의 수퍼마켓 쇼핑에서의 모든 것과 온라인에서의 훑어보기 선택지는 / 우리의 행동이 어떻게 형성되는지에 대한 예시이다 / 우리의 의식적인 선택이나 동기 없이도 //

(①) However, / when processes **police** us / but fail to truly influence us, / we do not continue with the behaviours / after the processes are removed. //

동사

그러나 / 과정들이 우리를 통제하지만 / 진정으로 우리에게 영향을 미치지 못할 때 / 우리는 그 행동을 계속하지 않는다 / 그 과정들이 제거된 후에 //

(②) This is passive engagement rather than ownership. //

이는 소유라기보다는 수동적 참여이다 //

(③) A better way / **in which** we can be externally supported to take action / is by having friends who encourage us. //

전치사＋관계대명사

더 좋은 방법은 / 우리가 행동을 하도록 외부적으로 지지받을 수 있는 / 우리를 격려해주는 친구를 갖는 것이다 //

(④) You may not be sold on going vegan, / but yet give veganism a try at the start of the year / because some of your friends suggest / you do it together. //

단서 2　해의 시작에 친구들의 권유로 채식주의를 시도해볼 것임

당신은 완전한 채식 생활을 하는 것에 대해 설득되지 않을지도 모르지만 / 그 해의 시작에 완전한 채식 생활을 시도해 볼 것이다 / 당신의 친구들 중 몇 명이 제안하기 때문에 / 당신이 그것을 함께 해야 한다고 //

(⑤) Resonance **helps us connect** to / our internal motivation to change / rather than being 'pushed' from the outside, /

5형식 동사＋목적어＋목적격 보어(동사원형)

울림은 연결되도록 도와주며 / 변화하려는 우리의 내적 동기와 / 우리가 외부에서 '강요받는' 것보다는 /

and in turn **helps us form** a habit, / where our self-concept makes a shift / from 'someone who does not like cycling' to 'someone who cycles'. //

5형식 동사＋목적어＋목적격 보어(동사원형)

결과적으로 습관을 형성하도록 도와주며 / 그것에서 우리의 자아 개념은 이동하게 된다 / '자전거 타기를 좋아하지 않는 누군가'에서부터 '자전거를 타는 누군가'로 //

- intrinsic ⓐ 내재적인 　· modify ⓥ 수정하다
- externally 〔ad〕 외부적으로 　· browse ⓥ 훑어보다
- police ⓥ 통제하다 　· influence ⓥ 영향을 미치다
- remove ⓥ 지우다 　· passive ⓐ 수동적인
- engagement ⓝ 참여 　· self-concept ⓝ 자아 개념

우리의 행동은 강력한 개인적 동기가 없는 상태에서 외부적으로 수정될 수 있다. 우리의 수퍼마켓 쇼핑에서의 모든 것과 온라인에서의 훑어보기 선택지는 우리의 의식적인 선택이나 동기 없이도 우리의 행동이 어떻게 형성되는지에 대한 예시이다. (①) 그러나 과정들이 우리를 통제하지만 진정으로 우리에게 영향을 미치지 못할 때, 그 과정들이 제거된 후에 우리는 그 행동을 계속하지 않는다. (②) 이는 소유라기보다는 수동적 참여이다. (③) 우리가 행동을 하도록 외부적으로 지지받을 수 있는 더 좋은 방법은 우리를 격려해주는 친구를 갖는 것이다. (④) 당신은 완전한 채식 생활을 하는 것에 대해 설득되지 않을지도 모르지만, 당신의 친구들 중 몇 명이 당신이 그것을 함께 해야 한다고 제안하기 때문에 그 해의 시작에 완전한 채식 생활을 시도해 볼 것이다. (⑤ 하지만 내재적 동기부여라는 닻이 없는 상태에서는 심지어 도로에 솟아오른 작은 턱조차도 당신을 다시 원래대로 돌아가게 할지 모르고, 우리는 사회적 지지가 사라진 2월에는 고기를 먹는 것으로 되돌아갈지도 모른다.) 울림은 우리가 외부에서 '강요받는' 것보다는 변화하려는 우리의 내적 동기와 연결되도록 도와주며, 결과적으로 습관을 형성하도록 도와주며, 그것에서 우리의 자아 개념은 '자전거 타기를 좋아하지 않는 누군가'에서부터 '자전거를 타는 누군가'로 이동하게 된다.

| 문제 풀이 순서 |　[정답률 37%]

1st 주어진 문장을 해석하고, 연결어, 지시어 등을 확인한다.

Without the anchor of intrinsic motivation **however,** / even a small bump in the road may reset you back; / we may go back to eating meat in February / when the social support has disappeared. //

하지만　내재적 동기부여라는 닻이 없는 상태에서는 / 심지어 도로에 솟아오른 작은 턱조차도 당신을 다시 원래대로 돌아가게 할지 모르고 / 우리는 2월에는 고기를 먹는 것으로 되돌아갈지도 모른다 / 사회적 지지가 사라진 //

→ '하지만(however)'이라고 했으므로 주어진 문장 앞에서 2월 전에 고기를 먹지 않는다고 다짐했다는 내용이 나와야 할 것이다. 단서

▶ **주어진 문장 앞**: 내재적 동기가 없는 상태와 2월 전에 고기를 먹지 않는다고 다짐했다는 내용이 나와야 할 것임

▶ **주어진 문장 뒤**: 닻으로 작용할 수 있는 내재적 동기에 대한 내용이 나올 것임 발상

- ①의 앞 문장과 뒤 문장

앞 문장: 우리의 행동은 강력한 개인적 동기가 없는 상태에서 외부적으로 수정될 수 있다. 우리의 수퍼마켓 쇼핑에서의 모든 것과 온라인에서의 훑어보기 선택지는 우리의 의식적인 선택이나 동기 없이도 우리의 행동이 어떻게 형성되는지에 대한 예시이다.

뒤 문장: 그러나(However) 과정들이 우리를 통제하지만 진정으로 우리에게 영향을 미치지 못할 때, 그 과정들이 제거된 후에 우리는 그 행동을 계속하지 않는다.

➡ 앞 문장은 개인적 동기가 없는 상태에서 외부적으로 행동이 수정될 수 있다는 내용과 예시이다. 뒤 문장에서는 외부적인 과정이 우리에게 진정한 영향을 미치지 못할 때(내재화되지 못할 때) 과정이 없어지면 행동도 멈춘다는 내용이다. 따라서 두 문장은 However로 자연스럽게 연결된다.

▶ 주어진 문장이 ①에 들어갈 수 없음

- ②의 앞 문장과 뒤 문장

앞 문장: ①의 뒤 문장과 같음

뒤 문장: 이는(This) 소유라기보다는 수동적 참여이다.

➡ 앞의 내용은 내재화되지 못한 외부적인 과정이 없어지면 그에 따른 행동도 멈춘다는 내용이고, 이는 뒤 문장에서 소유라기보다 수동적 참여라는 내용과 일맥상통한다.

▶ 주어진 문장이 ②에 들어갈 수 없음

- ③의 앞 문장과 뒤 문장

앞 문장: ②의 뒤 문장과 같음

뒤 문장: 우리가 행동을 하도록 외부적으로 지지받을 수 있는 더 좋은 방법은 우리를 격려해주는 친구를 갖는 것이다.

➡ 앞 부분에서는 외부적인 과정이 진정한 영향을 미치지 않았다면 행동에 지속적으로 영향을 미칠 수 없다는 내용이고, 뒤 문장은 외부적으로 지지받을 수 있는 더 좋은 방법을 설명하고 있다. 따라서 두 문장은 자연스럽게 연결된다.

▶ 주어진 문장이 ③에 들어갈 수 없음

- ④의 앞 문장과 뒤 문장

앞 문장: ③의 뒤 문장과 같음

뒤 문장: 당신은 완전한 채식 생활을 하는 것에 대해 설득되지 않을지도 모르지만, 당신의 친구들 중 몇 명이 당신이 그것을 함께 해야 한다고 제안하기 때문에 그 해의 시작에 완전한 채식 생활을 시도해 볼 것이다.

➡ 앞 문장에서는 친구를 갖는 것이 외부적으로 지지받을 수 있는 더 좋은 방법으로 소개되었다. 뒤 문장은 채식 생활에 설득되지 않더라도 친구들의 제안으로 해의 시작에 채식 생활을 시도해볼 것이라는 내용이다. 친구의 설득이 행동에 영향을 미치는 방식의 예시가 뒤에 나와 있으므로 두 문장은 자연스럽게 연결된다.

▶ 주어진 문장이 ④에 들어갈 수 없음

- ⑤의 앞 문장과 뒤 문장

앞 문장: ④의 뒤 문장과 같음

뒤 문장: 울림은 우리가 외부에서 '강요받는' 것보다는 변화하려는 우리의 내적 동기와 연결되도록 도와주며, 결과적으로 습관을 형성하도록 도와주며, 그것에서 우리의 자아 개념은 '자전거 타기를 좋아하지 않는 누군가'에서부터 '자전거를 타는 누군가'로 이동하게 된다.

➡ 앞 부분은 채식주의에 대해 완전히 설득되지 않더라도 친구들의 제안으로 시작했다는 예시이다. 뒤 문장에서는 울림이 내적 동기와 연결되고 습관을 형성할 수 있도록 도와준다는 내용이다.

주어진 문장은 내재적 동기 없이 친구들의 사회적 지원이 사라지면 채식주의를 포기하고 고기를 다시 먹게 될 것이라는 내용이므로 ⑤에 들어가야 한다.

▶ 주어진 문장이 ⑤에 들어가야 함

N 25 정답 ④ ＊윤리와 객관성: 편견과 공정성의 역할 ─────

> **글의 흐름으로 보아, 주어진 문장이 들어가기에 가장 적절한 곳을 고르시오.**

단서 1 객관성의 규범은 편견이 '없을' 수 있다고 생각했기 때문에 만들어진 것이 아님

> The norms of objectivity were constructed / not because their
> 앞에 목적어절 접속사 that 생략
> creators thought / most humans could be 'empty' of bias. //
> 객관성의 규범은 만들어졌다 / 그것을 만든 사람들이 생각했기 때문이 아니라 / 대부분의 인간은 편견이 '없을' 수 있다고 //

Emotional response to the world / is an inherent part of ethics. //
세상에 대한 감정적 반응은 / 윤리학의 내재적인 부분이다 //

In ethics, / appeals to compassion and empathy / can and should be part of rational arguments / about ethical decisions. //
윤리학에서 / 연민과 공감에 대한 호소는 / 합리적인 주장의 일부가 될 수 있고 또 그래야 한다 / 윤리적 결정에 대한 //

Moreover, / the best practices of objectivity often combine / partiality and impartiality. //
더욱이 / 객관성의 가장 좋은 실천들은 종종 결합한다 / 편파성과 공정성을 //

(①) In a trial, / the partiality of the prosecutor and the defense attorney (and the parties they represent) occurs / within a larger impartial context. //
앞에 목적격 관계대명사 생략
재판에서 / 검사와 변호인(및 그들이 대리하는 당사자들)의 편파성은 발생한다 / 더 큰 공정한 맥락 안에서 //

(②) A judge or jury puts partial arguments / to the test of
병렬 구조
objective evidence / and to the impartial rules of law. //
판사나 배심원은 편파적인 주장들을 맡긴다 / 객관적인 증거의 시험대와 / 공정한 법 원칙에 //

(③) Ideally, / what is fair and objective emerges / during a trial
문장의 주어   동사
/ where partialities make their case / and are judged by objective
관계부사
norms. //
이상적으로 / 공정하고 객관적인 것은 드러난다 / 재판 동안 / 편파성이 자신의 주장을 하고 / 객관적인 규범에 의해 판단되는 //

단서 2 편견을 갖고 있어서 이를 보완하기 위해 규범을 만든 것임

(④) The reverse is true: / the norms were constructed / because of an acute awareness of human bias, / because it is evident. //
그 반대가 사실인데 / 그 규범은 만들어졌다 / 인간의 편견에 대한 예리한 인식 때문에 / 즉 그것이 명백하게 나타나기 때문에 //

(⑤) Rather than conclude that objectivity is impossible / because bias is universal, / scientists, journalists, and others concluded the opposite: /
객관성이 불가능하다고 결론을 내리기보다는 / 편견이 보편적이기 때문에 / 과학자, 언론인 그리고 다른 이들은 반대의 결론을 내렸다 /

we biased humans need the discipline of objectivity / to reduce
부사적 용법(목적)
the ineliminable presence of bias. //
즉 우리 편향된 인간은 객관성의 규율을 필요로 한다는 것이다 / 제거할 수 없는 편견의 존재를 줄이기 위해 //

- **norm** ⓝ 규범 ・ **bias** ⓝ 편견 ・ **inherent** ⓐ 내재하는
- **ethics** ⓝ 윤리학 ・ **empathy** ⓝ 공감 ・ **partiality** ⓝ 편애
- **impartiality** ⓝ 불편부당, 공명정대 ・ **trial** ⓝ 재판
- **defense attorney** 피고측 변호사 ・ **jury** ⓝ 배심원단
- **ideally** ⓐd 이상적으로 ・ **acute** ⓐ 예민한, 예리한
- **discipline** ⓝ 규율 ・ **ineliminable** ⓐ 제거할 수 없는

세상에 대한 감정적 반응은 윤리학의 내재적인 부분이다. 윤리학에서 연민과 공감에 대한 호소는 윤리적 결정에 대한 합리적인 주장의 일부가 될 수 있고 또 그래야 한다. 더욱이 객관성의 가장 좋은 실천들은 종종 편파성과 공정성을 결합한다. (①) 재판에서 검사와 변호인(및 그들이 대리하는 당사자들)의 편파성은 더 큰 공정한 맥락 안에서 발생한다. (②) 판사나 배심원은 편파적인 주장들을 객관적인 증거의 시험대와 공정한 법 원칙에 맡긴다. (③) 이상적으로, 공정하고 객관적인 것은 편파성이 자신의 주장을 하고 객관적인 규범에 의해

판단되는 재판 동안 드러난다. (④ 객관성의 규범은 그것을 만든 사람들이 대부분의 인간은 편견이 '없을' 수 있다고 생각했기 때문에 만들어진 것이 아니다.) 그 반대가 사실인데, 그 규범은 인간의 편견에 대한 예리한 인식 때문에, 즉 그것이 명백하게 나타나기 때문에 만들어졌다. (⑤) 편견이 보편적이기 때문에 객관성이 불가능하다고 결론을 내리기보다는 과학자, 언론인 그리고 다른 이들은 반대의 결론을 내렸다. 즉 우리 편향된 인간은 제거할 수 없는 편견의 존재를 줄이기 위해 객관성의 규율을 필요로 한다는 것이다.

| 문제 풀이 순서 | [정답률 40%]

1st 주어진 문장을 해석하고, 연결어, 지시어 등을 확인한다.

The norms of objectivity were constructed not because their creators thought most humans could be 'empty' of bias. //
객관성의 규범은 그것을 만든 사람들이 대부분의 인간은 편견이 '없을' 수 있다고 생각했기 때문에 만들어진 것이 아니다.

➡ 객관성의 규범은 편견이 '없을' 수 있다고 생각했기 때문에 만들어진 것이 아니다. **단서 1**
▶ **주어진 문장 뒤**: 객관성의 규범이 만들어진 실제 이유에 대한 설명이 이어질 것이다.

2nd 각 선택지의 앞뒤 흐름이 매끄러운지 확인한다.

- ①의 앞 문장과 뒤 문장
앞 문장: 더욱이 객관성의 가장 좋은 실천들은 종종 편파성과 공정성을 결합한다.
뒤 문장: 재판에서 검사와 변호인(및 그들이 대리하는 당사자들)의 편파성은 더 큰 공정한 맥락 안에서 발생한다.

➡ 객관성은 편파성과 공정성을 결합할 때 가장 좋고, 실제로 재판에서도 이런 점이 반영된다는 내용이므로 두 문장은 자연스럽게 연결된다.
▶ 주어진 문장이 ①에 들어갈 수 없음

- ②의 앞 문장과 뒤 문장
앞 문장: ①의 뒤 문장과 같음
뒤 문장: 판사나 배심원은 편파적인 주장들을 객관적인 증거의 시험대와 공정한 법 원칙에 맡긴다.

➡ 객관성의 실천은 편파성과 공정성의 결합에 기반하므로 편파적인 주장을 공정한 법 원칙에 맡긴다는 내용은 흐름상 자연스럽다.
▶ 주어진 문장이 ②에 들어갈 수 없음

- ③의 앞 문장과 뒤 문장
앞 문장: ②의 뒤 문장과 같음
뒤 문장: 이상적으로, 공정하고 객관적인 것은 편파성이 자신의 주장을 하고 객관적인 규범에 의해 판단되는 재판 동안 드러난다.

➡ 객관적 증거와 법에 맡기면 결국 공정하고 객관적인 것은 재판 과정에서 드러난다고 설명하고 있으므로 두 문장은 자연스럽게 연결된다.
▶ 주어진 문장이 ③에 들어갈 수 없음

④의 앞 문장과 뒤 문장
앞 문장: ③의 뒤 문장과 같음
뒤 문장: 그 반대(The reverse)가 사실인데, 그 규범은 인간의 편견에 대한 예리한 인식 때문에, 즉 그것이 명백하게 나타나기 때문에 만들어졌다.

➡ 재판을 통해서 공정성과 객관성이 드러난다고 설명하는 내용인데, '그 반대가 사실인데(The reverse is true)'라고 하면서 인간의 편견에 대해 설명하며 전혀 맞지 않는 흐름의 문장이 이어진다.
인간이 편견이 없을 수 있기 때문에 규범을 만든 것이 아니라는 내용이 들어가야 '그 반대가 사실인데(The reverse is true)'를 통해 규범이 만들어진 진정한 이유가 소개될 수 있다.
▶ **주어진 문장이 ④에 들어가야 함**

- ⑤의 앞 문장과 뒤 문장
앞 문장: ④의 뒤 문장과 같음
뒤 문장: 편견이 보편적이기 때문에 객관성이 불가능하다고 결론을 내리기보다는 과학자, 언론인 그리고 다른 이들은 반대의 결론을 내렸다.

➡ 인간들에겐 편견이 존재하지만, 객관성 확보가 불가능한 것이 아니라 규범을 만듦으로써 이를 극복할 수 있다는 내용이므로 두 문장이 자연스럽게 연결된다.
▶ 주어진 문장이 ⑤에 들어갈 수 없음

글의 흐름으로 보아, 주어진 문장이 들어가기에 가장 적절한 곳을 고르시오. [3점]

단서 1 고양이가 어둠 속에서 잘 볼 수 있다는 내용과, 밝을 때와 가까운 물체는 잘 볼 수 없다는 내용 사이에 들어가야 함

Cats 'pay' for this nighttime accuracy / with less accurate daytime vision / and an inability to focus on close objects. //
고양이는 이러한 야간의 정확성에 대한 '대가를 지불한다' / 덜 정확한 주간 시력과 / 가까운 물체에 초점을 못 맞추는 것으로 //

단수 주어 / 동격절 접속사 / 단수 동사
The fact that cats' eyes glow in the dark / is part of their enhanced light-gathering efficiency; /
고양이의 눈이 어둠 속에서 빛난다는 사실은 / 그것의 강화된 집광 효율성의 일부인데 /

there is a reflective layer behind the retina, / so light can hit the retina / when it enters the eye, / or when it (= light) is reflected from behind the retina. //
망막 뒤에는 반사 층이 있어서 / 그것이 망막에 닿을 수 있다 / 빛이 눈에 들어올 때나 / 망막 뒤에서 반사될 때 //

단수 주어 / 관계대명사절 / 단수 동사 ①
(①) Light that manages to miss the retina / exits the eye / and 단수 동사 ② creates that ghostly glow. //
망막을 어떤 식으로든 벗어난 빛은 / 눈을 빠져나와 / 그 유령 같은 빛을 만들어 낸다 //

(②) When cats' light-gathering ability is combined / with the very large population of rods in their eyes, / the result is a predator / (주격 관계대명사) that can see exceptionally well in the dark. //
고양이의 집광 능력이 결합될 때 / 고양이의 눈 속 매우 많은 간상체의 개체 수와 / 그 결과는 포식자이다 / 어둠 속에서 유난히 잘 볼 수 있는 //

단서 2 밤에 잘 보고 낮과 가까운 물체는 잘 볼 수 없는 것을 가리킴
(③) This may seem counterproductive; / what is the point of seeing a mouse in the dark / if, in that final, close moment, / the cat can't focus on it? //
이것은 비생산적으로 보일 수 있는데 / 어둠 속에서 쥐를 보는 것이 무슨 의미가 있을까 / 만약 그 마지막, 아슬아슬한 순간에 / 고양이가 그것(쥐)에 초점을 맞출 수 없다면 //

(④) Tactile information comes into play at this time; / cats can move their whiskers forward / and use (= their whiskers) them to get information about objects / within the grasp of their jaws. //
이때 촉각 정보가 작용하기 시작하는데 / 고양이들은 콧수염을 앞으로 움직여서 / 그들의 턱으로 물체들에 대한 정보를 얻는 데 사용할 수 있다 / 물 수 있는 범위 내의 //

(⑤) So the next time you see a cat / (현재분사구(a cat 수식)) seeming to nap in the bright sunlight, / eyes half-closed, / remember that it may simply be shielding its retina / from a surplus of light. //
그러므로 다음번에 여러분이 고양이를 보면 / 밝은 햇빛 속에서 낮잠을 자고 있는 것처럼 보이는 / 눈이 반쯤 감긴 채로 / 그것이 단순히 망막을 보호하고 있을 뿐일 수도 있다는 것을 기억하라 / 과도한 빛으로부터 //

- accuracy ⓝ 정확도　　• enhanced ⓐ 높인, 강화된
- reflective ⓐ 빛을 반사하는　　• retina ⓝ 망막
- manage to-v 간신히 ~하다　　• ghostly ⓐ 귀신같은
- exceptionally ⓐⓓ 특별히
- counterproductive ⓐ 비생산적인, 역효과를 낳는
- come into play 작동[활동]하기 시작하다　　• grasp ⓝ 통제, 범위
- surplus ⓝ 과잉

고양이의 눈이 어둠 속에서 빛난다는 사실은 그것의 강화된 집광 효율성의 일부인데, 망막 뒤에는 반사 층이 있어서 빛이 눈에 들어올 때나 망막 뒤에서 반사될 때 그것이 망막에 닿을 수 있다. (①) 망막을 어떤 식으로든 벗어난 빛은 눈을 빠져나와 그 유령 같은 빛을 만들어 낸다. (②) 고양이의 집광 능력이 고양이의 눈 속 매우 많은 간상체의 개체 수와 결합될 때, 그 결과는 어둠 속에서 유난히 잘 볼 수 있는 포식자이다. (③ 고양이는 덜 정확한 주간 시력과 가까운 물체에 초점을 못 맞추는 것으로 이러한 야간의 정확성에 대한 '대가를 지불한다.') 이것은 비생산적으로 보일 수 있는데, 만약 고양이가 그

마지막, 아슬아슬한 순간에 그것(쥐)에 초점을 맞출 수 없다면 어둠 속에서 쥐를 보는 것이 무슨 의미가 있을까? (④) 이때 촉각 정보가 작용하기 시작하는데, 고양이들은 콧수염을 앞으로 움직여서 그들의 턱으로 물 수 있는 범위 내의 물체들에 대한 정보를 얻는 데 사용할 수 있다. (⑤) 그러므로 다음번에 여러분이 밝은 햇빛 속에서, 눈이 반쯤 감긴 채로, 낮잠을 자고 있는 것처럼 보이는 고양이를 보면, 그것이 단순히 과도한 빛으로부터 망막을 보호하고 있을 뿐일 수도 있다는 것을 기억하라.

| 문제 풀이 순서 | [정답률 51%]

1st **주어진 문장을 해석하고, 연결어, 지시어 등을 확인한다.**

Cats 'pay' for this nighttime accuracy with less accurate daytime vision and an inability to focus on close objects.
고양이는 덜 정확한 주간 시력과 가까운 물체에 초점을 못 맞추는 것으로 이러한 야간의 정확성에 대한 '대가를 지불한다.'

➡ '이러한 야간의 정확성(this nighttime accuracy)'으로 미루어볼 때, 앞부분에 '이러한'으로 가리킬 만한 내용이 앞에 언급되어야 한다. **단서 1**

▶ **주어진 문장 앞**: 고양이가 야간에 정확하게 볼 수 있다는 내용
▶ **주어진 문장 뒤**: 고양이가 밝을 때와 가까운 물체는 잘 볼 수 없다는 내용

2nd **각 선택지의 앞뒤 흐름이 매끄러운지 확인한다.**

- **①의 앞 문장과 뒤 문장**

앞 문장: 고양이의 눈이 어둠 속에서 빛난다는 사실은 그것의 강화된 집광 효율성의 일부인데, 망막 뒤에는 반사 층이 있어서 빛이 눈에 들어올 때나 망막 뒤에서 반사될 때 그것이 망막에 닿을 수 있다.

뒤 문장: 망막을 어떤 식으로든 벗어난 빛은 눈을 빠져나와 그 유령 같은 빛을 만들어 낸다.

➡ 고양이의 눈이 어둠 속에서 빛나는 구조상의 이유를 앞뒤 문장에서 설명하고 있다.
▶ 주어진 문장이 ①에 들어갈 수 없음

- **②의 앞 문장과 뒤 문장**

앞 문장: ①의 뒤 문장과 같음

뒤 문장: 고양이의 집광 능력이 고양이의 눈 속 매우 많은 간상체의 개체 수와 결합될 때, 그 결과는 어둠 속에서 유난히 잘 볼 수 있는 포식자이다.

➡ 고양이가 가진 집광 능력에 대해 소개했고, 이로 인해 어둠 속에서 잘 볼 수 있는 포식자로서 사냥할 수 있다고 설명하므로 내용이 자연스럽게 연결된다.
▶ 주어진 문장이 ②에 들어갈 수 없음

- **③의 앞 문장과 뒤 문장**

앞 문장: ②의 뒤 문장과 같음

뒤 문장: 이것(This)은 비생산적으로 보일 수 있는데, 만약 고양이가 그 마지막, 아슬아슬한 순간에 그것(쥐)에 초점을 맞출 수 없다면 어둠 속에서 쥐를 보는 것이 무슨 의미가 있을까?

➡ '이것'으로 지칭하는 내용은 비생산적인 내용을 담고 있어야 하는데 앞 문장에는 집광 능력이 좋아서 어둠 속에서도 사냥을 잘할 수 있다는 내용이 나오므로 흐름상 어색하다.
밤에 잘 볼 수 있지만 주간과 가까운 물체에는 초점을 못 맞춘다는 단점이 나와야 흐름이 자연스럽다.
▶ 주어진 문장이 ③에 들어가야 함

- **④의 앞 문장과 뒤 문장**

앞 문장: ③의 뒤 문장과 같음

뒤 문장: 이때 촉각 정보가 작용하기 시작하는데, 고양이들은 콧수염을 앞으로 움직여서 그들의 턱으로 물 수 있는 범위 내의 물체들에 대한 정보를 얻는 데 사용할 수 있다.

➡ 앞 문장에서 고양이가 사냥할 때 시각적인 제약이 있다는 내용이 나왔으므로 이를 보완할 수 있는 내용이 나와야 하고 촉각 정보를 활용하는 내용이 이어지는 것이 자연스럽다.
▶ 주어진 문장이 ④에 들어갈 수 없음

- **⑤의 앞 문장과 뒤 문장**

앞 문장: ④의 뒤 문장과 같음

뒤 문장: 그러므로 다음번에 여러분이 밝은 햇빛 속에서, 눈이 반쯤 감긴 채로, 낮잠을 자고 있는 것처럼 보이는 고양이를 보면, 그것이 단순히 과도한 빛으로부터 망막을 보호하고 있을 뿐일 수도 있다는 것을 기억하라.

➡ 집광 능력이 좋아서 낮에는 눈부심으로 인해서 눈을 반쯤 감고 있을 수도 있지만, 시각적 부족함을 촉각으로 보완해서 주변에 대한 정보를 얻을 수 있으니 자연스러운 상황이다.
▶ 주어진 문장이 ⑤에 들어갈 수 없음

자이 쌤's Follow Me! −홈페이지에서 제공

N 27 정답 ② ＊다면 평가

글의 흐름으로 보아, 주어진 문장이 들어가기에 가장 적절한 곳을 고르시오.

A problem, however, is that supervisors often work / in locations / apart from their employees / and therefore are not able to observe / their subordinates' performance. //
하지만 문제는 ~이다 / 관리자가 흔히 일하고 / 장소에서 / 자신의 직원들과 떨어진 / 따라서 관찰할 수 없다는 것 / 자신의 부하 직원들의 성과를 //
단서 1 관리자가 부하 직원의 성과를 관찰할 수 없다는 문제가 있음

In most organizations, / the employee's immediate supervisor evaluates / the employee's performance. //
대부분의 조직에서 / 직원의 직속 상관은 평가한다 / 직원의 성과를 //

(①) This is because the supervisor is responsible / for the employee's performance, / providing supervision, / handing out assignments, / and developing the employee. //
이것은 관리자가 책임지기 때문이다 / 직원의 성과를 / 감독을 제공하고 / 과업을 배정하며 / 그 직원을 계발하면서 //
단서 2 관리자가 직원의 성과를 관찰할 수 없다는 내용이 먼저 나와야 함

(②) Should supervisors rate employees / on performance dimensions / they cannot observe? //
관리자는 직원들을 평가해야 하는가 / 성과 영역에 대해 / 자신이 관찰할 수 없는 //

(③) To eliminate this dilemma, / more and more organizations are implementing assessments / referred to as 360-degree evaluations. //
이러한 딜레마를 없애기 위해 / 점점 더 많은 조직이 평가를 시행하고 있다 / '다면 평가'라고 불리는 //

(④) Employees are rated / not only by their supervisors / but by coworkers, clients or citizens, professionals in other agencies / with whom they work, / and subordinates. //
직원들은 평가를 받는다 / 자신의 관리자에 의해서만이 아니라 / 동료, 고객이나 시민, 다른 기관의 전문가들에 의해서도 / 자신이 함께 일하는 / 그리고 부하 직원들에 의해서도 //

(⑤) The reason for this approach is / that often coworkers and clients or citizens have / a greater opportunity / to observe an employee's performance /
이 방법을 시행하는 이유는 ~이다 / 동료와 고객이나 시민들이 흔히 가지며 / 더 좋은 기회를 / 어떤 직원의 성과를 관찰할 /

and are in a better position / to evaluate many performance dimensions. //
더 나은 위치에 있다는 것 / 많은 성과 영역을 평가할 //

- supervisor ⓝ 관리자, 감독 • apart 〔ad〕 (거리 · 공간상으로) 떨어져
- therefore 〔ad〕 그러므로 • observe ⓥ 관찰하다
- performance ⓝ 성과, 수행 • organization ⓝ 조직, 단체
- immediate ⓐ 직속[직계]의 • evaluate ⓥ 평가하다
- responsible for ~에 책임이 있는 • supervision ⓝ 관리, 감독
- hand out ~을 나눠주다 • assignment ⓝ 과제, 임무
- rate ⓥ 평가하다 • dimension ⓝ 차원, 관점 • eliminate ⓥ 없애다

- implement ⓥ 시행하다 ・ assessment ⓝ 평가
- refer to as ～라고 언급하다 ・ degree ⓝ (각도의 단위인) 도
- evaluation ⓝ 평가 ・ coworker ⓝ 동료 ・ client ⓝ 고객
- citizen ⓝ 시민 ・ professional ⓝ 전문가
- agency ⓝ 대행사, (특정 서비스를 제공하는) 단체 ・ approach ⓝ 접근법
- opportunity ⓝ 기회

대부분의 조직에서, 직원의 직속 상관은 직원의 성과를 평가한다. (①) 이것은 그 관리자가 감독을 제공하고, 과업을 배정하며, 직원을 계발하면서, 직원의 성과를 책임지기 때문이다. (② 하지만, 문제는 관리자가 흔히 자신의 직원과 떨어진 장소에서 일하기 때문에, 자신의 부하 직원들의 성과를 관찰할 수 없다는 것이다.) 관리자는 자신이 관찰할 수 없는 성과 영역에 대해 직원들을 평가해야 하는가? (③) 이 딜레마를 없애기 위해, 점점 더 많은 조직이 '다면 평가'라고 불리는 평가를 시행하고 있다. (④) 직원들은 자신의 관리자에 의해서만이 아니라, 동료, 고객이나 시민, 자신이 함께 일하는 다른 기관의 전문가들, 그리고 부하 직원들에 의해서도 평가를 받는다. (⑤) 이 방법을 시행하는 이유는 동료와 고객이나 시민들이 흔히 어떤 직원의 성과를 관찰할 더 좋은 기회를 가지며, 많은 성과 영역을 평가할 더 나은 위치에 있다는 것이다.

| 문제 풀이 순서 | [정답률 77%]

1st 주어진 문장을 해석하고, 연결어, 지시어 등을 확인한다.

A problem, however, is that supervisors often work in locations apart from their employees and therefore are not able to observe their subordinates' performance. **단서 1**

하지만, 문제는 관리자가 흔히 자신의 직원과 떨어진 장소에서 일하기 때문에, 자신의 부하 직원들의 성과를 관찰할 수 없다는 것이다.

➡ however라고 했으므로 앞에 반대되는 내용이 나오고, 그 뒤에 주어진 문장을 넣어야 한다.

➡ 관리자가 자신의 부하 직원들의 성과를 관찰할 수 없다는 것이 문제라고 했으므로 주어진 문장의 앞 문장은 성과를 관찰해야 할 필요가 있다는 내용일 것이다.

2nd 각 선택지의 앞뒤 흐름이 매끄러운지 확인한다.

- ①의 앞 문장과 뒤 문장

앞 문장: 대부분의 조직에서, 직원의 직속 상관은 직원의 성과를 평가한다.

뒤 문장: 이것은 그 관리자가 감독을 제공하고, 과업을 배정하며, 직원을 계발하면서, 직원의 성과를 책임지기 때문이다.

➡ 앞 문장: 조직에서 직속 상관은 직원의 성과를 평가한다.
뒤 문장: 성과 평가의 이유에 대한 부연
'직원의 성과를 평가하는 것'을 뒤 문장에서 '이것'으로 표현하면서 연결된다.
▶ 주어진 문장이 ①에 들어갈 수 없음

- ②의 앞 문장과 뒤 문장

앞 문장: ①의 뒤 문장과 같음

뒤 문장: 관리자는 자신이 관찰할 수 없는 성과 영역에 대해 직원들을 평가해야 하는가? **단서 2**

➡ 뒤 문장: 관찰할 수 없는 성과 영역에 대한 평가가 필요한지 의문 제기
관찰할 수 없는 성과 영역에 대한 언급이 앞에 있어야 한다.

➡ 주어진 문장에서 관리자가 부하 직원들의 성과를 관찰할 수 없다는 문제를 제기하고 있다.
▶ 주어진 문장이 ②에 들어가야 함

- ③의 앞 문장과 뒤 문장

앞 문장: ②의 뒤 문장과 같음

뒤 문장: 이 딜레마를 없애기 위해, 점점 더 많은 조직이 '다면 평가'라고 불리는 평가를 시행하고 있다.

➡ 앞 문장의 '관찰할 수 없는 성과 영역에 대한 평가'를, 뒤 문장에서 '이 딜레마'라고 표현했다.
평가에 관한 딜레마와 이를 해결하기 위한 '다면 평가'를 제시하면서 앞뒤 문장이 자연스럽게 연결된다.
▶ 주어진 문장이 ③에 들어갈 수 없음

- ④의 앞 문장과 뒤 문장

앞 문장: ③의 뒤 문장과 같음

뒤 문장: 직원들은 자신의 관리자에 의해서만이 아니라, 동료, 고객이나 시민, 자신이 함께 일하는 다른 기관의 전문가들, 그리고 부하 직원들에 의해서도 평가를 받는다.

➡ 앞 문장의 '다면 평가'에 관한 부연으로 앞뒤 문장이 자연스럽게 연결된다.
▶ 주어진 문장이 ④에 들어갈 수 없음

- ⑤의 앞 문장과 뒤 문장

앞 문장: ④의 뒤 문장과 같음

뒤 문장: 이 방법을 시행하는 이유는 동료와 고객이나 시민들이 흔히 어떤 직원의 성과를 관찰할 더 좋은 기회를 가지며, 많은 성과 영역을 평가할 더 나은 위치에 있다는 것이다.

➡ 앞 문장에 등장한 '다면 평가'를 뒤 문장에서 '이 방법'으로 지칭하며 이를 시행하는 이유를 부연하는 흐름이다. ▶ 주어진 문장이 ⑤에 들어갈 수 없음

N 28 정답 ⑤ ＊과학자가 도덕적 가치를 배우는 방법

글의 흐름으로 보아, 주어진 문장이 들어가기에 가장 적절한 곳을 고르시오.

단서 1 과학자라는 역할에 내재한 도덕적 가치에 대해 배우는 것과 반대되는 내용이 앞에 있어야 함

Instead, / much like the young child / learning how to play 'nicely', / the apprentice scientist gains his or her understanding / of the moral values / inherent in the role / by absorption from their colleagues / — socialization. //

대신 / 마치 어린아이처럼 / '착하게' 노는 법을 배우는 / 도제 과학자는 이해를 얻는다 / 도덕적 가치에 대한 / 그 역할에 내재한 / 동료들로부터의 흡수를 통해 / 사회화 //

As particular practices are repeated over time / and become more widely shared, / the values / that they embody / are reinforced and reproduced / and we speak of them / as becoming 'institutionalized'. //

특정 관행이 오랜 기간 반복됨에 따라 / 그리고 더 널리 공유됨에 (따라) / 가치는 / 그 관행이 구현하는 / 강화되고 재생산되며 / 우리는 그것들을 말한다 / '제도화'된다고 //

(①) In some cases, / this institutionalization has a formal face to it, /

어떤 경우에는 / 이러한 제도화는 그것에 공식적인 면모를 갖춘다 /

with rules and protocols written down, / and specialized roles created / to ensure / that procedures are followed correctly. //

규칙과 프로토콜이 문서화되는 채 / 전문화된 역할이 만들어지는 채 / 확실히 하고자 / 절차가 올바르게 지켜지도록 //

(②) The main institutions of state / — parliament, courts, police and so on — / along with certain of the professions, / exhibit this formal character. //

국가의 주요 기관이 / 의회, 법원, 경찰 등 / 일부 전문직과 더불어 / 이러한 공식적인 성격을 보여준다 //

(③) Other social institutions, / perhaps the majority, / are not like this; / science is an example. //

다른 사회 기관은 / 아마도 대다수 / 이와 같지 않을 것이다 / 과학이 그 예이다 //

(④) Although scientists are trained / in the substantive content of their discipline, / they are not formally instructed / in 'how to be a good scientist'. // **단서 2** 좋은 과학자가 되는 방법(도덕적 가치)에 대해 공식적으로 배우지 않음

과학자들은 훈련받겠지만 / 자기 학문의 실질적인 내용에 대해서는 / 그들은 공식적으로 교육받지 않는다 / '좋은 과학자가 되는 방법'에 대해서는 //

(⑤) We think / that these values, / along with the values / that inform many of the professions, / are under threat, / just as the value of the professions themselves is under threat. //

우리는 생각한다 / 이러한 가치가 / 가치와 더불어 / 그 전문직에 관한 많은 것을 알려주는 / 위협받고 있다고 / 그 전문직 자체의 가치가 위협받고 있는 것과 꼭 마찬가지로 //

- **absorption** ⓝ 흡수   - **colleague** ⓝ 동료
- **socialization** ⓝ 사회화   - **embody** ⓥ 구현하다, 구체화하다
- **reinforce** ⓥ 강화하다   - **reproduce** ⓥ 재생산하다
- **institutionalize** ⓥ 제도화하다   - **parliament** ⓝ 의회
- **court** ⓝ 법원   - **exhibit** ⓥ 보여주다   - **substantive** ⓐ 실질적인
- **discipline** ⓝ 학문   - **instruct** ⓥ 지시하다, 가르치다
- **profession** ⓝ 전문직, 직업   - **threat** ⓝ 위협

특정 관행이 오랜 기간 반복되고 더 널리 공유됨에 따라, 그 관행이 구현하는 가치는 강화되고 재생산되며 우리는 그것들이 '제도화'된다고 말한다. (①) 어떤 경우에는 이러한 제도화는 공식적인 면모를 갖추기도 하는데, 규칙과 프로토콜이 문서화되고 절차가 올바르게 지켜지도록 확실히 하고자 전문화된 역할이 만들어진다. (②) 의회, 법원, 경찰 등 국가의 주요 기관이 일부 전문직과 더불어 이러한 공식적인 성격을 보여준다. (③) 다른 사회 기관들, 아마도 대다수는 이와 같지 않을 것인데 과학이 그 예이다. (④) 과학자들은 자기 학문의 실질적인 내용에 대해서는 훈련받겠지만, '좋은 과학자가 되는 방법'에 대해서는 공식적으로 교육받지 않는다. (⑤ 대신, 마치 '착하게' 노는 법을 배우는 어린아이처럼 도제 과학자는 동료들로부터의 흡수, 즉 사회화를 통해 그 역할에 내재한 도덕적 가치에 대한 이해를 얻는다.) 우리는 이러한 가치가 그 전문직에 관한 많은 것을 알려주는 가치와 더불어, 그 전문직 자체의 가치가 위협받고 있는 것과 꼭 마찬가지로 위협받고 있다고 생각한다.

| 문제 풀이 순서 | [정답률 55%]

1st 주어진 문장을 해석하고, 연결어, 지시어 등을 확인한다.

Instead, much like the young child learning how to play 'nicely', the apprentice scientist gains his or her understanding of the moral values inherent in the role by absorption from their colleagues — socialization.

대신, 마치 '착하게' 노는 법을 배우는 어린아이처럼 도제 과학자는 동료들로부터의 흡수, 즉 사회화를 통해 그 역할에 내재한 도덕적 가치에 대한 이해를 얻는다.

➡ instead는 앞 문장과 반대되는 내용을 이을 때 쓰이는 부사이다.
과학자는 사회화(동료로부터의 흡수)를 통해 과학자의 역할에 내재한 도덕적 가치에 대해 이해한다. 단서
→ instead를 통해 주어진 문장의 앞에 올 내용을 예상할 수 있음 발상
▶ **주어진 문장 앞:** 사회화를 통해 도덕적 가치에 대해 이해하는 것과 반대되는 내용

2nd 각 선택지의 앞뒤 흐름이 매끄러운지 확인한다.

- ①의 앞 문장과 뒤 문장

앞 문장: 특정 관행이 오랜 기간 반복되고 더 널리 공유됨에 따라, 그 관행이 구현하는 가치는 강화되고 재생산되며 우리는 그것들이 '제도화'된다고 말한다.
뒤 문장: 어떤 경우에는 이러한 제도화(this institutionalization)는 공식적인 면모를 갖추기도 하는데, 규칙과 프로토콜이 문서화되고 절차가 올바르게 지켜지도록 확실히 하고자 전문화된 역할이 만들어진다.

➡ 앞 문장에서 특정 관행이 제도화되는 과정을 설명한 후,
뒤 문장에서 이러한 제도화(this institutionalization)에 대해 부연 설명했다.
▶ 주어진 문장이 ①에 들어갈 수 없음

- ②의 앞 문장과 뒤 문장

앞 문장: ①의 뒤 문장과 같음
뒤 문장: 의회, 법원, 경찰 등 국가의 주요 기관이 일부 전문직과 더불어 이러한 공식적인 성격(this formal character)을 보여준다.

➡ 앞 문장에서 설명한 '공식적인 면모'를 '이러한 공식적인 성격(this formal character)'으로 표현하여 구체적인 경우를 설명한다. this formal character가 가리키는 것은 ②의 앞 문장에 등장하지, 주어진 문장에는 없다.
▶ 주어진 문장이 ②에 들어갈 수 없음

- ③의 앞 문장과 뒤 문장

앞 문장: ②의 뒤 문장과 같음
뒤 문장: 아마도 대다수의 다른 사회 기관들은 이(this)와 같지 않을 것인데 과학이 그 예이다.

➡ 다른 사회 기관은 앞에서 설명한 바와 다르다면서, 앞에서 설명한 것을 지시대명사 this로 가리켰다. 지시대명사 this로 앞뒤 문장이 자연스럽게 연결된다.
▶ 주어진 문장이 ③에 들어갈 수 없음

- ④의 앞 문장과 뒤 문장

앞 문장: ③의 뒤 문장과 같음
뒤 문장: 과학자들은 자기 학문의 실질적인 내용에 대해서는 훈련받겠지만, '좋은 과학자가 되는 방법'에 대해서는 공식적으로 교육받지 않는다.

➡ 글의 앞부분에서 설명한 바와는 다른 경우의 예시로 과학을 든 후, 뒤 문장에서 과학자에 대한 설명을 시작하는 자연스러운 흐름이다. 주어진 문장은 과학자에 대한 다른 한 가지 설명이 제시된 뒤에 들어가야 한다.
▶ 주어진 문장이 ④에 들어갈 수 없음

⑤의 앞 문장과 뒤 문장

앞 문장: ④의 뒤 문장과 같음
뒤 문장: 우리는 이러한 가치(these values)가 그 전문직에 관한 많은 것을 알려주는 가치와 더불어, 그 전문직 자체의 가치가 위협받고 있는 것과 꼭 마찬가지로 위협받고 있다고 생각한다.

➡ 과학자는 '좋은 과학자가 되는 방법'에 대해서 공식적으로 교육받지 않는다.
↔ 대신 사회화를 통해 과학자라는 역할에 내재한 도덕적 가치에 대한 이해를 얻는다.
⑤의 앞 문장과 주어진 문장이 과학자가 도덕적 가치에 대해 이해하는 서로 다른 방법에 대해 이야기한다. ⑤의 뒤 문장에서 설명하는 '이러한 가치'가 바로 주어진 문장에 등장한 the moral values!
▶ 주어진 문장이 ⑤에 들어가야 함

N 29 정답 ⑤ ＊더 큰 이야기와 연결되는 개인의 이야기

글의 흐름으로 보아, 주어진 문장이 들어가기에 가장 적절한 곳을 고르시오. [3점]

Personal stories connect / with larger narratives / **to generate** new identities. // 단서1 '개인의 이야기'가 '더 큰 이야기'와 연결됨 ┈ 부사적 용법(결과)
개인의 이야기는 연결되어 / 더 큰 이야기와 / 새로운 정체성을 생성한다 //

The growing complexity / of the social dynamics / determining food choices / makes the job of marketers and advertisers / increasingly more difficult. //
커지는 복잡성이 / 사회적 역학의 / 식품 선택을 결정하는 / 마케팅 담당자와 광고주의 업무를 만든다 / 점점 더 어렵게 //

(①) In the past, / mass production allowed / for accessibility and affordability / of products, / as well as their wide distribution, / and was accepted / as a sign of progress. //
과거에 / 대량 생산은 허용했다 / 입수 가능성과 감당할 수 있는 비용을 / 제품의 / 그것의 광범위한 유통뿐 아니라 / 그리고 받아들여졌다 / 발전의 신호로 //

(②) Nowadays it is increasingly replaced / by the fragmentation of consumers / among smaller and smaller segments / that are supposed to reflect / personal preferences. //
요즘 그것은 점점 더 대체되고 있다 / 소비자 단편화에 의해 / 점점 더 작은 부문에서 / 반영해야 하는 / 개인의 선호를 //

(③) Everybody feels different and special / and expects products / serving his or her inclinations. //
모든 사람은 각기 다르고 특별하다고 느끼고 / 제품을 기대한다 / 자신의 기호를 만족시키는 //

(④) In reality, / these supposedly individual preferences / end up overlapping / with emerging, temporary, always changing, almost tribal formations /
현실에서 / 아마도 개인적인 이러한 선호는 / 겹치게 된다 / 최근에 생겨나고, 일시적이며, 항상 바뀌고, 거의 부족적인 형성물과 / 단서2 '개인적 선호'가 문화적 감성, 사회 정체성, 정치적 감성, 식생활과 건강에 관한 관심이라는 '더 큰 이야기'와 겹치게 됨

solidifying / around cultural sensibilities, social identifications, political sensibilities, and dietary and health concerns. //
확고해지는 / 결국 문화적 감성, 사회 정체성, 정치적 감성, 식생활과 건강에 관한 관심을 중심으로 //

(⑤) These consumer communities / go beyond national boundaries, / **feeding** on global and widely shared repositories / of ideas, images, and practices. //
= and then they feed
이들 소비자 집단은 / 국경을 넘고 / 전 세계의 널리 공유된 저장소로 인해 더 강화된다 / 개념, 이미지, 관습의 //

- narrative ⓝ 이야기　　・ identity ⓝ 정체성, 신원
- complexity ⓝ 복잡성　　・ dynamics ⓝ 역학
- determine ⓥ 결정하다　　・ mass ⓐ 대량의
- accessibility ⓝ 접근하기 쉬움　　・ affordability ⓝ 감당할 수 있는 비용
- distribution ⓝ 유통, 분배　　・ progress ⓝ 발전　　・ segment ⓝ 부분
- inclination ⓝ 기호, 성향　　・ supposedly ⓐⓓ 아마
- end up -ing 결국 ~하게 되다　　・ overlap ⓥ 겹치다
- temporary ⓐ 일시적인　　・ tribal ⓐ 부족의, 종족의
- solidify ⓥ 확고해지다　　・ sensibility ⓝ 감성, 감수성
- dietary ⓝ 식생활　　・ boundary ⓝ 경계[한계](선)

식품 선택을 결정하는 사회적 역학이 점점 복잡해지면서 마케팅 담당자와 광고주의 업무가 점점 더 어려워지고 있다. (①) 과거에 대량 생산은 제품을 광범위하게 유통하게 할 뿐만 아니라 제품을 입수하고 구매 비용을 감당할 수 있게 했으며, 발전의 신호로 받아들여졌다. (②) 요즘 그것은 개인의 선호를 반영해야 하는 점점 더 작은 부문에서 소비자 단편화에 의해 점점 더 대체되고 있다. (③) 모든 사람은 각기 다르고 특별하다고 느끼고, 자신의 기호를 만족시키는 제품을 기대한다. (④) 현실에서, 아마도 개인적인 이러한 선호는 결국 문화적 감성, 사회 정체성, 정치적 감성, 식생활과 건강에 관한 관심을 중심으로 확고해지는, 최근에 생겨나고, 일시적이며, 항상 바뀌고, 거의 부족적인 형성물과 겹치게 된다. ⑤ 개인의 이야기는 더 큰 이야기와 연결되어 새로운 정체성을 생성한다.) 이들 소비자 집단은 국경을 넘어 개념, 이미지, 관습의 전 세계의 널리 공유된 저장소로 인해 더 강화된다.

| 문제 풀이 순서 | [정답률 51%]

1st 주어진 문장을 해석하고, 연결어, 지시어 등을 확인한다.

Personal stories connect with larger narratives to generate new identities. 단서 1
개인의 이야기는 더 큰 이야기와 연결되어 새로운 정체성을 생성한다.

➡ 개인의 이야기와 더 큰 이야기가 각각 무엇을 비유하는지 앞에 나오고, 그 뒤에 주어진 문장을 넣어야 한다.

2nd 각 선택지의 앞뒤 흐름이 매끄러운지 확인한다.

- ①의 앞 문장과 뒤 문장

앞 문장: 식품 선택을 결정하는 사회적 역학이 점점 복잡해지면서 마케팅 담당자와 광고주의 업무가 점점 더 어려워지고 있다.

뒤 문장: 과거에 대량 생산은 제품을 광범위하게 유통하게 할 뿐만 아니라 제품을 입수하고 구매 비용을 감당할 수 있게 했으며, 발전의 신호로 받아들여졌다.

➡ **앞 문장**: 식품 선택을 결정하는 데 있어서 사회적 역학이 점점 복잡해지고 있다.
뒤 문장: 과거에 대량 생산은 발전의 신호였다.
앞 문장에서 식품 선택을 결정하는 사회적 역학의 변화 과정을 설명하며, 뒤 문장에서 과거의 대량 생산부터 차례대로 언급하므로 앞뒤 문장이 자연스럽게 연결된다.
▶ 주어진 문장이 ①에 들어갈 수 없음

- ②의 앞 문장과 뒤 문장

앞 문장: ①의 뒤 문장과 같음

뒤 문장: 요즘 그것은 개인의 선호를 반영해야 하는 점점 더 작은 부문에서 소비자 단편화에 의해 점점 더 대체되고 있다.

➡ 앞 문장에서 과거의 대량 생산을 설명했으므로, 뒤 문장에서 오늘날의 소비자 단편화를 설명해야 앞뒤 문장이 자연스럽게 연결된다.
▶ 주어진 문장이 ②에 들어갈 수 없음

- ③의 앞 문장과 뒤 문장

앞 문장: ②의 뒤 문장과 같음

뒤 문장: 모든 사람은 각기 다르고 특별하다고 느끼고, 자신의 기호를 만족시키는 제품을 기대한다.

➡ 앞 문장에 나타난 소비자 단편화를 뒤 문장에서 부연한다.
▶ 주어진 문장이 ③에 들어갈 수 없음

- ④의 앞 문장과 뒤 문장

앞 문장: ③의 뒤 문장과 같음

뒤 문장: 현실에서, 아마도 개인적인 이러한 선호는 결국 문화적 감성, 사회 정체성, 정치적 감성, 식생활과 건강에 관한 관심을 중심으로 확고해지는, 최근에 생겨나고, 일시적이며, 항상 바뀌고, 거의 부족적인 형성물과 겹치게 된다. 단서 2

➡ 앞 문장에 나타난 소비자의 각기 다른 기호를 부연한다.
▶ 주어진 문장이 ④에 들어갈 수 없음

- ⑤의 앞 문장과 뒤 문장

앞 문장: ④의 뒤 문장과 같음

뒤 문장: 이들 소비자 집단은 국경을 넘어 개념, 이미지, 관습의 전 세계의 널리 공유된 저장소로 인해 더 강화된다.

➡ **뒤 문장**: 소비자 집단은 개념, 이미지, 관습의 전 세계의 널리 공유된 저장소로 강화된다.
개인적 선호가 광범위한 문제와 겹친다는 내용이 앞에 나와야 한다.
➡ 주어진 문장에서 개인의 이야기는 더 큰 이야기와 연결된다는 비유가 나온다.
▶ 주어진 문장이 ⑤에 들어가야 함

N 30 정답 ⑤ ＊로봇의 도입으로 인한 두려움 완화 방법 ───

글의 흐름으로 보아, 주어진 문장이 들어가기에 가장 적절한 곳을 고르시오.

Retraining current employees / for new positions / within the company / will also greatly **reduce** / their fear of being laid off. //
동명사구 주어　동사　　　　　　　　　　　　　　　　목적어
단서 1 앞에 직원들의 두려움을 줄이는 또다른 방법이 제시되어 있어야 함
현재 직원을 재교육하는 것은 / 새로운 직책을 위해 / 회사 내의 / 또한 크게 줄일 것이다 / 해고되는 것에 대한 그들의 두려움을 //

Introduction of robots into factories, / while employment of human workers is being reduced, / **creates worry and fear**. //
단수 주어　　　　　　　　　　　　　　　　　　　　단수 동사　목적어
공장으로의 로봇의 도입은 / 인간 노동자의 고용이 줄어들고 있는 동안 / 걱정과 두려움을 불러일으킨다 //

(①) It is the responsibility of management / **to prevent** or, at least, **to ease** / these fears. //
가주어　　　　　　　　　　　　　　　진주어의 병렬 구조 ＊
~은 경영진의 책임이다 / 예방하거나 최소한 완화하는 것은 / 이러한 두려움을 //

(②) For example, / robots could be introduced / only in new plants / rather than replacing humans / in existing assembly lines. //
예를 들어 / 로봇은 도입될 수 있다 / 새로운 공장에만 / 인간을 대체하는 대신 / 기존 조립 라인에서 //

(③) Workers should be included / in the planning / for new factories / or the introduction of robots / into existing plants, / so they can participate / in the process. //
병렬 구조
노동자는 포함되어야 하고 / 계획하는 데 / 새로운 공장을 / 또는 로봇의 도입을 / 기존의 공장에 / 그 결과 그들은 참여할 수 있다 / 그 과정에 //

(④) It may be / that robots are needed / **to reduce** manufacturing costs / **so that** the company remains competitive, /
부사적 용법(목적)
부사절 접속사(목적)
~일 수도 있다 / 로봇이 필요한 것일 / 제조원가를 낮추기 위해 / 회사가 경쟁력을 유지하도록 /
but planning / for such cost reductions / should be done jointly / by labor and management. //
하지만 계획은 / 그러한 원가절감을 위한 / 함께 행해져야 한다 / 노사에 의해 //

(⑤) **Since** robots are particularly good / at highly repetitive simple motions, /
_{부사절 접속사(이유)}
로봇은 특히 잘하기 때문에 / 매우 반복적인 단순 동작을 /

the replaced human workers / should be moved to **positions** / _{선행사}
where judgment and decisions / beyond the abilities of robots / _{관계부사}
are required. // **단서 2** 인간 노동자가 회사 내의 다른 직책으로 옮겨져야 한다는 것에 대한 구체적인 설명이 이어짐
교체된 인간 노동자는 / 위치로 옮겨져야 한다 / 판단과 결정이 / 로봇의 능력을 넘어서는 / 요구되는 //

- current ⓐ 현재의　　• lay off 해고하다, 휴직시키다
- introduction ⓝ 도입, 전래　　• responsibility ⓝ 책임, 의무
- management ⓝ (사업체·조직의) 경영[관리](진)
- ease ⓥ (고통·괴로움 등을) 완화시키다[덜다]　　• plant ⓝ 공장
- replace ⓥ 교체하다, 대신[대체]하다
- assembly ⓝ (차량·가구 등의) 조립
- manufacture ⓥ (기계를 이용하여 대량으로 상품을) 제조[생산]하다
- competitive ⓐ 경쟁력 있는　　• reduction ⓝ 축소, 삭감
- jointly ⓐⅾ 함께, 공동으로　　• repetitive ⓐ 반복적인
- motion ⓝ 동작, 몸짓　　• judgment ⓝ 판단, 판결
- beyond ⓟⓡⓔⓟ (능력·한계 등을) 넘어서는

인간 노동자의 고용은 줄어들면서 공장에 로봇을 도입하는 것은 걱정과 두려움을 불러일으킨다. (①) 이러한 두려움을 예방하거나 최소화 완화하는 것은 경영진의 책임이다. (②) 예를 들어 로봇은 기존 조립 라인에서 인간을 대체하는 대신 새로운 공장에만 도입될 수 있다. (③) 노동자는 새로운 공장이나 기존 공장에 로봇을 도입하는 것을 계획하는 데 포함되어야 하는데, 그렇게 함으로써 그들은 그 과정에 참여할 수 있다. (④) 회사가 경쟁력을 유지하도록 제조원가를 낮추기 위해 로봇이 필요한 것일 수도 있지만, 그러한 원가절감을 위한 계획은 노사가 함께 해야 한다. (⑤ 회사 내의 새로운 직책을 위해 현재 직원을 재교육하는 것은 해고되는 것에 대한 그들의 두려움도 또한 크게 줄일 것이다.) 로봇은 특히 매우 반복적인 단순 동작을 잘하기 때문에 교체된 인간 노동자는 로봇의 능력을 넘어서는 판단과 결정이 필요한 위치로 옮겨져야 한다.

| **문제 풀이 순서** | [정답률 49%]

1st 주어진 문장을 해석하고, 연결어, 지시어 등을 확인한다.

Retraining current employees for new positions within the company will [also] greatly reduce their fear of being laid off.
단서 1
회사 내의 새로운 직책을 위해 현재 직원을 재교육하는 것은 해고되는 것에 대한 그들의 두려움도 [또한] 크게 줄일 것이다.

➡ also가 나오므로, **단서** 새로운 직책을 위해 현재 직원을 재교육하는 것 외에도 직원들의 두려움을 줄이는 것이 앞에 나오고, 그 뒤에 주어진 문장을 넣어야 한다. **발상**

➡ 무엇이 현재 직원들의 해고에 대한 걱정을 낮게 되는지 앞에 나올 것이다.

2nd 각 선택지의 앞뒤 흐름이 매끄러운지 확인한다.

- ①의 앞 문장과 뒤 문장

앞 문장: 인간 노동자의 고용은 줄어들면서 공장에 로봇을 도입하는 것은 걱정과 두려움을 불러일으킨다.
뒤 문장: 이러한 두려움을 예방하거나 최소화 완화하는 것은 경영진의 책임이다.

➡ **앞 문장**: 인간 노동자의 고용을 로봇이 대체하는 데서 오는 걱정과 두려움
뒤 문장: 이러한 두려움을 예방하거나 완화할 경영진의 책임
앞 문장에서 로봇이 인간 노동자의 고용을 대체하는 데서 오는 두려움을 언급하며, 뒤 문장에서 이러한 두려움을 예방하는 책임을 언급하므로 앞뒤 문장이 자연스럽게 연결된다.
　▶ 주어진 문장이 ①에 들어갈 수 없음

- ②의 앞 문장과 뒤 문장

앞 문장: ①의 뒤 문장과 같음
뒤 문장: 예를 들어 로봇은 기존 조립 라인에서 인간을 대체하는 대신 새로운 공장에만 도입될 수 있다.

➡ 앞 문장에서 로봇이 인간 노동력을 대체한다는 두려움을 예방할 책임을 언급하고 뒤 문장에서 그 예시로서 새로운 공장에만 로봇을 도입하는 것을 소개하는 흐름이다. ▶ 주어진 문장이 ②에 들어갈 수 없음

- ③의 앞 문장과 뒤 문장

앞 문장: ②의 뒤 문장과 같음
뒤 문장: 노동자는 새로운 공장이나 기존 공장에 로봇을 도입하는 것을 계획하는 데 포함되어야 하는데, 그렇게 함으로써 그들은 그 과정에 참여할 수 있다.

➡ 앞 문장과 더불어 로봇 도입 계획에 노동자가 참여할 수도 있다는 추가적인 예시를 제시한다. ▶ 주어진 문장이 ③에 들어갈 수 없음

- ④의 앞 문장과 뒤 문장

앞 문장: ③의 뒤 문장과 같음
뒤 문장: 회사가 경쟁력을 유지하도록 제조원가를 낮추기 위해 로봇이 필요한 것일 수도 있지만, 그러한 원가절감을 위한 계획은 노사가 함께 해야 한다.

➡ 앞 문장에 나타난 예시를 부연한다. ▶ 주어진 문장이 ④에 들어갈 수 없음

- ⑤의 앞 문장과 뒤 문장

앞 문장: ④의 뒤 문장과 같음
뒤 문장: 로봇은 특히 매우 반복적인 단순 동작을 잘하기 때문에 교체된 인간 노동자는 로봇의 능력을 넘어서는 판단과 결정이 필요한 위치로 옮겨져야 한다. **단서 2**

➡ **뒤 문장**: 로봇으로 일자리가 대체된 인간 노동자는 단순노동을 넘어 판단과 결정이 필요한 위치로 옮겨져야 한다.
인간 노동자의 위치를 옮기는 것에 관한 내용이 앞에 나와야 한다.

➡ 주어진 문장에서 회사 내의 새로운 직책을 위해 현재 직원을 재교육하는 것이 나온다. ▶ 주어진 문장이 ⑤에 들어가야 함

━━━━ 어법 특강 ━━━━

✱ 병렬 구조를 이루는 등위접속사

- 등위접속사 and, but, or, so 등은 두 개 이상의 단어, 구, 절을 연결한다. 이때 동일한 품사와 문법적으로 같은 성분을 연결해야 한다.
- Don't forget to prepare a cutting board <u>and</u> a knife.
(도마와 칼을 준비할 것을 잊지 마세요.)　　단어와 단어를 연결
- You can squeeze oranges by hand, <u>but</u> it's easier if you use a squeezer.
(당신은 손으로 오렌지를 짤 수 있지만, 압착기를 사용하면 더 쉬워요.)　　문장과 문장을 연결
- Anyone caught faces a huge fine, <u>but</u> this has not discouraged selling their seats.
(잡히면 누구나 엄청난 벌금에 처해지지만, 이것은 입장권을 파는 것을 막지는 못한다.)　　문장과 문장을 연결

N 31 정답 ② ✱ 개별 나무를 돕는 것이 미치는 영향 ━━━━

글의 흐름으로 보아, 주어진 문장이 들어가기에 가장 적절한 곳을 고르시오. [3점]

단서 1 그것들이 건강하고 더 잘 자라지만 특별히 오래 살지는 못하는 이유가 앞에 있어야 함

As a result, / they are fit and grow better, / but they aren't particularly long-lived. //
그 결과 / 그것들은 건강하고 더 잘 자라지만 / 그것들은 특별히 오래 살지는 못한다 //

When trees grow together, / nutrients and water can be optimally divided / among them all / **so that** each tree can grow / into the best tree / it can be. // _{부사절 접속사(목적)}
나무가 함께 자랄 때는 / 영양분과 물이 최적으로 분배된다 / 그것들 모두 사이에서 / 각 나무가 성장할 수 있도록 / 최고의 나무로 / 그것이 될 수 있는 //

If you "help" individual trees / by getting rid of their supposed
competition, / the remaining trees are bereft. //
부사절 접속사(조건) / 주절
만약 여러분이 개별 나무를 '도와주면' / 그것의 경쟁자로 여겨지는 나무를 제거하여 / 나머지
나무를 잃게 된다 //

They send messages out to their neighbors unsuccessfully, /
because nothing remains but stumps. //
그것들은 이웃 나무들에 성공적이지 못하게 메시지를 보낸다 / 그루터기 외에는 무엇도
남아있지 않기 때문에 //

Every tree now grows on its own, / giving rise / to great
= and it gives
differences in productivity. //
이제 모든 나무가 그것 나름대로 자라 / 생기게 한다 / 생산성에 큰 차이가 //

(①) Some individuals photosynthesize / like mad / until sugar
주어 / 동사(완전자동사)
positively bubbles / along their trunk. //
어떤 개체들은 광합성을 한다 / 미친 듯이 / 당분이 확연히 흘러넘칠 때까지 / 그것들의 줄기를
따라 //

(②) This is because a tree can be only as strong / as the forest /
원급 비교 / 선행사
주격 관계대명사
that surrounds it. //
단서 2 This가 가리키는 것이 주어진 글의 내용
(나무가 특별히 오래 살지는 못하는 것)임
이는 나무는 ~만큼만 강할 수 있기 때문이다 / 숲만큼만 / 그것을 둘러싼 //

(③) And there are now a lot of losers / in the forest. //
그리고 지금 많은 패자가 있다 / 숲에는 //

(④) Weaker members, / who would once have been supported
복수 주어
/ by the stronger ones, / suddenly fall behind. //
복수 동사
약한 구성원들이 / 한때는 지원을 받았을 / 강한 구성원들에 의해 / 갑자기 뒤처진다 //

(⑤) Whether the reason for their decline / is their location and
부사절 접속사(~이든 …이든)
lack of nutrients, a passing sickness, or genetic makeup, / they
now fall prey / to insects and fungi. //
그것들의 쇠락 원인이 / 위치와 영양분 부족이든, 일시적인 질병이든, 혹은 유전적 구성이든 /
이제 그것들은 먹이가 된다 / 곤충과 균류의 //

- nutrient ⓝ 영양분 · optimally ⓐⓓ 최선으로, 최적으로
- get rid of 제거하다 · suppose ⓥ 추측하다, 여기다
- competition ⓝ 경쟁자, 경쟁 · positively ⓐⓓ 분명히
- bubble ⓥ 흘러넘치다, 거품이 일다 · surround ⓥ 둘러싸다
- decline ⓝ 감소 · genetic ⓐ 유전의
- fall prey to ~의 희생물이 되다 · fungi ⓝ 균류

나무가 함께 자랄 때는 각 나무가 가능한 최고의 나무로 성장할 수 있도록
영양분과 물이 그것들 모두 사이에서 최적으로 분배된다. 만약 여러분이
경쟁자로 여겨지는 나무를 제거하여 개별 나무를 '도와주면' 나머지 나무를
잃게 된다. 그것들은 그루터기 외에는 무엇도 남아있지 않기 때문에 이웃
나무들에 메시지를 보내지만, 소용이 없다. 이제 모든 나무가 그것 나름대로
자라 생산성에 큰 차이가 생긴다. (①) 어떤 개체들은 당분이 줄기를 따라
확연히 흘러넘칠 때까지 미친 듯이 광합성을 한다. (② 그 결과, 그것들은
건강하고 더 잘 자라지만 특별히 오래 살지는 못한다.) 이는 나무는 자신을
둘러싸고 있는 숲만큼만 강할 수 있기 때문이다. (③) 그리고 지금 숲에는
많은 패자가 있다. (④) 한때는 강한 구성원들의 지원을 받았을 약한
구성원들이 갑자기 뒤처진다. (⑤) 그것들의 쇠락 원인이 위치와 영양분
부족이든, 일시적인 질병이든, 혹은 유전적 구성이든, 이제 그것들은 곤충과
균류의 먹이가 된다.

| 문제 풀이 순서 | [정답률 40%]

1st 주어진 문장을 해석하고, 연결어, 지시어 등을 확인한다.

As a result, they are fit and grow better, but they aren't
particularly long-lived.
그 결과, 그것들은 건강하고 더 잘 자라지만 특별히 오래 살지는 못한다.

→ as a result는 앞에서 설명한 원인 때문에 일어나는 결과를 제시할 때 쓰이는
연결어이다.
▶ 주어진 문장 앞: 어떤 나무가 건강하고 더 잘 자라지만 특별히 오래 살지는
못하는 현상의 원인이 될 만한 내용이 필요하고, they가 가리키는 것이 제시되어
있어야 함

2nd 각 선택지의 앞뒤 흐름이 매끄러운지 확인한다.

- ①의 앞 문장과 뒤 문장

앞 문장: 나무가 함께 자랄 때는 각 나무가 가능한 최고의 나무로 성장할
수 있도록 영양분과 물이 그것들 모두 사이에서 최적으로 분배된다. 만약
여러분이 경쟁자로 여겨지는 나무를 제거하여 개별 나무를
'도와주면' 나머지 나무를 잃게 된다. 그것들은 그루터기 외에는 무엇도
남아있지 않기 때문에 이웃 나무들에 메시지를 보내지만, 소용이 없다.
이제 모든 나무가 그것 나름대로 자라 생산성에 큰 차이가 생긴다.

뒤 문장: 어떤 개체들은 당분이 줄기를 따라 확연히 흘러넘칠 때까지 미친
듯이 광합성을 한다.

➡ 앞 문장: 나무가 함께 자랄 때는 영양분과 물이 최적으로 모든 나무에 분배되어 각
나무가 가능한 최고의 나무로 성장한다.
↔ 경쟁자 나무를 제거하여 개별 나무를 도와주면 나머지 나무를 잃게 되고, 모든
나무가 생산성에 큰 차이를 보인다.
뒤 문장: '어떤' 개체는 미친 듯이 광합성을 한다는 내용으로, 생산성에 큰 차이를
보인다는 앞 문장을 부연한다.
▶ 주어진 문장이 ①에 들어갈 수 없음

- ②의 앞 문장과 뒤 문장

앞 문장: ①의 뒤 문장과 같음
뒤 문장: 이는(This) 나무는 자신을 둘러싸고 있는 숲만큼만 강할 수 있기
때문이다.

➡ 광합성을 넘칠 정도로 하기 때문에 건강하고 더 잘 자란다는 것이다. ②의 앞 문장이
원인, 주어진 문장이 결과이다.
당분이 줄기를 따라 흘러넘칠 때까지 미친 듯이 광합성을 하는 '어떤 개체들':
건강하고 더 잘 자라지만 특별히 오래 살지는 못하는 '그것들(they)'
→ 나무는 자신을 둘러싼 숲만큼만 강할 수 있기 때문에 주변에 아무 나무도 없는,
혼자서 미친 듯이 광합성을 하는 나무가 특별히 오래 살지는 못하는 것임
▶ 주어진 문장이 ②에 들어가야 함

- ③의 앞 문장과 뒤 문장

앞 문장: ②의 뒤 문장과 같음
뒤 문장: 그리고(And) 지금 숲에는 많은 패자가 있다.

➡ 혼자서 미친 듯이 광합성을 하는 나무가 특별히 오래 살지는 못하는 이유가
이어진다.
나무는 그것을 둘러싼 숲만큼만 강할 수 있는데, 지금 숲에는 많은 패자가 있기
때문으로, 등위접속사 and로 앞뒤 문장이 매끄럽게 연결된다.
▶ 주어진 문장이 ③에 들어갈 수 없음

- ④의 앞 문장과 뒤 문장

앞 문장: ③의 뒤 문장과 같음
뒤 문장: 한때는 강한 구성원들의 지원을 받았을 약한 구성원들(Weaker
members)이 갑자기 뒤처진다.

➡ 앞 문장에서 제시한 losers를 Weaker members로 표현하여 설명을 자연스럽게
이어간다.
▶ 주어진 문장이 ④에 들어갈 수 없음

- ⑤의 앞 문장과 뒤 문장

앞 문장: ④의 뒤 문장과 같음
뒤 문장: 그것들의 쇠락 원인이 위치와 영양분 부족이든, 일시적인
질병이든, 혹은 유전적 구성이든, 이제 그것들은 곤충과 균류의 먹이가
된다.

➡ 뒤 문장의 their, they가 가리키는 것이 앞 문장에 등장한다.
▶ 주어진 문장이 ⑤에 들어갈 수 없음

글의 흐름으로 보아, 주어진 문장이 들어가기에 가장 적절한 곳을 고르시오.

In particular, / they define a group / as two or more people / who interact with, / and exert mutual influences on, / **each other.** 단서1 (they가 가리키는 것이 social psychologists로, 그들이 group이라는 용어를 어떻게 더 정확하게 사용하는지 자세히 설명함 / 전치사 with와 on의 목적어)
특히 / 그들은 집단을 정의한다 / 둘 이상의 사람들로 / 상호 작용을 하고 / 상호 영향력을 발휘하는 / 서로에게 //

In everyday life, / we tend to see any collection of people / as a group. //
일상생활에서 / 우리는 어떤 사람들의 무리라도 보는 경향이 있다 / 하나의 집단으로 //

(①) However, / social psychologists use this term / more precisely. // 단서2 (주어진 문장에서 설명한, 집단을 상호 작용하고, 상호 영향력을 발휘하는 둘 이상의 사람들로 정의한다는 내용을 this로 가리킴)
그러나 / 사회 심리학자들은 이 용어를 사용한다 / 더 정확하게 //

(②) **It is** this sense of mutual interaction or inter-dependence / (it is ~ which 구문으로 주어가 강조됨) for a common purpose / **which** distinguishes the members of a group / from a mere aggregation of individuals. //
바로 이러한 서로의 상호 작용 또는 상호 의존감이 / 공동의 목적을 위한 / 집단의 구성원들을 구별한다 / 단순한 개인들의 집합으로부터 //

(③) For example, / as Kenneth Hodge observed, / **a collection** (단수 주어) of people / who happen to go for a swim / after work / on the same day each week /
예를 들어 / Kenneth Hodge가 진술한 바와 같이 / 사람들의 무리는 / 우연히 수영을 하러 가는 / 일을 마치고 / 매주 같은 날에 /

does not, strictly speaking, **constitute** a group / because these (단수, 동사) swimmers do not interact / with each other / in a structured manner. //
엄밀히 말하면 집단을 구성하지 않는다 / 이러한 수영하는 사람들은 상호 작용하지 않기 때문에 / 서로와 / 구조적인 방식으로 //

(④) By contrast, / **a squad** of young competitive swimmers / (단수 주어) who train every morning / before going to school / **is** a group / (단수 동사)
대조적으로 / 경쟁을 하는 어린 수영 선수들의 팀은 / 매일 아침 훈련을 하는 / 학교에 가기 전에 / 집단'이다' /

because they **not only** share / a common objective (training for competition) / **but also** interact with each other / in formal ways / (not only A but also B로 동사구가 연결됨) (e.g., by warming up together beforehand). //
그들이 공유할 뿐만 아니라 / 공동의 목표(경기를 위한 훈련)를 / 또한 서로와 상호 작용하기 때문에 / 공식적인 방식으로 / (예를 들면, 미리 함께 준비운동을 함으로써) //

(⑤) **It is** this sense / of people coming together / **to achieve** a common objective / **that** defines a "team". // (it is ~ that 구문으로 주어가 강조됨 / 부사적 용법(목적))
바로 이러한 생각이 / 사람들이 함께 모인다 / 공동의 목표를 달성하기 위해 / '팀'을 정의한다 //

- **interact** ⓥ 소통하다, 상호 작용을 하다　　· **mutual** ⓐ 상호 간의, 공통의
- **term** ⓝ 용어, 학기　　· **precisely** ⓐ 바로, 정확하게
- **distinguish** ⓥ 구별하다, 차이를 보이다　　· **mere** ⓐ ~에 불과한
- **observe** ⓥ (논평·의견 등을) 말하다　　· **strictly** ⓐ 엄밀히, 정확히
- **constitute** ⓥ 구성하다, (단체를) 설립하다　　· **squad** ⓝ 팀, (경찰의) 수사반
- **objective** ⓝ 목적, 목표　　· **formal** ⓐ 공식적인, 격식을 차린
- **beforehand** ⓐ 사전에　　· **define** ⓥ 정의하다, 규정하다

일상생활에서 우리는 어떤 사람들의 무리라도 하나의 집단으로 보는 경향이 있다. (①) 그러나 사회 심리학자들은 이 용어를 더 정확하게 사용한다. (② 특히, 그들은 서로에게 상호 작용을 하고, 상호 영향력을 발휘하는 둘 이상의 사람들로 집단을 정의한다.) 집단의 구성원들을 단순한 개인들의 집합으로부터 구별하는 것은 바로 이러한 공동의 목적을 위한 서로의 상호 작용 또는 상호 의존감이다. (③) 예를 들어, Kenneth Hodge가 진술한 바와 같이, 매주 같은 날에 일을 마치고 우연히 수영을 하러 가는 사람들의 무리는 엄밀히 말하면 집단을 구성하지 않는데, 이러한 수영하는 사람들은 서로와 구조적인 방식으로 상호 작용하지 않기 때문이다. (④) 대조적으로, 매일 아침 학교에

가기 전에 훈련을 하는, 경쟁을 하는 어린 수영 선수들로 이루어진 팀은 공동의 목표(경기를 위한 훈련)를 공유할 뿐만 아니라 공식적인 방식(예를 들면, 미리 함께 준비운동을 함)으로 서로와 상호 작용하기 때문에 집단'이다'. (⑤) '팀'을 정의하는 것은 바로 공동의 목표를 달성하기 위해 사람들이 함께 모인다는 이러한 생각이다.

| 문제 풀이 순서 |　[정답률 39%]

1st 주어진 문장을 해석하고, 연결어, 지시어 등을 확인한다.

In particular, they define a group as two or more people who interact with, and exert mutual influences on, each other. 단서1
특히, 그들은 서로에게 상호 작용을 하고, 상호 영향력을 발휘하는 둘 이상의 사람들로 집단을 정의한다.

➡ 집단을 정의하는 they(그들)가 누구인지 앞에 나온 후 그 뒤에 주어진 문장이 나와야 한다.

➡ 집단의 정의와 관련된 내용이 앞에 나올 것이다.

2nd 각 선택지의 앞뒤 흐름이 매끄러운지 확인한다.

- ①의 앞 문장과 뒤 문장

앞 문장: 일상생활에서 우리는 어떤 사람들의 무리라도 하나의 집단으로 보는 경향이 있다.
뒤 문장: 그러나 사회 심리학자들은 이 용어를 더 정확하게 사용한다.

➡ 앞 문장: 일상생활에서 집단의 정의
뒤 문장: 사회 심리학자들에게는 집단에 관한 더 정확한 정의가 있음
앞 문장의 '집단'을 뒤 문장에서 '이 용어'라고 표현하면서 연결된다.
▶ 주어진 문장이 ①에 들어갈 수 없음

②의 앞 문장과 뒤 문장

앞 문장: ①의 뒤 문장과 같음
뒤 문장: 집단의 구성원들을 단순한 개인들의 집합으로부터 구별하는 것은 바로 이러한 공동의 목적을 위한 서로의 상호 작용 또는 상호 의존감이다. 단서2

➡ 뒤 문장: 집단이 단순한 개인들의 집합으로부터 구별되는 것은 공동의 목적을 위한 상호 작용 또는 상호 의존감이다.
앞 문장에서 사회 심리학자들이 사용하는 집단의 정의를 간략하게 언급했으므로 구체적인 내용이 뒤에 이어져야 한다. 하지만 뒤 문장에는 집단이 단순한 개인들의 집합으로부터 구별되는 특징을 설명한다.
➡ 주어진 문장에서 그들(사회 심리학자들)은 집단을 공동의 목적을 위해 상호 작용을 하고 상호 영향력을 발휘하는 둘 이상의 사람들로 정의한다고 했다.
▶ 주어진 문장이 ②에 들어가야 함

- ③의 앞 문장과 뒤 문장

앞 문장: ②의 뒤 문장과 같음
뒤 문장: 예를 들어, Kenneth Hodge가 진술한 바와 같이, 매주 같은 날에 일을 마치고 우연히 수영을 하러 가는 사람들의 무리는 엄밀히 말하면 집단을 구성하지 않는데, 이러한 수영하는 사람들은 서로와 구조적인 방식으로 상호 작용하지 않기 때문이다.

➡ 앞 문장에 등장한 집단의 특징 중 상호 작용을 뒤 문장에서 수영을 예로 들어 부연한다. 우연히 수영을 하러 가는 사람들의 무리, 즉 단순한 개인들의 집합은 상호 작용이 없다고 했다. ▶ 주어진 문장이 ③에 들어갈 수 없음

- ④의 앞 문장과 뒤 문장

앞 문장: ③의 뒤 문장과 같음
뒤 문장: 대조적으로(By contrast), 매일 아침 학교에 가기 전에 훈련을 하는, 경쟁을 하는 어린 수영 선수들로 이루어진 팀은 공동의 목표(경기를 위한 훈련)를 공유할 뿐만 아니라 공식적인 방식(예를 들면, 미리 함께 준비운동을 함)으로 서로와 상호 작용하기 때문에 집단'이다'.

➡ By contrast는 앞의 내용과 반대되는 내용을 언급할 때 사용되므로, 앞 문장에서 나타난 단순한 개인들의 집합과는 반대로, '집단'의 정의에 부합하는 것으로서 '어린 수영 선수들로 이루어진 팀'을 예로 들었다.
▶ 주어진 문장이 ④에 들어갈 수 없음

- ⑤의 앞 문장과 뒤 문장

앞 문장: ④의 뒤 문장과 같음

뒤 문장: '팀'을 정의하는 것은 바로 공동의 목표를 달성하기 위해 사람들이 함께 모인다는 이러한 생각이다.

➡ 앞 문장에 등장한 어린 수영 선수들로 이루어진 팀, 즉 '집단'이 공동의 목표를 공유한다는 내용을 부연한다.

▶ 주어진 문장이 ⑤에 들어갈 수 없음

N 33 정답 ⑤ ＊도시와 대조되는 공간으로서의 공원

글의 흐름으로 보아, 주어진 문장이 들어가기에 가장 적절한 곳을 고르시오.

There's a reason for that: / traditionally, park designers attempted / to create such a feeling / **단서 1** 거리, 자동차, 건물과 뚜렷하게 분리된 느낌을 가리킴

거기에는 이유가 있다 / 전통적으로 공원 설계자들은 시도했다 / 그런 느낌을 만들어 내려고 /

by **planting** tall trees at park boundaries, / **building** stone walls, / and **constructing** other means of partition. // 병렬 구조(전치사 by의 목적어 역할을 하는 동명사)

공원 경계에 키 큰 나무를 심어서 / 돌담을 쌓아서 / 다른 칸막이 수단을 세워서 //

Parks take **the shape** / demanded by the cultural concerns / of their time. // 선행사(주격 관계대명사와 be동사는 생략됨)

공원은 형태를 취한다 / 문화적 관심사에 의해 요구되는 / 그것이 속한 시대의 //

Once parks are in place, / they are no inert stage / — their purposes and meanings / are made and remade / by planners and by park users. // 부사절 접속사(조건)

일단 공원이 마련되면 / 그것은 비활성화된 단계가 아니다 / 그것의 목적과 의미는 / 만들어지고 다시 만들어진다 / 계획자와 공원 이용자에 의해 //

Moments of park creation are particularly telling, / however, / **for** they reveal and actualize ideas / about nature and its relationship to urban society. // 접속사(이유)

공원을 조성하는 순간들은 특히 효과적이다 / 그러나 / 그것이 생각을 드러내고 실현하기 때문에 / 자연과 그것이 도시 사회와 갖는 관계에 대한 //

(①) Indeed, / **what distinguishes a park** / from the broader category of public space / **is** the representation of nature / **that** parks **are meant to embody**. // 명사절 주어 / 단수 동사 / 목적격 관계대명사

실제로 / 공원을 구별하는 것은 / 더 넓은 범주의 공공 공간과 / 자연의 표현이다 / 공원이 구현하도록 의도된 // └mean to-v: ~을 의도하다[작정하다]

(②) Public spaces include / parks, concrete plazas, sidewalks, even indoor atriums. //

공공 공간은 포함한다 / 공원, 콘크리트 광장, 보도, 심지어 실내 아트리움을 //

(③) Parks typically have / trees, grass, and other plants / as their central features. // 접속사가 생략되지 않은 분사구문

일반적으로 공원은 갖고 있다 / 나무, 풀, 그리고 다른 식물들을 / 그들의 중심적인 특색으로 //

(④) **When entering a city park**, / people often imagine a sharp separation / from streets, cars, and buildings. //

도시 공원에 들어갈 때 / 사람들은 흔히 뚜렷한 분리를 상상한다 / 거리, 자동차, 그리고 건물과의 // **단서 2** 거리, 자동차, 건물과 분리된 느낌을 위해 공원 경계에 키 큰 나무를 심고, 돌담을 쌓는 등의 칸막이를 세움

(⑤) **What's behind this idea** / is not only **landscape architects'** **desire** / to design aesthetically suggestive park spaces, / 명사절 주어 / 단수 동사

이 생각의 배후에는 있는 것은 / 조경가의 욕망뿐만 아니라 / 미적으로 연상시키는 공원 공간을 설계하려는 / not only A but (also) B로 주격 보어가 연결됨

but **a much longer history** of **Western thought** / **that** envisions cities and nature / as antithetical spaces and oppositional forces. // 선행사 / 주격 관계대명사

서구 사상의 훨씬 더 오래된 역사이기도 하다 / 도시와 자연을 상상하는 / 대조적인 공간과 반대 세력으로 //

- **partition** ⓝ 칸막이 ・ **inert** ⓐ 비활성의, 기력이 없는
- **telling** ⓐ 효과적인, 강력한 ・ **actualize** ⓥ 실현하다
- **representation** ⓝ 표현, 묘사 ・ **embody** ⓥ 구현하다, 상징하다

- **separation** ⓝ 분리 ・ **landscape architect** 조경사
- **suggestive** ⓐ 연상시키는 ・ **envision** ⓥ 상상하다, 마음속에 그리다
- **oppositional** ⓐ 대립적인, 반대의

공원은 그것이 속한 시대의 문화적 관심사가 요구하는 형태를 취한다. 일단 공원이 마련되면, 그것은 비활성화된 단계가 아닌데 그것의 목적과 의미는 계획자와 공원 이용자에 의해 만들어지고 다시 만들어진다. 그러나 공원을 조성하는 순간들은 특히 효과적인데, 자연과 그것이 도시 사회와 갖는 관계에 대한 생각을 드러내고 실현하기 때문이다. (①) 실제로 공원을 더 넓은 범주의 공공 공간과 구별하는 것은 공원이 구현하려는 자연의 표현이다. (②) 공공 공간에는 공원, 콘크리트 광장, 보도, 심지어 실내 아트리움도 포함된다. (③) 일반적으로 공원에는 그들의 중심적인 특색으로 나무, 풀, 그리고 다른 식물들이 있다. (④) 도시 공원에 들어갈 때, 사람들은 흔히 거리, 자동차, 그리고 건물과의 뚜렷한 분리를 상상한다. (⑤ 거기에는 이유가 있는데, 전통적으로 공원 설계자들은 공원 경계에 키 큰 나무를 심고, 돌담을 쌓고, 다른 칸막이 수단을 세워 그런 느낌을 만들어 내려고 했다.) 이 생각의 배후에는 미적인 암시가 있는 공원 공간을 설계하려는 조경가의 욕망뿐만 아니라 도시와 자연을 대조적인 공간과 반대 세력으로 상상하는 훨씬 더 오래된 서구 사상의 역사가 있다.

| 문제 풀이 순서 | [정답률 55%]

1st 주어진 문장을 해석하고, 연결어, 지시어 등을 확인한다.

There's a reason for that: traditionally, park designers attempted to create such a feeling by planting tall trees at park boundaries, building stone walls, and constructing other means of partition. **단서 1**

거기에는 이유가 있는데, 전통적으로 공원 설계자들은 공원 경계에 키 큰 나무를 심고, 돌담을 쌓고, 다른 칸막이가 수단을 세워 그런 느낌을 만들어 내려고 했다.

➡ such a feeling이 무엇을 가리키는지 앞에 나오고, 그 뒤에 주어진 문장을 넣어야 한다.

➡ 전통적으로 공원 설계자들이 공원 경계에 칸막이 수단을 세웠던 원인이 앞에 나올 것이다.

2nd 각 선택지의 앞뒤 흐름이 매끄러운지 확인한다.

- ①의 앞 문장과 뒤 문장

앞 문장: 공원은 그것이 속한 시대의 문화적 관심사가 요구하는 형태를 취한다. 일단 공원이 마련되면, 그것은 비활성화된 단계가 아닌데 그것의 목적과 의미는 계획자와 공원 이용자에 의해 만들어지고 다시 만들어진다. 그러나 공원을 조성하는 순간들은 특히 효과적인데, 자연과 그것이 도시 사회와 갖는 관계에 대한 생각을 드러내고 실현하기 때문이다.

뒤 문장: 실제로 공원을 더 넓은 범주의 공공 공간과 구별하는 것은 공원이 구현하려는 자연의 표현이다.

➡ **앞 문장**: 공원은 시대의 문화적 관심사를 반영한다.
뒤 문장: 공원은 그것이 구현하려는 자연의 표현으로 인해 공공 공간과 구별된다.
앞 문장의 '시대의 문화적 관심사'가 뒤 문장에서 '공원이 구현하려는 자연의 표현'으로 나타난다.

▶ 주어진 문장이 ①에 들어갈 수 없음

- ②의 앞 문장과 뒤 문장

앞 문장: ①의 뒤 문장과 같음

뒤 문장: 공공 공간에는 공원, 콘크리트 광장, 보도, 심지어 실내 아트리움도 포함된다.

➡ 앞 문장에 나타난 '공공 공간'을 부연하는 흐름이다.

▶ 주어진 문장이 ②에 들어갈 수 없음

- ③의 앞 문장과 뒤 문장

앞 문장: ②의 뒤 문장과 같음

뒤 문장: 일반적으로 공원에는 그들의 중심적인 특색으로 나무, 풀, 그리고 다른 식물들이 있다.

➡ 앞 문장의 공공 공간과 대조하여, 뒤 문장에서 공원의 구성을 부연하는 흐름이다.

▶ 주어진 문장이 ③에 들어갈 수 없음

- ④의 앞 문장과 뒤 문장

앞 문장: ③의 뒤 문장과 같음

뒤 문장: 도시 공원에 들어갈 때, 사람들은 흔히 거리, 자동차, 그리고 건물과의 뚜렷한 분리를 상상한다. 단서 2

→ 앞 문장에서 공원의 자연적인 특징이 나오는데, 뒤 문장에서 도시 공원을 새롭게 언급하며 그것이 도시의 인공적인 특징과 분리될 것이라고 상상한다는 흐름이다.
▶ 주어진 문장이 ④에 들어갈 수 없음

⑤의 앞 문장과 뒤 문장

앞 문장: ④의 뒤 문장과 같음

뒤 문장: 이 생각(this idea)의 배후에는 미적인 암시가 있는 공원 공간을 설계하려는 조경가의 욕망뿐만 아니라 도시와 자연을 대조적인 공간과 반대 세력으로 상상하는 훨씬 더 오래된 서구 사상의 역사가 있다.

→ 뒤 문장: 이 생각의 배후에는 조경가의 욕망과 서구 사상의 역사가 있다.
조경가의 욕망과 서구 사상의 역사와 관련된 this idea가 무엇인지 앞에 나타나야 한다.
주어진 문장의 '그런 느낌'은 앞 문장의 '자연과 인공물의 뚜렷한 분리'이다.

→ 주어진 문장에서 전통적으로 공원 설계자들이 공원 경계에 자연적인 칸막이 수단을 세워 그런 느낌을 만들어 내려고 했다고 하므로, 이는 뒤 문장에 나타나는 '도시와 자연을 대조적인 공간으로 상상하는 오래된 서구 사상의 역사'와 부합한다.
▶ 주어진 문장이 ⑤에 들어가야 함

N 34 정답 ⑤ *음악 제작 방식의 변화

글의 흐름으로 보아, 주어진 문장이 들어가기에 가장 적절한 곳을 고르시오.

Because the manipulation of digitally converted sounds meant / the reprogramming of binary information, / editing 단서 1 편집 작업이 매우 작은 수준으로 수행될 수 있었음 operations could be performed / with millisecond precision. //
디지털로 변환된 소리의 조작은 의미했으므로 / 2진법의 정보를 재프로그래밍하는 것을 / 편집 작업은 수행될 수 있었다 / 1,000분의 1초의 정밀도로 //

The shift from analog to digital technology / significantly influenced / how music was produced. //
아날로그 기술에서 디지털 기술로의 전환은 / 크게 영향을 미쳤다 / 음악이 제작되는 방식에 //
First and foremost, / the digitization of sounds / — that is, their conversion into numbers — / enabled music makers to undo / what was done. //
무엇보다도 / 소리의 디지털화 / 즉 그것의 숫자로의 변환은 / 음악 제작자들이 되돌릴 수 있게 해 주었다 / 기존의 작업을 //

(①) One could, in other words, twist and bend sounds / toward something new / without sacrificing the original version. //
다시 말해 소리를 비틀고 구부릴 수 있었다 / 어떤 새로운 것으로 / 원본을 희생하지 않으면서 //

(②) This "undo" ability made mistakes / considerably less momentous, / sparking the creative process / and encouraging a generally more experimental mindset. //
이러한 '되돌리기' 기능은 실수를 만들어 / 훨씬 덜 중대하게 / 창작 과정을 촉발하고 / 일반적으로 더 실험적인 사고방식을 장려했다 //

(③) In addition, / digitally converted sounds could be manipulated / simply by programming digital messages / rather than using physical tools, / simplifying the editing process significantly. //
또한 / 디지털로 변환된 소리는 조작될 수 있어서 / 단순히 디지털 메시지를 프로그래밍함으로써 / 물리적인 도구를 사용하기보다는 / 편집 과정을 크게 간소화했다 //

(④) For example, / while editing once involved razor blades / to physically cut and splice audiotapes, /
예를 들어 / 예전에 편집 과정은 면도기 칼날의 사용을 수반했지만 / 음성 녹음테이프를 물리적으로 자르고 합쳐 잇기 위해 //

it now involved / the cursor and mouse-click of the computer-based sequencer program, / which was obviously less time consuming. //
이제 그것은 수반했고 / 컴퓨터에 기반한 순서기 프로그램의 커서와 마우스 클릭을 / 그것은 분명 시간을 덜 소모했다 // 단서 2 주어진 문장에서 말한 1,000분의 1초의 정밀도를 가리킴

(⑤) This microlevel access / at once / made it easier to conceal / any traces of manipulations / (such as joining tracks / in silent spots) /
이러한 매우 작은 수준의 접근은 / 동시에 / 숨기는 것을 더 쉽게 만들었다 / 조작의 흔적을 / (트랙을 결합하는 것과 같은 / 무음 지점에서) //
and introduced new possibilities / for manipulating sounds / in audible and experimental ways. //
그리고 새로운 가능성을 내놓았다 / 소리를 조작하는 / 들릴 수 있고 실험적인 방식으로 //

- manipulation ⓝ 조작 • convert ⓥ 변환하다
- millisecond ⓝ 1,000분의 1초, 밀리초 • precision ⓝ 정밀도
- significantly ⓐd 크게 • influence ⓥ 영향을 미치다
- first and foremost 무엇보다도, 가장 중요하게
- digitization ⓝ 디지털화 • conversion ⓝ 변환
- enable ⓥ 가능하게 하다 • in other words 다시 말해서
- bend ⓥ 구부리다 • undo ⓥ 되돌리다
- considerably ⓐd 상당히, 훨씬 • momentous ⓐ 중대한
- experimental ⓐ 실험적인 • razor blade 면도기 칼날
- sequencer ⓝ 순서기(전자 녹음 장비의 하나) • obviously ⓐd 분명히
- microlevel ⓐ 매우 작은 수준의 • conceal ⓥ 숨기다
- trace ⓝ 흔적 • track ⓝ 트랙(테이프나 디스크의 데이터 구획 단위)
- audible ⓐ 들릴 수 있는

아날로그 기술에서 디지털 기술로의 전환은 음악이 제작되는 방식에 크게 영향을 미쳤다. 무엇보다도, 소리의 디지털화, 즉 그것의 숫자로의 변환은 음악 제작자들이 기존의 작업을 되돌릴 수 있게 해 주었다. (①) 다시 말해, 원본을 희생하지 않으면서 소리를 비틀고 구부려서 어떤 새로운 것으로 만들 수 있었다. (②) 이러한 '되돌리기' 기능은 실수를 훨씬 덜 중대하게 만들어, 창작 과정을 촉발하고 일반적으로 더 실험적인 사고방식을 장려했다. (③) 또한, 디지털로 변환된 소리는 물리적인 도구를 사용하기보다는 단순히 디지털 메시지를 프로그래밍함으로써 조작될 수 있어서, 편집 과정을 크게 간소화했다. (④) 예를 들어, 예전에 편집 과정은 음성 녹음테이프를 물리적으로 자르고 합쳐 잇기 위해 면도기 칼날의 사용을 수반했지만, 이제 그것은 컴퓨터에 기반한 순서기 프로그램의 커서와 마우스 클릭을 수반했고, 그것은 분명 시간을 덜 소모했다. (⑤ 디지털로 변환된 소리의 조작은 2진법의 정보를 재프로그래밍하는 것을 의미했으므로, 편집 작업은 1,000분의 1초의 정밀도로 수행될 수 있었다.) 이러한 매우 작은 수준의 접근은 (무음 지점에서 트랙을 결합하는 것과 같은) 조작의 흔적을 숨기는 것을 더 쉽게 만든 동시에, 들릴 수 있고 실험적인 방식으로 소리를 조작할 새로운 가능성을 내놓았다.

| 문제 풀이 순서 | [정답률 24%]

1st 주어진 문장을 해석하고, 연결어, 지시어 등을 확인한다.

Because the manipulation of digitally converted sounds meant the reprogramming of binary information, editing operations could be performed with millisecond precision.
디지털로 변환된 소리의 조작은 2진법의 정보를 재프로그래밍하는 것을 의미했으므로, 편집 작업은 1,000분의 1초의 정밀도로 수행될 수 있었다.

→ 편집 작업이 1,000분의 1초의 정밀도로 수행될 수 있었다. 단서
▶ 주어진 문장 뒤: 편집 작업이 매우 정밀하게 수행될 수 있다는 사실이 미친 영향을 설명하는 내용이 이어질 것임 발상

2nd 각 선택지의 앞뒤 흐름이 매끄러운지 확인한다.
- ①의 앞 문장과 뒤 문장

앞 문장: 무엇보다도, 소리의 디지털화, 즉 그것의 숫자로의 변환은 음악 제작자들이 기존의 작업을 되돌릴 수 있게 해 주었다.

뒤 문장: 다시 말해(in other words), 원본을 희생하지 않으면서 소리를 비틀고 구부려서 어떤 새로운 것으로 만들 수 있었다.

➡ 소리의 디지털화가 가져온 변화 중 하나로 기존의 작업을 되돌릴 수 있게 된 것을 설명한다.
기존의 작업을 되돌릴 수 있다는 것은 곧 원본을 희생하지 않으면서 소리를 변형시켜 새로운 것을 만들 수 있었음을 의미한다는 흐름이다. in other words로 앞뒤 문장이 자연스럽게 연결된다.
▶ 주어진 문장이 ①에 들어갈 수 없음

- ②의 앞 문장과 뒤 문장

앞 문장: ①의 뒤 문장과 같음
뒤 문장: 이러한 '되돌리기' 기능(This "undo" ability)은 실수를 훨씬 덜 중대하게 만들어, 창작 과정을 촉발하고 일반적으로 더 실험적인 사고방식을 장려했다.

➡ 앞에서 설명한, 기존의 작업을 되돌릴 수 있는 기능을 '이러한 되돌리기 기능'으로 가리키며, 그것이 미친 영향을 설명한다. 앞 문장의 내용을 가리키는 지시형용사 This가 앞뒤 문장을 적절하게 연결한다.
▶ 주어진 문장이 ②에 들어갈 수 없음

- ③의 앞 문장과 뒤 문장

앞 문장: ②의 뒤 문장과 같음
뒤 문장: 또한(In addition), 디지털로 변환된 소리는 물리적인 도구를 사용하기보다는 단순히 디지털 메시지를 프로그래밍함으로써 조작될 수 있어서, 편집 과정을 크게 간소화했다.

➡ 아날로그 기술에서 디지털 기술로 전환된 것이 음악 제작 방식에 미친 또 다른 영향이 이어진다. 소리의 디지털화로 인한 두 가지 영향이 In addition을 통해 자연스럽게 연결된다. ▶ 주어진 문장이 ③에 들어갈 수 없음

- ④의 앞 문장과 뒤 문장

앞 문장: ③의 뒤 문장과 같음
뒤 문장: 예를 들어(For example), 예전에 편집 과정은 음성 녹음테이프를 물리적으로 자르고 합쳐 잇기 위해 면도기 칼날의 사용을 수반했지만, 이제 그것은 컴퓨터에 기반한 순서기 프로그램의 커서와 마우스 클릭을 수반했고, 그것은 분명 시간을 덜 소모했다.

➡ 물리적인 도구를 사용한 편집과 디지털 메시지를 프로그래밍함으로써 이루어지는 편집을 예시를 들어 구체적으로 설명한 문장이 이어진다. 면도기 칼날이 물리적인 도구의 예시인 것으로, 앞에서 설명한 것에 대한 구체적인 예시가 For example을 통해 자연스럽게 제시된다.
▶ 주어진 문장이 ④에 들어갈 수 없음

⑤의 앞 문장과 뒤 문장

앞 문장: ④의 뒤 문장과 같음
뒤 문장: 이러한 매우 작은 수준의 접근(This microlevel access)은 (무음 지점에서 트랙을 결합하는 것과 같은) 조작의 흔적을 숨기는 것을 더 쉽게 만든 동시에, 들릴 수 있고 실험적인 방식으로 소리를 조작할 새로운 가능성을 내놓았다.

➡ 앞 문장에 '매우 작은 수준의 접근'과 관련된 설명이 없다. 뒤 문장의 지시형용사 This가 자연스럽게 위해서는 1,000분의 1초의 정밀도로 편집 작업이 수행될 수 있었다는 내용의 주어진 문장이 ⑤에 들어가야 한다.
▶ 주어진 문장이 ⑤에 들어가야 함

N 35 정답 ③　＊예술 작품의 제작을 인정하는 데 필요한 것 —

글의 흐름으로 보아, 주어진 문장이 들어가기에 가장 적절한 곳을 고르시오. [3점]

단서 1 전문가의 경우에는 재료와 기법에 대한 더 깊은 친숙함이 흔히 유용함

In the case of specialists / such as art critics, / a deeper familiarity with materials and techniques / is often useful / in reaching an informed judgement / about a work. //
전문가의 경우 / 예술 비평가와 같은 / 재료와 기법에 대한 더 깊은 친숙함이 / 흔히 유용하다 / 충분한 정보에 기반한 판단에 도달하는 데 / 작품에 대한 //

Acknowledging the making of artworks / does not require / a detailed, technical knowledge /
예술 작품의 제작을 인정하는 데는 / 필요하지 않다 / 자세하고 기술적인 지식이 /

of, say, how painters mix / different kinds of paint, / or how an image editing tool works. //
예를 들어 화가가 섞는 방법에 관한 / 다양한 종류의 물감을 / 또는 이미지 편집 도구가 작동하는 방식과 같은 것에 관한 //

(①) All that is required / is a general sense / of a significant difference / between working with paints / and working with an imaging application. //
필요한 전부는 / 일반적인 감각이다 / 중요한 차이점에 대한 / 물감으로 작업하는 것과 / 이미징 앱을 사용하는 것의 //

(②) This sense might involve / a basic familiarity / with paints and paintbrushes /
이러한 감각은 포함할 수도 있다 / 기본적인 친숙함을 / 물감과 붓에 대한 /

as well as a basic familiarity / with how we use computers, / perhaps including / how we use consumer imaging apps. //
B as well as A: A뿐만 아니라 B도
기본적인 친숙함뿐 아니라 / 우리가 컴퓨터를 사용하는 방법에 대한 / 아마도 포함하여 / 우리가 소비자 이미징 앱을 사용하는 방법을 //

(③) This is / because every kind of artistic material or tool comes / with its own challenges and affordances / for artistic creation. //
단서 2 모든 예술 재료나 도구가 예술 창작을 위한 고유한 도전과 행위 유발성을 동반하므로 재료와 기법에 대한 친숙함이 유용한 것임
이것은 ~이다 / 모든 종류의 예술 재료나 도구가 오기 때문(이다) / 그것의 고유한 도전과 행위 유발성을 / 예술 창작을 위한 //

(④) Critics are often interested / in the ways / artists exploit / different kinds of materials and tools / for particular artistic effect. //
선행사(관계부사는 생략됨)
비평가들은 흔히 관심이 있다 / 방식에 / 예술가들이 활용하는 / 다양한 종류의 재료와 도구를 / 특정한 예술적 효과를 위해 //

(⑤) They are also interested / in the success of an artist's attempt / — embodied in the artwork itself — / to push the limits / of what can be achieved / with certain materials and tools. //
형용사적 용법(an artist's attempt 수식)
그들은 또한 관심이 있다 / 예술가의 시도 성공에 / 예술 작품 그 자체로 구현된 / 한계를 뛰어넘으려는 / 달성될 수 있는 것의 / 특정 재료와 도구로 //

- specialist ⓝ 전문가　· critic ⓝ 비평가　· familiarity ⓝ 친숙함
- informed ⓐ 충분한 정보에 기반한　· judgement ⓝ 판단
- acknowledge ⓥ 인정하다　· significant ⓐ 중요한
- imaging ⓝ 이미징(도형 이미지의 취득, 저장, 표시, 인쇄 등의 처리)
- involve ⓥ 포함하다　· embody ⓥ 구현하다　· attempt ⓝ 시도
- push the limit 한계를 뛰어넘다

예술 작품의 제작을 인정하는 데는, 예를 들어 화가가 다양한 종류의 물감을 섞는 방법이나 이미지 편집 도구가 작동하는 방식과 같은 것에 관한 자세하고 기술적인 지식이 필요하지 않다. (①) 필요한 전부는 물감으로 작업하는 것과 이미징 앱을 사용하는 것의 중요한 차이점에 대한 일반적인 감각일 뿐이다. (②) 이러한 감각은 우리가 소비자 이미징 앱을 사용하는 방법을 아마도 포함하여, 컴퓨터를 사용하는 방법에 대한 기본적인 친숙함뿐 아니라 물감과 붓에 대한 기본적인 친숙함을 포함할 수도 있다. (③ 예술 비평가와 같은 전문가의 경우, 재료와 기법에 대한 더 깊은 친숙함이 작품에 대한 충분한 정보에 기반한 판단에 도달하는 데 흔히 유용하다.) 이것은 모든 종류의 예술 재료나 도구가 예술 창작을 위한 그것의 고유한 도전과 행위 유발성을 동반하기 때문이다. (④) 비평가들은 흔히 예술가들이 특정한 예술적 효과를 위해 다양한 종류의 재료와 도구를 활용하는 방식에 관심이 있다. (⑤) 그들은 또한 예술 작품 그 자체로 구현된, 특정 재료와 도구로 달성할 수 있는 것의 한계를 뛰어넘으려는 예술가의 시도 성공에 관심이 있다.

1st 주어진 문장을 해석하고, 연결어, 지시어 등을 확인한다.

In the case of specialists such as art critics, a deeper familiarity with materials and techniques is often useful in reaching an informed judgement about a work.
예술 비평가와 같은 전문가의 경우, 재료와 기법에 대한 더 깊은 친숙함이 작품에 대한 충분한 정보에 기반한 판단에 도달하는 데 흔히 유용하다.

➜ 전문가의 경우에는 재료와 기법에 대한 친숙함이 작품을 판단하는 데 유용하다는 내용이다. (단서)

▶ **주어진 문장 앞**: 전문가의 경우와 비교되는 다른 경우에 대한 설명이 있을 것임
주어진 문장 뒤: 재료와 기법에 대한 친숙함이 작품을 판단하는 데 유용하다는 것에 대한 부연이 이어질 것임 (발상)

2nd 각 선택지의 앞뒤 흐름이 매끄러운지 확인한다.

- ①의 앞 문장과 뒤 문장

앞 문장: 예술 작품의 제작을 인정하는 데는, 예를 들어 화가가 다양한 종류의 물감을 섞는 방법이나 이미지 편집 도구가 작동하는 방식과 같은 것에 관한 자세하고 기술적인 지식이 필요하지 않다.

뒤 문장: 필요한 전부는 물감으로 작업하는 것과 이미징 앱을 사용하는 것의 중요한 차이점에 대한 일반적인 감각일 뿐이다.

➜ 앞 문장에서 필요하지 않은 것, 뒤 문장에서 필요한 것을 설명한다. 뒤 문장의 주어인 All that is required로 앞뒤 문장이 자연스럽게 이어진다.
▶ 주어진 문장이 ①에 들어갈 수 없음

- ②의 앞 문장과 뒤 문장

앞 문장: ①의 뒤 문장과 같음

뒤 문장: 이러한 감각(This sense)은 우리가 소비자 이미징 앱을 사용하는 방법을 아마도 포함하여, 컴퓨터를 사용하는 방법에 대한 기본적인 친숙함뿐 아니라 물감과 붓에 대한 기본적인 친숙함을 포함할 수도 있다.

➜ 앞 문장에 등장한 a general sense를 뒤 문장에서 This sense로 가리키며 구체적으로 설명한다. ▶ 주어진 문장이 ②에 들어갈 수 없음

- ③의 앞 문장과 뒤 문장

앞 문장: ②의 뒤 문장과 같음

뒤 문장: 이것(This)은 모든 종류의 예술 재료나 도구가 예술 창작을 위한 그것의 고유한 도전과 행위 유발성을 동반하기 때문이다.

➜ 예술 재료나 도구가 예술 창작을 위한 도전과 행위 유발성을 동반하기 때문에 재료와 기법에 대한 더 깊은 친숙함이 작품을 판단하는 데 유용한 것이다. This가 가리키는 것이 바로 주어진 문장의 내용이다.
▶ 주어진 문장이 ③에 들어가야 함

- ④의 앞 문장과 뒤 문장

앞 문장: ③의 뒤 문장과 같음

뒤 문장: 비평가들은 흔히 예술가들이 특정한 예술적 효과를 위해 다양한 종류의 재료와 도구를 활용하는 방식에 관심이 있다.

➜ 비평가의 경우에 재료와 기법, 도구에 대한 친숙함이 유용하다고 한 이후 그 이유와 구체적인 부연이 이어진다. 주어진 문장은 비평가와 같은 전문가의 경우를 설명하기 시작하는 문장이므로, 비평가에 대한 설명이 시작된 이후에 들어갈 수 없다. ▶ 주어진 문장이 ④에 들어갈 수 없음

- ⑤의 앞 문장과 뒤 문장

앞 문장: ④의 뒤 문장과 같음

뒤 문장: 그들은 또한(They also) 예술 작품 그 자체로 구현된, 특정 재료와 도구로 달성할 수 있는 것의 한계를 뛰어넘으려는 예술가의 시도 성공에 관심이 있다.

➜ 비평가들이 관심을 갖는 또 다른 것에 대한 설명이 이어진다. Critics를 가리키는 지시대명사 They, 앞에서 설명한 것 외의 관심사를 추가하는 부사 also가 앞뒤 문장을 자연스럽게 연결한다.
▶ 주어진 문장이 ⑤에 들어갈 수 없음

N 36 정답 ⑤ ＊보안 강화의 양면성

글의 흐름으로 보아, 주어진 문장이 들어가기에 가장 적절한 곳을 고르시오. [3점]

On top of the hurdles / introduced / in accessing his or her money, / if a suspected fraud is detected, /
난관에 더해 / 도입된 / 자신의 돈에 접근하는 데 / 만약 의심스러운 사기가 감지되면 /
the account holder has to deal / with the phone call / asking / if he or she made the suspicious transactions. //
예금주는 응대해야만 한다 / 전화 통화를 / 묻는 / 본인이 그 의심스러운 거래를 했는지를 //

(단서 1) 어떤 거래를 예금주 본인이 한 게 맞는지 묻는 전화 통화를 해야 함

Each new wave of technology / is intended / to enhance user convenience, / as well as improve security, / but sometimes / these do not necessarily go hand-in-hand. //
각각의 새로운 기술의 물결은 / 의도된다 / 사용자 편의성을 향상하도록 / 보안을 향상할 뿐만 아니라 / 하지만 때때로 / 이것들이 반드시 함께 진행되지는 않는다 //

For example, the transition / from magnetic stripe to embedded chip / slightly slowed down transactions, / sometimes frustrating customers / in a hurry. //
예를 들어 / 전환은 / 마그네틱 띠에서 내장형 칩으로의 / 거래를 약간 늦췄는데 / 때로 고객을 좌절시켰다 / 바쁜 //

(①) Make a service too burdensome, / and the potential customer / will go elsewhere. //
서비스를 너무 부담스럽게 만들어라 / 그러면 잠재 고객은 / 다른 곳으로 갈 것이다 //

(②) This obstacle applies / at several levels. //
이런 장벽은 적용된다 / 여러 수준에서 //

(③) Passwords, double-key identification, and biometrics / such as fingerprint-, iris-, and voice recognition / are all ways /
비밀번호, 이중 키 확인, 그리고 생체 인식은 / 지문, 홍채 및 음성 인식과 같은 / 모두 방법이다 /
of keeping the account details hidden / from potential fraudsters, / of keeping your data dark. //
계정 세부 정보를 숨기는 / 잠재적인 사기꾼으로부터 / 여러분의 데이터를 비밀로 유지하는 //

(④) But they all inevitably add a burden / to the use of the account. //
하지만 그것들은 모두 불가피하게 부담을 가중한다 / 계좌 사용에 //

(⑤) This is all useful / at some level / — indeed, it can be reassuring / knowing / that your bank is keeping alert / to protect you — /
이것은 모두 도움이 되며 / 어느 정도 / 실제로 ~은 안심이 될 수 있다 / 아는 것 / 여러분의 은행이 경계를 늦추지 않고 있다는 것을 / 여러분을 보호하기 위해 /
but it becomes tiresome / if too many such calls are received. //
하지만 그것은 귀찮아진다 / 그러한 전화를 너무 많이 받게 되면 //

(단서 2) 주어진 문장에서 설명한, 거래를 한 것이 예금주 본인이 맞는지 묻는 전화를 가리킴

- suspect ⓥ 의심하다 · suspicious ⓐ 의심스러운, 수상쩍은
- transaction ⓝ 거래, 매매 · enhance ⓥ 강화하다, 증진하다
- convenience ⓝ 편의, 편리
- hand-in-hand ⓐ 손에 손을 잡은, 밀접히 연관된
- transition ⓝ 변이, 변화 · magnetic ⓐ 자석 같은, 자성의
- embed ⓥ (단단히) 끼워 넣다 · burdensome ⓐ 부담스러운, 힘든
- elsewhere 〔ad〕 다른 곳에서[으로] · obstacle ⓝ 장애(물)
- identification ⓝ 신원 확인 · biometrics ⓝ 생체 인식
- iris ⓝ (안구의) 홍채 · recognition ⓝ 인식, 승인
- fraudster ⓝ 사기꾼 · inevitably 〔ad〕 필연적으로
- burden ⓝ 부담, 짐 · reassure ⓥ 안심시키다
- alert ⓐ (위험을) 경계하는, 기민한 · tiresome ⓐ 성가신

각각의 새로운 기술의 물결은 보안을 향상할 뿐만 아니라, 사용자 편의성을 향상하려는 의도이지만, 때때로 이것들이 반드시 함께 진행되지는 않는다. 예를 들어 마그네틱 띠에서 내장형 칩으로의 전환은 거래(의 속도)를 약간

늦췄는데, 때로 바쁜 고객을 좌절시켰다. (①) 서비스를 너무 부담스럽게 만들면, 잠재 고객은 다른 곳으로 갈 것이다. (②) 이런 장벽은 여러 수준에서 적용된다. (③) 비밀번호, 이중 키 확인, 지문, 홍채 및 음성 인식과 같은 생체 인식은 모두 잠재적인 사기꾼으로부터 계정 세부 정보를 숨기는, 즉 여러분의 데이터를 비밀로 유지하는 방법이다. (④) 하지만 그것들은 모두 불가피하게 계좌 사용에 부담을 가중한다. (⑤ 자신의 돈에 접근하는 데 도입된 난관에 더해, 만약 의심스러운 사기가 감지되면, 예금주는 본인이 그 의심스러운 거래를 했는지 묻는 전화 통화를 응대해야만 한다.) 이것은 모두 어느 정도 도움이 되며, 실제로, 여러분의 은행이 여러분을 보호하기 위해 경계를 늦추지 않고 있다는 것을 알게 되어 안심이 될 수 있지만, 그러한 전화를 너무 많이 받게 되면 귀찮아진다.

| 문제 풀이 순서 |　[정답률 40%]

1st 　주어진 문장을 해석하고, 연결어, 지시어 등을 확인한다.

On top of the hurdles introduced in accessing his or her money, if a suspected fraud is detected, the account holder has to deal with the phone call asking if he or she made the suspicious transactions. **단서 1**
자신의 돈에 접근하는 데 도입된 난관에 더해, 만약 의심스러운 사기가 감지되면, 예금주는 본인이 그 의심스러운 거래를 했는지 묻는 전화 통화를 응대해야만 한다.

➡ 여러 난관들에 대한 내용이 앞에 나오고, 그 뒤에 주어진 문장을 넣어야 한다.

2nd 　각 선택지의 앞뒤 흐름이 매끄러운지 확인한다.

- ①의 앞 문장과 뒤 문장

앞 문장: 각각의 새로운 기술의 물결은 보안을 향상할 뿐만 아니라, 사용자 편의성을 향상하려는 의도이지만, 때때로 이것들이 반드시 함께 진행되지는 않는다. 예를 들어 마그네틱 띠에서 내장형 칩으로의 전환은 거래(의 속도)를 약간 늦췄는데, 때로 바쁜 고객을 좌절시켰다.
뒤 문장: 서비스를 너무 부담스럽게 만들면, 잠재 고객은 다른 곳으로 갈 것이다.

➡ **앞 문장:** 기술의 물결로 인한 보안과 편의성의 향상이 반드시 함께 진행되지는 않는다.
뒤 문장: 서비스를 너무 부담스럽게 만들면, 잠재 고객은 다른 곳으로 갈 것이다. 앞 문장의 '보안 향상'이 뒤 문장에서 '서비스를 너무 부담스럽게 만드는 것'으로 나타났으며, 편의성 향상이 늦춰져 잠재 고객이 다른 곳으로 갈 것이라는 흐름이다.
▶ 주어진 문장이 ①에 들어갈 수 없음

- ②의 앞 문장과 뒤 문장

앞 문장: ①의 뒤 문장과 같음
뒤 문장: 이런 장벽은 여러 수준에서 적용된다.

➡ 앞 문장의 '서비스를 너무 부담스럽게 만드는 것'을 뒤 문장에서 '이런 장벽'으로 지칭한다.
▶ 주어진 문장이 ②에 들어갈 수 없음

- ③의 앞 문장과 뒤 문장

앞 문장: ②의 뒤 문장과 같음
뒤 문장: 비밀번호, 이중 키 확인, 지문, 홍채 및 음성 인식과 같은 생체 인식은 모두 잠재적인 사기꾼으로부터 계정 세부 정보를 숨기는, 즉 여러분의 데이터를 비밀로 유지하는 방법이다.

➡ 앞 문장의 '이런 장벽'의 예시로서 비밀번호, 이중 키 확인, 생체 인식 등을 들며 데이터를 비밀로 유지하는 방법을 소개하는 흐름이다.
▶ 주어진 문장이 ③에 들어갈 수 없음

- ④의 앞 문장과 뒤 문장

앞 문장: ③의 뒤 문장과 같음
뒤 문장: 하지만 그것들은 모두 불가피하게 계좌 사용에 부담을 가중한다.

➡ 앞 문장의 '데이터를 비밀로 유지하는 방법들'을 뒤 문장에서 they로 지칭하며 계좌 사용에 부담을 가중한다는 흐름이다.
▶ 주어진 문장이 ④에 들어갈 수 없음

- ⑤의 앞 문장과 뒤 문장

앞 문장: ④의 뒤 문장과 같음
뒤 문장: 이것은 모두 어느 정도 도움이 되며, 실제로, 여러분의 은행이 여러분을 보호하기 위해 경계를 늦추지 않고 있다는 것을 알게 되어 안심이 될 수 있지만, 그러한 전화(such calls)를 너무 많이 받게 되면 귀찮아진다. **단서 2**

➡ **뒤 문장:** 이것은 모두 어느 정도 도움이 되며 여러분을 안심시킬 수 있지만, 그러한 전화를 너무 많이 받으면 귀찮아진다.
such calls가 무엇인지 앞에 나타나야 한다.

➡ 주어진 문장에서 의심스러운 사기가 감지되면, '예금주 본인이 그 의심스러운 거래를 했는지 묻는 전화 통화'에 응대해야 한다고 했다. 이러한 전화는 은행이 경계를 늦추지 않고 있다는 것을 알게 하여 고객을 안심시킬 수 있지만, 너무 많이 받게 되면 부담스럽다는 흐름이다.
▶ 주어진 문장이 ⑤에 들어가야 함

N 37 　정답 ③ 　＊과학이 승자독식 대회라는 견해에 대한 반대 입장 ——

> **글의 흐름으로 보아, 주어진 문장이 들어가기에 가장 적절한 곳을 고르시오.**

단서 1 어떤 과학 대회들은 세계적인 수준으로 여겨짐

Yes, / some contests are seen as world class, / such as identification of the Higgs particle / or the development of high temperature superconductors. //
물론 / 몇몇 대회는 세계적인 수준으로 여겨진다 / 힉스 입자의 확인 / 또는 고온 초전도체 개발과 같은 //

Science is sometimes described / as a winner-take-all contest, / 분사구문을 이끎 **meaning** that there are no rewards for being second or third. //
과학은 때때로 묘사되는데 / 승자독식 대회로 / 이는 2등이나 3등인 것에 대한 보상이 없다는 뜻이다 //

This is an extreme view / of the nature of scientific contests. //
이는 극단적인 견해이다 / 과학 대회의 본질에 대한 //

(①) Even **those who** describe scientific contests in such a way / note that it is a somewhat inaccurate description, /
those who ~: ~한 사람들
과학 대회를 그렇게 설명하는 사람들조차도 / 그것이 다소 부정확한 설명이라고 말하는데 /

given that replication and verification have social value / and are common in science. //
반복과 입증이 사회적 가치를 지니고 있으며 / 과학에서는 일반적이라는 점에서 //

(②) It is also inaccurate / to the extent **that** it suggests / **that** only a handful of contests exist. //
관계부사(선행사: to the extent)　명사절 접속사
단서 2 주어진 문장에서 말한 '소수의 세계적인 대회'와 상반되는 '다수의 다양한 분야의 과학 대회'를 설명함
또한 그것은 부정확하다 / 보여 줄 정도로 / 단지 소수의 대회만 존재한다는 것을 //

(③) But many other contests / have multiple parts, / and **the number of** such contests / may be increasing. //
the number of: ~의 수 / a number of: 많은
하지만 다른 많은 대회에는 / 다양한 부분이 있고 / 그런 대회의 수는 / 증가하고 있을 것이다 //

(④) By way of example, / for many years **it** was thought / **that** there would be "one" cure for cancer, /
가주어 ①　진주어 ①
예를 들어 / 여러 해 동안 생각되었다 / 암에 대해 '하나'의 치료법만 있다고 /

but **it** is now realized / **that** cancer takes multiple forms / and **that** multiple approaches are needed to provide a cure. //
가주어 ②　진주어 ②　진주어 ③
하지만 이제 인식된다 / 암은 여러 가지 형태를 띠고 / 치료를 제공하기 위해 다양한 접근 방식이 필요하다고 //

(⑤) There won't be one winner / — there will be many. //
승자는 한 명이 아니라 / 여러 명이 있을 것이다 //

- identification ⓝ 확인 　• particle ⓝ 입자
- superconductor ⓝ 초전도체 　• winner-take-all ⓐ 승자독식의
- extreme ⓐ 극단적인 　• inaccurate ⓐ 부정확한
- a handful of 소수의 　• multiple ⓐ 다양한, 복합적인
- approach ⓝ 접근 방식 　• cure ⓝ 치료제

과학은 때때로 승자독식 대회로 묘사되는데, 이는 2등이나 3등인 것에 대한 보상이 없다는 뜻이다. 이는 과학 대회의 본질에 대한 극단적인 견해이다. (①) 과학 대회를 그렇게 설명하는 사람들조차도 그것이 다소 부정확한 설명이라고 말하는데, 반복과 입증이 사회적 가치를 지니고 있으며 과학에서는 일반적이라는 점에서 그렇다. (②) 또한 그것은 단지 소수의 대회만 존재한다는 것을 보여 줄 정도로 부정확하다. (③ 물론, 힉스 입자의 확인 또는 고온 초전도체 개발과 같은 몇몇 대회는 세계적인 수준으로 여겨진다.) 하지만 다른 많은 대회에는 다양한 부분이 있고, 그런 대회의 수는 증가하고 있을 것이다. (④) 예를 들어, 여러 해 동안 암에 대해 '하나'의 치료법만 있다고 생각되었지만, 암은 여러 가지 형태를 띠고 치료를 제공하기 위해 다양한 접근 방식이 필요하다고 이제 인식된다. (⑤) 승자는 한 명이 아니라 여러 명이 있을 것이다.

| 문제 풀이 순서 | [정답률 45%]

1st 주어진 문장을 해석하고, 연결어, 지시어 등을 확인한다.

Yes, / some contests are seen as world class, / such as identification of the Higgs particle / or the development of high temperature superconductors. //

물론 / 몇몇 대회는 세계적인 수준으로 여겨진다 / 힉스 입자의 확인 / 또는 고온 초전도체 개발과 같은 //

➡ 특정 분야를 다루는 몇몇 과학 대회는 세계적인 수준으로 여겨진다고 했다. (단서)
　▶ 주어진 문장 앞: '특정 분야에 관한 소수의 대회'의 개념이 소개되고, 이 문장에서 구체적인 예시가 제시됨
　▶ 주어진 문장 뒤: '특정 분야에 관한 소수의 대회'와 상반되는 개념이 등장할 것임 (발상)

2nd 각 선택지의 앞뒤 흐름이 매끄러운지 확인한다.

- ①의 앞 문장과 뒤 문장

앞 문장: 이는 과학 대회의 본질에 대한 극단적인 견해이다.
뒤 문장: 과학 대회를 그렇게 설명하는 사람들조차도 그것이 다소 부정확한 설명이라고 말하는데, 반복과 입증이 사회적 가치를 지니고 있으며 과학에서는 일반적이라는 점에서 그렇다.

➡ 과학이 승자독식 대회로 묘사되는 것에 부정적인 입장을 드러내고 있다. 이러한 묘사는 과학 대회의 본질에 대한 극단적인 견해라고 말하고 있으며, 이 묘사를 일부 인정하는 사람들조차도 그 견해가 다소 부정확하다고 설명하고 있다. 따라서 두 문장은 자연스럽게 연결된다.
　▶ 주어진 문장이 ①에 들어갈 수 없음

- ②의 앞 문장과 뒤 문장

앞 문장: ①의 뒤 문장과 같음
뒤 문장: 또한(also) 그것은 단지 소수의 대회만 존재한다는 것을 보여 줄 정도로 부정확하다.

➡ 과학 대회가 승자독식이라는 견해를 부정적으로 바라본 앞 문장의 내용과, 과학 대회가 소수만 존재한다는 것을 보여줄 정도로 부정확하다는 뒤 문장의 내용은 일맥상통한다. 따라서 두 문장은 also로 자연스럽게 연결된다.
　▶ 주어진 문장이 ②에 들어갈 수 없음

③의 앞 문장과 뒤 문장

앞 문장: ②의 뒤 문장과 같음
뒤 문장: 하지만(But) 다른 많은 대회에는 다양한 부분이 있고, 그런 대회의 수는 증가하고 있을 것이다.

➡ 앞 문장에서는 '소수의 대회'를 설명하고 있고, 뒤 문장에서는 '다양한 분야의 많은 대회'를 설명하고 있어 but으로 대조를 이루고 있다.
　주어진 문장은 앞 문장에서 설명한 '소수의 대회'에 관한 구체적인 예시이므로, '다양한 분야의 많은 대회'를 설명하고 있는 뒤 문장으로 소재가 전환되기 전에 들어가야 한다.
　▶ 주어진 문장이 ③에 들어가야 함

- ④의 앞 문장과 뒤 문장

앞 문장: ③의 뒤 문장과 같음
뒤 문장: 예를 들어(by way of example), 여러 해 동안 암에 대해 '하나'의 치료법만 있다고 생각되었지만, 암은 여러 가지 형태를 띠고 치료를 제공하기 위해 다양한 접근 방식이 필요하다고 이제 인식된다.

➡ 앞 문장에서 '다양한 분야의 많은 부문'을 소개했고, 이에 대한 구체적인 예시로 뒤 문장에서 암에 대한 다양한 치료법과 접근법을 소개하고 있다. 따라서 by way of example로 자연스럽게 연결된다.
　▶ 주어진 문장이 ④에 들어갈 수 없음

- ⑤의 앞 문장과 뒤 문장

앞 문장: ④의 뒤 문장과 같음
뒤 문장: 승자는 한 명이 아니라 여러 명이 있을 것이다.

➡ 앞 문장에서 암에 대한 다양한 치료법과 접근법을 소개했고, 이는 과학이 승자독식이 아닌 다양한 접근과 성과를 인정한다는 뜻이므로, 뒤 문장과 자연스럽게 연결된다.
　▶ 주어진 문장이 ⑤에 들어갈 수 없음

김아린 | 충남대 의예과 2024년 입학·대전한빛고 졸

일단 주어진 문장에 some contests라는 표현이 있어. 여기에 표시를 해놓고 글을 쭉 읽는 거야. 순조롭게 글이 읽히다가 갑자기 3번 문장에서 But many other contests가 나오는데, other라고 말하려면 그 앞에 some 등의 표현으로 일부 대회들에 대한 설명이 나와야 글이 매끄럽게 이어져.
이때 어색함을 느낀 그 지점에 주어진 문장을 넣어보는 거야. 어때, 이제 some contests와 many other contests가 잘 연결되지? 문장 삽입 문제를 풀 때는 내가 글 쓰는 사람이라고 생각하고 내가 작가라면 어떻게 썼을지 생각해보는 것도 추천해!

N 38 정답 ④ * 글의 오류와 돌연변이의 공통점과 차이점

글의 흐름으로 보아, 주어진 문장이 들어가기에 가장 적절한 곳을 고르시오. [3점]

단서 1 주어진 문장은 앞의 내용과 역접을 이루며 이후 유사성이 깨지는 사례가 나올 것임

At the next step in the argument, however, / the analogy breaks down. //
그러나 논거의 다음 단계에서는 / 그 유사성은 깨진다 //

Misprints in a book or in any written message / usually have a negative impact on the content, / sometimes (literally) fatally. //
책이나 어떤 서면 메시지에서 오타가 발생하면 / 일반적으로 내용에 부정적인 영향을 미친다 / 때로는 (문자 그대로) 치명적이게 //

(①) The displacement of a comma, for instance, / may be a matter of life and death. //
예를 들어, 쉼표의 위치가 잘못 찍히는 것은 / 생사가 걸린 문제일 수 있다 //

(②) Similarly most mutations / have harmful consequences / for the organism in which they occur, / meaning that they reduce its reproductive fitness. //
전치사+관계대명사(선행사: organism)　분사구문을 이끎
마찬가지로 대부분의 돌연변이는 / 해로운 결과를 가져오는데 / 그것이 발생하는 유기체에 / 이는 그것들이 생식 적합성을 감소시킨다는 것을 뜻한다 //

주격 관계대명사(선행사: a mutation)
(③) Occasionally, however, / a mutation may occur / that increases the fitness of the organism, /
그러나 때때로 / 돌연변이가 발생할 수 있는데 / 유기체의 적합성을 상승시키는 /

just as an accidental failure to reproduce the text of the first edition / might provide more accurate or updated information. //
이는 우연히 초판의 텍스트를 복사하지 못한 것이 / 더 정확하거나 최신의 정보를 제공할 수도 있는 것과 꼭 마찬가지이다 //

(④) A favorable mutation / is going to be more heavily represented in the next generation, /
유리한 돌연변이는 / 다음 세대에 더 많이 나타날 것인데 /
<전치사+관계대명사>

since the organism **in which** it occurred / will have more offspring / and mutations are transmitted to the offspring. //
그 돌연변이가 발생한 유기체는 / 더 많은 자손을 낳을 것이고 / 돌연변이가 자손에게 전달되기 때문이다 //

<전치사+관계대명사>
(⑤) By contrast, / there is no mechanism / **by which** a book that accidentally corrects the mistakes of the first edition / will tend to sell better. // 대조적으로 / 메커니즘은 없다 / 우연히 초판의 오류를 바로잡은 책이 / 더 잘 팔리는 경향이 있을 //

- misprint ⓝ 오타   - impact ⓝ 영향   - fatally ㉮ 치명적으로
- displacement ⓝ (제자리에서 쫓겨난) 이동   - consequence ⓝ 결과
- organism ⓝ 유기체   - reproductive ⓐ 번식의, 생식의
- fitness ⓝ 적합성   - accidental ⓐ 우연한   - offspring ⓝ 자손
- transmit ⓥ 전달하다

책이나 어떤 서면 메시지에서 오타가 발생하면 일반적으로 내용에 부정적인 영향을, 때로는 (문자 그대로) 치명적이게, 미친다. (①) 예를 들어, 쉼표의 위치가 잘못 찍히는 것은 생사가 걸린 문제일 수 있다. (②) 마찬가지로 대부분의 돌연변이는 그것이 발생하는 유기체에 해로운 결과를 가져오는데 이는 그것들이 생식 적합성을 감소시킨다는 것을 뜻한다. (③) 그러나 때때로 유기체의 적합성을 상승시키는 돌연변이가 발생할 수 있는데, 이는 우연히 초판의 텍스트를 복사하지 못한 것이 더 정확하거나 최신의 정보를 제공할 수도 있는 것과 꼭 마찬가지이다. (④ 그러나 논거의 다음 단계에서는 그 유사성은 깨진다.) 유리한 돌연변이는 다음 세대에 더 많이 나타날 것인데 그 돌연변이가 발생한 유기체는 더 많은 자손을 낳을 것이고 돌연변이가 자손에게 전달되기 때문이다. (⑤) 대조적으로, 우연히 초판의 오류를 바로잡은 책이 더 잘 팔리는 경향이 있을 메커니즘은 없다.

| 문제 풀이 순서 | [정답률 53%]

1st 주어진 문장을 해석하고, 연결어, 지시어 등을 확인한다.

At the next step in the argument, however, / the analogy breaks down. //
그러나 논거의 다음 단계에서는 / 그 유사성은 깨진다 //

➡ however로 역접을 이루고 있으며, 이어질 주장에서는 앞에서 설명한 유사성이 깨질 것이다. (단서)
▶ **주어진 문장 앞:** 두 개념의 유사성을 주장한 내용이 제시됨
▶ **주어진 문장 뒤:** 두 개념의 유사성이 적용되지 않는 내용이 제시될 것임 (발상)

2nd 각 선택지의 앞뒤 흐름이 매끄러운지 확인한다.

- **①의 앞 문장과 뒤 문장**

앞 문장: 책이나 어떤 서면 메시지에서 오타가 발생하면 일반적으로 내용에 부정적인 영향을, 때로는 (문자 그대로) 치명적이게, 미친다.
뒤 문장: 예를 들어(for instance), 쉼표의 위치가 잘못 찍히는 것은 생사가 걸린 문제일 수 있다.

➡ 앞 문장은 글에 오류가 발생하면 내용에 부정적인 영향을 미친다는 내용이다. 뒤 문장에서 구체적인 예시로 글에서 쉼표의 위치가 잘못 찍힌 것이 생사를 가르는 문제가 될 수 있다고 설명한다. 따라서 두 문장은 for instance로 자연스럽게 연결된다. ▶ 주어진 문장이 ①에 들어갈 수 없음

- **②의 앞 문장과 뒤 문장**

앞 문장: ①의 뒤 문장과 같음
뒤 문장: 마찬가지로(Similarly) 대부분의 돌연변이는 그것이 발생하는 유기체에 해로운 결과를 가져오는데 이는 그것들이 생식 적합성을 감소시킨다는 것을 뜻한다.

➡ 앞의 내용에서 글의 오류가 치명적인 문제를 일으킬 수 있는 것처럼, 뒤 문장에서는 유기체의 돌연변이가 유기체에 생식 적합성 감소라는 치명적인 문제를 일으킬 수 있다고 설명하고 있다.
글의 오류와 돌연변이가 각각 부정적인 영향을 미칠 수 있다는 내용이므로 Similarly로 자연스럽게 연결된다. ▶ 주어진 문장이 ②에 들어갈 수 없음

- **③의 앞 문장과 뒤 문장**

앞 문장: ②의 뒤 문장과 같음
뒤 문장: 그러나(however) 때때로 유기체의 적합성을 상승시키는 돌연변이가 발생할 수 있는데, 이는 우연히 초판의 텍스트를 복사하지 못한 것이 더 정확하거나 최신의 정보를 제공할 수도 있는 것과 꼭 마찬가지이다.

➡ 앞부분에서 글의 오류나 돌연변이가 모두 부정적인 영향을 미칠 수 있다고 설명했다. 뒤 문장에서는 이러한 글이나 유기체의 오류가 반드시 부정적인 영향만을 미치는 것은 아니며, 긍정적인 오류도 있을 수 있다고 설명하고 있다.
따라서 상반되는 내용의 두 문장은 however로 자연스럽게 연결된다.
▶ 주어진 문장이 ③에 들어갈 수 없음

④ **의 앞 문장과 뒤 문장**

앞 문장: ③의 뒤 문장과 같음
뒤 문장: 유리한 돌연변이는 다음 세대에 더 많이 나타날 것인데 그 돌연변이가 발생한 유기체는 더 많은 자손을 낳을 것이고 돌연변이가 자손에게 전달되기 때문이다.

➡ 앞 문장에서는 글의 오류와 돌연변이가 긍정적인 영향을 미칠 수 있다는 공통점을 소개했다. 하지만 뒤에 이어지는 내용은 돌연변이와 글의 오류가 무엇이 다른지 소개하고 있다.
주어진 문장은 두 개념의 공통점을 소개하다가 차이점을 제시하는 부분에 들어가야 하므로 ④에 들어가야 한다.
▶ 주어진 문장이 ④에 들어가야 함

- **⑤의 앞 문장과 뒤 문장**

앞 문장: ④의 뒤 문장과 같음
뒤 문장: 대조적으로(By contrast), 우연히 초판의 오류를 바로잡은 책이 더 잘 팔리는 경향이 있을 메커니즘은 없다.

➡ 앞 문장에서 유리한 돌연변이는 다음 세대에 더 많이 나타날 수 있다고 설명한다.
뒤 문장에서는 이와는 대조적으로 글의 오류를 바로잡은 책이 더 잘 팔리게 될 메커니즘은 없다고 설명한다.
따라서 돌연변이와 글의 오류 간의 차이점을 설명하고 있으므로, 두 문장은 By contrast로 자연스럽게 연결된다.
▶ 주어진 문장이 ⑤에 들어갈 수 없음

조수근 | 순천향대 의예과 2024년 입학 · 성남 태원고 졸

주어진 문장을 먼저 읽어보면, 유사성이 깨진다는 주어진 문장 앞부분에는 두 대상 간 유사성이, 뒷부분에는 두 대상 간 차이점이 서술될 것이라는 걸 예상할 수 있어. 그리고 지문을 읽을 때는, 주어진 문장은 일단 잊고 지문 자체를 확실하게 이해하는 걸 추천해. 지문을 다 읽고 나면 '유사성'을 다룬 부분과 '차이점'을 다룬 부분으로 넘어가는 지점을 쉽게 찾을 수 있을 거야!

N 39 정답 ⑤ ＊잠의 역할

글의 흐름으로 보아, 주어진 문장이 들어가기에 가장 적절한 곳을 고르시오. [3점]

This is particularly true / **since** one aspect of sleep / is
<부사절 접속사(이유)>
decreased responsiveness / to the environment. //
이것은 특히 사실이다 / 왜냐하면 잠의 한 가지 측면은 / 감소된 반응성이기 때문에 / 환경에 대한 //

<단수 주어>
The role / that sleep plays / in evolution / **is** still under study. //
역할은 / 잠이 하는 / 진화에 있어서 / 여전히 연구 중이다 // <단수 동사>

(①) **One possibility is** / **that** it is an advantageous adaptive state / of decreased metabolism / for an animal / when there are no more pressing activities. //
<주어> <동사> <주격 보어절 접속사>
한 가지 가능성은 ~이다 / 그것이 유리한 적응적 상태라는 것 / 줄어든 신진대사의 / 동물에게 / 더 이상 긴급한 활동이 없을 때 //

(②) This seems true / for deeper states of inactivity / such as hibernation / during the winter /
이것은 해당하는 것처럼 보인다 / 더 깊은 무활동 상태의 경우에 / 겨울잠과 같은 / 겨울 동안의 /

when there are few food supplies, / and a high metabolic cost / to maintaining adequate temperature. //
먹을 것이 거의 없고 / 높은 신진대사 비용이 드는 / 적정한 체온을 유지하는 데 //

(③) It may be true / in daily situations as well, / for instance / for a prey species / to avoid predators / after dark. //
그것은 해당할지도 모른다 / 일상 상황에도 / 예를 들어 / 먹잇감이 되는 동물이 / 포식자를 피하는 / 어두워진 이후에 //

(④) On the other hand, / the apparent universality of sleep, / and the observation / that mammals / such as cetaceans / have developed /
다른 한 편으로는 / 잠의 분명한 보편성은 / 그리고 관찰 결과는 / 포유동물들이 / 고래목의 동물들과 같은 / 발전시켰다는 /

such highly complex mechanisms / to preserve sleep / on at least one side of the brain / at a time, / suggests / that sleep additionally provides / some vital service(s) / for the organism. //
매우 고도로 복잡한 기제를 / 잠을 유지하는 / 적어도 뇌의 한 쪽에서는 / 한 번에 / 보여준다 / 잠이 추가로 제공한다는 것을 / 생명 유지와 관련된 어떤 도움(들)을 / 생명체에게 //

(⑤) If sleep is universal / even when this potential price must be paid, /
잠이 보편적이라면 / 이러한 잠재적인 대가가 치러져야 할 때조차도 /

the implication may be / that it has important functions / that cannot be obtained / just by quiet, wakeful resting. //
함의는 ~일 수도 있다 / 그것이 중요한 기능을 갖고 있다는 것 / 얻어질 수 없는 / 조용한, 깨어 있는 상태의 휴식만으로는 //

- particularly [ad] 특히
- aspect [n] 측면, 양상
- responsiveness [n] 반응성
- evolution [n] 진화
- advantageous [a] 유리한
- adaptive [a] 적응할 수 있는
- state [n] 상태
- pressing [a] 긴급한
- true [a] (~에) 적용되는[해당하는]
- inactivity [n] 무활동
- hibernation [n] 겨울잠
- supply [n] 공급(량)
- metabolic [a] 신진대사의
- maintain [v] 유지하다
- adequate [a] 적절한
- temperature [n] 온도, 체온
- daily [a] 매일 일어나는
- prey [n] 먹이, 사냥감
- species [n] 종(생물 분류의 기초 단위)
- avoid [v] 피하다
- predator [n] 포식자
- apparent [a] 분명한
- universality [n] 보편성
- observation [n] 관찰
- cetacean [n] 고래목의 동물
- complex [a] 복잡한
- mechanism [n] (생물체 내에서 특정한 기능을 수행하는) 기제
- preserve [v] 보존하다
- suggest [v] 시사[암시]하다
- additionally [ad] 추가적으로
- vital [a] 생명 유지와 관련된
- organism [n] 생물(체)
- universal [a] 보편적인
- potential [a] 잠재적인
- implication [n] 함축, 암시
- function [n] 기능
- obtain [v] 얻다
- wakeful [a] 잠이 안 든

진화에 있어서 잠이 하는 역할은 여전히 연구 중이다. (①) 한 가지 가능성은 그것이 더이상 긴급한 활동이 없을 때 신진대사를 줄이는, 동물에게 유리한 적응적 상태라는 것이다. (②) 이것은 먹을 것이 거의 없고 적정한 체온을 유지하는 데 높은 신진대사 비용이 드는 겨울 동안의 겨울잠과 같은, 더 깊은 무활동 상태의 경우에 해당하는 것처럼 보인다. (③) 그것은, 예를 들어, 먹잇감이 되는 동물이 어두워진 이후에 포식자를 피하는 것처럼, 일상 상황에도 해당할지도 모른다. (④) 다른 한 편으로는, 잠의 분명한 보편성, 그리고 고래목의 동물들과 같은 포유동물들이 한 번에 적어도 뇌의 한 쪽에서는 잠을 유지하는 매우 고도로 복잡한 기제를 발전시켰다는 관찰 결과는 잠이 생명체에게 생명 유지와 관련된 어떤 도움(들)을 추가로 제공한다는 것을 보여준다. (⑤ 잠의 한 가지 측면은 환경에 대한 감소된 반응성이기 때문에 이것은 특히 사실이다.) 이러한 잠재적인 대가가 치러져야 할 때조차도 잠이 보편적이라면, 그것이 갖는 함의는 조용한, 깨어 있는 상태의 휴식만으로는 얻을 수 없는 중요한 기능을 그것이 갖고 있다는 것일 수도 있다.

| 문제 풀이 순서 | [정답률 58%]

1st 주어진 문장을 해석하고, 연결어, 지시어 등을 확인한다.

This is particularly true since one aspect of sleep is decreased responsiveness to the environment. 단서1
잠의 한 가지 측면은 환경에 대한 감소된 반응성이기 때문에 이것은 특히 사실이다.

➡ 잠을 잘 때는 환경에 대한 반응성이 감소한다는 내용이 This(이것)로 이어진다. 단서
　▶ 주어진 문장의 앞부분: 환경에 대한 반응성이 감소하는 것과 관련된 내용이어야 함 발상

2nd 각 선택지의 앞뒤 흐름이 매끄러운지 확인한다.

- ①의 앞 문장과 뒤 문장

앞 문장: 진화에 있어서 잠이 하는 역할은 여전히 연구 중이다.
뒤 문장: 한 가지 가능성은 그것이 더이상 긴급한 활동이 없을 때 신진대사를 줄이는, 동물에게 유리한 적응적 상태라는 것이다.

➡ 앞 문장: 잠이 진화에 대해 하는 역할을 언급했다.
　뒤 문장: 잠은 신진대사를 줄이는 동물에게 유리한 적응적 상태라고 했다. 잠에 대한 내용이 이어지고 있으므로 앞 문장과 연결된다.
　▶ 주어진 문장이 ①에 들어갈 수 없음

- ②의 앞 문장과 뒤 문장

앞 문장: ①의 뒤 문장과 같음
뒤 문장: 이것은 먹을 것이 거의 없고 적정한 체온을 유지하는 데 높은 신진대사 비용이 드는 겨울 동안의 겨울잠과 같은, 더 깊은 무활동 상태의 경우에 해당하는 것처럼 보인다.

➡ 앞에서 잠을 자면서 신진대사를 줄인다고 했고, 무활동 상태의 경우에 해당하는 것처럼 보인다는 문장으로 이어진다.
　▶ 주어진 문장이 ②에 들어갈 수 없음

- ③의 앞 문장과 뒤 문장

앞 문장: ②의 뒤 문장과 같음
뒤 문장: 그것은, 예를 들어(for instance), 먹잇감이 되는 동물이 어두워진 이후에 포식자를 피하는 것처럼, 일상 상황에도 해당할지도 모른다.

➡ 앞 문장에 for instance로 이어지면서 어두워진 후에 포식자를 피한다는 예시가 이어지고 있으므로 자연스러운 흐름이다.
　▶ 주어진 문장이 ③에 들어갈 수 없음

- ④의 앞 문장과 뒤 문장

앞 문장: ③의 뒤 문장과 같음
뒤 문장: 다른 한편으로는(On the other hand), 잠의 분명한 보편성, 그리고 고래목의 동물들과 같은 포유동물들이 한 번에 적어도 뇌의 한 쪽에서는 잠을 유지하는 매우 고도로 복잡한 기제를 발전시켰다는 관찰 결과는 잠이 생명체에게 생명 유지와 관련된 어떤 도움(들)을 추가로 제공한다는 것을 보여준다.

➡ 앞 문장에 이어서 잠의 역할에 대한 다른 설명이 나오는데, 생명 유지와 관련된 도움을 제공한다는 내용이 이어진다.
　▶ 주어진 문장이 ④에 들어갈 수 없음

- ⑤의 앞 문장과 뒤 문장

앞 문장: ④의 뒤 문장과 같음
뒤 문장: 이러한 잠재적인 대가(this potential price)가 치러져야 할 때조차도 잠이 보편적이라면, 그것이 갖는 함의는 조용한, 깨어 있는 상태의 휴식만으로는 얻을 수 없는 중요한 기능을 그것이 갖고 있다는 것일 수도 있다.

➡ this potential price가 주어진 문장의 '환경에 대한 반응성의 감소'를 가리킨다. 주어진 문장은 잠을 자는 동안 환경에 대한 반응성이 감소한다는 내용으로, 앞부분에서 설명한 것과는 다른, 잠의 역할에 대한 두 번째 설명의 일부이므로 잠의 역할에 대한 첫 번째 설명이 모두 끝난 이후에 들어가야 한다.
　▶ 주어진 문장이 ⑤에 들어가야 함

＊흥미로운 집단적 탐지의 역학

> 글의 흐름으로 보아, 주어진 문장이 들어가기에 가장 적절한 곳을 고르시오. [3점]

This makes sense / from the perspective of information reliability. // 단서 1 This가 가리키는 것이 여러 개체의 이탈은 더 큰 도망 반응을 일으킨다는 것임
이것은 이치에 맞는다 / 정보 신뢰성의 관점에서 //

The dynamics of collective detection / have an interesting feature. //
집단적 탐지의 역학은 / 흥미로운 특징이 있다 //

Which cue(s) do individuals use / as evidence of predator attack? //
개체들은 어떤 단서를 사용하는가 / 포식자 공격의 증거로 //

In some cases, / when an individual detects a predator, / its best response / is to seek shelter. //
어떤 경우에는 / 개체가 포식자를 탐지할 때 / 그것의 최선의 반응은 / 피난처를 찾는 것이다 //

(①) Departure from the group / may signal danger to nonvigilant animals / and cause what appears to be a coordinated flushing of prey / from the area. //
무리로부터의 이탈은 / 경계하지 않는 동물들에게 위험 신호를 보내서 / 야기할 수도 있다 / 먹잇감 동물의 조직화된 날아오르기로 보이는 것을 / 그 구역에서 //

(②) Studies / on dark-eyed juncos (a type of bird) / support the view / that nonvigilant animals attend / to departures of individual group mates /
단서 2 정보 신뢰성 관점에서 이치에 맞는 것: 여러 개체의 이탈이 더 큰 도망 반응을 일으킨다는 것
연구는 / (새의 한 종류인) 검은 눈 검은방울새에 관한 / 견해를 뒷받침한다 / 경계하지 않는 동물들이 주목하지만 / 무리 친구들의 개별적 이탈에 /
but that the departure of multiple individuals / causes a greater escape response / in the nonvigilant individuals. //
여러 개체의 이탈은 / 더 큰 도망 반응을 일으킨다는 / 경계하지 않는 동물에게 //

(③) If one group member departs, / it might have done so / for a number of reasons / that have little to do with predation threat. //
무리 구성원 하나가 이탈하는 경우 / 그것은 그렇게 했을 수 있다 / 여러 이유로 / 포식 위험과 관계가 거의 없는 //

(④) If nonvigilant animals escaped / each time a single member left the group, / they would frequently respond / when there was no predator (a false alarm). //
경계하지 않는 동물들이 도망한다면 / 단 하나의 구성원이 무리를 떠날 때마다 / 그것들은 자주 반응할 것이다 / 포식자가 전혀 없는 (가짜 경보인) 때에도 //

(⑤) On the other hand, / when several individuals depart the group / at the same time, / a true threat is much more likely to be present. //
반면에 / 여러 개체가 무리를 이탈할 때 / 동시에 / 진짜 위험이 존재할 가능성이 훨씬 더 크다 //

- reliability ⓝ 신뢰성, 신뢰도
- collective ⓐ 집단의, 공동의
- cue ⓝ (무엇을 하라는) 신호
- shelter ⓝ (위험으로부터의) 대피처, 주거지
- coordinate ⓥ (몸의 움직임을) 조정하다, 조직화하다
- prey ⓝ 먹이, 사냥감
- dynamic ⓝ ((pl.)) 역학, 원동력
- detection ⓝ 발견, 탐지
- detect ⓥ 감지하다, 발견하다
- departure ⓝ 떠남, 출발
- predation ⓝ (동물의) 포식

집단적 탐지의 역학은 흥미로운 특징이 있다. 개체들은 어떤 단서를 포식자 공격의 증거로 사용하는가? 어떤 경우에는 개체가 포식자를 탐지할 때 그것의 최선의 반응은 피난처를 찾는 것이다. (①) 무리로부터의 이탈은 경계하지 않는 동물들에게 위험 신호를 보내서 먹잇감 동물이 그 구역에서 조직화되어 날아오르는 것으로 보이는 것을 야기할 수도 있다. (②) (새의 한 종류인) 검은 눈 검은방울새에 관한 연구는 경계하지 않는 동물들이 무리 친구들의 개별적

이탈에 주목하지만 여러 개체의 이탈은 경계하지 않는 동물에게 더 큰 도망 반응을 일으킨다는 견해를 뒷받침한다. (③) 이것은 정보 신뢰성의 관점에서 이치에 맞는다.) 무리 구성원 하나가 이탈하는 경우, 그것은 포식 위험과 관계가 거의 없는 여러 이유로 그렇게 했을 수 있다. (④) 경계하지 않는 동물들이 단 하나의 구성원이 무리를 떠날 때마다 도망한다면, 그것들은 포식자가 전혀 없는 (가짜 경보인) 때에도 자주 반응할 것이다. (⑤) 반면에 여러 개체가 동시에 무리를 이탈할 때, 진짜 위험이 존재할 가능성이 훨씬 더 크다.

왜 2등급? 글에 나타난 예시를 읽으면서 정보 신뢰성의 관점에 해당하는 부분을 찾아 주어진 문장을 넣어야 하는 2등급 대비 문제이다. 개별적 이탈과 여러 개체의 이탈로 대조되는 두 경우를 잘 살피면서 단서 어떤 선택이 정보 신뢰성의 관점에서 이치에 맞는지 따져본다면 정답을 찾을 수 있을 것이다. 발상

| 문제 풀이 순서 |

1st 주어진 문장을 해석하고, 연결어, 지시어 등을 확인한다.

This makes sense from the perspective of information reliability. 단서 1
이것은 정보 신뢰성의 관점에서 이치에 맞는다.

➡ 정보 신뢰성에 관한 내용이 앞에 나오고, 그 뒤에 주어진 문장을 넣어야 한다.

➡ 정보 신뢰성의 관점에서 이치에 맞는 This가 무엇을 가리키는지 앞에 나올 것이다.

2nd 각 선택지의 앞뒤 흐름이 매끄러운지 확인한다.

- ①의 앞 문장과 뒤 문장

앞 문장: 집단적 탐지의 역학은 흥미로운 특징이 있다. 개체들은 어떤 단서를 포식자 공격의 증거로 사용하는가? 어떤 경우에는 개체가 포식자를 탐지할 때 그것의 최선의 반응은 피난처를 찾는 것이다.
뒤 문장: 무리로부터의 이탈은 경계하지 않는 동물들에게 위험 신호를 보내서 먹잇감 동물이 그 구역에서 조직화되어 날아오르는 것으로 보이는 것을 야기할 수도 있다.

➡ 앞 문장: 집단적 탐지 역학이 가진 흥미로운 특징
뒤 문장: 무리로부터의 이탈은 경계하지 않는 동물들에게 위험 신호를 보내서 먹잇감 동물이 날아오르는 것처럼 보이게 할 수도 있다.
앞 문장의 '포식자 공격의 증거'가 뒤 문장에서 '무리로부터의 이탈'로 나타났다.
▶ 주어진 문장이 ①에 들어갈 수 없음

- ②의 앞 문장과 뒤 문장

앞 문장: ①의 뒤 문장과 같음
뒤 문장: (새의 한 종류인) 검은눈 검은방울새에 관한 연구는 경계하지 않는 동물들이 무리 친구들의 개별적 이탈에 주목하지만 여러 개체의 이탈은 경계하지 않는 동물에게 더 큰 도망 반응을 일으킨다는 견해를 뒷받침한다. 단서 2

➡ 앞 문장의 내용에 대해 검은눈 검은방울새라는 사례를 제시하여 부연하는 흐름이다. 경계하지 않는 동물들이 무리 중 여러 개체의 이탈에 더 큰 도망 반응을 일으킨다는 결과를 언급했다.
▶ 주어진 문장이 ②에 들어갈 수 없음

③의 앞 문장과 뒤 문장

앞 문장: ②의 뒤 문장과 같음
뒤 문장: 무리 구성원 하나가 이탈하는 경우, 그것은 포식 위험과 관계가 거의 없는 여러 이유로 그렇게 했을 수 있다.

➡ 뒤 문장: 무리 구성원의 개별적 이탈은 포식 위험이 아닌 여러 이유로 그랬을 수도 있다.
주어진 문장의 this가 지칭하는 것은 ②의 뒤 문장의 '경계하지 않는 동물에게는 여러 개체의 이탈이 더 큰 도망 반응을 일으킨다는 견해'이다.

➡ 정보 신뢰성, 즉 '믿을 만한 징보인지 아닌지'라는 관점에서 보면, 무리 구성원이 개별적으로 이탈할 때보다는 여러 개체가 이탈하는 경우가 더 믿을 만한 정보이다. 경계하지 않는 동물들에게는 이때 도망가는 것이 이치에 맞는다는 흐름으로 주어진 문장과 ③의 뒤 문장이 자연스럽게 연결된다.
▶ 주어진 문장이 ③에 들어가야 함

- **④의 앞 문장과 뒤 문장**

앞 문장: ③의 뒤 문장과 같음

뒤 문장: 경계하지 않는 동물들이 단 하나의 구성원이 무리를 떠날 때마다 도망한다면, 그것들은 포식자가 전혀 없는 (가짜 경보인) 때에도 자주 반응할 것이다.

➜ 앞 문장에서 나타난 '무리 구성원 하나의 이탈'에 관하여, 경계하지 않는 동물들이 일일이 반응하는 경우를 뒤 문장에서 부연하는 흐름이다.

▶ 주어진 문장이 ④에 들어갈 수 없음

- **⑤의 앞 문장과 뒤 문장**

앞 문장: ④의 뒤 문장과 같음

뒤 문장: 반면에 여러 개체가 동시에 무리를 이탈할 때, 진짜 위험이 존재할 가능성이 훨씬 더 크다.

➜ On the other hand가 나오므로, 앞 문장의 경우와 반대되는 경우, 즉, 여러 개체가 동시에 무리를 이탈하는 경우를 설명한다.

▶ 주어진 문장이 ⑤에 들어갈 수 없음

N 41 정답 ④   ⭐ 2등급 대비 [정답률 59%]

＊영화의 본질을 파괴한 기술 혁신

> 글의 흐름으로 보아, 주어진 문장이 들어가기에 가장 적절한 곳을 고르시오. [3점]

As long as the irrealism of the silent black and white film predominated, / one could not take filmic fantasies / for representations of reality. //

무성 흑백 영화의 비현실주의가 지배하는 한 / 사람은 영화적 환상을 착각할 수 없었다 / 현실에 대한 묘사로 //

Cinema is valuable / not for its ability / to make visible / the hidden outlines of our reality, / but for its ability / to reveal / what reality itself veils / — the dimension of fantasy. //

영화는 가치가 있다 / 그것의 능력 때문이 아니라 / 보이게 만드는 / 우리 현실의 숨겨진 윤곽을 / 그것의 능력 때문에 / 드러내는 / 현실 자체가 가리고 있는 것을 / 환상의 차원 //

(①) This is / why, to a person, the first great theorists of film decried / the introduction / of sound and other technical innovations /

이것이 ~이다 / 왜 최초의 위대한 영화 이론가들이 이구동성으로 비난했는지 / 도입을 / 소리와 다른 기술 혁신의 //

(such as color) / that pushed film / in the direction of realism. //

(색채와 같은) / 영화를 밀어붙였던 / 사실주의 쪽으로 //

(②) Since cinema was an entirely fantasmatic art, / these innovations were completely unnecessary. //

영화는 전적으로 환상적인 예술이었기 때문에 / 이러한 혁신은 완전히 불필요했다 //

(③) And what's worse, / they could do nothing but turn filmmakers and audiences away / from the fantasmatic dimension of cinema, /

그리고 설상가상으로 / 그것들은 영화제작자와 관객을 멀어지게 할 수 있을 뿐이었다 / 영화의 환상적인 차원으로부터 /

potentially transforming film / into a mere delivery device / for representations of reality. //

잠재적으로 영화를 변형시키면서 / 단순한 전달 장치로 / 현실의 묘사를 위한 //

단서 기술 혁신이 도입되지 않았다면 지켜졌을 영화의 '환상'이 (주어진 문장) 소리와 색채(기술 혁신)로 파괴되었음

(④) But sound and color threatened / to create just such an illusion, / thereby destroying / the very essence of film art. //

그러나 소리와 색채는 위협하여 / 바로 그러한 착각을 만들겠다고 / 파괴했다 / 영화 예술의 바로 그 본질을 //

(⑤) As Rudolf Arnheim puts it, / "The creative power of the artist / can only come into play / where reality and the medium of representation / do not coincide." //

Rudolf Arnheim이 표현한 것처럼 / "예술가의 창의적 힘은 / 오직 발휘될 수 있다 / 현실과 묘사의 매체가 / 일치하지 않는 곳에서만" //

- irrealism ⓝ 비현실주의　• predominate ⓥ 지배적이다, 두드러지다
- filmic ⓐ 영화의, 영화적인　• representation ⓝ 묘사, 표현
- outline ⓝ 윤곽, 개요　• reveal ⓥ (보이지 않던 것을) 드러내 보이다
- veil ⓥ 가리다　• dimension ⓝ 차원, 관점　• theorist ⓝ 이론가
- introduction ⓝ 도입, 전래　• innovation ⓝ 혁신, 획기적인 것
- realism ⓝ 사실주의　• entirely ⓐⓓ 완전히, 전적으로
- completely ⓐⓓ 완전히　• potentially ⓐⓓ 잠재적으로
- transform ⓥ (외양·모양을) 변형하다
- mere ⓐ 단지 ~의, (한낱) ~에 불과한　• threaten ⓥ 위협하다
- illusion ⓝ 착각, 환상　• destroy ⓥ 파괴하다, 말살하다
- essence ⓝ 본질, 진수　• medium ⓝ 매체　• coincide ⓥ 일치하다

영화는 우리 현실의 숨겨진 윤곽을 보이게 만드는 능력 때문이 아니라 현실 자체가 가리고 있는 것, 즉 환상의 차원을 드러내는 능력 때문에 가치가 있다. (①) 이것이 최초의 위대한 영화 이론가들이 영화를 사실주의 쪽으로 밀어붙였던 소리와 (색채와 같은) 다른 기술 혁신의 도입을 이구동성으로 비난한 이유이다. (②) 영화는 전적으로 환상적인 예술이었기 때문에 이러한 혁신은 완전히 불필요했다. (③) 그리고 설상가상으로 그것들은 잠재적으로 영화를 현실의 묘사를 위한 단순한 전달 장치로 변형시키면서, 영화제작자와 관객을 영화의 환상적인 차원으로부터 멀어지게 할 수 있을 뿐이었다. (④ 무성 흑백 영화의 비현실주의가 지배하는 한 영화적 환상을 현실에 대한 묘사로 착각할 수 없었다.) 그러나 소리와 색채는 바로 그러한 착각을 만들겠다고 위협하여 영화 예술의 바로 그 본질을 파괴했다. (⑤) Rudolf Arnheim이 표현한 것처럼 "예술가의 창의적 힘은 현실과 묘사의 매체가 일치하지 않는 곳에서만 발휘될 수 있다."

왜 2등급? 영화적 환상과 이를 파괴하는 기술 혁신을 대조하는 내용으로, 정답 주변의 표현이 주어진 문장의 표현과 직접적으로 연결되지 않는다. 단서 주어진 문장에서 'could not take ~ for'이라는 표현이 결국 illusion과 대응된다는 점을 찾아야 문제를 해결할 수 있다. 발상

| 문제 풀이 순서 |

1st 주어진 문장을 해석하고, 연결어, 지시어 등을 확인한다.

As long as the irrealism of the silent black and white film predominated, one could not take filmic fantasies for representations of reality.

무성 흑백 영화의 비현실주의가 지배하는 한 영화적 환상을 현실에 대한 묘사로 착각할 수 없었다.

➜ 무성 흑백 영화와 영화적 환상과 관련된 내용이 앞에 나오고 그 뒤에 주어진 문장을 넣어야 한다.

2nd 각 선택지의 앞뒤 흐름이 매끄러운지 확인한다.

- **①의 앞 문장과 뒤 문장**

앞 문장: 영화는 우리 현실의 숨겨진 윤곽을 보이게 만드는 능력 때문이 아니라 현실 자체가 가리고 있는 것, 즉 환상의 차원을 드러내는 능력 때문에 가치가 있다.

뒤 문장: 이것이 최초의 위대한 영화 이론가들이 영화를 사실주의 쪽으로 밀어붙였던 소리와 (색채와 같은) 다른 기술 혁신의 도입을 이구동성으로 비난한 이유이다.

➜ 앞 문장: 환상의 차원을 드러내는 능력이라는 영화의 가치

뒤 문장: 최초의 영화 이론가들은 영화에 다른 기술 혁신의 도입을 비난했다.

앞 문장의 '환상의 차원'과 뒤 문장의 '사실주의'가 대조된다. 영화는 환상의 차원을 드러내기에 가치가 있지만 최초 영화 이론가들은 기술 혁신의 도입이 영화를 사실주의 쪽으로 밀어붙였기 때문에 이를 비난했다는 흐름이다.

▶ 주어진 문장이 ①에 들어갈 수 없음

- **②의 앞 문장과 뒤 문장**

앞 문장: ①의 뒤 문장과 같음

뒤 문장: 영화는 전적으로 환상적인 예술이었기 때문에 이러한 혁신은 완전히 불필요했다.

➜ 앞 문장의 '기술 혁신'을 뒤 문장에서 '이러한 혁신'으로 지칭했다. 앞 문장에 나타난 최초의 영화 이론가들의 입장을 이어서 뒷받침한다.

▶ 주어진 문장이 ②에 들어갈 수 없음

- ③의 앞 문장과 뒤 문장

앞 문장: ②의 뒤 문장과 같음

뒤 문장: 그리고 설상가상으로 그것들은 잠재적으로 영화를 현실의 묘사를 위한 단순한 전달 장치로 변형시키면서, 영화제작자와 관객을 영화의 환상적인 차원으로부터 멀어지게 할 수 있을 뿐이었다.

➡ 앞 문장에 나타난 주장을 이어서 뒷받침한다. ▶ 주어진 문장이 ③에 들어갈 수 없음

④의 앞 문장과 뒤 문장

앞 문장: ③의 뒤 문장과 같음

뒤 문장: 그러나(But) 소리와 색채는 바로 그러한 착각(such an illusion)을 만들겠다고 위협하여 영화 예술의 바로 그 본질을 파괴했다. 단서

➡ 뒤 문장: 소리와 색채(기술 혁신)는 영화 예술의 그 본질(환상의 차원)을 파괴했다. such an illusion이 무엇인지 앞에 나와야 한다.

➡ 주어진 문장에 영화적 환상을 현실에 대한 묘사로 착각할 수 없었다는 내용이 나온다. 기술 혁신이 '그러한 착각'을 만들겠다고 위협하여 영화 예술의 본질인 환상의 차원을 파괴했다는 흐름이다. ▶ 주어진 문장이 ④에 들어가야 함

- ⑤의 앞 문장과 뒤 문장

앞 문장: ④의 뒤 문장과 같음

뒤 문장: Rudolf Arnheim이 표현한 것처럼 "예술가의 창의적 힘은 현실과 묘사의 매체가 일치하지 않는 곳에서만 발휘될 수 있다."

➡ 앞 문장의 내용을 부연하며, 현실(사실주의)과 묘사(환상의 차원)가 공존할 수 없다는 흐름이다. ▶ 주어진 문장이 ⑤에 들어갈 수 없음

N 42 정답 ④   ⭐ 2등급 대비 [정답률 61%]

* 물질의 특성에 대한 과거와 최근의 이해

글의 흐름으로 보아, 주어진 문장이 들어가기에 가장 적절한 곳을 고르시오.

It was not until relatively recent times / that scientists came
~에 이르러서야 비로소 …했다
to understand the relationships / between the structural
elements of materials / and their properties. //
비교적 최근에 이르러서야 / 비로소 과학자들이 관계를 이해하게 되었다 / 물질의 구조적 요소와 / 그것들의 특성 사이의 //

The earliest humans had access / to only a very limited number
of materials, / those that occur naturally: / stone, wood, clay,
선행사 주격 관계대명사절
skins, and so on. //
초기 인류는 접근할 수 있었다 / 매우 제한된 수의 물질에만 / 자연적으로 존재하는 물질 / 돌, 나무, 찰흙, 가죽 등 //

(①) With time, / they discovered techniques / for producing
materials / that had properties / superior to those / of the natural
선행사 = properties   주격 관계대명사   = materials
ones; //
시간이 흐르면서 / 그들은 기술을 발견했는데 / 물질을 만들어내는 / 특성을 가진 / 물질보다 더 우수한 / 자연적인 특성의 /

these new materials included / pottery and various metals. //
이 새로운 물질은 포함했다 / 도자기와 다양한 금속을 //

(②) Furthermore, it was discovered / that the properties of
가주어   진주어절 접속사
a material could be altered / by heat treatments / and by the
전치사구의 병렬 구조
addition of other substances. //
게다가 ~이 발견되었다 / 물질의 특성이 바뀔 수 있다는 것이 / 열처리에 의해 / 그리고 여타 다른 물질의 첨가에 의해 // 단서1 초기 인류가 열처리와 다른 물질의 첨가를 통해 물질의 특성이 바뀔 수 있음을 발견한 시기

(③) At this point, / materials utilization was totally a selection
선행사
process / that involved deciding / from a given, rather limited
주격 관계대명사
set of materials, /
이 시기에 / 물질 이용은 전적으로 선택의 과정이었다 / 결정하는 것을 수반하는 / 주어진 상당히 제한된 물질 집합 중에서 / 단서2 초기 인류가 얻은 지식이 아니라 비교적 최근에 얻어진 지식을 가리킴

the one / best suited for an application / based on its
= material
characteristics. // 물질을 / 용도에 가장 적합한 / 그것의 특성에 근거하여 //

(④) This knowledge, / acquired / over approximately the past
주어
100 years, / has empowered them to fashion, / to a large degree,
동사   목적어
/ the characteristics of materials. //
목적격 보어
이 지식은 / 획득된 / 대략 지난 100년 동안 / 그들이 형성할 수 있게 했다 / 상당한 정도로 / 물질의 특성을 //

(⑤) Thus, / tens of thousands of different materials have
evolved / with rather specialized characteristics / that meet the
선행사   주격 관계대명사
needs /
따라서 / 수만 가지의 다양한 물질이 발전했다 / 상당히 특화된 특성을 가진 / 요구를 충족하는 /
of our modern and complex society, / including metals, plastics,
glasses, and fibers. //
현대적이고 복잡한 우리 사회의 / 금속, 플라스틱, 유리, 섬유를 포함하여 //

- structural ⓐ 구조적인   • element ⓝ 요소   • property ⓝ 특성
- clay ⓝ 찰흙   • superior ⓐ (~보다) 우수한   • pottery ⓝ 도자기
- alter ⓥ 바꾸다   • heat treatment 열처리   • substance ⓝ 물질
- utilization ⓝ 이용, 활용   • selection ⓝ 선택   • rather ⓐ𝒹 상당히
- suited ⓐ 적합한   • application ⓝ 이용   • acquired ⓐ 획득한
- approximately ⓐ𝒹 대략   • empower ⓥ ~할 수 있게 하다
- fashion ⓥ 형성하다, 만들다   • degree ⓝ 정도
- evolve ⓥ 발달하다   • fiber ⓝ 섬유

초기 인류는 매우 제한된 수의 물질, 즉 돌, 나무, 찰흙, 가죽 등 자연적으로 존재하는 물질에만 접근할 수 있었다. (①) 시간이 흐르면서 그들은 자연적인 특성의 물질보다 더 우수한 특성을 가진 물질을 만들어내는 기술을 발견했는데, 이 새로운 물질에는 도자기와 다양한 금속이 포함되었다. (②) 게다가, 물질의 특성이 열처리와 여타 다른 물질의 첨가로 바뀔 수 있다는 것이 발견되었다. (③) 이 시기에, 물질 이용은 주어진 상당히 제한된 물질 집합 중에서 물질의 특성에 근거하여 용도에 가장 적합한 물질을 결정하는 것을 수반하는 전적으로 선택의 과정이었다. (④ 비로소 과학자들이 물질의 구조적 요소와 물질 특성의 관계를 이해하게 된 것은 비교적 최근에 이르러서였다.) 대략 지난 100년 동안 획득된 이 지식으로 그들은 상당한 정도로 물질의 특성을 형성할 수 있게 되었다. (⑤) 따라서 금속, 플라스틱, 유리, 섬유를 포함하여, 현대적이고 복잡한 우리 사회의 요구를 충족하는 상당히 특화된 특성을 가진 수만 가지의 다양한 물질이 발전했다.

왜 2등급❓ 어려운 어휘가 다수 사용되었고, 시간의 흐름에 따라 물질에 관한 지식이 발전해왔다는 점을 파악해야 하는 문제이다. 단서 정답 주변의 지시어를 잘 파악하여 과거에서 현재로 넘어가는 시점을 발견한다면 어렵지 않게 정답을 찾을 수 있을 것이다. 발상

| 문제 풀이 순서 |

1st 주어진 문장을 해석하고, 연결어, 지시어 등을 확인한다.

It was not until relatively recent times that scientists came to understand the relationships between the structural elements of materials and their properties.
비로소 과학자들이 물질의 구조적 요소와 물질 특성의 관계를 이해하게 된 것은 비교적 최근에 이르러서였다.

➡ 물질의 구조적 요소와 물질 특성의 관계를 이해하기 이전의 단계가 앞에 나오고 그 뒤에 주어진 문장을 넣어야 한다.

➡ 물질의 구조와 특성과 관련된 내용이 이어질 것이다.

2nd 각 선택지의 앞뒤 흐름이 매끄러운지 확인한다.

- ①의 앞 문장과 뒤 문장

앞 문장: 초기 인류는 매우 제한된 수의 물질, 즉 돌, 나무, 찰흙, 가죽 등 자연적으로 존재하는 물질에만 접근할 수 있었다.

뒤 문장: 시간이 흐르면서 그들은 자연적인 특성의 물질보다 더 우수한 특성을 가진 물질을 만들어내는 기술을 발견했는데, 이 새로운 물질에는 도자기와 다양한 금속이 포함되었다.

➡ 앞 문장: 초기 인류는 자연 물질에만 접근할 수 있었다.

뒤 문장: 시간이 흐르면서 더 우수한 특성을 가진 물질을 만들어내는 기술을 발견했다.

물질에 대한 접근에 있어서 앞 문장과 뒤 문장이 시간의 흐름에 따라 연결되어 있다. 인류가 초기에는 자연 물질에만 접근할 수 있었으나 시간이 흐르면서 더 우수한 특성을 가진 물질을 만들어냈다는 흐름이다.

▶ 주어진 문장이 ①에 들어갈 수 없음

- ②의 앞 문장과 뒤 문장

앞 문장: ①의 뒤 문장과 같음

뒤 문장: 게다가, 물질의 특성이 열처리와 여타 다른 물질의 첨가로 바뀔 수 있다는 것이 발견되었다.

→ 앞 문장의 '기술 발견'에 이어서 뒤 문장에서 '물질의 특성이 바뀔 수 있다'라는 추가적인 발견을 언급하는 흐름이다.
▶ 주어진 문장이 ②에 들어갈 수 없음

- ③의 앞 문장과 뒤 문장

앞 문장: ②의 뒤 문장과 같음

뒤 문장: 이 시기에(At this point), 물질 이용은 주어진 상당히 제한된 물질 집합 중에서 물질의 특성에 근거하여 용도에 가장 적합한 물질을 결정하는 것을 수반하는 전적으로 선택의 과정이었다. 단서 1

→ 앞 문장에 나타난 '물질의 특성이 바뀔 수 있음을 발견한' 시기를 뒤 문장에서 At this point로 지칭하고 있다. 이 시기에 물질의 이용이 가장 적합한 물질을 결정하는 '선택의 과정'이었다고 했다.
▶ 주어진 문장이 ③에 들어갈 수 없음

- ④의 앞 문장과 뒤 문장

앞 문장: ③의 뒤 문장과 같음

뒤 문장: 대략 지난 100년 동안 획득된 이 지식(This knowledge)으로 그들은 상당한 정도로 물질의 특성을 형성할 수 있게 되었다. 단서 2

→ 뒤 문장: 이 지식으로 물질의 특성을 형성할 수 있게 되었다. this knowledge가 무엇인지 앞에 나와야 한다.

→ 주어진 문장에서 비교적 최근에 이르러서야 과학자들이 물질의 구조적 요소와 특성의 관계를 이해하게 되었다고 했으므로, 그러한 이해가 this knowledge와 대응한다. 따라서, 과학자들이 지난 100년 동안 획득된 물질 구조 및 특성의 관계에 대한 지식으로 물질의 특성을 형성할 수 있게 되었다는 흐름으로 앞뒤 문장이 연결된다.
▶ 주어진 문장이 ④에 들어가야 함

- ⑤의 앞 문장과 뒤 문장

앞 문장: ④의 뒤 문장과 같음

뒤 문장: 따라서 금속, 플라스틱, 유리, 섬유를 포함하여, 현대적이고 복잡한 우리 사회의 요구를 충족하는 상당히 특화된 특성을 가진 수만 가지의 다양한 물질이 발전했다.

→ 앞 내용을 종합하며 뒤 문장에서 '현대에는 다양한 물질이 발전했다'라는 결론을 제시했다.
▶ 주어진 문장이 ⑤에 들어갈 수 없음

N 43 정답 ⑤ ── ⭐1등급 대비 [정답률 45%]

＊기억의 편향 및 왜곡이 뉴스에 대한 반응에 미치는 영향

글의 흐름으로 보아, 주어진 문장이 들어가기에 가장 적절한 곳을 고르시오. [3점]

단서 1 뉴스 기사에 대한 기억들이 불완전하고 왜곡되었을 경우를 가정함

But what if memories about news stories are faulty / and distort, forget, or invent what was actually reported? //

하지만 만약 뉴스 기사에 대한 기억들이 불완전하고 / 실제로 보도되었던 것을 왜곡하거나, 빠뜨리거나, (사실이 아닌 것으로) 지어낸다면 어떠한가 //

Memory often plays tricks. // 기억은 흔히 속임수를 쓴다 //

(①) According to Mlodinow, we give "unwarranted importance
주격 관계대명사
to memories / that are the most vivid and hence most available for retrieval /

Mlodinow에 따르면, 우리는 '기억들에 부당한 중요성을 부여한다 / 가장 생생하고, 따라서 불러오기에 가장 용이한 /

사역동사+목적어+목적격 보어(형용사)
— our memory makes it easy to remember / the events that are unusual and striking / not the many events that are normal and dull."//

우리의 기억은 기억하는 것을 쉽게 만든다 / 색다르고 인상적인 사건들을 / 평범하고 지루한 많은 사건들이 아니라' //

(②) The self-serving bias works / because, as Trivers observes, "There are also many processes of memory / that can be biased to produce welcome results. / Memories are continually distorting in self-serving ways." //

자기 잇속만 차리는 편향이 작용하는데 / Trivers가 논평하듯이, '많은 기억의 과정들이 또한 있으며 / 기꺼이 받아들여지는 결과를 산출하도록 편향될 수 있는 / 기억들은 계속해서 자기 잇속만 차리는 방식으로 왜곡되고 있기' 때문이다 //

목적어절을 이끄는 접속사
(③) A recent study argues / that several forms of cognitive bias cause distortions / in storing and retrieving memories. //

최근 한 연구는 주장한다 / 인지적인 편향의 몇몇 형태가 왜곡을 일으킨다고 / 기억들을 저장하고 불러오는 데 //
단서 2 인지적 편향의 몇몇 형태가 기억을 저장하고 불러오는 데 왜곡을 일으킴

(④) This, in turn, has a bearing / on theories of agenda setting, priming, and framing, /

이것은, 결국, 영향을 미치는데 / 의제를 정하고, 준비하고, 구성하는 이론들에 /
주격 관계대명사
which argue that how people respond to the news / is strongly influenced by what is most easily and readily accessible from their memories. //

이것들은 어떻게 사람들이 뉴스에 반응하는가가 / 그들의 기억들로부터 가장 쉽게 그리고 즉시 접근 가능한 것에 의해 강력하게 영향을 받는다고 주장한다 //
단서 3 그런 경우(뉴스 자체가 왜곡된 것이 아니라 기억이 왜곡된 경우, 즉 주어진 문장) 원래 뉴스 기사가 아니라 개인의 머릿속 기억들의 조작일 수 있음

(⑤) In such cases, / it may be the manipulation of memories in
주격 관계대명사
individual minds / that primes, frames, and sets the agenda, / not the original news stories. //

그러한 경우에는 / 개인의 머릿속 기억들의 조작일 수도 있다 / 의제를 준비하고, 구성하고, 정하는 것은 / 원래의 뉴스 기사가 아니라 //

- faulty ⓐ 불완전한 · distort ⓥ 왜곡하다
- unwarranted ⓐ 부당한 · vivid ⓐ 생생한 · unusual ⓐ 특이한
- bias ⓝ 편견 ⓥ 편견을 갖게 하다 · self-serving ⓐ 자기 잇속만 차리는
- cognitive ⓐ 인지적인 · agenda ⓝ 의제 · prime ⓥ 준비하다
- readily ⓐⓓ 손쉽게 · manipulation ⓝ 조작

기억은 흔히 속임수를 쓴다. (①) Mlodinow에 따르면, 우리는 '가장 생생하고, 따라서 불러오기에 가장 용이한 기억들에 부당한 중요성'을 부여한다. '우리의 기억은 평범하고 지루한 많은 사건들이 아니라, 색다르고 인상적인 사건들을 기억하는 것을 쉽게 만든다.' (②) 자기 잇속만 차리는 편향이 작용하는데, Trivers가 논평하듯이, '기꺼이 받아들여지는 결과를 산출하도록 편향될 수 있는 많은 기억의 과정들이 또한 있으며, 기억들은 계속해서 자기 잇속만 차리는 방식으로 왜곡되고 있기' 때문이다. (③) 최근 한 연구는 인지적인 편향의 몇몇 형태가 기억들을 저장하고 불러오는 데 왜곡을 일으킨다고 주장한다. (④) 이것은, 결국, 의제를 정하고, 준비하고, 구성하는 이론들에 영향을 미치는데, 이것들은 어떻게 사람들이 뉴스에 반응하는가가 그들의 기억들로부터 가장 쉽게 그리고 즉시 접근 가능한 것에 의해 강력하게 영향을 받는다고 주장한다. (⑤ 하지만 만약 뉴스 기사에 대한 기억들이 불완전하고, 실제로 보도되었던 것을 왜곡하거나, 빠뜨리거나, (사실이 아닌 것으로) 지어낸다면 어떠한가?) 그러한 경우에는, 의제를 준비하고, 구성하고, 정하는 것은 원래의 뉴스 기사가 아니라 개인의 머릿속 기억들의 조작일 수도 있다.

왜 1등급? '인지적 편향'이라는 다소 어려운 용어가 등장하므로 글의 전체적인 내용을 잘 이해해야 한다. 단서 But, This, In such cases와 같은 연결어나 지시어를 이용해 문장들의 순서를 유기적으로 파악해야 정답을 찾을 수 있을 것이다. 발상

1st 주어진 문장을 해석하고, 연결어, 지시어 등을 확인한다.

But what if memories about news stories are faulty and distort, forget, or invent what was actually reported? **단서 1**
하지만 만약 뉴스 기사에 대한 기억들이 불완전하고, 실제로 보도되었던 것을 왜곡하거나, 빠뜨리거나, (사실이 아닌 것으로) 지어낸다면 어떠한가?

➡ 뉴스 기사가 아닌, 뉴스 기사에 대한 기억들이 불완전하다면 어떠한지 의문을 던지고 있다. **단서**

▶ **주어진 문장 앞:** 뉴스 기사에 대한 언급이 있어야 함
▶ **주어진 문장 뒤:** 뉴스 기사가 아닌, 이에 대한 기억이 왜곡된 경우 어떠한지에 대한 답이 나와야함 **발상**

2nd 각 선택지의 앞뒤 흐름이 매끄러운지 확인한다.

- ①의 앞 문장과 뒤 문장

앞 문장: 기억은 흔히 속임수를 쓴다.
뒤 문장: Mlodinow에 따르면, 우리는 '가장 생생하고, 따라서 불러오기에 가장 용이한 기억들에 부당한 중요성'을 부여한다. '우리의 기억은 평범하고 지루한 많은 사건들이 아니라, 색다르고 인상적인 사건들을 기억하는 것을 쉽게 만든다.'

➡ 앞 문장에서 기억은 속임수를 쓴다고 했으며, 뒤 문장에서는 어떤 식으로 속임수를 쓰는지(평범한 많은 사건들이 아닌, 색다르고 인상적인 사건을 더 쉽게 기억하며, 이런 기억에 부당한 중요성을 부여함) 설명하고 있기에 두 문장은 자연스럽게 연결된다.

▶ 주어진 문장이 ①에 들어갈 수 없음

- ②의 앞 문장과 뒤 문장

앞 문장: ①의 뒤 문장과 같음
뒤 문장: 자기 잇속만 차리는 편향(the self-serving bias)이 작용하는데, Trivers가 논평하듯이, '기꺼이 받아들여지는 결과를 산출하도록 편향될 수 있는 많은 기억의 과정들이 또한 있으며, 기억들은 계속해서 자기 잇속만 차리는 방식으로 왜곡되고 있기' 때문이다.

➡ 앞 문장의 내용은 인상깊은 기억만 쉽게 기억하는 왜곡 현상을 설명하고 있고, 뒤 문장에서는 이를 '자기 잇속만 차리는 편향(the self-serving bias)'이라고 부르며 기억은 편향되며 왜곡되고 있다는 추가 설명을 하고 있다. 따라서 두 문장은 자연스럽게 연결된다.

▶ 주어진 문장이 ②에 들어갈 수 없음

- ③의 앞 문장과 뒤 문장

앞 문장: ②의 뒤 문장과 같음
뒤 문장: 최근 한 연구는 인지적인 편향의 몇몇 형태가 기억들을 저장하고 불러오는 데 왜곡을 일으킨다고 주장한다.

➡ 앞에서는 기억의 편향과 왜곡에 대한 설명을 하고 있고, 뒤에서는 인지적 편향이 기억의 왜곡을 일으킨다는 최근 연구를 소개하고 있기에 두 문장은 자연스럽게 이어진다.

▶ 주어진 문장이 ③에 들어갈 수 없음

- ④의 앞 문장과 뒤 문장

앞 문장: ③의 뒤 문장과 같음
뒤 문장: 이것은(This), 결국, 의제를 정하고, 준비하고, 구성하는 이론들에 영향을 미치는데, 이것들은 어떻게 사람들이 뉴스에 반응하는가가 그들의 기억들로부터 가장 쉽게 그리고 즉시 접근 가능한 것에 의해 강력하게 영향을 받는다고 주장한다.

➡ 앞 문장에서는 인지적 편향의 몇몇 형태가 기억의 왜곡을 일으킨다는 최근 연구를 소개했고, 뒤 문장에서는 이것이 의제를 정하고 준비하고 구성하는 이론에 영향을 미치며, 이런 이론들은 사람들이 뉴스에 대한 반응이 기억 중 쉽고 즉시 접근 가능한 것에 의해 강하게 영향을 받는다고 주장한다.
반응이 여러 기억 중 쉽고 접근 가능한 것에 의해서 강하게 영향을 받는다는 것은 앞 문장의 인지적 편향이 기억의 왜곡을 일으킨다는 내용과 자연스럽게 이어진다.

▶ 주어진 문장이 ④에 들어갈 수 없음

---

⑤의 앞 문장과 뒤 문장

앞 문장: ④의 뒤 문장과 같음
뒤 문장: 그러한 경우에는(In such cases), 의제를 준비하고, 구성하고, 정하는 것은 원래의 뉴스 기사가 아니라 개인의 머릿속 기억들의 조작일 수도 있다.

➡ 앞에서는 사람들이 뉴스에 반응하는 방식이 여러 기억들 중 가장 쉽고 즉시 접근 가능한 것에 의해 강력하게 영향을 받는다는 현상을 언급했다. 뒤에서는 '그런 경우' 뉴스 기사가 아니라 개인 기억의 조작이라고 했으나, 앞 문장에서 '그런 경우'에 해당하는 내용은 없다.
주어진 문장은 뉴스 기사에 대한 기억이 불완전하고, 실제 보도된 것을 (기억에서) 왜곡하거나 지어낸다는 상황에 대한 내용이므로 ⑤에 들어가야 한다.

▶ 주어진 문장이 ⑤에 들어가야 함

N 44 정답 ④ ⭐ 1등급 대비 [정답률 56%]

✱ 살라미 전술

글의 흐름으로 보아, 주어진 문장이 들어가기에 가장 적절한 곳을 고르시오. [3점]

> It may be easier / to reach an agreement / when settlement terms don't have to be implemented / until months in the future. // **단서 1** 당사자들이 시간 지평을 사용하는 사례임
> not have to는 〈불필요〉, must not은 〈금지〉
> ~이 더 쉬울 수 있다 / 합의에 도달하는 것이 / 합의 조건이 이행될 필요가 없을 때 / 향후 몇 개월까지 //

Negotiators should try to find ways / to slice a large issue / into smaller pieces, / known as using *salami tactics*. //
형용사적 용법(ways 수식)
협상가들은 방법을 찾으려고 노력해야 한다 / 큰 문제를 나누는 / 더 작은 조각으로 / '살라미 전술'을 사용하는 것으로 알려진 //

(①) Issues / that can be expressed / in quantitative, measurable units / are easy to slice. //
복수 주어 / 복수 동사
문제는 / 표현될 수 있는 / 양적이고 측정 가능한 단위로 / 나누기 쉽다 //

(②) For example, / compensation demands can be divided / into cents-per-hour increments / or lease rates can be quoted / as dollars per square foot. //
두 개의 절을 연결하는 등위접속사
예를 들어 / 보상 요구는 나뉠 수 있다 / 시간당 센트 증가로 / 또는 임대료는 시세가 매겨질 수 있다 / 평방 피트당 달러로 //

(③) When working / to fractionate issues of principle or precedent, /
분사구문에서 접속사가 생략되지 않음
작업을 할 때 / 원칙이나 관례의 쟁점을 세분화하기 위해 /
parties may use the time horizon /
당사자들은 시간 지평을 사용할 수 있다 /
go into effect: 효력이 발생하다
(when the principle goes into effect /
(원칙이 효력을 발휘하는 때 / **단서 2** '원칙이 효력을 발휘하는 때'의 예시가
or how long it will last) / '합의 조건이 이행되어야
또는 그것이 얼마나 오래 지속될지) / 하는 시기'임
형용사적 용법(a way 수식)
as a way / to fractionate the issue. //
방법으로 / 그 쟁점을 세분화하는 //

(④) Another approach / is to vary the number of ways / that the principle may be applied. //
선행사 / 관계부사
명사적 용법(주격 보어)
또 다른 접근법은 / 방법의 수를 다양화하는 것이다 / 원칙이 적용될 수 있는 //

(⑤) For example, / a company may devise / a family emergency leave plan / that allows employees the opportunity / to be away from the company /
allows의 간접목적어와 직접목적어
형용사적 용법(the opportunity 수식)
예를 들어 / 회사는 고안할 수 있다 / 가족 비상 휴가 계획을 / 직원에게 기회를 제공하는 / 회사를 떠나있을 /

for a period / of no longer than three hours, / and no more than once a month, / for illness / in the employee's immediate family. //
기간 동안 / 세 시간 이내의 / 그리고 한 달에 한 번 이내의 / 질병에 대해 / 직원의 직계 가족의 //

> **주의해야 하는 분사구문**
> 부사절을 분사구문으로 만들 때 접속사는 원칙적으로 생략하지만, 분사구문이 나타내는 의미를 분명히 하기 위해 생략하지 않는 경우도 있다.
> 또한, 분사의 의미상 주어가 주절의 주어와 일치하지 않을 때는 이를 생략하지 않는다.

- settlement ⓝ 합의   · implement ⓥ 이행하다
- negotiator ⓝ 협상가   · slice ⓥ 나누다, 자르다
- quantitative ⓐ 양적인   · measurable ⓐ 측정 가능한
- compensation ⓝ 보상   · lease ⓝ 임대차 계약   · rate ⓝ 요금, -료
- quote ⓥ 시세를 매기다, 인용하다   · precedent ⓝ 관례, 전례
- party ⓝ (계약 등의) 당사자   · vary ⓥ 달리 하다, 변화를 주다
- devise ⓥ 고안하다   · immediate ⓐ 가장 가까운, 직계의

협상가들은 '살라미 전술'을 사용하는 것으로 알려진, 큰 문제를 더 작은 조각으로 나누는 방법을 찾으려고 노력해야 한다. (①) 양적이고 측정 가능한 단위로 표현될 수 있는 문제는 나누기 쉽다. (②) 예를 들어, 보상 요구는 시간당 센트 증가로 나누거나 임대료는 평방 피트당 달러로 시세를 매길 수 있다. (③) 원칙이나 관례의 쟁점을 세분화하는 작업을 할 때, 당사자들은 그 쟁점을 세분화하는 방법으로 시간 지평(원칙이 효력을 발휘하는 때 또는 그것이 얼마나 오래 지속되는지)을 사용할 수 있다. (④ 합의 조건이 향후 몇 개월까지 이행될 필요가 없을 때 합의에 도달하는 것이 더 쉬울 수 있다.) 또 다른 접근법은 원칙이 적용될 수 있는 방법의 수를 다양화하는 것이다. (⑤) 예를 들어, 회사는 직원의 직계 가족의 질병에 대해 직원에게 세 시간 이내, 한 달에 한 번 이내의 기간 동안 회사를 떠나있을 기회를 제공하는 가족 비상 휴가 계획을 고안할 수 있다.

왜 1등급? '살라미 전술'이라는 생소한 소재를 다루고, 전반적으로 어휘 수준이 높다. **단서** 살라미 전술의 여러 방법 중에서 주어진 문장이 어떤 방법에 해당하는 예시인지 파악해야 정답을 찾을 수 있을 것이다. **발상**

| 문제 풀이 순서 |

1st 주어진 문장을 해석하고, 연결어, 지시어 등을 확인한다.

It may be easier to reach an agreement when settlement terms don't have to be implemented until months in the future. **단서 1**
합의 조건이 향후 몇 개월까지 이행될 필요가 없을 때 합의에 도달하는 것이 더 쉬울 수 있다.

➡ 합의 조건에 관한 내용이 앞에 나오고 그 뒤에 주어진 문장을 넣어야 한다.
➡ 합의에 도달하는 과정에 관한 내용이 이어질 것이다.

2nd 각 선택지의 앞뒤 흐름이 매끄러운지 확인한다.

- **①의 앞 문장과 뒤 문장**

앞 문장: 협상가들은 '살라미 전술'을 사용하는 것으로 알려진, 큰 문제를 더 작은 조각으로 나누는 방법을 찾으려고 노력해야 한다.

뒤 문장: 양적이고 측정 가능한 단위로 표현될 수 있는 문제는 나누기 쉽다.

➡ **앞 문장:** 협상가들은 살라미 전술의 방법을 찾으려고 노력해야 한다.
뒤 문장: 양적인 문제는 나누기 쉽다.
앞 문장에서 '살라미 전술'을 소개하며 뒤 문장에서는 살라미 전술 중 하나의 경우로서 양적인 문제를 나누는 경우를 언급하는 흐름이다.
▶ 주어진 문장이 ①에 들어갈 수 없음

- **②의 앞 문장과 뒤 문장**

앞 문장: ①의 뒤 문장과 같음

뒤 문장: 예를 들어, 보상 요구는 시간당 센트 증가로 나누거나 임대료는 평방 피트당 달러로 시세를 매길 수 있다.

➡ 앞 문장의 '양적인 문제를 나누는 것'에 대해 뒤 문장에서 예를 들어 설명하는 흐름이다. ▶ 주어진 문장이 ②에 들어갈 수 없음

- **③의 앞 문장과 뒤 문장**

앞 문장: ②의 뒤 문장과 같음

뒤 문장: 원칙이나 관례의 쟁점을 세분화하는 작업을 할 때, 당사자들은 그 쟁점을 세분화하는 방법으로 시간 지평(원칙이 효력을 발휘하는 때 또는 그것이 얼마나 오래 지속되는지)을 사용할 수 있다. **단서 2**

➡ 앞 문장의 예시에 이어서 뒤 문장에서는 '시간 지평'을 사용한다는 새로운 방법을 언급하는 흐름이다. ▶ 주어진 문장이 ③에 들어갈 수 없음

- **④의 앞 문장과 뒤 문장**

앞 문장: ③의 뒤 문장과 같음

뒤 문장: 또 다른 접근법은 원칙이 적용될 수 있는 방법의 수를 다양화하는 것이다.

➡ **뒤 문장:** 또 다른 접근법인 원칙 적용 방법의 다양화
Another approach가 나오므로 양적인 문제를 나누는 경우, 시간 지평을 사용하는 경우와 더불어 또 다른 접근법을 제시하는 것이다.
➡ 주어진 문장은 합의 조건의 이행 기간에 관한 내용이다. 이는 시간 지평의 예시이므로 ③의 뒤 문장에 이어지는 것이 자연스럽다.
▶ 주어진 문장이 ④에 들어가야 함

- **⑤의 앞 문장과 뒤 문장**

앞 문장: ④의 뒤 문장과 같음

뒤 문장: 예를 들어, 회사는 직원의 직계 가족의 질병에 대해 직원에게 세 시간 이내, 한 달에 한 번 이내의 기간 동안 회사를 떠나있을 기회를 제공하는 가족 비상 휴가 계획을 고안할 수 있다.

➡ 앞 문장의 '원칙이 적용될 수 있는 방법의 다양화'에 관하여 뒤 문장에서 예시로 부연하는 흐름이다. ▶ 주어진 문장이 ⑤에 들어갈 수 없음

N 어휘 Review 정답   문제편 p. 298

01 감정	11 in turn	21 optimally
02 정량적인	12 a basis for	22 implementing
03 학자	13 be associated with	23 inevitably
04 함축, 암시	14 in other words	24 shelter
05 상대적인	15 in principle	25 suspicious
06 hypercritical	16 sophistication	26 consensus
07 bias	17 reliability	27 constitute
08 pest	18 metaphor	28 dear
09 approval	19 biological	29 empowered
10 inclination	20 beforehand	

O 요약문 완성하기

문제편 p. 300~315

O 01 정답 ② * 기근 예방을 위한 공적 개입의 역할과 필요성

단서 1 비상사태가 진정되면, 주로 경제 성장의 관점에서 기근 문제를 해결하고자 하는 경향이 있음(통념)
There is **a tendency**, / **once the dust of an emergency has settled down**, /
~하는 경향이 있다 / 일단 비상사태의 소요가 진정되고 나면 /
to seek the reduction of famine vulnerability / primarily in enhanced economic growth, / or the revival of the rural economy, / or the diversification of economic activities. //
기근 취약성 감소를 모색하는 / 주로 강화된 경제 성장이나 / 지방 경제의 회복 / 혹은 경제 활동의 다각화에서 //

단서 2 경제적 성공의 효과도 부인할 수는 없음
The potential **contribution** of greater economic success, / **if it involves vulnerable groups**, / **cannot be denied**. //
더 큰 경제적 성공의 잠재적 기여는 / 만약 그것이 취약 계층에 영향을 미친다면 / 부인할 수 없다 //

At the same time, / **it** is important **to recognize that,** / no
matter how fast they grow, / **countries where** a large part of the
population derive their livelihood from uncertain sources /
그와 동시에 / 인식하는 것이 중요하다 / 아무리 빠르게 성장하더라도 / 인구의 상당수가
그들의 생계를 불확실한 원천으로부터 마련하는 국가는 /
cannot hope to prevent famines / without specialized entitlement
protection mechanisms / **involving** direct public intervention. //
기근 예방을 기대할 수 없다는 점 / 특화된 재정 지원 혜택의 보호 방법 없이 / 직접적인
공적 개입을 포함하는 //

> **단서 3** 아무리 경제가 빨리 성장하더라도, 기근 예방을 위해서는 직접적인
> 공적 개입을 포함하는 기근에 특화된 재정 지원 혜택이 있어야 함

Rapid growth of the economy in Botswana, / **or of** the agricultural
sector in Kenya, / or of food production in Zimbabwe, / **explains**
at best only a small part of their success / **in preventing** recurrent
threats of famine. //
보츠와나의 경제 / 케냐의 농업 부문 / 혹은 짐바브웨의 식량 생산의 급속한 성장은 / 기껏해야
그들이 성공한 작은 일부분만을 설명할 뿐이다 / 기근의 반복되는 위협을 방지하는 데 있어 //
The real **achievements** of these countries / **lie in having provided**
direct public support / to their populations in times of crisis. //
이들 국가의 진정한 성과는 / 직접적인 공적 지원을 제공했었다는 것에 있다 / 위기 상황에서
국민들에게 //

> **단서 4** 기근의 위기 상황에서 국민들에게 직접적인 공적 지원을 제공했던 것이
> 진정한 성과임을 보여준 국가들이 있음 (예시를 통한 부연 설명)

→ Although economic growth can be somewhat (A) **fruitful** /
in diminishing a country's risk of famine, / direct **approaches**
to helping the affected people / **play** a(n) (B) **critical** role in
this process. //
비록 경제 성장이 어느 정도 효과적일 수 있지만 / 한 국가의 기근 위험을 줄이는 데 /
피해를 입은 사람들을 돕는 것에 대한 직접적인 접근이 / 이 과정에서 중요한 역할을
한다 //

- tendency ⓝ 경향 · dust ⓝ 소란, 소동
- emergency ⓝ 비상사태 · settle down 진정되다
- vulnerability ⓝ 취약성 · primarily ⓐⅆ 주로
- enhanced ⓐ 강화된 · revival ⓝ 회복, 부흥
- rural ⓐ 지방의, 시골의 · diversification ⓝ 다각화, 다양화
- potential ⓐ 잠재적인 · derive ~ from … …을 …로부터 끌어내다, 얻다
- livelihood ⓝ 생계 · entitlement ⓝ 재정 지원 혜택
- mechanism ⓝ 방법, 메커니즘 · intervention ⓝ 개입
- sector ⓝ 부분, 분야 · at best 기껏해야 · recurrent ⓐ 반복되는
- crisis ⓝ 위기 · complicated ⓐ 복잡한
- fruitful ⓐ 생산적인, 효과적인 · dominant ⓐ 우세한
- restrictive ⓐ 제한적인

일단 비상사태의 소요가 진정되고 나면, 주로 강화된 경제 성장이나 지방
경제의 회복, 혹은 경제 활동의 다각화에서 기근 취약성 감소를 모색하는
경향이 있다. 더 큰 경제적 성공의 잠재적 기여는, 만약 그것이 취약 계층에
영향을 미친다면, 부인할 수 없다. 그와 동시에, 아무리 빠르게 성장하더라도,
인구의 상당수가 그들의 생계를 불확실한 원천으로부터 마련하는 국가는
직접적인 공적 개입을 포함하는 특화된 재정 지원 혜택의 보호 방법 없이는
기근 예방을 기대할 수 없다는 점을 인식하는 것이 중요하다. 보츠와나의 경제,
케냐의 농업 부문, 혹은 짐바브웨의 식량 생산의 급속한 성장은 기껏해야
기근의 반복되는 위협을 방지하는 데 있어 그들이 성공한 작은 일부분만을
설명할 뿐이다. 이들 국가의 진정한 성과는 위기 상황에서 국민들에게 직접적인
공적 지원을 제공했다는 데 있다.
→ 비록 경제 성장이 한 국가의 기근 위험을 줄이는 데 어느 정도 (A) **효과적일**
수 있지만, 피해를 입은 사람들을 돕는 것에 대한 직접적인 접근이 이 과정에서
(B) **중요한** 역할을 한다.

다음 글의 내용을 한 문장으로 요약하고자 한다. 빈칸 (A), (B)에 들어갈 말로
가장 적절한 것은?

	(A)		(B)
①	productive	—	complicated
②	fruitful	—	critical
③	dominant	—	comprehensive
④	restrictive	—	appropriate
⑤	desirable	—	cost-effective

① productive 생산적인 — complicated 복잡한
② fruitful 효과적인 — critical 중요한
③ dominant 우세한 — comprehensive 포괄적인
④ restrictive 제한적인 — appropriate 적절한
⑤ desirable 바람직한 — cost-effective 비용 효율이 높은

(A): 피해를 입은 사람을 직접 돕는 것이 복잡하다는 내용은 없음
(B): 경제 성장도 일부 효과적일 수 있지만, 피해를 입은 사람들을 직접적으로 돕는 것이 중요하다는 내용
(B): 기근으로 피해를 입은 사람을 직접 공적으로 돕는 것은 포괄적이기보다는 세부적인 정책임
(B): 경제 성장이 기근 위험을 줄이는 데 도움이 되지 않는다는 것은 글의 내용과 반대됨
(B): 기근 피해자를 직접 돕는 것이 비용 대비 효율이 높은지는 언급되어 있지 않음

→왜 정답? [정답률 43%]

(A):

- 더 큰 경제 성장이 기근 취약계층에게도 도움을 줄 수 있다면 기근 위험을
  줄이는 데 효과는 일부 인정할 수 있음

➡ 경제 성장의 관점에서 기근 문제를 해결하는 것은 '효과적'일 수 있다.

(B):

- 경제 성장이 아무리 빠르더라도, 기근을 겪는 사람들에게 특화된 국가의 직접적
  지원은 필수적임
- 보츠와나, 케냐, 짐바브웨등의 사례: 이 국가들은 국민들에게 직접적인 공적
  지원을 제공했던 것이 진정한 성과임

➡ 국가가 직접적인 개입으로 기근 피해자에 특화된 지원을 하는 것은 예시로 든
국가들에서 알 수 있듯이, '중요한' 역할을 한다.

▶ 요약문의 빈칸에는 각각 '효과적인'과 '중요한'이 들어가야 하므로 정답은 ②임

→왜 오답?

① 피해를 입은 사람을 직접 돕는 것이 복잡하다는 언급은 없다.
③ 기근으로 피해를 입은 사람을 직접 공적으로 돕는 것은 포괄적이기보다는 세부적인
정책이다.
④ 제한적이라는 말은 부정적 의미를 포함하므로, 경제 성장이 기근 위험을 줄이는 데
도움이 되지 않는다는 것은 글의 내용과 반대이다.
⑤ 기근 피해자를 직접 돕는 것이 비용 대비 효율이 높은지는 언급되어 있지 않다.

＊ 글의 흐름

통념	일단 비상사태가 진정되면, 주로 경제 성장의 관점에서 기근 문제를 해결하고자 하는 경향이 있고, 물론 경제적 성공의 효과도 부인할 수는 없음
주제	아무리 경제가 빨리 성장하더라도, 기근 예방을 위해서는 직접적인 공적 개입을 포함하는 기근에 특화된 재정 지원 혜택이 있어야 함
예시	기근의 위기 상황에서 예시로 든 국가들이 국민들에게 직접적인 공적 지원을 제공했던 것이 진정한 성과임

O 02 정답 ② ＊생존 특성의 두 가지 측면

The evolutionary process works / on the genetic variation / that
is available. // 진화 과정은 작용한다 / 유전적 변이에 / 이용 가능한 //

It follows / **that** natural selection is unlikely to lead / to the
evolution / of perfect, 'maximally fit' individuals. //
~이 이어진다 / 자연 선택이 이어질 가능성은 작다는 것이 / 진화로 / 완벽하고 '최대로 적합한'
개체의 //

Rather, / organisms come to match their environments / by
being 'the fittest available' or 'the fittest yet': / they are not 'the
best imaginable'. //
그보다 / 생물체는 그것의 환경에 맞춰지게 된다 / '가능한 가장 적합한' 또는 '아직은 가장
적합한' 상태임으로써 / 그들이 '상상할 수 있는 가장 좋은 것'은 아니다 //

> **단서 1** 생물체의 특성이 현재의 환경과 모든 면에서 유사한
> 환경에서 유래하지 않기 때문에 적합성 결여가 발생함

Part of the lack of fit **arises** / because **the present properties** of an
organism / **have** not all originated / in an environment / similar
in every respect / to the **one** / **in which** it now lives. //
적합성 결여의 일부는 발생한다 / 생물체가 가진 현재의 특성이 / 모두 유래한 것이 아니기
때문에 / 환경에서 / 모든 면에서 유사한 / 환경과 / 그 생물체가 현재 살고 있는 //

Over the course of its evolutionary history, / an organism's
remote ancestors / may have evolved a set of characteristics / —
진화 역사의 과정에서 / 생물체의 먼 조상들은 / 일련의 특성들을 진화시켰을 수도 있다 /

evolutionary 'baggage' — / that subsequently constrain future
evolution. //
진화적 '짐' / 후속적으로 미래의 진화를 제약하는 /

For many millions of years, / the evolution of vertebrates
has been limited / to what can be achieved / by organisms with
a vertebral column. //
수백만 년 동안 / 척추동물의 진화는 제한되어 왔다 / 달성될 수 있는 것으로 / 척추를 가진
생물체에 의해 /

Moreover, / much of what we now see / as precise matches /
between an organism and its environment / may equally be
seen / as constraints: /
게다가 / 현재 우리가 보는 것의 대부분은 / 정확한 일치로 / 생물체와 그 환경 간의 / 똑같이
보일 수 있다 / 제약으로도 /

koala bears live successfully / on *Eucalyptus* foliage, / but,
from another perspective, / koala bears cannot live / without
Eucalyptus foliage. //
코알라는 성공적으로 생활하지만 / 유칼립투스 잎으로 / 다른 관점에서는 / 코알라는 살 수
없다 / 유칼립투스 잎 없이는 //

→ The survival characteristics / that an organism currently
carries / may act as a(n) (A) obstacle / to its adaptability /
when the organism finds itself / coping with changes / that
arise in its (B) surroundings. //
생존 특성은 / 한 생물체가 현재 가지고 있는 / 장애물이 될 수 있다 / 그것의 적응성에 / 그
생물체가 스스로를 발견할 때 / 변화에 대처하는 / 그것의 환경에서 발생하는 //

- evolutionary ⓐ 진화의, 점진적인   - variation ⓝ 변이
- arise ⓥ 발생하다   - property ⓝ 특성
- originate ⓥ 비롯되다, 발생하다   - respect ⓝ 측면
- remote ⓐ 외진, 먼   - evolve ⓥ 진화하다
- subsequently ⓐⓓ 그 뒤에, 나중에   - constrain ⓥ ~하게 만들다
- precise ⓐ 정확한, 엄밀한   - constraint ⓝ 제약, 제한
- foliage ⓝ 나뭇잎   - diet ⓝ 먹거리   - trait ⓝ 특성

진화 과정은 이용 가능한 유전적 변이에 작용한다. 따라서 자연 선택이
완벽하고 '최대로 적합한' 개체의 진화로 이어질 가능성은 작다. 그보다,
생물체는 '가능한 가장 적합한' 또는 '아직은 가장 적합한' 상태로 환경에
맞춰지게 되는데, 즉 그들이 '상상할 수 있는 가장 좋은 것'은 아니다. 적합성
결여의 일부는 생물체가 가진 현재의 특성 모두가 그 생물체가 현재 살고 있는
환경과 모든 면에서 유사한 환경에서 유래한 것이 아니기 때문에 발생한다.
진화 역사의 과정에서, 생물체의 먼 조상들은 후속적으로 미래의 진화를
제약하는 일련의 특성들, 즉 진화적 '짐'을 진화시켰을 수도 있다. 수백만 년
동안 척추동물의 진화는 척추를 가진 생물체에 의해 달성될 수 있는 것으로
제한되어 왔다. 게다가, 현재 생물체와 그 환경 간의 정확한 일치로 보이는
것의 대부분은 제약으로도 볼 수 있는데, 코알라는 유칼립투스 잎으로
성공적으로 생활하지만, 다른 관점에서는 코알라는 유칼립투스 잎 없이는 살 수
없다.
→ 한 생물체가 현재 가지고 있는 생존 특성은 그 생물체가 (B) 환경에서
발생하는 변화에 대처하는 상황에 있을 때 적응성에 (A) 장애물이 될 수 있다.

**다음 글의 내용을 한 문장으로 요약하고자 한다. 빈칸 (A), (B)에 들어갈 말로
가장 적절한 것은?**

	(A)		(B)
①	improvement 개선	—	diet 먹거리 '짐'과 같이 부정적인 의미여야 함
②	obstacle 장애물	—	surroundings 환경 생물체가 가진 생존 특성은 '환경'의 변화에 대처할 때 '장애물'이 될 수 있다는 내용
③	advantage 이점	—	genes 유전자 유전자가 달라진다는 내용은 없음
④	regulator 조절 장치	—	mechanisms 메커니즘 생존 특성이 조절 장치로서 역할을 한다는 내용이 아님
⑤	guide 길잡이	—	traits 특성 '짐'과 같이 부정적인 의미여야 함

왜 정답? [정답률 53%]

- **적합성의 결여가 발생하는 이유:** 생물체의 현재 특성이 그 생물체가 현재 살고 있는
  환경과 모든 면에서 유사한 환경에서 유래한 것이 아니기 때문이다. **단서 1**
- 진화 과정에서 생물체의 과거 조상은 현재 생물체의 진화에 짐이 되는 특성을 진화
  시켰을 수도 있다. **단서 2**

➡ 한 생물체가 과거에 환경에 적응하면서 발달시킨 생존 특성이 과거와 달라진
   환경에서 짐이 될 수 있다는 내용이다.
   → (A): '짐'과 같은 의미를 나타내는 단어는 '장애물(obstacle)'이다.
   　(B): 생존할 수 있었던 특성이 장애물이 되는 것은 그 생물체가 처한
   　'환경(surroundings)'이 과거와 달라진 경우이다.
   ▶ 요약문의 빈칸에는 각각 '장애물'과 '환경'이 들어가야 하므로 정답은 ②임

왜 오답?

① '짐'과 같이 부정적인 의미가 들어가야 하므로 '개선'이 될 수 있다는 것은 어색하다.
③ '유전자'의 변화에 대처한다는 내용은 나오지 않았으므로 적절하지 않다.
④ 생존 특성이 '조절 장치'로서 역할을 한다는 내용이 아니므로 내용과 맞지 않다.
⑤ '짐'과 같이 부정적인 의미가 들어가야 하므로 '길잡이'가 될 수 있다는 것은 문맥에
   맞지 않다.

* **글의 흐름**

도입	진화 과정은 이용 가능한 유전적 변이에 작용함
설명	적합성 결여의 일부는 생물체가 가진 현재의 특성이 현재 살고 있는 환경과 모든 면에서 유사한 환경에서 유래한 것이 아니기 때문에 발생함
부연	생물체의 먼 조상들은 후속적으로 미래의 진화를 제약하는 일련의 특성들, 즉 진화적 '짐'을 진화시켰을 수도 있음
예시	코알라는 유칼립투스 잎으로 성공적으로 생활하지만, 다른 관점에서는 코알라는 유칼립투스 잎 없이는 살 수 없음

O 03 정답 ③ * 현장 중심의 공연 예술과 그 체험적 가치 —

In modern societies, / the performing arts form / a distinct
category of public entertainment /
현대 사회에서 / 공연 예술은 형성한다 / 대중 오락의 독특한 범주를 /

in opposition to the mass distribution / through the media of
expertly staged performances / which have been recorded and
edited. //
대량 배포와는 대조적으로 / 전문적으로 연출된 공연의 매체를 통한 / 녹화되고 편집된 //

By contrast, / theater, ballet, circus, concert, rodeo, storytelling,
etc., / unfold their signs in real space and time, / and engage
audiences / who respond cognitively and emotionally on the
spot. //
반면 / 연극, 발레, 서커스, 콘서트, 로데오, 스토리텔링 등은 / 실제 공간과 시간 속에서 그들의
몸짓을 펼쳐 보인다 / 그리고 관객을 끌어들인다 / 현장에서 인지적, 감정적으로 반응하도록 //

Performers and audiences are involved / in shared enjoyment. //
공연자와 관객은 연루된다 / 공유된 즐거움에 //

But sometimes / frustration occurs / within the boundaries of
such ritualistic events. //
그러나 때로는 / 좌절이 발생한다 / 이러한 의식적인 행사의 경계 안에서 //

In industrialized and computerized cultures, / the performing
arts become economically unstable / because the institutions
which sustain them / increasingly depend / on public and
corporate funding. // **단서 1** 공연 예술은 경제적으로 불안정하게 됨
산업화되고 컴퓨터화된 문화에서 / 공연 예술은 경제적으로 불안정하게 된다 / 그것을
지속하게 하는 기관들이 ~ 때문에 / 점점 더 의존하게 되기 / 공공 및 기업의 자금 지원에 //

단서 2 그러나 공연 예술이 제공하는 특성을 소중히 여기는 관객들이 여전히 있음

However, / they retain their power of fascination / for large, / if not massive audiences, / **who** prize the experiential, risk-loaded and one-time event quality / **they afford**. //

(계속적 용법의 주격 관계대명사 = who / 앞에 목적격 관계대명사 생략 = they afford)

그러나 / 공연 예술은 매혹적인 힘을 유지한다 / 상당히 많은 (관객들)에게 / 대규모 관객은 아니더라도 / 관객들은 체험적이며 위험 부담이 따르고 단 한 번뿐인 행사의 특성을 소중히 여긴다 / 공연 예술이 제공하는 //

In traditional and local cultures, / performances **still** survive / and provide their audiences with a unique fulfillment / in smaller scale, / economically sustainable institutional settings. //

('여전히' still)

전통적이고 지역적인 문화에서 / 공연은 여전히 생존한다 / 그리고 관객들에게 독특한 충족감을 제공한다 / 소규모에서 / 경제적으로 지속 가능한 제도적 상황인 //

> → In a situation of financial (A) **challenges** / due to reliance on external funding, / the performing arts, / **which** provide unique and live experiences, / (B) **secure** audiences who value those experiences. //
>
> (계속적 용법의 주격 관계대명사)
>
> 재정적 어려움을 겪는 상황에서 / 외부의 자금 지원에 대한 의존 때문에 / 공연 예술은 / 독특하고 생생한 경험을 제공하면서 / 그러한 경험을 소중히 여기는 관객들을 확보한다 //

- performing arts 공연 예술
- distinct ⓐ 독특한
- public entertainment 대중 오락
- distribution ⓝ 배포, 분배
- expertly ⓐd 전문적으로
- rodeo ⓝ 로데오(말 타기 등 솜씨를 겨루는 대회)
- unfold ⓥ 펼쳐 보이다
- engage ⓥ 끌어들이다
- on the spot 현장에서
- industrialized ⓐ 산업화된
- sustain ⓥ 지속하게 하다, 지탱하다
- retain ⓥ 유지하다
- massive ⓐ 대규모의, 거대한
- prize ⓥ 소중히 여기다
- experiential ⓐ 체험적인
- risk-loaded ⓐ 위험 부담이 따르는
- fulfillment ⓝ 충족감
- reliance ⓝ 의존

현대 사회에서 공연 예술은 녹화되고 편집된 전문적으로 연출된 공연의 매체를 통한 대량 배포와는 대조적으로, 대중 오락의 독특한 범주를 형성한다. 반면 연극, 발레, 서커스, 콘서트, 로데오, 스토리텔링 등은 실제 공간과 시간 속에서 그들의 몸짓을 펼쳐 보이며, 관객이 현장에서 인지적, 감정적으로 반응하도록 끌어들인다. 공연자와 관객은 공유된 즐거움에 연루된다. 그러나 때로는 이러한 의식적인 행사의 경계 안에서 좌절이 발생한다. 산업화되고 컴퓨터화된 문화에서 공연 예술은 그것을 지속하게 하는 기관들이 공공 및 기업의 자금 지원에 점점 더 의존하게 되면서 경제적으로 불안정하게 된다. 그러나 공연 예술은 대규모는 아니더라도 상당히 많은 관객들에게 매혹적인 힘을 유지하며, 관객들은 공연 예술이 제공하는 체험적이며 위험 부담이 따르고 단 한 번뿐인 행사의 특성을 소중히 여긴다. 전통적이고 지역적인 문화에서, 공연은 여전히 생존하며 경제적으로 지속 가능한 제도적 상황인 소규모에서 관객들에게 독특한 충족감을 제공한다.

→ 외부의 자금 지원에 대한 의존 때문에 재정적 (A) **어려움**을 겪는 상황에서, 공연 예술은 독특하고 생생한 경험을 제공하면서 그러한 경험을 소중히 여기는 관객들을 (B) **확보한다**.

다음 글의 내용을 한 문장으로 요약하고자 한다. 빈칸 (A), (B)에 들어갈 말로 가장 적절한 것은?

	(A)		(B)
①	uncertainty 불확실성	—	lose 잃는다
②	imbalance 불균형	—	split 분열시킨다
③	challenges 어려움	—	secure 확보한다
④	stability 안정성	—	reach (~에) 닿는다
⑤	advantages 장점	—	support 지지한다

(공연 예술이 경제적 불안정성을 가지고 있는 것은 맞지만 공연 예술이 제공하는 독특하고 생생한 경험을 소중히 여기는 관객들이 여전히 존재한다는 내용임)

(① 공연 예술의 특성을 소중히 여기는 관객들이 존재한다고 했으므로 관객들을 잃는다고 할 수 없음)

(② 공연 예술이 제공하는 독특하고 생생한 경험을 소중히 여기는 관객을 분열시킨다는 내용이 아님)

(④ 공연 예술이 재정적 안정성을 가졌다고 할 수 없음)

(⑤ 공연 예술이 재정적 장점을 지녔다는 내용이 아님)

왜 정답? [정답률 37%]

(A):

- 공연 예술을 유지하는 기관들이 공공과 기업의 자금 지원에 의존하게 되면서 경제적으로 불안정하게 되었음

➡ 즉, 외부의 자금 지원에 대한 의존 때문에 재정적 '어려움'을 겪는 상황이다.

(B):

- 공연 예술이 갖는 특성을 소중히 여기는 관객들이 존재하며, 여전히 생존하여 독특한 충족감을 제공하고 있다.

➡ 공연 예술은 독특하고 생생한 경험을 제공하면서 그러한 경험을 소중히 여기는 관객들을 '확보한다'고 해야 할 것이다.

▶ 요약문의 빈칸에는 각각 '어려움'과 '확보한다'가 들어가야 하므로 정답은 ③임

왜 오답?

① 공연 예술의 특성을 소중히 여기는 관객들이 존재한다고 했으므로 관객들을 잃는다고 할 수 없다.

② 공연 예술은 독특하고 생생한 경험을 제공하면서 그러한 경험을 소중히 여기는 관객들이 있다고 했으므로, 관객들을 분열시킨다는 내용이 아니다.

④ 공연 예술이 재정적 안정성을 가졌다고 할 수 없다.

⑤ 공연 예술이 재정적 장점을 지녔다는 내용이 아니다.

＊ 글의 흐름

주제문	현대 사회에서 공연 예술은 실제 공간과 시간 속에서 이루어지는 독특한 대중 오락 범주를 형성함
설명	연극, 발레, 서커스, 콘서트, 로데오, 스토리텔링 등은 공연자의 몸짓과 관객의 인지적·감정적 반응을 통해 공유된 즐거움을 형성함
부연	산업화·컴퓨터화된 문화에서 공연 기관은 공공 및 기업 자금 지원에 의존하며 경제적으로 불안정하지만, 일부 관객에게는 여전히 매혹적인 경험을 제공함
주제 재언급	전통적·지역적 공연은 소규모이지만 경제적으로 지속 가능하며, 관객에게 독특한 충족감을 제공함

강기헌 | 2026 수능 응시 · 천안 천안고 졸

11번째 줄을 보면(the performing arts become economically unstable ~ increasingly depend on public and corporate funding) 외부자금에 대한 의존 때문에 공연예술이 불안정하다는 상황에 놓여있음을 알 수 있어. 그러나 바로 뒤 문장을 보면 공연예술은 여전히 청중들에게 큰 매력을 가지고 있음을 알 수 있지. 따라서 빈칸의 (A)에는 uncertainty, imbalance, challenges 같은 어려움과 관련된 말이, (B)에는 secure, support, reach 같은 긍정적인 어휘가 들어가야 해.

O 04 정답 ④ ＊장르 소설 및 만화 속 인물들의 지속성과 변화

In most fiction, / characters' lives are limited to the individual work. // 대부분의 소설에서 / 등장인물들의 삶은 개별 작품에 국한된다 //

Readers may disagree / on the characteristics and traits of fictional figures, / and in drama / there is room for different interpretations of characters. //

독자들은 의견이 다를 수 있다 / 허구적 인물들의 특징과 특성에 관해 / 그리고 연극에서는 / 등장인물들에 관한 다양한 해석의 여지가 있다 //

단서 1 문학 소설 속 등장인물이 후속 작품에 재등장하는 경우는 흔치 않음

However, / **it** is less common / **for characters** in literary fiction / **to reappear** in subsequent works / than in genre fiction, / **where** series featuring the same central characters are common. //

(가주어 it / 의미상 주어 for characters / 진주어 to reappear / 계속적 용법의 관계부사 where(genre fiction 부연 설명))

그러나 / 덜 흔하다 / 문학 소설의 등장인물들이 / 후속 작품에 재등장하는 경우는 / 장르 소설보다 / 그것(장르 소설)에서는 동일한 중심인물들이 등장하는 연재물이 흔하다 /

This is **even** more pronounced in comics, / **which** are typically serialized / in newspaper strips or comic books. //

(비교급 강조 / 계속적 용법의 주격 관계대명사)

이는 만화에서 훨씬 더 확연하다 / 보통 연재되는 / 신문 만화나 만화책으로 //

Thus / characters **introduced** in the 1930s, / like Superman and Batman, / may still enjoy new adventures / decades later. //

(과거분사(characters 수식))

따라서 / 1930년대에 소개된 등장인물들은 / Superman이나 Batman과 같은 / 여전히 새로운 모험을 즐길 수도 있다 / 수십 년 후에도 //

During these characters' long histories, / they change in various ways / for a variety of reasons. //
이러한 등장인물들의 오래된 역사 동안 / 그들은 여러 가지 방식으로 변화한다 / 다양한 이유로 //
조건의 부사절 접속사
If a character is created by a single author, / like Sherlock Holmes, / the character's core traits / may change little from story to story, / but readers learn more about him with each successive story. //
등장인물이 단일 작가에 의해 창작되면 / Sherlock Holmes처럼 / 그 등장인물의 핵심 특성은 / 이야기마다 거의 변하지 않을 수도 있다 / 그러나 독자들은 연속되는 각각의 이야기와 함께 그에 관해 더 많이 알게 된다 //
단서 2 등장인물이 시간이 지나면서 여러 작가의 손을 거치면 상당히 변화함
On the other hand, / if characters are the work of several hands over decades, / they may change considerably. //
반면에 / 등장인물들이 수십 년 동안 여러 (작가의) 손을 거친 작품이라면 / 그들은 상당히 바뀔 수도 있다 //

> → While characters in most literary fiction / hardly ever (A) feature in successive works, /
> '반면' 접속사(대조) / '거의 ~ 아닌'
> 대부분의 문학 소설 속 등장인물들은 / 연속되는 작품에 거의 한 번도 등장하지 않는 반면 /
> those in genre fiction and comics / often do so, / and may (= feature ~ works) undergo (B) transformation in their traits / especially when written about / by different authors over time. //
> 장르 소설과 만화 속 그들(등장인물들)은 / 그러한 경우가 흔하며 / 그들의 특성의 변형을 겪을 수도 있다 / 특히 쓰일 때 / 시간이 지나면서 다른 작가들에 의해 //

- fiction ⓝ 소설   · characteristic ⓝ 특징, 성격   · trait ⓝ 특성
- subsequent ⓐ 후속의, 그다음의   · pronounced ⓐ 확연한
- serialize ⓥ 연재하다   · successive ⓐ 연속되는, 잇따른
- considerably ⓪ 상당히

대부분의 소설에서 등장인물들의 삶은 개별 작품에 국한된다. 독자들은 허구적 인물들의 특징과 특성에 관해 의견이 다를 수 있고, 연극에서는 등장인물들에 관한 다양한 해석의 여지가 있다. 그러나, 문학 소설의 등장인물들이 후속 작품에 재등장하는 경우는 장르 소설보다 덜 흔한데, 장르 소설에서는 동일한 중심 인물들이 등장하는 연재물이 흔하다. 이는 보통 신문 만화나 만화책으로 연재되는 만화에서 훨씬 더 확연하다. 따라서 1930년대에 소개된 Superman이나 Batman과 같은 등장인물들은 수십 년 후에도 여전히 새로운 모험을 즐길 수도 있다. 이러한 등장인물들의 오래된 역사 동안 그들은 다양한 이유로 여러 가지 방식으로 변화한다. Sherlock Holmes처럼 등장인물이 단일 작가에 의해 창작되면, 그 등장인물의 핵심 특성은 이야기마다 거의 변하지 않을 수도 있지만, 독자들은 연속되는 각각의 이야기와 함께 그에 관해 더 많이 알게 된다. 반면에 등장인물들이 수십 년 동안 여러 (작가의) 손을 거친 작품이라면 그들은 상당히 바뀔 수도 있다.
→ 대부분의 문학 소설 속 등장인물들은 연속되는 작품에 거의 한 번도 (A) 등장하지 않는 반면, 장르 소설과 만화 속 등장인물들은 그러한 경우가 흔하며, 특히 시간이 지나면서 다른 작가들에 의해 쓰일 때 그들의 특성의 (B) 변형을 겪을 수도 있다.

다음 글의 내용을 한 문장으로 요약하고자 한다. 빈칸 (A), (B)에 들어갈 말로 가장 적절한 것은?

	(A)		(B)	
①	resurface 다시 드러나지	—	simplification 단순화	장르 소설이나 만화 속 인물들이 다른 작가들에 의해 쓰일 때 특성의 '단순화'를 겪는 것이 아니라 그 반대임
②	endure 지속되지	—	degradation 저하	장르 소설이나 만화 속 인물들이 다른 작가들에 의해 쓰일 때 특성의 '저하'를 겪는다고 하지 않았음
③	fade 사그라지지	—	variation 변화	문학 소설에서 등장인물들이 연속 작품에 거의 '사그라지지' 않는다고 하면 글의 내용과 정반대임
④	feature 등장하지	—	transformation 변형	문학 소설의 등장인물들은 연속 작품에 거의 '등장하지' 않고, 장르 소설이나 만화 속 인물들이 계속 등장하면서 다른 작가들에 의해 쓰이면 특성의 '변형'을 겪을 수 있다고 했음
⑤	disappear 사라지지	—	fossilization 화석화	

문학 소설에서 등장인물들이 연속 작품에 거의 '사라지지' 않는 것이 아니라 그 반대임

(A):
- 문학 소설의 경우 등장인물들이 연속적으로 등장하는 경우가 거의 없음 단서 1
➡ 대부분의 문학 소설 속 등장인물들은 연속되는 작품에 거의 한 번도 '등장하지' 않는다는 것을 의미한다.

(B):
- 장르 소설 속 등장인물들은 연속적으로 등장하는데, 다수의 작가에 의해 쓰여질 경우 등장인물의 특성이 변할 수 있다고 했음 단서 2
➡ 시간이 지나면서 다른 작가들에 의해 쓰일 때 특성의 '변형'을 겪을 수도 있다는 것을 의미한다.
▶ 요약문의 빈칸에는 각각 '등장하지'와 '변형'이 들어가야 하므로 정답은 ④임

왜 오답?

① 장르 소설이나 만화 속 인물들이 다른 작가들에 의해 쓰일 때 특성의 '단순화'를 겪는 것이 아니라 그 반대이다.
② 장르 소설이나 만화 속 인물들이 다른 작가들에 의해 쓰일 때 특성의 '저하'를 겪는다고 하지 않았다.
③ 문학 소설에서 등장인물들이 연속 작품에 거의 '사그라지지' 않는다고 하면 글의 내용과 정반대가 된다.
⑤ 문학 소설에서 등장인물들이 연속 작품에 거의 '사라지지' 않는 것이 아니라 그 반대이고, 장르 소설이나 만화 속 인물들이 계속 등장하면서 다른 작가들에 의해 쓰이면 특성이 '화석화'된다는 내용도 언급되지 않았다.

＊ 글의 흐름

도입	대부분의 소설에서 등장인물들의 삶은 개별 작품에 국한되는데, 이에 대한 독자들의 의견이 다를 수 있고, 연극에서는 다양한 해석의 여지가 있음
전개	문학 소설의 등장인물들이 후속 작품에 재등장하는 경우는 흔하지 않지만, 장르 소설에서는 동일한 중심인물들이 등장하는 연재물이 흔함
설명	Superman이나 Batman과 같은 등장인물은 오래된 역사 동안 다양한 이유로 여러 가지 방식으로 변화함
결론	Sherlock Holmes처럼 등장인물이 단일 작가에 의해 창작되면, 그 등장인물의 핵심 특성은 거의 변하지 않을 수도 있지만, 등장인물이 수십 년 동안 여러 손을 거친 작품이라면 상당히 바뀔 수도 있음

O 05 정답 ④ ＊영화와 법의 공통점과 차이점

Cinema and law / share the same subjects and audience. //
영화와 법은 / 동일한 주제와 청중을 공유한다 //
'~보다는'
Rather than an abstract desire for truth / as a value in itself, / the law deals with the messiness of human relations. //
진리에 대한 추상적인 욕구보다는 / 그 자체로 가치를 지닌 / 법은 인간관계의 혼란스러움을 다룬다 //
Both disciplines struggle with what it means to be human / and try to communicate to us something about our existence; / both are human artifacts directed at man. // 단서 1 영화와 법 두 분야 모두 인간의 의미를 고심한 인간의 인공물임
동사의 병렬 구조
두 분야 모두 인간임이 무엇을 의미하는지를 고심하며 / 우리에게 우리 존재에 대한 무언가를 전달하려고 노력하는데 / 즉 둘 다 인간을 향한 인간의 인공물이다 //
형용사구가 강조를 위해 문두로 가면서 주어와 동사 도치
Indeed, / foundational to law is its anxiety about human nature: / man desires freedom / but is simultaneously too violent to exist in a state of nature / without a regime of commands and prohibitions. //
too ~ to ...: …하기에 너무 ~하다
실제로 / 인간 본성에 대한 그것(법)의 불안은 법의 기초가 된다 / 인간은 자유를 원하지만 / 동시에 자연 상태에서 존재하기에는 지나치게 폭력적이다 / 명령과 금지의 체제 없이는 //

However, / there is also an important difference here / **that** makes a study of the interaction **between** cinema **and** law interesting: / **while** cinema expresses man's affective life, / the law keeps it in check. // **단서2** 영화는 인간의 감정적 삶을 표현하지만, 법은 그것을 통제함
그러나 / 또한 여기에는 중요한 차이가 있다 / 영화와 법 사이의 상호 작용에 대한 연구를 흥미롭게 만드는 / 영화가 인간의 감정적 삶을 표현하는 반면 / 법은 그것을 통제한다 //

It tries to ensure / **that** we are not overwhelmed and destroyed / by our desires and drives. //
그것(법)은 확실히 하려고 한다 / 우리가 압도되지 않고 파괴되지 않도록 / 우리의 욕구와 충동에 의해 //

The law obsessively tries to suppress affects, / **fearing** the horror of their consequences, /
법은 강박적으로 감정을 억제하려 한다 / 그것들(감정)의 결과에 대한 공포를 두려워하며 /
단서3 법은 감정을 억제하는 반면 영화는 우리의 감정을 직면하게 함
whereas cinema introduces us to our affects, / often **forcing** us **to identify** the most unbearable **ones** in ourselves. //
반면 영화는 우리에게 우리의 감정을 접하게 한다 / 자주 우리 자신 안의 가장 견딜 수 없는 것을 알아보게 하면서 //

> → Cinema and law are both human creations / **that** explore (A) **humanity**, / yet they differ in how they handle emotion / — cinema has **us confront** it, / and law (B) **imposes** limits on it. //
> 영화와 법 모두 인간의 창작물이지만 / 인간성을 탐구하는 / 그들은 감정을 다루는 방식에서는 다르다 / 영화는 우리가 그것과 마주하게 하고 / 법은 그것에 제한을 부과한다 //

- abstract ⓐ 추상적인 · deal with ~을 다루다
- messiness ⓝ 혼란스러움 · discipline ⓝ 분야
- existence ⓝ 존재 · artifact ⓝ 인공물
- foundational ⓐ 기초의, 근본적인 · simultaneously ⓐ𝖽 동시에
- command ⓝ 명령 · prohibition ⓝ 금지
- affective ⓐ 감정적인 · overwhelm ⓥ 압도하다
- obsessively ⓐ𝖽 강박적으로 · affect ⓝ 감정
- consequence ⓝ 결과 · identify ⓥ 알아보다, 확인하다
- unbearable ⓐ 견딜 수 없는

영화와 법은 동일한 주제와 청중을 공유한다. 법은 그 자체로 가치를 지닌 진리에 대한 추상적인 욕구보다는 인간관계의 혼란스러움을 다룬다. 두 분야 모두 인간임이 무엇을 의미하는지를 고심하며, 우리에게 우리 존재에 대한 무언가를 전달하려고 노력하는데, 즉 둘 다 인간을 향한 인간의 인공물이다. 실제로, 인간 본성에 대한 법의 불안은 법의 기초가 된다. 인간은 자유를 원하지만 동시에 명령과 금지의 체제 없이 자연 상태에서 존재하기에는 지나치게 폭력적이다. 그러나 또한 여기에는 영화와 법 사이의 상호 작용에 대한 연구를 흥미롭게 만드는 중요한 차이가 있는데, 영화가 인간의 감정적 삶을 표현하는 반면, 법은 그것을 통제한다. 법은 우리가 우리의 욕구와 충동에 의해 압도되지 않고, 파괴되지 않도록 확실히 하려고 한다. 법은 감정의 결과에 대한 공포를 두려워하며 강박적으로 감정을 억제하려 하는 반면, 영화는 우리에게 우리의 감정을 접하게 하며, 자주 우리 자신 안의 가장 견딜 수 없는 것을 알아보게 한다.
→ 영화와 법 모두 (A) **인간성**을 탐구하는 인간의 창작물이지만, 그들은 감정을 다루는 방식에서는 다른데, 영화는 우리가 그것과 마주하게 하고, 법은 그것에 제한을 (B) **부과한다**.

다음 글의 내용을 한 문장으로 요약하고자 한다. 빈칸 (A), (B)에 들어갈 말로 가장 적절한 것은?

	(A)	(B)
①	symbols 상징	places 둔다
②	symbols 상징	reinforces 강화한다
③	nature 자연	removes 제거한다
④	humanity 인간성	imposes 부과한다
⑤	humanity 인간성	undermines 약화시킨다

① 영화와 법은 인간성에 대한 탐구이지 상징을 탐구하는 것이 아님
③ 영화와 법은 자연에 대한 탐구가 아니고, 법은 제한을 제거하는 것이 아니라 부과함
④ 영화와 법은 인간성에 대한 탐구의 창작물이며, 법은 감정에 제한을 부과함
⑤ 법은 감정에 제한을 부과하지 약시키지 않음

(A):
— 영화와 법, 두 분야 모두 인간성에 대한 인간의 창작물임 **단서1**
➡ 영화와 법 모두 인간임이 무엇인지 우리의 존재에 대해 탐구하므로 '인간성(humanity)'을 탐구하는 창작물이다.

(B):
- 영화가 인간의 감정적 삶을 표현하는 반면, 법은 그것을 통제함 **단서2**
- 법은 감정을 억제하려 하는 반면, 영화는 우리 내면의 감정을 직면하게 함 **단서3**
➡ 법은 인간의 본성에 대한 두려움과 불안이 있기 때문에 인간의 감정을 통제하고 억제하려고 한다. 즉, 법은 인간의 감정에 제한을 '부과한다(imposes)'고 하는 것이 적절하다.
▶ 요약문의 빈칸에는 각각 '인간성'과 '부과한다'가 들어가야 하므로 정답은 ④임

>왜 오답?
①, ② 영화와 법은 인간성에 대한 탐구이지 상징을 탐구하는 창작물이 아니다.
③ 영화와 법은 자연이 아닌 인간성에 대한 탐구이며, 법은 감정에 제한을 부과하는 것이지 제거하는 것이 아니다.
⑤ 법은 감정에 제한을 부과하는 것이지 약화시키지 않는다.

＊ 글의 흐름

도입	영화와 법은 동일한 주제와 청중을 공유함
전개	두 분야 모두 인간임이 무엇을 의미하는지를 고심하며, 둘 다 인간을 향한 인간의 인공물임
부연	실제로, 인간 본성에 대한 법의 불안은 법의 기초가 됨
결론	영화가 인간의 감정적 삶을 표현하는 반면, 법은 그것을 통제함

O 06 정답 ① ＊위성 내비게이션으로 인한 인간과 환경의 관계 변화 —

Earlier navigational aids, / particularly those **available and affordable** to ordinary folks, / **were** just that: / aids. //
초기의 내비게이션 보조 도구들 / 특히 보통 사람들에게 사용이 가능하고 가격이 적당했던 것들은 / 단지 그 자체였다 / 보조 도구들 //

They were designed to give travelers / a greater awareness of the world around them /
그것들은 여행자들에게 주기 위해 설계되었다 / 그들 주변 세상에 대한 더 큰 인식을 /
단서1 초기 내비게이션 보조 도구들은 여행자들에게 환경에 대한 더 큰 인식을 줌
— to **sharpen** their sense of direction, / **provide** them with advance warning of danger, / **highlight** nearby landmarks and other points of orientation, / and in general **help** them situate themselves / in both familiar and alien settings. //
방향 감각을 날카롭게 하기 위해 / 위험에 대한 사전 경고를 제공하기 위해 / 가까운 주요 지형지물과 다른 방위 지점을 강조하기 위해 / 그리고 일반적으로 자신들의 위치를 확인하도록 도움을 주기 위해 / 익숙한 환경과 낯선 환경 모두에서 //

Satellite navigation systems / can do all those things, and more, / but they're not designed **to deepen** our involvement with our surroundings. // **단서2** 위성 내비게이션 시스템은 우리와 환경과의 관련을 깊게 만들어 주지 않음
위성 내비게이션 시스템들은 / 이 모든 것과 그 이상을 할 수 있다 / 하지만 그것들은 설계된 것이 아니다 / 우리의 환경과의 관련을 더욱 깊게 만들기 위해 //

They're designed / to **relieve** us **of** the need for such involvement. //
그것들은 설계되었다 / 우리에게서 그러한 관련의 필요를 덜어주기 위해 //

By taking control of the mechanics of navigation / and **reducing** our own role to following routine commands, /
내비게이션 기술을 통제함으로써 / 그리고 우리 자신의 역할을 틀에 박힌 명령을 따르는 것으로 축소시킴으로써 /

the systems, / **whether** running through a dashboard, a smartphone, or a dedicated GPS receiver, / **end up isolating** us from the environment. // 단서3 위성 내비게이션은 우리를 환경과 분리시킴

그 시스템들은 / 계기판, 스마트폰, 또는 전용 GPS 수신기를 통해 작동하든 / 결국 우리를 환경으로부터 분리시킨다 //

As a team of Cornell University researchers put it in a 2008 paper, / "With the GPS / you no longer need to **know** / where you are and where your destination is, /

코넬 대학교 연구팀이 2008년 논문에서 말했듯이 / "GPS와 함께라면 / 당신은 더 이상 알 필요가 없다 / 당신이 어디에 있는지 그리고 당신의 목적지가 어디인지 /

attend to physical landmarks along the way, / or **get** assistance from other people in the car and outside of it." //

길을 따라가는 동안 물리적인 주요 지형지물에 신경 쓸 (필요도 없으며) / 차 안과 밖에서 다른 사람들에게 도움을 받을 (필요도 없다)" //

> '~와 비교하여'   주격 관계대명사
> → **Compared to** earlier navigational aids / **that** enabled users
> enabled의 목적격 보어(to부정사)
> **to be** more (A) **connected** with their surroundings, /
> 초기의 내비게이션 보조 도구들과 비교하여 / 사용자가 그들의 환경과 더욱 연결되는 것을 가능하게 했던 /
>
> detach A from B: A를 B로부터 분리시키다
> satellite navigation systems / (B) **detach** us **from** the environment / by limiting our part to simply following directions. //
> 위성 내비게이션 시스템들은 / 우리를 환경으로부터 분리시킨다 / 우리의 역할을 단순히 지시를 따르는 것으로 제한함으로써 //

- navigational aid 내비게이션 보조 도구   • affordable ⓐ 가격이 적당한
- folk ⓝ 사람   • sharpen ⓥ 날카롭게 하다   • advance ⓐ 사전의
- orientation ⓝ 방위 지점   • situate ⓥ 위치를 확인하다
- alien ⓐ 낯선, 생경한   • satellite ⓝ 위성   • surroundings ⓝ 환경
- mechanics ⓝ 기술, 역학   • isolate ⓥ 분리시키다, 고립시키다

초기의 내비게이션 보조 도구들, 특히 보통 사람들에게 사용이 가능하고 가격이 적당했던 것들은 단지 보조 도구들 그 자체였다. 그것들은 여행자들에게 그들 주변 세상에 대한 더 큰 인식을 주기 위해 설계되었는데, 방향 감각을 날카롭게 하고, 위험에 대한 사전 경고를 제공하고, 가까운 주요 지형지물과 다른 방위 지점을 강조하고, 일반적으로 익숙한 환경과 낯선 환경 모두에서 자신들의 위치를 확인하도록 도움을 주었다. 위성 내비게이션 시스템들은 이 모든 것과 그 이상을 할 수 있지만, 그것들은 우리 환경과의 관련을 더욱 깊게 만들기 위해 설계된 것이 아니다. 그것들은 우리에게서 그러한 관련의 필요를 덜어주기 위해 설계되었다. 내비게이션 기술을 통제하고, 우리 자신의 역할을 틀에 박힌 명령을 따르는 것으로 축소시킴으로써 그 시스템들은, 계기판, 스마트폰, 또는 전용 GPS 수신기를 통해 작동하든, 결국 우리를 환경으로부터 분리시킨다. 코넬 대학교 연구팀이 2008년 논문에서 말했듯이, "GPS와 함께라면 당신은 더 이상 당신이 어디에 있는지, 당신의 목적지가 어디인지 알 필요도 없고, 길을 따라가는 동안 물리적인 주요 지형지물에 신경 쓸 필요도 없으며, 차 안과 밖에서 다른 사람들에게 도움을 받을 필요도 없다."
→ 사용자가 그들의 환경과 더욱 (A) **연결되는** 것을 가능하게 했던 초기의 내비게이션 보조 도구들과 비교하여, 위성 내비게이션 시스템들은 우리의 역할을 단순히 지시를 따르는 것으로 제한함으로써 우리를 환경으로부터 (B) **분리시킨다.**

다음 글의 내용을 한 문장으로 요약하고자 한다. 빈칸 (A), (B)에 들어갈 말로 가장 적절한 것은?

→ 위성 내비게이션이 사용자를 환경으로부터 보호한다는 것이 아님

	(A)		(B)	
①	connected 연결된	—	detach 분리시키다	초기의 내비게이션 보조 도구는 사용자와 환경이 더욱 연결되도록 했지만, 위성 내비게이션 시스템은 환경과 분리시킴
②	disassociated 분리된	—	distinguish 구별하다	
③	connected 연결된	—	protect 보호하다	초기 내비게이션은 사용자와 환경을 분리되게 만들지 않음
④	disassociated 분리된	—	separate 분리시키다	
⑤	concerned 관련된	—	rescue 구조하다	위성 내비게이션이 사용자를 환경으로부터 구조하는 것이 아님

왜 정답? [정답률 74%]

(A):
초기 내비게이션 보조 도구들은 여행자들이 주변 세상에 대해 더 큰 인식을 갖도록 설계되었다.
➡ 즉, 초기 내비게이션 보조 도구들은 사용자가 그들의 환경과 더욱 '연결되는' 것을 가능하게 만들었다.

(B):
초기 내비게이션과 비교했을 때, 위성 내비게이션 시스템들은 우리의 역할을 틀에 박힌 명령을 따르는 것으로 축소시킴으로써 결국 우리를 환경으로부터 분리시켰다.
➡ 내비게이션 기술을 통제하고, 우리 자신의 역할을 축소시킴으로써 그 시스템들은 우리를 환경으로부터 '분리시킨' 것이다.
▶ 요약문의 빈칸에는 각각 '연결되는'과 '분리시킨다'가 들어가야 하므로 정답은 ①임

왜 오답?
② 초기 내비게이션은 사용자와 환경을 연결시켰다고 했다.
③ 위성 내비게이션이 사용자를 환경으로부터 보호한다는 내용이 아니다.
④ 초기 내비게이션은 사용자와 환경을 분리한 것이 아니다.
⑤ 위성 내비게이션이 사용자를 환경으로부터 구조했다는 내용이 아니다.

＊ 글의 흐름

도입	초기의 내비게이션 보조 도구들은 보통 사람들에게 사용이 가능하고 가격이 적당했고, 단지 보조 도구들 그 자체였음
전개	위성 내비게이션 시스템들은 그 이상을 할 수 있지만, 우리 환경과의 관련을 더욱 깊게 만들기 위해 설계된 것이 아님
설명	우리 자신의 역할을 틀에 박힌 명령을 따르는 것으로 축소시킴으로써 그 시스템들은 결국 우리를 환경으로부터 분리시킴
부연	코넬 대학교 연구팀이 2008년 논문에서 말했듯이, "GPS와 함께라면 당신은 위치, 목적지, 주변 지형지물을 인식하거나, 주변 사람들의 도움을 받을 필요도 없다."

O 07 정답 ⑤ ＊본능적 반응인 정직함

In one revealing series of studies, / researchers from the Julius-Maximilians University of Würzburg, Germany, / enrolled test subjects in a well-known experiment / **called "die under the cup."** //
분사구(a well-known experiment 수식)

흥미로운 사실을 보여주는 일련의 연구에서 / 독일 Würzburg의 Julius-Maximilians 대학의 연구원들은 / 잘 알려진 실험에 피험자를 등록시켰다 / '컵 아래 주사위'라고 불리는 //

In the experiment, / participants **make** a series of die rolls under a cup, / the results **of which** only they can see, / and then **report** their results anonymously. //
병렬 구조 / 전치사+관계대명사

그 실험에서 / 참가자들은 컵 아래에 연속적으로 주사위를 굴리는데 / 오직 그들만 그것의 결과들을 볼 수 있으며 / 그 다음에는 익명으로 자신의 결과들을 보고한다 //

Participants were told / they would earn money / depending on the outcome of their rolls, / **with higher rolls rewarded** more favorably. //
with+명사+분사

참가자들은 들었다 / 돈을 받을 것이며 / 자신들이 굴린 것의 결과에 따라 / 굴려서 나온 숫자들이 더 높을수록 더 후하게 보상받는다는 것을 //

To ensure appropriate conditions, / the researchers varied the time / participants had to report their results. //
적절한 조건을 보장하기 위해 / 연구자들은 시간을 다르게 했다 / 참가자들이 자신들의 결과들을 보고해야 하는 //

In the first round, they asked participants / to report their results immediately. //
첫 번째 라운드에서 그들은 참가자들에게 요청했다 / 자신들의 결과들을 즉시 보고하도록 //

In the second, they were instructed to **do so** / after a short delay. //
대동사(= report their results)

두 번째에서는, 그들은 그렇게 하도록 지시받았다 / 짧은 지연 시간 후에 //

The results were clear, / **supporting** **what** many researchers have long suspected: / the results reported immediately were more honest / than **those** reported after a delay, /

그 결과는 명확했으며 / 이는 많은 연구자들이 오랫동안 짐작해 왔던 것을 뒷받침한다 / 즉, 즉시 보고된 결과들은 더 정직했는데 / 지연 시간 후에 보고된 것들보다 /

suggesting that honesty is a more instinctive response / and **showing that** dishonesty takes greater cognitive effort. //

이는 정직함이 더 본능적인 반응임을 시사하고 / 정직하지 않음은 더 많은 인지적 노력을 필요로 한다는 것을 보여준다 /

> **단서** 즉시 보고된 결과는 지연 시간 후에 보고된 것들보다 더 정직하고, 이는 정직함이 더 본능적인 반응이며 정직하지 않음은 더 많은 인지적 노력을 필요로 한다는 것을 보여줌

→ In one experiment, / the subjects were more likely to produce (A) **untruthful** responses / when they were given a delay to respond, / **which** implies that honesty is a response that is made (B) **spontaneously**. //

한 실험에서 / 그 피실험자들은 진실이 아닌 반응을 할 가능성이 더 높았는데 / 반응하기 위한 지연 시간이 주어졌을 때 / 이는 정직함이 즉흥적으로 이루어지는 반응이라는 것을 의미한다 //

- revealing ⓐ 흥미로운 사실을 보여주는
- enroll ⓥ 등록하다
- subject ⓝ 피실험자
- anonymously ⓐⓓ 익명으로
- outcome ⓝ 결과
- favorably ⓐⓓ 더 후하게, 호의적으로
- appropriate ⓐ 적절한
- vary ⓥ 다르게 하다, 다양하게 하다
- instinctive ⓐ 본능적인
- dishonesty ⓝ 정직하지 않음
- cognitive ⓐ 인지적인

흥미로운 사실을 보여주는 일련의 연구에서, 독일 Würzburg의 Julius-Maximilians 대학의 연구원들은 '컵 아래 주사위'라고 불리는 잘 알려진 실험에 피험자를 등록시켰다. 그 실험에서 참가자들은 컵 아래에 연속적으로 주사위를 굴리는데, 오직 그들만 그것의 결과들을 볼 수 있으며, 그다음에는 익명으로 자신들의 결과들을 보고한다. 참가자들은 자신들이 굴린 것의 결과에 따라 돈을 받을 것이며, 굴려서 나온 숫자들이 더 높을수록 더 후하게 보상받는다는 사실을 들었다. 적절한 조건을 보장하기 위해 연구자들은 참가자들이 자신들의 결과들을 보고해야 하는 시간을 다르게 했다. 첫 번째 라운드에서 그들은 참가자들이 자신들의 결과들을 즉시 보고하도록 요청했다. 두 번째에서는, 그들은 짧은 지연 시간 후에 그렇게 하도록 지시받았다. 그 결과는 명확했으며, 이는 많은 연구자들이 오랫동안 짐작해 왔던 것을 뒷받침한다. 즉, 즉시 보고된 결과들은 지연 시간 후에 보고된 것들보다 더 정직했는데, 이는 정직함이 더 본능적인 반응임을 시사하고 정직하지 않음은 더 많은 인지적 노력을 필요로 한다는 것을 보여준다.

→ 한 실험에서, 그 피실험자들은 반응하기 위한 지연 시간이 주어졌을 때 (A) **진실이 아닌** 반응을 할 가능성이 더 높았는데, 이는 정직함이 (B) **즉흥적으로** 이루어지는 반응이라는 것을 의미한다.

다음 글의 내용을 한 문장으로 요약하고자 한다. 빈칸 (A), (B)에 들어갈 말로 가장 적절한 것은?

	(A)		(B)	
①	false 거짓된	—	consciously 의식적으로	정직한 반응은 본능적인 반응이지, 의식적인 반응은 아님
②	sincere 진실된	—	instantly 즉시	응답 전에 지연 시간이 주어졌을 때 더 진실된 답변을 한다는 것은 이 글의 내용과 반대됨
③	consistent 일관된	—	voluntarily 자발적으로	응답의 일관성이나 자발성에 관한 내용이 아님
④	unfavorable 불리한	—	cognitively 인지적으로	지연된 보고는 오히려 자기에게 유리한 결과를 만들기 위한 것이므로 불리한 것이 아님
⑤	untruthful 진실이 아닌	—	spontaneously 즉흥적으로	지연 시간이 주어졌을 때 사람들은 거짓된 응답을 할 가능성이 높았고, 이는 정직함이 즉흥적인 응답임을 의미함

> **왜 정답?** [정답률 51%]

(A):

- 컵 아래 주사위 실험에서 참가자는 주사위 결과를 익명으로 보고하고, 높은 숫자가 보상으로 연결됨
- 첫 번째 라운드는 결과를 즉시 보고하게 했고, 두 번째 라운드는 짧은 지연 시간 후에 결과를 보고하게 했음
- 즉시 보고된 결과들은 지연 시간 후에 보고된 것들보다 더 정직했음

➡ 반응하기 위한 지연 시간이 주어지면 '진실이 아닌(untruthful)' 답을 말할 가능성이 더 높은 것을 의미한다.

(B):

- 지연 시간 후에 보고된 것들보다 즉시 보고된 결과들이 더 정직했음

➡ 이러한 실험 결과는 정직함이 '즉흥적으로(spontaneously)' 나오는 반응임을 보여준다.

▶ 요약문의 빈칸에는 각각 '진실이 아닌'과 '즉흥적으로'가 들어가야 하므로 정답은 ⑤임

> **왜 오답?**

① 정직한 반응은 본능적인 것이지, 의식적으로 만들어지는 반응은 아니다.

② 지연 시간이 주어졌을 때 더 진실된 응답을 한다는 것은 글의 내용과 반대된다.

③ 이 실험은 응답의 일관성이나 자발성에 관한 것이 아니다.

④ 지연된 보고는 오히려 자신에게 유리한 결과를 만들기 위한 것이므로 불리하다고 볼 수는 없다.

＊ 글의 흐름

도입	컵 아래 주사위 실험에서 참가자는 주사위 결과를 익명으로 보고하고, 높은 숫자가 보상으로 연결됨
실험 내용	첫 번째 라운드는 결과를 즉시 보고하고, 두 번째 라운드는 짧은 지연 시간 후에 결과를 보고하게 했음
실험 결과	즉시 보고한 집단이 더 정직함
결론	정직함은 본능적이고, 거짓은 인지적 노력을 필요로 함

Ⓞ 08 정답 ① ＊알고리듬의 창조성과 소유권 문제

It may be assumed / **that** meta-algorithmics, / that is, the creation of algorithms / **that** generate other algorithms, / is a human creation as well. //

가정할 수도 있다 / 메타 알고리드믹(meta-algorithmics) / 즉, 알고리듬들의 창조가 / 다른 알고리듬들을 생성하는 / 또한 인간의 창조물이라고 //

A human programmer must have composed / the first algorithm / **that**, in turn, generates new algorithms / and as such the initial programmer must be in control / of the original idea. //

인간 프로그래머가 만들었음에 틀림없다 / 최초의 알고리듬을 / 뒤따라서 새로운 알고리듬들을 생성하는 / 그 자체로 그 최초의 프로그래머가 통제하고 있어야 한다 / 본래의 아이디어를 //

However, / this is not necessarily true. //

하지만 / 이것이 반드시 사실은 아니다 // **단서 1** 알고리듬을 프로그래머가 통제하는 것이 반드시 사실은 아님

Unlike humanly conceived ideas, / **where** the author is the intellectual owner of the idea, / algorithms are processes / **that** define, describe, and implement a series of actions / **that** in turn produce other actions. //

인간적 능력 내에서 생각해 낸 아이디어와는 달리 / 창시자가 아이디어의 지적 소유자인 / 알고리듬은 과정이다 / 일련의 행동을 정의하고, 설명하며, 실행하는 / 결과적으로 다른 행동을 만들어 내는 // **단서 2** 알고리듬을 실행 중에 의도와 실제 결과 간 불일치가 발생할 수 있음

During the transfer of actions / **it** is possible for a discrepancy to occur / **between** the original intention **and** the actual result. //

행동의 이송 중에 / 불일치가 발생하는 것이 가능하다 / 원래 의도와 실제 결과 간 //

If that happens / then, by definition, / the author of the algorithm is not in control of, / and therefore does not own intellectually / from that point on, / the resulting process. //

만약 그것이 발생한다면 / 그때는, 정의상으로는 / 알고리듬의 창시자는 통제하고 있지 않다 / 그러므로 지적으로 소유하지 않게 된다 / 그 시점부터는 / 결과로 나타난 과정을 //

Theoretically, / ownership of an idea is intrinsically connected / to the predictability of its outcome, / that is, to its intellectual control. // **단서 3** 결과를 예측할 수 있어야 아이디어를 지적으로 통제하는 소유권이 있다고 할 수 있음

이론적으로 / 아이디어의 소유권은 본질적으로 연결되어 있다 / 그 결과의 예측 가능성과 / 즉, 그것의 지적 통제와 //

Therefore, in the absence of human control / the ownership of the algorithmic process / must be instead credited to the device / that produced it, that is, to the computer. //

따라서, 인간 통제의 부재 속에서 / 알고리즘 과정의 소유권은 / 대신 장치의 공으로 인정되어야 한다 / 그것을 만들어 냈던, 즉, 컴퓨터의 //

→ The new notion of intellectual ownership / is created by meta-algorithmics, / as algorithms can produce outcomes / that are (A) **unpredictable** to human programmers, / potentially (B) **attributing** ownership to the computer itself. //

지적 소유권의 새로운 개념은 / 메타 알고리드믹에 의해 만들어졌는데 / 알고리즘이 결과물을 만들 수 있어 / 인간 프로그래머에게 예측할 수 없는 / 잠재적으로 소유권을 컴퓨터 그 자체의 덕분으로 돌린다 //

- assume ⓥ 가정하다
- generate ⓥ 생성하다
- compose ⓥ 만들다
- initial ⓐ 최초의
- conceive ⓥ 생각해 내다
- implement ⓥ 실행하다
- intention ⓝ 의도
- theoretically ⓐⓓ 이론적으로
- predictability ⓝ 예측 가능성
- absence ⓝ 부재
- be credited to ~의 공으로 인정되다
- prescribed ⓐ 규정된
- foreseeable ⓐ 예측할 수 있는

메타 알고리드믹(meta-algorithmics), 즉 다른 알고리듬들을 생성하는 알고리듬들의 창조도 인간의 창조물이라고 가정할 수도 있다. 뒤따라서 새로운 알고리듬들을 생성하는 최초의 알고리듬을 인간 프로그래머가 만들어 냈음에 틀림없고, 그 자체로 그 최초의 프로그래머가 본래의 아이디어를 통제하고 있어야 한다. 하지만 이것이 반드시 사실은 아니다. 창시자가 아이디어의 지적 소유자인, 인간적 능력 내에서 생각해 낸 아이디어와는 달리, 알고리듬은 결과적으로 다른 행동을 만들어 내는 일련의 행동을 정의하고, 설명하며, 실행하는 과정이다. 행동의 이송 중에 원래 의도와 실제 결과 간 불일치가 발생하는 것이 가능하다. 만약 그것이 발생한다면, 그때는, 정의상으로는 알고리듬의 창시자는 결과로 나타난 과정을 통제하고 있지 않고, 그러므로 그 시점부터는 (그것을) 지적으로 소유하지 않게 된다. 이론적으로, 아이디어의 소유권은 그 결과의 예측 가능성, 즉 그것의 지적 통제와 본질적으로 연결되어 있다. 따라서, 인간 통제의 부재 속에서, 대신 알고리듬 과정의 소유권은 그것을 만들어 냈던 장치, 즉 컴퓨터의 공으로 인정되어야 한다.

→ 지적 소유권의 새로운 개념은 메타 알고리드믹에 의해 만들어졌는데, 알고리듬이 인간 프로그래머에게 (A) **예측할 수 없는** 결과물을 만들 수 있어 잠재적으로 소유권을 컴퓨터 그 자체의 덕분으로 (B) **돌린다**.

다음 글의 내용을 한 문장으로 요약하고자 한다. 빈칸 (A), (B)에 들어갈 말로 가장 적절한 것은?

	(A)		(B)	
①	unpredictable 예측할 수 없는	—	attributing 돌린다	알고리듬이 인간 프로그래머가 예측할 수 없는 결과물을 만들기 때문에 소유권을 컴퓨터의 덕분으로 돌린다는 내용
②	prescribed 규정된	—	attributing 돌린다	알고리듬이 인간 프로그래머에게 규정된 결과물을 만드는 것이 아님
③	unexpected 예상치 못한	—	denying 부정하는	알고리듬이 인간 프로그래머에게 예상치 못한 결과물을 만드는 것은 맞지만 컴퓨터의 소유권을 부정하는 것은 아님
④	unexplainable 설명할 수 없는	—	denying 부정하는	알고리듬이 컴퓨터의 소유권을 부정하는 것은 아님
⑤	foreseeable 예측할 수 있는	—	transferring 전환하다	알고리듬이 인간 프로그래머가 예측할 수 있는 결과물을 만들어 낸다고 하지 않았음

왜 정답? [정답률 66%]

(A):
- 알고리듬은 실행되는 과정에서 의도와 실제 결과 간 불일치가 발생할 수 있음
- ➡ 인간 프로그래머가 '예측할 수 없는' 결과를 가져올 수 있는 것을 의미한다.

(B):
- 결과의 예측 가능성과 아이디어의 소유권은 연결되어 있음
- ➡ 따라서 인간이 결과를 예측할 수 없으면 알고리듬의 소유권을 인간이 아니라 컴퓨터의 공으로 '돌리게' 될 것이다.
- ▶ 요약문의 빈칸에는 각각 '예측할 수 없는'과 '돌린다'가 들어가야 하므로 정답은 ①임

왜 오답?
- ② 알고리듬이 인간 프로그래머에게 규정된 결과물을 만드는 것이 아니다.
- ③ 알고리듬이 인간 프로그래머에게 예상치 못한 결과물을 만드는 것은 맞지만 컴퓨터의 소유권을 부정하는 것이 아니다.
- ④ 알고리듬이 컴퓨터의 소유권을 부정하는 것은 아니다.
- ⑤ 알고리듬이 인간 프로그래머가 예측할 수 있는 결과물을 만들어 낸다고 하지 않았고 오히려 반대이다.

＊ 글의 흐름

도입	메타 알고리드믹, 즉 다른 알고리듬들을 생성하는 알고리듬들의 창조도 인간의 창조물이라 할 수 있으며 인간이 통제하고 있어야 함
역접	그러나 이것이 반드시 사실은 아님
부연	알고리듬 행동의 이송 중에 원래 의도와 실제 결과 간 불일치가 발생하고, 아이디어의 소유권은 그 결과의 예측 가능성, 즉 그것의 지적 통제와 연결됨
결론	알고리듬 과정의 소유권은 컴퓨터의 공으로 인정됨

O 09 정답 ① ＊합성 식품 성분 및 천연 식품 성분

People often assume / that synthetic food ingredients are more harmful / than natural ones, / but this is not always the case. //

사람들은 흔히 가정한다 / 합성 식품 성분이 더 해롭다고 / 천연 성분보다 / 그러나 이것이 항상 그런 것은 아니다 //

Typically, / synthetic ingredients can be made / in a precisely controlled fashion / and have well-defined compositions and properties, / allowing careful evaluation of their potential toxicity. //

일반적으로 / 합성 성분은 만들어질 수 있다 / 정밀하게 통제된 방식으로 / 그리고 잘 정의된 성분의 조합과 특성을 가진다 / 잠재적인 독성의 주의 깊은 평가를 허락하면서 //

On the other hand, / natural ingredients often vary appreciably / in their composition and properties /

반면에 / 천연 성분은 상당히 차이를 보이는 경우가 많다 / 성분의 조합과 특성에서 /

depending on their origin, / the time of year they were harvested, / the climate they experienced throughout their lifetime, / the soil quality, / and how they were isolated and stored. //

원산지에 따라 / 수확된 시기 / 살아 있을 때 경험한 기후 / 토양의 질 / 그리고 분리되고 저장된 방식 //

These variations can make / testing their safety / extremely difficult / — one is never sure / about the potential toxicity of minor components / that may vary / from time to time. //

이러한 변동성은 만들 수 있다 / 안전성을 테스트하는 것을 / 매우 어렵게 / 우리는 결코 확신할 수 없다 / 미세 성분들의 잠재적인 독성에 대해 / 달라질 수 있는 / 그때그때 //

In some cases, / a natural food component has been consumed / for hundreds or thousands of years / without causing any obvious health problems / and can, therefore, be assumed / to be safe. //

어떤 경우에는 / 천연 식품 성분이 소비되어 왔다 / 수백 년 또는 수천 년 동안 / 명백한 건강 문제를 일으키지 않고 / 그리고 따라서 가정될 수 있다 / 안전하다고 //

However, / one must still be very careful. //

하지만 / 여전히 매우 주의해야 한다 //

→ The (A) **controllability** of the production process for synthetic food ingredients / and the variability of natural food ingredients / may (B) **challenge** people's commonly held assumption / that the natural ingredients are more secure. //

합성 식품 성분 생산 과정의 통제 가능성과 / 천연 식품 성분의 변동성은 / 사람들의 일반적인 가정에 이의를 제기할 수 있다 / 천연 성분이 더 안전하다는 //

- ingredient ⓝ 성분, 재료 • fashion ⓝ 방식
- composition ⓝ 조합 • property ⓝ 특성 • toxicity ⓝ 독성
- isolated ⓐ 고립된 • variation ⓝ 변동성
- predictability ⓝ 예측 가능성 • intensify ⓥ 강화하다
- affordability ⓝ 구입 가능성

사람들은 흔히 합성 식품 성분이 천연 성분보다 더 해롭다고 가정하지만, 이것이 항상 그런 것은 아니다. 일반적으로 합성 성분은 정밀하게 통제된 방식으로 만들어질 수 있으며, 성분의 조합과 특성이 잘 정의되어 있어 잠재적인 독성을 주의 깊게 평가할 수 있다. 반면에 천연 성분은 원산지, 수확된 시기, 살아 있을 때 경험한 기후, 토양의 질, 분리되고 저장된 방식에 따라 성분의 조합과 특성이 상당히 차이를 보이는 경우가 많다. 이러한 변동성으로 인해 안전성을 테스트하기가 매우 어려울 수 있는데, 그때그때 달라질 수 있는 미세 성분들의 잠재적인 독성에 대해 결코 확신할 수 없다. 어떤 경우에는 천연 식품 성분이 수백 년 또는 수천 년 동안 명백한 건강 문제를 일으키지 않고 소비되어 왔기에 안전하다고 가정될 수 있다. 하지만 여전히 매우 주의해야 한다.
→ 합성 식품 성분 생산 과정의 (A) **통제 가능성**과 천연 식품 성분의 변동성은 천연 성분이 더 안전하다는 사람들의 일반적인 가정에 (B) **이의를 제기할** 수 있다.

다음 글의 내용을 한 문장으로 요약하고자 한다. 빈칸 (A), (B)에 들어갈 말로 가장 적절한 것은?

	(A)		(B)
①	controllability 통제 가능성	—	challenge 이의를 제기하다
②	predictability 예측 가능성	—	support 지지하다
③	manageability 관리 가능성	—	intensify 강화하다
④	affordability 구입 가능성	—	reverse 뒤바꾸다
⑤	accessibility 접근 가능성	—	question 의문을 제기하다

합성 식품 성분의 관리 가능성은 가능할 수도 있으나, 이것이 천연 식품이 더 안전하다는 가정을 강화하는 것이 아니라 오히려 그 반대임

합성 식품 성분은 정밀하게 통제되기 때문에 그 통제 가능성이 사람들의 일반적 가정(천연 식품이 더 안전하다)에 이의를 제기함

합성 식품 성분의 예측 가능성이 천연 식품이 더 안전하다는 사람들의 가정을 지지한다는 내용의 글이 아님

합성 식품의 구입 가능성이 천연 식품이 더 안전하다는 사람들의 생각을 뒤바꾸는 것이 아님

합성 식품에 대한 접근 가능성이 천연 식품이 더 안전하다는 것에 의문을 제기하는 것이 아님

>왜 정답? [정답률 68%]

사람들의 일반적 생각	합성 식품 성분이 천연 성분보다 더 해로움
합성 성분의 특징	합성 성분은 정밀하게 통제된 방식으로 만들어지며 잠재적인 독성을 주의 깊게 평가 가능함
천연 성분의 특징	원산지, 수확된 시기, 기후, 토양의 질 등에 따라 성분의 조합과 특성에 변동성이 크고 안전성을 테스트하기가 매우 어려움

(A):
- 합성 성분은 정밀하게 통제된 방식으로 만들어진다고 했다.
➡ 즉, 합성 식품 성분의 생산 과정은 '통제 가능성(controllability)'을 갖는다.

(B):
- 합성 성분 생산 과정의 통제 가능성과 천연 성분의 변동성이 사람들이 일반적으로 천연 성분이 더 안전하다고 하는 가정을 반박한다는 내용이다.
➡ 즉, 사람들의 생각에 '이의를 제기(challenge)'하는 것이다.
▶ 요약문의 빈칸에는 각각 '통제 가능성'과 '이의를 제기하다'가 들어가야 하므로 정답은 ①임

>왜 오답?
② 합성 식품 성분의 예측 가능성이 천연 식품이 더 안전하다는 사람들의 가정을 지지한다는 내용의 글이 아니다.
③ 합성 식품 성분의 관리 가능성은 자연스러우나, 이것이 천연 식품이 더 안전하다는 가정을 강화하는 것이 아니라 오히려 그 반대이다.
④ 합성 식품의 구입 가능성이 천연 식품이 더 안전하다는 사람들의 생각을 뒤바꾸는 것에 대한 글이 아니다.
⑤ 합성 식품에 대한 접근 가능성이 천연 식품이 더 안전하다는 것에 의문을 제기하는 것이 아니다.

주제문	사람들은 합성 식품 성분이 더 해롭다고 생각하지만 항상 그런 것은 아님
근거 ①	합성 식품 성분은 정밀한 통제를 통해 생산, 잠재적 독성을 잘 평가할 수 있음
근거 ②	천연 성분은 변동성이 크고 잠재적 독성을 평가하기 어려울 수 있음
주제 재언급	천연 성분이 안전하다고 생각할 수 있으나 주의해야 함

백승준 | 카이스트 새내기과정학부 2025년 입학 · 광주 광주숭일고 졸

이 문제의 경우 (A)는 production process for synthetic food ingredients의 특징을, (B)는 주어가 assumption에 미치는 영향이 들어가야 한다는 것을 알 수 있지. 이를 의식하고 글의 주제를 파악하면 쉽게 답을 찾을 수 있을 거야. precisely controlled fashion과 well-defined compositions and properties를 보면 (A)에 들어가야 할 단어의 의미를 확인할 수 있지. 또, 첫 문장의 but this is not always the case를 통해 사람들의 통념과는 반대되는 내용을 주장하는 글임을 파악하여 (B)에 들어갈 단어를 찾을 수 있어.

O 10 정답 ① ＊인간 언어가 다른 동물의 울음소리와 다르게 갖고 있는 특성

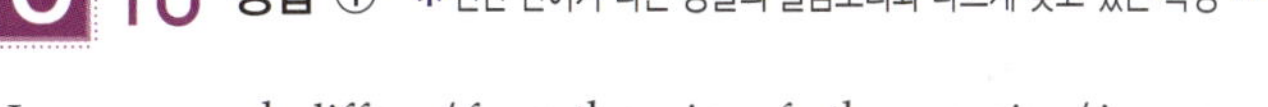

Human speech differs / from the cries of other species / in many ways. //
인간의 말은 다르다 / 다른 종의 울음소리와 / 여러 가지 면에서 //

One very important distinction is / **that** all other animals use / one call for one message / as the general principle of communication. // **단서 1** 동물은 하나의 메시지에 하나의 울음소리를 사용함
매우 중요한 한 가지 차이는 ~이다 / 다른 모든 동물은 사용한다는 것 / 하나의 메시지에 하나의 울음소리를 / 의사소통의 일반적인 원칙으로 //

This means / **that** the **number** of possible messages is very restricted. //
이는 의미한다 / 가능한 메시지의 수가 매우 제한적임을 //

If a new message is to be included in the system, / a new sound has to be introduced, too. //
시스템에 새로운 메시지가 포함되려면 / 새로운 소리도 도입되어야 한다 //

After the first few tens of sounds / **it** becomes difficult / **to invent** new distinctive sounds, / and also **to remember** them / for the next **time / they** are needed. //
처음 몇십 개의 소리가 있고 난 후에는 / 어려워진다 / 새로운 독특한 소리를 만들어 내는 것이 / 또한 그것을 기억하는 것이 / 다음을 위해 / 그것들이 필요할 //

Human speech builds / on the principle of combining a restricted number of sounds / into an unlimited number of messages. //
인간의 말은 기반으로 한다 / 제한된 수의 소리를 결합하는 원리를 / 무한한 수의 메시지를 만들어 내는 // **단서 2** 인간의 말은 제한된 수의 소리를 결합해 무한한 수의 메시지를 만들어 냄

In a typical human language / there are something like thirty or forty distinctive speech sounds. //
일반적인 인간의 언어에는 / 대략 30개 또는 40개의 독특한 말소리가 있다 //

These sounds can be combined into chains / **to form** a literally unlimited number of words. //
이 소리들은 연쇄적으로 결합될 수 있다 / 말 그대로 무제한적인 수의 단어를 만들기 위해 //

Even a small child, / **who** can communicate by only one word at a time, / uses a system for communication / **that** is infinitely superior to any system / **utilized** by any other animal. //
심지어 어린아이도 / 한 번에 한 단어로만 의사소통을 할 수 있는 / 의사소통 시스템을 사용한다 / 어떤 시스템보다 엄청 더 뛰어난 / 다른 어느 동물에 의해 활용되는 //

→ In animal cries, / each call (A) **represents** a different message, / which limits the number of possible messages, / whereas human language creates an unlimited number of messages / using a (B) **finite** set of distinctive sounds. //
동물의 울음소리에서 / 각각의 울음소리는 서로 다른 메시지를 나타내므로 / 가능한 메시지의 수가 제한되는 / 반면, 인간의 언어는 무한한 수의 메시지를 만들어 낸다 / 한정된 수의 독특한 소리 집합을 사용하여 //

- **species** ⓝ 종(種: 생물 분류의 기초 단위) · **distinction** ⓝ 차이, 구별
- **principle** ⓝ 원칙, 원리 · **restricted** ⓐ 제한된, 한정된
- **introduce** ⓥ 도입하다 · **combine** ⓥ 결합하다
- **unlimited** ⓐ 무제한의 · **literally** ⓐⓓ 말 그대로
- **infinitely** ⓐⓓ 엄청, 대단히, 무한히 · **superior** ⓐ 뛰어난, 우수한, 우월한
- **utilize** ⓥ 활용하다 · **represent** ⓥ 나타내다
- **symbolize** ⓥ 상징하다 · **distort** ⓥ 왜곡하다 · **finite** ⓐ 한정된
- **novel** ⓐ 새로운

인간의 말은 다른 종의 울음소리와 여러 가지 면에서 다르다. 매우 중요한 한 가지 차이는 다른 모든 동물은 의사소통의 일반적인 원칙으로 하나의 메시지에 하나의 울음소리를 사용한다는 것이다. 이는 가능한 메시지의 수가 매우 제한적임을 의미한다. 새로운 메시지가 시스템에 포함되려면, 새로운 소리도 도입되어야 한다. 처음 몇십 개의 소리가 있고 난 후에는 새로운 독특한 소리를 만들어 내는 것뿐만 아니라 다음에 필요할 때를 위해 그것을 기억하는 것 또한 어려워진다. 인간의 말은 제한된 수의 소리를 결합하여 무제한적인 수의 메시지를 만들어 내는 원리를 기반으로 한다. 일반적인 인간의 언어에는 대략 30개 또는 40개의 독특한 말소리가 있다. 이 소리들을 연쇄적으로 결합하여 말 그대로 무제한적인 수의 단어를 만들 수 있다. 심지어 한 번에 한 단어로만 의사소통을 할 수 있는 어린아이도 다른 어느 동물이 활용하는 어떤 시스템보다 엄청 더 뛰어난 의사소통 시스템을 사용한다.

→ 동물의 울음소리에서 각각의 울음소리는 서로 다른 메시지를 (A) **나타내므로** 가능한 메시지의 수가 제한되는 반면, 인간의 언어는 (B) **한정된** 수의 독특한 소리 집합을 사용하여 무한한 수의 메시지를 만들어 낸다.

다음 글의 내용을 한 문장으로 요약하고자 한다. 빈칸 (A), (B)에 들어갈 말로 가장 적절한 것은?

동물이 울음소리로 서로 다른 메시지를 상징하는 것은 맞지만 인간의 언어가 보편적인 수의 소리 집합을 사용하는 것은 아님

	(A)		(B)
①	represents 나타내다	—	finite 한정된	동물은 각각의 울음소리로 서로 다른 메시지를 나타내지만, 인간은 한정된 소리 집합을 사용하여 무한한 수의 메시지를 만들어 냄
②	symbolizes 상징하다	—	universal 보편적인
③	distorts 왜곡하다	—	fixed 고정된	동물은 각 울음소리로 서로 다른 메시지를 왜곡하는 것이 아님
④	expresses 표현하다	—	novel 새로운	동물이 각 울음소리로 서로 다른 메시지를 표현하는 것은 맞지만, 인간이 새로운 소리 집합을 사용하는 것이 아님
⑤	records 기록하다	—	complex 복잡한	동물이 각 울음소리로 서로 다른 메시지를 기록하는 것도, 인간이 복잡한 소리 집합을 사용하는 것도 아님

왜 정답? [정답률 59%]

인간의 말	다른 종의 울음소리와 여러 면에서 다름
다른 동물들	하나의 메시지를 전달할 때 하나의 울음소리를 사용 → 가능한 메시지의 수가 매우 제한적 **단서 1**
인간의 언어	· 제한된 수의 소리를 결합하여 무제한적인 수의 메시지를 만들어 냄 **단서 2** · 30개 또는 40개의 말소리들을 연쇄적으로 결합하여 무제한적인 수의 단어를 만듦

(A):

— 동물은 하나의 메시지를 전달할 때 하나의 울음소리를 사용한다고 했다.

➡ 즉, 각각의 울음소리가 서로 다른 메시지를 '나타낸다(represents)'는 것이다.

(B):

— 하지만 인간은 30 또는 40개의 제한된 소리를 결합하여 무제한적인 수의 메시지를 만들어 낸다고 한다.

➡ 즉, 인간은 '한정된(finite)' 소리 집합을 사용하여 무한한 수의 메시지를 만들어 내는 것이다.

▶ 요약문의 빈칸에는 각각 '나타낸다'와 '한정된'이 들어가야 하므로 정답은 ①임

왜 오답?

② 동물이 각각의 울음소리로 서로 다른 메시지를 상징하는 것은 맞지만, 인간이 보편적인 수의 소리 집합을 사용한다는 언급은 없다.

③ 동물이 각 울음소리로 서로 다른 메시지를 왜곡하는 것이 아니다.

④ 동물이 각 울음소리로 서로 다른 메시지를 표현하는 것은 맞지만, 인간이 새로운 수의 소리 집합을 사용하는 것은 아니다.

⑤ 동물이 서로 다른 메시지를 기록하는 것도 아니고, 인간이 복잡한 수의 소리 집합을 사용한다고도 하지 않았다.

＊ 글의 흐름

주제문	인간의 말은 다른 동물들의 울음소리와 중요한 차이점이 있음
설명 ①	동물은 하나의 메시지를 위해 하나의 울음소리를 냄 → 가능한 메시지가 제한적
설명 ②	인간은 제한된 수의 소리를 결합하여 무제한적인 수의 메시지를 만들어 냄
주제 재언급	한 번에 한 단어로만 의사소통을 할 수 있는 어린아이도 다른 어느 동물이 활용하는 어떤 시스템보다 뛰어난 의사소통 시스템을 사용함

O 11 정답 ③ ＊시를 통해 철학을 할 수 있는가에 대한 논의

Philosophical interest in poetry has been dominated by the question / of **whether** poetry can aid philosophical thought and promote philosophical inquiry. //
현재완료 수동태 / 명사절 접속사
시에 대한 철학적 관심은 질문에 의해 지배되어 왔다 / 시가 철학적 사고를 돕고 철학적 탐구를 촉진할 수 있는지에 대한 //
단서 1 몇몇 철학자들이 자신의 작품을 운문으로 나타내는 전통이 있음(시가 철학적 사고를 촉진함)

This focus reflects a tradition / of philosophers like Pope and Rumi **presenting** their philosophical work in verse. //
현재분사
이 초점은 전통을 반영한다 / Pope와 Rumi와 같은 철학자들이 자신의 철학적 작품을 운문으로 나타내는 //
단서 2 몇몇 시인들의 작품은 철학의 산물로 평가받음(시가 철학적 사고를 촉진함)

In addition, poets like William Wordsworth and T. S. Eliot / **have been celebrated** as poet-philosophers, / with their work **valued** as the product of philosophy through poetry. //
현재완료 수동태 / 과거분사
게다가, William Wordsworth와 T.S.Eliot과 같은 시인들은 / 시인철학자로서 찬사를 받아 왔다 / 그들의 작품이 시를 통한 철학의 산물로 높이 평가받으며 //

However, arguments against **poetry having** a role to play in philosophical inquiry / have tended to focus on poetry's (negative) relationship to truth /
동명사의 의미상 주어 동명사
그러나 시가 철학적 탐구에서 맡은 역할을 가지고 있다는 것에 반하는 주장들은 / 시와 진실 간의(부정적) 관계에 집중해 온 경향이 있다 /
단서 3 시가 철학적 탐구에서 어떤 역할을 맡고 있다는 것에 반하는 주장은 시와 진실 간의 부정적 관계에 집중함 (시를 통해 철학할 수 없음)

(or, as John Koethe puts it, poetry's indifference to truth). //
(즉, John Koethe가 표현하듯, 진실에 대한 시의 무관심) //

Although we may accept works of poetry / as having philosophical themes, / this does not **amount to doing** philosophy through poetry. /
~에 이르다 동명사
우리는 시 작품들을 받아들일 수도 있지만 / 철학적 주제를 갖는 것으로 / 이것은 철학을 시를 통해 하는 것과 마찬가지는 아니다 //

One such argument hinges on / **the non-paraphrasability of poetry** and **form-content unity**. //
명사구의 병렬 구조
그러한 하나의 주장은 ~에 달려 있다 / 시의 다른 말로 바꾸어 표현할 수 없음과 형식내용의 통일성 여하에 //

The thought goes, if poetry is to play a role in philosophy, / then it needs to be paraphrasable / (that is, its content must be separable from its form). //
그 생각은 만약 시가 철학에서 역할을 하려면 / 그것은 다른 말로 바꾸어 표현할 수 있어야 한다는 것으로 이어진다 / (즉, 그것의 내용은 그것의 형식으로부터 반드시 분리될 수 있어야 한다) //

The assumption is that paraphrase is a mark of understanding / and indicates / **that** some proposition has a fixed meaning and /
이 가정은 다른 말로 바꾸어 표현하는 것이 이해의 표시이며 / 보여준다 / 어떤 명제가 고정된 의미를 지닌다는 것과 /

that 절의 병렬 구조
that only a proposition with a fixed meaning can be evaluated / in terms of truth or falsity. //
고정된 의미를 지닌 명제만이 평가될 수 있다는 것을 / 진실 혹은 거짓이라는 면에서 //

Poetry resists paraphrase: / to change the words is to change the poem. //
시는 다른 말로 바꾸어 표현하는 것에 저항한다 / 단어를 바꾸는 것은 시를 바꾸는 것이다 //

→ Some believe in the ability of poetry / to (A) **convey** philosophy, / but for others, its resistance to paraphrasing / (B) **restricts** its philosophical role. //
일부 사람들은 시의 능력을 믿는데 / 철학을 전달하는 / 다른 사람들에게는, 그것의 다른 말로 바꾸어 표현하는 것에 대한 저항이 / 그것의 철학적 역할을 제한한다 //

- philosophical ⓐ 철학적인 · dominate ⓥ 지배하다
- promote ⓥ 촉진하다 · inquiry ⓝ 질문
- celebrate ⓥ 찬사를 보내다 · argument ⓝ 논쟁
- indifference ⓝ 무관심 · separable ⓐ 분리될 수 있는
- paraphrase ⓝ 다른 말로 바꾸어 표현하는 것 · evaluate ⓥ 평가하다
- misinterpret ⓥ 잘못 해석하다 · restrict ⓥ 제한하다
- reinforce ⓥ 강화하다 · broaden ⓥ 넓히다

시에 대한 철학적 관심은 시가 철학적 사고를 돕고 철학적 탐구를 촉진할 수 있는지에 대한 질문에 의해 지배되어 왔다. 이 초점은 Pope와 Rumi와 같은 철학자들이 자신의 철학적 작품을 운문으로 나타내는 전통을 반영한다. 게다가, William Wordsworth와 T. S.Eliot과 같은 시인들은 그들의 작품이 시를 통한 철학의 산물로 높이 평가받으며 시인철학자로서 찬사를 받아 왔다. 그러나 시가 철학적 탐구에서 맡은 역할을 가지고 있다는 것에 반하는 주장들은 시와 진실 간의(부정적) 관계(즉, John Koethe가 표현하듯, 진실에 대한 시의 무관심)에 집중해 온 경향이 있다. 우리는 시 작품들이 철학적 주제를 갖는 것으로 받아들일 수도 있지만, 이것은 철학을 시를 통해 하는 것과 마찬가지는 아니다. 그러한 하나의 주장은 시의 다른 말로 바꾸어 표현할 수 없음과 형식내용의 통일성 여하에 달려 있다. 그 생각은 만약 시가 철학에서 역할을 하려면, 그것은 다른 말로 바꾸어 표현할 수 있어야 한다는 것(즉, 그것의 내용은 그것의 형식으로부터 반드시 분리될 수 있어야 한다)으로 이어진다. 이 가정은 다른 말로 바꾸어 표현하는 것이 이해의 표시이며 어떤 명제가 고정된 의미를 지닌다는 것과 고정된 의미를 지닌 명제만이 진실 혹은 거짓이라는 면에서 평가될 수 있다는 것을 보여 준다. 시는 다른 말로 바꾸어 표현하는 것에 저항한다. 단어를 바꾸는 것은 시를 바꾸는 것이다.

→ 일부 사람들은 철학을 (A) 전달하는 시의 능력을 믿는데, 다른 사람들에게는, 그것의 다른 말로 바꾸어 표현하는 것에 대한 저항이 그것의 철학적 역할을 (B) 제한한다.

다음 글의 내용을 한 문장으로 요약하고자 한다. 빈칸 (A), (B)에 들어갈 말로 가장 적절한 것은?

글의 초반 내용은 시가 철학을 전달할 수 있다는 내용이고, 후반 내용은 이와 반대되는 시로 철학을 할 수 없다는 내용이므로 적절함

	(A)		(B)
①	misinterpret 잘못 해석하다	—	limits 제한하다
②	deliver 전달하다	—	expands 확장하다
③	convey 전달하다	—	restricts 제한하다
④	reexamine 재검토하다	—	reinforces 강화하다
⑤	seek 찾다	—	broadens 넓히다

초반 내용은 철학을 전달하는 시의 능력을 믿는 사람들에 대한 내용이므로 (A)에서 철학을 '잘못 해석하다'는 것은 아님
글의 후반 내용은 시의 철학적 역할은 제한된다는 내용이므로 이를 '확장하다'는 것은 아님
후반부는 시의 철학적 역할이 제한된다는 내용이므로 이를 '강화하다'는 것은 아님
후반부는 시의 철학적 역할이 제한된다는 내용이므로 이를 '넓힌다'는 것은 아님

> **왜 정답?** [정답률 58%]

시로 철학을 할 수 '있다'	철학자들 중 자신의 작품을 운문으로 나타낸 경우도 있고, 시인들의 작품 중 철학의 산물로 높이 평가받는 경우도 있다.

시로 철학을 할 수 '없다'	• 시가 철학적 주제는 가질 수 있어도, 철학을 시를 통해 하는 것과 같지는 않다. • 시가 철학에서 역할을 하려면, 내용을 다른 말로 바꿔 표현할 수 있어야 하는데 시는 그렇게 하지 못한다.

(A):
어떤 사람들은 철학을 (A)하는 시의 능력을 믿는다고 했고, 글의 전반부에서는 시로 철학을 할 수 있다는 내용이 나온다.

➡ 즉, 일부 사람들은 철학을 '전달하는(convey)' 시의 능력을 믿을 것이다.

(B):
반면 다른 사람들에게는 시의 다른 말로 바꿔 표현하는 것에 대한 저항이 그것의 철학적 역할을 (B)한다고 했다.

➡ 즉, 철학적 역할을 '제한한다(restricts)'고 해야 할 것이다.

▶ 요약문의 빈칸에는 각각 '전달하는'과 '제한한다'가 들어가야 하므로 정답은 ③임

> **왜 오답?**

① 초반에는 어떤 사람들은 철학을 전하는 시의 능력을 믿는다는 내용이므로 철학을 '잘못 해석한다'는 것은 아니다.

② 후반부에 나온 내용은 시가 다른 말로 바꾸어 표현하지 못하기 때문에 시의 철학적 역할은 제한된다라는 내용이 나와야 하므로 철학적 역할을 '확장한다'는 것은 아니다.

④ 마찬가지로 후반부에는 시의 철학적 역할이 제한된다는 내용이므로 이를 '강화한다'는 것은 아니다.

⑤ 글의 후반에는 시의 철학적 역할이 제한된다고 했으므로 철학적 역할을 '넓힌다'는 것은 올 수 없다.

＊ 글의 흐름

주제문	시가 철학적 사고를 돕고 철학적 탐구를 촉진할 수 있는가?
찬성	• 철학자들 중 몇몇은 자신의 철학적 작품을 운문으로 나타내기도 함 • 시인들 중 몇몇의 작품은 시를 통한 철학의 산물로 높이 평가받음
반대	• 시가 철학 주제를 가질 수는 있지만 이는 시를 통해 철학을 하는 것과는 다름 • 시가 철학에서 역할을 하려면 내용을 다른 말로 바꿔 표현할 수 있어야 하지만 시는 그렇게 하지 못함

O 12 정답 ① ＊당사자들의 관계에 따라 달라지는 의사소통 방식

단서 1 의사소통은 당사자들이 서로의 관계를 어떻게 판단하는가에 영향을 크게 받음
Communication is decisively influenced / by how the partners define their relationship with each other / at every moment of the communication process. //
의사소통은 결정적으로 영향을 받는다 / 당사자들이 서로에 대한 그들의 관계를 어떻게 정의하는가에 의해 / 의사소통 과정의 모든 순간에 //

If the communication is *symmetrical*, / this means that / both communication partners strive for equality / and interact accordingly. // **단서 2** 대칭적인 의사소통에서는 당사자들이 평등하게 상호작용하려고 함
만일 의사소통이 대칭적이라면 / 이것은 의미한다 / 의사소통의 양 당사자들이 평등을 추구하며 / 그에 따라 상호작용을 한다는 것을 //

They behave as mirror images of each other, / **so to speak**. //
말하자면
그들은 서로의 거울 이미지처럼 행동한다 / 말하자면 //

Strength is mirrored with strength, / weakness is mirrored with weakness, / or hardness is mirrored with hardness, etc. //
강함은 강함으로 반영되고 / 약함은 약함으로 반영되고 / 딱딱함은 딱딱함 등으로 반영된다 //

Complementary communication shows / a matching difference in behaviour. // 보완적 의사소통은 보여준다 / 행동에 있어서 짝을 이루는 차이를 //

It is **not** a matter of up and down, strong and weak, or good and bad, / **but** of matching and expected difference. //
not A but B: A가 아니라 B
그것은 위와 아래, 강함과 약함, 또는 좋고 나쁨의 문제가 아니라 / 짝을 이루고 기대되는 차이의 문제이다 //

Such complementary relationships occur / between teachers and students, mother and child, or managers and employees, etc. //
그러한 보완적 관계는 일어난다 / 교사와 학생, 어머니와 자녀 또는 관리자와 직원 등과 같은 사이에서 //

간접의문문 구조(의문사+주어+동사)
What the expectations are in such relationships / depends, among other things, on the cultural background. //
그러한 관계에서의 기대가 무엇인가 하는 것은 / 다른 것들 중에서도, 문화적 배경에 달려 있다 //

If the expectations of complementarity are not met, / communication breakdowns occur. //
만일 보완성에 대한 기대가 충족되지 않는다면 / 의사소통의 중단이 일어난다 //

For example, / if an older person in Japan / is not treated with a certain respect by a younger person, / this circumstance can significantly impair communication / or even **make it impossible.** //
5형식 동사+목적어+목적격 보어(형용사)
예를 들면 / 만일 일본에서 더 나이가 많은 사람이 / 더 젊은 사람에 의해 어떠한 존경심으로 대우받지 못한다면 / 이러한 상황은 심각하게 의사소통을 해치거나 / 심지어 그것을 불가능하게 만들 수 있다 //

단수 주어
→ **The way** the communication partners (A) **perceive** their relationship / 단수 동사 **determines** the types of communication; /
의사소통 당사자들이 그들의 관계를 인식하는 방식이 / 의사소통의 유형을 결정한다 /

symmetrical communication revolves around / the pursuit of equality and the (B) **corresponding** interaction between them, /
대칭적 의사소통은 중심으로 하는 반면 / 평등 추구와 그들 사이의 상응하는 상호 작용을 /

whereas complementary communication involves / aligning with matching and expected differences / based on cultural background. //
보완적 의사소통은 포함한다 / 짝을 이루고 기대되는 차이들과 궤를 같이하는 것을 / 문화적 배경에 근거한 //

- **define** ⓥ 정의하다 · **symmetrical** ⓐ 대칭적인
- **strive for** ~를 얻으려 노력하다, 추구하다 · **equality** ⓝ 평등
- **mirror** ⓥ 반영하다 · **complementary** ⓐ 상호 보완적인
- **occur** ⓥ 일어나다, 발생하다 · **significantly** ⓐⅆ 심각하게, 상당히
- **impair** ⓥ 해치다 · **align with** ~에 맞추어 조정하다
- **perceive** ⓥ 인식하다 · **describe** ⓥ 설명하다
- **manipulate** ⓥ 조종하다 · **regulate** ⓥ 규제하다
- **postponed** ⓐ 지연된, 연기된 · **transactional** ⓐ 업무적
- **intimate** ⓐ 친밀한

의사소통은 당사자들이 의사소통 과정의 모든 순간에 서로에 대한 그들의 관계를 어떻게 정의하는가에 의해 결정적으로 영향을 받는다. 만일 의사소통이 대칭적이라면, 이것은 의사소통의 양 당사자들이 평등을 추구하며 그에 따라 상호작용을 한다는 것을 의미한다. 말하자면, 그들은 서로의 거울 이미지처럼 행동한다. 강함은 강함으로 반영되고, 약함은 약함으로 반영되고, 딱딱함은 딱딱함 등으로 반영된다. 보완적 의사소통은 행동에 있어서 짝을 이루는 차이를 보여준다. 그것은 위와 아래, 강함과 약함, 또는 좋고 나쁨의 문제가 아니라, 짝을 이루고 기대되는 차이의 문제이다. 그러한 보완적 관계는 교사와 학생, 어머니와 자녀 또는 관리자와 직원등과 같은 사이에서 일어난다. 그러한 관계에서의 기대가 무엇인가 하는 것은, 다른 것들 중에서도, 문화적 배경에 달려있다. 만일 보완성에 대한 기대가 충족되지 않는다면, 의사소통의 중단이 일어난다. 예를 들면, 만일 일본에서 더 나이가 많은 사람이 더 젊은 사람에 의해 어떠한 존경심으로 대우받지 못한다면, 이러한 상황은 심각하게 의사소통을 해치거나 심지어 그것을 불가능하게 만들 수 있다.
→ 의사소통 당사자들이 그들의 관계를 (A) **인식하는** 방식이 의사소통의 유형을 결정한다; 대칭적 의사소통은 평등 추구와 그들 사이의 (B) **상응하는** 상호 작용을 중심으로 하는 반면, 보완적 의사소통은 문화적 배경에 근거한 짝을 이루고 기대되는 차이들과 궤를 같이하는 것을 포함한다.

다음 글의 내용을 한 문장으로 요약하고자 한다. 빈칸 (A), (B)에 들어갈 말로 가장 적절한 것은? [3점]

	(A)		(B)
①	perceive 인식하다	—	corresponding 상응하는
②	describe 설명하다	—	postponed 연기되는
③	manipulate 조종하다	—	transactional 업무적인
④	regulate 규제하다	—	intimate 친밀한
⑤	develop 발전하다	—	lasting 지속하는

의사소통은 당사자들이 서로의 관계를 어떻게 판단하는가에 영향을 받으며, 대칭적 의사소통은 평등함을 추구하고 상호 작용 역시 평등하게 하려고 노력함
당사자들이 서로의 관계를 설명하는 내용이 아니며, 대칭적 의사소통이 당사자간 상호 작용을 연기하지도 않음
당사자들이 서로를 조종하는 것이 아니며, 업무적인 상호 작용은 이 글에 언급되지 않음
당사자들 간 관계에 대한 내용은 없으며, 대칭적 의사소통은 친밀한 상호 작용보다는 공평한 상호 작용을 한다는 것이 중심이 됨
의사소통 방식을 결정 짓는 것은 당사자들 간 관계가 발전하는 방식이 아니며, 대칭적 의사소통은 지속적인 상호 작용에 초점을 둔 것이 아님

⟩왜 정답? [정답률 72%]

소재 소개	의사소통은 당사자들이 서로의 관계를 어떻게 정의하는지에 결정적으로 영향을 받음 **단서 1**
대칭적 의사소통	· 당사자 양쪽 다 평등함을 위해 노력하며 이에 맞게 상호 작용함 **단서 2** · 강함은 강함으로, 약함은 약함으로, 딱딱함은 딱딱함으로, 서로의 거울 이미지처럼 행동함

(A):

의사소통 당사자들이 그들의 관계를 (A)하는 방식이 의사소통의 종류를 결정한다고 했다. 의사소통은 당사자들이 서로의 관계를 어떻게 판단하고 보는지에 따라 그 종류가 달라진다.

➡ 즉, (A)에는 판단하거나 인지하거나 '인식한다(perceive)'는 말이 와야 한다.

(B):

대칭적 의사소통은 평등함의 추구와 그들 사이의 (B) 상호 작용을 중심으로 한다. 대칭적 의사소통은 평등함을 추구하기에 상호 작용도 이에 따라 평등해야한다.

➡ 따라서 (B)에는 '그에 따른'의 의미와 같은 '상응하는(corresponding)'이라는 단어가 들어가야 한다.

▶ 요약문의 빈칸에는 각각 '인식하다'와 '상응하는'이 들어가야 하므로 정답은 ①임

⟩왜 오답?

② 당사자들이 서로의 관계를 설명하는 것이 아니며, 대칭적 의사소통이 당사자 간의 상호 작용을 연기하지도 않는다.

③ 의사소통에서 당사자들이 서로를 조종하는 것이 아니며, 업무적 상호 작용은 이 글에서 다뤄지지 않았다.

④ 당사자들 간의 규제에 대한 내용은 없으며, 대칭적 의사소통은 친밀한 상호 작용보다는 공평한 상호 작용에 중점을 둔다.

⑤ 당사자들간의 관계를 발전시키는 것이 아닌 관계를 판단하거나 인지하는 것이 핵심이며 상호 작용이 지속되는 것은 대칭적 의사소통의 핵심이 아니다.

✻ 글의 흐름

발단	의사소통은 상호 작용 당사자들 간 관계에 영향을 받음
전개 ①	의사소통 유형 ① – 대칭적 의사소통: 공평함을 추구함
전개 ②	의사소통 유형 ② – 보완적 의사소통: 문화적 배경에 따른 상호 보완적 관계를 고려한 상호 작용을 함

O 13 정답 ① ✻ 혼자만의 시간이 예술과 성장에 중요한 이유

간접목적어
In one study, / researchers gave / **more than five hundred** 직접목적어 **visitors to an art museum** / a special glove / that reported their movement patterns / along with physiological data such as their heart rates. //
한 연구에서 / 연구자들은 주었다 / 500명 이상의 한 미술관 방문객들에게 / 특별한 장갑을 / 그들의 움직임 패턴을 보고하는 / 심박수와 같은 생리학적인 데이터와 함께 //

The data showed / that when people were not distracted by chatting with companions, / they actually had a stronger emotional response to the art. // **단서 1** 타인과의 수다에 집중력을 잃지 않으면 예술품에 대해 더 강한 감정을 느끼게 됨
그 데이터는 보여 주었다 / 사람들이 동행자들과 수다를 떠는 것에 의해 주의를 빼앗기지 않을 때 / 그들이 실제로 예술품에 더 강한 감정적인 반응을 가진다는 것을 //

Of course, there's nothing wrong with chatting and letting the art slide past, / but think of the inspiration <u>those museum visitors missed out on</u>. //
물론 수다를 떨고 예술품을 지나치는 것은 잘못된 것이 아니지만 / 그 미술관 방문객들이 놓친 영감을 생각해 보라 //

Then apply that / to life in general. //
그 다음에 그것을 적용하라 / 일반적인 삶에 //

When we surround ourselves with other people, / we're not just missing out on / the finer details of an art exhibition. //
우리가 다른 사람들과 함께 있을 때 / 우리는 단지 놓치고 있는 것만이 아니다 / 미술 전시회의 더 세부적인 사항을 //

We're missing out on / the chance <u>to reflect and understand ourselves better.</u> //
우리는 놓치고 있는 것이다 / 자신을 더 잘 성찰하고 이해할 수 있는 기회를 //

In fact, studies show / that if we never allow ourselves to be alone, / <u>it</u>'s just plain harder <u>for us to learn</u>. //
실제로 연구들은 보여 준다 / 만약 우리가 혼자 있는 것을 결코 허용하지 않는다면 / 우리가 배우는 것이 분명히 더 어렵다는 것을 //

Other research found / that young people <u>who</u> cannot stand being alone / were less likely to develop creative skills / like playing an instrument or writing /
다른 연구는 발견했다 / 혼자 있는 것을 견디지 못하는 젊은이들이 / 창의적인 기술을 개발할 가능성이 적었는데 / 악기 연주나 글쓰기와 같은 /

because the most effective practice of these abilities is often done / while alone. //
왜냐하면 이러한 능력들의 가장 효과적인 연습이 대체로 행해지기 때문이다 / 혼자 있을 때 //

→ The study above shows / (A) <u>avoiding</u> conversation with companions / while exploring an art museum / <u>intensifies</u> emotional response to art, /
위의 연구는 보여 주며 / 동행자와의 대화를 피하는 것이 / 미술관을 관람하면서 / 예술품에 대한 정서적 반응을 강화한다는 것을 /

<u>suggesting</u> that absence of alone time may (B) **inhibit** / personal growth and learning. //
혼자만의 시간의 부재가 저해할 수 있음을 시사한다 / 개인의 성장과 배움을 //

- heart rate 심장박동수
- companion ⓝ 친구, 동지
- inspiration ⓝ 영감
- intensify ⓥ 심화시키다
- restrain ⓥ 제지하다
- nurture ⓥ 육성하다
- distract ⓥ 집중이 안 되게 하다
- past ad (한 쪽에서 다른 쪽으로) 지나서
- miss out on ~을 놓치다
- inhibit ⓥ 저해하다
- facilitate ⓥ 촉진하다, 가능하게 하다
- dominate ⓥ 지배하다
- plain ad 분명히

한 연구에서 연구자들은 500명 이상의 한 미술관 방문객들에게 심박수와 같은 생리학적인 데이터와 함께 그들의 움직임 패턴을 보고하는 특별한 장갑을 주었다. 그 데이터는 사람들이 동행자들과 수다를 떠는 것에 의해 주의를 빼앗기지 않을 때 그들이 실제로 예술품에 더 강한 감정적인 반응을 가진다는 것을 보여 주었다. 물론 수다를 떨고 예술품을 지나치는 것은 잘못된 것이 아니지만 그 미술관 방문객들이 놓친 영감을 생각해 보라. 그다음에 그것을 일반적인 삶에 적용하라. 우리가 다른 사람들과 함께 있을 때 우리는 단지 미술 전시회의 더 세부적인 사항을 놓치고 있는 것만이 아니다. 우리는 자신을 더 잘 성찰하고 이해할 수 있는 기회를 놓치고 있는 것이다. 실제로 연구들은 만약 우리가 혼자 있는 것을 결코 허용하지 않는다면, 우리가 배우는 것이 분명히 더 어렵다는 것을 보여 준다. 다른 연구는 혼자 있는 것을 견디지 못하는 젊은이들이 악기 연주나 글쓰기와 같은 창의적인 기술을 개발할 가능성이 적었는데 왜냐하면 이러한 능력들의 가장 효과적인 연습이 대체로 혼자 있을 때 행해지기 때문이라는 것을 발견했다.
→ 위의 연구는 미술관을 관람하면서 동행자와의 대화를 (A) 피하는 것이 예술품에 대한 정서적 반응을 강화한다는 것을 보여 주며, 혼자만의 시간의 부재가 개인의 성장과 배움을 (B) 저해할 수 있음을 시사한다.

다음 글의 내용을 한 문장으로 요약하고자 한다. 빈칸 (A), (B)에 들어갈 말로 가장 적절한 것은?

	(A)		(B)
①	avoiding 피하는 것	—	inhibit 저해하다
②	recalling 기억하는 것	—	restrain 제지하다
③	preventing 방지하는 것	—	enhance 강화하다
④	facilitating 촉진하는 것	—	nurture 육성하다
⑤	dominating 지배하는 것	—	minimize 최소화하다

(A) 미술관에서 대화하지 않을 때 강한 감정을 느끼고, (B) 일상에서 혼자 있을 때 더 자아를 성찰함
대화를 기억하는 것은 중요하지 않음
혼자만의 시간이 필요함
대화를 하지 않는 것이 중요
대화하지 않는 것이 도움이 됨

왜 정답? [정답률 50%]

(A):
미술관 방문객들은 동행자들과 수다를 떠는 것에 의해 주의를 빼앗기지 않을 때 그들이 실제로 예술품에 더 강한 감정적인 반응을 가짐
→ 동행자와의 대화를 '피하는 것'이 예술품에 대한 정서적 반응을 강화할 수 있다.

(B):
우리가 혼자 있는 것을 결코 허용하지 않는다면, 우리가 배우는 것이 분명히 더 어려움
→ 혼자만의 시간의 부재가 개인의 성장과 배움을 '저해할' 수 있다.
▶ 요약문의 빈칸에는 각각 '피하는 것'과 '저해하다'가 들어가야 하므로 정답은 ①임

왜 오답?
② 대화하지 않는 것이 더 도움이 된다고 했다.
③ 혼자만의 시간이 필요하다고 했으므로 그 시간의 부재가 성장과 배움을 '강화하는' 것이 아니다.
④ 혼자만의 시간이 필요하다고 했으므로 그 시간의 부재가 성장과 배움을 '육성하는' 것이 아니다.
⑤ 대화하지 않는 것이 더 도움이 되므로 지배하는 것이 정서적 반응을 강화하는 것은 아니다.

＊ 글의 흐름

연구	미술관 방문객은 동행자들과 수다를 떠는 것에 의해 주의를 빼앗기지 않을 때 그들이 실제로 예술품에 더 강한 감정적인 반응을 가짐
적용	우리가 다른 사람들과 함께 있을 때 자신을 더 잘 성찰하고 이해할 수 있는 기회를 놓치고 있음
부연	혼자 있는 것을 견디지 못하는 젊은이들이 악기 연주나 글쓰기와 같은 창의적인 기술을 개발할 가능성이 적음

○ 14 정답 ① ＊뇌 '가소성'의 의미

"Brain plasticity" is a term / we use / in neuroscience. //
'뇌 가소성'은 용어이다 / 우리가 사용하는 / 신경 과학에서 //

Whether intentionally or not, / "plasticity" suggests / <u>that</u> the key idea is / <u>to mold</u> something once and keep it that way forever: / <u>to shape</u> the plastic toy and never change it again. //
의도적이든 아니든 / '가소성'은 시사한다 / 핵심 개념이 ~이라고 / 무언가를 한 번 성형하고 그것을 그대로 영원히 유지하는 것 / 즉, 플라스틱 장난감의 모양을 만들고 다시는 그것을 바꾸지 않는 것 //

But that's not what the brain does. //
하지만 그것은 뇌가 하는 것이 아니다 //

It carries on remolding itself / throughout your life. //
뇌는 그 자신을 계속 재성형한다 / 여러분의 생애 내내 //

Think of a developing city, / and note the way / <u>it grows, improves, and responds to the world around it</u>. //
개발 중인 도시를 생각해 보라 / 그리고 방식에 주목하라 / 그것이 성장하고, 진보하고, 주변 세상에 반응하는 //

Observe / where the city builds its truck stops, / how it crafts its immigration policies, / and how it modifies its education and legal systems. //
관찰하라 / 그 도시가 어디에 그것의 트럭 정류장을 짓는지 / 어떻게 그것의 이민 정책을 공들여 만드는지 / 그리고 어떻게 그것의 교육과 법률 체계를 수정하는지 //

A city is always changing. // 도시는 항상 변화하고 있다 //

A city is not designed by urban planners / and then immobilized / like a plastic object. //
수동형 동사의 병렬 구조
도시는 도시 계획자들에 의해 설계되지 않는다 / 그리고 나서 고정되지 않는다 / 플라스틱 물건처럼 /

It continually develops. // 그것은 끊임없이 발전한다 //

Just like cities, / brains never reach an end point. //
도시와 마찬가지로 / 뇌는 결코 종점에 도달하지 않는다 //

We spend our lives / blossoming toward something, / even as the target moves. //
우리는 삶을 보낸다 / 무언가를 향해 번성하면서 / 심지어 우리는 목표물이 움직이더라도 //

Consider the feeling of encountering a diary / that you wrote many years ago. //
목적격 관계대명사(diary 수식)
일기를 우연히 발견했을 때의 감정을 생각해 보라 / 여러분이 수년 전에 쓴 //

It represents / the thinking, opinions, and viewpoint of someone / who was a bit different / from who you are now, / and that previous person can sometimes border on the unrecognizable. //
주격 관계대명사(someone 수식)
그것은 나타낸다 / 누군가의 생각, 의견, 그리고 관점을 / 약간 다른 / 지금의 여러분과는 / 그리고 그 이전의 사람은 때때로 거의 몰라볼 정도의 사람이라고 말할 수 있다 //

Despite having the same name and the same early history, / in the years between inscription and interpretation / the narrator has altered. //
전치사(~에도 불구하고)
같은 이름과 같은 초기 역사를 가지고 있음에도 불구하고 / 새겨진 글과 해석 사이의 세월 동안 / 화자가 달라졌다 //

The word "plastic" can be stretched / to fit this notion of ongoing change. //
부사적 용법(목적)
단서 3 '플라스틱'이라는 단어는 변화를 의미할 수 있음
'플라스틱'이라는 단어는 확장될 수 있다 / 이러한 진행 중인 변화의 개념에 맞도록 //

> → While some understand / "brain plasticity" to mean (A) **permanence** upon molding, / the brain is actually capable of (B) **transformation**. //
> 어떤 사람들은 이해하는 반면 / 성형되자마자 '뇌 가소성'이 영속성을 의미한다고 / 뇌는 실제로 변화할 수 있다 //

- plasticity ⓝ 적응성, 가소성
- neuroscience ⓝ 신경 과학
- intentionally ⓐⓓ 의도적으로
- carry on 계속 가다[움직이다]
- craft ⓥ 공들여 만들다
- immigration policy 이민 정책
- modify ⓥ 수정하다
- immobilize ⓥ 고정시키다
- blossom ⓥ 번성하다
- interpretation ⓝ 해석
- narrator ⓝ 화자, 내레이터
- stretch ⓥ 늘이다
- notion ⓝ 개념, 생각
- ongoing ⓐ 진행 중인

'뇌 가소성'은 우리가 신경 과학에서 사용하는 용어이다. 의도적이든 아니든, '가소성'은 핵심 개념이 무언가를 한 번 성형하고 그것을 그대로 영원히 유지하는 것이라고 시사한다. 즉, 플라스틱 장난감의 모양을 만들고 다시는 그것을 바꾸지 않는 것이다. 하지만 그것은 뇌가 하는 것이 아니다. 뇌는 여러분의 생애 내내 그 자신을 재성형하는 것을 계속한다. 개발 중인 도시를 생각해 보라, 그리고 그것이 성장하고, 진보하고, 주변 세상에 반응하는 방식에 주목하라. 그 도시가 어디에 그것의 트럭 정류장을 짓고, 어떻게 그것의 이민 정책을 공들여 만들고, 어떻게 그것의 교육과 법률 체계를 수정하는지 관찰하라. 도시는 항상 변화하고 있다. 도시는 도시 계획자들에 의해 설계되고 나서 플라스틱 물건처럼 고정되지 않는다. 그것은 끊임없이 발전한다. 도시와 마찬가지로, 뇌는 결코 종점에 도달하지 않는다. 심지어 우리는 목표물이 움직이더라도, 무언가를 향해 번성하며 삶을 보낸다. 여러분이 수년 전에 쓴 일기를 우연히 발견했을 때의 감정을 생각해 보라. 그것은 지금의 여러분과는 약간 다른 누군가의 생각, 의견, 그리고 관점을 나타내며, 그 이전의 사람은

때때로 거의 몰라볼 정도의 사람이라고 말할 수 있다. 같은 이름과 같은 초기 역사를 가지고 있음에도 불구하고, 새겨진 글과 해석 사이의 세월 동안 화자가 달라졌다. '플라스틱'이라는 단어는 이러한 진행 중인 변화의 개념에 맞도록 확장될 수 있다.
→ 어떤 사람들은 성형되자마자 '뇌 가소성'이 (A) **영속성**을 의미한다고 이해하는 반면, 뇌는 실제로 (B) **변화**할 수 있다.

다음 글의 내용을 한 문장으로 요약하고자 한다. 빈칸 (A), (B)에 들어갈 말로 가장 적절한 것은?

	(A)		(B)
①	permanence 영속성	—	transformation 변화
②	flexibility 유연성	—	sympathizing 동정
③	adaptability 적응성	—	restoration 회복
④	firmness 견고함	—	sympathizing 동정
⑤	mobility 이동성	—	transformation 변화

① 뇌가 한번 성형되면 영속성을 가진 것처럼 이해하는 사람들이 있지만, 실제로 뇌는 변화함
② 뇌가 유연성을 갖는다고 이해하는 사람이 있다는 내용은 없음
③ 뇌의 적응성이나 회복에 대한 내용이 아님
④ 뇌가 동정한다고 할 수는 없음
⑤ 실제로 뇌가 변화하는 것은 맞지만 뇌가 이동성을 갖는 것은 아님

> **왜 정답?** [정답률 67%]

뇌 가소성	한 번 성형되면 그대로 영원히 유지하는 것이 아니라 생애 내내 그 자신을 재성형하는 것을 계속하는 것 단서1, 단서2
도시와의 비유	도시는 플라스틱 물건처럼 고정되지 않고 끊임없이 발전함
일기와의 비유	새겨진 글과 해석 사이의 세월 동안 화자가 달라짐
'플라스틱'의 의미	진행 중인 변화의 개념에 맞도록 확장 가능 단서3

(A):
'가소성'이라는 말을 뇌는 한 번 성형되면 그대로 영원히 형태를 유지하는 영속성을 가진 것으로 생각하는 경향이 있다고 말하고 있다.
➡ 즉, 어떤 사람들은 성형되자마자 '뇌 가소성'이 '영속성(permanence)'이나 '견고함(firmness)'을 의미한다고 이해한다.

(B):
하지만 도시나 일기와의 비유를 통해 뇌는 한 번 성형되면 영원히 형태를 유지하는 것이 아니라 생애 내내 자신을 재성형하는 것을 계속한다고 했다.
➡ 즉, 뇌는 실제로 '변화(transformation)'하는 것이다.
▶ 요약문의 빈칸에는 각각 '영속성'과 '변화'가 들어가야 하므로 정답은 ①임

> **왜 오답?**

② 뇌가 유연성을 갖는다고 이해하는 사람들이 있는 반면, 실제로 뇌는 동정한다는 내용이 아니다.
③ 뇌의 적응성이나 회복에 대한 내용이 아니다.
④ 뇌가 동정한다고 할 수는 없는 내용이다.
⑤ 실제로 뇌가 변화하는 것은 맞지만 뇌가 이동성을 갖는다고 할 수 없다.

＊ 글의 흐름

주제	'가소성'이라는 단어는 뇌는 한 번 성형되면 영원히 유지되는 것을 시사하지만 실제로 뇌는 계속 재성형됨
예시 ①	도시는 한 번 설계된 후 끊임없이 발전함
예시 ②	오래 전에 쓴 일기를 발견하면 새겨진 글과 해석 사이의 세월 동안 화자가 달라짐
부연	'플라스틱'이라는 단어는 변화의 개념에 맞도록 확장될 수 있음

> 자이 쌤's Follow Me! —홈페이지에서 제공

O 15 정답 ③ ＊그들이 나무를 심은 이유

The idea / that planting trees / could have a social or political significance / appears to have been invented / by the English, / though it has since spread widely. //
주어 동격절 접속사 동사 to부정사의 완료형 수동태
생각은 / 나무를 '심는 것'이 / 사회적이거나 정치적인 의미를 가질 수 있다는 / 고안된 것처럼 보인다 / 영국인들에 의해 / 비록 그것이 이후에 널리 퍼져나가기는 했지만 //

According to Keith Thomas's history *Man and the Natural World*, / seventeenth- and eighteenth-century aristocrats / began planting hardwood trees, / usually in lines, /

Keith Thomas의 역사서, 〈Man and the Natural World〉에 따르면 / 17세기와 18세기의 귀족들은 / 활엽수를 심기 시작했다 / 보통은 줄을 지어 /

to declare / the extent of their property / and the permanence of their claim / to it. // **단서 1** 자신의 재산에 대한 권리의 영속성을 선언하기 위해 나무를 심었음

선언하기 위해 / 자신의 재산 정도와 / 자신의 권리의 영속성을 / 그것에 대한 //

"What can be more pleasant," / the editor of a magazine for gentlemen / asked his readers, /

"무엇이 더 즐거울 수 있겠는가" / 신사들을 위한 잡지의 편집자는 / 자신의 독자들에게 물었다 /

to have의 목적어와 목적격 보어
"than to have the bounds and limits / of your own property / preserved and continued / from age to age / by the testimony / of such living and growing witnesses?" //

"경계와 한계가 ~하게 하는 것보다 / 여러분 자신의 재산의 / 보존되고 지속되게 / 대대로 / 증언에 의해 / 그런 살아 있고 성장하는 증인들의" //

동명사구 주어   동격의 전치사
Planting trees had the additional advantage / of being regarded / as a patriotic act, / **단서 2** 나무를 심는 것이 애국적인 행동으로 여겨졌음

나무를 심는 것은 추가적인 이점을 가졌다 / 여겨지는 / 애국적인 행동으로 /

for the Crown had declared / a severe shortage of the hardwood
전치사+관계대명사   선행사
/ on which the Royal Navy depended. //

군주가 선포했기 때문에 / 경재의 심각한 부족 / 영국 해군이 의존하는 //

> → For English aristocrats, / planting trees served / as
> 형용사적 용법(statements 수식)
> statements / to mark the (A) **lasting** ownership / of their land, /
> 영국의 귀족들에게 / 나무를 심는 것은 역할을 했고 / 표현의 / 지속적인 소유권을 표시하는 / 자신의 땅에 대한 /
>
> and it was also considered / to be a(n) (B) **exhibition** / of their loyalty to the nation. //
> 그것은 또한 여겨졌다 / 표현으로 / 국가에 대한 그들의 충성심의 //

- **political** ⓐ 정치적인   • **significance** ⓝ 의미, 중요성
- **appear to-v** ~인 것 같다   • **spread** ⓥ 퍼지다, 확산되다
- **according to** ~에 의하면   • **hardwood tree** 활엽수
- **declare** ⓥ 선언하다   • **extent** ⓝ 정도, 규모   • **property** ⓝ 재산
- **permanence** ⓝ 영속성   • **claim** ⓝ (재산 등에 대한) 권리
- **pleasant** ⓐ 즐거운   • **editor** ⓝ 편집자   • **bound** ⓝ 경계(선)
- **limit** ⓝ 한계(점)   • **preserve** ⓥ 보존하다   • **testimony** ⓝ 증언
- **witness** ⓝ 증인, 목격자   • **additional** ⓐ 추가의
- **advantage** ⓝ 유리한 점   • **regard as** ~으로 여기다
- **the Crown** (군주 국가의) 정부   • **severe** ⓐ 심각한
- **shortage** ⓝ 부족   • **depend** ⓥ 의존하다   • **ownership** ⓝ 소유(권)

나무를 '심는 것'이 사회적이거나 정치적인 의미를 가질 수 있다는 생각은, 비록 이후에 널리 퍼져나가기는 했지만, 영국인들에 의해 고안된 것처럼 보인다. Keith Thomas의 역사서, 〈Man and the Natural World〉에 따르면, 17세기와 18세기의 귀족들은 자신의 재산 정도와 그것에 대한 자신의 권리의 영속성을 선언하기 위해 보통은 줄을 지어 활엽수를 심기 시작했다. 신사들을 위한 잡지의 편집자는 자신의 독자들에게 "그런 살아 있고 성장하는 증인들의 증언에 의해 여러분 자신의 재산 경계와 한계가 대대로 보존되고 지속되게 하는 것보다 무엇이 더 즐거울 수 있겠는가?"라고 물었다. 나무를 심는 것은 애국적인 행동으로 여겨지는 추가적인 이점을 가졌는데, 군주가 영국 해군이 의존하는 경재의 심각한 부족을 선포했기 때문이었다.

→ 영국의 귀족들에게, 나무를 심는 것은 자신의 땅에 대한 (A) **지속적인** 소유권을 표시하는 표현의 역할을 했고, 그것은 또한 국가에 대한 그들의 충성심의 (B) **표현**으로 여겨졌다.

다음 글의 내용을 한 문장으로 요약하고자 한다. 빈칸 (A), (B)에 들어갈 말로 가장 적절한 것은?

	(A)		(B)
①	unstable 불안정한	—	confirmation 확인
②	unstable 불안정한	—	exaggeration 과장
③	lasting 지속적인	—	exhibition 표현
④	lasting	—	manipulation 조작
⑤	official 공식적인	—	justification 정당화

① 살아 있고 성장하는 나무가 재산에 대한 대대로 이어지는 소유권을 표현함
③ 재산에 대한 권리의 영속성을 선언하기 위해 활엽수를 심었고, 이는 애국적인 행동으로 여겨지기도 했음
④ 활엽수를 심는 것이 애국적인 행동으로 여겨졌음
⑤ 나무가 긋는 토지의 경계가 공식적인지에 대한 언급은 없음

＞왜 정답? [정답률 68%]

> 나무를 심어 자기 소유의 토지에 경계를 그음으로써 그 재산이 대대로 보존되고 지속되게 함 **꿀팁**

17세기와 18세기의 영국의 귀족들은 자신의 재산에 대한 자신의 권리의 **영속성**을 선언하기 위해 활엽수를 심었고, 영국 해군이 의존하는 **경재**가 심각하게 부족한 상황에서 활엽수를 심는 이러한 행위는 또한 애국적인 행동으로 여겨졌다고 했으므로 요약문의 빈칸에는 각각 ③ '지속적인'과 '표현'이 들어가야 한다.

> 활엽수에서 얻은 단단한 목재 **꿀팁**

＞왜 오답?

①, ② 재산에 대한 '영속적인', '대대로 이어지는' 소유권을 선언하는 것이라고 했으므로 '불안정한' 소유권을 표시하는 것이 아니다.

④ 활엽수를 심는 것이 애국적인 행동으로 여겨졌다는 것이지, 나라에 대한 충성심을 '조작'하는 것으로 여겨졌다는 것이 아니다.

⑤ 나무를 심어서 토지의 경계를 표시하는 것이 '공식적인' 소유권으로 받아들여졌는지에 대한 언급은 없다.

＊ 글의 흐름

도입	영국인들에 의해 나무를 심는 것이 사회적 또는 정치적인 의미를 가질 수 있다고 고안됨
사회적 의미	Keith Thomas의 역사서 *Man and the Natural World*에 따르면 17세기, 18세기 귀족들은 재산과 권리의 영속성 선언을 위해 활엽수를 줄지어 심음
부연	살아 있고 성장하는 증인인 나무가 재산의 경계와 한계를 대대로 보존하고 지속하게 함
정치적 의미	영국 해군이 의존하는 경재가 부족했기 때문에 나무를 심는 것은 애국적인 행동으로 여겨지기도 했음

＊ 배경 지식

＊ 옥상 녹화사업

현대의 도시들이 부딪히고 있는 열섬현상을 해결하기 위한 한 가지 방법으로 옥상 녹화사업이 진행되고 있다.

옥상녹화는 건물 표면에 그늘을 만들고, 식물이 자라는 토양이 태양 빛이 건물 표면에 바로 닿는 것을 막는다. 그늘이 형성되면 표면의 온도는 낮아져 건물 내에 전달되는 열이 감소한다. 이에 따라 대기 중으로 다시 방출되는 열도 감소하여 건물 주변의 온도 역시 낮아진다. 옥상과 벽면이 녹화된 건물의 표면온도는 최대 11~25℃ 정도 감소한 것으로 나타났으며, 벽면녹화에 의해 최대 20℃까지 표면온도가 감소한 연구 결과가 있다.

전치사구의 삽입
The computer has, to a considerable extent, solved the problem
/ of acquiring, preserving, and retrieving information. //
컴퓨터는 문제를 상당한 정도로 해결했다 / 정보를 획득하고, 보존하고, 추출하는 //

Data can be stored / in effectively unlimited quantities / and in
manageable form. //
전치사구의 병렬 구조
데이터는 저장될 수 있다 / 사실상 무한량으로 / 그리고 다루기 쉬운 형태로 //

The computer makes available a range of data / unattainable in
the age of books. //
주어　동사　목적격 보어　목적어
컴퓨터는 다양한 데이터를 이용할 수 있게 한다 / 책의 시대에는 얻을 수 없는 //
= The computer　= data
It packages it effectively; / style is no longer needed / to make it
accessible, / nor is memorization. //
뒤에 needed가 생략됨
그것은 그것을 효과적으로 짜임새 있게 담는다 / 방식은 더는 필요하지 않으며 / 그것을 이용
할 수 있게 만드는 / 암기도 또한 필요하지 않다 //

a single decision을 수식하는 과거분사구
In dealing with a single decision / separated from its context,
/ the computer supplies tools / unimaginable even a decade
ago. // 단서1 맥락과 분리된 한 가지 결정을 처리할 때 컴퓨터는 과거에는
상상할 수도 없었던 도구를 제공함
단 한 가지 결정을 처리할 때 / 맥락과 분리된 / 컴퓨터는 도구들을 제공한다 / 10년 전만 해도
상상할 수 없었던 단서2 컴퓨터는 관점을 감소시킴

But it also diminishes perspective. //
하지만 그것은 또한 관점을 감소시킨다 //
반복되는 동사와 부사인 is so가 생략됨
Because information is so accessible / and communication
instantaneous, / there is a diminution of focus / on its significance,
/ or even on the definition / of what is significant. //
전치사구의 병렬 구조
정보가 매우 접근 가능하고 / 의사소통이 순간적이기 때문에 / 관심 집중의 감소가 있다 / 그것
의 중요성에 대한 / 또는 심지어 정의에 대한 / 중요한 것의 //
목적어　목적격 보어 ①
This dynamic may encourage policymakers / to wait for an
주어　동사
issue to arise / rather than anticipate it, /
동사
이런 역학은 정책 입안자들을 부추길 수 있다 / 쟁점이 발생하기를 기다리도록 / 그것을 예상
하기보다는 단서3 탈맥락화된 방식의 정보 처리는 결정의 순간을 연속적인
목적격 보어 ②　상황의 일부가 아니라 고립되어 일어나는 일로 간주하게 함
and to regard moments of decision / as a series of isolated events
/ rather than part of a historical continuum. // 그리고 결정의 순간을
간주하도록 / 일련의 고립되어 일어나는 일로 / 역사적 연속의 일부라기보다는 //

When this happens, / manipulation of information replaces
reflection / as the principal policy tool. //
이런 일이 일어나면 / 정보 조작이 숙고를 대체한다 / 주요한 정책 도구로서의 //

> → Although the computer is clearly (A) **competent** / at
> handling information / in a decontextualized way, /
> 컴퓨터는 분명히 유능하지만 / 정보를 처리하는 데 있어서 / 탈맥락화된 방식으로 /
> it interferes / with our making (B) **comprehensive** judgments
> / related to the broader context, / as can be seen / in
> policymaking processes. //
> 그것은 방해한다 / 우리의 종합적인 판단 내리기를 / 더 광범위한 맥락과 관련된 / 보일 수
> 있는 것처럼 / 정책 결정 과정에서 //

- considerable ⓐ 상당한　· extent ⓝ (크기 · 중요성 · 심각성 등의) 정도
- acquire ⓥ 획득하다　· preserve ⓥ 보존하다
- effectively ⓐⓓ 사실상　· quantity ⓝ 양
- manageable ⓐ 조작[관리]할 수 있는, 처리하기[다루기] 쉬운
- a range of 다양한　· unattainable ⓐ 얻기 어려운　· age ⓝ 시대
- memorization ⓝ 암기　· diminish ⓥ 감소시키다
- perspective ⓝ 관점　· instantaneous ⓐ 순간적인
- significance ⓝ 중요성　· dynamic ⓝ 역학
- policymaker ⓝ 정책 입안자　· anticipate ⓥ 예상하다
- isolated ⓐ 고립된, 외딴　· continuum ⓝ 연속체
- manipulation ⓝ 조작　· reflection ⓝ 심사숙고
- principal ⓐ 주요한
- decontextualize ⓥ 탈맥락화하다, 문맥에서 떼어 놓고 고찰하다
- broad ⓐ 폭넓은, 넓은　· context ⓝ 맥락, 전후 사정
- process ⓝ 과정, 절차

컴퓨터는 정보를 획득하고, 보존하고, 추출하는 문제를 상당한 정도로 해결했
다. 데이터는 사실상 무한량으로, 그리고 다루기 쉬운 형태로 저장될 수 있다.
컴퓨터는 책의 시대에는 얻을 수 없는 다양한 데이터를 이용할 수 있게 한다. 그
것(컴퓨터)은 그것(데이터)을 효과적으로 짜임새 있게 담고, 그것을 이용할 수
있게 만드는 (특수한) 방식은 더는 필요하지 않으며 암기도 또한 필요하지 않다.
맥락과 분리된 단 한 가지 결정을 처리할 때 컴퓨터는 10년 전만 해도 상상할 수
없었던 도구들을 제공한다. 하지만 그것은 또한 관점을 감소시킨다. 정보에 매
우 쉽게 접근할 수 있고 의사소통이 순간적이기 때문에, 그것의 중요성이나 심
지어 중요한 것의 정의에 관한 관심 집중이 감소한다. 이런 역학은 정책 입안자
들이 쟁점을 예상하기보다는 발생하기를 기다리게 하고, 결정의 순간을 역사적
인 연속의 일부라기보다는 일련의 고립되어 일어나는 일로 간주하게 한다. 이런
일이 일어나면, 정보 조작이 주요한 정책 도구로서의 숙고를 대체한다.
→ 컴퓨터는 탈맥락화된 방식으로 정보를 처리하는 데 있어서 (A) **유능한** 것이
분명하지만, 그것은 정책 결정 과정에서 볼 수 있는 것처럼 더 광범위한 맥락과
관련된 우리의 (B) **종합적인** 판단 내리기를 방해한다.

**다음 글의 내용을 한 문장으로 요약하고자 한다. 빈칸 (A), (B)에 들어갈 말로
가장 적절한 것은?**

	(A)		(B)
①	competent	—	comprehensive
	유능한		종합적인
②	dominant	—	biased
	지배적인		편향된
③	imperfect	—	informed
	완벽하지 않은		잘 아는
④	impressive	—	legal
	인상적인		합법적인
⑤	inefficient	—	timely
	비효율적인		시기적절한

맥락과 분리된 결정을 내리는 데 유능하다면 더
광범위한 맥락과 관련된 종합적인 판단에는 도움이
안 될 것임
편향된 판단을 내리지 않는 것은 장점임
판단의 법적인 적절성
여부가 달라지는 것은 아님
맥락과 분리된 결정을 내리는 것은
잘함

？왜 정답？ [정답률 61%] 전에는 상상할 수 없었던 도구를 제공함 = 유능함 꿀팁

역접의 연결어인 But을 기준으로 앞부분은 컴퓨터의 장점을, 뒷부분은 컴퓨터가
가져온 단점을 설명하는 글이다. 컴퓨터의 장점은 그것이 맥락과 분리된 한 가지
결정을 처리할 때 '유능하다는' 것이고, 단점은 그것이 관점을 감소시킨다는 것인
데, 단점에 대해서는 정책 입안자의 행동을 통해 구체적으로 설명했다. 정책 입안
자는 결정의 순간을 역사적인 연속의 일부가 아니라 고립되어 일어나는 일로 간주
하게 되는데, 이는 앞뒤 맥락, 더 광범위한 맥락에 대한 '종합적인' 판단을 방해하는
것이므로 요약문의 빈칸에는 각각 ① '유능한', '종합적인'이 적절하다.

？왜 오답？

② 컴퓨터가 맥락에서 분리된 한 가지 결정을 내리는 데 유능하다는 것은 반대로
광범위한 맥락을 고려한 판단을 내리는 데는 컴퓨터가 도움이 되지 않는다는
것을 의미한다. '맥락 안에서'와 '맥락에서 분리된'이 이 글의 핵심이다.
③, ⑤ Although가 이끄는 부사절은 탈맥락화된 정보 처리 방식에 있어 컴퓨터가
갖는 장점을 이야기하는 것이므로 (A)에는 imperfect나 inefficient와 같은
부정적인 단어는 적절하지 않다.
④ 맥락에서 분리하여 결정을 내리는 것이 불법적인 판단이나 합법적인 판단으로
이어진다는 내용이 아니다.

＊ 글의 흐름

장점	컴퓨터는 데이터를 다루기 쉬운 형태로 무한량 저장하고 책의 시대에서는 얻을 수 없는 다양한 데이터를 이용할 수 있게 함
	맥락과 분리된 하나의 결정을 처리할 때 컴퓨터는 과거에는 상상도 할 수 없던 도구를 제공함
단점	컴퓨터의 의사소통이 순간적이기 때문에 각 결정은 연속된 일부라기보다는 고립되어 일어나는 일로 간주됨
	정책 입안자들은 쟁점을 예상하기보다는 발생하기를 기다리고, 이는 정보 조작이 주요한 정책 도구인 숙고를 대체하게 함

As a social species, / should we not all be synchronized / and therefore awake / at the same time / to promote maximal human interactions? //
병렬 구조
부사적 용법(목적)
사회적 종으로서 / 우리는 모두 동시성을 갖게 되어 / 깨어 있어야 하지 않을까 / 동시에 / 최대한의 인간 상호 작용을 촉진하기 위해 //

Perhaps not. //
아마도 아닐 것이다 //

Humans likely evolved to co-sleep / as families or even whole tribes, / not alone or as couples. //
인간은 함께 잠을 자도록 아마도 진화했을 것이다 / 가족이나 심지어 부족 전체로서 / 혼자나 짝을 지어서가 아니라 //

분사구문에서 분사의 의미상 주어가 막연한 일반이면 주절의 주어와 달라도 생략할 수 있음
Appreciating this evolutionary context, / the benefits / of such genetically programmed variation / in sleep/wake timing preferences / can be understood. //
주어
동사
이러한 진화적 맥락을 이해하면 / 이점이 / 그렇게 유전적으로 설계된 차이의 / 수면/기상 시간 선호도에서 / 이해될 수 있다 //

단서 1 집단 중 저녁형 인간은 오전 한두 시에 자서 오전 9~10시에 일어남
The night people in the group / would not be going to sleep / until one or two a.m., / and not waking / until nine or ten a.m. //
집단 중 저녁형 인간은 / 잠이 들지 않을 것이고 / 오전 한두 시까지 / 깨어나지 않을 것이다 / 오전 9~10시까지 //

단서 2 아침형 인간은 오후 9시에 자서 오전 5시에 일어남
The morning people, on the other hand, / would have retired for the night / at nine p.m. / and woken / at five a.m. //
반면에 아침형 인간은 / 잠자리에 들었을 것이고 / 오후 9시에 / 깨어났을 것이다 / 오전 5시에 //

Consequently, / the group as a whole / is only collectively vulnerable / (i.e., every person asleep) / for just four / rather than eight hours, /
결과적으로 / 집단 전체는 / 오직 집단적으로 취약하다 / (예를 들어, 모든 사람이 잠든 상태) / 단지 4시간 동안만 / 8시간이 아닌 /

전치사 동명사구의 의미상 주어 동명사구
despite everyone still getting the chance / for eight hours of sleep. //
단서 3 잠들고 일어나는 시간의 이러한 차이는 생존 적합도를 50퍼센트 증가시킴
모든 사람이 여전히 기회를 얻었음에도 불구하고 / 8시간의 수면을 위한 //

That's potentially a 50 percent increase / in survival fitness. //
그것은 잠재적으로 50퍼센트 증가이다 / 생존 적합도에 있어 //

선행사
Mother Nature would never pass / on a biological trait / — here, the useful variability / in when individuals within a collective tribe / go to sleep and wake up — /
대자연은 절대로 지나치지 않을 것이다 / 생물학적 특성을 / 여기서는 유용한 변이성 / 집단 부족 내의 사람들이 / 잠들고 일어날 때에 있어 /

주격 관계대명사
that could enhance / the survival safety / and thus fitness of a species / by this amount. //
높일 수 있는 / 생존 안전성과 / 그로 인한 종의 적합도를 / 그만큼 //

And so she hasn't. //
그래서 대자연은 지나치지 않았다 //

→ Individuals have (A) differences / in the time of the day / when they prefer to sleep and wake up, / which could promote their (B) survivability / as a group. //
선행사
관계부사
사람들이 다름을 가지고 있고 / 하루의 시간대에서 / 그들이 자고 일어나기를 선호하는 / 이는 자신들의 생존 가능성을 높일 수 있다 / 집단으로서 //

- at the same time 동시에   - promote ⓥ 증진하다
- maximal ⓐ 최대한의   - evolve ⓥ 진화하다   - tribe ⓝ 부족
- appreciate ⓥ 이해하다, 감상하다   - evolutionary ⓐ 진화의
- context ⓝ 맥락   - genetically ⓐd 유전적으로
- variation ⓝ 차이   - collectively ⓐd 집합적으로
- potentially ⓐd 잠재적으로   - survival fitness 생존 적합도
- trait ⓝ 특성   - variability ⓝ 변동성   - enhance ⓥ 높이다

사회적 종으로서, 우리는 모두 동시성을 갖게 되어 최대한의 인간 상호 작용을 촉진하기 위해 동시에 깨어 있어야 하지 않을까? 아마도 아닐 것이다. 인간은 혼자나 짝을 지어서가 아니라, 가족이나 심지어 부족 전체로서 함께 잠을 자도록 아마도 진화했을 것이다. 이러한 진화적 맥락을 이해하면, 수면/기상 시간 선호도에서 그렇게 유전적으로 설계된 차이의 이점이 이해될 수 있다. 집단 중 저녁형 인간은 오전 한두 시가 되어서야 잠이 들 것이고, 오전 9~10시가 되어서야 깨어날 것이다. 반면에 아침형 인간은 오후 9시에 잠자리에 들었을 것이고 오전 5시에 깨어났을 것이다. 결과적으로, 모든 사람이 여전히 8시간의 수면 기회를 얻었음에도 불구하고, 집단 전체는 8시간이 아닌 단지 4시간 동안만 오직 집단적으로 취약하다(예를 들어, 모든 사람이 잠든 상태). 그것은 잠재적으로 생존 적합도가 50퍼센트 증가하는 것이다. 대자연은 종의 생존 안전성과 그로 인한 적합도를 그만큼 높일 수 있는 생물학적 특성, 즉 여기서는, 집단 부족 내의 사람들이 잠들고 일어날 때의 유용한 변이성을 절대로 지나치지 않을 것이다. 그래서 대자연은 지나치지 않았다.
→ 사람들이 하루에 자고 일어나기를 선호하는 시간대에서 (A) 다름을 가지고 있고, 이는 집단으로서 자신들의 (B) 생존 가능성을 높일 수 있다.

다음 글의 내용을 한 문장으로 요약하고자 한다. 빈칸 (A), (B)에 들어갈 말로 가장 적절한 것은?

	(A)	(B)	
①	differences	originality	생존 적합도를 늘림
②	differences 다름	survivability 독창성	잠들고 일어나는 시간이 달라서 생존 안전성이 높아짐
③	similarities 유사성	cooperation 생존 가능성	저녁형 인간과 아침형 인간이 대조됨
④	similarities	adaptation 협력	
⑤	regularities 규칙성	mobility 적응 이동성	규칙적인 수면 시간에 대한 내용이 아님

✓ **왜 정답 ?** [정답률 67%]

- 집단 중 저녁형 인간: 오전 한두 시에 잠자리에 들어서 오전9~10시까지 잠 단서 1
- 아침형 인간: 오후 9시에 잠자리에 들어서 오전 5시에 일어남 단서 2
- 그것은 잠재적으로 생존 적합도가 50퍼센트 증가하는 것임 단서 3

➡ **(A)**: 사람마다 잠자리에 들고 일어나는 시간이 다르다는 내용이므로 differences(다름)가 적절하다.
(B): 이러한 다름으로 인해 생존 적합도가 잠재적으로 50퍼센트 증가하고, 생존 안전성과 그로 인한 종의 적합도가 높아진다고 했으므로 survivability(생존 가능성)가 정답이다.
▶ 요약문의 빈칸에는 각각 '다름'과 '생존 가능성'이 들어가야 하므로 정답은 ②임

✓ **왜 오답 ?**

① 사람들이 잠자리에 들고 일어나는 시간이 다르다는 사실이 '독창성'을 높이는 것은 아니다.
③ 저녁형 인간과 아침형 인간이 대조됐으므로 사람들이 자고 일어나는 시간대가 '유사성'을 가진 것이 아니라 정반대이다.
④ 사람들이 자고 일어나는 시간대가 다르고, 그것이 '적응'을 높이는 것도 아니다.
⑤ 규칙적인 수면 시간에 대한 내용이 아니고, 그것이 '이동성'을 높이는 내용도 아니다.

＊ **글의 흐름**

도입	인간은 가족이나 심지어 부족 전체로서 함께 잠을 자도록 아마도 진화했을 것임
설명 ①	저녁형 인간과 아침형 인간이 잠자리에 들고 일어나는 시간이 다름
설명 ②	모든 사람이 같은 시간 동안의 수면 기회가 있어도, 집단 전체는 일부 시간 동안만 오직 집단적으로 취약함
예시	대자연은 집단 부족 내의 사람들이 잠들고 일어날 때의 유용한 변이성을 절대로 지나치지 않을 것임

O 18 정답 ① ＊관리자로서 기능하는 디자이너

형용사적 용법 (A striving 수식)
A striving / <u>to demonstrate</u> individual personality / through
(추측)을 나타내는 조동사
designs / <u>should</u> not be surprising. //
노력은 / 개인의 개성을 보여주기 위한 / 디자인을 통해 / 놀랍지 않을 것이다 //

Most designers are educated / to work as individuals, /
and design literature contains / countless references to 'the
designer'. //
대부분의 디자이너는 교육받고 / 개인으로 일하도록 / 디자인 문헌은 담고 있다 /
'그 디자이너'에 대한 무수히 많은 언급을 //
동사와 주격 보어 사이에 삽입된 부사구
Personal flair / is <u>without doubt</u> an absolute necessity / in some
product categories, / particularly relatively small objects, /
개인적인 재능이 / 의심할 여지가 없이 절대적으로 필요한 것이다 / 일부 상품 범주에서는 /
특히 상대적으로 작은 물건들 /

with a low degree of technological complexity, / such as
furniture, lighting, small appliances, and housewares. //
낮은 단계의 기술적 복잡성을 가진 / 가구, 조명, 소형 가전, 그리고 가정용품들과 같은 //

In larger-scale projects, / however, / even where a strong
personality exercises / powerful influence, / **단서 1** 프로젝트의 '규모'가 변수임
더 큰 규모의 프로젝트에서 / 그러나 / 심지어 강한 개성이 발휘하는 곳에서도 / 강력한 힘을 /
동격절 접속사
the fact / <u>that</u> substantial numbers of designers / are employed /
in implementing a concept / can easily be overlooked. //
사실이 / 상당한 수의 디자이너가 / 참여한다는 / 계획을 실행하는 데 / 쉽게 간과될 수 있다 //

The emphasis on individuality / is therefore problematic / —
rather than actually designing, / many successful designer
'personalities' / function more / as creative managers. //
개성에 대한 강조는 / 그러므로 문제가 있다 / 실제로 디자인을 하기보다는 / 많은 성공한
디자이너 '유명인사들'이 / 더 많이 기능한다 / 창의적인 관리자로서 **단서 2** 많은 성공한 디자이너가
to부정사의 수동태   관리자로서 더 많이 기능함
A distinction needs <u>to be made</u> / between designers working
= designers
truly alone / and <u>those</u> / working in a group. //
구분이 되어야 한다 / 진정으로 혼자 일하는 디자이너와 / 디자이너 사이에 / 집단을 이루어
일하는 // **단서 3** 집단을 이루어 일하는 디자이너의 경우 창의성 못지않게 관리 조직과 과정이 중요할 수 있음
In the latter case, / management organization and processes /
원급 비교
can be equally <u>as</u> relevant / <u>as</u> designers' creativity. //
후자의 경우 / 관리 조직과 과정들이 / 똑같이 의미 있을 수 있다 / 디자이너들의 창의성만큼 //

> → Depending on the (A) **size** of a project, / <u>the capacity</u>
> 주어
> of designers / to (B) **coordinate** team-based working
> environments /
> 프로젝트의 크기에 따라 / 디자이너의 능력이 / 팀 기반 작업 환경을 조정하는 /
> 동사
> <u>can be</u> just as important / as their personal qualities. //
> 꼭 (~만큼) 중요할 수 있다 / 그들의 개인적 특성만큼 //

- demonstrate ⓥ 보여주다, 설명하다   · contain ⓥ 포함하다, 억제하다
- countless ⓐ 셀 수 없이 많은   · reference ⓝ 언급, 참조
- doubt ⓝ 의심, 의혹   · absolute ⓐ 철저한, 완전한
- necessity ⓝ 필요(성), 불가피한 일
- degree ⓝ 정도, (각도·온도 단위의) 도   · complexity ⓝ 복잡성, 복잡함
- appliance ⓝ (가정용) 기기   · houseware ⓝ 가정용품
- substantial ⓐ (양·중요성 등이) 상당한   · implement ⓥ 시행하다
- overlook ⓥ 간과하다, 내려다보다   · emphasis ⓝ 강조(법)
- individuality ⓝ 개성, 특성   · problematic ⓐ 문제가 있는[많은]
- personality ⓝ 성격, 유명인   · distinction ⓝ 차이, 특별함
- relevant ⓐ 관련 있는, 유의미한   · coordinate ⓥ 조직화하다, 조정하다

디자인을 통해 개인의 개성을 보여주기 위한 노력은 놀랍지 않을 것이다.
대부분의 디자이너는 개인으로 일하도록 교육받고, 디자인 문헌은
'그 디자이너'에 대한 무수히 많은 언급을 담고 있다. 개인적인 재능이 일부
상품 범주에서는 절대적으로 필요한 것임에는 의심할 여지가 없는데, 가구,
조명, 소형 가전, 그리고 가정용품들과 같은, 낮은 단계의 기술적 복잡성을
가진 상대적으로 작은 물건들에서 특히 그렇다. 그러나, 더 큰 규모의
프로젝트에서, 심지어 강한 개성이 강력한 힘을 발휘하는 곳에서도, 상당한

수의 디자이너가 계획을 실행하는 데 참여한다는 사실이 쉽게 간과될 수
있다. 그러므로 개성에 대한 강조는 문제가 있는데, 많은 성공한 디자이너
'유명인사들'이 실제로 디자인을 하기보다는 창의적인 관리자로서 더 많이
기능한다. 진정으로 혼자 일하는 디자이너와 집단을 이루어 일하는 디자이너는
구분되어야 한다. 후자의 경우, 관리 조직과 과정들이 디자이너들의 창의성
못지않게 똑같이 의미 있을 수 있다.
→ 프로젝트의 (A) **크기**에 따라 팀 기반 작업 환경을 (B) **조정하는** 디자이너의
능력이 그들의 개인적 특성 못지않게 똑같이 중요할 수 있다.

**다음 글의 내용을 한 문장으로 요약하고자 한다. 빈칸 (A), (B)에 들어갈 말로
가장 적절한 것은?**

프로젝트의 비용이 변수인 것은 아님

	(A)		(B)	
①	size 크기	—	coordinate 조정하는	더 큰 규모의 프로젝트에서는 디자이너가 관리자로서 기능함
②	cost 비용	—	systematize 체계화하는	
③	size	—	identify 확인하는	팀 기반 작업 환경을 확인한다는 내용은 없음
④	cost	—	innovate 혁신하는	
⑤	goal 목표	—	investigate 조사하는	관리자로서 팀의 계획을 실행하는 역할을 하는 것임

왜 정답? [정답률 71%]

상대적으로 작은 물건들에서는 디자이너의 개인적인 재능이 절대적으로
필요하지만, 관리자로서 기능한다는 것이 팀의 작업 환경을 조정한다는 것을 의미함 **꿀팁**
디자이너들이 집단을 이루어 일하는 '더 큰 규모'의 프로젝트에서는 많은 성공한
디자이너가 (창의적) 관리자로서 더 많이 기능하고, 이 경우에는 관리 조직과
과정이 창의성만큼 의미 있다는 내용이다.
따라서 요약문은 프로젝트의 '크기'에 따라 팀 기반 작업 환경을 '조정하는'
디자이너의 능력이 그들의 개인적 특성만큼 중요할 수 있다는 의미가 되어야
하므로 정답은 ①이다.

왜 오답?

②, ④, ⑤ 프로젝트의 규모가 크면 디자이너의 관리자로서의 능력이 창의성만큼
중요할 수도 있다는 내용으로, 프로젝트의 비용이나 목표가 변수인 것은
아니다. **주의**
③ 더 큰 규모의 프로젝트에서는 상당수의 디자이너가 (팀의) 계획을 실행하는 데
참여한다고 했지, 팀의 작업 환경을 확인하는 역할을 한다는 것이 아니다.

＊ 글의 흐름

대조	가구, 조명, 소형 가전, 가정용품과 같은 낮은 단계의 기술적 복잡성을 가진 상대적으로 작은 물건들에서는 디자이너의 개인적 재능이 절대적으로 필요함
	더 큰 규모의 프로젝트에서는 개성을 강조하는 것이 문제가 있는데, 많은 성공한 디자이너들은 실제로 관리자로서 더 많이 기능함
결론	혼자 일하는 디자이너와 집단을 이루어 일하는 디자이너는 구분되어야 하며, 후자의 경우에는 관리 조직과 과정이 창의성 못지않게 중요할 수 있음

O 19 정답 ② ＊역사 소설의 역할

Research for historical fiction may focus / on under-documented
ordinary people, events, or sites. //
역사 소설을 위한 연구는 초점을 맞출 수 있다 / 문서로 덜 기록된 일반적인 사람, 사건, 또는
장소에 /
목적어로 to부정사나 원형부정사를 취하는 help
Fiction <u>helps portray</u> / everyday situations, feelings, and
atmosphere / <u>that</u> recreate the historical context. //
주격 관계대명사
소설은 묘사하는 데 도움이 된다 / 일상적인 상황, 감정, 분위기를 / 역사적인 맥락을
재창조하는 //

Historical fiction adds "flesh / to the bare bones / that historians are able to uncover /
역사 소설은 살을 붙이고 / 뼈대에 / 역사가들이 밝혀낼 수 있는 / **단서 1** 역사 소설의 설명이 반드시 사실인 것은 아님

and by doing so / provides an account / that while not necessarily true provides / a clearer indication / of past events, circumstances and cultures." //
그렇게 함으로써 / 설명을 제공한다 / 반드시 사실이 아니더라도 제공하는 / 더 명확한 표현을 / 과거의 사건, 상황, 문화에 대한 //

Fiction adds color, sound, drama / to the past, / as much as it invents / parts of the past. // **단서 2** 역사 소설은 과거의 일부를 지어내기까지 함
소설은 색채, 소리, 드라마를 더하여 / 과거에 / 지어내기까지 한다 / 과거의 부분들을 //

And Robert Rosenstone argues / that invention is not the weakness of films, / it is their strength. //
그리고 Robert Rosenstone은 주장한다 / 지어내는 것이 (역사) 영화의 약점이 아니고 / 강점이라고 //

Fiction can allow users / to see parts of the past / that have never — for lack of archives — been represented. //
소설은 사용자들이 / ~하도록 한다 / 과거의 일부를 보도록 / 역사 자료가 없어서 전혀 표현되지 않았던 // **단서 3** 역사 소설은 사용자로 하여금 자료가 없어서 표현되지 않은 부분을 보게 함

In fact, Gilden Seavey explains / that if producers of historical fiction / had strongly held the strict academic standards, /
실제로 Gilden Seavey는 설명한다 / 역사 소설 제작자들이 / 엄격한 학술적 기준을 고수했다면 /

many historical subjects would remain unexplored / for lack of appropriate evidence. //
많은 역사적 주제가 탐구되지 않은 채 남아있을 것이라고 / 적절한 증거가 없어서 //

Historical fiction should, therefore, not be seen / as the opposite of professional history, /
따라서 역사 소설은 여겨져서는 안 되며 / 전문적인 역사의 정반대의 것으로 /

but rather as a challenging representation of the past / from which both public historians and popular audiences / may learn. // **단서 4** 역사 소설로부터 대중 역사학자와 대중 관객이 모두 배울 수도 있음
오히려 과거에 대한 도전적인 표현으로 (여겨져야 한다) / 그것으로부터 대중 역사학자와 대중 관객이 모두 / 배울 수도 있는 //

→ While historical fiction reconstructs the past / using (A) **insufficient** evidence, /
역사 소설은 과거를 재구성하지만 / 불충분한 증거를 사용하여 /

it provides an inviting description, / which may (B) **enrich** people's understanding of historical events. //
그것은 매력적인 설명을 제공하는데 / 그것이 풍부하게 할 수도 있다 / 역사적 사건에 대한 사람들의 이해를 //

- fiction ⓝ 소설, 허구의 창작물
- under-documented ⓐ 문서로 덜 기록된   • ordinary ⓐ 평범한
- portray ⓥ 묘사하다   • atmosphere ⓝ 분위기   • context ⓝ 맥락
- flesh ⓝ 살   • uncover ⓥ 밝히다   • account ⓝ 설명
- indication ⓝ 표현   • circumstances ⓝ 상황
- archive ⓝ 역사 자료, 기록 보관소   • unexplored ⓐ 탐구되지 않은
- reconstruct ⓥ 재구성하다   • inviting ⓐ 매력적인

역사 소설을 위한 연구는 문서로 덜 기록된 일반적인 사람, 사건, 또는 장소에 초점을 맞출 수 있다. 소설은 역사적인 맥락을 재창조하는 일상적인 상황, 감정, 분위기를 묘사하는 데 도움이 된다. 역사 소설은 '역사가들이 밝혀낼 수 있는 뼈대에 살을 붙이고, 그렇게 함으로써 반드시 사실이 아니더라도 과거의 사건, 상황, 문화에 대한 더 명확한 표현을 제공하는 설명을 제공한다'. 소설은 과거에 색채, 소리, 드라마를 더하여 과거의 부분들을 지어내기까지 한다. 그리고 Robert Rosenstone은 지어내는 것이 (역사) 영화의 약점이 아니고 강점이라고 주장한다. 소설은 역사 자료가 없어서 전혀 표현되지 않았던 과거의 일부를 사용자들이 보도록 해 준다. 실제로 Gilden Seavey는 역사 소설 제작자들이 엄격한 학술적 기준을 고수했다면, 많은 역사적 주제가 적절한 증거가 없어서 탐구되지 않은 채 남아있을 것이라고 설명한다. 따라서

역사 소설은 전문적인 역사의 정반대의 것으로 여겨져서는 안 되며, 오히려 대중 역사학자와 대중 관객이 모두 그것으로부터 배울 수도 있는 과거에 대한 도전적인 표현으로 여겨져야 한다.
→ 역사 소설은 (A) **불충분한** 증거를 사용하여 과거를 재구성하지만, 그것은 매력적인 설명을 제공하는데, 그것이 역사적 사건에 대한 사람들의 이해를 (B) **풍부하게** 할 수도 있다.

다음 글의 내용을 한 문장으로 요약하고자 한다. 빈칸 (A), (B)에 들어갈 말로 가장 적절한 것은?

	(A)		(B)
①	insignificant 중요하지 않은	—	delay 미룰
②	insufficient 불충분한	—	enrich 풍부하게 할
③	concrete 구체적인	—	enhance 향상할
④	outdated 시대에 뒤떨어진	—	improve 개선할
⑤	limited 제한된	—	disturb 방해할

① 사람들의 이해에 도움이 된다는 내용임
② 역사 소설은 불충분한 증거로 과거를 재구성하지만 사람들의 이해를 풍부하게 할 수 있다는 내용
③ 사실이 아닌 설명을 제공하기도 함
④ 시대에 뒤떨어진 증거를 이용한다는 언급은 없음
⑤ 제한된 증거를 사용하거나 이해를 방해하는 것이 아님

왜 정답? [정답률 55%]

역사 소설의 특징	• 사실이 아닌 설명을 제공하기도 함 • 과거의 일부를 지어내기까지 함
역사 소설의 역할	• 사용자로 하여금 역사 자료(증거)가 없어서 전혀 표현되지 않았던 과거의 일부를 보게 함 • 역사 소설로부터 대중 역사학자와 대중 관객이 모두 배울 수도 있음

➡ **(A)**: 제시된 특징에 의하면 역사 소설은 명확한 증거에 기반하여 이야기를 만들어내는 것이 아니다. 역사 소설은 '불충분한(insufficient)' 증거를 사용하여 과거를 재구성한다는 의미를 나타낸다.

(B): 역사 소설은 과거에 대한 도전적인 표현으로서, 그것으로부터 역사학자와 관객이 모두 배울 수 있다. 역사 소설이 역사적 사건에 대한 사람들의 이해를 '풍부하게 할(enrich)' 수도 있는 것이다.

▶ 요약문의 빈칸에는 각각 '불충분한'과 '풍부하게 할'이 들어가야 하므로 정답은 ②임

왜 오답?

① 역사 소설로부터 배울 수도 있다고 했으므로, 사람들의 이해에 긍정적인 영향을 미치는 것이므로 이해를 '미루는' 것이 아니다.
③ 사실이 아닌 설명을 제공하기도 한다고 했으므로, '구체적인' 증거를 사용하는 것은 아니다.
④ 역사 소설이 사용하는 증거가 시대에 '뒤떨어진다'는 언급은 없다.
⑤ '제한된' 증거를 사용하거나 이해를 '방해하는' 것이 아니다.

* 글의 흐름

도입	역사 소설을 위한 연구는 문서로 덜 기록된 일반적인 사람, 사건 등에 초점을 맞출 수 있고, 소설은 역사적인 맥락을 재창조하는 일상적인 상황, 감정 등을 묘사하는 데 도움이 됨
설명 ①	역사 소설은 사실이 아니더라도 과거의 사건, 상황, 문화에 대한 더 명확한 표현을 제공하는 설명을 제공하고, 소설은 과거의 부분들을 지어내기까지 함
설명 ②	Robert Rosenstone은 지어내는 것이 (역사) 영화의 강점이라고 주장하고, 실제로 Gilden Seavey는 역사 소설 제작자들이 엄격한 학술적 기준을 고수했다면, 많은 역사적 주제가 탐구되지 않은 채 남아있을 것이라고 설명함
결론	역사 소설은 역사의 정반대의 것으로 여겨져서는 안 되며, 대중 역사학자와 대중 관객이 그것으로부터 배울 수도 있는 과거에 대한 도전적인 표현으로 여겨져야 함

O 20 정답 ① ＊과학자들이 다양한 연구를 할 수 있는 이유

뒤에 who are(주격 관계대명사+be동사) 생략
Even those with average talent / can produce notable work in
~하는 한: 부사절 접속사
the various sciences, / **so long as** they do not try to embrace all
of them at once. //
단서 1 다양한 과학 분야에서 성과를 내기 위해서는 한 주제 다음에 다른 주제로, 즉 다른 기간에 다른 분야를 연구해야 함
평균적인 재능을 가진 사람이라도 / 다양한 과학 분야에서 주목할 만한 성과를 낼 수 있는데 /
한 번에 그것들 모두를 수용하려고 하지 않는 한 그렇다 //

Instead, they should concentrate attention / on one subject after
another / (that is, in different periods of time), / although later
work will weaken / earlier attainments in the other spheres. //
대신에 그들은 집중해야 하는데 / 한 주제 다음에 다른 주제로 / (즉, 다른 기간에) / 비록
나중의 작업은 약화시킬 수 있지만 말이다 / 다른 영역에서의 더 이전의 성취를 //

명사절 접속사
This amounts to saying / **that** the brain adapts to universal
science in *time* / but not in *space*. //
이것은 말하는 것과 마찬가지이다 / 뇌가 보편적인 과학에 '시간' 속에서 적응하는 것이지 /
'공간' 속에서 적응하는 것이 아니라고
단서 2 뇌는 보편적인 과학에 '시간'의 차원에 적응하므로, 시간을 달리하면 다른 과학에 적응할 수 있음
뒤에 who are(주격 관계대명사+be동사) 생략
In fact, **even those** with great abilities / proceed in this way. //
사실, 뛰어난 능력을 가진 사람들도 / 이런 식으로 나아간다 //

Thus, when we are astonished / by someone with publications
명사절 접속사
in different scientific fields, / realize that each topic was explored
명령문
/ during a specific period of time. //
each＋단수 명사＋단수 동사
따라서, 우리가 놀랄 때 / 서로 다른 과학 분야에 출판물을 가진 사람에게 / 각 주제가
탐구되었다는 것을 인식하라 / 특정 기간 동안 //

과거분사(knowledge 수식)   미래완료 시제
Knowledge **gained** earlier certainly **will not have disappeared** /
미래완료 시제의 수동태
from the mind of the author, / but it **will have become simplified**
by -ing: ~함으로써
/ **by condensing** into formulas or greatly abbreviated symbols. //
더 이전에 얻은 지식은 확실히 사라지지 않았을 것이지만 / 저자의 마음에서 / 그것은
단순화되었을 것이다 / 공식이나 크게 축약된 기호로 응축됨으로써
단서 3 이전에 얻은 지식은 공식이나 축약된 기호로 응축되어 남아 있음

Thus, sufficient space **remains** / for the perception and learning
자동사(수동태 불가)
of new images / on the cerebral blackboard. //
따라서 충분한 공간이 남아 있다 / 새로운 이미지를 인식하고 학습할 수 있는 / 대뇌 칠판에 //
단서 4 이를 통해 대뇌에서는 새로운 학습을 할 수 있는 공간을 확보함

→ Exploring one scientific subject after another / (A) **enables**
remarkable work across the sciences, / 하나의 과학 주제를 탐구한 다음에
다른 주제를 탐구하는 것은 / 과학 전반에 걸친 주목할 만한 작업을 가능하게 하는데 /
as the previously gained knowledge / is retained in simplified
forms within the brain, / which (B) **leaves** room for new
learning. // 이전에 습득된 지식은 / 뇌 안에서 단순화된 형태로 유지되며 / 이는 새로운
학습을 위한 공간을 남겨두기 때문이다 //

- notable ⓐ 주목할 만한
- concentrate ⓥ 집중하다
- sphere ⓝ 영역
- universal ⓐ 보편적인
- simplified ⓐ 단순화된
- abbreviate ⓥ 축약하다
- perception ⓝ 인식
- embrace ⓥ 수용하다, 포괄하다
- attainment ⓝ 성취, 성과
- amount to ~와 마찬가지이다
- proceed ⓥ 나아가다, 진행하다
- formula ⓝ 공식
- sufficient ⓐ 충분한

평균적인 재능을 가진 사람이라도 다양한 과학 분야에서 주목할 만한 성과를
낼 수 있는데, 한 번에 그것들 모두를 수용하려고 하지 않는 한 그렇다. 대신에
그들은 한 주제 다음에 다른 주제로 (즉, 다른 기간에) 집중해야 하는데, 비록
나중의 작업은 다른 영역에서의 더 이전의 성취를 약화시킬 수 있지만 말이다.
이것은 뇌가 보편적인 과학에 '시간' 속에서 적응하는 것이지 '공간' 속에서
적응하는 것이 아니라고 말하는 것과 마찬가지이다. 사실, 뛰어난 능력을
가진 사람들도 이런 식으로 나아간다. 따라서, 우리가 서로 다른 과학 분야에
출판물을 가진 사람에게 놀랄 때, 각 주제가 특정 기간 동안 탐구되었다는 것을
인식하라. 더 이전에 얻은 지식은 확실히 저자의 마음에서 사라지지 않았을
것이지만 그것은 공식이나 크게 축약된 기호로 응축됨으로써 단순화되었을
것이다. 따라서 대뇌 칠판에 새로운 이미지를 인식하고 학습할 수 있는 충분한
공간이 남아 있다.

→ 하나의 과학 주제를 탐구한 다음에 다른 주제를 탐구하는 것은 과학 전반에
걸친 주목할 만한 작업을 (A) **가능하게 하는데**, 이전에 습득된 지식은 뇌
안에서 단순화된 형태로 유지되며 이는 새로운 학습을 위한 공간을
(B) **남겨두기** 때문이다.

**다음 글의 내용을 한 문장으로 요약하고자 한다. 빈칸 (A), (B)에 들어갈 말로
가장 적절한 것은?**

	(A)		(B)	
①	enables 가능하게 하다	—	leaves 남겨두다	시간의 차이를 두고 연구를 진행하면 다양한 분야에서의 성과가 가능한데, 이는 뇌가 새로운 학습을 위한 공간을 남겨두기 때문임
②	challenges 어렵게 하다	—	spares 남겨놓다	시간의 차이를 두고 연구를 진행하면 다양한 분야에서의 성과가 '어려워' 지거나 '지연되는' 것이 아님
③	delays 지연시키다	—	creates 만들다	
④	requires 필요로 하다	—	removes 없애다	뇌가 과거의 지식을 응축함으로써 새로운 학습을 위한 공간을 '없애거나' '줄이는' 것이 아님
⑤	invites 가져오다	—	diminishes 줄이다	

왜 정답？ [정답률 58%]

한 과학자가 다양한 과학 분야에서 성과를 낼 수 있는 이유	한 주제 다음에 다른 주제로 (즉, 다른 시간대로) 연구하기 때문에 가능함
뇌의 특징	• 보편적인 과학에 '시간' 속에서 적응하는 것이지 '공간' 속에서 적응하는 것이 아님 • 이전에 얻은 지식은 공식이나 축약된 기호로 응축됨 • 이 과정을 통해 새로운 학습을 위한 공간을 남겨둠

(A): 뇌는 보편적인 과학에 '시간' 속에서 적응하는 것이지 '공간' 속에서 적응하는 것이
아니라고 하고 있다. 따라서 과학의 여러 분야에서 성과를 거두는 과학자들은
같은 시간에 여러 일을 동시에 처리하지 않는다.
　즉, 시간 차이를 두고 새로운 학습을 하는 것은 과학의 여러 분야에 걸친 업적을
'가능하게 하거나(enables)' '가져오는(invites)' 것이다.

(B): 뇌는 시간이 지나면 이전에 습득한 지식을 없애지 않고 단순한 형태로 저장한다.
이를 통해 대뇌에서는 새로운 학습을 위한 공간이 확보된다고 한다. 즉, 뇌는
시간이 지나면 이전의 학습을 단순화된 형태로 저장하여 새로운 학습을 위한
공간을 '남겨두거나(leaves)' '남겨놓거나(spares)' '만드는(creates)' 것이다.

▶ 요약문의 빈칸에는 각각 '가능하게 하다'와 '남겨두다'가 들어가야 하므로 정답은
①임

왜 오답？

② 한 주제 다음에 다른 주제를 연구하는 것은 다양한 연구를 가능하게 한다고
했으므로, 이를 '어렵게 한다'는 것은 아니다.

③ 마찬가지로 다양한 연구를 가능하게 한다고 했으므로 이를 '지연시킨다'는 것은
아니다.

④ 앞서 배운 지식은 단순한 형태로 응축하여 새로운 학습을 위한 공간을 남겨둔다고
했으므로, 이를 '없앤다'는 것은 아니다.

⑤ 마찬가지로 새로운 학습을 위한 공간을 남겨둔다고 했으므로 이를 '줄인다'는 것은
아니다.

＊ 글의 흐름

주제문	과학자들은 다양한 분야에 걸쳐 눈에 띄는 성과를 거둘 수 있음
근거	이는 뇌가 '시간' 차원에서 보편적인 과학에 적응하기 때문임
주제문 구체화	다양한 과학 분야의 책을 출판한 과학자들은 각 주제를 서로 다른 시기에 연구함
근거 구체화	이는 뇌가 더 이전에 배운 지식은 단순한 기호와 공식으로 응축하고, 새로운 학습을 위한 공간을 대뇌에 남겨두기 때문임

류이레 | 연세대 의예과 2024년 입학 · 광주대동고 졸

요약문 문제는 긴 문장들이 많아도 요약문의 단어와 매칭되는
지문의 단어 위주로 읽는다면 쉽게 답을 고를 수 있어! 이
문제에서는 첫 번째 문장의 can produce notable work,
두 번째 문장의 one subject after another, 그리고 Thus로
시작하는 마지막 문장의 sufficient space ramains 등이 직접적으로 요약문과
연결되는 단서들이었지.

[단서 1 음악은 현재에만 존재함] **[선행사]** **[관계부사]**
Music has no past; / it exists / only at **the moment** / **when** it happens, / and no two performances are identical. //
음악에는 과거가 없다 / 그것은 존재하며 / 그것이 일어나는 순간에만 / 어떤 두 연주도 동일하지 않다 //

This is music's greatest asset / because it brings out the essential 'now' / without implications / of a past and a potential future. //
이것은 음악의 가장 큰 자산이다 / 그것이 가장 중요한 '지금'을 불러일으키기 때문에 / 암시하지 않고 / 과거와 잠재적 미래를 //

Thus, Stravinsky pointed out / that only through music / **are we** able to 'realize the present.' //
[준부정어가 문두로 가면서 주어와 동사가 도치됨]
따라서 Stravinsky는 지적했다 / 음악을 통해서만 / 우리는 '현재를 실현할' 수 있다고 //

Musical 'meaning' cannot be separated / from the act of presentation. //
음악의 '의미'는 분리될 수 없다 / 연주 행위와 //

[단서 2 음악을 현재화할 필요성은 교육 개념과 잘 어울리지 않음]
[단수 주어]
However, / **the necessity** of *present*-ing music / — making it present here and now, / without which it will not be music at all — / **does not sit** easily / with **a concept of education** /
[단수 동사] **[선행사]**
그러나 / 음악을 '현재화'할 필요성은 / 음악을 여기 지금 존재하게 하는 것인데 / 그것 없이는 그것은 전혀 음악이 아닐 것이다 / 잘 어울리지 않는다 / 교육 개념과 /

[관계대명사의 병렬 구조]
that rests mainly upon received factual knowledge / and **which**, by tradition, uses the past / to make sense of the present. //
주로 일반적으로 인정되는 사실적 지식에 의존하고 / 전통적으로 과거를 이용하는 / 현재를 이해하기 위해 //
[단서 3 교육 개념은 일반적으로 인정되는 사실적 지식에 의존함]

If we want music to have a role / in general education, /
음악이 어떤 역할을 하기를 우리가 원한다면 / 일반 교육에서 /

it would seem logical / **to acknowledge** this difference / and **give** prominence to activities / that will involve all pupils working directly with music. //
[가주어] **[진주어]**
~이 타당해 보일 것이다 / 이러한 차이를 인정하고 / 활동에 중점을 두는 것이 / 모든 학생이 음악을 직접 다루는 것을 포함하는 //

[형용사적 용법(attempts 수식)]
Yet, / in spite of numerous attempts / **to develop** a more *musical* music curriculum / for the majority of school pupils, /
그러나 / 수많은 시도에도 불구하고 / 더 '음악적인' 음악 교육 과정을 개발하려는 / 대다수 학생을 위해 /

the emphasis is / still on pupils absorbing factual information about music. //
[단서 4 음악 교육의 강조점은 여전히 학생이 음악에 대한 사실적 정보를 흡수하는 데 있음]
강조점은 있다 / 여전히 학생이 음악에 대한 사실적 정보를 흡수하는 데 //

→ Music's quality of being in the present / is (A) **overlooked** / in **formal music education**, / **where** delivering factual knowledge / is (B) **prioritized**. //
[선행사(추상적 의미의 장소)] **[관계부사]**
현재에 존재한다는 음악의 특성은 / 간과되는데 / 정규 음악 교육에서 / 거기에서는 사실적 지식 전달이 / 우선시된다 //

- **identical** ⓐ 동질적인　　· **asset** ⓝ 자산　　· **implication** ⓝ 암시
- **presentation** ⓝ 공연　　· **necessity** ⓝ 필요성
- **rest (up)on** 의존하다　　· **received** ⓐ 인정받는　　· **tradition** ⓝ 전통
- **make sense of** 이해하다　　· **acknowledge** ⓥ 인정하다
- **prominence** ⓝ 중점　　· **pupil** ⓝ 학생　　· **numerous** ⓐ 수많은
- **attempt** ⓝ 시도　　· **absorb** ⓥ 흡수하다　　· **overlook** ⓥ 간과하다
- **prioritize** ⓥ 우선시하다

음악에는 과거가 없는데, 즉, 음악은 그것이 일어나는 순간에만 존재하며 어떤 두 연주도 동일하지 않다. 이것은 음악이 과거와 잠재적 미래를 암시하지 않고 가장 중요한 '지금'을 불러일으키기 때문에 음악의 가장 큰 자산이다. 따라서 Stravinsky는 음악을 통해서만 우리는 '현재를 실현할' 수 있다고 지적했다. 음악의 '의미'는 연주 행위와 분리될 수 없다. 그러나 음악을 '현재화'할 필요성은, 음악을 여기 지금 존재하게 하는 것인데, 그것 없이는 음악은 전혀 음악이 아닐 것이다. 주로 일반적으로 인정되는 사실적 지식에 의존하고

전통적으로 현재를 이해하기 위해 과거를 이용하는 교육 개념과 잘 어울리지 않는다. 음악이 일반 교육에서 어떤 역할을 하기를 원한다면 이러한 차이를 인정하고 모든 학생이 음악을 직접 다루는 것을 포함하는 활동에 중점을 두는 것이 타당해 보일 것이다. 그러나 대다수 학생을 위해 더 '음악적인' 음악 교육 과정을 개발하려는 수많은 시도에도 불구하고, 강조점은 여전히 학생이 음악에 대한 사실적 정보를 흡수하는 데 있다.

→ 현재에 존재한다는 음악의 특성은 정규 음악 교육에서 (A) **간과되고** 있는데, 거기에서는 사실적 지식 전달이 (B) **우선시된다**.

다음 글의 내용을 한 문장으로 요약하고자 한다. 빈칸 (A), (B)에 들어갈 말로 가장 적절한 것은?

	(A)	(B)
①	overlooked 간과되다	prioritized 우선시된다 — 음악의 현재성이 간과되고, 사실적 지식 전달이 강조됨
②	overlooked	restricted 제한된다 — 사실적 지식 전달을 강조함
③	dismissed 일축하다	disregarded 무시된다 — 사실적 지식 전달을 '무시하는' 것과 반대임
④	achieved 달성하다	treasured 귀하게 여겨지다
⑤	achieved	challenged 도전받다 — 음악의 현재성은 교육 개념과 잘 안 어울림

> **왜 정답?** [정답률 64%]

(A):
- 음악의 가장 큰 자산: 음악은 현재(그것이 일어나는 순간)에만 존재한다.
- 그러나(However) 음악을 현재화할 필요성은 교육 개념과 잘 어울리지 않는다.

(B):
- 교육 개념은 일반적으로 인정되는 사실적 지식에 의존하고, 여전히 학생이 음악에 대한 사실적 정보를 흡수하는 것을 강조한다.

➡ 정규 음악 교육에서 일어나는 일, 즉 현재에 존재한다는 음악의 특성은 ① '간과되고', 사실적 지식 전달이 '우선시된다'.
　▶ 요약문의 빈칸에는 '간과되고'와 '우선시된다'가 들어가야 하므로 정답은 ①임

> **왜 오답?**
② 사실적 지식 전달을 강조한다고 했으므로 '제한되는' 것이 아니다.
③ 사실적 지식 전달을 '무시하는' 것과 반대이므로 적절하지 않다.
④ 현재에 존재한다는 음악의 특성이 음악 교육을 통해 달성되는 것은 아니다.
⑤ 사실적 지식 전달이 '도전받는다'는 것은 적절하지 않다.

＊ 글의 흐름

도입	음악은 그것이 일어나는 순간에만 존재하며 어떤 두 연주도 동일하지 않고, 이것은 음악이 가장 중요한 '지금'을 불러일으키기 때문에 음악의 가장 큰 자산임
설명 ①	Stravinsky는 음악을 통해서만 우리는 '현재를 실현할' 수 있다고 지적했고, 음악을 '현재화'할 필요성은, 음악을 여기 지금 존재하게 하는 것인데, 그것 없이는 음악은 전혀 음악이 아닐 것임
설명 ②	주로 일반적으로 인정되는 사실적 지식에 의존하고 전통적으로 현재를 이해하기 위해 과거를 이용하는 교육 개념과 잘 어울리지 않음
결론	대다수 학생을 위해 더 '음악적인' 음악 교육 과정을 개발하려는 수많은 시도에도 불구하고, 강조점은 여전히 학생이 음악에 대한 사실적 정보를 흡수하는 데 있음

22 정답 ① · 2등급 대비 [정답률 75%]

＊장인정신이 마주치는 장애물

"Craftsmanship" may suggest / a way of life / that declined / with the arrival of industrial society / — but this is misleading. //
'장인정신'은 삶의 방식을 나타낼지도 모른다 / 쇠퇴한 / 산업 사회의 도래와 함께 / 하지만 이것은 오해의 소지가 있다 //

Craftsmanship names / an enduring, basic human impulse, / the desire / to do a job well for its own sake. // 【단서 1】 장인정신은 '지속적이고' 기본적인 인간의 충동을 말함
장인정신은 말한다 / 지속적이고 기본적인 인간의 충동을 / 욕망 / 일 자체를 위해 그것을 잘하고 싶은 //

Craftsmanship cuts a far wider swath / than skilled manual labor; /
장인정신은 훨씬 더 넓은 구획을 가른다 / 숙련된 육체노동보다 /

it serves / the computer programmer, the doctor, and the artist; / parenting improves / when it is practiced / as a skilled craft, / as does citizenship. //
그것은 도움이 된다 / 컴퓨터 프로그래머, 의사, 예술가에게 / 양육은 향상된다 / 그것이 실행될 때 / 숙련된 기술로서 / 시민정신이 그런 것처럼 //

In all these domains, / craftsmanship focuses / on objective standards, / on the thing in itself. // 【단서 2】 사회적, 경제적 조건이 장인정신을 방해함
이 모든 영역에서 / 장인정신은 초점을 맞춘다 / 객관적인 기준에 / 그 자체의 것 //

Social and economic conditions, / however, / often stand in the way / of the craftsman's discipline and commitment: /
사회적, 경제적 조건은 / 그러나 / 흔히 방해한다 / 장인의 수련과 전념을 /

schools may fail to provide the tools / to do good work, / and workplaces may not truly value / the aspiration for quality. //
학교는 도구를 제공하지 못할 수 있고 / 일을 잘하기 위한 / 직장은 진정으로 가치 있게 여기지 않을 수 있다 / 품질에 대한 열망을 //

And though craftsmanship can reward an individual / with a sense of pride in work, / this reward is not simple. //
그리고 비록 장인정신이 개인에게 보상을 줄 수 있지만 / 일에 대한 자부심으로 / 이 보상은 간단하지 않다 /

The craftsman often faces / conflicting objective standards of excellence; /
장인은 흔히 직면한다 / 뛰어남에 대한 상충하는 객관적 기준에 /

the desire / to do something well for its own sake / can be weakened / by competitive pressure, / by frustration, / or by obsession. //
욕망은 / 어떤 일 그 자체를 위해 그것을 잘하려는 / 약화될 수 있다 / 경쟁적 압력에 의해 / 좌절에 의해 / 또는 집착에 의해 //

→ Craftsmanship, / a human desire / that has (A) **persisted** over time / in diverse contexts, / often encounters factors / that (B) **limit** its full development. //
장인정신은 / 인간의 욕망인 / 시간이 지남에 따라 존속해 온 / 다양한 상황에서 / 흔히 요소들과 마주친다 / 그것의 완전한 발전을 제한하는 //

- craftsmanship ⓝ 장인정신
- misleading ⓐ 오해의 소지가 있는
- name ⓥ 말하다, 명명하다
- enduring ⓐ 지속적인
- impulse ⓝ 충동
- manual ⓐ 육체노동의, 손으로 하는
- serve ⓥ 도움이 되다, 기여하다
- parenting ⓝ 양육, 육아
- craft ⓝ 기술, (수)공예
- citizenship ⓝ 시민정신
- domain ⓝ 영역
- stand in the way of ~을 방해하다
- discipline ⓝ 수련, 규율
- commitment ⓝ 전념, 헌신
- aspiration ⓝ 열망, 염원
- conflicting ⓐ 상충하는
- weaken ⓥ 약화시키다
- competitive ⓐ 경쟁적인
- frustration ⓝ 좌절
- obsession ⓝ 집착
- cultivate ⓥ 양성하다
- accelerate ⓥ 가속화하다
- diminish ⓥ 줄어들다

'장인정신'은 산업 사회의 도래와 함께 쇠퇴한 삶의 방식을 나타낼지도 모르지만, 이것은 오해의 소지가 있다. 장인정신은 지속적이고 기본적인 인간의 충동, 즉 일 자체를 위해 그것을 잘하고 싶은 욕망을 말한다.

장인정신은 숙련된 육체노동보다 훨씬 더 넓은 구획을 가르는데, 그것은 컴퓨터 프로그래머, 의사, 예술가에게 도움이 되고, 시민정신과 마찬가지로 그것이 숙련된 기술로서 실행될 때 양육은 향상된다. 이 모든 영역에서 장인정신은 객관적인 기준, 즉 그 자체의 것에 초점을 맞춘다.

그러나 사회적, 경제적 조건은 흔히 장인의 수련과 전념을 방해하는데, 즉 학교는 일을 잘하기 위한 도구를 제공하지 못할 수 있고, 직장은 품질에 대한 열망을 진정으로 가치 있게 여기지 않을 수 있다. 그리고 비록 장인정신이 일에 대한 자부심으로 개인에게 보상을 줄 수 있지만, 이 보상은 간단하지 않다. 장인은 흔히 뛰어남에 대한 상충하는 객관적 기준에 직면하며, 어떤 일 그 자체를 위해 그것을 잘하려는 욕망은 경쟁적 압력에 의해, 좌절에 의해 또는 집착에 의해 약화될 수 있다.

→ 다양한 상황에서 시간이 지남에 따라 (A) **존속해** 온 인간의 욕망인 장인정신은 흔히 그것의 완전한 발전을 (B) **제한하는** 요소들과 마주친다.

다음 글의 내용을 한 문장으로 요약하고자 한다. 빈칸 (A), (B)에 들어갈 말로 가장 적절한 것은?

	(A)		(B)	
①	persisted	—	limit	장인정신은 지속적인 인간의 충동을 말함, 사회적, 경제적 조건이 장인정신을 방해함
②	persisted	—	cultivate	양성하다
③	evolved	—	accelerate	장인의 수련과 전념을 방해한다고 했음
④	diminished	—	shape	장인정신이 쇠퇴했다는 것은 오해의 소지가 있음
⑤	diminished	—	restrict	제한하다

((A) persisted 존속했다, evolved 발달했다, diminished 줄어들었다 / (B) limit 제한하다, cultivate 양성하다, accelerate 가속화하다, shape 형성하다, restrict 제한하다))

왜 2등급? 지문에 등장하는 어휘들은 그렇게 어렵다고 볼 수 없으나 장인정신이 마주치는 장애물이라는 글의 내용을 잘 파악하기 힘들 수 있다. 그러나 요약문을 먼저 살펴보고 글을 읽으면 훨씬 쉬워지는 문제이다.

| 문제 풀이 순서 |

1st 요약문을 통해 글에서 무엇을 찾아야 하는지 확인한다.

다양한 상황에서 시간이 지남에 따라 (A) ______ 해 온 인간의 욕망인 장인정신은 흔히 그것의 완전한 발전을 (B) ______ 하는 요소들과 마주친다.

➡ **(A):** 장인정신이 시간이 지남에 따라 존속해 온, 발달해 온, 줄어들어 온 인간의 욕망인지
(B): 장인정신이 그것의 완전한 발전을 제한하는, 양성하는, 가속화하는, 형성하는 제한하는 요소를 마주치는지

2nd 글에서 장인정신에 대해 어떻게 설명하는지 확인한다.

(A):

장인정신은 지속적이고 기본적인 인간의 충동, 즉 일 자체를 위해 그것을 잘하고 싶은 욕망을 말한다. 【단서 1】

➡ '지속적인 인간의 충동' = '시간이 지남에 따라 존속해 온 인간의 욕망'
▶ (A)에는 ①, ② persisted가 들어가야 함

(B):

그러나 사회적, 경제적 조건은 흔히 장인의 수련과 전념을 방해한다. 【단서 2】

➡ '사회적 경제적 조건이 장인의 수련과 전념을 방해한다' = '장인정신은 그것의 완전한 발전을 제한하는 요소들을 마주친다'
▶ (B)에는 ① limit이 들어가야 함

| 선택지 분석 |

① 장인정신은 쇠퇴하지 않았다고 했고, 장인정신에 대한 경제적, 사회적 요인을 방해하는 것에 대해 말했다.

② 장인의 수련과 전념을 방해하는 사회적, 경제적 요소를 마주친다는 것으로, 장인정신을 '양성하는' 요소라는 표현은 글과 반대된다.

③ 장인정신을 '가속화하는' 요소라는 표현은 글과 반대되는 내용이다.

④ 장인정신이 쇠퇴한 삶의 방식을 나타낼지도 모른다는 것은 오해의 소지가 있으며, 장인정신은 지속적인 인간의 충동을 말한다고 했으므로 장인정신이 시간이 지남에 따라 '줄어든' 인간의 욕망이라고 요약하는 것은 적절하지 않다.

⑤ 장인정신은 지속적인 인간의 충동을 말한다고 했으므로 시간이 지남에 따라 '줄어든' 인간의 욕망이라고 하는 것은 어색하다.

✱ 신체적 움직임과 사회적 불평등

Mobilities in transit / offer a broad field / **to be explored** /
by different disciplines in all faculties, / in addition to the
humanities. //
통행의 이동성은 / 광범위한 분야를 제공한다 / 탐구될 / 모든 학부의 여러 다른 학과에 의해 /
인문학뿐만 아니라 //

In spite of increasing acceleration, / for example / in travelling
through geographical or virtual space, / **our body becomes**
more and more / **a passive non-moving container**, /
증가하는 속도에도 불구하고 / 예를 들어 / 지리적 공간이나 가상의 공간을 이동하는 데에서 /
우리의 몸은 점점 ~이 되는데 / 수동적이고 움직이지 않는 컨테이너가 /

which is transported by artefacts / or loaded up / with inner
feelings of being mobile / in the so-called information society. //
그것은 인공물에 의해 운송되거나 / 가득 채워진다 / 이동한다는 내적 느낌으로 / 이른바 정보
사회에서 //

Technical mobilities turn human beings / into some kind of
terminal creatures, / 〔단서1〕 정보 사회의 기술적 이동성은 인간이
　　　　　　　　　　신체를 움직이는 것을 덜 필요하게 만들었음
기술적 이동성은 인간을 바꾸는데 / 일종의 불치병에 걸린 존재로 /

who spend most of their time / at rest / and **who** need
to participate in sports / in order to balance / their daily
disproportion of motion and rest. //
그는 대부분의 시간을 보내고 / 휴식을 취하며 / 스포츠에 참여할 필요가 있다 / 균형을 맞추기
위해 / 그들의 일상적인 운동과 휴식의 불균형을 //

Have we come closer / to Aristotle's image of God / as the
immobile mover, /
우리는 더 가까워졌는가 / 아리스토텔레스의 신의 이미지에 / 움직이지 않으면서도 움직이는
존재로서의 / 〔단서2〕 일부 인간(엘리트)은 자신은 움직일 필요가 없으면서
　　　　　　　　　　 돈, 사물, 사람을 움직이는 힘을 행사함
when elites exercise their power / **to move** money, things and
people, / while they themselves do not need to move at all? //
엘리트가 그들의 힘을 행사할 때 / 돈, 사물, 사람을 움직이는 / 자신은 전혀 움직일 필요가
없으면서 //
〔단서3〕 엘리트가 아닌 다른 사람은 이동성으로 구조화된 사회적 배제의 희생자들임
Others, / at the bottom of this power, / are victims / of mobility-
structured social exclusion. //
다른 사람들은 / 이 권력의 밑바닥에 있는 / 희생자들이다 / 이동성으로 구조화된 사회적
배제의 //

They cannot decide / how and where to move, / but are just
moved around / or locked out or even locked in / without either
the right to move or **the right to stay**. //
그들은 결정할 수 없지만 / 어떻게 어디로 이동할지 / 그저 이리저리 옮겨지거나 / 내쳐지거나
심지어 갇히기도 한다 / 이동할 권리도 머무를 권리도 없이 //

→ In a technology and information society, / **human beings**,
/ whose bodily movement is less (A) **necessary**, / **appear**
to have gained / increased mobility and power, /
기술과 정보 사회에서 / 인간은 / 신체의 움직임이 덜 필요한 / 이룬 것처럼 보이는데 /
이동성과 권력의 증가를 /
and such a mobility-related human condition / raises the
issue / **of** social (B) **inequality**. //
이동성과 관련된 그러한 인간의 상태는 / 문제를 제기한다 / 사회적 불평등이라는 //

· mobility ⓝ 이동성, 유동성　　· transit ⓝ 수송, 교통 체계
· broad ⓐ 폭넓은, 일반적인　　· discipline ⓝ 규율, (대학의) 학과목
· faculty ⓝ 능력, (대학의) 학부　· humanity ⓝ 인류, ((pl.)) 인문학
· acceleration ⓝ 가속(도)　　· geographical ⓐ 지리(학)적인
· virtual ⓐ (컴퓨터를 이용한) 가상의　· passive ⓐ 수동적인, 소극적인
· transport ⓥ 이동하다, 수송하다　· artefact ⓝ 인공물, 가공물
· terminal ⓐ 불치병에 걸린, (질병이) 말기의　· disproportion ⓝ 불균형
· immobile ⓐ 움직이지 않는　　· exclusion ⓝ 제외, 배제
· bodily ⓐ 신체의

통행의 이동성은 인문학뿐만 아니라 모든 학부의 여러 다른 학과에서 탐구할
수 있는 광범위한 분야를 제공한다. 예를 들어, 지리적 공간이나 가상의
공간을 이동하는 데에서 속도가 증가하고 있음에도 불구하고, 우리의 몸은
점점 수동적이고 움직이지 않는 컨테이너가 되는데, 그것은 인공물에 의해
운송되거나 이른바 정보 사회에서 이동한다는 내적 느낌으로 가득 채워진다.
기술적 이동성은 인간을 일종의 불치병에 걸린 존재로 바꾸는데, 그는 대부분의
시간을 휴식을 취하며 보내고 그들의 일상적인 운동과 휴식의 불균형을
균형 맞추기 위해 스포츠에 참여할 필요가 있다. 엘리트가 돈, 사물, 사람을
움직이는 힘을 행사하면서 자신은 전혀 움직일 필요가 없을 때, 우리는
아리스토텔레스의 움직이지 않으면서도 움직이는 존재로서의 신의 이미지에
더 가까워졌는가? 이 권력의 밑바닥에 있는 다른 사람들은 이동성으로
구조화된 사회적 배제의 희생자들이다. 그들은 어떻게 어디로 이동할지 결정할
수 없지만, 이동할 권리도 머무를 권리도 없이 그저 이리저리 옮겨지거나
내쳐지거나 심지어 갇히기도 한다.
→ 기술과 정보 사회에서, 신체의 움직임이 덜 (A) **필요한** 인간은 이동성과
권력의 증가를 이룬 것처럼 보이는데, 이동성과 관련된 그러한 인간의 상태는
사회적 (B) **불평등**이라는 문제를 제기한다.

다음 글의 내용을 한 문장으로 요약하고자 한다. 빈칸 (A), (B)에 들어갈 말로
가장 적절한 것은?

	(A)		(B)	
①	necessary 필요한	—	inequality 불평등	기술적 이동성을 통해 덜 움직일 수 있게 된 인간이 힘을 행사할 수 있게 되었지만 희생자도 있음
②	necessary	—	growth 성장	─ 사회적 성장이나 의식이 문제라는 내용은 없음
③	limited 제한된	—	consciousness 의식	
④	desirable 바람직한	—	service 봉사	권력을 가진 엘리트와 권력의 밑바닥에 있는 희생자가 존재하는 상태임
⑤	desirable	—	divide 분열	움직이는 것이 바람직한지, 덜 바람직한지로 구분한 것이 아님

왜 2등급? 긴 문장으로 이루어져 있어 해석에 어려움이 있고 선택지 중에서
매력적인 오답이 있다. 〔단서〕 사회적 불평등의 배경인 정보 사회와, 이동성의
측면에서 엘리트와 권력의 밑바닥에 있는 사람들이 대조되고 있음을 이해해야 할
것이다. 〔발상〕

| 문제 풀이 순서 |

1st 요약문을 통해 글에서 무엇을 찾아야 하는지 확인한다.

요약문	기술과 정보 사회에서, 신체의 움직임이 덜 '(A)한' 인간은 이동성과 권력의 증가를 이룬 것처럼 보이는데, 이동성과 관련된 그러한 인간의 상태는 사회적 '(B)라는' 문제를 제기한다.

➡ 글에서 찾아야 하는 것
(A): 기술과 정보 사회에서 신체의 움직임이 덜 필요한, 제한되는, 바람직한
인간인지.
(B): 그러한 인간의 상태는 사회적 불평등, 성장, 의식, 봉사, 분열이라는 문제를
제기했는지.

2nd 글의 내용을 파악하여 요약문을 완성한다.

(A): 기술적 이동성은 인간을 일종의 불치병에 걸린 존재로 바꾸는데,
… 〔단서1〕 엘리트가 돈, 사물, 사람을 움직이는 힘을 행사하면서 자신은 전혀 움직일
필요가 없을 때 … 〔단서2〕
➡ 기술적 이동성이 인간을 불치병에 걸리게 했는데, 이 불치병은 인간이 신체를
움직일 필요성을 더 작게 만드는 것이다. 한편 엘리트는 다른 것들을 움직이는 힘을
행사하면서 자신은 전혀 움직일 필요가 없다고 했으므로, 빈칸 (A)에는 ①, ②의
necessary가 들어가야 한다.

(B): 이 권력의 밑바닥에 있는 다른 사람들은 이동성으로 구조화된 사회적 배제의
희생자들이다. 〔단서3〕
➡ 권력의 밑바닥에 있는 사람들은 이동성으로 구조화된 사회적 배제의 희생자라고
했다. 이러한 상태는 앞서 언급된 엘리트와 최하층을 대조하며 사회적
불평등이라는 문제를 제기한다. 따라서 빈칸 (B)에는 ① inequality가 적절하다.
▶ 기술과 정보 사회에서, 신체의 움직임이 덜 '필요한' 인간은 이동성과 권력의
증가를 이룬 것처럼 보이는데, 이동성과 관련된 그러한 인간의 상태는 사회적
'불평등'이라는 문제를 제기한다.

① 기술적 이동성이 신체의 움직임이 덜 필요한 엘리트와 그렇지 않은 사람들 사이의 사회적 불평등을 낳는다는 내용이다.

② 누군가는 권력을 갖지만 다른 사람은 사회적으로 배제되는 상태가 사회적 성장이라는 문제를 제기한다는 것은 어색하다.

③ 신체의 움직임이 덜 제한된 인간이 아니라 움직일 필요가 없는 인간이 기술과 정보 사회에서 이동성과 권력의 증가를 이룬 것처럼 보이는 것이다.

④ 운동과 휴식의 균형을 맞추기 위해 스포츠에 참여해야 한다고 했지, 신체의 움직임이 덜 바람직한 인간이 이동성과 권력의 증가를 이룬다는 것은 자연스럽지 않다.

⑤ 운동과 휴식의 균형을 맞추기 위해 스포츠에 참여해야 한다고 했지, 신체의 움직임이 덜 바람직한 인간이 이동성과 권력의 증가를 이룬다는 것은 자연스럽지 않다.

O 24 정답 ② ⭐ 1등급 대비 [정답률 58%]

* 기술 발전으로 인한 실업이 끼치는 부정적인 영향

A serious deterioration in people's working lives / would be deeply disturbing to the social order. //
사람들의 근로 생활에서의 심각한 악화는 / 사회 질서를 매우 불안하게 만들 것이다 //

Indeed, / few consequences of technological change would be as dangerous. // 실제로 / 기술 변화의 결과 중 그만큼 위험한 것은 거의 없다 //

Today, the world of work is the main way / that we share out the fruits of growth: / for most people, / their job is their main, if not their only, source of income. //
오늘날 근로의 세계는 주요한 방식이다 / 우리가 성장의 결실을 분배하는 / 대부분의 사람들에게 / 일은 유일하지는 않더라도, 주요한 소득원이다 //

Technological unemployment would weaken that longstanding arrangement, / 기술로 인한 실업은 이 오랜 구조를 약화할 수 있고 /

encouraging an even more extreme version of inequality / in which some people receive more income than others / and many receive nothing at all. //
훨씬 더 극단적인 형태의 불평등을 조장할 것이다 / 어떤 이들은 다른 이들보다 더 많은 소득을 받고 / 많은 이들은 전혀 아무것도 받지 못하는 //

Nor would the disturbance be only economic. //
불안이 그저 경제적인 것만도 아니다 //

For many people, / their work is both a source of income and of meaning. // 많은 사람에게 / 그들의 일은 소득과 의미의 원천이다 //

And with that in mind, / the threat is even broader: /
그리고 그것을 염두에 두면 / 그 위험은 훨씬 더 광범위한데 /

not only that the labor market might be hollowed out, / leaving some unable to find a good job and a reliable income, /
노동 시장의 속이 비게 되어 / 일부 사람들이 좋은 일자리나 안정적인 수입을 얻지 못하게 될 수 있을 뿐 아니라 /

but that this sense of fulfilment / that some people are fortunate to feel in their jobs / might be hollowed out as well, / leaving them unable to find purpose and live a satisfying life. //
이러한 성취감도 / 일부 사람들이 운 좋게도 직업에서 느끼던 / 또한 비게 되어 / 그들이 삶의 목적을 찾지 못하고 만족스러운 삶을 살아가지 못하게 될 수 있다 //

→ By creating unemployment, / technology would upset the social order, / affecting the (A) distribution of wealth / and possibly eliminating the emotional (B) rewards / that some discover in work. //
실업을 초래함으로써 / 기술은 사회 질서를 뒤흔들어 / 부(富)의 분배에 영향을 미치고 / 어쩌면 정서적 보상까지 제거할 것이다 / 어떤 이들이 일에서 발견하는 //

- disturbing ⓐ 불안하게 만드는 - social order 사회 질서
- consequence ⓝ 결과 - unemployment ⓝ 실업
- weaken ⓥ 약화하다 - longstanding ⓐ 오랜 기간 유지된

- arrangement ⓝ 구조, 체계 - encourage ⓥ 조장하다, 부추기다
- inequality ⓝ 불평등 - disturbance ⓝ 불안, 혼란
- reliable ⓐ 안정적인, 믿을 만한 - fulfilment ⓝ 성취, 실현
- fortunate ⓐ 운이 좋은 - eliminate ⓥ 제거하다
- distribution ⓝ 분배 - emptiness ⓝ 공허함

사람들의 근로 생활에서의 심각한 악화는 사회 질서를 매우 불안하게 만들 것이다. 실제로 기술 변화의 결과 중 그만큼 위험한 것은 거의 없다. 오늘날 근로의 세계는 우리가 성장의 결실을 분배하는 주요한 방식이며, 대부분의 사람들에게 일은 유일하지는 않더라도, 주요한 소득원이다. 기술로 인한 실업은 이 오랜 구조를 약화할 수 있고, 어떤 이들은 다른 이들보다 더 많은 소득을 받고 많은 이들은 전혀 아무것도 받지 못하는 훨씬 더 극단적인 형태의 불평등을 조장할 것이다. 불안이 그저 경제적인 것만도 아니다. 많은 사람에게 그들의 일은 소득과 의미의 원천이다. 그리고 그것을 염두에 두면, 그 위험은 훨씬 더 광범위한데, 노동 시장의 속이 비게 되어 일부 사람들이 좋은 일자리나 안정적인 수입을 얻지 못하게 될 수 있을 뿐 아니라, 일부 사람들이 운 좋게도 직업에서 느끼던 이러한 성취감도 또한 비게 되어, 그들이 삶의 목적을 찾지 못하고 만족스러운 삶을 살아가지 못하게 될 수 있다.

→ 실업을 초래함으로써, 기술은 사회 질서를 뒤흔들어 부(富)의 (A) 분배에 영향을 미치고, 어쩌면 어떤 이들이 일에서 발견하는 정서적 (B) 보상까지 제거할 것이다.

다음 글의 내용을 한 문장으로 요약하고자 한다. 빈칸 (A), (B)에 들어갈 말로 가장 적절한 것은?

	(A)		(B)
①	distribution 분배	—	emptiness 공허함
②	distribution 분배	—	rewards 보상
③	concentration 집중	—	conflicts 갈등
④	investment 투자	—	challenges 도전
⑤	investment 투자	—	growth 성장

기술 발전으로 인한 실업이 부의 분배에 부정적 영향을 끼치고, 더 나아가 직업이 주는 정서적 보상인 성취감까지 잃게 만든다는 내용임

정서적 '공허함'이 제거된다면 이는 사회에 오히려 긍정적인 변화임

이 글에서는 부의 집중이 아니라 '분배의 방식에 초점이 맞춰져야 함

부의 투자가 아니라 '분배'에 영향을 미친다고 했고, 일에서 얻는 성취감을 정서적 '도전'이라고 볼 수 없음

부의 투자가 아니라 '분배'에 영향을 미친다고 했음

왜 1등급? 전체적인 어휘 수준은 높지 않으나, 중간 부분과 마지막 문장이 굉장히 길어서 해석이 쉽지 않을 수 있었던 1등급 대비 문제이다. 요약문으로부터 주제를 파악한 뒤에, 단서 선택지의 단어를 넣어보면서 글의 내용과 맞춰 본다면 정답을 찾을 수 있을 것이다. 발상

| 문제 풀이 순서 |

1st 요약문을 통해 글에서 무엇을 찾아야 하는지 확인한다.

요약문	실업을 초래함으로써, 기술은 사회 질서를 뒤흔들어 부(富)의 ___(A)___ 에 영향을 미치고, 어쩌면 어떤 이들이 일에서 발견하는 정서적 ___(B)___ 까지 제거할 것이다.

➡ 글에서 찾아야 하는 것

(A): 실업을 초래함으로써, 기술은 사회 질서를 뒤흔들어 부(富)의 '분배, 집중, 투자'에 영향을 미치는지.

(B): 어쩌면 어떤 이들이 일에서 발견하는 정서적 '공허함, 보상, 갈등, 도전, 성장'까지 제거할 것인지.

2nd 글의 내용을 파악하여 요약문을 완성한다.

(A):

- 기술로 인해 일자리가 사라지면 사람들의 수입 구조가 무너지게 되고, 이는 부의 분배 방식에 큰 영향을 미쳐 불평등이 심화될 수 있음 **단서1**

➡ 기술이 부의 '분배' 구조를 흔들 수 있다고 말하는 것이므로 빈칸 (A)에는 ①, ②의 distribution이 들어가야 한다.

(B):

- 기술 발전으로 인한 실업이 미치는 부정적인 영향
  ①: 부의 분배를 약화시키며, 극단적 불평등 조장(경제적 측면)
  ②: 일에서 느끼던 성취감도 사라지고, 삶의 목적을 찾지 못하고 만족스러운 삶을 살지 못하게 될 수도 있음(심리적 측면) **단서2**

➡ 기술 발전으로 인한 실직 때문에 사람들이 일에서 얻는 감정적 '보상'이 제거된다는 것이므로 빈칸 (B)에는 ② rewards가 적절하다.

▶ 요약문의 빈칸에는 각각 '분배'와 '보상'이 들어가야 하므로 정답은 ②이다.

① 정서적 '공허함'이 제거된다면 이는 사회에 오히려 긍정적인 변화이므로 글의 내용과 반대이다.

② 이 글은 기술 발전으로 인한 실업이 부의 분배에 부정적 영향을 끼치고, 더 나아가 직업이 주는 정서적인 보상인 성취감까지 잃게 만든다는 내용이다.

③ 글에서는 부의 집중이 아니라 '분배'의 방식에 초점이 맞춰져야 하므로 적절하지 않다.

④ 부의 투자가 아니라 '분배'에 영향을 미친다고 했고, 일에서 얻는 성취감을 정서적 '도전'이라고 볼 수 없다.

⑤ 부의 투자가 아니라 '분배'에 영향을 미친다고 했고, 일에서 얻는 성취감을 정서적 '성장'이라고 볼 수 없다.

O 25 정답 ① ★ 1등급 대비 [정답률 60%]

＊설명에 대한 철학적 이론 두 가지

Philip Kitcher and Wesley Salmon have suggested / that there are two possible alternatives / among philosophical theories of explanation. //
Philip Kitcher와 Wesley Salmon은 제안했다 / 두 가지 가능한 대안이 있다고 / 설명에 대한 철학적 이론들 중 //

One is the view / **that** scientific explanation consists / in the *unification* / of broad bodies of phenomena / under a minimal number of generalizations. // 단서 1 광범위한 현상들을 최소한으로 적은 수의 일반화 아래에 통합하는 것
하나는 견해이다 / 과학적 설명이 있다는 / '통합'에 / 현상들의 광범위한 모음의 / 최소한으로 적은 수의 일반화 아래에 //

According to this view, / the (or perhaps, a) goal of science is / **to construct** / an economical framework / of laws or **generalizations** /
이 견해에 따르면 / 과학의 목표(혹은 어쩌면 한 가지 목표)는 ~이다 / 구성하는 것 / 경제적인 틀을 / 법칙이나 일반화의 /

that are capable of subsuming / all observable phenomena. //
포섭할 수 있는 / 모든 관찰할 수 있는 현상들을 //

Scientific explanations / organize and systematize our knowledge / of the empirical world; /
과학적 설명은 / 우리의 지식을 조직하고 체계화한다 / 경험적 세계에 대한 /

the more economical the systematization, / **the deeper** our understanding / of what is explained. // 단서 2 체계화가 더 경제적일수록 설명되는 것에 대한 우리의 이해가 더 깊음
체계화가 더 경제적일수록 / 우리의 이해는 더 깊다 / 설명되는 것에 대한 //

The other view / is the *causal/mechanical* approach. //
다른 관점은 / '인과 관계적/기계적' 접근이다 //

According to it, / a scientific explanation of a phenomenon / consists of uncovering **the mechanisms** / **that** produced the phenomenon of interest. //
그것에 따르면 / 어떤 현상에 대한 과학적인 설명은 / 메커니즘을 밝히는 것으로 이루어진다 / 관심 있는 그 현상을 만들어 낸 //

This view **sees** / the explanation of individual events / **as** primary, / **with the explanation of generalizations** / flowing from them. // 단서 3 일차적으로 개별 사건으로부터 일반화가 도출됨
이 관점은 본다 / 개별 사건들에 대한 설명을 / 일차적으로 / 일반화에 대한 설명이 / 그것들로부터 흘러나오는 채로 //

That is, / the explanation of scientific generalizations comes / from **the causal mechanisms** / **that** produce the regularities. // 단서 4 과학적 일반화는 '규칙성'을 만들어 내는 인과적 메커니즘에서 비롯됨
즉 / 과학적 일반화에 대한 설명은 비롯된다 / 인과적 메커니즘에서 / 규칙성을 만들어 내는 //

→ Scientific explanations can be made / either **by seeking** / the (A) **least** number of principles / covering all observations /
과학적 설명은 만들어질 수 있다 / 찾음으로써 / 최소한의 수의 원리를 / 모든 관찰을 포함하는 /

or **by finding** general (B) **patterns** / drawn from individual phenomena. //
또는 일반적인 패턴을 발견함으로써 / 개별 현상으로부터 도출된 //

- alternative ⓝ 대안, 대체 가능한 것 ・philosophical ⓐ 철학의
- theory ⓝ 이론, 학설 ・consist in (주요 특징 등이) ~에 있다
- unification ⓝ 통합 ・broad ⓐ 광대한, 광범위한
- body ⓝ 많은 양, 많은 모음 ・phenomenon ⓝ 현상(pl. phenomena)
- minimal ⓐ 최소의, 아주 적은 ・generalization ⓝ 일반화
- construct ⓥ 구성하다, 건설하다 ・economical ⓐ 경제적인, 알뜰한
- framework ⓝ (판단・결정 등을 위한) 틀 ・capable of ~을 할 수 있는
- observable ⓐ 관찰할 수 있는 ・systematize ⓥ 체계화하다
- causal ⓐ 인과 관계의
- mechanical ⓐ (행동・반응 등이) 기계적인, 기계에 의한
- approach ⓝ 접근법 ・consist of ~로 구성되다
- uncover ⓥ 밝히다, 알아내다 ・primary ⓐ 일차적인, 주요한
- regularity ⓝ 규칙적임, 규칙성 ・seek ⓥ 찾다, 추구하다
- observation ⓝ 관찰, 감지 ・general ⓐ 일반적인, 보통의

Philip Kitcher와 Wesley Salmon은 설명에 대한 철학적 이론들 중 두 가지 가능한 대안이 있다고 제안했다. 하나는 과학적 설명이 최소한으로 적은 수의 일반화 아래에 현상들의 광범위한 모음을 '통합'하는 데 있다는 견해이다. 이 견해에 따르면 과학의 목표(혹은 어쩌면 한 가지 목표)는 모든 관찰할 수 있는 현상들을 포섭할 수 있는 법칙이나 일반화의 경제적인 틀을 구성하는 것이다. 과학적 설명은 경험적 세계에 대한 우리의 지식을 조직하고 체계화하는데, 체계화가 더 경제적일수록, 설명되는 것에 대한 우리의 이해는 더 깊다. 다른 관점은 '인과 관계적/기계적' 접근이다.

그것에 따르면, 어떤 현상에 대한 과학적인 설명은 관심 있는 그 현상을 만들어 낸 메커니즘을 밝히는 것으로 이루어진다. 이 관점은 개별 사건들에 대한 설명을 일차적으로 보고, 일반화에 대한 설명이 그것들로부터 흘러나온다고 본다. 즉, 과학적 일반화에 대한 설명은 규칙성을 만들어 내는 인과적 메커니즘에서 비롯된다.

→ 과학적 설명은 모든 관찰을 포함하는 (A) **최소한의** 수의 원리를 찾거나 개별 현상으로부터 도출된 일반적인 (B) **패턴**을 발견함으로써 만들어질 수 있다.

다음 글의 내용을 한 문장으로 요약하고자 한다. 빈칸 (A), (B)에 들어갈 말로 가장 적절한 것은?

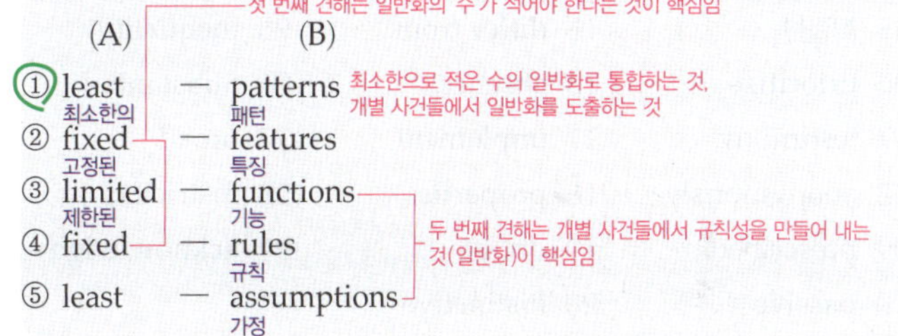

🅦 1등급 ❓ 과학적 설명이 만들어지는 두 가지 방식에 대한 내용의 글임을 이해했더라도 선택지에 있는 단어들을 요약문에 정확하게 대입하지 못하면 틀릴 수 있는 1등급 대비 문제이다.

| 문제 풀이 순서 |

1st 요약문을 통해 글에서 무엇을 찾아야 하는지 확인한다.

과학적 설명은 모든 관찰을 포함하는 (A) ________ 한 수의 원리를 찾거나 개별 현상으로부터 도출된 일반적인 (B) ________ 을 발견함으로써 만들어질 수 있다.

⇒ 과학적 설명이 만들어지는 두 가지 방식에 대해 설명하는 글일 것이다.

(A) 방식 1: 모든 관찰을 포함하는 최소한의, 고정된, 제한된 수의 원리를 찾기
(B) 방식 2: 개별 현상으로부터 도출된 일반적인 패턴, 특징, 기능, 규칙, 가정 발견하기

2nd 글을 읽고, 과학적 설명이 만들어지는 방식을 확인한다.

(A):

- 하나는 과학적 설명이 최소한으로 적은 수의 일반화 아래에 현상들의 광범위한 모음을 '통합'하는 데 있다는 견해이다. 단서 1
- 과학적 설명은 경험적 세계에 대한 우리의 지식을 조직하고 체계화하는데, 체계화가 더 경제적일수록, 설명되는 것에 대한 우리의 이해는 더 깊다. 단서 2

⇒ 광범위한 현상들을 최소한으로 적은 수의 일반화로 통합한다. 체계화가 경제적일수록, 즉 체계의 단계가 적을수록 우리의 이해가 더 깊다.

▶ **(A) 방식 1**: 모든 관찰을 포함하는 ① '최소한의' 수의 원리를 찾기

(B):

- 이 관점은 개별 사건들에 대한 설명을 일차적으로 보고, 일반화에 대한 설명이 그것들로부터 흘러나온다고 본다. **단서 3**
- 과학적 일반화에 대한 설명은 규칙성을 만들어 내는 인과적 메커니즘에서 비롯된다. **단서 4**

➡ '개별 사건으로부터 흘러나오다' = '개별 현상으로부터 도출되다'
　'일반화', '규칙성' = '일반적인 패턴'

▶ (B) 방식 ②: 개별 현상으로부터 도출된 일반적인 ① '패턴' 발견하기

| 선택지 분석 |

① 최소한으로 적은 수의 일반화로 통합하고, 개별 사건에서 일반화를 도출하고, 규칙성을 만들어 내야 한다고 했다.

② 첫 번째 견해의 핵심은 일반화의 수가 최소한이어야 한다는 것이다. 즉, 광범위한 현상들이 최소한으로 적은 수의 일반적인 원리로 설명되어야 한다는 의미로, '고정된' 원리와는 관련이 없다.

③ 두 번째 견해의 핵심은 과학적 일반화에 대한 설명이 개별 사건을 토대로 하여 규칙성을 만들어 내는 인과적 메커니즘에서 비롯된다는 것이다. 따라서 개별 사건으로부터 일반적인 '기능'이 도출된다고 하는 것은 어색하다.

④ 광범위한 현상들이 최소한으로 적은 수의 일반적인 원리로 설명되어야 하므로 '고정된' 원리와는 관련이 없다.

⑤ 두 번째 견해에 따르면 개별 사건으로부터 일반적인 '가정'이 도출된다고 하는 것은 어색하다.

O 어휘 Review 정답　　　　문제편 p. 316

01 오랜 기간 유지된	11 be credited to	21 disturbing
02 이해하다, 감상하다	12 settle down	22 dishonesty
03 설명	13 at best	23 instantaneous
04 혼란	14 rest (up)on	24 portray
05 적절한	15 differ from	25 inequality
06 prioritize	16 absence	26 Substantial
07 testimony	17 implement	27 broad
08 anonymously	18 properties	28 restricted
09 prescribed	19 doubt	29 acknowledge
10 passive	20 instinctive	

P 장문의 이해　　문제편 p. 318~343

P 01~02　＊고정된 파이가 협상에 미치는 영향

Many negotiators assume / that all negotiations involve a fixed pie. //
많은 협상가는 가정한다 / 모든 협상이 고정된 파이를 수반한다고 //

Negotiators often approach integrative negotiation opportunities / as zero-sum situations / or win-lose exchanges. //
협상가들은 자주 통합 협상 기회를 접근한다 / 제로섬 상황이나 / 승패 교환으로 //

1번 단서 1: 고정된 파이를 믿는 사람들은 통합적인 합의와 상호 이익이 되는 절충안이 없다고 생각함
Those / who believe in the mythical fixed pie / assume / that parties' interests / stand in opposition, / with no possibility / for integrative settlements and mutually beneficial trade-offs, /
사람은 / 허구의 고정된 파이를 믿는 / 가정한다 / 당사자들의 이해관계가 / 반대 입장에 있다고 / 가능성이 없는 / 통합적인 합의와 상호 이익이 되는 절충안의 //

so they (a) suppress efforts / to search for them. //
그래서 그들은 노력을 억누른다 / 그것들을 찾으려는 //

In a hiring negotiation, / a job applicant / who assumes / that salary is the only issue / may insist on $75,000 / when the employer is offering $70,000. // **2번** 단서 1: 급여만 협상의 대상이라고 생각할 때는 통합적인 합의와 상호 이익이 있는 절충안이 없다고 생각됨
고용 협상에서 / 구직자는 / 생각하는 / 급여가 유일한 문제라고 / 7만 5천 달러를 요구할 수 있다 / 고용주가 7만 달러를 제시할 때 //

Only when the two parties discuss the possibilities further / do they discover / that moving expenses and starting date / can also be negotiated, / **2번** 단서 2: 급여 외에 다른 요소도 협상의 대상이 될 수 있음
두 당사자가 가능성에 대해 더 자세히 논의할 때만 / 그들은 사실을 발견하는데 / 이사 비용과 시작 날짜가 / 또한 협상될 수 있다는 /

which may (b) block(→ facilitate) / resolution of the salary issue. //
이는 방해할(→ 촉진할) 수 있을 것이다 / 급여 문제의 해결을 //

The tendency / to see negotiation / in fixed-pie terms / (c) varies / depending on how people view / the nature of a given conflict situation. //
경향은 / 협상을 보는 / 고정된 파이 관점에서 / 달라진다 / 사람들이 어떻게 보느냐에 따라 / 주어진 갈등 상황의 본질을 //

This was shown / in a clever experiment by Harinck, de Dreu, and Van Vianen / involving a simulated negotiation / between prosecutors and defense lawyers / over jail sentences. //
이는 밝혀졌다 / Harinck, de Dreu와 Van Vianen에 의한 기발한 실험에서 / 모의 협상을 포함하는 / 검사와 피고측 변호인 간의 / 징역형에 대한 //

Some participants were told / to view their goals / in terms of personal gain / (e.g., arranging a particular jail sentence / will help your career), /
어떤 참가자들은 들었고 / 그들의 목표를 보라고 / 개인적 이득의 관점에서 / (예를 들어, 특정 징역형을 정하는 것이 / 당신의 경력에 도움이 될 것이다) /

others were told / to view their goals / in terms of effectiveness / (a particular sentence / is most likely to prevent recidivism), /
다른 참가자들은 들었으며 / 그들의 목표를 보라고 / 효과성의 관점에서 / (특정 형은 / 상습적 범행을 방지할 가능성이 가장 크다) /

and still others were told / to focus on values / (a particular jail sentence / is fair and just). //
그리고 또 다른 참가자들은 들었다 / 가치에 초점을 맞추라고 / (특정 징역형은 / 공정하고 정당하다) //

1번 단서 2: 개인적 이득에 초점을 맞추면 고정된 파이에 대한 믿음의 영향을 많이 받아 상황에 경쟁적으로 접근함
Negotiators / focusing on personal gain / were most likely to come under the influence / of fixed-pie beliefs / and approach the situation (d) competitively. //
협상가들은 / 개인적 이득에 초점을 맞춘 / 영향을 받을 가능성이 가장 컸다 / 고정된 파이에 대한 믿음의 / 그리고 상황에 경쟁적으로 접근할 (가능성이 가장 컸다) //

Negotiators / focusing on values / were least likely to see the problem / in fixed-pie terms / and more inclined / to approach the situation cooperatively. // **1번** 단서 3: 가치에 초점을 맞추면 고정된 파이 관점에서 벗어나 상황에 협력적으로 접근함
협상가들은 / 가치에 초점을 맞춘 / 문제를 볼 가능성이 가장 낮았고 / 고정된 파이 관점에서 / 경향이 더 컸다 / 상황에 협력적으로 접근하려는 //

Stressful conditions / such as time constraints / contribute to this common misperception, / which in turn may lead / to (e) less integrative agreements. //
스트레스가 많은 조건은 / 시간 제약과 같은 / 이러한 흔한 오해의 원인이 되며 / 이는 결국 이어질 수 있다 / 덜 통합적인 합의로 //

- negotiator ⓝ 협상가 ・ integrative ⓐ 통합하는
- negotiation ⓝ 협상 ・ mythical ⓐ 허구의, 가상의
- settlement ⓝ 합의, 해결 ・ suppress ⓥ 억누르다
- insist ⓥ 고집하다, 주장하다 ・ expense ⓝ 돈, 비용
- resolution ⓝ 해결 ・ tendency ⓝ 경향 ・ given ⓐ 정해진
- jail sentence 징역형 ・ in terms of ~면에서는
- be inclined to ~하는 경향이 있다
- cooperatively 🅐🅓 협력하여, 협조적으로 ・ constraint ⓝ 제약
- alternative ⓝ 대안

많은 협상가는 모든 협상이 고정된 파이를 수반한다고 가정한다. 협상가들은 자주 통합 협상 기회를 제로섬 상황이나 승패 교환으로 접근한다. 허구의 고정된 파이를 믿는 사람은 당사자들의 이해관계가 통합적인 합의와 상호 이익이 되는 절충안의 가능성이 없는 반대 입장에 있다고 가정하기 때문에 이를 찾으려는 노력을 (a) 억누른다. 고용 협상에서 급여가 유일한 문제라고 생각하는 구직자는 고용주가 7만 달러를 제시할 때 7만 5천 달러를 요구할 수 있다. 두 당사자가 가능성에 대해 더 자세히 논의할 때만 이사 비용과 시작 날짜 또한 협상할 수 있다는 사실을 발견하게 되는데, 이는 급여 문제의 해결을 (b) 방해할(→ 촉진할) 수 있다. 협상을 고정된 파이 관점에서 보는 경향은 사람들이 주어진 갈등 상황의 본질을 어떻게 보느냐에 따라 (c) 달라진다. 이는 Harinck, de Dreu와 Van Vianen의, 징역형에 대한 검사와 피고측 변호인 간의 모의 협상을 포함하는 기발한 실험에서 밝혀졌다. 어떤 참가자들은 개인적 이득의 관점에서 그들의 목표를 보라는 말을 들었고(예를 들어, 특정 징역형을 정하는 것이 당신의 경력에 도움이 될 것이다), 다른 참가자들은 그들의 목표를 효과성의 관점에서 보라는 말을 들었으며(특정 형은 상습적 범행을 방지할 가능성이 가장 크다), 그리고 또 다른 참가자들은 가치에 초점을 맞추라는 말을 들었다(특정 징역형은 공정하고 정당하다). 개인적 이득에 초점을 맞춘 협상가들은 고정된 파이에 대한 믿음의 영향을 받아 상황에 (d) 경쟁적으로 접근할 가능성이 가장 컸다. 가치에 초점을 맞춘 협상가들은 문제를 고정된 파이 관점에서 볼 가능성이 가장 낮았고 상황에 협력적으로 접근하려는 경향이 더 컸다. 시간 제약과 같은 스트레스가 많은 조건은 이러한 흔한 오해의 원인이 되며, 이는 결국 (e) 덜 통합적인 합의로 이어질 수 있다.

P 01 정답 ③

윗글의 제목으로 가장 적절한 것은?

① Fixed Pie: A Key to Success in a Zero-sum Game
　고정된 파이: 제로섬 게임에서 성공의 열쇠　　협상을 제로섬 상황으로 보게 함
② Fixed Pie Tells You How to Get the Biggest Salary
　고정된 파이는 여러분에게 가장 큰 급여를 받는 방법을 알려 준다　예시로 든 상황으로 만든 오답
③ Negotiators, Wake Up from the Myth of the Fixed Pie!
　협상가들이여, 고정된 파이라는 미몽에서 깨어나라!　고정된 파이 관점에서 벗어나라는 조언의 글
④ Want a Fairer Jail Sentence? Stick to the Fixed Pie
　더 공정한 징역형을 원하는가? 고정된 파이를 고수하라　글의 일부분으로 만든 오답
⑤ What Alternatives Maximize Fixed-pie Effects?
　어떤 대안이 고정된 파이 효과를 극대화하는가?　고정된 파이 효과를 최소화하는 내용임

왜 정답 ? [정답률 57%]

- 허구의 고정된 파이를 믿는 협상가는 협상을 제로섬 상황이나 승패 교환으로 생각하여 통합적인 합의와 상호 이익이 되는 절충안의 가능성이 없다고 가정한다. **1번 단서 1**

- 개인적 이득에 초점을 맞추는 협상가는 고정된 파이에 대한 믿음에 영향을 받아 상황에 경쟁적으로 접근한다.
　↔ 가치에 초점을 맞추는 협상가는 고정된 파이 관점에서 문제를 보지 않고, 상황에 협력적으로 접근한다. **1번 단서 2**

➡ 협상할 때 고정된 파이 관점에서 벗어나라는 내용이므로, 제목으로 적절한 것은 ③ '협상가들이여, 고정된 파이라는 미몽에서 깨어나라!'이다.

왜 오답 ?

① 고정된 파이 관점에서 접근하면 협상을 제로섬 게임으로 보게 된다는 내용이다.
② 급여가 문제되는 고용 협상이 예시로 등장한 것으로 만든 오답이다.
④ 징역형에 대한 모의 협상이 구체적 부연으로 등장한 것으로 만든 오답이다.
⑤ 고정된 파이 효과를 극대화하는 방법을 설명한 글이 아니다.

P 02 정답 ②

밑줄 친 (a)~(e) 중에서 문맥상 낱말의 쓰임이 적절하지 않은 것은?

① (a) 고정된 파이를 믿는 사람들의 특징　억누르다
② (b) 고정된 파이에서 벗어나는 경우　방해하다
③ (c) 갈등 상황의 본질을 어떻게 보느냐에 따라 다르다　달라지는 예시가 등장함
④ (d) 고정된 파이에 대한 믿음의 영향을 경쟁적으로 많이 받음
⑤ (e) 오해가 낳는 결과　덜

왜 정답 ? [정답률 37%]

② (b) block 방해하다

고용 협상에서 급여가 유일한 문제라고 생각하는 구직자는 고용주가 7만 달러를 제시할 때 7만 5천 달러를 요구할 수 있다. 두 당사자가 가능성에 대해 더 자세히 논의할 때만 이사 비용과 시작 날짜 또한 협상할 수 있다는 사실을 발견하게 되는데, 이는 급여 문제의 해결을 (b) 방해할(촉진할) 수 있다.

➡ '고용 협상에서 급여가 유일한 문제라고 생각하는 경우'와 '이사 비용과 시작 날짜 또한 협상할 수 있음을 발견하는 경우'가 대조된다. 이사 비용과 시작 날짜를 논의함으로써 급여 문제에 대한 절충안에 합의할 수 있다는 내용이다.

　▶ block을 반의어인 facilitate(촉진하다) 등의 단어로 바꿔야 함

왜 오답 ?

① (a) suppress 억누르다

허구의 고정된 파이를 믿는 사람들은 당사자들의 이해관계가 통합적인 합의와 상호 이익이 되는 절충안의 가능성이 없는 반대 입장에 있다고 가정한다. 그래서(so) 이를 찾으려는 노력을 (a) 억누른다.

➡ 통합적인 합의와 상호 이익이 되는 절충안의 가능성이 없다고 가정한다면, 그것들(통합적인 합의와 상호 이익이 되는 절충안)을 찾으려고 하지 않을 것이다.

　▶ suppress는 문맥에 맞음

③ (c) varies 다르다

- 협상을 고정된 파이 관점에서 보는 경향은 사람들이 주어진 갈등 상황의 본질을 어떻게 보느냐에 따라 (c) 달라진다.

- 개인적 이득에 초점을 맞춘 협상가들은 고정된 파이에 대한 믿음의 영향을 받아 상황에 경쟁적으로 접근할 가능성이 가장 컸다.

- 가치에 초점을 맞춘 협상가들은 문제를 고정된 파이 관점에서 볼 가능성이 가장 낮았고 상황에 협력적으로 접근하려는 경향이 더 컸다.

➡ **이어지는 예시**: 모의 협상에서 개인적 이득에 초점을 맞출 때, 효과성의 관점에서 목표를 볼 때, 가치에 초점을 맞출 때 고정된 파이 관점에서 문제를 보는 정도가 달라진다는 것을 보여줌
협상을 고정된 파이 관점에서 보는 경향이 문제를 어떻게 보느냐에 따라 달라지는 예시이다. ▶ varies는 문맥에 적절함

④ (d) competitively 경쟁적으로

- 허구의 고정된 파이를 믿는 사람들은 당사자들의 이해관계가 통합적인 합의와 상호 이익이 되는 절충안의 가능성이 없는 반대 입장에 있다고 가정하기 때문에 이를 찾으려는 노력을 억누른다.

- 개인적 이득에 초점을 맞춘 협상가들은 고정된 파이에 대한 믿음의 영향을 받아 상황에 (d) 경쟁적으로 접근할 가능성이 가장 컸다.

➡ **개인적 이득에 초점을 맞춘 협상가**: 고정된 파이에 대한 믿음의 영향을 받을 가능성이 가장 큼
이들은 당사자의 이해관계가 절충될 수 없는 반대 입장에 있다고 생각하므로, 상황에 '경쟁적으로(competitively)' 접근한다는 설명은 적절하다.

　▶ competitively는 문맥에 적절함

⑤ (e) less 덜

시간 제약과 같은 스트레스가 많은 조건은 이러한 흔한 오해의 원인이 되며, 이는 결국 (e) 덜 통합적인 합의로 이어질 수 있다.

➡ 스트레스가 많은 조건이 오해의 원인이 되고, 오해로 인해 통합적인 합의에 도달하지 못한다는 흐름이다. '덜 통합적인(less integrative)'이라는 의미가 되어야 한다. ▶ less는 문맥에 적절함

There is an obvious problem / with the history of dress in all of its displays / and that is, / although textiles survive from early periods and cultures of recorded history, /
분명한 문제가 있다 / 복식사에는 그것의 모든 전시에서 / 그리고 그것은 / 비록 직물이 기록된 역사 초기의 시대와 문화로부터 남아 있기는 하지만 /

actual garments do not provide / an uninterrupted flow of evidence / across the same long time-span. //
실제 의복은 제공하지 못한다는 점이다 / 끊김이 없는 증거의 흐름을 / 동일한 오랜 기간 동안 //

Therefore, / to give the study of dress / equal significance to other areas / such as architecture, painting, prints, drawings and sculpture, /
따라서 / 복식 연구에 부여하기 위해 / 다른 분야와 동등한 중요성을 / 건축, 회화, 판화, 소묘, 조각과 같은 /

it was (a) inevitable / that these other areas would provide / much of the source material. //
불가피했다 / 이들 다른 분야가 제공하는 것이 / 원자료의 많은 부분을 //

The history of surviving dress / really only starts in the 17th century, / and like all artefacts / described as fine or decorative art, / is a highly visual subject. //
남아 있는 복식의 역사는 / 실제로 겨우 17세기에 시작한다 / 그리고 모든 인공물과 마찬가지로 / 미술 혹은 장식 미술이라 기술되는 / 매우 시각적인 주제이다 //

However, / unlike most of the categories of collection and study / that make up those areas, / it is fluid rather than static. //
그러나 / 대부분의 수집 및 연구의 범주와는 달리 / 그러한 분야를 구성하는 / 그것은 정적이라기보다는 유동적이다 //

Garments should be seen / in (b) movement on a human body, / not frozen on a display figure. //
의복은 보여져야 한다 / 인간의 신체 위의 움직임으로 / 전시용 동상 위에 고정된 것이 아니라 //

This is one of the many difficulties / when curating collections of costume / and also why some modern writers find costume collections / physically and intellectually (c) lifeless. //
이것은 많은 어려움 중 하나이다 / 의상 수집품을 큐레이팅할 때의 / 그리고 또한 일부 현대 작가들이 의상 수집품을 여기는 이유이기도 하다 / 물리적으로나 지적으로 생명력 없는 것으로 //

Fortunately, / in the period after 1660, / when more items of dress survive / to enrich our understanding of the history of the subject, /
다행히도 / 1660년 이후 시기에는 / 더 많은 옷이 남아 있는 / 그 주제의 역사에 대한 우리의 이해를 풍부하게 해주기 위해 /

there are also many painted, printed, photographed and filmed sources of evidence / of people in clothing, / caught in movement. //
다수의 회화, 판화, 사진, 영화의 많은 증거 자료가 또한 존재한다 / 옷을 입은 사람들에 대한 / 움직임이 포착된 //

Often a variety of different types of illustrative examples / will (d) provide evidence / about how a garment was worn / within the period / in which it was made. //
자주 서로 다른 유형의 다양한 설명적인 사례들이 / 증거를 제공한다 / 의복이 어떻게 착용되었는지에 대한 / 시기에 / 그것이 만들어진 //

Without the information / contained in art in all of its forms, / from drawing to sculpture, /
자료가 없으면 / 모든 형태의 예술에 포함된 / 소묘에서 조각까지 /

it is (e) unlikely(→ likely) / that displays of historic dress / would be awkward imitations / of the intentions of their original makers and owners. //
가능성이 낮다(→ 가능성이 있다) / 역사적 복식 전시는 / 어색하게 모방한 것일 / 그것의 원래 제작자와 소유자의 의도를 //

- textile ⓝ 직물　　• uninterrupted ⓐ 끊김이 없는
- time-span ⓝ 기간　　• architecture ⓝ 건축
- sculpture ⓝ 조각　　• inevitable ⓐ 불가피한　　• artefact ⓝ 인공물
- fluid ⓐ 유동적인　　• static ⓐ 정적인　　• frozen ⓐ 고정된
- curate ⓥ 기획·조직하다　　• physically 〔ad〕 물리적으로
- enrich ⓥ 풍부하게 하다　　• illustrative ⓐ 설명적인, 예증이 되는
- awkward ⓐ 어색한　　• origin ⓝ 기원

복식사에는 그것의 모든 전시에서 분명한 문제가 있는데, 그것은, 비록 직물이 기록된 역사 초기의 시대와 문화로부터 남아 있기는 하지만, 실제 의복은 동일한 오랜 기간 동안 끊김이 없는 증거의 흐름을 제공하지 못한다는 점이다. 따라서 복식 연구에 건축, 회화, 판화, 소묘, 조각과 같은 다른 분야와 동등한 중요성을 부여하기 위해, 이들 다른 분야가 원자료의 많은 부분을 제공하는 것이 (a) 불가피했다. 남아 있는 복식의 역사는 실제로 겨우 17세기에 시작하며, 미술 혹은 장식 미술이라 기술되는 모든 인공물과 마찬가지로, 매우 시각적인 주제이다. 그러나 그러한 분야를 구성하는 대부분의 수집 및 연구의 범주와는 달리, 그것은 정적이라기보다는 유동적이다. 의복은 전시용 동상 위에 고정된 것이 아니라, 인간의 신체 위의 (b) 움직임으로 보여져야 한다. 이것은 의상 수집품을 큐레이팅할 때의 많은 어려움 중 하나이며, 또한 일부 현대 작가들이 의상 수집품을 물리적으로나 지적으로 (c) 생명력 없는 것으로 여기는 이유이기도 하다. 다행히도, 더 많은 옷이 남아 그 주제의 역사에 대한 우리의 이해를 풍부하게 해주는 1660년 이후 시기에는, 움직임이 포착된, 옷을 입은 사람들에 대한 다수의 회화, 판화, 사진, 영화의 많은 증거 자료가 또한 존재한다. 자주 서로 다른 유형의 다양한 설명적인 사례들이 의복이 만들어진 시기에 그것이 어떻게 착용되었는지에 대한 증거를 (d) 제공한다. 소묘에서 조각까지, 모든 형태의 예술에 포함된 자료가 없으면, 역사적 복식 전시는 그것의 원래 제작자와 소유자의 의도를 어색하게 모방한 것일 (e) 가능성이 낮다(→ 가능성이 있다).

P 03 정답 ②

윗글의 제목으로 가장 적절한 것은? [3점]

회화, 판화, 사진, 영화 등 다양한 시각 자료가 복식사 연구의 공백을 메우는 중요한 역할을 한다는 내용의 글임

① Dress as Visual Arts: Record What You Wear Now!
시각 예술로서 복식: 지금 입은 옷을 기록하라! 지금 입은 옷을 기록하는 것이 필요하다는 내용의 글이 아님
② Visual Sources: Filling in the Gaps of Dress History
시각 자료: 복식사의 공백 메우기
③ Why Do Collectors Want the Unknown Dresses of History?
수집가들은 왜 역사 속 미지의 의복을 원할까? 수집가들이 역사 속 미지의 의복을 원한다는 언급은 없음
④ Dress Culture: Searching for the Origin of Human Clothing
복식 문화: 인류 의복의 기원을 탐구하며 인류 의복의 기원을 탐구하는 것에 관한 글이 아님
⑤ Seeing Is Believing! Importance of Illustration in Dress Design
보는 것이 믿는 것이다! 복식 디자인에서 삽화의 중요성 복식 디자인에서 삽화가 갖는 중요성에 대한 내용은 없음

왜 정답? [정답률 58%]

도입	• 복식사는 직물 자료만으로는 연속적 증거를 제공하지 못해, 회화·조각 등 다른 분야 자료가 필요함
요지	• 의복은 정적이 아니라 움직임 속에서 지각되어야 하며, 이는 전시와 연구의 핵심 어려움임
부연	• 1660년 이후 회화, 사진, 영화 등 다양한 자료가 의복 착용 방식을 보여주며, 역사적 전시의 충실성을 높임

▶ 회화, 판화, 사진, 영화 등 다양한 시각 자료가 복식사 연구의 공백을 메우는 중요한 역할을 한다는 내용의 글이므로 ② '시각 자료: 복식사의 공백 메우기'가 제목으로 가장 적절하다.

왜 오답?

① 지금 입은 옷을 기록하는 것이 필요하다는 내용의 글이 아니다.
③ 수집가들이 역사 속 미지의 의복을 원한다는 내용이 아니다.
④ 인류 의복의 기원을 탐구하는 것에 관한 글이 아니다.
⑤ 복식 디자인에서 삽화가 갖는 중요성에 대한 언급은 없다.

P 04 정답 ⑤

밑줄 친 (a)~(e) 중에서 문맥상 낱말의 쓰임이 적절하지 <u>않은</u> 것은?

복식 연구에 다른 분야와 동등한 중요성을 부여하기 위해,
이들 다른 분야가 원자료의 많은 부분을 제공하는

① (a) ~ 것은 불가피함
불가피한 의복이 고정된 것이 아니라 인간의 신체 위
③ (c) 움직임으로 보여져야 한다는 사실이 의상
생명력 없는 수집품을 생명력 없는 것으로 여기는
⑤ (e) 이유일 수 있음
가능성이 낮은

의복은 고정된 것이 아니라 인간의
② (b) 움직임으로 보여져야 한다고 함
움직임
④ (d) 다수의 회화, 판화, 사진, 영화의 많은 증거
제공하다 자료가 의복이 만들어진 시기에 그것이
어떻게 착용되었는지에 대한 증거를 제공함

모든 형태의 예술에 포함된 자료가 없으면, 역사적 복식 전시는 원래 제작자와 소유자의 의도를 어색하게
모방할 것일 가능성이 낮은 것이 아니라 있을 것임

왜 정답 ? [정답률 74%]

⑤ (e) unlikely 가능성이 낮은

소묘에서 조각까지, 모든 형태의 예술에 포함된 자료가 없으면, 역사적 복
식 전시는 그것의 원래 제작자와 소유자의 의도를 어색하게 모방한 것일
(e) 가능성이 낮다. [가능성이 있다]

➡ 회화, 판화, 사진, 영화 등 다양한 시각 자료가 복식사 연구의 공백을 메우는 중요한
역할을 한다는 내용의 글이므로, 모든 형태의 예술에 포함된 자료가 없으면 역사적
복식 전시는 원래 제작자와 소유자의 의도를 어색하게 모방할 것일 뿐이라는 내용
이 되어야 한다.
▶ unlikely(가능성이 낮은)를 반대 의미를 갖는 likely(가능성이 있는) 등의 단어로
바꿔야 함

왜 오답 ?

① (a) inevitable 불가피한

따라서(Therefore) 복식 연구에 건축, 회화, 판화, 소묘, 조각과 같은 다른
분야와 동등한 중요성을 부여하기 위해, 이들 다른 분야가 원자료의 많은 부
분을 제공하는 것이 (a) 불가피했다.

➡ 앞에서 실제 복식은 동일한 오랜 기간 동안 끊김이 없는 증거의 흐름을 제공하지 못
했다고 했고, '따라서(Therefore)'로 시작하는 문장이 이어지면서, 복식 연구를 위
해 다른 분야가 원자료의 많은 부분을 제공하는 것이 '불가피'하다고 하는 것은 적절
하다. ▶ inevitable은 문맥에 맞음

② (b) movement 움직임

의복은 전시용 동상 위에 고정된 것이 아니라, 인간의 신체 위의 (b) 움직임
으로 보여져야 한다.

➡ 의복은 고정된 것이 아니라고 했으므로 인간의 '움직임'으로 보여져야 한다는 것은
문맥에 적절하다. ▶ movement는 문맥에 맞음

③ (c) lifeless 생명력 없는

이것(This)은 의상 수집품을 큐레이팅할 때의 많은 어려움 중 하나이며, 또
한 일부 현대 작가들이 의상 수집품을 물리적으로나 지적으로 (c) 생명력 없
는 것으로 여기는 이유이기도 하다.

➡ 앞에서 의복이 고정된 것이 아니라 인간의 신체 위 움직임으로 보여져야 한다는 사
실을 언급했으므로, '이것(This)'이 의상 수집품을 '생명력 없는' 것으로 여기는 이유
일 수 있다는 것은 문맥상 적절하다. ▶ lifeless는 문맥에 맞음

④ (d) provide 제공하다

자주 서로 다른 유형의 다양한 설명적인 사례들이 의복이 만들어진 시기에
그것이 어떻게 착용되었는지에 대한 증거를 (d) 제공한다.

➡ 앞에서 언급한 움직임이 포착된, 옷을 입은 사람들에 대한 다수의 회화, 판화, 사진,
영화의 많은 증거 자료가 의복이 만들어진 시기에 그것이 어떻게 착용되었는지에
대한 증거를 '제공한다'고 할 수 있다. ▶ provide는 문맥에 맞음

P 05~06 ＊성공적인 의사소통에서 중요한 매체의 선택

While social presence has evolved through many iterations /
since its first development / within the context of the landline
telephone, /
사회적 실재감은 많은 반복을 거쳐 진화해 왔지만 / 그것이 처음 발달한 이후 / 유선 전화
환경에서 /

[핵심 주어(단수)]
the perception or feeling of being connected with the other
person / within the context of the conversation / has persisted. // [단수 동사]
다른 사람과 연결되어 있다는 인식이나 느낌은 / 대화 환경 내에서 / 지속되어 왔다 //

Some research has explored specific technologies / and the
extent to which their characteristics lead / to a feeling of social [전치사+관계대명사]
presence. //
일부 연구는 특정 기술을 탐구해 왔다 / 그리고 그것의 특성이 어느 정도까지 이어지는지를 /
사회적 실재감의 느낌으로 //

For example, / some researchers have studied the "richness"
of the media, / or the (a) number of cues / available to convey
social presence. // [형용사(cues 수식)]
예를 들어 / 일부 연구자들은 매체의 '풍부성'을 연구했다 / 즉 단서들의 수를 / 사회적
실재감을 전달하기 위해 이용 가능한 //

[계속적 용법의 주격 관계대명사]
A telephone call, / which provides for audio cues and immediate
feedback, / is potentially (b) richer than an email, / which [계속적 용법의 주격 관계대명사]
provides only textual cues and no immediate feedback. //
전화 통화는 / 음성 단서와 즉각적인 피드백을 제공하는 / 잠재적으로 이메일보다 더 풍부하다
/ 문자 단서만 제공하고 즉각적인 피드백은 제공하지 않는 //

Videoconferencing would be considered richer than the phone /
because of the addition of (c) visual cues, / making it closer / to [make+목적어+목적격 보어(형용사의 비교급)]
replicating a perceived gold standard / of face-to-face, in-person
social presence. //
화상 회의는 전화보다 더 풍부한 것으로 여겨질 것이다 / 시각 단서가 추가되었기 때문에 /
그것을 더 가까워지게 하면서 / 인식되는 최고의 기준을 복제하는 데 / 대면적·직접적 사회적
실재감의 //

[목적어절을 이끄는 접속사]
Researchers have suggested / that successful managers would
choose rich media / for confusing or ambiguous messages /
연구자들은 시사했다 / 성공적인 관리자가 풍부한 매체를 선택할 것이라고 / 혼란스럽거나
모호한 메시지에는 /

[주격 관계대명사]
and lean or less rich media / for messages that were (d) less(→
more) routine in nature. // [5번] 단서 1: 메시지의 종류나 성격에 따라 다른 매체를 선택함
그리고 빈약한 또는 덜 풍부한 매체를 / 본질적으로 덜(→ 더) 일상적인 메시지에는 //

For example, / if you wanted to discuss a complicated client
agreement, / it would be best / to choose a (e) face-to-face [가주어] [진주어]
meeting. // [6번] 단서 1: 복잡한 논의에는 대면 회의를 선택하는 것이 가장 좋을 것임
예를 들어 / 만약 여러분이 복잡한 고객 계약에 대해 논의하고 싶다면 / 가장 좋을 것이다 /
대면 회의를 선택하는 것이 //

[가정법 과거]
In contrast / if you were going to inform your team / about a
change in meeting time / from 3:00 to 3:30, / you might send out
a generic email / to everyone. // [6번] 단서 2: 회의 시간 변경 알림(일상적인 메시지)에는
이메일을 보낼 수 있음
그에 반해서 / 만약 여러분이 팀에게 알리려고 한다면 / 회의 시간의 변경에 대해 / 3시에서
3시 30분으로 / 여러분은 일반적인 이메일을 보낼 수도 있다 / 모든 사람에게 //

These different channels of communication / were considered
by researchers / as a type of container / **that** the message comes
in. //
목적격 관계대명사(container 수식)
이러한 다양한 의사소통 수단은 / 연구자들에 의해 여겨졌다 / 일종의 그릇으로 / 메시지가
담겨 오는 /
부사적 용법(목적)
To be a good communicator / you need to choose the right
container. // **5번** 단서 2: 좋은 의사소통자가 되려면 올바른 그릇(수단)을 선택해야 함
좋은 의사소통자가 되기 위해서 / 여러분은 올바른 그릇을 선택할 필요가 있다 //

- social presence 사회적 실재감 · perception ⓝ 인식
- persist ⓥ 지속[계속]되다 · explore ⓥ 탐구하다
- convey ⓥ 전달하다 · audio ⓐ 음성의 · immediate ⓐ 즉각적인
- potentially ⓐⓓ 잠재적으로 · videoconferencing ⓝ 화상 회의
- replicate ⓥ 복제하다 · perceived ⓐ 인식된
- ambiguous ⓐ 모호한 · lean ⓐ 빈약한, 부족한
- routine ⓐ 일상적인 · complicated ⓐ 복잡한
- container ⓝ 그릇, 용기

사회적 실재감은 유선 전화 환경에서 처음 발달한 이후 많은 반복을 거쳐 진화
해 왔지만, 대화 환경 내에서 다른 사람과 연결되어 있다는 인식이나 느낌은 지
속되어 왔다. 일부 연구는 특정 기술과 그것의 특성이 어느 정도까지 사회적 실
재감의 느낌으로 이어지는지를 탐구해 왔다. 예를 들어, 일부 연구자들은 매체
의 '풍부성', 즉 사회적 실재감을 전달하기 위해 이용 가능한 단서들의 (a) 수를
연구했다. 음성 단서와 즉각적인 피드백을 제공하는 전화 통화는 문자 단서만
제공하고 즉각적인 피드백은 제공하지 않는 이메일보다 잠재적으로 (b) 더 풍부
하다. 화상 회의는 (c) 시각 단서가 추가되었기 때문에 전화보다 더 풍부한 것으
로 여겨질 것이며, 그것을 최고의 기준으로 인식되는 대면적·직접적 사회적 실
재감을 복제하는 데 더 가까워지게 한다. 연구자들은 성공적인 관리자가 혼란스
럽거나 모호한 메시지에는 풍부한 매체를 선택하고, 본질적으로 (d) 덜(→ 더)
일상적인 메시지에는 빈약한 또는 덜 풍부한 매체를 선택할 것이라고 시사했다.
예를 들어, 만약 여러분이 복잡한 고객 계약에 대해 논의하고 싶다면, (e) 대면
회의를 선택하는 것이 가장 좋을 것이다. 그에 반해서, 만약 여러분이 회의 시
간이 3시에서 3시 30분으로 바뀌었다고 팀에게 알리려 한다면, 여러분은 모든
사람에게 일반적인 이메일을 보낼 수도 있다. 이러한 다양한 의사소통 수단은
연구자들에 의해 메시지가 담겨 오는 일종의 그릇으로 여겨졌다. 좋은 의사소통
자가 되기 위해서, 여러분은 올바른 그릇을 선택할 필요가 있다.

P 05 정답 ①

윗글의 제목으로 가장 적절한 것은?
상황에 맞게 적절한 매체를 선택하는 것이 성공적 의사소통을 위해 중요하다는 내용
① Which Channel Is What Matters in Successful Communication
성공적인 의사소통에서 중요한 것은 어떤 수단인가
② Cutting-edge Containers for Effective Social Communication
효과적인 사회적 의사소통을 위한 최첨단 그릇　비유적 표현으로 언급한 '그릇'을 넣어 만든 함정
③ Immediate Feedback: A Royal Road to Successful Management
즉각적인 피드백: 성공적인 관리로 가는 지름길　피드백과 관리의 관계에 대해 이야기하는 글이 아님
④ How Has Social Presence Evolved with Social Channels? 사회적
사회적 실재감은 사회적 수단과 함께 어떻게 진화했는가?　실재감이 어떻게 진화했는지를 다룬 글이 아님
⑤ The Richer, the Better! Top Priority in Container Choice
더 풍부할수록 더 좋다! 그릇 선택에서의 최우선 사항　단순하게 글에 언급된 '그릇'을 넣어 만든 오답

왜 정답 ? [정답률 62%]

도입	• 사회적 실재감은 전화, 이메일, 화상 회의 등 다양한 매체를 통해 반복적으로 진화했음
요지	• 연구자들은 매체의 풍부성이 사회적 실재감 형성에 중요한 역할을 하며, 메시지의 성격에 따라 적절한 매체를 선택해야 한다고 봄
예시	• 복잡한 계약 논의에는 대면 회의가 적절하고 단순한 회의 시간 변경 공지는 이메일로 충분하듯, 상황에 맞는 '그릇'을 고르는 것이 효과적인 의사소통의 핵심임

▶ 효과적인 의사소통을 위해서는 메시지의 성격이나 상황에 따라 적절한 매체를 선택
해야 한다는 내용의 글이다. 따라서 ① '성공적인 의사소통에서 중요한 것은 어떤 수단
인가'가 제목으로 가장 적절하다.

398 자이스토리 영어 독해 실전

왜 오답 ?
② 비유적 표현으로 언급한 '그릇'을 넣어 만든 함정일 뿐, 최첨단 그릇에 대한 글이 아
니다.
③ 피드백과 관리의 관계에 대해 이야기하는 내용이 아니다.
④ 사회적 실재감이 어떻게 진화했는지를 다룬 글이 아니다.
⑤ 그릇 선택에서의 우선순위에 대해 이야기하는 글이 아니다.

P 06 정답 ④

밑줄 친 (a)~(e) 중에서 문맥상 낱말의 쓰임이 적절하지 않은 것은?
풍부성의 기준은 '얼마나 많은 단서가 있는가'이므로　단순히 문자만 제공하는 이메일보다는
① (a) 단서들의 '수'를 연구했다고 하는 것은 적절함 ② (b) 즉각적 피드백과 음성 단서를 제공하는
수　더 풍부한 전화가 '더 풍부함
③ (c) 화상 회의에는 상대방의 표정 등 '시각적인' ④ (d)
시각적인　단서가 더해지는 것이 맞음　덜 혼란스럽거나 모호한 메시지에는 풍부한
⑤ (e) '대면' 회의는 풍부성이 가장 높은 매체이므로 매체를 선택하므로, 이와 반대로 '더' 일상적인
대면의　복잡한 계약 논의에 가장 적절함　메시지에는 빈약한 매체를 선택할 것임

왜 정답 ? [정답률 83%]

④ (d) less 덜

연구자들은 성공적인 관리자가 혼란스럽거나 모호한 메시지에는 풍부한 매
체를 선택하고, 본질적으로 (d) 덜(→ 더) 일상적인 메시지에는 빈약한 또는 덜 풍
부한 매체를 선택할 것이라고 시사했다.

➡ 연구자들은 매체가 얼마나 많은 단서를 제공하느냐에 따라 '풍부성'이 달라지고, 풍
부한 매체일수록 사회적 실재감이 강해져, 혼란스럽거나 모호한 메시지에는 풍부한
매체를 선택할 것이라고 했다. 따라서 '덜' 일상적인 메시지가 아니라 '더' 일상적인
메시지에는 빈약하거나 덜 풍부한 매체를 선택할 것이다.
▶ less(덜)를 반의어인 more(더) 등의 단어로 바꿔야 함

왜 오답 ?
① (a) number 수

예를 들어, 일부 연구자들은 매체의 '풍부성', 즉 사회적 실재감을 전달하기
위해 이용 가능한 단서들의 (a) 수를 연구했다.

➡ 연구자들이 연구한 풍부성의 기준은 '어떤 종류의 단서가 있는가'보다는 '얼마나 많
은 단서가 있는가'가 될 것이므로 단서들의 '수'를 연구했다고 하는 것은 적절하다.
▶ number는 문맥에 맞음

② (b) richer 더 풍부한

음성 단서와 즉각적인 피드백을 제공하는 전화 통화는 문자 단서만 제공하고
즉각적인 피드백은 제공하지 않는 이메일보다 잠재적으로 (b) 더 풍부하다.

➡ 이메일과 전화라는 두 매체를 비교하면서, 단순히 문자만 제공하는 이메일보다는
즉각적 피드백과 음성 단서를 제공하는 전화가 '더 풍부하다'고 한 것은 문맥상 적절
하다.
▶ richer는 문맥에 맞음

③ (c) visual 시각적인

화상 회의는 (c) 시각 단서가 추가되었기 때문에 전화보다 더 풍부한 것으로
여겨질 것이며, 그것을 최고의 기준으로 인식되는 대면적 · 직접적 사회적
실재감을 복제하는 데 더 가까워지게 한다.

➡ 전화에는 음성 단서만 있지만, 화상 회의에는 상대방의 표정 등 '시각적인' 단서가 더
해지는 것이 맞다.
▶ visual은 문맥에 맞음

⑤ (e) face-to-face 대면의

예를 들어, 만약 여러분이 복잡한 고객 계약에 대해 논의하고 싶다면,
(e) 대면 회의를 선택하는 것이 가장 좋을 것이다.

➡ 복잡하고 모호성이 큰 메시지는 풍부한 단서와 즉각적 피드백이 가능한 매체가 필
요하다고 했다. 따라서 복잡한 고객 계약에 대한 논의에는 풍부성이 가장 높은 매체
인 '대면' 회의를 선택하는 것이 적절할 것이다.
▶ face-to-face는 문맥에 맞음

7번 단서 1: 기술적 설계에서 '이음매 없음'은 기술적 경험이 일상생활에 녹아들게 하는 것을 목표로 함

In technological design, / an aspiration towards *seamlessness*
aims / to make the technological experience for humans blend
seamlessly into our everyday lives. //
기술적 설계에서 / '이음매 없음'을 향한 열망은 목표로 한다 / 인간의 기술적 경험이 우리의
일상생활에 매끄럽게 녹아들게 하는 것을 //

Essentially, this aspiration aims towards experiences / where
people are no longer (a) aware of / the technology, the interface
or the differences /
본질적으로, 이러한 열망은 경험을 지향한다 / 사람들이 더는 인식하지 않는 것을 / 기술,
인터페이스, 또는 차이들을 /

between human-technology and human-human interaction. //
인간과 기술 간 상호작용과 인간과 인간 간 상호작용 사이의 //

Considering the metaphor of seams in clothing, / we can say
that we aspire to seamless aesthetics /
옷에 있는 솔기의 은유를 생각하면 / 이음매 없는 미학을 열망한다고 말할 수 있다 /

by stitching the seams closely, / pressing them flat / and making
sure they are (b) hidden on the inside / so that we wear clothing
rather than pieces of fabric. //
우리는 촘촘히 솔기를 꿰매고 / 그것을 다림질해서 펴고 / 그것이 안쪽에 감춰지도록 확실히
함으로써 / 우리가 천 조각들이 아니라 옷을 입도록 하는 //

When designers and engineers talk about technological
seamlessness, / they are often referring to ease of use and
convenience. //
디자이너들과 엔지니어들이 기술적 이음매 없음에 관해 이야기할 때 / 그들은 보통 사용의
용이성과 편리함을 말하는 것이다 //

For example, in interface design, / an aspiration towards
seamlessness (c) ensures / the experience for the user flows and
is not stressful or irritating. // **7번** 단서 2: 이음매 없음에 대한 열망은 기술을 사용하는 경험이 자연스럽고 거슬림이 없는 것을 보장함
예를 들어, 인터페이스 설계에서 / 이음매 없음에 대한 열망은 보장한다 / 사용자의 경험이
흐르듯 움직이고 스트레스나 거슬림이 없도록 //

Most of us would have had experiences of (d) poor interface
designs or apps in workplaces / that make things more
complicated and irritating, / and have longed for more seamless
interfaces. //
우리 대부분은 직장에서 형편없는 인터페이스 디자인이나 앱을 경험해 봤을 것이다 / 일을 더
복잡하고 거슬리게 만드는 / 그리고 더 매끄러운 인터페이스를 바라왔을 것이다 //

Technological seamlessness can also include / less visible
screens in new technologies, / or virtual reality technologies
with a seamless technological design. //
기술적 이음매 없음은 또한 포함할 수 있다 / 새로운 기술에서 덜 눈에 띄는 화면을 / 혹은
매끄러운 기술적 디자인을 가진 가상현실 기술을 //

The aim is to immerse the user experience / such that the visual
interaction might be described as inside the screen / rather than
a body interacting with a digital console or object as separate
entities. // **8번** 단서: 신체가 별개의 독립체로서 장치나 물체와 상호작용을 하는 것이 아니므로,
마찬가지로 휴머노이드 로봇도 인간의 신체와 구별되지 않아야 함
그 목적은 사용자 경험을 담는 것이다 / 시각적 상호작용이 화면 안에서 이루어지는 것처럼
묘사될 수 있을 정도로 / 신체가 별개의 독립체로서의 디지털 제어 장치나 물체와 상호작용을
하는 것이 아니라 //

Similarly, seamlessness in humanoid robotic design aims / to
make humanoids (e) distinguishable(→ indistinguishable) from
a human body. //
마찬가지로, 휴머노이드 로봇 설계에서의 이음매 없음은 목표로 한다 / 휴머노이드를 인간의
몸과 구별되게(→ 구별되지 않게) 만드는 것을 //

- aspiration ⓝ 열망
- blend into ~에 녹아들다
- seamlessly ⓐⓓ 매끄럽게
- metaphor ⓝ 은유

- seam ⓝ 솔기
- aspire to ~하기를 열망하다
- stitch ⓥ 꿰매다, 바느질하다
- fabric ⓝ 천
- refer to ~을 말하다
- convenience ⓝ 편리함
- irritating ⓐ 거슬리게 만드는
- console ⓝ 제어 장치, 콘솔
- entity ⓝ 독립체
- humanoid ⓝ 휴머노이드, 인간과 비슷한 기계

기술적 설계에서, '이음매 없음'을 향한 열망은 인간의 기술적 경험이 우리의 일상생활에 매끄럽게 녹아들게 하는 것을 목표로 한다. 본질적으로, 이러한 열망은 사람들이 기술, 인터페이스, 또는 인간과 기술 간 상호작용과 인간과 인간 간 상호작용 사이의 차이를 더는 (a) 인식하지 않는 경험을 지향한다. 옷에 있는 솔기의 은유를 생각하면, 우리는 촘촘히 솔기를 꿰매고, 그것을 다림질해서 펴고, 그것이 안쪽에 (b) 감춰지도록 확실히 함으로써 우리가 천 조각들이 아니라 옷을 입도록 하는 이음매 없는 미학을 열망한다고 말할 수 있다. 디자이너들과 엔지니어들이 기술적 이음매 없음에 관해 이야기할 때, 그들은 보통 사용의 용이성과 편리함을 말하는 것이다. 예를 들어, 인터페이스 설계에서, 이음매 없음에 대한 열망은 사용자의 경험이 흐르듯 움직이고 스트레스나 거슬림이 없도록 (c) 보장한다. 우리 대부분은 직장에서 일을 더 복잡하고 거슬리게 만드는 (d) 형편없는 인터페이스 디자인이나 앱을 경험해 봤을 것이고, 더 매끄러운 인터페이스를 바라왔을 것이다. 기술적 이음매 없음은 또한 새로운 기술에서 덜 눈에 띄는 화면, 혹은 매끄러운 기술적 디자인을 가진 가상현실 기술을 포함할 수 있다. 그 목적은 사용자 경험을 담아서 시각적 상호작용이 신체가 별개의 독립체로서의 디지털 제어 장치나 물체와 상호작용을 하는 것이 아니라, 화면 안에서 이루어지는 것처럼 묘사될 수 있도록 하는 것이다. 마찬가지로, 휴머노이드 로봇 설계에서의 이음매 없음은 휴머노이드를 인간의 몸과 (e) 구별되게(→ 구별되지 않게) 만드는 것을 목표로 한다.

P 07 정답 ①

윗글의 제목으로 가장 적절한 것은?
기술이 일상생활에 매끄럽게 녹아들어 사용자가 기술을 기술처럼 인식하지 않는 목표를 설명하는 글임
① Blending In: When Tech Stops Feeling Like Tech
녹아들기: 기술이 더는 기술처럼 느껴지지 않을 때
② Digital Interfaces Are Becoming Too Complicated!
디지털 인터페이스가 너무 복잡해지고 있다!　　단순히 인터페이스가 언급된 것으로 만든 오답
③ Out-of-body Experience: A History of Virtual Reality
유체 이탈 경험: 가상현실의 역사　유체 이탈 경험은 언급되지 않았고 가상현실의 역사는 핵심 내용이 아님
④ How Software Designs Affect Work Productivity
소프트웨어 디자인이 업무 생산성에 미치는 영향　　업무 생산성에 초점을 맞추고 있는 글이 아님
⑤ Wearable Technology in Contemporary Fashion
현대 패션 속 웨어러블 기술　　패션과 관련된 비유(옷의 솔기)는 은유일 뿐 글의 중심 내용이 아님

＞왜 정답? [정답률 59%]

도입 (주제)	• 기술적 설계에서의 '이음매 없음': 인간의 기술적 경험이 우리의 일상생활에 매끄럽게 녹아들게 하는 것 **단서1**
비유 (옷)	• 옷에 있는 솔기의 은유: 솔기를 촘촘히 꿰매고, 다림질해서 펴고, 안쪽에 감춰지도록 함으로써 천 조각들이 아니라 옷을 입도록 하는 이음매 없는 미학을 열망함
결론	• 기술적 이음매 없음: 사용의 용이성과 편리함, 사용자의 경험이 흐르듯 움직이고 스트레스나 거슬림이 없도록 하는 것 **단서2** • 신체가 별개의 독립체로서의 상호작용을 하는 것이 아니라, 화면 안에서 이루어지는 것처럼 묘사될 수 있도록 하는 것

▶ 기술적 설계에서 '이음매 없음'은 기술적 경험이 사용자에게 매끄럽게 녹아들도록 하여, 인간과 기술 간 상호작용과 인간과 인간 간 상호작용 사이의 차이를 더는 인식하지 못하는 경험을 지향한다는 내용의 글이다. 따라서 ① '녹아들기: 기술이 더는 기술처럼 느껴지지 않을 때'가 가장 적절한 제목이다.

＞왜 오답?

② 인터페이스가 복잡하다고 비판하는 내용이 아니다.
③ 유체 이탈 경험은 언급되지 않았으며 가상현실의 역사는 이 글의 핵심 내용이 아니다.
④ 업무 생산성에 초점을 맞추고 있는 글이 아니라, 기술의 디자인이 사용자 경험에 미치는 감각적·심리적 영향에 초점을 맞추고 있는 글이다.
⑤ 패션과 관련된 비유(옷의 솔기)는 은유일 뿐 글의 중심 내용이 아니다.

밑줄 친 (a)~(e) 중에서 문맥상 낱말의 쓰임이 적절하지 않은 것은? [3점]

① (a) 그것을 인식하지 않게 됨 / 기술이 너무 자연스럽게 녹아들면 사용자는 인식하는
② (b) 천 조각이 아니라 옷처럼 느낌 / 솔기가 안쪽에 감춰지도록 해야 우리가
③ (c) 해야 자연스럽게 일상에 녹아드는 기술임 / 사용자의 경험이 원활하게 흐르도록 보장
④ (d) 형편없는 디자인임 / 감춰진 비효율적이거나 불편한 인터페이스는
⑤ (e) 구별되는 것이 아니라 '구별되지 않는' 것임 / 글의 핵심은 기술과 사람의 경계가 사라질 정도로 자연스럽게 융합되는 것이므로

왜 정답? [정답률 66%]

⑤ (e) distinguishable 구별되는

마찬가지로, 휴머노이드 로봇 설계에서의 이음매 없음은 휴머노이드를 인간의 몸과 (e) 구별되게(→ 구별되지 않게) 만드는 것을 목표로 한다.

→ 이 글은 기술과 사람의 경계가 사라질 정도로 자연스럽게 융합되는 목표에 대해 말하고 있으므로 휴머노이드를 인간의 몸과 '구별되게' 만드는 것이 아니라, 오히려 '구별되지 않게' 만드는 것이다.

▶ distinguishable(구별되는)을 indistinguishable(구별할 수 없는) 등의 단어로 바꿔야 함

왜 오답?

① (a) aware 인식하는

본질적으로, 이러한 열망은 사람들이 기술, 인터페이스, 또는 인간과 기술 간 상호작용과 인간과 인간 간 상호작용 사이의 차이를 더는 (a) 인식하지 않는 경험을 지향한다.

→ 기술이 너무 자연스럽게 녹아들면 사용자는 차이를 더 이상 '인식하지' 않게 될 것이다. ▶ aware는 문맥에 맞음

② (b) hidden 감춰진

옷에 있는 솔기의 은유를 생각하면, 우리는 촘촘히 솔기를 꿰매고, 그것을 다림질해서 펴고, 그것이 안쪽에 (b) 감춰지도록 확실히 함으로써 우리가 천 조각들이 아니라 옷을 입도록 하는 이음매 없는 미학을 열망한다고 말할 수 있다.

→ 솔기가 안쪽에 감춰지도록 해야 천 조각이 아니라 옷처럼 느껴지므로 솔기가 '감춰지도록' 하는 것은 문맥상 알맞다. ▶ hidden은 문맥에 맞음

③ (c) ensures 보장하다

예를 들어, 인터페이스 설계에서, 이음매 없음에 대한 열망은 사용자의 경험이 흐르듯 움직이고 스트레스나 거슬림이 없도록 (c) 보장한다.

→ 사용자의 경험이 원활하게 흐르도록 '보장하여야' 자연스럽게 일상에 녹아드는 기술이므로 문맥상 적절한 낱말이다. ▶ ensures는 문맥에 맞음

④ (d) poor 형편없는

우리 대부분은 직장에서 일을 더 복잡하고 거슬리게 만드는 (d) 형편없는 인터페이스 디자인이나 앱을 경험해 봤을 것이고, 더 매끄러운 인터페이스를 바라왔을 것이다.

→ 비효율적이거나 불편한 인터페이스는 '형편없는' 디자인이라고 서술하는 것이 적절하다. ▶ poor는 문맥에 맞음

P 09~10 ＊픽션에 대한 인간의 강한 흥미

'거의 없는'
Few pick up a novel and criticize it / because the situations
앞에 목적격 관계대명사 생략
it describes and the people it contains / never existed in real
life. //
소설을 집어 들어 그것을 비판하는 사람은 거의 없다 / 그것이 묘사하는 상황과 그것이 담고 있는 사람들이 / 실제 삶에 존재하지 않았다는 이유로 //
giving의 간접목적어와 직접목적어
Perhaps / even when we *should* criticize fiction / for giving us
inaccurate or biased views of the state of the world, / it generally
(a) escapes our scorn. //
어쩌면 / 우리가 픽션을 비판'해야 할' 때조차 / 우리에게 세상의 상태에 대해 부정확하거나 편향된 견해를 주는 것에 대해 / 그것은 일반적으로 우리의 비웃음에서 벗어난다 //

It's only fiction, we say. // 그것은 단지 픽션일 뿐이라고 우리는 말한다 //
과거분사(something 수식)
But of course / fiction is more than just something made up. //
하지만 물론 / 픽션은 단지 지어낸 것 이상이다 //
9번 10번 단서 1: 우리는 픽션에 몰두하고 그것은 우리의 삶의 큰 부분을 차지하고 있음
가정법 과거
If it were only that, / we would not bother engaging with it, /
such+a(n)+형용사+명사
and it would not (b) occupy such a large part of our lives. //
만약 그것이 단지 그것뿐이라면 / 우리는 굳이 그것에 몰두하려고 애쓰지 않을 것이고 / 그것은 우리의 삶의 그렇게 큰 부분을 차지하지 않을 것이다 //
병렬 구조(전치사)
Humans are drawn to fiction, / to invented stories, / in a way
unique among animals. // 9번 단서 2: 인간은 지어낸 이야기인 픽션에 끌림
인간은 픽션에 끌린다 / 지어낸 이야기에 / 동물 중에서 고유한 방식으로 //

If we think about this / it may seem (c) odd / — why should we
be interested in reading or watching on screen /
우리가 이것에 대해 생각해 보면 / 이것은 이상하게 보일 수도 있는데 / 왜 우리는 읽는 것 또는 화면에서 보는 것에 관심을 가져야 하는가 /
주격 관계대명사
a story that never happened, / and in many cases that *could never*
happen, / the travails of people who never existed and could
never exist? //
일어난 적이 없는 이야기를 / 그리고 많은 경우에 일어날 '수 없는' (이야기를) / 존재한 적도 없고 존재할 수도 없는 사람들의 고생을 //

Why do we enjoy this? // 왜 우리는 이것을 즐기는가 //

What do we get out of it? // 우리는 이것으로부터 무엇을 얻는가 //

We're not learning anything about the world, / we're not gaining
주격 관계대명사
any kind of (d) useful experience / that will help us navigate our
help의 목적어와 목적격 보어(원형부정사)
lives more effectively, /
우리는 세상에 대해 아무것도 배우고 있지 않고 / 우리는 어떤 종류의 유용한 경험도 얻고 있지 않다 / 우리의 삶을 더 효과적으로 헤쳐 나가는 데 도움이 될 /
we're not learning any new skill / or developing any new
병렬 구조
material. //
우리는 어떤 새로운 기술을 배우고 있지 않고 / 어떤 새로운 자료도 개발하고 있지 않다 //
목적어절 접속사
Most of us of course will argue / that there is a great deal of
value / in engaging with fiction and other kinds of art, /
물론 우리 대부분은 주장할 것이다 / 많은 가치가 있다고 / 픽션이나 다른 종류의 예술에
몰두하는 것에 / 10번 단서 2: 우리는 픽션이나 다른 종류의 예술에 몰두하는 것에 많은 가치가 있다고 생각함
부사절 접속사(양보)
even though these things may teach us nothing about the world
teach의 목적어와 목적격 보어
/ or generate art-independent skills. //
이러한 것들이 우리에게 세상에 대해 아무것도 가르쳐 주지 않을 수 있고 / 혹은 예술과 무관한 기술들을 만들어 낼 수도 있음에도 불구하고 //
분사구문을 이끄는 현재분사
After all, / we spend (e) insignificant(→ significant) amounts of
our time / engaging with such fiction. //
결국 / 우리는 우리 시간 중 얼마 안 되는(→ 많은) 부분을 보낸다 / 그러한 픽션에 몰두하는 데 //
It is no surprise / that films, television and sports, video games,
novels, and the like, are billion-dollar industries. //
놀랍지 않다 / 영화, TV와 스포츠, 비디오 게임, 소설, 그리고 그 비슷한 것들이 십억 달러
산업들이라는 것은 // 10번 단서 3: 픽션과 관련된 산업들은 수익이 매우 높은 산업임

- criticize ⓥ 비판하다 • contain ⓥ 담다, 포함하다
- inaccurate ⓐ 부정확한 • biased ⓐ 편향된
- escape ⓥ 벗어나다, 탈출하다 • engage with ~에 몰두하다, 관여하다
- occupy ⓥ 차지하다 • invented ⓐ 지어낸, 만들어진
- gain ⓥ 얻다 • navigate ⓥ (힘들거나 복잡한 상황을) 헤쳐 나가다, 길을 찾다
- insignificant ⓐ 얼마 안 되는, 중요하지 않은
- fascination ⓝ (아주 강한) 흥미, 매력

소설을 집어 들어 그것이 묘사하는 상황과 그것이 담고 있는 사람들이 실제 삶에 존재하지 않았다는 이유로 그것을 비판하는 사람은 거의 없다. 어쩌면 우리가 픽션이 우리에게 세상의 상태에 대해 부정확하거나 편향된 견해를 주는 것에 대해 비판'해야 할' 때조차, 그것은 일반적으로 우리의 비웃음에서 (a) 벗어난다. 그것은 단지 픽션일 뿐이라고 우리는 말한다. 하지만 물론 픽션은 단지 지어낸 것 이상이다. 만약 그것이 단지 그것뿐이라면, 우리는 굳이 그것에 몰두하려 하지 않을 것이고, 그것은 우리의 삶의 그렇게 큰 부분을 (b) 차지하지 않을 것이다. 인간은 동물 중에서 고유한 방식으로, 픽션에, 즉 지어낸 이야기에 끌

린다. 우리가 이것에 대해 생각해 보면, 이것은 (c) 이상하게 보일 수도 있는데, 왜 우리는 일어난 적이 없는, 그리고 많은 경우에 일어날 '수 없는' 이야기와 존재한 적도 없고 존재할 수도 없는 사람들의 고생을 읽는 것 또는 화면에서 보는 것에 관심을 가져야 하는가? 왜 우리는 이것을 즐기는가? 우리는 이것으로부터 무엇을 얻는가? 우리는 세상에 대해 아무것도 배우고 있지 않고, 우리가 우리의 삶을 더 효과적으로 헤쳐 나가는 데 도움이 될 어떤 종류의 (d) 유용한 경험도 얻고 있지 않으며, 어떤 새로운 기술을 배우거나 어떤 새로운 자료도 개발하고 있지 않다. 이러한 것들이 우리에게 세상에 대해 아무것도 가르쳐 주지 않을 수도 있고 예술과 무관한 기술들을 만들어 낼 수도 있음에도 불구하고, 물론 우리 대부분은 픽션과 다른 종류의 예술에 몰두하는 것에 많은 가치가 있다고 주장할 것이다. 결국, 우리는 그러한 픽션에 몰두하는 데 우리 시간 중 (e) 얼마 안 되는 (→ 많은) 부분을 보낸다. 영화, TV와 스포츠, 비디오 게임, 소설, 그리고 그 비슷한 것들이 십억 달러 산업들이라는 것은 놀랍지 않다.

P 09 정답 ①

윗글의 제목으로 가장 적절한 것은?

인간은 비현실적이더라도 만들어진 이야기인 픽션에 강하게 몰두한다는 내용임
① Drawn to the Unreal: Our Fascination with Fiction
비현실적임에 끌림: 픽션에 대한 우리의 강한 흥미
② What True Stories Can Teach Us About Life　실화에 대한 내용이 아니라
실화가 우리에게 삶에 대해 가르쳐 줄 수 있는 것　만들어진 이야기인 픽션에 대한 내용임
③ The Science Behind Reading and Its Effects
독서에 숨겨진 과학과 그 효과　독서에 대한 과학적 사실이나 그 효과에 대한 내용이 아님
④ Can Reading Fiction Help Shape Our Identity?
픽션을 읽는 것이 우리의 정체성을 형성하는 데 도움이 되는가?　픽션과 우리의 정체성에 대한 언급은 없음
⑤ Fiction as a Tool for Improving Critical Thinking
비판적 사고 향상을 위한 도구로서의 픽션　픽션이 비판적인 사고를 향상시킨다는 내용이 아님

왜 정답? [정답률 76%]

도입	• 우리는 픽션을 비판의 대상에서 제외함
요지	• 픽션은 지어낸 이야기 이상의 것이며, 우리는 다른 동물들과는 달리 만들어진 이야기에 강하게 몰두함 • 실질적으로 유용하지 않더라도 우리 대부분은 픽션과 다른 종류의 예술에 많은 가치를 둠
부연	• 결국 우리는 그러한 픽션과 다른 예술 활동 등에 상당한 시간을 몰두함

▶ 우리는 실제로 일어나지 않은 만들어진 이야기인 픽션에 가치를 두고 강하게 몰두한다는 내용의 글이다. 따라서 ① '비현실적임에 끌림: 픽션에 대한 우리의 강한 흥미' 가 제목으로 적절하다.

왜 오답?

② 실화에 대한 내용이 아니라 만들어진 이야기인 픽션에 대한 내용이다.
③ 독서에 대한 과학적 사실이나 그 효과에 대한 내용이 아니다.
④ 픽션 읽기가 우리의 정체성 형성에 어떤 영향을 미치는지에 대한 글이 아니다.
⑤ 픽션이 비판적인 사고를 향상시킨다는 내용이 아니다.

P 10 정답 ⑤

밑줄 친 (a)~(e) 중에서 문맥상 낱말의 쓰임이 적절하지 않은 것은?

소설을 비판하는 사람들은 거의 없으며 비판해야　픽션이 단지 지어낸 것 뿐이라면 우리 삶의
① (a) 할 때조차 그 비웃음에서 '벗어남'　② (b) 그렇게 큰 부분을 '차지하지 않을 것임
벗어난다　차지하다
③ (c) 인간은 일어나지도 않은 지어낸 이야기에　④ (d) 우리는 픽션을 통해 세상을 살아가는 데
이상한　끌리는데 이것은 '이상하게' 보일 수도 있음　유용한 그 어떤 '유용한' 경험도 얻고 있지 않음
⑤ (e) 우리는 픽션에 적은 시간이 아니라 '많은'
얼마 안 되는　시간을 몰두해서 보냄

왜 정답? [정답률 74%]

⑤ (e) insignificant 얼마 안 되는

결국, 우리는 그러한 픽션에 몰두하는 데 우리 시간 중 (e) ~~얼마 안 되는~~(많은) 부분을 보낸다.

➡ 글의 초반에 우리는 픽션에 몰두하며 지어진 이야기에 끌린다고 언급했고, 바로 앞 문장에서도 우리가 픽션에 몰두하는 것에 많은 가치를 둔다고 했으므로, 우리는 픽션에 '얼마 안 되는' 시간이 아니라 상당히 '많은' 시간을 보낸다고 하는 것이 자연스럽다. ▶ insignificant(얼마 안 되는)를 significant(많은)와 같은 반의어로 바꿔야 함

<hr>

왜 오답?

① (a) escapes 벗어나다

어쩌면 우리가 픽션이 우리에게 세상의 상태에 대해 부정확하거나 편향된 견해를 주는 것에 대해 비판'해야 할' 때조차, 그것은 일반적으로 우리의 비웃음에서 (a) 벗어난다.

➡ 픽션을 비판하는 사람은 거의 없다고 했으므로, 비판해야 할 때조차 픽션은 우리의 비웃음에서 일반적으로 '벗어난다'고 하는 것은 적절하다.
▶ escapes는 문맥에 맞음

② (b) occupy 차지하다

만약 그것이 단지 그것뿐이라면, 우리는 굳이 그것에 몰두하려 하지 않을 것이고, 그것은 우리의 삶의 그렇게 큰 부분을 (b) 차지하지 않을 것이다.

➡ 픽션이 'only that(단지 그것뿐)'이라면 우리는 픽션에 몰두하지 않았을 것이며 우리의 삶에서 큰 부분을 '차지하지' 않을 것이라고 가정하는 것은 적절하다.
▶ occupy는 문맥에 맞음

③ (c) odd 이상한

우리가 이것에 대해 생각해 보면, 이것은 (c) 이상하게 보일 수도 있는데, 왜 우리는 일어난 적이 없는, 그리고 많은 경우에 일어날 '수 없는' 이야기와 존재한 적도 없고 존재할 수도 없는 사람들의 고생을 읽는 것 또는 화면에서 보는 것에 관심을 가져야 하는가?

➡ '이것(this)'은 우리가 픽션에 끌리는 것을 말하며, 우리가 일어날 수 없는 비현실적인 이야기에 관심을 가지는 것이 '이상하게' 보일 수도 있다고 하는 것은 적절하다.
▶ odd는 문맥에 맞음

④ (d) useful 유용한

우리는 세상에 대해 아무것도 배우고 있지 않고, 우리가 우리의 삶을 더 효과적으로 헤쳐 나가는 데 도움이 될 어떤 종류의 (d) 유용한 경험도 얻고 있지 않으며, 어떤 새로운 기술을 배우거나 어떤 새로운 자료도 개발하고 있지 않다.

➡ 우리는 픽션을 통해 세상에 대해 배우고 있는 것이 없고, 어떤 기술이나 자료를 개발하는 것도 아니라고 했으므로, 우리의 삶에 도움이 될 '유용한' 경험을 얻고 있지 않는다고 하는 것은 적절하다. ▶ useful은 문맥에 맞음

P 11~12 　＊소통에서 침묵이 주는 영향

전치사+관계대명사　　　　　　　　　　　　　　　　　원급 비교
The speed **at which** we form language / can carry almost **as**
앞에 목적격 관계대명사 생략
much meaning / **as** the words **we say**. //
우리가 언어를 형성하는 속도는 / 거의 많은 의미를 담을 수 있다 / 우리가 말하는
단어만큼이나 //

Silence is not neutral or meaningless. //
침묵은 중립적이거나 무의미하지 않다 //　11번 단서 1: 침묵은 의미가 있음

If a job applicant hesitates too long / before responding to a difficult question / in a job interview, / for example, / we may think the applicant is at a loss for words / because of being (a) unprepared. //　11번 단서 2: 구직자가 답변을 너무 오래 망설인다면 그가 준비되지 않은 것으로 해석함
지원자가 너무 오래 망설인다면 / 어려운 질문에 답하기 전에 / 구직 면접에서 / 예를 들어 / 우리는 그 지원자가 할 말을 잃었다고 생각할 수 있다 / 준비되지 않아서 //

현재분사구(an awkward silence 수식)
We might interpret / an awkward silence **following a confession of love** / as indication **that** the addressee does not feel the same way. //　동격의 접속사　11번 단서 3: 사랑 고백 후에 이어지는 어색한 침묵을 상대방이 똑같이 느끼지 않는다는 신호로 해석할 수 있음
우리는 해석할 수 있다 / 사랑의 고백에 이어지는 어색한 침묵을 / 상대방이 같은 방식으로 느끼지 않는다는 신호로 //

Other non-verbal cues may help inform / our interpretation of these silences. //
다른 비언어적 신호들이 어떤 정보를 주는 데 도움을 줄 수 있다 / 이러한 침묵에 대한 우리의 해석에 //

This is also a factor / when we communicate online or via text. //
이것은 또한 고려 요소이다 / 우리가 온라인이나 문자 메시지를 통해 소통할 때도 //

Most modern messaging services and apps tell us / when a message has been read by its recipient, /

대부분의 현대 전자 통신 서비스와 앱은 우리에게 알려준다 / 메시지가 그 수신자에 의해 읽혔을 때를 /

and so an uneasy type of silence can (b) arise / when we know the recipient has read our message / but, for whatever reason, / has not responded. //

그래서 불편한 유형의 침묵이 일어날 수 있다 / 우리가 그 수신자가 우리의 메시지를 읽었다는 것을 알 때 / 하지만 어떤 이유에선가 / 대답하지 않았다는 것을 (알 때) //

This is often referred to / as leaving somebody 'on read' / and is generally considered rude in online communication. //

이는 종종 언급된다 / 누군가를 '읽음' 상태로 두는 것으로 / 그리고 온라인 소통에서 일반적으로 무례하다고 여겨진다 //

11번 단서 4: 누군가를 '읽음 상태'로 두는 것은(=침묵)은 무례하다고 여겨짐

Compared to face-to-face silences, / where one can still read the other person's expressions or body language, /

대면 침묵과 비교해서 / 한 사람이 상대방의 표정이나 몸짓 언어를 여전히 읽을 수 있는 상황인 /

these online silences feel (c) acceptable(→ incomprehensible) / and can be even more hurtful / if sensitive or difficult topics are involved. //

12번 단서 1: 민감하거나 어려운 주제라면 온라인 침묵은 훨씬 더 상처를 줄 수 있음 (= 부정적인 내용)

이러한 온라인 침묵들은 수용 가능한(→ 이해할 수 없는) 것으로 느껴지고 / 훨씬 상처를 줄 수 있다 / 만일 민감하거나 어려운 주제가 관련되면 /

12번 단서 2: 두 번째 데이트 초대를 '읽음 상태'로 두는 침묵은 더 실망스럽게 만듦(= 부정적인 내용)

For instance, / a romantic interest / leaving an invitation for a second date 'on read' / might be even more (d) disheartening / than a flat-out rejection in many cases. //

예를 들어 / 연애하고 싶은 관심 대상이 / 두 번째 데이트 초대를 '읽음 상태'로 두는 것은 / 훨씬 더 실망스러울 수 있다 / 많은 경우에 완전한 거절보다도 //

Social media has created / a new kind of anxiety for humans. //

소셜 미디어는 만들어 냈다 / 인간에게 새로운 형태의 불안을 //

Waiting for a response / makes us (e) insecure. //

응답을 기다리는 것은 / 우리를 불안하게 만든다 //

As such, / we are pressured by social media / to respond quickly. // 따라서 / 우리는 소셜 미디어로 인해 압박을 받는다 / 빠르게 응답하도록 //

- neutral ⓐ 중립적인
- applicant ⓝ 지원자
- awkward ⓐ 어색한
- confession ⓝ 고백
- indication ⓝ 신호, 암시
- addressee ⓝ 상대방, 수신인
- non-verbal ⓐ 비언어적인
- recipient ⓝ 수신자, 받는 사람
- disheartening ⓐ 실망스러운
- flat-out ⓐ 완전한
- insecure ⓐ 불안한
- outweigh ⓥ ~보다 더 중요하다

우리가 언어를 형성하는 속도는 거의 우리가 말하는 단어만큼이나 많은 의미를 담을 수 있다. 침묵은 중립적이거나 무의미하지 않다. 예를 들어, 지원자가 구직 면접에서 어려운 질문에 답하기 전에 너무 오래 망설인다면, 우리는 그 지원자가 (a) 준비되지 않아서 할 말을 잃었다고 생각할 수 있다. 우리는 사랑의 고백에 이어지는 어색한 침묵을 상대방이 같은 방식으로 느끼지 않는다는 신호로 해석할 수 있다. 다른 비언어적 신호들이 이러한 침묵에 대한 우리의 해석에 어떤 정보를 주는 데 도움을 줄 수 있다. 이것은 또한 우리가 온라인이나 문자 메시지를 통해 소통할 때도 고려 요소이다. 대부분의 현대 전자 통신 서비스와 앱은 메시지가 그 수신자에 의해 읽혔을 때 우리에게 알려주고, 그래서 우리가 그 수신자가 우리의 메시지를 읽었지만, 어떤 이유에서건 대답하지 않았다는 것을 알 때 불편한 유형의 침묵이 (b) 일어날 수 있다. 이는 종종 누군가를 '읽음 상태'로 두는 것으로 언급되며, 온라인 소통에서 일반적으로 무례하다고 여겨진다. 한 사람이 상대방의 표정이나 몸짓 언어를 여전히 읽을 수 있는 상황인 대면 침묵과 비교해서, 이러한 온라인 침묵들은 (c) 수용 가능한(→ 이해할 수 없는) 것으로 느껴지고 만일 민감하거나 어려운 주제가 관련되면 훨씬 상처를 줄 수 있다. 예를 들어, 연애하고 싶은 관심 대상이 두 번째 데이트 초대를 '읽음 상태'로 두는 것은 많은 경우 완전한 거절보다도 훨씬 더 (d) 실망스러울 수 있다. 소셜 미디어는 인간에게 새로운 형태의 불안을 만들어 냈다. 응답을 기다리는 것은 우리를 (e) 불안하게 만든다. 따라서 우리는 소셜 미디어로 인해 빠르게 응답해야 한다는 압박을 받는다.

P 11 정답 ③

윗글의 제목으로 가장 적절한 것은?

① Verbal Expressions Outweigh Non-Verbal Cues
언어적 표현이 비언어적 단서보다 더 중요하다   비언어적 단서보다 언어적 표현이 중요하다는 내용이 아님
② Responding to Silence in Face-to-Face Interactions
대면 상호작용에서의 침묵에 대응하기   침묵에 대해 어떻게 대응해야 하는지 알려주는 글이 아님
③ Silence in Communication: The Impact of Non-Response
소통에서의 침묵: 무응답의 영향   의사소통에서의 침묵이 어떤 영향을 주는지 설명하고 있음
④ Various Forms of Online Communication in the Digital Age
디지털 시대 다양한 형태의 온라인 소통   디지털 시대 속 다양한 온라인 소통에 대해 소개하는 글이 아님
⑤ Reading Between the Lines: Understanding Poetic Language
행간을 읽기: 시적 언어 이해하기   시적 언어를 이해하는 방법에 대한 내용이 아님

왜 정답? [정답률 78%]

도입	• 침묵은 중립적이지 않으며 의미를 가짐 단서 1
	• 예시: 면접 시 지원자의 침묵에 대한 해석(→ 준비되지 않음), 사랑 고백 후의 침묵에 대한 해석(→ 거절의 신호) 단서 2, 단서 3
전개	• 온라인 소통에서의 침묵(무응답)은 불편한 침묵을 만듦 단서 4
	• 온라인 침묵은 대면 침묵보다 더 이해하기 어렵고 상처를 더 키울 수 있음
	• 예시: 데이트 초대 메시지에 대한 무응답(→ 완전한 거절보다 더 큰 실망)
마무리	• 소셜 미디어가 침묵에 대한 새로운 불안과 압박을 만듦

▶ 의사소통 속 침묵이 상대방에게 어떻게 해석되고 어떤 영향을 미치는지에 대한 내용의 글이다. 따라서 ③ '소통에서의 침묵: 무응답의 영향'이 제목으로 가장 적절하다.

왜 오답?

① 비언어적 단서보다 언어적 표현이 중요하다는 내용이 아니며, 비언어적인 침묵의 영향에 대한 글이다.
② 침묵에 대해서 어떻게 대응해야 하는지 알려주는 글이 아니다.
④ 디지털 시대 속 다양한 온라인 소통을 소개하는 내용이 아니다.
⑤ 시적 언어를 이해하는 방법에 대한 글이 아니다.

P 12 정답 ③

밑줄 친 (a)~(e) 중에서 문맥상 낱말의 쓰임이 적절하지 않은 것은?

① (a) 지원자가 대답 전에 너무 오래 망설이면 준비되지 않았다고 생각함
준비되지 않은
② (b) 수신자가 대답하지 않았다는 것을 알면 불편한 침묵이 '일어날 수 있음' 일어나다
③ (c) 수용 가능한
④ (d) 데이트 초대에 대한 무응답 침묵은 완전한 실망스러운 거절보다 더 '실망스러운' 것임
⑤ (e) 소셜미디어는 새로운 불안을 만들어 냈으며 불안한 무응답은 우리를 '불안하게' 만듦
— 온라인 침묵은 수용 가능한 것이 아니라 '이해할 수 없게' 느껴짐

왜 정답? [정답률 74%]

③ (c) acceptable 수용 가능한

한 사람이 상대방의 표정이나 몸짓 언어를 여전히 읽을 수 있는 상황인 대면 침묵과 비교해서, 이러한 온라인 침묵들은 (c) 수용 가능한 이해할 수 없는 것으로 느껴지고 만일 민감하거나 어려운 주제가 관련되면 훨씬 상처를 줄 수 있다.

➡ 온라인 침묵이라고 해서 수용 가능한 것으로 느껴지는 것이 아니라, 민감하거나 어려운 주제가 관련되면 오히려 더 상처를 줄 수 있다고 부정적으로 말하고 있으므로, 온라인 침묵은 '수용 가능한' 것이 아니라, 오히려 '이해할 수 없는' 것으로 느껴진다고 하는 것이 자연스럽다.

▶ acceptable(수용 가능한)을 반대 의미를 갖는 incomprehensible(이해할 수 없는) 등의 단어로 바꿔야 함

왜 오답?

① (a) unprepared 준비되지 않은

예를 들어, 지원자가 구직 면접에서 어려운 질문에 답하기 전에 너무 오래 망설인다면, 우리는 그 지원자가 (a) 준비되지 않아서 할 말을 잃었다고 생각할 수 있다.

➡ 구직 면접에서 지원자가 대답 전에 너무 오래 망설이면 '준비되지 않았다'고 생각할 것이다. ▶ unprepared는 문맥에 맞음

② (b) arise 일어나다

대부분의 현대 전자 통신 서비스와 앱은 메시지가 그 수신자에 의해 읽혔을 때 우리에게 알려주고, 그래서 우리가 그 수신자가 우리의 메시지를 읽었지만, 어떤 이유에서건 대답하지 않았다는 것을 알 때 불편한 유형의 침묵이 (b) 일어날 수 있다.

➡ 메시지의 수신자가 그 메시지를 읽었지만 응답하지 않는다면 불편한 유형의 침묵이 '일어날 수 있을 것이다. ▶ arise는 문맥에 맞음

④ (d) disheartening 실망스러운

예를 들어, 연애하고 싶은 관심 대상이 두 번째 데이트 초대를 '읽음 상태'로 두는 것은 많은 경우 완전한 거절보다도 훨씬 더 (d) 실망스러울 수 있다.

➡ 온라인 침묵은 민감하거나 어려운 주제가 관련되면 훨씬 더 상처를 줄 수 있다고 했으므로, 두 번째 데이트 초대에 대해 무응답으로 침묵하는 것은 더 '실망스러울' 수 있다. ▶ disheartening은 문맥에 맞음

⑤ (e) insecure 불안한

— 응답을 기다리는 것은 우리를 (e) 불안하게 만든다.

➡ 소셜 미디어는 우리에게 새로운 불안을 만들어냈다고 했으므로, 응답을 기다리는 것이 우리를 '불안하게' 만든다는 것은 적절하다. ▶ insecure는 문맥에 맞음

P 13~14 * 불완전한 시뮬레이션: 왜 미루는 사람들은 일을 미루는가

Our ability to simulate the future / — which gives Present You a chance to walk in Future You's shoes — / provides human brains with a huge evolutionary advantage, / but it also has some limitations. //

미래를 시뮬레이션하는 우리의 능력은 / 즉 '현재의 여러분'에게 '미래의 여러분'의 입장이 되어 보는 기회를 주는 / 인간의 뇌에게 큰 진화적 이점을 주지만 / 그것은 또한 약간의 한계를 가지고 있다 //

For one, / the simulations don't predict emotional (a) intensity well. //

13번 단서 1: (미래에 대한) 시뮬레이션은 감정의 강도를 잘 예측하지 못함
그중 한 가지는 / 시뮬레이션은 감정적 강도를 예측하지 않는다 //

We imagine it's scary skydiving, / but it's *definitely* scarier / once a 200-pound man / strapped to your back / slowly pushes your toes to the edge. //

14번 단서 1: 스카이다이빙이 무서울 것이라 상상하지만, 상상이 아니라 현실에서 스카이다이빙을 하게 되면 '분명히' 더 무서움
우리는 스카이다이빙을 하는 것이 무섭다고 상상하지만 / 그것은 '분명히' 더 무섭다 / 일단 200파운드의 남자가 / 여러분의 등에 묶인 / 여러분의 발가락을 가장자리로 천천히 민다면 //

Jumping out of a plane is just an idea / that's somewhat disconnected from reality / until it's actually happening. //

비행기에서 뛰어내리는 것은 생각일 뿐이다 / 현실과 다소 동떨어진 / 그것이 실제로 일어나기 전까지는 //

In the same way, / what Future You will be thinking and feeling / is just an (b) abstract idea / until Future You becomes Present You. //

마찬가지로 / '미래의 여러분'이 생각하고 느끼게 될 것은 / 추상적인 생각일 뿐이다 / '미래의 여러분'이 '현재의 여러분'이 되기 전까지는 //

When we make a decision to put something off, / we can simulate / what the consequences of that decision will be /

우리가 무언가를 미루기로 결정할 때 / 우리는 시뮬레이션 할 수 있는데 / 그 결정의 결과가 어떠할지를 /

— we'll have less time to work on something, / people might get frustrated with us, / and we might run into unexpected problems. //

즉 우리는 어떤 일을 할 시간을 더 적게 가질 것이고 / 사람들이 우리에게 실망할 수도 있으며 / 우리는 예상치 못한 문제를 마주할지도 모른다 //

But the simulation of what our procrastination will feel like / is usually more charitable than the reality /

그러나 우리의 미루는 버릇이 어떻게 느껴질 것인가에 대한 시뮬레이션은 / 대체로 현실보다 더 관대하다 /

13번 **14번** 단서 2: 미루는 것이 어떻게 느껴질 것인가에 대한 시뮬레이션은 대체로 현실보다 더 관대함

— we (c) overestimate(→ underestimate) / the stress it will cause, / the guilt we'll feel for continuing the pattern, / or the disappointment that will stem from a missed opportunity. //

즉, 우리는 과대평가한다(→ 과소평가한다) / 그것이 야기할 스트레스를 / 우리가 그러한 방식을 지속하는 데 느낄 죄책감을 / 혹은 놓친 기회에서 생겨날 실망감을 //

14번 단서 3: 최고 수준의 인간 시뮬레이션 능력도 한계가 있음
So, even the best human simulators / have limitations. //

그러므로, 심지어 인간이 가진 최고 수준의 시뮬레이션 능력조차도 / 한계를 가진다 //

13번 단서 3: 미루는 사람들의 시뮬레이션 능력은 일반적으로 약함
Procrastinators' simulators are (d) weak in general, / and they struggle to consider the consequences of their choices. //

미루는 사람들의 시뮬레이션 능력은 일반적으로 약하며 / 그들은 자신들의 선택의 결과를 고려하는 데 어려움을 겪는다 //

They're more concerned about / what they're doing and how they're feeling in this moment / and less concerned about the future. //

그들은 더욱 염려하며 / 자신들이 지금 이 순간 무엇을 하고 있고 어떻게 느끼고 있는가에 대해 / 그리고 미래에 대해서는 덜 염려한다 //

As a result, / they keep (e) prioritizing what they want right now / over what they'll need in the future. //

그 결과 / 그들은 자신들이 바로 지금 원하는 것을 계속 우선시한다 / 자신들이 미래에 필요로 할 것보다 //

- simulate ⓥ 시뮬레이션하다   - evolutionary ⓐ 진화의
- limitation ⓝ 한계   - intensity ⓝ 강도   - strapped ⓐ 묶인
- disconnected ⓐ (현실과) 동떨어진, 분리된   - abstract ⓐ 추상적인
- consequence ⓝ 결과   - run into 마주하다
- charitable ⓐ 관대한   - stem from ~에서 생겨나다
- procrastinator ⓝ 미루는 사람, 지연시키는 사람
- concerned ⓐ 염려하는

미래를 시뮬레이션하는, 즉 '현재의 여러분'에게 '미래의 여러분'의 입장이 되어 보는 기회를 주는 우리의 능력은 인간의 뇌에게 큰 진화적 이점을 주지만, 그것은 또한 약간의 한계를 가지고 있다. 그중 한 가지는, 시뮬레이션은 감정적 (a) 강도를 잘 예측하지 않는다. 우리는 스카이다이빙을 하는 것이 무섭다고 상상하지만, 일단 여러분의 등에 묶인 200파운드의 남자가 여러분의 발가락을 가장자리로 천천히 민다면, 그것은 '분명히' 더 무섭다. 비행기에서 뛰어내리는 것은 그것이 실제로 일어나기 전까지는 현실과 다소 동떨어진 생각일 뿐이다. 마찬가지로, '미래의 여러분'이 생각하고 느끼게 될 것은 '미래의 여러분'이 '현재의 여러분'이 되기 전까지는 (b) 추상적인 생각일 뿐이다. 우리가 무언가를 미루기로 결정할 때, 우리는 그 결정의 결과가 어떠할지를 시뮬레이션 할 수 있는데, 즉 우리는 어떤 일을 할 시간을 더 적게 가질 것이고, 사람들이 우리에게 실망할 수도 있으며, 우리는 예상치 못한 문제를 마주할지도 모른다. 그러나 우리의 미루는 버릇이 어떻게 느껴질 것인가에 대한 시뮬레이션은 대체로 현실보다 더 관대하다. 즉, 우리는 그것이 야기할 스트레스, 우리가 그러한 방식을 지속하는 데 느낄 죄책감, 혹은 놓친 기회에서 생겨날 실망감을 (c) 과대평가한다(→ 과소평가한다). 그러므로, 심지어 인간이 가진 최고 수준의 시뮬레이션 능력조차도 한계를 가진다. 미루는 사람들의 시뮬레이션 능력은 일반적으로 (d) 약하며, 그들은 자신들의 선택의 결과를 고려하는 데 어려움을 겪는다. 그들은 자신들이 지금 이 순간 무엇을 하고 있고 어떻게 느끼고 있는가에 대해 더욱 염려하며, 미래에 대해서는 덜 염려한다. 그 결과 그들은 자신들이 미래에 필요로 할 것보다 바로 지금 자신들이 원하는 것을 계속 (e) 우선시한다.

P 13 정답 ③

윗글의 제목으로 가장 적절한 것은?

사람들이 일을 미뤘을 때를 시뮬레이션 할 때, 그때 느낄 감정이나 결과를 과소평가하기 때문에 일을 미루게 된다는 내용임

① Future You Is Made of What Present You Does
미래의 여러분은 현재의 여러분이 하는 일로 만들어진다
현재 자신이 무엇을 하는가에 달려 있다는 내용은 이 글의 핵심이 아님

② Better to Focus on Now Than Simulate the Future
미래를 시뮬레이션하기보다는 지금에 집중하는 것이 낫다
미래를 시뮬레이션하기보다는 현재에 집중하는 것이 낫다는 것을 주장하는 내용이 아님

③ Imperfect Simulation: Why Procrastinators Put Things Off
불완전한 시뮬레이션: 왜 미루는 사람들은 일을 미루는가

④ How to Overcome the Fear of the Unknown Through Simulation
시뮬레이션을 통해 미지의 두려움을 극복하는 방법 ⟶ 미지의 두려움을 극복한다는 내용은 없음

⑤ Present You Knows How Seriously Procrastination Will Hurt You
현재의 여러분은 미루는 습관이 얼마나 해로운지 알고 있다
현재의 내가 미루는 습관이 얼마나 해로울지 알고 있다는 말은 이 글의 내용과 반대임

＞왜 정답❓ [정답률 50%]

도입	우리는 미래를 시뮬레이션할 수 있는 능력이 있지만, 단점이 있음
전개	• 단점: 감정의 강도를 잘 예측하지 못함 • 미루는 것이 어떻게 느껴질 것인가에 대한 시뮬레이션은 대체로 현실보다 더 관대함
결론	• 미루는 사람들의 시뮬레이션 능력은 약함 • 따라서 미루는 사람들은 미래에 필요할 것보다 현재에 원하는 것을 계속 우선시하게 됨

▶ 사람들이 미래를 예측하는 시뮬레이션을 할 때, 감정의 강도를 잘 예측하지 못하며, 특히 미루는 것의 결과를 시뮬레이션 할 때, 현실에서 느낄 불편함들에 대해 보다 관대하기 때문에 계속 미루게 된다는 내용의 글이다.

따라서 ③ '불완전한 시뮬레이션: 왜 미루는 사람들은 일을 미루는가'가 제목으로 가장 적절하다.

＞왜 오답❓

① 현재의 행동이 미래를 결정한다는 내용은 이 글의 핵심이 아니다.

② 미래를 시뮬레이션하기보다는 현재에 집중하는 것이 낫다고 주장하는 글이 아니다.

④ 시뮬레이션을 통해 미지의 두려움을 극복한다는 내용은 언급되지 않는다.

⑤ 현재의 내가 미루는 습관이 얼마나 해로울지 알고 있다는 말은 이 글의 주장과 반대이다.

P 14 정답 ③

밑줄 친 (a)~(e) 중에서 문맥상 낱말의 쓰임이 적절하지 않은 것은?

시뮬레이션은 감정적 '강도'를 잘 예측하지 못함　　　미래가 현실이 되기 전까지는 미래의 자신이 느끼게

① (a)　　② (b) 될 것은 '추상적인' 생각일 뿐임
강도 우리는 미루는 버릇이 미래에 야기할 부정적인 추상적인

③ (c)　　④ (d) 미루는 사람들의 시뮬레이션 능력은
감정을 과대평가하는 것이 아니라 약한 일반적으로 '약함'
과대평가하다 '과소평가하게 됨'

⑤ (e)
우선시하다 미루는 사람들은 미래에 필요할 것보다 현재 원하는 것을 '우선시함'

＞왜 정답❓ [정답률 52%]

③ (c) overestimate 과대평가하다

그러나 우리의 미루는 버릇이 어떻게 느껴질 것인가에 대한 시뮬레이션은 대체로 현실보다 더 관대하다. 즉, 우리는 그것이 야기할 스트레스, 우리가 그러한 방식을 지속하는 데 느낄 죄책감, 혹은 놓친 기회에서 생겨날 실망감을 (c) 과대평가한다.

➡ 문장에서 '그것'과 '그러한 방식'은 미루는 버릇을 의미하고, 미루는 버릇이 어떻게 느껴질지에 대한 시뮬레이션은 현실보다 관대하다고 했다.

따라서 미루는 버릇이 야기할 스트레스, 죄책감과 실망감 등을 '과대평가하는' 것이 아니라 오히려 '과소평가' 하는 것이다.

▶ overestimate(과대평가하다)를 반대 의미를 갖는 underestimate(과소평가하다) 등의 단어로 바꿔야 함

＞왜 오답❓

① (a) intensity 강도

그중 한 가지는(For one), 시뮬레이션은 감정적 (a) 강도를 잘 예측하지 않는다.

➡ 그중 한 가지, 즉 앞에서 언급된 시뮬레이션의 한계 중 한 가지는, 시뮬레이션을 할 때는 감정의 강도를 잘 예측하지 못한다는 것이다. ▶ intensity는 문맥에 맞음

② (b) abstract 추상적인

마찬가지로, '미래의 여러분'이 생각하고 느끼게 될 것은 '미래의 여러분'이 '현재의 여러분'이 되기 전까지는 (b) 추상적인 생각일 뿐이다.

➡ 앞에서 스카이다이빙은 실제로 일어나기 전까지는 현실과 동떨어진 생각일 뿐이라고 했고, 이에 따라 미래의 일이 현재의 일이 되기 전까지는 미래에 느낄 생각과 감정은 '추상적인' 생각일 뿐이라는 것은 적절하다. ▶ abstract는 문맥에 맞음

④ (d) weak 약한

미루는 사람들의 시뮬레이션 능력은 일반적으로 (d) 약하며, 그들은 자신들의 선택의 결과를 고려하는 데 어려움을 겪는다.

➡ 우리가 미루는 버릇에 대한 시뮬레이션은 현실보다 더 관대하고, 이는 인간이 가진 최고 수준의 시뮬레이션 능력도 한계를 갖는 것이라고 했다. 따라서 미루는 사람들의 시뮬레이션 능력은 '약하다'고 하는 것이 맞다. ▶ weak은 문맥에 맞음

⑤ (e) prioritizing 우선시하다

그 결과(As a result) 그들은 자신들이 미래에 필요로 할 것보다 바로 지금 자신들이 원하는 것을 계속 (e) 우선시한다.

➡ 앞에서 미루는 습관을 가진 사람들은 미래에 대해서 덜 염려한다고 했으므로, 그 결과로 미래에 필요로 할 것보다 지금 원하는 것을 '우선시한다'는 것은 적절하다.
▶ prioritizing은 문맥에 맞음

P 15~16 ＊철학 번역에서 의미 전달과 손실·이득의 문제 —

가주어
Translating a literary text is challenging, / and it's often said /
앞에 진주어를 이끄는 접속사 생략
there will be an inevitable loss in translation. //
문학 텍스트를 번역하는 것은 어렵다 / 그리고 흔히 말한다 / 번역에서 불가피한 손실이 있을 것이라고 //

But that challenge frequently inspires creative re-renderings /
주격 관계대명사
that offer the prospect / of a (a) gain in translation as well. //
하지만 그 어려움은 종종 창의적인 재번역을 불러 일으킨다 / 가능성을 제공하는 / 번역에서의 이득 또한 //

A washing-machine manual doesn't present the same challenges, / nor therefore does it inspire / the (b) same creativity
부정어구(nor)로 인한 주어 동사 도치
either. //
세탁기 설명서는 동일한 어려움을 일으키지 않는다 / 따라서 불러일으키지도 않는다 / 동일한 창의성도 //

But where, / in terms of the opposition between literary and nonliterary language, / might we position philosophy's language? //
그러나 어디에 / 문학 그리고 비문학 언어 사이의 대립 측면에서 / 우리는 철학의 언어를 둘 수 있는가 //

Might philosophy want to avoid a translatory economy / that
주격 관계대명사
aims for a gain in translation / but risks a loss? //
철학은 번역의 경제를 피하고자 하는가 / 번역에서의 이득을 목표로 하는 / 그러나 손실의 위험을 무릅쓰는 //

15번, 16번 단서 1: 철학은 진리를 온전히 전달하기를 바라며, 손실과 이득에 대한 추가적 해명 없이는 진리를 번역해 내놓는 것을 주저함

Philosophy wishes to convey its truths intact, / without loss — and without gain either, /
철학은 그것의 진리를 온전한 채로 전달하기를 바란다 / 손실 없이 그리고 이득 또한 없이 /

or at least it might (c) hesitate / to offer its truths to translation / without further clarification / of what a gain, and indeed a gain
선행사를 포함하는 관계대명사
in depth, actually means. //
또는 최소한 그것은 주저할지도 모른다 / 그 진리를 번역되도록 내놓는 것을 / 추가적 해명 없이는 / 이득이, 더 나아가 '깊이' 있는 이득이 실제로 무엇을 의미하는지에 대한 //

It cannot be a matter / of offsetting "stylistic losses." //
이는 문제가 될 수 없다 / '문체적 손실'을 상쇄하는 //
The loss philosophy fears is a loss of meaning, / the compromising
of a truth. // **16번** 단서 2: 철학이 두려워하는 손실은 진리의 훼손임
철학이 두려워하는 손실은 의미의 손실이다 / 즉 진리의 훼손이다 //

Thus, / philosophy might (d) refuse(→ prefer) to be placed on
the side of nonliterary language, / and express itself in unstylish
language, / like Badiou's mathematical writing, /
따라서 / 철학은 비문학 언어의 편에 놓이는 것을 거부할(→ 선호할) 수 있다 / 그리고 문체가
없는 언어로 자신을 표현한다 / Badiou의 수학적 글쓰기처럼 /

so that no translator is prompted / to rude and bold acts of
'그래서 ~하다'
creative rewriting. // **16번** 단서 3: 철학은 수학과 같은 문체가 없는 언어로 자신을 표현함
그래서 어떠한 번역가도 자극받지 않는다 / 창의적 재작성이라는 무례하고 대담한 행위에 //

If philosophy wishes / to increase its range / and avoid being
restricted / to a national or regional tradition, /
만일 철학이 바란다면 / 그 범위를 넓히는 것을 / 그리고 국한되는 것을 피하고자 한다면 /
국가 혹은 지역의 전통에 /

it (e) needs a translation model / that conveys philosophical
주격 관계대명사
truths to the world / without any "economic" fluctuations of
loss and gain. //
번역 모델이 필요하다 / 철학적 진리를 세상에 전달하는 / 어떠한 손실과 이득의 '경제적'
오르내림 없이 //

- inevitable ⓐ 불가피한, 피할 수 없는 · prospect ⓝ 가능성
- opposition ⓝ 대립, 반대 · literary ⓐ 문학의
- convey ⓥ 전달하다 · clarification ⓝ 해명 · offset ⓥ 상쇄하다
- compromise ⓥ 훼손하다, 타협하다 · prompt ⓥ 자극하다, 촉발하다
- regional ⓐ 지역의

문학 텍스트를 번역하는 것은 어렵고, 번역에서 불가피한 손실이 있을 것이라고 흔히 말한다. 하지만 그 어려움은 종종 번역에서 (a) 이득의 가능성도 제공하는 창의적인 재번역을 불러일으킨다. 세탁기 설명서는 동일한 어려움을 일으키지 않으며, 따라서 (b) 동일한 창의성도 불러일으키지도 않는다. 그렇다면 문학 그리고 비문학 언어 사이의 대립 측면에서 우리는 철학의 언어를 어디에 둘 수 있는가? 철학은 번역에서의 이득을 목표로 하지만 손실의 위험을 무릅쓰는 번역의 경제를 피하고자 하는가? 철학은 그것의 진리를 온전한 채로, 손실 없이 그리고 이득 또한 없이 전달하기를 바라거나, 혹은 최소한 그것이 이득, 더 나아가 '깊이' 있는 이득이 실제로 무엇을 의미하는지에 대한 추가적 해명 없이는 그 진리를 번역되도록 내놓는 것을 (c) 주저할지도 모른다. 이는 '문체적 손실'을 상쇄하는 문제가 될 수 없다. 철학이 두려워하는 손실은 의미의 손실, 즉 진리의 훼손이다. 따라서 철학은 비문학 언어의 편에 놓이는 것을 (d) 거부할(→ 선호할) 수 있고, Badiou의 수학적 글쓰기처럼 문체가 없는 언어로 자신을 표현하고, 그래서 어떠한 번역가도 창의적 재작성이라는 무례하고 대담한 행위에 자극받지 않는다. 만일 철학이 그 범위를 넓히고 국가 혹은 지역의 전통에 국한되는 것을 피하고자 한다면, 어떠한 손실과 이득의 '경제적' 오르내림 없이 철학적 진리를 세상에 전달하는 번역 모델이 (e) 필요하다.

P 15 정답 ②

윗글의 제목으로 가장 적절한 것은?
문학 번역에서 창의적 이득이 발생하는 점은 맞지만, 이 글의 초점은 철학 번역에 있음
① Creative Gains Emerging from Literary Translation
문학 번역에서 나타나는 창의적인 이득
② Translating Philosophy : In Pursuit of Truth As It Is
철학 번역: 있는 그대로의 진리를 추구하며
철학 번역은 문학 번역과 다르게 창의적 변형을 배제하며, 본래의 진리를 있는 그대로 전달하려 함
③ The Role of Creativity in Conveying Philosophical Truths
철학적 진리를 전달하는 데 있어 창의성의 역할
창의성의 역할보다는 철학 번역이 창의성을 거부할 수 있음을 강조함
④ Factors Leading to Challenges in Literary Translation
문학 번역에서 어려움을 초래하는 요인들　문학 번역의 어려움을 이야기하는 글이 아님
⑤ How Can We Avoid Stylistic Losses in Translation?
번역에서 문체적 손실을 어떻게 피할 수 있을까?
철학 번역의 본질적인 고민(진리의 손실)에 대한 내용을 담은 제목이 아님

▷왜 정답? [정답률 62%]

도입	· 문학 번역과 철학 번역의 차이점을 논의함 · 철학 번역이 창의적 재번역을 거부하고 있는 그대로의 진리를 전달하려 한다는 점을 강조함
요지	· 문학 번역에서는 창의적 재번역이 이루어짐 · 철학 번역은 진리의 훼손을 우려하여 번역 과정에서 변형을 최소화, 수학적 언어처럼 문체 없는 방식으로 표현하려는 경향이 있음
부연	철학 번역은 진리의 손실을 두려워하며, 원래 의미를 보존하는 데 집중해야 한다고 봄

▶ 철학 번역은 문학 번역과 다르게 창의적 변형을 배제하며, 본래의 진리를 있는 그대로 전달하려 한다. 따라서 ② '철학 번역: 있는 그대로의 진리를 추구하며'가 가장 적절한 제목이다.

▷왜 오답?

① 문학 번역에서 창의적 이득이 발생하는 점은 맞지만, 이 글의 초점은 철학 번역에 있으므로 적절하지 않다.
③ 창의성의 역할보다는 철학 번역이 창의성을 거부할 수 있음을 강조하는 내용이라 맞지 않다.
④ 문학 번역의 어려움보다는 철학 번역의 특수성에 초점을 맞추고 있어 부적절하다.
⑤ 문체적 손실의 문제를 다루긴 하지만, 철학 번역의 본질적인 고민(진리의 손실)을 다루는 내용의 제목은 아니다.

P 16 정답 ④

밑줄 친 (a)~(e) 중에서 문맥상 낱말의 쓰임이 적절하지 않은 것은?
① (a) 문학 번역에서의 어려움이 창의적인 이득을 만들어 낼 수 있다고 함
이득
② (b) 문학 번역은 어려움을 동반하고 창의적 재번역을 유발하지만, 세탁기 설명서는
동일한 그러한 어려움을 일으키지 않으므로 동일한 창의성도 필요 없음
③ (c) 철학은 번역을 통해 의미가 변질되는 것을 주저하다　주저할 수 있음
④ (d) 철학은 의미의 손실을 두려워하기 때문에 문제가 없는 언어를 선택하려는 경향이 있어 비문학적 언어를 거부하는 것이 아니라 선호함
거부하다
⑤ (e) 철학적 진리를 온전히 전달할 방법이 필요하다　필요함

▷왜 정답? [정답률 55%]

④ (d) refuse 거부하다

> 따라서 철학은 비문학 언어의 편에 놓이는 것을 (d) ~~거부할~~(선호할) 수 있으며,
> Badiou의 수학적 글쓰기처럼 문체가 없는 언어로 자신을 표현하고, 그래서 어떠한 번역가도 창의적 재작성이라는 무례하고 대담한 행위에 자극받지 않는다.

➡ 철학은 의미의 손실을 두려워하기 때문에 문제가 없는 언어를 선택하려는 경향이 있으므로 비문학적 언어를 '거부하는' 것이 아니라, 오히려 '선호한다'고 보는 것이 자연스럽다. ▶ refuse(거부하다)를 prefer(선호하다) 등의 단어로 바꿔야 함

▷왜 오답?

① (a) gain 이득

> 하지만(But) 그 어려움은 종종 번역에서 (a) 이득의 가능성도 제공하는 창의적인 재번역을 불러일으킨다.

➡ '하지만(But)'으로 문장이 시작되고 있으므로 문학 번역에서 어려움이 창의적인 '이득'을 만들어 낼 수 있음을 설명하는 것이다. ▶ gain은 문맥에 맞음

② (b) same 동일한

> 세탁기 설명서는 동일한 어려움을 일으키지 않으며, 따라서 (b) 동일한 창의성도 불러일으키지도 않는다.

➡ 문학 번역은 어려움을 동반하고 창의적 재번역을 유발하지만, 세탁기 설명서는 그러한 어려움을 일으키지 않는다고 했으므로, '동일한' 창의성도 필요 없다는 의미이다.
　▶ same은 문맥에 맞음

③ (c) hesitate 주저하다

철학은 그것의 진리를 온전한 채로, 손실 없이 그리고 이득 또한 없이 전달하기를 바라거나, 혹은 최소한 그것은 이득, 더 나아가 '깊이' 있는 이득이 실제로 무엇을 의미하는지에 대한 추가적 해명 없이는 그 진리를 번역되도록 내놓는 것을 (c) 주저할지도 모른다.

➡ 철학이 번역을 통해 의미가 변질되는 것을 꺼릴 수 있으므로 이를 '주저'할 수 있을 것이다. ▶ hesitate는 문맥에 맞음

⑤ (e) needs 필요하다

만일 철학이 그 범위를 넓히고 국가 혹은 지역의 전통에 국한되는 것을 피하고자 한다면, 어떠한 손실과 이득의 '경제적' 오르내림 없이 철학적 진리를 세상에 전달하는 번역 모델이 (e) 필요하다.

➡ 철학이 그 범위를 넓히고자 한다면, 철학적 진리를 손실과 이득의 경제적 오르내림 없이 온전히 전달할 방법이 '필요하다'고 해야 할 것이다. ▶ needs는 문맥에 맞음

P 17~18 ＊인간 진화와 발전의 도구인 인간의 손

Imagine / grabbing a piece of paper / between your thumb and index finger. //
상상해 보라 / 한 장의 종이를 쥐는 것을 / 여러분의 엄지손가락과 집게손가락 사이에 //

= are grabbing a piece of paper ~ index finger
Maybe you already are, / as you turn this page. //
어쩌면 여러분은 이미 하고 있을지도 모른다 / 이 페이지를 넘기면서 //

We use / this type of forceful, pad-to-pad precision gripping / without thinking about it, / and literally in a snap. //
우리는 사용한다 / 이러한 유형의 힘을 써서 손가락 끝 살이 맞닿는 정밀하게 쥐는 법을 / 그것에 대하여 아무 생각 없이 / 말 그대로 순식간에 //

Yet / it was a breakthrough / in human evolution. //
그러나 / 그것은 획기적 발전이었다 / 인류 진화의 //
17번 단서 1: 이것(앞에서 언급한 손으로 집기)이 인류 진화의 획기적 발전이었음

Other primates exhibit / some kinds of precision grips / in the handling and use of objects, / but not with the kind of (a) efficient opposition / that our hand anatomy allows. //
opposition을 수식하는 목적격 관계대명사
다른 영장류도 보인다 / 일종의 정밀한 쥐기를 / 물체를 다루고 사용할 때 / 그러나 효율적인 마주 닿음의 종류는 아니다 / 우리 손의 해부학적 구조가 허용하는 //

In a single hand, / humans can easily hold / and manipulate objects, / even small and delicate ones, /
= objects
한 손에서 / 인간은 쉽게 잡을 수 있다 / 그리고 물체를 조작할 수 있다 / 작고 깨지기 쉬운 것들조차도 /

분사구문의 병렬 구조
while adjusting our fingers to their shape / and reorienting them / with (b) displacements of our fingertip pads. //
모양에 맞게 우리의 손가락을 조정하면서 / 그리고 그것의 방향을 바꾸면서 / 우리의 손가락 끝 살 부분을 이동시켜 //

Our relatively long, powerful thumb / and other anatomical attributes, / including our flat nails / (which nearly all primates possess), / make this (c) possible. //
분사구문 / 주격 관계대명사 / make의 목적격 보어
우리의 비교적 길고 강력한 엄지손가락이 / 그리고 다른 해부학적 속성들이 / 평평한 손톱을 포함하여 / (거의 모든 영장류가 소유한) / 이것을 가능하게 한다 //

Just picture / trying — and failing — to dog-ear this page / with pointy, curved claws. //
한번 상상해 보라 / 이 페이지의 모서리를 집으려고 시도하다가 실패하는 것을 / 끝이 뾰족하고 굽은 발톱으로 //

With a unique combination of traits, / the human hand shaped our history. // 17번 단서 2: 인간의 손이 인류 역사를 이룸
고유한 특성의 조합으로 / 인간의 손은 인류의 역사를 이루었다 //

No question, / stone tools couldn't have become / a keystone of human technology and subsistence / (d) without hands / that could do the job, /
주격 관계대명사
18번 단서 1: 인간의 손이 없었다면 석기가 인간 기술과 생계의 핵심이 될 수 없었을 것임
의심할 여지 없이 / 석기는 될 수 없었을 것이다 / 인간 기술과 생계의 핵심이 / 손이 없었다면 / 그 일을 할 수 있는 /

along with a nervous system / that could regulate and coordinate the necessary signals. //
주격 관계대명사
신경계와 함께 / 필요한 신호를 조절하고 조정할 수 있는 //

Anybody who's ever attempted to make / a spear tip or arrowhead / from a rock /
만들어 보려 한 사람이라면 누구라도 / 창 촉이나 화살촉을 / 돌로 /
18번 단서 2: 석기를 만들 때는 손으로 강하게 쥐는 것, 지속적인 회전과 재배치, 강하고 주의 깊게 두드리는 것 등이 배제되는 것이 아니라 필요함(요구됨)

knows that it (e) excludes(→ requires) strong grips, / constant rotation and repositioning, / and forceful, careful strikes / with another hard object. //
목적어절을 이끄는 접속사
그것이 강하게 쥐는 것을 배제한다는(→ 요구한다는) 것을 안다 / 지속적인 회전과 재배치 / 그리고 강하고 주의 깊게 두드리는 것을 / 또 다른 단단한 물체로 //

And even with a fair amount of know-how, / it can be a bloody business. //
그리고 상당한 정도의 요령을 가지고서도 / 이것은 피투성이가 되는 작업일 수 있다 //

- index finger 집게손가락
- forceful ⓐ 강력한
- precision ⓝ 정확성, 정밀성
- in a snap 순식간에
- breakthrough ⓝ 돌파구, 획기적인 발전
- evolution ⓝ 진화
- manipulate ⓥ 조작하다
- delicate ⓐ 깨지기 쉬운
- reorient ⓥ 방향을 바꾸다
- displacement ⓝ 이동
- attribute ⓝ 속성
- dog-ear ⓥ 모서리를 접다
- pointy ⓐ 끝이 뾰족한
- combination ⓝ 조합
- trait ⓝ 특성
- coordinate ⓥ 조정하다
- exclude ⓥ 배제하다
- leap ⓝ 도약

여러분의 엄지손가락과 집게손가락 사이에 한 장의 종이를 쥐는 것을 상상해 보라. 어쩌면 여러분은 이 페이지를 넘기면서 이미 하고 있을지도 모른다. 우리는 이러한 유형의 힘을 써서 손가락 끝 살이 맞닿는 정밀하게 쥐는 법을 그것에 대하여 아무 생각 없이, 말 그대로 순식간에 사용한다. 그러나 그것은 인류 진화의 획기적 발전이었다. 다른 영장류도 물체를 다루고 사용할 때 일종의 정밀한 쥐기를 보이지만, 우리 손의 해부학적 구조가 허용하는 종류의 (a) 효율적인 (엄지와 다른 손가락의) 마주 닿음은 아니다. 한 손에서, 인간은 작고 깨지기 쉬운 물체조차도 쉽게 잡고 조작할 수 있으며, 한편 모양에 맞게 우리의 손가락을 조정하고 우리의 손가락 끝 살 부분을 (b) 이동시켜 그것의 방향을 바꿀 수 있다. 우리의 비교적 길고 강력한 엄지손가락과 (거의 모든 영장류가 소유한) 평평한 손톱을 포함하여 다른 해부학적 속성들이 이것을 (c) 가능하게 한다. 끝이 뾰족하고 굽은 발톱으로 이 페이지의 모서리를 접으려다가 실패하는 모습을 한번 상상해 보라. 고유한 특성의 조합으로, 인간의 손은 인류의 역사를 이루었다. 의심할 여지 없이, 필요한 신호를 조절하고 조정할 수 있는 신경계와 함께 그 일을 할 수 있는 손이 (d) 없었다면 석기는 인간 기술과 생계의 핵심이 될 수 없었을 것이다. 돌로 창 촉이나 화살촉을 만들어 보려 한 사람이라면 누구라도 그것이 강하게 쥐는, 지속적인 회전과 재배치, 그리고 또 다른 단단한 물체로 강하고 주의 깊게 두드리는 것을 (e) 배제한다는(→ 요구한다는) 것을 안다. 그리고 상당한 정도의 요령을 가지고서도, 이것은 피투성이가 되는 작업일 수 있다.

P 17 정답 ②

윗글의 제목으로 가장 적절한 것은?

① Anatomical Distance Between Humans and Other Primates
인간과 다른 영장류 사이의 해부학적 거리 인간과 다른 영장류 사이의 해부학적 거리에 관한 글이 아님

② Human Hands: A Decisive Leap in the Evolutionary Path
인간의 손: 진화 경로의 결정적 도약 인간의 손이 인간 진화와 발전을 이끌었다는 내용임

③ Our Hands: An Unexpected Outcome of Evolution
우리의 손: 예상치 못한 진화의 결과 우리의 손이 예상치 못한 진화의 결과라는 내용이 아니라 손을 통해 진화를 이끌었다는 내용임

④ Human Grip: The Dilemma of Human Survival
인간의 쥐기: 인간 생존의 딜레마 인간의 쥐기가 인간 생존의 딜레마라는 언급은 없음

⑤ Hidden Power of the Daily Use of Tools
도구의 일상적 사용의 숨겨진 힘 도구의 일상적 사용의 숨겨진 힘을 다룬 글이 아님

요지	• 인간이 손가락 끝 살을 맞닿아 정밀한 방식으로 물건을 쥐는 것은 인류 진화의 획기적 발전이었음
부연 ①	• 다른 영장류도 손을 사용해 쥐기를 할 수 있음 • 인간 고유의 해부학적 특성으로 인해 다른 영장류는 할 수 없는 효율적인 손 동작이 가능함
부연 ②	• 인간의 손은 인류의 역사를 이룸 • 신경계와 더불어 손을 통해 석기가 인간 기술과 생계의 핵심이 됨

▶ 인간이 손가락 끝 살을 맞닿아 정밀한 방식으로 물건을 쥐는 것은 인류 진화의 획기적 발전이었다는 내용의 글이므로 ② '인간의 손: 진화 경로의 결정적 도약'이 제목으로 적절하다.

>왜 오답 ❓

① 인간과 다른 영장류 사이의 해부학적 거리에 관한 글이 아니다.
③ 우리의 손이 예상치 못한 진화의 결과라는 내용이 아니라 손을 통해 진화를 이끌었다는 내용이다. 함정
④ 인간의 쥐기가 인간 생존의 딜레마라는 언급은 없다.
⑤ 도구의 일상적 사용의 숨겨진 힘을 다룬 글이 아니다.

한규진 | 연세대 치의예과 2025년 입학 · 대구 계성고 졸

이 문제는 지문을 읽다 보면 대강 '인간의 손'과 '진화'와 관련된 이야기를 하고 있다는 것은 파악이 가능하나, 선택지를 보면 ②과 ③이 모두 손에 대한 이야기를 하고 있어서 다소 헷갈렸을 수 있어. 지문에서는 손을 예상치 못한 진화의 결과라고 보는 것이 아니라, 손을 통해서 인간이 다른 동물과는 다른 진화를 이루었다는 이야기를 하고 있으므로 정확한 이해가 필요해.

P 18 정답 ⑤

밑줄 친 (a)~(e) 중에서 문맥상 낱말의 쓰임이 적절하지 않은 것은? [3점]

① (a) 손의 해부학적 구조가 허용하는 '효율적인' 효율적인 쥐기는 아님 — 다른 영장류도 일종의 쥐기를 할 수 있지만 인간

② (b) 손가락 끝 살 부분을 '이동'시켜 그것의 방향을 바꿀 수 있음 — 인간은 해부학적 구조상 손가락을 조정하고

③ (c) 가능한

④ (d) 인간의 손이 '없었다면' 석기가 인간 기술의 없었더라면 생계와 핵심이 될 수 없었을 것임

⑤ (e) 돌로 창 촉이나 화살촉을 만들기 위해서는 손을 사용한 강한 쥐기, 지속적인 회전과 재배치, 배제하다 강하고 신중하게 두드리기가 배제되는 것이 아니라 '요구됨' — 우리의 엄지손가락과 해부학적 속성들이 손가락을 조정하고 손가락 끝을 이동시키는 것을 '가능하게' 함

>왜 정답 ❓ [정답률 70%]

⑤ (e) excludes 배제하다

돌로 창 촉이나 화살촉을 만들어 보려 한 사람이라면 누구라도 그것이 강하게 쥐는, 지속적인 회전과 재배치, 그리고 또 다른 단단한 물체로 강하고 주의 깊게 두드리는 것을 (e) 배제한다는 것을 안다.

➡ 인간의 손이 없었다면 석기는 인간 기술과 생계의 핵심이 될 수 없었을 것이라고 했다. 그러므로 돌로 창 촉이나 화살촉을 만들기 위해서는 손을 사용한 강한 쥐기, 지속적인 회전과 재배치, 그리고 또 다른 단단한 물체로 강하고 신중하게 두드리기가 배제되는 것이 아니라 '요구된다'는 맥락이 되어야 한다.

▶ excludes를 반의어인 requires(요구하다) 등의 단어로 바꿔야 함

>왜 오답 ❓

① (a) efficient 효율적인

다른 영장류도 물체를 다루고 사용할 때 일종의 정밀한 쥐기를 보이지만, 우리 손의 해부학적 구조가 허용하는 종류의 (a) 효율적인 (엄지와 다른 손가락의) 마주 닿음은 아니다.

➡ 다른 영장류도 일종의 쥐기를 할 수 있지만 인간 손의 해부학적 구조가 허용하는 '효율적인' 쥐기는 아니라고 하는 것은 적절하다.

▶ efficient는 문맥에 맞음

---

② (b) displacements 이동

한 손에서, 인간은 작고 깨지기 쉬운 물체조차도 쉽게 잡고 조작할 수 있으며, 한편 모양에 맞게 우리의 손가락을 조정하고 우리의 손가락 끝 살 부분을 (b) 이동시켜 그것의 방향을 바꿀 수 있다.

➡ 인간은 해부학적 구조의 특성상 손가락을 조정하고 손가락 끝 살 부분을 '이동'시켜 그것의 방향을 바꿀 수 있을 것이다.

▶ displacements는 문맥에 맞음

③ (c) possible 가능한

우리의 비교적 길고 강력한 엄지손가락과 (거의 모든 영장류가 소유한) 평평한 손톱을 포함하여 다른 해부학적 속성들이 이것을 (c) 가능하게 한다.

➡ 우리의 비교적 길고 강력한 엄지손가락과 평평한 손톱 등의 해부학적 속성들이, 이전 문장에서 언급한 손가락을 조정하고 손가락 끝 살 부분을 이동시켜 그것의 방향을 바꾸는 것을 '가능하게' 한다고 표현하는 것은 적절하다.

▶ possible은 문맥에 맞음

④ (d) without 없었다면

의심할 여지 없이, 필요한 신호를 조절하고 조정할 수 있는 신경계와 함께 그 일을 할 수 있는 손이 (d) 없었다면 석기는 인간 기술과 생계의 핵심이 될 수 없었을 것이다.

➡ 인간의 손이 인류 역사를 이루었으며 신경계와 함께 그 일을 할 수 있는 인간의 손이 '없었다면' 석기가 인간 기술의 생계와 핵심이 될 수 없었을 것이라고 표현한 것은 자연스럽다.

▶ without은 문맥에 맞음

배지오 | 연세대 약학과 2025년 입학 · 성남 낙생고 졸

42번 문제는 30번 문제와 마찬가지로, 밑줄 친 어휘의 반의어를 미리 생각해보면 수월하게 풀 수 있어. 이 문제로 예를 들면 (a)의 반의어는 inefficient, (c)의 반의어는 impossible 등을 생각할 수 있겠지. (e)를 잘 보면, 창의 끝이나 화살촉을 만드는 데 힘이 분명히 필요할 거란 말이지? 그런데 이를 '배제한다(excludes)'? 여기를 require나 include로 바꾸면 훨씬 글이 자연스러워진다는 것을 알 수 있어.

P 19~20 ✱ 일상 언어를 새롭게 만들어 주는 시

People are correct / when they feel / **that** the written poetry of
목적어절을 이끄는 접속사
literate societies / and the oral poetry of non-literate ones /
사람들은 옳다 / 그들이 느낄 때 / 문자 기반 사회에서 문자로 쓰인 시와 / 그리고 문자에 의존하지 않는 사회에서 말로 전달되는 시가 /

differ considerably from the everyday language / **spoken** in the
과거분사 (language 수식)
community. //
일상의 언어와 상당히 다르다고 / 공동체에서 사용되는 //

Listeners not only accept / the (a) strange use of words,
rearrangement of word order, assonance, alliteration, rhythm,
rhyme, compression of thought, and so on — /
감상자는 받아들일 뿐만 아니라 / 단어의 낯선 사용, 어순의 재배열, 유운, 두운, 운율, 운, 사고의 압축 등을 /

they actually expect / to find these things in poetry / and they
are disappointed / when poetry does not sound "poetic." //
그들은 실제로 기대한다 / 시에서 이러한 요소들을 발견하기를 / 그리고 실망한다 / 시가 '시적으로' 들리지 않을 때는 //

But those who regard poetry / as a (b) different category of
language altogether / are deaf / to the true achievements of the
poet. //
그러나 시를 간주하는 사람들은 / 완전히 다른 범주의 언어로 / 귀를 기울이지 않는다 / 시인의 진정한 업적에 //

Rather, / the poet artfully manipulates / the same raw materials of his language / as are used in everyday speech; / 오히려 / 시인은 교묘히 조작한다 / 동일한 언어의 원료를 / 일상의 언어에서 사용되는 것과 / 사이에 주격 관계대명사와 be동사 생략

his skill is / to find new possibilities / in the resources already in the language. // 19번 단서 1: 시인이 일상의 언어를 조작하여 새로운 가능성을 찾아낸다고 함
그의 솜씨는 ~이다 / 새로운 가능성을 찾아내는 것 / 이미 언어에 있는 자원에서 //

In much the same way / that people living at the seashore / become so accustomed to the sound of waves / that they no longer hear it, / 20번 단서: 바닷가 사람들이 파도 소리에 익숙해져 그것을 듣지 못하는 것과 마찬가지라고 함
아주 마찬가지로 / 바닷가에 사는 사람들이 / 파도 소리에 너무 익숙해져서 / 더 이상 그것을 듣지 못하는 것과 /

most of us have become (c) sensitive(→ insensitive) / to the flood tide of words, / millions of them every day, / that hit our eardrums. //
우리 대부분은 민감하게(→ 무감각하게) 된다 / 홍수처럼 쏟아지는 말에 / 매일 수백만 개의 / 우리의 고막을 때리는 //

One function of poetry is / to depict the world with a (d) fresh perception / — to make it strange / — so that we will listen to language once again. // 19번 단서 2: 시는 신선한 인식으로 세상을 묘사하는 기능이 있음
시의 한 가지 기능은 ~이다 / 신선한 인식으로 세상을 묘사하는 것 / 즉 그것을 낯설게 만드는 것 / 그래서 우리가 다시 한번 언어에 귀를 기울이게 하는 것이다 //

But the successful poet / never departs so far / into the strange world of language / that none of his listeners can (e) follow him. //
그러나 성공을 이룬 시인은 / 결코 멀리 떠나지는 않는다 / 낯선 언어의 세계로 / 결코 자신의 청취자 중 누구도 자신을 따라가지 못할 만큼 //

He still remains the communicator, / the man of speech. //
그는 여전히 전달자로 남아 있다 / 즉 언어의 능숙한 사용자로 //

- considerably (ad) 상당히
- rearrangement (n) 재배열
- rhyme (n) 운(음조가 비슷한 글자)
- poetic (a) 시적인
- compression (n) 압축
- category (n) 범주
- altogether (ad) 완전히
- deaf (a) 귀를 기울이지 않는
- achievement (n) 업적
- artfully (ad) 교묘하게
- manipulate (v) 능숙하게 조작하다
- seashore (n) 해안
- be accustomed to ~에 익숙해지다
- eardrum (n) 고막
- depart (v) 떠나다
- refresh (v) 새롭게 하다
- inspiration (n) 영감
- cite (v) 인용하다

사람들이 문자 기반 사회에서 문자로 쓰인 시와 문자에 의존하지 않는 사회에서 말로 전달되는 시가 공동체에서 사용되는 일상의 언어와 상당히 다르다고 느낄 때 그들은 옳은 것이다. 감상자는 단어의 (a) 낯선 사용, 어순의 재배열, 유운, 두운, 운율, 운, 사고의 압축 등을 받아들일 뿐만 아니라 실제로 시에서 이러한 요소들을 발견하기를 기대하며, 시가 '시적으로' 들리지 않을 때는 실망한다. 그러나 시를 완전히 (b) 다른 범주의 언어로 간주하는 사람들은 시인의 진정한 업적에 귀를 기울이지 않는다. 오히려 시인은 일상의 언어에서 사용되는 것과 동일한 언어의 원료를 교묘히 조작하는데, 그의 솜씨는 이미 언어에 있는 자원에서 새로운 가능성을 찾아내는 것이다. 바닷가에 사는 사람들이 파도 소리에 너무 익숙해져서 더 이상 그것을 듣지 못하는 것과 아주 마찬가지로, 우리 대부분은 고막을 때리는 매일 수백만 단어로 홍수처럼 쏟아지는 말에 (c) 민감하게(→ 무감각하게) 된다. 시의 한 가지 기능은 (d) 신선한 인식으로 세상을 묘사하여, 즉 그것을 낯설게 만들어서, 우리가 다시 한번 언어에 귀를 기울이게 하는 것이다. 그러나 성공을 이룬 시인은 낯선 언어의 세계로 결코 자신의 청취자 중 누구도 자신을 (e) 따라가지 못할 만큼 멀리 떠나지는 않는다. 그는 여전히 (효과적인) 전달자, 즉 언어의 능숙한 사용자로 남아 있다.

P 19 정답 ①

윗글의 제목으로 가장 적절한 것은?
시인이 일상 언어를 조작하여 익숙한 언어에 대해 새로운 인식을 제공한다고 함
① Make It New: How Poetry Refreshes Everyday Language
새롭게 만들기: 시가 일상의 언어를 새롭게 하는 방법
② Why Do Poets No Longer Seek Inspiration from Nature? 시인이
시인은 왜 더 이상 자연에서 영감을 구하지 않는가? 자연에서 영감을 구하지 않는다는 내용이 아님
③ The Influence of Natural Sounds on Poetic Expression 자연에서의
자연에서의 소리가 시적 표현에 끼치는 영향 소리가 시적 표현에 끼치는 영향에 대한 글이 아님
④ Ways to Cite Poetic Expressions in Everyday Speech 일상적인
일상적인 연설에서 시적 표현을 인용하는 방법 연설이 아니라 일상의 언어와 시의 언어에 대해 말했음
⑤ Beauty Rediscovered: The Return of Oral Poetry
재발견된 아름다움: 구전 시의 귀환 단순히 시와 관련된 것으로 만든 오답

왜 정답? [정답률 65%]

도입	• 시가 공동체에서 사용되는 일상의 언어와 상당히 다르다고 느낌 • 단어의 낯선 사용, 어순의 재배열, 유운, 두운, 운율, 운, 사고의 압축 등을 기대하고, 시가 '시적으로' 들리지 않을 때는 실망함
요지	• 시인은 일상의 언어에서 사용되는 것과 동일한 언어를 조작해 이미 언어에 있는 자원에서 새로운 가능성을 찾음 단서1
부연	• 우리는 너무 일상적인 것에 무감각해짐 • 그러나 시가 신선한 인식으로 세상을 묘사하여 우리가 다시 한번 언어에 귀를 기울이게 함 단서2

▶ 시인이 일상의 언어를 조작하여 그에 대한 새로운 인식을 불러일으킨다는 내용의 글이므로 ① '새롭게 만들기: 시가 일상의 언어를 새롭게 하는 방법'이 제목으로 적절하다.

왜 오답?

② 시인이 자연에서 영감을 구하지 않는다는 내용의 글이 아니다.
③ 자연에서의 소리가 시적 표현에 끼치는 영향에 대한 글이 아니다.
④ 일상적인 연설이 아니라 일상의 언어에 대해 언급했다.
⑤ 단순히 시와 관련된 오답일 뿐, 구전 시의 귀환이나 재발견에 대해 다루지 않았다.

P 20 정답 ③

밑줄 친 (a)~(e) 중에서 문맥상 낱말의 쓰임이 적절하지 않은 것은? [3점]
① (a) 시에서 쓰이는 언어가 단어의 '낯선' 사용을 포함할 것이라고 사람들이 기대함 낯선
② (b) 시를 완전히 '다른' 범주의 언어로 간주하는 사람들에 대해 앞에서 언급함 다른
③ (c) 매일 듣는 수백만 개의 단어는 사람들의 귀에 익숙해져 민감한 것이 아니고 '무감각해짐' 민감한
④ (d) 시인이 일상 언어를 조작하여 새로운 인식을 불러일으킨다고 했으므로 '신선한' 인식으로 묘사하는 것임 신선한
⑤ (e) 청취자가 '따라가지' 못할 만큼 먼 낯선 언어의 세계로 떠나지는 않음 따라가다

왜 정답? [정답률 56%]

③ (c) sensitive 민감한

바닷가에 사는 사람들이 파도 소리에 너무 익숙해져서 더 이상 그것을 듣지 못하는 것과 아주 마찬가지로(In much the same way), 우리 대부분은 고막을 때리는 매일 수백만 단어로 홍수처럼 쏟아지는 말에 (c) 민감하게(→ 무감각하게) 된다.

➡ 바닷가에 사는 사람들이 파도 소리에 너무 익숙해져 그것을 듣지 못하는 것과 마찬가지라고 했으므로 우리는 매일 수백만 개의 단어를 듣기 때문에 말에 '민감하게' 되는 것이 아니라 '무감각해지게' 된다고 해야 함

▶ sensitive(민감한)의 반대 의미를 갖는 insensitive(무감각한)로 바꿔야 함

왜 오답?

① (a) strange 낯선

감상자는 단어의 (a) 낯선 사용, 어순의 재배열, 유운, 두운, 운율, 운, 사고의 압축 등을 받아들일 뿐만 아니라 실제로 시에서 이러한 요소들을 발견하기를 기대하며, 시가 '시적으로' 들리지 않을 때는 실망한다.

➡ 시에서 발견되는 일상적이지 않은 언어의 요소들을 나열하고 있으므로 단어의 '낯선' 사용이라고 하는 것은 적절하다.

▶ strange는 문맥에 맞음

② (b) different 다른

┌ 그러나 시를 완전히 (b) 다른 범주의 언어로 간주하는 사람들은 시인의
└ 진정한 업적에 귀를 기울이지 않는다.

➡ 앞에서 계속 시적 언어가 일상 언어와 다른 것을 기대하는 사람들에 대해
　서술했으므로 시를 완전히 '다른' 범주의 언어로 간주하는 사람들이라고 표현하는
　것은 자연스럽다.

▶ different는 문맥에 맞음

④ (d) fresh 신선한

┌ 시의 한 가지 기능은 (d) 신선한 인식으로 세상을 묘사하여, 즉 그것을
└ 낯설게 만들어서, 우리가 다시 한번 언어에 귀를 기울이게 하는 것이다.

➡ 이전 문장에서 시인이 일상의 언어를 교묘히 조작하고 이미 언어에 있는 자원에서
　새로운 가능성을 찾아낸다고 했으므로 시가 '신선한' 인식으로 세상을 묘사, 즉
　그것을 낯설게 만들어서, 언어에 귀를 기울이게 한다고 표현하는 것은 적절하다.

▶ fresh는 문맥에 맞음

⑤ (e) follow 따라가다

┌ 그러나 성공을 이룬 시인은 낯선 언어의 세계로 결코 자신의 청취자 중
└ 누구도 자신을 (e) 따라가지 못할 만큼 멀리 떠나지는 않는다.

➡ 시인은 일상적 언어를 사용해 그에 대한 새로운 인식을 불러일으키는 것이지 낯선
　언어를 사용하는 것이 아니므로 청취자가 '따라가지' 못할 만큼 먼 낯선 언어의
　세계로 떠나지 않는다고 표현한 것은 자연스럽다.

▶ follow는 문맥에 맞음

🅟 21~22 ＊의사결정에서 윤리적 사고의 중요성

조건절을 이끄는 접속사
If we understand critical thinking / as: 'the identification and
evaluation of evidence to guide decision-making', /

우리가 비판적 사고를 이해한다면 / '의사결정을 안내하기 위한 증거의 검증 및 평가'로서 /

then **ethical thinking is** / about **identifying** ethical issues and
evaluating these issues from different perspectives / to guide
how to respond. // 단서 1: 윤리적 사고는, 윤리적 사안을 식별하고 다양한 관점에서 평가해
어떻게 대응할지 안내하는 것

윤리적 사고는 ~이다 / 윤리적 사안을 식별하고 이러한 사안을 다양한 관점에서 평가하여 /
어떻게 대응할지를 안내하는 것 //

This form of ethics / is distinct from / higher levels of conceptual
ethics or theory. //

이러한 형태의 윤리는 / ~과는 구별된다 / 더 높은 수준의 개념적 윤리나 이론 //

21번 단서 2: 윤리적 문제에는 명백하게 옳고 그른 대응이 없음
The nature of an ethical issue or problem from this perspective /
is **that** there is no clear right or wrong response. //

이러한 관점에서 윤리적 사안이나 문제의 본질은 / 명백하게 옳거나 그른 대응이 없다는
것이다 //

It is therefore (a) essential / **that** students learn to think through
ethical issues / rather than follow a prescribed set of ethical
codes or rules. //

따라서 필수적이다 / 학생들은 윤리적 문제를 충분히 생각하는 법을 배우는 것이 / 규정된
일련의 윤리 규범이나 규칙을 따르는 것보다는 //

21번 단서 3: 윤리적인 행동은 '각기 다른 개인들이 각자 옳다고 생각하는 원칙에 따라 행동하는 것'임
There is a need to (b) encourage **recognition** / **that**, although
being ethical is defined / as acting 'in accordance with the
principles of conduct **that** are considered correct', /

인식을 장려할 필요가 있다 / 비록 윤리적인 행동이 정의된다고 하더라도 / '옳다고 생각되는
행동 원칙에 따라' 행동하는 것으로 //

these principles vary both between and within individuals. //

이러한 원칙은 개인 간 그리고 개인 내에서도 다를 수 있다(는 인식을) //

What a person (c) **values** / **relates** to their social, religious, or
civic beliefs / **influenced** by their formal and informal learning
experiences. //

개인이 가치 있게 여기는 것은 / 사회적, 종교적, 혹은 시민으로서의 신념과 관련이 있다 /
그들의 공식적이고 또 비공식적인 학습 경험에 의해 영향받은 //

Individual perspectives may also be context (d) dependent, /
분사구문(= and it means)
meaning that / under different circumstances, / at a different
목적어절 접속사
time, /

개인의 관점은 또한 상황에 따라 달라질 수도 있는데 / 이는 의미한다 / 다른 환경에서 / 다른
시간에 /

when they are feeling a different way, / the same individual
may make different choices. //

그들이 다른 감정을 느끼고 있을 때 / 동일한 개인이 다른 선택을 할 수도 있음 //

Therefore, in order to analyse ethical issues and think ethically /
it is necessary **to understand** the personal factors / **that** influence
your own 'code of behaviour' /

따라서 윤리적 사안을 분석하고 윤리적으로 사고하기 위해서는 / 개인적 요인들을 이해하는
것이 필요하다 / 자신의 '행동 규범'에 영향을 미치는 /

and how **these** may (e) coincide(→ vary), / alongside recognizing
and accepting / **that** the factors **that** drive other people's codes
and decision making / may be different. //

그리고 이것들이 이렇게 일치할(→ 달라질) 수 있는지 / 그와 동시에 인식하고 받아들이는 것 /
다른 사람들의 행동 규범과 의사결정에 영향을 미치는 요소들이 / 다를 수 있다는 점을 //

22번 단서: 윤리적 사고에는 행동 규범에 영향을 주는 개인적
요인이 각자 다르다는 것을 인식하는 것이 필요함

- identification ⓝ 검증, 식별　· evaluation ⓝ 평가
- ethical ⓐ 윤리적인　· perspective ⓝ 관점
- distinct ⓐ 구별되는[뚜렷이 다른]　· think through 충분히 생각하다
- prescribe ⓥ 규정[지시]하다, 처방하다　· recognition ⓝ 인식, 인정
- in accordance with ~에 따라, ~에 부합되게　· civic ⓐ (도)시의, 시민의
- coincide ⓥ 일치하다, 동시에 일어나다　· alongside ⓟⓡⓔⓟ ~옆에, 나란히
- priority ⓝ 우선(권)

우리가 비판적 사고를 '의사결정을 안내하기 위한 증거의 검증 및 평가'로
이해한다면, 윤리적 사고는 윤리적 사안을 식별하고 이러한 사안을 다양한
관점에서 평가하여 어떻게 대응할지를 안내하는 것이다. 이러한 형태의
윤리는 더 높은 수준의 개념적 윤리나 이론과는 구별된다. 이러한 관점에서
윤리적 사안이나 문제의 본질은 명백하게 옳거나 그른 대응이 없다는 것이다.
따라서 학생들은 규정된 일련의 윤리 규범이나 규칙을 따르는 것보다는 윤리적
문제를 충분히 생각하는 법을 배우는 것이 (a) 필수적이다. 비록 윤리적인
행동이 '옳다고 여겨지는 행동 원칙에 따라' 행동하는 것으로 정의된다고
하더라도, 이러한 원칙은 개인 간 그리고 개인 내에서도 다를 수 있다는 인식을
(b) 장려할 필요가 있다. 개인이 (c) 가치 있게 여기는 것은 그들의 공식적이고
또 비공식적인 학습 경험에 의해 영향받은 사회적, 종교적, 혹은 시민으로서의
신념과 관련이 있다. 개인의 관점은 또한 상황에 따라 (d) 달라질 수도 있는데,
이는 다른 환경에서, 다른 시간에, 그들이 다른 감정을 느끼고 있을 때, 동일한
개인이 다른 선택을 할 수도 있음을 의미한다. 따라서 윤리적 사안을 분석하고
윤리적으로 사고하기 위해서는 자신의 '행동 규범'에 영향을 미치는 개인적
요인들과, 이것들이 어떻게 (e) 일치할(→ 달라질) 수 있는지 이해하며, 그와
동시에 다른 사람들의 행동 규범과 의사결정에 영향을 미치는 요소들이 다를 수
있다는 점을 인식하고 받아들이는 것이 필요하다.

🅟 21 정답 ③

윗글의 제목으로 가장 적절한 것은?
비판적 추론은 윤리적 사고가 아니라 비판적 사고의 과정으로 서두에 제시되어 있음
① Critical Reasoning: A Road to Ethical Decision-making
비판적 추론: 윤리적 의사결정으로 가는 길
② Far-reaching Impacts of Ethics on Behavioural Codes 개인마다 각기
윤리가 행동 규범에 미치는 광범위한 영향　다른 요인들이 개인의 행동 규범에 미치는 영향에 대한 글임
③ Ethical Thinking: A Walk Through Individual Minds 윤리적 사고의
윤리적 사고: 개인의 마음을 거니는 여정　행동 규범과 의사결정은 개인마다 다를 수 있다는 글임
④ Exploring Ethical Theory in the Eyes of the Others
타인의 눈에 비친 윤리 이론 탐구　타인과 윤리 이론 탐구는 이 글의 중심 내용이 아님
⑤ Do Ethical Choices Always Take Priority?
윤리적 선택이 항상 우선인가?　윤리적 선택은 사람마다 다를 수 있다고 했음

도입	• 윤리적 사고는, 윤리적 사안을 식별하고 다양한 관점에서 평가해 어떻게 대응할지 안내하는 것임 • 명백하게 옳고 그른 대응이 없음
부연	• 윤리적인 행동은 '각기 다른 개인들이 각자 옳다고 생각하는 원칙에 따라 행동하는 것'임
결론	• 개인적 행동 규범에 영향을 주는 개인 요인이 달라질 수 있음

▶ 따라서 ③ '윤리적 사고: 개인의 마음을 거니는 여정'이 제목으로 적절하다.

왜 오답 ?

① 비판적 추론은 윤리적 사고가 아니라 비판적 사고의 과정으로 서두에 제시되어 있다.

② 윤리가 행동 규범에 미치는 영향이 아니라, 개인마다 각기 다른 요인들이 개인의 행동 규범에 미치는 영향에 대한 글이다.

④ 타인과 윤리 이론 탐구는 이 글의 중심 내용이 아니다.

⑤ 윤리적 선택은 사람마다 다를 수 있다고 하였으며, 우선순위에 대한 글이 아니다.

P 22 정답 ⑤

밑줄 친 (a)~(e) 중에서 문맥상 낱말의 쓰임이 적절하지 않은 것은? [3점]

① (a) 옳고 그름을 나눌 수 없으므로 윤리적 문제에 대해 충분히 생각하는 것은 '필수적'임 / 필수적인
② (b) 개인 간의 인식이 다를 수 있다는 인식을 장려하다 / 장려해야 할 것임
③ (c) 가치 있게 여기다
④ (d) 개인의 관점은 상황에 따라서도 '달라질 수 있다'는 말은 적절함 / (상황에 따라) 다른
⑤ (e) 행동 규범에 영향을 미치는 요인들이 다를 수 있으므로 어떻게 일치하다 / '일치하는지'가 아니라 달라질 수 있는지를 이해해야 함

— 개인이 윤리적이라고 생각하는 것들, 즉 '가치 있게 여기는' 것들은 경험에 따라 다를 수 있음

왜 정답 ? [정답률 47%]

⑤ (e) coincide 일치하다

따라서 윤리적 사안을 분석하고 윤리적으로 사고하기 위해서는 자신의 '행동 규범'에 영향을 미치는 개인적 요인들과, 이것들이 어떻게 (e) 일치할 (달라질) 수 있는지 이해하며, 그와 동시에 다른 사람들의 행동 규범과 의사결정에 영향을 미치는 요소들이 다를 수 있다는 점을 인식하고 받아들이는 것이 필요하다.

➡ 윤리적 사고와 행동이 개인마다 다르며, 상황에 따라 달라질 수 있다는 점을 설명하고 있고, 이는 윤리적 사안에 대한 개인의 대응이 상황에 따라 변할 수 있다는 것을 의미한다.

　▶ coincide(일치하다)를 반의어인 vary(달라지다)로 바꿔야 함

왜 오답 ?

① (a) essential 필수적인

따라서 학생들은 규정된 일련의 윤리 규범이나 규칙을 따르는 것보다는 윤리적 문제를 충분히 생각하는 법을 배우는 것이 (a) 필수적이다.

➡ 앞에 나온 문장에서 '윤리적 사안이나 문제의 본질은 명백하게 옳거나 그른 대응이 없다는 것'이라고 하였으므로, 정해진 규칙을 따르는 것보다 윤리적 사고를 배우는 것이 '필수적'이다. ▶ essential은 문맥에 맞음

② (b) encourage 장려하다

비록 윤리적인 행동이 '옳다고 여겨지는 행동 원칙에 따라' 행동하는 것으로 정의된다고 하더라도, 이러한 원칙은 개인 간 그리고 개인 내에서도 다를 수 있다는 인식을 (b) 장려할 필요가 있다.

➡ 원칙이 있더라도, 개인마다 다를 수 있다는 내용이 이어지고, 이러한 인식을 윤리적 사고를 통해 '장려한다'는 내용이다. ▶ encourage는 문맥에 맞음

③ (c) values 가치 있게 여기다

개인이 (c) 가치 있게 여기는 것은 그들의 공식적이고 또 비공식적인 학습 경험에 의해 영향받은 사회적, 종교적, 혹은 시민으로서의 신념과 관련이 있다.

➡ 개인이 윤리적이라고 생각하는 것들, 즉 '가치 있게 여기는' 것들은 경험에 따라 다를 수 있다. ▶ values는 문맥에 맞음

④ (d) dependent (상황에 따라) 다른

개인의 관점은 또한 상황에 따라 (d) 달라질 수도 있는데, 이는 다른 환경에서, 다른 시간에, 그들이 다른 감정을 느끼고 있을 때, 동일한 개인이 다른 선택을 할 수도 있음을 의미한다.

➡ 개인의 가치가 경험에 따라 다르다는 내용이 앞 문장에 제시되었으며, 따라서 개인의 관점은 상황에 따라서도 '달라질' 수 있다는 말은 적절하다.

　▶ dependent는 문맥에 맞음

P 23~24 ＊말, 사진, 그림이 되는 것의 조건

핵심 주어(복수) / 동격의 that
Vocal sounds produced by parrots, / regardless of the fact that they may be audibly indistinguishable from spoken words /
앵무새가 내는 목소리는 / 그것이 들리기에는 소리내어진 말과 구별되지 않을 수도 있다는 사실에도 불구하고 /

병렬 구조 / 동격의 that
and regardless of the fact that someone or some group of people may take them to be words, / 복수 동사 are not words. //
그리고 누군가 또는 어떤 사람들의 집단이 그것들을 말이라고 여길 수도 있다는 사실에도 불구하고 / 말이 아니다 //

They are not given a semantic dimension / by physical (a) similitude to spoken words. //
그것들은 의미론적 차원이 주어지지 않는다 / 소리내어진 말과의 물리적 유사성으로 //

부정어(구)(not, never, hardly, scarcely 등)로 인한 도치
Nor can the "talk" of a parrot be given a semantic dimension / by being taken to be a set of (b) linguistic acts. //
앵무새의 '말'도 의미론적 차원이 주어질 수 없다 / 일련의 언어적 행위로 여겨지는 것으로도 //

In like manner, / weather etchings on a stone or shapes in the clouds, / regardless of how physically similar they may be / to written words or drawings of objects /
마찬가지로 / 돌에 있는 날씨 식각(날씨로 인해 새겨진 형상) 혹은 구름의 모양들은 / 그들이 물리적으로 얼마나 비슷한지와 관계없이 / 쓰여진 말이나 사물의 그림들과 /

and regardless of what they are taken to be by observers, / are not words or pictures. //
수동태
그리고 그들이 관찰자들에 의해 무엇으로 여겨질지와 관계없이 / 말이나 그림이 아니다 //

23번 단서 1: 돌의 식각이나 구름 모양은 의미론적 내용이 없으므로 말이나 그림이 아님
They do not have the appropriate etiology / and they have no inherent semantic content or object. //
그것들에는 적절한 원인의 추구가 없고 / 그것들은 내재된 의미론적 내용이나 대상도 없다 //

They are simply (c) physical objects / that resemble certain other things. //
주격 관계대명사
그것들은 단순히 물리적 사물일 뿐이다 / 특정한 다른 것들을 닮은 //

For observers, / they may call to mind the things they (d) resemble. //
관찰자들에게 / 그것들은 그들이 닮은 사물들을 상기시킬 수도 있다 //

23번 단서 2: 물리적 유사성으로 인해 자연적 기호로 기능할 수는 있지만 (글, 사진, 그림 등이 되기 위해서 필요한) 의미론적 내용은 없음
In this regard, they may function / as natural signs by virtue of the physical resemblance, / but they have no semantic content / ~의 힘으로 about which one could be right or wrong. //
이런 점에서, 그것들은 기능할 수도 있지만 / 물리적 유사성 덕분에 자연적 기호로 / 그것들은 의미론적 내용을 가지지 않는다 / 어떤 것이 옳거나 그를 수 있다는 것에 대한 //

If people take A to be a sign of B / by virtue of some nonsemantic relation that holds, or is believed to hold, between A and B, / A is a sign of B. //
주격 관계대명사
만약 사람들이 'A'를 'B'의 기호로 받아들인다면 / 'A'와 'B' 사이에 있는, 혹은 있다고 여겨지는, 어떤 비의미론적 연관성 덕분에 / 'A'는 'B'의 기호이다 //

24번 단서: 말, 사진, 그림은 비의미론적 연관성만으로 정의되지 않음
But words, pictures, and images are not that way. //
하지만, 말, 사진, 그림은 그런 식이 아니다 //

They (e) exclude(→ have) a semantic content / to be understood. //
그것들은 의미론적 내용을 배제한다(→ 가진다) / 이해되어야 할 //

- vocal ⓐ 목소리의, 발성의   · audibly [ad] 들리도록
- indistinguishable ⓐ 구분이 안 되는   · dimension ⓝ 차원
- similitude ⓝ 유사함   · linguistic ⓐ 언어의
- appropriate ⓐ 적절한   · inherent ⓐ 내재하는
- resemble ⓥ 닮다   · exclude ⓥ 제외하다, 배제하다
- subtext ⓝ 언외의 의미, 숨은 의미

앵무새가 내는 목소리는, 그것이 들리기에는 소리내어진 말과 구별되지 않을 수도 있다는, 그리고 누군가 또는 어떤 사람들의 집단이 그것들을 말이라고 여길 수도 있다는 사실에도 불구하고, 말이 아니다. 그것들은 소리내어진 말과의 물리적 (a) 유사성으로 의미론적 차원이 주어지지 않는다. 앵무새의 '말'도 일련의 (b) 언어적 행위로 여겨지는 것으로도 의미론적 차원이 주어질 수 없다. 마찬가지로, 돌에 있는 날씨 식각(날씨로 인해 새겨진 형상) 혹은 구름의 모양들은, 그들이 쓰여진 말이나 사물의 그림들과 물리적으로 얼마나 비슷한지와 관계없이 그리고 그들이 관찰자들에 의해 무엇으로 여겨질지와 관계없이, 말이나 그림이 아니다. 그것들에는 적절한 원인의 추구가 없고, 그것들은 내재된 의미론적 내용이나 대상도 없다. 그것들은 단순히 특정한 다른 것들을 닮은 (c) 물리적 사물일 뿐이다. 관찰자들에게, 그것들은 그들이 (d) 닮은 사물들을 상기시킬 수도 있다. 이런 점에서, 그것들은 물리적 유사성 덕분에 자연적 기호로 기능할 수도 있지만, 그것들은 어떤 것이 옳거나 그를 수 있다는 것에 대한 의미론적 내용을 가지지 않는다. 만약 사람들이 'A'와 'B' 사이에 있는, 혹은 있다고 여겨지는, 어떤 비의미론적 연관성 덕분에 'A'를 'B'의 기호로 받아들인다면, 'A'는 'B'의 기호이다. 하지만, 말, 사진, 그림은 그런 식이 아니다. 그것들은 이해되어야 할 의미론적 내용을 (e) 배제한다(→ 가진다).

P 23 정답 ①

윗글의 제목으로 가장 적절한 것은? 인간의 말, 글, 그림 등과 유사한 동물의 소리나 자연물이 있을 수 있지만 의미론적으로 의미가 없다는 내용의 글임

① Why Not All Physical Resemblances Are Semantically Meaningful
모든 물리적 유사성이 의미론적으로 유의미하지 않은 이유
② Uncovering Similarities in Human and Animal Vocal Sounds 인간과 동물 발성
인간과 동물의 발성 소리에서의 유사성 발견   소리에서 비슷한 점을 찾는 것이 이 글의 핵심은 아님
③ Physical Objects: An Effective Medium to Deliver Subtext
물리적 객체: 숨은 의미를 전달하는 효과적인 매체   숨은 의미를 전달하는 것에 대한 내용은 없음
④ Using Semantic Relation Makes Language Learning Easy
의미적 관계를 이용하는 것은 언어 학습을 용이하게 한다   언어 학습에 대한 글이 아님
⑤ How Vocally Produced Words Shape Our Perception
발음된 단어가 우리의 인식을 형성하는 방법   단어가 우리의 인식을 만든다는 내용의 글이 아님

> **왜 정답?** [정답률 71%]

- 앵무새가 내는 목소리, 돌에 있는 날씨 식각과 구름의 모양은 말, 글, 그림과 비슷하더라도 내재된 의미론적 내용이 없기 때문에 말, 글, 그림은 아니다. **단서 1**
- 물리적 유사성 때문에 자연적 기호로 기능할 수는 있지만, 말, 사진, 그림이 되기 위해서는 의미론적 내용이 있어야 한다. **단서 2**

▶ 인간의 말, 글, 그림 등과 유사한 동물의 소리와 자연물이 있을 수 있지만 의미론적으로 의미가 없다는 내용의 글이므로 ① '모든 물리적 유사성이 의미론적으로 유의미하지 않은 이유'가 제목으로 적절하다.

> **왜 오답?**

② 앵무새가 내는 소리가 인간의 말소리와 비슷하다는 예시가 초반에 나오긴 하지만, 유사성 발견이 이 글의 핵심은 아니다.
③ 물리적 객체가 숨은 의미를 전달한다는 언급은 없다.
④ 의미적 관계와 언어 학습에 대한 글이 아니다.
⑤ 단어가 우리의 인식을 형성한다는 내용은 아니다.

P 24 정답 ⑤

밑줄 친 (a)~(e) 중에서 문맥상 낱말의 쓰임이 적절하지 않은 것은? [3점]
그것들(앵무새가 내는 목소리)는 사람의 말과   앵무새가 내는 목소리가 '언어적' 행위로 유사하게
① (a) '유사성'이 있어서 구별되지 않을 수도 있음 ② (b) 들려도 의미론적 차원이 주어지지 않을 수 없음
유사성 그것들(돌에 있는 날씨 식각이나 구름의   언어적 그것들(돌에 있는 날씨 식각이나 구름의
③ (c) 모양)은 글이나 그림과 비슷하지만, 단순히 ④ (d) 모양)은 그들과 '닮은' 사물을 떠올리게 할
물리적 닮은 '물리적' 사물일 뿐임   닮다 수 있음
⑤ (e) 그것들(특정 다른 것들(말, 사진, 그림)을 닮은 사물)은
배제하다 의미론적 내용을 배제하는 것이 아니라 '가짐'

> **왜 정답?** [정답률 58%]

⑤ (e) exclude 배제하다

하지만, 말, 사진, 그림은 그런 식이 아니다. 그것들은 이해되어야 할 의미론적 내용을 (e) 배제한다(→ 가진다).

➡ 인간의 말, 사진이나 그림과 유사한 모습을 띄는 동물의 소리나 자연물이 있고, 이런 것들은 비의미론적 연관성으로 기호가 될 수는 있지만, 말, 사진, 그림은 그렇지 않다고 했다.
위에서도 의미적 내용이 없기에 말이나 글이 될 수 없다는 내용이 반복해서 나오고 있으므로 말, 사진, 그림은 이해되어야 할 의미론적 내용을 '배제한다'고 하는 것이 아니라 '가진다'고 해야 함

▶ exclude(배제하다)의 반대 의미를 갖는 have(가진다)로 바꿔야 함

> **왜 오답?**

① (a) similitude 유사성

그것들(They)은 소리내어진 말과의 물리적 (a) 유사성으로 의미론적 차원이 주어지지 않는다.

➡ '그것들(They)'은 앵무새가 내는 목소리이며, 사람이 소리내서 하는 말과 구별되지 못한다고 앞 문장에서 말했으므로, 소리내어진 말과의 물리적 '유사성'은 문맥상 적절하다. ▶ similitude는 문맥에 맞음

② (b) linguistic 언어적

앵무새의 '말'도 일련의 (b) 언어적 행위로 여겨지는 것으로도 의미론적 차원이 주어질 수 없다.

➡ 앞 문장에서 인간의 말과 물리적으로 유사하다고 의미론적 차원이 주어지지는 않는다는 내용이 나왔기에 앵무새의 '말'을 일련의 '언어적' 행위로 여겨도 의미론적 차원이 주어질 수 없다는 것은 문맥상 적절하다. ▶ linguistic은 문맥에 맞음

③ (c) physical 물리적

그것들(They)은 단순히 특정한 다른 것들을 닮은 (c) 물리적 사물일 뿐이다.

➡ 이 문장에서 '그것들(They)'은 돌에 있는 날씨 식각 혹은 구름 모양이고, (앞의 앵무새 목소리와 비슷하게) 말이나 그림과 물리적으로 유사할 수 있다는 특징을 갖고 있기에 이것들이 닮은 '물리적' 사물일 뿐이라고 하는 것은 적절하다.
▶ physical은 문맥에 맞음

④ (d) resemble 닮다

관찰자들에게, 그것들(they)은 그들이 (d) 닮은 사물들을 상기시킬 수도 있다.

➡ 문장에서 '그것들(they)'은 돌에 있는 날씨 식각 또는 구름 모양이고, 관찰자는 이를 보고 쓰여진 말이나 그림으로 여길 수 있다는 내용이므로 '닮은' 것은 적절하다.
▶ resemble은 문맥에 맞음

P 25~26 *shrinkflation의 정의와 예시 ──────

We have seen a clear rise / in something called 'shrinkflation'. //
우리는 뚜렷한 증가를 보아왔다 / 'shrinkflation'이라고 불리는 것의 //

A basket of products is measured / for inflation by price, / not by volume or weight. //
한 바구니의 제품은 측정된다 / 가격에 의해 인플레이션이 / 부피나 무게가 아니라 //
25번 단서 1: 크기가 줄었어도 가격이 같으면 기술적으로 가격 상승은 일어나지 않은 것임

If the products shrink in size but the price stays the same, / technically no price (a) increase has occurred. //
만일 제품의 크기가 줄어들지만 가격은 그대로 유지된다면 / 기술적으로 어떤 가격 상승도 일어나지 않는다 //

But people aren't stupid, / they know what that means. //
그러나 사람들은 바보가 아니고 / 그들은 그것이 무엇을 의미하는지 알고 있다 //
25번 단서 2: 이런 현상은 시리얼이나 초콜릿 바까지 모든 것에서 볼 수 있음

You can see this in everything / from the reduced amount of
(= products shrink in size but the price stays the same)
cereal in a box to smaller-sized chocolate bars. //
여러분은 이것을 모든 것에서 볼 수 있다 / 상자에 든 시리얼의 감소된 양부터 더 작은 크기의 초콜릿 바에 이르기까지 //

You can see it / in the form of ever-larger apertures / in toothpaste tubes and powders of various sorts. //
여러분은 이것을 볼 수 있다 / 그 어느 때보다 더 큰 입구의 형태에서 / 치약 튜브와 다양한 종류의 가루 제품의 //

명사적 용법(보어)
The purpose of these changes / is **to make** the consumer use up the product (b) <u>faster</u> / and to pay more per weight. //
이러한 변화의 목적은 / 소비자가 제품을 더 빨리 다 써버리고 / 무게 당 더 많은 돈을 지불하도록 만드는 것이다 //

Toilet paper and paper towel rolls / have ever-larger tube centres and ever-fewer sheets, / while the price remains the same. //
화장지와 종이 타월 롤은 / 그 어느 때보다 더 큰 튜브 중심과 그 어느 때보다 더 적은 면수를 가지고 있다 / 가격은 그대로인 반면에 //

There are (c) <u>fewer</u> potato crisps in the bag / and cookies in the box. //
봉지에는 더 적은 수의 감자칩이 있고 / 상자에는 더 적은 수의 쿠키가 있다 //

26번 단서: 액체 통 아래의 움푹 들어간 곳이 더 크면 실제보다 안의 내용물이 더 많다는 착시를 불러일으킬 것임
Bottles of liquids such as perfumes have ever-larger dimples on
주격 관계대명사(dimples 수식)
the bottom / **that** displace the product and (d) <u>prevent(→ make)</u> the illusion / of more inside than there is. //
향수와 같은 액체 병의 바닥에는 그 어느 때보다 더 큰 움푹 들어간 곳이 있다 / 제품을 대체하고 착각을 방지하는(→ 만드는) / 내부에 있는 것보다 더 많이 있다는 //

Shrinkflation is not restricted to retail products. //
shrinkflation은 소매 제품에만 국한되지 않는다 //

Apartments are shrinking, too. // 아파트도 줄어들고 있다 //

25번 단서 3: 아파트는 더 작아졌지만 평방 피트당 비용이 더 들게 됨
Micro apartments are smaller / than anything we lived in before / but cost more per square foot. //
초소형 아파트는 더 작지만 / 우리가 전에 살았던 그 어떤 것보다 / 평방 피트당 비용이 더 든다 //

주격 관계대명사   수여동사+간접목적어+직접목적어(that절)
Shrinkflation is a signal **that tells us / that companies are facing higher costs.** //
shrinkflation은 알려주는 신호이다 / 회사들이 더 높은 비용에 직면하고 있다는 것을 //

동격의 that
It is a signal / **that** price pressures are starting to (e) <u>build</u>. //
그것은 신호이다 / 가격 압박이 심해지기 시작했다는 //

- **measure** ⓥ (치수·양 등을 표준 단위로) 측정하다
- **inflation** ⓝ 인플레이션 (물가 상승률) • **shrink** ⓥ 줄어들다
- **amount** ⓝ 양 • **various** ⓐ 다양한 • **sort** ⓝ 종류
- **liquid** ⓐ 액체의 • **prevent** ⓥ 방지하다 • **pressure** ⓝ 압박
- **era** ⓝ 시대 • **strategy** ⓝ 전략 • **innovative** ⓐ 획기적인
- **attract** ⓥ 마음을 끌다

우리는 'shrinkflation'이라고 불리는 것의 뚜렷한 증가를 보아왔다. 한 바구니의 제품은 부피나 무게가 아니라 가격에 의해 인플레이션이 측정된다. 만일 제품의 크기가 줄어들지만 가격은 그대로 유지된다면, 기술적으로 어떤 가격 (a) 상승도 일어나지 않는다. 그러나 사람들은 바보가 아니고, 그들은 그것이 무엇을 의미하는지 알고 있다. 여러분은 이것을 상자에 든 시리얼의 감소된 양부터 더 작은 크기의 초콜릿 바에 이르기까지 모든 것에서 볼 수 있다. 여러분은 이것을 치약 튜브와 다양한 종류의 가루 제품의 그 어느때보다 더 큰 입구의 형태에서 볼 수 있다. 이러한 변화의 목적은 소비자가 제품을 (b) 더 빨리 다 써버리고 무게 당 더 많은 돈을 지불하도록 만드는 것이다. 가격은 그대로인 반면에, 화장지와 종이 타월 롤은 그 어느 때보다 더 큰 튜브 중심과 그 어느 때보다 더 적은 면수를 가지고 있다. 봉지에는 (c) 더 적은 수의 감자칩이 있고 상자에는 더 적은 수의 쿠키가 있다. 향수와 같은 액체 병의 바닥에는 제품을 대체하고 내부에 있는 것보다 더 많이 있다는 착각을 (d) 방지하는(→ 만드는) 그 어느 때보다 더 큰 움푹 들어간 곳이 있다. shrinkflation은 소매 제품에만 국한되지 않는다. 아파트도 줄어들고 있다. 초소형 아파트는 우리가 전에 살았던 그 어떤 것보다 더 작지만 평방 피트당 비용이 더 든다. shrinkflation은 회사들이 더 높은 비용에 직면하고 있다는 것을 알려주는 신호이다. 그것은 가격 압박이 (e) 심해지기 시작했다는 신호이다.

P 25 정답 ②

윗글의 제목으로 가장 적절한 것은?
① Small Sizes Win Consumers Over in the Era of Shrinkflation
작은 크기가 소비자들에게 인기가 많아졌다는 내용이 아님
Shrinkflation 시대에 소형 제품이 소비자를 사로잡는다
② Hidden Inflation: Paying the Same for Shrunken Goods
숨겨진 인플레이션: 축소된 제품에 동일한 가격 지불하기
③ Business Marketing Strategy: Stand Out, Don't Shrink
비즈니스 마케팅 전략: 축소되지 않고 돋보이기   마케팅 전략으로 눈에 띄게 해야 한다는 언급은 없음
④ Innovative Changes in Smaller-Sized Daily Products 제품의 크기가 줄긴
소형 일상 제품의 혁신적인 변화 했으나, 이는 shrinkflation 때문에 일어난 현상이지 혁신적 변화는 아님
⑤ Buy One, Get One Free: How Companies Attract You 하나를 사면
하나를 사면 하나가 무료: 기업이 소비자를 유인하는 방법   하나를 무료로 주는 것에 대한 언급은 없음
가격은 같지만 크기가 더 작아진 현상을 shrinkflation이라고 하며, 이는 인플레이션은 아니지만 비슷한 의미를 가짐

왜 정답? [정답률 72%]

shrinkflation의 증가	• 인플레이션은 가격만 고려함 • shirnkflation은 제품의 크기는 줄어들지만 가격이 같은 경우임 단서1
소매 제품의 예시	크기와 양이 줄어든 과자, 입구가 커진 용기, 더 큰 튜브 중심과 더 적은 면수를 가진 화장지나 종이 타월 롤, 바닥의 움푹 들어간 곳이 더 커진 액체 통 단서2
아파트 예시	• 초소형 아파트의 크기 축소 • shrinkflation은 기업이 더 높은 비용에 직면하고 있고 가격 압박이 더 커지고 있다는 것을 의미함 단서3

▶ 소매 제품과 아파트의 예시를 들며 Shrinkflation의 증가에 대해 말하는 내용의 글이므로 ② '숨겨진 인플레이션: 축소된 제품에 동일한 가격 지불하기'가 제목으로 적절하다.

왜 오답?
① 작은 크기가 소비자들에게 인기가 많아졌다는 내용이 아니다.
③ 기업들이 더 높은 비용 때문에 크기를 줄인다는 내용이지, 마케팅 전략으로 제품을 눈에 띄게 해야 한다는 언급은 없다.
④ 일상 제품의 크기가 줄었다는 내용은 나오지만, 이것은 혁신적인 변화가 아니라 shrinkflation 때문에 일어난 현상이다.
⑤ 하나를 사면 하나를 공짜로 주는 전략에 대한 내용은 없다.

P 26 정답 ④

밑줄 친 (a)~(e) 중에서 문맥상 낱말의 쓰임이 적절하지 않은 것은?
제품의 크기가 줄어들지만 가격은 그대로   이런 변화의 목적은 제품을 '더 빨리' 써버리고
① (a) 유지된다면, 가격 '상승'도 일어나지 않을 것임 ② (b) 더 많은 돈을 지불하도록 만드는 것임
상승   더 빨리
③ (c) 제품의 크기가 줄어들기 때문에 봉지에는 ④ (d) 향수병의 바닥에는 내부에 있는 것보다 더
더 적은 '더 적은' 수의 감자칩이 있을 것임 방지하는 많이 있다는 착각을 '방지하는' 것이
⑤ (e) 이런 신호들은 가격 압박이 '심해지기' 아니라 만드는 움푹 패인 곳이 있음
심해지기 시작했다는 것임

왜 정답? [정답률 72%]
④ (d) prevent 방지하는

향수와 같은 액체 병의 바닥에는 제품을 대체하고 내부에 있는 것보다 더 많이 있다는 착각을 (d) 방지하는 그 어느 때보다 더 큰 움푹 들어간 곳이 만드는 있다.

➡ shrinkflation의 본질은 가격은 같으나 소비자가 제품을 더 빨리 쓰고 무게당 더 많은 돈을 지불하도록 제품을 줄이거나 수정하는 것임. 액체 병 바닥에 움푹 들어간 곳이 더 커졌다는 것은 제품을 대체하고 내부에 있는 것보다 제품이 더 많이 있다는 착각을 방지하는 것이 아니라 착각을 불러일으키거나 '만드는' 것임
▶ prevent(방지하는)의 반대 의미를 갖는 make(만드는)로 바꿔야 함

왜 오답?
① (a) increase 상승

만일 제품의 크기가 줄어들지만 가격은 그대로 유지된다면, 기술적으로 어떤 가격 (a) 상승도 일어나지 않는다.

➡ 크기가 줄었어도 가격이 같으면 가격 상승은 일어나지 않을 것이므로 적절하다.
▶ increase는 문맥에 맞음

② (b) faster 더 빨리

┌ 이러한 변화의 목적은 소비자가 제품을 (b) 더 빨리 다 써버리고 무게 당 더
└ 많은 돈을 지불하도록 만드는 것이다.

➡ 치약과 파우더의 입구를 크게 하는 것은 제품을 빠르게 쓰도록 하는 목적일
  것이므로 적절한 표현이다.

  ▶ faster은 문맥에 맞음

③ (c) fewer 더 적은

┌ 봉지에는 (c) 더 적은 수의 감자칩이 있고 상자에는 더 적은 수의 쿠키가
└ 있다.

➡ 앞에서는 전부 가격은 같아도 양을 줄인다는 예시가 나온다. 따라서 과자 봉지나
  상자에 과자가 '더 적게' 들어가는 것이 적절하다.

  ▶ fewer는 문맥에 맞음

⑤ (e) build 심해지다

─ 그것은 가격 압박이 (e) 심해지기 시작했다는 신호이다.

➡ shrinkflation은 회사가 더 높은 비용을 마주하고 있다는 신호라고 했으므로 가격
  압박이 '심해지기' 시작했다는 것은 적절하다.

  ▶ build는 문맥에 맞음

P 27~28 ＊색맹의 진화적 이유와 생존

There are a number of human characteristics / that would seem
to be disadvantageous / yet continue to survive, generation
after generation. // 27번 단서: 불리한 유전적 특징이 있어도 생존에 큰 문제가 없을 수 있음
많은 인간의 특징들이 있다 / 불리해 보일지 모르지만 / 대대로 계속해서 살아남는 //

One example is color blindness. // 한 가지 예가 색맹이다 //

Most color blindness is associated with genes / on the X
chromosome. //
대부분의 색맹은 유전자와 관련이 있다 / X염색체의 //

Women have two X chromosomes, / so if this problem occurs on
one of them, / the other can (a) compensate. //
여성은 2개의 X염색체를 가지고 있어서 / 만약 이 문제가 그중 한 개에서 발생하면 / 다른
하나가 상쇄할 수 있다 //

But men have only one X chromosome. //
하지만 남성은 단 하나의 X염색체를 가지고 있다 //

If the mutation occurs there, / that male is color blind. //
만약 돌연변이가 거기서 일어난다면 / 그 남자는 색맹이다 //

We might ask / why such a (b) deficiency would survive / and
not die out. //
우리는 질문할지 모른다 / 왜 그런 결점이 살아남아서 / 사라지지 않는지 //

To understand this, / we can consider ancient hunter-gatherers,
/ with the men doing most of the hunting for meat / and the
women doing most of the gathering of fruits and nuts. //
이것을 이해하기 위해 / 고대의 수렵 채집인들을 살펴볼 수 있는데 / 남성은 고기를 위한
사냥의 대부분을 / 여성은 과일과 견과류 채집의 대부분을 한다 //

Gathering fruits, especially berries, and nuts is much more
productive / if it is easy to distinguish the red or purple fruit /
from the green leaves of the plant. //
과일, 특히 베리류와 견과류를 채집하는 것은 훨씬 더 생산적이다 / 만약 빨간색이나 보라색
과일을 구별하는 것이 쉽다면 / 식물의 녹색 잎으로부터 //

If red-green color blindness were common among women, / the
resulting (c) lack of productivity would likely cause / this trait
to die out relatively quickly. //
만약 여성들 사이에 적록 색맹이 흔하다면 / 그로 인한 생산성의 부족은 만들 가능성이 있다 /
이 특성이 비교적 빨리 소멸하도록 //

On the other hand, the men out hunting / don't much rely on
being able to contrast red from green. //
반면 사냥에 나간 남성들은 / 초록색으로부터 빨간색을 대조시킬 수 있는 것에 크게 의존하지
않는다 //

Most of the animals they are hunting have fur or feathers / that
help them hide. //
그들이 사냥하는 대부분의 동물들은 털이나 깃털을 가지고 있다 / 그것들이 숨는 것을
도와주는 //

Rather than relying on color, / the hunter relies on an acute
ability to detect motion. // 28번 단서: 불리하게 여겨질 유전적 요인이
오히려 순기능을 가질 수도 있음
색에 의존하기보다는 / 사냥꾼은 움직임을 감지하는 예리한 능력에 의존한다 //

It is conceivable / that a (d) reduction in color contrast in these
circumstances / might actually enhance one's ability / to detect
subtle motions. //
생각할 만하다 / 이러한 상황에서 색 대비의 감소는 / 사람의 능력을 실제로 향상시킬지
모른다고 / 미묘한 움직임을 감지하는 //

Given that a hunted animal blends into its surroundings, / less
background color variation / would be (e) more(→ less) of a
visual distraction. //
사냥당하는 동물이 주변 환경에 섞여 들어가 있다는 것을 고려할 때 / 배경색의 더 적은
변동은 / 더 많은(→ 더 적은) 시각적인 방해가 될 것이다 //

- -

• disadvantageous ⓐ 불리한
• generation after generation 자손 대대로   • color blindness 색맹
• compensate ⓥ 보상하다   • deficiency ⓝ 결점
• distinguish ⓥ 구별하다   • die out 멸종되다, 소멸하다
• contrast ⓥ 대조하다   • detect ⓥ 발견하다, 감지하다
• conceivable ⓐ 상상할 수 있는, 가능한   • circumstance ⓝ 환경, 상황
• given that ~을 고려하면   • surroundings ⓝ 환경
• variation ⓝ 변화, 변동   • genetic ⓐ 유전의
• destine ⓥ (운명으로) 정해지다   • vanish ⓥ 사라지다, 소멸하다

불리해 보일지 모르지만 대대로 계속해서 살아남는 많은 인간의 특징들이
있다. 한 가지 예가 색맹이다. 대부분의 색맹은 X염색체의 유전자와 관련이
있다. 여성은 2개의 X염색체를 가지고 있어서 만약 이 문제가 그중 한 개에서
발생하면 다른 하나가 (a) 상쇄할 수 있다. 하지만 남성은 단 하나의 X염색체를
가지고 있다. 만약 돌연변이가 거기서 일어난다면, 그 남자는 색맹이다. 우리는
왜 그런 (b) 결점이 살아남아서 사라지지 않는지 질문할지 모른다. 이것을
이해하기 위해 고대의 수렵 채집인들을 살펴볼 수 있는데, 남성은 고기를 위한
사냥의 대부분을 여성은 과일과 견과류 채집의 대부분을 한다. 만약 식물의
녹색 잎으로부터 빨간색이나 보라색 과일을 구별하는 것이 쉽다면 과일, 특히
베리류와 견과류를 채집하는 것은 훨씬 더 생산적이다. 만약 여성들 사이에
적록 색맹이 흔하다면, 그로 인한 생산성의 (c) 부족은 이 특성이 비교적 빨리
소멸하도록 만들 가능성이 있다. 반면 사냥에 나간 남성들은 초록색으로부터
빨간색을 대조시킬 수 있는 것에 크게 의존하지 않는다. 그들이 사냥하는
대부분의 동물들은 그것들이 숨는 것을 도와주는 털이나 깃털을 가지고 있다.
색에 의존하기보다는 사냥꾼은 움직임을 감지하는 예리한 능력에 의존한다.
이러한 상황에서 색 대비의 (d) 감소는 미묘한 움직임을 감지하는 사람의
능력을 실제로 향상시킬지 모른다고 생각할 만하다. 사냥당하는 동물이 주변
환경에 섞여 들어가 있다는 것을 고려할 때, 배경색의 더 적은 변동은 (e) 더
많은(→ 더 적은) 시각적인 방해가 될 것이다.

P 27 정답 ④

윗글의 제목으로 가장 적절한 것은?

① Genetic Code: The Key to Conquering Disorders
  유전 암호: 장애 정복의 열쇠   유전자 분석을 통해 장애를 해결하는 내용이 아님
② Ancient People's Challenges from Genetic Weaknesses
  유전적 약점으로 인한 고대인들의 도전   관련 없음
③ What Makes a Great Hunter: An Ability to Move Quickly
  위대한 사냥꾼이 되기 위한 조건: 빠르게 움직이는 능력   언급되지 않음
④ In Evolution, Disadvantageous Doesn't Mean Destined to Vanish
  진화에서의 불리함이 곧 소멸은 아니다   생존에 불리해 보이는 색맹이 오히려 도움이 되었음
⑤ Various Biological Factors Causing Red-Green Color Blindness
  적록 색맹을 유발하는 다양한 생물학적 요인들   다양한 유발 요인을 알 수는 없음

✎왜 정답? [정답률 58%]

불리한 유전적 특징을 가졌지만 소멸하지 않고 생존하는 경우가 있다며 색맹을 예로
들어 설명하고 있다.

  ▶ 따라서 ④ '진화에서의 불리함이 곧 소멸은 아니다'가 제목으로 적절하다.

① 장애 극복을 위해서 유전자를 분석하는 내용은 언급되어 있지 않다.

② 오히려 색맹이 도움이 되었다는 내용이다.

③ 빠른 움직임을 인식하는 내용은 관련이 있으나 사냥꾼의 자질로 빠른 움직임을 꼽고 있지는 않다.

⑤ 적록 색맹은 언급되었으나 다양한 생물학적 유발 요인에 대해서는 언급하지 않았다.

P 28 정답 ⑤

밑줄 친 (a)∼(e) 중에서 문맥상 낱말의 쓰임이 적절하지 않은 것은? [3점]

① (a) 두 개가 있다면 하나에 문제가 생겨도 '상쇄시킬 수 있음 상쇄하다

② (b) 돌연변이로 인해 문제가 발생하는 것은 '결점'에 해당함 결점

③ (c) 채집이 어려운 것은 생산성의 '부족'을 야기할 수 있음 부족

④ (d) 적록색맹은 색 대비가 '감소'하는 것임 감소

⑤ (e) 배경색의 더 적은 변동은 '더 적은' 시각적인 방해를 의미함 더 많은

〉왜 정답 ? [정답률 61%]

⑤ (e) more 더 많은

└ 사냥당하는 동물이 주변 환경에 섞여 들어가 있다는 것을 고려할 때,
└ 배경색의 더 적은 변동은 (e) 더 많은(→ 더 적은) 시각적인 방해가 될 것이다.

➡ 색맹은 배경색의 더 적은 변동을 가질 것이고, 이는 움직임을 감지하는 능력이 중요한 사냥에 있어서 '더 적은' 시각적인 방해를 할 것이다.

▶ more(더 많은)는 반의어인 less(더 적은)로 바꿔야 함

〉왜 오답 ?

① (a) compensate 상쇄하다

└ 여성은 2개의 X염색체를 가지고 있어서 만약 이 문제가 그중 한 개에서
└ 발생하면 다른 하나가 (a) 상쇄할 수 있다.

➡ 동일한 염색체가 두 개 있으면 하나에 문제가 생겨도 다른 하나가 '상쇄해서' 문제점을 야기하지 않을 수 있다.

▶ compensate는 문맥에 맞음

② (b) deficiency 결점

─ 우리는 왜 그런 (b) 결점이 살아남아서 사라지지 않는지 질문할지 모른다.

➡ 생존에 있어 불리한 유전적 요인들을 '결점'으로 볼 수 있다.

▶ deficiency는 문맥에 맞음

③ (c) lack 부족

└ 만약 여성들 사이에 적록 색맹이 흔하다면, 그로 인한 생산성의 (c) 부족은
└ 이 특성이 비교적 빨리 소멸하도록 만들 가능성이 있다.

➡ 유전적 결함으로 인해서 능력이 저하되고 생산성이 '부족'한 경우 생존에 문제가 생긴다.

▶ lack은 문맥에 맞음

④ (d) reduction 감소

└ 이러한 상황에서 색 대비의 (d) 감소는 미묘한 움직임을 감지하는 사람의
└ 능력을 실제로 향상시킬지 모른다고 생각할 만하다.

➡ 색맹은 색 대비가 '감소'된 상태로 세상을 바라보는 것이고, 이는 움직임을 감지하는 능력을 향상시킬 수 있다.

▶ reduction은 문맥에 맞음

P 29~30 ＊자기 대화 관리를 통한 생각 재구성

You are the narrator / of your own life. //
여러분은 내레이터이다 / 자기 자신의 삶의 //

전치사+관계대명사
The tone and perspective / **with** which you describe each experience / generates feelings / associated with that narration. //
어조와 관점이 / 각 경험을 묘사하는 / 감정을 만들어 낸다 / 그 내레이션과 관련된 //

---

find+목적어+목적격 보어
For example, / if you **find yourself** constantly **assuming**, /
예를 들어 / 계속해서 가정하는 자신의 모습을 알게 된다면 /

"This is hard," / "I wonder whether I'm going to survive," / or "It looks like this is going to turn out badly," / you'll generate (a) anxious feelings. //
"이건 어려워." / "내가 살아남을 수 있을지 모르겠어." / 또 "일이 안 좋게 되어갈 것 같아."라고 / 여러분은 불안 감정을 만들어 낼 것이다 //

29번 단서 1: 생각을 재구성하라고 함
way를 수식하는 절
It's time to restructure the way / **you think**. //
이제는 방식을 재구성할 때다 / 여러분이 생각하는 //

주어-동사 도치 주격 관계대명사
Underlying this narration / **are the beliefs** / **that** (b) frame your experience / and give it meaning. //
29번 단서 2: 내레이션(말)의 기저에는 경험에 틀을 씌우는(경험에 영향을 미치는) 신념이 존재함
이러한 내레이션의 기저에는 / 신념이 존재한다 / 여러분의 경험에 틀을 씌우고 / 그것에 의미를 부여하는 //

think of A as B: A를 B라고 생각하다
Think of your beliefs / **as** having many layers. //
여러분의 신념을 생각해 보자 / 여러 층이 있다고 //

주어-동사 도치
On the surface / **are your automatic thoughts**. //
그 표면에 / 바로 '자동적 사고'가 존재한다 //

These are like short tapes / **that** momentarily flash through your mind. //
주격 관계대명사(tapes 수식)
이것은 짧은 테이프와 같다 / 순간적으로 여러분의 머릿속을 스쳐 가는 //

목적격 관계대명사(self-talk 수식)
Call these automatic thoughts / a form of "self-talk" / **that** you use as you navigate through the day. //
29번 단서 3: 자동적 사고는 자기 대화의 한 종류임
이 자동적 사고를 부르자 / "자기 대화"의 한 종류로 / 여러분이 하루를 항해해 나가며 사용하는 //

You (c) produce / a wide variety of these automatic thoughts, / some consciously and some unconsciously. //
여러분은 만들어 낸다 / 매우 다양한 자동적 사고를 / 일부는 의식적으로, 일부는 무의식적으로 //

주격 관계대명사(thoughts 수식)
For example, / automatic thoughts **that** (d) relieve(→ fuel) anxiety / go something like this: /
예를 들어 / 불안감을 완화하는(→ 불안감에 기름을 붓는) 자동적 사고는 / 이런 식으로 흘러간다 /

You walk into a room, / see a few new people, / and say to yourself, / "Oh no, I don't like this. This is not good." //
여러분이 방에 들어가서 / 처음 보는 사람 몇 명을 보고 / 자신에게 말한다 / "이런, 나는 이거 싫어. 이건 좋지 않아." //
30번 단서 1: 싫고 좋지 않다는 말 = 부정적인 말

Or, / "These people will soon find out / that I am full of anxiety / and will reject me." //
30번 단서 2: 불안감이 가득하다는 것을 알고 자신을 거부할 거라는 말
또는 / "이 사람들은 곧 알아챌 거야 / 내가 불안감이 가득하다는 것을 / 그리고 날 거부할 거야." //

주격 관계대명사(habits 수식)
Automatic thoughts are bad habits / **that** (e) cloud fresh and positive experiences. //
자동적 사고는 나쁜 습관이다 / 새롭고 긍정적인 경험을 우울하게 만드는 //

They can turn a potentially good experience / into one fraught with anxiety. //
30번 단서 3: 자동적 사고는 좋은 경험을 불안감으로 가득찬 것으로 바꿈
그것들은 잠재적으로 좋은 경험을 바꿀 수 있다 / 불안감으로 가득찬 것으로 //

목적어절을 이끄는 접속사
If you tell yourself / **that** you are always stressed or full of anxiety / **before doing** something new, / that new experience will be tainted / by that anxiety. //
사이에 주어와 동사 생략
만약 여러분이 스스로에게 말한다면 / 항상 스트레스를 받고 불안감으로 가득하다고 / 새로운 무언가를 하기 전에 / 그 새로운 경험은 오염될 것이다 / 그 불안에 의해 //

- **tone** ⓝ 어조
- **perspective** ⓝ 관점
- **generate** ⓥ 만들어 내다
- **associate** ⓥ 연관 짓다, 연상하다
- **assume** ⓥ 가정하다
- **restructure** ⓥ 재구성하다
- **underlying** ⓐ 기저의
- **layer** ⓝ 층, 막
- **surface** ⓝ 표면
- **momentarily** ⓐⓓ 순간적으로
- **automatic** ⓐ 무의식의, 반사적인
- **navigate** ⓥ 항해하다
- **anxiety** ⓝ 불안감
- **reject** ⓥ 거부하다
- **potentially** ⓐⓓ 잠재적으로
- **heighten** ⓥ 고조되다

여러분은 자기 자신의 삶의 내레이터이다. 각 경험을 묘사하는 어조와 관점이 그 내레이션과 관련된 감정을 만들어 낸다. 예를 들어, "이건 어려워.", "내가 살아남을 수 있을지 모르겠어.", 또 "일이 안 좋게 되어갈 것 같아."라고 계속해서 가정하는 자신의 모습을 알게 된다면, 여러분은 (a) 불안 감정을 만들어 낼 것이다. 이제는 여러분의 사고 방식을 재구성할 때이다. 이러한 내레이션의 기저에는 여러분의 경험에 (b) 틀을 씌우고 그것에 의미를 부여하는 신념이 존재한다. 여러분의 신념에 여러 층이 있다고 생각해 보자. 그 표면에 바로 '자동적 사고'가 존재한다. 이것은 순간적으로 여러분의 머릿속을 스쳐 가는 짧은 테이프와 같다. 이 자동적 사고를 여러분이 하루를 향해서 나가며 사용하는 "자기 대화"의 한 종류로 부르자. 여러분은 매우 다양한 자동적 사고를 일부는 의식적으로, 일부는 무의식적으로 (c) 만들어 낸다. 예를 들어, 불안감을 (d) 완화하는(→ 불안감에 기름을 붓는) 자동적 사고는 이런 식으로 흘러간다: 여러분이 방에 들어가서 처음 보는 사람 몇 명을 보고, 자신에게 말한다. "이런, 나는 이거 싫어. 이건 좋지 않아." 또는 "이 사람들은 곧 내가 불안감이 가득하다는 것을 알아채고 날 거부할 거야." 자동적 사고는 새롭고 긍정적인 경험을 (e) 우울하게 만드는 나쁜 습관이다. 그것들은 잠재적으로 좋은 경험을 불안감으로 가득찬 것으로 바꿀 수 있다. 만약 여러분이 새로운 무언가를 하기 전에 항상 스트레스를 받고 불안감으로 가득하다고 스스로에게 말한다면, 그 새로운 경험은 그 불안에 의해 오염될 것이다.

P 29 정답 ③

윗글의 제목으로 가장 적절한 것은?

① The Role of Automatic Thoughts in Language Learning
언어 학습에서 자동적 사고의 역할   언어 학습에서 자동적 사고가 하는 역할에 대한 글이 아님
② Self-talk: The Best Way to Improve Your Speech
자기 대화: 말하기 능력을 향상시키는 최고의 방법   자기 대화가 말하기 능력을 향상시키는 방법이라고 하지 않음
③ Reshaping Thoughts: Manage Your Self-talk
생각 재구성하기: 당신의 자기 대화를 관리하라   바꾸어야 불안감이나 스트레스가 줄어든다는 내용임
④ Heightened Anxiety Leads to Productivity
높은 불안은 생산성으로 이어진다   높은 불안이 생산성으로 이어진다는 내용의 글이 아님
⑤ Ways to Read Others' Inner Thoughts
다른 사람의 내면 생각을 읽는 방법   다른 사람의 내면 생각을 읽는 방법을 제시하지 않았음

도입	• 여러분은 자기 삶의 내레이터 • 각 경험을 묘사하는 어조와 관점이 그 내레이션과 관련된 감정을 만들어 냄(부정적인 말 → 불안 감정)
요지	• 사고 방식을 재구성할 때임 • '자기 대화'의 한 종류인 자동적 사고가 존재하고, 이를 의식적 또는 무의식적으로 만들어 냄
부연	불안감을 만드는 자동적 사고(부정적이거나 싫다고 스스로에게 하는 말)는 새롭고 긍정적인 경험을 우울하게 만드는 나쁜 습관

▶ 불안감을 만드는 자동적 사고를 재구성하고 자기 대화를 관리하라는 내용의 글이므로 ③ '생각 재구성하기: 당신의 자기 대화를 관리하라'가 제목으로 적절하다.

>왜 오답 ?

① 언어 학습에서 자동적 사고가 하는 역할에 대한 글이 아니다.
② 자기 대화가 말하기 능력을 향상시키는 방법이라고 하지 않았다.
④ 높은 불안이 생산성으로 이어진다는 내용의 글이 아니다.
⑤ 다른 사람의 내면 생각을 읽는 방법을 제시하지 않았다.

P 30 정답 ④

밑줄 친 (a)~(e) 중에서 문맥상 낱말의 쓰임이 적절하지 않은 것은? [3점]

① (a) 부정적인 말들이 '불안' 감정을 만들어 냄   불안함
② (b) 부정적인 내레이션이 경험에 '틀을 씌우는' 신념을 부여함   틀을 씌우다
③ (c) 자동적 사고는 스스로 '만들어 내는' 것이 맞음   만들어 내다
④ (d) 부정적 말들은 불안감을 완화하는 것이 아니라 불안감을 '증폭시킴'   완화하다
⑤ (e) 자동적 사고가 긍정적 경험을 '우울하게 만드는' 것임   우울하게 만들다

>왜 정답 ? [정답률 51%]

④ (d) relieve 완화하다

예를 들어(For example), 불안감을 완화하는(→불안감에 기름을 붓는) 자동적 사고는 이런 식으로 흘러간다: 여러분이 방에 들어가서 처음 보는 사람 몇 명을 보고, 자신에게 말한다. "이런, 나는 이거 싫어. 이건 좋지 않아." 또는 "이 사람들은 곧 내가 불안감이 가득하다는 것을 알아채고 날 거부할 거야."

➡ 싫다거나 좋지 않다거나 불안감이 가득하다는 것을 알고 자신을 거부할 거라는 생각은 불안감을 완화하는 것이 아니라 불안감을 자극하거나 '증가시키는' 것임

▶ relieve(완화하다)의 반대 의미를 갖는 fuel(기름을 붓다)로 바꿔야 함

>왜 오답 ?

① (a) anxious 불안한

예를 들어(For example), "이건 어려워.", "내가 살아남을 수 있을지 모르겠어.", 또 "일이 안 좋게 되어갈 것 같아."라고 계속해서 가정하는 자신의 모습을 알게 된다면, 여러분은 (a) 불안 감정을 만들어 낼 것이다.

➡ 어렵다거나 살아남을 수 있을지 모르겠다거나 일이 안 좋게 되어갈 것 같다는 것은 '불안' 감정을 만들어 내는 것이다.

▶ anxious는 문맥에 맞음

② (b) frame 틀을 씌우다

이러한 내레이션(this narration)의 기저에는 여러분의 경험에 (b) 틀을 씌우고 그것에 의미를 부여하는 신념이 존재한다.

➡ '이러한 내레이션(this narration)'은 앞에서 언급한 부정적인 말을 의미하고, 이 말이 불안 감정을 만들어 낸다고 했으므로 이러한 내레이션의 기저에 여러분의 경험에 '틀을 씌우고' 의미를 부여하는 신념이 있다고 하는 것은 적절하다.

▶ frame은 문맥에 맞음

③ (c) produce 만들어 내다

여러분은 매우 다양한 자동적 사고를 일부는 의식적으로, 일부는 무의식적으로 (c) 만들어 낸다.

➡ 자동적 사고는 '자기 대화'의 한 종류로 스스로 '만들어 내는' 것이 맞다.

▶ produce는 문맥에 맞음

⑤ (e) cloud 우울하게 하다

자동적 사고는 새롭고 긍정적인 경험을 (e) 우울하게 만드는 나쁜 습관이다.

➡ 앞에서 자동적 사고의 결과인 부정적인 말들을 나열하고 이것이 불안감에 기름을 붓는다고 했으므로 문맥상 자동적 사고가 긍정적인 경험을 '우울하게 만든다'고 하는 것은 적절하다.

▶ cloud는 문맥에 맞음

P 31~32 * 학교에서 배운 것을 기억하지 못하는 이유

단수 주어 / 앞에 관계부사가 생략됨 / 앞에 목적어절 접속사가 생략됨
One reason / we think / we forget most of what we learned in school / is that we underestimate / what we actually remember. // 31번 단서 1: 학교에서 배운 것의 대부분을 잊어버린다고 생각하는 것은 실제로 기억하는 것을 과소평가하기 때문임
단수 동사
한 가지 이유는 / 우리가 생각하는 / 우리가 학교에서 배운 것 대부분을 잊어버린다고 / 우리가 과소평가한다는 것이다 / 실제로 기억하는 것을

앞에 목적어절 접속사가 생략됨
Other times, / we know / we remember something, / but we don't recognize / that we learned it in school. //
생략되지 않은 목적어절 접속사
다른 때에 / 우리는 알지만 / 우리가 어떤 것을 기억한다는 것은 / 우리는 인식하지 못한다 / 그것을 학교에서 배웠다는 것을 // 31번 단서 2: 어떤 것을 기억한다는 것은 알지만 그것을 학교에서 배웠다는 것을 인식하지 못하는 것임

동명사 주어
Knowing / where and when you learned something / is usually called context information, / and context is handled / by
단수 동사
(a) different memory processes / than memory for the content. //
아는 것은 / 여러분이 무언가를 어디에서 언제 배웠는지를 / 보통 '맥락 정보'라고 불리는데 / 맥락은 다루어진다 / 다른 기억 절차로 / 그 내용에 대한 기억과는 //

가주어 / 진주어
Thus, it's quite possible / to retain content / without remembering the context. //
따라서 ~은 지극히 가능하다 / 내용을 기억해 두는 것은 / 맥락을 기억하지 않고 //

For example, / if someone mentions a movie / and you think to yourself / that you heard / it was terrible / but can't remember /
(b) where you heard that, /
예를 들어 / 만약 누군가가 한 영화에 대해 언급하고 / 여러분은 마음속으로 생각한다면 / 여러분이 들었지만 / 그것이 끔찍하다고 / 기억할 수 없다고 / 그것을 어디에서 들었는지 /

you're recalling the content, / but you've lost the context. //
여러분은 그 내용을 기억하고 있지만 / 맥락을 잃어버린 것이다 //

Context information is frequently (c) easier / to forget / than content, / and it's the source / of a variety of memory illusions. //
맥락 정보는 흔히 더 쉬우며 / 잊어버리기에 / 내용보다 / 그것은 근원이다 / 다양한 기억 착각의 //

For instance, / people are (d) unconvinced / by a persuasive argument / if it's written by someone / who is not very credible /
예를 들어 / 사람들은 확신하지 못한다 / 설득력 있는 주장에 대해 / 그것이 누군가에 의해 쓰였다면 / 별로 신뢰할 수 없는 /

(e.g., / someone with a clear financial interest / in the topic). //
(예를 들면 / 확실한 금전상의 이익을 지닌 사람 / 그 주제에 대한) //

But in time, / readers' attitudes, on average, change / in the direction of the persuasive argument. //
하지만 결국에 / 독자의 태도는 대체로 변화한다 / 그 설득력 있는 주장의 방향으로 //

Why? //
왜일까 //

Because readers are likely to remember / the content of the argument / but forget the source / — someone who is not credible. //
독자는 기억할 가능성이 크지만 / 그 주장의 내용을 / 그 출처를 잊어버릴 가능성이 크기 때문이다 / 그 신뢰할 수 없는 사람 //

32번 단서: 지식의 출처를 기억하는 게 어렵기 때문에 학교에서 배운 것을 대부분 잊어버린다고 쉽게 결론 내리는 것임

If remembering the source of knowledge is difficult, / you can see / how it would be (e) challenging(→ easy) / to conclude / you don't remember much from school. //
만약 지식의 출처를 기억하는 게 어렵다면 / 여러분은 알 수 있다 / ~이 어려울(→ 쉬울) 것임을 / 결론 내리는 것이 / 여러분이 학교에서 배운 것을 많이 기억하지 못한다고 //

- underestimate ⓥ 과소평가하다
- recognize ⓥ 인식하다
- context ⓝ 맥락
- retain ⓥ 기억해 두다, 잊지 않다
- frequently ⓐ𝐝 자주, 빈번히
- unconvinced ⓐ 확신하지 못하는
- persuasive ⓐ 설득력 있는
- argument ⓝ 주장
- credible ⓐ 신뢰할 수 있는
- financial interest 금전적 이익
- conclude ⓥ 결론을 내리다

우리가 학교에서 배운 것 대부분을 잊어버린다고 생각하는 한 가지 이유는 우리가 실제로 기억하는 것을 과소평가하기 때문이다. 다른 때에, 우리는 우리가 어떤 것을 기억한다는 것은 알지만, 우리는 그것을 학교에서 배웠다는 것을 인식하지 못한다. 여러분이 무언가를 어디에서 언제 배웠는지를 아는 것을 보통 '맥락 정보'라고 하는데, 맥락은 그 내용에 대한 기억과는 (a) 다른 기억 절차로 다루어진다. 따라서, 맥락을 기억하지 않고 내용을 기억해 두는 것은 지극히 가능하다. 예를 들어, 만약 누군가가 한 영화에 대해 언급하고 여러분은 그것이 끔찍하다고 들었지만, 그것을 (b) 어디에서 들었는지 기억할 수 없다고 마음속으로 생각한다면, 그 내용은 기억하고 있지만 맥락은 잃어버린 것이다. 맥락 정보는 흔히 내용보다 잊어버리기 (c) 더 쉬우며, 그것은 다양한 기억 착각의 근원이다. 예를 들어, 별로 신뢰할 수 없는 사람(예를 들면, 그 주제에 대한 확실한 금전상의 이익을 지닌 사람)이 쓴 설득력 있는 주장에 대해 사람들은 (d) 확신하지 못한다. 하지만 결국에 독자의 태도는 대체로 그 설득력 있는 주장의 방향으로 변화한다. 왜일까? 독자는 그 주장의 내용은 기억하겠지만 그 출처, 즉 그 신뢰할 수 없는 사람은 잊어버릴 가능성이 크기 때문이다. 만약 지식의 출처를 기억하는 게 어렵다면, 여러분이 학교에서 배운 것을 많이 기억하지 못한다고 결론 내리기가 (e) 어려울(→ 쉬울) 것임을 알 수 있다.

P 31 정답 ①

윗글의 제목으로 가장 적절한 것은?
① Learned Nothing in School?: How Memory Tricks You
학교에서 배운 것이 없는가: 기억이 어떻게 여러분을 속이는가
② Why We Forget Selectively: Credibility of Content
우리가 선택적으로 잊어버리는 이유: 내용의 신뢰성
③ The Constant Battle Between Content and Context
내용과 맥락 사이의 끊임없는 싸움
④ How Students Can Learn More and Better in School
학생들이 학교에서 더 많이 그리고 더 잘 배울 수 있는 방법
⑤ Shift Your Focus from Who to What for Memory Building
기억 형성을 위해 여러분의 초점을 누구에서 무엇으로 전환하라

> 왜 정답? [정답률 51%]

현상	학교에서 배운 대부분을 잊어버린다고 생각함
이유	어떤 것을 기억한다는 것은 알지만, 그것을 학교에서 배웠다는 것은 인식하지 못하기 때문임
부연	내용에 대한 기억과 그것을 어디에서 언제 배웠는지(맥락 정보)에 대한 기억은 다른 기억 절차로 처리됨 → 내용은 기억하지만 맥락 정보는 기억하지 못하는 것이 지극히 가능함

➡ '내용'은 기억하지만, 그것을 언제, 어디에서 배웠는지는 기억하지 못하기 때문에 학교에서 배운 것이 없다고 생각한다는 것이다.
▶ ① '학교에서 배운 것이 없는가: 기억이 어떻게 여러분을 속이는가'가 제목으로 적절함

> 왜 오답?

② 믿을 만한 정보는 기억하고, 믿을 만하지 못한 정보는 잊어버린다는 내용이 아니다.
③ 내용과 맥락이 충돌한다는 내용이 아니다.
④ 학교에서 배운 것을 대부분 잊어버린다고 생각하는 이유를 설명하는 글이다.
⑤ 맥락 정보는 흔히 내용보다 잊어버리기가 더 쉽다고 했다.

P 32 정답 ⑤

밑줄 친 (a)~(e) 중에서 문맥상 낱말의 쓰임이 적절하지 않은 것은?
① (a) 내용은 기억하지만 맥락은 기억하지 않는 게 가능함 / 다른
② (b) 맥락 정보: 무언가를 '어디에서' 배웠는지 / 어디에서
③ (c) 맥락 정보를 잊어버린 경우가 예시로 제시됨 / 더 쉬운
④ (d) '하지만 '결국' 그 설득력 있는 주장의 방향으로 변화함 / 확신하지 못하는
⑤ (e) 출처를 기억하는 게 어려운 경우에 일어나는 일임 / 어려운

> 왜 정답? [정답률 50%]

⑤ (e) challenging 어려운

만약 지식의 출처를 기억하는 게 어렵다면, 여러분이 학교에서 배운 것을 많이 기억하지 못한다고 결론 내리기가 (e) 어려울(쉬운) 것을 알 수 있다.

➡ 지식의 출처를 기억하는 것이 어려움 → 학교에서 배웠다는 것을 기억하지 못함 → 학교에서 배운 것을 많이 기억하지 못한다고 결론 내림
▶ challenging을 반의어인 easy(쉬운)로 바꿔야 함

> 왜 오답?

① (a) different 다른

여러분이 무언가를 어디에서 언제 배웠는지를 아는 것을 보통 '맥락 정보'라고 하는데, 맥락은 그 내용에 대한 기억과는 (a) 다른 기억 절차로 다루어진다. 따라서(Thus), 맥락을 기억하지 않고 내용을 기억해 두는 것은 지극히 가능하다.

➡ 맥락은 기억하지 않고, 내용은 기억하는 것이 지극히 가능한 이유는 맥락이 그 내용을 기억하는 절차와 '다른' 기억 절차로 다루어지기 때문이다.
▶ different는 문맥에 맞음

② (b) where 어디에서

예를 들어, 만약 누군가가 한 영화에 대해 언급하고 여러분은 그것이 끔찍하다고 들었지만, 그것을 (b) 어디에서 들었는지 기억할 수 없다고 마음속으로 생각한다면, 그 내용은 기억하고 있지만 맥락은 잃어버린 것이다.

→ **맥락 정보**: 무언가를 '어디에서' '언제' 배웠는지에 대한 정보
　맥락을 잃어버린 상황: 영화에 대한 평가를 '어디에서' 들었는지 기억할 수 없는 것
　→ 어떤 내용을 들은 '장소'를 맥락 정보라고 한다.

　▶ where는 문맥에 맞음

③ (c) easier 더 쉬운

맥락 정보는 흔히 내용보다 잊어버리기 (c) 더 쉬우며, 그것은 다양한 기억 착각의 근원이다. 예를 들어(For example), ~ 독자는 그 주장의 내용을 기억하겠지만 그 출처, 즉 그 신뢰할 수 없는 사람은 잊어버릴 가능성이 크기 때문이다.

→ 어떤 주장의 내용은 기억하지만, 그 주장의 출처, 즉 맥락 정보는 잊어버릴 가능성이 크다는 예시가 이어진다. 맥락 정보가 내용보다 잊어버리기기 '더 쉽다'는 것이다.

　▶ easier는 문맥에 맞음

④ (d) unconvinced 확신하지 못하는

예를 들어, 별로 신뢰할 수 없는 사람(예를 들면, 그 주제에 대한 확실한 금전상의 이익을 지닌 사람)이 쓴 설득력 있는 주장에 대해 사람들은 (d) 확신하지 못한다. 하지만 결국에(But in time) 독자의 태도는 대체로 그 설득력 있는 주장의 방향으로 변화한다.

→ 결국에는(But in time) 그 설득력 있는 주장의 방향으로 변화한다고 했으므로, 처음에는 그 주장에 대해 '확신하지 못하는' 것이다.

　▶ unconvinced는 문맥에 맞음

P 33~34 *실험에서 주의해야 할 점

(studies를 수식하는 현재분사구)
In studies / examining the effectiveness of vitamin C, / researchers typically divide the subjects / into two groups. //
연구에서 / 비타민 C의 효과를 조사하는 / 연구원들은 일반적으로 실험 대상자들을 나눈다 / 두 집단으로 //

One group (the experimental group) / receives a vitamin C *(둘 중 하나)* supplement, / and the other (the control group) does not. // *(둘 중 나머지 하나)*
한 집단(실험집단)은 / 비타민 C 보충제를 받고 / 다른 집단(통제 집단)은 받지 않는다 //

Researchers observe both groups / to determine / whether one group has fewer or shorter colds / than the other. //
(의문시되는 사실을 이야기할 때 쓰는 명사절 접속사)
연구원들은 두 집단 모두를 관찰한다 / 알아내기 위해 / 한 집단이 감기에 더 적게 또는 더 짧게 걸리는지를 / 다른 집단보다 //

The following discussion describes / some of the pitfalls / inherent in an experiment of this kind / and ways / to (a) avoid them. //
(형용사적 용법(ways 수식))
이어지는 논의는 설명한다 / 함정 중 일부와 / 이러한 종류의 실험에 내재한 / 방법을 / 그것들을 피하는 //

In sorting subjects into two groups, / researchers must ensure / that each person has an (b) equal chance / of being assigned to
(either A or B: A 또는 B)
either the experimental group or the control group. //
실험 대상자를 두 집단으로 분류할 때 / 연구원들은 반드시 확실히 해야 한다 / 각 개인이 동일한 확률을 갖는다는 것을 / 배정될 / 실험집단 또는 통제 집단 둘 중 한 곳에 //

This is accomplished / by randomization; / that is, the subjects are chosen randomly / from the same population / by flipping a coin / or some other method / involving chance. //
이는 달성된다 / 임의 추출에 의해 / 즉 실험 대상자는 임의로 선정된다 / 동일 모집단에서 / 동전 던지기에 의해 / 또는 어떤 다른 방법에 의해 / 우연이 포함된 //

Randomization helps to ensure / that results reflect the treatment / and not factors / that might influence / the grouping of subjects. //
(= that results do not reflect factors)
임의 추출은 확실히 하는 데 도움이 된다 / 결과가 처리를 반영하는 것을 / 그리고 요인은 반영하지 않는 것을 / 영향을 줄지도 모르는 / 실험 대상자의 분류에 //

Importantly, / the two groups of people / must be similar / and must have the same track record / with respect to colds /
중요한 것으로는 / 두 집단의 사람들이 / 비슷해야 하고 / 동일한 기록을 가지고 있어야 한다 / 감기와 관련하여 /
33번 단서: 비타민 C 보충제 외에 다른 요인은 두 집단이 비슷해야 함

to (c) rule out the possibility / that observed differences / in the rate, severity, or duration of colds / might have occurred anyway. //
(동격절 접속사) *(과거 사실에 대한 추측을 나타내는 might have p.p.)*
가능성을 배제하기 위해 / 관찰된 차이가 / 감기의 비율, 심각성, 또는 지속 기간에서 / 어떤 식으로든 일어났을지도 모른다는 //

If, for example, the control group would normally catch / twice as many colds / as the experimental group, / then the findings prove (d) nothing. //
예를 들어, 통제 집단이 보통 걸린다면 / 두 배 많은 감기에 / 실험집단보다 / 연구 결과는 아무 것도 입증하지 못한다 //

(experiments를 수식하는 현재분사구)
In experiments / involving a nutrient, / the diets of both groups / must also be (e) different(→ similar), / especially with respect to the nutrient / being studied. //
(the nutrient를 수식하는 현재분사구)
실험에서 / 영양분을 포함하는 / 두 집단의 식단은 / 또한 달라야(→ 비슷해야) 한다 / 특히 영양분에 관련해 / 연구 중인 //
34번 단서: 평소 식단이 다르면 비타민 C 보충제의 어떤 효과도 불분명해짐

If those in the experimental group were receiving / less vitamin C / from their usual diet, / then any effects of the supplement / may not be apparent. //
(부사절 접속사(조건))
실험집단에 속한 사람들이 섭취하고 있다면 / 더 적은 비타민 C를 / 그들의 평소 식단에서 / 보충제의 어떤 효과도 / 분명하지 않을 수 있다 //

- **typically** [ad] 일반적으로 ・ **subject** [n] 실험[연구] 대상, 피험자
- **supplement** [n] 보충(제) ・ **observe** [v] 관찰하다
- **determine** [v] 알아내다, 밝히다 ・ **inherent** [a] 내재하는, 고유한
- **sort** [v] 분류하다 ・ **assign** [v] 배정하다, 맡기다
- **accomplish** [v] 달성하다 ・ **randomization** [n] 임의 추출
- **flip** [v] 톡 던지다 ・ **factor** [n] 요인 ・ **rule out** ~을 배제하다
- **rate** [n] 비율 ・ **severity** [n] 심함, 격렬[맹렬]함
- **duration** [n] 지속 (기간) ・ **nutrient** [n] 영양분
- **with respect to** ~에 관하여 ・ **apparent** [a] 분명한
- **irrelevant** [a] 무관한 ・ **in-depth** [a] 면밀한, 철저하고 상세한
- **analysis** [n] 분석

비타민 C의 효과를 조사하는 연구에서, 연구원들은 일반적으로 실험 대상자들을 두 집단으로 나눈다. 한 집단(실험집단)은 비타민 C 보충제를 받고 다른 집단(통제 집단)은 받지 않는다. 연구원들은 한 집단이 다른 집단보다 감기에 더 적게 또는 더 짧게 걸리는지를 알아내기 위해 두 집단 모두를 관찰한다. 이어지는 논의는 이러한 종류의 실험에 내재한 함정 중 일부와 이를 (a) 피하는 방법을 설명한다. 실험 대상자를 두 집단으로 분류할 때, 연구원들은 반드시 각 개인이 실험집단 또는 통제 집단 둘 중 한 곳에 배정될 확률이 (b) 동일하도록 해야 한다. 이는 임의 추출에 의해 달성되는데 즉 실험 대상자는 동전 던지기나 우연이 포함된 어떤 다른 방법에 의해 동일 모집단에서 임의로 선정된다. 임의 추출은 반드시 결과에 처리가 반영되도록, 실험 대상자의 분류에 영향을 줄지도 모르는 요인은 반영되지 않도록 하는 데 도움이 된다. 중요한 것은, 감기의 비율, 심각성, 또는 지속 기간에서 관찰된 차이가 어떤 식으로든 일어났을지도 모른다는 가능성을 (c) 배제하기 위해 감기와 관련하여 두 집단의 사람들이 비슷하고 동일한 기록을 가지고 있어야 한다는 것이다. 예를 들어, 통제 집단이 보통 실험집단보다 감기에 두 배 많이 걸린다면 연구 결과는 (d) 아무것도 입증하지 못한다. 영양분을 포함하는 실험에서, 두 집단의 식단 또한 (e) 달라야(→ 비슷해야) 하며, 연구 중인 영양분에 관련해서 특히 그래야 한다. 실험집단에 속한 사람들이 평소 식단에서 비타민 C를 적게 섭취하고 있다면, 보충제의 어떤 효과도 분명하지 않을 수 있다.

P 33 정답 ②

윗글의 제목으로 가장 적절한 것은?

① Perfect Planning and Faulty Results: A Sad Reality in Research
완벽한 계획과 불완전한 결과: 연구의 슬픈 현실　완전한 결과를 위한 실험 계획을 설명함
② Don't Let Irrelevant Factors Influence the Results!
상관없는 요인이 결과에 영향을 미치지 않도록 하라!　비타민 C 보충제 외의 요소는 똑같아야 함
③ Protect Human Subjects Involved in Experimental Research!
실험 연구에 참여하는 인간 실험 대상자들을 보호하라!　실험 대상이 되는 인간을 보호하라는 것이 아님
④ What Nutrients Could Better Defend Against Colds?
어떤 영양분이 감기를 더 잘 막을 수 있을까?　실험 결과를 설명하는 글이 아님
⑤ In-depth Analysis of Nutrition: A Key Player for Human Health
영양에 대한 심층 분석: 인간의 건강을 위한 핵심 요소　실험을 할 때 주의할 점을 설명하는 글임

비타민 C가 감기에 미치는 영향을 알아보기 위해 한 집단은 비타민 C 보충제를 받고, 다른 집단은 받지 않는 실험에서 주의해야 하는 사항을 설명하는 글이다. 임의 추출에 의해 실험 대상자를 두 집단으로 나누는데, 두 집단이 비슷하고 감기에 있어 동일한 기록을 갖는 것이 중요하다고 했다. 이는 비타민 C 보충제 이외의 요소가 실험 결과에 영향을 미치면 연구 결과는 아무것도 입증하지 못하기 때문으로, 마지막 문장에서는 평소 식단에서 섭취하는 비타민 C의 양이 다르면 비타민 C 보충제의 효과가 분명하지 않을 수 있다고 했다. 비타민 C 보충제 이외의 평소 식단과 같은 요인이 실험 결과에 영향을 미치지 않게 하라는 내용의 글에는 ② '상관없는 요인이 결과에 영향을 미치지 않도록 하라!'가 제목으로 적절하다.

왜 오답 ?

① 계획을 완벽하게 세워도 불완전한 결과가 나온다는 내용이 아니다. 완전한 결과를 위한 실험 설계 방법에 대해 알려주는 글이다.

③ 인간을 대상으로 실험할 때 실험 대상자들을 보호해야 한다고 주장하는 글이 아니다.

④, ⑤ 비타민 C 보충제가 감기에 미치는 영향을 알아보는 실험을 통해 실험을 어떻게 진행해야 유효한 결과를 얻는지 설명한 것이다. 감기나 영양소 자체에 대한 실험 결과를 알려주는 것이 아니다.

P 34 정답 ⑤

밑줄 친 (a)~(e) 중에서 문맥상 낱말의 쓰임이 적절하지 않은 것은?

① (a) 완전한 연구를 하는 방법에 대한 설명이 피하다 이어짐
② (b) '임의로' 선정되므로, 실험집단으로 배정될 동일한 확률과 통제 집단으로 배정될 확률이 같음
③ (c) 변수의 영향(비타민 C 보충제) 외에 어떤 배제하다 식으로든 감기에 걸렸을 가능성을 배제해야 함
④ (d) 통제 집단이 '보통' 감기에 더 많이 걸린다면 아무것도 이 연구의 결과는 아무것도 입증하지 못함
⑤ (e) 식단도 비슷해야 비타민 C 보충제의 효과를 다른 알 수 있음

왜 정답 ? [정답률 60%]

비타민 C가 감기에 미치는 영향을 알아보기 위한 실험에서 한 집단은 비타민 C 보충제를 받고 다른 집단은 받지 않는다고 했다. 비타민 C 보충제 이외의 요소는 같아야 한다는 내용으로, 평소 식단에서 섭취하는 비타민 C의 양이 다르면 비타민 C 보충제의 어떠한 효과도 불분명하다는 문장이 이어지므로 ⑤ (e) different를 similar 또는 same 등의 단어로 바꾸어야 한다.

왜 오답 ?

① 비타민 C의 효과를 조사하기 위해 비타민 C 보충제를 이용하는 연구에서 주의할 점을 설명하는 글이므로, 함정을 '피하는' 방법을 설명한다는 것은 자연스럽다.

> 다시 말해, 비타민 C 보충제 이외의 요소 때문에 **꿀팁**

② 임의 추출에 의해 달성되는 것은 실험 대상자가 실험집단이나 통제 집단 중 한 곳에 배정될 '동일한' 확률을 갖는다는 것이다.

③ 두 집단의 사람들이 비슷해야 하고 감기와 관련된 동일한 기록을 가져야 하는 이유는 감기와 관련된 두 집단의 차이가 어떤 식으로든 일어났을지도 모른다는 가능성을 '배제하기' 위해서이다.

④ 원래(보통) 통제 집단이 실험집단보다 감기에 두 배 더 걸린다면 비타민 C 보충제를 받지 않은 통제 집단이 감기에 더 많이 걸린다는 연구 결과는 '아무것도' 입증하지 못하는 것이다.

P 35~36 ＊'자연에 대한 지배'라는 표현의 변화

The domination of nature / is a familiar trope / in environmental ethics and environmental political theory. //
자연에 대한 지배는 / 익숙한 수사적 표현이다 / 환경 윤리와 환경 정치 이론에서 //

Its history is tied more broadly / to the rise of modern science, philosophy, and politics. //
그것의 역사는 더 광범위하게 결부되어 있다 / 근대 과학, 철학, 정치학의 등장과 //

The effort / to understand the causal relations / that govern the physical world / so as to intervene in these relations /
노력은 / 인과 관계를 이해하고자 하는 / 물리적 세계를 지배하는 / 이러한 관계에 개입하기 위해 /

in ways / that could, as Francis Bacon put it, "ameliorate the human condition," / marked the beginning of modernity / in the West. //
방법으로 / Francis Bacon이 말한 것처럼 '인간의 조건을 개선할' 수 있는 / 근대성의 시작을 알렸다 / 서구에서 //

36번 단서 1: '자연에 대한 지배'가 명백히 좋은 것으로 여겨졌음
For a long time, / the "domination of nature" referred to this effort / to understand and (a) control the nonhuman environment, / and it was seen / as a clearly good thing. //
오랫동안 / '자연에 대한 지배'는 이러한 노력을 가리켰고 / 인간 이외의 환경을 이해하고 통제하려는 / 그것은 여겨졌다 / 명백히 좋은 것으로 //

This effort made (b) possible / new technologies and rising economic prosperity, / promised an end / to many forms of human suffering, / and demonstrated the triumph of reason / over ignorance and superstition. //
이러한 노력은 가능하게 했고 / 새로운 기술과 증가하는 경제적 번영을 / 종식을 약속했으며 / 여러 형태의 인간 고통의 / 이성의 승리를 보여 주었다 / 무지와 미신에 대한 //

Its costs began to be (c) invisible(→ visible) / with industrialization / in the nineteenth century, /
그것의 대가는 보이지 않기(→ 보이기) 시작했는데 / 산업화와 함께 / 19세기에 /

35번 단서: '명백한' 환경 파괴를 야기했다는 것은 그것(자연에 대한 지배)의 대가가 보였다는 것을 의미함
which generated obvious environmental damage / and caused / among many people / a sense of alienation / from the land / and the more-than-human communities / composing it. //
그것은 명백한 환경 파괴를 야기했고 / 초래했다 / 많은 사람에게 / 소외감을 / 땅으로부터 / 그리고 인간 너머의 공동체로부터 / 그것을 구성하는 //

One sees a growing (d) unease / about these costs / in novels of the era / such as Mary Shelley's *Frankenstein* (1818), /
사람들은 불안감이 커지는 것을 본다 / 이러한 대가에 대한 / 그 시대의 소설들에서 / Mary Shelley의 *Frankenstein*(1818)과 같은 /

in poems / like Wordsworth's "Michael" (1800) and later Whitman's *Leaves of Grass* (1855), / and in the early nature writing of Thoreau's *Walden* (1854). //
시들에서 / Wordsworth의 'Michael'(1800)와 이후 Whitman의 *Leaves of Grass*(1855)와 같은 / 그리고 자연을 다룬 초기 작품인 Thoreau의 *Walden*(1854)에서 //

Yet / systematic, critical analysis / of the domination of nature / as a problem / came into its own / only with the environmental studies movement / in the 1970s. //
그러나 / 체계적이고 비판적인 분석은 / 자연에 대한 지배의 / 문제로서 / 진가를 발휘했다 / 환경 연구 운동이 등장하고서야 / 1970년대에 //

36번 단서 2: 1970년대 이후로 '자연에 대한 지배'라는 표현은 부정적인 의미를 갖게 됨
Since then, / the trope has come to have a broadly (e) negative meaning, / with the domination of nature being viewed / as harmful and illegitimate, / as well as dangerous to human interests. //
그 이후로 / 그 수사적 표현은 대체로 부정적 의미를 갖게 되었다 / 자연에 대한 지배는 여겨지면서 / 해롭고 부당한 것으로 / 인간의 이익에 위험할 뿐만 아니라 //

- domination ⓝ 지배
- ethics ⓝ 윤리
- tie ⓥ 결부하다
- philosophy ⓝ 철학
- politics ⓝ 정치학
- causal ⓐ 인과의
- govern ⓥ 지배하다
- intervene ⓥ 개입하다
- mark ⓥ 알리다
- prosperity ⓝ 번영
- triumph ⓝ 승리
- ignorance ⓝ 무지
- superstition ⓝ 미신
- industrialization ⓝ 산업화
- generate ⓥ 야기하다
- alienation ⓝ 소외
- compose ⓥ 구성하다
- unease ⓝ 불안감
- era ⓝ 시대
- systematic ⓐ 체계적인
- come into its own 진가를 발휘하다

자연에 대한 지배는 환경 윤리와 환경 정치 이론에서 익숙한 수사적 표현이다. 그것의 역사는 근대 과학, 철학, 정치학의 등장과 더 광범위하게 결부되어 있다. Francis Bacon이 말한 것처럼 '인간의 조건을 개선할' 수 있는 방법으로 물리적 세계를 지배하는 인과 관계에 개입하기 위해 이러한 관계를 이해하고자 하는 노력은 서구에서 근대성의 시작을 알렸다. 오랫동안 '자연에 대한 지배'는 인간 이외의 환경을 이해하고 (a) 통제하려는 이러한 노력을 가리켰고, 그것은 명백히 좋은 것으로 여겨졌다. 이러한 노력은 새로운 기술과 증가하는 경제적

번영을 (b) 가능하게 했고, 여러 형태의 인간 고통의 종식을 약속했으며, 무지와 미신에 대한 이성의 승리를 보여 주었다. 그것의 대가는 19세기 산업화와 함께 (c) 보이지 않기(→ 보이기) 시작했는데, 그것은 명백한 환경 파괴를 야기했고 많은 사람에게 땅과 땅을 구성하는 인간 너머의 공동체로부터 소외감을 초래했다. 사람들은 Mary Shelley의 Frankenstein(1818)과 같은 그 시대의 소설들, Wordsworth의 'Michael'(1800)과 이후 Whitman의 Leaves of Grass(1855)와 같은 시들, 그리고 자연을 다룬 초기 작품인 Thoreau의 Walden(1854)에서 이러한 대가에 대한 (d) 불안감이 커지는 것을 본다. 그러나 자연에 대한 지배를 문제로 삼는 체계적이고 비판적인 분석은 1970년대 환경 연구 운동이 등장하고서야 진가를 발휘했다. 그 이후로 자연에 대한 지배는 인간의 이익에 위험할 뿐만 아니라 해롭고 부당한 것으로 여겨지면서 그 수사적 표현은 대체로 (e) 부정적 의미를 갖게 되었다.

P 35 정답 ①

윗글의 제목으로 가장 적절한 것은?

① Changing Perspectives on the Domination of Nature
자연에 대한 지배에 있어서의 변화하는 관점들 　　명백히 좋은 것은 부정적 의미를 갖게 됨
② Science Starts from a Desire for Knowledge
과학은 지식을 향한 욕구에서 시작된다 　　과학의 밑바탕을 설명한 것이 아님
③ Ethics Is Central to Every Discipline
윤리가 모든 학문의 중심이다 　　윤리의 중요성이 주제가 아님
④ Nature in Literature Is Not Real
문학에서의 자연은 진짜가 아니다 　　여러 문학 작품이 등장한 것으로 만든 오답
⑤ Is Going Green Really Green?
친환경으로 가는 것이 정말 친환경인가? 　　'자연에 대한 지배'라는 표현에 대한 설명임

왜 정답? [정답률 84%]

- '자연에 대한 지배'라는 익숙한 수사적 표현은 오랫동안 명백히 좋은 것으로 여겨졌음
- 19세기 산업화와 함께 그것(자연에 대한 지배)의 대가가 드러났고, 1970년대 이후로 그 수사적 표현은 대체로 부정적인 의미를 갖게 되었음

→ 자연에 대한 지배를 보는 관점이 달라졌다는 내용이므로 정답은 ① '자연에 대한 지배에 있어서의 변화하는 관점들'이 적절함

왜 오답?

② '자연에 대한 지배'라는 표현이 근대 과학의 등장과 결부된다는 언급으로 만든 오답이다.

③ 윤리가 모든 학문의 기초라는 내용이 아니다.

④ 소설, 시 등의 문학 작품이 언급된 것으로 만든 오답이다.

⑤ 친환경의 실체를 이야기하는 글이 아니다.

P 36 정답 ③

밑줄 친 (a)~(e) 중에서 문맥상 낱말의 쓰임이 적절하지 않은 것은?

① (a) 자연에 대한 '지배'와 일맥상통함
통제하다
② (b) 명백히 좋은 것으로 여겨졌음
가능한
③ (c) 명백한 환경 파괴를 야기했음
보이지 않는
④ (d) 부정적인 영향을 설명함
불안감
⑤ (e) 해롭고 부당한 것으로 여겨짐
부정적인

왜 정답? [정답률 68%]

③ (c) invisible 보이지 않는

그것의 대가는 19세기 산업화와 함께 (c) 보이지 않기(→ 보이기) 시작했는데, 그것은 명백한 환경 파괴를 야기했고 많은 사람에게 땅과 땅을 구성하는 인간 너머의 공동체로부터 소외감을 초래했다.

→ '명백한' 환경 파괴를 야기했다는 것은 그것의 대가가 보이기 시작했다는 의미이다.
　▶ invisible을 반의어인 visible(보이는)로 바꿔야 함

왜 오답?

① (a) control 통제하다

오랫동안 '자연에 대한 지배'는 인간 이외의 환경을 이해하고 (a) 통제하려는 이러한 노력을 가리켰고, 그것은 명백히 좋은 것으로 여겨졌다.

→ '자연에 대한 지배'란 자연을 '통제한다'는 것을 의미한다. domination과 control이 일맥상통한다. ▶ control은 문맥에 맞음

---

② (b) possible 가능한

오랫동안 '자연에 대한 지배'는 인간 이외의 환경을 이해하고 통제하려는 이러한 노력을 가리켰고, 그것은 명백히 좋은 것으로 여겨졌다. 이러한 노력은 새로운 기술과 증가하는 경제적 번영을 (b) 가능하게 했고, 여러 형태의 인간 고통의 종식을 약속했으며, 무지와 미신에 대한 이성의 승리를 보여 주었다.

→ 인간 이외의 환경을 통제하려는 노력이 명백히 좋은 것으로 여겨졌던 이유는 그러한 노력이 새로운 기술과 증가하는 번영을 '가능하게' 했기 때문이다. 자연에 대한 지배의 긍정적인 면을 설명하는 문장이다.
　▶ possible은 문맥에 맞음

④ (d) unease 불안감

그것은 명백한 환경 파괴를 야기했고 많은 사람에게 땅과 땅을 구성하는 인간 너머의 공동체로부터 소외감을 초래했다. 사람들은 Mary Shelley의 Frankenstein(1818)과 같은 그 시대의 소설들, Wordsworth의 'Michael'(1800)과 이후 Whitman의 Leaves of Grass(1855)와 같은 시들, 그리고 자연을 다룬 초기 작품인 Thoreau의 Walden(1854)에서 이러한 대가에 대한 (d) 불안감이 커지는 것을 본다.

→ 자연에 대한 지배가 명백한 환경 파괴를 야기하는 등의 대가를 초래한다면 사람들의 '불안감'은 커질 것이다. ▶ unease는 문맥에 맞음

⑤ (e) negative 부정적인

그 이후로 자연에 대한 지배는 인간의 이익에 위험할 뿐만 아니라 해롭고 부당한 것으로 여겨지면서 그 수사적 표현은 대체로 (e) 부정적인 의미를 갖게 되었다.

→ 해롭고 부당한 것으로 여겨졌다는 것은 대체로 '부정적인' 의미를 갖게 되었음을 의미한다. ▶ negative는 문맥에 맞음

P 37~38 ＊과학자들이 언론을 대하는 자세

avoid＋동명사 목적어
One way to avoid / contributing to overhyping a story / would
명사적 용법 (보어)
be to say nothing. //
피하는 한 가지 방법은 / 이야기를 과대광고하는 것에 대한 기여를 / 아무 말도 하지 않는 것이다 //

주격 관계대명사(선행사: scientists)
However, that is not a realistic option / for scientists who feel
형용사적 용법(responsibility 수식)
a strong sense of responsibility / to inform the public and
to inform과 to offer 병렬 연결
policymakers / and/or to offer suggestions. //
그러나 그것은 현실적인 선택지가 아니다 / 강한 책임감을 느끼는 과학자들에게는 / 대중과 정책 입안자에게 정보를 전해야 한다는 / 그리고/또는 제안을 제공해야 한다는 //

동명사 주어(단수 취급)　　　　　　　　　　　　단수 동사
Speaking with members of the media / has (a) advantages /
in getting a message out / and perhaps receiving favorable
병렬 구조
recognition, /
언론 구성원들과의 대화는 / 장점이 있다 / 메시지를 알려지게 하고 / 아마 호의적인 인정을 받을 수 있다는 /

of의 목적어의 병렬 구조
but it runs the risk / of misinterpretations, the need for repeated
clarifications, and entanglement in never-ending controversy. //
그러나 위험을 감수한다 / 오해를 일으키고 반복적인 해명이 필요하며 끝없는 논란에 얽힐 //

whether+to부정사: ~할지 안 할지
Hence, the decision of whether to speak with the media / tends
to be highly individualized. // 37번 단서: 과학자들이 언론과 대화할지 말지를
결정하는 것은 매우 개인적인 경향이 있음
따라서 언론과 대화할지 여부는 / 아주 개인적으로 결정되는 경향이 있다 //

가주어　　　　　　　　　　　　　　　　의미상 주어　　　　진주어
Decades ago, / it was (b) unusual / for Earth scientists to have
주격 관계대명사
results / that were of interest to the media, / and consequently
거의 ~없는(부정어)　　　　= interesting (of+명사 = 형용사)
few media contacts were expected or encouraged. //
수십 년 전에 / 일반적이지 않았다 / 지구과학자들이 연구 결과를 발표하는 것은 / 언론의 흥미를 끄는 / 따라서 결과적으로 언론과의 접촉이 기대되거나 권장되는 것은 거의 없었다 //

a(the) few: 소수의　　　　주격 관계대명사
In the 1970s, / the few scientists who spoke frequently with the
media / were often (c) criticized / by their fellow scientists / for
동명사의 완료형 (이전 시점)
having done so. //
1970년대에는 / 언론과 자주 대화하는 소수의 과학자들은 / 흔히 비난을 받았다 / 동료 과학자들로부터 / 그렇게 한 것에 대해 //

The situation now is quite different, / as many scientists feel a responsibility to speak out / because of the importance of global warming and related issues, /
지금은 상황이 아주 다른데 / 많은 과학자가 공개적으로 말해야 한다는 책임감을 느끼고 있으며 / 지구 온난화와 관련 문제의 중요성 때문에 /

and many reporters share these feelings. //
많은 기자도 이런 감정들을 공유하고 있기 때문이다 //

In addition, / many scientists are finding / **that**(명사절 접속사) they (d) enjoy / the media attention / and the public recognition **that**(주격 관계대명사) comes with it. //
게다가 / 많은 과학자는 알아 가고 있다 / 자신이 즐기고 있다는 사실을 / 언론의 주목과 / 그에 따른 대중의 인정을 //

At the same time, / other scientists continue to resist speaking with reporters, /
38번 단서: 과학자가 언론과의 접촉을 피하는 이유는 언론 보도로 자신의 연구 결과가 잘못 인용되거나 불쾌해질 수 있는 위험을 감수하려는 것이 아니라 피하려는 것임
동시에 / 다른 과학자들은 기자들과의 대화를 계속 물리치며 / 피하려는 것임

thereby **preserving**(분사구문의 병렬 구조) more time for their science / and (e) **running** (→ **avoiding**) the risk / of being misquoted / and the other unpleasantries associated with media coverage. //
그렇게 함으로써 자신의 과학을 위해 더 많은 시간을 지켜 내고 / 위험을 감수한다(→ 피한다) / 잘못 인용되는 / 그리고 언론 보도와 관련된 다른 불쾌한 일들의 //

- contribute to ~에 기여하다
- responsibility ⓝ 책임
- recognition ⓝ 인정
- run a risk of ~의 위험이 있다
- misinterpretation ⓝ 오해
- clarification ⓝ 해명
- controversy ⓝ 논란
- resist ⓥ 저항하다, 물리치다
- preserve ⓥ 보존하다
- misquote ⓥ (말이나 글을) 잘못 인용하다
- unpleasantry ⓝ 불쾌한 상황
- coverage ⓝ (언론의) 보도

이야기를 과대광고하는 것에 대한 기여를 피하는 한 가지 방법은 아무 말도 하지 않는 것이다. 그러나 그것은 대중과 정책 입안자에게 정보를 전하고/전하거나 제안을 제공해야 한다는 강한 책임감을 느끼는 과학자들에게는 현실적인 선택지가 아니다. 언론 구성원들과의 대화는 메시지를 알려지게 하고 아마 호의적인 인정을 받을 수 있다는 (a) 장점이 있지만, 오해를 일으키고 반복적인 해명이 필요하며 끝없는 논란에 얽힐 위험을 감수한다. 따라서 언론과 대화할지 여부는 아주 개인적으로 결정되는 경향이 있다. 수십 년 전에 지구과학자들이 언론의 흥미를 끄는 연구 결과를 발표하는 것은 (b) 일반적이지 않았고, 따라서 결과적으로 언론과의 접촉이 기대되거나 권장되는 것은 거의 없었다. 1970년대에는, 언론과 자주 대화하는 소수의 과학자들은 흔히 그렇게 한 것에 대해 동료 과학자들로부터 (c) 비난을 받았다. 지금은 상황이 아주 다른데, 많은 과학자가 지구 온난화와 관련 문제의 중요성 때문에 공개적으로 말해야 한다는 책임감을 느끼고 있으며 많은 기자도 이런 감정들을 공유하고 있기 때문이다. 게다가, 많은 과학자는 자신이 언론의 주목과 그에 따른 대중의 인정을 (d) 즐기고 있다는 사실을 알아 가고 있다. 동시에, 다른 과학자들은 기자들과의 대화를 계속 물리치며, 그렇게 함으로써 자신의 과학을 위해 더 많은 시간을 지켜 내고, 잘못 인용되거나 언론 보도와 관련된 다른 불쾌한 일들의 위험을 (e) 감수한다(→ 피한다).

P 37 정답 ②

윗글의 제목으로 가장 적절한 것은?

① The Troubling Relationship Between Scientists and the Media
과학자와 언론 간의 문제가 있는 관계 과학자와 언론 간의 관계가 성가시거나 문제가 있다는 내용이 아님
② A Scientist's Choice: To Be Exposed to the Media or Not?
과학자의 선택: 언론에 노출될 것인가, 말 것인가?
과학자들이 언론과 접촉할 것인지에 대한 결정은 매우 개인적임
③ Scientists! Be Cautious When Talking to the Media
과학자들이여! 언론에 말할 때 조심하시오 언론이 과학자에게 미치는 부정적인 영향만을 다루는 글이 아님
④ The Dilemma over Scientific Truth and Media Attention
과학적 진실과 언론의 주목에 대한 딜레마 과학적 진실과 언론의 딜레마에 관한 내용이 아님
⑤ Who Are Responsible for Climate Issues, Scientists or the Media?
누가 기후 문제에 책임이 있나, 과학자인가, 언론인가? 기후 문제의 책임에 관한 내용이 아님

김아린 | 충남대 의예과 2024년 입학 · 대전한빛고 졸

난 시험장에서 글을 쭉 읽다가 Hence라는 표현을 보고 일단 표시해놓았어. 마지막까지 읽으니 글의 후반부에서도 다시 그 내용이 나오더라고. 41~42번 문제는 장문이라 조금 어려울 수 있지만, 나처럼 부사나 접속사 표현들에서 힌트를 얻으면서 푸는 것도 좋을 거 같아. 또, many scientists, other scientists처럼 서로 다른 그룹을 대조하는 부분도 유심히 살펴보자!

P 38 정답 ⑤

밑줄 친 (a)~(e) 중에서 문맥상 낱말의 쓰임이 적절하지 않은 것은?

① (a) 장점 과학자들이 언론과 대화하는 것은 일부 '장점'이 있음
② (b) 과거에는 과학자들이 언론의 주목을 끌 만한 연구 결과를 발표하는 경우는 '일반적이지 않았음'
③ (c) 과거에 언론과 접촉했던 소수의 과학자는 자신의 행동으로 '비난을 받았음'
④ (d) 오늘날에는 과학자들이 언론의 주목과 대중의 인정을 '즐기고 있음'
⑤ (e) 오늘날 언론과의 접촉을 계속 물리치는 과학자들은 언론 보도로 인한 불쾌한 일들을 '피하고자' 하는 것임

③ (c) criticized 비난을 받았다

[1970년대에는(In the 1970s), 언론과 자주 대화하는 소수의 과학자들은 흔히 그렇게 한 것에 대해 동료 과학자들로부터 (c) 비난을 받았다.]

→ 과거에는 과학자들이 언론과 접촉하는 것이 권장되지 않았기 때문에, 언론과 접촉했던 소수의 과학자는 자신의 행동으로 비난을 받았다고 하는 것은 적절하다.

▶ criticized는 문맥에 맞음

④ (d) enjoy 즐기다

[게다가, 많은 과학자는 자신이 언론의 주목과 그에 따른 대중의 인정을 (d) 즐기고 있다는 사실을 알아 가고 있다.]

→ 오늘날 과학자들은 언론과 접촉하여 자신의 목소리를 내야 할 책임감을 느끼고, 언론의 주목과 대중의 인정을 즐기고 있다고 하는 것은 자연스럽다.

▶ enjoy는 문맥에 맞음

조수근 | 순천향대 의예과 2024년 입학 · 성남 태원고 졸

나는 지문을 읽기 전에 밑줄이 있는 어휘의 반의어를 미리 밑줄 아래에 써놓고 지문을 읽거든. 이 문제에서도 ⑤의 running 아래에 avoiding을 써놓고, 지문을 읽을 때 무엇이 더 적합한지 판단하는 거야. 이런 식으로 문제를 풀면 적절하지 않은 어휘를 더 명확하게 찾을 수 있고, 반의어로 대체되는 것이 더 자연스럽다는 것을 확인함으로써 내가 고른 답에 대한 확신을 얻을 수 있어.

P 39~40 * 주변 사람들의 반응으로 판단하는 것

Once an event is noticed, / an onlooker must decide / if it is truly an emergency. //
일단 어떤 사건이 목격되면 / 구경하는 사람은 결정해야 한다 / 그것이 정말로 비상 상황인지 //

Emergencies are not always clearly (a) labeled / as such; /
비상 상황은 항상 명확하게 꼬리표가 붙어 있는 것은 아니다 / 그와 같은 것으로 /

"smoke" / pouring into a waiting room / may be caused by fire, / or it may merely indicate a leak / in a steam pipe. //
'연기'는 / 대기실로 쏟아져 들어오는 / 화재에 의해 발생될 수도 있고 / 또는 그것은 단순히 누출을 나타낼 수도 있다 / 증기 파이프의 //

Screams in the street may signal / an attack or a family quarrel. //
거리에서의 비명은 나타낼 수도 있다 / 공격이나 가족 간의 다툼을 //

A man / lying in a doorway / may be having a coronary / — or he may simply be sleeping off a drunk. //
한 남자는 / 출입구에 누워 있는 / 관상동맥증을 앓고 있을 수도 있고 / 또는 그가 그저 술을 깨려고 잠을 자고 있을 수도 있다 //

A person / trying to interpret a situation / often looks at those around him / to see / how he should react. //
사람은 / 어떤 한 상황을 해석하려고 하는 / 흔히 자기 주변 사람들을 본다 / 알기 위해 / 자신이 어떻게 반응해야 하는지 //

If everyone else is calm and indifferent, / he will tend to remain so; / if everyone else is reacting strongly, / he is likely to become alert. //
만약 다른 모든 사람이 침착하고 무관심하다면 / 그는 그런 상태를 유지하려는 경향이 있을 것이다 / 다른 모든 사람이 강하게 반응하고 있다면 / 그는 아마 경계하게 될 것이다 //

This tendency is not merely blind conformity; / ordinarily we derive much valuable information / about new situations / from how others around us behave. //
이러한 경향은 단순히 맹목적인 순응이 아니다 / 보통 우리는 많은 귀중한 정보를 얻는다 / 새로운 상황에 관한 / 우리 주변의 다른 사람들이 어떻게 행동하는지로부터 //

It's a (b) rare traveler / who, in picking a roadside restaurant, / chooses / to stop at one / where no other cars appear / in the parking lot. //
드문 여행객이 / 길가의 식당을 고를 때 선택한다 / 식당에서 멈추기로 / 다른 차가 없는 / 주차장에 //

But occasionally the reactions of others provide / (c) accurate(→ false) information. //
그러나 때때로 다른 사람들의 반응은 제공한다 / 정확한(→ 틀린) 정보를 //

The studied nonchalance of patients / in a dentist's waiting room / is a poor indication / of their inner anxiety. //
연구된 환자의 무관심은 / 치과병원 대기실에서 / 형편없는 암시이다 / 그들의 내면의 불안에 대한 //

It is considered embarrassing / to "lose" your cool" in public. //
~은 창피한 일로 여겨진다 / 사람들 앞에서 '냉정함을 잃는' 것은 //

In a potentially acute situation, / then, / everyone present will appear more (d) unconcerned / than he is in fact. //
잠재적으로 심각한 상황에서 / 그렇다면 / 그곳에 있는 모든 사람은 더 무관심한 것처럼 보일 것이다 / 실제로 그가 그런 것보다 //

A crowd can thus force (e) inaction / on its members / by implying, / through its passivity, / that an event is not an emergency. //
따라서 군중은 가만히 있는 것을 강제할 수 있다 / 그것의 구성원들에게 / 넌지시 비춤으로써 / 그것의 수동성을 통해 / 사건이 비상 상황이 아님을 //

Any individual / in such a crowd / fears / that he may appear a fool / if he behaves / as though it were. //
누구라도 / 그런 군중 속에 있는 / 두려워한다 / 자신이 바보처럼 보일까 봐 / 자신이 행동하면 / 그 사건이 비상 상황인 것처럼 //

- onlooker ⓝ 구경꾼   · merely ⓐⓓ 그저, 단지   · leak ⓝ 누출, 누설
- quarrel ⓝ 말다툼, 불만   · alert ⓐ 경계하는, 기민한
- tendency ⓝ 경향, 성향   · blind ⓐ 눈이 먼, 맹목적인
- conformity ⓝ (규칙에) 따름   · derive ⓥ 끌어내다, 얻다
- valuable ⓐ 귀중한, 값비싼   · anxiety ⓝ 불안(감), 염려
- embarrassing ⓐ 난처한, 당혹스러운   · cool ⓝ 냉정, 침착
- potentially ⓐⓓ 잠재적으로, 어쩌면   · acute ⓐ 극심한, 예민한
- passivity ⓝ 수동성, 소극성

일단 어떤 사건이 목격되면, 구경하는 사람은 그것이 정말로 비상 상황인지 결정해야 한다. 비상 상황은 항상 명확하게 그와 같은 것으로 (a) 꼬리표가 붙어 있는 것은 아닌데, 대기실로 쏟아져 들어오는 '연기'는 화재에 의해 발생할 수도 있고 단순히 증기 파이프의 누출을 나타낼 수도 있다. 거리에서의 비명은 공격이나 가족 간의 다툼을 나타낼 수도 있다. 출입구에 누워 있는 한 남자는 관상동맥증을 앓고 있을 수도 있고 그저 술을 깨려고 잠을 자고 있을 수도 있다. 어떤 한 상황을 해석하려고 하는 사람은 자신이 어떻게 반응해야 하는지 알기 위해 흔히 자기 주변 사람들을 본다. 만약 다른 모든 사람이 침착하고 무관심하다면, 그는 그런 상태를 유지하려는 경향이 있을 것이고, 다른 모든 사람이 강하게 반응하고 있다면, 그는 아마 경계하게 될 것이다. 이러한 경향은 단순히 맹목적인 순응이 아닌데, 보통 우리는 우리 주변의 다른 사람들이 어떻게 행동하는지로부터 새로운 상황에 관한 많은 귀중한 정보를 얻는다. 길가의 식당을 고를 때 주차장에 다른 차가 없는 식당에서 멈추는 여행객은 (b) 드물다. 그러나 때때로 다른 사람들의 반응은 (c) 정확한(→ 틀린) 정보를 제공한다. 연구된 치과병원 대기실 환자의 무관심은 그들의 내면의 불안을 제대로 보여주지 않는다. 사람들 앞에서 '냉정함을 잃는' 것은 창피한 일로 여겨진다. 그렇다면, 잠재적으로 심각한 상황에서, 그곳에 있는 모든 사람은 실제보다 더 (d) 무관심한 것처럼 보일 것이다. 따라서 군중은 수동성을 통해 사건이 비상 상황이 아님을 넌지시 비춤으로써 구성원들이 (e) 가만히 있도록 강제할 수 있다. 그런 군중 속에 있는 사람은 누구라도 그 사건이 비상 상황인 것처럼 행동하면 자신이 바보처럼 보일까 봐 두려워한다.

P 39 정답 ①

윗글의 제목으로 가장 적절한 것은?

① Do We Judge Independently? The Effect of Crowds
   우리는 독립적으로 판단을 하는가? 군중의 영향   주변 사람들의 반응을 보고 판단함
② Winning Strategy: How Not to Be Fooled by Others
   승리 전략: 다른 사람에 속지 않는 방법   속지 않는 방법을 설명한 것이 아님
③ Do Emergencies Affect the Way of Our Thinking?
   비상 상황이 우리의 사고방식에 영향을 끼치는가?   비상 상황인지 판단하는 근거에 대한 내용임
④ Stepping Towards Harmony with Your Neighbors
   이웃과의 조화를 향해 발걸음을 내딛기   '주변 사람들'로 만든 오답
⑤ Ways of Helping Others in Emergent Situations
   비상의 상황에서 다른 사람을 돕는 방법

왜 정답? [정답률 66%]

어떤 사건을 목격했을 때 그것이 정말 비상 상황인지 판단하는 데 있어 주변 사람들의 반응을 살핀다면서, 그러한 판단 근거가 정확한 경우도 있고 그렇지 않은 경우도 있다는 내용이다.

정확하든 아니든 판단에 있어 주변 사람들의 반응을 근거로 삼는다는 내용이므로 제목으로 ① '우리는 독립적으로 판단을 하는가? 군중의 영향'이 적절하다.

왜 오답?

② 마지막 문장에서 바보처럼 보일까 봐 주변 사람들과 비슷하게 행동한다고 하면서 a fool이 언급된 것으로 만든 오답이다. (함정)

③, ⑤ 비상 상황인지 아닌지를 판단하는 데 있어 주변 사람들의 반응을 살핀다는 내용으로, 비상 상황이 우리의 사고방식에 영향을 미친다거나 비상 상황에서 어떻게 다른 사람을 돕는지 설명한 것이 아니다.

④ '주변 사람들'이 핵심 소재인 것으로 만든 오답이다.

P 40 정답 ③

밑줄 친 (a)~(e) 중에서 문맥상 낱말의 쓰임이 적절하지 <u>않은</u> 것은?

① (a) 비상 상황일 수도 있고 아닐 수도 있는 꼬리표를 붙이다 → 예시가 이어짐
② (b) 주변 사람들로부터 얻는 정보가 귀중한 드문 경우의 예시임
③ (c) 주변 사람들로부터 얻는 정보가 귀중한 정확한 경우의 예시에 역접으로 연결됨
④ (d) 사람들 앞에서 냉정을 잃는 것이 창피한 무관심한 일로 여겨지는 상황임
⑤ (e) 군중이 비상 상황이 아니라고 암시하는 상황임 → 행동하지 않음

왜 정답? [정답률 56%]

주변 사람들로부터 판단의 근거를 얻는 것이 바람직한 경우와 그렇지 않은 경우를 나누어 설명한 글이다.

주변 사람들로부터 '귀중한' 정보를 얻는 예시에 역접의 연결어로 이어졌으므로 (c)가 포함된 문장은 주변 사람들의 반응이 ③ '정확한' 정보를 제공한다는 것이 아니라 '귀중하지 않은', 즉 틀린(false) 정보를 제공한다는 등의 내용이 되어야 한다.

왜 오답?

① 연기, 거리에서의 비명, 출입구에 누워 있는 남자가 비상 상황임을 나타낼 수도 있고 아닐 수도 있다는 예시가 이어지는 것으로 비상 상황이 항상 명확하게 꼬리표가 붙는 것은 아니라는 표현은 적절하다.

② 다른 사람들이 이용하지 않는 음식점을 선택하는 여행객은 드물다는 예시를 들어 우리가 주변의 다른 사람들로부터 귀중한 정보를 얻는다는 앞 문장을 부연했다.

④ 사람들 앞에서 냉정함을 잃는 것이 창피한 일로 여겨지는 상황에서는 사람들이 실제보다 더 무관심한 것처럼 보일 것이다.

⑤ 주변 사람들의 반응을 보고 비상 상황인지를 판단한다고 했으므로, 군중은 일어난 일이 비상 상황이 아니라고 넌지시 암시함으로써 개인에게 어떤 행동을 하지 않도록 강제할 수 있을 것이다.

P 41~42 ⭐ 2등급 대비

＊사생활에 대한 권리

The right to privacy may extend / only to **the point** / **where** it does not restrict / someone else's right / to freedom of expression / or right to information. //

사생활에 대한 권리는 확대될 수 있다 / 정도까지만 / 그것이 제한하지 않는 / 다른 사람의 권리를 / 표현의 자유에 대한 / 또는 정보에 대한 권리를 //

The scope of the right to privacy / is (a) similarly restricted / by the general interest / **in preventing crime** / or **in promoting public health**. //

사생활에 대한 권리의 범위는 / 비슷하게 제한된다 / 공공이익에 의해 / 범죄 예방이나 / 공중 보건 증진에서의 //

However, / **when** we move away / from the property-based notion of a right / (**where** the right to privacy would protect, / for example, / images and personality), /

하지만 / 우리가 옮겨갈 때 / 속성에 기반을 둔 권리 개념에서 / (사생활에 대한 권리가 보호하는 / 예를 들어 / 이미지와 인격을) /

to modern notions / of private and family life, / we find **it** (b) easier(→ harder) / **to establish** the limits of the right. //

현대적 개념으로 / 사생활과 가족의 생활이라는 / 우리는 ~이 더 쉽다(→ 더 어렵다) 것을 알게 된다 / 그 권리의 한계를 설정하기가 //

This is, of course, the strength / of the notion of privacy, / in that it can adapt / to meet / changing expectations and technological advances. //

이것은 물론 강점이다 / 사생활 개념의 / 그것이 적응할 수 있다는 점에서 / 대처하기 위해 / 변화하는 기대와 기술 진보에 //

In sum, / *what* is privacy today? //

요컨대 / 오늘날 사생활이란 '무엇'인가 //

The concept includes a claim / **that** we should be unobserved, / and **that** certain information and images / about us / should not be (c) circulated / without our permission. //

그 개념은 주장을 포함한다 / 우리가 주시당하지 않아야 한다는 / 그리고 특정 정보와 이미지가 / 우리에 관한 / 유포되어서는 안 된다는 / 우리의 허락 없이 //

Why did these privacy claims arise? //

'왜' 이러한 사생활 주장들이 생겼는가 //

They arose / because powerful people took offence / at such observation. //

그것은 생겼다 / 영향력 있는 사람들이 불쾌감을 느꼈기 때문에 / 그렇게 주시당하는 것에 //

Furthermore, / privacy incorporated the need / **to protect** the family, home, and correspondence / from arbitrary (d) interference /

게다가 / 사생활은 필요성을 포함했고 / 가족, 가정, 그리고 서신을 보호할 / 임의의 간섭으로부터 /

and, in addition, / there has been a determination / **to protect** honour and reputation. //

또한 / 확고한 의지가 있었다 / 명예와 평판을 보호하려는 //

How is privacy protected? // 사생활은 '어떻게' 보호되는가 //

Historically, privacy was protected / by restricting circulation / of the damaging material. //

역사적으로 사생활은 보호되었다 / 유포를 제한함으로써 / 피해를 주는 자료의 //

But if the concept of privacy / first became interesting legally / as a response / to reproductions of images / through photography and newspapers, /

그러나 사생활 개념이 / 처음 법적으로 관심을 끌게 되었다면 / 대응으로 / 이미지의 재생산에 대한 / 사진과 신문을 통한 /

more recent technological advances, / such as data storage, digital images, and the Internet, / (e) **pose** new threats to privacy. //

더 근래의 기술 발전은 / 자료 저장, 디지털 이미지, 그리고 인터넷과 같은 / 사생활에 새로운 위험을 제기한다 //

The right to privacy / **is now being reinterpreted** / to meet those challenges. //

사생활에 대한 권리는 / 이제 재해석되고 있다 / 그러한 문제들에 대처하기 위해 //

- **right** ⓝ 권리, 권한
- **privacy** ⓝ 사생활
- **extend** ⓥ 확대하다
- **restrict** ⓥ 제한하다
- **expression** ⓝ 표현
- **scope** ⓝ 범위
- **similarly** ⓐⓓ 비슷하게
- **general** ⓐ 보편적인, 일반적인
- **prevent** ⓥ 예방하다
- **crime** ⓝ 범죄
- **promote** ⓥ 촉진하다
- **public** ⓐ 공공의
- **property-based** 속성에 기반을 둔
- **notion** ⓝ 개념, 생각
- **personality** ⓝ 인격, 성격
- **modern** ⓐ 현대적인
- **private** ⓐ 사적인
- **establish** ⓥ 설정하다
- **limit** ⓝ 한계
- **strength** ⓝ 강점, 장점
- **in that** ~라는 관점에서
- **adapt** ⓥ 적응하다
- **meet** ⓥ 잘 대처하다
- **expectation** ⓝ 기대, 예상
- **technological** ⓐ 기술상의

- advance ⓝ 발전, 진보 • in sum 요컨대 • concept ⓝ 개념
- include ⓥ 포함하다 • claim ⓝ 주장, 권리
- unobserved ⓐ 주시당하지 않는 • certain ⓐ 특정한, 어떤
- circulate ⓥ 유포하다 • permission ⓝ 허락, 허가
- arise ⓥ 생기다, 발생하다 • offence ⓝ 모욕 • observation ⓝ 관찰
- furthermore ⓐⓓ 게다가 • incorporate ⓥ 포함하다
- correspondence ⓝ 서신, 편지 • interference ⓝ 간섭, 참견
- determination ⓝ 결심, 결정 • honour ⓝ 명예
- reputation ⓝ 평판 • material ⓝ 자료, 재료, 소재
- legally ⓐⓓ 법률적으로 • response ⓝ 대응, 대답
- reproduction ⓝ 재생산 • recent ⓐ 최근의
- storage ⓝ 저장, 보관 • pose ⓥ (문제 등을) 제기하다
- threat ⓝ 위협 • reinterpret ⓥ 재해석하다 • challenge ⓝ 도전

사생활에 대한 권리는 다른 사람의 표현의 자유에 대한 권리나 정보에 대한 권리를 제한하지 않는 정도까지만 확대될 수 있다. 사생활에 대한 권리의 범위는 범죄 예방이나 공중 보건 증진에서의 공공이익에 의해 (a) 비슷하게 제한된다. 하지만 우리가 속성에 기반을 둔 권리 개념(예를 들어, 사생활에 대한 권리가 이미지와 인격을 보호하는)에서 사생활과 가족의 생활이라는 현대적 개념으로 옮겨갈 때, 우리는 그 권리의 한계를 설정하기가 (b) 더 쉽다(→ 더 어렵다)는 것을 알게 된다. 이것은 물론 변화하는 기대와 기술 진보에 대처하기 위해 적응할 수 있다는 점에서, 사생활 개념의 강점이다.

요컨대, 오늘날 사생활이란 '무엇'인가? 그 개념은 우리가 주시당하지 않아야 한다는 주장과 우리에 관한 특정 정보와 이미지가 우리의 허락 없이 (c) 유포되어서는 안 된다는 주장을 포함한다. '왜' 이러한 사생활 주장들이 생겼는가? 그것은 영향력 있는 사람들이 그렇게 주시당하는 것에 불쾌감을 느꼈기 때문에 생겼다. 게다가 사생활은 가족, 가정, 그리고 서신을 임의의 (d) 간섭으로부터 보호할 필요성을 포함했고, 또한 명예와 평판을 보호하려는 확고한 의지가 있었다. 사생활은 '어떻게' 보호되는가? 역사적으로 사생활은 피해를 주는 자료의 유포를 제한함으로써 보호되었다. 그러나 사생활 개념이 사진과 신문을 통한 이미지의 재생산에 대한 대응으로 처음 법적으로 관심을 끌게 되었다면, 자료 저장, 디지털 이미지, 그리고 인터넷과 같은 더 근래의 기술 발전은 사생활에 새로운 위협을 (e) 제기한다. 사생활에 대한 권리는 이제 그러한 문제들에 대처하기 위해 재해석되고 있다.

P 41 정답 ③

윗글의 제목으로 가장 적절한 것은?
① Side Effects of Privacy Protection Technologies
사생활 보호 기술의 부작용 　사생활을 보호하는 기술에 대한 내용이 아님
② The Legal Domain of Privacy Claims and Conflicts
사생활 주장과 갈등의 법률적 영역 　legally가 언급된 것으로 만든 오답
③ The Right to Privacy: Evolving Concepts and Practices
사생활에 대한 권리: 진화하는 개념과 실제 　사생활 개념이 변화함에 따라 사생활에 대한 권리도 진화함
④ Who Really Benefits from Looser Privacy Regulations?
더 느슨한 사생활 규정으로부터 누가 정말 득을 보는가? 　사생활 규정의 엄격함의 정도에 대한 언급은 없음
⑤ Less Is More: Reduce State Intervention in Privacy!
적을수록 좋다: 사생활에 대한 국가의 개입을 줄여라! 　현상을 설명하는 것이지, 어떤 주장을 드러내는 것이 아님

왜 2등급? 모든 선택지에 '사생활'이라는 공통된 단어가 들어가 있어서 **단서** 글을 유심히 읽지 않으면 헷갈리기 쉬운 문제였다. **발상**

| 문제 풀이 순서 | [정답률 71%]

1st 선택지와 앞부분을 통해 핵심 소재를 확인하고 글의 내용을 예상한다.

선택지	모든 선택지에 '사생활'이라는 어휘가 등장한다.
앞부분	사생활에 대한 권리는 다른 사람의 표현의 자유에 대한 권리나 정보에 대한 권리를 제한하지 않는 정도까지만 확대될 수 있다.

→ 사생활에 대한 권리가 다른 사람의 권리를 제한하지 않는 정도까지 확대될 수 있다고 했으므로 사생활 권리의 범위를 다루는 내용이 이어질 것이다.

2nd **1st**에서 발상한 것을 토대로 글을 읽고, 내용을 파악하여 제목을 고른다.

- 이것은 물론 변화하는 기대와 기술 진보에 대처하기 위해 적응할 수 있다는 점에서 사생활 개념의 강점이다. **41번** 단서1
- 사생활에 대한 권리는 이제 그러한 문제들에 대처하기 위해 재해석되고 있다.
 41번 단서2

→ 사생활 개념은 변화하는 기대와 기술 진보에 적응할 수 있다는 강점이 있고, 최근의 기술 발전이 제기하는 새로운 위협에 대처하기 위해 사생활에 대한 권리가 재해석되고 있다는 내용이다. 즉, 사생활 개념은 시대에 따라 변화하고 그에 따라 사생활에 대한 권리 역시 진화한다는 것이다. 따라서 이 글의 제목으로 가장 적절한 것은 ③ '사생활에 대한 권리: 진화하는 개념과 실제'이다.

| 선택지 분석 |

① 자료 저장, 디지털 이미지, 인터넷과 같은 최근의 기술 발전은 사생활을 보호하는 기술의 예시로서 언급된 것이 아니라 최근의 기술 발전에 발맞추어 사생활에 대한 권리가 재해석되고 있다는 설명을 하기 위해 언급되었다.
② 사생활 개념이 처음에는 사진과 신문을 통한 이미지의 재생산에 대한 대응으로 법적인 관심을 끌었다는 내용으로 만든 오답이다.
③ 사생활 개념이 시대에 따라 변화하고 사생활에 대한 권리 역시 진화한다는 내용이다.
④ 사생활 개념을 더 엄격하게 규정하는지, 느슨하게 규정하는지를 설명한 것이 아니라 상황에 따라 변화하는 사생활 개념에 대한 내용이다.
⑤ 개인의 사생활에 대해 국가가 개입하지 말라는 주장을 펴는 글이 아니다.

P 42 정답 ②

밑줄 친 (a)~(e) 중에서 문맥상 낱말의 쓰임이 적절하지 않은 것은? [3점]
① **(a)** 사생활에 대한 권리가 제한되는 경우가 비슷하게 앞뒤로 이어짐
② **(b)** 사생활 개념이 변화하면 사생활에 대한 더 쉬운 권리의 한계를 설정하는 것이 더 어려움
③ **(c)** '사진과 신문을 통한 이미지의 재생산'과 유포되는 같은 맥락임
④ **(d)** 사생활은 자신의 가족, 가정, 서신을 간섭 외부로부터 보호할 필요성을 포함함
⑤ **(e)** 최근의 기술 발전이 제기하는 새로운 위협에 대처하기 위해 재해석됨 제기하다

왜 2등급? 주제와 일관되지 않는 표현을 찾기 위해, **단서** 정답이 포함된 문장에 나타난 연결어로 어조를 파악해야 할 것이다. **발상**

왜 정답? [정답률 70%]

② (b) easier 더 쉬운

하지만(However) 우리가 속성에 기반을 둔 권리 개념(예를 들어, 사생활에 대한 권리가 이미지와 인격을 보호하는)에서 사생활과 가족의 생활이라는 현대적 개념으로 옮겨갈 때, 우리는 그 권리의 한계를 설정하기가 (b) ~~더 쉽다는~~ 더 어렵다는 것을 알게 된다.

→ 사생활의 권리의 한계를 설명한 첫 두 문장에 역접의 연결어 However로 이어진 것으로 보아, (b)가 포함된 문장은 사생활에 대한 권리의 한계를 설정하는 것이 더 '어렵다'는 의미가 되어야 한다.

▶ easier를 반의어인 harder(더 어려운)로 바꿔야 함

왜 오답?

① (a) similarly 비슷하게

사생활에 대한 권리의 범위는 범죄 예방이나 공중 보건 증진에서의 공공이익에 의해 (a) 비슷하게 제한된다.

→ 앞 문장에서 사생활에 대한 권리가 확대될 수 있는 정도, 즉 사생활에 대한 권리의 한계를 설명했고, (a)가 포함된 문장에서도 사생활에 대한 권리가 제한되는 경우를 설명했으므로 사생활에 대한 권리의 범위는 '비슷하게' 제한된다.

▶ similarly는 문맥에 맞음

③ (c) circulated 유포되는

그 개념은 우리가 주시당하지 않아야 한다는 주장과 우리에 관한 특정 정보와 이미지가 우리의 허락 없이 (c) 유포되어서는 안 된다는 주장을 포함한다.

→ 사진과 신문을 통한 이미지의 재생산에 대한 대응으로 사생활 개념이 법적인 관심을 끌었다는 후반부의 내용을 통해 우리에 관한 특정 정보와 이미지가 우리의 허락 없이 '유포되어서는' 안 된다는 주장이 사생활 개념에 포함됨을 알 수 있다.

▶ circulated는 문맥에 맞음

④ (d) interference 간섭

게다가 사생활은 가족, 가정, 그리고 서신을 임의의 (d) 간섭으로부터 보호할 필요성을 포함했고, 또한 명예와 평판을 보호하려는 확고한 의지가 있었다.

➡ 외부로부터 주시당하는 것에 불쾌감을 느꼈기 때문에 사생활에 대한 주장들이 생겨났다는 것으로 보아 사생활이 가족, 가정, 서신을 임의의 '간섭'으로부터 보호할 필요성을 포함한다는 것은 적절하다.

▶ interference는 문맥에 맞음

⑤ (e) pose 제기하다

└ 그러나 사생활 개념이 사진과 신문을 통한 이미지의 재생산에 대한 대응으로 처음 법적으로 관심을 끌게 되었다면, 자료 저장, 디지털 이미지, 그리고 인터넷과 같은 더 근래의 기술 발전은 사생활에 새로운 위협을 (e) 제기한다.

➡ 최근의 기술 발전이 '제기한' 사생활에 대한 새로운 위협들에 대처하기 위해 사생활에 대한 권리가 재해석되고 있다는 흐름이다.

▶ pose는 문맥에 맞음

＊ 사생활(privacy)

개인에게 관계되는 개념으로, 당사자의 허락 없이 보거나 공개할 수 없는 개인의 비밀에 속하는 사항을 말한다. 사생활은 특히 19세기 이후의 미국에서 발전한 개념이지만, 사상적으로는 개인주의와 자유주의의 발전 속에 계보를 갖는다.

오늘날 사생활의 법적 보호나 개인정보 수집의 규제에 대한 필요성이 강하게 요구되고 있는데, 이는 복지 국가화와 함께 진행되어 온 관리사회화, 고도 정보기술의 산업화와 보급, 대중 매체나 인터넷의 발달 등이 사생활에 큰 위협이 되고 있기 때문이다.

사생활은 개인의 자율성 및 고유성의 존중과 자유롭게 열린 민주주의의 형성이라는 두 가지 관념을 지닌다.

P 43~44 ⭐ 2등급 대비

＊ 전문가를 능가하는 간단한 공식

There is evidence / that even very simple algorithms / can outperform expert judgement / on simple prediction problems. // **43번** 단서 1: 간단한 예측 문제에 있어 간단한 공식이 전문가의 판단을 능가할 수 있음
증거가 있다 / 매우 간단한 알고리즘조차도 / 전문가의 판단을 능가할 수 있다는 / 간단한 예측 문제에 대한 //

For example, / algorithms have proved more (a) accurate / than humans /
예를 들어 / 알고리즘이 더 정확하다고 입증되었다 / 인간보다 /

in predicting / whether a prisoner / released on parole / will go on to commit another crime, / or in predicting / whether a potential candidate will perform well / in a job in future. //
예측하는 데 / 죄수가 / 가석방으로 풀려난 / 계속해서 다른 범죄를 저지를 것인지 / 또는 예측하는 데 / 잠재적인 지원자가 일을 잘할 것인지를 / 장차 직장에서 //

In over 100 studies / across many different domains, / half of all cases show /
100개가 넘는 연구에서 / 많은 다른 영역에 걸친 / 모든 사례의 절반은 보여준다 /

simple formulas make (b) better significant predictions / than human experts, / and the remainder / (except a very small handful), / show a tie / between the two. // **43번** 단서 2 간단한 공식이 인간 전문가보다 더 나은 예측을 함
간단한 공식이 더 나은 중요한 예측을 하고 / 인간 전문가보다 / 그 나머지는 / (아주 적은 소수를 제외하고) / 무승부를 보여준다 / 둘 사이의 //

When there are a lot of different factors involved / and a situation is very uncertain, / simple formulas can win out / by focusing / on the most important factors / and being consistent, /
관련된 많은 다른 요인이 있을 때 / 그리고 상황이 매우 불확실할 (때) / 간단한 공식이 승리할 수 있다 / 초점을 맞춤으로써 / 가장 중요한 요소에 / 그리고 일관적임으로써 /

---

while human judgement is too easily influenced / by particularly salient and perhaps (c) irrelevant considerations. //
인간의 판단은 너무 쉽게 영향을 받는 반면에 / 특히 두드러지고 아마도 관련이 없는 고려 사항에 의해 //

A similar idea is supported / by further evidence / that 'checklists' can improve / the quality of expert decisions / in a range of domains /
유사한 생각이 뒷받침된다 / 추가적인 증거에 의해 / '점검표'가 향상할 수 있다는 / 전문가의 결정의 질을 / 다양한 영역에서 /

by ensuring / that important steps or considerations aren't missed / when people are feeling (d) relaxed(→ overloaded). //
확실히 함으로써 / 중요한 조치나 고려 사항이 놓쳐지지 않는다는 것을 / 사람들이 편안하다고 (→ 일이 너무 많다고) 느낄 때 //

For example, / treating patients in intensive care / can require hundreds of small actions / per day, / and one small error could cost a life. // **44번** 단서: 집중 치료 중인 환자를 치료하는 것은 편안하게 느껴지는 일이 아님
예를 들어 / 집중 치료 중인 환자를 치료하는 것은 / 수백 가지의 작은 조치를 필요로 할 수 있으며 / 하루에 / 작은 실수 하나가 목숨을 잃게 할 수 있다 //

Using checklists / to ensure / that no crucial steps are missed / has proved to be remarkably (e) effective /
점검표를 사용하는 것은 / 확실히 하기 위해 / 어떠한 중요한 조치도 놓쳐지지 않는 것을 / 현저하게 효과적이라는 것이 입증되었다 /

in a range of medical contexts, / from preventing live infections / to reducing pneumonia. //
다양한 의학적 상황에서 / 당면한 감염을 예방하는 것에서부터 / 폐렴을 줄이는 것에 이르기까지 //

- evidence ⓝ 증거 ・ outperform ⓥ 능가하다
- judgement ⓝ 판단 ・ prediction ⓝ 예측 ・ accurate ⓐ 정확한
- release ⓥ 풀어 주다, 석방[해방]하다
- commit ⓥ (그릇된 일 · 범죄를) 저지르다[범하다]
- potential ⓐ 잠재적인 ・ candidate ⓝ 지원자, 응시자
- domain ⓝ (지식 · 활동의) 영역[분야] ・ formula ⓝ 공식
- significant ⓐ 중요한 ・ remainder ⓝ 나머지
- handful ⓝ 줌, 움큼 ・ tie ⓝ 동점, 무승부 ・ factor ⓝ 요소
- uncertain ⓐ 불확실한 ・ win out 승리하다, 성취하다
- consistent ⓐ 일관된, 변함없는 ・ consideration ⓝ 숙고, 고려 사항
- a range of 다양한 ・ ensure ⓥ 보장하다
- intensive ⓐ 집중적인, 많은 주의를 기울여야 하는
- crucial ⓐ 중대한, 결정적인 ・ remarkably ⓐⓓ 놀랍게도
- live ⓐ 당면한, 현재 관심을 모으는 ・ infection ⓝ 감염
- prioritise ⓥ 우선순위를 매기다 ・ myth ⓝ 신화, 근거 없는 믿음
- simplicity ⓝ 간단함, 평이함 ・ beat ⓥ 이기다

　매우 간단한 알고리즘조차도 간단한 예측 문제에 대한 전문가의 판단을 능가할 수 있다는 증거가 있다. 예를 들어, 가석방으로 풀려난 죄수가 계속해서 다른 범죄를 저지를 것인지 예측하거나, 잠재적인 지원자가 장차 직장에서 일을 잘할 것인지를 예측하는 데 알고리즘이 인간보다 더 (a) 정확하다고 입증되었다. 많은 다른 영역에 걸친 100개가 넘는 연구에서, 모든 사례의 절반은 간단한 공식이 인간 전문가보다 (b) 더 나은 중요한 예측을 하고, 그 나머지(아주 적은 소수를 제외하고)는 둘 사이의 무승부를 보여준다.

　관련된 많은 다른 요인이 있고 상황이 매우 불확실할 때, 가장 중요한 요소에 초점을 맞추고 일관성을 유지함으로써 간단한 공식이 승리할 수 있는 반면, 인간의 판단은 특히 두드러지고 아마도 (c) 관련이 없는 고려 사항에 의해 너무 쉽게 영향을 받는다. 사람들이 (d) 편안하다고(→ 일이 너무 많다고) 느낄 때 중요한 조치나 고려 사항을 놓치지 않도록 함으로써 '점검표'가 다양한 영역에서 전문가의 결정의 질을 향상할 수 있다는 추가적인 증거가 유사한 생각을 뒷받침한다. 예를 들어, 집중 치료 중인 환자를 치료하려면 하루에 수백 가지의 작은 조치가 필요할 수 있으며, 작은 실수 하나로 목숨을 잃게 할 수 있다. 어떠한 중요한 조치라도 놓치지 않기 위해 점검표를 사용하는 것은 당면한 감염을 예방하는 것에서부터 폐렴을 줄이는 것에 이르기까지 다양한 의학적 상황에서 현저하게 (e) 효과적이라는 것이 입증되었다.

윗글의 제목으로 가장 적절한 것은?

① The Power of Simple Formulas in Decision Making
의사 결정을 할 때의 간단한 공식의 힘 　　　　인간 전문가보다 더 나음
② Always Prioritise: Tips for Managing Big Data
항상 우선순위를 결정하라: 빅 데이터 관리 요령 　　우선순위의 중요성에 대한 내용이 아님
③ Algorithms' Mistakes: The Myth of Simplicity
알고리즘의 실수: 단순함에 대한 근거 없는 믿음
④ Be Prepared! Make a Checklist Just in Case
준비하라! 만일의 경우를 대비해 점검표를 만들어라 　지엽적인 내용으로 만든 오답 　알고리즘이 인간의 판단을 이긴다는 글임
⑤ How Human Judgement Beats Algorithms
인간의 판단이 알고리즘을 이기는 방법

오왜 2등급? 글 전체의 핵심 단어인 알고리즘이 오히려 정답인 선택지에 직접적으로 언급되지 않았다. **단서** 지문에 나타난 알고리즘의 특징을 정리하여 그것이 어느 상황에서 유용하게 쓰이는지 파악해야 문제를 해결할 수 있을 것이다. **발상**

| 문제 풀이 순서 | [정답률 57%]

1st 선택지와 앞부분을 통해 핵심 소재를 확인하고 글의 내용을 예상한다.

선택지	거의 모든 선택지에 '의사 결정', '우선 순위', '빅 데이터', '알고리즘', '판단'과 같은 표현들이 등장한다.
앞부분	매우 간단한 알고리즘조차도 간단한 예측 문제에 대한 전문가의 판단을 능가할 수 있다는 증거가 있다. **43번** 단서 1

➡ 알고리즘이 간단한 예측 문제에 대한 전문가의 판단을 능가할 수 있다는 증거가 있다고 했으므로 알고리즘의 예측 능력을 다루는 내용이 이어질 것이다.

2nd **1st** 에서 발상한 것을 토대로 글을 읽고, 내용을 파악하여 제목을 고른다.

― • 간단한 공식이 인간 전문가보다 더 나은 중요한 예측을 하고, … **43번** 단서 2

➡ 간단한 예측 문제에 있어 매우 간단한 알고리즘조차도 전문가의 판단을 능가할 수 있다는 문장으로 글을 시작했다. 이후로 간단한 공식이 인간 전문가보다 더 나은 중요 예측을 한다는 설명과 이성적이지 않은 인간의 판단과 대조되는 간단한 공식의 장점에 대한 부연이 이어진다. 따라서 이 글의 제목으로 가장 적절한 것은 ① '의사 결정을 할 때의 간단한 공식의 힘'이다.

| 선택지 분석 |

① 간단한 공식(알고리즘)이 전문가의 판단을 능가할 정도로 더 나은 예측을 한다는 내용이다.
② 우선순위 결정의 중요성이나 빅 데이터에 관련된 내용이 아니다.
③ 알고리즘이 인간의 판단을 능가하는 경우를 설명하는 글이므로 제목으로 적절하지 않다.
④ 간단한 공식이 승리할 수 있다는 생각을 뒷받침하는 증거로 점검표에 의해 향상되는 전문가의 결정의 질을 든 것이다. 점검표 자체에 대해 이야기하는 글이 아니다.
⑤ 알고리즘이 인간의 판단을 능가하는 경우를 설명하는 글이므로 제목으로 적절하지 않다.

밑줄 친 (a)~(e) 중에서 문맥상 낱말의 쓰임이 적절하지 않은 것은?

① (a) 알고리즘이 전문가의 판단을 능가하는 사례　② (b)
정확한　　　　　　　　　　　　　　　　　　더 나은
③ (c) 간단한 공식과 대조되는 인간의 판단　　　④ (d) 집중 치료 중인 환자를 치료하는 것이
관련이 없는　　　　　　　　　　　　　　　　편안한 사례임
⑤ (e) 전문가의 결정의 질을 향상함
효과적인

오왜 2등급? 글의 주제에서 단서를 파악하는 문제가 아니었다. **단서** 정답이 포함된 문장 뒤에 제시된 상황으로부터 단서를 파악해야 할 것이다. **발상**

오왜 정답? [정답률 62%]

④ (d) relaxed 편안한
　　　　　　　일이 너무 많다고
― 사람들이 (d) 편안하다고 느낄 때 중요한 조치나 고려 사항을 놓치지 않도록 함으로써 '점검표'가 다양한 영역에서 전문가의 결정의 질을 향상할 수 있다는 추가적인 증거가 유사한 생각을 뒷받침한다.

➡ 이어지는 사례의 내용은 하루에 수백 가지의 작은 조치를 필요로 하는 집중 치료 중인 환자를 치료하는 데 있어 어떠한 중요한 조치도 놓치지 않기 위해 점검표를 사용한다는 것이다.
이는 취해져야 하는 조치가 너무 많을 때 점검표가 도움이 되는 상황에 대한 사례이므로 ④ (d) relaxed를 overloaded(일이 너무 많은) 등의 단어로 바꿔야 한다. ▶ relaxed를 반의어인 overloaded(일이 너무 많은)로 바꿔 볼 것

오왜 오답?

① (a) accurate 정확한
― 예를 들어, 가석방으로 풀려난 죄수가 계속해서 다른 범죄를 저지를 것인지 예측하거나, 잠재적인 지원자가 장차 직장에서 일을 잘할 것인지를 예측하는 데 알고리즘이 인간보다 더 (a) 정확하다고 입증되었다.

➡ 매우 간단한 알고리즘조차 전문가의 판단을 능가할 수 있다는 앞 문장에 대한 예시로 알고리즘이 인간보다 더 '정확하다고' 입증된 예측의 사례를 설명한다.
▶ accurate는 문맥에 맞음

② (b) better 더 나은
― 많은 다른 영역에 걸친 100개가 넘는 연구에서, 모든 사례의 절반은 간단한 공식이 인간 전문가보다 (b) 더 나은 중요한 예측을 하고, 그 나머지(아주 적은 소수를 제외하고)는 둘 사이의 무승부를 보여준다.

➡ 글의 흐름이 전환되지 않았으므로, 절반의 연구 사례가 간단한 공식(알고리즘)이 인간 전문가보다 '더 나은' 중요한 예측을 한다는 것을 보여준다는 설명은 흐름에 적절하다. ▶ better는 문맥에 맞음

③ (c) irrelevant 관련이 없는
― 관련된 많은 다른 요인이 있고 상황이 매우 불확실할 때, 가장 중요한 요소에 초점을 맞추고 일관성을 유지함으로써 간단한 공식이 승리할 수 있는 반면, 인간의 판단은 특히 두드러지고 아마도 (c) 관련이 없는 고려 사항에 의해 너무 쉽게 영향을 받는다.

➡ 가장 중요한 요소에 초점을 맞추고 일관성을 유지하는 간단한 공식과, '관련 없는' 고려 사항에 너무 쉽게 영향을 받는 인간의 판단이 대조된다.
▶ irrelevant는 문맥에 맞음

⑤ (e) effective 효과적인
― 어떠한 중요한 조치라도 놓치지 않기 위해 점검표를 사용하는 것은 당면한 감염을 예방하는 것에서부터 폐렴을 줄이는 것에 이르기까지 다양한 의학적 상황에서 현저하게 (e) 효과적이라는 것이 입증되었다.

➡ 점검표가 전문가의 결정의 질을 향상할 수 있음을 보여주는 추가적인 증거에 대해 이야기하는 문장으로, 어떠한 중요한 조치도 놓치지 않기 위해 점검표를 사용하는 것이 '효과적이라는' 것이 입증되었다는 설명은 적절하다.
▶ effective는 문맥에 맞음

＊상상력이 따라잡기 어려운 기후 변화

　　　　　　　　　　　　주어
Climate change experts and environmental humanists alike
동사
agree /
기후 변화 전문가들과 환경 인문주의자들은 똑같이 동의한다 /
목적어절 접속사
that the climate crisis / is, at its core, a crisis of the imagination / and much of the popular imagination / is shaped by fiction. //
기후 위기가 / 근원적으로 상상력의 위기이며 / 대중적 상상력의 많은 부분이 / 소설에 의해 형성된다는 데 //
　　45번 단서 1: 기후 위기가 근원적으로 상상력의 위기인데,
　　대중적 상상력의 많은 부분이 소설에 의해 형성됨

In his 2016 book *The Great Derangement*, / anthropologist and novelist Amitav Ghosh / takes on this relationship / between imagination and environmental management, /
자신의 2016년도 책 〈The Great Derangement〉에서 / 인류학자이자 소설가인 Amitav Ghosh는 / 이러한 관계를 다루면서 / 상상과 환경 관리 사이의 /

arguing / that humans have failed to respond / to climate change / at least in part / because fiction (a) fails to believably represent
　　　현재분사 arguing의 목적어절 접속사
it. // **45번** 단서 2: 대중적 상상력의 많은 부분을 형성하는 소설이 기후 변화를 믿을 만하게 표현하지 못함
주장한다 / 인간이 대응하는 데 실패했다고 / 기후 변화에 / 최소한 부분적으로는 / 소설이 그것을 믿을 수 있게 표현하지 못하기 때문에 //

Ghosh explains / that climate change is largely absent / from contemporary fiction /
동사 explains의 목적어절 접속사
Ghosh는 설명한다 / 기후 변화는 대체로 존재하지 않는다고 / 현대 소설에 /
앞에 목적격 관계대명사가 생략됨
because the cyclones, floods, and other catastrophes / it brings to mind / simply seem too "improbable" / to belong in stories / about everyday life. //
45번 단서 3: 기후 변화가 상상력을 벗어나기 때문에 현대 소설이 기후 변화를 다루지 못함
사이클론, 홍수, 그리고 다른 큰 재해들이 / 그것이 상기시키는 / 그야말로 너무 '있을 것 같지 않은' 것처럼 보이기 때문에 / 이야기에 속하기에는 / 일상생활에 관한 //

But climate change does not only reveal itself / as a series of (b) extraordinary events. //
그러나 기후 변화는 자신을 드러내지 않는다 / 일련의 놀라운 사건들로만 //

In fact, / as environmentalists and ecocritics / from Rachel Carson to Rob Nixon / have pointed out, /
사실 / 환경론자들과 생태 비평가들이 / Rachel Carson에서 Rob Nixon에 이르는 / 지적했듯이 / 46번 단서 1: 환경 변화가 빠르게 진행된다면 감지할 수 있을 것임
environmental change can be "imperceptible"; / it proceeds (c) rapidly(→ gradually), / only occasionally producing / "explosive and spectacular" events. //
환경 변화는 '감지할 수 없을' 수 있다 / 그것은 빠르게(→ 점진적으로) 진행되며 / 단지 이따금 만들어 낸다 / '폭발적이고 극적인' 사건들을 //

Most climate change impacts / cannot be observed day-to-day, / but they become (d) visible / when we are confronted / with their accumulated impacts. //
〈시간〉의 부사절 접속사
대부분의 기후 변화의 영향은 / 매일 관찰될 수는 없지만 / 그것들은 눈에 보이게 된다 / 우리가 직면할 때 / 그것들의 축적된 영향에 //

Climate change evades our imagination / because it poses / significant representational challenges. //
기후 변화는 우리의 상상을 벗어난다 / 그것이 제기하기 때문에 / 커다란 표현상의 도전을 //
주격 보어절을 이끄는 의문사
It cannot be observed / in "human time," / which is / why documentary filmmaker Jeff Orlowski, / who tracks climate change effects / on glaciers and coral reefs, /
주어
주격 관계대명사
그것은 관찰될 수 없는데 / '인간의 시간' 동안에는 / 그것이 ~이다 / 왜 다큐멘터리 영화 제작자 Jeff Orlowski가 / 기후 변화의 영향을 추적하는 / 빙하와 산호초에 미치는 /
동사
uses "before and after" photographs / taken several months apart / in the same place / to (e) highlight changes / that occurred gradually. //
46번 단서 2: 점진적으로 일어난 환경 변화를 강조하기 위해 같은 장소에서 수개월 간격으로 찍은 전후 사진을 이용함
'전과 후' 사진을 이용한다 (이유이다) / 수개월 간격으로 찍힌 / 같은 장소에서 / 변화를 강조하기 위해 / 점진적으로 일어난 //

- humanist ⓝ 인문주의자, 인도주의자 · crisis ⓝ 위기
- core ⓝ 중심부 · derangement ⓝ 혼란 (상태)
- contemporary ⓐ 동시대의, 현대의 · flood ⓝ 홍수, 쇄도
- improbable ⓐ 있을 것 같지 않은, 별난
- extraordinary ⓐ 기이한, 비범한 · environmentalist ⓝ 환경론자
- imperceptible ⓐ (너무 작아서) 감지할 수 없는 · occasionally ⓐ 가끔
- explosive ⓐ 폭발성의, (분노를) 촉발하는
- spectacular ⓐ 장관을 이루는, 극적인 · impact ⓝ 영향, 충격
- day-to-day ⓐ 그날그날의, 매일 행해지는
- accumulate ⓥ 축적하다 · pose ⓥ (위협·문제 등을) 제기하다
- significant ⓐ 중요한, 커다란
- representational ⓐ 표현적인, 대표(제)의
- track ⓥ 추적하다, 뒤쫓다 · glacier ⓝ 빙하 · coral reef 산호초
- highlight ⓥ 강조하다 · gradually ⓐ 서서히

기후 변화 전문가들과 환경 인문주의자들은 기후 위기가 근원적으로 상상력의 위기이며 대중적 상상력의 많은 부분이 소설에 의해 형성된다는 데 똑같이 동의한다. 인류학자이자 소설가인 Amitav Ghosh는 자신의 2016년도 책 〈The Great Derangement〉에서 상상과 환경 관리 사이의 이러한 관계를 다루면서, 인간이 기후 변화에 대응하는 데 실패한 것은 최소한 부분적으로는 소설이 그것을 믿을 수 있게 표현하지 (a) 못하기 때문이라고 주장한다. Ghosh는 기후 변화는 그것이 상기시키는 사이클론, 홍수, 그리고 다른 큰 재해들이 그야말로 일상생활에 관한 이야기에 속하기에는 너무 '있을 것 같지 않은' 것처럼 보이기

때문에 현대 소설에 대체로 존재하지 않는다고 설명한다. 그러나 기후 변화는 일련의 (b) 놀라운 사건들로만 자신을 드러내는 것은 아니다. 사실, Rachel Carson에서 Rob Nixon에 이르는 환경론자들과 생태 비평가들이 지적했듯이, 환경 변화는 '감지할 수 없을' 수 있는데, 즉 그것은 (c) 빠르게(→ 점진적으로) 진행되며, 단지 이따금 '폭발적이고 극적인' 사건들을 만들어 낼 뿐이다. 대부분의 기후 변화의 영향은 매일 관찰될 수는 없지만, 우리가 그것들의 축적된 영향에 직면할 때 그것들은 (d) 눈에 보이게 된다. 기후 변화는 그것이 커다란 표현상의 도전을 제기하기 때문에 우리의 상상을 벗어난다. 그것은 '인간의 시간' 동안에는 관찰될 수 없는데, 그것이 빙하와 산호초에 미치는 기후 변화의 영향을 추적하는 다큐멘터리 영화 제작자 Jeff Orlowski가 점진적으로 일어난 변화를 (e) 강조하기 위해 수개월 간격으로 같은 장소에서 찍은 '전과 후' 사진을 이용하는 이유이다.

P 45 정답 ③

윗글의 제목으로 가장 적절한 것은?
① Differing Attitudes Towards Current Climate Issues
현재의 기후 문제에 대한 다양한 태도 · 기후 문제를 대하는 여러 태도를 나열한 것이 아님
② Slow but Significant: The History of Ecological Movements
느리지만 중요한: 생태 운동의 역사 · 생태 운동의 역사를 설명하는 글이 아님
③ The Silence of Imagination in Representing Climate Change
기후 변화를 표현하는 데 있어서의 상상력의 침묵 · 소설(상상력)에 기후 변화가 존재하지 않음
④ Vivid Threats: Climate Disasters Spreading in Local Areas
뚜렷한 위협: 지역에서 퍼져나가는 기후 재앙들 · 기후 변화로 인한 구체적인 재해를 설명한 것이 아님
⑤ The Rise and Fall of Environmentalism and Ecocriticism
환경주의와 생태 비평의 흥망성쇠 · 환경주의나 생태 비평이 소재가 아님

왜 1등급? 기후 변화와 상상력이라는, 무관해 보이는 두 소재를 다룸으로써 주제를 파악하기 어렵고 전반적으로 어휘 수준이 높았다. 단서 '소설에 등장하지 않는다'라는 것이 '상상력을 넘어선다'라는 표현으로 연결되어야 문제를 해결할 수 있을 것이다. 발상

| 문제 풀이 순서 | [정답률 62%]

1st 선택지와 앞부분을 통해 핵심 소재를 확인하고 글의 내용을 예상한다.

선택지	거의 모든 선택지에 '기후 문제', '생태', '환경'과 같은 표현들이 등장한다.
앞부분	기후 변화 전문가들과 환경 인문주의자들은 기후 위기가 근원적으로 상상력의 위기이며 대중적 상상력의 많은 부분이 소설에 의해 형성된다는 데 똑같이 동의한다. 45번 단서 1

→ 이 글은 기후 변화와 환경과 관련된 내용일 것이다.
→ 앞부분에서 기후 위기가 상상력의 위기이며 상상력의 많은 부분이 소설에 의해 형성된다고 했으므로 기후 위기와 상상력의 관계에 관한 설명이 나올 것이다.

2nd 1st 에서 발상한 것을 토대로 글을 읽고, 내용을 파악한다.

- … 인간이 기후 변화에 대응하는 데 실패한 것은 최소한 부분적으로는 소설이 그것을 믿을 수 있게 표현하지 (a) 못하기 때문이라고 주장한다. 45번 단서 2
- Ghosh는 기후 변화는 그것이 상기시키는 사이클론, 홍수, 그리고 다른 큰 재해들이 그야말로 일상생활에 관한 이야기에 속하기에는 너무 '있을 것 같지 않은' 것처럼 보이기 때문에 현대 소설에 대체로 존재하지 않는다고 설명한다. 45번 단서 3

→ 소설이 기후 변화를 믿을 만하게 표현하지 못하며, 기후 변화로 인한 재해는 그야말로 너무 있을 것 같지 않아서 소설에 등장하지 않는다고 했다.

3rd 글의 주제에 알맞은 제목을 고른다.

→ 결국 '기후 변화가 우리의 상상력을 넘어서기 때문에 표현되지 않는다'라는 것이 이 글의 주제이다. 따라서 ③ '기후 변화를 표현하는 데 있어서의 상상력의 침묵'이 이 글의 제목으로 가장 적절하다.

| 선택지 분석 |

① 기후 문제에 대해 기후 변화 전문가, 환경 인문주의자, 환경론자, 생태 비평가 등이 서로 다른 태도를 보인다는 등의 글이 아니다.
② 생태 운동의 역사가 느리게 진행되었지만 중요하다는 내용은 아니다.
③ 기후 변화가 우리의 상상력을 넘어서기 때문에 표현되지 않는다는 내용이다.
④ the cyclones, floods, and other catastrophes가 언급된 것으로 만든 오답이다. 기후 변화로 인한 이러한 기후 재앙들을 구체적으로 설명하는 것이 아니다.
⑤ environmentalists and ecocritics로 만든 오답이다. 이 글은 상상력을 넘어서는 기후 변화에 대해 이야기하는 글이다.

밑줄 친 (a)~(e) 중에서 문맥상 낱말의 쓰임이 적절하지 <u>않은</u> 것은? [3점]

① (a) 기후 위기 인식에 소설이 영향을 미침 실패하다
② (b) 환경 변화는 감지할 수 없을 수 있음 놀라운
③ (c) 마지막 문장에서 기후 변화로 인한 변화가 빠르게 점진적으로 일어난다고 했음
④ (d) cannot be observed와 but으로 연결됨 눈에 보이는
⑤ (e) 같은 장소에서 수개월 간격으로 찍은 강조하다 전후 사진을 이용하는 이유임

왜 1등급? 정답을 고르기 위해 정답인 선택지가 포함된 문장뿐만 아니라 마지막 문장도 살펴야 하는 1등급 대비 문제이다.

| 문제 풀이 순서 | [정답률 60%]

1st 각 낱말의 의미를 먼저 확인하고, 반의어를 미리 생각해 놓는다.

- (a) fails: 실패하다 ↔ succeeds: 성공하다
- (b) extraordinary: 놀라운 ↔ ordinary: 평범한
- (c) rapidly: 빠르게 ↔ gradually: 점진적으로
- (d) visible: 눈에 보이는 ↔ invisible: 눈에 보이지 않는
- (e) highlight: 강조하다 ↔ overlook: 간과하다

➡ 선택지에 제시된 낱말과 반대 의미를 나타내는 낱말을 넣었을 때 문맥이 성립되는 경우에 정답인 경우가 많다. 그런데 모든 선택지가 반의어를 떠올릴 수 있으므로 정답이 될 가능성이 있어서 앞뒤 내용을 잘 파악해야 한다.

2nd 선택지의 앞뒤 내용을 파악해서 문맥이 자연스러운지 확인한다.

① (a) fails 못하다

⌐ … 인간이 기후 변화에 대응하는 데 실패한 것은 최소한 부분적으로는
⌐ 소설이 그것을 믿을 수 있게 표현하지 (a) 못하기 때문이라고 주장한다.

➡ 앞 문장에서 기후 위기 대처에 소설이 영향을 미친다고 했으므로, 인간이 기후 변화에 대응하는 데 실패한 부분적인 이유는 소설이 기후 변화를 믿을 수 있게 표현하지 '못하기' 때문이다.

▶ fails는 문맥에 맞음

② (b) extraordinary 놀라운

⌐ 그러나 기후 변화는 일련의 (b) 놀라운 사건들로만 자신을 드러내는 것은
⌐ 아니다.

➡ 앞 문장에서 기후 변화는 그것이 상기시키는 사이클론, 홍수, 그리고 다른 큰 재해들이 너무 '있을 것 같지 않은' 것처럼 보인다고 했으므로, 기후 변화는 일련의 '놀라운' 사건들로만 자신을 드러내는 것은 아니라는 표현은 적절하다.

▶ extraordinary는 문맥에 맞음

③ (c) rapidly 빠르게

⌐ … 환경 변화는 '감지할 수 없을' 수 있는데, 즉 그것은 (c) 빠르게 진행되며,
⌐ 단지 이따금 '폭발적이고 극적인' 사건들을 만들어 낼 뿐이다.

➡ (c)가 포함된 절 앞뒤로, 환경 변화는 감지할 수 없을 수 있다는 내용과 폭발적이고 극적인 사건들은 단지 이따금 일어날 뿐이라는 내용이 이어진다. 이는 환경 변화가 빠르고 폭발적이며 극적으로 진행되는 것이 아니라는 것을 의미한다. 마지막 문장에서 한 다큐멘터리 영화 제작자는 '점진적으로' 일어난 기후 변화의 영향을 추적하기 위해 같은 장소에서 수개월 간격으로 찍은 전후 사진을 이용한다고 했다. rapidly를 반의어인 gradually로 바꿔야 앞뒤 문맥이 자연스러워지므로 정답은 ③이다.

▶ rapidly는 문맥에 맞지 않음 ➡ 반의어로 바꿔 볼 것

④ (d) visible 눈에 보이는

⌐ 대부분의 기후 변화의 영향은 매일 관찰될 수는 없지만, 우리가 그것들의
⌐ 축적된 영향에 직면할 때 그것들은 (d) 눈에 보이게 된다.

➡ 역접의 연결어 but을 사이에 두고 cannot be observed와 visible이 자연스럽게 이어진다.

▶ visible은 문맥에 맞음

⑤ (e) highlight 강조하다

⌐ 그것은 '인간의 시간' 동안에는 관찰될 수 없는데, 그것이 빙하와 산호초에
⌐ 미치는 기후 변화의 영향을 추적하는 다큐멘터리 영화 제작자 Jeff
⌐ Orlowski가 점진적으로 일어난 변화를 (e) 강조하기 위해 수개월
⌐ 간격으로 같은 장소에서 찍은 '전과 후' 사진을 이용하는 이유이다.
  46번 단서 2

➡ 기후 변화의 영향을 추적하는 다큐멘터리에 같은 장소에서 수개월 간격으로 찍은 사진을 이용하는 것은 점진적으로 일어난 변화를 '강조하기' 위해서일 것이다.

▶ highlight는 문맥에 맞음

배경 지식

✽ 기후(climate)와 날씨(weather)

사전적으로 기후는 일정한 지역에 장기간에 걸쳐 나타나는 대기 현상의 평균적인 상태를 말한다. 즉 날씨가 시시각각 변화하는 순간적인 대기 현상이라면, 기후는 장기간의 대기 현상을 종합한 것이다.

기후는 서양적인 의미로는 지후(地候), 동양적인 의미로는 24절기, 72후(候) 등 시후(時候)의 뜻이 강하다. 현재 우리가 사용하는 기후라는 말속에는 양자가 모두 포함되어 있다. 따라서 기후는 지구상의 특정한 장소에서 해마다 반복되는 가장 뚜렷한 대기 상태의 종합이라고 할 수 있다. 날씨는 길지 않은 시간대의 종합적인 기상 상태를 말한다. 다시 말해 기압, 기온, 습도, 바람, 구름의 양과 형태, 강수량, 일조, 대기의 혼탁한 정도 등의 기상요소를 종합한 대기의 상태인 것이다.

✽언어의 본질적 특성인 분류

Classifying things together into groups / is something we do / all the time, / and it isn't hard / to see why. //
사물들을 묶어서 그룹으로 분류하는 것은 / 우리가 하는 일이며 / 항상 / ~은 어렵지 않다 / 그 이유를 이해하는 것은 //

Imagine / trying to shop in a supermarket / where the food was arranged / in random order / on the shelves: /
상상해보라 / 슈퍼마켓에서 쇼핑하려고 하는 것을 / 음식이 배열된 / 마구잡이로 / 진열대에 //

tomato soup / next to the white bread / in one aisle, / chicken soup / in the back / next to the 60-watt light bulbs, /
토마토 수프 / 흰 빵 옆에 / 한 통로에서는 / 치킨 수프 / 뒤쪽에 있는 / 60와트 백열전구 옆에 /

one brand of cream cheese / in front / and another / in aisle 8 / near the cookies. //
한 크림치즈 브랜드 / 앞쪽에 / 또다른 하나 / 8번 통로로 / 쿠키 근처에 //

The task / of finding what you want / would be (a) time-consuming and extremely difficult, / if not impossible. //
일은 / 여러분이 원하는 것을 찾는 / 시간이 많이 걸리고 매우 어려울 것이다 / 불가능하지는 않더라도 //

In the case of a supermarket, / someone had to (b) design / the system of classification. //
슈퍼마켓의 경우 / 누군가는 설계해야 했다 / 분류 체계를 //

But there is also a ready-made system of classification /
embodied in our language. //
앞에 주격 관계대명사와 be동사가 생략됨
하지만 기성의 분류 체계도 있다 / 우리 언어에 포함되어 있는 // **48번** 단서: 단어 '개'는 특정 부류의 동물들(개)을 다른 동물들과 구별함
The word "dog," / for example, / groups together a certain class
of animals / and distinguishes them / from other animals. //
병렬 구조
'개'라는 단어는 / 예를 들어 / 특정 부류의 동물들을 함께 분류하여 / 그것들을 구별한다 / 다른 동물들로부터 //
Such a grouping may seem too (c) abstract(→ obvious) / to be
called a classification, / but this is only because you have already
mastered / the word. //
too ~ to-v: …하기에는 너무 ~한
그러한 분류가 너무 추상적으로(→ 분명해) 보일 수 있지만 / 분류라고 불리기에는 / 이것은 단지 여러분이 이미 숙달했기 때문이다 / 그 단어를 //
As a child / learning to speak, / you had to work hard / to (d)
learn the system of classification / your parents were trying / to
teach you. //
a child를 수식하는 현재분사구 / 선행사(to teach의 직접목적어) / 앞에 목적격 관계대명사가 생략됨
아이로서 / 말하기를 배우는 / 여러분은 열심히 노력해야 했다 / 분류 체계를 배우기 위해 / 여러분의 부모님이 애썼던 / 여러분에게 가르치려고 //
Before you got the hang of it, / you probably made mistakes, /
like calling the cat a dog. //
get the hang of: ~을 할[쓸] 줄 알게 되다 / calling의 목적어와 목적격 보어
여러분이 그것을 이해하기 전에 / 여러분은 아마 실수를 했을 것이다 / 고양이를 개라고 부르는 것과 같은 //
If you hadn't learned to speak, / the whole world would seem /
like the (e) unorganized supermarket; /
혼합가정법
만약 여러분이 말하기를 배우지 않았다면 / 온 세상이 보일 것이다 / 정돈되지 않은 슈퍼마켓처럼 /
you would be in the position of an infant, / for whom every
object is new and unfamiliar. //
선행사 / 전치사+관계대명사
여러분은 유아의 처지에 있을 것이다 / 모든 물건이 새롭고 낯선 //
In learning / the principles of classification, / therefore, / we'll
be learning / about the structure that lies at the core of our
language. //
선행사 / 주격 관계대명사
47번 단서: 분류의 원리를 배우는 것은 언어의 핵심에 있는 구조를 배우는 것임
배울 때 / 분류의 원리를 / 그러므로 / 우리는 배우고 있을 것이다 / 구조에 대해 / 우리 언어의 핵심에 있는 //

- classify A into B A를 B로 분류하다
- arrange ⓥ 배열하다, 정리하다
- random ⓐ 마구잡이의, 임의의
- order ⓝ 순서, 명령, 주문
- aisle ⓝ 통로, 복도
- time-consuming (많은) 시간이 걸리는
- extremely ⓐⓓ 매우, 극도로
- classification ⓝ 분류(법)
- ready-made 이미 만들어진, 기성의
- embody ⓥ 포함하다, 상징[구현]하다
- distinguish A from B A를 B와 구별하다
- abstract ⓐ 추상적인, 관념적인
- master ⓥ 숙달하다, 통달하다
- unorganized ⓐ 조직화되어 있지 않은, 정돈되지 않은
- infant ⓝ 유아, 아기
- core ⓝ 핵심, 중심부

사물들을 묶어서 그룹으로 분류하는 것은 우리가 항상 하는 일이며, 그 이유를 이해하는 것은 어렵지 않다. 음식이 진열대에 마구잡이로 배열된 슈퍼마켓에서 쇼핑하려고 한다고 상상해보라. 한 통로에서는 흰 빵 옆에 토마토 수프가 있고, 치킨 수프는 뒤쪽에 있는 60와트 백열전구 옆에 있고, 한 크림치즈 브랜드는 앞쪽에, 또다른 하나는 쿠키 근처의 8번 통로에 있다. 여러분이 원하는 것을 찾는 일은, 불가능하지는 않더라도, (a) 시간이 많이 걸리고 매우 어려울 것이다. 슈퍼마켓의 경우, 누군가는 분류 체계를 (b) 설계해야 했다. 하지만 또한 우리 언어에 포함되어 있는 기성의 분류 체계도 있다. 예를 들어, '개'라는 단어는 특정 부류의 동물들을 함께 분류하여 다른 동물들과 구별한다. 분류라고 하기에는 그러한 분류가 너무 (c) 추상적으로(→ 분명해) 보일 수 있지만, 이것은 단지 여러분이 이미 그 단어를 숙달했기 때문이다. 말하기를 배우는 아이로서, 여러분은 부모님이 가르치려고 애썼던 분류 체계를 (d) 배우기 위해 열심히 노력해야 했다. 여러분이 그것을 이해하기 전에, 아마 고양이를 개라고 부르는 것과 같은 실수를 했을 것이다. 만약 여러분이 말하기를 배우지 않았다면, 온 세상이 (e) 정돈되지 않은 슈퍼마켓처럼 보일 것이다. 여러분은 모든 물건이 새롭고 낯선 유아의 처지에 있을 것이다. 그러므로 분류의 원리를 배울 때, 우리는 우리 언어의 핵심에 있는 구조에 대해 배우고 있을 것이다.

P 47 정답 ②

윗글의 제목으로 가장 적절한 것은?
① Similarities of Strategies in Sales and Language Learning
영업과 언어 학습 전략의 유사성 / 영업 전략이나 언어 학습 전략은 언급되지 않음
② Classification: An Inherent Characteristic of Language
분류: 언어의 본질적 특성 / 분류의 원리를 배우는 것은 언어의 핵심에 있는 구조를 배우는 것임
③ Exploring Linguistic Issues Through Categorization
범주화를 통한 언어학적 문제 탐색 / 언어학적 문제를 탐색하는 방법에 대한 글이 아님
④ Is a Ready-Made Classification System Truly Better?
기성의 분류 시스템이 정말 더 나은가? / a ready-made system of classification으로 만든 오답
⑤ Dilemmas of Using Classification in Language Education
언어 교육에서 분류 활용의 딜레마 / 딜레마가 있다는 내용이 아님

왜 1등급? 마지막 문장을 제외한 대부분이 예시로 채워져 있어서 주제를 단번에 파악하기 쉽지 않다. **단서** 하지만 글의 마지막 문장에 therefore와 함께 핵심 주제가 있으므로 이 문장을 잘 찾는다면 글의 제목을 정하는 것은 어렵지 않을 것이다. **발상**

| 문제 풀이 순서 | [정답률 60%]

1st 선택지와 앞부분을 통해 핵심 소재를 확인하고 글의 내용을 예상한다.

선택지	거의 모든 선택지에 '언어', '분류'와 같은 표현들이 등장한다.
앞부분	사물들을 묶어서 그룹으로 분류하는 것은 우리가 항상 하는 일이며, 그 이유를 이해하는 것은 어렵지 않다.

➡ 이 글은 언어의 분류와 관련된 내용일 것이다.
➡ 앞부분에서 사물들을 분류하는 것은 일상적이며, 그 이유를 이해하는 것은 어렵지 않다고 했으므로 분류의 이유에 관한 설명이 나올 것이다.

2nd **1st** 에서 발상한 것을 토대로 글을 읽고, 내용을 파악한다.

- 그러므로 분류의 원리를 배울 때, 우리는 우리 언어의 핵심에 있는 구조에 대해 배우고 있을 것이다. **47번** 단서
➡ 언어의 핵심에 있는 구조는 분류의 원리라는 내용으로, therefore를 통해 이 글의 결론을 제시했다.

3rd 글의 주제에 알맞은 제목을 고른다.

➡ 결국 '분류는 언어의 핵심 구조이다'라는 것이 이 글의 주제이다. 따라서 ② '분류: 언어의 본질적 특성'이 이 글의 제목으로 가장 적절하다.

| 선택지 분석 |

① 슈퍼마켓의 영업 전략이 언어를 학습하는 전략과 유사하다는 내용이 아니다.
② 분류가 언어의 핵심 구조라는 내용이다.
③ 분류 체계를 이해하기 전에는 고양이를 개라고 부르는 것과 같은 실수를 했을 것이라는 내용으로 '언어학적 문제'라는 함정을 만들었다. 언어학적 문제를 탐색하는 데 있어 범주화를 사용하는 것을 설명하는 것이 아니다.
④ 기성의 분류 시스템과 새로운 분류 시스템을 대조하는 것이 아니다.
⑤ 언어를 교육하는 데 분류를 활용하는 것에 딜레마가 있다는 언급은 없다.

P 48 정답 ③

밑줄 친 (a)~(e) 중에서 문맥상 낱말의 쓰임이 적절하지 <u>않은</u> 것은?
① (a) 제품이 마구잡이로 배열된 슈퍼마켓에서 시간이 많이 걸리는 원하는 것을 찾는 일
② (b) 이미 만들어진 분류 체계가 있는 언어와 설계하다 다른 점
③ (c) 우리가 이미 '개'라는 단어를 숙달할 경우 추상적인 대한 설명임
④ (d) 말하기를 배우는 것은 분류 체계를 배우다 배우는 것임
⑤ (e) 분류 체계가 없는 슈퍼마켓을 가리킴 정돈되지 않은

왜 1등급? 정답을 고르기 위해 정답인 선택지가 포함된 문장뿐만 아니라 중간 부분의 예시를 같이 살펴야 하는 1등급 대비 문제이다.

| 문제 풀이 순서 | [정답률 54%]

1st 각 낱말의 의미를 먼저 확인하고, 반의어를 미리 생각해 놓는다.

- (a) time-consuming: 시간이 많이 걸리는 ↔ time-saving: 시간을 절약해 주는
- (b) design: 설계하다 ↔ ?
- (c) abstract: 추상적인 ↔ obvious: 분명한
- (d) learn: 배우다 ↔ teach: 가르치다
- (e) unorganized: 정돈되지 않은 ↔ organized: 정돈된

➡ 선택지에 제시된 낱말과 반대 의미를 나타내는 낱말을 넣었을 때 문맥이 성립되는 경우에 정답인 경우가 많다. (b)를 제외한 모든 선택지의 반의어를 떠올릴 수 있으므로 각 선택지의 앞뒤 내용을 잘 파악해야 한다.

2nd 선택지의 앞뒤 내용을 파악해서 문맥이 자연스러운지 확인한다.

① (a) time-consuming 시간이 많이 걸리는

└ 여러분이 원하는 것을 찾는 일은, 불가능하지는 않더라도, (a) 시간이 많이 걸리고 매우 어려울 것이다.

➡ 제품이 분류 체계 없이 진열대에 마구잡이로 배열된 슈퍼마켓에서 원하는 것을 찾는 일은 '시간이 많이 걸릴' 것이다.

  ▶ time-consuming은 문맥에 맞음

② (b) design 설계하다

─ 슈퍼마켓의 경우, 누군가는 분류 체계를 (b) 설계해야 했다.

➡ 슈퍼마켓의 경우에는 누군가가 분류 체계를 '설계해야' 했다는 것과 우리 언어에는 이미 만들어진 분류 체계가 있다는 내용이 역접의 연결어 But으로 자연스럽게 이어진다.

  ▶ design은 문맥에 맞음

③ (c) abstract 추상적인

└ 분류라고 하기에는 그러한 분류가 너무 (c) ~~추상적으~~로 (분명해) 보일 수 있지만, 이것은 단지 여러분이 이미 그 단어를 숙달했기 때문이다.

➡ 우리가 어떤 단어를 숙달했다면, 그 단어를 다른 단어와 구분하는 것을 분류라고 부르기에 '추상적으로' 보일 수 있다는 설명은 자연스럽지 않다.
abstract를 반의어인 obvious로 바꿔야 앞뒤 문맥이 자연스러워지므로 정답은 ③이다.

  ▶ abstract는 문맥에 맞지 않음 → 반의어로 바꿔 볼 것

④ (d) learn 배우다

└ 말하기를 배우는 아이로서, 여러분은 부모님이 가르치려고 애썼던 분류 체계를 (d) 배우기 위해 열심히 노력해야 했다.

➡ 분류의 원리를 배우는 것은 언어의 핵심에 있는 구조를 배우는 것이라는 내용의 글이므로 말을 배우는 아이는 분류 체계를 '배우려고' 노력한다는 설명이 적절하다.

  ▶ learn은 문맥에 맞음

⑤ (e) unorganized 정돈되지 않은

└ 만약 여러분이 말하기를 배우지 않았다면, 온 세상이 (e) 정돈되지 않은 슈퍼마켓처럼 보일 것이다.

➡ 말을 배우지 않은 것은 분류 체계를 배우지 않은 것이고, 이는 세상이 앞에서 설명한 '정돈되지 않은' 슈퍼마켓과 같다는 의미이다.

  ▶ unorganized는 문맥에 맞음

P 어휘 Review 정답 ⋯⋯⋯⋯⋯⋯⋯⋯⋯ 문제편 **p. 344**

01 경향, 성향	11 blend into	21 aspiration
02 꿰매다	12 aspire to	22 Procrastinators
03 묶인	13 rule out	23 perspectives
04 서서히	14 stem from	24 negotiations
05 신뢰할 수 있는	15 be inclined to	25 improbable
06 prescribed	16 reputation	26 artfully
07 underestimate	17 entities	27 abstract
08 superstition	18 duration	28 circulated
09 interference	19 prospect	29 inevitable
10 era	20 subjects	

Q 복합 문단의 이해

문제편 p. 346~368

Q 01~03 ＊Sophia가 래프팅을 제안한 이유

(A) **Fighting** / against the force of the water / **was** a thrilling challenge. //
맞서 싸우는 것은 / 물의 힘에 / 짜릿한 도전이었다 //

Sophia tried to keep herself planted firmly / in the boat, / **paying** attention to the waves / crashing against the rocks. //
Sophia는 단단히 버티어 자리 잡고 있으려고 애썼다 / 배에 / 물결에 주목하면서 / 바위에 세게 부딪히는 //

As the water got rougher, / she was forced to paddle harder / **to keep** the waves / **from** tossing her into the water. //
물이 더 거칠어지자 / 그녀는 더 열심히 노를 저을 수밖에 없었다 / 물결이 ~하지 못하게 / 자기를 물속으로 내동댕이치지 //

Her friends Mia and Rebecca / were paddling eagerly / behind her / to balance the boat. //
그녀의 친구들인 Mia와 Rebecca는 / 열심히 노를 젓고 있었다 / 그녀의 뒤에서 / 보트의 균형을 유지하려고 //

They were soaked / from all of the spray. //
그들은 흠뻑 젖었다 / 모든 물보라로 //

Mia shouted to Sophia, / "Are you OK? Aren't (a) you scared?" //
Mia는 Sophia에게 소리쳤다 / "너 괜찮니 / 너 무섭지 않니"라고 //

  *(A) 문단 요약: Sophia와 Mia, Rebecca는 보트 위에서 균형을 유지하며 열심히 노를 젓고 있음

(B) "You've got a good point. //
"네 말은 정말 일리가 있어 //

It's a real advantage / to graduate from college / with the mindset / of a daring adventurer," / Mia said. //
~은 정말 유리한 점이야 / 대학을 졸업하는 것은 / 마음가짐으로 / 위험을 마다하지 않는 모험가의"라고 / Mia가 말했다 //

Rebecca quickly added, / "That's **why** I went to Mongolia / before I started my first job / out of college. //
Rebecca가 재빨리 덧붙였다 / "그게 내가 몽골에 간 이유야 / 내가 내 첫 직장 생활을 시작하기 전에 / 대학을 나와서 //

Teaching English there / for two months / **was** a big challenge / for me. //
그곳에서 영어를 가르친 것은 / 두 달 동안 / 큰 도전이었어 / 내게 //

But (b) I learned a lot / from the experience. //
그런데 나는 많은 것을 배웠어 / 그 경험에서 //

It really **gave me the courage** / **to try** anything / in life." //
그것은 정말 내게 용기를 주었어 / 무슨 일이든 시도할 / 인생에서" //

Listening to her friends, / Sophia looked / at (c) her own reflection in the water / and saw a confident young woman / smiling back at her. //
자기 친구들의 말을 들으면서 / Sophia는 보았고 / 물에 비친 그녀 자신의 모습을 / 자신만만한 젊은 여자를 보았다 / 자신에게 미소를 되돌려주는 //

  *(B) 문단 요약: 몽골에서 영어를 가르쳤던 경험을 이야기하며 Rebecca는 친구의 말에 동의함

(C) "I'm great!" / Sophia shouted back excitedly. //
"나는 아주 좋아"라고 / Sophia는 신이 나서 되받아 소리쳤다 //

Even though the boat was getting thrown around, / the girls managed to avoid / hitting any rocks. //
보트가 이리저리 내던져지고 있었지만 / 그 여자들은 용케 피했다 / 어느 바위에도 부딪히는 것을 //

Suddenly, / almost as quickly as the water **had got** rougher, / the river seemed to calm down, / and they all felt relaxed. //
갑자기 / 거의 물이 더 거칠어졌던 것만큼 빠르게 / 강이 잔잔해지는 것처럼 보였고 / 그들은 모두 긴장을 풀었다 //

With a sigh of relief, / Sophia looked around. //
안도의 한숨을 쉬면서 / Sophia는 주변을 둘러보았다 //
"Wow! // What a wonderful view!" / (d) she shouted. //
"우아 // 정말 멋진 풍경이다"라고 / 그녀는 소리쳤다 //
= Sophia

The scenery around them / was breathtaking. //
그들 주변의 경치는 / 숨이 멎을 정도로 멋졌다 //

Everyone was speechless. //
모두가 말문이 막혔다 //

As they enjoyed / the emerald green Rocky Mountains, /
Mia said, / "No wonder rafting is the best thing / to do / in
Colorado!" //
1번 단서 4: Mia가 래프팅이 Colorado에서 할 수 있는 최고의 일이라고 말함
그들이 즐길 때 / 에메랄드빛 녹색의 Rocky 산맥을 / Mia가 말했다 / "래프팅이 최고의 일이
라는 것은 당연해 / 할 수 있는 / Colorado에서" //

*(C) 문단 요약: 강이 잔잔해지고 세 친구들은 멋진 주변 경치를 감상함
= As she agreed
(D) Agreeing with her friend, / Rebecca gave a thumbs-up. //
자기 친구에게 동의하면서 / Rebecca는 엄지를 들어 올렸다 //

"Sophia, your choice was excellent!" / she said / with a delighted
smile. //
1번 단서 5: 래프팅이 Colorado에서 할 수 있는 최고의 일이라는 Mia의 말에 동의함
"Sophia, 네 선택은 탁월했어"라고 / 그녀는 말했다 / 기쁜 미소를 띠면서 //

"I thought you were afraid of water, though, Sophia," / Mia
said. //
"근데, Sophia, 나는 네가 물을 무서워 한다고 생각했어"라고 / Mia가 말했다 //
뒤에 afraid of water가 생략됨
Sophia explained, / "Well, I was / before I started rafting. // But I
graduate from college / in a few months. //
3번 ① 래프팅을 시작하기 전에는 물을 무서워 했음
Sophia가 설명했다 / "음, 나는 그랬지 / 내가 래프팅을 시작하기 전에는 / 하지만 나는 대
학을 졸업해 / 몇 달 후에 //
1번 단서 6, 3번 ⑤ 대학을 졸업하기 전에 모험적인 것을 하기를 원했음
And, before I do, / I wanted to do something really adventurous
/ to test my bravery. //
그리고 내가 그러기 전에 / 나는 진짜 모험적인 것을 해보고 싶었어 / 내 용기를 시험할 //
명사절(목적어절) 접속사
I thought / that if I did something completely crazy, / it might
give (e) me / more confidence / when I'm interviewing for
jobs." //
부사절 접속사(조건)
= Sophia
나는 생각했어 / 내가 완전히 미친 짓을 하면 / 그것이 나에게 줄 거라고 / 더 많은 자신감 /
내가 취업 면접을 할 때 //

Now they could see / why she had suggested / going rafting. //
이제 그들은 알 수 있었다 / 왜 그녀가 제안했는지 / 래프팅을 하러 가는 것을 //

*(D) 문단 요약: 대학 졸업을 앞둔 Sophia는 취업 면접에 자신감을 줄 것이라고 생각
해 친구들에게 래프팅을 하러 가자고 제안했음

- force ⓝ 힘, 물리력
- thrilling ⓐ 아주 신나는
- challenge ⓝ 도전
- plant ⓥ 자리를 잡다, 심다
- firmly ⓪ 확고히
- crash ⓥ (세게) 부딪치다
- rough ⓐ 거친
- toss ⓥ (가볍게 아무렇게나) 던지다
- eagerly ⓪ 열심히
- balance ⓥ 균형을 유지하다
- soaked ⓐ 물에 흠뻑 젖은
- spray ⓝ 물보라
- advantage ⓝ 유리한 점
- mindset ⓝ 사고방식, 태도
- daring ⓐ 대담한
- adventurer ⓝ 모험가
- courage ⓝ 용기
- reflection ⓝ (물·거울 등에 비친) 모습
- confident ⓐ 자신감 있는
- excitedly ⓪ 흥분하여
- manage to-v 용케 ~을 해내다
- avoid ⓥ 피하다, 모면하다
- suddenly ⓪ 갑자기
- calm down 진정하다
- sigh ⓝ 한숨
- relief ⓝ 안도, 안심
- view ⓝ 풍경
- scenery ⓝ 경치
- breathtaking ⓐ (너무 아름답거나 놀라워서) 숨이 막히는
- speechless ⓐ 말문이 막힌
- thumbs-up 찬성, 격려
- delighted ⓐ 아주 기뻐하는
- explain ⓥ 설명하다
- adventurous ⓐ 모험적인
- bravery ⓝ 용기
- completely ⓪ 완전히
- confidence ⓝ 자신감
- suggest ⓥ 제안하다

(A) 물의 힘에 맞서 싸우는 것은 짜릿한 도전이었다. Sophia는 바위에 세게 부
딪치는 물결에 주목하면서 배에 단단히 버티어 자리 잡고 있으려고 애썼다. 물
이 더 거칠어지자, 그녀는 물결이 자기를 물속으로 내동댕이치지 못하게 더 열

심히 노를 저을 수밖에 없었다. 그녀의 친구들인 Mia와 Rebecca는 보트의 균
형을 유지하려고 그녀의 뒤에서 열심히 노를 젓고 있었다. 그들은 모든 물보라
로 흠뻑 젖었다. Mia는 Sophia에게 "너 괜찮니? (a) 너 무섭지 않니?"라고 소
리쳤다.
(C) "나는 아주 좋아!"라고 Sophia는 신이 나서 되받아 소리쳤다. 보트가 이리
저리 내던져지고 있었지만 그 여자들은 용케 어느 바위에도 부딪치는 것을 피했
다. 갑자기, 거의 물이 더 거칠어졌던 것만큼 빠르게 강이 잔잔해지는 것처럼
보였고, 그들은 모두 긴장을 풀었다. 안도의 한숨을 쉬면서, Sophia는 주변을
둘러보았다. "우아! 정말 멋진 풍경이다!"라고 (d) 그녀는 소리쳤다. 그들 주변
의 경치는 숨이 멎을 정도로 멋졌다. 모두가 말문이 막혔다. 그들이 에메랄드빛
녹색의 Rocky 산맥을 즐길 때, Mia가 말했다. "래프팅이 Colorado에서 할 수
있는 최고의 일이라는 것은 당연해!"
(D) 자기 친구에게 동의하면서 Rebecca는 엄지를 들어 올렸다. "Sophia, 네 선
택은 탁월했어!"라고 그녀는 기쁜 미소를 띠면서 말했다. "근데, Sophia, 나는
네가 물을 무서워 한다고 생각했어."라고 Mia가 말했다. Sophia가 설명하기
를, "음, 내가 래프팅을 시작하기 전에는 그랬지. 하지만 나는 몇 달 후에 대학
을 졸업해. 그리고, 그러기 전에, 나는 내 용기를 시험할 진짜 모험적인 것을 해
보고 싶었어. 나는 완전히 미친 짓을 하면 그것이 (e) 나에게 취업 면접을 할 때 더
많은 자신감을 줄 거라고 생각했어." 이제 그들은 왜 그녀가 래프팅을 하러 가
자고 제안했는지 알 수 있었다.
(B) "네 말은 정말 일리가 있어. 위험을 마다하지 않는 모험가의 마음가짐으로
대학을 졸업하는 것은 정말 유리한 점이야."라고 Mia가 말했다. Rebecca가 재
빨리 덧붙여 말하기를, "그게 내가 대학을 나와서 첫 직장 생활을 시작하기 전
에 몽골에 간 이유야. 그곳에서 두 달 동안 영어를 가르친 것은 내게 큰 도전이
었어. 그런데 (b) 나는 그 경험에서 많은 것을 배웠어. 그것은 정말 내게 인생에
서 무슨 일이든 시도할 용기를 주었어." 자기 친구들의 말을 들으면서, Sophia
는 물에 비친 (c) 그녀 자신의 모습을 보았고 자신에게 미소를 되돌려주는 자신
만만한 젊은 여자를 보았다.

Q 01 정답 ③

주어진 글 (A)에 이어질 내용을 순서에 맞게 배열한 것으로 가장 적절한 것은?

① (B) — (D) — (C)
(B)의 '일리가 있는 말'은 Sophia가 (D)에서 한 말임
② (C) — (B) — (D)
Mia가 Sophia에게 괜찮은지 물음 – Sophia가 괜찮다고 대답하고, Mia는
래프팅이 최고의 일이라고 말함 – Rebecca가 Mia의 말에 동의하고, Sophia는
③ (C) — (D) — (B)
래프팅을 원했던 이유를 말함 – Rebecca가 Sophia의 말이 일리가 있다며
자신의 비슷한 경험을 이야기함
④ (D) — (B) — (C)
⑤ (D) — (C) — (B)
(D)에서 Rebecca가 동의한 말은 (C)에서 Mia가 한 말임

왜 정답? [정답률 90%]

(A)에서 거친 파도와 싸우면서 Mia가 Sophia에게 괜찮은지 물었고, (C)에서
Sophia가 아주 좋다고 대답했다. 파도가 잦아지고 숨 막히게 멋진 경치를 보
며 Mia가 래프팅이 Colorado에서 할 수 있는 최고의 일이라고 말했고, (D)에서
Rebecca가 Mia의 말에 동의하며 엄지를 들어 올렸다. 대학을 졸업하기 전에 정
말 모험적인 것을 해보고 싶었다는 Sophia의 말이 (D)의 후반부에 등장하는데,
(B)에서는 Rebecca가 이런 Sophia의 말이 일리가 있다면서 자신의 비슷한 경험
을 이야기하므로 전체 글의 흐름은 ③ (C) – (D) – (B)가 적절하다.

왜 오답?

①, ② (B)에서 Rebecca가 일리가 있다고 한 것은 Sophia가 (D)에서 한 말, 즉
대학을 졸업하기 전에 모험적인 일을 해보고 싶었다는 말이므로 (B) 앞에
(D)가 있어야 한다. 주의

④, ⑤ (A)는 거친 파도에 맞서 싸우면서 Mia가 Sophia에게 괜찮은지 묻는 내용으
로 끝났다. 따라서 Rebecca가 친구의 말에 동의하면서 엄지를 들어 올렸
다는 문장으로 시작한 (D)가 (A) 바로 뒤에 이어지는 것은 어색하다.

밑줄 친 (a)~(e) 중에서 가리키는 대상이 나머지 넷과 다른 것은?
① (a) Sophia ② (b) Rebecca ③ (c) Sophia's ④ (d) Sophia ⑤ (e) Sophia

＞왜 정답❓ [정답률 92%]

Mia, Rebecca, Sophia 중에서 (a), (c), (d), (e)는 모두 Sophia를 가리키는데, 몽골에서 두 달 동안 영어를 가르친 경험에서 많은 것을 배웠다는 (b)는 Rebecca를 가리키므로 정답은 ②이다.

＞왜 오답❓

① Mia가 Sophia에게 묻는 것이므로 you는 Sophia를 가리킨다.
③ Sophia가 본 것은 물에 비친 자신의 모습이므로 her는 Sophia를 가리킨다.
④ 안도의 한숨을 쉬면서 주변을 둘러본 Sophia가 소리친 것이다.
⑤ Sophia가 말하는 것이므로 me는 Sophia를 가리킨다.

Q 03 정답 ⑤

윗글에 관한 내용으로 적절하지 않은 것은?
① Mia와 Rebecca는 보트의 균형을 유지하려고 애썼다.
　　Her friends Mia and Rebecca were paddling eagerly behind her to balance the boat.
② Rebecca는 몽골에서 영어를 가르친 경험이 있다.
　　Rebecca quickly added, "That's why I went to Mongolia / Teaching English there)
③ Sophia와 친구들이 함께 탄 보트는 바위에 부딪치지 않았다.
　　the girls managed to avoid hitting any rocks
④ Sophia는 래프팅을 하기 전에는 물을 두려워했다.
　　Sophia explained, "Well, I was before I started rafting.
⑤ Sophia는 용기를 시험할 모험을 대학 졸업 후에 하길 원했다.
　　And, before I do, I wanted to do something really adventurous to test my bravery.

＞왜 정답❓ [정답률 91%]

(D)에서 Sophia는 자신이 몇 달 후에 대학을 졸업하는데, 그러기 전에 자신의 용기를 시험할 정말 모험적인 것을 해보고 싶었다고(And, before I do, I wanted to do something really adventurous to test my bravery.) 말했다. 졸업 후에 하기를 원한 것이 아니므로 ⑤은 글과 일치하지 않는다.

＞왜 오답❓

① Sophia의 친구들인 Mia와 Rebecca가 보트의 균형을 유지하려고 열심히 노를 젓고 있었다. (Her friends Mia and Rebecca were paddling eagerly ～ to balance the boat.)
② Rebecca는 첫 직장 생활을 시작하기 전에 몽골에 가서 두 달 동안 영어를 가르쳤다. (Rebecca quickly added, "That's why I went to Mongolia / Teaching English there)
③ 거친 파도에 보트가 이리저리 내던져졌지만 Mia, Rebecca, Sophia의 보트는 어느 바위에도 부딪치지 않았다. (the girls managed to avoid hitting any rocks)
④ Sophia가 물을 무서워 한다고 생각했다는 Mia의 말에 Sophia는 래프팅을 시작하기 전에는 그랬다고 대답했다. (Sophia explained, "Well, I was before I started rafting.)

Q 04~06 ＊Mia의 가족 독서 모임 경험 ━━━━━

(A) "Mia, let's go walk our dog!" / Julia called out, / but there was no answer. //
"Mia, 우리 강아지 산책시키러 가자" / Julia가 외쳤다 / 그러나 대답이 없었다 //
She checked her daughter's room and found / **that** Mia was absorbed in her smartphone, / **wearing her earbuds**. //
목적어절 접속사 / 분사구문
그녀는 딸의 방을 확인했고 발견했다 / Mia가 스마트폰에 몰두해 있는 것을 / 이어폰을 꽂은 채 //
6번 ① Julia는 스마트폰에 빠져 있는 딸을 걱정했음
Julia was concerned about her daughter. //
Julia는 딸이 걱정되었다 //
She turned to her husband, Sam. // 그녀는 남편 Sam을 향해 말했다 //

"Mia seems to live inside her phone, / not with us." //
"Mia는 스마트폰 속에서 사는 것 같아요 / 우리와 함께가 아니라" //
Sam nodded, / "I know. // I feel like / (a) **she** is growing distant from us. //
= Mia
Sam은 고개를 끄덕였다 // "나도 알아요 / 나는 느껴요 / 그녀가 우리와 점점 멀어지고 있다고 //
Why don't we+동사원형?: ~하는 게 어때?
Why don't we set up / a family reading club?" //
만들어 보는 게 어때요 / 가족 독서 모임을 //
Julia brightened at the suggestion, / and Sam promised / to talk with Mia about it. //
4번 단서 1: 가족 독서 모임을 만들어 보자는 Sam의 제안에 Julia는 얼굴이 밝아짐
Julia는 그 제안에 얼굴이 밝아졌다 / 그리고 Sam은 약속했다 / Mia에게 그것에 관해 이야기해 보겠다고 //

＊(A) 문단 요약: Julia와 Sam은 스마트폰에 몰두해 가족과 멀어지는 딸 Mia를 걱정하며 가족 독서 모임을 통해 관계를 회복하기로 함

(B) Mia's family held their first book club meeting / on Saturday afternoon. //
4번 단서 2: 첫 번째 가족 독서 모임을 열었음
Mia의 가족은 첫 번째 독서 모임을 열었다 / 토요일 오후에 //
앞에 목적격 관계대명사 생략
Everyone enjoyed the book / **Mia had chosen**. //
모두 책을 즐겁게 읽었다 / Mia가 선정한 // **6번 ②** 모두 Mia가 선정한 책을 좋아함
형용사적 용법
Julia was the first **to speak**: / "Dr. Duvall nearly invented a drug / for eternal life, / yet disappeared one day / and ended up running Café Paris. // That's such a mystery." //
Julia가 먼저 말했다 / "Dr. Duvall은 거의 발명했어 / 영생의 약을 / 그러나 어느 날 사라졌어 / 그리고 결국 Café Paris를 운영하게 되었어 // 그게 정말 미스터리야" //
주어가 생략되지 않은 분사구문
Mia responded, / **her eyes sparkling**, / "Mom, I understand him. // He always dreamed of being a barista, / and his dream came true." //
Mia는 대답했다 / 눈을 반짝이며 / "엄마, 저는 그가 이해돼요 // 그는 항상 바리스타가 되는 걸 꿈꾸었어요 / 그리고 결국 그 꿈을 이뤘잖아요" //
= Mia
Sam supported (b) **his daughter**, / and their conversation grew lively. // Sam은 그의 딸의 말을 지지했다 / 그리고 그들의 대화는 점점 활기를 띠었다 //
look forward to+명사: ~을 고대하다
During the discussion, / Mia felt reconnected with her parents / and already **looked forward to their next book club meeting**. //
이야기를 나누는 동안 / Mia는 부모님과 다시 연결된 느낌을 받았다 / 그리고 벌써 다음 독서 모임을 고대했다 //

＊(B) 문단 요약: 첫 독서 모임에서 Mia가 고른 책을 가족이 함께 이야기하며 즐겁게 소통하고, Mia는 부모와 다시 가까워졌음을 느끼며 다음 모임을 기대하게 됨

(C) At the library, / Mia scanned the shelves / for nearly an hour, / **feeling lost among the endless titles**. //
분사구문 **4번** 단서 3, **6번 ③** Mia는 책을 고르느라 거의 한 시간을 씀
도서관에서 / Mia는 책장을 둘러보았다 / 거의 한 시간 동안 / 끝없는 책 제목들 속에서 길을 잃은 느낌이 들면서 //
Then, / a librarian approached and asked, / "Looking for something in particular?" //
그때 / 사서가 다가와 물었다 / "특별히 찾고 있는 책이 있나요" //
"I need a book / for my family's reading club," / Mia admitted. //
"책이 필요해요 / 가족 독서 모임을 위한" / Mia는 인정했다 //
"What genre do you enjoy?" / she asked kindly. //
"어떤 장르를 좋아하나요" / 사서가 다정하게 물었다 //
"Hmm, I like mysteries," / Mia replied. //
"음, 저는 미스터리를 좋아해요" / Mia가 대답했다 // **6번 ④** Mia는 미스터리 장르를 좋아한다고 했음
The librarian handed her a book / **titled** Café Paris / and said with a smile, / "You'll love this one." //
과거분사(book 수식)
사서는 책을 건넸다 / Café Paris라는 제목의 / 그리고 미소 지으며 말했다 / "이 책이 마음에 들 거예요" //
= a librarian
Mia thanked (c) **her** / and checked it out. //
Mia는 그녀에게 감사 인사를 했다 / 그리고 그 책을 대출했다 //

＊(C) 문단 요약: 도서관에서 책을 고르다 길을 잃은 Mia는 사서의 도움으로 가족 독서 모임을 위한 미스터리 장르의 책 Café Paris를 추천받아 대출함

(D) When Sam suggested / starting a family reading club, / Mia
immediately shook her head and said, /
Sam이 제안했을 때 / 가족 독서 모임을 시작하자고 / Mia는 즉시 고개를 저으며 말했다 /

"No, Dad. // I don't have time to read books. // You know / how
busy (d) I am with exams all semester." //
"싫어요, 아빠 // 책 읽을 시간이 없어요 // 아시잖아요 / 제가 시험 때문에 학기 내내 얼마나
바쁜지" //

He didn't give up. // 그는 포기하지 않았다 //

"But wouldn't it be fun / if we all read the same story / and
shared our thoughts? //
"하지만 재미있지 않을까 / 만약 우리 모두 같은 이야기를 읽는다면 / 그리고 생각을 나누면 //

You could simply read for 20 minutes, / maybe during your
lunch break." // 잠깐 20분 정도만 읽으면 될거야 / 어쩌면 네 점심시간에" //

After some persuasion, / Mia reluctantly agreed.
약간의 설득 끝에 / Mia는 마지못해 동의했다 // **6번 ⑤** Mia는 Sam의 가족 독서 모임을 처음부터
환영한 것이 아니라 마지못해 동의한 것임

Deep down, / (e) she knew / she was spending too much time
on her phone. //
마음속 깊은 곳에서 / 그녀는 알고 있었다 / 자신이 스마트폰에 너무 많은 시간을 쓰고 있다는
걸 //

So she asked, / "Dad, can I choose the first book?" //
그래서 그녀는 물었다 / "아빠, 첫 번째 책은 제가 골라도 돼요?"라고 //

Sam gladly said, / "Yes." // Sam은 기쁘게 말했다 / "그럼" //

*(D) 문단 요약: 가족 독서 모임을 제안한 Sam의 설득 끝에 Mia는 스마트폰 사용을
줄여야 한다는 생각으로, 마지못해 동의하고 첫 책을 직접 고르기로 함

- absorbed ⓐ 몰두한　　• earbud ⓝ 이어폰
- eternal ⓐ 영생의, 영원한　　• disappear ⓥ 사라지다
- sparkle ⓥ 반짝이다　　• lively ⓐ 활기를 띤
- reconnect ⓥ 다시 연결하다　　• shelf ⓝ 책장, 선반 (pl. shelves)
- endless ⓐ 끝없는, 무한한　　• approach ⓥ 다가가다, 접근하다
- admit ⓥ 인정하다　　• check out ~을 대출하다
- persuasion ⓝ 설득　　• reluctantly ⓐⒹ 마지못해

(A) "Mia, 우리 강아지 산책시키러 가자!" Julia가 외쳤지만, 대답이 없었다. 그녀는 딸의 방을 확인했고, Mia가 이어폰을 꽂은 채 스마트폰에 몰두해 있는 것을 발견했다. Julia는 딸이 걱정되었다. 그녀는 남편 Sam을 향해 말했다. "그녀는 우리와 함께 있는 게 아니라 스마트폰 속에서 사는 것 같아요." Sam은 고개를 끄덕이며 말했다. "나도 알아요. (a) 그녀가 우리와 점점 멀어지고 있는 기분이네요. 가족 독서 모임을 만들어 보는 게 어때요?" Julia는 그 제안에 얼굴이 밝아졌고, Sam은 Mia에게 그것에 관해 이야기해 보겠다고 약속했다.

(D) Sam이 가족 독서 모임을 시작하자고 제안했을 때, Mia는 즉시 고개를 저으며 말했다. "싫어요, 아빠. 책 읽을 시간이 없어요. (d) 제가 시험 때문에 학기 내내 얼마나 바쁜지 아시잖아요." 그는 포기하지 않았다. "하지만 우리 모두 같은 이야기를 읽고 생각을 나누면 재미있지 않을까? 어쩌면 네 점심시간에 잠깐 20분 정도만 읽으면 될거야." 약간의 설득 끝에, Mia는 마지못해 동의했다. 마음속 깊은 곳에서 (e) 그녀는 자신이 스마트폰에 너무 많은 시간을 쓰고 있다는 걸 알고 있었다. 그래서 그녀는 "아빠, 첫 번째 책은 제가 골라도 돼요?"라고 물었다. Sam은 "그럼."이라고 기쁘게 말했다.

(C) 도서관에서 Mia는 거의 한 시간 동안 책장을 둘러보며 끝없는 책 제목들 속에서 길을 잃은 느낌이 들었다. 그때 사서가 다가와 물었다. "특별히 찾고 있는 책이 있나요?" "가족 독서 모임을 위한 책이 필요해요." Mia는 (찾는 책이 있다는 것을) 인정했다. "어떤 장르를 좋아하나요?" 사서가 다정하게 물었다. "음, 저는 미스터리를 좋아해요." Mia가 대답했다. 사서는 *Café Paris*라는 제목의 책을 건네고는 미소 지으며 말했다. "이 책이 마음에 들 거예요." Mia는 (c) 그녀에게 감사 인사를 하고 그 책을 대출했다.

(B) Mia의 가족은 토요일 오후에 첫 번째 독서 모임을 열었다. 모두 Mia가 선정한 책을 즐겁게 읽었다. Julia가 먼저 말했다. "Dr. Duvall은 영생의 약을 거의 발명했는데, 어느 날 사라져서 결국 *Café Paris*를 운영하게 되었잖아. 그게 정말 미스터리야." Mia는 눈을 반짝이며 대답했다. "엄마, 저는 그가 이해돼요. 그는 항상 바리스타가 되는 게 꿈이었는데, 결국 그 꿈을 이뤘잖아요." Sam은 (b) 그의 딸의 말을 지지했고, 그들의 대화는 점점 활기를 띠었다. 이야기를 나누는 동안 Mia는 부모님과 다시 연결된 느낌을 받았고, 벌써 다음 독서 모임을 고대했다.

Q 04 정답 ⑤

주어진 글 (A)에 이어질 내용을 순서에 맞게 배열한 것으로 가장 적절한 것은?

① (B) — (D) — (C)　　(B)는 가족 독서 모임을 통해 부모와 가까워졌다고 느낀 Mia가 다음 모임을 기대하게 되었다는 글의 결말 부분이므로 (A) 뒤에 이어질 수 없음

② (C) — (B) — (D)　　(D)에서 책을 직접 고르겠다고 했으므로 책을 실제로 고르는 행동이 언급된 (C)가 (D) 뒤에 이어져야 함

③ (C) — (D) — (B)

④ (D) — (B) — (C)　　Julia와 Sam은 스마트폰에 몰두하는 딸 Mia를 걱정하며 가족 독서 모임을 통해 관계를 회복하기로 함 - Mia는 첫 책을 직접 고르기로 함 - 사서의 도움으로 가족 독서 모임을 위한 미스터리 장르의 책을 고름 - 가족이 첫 독서 모임을 성공적으로 가짐

⑤ (D) — (C) — (B)

(C)에서 고른 책을 사용해 (B)에서 가족 독서 모임을 한 것이므로 (C)가 먼저 나와야 함

왜 정답·오답? [정답률 93%]

(A): Julia와 Sam은 스마트폰에 몰두해 가족과 멀어지는 딸 Mia를 걱정하며 가족 독서 모임을 통해 관계를 회복하기로 한다.

➡ 가족 독서 모임 참석에 관한 내용이 이어질 것이다.

(B): 첫 독서 모임에서 Mia가 고른 책을 가족이 함께 이야기하며 즐겁게 소통하고, Mia는 부모와 다시 가까워졌음을 느끼며 다음 모임을 기대하게 된다.

➡ 독서 모임을 위해 Mia가 책을 고른 이야기가 앞에 언급되어야 한다. 가족 독서 모임을 통해 부모와 가까워졌다고 느낀 Mia가 다음 모임을 기대하게 되었다고 했으므로 글의 결말 부분으로 볼 수 있다.

(C): 도서관에서 책을 고르다 길을 잃은 Mia는 사서의 도움으로 가족 독서 모임을 위한 미스터리 장르의 책 Café Paris를 추천받아 대출한다.

➡ 앞에는 책을 고르러 오기 전 상황이, 뒤에는 책을 고른 후 그 책을 어떻게 활용했는지에 대한 내용이 나와야 하는데, (B)에 가족 독서 모임에서 책에 대해 이야기한 내용이 나왔다.

(D): 가족 독서 모임을 제안한 Sam의 설득 끝에 Mia는 스마트폰 사용을 줄여야 한다는 생각으로, 마지못해 동의하고 첫 책을 직접 고르기로 한다.

➡ 가족 독서 모임에 가기 위해 Mia가 첫 책을 직접 고르기로 했으므로 뒤에는 책을 고르는 것에 대한 내용이 이어질 것이다. 이 내용이 (C)에 나왔다.

▶ 사건이 진행되는 순서는 ⑤ (D) – (C) – (B)임

강기헌 | 2026 수능 응시 · 천안 천안고 졸

이 유형은 이야기의 시간상 흐름을 따라가다 보면 쉽게 풀 수 있어. (A)에서 Sam은 Mia에게 가족 독서 모임을 제안해보겠다고 말하고 있어. 마침 (D)를 보니 Sam이 Mia에게 제안하고, Mia가 이를 받아들이는 내용이 그대로 나오고 있네. 그리고 (D)의 끝부분에서는 Mia가 첫 번째 책을 골라도 되냐고 말하고 있는데, 이는 (C)에서 Mia가 도서관에서 책을 고르는 장면으로 이어지고 있어. (C)에서 마침내 책을 선정하고, (B)에서 첫 번째 독서 모임을 통해 책에 대한 감상을 말하며 마무리되고 있는 거지. 따라서 이야기는 시간 흐름상 (D)-(C)-(B)로 연결돼.

Q 05 정답 ③

밑줄 친 (a)~(e) 중에서 가리키는 대상이 나머지 넷과 다른 것은?

① (a)　② (b)　③ (c)　④ (d)　⑤ (e)
= Mia　= Mia　= a librarian　= Mia　= Mia

왜 정답? [정답률 96%]

③ (c) her: Mia가 책을 추천해 준 사서에게 감사함을 표한 것이다. ▶ a librarian

왜 오답?

① (a) she: 스마트폰에 너무 몰두해서 가족과 멀어지는 것 같은 사람은 Mia이다. ▶ Mia

② (b) his daughter: Sam이 지지한 딸은 Mia이다. ▶ Mia

④ (d) I: 시험 때문에 학기 중에 바쁜 사람은 Mia이다. ▶ Mia

⑤ (e) she: 자신이 스마트폰에 너무 많은 시간을 쓰고 있다는 걸 알고 있는 사람은 Mia이다. ▶ Mia

김윤 | 2026 수능 응시 · 익산 이리남성여고 졸

나는 주요 인물에 동그라미, 세모와 같은 표시를 하며 지문을 읽었어. 문장의 대명사가 누구를 가리키는지 파악하려면 대화의 발화자가 누구인지 아는 것이 중요해. 따라서 대화의 흐름을 파악하며 누가 질문하는지, 누가 대답하는지 잘 구분해가며 글을 읽는 것이 필요해.

Q 06 정답 ⑤

윗글에 관한 내용으로 적절하지 않은 것은?

① Julia는 스마트폰에 빠져 있는 Mia를 걱정했다. Mia was absorbed in her smartphone, wearing her earbuds. Julia was concerned about her daughter.
② 가족들은 Mia가 선정한 책을 좋아했다. Everyone enjoyed the book Mia had chosen.
③ Mia는 책장을 살펴보며 거의 한 시간을 보냈다. Mia scanned the shelves for nearly an hour
④ Mia는 미스터리 장르를 좋아한다고 말했다. "Hmm, I like mysteries," Mia replied.
⑤ Mia는 Sam의 독서 모임 제안을 처음부터 환영했다. After some persuasion, Mia reluctantly agreed.

왜 정답? [정답률 97%]

⑤ Mia는 Sam의 독서 모임 제안을 처음부터 환영한 것이 아니라 설득 끝에 주저하며 동의했다. (After some persuasion, Mia reluctantly agreed.)

왜 오답?

① Julia는 스마트폰에 빠져 있는 Mia를 걱정했다. (Mia was absorbed in her smartphone, wearing her earbuds. Julia was concerned about her daughter.)
② 가족들은 Mia가 선정한 책을 좋아했다. (Everyone enjoyed the book Mia had chosen.)
③ Mia는 책장을 살펴보며 거의 한 시간을 보냈다. (Mia scanned the shelves for nearly an hour)
④ Mia는 미스터리 장르를 좋아한다고 말했다. ("Hmm, I like mysteries," Mia replied.)

김연준 | 2026 수능 응시 · 안성 안법고 졸

이 유형은 선지를 보고 그에 해당하는 내용을 단번에 찾기가 힘든 문제여서, 글을 읽을 때 제대로 읽는 것을 추천해! ⑤에서 'Mia는 Sam의 독서 모임 제안을 처음부터 환영했다.'라고 나와 있는데, 글을 보면 "No, Dad. I don't have time to read books."라고 말하는 Mia를 볼 수 있어. 그래서 처음부터 환영했다는 ⑤은 적절하지 않아!

Q 07~09 ＊야구장에서 아버지와 기억에 남는 시간을 보낸 Mike

(A) Mike had always dreamed / about going to a baseball game. //
Mike는 항상 꿈꿔왔다 / 야구 경기에 가는 것에 대해 //

He watched his favorite team, the Arrows, / on TV all the time, / but he had never seen a game / in person. //
그는 그의 가장 좋아하는 팀인 Arrows를 시청했다 / 항상 TV에서 / 그러나 경기를 본 적이 한 번도 없었다 / 직접 //

9번 ① Mike의 아빠는 평소보다 일찍 집에 왔음
One afternoon, / Mike's dad came home earlier / than usual. //
어느 날 오후 / Mike의 아빠가 더 일찍 집에 오셨다 / 평소보다 //

"Hey, Mike," / he said, / "I just got two tickets / for tonight's Arrows game. // Do (a) you want to go?" //
"얘, Mike야" / 아빠가 말씀하셨다 / "내가 방금 관람권 두 장을 구했어 / 오늘 밤 Arrows 경기의 / 너 가고 싶어"라고 //

so+형용사/부사+that ...: 너무 ~해서 …하다
Mike was so excited / that he ran to grab his Arrows hat. //
Mike는 너무 기뻤다 / 그래서 그의 Arrows 모자를 움켜쥐러 달려갔다 //

7번 단서 1: Mike의 아빠는 Mike가 가장 좋아하는 팀의 경기를 보러 가는 차 안에서 야구 글러브를 건네셨음
In the car, / his dad handed him a new baseball glove / and added, / "Just in case a fly ball comes our way." //
병렬 구조
차 안에서 / 그의 아빠는 그에게 새로운 야구 글러브를 건네셨다 / 그리고 덧붙이셨다 / "그냥 뜬공이 우리 쪽으로 오는 걸 대비해서야"라고 //

＊(A) 문단 요약: Mike의 아빠는 Mike와 함께 관람할 Arrows 경기 관람권을 구입했고, Mike와 아빠는 야구 글러브를 챙겨 경기를 보러 감

(B) Several hours later, / Mike's favorite team hit a home run / and won the game. // **7번** 단서 2, **9번 ②** : Mike가 가장 좋아하는 팀은 홈런을 침
몇 시간 후 / Mike가 가장 좋아하는 팀이 홈런을 쳤다 / 그리고 경기에 이겼다 //

Fireworks filled the sky / and the team song played throughout the stadium. //
불꽃놀이가 하늘을 메웠다 / 그리고 팀의 노래가 경기장 전체에 울려 퍼졌다 //

앞에 목적격 관계대명사 생략
When they got home, / Mike told his mom all about his favorite plays / and showed her the ball he caught. //
그들이 집에 돌아왔을 때 / Mike는 그의 엄마에게 자신이 가장 좋아한 플레이에 대해 말했다 / 그리고 그녀에게 낚아챈 공을 보여 주었다 //

= Mike 뒤에 목적어절 접속사 that 생략   앞에 목적격 관계대명사 생략
(b) He knew / this was a day / he would never forget. //
그는 알았다 / 오늘이 날이라는 것을 / 그가 절대 잊지 못할 //

It wasn't just the game / — it was the cheering, the excitement, / and best of all, / spending time with his dad. //
그것은 단지 게임뿐만이 아니었다 / 그것은 응원, 흥분 / 그리고 가장 좋은 것은 / 그의 아빠와 시간을 보낸 것이었다 //

앞에 관계부사 when 생략
He couldn't wait for the next time / they would get to go to a game. // 그는 다음번을 간절히 기다렸다 / 그들이 경기에 가게 될 //

＊(B) 문단 요약: Mike가 응원하는 팀이 승리했고, 집에 돌아온 Mike는 게임뿐만 아니라 아빠와 시간을 보낸 것에 크게 만족함

현재분사(people 수식)
(C) The stadium was full of people / wearing Arrows shirts. //
경기장은 사람들로 가득했다 / Arrows 셔츠를 입은 **7번** 단서 3, **9번 ③** : 경기장이 Arrows 셔츠를 입은 사람들로 가득했음

Mike couldn't believe / how big the stadium looked in person. //
Mike는 믿을 수가 없었다 / 경기장이 직접 보니 얼마나 커 보이는지 //

As the players ran onto the field, / Mike and his dad cheered / for their team's players. //
선수들이 운동장으로 뛰어나오자 / Mike와 그의 아빠는 응원했다 / 그들 팀의 선수들을 위해 //

현재분사(player 수식)
His dad pointed at the player / running out to third base, / saying / "Look, it's Chavez, (c) your favorite player!" //
= Mike's
그의 아빠는 선수를 가리켰다 / 3루로 뛰어나가고 있는 / 말하면서 / "봐라, 네가 가장 좋아하는 선수, Chavez야"라고 //

지각동사+목적어+목적격 보어(현재분사)
Mike saw him warming up on the field / and waved hoping to get (d) his attention. //
= Chavez's
Mike는 그가 운동장에서 몸을 풀고 있는 것을 보았다 / 그리고 그의 주의를 끌려는 소망으로 손을 흔들었다 //

After the players warmed up, / Mike and his dad went to get some snacks. // 선수들이 몸을 풀고 나서 / Mike와 그의 아빠는 간식을 좀 사러 갔다 //

As soon as they sat back down, / the pitcher threw the first pitch. // 그들이 다시 자리에 앉자마자 / 투수가 첫 번째 투구를 했다 //

＊(C) 문단 요약: Mike와 아빠는 몸을 푸는 선수들에게 응원을 건넸고, 특히 Mike는 좋아하는 선수인 Chavez의 주의를 끌고자 손을 흔들었고, 경기가 시작됨

형용사적 용법
(D) Before long / it was Chavez's turn to hit. //
얼마 되지 않아 / Chavez의 타격 차례가 되었다 // **7번** 단서 4: Mike가 가장 좋아하는 선수인 Chavez의 타격 차례가 됨

He hit a high fly ball / into the stands. //
그는 높게 뜬공을 쳤다 / 관중석으로 // **9번 ④** Chavez가 친 공이 관중석으로 날아갔음

The whole crowd stood up / but Mike reached up with his glove and grabbed the ball. //
관중 전체가 일어났다 / 하지만 Mike가 그의 글러브를 들어 올려 공을 낚아챘다 //

Everyone clapped / and smiled at Mike. //
모든 이가 박수를 쳤다 / 그리고 Mike에게 미소를 보냈다 //
= Mike
(e) He tightly held the ball / and felt a little surprised, but very proud. // 그는 공을 꼭 쥐었다 / 그리고 다소 놀라움을 느꼈지만, 매우 자랑스러웠다 //

Both teams kept scoring / and the game stayed close. //
양 팀은 계속 득점했다 / 그리고 경기는 계속 접전이었다 //
Mike and his dad **cheered** for every hit / and **held** their breath
during every big play. //
Mike와 그의 아빠는 안타가 나올 때마다 응원했다 / 그리고 주요 플레이마다 마음을 졸였다 //
They high-fived each other / **every time** the Arrows scored. //
그들은 서로 하이파이브를 했다 / Arrows가 득점할 때마다 // **9번 ⑤** Arrows가 득점할 때마다
그들은 하이파이브를 했음

*(D) 문단 요약: Mike는 뜬공을 잡았고, 이에 자랑스러움을 느꼈으며 양 팀은 계속
득점하며 경기는 접전이었음

- in person 직접, 몸소   - grab ⓥ 움켜쥐다, 낚아채다
- fireworks ⓝ 불꽃(놀이)   - stadium ⓝ 경기장
- cheer for ~를 응원하다   - pitch ⓝ 투구   - stand ⓝ 관중석
- stay close 계속 접전이다

(A) Mike는 항상 야구 경기에 가는 것에 대해 꿈꿔왔다. 그는 자신이 가장 좋아하는 팀인 Arrows를 항상 TV에서 시청했지만, 직접 경기를 본 적이 한 번도 없었다. 어느 날 오후, Mike의 아빠가 평소보다 더 일찍 집에 오셨다. "얘, Mike야, 내가 방금 오늘 밤 Arrows 경기 관람권 두 장을 구했어. (a) 너 가고 싶니?"라고 아빠가 말씀하셨다. Mike는 너무 기뻐서 자신의 Arrows 모자를 움켜쥐러 달려갔다. 차 안에서 그의 아빠는 그에게 새로운 야구 글러브를 건네시며, "그냥 뜬공이 우리 쪽으로 오는 걸 대비해서야."라고 덧붙이셨다.
(C) 경기장은 Arrows 셔츠를 입은 사람들로 가득했다. Mike는 경기장이 직접 보니 얼마나 커 보이는지 믿을 수가 없었다. 선수들이 운동장으로 뛰어나오자, Mike와 그의 아빠는 자신들 팀의 선수들을 위해 응원했다. 그의 아빠는 3루로 뛰어나가고 있는 선수를 가리키며, "봐라, (c) 네가 가장 좋아하는 선수, Chavez야!"라고 말씀하셨다. Mike는 그가 운동장에서 몸을 풀고 있는 것을 보았고 (d) 그의 주의를 끌려는 소망으로 손을 흔들었다. 선수들이 몸을 풀고 나서, Mike와 그의 아빠는 간식을 좀 사러 갔다. 그들이 다시 자리에 앉자마자, 투수가 첫 번째 투구를 했다.
(D) 얼마 되지 않아, Chavez의 타격 차례가 되었다. 그는 관중석으로 높게 뜬 공을 쳤다. 관중 전체가 일어났지만, Mike가 자신의 글러브를 들어 올려 공을 낚아챘다. 모든 이가 박수를 쳤고 Mike에게 미소를 보냈다. (e) 그는 공을 꼭 쥐었고 다소 놀라움을 느꼈지만, 매우 자랑스러웠다. 양 팀은 계속 득점했고 경기는 계속 접전이었다. Mike와 그의 아빠는 안타가 나올 때마다 응원했고 주요 플레이마다 마음을 졸였다. 그들은 Arrows가 득점할 때마다 서로 하이파이브를 했다.
(B) 몇 시간 후, Mike가 가장 좋아하는 팀이 홈런을 쳐서 경기에 이겼다. 불꽃놀이가 하늘을 메웠고, 팀의 노래가 경기장 전체에 울려 퍼졌다. 그들이 집에 돌아왔을 때, Mike는 자신의 엄마에게 자신이 가장 좋아한 플레이에 대해 모두 이야기했고 자신이 낚아챈 공을 그녀에게 보여 주었다. (b) 그는 오늘이 자신이 절대 잊지 못할 날이라는 것을 알았다. 그것은 단지 게임뿐이 아니었고, 그것은 응원, 흥분, 그리고 가장 좋은 것은 자신의 아빠와 시간을 보낸 것이었다. 그는 그들이 경기에 가게 될 다음번을 간절히 기다렸다.

Q 07 정답 ③

주어진 글 (A)에 이어질 내용을 순서에 맞게 배열한 것으로 가장 적절한 것은?
① (B) — (D) — (C) (B)는 경기가 종료된 후 Mike가 느낀 감정에 대해 말하는 결말임
② (C) — (B) — (D) Mike가 뜬공을 잡아 좋아하는 (D)가 결말인 (B)보다 먼저 나와야 함
③ (C) — (D) — (B) Mike와 아빠는 야구 글러브를 챙겨 경기를 보러 감 - Mike와 아빠는 경기장에서 몸을 푸는 선수들을 보았고 경기가 시작됨 - Mike는 뜬공을 잡았고 경기는 양 팀이 계속 득점하며 접전이었음 - 응원하던 팀이 승리했고 Mike는 오늘을 결코 잊을 수 없는 날이라 생각함
④ (D) — (B) — (C)
⑤ (D) — (C) — (B)
Chavez가 뜬공을 쳤다는 내용의 (D) 앞에 경기가 시작된 내용이 나와야 하므로 맨 앞에 올 수 없음

>**왜** 정답·오답 ? [정답률 97%]

(A): Mike의 아빠는 Mike와 함께 관람할 Arrows 경기 관람권을 구입했고, Mike와 아빠는 야구 글러브를 챙겨 경기를 보러 갔다.
➡ 야구 경기를 보러 갔다고 했으므로 야구 경기장에 도착해서 일어나는 일들에 대한 내용이 이어질 것이다.

(B): Mike가 응원하는 팀이 승리했고, 집에 돌아온 Mike는 게임뿐만이 아니라 아빠와 시간을 보낸 것에 크게 만족했다.
➡ 경기가 종료되었다고 했으므로 앞에는 야구 경기 진행 상황이 나와야 한다. 또한, Mike의 야구 경기 관람에 대한 심경이 언급되었으므로 글의 결말 부분일 가능성이 크다.

(C): Mike와 아빠는 경기장에 도착해 몸을 푸는 선수들에게 응원을 건넸고, 특히 Mike는 좋아하는 선수의 주의를 끌고자 손을 흔들었으며, 경기가 시작되었다.
➡ 경기장에 도착한 직후의 상황을 묘사하고 있으므로 앞에는 경기를 보러 가기 전 상황이 나와야 한다. 즉 (A) 뒤에 이어질 것이고, 경기가 시작되었다고 언급하고 있으므로 뒤에는 경기 진행 상황이 설명될 것이다.

(D): Mike는 경기 중 뜬공을 잡았고 이에 자랑스러움을 느꼈으며 양 팀이 계속 득점하며 경기는 접전이었다.
➡ Mike가 경기 중 뜬공을 잡았고 경기가 계속 접전이었음을 언급하고 있으므로 앞에는 경기가 시작되는 내용의 (C)가 와야 할 것이다.
▶ 사건이 진행되는 순서는 ③ (C) – (D) – (B)임

Q 08 정답 ④

밑줄 친 (a)~(e) 중에서 가리키는 대상이 나머지 넷과 다른 것은?
① (a)   ② (b)   ③ (c)   ④ (d)   ⑤ (e)
= Mike   = Mike   = Mike's   = Chavez's   = Mike

>**왜** 정답 ? [정답률 96%]

④ (d) his: Mike가 자신이 좋아하는 선수(Chavez)의 주의를 끌기 위해 손을 흔든 것이다. ▶ Chavez's

>**왜** 오답 ?

① (a) you: 아빠가 야구 경기에 가고 싶은지 물은 대상은 Mike이다. ▶ Mike
② (b) He: 오늘이 결코 잊을 수 없는 날임을 알았던 것은 Mike이다. ▶ Mike
③ (c) your: 아빠가 '너의' 가장 좋아하는 선수 Chavez라고 했으므로 '너'는 Mike이다. ▶ Mike's
⑤ (e) He: 뜬공을 글러브로 잡고 기뻐한 것은 Mike이다. ▶ Mike

Q 09 정답 ②

윗글에 관한 내용으로 적절하지 않은 것은?
① Mike의 아빠는 평소보다 일찍 집에 왔다.
One afternoon, Mike's dad came home earlier than usual.
② Mike가 가장 좋아하는 팀은 홈런을 치지 못했다.
Mike's favorite team hit a home run.
③ 경기장이 Arrows 셔츠를 입은 사람들로 가득했다.
The stadium was full of people wearing Arrows shirts.
④ Chavez가 친 공은 관중석으로 날아갔다.
He hit a high fly ball into the stands.
⑤ Arrows가 득점할 때마다 Mike와 아빠는 하이파이브를 했다.
They high-fived each other every time the Arrows scored.

>**왜** 정답 ? [정답률 98%]

② Mike가 가장 좋아하는 팀은 홈런을 쳤다고 했으므로 적절하지 않다. (Mike's favorite team hit a home run)

>**왜** 오답 ?

① Mike의 아빠는 평소보다 일찍 집에 왔다. (One afternoon, Mike's dad came home earlier than usual.)
③ 경기장이 Arrows 셔츠를 입은 사람들로 가득했다. (The stadium was full of people wearing Arrows shirts.)
④ Chavez가 친 공은 관중석으로 날아갔다. (He hit a high fly ball into the stands.)
⑤ Arrows가 득점할 때마다 Mike와 아빠는 하이파이브를 했다. (They high-fived each other every time the Arrows scored.)

(A) "Hi! I'm over here!" shouted Laura, / **waving** brightly at Cathy / at the entrance of Darlingdale Farmer's Market. //
"안녕! 나 여기 있어!"라고 Laura가 소리쳤다 / Cathy를 향해 밝게 손을 흔들며 / Darlingdale Farmer's Market 입구에서 /

Seeing her friend, Cathy rushed over in delight. //
친구를 본 Cathy는 기쁜 마음에 서둘러 달려갔다 //

Cathy **had** recently **moved** into Laura's town, / and this was going to be (a) **her** first experience at a real farmer's market. //
Cathy는 최근에 Laura가 사는 도시로 이사 왔는데 / 이번은 진짜 농산물 직판장에서의 그녀의 첫 경험이 되려던 참이었다 //

Born and raised in a big city, / **where** large supermarkets were more common, / Cathy had never had a chance to buy freshly-picked fruits or vegetables. //
대도시에서 태어나고 자라서 / 대형 슈퍼마켓이 더 흔한 대도시에서 태어나고 성장했음 / Cathy는 갓 수확한 과일이나 채소를 살 기회가 없었다 //

＊(A) 문단 요약: 대도시 출신의 Cathy가 최근 Laura가 사는 도시로 이사 와서 농산물 직판장을 처음 함께 가기로 함

(B) **Carrying the bags of peaches**, / Cathy came back / and noticed Laura **holding** a box of blueberries and jars of jam. //
복숭아 봉지를 들고 / Cathy는 돌아와서 / Laura가 블루베리 한 상자와 잼 병들을 들고 있는 것을 발견했다 //

"Cathy, those peaches look delicious! / I bought some blueberries. //
"Cathy, 그 복숭아들 맛있어 보여! / 나는 블루베리를 좀 샀어 //

Would you like to go to my place and make blueberry pancakes together?" / Laura asked. //
우리 집에 가서 블루베리 팬케이크를 같이 만들래?" / 하고 Laura가 물었다 //

"Yes, that's an excellent idea!" / replied Cathy happily. //
"그래, 그거 좋은 생각이야!" / Cathy가 기쁘게 대답했다 //

As they walked out of the market, / Cathy thanked her friend for the special experience, / **saying** (b) **I** really love this place! Thank you for the wonderful day." //
시장에서 걸어 나오면서 / Cathy는 친구에게 특별한 경험에 고마움을 표하며 / "나 여기 정말 좋아! 멋진 하루를 보내게 해줘서 고마워."라고 말했다 //

＊(B) 문단 요약: 시장 보는 것을 마무리하고 함께 Laura의 집으로 가서 블루베리 팬케이크를 만들기로 하고, Cathy는 멋진 하루를 보내게 해준 Laura에게 고마움을 표함

(C) **Entering the market**, / Laura said, "Let me show you around. Are you ready?" //
시장에 들어서며 / Laura가 "내가 구경시켜 줄게. 준비됐어?"라고 말했다 //

Cathy answered excitedly, / "Absolutely! I'm going to buy some fresh peaches!" //
Cathy는 신나서 대답했다 / "물론이지! 나는 신선한 복숭아를 좀 살 거야!"라고 //

The market was already crowded / with people of all ages. //
시장은 이미 붐비고 있었다 / 온갖 연령대의 사람들로 //

"Cathy, you can taste the best of the season here," said Laura. //
"Cathy, 너는 여기서 제철에 나는 가장 맛있는 것들을 맛볼 수 있어."라고 Laura가 말했다 //

Cathy smiled and began to look around. //
Cathy는 미소를 지으며 주변을 둘러보기 시작했다 //

Meanwhile, / Laura found some strawberry jam for sale. //
그 사이 / Laura는 팔려고 내놓은 딸기잼을 발견했다 //

She walked over to buy some. // 그녀는 그것을 좀 사러 걸어갔다 //

Curious to explore more, Cathy said, / "While (c) **you**'re buying jam, I'll look around the market and get some peaches." //
더 둘러보고 싶은 호기심이 생겨, Cathy는 말했다 / "네가 잼을 사는 동안 나는 시장을 둘러보고 복숭아를 좀 살게."라고 //

＊(C) 문단 요약: 두 친구는 함께 시장에 들어서서 구경하기 시작했는데 흩어져서 각자 원하는 것을 살펴보기로 함

(D) **Wandering away from Laura**, / Cathy began to search for peaches. //
Laura와 떨어져 혼자 돌아다니며 / Cathy는 복숭아를 찾기 시작했다 //

Cathy walked past booths of fresh flowers and hand-made soaps, / **which** smelled heavenly. //
Cathy는 신선한 꽃과 수제 비누가 진열된 부스를 걸어서 지나갔는데 / 천상의 냄새가 났다 //

From a fruit stand, / (d) **she** picked out some beautiful, ripe peaches. //
과일 가판대에서 / 그녀는 아름답고 잘 익은 복숭아 몇 개를 골랐다 //

The fruit seller told her, / "Those peaches are a great choice / because they're only here until this week. //
과일 장수가 그녀에게 말했다 / "그 복숭아들은 아주 좋은 선택이에요 / 이번 주까지 여기에서만 판매하기 때문에 //

If you miss them now, / (e) **you**'ll have to wait another year for the season." //
지금 그것들을 놓치면 / 당신은 다음 계절까지 한 해를 더 기다려야 할 거예요."라고 //

Hearing that, Cathy said, / "Oh, I'll get some more then! They're really cheap!" //
그 말을 듣자, Cathy는 말했다 / "아, 그럼 좀 더 사야겠네요! 그것들은 정말 저렴해요!"라고 //

She bought two bags of peaches. // 그녀는 복숭아 두 봉지를 샀다 //

＊(D) 문단 요약: 각자 떨어져서 장을 보는 과정에서 Cathy는 복숭아 두 봉지를 샀음

- entrance ⓝ 입구
- farmer's market 농산물 직판장
- delight ⓝ 기쁨, 즐거움
- common ⓐ 흔한
- peach ⓝ 복숭아
- curious ⓐ 호기심이 많은
- explore ⓥ 둘러보다, 탐험하다
- wander ⓥ 돌아다니다
- heavenly ⓐ 천상의

(A) "안녕! 나 여기 있어!"라고 Laura가 Darlingdale Farmer's Market 입구에서 Cathy를 향해 밝게 손을 흔들며 소리쳤다. 친구를 본 Cathy는 기쁜 마음에 서둘러 달려갔다. Cathy는 최근에 Laura가 사는 도시로 이사 왔는데, 이번은 진짜 농산물 직판장에서의 (a) 그녀의 첫 경험이 되려던 참이었다. 대형 슈퍼마켓이 더 흔한 대도시에서 태어나고 자란 Cathy는 갓 수확한 과일이나 채소를 살 기회가 없었다.

(C) Laura가 시장에 들어서며 "내가 구경시켜 줄게. 준비됐어?"라고 말했다. Cathy는 "물론이지! 나는 신선한 복숭아를 좀 살 거야!"라고 신나서 대답했다. 시장은 이미 온갖 연령대의 사람들로 붐비고 있었다. "Cathy, 너는 여기서 제철에 나는 가장 맛있는 것들을 맛볼 수 있어."라고 Laura가 말했다. Cathy는 미소를 지으며 주변을 둘러보기 시작했다. 그 사이, Laura는 팔려고 내놓은 딸기잼을 발견했다. 그녀는 그것을 좀 사러 걸어갔다. 더 둘러보고 싶은 호기심이 생겨, Cathy는 "(c) 네가 잼을 사는 동안 나는 시장을 둘러보고 복숭아를 좀 살게."라고 말했다.

(D) Laura와 떨어져 혼자 돌아다니며, Cathy는 복숭아를 찾기 시작했다. Cathy는 신선한 꽃과 수제 비누가 진열된 부스를 걸어서 지나갔는데, 천상의 냄새가 났다. 과일 가판대에서 (d) 그녀는 아름답고 잘 익은 복숭아 몇 개를 골랐다. 과일 장수가 그녀에게 "그 복숭아들은 이번 주까지 여기에서만 판매하기 때문에 아주 좋은 선택이에요. 지금 그것들을 놓치면 (e) 당신은 다음 계절까지 한 해를 더 기다려야 할 거예요."라고 말했다. 그 말을 듣자, Cathy는 "아, 그럼 좀 더 사야겠네요! 그것들은 정말 저렴해요!"라고 말했다. 그녀는 복숭아 두 봉지를 샀다.

(B) 복숭아 봉지를 들고 Cathy는 돌아와서 Laura가 블루베리 한 상자와 잼 병들을 들고 있는 것을 발견했다. "Cathy, 그 복숭아들 맛있어 보여! 나는 블루베리를 좀 샀어. 우리 집에 가서 블루베리 팬케이크를 같이 만들래?" 하고 Laura가 물었다. "그래, 그거 좋은 생각이야!" Cathy가 기쁘게 대답했다. 시장에서 걸어 나오면서 Cathy는 친구에게 특별한 경험에 고마움을 표하며, "(b) 나 여기 정말 좋아! 멋진 하루를 보내게 해줘서 고마워."라고 말했다.

Q 10 정답 ③

주어진 글 (A)에 이어질 내용을 순서에 맞게 배열한 것으로 가장 적절한 것은?

① (B) — (D) — (C) (B)는 장 보는 것을 다 끝마친 것이므로 (A) 바로 뒤에 올 수 없음

② (C) — (B) — (D) (B)는 결말에 해당하므로 장을 보고 있는 (D)보다 뒤에 와야 함

③ (C) — (D) — (B) - 대도시 출신의 Cathy가 Laura와 함께 농산물 직판장에 가보기 위해 만남 - 구경하다가 흩어져서 각자 원하는 것을 살펴보기로 함 - 각자 장을 보는 과정에서 Cathy는 복숭아를 샀음 - Laura의 집으로 가서 블루베리 팬케이크를 만들기로 했고, Cathy는 Laura에게 고마움을 표했음

④ (D) — (B) — (C)

⑤ (D) — (C) — (B) - 각자 장을 보는 과정인 (D) 전에 둘이 같이 구경하는 내용인 (C)가 먼저 나와야 함

> **왜** 정답·오답 ? [정답률 95%]

[A]: 대도시 출신의 Cathy가 최근 Laura가 사는 도시로 이사를 오게 되었고, 농산물 직판장을 함께 보러 가기로 해서 만났다.

➡ Cathy와 Laura가 농산물 직판장에서 어떤 것을 하는지에 대한 장면이 이어질 것이다.

[B]: Cathy는 복숭아를 샀고, Laura는 블루베리와 잼을 구매했다. 시장 보는 것을 마무리하고 함께 Laura의 집으로 가서 블루베리 팬케이크를 만들기로 했고, Cathy는 특별한 하루를 보내게 해준 Laura에게 고마움을 표했다.

➡ 두 사람이 장 보는 것을 마쳤고, 글이 마무리되고 있는 내용이므로 마지막에 올 가능성이 높다. (B) 앞에는 각자 물건을 어떻게 사게 되었는지에 대한 내용이 나올 것이다.

[C]: 두 친구는 함께 시장에 들어서서 구경하다가 흩어져서 각자 원하는 것을 살펴보기로 했다.

➡ 시장에서 장보는 것을 막 시작한 것이므로 (A) 뒤에 이어질 것이다. 또한, (C) 뒤에는 각자 원하는 품목을 구매하는 과정이 서술될 것이다.

[D]: 각자 떨어져서 장을 보는 과정에서 Cathy는 복숭아 두 봉지를 샀다.

➡ 각자 흩어져서 장을 보기로 한 (C) 뒤에 이어지는 내용이다. Cathy는 복숭아를 구매했다고 했으므로 (D) 이후에는 Laura가 무엇을 구매했는지에 대한 내용이 나올 것이다. 즉, (B)가 이 내용에 해당한다.

▶ 사건이 진행되는 순서는 ③ (C) – (D) – (B)임

Q 11 정답 ③

밑줄 친 (a)~(e) 중에서 가리키는 대상이 나머지 넷과 다른 것은?

① (a) = Cathy's ② (b) = Cathy ③ (c) = Laura ④ (d) = Cathy ⑤ (e) = Cathy

> **왜** 정답 ? [정답률 94%]

③ (c) you: 잼을 살펴보며 사고 싶어 하는 사람은 Laura이다. ▶ Laura

> **왜** 오답 ?

① (a) her: 농산물 직판장을 처음 경험하는 사람은 Cathy이다. ▶ Cathy's

② (b) I: 시장에서 걸어 나오면서 특별한 경험을 고마워하는 사람은 Cathy이다. ▶ Cathy

④ (d) she: 복숭아를 사려고 찾아다니는 사람은 Cathy이다. ▶ Cathy

⑤ (e) you: 과일 장수가 복숭아를 팔고자 하는 대상은 Cathy이다. ▶ Cathy

Q 12 정답 ⑤

윗글에 관한 내용으로 적절하지 않은 것은?

① Cathy는 대도시에서 태어나고 성장했다.
Born and raised in a big city, ~ a chance to buy freshly-picked fruits or vegetables.

② Laura와 Cathy는 블루베리 팬케이크를 만들기로 했다.
Would you like to go to my place and make ~ replied Cathy happily.

③ 시장은 다양한 나이의 사람들로 붐볐다.
The market was already crowded with people of all ages.

④ Laura는 판매 중인 딸기 잼을 발견했다.
Meanwhile, Laura found some strawberry jam for sale.

⑤ Cathy는 복숭아 가격이 비싸다고 생각했다.
Hearing that, Cathy said, "Oh, I'll get some more then! They're really cheap!"

> **왜** 정답 ? [정답률 96%]

⑤ Cathy는 복숭아 가격이 비싸다고 생각한 것이 아니라 저렴하다고 생각했다.
(Hearing that, Cathy said, "Oh, I'll get some more then! They're really cheap!")

> **왜** 오답 ?

① Cathy는 대도시에서 태어나고 성장했다. (Born and raised in a big city, ~ a chance to buy freshly-picked fruits or vegetables.)

② Laura와 Cathy는 블루베리 팬케이크를 만들기로 했다. (Would you like to go to my place and make ~ replied Cathy happily.)

③ 시장은 다양한 나이의 사람들로 붐볐다. (The market was already crowded with people of all ages.)

④ Laura는 판매 중인 딸기 잼을 발견했다. (Meanwhile, Laura found some strawberry jam for sale.)

Q 13~15 ＊거대한 호박 기르기의 꿈을 가진 Jay

(A) On a bright fall day, / a young boy named Jay / visited the pumpkin festival with his grandfather. //
어느 밝은 가을날 / Jay라는 이름의 한 어린 소년은 / 그의 할아버지와 함께 호박 축제에 방문했다 //

There, / he became fascinated / by the giant, prize-winning pumpkins on display. //
그곳에서 / 그는 매료되었다 / 전시된 거대한, 상을 받은 호박에 //

Jay made up his mind / to grow an enormous pumpkin himself. // Jay는 결심했다 / 거대한 호박을 직접 기르기로 //

With stars sparkling in his eyes, / (a) he eagerly shared his dream with his grandfather / that he wanted to grow the next show-winning pumpkin. //
눈빛이 별처럼 반짝이며 / 그는 할아버지에게 꿈을 열렬히 공유했다 / 그가 다음으로 상 받을 호박을 기르고 싶다는 //

＊(A) 문단 요약: Jay라는 소년은 호박 축제에서 상을 받은 호박에 매료되었으며, 다음에는 자신이 직접 상을 받을 호박을 기르고 싶다는 꿈을 할아버지에게 공유함

(B) When Jay found out / what the squirrel had done, / he searched through the soil but found nothing. //
Jay가 발견했을 때 / 다람쥐가 한 짓을 / 그는 흙을 뒤졌지만 아무것도 찾지 못했다 //

His dream was crushed! // 그의 꿈이 부서졌다 //

Still, / his grandfather encouraged him / to plant some pie pumpkin seeds / he had on hand. //
그래도 / 그의 할아버지는 그를 격려했다 / 파이 호박 씨앗을 심도록 / 그가 가지고 있던 //

Jay agreed / and planted them. // Jay는 동의했고 / 그것들을 심었다 //

After some time, / small pumpkins filled the garden. //
얼마 후에 / 작은 호박들이 텃밭을 가득 채웠다 //

The family baked delicious pies / using the pumpkins Jay had harvested. // 가족은 맛있는 파이를 구웠다 / Jay가 수확한 호박을 이용해 //

Despite the setback, / Jay found joy / in the harvest and the time spent with his family. //
방해에도 불구하고 / Jay는 즐거움을 발견했다 / 수확과 가족과 보낸 시간에서 //

Jay promised himself / that next year, / (b) he would try again / to grow the biggest pumpkin of all. //
Jay는 스스로에게 약속했다 / 내년에 / 그가 다시 도전할 것이라고 / 모든 호박 중 가장 큰 것을 기르는 것에 //

＊(B) 문단 요약: 다람쥐 때문에 꿈이 부서졌지만, 할아버지의 격려로 파이 호박을 심고, 가족과 함께 수확의 즐거움을 나누며 내년에 다시 거대한 호박에 도전하기로 결심함

(C) Though his grandfather reminded him / that a little luck was also needed, / Jay remained confident. //
할아버지가 그에게 상기시켜 주었지만 / 약간의 운 또한 필요하다고 / Jay는 여전히 자신 있었다 //

He carefully kept the seeds he had bought / and spent the winter
/ thinking about how he would grow his pumpkins. //
동사의 병렬 구조
분사구문을 이끄는 현재분사   목적격 관계대명사절
그는 자신이 샀던 씨앗을 신중히 보관했고 / 겨울을 보냈다 / 호박을 어떻게 기를지 생각하며 //
15번 ③ Jay는 호박을 어떻게 기를지 생각하며 겨울을 보냄
When spring finally arrived, / (c) he received help from his
= Jay
grandfather. // 마침내 봄이 되었을 때 / 그는 할아버지로부터 도움을 받았다 //
He used his tractor / to prepare the garden with Jay. //
부사적 용법(목적)
그(할아버지)는 그의 트랙터를 사용했다 / Jay와 텃밭을 준비하기 위해 //
Jay eagerly planted the seeds / and waited with anticipation
to부정사의 의미상 주어
for them to grow. //
명사적 용법
Jay는 열렬히 씨앗을 심고 / 기대하며 그것들(씨앗)이 자라기를 기다렸다 //
But then, / disaster struck. // 하지만 그때 / 엄청난 불행이 발생했다 //
13번 단서 5, 15번 ④ 다람쥐가 모든 씨앗을 파내어 먹음
A squirrel dug up / and ate every single seed. //
다람쥐 한 마리가 파내어 / 모든 씨앗을 먹어 버렸다 //

★(C) 문단 요약: 자신 있던 Jay는 겨울 내내 호박을 어떻게 기를지 생각하고 봄에
할아버지의 도움으로 씨앗을 심었지만, 다람쥐가 모두 파먹어 버리는 불행을 겪음
분사구문을 이끄는 현재분사   = his grandfather
(D) Seeing Jay's excitement, / (d) he promised / to help him
help의 목적격 보어(원형부정사)   13번 단서 6: Jay가 거대한 호박 기르는 것을 할아버지가
grow a giant pumpkin. //   도와주기로 함
Jay의 신난 상태를 보고 / 그는 약속했다 / 그가 거대한 호박 기르는 것을 도와주기로 //
부사적 용법(목적)
When they visited a pumpkin farm to buy seeds, / he explained
the basics to Jay: / choose a large variety / and plant seeds from
the biggest pumpkins. //
그들이 씨앗을 사기 위해 호박 농장을 방문했을 때 / 그는 Jay에게 기본적인 것을 설명했는데
/ 큰 품종을 고르고 / 가장 큰 호박에서 나온 씨앗들을 심으라고 //
15번 ⑥ 할아버지는 5월 초가 아니라 5월 말에 씨앗을 심으라고 조언했음
He also advised planting them in late May, / when the soil is
warm, / by forming small hills about eight inches high / and
by -ing의 병렬 구조(~함으로써)
placing six to eight seeds in each. //
그는 또한 5월 말에 그것들(씨앗)을 심으라고 조언했다 / 토양이 따뜻할 때 / 약 8인치 높이의
작은 흙무더기를 만들고 / 각각에 여섯 개에서 여덟 개의 씨앗을 배치해서 //
분사구문을 이끄는 현재분사   = Jay
Following his grandfather's advice, / (e) he picked out a few
promising pumpkin seeds. //
할아버지의 조언을 따라서 / 그는 몇 개의 조짐이 좋은 호박 씨앗들을 골랐다 //

★(D) 문단 요약: Jay의 할아버지는 Jay가 거대한 호박을 기르는 것을 도와주기로
약속하고 함께 호박 농장을 방문했으며, Jay는 할아버지의 조언대로 호박 씨앗을 고름

• fascinated ⓐ 매료된   • enormous ⓐ 거대한
• spark ⓥ 반짝이다   • eagerly ⓐⓓ 열렬히   • soil ⓝ 흙, 토양
• crush ⓥ 부수다, 으스러뜨리다   • seed ⓝ 씨앗
• harvest ⓥ 수확하다   • setback ⓝ 방해, 차질
• anticipation ⓝ 기대   • variety ⓝ (식물·언어 등의) 품종[종류]
• form ⓥ 만들다, 형성하다   • promising ⓐ 조짐이 좋은

(A) 어느 밝은 가을날, Jay라는 이름의 한 어린 소년은 자신의 할아버지와 함께
호박 축제에 방문했다. 그곳에서 그는 전시된 거대한, 상을 받은 호박에 매료되
었다. Jay는 거대한 호박을 직접 기르기로 결심했다. 눈빛이 별처럼 반짝이며,
(a) 그는 할아버지에게 자신이 다음으로 상을 받을 호박을 기르고 싶다는 꿈을
열렬히 공유했다.
(D) Jay의 신난 상태를 보고, (d) 그는 그가 거대한 호박 기르는 것을 도와주기
로 약속했다. 그들이 씨앗을 사기 위해 호박 농장을 방문했을 때, 그는 Jay에게
기본적인 것을 설명했는데, 큰 품종을 고르고 가장 큰 호박에서 나온 씨앗들을
심으라는 것이었다. 그는 또한 약 8인치 높이의 작은 흙무더기를 만들고 각각에
여섯 개에서 여덟 개의 씨앗을 배치해서 토양이 따뜻한 5월 말에 씨앗을 심으라
고 조언했다. 할아버지의 조언을 따라서, (e) 그는 몇 개의 조짐이 좋은 호박 씨
앗들을 골랐다.
(C) 할아버지가 약간의 운 또한 필요하다고 그에게 상기시켜 주었지만, Jay는
여전히 자신 있었다. 그는 자신이 샀던 씨앗을 신중히 보관했고, 호박을 어떻게
기를지 생각하며 겨울을 보냈다. 마침내 봄이 되었을 때, (c) 그는 할아버지로부
터 도움을 받았다. 그는 Jay와 텃밭을 준비하기 위해 자신의 트랙터를 사용했다.
Jay는 열심히 씨앗을 심고 기대하며 씨앗이 자라기를 기다렸다. 하지만 그때,
엄청난 불행이 발생했다. 다람쥐 한 마리가 모든 씨앗을 파내어 먹어 버렸다.

(B) Jay가 다람쥐가 한 짓을 발견했을 때, 그는 흙을 뒤졌지만 아무것도 찾지 못
했다. 그의 꿈이 부서졌다! 그래도, 그의 할아버지는 자신이 가지고 있던 파이
호박 씨앗을 심도록 그를 격려했다. Jay는 동의했고 그것들을 심었다. 얼마 후
에, 작은 호박들이 텃밭을 가득 채웠다. 가족은 Jay가 수확한 호박을 이용해 맛
있는 파이를 구웠다. 방해에도 불구하고, Jay는 수확과 가족과 보낸 시간에서
즐거움을 발견했다. Jay는 내년에 (b) 그가 모든 호박 중 가장 큰 것을 기르는
것에 다시 도전할 것이라고 스스로에게 약속했다.

Q 13 정답 ⑤

주어진 글 (A)에 이어질 내용을 순서에 맞게 배열한 것으로 가장 적절한 것은?

① (B) — (D) — (C) 다람쥐가 한 짓을 발견했다는 (B)는 주어진 글 뒤에 바로 이어질 수 없음
② (C) — (B) — (D) 거대한 호박을 기르는 것을 도와주기로 약속한 할아버지와 씨앗을 고르는
내용인 (D)는 주어진 글 바로 뒤에 이어져야 함
③ (C) — (D) — (B) Jay는 거대한 호박을 기르고 싶다는 꿈을 할아버지와 공유함 -
할아버지가 도와주기로 약속한 뒤, 좋은 호박 씨앗을 함께 골라줌 -
④ (D) — (B) — (C) 호박 씨앗을 심었지만 다람쥐가 모두 파먹어 버리는 불행을 겪음 -
⑤ (D) — (C) — (B) 꿈은 좌절되었지만 대신 작은 파이 호박 씨앗을 심었고 수확의
즐거움을 가족과 함께 느끼며 내년에 다시 도전하기로 함
불행을 극복하고 내년에 다시 도전할 것을 결심한 (B)는 글의 결말임

왜 정답·오답? [정답률 91%]

[(A): Jay라는 소년은 호박 축제에서 상을 받은 호박에 매료되었으며, 다음
에는 자신이 직접 상을 받을 호박을 기르고 싶다는 꿈을 할아버지에게 공
유했다.

➡ Jay가 상을 받을 거대한 호박을 기르고 싶은 꿈을 가지고 있으므로, 그러한 호박을
기르고자 노력하는 내용이 이어질 것이다.

[(B): 다람쥐 때문에 꿈이 부서졌지만, 할아버지의 격려로 파이 호박을 심은
Jay는 가족과 함께 수확의 즐거움을 파이로 나누며 내년에 다시 거대한 호
박 기르기에 도전하기로 결심했다.

➡ 다람쥐 때문에 Jay의 꿈이 부서졌다고 했으므로, (B) 앞에는 다람쥐가 무엇을 했는
지가 나와야 한다. 꿈은 좌절되었지만 대신 작은 파이 호박을 키워 가족들과 좋은 시
간을 보내고, 내년에 다시 도전하기로 했으므로 글의 결말 부분일 것이다.

[(C): 자신 있던 Jay는 겨울 내내 호박을 어떻게 기를지 생각하고 봄에 할
아버지의 도움으로 씨앗을 심었지만, 다람쥐가 모두 파먹어 버리는 불행
을 겪었다.

➡ 할아버지의 도움으로 씨앗을 심었다는 내용으로 시작되는 (C) 앞에는 씨앗을 심기
전의 내용이 나와야 한다. 또한, 씨앗을 심고 난 후 다람쥐가 그것들을 모두 파먹어
버리는 불행을 겪었으므로, (C) 뒤에는 불행을 겪고 어떻게 했는지에 대한 내용이 이
어질 것이다.

[(D): Jay의 할아버지는 Jay가 거대한 호박을 기르는 것을 도와주기로 약
속하고 함께 호박 농장을 방문했으며, Jay는 할아버지의 조언대로 호박 씨
앗을 골랐다.

➡ 할아버지가 Jay가 거대한 호박을 기르는 것을 도와주기로 약속했으므로 (D) 앞에
는 거대한 호박을 기르기로 결심한 내용인 주어진 글이 와야 한다. (D)의 뒤에는 씨
앗을 고른 후 무엇을 했는지에 대한 구체적인 내용인 (C)가 이어질 것이다.
▶ 사건이 진행되는 순서는 ⑤ (D) – (C) – (B)임

Q 14 정답 ④

밑줄 친 (a)~(e) 중에서 가리키는 대상이 나머지 넷과 다른 것은?

① (a)   ② (b)   ③ (c)   ④ (d)   ⑤ (e)
= Jay   = Jay   = Jay   = his grandfather   = Jay

왜 정답? [정답률 94%]

④ (d) he: Jay가 거대한 호박 기르는 것을 도와주기로 약속한 사람은 Jay의 할아버
지이다. ▶ his grandfather

왜 오답?

① (a) he: 거대한 호박을 기르고 싶다는 꿈을 가지고 있는 사람은 Jay이다. ▶ Jay
② (b) he: 내년에 다시 가장 큰 호박을 기를 것이라고 다짐한 사람은 Jay이다. ▶ Jay
③ (c) he: 호박을 기르기 위해 할아버지에게 도움을 받은 사람은 Jay이다. ▶ Jay
⑤ (e) he: 할아버지의 조언에 따라 좋은 호박 씨앗을 고른 사람은 Jay이다. ▶ Jay

Q 15 정답 ⑤

윗글에 관한 내용으로 적절하지 않은 것은?

① Jay는 거대한 호박을 직접 기르기로 결심했다.
　 Jay made up his mind to grow an enormous pumpkin himself.
② 가족은 Jay가 수확한 호박으로 파이를 구웠다.
　 The family baked delicious pies using the pumpkins Jay had harvested.
③ Jay는 호박을 어떻게 기를지 생각하며 겨울을 보냈다.
　 He carefully kept the seeds ~ thinking about how he would grow his pumpkins.
④ 다람쥐가 모든 씨앗을 파내어 먹었다.
　 A squirrel dug up and ate every single seed.
⑤ 할아버지는 5월 초에 씨앗을 심으라고 조언했다.
　 He also advised planting them in late May

왜 정답? [정답률 92%]

⑤ 할아버지는 5월 초가 아니라 5월 말에 씨앗을 심으라고 조언했다. (He also advised planting them in late May)

왜 오답?

① Jay는 거대한 호박을 직접 기르기로 결심했다. (Jay made up his mind to grow an enormous pumpkin himself.)
② 가족은 Jay가 수확한 호박으로 파이를 구웠다. (The family baked delicious pies using the pumpkins Jay had harvested.)
③ Jay는 호박을 어떻게 기를지 생각하며 겨울을 보냈다. (He carefully kept the seeds ~ thinking about how he would grow his pumpkins.)
④ 다람쥐가 모든 씨앗을 파내어 먹었다. (A squirrel dug up and ate every single seed.)

Q 16~18 　*떠돌이 비글 두 마리의 구조

(A) It was in the bleak midwinter, / and a pair of wanderers struggled / through the cold night, / seeking shelter. //
황량한 한겨울이었고 / 길을 떠도는 한 쌍은 헤매고 있었다 / 추운 밤을 / 피난처를 찾으면서 //

The father-to-be / searched desperately for a safe place / for his companion, / who walked heavily, / carrying new life inside her. //
곧 아버지가 될 이는 / 필사적으로 안전한 장소를 찾고 있었다 / 그의 동행자를 위한 / 무겁게 걷고 있는 / 새로운 생명을 품고 //

They could not stay out in the bitter cold / when her time came. // 그들은 혹독한 추위 속에 머물 수 없었다 / 그녀의 때가 왔을 때 //

Their names were Pepper and Cooper, / a pair of beagles, / wandering a rural highway near Bethel, Ohio. //
그들의 이름은 Pepper와 Cooper로 / 한 쌍의 비글이었다 / Ohio의 Bethel 근처 시골 고속 도로를 떠도는 // 18번 ① Pepper와 Cooper는 Bethel 근처의 시골 고속 도로를 떠돌아다녔음

Gus Kiebel, / a county wildlife officer, / was driving home through the snowstorm / when (a) his headlights revealed the dogs. // 16번 단서 1: Gus가 집으로 운전해 가고 있을 때 두 마리의 비글을 마주침
Gus Kiebel이 / 지역 야생동물 관리관인 / 눈보라 속에서 집으로 운전해 가고 있었다 / 그의 헤드라이트가 이 개들을 비췄을 때 //

　*(A) 문단 요약: Pepper와 Cooper라는 이름의 비글 한 쌍이 떠돌아다니며 피난처를 찾고 있던 중, 지역 야생동물 관리관인 Gus에게 발견됨

(B) "I'm not signing the dogs over to you / if you're going to separate them," / Gus said. // 16번 단서 2: 개들을 양도하는 조건을 말하고 있음
"나는 당신에게 개들을 양도하는 서명을 하지 않겠습니다 / 만약 당신이 이 개들을 갈라놓을 거라면" / 이라고 Gus가 말했다 //

The shelter worker promised him / she'd keep the pair together. // 18번 ② 보호시설 직원은 비글 한 쌍을 함께 두겠다고 약속함
그 보호시설 직원은 그에게 약속했다 / 이 한 쌍을 함께 두겠다고 //

Over the next few days, / Gus called the shelter / to ensure that Pepper and Cooper were safe. //
며칠 뒤 / Gus는 보호시설에 전화를 걸었다 / Pepper와 Cooper가 안전한지 확인하기 위해 //

Just after Christmas, / the beagles were adopted / as a pair by a loving family. // 18번 ③ 비글 한 쌍은 크리스마스가 지난 후 입양됨
크리스마스가 막 지나고 / 이 비글들은 입양되었다 / 한 쌍으로 사랑스러운 가정에 //

Gus practiced kindness / by giving shelter to a wandering couple, / demonstrating the best of (b) himself. //
Gus는 친절을 실천했다 / 길을 떠돌던 한 쌍에게 피난처를 제공함으로써 / 그 자신의 최선의 모습을 보여 주었다 //

When kindness and love triumph / over cruelty and the elements, / it can feel like the greatest miracle of all. //
친절과 사랑이 이길 때 / 잔혹함과 자연력을 / 그것은 가장 큰 기적처럼 느껴질 수 있다 //

　*(B) 문단 요약: Gus는 비글 한 쌍을 보호시설에 맡기며 결코 둘을 갈라놓지 말라는 조건을 달았고, 결국 그들은 사랑스러운 가정에 함께 입양됨

(C) Gus couldn't bring himself to leave the dogs / out in the storm. // 16번 단서 3: 추위 속에 떠돌아다니는 개 한 쌍을 그냥 둘 수 없었음
Gus는 그 개들을 남겨둘 수 없었다 / 폭풍 속에 //

That night, / he prepared a warm bed / with food and water close by. // 18번 ④ Gus는 비글 한 쌍에게 따뜻한 잠자리를 준비해 줌
그날 밤 / 그는 따뜻한 침대를 준비했다 / 음식과 물도 함께 가까이 //

As a boy, / (c) he had dreamed of owning a beagle, / but keeping this pair was not an option / — Gus already had a dog. //
어린 시절 / 그는 비글을 키우는 것을 꿈꿨지만 / 이 한 쌍을 데리고 있는 것은 선택 사항이 아니었다 / Gus는 이미 개 한 마리를 가지고 있었다 //

However, / Gus knew someone / at the League for Animal Welfare, / an animal shelter in nearby Batavia. //
하지만 / Gus는 아는 사람이 있었다 / League for Animal Welfare에 / Batavia 근처에 있는 동물 보호시설인 //

The next morning, / he took the dogs to the shelter / to drop them off / — on one condition. // 16번 단서 4: 개들을 보호시설에 데려다 주며 조건 하나를 제시함
다음 날 아침 / 그는 개들을 보호시설에 데려갔다 / 그들을 데려다 주기 위해 / 한 가지 조건을 내걸었다 //

　*(C) 문단 요약: Gus는 그 비글들을 그냥 둘 수가 없어서 그날 밤 피난처를 제공했으며, 다음 날 동물 보호시설에 그들을 데려다주며 조건 하나를 제시함

(D) Their collars and tags suggested / they belonged to someone, / but why were they outside in such harsh weather? //
그들의 목걸이와 이름표는 암시했다 / 그들이 누군가의 소유였음을 / 하지만 그들은 왜 이렇게 혹독한 날씨 속에 밖에 있는 것일까 // 16번 단서 5: 떠돌아다니는 개들의 목걸이와 이름표를 확인함

Gus stopped his truck / and approached the two dogs, / who didn't try to flee. // 18번 ⑤ Gus는 트럭을 세우고 비글 두 마리에게 다가감
Gus는 그의 트럭을 세우고 / 두 마리의 개에게 다가갔는데 / 그들은 도망치려 하지 않았다 //

(d) He read their tags / — Pepper and Cooper — / but when he called the phone number, / the man who answered said, / "I gave them to another family. // They're not mine anymore." //
그는 그들의 이름표에 적힌 이름을 읽었다 / Pepper와 Cooper라는 / 하지만 그 번호로 전화를 걸었을 때 / 전화를 받은 남자는 이렇게 말했다 / "저는 그들을 다른 집으로 보냈습니다 // 그들은 이제 더 이상 제 개가 아닙니다."라고 //

When Gus asked where they were sent, / the man paused and said, / "I don't know." //
Gus가 그들을 어디로 보냈는지 물었을 때 / 그 남자는 잠시 멈추고 말했다 / "모르겠습니다" //

Then, / (e) he hung up abruptly, / leaving Gus feeling surprised and uneasy. //
그러고 나서 / 그는 갑자기 전화를 끊었고 / Gus는 놀라움과 불안함을 느꼈다 //

The beagles had nowhere to go. // 그 비글들은 아무 데도 갈 곳이 없었다 //
16번 단서 6: Gus가 소유주를 찾지 못하고 개들이 갈 데가 없는 상황임

　*(D) 문단 요약: 비글들의 목걸이에 적힌 소유주는 전 주인이었으며 그가 책임을 회피하는 바람에 결국 비글들은 Gus의 앞에 남겨짐

- wanderer ⓝ 떠도는 사람, 방랑자　　• shelter ⓝ 피난처
- desperately 剛 필사적으로　　• companion ⓝ 동행자, 동반자
- bitter ⓐ 혹독한, 쓸쓸한　　• adopt ⓥ 입양하다
- demonstrate ⓥ 보여 주다　　• triumph over ~을 이겨내다
- cruelly ⓝ 잔혹함　　• collar ⓝ (개의) 목걸이
- harsh ⓐ 혹독한, 가혹한　　• approach ⓥ 다가가다
- abruptly 剛 갑자기

(A) 황량한 한겨울이었고, 길을 떠도는 한 쌍은 피난처를 찾으면서 추운 밤을 헤매고 있었다. 곧 아버지가 될 이는, 새 생명을 품고 무겁게 걷는 동행자를 위한 안전한 장소를 필사적으로 찾고 있었다. 그녀의 때가 왔을 때, 그들은 혹독한 추위 속에 머물 수 없었다. 그들의 이름은 Pepper와 Cooper로, Ohio의 Bethel 근처 시골 고속 도로를 떠도는 한 쌍의 비글이었다. 지역 야생동물 관리관인 Gus Kiebel이 눈보라 속에서 집으로 운전해 가고 있었을 때, (a) 그의 헤드라이트가 이 개들을 비췄다.

(D) 그들의 목걸이와 이름표는 그들이 누군가의 소유였음을 암시했으나, 그들은 왜 이렇게 혹독한 날씨 속에 밖에 있는 것일까? Gus는 그의 트럭을 세우고 두 마리의 개에게 다가갔는데, 그들은 도망치려 하지 않았다. (d) 그는 그들의 이름표에 적힌 이름 Pepper와 Cooper를 읽었지만, 그 번호로 전화를 걸었을 때 전화를 받은 남자는 이렇게 말했다. "저는 그들을 다른 집으로 보냈습니다. 그들은 이제 더 이상 제 개가 아닙니다." Gus가 그들을 어디로 보냈는지 묻자, 그 남자는 잠시 멈추더니 말했다. "모르겠습니다." 그러고 나서, (e) 그는 갑자기 전화를 끊었고, Gus는 놀라움과 불안함을 느꼈다. 그 비글들은 아무 데도 갈 곳이 없었다.

(C) Gus는 그 개들을 폭풍 속에 남겨둘 수 없었다. 그날 밤, 그는 따뜻한 침대를 음식과 물과 함께 가까이 준비했다. 어린 시절, (c) 그는 비글을 키우는 것을 꿈꿨지만, 이 한 쌍을 데리고 있는 것은 선택 사항이 아니었다. Gus는 이미 개 한 마리를 가지고 있었다. 하지만 Gus는 Batavia 근처에 있는 League for Animal Welfare라는 동물 보호시설에 아는 사람이 있었다. 다음 날 아침, 그는 보호시설에 개들을 데려다 주며 한 가지 조건을 내걸었다.

(B) "만약 당신이 이 개들을 갈라놓을 거라면, 나는 당신에게 개들을 양도하는 서명을 하지 않겠습니다."라고 Gus가 말했다. 그 보호시설 직원은 이 한 쌍을 함께 두겠다고 그에게 약속했다. 며칠 뒤, Gus는 Pepper와 Cooper가 안전한지 확인하기 위해 보호시설에 전화를 걸었다. 크리스마스가 막 지나고, 이 비글들은 한 쌍으로 사랑스러운 가정에 입양되었다. Gus는 길을 떠돌던 한 쌍에게 피난처를 제공하며 친절을 실천했고, (b) 그 자신의 최선의 모습을 보여 주었다. 친절과 사랑이 잔혹함과 자연력을 이길 때, 그것은 가장 큰 기적처럼 느껴질 수 있다.

Q 16 　정답 ⑤

주어진 글 (A)에 이어질 내용을 순서에 맞게 배열한 것으로 가장 적절한 것은?

① (B) — (D) — (C)　비글들이 함께 입양되어 행복한 결말을 맞이하는 (B)는 글의 결말임
② (C) — (B) — (D)　주인을 찾지 못해 비글들이 결국 Gus에게 남겨졌다는 (D)보다 보호시설에 데려다주는 내용의 (B), (C)가 먼저 올 수 없음
③ (C) — (D) — (B)
④ (D) — (B) — (C)
⑤ (D) — (C) — (B)　비글 한 쌍이 Gus에게 발견됨 – 비글들의 목걸이를 확인한 후 주인을 찾아주려고 했지만 실패하여 그에게 남겨짐 – Gus는 그날 밤 비글들에게 피난처를 제공하고 다음 날 보호시설에 데려다주며 한 가지 조건을 제시함 – 비글들을 절대 갈라놓지 말라는 조건을 달았으며 결국 그들은 함께 입양됨

─(C)에서 Gus가 보호시설에 비글들을 데려다주며 조건 하나를 제시했다고 했으므로, 그 조건이 무엇인지 나오는 (B)가 (C) 뒤에 와야 함

왜 정답·오답? [정답률 86%]

[(A): Pepper와 Cooper라는 이름의 비글 한 쌍이 떠돌아 다니던 중 지역 야생동물 관리관인 Gus에게 발견되었다.

➡ Gus가 운전 중 도로 위에서 떠돌이 비글 한 쌍을 발견했으므로, 발견 직후 Gus가 어떻게 행동했는지에 대한 내용이 이어질 것이다.

[(B): Gus는 비글 한 쌍을 보호시설에 맡기며 결코 둘을 갈라놓지 말라는 조건을 달았고, 결국 그들은 함께 입양되었다.

➡ Gus가 비글 한 쌍을 보호시설에 맡겼으며 둘을 갈라놓지 말라는 조건을 단 그대로, 결국 함께 입양되었다는 내용으로, Gus의 친절과 사랑이 기적으로 남았다는 행복한 결말이 서술되고 있으므로 글의 결말 부분임을 알 수 있다.

[(C): Gus는 그 비글들을 그냥 둘 수가 없어서 그날 밤 피난처를 제공했고, 다음 날 동물 보호시설에 그들을 데려다주며 조건 하나를 제시했다.

➡ Gus가 비글 한 쌍에게 그날 밤 피난처를 제공하고 다음 날 동물 보호시설에 데려다주면서 조건 하나를 제시했다는 내용이 나오고 있으므로, 어떤 조건을 제시했는지에 대한 내용이 이어질 것이다.

[(D): 비글들의 목걸이에 적힌 소유주는 전 주인이었으며 그가 책임을 회피하는 바람에 결국 비글들은 Gus의 앞에 남겨졌다.

➡ Gus가 떠돌이 비글 한 쌍의 주인을 찾아주려고 했지만 실패하고 결국 비글이 그에게 남겨진 상황으로, Gus가 그날 밤 그들을 어떻게 했는지에 대한 내용이 이어질 것이다. ▶ 사건이 진행되는 순서는 ⑤ (D) – (C) – (B)임

Q 17 　정답 ⑤

밑줄 친 (a)~(e) 중에서 가리키는 대상이 나머지 넷과 <u>다른</u> 것은?

① (a)　② (b)　③ (c)　④ (d)　⑤(e)
= Gus'　= Gus　= Gus　= Gus　= the man

왜 정답? [정답률 87%]

⑤ (e) he: Gus와 전 주인이 통화를 하다가 갑자기 전화를 끊은 사람은 전 주인인 남자이다. ▶ the man

왜 오답?

① (a) his: 운전을 하다 트럭 헤드라이트가 비춘 개들을 발견한 사람은 Gus이다. ▶ Gus'

② (b) himself: 떠돌이 개들에게 피난처를 제공하는 친절을 통해 자신의 최선을 보여 준 사람은 Gus이다. ▶ Gus

③ (c) he: 어린 시절 비글을 키우는 것을 꿈꿨던 사람은 Gus이다. ▶ Gus

④ (d) He: 떠돌이 개들을 발견하고 그들의 이름표를 확인한 사람은 Gus이다. ▶ Gus

Q 18 　정답 ③

윗글에 관한 내용으로 적절하지 <u>않은</u> 것은?

① Pepper와 Cooper는 Bethel 근처의 시골 고속 도로를 떠돌아다녔다.
Their names were Pepper and Cooper, ~ highway near Bethel, Ohio.
② 보호시설 직원은 비글 한 쌍을 함께 두겠다고 약속했다.
The shelter worker promised him she'd keep the pair together.
③ 비글 한 쌍은 크리스마스가 되기 전에 입양되었다.
Just after Christmas, the beagles were adopted as a pair by a loving family.
④ Gus는 비글 한 쌍에게 따뜻한 잠자리를 준비해 주었다.
That night, he prepared a warm bed with food and water close by.
⑤ Gus는 트럭을 세우고 비글 두 마리에게 다가갔다.
Gus stopped his truck and approached the two dogs

왜 정답? [정답률 95%]

③ 비글 한 쌍은 크리스마스가 되기 전이 아니라 지난 후에 입양되었다. (Just after Christmas, the beagles were adopted as a pair by a loving family.)

왜 오답?

① Pepper와 Cooper는 Bethel 근처의 시골 고속 도로를 떠돌아다녔다. (Their names were Pepper and Cooper, ~ highway near Bethel, Ohio.)

② 보호시설 직원은 비글 한 쌍을 함께 두겠다고 약속했다. (The shelter worker promised him she'd keep the pair together.)

④ Gus는 비글 한 쌍에게 따뜻한 잠자리를 준비해 주었다. (That night, he prepared a warm bed with food and water close by.)

⑤ Gus는 트럭을 세우고 비글 두 마리에게 다가갔다. (Gus stopped his truck and approached the two dogs)

Q 19~21 　＊더러운 물에서 자란 식물을 보고 깨달음을 얻은 아들

(A) A gardener saw his young son sitting quietly, / 분사구문 his eyes filled with tears. //
한 정원사가 자신의 어린 아들이 조용히 앉아 있는 것을 보았다 / 눈에 눈물이 가득한 채로 //

Concerned, he gently asked, / "What's troubling you, son?" //

걱정이 되어, 그는 부드럽게 물었다 / "아들아, 무슨 일이니?"라고 //

21번 ① 아들은 학급 친구들이 경주에서 질 때마다 자신을 놀린다고 털어놓음

The boy looked up and said, / with (a) his voice trembling, / "My classmates mock me / every time I lose a race. //

= the son's

소년은 고개를 들었고 말했다 / 그(아들)의 목소리를 떨며 / "제 학급 친구들이 저를 놀려요 / 제가 경주에서 질 때마다 //

목적어절을 이끄는 접속사

They laugh / and say that I am slow and weak." //

그들은 비웃으며 / 제가 느리고 약하다고 말해요" //

The father paused, then spoke softly, / "Come with me, son. / Let's spend some time in the garden together." //

아버지는 잠시 생각하고 나서, 부드럽게 말했다 / "아들아, 나와 같이 가자 / 함께 정원에서 시간을 좀 보내자꾸나" //

19번 단서 1: 아버지는 아들에게 함께 정원에서 시간을 보내자고 함

*(A) 문단 요약: 친구들에게 느리고 약하다고 놀림 받은 아들이 아버지에게 속상함을 털어놓자 아버지는 그를 정원으로 데려감

(B) The father smiled and replied, / "Remember, son. / Sometimes, the 'dirt', or difficult things we face, / actually makes us stronger, / just like the plant that grew with dirty water. //

관계대명사가 생략된 관계절(선행사: difficult things)

주격 관계대명사

19번 단서 2: 아버지는 아들에게 어려운 일은 더러운 물로 자란 식물처럼 사실 우리를 더 강하게 만든다는 조언을 해줌

아버지는 미소를 지으며 대답했다 / "기억하렴, 아들아 / 때때로 그 '더러움', 즉 우리가 직면하는 어려운 일들은 / 사실 우리를 더 강하게 만든단다 / 꼭 더러운 물로 자란 식물처럼 //

People may try to bring you down, / but there is nothing wrong with you. //

21번 ② 아버지는 아들에게 문제가 있는 것이 아니라고 답했음

사람들이 너를 무너뜨리려고 할 수도 있지만 / 너에게 문제가 있는 것이 아니야 //

Let their words make you stronger and wiser." //

그들의 말이 너를 더 강하고 현명하게 만들도록 하렴" //

분사구문을 이끎 목적어절을 이끄는 접속사

The boy listened, / realizing that (b) he should try / to turn the harsh words of others into strength and wisdom, / just as his father had taught him. //

= the son

소년은 귀를 기울였고 / 그(아들)가 노력해야 한다는 것을 깨달았다 / 다른 사람들의 모진 말을 힘과 지혜로 바꾸려고 / 아버지가 자신에게 가르쳐 주었던 것처럼 //

*(B) 문단 요약: 아버지는 더러운 물로도 잘 자란 식물을 비유로 들며 아들에게 타인의 모진 말을 힘과 지혜로 바꾸라고 조언함

(C) In the days that followed, / the father and son tended to their plants with care. //

19번 단서 3: 그 후 아버지와 아들은 자신들의 식물을 돌보았음

그 후 며칠간 / 아버지와 아들은 조심스럽게 자신들의 식물을 돌보았다 //

The son observed / how his plant seemed to thrive / just as much as his father's, / if not more. //

아들은 관찰했다 / 자신의 식물이 잘 자라는 것처럼 보이는지를 / 아버지의 식물만큼이나 / 그 이상은 아니더라도 //

Weeks later, the father asked, / "Why don't (c) you come and see the two flowers?" //

몇 주 후, 아버지는 물었다 / "네가 여기 와서 이 두 꽃을 보는 게 어떠니?"라고 //

= the son

21번 ③ 아들은 자신의 꽃이 아버지의 꽃보다 더 튼튼하다는 것을 발견함

The boy found / that his flower was even healthier than his father's / and exclaimed, "How is that possible?" //

목적어절을 이끄는 접속사   비교급 강조 부사

소년은 발견했고 / 자신의 꽃이 아버지의 꽃보다 훨씬 더 튼튼하다는 것을 / "그게 어떻게 가능하죠?"라고 소리쳤다 //

*(C) 문단 요약: 아버지와 아들은 자신들의 식물을 돌보며 관찰했고, 아들은 더러운 물을 줬던 자신의 꽃이 아버지의 꽃보다 더 건강하게 자란 것을 보고 놀람

19번 단서 4: 아버지는 아들을 정원으로 이끌었고 꽃씨 한 줌을 꺼냈음

(D) The father led his son to a small section of their garden, / where he took out a handful of flower seeds. //

관계부사

아버지는 자신의 아들을 그들의 정원의 작은 구역으로 이끌었고 / 거기서 꽃씨 한 줌을 꺼냈다 //

분사구문

Smiling, he said, / "Let's try an experiment. //

미소 지으며, 그는 말했다 / "실험을 하나 해 보자 //

I'll plant one seed, / and (d) you'll plant another. //

= the son

내가 씨앗 하나를 심을 것이고 / 너도 다른 씨앗을 하나 심을 거야 //

I'll water mine with clean water from the lake, / and you'll use dirty water from the pond / for yours. //

21번 ④ 아버지는 아들에게 연못의 더러운 물을 씨앗에 주라고 함

내가 내 씨앗에 깨끗한 호수의 물로 물을 주고 / 너는 연못의 더러운 물을 사용할 거야 / 너의 씨앗을 위해 //

Let's see how they grow." //

그것들이 어떻게 자라는지 보자" //

분사구문

He carefully pressed one seed into the soil, / making sure it was just deep enough to sprout. //

21번 ⑤ 아버지는 씨앗 하나를 흙 속에 조심스럽게 밀어 넣었음

그는 씨앗 하나를 조심스럽게 흙 속에 밀어 넣었다 / 그것이 싹이 틀 만큼 충분히 깊이 파묻혔는지 확인하면서 //

분사구문

Watching his father, / the boy copied (e) his movements, / determined to do it perfectly. //

= the father's

분사구문

아버지를 바라보며 / 소년은 그의 움직임을 따라 했고 / 그것을 완벽하게 해내겠다는 결심에 차 있었다 //

*(D) 문단 요약: 아버지는 아들에게 호수의 깨끗한 물과 연못의 더러운 물을 이용해 각각 씨앗을 심고 자라나는 모습을 비교해 보자는 실험을 제안함

- gardener ⓝ 정원사　• trembling ⓐ 떨리는
- mock ⓥ 놀리다, 조롱하다　• face ⓥ 직면하다
- bring down 무너뜨리다　• turn A into B A를 B로 바꾸다
- harsh ⓐ 모진, 가혹한　• tend to 돌보다
- thrive ⓥ 잘 자라다, 번성하다　• exclaim ⓥ 소리치다
- handful ⓝ 한 줌　• experiment ⓝ 실험
- movement ⓝ 움직임

(A) 한 정원사가 자신의 어린 아들이 눈에 눈물이 가득한 채로 조용히 앉아 있는 것을 보았다. 걱정이 되어, 아버지는 부드럽게 "아들아, 무슨 일이니?"라고 물었다. 소년은 고개를 들었고, (a) 그(아들)의 목소리를 떨며 말했다. "제 학급 친구들이 제가 경주에서 질 때마다 놀려요. 그들은 비웃으며 제가 느리고 약하다고 말해요." 아버지는 잠시 생각하고 나서 부드럽게 말했다. "아들아, 나와 같이 가자. 함께 정원에서 시간을 좀 보내자꾸나."

(D) 아버지는 자신의 아들을 그들의 정원의 작은 구역으로 이끌었고, 거기서 꽃씨 한 줌을 꺼냈다. 그는 미소 지으며, "실험을 하나 해 보자. 내가 씨앗 하나를 심을 것이고, (d) 너(아들)도 다른 씨앗을 하나 심을 거야. 내가 깨끗한 호수의 물로 내 씨앗에 물을 주고, 너는 너의 씨앗을 위해 연못의 더러운 물을 사용할 거야. 그것들이 어떻게 자라는지 보자."라고 말했다. 그는 그것이 싹이 틀 만큼 충분히 깊이 파묻혔는지 확인하면서 씨앗 하나를 조심스럽게 흙 속에 밀어 넣었다. 아버지를 바라보며, 소년은 (e) 그(아버지)의 움직임을 따라 했고, 그것을 완벽하게 해내겠다는 결심에 차 있었다.

(C) 그 후 며칠간 아버지와 아들은 조심스럽게 자신들의 식물을 돌보았다. 아들은 자신의 식물이 아버지의 식물만큼이나, 그 이상은 아니더라도, 잘 자라는 것처럼 보이는지를 관찰했다. 몇 주 후, 아버지는 "(c) 네(아들)가 여기 와서 이 두 꽃을 보는 게 어떠니?"라고 물었다. 소년은 자신의 꽃이 아버지의 꽃보다 훨씬 더 튼튼하다는 것을 발견했고, "그게 어떻게 가능하죠?"라고 소리쳤다.

(B) 아버지는 미소를 지으며 "기억하렴, 아들아. 때때로 그 '더러움', 즉 우리가 직면하는 어려운 일들은, 꼭 더러운 물로 자란 식물처럼, 사실 우리를 더 강하게 만든단다. 사람들이 너를 무너뜨리려고 할 수도 있지만 너에게 문제가 있는 것이 아니야. 그들의 말이 너를 더 강하고 현명하게 만들도록 하렴."이라고 대답했다. 소년은 귀를 기울였고, 아버지가 자신에게 가르쳐 주었던 것처럼 (b) 그(아들)가 다른 사람들의 모진 말을 힘과 지혜로 바꾸려고 노력해야 한다는 것을 깨달았다.

Q 19 정답 ⑤

주어진 글 (A)에 이어질 내용을 순서에 맞게 배열한 것으로 가장 적절한 것은?

① (B) — (D) — (C)　(B)에서 더러운 물로 자란 식물이 더 강하다는 것을 비유로 아들에게 교훈을 주고 있으므로 식물을 기르는 내용이 나오지 않은 (A) 뒤에 올 수 없음

② (C) — (B) — (D)　(C)에서 며칠간 자신의 식물들을 돌보았다고 했으나, (A)에서는 식물을 기르는 내용이 나오지 않았음

③ (C) — (D) — (B)

④ (D) — (B) — (C)

⑤ (D) — (C) — (B)　아들이 친구들의 놀림에 속상해하자 아버지는 정원에 가자고 함 - 아들에게 깨끗한 물과 더러운 물로 식물을 키우는 실험을 해보자고 함 - 식물을 돌보고 며칠 후, 더러운 물로 키운 아들의 식물이 훨씬 더 튼튼하다는 것을 발견함 - 이를 바탕으로 아버지는 아들에게 사람들의 비난이 자신을 더 현명하고 강하게 만들도록 하라고 조언함

—— 아들에게 교훈을 주는 (B)가 이 글의 결말임

왜 정답·오답? [정답률 92%]

(A): 친구들에게 느리고 약하다고 놀림 받은 아들이 아버지에게 속상함을 털어놓자 아버지는 그를 정원으로 데려갔다.

➡ 아버지가 아들을 정원으로 데려간 이유에 대한 내용이 이어질 것이다.

┌ (B): 아버지는 더러운 물로도 잘 자란 식물을 비유로 들며 아들에게 타인의
└ 모진 말을 힘과 지혜로 바꾸라고 조언했다.

➡ 더러운 물을 준 식물이 더 잘 자란 결과를 비유로 들며 타인의 비난을 힘과 지혜로
   바꾸라고 조언을 해주고 있다.
   따라서 (B) 앞에는 식물을 기른 후 그 결과에 대한 내용이 나와야 하고, 아버지의 조
   언에 아들이 깨달음을 얻는 내용이므로 글의 결말 부분일 것이다.

┌ (C): 아버지와 아들은 자신들의 식물을 돌보며 관찰했고, 아들은 더러운 물
└ 을 줬던 자신의 꽃이 아버지의 꽃보다 더 건강하게 자란 것을 보고 놀랐다.

➡ 자신들의 식물을 기르고 관찰한 후, 그 결과를 밝히는 내용이므로 (C) 앞에는 식물
   을 기르기 시작한 내용이 나와야 한다. 또한 (C)의 뒤에는 이 실험을 하자고 한 아버
   지의 의도와 관련된 내용이 이어질 것이다. 즉 (B)의 내용이 이에 해당한다.

┌ (D): 아버지는 아들에게 호수의 깨끗한 물과 연못의 더러운 물을 이용해 각
└ 각 씨앗을 심고 자라나는 모습을 비교해 보자는 실험을 제안했다.

➡ 아버지가 아들에게 씨앗을 하나씩 심고 각각 깨끗한 물과 더러운 물을 이용해 식물
   이 자라나는 모습을 비교해 보자는 실험을 제안했으므로 (D) 앞에는 정원으로 이동
   한 내용인 (A)가 와야 한다. 또한, (D)의 뒤에는 실험의 결과가 이어지는 것이 적절
   하므로 (C)가 와야 한다. ▶ 사건이 진행되는 순서는 ⑤ (D) – (C) – (B)임

Q 20 정답 ⑤

밑줄 친 (a)~(e) 중에서 가리키는 대상이 나머지 넷과 <u>다른</u> 것은?

① (a)   ② (b)   ③ (c)   ④ (d)   ⑤(e)
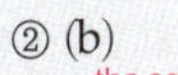 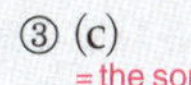 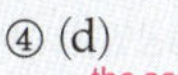 
= the son's   = the son   = the son   = the son   = the father's

>왜 정답? [정답률 91%]

⑤ (e) his: 아들이 움직임을 따라 한 대상은 아버지다. ▶ the father's

>왜 오답?

① (a) his: 경주에서 질 때마다 학급 친구들이 놀린다고 말한 사람은 아들이다.
   ▶ the son's

② (b) he: 타인의 모진 말을 힘과 지혜로 바꿔야겠다는 것을 깨달은 사람은 아들이다.
   ▶ the son

③ (c) you: 아버지가 말을 건 대상은 아들이다. ▶ the son

④ (d) you: 다른 씨앗 하나를 심는 사람은 아들이다. ▶ the son

Q 21 정답 ③

윗글에 관한 내용으로 적절하지 <u>않은</u> 것은?
① 아들은 학급 친구들이 자신을 놀린다고 말했다.
   The boy looked up and said, ~ "My classmates mock me every time I lose a race.
② 아버지는 아들에게 문제가 있는 것이 아니라고 답했다.
   People may try to bring you down, but there is nothing wrong with you.
③ 아들은 아버지의 꽃이 자신의 꽃보다 훨씬 더 튼튼하다는 것을 발견했다.
   The boy found that his flower was even healthier than his father's
④ 아버지는 아들에게 연못의 더러운 물을 사용하라고 말했다.
   I'll water mine with clean water from the lake, ~ dirty water from the pond for yours.
⑤ 아버지는 씨앗 하나를 흙 속에 조심스럽게 밀어 넣었다.
   He carefully pressed one seed into the soil

>왜 정답? [정답률 89%]

③ 아들은 자신의 꽃이 아버지의 꽃보다 훨씬 더 튼튼하다는 것을 발견했다고 했다.
   (The boy found that his flower was even healthier than his father's)

>왜 오답?

① 아들은 학급 친구들이 자신을 놀린다고 말했다. (The boy looked up and said,
   ~ "My classmates mock me every time I lose a race.)

② 아버지는 아들에게 문제가 있는 것이 아니라고 답했다. (People may try to
   bring you down, but there is nothing wrong with you.)

④ 아버지는 아들에게 연못의 더러운 물을 사용하라고 말했다. (I'll water mine with
   clean water from the lake, ~ dirty water from the pond for yours.)

⑤ 아버지는 씨앗 하나를 흙 속에 조심스럽게 밀어 넣었다. (He carefully pressed
   one seed into the soil)

Q 22~24 *형제 간의 이타심과 배려가 가져온 성공 ——

(A) In a small town / **known** for its flourishing academic
community, / two brothers, James and Daniel Carter, / stood
out for their exceptional effort and talent. //
과거분사(town 수식)
한 작은 마을에서 / 번창하는 학문 공동체로 유명한 / 두 형제 James와 Daniel Carter는 /
그들의 뛰어난 노력과 재능으로 두드러졌습니다 //

James and (a) his younger brother, Daniel, / both applied for /
the Spark Fellowship. //
= James'
James와 그의 남동생 Daniel은 / 둘 다 지원했습니다 / Spark Fellowship에 //

The Spark Fellowship was a highly respected program / **that**
selects and supports outstanding students / every two years. //
주격 관계대명사
Spark Fellowship은 매우 훌륭한 프로그램이었습니다 / 뛰어난 학생들을 선발하고
후원하는 / 격년으로 //
24번 ① Spark Fellowship은 격년으로 학생들을 선발하는 프로그램이었음

Unsurprisingly, / both brothers advanced to the final round. //
놀랍지 않게도 / 두 형제는 모두 최종 라운드에 진출했습니다 //
22번 단서 1: 두 형제가 모두 최종 라운드에 진출함

*(A) 문단 요약: 뛰어난 노력과 재능으로 돋보인 James와 그의 남동생 Daniel은 둘
다 Spark Fellowship 최종 라운드에 진출함

(B) **Without Daniel knowing**, / James went to the selection
committee. //
without+목적어+-ing: 목적어가 ~하지 못하게
22번 단서 2: Daniel 모르게 James는 선정 위원회를 찾아감
Daniel이 알지 못하게 / James는 선정 위원회에 갔습니다 //
= James

(b) He told the committee, / "Daniel has always been the more
dedicated and talented one. //
그는 위원회에 말했습니다 / "Daniel은 항상 더 헌신적이고 재능 있는 사람입니다 //

He will excel in this program / like no one else." //
그는 이 프로그램에서 뛰어날 것입니다 / 누구와도 다르게" //

Meanwhile, / Daniel had the same idea as his older brother. //
한편 / Daniel도 그의 형과 같은 아이디어를 가지고 있었습니다 //
24번 ② Daniel도 그의 형과 같은 아이디어를 가지고 있었음

He believed / **that** his brother was the more ideal and deserving
candidate. //
목적어절 접속사
그는 믿었습니다 / 자기 형제가 더 이상적이고 자격이 있는 후보라고 //
= Daniel

(c) He also decided / to visit and speak to the committee. //
그 또한 결심했습니다 / 위원회를 방문하여 말해보기로 //

*(B) 문단 요약: James는 Daniel이 알지 못하게 선정 위원회에 Daniel을 추천했고,
Daniel도 James가 알지 못하게 선정 위원회에 찾아가려고 생각함

(C) However, / the program had a strict rule: / only one family
member could be selected / in the same year. //
그러나 / 이 프로그램에는 엄격한 규정이 있었습니다 / 가족 구성원 한 명만 선발될 수 있다는
것이었습니다 / 같은 해에는 //
22번 단서 3: 가족 구성원 한 명만 선발될 수 있다는 엄격한 규정이 있었음

This posed a challenge / to the selection committee, / **who**
thought **it** almost impossible **to choose** / between the two
equally impressive candidates. //
가목적어   진목적어   주격 관계대명사
이것은 어려움을 제기했습니다 / 선정 위원회에게 / 선택하는 것이 거의 불가능하다고
생각하는 / 두 명의 똑같이 인상적인 후보 중에서 //

The committee gathered together, / **struggling** all day long
to decide. //
분사구문을 이끎
부사적 용법(목적)
위원회는 함께 모였습니다 / 하루 종일 결정하기 위해 고심하면서 //
24번 ③ 위원회는 함께 모여 하루 종일 고심했음

When James found out about this rule, / (d) he tried to seek a
way / **to demonstrate** Daniel's exceptional talent to the selection
committee. //
= James
형용사적 용법
James가 이 규칙에 대해 알게 되었을 때 / 그는 방법을 찾으려고 노력했습니다 / Daniel의
뛰어난 재능을 선정 위원회에 보여 줄 //

*(C) 문단 요약: 프로그램 규칙이 같은 가족 구성원이 한 해에 선정될 수 없는 것인데
두 사람이 모두 뛰어나 선정 위원회는 고심 중이었고, 이 와중에 James가 Daniel의
뛰어남을 증명할 방법을 물색 중이었음

(D) Not long after James had left, / Daniel showed up at the selection committee / and advocated for his brother, / **saying** / "James' leadership and vision make (e) **him** the perfect choice. //

James가 간 지 얼마 되지 않아 / Daniel이 선정 위원회에 나타났습니다 / 그리고 그의 형제를 옹호했습니다 / 말하면서 / "James의 리더십과 비전은 그를 완벽한 선택으로 만듭니다 //

22번 단서 4, **24번 ④** : James가 떠난 후 Daniel도 선정 위원회에 와서 James를 추천함

He deserves this chance / more than I do." //
그가 이 기회를 받을 자격이 있습니다 / 저보다 더" //

Moved by their selflessness, / the committee made an exception / by selecting both brothers in the same year, / for the first time in its history. //

24번 ⑤ 예외적으로 두 형제가 같은 해에 선발됐음

그들의 이타심에 감동해서 / 위원회는 예외를 두었습니다 / 같은 해에 두 형제를 모두 선발함으로써 / 위원회의 역사상 처음으로 //

Their story inspired others, / **showing** / **that** true success lies / **not only** in individual achievements / **but also** in supporting and encouraging others. //

not only A but also B: A뿐만 아니라 B도

그들의 이야기는 다른 이들을 고취시켰습니다 / 보여 주면서 / 진정한 성공이 있다는 것을 / 개인의 성취뿐만 아니라 / 다른 사람을 지원하고 격려하는 것에도 //

*(D) 문단 요약: Daniel은 선정 위원회에 찾아가 James를 추천했고, 이에 감명받은 위원회는 이례적으로 두 명을 다 선발함. 이는 다른 사람을 지원하는 것도 진정한 성공임을 보여줌.

- flourishing ⓐ 번창하는
- outstanding ⓐ 뛰어난
- dedicated ⓐ 헌신적인
- deserving ⓐ 자격이 있는
- advocate ⓥ 옹호하다
- exception ⓝ 예외
- exceptional ⓐ 뛰어난
- committee ⓝ 위원회
- excel ⓥ 뛰어나다
- impressive ⓐ 인상적인
- selflessness ⓝ 이타심
- inspire ⓥ 고취시키다

(A) 번창하는 학문 공동체로 유명한 한 작은 마을에서, 두 형제 James와 Daniel Carter는 그들의 뛰어난 노력과 재능으로 두드러졌습니다. James와 (a) 그의 남동생 Daniel은 둘 다 Spark Fellowship에 지원했습니다. Spark Fellowship은 격년으로 뛰어난 학생들을 선발하고 후원하는 매우 훌륭한 프로그램이었습니다. 놀랍지 않게도 두 형제는 모두 최종 라운드에 진출했습니다.

(C) 그러나 이 프로그램에는 엄격한 규정이 있었는데, 같은 해에는 가족 구성원 한 명만 선발될 수 있다는 것이었습니다. 이것은 선정 위원회에게 어려움을 제기했는데, 그들은 두 명의 똑같이 인상적인 후보자 중에서 선택하는 것이 거의 불가능하다고 생각했습니다. 위원회는 함께 모여 결정하느라 하루 종일 고심했습니다. James가 이 규칙에 대해 알게 되었을 때, (d) 그는 Daniel의 뛰어난 재능을 선정 위원회에 보여 줄 방법을 찾으려고 노력했습니다.

(B) James는 Daniel이 알지 못하게 선정 위원회에 갔습니다. (b) 그는 위원회에 "Daniel은 항상 더 헌신적이고 재능 있는 사람입니다. 그는 이 프로그램에서 누구보다도 뛰어날 것입니다."라고 말했습니다. 한편, Daniel도 그의 형과 같은 아이디어를 가지고 있었습니다. 그는 자기 형제가 더 이상적이고 자격이 있는 후보자라고 믿었습니다. (c) 그 또한 위원회를 방문하여 말해보기로 했습니다.

(D) James가 간 지 얼마 되지 않아, Daniel이 선정 위원회에 나타나 그의 형제를 옹호하며 "James의 리더십과 비전은 (e) 그를 완벽한 선택으로 만듭니다. 저보다 그가 더 이 기회를 받을 자격이 있습니다."라고 말했습니다. 위원회는 그들의 이타심에 감동해서 같은 해에 두 형제를 모두 선발함으로써 위원회의 역사상 처음으로 예외를 두었습니다. 그들의 이야기는 진정한 성공이 개인의 성취뿐만 아니라 다른 사람을 지원하고 격려하는 것에도 있다는 것을 보여 주며 다른 이들을 고취시켰습니다.

Q 22 정답 ②

주어진 글 (A)에 이어질 내용을 순서에 맞게 배열한 것으로 가장 적절한 것은?

① (B) — (D) — (C)
② (C) — (B) — (D)
③ (C) — (D) — (B)
④ (D) — (B) — (C)
⑤ (D) — (C) — (B)

(C)에서 James가 Daniel의 뛰어남을 증명할 방법을 고민하고 (B)에서 직접 선정 위원회에 찾아가는 것으로 이어져야 함

형제가 둘 다 최종 라운드에 진출함 - 같은 가족 구성원이 한 해에 선발될 수 없어 고민하던 중 형인 James가 동생인 Daniel을 추천할 방법을 생각함 - 형이 선정 위원회에 찾아가 동생을 추천했고 동생도 같은 방법을 고민 중이었음 - 동생도 형을 추천하였고 이에 감명받아 두 명이 모두 이례적으로 선발됨

(D)는 선정 결과와 이 글의 내용이 주는 교훈을 담고 있으므로 가장 마지막에 와야 함

(B)에서 형이 먼저 동생을 추천한 후에, (D)에서 동생이 형을 추천하는 내용으로 이어져야 함

왜 정답·오답? [정답률 89%]

[(A): 뛰어난 노력과 재능으로 돋보인 James와 그의 남동생 Daniel은 둘 다 Spark Fellowship 최종 라운드에 진출했다.

➡ 형제 둘 중에 누가 선발되는지가 이어질 것이다.

[(B): James는 Daniel이 알지 못하게 선정 위원회에 가 Daniel을 추천했고 Daniel도 James가 알지 못하게 선정 위원회에 찾아가려고 생각했다.

➡ 앞에는 James가 남동생을 추천하려고 선정 위원회를 방문한 배경이 나와야 한다. 또한 Daniel도 같은 생각을 했다고 했으므로 (B) 뒤에는 Daniel의 행동이 이어질 것이다.

[(C): 프로그램 규칙이 같은 가족 구성원이 한 해에 선정될 수 없는 것인데 두 사람이 모두 뛰어나 선정 위원회는 고심 중이었고, 이 와중에 James는 Daniel의 뛰어남을 증명할 방법을 물색 중이었다.

➡ 앞에는 같은 가족인 두 사람이 후보가 되었다는 내용이 나와야 한다. 또한 James가 남동생 Daniel의 뛰어남을 증명할 방법을 생각 중이었다고 했으므로 이 생각의 결과가 (C) 뒤에 이어질 것이다. 즉 (B)의 내용이 이에 해당한다.

[(D): Daniel은 선정 위원회에 찾아가 James를 추천했고 두 사람에게 감명받은 위원회는 이례적으로 두 명을 다 선발했다. 이는 다른 사람을 지원하는 것도 진정한 성공임을 보여준다.

➡ Daniel이 선정 위원회에 찾아가 James를 추천한 배경이나 계기가 앞에 나와야 한다. 그리고 두 사람에게 감명받은 위원회가 두 명을 다 선발했으며 다른 사람을 지원하는 것도 진정한 성공임을 보여준다는 내용이므로 글의 결말 부분에 해당함을 알 수 있다. ▶ 사건이 진행되는 순서는 ② (C) – (B) – (D)임

Q 23 정답 ③

밑줄 친 (a)~(e) 중에서 가리키는 대상이 나머지 넷과 다른 것은?

① (a) = James' ② (b) = James ③ (c) = Daniel ④ (d) = James ⑤ (e) = James

왜 정답? [정답률 82%]

③ (c) He: Daniel이 James가 더 이상적이고 자격이 있는 후보자라고 믿었다고 하면서 위원회를 방문하여 말해보기로 했다고 했으므로 Daniel을 가리킨다. ▶ Daniel

왜 오답?

① (a) his: James와 그의 남동생 Daniel이라고 했으므로 James이다. ▶ James'

② (b) He: 선정 위원회에 가서 이야기를 한 사람은 James이다. ▶ James

④ (d) he: 규칙을 알아내고 Daniel의 뛰어남을 증명하려 한 사람은 James이다. ▶ James

⑤ (e) him: 리더십과 비전을 가지고 있어 완벽한 선택이 될 사람으로 Daniel이 추천한 사람은 James이다. ▶ James

Q 24 정답 ④

윗글에 관한 내용으로 적절하지 않은 것은?

① Spark Fellowship은 격년으로 학생들을 선발하는 프로그램이었다.
The Spark Fellowship was a highly respected program ~ every two years.
② Daniel도 그의 형과 같은 아이디어를 가지고 있었다.
Meanwhile, Daniel had the same idea as his older brother.
③ 위원회는 함께 모여 하루 종일 고심했다.
The committee gathered together, struggling all day long to decide.
④ Daniel이 James보다 먼저 선정 위원회에 나타났다.
Not long after James had left, Daniel showed up ~ advocated for his brother
⑤ 예외적으로 두 형제가 같은 해에 선발되었다.
the committee made an exception ~ for the first time in its history

왜 정답? [정답률 87%]

④ Daniel은 James가 떠난 후 얼마 지나지 않아 등장했다고 했으므로 Daniel이 James보다 먼저 선정 위원회에 나타난 것이 아니다. (Not long after James had left, Daniel showed up ~ advocated for his brother)

① Spark Fellowship은 격년으로 학생들을 선발하는 프로그램이었다. (The Spark Fellowship was a highly respected program ~ every two years.)

② Daniel도 그의 형과 같은 아이디어를 가지고 있었다. (Meanwhile, Daniel had the same idea as his older brother.)

③ 위원회는 함께 모여 하루 종일 고심했다. (The committee gathered together, struggling all day long to decide.)

⑤ 예외적으로 두 형제가 같은 해에 선발되었다. (the committee made an exception ~ for the first time in its history)

Q 25~27 ＊하이킹을 통해 서로의 진심을 알게 된 부자

(A) "Do you remember / when Sean **used to tell** me / **that** I was the best dad in the world?" //
used to-v: (과거에) ~하곤 헸다
목적어절을 이끄는 접속사
"기억나요 / Sean이 말하곤 했던 때가 / 나에게 내가 세상에서 최고의 아빠라고" //

Ethan asked his wife, Grace. // Ethan이 아내 Grace에게 물었다 //

"Yes, I do. / I always envied / your relationship with Sean," / she replied. //
27번① Grace는 항상 Ethan과 Sean의 관계가 부러웠다고 함
"네, 기억해요 / 항상 나는 부러워했어요 / 당신과 Sean의 관계를" / 그녀가 대답했다 //

Ethan then shared / how things had changed / since (a) <u>his</u> son started middle school. //
= Ethan's
그런 다음 Ethan은 이야기했다 / 상황이 어떻게 변했는지 / 자신의 아들 Sean이 중학교에 다니기 시작한 이후로 //

Grace had **noticed** / Ethan often **pushing** Sean / to study harder. //
noticed의 목적격 보어
Grace는 알아챘었다 / Ethan이 자주 Sean에게 밀어붙이는 것을 / 공부를 더 열심히 하라고 //

"Maybe he isn't that into school right now. //
"아마도 지금 그 애는 학교에 그다지 관심이 없을 거예요 //

How about going hiking, / just the two of you?" / she suggested. //
27번② Grace가 Ethan에게 Sean과 둘이서 하이킹할 것을 권했음
하이킹하러 가는 건 어때요 / 당신과 Sean 단둘이서" / 그녀가 제안했다 //

He agreed, / and **realizing** / **that** both his and Sean's hiking jackets / were still at the laundry, / he asked his wife / to go and pick them up with him. //
분사구문을 이끎   목적어절을 이끄는 접속사
25번 단서 1, 27번④ : Ethan이 Grace에게 함께 세탁소에 가서 세탁물 찾아오자고 함
그는 동의했다 / 그리고 깨닫고서 / 자신과 Sean의 하이킹 재킷이 / 여전히 세탁소에 있다는 것을 / 아내에게 부탁했다 / 자신과 함께 가서 그것을 찾아오자고 //

  ＊(A) 문단 요약: 아들 Sean과의 관계가 예전 같지 않다는 Ethan에게 Grace는 함께 하이킹을 갈 것을 권유했고, Ethan은 Grace에게 함께 세탁 맡긴 재킷을 찾으러 가자고 함

25번 단서 2: Ethan과 Grace가 세탁소에서 재킷을 찾아 집으로 옴
(B) Ethan and Grace came back home / with the jackets / and checked / **if** Sean had everything else / **he needed for hiking**. //
명사절을 이끄는 접속사   앞에 목적격 관계대명사 생략
Ethan과 Grace는 집으로 돌아왔다 / 재킷을 들고 / 그리고 확인했다 / Sean이 그 외 모든 것을 갖고 있는지 / 하이킹에 필요한 //

Luckily, / in his drawers / they found / his hat, shoes, sunglasses, and hiking sticks. //
27번③ Sean의 서랍에서 선글라스를 발견함
다행히 / 서랍에서 / 그들은 발견했다 / 그의 모자, 신발, 선글라스, 등산지팡이를 //

When Sean returned from school, / Ethan softly said, / "Sean, let's go hiking this Saturday, / just the two of us." //
Sean이 학교에서 돌아오자 / Ethan은 부드럽게 말했다 / "Sean, 이번 주 토요일에 하이킹하러 가자 / 우리 단 둘이서" //

Though Sean thanked (b) <u>him</u> / for the suggestion, / **he said** / he had to go to the library. //
= Ethan
뒤에 목적어절을 이끄는 접속사 생략
Sean은 그에게 고맙다고 했지만 / 제안해줘서 / 그는 말했다 / 도서관에 가야 한다고 //

Grace stepped in, / "You know, / the weather this weekend / will be the best of the year. // Why not enjoy it?" //
Grace가 끼어들었다 / "있잖아 / 이번 주말 날씨가 / 올해 최고일 거야 // 즐기지 않을래?" //

After a moment's hesitation, / (c) <u>he</u> agreed. //
= Sean
잠시 망설인 후 / 그는 동의했다 // 25번 단서 3: Sean이 하이킹 제안을 수락함

  ＊(B) 문단 요약: 세탁물을 찾아온 Ethan과 Grace는 Sean의 하이킹 용품을 서랍에서 찾아내고, Sean이 집에 돌아온 후 하이킹 계획에 대해 이야기함. Sean은 처음에는 거절하나 Grace의 설득으로 수락하게 됨

(C) "When did you bring the jackets in?" / the clerk at the laundry asked. //
25번 단서 4: 세탁소 직원이 재킷을 언제 맡겼는지 물었음
"언제 재킷을 맡기셨나요" / 세탁소 점원이 물었다 //

"Maybe two weeks ago," / Ethan replied. //
"아마 2주 전쯤에요" / Ethan은 대답했다 //

Then, / Grace quickly reminded (d) <u>him</u>, / "Honey, we actually left them here a month ago." //
= Ethan
그러자 / Grace가 재빨리 그에게 상기시켰다 / "여보, 사실은 그것을 한 달 전에 여기에 두고 갔어요" //

The clerk went into the storage area / **to look for** the clothes. //
부사적 용법(목적)
점원은 보관 구역으로 들어갔다 / 그 옷들을 찾아보기 위해 //

Finally, / he returned with the jackets / and handed them to Ethan. //
마침내 / 그는 재킷을 들고 돌아왔다 / 그리고 Ethan에게 그것들을 건네주었다 //

The clerk politely said / "I am sorry, / but please collect your items earlier / next time. // Our storage is too full." //
점원이 공손하게 말했다 / "죄송합니다만 / 물건을 더 일찍 찾아가 주세요 / 다음에는 // 저희 보관 공간이 너무 꽉 찼습니다" //

Ethan felt embarrassed / for the late collection / and apologized. //
Ethan은 민망함을 느꼈다 / 늦은 수거에 대해 / 그리고 사과했다 //

  ＊(C) 문단 요약: 세탁물을 찾으러 간 Ethan에게 아내가 한 달 전에 맡겼음을 상기시켜 주고, 직원은 세탁물을 빨리 찾아가 줄 것을 당부했고, Ethan은 이를 부끄러워하며 사과함

(D) The weather was perfect. //
날씨는 완벽했다 //

Ethan and Sean set off hiking / along the valley by Aicken Mountain. //
25번 단서 5: Ethan과 Sean이 하이킹을 하러 감
Ethan과 Sean은 하이킹을 시작했다 / Aicken Mountain 계곡을 따라 //

They walked in silence / until Sean fell over a rock / and twisted his ankle. //
27번⑤ Sean이 돌에 걸려 넘어짐
그들은 말없이 걸었다 / Sean이 돌에 걸려 넘어졌을 때까지 / 그리고 발목을 삐끗했을 때까지 //

Realizing he couldn't walk, / Ethan carried his son down on his back. //
분사구문
그가 걸을 수 없다는 것을 깨닫고는 / Ethan은 아들을 등에 업고 내려갔다 //

He felt Sean's heartbeat, / **something he** hadn't felt / since Sean was a baby. //
동격
사이에 something을 수식하는 목적격 관계대명사 생략
그는 Sean의 심장 박동을 느꼈다 / 느껴보지 못했던 무언가였다 / Sean이 아기였을 때 이후로 //

Suddenly, / Sean said, / "Dad, I'm sorry. //
갑자기 / Sean이 말했다 / "아빠, 미안해요 //

At some point, / I started to become afraid / of disappointing (e) <u>you</u>. //
= Ethan
어느 순간부터 / 두려워지기 시작했어요 / 아빠를 실망하게 하는 것이 //

But you are still the best dad." //
하지만 아빠는 여전히 최고의 아빠예요" //

Energized, / he felt no weight on his back / and replied, /
분사구문
힘이 솟아나 / Ethan은 등에 아무런 무게도 느껴지지 않았다 / 그리고 대답했다 /

"You are the best son, / no matter what." //
"넌 최고의 아들이야 / 무슨 일이 있어도" //

  ＊(D) 문단 요약: 하이킹을 하던 중 Sean은 돌에 걸려 넘어져 발목을 삐게 되고, Ethan은 아들을 업은 채 이동했고, Sean이 건넨 진심에 힘을 얻고 Sean에게도 최고의 아들이라고 말함

- **envy** ⓥ 부러워하다　　• **hesitation** ⓝ 망설임
- **remind** ⓥ 상기시키다　　• **politely** ⓐⓓ 정중하게
- **embarrassed** ⓐ 당황스러운, 민망한　　• **apologize** ⓥ 사과하다
- **in silence** 조용히, 말없이　　• **twist** ⓥ 삐끗하다
- **energize** ⓥ 열기[열정]를 돋우다

(A) "Sean이 나에게 내가 세상에서 최고의 아빠라고 말하곤 했던 거 기억나요?" Ethan이 아내 Grace에게 물었다. "네, 기억해요. 항상 나는 당신과 Sean의 관계를 부러워했어요."라고 그녀가 대답했다. 그런 다음 Ethan은 (a) 자신의 아들 Sean이 중학교에 다니기 시작한 이후로 상황이 어떻게 변했는지 이야기했다. Grace는 Ethan이 자주 Sean에게 공부를 더 열심히 하라고 밀어붙이는 것을 알아챘었다. "아마도 지금 그 애는 학교에 그다지 관심이 없을 거예요. 당신과 Sean 단둘이서 하이킹하러 가는 건 어때요?"라고 그녀가 제안했다. 그는 동의했고, 자신과 Sean의 하이킹 재킷이 여전히 세탁소에 있다는 것을 깨닫고는 아내에게 자신과 함께 가서 그것을 찾아오자고 부탁했다.

(C) "언제 재킷을 맡기셨나요?"라고 세탁소 점원이 물었다. "아마 2주 전쯤이요."라고 Ethan은 대답했다. 그러자 "여보, 사실은 그것을 한 달 전에 여기에 두고 갔어요."라고 Grace가 재빨리 (d) 그에게 상기시켰다. 점원은 보관 구역으로 들어가 그 옷들을 찾아보았다. 마침내 그는 재킷을 들고 돌아와 Ethan에게 건네주었다. "죄송합니다만, 다음에는 물건을 더 일찍 찾아가 주세요. 저희 보관 공간이 너무 꽉 찼습니다."라고 점원이 공손하게 말했다. Ethan은 늦은 수거에 대해 민망함을 느끼며 사과했다.

(B) Ethan과 Grace는 재킷을 들고 집으로 돌아와 Sean이 하이킹에 필요한 그 외의 모든 것을 갖고 있는지 확인했다. 다행히 그들은 서랍에서 그의 모자, 신발, 선글라스, 등산지팡이를 발견했다. Sean이 학교에서 돌아오자 Ethan은 부드럽게 말했다. "Sean, 이번 주 토요일에 우리 단둘이서 하이킹하러 가자." Sean은 (b) 그에게 제안해줘서 고맙다고 했지만, 도서관에 가야 한다고 말했다. Grace가 끼어들었다. "있잖아, 이번 주말 날씨가 올해 최고일 거야. 즐기지 않을래?" 잠시 망설인 후 (c) 그는 동의했다.

(D) 날씨는 완벽했다. Ethan과 Sean은 Aicken Mountain 계곡을 따라 하이킹을 시작했다. 그들은 말없이 걷다가 Sean이 돌에 걸려 넘어져 발목을 삐끗했다. 그가 걸을 수 없다는 것을 깨닫고는 Ethan은 아들을 등에 업고 내려갔다. 그는 Sean의 심장 박동을 느꼈는데, 이는 Sean이 아기였을 때 이후로 처음 느끼는 것이었다. 갑자기 Sean이 말했다. "아빠, 미안해요. 어느 순간부터 (e) 아빠를 실망하게 할까 봐 두려워지기 시작했어요. 하지만 아빠는 여전히 최고의 아빠예요." 힘이 솟아나 Ethan은 등에 아무런 무게도 느껴지지 않았으며 "넌 무슨 일이 있어도 최고의 아들이야."라고 말했다.

Q 25 정답 ②

주어진 글 (A)에 이어질 내용을 순서에 맞게 배열한 것으로 가장 적절한 것은?

세탁소에 갔다가 집으로 돌아온 내용인 (B) 앞에 세탁소에 가는 (C)가 와야 함

① (B) — (D) — (C)

② (C) — (B) — (D)　　아들 Sean과의 관계가 예전 같지 않다는 Ethan에게 Grace는 함께 하이킹을 갈 것을 권유함 – Ethan과 Grace가 세탁소에 가서 맡긴 재킷을 찾음 – 집으로 돌아와 아들 Sean에게 하이킹 계획을 전하고 Sean은 잠시 주저하다 이를 수락함 – 함께 하이킹을 간 Ethan과 Sean이 서로에게 진심을 전하며 관계가 개선됨

③ (C) — (D) — (B)

④ (D) — (B) — (C)　　(D)는 하이킹을 하다가 서로의 진심을 확인하는 결말임

⑤ (D) — (C) — (B)

하이킹 제안을 하고 이를 수락하는 내용인 (B)가 함께 하이킹을 하는 내용인 (D)보다 앞에 나와야 함

왜 정답 · 오답 ? [정답률 93%]

┌ (A): 아들과의 관계가 예전 같지 않다는 Ethan에게 Grace는 함께 하이킹을 갈 것을 권유하고, Ethan은 Grace에게 함께 세탁 맡긴 재킷을 └ 찾으러 가자고 했다.

➡ Ethan과 Grace가 세탁소에 가서 세탁물을 찾는 장면이 이어질 것이다.

┌ (B): 세탁물을 찾아온 Ethan과 Grace는 Sean에게 하이킹 계획에 대해 이야기하고, Sean은 처음에는 거절하나 Grace의 설득으로 이를 수락하게 └ 되었다.

➡ 세탁소에서 집으로 돌아와 Sean에게 하이킹 제안을 하는 내용이므로 (B) 앞에는 세탁소에 가서 세탁물을 찾는 장면이, (B) 뒤에는 하이킹을 수락했으므로 하이킹을 가는 장면이 나올 것이다.

┌ (C): Grace와 함께 세탁물을 찾으러 간 Ethan은 한 달 전에 맡긴 세탁물을 이제야 찾아가는 것임을 인지하고, 세탁물을 빨리 찾아가 줄 것을 └ 당부하는 직원의 부탁에 사과했다.

➡ Ethan이 Grace와 함께 세탁소에 가서 세탁물을 찾는 내용이므로 (C) 앞에는 세탁소에 가서 세탁물을 찾자는 제안이나 관련 내용이 나와야 한다. 또한 (C) 뒤에는 세탁물을 찾고 난 이후의 상황이 전개되어야 한다.

┌ (D): 함께 하이킹을 하던 중 Sean은 돌에 걸려 넘어져 발목을 삐게 되고, └ Ethan은 아들을 업은 채 이동했고, 서로 진심을 전할 기회를 갖게 되었다.

➡ 함께 하이킹을 하는 내용이므로 (D) 앞에는 하이킹 제안을 하고 이를 수락하는 내용이 나와야 한다. 또한 Ethan과 Sean이 하이킹을 하며 서로의 진심을 전하고 관계가 개선되는 내용이 제시되므로 (D)가 글의 결말 부분일 확률이 높다.

▶ 사건이 진행되는 순서는 ② (C) – (B) – (D)임

백승준 | 카이스트 새내기과정학부 2025년 입학 · 광주 광주숭일고 졸

빠르게 각각의 문단의 첫 부분과 마지막 부분을 보며 이어지는 연결고리를 찾아내는 것이 중요해. (A)의 마지막 부분에서 세탁소에 있는 재킷을 찾으러 간다는 내용이 있으니 세탁소에서 점원과 나누는 대화가 제시된 (C)가 처음으로 이어지겠지. 또, 다음으로 (B)의 첫 부분에서 재킷을 가지고 집에 돌아왔다는 내용이 있으니 (B)가 다음으로 이어질 거야. (B)의 나머지 부분에선 Sean이 하이킹 가는 것에 동의하는 내용이 나오니 하이킹하며 일어나는 일이 제시된 (D)가 마지막으로 이어질 거야.

Q 26 정답 ③

밑줄 친 (a)~(e) 중에서 가리키는 대상이 나머지 넷과 다른 것은?

① (a)　　② (b)　　③ (c)　　④ (d)　　⑤ (e)
= Ethan's　　= Ethan　　= Sean　　= Ethan　　= Ethan

왜 정답 ? [정답률 92%]

③ (c) he: 하이킹을 가자는 아버지 Ethan의 제안에 Sean이 잠시 주저하다가 동의한 것이다. ▶ Sean

왜 오답 ?

① (a) his: 아내 Grace에게 Ethan이 그의 아들이 중학생이 되고 난 이후 아들과 자신과의 관계가 변하게 되었다고 했다. ▶ Ethan

② (b) him: 하이킹을 가자는 Ethan의 제안에 대해 Sean이 고맙다고 한 것이다. ▶ Ethan

④ (d) him: Grace가 남편 Ethan에게 한 달 전에 세탁물을 맡기고 갔음을 상기시켜 주고 있다. ▶ Ethan

⑤ (e) you: Sean이 아버지 Ethan에게 아버지를 실망시키는 것이 두려워지기 시작했다고 했다. ▶ Ethan

한규진 | 연세대 치의예과 2025년 입학 · 대구 계성고 졸

이 문제를 잘 풀 수 있는 꿀팁은 읽으면서 지문 안에 있는 선택지 위에 등장인물의 이름을 덧쓰는 거야. 시간이 아까우니 이름을 다 쓰지는 말고, 이름의 첫 글자 정도를 써줘! 이렇게 하면 중간에 멈추지 않을 수 있어서 글을 읽어내려가는 속도를 줄이지 않을 수 있고 흐름도 끊기지 않아. 글을 다 읽고 나중에 답을 체크할 때는 글자만 확인해주면 되니까 다시 글을 읽을 필요도 없어! 시간을 많이 벌 수 있는 방법이니까 꼭 해보길 바라!

Q 27 정답 ④

윗글에 관한 내용으로 적절하지 않은 것은?

① Grace는 Ethan과 Sean의 관계를 부러워했다고 말했다.
"I always envied your relationship with Sean," she replied.

② Grace는 Ethan에게 Sean과 둘이서 하이킹할 것을 권했다.
How about going hiking, just the two of you?" she suggested.

③ Sean의 선글라스가 서랍장 안에 있었다.
Luckily, in his drawers they found his hat, shoes, sunglasses, and hiking sticks.

④ Ethan은 혼자서 세탁소에 하이킹 재킷을 찾으러 갔다.
he asked his wife to go and pick them up with him.

⑤ Sean은 하이킹하는 도중 돌에 걸려 넘어졌다.
Sean fell over a rock and twisted his ankle.

④ Ethan은 혼자서 세탁소에 하이킹 재킷을 찾으러 간 것이 아니라 아내에게 함께 가자고 했다. (he asked his wife to go and pick them up with him)

① Grace는 Ethan과 Sean의 관계를 부러워했다고 말했다. ("I always envied your relationship with Sean," she replied.)

② Grace는 Ethan에게 Sean과 둘이서 하이킹할 것을 권했다. (How about going hiking, just the two of you?" she suggested.)

③ Sean의 선글라스가 서랍장 안에 있었다. (Luckily, in his drawers they found his hat, shoes, sunglasses, and hiking sticks.)

⑤ Sean은 하이킹하는 도중 돌에 걸려 넘어졌다. (Sean fell over a rock and twisted his ankle.)

배지오 | 연세대 약학과 2025년 입학 · 성남 낙생고 졸

여러 등장인물이 어떤 일을 혼자 하는지, 아니면 둘이 하는지도 잘 파악해야 해. 여기서는 (A) 문단과 (C) 문단을 보면 답을 알 수 있어. (A) 문단의 끝 문장에서 분명히 Ethan은 Grace와 '함께(with)' Sean의 등산복을 가지러 가자고 했거든. (C) 문단에서도 Grace와 Ethan이 세탁소에서 대화하고 있음을 알 수 있지. 그러면 Ethan이 혼자서 세탁소에 갔다는 ④이 정답이겠지? 이렇게 한 문단을 읽고도 정답이라는 확신이 들지 않으면 분명히 이어지는 다른 문단에서도 힌트가 나올 가능성이 높으니까 불안해하지 말자고!

Q 28~30 ✱중고 쇼핑 앱에서 Anna에게 식물을 구매하게 된 Helen

30번 ① Helen이 중고 거래 앱에서 알림을 받음

(A) Helen was thrilled / when she received a notification / on a second-hand shopping app from a seller / named Anna. //
Helen은 매우 기뻤다 / 알림을 받았을 때 / 중고 쇼핑 앱에서 Anna라는 판매자로부터 //

For months, / she had been looking for a *Philodendron gloriosum*, / a Colombian plant / with dark, velvety leaves shaped like hearts. //
몇 달 동안 / 그녀는 Philodendron gloriosum을 찾고 있었다 / 콜롬비아 식물 / 하트 모양의 짙은 벨벳 같은 잎을 가진 //

She had almost given up on / getting one. //
그녀는 거의 포기할 뻔했다 / 이 식물을 구하는 것 //

Anna, though, had put one up for sale. //
하지만 Anna가 매물로 한 그루를 내놓았다 //

The posting read, / "(a) I'm selling my favorite plant, / because I'm moving abroad. //
게시글은 적혀 있었다 / "제가 제일 좋아하는 식물을 팔려고 합니다 / 해외로 이사하게 되었기 때문에요. //

28번 단서 1: 오늘 식물을 가져가면 시세의 절반 가격에 팔고자 한다는 메시지를 받음

If you pick it up today from Edincester Heights, / you can have it for the current price, / which is half the market rate." //
만약 이 식물을 오늘 Edincester Heights에서 가져가시면 / 현재 가격으로 가져가실 수 있습니다 / 시장 시세의 절반 가격인 //

✱(A) 문단 요약: 식물을 구하고 싶었던 Helen은 중고 거래 앱을 통해 Anna에게서 해외로 나가게 되어 식물을 시세의 절반 가격에 팔고자 한다는 메시지를 받음

(B) Arriving at the building, / Helen could identify Julia / by the large paper bag she was holding. //
건물에 도착했을 때 / Helen은 Julia를 알아볼 수 있었다 / 그녀가 들고 있는 커다란 종이봉투로 //

The bag had leaves / sticking out of the top. //
그 봉투는 나뭇잎을 가지고 있었다 / 윗부분에 삐져나와 있는 //

28번 단서 2: 건물에 도착해서 Helen은 Julia를 바로 알아봄

(b) She said, "You must be Julia!" //
그녀는 "당신이 Julia가 틀림없군요!"라고 말했다 //

30번 ② Julia가 종이 가방을 들고 있었음

Laughing, / the woman said, / "Yes! / Please take good care of this plant. //
웃으면서 / 그 여자는 말했다 / "네! / 이 식물을 잘 돌봐주세요 //

Anna had it for six years, / so she considers it family." //
Anna가 이 식물을 6년 동안 키웠어요 / 그래서 그녀는 이것을 가족이라고 생각해요." //

From the bag, / she pulled out another plant, / a tiny one with thick, glossy leaves. //
봉투에서 / 그녀는 식물 하나를 더 꺼냈다 / 두껍고 윤기 나는 잎을 가진 작은 식물을 //

"Are you familiar with this? // "이것을 잘 아세요? //

It's called a Dragon's Tail. // 용의 꼬리라고 해요. //

(c) My housemate said you could take it too, / if you'd like." //
제 룸메이트가 당신이 이것도 가져가도 된다고 말했어요 / 만약 원한다면" //

✱(B) 문단 요약: Helen은 Julia를 만나 구매하기로 한 식물을 건네받고, 다른 식물까지 추가로 구매 제안을 받음

28번 단서 3, **30번 ③** Helen이 판매자에게 메시지를 보냄

(C) Helen immediately messaged the seller. //
Helen은 즉시 판매자에게 메시지를 보냈다 //

"Hello! I'm interested in purchasing (d) your plant. //
"안녕하세요! 제가 당신의 식물을 구매하는 데에 관심이 있어요. //

If it works for your schedule, I can be there / in 10 minutes!" //
일정이 맞으신다면, 제가 거기로 갈 수 있어요 / 10분 안에 //

30번 ③ 판매자(Anna)가 Helen에게 답함

Anna replied, "Hi, there! // Anna는 답했다 / "안녕하세요! //

I am at work right now, / but my housemate, Julia, can meet you in front of the building." //
저는 지금 일하는 중이지만 / 제 룸메이트 Julia가 당신을 건물 앞에서 만날 수 있어요." //

Unable to believe her good luck, / Helen typed back in excitement, / "Great! I can leave now. //
자신의 행운을 믿지 못한 채 / Helen은 흥분하여 답장했다 / "좋아요! 저는 지금 출발할 수 있어요. //

30번 ④ Helen이 검정색 야구 모자를 쓰겠다고 함

I'll wear a black baseball cap." // 검은 야구 모자를 쓰고 있을게요." //

✱(C) 문단 요약: Helen은 판매자에게 메시지를 보내 식물을 사겠다고 하고, 판매자인 Anna는 룸메이트인 Julia가 대신 거래 현장에 나갈 것이라고 메시지를 보냄

28번 단서 4: 다른 식물까지 추가로 구매 제안을 받은 것에 대해 Helen이 좋다고 함

(D) Helen exclaimed, / "Yes, I'd love to! //
Helen이 말했다 / "네, 그러고 싶어요! //

Please thank Anna for me. // Anna에게 저를 대신해서 고맙다고 전해주세요 //

Both are in such wonderful condition. // 둘 다 정말 멋진 상태네요 //

Do you have any tips for keeping them in good shape?" //
그것들을 상태가 좋게 유지하기 위한 어떤 팁이 있으세요?" //

30번 ⑤ Julia가 자신은 식물 전문가는 아니라고 함

Handing over the bag, Julia replied, / "I'm not a plant expert, but I know / that Anna kept them away from windows / to avoid direct sunlight. //
봉투를 건네며 Julia는 답했다 / "제가 식물 전문가는 아닙니다, 그러나 저는 알아요 / Anna가 그것들을 창문에서 멀리 두었다는 것을 / 직사광선을 피하고자 //

Why don't you message (e) her? //
그녀에게 메시지를 보내보는 건 어떠세요? //

She would be happy to offer advice." //
그녀가 기꺼이 조언을 해줄 거예요." //

"I'll be sure to do that," / Helen said, as she handed over the cash. //
28번 단서 5: 돈을 건넴(거래가 마무리됨)
"꼭 그렇게 할게요." / Helen은 현금을 건네주며 말했다 //

✱(D) 문단 요약: Helen은 두 가지 식물을 키우는 것에 대한 조언을 구하고 Julia는 자신은 전문가가 아니므로 Anna에게 메시지를 보내 물어보라고 하며, Helen은 그러겠다고 하고 돈을 건넴

- thrilled ⓐ 황홀해 하는
- notification ⓝ 알림, 통지
- second-hand ⓐ 중고의
- market rate 시장 시세
- stick out of ~ 밖으로 삐져나오다
- identify ⓥ 알아보다
- glossy ⓐ 윤이 나는
- immediately ⓐⓓ 즉시
- type ⓥ 타자 치다[입력하다]
- in excitement 흥분하여
- exclaim ⓥ 외치다, 소리치다
- condition ⓝ 상태
- in good shape 상태가 좋은
- expert ⓝ 전문가

(A) Helen은 중고 쇼핑 앱에서 Anna라는 판매자로부터 알림을 받았을 때 매우 기뻤다. 그녀는 몇 달 동안 하트 모양의 짙은 벨벳 같은 잎을 가진 콜롬비아 식물인 Philodendron gloriosum을 찾고 있었다. 그녀는 이 식물을 구하는 것을 거의 포기할 뻔했다. 하지만 Anna가 한 그루를 매물로 내놓았다. 게시글에는 "(a) 제가 해외로 이사하게 되어 제일 좋아하는 식물을 팔려고 합니다. 오늘 Edincester Heights에서 이 식물을 가져가시면 시장 시세의 절반 가격인 현재 가격으로 가져가실 수 있습니다."라고 적혀 있었다.

(C) Helen은 즉시 판매자에게 메시지를 보냈다. "안녕하세요! 제가 (d) 당신의 식물을 구매하고 싶어요. 일정이 맞으신다면, 10분 안에 거기로 갈 수 있을 것 같아요!" Anna는 "안녕하세요! 저는 지금 일하는 중이지만, 제 룸메이트 Julia가 당신을 건물 앞에서 만날 수 있어요."라고 답했다. Helen은 자신의 행운을 믿지 못한 채 흥분하여 "좋아요! 저는 지금 출발할 수 있어요. 검은 야구 모자를 쓰고 있을게요."라고 답장했다.

(B) 건물에 도착했을 때 Helen은 Julia가 들고 있는 커다란 종이봉투로 그녀를 알아볼 수 있었다. 그 봉투의 윗부분에는 나뭇잎이 삐져나와 있었다. (b) 그녀는 "당신이 Julia가 틀림없겠군요!"라고 말했다. 그 여자는 웃으며 "네! 이 식물을 잘 돌봐주세요. 6년 동안 키워서 Anna는 이 식물이 가족이라고 생각해요."라고 말했다. 그녀는 봉투에서 두껍고 윤기 나는 잎을 가진 작은 식물 하나를 더 꺼냈다. "이것을 잘 아세요? 용의 꼬리라고 해요. (c) 제 룸메이트가 당신이 원한다면 이것도 가져가도 된다고 했어요."

(D) Helen이 "네, 그러고 싶어요! Anna에게 저를 대신해서 고맙다고 전해주세요. 둘 다 정말 멋진 상태네요. 그것들을 상태가 좋게 유지하기 위한 어떤 팁이 있나요?"라고 외쳤다. Julia는 봉투를 건네며 "제가 식물 전문가는 아니지만 Anna가 직사광선을 피하고자 그것들을 창문에서 멀리 두었다는 건 알아요. (e) 그녀에게 메시지를 보내보는 건 어떠세요? 그녀가 기꺼이 조언을 해줄 거예요." Helen은 현금을 건네주며 "꼭 그렇게 할게요."라고 말했다.

Q 28 정답 ②

주어진 글 (A)에 이어질 내용을 순서에 맞게 배열한 것으로 가장 적절한 것은?

① (B) — (D) — (C) 주어진 글 뒤에 Julia를 만나는 (B)가 바로 올 수는 없음
② (C) — (B) — (D)
③ (C) — (D) — (B) (C)에서 식물 거래 약속을 잡았으므로 뒤에는 Helen과 Julia가 처음 만나 식물을 거래하는 (B)가 이어져야 함
④ (D) — (B) — (C) (A)에서 식물 판매 글을 본 Helen이 판매자와 연락을 주고받아 거래 약속을 정하는 내용이 이어져야 하므로 (A) 다음에는 (C)가 나와야 함
⑤ (D) — (C) — (B)

식물을 구하고 싶었던 Helen은 중고 거래 앱을 통해 Anna에게서 식물을 시세의 절반 가격에 팔고자 한다는 메시지를 받음 - Helen이 판매자인 Anna에게 연락해 거래 약속을 잡음 - Anna 대신 룸메이트 Julia가 거래 장소에 나와 식물을 건네주고 다른 식물까지 추가로 구매 의사가 있느냐 물음 - Helen은 이를 승낙하고 식물 키우는 것에 대한 조언을 구한 뒤, 돈을 건넴

왜 정답·오답? [정답률 95%]

(A): 식물을 구하고 싶었던 Helen은 중고 거래 앱을 통해 Anna에게서 해외로 나가게 되어 식물을 시세의 절반 가격에 팔고자 한다는 메시지를 받았다.

➡ Helen이 Anna의 메시지에 대해 대응하는 내용이 이어질 것이다.

(B): Helen은 Julia를 만나 구매하기로 한 식물을 건네 받고, 다른 식물까지 추가로 구매 제안을 받았다.

➡ Helen이 Julia를 만나 식물을 거래하는 내용이므로 (B) 앞에는 식물 거래에 대해 약속을 정하는 내용이 나와야 한다. 또한 (B) 뒤에는 추가로 구매 제안을 받은 식물에 대한 Helen의 반응이 나올 것이다.

(C): Helen은 판매자에게 메시지를 보내 식물을 사겠다고 하고, 판매자인 Anna는 룸메이트인 Julia가 대신 거래 현장에 나갈 것이라고 메시지를 보냈다.

➡ Helen이 판매자에게 메시지를 보내 식물 거래에 대한 약속을 정하는 내용이므로 (C) 앞에는 Helen이 식물 거래에 대한 정보를 얻는 내용이 나와야 한다. 또한 (C) 뒤에는 Julia와 만나 식물을 거래하는 내용이 이어질 것이다.

(D): Helen은 두 가지 식물을 키우는 것에 대한 조언을 구하고 Julia는 자신은 전문가가 아니므로 Anna에게 메시지를 보내 물어보라고 하며, Helen은 그러겠다고 하고 돈을 건넸다.

➡ Helen이 두 가지 식물을 가지게 되었으므로 (D) 앞에는 식물을 두 개나 구매하게 된 과정이 나와야 한다. Helen이 돈을 건네는 것으로 글이 끝나기 때문에 식물 거래가 마무리된 결말 부분으로 볼 수 있다.

▶ 사건이 진행되는 순서는 ② (C) – (B) – (D)임

Q 29 정답 ②

밑줄 친 (a)~(e) 중에서 가리키는 대상이 나머지 넷과 다른 것은?

① (a) ② (b) ③ (c) ④ (d) ⑤ (e)
= Anna = Helen = Anna = Anna's = Anna

왜 정답? [정답률 91%]

② (b) she: Helen이 쇼핑백을 들고 있는 Julia를 알아보고 당신이 Julia가 틀림없다고 말을 건 것이다. ▶ Helen

왜 오답?

① (a) I : 중고 거래 앱에 식물을 파는 메시지를 올린 사람은 Anna이다. ▶ Anna
③ (c) My housemate : Anna 대신 거래 현장에 나온 Julia가 내 룸메이트(Anna)가 다른 식물도 원하면 가져가도 좋다는 말을 했음을 전하고 있다. ▶ Anna
④ (d) your : Helen이 Anna의 메시지를 보고 당신의 식물을 구매하고 싶다고 했다. ▶ Anna
⑤ (e) her : 식물에 대해 더 자세히 알고 싶으면 Anna에게 메시지를 해보라고 Julia가 말한 것이다. ▶ Anna

Q 30 정답 ⑤

윗글에 관한 내용으로 적절하지 않은 것은?

① Helen은 중고 거래 앱에서 알림을 받았다. Helen was thrilled when she received a notification on a second-hand shopping app from a seller named Anna.
② Julia는 큰 종이 가방을 들고 있었다. Helen could identify Julia by the large paper bag she was holding.
③ Helen은 판매자와 메시지를 주고받았다. Helen immediately messaged the seller. Anna replied.
④ Helen은 야구 모자를 쓰겠다고 답했다. I'll wear a black baseball cap.
⑤ Julia는 자신이 식물 전문가라고 말했다. Julia replied, "I'm not a plant expert

왜 정답? [정답률 96%]

⑤ Julia는 자신이 식물 전문가는 아니라고 했다. (Julia replied, "I'm not a plant expert)

왜 오답?

① Helen은 중고 거래 앱에서 알림을 받았다. (Helen was thrilled when she received a notification on a second-hand shopping app from a seller named Anna.)
② Julia는 큰 종이 가방을 들고 있었다. (Helen could identify Julia by the large paper bag she was holding.)
③ Helen은 판매자와 메시지를 주고받았다. (Helen immediately messaged the seller. Anna replied.)
④ Helen은 야구 모자를 쓰겠다고 답했다. (I'll wear a black baseball cap.)

(A) Garcia stood outside Frontcountry Mall, / waiting for his brother, Jeff. // 〔분사구문〕
Garcia는 Frontcountry Mall 밖에 서서 / 동생 Jeff를 기다리고 있었다 //

Garcia's band had been chosen to perform / at the welcoming 〔과거완료 수동태〕
ceremony for a large group of students / from their sister university in Singapore. //
Garcia의 밴드는 공연하도록 선택되었다 / 대규모 학생단을 위한 환영식에서 / 싱가포르에 있는 자매 대학교에서 온 //

Garcia was hoping / to find the perfect clothing for the performance. //
Garcia는 소망하고 있었다 / 그 공연을 위한 완벽한 의상을 찾기를 //

That was why (a) he had asked Jeff / to help him pick out new clothes. // 〔= Garcia 과거완료〕 〔help+목적어+(to) 동사원형〕
그것이 그가 Jeff에게 요청한 이유였다 / 자신이 새로운 옷을 고르는 것을 도와달라고 //

"I'm sorry. I'm late because traffic was terrible," / Jeff apologized as he arrived. // 〔33번 ① Jeff는 교통 체증 때문에 늦었음〕
"미안해. 교통상황이 끔찍해서 늦었어." / Jeff는 도착하며 사과했다 //

"Don't worry. I haven't waited long," / Garcia replied as they 〔현재완료〕
entered the lively shopping center. // 〔31번 단서 1: 공연 의상을 사기 위해 쇼핑센터로 감〕
"걱정하지 마. 그렇게 오래 기다리지 않았어." / Garcia는 그들이 활기 넘치는 쇼핑센터로 들어가면서 답했다 //

＊(A) 문단 요약: Garcia가 공연 의상 준비를 위해 쇼핑센터에서 동생인 Jeff를 만남

(B) The band performance was the first event of the ceremony. //
밴드 공연은 그 환영식의 첫 번째 행사였다 //

The host introduced the band, / and each member took their 〔each+단수 / each of+복수〕
place on stage. //
진행자가 밴드를 소개했고 / 각 멤버가 무대 위에서 자리를 잡았다 //

Garcia stood at the center of the stage. // 〔33번 ② Garcia는 환영식 공연 무대의 중앙에 섰음〕
Garcia가 무대 한가운데에 섰다 //

As he started playing, / everyone fell silent, / fascinated by the music. // 〔분사구문〕
그가 연주를 시작하자 / 모든 이가 숨죽였다 / 그 음악에 매료되어 //

Garcia's trumpet playing was flawless. //
Garcia의 트럼펫 연주는 나무랄 데 없었다 //

When the band was finished, / the audience loudly cheered. //
밴드가 공연을 마쳤을 때 / 관객은 큰소리로 환호했다 // 〔33번 ③ 밴드가 환영식 공연에서 연주를 마치자 관객은 환호했음〕

After the show, / Jeff approached Garcia. //
공연이 끝난 후에 / Jeff가 Garcia에게 다가왔다 //

"It was fantastic. / I think that was the best performance I've ever seen," (b) he said. // 〔현재완료〕 〔= Jeff〕 〔31번 단서 2: 공연이 성공적으로 마무리 됨〕
"환상적이었어. / 내가 여태껏 본 것 중 최고의 공연이었어."라고 그가 말했다 //

Garcia beamed with joy at his brother's praise. //
Garcia는 동생의 칭찬에 기뻐서 활짝 웃었다 //

＊(B) 문단 요약: Garcia는 성공적으로 무대에 올라 공연을 마치고, 동생 Jeff가 이를 칭찬함

(C) Garcia felt good / as he arrived at the concert hall for the rehearsal / wearing his new clothes. // 〔분사구문〕 〔31번 단서 3: 새로 산 옷을 입고 리허설을 위해 콘서트홀에 도착함〕
Garcia는 기분이 좋았다 / 예행연습을 위해 콘서트홀에 도착했을 때 / 그 새로운 옷을 입고 //

His confidence was, however, quickly changed to nervousness when he thought of how many people would be there. // 〔간접의문문: 의문사+주어+동사〕
하지만, 그의 자신감은 금방 초조함으로 변했다 / 얼마나 많은 사람들이 그곳에 있을 것인가를 생각했을 때 // 〔33번 ④ Garcia는 리허설을 앞두고 긴장감을 느꼈음〕

As the rehearsal began, / (c) he struggled with the rhythm, making several mistakes. // 〔분사구문〕 〔= Garcia〕
예행연습이 시작되자 / 그는 여러 차례 실수를 저지르면서 리듬과 씨름했다 //

Tom, Garcia's band mate, came over and put a hand on Garcia's back, / saying, "Don't worry, I'll be right behind (d) you." // 〔= Garcia〕
Garcia의 밴드 동료인 Tom이 다가와 Garcia의 등에 손을 얹었다 / "걱정하지 마. 내가 바로 네 뒤에 있을게."라고 말하면서 //

He looked at his friend, took a deep breath / and started to feel much better. //
그는 자신의 친구를 바라보고, 심호흡을 하니 / 훨씬 더 나은 기분이 들기 시작했다 //

＊(C) 문단 요약: 리허설이 시작되자, Garcia는 긴장을 하여 실수를 연발하고, 밴드 동료인 Tom이 긴장을 풀라며 격려함

(D) "Aren't these cool?" Garcia asked, / pointing at a patterned red shirt and yellow pants he had found in the store. // 〔분사구문〕
Garcia가 "이것들 근사하지 않니?"라고 물었다 / 상점에서 발견한 무늬가 있는 붉은색 셔츠와 노란색 바지를 가리키며 //

"Um, I think they're a bit too colorful," Jeff objected. //
"음, 내 생각엔 그것들이 살짝 지나치게 화려한 것 같아." Jeff가 반대했다 //

Instead, / Jeff picked out a white shirt and black jeans. //
그 대신 / Jeff는 흰색 셔츠와 검은색 청바지를 골랐다 // 〔33번 ⑤ Garcia는 Jeff가 고른 색상의 옷을 입음〕

He asked the store clerk, / "Don't you think these would look great on (e) my brother?" // 〔= Garcia〕
그는 상점 직원에게 물었다 / "이것들이 제 형에게 잘 어울릴 것으로 생각하지 않으세요?"라고 //

The clerk stopped her work and looked at the clothes, / quickly agreeing with Jeff's choice. // 〔분사구문〕
그 직원은 일을 멈추고 그 옷을 보았다 / 얼른 Jeff의 선택에 동의하며 //

Garcia bought the recommended clothes, / saying, "Maybe I'll wear these for tonight's rehearsal, too." // 〔31번 단서 4: 옷을 산 이후 오늘 밤 리허설이 있음〕
Garcia는 추천받은 옷들을 샀다 / "아마도 나는 이것들을 오늘 밤 예행연습에도 입어야겠어."라고 말하며 //

＊(D) 문단 요약: Garcia가 동생과 점원의 추천을 받아 무대에서 입을 옷을 삼

- welcoming ceremony 환영식 ・ sister ⓝ 자매(기관)
- pick out ~을 고르다 ・ apologize ⓥ 사과하다
- lively ⓐ 활기 넘치는 ・ introduce ⓥ 소개하다
- take one's place 있어야 할 곳에 가다, 자리를 잡다
- fascinate ⓥ 매료시키다 ・ flawless ⓐ 나무랄 데 없는
- cheer ⓥ 환호하다 ・ beam ⓥ 활짝 웃다
- rehearsal ⓝ 예행연습, 리허설 ・ confidence ⓝ 자신감
- struggle with ~와 씨름하다 ・ patterned ⓐ 무늬가 있는
- object ⓥ 반대하다 ・ clerk ⓝ 점원, 직원

(A) Garcia는 Frontcountry Mall 밖에 서서 동생 Jeff를 기다리고 있었다. Garcia의 밴드는 싱가포르에 있는 자매 대학교에서 온 대규모 학생단을 위한 환영식에서 공연하도록 선택되었다. Garcia는 그 공연을 위한 완벽한 의상을 찾기를 소망하고 있었다. 그것이 (a) 그가 Jeff에게 자신이 새로운 옷을 고르는 것을 도와달라고 요청한 이유였다. "미안해. 교통상황이 끔찍해서 늦었어." Jeff는 도착하며 사과했다. Garcia는 그들이 활기 넘치는 쇼핑센터로 들어가면서 "걱정하지 마. 그렇게 오래 기다리지 않았어."라고 답했다.

(D) Garcia가 상점에서 발견한 무늬가 있는 붉은색 셔츠와 노란색 바지를 가리키며 "이것들 근사하지 않니?"라고 물었다. "음, 내 생각엔 그것들이 살짝 지나치게 화려한 것 같아." Jeff가 반대했다. 그 대신, Jeff는 흰색 셔츠와 검은색 청바지를 골랐다. 그는 상점 직원에게 "이것들이 (e) 제 형에게 잘 어울릴 것으로 생각하지 않으세요?"라고 물었다. 그 직원은 일을 멈추고 그 옷들을 보며 얼른 Jeff의 선택에 동의했다. Garcia는 "아마도 나는 이것들을 오늘 밤 예행연습에도 입어야겠어."라고 말하며 추천받은 옷들을 샀다.

(C) Garcia는 예행연습을 위해 그 새로운 옷을 입고 콘서트홀에 도착했을 때 기분이 좋았다. 하지만, 그의 자신감은, 얼마나 많은 사람들이 그곳에 있을 것인가를 생각했을 때, 금방 초조함으로 변했다. 예행연습이 시작되자, (c) 그는 여러 차례 실수를 저지르면서 리듬과 씨름했다. Garcia의 밴드 동료인 Tom이 다가와 Garcia의 등에 손을 얹고 "걱정하지 마. 내가 바로 (d) 네 바로 뒤에 있을게."라고 말했다. 그는 자신의 친구를 바라보고, 심호흡을 하니, 훨씬 더 나은 기분이 들기 시작했다.

(B) 밴드 공연은 그 환영식의 첫 번째 행사였다. 진행자가 밴드를 소개했고, 각 멤버가 무대 위에서 자리를 잡았다. Garcia가 무대 한가운데에 섰다. 그가 연주를 시작하자, 모든 이가 그 음악에 매료되어 숨죽였다. Garcia의 트럼펫 연주는 나무랄 데 없었다. 밴드가 공연을 마쳤을 때, 관객은 큰소리로 환호했다. 공연이 끝난 후에 Jeff가 Garcia에게 다가왔다. "환상적이었어. 내가 여태껏 본 것 중 최고의 공연이었어."라고 (b) 그가 말했다. Garcia는 동생의 칭찬에 기뻐서 활짝 웃었다.

주어진 글 (A)에 이어질 내용을 순서에 맞게 배열한 것으로 가장 적절한 것은?

① (B) — (D) — (C) 성공적으로 공연을 마친 (B)는 결말임
② (C) — (B) — (D) ⎤ 리허설 장면인 (C)가 쇼핑센터에서 옷을 고르면서 리허설에
③ (C) — (D) — (B) ⎦ 입고 간다고 하는 (D)보다 먼저 올 수 없음
④ (D) — (B) — (C) 리허설 연습을 하는 (C)가 결말인 (B)보다 먼저 와야 함
⑤ (D) — (C) — (B) Garcia가 공연 의상 준비를 위해 쇼핑센터에서 동생인 Jeff를 만남 - Garcia가 동생과 점원의 추천을 받아 무대에서 입을 옷을 삼 - 리허설이 시작되자, Garcia는 긴장을 하여 실수를 연발하고, Tom이 긴장을 풀라며 격려함 - Garcia는 성공적으로 공연을 마치고, 동생 Jeff가 이를 칭찬함

왜 정답·오답? [정답률 83%]

[(A): Garcia가 공연 의상 준비를 위해 쇼핑센터에서 동생인 Jeff를 만났다.

➡ 쇼핑센터에 들어가는 것으로 글이 시작되므로 쇼핑센터에서 옷을 고르는 내용이 이어질 것이다.

[(B): Garcia는 성공적으로 무대에 올라 공연을 마치고, 동생 Jeff가 이를 칭찬했다.

➡ 성공적으로 공연을 마치고 관객들의 환호와 동생의 칭찬을 받은 Garcia의 모습이므로 글의 결말일 것이다.

[(C): 리허설이 시작되자, Garcia는 긴장을 하여 실수를 연발하고, 밴드 동료인 Tom이 긴장을 풀라며 격려했다.

➡ 리허설에서의 긴장한 모습을 보여주고 Tom이 격려해주는 내용이 나오므로 뒤에는 이를 극복하고 공연에서 어떻게 하는지 결말에 해당하는 내용인 (B)가 이어져야 한다.

[(D): Garcia가 동생과 점원의 추천을 받아 무대에서 입을 옷을 샀다.

➡ 쇼핑센터에서 동생과 점원의 추천을 받아서 무대에서 입을 옷을 사고, 그날 밤 리허설에도 입고 가겠다고 했으므로 뒤에 리허설에 대한 내용인 (C)가 이어져야 한다. ▶ 사건이 진행되는 순서는 ⑤ (D) – (C) – (B)임

Q 32 정답 ②

밑줄 친 (a)~(e) 중에서 가리키는 대상이 나머지 넷과 다른 것은?

① (a)   ② (b)   ③ (c)   ④ (d)   ⑤ (e)
= Garcia   = Jeff   = Garcia   = Garcia   = Garcia

왜 정답? [정답률 88%]

② (b) he: 공연이 끝난 후 '내가 본 공연 중에 최고였어'라고 말하였고, 바로 다음 문장에서 '동생'의 칭찬에 기분이 좋았다는 말이 나왔으므로 Jeff이다. ▶ Jeff

왜 오답?

① (a) he: Jeff에게 무대에서 입을 새로운 옷을 골라 달라고 부탁한 것은 Garcia이다. ▶ Garcia

③ (c) he: 초조함으로 인해 리허설에서 실수를 한 사람은 Garcia이다. ▶ Garcia

④ (d) you: 실수를 한 Garcia에게 Tom이 다가와서 해주는 말이므로, Garcia이다. ▶ Garcia

⑤ (e) my brother: Jeff가 형을 위해 옷을 골라서 '형'에게 잘 어울리지 않겠느냐고 물었으므로 여기서 형은 Garcia이다. ▶ Garcia

Q 33 정답 ⑤

윗글에 관한 내용으로 적절하지 <u>않은</u> 것은?

① Jeff는 교통 체증 때문에 늦었다.
"I'm sorry. I'm late because traffic was terrible," Jeff apologized as he arrived.
② Garcia는 환영식 공연 무대의 중앙에 섰다.
Garcia stood at the center of the stage.
③ 밴드가 환영식 공연에서 연주를 마치자 관객은 환호했다.
When the band was finished, the audience loudly cheered.
④ Garcia는 리허설을 앞두고 긴장감을 느꼈다. His confidence was, however, quickly changed to nervousness when he thought of how many people would be there.
⑤ Garcia는 본인이 가리킨 색상의 옷을 구매했다.
Instead, Jeff picked out a white shirt and black jeans

왜 정답? [정답률 94%]

⑤ Garcia가 고른 붉은색 셔츠와 노란색 바지는 너무 화려하다며 Jeff가 반대했으며, 대신 Jeff가 흰색 셔츠와 검은색 청바지를 골랐다. (Instead, Jeff picked out a white shirt and black jeans)

왜 오답?

① Jeff는 교통 체증 때문에 늦었다. ("I'm sorry. I'm late because traffic was terrible," Jeff apologized as he arrived.)

② Garcia는 환영식 공연 무대의 중앙에 섰다. (Garcia stood at the center of the stage.)

③ 밴드가 환영식 공연에서 연주를 마치자 관객은 환호했다. (When the band was finished, the audience loudly cheered.)

④ Garcia는 리허설을 앞두고 긴장감을 느꼈다. (His confidence was, however, quickly changed to nervousness when he thought of how many people would be there.)

Q 34~36 ✻ 토끼와 거래한 눈사람

(A) One frosty morning, / a rabbit was jumping about on a hill. //
어느 서리가 내린 아침 / 토끼 한 마리가 언덕에서 뛰어 돌아다니고 있었다 //
There stood a snowman / which had been made by some children. // 그곳에는 눈사람이 서 있었다 / 어떤 아이들이 만든 //
He had a broom in his hand and a carrot nose. //
그는 그의 손에 빗자루, 그리고 당근 코를 가지고 있었다 //
The rabbit saw the carrot / and swallowed hard. //
토끼는 당근을 보고 / 침을 삼켰다 // 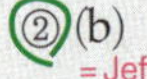 토끼는 당근을 보고 침을 삼킴
"I will have a delicious breakfast," / (a) he thought and jumped up, / reaching out for the snowman's nose. //
그는 '나는 맛있는 아침을 먹을 거야' / 라고 생각하고 뛰어올라 / 눈사람의 코로 손을 뻗었다 //
34번 단서 1: 토끼가 무언가에 맞음
But before the rabbit even touched him, / something hit him hard. // 그러나 토끼가 심지어 그에게 닿기도 전에 / 무언가가 그를 강하게 때렸다 //
*(A) 문단 요약: 눈사람의 당근 코를 보고 먹으려고 손을 뻗은 토끼는 무언가에 의해 맞음
34번 단서 2, 36번 ② '제안'에 신이 난 토끼는 눈사람에게 기다리라고 하고 사라짐
(B) Excited by the offer, / the rabbit told the snowman to wait and disappeared. //
그 제안에 신이 나서 / 토끼는 눈사람에게 기다리라고 말하고 사라졌다 //
(b) He returned shortly, dragging a sled / and said to the snowman, / "Let's go!" //
그는 썰매를 끌며 곧 돌아왔고 / 눈사람에게 말했다 / "갑시다!" //
The sled ran smoothly over the snow. // 썰매는 눈 위를 부드럽게 달렸다 //
The snowman with joy waved his broom. //
눈사람은 기쁨에 자신의 빗자루를 흔들었다 // 36번 ③ 눈사람은 기쁨에 자신의 빗자루를 흔들었음
After a while, / they arrived in the middle of the village. //
얼마 후에 / 그들은 마을 가운데에 도착했다 //
"Here we are," said the rabbit. // "다왔어요,"라고 토끼가 말했다 //
"Thank you. Here's the carrot," said the snowman, / giving
(c) him his carrot. // 34번 단서 3: 눈사람은 토끼에게 당근을 줌
"고마워. 자, 당근이야," 눈사람은 말했다 / 그에게 자신의 당근을 주면서 //
*(B) 문단 요약: 토끼는 썰매로 눈사람을 마을까지 데려다줬고, 눈사람은 토끼에게 자기 당근을 줌
(C) The rabbit hesitated for a moment. // 토끼는 잠시 망설였다 //
"Come on, take it. // I have a feeling that I'll get a new one," urged the snowman. //
"자, 가져가 // 나는 새로운 것을 얻을 거라는 느낌이 들어,"라고 눈사람이 재촉했다 //
34번 단서 4: 토끼는 당근을 받음
(d) He finally accepted the carrot / and leapt back into the woods. // 그는 마침내 당근을 받았고 / 숲속으로 껑충 뛰어들어갔다 //

Not long after, / the children gathered around the snowman. //
얼마 지나지 않아서 / 아이들은 눈사람 주변으로 모였다 // **36번 ④** 아이들은 눈사람에게 싱싱한 당근을 줬음
Noticing that he had no nose, / they gave him a fresh carrot. //
분사구문
그에게 코가 없다는 것을 알아차리자 / 그들은 그에게 싱싱한 당근을 주었다 //

From that time on, / the snowman stood in the middle of the village, / with a broom in his hand and a marvelous new carrot nose. //
그때부터 / 눈사람은 마을 가운데에서, 서 있었다 / 그의 손에 빗자루, 그리고 멋진 새 당근 코를 가지고 //

*(C) 문단 요약: 토끼는 당근을 받고 숲 속으로 갔고, 아이들은 눈사람에게 새로운 당근을 줌
34번 단서 5, **36번 ⑤** 커다란 빗자루로 그(토끼)를 위협함
(D) "Go Away!" / the snowman threatened him with his great broom. // "저리 가!" / 눈사람이 그의 커다란 빗자루로 그를 위협했다 //

"Sorry, Mr. Snowman, I just…" / murmured the rabbit. //
"미안해요, 눈사람 씨, 나는 그냥…." / 토끼가 웅얼거렸다 //
"You wanted to eat my nose!," (e) he shouted. //
= the snowman
"너는 내 코를 먹고 싶어 했어!"라고 그가 소리쳤다 //
(= the snowman's nose = carrot)
"I was so hungry and it looked so tasty," apologized the rabbit. // "난 너무 배가 고팠고 그것은 너무 맛있어 보였어요," 라고 토끼가 사과했다 //
The snowman thought for a moment. // 눈사람은 잠시 생각해 보았다 //
"Hmm… Here, I am bored by myself. //
"흠…, 여기에서, 나는 혼자서 지루해 //
관계부사
I would like to go to the village / where the children are. //
나는 마을에 가고 싶어 / 아이들이 있는 //
If you take me there, / I'll give you my carrot," / said the snowman. // **34번** 단서 6: 눈사람이 당근을 주는 대신 마을로 데려다 달라는 제안을 함
만약 나를 거기로 데려다 준다면 / 나는 너에게 내 당근을 줄게," 라고 눈사람이 말했다 //

*(D) 문단 요약: 배가 고파서 당근을 먹으려 했다는 토끼의 말을 듣고 눈사람은 마을로 데려다 주면 당근을 주겠다는 제안을 함

• frosty ⓐ 서리가 내리는, 몹시 추운　• swallow ⓥ 삼키다
• reach out (손 등을) 뻗다　• offer ⓝ 제안
• disappear ⓥ 사라지다　• hesitate ⓥ 망설이다
• urge ⓥ 재촉하다　• gathered around ~의 주위에 모이다
• marvelous ⓐ 놀라운

(A) 어느 서리가 내린 아침, 토끼 한 마리가 언덕에서 뛰어 돌아다니고 있었다. 그곳에는 어떤 아이들이 만든 눈사람이 서 있었다. 그는 그의 손에 빗자루, 그리고 당근 코를 가지고 있었다. 토끼는 당근을 보고 침을 삼켰다. (a) 그는 '나는 맛있는 아침을 먹을 거야,'라고 생각하고 뛰어올라, 눈사람의 코로 손을 뻗었다. 그러나 토끼가 심지어 그에게 닿기도 전에, 무언가가 그를 강하게 때렸다. (D) "저리 가!" 눈사람이 그의 커다란 빗자루로 그를 위협했다. "미안해요, 눈사람 씨, 나는 그냥…." 토끼가 웅얼거렸다. "너는 내 코를 먹고 싶어 했어!"라고 (e) 그가 소리쳤다. "난 너무 배가 고팠고 그것은 너무 맛있어 보였어요,"라고 토끼가 사과했다. 눈사람은 잠시 생각해 보았다. "흠…, 여기에서, 나는 혼자서 지루해. 나는 아이들이 있는 마을에 가고 싶어. 만약 나를 거기로 데려다 준다면, 나는 너에게 내 당근을 줄게,"라고 눈사람이 말했다. (B) 그 제안에 신이 나서, 토끼는 눈사람에게 기다리라고 말하고 사라졌다. (b) 그는 썰매를 끌며 곧 돌아왔고 눈사람에게 말했다. "갑시다!" 썰매는 눈 위를 부드럽게 달렸다. 눈사람은 기쁨에 자신의 빗자루를 흔들었다. 얼마 후에, 그들은 마을 가운데에 도착했다. "다왔어요,"라고 토끼가 말했다. "고마워. 자, 당근이야," 눈사람은 (c) 그에게 자신의 당근을 주면서 말했다. (C) 토끼는 잠시 망설였다. "자, 가져가. 나는 새로운 것을 얻을 거라는 느낌이 들어,"라고 눈사람이 재촉했다. (d) 그는 마침내 당근을 받았고 숲속으로 껑충 뛰어 들어갔다. 얼마 지나지 않아서, 아이들은 눈사람 주변으로 모였다. 그에게 코가 없다는 것을 알아차리자, 그들은 그에게 싱싱한 당근을 주었다. 그때부터, 눈사람은 마을 가운데에서, 그의 손에 빗자루, 그리고 멋진 새 당근 코를 가지고 서 있었다.

Q 34 정답 ④

주어진 글 (A)에 이어질 내용을 순서에 맞게 배열한 것으로 가장 적절한 것은?

① (B) — (D) — (C)　(B)에서 토끼가 받은 '제안'이 주어진 글에 없음
② (C) — (B) — (D)　(C)는 눈사람이 아이들에게 새로운 당근을 받게 되는 결말임
③ (C) — (D) — (B)
　언덕에 서 있는 눈사람의 당근 코를 보고 먹으려고 손을 뻗은 토끼는 무언가에 의해 맞았고 - 눈사람이 빗자루로 토끼를 위협했고, 토끼가 사과하자 눈사람은 마을로 데려다주면 당근을 주겠다고 제안했음 - 토끼는 썰매를 가져와 마을에 눈사람을 데려다주었으며, 눈사람은 자기 당근을 토끼에게 줬음 - 토끼는 당근을 받고 숲속으로 들어갔고, 아이들은 눈사람에게 새로운 당근을 주었음
④ (D) — (B) — (C)
⑤ (D) — (C) — (B)
　(B)에서 눈사람이 토끼에게 당근을 주고 나서 (C)에서 아이들에게 새로운 당근을 받는 내용이 이어져야 함

왜 정답·오답? [정답률 91%]

(A): 눈사람의 당근 코를 보고 먹으려고 손을 뻗은 토끼는 무언가에 의해 맞았다.
➡ 토끼가 무엇에 맞았는지를 알려주는 내용이 이어질 것이다.

(B): 토끼는 썰매로 눈사람을 마을까지 데려다줬고, 답례로 눈사람은 토끼에게 자기 당근을 줬다.
➡ 토끼가 눈사람을 마을로 데려다주고, 눈사람은 토끼에게 당근을 줬다는 내용이므로 (B) 앞에는 토끼가 눈사람을 마을까지 데려다준 계기가 나와야 한다.

(C): 토끼는 당근을 받고 숲 속으로 갔고, 아이들은 눈사람에게 새로운 당근을 줬다.
➡ 토끼가 당근을 받고, 눈사람은 이때부터 마을 가운데에 있었다는 내용이므로, 눈사람이 토끼에게 당근을 준 (B)가 (C)의 앞에 와야 하고, (C)는 이 글의 결말에 해당할 것이다.

(D): 배가 고파서 당근을 먹으려 했다는 토끼의 말을 듣고 눈사람은 마을로 데려다 주면 당근을 주겠다는 제안을 했다.
➡ 배가 고파서 그랬다는 토끼의 말에 눈사람은 마을로 데려다주면 당근을 주겠다는 제안을 한다는 내용이므로, 토끼가 눈사람의 당근에 손을 뻗었다가 맞은 (A)가 (D) 앞에 와야 하고, 제안을 받아들여서 눈사람을 마을로 데려갔다는 내용인 (B)가 (D) 뒤에 와야 한다.

▶ 사건이 진행되는 순서는 ④ (D) – (B) – (C)임

Q 35 정답 ⑤

밑줄 친 (a)~(e) 중에서 가리키는 대상이 나머지 넷과 다른 것은?

① (a)　② (b)　③ (c)　④ (d)　⑤ (e)
= the rabbit　= the rabbit　= the rabbit　= the rabbit　= the snowman

왜 정답? [정답률 91%]

⑤ (e) he: 내 코를 먹고 싶어 했다고 소리를 친 대상은 눈사람이다. ▶ the snowman

왜 오답?

① (a) he : 맛있는 아침을 먹을거라고 생각하고 뛰어오른 대상은 토끼이다. ▶ the rabbit
② (b) He : 썰매를 끌며 돌아온 대상은 토끼이다. ▶ the rabbit
③ (c) him : 눈사람이 자기 당근을 준 대상은 토끼이다. ▶ the rabbit
④ (d) He : 당근을 받아들이고 숲속으로 뛰어들어간 대상은 토끼이다. ▶ the rabbit

Q 36 정답 ⑤

윗글에 관한 내용으로 적절하지 않은 것은?

① 토끼는 당근을 보고 침을 삼켰다.
The rabbit saw the carrot and swallowed hard.
② 토끼는 눈사람에게 기다리라고 말하고 사라졌다.
the rabbit told the snowman to wait and disappeared
③ 눈사람은 기쁨에 빗자루를 흔들었다.
The snowman with joy waved his broom.
④ 아이들은 눈사람에게 싱싱한 당근을 주었다.
they gave him a fresh carrot
⑤ 토끼가 빗자루로 눈사람을 위협했다.
the snowman threatened him with his great broom

⑤ 토끼가 위협한 것이 아니라, 눈사람이 빗자루로 토끼를 위협했다. (the snowman threatened him with his great broom)

① 토끼는 당근을 보고 침을 삼켰다. (The rabbit saw the carrot and swallowed hard.)

② 토끼는 눈사람에게 기다리라고 말하고 사라졌다. (the rabbit told the snowman to wait and disappeared)

③ 눈사람은 기쁨에 빗자루를 흔들었다. (The snowman with joy waved his broom.)

④ 아이들은 눈사람에게 싱싱한 당근을 주었다. (they gave him a fresh carrot)

Q 37~39 ＊몽구스 Mr. Magoo의 여생

(A) On the northwestern coastline of Lake Superior / is the city of Duluth, / the westernmost port for transatlantic cargo ships. //
Lake Superior의 북서쪽 해안에 / Duluth시가 있는데 / 대서양을 가로지르는 화물선들을 위한 최서단 항구이다 //

39번 ① 몽구스 한 마리가 인도에서 배를 타고 Duluth로 왔음
A lot of cargo comes into Duluth: / coal, iron ore, grain, clothing
A lot of 뒤의 명사와 동사가 수 일치되어야 함
and, / in November 1962, a mongoose from India. //
많은 화물이 Duluth로 들어온다 / 석탄, 철 광석, 곡물, 의류, 그리고 / 1962년 11월에는 인도로부터 온 몽구스 //

The merchant seamen had enjoyed his company on the long journey / and had sat drinking tea with him, /
상선원들은 오랜 여행 기간 동안 그의 동행을 즐겼고 / 그와 차를 마시며 앉았으나 /

but they decided he deserved a life on dry land / so they
＝ a mongoose(= Mr. Magoo)
presented (a) him as a gift / to the city's Lake Superior Zoo. //
그들은 그가 육지에서 살 가치가 있다고 결정했고 / 그래서 그들은 그를 선물로서 제공했다 / 그 도시의 Lake Superior 동물원에 //

Lloyd Hackl, the director of the zoo, was delighted / and named
＝ Lloyd Hackl's
(b) his new mongoose Mr. Magoo. //
그 동물원의 원장인 Lloyd Hackl은 기뻐했고 / 그의 새로운 몽구스를 Mr. Magoo라고 이름 지었다 //

37번 단서 1, **39번 ②**: Mr. Magoo는 침략종으로 명명되어 사형 선고를 받음
His fate took an unexpected turn / when, labeled an invasive
분사구문을 이끎
species, / federal agents sentenced him to death. //
그의 운명은 예상하지 못한 전환점을 맞았다 / 침략종이라고 명명되어 / 연방 요원들이 그에게 사형 선고를 했을 때 //

＊(A) 문단 요약: Duluth의 Lake Superior Zoo에 선물된 Mr. Magoo라는 몽구스가 침략종으로 분류되어 사형 선고를 받음

분사구문
(B) Living out his days in the zoo, / Mr. Magoo became a beloved figure. // **37번** 단서 2: Mr. Magoo는 동물원에서 여생을 보냄
동물원에서 그의 여생을 보내면서 / Mr. Magoo는 사랑받는 인물이 되었다 //

His daily routine included / enjoying an egg, sipping tea, / and charming zoo workers with his friendly nature. //
그의 매일의 일과는 포함했다 / 달걀을 먹고, 차를 마시며 / 동물원 직원들을 그의 다정한 성품으로 매혹시키는 것을 //

Popular among visitors, especially children, / he received numerous letters and Christmas cards. // **39번 ③** 인기가 있었기에 수많은 편지와 크리스마스 카드를 받음
방문객들, 특별히 아이들 사이에서 인기가 있어서 / 그는 수많은 편지와 크리스마스 카드를 받았다 //

When Mr. Magoo died peacefully in January 1968, / his obituary in the *Duluth Herald* read: "OUR MR. MAGOO OF ZOO IS DEAD."//
Mr. Magoo가 1968년 1월에 평화롭게 죽었을 때 / Duluth Herald의 그의 사망 기사 '동물원의 우리 Mr. Magoo가 죽었다'라고 쓰였다 //

The new zoo director, Basil Norton, / vowed not to replace
＝ Mr. Magoo
(c) him: / "Another mongoose could never take his place / in the hearts and affections of Duluth people,"/ he said. //
새로운 동물원장인 Basil Norton은 / 그를 대체하지 않겠다고 맹세했다 / '또 다른 몽구스는 그의 자리를 차지할 수 없다 / 결코 Duluth 사람들의 마음과 애정에서'라고 / 그가 말했다 //

＊(B) 문단 요약: 인기와 사랑을 한 몸에 받으며 동물원에서 여생을 보낸 Mr. Magoo는 평화롭게 죽었음

(C) The citizens of Duluth / were not taking the death sentence lying down // **37번** 단서 3: Duluth의 시민은 사형 선고를 참지 않음
Duluth의 시민들은 / 그 사형 선고를 순순히 참고 있지 않았다 //

It was pointed out that, / as the only mongoose in the country, / Mr. Magoo was never going to be able to reproduce, / so the country was unlikely to be overrun by the species. //
지적되었다 / 그 나라의 유일한 몽구스로서 / Mr. Magoo는 결코 번식을 할 수 없을 것이고 / 그래서 그 나라는 그 생물 종에 의해서 우글거리게 되지 않을 것이라는 점이 //

demand (that) 주어 (should) 동사원형: ~해야 한다고 요구하다
They demanded / he be allowed to live out his days in peace. //
그들은 요구했다 / 그가 평화롭게 여생을 살도록 허락되어야 한다고 //

Petitions were signed and sent to powerful figures / like the U.S. Secretary of the Interior Stewart Udall, U.S. Senator Hubert Humphrey, / and Duluth Mayor George Johnson. //
청원들이 서명되고 영향력이 큰 인물들에게 보내졌다 / 미국 내무부 장관인 Stewart Udall, 미국 상원의원인 Hubert Humphrey / 그리고 Duluth 시장인 George Johnson같은 //

A campaign, brilliantly nicknamed *No Noose for the Mongoose*, / was backed by more than 10,000 citizens. // **39번 ④** 10,000명이 넘는 시민들이 캠페인을 지지함
'몽구스에게 올가미를 씌우지 말자'라고 훌륭하게 별명이 지어진 캠페인이 / 10,000명이 넘는 시민들에 의해 지지를 받았다 //

동격의 that
There were even suggestions / that the zoo director should take
＝ Mr. Magoo
(d) him into hiding. //
제안조차 있었다 / 심지어 동물원장이 그를 숨겨야 한다는 //

＊(C) 문단 요약: 유일한 몽구스라 번식을 할 수 없을 것이라는 점을 지적하며 Duluth 시민들은 사형 선고를 반대하는 캠페인을 벌임

(D) Thanks to the efforts of the citizens of Duluth, / Mr. Magoo was pardoned. // **37번** 단서 4: 시민들의 캠페인 노력 덕분에 Mr. Magoo는 사면을 받음
Duluth의 시민들의 노력 덕분에 / Mr. Magoo는 사면을 받았다 //

주격 관계대명사
A statement from Udall read, / "Acting on the authority / that permits importation of prohibited mammals — including mongooses — / for zoological, education, medical and scientific purposes, /
Udall의 성명서는 쓰여 있었다 / '권한에 따라서 / 금지된 포유류들의 수입을 허용하는 — 몽구스들을 포함해서 / 동물학적, 교육적, 의학적 그리고 과학적 목적을 위해 /

목적어 접속사
I recommend / that Mr. Magoo be granted non-political asylum in the United States." // **39번 ⑤** Mr. Magoo의 미국 망명이 허가됨
나는 권고한다 / Mr. Magoo가 미국에서 비정치적인 망명이 허가되어야 한다'라고 //

목적어절 접속사   명명사의 의미상 주어   동명사
He added / that it was dependent upon / Mr. Magoo maintaining
＝ Mr. Magoo's
(e) his "bachelor existence." //
그는 덧붙였다 / 그것은 달려 있다고 / Mr. Magoo가 그의 '미혼의 삶'을 유지하는 것에 //

The *News Tribune* joyfully proclaimed, / "MAGOO TO STAY. U.S. Asylum Granted."//
News Tribune은 기뻐하며 공표했다 / 'MAGOO 머무르게 됨. 미국 망명 허가됨'이라고 //

President Kennedy declared: / "Let the story of the saving of Magoo stand / as a classic example of government by the people."//
Kennedy 대통령은 선언했다 / 'Magoo의 구출 이야기가 남아있게 하자'라고 / 시민들에 의한 정부의 모범적인 사례로 //

＊(D) 문단 요약: Duluth 시민들의 노력 덕분에 Mr. Magoo는 사면을 받았으며, 미국에서의 망명도 허가됨

- transatlantic ⓐ 대서양 횡단의
- deserve ⓥ ~받을만 하다
- delight ⓥ 기뻐하다
- name ⓥ 이름을 지어주다
- fate ⓝ 운명, 숙명
- invasive ⓐ 침습성의

• sentence ⓥ 사형 선고하다　• charm ⓥ 매혹시키다
• nature ⓝ 성품　• numerous ⓐ 수많은　• obituary ⓝ 사망기사
• vow ⓥ 맹세하다　• affection ⓝ 애정　• reproduce ⓥ 번식하다
• overrun ⓥ 급속히 퍼지다, 들끓다　• authority ⓝ 권한
• permit ⓥ 허락하다　• importation ⓝ 수입
• prohibit ⓥ 금지하다

(A) Lake Superior의 북서쪽 해안에 Duluth시가 있는데, 대서양을 가로지르는 화물선들을 위한 최서단 항구이다. 많은 화물이 Duluth로 들어온다: 석탄, 철광석, 곡물, 의류, 그리고 1962년 11월에는 인도로부터 온 몽구스. 상선원들은 오랜 여행 기간 동안 그의 동행을 즐겼고, 그와 차를 마시며 앉았으나, 그들은 그가 육지에서 살 가치가 있다고 결정했고 그래서 그들은 (a) 그를 그 도시의 Lake Superior 동물원에 선물로서 제공했다. 그 동물원의 원장인 Lloyd Hackl은 기뻐했고 (b) 그의 새로운 몽구스를 Mr. Magoo라고 이름 지었다. 침략종이라고 명명되어 연방 요원들이 그에게 사형 선고를 했을 때 그의 운명은 예상하지 못한 전환점을 맞았다.

(C) Duluth의 시민들은 그 사형 선고를 순순히 참고 있지 않았다. 그 나라의 유일한 몽구스로서 Mr. Magoo는 결코 번식을 할 수 없을 것이고, 그래서 그 나라는 그 생물종에 의해서 우글거리게 되지 않을 것이라는 점이 지적되었다. 그들은 그가 평화롭게 여생을 살도록 허락되어야 한다고 요구했다. 청원들이 서명되고 미국 내무부 장관인 Stewart Udall, 미국 상원의원인 Hubert Humphrey, 그리고 Duluth 시장인 George Johnson같은 영향력이 큰 인물들에게 보내졌다. '몽구스에게 올가미를 씌우지 말라'라고 훌륭하게 별명이 지어진 캠페인이 10,000명이 넘는 시민들에 의해 지지를 받았다. 심지어 동물원장이 (d) 그를 숨겨야 한다는 제안조차 있었다.

(D) Duluth의 시민들의 노력 덕분에, Mr. Magoo는 사면을 받았다. Udall의 성명서는 '금지된 포유류들—몽구스들을 포함해서—의 수입을 동물학적, 교육적, 의학적 그리고 과학적 목적을 위해 허용하는 권한에 따라서, 나는 Mr. Magoo가 미국에서 비정치적인 망명이 허가되어야 한다고 권고한다'라고 쓰여 있었다. 그는 그것은 Mr. Magoo가 (e) 그의 '미혼의 삶'을 유지하는 것에 달려 있다고 덧붙였다. News Tribune은 'MAGOO 머무르게 됨. 미국 망명 허가됨'이라고 기뻐하며 공표했다. Kennedy 대통령은 'Magoo의 구출 이야기가 시민들에 의한 정부의 모범적인 사례로 남아있게 하자'라고 선언했다.

(B) 동물원에서 그의 여생을 보내면서, Mr. Magoo는 사랑받는 인물이 되었다. 그의 매일의 일과는 달걀을 먹고, 차를 마시며, 동물원 직원들을 그의 다정한 성품으로 매혹시키는 것을 포함했다. 방문객들, 특별히 아이들 사이에서 인기가 있어서, 그는 수많은 편지와 크리스마스 카드를 받았다. Mr. Magoo가 1968년 1월에 평화롭게 죽었을 때, Duluth Herald의 그의 사망 기사는 '동물원의 우리 Mr. Magoo가 죽었다'라고 쓰였다. 새로운 동물원장인 Basil Norton은 (c) 그를 대체하지 않겠다고 맹세했다: '또 다른 몽구스는 결코 Duluth 사람들의 마음과 애정에서 그의 자리를 차지할 수 없다'라고 그가 말했다.

Q 37 정답 ③

주어진 글 (A)에 이어질 내용을 순서에 맞게 배열한 것으로 가장 적절한 것은?

① (B) — (D) — (C)　(B)에서는 Mr. Magoo의 여성과 죽음에 대한 내용이 나와 있기에 그 이후에 (C)의 Mr. Magoo의 사형 반대 캠페인과 (D)의 사형 면제가 나오는 것은 적절하지 않음
② (C) — (B) — (D)
③ (C) — (D) — (B)　(B)에서 Mr. Magoo의 죽음에 대한 내용까지 소개되었는데 이후 (D)에서 망명이 허가되었다는 흐름은 어색함
④ (D) — (B) — (C)　Duluth 시민들의 노력에 대한 내용이 주어진 글 (A)에 나오지 않으므로 (D)가 바로 올 수 없음
⑤ (D) — (C) — (B)

Duluth의 Lake Superior Zoo에 선물된 Mongoose는 침략종이라 판단되어 사형 선고가 내려짐 – 시민들이 이에 반대하는 캠페인을 벌임 – 결국 사형이 면제되었고 망명이 허가됨 – 남은 여생을 동물원에서 평화롭게 보낸 후 죽음

> 왜 정답·오답? [정답률 70%]

[(A): 한 상인으로부터 Duluth의 Lake Superior Zoo에 선물된 Mr. Magoo라는 몽구스가 침략종으로 분류되어 사형 선고를 받았다.

➡ 사형 선고에 대한 사람들의 반응이 나올 것이다.

[(B) 인기와 사랑을 한 몸에 받으며 동물원에서 여생을 보낸 Mr. Magoo는 평화롭게 죽었고, Mr. Magoo를 대체할 몽구스는 없을 것이라 동물원장은 밝혔다.

➡ Mr. Magoo는 동물원에서 남은 생을 보내고 평화롭게 죽었다고 나와 있으므로 (B)가 글의 결말에 해당할 것이다.

[(C): 유일한 몽구스라 번식을 할 수 없을 것이라는 이유를 들며 Duluth 시민들은 사형 선고를 반대하는 캠페인을 벌였다.

➡ 시민들이 Mr. Magoo의 사형 선고를 반대하는 캠페인을 벌인 부분으로, (C)의 앞에는 사형 선고에 대한 내용이 필요하다. 또한, 이후에는 캠페인을 벌인 결과가 나올 것이다.

[(D): Duluth 시민들의 노력 덕분에 Mr. Magoo는 사면을 받았으며, 미국에서의 망명도 허가되었다.

➡ Duluth 시민들이 힘을 모아 반대한 덕분에 Mr. Magoo는 사면을 받았으며 계속 미국에 있어도 된다는 허가를 받았으므로, (D)의 앞에는 Duluth 시민들의 노력에 대한 내용이 필요하다. 그리고 이후에 Mr. Magoo가 어떻게 살았는지에 관한 내용이 이어질 것이다.

▶ 사건이 진행되는 순서는 ③ (C) – (D) – (B)임

Q 38 정답 ②

밑줄 친 (a)~(e) 중에서 가리키는 대상이 나머지 넷과 다른 것은?
= Mongoose (Mr. Magoo)
① (a)　② (b)　③ (c)　④ (d)　⑤ (e)
　　　= Lloyd Hackl's　= Mr. Magoo　= Mr. Magoo　= Mr. Magoo's

> 왜 정답? [정답률 62%]

② (b) his: 기뻐하며 새로운 몽구스에게 Mr. Magoo라고 이름을 지어준 사람은 동물원장 Lloyd Hackl이다. ▶ Lloyd Hackl's

> 왜 오답?

① (a) him : 도시의 Lake Superior Zoo에 선물된 대상은 (이후에 Mr. Magoo 라고 이름 붙여질) 몽구스이다. ▶ Mongoose (Mr. Magoo)

③ (c) him : 동물원장이 대체하지 않겠다고 맹세한 대상은 Mr. Magoo이다.
▶ Mr. Magoo

④ (d) him : 동물원장이 숨겨야 한다고 사람들이 제안한 대상은 Mr. Magoo이다.
▶ Mr. Magoo

⑤ (e) his : 미혼의 삶을 유지해야 하는 대상은 Mr. Magoo이다. ▶ Mr. Magoo's

Q 39 정답 ⑤

윗글에 관한 내용으로 적절하지 않은 것은?
① 몽구스 한 마리가 배를 타고 Duluth로 왔다. A lot of cargo comes into Duluth: coal, iron ore, grain, clothing and, in November 1962, a mongoose from India.
② Mr. Magoo는 사형을 선고받았다.
labeled an invasive species, federal agents sentenced him to death
③ Mr. Magoo는 수많은 편지와 카드를 받았다.
he received numerous letters and Christmas cards
④ 10,000명이 넘는 시민들이 No Noose for the Mongoose 캠페인을 지지했다. A campaign, brilliantly nicknamed No Noose for the Mongoose, was backed by more than 10,000 citizens.
⑤ Mr. Magoo의 미국 망명이 허가되지 않았다.
I recommend that Mr. Magoo be granted non-political asylum in the United States.

> 왜 정답? [정답률 84%]

⑤ Mr. Magoo는 미국에서 비정치적인 망명이 허가되었다 (I recommend that Mr. Magoo be granted non-political asylum in the United States.)

> 왜 오답?

① 몽구스 한 마리가 배를 타고 Duluth로 왔다.
　(A lot of cargo comes into Duluth: coal, iron ore, grain, clothing and, in November 1962, a mongoose from India.)
② Mr. Magoo는 사형을 선고받았다.
　(labeled an invasive species, federal agents sentenced him to death)
③ Mr. Magoo는 수많은 편지와 카드를 받았다.
　(he received numerous letters and Christmas cards)
④ 10,000명이 넘는 시민들이 No Noose for the Mongoose 캠페인을 지지했다.
　(A campaign, brilliantly nicknamed No Noose for the Mongoose, was backed by more than 10,000 citizens.)

42번 ① Sally는 사진 수업을 마치고 집에 돌아왔음

(A) When Sally came back home / from her photography class, / she could hear Katie / moving around, / chopping things / on a wooden cutting board. //
Sally가 집에 돌아왔을 때 / 그녀의 사진 수업에서 / 그녀는 Katie의 소리를 들을 수 있었다 / 이리저리 다니며 / 재료를 썰고 있는 / 나무 도마 위에서 //

Wondering / what her roommate was doing, / (a) she ran to the kitchen. //
현재분사 Wondering의 목적어로 쓰인 간접의문문　　= Sally
궁금해서 / 룸메이트가 무엇을 하는지 / 그녀는 부엌으로 달려갔다 /

Sally watched Katie cooking something / that looked delicious. //
선행사　주격 관계대명사
Sally는 Katie가 무언가를 요리하고 있는 것을 보았다 / 맛있어 보이는 //

But Katie didn't notice her / because she was too focused / on preparing for her cooking test / the next day. //
하지만 Katie는 그녀를 알아차리지 못했다 / 그녀가 너무 집중한 나머지 / 요리 시험을 준비하는 것에 / 그다음 날 //

40번 단서 1: Katie는 수업 시간에 교수님이 말했던 것을 기억하려고 애쓰고 있었음

She was trying to remember / what her professor had said in class / that day. //
was trying보다 앞선 시점을 나타내는 대과거
그녀는 기억하려고 애쓰고 있었다 / 수업 시간에 그녀의 교수님이 말했던 것을 / 그날 //

*(A) 문단 요약: 집에 돌아온 Sally는 요리 시험 준비에 한창인 룸메이트 Katie를 봄

(B) Katie, / surprised by her roommate's words, / turned her head to Sally / and sighed, / "I don't know. // This is really hard." //
40번 단서 2: (D)에서 Sally가 도울 수 있는 일이 있을지 물은 것을 말함
Katie는 / 룸메이트의 말에 깜짝 놀란 / Sally에게 고개를 돌리며 / 한숨을 쉬었다 / "모르겠어 // 이건 정말 어렵네" //

42번 ② Brown 교수님은 시각적인 면이 음식의 핵심 부분을 구성한다고 말했음

Stirring her sauce for pasta, / Katie continued, / "Professor Brown said / that visual aspects make up / a key part of a meal. //
그녀의 파스타 소스를 저으면서 / Katie는 이어 말했다 / "Brown 교수님은 말씀하셨어 / 시각적인 면이 구성한다고 / 음식의 핵심 부분을 //

My recipe seems good, / but I can't think of any ways / to alter the feeling of the final dish." //
주어　동사　주격 보어　　　　　형용사적 용법(ways 수식)
내 요리법은 좋은 것 같지만 / 나는 어떤 방법도 떠오르지 않아 / 최종 요리의 느낌을 바꿀" //

Visibly frustrated, / (b) she was just about to throw away / all of her hard work / and start again, / when Sally suddenly stopped her. //
= Katie　　　　　　　병렬 구조
눈에 띄게 실망하여 / 그녀는 막 던져버리려던 참이었다 / 그녀의 힘들인 노력을 / 그리고 다시 시작하려던 / Sally가 갑자기 그녀를 멈춰 세웠을 때 //

*(B) 문단 요약: Katie는 교수님이 말한 요리의 시각적인 면을 바꿀 만한 방법이 떠오르지 않음

(C) "Wait! // You don't have to start over. // You just need to add some color / to the plate." //
40번 단서 3: 음식을 막 던져버리려던 Katie를 멈춰 세움
"잠깐만 // 넌 다시 시작할 필요 없어 // 넌 그저 약간의 색을 더하기만 하면 돼 / 요리에" //

Being curious, / Katie asked, / "How can (c) I do that?" //
= Katie
호기심을 느껴서 / Katie가 물었다 / "내가 어떻게 그걸 할 수 있어" //

Sally took out a container of vegetables / from the refrigerator / and replied, / "How about making colored pasta / to go with (d) your sauce?" //
= Katie's
Sally는 채소가 든 그릇을 꺼내 / 냉장고에서 / 대답했다 / "색깔이 있는 파스타를 만드는 건 어때 / 네 소스와 어울리는" //
42번 ③ Sally는 냉장고에서 채소가 든 그릇을 꺼냈음

42번 ④ Sally는 색깔 있는 파스타를 만드는 것이 어렵지 않다고 했음
Smiling, she added, / "It's not that hard, / and all you need / are brightly colored vegetables / to make your pasta green, orange, or even purple." //
to make의 목적어와 목적격 보어
웃으면서 그녀는 덧붙였다 / "그렇게 어렵지 않아 / 그리고 네게 필요한 건 / 밝은 색깔의 채소뿐이야 / 네 파스타를 초록색, 오렌지색, 심지어 보라색으로 만들" //

Katie smiled, / knowing / that now she could make her pasta / with beautiful colors / like a photographer. //
= as she knew
Katie는 미소 지었다 / 알고 / 이제 그녀가 자신의 파스타를 만들 수 있다는 것을 / 아름다운 색으로 / 사진작가처럼 //

*(C) 문단 요약: Sally는 Katie에게 어렵지 않다면서 소스와 어울리는 색깔이 있는 파스타를 만드는 건 어떤지 제안함

40번 단서 4: Katie의 교수님이 수업 시간에 말한 것
(D) In that class, / Professor Brown said, / "You have to present your food properly, / considering every stage / of the dining experience. // Imagine / you are a photographer." //
그 수업에서 / Brown 교수는 말했다 / "여러분은 여러분의 음식을 적절하게 선보여야 합니다 / 모든 단계를 고려하여 / 식사 경험의 // 상상하세요 / 여러분이 사진작가라고" //

= As she recalled
Recalling / what the professor had mentioned, / Katie said to herself, / "We need to see our ingredients as colors / that make up a picture." //
떠올리며 / 교수님이 말한 것을 / Katie는 혼잣말을 했다 / "우리는 재료를 색으로 봐야 해 / 그림을 구성하는" //

42번 ⑤ Katie는 요리 시험 준비에 어려움을 겪고 있었음
Sally could clearly see / that Katie was having a hard time / preparing for her cooking test. // Sally는 분명히 알 수 있었다 / Katie가 어려움을 겪고 있다는 것을 / 그녀의 요리 시험을 준비하는 데 //

= Katie
Trying to make (e) her feel better, / Sally kindly asked, / "Is there anything I can do to help?" //
그녀의 기분을 더 좋게 해주고자 / Sally는 친절하게 물었다 / "내가 도울 수 있는 일이 있을까" //
← 앞에 목적격 관계대명사가 생략됨

*(D) 문단 요약: 어려움을 겪고 있는 Katie에게 Sally는 자신이 도울 수 있는 일이 있을지 물어봄

- chop ⓥ (음식 재료를 토막으로) 썰다　· sigh ⓥ 한숨을 쉬다
- stir ⓥ (휘)젓다　· aspect ⓝ 측면　· make up ~을 구성하다[이루다]
- alter ⓥ 바꾸다　· visibly ⓐⓓ 눈에 띄게
- frustrated ⓐ 좌절감을 느끼는　· plate ⓝ 접시, 요리
- curious ⓐ 궁금한　· container ⓝ 그릇　· reply ⓥ 대답하다
- go with 잘 어울리다　· brightly ⓐⓓ 밝게, 환하게
- present ⓥ 제시[제출]하다　· properly ⓐⓓ 적절히　· dining ⓝ 식사
- recall ⓥ 상기하다　· mention ⓥ 말하다, 언급하다
- ingredient ⓝ 재료

(A) Sally가 사진 수업을 마치고 집에 돌아왔을 때, 그녀는 Katie가 이리저리 다니며 나무 도마 위에서 재료를 썰고 있는 소리를 들을 수 있었다. 룸메이트가 무엇을 하는지 궁금해서 (a) 그녀는 부엌으로 달려갔다. Sally는 Katie가 맛있어 보이는 무언가를 요리하고 있는 것을 보았다. 하지만 Katie는 그다음 날 요리 시험을 준비하는 것에 너무 집중한 나머지 그녀를 알아차리지 못했다. 그녀는 그날 수업 시간에 그녀의 교수님이 말했던 것을 기억하려고 애쓰고 있었다.

(D) 그 수업에서 Brown 교수는 "식사 경험의 모든 단계를 고려하여 음식을 적절하게 선보여야 합니다. 여러분이 사진작가라고 상상하세요."라고 말했다. 교수님의 말씀을 떠올리며 Katie는 "우리는 재료를 그림을 구성하는 색으로 봐야 해."라고 혼잣말을 했다. Sally는 Katie가 요리 시험 준비에 어려움을 겪고 있다는 것을 분명히 알 수 있었다. Sally는 (e) 그녀의 기분을 더 좋게 해주고자, "내가 도울 수 있는 일이 있을까?"라고 친절하게 물었다.

(B) 룸메이트의 말에 깜짝 놀란 Katie는 Sally에게 고개를 돌리며 "모르겠어. 이건 정말 어렵네."하며 한숨을 쉬었다. Katie는 파스타 소스를 저으면서 이어 말했다. "Brown 교수님은 시각적인 면이 음식의 핵심 부분을 구성한다고 말씀하셨어. 내 요리법은 좋은 것 같지만, 최종 요리의 느낌을 바꿀 어떤 방법도 떠오르지 않아." Sally가 갑자기 그녀를 멈춰 세웠을 때, 눈에 띄게 실망한 (b) 그녀는 힘들인 노력을 막 던져버리고 다시 시작하려던 참이었다.

(C) "잠깐만! 다시 시작할 필요 없어. 요리에 약간의 색을 더하기만 하면 돼." 호기심을 느낀 Katie가 "(c) 내가 어떻게 그걸 할 수 있어?"라고 물었다. Sally는 냉장고에서 채소가 든 그릇을 꺼내 "(d) 네 소스와 어울리는 색깔이 있는 파스타를 만드는 건 어때?"라고 대답했다. 웃으면서 그녀는 "그렇게 어렵지 않아, 그리고 넌 네 파스타를 초록색, 오렌지색, 심지어 보라색으로 만들 밝은 색깔의 채소만 있으면 돼."라고 덧붙였다. Katie는 이제 자신이 사진작가처럼 아름다운 색으로 파스타를 만들 수 있다는 것을 알고 미소 지었다.

③ Sally는 냉장고에서 채소가 든 그릇을 꺼냈다. (Sally took out a container of vegetables from the refrigerator)
⑤ Sally는 Katie가 요리 시험을 준비하는 데 어려움을 겪고 있다는 것을 알 수 있었다. (Katie was having a hard time preparing for her cooking test)

Q 40 정답 ④

주어진 글 (A)에 이어질 내용을 순서에 맞게 배열한 것으로 가장 적절한 것은?

① (B) — (D) — (C) (A)에서 Sally는 Katie에게 말하지 않았음
② (C) — (B) — (D)
③ (C) — (D) — (B)   (A)에는 Katie가 요리를 다시 시작하려 한다는 언급이 없음
④ (D) — (B) — (C)   Katie는 요리 시험을 준비하면서 어려움을 겪음 – Sally가 Katie에게 도움이 필요한지 물어봄 – 자신의 요리에 실망한 Katie가 요리를 다시 시작하려고 함
⑤ (D) — (C) — (B)   – Sally가 다시 시작할 필요 없이 약간의 색만 더하면 된다고 조언하며 도와줌
(B)에서 요리를 버리려던 Katie를 (C)에서 Sally가 말리는 것임

왜 정답? [정답률 84%]

Katie가 수업 시간에 교수님이 말했던 것을 기억하려고 애쓰고 있었다는 내용으로 끝난 (A)에는 수업에서 Brown 교수가 말한 내용이 등장하는 (D)가 이어지는 것이 적절하다. (D)에서 Sally는 Katie에게 자신이 도울 것이 있는지 물었는데, (B)에서 Sally의 이 말에 Katie가 깜짝 놀랐고, 자신의 요리에 실망하여 요리를 버리려던 Katie를 (C)에서 Sally가 멈춰 세우고 조언을 하는 흐름이 자연스러우므로 정답은 ④ (D) – (B) – (C)이다.

왜 오답? '내가 도울 수 있는 일이 있을까?' 꿀팁

① Katie를 깜짝 놀라게 한 Sally의 말은 (D)에 등장한다.
②, ③ (C)는 Sally가 요리를 다시 시작하려는 Katie를 말리는 내용으로 시작하므로, 그 앞에 Katie가 자신의 요리를 버리려고 했다는 (B)가 있어야 한다.
⑤ 자신의 파스타를 아름다운 색으로 만들 수 있다는 것을 알게 되었는데 눈에 띄게 실망하여 요리를 버리려고 하는 것은 앞뒤가 맞지 않는다.

Q 41 정답 ①

밑줄 친 (a)~(e) 중에서 가리키는 대상이 나머지 넷과 다른 것은?

① (a) Sally ② (b) Katie ③ (c) Katie ④ (d) Katie's ⑤ (e) Katie

왜 정답? [정답률 87%]

Sally와 Katie 중에서 룸메이트가 무엇을 하는지 궁금해서 부엌으로 달려간 (a)는 Sally를 가리키고 나머지는 모두 Katie를 가리키므로 정답은 ①이다.

왜 오답?

② 자신의 요리를 던져버리려던 것은 Katie이다.
③ Katie가 한 말이므로 I는 Katie를 가리킨다.
④ Sally가 한 말이므로 your sauce는 Katie의 소스를 가리킨다.
⑤ Sally가 Katie를 기분 좋게 해주려고 자신이 도울 수 있는 것이 있는지 물었다.

Q 42 정답 ④

윗글에 관한 내용으로 적절하지 않은 것은?

① Sally는 사진 수업 후 집으로 돌아왔다.
  When Sally came back home from her photography class
② Brown 교수님은 음식에서 시각적인 면이 중요하다고 말했다.
  Professor Brown said that visual aspects make up a key part of a meal.
③ Sally는 냉장고에서 채소가 든 그릇을 꺼냈다.
  Sally took out a container of vegetables from the refrigerator
④ Sally는 색깔 있는 파스타를 만드는 것이 어렵다고 말했다.
  It's not that hard
⑤ Katie는 요리 시험 준비에 어려움을 겪고 있었다.
  Katie was having a hard time preparing for her cooking test

왜 정답? [정답률 90%]

Sally는 소스와 어울리는 색깔이 있는 파스타를 만드는 게 어떤지 제안한 후 그것은 그렇게 어렵지 않다고(It's not that hard) 했으므로 ④이 정답이다.

왜 오답?

① Sally는 사진 수업 후 집으로 돌아왔다. (When Sally came back home from her photography class)
② Brown 교수님은 시각적인 면이 음식의 핵심 부분을 구성한다고 말했다. (Professor Brown said that visual aspects make up a key part of a meal.)

Q 43~45 ＊Emilia와 Layla의 영국 여행

(A) Walking out of Charing Cross Station in London, / Emilia and her traveling companion, Layla, / already felt **their hearts pounding.** //
felt의 목적어와 목적격 보어
London의 Charing Cross 역에서 걸어 나오면서 / Emilia와 그녀의 여행 동반자인 Layla는 / 벌써 가슴이 두근거리는 것을 느꼈다 //

비인칭 주어
It was the second day / of their European summer trip. //
둘째 날이었다 / 그들의 유럽 여름 여행의 // 45번 ① Emilia와 Layla의 유럽 여행 둘째 날이었음

They were about to visit / one of the world's most famous art galleries. // 43번 단서 1: National Gallery를 막 방문할 참이었음
그들은 방문할 참이었다 / 세계에서 가장 유명한 미술관 중 하나를 //
목적어로 동명사나 to부정사를 취하는 start
The two of them **started hurrying** / with excitement. //
그들 두 사람은 서두르기 시작했다 / 흥분하여 //

Suddenly, Emilia shouted, / "Look! // There it is! // We're finally at the National Gallery!" //
갑자기 Emilia가 소리쳤다 / "봐 // 저기 있어 // 우리는 드디어 National Gallery에 도착했어"라고 //

= Emilia's
Layla laughed and responded, / "(a) **Your** dream's finally come true!" //
Layla는 웃으며 대답했다 / "너의 꿈이 드디어 이루어졌구나"라고 //

*(A) 문단 요약: National Gallery에 방문할 참인 Emilia와 Layla

(B) "Don't lose hope yet! // Which gallery is the special exhibition at?" / Layla asked. // 43번 단서 2: 〈Sunflowers〉는 특별 전시회를 위해 다른 미술관에 대여되었다는 Emilia의 말에 연결됨
"아직 희망을 잃지 마 // 특별 전시회는 어느 미술관에서 하는 거야"라고 / Layla는 물었다 //

Emilia responded, / "Well, his *Sunflowers* is still in England, / but it's at a gallery in Liverpool. // That's a long way, isn't it?" //
Emilia는 대답했다 / "음, 그의 〈Sunflowers〉는 여전히 영국에 있지만 / 그것은 Liverpool의 미술관에 있어 // 그곳은 거리가 멀지, 그렇지 않아"라고 //

비인칭 주어
After a quick search on her phone, / Layla stated, / "No! // **It's** only two hours to Liverpool / by train. // **The next train leaves** /
주어 동사(완전자동사)
〈시간〉의 부사구
in an hour. // Why don't we take it?" // 45번 ② Liverpool로 가는 기차를 타자고 제안했음
전화로 빠르게 검색해 본 다음 / Layla는 말했다 / "아냐 // Liverpool까지 겨우 두 시간 거리야 / 기차로 // 다음 기차는 떠나 / 한 시간 후에 // 우리 그걸 타는 게 어때?"라고 //

After considering the idea, / Emilia, now relieved, responded, /
그 생각을 고려해 본 다음 / 이제 마음이 놓인 Emilia는 대답했다 /

= Layla
"Yeah, / but (b) **you** always wanted / to see Rembrandt's paintings. // Let's do that first, Layla! // Then, after lunch, / we can catch the next train." // 45번 ③ 점심 식사 후에 기차를 타자고 했음
"응 / 하지만 너는 항상 원했잖아 / Rembrandt의 그림들을 보기를 / 그걸 먼저 하자, Layla // 그런 다음 점심 식사 후에 / 그다음 기차를 탈 수 있어"라고 //

Layla smiled brightly. //
Layla가 밝게 미소를 지었다 //

*(B) 문단 요약: Layla가 보기를 원한 그림들을 먼저 본 후 Emilia가 좋아하는 그림을 보러 가기로 함

(C) However, / after searching all the exhibition rooms, / Emilia and Layla couldn't find van Gogh's masterpiece / anywhere. //
그러나 / 모든 전시실을 찾아본 후에도 / Emilia와 Layla는 van Gogh의 걸작을 찾을 수가 없었다 / 어디에서도 // 43번 단서 3: van Gogh의 〈Sunflowers〉를 보기를 고대했지만, 어디서도 찾을 수 없었음

"That's weird. // Van Gogh's *Sunflowers* should be here. // Where is it?" //
"그거 이상하네 // van Gogh의 〈Sunflowers〉는 여기 있어야 하는데 // 그게 어디에 있지" //

Emilia looked upset, / but Layla kept calm and said, / "Maybe
(c) you've missed / a notice about it. // Check / the National
Gallery app." //

Emilia는 속상해 보였지만 / Layla는 침착함을 유지하며 말했다 / "아마 네가 놓쳤을 거야 /
그것에 대한 공지를 / 확인해 봐 / National Gallery의 앱"이라고 //

Emilia checked it quickly. //

Emilia는 빠르게 그것을 확인했다 //   45번 ④ National Gallery의 앱을 확인한 후
이곳에 〈Sunflowers〉가 없다고 말함

Then, she sighed, / "*Sunflowers* isn't here! // It's been lent to a
different gallery / for a special exhibition. // (d) I can't believe /
I didn't check!" //

그런 다음 그녀는 한숨을 쉬었다 / 〈Sunflowers〉는 여기에 없어 // 그것은 다른 미술관에
대여되었어 / 특별 전시회를 위해 // 나는 믿을 수가 없어 / 내가 확인을 안 했다는 걸 //

*(C) 문단 요약: Emilia가 보려고 했던 그림이 다른 미술관에 대여되었음을 알게 됨

(D) Upon entering the National Gallery, / Emilia knew exactly /
where to go first. //   43번 단서 4: National Gallery를 방문할 참이었다는 (A)에 이어짐

National Gallery에 들어가자마자 / Emilia는 정확히 알았다 / 먼저 어디로 가야
할지를 //

(e) She grabbed Layla's hand / and dragged her hurriedly / to
find van Gogh's *Sunflowers*. //

그녀는 Layla의 손을 꼭 잡고 / 서둘러 그녀를 끌고 갔다 / van Gogh의 〈Sunflowers〉를
찾으러 //

45번 ⑤ van Gogh의 〈Sunflowers〉는 Emilia가 가장 좋아하는 그림임

It was Emilia's favorite painting / and had inspired her / to
become a painter. //

그것은 Emilia가 가장 좋아하는 그림이며 / 그녀에게 영감을 주었다 / 화가가 되도록 //

Emilia loved / his use of bright colors and light. //

Emilia는 아주 좋아했다 / 그의 밝은 색상과 빛의 사용을 //

She couldn't wait / to finally see his masterpiece / in person. //

그녀는 기다릴 수 없었다 / 그의 걸작을 드디어 보는 것을 / 직접 //

"It'll be amazing / to see how he communicated / the feelings of
isolation and loneliness / in his work," / she said eagerly. //

"~은 놀라울 거야 / 그가 전달한 방식을 보는 것은 / 고립과 고독의 느낌을 / 자기 작품에서"
라고 / 그녀는 잔뜩 기대하며 말했다 //

*(D) 문단 요약: 자신이 좋아하는 그림을 볼 생각에 잔뜩 기대에 부푼 Emilia

- companion ⓝ 친구, 동행
- exhibition ⓝ 전시(회)
- brightly ⓐⓓ 밝게, 환하게
- weird ⓐ 기묘한, 이상한
- sigh ⓥ 한숨을 쉬다
- drag ⓥ 끌다, 끌고 가다
- isolation ⓝ 고립, 분리
- pound ⓥ (가슴이) 마구 뛰다, 두드리다
- relieved ⓐ 안도하는
- masterpiece ⓝ 걸작, 명작
- calm ⓐ 침착한, 잔잔한
- grab ⓥ (단단히) 쥐다
- hurriedly ⓐⓓ 급히, 서둘러
- eagerly ⓐⓓ 갈망하여, 몹시

(A) London의 Charing Cross 역에서 걸어 나오면서, Emilia와 그녀의 여행
동반자인 Layla는 벌써 가슴이 두근거리는 것을 느꼈다. 그들의 유럽 여름
여행 둘째 날이었다. 그들은 세계에서 가장 유명한 미술관 중 하나를 방문할
참이었다. 그들 두 사람은 흥분하여 서두르기 시작했다. 갑자기 Emilia가 "봐!
저기 있어! 우리는 드디어 National Gallery에 도착했어!"라고 소리쳤다.
Layla는 웃으며, "(a) 너의 꿈이 드디어 이루어졌구나!"라고 대답했다.
(D) National Gallery에 들어가자마자, Emilia는 먼저 어디로 가야 할지를
정확히 알았다. (e) 그녀는 van Gogh의 〈Sunflowers〉를 찾으러 Layla의
손을 꼭 잡고 서둘러 그녀를 끌고 갔다. 그것은 Emilia가 가장 좋아하는
그림이며 그녀가 화가가 되도록 영감을 주었다. Emilia는 그의 밝은 색상과
빛의 사용을 아주 좋아했다. 그녀는 그의 걸작을 드디어 직접 보기를 열망했다.
그녀는 "그가 자기 작품에서 고립과 고독의 느낌을 전달한 방식을 보면 놀라울
거야."라고 잔뜩 기대하며 말했다. (C) 그러나, 모든 전시실을 찾아본 후에도, Emilia와 Layla는 van Gogh의
걸작을 어디에서도 찾을 수가 없었다. "그거 이상하네. van Gogh의
〈Sunflowers〉는 여기 있어야 하는데. 그게 어디에 있지?" Emilia는 속상해
보였지만, Layla는 침착함을 유지하며 "아마 (c) 네가 그것에 대한 공지를
놓쳤을 거야. National Gallery의 앱을 확인해 봐."라고 말했다. Emilia는
빠르게 그것을 확인했다. 그런 다음, 그녀는 한숨을 쉬며, "〈Sunflowers〉는
여기에 없어! 그것은 특별 전시회를 위해 다른 미술관에 대여되었어. 내가

확인을 안 했다는 걸 (d) 나는 믿을 수가 없어!"라고 말했다. (B) Layla는
"아직 희망을 잃지 마! 특별 전시회는 어느 미술관에서 하는 거야?"라고
물었다. Emilia는 "음, 그의 〈Sunflowers〉는 여전히 영국에 있지만, 그것은
Liverpool의 미술관에 있어. 그곳은 거리가 멀지, 그렇지 않아?"라고
대답했다. 전화로 빠르게 검색해 본 다음, Layla는 "아냐! Liverpool까지
기차로 겨우 두 시간 거리야. 다음 기차는 한 시간 후에 떠나. 우리 그걸 타는
게 어때?"라고 말했다. 그 생각을 고려해 본 다음, 이제 마음이 놓인 Emilia는
"응, 하지만 (b) 너는 항상 Rembrandt의 그림들을 보고 싶어 했잖아. 그걸
먼저 하자, Layla! 그런 다음, 점심 식사 후에, 그다음 기차를 탈 수 있어."라고
대답했다. Layla가 밝게 미소를 지었다.

Q 43 정답 ⑤

주어진 글 (A)에 이어질 내용을 순서에 맞게 배열한 것으로 가장 적절한 것은?

① (B) — (D) — (C) the special exhibition에 대한 언급이 (A)에는 없음
② (C) — (B) — (D) ┐
③ (C) — (D) — (B) ┘ (A)와 (C)는 However로 연결될 만한 내용이 아님
④ (D) — (B) — (C) 두 사람이 일정 조율을 마친 (B)가 맨 마지막에 와야 함
⑤ (D) — (C) — (B) National Gallery를 막 방문할 참임 - 미술관에 들어가자마자 van Gogh의
〈Sunflowers〉를 찾으러 감 - 〈Sunflowers〉가 Liverpool의 다른 미술관에
대여되었음을 알게 됨 - 점심 식사를 하고 Liverpool로 가는 기차를 타기로 함

＞왜 정답 ? [정답률 89%]

(A)에서 두 사람은 National Gallery를 방문할 참이었으므로 'National Gallery에
들어가자마자'라는 뜻인 Upon entering the National Gallery로 시작하는 (D)가
(A)에 이어진다.
(D)에서 National Gallery에 들어가자마자 두 사람은 가장 먼저 van Gogh의
〈Sunflowers〉를 찾으러 갔으므로, '그러나' van Gogh의 걸작을 어디에서도 찾을
수 없었다는 문장으로 시작하는 (C)가 (D)에 이어진다.
(C)에서 Emilia는 National Gallery의 앱을 확인한 후 van Gogh의
〈Sunflowers〉가 특별 전시회를 위해 다른 미술관에 대여되었다고 말했으므로,
그 특별 전시회가 어느 미술관에서 하는지 묻는 Layla의 말로 시작한 (B)가 (C)
뒤에 이어진다.
따라서 세 문단의 적절한 순서는 ⑤ (D)-(C)-(B)이다.

＞왜 오답 ?

①, ④ (B)에서 Layla는 특별 전시회에 대해 묻는데, (A)나 (D)에는 특별 전시회에
대한 언급이 없다.
②, ③ van Gogh의 걸작을 어디에서도 찾을 수가 없었다는 문장과 However로
연결되기에 적절한 것은 van Gogh의 그 작품을 찾으러 갔다는 등의
내용이다.

Q 44 정답 ②

밑줄 친 (a)~(e) 중에서 가리키는 대상이 나머지 넷과 다른 것은?

① (a) Emilia's   ② (b) Layla   ③ (c) Emilia   ④ (d) Emilia   ⑤ (e) Emilia

＞왜 정답 ? [정답률 92%]   Emilia가 you로 가리킨 사람 🍯팁

Emilia와 Layla 중에서 Rembrandt의 그림을 보기를 항상 원했던 (b)는 Layla를
가리키고 나머지는 모두 Emilia를 가리키므로 정답은 ②이다.

＞왜 오답 ?

① Layla가 한 말이므로 your는 Emilia를 가리키는 소유격 대명사이다.
③ Layla가 한 말이므로 you는 Emilia를 가리키는 주격 대명사이다.
④ Emilia가 한숨을 쉬며 한 말이므로 I는 Emilia를 가리킨다.
⑤ Layla의 손을 꼭 잡은 사람은 Emilia이다.

Q 45 정답 ③

윗글에 관한 내용으로 적절하지 않은 것은?

① Emilia와 Layla는 유럽 여행 중이었다.
　It was the second day of their European summer trip.
② Layla는 Emilia에게 Liverpool로 가자고 제안했다.
　Why don't we take it?
③ Emilia는 기차를 점심 식사 전에 타자고 말했다.
　Then, after lunch, we can catch the next train.
④ National Gallery에는 van Gogh의 *Sunflowers*가 없었다.
　Sunflowers isn't here!
⑤ Emilia는 van Gogh의 *Sunflowers*를 좋아했다.
　It was Emilia's favorite painting

왜 정답? [정답률 93%]

점심 식사 후에 그다음 기차를 타자고(Then, after lunch, we can catch the next train.) 했으므로 ③은 글과 일치하지 않는다.

왜 오답?

① Emilia와 Layla의 유럽 여행 둘째 날에 일어난 일이다. (It was the second day of their European summer trip.)
② Layla는 Emilia에게 Liverpool로 가는 기차를 타자고 제안했다. (Why don't we take it?)
④ National Gallery 앱을 확인한 후 van Gogh의 〈Sunflowers〉가 그곳에 없다고 말했다. (*Sunflowers* isn't here!)
⑤ van Gogh의 〈Sunflowers〉는 Emilia가 가장 좋아하는 그림이었다. (It was Emilia's favorite painting)

Q 46~48 ✽돌아온 Cora

(A) In the gym, / members of the taekwondo club / were busy practicing. //
be busy (in) -ing: ~하느라 바쁘다
체육관에서 / 태권도 동아리 회원들이 / 연습하느라 바빴다 //

Some were trying to kick / as high as they could, / and some were striking the sparring pad. //
몇 명은 발차기를 하려고 애쓰고 있었고 / 가능한 한 높이 / 몇 명은 겨루기 패드를 치고 있었다 //

Anna, / the head of the club, / was teaching the new members / basic moves. // 48번① Anna는 신입 회원에게 기본 동작을 가르쳤음
Anna는 / 동아리 회장인 / 신입 회원들에게 가르치고 있었다 / 기본 동작을 //

Close by, / her friend Jane was assisting Anna. //
바로 옆에서 / 그녀의 친구인 Jane이 Anna를 보조하고 있었다 //

Jane noticed / that Anna was glancing / at the entrance door of the gym. //
Jane은 알아차렸다 / Anna가 힐끗 보고 있다는 것을 / 체육관의 출입문을 //

She seemed / to be expecting someone. //
그녀는 보였다 / 누군가를 기다리고 있는 것처럼 // 46번 단서 1: Jane이 Anna에게 Cora를 기다리고 있는지 물음

At last, / when Anna took a break, / Jane came over to (a) her and asked, / "Hey, are you waiting for Cora?" //
부사절 접속사(시간)　= Anna
드디어 / Anna가 휴식을 취할 때 / Jane이 그녀에게 다가와서 물었다 / "야, 너 Cora를 기다리고 있니"라고 //

*(A) 문단 요약: Jane이 태권도 동아리 회장인 Anna에게 Cora를 기다리고 있냐고 물어봄
46번 단서 2: (D)에서 등장한 Cora가 걸어 들어옴

(B) Cora walked in / like a wounded soldier / with bandages / on her face and arms. //
Cora는 걸어 들어왔다 / 부상당한 군인처럼 / 붕대를 하고서 / 그녀의 얼굴과 두 팔에 //

Surprised, / Anna and Jane simply looked at her / with their eyes wide open. // 48번② Cora가 들어오자 Anna와 Jane은 「with+(대)명사+분사」 구문으로 놀라고 휘둥그레진 눈으로 그녀를 쳐다봤음 wide open 앞에 being이 생략됨
놀라서 / Anna와 Jane은 그녀를 바라볼 뿐이었다 / 두 눈을 크게 뜨고서 //

Cora explained, / "I'm sorry I've been absent. //
Cora는 설명했다 / "계속 오지 못해서 미안해 //

I got into a bicycle accident, / and I was in the hospital / for two days. //
난 자전거 사고가 나서 / 입원해 있었어 / 이틀 동안 //

Finally, / the doctor gave me the okay / to practice." //
주어　동사　간접목적어　직접목적어
마침내 / 의사 선생님이 나에게 동의를 하셨어 / 연습해도 좋다"라고 //

Anna said excitedly, / "No problem! // We're thrilled / to have you back!" //
부사적 용법(감정의 원인)
Anna가 흥분하여 말했다 / "괜찮아 / 우리는 신난다 / 네가 돌아오게 되어"라고 //

Then, / Jane gave Anna an apologetic look, / and (b) she responded / with a friendly pat on Jane's shoulder. //
주어　동사　간접목적어　직접목적어　= Anna
그때 Jane이 Anna에게 사과하는 표정을 보였고 / 그녀는 대답했다 / Jane의 어깨를 토닥이는 것으로 //

*(B) 문단 요약: Cora는 자전거 사고로 입원하느라 못 왔다고 말했고, Jane은 Anna에게 사과하는 표정을 지음
46번 단서 3: (A)에서 Jane이 Anna에게 물어본 것에 Anna가 고개를 끄덕여 대답함

(C) Anna answered the question / by nodding uneasily. //
Anna는 그 질문에 대답했다 / 걱정스럽게 고개를 끄덕여서 //

In fact, / Jane knew / what her friend was thinking. //
주어　동사　목적어절
사실 Jane은 알고 있었다 / 자기 친구가 무엇을 생각하고 있는지 //

Cora was a new member, / whom Anna had personally invited / to join the club. //
선행사　목적격 관계대명사
Cora는 신입 회원인데 / 그녀에게 Anna가 직접 청했다 / 동아리에 가입할 것을 //

Anna really liked (c) her. //
= Cora
Anna는 그녀를 진정으로 좋아했다 //

Although her budget was tight, / Anna bought Cora / a taekwondo uniform. // 48번③ Anna가 Cora에게 태권도 도복을 사 주었음
주어　동사　간접목적어　직접목적어
자신의 예산이 빠듯했지만 / Anna는 Cora에게 사주었다 / 태권도 도복을 //

When she received it, / Cora thanked her and promised, / "I'll come to practice and work hard / every day." //
그것을 받았을 때 / Cora는 그녀에게 고마움을 표시하면서 약속했다 / "나는 연습하러 와서 열심히 할 거야 / 매일"이라고 //

However, unexpectedly, / she came to practice only once / and then never showed up again. //
하지만 예상과 달리 / 그녀는 연습하러 딱 한 번 왔고 / 그러고 나서 다시는 나타나지 않았다 //

*(C) 문단 요약: Anna가 직접 데려온 신입 회원 Cora는 연습하러 한 번만 오고 다시 나오지 않았음
부사절 접속사(이유) 48번④ Cora는 여러 연습을 빠졌음

(D) Since Cora had missed several practices, / Anna wondered / what could have happened. //
과거의 일에 대한 추측을 나타내는 could have p.p 46번 단서 4: Cora가 딱 한 번 오고 난 이후로 나타나지 않자 Anna가 무슨 일이 있는지 궁금해함
Cora가 여러 번의 연습에 빠졌기 때문에 / Anna는 궁금했다 / 무슨 일이 있었을지 //

Jane, on the other hand, was disappointed / and said judgingly, / "Still waiting for her, huh? //
반면 Jane은 실망하여 / 재단하듯이 말했다 / "아직도 그녀를 기다리는 거야, 응 //

I can't believe / (d) you don't feel disappointed or angry. //
= Anna
나는 믿을 수가 없어 / 네가 실망감이나 분노를 느끼지 않는 것을 //

Why don't you forget / about her?" //
잊어버리는 것이 어때 / 그녀에 대해"라고 //

Anna replied, / "Well, I know / most newcomers don't keep their commitment / to the club, / but I thought / that Cora would be different. // 48번⑤ Anna는 Cora가 대부분의 신입 회원과 다를 거라고 생각했음
앞에 명사절(목적어절) 접속사가 생략됨 생략되지 않은 명사절(목적어절) 접속사
Anna는 대답했다 / "글쎄, 난 알지만 / 대다수의 새로 온 사람들이 약속을 지키지 않는다는 것은 / 동아리에 대한 / 난 생각했어 / Cora는 다를 것이라고 //

She said / she would come every day and practice." //
그녀는 말했거든 / 매일 와서 연습할 거라고"라고 //

Just as Jane was about to respond / to (e) her, / the door swung open. //
= Anna　swing open: 활짝 열리다
Jane이 바로 막 대답하려 했을 때 / 그녀에게 / 문이 활짝 열렸다 //

There she was! //
거기 그녀가 있었다 //

*(D) 문단 요약: Jane과 달리 Anna는 Cora가 다른 새로 온 사람들과 다를 것으로 생각했고, Cora가 태권도장에 나타남

- strike ⓥ (손이나 무기로) 때리다[치다]
- sparring ⓝ ((태권도)) 겨루기, ((권투)) 스파링(시합에 대비한 연습)
- assist ⓥ 돕다, 보조하다　· glance ⓥ 힐끗 보다

- expect ⓥ (오기로 되어 있는 대상을) 기다리다
- wounded ⓐ 부상을 입은, 다친　　• absent ⓐ 없는, 결석한
- thrilled ⓐ 아주 흥분한, 신이 난　　• apologetic ⓐ 미안해하는, 사과하는
- pat ⓝ 쓰다듬기, 토닥거리기　　• nod ⓥ (고개를) 끄덕이다
- uneasily ⓐⓓ 걱정스럽게, 불안 속에　　• personally ⓐⓓ 직접, 개인적으로
- budget ⓝ 예산　　• tight ⓐ (금전적으로) 빠듯한
- unexpectedly ⓐⓓ 예상외로, 예상과 다르게
- show up (예정된 곳에) 나타나다　　• wonder ⓥ 궁금해하다
- judgingly ⓐⓓ 재단하듯이　　• commitment ⓝ 약속, 책임

(A) 체육관에서, 태권도 동아리 회원들이 부지런히 연습하고 있었다. 몇 명은 가능한 한 높이 발차기를 하려고 애쓰고 있었고, 몇 명은 겨루기 패드를 치고 있었다. 동아리 회장인 Anna는 신입 회원들에게 기본 동작을 가르치고 있었다. 바로 옆에서 그녀의 친구인 Jane이 Anna를 보조하고 있었다. Jane은 Anna가 체육관의 출입문을 힐끗 보고 있다는 것을 알아차렸다. 그녀는 누군가를 기다리고 있는 것처럼 보였다. 드디어 Anna가 휴식을 취할 때 Jane이 (a) 그녀에게 다가와서 "야, Cora를 기다리고 있니?"라고 물었다.

(C) Anna는 걱정스럽게 고개를 끄덕여 그 질문에 대답했다. 사실, Jane은 자기 친구가 무엇을 생각하고 있는지 알고 있었다. Cora는 신입 회원인데, 그녀에게 Anna가 동아리에 가입하라고 직접 청했었다. Anna는 (c) 그녀를 진정으로 좋아했다. 자신의 예산이 빠듯했지만, Anna는 Cora에게 태권도 도복을 사주었다. 그것을 받았을 때, Cora는 그녀에게 고마움을 표시하면서 "매일 연습하러 와서 열심히 할 거야."라고 약속했다. 하지만, 예상과 달리, 그녀는 연습하러 딱 한 번 왔고 그러고 나서 다시는 나타나지 않았다.

(D) Cora가 여러 번의 연습에 빠졌기 때문에 Anna는 무슨 일이 있었을지 궁금했다. 반면 Jane은 실망하여 "아직도 그녀를 기다리는 거야, 응? 나는 (d) 네가 실망감이나 분노를 느끼지 않는 것을 믿을 수가 없어. 그녀에 대해 잊어버리는 것이 어때?"라고 재단하듯이 말했다. Anna는 "글쎄, 난 대다수의 새로 온 사람들이 동아리에 대한 약속을 지키지 않는 것은 알지만, Cora는 다를 것이라고 생각했어. 그녀는 매일 와서 연습할 거라고 말했거든."이라고 대답했다. Jane이 바로 막 (e) 그녀에게 대답하려 했을 때, 문이 활짝 열렸다. 거기 그녀가 있었다!

(B) Cora는 얼굴과 두 팔에 붕대를 하고서 부상당한 군인처럼 걸어 들어왔다. 놀란 Anna와 Jane은 두 눈을 크게 뜨고서 그녀를 바라볼 뿐이었다. Cora는 "계속 오지 못해서 미안해. 난 자전거 사고가 나서 이틀 동안 입원해 있었어. 마침내 의사 선생님이 나에게 연습해도 좋다는 동의를 하셨어."라고 설명했다. Anna가 "괜찮아! 우리는 네가 돌아오게 되어 신난다."라고 흥분하여 말했다. 그때, Jane이 Anna에게 사과하는 표정을 보였고, (b) 그녀는 Jane의 어깨를 토닥이는 것으로 대답했다.

Q 46 정답 ③

주어진 글 (A)에 이어질 내용을 순서에 맞게 배열한 것으로 가장 적절한 것은?
① (B) — (D) — (C)
② (C) — (B) — (D)
③ (C) — (D) — (B)
④ (D) — (B) — (C)
⑤ (D) — (C) — (B)

왜 정답? [정답률 85%]

Jane이 Anna에게 Cora를 기다리고 있는지 묻는 것으로 끝난 (A)에는 Anna가 걱정스럽게 고개를 끄덕여 그 질문에 대답했다는 문장으로 시작한 (C)가 이어진다. (C)는 Cora가 딱 한 번 연습하러 나온 후에 다시는 나타나지 않았다는 문장으로 끝났으므로, 그녀에게 무슨 일이 있는지 Anna가 궁금해했다는 문장으로 시작한 (D)가 이어져야 하고, 활짝 열린 문에 Cora가 있었다는 문장으로 끝난 (D)에는 얼굴과 두 팔에 붕대를 하고서 걸어 들어온 Cora가 그동안 자신이 나오지 못한 이유를 설명하는 (B)가 이어지는 것이 적절하다. 따라서 정답은 ③ (C) – (D) – (B)이다.

왜 오답?

①, ② Cora가 걸어 들어왔다는 (B) 앞에 문이 활짝 열리고 그곳에 Cora가 있었다는 (D)가 있어야 한다.

④, ⑤ (A)가 주의 Jane이 Anna에게 Cora를 기다리고 있는지 묻는 문장으로 끝났으므로, Anna가 Jane의 질문에 고개를 끄덕여 대답했다는 (C)가 (D)보다 먼저 (A)에 이어져야 한다.

Q 47 정답 ③

밑줄 친 (a)~(e) 중에서 가리키는 대상이 나머지 넷과 다른 것은?
① (a) Anna　② (b) Anna　③ (c) Cora　④ (d) Anna　⑤ (e) Anna

왜 정답? [정답률 93%]

Anna와 Jane, Cora 중에서 (a), (b), (d), (e)는 모두 Anna를 가리키는 반면에 Anna가 진정으로 좋아한 (c)는 Cora를 가리키므로 정답은 ③이다.

왜 오답?

① Anna가 휴식을 취할 때 Jane이 Anna에게 다가와 물은 것이다.
② Jane이 Anna에게 표정으로 사과했고, Anna가 Jane의 어깨를 토닥이는 것으로 대답한 것이다.
④ Jane이 Anna에게 하는 말이므로 you는 Anna를 가리킨다.
⑤ Jane이 Anna에게 대답하려고 할 때 문이 활짝 열린 것이다.

Q 48 정답 ②

윗글에 관한 내용으로 적절하지 않은 것은?
① Anna는 신입 회원에게 태권도를 가르쳤다.
　Anna, the head of the club, was teaching the new members basic moves.
② Anna와 Jane은 Cora를 보고 놀라지 않았다.
　Surprised, Anna and Jane simply looked at her with their eyes wide open.
③ Anna는 Cora에게 태권도 도복을 사 주었다.
　Anna bought Cora a taekwondo uniform
④ Cora는 여러 차례 연습에 참여하지 않았다.
　Cora had missed several practices
⑤ Anna는 Cora를 대다수의 신입 회원과 다를 것이라 생각했다.
　I thought that Cora would be different

왜 정답? [정답률 82%]

Cora가 들어오자 Anna와 Jane은 놀라고 휘둥그레진 눈으로 그녀를 쳐다봤다고(Surprised, Anna and Jane simply looked at her with their eyes wide open.) 했으므로 ②은 글과 일치하지 않는다.

왜 오답?

① 태권도 클럽의 회장인 Anna가 신입 회원들에게 기본 동작을 가르치고 있었다. (Anna, the head of the club, was teaching the new members basic moves.)
③ Anna는 Cora에게 태권도 도복을 사 주었다. (Anna bought Cora a taekwondo uniform)
④ Cora는 여러 차례 연습에 참여하지 않았다. (Cora had missed several practices)
⑤ Anna는 Cora가 대다수의 새로 온 사람들과 다르리라고 생각했다. (I thought that Cora would be different)

Q 49~51 ＊기숙사 방 꾸미기

(A) It was the first day of the semester. //
그날은 학기 첫날이었다 // 51번 ① Noah는 학기 첫날 자신의 기숙사 방을 둘러보고 실망했음
Looking around his shared dorm room, / Noah thought / that it looked exactly like every other dorm room / at the university, / and he became disappointed. //
자신의 공용 기숙사 방을 둘러보면서 / Noah는 생각했다 / 그것이 다른 모든 기숙사 방과 완전히 똑같이 생겼다고 / 대학교의 / 그리고 그는 실망했다
asked의 목적어절
His roommate Steve noticed it / and asked what was wrong. //
그의 룸메이트 Steve는 그것을 알아차리고 / 무슨 일이 있는지 물었다 //
Noah answered quietly / that he thought / their room was totally boring. //
Noah는 조용히 대답했다 / 그가 생각한다고 / 그들의 방이 완전히 지루하다고 //

(a) He wished the space felt / a bit more like *their* space. //
= Noah
the space가 느끼는 것이 아니라 느껴지는 것임
그는 그 공간이 느껴지길 원했다 / 약간 더 '자신들의' 공간처럼 //
49번 단서 1: 다음날 방을 개인화하자고 제안함

Steve agreed and suggested / that they could start personalizing the room / like Noah wanted, / the next day. //
Steve는 동의했고 제안했다 / 그들이 방을 개인화하는 것을 시작할 수 있다고 / Noah가 원하는 것처럼 / 다음날 //

*(A) 문단 요약: 학기 첫날 기숙사 방을 보고 실망하여 다음날 방을 꾸미기로 함

(B) As they walked through a furniture store, / Steve found a pretty yellow table. //
49번 단서 2: 탁자를 사러 가기로 결정한 후 나가서 예쁜 노란색 탁자를 발견함
그들이 걸어서 가구점을 지나갈 때 / Steve는 예쁜 노란색 탁자를 발견했다 //

Since he knew / that yellow was Noah's favorite color, / Steve asked (b) him / what he thought about buying that table. //
(이유)의 부사절 접속사
= Noah
asked의 직접목적어절
그가 알았기 때문에 / 노란색이 Noah가 가장 좋아하는 색깔이라는 것을 / Steve는 그에게 물었다 / 그 탁자를 사는 것에 대해 그가 어떻게 생각하느냐고 //

Noah was happy about the yellow table / and said / it would make their room more unique. //
51번 ② Noah는 노란색 탁자가 자신들의 방을 더 독특하게 만들 것이라고 말했음
Noah는 노란색 탁자에 대해 만족했고 말했다 / 그것이 자신들의 방을 더 독특하게 만들 것이라고 //

Delighted, Noah added, / "Well, yesterday our room was just like any other place / at this school. // But after today, / (c) I really feel / like it'll be *our* place." //
= Noah
기뻐하며 Noah는 덧붙였다 / "자, 어제 우리 방은 다른 장소와 그저 똑같았어 / 이 학교의 // 하지만 오늘 이후로 / 나는 정말로 느껴져 / 이곳이 '우리의' 장소가 되리라고"라고 //

Now, they both knew / that the place would provide them / with energy and refreshment. //
provide A with B: A에게 B를 제공하다
이제 그들 둘 다 알았다 / 그 장소가 그들에게 제공하리라는 것을 / 에너지와 상쾌함을 //

*(B) 문단 요약: 노란색 탁자를 구입함으로써 기숙사 방을 자신들의 장소로 만듦

(C) Noah hardly slept that night / making plans for the room. //
Noah는 그날 밤 거의 잠을 자지 못했다 / 방을 위한 계획을 짜느라 //

After Steve woke up, / they started to rearrange the furniture. //
Steve가 일어난 후 / 그들은 가구를 다시 배치하기 시작했다 //

All of the chairs and the sofa / in their room / were facing the TV. //
49번 단서 3, **51번 ③** 다음날 Steve가 일어난 후 함께 가구 재배치를 시작함
모든 의자와 소파는 / 그들의 방에 있는 / TV를 향하고 있었다 //

Noah mentioned to Steve / that most of their visitors / usually just sat and watched TV / instead of chatting. //
Noah는 Steve에게 말했다 / 그들의 방문객 대부분이 / 보통 그저 앉아서 TV를 본다고 / 담소를 나누는 대신 //

In response to (d) his idea, / Steve suggested, / "How about we put the sofa / over there by the wall / so it will be easier to have conversations?" //
= Noah's
가주어
진주어
그의 생각에 응하여 / Steve는 제안했다 / "소파를 놓는 게 어때 / 저쪽 벽 옆에 / 대화를 나누는 것을 더 쉽도록"이라고 //
49번 단서 4: 소파를 벽 옆으로 옮겼음

Noah agreed, / and they moved it / by the wall. //
Noah는 동의했고 / 그들은 그것을 옮겼다 / 벽 옆으로 //
49번 단서 5: 소파의 위치를 옮기고 난 후 일어난 일이 이어짐

*(C) 문단 요약: 다음날 가구를 재배치하며 방을 개인화하기 시작함

(D) After changing the place of the sofa, / they could see / that they now had a lot of space / in the middle of their room. //
소파의 위치를 바꾼 후 / 그들은 볼 수 있었다 / 그들에게 이제 넓은 공간이 생겨난 것을 / 그들의 방 한가운데에 //

Then, Noah remembered / that his brother Sammy had a big table / in his living room / for playing board games / and told Steve about it. //
51번 ④ Noah는 Sammy의 거실에 커다란 탁자가 있던 것을 떠올렸음
그때 Noah는 기억했고 / 자신의 동생 Sammy가 커다란 탁자를 가지고 있다는 것을 / 그의 거실에 / 보드게임을 하기 위해 / Steve에게 그것에 대해 말했다 //

Steve and Noah both really enjoyed / playing board games. //
Steve와 Noah 둘 다 정말 즐겼다 / 보드게임 하는 것을 // **51번 ⑤** Noah와 Steve 둘 다 보드게임 하는 것을 즐겼음

So, Steve replied to Noah, / "(e) I think / putting a table / in the middle of our room / would be great for drinking tea / as well as playing board games!" //
= Steve
동명사구 주어
동사
그래서 Steve는 Noah에게 대답했다 / "나는 생각해 / 탁자를 놓는 것은 / 우리 방 한가운데에 / 차를 마시기에도 아주 좋을 것 같다고 / 보드게임을 하는데 뿐만 아니라"라고 //

Both Noah and Steve agreed / and decided to go shopping for a table. //
49번 단서 6: 탁자를 사러 가기로 함
Noah와 Steve는 모두 동의했고 / 탁자를 사러 가기로 결정했다 //

*(D) 문단 요약: 차를 마시고 보드게임을 할 탁자를 사러 가기로 결정함

- semester ⓝ 학기
- dorm ⓝ 기숙사, 공동 침실
- totally ⓐⓓ 완전히, 전적으로
- personalize ⓥ 개인화하다
- delighted ⓐ 아주 기뻐하는, 즐거워하는
- refreshment ⓝ 원기 회복, (행사에 제공되는) 다과
- rearrange ⓥ 재배열하다, 재조정하다

(A) 그날은 학기 첫날이었다. 자신의 공용 기숙사 방을 둘러보면서, Noah는 그것이 내학교의 다른 모든 기숙사 방과 완전히 똑같이 생겼다는 생각이 들어서 실망했다. 그의 룸메이트 Steve는 그것을 알아차리고 무슨 일이 있는지 물었다. Noah는 그들의 방이 완전히 지루하다는 생각이 든다고 조용히 대답했다. (a) 그는 그 공간이 약간 더 '자신들의' 공간처럼 느껴지길 원했다. Steve는 동의했고, 다음날 Noah가 원하는 것처럼 방을 개인화하는 것을 시작할 수 있다고 제안했다.

(C) Noah는 방을 위한 계획을 짜느라 그날 밤 거의 잠을 자지 못했다. Steve가 일어난 후, 그들은 가구를 다시 배치하기 시작했다. 그들의 방에 있는 모든 의자와 소파는 TV를 향하고 있었다. Noah는 Steve에게 방문객 대부분이 담소를 나누는 대신 보통 그저 앉아서 TV를 본다고 말했다. (d) 그의 생각에 응하여 Steve는 "소파를 저쪽 벽 옆에 놓아서 대화를 나누는 것을 더 쉽게 하는 것이 어때?"라고 제안했다. Noah는 동의했고, 그들은 그것을 벽 옆으로 옮겼다.

(D) 소파의 위치를 바꾼 후, 그들은 이제 방 한가운데에 넓은 공간이 생겨난 것을 볼 수 있었다. 그때, Noah는 자신의 동생 Sammy가 보드게임을 하기 위해 그의 거실에 커다란 탁자를 가지고 있다는 것을 기억했고 Steve에게 그것에 대해 말했다. Steve와 Noah 둘 다 보드게임 하는 것을 정말 즐겼다. 그래서 Steve는 Noah에게 "우리 방 한가운데에 탁자를 놓는 것은 보드게임을 하는데 뿐만 아니라 차를 마시기에도 아주 좋을 것 같다고 (e) 나는 생각해!"라고 대답했다. Noah와 Steve는 모두 동의했고 탁자를 사러 가기로 결정했다.

(B) 그들이 걸어서 가구점을 지나갈 때, Steve는 예쁜 노란색 탁자를 발견했다. 노란색이 Noah가 가장 좋아하는 색깔이라는 것을 알았기 때문에, Steve는 (b) 그에게 그 탁자를 사는 것에 대해 어떻게 생각하느냐고 물었다. Noah는 노란색 탁자에 대해 만족했고 그것이 자신들의 방을 더 독특하게 만들 것이라고 말했다. 기뻐하며 Noah는 "자, 어제 우리 방은 이 학교의 다른 장소와 그저 똑같았어. 하지만 오늘 이후로, (c) 나는 정말로 이곳이 '우리의' 장소가 되리라고 느껴져."라고 덧붙였다. 이제, 그들 둘 다 그 장소가 그들에게 에너지와 상쾌함을 제공하리라는 것을 알았다.

Q 49 정답 ③

주어진 글 (A)에 이어질 내용을 순서에 맞게 배열한 것으로 가장 적절한 것은?

① (B) — (D) — (C) (A)에는 탁자를 사러 가자는 언급이 없음
② (C) — (B) — (D) 탁자를 사러 가기로 결정한 후 나가서 노란색 탁자를 발견하는 흐름이어야 함
③ (C) — (D) — (B) 다음날 방을 개인화하기로 함 - 다음날 가구를 재배치하며 소파의 위치를 옮김 - 소파의 위치를 바꾼 후 탁자를 사러 가기로 결정함 - 예쁜 노란색 탁자를 발견해서 구입하기로 함
④ (D) — (B) — (C) (A)에서 소파의 위치를 바꿨다는 언급은 없음
⑤ (D) — (C) — (B)

> **왜 정답?** [정답률 90%]

다음날 방을 개인화하자는 Steve의 제안으로 끝난 (A)에는 그날 밤 Noah가 잠을 못 잤고, 다음날 Steve가 일어난 후 가구 재배치를 시작했다는 (C)가 이어진다. (C)에서 두 사람은 소파의 위치를 옮겼고, (D)에서는 소파의 위치를 바꾼 후 탁자를 사러 가기로 결정했다. 마지막으로 (B)에서 탁자를 사러 갔다가 예쁜 노란색 탁자를 발견했으므로 정답은 ③ (C)-(D)-(B)이다.

오답 ?

① (A)의 일이 일어난 날 밤이 (C)의 that night이고, (B)는 그 다음 날이므로 (C)가 (B)보다 앞에 있어야 한다.

② 탁자를 사러 가기로 결정한 후에 나가서 노란색 탁자를 발견하여 구입하기로 했다는 흐름이 적절하다.

④, ⑤ (D)는 소파의 위치를 바꾼 후의 일이므로 그 앞에 소파를 벽 옆으로 옮겼다는 내용이 나오는 (C)가 있어야 한다.

Q 50 정답 ⑤

밑줄 친 (a)~(e) 중에서 가리키는 대상이 나머지 넷과 다른 것은?

① (a) Noah   ② (b) Noah   ③ (c) Noah   ④ (d) Noah's   ⑤ (e) Steve

왜 정답 ?   [정답률 91%]

기숙사 룸메이트인 Steve와 Noah 중에서 나머지는 모두 Noah를 가리키는 반면 ⑤은 Steve가 Noah에게 한 말이므로 Steve를 가리킨다.

왜 오답 ?

① 기숙사 방에 실망하며 그것이 약간 더 '자신들의' 공간처럼 느껴지길 원한 것은 Noah이다.

② Steve가 질문한 대상은 Noah이다.

③ Noah가 기뻐하며 덧붙인 말이므로 Noah를 가리킨다.

④ 모든 의자와 소파가 TV를 향하고 있어서 방문객들이 그저 앉아서 TV를 본다는 Noah의 생각에 응하여 Steve가 제안한 것이다.

Q 51 정답 ③

윗글에 관한 내용으로 적절하지 않은 것은?

① Noah는 학기 첫날 자신의 기숙사 방을 둘러보고 실망했다.
  It was the first day ~ and he became disappointed
② Noah는 노란색 탁자가 자신들의 방을 더 독특하게 만들 것이라고 말했다.
  Noah ~ said it would make their room more unique.
③ Noah는 Steve가 잠든 사이에 가구를 다시 배치했다.
  After Steve woke up, they started to rearrange the furniture.
④ Noah는 Sammy의 거실에 커다란 탁자가 있던 것을 떠올렸다.
  Noah remembered that his brother Sammy had a big table in his living room
⑤ Noah와 Steve 둘 다 보드게임 하는 것을 즐겼다.
  Steve and Noah both really enjoyed playing board games.

왜 정답 ?   [정답률 93%]

Steve가 일어난 후에 함께 가구를 다시 배치하기 시작했으므로(After Steve woke up, they started to rearrange the furniture.) ③은 글과 일치하지 않는다.

왜 오답 ?

① 학기 첫날에 Noah는 자신의 기숙사 방을 둘러보고 다른 모든 기숙사 방과 똑같다고 생각해 실망했다. (It was the first day ~ and he became disappointed)

② Noah는 노란색 탁자에 대해 만족했고 그것이 자신들의 방을 더 독특하게 만들 것이라고 말했다. (Noah ~ said it would make their room more unique.)

④ Noah는 자신의 동생 Sammy가 보드게임을 하기 위해 그의 거실에 커다란 탁자를 가지고 있었다는 것을 기억했다. (Noah remembered that his brother ~ in his living room)

⑤ Steve와 Noah 둘 다 보드게임 하는 것을 정말 즐겼다. (Steve and Noah both really enjoyed playing board games.)

Q 52~54   *아빠의 생신 선물

(A) "Hailey, be careful!" //
"Hailey, 조심해" //

Camila yelled uneasily, / watching her sister carrying a huge cake / to the table. //
= as she watched   진행 중인 동작에 초점을 맞춘 현재분사 목적어 보어
Camila는 걱정되어 소리쳤다 / 자신의 여동생이 커다란 케이크를 옮기는 것을 보며 / 테이블로 //

"Don't worry, Camila," / Hailey responded, / smiling. //
"걱정 마, Camila" / Hailey는 대답했다 / 미소 지으며 //

부사절 접속사(시간)
Camila relaxed / only when Hailey had safely placed the cake / on the party table. //   54번 ① Hailey는 생일 케이크를 테이블로 무사히 옮겨 놓았음
Camila는 안심했다 / Hailey가 케이크를 무사히 올려 두었을 때에야 / 파티 테이블에 //

"Dad will be here shortly. // What gift did (a) you buy / for his birthday?" / Camila asked / out of interest.   = Hailey
"아빠가 곧 오실 거야 // 너는 무슨 선물을 샀어 / 아빠 생일을 위해" / Camila는 물었다 / 호기심에서 //

"Dad will be surprised / to find out what it is!" / Hailey answered / with a wink. //
to find out의 목적어로 쓰인 간접의문문
"아빠가 깜짝 놀라실 거야 / 그게 뭔지 알면" / Hailey는 대답했다 / 윙크를 하며 //

*(A) 문단 요약: 아빠의 생일 파티를 준비하는 Hailey와 Camila

can help의 목적어(원형부정사)
(B) "Dad, these glasses can help correct / your red-green color blindness," / said Hailey.   52번 단서 1: (C)에 등장한 a pair of glasses를 가리킴
"아빠, 이 안경은 교정하는 / 데 도움이 될 수 있어요 / 아빠의 적록색맹을"이라고 / Hailey가 말했다 //
인용문 뒤에서 주어와 동사가 도치됨

He slowly put them on, / and stared at the birthday presents / on the table. //   54번 ② 아버지는 생일 선물로 받은 안경을 직접 써 보았음
그는 천천히 그것을 쓰고 / 생일 선물을 바라보았다 / 테이블 위에 있는 //

Seeing vivid red and green colors / for the first time ever, / he started to cry. //
= When he saw
선명한 빨강색과 초록색을 보고 / 지금껏 처음으로 / 그는 울기 시작했다 //

"Incredible! // Look at those wonderful colors!" / He shouted / in amazement. //
"믿을 수가 없구나 // 저 경이로운 색깔들을 보렴" / 그는 소리쳤다 / 깜짝 놀라 //

Hailey told him in tears, / "Dad, I'm glad / you can now finally enjoy / the true beauty of rainbows and roses. //
Hailey는 눈물을 흘리며 그에게 말했다 / "아빠, 난 기뻐요 / 아빠가 이제 마침내 즐길 수 있어서 / 무지개와 장미의 진정한 아름다움을 //

Red represents love / and green represents health. // You deserve both." //
빨강색은 사랑을 나타내고 / 초록색은 건강을 나타내요 // 아빠는 둘 다 누릴 자격이 있으세요" //

= Hailey's
Camila nodded, / seeing / how happy / (b) her gift of the glasses had made / their dad. //
Camila는 고개를 끄덕였다 / 보면서 / 얼마나 행복하게 / 그녀의 안경 선물이 만들었는지 / 그들의 아빠를 //

*(B) 문단 요약: Hailey가 선물한 안경 덕분에 아빠가 빨강색과 초록색을 구분할 수 있게 됨

(C) "Happy birthday! // You're fifty today, Dad. // We love you!" / Camila said / before (c) her sister handed him / a small parcel. //   54번 ⑤ 50세 생일임
= Hailey
"생일 축하드려요 // 오늘 쉰 살이세요, 아빠 // 저희는 아빠를 사랑해요" / Camila가 말했다 / 그녀의 여동생이 그에게 건네기 전에 / 작은 꾸러미를 //   52번 단서 2: Hailey가 준 꾸러미 안에서 안경을 발견함

분사구문 Opening it으로 바꿀 수 있음
When he opened it, / he discovered a pair of glasses inside. //
그가 그것을 열었을 때 / 그는 안에서 안경을 발견했다 //

"Hailey, Dad doesn't have eyesight problems," / Camila said, puzzled. //   54번 ③ Hailey는 아버지가 색맹이라는 사실을 최근에 알게 되었음
"Hailey, 아빠에게 시력 문제는 없어"라고 / Camila가 어리둥절해하며 말했다 //

"Actually Camila, I recently found out / he has long been suffering from color blindness. // He's kept it a secret / so as not to worry us," / Hailey explained. //
so as to-v: ~하기 위해서
"사실은 Camila, 난 최근에 알게 되었어 / 아빠가 오랫동안 색맹을 앓고 있다는 것을 // 아빠는 그것을 비밀로 해왔어 / 우리를 걱정시키지 않으려"라고 / Hailey가 설명했다 //

*(C) 문단 요약: 아빠에게 안경을 선물한 것을 보고 어리둥절해하는 Camila에게 사실 아빠가 색맹이라는 것을 알림

(D) "I bet / (d) you bought a wallet or a watch for him," / Camila said. //
= Hailey
"난 확신해 / 너는 아빠를 위해 지갑이나 시계를 샀을 거라고"라고 / Camila가 말했다 //

In reply, Hailey answered, / "No. // I bought something much more personal. // By the way, there's something / (e) you should know about Dad…" //
비교급 강조 부사 / = Camila
대꾸하면서 Hailey는 대답했다 / "아니 // 난 훨씬 더 개인적인 것을 샀어 / 그건 그렇고 ~한 것이 있어 / 언니가 아빠에 대해 알아야 하는"이라고 //

They were suddenly interrupted / by the doorbell ringing. //
그들의 대화는 갑자기 중단되었다 / 초인종이 울리는 것에 의해 //

It was their dad / and they were overjoyed / to see him. //
부사적 용법(감정의 원인)
그들의 아빠였고 / 그들은 매우 기뻐했다 / 그를 보고 //

"My lovely ladies, thank you for inviting me / to your place / for my birthday." // **54번 ④** 아버지가 Hailey와 Camila의 집을 방문했음
"사랑하는 우리 아가씨들, 나를 초대해줘서 고맙구나 / 너희들 집에 / 내 생일에" //

He walked in joyfully, / hugging his daughters. //
그는 기쁨에 차서 걸어 들어와 / 그의 딸들을 껴안았다 // **52번** 단서 3: 아빠가 Camila와 Hailey의 집에 도착함

They all walked into the dining room, / where he was greeted / with a rainbow-colored birthday cake and fifty red roses. //
선행사 / 관계부사
그들은 모두 식당으로 들어갔고 / 그곳에서 그는 환영받았다 / 무지개색 생일 케이크와 50송이의 빨간 장미로 // **54번 ⑤** 아버지는 장미 50송이를 받았음

*(D) 문단 요약: 아빠가 생일 파티를 위해 Hailey와 Camila의 집에 도착함

- uneasily 걱정되어
- shortly 곧, 얼마 안 되어
- color blindness 색맹
- amazement 놀라움
- represent 나타내다, 의미하다
- nod 고개를 끄덕이다
- parcel 꾸러미, 소포
- eyesight 시력
- puzzle 어리둥절하게 만들다
- suffer from ~을 앓다
- personal 개인적인
- interrupt 중단시키다, 가로막다
- overjoyed 매우 기쁜
- greet 맞이하다

(A) "Hailey, 조심해!" Camila는 동생이 테이블로 커다란 케이크를 옮기는 것을 보며 걱정되어 소리쳤다. "걱정 마, Camila." Hailey는 미소 지으며 답했다. Camila는 Hailey가 파티 테이블에 케이크를 무사히 올려 두었을 때 비로소 안심했다. "아빠가 곧 오실 거야. (a) 너는 아빠 생일을 위해 무슨 선물을 샀어?" Camila는 호기심에서 물었다. "그게 뭔지 알면 아빠가 깜짝 놀라실 거야!" Hailey는 윙크를 하며 답했다.

(D) "틀림없이 (d) 너는 아빠를 위해 지갑이나 시계를 샀을 거야."라고 Camila가 말했다. 대꾸하면서 Hailey는 "아니. 난 훨씬 더 개인적인 것을 샀어. 그건 그렇고 (e) 언니가 아빠에 대해 알아야 할 게 있어…"라고 대답했다. 초인종이 울리면서 그들의 대화는 갑자기 중단되었다. 그들의 아빠가 왔고 그들은 그를 보고 매우 기뻐했다. "사랑하는 우리 아가씨들, 내 생일에 너희들 집에 초대해줘서 고맙구나." 그는 기쁨에 차서 걸어 들어와 딸들을 껴안았다. 그들은 모두 식당으로 들어갔고, 그곳에서 그는 무지개색 생일 케이크와 50송이의 빨간 장미로 환영받았다.

(C) "생일 축하드려요! 오늘 쉰 살이세요, 아빠. 사랑해요!"라고 Camila가 말하고 나서 (c) 그녀의 여동생이 그에게 작은 꾸러미를 드렸다. 그것을 열었을 때 그는 안에서 안경을 발견했다. "Hailey, 아빠에게 시력 문제는 없어."라고 Camila가 어리둥절해하며 말했다. "사실은 Camila, 난 아빠가 오랫동안 색맹을 앓고 있다는 것을 최근에 알게 되었어. 아빠는 우리를 걱정시키지 않으려고 그것을 비밀로 해왔어."라고 Hailey가 설명했다.

(B) "아빠, 이 안경은 적록색맹을 교정하는 데 도움이 될 수 있어요."라고 Hailey가 말했다. 그는 천천히 그것을 쓰고, 테이블 위에 있는 생일 선물을 바라보았다. 지금껏 처음으로 선명한 빨강색과 초록색을 보고 그는 울기 시작했다. "믿을 수가 없구나! 저 경이로운 색깔들을 보렴!" 그는 깜짝 놀라 소리쳤다. Hailey는 눈물을 흘리며 그에게 말했다. "아빠, 난 아빠가 이제 마침내 무지개와 장미의 진정한 아름다움을 즐길 수 있어서 기뻐요. 빨강색은 사랑을 나타내고 초록색은 건강을 나타내요. 아빠는 둘 다 누릴 자격이 있으세요." Camila는 (b) 그녀의 안경 선물이 그들의 아빠를 얼마나 행복하게 했는지를 보며 고개를 끄덕였다.

Q 52 정답 ⑤

주어진 글 (A)에 이어질 내용을 순서에 맞게 배열한 것으로 가장 적절한 것은?
(B)의 these glasses보다 (C)의 a pair of glasses가 먼저 나와야 함
① (B) − (D) − (C)
② (C) − (B) − (D)
③ (C) − (D) − (B) — 아빠가 딸들의 집에 도착했다는 내용의 (D)가 (C)보다 앞에 있어야 함
④ (D) − (B) − (C)
⑤ (D) − (C) − (B)
Camila와 Hailey가 아빠의 생신 파티를 준비함 – 아빠가 도착함 – Hailey가 선물로 안경을 준비했음이 밝혀짐 – 아빠가 안경을 직접 써 보고 울기 시작함

왜 정답? [정답률 91%]

Camila와 Hailey가 아버지의 생신 파티를 준비하는 내용으로 끝난 (A)에는 아버지가 두 딸의 집에 도착한 (D)가 가장 먼저 이어진다.

그다음 Hailey가 선물로 준비한 것이 안경임이 밝혀지는 (C)가 이어진 후, 안경을 these glasses로 가리키며 안경에 대해 설명하는 (B)가 (C) 뒤에 오는 것이 적절하므로 정답은 ⑤ (D) − (C) − (B)이다.

왜 오답?

① (B)의 these glasses가 가리키는 것이 (A)에 없다.
②, ③ "Happy birthday!"라고 말하기 전에 아버지가 딸들의 집에 도착했다는 내용이 먼저 나와야 한다.
④ (C)의 a pair of glasses가 먼저 나온 후에 (B)의 these glasses가 나와야 한다.

Q 53 정답 ⑤

밑줄 친 (a)~(e) 중에서 가리키는 대상이 나머지 넷과 다른 것은?
① (a) Hailey ② (b) Hailey's ③ (c) Hailey ④ (d) Hailey ⑤ (e) Camila

왜 정답? [정답률 85%]

Hailey와 Camila 중에서 Hailey가 아빠에 대해 이야기하면서 you로 가리키는 ⑤ (e)는 Camila이다. 나머지는 모두 Hailey를 가리킨다.

왜 오답?

① Camila가 Hailey에게 물어보는 것이므로 you는 Hailey이다.
② Hailey의 안경 선물이 아빠를 얼마나 행복하게 만들었는지를 보면서 Camila가 고개를 끄덕인 것이다.
③ Camila의 여동생이므로 Hailey를 말한다.
④ Camila가 Hailey를 you로 가리키며 Hailey가 아빠를 위해 지갑이나 시계를 샀을 거라고 말하는 것이다.

Q 54 정답 ④

윗글에 관한 내용으로 적절하지 않은 것은?
① Hailey는 생일 케이크를 테이블로 무사히 옮겨 놓았다.
Hailey had safely placed the cake on the party table
② 아버지는 생일 선물로 받은 안경을 직접 써 보았다.
He slowly put them on
③ Hailey는 아버지가 색맹이라는 사실을 최근에 알게 되었다.
I recently found out he has long been suffering from color blindness
④ Hailey와 Camila는 아버지의 집을 방문하였다.
My lovely ladies, thank you for inviting me to your place
⑤ 아버지는 자신의 나이와 똑같은 수의 장미를 받았다.
You're fifty today, Dad., he was greeted with ~ fifty red roses

왜 정답? [정답률 87%]

아버지가 집에 들어오면서 딸들에게 자신을 그들의 집에 초대한 것에 대해 고맙다고 인사를 했으므로(My lovely ladies, thank you for inviting me to your place) ④은 글과 일치하지 않는다.

왜 오답?

① Hailey는 생일 케이크를 테이블로 무사히 옮겨 놓았다. (Hailey had safely placed the cake on the party table)

② 아버지는 생일 선물로 받은 안경을 직접 써 보았다. (He slowly put them on)
③ Hailey는 아버지가 색맹이라는 사실을 최근에 알게 되었다. (I recently found
   out he has long been suffering from color blindness)
⑤ 아버지의 50세 생일이었고, 아버지는 50송이 장미로 환영받았다. (You're fifty
   today, Dad., he was greeted with ~ fifty red roses)

Q 55~57 ＊고통스러운 과거를 자전거 타기로 극복한 Clara

(A) Emma and Clara stood side by side on the beach road, / with their eyes fixed on the boundless ocean. //
Emma와 Clara는 해변 도로에 나란히 서 있었다 / 끝없이 펼쳐진 바다에 시선을 고정하고 //

The breathtaking scene that surrounded them / was beyond description. //
그들을 둘러싸고 있는 숨 막히는 풍경은 / 말로 표현할 수 없을 정도였다 //

Just after sunrise, / they finished their preparations / for the bicycle ride along the beach road. // 57번① Emma와 Clara는 자전거 탈 준비를 일출 직후에 마침
일출 직후에 / 그들은 준비를 마쳤다 / 해변 도로를 따라 자전거를 탈 //

Emma turned to Clara with a question, / "Do you think this will be your favorite ride ever?" //
Emma는 Clara를 보며 물었다 / "이것이 네 인생 최고의 라이딩이 될 것 같니?"라고 //

Clara's face lit up with a bright smile / as she nodded. //
Clara의 얼굴이 환한 미소로 밝아졌다 / 그녀가 고개를 끄덕일 때 //

"Definitely! / (a) I can't wait to ride / while watching those beautiful waves!" //
"물론이지! / 나는 어서 자전거를 타고 싶어 / 저 아름다운 파도를 보면서 //

＊(A) 문단 요약: Emma와 Clara는 해변 도로를 따라 바다를 보면서 자전거를 탈 준비를 마침

(B) When they reached their destination, / Emma and Clara stopped their bikes. // 55번 단서 1: 목적지에 도착함
그들의 목적지에 도착했을 때 / Emma와 Clara는 자전거를 멈췄다 //

Emma approached Clara, / saying "Bicycle riding is unlike swimming, isn't it?" // 57번② Clara는 자전거 타기와 수영이 꽤 비슷하다고 말함
Emma는 Clara에게 다가가 / "자전거 타기는 수영과는 다르지, 그렇지 않니?"라고 물었다 //

Clara answered with a smile, / "Quite similar, actually. / Just like swimming, / riding makes me feel truly alive." //
Clara는 미소를 지으며 대답했다 / "사실은, 상당히 비슷해 / 수영과 꼭 마찬가지로 / 자전거 타기는 나에게 정말 살아있다는 느낌이 들게 해 줘."라고 //

She added, / "It shows (b) me / what it means to live / while facing life's tough challenges." //
그녀는 덧붙였다 / "그것은 나에게 보여줘."라고 / 산다는 것이 어떤 의미인지 / 인생의 힘든 도전에 직면하면서 //

Emma nodded in agreement and suggested, / "Your first beach bike ride was a great success. / How about coming back next summer?" //
how about -ing ~?: ~하는 것이 어때?
Emma는 동의하면서 고개를 끄덕이고 제안했다 / "너의 첫 번째 해변 자전거 타기는 정말 대성공이었어 / 내년 여름에 다시 오는 건 어때?"라고 //

Clara replied with delight, / "With (c) you, absolutely!" //
Clara는 기뻐하면서 대답했다 / "너와 함께라면, 물론이지!"라고 //

＊(B) 문단 요약: Clara는 자전거 타기와 수영이 인생의 힘든 도전에서도 삶의 의미를 보여준다는 점에서 비슷하다고 말하며, 내년 여름에 Emma와 다시 올 것을 약속함

(C) Clara used to be a talented swimmer, / but she had to give up her dream / of becoming an Olympic medalist in swimming / because of shoulder injuries. // 57번③ Clara는 올림픽 수영 경기에서 메달을 따고 싶다는 꿈을 포기해야 했음
used to-v: ~하곤 했다
Clara는 재능 있는 수영 선수였지만 / 그녀는 자신의 꿈을 포기해야만 했다 / 올림픽 수영 메달리스트가 되겠다는 / 어깨 부상으로 인해 //

Yet she responded to the hardship / in a constructive way. //
하지만 그녀는 그 고난에 대응했다 / 건설적인 방식으로 //

After years of hard training, / she made an incredible recovery / and found a new passion for bike riding. //
병렬 구조
수년간의 고된 훈련 끝에 / 그녀는 믿기 어려운 회복을 이뤘었고 / 자전거 타기에 대한 새로운 열정을 발견했다 //

Emma saw / how the painful past made her maturer / and how it made (d) her stronger in the end. //
make+목적어+목적격 보어
= Clara make+목적어+목적격 보어
Emma는 보았다 / 고통스러운 과거가 그녀를 어떻게 더 성숙하게 만들어 주었고 / 그리고 그것이 결국에는 그녀를 어떻게 더 강하게 만들어 주었는지를 //

One hour later, / Clara, riding ahead of Emma, turned back and shouted, / "Look at the white cliff!" // 55번 단서 2: 1시간 동안 자전거를 탄 후에 목적지를 발견함
분사구문을 이끎
한 시간 후에 / Emma보다 앞장서 가던 Clara가 뒤를 돌아보며 외쳤다 / "저 하얀 절벽을 봐!"라고 //

＊(C) 문단 요약: Clara는 부상으로 수영의 꿈을 포기해야 했지만, 고된 훈련과 회복 끝에 자전거 타기에 대한 열정을 발견하는 등 더 성숙하고 강해짐

(D) Emma and Clara jumped on their bikes / and started to pedal / toward the white cliff / where the beach road ended. //
관계부사(선행사: at the white cliff)
Emma와 Clara는 자전거에 올라타서 / 페달을 밟기 시작했다 / 하얀 절벽을 향해 / 해변 도로로 끝나는 // 55번 단서 3, 57번④ Emma와 Clara는 자전거를 타고 하얀 절벽 쪽으로 감

Speeding up and enjoying the wide blue sea, / Emma couldn't hide her excitement and exclaimed, / "Clara, the view is amazing!" //
분사구문
속도를 내고 넓고 푸른 바다를 즐기면서 / Emma는 자신의 흥분을 감추지 못하고 외쳤다 / "Clara, 경치가 정말 멋져!"라고 //

Clara's silence, however, seemed to say / that she was lost in her thoughts. //
명사절 접속사
하지만, Clara의 침묵은 말하는 것 같았다 / 그녀가 자기 생각에 빠져 있다는 것을 //

Emma understood the meaning of her silence. //
Emma는 그녀가 침묵하는 의미를 이해했다 // 57번⑤ Emma는 Clara의 침묵의 의미를 이해했음
분사구문을 이끎
Watching Clara riding beside her, / Emma thought about Clara's past tragedy, / which (e) she now seemed to have overcome. //
= Clara to부정사의 완료형
자기 옆에서 자전거를 타고 있는 Clara를 지켜보며 / Emma는 Clara의 과거 비극에 대해 생각했다 / 지금은 그녀가 극복한 것처럼 보이는 //

＊(D) 문단 요약: Emma는 Clara에게 말을 걸었지만, Clara는 자기 생각에 빠져서 답을 하지 않았고, Emma는 Clara의 과거를 떠올리며 침묵을 이해함

- breathtaking ⓐ 숨 막히게 하는
- beyond description 말로 표현할 수 없을 정도의
- destination ⓝ 목적지   · injury ⓝ 부상   · hardship ⓝ 고난
- constructive ⓐ 건설적인   · mature ⓐ 성숙한   · cliff ⓝ 절벽
- exclaim ⓥ 외치다   · tragedy ⓝ 비극   · overcome ⓥ 극복하다

(A) Emma와 Clara는 끝없이 펼쳐진 바다에 시선을 고정하고, 해변 도로에 나란히 서 있었다. 그들을 둘러싸고 있는 숨 막히는 풍경은 말로 표현할 수 없을 정도였다. 일출 직후에, 그들은 해변 도로를 따라 자전거를 탈 준비를 마쳤다. Emma는 Clara를 보며, "이것이 네 인생 최고의 라이딩이 될 것 같니?"라고 물었다. Clara가 고개를 끄덕일 때 그녀의 얼굴이 환한 미소로 밝아졌다. "물론이지! (a) 나는 저 아름다운 파도를 보면서 어서 자전거를 타고 싶어!"

(D) Emma와 Clara는 자전거에 올라타서 해변 도로가 끝나는 하얀 절벽을 향해 페달을 밟기 시작했다. 속도를 내고 넓고 푸른 바다를 즐기면서, Emma는 자신의 흥분을 감추지 못하고 "Clara, 경치가 정말 멋져!"라고 외쳤다. 하지만, Clara의 침묵은 그녀가 자기 생각에 빠져 있다는 것을 말하는 것 같았다. Emma는 그녀가 침묵하는 의미를 이해했다. 자기 옆에서 자전거를 타고 있는 Clara를 지켜보며, Emma는 지금은 (e) 그녀가 극복한 것처럼 보이는, Clara의 과거 비극에 대해 생각했다.

(C) Clara는 재능 있는 수영 선수였지만, 어깨 부상으로 인해 올림픽 수영 메달리스트가 되겠다는 자신의 꿈을 포기해야만 했다. 하지만 그녀는 그 고난에 건설적인 방식으로 대응했다. 수년간의 고된 훈련 끝에, 그녀는 믿기 어려운 회복을 이뤘었고 자전거 타기에 대한 새로운 열정을 발견했다. Emma는 고통스러운 과거가 그녀를 어떻게 더 성숙하게 만들어 주었고, 그리고 그것이 결국에는 (d) 그녀를 어떻게 더 강하게 만들어 주었는지를 보았다. 한 시간 후에, Emma보다 앞장서 가던 Clara가 뒤를 돌아보며 "저 하얀 절벽을 봐!"라고 외쳤다.

(B) 그들의 목적지에 도착했을 때, Emma와 Clara는 자전거를 멈췄다. Emma는 Clara에게 다가가 "자전거 타기는 수영과는 다르지, 그렇지 않니?"라고 물었다. Clara는 미소를 지으며 "사실은, 상당히 비슷해. 수영과 꼭 마찬가지로 자전거 타기는 나에게 정말 살아있다는 느낌이 들게 해 줘."라고 대답했다. "그것은 (b) 나에게 인생의 힘든 도전에 직면하면서 산다는 것이 어떤 의미인지 보여줘."라고 그녀는 덧붙였다. Emma는 동의하면서 고개를 끄덕이고, "너의 첫 번째 해변 자전거 타기는 정말 대성공이었어. 내년 여름에 다시 오는 건 어때?"라고 제안했다. Clara는 "(c) 너와 함께라면, 물론이지!"라고 기뻐하면서 대답했다.

Q 55 정답 ⑤

주어진 글 (A)에 이어질 내용을 순서에 맞게 배열한 것으로 가장 적절한 것은?

① (B) — (D) — (C)
(C)에서 한 시간 동안 자전거 타기를 마친 후에 (B)에서 목적지에 도착했다는 내용이 나와야 함

② (C) — (B) — (D)
(D)에서 Clara의 침묵을 언급한 후에 (C)에서 그 이유로 Clara의 과거를 설명해야 함

③ (C) — (D) — (B)

④ (D) — (B) — (C) 다시 오기로 약속하는 (B)는 결말임

⑤ (D) — (C) — (B)
Emma와 Clara는 해변 도로를 따라 바다를 보면서 자전거를 탈 준비를 마침 - Emma는 Clara의 과거를 떠올리며 Clara의 침묵을 이해함 - Clara는 부상으로 수영의 꿈을 포기해야 했지만 더 성숙하고 강해짐 - Clara는 자전거 타기와 수영이 비슷하다고 말하며, 내년 여름에 Emma와 다시 올 것을 약속함

왜 정답·오답? [정답률 70%]

(A): Emma와 Clara는 해변 도로를 따라 바다를 보면서 자전거를 탈 준비를 마쳤다.

➡ Emma와 Clara가 자전거를 탈 준비를 마쳤으므로, 이후에는 목적지를 정하고 자전거 타기를 시작하는 내용이 이어질 것이다.

(B): Emma와 Clara는 목적지에 도착했다. Clara는 자전거 타기와 수영이 인생의 힘든 도전에서도 삶의 의미를 보여준다는 점에서 비슷하다고 말하며, 내년 여름에 Emma와 다시 올 것을 약속했다.

➡ Emma와 Clara가 목적지에 도착했다는 내용이므로 (B)의 앞에는 자전거를 타는 과정이 필요하다. 그리고 둘은 내년 여름에 다시 자전거를 탈 것을 약속하고 있으므로 (B)가 글의 결말에 해당할 것이다.

(C): Clara는 과거에 부상으로 수영의 꿈을 포기해야 했지만, 고된 훈련과 회복 끝에 자전거 타기에 대한 열정을 발견하는 등 더 성숙하고 강해졌다.

➡ Clara의 과거의 고난을 회상하는 부분으로, (C)의 앞에는 Clara의 과거를 떠올릴 만한 계기가 필요하다. 그리고 한 시간 동안 자전거를 탄 뒤 목적지를 발견하는 내용에서 끝나므로, 목적지에 도착한 내용이 이어질 것이다.

(D): Emma는 자전거를 타면서 멋진 경치에 흥분하여 Clara에게 말을 걸었지만, Clara는 자기 생각에 빠져서 답을 하지 않았고, Emma는 Clara의 과거를 떠올리며 그 침묵을 이해했다.

➡ Emma와 Clara는 자전거를 타기 시작했으므로, (D)의 앞에는 자전거를 탈 준비를 하는 과정이 필요하다. 그리고 Emma는 Clara의 침묵의 의미를 이해한다는 내용에서 끝나므로, Clara가 극복한 고난에 관한 내용이 이어질 것이다.

▶ 사건이 진행되는 순서는 ⑤ (D) – (C) – (B)임

류이레 | 연세대 의예과 2024년 입학·광주대동고 졸
43번은 내용만 따라가도 간단하게 답을 고를 수 있고 36, 37번 문제처럼 명시적 근거까지 체크해서 답의 쐐기를 박을 수도 있어. 이 문제에서는 (D)에 Emma, Clara가 자전거를 타고, 페달을 밟기 '시작'했다는 내용, (C)에 Clara의 수영선수로서의 과거, (B)에 Clara의 수영선수 시절에 대한 간략한 언급과 함께 도착지에 도달했다는 내용이 있잖아.
나는 시험장에서 이런 간단한 단서도 체크하면서 내가 고른 선택지에 확신을 갖고 남은 시간 동안 헷갈리는 문제를 고민해서 100점을 맞을 수 있었어!

Q 56 정답 ③

밑줄 친 (a)~(e) 중에서 가리키는 대상이 나머지 넷과 다른 것은?

① (a) I ② (b) me ③ (c) you ④ (d) her ⑤ (e) she
= Clara   = Clara   = Emma   = Clara   = Clara

왜 정답? [정답률 91%]

③ (c) you: Clara가 내년에도 함께 자전거를 타러 오겠다고 한 사람은 Emma를 가리킨다. ▶ Emma

왜 오답?

① (a) I : 고개를 끄덕이며 어서 자전거를 타고 싶다고 대답한 사람은 Clara이다.
▶ Clara

② (b) me : 수영과 자전거 타기에서 삶의 의미를 찾았다고 대답한 사람은 Clara이다.
▶ Clara

④ (d) her : 고통스러운 과거를 극복하며 더 성숙하고 강해진 사람은 Clara이다.
▶ Clara

⑤ (e) she : 과거의 비극을 이미 극복한 것으로 보이는 사람은 Clara이다. ▶ Clara

김아린 | 충남대 의예과 2024년 입학·대전한빛고 졸
43~45번 문제는 소재가 쉽고 글이 편하게 읽혀서 난 듣기 평가 도중에 푸는 것도 추천해. 이 문제를 풀 때는 글을 읽으면서 밑줄 친 (a)~(e) 밑에 가리키는 대상의 이름을 한 글자 정도만 적으면서 본인이 가장 알아보기 쉬운 방법으로 구분하면 금방 답을 찾을 수 있어! Emma는 E, Clara는 C라고 적으면 되겠지? 그리고 말하는 사람이 누군지에 따라서 헷갈릴 수 있으니까, 큰따옴표가 있을 때는 말하는 사람이 누구인지도 꼼꼼하게 확인해보자!

Q 57 정답 ③

윗글에 관한 내용으로 적절하지 않은 것은?

① Emma와 Clara는 자전거 탈 준비를 일출 직후에 마쳤다.
Just after sunrise, they finished their preparations for the bicycle ride
② Clara는 자전거 타기와 수영이 꽤 비슷하다고 말했다.
Clara answered with a smile, "Quite similar, actually."
③ Clara는 올림픽 수영 경기에서 메달을 땄다.
she had to give up her dream of becoming an Olympic medalist in swimming
④ Emma와 Clara는 자전거를 타고 하얀 절벽 쪽으로 갔다.
Emma and Clara jumped on their bikes ~ where the beach road ended.
⑤ Emma는 Clara의 침묵의 의미를 이해했다.
Emma understood the meaning of her silence.

왜 정답? [정답률 91%]

③ Clara는 올림픽 수영 경기에서 메달을 따고 싶다는 꿈을 포기해야 했다. (she had to give up her dream of becoming an Olympic medalist in swimming)

왜 오답?

① Emma와 Clara는 자전거 탈 준비를 일출 직후에 마쳤다.
(Just after sunrise, they finished their preparations for the bicycle ride)

② Clara는 자전거 타기와 수영이 꽤 비슷하다고 말했다.
(Clara answered with a smile, "Quite similar, actually.")

④ Emma와 Clara는 자전거를 타고 하얀 절벽 쪽으로 갔다.
(Emma and Clara jumped on their bikes and started to pedal toward the white cliff where the beach road ended.)

⑤ Emma는 Clara의 침묵의 의미를 이해했다.
(Emma understood the meaning of her silence.)

조수근 | 순천향대 의예과 2024년 입학·성남 태원고 졸
많은 친구들이 장문을 급하게 읽다가 세부사항을 놓쳐서 실수를 하더라고. 가장 확실하고 안전한 방법은 43, 44번 문제와 동시에 45번 문제를 푸는 거야. 전체적인 흐름을 파악하는 동시에 세부사항도 같이 챙기는 거지. 만약 앞 문제들을 풀면서 지문을 다 읽었는데도 45번 문제를 풀 때 내용이 기억 안 나서 지문을 다시 읽으면 시간을 많이 낭비할 수밖에 없어.

＊선물을 되찾은 Ellen

(A) When invited by her mother / to go shopping after lunch, / Ellen hesitantly replied, / "Sorry, Mom. // I have an English essay assignment / I need to finish." //
생략되지 않은 부사절 접속사
60번 ① Ellen은 끝내야 할 영어 과제가 있었음
어머니에게 초대되었을 때 / 점심 식사 후 쇼핑하러 가자고 / Ellen은 주저하며 대답했다 / "죄송해요, 엄마 // 영어 에세이 과제가 있어요 / 끝내야 할"이라고 //

Her mother persisted, / "Come on! // Your father's birthday is just around the corner, / and you wanted to buy his birthday present by yourself." //
그녀의 어머니는 고집했다 / "어서 가자 / 네 아빠 생일이 얼마 남지 않았는데 / 네가 직접 생일 선물을 사고 싶어 했잖아"라고 //

Ellen suddenly realized / that her father's birthday was just two days away. //
Ellen은 갑자기 깨달았다 / 아버지의 생일이 이틀밖에 남지 않았다는 것을 //

So (a) she altered her original plan / to do the assignment in the library / and decided to go to the shopping mall / with her mother. //
= Ellen   형용사적 용법(plan 수식)   명사적 용법(decided의 목적어)
58번 단서 1: 어머니와 쇼핑몰에 가기로 결정함
그래서 그녀는 원래 계획을 변경하고 / 도서관에서 과제를 하려던 / 쇼핑몰에 가기로 마음먹었다 / 어머니와 함께 //

　＊(A) 문단 요약: Ellen이 어머니와 함께 아버지의 생일 선물을 사러 쇼핑몰에 가기로 했음

(B) Ellen wanted to get a strawberry smoothie in the cafe, / but it was sold out. // 58번 단서 2: Ellen이 카페에 도착함
Ellen은 카페에서 딸기 스무디를 마시고 싶었지만 / 그것은 매진된 상태였다 //

So she bought a yogurt smoothie / instead. //
그래서 요거트 스무디를 샀다 / 대신 / 60번 ② 카페에서 요거트 스무디를 샀음

The cafe was not very busy / for a Saturday afternoon, / and Ellen settled at a large table / to work on her assignment. //
카페는 그다지 붐비지 않았고 / 토요일 오후치고는 / Ellen은 큰 테이블에 자리를 잡았다 / 과제를 하기 위해 //

However, after a while, / a group of students came in, / and there weren't any large tables left. // 60번 ③ 한 무리의 학생이 카페에 들어왔음
하지만 잠시 후 / 한 무리의 학생들이 들어왔고 / 남아있는 큰 테이블이 더는 없었다 //

One of them came over to Ellen's table / and politely asked, / "Could (b) you possibly move / to that smaller table?" //
= Ellen
학생 중 한 명이 Ellen의 테이블로 와서 / 정중하게 물었다 / "당신이 옮겨 주실 수 있나요 / 저 작은 테이블로"라고 //

Ellen replied, / "It's okay. // I was just leaving anyway." //
Ellen은 대답했다 / "괜찮아요 // 어차피 나가려던 참이었거든요"라고 //

She hurriedly gathered her assignment / leaving the shoe bag behind / under the table. //
Ellen은 서둘러 과제를 챙겼다 / 신발 가방을 두고 / 테이블 밑에 //

　＊(B) 문단 요약: 카페에서 과제를 하다가 작은 테이블로 옮겨달라는 부탁을 받고 서둘러 나오면서 테이블 밑에 신발 가방을 두고 나옴
58번 단서 3: 어머니와 Ellen이 쇼핑몰에 도착함

(C) Upon arrival at the shopping center, / her mother inquired, / "Ellen, have you decided / what to buy / for his birthday present?" //
쇼핑 센터에 도착하자마자 / 어머니가 물었다 / "Ellen, 결정했니 / 무엇을 살지 / 아빠의 생일 선물로"라고 //

She quickly replied, / "(c) I would like to buy him / a pair of soccer shoes." //
= Ellen   60번 ④ Ellen의 아버지는 최근에 아침 축구 클럽에 가입했음
Ellen은 재빨리 대답했다 / "저는 그에게 사드리고 싶어요 / 축구화 한 켤레를"이라고 //

Ellen knew / that her father had joined the morning soccer club recently / and needed some new soccer shoes. //
병렬 구조
Ellen은 알고 있었다 / 아버지가 최근에 아침 축구 클럽에 가입하여 / 새 축구화가 필요하다는 것을 //

She entered a shoe store / and selected a pair of red soccer shoes. //
그녀는 신발 가게에 들어가 / 빨간색 축구화 한 켤레를 골랐다 //

After buying the present, / she told her mother, / "Mom, now, I'm going to do my assignment in the cafe / while you are shopping." //
선물을 산 후 / 그녀는 어머니에게 말했다 / "엄마, 이제 저는 카페에서 과제를 할 거예요 / 엄마가 쇼핑하는 동안"이라고 //

　＊(C) 문단 요약: 쇼핑 센터에서 생일 선물로 축구화를 산 후 카페에 가서 과제를 하겠다고 말했음

(D) "It must be in the cafe," / Ellen suddenly exclaimed / when (d) she realized / the gift for her father was missing / upon returning home. //
확신을 나타내는 조동사   = Ellen   58번 단서 4: 카페에서 나와 집에 돌아옴
"그게 분명 카페에 있을 거예요"라고 / Ellen은 갑자기 소리쳤다 / 그녀가 깨달았을 때 / 아버지를 위한 선물이 없어졌다는 것을 / 집에 돌아와 //

She felt so disheartened, / worrying it would be impossible / to find it. //
진주어   가주어
그녀는 너무 낙담하면서 / ~이 불가능할 것이라고 걱정했다 / 그것을 찾는 것이 //

"Why don't you call the cafe?" / suggested her mother. //
"카페에 전화해 보는 건 어떠니"라고 / 그녀의 어머니는 제안했다 //

When she phoned the cafe / and asked about the shoe bag, / the manager said / that she would check and let her know. //
그녀가 카페에 전화를 걸어 / 신발 가방에 관해 묻자 / 매니저는 말했다 / 확인해 보고 알려주겠다고 // 60번 ⑤ Ellen은 카페에 전화를 걸었음

After a few minutes, / she called back and told Ellen / that (e) she had just discovered it. //
told의 간접목적어와 직접목적어절   접속사   = the manager
몇 분 후 / 그녀는 다시 전화를 걸어 Ellen에게 말했다 / 자신이 방금 그것을 찾았다고 //

Ellen was so pleased / that the birthday gift had been found. //
Ellen은 매우 기뻐했다 / 생일 선물이 발견되어서 //

　＊(D) 문단 요약: 집에 돌아와서 생일 선물이 없어진 것을 발견하고 카페에 전화했고 나중에 그것을 찾았다고 하자 매우 기뻐했음

- hesitantly ad 머뭇거리며, 주저하며　　• assignment n 과제
- persist v 집요하게 계속하다, 고집하다　　• alter v 변경하다, 고치다
- settle v 자리를 잡다　　• gather v 모으다　　• inquire v 묻다
- exclaim v 소리치다, 외치다　　• disheartened a 실망한
- discover v 찾다, 발견하다

(A) 점심 식사 후 쇼핑하러 가자는 어머니의 요청에 Ellen은 주저하며 "죄송해요, 엄마. 끝내야 할 영어 에세이 과제가 있어요."라고 대답했다. 그녀의 어머니는 "어서 가자! 네 아빠 생일이 얼마 남지 않았는데 네가 직접 생일 선물을 사고 싶어 했잖아!"라고 고집했다. Ellen은 갑자기 아버지의 생일이 이틀밖에 남지 않았다는 사실을 깨달았다. 그래서 (a) 그녀는 도서관에서 과제를 하려던 원래 계획을 변경하고 어머니와 함께 쇼핑몰에 가기로 마음먹었다. (C) 쇼핑 센터에 도착하자마자 어머니가 "Ellen, 아빠의 생일 선물로 무엇을 살지 결정했니?"라고 물었다. Ellen은 재빨리 "(c) 저는 축구화 한 켤레를 사드리고 싶어요."라고 대답했다. Ellen은 아버지가 최근에 아침 축구 클럽에 가입하여 새 축구화가 필요하다는 것을 알고 있었다. 그녀는 신발 가게에 들어가 빨간색 축구화 한 켤레를 골랐다. 선물을 산 후 어머니에게 "엄마, 이제 엄마가 쇼핑하는 동안 저는 카페에서 과제를 할 거예요."라고 말했다. (B) Ellen은 카페에서 딸기 스무디를 마시고 싶었지만 그것은 매진된 상태였다. 그래서 대신 요거트 스무디를 샀다. 카페는 토요일 오후치고는 그다지 붐비지 않았고, Ellen은 과제를 하기 위해 큰 테이블에 자리를 잡았다. 하지만 잠시 후 한 무리의 학생들이 들어왔고, 남아있는 큰 테이블이 더는 없었다. 학생 중 한 명이 Ellen의 테이블로 와서 정중하게 "(b) 당신이 저 작은 테이블로 옮겨 주실 수 있나요?"라고 물었다. Ellen은 "괜찮아요, 어차피 나가려던 참이었거든요."라고 대답했다. Ellen은 신발 가방을 테이블 밑에 두고 서둘러 과제를 챙겼다. (D) (d) 그녀가 집에 돌아와 아버지를 위한 선물이 없어졌다는 사실을 깨닫자 Ellen은 갑자기 "그게 분명 카페에 있을 거예요."라고 소리쳤다. 그녀는 너무 낙담하면서 선물을 찾는 것이 불가능할 것이라고 걱정했다. 그녀의 어머니는 "카페에 전화해 보는 건 어떠니?"라고

제안했다. 그녀가 카페에 전화를 걸어 신발 가방에 관해 묻자, 매니저는 확인해 보고 알려주겠다고 말했다. 몇 분 후 그녀는 다시 전화를 걸어 Ellen에게 (e) 자신이 방금 신발 가방을 찾았다고 말했다. Ellen은 생일 선물을 찾았다는 사실에 매우 기뻐했다.

오H 2등급? 가리키는 대상을 찾는 문제에서 여성이 세 명(Ellen, Ellen의 어머니, 카페 매니저) 등장하여 헷갈릴 수 있고, 글을 전체적으로 읽으면서 사건을 구성하는 요소를 꼼꼼히 확인해야 하는 2등급 대비 문제이다.

Q 58 정답 ②

주어진 글 (A)에 이어질 내용을 순서에 맞게 배열한 것으로 가장 적절한 것은?
① (B) — (D) — (C) 카페에 가기 전에 축구화를 구입했으므로 (B)보다 (C)가 먼저 와야 함
② (C) — (B) — (D)
③ (C) — (D) — (B) (D)에서 집에 돌아오기 전에 카페에서 과제를 한 내용인 (B)가 와야 함
④ (D) — (B) — (C) 쇼핑 센터에서 선물을 사고, 카페에서 과제를 한 후 집에 돌아왔으므로
⑤ (D) — (C) — (B) (D)는 결말임

Ellen이 어머니와 함께 아버지의 생일 선물을 사러 쇼핑몰에 가기로 했음 – 생일 선물로 축구화를 산 후 카페에 가서 과제를 하겠다고 말했음 – 카페에서 요거트 스무디를 사서 과제를 했음 – 집에 돌아와 생일 선물이 없어진 것을 발견하고 카페에 전화했음

오H 정답·오답? [정답률 93%]

[(A): Ellen은 영어 에세이 숙제가 있지만 원래 도서관에서 하려던 계획을 변경해서 어머니와 함께 아버지의 생일 선물을 사러 쇼핑몰에 가기로 했다.
➡ 쇼핑몰에 간 후에 어떤 일이 일어나는지에 대한 내용이 이어질 것이다.

[(B): 카페에서 요거트 스무디를 사서 자리를 잡고 과제를 하다가 작은 테이블로 옮겨달라는 부탁을 받고 서둘러 나오면서 테이블 밑에 신발 가방을 두고 나왔다.
➡ 카페에 있다고 했으므로 이 앞에 카페에 들어간 내용이 먼저 나와야 한다.

[(C): 쇼핑 센터에서 Ellen은 아버지의 생일 선물로 축구화 한 켤레를 산 후, 엄마가 쇼핑하는 동안 카페에서 과제를 하겠다고 말했다.
➡ 쇼핑몰에서 축구화를 산 뒤에 Ellen은 카페에서 과제를 하겠다고 말했으므로 카페에 가겠다고 처음 언급한 내용인 (C)가 (B) 앞에 와야 한다.

[(D): 집에 돌아와서 생일 선물이 없어진 것을 발견하고 카페에 전화했고 매니저가 그것을 찾았다고 하자 매우 기뻐했다.
➡ 집에 와서 아버지의 생일 선물이 없어진 것을 발견했는데 카페에 전화했다고 했으므로 (B)에 이어지는 내용이다.
▶ 사건이 진행되는 순서는 ② (C) – (B) – (D)임

Q 59 정답 ⑤

밑줄 친 (a)~(e) 중에서 가리키는 대상이 나머지 넷과 다른 것은?
① (a) = Ellen ② (b) = Ellen ③ (c) = Ellen ④ (d) = Ellen ⑤ (e) = the manager

오H 정답? [정답률 92%]
⑤ (e) she: Ellen에게 전화를 걸어 자신이 신발 가방을 찾았다고 말한 사람은 매니저이다. ▶ the manager

오H 오답?
① (a) she: 도서관에서 과제를 하려고 계획했던 사람은 Ellen이다. ▶ Ellen
② (b) you: 학생 중 한 명이 Ellen에게 다가와서 한 말이므로, 학생이 한 말에서 you는 Ellen이다. ▶ Ellen
③ (c) I: Ellen이 대답한 것이므로 I는 Ellen이다. ▶ Ellen
④ (d) she: Ellen이 아버지를 위한 선물이 없어졌다는 것을 깨닫고 소리를 지른 것이므로 she는 Ellen이다. ▶ Ellen

Q 60 정답 ②

윗글에 관한 내용으로 적절하지 않은 것은?
① Ellen은 끝내야 할 영어 과제가 있었다.
I have an English essay assignment I need to finish.
② 카페에서는 요거트 스무디를 팔지 않았다.
So she bought a yogurt smoothie instead.
③ 한 무리의 학생들이 카페에 들어왔다.
a group of students came in
④ Ellen의 아버지는 최근에 아침 축구 클럽에 가입했다.
her father had joined the morning soccer club recently
⑤ Ellen은 카페에 전화를 걸었다.
she phoned the cafe

오H 정답? [정답률 92%]
② 딸기 스무디가 매진되어 요거트 스무디를 대신 샀다. (So she bought a yogurt smoothie instead.)

오H 오답?
① Ellen은 끝내야 할 영어 과제가 있었다.
(I have an English essay assignment I need to finish.)
③ 한 무리의 학생들이 카페에 들어왔다.
(a group of students came in)
④ Ellen의 아버지는 최근에 아침 축구 클럽에 가입했다.
(her father had joined the morning soccer club recently)
⑤ Ellen은 카페에 전화를 걸었다.
(she phoned the cafe)

Q 61~63 ★ 2등급 대비

＊ 산에서의 하룻밤

(A) In July, / people in the city often escaped / to relax in the mountains. // 7월에 / 도시 사람들은 흔히 벗어났다 / 산에서 휴식하고자 //
Sean didn't yet know it, / but he was about to have the experience of a lifetime. // be about to-v: 막 ~하려는 참이다
Sean은 아직 그것을 몰랐지만 / 막 일생의 경험을 하려는 참이었다 //
"When I look around, / all I see is the work / I haven't finished / and the bills / I haven't paid," / he complained over the phone / to his friend and doctor, Alex. // 앞에 목적격 관계대명사가 생략됨 63번 ① 친구 Alex에게 전화로 투덜거림
"내가 주위를 둘러보니 / 보이는 것이라고는 온통 일과 / 내가 마치지 못한 / 납부 고지서뿐이야 / 내가 내지 않은"이라고 / 그는 전화로 투덜거렸다 / 친구이자 의사인 Alex에게 //
Concerned about Sean, / he said, / "(a) You've been stressed / for weeks. // Come see me for medical treatment / if things don't improve." // = Sean
Sean이 걱정되어 / 그는 말했다 / "자네는 스트레스를 받았어 / 여러 주 동안 // 의학 치료를 받으러 내게 오게 / 상태가 나아지지 않으면"이라고 //

＊(A) 문단 요약: 스트레스를 받은 Sean이 의사이자 친구인 Alex에게 투덜거리자 Alex는 의학 치료를 받으러 자신에게 오라고 제안했음

주절보다 앞선 시제를 나타내는 완료형 분사구문   부사적 용법(감정의 원인)
(B) Having hiked for several hours, / Sean was thrilled / to reach the top of Vincent Mountain. // 61번 단서 1: 정상에 도착함
몇 시간을 등산한 후에 / Sean은 짜릿함을 느꼈다 / Vincent 산 정상에 이르러 //
As Toby started to bark, / Sean turned around and found / him running toward a large pond. // 63번 ② Toby가 커다란 연못 쪽으로 뛰어가는 것을 봤음
Toby가 짖기 시작하자 / Sean은 돌아서서 보았다 / 녀석이 커다란 연못 쪽으로 뛰어가는 것을 //
"What a nice, quiet place," / Sean whispered to himself. //
"정말 멋지고 고요한 곳이군"이라고 / Sean은 머릿속으로 속삭였다 //
Among the trees, / he could ease the stress / of recent weeks. //
나무 사이에서 / 그는 스트레스를 덜 수 있었다 / 최근 몇 주간의 //
As night approached, / however, / the wind blew fiercely. //
밤이 다가오자 / 하지만 / 바람이 세차게 불었다 // 63번 ③ 밤이 되자 바람이 세차게 불었음

Sean became nervous. // Sean은 불안해졌다 //

Unable to sleep, / (b) he called to his companion, / "Come here, Boy!" //
앞에 being이 생략됨
= Sean
잠을 이룰 수 없어 / 그는 자신의 동반자에게 소리쳤다 / "녀석아, 이리로 오렴!"하고 //

He held the dog close / in an effort / to ignore the fear / rushing in. //
형용사적 용법(an effort 수식)
그는 그 개를 꼭 안았다 / 노력에서 / 두려움을 무시하려는 / 밀려드는 //

*(B) 문단 요약: 몇 시간의 등산 끝에 Sean과 Toby는 Vincent 산 정상에 이르렀고, 밤이 다가오자 두려움이 밀려들었음

(C) After what felt like the longest night / of Sean's life, / the sky finally turned a beautiful shade of pink, / and the warm sun shone around him. // **61번** 단서 2: 정상에서 하룻밤을 보내고 다음 날이 됨
가장 긴 듯 느껴진 밤이 지나고 / Sean의 삶에서 / 하늘은 마침내 아름다운 분홍 색조로 변해 / 따뜻한 햇볕이 그의 주위에 비쳤다 //

He packed up his equipment, / enjoying his last moments / in the mountain air. //
분사구문을 이끎
그는 장비를 꾸렸다 / 마지막 순간을 즐기면서 / 산 공기 속에서 //

Finding Toby energetically running / next to the campsite, / Sean said, / "(c) You must be as excited as I am / after surviving a night like that!" //
= Toby
확신의 조동사
Toby가 활기차게 뛰어다니는 모습을 보면서 / 야영지 옆에서 / Sean은 말했다 / "네 녀석도 나만큼 신이 나는 모양이구나 / 그런 밤을 버티고 나서"라고 //

63번 ④ 기쁨을 안고 산에서 내려옴
Sean went down the mountain / with a renewed sense of joy, / and he exclaimed, / "My treatment worked like a charm!" //
Sean은 산에서 내려갔고 / 새로워진 기쁨의 느낌을 안고 / 탄성을 질렀다 / "내 치료가 계획대로 잘 진행되었어!"라고 //

*(C) 문단 요약: 아름다운 아침이 찾아오자 Sean은 산에서 내려가며 자신의 치료가 계획대로 잘 진행되었다고 탄성을 질렀음   **61번** 단서 3: 의학 치료를 받으러 오라는 친구이자 의사의 제안에 대답함
= Sean
「upon+동명사」: ~하자마자
(D) Upon hearing this offer, / Sean replied, / "Thanks, / but (d) I know just the treatment / I need." //
이 제안을 듣자 / Sean은 답했다 / "고맙네만 / 나는 꼭 맞는 치료를 알고 있네 / 내게 필요한"이라고 //

63번 ⑤ 자신이 읽은 Vincent 산 등산에 관해 이야기했음
He told his friend / about the Vincent Mountain hike / he had read about. //
앞에 목적격 관계대명사가 생략됨
그는 친구에게 말했다 / Vincent 산 등산에 관해 / 자신이 읽었던 //

Alex anxiously warned, / "Even in the summer, / hiking can be dangerous. // Don't forget your safety checklist." //
Alex는 걱정스럽게 주의를 주었다 / "여름에조차 / 등산은 위험할 수 있네 // 안전 점검표를 잊지 말게"라고 //

= Sean
Following his friend's words, / (e) he added protective gear / to his camping equipment. //
친구의 말에 따라 / 그는 보호 장구를 추가했다 / 야영 장비에 //

Sean put on his hiking clothes / and tied up his boots. //
Sean은 등산복을 입고 / 등산화의 끈을 묶었다 //

He almost forgot his new hiking sticks / as he walked out the door / with his dog, Toby. // **61번** 단서 4: Toby와 함께 산에 가려고 문을 나섰음
그는 새 등산용 지팡이를 거의 잊을 뻔했다 / 문을 나설 때 / 자기 개, Toby와 함께 //

*(D) 문단 요약: Sean은 거절한 후 등산복을 입고, 등산화를 신고 Toby와 함께 문을 나섰음

- be about to-v 막 ~하려는 참이다   • bill ⓝ 계산서, 납부 고지서
- concerned ⓐ 걱정하는   • medical treatment 의학 치료
- bark ⓥ (개가) 짖다   • ease ⓥ 덜다, 완화하다
- fiercely ⓐⓓ 거세게, 사납게   • companion ⓝ 동반자, 동료
- pack up ~을 꾸리다   • equipment ⓝ 장비
- energetically ⓐⓓ 활기차게   • exclaim ⓥ 탄성을 지르다
- work like a charm (계획대로) 잘 진행되다   • upon v-ing ~하자마자
- anxiously ⓐⓓ 걱정스럽게   • gear ⓝ 장구, 장비

(A) 7월에 도시 사람들은 흔히 산에서 휴식하고자 벗어났다. Sean은 아직 그것을 몰랐지만, 막 일생의 경험을 하려는 참이었다. "내가 주위를 둘러보니, 보이는 것이라고는 온통 내가 마치지 못한 일과 내가 내지 않은 납부

고지서뿐이야."라고 Sean은 친구이자 의사인 Alex에게 전화로 투덜거렸다. Sean이 걱정되어, 그는 "(a) 자네는 여러 주 동안 스트레스를 받았어. 상태가 나아지지 않으면 의학 치료를 받으러 내게 오게."라고 말했다. (D) 이 제안을 듣자, Sean은 "고맙네만, (d) 나는 내게 필요한 꼭 맞는 치료를 알고 있네."라고 답했다. 그는 친구에게 자신이 읽었던 Vincent 산 등산에 관해 말했다. Alex는 "여름에조차 등산은 위험할 수 있네. 안전 점검표를 잊지 말게."라고 걱정스럽게 주의를 주었다. 친구의 말에 따라, (e) 그는 야영 장비에 보호 장구를 추가했다. Sean은 등산복을 입고 등산화의 끈을 묶었다. 그는 자기 개, Toby와 함께 문을 나설 때 새 등산용 지팡이를 거의 잊을 뻔했다. (B) 몇 시간을 등산한 후에, Sean은 Vincent 산 정상에 이르러 짜릿함을 느꼈다. Toby가 짖기 시작하자, Sean은 돌아서서 녀석이 커다란 연못 쪽으로 뛰어가는 것을 보았다. "정말 멋지고 고요한 곳이군."이라고 Sean은 머릿속으로 속삭였다. 나무 사이에서, 그는 최근 몇 주간의 스트레스를 덜 수 있었다. 하지만 밤이 다가오자, 바람이 세차게 불었다. Sean은 불안해졌다. 잠을 이룰 수 없어 (b) 그는 "녀석아, 이리로 오렴!"하고 자신의 동반자에게 소리쳤다. 그는 밀려드는 두려움을 무시하려는 노력에서 그 개를 꼭 안았다. (C) Sean의 삶에서 가장 긴 듯 느껴진 밤이 지나고, 하늘은 마침내 아름다운 분홍 색조로 변해, 따뜻한 햇볕이 그의 주위에 비쳤다. 그는 산 공기 속에서 마지막 순간을 즐기면서 장비를 꾸렸다. Toby가 활기차게 야영지 옆에서 뛰어다니는 모습을 보면서, Sean은 "그런 밤을 버티고 나서 (c) 네 녀석도 나만큼 신이 나는 모양이구나!"라고 말했다. Sean은 새로워진 기쁨의 느낌을 안고 산에서 내려갔고, "내 치료가 계획대로 잘 진행되었어!"라고 탄성을 질렀다.

왜 2등급? 가리키는 대상을 찾는 문제에서 선택지가 모두 다른 단어로 이루어져 있어 문맥을 정확히 파악해야 하고, 상황이 어떻게 변화하는지 꼼꼼히 확인해야 하는 2등급 대비 문제이다.

Q 61 정답 ④

주어진 글 (A)에 이어질 내용을 순서에 맞게 배열한 것으로 가장 적절한 것은?

① (B) — (D) — (C) 등산을 하러 집을 나서는 (D)가 (B)보다 앞에 나와야 함
② (C) — (B) — (D) (D)의 this offer가 가리키는 것이 (A)에 등장함
③ (C) — (D) — (B) Sean이 의사이자 친구인 Alex에게 투덜거리자 Alex는 치료를 받으러 자신에게 오라고 제안했음 - Sean은 거절한 후 등산복을 입고 Toby와 함께 문을 나섰음 - Sean과 Toby는 산 정상에 이르렀고, 밤이 다가오자 두려움이 밀려들었음 - 아침이 찾아오자 Sean은 산에서 내려가며 치료가 계획대로 잘 진행되었다고 탄성을 질렀음
④ (D) — (B) — (C)
⑤ (D) — (C) — (B) (B)에서 밤이 다가왔고, (C)에서 밤이 지나갔음

정답·오답? [정답률 94%]

- (A): 여러 주 동안 스트레스를 받은 Sean이 의사이자 친구인 Alex에게 전화를 걸어 투덜거리자 Alex는 의학 치료를 받으러 자신에게 오라고 제안했다.

→ Alex의 제안에 대한 Sean의 대답이 이어질 텐데, 의학 치료가 일생의 경험은 아닐 거라고 예상할 수 있으므로, Sean은 아마도 Alex의 제안을 거절할 것이다.

- (B): 몇 시간의 등산 끝에 Sean과 Toby는 Vincent 산 정상에 이르렀고, 밤이 다가오고 바람이 세차게 불자 두려움이 밀려들었다.

→ (B)의 앞에는 등산을 시작한다거나 등산을 하겠다는 Vincent의 대답이 필요하고, 밤이 다가와 두려움이 밀려들었다고 했으므로 뒤에는 정상에서 어떤 사건이 벌어졌다거나 무사히 밤을 보내고 아침이 되었다는 내용이 이어질 것이다.

- (C): 밤이 지나고 아름다운 아침이 찾아왔다. Sean은 새로워진 기쁨의 느낌을 안고 산에서 내려가며 자신의 치료가 계획대로 잘 진행되었다고 탄성을 질렀다.

→ 밤이 지났다고 했으므로 앞에는 밤이 되어 바람이 세차게 불었다는 (B)가 필요하다. 그리고 Sean이 계획한 치료가 계획대로 잘 진행되었다는 내용이므로 (C)가 글의 결말에 해당할 것이다.

- (D): Sean은 이 제안(this offer)을 거절한 후 등산복을 입고, 등산화를 신고 Toby와 함께 문을 나섰다.

➡ this offer가 가리키는 것이, (A)에서 Alex가 말한, 자신에게 와서 의학 치료를
받으라는 제안이므로 (A) 뒤에 (D)가 와야 한다. 뒤에는 등산을 하러 문을 나선 후
정상에 이르렀다는 흐름이 적절하므로 (B)가 와야 한다.
▶ 사건이 진행되는 순서는 ④ (D) – (B) – (C)임

Q 62 정답 ③

밑줄 친 (a)~(e) 중에서 가리키는 대상이 나머지 넷과 다른 것은?
① (a) = Sean ② (b) = Sean ③ (c) = Toby ④ (d) = Sean ⑤ (e) = Sean

왜 정답? [정답률 91%]

③ (c) You: Sean이 Toby에게 하는 말이므로 You는 Toby를 가리킨다. ▶ Toby

왜 오답?

① (a) You: Alex가 Sean에게 한 말이므로 You는 Sean을 가리킨다. ▶ Sean
② (b) he: Toby에게 이리로 오라고 소리친 사람은 Sean이다. ▶ Sean
④ (d) I: Sean이 자신에게 필요한 꼭 맞는 치료를 안다고 말하는 것이므로 I는
Sean을 가리킨다. ▶ Sean
⑤ (e) he: Alex의 말에 따라 야영 장비에 보호 장구를 추가한 사람은 Sean이다.
▶ Sean

Q 63 정답 ③

윗글에 관한 내용으로 적절하지 않은 것은?
① Sean은 친구 Alex에게 어려움을 토로했다.
  he complained over the phone to his friend and doctor, Alex
② Toby가 큰 연못으로 달려갔다.
  found him running toward a large pond
③ 밤이 되자 바람이 잦아들었다.
  As night approached, however, the wind blew fiercely.
④ Sean은 산을 내려오며 기쁨을 느꼈다.
  Sean went down the mountain with a renewed sense of joy
⑤ Sean은 Vincent Mountain 하이킹에 대해 읽은 적이 있다.
  about the Vincent Mountain hike he had read about

왜 정답? [정답률 82%]

③ 밤이 다가오자 바람이 세차게 불었다. (As night approached, however, the
wind blew fiercely.)

왜 오답?

① Sean은 친구 Alex에게 어려움을 토로했다.
  (he complained over the phone to his friend and doctor, Alex)
② Toby가 큰 연못으로 달려가는 것을 봤다.
  (found him running toward a large pond)
④ Sean은 새로워진 기쁨의 느낌을 안고 산에서 내려갔다.
  (Sean went down the mountain with a renewed sense of joy)
⑤ Sean은 자신이 읽은 Vincent Mountain 하이킹에 대해 이야기했다.
  (about the Vincent Mountain hike he had read about)

Q 어휘 Review 정답

문제편 p. 369

01 입구	11 pick out	21 pounding
02 조롱하다	12 manage to-v	22 spray
03 친구, 동행	13 bring down	23 excel
04 급히, 서둘러	14 turn A into B	24 gathered
05 침착한, 잔잔한	15 be filled with	25 isolation
06 dorm	16 semester	26 aspects
07 thrive	17 daring	27 rearrange
08 stir	18 grab	28 ease
09 puzzled	19 alter	29 harsh
10 deserving	20 notification	30 dedicated

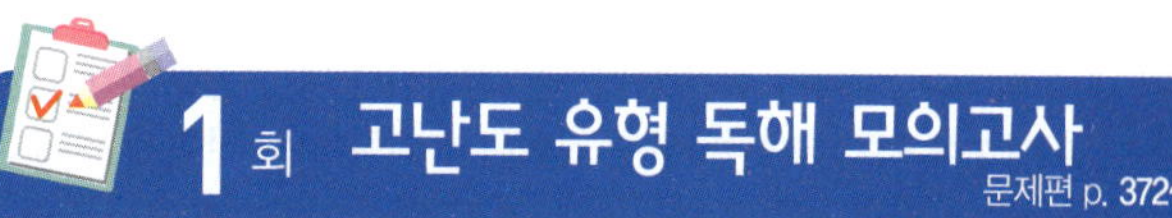

1회 고난도 유형 독해 모의고사
문제편 p. 372~377

1회 01 정답 ④ ✱ 곤충의 사회성과 인간의 사회성 간의 차이

Compared to other primates, / we are freakishly social and
cooperative; /
다른 영장류들과 비교해서 / 우리는 이상할 정도로 사회적이고 협력적이다 /
not only 부정어가 문두로 오면서 주어와 동사가 도치됨
not only do we sit obediently on airplanes, / we **labor** collectively
to build houses, / **specialize** in different skills, / and **live** lives /
병렬 구조 (동사)
that are driven by our specific role in the group. //
우리는 비행기에 순종적으로 앉아있을 뿐만 아니라 / 우리는 집을 짓기 위해 집단으로
노동하고 / 다른 기술에 전문화되고 / 삶을 산다 / 집단 내에서의 특정한 역할로 이끌린 //
to pull off의 의미상 주어   분사구문을 이끄는 현재분사
This is quite a trick **for a primate** to pull off, / **considering** our
most recent evolutionary history. // 단서1 인간은 다른 영장류와 달리 매우 사회적이고
협력적임
이는 영장류가 해내기에는 꽤 어려운 것이다 / 우리의 가장 최근 진화 역사를 고려한다면 //

Hive life is (literally) a no-brainer for ants: /
군집 생활은 (말 그대로) 개미들에게는 쉽게 할 수 있는 일이다 /
동명사구 주어
They share the same genes, / so **sacrificing for the common good**
단수동사
/ **is** not really a sacrifice / — if I'm an ant, / the common good
simply is my good. // 단서2 사회적 곤충인 개미에게는 공익이 곧 사익임
그들은 같은 유전자를 공유한다 / 그래서 공익을 위해 희생하는 것은 / 그다지 희생이 아니다 /
내가 만약 개미라면 / 공익은 그저 내 이익이다 //
과거분사구 (apes 수식)
Humans, though, are apes, / **evolved to cooperate** / only in a
limited way / with close relatives and perhaps fellow tribe
members, / 단서3 하지만 인간은 긴밀한 관계를 맺은 주변과만 협력하도록 진화됨
하지만 인간은 유인원이다 / 협력하도록 진화된 / 한정된 방식으로만 / 가까운 친척이나 아마
동료 부족 구성원들과 /
앞에 being이 생략된 분사구문
acutely alert to the dangers / of being manipulated, misled, or
exploited by others. //
위험에 예민하게 경각심을 느끼는 / 타인에 의해 조종되고 오도되고 착취될 //
병렬 구조   분사구문
And yet we **march** in parades, / **sit** in obedient rows **reciting lessons**,
/ **conform** to social norms, /
하지만 우리는 보조를 맞춰 걷고 / 수업을 낭독하며 순종적으로 줄을 맞춰 앉고 / 사회적
규범에 순응하고 /
주격 관계대명사
and sometimes **sacrifice** our lives / for the common good / with
an enthusiasm **that** would put a soldier ant to shame. //
때로는 우리의 삶을 희생한다 / 공익을 위해 / 병정개미들을 부끄럽게 만들 열정으로 //
동명사구 주어
Trying to hammer a square primate peg / into a circular social
insect hole / **is** bound to be difficult. //
사각형의 영장류 말뚝을 망치질하는 것을 시도하는 것은 / 둥근 사회적 곤충 구멍에 / 어려울
수밖에 없다 //
단수 동사

- primate ⓝ 영장류 • cooperative ⓐ 협력적인
- obediently ⓐⓓ 순종적으로 • pull off ~을 해내다
- common good 공익 • ape ⓝ 유인원 • fellow ⓝ 동료
- acutely ⓐⓓ 예민하게 • alert ⓐ 경각심을 느끼는
- manipulate ⓥ 조종하다 • mislead ⓥ 오도하다
- exploit ⓥ 착취하다 • march ⓥ 행진하다 • row ⓝ 줄, 열
- recite ⓥ 낭독하다 • conform to ~을 따르다
- hammer ⓥ 망치로 두드리다 • peg ⓝ 말뚝
- downgrade ⓥ 훼손시키다 • communal ⓐ 공동의, 공용의

다른 영장류들과 비교해서, 우리는 이상할 정도로 사회적이고 협력적이다.
우리는 비행기에 순종적으로 앉아있을 뿐만 아니라, 우리는 집을 짓기 위
해 집단으로 노동하고, 다른 기술에 전문화되고, 집단 내에서의 특정한 역
할로 이끌린 삶을 산다. 이는 우리의 가장 최근 진화 역사를 고려한다면,
영장류가 해내기에는 꽤 어려운 것이다. 군집 생활은 (말 그대로) 개미들에
게는 쉽게 할 수 있는 일이다. 그들은 같은 유전자를 공유하기 때문에, 공
익을 위해 희생하는 것은 그다지 희생이 아니다. 내가 만약 개미라면, 공익

은 그저 내 이익이다. 하지만 인간은 가까운 친척이나 아마 동료 부족 구성원들과 한정된 방식으로만 협력하도록 진화된 유인원이며, 타인에 의해 조종되고 오도되고 착취될 위험에 예민하게 경각심을 느낀다. 하지만 우리는 보조를 맞춰 걷고, 수업을 낭독하며 순종적으로 줄을 맞춰 앉고, 사회적 규범에 순응하고, 때로는 공익을 위해 병정개미들을 부끄럽게 만들 열정으로 우리의 삶을 희생한다. 둥근 사회적 곤충 구멍에 사각형의 영장류 말뚝을 망치질하는 것을 시도하는 것은 어려울 수밖에 없다.

다음 글에서 밑줄 친 부분이 의미하는 바로 가장 적절한 것은? [4점]

① downgrade humans' superiority over apes and ants
유인원과 개미에 대한 인간의 우월함을 훼손시키는 것   개미 간의 사회성 차이를 설명했을 뿐임
② enforce the collaboration between apes and social insects
유인원과 사회적 곤충 간의 협력을 강화하는 것   두 종 사이의 협력을 강화한다는 내용은 아님
③ manipulate hive insects into adopting ape-like characteristics
유인원과 같은 특징을 채택하도록 군집 곤충을 조종하는 것   반대되는 내용임
④ suppress our traits as apes in order to pursue communal benefits
인간이 곤충처럼 사회성을 발휘하는 것이 어렵다는 내용임
공익을 추구하기 위해 우리의 유인원으로서의 특징을 억누르는 것
⑤ maximize apes' physical capabilities in contributing to the common good   신체적 능력에 관한 언급은 없음
공익에 기여하는 유인원의 신체적 능력을 최대화하는 것

| 문제 풀이 순서 | [정답률 55%]

1st 첫 문장과 밑줄 친 부분이 포함된 문장을 읽고, 글의 내용을 예상한다.

첫 문장	다른 영장류들과 비교해서, 우리는 이상할 정도로 사회적이고 협력적이다.
밑줄 친 부분이 포함된 문장	둥근 사회적 곤충 구멍에 사각형의 영장류 말뚝을 망치질하는 것을 시도하는 것은 어려울 수밖에 없다.

➡ 일반적인 영장류들과 다른 사회적인 인간의 특성을 설명하는 글이다. 이를 사회적이지 않은 영장류(사각형의 말뚝)가 사회적인 곤충(둥근 구멍)의 특성에 맞게 행동하는 것으로 묘사하고 있다. 따라서 밑줄 친 부분은 곤충의 특징을 따르는 인간의 특징에 해당할 것이다.

2nd 글의 나머지 부분을 읽고, 밑줄 친 부분의 의미를 파악한다.

인간의 협력적인 측면은 가까운 관계에만 국한되도록 진화했기 때문에 공익보다는 사익 추구를 강조한 반면, 개미의 협력적인 측면은 공익을 위해 사익을 희생할 정도이다. 즉, 영장류가 추구하는 사회성과 개미가 추구하는 사회성이 서로 다르다는 것이 중심 내용이다.

➡ 이를 바탕으로 밑줄 친 부분의 의미를 파악하면 ④ '공익을 추구하기 위해 우리의 유인원으로서의 특징을 억누르는 것'이다.

| 선택지 분석 |

① 유인원과 개미 간의 사회성 차이를 설명했을 뿐, 우월함을 설명한 내용은 아니다.
② 유인원과 곤충 각각을 설명했을 뿐, 두 종 사이의 협력을 강화한다는 내용은 아니다.
③ 글과 반대의 내용이다.
④ 인간이 곤충처럼 공익을 더 추구하며 사회성을 발휘하는 것이 어렵다는 내용이다.
⑤ 유인원은 공익보다는 한정된 관계를 추구하는 종이라고 설명하고 있으며, 신체적 능력에 관한 언급은 없다.

1회 02 정답 ⑤ * 카페인과 뇌의 적응 반응

During the day, / a molecule called adenosine / builds up in your brain. //
단수 주어   과거분사구(a molecule 수식)   단수 동사
낮 동안에 / 아데노신이라고 불리는 분자가 / 여러분의 뇌에 쌓인다 //

Adenosine binds with receptors on nerve cells, or neurons, /
분사구문을 이끄는 현재분사
slowing down their activity / and making you feel drowsy. //
아데노신은 신경 세포들, 다시 말해 뉴런들의 수용체들과 결합해 / 그것들의 활동을 늦추고 / 여러분이 나른함을 느끼게 한다 //

But caffeine is also able to bind with these receptors, / and by doing so / it blocks adenosine's effect, / making your neurons
목적격 보어   목적격 보어   단서 1 카페인이 나른함을 느끼게 하는 아데노신의 효과를 차단함
fire more and keeping you alert. //
그러나 카페인 역시 이 수용체들과 결합할 수 있고 / 그렇게 함으로써 / 그것이 아데노신의 효과를 차단하여 / 뉴런을 더 활성화시키고 여러분이 깨어 있도록 유지시킨다. /

Caffeine also activates a gland / at the base of your brain. //
카페인은 또한 분비선을 활성화시킨다 / 뇌 기저부의 //

This releases hormones / that tell the adrenal glands on your
주격 관계대명사
kidneys to produce adrenaline, / causing your heart to beat
병렬 구조(causing의 목적어)
faster / and your blood pressure to rise. //
이것은 호르몬을 분비시켜 / 신장에 있는 부신이 아드레날린을 생산하도록 하는 / 여러분의 심장을 더욱 빨리 뛰게 하고 / 혈압이 올라가게 한다 //

If, however, your daily caffeine intake is consistent, / your brain will adapt to it. //   단서 2 카페인을 일정하게 섭취하면 뇌는 이에 적응함
하지만 여러분의 하루 카페인 섭취량이 일정하다면 / 뇌가 이에 적응할 것이다 //

Your brain is like, / 'Okay, every morning I'm getting this caffeine / that's binding to these receptors / and blocking
주격 관계대명사   병렬 구조(현재분사)
adenosine / from binding to them.' //
여러분의 뇌는 이와 같다 / '그래, 매일 아침 나는 이 카페인을 섭취하고 있군 / 이 수용체들과 결합해서 / 아데노신을 막는 / 그것들과 결합하는 것을' //

So your brain creates extra receptors / to give adenosine more of
부사적 용법(목적)
an opportunity / to bind with them and have its usual effect. //
그래서 여러분의 뇌는 추가의 수용체들을 만들어 낸다 / 아데노신에게 더 많은 기회를 주기 위해 / 그것들(수용체)과 결합하여 평소의 효과를 낼 //

And more adenosine is also produced / to counteract the
부사적 용법(목적)
caffeine. //   단서 3 카페인에 대응하기 위한 더 많은 아데노신이 생성됨
그리고 더 많은 아데노신이 또한 생성된다 / 카페인에 대응하기 위해 //

That's why it takes more and more caffeine / to have the same effect. //
그것이 점점 더 많은 카페인이 필요한 이유다 / 같은 효과를 내기 위해서 //

- molecule ⓝ 분자   - bind with ~와 결합하다
- receptor ⓝ (인체의) 수용기[감각기]   - nerve cell 신경 세포
- fire ⓥ (열의·관심 등이) 불타게 하다   - alert ⓐ 경계하는
- hormone ⓝ 호르몬   - adrenal ⓐ 신장 부근의
- intake ⓝ 섭취   - consistent ⓐ 거듭되는, 일정한
- counteract ⓥ 대응하다   - consequence ⓝ 결과
- deprivation ⓝ 박탈, 부족   - temptation ⓝ 유혹

낮 동안에 아데노신이라고 불리는 분자가 여러분의 뇌에 쌓인다. 아데노신은 신경 세포들, 다시 말해 뉴런들의 수용체들과 결합해 그것들의 활동을 늦추고 여러분이 나른함을 느끼게 한다. 그러나 카페인 역시 이 수용체들과 결합할 수 있고, 그렇게 함으로써 그것이 아데노신의 효과를 차단하여 뉴런을 더 활성화시키고 여러분이 깨어 있도록 유지시킨다. 카페인은 또한 뇌 기저부의 분비선을 활성화시킨다. 이것은 신장에 있는 부신이 아드레날린을 생산하도록 하는 호르몬을 분비시켜 여러분의 심장을 더욱 빨리 뛰게 하고 혈압이 올라가게 한다. 하지만 여러분의 하루 카페인 섭취량이 일정하다면 뇌가 이에 적응할 것이다. 여러분의 뇌는 이와 같다. '그래, 매일 아침 나는 이 수용체들과 결합해서 아데노신이 그것들과 결합하는 것을 막는 이 카페인을 섭취하고 있군.' 그래서 여러분의 뇌는 아데노신에게 그것들(수용체)과 결합하여 평소의 효과를 낼 더 많은 기회를 주기 위해 추가의 수용체들을 만들어 낸다. 그리고 카페인에 대응하기 위해 더 많은 아데노신이 또한 생성된다. 그것이 같은 효과를 내기 위해서 점점 더 많은 카페인이 필요한 이유다.

다음 글의 주제로 가장 적절한 것은?

① what your brain does for regular hormone production
정상적인 호르몬 생성을 위해 당신의 뇌가 하는 일   카페인이 미치는 영향에 관한 내용임
② consequences of sleep deprivation caused by caffeine
카페인으로 인한 수면 부족의 결과   수면 부족의 결과는 제시되지 않음
③ connection between brain health and hormone balance
뇌 건강과 호르몬 균형 사이의 관계   언급되지 않음
④ efforts to overcome the constant temptation of caffeine
카페인의 지속적인 유혹을 이기기 위한 노력   관련 없음
⑤ how your brain adapts to a steady caffeine consumption
당신의 뇌가 규칙적인 카페인 섭취에 적응하는 방법
카페인이 뇌에서 어떤 식으로 작용하는지 구체적으로 설명함

모의고사

1회

왜 정답? [정답률 82%]

낮 동안 피로를 느끼게 하는 아데노신이 뇌에 쌓임 → 카페인은 이를 차단하여 깨어 있도록 함 → 뇌가 이에 적응함 → 같은 효과를 내기 위해 더 많은 아데노신이 생성됨

▶ 뇌가 카페인에 어떻게 대응하는지를 설명하고 있으므로 주제는 ⑤ '당신의 뇌가 규칙적인 카페인 섭취에 적응하는 방법'이다.

왜 오답?

① 정상적인 호르몬 생성에 관한 내용이 아니고 카페인 섭취의 영향이 주된 내용이다.
② 카페인으로 인해 수면 부족이 일어난다는 내용은 언급되지 않았다.
③ 뇌 건강과 호르몬 사이의 상관관계는 전체 흐름과 관련이 없다.
④ 카페인을 지속적으로 섭취했을 때 발생할 수 있는 내용이 언급되어 있다.

1회 03 정답 ② ＊사업 윤리가 본질적으로 직면한 어려움

Business ethics was born in scandal. //
재귀대명사(문장의 주어와 목적어 동일)
사업 윤리는 스캔들 속에서 태어났다 //

It seems to regenerate itself / with each succeeding wave of scandal. //
그것은 다시 태어나는 것처럼 보인다 / 매번 새로운 스캔들이 발생할 때마다 //

And, there are two problems here. // 단서 1 사업 윤리에 두 가지 문제가 있음
그리고, 여기에는 두 가지 문제가 있다 //

단서 2 사업 윤리의 첫 번째 문제(사업을 사회의 독립된 기관으로 볼 여유가 없음)
The first is / that our world is so interconnected / that we can
보어절을 이끄는 접속사   so+형용사+that절: 너무 ~해서 …하다
no longer afford / to see business as a separate institution in
society, / subject to its own moral code. //
첫 번째 문제는 ~이다 / 우리의 세계가 너무 상호 연결되어 있어서 / 우리에게 더 이상 여유가 없다는 것 / 사업을 사회의 독립된 기관으로 볼 / 그 자체의 도덕적 기준에 따르는 //

Business must be thoroughly situated in society. //
사업은 철저히 사회에 위치해야 한다 //

This means / that we can no longer accept / the now rather
목적어절을 이끄는 접속사
commonplace narrative about businesspeople / being economic
현재분사(businesspeople 수식)
profit-maximizers and little else. //
이는 의미한다 / 우리가 더 이상 받아들일 수 없다는 것을 / 이제는 꽤 흔한 사업가들에 대한 서사를 / 경제적 이익을 극대화하는 존재라는 //

Business is a deeply human institution set in our societies / and
병렬 구조
interconnected all over the world. //
사업은 우리의 사회에 깊이 뿌리를 두고 있는 인간적 제도이다 / 그리고 전 세계적으로 상호 연결된 //

단서 3 사업 윤리의 두 번째 문제(사업 윤리가 사업이 도덕적으로 의심스러운 존재로서 시작된다는 전제를 벗어나지 못함)
The second problem is / that business ethics, / by being reborn in
보어절을 이끄는 접속사   by -ing: ~함으로써
scandal, / never escapes the presumption / that business starts
동격의 that
off / by being morally questionable. //
두 번째 문제는 ~이다 / 사업 윤리가 / 스캔들 속에서 다시 태어남으로써 / 전제를 벗어나지 못한다는 것 / 사업이 시작된다 / 도덕적으로 의심스러운 존재로서 //

사이에 목적격 관계대명사 생략
It never seems to get any credit / for the good / it brings into the
world, / only questions about the bad. //
사업은 신뢰를 얻지 못하는 것처럼 보인다 / 선한 면에 대한 / 그것이 세상에 가져오는 / 오직 나쁜 점에 대한 질문만 //

In fact, / capitalism may well be the greatest system / of social
목적격 관계대명사
cooperation / that we have ever invented. //
사실 / 자본주의는 가장 위대한 시스템일 수 있다 / 사회 협력의 / 우리가 지금까지 발명한 //

= if it is the greatest system ~ invented
But, if it is, / then it must stand the critical test / of our best
thinkers, / if for no other reason than / to make it better. //
하지만, 만약 그렇다면 / 자본주의는 반드시 비판적 검증을 거쳐야 한다 / 우리 최고의 사상가들의 / 어떤 이유라도 / 그것을 더 좋게 만들기 위해서는 //

핵심 주어   목적어절을 이끄는 접속사
Simply assuming / that capitalism is either unquestionably
morally good / or unquestionably morally problematic / violates
both scholarly and practical norms. //
단순히 가정하는 것은 / 자본주의가 의심의 여지 없이 도덕적으로 선하거나 / 의심의 여지 없이 도덕적으로 문제가 있다고 / 학문적 및 실용적 기준을 모두를 위반한다 //

• ethics ⓝ 윤리   • regenerate ⓥ 재생되다, 다시 태어나다
• succeeding ⓐ 계속되는, 다음의
• interconnected ⓐ 상호 연락[연결]된   • separate ⓐ 분리된
• thoroughly ⓐⓓ 철저히   • situated ⓐ 위치해 있는
• profit ⓝ 이익   • presumption ⓝ 전제
• questionable ⓐ 의심스러운   • cooperation ⓝ 협력
• scholarly ⓐ 학문적인   • practical ⓐ 실용적인   • obstacle ⓝ 장애물

사업 윤리는 스캔들 속에서 태어났다. 그것은 매번 새로운 스캔들이 발생할 때마다 다시 태어나는 것처럼 보인다. 여기에는 두 가지 문제가 있다. 첫 번째 문제는 우리의 세계가 너무 상호 연결되어 있어서 사업을 사회의 독립된 기관으로 보고, 그 자체의 도덕적 기준에 따라 다룰 여유가 더 이상 없다는 것이다. 사업은 사회에 철저히 위치해야 한다. 이는 우리가 더 이상 사업가들이 경제적 이익을 극대화하는 존재라는 이제는 꽤 흔한 서사를 받아들일 수 없음을 의미한다. 사업은 우리의 사회에 뿌리를 두고 있으며, 전 세계적으로 상호 연결된 깊은 인간적 제도이다. 두 번째 문제는 사업 윤리가 스캔들 속에서 다시 태어남으로써 사업이 본래 도덕적으로 의심스러운 존재라는 전제를 벗어나지 못한다는 것이다. 사업은 세상에 가져오는 선한 면에 대한 신뢰를 얻지 못하고 오직 나쁜 점에 대한 질문만 받는 것처럼 보인다. 사실, 자본주의는 우리가 지금까지 발명한 사회 협력의 가장 위대한 시스템일 수 있다. 하지만 그렇다면, 자본주의는 반드시 우리 최고의 사상가들의 비판적 검증을 거쳐야 하며, 그 이유가 무엇이든 간에 그것을 더 좋게 만들기 위해서이다. 자본주의가 의심의 여지없이 도덕적으로 선하거나 의심의 여지없이 도덕적으로 문제가 있다고 단순히 가정하는 것은 학문적 및 실용적 기준을 모두 위반하는 것이다.

다음 글의 제목으로 가장 적절한 것을 고르시오. [3점]

① Forget Scandals, Let's Innovate!
   스캔들은 잊어라. 혁신하자!   스캔들을 잊고 혁신하자는 내용이 아니라 관련 문제를 다룬 글임
② Innate Challenges of Business Ethics
   사업 윤리의 고유한 도전   사업 윤리가 스캔들과 관련하여 직면하는 두 가지 주요 문제를 다루고 있음
③ Unavoidable Obstacles of Human Institutions   인간 제도의 피할 수 없는
   인간 제도의 피할 수 없는 장애물 문제점이나 장애에 대해 다룬 것이 아니라 사업 윤리의 문제점을 다룬 글임
④ Business Ethics: An Emerging Scholarly Norm
   사업 윤리: 새로운 학문적 규범의 출현 사업 윤리를 새로운 학문적 규범의 출현으로 설명하는 글이 아님
⑤ Business Ethics as A Magic Bullet for Success
   성공을 위한 만능 해결책으로서의 사업 윤리 성공을 위한 만능 해결책으로서의 사업 윤리를 다룬 글이 아님

왜 정답? [정답률 57%]

전반부	• 사업 윤리의 첫 번째 문제: 우리의 세계가 너무 상호 연결되어 있어서 사업을 사회의 독립된 기관으로 보고, 그 자체의 도덕적 기준에 따라 다룰 수가 없음 단서 1 단서 2
후반부	• 사업 윤리의 두 번째 문제: 사업이 본래 도덕적으로 의심스러운 존재라는 전제를 벗어나지 못하고 오직 나쁜 점에 대한 질문만 받는 것 단서 3

▶ 사업 윤리가 스캔들과 관련하여 직면한 두 가지 문제점에 대해 다루고 있는 글이므로 ② '사업 윤리의 고유한 도전'이 글의 제목으로 가장 적절하다.

왜 오답?

① 스캔들을 잊고 혁신하자는 내용이 아니라 관련 문제를 다룬 글이다.
③ 인간 제도의 피할 수 없는 문제점이나 장애에 대해 다룬 것이 아니라 사업 윤리의 문제점을 다룬 글이다. 주의
④ 사업 윤리를 새로운 학문적 규범의 출현으로 설명하는 글이 아니다.
⑤ 성공을 위한 만능 해결책으로서의 사업 윤리를 다룬 글이 아니다.

1회 04 정답 ④ ＊독자에 의해 다르게 형성되는 문학 작품의 해석

현재분사(element 수식)   의미상 주어
Meaning is not a stable element / residing in the text / for us
부사적 용법(목적)
to uncover or passively consume. //
의미는 안정적인 요소가 아니다 / 텍스트 속에 존재하는 / 우리가 발견하거나 수동적으로 소비할 수 있도록 //

단서 1 글의 의미는 독자의 글을 읽는 행위에서 만들어지는 것임
수동태
Meaning is created by the reader / in the act of reading. //
의미는 독자에 의해 창조된다 / 읽기의 행위에서 //

Or, more precisely, / meaning **is produced**^{수동태} by the play of language / through the vehicle of the reader, / ^{접속사(양보)}**though** we generally **refer to**^{refer to A as B: A를 B라고 부르다} this process **as** "the reader." //

혹은, 더 정확히 말해 / 의미는 언어의 작용에 의해 산출된다 / 독자의 매개를 통한 / 비록 우리가 일반적으로 이 과정을 "독자"라고 부르지만 //

Furthermore, / the meaning **that** is created is not a stable element / ^{앞에「주격 관계대명사+be동사」생략}**capable of** producing closure; / that is, no interpretation has the final word. // 단서 2 독자가 만들어 낸 의미 역시 역동적이고 유동적으로 바뀔 수 있음

게다가 / 창조되는 의미는 안정적인 요소가 아니다 / 종결을 산출할 수 있는 / 즉, 어떤 해석도 최종 결정을 내리지 않는다 //

Rather, literary texts, like all texts, / **consist of**^{consist of: ~로 구성되다(자동사)} a multiplicity of overlapping, conflicting meanings / in dynamic, fluid relation / to one another and to us. //

오히려, 모든 텍스트들과 마찬가지로 문학 텍스트들은 / 다수의 겹치고 충돌하는 의미로 구성되어 있다 / 역동적이고 유동적인 관계 속에서 / 서로에게 그리고 우리에게 //

^{선행사를 포함하는 관계대명사}**What have been considered**^{현재완료 수동태} / the "obvious" or "commonsense" interpretations of a given text / are really ideological readings — / interpretations **produced**^{과거분사(interpretations 수식)} by a culture's values and beliefs — /

여겨져 온 것들은 / 주어진 텍스트의 "자명한" 혹은 "상식적인" 해석으로 / 실제로는 이데올로기적 독해들이다 / 즉, 문화의 가치와 신념에 의해 산출된 해석들 / 단서 3 당연한 해석이라고 여겨온 것들도 문화의 가치와 신념에 의해 만들어진 해석임

with which^{전치사+관계대명사} we are **so** familiar^{so ~ that ...: 너무 ~해서 …하다} / **that** we consider **them**^{consider의 목적어와 목적격 보어(형용사)} "natural." //

그것들에 우리가 너무 익숙해서 / 우리가 그것들을 "자연스러운" 것으로 여긴다 //

In short, / we create the meaning and value / ^{앞에 목적격 관계대명사 생략}**we "find"** in the text. // 단서 4 우리는 텍스트 속에서 발견하는 의미와 가치를 창조함

요컨대 / 우리는 의미와 가치를 창조한다 / 우리가 텍스트 속에서 "발견하는" //

Just as authors **can't help but draw on**^{cannot help but+동사원형: ~하지 않을 수 없다} / the assumptions of their cultural milieux / when they construct their texts, /

작가들이 활용하지 않을 수 없는 것처럼 / 그들(자신)의 문화적 환경의 가정들을 / 그들이 그들의 텍스트를 구성할 때 /

readers / **can't help but draw on**^{cannot help but+동사원형: ~하지 않을 수 없다} the assumptions of theirs / **when they construct** / their readings. //

독자들도 / 그들(자신)의 가정들을 활용하지 않을 수 없다 / 그들이 그들의 독해를 구성할 때 //

Therefore, / **both** literary **and**^{both A and B: A와 B 둘 다} critical texts / **can be deconstructed**^{조동사 수동태}. // 따라서 / 문학 텍스트와 비평 텍스트들 모두 / 해체될 수 있다 //

- **reside in** ~에 존재하다[거주하다]   - **uncover** ⓥ 발견하다
- **passively** ⓐⓓ 수동적으로   - **vehicle** ⓝ 매개(체), 수단
- **interpretation** ⓝ 해석   - **literary** ⓐ 문학의
- **multiplicity** ⓝ 다수   - **fluid** ⓐ 유동적인
- **commonsense** ⓐ 상식적인   - **ideological** ⓐ 이데올로기의
- **assumption** ⓝ 가정   - **deconstruct** ⓥ 해체하다
- **separate** ⓥ 분리하다

의미는 우리가 발견하거나 수동적으로 소비할 수 있도록 텍스트 속에 존재하는 안정적인 요소가 아니다. 의미는 읽기의 행위에서 독자에 의해 창조된다. 혹은, 더 정확히 말해, 의미는 독자의 매개를 통한 언어의 작용에 의해 산출되는데, 우리는 일반적으로 이 과정을 "독자"라고 부른다. 게다가, 창조되는 의미는 종결을 산출할 수 있는 안정적인 요소가 아니다. 즉, 어떤 해석도 최종 결정을 내리지 않는다. 오히려, 모든 텍스트들과 마찬가지로 문학 텍스트들은 서로에게 그리고 우리에게 역동적이고 유동적인 관계 속에서 겹치고 충돌하는 다수의 의미들로 구성되어 있다. 주어진 텍스트의 "자명한" 혹은 "상식적인" 해석들로 여겨 온 것들은 실제로는 이데올로기적 독해들, 즉 문화의 가치와 신념에 의해 산출된 해석들인데, 우리가 그것들에 너무 익숙해서 그것들을 "자연스러운" 것으로 여긴다. 요컨대, 우리는 텍스트 속에서 우리가 "발견하는" 의미와 가치를 창조한다. 작가들이 텍스트를 구성할 때 자신의 문화적 환경의 가정들을 활용하지 않을 수 없는 것처럼, 독자들도 그들(자신)의 독해를 구성할 때 그들(자신)의 가정들을 활용하지 않을 수 없다. 따라서, 문학 텍스트와 비평 텍스트들 모두 해체될 수 있다.

다음 글의 빈칸에 들어갈 말로 가장 적절한 것을 고르시오. [3점]

① discover the single, stable meaning intended by the author
저자가 의도한 단일하고 안정적인 의미를 발견하지   글의 의미란 저자의 의도가 아니라 독자가 창조한 해석이라는 내용이므로, 빈칸에 들어가야 할 내용과 상반됨

② separate the text from the cultural milieu in which it was written
그 글이 작성된 문화적 환경과 글을 분리하지   문화의 가치와 신념에 따라 당연하게 해석되는 내용도 있음

③ evaluate texts based on essentially objective and universal standards
글의 해석은 객관적이고 보편적일 수 없으며, 개별 독자의 발견에 따라 달라진다는 내용임   본질적으로 객관적이고 보편적인 기준에 근거하여 글을 평가하지

④ draw on the assumptions of theirs when they construct their readings
그들(자신)의 독해를 구성할 때 그들(자신)의 가정들을 활용하지   작가들이 글을 쓸 때와 마찬가지로, 독자들 역시 글을 읽을 때 자신의 가정을 활용한다는 내용임

⑤ limit their interpretation to the text's formal linguistic structures
해석을 글의 형식적 언어 구조에만 제한하지   글의 해석과 형식적 구조에 관한 내용은 언급되지 않음

| 문제 풀이 순서 | [정답률 62%]

1st 빈칸이 포함된 문장을 읽고, 빈칸에 들어갈 말에 대한 단서를 얻는다.

빈칸 문장 작가들이 텍스트를 구성할 때 자신의 문화적 환경의 가정들을 활용하지 않을 수 없는 것처럼, 독자들도 ________ 않을 수 없다.

➡ 작가들이 글을 쓸 때 자신들의 환경의 가정에서 완전히 벗어날 수 없는 것과 마찬가지로, 독자들이 무엇을 하지 않을 수 없는지가 빈칸에 들어가야 한다. 단서
'~하지 않을 수 없다'는 결국 '~한다'는 것이므로, Just as 구문으로 연결된 문장에서 작가와 독자가 공통적으로 지닌 특징을 제시할 것이다. 발상

2nd 글의 내용을 종합해서 빈칸에 들어갈 적절한 말을 찾는다.

- 글의 의미는 글을 읽는 행위에서 독자에 의해 만들어지는 것임 단서 1
- 독자가 만들어 낸 의미는 최종적인 것이 아니며, 역동적이고 유동적으로 바뀔 수 있음 단서 2
- 당연한 해석이라고 여겨온 것들도 문화의 가치와 신념에 의해 만들어진 것이며, 우리는 텍스트 속에서 발견하는 의미와 가치를 창조함 단서 3 단서 4

➡ 작가가 글을 쓸 때 자신의 문화적 환경에서 비롯된 여러 가정들을 활용하는 것처럼, 독자 역시 글을 읽을 때 자신의 문화적 환경에서 비롯된 여러 가정들을 활용해서 자신만의 해석을 만들어간다는 내용이다.

▶ 따라서 빈칸에 들어갈 말은 ④ '그들(자신)의 독해를 구성할 때 그들(자신)의 가정들을 활용하지'이다.

| 선택지 분석 |

① 글의 의미란 저자의 의도가 아니라 독자가 창조한 해석이라는 내용이므로, 빈칸에 들어가야 할 내용과 상반된다.

② 문화의 가치와 신념에 따라 당연하게 해석되는 내용도 있다고 했으므로, 문화적 환경과 글은 분리될 수 없다.

③ 글의 해석은 객관적이고 보편적일 수 없으며, 개별 독자의 발견에 따라 달라진다는 내용이다.

④ 작가들이 글을 쓸 때 자신들의 환경의 가정에서 완전히 벗어날 수 없듯이, 독자들도 글을 읽을 때 자신의 가정을 활용하지 않을 수 없다고 했다.

⑤ 글의 해석과 형식적 구조에 관한 내용은 언급되지 않았다.

1회 05 정답 ③ ✱ 법의 타당성과 합법성에 대한 법실증주의와 자연법의 논쟁

A central and enduring debate / within the field of **jurisprudence**,^{동격} **the philosophy of law**, / concerns **the very nature**^{the very+명사: 바로 그 (명사)} / of what makes **a law** truly **valid and legitimate**.^{makes의 목적어와 목적격 보어(형용사 병렬) / 의문사절을 이끎(전치사의 목적어)} //

중심적이고 지속되는 논쟁은 / 법철학인 법학의 영역 내에서 / 바로 그 본질에 관한 것이다 / 무엇이 법을 진정으로 유효하고 정당하게 만드는지의 //

One major school of thought, **legal positivism**, asserts / **that**^{동격 / 목적어절 접속사} a law's validity is determined / solely by its established source / and the proper legislative process / **through which it was**^{전치사+관계대명사 / 수동태} **enacted**. // 단서 1 법실증주의는 '적절한 입법 절차로 제정되었다'라는 사실이 법의 유효성을 증명한다고 주장함

하나의 주요한 사상 학파인 법실증주의는 주장한다 / 법의 유효성은 결정된다고 / 오직 그것의 제정된 근거에 의해 / 그리고 적절한 입법 절차(에 의해) / 그것을 통해 입법된 //

In this view, / **whether** a law is 'just' or 'moral' / is a separate,
secondary question / from **whether** it is legally binding. //
이 관점에서 / 법이 '정의로운지' 혹은 '도덕적인지'는 / 별개의, 부차적인 질문이다 / 그것이
법적으로 구속력이 있는지와는 //

In direct opposition stands / **the theory** of natural law. //
직접적인 반대편에 서 있다 / 자연법 이론이 **단서 2** 자연법 이론은 법실증주의와 정반대의 입장임

This tradition argues / that **for a law to be** truly valid, / it **must
align with fundamental principles** / **of justice and morality**. //
이 전통은 주장한다 / 법이 진정으로 유효하기 위해서는 / 그것이 근본적 원칙들과 일치해야
한다고 / 정의와 도덕의 //
단서 3 자연법 이론에서는 도덕적이지 않은 법은 법이 될 수 없다고 주장함

Proponents of this view would echo / St. Augustine's famous
maxim / **that** 'an unjust law is no law at all'. //
이 관점을 지지하는 이들은 되풀이할 것이다 / 성 아우구스티누스의 유명한 격언을 /
'부정의한 법은 전혀 법이 아니다'라는 //

This creates an enduring tension / **between what** is legally
decreed / **and what** is considered morally right, / a conflict **that**
continues to shape / legal and ethical debates today. //
이것은 지속적인 긴장을 만들어 낸다 / 법적으로 명령된 것과 / 도덕적으로 옳다고 여겨지는
것 사이에 / 이는 계속 만들어 내는 갈등이다 / 오늘날까지 법적이고 윤리적인 논쟁들을 //

- enduring ⓐ 지속되는
- jurisprudence ⓝ 법학
- legitimate ⓐ 정당한
- school ⓝ 학파
- legal positivism 법실증주의
- validity ⓝ 유효성
- legislative ⓐ 입법의
- enact ⓥ 입법[제정]하다
- just ⓐ 정의로운
- secondary ⓐ 부차적인
- bind ⓥ 구속하다, 묶다
- align ⓥ 일치하다
- fundamental ⓐ 근본적인
- proponent ⓝ 지지[찬성]하는 사람
- echo ⓥ 되풀이하다
- maxim ⓝ 격언
- unjust ⓐ 부정의한
- decree ⓥ (법에 따라) 명령하다
- custom ⓝ 관습, 풍습
- explicit ⓐ 명시적인
- consent ⓝ 동의, 허락

법철학인 법학의 영역 내에서 중심적이고 지속되는 논쟁은, 무엇이 법을 진정으로 유효하고 정당하게 만드는지의 바로 그 본질에 관한 것이다. 하나의 주요한 사상 학파인 법실증주의는, 법의 유효성은 오직 그것이 제정된 근거와 그것을 통해 입법된 적절한 입법 절차에 의해 결정된다고 주장한다. 이 관점에서, 법이 '정의로운지' 혹은 '도덕적인지'는 그것이 법적으로 구속력이 있는지와는 별개의, 부차적인 질문이다. 직접적인 반대편에 자연법 이론이 서 있다. 이 전통은, 법이 진정으로 유효하기 위해서는, 그것이 <u>정의와 도덕의 근본적 원칙들과 일치해야 한다고</u> 주장한다. 이 관점을 지지하는 이들은 '부정의한 법은 전혀 법이 아니다'라는 성 아우구스티누스의 유명한 격언을 되풀이할 것이다. 이것은 법적으로 명령된 것과 도덕적으로 옳다고 여겨지는 것 사이의 지속적인 긴장을 만들어 내며, 이는 오늘날까지 법적이고 윤리적인 논쟁들을 계속 만들어 내는 갈등이다.

다음 글의 빈칸에 들어갈 말로 가장 적절한 것을 고르시오. [3점]

① must reflect the changing customs of society
사회의 변화하는 관습들을 반영해야 한다고 / 법이 사회의 변화하는 관습을 반영해야 한다는 내용은 언급되지 않음
② should promote the greatest good for the most people
가능한 한 많은 사람에게 최대의 선을 증진해야 한다고 / 법이 최대 다수의 최대 행복을 증진해야 한다는 내용은 언급되지 않음
③ must align with fundamental principles of justice and morality
정의와 도덕의 근본적 원칙들과 일치해야 한다고 / 자연법 이론에서는 법이 도덕과 정의의 근본 원칙들과 일치해야 유효성을 입증받을 수 있다고 함
④ has to be based on the direct and explicit consent of the governed
통치를 받는 사람들의 직접적이고 명시적인 동의에 기반해야 한다고 / 법이 통치 받는 사람들의 동의에 기반해야 한다는 내용은 언급되지 않음
⑤ must be correctly created by a legally recognized political authority
법이 정당한 절차와 권위에 의해 올바르게 제정되어야 한다는 주장은 법실증주의의 입장임 / 법적으로 인정된 정치적 권위에 의해 올바르게 제정되어야 한다고

| 문제 풀이 순서 | [정답률 56%]

1st 빈칸이 포함된 문장을 읽고, 빈칸에 들어갈 말에 대한 단서를 얻는다.

빈칸 문장	이 전통(This tradition)은, 법이 진정으로 유효하기 위해서는, ____________ 주장한다.

➡ '이 전통(This tradition)'은 바로 앞 문장에서 언급된 '자연법 이론'을 가리키므로,
단서 빈칸에는 법으로의 유효성을 인정받기 위해 자연법에서 어떤 조건이 필요한지가 들어가야 한다. **발상**

2nd 글의 내용을 종합해서 빈칸에 들어갈 적절한 말을 찾는다.

- 법실증주의는 '적절한 입법 절차로 제정되었다'라는 사실이 법의 유효성을 증명한다고 주장함 **단서 1**
- 자연법 이론은 법실증주의와 정반대의 입장임 **단서 2**
- 자연법 이론에서는 도덕적이지 않은 법은 법이 될 수 없다고 주장함 **단서 3**

➡ 자연법 이론은 법 제정의 절차적 정당성이 법의 유효성에 대한 증거라고 주장했던 법실증주의와는 상반된다는 내용이다. 자연법 이론은 도덕적이지 않은 법은 정당한 절차로 제정되었더라도 법으로서 유효하지 않을 수 있다고 주장한다. 즉, 자연법 이론에서 법의 유효성에 대한 증거는 법의 도덕성과 정의로움임을 알 수 있다.

▶ 따라서 자연법 이론에서 법이 유효하기 위해서는 그것이 ③ '정의와 도덕의 근본적 원칙들과 일치해야 한다고' 하는 것이 적절하다.

| 선택지 분석 |

① 법이 사회의 변화하는 관습을 반영해야 한다는 내용은 언급되지 않았다.
② 법이 최대 다수의 최대 행복을 증진해야 한다는 내용은 언급되지 않았다.
③ 자연법 이론에서는 법이 도덕과 정의의 근본 원칙들과 일치해야 그 유효성을 입증받을 수 있다고 했다.
④ 법이 통치 받는 사람들의 동의에 기반해야 한다는 내용은 언급되지 않았다.
⑤ 법이 정당한 절차와 권위에 의해 올바르게 제정되어야 한다는 주장은 법실증주의의 입장이므로, 빈칸에 들어갈 내용과 상반된다.

1회 06 정답 ③ ＊동기부여를 위한 의식적 환경 통제

Motivation doesn't have to be accidental. //
동기는 우연일 필요는 없다 // **단서 1** 동기부여는 우연일 필요는 없음

For example, / you don't have to wait for hours / until a certain
song **that** picks up your spirits comes on the radio. //
예를 들면 / 당신은 몇 시간 동안 기다릴 필요는 없다 / 기분을 좋게 하는 특정한 노래가
라디오에서 나올 때까지 //

You can control / **what** songs you hear. //
당신은 통제할 수 있다 / 자신이 듣는 노래를 //

If there are certain songs / **that** always lift you up, / make a mix
of those songs / and have it ready to play in your car. //
만약 특정한 노래가 있다면 / 항상 당신을 기분 좋게 만드는 / 이런 노래들의 모음을 만들고 /
당신의 차에서 그것을 틀 준비를 해라 //

Go through all of your music / and create a "greatest motivational
hits" playlist for yourself. //
당신의 모든 음악을 찾아보고 / 스스로 "최고의 동기부여 히트곡" 목록을 만들어라 //

Use the movies, too. // 또한 영화도 이용해라 //

How many times do you leave a movie / feeling inspired and
ready to take on the world? //
당신은 몇 번이나 영화관을 나오는가 / 감명받고 세상에 맞설 준비가 된 상태로 //

Whenever that happens, / put the name of the movie in a special
notebook / **that** you might label "the right buttons." //
그런 일이 일어날 때마다 / 특별한 노트에 그 영화의 이름을 적어놓아라 / "적절한 버튼"이라고
이름 붙인 //

Six months to a year later, / you can watch the movie / and get
the same inspired feeling. //
6개월에서 1년 후에 / 당신은 그 영화를 볼 수 있고 / 똑같이 감명받은 기분을 느낄 수 있다 //

Most movies **that** inspire us are **even** better / the second time
around. // 우리에게 감명을 주는 대부분의 영화는 훨씬 더 좋다 / 두 번째에 //

You have **much** more control over your environment / than you
realize. // **단서 2** 환경을 스스로 통제할 수 있음
당신은 자신의 환경을 더 많이 통제할 수 있다 / 당신이 깨닫는 것보다 //

You can begin **programming** yourself consciously / to be
more and more focused and motivated. //
당신은 의식적으로 스스로를 프로그래밍하기 시작할 수 있다 / 더욱더 집중하고 동기부여될
수 있도록 //

- motivation ⓝ 동기　　· accidental ⓐ 우연한, 돌발적인
- label ⓥ 이름을 붙이다　　· consciously ⓐ𝖽 의식적으로
- isolate ⓥ 고립시키다, 격리하다　　· deny ⓥ 부정하다
- silence ⓥ 침묵을 지키다

동기는 우연적일 필요는 없다. 예를 들면, 당신은 라디오에서 기분을 좋게 하는 특정한 노래가 나올 때까지 몇 시간 동안 기다릴 필요는 없다. 당신은 자신이 듣는 노래를 통제할 수 있다. 만약 항상 당신을 기분 좋게 만드는 특정한 노래가 있다면, 이런 노래들의 모음을 만들고 당신의 차에서 그것을 틀 준비를 해라. 당신의 모든 음악을 찾아보고 "최고의 동기부여 히트곡" 목록을 스스로 만들어라. 또한 영화도 이용해라. 당신은 몇 번이나 감명받고 세상에 맞설 준비가 된 상태로 영화관을 나오는가? 그런 일이 일어날 때마다, "적절한 버튼"이라고 이름 붙인 특별한 노트에 그 영화의 이름을 적어놓아라. 6개월에서 1년 후에, 당신은 그 영화를 볼 수 있고 똑같이 감명받은 기분을 느낄 수 있다. 우리에게 감명을 주는 대부분의 영화는 두 번째에 훨씬 더 좋다. 당신이 깨닫는 것보다 자신의 환경을 더 많이 통제할 수 있다. 당신은 더욱더 집중하고 동기부여될 수 있도록 의식적으로 스스로를 <u>프로그래밍하기</u> 시작할 수 있다.

다음 빈칸에 들어갈 말로 가장 적절한 것을 고르시오.

① isolating 스스로를 고립시킴으로써 동기부여를 한다는 내용이 아님
　격리하기
② denying 스스로를 거부해야 한다는 언급은 없음
　거부하기
③ programming 동기부여를 위해서 스스로 환경 통제를 할 수 있다는 내용임
　프로그래밍하기
④ silencing 의식적으로 침묵해야 한다는 내용이 아님
　침묵시키기
⑤ questioning 스스로를 의심해야 한다는 언급은 없음
　의심하기

왜 정답? [정답률 77%]

첫 문장	• 동기부여는 우연일 필요가 없음 단서1
빈칸 문장의 앞부분	• 동기를 부여하는 음악과 영화를 모아뒀다가 필요할 때 다시 듣고 보는 등 동기 부여를 위해 주변 환경을 스스로 통제할 수 있음 단서2
빈칸 문장	더욱더 집중하고 동기부여될 수 있도록 의식적으로 스스로를 _________ 시작할 수 있다.

➡ 빈칸에는 동기부여를 위해 스스로 무엇을 시작할 수 있는지가 들어가야 한다. 동기는 우연하지 않아도 되며 동기를 불러일으키는 노래 모음집을 만들거나 동기 부여를 해준 영화를 기록했다가 필요할 때 다시 듣고 보면 스스로를 동기부여할 수 있다고 했다. 이는 환경을 통제함으로써 스스로에게 동기를 부여할 수 있다는 것을 의미한다.

▶ 환경을 통제함으로써 스스로 무엇인가를 하고 싶게 만들 수 있다는 내용이 핵심이며, 더 집중하고 동기부여 받기 위해서는 의식적으로 스스로 '프로그래밍하기' 시작할 수 있다는 내용으로 이어져야 하므로 ③이 정답이다.

왜 오답?

① 스스로를 고립시킴으로써 동기부여를 한다는 내용이 아니다.
② 동기부여를 위해 무엇인가를 할 수 있다는 내용이지, 스스로를 거부해야 한다는 내용은 아니다.
④ 의식적으로 침묵해야 한다는 내용은 없다.
⑤ 스스로를 의심해야 한다는 내용은 아예 언급되지 않았다.

1회 07 정답 ④ ＊주장과 설득

"National forests need more roads / like farmers need more drought." //
"국립 숲에는 도로가 더 필요하다 / 농부가 가뭄을 더 필요로 하는 것처럼" //
지각동사+목적어+목적격 보어(동사원형)　　주격 관계대명사
We heard somebody say this / who was trying to persuade
목적어절을 이끄는 접속사
an audience / that more roads would be bad / for our national
forests. // 단서1 더 많은 도로가 국립 숲에 해로울 수 있다는 것을 설득하려고 했던 누군가가 국립 숲에는 도로가 더 필요하다는 말을 한 것을 들었음
우리는 누군가 이 말을 한 것을 들었다 / 청중에게 설득하려고 했던 / 더 많은 도로가 해로울 수 있다는 것을 / 우리 국립 숲에 //

(A) An argument attempts / to prove or support a conclusion. //
주장은 시도한다 / 결론을 증명하거나 지지하려고 // 단서2 (C)의 마지막에 언급한 주장에 대한 내용이 이어짐
When you attempt to persuade someone, / you attempt to win
문장의 주어로 복수 취급
him or her / to your point of view; / trying to persuade and
trying to argue / are logically distinct enterprises. //
누군가를 설득하려고 할 때 / 당신은 그 사람을 이기려고 시도한다 / 당신의 관점으로 / 설득하려는 것과 주장을 하려는 것은 / 논리적으로 다른 활동이다 //

True, / when you want to persuade somebody of something, / you might use an argument. //
물론 / 누군가에게 무언가를 설득하고 싶을 때 / 주장을 사용할 수도 있다 //
단서3 (A)의 마지막에 설득하고 싶을 때 주장을 사용한다는 것과 연결되는 반대 내용
(B) But not all arguments attempt to persuade, / and many
부분 부정
attempts to persuade / do not involve arguments. //
그러나 모든 주장이 설득을 시도하는 것은 아니다 / 그리고 많은 설득 시도가 / 주장을 포함하지 않는다 //

In fact, / giving an argument / is often one of the least effective
앞 문장(giving ~ people)을 부연 설명하는 절을 이끄는 관계대명사
methods / of persuading people / — which, of course, is / why
so few advertisers bother with arguments. //
사실 / 주장을 제시하는 것은 / 가장 효과적이지 않은 방법 중 하나인 경우가 많다 / 사람들을 설득하는 / 물론 이는 / 광고주들이 주장을 잘 하지 않는 이유이다 //

People notoriously are persuaded / by the weakest of arguments / and sometimes are undisturbed / by even quite good arguments. //
사람들은 잘 알려져 있듯이 설득된다 / 가장 약한 주장에 의해 / 때로는 개의치 않는다 / 꽤 좋은 주장에 대해서도 //

(C) The remark, / however, / is not an argument; / it's just a
주격 관계대명사
statement / that portrays road building in the forests in a bad
light. // 단서4 '그 발언(주어진 글에서 언급한 내용)'은 숲 속 도로 건설을 나쁘게 묘사한 진술일 뿐
주장이 아님
그 발언은 / 그러나 / 주장이 아니다 / 단지 진술일 뿐이다 / 숲 속 도로 건설을 나쁘게 묘사한 //

Now, / some writers define an argument / as an attempt / to persuade somebody of something. //
지금 / 어떤 작가들은 주장을 정의한다 / 시도로 / 누군가에게 무언가를 설득하려는 //

This is not correct. // 이는 올바르지 않다 //

- persuade ⓥ 설득하다　　· argument ⓝ 주장
- logically ⓐ𝖽 논리적으로　　· distinct ⓐ 뚜렷이 다른
- involve ⓥ 포함하다
- undisturbed ⓐ (마음이) 흔들리지 않는, 개의치 않는
- remark ⓝ 발언　　· portray ⓥ 묘사하다　　· define ⓥ 정의하다

"국립 숲에는 농부가 가뭄을 더 필요로 하는 것처럼 도로가 더 필요하다. (국립 숲에는 농부가 가뭄을 필요로 하지 않는 것처럼 도로가 필요 없다)" 우리는 더 많은 도로가 국립 숲에 해로울 수 있다는 것을 청중에게 설득하려고 했던 누군가가 이 말을 한 것을 들었다. (C) 그러나 그 발언은 주장도 아니고, 단지 숲 속 도로 건설을 나쁘게 묘사한 진술일 뿐이다. 지금, 어떤 작가들은 주장을 누군가에게 무언가를 설득하려는 시도로 정의한다. 이는 올바르지 않다. (A) 주장은 결론을 증명하거나 지지하려는 시도이다. 누군가를 설득하려고 할 때, 그 사람을 자신의 관점으로 이끌려는 것이고, 설득하려는 것과 주장을 하려는 것은 논리적으로 다른 활동이다. 물론 누군가에게 무언가를 설득하고 싶을 때 주장을 사용할 수도 있다. (B) 모든 주장이 설득을 시도하는 것은 아니며, 많은 설득 시도가 주장을 포함하지 않는다. 사실, 주장을 제시하는 것은 사람들을 설득하는 가장 효과적이지 않은 방법 중 하나인 경우가 많고, 이는 물론 광고주들이 주장을 잘 하지 않는 이유이기도 하다. 사람들은 잘 알려져 있듯이 가장 약한 주장에도 설득당하고, 때로는 꽤 좋은 주장에 대해서도 전혀 개의치 않는 경우가 많다.

주어진 글 다음에 이어질 글의 순서로 가장 적절한 것을 고르시오. [3점]

① (A) — (C) — (B) (A)는 주장에 대한 문장으로 시작하는데 주어진 글에 관련 내용이 없음
② (B) — (A) — (C) 주어진 글 바로 뒤에는 (C), 즉 숲 속 도로 건설을 나쁘게 묘사한 진술을 '그 발언'이라고 지칭하는 내용이 이어져야 함
③ (B) — (C) — (A) 더 많은 도로가 국립 숲에 해로울 수 있다는 것을 설득하려고 했던 누군가가 국립 숲에는 도로가 더 필요하다는 말을 한 것을 들었음 - 주장을 누군가 설득하는 시도로 정의하는 것은 올바르지 않음
④ (C) — (A) — (B) 설득과 주장은 다른 활동인데, 물론 설득할 때 주장을 제시할 수도 있음 - 주장을 제시하는 게 설득하는 가장 효과적이지 않은 방법 중 하나임
⑤ (C) — (B) — (A) (A)에서 설득할 때 주장을 사용할 수도 있다고 한 뒤, 반대 내용이 But으로 (B)에 이어져야 함

| 문제 풀이 순서 | [정답률 59%]

1st 각 문단의 내용을 파악하고, 글의 논리적인 순서를 추론한다.

주어진 글: "국립 숲에는 농부가 가뭄을 필요로 하지 않는 것처럼 도로가 필요 없다." 우리는 더 많은 도로가 국립 숲에 해로울 수 있다는 것을 청중에게 설득하려고 했던 누군가가 이 말을 한 것을 들었다.

➡ 더 많은 도로가 숲에 해로울 수 있다는 것을 청중에게 설득하려는 말을 들었다고 했다. **단서**

주어진 글 뒤: 들은 말에 대한 감상이나 반응 등 그에 대한 부연 설명이 이어질 것이다. **발상**

(A) 주장은 결론을 증명하거나 지지하려는 시도이다. 누군가를 설득하려고 할 때, 그 사람을 자신의 관점으로 이끌려는 것이고, 설득하려는 것과 주장을 하려는 것은 논리적으로 다른 활동이다. 물론 누군가에게 무언가를 설득하고 싶을 때 주장을 사용할 수도 있다.

➡ **(A) 앞:** 주장은 결론을 증명하거나 지지하려는 시도로, 설득과 주장은 다른 활동이라고 하면서 주장에 대한 내용이 나왔으므로, 주장이라는 단어가 언급되기 전의 배경 설명이나 관련된 내용이 제시되어야 한다.
▶ 주어진 글이 (A) 앞에 올 수 없음

(A) 뒤: 물론 누군가를 설득하려고 할 때 주장을 사용할 수도 있다고 한 것으로 보아 그것이 가지는 한계나 문제점이 이어질 것이다.

(B) 모든 주장이 설득을 시도하는 것은 아니며, 많은 설득 시도가 주장을 포함하지 않는다. 사실, 주장을 제시하는 것은 사람들을 설득하는 가장 효과적이지 않은 방법 중 하나인 경우가 많고, 이는 물론 광고주들이 주장을 잘 하지 않는 이유이기도 하다. 사람들은 잘 알려져 있듯이 가장 약한 주장에도 설득당하고, 때로는 꽤 좋은 주장에 대해서도 전혀 개의치 않는 경우가 많다.

➡ **(B) 앞:** 주장을 제시하는 것은 사람들을 설득하는 가장 효과적이지 않은 방법들 중 하나라고 했으므로, 설득할 때 주장을 제시할 수 있음이 언급되어야 한다.
▶ 순서: (A) → (B)

(B) 뒤: 주장을 제시하는 것이 설득에 영향을 미치지 않는다는 내용에 대한 예시를 들었으므로 관련 예시가 더 이어지거나 마무리 내용일 가능성이 크다.
▶ (B)가 글의 마지막일 확률이 큼

(C) 그러나 그 발언(The remark)은 주장도 아니고, 단지 숲 속 도로 건설을 나쁘게 묘사한 진술일 뿐이다. 지금, 어떤 작가들은 주장을 누군가에게 무언가를 설득하려는 시도로 정의한다. 이는 올바르지 않다.

➡ **(C) 앞:** '그 발언(The remark)'이라고 하면서 숲 속 도로 건설을 나쁘게 묘사한 진술이라는 것이 언급되었으므로 앞에는 숲 속 도로 건설을 나쁘게 묘사한 발언이 나와야 한다. ▶ 순서: 주어진 글 → (C)

(C) 뒤: 주장을 누군가를 설득하려는 시도로 정의하는 것이 올바르지 않다고 한 진술에 대한 부연 설명이나 관련 내용이 나와야 한다. 이 내용이 (A)에 있다.
▶ 순서: 주어진 글 → (C) → (A) → (B)

2nd 글이 한눈에 들어오도록 정리하여 정답을 확인한다.

주어진 글: 더 많은 도로가 숲에 해로울 수 있다는 것을 청중에게 설득하려는 말을 들었다.

→ **(C):** 이는 숲 속 도로 건설을 나쁘게 묘사한 진술일 뿐이며, 주장을 설득하려는 시도로 정의하는 것은 올바르지 않다.

→ **(A):** 설득과 주장은 다른 활동인데, 물론 설득할 때 주장을 제시할 수도 있다.

→ **(B):** 주장은 설득에 가장 효과적이지 않은 방법 중 하나로, 주장이 사람들을 설득하는 데 유의미한 영향을 미치지 못한다.

▶ 주어진 글 다음에 이어질 글의 순서는 (C) → (A) → (B)이므로 정답은 ④임

1회 08 정답 ② ＊문법적 성 차이가 미치는 영향

Shakespeare wrote, / "What's in a name? // That / which we call a rose / by any other name / would smell as sweet." //
셰익스피어는 썼다 / "이름 안에 무엇이 있는가? // 그것은 / 우리가 장미라고 부르는 / 그 어떤 다른 이름으로도 / 그만큼 달콤한 냄새가 날 것이다"라고 // **단서 1** 셰익스피어의 말이 인용됨

(A) Take the word *bridge*. //
'다리'라는 단어를 보자 // **단서 2** Boroditsky의 연구 결과를 뒷받침하는 예시가 시작됨

In German, / *bridge* (die brücke) is a feminine noun; / in Spanish, / *bridge* (el puente) is a masculine noun. //
독일어로 / '다리'(die brücke)는 여성 명사이다 / 스페인어로 / '다리'(el puente)는 남성 명사이다 //

Boroditsky found / that when asked to describe a bridge, / native German speakers used words / like *beautiful*, *elegant*, *slender*. //
Boroditsky는 알아냈다 / 다리를 묘사하라는 요청을 받았을 때 / 독일어 원어민이 단어를 사용한다는 사실을 / '아름다운', '우아한', '날씬한' 같은 //

When native Spanish speakers were asked / the same question, / they used words / like *strong*, *sturdy*, *towering*. //
스페인어 원어민이 질문받았을 때 / 같은 질문을 / 그들은 단어를 사용했다 / '강한', '튼튼한', '우뚝 솟은' 같은 //

(B) According to Stanford University psychology professor Lera Boroditsky, / that's not necessarily so. //
Stanford 대학교의 심리학 교수인 Lera Boroditsky에 따르면 / 그것이 반드시 그렇지는 않다 // **단서 3** 셰익스피어가 쓴 것이 반드시 그렇지는 않다는 것을 보여주는 내용이 이어짐

Focusing on the grammatical gender differences / between German and Spanish, / 문법적 성 차이에 초점을 맞추어 / 독일어와 스페인어 간의 / Boroditsky's work indicates / that the gender / our language assigns to a given noun / influences us / to subconsciously give that noun / characteristics of the grammatical gender. //
Boroditsky의 연구는 나타낸다 / 성은 / 우리의 언어가 특정 명사에 부여하는 / 우리에게 영향을 미친다는 것을 / 무의식적으로 그 명사에 부여하도록 / 문법적 성의 특성을 //

(C) This worked / the other way around / as well. //
이것은 마찬가지였다 / 반대의 경우에도 / 또한 // **단서 4** 독일어에서는 여성형이고, 스페인어에서는 남성형인 단어가 앞에 등장해야 함

The word *key* is masculine / in German / and feminine in Spanish. / '열쇠'라는 단어는 남성형이고 / 독일어에서는 / 스페인어에서는 여성형이다 //

When asked to describe a key, / native German speakers used words / like *jagged*, *heavy*, *hard*, *metal*. //
열쇠를 묘사하라는 요청을 받았을 때 / 독일어 원어민은 단어를 사용했다 / '뾰족뾰족한', '무거운', '단단한', '금속의' 같은 //

Spanish speakers used words / like *intricate*, *golden*, *lovely*. //
스페인어 사용자는 단어를 사용했다 / '정교한', '황금빛의', '사랑스러운' 같은 //

- **feminine** ⓐ 여성의   - **masculine** ⓐ 남성의   - **sturdy** ⓐ 튼튼한
- **towering** ⓐ 우뚝 솟은   - **gender** ⓝ 성   - **indicate** ⓥ 나타내다
- **assign** ⓥ 부여하다   - **subconsciously** ⓐⓓ 무의식적으로
- **characteristics** ⓝ 특성

셰익스피어는 "이름 안에 무엇이 있는가? 우리가 장미라고 부르는 것은 그 어떤 다른 이름으로 불러도 그만큼 달콤한 냄새가 날 것이다."라고 썼다. (B) Stanford 대학교의 심리학 교수인 Lera Boroditsky에 따르면, 그것이 반드시 그렇지는 않다. 독일어와 스페인어 간의 문법적 성 차이에 초점을 맞춘 Boroditsky의 연구에 따르면, 우리의 언어가 특정 명사에 부여하는 성은 우리가 무의식적으로 그 명사에 문법적 성의 특성을 부여하도록 영향을 미친다. (A) '다리'라는 단어를 보자. 독일어로 '다리'(die brücke)는 여성 명사이지만, 스페인어로 '다리'(el puente)는 남성 명사이다. Boroditsky는 독일어 원어민이 다리를 묘사하라는 요청을 받았을 때, '아름다운', '우아한', '날씬한' 같은 단어를 사용한다는 사실을 알아냈다. 같은 질문을 받았을 때, 스페인어 원어민은 '강한', '튼튼한', '우뚝 솟은' 같은 단어를 사용했다. (C) 이것은 반대의 경우에도 마찬가지였다. '열쇠'라는 단어는 독일어에서는 남성형이고 스페인어에서는 여성형이다. 독일어 원어민이 열쇠를 묘사하라는 요청을 받았을 때, '뾰족뾰족한', '무거운', '단단한', '금속의' 같은 단어를 사용했다. 스페인어 사용자는 '정교한', '황금빛의', '사랑스러운' 같은 단어를 사용했다.

주어진 글 다음에 이어질 글의 순서로 가장 적절한 것을 고르시오.
① (A) — (C) — (B) 남성 명사, 여성 명사라는 개념이 왜 등장하는지가 (A) 앞에 필요함
② (B) — (A) — (C)
③ (B) — (C) — (A) '다리'가 나온 뒤에 '열쇠'가 나와야 함
④ (C) — (A) — (B) This가 가리키는 것이 셰익스피어의 말이 아님
⑤ (C) — (B) — (A)

똑같은 사물에 서로 다른 이름을 붙이더라도 그 사물의 특징은 바뀌지 않는다는 의미인
셰익스피어의 말을 인용함 - 셰익스피어의 말이 틀렸음을 보여주는 Lera Borodistky의
연구 - 다리를 묘사하라고 했을 때 독일어 원어민과 스페인어 원어민이 사용하는 단어가
다름 - '열쇠'라는 단어 같은 반대의 경우에도 마찬가지였음

| 문제 풀이 순서 | [정답률 55%]

1st 각 문단의 내용을 파악하고, 글의 논리적인 순서를 추론한다.

주어진 글: 셰익스피어는 "이름 안에 무엇이 있는가? 우리가 장미라고 부르는 것은 그 어떤 다른 이름으로 불러도 그만큼 달콤한 냄새가 날 것이다."라고 썼다.

→ 셰익스피어의 말은 똑같은 사물에 서로 다른 이름을 붙이더라도 그 사물의 특징은 바뀌지 않는다는 의미이다.
주어진 글 뒤: 셰익스피어의 이 말을 뒷받침하는 내용이나 이것이 틀렸음을 보여주는 내용이 이어질 것이다.

(A): '다리'라는 단어를 보자. 독일어로 '다리'(die brücke)는 여성 명사이지만, 스페인어로 '다리'(el puente)는 남성 명사이다. Borodistky는 독일어 원어민이 다리를 묘사하라는 요청을 받았을 때, '아름다운', '우아한', '날씬한' 같은 단어를 사용한다는 사실을 알아냈다. 같은 질문을 받았을 때, 스페인어 원어민은 '강한', '튼튼한', '우뚝 솟은' 같은 단어를 사용했다.

→ 다리를 묘사하라는 요청을 받았을 때,
'다리'가 여성 명사인 독일어 원어민: '아름다운', '우아한', '날씬한' 같은 단어를 사용함
'다리'가 남성 명사인 스페인어 원어민: '강한', '튼튼한', '우뚝 솟은' 같은 단어를 사용함
(A) 앞: 셰익스피어의 말을 반박하는 예시라는 것은 알 수 있지만, 주어진 글에 곧바로 이어지기에는 부족하다.
▶ 주어진 글이 (A) 앞에 올 수 없음
(A) 뒤: '다리' 외의 또 다른 예시가 등장하거나 '다리'와 달리 셰익스피어의 말을 뒷받침하는 예시가 등장할 수 있다.

(B): Stanford 대학교의 심리학 교수인 Lera Borodistky에 따르면, 그것(that)이 반드시 그렇지는 않다. 독일어와 스페인어 간의 문법적 성 차이에 초점을 맞춘 Borodistky의 연구에 따르면, 우리의 언어가 특정 명사에 부여하는 성은 우리가 무의식적으로 그 명사에 문법적 성의 특성을 부여하도록 영향을 미친다.

→ 셰익스피어의 말이 틀렸음을 보여주는 Lera Borodistky의 연구: 특정 명사에 부여하는 성이 그 명사에 문법적 성의 특성을 부여하도록 영향을 미침
(B) 앞: that이 가리키는 것이 셰익스피어의 말이므로 주어진 글에 (B)가 이어져야 한다.
▶ 순서: 주어진 글 → (B)
(B) 뒤: 특정 명사의 문법적 성이 그 명사에 그 문법적 성의 특성을 부여하도록 영향을 미친다는 것을 보여주는 예시가 (A)의 '다리'이다.
▶ 순서: 주어진 글 → (B) → (A)

(C): 이것은 반대의 경우에도 마찬가지였다. '열쇠'라는 단어는 독일어에서는 남성형이고 스페인어에서는 여성형이다. 독일어 원어민이 열쇠를 묘사하라는 요청을 받았을 때, '뾰족뾰족한', '무거운', '단단한', '금속의' 같은 단어를 사용했다. 스페인어 사용자는 '정교한', '황금빛의', '사랑스러운' 같은 단어를 사용했다.

→ '열쇠'는, '다리'와 반대로, 독일어에서는 남성형이고, 스페인어에서는 여성형이다.
(C) 앞: '다리'와 반대의 경우를 설명하므로 (C) 앞에는 (A)가 와야 한다.
▶ 순서: 주어진 글 → (B) → (A) → (C)

2nd 글이 한눈에 들어오도록 정리하여 정답을 확인한다.

주어진 글: 셰익스피어는 "이름 안에 무엇이 있는가? 우리가 장미라고 부르는 것은 그 어떤 다른 이름으로 불러도 그만큼 달콤한 냄새가 날 것이다."라고 썼다.

→ **(B):** 그것이 반드시 그렇지는 않은데, 우리의 언어가 특정 명사에 부여하는 성이 우리로 하여금 그 명사에 문법적 성의 특성을 부여하도록 영향을 미친다.

→ **(A):** '다리'는 독일어에서는 여성 명사이지만, 스페인어에서는 남성 명사이다. 독일어 원어민은 다리를 묘사하라는 요청을 받았을 때, '아름다운', '우아한', '날씬한' 같은 단어를 사용하고, 스페인어 원어민은 '강한', '튼튼한', '우뚝 솟은' 같은 단어를 사용했다.

→ **(C):** 이는 반대의 경우에도 마찬가지이다. '열쇠'는 독일어에서는 남성형이고 스페인어에서는 여성형이다. 독일어 원어민이 열쇠를 묘사하라는 요청을 받았을 때, '뾰족뾰족한', '무거운', '단단한', '금속의' 같은 단어를 사용하고, 스페인어 사용자는 '정교한', '황금빛의', '사랑스러운' 같은 단어를 사용했다.

▶ 주어진 글 다음에 이어질 글의 순서는 (B) → (A) → (C)이므로 정답은 ②임

1회 **09** 정답 ⑤ ＊프랑스의 교육 개혁 및 새로운 대학 시스템 구축

글의 흐름으로 보아, 주어진 문장이 들어가기에 가장 적절한 곳을 고르시오. [3점]

> **단서 1** '이 사업'의 주요 수단이 교육 개혁, 특히 대학 시스템의 구축이라고 함
> A principal vehicle of this enterprise / was educational reform / and specifically the building of a university system / **dedicated** to the ideals of science, reason, and humanism. //
> 이 사업의 주요 수단은 / 교육 개혁이었다 / 특히 대학 시스템의 구축이었다 / 과학, 이성, 인본주의의 이상에 헌신하는 //

분사구문을 이끎
Writing just after the end of World War I, / an acute observer of the French philosophical scene judged /
제1차 세계대전 직후 글에서 / 프랑스 철학계에 대한 예리한 관찰자는 평가했다 /
목적어절을 이끄는 접속사
that "philosophical research had never been more abundant, / more serious, and more intense / among us / than in the last thirty years." //
"철학적 연구는 더 풍부했던 적이 없었다 / 더 진지하고, 더 강렬했던 / 우리 사이에서 / 지난 30년보다" //

(①) This flowering was / **due to** the place of philosophy / in the new educational system / **set** up by the Third Republic / in the wake of the demoralizing defeat in the Franco-Prussian War. //
이러한 철학의 발전은 / 철학이 차지한 위치 덕분이었다 / 새로운 교육 시스템에서 / 제3공화국에 의해 설정된 / 프로이센 프랑스 전쟁에서의 비참한 패배의 여파로 //

(②) The French **had been** humiliated / by the capture of Napoleon III at Sedan / and **wasted** by the long siege of Paris. //
프랑스는 굴욕감을 느꼈다 / 세단에서 나폴레옹 3세가 포로로 잡힌 것에 의해 / 그리고 파리에서의 긴 포위로 인해 황폐해졌다 //

선행사를 포함하는 관계대명사
(③) They had also been terrified / by **what** most of the bourgeoisie saw / as seventy-three days of anarchy / under the radical socialism of the Commune. //
그들은 또한 두려움을 느꼈다 / 대부분의 부르주아가 경험한 것에 의해 / 73일 간의 무정부 상태로서 / 공산당의 급진적 사회주의 하에서 //

(④) Much of the new Republic's effort at spiritual restoration / was driven / by a rejection of the traditional values of institutional religion, / **which it** aimed to replace / with an enlightened worldview. //
영적 회복에 대한 새로운 공화국의 노력 대부분은 / 비롯되었다 / 제도 종교의 전통적 가치에 대한 거부에 의해 / 그것(새로운 공화국)이 대체하려고 목표한 것 / 계몽된 세계관으로 //

(⑤) Albert Thibaudet highlighted / the importance of this reform / when he labeled the Third Republic / "the republic of professors." //
Albert Thibaudet는 강조했다 / 이 개혁의 중요성을 / 제3공화국을 지칭하면서 / "교수들의 공화국"이라고 //

- vehicle ⓝ 수단　　• enterprise ⓝ 사업　　• reform ⓝ 개혁
- dedicate to ~에 헌신하다　　• humanism ⓝ 인본주의
- acute ⓐ 예리한　　• philosophical ⓐ 철학적인
- flowering ⓝ 발전, 개화기　　• in the wake of ~의 여파로
- demoralize ⓥ 사기를 꺾다　　• humiliate ⓥ 굴욕감을 주다
- terrified ⓐ 겁이 난　　• bourgeoisie ⓝ 중산층, 부르주아
- radical ⓐ 급진적인　　• restoration ⓝ 복원
- enlightened ⓐ 계몽된　　• label ⓥ 지칭하다

제1차 세계대전 직후 글에서, 프랑스 철학계에 대한 예리한 관찰자는 "철학적 연구는 지난 30년간 우리 사이에서 그 어느 때보다도 풍부하고, 진지하며, 강렬했다"고 평가했다. (①) 이러한 철학의 발전은 프로이센 프랑스 전쟁에서의 패배로 인해 설정된 제3공화국의 새로운 교육 시스템에서 철학이 차지한 위치 덕분이었다. (②) 프랑스는 세단에서 나폴레옹 3세가 포로로 잡힌 것에 굴욕감을 느꼈으며 파리에서의 긴 포위로 인해 황폐해졌다. (③) 또한 그들은 대부분의 부르주아가 공산당의 급진적 사회주의 하에서 73일 간의 무정부 상태로서 경험한 것에 대해 두려움을 느꼈다. (④) 새로운 공화국의 영적 회복 노력은 제도 종교의 전통적인 가치를 거부하고, 이를 계몽된 세계관으로 대체하는 것을 목표로 하는 데서 비롯되었다. (⑤ 이 사업의 주요 수단은 교육 개혁, 특히 과학, 이성, 인본주의의 이상에 헌신하는 대학 시스템의 구축이었다.) Albert Thibaudet는 제3공화국을 "교수들의 공화국"이라고 칭하면서 이 개혁의 중요성을 강조했다.

| 문제 풀이 순서 | [정답률 52%]

1st 주어진 문장을 해석하고, 연결어, 지시어 등을 확인한다.

A principal vehicle of this enterprise / was educational reform / and specifically the building of a university system / dedicated to the ideals of science, reason, and humanism. //
이 사업의 주요 수단은 / 교육 개혁이었다 / 특히 대학 시스템의 구축이었다 / 과학, 이성, 인본주의의 이상에 헌신하는 //

➡ '이 사업(this enterprise)'의 주요 수단이 교육 개혁, 특히 대학 시스템의 구축이었다고 했으므로 앞에는 교육 개혁을 필요로 하는 '이 사업'이 무엇인지에 대한 설명이 제시되어야 한다. 단서
　▶ **주어진 문장 앞:** 교육 개혁을 필요로 하는 이 사업이 무엇인지 제시될 것임 발상
　▶ **주어진 문장 뒤:** 교육 개혁이나 대학 시스템의 구축에 대한 부연 설명이 이어질 것임

2nd 각 선택지의 앞뒤 흐름이 매끄러운지 확인한다.

- **①의 앞 문장과 뒤 문장**

앞 문장: 제1차 세계대전 직후 글에서, 프랑스 철학계에 대한 예리한 관찰자는 "철학적 연구는 지난 30년간 우리 사이에서 그 어느 때보다도 풍부하고, 진지하며, 강렬했다"고 평가했다.

뒤 문장: 이러한 철학의 발전(This flowering)은 프로이센 프랑스 전쟁에서의 패배로 인해 설정된 제3공화국의 새로운 교육 시스템에서 철학이 차지한 위치 덕분이었다.

➡ 앞 문장은 프랑스 철학계가 지난 30년간 그 어느 때보다도 풍부하고 진지하며 강렬하게 발전했다고 했다. 뒤 문장에서는 '이러한 철학의 발전(This flowering)'이 전쟁에서의 패배로 인해 설정된 새로운 교육 시스템에서 철학이 차지한 위치 덕분이라고 했다. 따라서 두 문장은 자연스럽게 연결된다.
　▶ **주어진 문장이 ①에 들어갈 수 없음**

- **②의 앞 문장과 뒤 문장**

앞 문장: ①의 뒤 문장과 같음

뒤 문장: 프랑스는 세단에서 나폴레옹 3세가 포로로 잡힌 것에 굴욕감을 느꼈으며 파리에서의 긴 포위로 인해 황폐해졌다.

➡ 앞 문장에서는 전쟁에서의 패배가 새로운 교육 시스템에서의 철학의 위치에 영향을 미쳤음이 언급되었으며, 뒤에 이어지는 문장에서는 전쟁 패배에서 느낀 프랑스의 굴욕에 대해 설명하고 있으므로 자연스럽게 연결되고 있다.
　▶ **주어진 문장이 ②에 들어갈 수 없음**

- **③의 앞 문장과 뒤 문장**

앞 문장: ②의 뒤 문장과 같음

뒤 문장: 또한(also) 그들은 대부분의 부르주아가 공산당의 급진적 사회주의 하에서 73일 간의 무정부 상태로서 경험한 것에 대해 두려움을 느꼈다.

➡ 앞부분에서 프랑스가 전쟁 패배로 인해 느낀 굴욕감 등에 대해 언급한 뒤, 뒤 문장에서는 '또한(also)' 그들이 무정부 상태를 경험한 것에 대해 두려움을 느꼈다고 했으므로 두 문장의 연결이 자연스럽다.
　▶ **주어진 문장이 ③에 들어갈 수 없음**

- **④의 앞 문장과 뒤 문장**

앞 문장: ③의 뒤 문장과 같음

뒤 문장: 새로운 공화국의 영적 회복 노력은 제도 종교의 전통적인 가치를 거부하고, 이를 계몽된 세계관으로 대체하는 것을 목표로 하는 데서 비롯되었다.

➡ 앞의 두 문장에서 프랑스가 전쟁 패배로 인해 겪은 굴욕감, 무정부 상태를 경험한 두려움 등 영적 상처를 받았음을 제시했으며, 뒤에서는 영적 회복을 위해 전통적 가치를 계몽된 세계관으로 대체할 목표를 세웠음을 언급했으므로 두 문장이 자연스럽게 연결된다.
　▶ **주어진 문장이 ④에 들어갈 수 없음**

- **⑤의 앞 문장과 뒤 문장**

앞 문장: ④의 뒤 문장과 같음

뒤 문장: Albert Thibaudet는 제3공화국을 "교수들의 공화국"이라고 칭하면서 이 개혁(this reform)의 중요성을 강조했다.

➡ 앞 문장에서 영적 회복을 위해 전통적 가치를 계몽된 세계관으로 대체할 목표를 세웠다고 했다. 뒤 문장에서는 제3공화국이 교수들의 공화국이라고 불리며 '이 개혁(this reform)'의 중요성이 강조된다고 했다. 주어진 문장은 '이 사업'의 주요 수단이 교육 개혁, 특히 대학 시스템의 구축이라고 했으므로, 주어진 문장을 ⑤에 넣어야 영적 회복이라는 사업의 수단으로 교육 개혁, 즉 대학 시스템의 구축이 제시되었으며 이 개혁, 즉 교육 개혁의 중요성이 강조되면서 제3공화국이 교수들의 공화국이라고 지칭된다는 내용이 전개될 수 있다.
　▶ **주어진 문장이 ⑤에 들어가야 함**

3rd 글이 한눈에 들어오도록 정리하여 정답을 확인한다.

제1차 세계대전 직후, 프랑스의 철학적 연구는 지난 30년간 그 어느 때보다도 풍부하고, 진지하며, 강렬했다는 평가가 나왔다.
(①) 이러한 철학의 발전은 전쟁에서의 패배로 인해 설정된 제3공화국의 새로운 교육 시스템에서 철학이 차지한 위치 덕분이다.
(②) 프랑스는 나폴레옹 3세가 포로로 잡힌 것에 굴욕감을 느꼈으며 파리에서의 긴 포위로 인해 황폐해졌다.
(③) 또한 그들은 73일간의 무정부 상태를 경험한 것에 대해 두려움을 느꼈다.
(④) 새로운 공화국의 영적 회복 노력은 전통적인 가치를 계몽된 세계관으로 대체하는 것을 목표로 했다.
(⑤ 이 사업의 주요 수단은 교육 개혁, 특히 과학, 이성, 인본주의의 이상에 헌신하는 대학 시스템의 구축이었다.)
제3공화국을 "교수들의 공화국"이라고 칭하면서 이 개혁의 중요성을 강조했다.

1회 10 정답 ② ＊무작위 오차와 편향의 차이

The important difference between random error and bias / is the "systematic" element of bias / **such that** measured values / **not only** differ from true values, / **but do so** /
such that: 그래서 ~하다(접속사)
not only A but (also) B: A뿐만 아니라 B도 (= differ from true values)
무작위 오차와 편향 사이의 중요한 차이는 / 편향의 "체계적인" 요소인데 / 이는 측정된 값들이 / 단지 참값과 다를 뿐만 아니라 / 그렇게 된다는 것이다 /

as the result of an underlying factor or factors / **that** affect all the differences / in a specific way. //
주격 관계대명사
근본적인 요인 또는 요인들의 결과로 / 모든 차이들에 영향을 미치는 / 특정한 방식으로 //

As an analogy, / think of two archers / **aiming** at a target. //
현재분사(two archers 수식)
비유로 / 두 명의 궁수를 생각해 보라 / 과녁을 겨냥하는 //

One of them **is not** a good aim / and **tends** **not** to hit the bull's-eye, / **but** to scatter her shots around the target. //
그들 중 한 명은 조준을 잘하지 못해서 / 과녁의 정중앙을 맞히지 못하는 경향이 있으며 / 대신 그녀의 화살을 과녁 주위에 흩뿌리는 (경향이 있다) //

The other always aims too far to the left / and so her shots always land / to the left of the target. //
다른 한 명은 항상 너무 왼쪽을 겨냥해서 / 그녀의 화살들은 항상 떨어진다 / 과녁의 왼쪽에 //

If the target **was removed** after they **had fired**, / but **you could see** / where **the arrows had landed**, / you **might** be able to guess / **where the first archer had been aiming** / **by picking** somewhere in the middle of the holes — /
만약 과녁이 그들이 화살을 쏜 후에 치워졌지만 / 여러분이 볼 수 있다면 / 화살들이 어디에 떨어졌는지를 / 여러분은 추측할 수 있을지도 모른다 / 첫 번째 궁수가 어디를 겨냥했는지 / 구멍들 사이에서 어느 중간 지점을 고름으로써 /

but this tactic would not work with the second example / (unless **you knew** / she always aimed to the left) / and you would tend to misidentify / **where** the target **had been**. //
그러나 이 전술은 두 번째 예시에서는 통하지 않을 것이다 / (여러분이 알지 못했다면 / 그녀가 항상 왼쪽을 겨냥한다는 것을) / 그리고 여러분은 잘못 식별하는 경향이 있을 것이다 / 과녁이 있었던 곳을 //

In the same way, / **with random error present** / we can infer approximately **where the true value lies**, /
같은 방식으로 / 무작위 오차가 있을 때 / 우리는 대략적으로 참값이 어디에 있는지를 추론할 수 있다 /
[단서 1] 무작위 오차의 경우, 대략적으로 참값이 어디에 있는지를 추론할 수 있음

but with systematic error / we risk making an incorrect inference / unless we are aware of the type and size of the bias. //
그러나 체계적 오차가 있을 때 / 우리는 부정확한 추론을 할 위험이 있다 / 우리가 편향의 유형과 크기를 알지 못한다면 /
[단서 2] 체계적 오차의 경우, 편향의 유형과 크기를 알지 못하면 추론이 틀릴 위험성이 있음

→ **Whether** errors are random or systematic / can bring about different results: / **it** is possible **to infer** the (A) **positioning** of the true values / with random errors; /
오차가 무작위적인지 체계적인지에 따라 / 다른 결과들이 나타날 수 있는데 / 참값의 위치를 추론하는 것이 가능하지만 / 무작위 오차의 경우 /

meanwhile, inferences **based on** systematic errors / are more likely to be incorrect / without first (B) **identifying** the nature of the bias. //
한편, 체계적 오차에 기반한 추론들은 / 틀릴 가능성이 더 크다 / 먼저 편향의 성격을 파악하지 않으면 //

- bias ⓝ 편향　　· systematic ⓐ 체계적인
- analogy ⓝ 비유　　· archer ⓝ 궁수　　· bull's-eye ⓝ 과녁의 정중앙
- land ⓥ 떨어지다, 착륙하다　　· fire ⓥ 쏘다, 발사하다　　· tactic ⓝ 전술
- misidentify ⓥ 잘못 식별하다　　· infer ⓥ 추론하다
- approximately ⓐⓓ 대략적으로　　· intersection ⓝ 교차(점)
- distribution ⓝ 분포　　· conceal ⓥ 감추다

무작위 오차와 편향 사이의 중요한 차이는 편향의 "체계적인" 요소인데, 이는 측정된 값들이 단지 참값과 다를 뿐만 아니라, 특정한 방식으로 모든 차이들에 영향을 미치는 근본적인 요인 또는 요인들의 결과로 그렇게 된다는 것이다. 비유로, 과녁을 겨냥하는 두 명의 궁수를 생각해 보라. 그들 중 한 명은 조준을 잘하지 못해서 과녁의 정중앙을 맞히지 못하는 경향이 있으며, 대신 그녀의 화살을 과녁 주위에 흩뿌리는 경향이 있다. 다른 한 명은 항상 너무 왼쪽을 겨냥해서 그녀의 화살들은 항상 과녁의 왼쪽에 떨어진다. 만약 그들이 화살을 쏜 후에 과녁이 치워졌지만, 여러분이 화살들이 어디에 떨어졌는지를 볼 수 있다면, 여러분은 첫 번째 궁수가 어디를 겨냥했는지 구멍들 사이의 어느 중간 지점을 고름으로써 추측할 수 있을지도 모르는데, 그러나 이 전술은 두 번째 예시에서는 통하지 않을 것이고(여러분이 그녀가 항상 왼쪽을 겨냥한다는 것을 알지 못했다면) 여러분은 과녁이 있었던 곳을 잘못 식별하는 경향이 있을 것이다. 같은 방식으로, 무작위 오차가 있을 때 우리는 대략적으로 참값이 어디에 있는지 추론할 수 있지만, 체계적 오차가 있을 때 우리는 편향의 유형과 크기를 알지 못한다면 부정확한 추론을 할 위험이 있다.

→ 오차가 무작위적인지 체계적인지에 따라 다른 결과들이 나타날 수 있는데, 무작위 오차의 경우 참값의 (A) **위치**를 추론하는 것이 가능하지만, 체계적 오차에 기반한 추론들은 먼저 편향의 성격을 (B) **파악하지** 않으면 틀릴 가능성이 더 크다.

다음 글의 내용을 한 문장으로 요약하고자 한다. 빈칸 (A), (B)에 들어갈 말로 가장 적절한 것은? [4점]

	(A)		(B)	
①	intersection 교차점	—	masking 가리기	과녁 목표 지점의 대략적인 위치를 추론할 수 있다고 했지 '교차점'은 언급하지 않음
②	positioning 위치	—	identifying 파악하지	무작위 오차는 과녁의 목표 지점의 대략적인 위치를 추론할 수 있으며, 체계적 오차는 편향의 성격을 파악하지 않으면 추론이 불가능함
③	application 적용	—	revealing 드러내지	무작위 오차에서의 참값의 '적용'에 대해 언급한 적이 없음
④	continuity 계속성	—	addressing 다루지	무작위 오차에서 참값이 '계속성'을 가진다는 것이 아님
⑤	distribution 분포	—	concealing 감추지	체계적 오차는 편향의 성격을 파악해야 제대로 추론할 수 있다고 했으므로, 편향을 '감추는' 것과 반대임

〉왜 정답? [정답률 65%]

(A):

─ 무작위 오차의 경우, 대략적으로 참값이 어디에 있는지를 추론할 수 있다. [단서 1]

➡ 무작위 오차는 마치 궁수의 조준이 일정하지 않아 매번 과녁의 중앙 주변으로 화살이 여기저기 흩어져서 박히는 것과 같다고 했다. 그 화살들이 박힌 위치를 통해 원래의 목표가 어디쯤이었는지 짐작할 수 있다고 했으므로, 무작위 오차의 경우 목표 지점의 '위치(positioning)'를 추론할 수 있음을 의미한다.

(B):

─ 체계적 오차가 있을 때 우리는 편향의 유형과 크기를 알지 못한다면 부정확한 추론을 할 위험이 있다. [단서 2]

➡ 체계적 오차는 궁수가 왼쪽으로 쏠리게 활을 쏘는 것과 같다고 했다. 만약 우리가 그 궁수가 항상 왼쪽으로 쏘는 경향이 있다는 걸 모른다면, 우리는 표적이 있었던 곳을 잘못 식별할 수 있는 것이다. 따라서, 편향의 유형과 크기를 '파악하지(identifying)' 않으면 틀린 추론을 할 수도 있음을 의미한다.

▶ 요약문의 빈칸에는 각각 '위치'와 '파악하지'가 들어가야 하므로 정답은 ②임

〉왜 오답?

① 과녁 목표 지점의 대략적인 위치를 추론할 수 있다고 했지 '교차점'은 언급하지 않았다.
③ 무작위 오차에서의 참값의 '적용'에 대해 언급한 적이 없다.
④ 무작위 오차에서 참값이 계속성을 가진다는 것이 아니다.
⑤ 체계적 오차는 편향의 성격을 파악해야 제대로 추론할 수 있다고 했으므로, 편향을 '감추는' 것과 반대이다.

＊글의 흐름

도입	무작위 오차와 편향의 중요한 차이는 편향이 가진 '체계적인' 특성에 있음
예시 ①	조준이 서툰 궁수는 화살을 과녁 주위에 흩뿌리지만, 화살 구멍들을 보면 목표 지점을 대략 추측할 수 있음
예시 ②	늘 왼쪽을 조준하는 다른 궁수의 경우, 그 습관을 모른다면 화살이 박힌 곳을 보고 목표 지점을 잘못 판단할 위험이 있음
결론	이처럼 무작위 오차는 참값을 추론하게 하지만, 편향은 그 유형을 모르면 잘못된 추론으로 이끌 수 있음

1회 11~12 ＊문화유산의 종잡을 수 없는 본질

Cultural heritage **can be understood** / in the narrow sense / as the reservoir of cultural elements / that are recognized as **being** significant and **worthy** / **of** preservation and transfer to succeeding generations. //
문화유산은 이해될 수 있다 / 좁은 의미에서 / 문화적 요소의 저장소라고 / 중요하고 가치 있다고 인정되는 / 보존하고 다음 세대에 전수할 //

Cultural heritage in the wide sense, however, / is understood / （수동태 동사）

as a dynamic discursive area /

11번 단서 1: 문화유산은 역동적이고 종잡을 수 없는 영역임

그러나 문화유산은 넓은 의미에서 / 이해된다 / 역동적이고 종잡을 수 없는 영역으로 / （전치사+관계대명사）

within which the cultural resources of the past, and their

significance, / are constructed through social interaction. //

과거의 문화 자원들과 그들의 중요성이 / 사회적 상호작용을 통해 구축되는 //

（부사절에서「주어+be동사」생략）

Once (a) extracted from this discursive area, / the reservoir

becomes just an empty and meaningless collection of artefacts

and ideas / embedded in various forms. // （과거분사구 (artefacts and ideas 수식)）

이 종잡을 수 없는 영역에서 그 추출된다면 / 저장소는 그저 텅 빈, 의미 없는 공예품들과
아이디어들의 모음이 된다 / 다양한 형태에 내포된 //

Such an understanding of cultural heritage / is rooted / in the idea

of (b) collective memory / introduced by Maurice Halbwachs. // （과거분사구 (idea 수식)）

문화유산에 대한 이러한 이해는 / 뿌리를 둔다 / 집단 기억이라는 개념에 / Maurice
Halbwachs에 의해 도입된 //

He argues / that our memory about the past / is socially （목적어절 접속사）

constructed. //

그는 주장한다 / 우리의 과거에 관한 기억은 / 사회적으로 구축된다고 //

To some extent, / social conditions determine / what and how （의문사가 이끄는 명사절）

we remember. // 11번 단서 2: 사회적 조건은 우리가 어떻게 기억할지를 결정함

어느 정도 / 사회적 조건은 결정한다 / 우리가 무엇을 어떻게 기억할지를 //

The phenomenon of tradition and cultural heritage being （being socially determined의 의미상 주어）

socially determined / is emphasized by Eric Hobsbawn and

Terence Ranger, /

전통과 문화유산이 사회적으로 결정되는 현상은 / Eric Hobsbawn과 Terence Ranger에
의해 강조된다 // （계속적 용법의 주격 관계대명사）

who consider that tradition is not reproduced / but rather (c)

invented. //

그들은 그 전통이 재현되는 것이 아니라 / 오히려 발명되는 것이라고 여긴다 //

Belief in the discursive nature of cultural heritage / is based on

the conviction / 12번 단서: 문화유산의 본질은 종잡을 수 없음

문화유산의 종잡을 수 없는 본질에 대한 믿음은 / 확신에 기반하고 있다 / （동격절 접속사）

that the criteria for determining / which artefacts and behavioural （복수 주어）

patterns should be transmitted to posterity / are (d) stable(→ （복수 동사）

unstable). //

결정하는 기준이 / 어떤 공예품들과 행동 양식이 후대에 전수되어야 하는지를 / 안정적이라는
(→ 안정적이지 않다는) //

On the one hand, / a reservoir of cultural heritage is subject to （'~의 대상이 되다'）

selection / and is determined / by global flows, new technology,

economics, cultural policy, or the sentiments of decision-

makers. //

한편으로는 / 문화유산의 저장소는 선택의 대상이고 / 결정된다 / 세계적 흐름, 새로운 기술,
경제, 문화 정책, 또는 의사결정자들의 감정에 의해 //

On the other hand, such a reservoir / is the object of continual

reinterpretation, /

반면, 그러한 저장소는 / 지속적인 재해석의 대상이다 // （주격 관계대명사）

which is influenced / by the social position, background,

biography, and cultural competences / of the individuals who （주격 관계대명사）

participate in a culture. //

영향을 받는 / 사회적 지위, 배경, 전기, 문화적 역량에 의해 / 한 문화에 참여하는 개인들의 //

Social interaction / is the (e) essence of transition in cultural

heritage. // 11번 단서 3: 사회적 상호작용은 문화유산에서 전승의 본질임

사회적 상호작용은 / 문화유산에서 전승의 본질이다 //

- cultural heritage 문화유산   - reservoir ⓝ 저장소
- preservation ⓝ 보존   - succeeding ⓐ 이어지는
- discursive ⓐ 종잡을 수 없는, 산만한   - artefact ⓝ 공예품, 인공물
- embed ⓥ 내포하다   - root ⓥ 뿌리를 두다

- reproduce ⓥ 재현하다, 재생산하다   - sentiment ⓝ 감정
- continual ⓐ 계속적인   - reinterpretation ⓝ 재해석
- biography ⓝ 전기, 일대기   - competence ⓝ 역량

문화유산은 좁은 의미에서 중요하고 보존하고 다음 세대에 전수할 가치 있다고 인정되는 문화적 요소의 저장소라고 이해될 수 있다. 그러나 문화유산은 넓은 의미에서 과거의 문화 자원들과 그들의 중요성이 사회적 상호작용을 통해 구축되는 역동적이고 종잡을 수 없는 영역으로 이해된다. 이 종잡을 수 없는 영역에서 (a) 추출된다면 저장소는 다양한 형태에 내포된 공예품들과 아이디어들의 그저 텅 빈, 의미 없는 모음이 된다. 문화유산에 대한 이러한 이해는 Maurice Halbwachs에 의해 도입된 (b) 집단 기억이라는 개념에 뿌리를 둔다. 그는 우리의 과거에 관한 기억은 사회적으로 구축된다고 주장한다. 어느 정도, 사회적 조건은 우리가 무엇을 어떻게 기억할지를 결정한다. 전통과 문화유산이 사회적으로 결정되는 현상은 Eric Hobsbawn과 Terence Ranger에 의해 강조되는데, 그들은 그 전통이 재현되는 것이 아니라 오히려 (c) 발명되는 것이라고 여긴다.
문화유산의 종잡을 수 없는 본질에 대한 믿음은 어떤 공예품들과 행동 양식이 후대에 전수되어야 하는지를 결정하는 기준이 (d) 안정적이라는(→ 안정적이지 않다는) 확신에 기반하고 있다. 한편으로는, 문화유산의 저장소는 선택의 대상이고, 세계적 흐름, 새로운 기술, 경제, 문화 정책, 또는 의사결정자들의 감정에 의해 결정된다. 반면, 그러한 저장소는 한 문화에 참여하는 개인들의 사회적 지위, 배경, 전기, 문화적 역량에 의해 영향을 받는 지속적인 재해석의 대상이다. 사회적 상호작용은 문화유산에서 전승의 (e) 본질이다.

1회 11 정답 ③

윗글의 주제로 가장 적절한 것은? [3점]
① the significance of cultural heritage preservation
문화유산 보존의 중요성   문화유산의 본질을 설명한 글임
② procedures to build a reservoir for cultural heritage artefacts
문화유산 공예품을 위한 저장소를 설립하는 절차   저장소를 설립하는 절차에 관한 글은 아님
③ cultural heritage's discursive characteristic as a social construct
문화유산의 사회적 구성물로서의 종잡을 수 없는 특성 Cultural heritage ~ through social interaction
④ discursive efforts by social organizations to designate world
heritages 사회단체들에 관한 언급은 없음
세계유산을 지정하기 위한 사회단체들의 종잡을 수 없는 노력
⑤ established criteria for categorizing artefacts based on historical
values 어떤 공예품이 역사적으로 가치 있다고 선택될지에 관한 기준은 정해지지 않았다고 함
역사적 가치에 기반한 공예품 범주화를 위한 확립된 기준

＞왜 정답 ? [정답률 0%]

- 그러나 문화유산은 넓은 의미에서 과거의 문화 자원들과 그들의 중요성이 사회적
상호작용을 통해 구축되는 역동적이고 종잡을 수 없는 영역으로 이해된다. 단서 1
- 어느 정도, 사회적 조건은 우리가 무엇을 어떻게 기억할지를 결정한다. 단서 2
- 사회적 상호작용은 문화유산에서 전승의 본질이다. 단서 3

➡ 문화유산이 선택되고 전수되는 것이 사회적으로 구축되며, 그 기준이 명확하지
않기 때문에 종잡을 수 없는 특징을 지닌다는 글이다. 어떤 문화 자원들이
중요한지는 사회적 상호작용을 통해 결정되며, 사회적 조건과 의사결정자들의
선택이 문화유산의 전승의 본질이라는 점을 설명하고 있다.

▶ 따라서 글의 주제로 적절한 것은 ③ '문화유산의 사회적 구성물로서의 종잡을 수
없는 특성'이다.

＞왜 오답 ?

① 문화유산을 보존해야 하는 중요성이 아니라, 문화유산의 본질을 설명한 글이다.
② 문화유산을 저장소로 설명한 글이지, 저장소를 설립하는 절차에 관한 글은 아니다.
④ 세계유산이나 사회단체들에 관한 언급은 없었다.
⑤ 글의 내용과 반대되는 내용이다. (▶◀ 이유: 어떤 공예품이 역사적으로 가치
있다고 선택될지에 관한 기준은 확립되지 않아서 종잡을 수 없는 특징을 보인다고
설명했다.)

밑줄 친 (a)~(e) 중에서 문맥상 낱말의 쓰임이 적절하지 않은 것은? [3점]

① (a) 종잡을 수 없는 영역에서 '추출되면'
추출되다   의미없는 모음이 됨
② (b) 문화유산은 사회적 상호작용을 통해
집단의   구축되는 것임
③ (c) 사회적 담론을 거쳐 선택되고 만들어짐
발명되다
④ (d) 명확한 기준이 없음
안정적인
⑤ (e) 문화유산은 사회적 상호작용으로 구축됨
본질

⊃왜 정답? [정답률 45%]

④ (d) stable 안정적인

┌ 문화유산의 종잡을 수 없는 본질에 대한 믿음은 어떤 공예품들과 행동
│ 양식이 후대에 전수되어야 하는지를 결정하는 기준이 (d) 안정적이라는 *(안정적이지 않다는)*
└ 확신에 기반하고 있다.

➡ 문화유산의 종잡을 수 없는 본질은 어떤 유물이 문화유산으로서의 가치가
있는지에 관한 명확한 기준이 있는 것이 아니라, 오히려 사회적 상호작용과
의사결정권자들에 의해 선택되기 때문에 그 기준이 '안정적이지 않다'.

  ▶ stable을 unstable(안정적이지 않은)과 같은 어휘로 바꾸어야 함

⊃왜 오답?

① (a) extracted 추출되다

┌ 이 종잡을 수 없는 영역에서 (a) 추출된다면 저장소는 다양한 형태에
└ 내포된 공예품들과 아이디어들의 그저 텅 빈, 의미 없는 모음이 된다.

➡ 종잡을 수 없는 영역은 사회적 상호작용을 통해 구축된 것이기 때문에 그곳에서
'추출된다면', 그 저장소는 과거의 공예품이나 아이디어들을 아무 의미 없이
모아놓은 것이 된다. ▶ extracted는 문맥에 맞음

② (b) collective 집단의

┌ 문화유산에 대한 이러한 이해는 Maurice Halbwachs에 의해 도입된
└ (b) 집단 기억이라는 개념에 뿌리를 둔다.

➡ 문화유산을 사회적 상호작용으로 구축된 종잡을 수 없는 것이라 이해하는 것은
'집단의' 기억이라는 것을 바탕으로 한다. ▶ collective는 문맥에 맞음

③ (c) invented 발명되다

┌ 전통과 문화유산이 사회적으로 결정되는 현상은 Eric Hobsbawn과
│ Terence Ranger에 의해 강조되는데, 그들은 그 전통이 재현되는 것이
└ 아니라 오히려 (c) 발명되는 것이라고 여긴다.

➡ 전통과 문화유산은 사회적으로 결정되기 때문에, 문화유산은 과거의 모든 유물을
보존함으로써 그 전통을 재현하는 것이 아니라, 사회적 담론을 거쳐 선택되고
만들어진, 즉 '발명된' 것이다. ▶ invented는 문맥에 맞음

⑤ (e) essence 본질

─ 사회적 상호작용은 문화유산에서 전승의 (e) 본질이다.

➡ 어떤 문화유산을 선택하고 후대에 전수할지는 사회적 상호작용으로 구축되는
것이라 했으므로, 사회적 상호작용은 문화유산 전승의 '본질'이다.

  ▶ essence는 문맥에 맞음

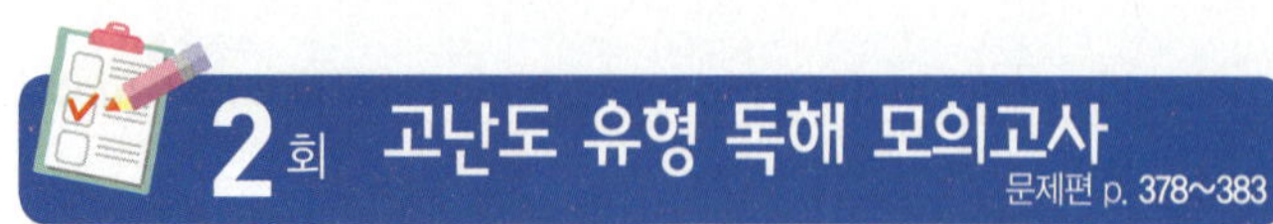

2회 고난도 유형 독해 모의고사
문제편 p. 378~383

2회 01 정답 ④ ＊권위자들 앞에서 자기 행동을 정당화하기

분사구문   *부사적 용법 (목적)*
Serving in the military, / I relied heavily on this saying / **to guide**
my actions. //
군대에 복무하면서 / 나는 이 속담에 매우 의지했다 / 내 행동을 안내하기 위해 //

복합관계부사   *형용사적 용법 (decision 수식)*
Whenever I had a difficult decision to make, / I would ask
재귀 용법의 재귀대명사
myself, / "Can you stand before the long green table?" //
내가 내리기 어려운 결정이 있을 때마다 / 나는 자신에게 묻곤 했다 / "당신은 긴 초록색 탁자
앞에 설 수 있나요"라고 //

과거분사구 (tables 수식)
Since WWII, / the conference tables **used in military boardrooms**
과거완료 수동태   *과거분사구 (furniture 수식)*
/ **had been constructed** / of long, narrow pieces of furniture /
covered in green felt. //
제2차 세계대전 이래로 / 군대 이사회실에서 사용된 회의 탁자는 / 만들어졌다 / 길고 좁은
가구 조각들로 / 초록색 펠트로 덮인 //

복합관계부사   *주격 관계대명사*
Whenever a formal proceeding took place / **that** required
multiple officers to adjudicate an issue, / the officers would
gather around the table. //

단서 1 긴 초록색 탁자는 군대 장교들이 사안을 판결하기
위한 공식 회의 장소임
공식 회의가 있을 때마다 / 여러 장교들이 사안을 판결할 필요가 있는 / 장교들은 탁자 주위로
모이곤 했다 //

The point of the saying was simple. //
단서 2 장교들 앞에서 주장의 정당성을
입증할 수 없다면 자기 행동을
돌아봐야 함
속담의 요점은 단순하다 //
make a case: 주장의 정당함을 입증하다   *현재분사구 (the officers 수식)*
If you *couldn't* **make a** good **case** / to the officers **sitting around**
the long green table, / then you should reconsider your actions. //
당신이 주장이 정당함을 잘 입증'할 수 없다면' / 긴 초록색 탁자에 둘러 앉아있는 장교들에게
/ 그러면 당신은 당신의 행동을 재고해야 한다 //

be about to-v: 막 ~하려고 하다
Every time I **was about to make** an important decision, / I asked
재귀 용법의 재귀대명사
myself, /
내가 중요한 결정을 내리려고 할 때마다 / 나는 자신에게 물었다 /

병렬 구조
"Can I **stand** before the long green table / and **be satisfied** / that
I took all the right actions?" // **단서 3** 긴 초록색 탁자 앞에 선다는 것은 자신이 올바른
행동을 취했다고 만족할 수 있는지를 묻는 것임
"나는 긴 초록색 탁자 앞에 설 수 있는가 / 그리고 만족할 수 있는가 / 내가 모든 올바른
행동을 취했다고"라고 //

앞에 목적격 관계대명사 생략
It is one of the most fundamental questions / **a leader must ask**
helped의 목적어와 목적격 보어 (원형부정사)
themselves / — and the old saying helped **me remember** / what
steps to take. //
그것은 가장 근본적인 질문 중 하나다 / 지도자가 자신들에게 물어봐야 할 / 그리고 오래된
속담은 나를 기억하도록 도왔다 / 무슨 절차를 취해야 하는지를 //

- conference ⓝ 회의
- boardroom ⓝ 중역 회의실
- proceeding ⓝ 행사
- require ⓥ 필요로 하다
- reconsider ⓥ 재고하다
- fundamental ⓐ 근본적인
- assistance ⓝ 도움
- knowledgeable ⓐ 지식이 많은
- courageously ⓐd 대담하게
- convincingly ⓐd 설득력 있게, 납득이 가도록
- authority figure 권위자
- persuade ⓥ 설득하다

군대에 복무하면서 나는 내 행동을 안내하기 위해 이 속담에 매우
의지했다. 내가 내리기 어려운 결정이 있을 때마다, 나는 자신에게
"당신은 긴 초록색 탁자 앞에 설 수 있나요?"라고 묻곤 했다. 제2차
세계대전 이래로, 군대 이사회실에서 사용된 회의 식탁은 초록색 펠트로
덮인 길고 좁은 가구 조각들로 만들어졌다. 여러 장교들이 사안을 판결할
필요가 있는 공식 회의가 있을 때마다, 장교들은 탁자 주위로 모이곤
했다. 속담의 요점은 단순하다. 당신이 긴 초록색 탁자에 둘러 앉아있는
장교들에게 주장이 정당함을 잘 입증'할 수 없다면', 당신은 당신의 행동을
재고해야 한다. 내가 중요한 결정을 내리려고 할 때마다, 나는 자신에게
"나는 긴 초록색 탁자 앞에 서서 내가 모든 올바른 행동을 취했다고 만족할
수 있는가?"라고 물었다. 그것은 지도자가 자신들에게 물어봐야 할 가장
근본적인 질문 중 하나다. 그리고 오래된 속담은 무슨 절차를 취해야
하는지를 기억하도록 나를 도왔다.

밑줄 친 stand before the long green table이 다음 글에서 의미하는 바로 가장 적절한 것은? [4점]

If you *couldn't* make ~ you should reconsider your actions.

① adapt your strategy to constantly changing field conditions
당신의 전략을 끊임없이 변화하는 현장 상황에 맞춰 조정한다   상황에 맞게 바꾸는 것이 중요한 것이 아님
② request assistance in your task from those more knowledgeable
더 지식이 많은 사람에게 당신의 업무에 대한 도움을 요청한다   권위자들에게 도움을 요청하는 내용이 아님
③ courageously carry out your plan without the approval of peers
동료들의 승인 없이 당신의 계획을 대담하게 수행한다
동료들의 승인 없이 계획을 수행한다는 내용은 관련 없음
④ convincingly justify your actions to a group of authority figures
당신의 행동을 권위자 집단에 설득력 있게 정당화한다
⑤ persuade your peers that their campaign strategy is not realistic
캠페인 전략이 현실적이지 않다고 당신의 동료들을 설득한다
캠페인 전략에 대해 설득한다는 내용은 언급되지 않았음

왜 정답? [정답률 65%]

- 군대에서는 초록색 펠트로 덮인 길고 좁은 가구 조각들로 만들어진 회의 탁자를 사용함 → '긴 초록색 탁자'는 군대 장교들이 사안을 판결하는 공식 회의 장소임 **단서 1**
- 공식 회의 중 장교들 앞에서 자기 주장의 정당성을 입증할 수 없다면 자기 행동을 돌아봐야 함 → 긴 초록색 탁자 앞에 선다는 것은 자신이 올바른 행동을 취했다고 만족할 수 있는지를 묻는 것임 **단서 2, 3**

➡ 자신의 행동을 안내하기 위해 '긴 초록색 탁자 앞에 선다'라는 행동 지침을 떠올린다고 했으며, 이는 권위자들 앞에서 자기 주장을 정당화할 수 있는지를 고민해 본다는 의미이다.

▶ 따라서 정답은 ④ '당신의 행동을 권위자 집단에 설득력 있게 정당화한다'이다.

왜 오답?

① 전략을 상황에 맞게 바꾼다는 내용은 언급되지 않았다.
② 권위자들에게 자신의 주장을 정당화한다는 내용이지, 그들에게 도움을 요청하는 내용이 아니다.
③ 동료들의 승인 없이 계획을 수행한다는 내용은 언급되지 않았다.
⑤ 캠페인 전략에 대해 설득한다는 내용은 언급되지 않았다.

2회 02 정답 ① ＊연주자의 개성을 반영하는 재즈 음악

No clear-cut category can encompass all jazz. //
모든 재즈를 포괄할 수 있는 명확한 범주는 없다 //
단서 1 각 연주자의 표현 방식은 고유한 스타일이며, 그렇지 않으면 재즈가 아님
Each performer's idiom / is a style unto itself; / if it **were** not so, / the music **would** hardly **be** jazz. //
가정법 과거
각 연주자의 표현 방식은 / 고유한 스타일이다 / 그렇지 않다면 / 그 음악은 재즈라고 할 수 없다 //

Jazz, / like almost all other music, / comprises three artistic activities: / creating, performing, and listening. //
재즈는 / 거의 모든 다른 음악과 마찬가지로 / 세 가지 예술 활동으로 구성된다 / 창작, 연주, 그리고 감상 //

In traditional Western European music, / these three activities are not always performed / by the same individual, / although they quite often **are**. //
= are performed
전통적인 서양 음악에서는 / 이 세 가지 활동이 항상 수행되지는 않는다 / 같은 개인에 의해 / 하지만 종종 같은 사람이 수행하기도 한다 //
가주어   의미상 주어   진주어
In jazz, / however, / **it** is necessary / **for the performer** / **to combine** all three at the same time. //
재즈에서는 / 그러나 / 필요하다 / 연주자가 / 이 세 가지를 동시에 결합하는 것이 //
문장의 동사 ①
Musical creation **is** an active part / of any jazz performance / and
문장의 동사 ②
depends on the performers' understanding / of the developing
동격
creation, / an understanding **gained** only by their ability **to**
형용사적 용법   과거분사
listen well. //
음악적 창작은 적극적인 부분이다 / 모든 재즈 공연의 / 그리고 연주자의 이해에 달려 있다 / 진행 중인 창작에 대한 / 즉 그들의 잘 듣는 능력으로만 얻어지는 이해 //

They must react instantaneously / to what they hear from their fellow performers, / and their own contribution must be consistent / with the unfolding themes and moods. //
연주자들은 즉석으로 반응해야 한다 / 동료 연주자들로부터 듣는 것에 / 그리고 자신의 기여는 일관되어야 한다 / 펼쳐지는 주제와 분위기에 //

Every act of musical creation in jazz is, / therefore, / as individual as the performer / **creating** it. //
현재분사(performer 수식)   **단서 2** 재즈에서의 모든 음악적 창작 행위가
연주자만큼이나 개별적이라고 함
재즈에서의 모든 음악적 창작 행위는 ~이다 / 따라서 / 연주자만큼이나 개별적 / 그것을 창조하는 //

- encompass ⓥ 포함하다, 포괄하다   · idiom ⓝ 표현 양식
- comprise ⓥ 구성되다[이뤄지다]   · instantaneously ⓐⓓ 즉석으로
- contribution ⓝ 기여   · be consistent with ~와 일관되다
- individuality ⓝ 개성   · compose ⓥ 작곡하다

모든 재즈를 포괄할 수 있는 명확한 범주는 없다. 각 연주자의 표현 방식은 고유한 스타일이며, 그렇지 않다면 그 음악은 재즈라고 할 수 없다. 재즈는 거의 모든 다른 음악과 마찬가지로 세 가지 예술 활동으로 구성된다: 창작, 연주, 그리고 감상. 전통적인 서양 음악에서는 이 세 가지 활동이 항상 같은 개인에 의해 수행되지는 않지만, 종종 같은 사람이 수행하기도 한다. 그러나 재즈에서는 연주자가 이 세 가지를 동시에 결합해야 한다. 음악적 창작은 모든 재즈 공연의 적극적인 부분이며, 이는 연주자들이 진행 중인 창작을 이해하는 데 달려 있다. 이 이해는 그들이 잘 듣는 능력으로만 얻을 수 있다. 연주자들은 동료 연주자들로부터 듣는 것에 즉각적으로 반응해야 하고, 자신의 기여는 펼쳐지는 주제와 분위기에 일관되어야 한다. 따라서 재즈에서의 모든 음악적 창작 행위는 그것을 창조하는 연주자만큼이나 개별적이다.

다음 글의 주제로 가장 적절한 것은?
재즈가 연주자만큼이나 개별적이며 연주자의 고유한 스타일이 없으면 재즈가 아니라고 함
① traits of jazz reflecting performers' individuality
연주자의 개성을 반영하는 재즈의 특성
② how to compose jazz for a great performance
좋은 연주를 위한 재즈 작곡 방법   좋은 연주를 위한 재즈 작곡 방법에 대한 글이 아님
③ similarities between jazz and Western music
재즈와 서양 음악 간 공통점   재즈와 서양 음악 간 공통점에 대한 내용이 아님
④ celebrated figures in the modern jazz scene
현대 재즈 분야의 유명 인사들   현대 재즈 분야의 유명 인사들이 언급되지 않았음
⑤ influences of traditional music on jazz
전통 음악이 재즈에 미친 영향   전통 음악의 특성이 언급되었으나 재즈에 미친 영향에 대한 글이 아님

왜 정답? [정답률 68%]

전반부	각 연주자의 표현 방식은 고유한 스타일이며, 그렇지 않으면 재즈라고 할 수 없음 **단서 1**
중반부	· 음악을 구성하는 세 가지 예술 활동: 창작, 연주, 감상 · 재즈에서는 연주자가 이 세 가지를 동시에 결합하고, 연주자의 능력에 달려 있음
후반부	재즈에서의 모든 음악적 창작 행위는 그것을 창조하는 연주자만큼이나 개별적임 **단서 2**

▶ 따라서 이 글의 주제는 ① '연주자의 개성을 반영하는 재즈의 특성'이다.

왜 오답?

② 좋은 연주를 위한 재즈 작곡 방법에 대한 글이 아니다.
③ 재즈와 서양 음악 간 공통점이 언급되지 않았다.
④ 현대 재즈 분야의 유명 인사들이 언급된 글이 아니다.
⑤ 전통 음악의 특성이 언급은 되었으나 재즈에 미친 영향에 대한 글이 아니다.

2회 03 정답 ① ＊작은 것에서 시작하는 에너지 수확

Every day / an enormous amount of energy is created / **by the movement of people and animals**, / and **by interactions of people** / with their immediate surroundings. //
전치사구의 병렬 구조
매일 / 막대한 양의 에너지가 만들어진다 / 사람들과 동물들의 움직임에 의해 / 그리고 사람들의 상호 작용에 의해 / 그들의 인접 환경과의 //

This is usually in very small amounts / or in very dispersed environments. //
단서 1 매일 막대한 양의 에너지가 매우 적은 양으로
매우 분산된 환경에서 만들어짐
이것은 보통 매우 적은 양으로 일어난다 / 혹은 매우 분산된 환경 속에서 //

Virtually all of that energy is lost / to the local environment, / and historically there have been no efforts / **to gather** it. //
형용사적 용법(efforts 수식)
사실상 그 에너지 전부가 소실되고 / 주변 환경으로 / 역사적으로 노력이 없었다 / 그것을 모으려는 //

가주어　명사적 용법(진주어)　형용사적 용법(ways 수식)

It may seem odd / **to consider** finding ways / **to "collect"** energy / that is given off all around us /
~이 이상하게 보일지도 모른다 / 방법을 찾는 것이 고려하는 것이 / 에너지를 '모으는' / 우리 주변에서 방출되는 /

— by people simply walking / or by walking upstairs and downstairs / or by riding stationary/exercise bicycles, / for example — /
사람들이 단순히 걸음으로써 / 혹은 계단을 오르내림으로써 / 혹은 고정된/실내 운동용 자전거를 탐으로써 / 예를 들어 /

단서 2 우리 주변에서 발생하는 작은 에너지를 모으는 방법을 찾는 것이 에너지 수확의 본질

but that is the general idea and nature / of energy harvesting. //
하지만 그것이 일반적인 발상이고 본질이다 / 에너지 수확의 //

The broad idea of energy harvesting is / that there are many places / at which small amounts of energy are generated / — and often wasted — /
에너지 수확의 대략적인 발상은 ~이다 / 장소가 많다는 것 / 소량의 에너지가 생성되는 / 그리고 흔히 버려지는 /

단서 3 에너지 수확의 대략적인 발상: 생성되는 소량의 에너지가 수집되면 실용적으로 이용될 수 있음

and when collected, / this can be put to some practical use. //
그리고 수집되면 / 이것이 실용적으로 이용될 수 있다는 것 //

주어　　동사(완전자동사)

Current **efforts have begun**, / aimed at collecting such energy / in smaller devices / which can store it, / such as portable batteries. //
현재의 노력은 시작되었다 / 모으는 것을 목표로 해서 / 더 작은 장치에 / 그것을 저장할 수 있는 / 그러한 에너지를 휴대용 배터리와 같이 //

- enormous ⓐ 막대한, 거대한
- immediate ⓐ 인접한
- surroundings ⓝ 환경
- dispersed ⓐ 분산된
- virtually ⓐⅾ 사실상, 거의
- odd ⓐ 이상한
- give off ~을 방출하다
- stationary ⓐ 움직이지 않는, 정지된
- nature ⓝ 천성, 본성
- broad ⓐ (폭이) 넓은, 일반[개괄]적인
- generate ⓥ 생성하다
- put ~ to use ~을 이용하다
- store ⓥ 저장하다
- portable ⓐ 휴대[이동]가 쉬운, 휴대용의
- fulfill ⓥ (약속·요구 등을) 이행하다[충족시키다]

매일 막대한 양의 에너지가 사람들과 동물들의 움직임에 의해, 그리고 사람들과 그들의 인접 환경의 상호 작용에 의해 만들어진다. 이것은 보통 매우 적은 양으로 혹은 매우 분산된 환경 속에서 일어난다. 사실상 그 에너지 전부가 주변 환경으로 소실되고, 역사적으로 그것을 모으기 위한 노력이 없었다. 예를 들어, 사람들이 단순히 걷거나, 계단을 오르내리거나, 고정된/실내 운동용 자전거를 탐으로써 우리 주변에서 방출되는 에너지를 '모으는' 방법을 찾는 것을 고려하는 것이 이상하게 보일지도 모르지만, 그것이 에너지 수확의 일반적인 발상이고 본질이다. 에너지 수확의 대략적인 발상은 소량의 에너지가 생성되는, 그리고 흔히 버려지는, 장소가 많다는 것이며, 수집되면 이를 실용적으로 이용할 수 있다는 것이다. 현재의 노력은 그러한 에너지를 휴대용 배터리와 같이 그것을 저장할 수 있는 더 작은 장치에 모으는 것을 목표로 해서 시작되었다.

다음 글의 제목으로 가장 적절한 것은?

① Energy Harvesting: Every Little Helps
에너지 수확: 작은 것 하나하나가 도움이 된다　　작은 에너지를 모으는 것이 에너지 수확의 본질
② Burning Waste for Energy Is Harmful
에너지를 얻기 위해 쓰레기를 태우는 것은 해롭다　　쓰레기를 태워서 에너지를 얻는다는 언급은 없음
③ Is Renewable Energy Really Green?
재생 가능한 에너지가 정말 친환경적인가?　　에너지의 친환경성에 대한 내용이 아님
④ Pros and Cons of Energy Harvesting
에너지 수확의 장단점　　에너지 수확이란 무엇인가에 대한 내용임
⑤ Can Natural Energy Sources Fulfill the Demand?
천연 에너지 자원이 수요를 충족시킬 수 있는가?　　에너지 수요에 대한 언급은 없음

왜 정답? [정답률 76%]

1 매일 막대한 양의 에너지가 매우 적은 양으로, 매우 분산된 환경에서 만들어진다. **단서 1**

2 이러한 에너지를 모으는 방법을 찾는 것이 에너지 수확의 본질이다. **단서 2**

3 생성되는 소량의 에너지가 수집되면 실용적으로 이용될 수 있다는 것'이 에너지 수확의 대략적인 발상이다. **단서 3**

▶ 작은 에너지를 모으는 것이 에너지 수확의 본질이라는 것이므로 정답은 ① '에너지 수확: 작은 것 하나하나가 도움이 된다'이다.

왜 오답?

② 쓰레기를 태워서 에너지를 얻는 것의 단점을 설명한 것이 아니다.
③ 친환경적인 에너지에 대한 오해를 다룬 글이 아니다.
④ 에너지 수확의 정의, 본질에 대해 설명한 글이다.
⑤ 천연 에너지나 에너지 수요에 대한 언급은 없다.

2회 04 정답 ② ＊Osborne이 가진 역사 기록의 신뢰성에 대한 회의

In terms of education, / history has not always received a good press. //
교육 측면에서 / 역사학은 항상 좋은 평가를 받지는 못했다 //

분사구문

Advising his son / in 1656, / Francis Osborne was far from enthusiastic / about the subject. //
그의 아들에게 조언하면서 / 1656년에 / Francis Osborne은 결코 열정적이지 않았다 / 이 주제에 대해 //

단서 1 모순된 보고를 들은 경험이 있음

His experience / of hearing contradictory reports / about the Civil Wars of his own time (contemporary history), / led him to be doubtful / about the **reliability** of records / of less recent events. //
그의 경험은 / 모순된 보고들을 들은 / 그의 시대에 벌어진 내전(현대사)에 대한 / 그를 회의적으로 이끌었다 / 기록의 신뢰성에 대한 / 덜 최근의(더 오래된) 사건들의 //

단서 2 역사의 기록이 거짓이거나 우연한 믿음을 나타낸다고 결론 지음

Such historical records, / **he concluded**, / were likely to present / a 'false, or at best but a contingent beliefe'; / and **as such they** hardly warranted serious study. //
삽입절　　　　　　　　　따라서　＝ historical records
그러한 역사의 기록이 / 그는 결론지었다 / 나타낼 가능성이 컸다 / '거짓이거나, 기껏해야 우연적인 믿음' / 따라서 그것들은 진지한 연구의 가치가 거의 없었다 //

단서 3 Osborne은 신뢰할 수 없는 역사를 공부함으로써 아들이 시간 낭비하는 것을 걱정함

Osborne's anxiety about his son / potentially wasting his time / by studying history **that** is unreliable, / implies an understanding of history / as being ideally of a certain kind /
주격 관계대명사
Osborne의 아들에 대한 걱정 / 그의 시간을 낭비할까 하는 / 신뢰할 수 없는 역사 공부를 함으로써 / 역사에 대한 이해를 암시한다 / 특정한 형태에 대한 이상적인 것임을 /

주격 관계대명사

— the kind **that** yields certain, 'factual' knowledge about the past. //
즉 확실하고 과거에 대한 '사실적인' 지식을 제공하는 형태 //

양보의 부사절 접속사

Now, / **although** that model was already under challenge / in Osborne's day, / it has persisted / to some extent up to our own time. //
오늘날 / 비록 그 모델은 이미 도전을 받고 있었지만 / Osborne의 시대에 / 그것은 여전히 지속되고 있다 / 오늘날까지도 어느 정도 //

- press ⓝ 평가
- enthusiastic ⓐ 열정적인
- contradictory ⓐ 모순된
- persist ⓥ 계속[지속]되다
- extent ⓝ 정도
- reliability ⓝ 신뢰성
- conciseness ⓝ 간결함
- predictability ⓝ 예측 가능성

교육 측면에서 역사학은 항상 좋은 평가를 받지는 못했다. 1656년, Francis Osborne은 아들에게 조언하면서 이 주제에 대해 결코 열정적이지 않았다. 그의 시대에 벌어진 내전(현대사)에 대한 모순된 보고들을 들은 그의 경험은 그가 더 오래된 사건들에 대한 기록의 **신뢰성**에 회의감을 느끼도록 했다. 그래서 그는 역사 기록이 '거짓이거나, 기껏해야 우연적인 믿음'일 가능성이 크다고 결론지었고, 따라서 그것들을 진지하게 연구할 가치가 없다고 판단했다. Osborne이 아들이 신뢰할 수 없는 역사 공부로 시간을 낭비할까 걱정하는 것은 역사에 대한 이상적인 이해가 특정한 형태 — 즉 과거에 대한 확실하고 '사실적인' 지식을 제공하는 형태 — 임을 암시한다. 비록 그 모델은 Osborne의 시대에 이미 도전을 받고 있었지만, 오늘날까지도 어느 정도 지속되고 있다.

다음 빈칸에 들어갈 말로 가장 적절한 것을 고르시오.

① continuity 최근이 아닌 사건 기록의 지속성에 회의감을 느낀다는 내용이 아님
　지속성
②reliability 과거의 사건 기록의 신뢰성에 대해 회의감을 느낀다고 했음
　신뢰성
③ rediscovery 과거의 사건 기록의 재발견에 대해 회의감을 느낀다는 언급은 없음
　재발견
④ conciseness 역사 기록의 간결함에 대해 회의감을 느꼈다는 내용이 아님
　간결함
⑤ predictability 과거 사건 기록의 예측 가능성에 대해 회의감을 느낀 것은 아님
　예측 가능성

> **왜 정답?** ［정답률 67%］

빈칸 문장	그의 시대에 벌어진 내전(현대사)에 대한 모순된 보고들을 들은 그의 경험은 그가 더 오래된 사건들에 대한 기록의 ＿＿＿＿＿에 회의감을 느끼도록 했다.

➡ 빈칸에는 그(Osborne)가 덜 최근의(더 오래된) 사건들에 대한 기록, 즉 역사의 무엇에 대해 회의감을 느꼈는지가 나와야 한다.

- 그의 시대에 벌어진 내전(현대사)에 대한 모순된 보고들을 들은 그의 경험 **단서 1**
- 그는 역사 기록이 '거짓이거나, 기껏해야 우연적인 믿음'일 가능성이 크다고 결론 지음 **단서 2**
- Osborne이 아들이 신뢰할 수 없는 역사 공부로 시간을 낭비할까 걱정함 **단서 3**

➡ Osborne이 역사에 대한 모순된 보고를 들으며 역사를 거짓이거나 기껏해야 우연적인 믿음일 가능성이 큰 것으로 여기고, 아들이 신뢰할 수 없는 역사를 공부하면서 시간 낭비하는 것을 걱정했다는 내용의 글이다.

▶ 그러므로 Osborne이 더 오래된 사건들에 대한 기록의 '신뢰성'에 회의감을 느꼈다고 할 수 있으므로 ②이 정답이다.

> **왜 오답?**

① 최근이 아닌 사건 기록의 지속성에 회의감을 느낀다는 내용이 아니다.
③ 과거의 사건 기록의 재발견에 대해 회의감을 느낀다는 언급은 없다.
④ 역사 기록의 간결함에 대해 회의감을 느꼈다는 내용의 글이 아니다.
⑤ 과거 사건 기록의 예측 가능성에 대해 회의감을 느낀 것은 아니다.

2회 05 정답 ① ＊교육을 받아야 하는 모든 지능

Every intelligence has to **be taught**. //
모든 지능은 교육을 받아야 한다 //
단서 1 인간의 뇌(지능의 예시)는 고양이와 개를 구별하기 전에 여러 가지 예를 보아야 한다고 함
A human brain, / which is genetically primed to categorize
　　　　　　　주격 관계대명사
things, / still needs to see a dozen examples / as a child / before
＝human brain
it can distinguish between cats and dogs. //
인간의 뇌는 / 유전적으로 사물을 분류하도록 준비되어 있는 / 여전히 여러 가지 예를 볼 필요가 있다 / 어린 시절에 / 고양이와 개를 구별할 수 있기 전에 //
　　　비교급 강조
That's **even** more true for artificial minds. //
그것은 인공지능의 경우 훨씬 더 사실이다 //
단서 2 컴퓨터(지능의 예시)도 실력이 늘기 전에 게임을 많이 해봐야 한다고 함
Even the best-programmed computer / has to play / at least a
thousand games of chess / before it gets good. //
가장 잘 프로그래밍된 컴퓨터도 / 해야 한다 / 체스 게임을 최소한 천 번은 / 실력이 늘어나기 전에 //

Part of the AI breakthrough / lies in the incredible amount of
　　　　　　　　　　　　　계속적 용법의 주격 관계대명사
collected data / about our world, / which provides the schooling
목적격 관계대명사
/ that AIs need. // **단서 3** 인공지능은 학습을 필요로 한다고 함
인공지능의 혁신 부분은 / 방대한 양의 수집된 데이터에 있다 / 우리 세계에 대한 / 이 데이터는 학습을 제공한다 / 인공지능이 필요로 하는 //

Massive databases, self-tracking, web cookies, online footprints,
terabytes of storage, decades of search results, / and the entire
　　　　　　　　　　　　　　　　　　　현재분사
digital universe became the teachers / making AI smart. //
대량의 데이터베이스, 자기 추적, 웹 쿠키, 온라인 발자국, 테라바이트의 저장 용량, 수십 년의 검색 결과 / 그리고 전체 디지털 우주는 교사가 되었다 / 인공지능을 똑똑하게 만드는 //

Andrew Ng explains it this way: / "AI is akin / to building a
rocket ship. //
Andrew Ng은 그것을 이렇게 설명한다 / "인공지능은 비슷하다 / 로켓을 만드는 것과 //

You need a huge engine / and a lot of fuel. //
거대한 엔진이 필요하다 / 그리고 많은 연료가 //

The rocket engine is the learning algorithms / but the fuel is the
　　　　　　　　　　　　　사이에 목적격 관계대명사 생략
huge amounts of data / we can feed / to these algorithms." //
로켓 엔진은 학습 알고리즘이다 / 그러나 연료는 방대한 양의 데이터이다 / 우리가 공급할 수 있는 / 이러한 알고리즘에" //

- -

- genetically (ad) 유전적으로　　· categorize (v) 분류하다
- dozen (a) 십 여개의, 다수의　　· distinguish (v) 구별하다
- breakthrough (n) 돌파구, 혁신 부분　　· schooling (n) 학습
- self-tracking (n) 자기 추적　　· akin (a) ~와 유사한　　· fuel (n) 연료
- exceed (v) 초과하다, 초월하다　　· govern (v) 통치하다, 통제하다
- calculate (v) 계산하다　　· possibility (n) 가능성

모든 지능은 **교육을 받아야** 한다. 인간의 뇌는 유전적으로 사물을 분류하도록 준비되어 있지만, 고양이와 개를 구별하기 위해서는 어린 시절에 여러 가지 예를 보아야 한다. 인공지능의 경우는 더더욱 그렇다. 가장 잘 프로그래밍된 컴퓨터도 체스 게임을 최소한 천 번은 해야 실력이 늘어난다. 인공지능의 혁신 부분은 우리 세계에 대한 방대한 양의 수집된 데이터에 있다. 이 데이터는 인공지능이 필요로 하는 학습을 제공한다. 대량의 데이터베이스, 자기 추적, 웹 쿠키, 온라인 발자국, 테라바이트의 저장 용량, 수십 년의 검색 결과, 그리고 전체 디지털 우주가 인공지능을 똑똑하게 만드는 교사가 되었다. Andrew Ng은 그것을 이렇게 설명한다: "인공지능은 로켓을 만드는 것과 비슷하다. 거대한 엔진과 많은 연료가 필요하다. 로켓 엔진은 학습 알고리즘이지만, 연료는 이러한 알고리즘에 공급할 수 있는 방대한 양의 데이터이다."

다음 빈칸에 들어갈 말로 가장 적절한 것을 고르시오.

①be taught 인간의 뇌, 컴퓨터, 인공지능은 모두 능력을 발휘하기 전에 같은 것을 여러 번 보는 등의 학습이 필요하다는 내용의 글임
　교육을 받아야
② exceed itself 모든 지능(뇌, 컴퓨터 등)이 그 자체의 능력을 초월해야 한다고 하지 않았음
　그 자체를 초월해야
③ think by itself 모든 지능이 스스로 생각해야 한다는 내용이 아님
　스스로 생각해야
④ be governed by rules 모든 지능이 규칙에 의해 통제되어야 한다고 하지 않았음
　규칙에 의해 통제되어야
⑤ calculate all possibilities 모든 지능이 모든 가능성을 계산해야만 한다는 내용이 아님
　모든 가능성을 계산해야

> **왜 정답?** ［정답률 69%］

빈칸 문장	모든 지능은 ＿＿＿＿＿＿＿＿＿한다.

➡ 빈칸에는 모든 지능이 '어떠한' 특성을 가져야 하는지가 언급되어야 한다.

- 인간의 뇌는 고양이와 개를 구별하기 위해서 어린 시절에 여러 가지 예를 보아야 한다. **단서 1**
- 가장 잘 프로그래밍된 컴퓨터도 체스 게임을 최소한 천 번은 해야 실력이 늘어난다. **단서 2**
- 인공지능이 필요로 하는 학습을 제공해야 한다. **단서 3**

➡ 인간의 뇌나 컴퓨터 등을 지능의 예로 들면서 능력을 발휘하기 전에 여러 번 비슷한 예를 보거나 같은 게임을 많이 해봐야 한다고 언급했으며, 인공지능은 학습을 필요로 한다고 명시적으로 언급하고 있는 내용의 글이다.
여러 번 비슷한 예를 보거나 같은 게임을 해보는 것 또한 무언가를 배우는 학습이나 교육에 대한 예시로 볼 수 있다.

▶ 그러므로 모든 지능에게 필요한 것은 ① '교육을 받아야' 하는 것이다.

> **왜 오답?**

② 모든 지능(뇌, 컴퓨터 등)이 그 자체의 능력을 초월해야 한다고 하지 않았다.
③ 모든 지능이 스스로 생각해야 한다는 내용이 아니다.
④ 모든 지능이 규칙에 의해 통제되어야 한다고 하지 않았다.
⑤ 모든 지능이 모든 가능성을 계산해야만 한다는 내용의 글이 아니다.

2회 06 정답 ① ＊뇌의 공간 인식과 시간 연관성 ─────

John Douglas Pettigrew, / a professor of psychology at the University of Queensland, / found /
John Douglas Pettigrew는 / Queensland 대학의 심리학 교수인 / 알아냈다 /
that the brain manages the external world / by dividing it into separate regions, / the *peripersonal* and the *extrapersonal* / — basically, near and far. //
뇌가 외부 세계를 다룬다는 것을 / 그것(외부 세계)을 별개의 부분들로 나눔으로써 / '주변의'와 '외부의' / 요컨대 '가깝다'와 '멀다'라는 //

Peripersonal space includes / whatever is in arm's reach; / things you can control right now / by using your hands. //
주변 공간은 포함한다 / 팔이 닿는 범위 내에 있는 모든 것 / 즉 당장 여러분이 통제할 수 있는 것들을 / 여러분의 손을 사용함으로써 //

This is the world of what's real, / right now. //
이것은 실제의 세계이다 / 지금 당장 //　**단서 1** '주변' 공간은 지금 당장의 세계임

Extrapersonal space refers to everything else / — whatever you can't touch / unless you move beyond your arm's reach, / whether it's three feet or three million miles away. //
외부 공간은 그 외 모든 것을 가리키는데 / 만질 수 없는 모든 것이다 / 자신의 팔이 닿는 범위를 넘어서서 움직이지 않으면 / 즉 3피트든 3백만 마일 밖이든 여러분이 //

This is the realm of possibility. //
이것은 가능성의 영역이다 //　**단서 2** '외부' 공간은 가능성의 영역임

With those definitions in place, / another fact follows, / obvious but useful: / any interaction in the extrapersonal space must occur in the future. //　**단서 3** 외부 공간에서의 모든 상호 작용은 미래에 일어남
그러한 정의들이 자리 잡힌 상태에서 / 또 하나의 사실이 따라온다 / 뻔하지만 유용한 / 즉, 외부 공간에서의 모든 상호 작용은 미래에 일어나야만 한다는 것이다 //

Or, to put it another way, / **distance is linked to time**. //
또는, 달리 말하면 / 거리는 시간과 연관되어 있다 //

For instance, / if you're in the mood for a peach, / but the closest one is sitting in a bin at the corner market, / you can't enjoy it now. //　＝ peach
예를 들어 / 만약 여러분이 복숭아를 원하지만 / 가장 가까운 것이 모퉁이 가게의 상자에 있다면 / 여러분은 지금 그것을 즐길 수 없다 //

You can only enjoy it in the future, / after you go get it. //
여러분은 오직 미래에 즐길 수 있다 / 즉 그것을 사러 간 후에 //

- - - - - - - - - -
• psychology ⓝ 심리학　　• external ⓐ 외부의
• separate ⓐ 분리된　　• realm ⓝ 영역
• in the mood for ~가 마음에 내켜서　　• bin ⓝ (흔히 뚜껑이 달린 저장용) 통

Queensland 대학의 심리학 교수인 John Douglas Pettigrew는 뇌가 그것(외부 세계)을 '주변의'와 '외부의', 요컨대 '가깝다'와 '멀다'라는 별개의 부분들로 나눔으로써 외부 세계를 다룬다는 것을 알아냈다. 주변 공간은 팔이 닿는 범위 내에 있는 모든 것, 즉 여러분의 손을 사용함으로써 당장 여러분이 통제할 수 있는 것들을 포함한다. 이것은 지금 당장 실제의 세계이다. 외부 공간은 그 외 모든 것을 가리키는데, 즉 3피트든 3백만 마일 밖이든 여러분이 자신의 팔이 닿는 범위를 넘어서서 움직이지 않으면 만질 수 없는 모든 것이다. 이것은 가능성의 영역이다. 그러한 정의들이 자리 잡힌 상태에서 뻔하지만 유용한 또 하나의 사실이 따라온다. 즉, 외부 공간에서의 모든 상호 작용은 미래에 일어나야 한다는 것이다. 또는, 달리 말하면, **거리는 시간과 연관되어 있다.** 예를 들어 만약 여러분이 복숭아를 원하지만 가장 가까운 것이 모퉁이 가게의 상자에 있다면, 여러분은 지금 그것을 즐길 수 없다. 여러분은 오직 미래에 즉 그것을 사러 간 후에 즐길 수 있다.

다음 빈칸에 들어갈 말로 가장 적절한 것을 고르시오.

① distance is linked to time　지금 당장 실제의 세계와 가능성의 영역
　거리는 시간과 연관되어 있다
② the past is out of your reach　과거를 바꿀 수 없다는 내용은 관련이 없음
　과거는 여러분의 손길을 벗어난 곳에 있다
③ what is going to happen happens　운명론적인 내용은 흐름상 부적절함
　일어날 일은 일어난다
④ time doesn't flow in one direction　관련 없음
　시간은 한 방향으로만 흐르지 않는다
⑤ our brain is attracted to near objects　관련 없음
　우리의 뇌는 가까운 물체에 끌린다

- 외부 세계는 '주변의'와 '외부의'로 나뉨
• **주변 공간**: 지금 당장 실제의 세계　**단서 1**
• **외부 공간**: 가능성의 영역　**단서 2**,
　　　　외부 공간에서의 모든 상호 작용은 미래에 일어나야만 함　**단서 3**
즉, 단순한 거리 이외에도 현시점에 할 수 있는 것과 없는 것에는 차이가 존재한다.
▶ 이를 달리 말하면, ① '거리는 시간과 연관되어 있다'고 할 수 있다.

왜 오답 ?

② 과거는 이미 지난 일이라 손쓸 수 없다는 내용은 아니다.
③ 운명론적인 이야기에 대한 이야기는 아니다.
④ 시간이 다양한 방향으로 흐른다는 내용을 다루고 있지는 않다.
⑤ 가까운 물체에 더 친밀감을 느낀다는 내용이 핵심은 아니다.

2회 07 정답 ⑤ ＊미국에서의 고전 음악의 계급적 변화 ─────

단서 1 20세기 전반에 미국의 연극, 오페라와 교향악은 엘리트와 밀접하게 연관됨
Throughout the first half of the twentieth century, / opera and symphonic music as well as live theater / were closely associated with economic and cultural elites in the United States, / perhaps even more than in Europe. //
20세기 전반 내내 / 라이브 극장뿐만 아니라 오페라와 교향악은 / 미국에서 경제적, 문화적 엘리트와 밀접하게 연관되었는데 / 아마도 유럽보다도 훨씬 더 (그랬다) //

(A) Stage plays, operas, and symphonic concerts / belonged predominantly to the elites, / until the notion of elite art itself began to break down, / affecting in particular the cultural position of classical music. //　**단서 2** 연극, 오페라, 교향악은 엘리트 예술로 분류됨
연극, 오페라, 그리고 교향악 연주는 / 주로 엘리트들에게 속했다 / 엘리트 예술이라는 개념 자체가 무너지기 시작했을 때까지 / 이는 특히 고전 음악의 문화적 위치에 영향을 미쳤다 //

Theater fragmented into a variety of forms, / some popular and some less so, / but it has obviously never regained / the status it enjoyed before the coming of film. //
연극은 다양한 형태들로 분열되었는데 / 어떤 것은 대중적이고 어떤 것은 덜 그랬지만(대중적이었지만) / 그것은 분명히 결코 회복하지 못했다 / 영화의 도래 이전에 그것이 누렸던 지위를 //

(B) Toward the end of the century, however, / cultural elites began to insist on / "serious" productions and professional music making, / and Americans with less education and less money / stopped attending. //　**단서 3** '세기말'은 19세기 후반을 가리키며, 이때부터 엘리트 계층과 서민 계층의 문화가 분화되기 시작함
그러나 세기말 무렵에 / 문화 엘리트들은 요구하기 시작했다 / "진지한" 공연과 전문적인 음악 만들기를 / 그리고 더 적은 교육과 더 적은 돈을 가진 미국인들은 / 참석을 중단했다 //

In the new century, / they went to the movies instead. //　＝ 20세기
새로운 세기에는 / 그들은 대신 영화관에 갔다 //

단서 4 '그 연관성'은 주어진 글에서 언급된 미국의 고전 음악-엘리트 사이의 관련성을 가리킴
(C) The association was not as close and restrictive / in nineteenth-century America, / as Laurence Levine showed in *High Brow, Low Brow* (1988), /
그 연관성은 ~만큼 밀접하고 제한적이지는 않았다 / 19세기 미국에서는 / Laurence Levine이 'High Brow, Low Brow'(1988)에서 보여준 것처럼 /
when Americans of all economic classes, / at least in larger cities, / might attend an evening of Shakespeare, / presented by touring actors, / or a concert of operatic arias, / perhaps even by a European star like Jenny Lind. //
모든 경제 계급의 미국인들이 ~라는 것을 고려할 때 / 적어도 더 큰 도시들에서는 / 세익스피어 저녁 공연에 참석할 수도 있었다(는 것을) / 순회 배우들에 의해 공연된 / 혹은 오페라 아리아 콘서트에 / 어쩌면 심지어 Jenny Lind 같은 유럽 스타에 의한 //

- - - - - - - - - -
• symphonic ⓐ 교향악의　　• be associated with ~와 연관되어 있다
• predominantly ⓐd 주로, 지배적으로　　• notion ⓝ 개념
• fragment ⓥ 분열하다　　• regain ⓥ 회복하다
• restrictive ⓐ 제한적인　　• operatic ⓐ 오페라의　　• aria ⓝ 아리아

20세기 전반 내내, 라이브 극장뿐만 아니라 오페라와 교향악은 미국에서 경제적, 문화적 엘리트와 밀접하게 연관되었는데, 아마도 유럽보다도 훨씬 더 그랬다. (C) 그 연관성은 19세기 미국에서는 그만큼 밀접하고 제한적이지는 않았는데, Laurence Levine이 'High Brow, Low Brow'(1988)에서 보여준 것처럼, 모든 경제 계급의 미국인들이, 적어도 더 큰 도시들에서는, 순회 배우들에 의해 공연된 셰익스피어 저녁 공연이나 어쩌면 심지어 Jenny Lind 같은 유럽 스타에 의한 오페라 아리아 콘서트에 참석할 수도 있었기 때문이다. (B) 그러나 세기말 무렵에, 문화 엘리트들은 "진지한" 공연과 전문적인 음악 만들기를 요구하기 시작했고, 더 적은 교육과 더 적은 돈을 가진 미국인들은 참석을 중단했다. 새로운 세기에는, 그들은 대신 영화관에 갔다. (A) 연극, 오페라, 그리고 교향악 연주는 주로 엘리트들에게 속했는데, 엘리트 예술이라는 개념 자체가 무너지기 시작했을 때까지 그랬으며, 이는 특히 고전 음악의 문화적 위치에 영향을 미쳤다. 연극은 다양한 형태들로 분열되었는데, 어떤 것은 대중적이고 어떤 것은 덜 대중적이었지만, 그것은 분명히 영화의 도래 이전에 누렸던 지위를 결코 회복하지 못했다.

주어진 글 다음에 이어질 글의 순서로 가장 적절한 것을 고르시오. [3점]

① (A) — (C) — (B) 연극, 오페라, 교향악 등의 고전 음악은 엘리트 예술의 지위를 차지했다는 내용의 (A)는 마지막에 와야 함

② (B) — (A) — (C) 세기말 엘리트 예술과 서민 문화가 나눠지기 시작했다는 (B)의 내용 앞에 엘리트와 고전 예술의 '관련성'을 설명하는 (C)가 와야 함

③ (B) — (C) — (A) 20세기 전반에 미국의 연극, 오페라와 교향악은 엘리트와 밀접하게 관련됨 - 엘리트와 고전 예술의 관련성은 19세기에는 그렇게 제한적이지는 않았음 - 19세기 말, 엘리트들은 진지하고 전문적인 음악을 요구했고, 서민들은 이러한 엘리트들의 공연 대신 영화관에 가기 시작함 - 연극, 오페라, 교향악 등의 고전 음악은 엘리트 예술의 지위를 차지했으며, 연극은 다양한 형태로 분화하여 일부 대중성을 추구함

④ (C) — (A) — (B)

⑤ **(C) — (B) — (A)** (A)의 엘리트 예술로 분화했다는 내용은 (B)의 내용에 이어짐

| 문제 풀이 순서 | [정답률 67%]

1st 각 문단의 내용을 파악하고, 글의 논리적인 순서를 추론한다.

주어진 글: 20세기 전반 내내, 라이브 극장뿐만 아니라 오페라와 교향악은 미국에서 경제적, 문화적 엘리트와 밀접하게 연관되었는데, 아마도 유럽보다도 훨씬 더 그랬다.

➡ **주어진 글 뒤:** 20세기 미국에서는 연극, 오페라, 교향악이 경제적, 문화적 엘리트와 밀접하게 연관되었다는 내용이므로, 단서 어떻게 이런 고전 음악들이 엘리트의 문화가 되었는지에 관한 내용이 이어질 것이다. 발상

(A): 연극, 오페라, 그리고 교향악 연주는 주로 엘리트들에게 속했는데, 엘리트 예술이라는 개념 자체가 무너지기 시작했을 때까지 그랬으며, 이는 특히 고전 음악의 문화적 위치에 영향을 미쳤다. 연극은 다양한 형태들로 분열되었는데, 어떤 것은 대중적이고 어떤 것은 덜 대중적이었지만, 그것은 분명히 영화의 도래 이전에 누렸던 지위를 결코 회복하지 못했다.

➡ **(A) 앞:** 연극, 오페라, 교향악은 엘리트 예술이 되었다는 내용이므로, 해당 예술이 어떻게 엘리트 문화가 되었는지에 관한 과정이 언급되었을 것이다.

▶ 주어진 글이 (A) 앞에 올 수 없음

(A) 뒤: 이후 연극은 다양한 형태로 분열되어 일부 대중성을 추구하기도 했지만, 영화의 등장으로 이전 지위를 회복하지는 못했다고 정리하고 있다.
따라서 엘리트 문화의 형성 과정 이후, 이것이 무너지는 과정까지 소개하며 글을 마무리 짓는 내용이므로, (A)가 글의 마지막일 가능성이 높다.

▶ (A)가 마지막에 올 확률이 높음

(B): 그러나(however) 세기말 무렵, 문화 엘리트들은 "진지한" 공연과 전문적인 음악 만들기를 요구하기 시작했고, 더 적은 교육과 더 적은 돈을 가진 미국인들은 참석을 중단했다. 새로운 세기에는, 그들은 대신 영화관에 갔다.

➡ **(B) 앞:** '그러나(however)' 앞에는 상반되는 내용이 제시되어야 한다.
'그러나' 세기말이 되면서, 문화 엘리트들은 진지하고 전문적인 음악을 요구했으며, 서민들은 이런 문화에 참석하지 않았다는 내용이므로, '그러나' 앞에는 두 계층의 문화가 뚜렷하게 구분되지 않았다는 내용이 나와야 한다.

(B) 뒤: 새로운 세기에는 서민들이 대신 영화관에 갔다고 했으므로, 엘리트는 연극, 오페라, 교향악 등의 예술을 찾았고 두 계층의 예술이 분화했다는 구체적인 설명이 담긴 (A)가 뒤에 올 것이다. ▶ 순서: (B) → (A)

─────

(C): 그 연관성(The association)은 19세기 미국에서는 그만큼 밀접하고 제한적이지는 않았는데, Laurence Levine이 'High Brow, Low Brow'(1988)에서 보여준 것처럼, 모든 경제 계급의 미국인들이, 적어도 더 큰 도시들에서는, 순회 배우들에 의해 공연된 셰익스피어 저녁 공연이나 어쩌면 심지어 Jenny Lind 같은 유럽 스타에 의한 오페라 아리아 콘서트에 참석할 수도 있었기 때문이다.

➡ **(C) 앞:** '그 연관성(The association)'이 가리키는 내용이 언급되었을 것이다.
주어진 글에서 말했던 '20세기 미국의 고전 음악과 엘리트 문화의 연관성'을 '그 연관성'으로 받고 있으므로, 주어진 글의 내용에 대한 구체적인 설명으로 이어질 것이다. ▶ (C) 앞에 주어진 글이 와야 함 (순서: 주어진 글 → (C))

(C) 뒤: 19세기에는 고전 음악과 엘리트 문화가 밀접하고 제한적이지는 않았다고 했으므로, 그 둘이 어떻게 20세기에 들어서며 긴밀하게 연관될 수 있었는지에 대한 설명인 (B)가 이어져야 한다. ▶ 순서: 주어진 글 → (C) → (B) → (A)

2nd 글이 한눈에 들어오도록 정리하여 정답을 확인한다.

주어진 글: 20세기 미국에서는 고전 음악과 엘리트가 밀접하게 연관되었다.

➡ **(C):** 19세기에는 계급과 상관없이 모든 유형의 예술을 즐기곤 했다.

➡ **(B):** 하지만 19세기 말, 엘리트 계층들은 진지하고 전문적인 예술을 추구하기 시작했으며, 서민들은 이러한 예술 대신 영화관을 찾기 시작했다.

➡ **(A):** 연극, 오페라, 교향악이 엘리트 문화로 자리매김한 현상은 엘리트 예술이 무너지기 전까지 지속되었으며, 이후 연극은 분열되어 일부 대중성을 추구하게 되었다.

▶ 주어진 글 다음에 이어질 글의 순서는 (C) → (B) → (A)이므로 정답은 ⑤임

2회 08 정답 ② ＊유럽에 도입된 너구리와 그 기생충의 위험성 ─

Raccoons were introduced to Europe / in the early 20th century / for the fur trade and to increase hunting opportunities, / and, like many other mammals purposefully introduced, /
너구리들은 유럽에 도입되었다 / 20세기 초반에 / 모피 무역과 사냥 기회를 늘리기 위해 / 그리고, 의도적으로 도입된 다른 많은 포유류처럼 /
eventually escaped captivity / and founded a non-native and invasive population. //
결국 포획 상태에서 탈출하여 / 비토착적이고 침입적인 개체군을 형성했다 // 단서1 너구리가 유럽에 도입된 후, 포획 상태에서 탈출해 외래 개체군을 형성함

단서2 '그 벌레'는 (B)에서 소개된 너구리 내부 기생 선충을 가리킴

(A) After two to four weeks in the soil, / the worm becomes infective and can re-enter raccoons / or, for that matter, any grazing animal, / and it ends up back in the intestine / to start the cycle again. //
토양에서 2주에서 4주가 지난 후 / 그 벌레는 감염력이 생기고 다시 너구리에게 들어갈 수 있다 / 또는, 사실상, 어떤 풀을 뜯어먹는 동물(에게도) / 그리고 그것은 결국 장 속으로 돌아간다 / 다시 그 순환을 시작하기 위해 //
However, / in non-raccoons, / once the invasive parasite is ingested, / it penetrates the gut wall / and migrates into other tissues, / particularly the brain and eyes. //
그러나 / 너구리가 아닌 동물에서 / 일단 그 침입적인 기생충이 섭취되면 / 그것은 내장벽을 뚫고 / 다른 조직들로 이동한다 / 특히 뇌와 눈(으로) //

단서3 너구리를 수입할 때 모르고 들여온 것은 너구리의 기생충이었음

(B) What importers also unknowingly received / when they imported raccoons / was the endoparasitic roundworm *Baylisascariasis procyonis*, / which all raccoons carry. //
수입업자들이 또한 알지 못하고 받은 것은 / 그들이 너구리를 수입했을 때 / 체내 기생 선충 'Baylisascariasis procyonis'였다 / 모든 너구리들이 보유한 //
The parasite lives and reproduces / within the intestinal tract of raccoons, / and its eggs are excreted within raccoon faeces. //
그 기생충은 살고 번식하며 / 너구리의 장관 안에서 / 그것의 알들은 너구리 배설물 안에서 배설된다 //

(C) Although serious health effects of *Baylisascariasis* in humans are rare, / reported cases / have resulted in vision problems /
비록 인간에게는 'Baylisascariasis'의 심각한 건강상의 영향은 드물지만 / 보고된 사례들은 / 시력 문제들을 초래했다 /

단서4 비록 그 기생충이 인간에게 심각한 건강상 영향을 끼치는 것은 드물지만, 일부 시력 문제를 초래함

due to neuroretinitis (swelling of eye tissues) / as well as meningoencephalitis and encephalitis (swelling of the brain and its tissues), / which have resulted in neurological problems and death. //

신경망막염(안구 조직들의 부종) 때문에 / 수막뇌염과 뇌염(뇌와 그것의 조직들의 부종)뿐만 아니라 / 그런데 그것은 신경학적 문제들과 죽음을 초래했다 //

- raccoon ⓝ 너구리 - mammal ⓝ 포유류
- porposefully ⓐ𝒹 의도적으로 - captivity ⓝ 포획 (상태)
- non-native ⓐ 비토착의 - invasive ⓐ 침입적인
- population ⓝ 개체(군) - graze ⓥ 풀을 뜯어먹다
- parasite ⓝ 기생충 - ingest ⓥ 섭취하다
- penetrate ⓥ 뚫다, 관통하다 - gut ⓝ 내장 - migrate ⓥ 이동하다
- tissue ⓝ 조직 - unknowingly ⓐ𝒹 알지 못한 채로
- roundworm ⓝ 선충 - reproduce ⓥ 번식하다 - tract ⓝ 관, 통
- faeces ⓝ 배설물 - neurorentinitis ⓝ 신경망막염
- swelling ⓝ 부종, 부어오름 - meningoencephalitis ⓝ 수막뇌염
- encephalitis ⓝ 뇌염 - neurological ⓐ 신경학적인

너구리들은 모피 무역과 사냥 기회를 늘리기 위해 20세기 초반에 유럽에 도입되었고, 의도적으로 도입된 다른 많은 포유류들처럼, 결국 포획 상태에서 탈출하여 비토착적이고 침입적인 개체군을 형성했다. (B) 수입업자들이 너구리를 수입할 때 또한 알지 못하고 받은 것은 모든 너구리들이 보유한 체내 기생 선충 'Baylisascariasis procyonis'였다. 그 기생충은 너구리의 장관 안에서 살고 번식하며, 그것의 알들은 너구리 배설물 안에서 배설된다. (A) 토양에서 2주에서 4주가 지난 후, 그 벌레는 감염력이 생기고 너구리에게 다시 들어가거나, 사실상 어떤 풀을 뜯어먹는 동물에게도 들어갈 수 있으며, 다시 그 순환을 시작하기 위해 결국 장 속으로 돌아간다. 그러나 너구리가 아닌 동물에서는, 일단 그 침입적인 기생충이 섭취되면, 그것은 내장벽을 뚫고 다른 조직들, 특히 뇌와 눈으로 이동한다. (C) 비록 인간에게는 'Baylisascariasis'의 심각한 건강상의 영향은 드물지만, 보고된 사례들은 수막뇌염과 뇌염(뇌와 그것의 조직들의 부종)뿐만 아니라 신경망막염(안구 조직들의 부종)으로 인한 시력 문제들을 초래했으며, 이는 신경학적 문제들과 죽음으로 이어졌다.

주어진 글 다음에 이어질 글의 순서로 가장 적절한 것을 고르시오. [4점]

① (A) — (C) — (B) (A)의 '그 벌레'가 가리키는 것은 (B)에서 소개된 너구리 내부 기생 선충임
② (B) — (A) — (C) 너구리가 유럽에 도입된 후, 포획 상태에서 탈출해 외래 개체군을 형성함 - 너구리를 수입할 때, 너구리의 기생충에 대해서는 알지 못함 - 그 기생충은 다른 동물에게 섭취되어 다른 조직들로 이동함 - 비록 인간에게 심각한 영향은 드물지만, 일부 시력 문제들을 초래함
③ (B) — (C) — (A)
④ (C) — (A) — (B) 비록 인간에 심각한 영향은 드물지만, 일부 시력 문제들을 초래했다는 내용의 (C)는 마지막에 와야 함
⑤ (C) — (B) — (A)
인간에게는 비록 심각한 건강 위협은 드물다는 내용의 (C) 앞에 다른 동물들에게 감염될 수 있다는 내용의 (A)가 먼저 와야 함

| 문제 풀이 순서 | [정답률 59%]

1st 각 문단의 내용을 파악하고, 글의 논리적인 순서를 추론한다.

주어진 글: 너구리들은 모피 무역과 사냥 기회를 늘리기 위해 20세기 초반에 유럽에 도입되었고, 의도적으로 도입된 다른 많은 포유류들처럼, 결국 포획 상태에서 탈출하여 비토착적이고 침입적인 개체군을 형성했다.

➡ **주어진 글 뒤:** 너구리들이 20세기 초에 유럽에 도입되었고, 포획 상태에서 벗어나 외래 침입 개체군을 형성했다는 내용이므로, 단서 이후 너구리들이 외래종으로써 일으킬 문제에 관한 내용이 이어질 것이다. 발상

┌ **(A):** 토양에서 2주에서 4주가 지난 후, 그 벌레(the worm)는 감염력이 생기고 너구리에게 다시 들어가거나, 사실상 어떤 풀을 뜯어먹는 동물에게도 들어갈 수 있으며, 다시 그 순환을 시작하기 위해 결국 장 속으로 돌아간다. 그러나 너구리가 아닌 동물에서는, 일단 그 침입적인 기생충이 섭취되면, 그것은 내장벽을 뚫고 다른 조직들, 특히 뇌와 눈으로 └ 이동한다.

➡ **(A) 앞:** '그 벌레(the worm)'로 가리킬 수 있는 것이 와야 하므로, 너구리의 기생충에 관한 내용이 제시되었을 것이다.
▶ (A) 앞에 주어진 글이 올 수 없음
(A) 뒤: 너구리 기생충이 다른 동물들의 조직에 침투하여 특히 뇌와 눈에 문제를 일으킨다고 했으므로, 그 피해에 관한 내용이 이어질 것이다.

┌ **(B):** 수입업자들이 너구리를 수입할 때 알지 못하고 또한 받은 것은 모든 너구리들이 보유한 내부 기생 선충 'Baylisascariasis procyonis'였다. 그 기생충은 너구리의 장관 안에서 살고 번식하며, 그것의 알들은 너구리 └ 배설물 안에서 배설된다.

➡ **(B) 앞:** 너구리를 수입할 때 기생충의 존재를 몰랐다는 내용이므로, 너구리를 수입했던 당시의 상황에 관한 내용이 제시되었을 것이다.
주어진 글에서 말했던 수입해 온 너구리가 외래종으로 자리 잡았다는 내용에서, 너구리를 도입할 때 기생충의 존재는 몰랐다는 내용으로 이어져야 한다.
▶ 순서: 주어진 글이 (B) 앞에 와야 함 (순서: 주어진 글 ➡ (B))
(B) 뒤: 외래종으로 자리 잡은 너구리에게 기생충이 있었다는 내용을 언급했으므로, 그 기생충에 관한 설명과 위험성이 소개된 (A)가 (B) 뒤에 이어질 것이다.
▶ 순서: 주어진 글 ➡ (B) ➡ (A)

┌ **(C):** 비록 인간에게는 Baylisascariasis의 심각한 건강상의 영향은 드물지만, 보고된 사례들은 수막뇌염과 뇌염(뇌와 그것의 조직들의 부종)뿐만 아니라 신경망막염(안구 조직들의 부종)으로 인한 시력 문제들을 └ 초래했으며, 이는 신경학적 문제들과 죽음으로 이어졌다.

➡ **(C) 앞:** 인간에게는 너구리 기생충이 심각한 위협이 되지는 않는다는 내용이므로, 다른 동물에게는 위협이 된다는 내용이 나왔을 것이다.
▶ 순서: 주어진 글 ➡ (B) ➡ (A) ➡ (C)
(C) 뒤: 기생충이 인간에게 미친 영향(수막뇌염과 뇌염 등)에 대해 추가적으로 설명하는 내용이 이어지지 않으므로, (C)는 글의 마지막 부분일 것이다.

2nd 글이 한눈에 들어오도록 정리하여 정답을 확인한다.

주어진 글: 너구리는 20세기에 유럽에 도입되어 외래종으로 자리매김했다.
➡ **(B):** 너구리 수입 당시에는 너구리 기생충의 존재를 알지 못했다.
➡ **(A):** 너구리 기생충은 다른 동물들의 조직에 침입해 문제를 일으킨다.
➡ **(C):** 비록 인간에게는 심각한 영향을 미치지 않지만, 일부 시력 문제를 일으킨다고 보고되었다.
▶ 주어진 글 다음에 이어질 글의 순서는 (B) ➡ (A) ➡ (C)이므로 정답은 ②임

2회 09 정답 ③ ＊산가지의 발명과 수학적 활용의 역사

글의 흐름으로 보아, 주어진 문장이 들어가기에 가장 적절한 곳을 고르시오.
[3점]

The ancient Chinese also understood negative numbers, / using black rods / to represent positive numbers / and red ones for negative numbers — /

고대 중국인들은 또한 음수를 이해했다 / 검은 막대들을 사용하여 / 양수를 나타내기 위해 / 그리고 음수를 위해 붉은 것들(막대들)을 (사용하여) /

though negative numbers never appeared in answers, / only in calculations. // 단서1 고대 중국인들은 또한 산가지를 이용해 음수를 이해함

비록 음수는 답에서는 절대 나타나지 않음에도 불구하고 / 오직 계산에서만 (나타났을 뿐) //

Counting rods may have been invented in China, / although there is some evidence / that they came from India. //

산가지(계산 막대)들은 중국에서 발명되었을지도 모른다 / 어떤 증거가 있음에도 / 그것들이 인도에서 왔다는 //

Either way, / they took off in China / and were a boon to the people who used them. //

어쨌든 / 그것들은 중국에서 널리 퍼졌고 / 그것들을 사용한 사람들에게 큰 이익이 되었다 //

by ~ing: ~함으로써

현재분사(algorithms 수식)

By learning simple algorithms / **involving** moving physical rods, / traders could perform / addition, subtraction, multiplication and division / quickly and easily. //

간단한 알고리즘들을 배움으로써 / 물리적 막대들을 움직이는 것을 포함한 / 상인들은 수행할 수 있었다 / 덧셈, 뺄셈, 곱셈, 나눗셈을 / 빠르고 쉽게 //

부사적 용법(목적)

(①) **To multiply** two numbers, / rods **were laid** on to a surface / and **combined** in each position.

수동태의 병렬 구조

두 수를 곱하기 위해 / 막대들이 표면 위에 놓였고 / 각각의 위치에서 결합되었다 //

단서 2 중국에서는 산가지를 활용해 여러 연산을 수행함

(②) There were even methods / for using such rod manipulations / **to find** square roots / or **solve** simultaneous equations — / equations **involving** more than one unknown quantity. //

to부정사의 병렬 구조(목적)

현재분사(equations 수식)

심지어 방법들도 있었다 / 이런 막대 조작들을 사용하는 / 제곱근을 찾기 위해 / 또는 연립방정식을 풀기 위해 / 하나 이상의 미지수를 포함하는 방정식인 //

(③) Negative numbers may seem natural today, / but throughout much of history / numbers were **so** closely linked to physical objects /

so ~ that ...: 너무 ~해서 …하다

음수는 오늘날 자연스러워 보일지도 모르지만 / 대부분의 역사에 걸쳐 / 숫자들은 물리적 사물과 매우 밀접하게 연결되어 있었다 /

that many mathematical civilizations outside China / simply didn't consider the possibility / **that** negative ones could be useful. //

동격의 접속사

단서 3 음수는 오늘날에는 자연스럽지만, 중국 외에는 음수의 유용성을 고려하지 않았음

그래서 중국 밖의 많은 수학적 문명들은 / 단순히 가능성을 고려하지 않았다 / 음수가 유용할 수 있다는 //

(④) "Minus seven sheep" / just didn't seem to **make** much **sense.** //

'의미가 있다, 말이 되다'

"마이너스 일곱 마리의 양"은 / 전혀 큰 의미가 있는 것처럼 보이지 않았다 //

(⑤) Chinese mathematics **was greatly influenced** / **by having** opposites in balance, /

수동태

by -ing: ~함으로써

중국 수학은 크게 영향을 받았다 / 대립되는 것들이 균형을 이루는 것에 의해 /

so one possibility is / **that** this viewpoint **helped them** / **to more easily accept** the idea of negatives. //

접속사(주격 보어)

help+목적어+목적격 보어(to부정사)

그래서 하나의 가능성은 ~이다 / 이러한 관점이 그들을 도왔다는 것 / 음수의 개념을 더 쉽게 받아들이도록 //

- rod ⓝ 막대(기), 가지
- algorithm ⓝ 알고리즘
- subtraction ⓝ 뺄셈
- multiplication ⓝ 곱셈
- division ⓝ 나눗셈
- manipulation ⓝ 조작
- square root 제곱근
- simultaneous equation 연립방정식
- unknown quantity 미지수

그것들이 인도에서 왔다는 어떤 증거가 있음에도, 산가지(계산 막대)들은 중국에서 발명되었을지도 모른다. 어쨌든, 그것들은 중국에서 널리 퍼졌고 그것들을 사용한 사람들에게 큰 이익이 되었다. 물리적 막대들을 움직이는 것을 포함한 간단한 알고리즘들을 배움으로써, 상인들은 덧셈, 뺄셈, 곱셈, 나눗셈을 빠르고 쉽게 수행할 수 있었다. (①) 두 수를 곱하기 위해, 막대들은 표면 위에 놓이고 각각의 위치에서 결합되었다. (②) 심지어 제곱근을 찾거나 하나 이상의 미지수를 포함하는 방정식인 연립방정식을 풀기 위해 이런 막대 조작들을 사용하는 방법들도 있었다. (③ 비록 음수는 오직 계산에서만 나타났을 뿐, 답에서는 절대 나타나지 않았음에도 불구하고, 고대 중국인들은 또한 검은 막대들을 양수를 나타내는 데, 붉은 막대들을 음수를 나타내는 데 사용하여 음수를 이해했다.) 음수는 오늘날 자연스러워 보일지도 모르지만, 대부분의 역사에 걸쳐 숫자는 물리적 사물들과 매우 밀접하게 연결되어 있었기 때문에 중국 밖의 많은 수학적 문명들은 음수가 유용할 수 있다는 가능성을 단순히 고려하지 않았다. (④) "마이너스 일곱 마리의 양"은 전혀 큰 의미가 있는 것처럼 보이지 않았다. (⑤) 중국 수학은 대립되는 것들이 균형을 이루는 것에 크게 영향을 받았기 때문에, 하나의 가능성은 이러한 관점이 그들로 하여금 음수라는 개념을 더 쉽게 받아들이도록 도왔다는 것이다.

| 문제 풀이 순서 | [정답률 55%]

1st 주어진 문장을 해석하고, 연결어, 지시어 등을 확인한다.

The ancient Chinese also understood negative numbers, / using black rods / to represent positive numbers / and red ones for negative numbers — / though negative numbers never appeared in answers, / only in calculations. //

고대 중국인들은 또한 음수를 이해했다 / 검은 막대들을 사용하여 / 양수를 나타내기 위해 / 그리고 음수를 위해 붉은 것들(막대들)을 (사용하여) / 비록 음수는 답에서는 절대 나타나지 않음에도 불구하고 / 오직 계산에서만 (나타났을 뿐) //

➡ 고대 중국인들은 산가지를 활용해서 실제 물리적으로는 나타낼 수 없는 음수 또한 이해할 수 있었다는 내용이다. (단서)

▶ **주어진 문장 앞**: 고대 중국인들이 산가지(계산 막대)를 활용해서 음수 외에 다양한 연산을 수행할 수 있었다는 내용이 먼저 제시되어야 함

▶ **주어진 문장 뒤**: 음수가 가지는 의미와 그것이 어떻게 받아들여졌는지에 대한 설명이 이어질 것임 (발상)

2nd 각 선택지의 앞뒤 흐름이 매끄러운지 확인한다.

①의 앞 문장과 뒤 문장

앞 문장: 그것들이 인도에서 왔다는 어떤 증거가 있음에도, 산가지(계산 막대)들은 중국에서 발명되었을지도 모른다. 어쨌든, 그것들은 중국에서 널리 퍼졌고 그것들을 사용한 사람들에게 큰 이익이 되었다. 물리적 막대들을 움직이는 것을 포함한 간단한 알고리즘들을 배움으로써, 상인들은 덧셈, 뺄셈, 곱셈, 나눗셈을 빠르고 쉽게 수행할 수 있었다.

뒤 문장: 두 수를 곱하기 위해, 막대들은 표면 위에 놓이고 각각의 위치에서 결합되었다.

➡ 산가지가 중국에서 널리 퍼졌고, 물리적 막대들을 통해 간단한 알고리즘으로 여러 연산을 수행할 수 있었다는 앞 문장의 내용은, 산가지를 활용해 구체적으로 곱셈을 어떻게 하는지 설명하는 뒤 문장의 내용과 자연스럽게 이어진다.

▶ 주어진 문장이 ①에 들어갈 수 없음

②의 앞 문장과 뒤 문장

앞 문장: ①의 뒤 문장과 같음

뒤 문장: 심지어 제곱근을 찾거나 둘 이상의 미지수를 포함하는 방정식인 연립방정식을 풀기 위해 이런 막대 조작들을 사용하는 방법들도 있었다.

➡ 산가지가 사칙연산에 활용된다고 언급한 앞부분의 내용과, 산가지를 활용해 제곱근을 찾거나 연립방정식을 풀 수도 있었다는 뒤 문장의 내용은 자연스럽게 이어진다.

▶ 주어진 문장이 ②에 들어갈 수 없음

③의 앞 문장과 뒤 문장

앞 문장: ②의 뒤 문장과 같음

뒤 문장: 음수는 오늘날 자연스러워 보일지도 모르지만, 대부분의 역사에 걸쳐 숫자는 물리적 사물들과 매우 밀접하게 연결되어 있었기 때문에 중국 밖의 많은 수학적 문명은 음수가 유용할 수 있다는 가능성을 단순히 고려하지 않았다.

➡ 산가지가 다양한 연산에 활용된다는 구체적인 예시를 제시한 뒤, 갑자기 이전까지 언급하지 않았던 또 다른 경우(음수)에 대해 이야기하며, 그것의 유용성을 고려하지 않았다고 하는 것은 적절하지 않다.

산가지를 음수 계산에까지 활용할 수 있었다는 내용의 주어진 문장은 산가지의 활용도가 나열되면서 음수에 관한 설명이 시작되는 곳에 들어가야 한다.

▶ 주어진 문장이 ③에 들어가야 함

④의 앞 문장과 뒤 문장

앞 문장: ③의 뒤 문장과 같음

뒤 문장: "마이너스 일곱 마리의 양"은 전혀 큰 의미가 있는 것처럼 보이지 않았다.

➡ 앞 문장에서 음수는 물리적 형태가 없었기에 많은 문명에서 음수의 활용 가능성을 고려하지 않았다고 했으며, 뒤 문장에서는 마이너스 일곱 마리와 같은 개념은 큰 의미가 없다는 내용으로 이를 구체화하고 있다.

▶ 주어진 문장이 ④에 들어갈 수 없음

⑤의 앞 문장과 뒤 문장

앞 문장: ④의 뒤 문장과 같음

뒤 문장: 중국 수학은 대립되는 것들이 균형을 이루는 것에 크게 영향을 받았기 때문에, 하나의 가능성은 이러한 관점이 그들로 하여금 음수라는 개념을 더 쉽게 받아들이도록 도왔다는 것이다.

→ 다른 문명과 달리 중국에서는 대립되는 것들의 균형을 중시했기 때문에, 양수와 대립되는 음수의 개념을 비교적 쉽게 받아들였을 것이라 설명하고 있다.

▶ 주어진 문장이 ⑤에 들어갈 수 없음

2회 10 정답 ① ＊배우지 않아도 아는 쥐

Experiments suggest / **that** animals, / just like humans, / tend to
prefer exaggerated, supernormal stimuli, /
suggest의 목적어절 접속사 ①
실험들은 보여 준다 / 동물이 / 인간과 마찬가지로 / 과장되고 비범한 자극을 선호하는 경향이 있으며 /

and **that** a preference can rapidly propel itself / to extreme levels
/ (*peak shift effect*). //
suggest의 목적어절 접속사 ②
선호는 빠르게 그 자체를 나아가게 할 수 있다는 것을 / 극단적인 수준으로 / ('정점 변경 효과') //

In one experiment, / through food rewards / rats were
conditioned / to prefer squares / to other geometric forms. //
한 실험에서 / 음식 보상을 통해 / 쥐는 조건화되었다 / 정사각형을 선호하도록 / 다른 기하학
형태보다 //
단서 1 실험 단계 ①: 음식 보상을 통해 정사각형을 선호하도록 조건화됨

In the next step, / a non-square rectangle was introduced / and
associated / with an even larger reward / than the square. //
다음 단계에서 / 정사각형이 아닌 직사각형이 내놓아졌고 / 연관되었다 / 훨씬 더 큰 보상과 /
정사각형보다 //
단서 2 실험 단계 ②: 훨씬 더 큰 보상과 연관되는 직사각형을 선호하는 것을 학습함

As expected, / the rats learned / to reliably prefer the rectangle. //
예상했듯이 / 쥐는 학습했다 / 직사각형을 확실히 선호하는 것을 //

주격 보어가 문두로 가면서 주어와 동사가 도치됨
Less predictable was the third part / of the experiment. //
세 번째 부분이 덜 예측 가능했다 / 그 실험의 //

형용사적 용법(the opportunity 수식)
The rats were offered the opportunity / **to choose** /
쥐는 기회를 제공받았다 / 선택할 /

선행사(목적격 관계대명사는 생략됨)
between the rectangle / they already knew / and associated
with large rewards / **and another rectangle**, / the proportions of
between A and B: A와 B 사이에 선행사
목적격 관계대명사
which were even more different / from those of a square. //
직사각형과 / 그들이 이미 알고 있고 / 큰 보상과 연관되었던 / 또 다른 직사각형 사이에서 /
그것의 비율이 훨씬 더 차이가 나는 / 정사각형의 그것과 /

Interestingly, rats picked / this novel variant, / without
undergoing / any reward-based conditioning / in favor of it. //
흥미롭게도 쥐는 골랐다 / 이 새로운 변형을 / 경험하지 않고도 / 어떠한 보상에 기반한
조건화도 / 그것을 위한 //
단서 3 실험 단계 ③: 보상에 기반한 조건화를 경험하지 않고도 두 직사각형 사이에서 정사각형의 비율과 훨씬 더 차이가 나는 것을 고름

주어
A possible explanation is / thus / **that** they chose the larger
difference / from the original square / (i.e., the exaggeration of
동사 주격 보어절 접속사
non-squareness). //
가능한 설명은 ~이다 / 따라서 / 그들이 더 큰 차이를 선택했다는 것 / 원래의 정사각형보다 /
('정사각형이 아닌 것'의 과장을) //

> → In an experiment, / after first establishing an (A) **inclination**
> / to squares, / and then to non-square rectangles, /
> 한 실험에서 / 처음에는 기호를 확립한 후에 / 정사각형에 대한 / 그리고서 정사각형이 아닌
> 직사각형에 대한 /
>
> rats were seen / to pursue (B) **severe** rectangularity / even
> without any additional reward. //
> 쥐는 보였다 / 극단적인 직사각형의 성질을 추구하는 것으로 / 어떤 추가적 보상 없이도 //

- **exaggerated** ⓐ 과장된 • **supernormal** ⓐ 비범한
- **stimuli** ⓝ 자극 • **preference** ⓝ 선호 • **propel** ⓥ 나아가게 하다
- **conditioned** ⓐ 조건부의 • **geometric** ⓐ 기하학의
- **rectangle** ⓝ 직사각형 • **associated with** ~와 연관된
- **reliably** ⓐⅾ 확실히 • **predictable** ⓐ 예측할 수 있는
- **opportunity** ⓝ 기회 • **proportion** ⓝ 비율

- **inclination** ⓝ 기호, 성향 • **severe** ⓐ 극단적인
- **vague** ⓐ 희미한 • **unexpected** ⓐ 예상치 못한
- **subtle** ⓐ 미묘한

실험들은 동물이 인간과 마찬가지로 과장되고 비범한 자극을 선호하는 경향이 있으며 선호는 빠르게 그 자체를 극단적인 수준으로 나아가게 할 수 있다는 것('정점 변경 효과')을 보여 준다. 한 실험에서 음식 보상을 통해 쥐는 정사각형을 다른 기하학 형태보다 선호하도록 조건화되었다. 다음 단계에서 정사각형이 아닌 직사각형이 내놓아졌고 정사각형보다 훨씬 더 큰 보상과 연관되었다. 예상했듯이 쥐는 직사각형을 확실히 선호하는 것을 학습했다. 덜 예측 가능했던 것은 그 실험의 세 번째 부분이었다. 쥐는 그들이 이미 알고 있고 큰 보상과 연관되었던 직사각형과 그것의 비율이 정사각형의 그것과 훨씬 더 차이가 나는 또 다른 직사각형 사이에서 선택을 할 기회를 제공받았다. 흥미롭게도 쥐는 그것을 위한 보상에 기반한 조건화를 조금도 경험하지 않고도 이 새로운 변형을 골랐다. 따라서 가능한 설명은 그들이 원래의 정사각형보다 더 큰 차이, 즉 '정사각형이 아닌 것'의 과장을 선택했다는 것이다.

→ 한 실험에서 처음에는 정사각형, 그리고 나서 정사각형이 아닌 직사각형에 대한 (A) **기호**를 확립한 후에 쥐는 어떤 추가적 보상 없이도 (B) **극단적인** 직사각형의 성질을 추구하는 것으로 보였다.

다음 글의 내용을 한 문장으로 요약하고자 한다. 빈칸 (A), (B)에 들어갈 말로 가장 적절한 것은? [3점]

even more different라고 설명했음

	(A)	(B)
①	inclination 기호	severe 극단적인
②	opposition 반대	familiar 익숙한
③	inclination 기호	vague 희미한
④	opposition 반대	unexpected 예상치 못한
⑤	attachment 애착	subtle 미묘한

①: 어떤 사각형을 선호하는지에 대한 실험, 정사각형과의 비율 차이가 훨씬 더 큰 것을 선택함
③: 음식 보상을 통해 조건화됨

왜 정답? [정답률 40%]

1 음식 보상을 통해 쥐는 정사각형을 선호하도록 조건화됨 단서 1

2 훨씬 더 큰 보상과 연관된 직사각형이 제시되자 쥐는 직사각형을 확실히 선호하는 것을 학습함 단서 2

3 조건화 없이도, 두 개의 직사각형 사이에서 정사각형의 비율과 훨씬 더 차이가 나는 비율의 직사각형을 고름 단서 3

→ **(A)**: 제시된 실험에서 확립한 것은 정사각형, 직사각형에 대한 선호, 즉 '기호(inclination)'이다.

(B): 쥐가 더 큰 보상을 통해 학습하지 않고도 선택한 것은 정사각형의 비율과 훨씬 더 차이가 나는 비율의 직사각형이었다. 직사각형의 특징이 더욱 명확한 것을 고른 것이므로, 이는 쥐가 '극단적인(severe)' 직사각형의 성질을 추구하는 것이라고 할 수 있다. ▶ 요약문의 빈칸에는 각각 ① '기호'와 '극단적인'이 들어가야 함

왜 오답?

② 직사각형에 대한 '반대'를 확립하거나 '익숙한' 직사각형의 성질을 선호하는 것이 아니다.

③ '희미한' 직사각형의 성질을 선호하는 것이라는 문장은 문맥에 맞지 않는다.

④ 직사각형에 대한 '반대'를 확립하거나 '예상치 못한' 직사각형의 성질을 선호하는 것이 아니다.

⑤ 직사각형에 대한 '애착'을 확립하거나 '미묘한' 직사각형의 성질을 선호한다는 내용은 나오지 않았다.

＊ 글의 흐름

도입	실험들은 동물이 인간과 마찬가지로 과장되고 선호 자체를 극단적인 수준으로 나아가게 할 수 있다는 것을 보여 줌
실험 내용	음식 보상을 통해 쥐는 정사각형을 다른 기하학 형태보다 선호하도록 조건화되었고, 다음 단계에서 직사각형이 내놓아졌고 정사각형보다 훨씬 더 큰 보상과 연관되었음
실험 결과	쥐는 직사각형을 확실히 선호하는 것을 학습했고, 그것을 위한 보상에 기반한 조건화를 조금도 경험하지 않고도 이 새로운 변형을 골랐음
결론	그들이 원래의 정사각형보다 더 큰 차이, 즉 '정사각형이 아닌 것'의 과장을 선택했다는 것임

2회 11~12 ✱ 화산폭발과 지진으로 멸망한 폼페이

Pompeii **was destroyed** / by the catastrophic eruption of **Mount Vesuvius** in 79 A.D., / **entombing residents under layers of volcanic ash**. //
폼페이는 무너졌다 / 기원후 79년 베수비오산의 재앙과 같은 분출로 / 주민들을 화산재층 아래에 파문으며 //

But there is more to this story / of an ancient Roman city's doom. // **11번** 단서 1: 고대 로마 도시의 파멸에 관한 이야기는 많은 것이 있음
하지만 이 이야기에는 더 많은 것이 있다 / 고대 로마 도시의 파멸에 관한 //

Research **published** in the journal *Frontiers in Earth Science* / offers proof / **that** Pompeii was simultaneously wrecked / by a massive earthquake. // **11번** 단서 2: 연구는 폼페이가 지진으로 파괴되었다는 증거를 제공함
학술지 Frontiers in Earth Science에서 출판된 연구는 / 증거를 제공한다 / 폼페이가 동시에 파괴되었다는 / 거대한 지진으로 //

The discovery **establishes** / a new timeline for the city's collapse / and **shows** / that fresh approaches to research / can (a) reveal additional secrets / from well-studied archaeological sites. //
이 발견은 수립한다 / 그 도시의 붕괴에 대한 새로운 연대표를 / 그리고 보여준다 / 연구에 대한 신선한 접근이 / 추가적인 비밀을 밝힐 수 있다는 것을 / 깊이 연구된 고고학적 현장에서 //

Researchers **have** always **had** an idea / **that** seismic activity contributed to the city's destruction. //
연구원들은 생각을 항상 가져왔다 / 지진 활동이 도시의 파괴에 이바지했다는 //

The ancient writer Pliny the Younger reported / **that** the eruption of Vesuvius **had been accompanied** / by violent shaking. //
고대 작가 Pliny the Younger는 보고했다 / 베수비오의 분출은 수반되었다는 것을 / 격렬한 흔들림과 함께 //

But, until now, no evidence **had been discovered** / to (b) support this historical account. //
하지만 지금까지 어떠한 증거도 밝혀지지 않았다 / 이 역사적인 이야기를 지지할 //

A team of researchers **led** by Domenico Sparice from Italy / decided to investigate this (c) gap in the record. //
이탈리아의 Domenico Sparice가 이끈 한 연구팀이 / 기록에서의 이 차이를 조사하기로 결정했다 //

Dr. Sparice said / **that** excavations of Pompeii to date / **had not included** experts in the field of archaeoseismology, / which deals with the effects of earthquakes on ancient buildings. //
Sparice 박사는 말했다 / 지금까지 폼페이 발굴은 / 고고 지진학 분야의 전문가들을 포함하지 않았다는 것을 / 고대 건축물에 지진이 미친 영향을 다루는 //

Contributions from (d) specialists in this area / were key to the discovery, / he said. //
이 분야의 전문가들로부터의 의견이 / 발견의 열쇠였다고 / 그는 말했다 //

"The effects of seismicity **have been speculated** by past scholars, / but no factual evidence **has been reported** before our study," / Dr. Sparice said, / **adding that the finding was "very exciting."**
지진 활동도의 영향은 과거의 학자들에 의해 추측되어 왔다 / 하지만 어떠한 사실적 증거도 우리의 연구 이전에 보고된 적이 없었다 / Sparice 박사가 말했다 / 연구 결과가 "매우 흥미로웠다"라고 덧붙이며 //

The team focused / on the Insula of the Chaste Lovers. //
연구팀은 집중했다 / 순결한 연인들의 공동 주택에 // **12번** 단서: 폼페이에서는 화산 분출로 인해 화가들의 작업이 중단됨

This area encompasses several buildings, / including a bakery and a house / **where** painters were evidently interrupted by the eruption, / leaving their paintings (e) colored(→ uncolored). //
이 지역은 몇몇 건축물들을 망라한다 / 빵집과 가옥을 포함한 / 화가들이 분명히 분출로 인해 중단된 / 그들의 그림을 색칠된(→ 색칠되지 않은) 채로 남겨둔 채 //

After excavation and careful analysis, / the researchers concluded / **that** walls in the insula **had collapsed** / because of an earthquake. // **11번** 단서 3: 공동 주택의 벽들이 지진으로 무너졌다고 결론지음
발굴과 면밀한 분석 후에 / 연구원들은 결론지었다 / 공동 주택의 벽들이 무너졌다고 / 지진 때문에 //

- catastrophic ⓐ 재앙의, 처참한
- eruption ⓝ 분출
- entomb ⓥ 파묻다, 뒤덮다
- volcanic ⓐ 화산의
- ash ⓝ 재, 잿더미
- doom ⓝ 파멸, 죽음
- frontier ⓝ 선구자
- earth science 지구과학
- simultaneously ⓐⓓ 동시에
- wreck ⓥ 파괴하다
- timeline ⓝ 연대표
- collapse ⓝ 붕괴
- archaeological ⓐ 고고학의
- violent ⓐ 격렬한
- account ⓝ 이야기
- to date 지금까지
- archaeoseismology ⓝ 고고 지진학
- seismicity ⓝ 지진 활동도
- speculate ⓥ 추측하다
- factual ⓐ 사실적인
- insula ⓝ (고대 로마의) 집단 주택
- chaste ⓐ 순결한
- encompass ⓥ 망라하다, 포함하다
- interrupt ⓥ 중단시키다, 방해하다

폼페이는 기원후 79년 베수비오산의 재앙과 같은 분출로 주민들을 화산재층 아래에 파문으며 무너졌다. 하지만 고대 로마 도시의 파멸에 관한 이 이야기에는 더 많은 것이 있다. 학술지 Frontiers in Earth Science에서 출판된 연구는 폼페이가 동시에 거대한 지진으로 파괴되었다는 증거를 제공한다. 이 발견은 그 도시의 붕괴에 대한 새로운 연대표를 수립하고, 연구에 대한 신선한 접근이 깊이 연구된 고고학적 현장에서 추가적인 비밀을 (a) 밝힐 수 있다는 것을 보여준다. 연구원들은 지진 활동이 도시의 파괴에 이바지했다는 생각을 항상 가져왔다. 고대 작가 Pliny the Younger는 베수비오의 분출은 격렬한 흔들림과 함께 수반되었다는 것을 보고했다. 하지만 지금까지 이 역사적인 이야기를 (b) 지지할 어떠한 증거도 밝혀지지 않았다. 이탈리아의 Domenico Sparice가 이끈 한 연구팀이 기록에서의 이 (c) 차이를 조사하기로 결정했다. Sparice 박사는 지금까지 폼페이 발굴은 고대 건축물들에 지진이 미친 영향을 다루는 고고 지진학 분야의 전문가들을 포함하지 않았다는 것을 말했다. 이 분야의 (d) 전문가들로부터의 의견이 발견의 열쇠였다고 그는 말했다. 지진 활동도의 영향은 과거의 학자들에 의해 추측되어 왔지만, 우리의 연구 이전에 어떠한 사실적 증거도 보고된 적이 없었다고 Sparice 박사가 말했으며, 연구 결과가 "매우 흥미로웠다"라고 덧붙였다. 연구팀은 순결한 연인들의 공동 주택에 집중했다. 이 지역은 몇몇 건축물들을 망라하는데, 화가들이 분명히 분출로 인해 그들의 그림을 (e) 색칠된(→ 색칠되지 않은) 채로 남겨둔 채 중단된 빵집과 가옥을 포함한다. 발굴과 면밀한 분석 후에, 연구원들은 공동 주택의 벽들이 지진 때문에 무너졌다고 결론지었다.

2회 11 정답 ⑤

윗글의 제목으로 가장 적절한 것은?

① Who Found Pompeii Covered with Volcanic Ashes
누가 화산재로 뒤덮인 폼페이를 발견했는가 화산재로 뒤덮인 폼페이를 발견한 사람에 관한 내용이 아님
② Mt. Vesuvius's Influence on the Scenery of Pompeii
베수비오산이 폼페이의 경치에 미친 영향 베수비오산과 폼페이의 경치에 관한 내용은 언급되지 않음
③ The Eruption of Mt. Vesuvius Triggered by Earthquake
지진으로 촉발된 베수비오산의 분출 지진 때문에 화산이 분출했다는 내용은 아님
④ Seismic Timeline by Archaeological Discovery in Pompeii
폼페이에서의 고고학적 발견에 의한 지진의 연대표 연대표 자체가 전체 글의 제목이 될 수는 없음
⑤ The Eruption of Mt. Vesuvius Wasn't Pompeii's Only Killer
베수비오산의 분출이 폼페이의 유일한 학살자는 아니었다
But there is more to this story of an ancient Roman city's doom.

왜 정답? [정답률 0%]

- 하지만 고대 로마 도시의 파멸에 관한 이 이야기에는 더 많은 것이 있다. **단서 1**
- Frontiers in Earth Science(지구과학의 선구자들)라는 학술지에 출판된 연구는 폼페이가 동시에 거대한 지진으로 파괴되었다는 증거를 제공한다. **단서 2**
- 발굴과 면밀한 분석 후에, 연구원들은 공동 주택의 벽들이 지진 때문에 무너졌다고 결론지었다. **단서 3**

➡ 폼페이 멸망의 원인은 단순히 화산폭발만이 아니라, 이와 수반된 지진도 큰 영향을 미쳤다는 점을 설명하고 있다.

▶ 따라서 글의 제목으로 가장 적절한 것은 ⑤ '베수비오산의 분출이 폼페이의 유일한 학살자는 아니었다'이다.

① 화산재로 뒤덮인 폼페이를 발견한 사람에 관한 내용이 아니다. (▶이유: 글에 언급된 Pliny the Younger는 폼페이 멸망 당시 격렬한 흔들림이 있었다고 보고했던 사람이고, Domenico Sparice는 지진이 폼페이에 미친 영향을 밝혀낸 사람이다.)

② 베수비오산과 폼페이의 경치에 관한 내용은 언급되지 않았다.

③ 폼페이 멸망 당시 화산 분출과 지진이 동시에 발생했다는 내용이지, 지진 때문에 화산이 분출했다는 인과 관계에 관한 설명은 없다.

④ 폼페이에서 진행된 고고학적 연구가 지진의 연대표에 새로운 시각을 제공했다는 내용은 언급되었으나, 글의 전체 내용은 지진도 폼페이 멸망에 영향을 주었다는 내용이다. 따라서 지진의 연대표 자체가 전체 글의 제목이 될 수는 없다.

2회 12 정답 ⑤

밑줄 친 (a)~(e) 중, 문맥상 낱말의 쓰임이 적절하지 <u>않은</u> 것은? [3점]

① (a) 고고학에서 추가적인 비밀을 밝히다 '밝힐' 수 있게 해줌
② (b) 앞의 내용에 '하지만'으로 연결되므로 지지하다 '지지할' 증거를 찾지 못한 것임
③ (c) '증언'과 '증거'를 '차이'로 받음 차이
④ (d) 그전까지 전문가들을 포함하지 않았음 전문가들
⑤ (e) 화가들의 작업은 중단되었으므로 색칠된 색칠되지 않은 채로 남겨졌을 것임

❯왜 정답? [정답률 70%]

⑤ (e) colored 색칠된

┌ 이 지역은 몇몇 건축물들을 망라하는데, 화가들이 분명히 분출로 인해
└ 그들의 그림을 (e) ~~색칠된~~ 채로 남겨둔 채 중단된 빵집과 가옥을 포함한다. (색칠되지 않은)

➡ 폼페이에서는 화산 분출로 인해 화가들의 작업이 중단되었음 → 따라서 당시 화가들의 작업은 '색칠된 채' 남겨져 있었다는 표현은 적절하지 않음

▶ 화가들의 작품은 화산 분출로 중단되었으므로 colored를 uncolored(색칠되지 않은)와 같은 단어로 바꾸어야 함

❯왜 오답?

① (a) reveal 밝히다

┌ 이 발견은 그 도시의 붕괴에 대한 새로운 연대표를 수립하고, 연구에 대한 신선한 접근이 깊이 연구된 고고학적 현장에서 추가적인 비밀을 (a) 밝힐
└ 수 있다는 것을 보여준다.

➡ 학술지의 연구에 따르면, 폼페이는 거대한 지진으로도 파괴되었다는 증거가 있음 → 이 발견은 폼페이의 붕괴에 대한 새로운 시선을 제공하고, 고고학 현장에서도 추가적인 비밀을 '밝힐' 수 있게 해줌 ▶ reveal은 문맥에 맞음

② (b) support 지지하다

┌ 하지만(But) 지금까지 이 역사적인 이야기를 (b) 지지할 어떠한 증거도
└ 밝혀지지 않았다. But은 '고대 작가가 화산과 지진이 동시에 발생했다고 보고했다'라는 앞의 내용에 증거가 없는 상황임을 소개함

➡ 앞 문장에서 고대 작가가 베수비오 화산 분출은 지진을 수반했다고 보고함 → 지금까지 그 작가의 역사적인 이야기를 '지지할' 증거가 발견되지 않았다는 내용이 '하지만'으로 연결되는 것은 적절함 ▶ support는 문맥에 맞음

③ (c) gap 차이

이탈리아의 Domenico Sparice가 이끈 연구팀이 기록에서의 이 (c) 차이를 조사하기로 결정했다.

➡ 고대 작가는 베수비오 화산의 분출이 격렬한 흔들림(지진)을 수반했다고 보고함 → 하지만, 이 이야기를 지지할 어떠한 증거도 밝혀지지 않았음 따라서 이탈리아의 연구팀은 지진이 수반되었다는 '증언'은 있지만, 이를 뒷받침할 '증거가 없다'는 '차이'를 조사하고자 했다는 표현은 문맥상 적절함
▶ gap은 문맥에 맞음

④ (d) specialists 전문가들

─ 이 분야의 (d) 전문가들로부터의 의견이 발견의 열쇠였다고 그는 말했다.

➡ 이탈리아의 연구팀은 지금까지의 폼페이 발굴이 지진 전문가를 포함하지 않았다고 지적함 → 이탈리아 연구팀은 지진 활동의 영향으로 인한 건축물들을 발견했으므로, 지진 분야의 '전문가들'로부터 받은 의견이 새로운 발견의 열쇠였다는 표현은 문맥상 적절함 ▶ specialists는 문맥에 맞음

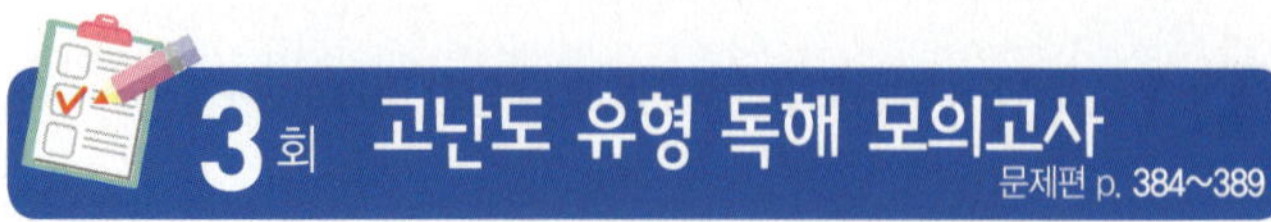

3회 고난도 유형 독해 모의고사
문제편 p. 384~389

3회 01 정답 ① ＊발화의 핵심 특징인 수신성과 응답 가능성

Let's consider the way / **we carry out a conversation**. // (관계부사절)
방식에 대해 생각해 보자 / 우리가 대화를 나누는 //

We are leaving a lecture, / and I say to you, / "I found **that** **speaker a bit boring**." //
found의 목적어와 목적격 보어 (형용사)
우리는 강의를 마치고 나가고 있는데 / 내가 당신에게 말한다 / "저 연설자는 좀 지루했어요" 라고 //

Mikhail Bakhtin would call / **this entry into our conversation** / **an *utterance*.** //
call의 목적어와 목적격 보어 (명사(구))
미하일 바흐친은 부를 것이다 / 이렇게 우리의 대화에 들어가는 것을 / '발화'라고 //

An utterance could be anything / **from** a single word or sign **to** a monologue. //
from A to B: A에서 B까지
발화는 무엇이든 될 수 있다 / 한 단어나 기호에서부터 독백까지 //

Now consider, / this utterance **is** also **addressed** to you. //
수동태
이제 생각해 보자 / 이 발화는 또한 당신에게도 향해 있다는 점을 **단서1** 발화는 항상 누군가를 향한다는 '수신성'을 가짐

In Bakhtin's terms, / it possesses *addressivity*. //
바흐친의 말로는 / 그것은 '수신성'을 가진다 //

Further, / after addressing this utterance to you, / I anticipate some form of reply / (for example, / a nod of the head, or perhaps, / "Maybe you missed his central idea; / it was fascinating.") //
더 나아가 / 이 발화를 당신에게 전달한 후 / 나는 어떤 형태의 답변을 예상한다 / (예를 들어 / 고개를 끄덕이거나, 아마도 / "당신은 그의 핵심 아이디어를 놓쳤을 거예요 / 그것은 정말 흥미로웠어요"라고 말하는 것)) //

For Bakhtin, there is *answerability*. // **단서2** 발화는 항상 청자로부터 어떤 형태의 반응을 예상한다는 '응답 가능성'을 가짐
바흐친에게는, / 그것은 '응답 가능성'을 가진다 //

The utterance **would** not make sense / **spoken out of the blue** / to no one. //
가정의 의미 / 분사구문 / **단서3** 발화의 의미나 뜻은 청자를 위한 것으로, 화자는 청자를 염두에 두고 언어를 선택하고 구성함
그 발화는 의미가 없을 것이다 / 느닷없이 말해지면 / 아무에게도 (아닌) //

Its sense or meaning / depends on **its** being "for you." //
being의 의미상 주어
그것의 의미나 뜻은 / 그것이 "당신을 위한" 것에 의존한다 //

As Bakhtin goes on to point out, / the particular words I use / are also prepared specifically for you. //
앞에 목적격 관계대명사 생략
바흐친이 계속해서 지적하듯 / 내가 사용하는 특정 단어들은 / 또한 당신을 위해 특별히 준비된 것이다 / **단서4** 상대방이 이해할 수 없고 반응할 수 없는 말은 발화가 될 수 없음

If I **said**, / "Die Rede war langweilig," / and you spoke no German, / it **would lack both** addressivity **and** answerability. //
가정법 과거 (현재 사실의 반대)
만약 내가 말하고 / "Die Rede war langweilig(연설은 지루했다)"라고 / 당신이 독일어를 하지 않는다면 / 그것은 수신성과 응답 가능성 모두 결여될 것이다 //

In this sense, / when I speak to you / as a conversational partner, / "the speaker becomes the listener." //
이런 의미에서 / 내가 당신에게 말을 할 때 / 대화의 파트너로서 / "화자는 듣는 이가 된다" //

• utterance ⓝ 발화 • monologue ⓝ 독백
• address ⓥ ~를 향하다, 전달하다 • addressivity ⓝ 수신성, 주소성
• nod ⓝ 끄덕임 • answerability ⓝ 응답 가능성
• out of the blue 느닷없이, 갑자기

우리가 대화를 나누는 방식에 대해 생각해 보자. 우리는 강의를 마치고 나가고 있는데, 내가 당신에게 "저 연설자는 좀 지루했어요"라고 말한다. 미하일 바흐친은 이렇게 우리의 대화에 들어가는 것을 '발화'라고 부를 것이다. 발화는 한 단어나 기호에서부터 독백까지 무엇이든 될 수 있다. 이제 이 발화는 또한 당신에게도 향해 있다는 점을 생각해 보자. 바흐친의 말로는, 그것은 '수신성'을 가진다. 더 나아가, 이 발화를 당신에게 전달한 후, 나는 어떤 형태의 답변을 예상한다(예를 들어, 고개를 끄덕이거나, 아마도 "당신은 그의 핵심 아이디어를 놓쳤을 거예요; 그것은 정말 흥미로웠어요"라고 말하는 것). 바흐친에게는, 그것은 '응답 가능성'을 가진다. 그 발화는 느닷없이 아무에게도 말해지지 않는다면 의미가 없을 것이다. 그것의 의미

나 뜻은 그것이 "당신을 위한" 것에 의존한다. 바흐친이 계속해서 지적하듯, 내가 사용하는 특정 단어들은 또한 당신을 위해 특별히 준비된 것이다. 만약 내가 "Die Rede war langweilig(연설은 지루했다)"라고 말하고, 당신이 독일어를 하지 않는다면, 그것은 수신성과 응답 가능성 모두 결여될 것이다. 이런 의미에서, 내가 당신에게 대화의 파트너로서 말을 할 때, "화자는 듣는 이가 된다."

다음 글에서 밑줄 친 the speaker becomes the listener가 의미하는 바로 가장 적절한 것은? [4점]
① the speaker anticipates and induces the listener's response
화자는 청자의 반응을 기대하고 유도한다
② speaking is a process that naturally comes before listening
말하기 전에 자연스럽게 나오는 과정이다
③ what we observe influences how we speak in a conversation
우리가 관찰하는 것이 대화에서 우리가 말하는 방법에 영향을 미친다
④ the listener's response affects the speaker's intended meaning
청자의 반응이 화자의 의도된 의미에 영향을 미친다
⑤ conversational etiquette requires parties involved to take turns
대화 예절은 참여한 당사자들이 순서를 번갈아 교대하기를 요구한다

> **왜 정답?** [정답률 60%]

- 미하일 바흐친에 따르면, 모든 발화는 수신성과 응답 가능성을 전제로 한다. 단서 1, 2
- 즉, 발화는 항상 듣는 사람을 염두에 두고 생성되며, 청자로부터 어떤 형태의 반응을 예상한다는 것이다. 상대방이 이해하고 반응할 수 없는 말은 발화가 될 수 없다고 했다. 단서 3, 4
➡ 따라서 화자는 청자에게 말함과 동시에 청자의 반응, 이해도 등을 예측하고 고려하게 되므로, 화자는 발화를 하는 동시에 청자의 입장이 되어 자신의 발화를 듣고 평가하는 이중적인 역할을 수행하게 된다는 내용이다.
▶ '화자는 듣는 이가 된다'가 의미하는 바: ① '화자는 청자의 반응을 기대하고 유도한다'

> **왜 오답?**

② 말하기와 듣기의 순서와 관련된 내용이 아니다.
③ 관찰한 것과 대화 방식의 상관관계에 관한 글이 아니다.
④ 화자는 발화를 하는 과정에서 청자의 반응을 기대한다는 내용이지, 청자의 반응으로 인해 화자가 의도한 의미가 영향을 받는다는 내용이 아니다.
⑤ 대화 예절을 설명한 것이 아니라, 발화에는 화자가 청자에게 기대하는 바가 있다는 내용이다.

3회 02 정답 ① * 동일시하는 집단을 선호하는 경향

Sociologist Brooke Harrington said / if there was an $E=mc^2$ of social science, / it would be SD > PD, / "social death is more frightening than physical death." //
사회학자 Brooke Harrington은 말했다 / 사회 과학의 $E=mc^2$가 있다면 / 그것은 SD > PD일 것이라고 / 즉 "사회적 죽음이 신체적 죽음보다 더 무섭다" //

This is why / we feel deeply threatened / when a new idea challenges / the ones that have become part of our identity. //
= ideas 주격 관계대명사
이것은 이유이다 / 우리가 매우 위협적으로 느끼는 / 새로운 개념이 도전할 때 / 우리 정체성의 일부가 된 것들에 //

For some ideas, / the ones that identify us as members of a group, / we don't reason as individuals; / we reason as a member of a tribe. //
= ideas 주격 관계대명사(선행사: ones)
몇몇 견해에 대하여 / 우리가 한 집단의 구성원으로 우리를 동일시하는 / 우리는 개인으로서 판단하지 않는다 / 우리는 한 부족의 구성원으로서 판단한다 //

We want to seem trustworthy, / and reputation management as a trustworthy individual / often overrides most other concerns, / even our own mortality. //
우리는 믿음직스럽게 보이고 싶다 / 그리고 믿음직한 개인으로서의 평판 관리는 / 흔히 다른 모든 걱정보다 더 중요하다 / 심지어 우리 자신의 죽음보다 //

This is not entirely irrational. //
이것은 완전히 비이성적인 것이 아니다 //

A human alone in this world / faces a lot of difficulty, / but **being alone in the world before modern times** / was almost certainly a death sentence. //
동명사구 주어 / 단수 동사
이 세상에 홀로 있는 인간은 / 많은 어려움을 직면한다 / 하지만 근대 이전의 세상에서 혼자 있는 것은 / 거의 확실하게 사형 선고였다 //

So we carry with us an innate drive / **to form** groups, / join groups, / remain in those groups, / and oppose other groups. //
형용사적 용법
그래서 우리는 타고난 욕구를 가지고 있다 / 집단을 형성하고 / 집단에 합류하고 / 그 집단에 남아 있고 / 다른 집단에 반대하려는 //
단서 1 우리는 집단을 형성해 그곳에 속하려는 욕구를 가지고 있다고 했음

But once you can identify *them*, / you start favoring *us*; /
단서 2 '우리(= 집단)'를 편들기 시작한다고 했음
so much so that / given a choice / between an outcome that favors both groups a lot /
= to the extent that / 분사구문을 이끎
하지만 일단 여러분이 '그들'을 인식할 수 있게 되면 / 여러분은 '우리'를 편들기 시작한다 / 매우 그러해서 / 선택이 주어졌을 때 / 양쪽 집단 모두를 크게 유리하게 하는 결과 /

or **one that** favors both much less / but still favors yours more than theirs, / that's the one you will pick. //
= outcome / 주격 관계대명사(선행사: one)
또는 양측 모두에게 훨씬 덜 유리한 / 하지만 여전히 여러분의 집단을 그들보다 더 유리하게 하는 것(결과) 사이에 / 그것이 바로 여러분이 고르게 될 것이다 //

- sociologist ⓝ 사회학자 · tribe ⓝ 부족 · reputation ⓝ 평판
- trustworthy ⓐ 신뢰할 수 있는 · override ⓥ ~보다 더 중요하다
- mortality ⓝ 죽음 · irrational ⓐ 비이성적인
- death sentence 사형 선고 · drive ⓝ 욕구 · oppose ⓥ 반대하다
- favor ⓥ 편들다, 유리하게 하다 · objective ⓐ 객관적인

사회학자 Brooke Harrington은 사회 과학의 $E=mc^2$가 있다면, 그것은 SD>PD, 즉 "사회적 죽음이 신체적 죽음보다 더 무섭다."일 것이라고 말했다. 이것은 새로운 개념이 우리 정체성의 일부가 된 것들에 도전할 때 우리가 매우 위협적으로 느끼는 이유이다. 우리가 한 집단의 구성원으로 우리를 동일시하는 몇몇 견해에 대하여, 우리는 개인으로서 판단하지 않고, 우리는 한 부족의 구성원으로서 판단한다. 우리는 믿음직스럽게 보이고 싶고, 믿음직한 개인으로서의 평판 관리는 흔히 다른 모든 걱정, 심지어 우리 자신의 죽음보다 더 중요하다. 이것은 완전히 비이성적인 것이 아니다. 이 세상에 홀로 있는 인간은 많은 어려움을 직면하지만, 근대 이전의 세상에서 혼자 있는 것은 거의 확실하게 사형 선고였다. 그래서 우리는 집단을 형성하고, 집단에 합류하고, 그 집단에 남아 있고, 다른 집단에 반대하려는 타고난 욕구를 가지고 있다. 하지만 일단 여러분이 '그들'을 인식할 수 있게 되면, 여러분은 '우리'를 편들기 시작하는데, 매우 그러하므로, 양쪽 집단 모두를 크게 유리하게 하는 결과 또는 양측 모두에게 훨씬 덜 유리하게 하지만 여전히 여러분의 집단을 그들보다 더 유리하게 하는 것(결과) 사이에 선택이 주어졌을 때, 그것이 바로 여러분이 고르게 될 것이다.

다음 글의 주제로 가장 적절한 것은? [3점]
① tendency to prefer the group that one identifies with
동일시하는 집단을 선호하는 경향 / 우리는 동일시하는 집단을 선호하는 경향이 있다는 내용
② necessity of social isolation to build a reputation
평판을 쌓기 위한 사회적 고립의 필요성 / 사회적 고립이 아니라 집단에 속하는 것을 선호한다는 내용임
③ ways to ease one's irrational fear of crowds
군중에 대한 비합리적 공포심을 완화할 수 있는 방법 / 군중에 대한 비합리적 공포심에 대한 완화 방법에 대한 글이 아님
④ importance of forming groups with different interests
다른 관심사를 가진 집단을 형성하는 것의 중요성 / 다른 관심사를 가진 집단을 형성하는 것의 중요성에 대한 글이 아님
⑤ tips for staying objective during heated group discussions
과열된 집단 토론에서 객관성을 유지하는 방법 / 집단 토론에 대한 언급은 없음

> **왜 정답?** [정답률 78%]

전반부	사회적 죽음을 두려워하고 사회적 평판을 중요시하는 우리의 경향
후반부	집단을 형성하고 집단에 속하기를 원하며 우리가 속한 그 집단을 편들기 시작함

▶ 따라서 이 글의 주제는 ① '동일시하는 집단을 선호하는 경향'이 가장 적절하다.

☞왜 오답?

② 사회적 고립을 두려워하고 집단에 속하길 바란다는 내용의 글이지, 사회적 고립의 필요성을 역설한 글이 아니다.

③ 군중에 대한 비합리적 공포심을 완화하는 방법에 대한 글이 아니다.

④ 집단에 속하는 것을 선호한다고는 했지만, 다른 관심사를 가진 집단을 형성하는 것의 중요성에 대한 글은 아니다. 함정

⑤ 과열된 집단 토론에서 객관성을 유지하는 방법에 대한 글이 아니다.

3회 03 정답 ⑤ *글쓰기의 의의와 교육적 중요성

병렬 구조(전치사의 목적어)
Writing is a mirror of the self, / the soul / and the world. //
글쓰기는 자아의 거울이다 / 영혼의 / 그리고 세계의 //
단서 1 글쓰기는 우리의 생각과 상상력, 표현력, 성찰 등을 자유롭게 표현할 수 있게 함
Through writing, / we can give voice to our most intimate
병렬 구조(can에 연결)
thoughts / and give free rein to our imagination; /
글쓰기를 통해 / 우리는 우리의 가장 친밀한 생각들에 목소리를 부여할 수 있다 / 그리고
우리의 상상력에 자유를 줄 수 있다 / 병렬 구조(can에 연결)
through writing, / we can shape and articulate / new knowledge,
/ new ideas, / and new philosophies; /
즉, 글쓰기를 통해 / 우리는 형성할 수 있고 명확히 표현할 수 있다 / 새로운 지식을 / 새로운
아이디어들을 / 그리고 새로운 철학들을 / 병렬 구조(can에 연결)
through writing, / we can reflect on the past / and imagine the
future. // 글쓰기를 통해 / 우리는 과거를 성찰할 수 있다 / 그리고 미래를 상상할 수 있다 //
단서 2 글쓰기는 영어 수업에서 따분한 일로 치부됨
Yet the sad truth is that, / for many students in secondary
계속적 용법의 주격 관계대명사
English classrooms, / writing is a chore, / something which
조동사 수동태   목적격 관계대명사   부사절 접속사(조건)
has to be done / and which many would avoid if they could. //
관계대명사절 병렬 연결 (something 수식어)
그러나 슬픈 진실은 ~이다 / 중등 영어 교실의 많은 학생들에게 / 글쓰기는 따분한 일이라는
것 / 행해져야만 하는 어떤 것이며 / 그리고 만약 그들이 할 수 있다면 피하고 싶어 할
(어떤 것) //
동명사(목적어)
English teachers often choose / teaching English as a career /
접속사(그래서 ~하도록)
so that they can open up the world of reading / to young minds, /
영어 교사들은 종종 선택한다 / 영어를 가르치는 것을 직업으로 / 그들이 독서의 세계를
열어줄 수 있도록 / 젊은이들에게 /

but we need to be just as aspirational and as inspirational / in
앞에 관계부사 생략
the way we think / about teaching writing. //
하지만 우리는 똑같이 포부가 크고 영감을 주는 것이 될 필요가 있다 / 우리가 생각하는
방식에서 / 글쓰기를 가르치는 것에 대해 //
동명사 주어(단수)   목적격 보어(to부정사)
Enabling young writers to be confident communicators of the
both A and B: A와 B 둘 다   단수 동사
written word, / both on paper and in digital formats, / gives
단서 3 글을 통해 메시지를 자신감 있게 전달할 수 있게 된다면,
them access to power. // 학생들은 힘을 얻게 될 것임
젊은 작가들이 쓰여진 말에 대해 자신감 있는 전달자가 되게 하는 것은 / 종이 위와 디지털
형식들 모두에서 / 그들이 힘을 얻도록 해 준다 //

- intimate ⓐ 친밀한   • free rein (무제한의) 자유
- articulate ⓥ 명확하게 표현하다   • reflect on 성찰하다
- chore ⓝ 따분한 일   • aspirational ⓐ 포부가 큰, 열망이 있는
- inspirational ⓐ 영감을 주는   • crisis ⓝ 위기
- revolution ⓝ 혁명   • reimagine ⓥ 재해석하다

글쓰기는 자아의, 영혼의, 그리고 세계의 거울이다. 글쓰기를 통해, 우리는 우리의 가장 친밀한 생각들에 목소리를 부여하고 상상력에 자유를 줄 수 있다. 즉, 글쓰기를 통해, 우리는 새로운 지식, 새로운 아이디어, 그리고 새로운 철학들을 형성하고 명확히 표현할 수 있다. 글쓰기를 통해, 우리는 과거를 성찰하고 미래를 상상할 수 있다. 그러나 슬픈 진실은, 중등 영어 교실의 많은 학생들에게, 글쓰기는 따분한 일이고, 행해져야만 하는 어떤 것이며, 그리고 만약 그들이 할 수 있다면 피하고 싶어 할 어떤 것이다. 영어 교사들은 종종 젊은이들에게 독서의 세계를 열어줄 수 있도록 영어를 가르치는 것을 직업으로 선택하지만, 우리는 글쓰기를 가르치는 것에 대해 생각하는 방식에서 똑같이 포부가 크고 영감을 주는 것이 될 필요가 있다. 젊은 작가들이, 종이 위와 디지털 형식들 모두에서, 쓰여진 말에 대해 자신감 있는 전달자가 되게 하는 것은 그들이 힘을 얻도록 해 준다.

다음 글의 제목으로 가장 적절한 것을 고르시오.

① The Writing Crisis in Secondary Schools 글쓰기가 많은 학생들에게 따분한
중등학교에서의 글쓰기 위기   일로 여겨진다고 했으나, 글쓰기의 위기는 더 나아간 해석임
② Why Students Hate Writing Assignments
왜 학생들은 글쓰기 과제를 싫어하는가   학생들이 글쓰기 과제를 피하는 이유에 관한 글이 아님
③ Reading vs. Writing: A Teacher's Dilemma
읽기 대 쓰기: 교사의 딜레마   읽기와 쓰기의 딜레마에 관한 내용은 언급되지 않음
④ The Digital Revolution in English Classrooms
영어 교실에서의 디지털 혁명   단순히 디지털 형식이 언급된 것으로 만든 오답임
⑤ From Chore to Power: Reimagining Writing Education
따분한 일에서 힘으로: 글쓰기 교육 재해석하기
글쓰기 교육이 따분한 일에서 학생들에게 힘을 부여하는 것으로 재해석되어야 한다는 내용임

☞왜 정답? [정답률 75%]

- 글쓰기는 우리의 생각과 상상력, 표현력, 성찰 등을 표현할 수 있게 함 단서 1
- 글쓰기는 영어 수업에서 따분한 일로 치부됨 단서 2
- 글을 통해 메시지를 자신감 있게 전달할 수 있게 된다면, 학생들은 힘을 얻게 될 것임 단서 3

➡ 글쓰기의 의의와 영어 수업에서 글쓰기의 중요성에 관해 설명하는 글이다. 영어 수업에서 글쓰기는 보통 학생들에게 피하고 싶은 일로 여겨지지만, 글을 통해 메시지를 전달하는 능력은 학생들에게 힘을 부여할 수 있기 때문에 중요하다고 했다.

▶ 따라서 ⑤ '따분한 일에서 힘으로: 글쓰기 교육 재해석하기'가 제목으로 적절하다.

☞왜 오답?

① 글쓰기가 많은 학생들에게 따분한 일로 여겨진다고 했으나, 글쓰기의 위기는 더 나아간 해석이다. 주의

② 학생들이 글쓰기 과제를 피하는 이유에 관한 글이 아니다.

③ 읽기와 쓰기의 딜레마에 관한 내용은 언급되지 않았다.

④ 단순히 디지털 형식이 언급된 것으로 만든 오답이다.

3회 04 정답 ① *불확실성의 불안을 줄이기 위한 사회의 노력

In several ways, / uncertainty can be understood as pervasive /
and written into the very script of life. //
여러 면에서 / 불확실성은 만연한 것으로 이해될 수 있다 / 그리고 삶의 본질 속에 쓰여 있는
것으로 //

Due to this, / the craving for certainty has only become / a means
주격 관계대명사
of stemming a perceived tide of phenomena / that cannot yet be
be에 연결된 동사
grasped / and, to an even lesser extent, controlled. //
이로 인해 / 확실성에 대한 갈망은 되어 버렸다 / 인식된 현상의 흐름을 막기 위한 수단이 /
아직 파악할 수 없는 / 그리고 더욱이 통제할 수 없는 //

Consequently, / the interplay / between the desire to overcome
uncertainty / and instead strive towards certainty /
따라서 / 상호 작용은 / 불확실성을 극복하는 것과 / 확실성을 추구하려는 욕망 사이의 /

became inscribed into humans and society / as a way of
influencing the present and the future. // 단서 1 인간은 불확실성을 극복하고
확실성을 추구하려 함
인간과 사회에 각인되었다 / 현재와 미래에 영향을 미치는 방법으로서 //

This interplay is as old as the hills / and is rooted / in the human
hope for security /
이 상호 작용은 언덕만큼 아주 오래되었다 / 그리고 뿌리를 두고 있다 / 인간의 안전에 대한
희망에 / 단서 2 불확실성을 극복하고 확실성을 추구하려는 상호 작용은 인간의 안전,
생존, 편안함, 안녕을 위해 필요하다고 여겨짐
and the material, technological and social protection / regarded
과거분사(protection 수식)
as necessary for survival, comfort, and wellbeing. //
그리고 물질적, 기술적, 사회적 보호에 / 인간의 생존, 편안함, 안녕을 위해 필요하다고
여겨지는 //

Mokyr shows / how Western capitalist societies are indebted /
to all the systematic attempts / to reduce insecurity in terms of
uncertainty. //
Mokyr는 보여준다 / 서구 자본주의 사회가 얼마나 빚을 지고 있는지를 / 체계적인 시도에 /
불확실성의 맥락에서 불안을 줄이기 위한 //

According to Mokyr, / the strong belief in technical progress /
and the continuous improvement of various aspects of life / are
복수 주어   복수 동사
rooted in the reasoning /
Mokyr에 따르면 / 기술 발전에 대한 강한 신념 / 그리고 삶의 여러 측면의 지속적인 개선은 /
이성에 뿌리를 두고 있다 /

that emerged and developed in the philosophical movement of the Enlightenment / and **which** created a "space" / for humans' "desire to know" / and practically experiment with a wide range of activities. // 계몽주의 철학 운동에서 발생하고 발전한 / 그리고 "공간"을 만들어 준 / 인간의 "알고자 하는 욕망"에 / 그리고 다양한 활동을 실제로 실험할 수 있는 //

- pervasive ⓐ 만연한　　• craving ⓝ 갈망, 열망
- grasp ⓥ 이해하다, 파악하다　　• overcome ⓥ 극복하다
- interplay ⓝ 상호 작용　　• inscribe ⓥ (이름 등을) 쓰다[새기다]
- root ⓥ 뿌리를 내리다　　• indebt ⓥ ~에게 빚을 지게 하다
- insecurity ⓝ 불안감　　• outdo ⓥ 능가하다
- forerunner ⓝ 선구자　　• negate ⓥ 부정하다
- interpretation ⓝ 해석　　• minimize ⓥ 최소화하다
- overloaded ⓐ 과부화된

여러 면에서 불확실성은 만연하며 삶의 본질 속에 쓰여 있다고 이해될 수 있다. 이로 인해 확실성에 대한 갈망은 아직 파악할 수 없고, 더욱이 통제할 수 없는 인식된 현상의 흐름을 막기 위한 수단이 되어버렸다. 따라서 불확실성을 극복하고 확실성을 추구하려는 욕망 간의 상호 작용은 현재와 미래에 영향을 미치는 방법으로서 인간과 사회에 각인되었다. 이 상호 작용은 언덕만큼 아주 오래된 것으로, 인간의 안전에 대한 희망과 생존, 편안함, 안녕을 위해 필요하다고 여겨지는 물질적, 기술적, 사회적 보호에 뿌리를 두고 있다. Mokyr는 서구 자본주의 사회가 **불확실성의 맥락에서 불안을 줄이기 위한** 체계적인 시도에 빚을 지고 있음을 보여준다. Mokyr에 따르면, 기술 발전에 대한 강한 신념과 삶의 여러 측면의 지속적인 개선은 계몽주의 철학 운동에서 발생하고 발전한 이성에 뿌리를 두고 있으며, 이는 인간의 "알고자 하는 욕망"과 다양한 활동을 실제로 실험할 수 있는 "공간"을 만들어주었다.

다음 빈칸에 들어갈 말로 가장 적절한 것을 고르시오. [4점]

① reduce insecurity in terms of uncertainty
불확실성을 극복하고 확실성을 추구하는 것이 인간의 안전이나 생존 등을 위해 필요한 보호라고 여긴다고 했으므로 불확실성의 측면에서 불확실성의 맥락에서 불안을 줄이려고 한 것이 맞음
② outdo their forerunners in scientific areas
과학 영역에서 선구자들을 능가하기 위한　　과학적 영역에서 선구자들을 능가하기 위한 시도를 한 것이 아님
③ negate errors in interpretation of certainty
확실성에 대한 해석에서 오류를 부정하기 위한　　부정하기 위한 체계적인 시도를 했다는 내용은 없음
④ minimize the potential of human reasoning
인간 이성의 잠재력을 최소화하기 위한　　인간 이성의 잠재력을 최소화하기 위한 시도를 했다고 하지 않았음
⑤ survive the overloaded world of information
과부하된 정보 세계에서 살아남기 위한　　과부하된 정보 세계에서 살아남기 위한 체계적인 시도를 했다는 내용이 아님

▷왜 정답? [정답률 35%]

빈칸 문장	Mokyr는 서구 자본주의 사회가 ＿＿＿＿＿＿ 체계적인 시도에 빚을 지고 있음을 보여준다.

➡ 빈칸에는 서구 사회에 '어떤' 체계적인 시도에 빚을 지고 있는지, 다시 말해 무엇을 위해 노력하고 있는지가 나와야 한다.

- 불확실성을 극복하고 확실성을 추구하려는 욕망 간의 상호 작용은 현재와 미래에 영향을 미치는 방법으로서 인간과 사회에 각인됨 단서1
- 이 상호 작용은 아주 오래된 것으로, 인간의 안전에 대한 희망과 생존, 편안함, 안녕을 위해 필요하다고 여겨지는 물질적, 기술적, 사회적 보호에 뿌리를 둠 단서2

➡ 불확실성을 극복하고 확실성을 추구하려는 욕망 간 상호 작용이 인간과 사회에 각인되어 있으며, 이것이 인간의 안전 및 생존, 편안함, 안녕을 위한 보호에서 비롯된 것임을 언급하고 있는 내용의 글이다.

▶ 그러므로 서구 사회가 무엇을 위해 노력하고 있는지에 대한 빈칸 문장에는 서구 사회가 '불확실성 속에서 불안을 줄이기 위한' 노력을 하고 있다는 ①이 들어가야 한다.

▷왜 오답?

② 과학 영역에서 선구자들을 능가하기 위한 시도를 한 것이 아니다.
③ 확실성에 대한 해석에서 오류를 부정하기 위한 체계적인 시도를 했다는 내용은 없다.
④ 인간 이성의 잠재력을 최소화하기 위한 시도를 했다고 하지 않았다.
⑤ 과부된 정보 세계에서 살아남기 위한 체계적인 시도를 했다는 내용이 아니다.

3회 05 정답 ② ＊민주주의를 정의하는 의사소통 문화

So many accounts of democracy / emphasize legislative processes or policy outcomes, / but these often miss the depth of connection / between communication and political culture. // 많은 민주주의에 대한 설명은 / 입법 과정이나 정책 결과를 강조한다 / 그러나 이는 깊은 연관성을 종종 놓치게 된다 / 의사소통과 정치 문화 간의 //

When culture is discussed, / it's often in the context / of liberal-democratic values. // 문화에 대해 논의할 때 / 그것은 주로 맥락 안에 놓인다 / 자유민주주의의 가치의 //

사이에 목적격 관계대명사 생략
But the **question we**'re asking is: / What determines the valence of those values? // 하지만 우리가 묻고자 하는 질문은 이렇다 / 무엇이 이러한 가치의 의미를 결정하는가 //

단서1 민주주의가 문화에 의해 좌우된다면 우리는 어떤 조건에서 이러한 가치가 긍정 또는 부정되는지 알아야 함
If a democracy stands or falls / on the quality of the culture / 현재분사(culture 수식) **propping** it up, / then we ought to know / under what conditions / those values are affirmed and rejected. // 만약 민주주의가 좌우된다면 / 문화의 질에 의해 / 그것을 지탱하는 / 그러면 우리는 알아야 한다 / 어떤 조건에서 / 이러한 가치가 긍정되거나 부정되는지를 //

사이에 목적어절 접속사 that 생략
We **believe / those** conditions are determined / by a society's tools of communication, / facilitated through media, / to persuade. // 단서2 그러한 조건(민주주의를 좌우하는)이 의사소통 도구, 즉 미디어를 통해 결정되거나 촉진됨
우리는 믿는다 / 그러한 조건이 결정된다고 / 사회의 의사소통 도구에 의해 / 그리고 이는 미디어를 통해 촉진된다고 / 설득하도록 //

Indeed, / **democracies are defined / by their cultures of communication**. // 실제로 / 민주주의는 정의된다 / 의사소통 문화에 의해 //

If a democracy consists of citizens / **deciding**, collectively, what ought to be done, / then the manner / through which they persuade one another / determines nearly everything else / **that** follows. // 현재분사(citizens 수식) / 주격 관계대명사
만약 민주주의가 시민들로 구성된다면 / 집단적으로 무엇을 해야 할지를 결정하는 / 그러면 방식이 / 그들이 서로를 설득하는 / 거의 모든 것을 결정하게 된다 / 이후에 일어나는 //

And that privileges media ecology / as the master political science. // 그리고 그것은 미디어 생태계를 우대한다 / 주요 정치 과학으로 //

Some of its foremost practitioners, / like Marshall McLuhan and Neil Postman, / sensed, / **far** better than political scientists or sociologists, / 비교급 강조 부사
주요 실천자들 중 몇 명은 / Marshall McLuhan이나 Neil Postman과 같은 / 인식했다 / 정치 과학자나 사회학자보다 훨씬 더 잘 /

목적어절을 이끄는 접속사 / not just(only) A but also B : A 뿐만 아니라 B도
that our media environment decides / **not just** what we pay attention to / **but also** how we think and orient ourselves in the world. // 단서3 우리의 미디어 환경이 우리가 주목하는 것, 사고하고 방향을 정하는 것을 결정함
우리의 미디어 환경이 결정한다는 것을 / 우리가 주목하는 것뿐만 아니라 / 세상에서 사고하고 방향을 정하는 방식까지 //

- democracy ⓝ 민주주의　　• emphasize ⓥ 강조하다
- legislative ⓐ 입법의　　• context ⓝ 맥락
- facilitate ⓥ 용이하게 하다, 촉진하다
- privilege ⓥ 특권을 주다, 우대하다
- orient ⓥ 지향하게 하다, 방향을 정하다　　• inevitable ⓐ 피할 수 없는
- thrive ⓥ 번창하다　　• sustain ⓥ 살아가게 하다, 유지하다
- dynamics ⓝ 역학

많은 민주주의에 대한 설명은 입법 과정이나 정책 결과를 강조하지만, 이는 종종 의사소통과 정치 문화 간의 깊은 연관성을 놓치게 된다. 문화에 대해 논의할 때, 그것은 주로 자유민주주의 가치를 맥락으로 삼는 경우가 많다. 하지만 우리가 묻고자 하는 질문은 이렇다: 이러한 가치의 의미를 결정하는 것은 무엇인가? 만약 민주주의가 그것을 지탱하는 문화의 질에 의해 좌우된다면, 우리는 이러한 가치가 어떤 조건에서 긍정되거나 부정되는지를 알아야 한다. 우리는 그러한 조건이 사회의 의사소통 도구에 의해 결정되며,

모의고사 3회

이는 미디어를 통해 설득을 가능하게 한다고 믿는다. 실제로 **민주주의는 의사소통 문화에 의해 정의된다.** 만약 민주주의가 집단적으로 무엇을 해야 할지를 결정하는 시민들로 구성된다면, 그들이 서로를 설득하는 방식이 이후에 일어나는 거의 모든 것을 결정하게 된다. 이는 미디어 생태계를 주요 정치 과학으로 우대한다. Marshall McLuhan이나 Neil Postman과 같은 주요 실천자들은 정치 과학자나 사회학자보다 훨씬 더 잘 인식했는데, 우리의 미디어 환경이 우리가 주목하는 것뿐만 아니라 세상에서 사고하고 방향을 정하는 방식까지 결정한다는 것이다.

다음 빈칸에 들어갈 말로 가장 적절한 것을 고르시오. [4점]

① media will soon solve communication issues in democracy
미디어가 곧 민주주의의 의사소통 문제를 해결할 것이다
② democracies are defined by their cultures of communication
민주주의는 의사소통 문화에 의해 정의된다
③ conflicts between individuality and collectivity are inevitable
개별성과 집합성 간의 갈등은 피할 수 없다
④ democracy thrives on order rather than endless public discourse
민주주의는 무질서한 토론보다는 질서 있는 환경에서 번성한다
⑤ democracies can be sustained by valuing socioeconomic dynamics
민주주의는 사회경제적 역동성을 중시함으로써 유지될 수 있다

왜 정답? [정답률 33%]

빈칸 문장	실제로 ____________________________.

➡ 뒤 문장을 통해 민주주의의 특성에 대해 서술하고 있는 부분임을 알 수 있으므로 빈칸에는 민주주의가 이 글에서 어떤 특성이 있다고 이야기하고 있는지를 제시해야 한다.

- 만약 민주주의가 문화에 의해 좌우된다면, 이러한 가치가 어떤 조건에서 긍정되거나 부정되는지를 알아야 함 **단서 1**
- 그러한 조건은 사회의 의사소통 도구에 의해 결정되며, 미디어를 통해 설득 가능함 **단서 2**
- 우리의 미디어 환경이 우리가 주목하는 것뿐만 아니라 세상에서 사고하고 방향을 정하는 방식까지 결정함 **단서 3**

➡ 민주주의를 좌우하는(결정하는) 조건은 의사소통 도구와 미디어를 통해 결정되며 우리의 미디어 환경이 우리가 주목하는 것뿐만 아니라 세상에서 사고하고 방향을 정하는 방식까지 결정한다는 내용의 글이다.

▶ 그러므로 빈칸에는 '민주주의는 의사소통 문화에 의해 정의된다'는 ②이 들어가야 한다.

왜 오답?

① 미디어가 민주주의의 의사소통 문제를 해결할 것이라는 내용이 아니다.
③ 개별성과 집합성의 갈등에 대한 글이 아니다.
④ 민주주의가 무질서한 토론보다 질서 있는 환경에서 번성한다는 내용이 아니다. (함정)
⑤ 민주주의가 사회경제적 역동성을 중시함으로써 유지될 수 있다는 글이 아니다.

3회 06 정답 ② ＊생체 발광을 통한 물고기들의 생존 전략

Many fish generate their own light / in a biological firework display / **called bioluminescence.** //
많은 물고기들은 자체의 빛을 생성한다 / 생물학적인 불꽃놀이로 / 생체 발광이라고 불리는 //

The lanternfish creates beams / **that** sweep the sea like headlamps. // **단서 1** 랜턴피시는 빛줄기를 생성해 바다를 비춤
랜턴피시는 빛줄기를 만들어 낸다 / 헤드라이트처럼 바다를 싹 비추는 //

The dragonfish produces wavelengths / **that** only it can see, / **leaving** its victims unaware of the approaching threat. //
드래곤피시는 파장을 / 생산해서 / 자신만이 볼 수 있는 / 다가오는 위협을 먹잇감들이 인식하지 못하게 한다 // **단서 2** 드래곤피시는 파장을 생산해 먹잇감들이 알아차리지 못하도록 함

In contrast, / **the anglerfish hopes** / its prey will notice and be lured toward its rod-like bioluminescent barbel; / its fierce jaws stay hidden in the shadows. // **단서 3** 앵글러피시는 발광 수염으로 먹잇감을 유인함
대조적으로 / 앵글러피시는 바라는데 / 먹이가 자신의 막대 모양의 생체 발광 수염을 알아채고 그것에 유인되기를 / 그것의 사나운 턱이 그림자에 감춰져 있다 //

Bioluminescence is also used to frustrate predators. //
생체 발광은 또한 포식자들을 좌절시키는 데 사용된다 //

A species from the spookfish family relies on / a bellyful of symbiotic, glowing bacteria / **to save** it from becoming a meal. //
스푸크피시과(科)의 한 종은 의존한다 / 배에 가득 찬 공생하는 빛나는 박테리아에 / 식사거리가 되는 것으로부터 그것을 지켜주는 / **단서 4** 스푸크피시과의 한 종은 박테리아를 통해서 자신을 보호함

It uses the same concept / **developed by the US Navy during World War II** / to make bomber aircraft difficult to see. //
그것은 동일한 발상을 사용한다 / 제2차 세계 대전 중에 미국 해군에 의해 개발된 / 폭격기를 보기 어렵게 만들기 위해 //

Just as Project Yehudi designed planes / with under-wing spotlights, / the fish's glowing belly conceals its silhouette / against sunlight / to hide it / from watching eyes below. //
Yehudi 프로젝트가 비행기를 설계한 것처럼 / 날개 아랫면에 환한 조명이 있는 / 그 물고기의 빛나는 복부는 자신의 실루엣을 숨긴다 / 태양 빛에 대비되는 / 그것을 감춰서 / 아래에서 주시하는 눈들로부터 //

In this fish-eat-fish world, / survival is **a game of hide-and-seek / that prioritizes the sense of sight.** //
물고기가 물고기를 잡아먹는 이 세상에서 / 생존은 숨바꼭질 게임이다 / 시각을 우선시하는 //

- biological ⓐ 생물학적인
- bioluminescence ⓝ 생물 발광
- sweep ⓥ 쓸다
- victim ⓝ 피해자
- threat ⓝ 위협
- rod-like ⓐ 막대 형태의
- fierce ⓐ 사나운
- jaw ⓝ 턱
- predator ⓝ 포식자
- a bellyful of 배에 가득한
- bomber aircraft 폭격기
- spotlight ⓝ 환한 조명
- conceal ⓥ 숨기다
- silhouette ⓝ 외형[윤곽], 실루엣
- subtle ⓐ 미묘한
- illumination ⓝ 빛, 발광

많은 물고기들은 생체 발광이라고 불리는 생물학적인 불꽃놀이로 자체의 빛을 생성한다. 랜턴피시는 헤드라이트처럼 바다를 싹 비추는 빛줄기를 만들어 낸다. 드래곤피시는 자신만이 볼 수 있는 파장을 생산해서 다가오는 위협을 먹잇감들이 인식하지 못하게 한다. 대조적으로 앵글러피시는 먹이가 자신의 막대 모양의 생체 발광 수염을 알아채고 그것에 유인되기를 바라는데, 그것(앵글러피시)의 사나운 턱이 그림자에 감춰져 있다. 생체 발광은 또한 포식자들을 좌절시키는 데 사용된다. 스푸크피시과(科)의 한 종은 식사거리가 되는 것으로부터 그것을 지켜주는 배에 가득 찬 공생하는 빛나는 박테리아에 의존한다. 그것은 폭격기를 보기 어렵게 만들기 위해 제2차 세계 대전 중에 미국 해군에 의해 개발된 동일한 발상을 사용한다. Yehudi 프로젝트가 날개 아랫면에 환한 조명이 있는 비행기를 설계한 것처럼, 그 물고기의 빛나는 복부는 태양 빛에 대비되는 자신의 실루엣을 감춰서 아래에서 주시하는 눈들로부터 그것을 숨긴다. 물고기가 물고기를 잡아먹는 이 세상에서 생존은 **시각을 우선시하는 숨바꼭질 게임**이다.

다음 빈칸에 들어갈 말로 가장 적절한 것을 고르시오. [3점]

① dependent upon communication within the same species
동일 종 내 의사소통에 의존하는 / 의사소통은 언급되지 않음
② a game of hide-and-seek that prioritizes the sense of sight
시각을 우선시하는 숨바꼭질 게임 / 발광을 통해 생존함
③ up to the ability to detect the subtle dance of sound waves
음파의 미묘한 움직임을 감지하는 능력에 달린 / 음파가 중요한 것이 아님
④ a competition to imitate the illumination of different species
다양한 종의 발광을 모방하는 경쟁 / 인간의 발명품과 물고기의 발광을 비교해서 설명함
⑤ a war where wider vision means better chances to catch prey
더 넓은 시야가 먹잇감을 더 많이 잡을 가능성이 높은 전투 / 넓은 시야를 강조하는 것이 아님

왜 정답? [정답률 59%]

- 예시 ①: 랜턴피시는 헤드라이트처럼 바다를 싹 비추는 빛줄기를 만들어 냄 **단서 1**
- 예시 ②: 드래곤피시는 자신만이 볼 수 있는 파장을 생산해서 다가오는 위협을 먹잇감들이 인식하지 못하게 함 **단서 2**
- 예시 ③: 앵글러피시는 사나운 턱은 그림자에 감춘 채 생체 발광 수염으로 먹이를 유인함 **단서 3**
- 예시 ④: 스푸크피시과(科)의 한 종은 배에 가득 찬 빛나는 박테리아에 의존함 (빛나는 복부는 태양 빛에 대비되는 자신의 실루엣을 감춰서 아래에서 주시하는 눈들로부터 그것을 숨김) **단서 4**

▶ 눈속임을 통해 생존하는 다양한 물고기의 예시를 들고 있다. 따라서 물고기가 물고기를 잡아먹는 이 세상에서 생존은 ②'시각을 우선시하는 숨바꼭질 게임'이라고 하는 것이 적절하다.

3회 07 정답 ② ＊Timbuktu의 도서관에 보관된 수집물이 과거와 현재 처한 상황

On January 26, 2013, / a band of al-Qaeda militants / entered the ancient city of Timbuktu / on the southern edge of the Sahara Desert. //
단서 1 알카에다 무장단체가 고대 도시 Timbuktu에 침입했음
2013년 1월 26일 / 알카에다 무장단체가 / 고대 도시 Timbuktu에 침입했다 / 사하라 사막의 남쪽에 위치한 //

(A) The mayor of Bamako, / **who** witnessed the event, / called the burning of the manuscripts / "a crime against world cultural heritage." //
주격 관계대명사
단서 2 (B)에서 언급한 '이 사건'을 목격한 시장이 원고의 불태움을 세계 문화 유산에 대한 범죄라고 말했음
Bamako 시장은 / 이 사건을 목격한 / 원고의 불태움을 언급했다 / "세계 문화 유산에 대한 범죄"라고 //

And he was right / — or he **would have been**, / if it **weren't** for the fact / **that** he was also lying. //
= would have been right / 가정법 과거
동격절을 이끄는 접속사
그리고 그는 옳았다 / 혹은 옳았을 것이다 / 만약 그것이 사실이 아니었다면 / 그가 또한 거짓말을 한 것이 //

단서 3 '그들(주어진 글에서 언급한 알카에다 무장단체)'은 중세 도서관에 불을 질렀음
(B) There, / they set fire to a medieval library / of 30,000 manuscripts / **written** in Arabic and several African languages / and **ranging** in subject / from astronomy to geography, history to medicine. //
분사(manuscript 수식)의 병렬 구조
그곳에서 / 그들은 중세 도서관에 불을 질렀다 / 30,000개의 원고가 있는 / 아랍어와 여러 아프리카 언어로 쓰인 / 그리고 다양한 주제를 다루고 있는 / 천문학에서 지리학까지, 그리고 역사에서 의학까지 //

분사구문
Unknown in the West, / this was the collected wisdom / of an entire continent, / the voice of Africa / at a time **when** Africa was thought / not to have a voice at all. //
관계부사
서구에서는 잘 알려지지 않았던 / 이 자료는 집합된 지혜였다 / 아프리카 대륙 전체의 / 그리고 아프리카의 목소리였다 / 아프리카가 여겨지던 시기에 / 전혀 목소리를 가지지 않은 것으로 //

(C) In fact, just before, / African scholars had collected / a random assortment of old books / and left them out / for the terrorists to burn. //
단서 4 그 직전에 아프리카 학자들은 책을 무작위로 모아 태우도록 내버려 두었음
사실, 그 직전 / 아프리카 학자들은 수집했다 / 무작위의 오래된 책들의 모음을 / 그리고 내버려 두었다 / 테러리스트들이 불태우도록 //

분사구문
Today, / the collection lies hidden in Bamako, / the capital of Mali, / **moldering in the high humidity.** //
오늘날 / 그 수집물은 Bamako에 숨겨져 있다 / Mali의 수도인 / 높은 습기 속에서 썩어가면서 //

단수 주어 / 단수 동사
What was rescued by ruse / **is** now once again in jeopardy, / this time by climate. //
속임수로 구출된 것이 / 이제 다시 위험에 처하게 되었다 / 이번에는 기후로 인해 //

- witness ⓥ 목격하다
- manuscript ⓝ 원고
- heritage ⓝ 유산
- medieval ⓐ 중세의
- astronomy ⓝ 천문학
- geography ⓝ 지리학
- assortment ⓝ 모음
- molder ⓥ 썩다
- humidity ⓝ 습도
- in jeopardy 위기에 처한

2013년 1월 26일, 알카에다 무장단체가 사하라 사막의 남쪽에 위치한 고대 도시 Timbuktu에 침입했다. (B) 그들은 아랍어와 여러 아프리카 언어로 쓰인 30,000개의 원고가 담긴 중세 도서관에 불을 질렀고, 이 원고들은 천문학에서 지리학, 역사에서 의학에 이르는 다양한 주제를 다루고 있었다. 서구에서는

잘 알려지지 않았던 이 자료는 아프리카 대륙 전체의 집합된 지혜였으며, 아프리카가 전혀 목소리를 가지지 못한 것으로 여겨졌던 시기의 아프리카의 목소리였다. (A) 이 사건을 목격한 Bamako 시장은 원고의 불태움을 "세계 문화 유산에 대한 범죄"라고 언급했다. 그리고 그는 옳았다 — 혹은 만약 그가 거짓말을 한 것이 아니었다면 그는 맞는 말을 했던 것이었다. (C) 사실, 그 직전 아프리카 학자들은 무작위로 오래된 책들을 수집해 테러리스트들이 불태우도록 내버려 두었다. 오늘날, 그 수집물은 Mali의 수도 Bamako에 숨겨져 있으며, 높은 습기 속에서 썩어가고 있다. 속임수로 구출된 것이 이제 다시 기후로 인해 위험에 처하게 되었다.

주어진 글 다음에 이어질 글의 순서로 가장 적절한 것을 고르시오. [3점]

① (A) — (C) — (B) 주어진 글에서 알카에다 무장단체가 침입했다는 사실만 제시할 뿐 원고의 불태움에 대해서는 언급하지 않았으므로 (A)가 주어진 글 다음에 올 수 없음

② (B) — (A) — (C) 알카에다 무장단체가 고대 도시 Timbuktu에 침입했음 - 알카에다 무장단체가 원고로 가득한 도서관에 불을 지름 - 이 사건을 목격한 시장이 이를 세계 문화 유산에 대한 범죄라고 했지만 이는 사실이 아님 - 테러리스트들이 태운 것은 무작위로 모은 책이었고, 그 원고들은 잘 숨겨져 있음

③ (B) — (C) — (A)

④ (C) — (A) — (B) '그 직전에'라고 시작하는 (C)와 연결될 수 있는 내용이 주어진 글에 없음

⑤ (C) — (B) — (A)

(C)는 원고들이 태워지지 않고 오늘날까지 잘 남아 있음을 언급하고 있으므로 제일 마지막에 와야 함

| 문제 풀이 순서 | **[정답률 45%]**

1st 각 문단의 내용을 파악하고, 글의 논리적인 순서를 추론한다.

주어진 글: 2013년 1월 26일, 알카에다 무장단체가 사하라 사막의 남쪽에 위치한 고대 도시 Timbuktu에 침입했다.

➡ 알카에다 무장단체가 고대 도시에 침입했다. (단서)
주어진 글 뒤: 무장단체가 그 도시에서 한 일이나 그 도시에 침입한 이유에 대해 제시될 것이다. (발상)

(A) 이 사건(the event)을 목격한 Bamako 시장은 원고의 불태움을 "세계 문화 유산에 대한 범죄"라고 언급했다. 그리고 그는 옳았다 — 혹은 만약 그가 거짓말을 한 것이 아니었다면 그는 맞는 말을 했던 것이었다.

➡ (A) 앞: '이 사건(the event)'을 목격한 뒤 원고의 불태움을 세계 문화 유산에 대한 범죄라고 언급했으므로 '이 사건'과 원고의 불태움에 대해 제시되어야 한다.
▶ 주어진 글이 (A) 앞에 올 수 없음
(A) 뒤: 그가 거짓말을 했고, 그의 말이 옳지 않다고 했으므로 진실에 대해 언급되어야 한다.

(B) 그들(They)은 아랍어와 여러 아프리카 언어로 쓰인 30,000개의 원고가 담긴 중세 도서관에 불을 질렀고, 이 원고들은 천문학에서 지리학, 역사에서 의학에 이르는 다양한 주제를 다루고 있었다. 서구에서는 잘 알려지지 않았던 이 자료는 아프리카 대륙 전체의 집합된 지혜였으며, 아프리카가 전혀 목소리를 가지지 못한 것으로 여겨졌던 시기의 아프리카의 목소리였다.

➡ (B) 앞: '그들(They)'이 아랍어와 아프리카 언어로 쓰인 다양한 주제를 다룬 원고가 가득한 도서관에 불을 질렀다고 했으므로, 그들이 누구이며 무엇을 했는지에 대해 언급되어야 한다. 이 내용이 주어진 글에 나와 있다. ▶ 순서: 주어진 글 → (B)
(B) 뒤: 이 자료가 '아프리카 대륙의 지혜이자 목소리'라는 가치에 대한 부연 설명이나 화제로 인해 이 가치 있는 자료가 어떤 결과에 직면하게 되었는지 나와야 한다. ▶ 순서: (B) → (A)

(C) 사실(In fact), 그 직전 아프리카 학자들은 무작위로 오래된 책들을 수집해 테러리스트들이 불태우도록 내버려 두었다. 오늘날, 그 수집물은 Mali의 수도 Bamako에 숨겨져 있으며, 높은 습기 속에서 썩어가고 있다. 속임수로 구출된 것이 이제 다시 기후로 인해 위험에 처하게 되었다.

➡ (C) 앞: '사실(In fact)'이라는 표현을 통해 앞에는 아프리카 학자들이 무작위로 모은 책을 태우도록 내버려 두었으며 수집품이 훼손되지 않고 숨겨져 있는 현실과는 반대되는 내용(책이 불태워졌다)이 제시되어야 한다. ▶ 순서: (A) → (C)
(C) 뒤: 과거 불에 태워질 위기를 극복하고 보관 중인 수집물이 현재 처한 상황에 대해 서술하고 있으므로 (C)가 글의 마지막에 와야 할 것이다.
▶ 순서: 주어진 글 → (B) → (A) → (C)

모의고사
3회

주어진 글: 알카에다 무장단체가 고대 도시에 침입했다.

→ **(B):** 원고로 가득한 중세 도서관을 불태웠는데, 그 원고는 아프리카의 지혜이자 목소리였다.

→ **(A):** 이 원고 불태움 사건을 세계 문화 유산에 대한 범죄라고 언급했으나 사실 이 말은 옳지 않다.

→ **(C):** 무작위로 모은 책이 태워진 것으로 실제 수집물은 잘 숨겨져 현재 습기에 영향을 받는 중이다.

▶ 주어진 글 다음에 이어질 글의 순서는 (B) → (A) → (C)이므로 정답은 ②임

3회 08 정답 ④ ＊높은 보험료 부과 대상의 변화 ─────

> 글의 흐름으로 보아, 주어진 문장이 들어가기에 가장 적절한 곳을 고르시오.

But in the future, / real-time data collection will enable insurance companies / to charge pay-as-you-drive rates / depending on people's actual behavior on the road, /
그러나 미래에는 / 실시간 데이터 수집이 보험사로 하여금 할 수 있게 할 것이다 /
'운전하는 대로 내는' 요금을 부과하는 것을 / 도로에서 사람들의 실제 행동에 따라 /
as opposed to generalized stereotypes / of certain "at-risk" groups. //
단서 1 '위험군'에 대한 고정관념에서 벗어나 실시간 데이터 수집으로 '운전하는 대로 내는 요금'을 부과하는 미래가 앞에 있어야 함
일반화된 고정 관념과는 대조적으로 / 특정 '위험군' 집단에 대한 //

Insurance companies are expected / to err on the safe side. //
보험 회사들은 예상된다 / 너무 만전을 기할 것으로 //

They calculate risks thoroughly, / carefully picking and choosing / the customers they insure. //
— 분사구문의 병렬 구조 —
그들은 위험성을 매우 철저하게 계산한다 / 그리고 신중하게 고르고 선택한다 / 그들이 보험을 맡을 고객을 //

They are boring / because their role in the economy / is to shield everyone and everything / from disastrous loss. //
명사적 용법
그들은 따분하다 / 왜냐하면 경제에서 그들의 역할이 / 모든 사람과 모든 것을 보호하는 것이기 때문이다 / 막심한 손실로부터 //

(①) Unlike manufacturing, / nothing truly revolutionary ever happens / in the insurance industry. //
단서 2 오랫동안 보험사들은 '고위험군'을 분류해 그들에게 높은 보험료 부과
제조업과는 달리 / 진정으로 획기적인 일이 절대 일어나지 않는다 / 보험 산업에서는 //

(②) For centuries, / insurers have charged higher premiums / to people in "high-risk categories" / such as smokers, male drivers under the age of thirty, and extreme-sports enthusiasts. //
수 세기 동안 / 보험사들은 더 높은 보험표를 부과해 왔다 / '고위험군'에 속하는 사람들에게 / 흡연자, 30세 미만의 남성 운전자, 그리고 익스트림 스포츠에 열성적인 사람과 같은 //

단서 3 이런 종류의 분류가 편견과 차별을 초래함
(③) This type of classification / frequently results in biases and outright discrimination / against disadvantaged groups. //
이런 종류의 분류는 / 편견과 노골적인 차별을 자주 초래한다 / 불이익을 받는 집단에 대한 //

(④) Bad or high-risk individual drivers / will end up paying more for insurance, / regardless of whether they are men or women, young or old. //
접속사(~이든 아니든)
단서 4 성별이나 연령에 관계없이 운전 습관이 나쁘면 보험표를 더 내게 될 것임
악질의 혹은 고위험 개인 운전자들은 / 결국 보험료를 더 내게 될 것이다 / 그들이 남자든 여자든, 어리든지 나이가 많든지에 관계없이 //

(⑤) The Big Brother connotations are threatening, / but many people might agree / to the real-time monitoring of their driving behavior / if it means lower rates. //
= the real-time monitoring of their driving behavior
Big Brother(빅브라더)의 함축된 의미는 위협적이다 / 그러나 많은 사람들이 동의할 수도 있다 / 그들의 운전 행동을 실시간 감시하는 것에 / 그것이 더 낮은 요금을 의미한다면 //

- **real-time** ⓝ 실시간   **rate** ⓝ 요금, 비율
- **generalize** ⓥ 일반화하다   **stereotype** ⓝ 고정 관념

- **calculate** ⓥ 계산하다   **insure** ⓥ (보험업자가) ~의 보험을 맡다
- **shield** ⓥ 보호하다   **disastrous** ⓐ 처참한, 형편없는
- **manufacturing** ⓝ 제조업   **revolutionary** ⓐ 혁명의
- **premium** ⓝ 보험료, 할증금   **enthusiast** ⓝ 열광적인 팬
- **classification** ⓝ 분류   **bias** ⓝ 편견   **outright** ⓐ 노골적인
- **discrimination** ⓝ 차별
- **disadvantaged** ⓐ 불이익을 받는, 불리한 조건에 놓인
- **Big Brother** 정보의 독점을 통해 사회를 통제하는 권력 또는 그러한 사회 체계를 일컫는 말   **connotation** ⓝ 함축(된 의미)   **threaten** ⓥ 협박하다

보험 회사들은 너무 만전을 기할 것으로 예상된다. 그들은 위험성을 매우 철저하게 계산하고, 그들이 보험을 맡을 고객을 신중하게 고르고 선택한다. 그들은 따분한데, 경제에서 그들의 역할이 모든 사람과 모든 것을 막심한 손실로부터 보호하는 것이기 때문이다. (①) 제조업과는 달리, 보험 산업에서는 진정으로 획기적인 일이 절대 일어나지 않는다. (②) 수 세기 동안 보험사들은 흡연자, 30세 미만의 남성 운전자, 그리고 익스트림 스포츠에 열성적인 사람과 같은 '고위험군'에 속한 사람들에게 더 높은 보험료를 부과해 왔다. (③) 이런 종류의 분류는 불이익을 받는 집단에 대한 편견과 노골적인 차별을 자주 초래한다. (④ 그러나 미래에는 실시간 데이터 수집이 보험사로 하여금 특정 '위험군' 집단의 일반화된 고정 관념과는 대조적으로 도로에서 사람들의 실제 행동에 따라 '운전하는 대로 내는' 요금을 부과할 수 있게 할 것이다.) 악질의 혹은 고위험 개인 운전자들은 그들이 남자든 여자든, 어리든지 나이가 많든지에 관계없이 결국 보험료를 더 내게 될 것이다. (⑤) Big Brother(빅브라더)의 함축된 의미는 위협적이지만, 그것이 더 낮은 요금을 의미한다면 많은 사람들이 그들의 운전 행동을 실시간 감시하는 것에 동의할 수도 있다.

| 문제 풀이 순서 | [정답률 47%]

1st 주어진 문장을 해석하고, 연결어, 지시어 등을 확인한다.

But in the future, / real-time data collection will enable insurance companies / to charge pay-as-you-drive rates / depending on people's actual behavior on the road, / as opposed to generalized stereotypes / of certain "at-risk" groups. // **단서 1**
그러나 미래에는 / 실시간 데이터 수집이 보험사로 하여금 할 수 있게 할 것이다 / '운전하는 대로 내는' 요금을 부과하는 것을 / 도로에서 사람들의 실제 행동에 따라 / 일반화된 고정 관념과는 대조적으로 / 특정 '위험군' 집단에 대한

→ 미래에는 특정 위험군 집단에 대한 고정 관념과는 대조적으로 실시간 데이터 수집을 통해 운전하는 대로 내는 요금을 부과하게 될 것이라고 했다. **단서**
  ▶ **주어진 문장 앞:** 특정 위험군 집단에 대한 일반적인 고정 관념이 제시되어야 함
  ▶ **주어진 문장 뒤:** 운전하는 대로 내는 요금을 부과하는 것에 대한 추가 설명이 제시될 것임 **발상**

2nd 각 선택지의 앞뒤 흐름이 매끄러운지 확인한다.

- **①의 앞 문장과 뒤 문장**
앞 문장: 그들은 따분한데, 경제에서 그들의 역할이 모든 사람과 모든 것을 막심한 손실로부터 보호하는 것이기 때문이다.
뒤 문장: 제조업과는 달리, 보험 산업에서는 진정으로 획기적인 일이 절대 일어나지 않는다.
→ 그들(보험 회사들)이 따분하다고 했고, 보험 산업에서는 획기적인 일이 절대 일어나지 않는다고 했으므로 두 문장은 자연스럽게 연결된다.
  ▶ 주어진 문장이 ①에 들어갈 수 없음

- **②의 앞 문장과 뒤 문장**
앞 문장: ①의 뒤 문장과 같음
뒤 문장: 수 세기 동안 보험사들은 흡연자, 30세 미만의 남성 운전자, 그리고 익스트림 스포츠에 열성적인 사람과 같은 '고위험군'에 속한 사람들에게 더 높은 보험료를 부과해 왔다.
→ 보험 산업에서는 획기적인 일이 절대 일어나지 않는다고 한 앞 문장의 내용과, 보험사들이 '고위험군'에 속한 사람들에게 더 높은 보험료를 부과해 왔다는 뒤 문장의 내용은 자연스럽게 연결된다.
  ▶ 주어진 문장이 ②에 들어갈 수 없음

- ③의 앞 문장과 뒤 문장

┌ **앞 문장**: ②의 뒤 문장과 같음

└ **뒤 문장**: 이런 종류의 분류는 불이익을 받는 집단에 대한 편견과 노골적인 차별을 자주 초래한다.

➡ 앞 문장에서 고위험군에 속하는 사람들에게 높은 보험료를 부과하고 있다고 했고, 뒤 문장에서는 이런 종류의 분류가 불이익을 받는 집단에 대한 차별을 초래한다고 했다.
 뒤 문장에서 언급한 '이런 종류의 분류'가 바로 고위험군에 속하는 사람들을 분류한 것을 일컫기 때문에 두 문장은 자연스럽게 연결된다.

 ▶ 주어진 문장이 ③에 들어갈 수 없음

④의 앞 문장과 뒤 문장

┌ **앞 문장**: ③의 뒤 문장과 같음

└ **뒤 문장**: 악질의 혹은 고위험 개인 운전자들은 그들이 남자든 여자든, 어리든지 나이가 많든지에 관계없이 결국 보험료를 더 내게 될 것이다.

➡ 이런 종류의 분류가 불이익을 받는 집단에게 차별을 초래한다고 한 뒤에, 성별과 연령에 관계없이 악질 운전자들이 보험료를 더 내게 될 것이라고 했다.
 주어진 문장은, 미래에는 특정 위험군 집단에 대한 고정 관념과는 대조적으로 '운전하는 대로 내는' 요금을 부과하게 될 것이라고 했다. 따라서 성별과 연령에 관계없이 악질 운전자들이 보험료를 더 내게 될 것이라고 한 뒤 문장으로 방향이 전환되기 전에 들어가야 한다.

 ▶ 주어진 문장이 ④에 들어가야 함

- ⑤의 앞 문장과 뒤 문장

┌ **앞 문장**: ④의 뒤 문장과 같음

└ **뒤 문장**: Big Brother(빅브라더)의 함축된 의미는 위협적이지만, 그것이 더 낮은 요금을 의미한다면 많은 사람이 그들의 운전 행동을 실시간 감시하는 것에 동의할 수도 있다.

➡ 앞 문장에서 (실시간 감시의 결과로) 성별과 연령에 관계없이 악질 운전자들이 보험료를 더 내게 될 것이라고 했고, 뒤 문장에서는 사람들이 더 낮은 요금을 의미한다면 운전 행동을 실시간 감시하는 것에 동의할 것이라고 했으므로 두 문장이 자연스럽게 연결된다.

 ▶ 주어진 문장이 ⑤에 들어갈 수 없음

3회 09 정답 ② ＊사회적 성 구분과 언어 사용에 대한 고정관념

글의 흐름으로 보아, 주어진 문장이 들어가기에 가장 적절한 곳을 고르시오. [3점]

It also leads us / to make some fairly foolish judgements, / particularly about language. // **단서 1** 우리가 언어에 관해 어리석은 판단을 하도록 만드는 '그것'이 앞에 나와야 함
또한 그것은 우리를 이끈다 / 꽤 어리석은 판단들을 하도록 / 특히 언어에 관해서 (그렇다) //

Ours is a society / that tries to keep the world sharply divided / into masculine and feminine, / not because that is the way the world is, / but because that is the way we believe it should be. //
우리의 것(사회)은 사회이다 / 세상을 날카롭게 나누어 두려고 애쓰는 / 남성과 여성으로 / 그것이 세상이 실제로 그러하기 때문이 아니라 / 그것이 그렇게 되어야 한다고 우리가 믿기 때문이다 //

(①) It takes unwavering belief and considering effort / to keep this division. // **단서 2** 남녀를 구분하는 데는 믿음과 노력이 필요함
흔들리지 않는 믿음과 숙고하는 노력이 필요하다 / 이 구분을 유지하기 위해서는 //

(②) Because we think / that language also should be divided / into masculine and feminine / we have become very skilled at ignoring anything / that will not fit our preconceptions. // **단서 3** 우리는 언어 역시 남녀로 구분되어야 한다고 생각함
우리는 생각하기 때문에 / 언어 또한 나뉘어야 한다고 / 남성과 여성으로 / 우리는 모든 것을 무시하는 데 매우 능숙해졌다 / 우리의 선입견에 맞지 않을 //

(③) We would rather change what we hear / than change our ideas / about the gender division of the world. //
우리는 차라리 들은 것을 바꾸려 할 것이다 / 우리의 생각을 바꾸기보다는 / 세상의 성 구분에 대한 //

(④) We will call assertive girls unfeminine, / and supportive boys effeminate, / and try to change them / while still retaining our stereotypes / of masculine and feminine talk. //
우리는 적극적인 소녀들을 여성스럽지 못하다고 부를 것이고 / 사려 깊은 소년들을 여자 같다고 부를 것이며 / 그들을 바꾸려 할 것이다 / 우리의 고정관념들을 여전히 유지하면서 / 남성과 여성의 말하기 방식에 대한 //

(⑤) This is why / some research on gender differences and language / has been so interesting. //
이것이 이유이다 / 성 차이와 언어에 관한 일부 연구가 / 매우 흥미로웠던 //

- fairly `ad` 꽤, 상당히 ・ masculine `n` 남성; `a` 남성의
- feminine `n` 여성; `a` 여성의 ・ unwavering `a` 흔들리지 않는
- preconception `n` 선입견 ・ gender `n` 성, 성별
- assertive `a` 적극적인 ・ unfeminine `a` 여성스럽지 못한
- supportive `a` 사려 깊은 ・ effeminate `a` 여자 같은, 여성적인

우리 사회는 세상을 남성과 여성으로 날카롭게 나누어 두려고 애쓰는 사회인데, 그것이 세상이 실제로 그러하기 때문이 아니라, 그것이 그렇게 되어야 한다고 우리가 믿기 때문이다. (①) 이 구분을 유지하기 위해서는 흔들리지 않는 믿음과 숙고하는 노력이 필요하다. (② 또한 그것은 우리가 꽤 어리석은 판단들을 하도록 이끄는데, 특히 언어에 관해서 그렇다.) 우리는 언어 또한 남성과 여성으로 나뉘어야 한다고 생각하기 때문에, 우리의 선입견들에 맞지 않을 모든 것을 무시하는 데 매우 능숙해졌다. (③) 우리는 세상의 성 구분에 대한 우리의 생각을 바꾸기보다는 차라리 들은 것을 바꾸려 할 것이다. (④) 우리는 적극적인 소녀들을 여성스럽지 못하다고 부를 것이고, 사려 깊은 소년들을 여자 같다고 부를 것이며, 남성과 여성의 말하기 방식에 대한 우리의 고정관념들을 여전히 유지하면서 그들을 바꾸려 할 것이다. (⑤) 이것이 성 차이와 언어에 관한 일부 연구가 매우 흥미로웠던 이유이다.

| 문제 풀이 순서 | **| 정답률 65% |**

1st 주어진 문장을 해석하고, 연결어, 지시어 등을 확인한다.

┌ It also leads us / to make some fairly foolish judgements, / particularly about language. //
└ 또한 그것은 우리를 이끈다 / 꽤 어리석은 판단들을 하도록 / 특히 언어에 관해서 (그렇다) //

➡ '그것(It)'은 또한 우리가 어리석은 판단들을 하도록 이끄는데, 특히 언어에 대해서 그렇다고 했다. **단서**

 ▶ **주어진 문장 앞**: 우리가 잘못된 판단을 내리도록 만드는 '그것'이 언급되어야 함
 ▶ **주어진 문장 뒤**: 그 중 특히 언어에 관해 잘못된 판단을 내리는 내용이 이어질 것임 **발상**

2nd 각 선택지의 앞뒤 흐름이 매끄러운지 확인한다.

①의 앞 문장과 뒤 문장

┌ **앞 문장**: 우리 사회는 세상을 남성과 여성으로 날카롭게 나누어 두려고 애쓰는 사회인데, 그것이 세상이 실제로 그러하기 때문이 아니라, 그것이 그렇게 되어야 한다고 우리가 믿기 때문이다.

└ **뒤 문장**: 이 구분을 유지하기 위해서는 흔들리지 않는 믿음과 지속적인 노력이 필요하다.

➡ 우리는 남녀가 구분되어야 한다고 믿기 때문에 세상을 남녀로 나누려고 애쓴다는 내용에 이어, 이렇게 남녀를 철저히 구분하려면 믿음과 노력이 필요하다는 내용으로 자연스럽게 이어지고 있다. ▶ 주어진 문장이 ①에 들어갈 수 없음

②의 앞 문장과 뒤 문장

┌ **앞 문장**: ①의 뒤 문장과 같음

└ **뒤 문장**: 우리는 언어 또한 남성과 여성으로 나뉘어야 한다고 생각하기 때문에, 우리의 선입견들에 맞지 않을 모든 것을 무시하는 데 매우 능숙해졌다.

앞 문장은 남녀를 구분하려면 믿음과 노력이 필요하다는 내용인데, 뒤 문장에서는 남성과 여성의 '언어' 구분이라는 더 세부적인 주제로 전환된다.

주어진 문장의 '그것'이 남녀를 구분하려는 현상을 지칭하고, 특히 언어에 관한 잘못된 판단을 내리는 것에 대해 처음 언급하는 부분이므로 주어진 문장이 여기에 오는 것이 적절하다.

▶ 주어진 문장이 ②에 들어가야 함

③의 앞 문장과 뒤 문장

앞 문장: ②의 뒤 문장과 같음

뒤 문장: 우리는 세상의 성 구분에 대한 우리의 생각을 바꾸기보다는 차라리 들은 것을 바꾸려 할 것이다.

➡ 우리는 선입견에 맞지 않는 모든 것을 무시하는 데 능숙해졌다는 앞 문장의 내용과, 우리의 편견을 바꾸려 하기보다는 우리가 들은 것이 잘못되었다고 치부해버린다는 뒤 문장의 내용은 자연스럽게 연결된다.

▶ 주어진 문장이 ③에 들어갈 수 없음

④의 앞 문장과 뒤 문장

앞 문장: ③의 뒤 문장과 같음

뒤 문장: 우리는 적극적인 소녀들을 여성스럽지 못하다고 부를 것이고, 사려 깊은 소년들을 여자 같다고 부를 것이며, 남성과 여성의 말하기 방식에 대한 우리의 고정관념들을 여전히 유지하면서 그들을 바꾸려 할 것이다.

➡ 우리의 생각을 바꾸지 않고 들은 것을 잘못되었다고 생각한다는 앞 문장의 내용과, 여전히 우리의 고정관념을 바꾸지 않은 채, 남자 혹은 여자라면 어떤 언어를 써야 한다는 편견에 맞추어 세상을 바라본다는 뒤 문장의 내용은 자연스럽게 이어진다.

▶ 주어진 문장은 ④에 들어갈 수 없음

⑤의 앞 문장과 뒤 문장

앞 문장: ④의 뒤 문장과 같음

뒤 문장: 이것이 성 차이와 언어에 관한 일부 연구가 매우 흥미로웠던 이유이다.

➡ 앞서 성별에 따른 언어 구분에 대해 언급한 것에 이어 이러한 고정관념에 대한 연구가 흥미롭다는 내용으로 글을 마무리하고 있다.

▶ 주어진 문장이 ⑤에 들어갈 수 없음

3회 10 정답 ① ＊효과적인 브레인스토밍 기법: 독립적으로 작업하기

To be really smart, / an online group needs to obey one final rule / — and a rather counterintuitive one. //
부사적 용법(목적) / =rule
진정으로 똑똑해지기 위해서 / 온라인 그룹은 하나의 마지막 규칙을 따라야 한다 / 그리고 다소 반직관적인 규칙을 //

The members can't have too much contact / with one another. //
구성원들은 너무 많이 접촉할 수 없다 / 서로 서로 //
단서 1 최상의 결과를 위해 구성원들은 독립적으로 생각하고 작업할 수 있어야 함
To work best, / the members of a collective group / ought to be able / to think and work independently. //
부사적 용법(목적)
최상의 결과를 내기 위해서 / 집단의 구성원들은 / 할 수 있어야 한다 / 독립적으로 생각하고 작업하는 것을 //

This rule came to light / in 1958, / when social scientists tested different techniques of brainstorming. //
관계부사
이 규칙은 드러났다 / 1958년에 / 사회 과학자들이 다양한 브레인스토밍 기법을 시험해 보면서 //

They posed a thought-provoking question: / If humans had an extra thumb on each hand, / what benefits and problems would emerge? //
그들은 생각을 자극하는 질문을 던졌다 / 만약 인간이 각 손에 추가 엄지손가락을 가진다면 / 어떤 이점과 문제가 생길까 //

Then they had / two different types of groups / brainstorm
have의 목적격 보어(동사원형)
answers. //
그런 다음 그들은 시켰다 / 두 가지 유형의 그룹에게 / 답을 브레인스토밍하도록 //

In one group, the members worked face-to-face; / in the other group, the members each worked independently, / then pooled their answers at the end. //
한 그룹은, 구성원들이 직접 만나 작업했다 / 다른 그룹은, 각자가 독립적으로 작업했다 / 그리고 나서 마지막에 답을 모았다 //
단서 2 직접 만나는 사람들이 더 생산적일 것으로 예상했지만 사실은 그렇지 않았다고 함
You might expect / the people working face-to-face to be more
현재분사(people 수식)
productive, / but that wasn't the case. //
너는 예상했을 것이다 / 직접 만나는 사람들이 더 생산적일 것이라고 / 사실은 그렇지 않았다 //

The team with independently working members / produced almost twice as many ideas. // **단서 3** 독립적으로 작업한 팀이 거의 두 배에 가까운
아이디어를 만들어 냄
독립적으로 작업한 팀이 / 거의 두 배에 가까운 아이디어를 만들어 냈다 //

Traditional brainstorming simply doesn't work / as well as
병렬 구조
thinking alone, / then pooling results. //
전통적인 브레인스토밍은 효과적이지 않다 / 혼자 생각하는 것만큼 / 그리고 나서 결과를 모으는 것만큼 //

> → In brainstorming, / group members who have direct
> 주격 관계대명사
> contact / produce (A) fewer ideas / than those who work
> 주격 관계대명사
> physically separately from one another, / which is against our
> 계속적 용법의 관계대명사
> (B) intuition.
> 브레인스토밍에서 / 직접 접촉을 가진 그룹 구성원들은 / 더 적은 아이디어를 생산하며 / 서로 물리적으로 분리되어 작업하는 사람들보다 / 이는 우리의 직관과 반대이다 //

- obey ⓥ 따르다   • counterintuitive ⓐ 직관에 반하는
- contact ⓥ 접촉하다   • thought-provoking ⓐ 생각을 자극하는
- benefit ⓝ 혜택, 이점   • emerge ⓥ 출현하다
- face-to-face ⓐ 대면하는   • pool ⓥ 모으다
- expect ⓥ 예상하다   • productive ⓐ 생산적인
- separately ⓐⓓ 분리되어   • intuition ⓝ 직관

진정으로 똑똑해지기 위해서 온라인 그룹은 하나의 마지막 규칙, 그리고 다소 반직관적인 규칙을 따라야 한다. 구성원들 간의 접촉이 너무 많아서는 안 된다. 최상의 결과를 내기 위해서 집단의 구성원들은 독립적으로 생각하고 작업할 수 있어야 한다. 이 규칙은 1958년에 사회 과학자들이 다양한 브레인스토밍 기법을 테스트하면서 드러났다. 그들은 생각을 자극하는 질문을 던졌다: 만약 인간이 각 손에 추가 엄지손가락을 가진다면 어떤 이점과 문제가 생길까? 그런 다음 두 가지 유형의 그룹이 답을 브레인스토밍하도록 했다. 한 그룹은 구성원들이 직접 만나 작업했으며, 다른 그룹은 각자가 독립적으로 작업한 후 마지막에 답을 모았다. 직접 만나는 사람들이 더 생산적일 것이라고 예상할 수 있지만, 사실은 그렇지 않았다. 독립적으로 작업한 팀이 거의 두 배에 가까운 아이디어를 만들어냈다. 전통적인 브레인스토밍은 혼자 생각한 후 결과를 모으는 것만큼 효과적이지 않다.

→ 브레인스토밍에서 직접 접촉을 가진 그룹 구성원들은 서로 물리적으로 분리되어 작업하는 사람들보다 (A) 더 적은 아이디어를 생산하며, 이는 우리의 (B) 직관과 반대이다.

다음 글의 내용을 한 문장으로 요약하고자 한다. 빈칸 (A), (B)에 들어갈 말로 가장 적절한 것은?

	(A)		(B)	
①	fewer 더 적은	—	intuition 직관	직접 접촉을 가진 집단이 분리되어 작업한 사람들보다 '더 적은' 아이디어를 생산했으며 이것이 우리의 예상(직관)과는 반대라고 했음
②	fewer 더 적은	—	benefit 이익	직접 접촉을 가진 집단이 더 적은 아이디어를 생산한 것은 맞지만 이것이 우리의 이익과 반대라는 내용은 아님
③	more 더 많은	—	conclusion 결론	직접 접촉을 가진 집단이 분리되어 작업한 사람들보다 더 많은 아이디어를 생산한 것이 아니라 오히려 반대임
④	more 더 많은	—	intuition 직관	직접 접촉을 가진 집단이 독립적으로 작업한 사람들보다 더 많은 아이디어를 생산한 것이 아니며 이것이 우리의 직관과 반대라고 할 수 없음
⑤	smarter 더 현명한	—	benefit 이익	

직접 접촉을 가진 집단이 독립적으로 작업한 사람들보다 더 현명하다거나 이것이 우리의 이익과 반대라는 내용의 글이 아님

똑똑한 온라인 집단의 규칙	구성원들이 접촉 없이 독립적으로 생각하고 작업해야 함 단서 1
규칙의 등장과 입증	1958년 시행된 브레인스토밍 기법 테스트 → 직접 만나 작업 vs. 독립적으로 작업 → 예상과는 다르게 독립적인 작업이 더 많은 아이디어를 생산함 단서 2
결론	전통적인 브레인스토밍(대면)은 혼자 생각한 후 결과를 모으는 것만큼 생산적이지 않음

(A):
- 브레인스토밍을 할 때 독립적으로 생각하고 결과물을 모은 집단이 직접 만난 집단보다 두 배 가까이 많은 아이디어를 생산했다고 했다.
➡ 즉, 직접 만난 집단이 물리적으로 분리되어 작업하는 사람들보다 '더 적은(fewer)' 아이디어를 생산했다는 것이다.

(B):
- 독립적으로 생각한 집단이 더 많은 아이디어를 만들어 낸 것이 우리의 예상과 달랐다고 했다.
➡ 다시 말해, 우리의 '직관(intuition)'과 달랐다는 것이다.
▶ 요약문의 빈칸에는 각각 '더 적은'과 '직관'이 들어가야 하므로 정답은 ①임

② 직접 접촉을 가진 집단이 분리되어 작업한 사람들보다 더 적은 아이디어를 생산한 것은 맞지만 이것이 우리의 이익과 반대라는 내용은 아니다.

③ 직접 접촉을 가진 집단이 분리되어 작업한 사람들보다 더 많은 아이디어를 생산한 것도 아니고, 이것이 우리의 결론과 반대라고 할 수도 없다.

④ 직접 접촉을 가진 집단이 독립적으로 작업한 사람들보다 더 많은 아이디어를 생산한 것이 아니며 이것이 우리의 직관과 반대라고 할 수 없다.

⑤ 직접 접촉을 가진 집단이 독립적으로 작업한 사람들보다 더 현명하다거나 이것이 우리의 이익과 반대라는 내용의 글이 아니다.

*** 글의 흐름**

주제문	진정으로 똑똑한 온라인 그룹은 구성원들이 접촉하지 않고 독립적으로 작업해야 한다는 규칙이 있음
구체화	1958년 브레인스토밍 기법 테스트 → 직접 만나 작업 vs. 혼자 작업 → 직접 만났을 때 더 생산적일 것이라는 예상과 다르게 혼자 작업했을 때 더 많은 아이디어를 생산함
주제 재언급	전통적 브레인스토밍 기법이 혼자 생각한 후 결과를 모으는 것만큼 효과적이지 않음

3회 11~12 * 사회공동체에서 도덕의 역할

Morality is changeable and culture-dependent / and expresses socially desirable behavior. //
도덕성은 바뀔 수 있고 문화 의존적이다 / 그리고 사회적으로 바람직한 행동을 나타낸다 //

But even if morality is changeable, / it is by no means arbitrary, /
그러나 도덕성이 바뀔 수 있다 하더라도 / 그것은 결코 임의적이지는 않다 /

especially since the change process itself takes a relatively (a) long time / (measured in years rather than weeks). //
특히 변화 과정 자체가 비교적 긴 시간이 소요되기 때문에 / (주 단위보다는 연 단위로 측정되는) //

This is also because a social value framework / — and thus morality — / provides an important orientation function: /
이것은 또한 사회적 가치의 틀이 / 즉 도덕성이 / 중요한 길잡이의 기능을 제공하기 때문이다 /

Since time immemorial, / people have been thinking about moral issues / and dealing with them. //
아득한 예로부터 / 사람들은 도덕적 이슈에 관해 생각해 왔다 / 그리고 그것들을 다뤄 왔다 //

This makes it clear / that (b) consistent values, norms, and moral concepts always play a major role / when people organize themselves in social communities. // 11번 단서 1: 사람들이 공동체에서 도덕은 중요한 역할을 한다는 것을 분명하게 함
이것은 분명하게 만든다 / 일관된 가치, 규범, 도덕적 개념은 항상 중요한 역할을 한다는 것을 / 사람들이 스스로를 사회공동체에 조직할 때 //

Ultimately, this also results in answers to questions / of justice, solidarity, and care / as well as the distribution of goods and resources. //
결국, 이것은 또한 질문의 답을 낳는다 / 정의, 연대, 돌봄에 대한 / 재화와 자원의 분배뿐만 아니라 //

Morality acts here / as the (c) common lowest denominator / for a given society. // 11번 단서 2, 12번 단서 1: 인간은 공동체에 수용되기 위해 공동체의 도덕을 따를 것으로 예측할 수 있음
도덕성은 여기에 작용한다 / 최소한의 공통 분모로 / 주어진 사회에서 //

The (d) advantage is based on the fact / that the values underlying morality / convey a socially accepted basic understanding / and provide orientation / in concrete decision-making situations. //
장점은 사실에 기반한다 / 도덕성의 기저를 이루는 가치들이 / 사회적으로 수용되는 기본 이해를 전달하고 / 방향성을 제공한다는 / 구체적인 의사결정 상황에서 //

This makes morality functional and efficient / for social groups: /
이것은 도덕성을 실용적이고 효율적으로 만든다 / 사회 집단에 /

In order to be accepted in a community, / the individual will strive / not to act against this community. //
공동체에 수용되기 위해서 / 개인은 노력할 것이다 / 이 공동체에 반하는 행동을 하지 않도록 //

Conversely, this means / that the behavior of the individual and the social group / is ultimately (e) unpredictable(→ predictable). //
반대로 이것은 의미한다 / 개인과 사회 집단의 행동이 / 궁극적으로 예측 불가능하다는 (→ 예측 가능하다는) 것을 //

As a result, / uncertainty about behavior is reduced / and trust is built up. // 11번 단서 3, 12번 단서 2: 행동에 관한 불확실성은 감소됨
결과적으로 / 행동에 관한 불확실성은 감소된다 / 그리고 신뢰는 쌓인다 //

- morality ⓝ 도덕성
- dependent ⓐ 의존적인
- relatively ⓐd 비교적으로
- orientation ⓝ 길잡이, 방향성
- consistent ⓐ 일관된, 불변한
- solidarity ⓝ 결속, 연대
- advantage ⓝ 장점
- uncertainty ⓝ 불확실성
- changeable ⓐ 바뀔 수 있는
- desirable ⓐ 바람직한
- framework ⓝ 틀, 체계
- immemorial ⓐ 아주 오래전의
- organize ⓥ 조직하다, 편성하다
- distribution ⓝ 분배
- underlie ⓥ 기저를 이루다

도덕성은 바뀔 수 있고 문화 의존적이며, 사회적으로 바람직한 행동을 나타낸다. 그러나 도덕성이 바뀔 수 있다 하더라도, 그것은 특히 변화 과정 자체가 (주 단위보다는 연 단위로 측정되는) 비교적 (a) 긴 시간이 소요되기 때문에 결코 임의적이지는 않다. 이것은 또한 사회적 가치의 틀, 즉 도덕성이 중요한 길잡이의 기능을 제공하기 때문이다. 아득한 예로부터, 사람들은 도덕적 문제에 관해 생각해 왔고 다뤄 왔다. 이것은 사람들이 스스로를 사회공동체에 조직할 때 (b) 일관된 가치, 규범, 도덕적 개념은 항상 중요한 역할을 한다는 것을 분명하게 한다. 결국, 이것은 또한 재화와 자원의 분배뿐만 아니라 정의, 연대, 돌봄에 관한 질문의 답을 낳는다.

도덕성은 여기에 주어진 사회에서 최소한의 (c) 공통 분모로 작용한다. (d) 장점은 도덕성의 기저를 이루는 가치들이 사회적으로 수용되는 기본 이해를 전달하고 구체적인 의사결정 상황에서 방향성을 제공한다는 사실에 기반한다. 이것은 도덕성을 사회 집단에 실용적이고 효율적으로 만든다. 즉, 공동체에 수용되기 위해서 이 공동체에 반하는 행동을 하지 않도록 개인은 노력할 것이다. 반대로, 이것은 개인과 사회 집단의 행동이 궁극적으로 (e) 예측 불가능하다는(→ 예측 가능하다는) 것을 의미한다. 결과적으로, 행동에 관한 불확실성은 감소되고 신뢰는 쌓인다.

3회 11 정답 ③

윗글의 주제로 가장 적절한 것은? [4점]

① disregard of morality found in extreme conditions
극단적인 조건에서 발견되는 도덕성 무시   단순히 도덕성이 언급된 것으로 만든 오답
② justice and solidarity as basic elements of morality
도덕의 기본 요소로서의 정의와 연대   도덕의 기본 요소가 핵심 내용은 아님
③ fundamental role of morality in human communities
인간 커뮤니티에서 도덕의 근본적인 역할   사회공동체에서 도덕이 중요한 역할을 한다는 내용
④ development of morality through cultural exchanges
문화 교류를 통한 도덕성 개발   문화 교류를 통한 도덕성 개발과 관련되는 내용은 없음
⑤ punishment of moral code violations across societies
사회 전반의 도덕률 위반 처벌   도덕률 위반 처벌에 대한 내용은 없음

왜 정답? [정답률 51%]

중반부	사람들이 공동체에서 도덕은 중요한 역할을 한다는 것을 분명하게 함
후반부	• 공동체에 수용되기 위해 공동체에 반하는 행동을 하지 않도록 노력함 • 행동에 관한 불확실성은 감소됨

➡ 이 글은 사회공동체에서 도덕의 역할에 대한 내용이므로 주제로 ③ '인간 커뮤니티에서 도덕의 근본적인 역할'이 가장 적절하다.

왜 오답?

① 단순히 도덕성이 언급된 것으로 만든 오답일 뿐이다. 함정
② 도덕의 기본 요소가 핵심 내용은 아니다.
④ 문화 교류를 통한 도덕성 개발과 관련되는 내용은 없다.
⑤ 도덕률 위반 처벌에 대한 언급은 나오지 않았다.

3회 12 정답 ⑤

밑줄 친 (a)~(e) 중에서 문맥상 낱말의 쓰임이 적절하지 않은 것은? [3점]

① (a) 도덕성은 그 변화 과정 자체도 비교적 긺   ② (b) 일관된 도덕 개념이 사회공동체의 조직에 중요함
긴   일관된
③ (c) 사회 집단을 이루는 최소한의 공통 분모가 됨   ④ (d) 공동체의 방향성을 안내해준다는 장점을 지님
공통의   장점
⑤ (e) 도덕 규범을 따를 것으로 예측할 수 있음
예측 불가능한

왜 정답? [정답률 60%]

⑤ (e) unpredictable 예측 불가능한

반대로, 이것은 개인과 사회 집단의 행동이 궁극적으로 (e) ~~예측 불가능하다~~ 것을 의미한다. 결과적으로, 행동에 관한 불확실성은 감소되고 신뢰는 쌓인다.
예측 가능하다는

➡ 도덕성은 공동체를 유지하기 위한 기준을 마련해주고, 구성원들은 공동체에 수용되기 위해 공동체의 도덕 규범을 따를 것으로 예측할 수 있다는 내용이다. 이는 개인과 사회 집단의 행동은 도덕적일 것으로 '예측 불가능한' 것이 아니라 '예측 가능하다'는 것을 뜻한다.

▶ 행동에 관한 불확실성 또한 감소되므로 unpredictable을 predictable과 같은 어휘로 바꿔야 함

왜 오답?

① (a) long 긴

그러나 도덕성이 바뀔 수 있다 하더라도, 그것은 특히 변화 과정 자체가 (주 단위보다는 연 단위로 측정되는) 비교적 (a) 긴 시간이 소요되기 때문에 결코 임의적이지는 않다.

➡ 주 단위가 아닌 연 단위로 측정된다는 것은 '긴' 시간에 일어나는 것임을 알 수 있다.

▶ long은 문맥에 맞음

② (b) consistent 일관된

이것은 사람들이 스스로를 사회공동체에 조직할 때 (b) 일관된 가치, 규범, 도덕적 개념은 항상 중요한 역할을 한다는 것을 분명하게 한다.

➡ 도덕성은 임의적이지 않고 최소한의 기준을 제시하므로, '일관된' 도덕 개념이 사회공동체 조직에 중요하다는 것을 알 수 있다.

▶ '일관된' 도덕성이 중요하므로 consistent는 문맥에 맞음

③ (c) common 공통의

결국, 이것은 또한 재화와 자원의 분배뿐만 아니라 정의, 연대, 돌봄에 관한 질문의 답을 낳는다. 도덕성은 여기에 주어진 사회에서 최소한의 (c) 공통 분모로 작용한다.

➡ 도덕성은 사회공동체를 형성하는 데 도움을 주고, 사회의 모든 구성원이 '공통으로' 지키는 최소한의 규칙으로 작용한다는 내용이다.

▶ 도덕성은 최소한의 '공통' 분모이므로 common은 문맥에 맞음

④ (d) advantage 장점

(d) 장점은 도덕성의 기저를 이루는 가치들이 사회적으로 수용되는 기본 이해를 전달하고 구체적인 의사결정 상황에서 방향성을 제공한다는 사실에 기반한다.

➡ 도덕성의 기반이 되는 가치들이 사회적으로 수용되는 기준을 마련하고 의사결정 상황에서 방향성을 제공한다는 '장점'을 지닌다는 내용이다.

▶ 도덕성의 '장점'을 설명하고 있으므로 advantage는 문맥에 맞음